거란소자 사전

김 위 현 감수

김 태 경 편저

■ 감수자

김위현(金渭顯)

명지대학교 명예교수로 거란사 전공이다. 국립대만대학과 단국대학교 대학원에서 거란사를 전공하여 문학박사 학위를 받았다. 저서로는 『契丹的東北政策』, 『요금사 연구』, 『거란 동방경략사 연구』, 『거란사회문화사론』, 『韓中關係史研究論叢』, 『고려시대 대외관계사 연구』, 『국역 요사』(공역) 등 다수가 있다.

■ 편저자

김태경(金泰京)

단국대학교 대학원(석사과정)에서 동양사학을 공부하였고, 성균관대학교 대학원에서 『중국상사중재에 대한 사법관여에 관한 연구』로 경영학석사와 박사 학위를 받았다. 2016년에 ≪契丹小字研究≫를 번역하여 『유목민족이 남긴 미스터리—거란소자 연구』라는 제목으로 출판하였다.

거란소자 사전 (契丹小字 辭典)

2019년 1월 21일 인쇄
2019년 1월 31일 발행
편저자 | 김태경
감수자 | 김위현
펴낸이 | 이동한
펴낸곳 | (주)조선뉴스프레스
        서울특별시 마포구 상암산로 34 디지털큐브빌딩 13층
등   록 | 제301-2001-037호
등록일 | 2001년 1월 9일

값 50,000원
구입문의 02)724-6875
편집문의 02)724-6710

ISBN 979-11-5578-476-1

거란어(契丹語) 사전(辭典) 출판의 의의

　　거란은 이미 오래전에 국가도 민족도 사라지고 지금은 유물(遺物)과 유적(遺蹟)만이 잔존하고 있을 따름이다.

　　왜 이 사어(死語)가 된지 오래된 어언(語言)을 연구해야 하는가에 대하여 여러 차례 우리 학계에 의견을 제기한 바 있다. 그러나 별 반응을 얻지 못하였다. 북방민족(北方民族)의 어언도 몇 가지가 있는데 하필이면 거란어언 연구를 선행하여야 하는가 하는 질문도 받았다.

　　그렇다. 거란어언 연구가 선행되어야 한다. 그 이유는 첫째로 거란문자는 고중세(古中世)에 창제되어 요대(遼代) 205년, 금대(金代) 94년, 도합 299년 동안이나 사용되어 한 시기의 문자로 정착되었다는 점이다. 그 때문에 지금 남아있는 금석문(金石文)들을 통하여 잃어버린 역사의 진실을 찾을 수 있을 것이라 사료된다.

　　둘째로 그 문자 사용영역이 넓었다는 점이다. 요대에는 만몽(滿蒙) 지역, 화북(華北) 지역, 신강위구르 지역이 바로 이 어언권에 속하였고, 금대에는 옛 거란의 영역에다가 회수(淮水) 이북지역이 추가되어 더 넓은 지역에 통용되었다.

　　셋째는 주변국에도 영향이 미쳤을 것이라는 점이다. 거란은 송(宋)·서하(西夏) 및 고려(高麗)와 밀접한 관계에 있었고, 서북의 66개 군소 부족과 종속관계를 맺고 있었으므로 직·간접적으로 거란어언이 중요한 역할을 하였을 것이다. 특히 송나라 사신(使臣)들 중에는 거란어언에 능숙한 자가 있었는가 하면, 고려에는 이적(夷狄)의 풍속이 지나쳐서 국왕이 우려한 바도 있었다. 거란이 고중세 국가이기 때문에 고대 북방민족 어언의 영향을 받았고 뒷날 금(金)·원(元)·청(淸)·조선(朝鮮)의 문자에 영향을 주었을 가능성을 배제할 수 없다.

　　또 하나의 우리의 관심은 거란의 영역이 우리 고대국가의 영역과 같았기 때문이다. 수천 년간의 고조선(단군과 위만), 705년간의 고구려, 228년간의 발해가 강대한 국가로 존재하였던 곳이다. 그 주변의 일개 부족이었던 거란은 고구려와 발해에 종속되었던 민족이므로 서로 연관성이 높았을 것으로 추정된다. 따라서 이 거란어에서 상당히 많은 중요 자료들을 찾을 수 있을 것이라 생각한다.

지금 우리 학계에는 몽고어나 만주어를 연구하는 분이 더러 있다. 그러나 선비어(鮮卑語)나 돌궐어(突厥語), 거란어(契丹語)를 연구하는 사람은 거의 전무한 상태이다. 이와 같은 불모지 위에 이번에 『거란소자 사전(契丹小字辭典)』이 출간되었다는 것은 참으로 기적과 같다는 생각이 든다.

김태경 박사가 2016년도 초에 『契丹小字硏究』를 번역 출간하고 이어서 『거란소자 사전』을 만들어 보겠다는 계획을 밝히길래 몇 십 년이 걸릴 터인데 어디 쉽겠나 하면서 회의적인 생각마저 들었다. 그러던 중 지난 해 봄에 초고(草稿)를 들고 와서 한 번 봐 달라고 하길래 무슨 일을 이렇게 급하게 할려고 하는가 하는 의문이 들었다. 그래서 전체 내용을 다 읽어보고 몇 가지 생각을 제시했었는데, 지난달 말에 내용과 편제상의 모든 문제점을 완전히 해결하였다.

어떻게 이런 작품이 단기간에 나올 수 있었을까 하고 궁금하였는데, 편저자의 서문을 읽어 보니 이해가 되었다. 이미 20여 년 전부터 꾸준히 체계적으로 자료를 수집하고 정리해 왔던 것이고, 여기에 편저자의 저술 의지와 검색능력 등이 더해져 대작을 마무리할 수 있었던 것이다.

이 사전(辭典)은 간단히 단어를 모아 해설한 사전(詞典)도 아니고, 그렇다고 어떤 사실들을 장황하게 늘어 놓은 사전(事典)도 아니다. 편저자가 서문에 밝혔듯이 발음, 동원어(同源語), 용법, 용례, 교감(校勘)과 인물, 관제(官制), 묘지(墓誌) 내용, 관련 요사(遼史) 내용 등도 본문에 적절히 포함시키고 학자들의 주장, 인용논저까지 일일이 부기하고 있으니 이는 완벽한 사전(辭典)이다.

사전의 본문 외에도 부록으로 16개 항목의 주요 어휘에 대한 정리나 거란소자 관련 문헌, 거란소자 묘지 등도 본문 못지않게 주요한 정리라 할 수 있다.

초유의 이 사전이야말로 거란어 및 거란사 연구자들에게 큰 길잡이가 될 것이라 생각되며, 우리 한글 연구에도 어떤 단초를 제공하리라 믿는다.

이제 기초를 단단히 닦은 김박사가 더 큰 업적을 이룰 것으로 기대한다.

2019년 1월

명지대학교 사학과 명예교수 김 위 현

『거란소자 사전』을 펴내면서

2016년 초에 ≪契丹小字硏究≫(1985년 중국사회과학출판사 간행)를 번역 출판하면서 거란 소자 연구에 본격적으로 발을 내디딘 것이 벌써 3년 전의 일이 되었다. 개인적인 필요에 의해서 번역해 놓은 지 10년이 넘은 자료를 은사이신 김위현(金渭顯) 교수님의 권유로 다시 정리하여 출판에까지 이르게 된 것이다.

출판 과정에서 보람 있고 뿌듯했던 점을 들자면 김 교수님께서 초고의 전체 내용을 꼼꼼하게 살펴서 번역의 완성도를 높여 주셨고, 교수님의 주선으로 원서(原書)의 공동저자 다섯 분 중 유일하게 생존해 계신 중국사회과학원의 류펑주(劉鳳翥) 선생께서 흔쾌히 번역 출판을 승낙함과 아울러 그에 대한 수권서(授權書)까지 직접 친필로 써서 본 필자에게 보내주셨다는 점이다. 필자에게는 참으로 영광스런 기억이 아닐 수 없다. 아울러 출판 직후에 여러 교수님들과 지인들께서 일일이 격려의 말씀을 전해 주신 점에 대하여도 항상 감사하는 마음을 지니고 있다.

그러한 과정이 힘이 되어 이번에는 거란소자 사전 제작에 도전하게 되었다. 20년 넘게 수집하고 쌓아 두었던 수 많은 자료들을 무언가 보람 있게 활용하고픈 생각이었다.

거란문 사전과 관련해서는 일본 리츠메이칸 아시아태평양대학(立命館アジア太平洋大學)의 아이씬죠로 우라씨춘(愛新覺羅 烏拉熙春) 교수의 연구 성과를 언급하지 아니할 수 없다. 왜냐하면 그는 그 동안 거란어의 발음과 문법, 비문의 해독에 이르기까지 매우 깊이 있고 독보적인 저작물들을 다수 발표하였을 뿐만 아니라, 그가 밝힌 바에 따르면 이미 2011년에 『契丹語辭典 I』, 2016년에 『契丹大字辭典』 간행이라는 대단한 업적을 이루었기 때문이다. 하지만 아쉽게도 그 사전들은 아직까지 일반에게 공개되지 않고 있다. 아마 공적학술재단(公的學術財團)의 지원을 받아 완성된 것이기에 추가적인 수정을 거치거나 별도의 출판 시점을 기다리고 있는 것 아닌가 싶다. 그러다 보니 류펑주 선생은 2016년 가을에 국내모 대학이 개최한 국제학술대회에서 "아직도 전 세계적으로 거란문자에 관한 사전 하나 발간된 것이 없다"며 아쉬움을 토로하기도 하였다.

통상적으로 어떤 언어나 문자에 대한 사전이라고 하면 개별 어휘를 약속된 순서에 따라 죽 열거하고 그 어휘에 대한 발음과 의미를 나열하는 식으로 만들어진다. 그런데 거

란문자, 특히 거란소자는 그러한 방식을 따라 하기에는 많은 장벽이 존재한다. 왜냐하면 아직도 거란소자의 의미가 완전히 해독되지는 아니하였고 개별 원자의 발음은 더욱 이견이 많은 터라 현 시점에서 어느 학자의 견해가 100% 완벽하다고 주장할 수 없는 상황이기 때문이다. 그래서 본 필자는 이러한 정황들을 모두 고려하여 나름대로의 특색 있는 사전을 만들기로 계획하였다. 거란문이나 거란사의 연구·학습에 활용할 수 있도록 각 구성 요소들, 즉 발음 및 동원어(同源語), 용법 및 용례(用例), 잘못된 원자의 교감(校勘), 인물·관제(官制) 및 묘지(墓誌)의 내용, 관련 요사(遼史) 내용 등을 사전 본문에 적절히 포함시켰다. 또한 불가피하게 여러 대표 학자의 주장들을 비교·열거할 수밖에 없는 상황이다 보니 항목마다 그 인용 논저들을 일일이 부기하는 등의 방법을 채택하였다.

우선 4백여 거란소자 알파벳(이 사전에서는 "원자[原字]"라는 표현으로 통일하였다)에 대한 배열은 서양식 발음기호 순서가 아니라 이미 거란문 연구 학계에서 일반적으로 통용되고 있는 ≪契丹小字研究≫의 원자번호를 기준으로 삼았다. 다만, 그 책이 발간될 당시까지만 해도 원자수가 378개에 불과하였으므로, 그 후에 발견된 다수의 원자들은 류푸쟝(劉浦江), 우잉저(吳英喆) 등의 관련 저작들을 참고로 하여 378번 뒤에 놓이도록 배열하였다.

거란소자의 발음은 주로 아이씬죠로 교수의 저작들을 참조하여 정리하였음을 명확히 밝혀 둔다. 다소 다른 견해들도 있으나, 현재까지는 아이씬죠로 교수의 연구결과가 보다 체계적이고 광범위하여 이후의 여러 학자들이 이를 인용하고 있는 실정이기 때문이다. 다만 다른 견해들이 존재하는 점을 감안하여 이 사전 앞부분에 대표 학자들의 발음을 비교표로 정리해 두었으니 독자들이 참조할 수 있을 것이다. 아울러 거란소자 어휘와 같은 뿌리를 가진 동원어에 대하여도 가급적 아이씬죠로 교수의 저작을 기본으로 삼되, 필요시 순보쥔(孫伯君)·니예홍인(聶鴻音)의 ≪契丹語研究≫, 진치총(金啓孮)의 ≪女眞文辭典≫ 등 여타 학자들의 저작도 참고하였다.

그 다음으로는 원자의 교감 내용이다. 거란소자가 원자수가 많고 일부는 묘지의 탁본(拓本)이 아닌 필사본(抄本)에 의존하다 보니 원자 자체의 오류가 많은 실정이다. 또한 묘지 제작 과정에서의 오류도 일부 발견된다. 아직도 상당수 학자들의 논저에서는 이러한 오류를 그대로 답습한 사례가 눈에 뜨인다. 따라서 원자의 교감도 거란소자 연구에서는 중요한 부분을 차지한다. 교감 내용은 주로 지스(卽實) 선생의 ≪謎田耕耘 ─ 契丹小字解讀續≫ (2012)을 참고하였다. 그렇지만 모든 원자와 어휘의 교감내용을 이 사전에 다 담지는 못하였음을 밝혀둔다.

인물 및 묘지에 관한 참고사항은 아이씬죠로 교수의 연구가 보다 잘 정리되고 최신 연구성과를 많이 반영하고 있기에 그의 저작들을 바탕으로 삼았고, 황제·황후의 애책과

묘지의 명문 등에 대해서는 지스 선생과 류펑주 선생의 견해도 적절히 첨가하였다. 아울러 관제 및 ≪遼史≫의 관련 내용에 대해서는 김위현 교수 등이 공동으로 번역한 한글판 『國譯遼史』(2012)의 주석 부분과 차이메이뱌오(蔡美彪) 선생 등이 저술한 ≪中國歷史大辭典(遼夏金元史篇)≫(1986)을 참고하였다.

또한 이 사전에는 독자들의 이해를 돕기 위하여 표지 부분에 『거란소자에 대한 이해』라는 제목으로 거란소자의 전반적인 내용을 논문 형식으로 정리하였고, 사전 후반부에는 사전 본문 규모의 절반에 달하는 분량으로 거란소자의 주요어휘, 관련 문헌, 애책 및 묘지 등을 별도로 구분하여 정리해 두었다. 특히 부록의 마지막에 배치된 거란소자 묘지 부분과 관련해서는 그 출토지역이나 묘지내용의 상세 항목은 아이씬죠로 교수의 「契丹文字の主な資料源」(2010)과 『大中央胡里只契丹国 −遙輦氏発祥地の点描』(2015) 등의 저작들을 참고하여 기술하였고, 묘지의 탁본 등 개별 화보는 류펑주 선생이 최근 출간한 ≪契丹文字研究類編(第4冊)≫(2014)에서 대부분을 인용하였다.

몇 년 간에 걸친 사전제작 작업을 마무리하면서 여러 번 회한(悔恨)에 사로잡히기도 하였다. 그 중 가장 첫 번째가 이 모든 작업의 대부분을 중국이나 일본 등 외국의 문헌이나 자료에 의존할 수밖에 없었다는 점이다. 그 동안 우리 학계가 이런 분야에 관심을 기울이기 어려웠다는 현실을 반영하는 것이어서 아쉬울 뿐이다.

두 번째는 제작과 관련하여 이 분야의 해외 권위자들과 본격적인 교류나 논의 등을 거치지 아니하였다는 점이다. 특히 거란문 연구라는 것이 중국과 일본 학자들 간에 상호 비판이 심하고 중국 학자들 간에도 시시비비가 많음을 고려할 때, 향후 사전 내용에도 수정하거나 보완할 부분이 많이 나타날 것은 불가피해 보인다. 그럼에도 필자가 이들과 별다른 논의절차 없이 또한 앞서 언급한 대로 일부 자료는 입수조차 하지 않았음에도 과감히 사전 제작에 나선 것은, 이러한 독창적 결과물을 하루라도 빨리 내어 놓음으로써 수십 년간 힘들게 진행되고 있는 거란문자 연구에 조금이나마 기여를 함과 아울러 아직 불모지나 다름없는 우리나라의 연구 환경에 어느 정도 촉매제의 역할을 할 수 있으리라는 기대가 있었기 때문이다.

마지막 세 번째는 필자가 처해진 현실에 대한 개인적인 아쉬움이다. 거란역사와 문자 탐구라는 열망 속에서 거의 반평생을 보냈으면서도 별다른 학문적 성과를 내지 못하였고, 최근 10여 년 동안에는 다른 학문에 전념하기도 하였다. 또한 직장 근무를 조금이라도 소홀히 할 수 없는 터라, 평일의 모든 시간과 때로는 휴일의 상당 시간마저 그에 할애하다 보니 자연적으로 거란문자 연구에 대한 진척은 더딜 수밖에 없었다.

이제 이 사전을 세상에 내 놓아 독자들의 평가를 받게 되었다. 사전의 내용이나 편제

상 많은 부분이 미흡하게 느껴질 것이므로 비판도 많을 것이라 예상한다. 따라서 이에 대하여는 독자들의 아낌없는 질정(叱正)을 바라며, 그러한 결과들을 바탕으로 수년 내에 보다 충실하고 깊이 있는 내용으로 개정본을 발간할 것임을 약속한다. 그렇지만 이 사전 제작이 우리 학계에서는 최초로 시도되는 것인 만큼 이를 계기로 거란사와 거란문자에 대한 연구가 보다 활발히 이루어졌으면 하는 바람은 간절하며, 이 사전이 이 분야에 관심 있는 여러 독자들에게 유용한 참고자료로 활용될 수 있다면 필자로서는 더 없는 영광이라 하겠다.

끝으로 여든의 고령이심에도 이 사전의 기획 단계부터 완결에 이르기까지 부족한 제자를 위하여 많은 지도와 격려를 아끼지 않으신 김위현 교수님께 지면을 빌어 한없는 존경과 감사의 말씀을 올린다. 또한 인문학 전문서적에 대한 수요가 거의 없음에도 이 사전의 출판을 기꺼이 도맡아 준 조선뉴스프레스의 이동한 대표님과 관계자분들께도 감사의 말씀을 드린다.

아울러 집필에 몰두하느라 매일 새벽까지 서재에서 책들과 씨름하며 단란한 휴일조차 잊고 지낸 지 오래임에도 수년간을 묵묵히 인내하며 뒷바라지 해 준 아내 우미향과 귀여운 두 딸 정아, 정연에게도 사랑과 고마움의 말을 남긴다.

2019년 1월

인왕산이 보이는 서재에서
편저자 김 태 경

| 차례 |

거란소자(契丹小字)에 대한 이해

김 태 경

중국의 북방민족들은 중국의 한자문화에 동화(同化)되는 것을 경계하였다. 뿐만 아니라 한자(漢字)는 고립어(孤立語)인 중국어의 표기에 맞도록 만들어진 문자이므로 북방민족의 언어를 표기하기에는 적절하지 않았다. 따라서 이 민족들은 중국의 한자문화(漢字文化)에 저항함과 아울러 자국의 언어를 표기하는데 적절한 문자를 찾기 위하여 노력하였고, 그 결과 몇 개의 새로운 표음문자들이 제정되었다. 북방 유목민족인 요(遼)와 금(金)도 건국 직후에 새로운 문자를 제정하였는데, 그 방법은 표의문자(表意文字)인 한자를 분해하여 의미와 발음을 표기하는 방법이었다.[*]

거란문자는 이렇듯 요나라 초기에 그들의 언어를 기록하기 위하여 탄생하였다. 한자와 위구르문자를 참고로 하여 만들어졌다고 하며, 거란대자(契丹大字)와 거란소자(契丹小字)로 나누어진다. 여기서 "대자"와 "소자"라는 말은 문자가 창제된 순서에 따른 구분에 불과하다. 두 글자 모두 표의(表意)와 표음(表音)의 성분이 섞여 있지만, 나중에 만들어진 소자가 대자보다 표음화가 훨씬 많이 진행된 것이 특징이다. 대자는 한자처럼 알파벳[**] 하나가 글자 하나를 이루고 외견상 한자의 형태를 그대로 유지한 경우도 많다. 그래서 문자 수가 많은 것이 특징이다. 소자는 이보다 발전하여 개별 알파벳을 단순화하여 그 수를 대폭 줄이고 한글처럼 알파벳 여러 개를 조합하여 글자를 만들고 그 글자들을 모아 단어를 구성하는 형식을 취하게 되었다. 현재까지 발견된 거란문자는 거란대자가 2천여 개, 거란소자가 4백여 개이며 이러한 거란문자가 기록된 애책(哀册)이나 묘지(墓誌)는 50여 건이 출토되었다.

거란어는 알타이어계에 속하여 우리말과 어순이 동일("주어+목적어+술어"의 순서)할 뿐만 아니라, 모음조화현상(vowel harmony)이 있고 부동사 등을 두고 있어 문법상으로는 별로 낯설지가 않은 언어이다. 특히 거란소자의 경우 한글과 유사한 점도 많이 나타나고 있어 우리에게 많은 유익한 정보를 제공해 줄 수도 있다. 그러나 지금은 사라져버린 고대의 언어와 문자를 연구한다는 것은 매우 고달프고 어려운 작업이며, 상당한 전문성을 필요로 한다는 점은 그 누구도 부인할 수 없는 사실이다.

이 장은 그러한 점을 감안하여 거란문자를 학습하거나 본 사전을 활용하려는 독자들에게 거란소자에 대한 최소한의 사전지식(事前知識)을 제공하여 이해의 폭을 보다 넓힐 수 있게 하려는 취지로 만들어진 것이다. 서술방식은 거란문자 연구의 사실상 기본서라고 할 수 있는 ≪거란소자연구(契丹小字研究)≫의 주요 내용을 근간으로 하고, 필요한 경우 관련 연구자료의 인용과 본 편저자의 견해 등을 보충하는 방법으로 써 내려갔음을 미리 밝혀둔다.

---

[*] 정광, 「契丹·女眞文字와 高麗의 口訣字」, 『日本文化研究』, 제36집(2010), p.416. 참조

[**] 거란대자는 약 2천개의 글자가 한자(漢字)처럼 독립적으로 사용됨에 반해, 거란소자는 4백 여개에 이르는 글자가 알파벳의 기능을 하는데, 중국의 거란문자 연구 학자들은 이 알파벳을 "원자(原字)"라고 호칭하여 현재까지 보편화되고 있으므로, 이 글에서도 그에 따르기로 한다.

1. 거란문자의 창제

(1) 개요. 거란은 10세기 초 요왕조(遼王朝)를 건립한 후에 국가발전 수요에 맞추고 민족의식을 고취할 목적으로 거란대자(大字)와 거란소자(小字)라는 두 종류의 문자를 순차적으로 창제하였다.[1]

거란문자 창제에 관한 가장 오래된 기록은 왕부(王溥)가 쓴 ≪오대회요(五代會要)≫이다. 그 책에는 "거란은 본래 문자가 없어 오직 나무에 새기어 이를 믿었는데, 거란에 들어온 한인들이 예서(隸書)의 절반을 가감하여 거란문자를 제작하였다"고 적고 있다. 그 얼마 후 구양수(歐陽修)의 ≪신오대사(新五代史)≫와 섭융례(葉隆禮)의 ≪거란국지(契丹國志)≫, 도종의(陶宗儀)의 ≪서사회요(書史會要)≫ 등에도 그러한 내용이 나온다. 원나라 때에 탈탈(脫脫)이 편찬한 ≪요사≫[2]에는 거란문자의 창제 과정을 대·소자로 나누어 보다 상세히 기록하고 있다.[3]

이상의 기록들을 통하여 명확히 알 수 있는 것은 거란문자는 두 가지 종류가 있으며, 먼저 거란대자가 태조 신책 5년(920)에 만들어졌고, 거란소자는 정확한 연대 기록은 없으나 전반적인 정황으로 판단해 볼 때 그 시기는 거란대자 창제 이후라는 것이다. 또한 문자 제작 과정에 한인의 참여가 있었을 뿐만 아니라 한자 등을 참조하여 제작하였다는 점이다.[4]

(2) 거란문자의 특징과 사서의 기록. 거란문자는 주로 한자의 자형을 직접 차용한 사례가 많다. 비록 한자와 완전히 같지는 않지만 그 형태나 필획의 방향은 한자에서 취하였으며 한자의 부수와도 매우 유사하다. 특히 거란대자는 한자와 매우 유사하다. 거란소자는 한자와 거란대자의 필획을 더 줄이고 자형을 개조하여 원자[5]를 만들고, 이러한 원자를 적개는 하나만으로 많게는 7개를 서로 이어 붙여 글자 하나를 만들곤 하였다.[6]

거란어의 표현방식에 대하여는 송나라 때 사람인 홍매(洪邁)가 쓴 ≪이견지(夷堅志)≫에 그 일부가 기술되어 있는데, "거란의 아이들은 처음 글을 읽을 때 먼저 거란어로 그 문구의 앞·뒤를 바꾸어 익히고, 한 글자를 가지고 두 세 글자로 사용한다"는 것이다.[7] 이 문헌은 거란의 어법관습을 사실적(寫實的)으로 기록한 유일무이한 자료인데, 거란어가 한어와는 문법구조가 다르고 뜻글자가 아닌 소리글자임을 설명해주고 있다.

2. 거란문자의 사용

거란자는 사용범위가 한정되어 ≪요사≫와 ≪금사≫ 열전 중에는 전기(傳記) 주인이 거란문자에 능통하지 못한 것을 지적하는 내용도 있다. 이는 거란문자가 당시에 일반백성들에게까지 보편적으로 사용되지 못하였을 뿐만 아니라, 심지어 관공서에서 조차도 거란문자에 능통하기가 쉽지 않은 고등학문이었음을 말해 준다.[8]

또 역사 기록에 따르면, "거란서적은 (외국 반출이) 매우 엄하게 금지되었으며, 중국으로 가져간 자는 법에 따라 사형에 처했다"[9]고 되어 있다. 요

---

1) 清格爾泰·劉鳳翥·陳乃雄·于寶麟·刑復禮 共著, ≪契丹小字研究≫, 中國社會科學出版社, 1985, p.2.
2) ① 신책 5년(920) 9월에 거란대자가 완성되자 조서를 내려 반포하여 시행하도록 하라고 하였다(권2 <태조기>). ② 질랄(迭剌)은 성격이 명민하였다. 회골(回鶻)의 사신이 왔는데 그와 말이 통하는 자가 없었다. 태후가 태조에게 '질랄이 총명하니 맡겨 보자'고 하여, 그를 보내 맞이하게 하였더니 그와 함께 20여일이 지나자 말과 글을 터득하였다. 그리하여 거란소자를 제정하였는데, 글자의 수는 적지만 기록하기에 충분하였다(권64 <황자표>).
3) 清格爾泰 외, 앞의 책, p.4.
4) 위의 책, p.5.
5) 한글의 "ㄱ"·"ㅏ" 등과 같은 기능으로 이해하면 된다.
6) 위의 책, pp.5~6.
7) "契丹小兒初讀書, 先以俗語顚倒其文句而習之, 至有一字用兩三字者。"(≪이견지≫, 중화서국 1971, p.514.). 예컨대 "鳥宿池中樹, 僧敲月下門"(새는 못 속의 나무에서 잠들고, 스님은 달빛 아래서 문을 두드리네)의 두 구절을 읽을 때에 "月明里和尚門子打, 水底里樹上老鴉坐"와 같이 풀어 말하는 식이다(清格爾泰 외, 앞의 책, p.3 참조).
8) 위의 책, pp.14~15.
9) "契丹書禁甚嚴, 傳入中國者法死。"(≪몽계필담≫ 권15).

대가 끝나면서 전란이 멈추지 않는 등의 원인도 있었으나, 사신들로 하여금 거란문자를 일절 보급하지 못하게 한 것이 후세에 급속히 인멸되는 원인으로 작용했다.[10]

요를 멸하고 금을 건국한 여진은 과거 오랫동안 거란의 통치하에 있었기에 거란문화의 영향을 비교적 많이 받았는데, 《금사》에는 금나라 건국 초기에 거란자를 모방하여 여진대자와 여진소자를 창제하였다는 기록까지도 상세히 나온다. 그러나 여진문자 창제 이후에도 일정기간 거란문자의 사용이 계속 허용되었다는 점에 주목할 필요가 있다. 금 장종(章宗) 명창(明昌) 2년(1191)에 "유사(有司)에게 명하기를 '지금부터 여진자로 한자를 직역하고 국사원의 거란자 기록 전담자를 폐하라'고 하였다"[11] 하며, 12월에 다시 조서를 내려 "거란자를 폐지하라"[12] 했다는 기록이 있다. 920년에 거란문자가 만들어져 1191년에 폐지되었으므로 거의 3백년이나 사용되었음을 알 수 있다.[13]

▲ 한자와 거란소자가 함께 새겨져 있는 《낭군행기》
(《契丹小字研究》에서 인용)

그러다보니 현재 발견된 거란소자 비각 중에서는 금나라 때에 새겨진 것도 4건이나 있다. 그 중 대표적인 것이 천회(天會) 12년(1134)에 제작된 《낭군행기(大金皇弟都統經略郎君行記)》 비문이다.

참고로 거란문자를 모방하여 만들어진 여진문자는 금나라가 멸망한 후 명나라 전기까지 동북 여진 사람들에 의하여 사용되었다.[14]

3. 거란문자 유물의 발견

일찍이 거란문자가 통용될 때에는 거란자를 이용하여 저술도 하고 한문서적의 번역도 적잖이 이루어졌다. 그러나 《요사》에서 "민간이 사사로이 문자를 간행하는 일을 금하였다"는 기록이 말해주듯 거란왕조가 서적에 대한 통제를 워낙 엄격히 하였고, 전쟁이 매년 계속되었기에 결국 지금은 거란문자로 된 서적은 단 한 권도 발견되지 않고 있다.[15]

또한 위에서 언급한 《낭군행기》가 거의 9백년간 줄곧 측천무후 묘 앞에 서 있었고 그 내용도 명청시대(明清時代) 이래로 다수의 중요한 금석학 저작물에 여러 차례 수록되었건만, 그 글자가 바로 거란자라는 사실은 아무도 알지 못하였다.[16] 따라서 대부분의 거란문자 자료는 모두 금세기에 출토되거나 발견된 금석문들이라 말할 수 있다.[17]

내몽고자치구 소오달맹 파림우기에 있는 와린망하(瓦林茫哈) 지역에 요대 경릉이 있다. 그 곳에는 요의 성종·흥종 및 도종 세 황제와 황후들이 안장되어 있는데 민국(民國) 초기에 지역 토호인 동리

10) 清格爾泰 외, 앞의 책, p.15.
11) "癸巳, 諭有司, 自今女直字直譯爲漢字, 國史院專寫契丹字者罷之."
12) "詔罷契丹字." (《금사》 권9 <장종본기>).
13) 清格爾泰 외, 앞의 책, p.4.
14) 孫伯君 저, 이상규외 역, 『금나라 시대 여진어』, 태학사 (2015), p.23.
15) 清格爾泰 외, 앞의 책, p.16.
16) 명대의 저명한 금석학자인 조함(趙崡)은 그의 저서 《석묵전화(石墨鐫華)》(1618)에 《낭군행기》 비문을 수록하였는데, 그 비석이 금나라 천회 12년(1134년)에 새겨졌기에 이를 여진글로 오인하였고, 이를 청대의 금석·고고학자들이 그대로 답습하였다가 1920년대에 와서 요 경릉애책이 발견된 직후에나 고쳐졌다.
17) 清格爾泰 외, 앞의 책, p.16.

엔(董廉)이 능을 도굴하였다. 당시 르허(熱河)에 있던 벨기에 선교사 케르빈(E. P. Louis Kervyn)이 그 소식을 듣고 1922년 6월 해당지역을 탐사하여 능묘 한 곳에서 문자가 있는 비석 4건을 발굴하였다. 그 중 2건은 한자이고 2건은 거란자이었는데, 그가 탁본을 뜨는 방법을 몰랐던 터라 5일간의 각고 끝에 드디어 초본을 완성하기에 이르렀다. 그는 그 다음 해에 불어로 작성된 ≪도종황제릉(道宗皇帝陵)≫[18]이란 글을 통하여 거란소자 인의황후(仁懿皇后) 애책(황제나 황후의 묘지명을 뜻한다)의 초본 사진을 ≪북경천주교잡지≫에 처음 발표하였다.[19]

▲ E. Louis Kervyn의 1905년 사진(劉鳳翥, ≪契丹文字研究類編≫, p.6에서 인용).

▶ Kervyn의 글이 실린 ≪북경천주교잡지≫ 영인본(일부)

그러자 이러한 소식에 많은 사람들이 관심을 가지게 되었다. 급기야 1930년 당시 르허성 주석의 아들인 탕주오롱(湯佐榮)이 인부를 동원하여 경릉을 발굴하였는데, 성종 능에서는 성종과 두 황후의 한문 애책이, 도종 능에서는 도종과 선의황후의 한문 애책과 거란문 애책이 각각 1조씩 나왔다.[20]

그는 발굴한 물품들을 청더(承德)에 있던 그의 사저로 옮겼는데, 그 당시의 정황을 기록한 글에 따르면, "당시 경비가 너무 삼엄하였기에 거란문 탁본 두 장을 몰래 뜨는 것도 힘들었다"고 한다.[21] 그것이 바로 도종황제와 선의황후 거란자 애책문의 최초 탁본인데, 다행스럽게도 원래의 비석이 여러 경로를 거쳐 지금은 랴오닝성 박물관에 안전하게 보존되고 있다.[22]

능묘에 수백년동안 매장되어 있던 거란문 비석이 마침내 발굴되자 학술계에는 큰 파장이 일었다. 일본의 시마다 코우(島田好)는 "요 제후(帝后)의 애책과 여타 발견은 참으로 세계적인 대발견이고 학계를 위한 커다란 복음이다"라고 하였고,[23] 고고학자 에가미 나미오(江上波夫)는 ≪동양고고학(東洋考古學)≫에서 이를 "고고학・역사학・언어학상의 중대 발견이며 동양학상의 대사건"이라 칭하였다.[24]

▲ 랴오닝성 박물관에 전시되어 있는 거란황제와 황후의 애책과 책개(武田和哉, <契丹文字墓誌の姿からわかること>, ≪Field+≫ 2012년 7월호, p.8에서 인용).

국내외 학자들에 따르면 현재까지 발견된 거란문 묘지의 수량은 약 50여 건인데, 그 중 다수가 거란소자 묘지로 전체 40건이 넘는다고 하며, 아직 학계에 발표되지 않은 것도 다수 있다고 한다. 그러나 최근 발견된 몇 건의 묘지에 대하여는 위작 논란이 한참이다. 중국사회과학원의 류펑주(劉鳳翥)가 이와 관련한 문제점을 체계적으로 지적하고 있

18) L. Kervyn, *Le tombeau de L'empereur Tao-tsong (1101) – Une découverte interéssante*. Le Bulletin Catholique de P'ekin. 118. 1923.
19) 清格爾泰 외, 앞의 책, pp.16~17.
20) 위의 책, p.17.
21) 劉振鷺, <遼聖宗永慶陵被掘紀略>, ≪藝林月刊≫ 제32기 (1932. 8.).
22) 清格爾泰 외, 앞의 책, p.17.
23) 島田好, 「林西遼陵石刻出土紀事」, 『書香』 제46호, 1933.
24) 清格爾泰 외, 앞의 책, p.17.

는데,25) 중국 내에서도 많은 논란이 있는 실정이다.26)

한편 이러한 중국대륙 북방의 유물과 달리 1990년대 초에는 남방지역인 윈난성(雲南省)의 바오산(保山) 지구에서도 거란소자가 기록된 원·명 시대의 묘비가 일부 발견되기도 하였다. 조사 결과 이들 묘비는 원나라 때에 몽고군에 의해 남방지역 정벌에 파견된 거란족 장수의 후예들의 것으로 판명되었다. 그 묘비들에는 **穴·仌·丙·夫·叔·十·九·芬·尺·太·杰·糸·火·丁·兮·芍·小·北·朱** 등의 여러 가지 거란소자가 새겨져 있다.27)

4. 거란문자에 대한 연구

1920~30년대에 요 경릉에서 거란소자 애책이 잇달아 출토되자 적잖은 학자들이 저술과 연구활동에 나섬으로써 "거란문자학"이라는 새로운 연구영역이 탄생되기도 하였다. 동 연구의 대표적 인물은 뤄푸청(羅福成), 왕징루(王靜如), 리딩쿠이(厲鼎煃) 등이다. 당시는 자료가 적었을 뿐만 아니라 출토 상황도 매우 혼란스러웠으므로 고증이나 해독작업은 매우 어려웠다. 초창기 거란문자 개척자들은 이런 상황에서 거란문자 연구의 첫발을 내디뎠다.28)

이들의 연구방법은 "비교법"이란 세 글자로 요약할 수 있다. 그것은 바로 ① 거란자 애책과 같은 한자 애책과의 비교, ② 개별 거란자 애책간의 비교, ③ 거란자 애책과 그 책개(애책의 덮개를 말한다)와의 비교, ④ 개별 거란자와 한문사서에 기록된 개별 거란어휘와의 비교29) 등을 말한다. 요컨대, 이러한 방식의 반복적 비교를 거쳐 글자와 단어의 뜻을 해석하고 발음을 추정해 내게 되었다.30)

이들 초창기 학자들의 연구작업은 칭걸타이(清格爾泰)·류평주31) 등 5인으로 구성된 "거란문자연구소조(契丹文字研究小組)"32)에 의해 집대성 되었는데, 그 최종 결과물이 바로 1985년에 출판된 ≪거란소자연구(契丹小字研究)≫이다.33) 그런 의미에서 국내의 저명한 한글학자는 이 책자의 발간을 거란문자 연구에 있어서 가장 중요한 사건이라고 평가하고 있다.34)

이러한 배경을 바탕으로 지금은 거란문자를 연구하는 이가 많이 늘어났는데, 주로 중국과 일본의 학자들이 중심을 이룬다. 중국에서는 류평주와 더불어 지스(即實)35)·류푸장(劉浦江)36)·우잉저37) 등이, 일본38)에서는 아이씬죠로 우라씨춘(愛新覺羅烏拉

---

25) 이와 관련해서는 ① 契丹小字 ≪蕭敵魯墓誌銘≫和≪耶律廉寧墓誌銘≫均爲贋品, ② 再論≪蕭敵魯墓誌銘≫爲贋品說, ③ 再論≪耶律廉寧墓誌≫爲贋品說, ④ 解讀契丹文字不能顧此失彼, 要做到一通百通 – 與吳英喆先生商榷[이상은 "劉鳳翥, ≪契丹文字研究類編≫ 제1권, 中華書局(2014)"에서 인용], ⑤ 契丹文字中的 "橫帳"(『유라시아 문명과 알타이』(2016)에서 인용] 등의 논문을 참조하라.

26) 류평주의 주장에 대하여는 내몽고대학의 우잉저(吳英喆)가 적극 반박하고 있다.

27) 윈난지역 거란후예에 대하여는 "孟志東, ≪雲南契丹後裔研究≫, 中國社會科學出版社(1995)"를 참조하라.

28) 清格爾泰 외, 앞의 책, p.21.

29) 거란자 자료와 관련 한자 자료를 가지고 내용 대조 및 고증을 실시하여, 어느 거란자와 어느 한자가 서로 연계되는지를 확정함으로써 글자의 뜻을 해독하는 방법이다.

30) 위의 책, pp.21~22.

31) 류평주는 80세를 넘은 노령임에도 불구하고 ≪契丹文字研究類編≫(2014), ≪契丹尋踪 – 我的拓碑之路≫(2016) 등 최근에도 많은 업적을 남기고 있으며, 국내외 학술활동에도 적극적으로 참여하고 있다.

32) 거란문자연구소조의 구성원은 칭걸타이(清格爾泰)·류평주·천나이쓩(陳乃雄)·위바오린(于寶麟)·씽푸리(邢復禮) 등이다.

33) 이들은 ≪契丹小字研究≫ 발간이전인 1977년에도 ≪內蒙古大學學報≫ 제2기와 제4기(거란소자연구 특별호)를 통하여 <契丹文字的研究取得重大進展>과 <關於契丹小字研究>라는 논문을 각각 발표한 바 있다.

34) 김주원, 「거란소자 연구의 첫걸음」, 『2015년 제2차 문자연구 학술대회 자료집』, 국립한글박물관 2015년, p.80.

35) 지스는 ≪謎林問徑 – 契丹小字解讀新程≫(1996)과 ≪謎田耕耘 – 契丹小字解讀續≫(2012) 등 거란소자 해독과 관련한 방대하고 깊이 있는 연구서적을 다수 발간하였다.

36) 류푸장은 2015년초 작고하였으며, 거란소자 어휘사전의 기능을 겸한 ≪契丹小字詞彙索引≫(2014)이란 이름의 대작을 남겼다.

37) 우잉저는 ≪契丹語靜詞語法範疇研究≫(2007), 『New Materials on the Khitan Small Script』(2010, Juha Janhunen와 공저), ≪契丹小字新發現資料釋讀問題≫(2012) 등의 연구서적을 발간했다.

38) 일본에서는 山路廣明, 村山七郎, 長田夏樹, 豊田五郎 등에 의하여 1940년대 이후부터 활발한 연구가 이루어져

熙春)39)・요시께 고이찌(吉池孝一)40)・오오다께 마사미(大竹昌巳) 등이 왕성한 연구활동을 하고 있다. 그러나 아직 이들 나라에서조차 거란문자 해독이 완전하지 못하고41), 묘지의 주요 내용, 특히 묘주의 인명・계보 등에 대하여는 학자들 간 견해차가 심할 뿐만 아니라 심지어는 동일 학자라도 연구시점별로 상당한 변화를 보이기도 한다.

▲ 류펑주가 최근 출간한 ≪契丹文字硏究類編≫의 표지 사진(모두 4권의 책으로 구성되어 있다)

그러면 우리나라의 경우는 어떠한가? 비록 일제

치하이긴 하지만 광복 이전에는 거란문자를 깊이 있게 연구하는 학자가 있었고 그의 이론적 타당성도 인정되었으나42), 아쉽게도 광복이후 그 명맥이 이어지지 않아 최근 수년 전까지만 해도 거란문자에 대한 연구 실적은 찾아보기가 어려웠다.

그러나 최근 들어 거란의 역사와 문자를 주제로 한 국제학술대회43)가 국내에서 개최되기도 하고, 비록 일부 학자에 한정된 점이 아쉽기는 하지만 거란어와 한국어의 관련성, ≪요사・국어해≫와 거란소자의 관직명 등에 대한 여러 연구성과44)들이 잇달아 발표되고 있는 점은 실로 고무적인 일이 아닐 수 없다.

또한 앞에서 거란어 연구의 기본서라고 소개한 바 있는 ≪거란소자연구≫(중국어판, 1985)가 2016년 초에 한글로 번역되어 출판45)되었다는 점도 거란문자 연구 방면에서는 나름대로 의의가 있는 일이라고 하겠다.

▲ ≪거란소자연구≫ 원본(위 좌측)과 필자의 한국어 번역본(위 우측)

오늘에 이르고 있다.
39) 아이씬죠로는 만주족으로 청나라 건륭제의 9대손(건륭의 다섯째 아들인 榮純親王 永祺의 직계)이다. 여진학・만학・몽고학의 권위자인 조부(金光平: 愛新覺羅恒煦)와 부친(金啓孮: 愛新覺羅啓孮)의 학문을 이어 받았으며, 현재 일본 학계의 여진문・거란문 관련 연구를 이끌고 있다. 그 중 거란문에 대하여는 『契丹語言文字研究』(2004)와 『遼金史與契丹・女真文』(2004)을 시작으로 『契丹文墓誌より見た遼史』(2006), 『愛新覺羅烏拉熙春女真契丹学研究』(2009), 『韓半島から眺めた契丹・女真』(2011), 『新出契丹史料の研究』(2012), 『契丹大小字石刻全釈』(2014), 『大中央胡里只契丹国』(2015) 등 많은 저작을 발표하였다.
40) 요시께는 최근 들어 『KOTONOHA』라는 학술잡지를 통하여 거란소자에 관한 많은 논문을 발표하고 있다.
41) 아이씬죠로에 의하면 현재 자신이 거란소자의 90퍼센트, 거란대자의 80퍼센트의 음가를 복원해 내었다고 한다(愛新覺羅烏拉熙春, 『韓半島から眺めた契丹・女真』, 京都大學學術出版會(2011), 머리말).
42) 辛兌鉉, 「契丹文哀册に就て」, 『青丘學叢』 28호(1937). 그의 거란소자 천간(天干) 오색설(五色說) 이론은 아직도 중국과 일본의 학자들로부터 주목을 받고 있다.
43) 한국몽골학회와 단국대학교 북방문화연구소 공동 주최로 2009.10.17. 개최된 『거란 연구의 현황과 연구 방향』 국제 학술대회가 그 대표적 예이다.
44) 이성규, <요사 국어해의 거란어 연구>, ≪몽골학≫ 제32호(2012년); <거란소자 서수사 연구>, ≪몽골학≫ 제44호(2016년) 등이 있다.
45) 김태경 옮김, 김위현 감수, 『유목민족이 남긴 미스터리－거란소자연구』, 예문춘추관(2016년).

5. 거란어와 거란소자의 특징

거란어는 알타이계 언어로서 우리말과 유사한 특징을 많이 가지고 있다. 예컨대 우리말과 동일한 어법구조, 즉 ① 문장이 '주어 + 목적어 + 술어'의 순으로 이루어지는 점, ② 모음조화현상이 존재하는 점, ③ 소유(소유격 조사)나 방향·위치를 나타내는 조사(향위격 조사) 등이 주로 명사·대명사의 뒤에 놓인다(즉, 전치사가 아닌 후치사로 쓰인다)는 점 등을 들 수 있다.[46] 이는 여타 언어, 특히 중원의 한어(漢語)와는 특별히 차이가 나는 부분이다.

또한 거란소자가 비록 그 원자를 한자의 필획에서 따오다 보니 글자 형태만을 볼때는 한자와 유사해 보이지만 실질적으로는 한글과 닮은 점이 많다. 각각의 알파벳이 고유의 발음을 가지고 있고, 이러한 알파벳이 여러 개 모여 하나의 글자를 구성하는 것 등이다.

그 뿐만 아니라 거란어는 역사적·지리적 영향 등으로 인하여 고대몽골어와 유사한 낱말이 매우 많지만, 명사나 형용사 같은 일반 낱말 중에서는 우리와 동일한 어원을 가진다고 볼 만한 것들도 적지 않게 찾아볼 수 있다. 예컨대, 이름을 뜻하는 "关化"[i.ir], 강이나 개천을 뜻하는 "乃"[mur], 송골매를 뜻하는 "又半夾"[ʃ.oŋ.ur], 오른쪽(바른쪽)을 뜻하는 "丹夲为夾"[b.ar.a.an], 처음(마수)을 뜻하는 "又冬"[m.as], 노랑(황색)을 뜻하는 "山"[niorqu] 등이 그것이다.[47]

이제부터는 이런 것과는 별도로 거란소자만이 가지고 있는 고유의 특성을 차례로 열거해 보고자 한다.

(1) **문자의 성격.** 거란문자는 한자의 필획을 이용해 창조해 낸 일종의 음절문자와 음소문자의 중간적 표음문자이다. 창제과정에서 위구르문자와 같은 여타 표음문자의 영향을 받았다는 기록도 존재한다.[48]

(2) **단체자와 합성자의 구분.** 거란소자는 어떤 경우 1개 원자만으로도 하나의 글자를 구성하는데 이러한 자를 "단체자(單體字)"라고 부른다. 어떤 것은 다수의 원자들을 결합시켜 하나의 글자를 구성하기도 하는데 이러한 자는 "합성자(合成字)"라 부른다. 어떤 원자는 단체자로만 쓰이기도 하지만, 그 외 대부분의 원자가 단체자와 합성자에 모두 사용된다.[49]

합성자는 적게는 2개에서 많게는 7개의 원자로 구성되는데, 그 배열순서는 일반적으로 좌에서 우로 2개씩 밑으로 내려온다. 만약 홀수로 구성되면 마지막 원자는 아래쪽의 중간에 위치하게 된다. 그 구체적 형식은 다음과 같다.[50]

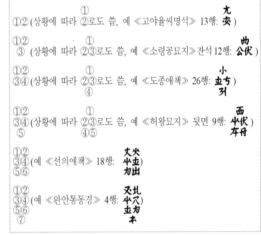

참고로 어떤 글자는 단체자인지 아니면 2개의 원자로 구성된 합성자인지가 불분명하여 학자간의

46) 거란어의 문법적 특징에 대하여는 "大竹昌巳, 「契丹語形容詞の性·数標示体系について」(『京都大学言語学研究』 제35호, 2016)"의 각주1에 일목요연하게 정리되어 있다.

47) 한국어와 거란어의 일반적인 관련성에 대하여는 이성규의 「고구려, 발해, 거란 문자와 상호 연관성 연구」(『다문화 융합의 만주지역 고문자연구 및 자료개발』, 2012)와 「거란소자 표기 단어와 한국어의 비교 연구」(『북방문화연구』 제4권, 2013)를 참조하라.

48) 淸格爾泰 외, 앞의 책, p.147.

49) 위의 책, p.147. 참고로 개별 원자가 ① 단독으로만 사용되는지, ② 합성자에만 사용되는지, 아니면 ③ 단독으로 또는 합성자에 모두 사용되는지에 대한 구분은 위의 책의 pp.81~109에 자세히 정리되어 있다.

50) 위의 책, pp.147~148.

의견이 분분한 것도 있다.[51]

(3) 글 쓰는 방식과 서체. 거란소자는 고대 한자나 한글과 마찬가지로 위에서 아래로 곧게 써 내려가고, 오른쪽에서 왼쪽으로 줄을 바꾼다. 첩어중의 뒷 글자는 두 점(ㆍ)을 찍어 표시하기도 하는데, 예컨대 "丸ㆍ"는 "丸丸"을 표시하는 것이다.[52]

거란소자도 전서·해서·행초서 등 서체의 구별이 있다. 전서는 황제나 황후의 애책 덮개(哀冊蓋)에서 보이고, 해서와 행초서는 책문(哀冊의 誌文)·묘지(墓誌)와 기타 자료 등에 나타난다.[53]

(4) 음소와 음절. 거란소자의 원자 중에서 어떤 것은 음소를, 어떤 것은 음절을 나타낸다. 동일한 원자도 그 출현 위치에 따라 어떤 때에는 음소를, 어떤 때에는 음절을 나타내기도 한다. 따라서 하나의 합성자를 구성하는 원자의 수가 반드시 그 글자의 음소 또는 음절 수와 일치하지 않을 수 있다. 특히 거란소자는 음절을 만들 때 개음(介音)[54]을 사용하거나 같은 음을 가진 원자들을 반복시키므로 원자의 조합 결과가 종종 개별 원자의 음을 단순히 합친 것과 다르게 되며, 실제 발음도 글자 수보다 줄어들게 된다. 예컨대 다음과 같다.[55]

쌰욲夬	"락(洛)"	[l]·[au]·[u] → [lau]
丙屯夬	"우(右)"	[i]·[ou]·[u] → [iou]
夭为夹	"산(山)"	[ʃ]·[a]·[an] → [ʃan]

또한 자음을 표시하는 거란원자는 일반적으로 중앙모음 [ə] 하나씩을 가지고 있기 때문에 엄격히 말하자면 순수한 자음이 아니다. 그리고 원자가 같은 원자에 연결되어 발음이 결합될 때 이 중앙모음은 종종 하나의 개음이 되어 다른 모음에 융합되어 버린다.[56]

(5) 동일음 복수글자의 존재. 거란소자가 완벽한 표음문자가 아니다 보니 모음이든 자음이든지를 막론하고 모두 "동일음 복수글자" 현상이 있다. 예컨대 다음과 같다.[57]

[i]	夬~洧~丂		[iɑn]	丹~並
[p]	丹~付		[tʃ]	孑~引
[ai]	丯~市~余~朵			
[t]	夲~令~久~六			
[u]	仐~尺~夂~爻			
[uŋ]	屮~凡~太(火)			

또한 거란소자가 초보적 표음문자에 해당하므로 동일한 단어나 글자가 다른 글자의 형태로 나타날 수도 있다. 예를 들면 다음과 같다.[58]

인(仁)	亜仐化山~亜廾化山	감(監)	凡斗~凡斗苂~乃
전(殿)	夵文夯~令文夯	신(臣)	朴朳~朴雨
검(檢)	凡夵~凡文夵	상(尙)	冊夵~朴夵~夭夵
성(聖)	夭夵~夭闬~夭苂肙		
원(院)	英夯~夯公~伴公		
장(將)	仐卌~仐卌~仐並		
대(大)	久卆~六卆~夬~夵卆		

(6) 한어차사의 전사. 한어차사(漢語借詞)를 거란어로 전사할 때, 어떤 한어 음은 거란어에 없으므로 종종 유사한 음을 대표하는 원자를 가지고 표기하기도 했다. 그 예를 들면 다음과 같다.[59]

---

51) 예컨대, "복(福)"을 나타내는 표의글자인 "搽"[qutug]라는 글자에 대하여 아이씬죠로는 이를 단체자로 보고 있는 반면(愛新覺羅烏拉熙春, <契丹古俗 「妻連夫名」與「子連父名」>, ≪立命館文學≫, 2007), 류푸쟝 등 여타 학자들은 이 글자를 단체자가 아닌 "夰"(원자번호 335)와 "搽"(원자번호 277)의 합성자로 보고 있다(劉浦江외, ≪契丹小字詞彙索引≫, 2014).

52) 淸格爾泰 외, 앞의 책, p.148.

53) 위의 책, p.148. 참고로 거란소자 묘지의 서법(書法)에 대한 자세한 내용은 "羅春政, ≪遼代書法與墓誌≫(遼寧畵報出版社, 2002) p.39" 이하를 참조하라.

54) 개음(介音)은 글자중 주된 모음 앞에 있는 i, u, ü 모음을 말한다.

55) 淸格爾泰 외, 앞의 책, pp.148~149.

56) 위의 책, p.149.

57) 위의 책, p.149.

58) 위의 책, p.150.

朴札 [tʃ.ən] — 신(臣)　　**叐圡** [ʃ.ou] — 수(守)

(7) **모음조화 현상과 성별(性別)의 존재.** 거란어에도 모음조화현상이 존재한다. 이 현상은 혀 위치의 앞뒤에만 관련된 것이 아니고 입술형태가 둥글거나 펴지는 것과도 관련이 있다.[60]

거란어의 관형어는 수식되는 단어가 다를 경우 그 어미에도 변화가 생겨난다. 형태변화가 생겨나는 주요 원인은 수식되는 단어의 성별과 밀접한 관련성이 있는데, 예컨대 어미 "**ㄨ**"는 남성을 수식하고, "**与**"는 여성을 수식한다. 이를 볼 때 거란어 안에 "성(性)"을 구분하는 어법이 존재할 가능성은 매우 크다.[61]

(8) **부가성분의 존재.** 부가성분[62]은 일반적으로 어간에 붙여 쓰는데, 몇 개의 부가성분을 붙여 쓸 필요가 있을 때에는 순서가 차츰 증가하여 결국은 매우 복잡한 합성자가 만들어지게 된다.[63]

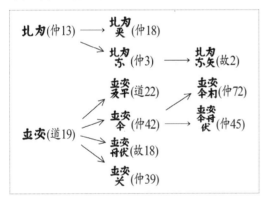

6. 시사점

이상으로 거란소자를 처음 접하거나 본격적으로 관련 연구를 하고자 하는 독자들이 참고할 수 있

도록 거란어와 거란소자의 개략적인 특징을 소개하였다. 그러나 거란문은 아직도 연구과정에 있고, 비록 해독되었다 하더라도 학자들의 의견이 분분한 경우가 많을 뿐만 아니라 사서의 내용과도 차이가 나는 것들이 허다하다. 그 외에도 거란문을 사용한 시기가 중원으로 치자면 오대(五代)로부터 송(宋)나라까지인데, 당시에 북방에 있던 거란인들이 한자어 발음을 거란소자로 어떻게 표현하였는지도 중요한 관심거리일 수 있다. 따라서 이 장에서는 우리 독자들이 거란소자를 접함에 있어 추가로 염두에 두어야 할 것들을 몇 가지 정리해 보고자 한다.

(1) **거란소자의 창제 및 사용 시기.** 《요사》에 따르면 태종 천찬 3년(924) 또는 4년(925)에 거란소자가 창제되었다고 되어 있다. 그러나 현재 우리가 접할 수 있는 거란소자 묘지 등 유물은 대부분이 11세기 중반 이후에 제작된 것이라는 점을 주목해야 한다.[64] 따라서 《요사》의 내용이 정확하다면 문자 제작이 완료된 10세기 요대 전기에는 거란소자의 사용은 그다지 광범위하지 않았을 수 있는 것이고[65], 만약 그렇지 않다면 《요사》에 있는 거란소자 창제와 관련한 기록이 현실을 제대로 반영하지 못한 것일 수도 있다고 보아야 한다.

(2) **당시의 한자어 발음.** 거란소자로 표기된 한자어 발음을 통하여 당송시대 중국 동북지역의 한자어 발음을 추정해 볼 수 있다. 초기의 거란소자 연구 학자들은 거란소자 비문과 한자 비문을 비교하면서 주로 《중원음운(中原音韻)》[66]이라는 운서

---

59) 위의 책, p.149.

60) 위의 책, p.151.

61) 吳英喆, <契丹小字 "性" 語法范畴初探>, 《内蒙古大学学報(人文社会科学版)》 제37권 제3기(2005), p.25.

62) 조사, 후치사, 어미 또는 접미사 등을 통칭하여 사용하는 말이다.

63) 清格爾泰 외, 앞의 책, p.151.

64) 애책(哀冊)의 원석이 없어 비록 초본에 의해 확인된 것이지만 시기적으로 가장 이른 것은 흥종황제 애책(哀冊)이 제작된 청녕(清寧) 원년(1055)이다.

65) 愛新覺羅烏拉熙春, 「契丹文字の主な資料源」, 『2010년도 문명아카이브 해제 프로젝드』, 서울대학교 중앙유라시아연구소(2010), p.1.

66) 《중원음운》은 1324년 주덕청(周德淸)이 편찬한 것으로 현존하는 최초의 곡운 운서(曲韻韻書)이다. 13~14세기의 북방어 관화의 음운체계를 대표하며, 당시의 북방에 현존하고 있던 언어를 근거로 분류한 것이다(孫伯君 저, 이상규외 역, 앞의 책, pp.64~65 참조).

(韻書)를 참조하여 한자의 중고음(中古音)을 추정하였다. 그 책에 따르면 당시의 한자어 발음은 지금의 중국어 발음과는 상당히 다른 점이 있고, 일부는 현재의 우리나라의 한자어 발음과 일치하기도 한다. 예컨대 "삼(三)"의 현대 한자어 발음은 [sān]임에 반하여, 《중원음운》에 기록된 당시의 발음은 현재 우리의 발음과 동일한 [sam]이었으며,[67] 거란인들도 " 乃"이라고 쓰고 [sam]으로 읽었던 것이다. "금(金)"·"감(監)"·"검(檢)" 등도 상황이 거의 이와 유사하다. 이렇듯 거란소자를 통해서 약 1천년전의 중국, 적어도 동북지역에서는 상당수의 한자어 발음이 현재 우리의 한자 발음과 매우 유사하였음을 발견할 수 있다.[68]

(3) 한글 창제와의 관련성. 역사적으로 한글과 거란소자의 관련성에 대한 명확한 기록을 찾을 수는 없다. 한글 창제에 즈음하여 1444년 최만리 등이 훈민정음 관련 상소문에서 한자를 비롯하여 몽골·서하·여진·일본·티베트 등 아시아에서 제정되고 사용된 문자들을 언급하고 있다. 그런데 여기에 거란자에 대해서는 일절 언급이 없다.[69]

그렇지만 거란자와 한글의 관련성을 전혀 부정할 수는 없다.[70] 자음과 모음을 나타내는 개별 알파벳들을 조합하여 정방형의 글자 하나를 만들고 이러한 글자들을 모아 단어를 구성하는 거란소자의 철자 방식은 한글의 그것과 아주 유사한데, 같은 알타이계 언어 중에서도 찾아보기가 매우 드문

사례라 할 것이다. 예컨대 앞서 언급한 "삼(三)"을 가지고 거란소자와 한글을 비교해 보면 그 표기방식의 유사성에 놀라움을 금치 않을 수 없다. 이런 부분은 관련분야 연구를 진행하면서 하나씩 규명해 나가야 할 것이다.

(사례) **거란소자와 한글의 철자방식 단순 비교**

구분	알파벳	글자	발음	의미
거란소자	(이미지) [s] [a] [am]	(이미지)	[sam]	한자 三
한글	ㅅ ㅏ ㅁ [s] [a] [m]	삼	[sam]	한자 三

(4) 거란소자 인명(人名)의 해독. 앞서 언급하였듯이 거란소자 인명은 학자들마다 표현방식이 다르다. 예컨대 우리가 이미 익숙하게 알고 있는 소배압(蕭排押, ?~1023)[71]의 경우 자(字)가 "한녕(韓寧)" 또는 "한은(韓隱)"의 2가지인데, 이는 그의 자(字)로 사용된 " 伏" [qa.an.in]이 여러 가지로 해독(同音異譯)되기 때문이다. 그러다 보니 지금도 어떤 학자는 이를 "한녕"으로, 어떤 학자는 이를 "한은" 또는 "한눌(韓訥)" 등으로 달리 해독하고 있는 실정이다.[72]

또한 거란의 경우 아내가 남편의 자(字)를 이어 받거나(妻連夫名) 장자(長子)가 부친의 자(字)를 이어 받아(子連父名) 이름을 짓는 풍습이 있어 이에 대하여도 충분한 주의를 기울여야 한다.[73]

(5) 거란소자 묘지 자료의 정확도. 거란소자를 연구하면서 자주 접하는 문제가 묘지(墓誌) 탁본의 진위 여부와 초본 내용의 오류 문제이다. 앞서 언

---

67) 《중원음운》에는 "毶·監咸"이라 표기되어 있어 [sam]으로 읽는다.

68) 이와 관련한 보다 상세한 내용은 "淸格爾泰 외, 앞의 책, pp.81~109"를 참조하라.

69) 김주원, 「한글과 거란소자에 관한 단상－Wylie(1860)에 나타난 한글과 거란소자 비교에 대한 논평」, 『건지인문학』 제8집(2012), p.91.

70) 이와 관련해서는 "Wylie, A., *On an Ancient Inscription in the Neu-chih Language*, The Journal of the Royal Asiatic Society of Great Britain and Ireland 17, 1860."와 "Nicolas Tranter, *The 'Ideal Square' of Logographic Scripts and The Structural Similarities of Khitan Script and Han'gŭl*, Pathways into Korean Language and Culture, 2002."를 참조하라.

71) 고려 원정에 여러 차례 참가하였으므로 『고려사』에도 자주 언급되어 있다. 《요사》 권88에 그의 전이 있으며, 소손녕(蕭遜寧, 이름은 恒德)이 그의 동생이다(愛新覺羅烏拉熙春·吉本道雅, 『韓半島から眺めた契丹·女真』, 京都大學(2011년), p.55 참조).

72) 해당 사례에 대하여는 이 사전의 "** 伏**" 부분을 참고하라.

73) 이에 대한 자세한 내용은 "愛新覺羅烏拉熙春, 『愛新覺羅烏拉熙春女真契丹学研究』, 松香堂(2009), pp.139~160"을 참조하라.

급한 일부 묘지의 위작 논란74)을 제외하더라도, 거란소자 묘지 자료가 적시에 투명하게 외부에 공개되지 아니하다 보니, 일부는 사진이나 희미한 탁본만을 근거로 연구함으로써 표음문자의 철자가 거란어의 모음조화에 어긋나 버려 단어의 해독을 불가능하게 만드는 일이 발생한다는 것이다.75)

또한 묘지 초본의 오류도 거란소자 연구의 커다란 장애물이다. 물론 묘지를 제작할 당시에 석각(石刻) 과정에서 일부 오류도 있을 수 있지만, 대부분이 초본 작성시에 발생한 오류이다. 이러한 오류를 묘지 원본과의 대조 없이 그대로 이용하다 보니 오류내용이 그대로 굳어진 채로 여러 학자의 논문에서 동일하게 나타나는 경우가 허다하다. 그나마 다행스런 것은 랴오닝사회과학원 역사연구소(遼寧社會科學院 歷史研究所)의 지스가 개별 묘지들을 일일이 교감하여 교초본과 교감본으로 나누고 그 결과를 석독자료(釋讀資料)에까지 반영하는 노력을 기울여 줌에 따라 후학들과 관련 연구자들에게 커다란 도움이 되고 있다.76)

7. 맺음말

국내에 제대로 된 연구서나 대학 커리큘럼 하나 없는 황무지 같은 환경에서, 외국 학자들이 발표한 자료만을 가지고 거란소자를 체계적으로 연구한다는 것은 참으로 어려운 일이다. 그러나 다른 한편으로 보면 우리는 이미 거란어와 유사한 계통의 어법 및 음운체계를 가지고 있어 그 문자에 대한 이해도나 접근성이 남다를 수 있고, "거란"이라는 민족과도 이미 오래전에 교류를 가진 바 있어 역사적인 면에서도 이질감이 덜한 편이다. 이는 관련 연구에 있어 그 무엇보다 장점으로 작용될 수 있는 요인이다.

우리가 앞서 적시한 제반 요소와 거란소자의 특징들을 염두에 두고 차근차근 연구를 진행해 나간다면 머지않아 "거란문자의 체계적 해독"이라는 소기의 성과를 달성할 수 있을 것이다. 그리하여 ≪요사≫나 ≪거란국지≫ 등에 국한된 일부 한문사료의 역사 기술상의 한계를 벗어나고 그 흠결을 충분히 보충해 나갈 수 있으리라고 본다.

---

74) 제25번 각주를 참조하라.
75) 아이씬죠로는 이를 "묘지 자료의 인위적인 은폐"라고 주장하고 있다(愛新覺羅烏拉熙春 외, 앞의 책, p.271 참조).
76) 지스의 저작물은 제35번 각주 내용을 참조하라.

참 고 문 헌

김주원, 「한글과 거란소자에 관한 단상－Wylie(1860)에 나타난 한글과 거란소자 비교에 대한 논평」, 『건지인문학』 제8집(2012).

───, 「거란소자 연구의 첫걸음」, 『2015년 제2차 문자연구 학술대회 자료집』, 국립한글박물관, 2015.

大竹昌巳, 「契丹語形容詞の性·数標示体系について」, 『京都大学言語学研究』 제35호, 2016.

島田好, 「林西遼陵石刻出土紀事」, 『書香』 제46호, 1933.

羅春政, ≪遼代書法與墓誌≫, 遼寧畵報出版社, 2002.

孟志東, ≪雲南契丹後裔研究≫, 中國社會科學出版社, 1995.

孫伯君 저, 이상규외 역, 『금나라 시대 여진어』, 태학사, 2015.

辛兌鉉, 「契丹文哀冊に就て」, 『青丘學叢』 제28호, 1937.

愛新覺羅烏拉熙春, 「契丹古俗 "妻連夫名" 與 "子連父名"」, 『立命館文學』, 2007.

───────, 『愛新覺羅烏拉春女真契丹学研究』, 松香堂, 2009,

───────, 「契丹文字の主な資料源」, 『2010년도 문명아카이브 해제 프로젝트』, 서울대학교 중앙유라시아연구소, 2010.

───────·吉本道雅, 『韓半島から眺めた契丹·女真』, 京都大學, 2011.

吳英喆, <契丹小字 "性" 語法范畴初探>, ≪内蒙古大学学報(人文社会科学版)≫ 제37권 제3기, 2005.

劉振鷺, <遼聖宗永慶陵被掘紀略>, ≪藝林月刊≫ 제32기, 1932.

劉浦江·康鵬, ≪契丹小字詞彙索引≫, 2014.

이성규, 「고구려, 발해, 거란 문자와 상호 연관성 연구」, 『다문화 융합의 만주지역 고문자연구 및 자료개발』, 2012.

───, 「거란소자 표기 단어와 한국어의 비교 연구」, 『북방문화연구』 제4권, 2013.

정광, 「契丹·女眞文字와 高麗의 口訣字」, 『日本文化研究』, 제36집, 2010,

清格爾泰·劉鳳翥·陳乃雄·于寶麟·刑復禮 共著, ≪契丹小字研究≫, 中國社會科學出版社, 1985.

L. Kervyn, *Le tombeau de L'empereur Tao-tsong (1101) － Une découverte interéssante*. Le Bulletin Catholique de P'ekin. 118. 1923.

Nicolas Tranter, *The 'Ideal Square' of Logographic Scripts and The Structural Similarities of Khitan Script and Han'gŭl*, Pathways into Korean Language and Culture, 2002.

Wylie, A., *On an Ancient Inscription in the Neu-chih Language*, The Journal of the Royal Asiatic Society of Great Britain and Ireland 17, 1860.

거란소자의 발음

거란소자 발음 표기에 대한 설명

사라진 언어인 거란소자(契丹小字)의 발음을 정확히 추정해 낸다는 것은 정말 힘든 일이다. 요나라가 금나라에게 망한지 이미 9백년이 되었고, 그 이후 서요(西遼)나 금나라가 거란문자를 일정기간 사용하였다 하여도 이미 8백년 전의 일이기 때문이다. 또한 당시 요나라 정부가 정책적 목적으로 거란책자의 대외반출을 엄격히 금지하였던 터라 지금 우리는 거란소자로 된 서책 하나도 발견하지 못하는 것이 현실이다.

그러다보니 거란소자를 구성하는 개별 원자(原字)의 추정음이 연구하는 학자마다 각기 달라 그 중 어느 것이 정확하다고 결론 내리기가 쉽지 않고, 또한 같은 발음이라 하더라도 시대의 변화와 표기방식에 따라 다른 원자를 사용하는 경우도 많았음이 여러 자료에서 발견된다. 따라서 이 사전에서는 사전제작 본래의 취지를 살려 각 원자별로 학자들이 발표한 연구결과를 대부분 수록하였으며, 독자들의 활용 편의를 위하여 다음과 같은 원칙에 의하여 발음을 표기하였음을 알려 둔다.

① 우선 독자들이 거란소자 발음에 대한 연구결과를 한 눈에 알 수 있도록 대표 학자들이 추정한 발음들을 ≪거란소자 원자(原字) 발음표≫에 비교·정리하였다. 비교에 사용된 자료는 다음과 같다.

- 清格爾泰외(1985) : 清格爾泰·劉鳳翥·陳乃雄·于寶麟·刑復禮, ≪契丹小字研究≫, 中國社會科學出版社, 1985.
- 即實(1996) : 即實, ≪謎林問徑－契丹小字解讀新程≫ 遼寧民族出版社, 1996.
- 即實(2012) : 即實, ≪謎田耕耘－契丹小字解讀續≫ 遼寧民族出版社, 2012.
- 清格爾泰(1997) : 清格爾泰, <契丹文字研究近況(蒙文)>, ≪語言文字論集≫, 內蒙古大學出版社, 1997.
- 劉鳳翥(2005) : 劉鳳翥, ≪遍訪契丹文字話拓碑≫ 華藝出版社, 2005.
- 劉鳳翥(2014) : 劉鳳翥, ≪契丹文字研究類編≫, 中華書局, 2014.
- Cane(2009) : Daniel Kane, The Kitan Language and Script, London: Brill, 2009.
- 吳英喆 & Juha(2010) : Wu Yingzhe and Juha Janhunen, New Materials on the Khitan Small Script: A Critical Edition of Xiao Dilu and Yelü Xiangwen, Global Oriental, 2010.
- 愛新覺羅(2012) : 愛新覺羅烏拉熙春, <契丹小字の音価推定及び相関問題>, ≪立命館文學≫ 제627호(2012).

② 원자의 발음은 국제음성기호를 사용하였고, 각 글자(또는 단어)에 있어서는 그 글자를 구성하는 개별 원자들(글자별로 1~7개의 원자가 사용됨)의 발음 사이에 구두점(.)을 사용하여 앞뒤 발음을 서로 구분하였다.

③ 참고로 이 사전 본문에 나오는 개별 원자의 발음은 편저자가 서문에서 밝힌 바와 같이 주로 아이씬죠로(愛新覺羅) 교수가 추정한 발음을 사용하였다. 다만, 특정 단어를 해독한 학자가 1명 뿐일 경우 그 단어에서 만큼은 그가 주장한 발음을 단독으로 사용하거나 부기하였다.

④ 발음에 대한 연구결과가 아직 학계에 발표되지 아니하였거나, 묘지명(墓誌銘) 등이 파손되어 원자의 형태를 알 수 없는 경우("□"로 표기됨)에는 발음부분에 "[?]" 표식으로 대체하였다.

거란소자 원자(原字) 발음표

No.	원자	清格爾泰외 (1985)	即實 (1996)	即實 (2012)	清格爾泰 (1997)	劉鳳翥 (2005)	劉鳳翥 (2014)	Cane (2009)	吳英喆 & Juha (2010)	愛新覺羅 (2012)	이 사전에서 사용한 발음
1	一	[xɔi](?)	[xɔi]								[xɔi]
2	丁	[tɕyr](?)	[kʻʊri]								[kʊri]
3	丂		[jɑːm](?)					[tś]		[hua]	[hua]
4	承	[tʃa, tʃag]	[tʻakʻan]							[su]	[su]
5	承		[tʻakʻag]				[su]				[su]
6	承									[nior]	[nior]
7	亞	[naim]			[nɑimʊ]					[niæm]	[niæm]
8	亞		[nɑimʊ]								[niæm]
9	叾										[?]
10	叒										[?]
11	叐	[ɑn]	[ɑn]		[ɑn]	[ɑn]	[ɑn]	[an]	[an]	[an]	[an]
12	夭										[?]
13	夾		[iou]								[iou]
14	亙	[xu]	[kur]		[g]			[hur]	[húr]	[qur]	[qur]
15	乑	[tʃau, tsau]	[tʃau]		[tʂau]	[ʃtso]	[tʂau]	[jau]	[jau]	[dʒau]	[dʒau/tʃau]
16	帀	[p, po]		[tʻi]		[tɑ]	[tə]	[od]	[od]	[ad/od]	[ad/od]
17	甬		[sai]			[tə/tʂhu]	[tə/tɑ]	[so]		[do]	[do/sai]
18	甬	[in]			[in]	[in]	[in]	[in]	[in]	[in]	[in]
19	丙	[iou]			[iou]	[iou]	[iou]	[iu]	[iu]	[jo/ju]	[jo/ju]
20	万	[i, j]	[ji]		[i]	[ie]	[i/jïa]	[ei]	[y]	[j/əi]	[j/əi]
21	甪	[muo]			[mo]			[mo]	[mo]	[məgə/mə]	[məgə/mə]
22	甯	[tʂʻ]	[tʃʻu]		[tʂʻ]		[tʂhu]	[cau]	[cau]	[tʃau/tʃ]	[tʃau/tʃ]
23	甶		[im]?					[iu]		[al/ar/ær]	[al/ar/ær]
24	而							[er]			[er]
25	西							[xi]		[dʒu]	[dʒu/xi]
26	乇	[mɑs]	[ɔmʊ]				[mɑs]			[am]	[am/mɑs]
27	乇			[ɔmʊ]			[mɑs]				[mɑs]
28	戈	[ʃ]			[ʃ]	[ʃi]	[ʃi]	[s]	[sh]	[ʃ]	[ʃ]
29	王	[tʻau]			[tʻau]	[thau]	[thau]	[tau]	[tau]	[tau]	[tau]
30	王			[tʻawʊ]	[tʻau]		[thau]		[tau°]	[tud]	[tud]
31	丂	[tsʻi]	[tʃʻe]		[tsʻiəi]		[tɕhi]	[ts]		[tʃ/s-]	[tʃ]
32	天							[ten]			[ten]
33	禾	[is]			[is]	[is/si]	[is/si]		[is]	[is/s-]	[is/s-]

원자 발음표

No.	원자	清格爾泰외 (1985)	即實 (1996)	即實 (2012)	清格爾泰 (1997)	劉鳳翥 (2005)	劉鳳翥 (2014)	Cane (2009)	吳英喆 & Juha (2010)	愛新覺羅 (2012)	이 사전에서 사용한 발음
34	禾			[isu]	[is]		[is/si]		[is°]		[is]
35	丞			[au]						[dʒalqu](?)	[dʒalqu]
36	北	[xu]			[xu]	[xu]	[xu]	[xu]	[xu]	[hu]	[hu/xu]
37	玍	[ti]			[ti]	[ti]	[ti]	[di]	[di]	[di]	[ti]
38	厄					[ṛi]	[ṛu]		[zhi]	[ha]	[ha]
39	卂							[kai]			[kai]
40	十	[ör](?)	[uru]								[uru]
41	卡	[der]	[tər]		[der]	[tur]	[s/der]	[ka]	[su]	[su/us]	[su/us]
42	土									[hʊʃ]	[hʊʃ]
43	击									[ma]→[mʊd]	[mʊd]
44	屯										?
45	支										?
46	亐								[horˣ]		[hor]
47	甬	[xol]	[kɑl]			[həlu]	[həlu]	[hor]	[hor]	[qar/qaru], [har/haru]	[qar/qaru], [har/haru]
48	牛							[nen]		[hʊl/hʊr]	[hʊl/hʊr]
49	市	[ai]			[ai]	[ai]	[ai]		[ai]	[ai]	[ai]
50	夹		[lai]					[li]		[ul]	[ul]
51	业	[ɣɑ]			[ɣɑ]	[ɣɑ]	[ɣɑ/ɑ]	[ha]	[ha]	[ha/a]	[ha/a]
52	盂		[tʃˤɔg]				[tərə]			[tʃu]	[tʃu]
53	㐀	[xɑ]			[xɑ]	[xɑ]	[xɑ]	[qa]	[qa]	[qa/qã]	[qa/qã]
54	木							[mu]			[mu]
55	本										?
56	朩										?
57	朶	[xuo]				[ɣɑ]	[he]	[xo]	[xo]	[ho]	[ho]
58	利							[mi]			[mi]
59	杏	[un/unj]	[mu:r]	[une]	[un/unj]	[ni]	[ni]	[uni]	[uni]	[un/uni]	[un/uni/ni]
60	寸		[k'o](?)					[ke]	[bai]		[bai]
61	叿			[pai]			[pɑi]	[ke]	[bai]	[bai]	[bai]
62	並	[iaŋ]	[əŋ]		[iaŋ]	[iaŋ]	[iaŋ]	[iaŋ]	[iáng]	[jaŋ]	[iaŋ]
63	庲	[un/unj]	[uni]		[un/unj]					[ur]	[ur]
64	皮							[lu]	[lu]		[lu]
65	夾										?
66	土							[tu]		[mə]	[mə]
67	㪟	[ou]			[ou]	[ou]	[ou]	[eu]	[eu]	[əu]	[əu]

원자 발음표

No.	원자	清格爾泰외 (1985)	即實 (1996)	(2012)	清格爾泰 (1997)	劉鳳翥 (2005)	(2014)	Cane (2009)	吳英喆 & Juha (2010)	愛新覺羅 (2012)	이 사전에서 사용한 발음
68	仇	[us]	[ous]			[us]	[us]	[us]	[us]	[us]	[us]
69	夫	[ri]	[lig]		[li/ri]	[li]	[li]	[li]	[rí]	[ali]	[ali]
70	朱	[v]			[v]	[w]	[v]	[w]	[w]	[v/w]	[w]
71	朱	[uaŋ]			[uaŋ]	[uaŋ]	[uaŋ]	[oŋ]	[ong]	[uaŋ]	[uaŋ]
72	为	[dəu]		[tɔ]	[dəu]			[deu]		[dor]	[dor]
73	劳	[en]			[en]	[au]	[an]	[ên]	[ên]	[en]→[æn]	[æn/en]
74	卉	[t'el]	[t'el]			[thil]	[thiel]	[tir]	[tir]	[tæl]	[tæl/tel]
75	主	[ɣuaŋ]			[uaŋ/ɣuaŋ]	[ɣuaŋ]	[ɣuaŋ]	[hoŋ]	[hong]	[huaŋ]	[huaŋ]
76	扎	[g/ɣ]		[kəl]	[g]	[e]	[e/u/ulu]	[ho]	[ho]	[ur]	[ur]
77	北									[bur/bor]	[bur/bor]
78	毕										[?]
79	垯										[bur-bur]
80	比	[i](?)	[pi]		[i]		[an]	[ii]	[ii]	[əl]	[əl]
81	艾	[sær]	[ser]		[iue]	[iue]	[iue]			[sair]	[sair]
82	夹	[ue]			[iue]	[iuæ]	[iuæ/tsiet]	[y]	[üe]	[jue/jo]	[jue/jo]
83	坕	[sï]			[sï]	[sï]	[sï]	[ss]	[sï]	[sï]	[sï]
84	卒	[li/la]			[li/la]	[ly]	[ly]	[ra]	[ra]	[al/ar/ær]	[al/ar/ær]
85	灰	[nir](?)	[tʃirkɔ]								[tʃir]
86	犮			[tʃirkɔ]							[tʃir]
87	友	[tʂï]			[tʂï]	[tʂï]	[tʂï]	[tz]	[jï]	[dʒi]	[dʒi]
88	方										[?]
89	允		[k'əu]					[zu]	[zu]	[əd/də]	[əd/də]
90	廾	[ʊ]		[kʊ]	[u]	[ʊ]	[ʊ]	[o]	[ó]	[o/u]	[ʊ/o/u]
91	艻			[k'u]						[dau]	[dau]
92	尤	[ju]			[ju]	[thu]	[thu]	[yu]	[ud]	[umu]	[umu]
93	劣	[ai/am](?)	[erk'əi]		[ai]			[ge]		[ær]	[ær]
94	历		[t'o]							[ə]	[ə]
95	女										[?]
96	夾										[?]
97	灸	[uan/ur]		[ur]	[uan]	[ur]	[ur]	[ur]	[úr]	[ur]	[ur]
98	ㄎ	[al]		[al]	[al]	[li]	[li]	[al]	[al]	[al]	[al]
99	东	[w]		[t'g/tig]	[pu]		[tə]	[ad]	[ad]	[at/ad]	[at/ad]
100	与		[p'in]					[en]	[én]		[en]

원자 발음표

No.	원자	清格爾泰외 (1985)	即實 (1996)	(2012)	清格爾泰 (1997)	劉鳳翥 (2005)	(2014)	Cane (2009)	吳英喆 & Juha (2010)	愛新覺羅 (2012)	이 사전에서 사용한 발음
101	丂	[dəu]	[təu]			[tu]	[tu]	[deu]	[deu]	[dəu]	[dəu]
102	芴	[tʂʻu]		[tʃʻy]	[ue]	[tʂi]	[tɕhĭəu]	[cu]	[cu]	[tʃəu]	[tʃəu]
103	抍		[ous]			[us]	[us]	[us]	[us]		[us]
104	亥	[tʂĭ]	[tʃi]		[tʂ/tʂĭ]	[tʂĭ]	[tʂĭ]	[tz]	[dz]	[dʒ/dʒi]	[dʒ/dʒi]
105	大		[tɔ]		[t]			[ud]	[ud]	[do]	[do]
106	太				[uŋ]	[uŋ]	[uŋ]	[uŋ]	[ung]		[uŋ]
107	夵	[uei]	[xoi]		[uɑi/uei]	[uei]	[uei]	[oi]	[oi]	[oi]	[oi]
108	众	[uei]	[xəi]								[uei]
109	夯		[tʻo]		[e]	[e]	[e]	[e]	[e]		[e]
110	本		[kʻon](?)								[kon]
111	夳		[pakʻn̩]								[pakʻn̩]
112	夽	[kə]			[kə]		[ni]	[ge]	[ge]		[gə]
113	吞				[ï]	[ï]	[ï]	[ï]	[ï]		[ï]
114	呑		[kʻi]		[i]	[i]	[i]	[i]	[i]		[i]
115	达		[tarkʻɑn]					[da]		[ur]	[ur/tarkɑn]
116	夾										[?]
117	丈								[qúˣ]		[qu]
118	夬	[ai]		[kʻəi]		[ku]	[ku]	[qu]	[qú]	[qu/gu]	[qu/gu]
119	尺	[dɑ]			[tɑ]	[tɑ]	[ta]	[dau]	[dau]	[dau]	[dau]
120	犬			[si]			[ʃi]			[ʃia]	[ʃia]
121	朮				[iun]	[iun]					[iun]
122	㞢	[ai]	[nai]		[ɑi]	[ie]	[ɑi/ie]	[ai]	[ai]	[ai]	[ai]
123	本	[wai](?)		[li]	[wai]	[lu]	[lu/li]	[ar]	[ar]	[ar]	[ar]
124	央										[?]
125	𢎥		[kʻou](?)				[rə]	[io]	[aû]	[jau]	[jau]
126	屮										[?]
127	夭	[an]			[ɑn]	[ɑn]	[ɑn]	[an]	[an]	[ib/b]	[ib/b/ɑn]
128	壬					[ɾi]	[ɾu]	[zai]	[zhi]		[zhi]
129	乃		[ji]								[dʒi]
130	不	[h/ha]			[ɣɑ]	[ɣɑ]	[ɣɑ]	[xa]	[xa]	[hia]	[hia]
131	爻	[u]	[u:]		[u]	[u]	[u]	[u]	[u]	[u]	[u]
132	又										[?]
133	叉	[m]			[m]	[mu]	[mu]	[m]	[mˣ]	[m/im]	[m/im/mi]

원자 발음표

No.	원자	淸格爾泰외 (1985)	卽實 (1996)	(2012)	淸格爾泰 (1997)	劉鳳翥 (2005)	(2014)	Cane (2009)	吳英喆 & Juha (2010)	愛新覺羅 (2012)	이 사전에서 사용한 발음
134	조	[tʃur]	[kʻʊir]				[cərə]		[m]		[dʒur]→[dʒir]	[dʒir]
135	조			[kʻʊir]			[cərə]					[kuir]
136	刀					[na]	[uan]	[do]				[uan]
137	刃	[rə]	[ər]			[ku]	[ku/tsh]	[ren]	[ir]		[ir]	[ir]
138	习	[iu]		[oug]		[ou]	[ou]	[iû]	[iû]		[ug]	[ug]
139	力	[na]	[na]				[na]	[na]	[na]		[na]	[na]
140	扚	[ən]			[ən]	[ən]	[ən]	[en]	[en]		[ən/-n]	[ən/-n]
141	屄	[dol]	[tələ]			[thoro]	[tilie]				[dil/dilə]	[dil/dilə/tʊlə]
142	屄		[tʻʊl]									[tʊl]
143	天	[ɣua/hua]	[ɣa]		[ɣua]		[ɣwa]	[xua]	[xua]		[hua]	[hua]
144	叐	[ən]	[in]		[ən]	[n]	[n]	[un]	[ún]		[ir/-r]	[ir/-r]
145	了	[tutʃʻ](?)	[tutʃʻi]									[tutʃi]
146	孖		[ʃie](?)					[giu]	[gi]			[gi]
147	弓		[tʃu]			[tʂu]	[tʃ]	[ju]	[ju]		[dʒu]	[dʒu/tʃu]
148	禹		[tʃu](?)					[ju]	[ju]			[dʒu]
149	子	[tʃ]	[s]		[tʃ]	[tʃi]	[tʃ]	[ju]	[ju]		[os]	[dʒi/os]
150	乳	[tʃ]			[tʃ]	[tʃa]	[tʃa]	[ju]	[ja]		[dʒa]	[tʃ/dʒa]
151	줘	[ɣ]			[ɣ]	[ɣə]	[ɣə]	[hu]	[hu]		[q/qa]	[q/qa/aq]
152	药	[su](?)				[tʂi]	[tʂi]	[ji]	[ji]		[dʒi]	[dʒi]
153	狗				[su]	[tʂi]	[tʂi]	[ji]	[ji]		[dʒi]	[dʒi]
154	丞	[ən/on]			[ən/ʊn/un]	[ən]	[ən]	[on]	[on]		[on]	[on]
155	乙	[tʻæp]	[tʻawi]									[tawi]
156	乞											[?]
157	乎											[?]
158	孒			[ləs/əls]							[os/s]→[ləs]	[ləs]
159	夬	[nær]	[ner/ətur]								[niar]	[niar]
160	죠			[xut]				[gio]	[giu]		[ba]	[ba]
161	夬	[au]			[au]	[au]	[au]	[au]	[au]		[au]	[au]
162	朿	[tʃ/tʃʻ]			[tʃʻ/tʃ]	[tʃhə]	[tʃh]	[c]	[ci]		[tʃ/tʃi/dz]	[tʃ/tʃi/dz/ci]
163	並	[x/kʻ]			[x/kʻ]	[khə/xə]	[kh/x]	[ki]	[ki]		[hiæ/kiæ]	[hiæ/kiæ]
164	炙								[au]			[au]
165	勺	[ol]	[ku:]			[tʂən]	[ku]	[gu]	[gu]		[g/ug/qu]	[g/ug/əg]
166	包	[ɣʊr]	[kʊrpʊ]				[ɣərə]				[qur]	[qur]

원자 발음표

No.	원자	清格爾泰외 (1985)	卽實 (1996)	卽實 (2012)	清格爾泰 (1997)	劉鳳翥 (2005)	劉鳳翥 (2014)	Cane (2009)	吳英喆 & Juha (2010)	愛新覺羅 (2012)	이 사전에서 사용한 발음
167	乜			[kʊrpʊ]			[ɣərə]				[kʊrpʊ]
168	力	[xi/x]			[xəi/xi]	[xəi]	[xəi]	[qo]	[qo]	[qa]	[xəi/qa]
169	欠	[g/gu]	[kʻan]			[ku]	[ku]	[qo]	[qó]	[gu/go]	[gu/go]
170	仅		[pʻai]					[bai]		[ba]	[ba]
171	久		[ta]			[ta]	[ta]	[da]	[da]		[da]
172	夂	[u]	[ku]		[u]	[u]	[u]	[uh]	[uh]	[ug]	[ug]
173	夊		[kug]				[jeli]		[uh˚]	[ja]	[ja]
174	冬	[as]	[korəs]		[as]	[asa]	[as]	[as]	[as]	[as]	[as]
175	各	[əŋ]	[kul]			[aŋ]	[iaŋ]	[êŋ]	[eng]	[jaŋ]	[jaŋ]
176	刈	[buo]		[ua]				[bu]	[bú]	[bu]	[bu]
177	刹	[us]	[lus]			[lə]	[litʃi]	[ra]		[uldʒ/uldʒi]	[uldʒ/uldʒi]
178	几	[kʻu]		[kʻu]	[kʻu]	[khu]	[khu]	[ku]	[ku]	[ku]	[ku]
179	疋	[tə](?)	[kʻi]		[d]			[ud]	[dú]	[ud/ut/du/tu]	[ud/du]
180	兆	[ʂǐ]			[kʻu]	[ʂǐ]	[ʂǐ]	[sh]	[shǐ]	[ʂǐ]	[ʂǐ]
181	甩	[uŋ]			[uŋ]	[uŋ]	[uŋ]	[iuŋ]	[iúng]	[juŋ]	[juŋ]
182	凬										[?]
183	歪	[tʃʻar/tʃʻal]		[tʃʻar]		[tʂhal]	[tʂhal]	[car]	[car]	[tʃal]	[tʃal]
184	乃	[am]			[am]	[am]	[am]	[am]	[am]	[am]	[am]
185	夃							[am]	[am˚]	[mur]	[mur]
186	及	[o, uə]			[o]	[o]	[uo/o]	[o]	[o]	[o]	[o]
187	戾	[tʻum]		[ɔlu]	[tum]					[tum/tumu]	[tum]
188	州	[ba]	[ɔtʻ]				[ux]	[zo]		[od]	[od]
189	为	[a]			[a]	[a]	[a]	[a]	[a]	[a]	[a]
190	刐			[alas](?)				[a]			[a]
191	丸		[tʻou]			[mu]	[mǐuk]	[mu]	[mó]	[mu]	[mu]
192	九		[kʻou]					[sǐ]		[ilim]	[ilim]
193	九		[kʻər](?)							[na]	[na]
194	坴		[kʻəi]								[kəi]
195	午		[tʻal]				[tal]	[u]		[tal]	[tal]
196	生	[pu]	[apu]		[pu]	[pu]	[apu]	[bu]	[bu]	[bu/abu]	[bu/abu]
197	朱	[ai]			[ai]	[ə]	[ai]	[æ]	[ah]	[jai/æi]	[jai/æi]
198	攵									[bi]	[bi]
199	気	[aŋ]			[aŋ]	[aŋ]	[aŋ]	[aŋ]	[ang]	[aŋ]	[aŋ]

No.	원자	清格爾泰외 (1985)	即實 (1996)	(2012)	清格爾泰 (1997)	劉鳳翥 (2005)	(2014)	Cane (2009)	吳英喆 & Juha (2010)	愛新覺羅 (2012)	이 사전에서 사용한 발음
200	万										[?]
201	夯										[?]
202	劣	[t']	[t'u]		[t']	[thu]	[thu]	[tu]	[tu]	[tu]	[tu]
203	先										[?]
204	矢										[?]
205	矢	[tə]			[te]	[tə]	[tə]	[de]	[de]	[d/də]	[d/tə]
206	㚖	[li]			[li]	[li]	[li]	[li]	[li]	[ul]	[ul]
207	㚅	[miŋ]		[məŋ]		[mueŋan]	[məŋan]		[ming]	[miŋ/miŋ'a]	[miŋ/miŋ'a]
208	㚟	[lu]			[lu]	[lu]	[lu]	[lu]	[lu]	[lu]	[lu]
209	笶				[lu]	[lu]	[lu]		[lu°]		[lu]
210	尕		[kɑu]					[au]	[aú]	[au]	[au]
211	ㄥ	[ɣʊtʃ`](?)									[ɣʊtʃ/kʊtʃi]
212	ㄅ										[?]
213	生	[t'o]	[t'ɔ]		[t'u]		[tho]	[to]	[to]	[to]	[to]
214	六	[t]			[t]	[tɑ]	[tɑ]	[da]	[da]	[da]	[da]
215	久				[t]	[tɑ]	[tɑ]	[da]	[da]	[da]	[da]
216	㐱		[sæ]								[sæ]
217	朱		[t'ur]					[do]	[do]	[od/do]	[od/do]
218	㐸		[jɔs]			[tor]	[tor]	[doro]		[dor]	[dor]
219	㐼									[én]	[en]
220	行	[mu]	[xam]			[mu]	[mĭuk]	[mu]	[mú]	[om/omo]	[om/omo]
221	伏		[ʊt]						[ñ^x]		[ni]
222	伏	[no/on]			[nə/no]	[ni]	[ni]	[n]	[ñ]	[ŋ/-in/-n]	[ŋ/ni/-in/-n]
223	仕		[mɑi](?)						[mu^x]		[mu]
224	仕	[m]	[mɔg]		[m]	[mə]	[mə]	[mu]	[mu]	[um/mu]	[um/mu]
225	付	[p]	[pu]		[p]	[pi]	[pi]	[bi]	[bi]	[bi]	[bu/bi]
226	仲	[ue]			[ue/iue]	[uiæ]	[uiæ]	[ü]	[ü]	[ju/jo]	[ju/jo]
227	仅										[?]
228	仍			[ləu]			[lu]	[lo]	[lú]	[lu/ul]	[lu/ul]
229	仂	[t'ɑ]	[t'ɔr]		[t'/t]	[thɑ]	[thɑ]	[ta]	[ta]	[da/ta]	[da/ta]
230	仅								[jin]		[dʒin]
231	伕										[?]
232	㐽					[ji]					[ji]

원자 발음표

No.	원자	淸格爾泰외 (1985)	即實 (1996)	即實 (2012)	淸格爾泰 (1997)	劉鳳翥 (2005)	劉鳳翥 (2014)	Cane (2009)	吳英喆&Juha (2010)	愛新覺羅 (2012)	이 사전에서 사용한 발음
233	仉			[kʻun]				[ku]	[kú]	[ku]	[ku]
234	仍		[nəm]					[reŋ]	[ta]		[?]
235	化	[ri]			[ri]	[ir]	[ri]	[ri]	[ri]	[ri/ir]	[ri/ir]
236	化	[ru]	[ru]		[ru]	[rə]	[rə]	[ur]	[ur]	[ur]	[ur]
237	仃	[tu]			[tu]	[tu]	[tu]	[du]	[du]	[du]	[du]
238	伯	[tʻur]	[tʻur]		[tur]					[sui]	[sui]
239	八			[kætʃi]				[ba]		[bai]	[bai]
240	乇	[xon]	[xɑrpɑ]								[xɑrpɑ]
241	仐	[fu/pʻu]			[fu/pʻu]	[fu]	[fu/phu]	[pu]	[pu]	[pu]	[pu]
242	仐	[fu/pʻu]		[fu]	[fu]	[fu]	[fu/phu]	[fu]	[fu]	[fu]	[fu]
243	仒	[ɔʊ/ɑʊ]	[ɑʊ]							[au]	[au]
244	仝	[s]				[iɕ]	[si]	[s]	[s]	[s/sə/əs]	[s/sə/əs]
245	仝	[u]				[u]	[u]	[û]	[ú]	[u/o]→[ʊr]	[ʊr]
246	余	[ɑi]	[kʻɑi]			[ku]	[ku]	[qu]	[qu]	[gu/go]	[gu/go]
247	令	[t/tʻ]				[tu]	[t/th]	[t]	[t]	[t/d/əd]	[t/d/əd]
248	宁			[tʃur](?)			[ux]			[dʒal]	[dʒal]
249	分	[tʻ/t]	[tʻə]			[su]	[thə]	[dû]	[dû]	[du/tu/ud]	[du/ud]
250	介	[ɣou]			[ɣou]	[ɣou]	[ɣou]	[heu]	[heu]	[həu]→[hau]	[hau]
251	公	[n]			[ni]	[n]	[n]	[n]	[n]	[n/ən]	[n/ən]
252	仚	[ɑs]		[ku]		[u]		[ô]	[ô]	[o]	[o]
253	仚					[ɑs]	[ô]	[ô]	[os]	[os]
254	仚	[t/tʻ]				[tə]	[t]	[d]	[d]	[t/d]	[t/d]
255	소		[kʻin]			[n](?)	[or]	[or]	[on]→[ol]	[ol]
256	仚								[em]		[em]
257	仚	[sə/əs]		[mə]		[mə]	[em]	[em]	[əm/mə]	[əm/əmə/mə]
258	仐	[ts]				[tsi]	[ts]	[z]	[z]	[ts, dz]	[ts]
259	仒	[ɣur]	[kur]				[ɣərə]	[hur]	[hur]	[qur/gur]	[qur/gur]
260	仐	[t/tʻ]		[ku]		[li]	[ɣə]	[dur]	[t]	[qu]	[qu]
261	屮	[l]				[uei]	[lə]	[l]	[l]	[l]	[l/lə]
262	火	[uei]		[kui]		[uei]	[uei]	[ui]	[ui]	[ui]	[ui]
263	炎	[uei]				[uei]	[ui]	[ui°]	[ui]	[ui]
264	尖	[ŋ]				[ŋ]	[ŋ]	[ŋ]	[ng]	[ŋ/ən]	[ŋ/ən]
265	炏								[ui]		[ui]

No.	원자	清格爾泰외 (1985)	即實 (1996)	(2012)	清格爾泰 (1997)	劉鳳翥 (2005)	(2014)	Cane (2009)	吳英喆 & Juha (2010)	愛新覺羅 (2012)	이 사전에서 사용한 발음
266	仌	[tʃar](?)	[tʃiɑr]								[tʃiɑr]
267	仌										?
268	仌	[el, il]		[kʻær]		[kɑi]	[hɑi]	[xi]	[xe]	[hɑi]	[hɑi]
269	仌								[er]		[er]
270	仌	[em]				[iæm]	[iæm]	[êm]	[ém]	[æm/jam]	[æm/jam]
271	女										?
272	氼	[pul]	[pul]				[puk]	[bu]	[bú]	[bu/bur]	[bu/bur]
273	火	[un]				[un]	[un]	[un]	[un]	[un]	[un]
274	幺	[iɑ]		[sæ]				[ia]	[iá]	[ia]	[ia]
275	盂										?
276	羊										?
277	枀		[sei]								[sei]
278	厽		[sen]								[sen]
279	非	[pʻo]					[pho]	[po]	[po]	[po]	[po]
280	业	[ɑŋ]				[ɑŋ]	[ɑŋ]	[aŋ]	[áng]	[aŋ]	[aŋ]
281	非										?
282	非			[kʻə]				[fei]		[ug/gu]	[ug/gu]
283	叔	[kʻ]				[khɑ]	[kh]	[k]	[k]	[kə/k-]	[kə/k-]
284	上		[ki]							[dʒ/dʒə]	[dʒ/dʒə]
285	山	[niol]	[niɔlɔg/ʃira]				[niku]			[nior]	[nior]
286	屾	[niol]	[niɔlkə/ʃirakʻu]				[niku]			[niorgu]	[niorgu]
287	出			[su]					[to]	[qa]	[qa]
288	屮	[pən]	[pu]			[pən]	[pən]	[bun]	[bun]	[bur]	[bur]
289	火	[iu]				[y]	[iu]	[iu]	[iú]	[ju]	[iu]
290	出	[sa](?)	[tʃʻu]			[ri]	[ni]	[an]	[án]	[an]	[an]
291	伙										?
292	岁									[tal]	[tal]
293	类									[əns]	[əns]
294	小	[em](?)	[xum]					[sio]		[dær]	[dær]
295	业	[pʻ/f]				[phə/fə]	[ph/f]	[p]	[p]	[p]	[p]
296	出										?
297	出	[po]					[ku]	[pu]	[pú]	[gui]	[gui]
298	尚	[tso]	[ʃo]					[co]	[co]	[so]	[so]

원자 발음표

No.	원자	清格爾泰외 (1985)	即實 (1996)	即實 (2012)	清格爾泰 (1997)	劉鳳翥 (2005)	劉鳳翥 (2014)	Cane (2009)	吳英喆 & Juha (2010)	愛新覺羅 (2012)	이 사전에서 사용한 발음
299	茖			[altar]							[altar]
300	冂	[naj](?)		[tala]							[tala]
301	闪										[?]
302	用	[m, mɑ]		[iri]		[il]	[li]	[il]	[il]	[il]	[il]
303	用	[iŋ]			[iŋ]	[iŋ]	[iŋ]	[iŋ]	[ing]	[iŋ]	[iŋ]
304	禸	[oŋ]	[kʻur]					[go]		[ol/od]	[ol/od]
305	肉							[ro]			[?]
306	冈										[?]
307	冈										[?]
308	闵		[tʃɔx]		[tsi]					[dʒohi]	[dʒohi]
309	囲			[kʻua]		[u]	[u]	[ho]	[hó]	[bə]	[bə]
310	冊										[əl/il]
311	舟	[p]	[pu]				[p/pɑu]	[b]	[b]	[əb/b/bu]	[p/əb/b/bu]
312	丹		[tʻum]					[tum]	[l]		[tum/l]
313	舟	[tʻum]					[lie]	[lo]			[tum]
314	卅	[iɑŋ]				[iɑŋ]	[iɑŋ]	[ian]	[iang]	[jaŋ]	[iaŋ]
315	丞	[iɑŋ]		[ʃi]		[ʃi]	[ʃi]	[ian]	[she]	[ja]	[ja]
316	目									[dʒur]	[dʒur]
317	月		[jen](?)							[jo]	[jo]
318	叜									[niæ]	[niæ]
319	曲	[ko]				[kɔ]	[ko]	[go]	[go]	[go]	[go]
320	由		[jur]				[hər]	[yo]		[bəl]	[bəl] *大竹
321	血	[iɔ]	[jɔ]				[hər]	[yo]	[yo]	[hiar/har]	[har]
322	内			[kon]				[on]	[ón]	[on]	[on]
323	口	[mun](?)	[xu:l]					[qi]	[qi]	[tə]	[tə]
324	业	[en]				[æn]	[en]	[üan]	[üen]	[æn/n]	[æn/n]
325	屯							[den]			[?]
326	文							[ie]			[ie]
327	交	[ie]				[iæ]	[iæ]	[ie]	[ie]	[jæ]	[jæ]
328	主		[ətʃən]					[oŋ]	[hong]	[kəi]	[kəi]
329	亦	[iun]				[iun]	[iun]	[ün]	[ün]	[jun]	[iun]
330	戈	[z]				[zj]	[tĭ]	[z]	[zh]	[j/ʒ]	[j/ʒ]
331	穴	[nou]	[nuo]			[nou]		[neu]	[neu]	[nəu/nəuʻə]	[nəu]

No.	원자	清格爾泰외 (1985)	即實 (1996)	(2012)	清格爾泰 (1997)	劉鳳翥 (2005)	(2014)	Cane (2009)	吳英喆 & Juha (2010)	愛新覺羅 (2012)	이 사전에서 사용한 발음
332	穴	[nɑi]				[nɑi]	[nɑi]	[nai]	[nai]	[noi]	[noi]
333	牀	[ru, lu](?)	[tʻərikʻ]						[qatun]		[təruu]
334	几	[k]				[ku]	[k/ku]	[g]	[g]	[g/gi/gə]	[g/gi/gə]
335	才	[iɑ/iæ]	[je/tʃie]			[ɑ]	[ɑ]	[ia]	[ia]	[ja]	[ia/ja]
336	氺		[ʃie](?)							[gi]	[gi]
337	礿					[tʂi]	[tʂi]	[j]	[ji]		[dʒi]
338	洦	[i]				[i]	[i]	[iʻi]	[ih]	[ji]	[ji]
339	关	[i]			[i]	[i]	[i]	[i]	[i]	[i]	[i]
340	八	[x/kʻ]				[kh/x]	[kh/x]	[x]	[x]	[k/h]	[k/h/x]
341	癶	[wei](?)	[kəi]			[li]	[li]	[er]	[er]	[ər]	[ər]
342	峀		[səm]								[səm]
343	峀		[səm]								[səm]
344	火	[t]			[xɔt]	[thul/kut]	[thul/kut]	[ud]	[ud]	[ud/-d]	[ud/-d]
345	灬	[uŋ]	[xuŋ]			[uŋ]	[uŋ]	[uŋ]	[ung]	[uŋ]	[uŋ]
346	灻			[uŋ]			[uŋ]		[ung]		[uŋ]
347	炎		[xoi]					[oi]	[oi]		[oi]
348	芬	[ə]	[xo]			[e]	[e]	[e]	[e]	[ə]	[e]
349	灱	[gə/ɣə]					[ni]	[ge]	[ge]	[gə]	[gə]
350	火		[kʻon]						[d]		[d]
351	癶										[?]
352	谷	[i]	[kʻi]			[i]	[i]	[î]	[i]	[i/ɣi]	[i/ɣi]
353	谷	[ĭ]				[i]	[i]	[ĭ]	[ĭ]	[ĭ]	[ĭ]
354	癸	[gon](?)	[xorəs]			[tʂĭ]	[s/tʂĭ]	[dz]	[dz]	[os/s-]	[dʒ/odʒ/os/s-]
355	米	[ut, utʻ]	[ort]			[usu]	[uth]	[ordu]	[udu]	[ordu]	[ordu]
356	坐		[tʃʻən]					[cen]		[d/t]	[d/t]
357	屮	[uŋ]				[uŋ]	[uŋ]	[uŋ]	[úng]	[oŋ]	[oŋ]
358	半	[mu]					[mĭuk]	[mû]	[mû]	[mu]	[mu]
359	坐										[?]
360	羔				[faŋ/pʻaŋ]	[phaŋ]	[phaŋ]	[poŋ]	[pong]		[poŋ]
361	屶	[sə](?)	[kæn]				[ɑn]	[en]	[én]	[ən]	[ən]
362	考	[iɑu]				[iau]	[iau]	[iau]	[iau]	[jau]	[iau]
363	㭇			[tʃi]			[tʂil]			[dʒil]	[dʒil]
364	灮		[xum]								[xum]

원자 발음표

No.	원자	淸格爾泰외 (1985)	卽實 (1996)	(2012)	淸格爾泰 (1997)	劉鳳翥 (2005)	(2014)	Cane (2009)	吳英喆 & Juha(2010)	愛新覺羅 (2012)	이 사전에서 사용한 발음
365	殳	[qĭt]				[khit]	[khitan]	[qid]	[qid]	[kita]	[kita]
366	平	[ul]				[ul]	[ul]	[ul]	[ul]	[ul]	[ul]
367	采	[ruŋ]	[juŋ]					[zuŋ]	[zhung]	[tʃʊŋ]	[tʃʊŋ]
368	卂	[dur]	[turpu]				[tərə]			[dur]	[dur]
369	卂			[turpu]			[tərə]				[turpu]
370	开										[?]
371	屌									[ha]	[ha]
372	尺	[u/iu]				[u]	[u]	[û]	[û]	[u/ö]	[u/ö]
373	又		[kʻæi]							[mos]	[mos]
374	丞	[tɑi/tʻɑi]			[tʻai/tai]	[thɑi/tɑi]	[thɑi/tɑi]	[tai]	[tai]	[tai/dai]	[tai/dai]
375	甪	[tʂʻɑ/ʂɑ]				[tʂha]	[tʂha]	[ca]	[ca]	[tʃa]	[tʃa]
376	写										[?]
377	圼	[o/ɑk]		[ukʻ]			[ɑku]	[oh]	[oh]	[og/ag]	[ak/og/ag]
378	丶										앞원자 반복
379	搽	연구결과 없음					[xutuku]	[qudug]		[qutug]	[qutug]
380	攵	연구결과 없음	[atʃʻɑ]							[adʒi/adʒu]	[adʒi/adʒu]
381	王	연구결과 없음							[hongˣ]		[hoŋ]
382	玉	연구결과 없음							[iû]		[iû]
383	干	연구결과 없음									[?]
384	乑	연구결과 없음									[?]
385	夬	연구결과 없음									[?]
386	丵	연구결과 없음									[?]
387	廿	연구결과 없음									[?]
388	本	연구결과 없음									[?]
389	击	연구결과 없음									[?]
390	雨	연구결과 없음									[?]
391	求	연구결과 없음									[?]
392	禾	연구결과 없음									[?]
393	夲	연구결과 없음	[likʻ]						[raᵒ]		[ra]
394	左	연구결과 없음									[?]
395	平	연구결과 없음							[ai]		[ai]
396	夃	연구결과 없음	[pun]								[?]
397	乞	연구결과 없음				[tsi]	[tsi]		[jĭh]		[dʒĭ]

No.	원자	清格爾泰외 (1985)	即實 (1996)	(2012)	清格爾泰 (1997)	劉鳳翥 (2005)	(2014)	Cane (2009)	吳英喆 & Juha (2010)	愛新覺羅 (2012)	이 사전에서 사용한 발음
398	与	연구결과 없음									[?]
399	与	연구결과 없음							[én]		[betʃ]
400	ㅣ	연구결과 없음									[?]
401	业	연구결과 없음									[?]
402	米	연구결과 없음									[?]
403	刂	연구결과 없음									[?]
404	冃	연구결과 없음									[?]
405	目	연구결과 없음							[ʃul]		[ʃul]
406	丹	연구결과 없음	[təis](?)						[tumˣ]		[tum]
407	舟	연구결과 없음									[?]
408	弅	연구결과 없음									[?]
409	虫	연구결과 없음									[?]
410	虫	연구결과 없음									[?]
411	巾	연구결과 없음									[?]
412	业	연구결과 없음								[ʊŋ]	[ʊŋ]
413	典	연구결과 없음									[?]
414	生	연구결과 없음									[?]
415	勺	연구결과 없음									[?]
416	千	연구결과 없음									[?]
417	乎	연구결과 없음									[?]
418	伕	연구결과 없음									[?]
419	甶	연구결과 없음									[?]
420	白	연구결과 없음									[?]
421	全	연구결과 없음									[?]
422	乇	연구결과 없음		[xarpa]							[xarpa]
423	仚	연구결과 없음									[?]
424	火	연구결과 없음	[yn](?)								[?]
425	业	연구결과 없음									[?]
426	芬	연구결과 없음									[?]
427	凡	연구결과 없음							[kuº]		[ku]
428	凡	연구결과 없음									[?]
429	凡	연구결과 없음									[?]
430	儿	연구결과 없음									[?]

원자 발음표

No.	원자	清格爾泰외 (1985)	即實 (1996)	(2012)	清格爾泰 (1997)	劉鳳翥 (2005)	(2014)	Cane (2009)	吳英喆 & Juha (2010)	愛新覺羅 (2012)	이 사전에서 사용한 발음
431	𡒥	연구결과 없음							[carº]		[tʃal]
432	仈	연구결과 없음									⍰
433	米	연구결과 없음									⍰
434	𧇩	연구결과 없음									⍰
435	𤇾	연구결과 없음									⍰
436	肖	연구결과 없음									⍰
437	为	연구결과 없음									⍰
438	汁	연구결과 없음	[pʻən]			[fen]	[fen]	[fen]		[pən]	[pən]
439	洅	연구결과 없음									⍰
440	汝	연구결과 없음									⍰
441	斥	연구결과 없음	[tɔlə]				[tilie]			[dilə]	[dilə]
442	夻	연구결과 없음									⍰
443	彐	연구결과 없음									⍰
444	九	연구결과 없음	[iɔ:]								[iɔ:]
445	仈	연구결과 없음									⍰
446	夭	연구결과 없음									⍰
447	厶	연구결과 없음		[s]							[s]
448	牟	연구결과 없음									⍰
449	𡉈	연구결과 없음									⍰
450	勹	연구결과 없음							[gu]		[gu]
451	庄	연구결과 없음		[jar]		[ɾi]	[ɾu]		[zhi]	[ʒi]	[ʒi]
452	万	연구결과 없음									⍰
453	禸	연구결과 없음							[in]		[in]
454	牛	연구결과 없음									⍰
455	九	연구결과 없음									⍰
456	打	연구결과 없음	[yn](?)				[p]				[p]
457	不	연구결과 없음									⍰
458	勺	연구결과 없음									⍰
459	罗	연구결과 없음									⍰

<참고>

국제음성기호와 한글 대조표

자 음			반 모 음		모 음	
국제음성기호	한 글		국제음성기호	한 글	국제음성기호	한 글
	모음 앞	자음 앞 또는 어말				
p	ㅍ	ㅂ, 프	j	이*	i	이
b	ㅂ	브	ɥ	위	y	위
t	ㅌ	ㅅ, 트	w	오, 우*	e	에
d	ㄷ	드			ø	외
k	ㅋ	ㄱ, 크			ε	에
g	ㄱ	그			ɛ̃	앵
f	ㅍ	프			œ	외
v	ㅂ	브			œ̃	욍
θ	ㅅ	스			æ	애
ð	ㄷ	드			a	아
s	ㅅ	스			ɑ	아
z	ㅈ	즈			ɑ̃	앙
ʃ	시	슈, 시			ʌ	어
ʒ	ㅈ	지			ɔ	오
ts	ㅊ	츠			ɔ̃	옹
dz	ㅈ	즈			o	오
tʃ	ㅊ	치			u	우
dʒ	ㅈ	지			ə	어
m	ㅁ	ㅁ			ɚ	어
n	ㄴ	ㄴ				
ɲ	니*	뉴				
ŋ	ㅇ	ㅇ				
l	ㄹ, ㄹㄹ	ㄹ				
r	ㄹ	르				
h	ㅎ	흐				
ç	ㅎ	히				
x	ㅎ	흐				

* [j], [w]의 "이"와 "오·우", 그리고 [ɲ]의 "니"는 모음과 결합할 때 다음과 같이 한다.

  1) [w]는 뒤따르는 모음에 따라 [wə], [wɔ], [wou]는 "워", [wɑ]는 "와", [wæ]는 "왜", [we]는 "웨", [wi]는 "위", [wu]는 "우"로 적는다.

  2) 반모음 [j]는 뒤따르는 모음과 합쳐 "야", "얘", "여", "예", "요", "유", "이"로 적는다. 다만, [d], [l], [n] 다음에 [jə]가 올 때에는 각각 "디어", "리어", "니어"로 적는다.

  (예) - yard[jɑ:d] 야드 　 - yank[jæŋk] 앵크 　 - yearn[jə:n] 연 　 - yellow[jelou] 옐로 　 - yawn[jɔ:n] 욘
  　　　- you[ju:] 유 　　　 - year[jiə] 이어 　　 - Indian[indjən] 인디언 　 - union[ju:njən] 유니언

  3) ① [ɲ]가 "아, 에, 오, 우" 앞에 올 때에는 뒤따르는 모음과 합쳐 각각 "냐, 녜, 뇨, 뉴"로 적는다.
  　　② [ɲ]가 [ə], [w] 앞에 올 때에는 뒤따르는 소리와 합쳐 "뉴"로 적는다.
  　　③ 그 밖의 [ɲ]는 "ㄴ"으로 적는다.

<자료> 국립국어원(www.korean.go.kr)

거란소자 사전
(契丹小字 辭典)

거란소자 사전 범례

【글자 표기】 거란소자도 한글처럼 각 알파벳(原字)이 고유 음가를 가지고 있고, 여러 알파벳이 모여 (글자별로 1~7개의 원자 사용) 하나의 글자나 단어가 완성된다. 이 때 원자는 주로 가로로(왼쪽에서 오른쪽으로) 2개씩 이어 쓰고 다시 밑으로 내려가 2개씩 이어 쓰는 형태를 반복한다. 그러나 이 사전에서는 아래 예시에서 보이는 바와 같이 지면 및 출판기술 상의 한계로 이 모두를 가로로 죽 이어 표기하였다. 참고로 검색의 편의를 위하여 각 페이지 상단에 원자 번호를 기록하였으며, 처음 나오되 해독이 되거나 교감 내용이 있는 글자는 큰 활자를 사용하였다.

〔예〕 禿土火쑤几 ☞ 실제 거란소자 묘지(墓誌) 등에서는 ""로 되어 있다.

불분명하여 확신을 못하고 있다(即實 2012㊽).

[乐쑤] nior.əs 명 ① 여러 산(群山)(劉鳳翥 외 2003b, 即實 2012㉑), ② 씨족의 무덤(族瑩)(即實 2012⑳). 出 令25, 仲13, 先21, 弘30. 用法 "쑤"는 복수형태를 나타내는 부가성분이다(愛新覺羅 2004a⑦).

[乐쑤朹] nior.əs.ən 명 (소유격) 여러 산(山)의, 여러 능(陵)의(愛新覺羅 2004a⑦). 出 道32, 弘21, 宋5. 用例 仓 乐쑤朹 [qurpu nior.əs.ən] 세 능(三陵)의(愛新覺羅 2004a⑦). 出 道32,

[乐쑤炎] nior.əs.ər 出 先52.

[乐用□] nior.il.⑦ 出 玦31.

[乐ㄅ] nior.ia 명 이 글자의 뜻은 명확하지 않으나 앞뒤 정황으로 보았을 때 윤리(倫理)·도덕(道德)과

亜 [발음] niæm
[原字번호] 8

[亜] niæm 囷 ① 8(여덟)(羅福成 1993, 劉鳳翥 1985a, 吳英喆 2006c), ② 8(여덟)의 남성형(劉鳳翥 2014b㊾), ③ 합이 8(即實 1996⑯). 書法 "亜[niæm](원자번호 7)"에 점을 찍은 형태이다(Kane 2009). 同源語 "8"을 뜻하는 몽고어와 다호르어의 [naima]가 같은 어원이다(即實 1996⑬). 出 宣12, 烈4, 高4.

[亜兔平矢] niæm.u.ul.tə 出 皇10.

丕 [발음] ??
[原字번호] 9

【발음】 일부 글자는 동일한 모음(母音)을 가진 원자들을 반복하여 배열하기도 하고(이 때에는 반복되는 모음을 하나의 모음으로 읽는다), 어떤 때에는 동일한 단어에 유사한 발음을 가진 다른 원자들을 대체 사용하기도 하므로 주의가 필요하다. 참고로 각 글자(또는 단어)에 있어서는 그 글자를 구성하는 개별 원자들의 발음 사이에 구두점(.)을 사용하여 앞뒤 발음을 서로 구분하였다.

〔예〕 乑平业平 [dʒau.ul.ha.ai] ☞ 실제로는 [dʒaulhai]로 읽음이 마땅하다.

【동원어】 거란소자 단어의 발음과 의미로 보아 어원(語源)이 같은 것으로 추정되는 알타이어계 어휘의 발음 등을 정리하여 同源語라는 항목에 기술하였다.

【교감내용】 거란소자는 유사한 원자들이 많다. 그로 인하여 어떤 경우는 묘지 제작에서부터, 어떤 경우는 탁본(拓本)이나 필사본(抄本) 제작 과정에서 오류가 많이 발생하므로 수정을 위한 교감(校勘)작업이 필수적이다. 이를 전문적으로 연구한 학자가 지스(即實)이므로 그의 ≪謎田耕耘 − 契丹小字解讀續≫(2012)을 주로 참조하였다. 당초의 소자 내용은 ≪契丹小字硏究≫(淸格爾泰외 1985)와 ≪契丹小字詞彙

索引≫(劉浦江외 2014)에 근거하여 기술하였고, 그 중 교감이 필요한 부분은 校勘 이라는 항목에 그 내용을 명시하였다.

【묘지내용】 거란소자는 주로 묘지의 내용을 기초로 하여 연구가 이루어진다. 그러다 보니 이 사전에는 다수의 거란소자 묘지가 등장한다. 중간 중간에 해당 묘지의 내용을 墓誌 항목에 참고형태로 요약·정리하였다. 묘지의 자세한 내용은 사전 후반부에 거란소자 묘지 등 현황 이라는 부록을 마련하여 별도로 정리해 두었고, 필요한 탁본 등도 첨가하였다. 참고로 묘지의 명칭은 현재 중국 학계에서 일반적으로 통용되고 있는 명칭을 그대로 사용하였고, 묘지의 내용은 주로 아이씬죠로의 논저들을 전재하거나 참고하여 기술하였음을 밝혀둔다.

【인물내용】 거란소자 묘지에는 다수의 인물이 등장하는데, 해당 인물이 누구인지를 파악하는 것이 관련 연구 특히 거란소자의 한어(漢語) 음역 등에 있어 매우 중요하다. 따라서 인명은 한글 표기 없이 한자명을 그대로 썼으며, 그 인물의 묘주(墓主)와의 관계 등은 人物 이라는 별도 항목으로 추가 설명하였다. 인물 등을 설명하기 위해 묘지의 명칭을 직접 인용할 때에는 지면 한계상 ≪道冊≫("도종황제 애책"을 말한다) 등과 같이 두 글자로 축약하였다. 참고로 인물의 내용은 주로 아이씬죠로·류펑주·지스 등의 논저들을 참고하여 기술하였고, 동 학자들이 묘주의 가계(선조 및 가족) 인물들의 거란소자 이름을 한어로 음역한 연구결과는 후반부에 있는 부록 거란소자 묘지 등 현황 에 자세히 수록하였다.

【요사 관련 기록】 거란소자 단어와 관련된 거란 관제(官制)와 역사적 사건 등에 대한 설명은 遼史 라는 항목을 두어 기술하였다. 주로 김위현 등이 공동으로 번역한 한글판 『國譯遼史』("金渭顯외 2012"로 표현)의 주석 부분과 차이메이뱌오(蔡美彪) 등이 저술한 ≪中國歷史大辭典(遼夏金元史篇)≫("蔡美彪외 1986"으로 표현)을 참고하였다.

【연구논저】 거란소자 연구논저들은 부록편의 거란소자 관련 문헌 에 일괄 정리해 두었다. 순서는 저자명을 가다나 순으로 배열하고, 같은 저자의 논저가 다수인 경우에는 연도가 앞선 것부터, 연도가 동일한 경우에도 가급적 출판일자가 앞선 것부터 a, b, c 순으로 배열하였다. 그리고 같은 논저에 다수의 논문이 수록되어 있는 경우에는 그 논문들을 ①, ②, ③ 순으로 배열하였다. 논저를 사전 본문에 인용할 때에는 "저자명+연도a①"와 같이 간략히 표현하였으므로 자세한 논저명은 해당 부록 내용을 참조하면 된다. 참고로 저자명은 한글 표기 없이 논저 원문대로 표기하고 직함은 생략하였다.

例 愛新覺羅 2009a② ☞ 愛新覚羅烏拉熙春, <契丹文 dan gur 與「東丹國」國號>, ≪愛新覚羅烏拉熙春 女真契丹学研究≫, 松香堂(京都), 2009.

即實 2012校 ☞ 即實, ≪謎田耕耘 − 契丹小字解讀續≫(2012)"의 각 비문 교감기.

劉鳳翥 2014b52 ☞ 劉鳳翥, <已經釋讀的契丹小字語詞>, ≪契丹文字研究類編≫, 中華書局, 2014.

【단어의 출처】 거란소자 단어의 출처는 묘지의 약어("道" 또는 "宗")와 해당 묘지 중에 나타나는 행(行) 번호를 각 단어 말미에 出 이라는 항목으로 표시하였다(例 道5 : 도종황제애책 제5행에 출현). 다만, 출처가 4개를 넘는 경우 지면상의 한계로 행 번호 없이 묘지의 약어만 표시하였다(약어는 부록의 거란소자 관련 문헌 끝부분에 있는 "거란소자 관련 발굴자료"에 정리되어 있다). 참고로 이 부분은 칭

결타이 등의 ≪契丹小字研究≫(1985)와 류푸장의 ≪契丹小字詞彙索引≫(2014)을 주로 참고하였고 일부 최근 발견된 묘지에 대해서는 우잉저의 ≪契丹小字新發現資料釋讀問題≫(2012)를 참고하였으므로 자세한 출처내용(예: 묘지의 몇 행 몇 번째 글자인지?)이 필요한 경우에는 해당 논저들을 참조하기 바란다.

【단어의 품사 표시】 각 단어의 품사는 첫 글자를 따서 ⟨수⟩·⟨동⟩·⟨대⟩·⟨명⟩·⟨형⟩·⟨부⟩ 등으로 표시하였고, 그 중 명사에 대하여는 세부 내용(예: 인명, 관직, 지명 등)을 괄호 속에 부기하였다. 또한 한어 차사의 경우에는 ⟨借詞⟩라는 표현을 사용하여 여타 단어와 구분하였다.

【인명 표시】 거란소자 인명을 한자로 표시하는 경우 류펑주와 지스는 자(字)와 거란이름 사이에 점을 찍어 서로를 분리하고 있으나 아이씬죠로는 대부분 이를 분리하지 않고 붙여 쓴다. 분리 표기의 실익은 별로 없어 보인다.

예 丙伏 艸火汁[tʃau.in l.iu.pən](한자명 耶律宗敎) : 慈寧·驢糞(劉鳳書), 楚訥·旅備(即實), 朝隱驢糞(愛新覺羅)

【부가성분】 거란소자에는 동사나 명사 뒤에 붙는 어미·접미사·후치사 등(중국 학계에서는 통상 이를 "부가성분"이라 부른다)이 많은데, 이 경우에는 "복수형"·"향위격"(~에 라는 의미) 등 그 문법적 용도만을 간단히 표시하였다.

【기타】 각 단어마다 필요시 ⟨用法⟩·⟨用例⟩·⟨書法⟩·⟨參考⟩ 등의 항목을 만들어 추가적인 내용을 설명하였다. 여기서 "용법"은 주로 문법적인 설명을, "용례"는 해당 단어가 포함된 어휘를, "서법"은 원자나 단어 기록상의 특기사항을, "참고"는 그 외 다소간의 설명이 필요한 내용들을 적고 있다.

一

[발음] xɔi
[原字번호] 1

[一] xɔi(即實) [명] ① 북(北)(劉鳳翥 1984a, 即實 1991b), ② 뒤(即實 1996⑯), ③ 위(上)(Kane 2009). [用法] 愛新覺羅는 거란어의 "북"에는 "위"라는 뜻이 없으며, "위"를 나타내는 단어는 이미 자신의 논저(『愛新覺羅 2005a』)에서 달리 해독한 바 있다고 비판하고 있다(愛新覺羅 2012). [書法] "一"가 합성자의 첫 원자가 되는 경우에는 그 다음 원자는 가로가 아닌 세로(예 : 全伏)로 연결한다(清格爾泰외 1985, 即實 1996⑯). [出] 興/仁/道/令/許/故/仲/先/宗/博/迪/弘/副/慈/烈/圖/梁/糺/玦/特/蒲.

[一 十] xɔi uru [명] 북서(北西=서북)(即實 1996⑯). [出] 仁13.

[一 十 乖 乇] xɔi uru tʃau tau [명](관제) 북서초토(北西招討=서북초토)(劉鳳翥 2014b㊾). [出] 梁8.

[一 十 伏仌交] xɔi uru in.o.ur [명](관제) 북서로(北西路=서북로)(即實 1996⑯). [出] 先40.

[一 为 伏廾交] xɔi dor in.ʊ.ur [명](관제) 북동로(北東路=동북로)(劉鳳翥 2014b㊾). [出] 梁7.

[一 为 伏廾交 午村 仐各火] xɔi dor in.ʊ.ur tal.ən s.iaŋ.un [명](관제) 북동로(北東路) 달령상온(達領詳穩)(劉鳳翥 2014b㊾). [出] 梁7.

> [遼史] 詳穩(상온)은 거란어(仐各火, 吊各火)를 음역한 것으로 장군(將軍)을 지칭한다(金渭顯외 2012㊤). ☞ 보다 자세한 내용은 "仐各火"을 참고하라.

[一 为 伏仌北村 午村 仐各火] xɔi dor in.o.ur-n tal.ən s.iaŋ.un [명](관제) 북동로(北東路)의 달령상온(達領詳穩)(劉鳳翥 2014b㊾). [出] 宗13.

[一 为 伏仌北] xɔi dor in.o.ur [명](관제) 북동로(北東路=동북로)(即實 2012⑳). [出] 宗13.

[一 为 午村 仐各火] xɔi dor tal.ən s.iaŋ.un [명](관제) 북동면상온(北東面祥穩)(即實 2012⑳). [出] 烈13.

[一 及化] xɔi u.ur [명](관제) 북면(北面), 북원(北院)(即實 1996⑯). [出] 先9/12.

[一 及化 朩安 与] xɔi u.ur tʃ.əŋ dʒï [명](관제) 북원승지(北院承旨)(劉鳳翥 2014b㊾). [出] 迪17.

[一 及化 仐 舟穴 叉火 仃 几斗全村 火] xɔi u.ur pu b.u. ʃ.iu tu g.ja.jam.ən ui [명](관제) 북원부부서도감(北院副部署都監)의 일(事)(劉鳳翥 2014b㊾). [出] 梁7.

[一 及化 仐芺凼 乆米] xɔi u.ur s.jue.æn k(h).ui [명](관제) ① 북원선휘사(北院宣徽使)(即實 2012⑳), ② 북원선휘(北院宣徽)(劉鳳翥 2014b㊾). [出] 宗13.

> [遼史] 宣徽院(선휘원)은 내정(內廷) 사무를 총괄하는 기구이다(金渭顯외 2012㊤). ☞ 보다 자세한 내용은 "仐芺凼 乆米村 犮公"을 참고하라.

[一 及化 ψ全为] xɔi u.ur l.æm.a [명](관제) 북면임아(北面林牙)(即實 1996⑯). [出] 先9.

> [遼史] 林牙(임아)는 문한(文翰)을 맡은 관원이다(金渭顯외 2012㊤). ☞ "ψ全才为"를 참고하라.

[一 及化 亜仐 乬及犭] xɔi u.ur qur.u tɔl.u.dʒi [명](관제) 총지북원(總知北院)(即實 1996⑯). [出] 先24.

[一 及化 ㄆ 仲公] xɔi u.ur dʒi ju.n [명](관제) 지북원추밀사사(知北院樞密使事)(即實 1996⑯). [出] 糺20.

> [遼史] 樞密院(추밀원)은 거란이 후진 멸망 후 한인 군정 담당을 위해 그 땅에 설치한 기관이다(金渭顯외 2012㊤). ☞ "叉火 及关 仲公"을 참고하라.

[一 力 丙] xɔi na mur [명](지명) 북나수(北那水)(即實 1996⑯). [出] 道5.

[一 小 及化] xɔi dær u.ur [명](관제) 북남면(北南面), 북남원(北南院)(即實 1996⑯). [出] 令14.

[一 小 及化 穴全] xɔi dær u.ur noi.d [명](관제) 북남면 제궁(北南面 諸官)(即實 1996⑯). [出] 令14.

[公企] xɔi.n.əm [出] 興23. [校勘] 여러 학자의 논문에 이런 형태로 나오고 있으나, 即實은 "一"와 "公企"은 독립적으로 어휘를 이루는 경우가 많으며 "一"와 "公企"은 분리되어야 한다고 주장한(即實 2012[校]).

[全] xɔi.d [명] 북(北)(即實 1996⑯). [出] 先39. [校勘] 即實과 吉如何 등은 이 글자가 두 원자의 합성어(세로로 기술)라고 주장하고 있는 반면(即實 1996⑯, 吉如何외 2009), 吉池孝一은 "全"이 단체자(원자번호 9)이고 "全"은 잘못된 것이라고 주장하고 있다(吉池孝一 2012c).

[全 仐火] xɔi.d pu.un [명](소유격) 북부(北府)의(即實 1996⑯). [出] 仁5. [用例] 令为 仐火 [t(d).ær pu-n] [명] 남부(南府)의(即實 2012⑫, 劉鳳翥 2014b㊾). [出] 烈8, 高25.

[全 几交] xɔi.d g.ur [명] 북국(北國)(即實 1996⑯). [出] 先12.

[全 朩生欠不] xɔi.d tʃ.abu.go-n [명](소유격) 북직불고(北直不姑)의(即實 1996⑯). [出] 先39.

> [遼史] 直不姑(직불고). 요나라의 북면(北面) 속국인 출불고국(朮不姑國)을 말한다. ≪요사 · 백관지≫에 "朮不姑國大王府。亦曰述不姑。又有直不姑。"(출불고국대왕부: 또한 술불고라고도 한다. 직불고라는 이름도 있다)라 기록되어 있다(金渭顯외 2012㊥).

[全伏] xɔi.d.in [명] 全의 복수형(武内康則 2016). [명](소

유격) 북면(北面)의(實玉柱 2005, 即實 2012⑳). [出] 道11, 迪6, 圖2.

[关] xɔi.l [명](소유격) 북면(北面)의, 후면(後面)의(即實 1996⑯). [出] 仁23, 特39. [參考] "令文九公"(남쪽)에 대립하는 단어이다(吉如何 2016).

丁 [발음] kʊri [原字번호] 2

[丁] kʊri(即實) [수] 20(스물)(羅福成 1933, 王静如 1933, 厲鼎煃 1933, 研究小組 1977b, 清格爾泰외 1978a/1985, 即實 1996⑬). [同源語] "20"을 뜻하는 여진어의 [天: orin], 만주어의 [honin], 몽고어의 [xɔri], 다호르어의 [hor]와 같은 어원이다(即實 1996⑬, 吳維외 1999, 孫伯君외 2008). [出] 興/道/宣/令/許/仲/先/宗/博/永/迪/弘/副/皇/宋/智/烈/奴/高/圖/梁/糺/清/尚/韓/玦/特/涌/蓋/蒲/塔.

[丁 圣] kʊri dʒir [수] 22(스물둘)(劉鳳翥 2014b(52)). [出] 宗22.

[丁 八公 令夯叉] kʊri bai.d t(d).gə.r [수][명] ①20리(里)에(即實 1996⑯), ②20리 내외(即實 2012⑳). [出] 先33.

[丁 令号公] kʊri t(d).jau.d [수] 24(스물넷)(劉鳳翥 2014b(52)). [出] 烈16.

丏 [발음] hua [原字번호] 3

[丏] hua [書法] Kane은 이 원자를 丐[s-](원자번호 31)의 이서체(異書體)라고 기술하고 있으나(Kane 2009), 愛新覺羅는 丐와 무관하다고 주장하고 있다(愛新覺羅 2012).

[丏关] hua.an [명] 산(山)(豊田五郎 1998b). [出] 宗11. [校勘] 이 글자는 초본에는 "丏灭"로 기록되어 있는데, 아마 "丏关"의 오류일 것으로 추정된다(即實 2012[校]).

[丏圡犭] hua.əu.dʒi [出] 奴13. [校勘] 이 글자는 초본에 잘못 옮겨진 것이므로 "丙圡犭"이 올바르다(即實 2012[校]).

[丏雨] hua.in [出] 許47. [校勘] 이 글자는 초본에 잘못 옮겨진 것이므로 "左雨"이 올바르다(即實 2012[校]).

[丏キ] hua.ai [出] 道/許/故/副/尚/特.

[丏キ叉] hua.ai.ir [出] 永30.

[丏木] hua.ar [명] 호걸(豪杰)(即實 2012⑳). [出] 仲/先/涿/永/迪/副/智/烈/梁/糺/清/玦/回/蒲.

[丏村] hua-n [出] 令30.

[丏列] hua.qa [명](인명) ①滑哥(愛新覺羅 2006a), ②岩庫(即實 2012⑳). [出] 智6.

> [遼史] **耶律滑哥**(야율활가, ??~913년경). 요의 황족으로 자(字)는 사란(斯懶)이며, 수국왕 야율석로(隋國王 耶律釋魯)의 아들이다. 처음에 그의 아버지의 첩을 간음하여 일이 알려질까 두려워 극(剋) 벼슬에 있던 소대신(蕭臺哂) 등과 함께 그의 아버지를 살해한 후 죄를 소대신에게 돌려 자기는 죄를 면하였다. 태조 원년(907)에 야율아보기가 즉위하여 은혜를 널리 베풀고자 활가(滑哥)의 흉악함을 알면서도 척은(惕隱) 벼슬을 내렸다. 태조 6년(913)에 활가는 태조의 여러 아우들(耶律剌葛, 耶律迭剌 등)이 일으킨 난에 동참하였는데, 난이 평정된 뒤에 그의 아들(痕只)과 함께 능지처참 되었다. ≪요사·역신㊤≫(권112)에 그의 전(傳)이 있다(金渭顯외 2012㊦).

[丏列关] hua.q.an [명](인명·소유격) ①~赫의(劉鳳翥외 2003b), ②滑哥의(愛新覺羅 2006a). [出] 弘6.

[丏火] hua.iu [명] 근무처(任所)(即實 1991b/1996⑯). [동] 따르다(豊田五郎 1991b). [出] 先44/45/54.

[丏火关] hua.iu.i [명] ①자리(位)(劉鳳翥 1993d), ②근무처(任所)에(即實 1996⑥). [동] 따르다(豊田五郎 1991b). [出] 先55, 博24, 會17.

[丏出] hua.an [出] 宗32. [校勘] 即實은 이 글자를 "为出"이라고 기록하고 있다(即實 2012[校]).

[丏公] hua.ər [出] 許21. [校勘] 이 글자는 초본에 잘못 옮겨진 것이므로 "丙公"이 올바르다(即實 2012[校]).

禾 [발음] takan, su [原字번호] 4

[禾] takan(即實), su(吳英喆, 愛新覺羅) [형][명] ①庚·辛(羅福成 1933, 王静如 1933, 厲鼎煃 1933, 研究小組 1977b, 清格爾泰외 1978a), ②庚·辛, 흰색(辛兌鉉 1937, 劉鳳翥 1983a/1984a, 清格爾泰외 1985, 愛新覺羅외 2015②), ③庚·辛, 흰색, 은색(山路廣明 1943/1951, 豊田五郎 1963, 即實 1996⑩), ④庚·辛, 푸른색(青), 목(木)(愛宕松男 1956a). [出] 仁/道/宣/故/弘/皇/慈/烈/奴/糺/尚/韓/玦/回/特.

> [用例] "거란어의 천간(天干)"과 관련한 각종 표현에 대하여는 ≪부록≫의 [거란소자 주요 어휘]를 참조하라.

[禾 圡平] takan/su əu.ul [명] 흰 구름(白雲)(即實 1996⑩). [出] 仁19.

[禾 九叉] takan/su g.u [명] 흰 구슬(白玉)(吳英喆 2012a①). [出] 玦45.

[禾伏] takan/su.in [명](인명) 蘇隱(蕭匹敵의 字)(陳曉偉 2011). [出] 許18, 玦29.

> [遼史] **蕭匹敵**(소필적, 996~1032). 소항덕(蕭恒德, 자(字)는 遜寧)의 아들로, 자는 소은(蘇隱)이며 창예(昌裔)로도 불렀다. 태어난 지 한 달도 안 되어 부모(모친은 월국공주)가 모두 사망하여 궁중에서 길러졌다. 장성한 뒤 진진왕공주(秦晉王公主)에게 장가들어 부마도위가 되었고 개태8년(1019)에 북면임아(北面林牙)가 되었다. 태평9년(1029)에 발해 대연림이 난을 일으켜 이웃 부락들을 협박하여 약탈하자 남경유수인 소효목(蕭孝穆)과 함께 토벌하였다. ≪요사·열전18≫(권88)에 그의 전(傳)이 있다(金渭顯외 2012[下]).

禾 [발음] su [原字번호] 5

[禾] su [형][명] ①庚·辛(閻萬章 1957, 研究小組 1977b), ②庚·辛, 흰색(即實 1981, 劉鳳翥 1983a/1984a, 淸格爾泰외 1985, 陳曉偉 2011), ③庚·辛, 흰색, 은색(山路廣明 1943, 即實 1996③/⑩), ④흰색(寶玉柱 2005, 陳曉偉 2011). [명](인명) ①撻葛(即實 1996⑯), ②蘇(陳曉偉 2011, 劉鳳翥 2014b㊿). [書法] "禾(원자번호 5)"에 점을 찍은 형태다(Kane 2009). [出] 令/仲/先/宗/博/烈/室/圖/韓.

> [參考] **동일 원자에 점을 찍은 경우의 의미**
>
> 거란소자에는 동일한 원자에 점을 찍은 형태가 다수 등장한다. 그 의미에 대하여는 여러 가지 견해가 있는데, 即實은 초기에는 점이 숫자의 10배를 의미한다(즉, 1에 점이 있으면 10이 됨)고 하였다가(即實 1980) 나중에는 이를 수정하여 "공수사(共數詞)"(예: "1~10"의 공수사는 "1"이다)를 표현한다고 하였다(即實 1986d). 陳乃雄은 숫자나 색의 하위분류를 나타내거나 특정 객체에 대한 존중의 표시라고 하였고(陳乃雄 1992), 吳英喆은 점이 문법적으로 성별(性別)을 구분해 준다고 주장하고 있다(吳英喆 2005a).

[禾 又企] su m.əm [명] 은색 얼음(銀氷)(即實 1996③). [出] 仲48.

[禾伏] su.in [형] 희다(大竹昌巳 2016d). [명](인명) ①蘇隱("蕭匹敵"의 字)(陳曉偉 2011), ②撻坎訥(即實 2012⑰). [出] 室3, 副9. [參考] ☞ 蕭匹敵은 "禾伏"을 참조하라.

丆 [발음] nior [原字번호] 6

[丆] nior [명] ①산(山)(即實 1990, 劉鳳翥외 2009), ②산을 깎아 만든 능묘(Kane 2009). [出] 興/仁/道/宣/許/故/仲/先/宗/永/迪/弘/副/皇/慈/智/奴/圖/梁/清/尚/韓/玦/特.

[丆 丹] nior mur [명] 산하(山河)(呼格吉樂圖 2017). [出] 智19.

[丆 午 圡长 又及] nior tal əu.su m.o [명] 산천초목(山川草木)(吉如何 2016). [出] 玦29.

[丆秂] nior.is [出] 仁17. [校勘] 이 글자는 초본 등에 잘못 옮겨진 것이므로 "丆禿"가 올바르다(即實 2012[校]).

[丆圡亐圡丰] nior.ha.al.ha.ai [出] 興26.

[丆交] nior.ur [명] 의로움(即實 2012⑤). [出] 興13, 智3. [用例] 关 仐关 亜仐化冇伏 午列丰叉 丆交 [i s.i qur.u.ur.bu.n tal.aq.ai.ir nior.ur] 이제(伯夷와 叔齊)의 인(仁)과 의로움(義)이 널리 퍼지다(即實 2012⑤). [出] 智3.

[丆村] nior.ən [명] 무덤(塋墓)(即實 1988b). [명](소유격) 산(山)의(石金民외 2001, 劉鳳翥외 2009, 吳英喆 2012a①). [出] 興/仁/道/故/仲/先/海/博/涿/副/慈/烈/奴/圖/梁/糺/清/韓/玦/特/蒲.

[丆村 几丙火皮] nior.ən g.iu.uŋ.du [명] 능침(陵寢)(即實 1996⑯). [명](향위격) 산(山)의 궁(宮)에(劉鳳翥 2014b㊿). [出] 興3.

[丆朩] nior.tʃi [명] 여자의 애칭("娭"에 해당하며, 자매를 칭하기도 한다)(即實 2012⑪). [出] 興36, 故23.

[丆朩公] nior.tʃi.d [명](복수형) 여자들("公"은 복수형 어미이다)(即實 2012⑪/⑳). [出] 宋19.

[丆列] nior.qa [명](인명) 撻葛(即實 2012⑳). [出] 先3.

> [遼史] **耶律撻葛(야율달갈)**. 건통 초년에 천조제가 야율달갈의 사저에 행차하였다가 소문비(蕭文妃, 소자(小字)는 "瑟瑟")를 만나 혼인하였다는 기록이 ≪요사·후비전≫(권71)에 나와 있다(金渭顯외 2012[下]).

[丆及] nior.o [명] ①배우자(愛新覺羅 2004a⑤), ②사위(愛新覺羅외 2012⑩, 即實 2012⑳, 劉鳳翥 2014b㊿). [出] 許58, 宗24, 迪36, 玦1/34.

[丆及币] nior.o.od [명] 사위들("丆及"의 복수형)(愛新覺羅 2013b, 大竹昌巳 2015c). [出] 先65.

[丆为] nior.a [出] 韓27. [校勘] 이렇게 쓰는 사례가 없는데, "丆才"가 올바르다(即實 2012[校]).

[丆矢] nior.tə [명](향위격) 무덤(塋)에, 능(陵)쪽에(豊田五郎 1991b, 劉鳳翥 1993d, 即實 1996⑯). [出] 宣/仲/先/海/梁/尚/回.

[丆化关] nior.ri.i [出] 仲35. [校勘] 即實은 이 글자를 "丙化关"이라고 기록하고 있지만, 탁본 내용이

불분명하여 확신을 못하고 있다(即實 2012[校]).

[氶仐] nior.əs [명] ① 여러 산(群山)(劉鳳翥외 2003b, 即實 2012⑳), ② 씨족의 무덤(族塋)(即實 2012⑳). [出] 令25, 仲13, 先21, 弘30. [用法] "仐"는 복수형태를 나타내는 부가성분이다(愛新覺羅 2004a⑦).

[氶仐村] nior.əs.ən [명](소유격) 여러 산(山)의, 여러 능(陵)의(愛新覺羅 2004a⑦). [出] 道32, 弘21, 宋5. [用例] 乇 氶仐村 [qurpu nior.əs.ən] 세 능(三陵)의(愛新覺羅 2004a⑦). [出] 道32,

[氶仐火] nior.əs.ər [出] 先52.

[氶用□] nior.il.⍰ [出] 玦31.

[氶才] nior.ia [명] 이 글자의 뜻은 명확하지 않으나 앞뒤 정황으로 보았을 때 윤리(倫理)·도덕(道德)과 관련된, 특히 "행실(行實)"과 관련된 명사로 보인다(即實 1996①/2012②). [出] 典/道/宣/令/許/仲/先/博/弘/副/皇/宋/慈/烈/奴/圖/紀/清/尚/玦/特.

[氶才 朩火] nior.ia tʃ.ər [형] 행실이나 행함이 두렸하다(即實 2012②). [出] 博43.

[氶才丙] nior.ia.mə [出] 慈9. [校勘] 마지막 원자가 초본에 잘못 기록되었으므로 "氶才丙"가 올바르다(即實 2012[校]).

[氶才化] nior.ia.ur [出] 尚8.

[氶才中太当] nior.ia.l.gə.ən [出] 玦21.

[氶才火] nior.ia.iu [出] 博19, 玦27.

[氶关] nior.i [명](소유격) 산의(即實 2012⑳). [出] 梁27.

[氶□欠] nior.⍰.gu [出] 韓35.

[氶□当] nior.⍰.ən [出] 回16.

丕 [발음] niæm [原字번호] 7

[丕] niæm [수] 8(여덟)(羅福成 1934a, 研究小組 1977b, 清格爾泰외 1978a/1985). [出] 典/道/令/故/仲/先/博/涿/迪/弘/副/皇/宋/慈/智/烈/奴/高/室/梁/紀/尚/玦/回/特/蒲.

[丕 八朩伏] niæm k(h).ʧ.in [명] 팔방(即實 1996⑯). [出] 道17.

[丕矢] niæm.tə [수](향위격) 8(여덟)에(清格爾泰외 1985). [出] 仲/弘/慈/梁/紀/玦/特.

[丕化火] niæm.ir.ər [수](서수) 제8, 여덟째의 남성형(劉鳳翥 2014b㊾). [出] 先/迪/高/玦/回.

[丕关] niæm.i [出] 先31. [校勘] 即實은 이 글자를 "尾关"라고 기록하고 있다(即實 2012[校]).

丕 [발음] niæm [原字번호] 8

[丕] niæm [수] ① 8(여덟)(羅福成 1993, 劉鳳翥 1985a, 吳英喆 2006c), ② 8(여덟)의 남성형(劉鳳翥 2014b㊾), ③ 합이 8(即實 1996⑯). [書法] "丕 [niæm](원자번호 7)"에 점을 찍은 형태이다(Kane 2009). [同源語] "8"을 뜻하는 몽고어와 다호르어의 [naima]가 같은 어원이다(即實 1996⑬). [出] 宣12, 烈4, 高4.

[丕及平矢] niæm.u.ul.tə [出] 皇10.

丞 [발음] ?? [原字번호] 9

[丞] ⍰ [명] 북쪽(豊田五郎 1991c, 即實 1991b, 劉鳳翥 2014b㊾). [用法] 위쪽과 북쪽을 나타내는 "一"[xɔi](원자번호 1)와 복수형 부가성분인 "쏘"[t/d](원자번호 254)의 단축형으로 윗사람이나 상급자를 나타낸다. ≪故17≫에서는 "정처(正妻)"에 대응하는 말로, 다른 문헌에서는 선조나 조상의 의미로도 쓰였으며 "一 쏘"와 같이 두 원자를 분리하여 "북원(北院)"을 나타내기도 한다(Kane 2009). [出] 典/仁/宣/故/先/迪/宋/圖/梁. [校勘] ① 吉如何 등은 두 원자의 합성어로 된 글자라고 주장하고 있다(吉如何외 2009). ② 吉池孝一은 "一쏘"이 잘못된 것이고 "丞"이 올바르다고 주장하고 있다(吉池孝一 2012c).

[丞 子圠公] ⍰ dʒi.uldʒ.ən [명](부족) 북여진(北女眞)(劉鳳翥 2014b㊾). [出] 梁7.

[丞 子圠公 仐各火] ⍰ dʒi.uldʒ.ən s.iaŋ.un [명](관제) 북여진상온(北女眞詳穩)(劉鳳翥 2014b㊾). [出] 梁7.

> [遼史] **詳穩(상온)**은 거란어(仐各火, 甬各火)를 음역한 것으로, 장군을 말한다(金渭顯외 2012[上]). ☞ 보다 자세한 내용은 "仐各火"을 참고하라.

[丞 朩生欠不] ⍰ tʃ.abu.go-n [명](부족·소유격) 북출불고(北朮不姑)의, 북조복(北阻卜)의(劉鳳翥 2014b㊾). [出] 先39.

[丞 个火 引化欠] ⍰ pu-n dʒa.ri.go [명](관제) 북부의 재상(北府宰相)(劉鳳翥 2014b㊾). [出] 梁10.

[丞 九交] ⍰ gə.ur [명] "북방(北方)의" 또는 "후면(後面)의" 의미로 북국(北國)인 요나라를 지칭한다(即實 1996⑥). [同源語] 몽고어 [xɔi-t'u]에 상당하다(即實 1996⑥). [出] 仁12.

> [參考] **遼(요)에 대한 호칭**: 요(遼)가 송(宋)의 북쪽에 자리 잡고 있으므로 송은 요를 북국(北國) 또는

북조(北朝)라 불렀으며, 요 스스로도 북국이라 칭했다. 이는 마땅히 송이 요를 형으로 높여 부르는 것과 연관이 있다(即實 1996⑥).

夭 [발음] ?? [原字번호] 10

[夭] [?] [出] 仁23. [用例] 飞夭朩 [ʃ.?.ʧi] [出] 道36. [校勘] 이 글자는 초본에 잘못 옮겨진 것이므로 "飞夹朩"가 올바르다는 주장이 있다(即實 2012⑫).

夹 [발음] an [原字번호] 11

[夹] an [대] 이 것(即實 2012⑳). [用法] 주로 소유격 접미사로 사용된다(研究小組 1977b). [書法] Kane은 "关" [ib/b](원자번호 127)이 이 원자의 이서체이며, 주로 모음 [a] 뒤의 소유격 접미사로 사용된다고 주장하고 있으나(Kane 2009), 愛新覺羅는 이 원자가 "关"와는 무관하다고 주장하고 있다(愛新覺羅 2012). 이들과 달리 即實은 天(원자번호 12)이 바로 이 원자의 이서체라고 주장하고 있다(即實 1996⑯). [出] 許/先/宗/博/慈/智/烈/梁/糺/清/榔/塔/玦/回/蒲.

> [語法] ①"소유격을 표시하는 접미사의 표현형식"에 대하여는 "村"(원자번호 140)을 참조하라.
> ② 모음조화 측면에서 "夹"와 "村"은 서로 대응하는 부가성분이다. 일반적으로 夹"은 [a] 모음 뒤에 출현하고 "村"은 [ə] 모음 뒤에 출현하는 것이 발견된다. 즉, "夹"는 양성이고 "村"는 음성인데, "九"와 "刃"의 사례와 유사하다(清格爾泰외 1985).

[夹 火] an ui [명] 이 일(即實 2012⑳). [出] 韓4.

[夹丙] an.əi [出] 副20.

[夹示] an.at [出] 玦44.

[夹朩廾仍村] an.ar.u.ta-n [出] 博9. [校勘] 이 글자는 초본에 잘못 옮겨진 것이므로 "夹仐廾犳村"가 올바르다(即實 2012⑫).

[夹犮犳] an.u.ʤi [出] 涿14.

[夹及仐伏] an.ir.l.in [出] 奴23.

[夹及屮] an.ir.bur [出] 道17.

[夹为ち] an.a.al [出] 涿15.

[夹为朩] an.a.ar [出] 永36.

[夹为犮犳] an.a.u.ʤi [出] 奴25.

[夹伏] an.in [出] 烈23. [校勘] 이 글자는 초본에 잘못 옮겨진 것(夹伏 犳)인데, "伏"은 "犮"의 오류이므로 "夹犮犳"가 올바르다(即實 2012⑫).

[夹仐圡ち及] an.əl.ha.al.ir [出] 副14.

[夹仐圡丰] an.əl.ha.ai [出] 迪10, 慈17.

[夹仐圡为朩] an.əl.ha.a.ar [出] 許16, 先15, 完4.

[夹仐圡为出] an.əl.ha.a.an [出] 奴24.

[夹仐圡出] an.əl.ha.an [出] 迪28.

[夹仐及] an.əl.ir [出] 先44, 智16.

[夹关] an.i [出] 博12/16, 迪24/25/26, 烈11, 特15.

天 [발음] ?? [原字번호] 12

[天] [?] [書法] 即實은 이 원자가 夹 [an](원자번호 11)의 이서체라고 주장하고 있다(即實 1996⑯).

[天仐] ?.əl [出] 許45. [校勘] 即實은 이 글자를 뒤의 원자들과 합쳐 "天仐廾犳"라고 기록하고 있다(即實 2012⑫).

[天仐为] ?.əl.a [出] 先65.

灭 [발음] iou [原字번호] 13

[灭] iou(即實) [書法] 即實은 이 원자가 丙 [ju](원자번호 19)의 이서체라고 주장하고 있다(即實 1996⑯).

[灭仕文] iou.um.iæ [出] 故12. [校勘] 即實은 이 글자를 "丙仕文"라고 기록하고 있다(即實 2012⑫).

亜 [발음] qur [原字번호] 14

[亜圡平及] qur.ha.ul.ir [出] 洞2.

[亜九] qur.də [出] 興4.

[亜廾] qur.ʊ [出] 興11.

[亜廾 犳村] qur.ʊ ʤi-n [出] 興11.

[亜廾尼] qur.ʊ.du [出] 玦44.

[亜廾化] qur.ʊ.ur [出] 博7/33/35/37/45.

[亜廾化屮] qur.ʊ.ur.bur [형] 한어 "인(仁)"에 해당하는 거란어이다(研究小組 1977b, 清格爾泰외 1978a, 即實 1996⑯). [出] 道蓋2, 皇9/19, 宋14.

[亜廾化屮 仕犮犳 爻反 朩关秂公舟及 杰火 主 王雨] qur.ʊ.ur.bur mu.u.ʤi m.o ʧ.i.s.t.bu.r w.un huaŋ di-n [명](소유격) 인성대효문황제(仁聖大孝文皇帝, 요 도종 황제를 지칭한다)의(劉鳳翥 2014b㉒). [出] 道蓋. [參考]

☞ 도종황제에 대한 다른 표현과 애책문(탁본)에 대하여는 "穴及 仐出 亜仐化屮 仕及犳 灭及 朩关禾公屮 未火 主 王"를 참조하라.

[亜廾化屮 仕及犳] qur.ʊ.ur.bur mu.u.dʒi [명] 인성(仁聖)(研究小組 1977b, 清格爾泰외 1978a). [出] 道蓋.

[亜廾化屮 仕及犳 灭及 朩关禾公舟叉 未火 主 王而] qur.ʊ.ur.bur mu.u.dʒi m.o tʃ.i.s.d.bu.r w.un huaŋ di-n [명](소유격) 인성대효문황제(仁聖大孝文皇帝)의(研究小組 1977b, 清格爾泰외 1978a). [出] 道1.

[亜廾化舟伏] qur.ʊ.ur.bu.n [出] 皇16.

[亜廾火] qur.ʊ.ui [동] 총괄하다(即實 2012⑳). [出] 興7, 圖2.

[亜廾火] qur.ʊ-n [出] 博23.

[亜仐] qur.u [동] ① 관할하다(清格爾泰외 1985), ② 통할하다(即實 1996①). [명](관제) ① 도부서(都部署)(即實 1996⑯), ② 통령(統領, 일체를 통솔하여 거느림 또는 그런 사람)(即實 2012⑳). [명](인명) 斛, 胡(王弘力 1986, 即實 1996③). [出] 仁/道/宣/令/許/故/郎/仲/先/宗/博/迪/副/皇/慈/智/烈/奴/高/圖/糺/尚/韓/玦/回/特/蒲. [參考] "도부서"에 대하여는 ≪高15≫에 출현하는 "而犳 亜仐 穴" [tʃau.dʒi qur.u noi]를 참조하라. [用例] "仐考 亜仐"는 인명을 나타내며 小斛祿(≪요사 · 천조황제4≫에는 당항 사람으로 등장한다) · 小胡虜 · 小胡魯 등으로 다양하게 적고 있으나, 모두 [siau hulu]로 발음이 된다(王弘力 1986, Kane 2009).

[亜仐 毛仐九] qur.u am.sə.g [명] 회동(會同, 태종황제 때의 연호로서 기간은 938년~947년이다). [出] 糺4.

> [遼史] 요대 연호의 변천에 대하여는 ≪부록≫에 있는 [거란소자 주요 어휘]를 참조하라.

[亜仐 亚] qur.u qa [명] ① 총한(總罕, ~을 총괄하는 군왕) (即實 1996⑯), ② 집장한(執掌汗, ~을 다스리는 황제)(劉鳳翥외 2009, Kane 2009). [出] 道10. [用例] **及 九亦 仐 亜仐 亚** [tum g.ur.s qur.u qa] [명] 만국(모든 나라)을 다스리는 황제(即實 1996①, 劉鳳翥외 2009).

> [同源語] ≪요사 · 천조황제기≫에 야율대석(耶律大石)이 즉위할 때 "갈아한(葛兒罕)"이란 호칭이 나오는데, ≪국어해≫에서는 "막북의 군왕(漠北君王)을 칭하는 말이다"라고 풀이하고 있다. ≪몽고비사≫에는 "고아합(古兒合)"이 나오는데, "보황제(普皇帝, 연맹에 참여하는 부족들의 공동의 황제)"로 번역하고 있다. ≪금사≫에는 "홀로(忽魯)" 또는 "호로(胡魯)"가 나오는데, "여러 부를 다스리는 자" 또는 "총수(總帥)"로 풀이된다. 이로 볼 때, 갈아 · 고아 · 홀로 등의 글자는 모두 "통할(統)"이나 "총괄(總)"을 의미하며, [kuru]로 읽게 된다(即實 1996①).

[亜仐 穴] qur.u noi [명](관제) 대수령(大首領)(即實 1996⑯). [出] 先47.

[亜仐 山] qur.u niorqo [명](관제) 저군(儲君, 황태자)(即實 1996⑤). [出] 故8.

[亜仐 尸关] qur.u tʊl.i [명](관제) ① 총지(總知, 총괄하여 담당함 또는 그 사람)(即實 1996⑯), ② 장지(掌知, 총지와 유사한 의미)(劉鳳翥 2014b). [出] 仁32.

[亜仐 尸及犳] qur.u tʊl.u.dʒi [명](관제) ① 총지(總知, 총괄하여 담당함 또는 그 사람)(即實 1996⑯), ② 집장지(執掌知, 총지와 유사한 의미)(劉鳳翥 2014b). [出] 先24.

[亜仐 仐各火] qur.u s.iaŋ.un [명](관제) ① 도상온(都詳穩)(即實 2012⑳), ② 장관상온(掌管詳穩, "도상온"을 달리 표기한 것으로 보인다)(劉鳳翥 2014b). [出] 高21.

> [遼史] 도상온(都詳穩)은 사장(四帳, 즉 橫帳과 孟 · 仲 · 季父房)의 군사와 말에 관한 일을 관장하는 사장도상온사(四帳都詳穩司)의 우두머리 관리이다. 그 아래로는 도감(都監), 장군(將軍, 본래 이름은 敞史), 소장군(小將軍)이 있다(≪요사 · 백관지1≫).

[亜仐 ㄨ圧百关 火] qur.u k(h).jar.əi.i ui [명](관제) 총지사(總知事)(即實 2012⑳). [出] 宗22.

[亜仐犳] qur.u.dʒi [동] 통섭하다(統攝, 도맡아 다스리다), 장악하다(即實 2012⑳). [出] 烈2.

[亜仐犮] qur.u.du [出] 特17.

[亜仐化] qur.u.ur [동] 제어하다(閻萬章 1992). [出] 先15/23/35, 迪29, 特10.

[亜仐化屮] qur.u.ur.bur [형] 어질다(仁)(王靜如 1933, 羅福成 1934cf, 清格爾泰외 1985, 即實 1996⑯). [出] 道1/5/21, 特18.

[亜仐化屮 仕及犳 灭及 朩关禾公屮 未火 主 王村] qur.u.ur.bur mu.o.dʒi m.o tʃ.i.s.t.bur w.un huaŋ di-n [명](소유격) 인성대효문황제(仁聖大孝文皇帝)의(清格爾泰외 1985). [參考] "인성대효문황제"는 요나라 제7대 도종황제(耶律洪基, 재위기간 1055~1101)의 시호로, ≪요사≫ 권21~26에 그의 本紀가 있다. [出] 道1.

[亜仐化屮 仕及犳 灭及 朩关禾公舟叉 未火 主 王村] qur.u.ur.bur mu.o.dʒi m.o tʃ.i.s.t.bu.r w.un huaŋ di-n [명](소유격) 인성대효문황제(仁聖大孝文皇帝)의(清格爾泰외 1985). [出] 道蓋.

[亜仐化舟伏] qur.u.ur.bu.n [형] 어질다(仁)(即實 1996⑯). [出] 許27, 智3.

[亜仐火] qur.u.ui [동] 총괄하다(即實 2012⑳). [出] 副6. [校勘] 초본에는 이 글자가 두 글자(**亜仐 火**)로 분리되어 있다(即實 2012㊳).

[亜仐火] qur.u.un [명] "掌"의 소유격(清格爾泰외 1985, 劉鳳翥외 1995). [出] 道/宣/迪/皇/宋/回.

[亞帝火 中] qur.u.un ai 명 ① 통부(統父), ~혈통인 아버지(吳英喆 2012a②), ② 시조(始祖) 또는 비조(鼻祖, 가장 먼저 한 사람)(即實 2015a). 出 回2.

[亞帝坐芬] qur.u.t.ər 出 玦44.

[亞余化丹伏] qur.as.ur.bu.n 出 玦44.

[亞公及及村] qur.d.u.mur.ən 出 博9. 校勘 即實은 이 글자를 "亞公及药村"이라고 기록하고 있다(即實 2012⑳).

[亞小立中] qur.əl.ha.ai 出 先33. 校勘 即實은 이 글자를 "亞平立中"라고 기록하고 있다(即實 2012⑳).

[亞쇠平커夾] qur.bur.ul.qa.an 出 仲9.

[亞九北] qur.gə.əl 出 紀10. 校勘 이 글자는 초본에 잘못 옮겨졌으므로 "盂九北"가 바르다(即實 2012⑳).

[亞关与小公扎] qur.i.?.l.gə.ur 出 尚16. 校勘 이 단어는 본래 2개의 글자(丙余关关 不小公扎)이나 그 중의 일부분만이 하나로 합쳐져 있으며 원자도 잘못 기록되어 있다(即實 2012⑳).

[亞芬] qur.ə 出 興16. 校勘 이 글자는 초본 등에 잘못 옮겨진 것이므로 "盂芬"가 올바르다(即實 2012⑳).

[亞□] qur.? 出 海2.

乐　[발음] dʒau, tʃau　[原字번호] 15

[乐] dʒau / tʃau 수 1백(即實 1996⑯). 借詞 "招"를 나타내는 한어차사(劉鳳翥 1984a, 淸格爾泰외 1985, 王弘力 1986, 即實 1986d). 명(인명) 昭(劉鳳翥 2014b㊾). 同源語 "백(百)"을 의미하는 서면몽골어의 [dʒaɣu], 중기몽골어의 [dʒ'un], 현대몽골어의 [dʒʊː], 다호르어의 [dʒau]가 동일한 어원이다(大竹昌巳 2016e). 出 興/仁/道/宣/令/許/仲/先/宗/博/涿/迪/弘/副/皇/宋/慈/智/烈/奴/高/圖/梁/糺/尚/韓/玦/特/蒲/畵.

> 遼史 《요사·국어해》에는 "爪, 百數也(조는 숫자 1백을 칭하는 말이다)"라고 기술되어 있다.

[乐毛] dʒau tau 명(관제) "초토(招討)"의 한어차사(即實 1996⑥, Kane 2009). 出 先40.

> 遼史 招討司(초토사)는 태조 때부터 포로나 항복한 자들을 군적에 올려 해6부 등에 배치한 관부이다. 각 로에 상온·통군·초토사(招討使)를 두어 그들을 통괄하였다. 초토사는 서남면초토사(西南面招討司)와 서북로초토사(西北路招討司)로 나누어지는데, 북추밀원(北樞密院)에 예속되었다(金渭顯외 2012上).

[乐毛 丙药 亞舟] dʒau tau tʃau.dʒi qur.u 명(관제) ① 총령초토사(總領招討事, 초토를 총괄하는 사람)(即實 1996⑯), ② 초토도통(招討都統)(劉鳳翥 2014b⑬). 出 先40. 參考 야율인선(耶律仁先)의 마지막 관직이 서북로초토사(西北路招討使)이었는데 이를 지칭하는 것이다(即實 1996⑯).

[乐 令杏及 八] dʒau t.oi.ir bai 수명 백리 좌우(即實 1996⑯). 出 先43.

[乐 穴] dʒau noi 명(관제) 백관(百官)(即實 1996⑯). 出 仁14, 道33.

[乐 乂丙] dʒau k(h).iu 명(인명) ① 昭九(即實 2012①), ② 陶九(劉鳳翥 2014b⑬). 出 宗35. 人物 《宗誌》의 송장명단(送葬名單)에 출현하는 "昭九"를 지칭하는데, 바로 묘주 朝隱驢糞(991~1053, 한풍명: 耶律宗教)의 처제의 남편이다(即實 2012①).

[乐立犬커] dʒau.ha.iu.qa 出 尚10. 校勘 이 글자는 초본에 잘못 옮겨진 것("乐"과 "立", "犬"과 "커"는 서로 이어 쓰는 사례가 없음)이므로 "用立与커"가 올바르다(即實 2012⑳).

[乐夾] dʒau.ur 명(인명) ① 昭無里(即實 2012⑭), ② 招里(愛新覺羅 2013a), ③ 昭兀爾(劉鳳翥 2014b㉗). 出 博11, 淸7. 人物 《淸誌》 주인 영청군주(永淸郡主) 堯姐(?~1095)의 모친인 초리비(招里妃)를 지칭한다(愛新覺羅 2013a).

[乐及] dʒau.u 借詞 "昭"를 나타내는 한어차사(愛新覺羅 2007b). 명(인명) 昭武(鄭曉光 2002). 出 永25.

[乐及 犮关 小丙] dʒau.u əŋ.i l.iu 명(인명) 昭宜留(即實 2012⑦). 出 永26. 參考 即實은 이 글자가 인명을 나타내지만, "昭宜"는 한어로부터, "留"는 돌궐로부터 온 두 가지 언어로 구성되어 있다고 주장하고 있다(即實 2012⑦). 人物 《永誌》 주인 遙隱永寧(1059~1085)의 6촌 형제(당숙 迪里得 태사(太師)의 장남)인 昭宜留 태보(太保)를 지칭한다(即實 2012⑦).

[乐药] dʒau.dʒi 수 1백(淸格爾泰외 1985). 부 홀연히(即實 2012⑳). 出 宣24, 許12/25, 先40/55.

[乐药] dʒau.dʒi 出 仲15. ☞ 乐药.

[乐欠卡] dʒau.gu.su 명(인명) ①昭古得(王弘力 1986), ② 昭堪德爾(即實 1996⑯), ③ 감古速(愛新覺羅 2006a), ④ 昭恩(劉鳳翥 2014b㊸). 出 仲1/44. 人物 昭堪德爾는 을실기(乙室己) 사람으로 《仲誌》의 지문을 지은 인물(撰寫人)이다(即實 1996⑯). 校勘 劉浦江과 劉鳳翥는 이를 "乐公卡"으로 달리 기술하고 있다(劉浦江외 2014, 劉鳳翥 2014b㊸).

[乔欠火] dʒau.gu.ui [명] ① 한아(漢兒, 중국의 북방민족이 한인을 부르는 말)(愛新覺羅 2007b), ② 거란인이 한인을 지칭하는 말(即實 2012⑦). [명](인명) 昭古維(劉鳳翥 2014b[52]). [出] 永9.

> [用例] ☞ "한인"(漢兒, 漢人)을 의미하는 여러 표현에 대하여는 "朩岑 夬交"를 참조하라.

[乔矢] dʒau.tə [出] 玦40.

[乔化] dʒau.ur [수] 1백(愛新覺羅 2004a⑦). [出] 許15, 宗7, 室6, 玦22/27.

[乔化叐犳] dʒau.ur.u.dʒi [出] 仲8.

[乔氽交] dʒau.gu.ur [명] 한인(漢人)(即實 2012⑳). [出] 博4.

[乔氽火] dʒau.gu.ui [명] 한아(漢兒, 중국 북방민족이 한인을 부르는 말이다)(愛新覺羅 2006a). [出] 博40.

[乔公长] dʒau.n.us [명](인명) 昭恩(≪仲誌≫의 지문을 지은 인물이다)(劉鳳翥 2014b㊸). [出] 仲1. [校勘] 即實은 이를 "乔欠长"이라고 기록하고 있다(即實 2012[校]).

[乔쑤圡为朩] dʒau.l.ha.a.ar [出] 先64.

[乔火] dʒau.un [수](소유격) 100의(豊田五郎 1991b, 劉鳳翥 1993d, 即實 1996⑯). [명](인명) 昭文(袁海波외 2005). [出] 先29, 糺29, 清10, 尚27. [人物] ≪清誌≫ 주인 영청군주 堯姐(?~1095)의 모친인 昭文妃를 지칭한다(袁海波외 2005). [校勘] 이 글자가 초본에서는 ≪清10≫에 "乔火"으로 잘못 기록된 것이므로, "乔交"가 올바르다(即實 2012⑭).

[乔犳] dʒau.dʒi [出] 道9. [校勘] ☞ 乔犳(即實 2012⑭).

[乔平] dʒau.ul [동] "만나다"의 어근(呼格吉樂圖 2017). [出] 許37. [校勘] 초본에는 한 글자를 두 글자(乔平 圡卆)로 잘못 분할하고 있으므로 "乔平圡卆"로 함이 올바르다(即實 2012[校]).

[乔平圡圡习] dʒau.ul.ha.əu.qa [出] 許33. [校勘] 이 글자는 초본에 잘못 옮겨진 것이므로 "乔平圡ち习"가 올바르다(即實 2012[校]).

[乔平圡ち] dʒau.ul.ha.al [出] 特11.

[乔平圡卆] dʒau.ul.ha.ai [동] 만나다(呼格吉樂圖 2017). [出] 令/許/先/迪/副/智/烈/高/梁/清/玦/特.

[乔平圡卆习卆] dʒau.ul.ha.ai.qa.ai [出] 先32. [校勘] 即實은 이 글자를 두 글자로 구분하고 일부 수정하여 "乔平圡卆 习卆"라고 기록하고 있다(即實 2012[校]).

[乔平圡朩] dʒau.ul.ha.ar [出] 先/弘/慈/烈/清/玦/特.

[乔平圡句习] dʒau.ul.ha.g.qa [出] 烈10. [校勘] 이 글자는 초본에 잘못 옮겨진 것이므로 "乔平圡ち习"(만나다)가 올바르다(即實 2012[校]).

[乔平圡为ち] dʒau.ul.ha.a.al [出] 博16.

[乔平圡为朩] dʒau.ul.ha.a.ar [出] 道18.

[乔平圡为出] dʒau.ul.ha.a.an [出] 宣20.

[乔平圡□] dʒau.ul.ha.? [出] 迪1. [校勘] 마지막에 탈루된 원자는 "卆"이다(即實 2012[校]).

[乔平为朩] dʒau.ul.a.ar [出] 糺24. [校勘] 即實은 이 글자를 "乔平圡朩"라고 기록하고 있다(即實 2012[校]).

币 [발음] ad, od [原字번호] 16

[币] od [用法] 주로 모음 [o] 뒤에서 복수형 접미사로 사용된다(愛新覺羅 2004a⑦). [出] 書20/24.

[币夵矢关] od.ï.d.i [出] 先28. [校勘] 이 단어는 본래 2개의 글자(币夵 矢关)이나 초본에는 잘못하여 하나로 합쳐져 있으며, 두 번째 원자는 "夯"로 수정하여야 한다(即實 2012[校]).

[币叐犳] od.u.dʒi [出] 迪39. [校勘] 이 단어는 초본에 옮기며 잘못 분할되었는데, 앞 원자들과 합쳐 "又欠币叐犳"로 하여야 한다(即實 2012[校]).

[币为] od.a [出] 尚11. [校勘] 即實은 이 글자를 "乔村"이라고 기록하고 있다(即實 2012[校]).

[币为卆] od.a.ai [명](인명) ① 査乃(即實 1988b/1996⑯), ② 撻愛(愛新覺羅 2010f), ③ 塔埃(劉鳳翥 2014b㊸). [出] 仲29. [人物] ≪仲誌≫ 주인 烏里衍朮里者의 첫째 사위(장녀 糺里胡都古의 남편)인 보국대장군(輔國大將軍) 撻愛를 지칭한다(愛新覺羅 2010f).

[币业] od.p [出] 博47.

甬 [발음] do, sai [原字번호] 17

[甬] do(愛新覺羅) / sai(即實) [借詞] ①"德"을 나타내는 한어차사(劉鳳翥외 2005b), ②"大"를 나타내는 한어차사(陳曉偉 2012). [出] 烈/高/圖/回/特.

[甬 圡夹] do(sai) qa.an [명](인명) ① 颭罕/瑣韓(愛新覺羅 2009a⑧), ② 德韓(劉鳳翥외 2008a), ③ 道韓(愛新覺羅 2010f), ④ 大漢(陳曉偉 2012, 劉鳳翥 2014b). [出] 烈5. [参考] 위에 나열되어 있는 삽한(颭罕)・쇄한(瑣韓)・덕한(德韓)・도한(道韓)・대한(大漢) 등은 모두 요 성종 때의 장수인 韓德威("耶律德威"라고도 한다) 한 사람의 거란어 이름을 번역한 것인데, 각자의 견해가 다르고 같은 학자라도 시간이 경과하면서 번역결과에 많은 변화가

있음을 알 수 있다.

> [人物] **韓德威(한덕위)**. 한지고(韓知古)의 손자이자 한광사(韓匡嗣)의 다섯째 아들로서 야율(耶律) 성씨를 하사받았다. 서남면초토사겸오압(西南面招討使兼五押)·창무군절도사(彰武軍節度使)·태사(太師)·동정사문하평장사(同政事門下平章事) 등을 지냈으며, 55세인 통화 14년(996)에 사망하였다(愛新覺羅 2009a⑧). ≪요사≫ 권82에 그의 전이 있다.

[**雨 业及 公及**] do p.u n.u [명](인명) ① 多寶奴(愛新覺羅외 2011), ② 大仆奴(康鵬 2011), ③ □菩奴(吳英喆 2012a②). [出] 回4. [人物] ≪回誌≫ 주인 回里堅何的의 이복형인 창사(敞史) 迪輦多寶奴를 지칭한다(愛新覺羅외 2011).

[**雨币刃伏**] do.od.ir.in [出] 先47. [校勘] 이 단어는 본래 2개의 글자(**雨币 刃火**)이나 초본에는 잘못하여 하나로 합쳐져 있으며, 마지막 원자는 "**火**"로 수정되어야 한다(即實 2012校).

[**雨币村**] do.od.ən [出] 智18.

[**雨 圡 来**] sai.qa.an [명](인명) 才涵(韓德威의 거란명)(即實 2012⑨). [出] 烈5. [校勘] 即實은 "**雨 圡来**"를 두 글자가 아닌 한 글자로 파악하고, 韓德威의 거란명도 여타 학자들과는 달리 해석하고 있다(即實 2012⑨).

> [人物] ☞ 韓知古(玉田韓氏)의 가계에 대하여는 "愛新覺羅 2009a⑧"을 참고하라.

[**雨圠**] do.ur [명] 아래(劉鳳翥외 2004a). [명] 성(城)(愛新覺羅 2003h). [同源語] "아래"를 의미하는 서면몽골어의 [doora], 중기몽골어의 [dora], 현대몽골어의 [dɔːr]와 동일한 어원이다(大竹昌巳 2015c/2016e). [出] 興/道/宣/令/許/先/宗/博/永/迪/副/皇/烈/圖/尚/韓/玦/回/特.

[**雨圠为出**] do.ur.a.an [出] 先35. [校勘] 即實은 이 글자를 "**用北为出**"으로 기록하고 있다(即實 2012校).

[**雨圠□□关**] do.ur.?.?.ər [出] 先3. [校勘] 即實은 이 단어를 두 글자인 "**雨圠 欠药关**"로 기록하고 있다(即實 2012校).

[**雨北**] do.əl [出] 尚31. [校勘] 即實은 이 글자를 "**雨圠**"로 기록하고 있다(即實 2012校).

[**雨北关**] do.əl.i [出] 慈15. [校勘] 이 글자는 초본에 잘못 옮겨진 것이므로 "**雨圠关**"가 올바르다(即實 2012校).

[**雨灾**] do.ur [出] 許40. [校勘] 이 글자는 초본에 잘못 옮겨진 것이므로 "**雨灾**"가 올바르다(即實 2012校).

[**雨子**] do.os [出] 許7/39/53, 迪22, 高22. [校勘] "**雨子**"가 단독으로 쓰인 사례는 없고, **雨子圡丰**≪許7≫, **雨子舟叉**≪許39≫, **雨子舟伏关**≪許53≫, **雨子仐圠**≪迪22≫, **雨子仦圡丰**≪高22≫ 등으로 쓰인다(即實 2012校).

[**雨子圡丰**] do.os.ha.ai [出] 先33, 圖13. [校勘] 即實은 ≪先33≫에서는 이 글자를 "**丙ち圡丰**"로 달리 기록하고 있다(即實 2012校).

[**雨子圡本**] do.os.ha.ar [出] 烈12. [校勘] 초본에는 마지막 원자가 "**丰**"로 잘못 옮겨져 있다(即實 2012校).

[**雨子圡为本**] do.os.ha.a.ar [出] 先24.

[**雨子北**] do.os.əl [出] 副20, 智10, 特19.

[**雨子叉**] do.os.ir [出] 許/先/副/烈

[**雨子欠**] do.os.go [出] 先57. [校勘] 마지막 원자인 "**欠**"는 "**叉**"의 오류일 것으로 추정된다(即實 2012校).

[**雨子为叉**] do.os.a-r [出] 許12. [校勘] 이 글자는 초본에 잘못 옮겨진 것이므로 "**雨子舟叉**"가 올바르다(即實 2012校).

[**雨子伏**] do.os.in [出] 道18, 先44/66.

[**雨子仦圡丰**] do.os.l.ha.ai [出] 令15, 涿19, 副9/23.

[**雨子仦圡本**] do.os.l.ha.ar [出] 興21, 道24, 皇11.

[**雨子仦廾药**] do.os.l.ʊ.dʒi [出] 宣19.

[**雨子屮**] do.os.bur [出] 興/道/先/奴/尚/玦.

[**雨子屮 交及火**] do.os.bur ur.u-n [명](소유격) 전손(傳孫, 지위를 이어받은 손자)의(即實 2012⑳). [出] 道25.

[**雨子舟ち**] do.os.b.ad [出] 先42.

[**雨子舟叉**] do.os.bu.r [出] 許25, 玦20.

[**雨子舟伏**] do.os.bu.n [동] 어떠한 내용을 듣다(即實 1996⑥). [出] 先/慈/烈/梁/清/尚.

[**雨子舟伏矢**] do.os.bu.n.tə [出] 皇6, 宋12.

[**雨子舟关**] do.os.b.i [出] 先31. [校勘] 일부 자료에는 셋째 원자가 "**月**"로 되어 있으나 다른 사례로 볼 때 이는 잘못된 것이다(即實 2012校).

[**雨子关**] do.os.i [出] 尚9.

[**雨列**] do.qa [出] 先27. [校勘] 即實은 이 글자를 "**丙列**"로 기록하고 있다(即實 2012校).

[**雨药**] do.dʒi [出] 許27. [校勘] 이 글자는 초본에 잘못 옮겨진 것이므로 "**雨药**"가 올바르다(即實 2012校).

[**雨子北**] do.os.əl [出] 奴19. [校勘] 두 번째 원자는 "**子**"를 잘못 새긴 것으로 추정하고 있다(即實 2012校).

[**雨乃村**] do.mur.ən [出] 博11. [校勘] 即實은 이 글자를 "**雨药村**"이라고 기록하고 있다(即實 2012校).

[**雨朩**] do.tʃi [出] 令21. [校勘] 이 글자는 초본에 잘못 옮겨진 것이므로 "**仐朩**"가 올바르다(即實 2012校).

[**雨気**] do.aŋ [出] 許8. [校勘] 이 글자는 초본에 잘못

옮겨진 것이므로 "丙乞"이 올바르다(即實 2012[校]).

[丙及] do.o [借詞] "道"(劉鳳翥 2010) 또는 "度"(陳曉偉 2012)를 나타내는 한어차사. [出] 尚14/24.

[丙及 光] sai.o si [명](관제) "좌사(左史 또는 左使)"의 한어차사(即實 2012⑳). [出] 尚14/24.

[丙行] do.om [형] 예쁜, 아름다운(即實 1990/1996①). [出] 仁/道/先/迪/副/奴/玦.

[丙住文] do.um.iæ [出] 副47, 烈32. [校勘] 이 글자는 초본에 잘못 옮겨진 것("丙"와 "住"을 이어 쓴 사례는 없음)이므로 "丙住文"가 올바르다(即實 2012[校]).

[丙久子伞] do.o.os.sə [出] 宋19.

[丙久丙] do.os.od [出] 弘24/28, 皇16. [校勘] 첫 번째 원자가 일부 초본(≪弘28≫)에는 "佰"으로 잘못 기록되어 있다(即實 2012[校]).

[丙久炎] do.os.ər [出] 智23. [校勘] 이 글자는 초본에 잘못 옮겨진 것이므로 "丙尖炎"가 올바르다(即實 2012[校]).

[丙公] do.ən [出] 道12.

[丙公叉] do.ən.ir [出] 道19. [校勘] 即實은 이 글자를 "丙仝叉"로 기록하고 있다(即實 2012[校]).

[丙公仐圡卞] do.ən.l.ha.ai [出] 道13. [校勘] 即實은 이 글자를 "丙仝仐圡卞"로 기록하고 있다(即實 2012[校]).

[丙公仐对] do.ən.l.aqa [出] 道9. [校勘] 即實은 이 글자를 "丙仝仐对"로 기록하고 있다(即實 2012[校]).

[丙仝] do.ol [동] ① 받들다(奉)(厲鼎煃 1954, 清格爾泰외 1985, 即實 1990), ② 지키다(守)(即實 2012⑳). [出] 興/仁/道/令/許/故/郎/仲/先/宗/海/博/涿/迪/副/皇/宋/智/烈/奴/高/圖/尚/玦/回/特/蒲.

[丙仝 十当炎] do.ol.?.ən.ər [出] 先65.

[丙仝 欠炎] do.ol ?.ər [동] 공손하게 듣다(恭聞)(即實 2012⑳). [出] 迪3. [校勘] 초본에는 "欠"이 "朩"로 잘못 기록되어 있다(即實 2012[校]).

[丙仝丙及芴] do.ol.i.u.dʒi [出] 博11.

[丙仝丙及芴村] do.ol.i.u.dʒi-n [出] 博10.

[丙仝朩炎] do.ol.?.ər [出] 迪3. [校勘] 即實은 이 단어를 두 글자인 "丙仝 欠炎"로 기록하고 있다(即實 2012[校]).

[丙仝叉] do.ol.ir [出] 道19.

[丙仝仐圡卞] do.ol.əl.ha.ai [동] 받들다(奉)(賓玉柱 1990b). [出] 道13.

[丙仝仐圡为出] do.ol.əl.ha.a.an [出] 宣17.

[丙仝仐对] do.ol.əl.aq [出] 道9.

[丙仝当] do.ol.ən [동] ① 봉헌(奉獻)하다(即實 1990/1996①), ② 받들다(奉)(劉鳳翥외 2009). [出] 興11/32, 先47.

[丙企] do.mə [出] 智21. [校勘] 이 글자는 초본에 잘못 옮겨진 것("丙"와 "企"을 이어 쓴 사례는 없음)이므로 "丙仝"가 올바르다(即實 2012[校]).

[丙火当] do.ui.ən [出] 許63. [校勘] 이 글자는 초본에 잘못 옮겨진 것("丙"와 "火"를 이어 쓰는 사례는 없음)이므로 "丙火当"이 올바르다(即實 2012[校]).

[丙用仐叉] do.il.l.ir [出] 玦28.

[丙丙仐叉] do.od.əl.ir [동] 奉(받들다)(即實 2012⑳). [出] 道25, 梁8, 清16.

[丙丙仐对 与] do.od.əl.aqa dor [出] 梁20.

[丙丙仐对关] do.od.əl.aqa.an [出] 道23. [校勘] 即實은 마지막 원자를 "关"이라고 기록하고 있다(即實 2012[校]).

[丙丙仐对火] do.od.əl.aq.iu [出] 迪15.

[丙丙仐关] do.od.əl.i [出] 迪17/23. [校勘] 일부 초본(≪迪23≫)에서는 이 단어가 두 글자(丙丙 仐关)로 잘못 분리되어 있다(即實 2012[校]).

[丙丙火对炎] do.od.d.qa.ər [出] 許21. [校勘] 이 글자는 초본에 잘못 옮겨진 것이므로 "丙丙仐对炎"이 올바르다(即實 2012[校]).

[丙丙尘炎] do.od.d.ər [出] 尚11. [校勘] 이 글자는 초본에 잘못 옮겨진 것이므로 "丙丹尘炎"가 올바르다(即實 2012[校]).

[丙习丹伏] do.ia.b.in [出] 蒲22.

[丙平圡亐] do.ul.ha.al [出] 高26. [校勘] 이 글자는 초본에 잘못 옮겨진 것("丙"와 "平"을 이어 쓴 사례는 없음)이므로 "丙平圡亐"가 올바르다(即實 2012[校]).

[丙□伏] do.?.in [出] 許37. [校勘] 탈루된 두 번째 원자는 "子"이다(即實 2012[校]).

丙 [발음] in [原字번호] 18

[丙] in [用法1] 주로 [i] 모음 뒤의 소유격 접미사로 사용된다. 동일한 문법적 기능을 가진 표음자로는 关 [-(a)n], 女 [-(u)n], 不 [-(o)n], 村 [-(ə)n], 公 [-(ə)n], 伏 [-(i)n]이 있다(研究小組 1977b, 清格爾泰외 1985). [用法2] 주로 한어차사의 [-in]을 표시하는데 사용한다(Kane 2009). [出] 玦10.

> [語法] ☞ "소유격을 표시하는 접미사의 표현형식"에 대하여는 "村"(원자번호 140)을 참조하라.

[丙村] in.ən [出] 清12. [校勘] 초본에는 "杰 丙村"로 되어 있으나 이는 하나의 글자를 잘못 분리한 것이

며, "雨"는 "币"의 오류이다(即實 2012校).

[雨子] in.os [出] 尚12. [校勘] 초본에는 "雨子 犳化"로 되어 있으나 글자를 잘못 분리하였고 "雨"와 "犳化"도 오류다. "雨子犳伏"가 올바르다(即實 2012校).

[雨子圡击夬] in.os.l.ha.ai [出] 宗31, 智9.

[雨犳尘炏] in.əb.d.ər [出] 尚11.

[雨九] in.gə [出] 仲22.

[雨九伏] in.gə.in [명](인명) ① 你割(趙志偉외 2001), ② 因古訥(即實 2012⑤), ③ 乙你割(愛新覺羅 2013a, 劉鳳翥 2014b ㉖). [出] 智14. [人物] 耶律智先(耶律仁先의 동생)은 부인이 4명 있었는데, 그 첫째 부인인 "乙你割娘子"를 지칭한다(愛新覺羅 2013a).

丙 [발음] jo, ju [原字번호] 19

[丙] io / iu [동] ① 죽다(劉鳳翥외 2003b, Kane 2009, 愛新覺羅 2012), ② 없다(愛新覺羅 2004a⑧/2012). [用法] 종종 한어차사의 [-io/-iu]를 표시하는데 사용한다(Kane 2009). [用例] 仐丙 [s.iu] = 修, 圡丙 [l.iu] = 留, 九丙火 令文夯 [g.iu.uŋ d.iæ.æn] = 宮殿(Kane 2009). [出] 道/宣/許/先/博/永/迪/弘/副/皇/慈/智/烈/奴/高/糺/玦/特/畵/洞.

[丙刃 友 仲公] iu.qa ʤi ju.ən [명](관제) 同知樞密使事(即實 1996⑯). [出] 先27.

> [參考] 樞密院(추밀원)과 그 관제에 관하여 보다 자세한 내용은 "爻炏 爻关 仲公"을 참고하라.

[丙夂伏] iu.ug.in [명](인명) ① 尤董(愛新覺羅 2004a⑫/2013a), ② 偶寧(劉鳳翥외 2005b), ③ 友袞(即實 2012⑳). [出] 高9.

> [人物] 韓匡嗣의 막내 아들인 韓德昌의 부인인 "甌昆尤董娘子"를 말한다. 즉, ≪高誌≫ 주인 王寧高十의 조모이다(愛新覺羅 2013a). ☞ 韓知古(玉田韓氏)의 가계에 대하여는 "愛新覺羅 2009a⑧"을 참고하라.

[丙仕文] iu.um.iæ [동] 슬퍼하다(惻)(即實 1996①). [出] 道/宣/許/先/博/永/迪/弘/副/皇/慈/智/烈/奴/高/糺/畵/洞.

[丙仕文叐] iu.um.iæ.u [出] 奴38. [校勘] 이 글자는 초본에 잘못 옮겨진 것("文"와 "叐"를 이어 쓴 사례는 없음)이므로 "丙仕文叉"가 올바르다(即實 2012校).

[丙公子] iu.ən.os [出] 仁19.

丆 [발음] j, əi [原字번호] 20

[丆] j / əi [用法1] ① 주로 한어차사의 [-j]를 표시하는데 사용되며(즉, 한국어로 치자면 복모음 역할) 글자 끝에서는 [ei]로 발음된다(Kane 2009). [예] 公丆 [d.əi] = 特, 丆圡叐 [j.əu.u] = 右, 丆文夯 杰 [j.iæ.æn uaŋ] = 燕王, 丆 犮叐火 [ei.ra.u.ud] = 耶律(Kane 2009). ② "유(喩)" 계통 글자[예: 游], "어(於)" 계통 글자[예: 宥, 右] 및 "덕(德)", "특(特)" 등의 한어차사 모음으로 사용되며, 거란어 음절의 초성 모음으로도 사용된다(孫伯君외 2008). [用法2] 거란문에서는 夬 [ai], 北 [əl], 太 [oi], 丆 [əi]·[j], 仌 [ol] 등이 부동사(副動詞)형 부가성분으로 사용된다(Kane 2009, 清格爾泰외 1985, 吳英喆 2012a①). [出] 先8.

> [參考] **부동사 용법.** 알타이어 문법의 특징 중 가장 두드러진 것이 부동사 용법(副動詞, converb)이다. 인도유럽어에서는 두 동사를 연결하기 위해서는 접속사를 쓰지만 알타이어는 접속사 대신 앞 동사의 어미를 변화시켜 두 동사를 연결한다. 한국어의 "날아 가다", "먹고 가다" 등의 "~아"나 "~고"와 같은 어미는 그대로 접속사 구실도 한다. 이러한 어미를 가진 동사를 "부동사"라고 한다(한국학중앙연구원, 『한국민족문화대백과』).

[丆币欠] j.od.go [出] 烈16. [參考] "丆币~"는 주로 인명에 사용되고 있다.

[丆币欠 生] j.od.go abu [명](인명) ① 乙提欠阿鉢(即實 2012⑳), ② 余睹古阿不(愛新覺羅외 2015⑩). [出] 烈16.

> [人物] **耶律(韓)迪烈 [야율(한)적렬]** (한풍명은 韓承規 [1034~1100])에게는 아들이 다섯 있었는데, 그 중 맏아들의 이름이다. 愛新覺羅는 그 이름을 夷達古阿不(2010f), 雲獨古阿不(2013a), 余睹古阿不(2015⑩) 등으로 다양하게 해독하고 있다.

[丆币佘] j.od.go [명](인명) ① 伊德古(劉鳳翥외 2008a), ② 乙提開(即實 2012⑳). [出] 副26. [人物] ≪副誌≫의 주인인 窩篤宛兀没里(한풍명: 耶律運[1031~1077])의 장인(그의 셋째 부인인 特免夫人의 아버지)인 陶寧·伊德古를 말한다(劉鳳翥 2014b㉞).

[丆丙叐] j.iu.u [借詞] "右" 또는 "游"를 나타내는 한어차사(研究小組 1977b, 清格爾泰외 1985). [出] 道6.

[丆丙叐 求炏] j.iu.u ʧ.əŋ [명](관제) "우승(右丞)"의 한어차사(清格爾泰외 1985). [出] 仲21.

> [遼史] **右丞(우승)**은 중서·상서성의 관리이다. 중서성과 상서성에 모두 우·좌승을 두었는데 정2품관이다. 부재상으로 서무를 재결한다. 원나라 제도에는 우를 숭상하여 좌보다 위이다(金渭顯외 2012㊥).

[丙夾] j.ur [出] 道36.

[丙土少] i.mə.l [出] 糺7. [校勘] 이 글자는 초본에 잘못 옮겨진 것이므로 "丙去豹"가 올바르다(即實 2012㊙).

[丙去盂亐] j.əu.ha.al [出] 仁24. [校勘] "丙去盂亐"로 쓰는 사례가 없고 초본에 잘못 옮겨진 것이므로 "丙亐盂亐"가 올바르다(即實 2012㊙).

[丙去爻] j.əu.u [借詞] "右"를 나타내는 한어차사(研究小組 1977b, 清格爾泰외 1978a). [出] 故/仲/皇/宋/韓.

[丙去爻 朩尖] j.əu.u tʃ.əŋ [명](관제) "우승(右丞)"의 한어차사(研究小組 1977b, 清格爾泰외 1978a). [出] 仲21.

[丙去爻 朩尖 仐丮] j.əu.u tʃ.əŋ s.iaŋ [명](관제) "우승상(右丞相)"의 한어차사(研究小組 1977b, 清格爾泰외 1978a). [出] 仲22.

> [遼史] 右丞相(우승상)은 요 남면조관 중서성에 좌·우승상을 두었는데, 별도로 정원 등이 정해진 것은 없었다. 금에서는 상서성에 좌·우승상 각 1인을 두었는데 종1품관이다. 재상으로 불렸으며 정무를 총괄하였다(蔡美彪외 1986).

[丙去爻 母久 丙文] j.əu.u b.ug j.iæ [명](관제) "우복야(右僕射)"의 한어차사(研究小組 1977b, 清格爾泰외 1978a). [出] 故2.

> [遼史] 右僕射(우복야)는 동한(東漢)부터 송대(宋代)까지의 관직인 상서복야(尚書僕射)를 줄인 말이다(金渭顯외 2012㊦).

[丙去爻 几文圣 夊朩 火 叉乞 仐丮 几亦] j.əu.u g.iæ.æm m.ən ui ʃ.aŋ s.iaŋ g.iun [명](관제) "우감문위상장군(右監門衛上將軍)"의 한어차사(劉鳳翥 2014b㊾). [出] 韓2.

[丙去豹] j.əu.dʒi [동] ① 무너지다(崩), 떨어지다(坍塌)(即實 1986bc), ② 옮기다(即實 1986b/1988b, 愛新覺羅 2004a⑧), ③ 돌다(豊田五郎 1991b, 萬雄飛외 2008b). [부] 다시(王弘力 1984/1986). [出] 興/仲/先/宗/涿/迪/皇/智/圖/梁/玦/特.

[丙去犳] j.əu.dʒi [동] ① 무너지다(崩), 떨어지다(坍塌)(即實 1986b/c), ② 돌다(旋)(劉鳳翥 2014b㊾). [出] 宣5.

[丙去欠伏] j.əu.go-n [명](인명) 友坤(即實 2012⑭). [出] 清11. [參考] 아마 이 글자는 아래에 있는 "丙去夂伏"를 이렇게 다르게 판독한 것 같다.

[丙去夂伏] j.əu.ug.in [명](인명) ① 欲混(愛新覺羅 2006a, 劉鳳翥 2014b㉗), ② 優室寧(劉鳳翥외 2009). [出] 清11. [人物] "欲混"은 《清誌》의 주인인 蕭太山 장군(將軍) 부부(夫婦)의 첫째 며느리이다(劉鳳翥 2014b㉗).

[丙去丹] j.əu.mur [出] 仲23. [校勘] 이 글자는 초본에 잘못 옮겨진 것이므로 "丙去豹"가 올바르다(即實 2012㊙).

[丙去化北] j.əu.ur.əl [出] 清17. [校勘] 이 글자가 초본에는 "丙去 少北"로 잘못 기록되어 있다(即實 2012㊙).

[丙去化廾伏] j.əu.ur.ʊ.in [出] 博44. [校勘] 이 글자는 초본에 잘못 옮겨진 것이므로 "丙去化舟伏"이 올바르다(即實 2012㊙).

[丙去化夵丙] j.əu.ur.gə.əi [동] 옮기다(即實 1996⑯). [出] 道5, 博12, 玦2.

[丙去化夵火] j.əu.ur.gə.ər [出] 道13.

[丙去化叉] j.əu.ur.u [出] 博46. [校勘] 이 글은 초본에 잘못 옮겨졌으므로 "丙去化爻"가 올바르다(即實 2012㊙).

[丙去化爻豹] j.əu.ur.u.dʒi [동] 바뀌다, 변천하다(即實 2012④). [出] 奴35.

[丙去化爻豹村] j.əu.ur.u.dʒi-n [동] 바뀌어 쇠한(即實 2012④). [出] 奴47.

[丙去化伏] j.əu.ur.in [出] 仲37.

[丙去化伏火] j.əu.ur.in.ər [出] 迪40.

[丙去化少伏] j.əu.ur.əl.in [동] 압송하다, 호송하다(解送)(即實 1996⑥). [出] 先15/26.

[丙去化少九] j.əu.ur.əl.gə [동] ① 다시 오다(陳述 1973), ② 떠다니다(流轉)(阮廷焯 1993a), ③ 운행하다(即實 1996⑯). [出] 完1.

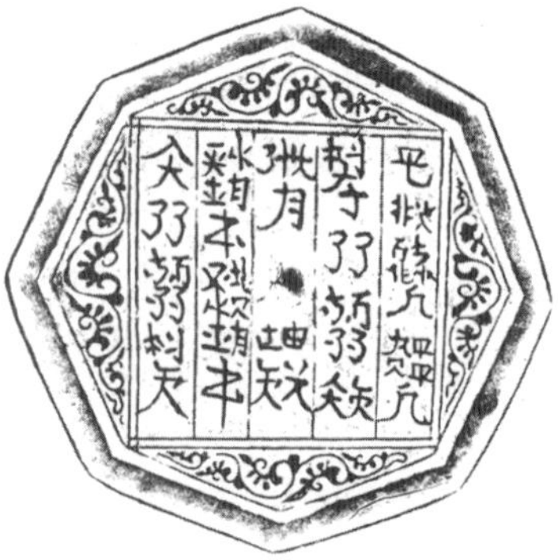

완안통(完顔通) 동경의 탁본

[丙去化关] j.əu.ur.i [出] 仲35, 宗8.

[丙去化夵丙] j.əu.ur.gə.i [동] ① 떨어지다(坍塌)(即實 1986c), ② 옮기다(清格勒외 2003), ③ 옮겨지다(愛新覺羅 2013b). [出] 道5, 先3, 皇4.

[丙去化夵伏] j.əu.ur.gə.in [出] 皇5.

[丙去化尘关] j.əu.ur.d.i [동] 옮기다(愛新覺羅 2004a⑦), 떠다니다(愛新覺羅 2004a⑧, 即實 2012⑳). [出] 博29/45, 弘3, 烈20.

[丙去化尘火] j.əu.ur.d.ər [동] 옮기다, 지나가다(即實 2012⑳). [出] 烈8.

[丙去化穴豹村] j.əu.ur.u.dʒi-n [동] 회전하다(即實 1996⑥). [出] 先36.

[丙去少穴豹] j.əu.l.u.dʒi [出] 智19. [校勘] 이 글자는 초

본에 잘못 옮겨진 것이므로 "**丙土化尺羽**"가 올바르다(即實 2012⑳).

[**丙圠冈**] j.əu.[?] 出 仲24. 校勘 이 글자는 초본에 잘못 옮겨진 것이므로 "**丙土羽**"가 올바르다. 탁본에는 "**羽**"자의 초서체가 새겨져 있으나 그 끝이 떨어져 나가버렸다(即實 2012㉚).

[**丙圠圣**] j.ur.r 혱 맑은(即實 2012⑳). 出 皇16.

[**丙圠伏**] j.ur.in 혱 맑은, 묽은(即實 2012⑳). 出 先23, 宗34.

[**丙圠仐**] j.ur.s 用法 묘지(墓誌)에서는 흔히 **丙圠仐 丙圠仐** [jurs jurs]의 겹친 형태로 사용된다. 同源語 여진어의 [jorhon jorhon](빛나는, 명백한)과 어원이 같으므로 경명(鏡銘)의 [jurs jurs]는 "명료한, 명백한"이란 의미를 가진다고 추측된다(愛新覺羅외 2011). 出 道/宣/許/永/皇/宋/尚/玦/特/圖.

[**丙圠仐 丙圠仐**] j.ur.s j.ur.s 혱 ① 혁혁(赫赫)한, 빛나는(愛新覺羅외 2011), ② 맑고 담백한(清清淡淡)(即實 2012⑦). 出 永41, 皇18, 宋14.

[**丙圠仐 丙圠仐 叐反 丙车叐火**] j.ur.s j.ur.s m.o j.æl.u.d 몡 ① 빛나는 야율(耶律)(即實 2012⑪), ② 빛나는 대야율(大耶律)(愛新覺羅외 2012). 出 宋14.

[**丙圠仐 丙圠仐 叔仐 伩夂**] j.ur.s j.ur.s kə.mə da.mun 몡 빛나는 칙장(勅章)(愛新覺羅외 2011). 出 皇18.

[**丙圠仐 丙圠仐 艾 非圠**] j.ur.s j.ur.s sair po.ur 몡 빛나는 달빛(月光)(愛新覺羅외 2011). 出 永41.

[**丙圠余**] j.ur.gu 몡 (인명) ① 絲古(康鵬 2011), ② 尤魯古(愛新覺羅외 2013a). 出 回2. 人物 《圖誌》 주인인 蒲奴隱圖古辭(1018~1068)의 7대조이자, 《回誌》 주인인 回里堅何的(?~1080, 蕭圖古辭의 조카)의 8대조를 지칭한다(愛新覺羅 2010f, 康鵬 2011).

[**丙圠少癸丙**] j.ur.əl.gə.i 出 仁26.

[**丙圠**] j.əl 出 先48, 回14. 校勘 이 단어는 초본에 옮기며 잘못 분할되었는데, 앞 원자들과 합쳐 "**木方丙圠**"《先48》로 하여야 한다(即實 2012㉚).

[**丙车叐火**] j.æl.u.d 몡 (씨족) 야율(耶律)(마을이름에서 나왔으며, 요 황족의 성씨로 [jælu]의 복수형이다)(王靜如 1933, 研究小組 1977b, 清格爾泰외 1978a/1985, 王弘力 1986, 高路加 1988b, 劉鳳翥외 2009). 혱 흥왕(興旺), 번창하고 세력이 왕성한(愛新覺羅 2003g/2006a). 出 道/宣/故/仲/永/迪/副/皇/宋/慈/智/高/糺/韓/特. 用例 叐反 丙车叐火 [m.o j.æl.u.d] 대야율(愛新覺羅외 2012). 出 宋14.

遼史 야율(耶律)은 원래 야율씨의 시흥지(始興地) 지명인 하뢰익석렬(霞瀨益石烈) 야율미리(耶律彌里, "야

율 마을"이라는 의미)에서 나왔다. 미리는 석렬(石烈, "鄕"의 의미) 아래의 행정구역이다. 석렬(叐化芬)과 미리(叐化癶 또는 叐化)는 모두 거란어이다. 야율을 나타내는 표기는 3가지가 있는데, 묘지에 새겨진 연대별로 보면 ① 丙木叐平 (jærul), ② 丙木叐火 (jarud), ③ 丙车叐火 (jærud) 순이다. 미리의 앞에 놓이는 [jærul] / [jærud]가 "야율"의 원형(原型)이다. [jærul]의 어미(語尾)인 [-l] / [-d]는 복수형 어미로 부족 명칭은 항상 복수형식으로 나타낸다(愛新覺羅외 2012).

[**丙车叐火 叐化**] j.æl.u.d m.ir 몡 (씨족) 야율말리(耶律抹里)(即實 2012⑤), 몡 (지명) 야율미리(耶律彌里)(愛新覺羅외 2012), 몡 (인명) 耶律木里(耶律穆里)(劉鳳翥 2014b㊾). 出 迪5, 智5, 糺2. 參考 말리(抹里)는 석렬(石烈)과 함께 《요사》에도 등장하는데, 모두 종족구조(宗族構造)의 명칭이다(即實 2012⑤).

[**丙车叐火 叐化癶**] j.æl.u.d m.ir.i 몡 (씨족) 야율말리(耶律抹里)(即實 2012⑳), 몡 (지명) 야율미리(耶律彌里)(愛新覺羅외 2012), 몡 (인명) 耶律木里(耶律穆里)(劉鳳翥 2014b㊾). 出 副3, 慈3.

[**丙车叐火 九叐攵**] j.æl.u.d g.u.ug 몡 (인명) 耶律固(蘇赫 1981, 即實 1996①, 劉鳳翥 2014b㊾). 出 道2, 宣2, 故2.

人物 耶律固(야율고)는 요대 말기의 거란소자 문장의 고수(高手)이다. 현재에 전하는 거란소자 비각중 그가 찬사(撰寫)한 것은 《道冊》, 《宣冊》, 《高誌》, 《皇冊》, 《宋誌》, 《智誌》, 《迪誌》, 《故銘》 등이다. 이것들을 통하여 그의 거란소자 문단상 지위를 충분히 엿볼 수 있다(劉鳳翥 2014b㊶).

[**丙车叐火癶**] j.æl.u.d.i 몡 (씨족) ① 야율(耶律)(研究小組 1977b, 清格爾泰외 1985), ② 야율씨(耶律氏)(劉鳳翥외 2009, 劉鳳翥 2014b㊾). 出 興/仁/故/宗/迪/皇/宋/糺/尚.

[**丙车叐火癶 公夂刋**] j.æl.u.d.i n.ad.bu 몡 ① 야율 종실(耶律宗室)(即實 1996⑯), ② 야율날발(耶律捺鉢)(愛新覺羅외 2012). 出 興7, 仁4, 宗3, 尚3.

人物 耶律捺鉢(야율날발)은 한문의 "요조(遼朝)"에 상당하는 말이다. 예컨대, "야율날발 제○대 성흥종(聖興宗) 중희황제(重熙皇帝)" 식이다. 야율날발 외에 성날발(聖捺鉢)·황족날발(皇族捺鉢)·녀고날발(女古捺鉢)을 써서 표기하기도 한다(愛新覺羅외 2012).

구분	야율날발	성날발	황족날발	녀고날발
거란소자	丙车叐火癶 公夂刋	仕叐羽 公夂刋	刃冬 公夂刋	公关勺 公夂刋
발음	j.æl.u.d.i n.ad.bu	mu.u.dʒi n.ad.bu	q.as n.ad.bu	n.i.gu n.ad.bu
출전	興/仁/宗/尚	故	令	迪

* 거란소자와 출전은 필자가 추가하여 정리하였다.

[丙廾化] j.o.ur 出 清2. 校勘 이 글자는 초본에 잘못 옮겨진 것으로 "丹廾化"가 올바르다(即實 2012⑫).

[丙廾火] j.o.un 名(인명) ① 月椀(愛新覺羅 2006c), ② 欲穩(即實 2012⑳). 出 清2/3/4/5. 人物 《清誌》의 주인인 奪里懶太山(한풍명: 蕭彦弼[1029~1087])의 6대조 拔懶月椀을 지칭한다(愛新覺羅 2013a).

[丙夾] j.ur 出 許49/57. 校勘 이 글자는 초본에 잘못 옮겨진 것("丙夾"와 같은 예는 없음)으로, "两夾" 《許49》 또는 "丹夾" 《許57》가 올바르다(即實 2012⑫).

[丙ち立ち] j.al.ha.al 名 실봉(實封, 실제로 봉읍(封邑) 안의 과호(課户)가 봉호(封户)로서 바치는 조(租)를 취득할 수 있는 식봉(朱志民 1995, 劉鳳翥외 1995). 同 여러 번 옮기다(即實 1996⑥). 出 宣/許/仲/先/宗/海/博/涿/永/迪/弘/副/慈/智/奴/糺/清/尚/韓/玦.

[丙ち立ち 夾] j.al.ha.al ur 出 興28. 校勘 초본에는 하나로 합쳐 "丙ち立ち夾"으로 되어 있다(即實 2012⑫).

[丙ち立ち 止雨 毛 歪 夫关] j.al.ha.al p.in am dʒau ali.i 名(관제) 실봉식일백사(實封食一百賜)(실봉 1백호의 식읍을 하사하다), 한어 어순으로는 "賜食實封一百户"에 해당한다(劉鳳翥 2014b㊾). 出 博23.

[丙ち立ち村] j.al.ha.al.ən 出 宗30, 玦24.

[丙ち立反] j.al.ha.o 出 尚19. 校勘 이 글자는 초본에 잘못 옮겨진 것이므로 "丙ち立ち"가 올바르다(即實 2012⑫).

[丙ち立丹] j.al.ha.☒ 出 仲25.

[丙ち化丹伏] j.al.ur.bu.n 出 烈31.

[丙众屮兴伏] j.☒.əl.gə-n 出 海11. 校勘 이 글자는 휘본 등에 잘못 옮겨져 있으므로 "两众屮兴伏"가 올바르다(即實 2012⑫).

[丙态] i.gə 出 道35, 韓25. 校勘 이 글자는 초본에 잘못 옮겨졌는데, "态"는 글자 끝에 쓸 수 없고 "丙态"는 예가 없으므로 "丙态" 또는 "两态"가 올바르다(即實 2012⑫).

[丙夬] i.qu 出 玦18.

[丙夬夲尺疋] i.qu.al.u.ud 出 仁26. 校勘 이 글자는 초본 등에 잘못 옮겨졌는데 "丙文夲尺疋"가 올바르다(即實 2012⑫).

[丙夬反子] j.qu.o.os 副 또 다시(即實 2012⑳). 出 烈6.

[丙求] j.☒ 先57. 校勘 即實은 이 글자를 "丙庎"이라고 기록하고 있다(即實 2012⑫).

[丙本] j.ar 出 先46/66, 畵1.

[丙本为ち] j.ar.a.at 名(관제) "예랄(拽刺)"의 한어차사(即實 2012⑳). 出 先46, 宋11.

> 遼史 拽刺(예랄)은 순경(巡警)이란 의미인데, 몽골어로 [ere]이다. 이랄(移刺)이라고도 한다. 거란어로 장사(壯士), 용사(勇士)라는 뜻이다. 요나라에 예랄군이 있었는데 조정에 직속되어 황제의 의장과 기고를 호위하는 일을 맡았다. 군에도 예랄사를 두어 변장의 척후 군사정보 등을 전달하는 일을 맡았다. 상온은 그 책임자이다(金渭顯외 2012㊤). 《요사·백관지2》 "拽刺軍詳穩司"條에 "走卒謂之拽刺"라 기술되어 있다.

[丙本夊火] j.ar.u.ud 名(씨족) 야율(耶律)("火"는 복수형 어미이다)(愛新覺羅외 2012/2015⑧). 出 玦2.

[丙本夊平] j.ar.u.ul 名(씨족) 야율(耶律)("平"는 복수형 어미이다)(愛新覺羅외 2012). 出 耶律迪墓誌.

[丙本ㄠ] j.ar.əl 名(지명) ① 야리늑(耶里勒)(即實 2012⑳), ② 야로리(野魯里)(劉鳳翥 2014b㊿). 出 故16.

[丙本ㄠ 尽村] j.ar.əl nior.ən 名(지명·소유격) ① 야리늑산(耶里勒山)의(即實 2012⑳), ② 야로리산(野魯里山)의(劉鳳翥 2014b㊿). 出 故16.

[丙本丹夊] j.ar.b.u 出 宗8. 校勘 이 단어는 본래 2개의 글자(丙本 丹夊)이나 글자 간격이 불분명하여 하나로 인식되고 있다(即實 2012⑫).

[丙本关] j.ar.i 出 道29. 校勘 即實은 이 글자를 "丙本关"라고 기록하고 있다(即實 2012⑫).

[丙夊] j.u 出 興/仁/道/宣/許/故/先/海/永/迪/副/宋/智/烈/韓/玦/特.

[丙夊 火狗村] j.u k(h).dʒi-n 副 어찌하여, 왜(即實 1996⑯). 出 故13.

[丙夊扎] j.u.us 出 永40. 校勘 即實은 이 글자를 "丙反扎"라고 기록하고 있다(即實 2012⑫).

[丙夊夾] j.u.ur 出 先60.

[丙夊狗] j.u.dʒi 出 迪27, 烈11. 校勘 이 단어는 초본에 옮기며 잘못 분할되었는데, 앞 원자들과 합쳐 "火圧丙夊狗"로 하여야 한다(即實 2012⑫).

[丙夊矢] j.u.ul 出 特18.

[丙夊火] j.u.un 出 仲49. 校勘 탁본에는 첫 원자가 "丙"로 되어 있고("丙夊"로 쓰는 사례는 없음) 초본에는 "丙"로 잘못 옮겨졌는데 "两"이 올바르다(即實 2012⑫).

[丙夊欠] j.u.ər 出 玦41.

[丙夊火] j.u.uŋ 借詞 "用"을 나타내는 한어차사(劉鳳翥외 2003b). 出 弘9.

[丙夊平丹伏] j.u.ul.bu.n 出 回18.

[丙村] j.ən [出] 特10.

[丙村穴伏] j.ən.nəu.in [명](인명) ① 雲獨昆(愛新覺羅 2006a/b), ② 夷不耨隱(愛新覺羅 2004a⑫), ③ 尤爾堪訥(即實 2012⑦). [出] 永3. [校勘] 이 글자는 초본 작성과정에서 잘못 옮겨졌으므로 "丙用欠伏"로 적고 "尤爾堪訥"로 번역해야 한다(即實 2012⑦).

[丙叉] j.ir [出] 迪33, 奴22, 尚33.

[丙叉北] j.ir.ur [出] 尚18. [校勘] 이 글자는 초본에 잘못 옮겨진 것이므로 "丙及北"가 올바르다(即實 2012[校]).

[丙子余] əi.dʒi.go [명](지명) 야자개(耶子開) 하천(即實 2012⑳). [出] 圖25.

[丙子犬] əi.dʒi.ʃia [出] 特39.

[丙子欠] əi.dʒi.gu [명](지명) 야자감(耶子坎) 하천(即實 2015a). [出] 回17.

[丙子冈] əi.dʒi.u [出] 博6. [校勘] 이 글자는 초본에 잘못 옮겨졌는데 "丙子欠"가 정당(탁본도 "丙子欠")하다(即實 2012[校]).

[丙列] əi.qa [出] 仲36, 宗32. [校勘] 이 글자는 일부 초본에는 잘못 옮겨졌는데 "行州"《仲36》가 올바르다(即實 2012[校]).

[丙列为] əi.qa.a [出] 奴38, 尚22. [校勘] 即實은 이 글자를 "乃列为"일 것으로 추정하고 있다(即實 2012[校]).

[丙犳] əi.dʒi [出] 韓33. [校勘] 이 글자가 초본에는 잘못 옮겨졌는데 "雨犳"가 올바르다(即實 2012[校]).

[丙丸] j.au [借詞] "宥", "姚", "藥", "堯" 등을 나타내는 한어차사(研究小組 1977b). [명] 길(道)(劉鳳翥 2008, 即實 2012⑳). [出] 許/郎/先/烈/高/韓/玦/回/洞.

[丙丸 几亦] j.au g.iun [명](지명) 유군(宥郡)(研究小組 1977b, 清格爾泰외 1978a/1985). [出] 郎5.

[丙丸 几券] j.au g.ə [명](인명) 瑤哥(即實 2012⑳, 劉鳳翥 2014b). [出] 烈4. [人物] 韓匡嗣의 넷째 아들로서, 韓德威의 형인 韓德讓(941~1011)의 거란식 이름(興寧·瑤哥)이다(劉鳳翥 2014b). ☞ 韓知古(玉田韓氏)의 가계에 대하여는 "愛新覺羅 2009a⑧"을 참고하라.

[丙丸 火用 火关] j.au k(h).iŋ k(h).i [명](인명) ① 姚景嬉(即實 1996⑯), ② 姚景禧(劉鳳翥 2014b52). [出] 先35.

> [遼史] 姚景禧(요경희: ?~1076)는 홍중현(興中縣) 사람으로 《요사》에는 천조제의 휘를 피하기 위해 "姚景行"으로 나온다. 그의 조부인 요한영(姚漢英)은 본래 후주(後周)의 장군이었다. 요경희는 매우 박학하여 중희 5년(1036)에 진사과에 합격하였고, 한림학사·추밀부사·참지정사·북부재상·상경유수·수태사 등을 지냈으며, 유성군왕(柳城郡王)에 추봉되었다. 평시에 도종황제가 국정을 펼 때 많이 의존하였다(金渭顯외 2012[下]).

[丙丸圡为出] j.au.ha.a.an [出] 蒲20.

[丙丸卡] j.au.us [出] 尚16. [校勘] 이 글자는 초본에 잘못 옮겨졌는데 "丙丸夾"가 올바르다(即實 2012[校]).

[丙丸夾] j.au.ur [出] 尚16.

[丙丸东] j.au.at [出] 塔1.

[丙丸叉] j.au.u [借詞] "堯"나 "藥"를 나타내는 한어차사(即實 1988b). [出] 許9, 迪31.

[丙丸叉 兆 公叉] j.au.u ʂi n.u.un [명](인명) ① 遙師奴(即實 1996⑯), ② 藥師奴(愛新覺羅 2010f, 劉鳳翥 2014b36). [出] 許9, 迪31. [人物] 《許誌》 주인 乙辛隱斡特剌의 맏누이(長安 부인)의 아들인 남원부부서(南院副部署) 藥師奴(한풍명: 蕭德崇, 1058~)를 말한다(愛新覺羅 2010f).

[丙丸犳] j.au.dʒi [명](인명) ① 堯治(盧迎紅외 2000, 劉鳳翥 2014b), ② 藥只(愛新覺羅 2009a⑧), ③ 爻純(即實 2012⑳), ④ 瑤質(愛新覺羅 2010f). [出] 烈3. [人物] 《烈誌》 주인 空寧敵烈(1034~1100, 한풍명: 韓承規)의 고조부인 韓匡嗣의 거란이름이다(愛新覺羅 2010f). ☞ 韓知古(玉田韓氏) 가계에 대하여는 "愛新覺羅 2009a⑧"을 참고하라.

> [人物] 韓匡嗣(한광사: 918~983). 한지고(韓知古)의 셋째아들이다. 의술에 능하여 장락궁(長樂宮)에서 번을 들 때 황후(遼太祖皇后 述律平)가 자식처럼 여겼다. 목종(穆宗) 때 태조묘상온(太祖廟詳穩)이 되어 야율현(耶律賢)과 벗이 되었는데, 야율현이 경종(景宗)에 즉위하자 한광사를 시평군절도사(始平軍節度使)로 임명했다. 상경유수(上京留守)·남경유수(南京留守)·섭추밀사(攝樞密使)·서남면초토사(西南面招討使)·진창군절도사(晉昌軍節度使) 등을 역임했고, 연왕(燕王)·진왕(秦王)에 봉해졌다. 사후에 상서령(尚書令)에 추증되었다. 《요사》 권74에 그의 전이 있다(金渭顯외 2012[下]).

[丙丸犳] j.au.dʒi [명](인명) ① 堯治(劉鳳翥 2002), ② 藥只(愛新覺羅 2005b). [出] 宣24, 高3.

[丙丸及北] j.au.o.ur [명] 정조(情操) 또는 품행(品行)(即實 2012⑳). [出] 圖21.

[丙丸及北] j.au.o.əl [出] 博45. [校勘] 이 글자는 초본에 잘못 옮겨졌으므로 "丙丸及北"가 바르다(即實 2012[校]).

[丙丸及村] j.au.o-n [동] 옮기다(遷)(愛新覺羅 2004a⑧). [出] 仲6, 先9, 海10, 特22.

[丙丸及子] j.au.o.os [出] 博26, 副22, 烈6.

[丙丸及内] j.au.o.on [명] 정조(情操) 또는 품행(品行)(即實 2012⑳). [出] 宣/博/皇/慈/智/高/梁/糺/尚/玦/特.

[丙丸及内炎] j.au.o.on.ər [出] 尚20.

[丙丸为木] j.au.a.ar [出] 宗30.

[丙丸为出] j.au.a.an [동] "행하다", "가다"의 여성형(即實 2012⑤, 劉鳳翥외 2009). [同源語] "행하다"를 의미하는 중기몽골어 [yabu-]와 동일한 어원이다(即實 2012⑤). [出] 慈25, 清26, 韓26, 回27. [校勘] 即實(2012⑤)과 劉鳳翥 외(2009)가 "丙丸为出"를 "丙丸 为出"라는 2개 글자로 나누고 있는데, 이는 잘못된 표현이다(大竹昌巳 2015b).

[丙丸矢炎] j.au.ul.ər [出] 皇17.

[丙丸伏余子] j.au.n.go.os [出] 慈24. [校勘] 即實은 이 글자를 초본과 달리 두 글자로 보아 "丙丸 伏余子"로 기록하고 있다(即實 2012[校]).

[丙丸伏火子] j.au.n.d.os [出] 興34. [校勘] 이 단어는 본래 2개의 글자(丙丸 伏欠子)이나 초본에는 잘못하여 하나로 합쳐져 있다(即實 2012[校]).

[丙丸火] j.au.ui [동] 옮기다(遷)(愛新覺羅 2004a⑧). [出] 興/仲/先/副/圖/糺/韓/特.

[丙丸炎] j.au.ər [명](부족) 요리부(遙里部, 해6부의 하나이다)(吳英喆 2012a③). [出] 特3.

[丙丸平击夹] j.au.ul.ha.an [出] 特19.

[丙丸平击丰] j.au.ul.ha.ai [出] 宣7, 玦28, 特16/18, 洞2.

[丙丸平击木] j.au.ul.ha.ar [동] 규제하다(即實 2012⑳). [出] 興14/22, 博10, 慈27.

[丙丸平击为木] j.au.ul.ha.a.ar [出] 道18, 博30, 皇13.

[丙丸平击为出] j.au.ul.ha.a.an [出] 道30, 宗29.

[丙丸平击出] j.au.ul.ha.an [出] 令29.

[丙丸平井药] j.au.ul.ʊ.dʒi [동] 좇다(所循)(即實 2012⑳). [出] 許17, 尚12.

[丙丸平井药公] j.au.ul.ʊ.dʒi.t [出] 先22.

[丙丸平列] j.au.ul.qa [동] ① 속하다, 관계되다(即實 2012⑳), ② 떠다니다(流轉)(愛新覺羅 2004a⑦). [出] 道20, 先26/37, 奴36/38, 梁14.

[丙丸平列夹] j.au.ul.qa.an [동] ① 속하다, 관계되다(即實 2012⑳), ② 다니다(行)(即實 2012⑳). [出] 博5, 智17, 梁12.

[丙丸平列炎] j.au.ul.q.ər [동] ① 속하다, 관계되다(即實 2012⑳), ② 떠다니다(流轉)(愛新覺羅 2004b④). [出] 故12 博38, 副32, 奴43.

[丙丸穴内] j.au.u.on [出] 尚5. [校勘] 이 글자는 초본에 잘못 옮겨졌으므로 "丙丸及内"이 올바르다(即實 2012[校]).

[丙丸□] j.au.? [出] 慈14. [校勘] 即實은 마지막 탈루된 원자를 "火"로 추정하고 있다(即實 2012[校]).

[丙丸□击为出] j.au.?.ha.a.an [出] 特22.

[丙勺] j.əg(愛新覺羅) / i.k(吳英喆) [명](서명) 《역(易)》의 한어차사(即實 2010, 吳英喆 2011a). [出] 奴34, 糺21. [用例] 동일한 《역》의 표현으로 "凤"이 있다(即實 2015b). [出] 仁/道/仲/先/奴/特.

> [用法] "易(역)"의 발음 : 한어차사 "丙勺"는 한자 "易(역)"에 대응하며 [ik]로 읽을 수 있는데, "易"의 중고음(中古音)인 [jĭɛk]에는 부합하나 근대음(近代音) [i]와는 다르다. 한편 "易"을 거란소자로 표현할 때 어떤 경우 "关勺"《副35》라 쓰기도 하는데, 이는 [ik]로도 읽을 수 있는 바, "关"와 "丙"의 발음이 기본적으론 서로 같음을 알 수 있다(吳英喆 2011a).

[丙勺矢] j.əg.tə [명](서명・향위격) 《역(易)》에서(即實 2010, 吳英喆 2011a). [出] 奴34, 糺21.

[丙勺矢 令勺] j.əg.tə t.əg [동] 《역(易)》에서 이르다(吳英喆 2011a). [出] 奴34, 糺21.

[丙欠太] j.ugu.oi [부] 다시금, 재차(即實 2012⑳). [出] 許/先/迪/副/奴/糺/清.

[丙欠及子] j.ugu.o.os [부] 다시금, 재차(即實 2012⑳). [出] 迪18, 慈25.

[丙欠为] j.ugu.a [명](인명) ① 夷瓜(愛新覺羅 2009a⑧), ② 耶抆那(即實 2012⑳). [出] 韓11. [人物] 《韓誌》 주인 曷魯里夫人의 남편인 特免 부마(駙馬)의 조카(그의 장형인 何隱曷葛 國舅詳穩의 외아들)인 "夷瓜"를 지칭한다(愛新覺羅 2009a⑧).

[丙欠火] j.ugu.ui [出] 梁23, 玦16.

[丙久交] j.ug.ur [出] 慈18, 梁15, 糺28, 尚19/21.

[丙久与] j.ug.al [出] 博47. [校勘] 이 글자는 초본에 잘못 옮겨진 것이므로 "丙久与"이 올바르다(即實 2012[校]).

[丙久炎] j.ug.ər [出] 興19.

[丙交] j.ia [出] 仲44. [校勘] 이 글자는 초본에 잘못 옮겨진 것이므로 "丙交"가 올바르다(即實 2012[校]).

[丙各伏] j.jaŋ.in(即實) [명](씨족) "야고륜"(耶庫侖)의 한어차사(即實 2012⑳). [出] 韓9. [参考] 이 글자는 묘지상의 위치로 보아 성씨(姓氏)에 해당할 것인데, 거란 성씨는 대부분이 부명(部名)이나 석렬명(石烈名)이다(即實 2012⑳).

[丙及北] j.o.ur [형] 오른 쪽(?)(即實 2012⑳). [出] 道12/21, 烈28, 奴42, 圖22/23.

[丙及子击为木] j.o.os.ha.a.ar. [出] 興24.

[丙及□] j.o.? [出] 烈28. [校勘] 即實은 마지막 탈루된 원자를 "北"이라고 추정하고 있다(即實 2012[校]).

[丙気] j.aŋ [借詞] "楊", "陽", "泱" 등을 나타내는 한어차사(韓寶興 1991, 豊田五郎 1991b, 即實 1991b, 郭添剛외

2009). 出 許/先/副/智/奴/尚/韓/玦/回/特.

[丙氕 쥐勺] j.aŋ qa.a 명(인명) ① 楊葛(愛新覺羅 2009a⑧),
② 楊奓(即實 2012②), ③ 揚哈(劉鳳書 2014b52) 出 韓3.
人物 《韓誌》의 주인인 曷魯里 부인(?~1077)의 남편
은 特免 부마(駙馬)인데, 그의 부친(즉, 묘주의 시아버지
에 해당함)인 "韓隱楊葛 상공(相公)"을 지칭한다(愛新覺
羅 2009a⑧).

[丙氕 쥐圡矢夾] j.aŋ tʃ.əu.d.i 명(인명·목적격) 楊周里
(即實 2012⑲). 명(지명·탈격) 양주(揚州)에서 부터(劉鳳
書 2014b52). 出 尚11.

[丙氕 全攵] j.aŋ s.iæ 명(인명) ① 泆洁(即實 1996⑯), ②
揚節(劉鳳書 2014b52), ③ 楊傑(吳英喆 2012a③), ④ 楊姐(愛
新覺羅외 2015②). 出 先8, 特26. 人物 "楊姐부인"은 耶
律仁先의 누이로서, 胡都董鐵里鉢里 태사(太師)의 후처
이며 忽突董 낭군(郎君)(1041~1091)의 모친이다(愛新覺羅
외 2015②).

[丙氕 全夾] j.aŋ s.i 명(인명) ① 楊七(愛新覺羅 2013b, 愛
新覺羅외 2015②), ② 楊哲(吳英喆 2012a③). 出 特28. 人物
《特誌》 주인 特里堅忽突董의 차남인 楊七(당시 18
세)을 지칭한다(愛新覺羅외 2012⑩).

[丙氕 全凡 夾] j.aŋ s.iu jue 명(인명) ① 楊從橃(即實
1996⑯), ② 楊從越(劉鳳書 2014b52). 出 先25.

[丙氕 全夾] j.aŋ ts.ie 명(인명) ① 泆洁(即實 1996④), ②
楊姐(愛新覺羅 2010f), ③ 揚節(劉鳳書 2014b52). 出 許52,
智13. 参考 ☞ "丙氕 全夾"을 참고하라.

[丙氕 几丙] j.aŋ g.iu 명(인명) 楊九(即實 2012⑰, 劉鳳書
2014b52). 出 先63, 副21, 烈17.

人物 ① 《副誌》에 나오는 "(蕭)特免"의 한풍명이
며, 우낭군반상온(右郎君班詳穩)을 지냈다(即實 2012⑰).
② 《烈誌》 주인 空寧敵烈(1034~1100, 한풍명 承規)
의 손자(韓知古의 7대손)로 15세에 사망하였다(愛新覺
羅 2010f). ☞ 韓知古(玉田韓氏)의 가계에 대하여는
"愛新覺羅 2009a⑧"을 참고하라.

[丙氕夾] j.aŋ.an 出 特38.

[丙氕伏] j.aŋ.in 명(인명) ① 楊寧(梁振晶 2003, 劉鳳書 2014b
52), ② 楊訥(即實 2012⑳). 出 圖1, 糺14.

[丙氕伏 尤火 几亦 公ㅈ] j.aŋ.in ʃ.ui g.iun n.u 명(인
명) ① 泆訥·水君奴(即實 2012⑯), ② 楊寧·水軍奴(劉
鳳書 2014b52). 出 糺14. 校勘 세번째 글자는 초본에
잘못 옮겨진 것이므로 "尤火"가 올바르다(即實 2012
⑳). 人物 《糺誌》 주인 夷里衍糺里(1061~1102)의 첫
부인인 질랄해가한장(迭剌奚可汗帳) 習撚의 부친으로
태위(太尉) 벼슬을 하였다(即實 2012⑯, 劉鳳書 2014b52).

[丙氕几丙] j.aŋ g.iu 명(인명) 楊九(即實 1996⑯). 出 先63.
参考 ☞ "丙氕 几丙"을 참고하라.

[丙矢] i.tə 명(인명) 耶得(劉鳳書 2014b⑰). 出 許52,
先63. 校勘 이 글자는 초본에 잘못 옮겨진 것이므로
"丙矢"이 올바르다(即實 2012㊟).

[丙仍ㅗ关] j.ol.ur.ir 명(씨족) ① "요련(遙輦)"의
남성형(愛新覺羅 2006b, 愛新覺羅외 2015⑧), ② 요련씨(遙
輦氏)(即實 2012⑳). 出 圖9, 梁20, 清12/10, 韓7.

遼史 遙輦氏(요련씨)는 거란부족의 이름이다. 당
나라 개원(開元: 713~741)과 천보(天寶: 742~755) 때에
대하씨(大賀氏)가 쇠미해지자, 부족연맹을 중건하여
요련씨 조오가한(阻午可汗)이 연맹장을 맡았다. 이
후 연맹장은 요련씨 종족에서 선임되었으며 "가
한"이라 하였다. 요련가한은 9세(世)나 이어졌으며,
질랄부 야율아보기가 건국한 후에 요련 9가한 후
예는 각각 알로타(斡魯朶)가 있었는데, 이를 요련9
장(帳)이라 칭하였다(金渭顯외 2012上).

[丙仍ㅗ伏] j.ol.ur.in 명(씨족·소유격) 요련(遙輦)의(愛
新覺羅외 2015⑧).

[丙仍ㅗ伏 血圡方] j.ol.ur.in qa.ha.ad 명 요련(遙輦)의
가한(可汗)들(愛新覺羅외 2015⑧).

参考 요련가한의 자(字)와 이름

요련씨 9장 가한	자(字)			이름		
	한어 음역	거란어 원형		한어 음역	거란어 원형	
		소자	발음		소자	발음
洼가한				洼		
阻午가한	迪輦	令用与	dilən	祖里		
胡剌가한				胡剌		
蘇가한				蘇	承	su
鮮質가한	迪輦	令用与	dilən	鮮質	全方朮	sæntʃi
昭古가한	盤寒	屰쌔出	aŋqan	昭古	爮余交	dʒaugur
耶瀾가한	耶瀾					
巴剌가한				巴剌		
痕德董가한	痕德菫	火矢几伏	hətəgin	裊羅箇	承쌔	nioraq
				霞瀨葛	血쌔	haraq

(자료: 愛新覺羅외 2015⑧).

[丙仍ㅗ关] j.ol.ur.i 명(씨족) "요련(遙輦)"의 여성형,
요리(遙里)(愛新覺羅 2006a, 愛新覺羅외 2015⑧). 出 烈25,
奴17, 尚23. 校勘 即實은 이 글자를 "丙仍仄关"《烈
25》라고 기록하고 있으나 다른 사례가 없어 의문을
표하고 있다(即實 2012㊟).

[丙仍ㅗ关 主] j.ol.ur.i kəi 명(관제) 요련극(遙輦剋)(愛
新覺羅외 2012⑧). 出 奴17.

[丙余] əi.go 出 迪11, 尚16. 校勘 이 단어는 본래

"**丙余及子**"《迪11》과 "**丙余火关**"《尚16》이나 초본에 옮기는 과정에서 각각 두 글자로 잘못 분리되었다(即實 2012[校]).

[**丙余夯**] əi.go.oi [부] 다시, 재차(即實 2012⑳). [出] 迪22/24/26.

[**丙余及子**] əi.go.o.os [부] 다시, 재차(愛新覺羅 2004a⑧, 即實 2012⑳). [出] 仲23, 博8, 皇13.

[**丙余矢关**] əi.gu.ul.i [出] 博16.

[**丙余火**] əi.gu.ui [부] 다시, 재차(鄭紹宗 1973, 研究小組 1977b, 即實 1996⑯). [出] 宣/故/仲/博/高/圖/尚/回.

[丙仌不] j.o.on [명](인명) ① 月椀(愛新覺羅 2006b, 萬雄飛외 2008, 劉鳳翥 2014b㊾), ② 益衮·益古·欲穩·月椀(即實 2012⑳). [出] 永4, 梁2.

> [人物] ①《永誌》의 주인 遙隱永寧(1059~1085)의 6대조모인 迪里姑(迪魯古) 낭자(娘子)의 부친이다(愛新覺羅 2010f, 即實 2012⑳).
> ②《梁誌》의 주인 石魯隱朮里者(1019~1069)의 6대조인 拔懶月椀阿主를 말한다(愛新覺羅 2010f).

[**丙仌彴关**] j.o.dʒi.i [出] 先43. [校勘] 即實은 이 글자를 "**丙仌犳关**"라고 기록하고 있다(即實 2012[校]).

[丙仐圡为出] j.əl.ha.a.ar [出] 仲29. [校勘] 초본에는 이 단어가 2개(**朩ホ 丙仐圡为出**)로 분리되어 있으나 본래 한 글자(**朩ホ丙仐圡为出**)이다(即實 2012[校]).

[**丙仐廾火**] j.əl.u.ui [出] 永36. [校勘] 이 글자는 초본에 잘못 옮겨진 것이므로 "**丙仐廾火**"가 올바르다(即實 2012[校]).

[**丙仐杰丙**] j.əl.gə.əi [동] 보내다, 이르다(即實 2012⑳). [出] 糺28.

[**丙仐杰丙 刃朩**] j.əl.gə.əi dʒa.ar [동] 보내어 알리다(即實 2012⑳). [出] 糺28. [校勘] 이 단어는 본래 2개의 글자이나 초본에는 하나로 잘못 합쳐져 있다(即實 2012⑯).

[**丙仐杰北**] j.əl.gə.əl [出] 博23.

[**丙仐杰炏**] j.əl.gə.ər [出] 先26.

[**丙仐及化**] j.əl.u.ur [出] 特14.

[丙火] j.ui [出] 永30, 韓32. [校勘] 即實은 이 글자를 "**丙火**"라고 기록하고 있다(即實 2012[校]).

[丙幺车仐圡屮] j.ia.al.l.ha.ai [出] 博17, 慈9.

[**丙幺车仔火**] j.ia.al.b.ud [出] 博27.

[**丙幺车由**] j.ia.al.? [出] 先34.

[**丙幺车关**] j.ia.al.i [出] 先30, 弘22, 糺22.

[**丙幺车夯朩**] j.ia.al.ə.tʃi [出] 永37.

[**丙幺车当**] j.ia.al.ən [出] 慈20, 玦30.

[**丙幺车穴化**] j.ia.al.u.ur [出] 許40.

[**丙幺乐**] j.ia.ai [用法] 거란문 묘지에서는 "**公企**"과 이어 써서 한문 묘지의 "치이근반(寘以近班)"에 상당하는 표현으로 사용된다(愛新覺羅외 2011). [出] 先31/32, 永29, 圓7, 玦25.

[丙尖] j.iu [借詞] "好", "昱" 등을 나타내는 한어차사(郭添剛외 2009, 愛新覺羅 2009c). [出] 尚24.

[**丙尖火**] j.iu.un [出] 先37, 玦17.

[**丙尖尘**] j.iu.d [동] 무너지다(坍塌)(即實 1986b/c, Kane 2009). [出] 郎2.

[**丙尖尘 业廾火关**] j.iu.d p.ʊ.ui.i [동] 황폐해지다(Kane 2009). [出] 郎2.

[丙用圡朩] j.il.ha.ar [出] 副46. [校勘] 이 글자는 초본에 잘못 옮겨졌으므로 "**丙丹圡朩**"가 올바르다(即實 2012[校]).

[**丙用北**] j.il.əl [出] 清18/21. [校勘] 이 단어는 초본에 옮기며 잘못 분할되었는데, 앞 원자들과 합쳐 "**火庄丙用北**"로 하여야 한다(即實 2012[校]).

[**丙用杰丙**] j.il.gə.əi [出] 清16/20. [校勘] 이 단어는 초본에 옮기며 잘못 분할되었는데, 앞 원자들과 합쳐 "**火庄丙用杰丙**"《清16》와 "**又九丙用杰丙**"《清20》로 하여야 한다(即實 2012[校]).

[丙闲欠] j.ol.gu / j.od.gu [명](인명) 尤爾抆(即實 2012⑨). [出] 烈21. [校勘] 초본에는 "**丙闲火**"으로 되어 있는데, "**丙闲欠**"이 올바르다(即實 2012⑳).

> [人物]《烈誌》 주인 空寧迪烈(1034~1100, 한풍명: 承規)의 누이 넷 중 셋째인 尤抆 낭자(娘子)를 말한다(即實 2012⑨). ☞ 韓知古(玉田韓氏)의 가계에 대하여는 "愛新覺羅 2009a⑧"을 참고하라.

[**丙闲欠北**] j.ol.gu.əl / j.od.gu.əl [명](인명) ① 盈古(王弘力 1986), ② 尤爾堪訥(即實 1996⑯), ③ 尤勒古里(愛新覺羅 2006a/2010f), ④ 雲獨古里(愛新覺羅 2013a). [出] 故19, 迪33.

> [人物]《迪誌》 주인 撒懶迪烈德(1026~1092)의 3남 6녀 중 장남으로,《故銘》의 주인 撻體娘子(1081~1115)의 남동생(계모 王日夫人의 첫아들)에 해당한다(愛新覺羅외 2013a, 劉鳳翥 2014b㊶).

[**丙闲欠伏**] j.ol.gu.in / j.od.gu.in [명](인명) ① 夷古衮(愛新覺羅 2003f), ② 尤勒衮(愛新覺羅 2006a), ③ 尤爾堪格(即實 1991b), ④ 尤爾堪訥(即實 1996⑯), ⑤ 雲獨昆(愛新覺羅 2010f), ⑥ 尤爾肯(即實 2012⑳). [出] 先5, 智6, 清4.

> [人物] ① 耶律仁先(1013~1072, 糺鄰查剌)과 耶律智先(1023~1094, 烏魯本猪屎)의 조부이다(愛新覺羅외 2013a, 劉鳳翥 2014b㊶).

② ≪清誌≫ 주인인 奪里懶太山(한풍명: 蕭彦弼, 1029~1987)의 5대조이다(愛新覺羅외 2013a, 劉鳳翥 2014b㊶).

[丙用余伏] j.ol.go-n / j.od.go-n [명](인명) 尤爾肯, 尤昆(即實 2012⑳). [出] 清3, 韓13. [校勘] 위의 ≪清誌≫에서 "丙用欠伏"과 동일한 글자로 쓰였다. "欠"와 "余"는 발음이 유사하여 서로 호환이 가능하다(即實 2012⑳).

[丙冊亚木] j.?.ha.ar [出] 烈16. [校勘] 이 단어는 초본에 옮기며 잘못 분할되었는데, 앞 원자들과 합쳐 "令丹丙用亚木"로 하여야 한다(即實 2012㉟).

[丙付] j.əb [出] 許44. [校勘] 이 글자는 초본에 잘못 옮겨진 것이므로 "丙丹"가 올바르다(即實 2012㉟).

[丙丹] əi.tum [出] 許44, 宗7, 回22, 特38.

[丙丹 关夹] əi.tum miŋ.an [형] 무수한(即實 2015b). [出] 特38.

[丙丹亚木] əi.tum.ha.ar [명](지명) 을토마마리(乙土瑪馬里)산(即實 2012⑳). [出] 副37. [參考] ≪요사≫에는 이 산의 이름이 나오지 않으나, 耶律副部署(1031~1077, 窩篤宛兀没里[耶律運])의 묘가 있는 곳으로 현재의 이름은 조극도산(朝克圖山, 内蒙古 阿魯科爾沁旗 罕廟蘇木의 古日班呼舒嘎査新村에서 서북쪽으로 1.5km 거리)이다(愛新覺羅 2010f).

[丙丹矢] j.tum.tə [出] 清25.

[丙文] j.iæ [동] 있다(有)(愛新覺羅 2002/2004a⑧, 即實 2012⑳). [借詞] "(僕)射"(研究小組 1977b), "兮"(即實 1996①), "殗"(劉鳳翥외 2005b) 등을 나타내는 한어차사. [出] 仁/道/令/許/故/仲/迪/皇/宋/智/烈/奴/高/尚/玦/蒲.

[丙文方] j.jue.æn [借詞] "嚴", "延", "燕" 등을 나타내는 한어차사(清格爾泰외 1985, 即實 1988b, 愛新覺羅외 2011, 劉鳳翥 2014b㊾). [出] 令/故/先/海/博/涿/永/迪/弘/副/皇/宋/慈/智/烈/奴/糺.

[丙文方 叉圡] j.iæ.æn ʃ.əu [명](인명) 延壽(即實 2012⑳, 劉鳳翥 2014b㊾). [出] 副7, 慈5. [參考] 愛新覺羅는 ≪副誌≫에서 "燕"은 그 이름이고, "叉圡"는 이름이 아닌 관직명 수태사(守太師, 叉圡 丞 犮)의 일부라고 보고 있다(愛新覺羅 2010f).

[人物] ① ≪副誌≫의 주인인 窩篤宛兀没里(한풍명: 耶律運[1031~1077])의 증조부인 延壽 태사(太師)를 지칭한다(即實 2012⑳, 劉鳳翥 2014b㊾).
② ≪慈誌≫의 주인인 鉢里本朝只(1044~1081)의 증조부인 延壽 낭군(郎君)을 지칭한다(劉鳳翥 2014b㊾).

[丙文方 叉圡伏] j.iæ.æn ʃ.əu.n [명](인명) ① 延順(即實 1996⑯), ② 延壽隱(愛新覺羅 2010f), ③ 延壽寧(劉鳳翥 2014b⑮). [出] 令4. [人物] ≪令誌≫ 주인 高隱福留(997~1054)의 증조부(曾祖父)인 延壽隱을 지칭한다(愛新覺羅 2010f).

[丙文方 杰] j.iæ.æn uaŋ [명](관제) "연왕(燕王)"의 한어차사(即實 1996⑯, 劉鳳翥 2014b㉖). [出] 先5, 智8, 奴5.

[丙文方 犮] j.iæ.æn ʂï [명](인명) ① 延詩(即實 2012⑳), ② 閻氏(劉鳳翥 2014b㊾). [出] 慈10.

[丙文方 小丙] j.iæ.æn l.iu [명](인명) ① 燕六(愛新覺羅 2010f), ② 延留(劉鳳翥 2014b㊾). [出] 故8. [人物] ≪故銘≫ 묘주(撻体娘子) 남편인 迪魯董華嚴奴(1060~?, 蕭孝寧)의 부친(敖魯宛燕六, 劉鳳翥는 "奥魯斡·延留"라고 표현)이다(愛新覺羅 2010f).

[丙文方 几火 杰不] j.iæ.æn g.ui uaŋ.on [명](관제·소유격) 연국왕(燕國王)의(劉鳳翥 2014b㊾). [出] 奴26.

[丙文方 几芬] j.iæ.æn g.ə [명](인명) ① 燕哥(愛新覺羅 2009a⑧, 劉鳳翥 2014b), ② 妍哥(即實 2012⑳). [出] 烈18. [校勘] 첫 글자는 초본에는 "丙文方"이라고 기록되어 있다(即實 2012㉟). [人物] ≪烈誌≫ 주인의 손녀로, 즉 셋째 아들인 烏魯古(1065~?)의 여섯째 딸 燕哥를 지칭한다(愛新覺羅 2009a⑧).

[丙文方 㐅芬] j.iæ.æn k(h).ə [명](인명) 燕珂(即實 1996⑯), ② 燕哥(劉鳳翥 2014b⑰). [出] 先7. [人物] 耶律仁先의 막내동생(耶律信先, 거란명 撒班涅魯古)의 장모인 燕哥 별서(別胥)이다(劉鳳翥 2014b⑰).

[丙文方 㐅关用 几丙火火 仃 几丙火 犮] j.iæ.æn k(h).i.ŋ g.ju.uŋ-n tu g.ju.uŋ ʂï [명](관제) 연경궁(延慶宮)의 도궁사(都宮使)(劉鳳翥 2014b㊾). [出] 奴13.

[丙文方 吊気 公火] j.iæ.æn tʃa.aŋ n.iu [명](인명) ① 延昌女(愛新覺羅 2010f, 即實 2012⑯), ② 燕尚女(劉鳳翥 2014b㊾). [出] 糺15. [人物] ≪糺誌≫ 주인인 夷里衍糺里(1061~1102)와 그 둘째 부인인 甌昆管迷 낭자(娘子) 소생의 외동딸(1088~?)이다(愛新覺羅 2010f).

[丙文方 吊気 几丙火火 个 禾] j.iæ.æn tʃa.aŋ g.ju.uŋ-n pu s [명](관제) 연창궁(延昌宮)의 부사(副使)(劉鳳翥 2014b㊾). [出] 宋10.

[丙文方万矢] j.iæ.æn.ə.tə [出] 博42.

[丙文方伏] j.iæ.æn.in [명](인명) ① 延寧(鄭曉光 2002, 劉鳳翥 2002), ② 燕寧(劉鳳翥 2014b㊾). [出] 令/先/永/慈/烈/高.

[丙文方伏 北交个] j.iæ.æn.in hu.ur.s [명](인명) ① 延訥·胡如思(또는 延寧·忽日斯)(即實 2012⑮), ② 燕寧·呼哩西(劉鳳翥 2014b㊾). [出] 慈6. [人物] ≪慈誌≫ 주인 鉢里本朝只(1044~1081)의 모친인 罨氏 낭자(娘子)(即實은 이를 "奄昔낭자"라고 표현)의 선조이다(愛新覺羅 2010f).

[丙文方伏 亚커为] j.iæ.æn.in qa.q.a [명](인명) 延寧·汗哈(劉鳳翥 2014b㊾). [出] 先7. [人物] 耶律仁先의 막내동생(耶律信先, 거란명 撒班涅魯古)의 장인인 延寧·汗哈 장

군(將軍)이다(劉鳳翥 2014b⑰).

[丙交考伏 仐卄ネ列] j.iæ.æn.in s.ʊ.ar.aqa [명](인명) ① 延訥·蘇魯葛(또는 延寧·蘇古勒葛)(即實 2012⑫), ② 延寧·蘇里赫(劉鳳翥 2014b52). [出] 高4. [校勘] 두 번째 글자는 초본에 잘못 옮겨진 것이므로 "仐卄平列"가 올바르다(即實 2012校).

> [人物] 《高誌》 주인 王寧高十(韓元佐, 1015~?)의 조부 福哥(韓德昌 사도, ?~986)의 만형(韓德源 상공)이다(愛新覺羅 2010f). ☞ 韓知古(玉田韓氏)의 가계에 대하여는 "愛新覺羅 2009a⑧"을 참고하라.

[丙交考伏 仐村] j.iæ.æn.in (ə)s.ən [명](인명) ① 延訥·思恩(即實 2012⑦), ② 延寧·乙辛(劉鳳翥 2014b㉒). [出] 永13. [人物] 《永誌》 주인 遙隱永寧(1059~1085)의 중부(仲父)인 解里(即實은 "埃米勒"이라 표현) 장군(將軍)의 장인 延寧乙辛 재상(宰相)이다(劉鳳翥 2014b㉒).

[丙交考伏 仐交 叉关] j.iæ.æn.in s.iæ. ʃ.ib [명](인명) ① 燕隱·謝十(愛新覺羅 2009a⑧), ② 延訥·謝山(即實 2012⑨), ③ 延寧·謝十(劉鳳翥 2014b52). [出] 烈6. [校勘] 即實은 마지막 글자를 "叉买"이라고 기록하고 있다(即實 2012校).

> [人物] 《烈誌》 주인의 백부(伯父)인 척은시중(惕隱侍中) 韓元佐이다(愛新覺羅 2009a⑧). ☞ 韓知古(玉田韓氏)의 가계에 대하여는 "愛新覺羅 2009a⑧"을 참고하라.

[丙交考夯] j.iæ.æn.to [명](인명) 延佗(即實 2012⑳). [出] 博45.

[丙交夲] j.iæ.ær [出] 清28, 尚32.

[丙交夲叐] j.iæ.ær.u [명](씨족) 야율(耶律)(高路加 1991). [명](인명) ① 延留(劉浦江 2005), ② 耶魯(太平奴)(愛新覺羅 2006b, 劉鳳翥 2014b52). [명] ① 태평(太平)(盧迎紅외 2000), ② 흥성(興盛)(即實 1984a). [出] 道/宣/令/仲/迪/智. [用例] 又 丙交夲叐 [mos j.iæ.ær.u] [명] 태평(太平, 요나라 성종황제 시기의 연호로서 기간은 1021년~1031년이다(愛新覺羅외 2012).

> [參考] "丙交夲叐"는 야율지선(耶律智先)의 어렸을 적 최초의 유명(幼名)과 완전히 동일하다. 그의 한문 묘지에는 이를 "태평노(太平奴)"라고 적고 있다. 따라서 "丙交夲叐"라는 단어는 한어의 "태평(太平)"으로 대역된다(愛新覺羅외 2012).

[丙交夲叐 生] j.iæ.ær.u abu [명](인명) 耶魯·阿鉢(即實 2012⑳). [出] 智8.

[丙交夲叐药] j.iæ.ær.u.ʤi [형] 흥성(興盛)하다(愛新覺羅 2003h). [부] 한결같이, 다 같이(大竹昌巳 2016d). [出] 迪/弘/圖/韓/特.

[丙交夲叐药 仉平炏义] j.iæ.ær.u.ʤi ku.ul.gə.ər [동] 다 같이 본받다(大竹昌巳 2016d). [出] 圖14.

[丙交夲叐凡] j.iæ.ær.u.ud [出] 先54.

[丙交夲叐火] j.iæ.ær.u.un [형] 흥성(興盛)한(即實 2012⑰). [出] 先25, 副43, 特16/20.

[丙交夲火] j.iæ.ær [명](씨족) 야율(耶律)(高路加 1991). [명] 태평(太平)(蓋之庸외 2008). [出] 副8, 圖3.

[丙交夲火凡] j.iæ.ær.iu.ud [명](씨족) 야율(耶律)(高路加 1991). [명] 흥성(興盛)(即實 1996⑩). [出] 許36.

[丙交夲火火] j.iæ.ær.iu.un [出] 特5.

[丙交夲穴药] j.iæ.ær.u.ʤi [명] 흥성(興盛)(即實 1984a/1996⑯). [出] 興17, 道22, 宗15, 智21.

[丙交夲穴凡] j.iæ.ær.u.ud [出] 仁26.

[丙交夲穴火] j.iæ.ær.u-n [명](씨족) 야율(耶律)(高路加 1991). [형] 흥성(興盛)하다(即實 1984a). [出] 道28.

[丙交夲穴火 国ㄨ付伏] j.iæ.ær.u.un bə.l.bu.n [명] 흥성한 황통(盛統)(即實 1996⑯). [出] 道28.

[丙交及扎] j.iæ.o.ur [出] 副7.

[丙交为穴药] j.iæ.a.u.ʤi [형] 흥성(興盛)하다(即實 1984a). [出] 仁27. [校勘] 即實은 이 글자를 "丙交夲穴药"라고 기록하고 있다(即實 2012校).

[丙交仐叐] j.iæ.s.u [出] 令13. [校勘] 即實은 이 글자를 "丙交夲叐"이라고 기록하고 있다(即實 2012校).

[丙交仝] j.iæ.æm [借詞] "琰", "晻" 등을 나타내는 한어 차사(愛新覺羅 2006ab). [出] 慈6.

[丙交仝 叉关] j.iæ.æm ʃ.i. [명](인명) ① 奄昔(即實 2012⑳), ② 嚴實(劉鳳翥 2014b52). [出] 慈6.

[丙交关] j.iæ.i [동] 있다(有)(即實 2012⑳). [出] 智17.

[丙交炏] j.iæ.ər [동] 있다(有)(即實 2012⑳). [出] 道27, 仲47, 副42, 奴45.

[丙亦]

j.iun [出] 副12. [校勘] 이 글자는 초본에는 "乃亦"으로 기록되어 있다(即實 2012校).

[丙穴关]

i.noi.i [出] 興3. [校勘] 이 글자는 휘본 등에 잘못 옮겨진 것이므로 "乃矢关"가 올바르다(即實 2012校).

[丙关]

j.i [出] 仲/先/永/迪/奴/梁/清/尚/特.

[丙关火] j.i.un [出] 韓21. [校勘] 이 글자는 초본에 잘못 옮겨진 것이므로 "冇叐火"이 올바르다(即實 2012校).

[丙火]

i.k(h) [出] 先35. [校勘] 即實은 이 글자를 "丙欠"라고 기록하고 있다(即實 2012校).

[丙炏]

j.ər [出] 興/仁/副/慈/糺/清/尚/畵/塔.

[丙炏伏] j.ər.in [出] 韓16. [校勘] 이 글자는 초본에 잘못

옮겨진 것이므로 "**丙炎伏**"이 올바르다(即實 2012[校]).

[**丙火伏**] j.uŋ.in [명](인명) ① 永寧(鄭曉光 2002, 劉鳳翥 2014b[52]), ② 永訥(即實 2012⑦). [出] 永19/26/37/38/42.

> [人物] **遙隱永寧**(1059~1085). 《永誌》의 주인이다. 거란문자(契丹文字)와 한자를 통달하였고 마술(馬術)·궁술(弓術)에도 능했다. 26세에 저후(祗候)가 되어 패인사 낭군(牌印司郎君)에 보임되었고 근신(近班)으로 배치되었다. 대안 원년(1085) 가을의 결혼 납폐일(納聘日)에 사냥하다 낙마하여 부상을 입고, 그로 인해 그 해 11월 27세로 사망하였다(愛新覺羅 2010f).

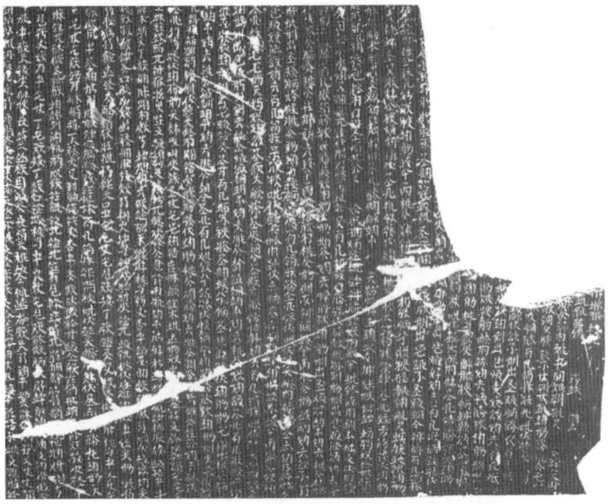

야율영녕 낭군(耶律永寧郎君) 묘지명(부분)

[**丙火伏杊**] j.uŋ.in [명](인명·소유격) 永寧의(鄭曉光 2002). [出] 永15.

[**丙火伏矢**] j.uŋ.in.tə [명](인명·향위격) 永寧에게(鄭曉光 2002). [出] 永33/35/39.

[**丙火伏矢关**] j.uŋ.in.d.i [명](인명·접속격) 永寧과(即實 2012⑦). [出] 永34.

[**丙火火**] j.uŋ.un [出] 尚18. [校勘] 이 글자는 초본에 잘못 옮겨진 것이므로 "**丙火火**"이 올바르다(即實 2012[校]).

[**丙炎炎**] i.gə.ər [出] 興10. [校勘] 이 글자는 휘본 등에 잘못 옮겨진 것이므로 "**丙炎炎**"가 올바르다(即實 2012[校]).

[**丙与**] j.ən [出] 永40. [校勘] 이 글자는 초본에 잘못 옮겨진 것이므로 "**丙与**"이 올바르다(即實 2012[校]).

[**丙考夫**] j.iau.qu [명](군제) 규군(糺軍)(吳英喆 2011a). [형] 검다(黑)(即實 2012⑳). [出] 副12.

> [遼史] **糺軍(규군)**. 거란 건국 초에 항복하거나 포로로 잡힌 이민족 장정을 군적에 편입시켰다. 이들을 거란 8부에 편입하여 전쟁에 종군시켰다. 혹은 전체 가족을 변방에 옮겨서 유목을 하면서 변방을 지키는 일을 하도록 하였다. 이들이 변방 규호(糺户)이다. 그 후에 규군 5종을 설치하였다(金渭顯외 2012[上]).

[**丙考列**] j.iau.qa [出] 先43.

[**丙考伏**] j.iau.in [명] 뜻은 불명확하나, 동서(同壻) 따위의 친족을 나타내는 말일 것으로 추정된다(即實 2012⑮). [出] 永38.

[**丙考伏杊**] j.iau.in.ən [명](소유격) 동서(同壻)의(即實 2012⑮). [出] 慈12.

[**丙考穴**] j.iau.u [出] 博16.

[**丙□本炎**] j.?.ar.ər [出] 回24.

[**丙□伏**] j.?.in [명](인명) 耶□寧(郭添剛외 2009). [出] 尚2. [校勘] 即實은 두 번째 탈루된 원자를 "**火**"이라고 추정하고 있다(即實 2012[校]).

丙 [발음] məgə, mə [原字번호] 21

[**丙**] məgə, mə [명] ① 어머니(即實 1996⑯, 愛新覺羅외 2011), ② 여성(即實 1988b). [명](인명) 麼葛, 麼格(愛新覺羅 2003i/2006a). [同源語] 몽골어 [eme](처, 딸, 암컷)·[emege](조모), 다호르어 [əmə](모)·[əməg](처)·[əmwun](처, 딸, 암컷), 여진어 **甭**[ənin]·[əmə](모), 만주어 [əmə](모)·[əməkə](시어미), [əmilə](암컷), 한국어 [əmi](어미, 암컷)·[əməni](어머니), 일본어 ömö[←əmə](유모), 투르크어 em-[←äm-](젖을 먹다)과 같은 어원이다(愛新覺羅외 2011). [出] 宣/令/許/仲/先/宗/海/博/涿/永/迪/弘/副/慈/智/烈/奴/高/圖/梁/糺/清/尚/韓/玦/回/特/蒲/盞.

[**丙 几**] mə ku [명] 처(妻) 또는 부인(夫人)(豊田五郎 1991b, 閻萬章 1993, 即實 1996⑯). [出] 令/慈/梁/玦/回/特.

[**丙 与**] mə dəu [명] ① 같은 부모의 친동생(即實 1996⑯), ② 여동생(劉鳳翥 2014b⑰). [出] 先65.

[**丙 舟为**] mə b.aqa [명] 여자 아이(即實 1996⑯). [出] 仲30.

[**丙土叐**] mə.əu.u [명](관제) □□□후(侯)(豊田五郎 1991a). [出] 令2. [校勘] 即實은 이 글자를 "**丙土叐**"라고 기록하고 있다(即實 2012[校]). [參考] 《令誌》를 지은 자(撰寫人)의 관직이다(豊田五郎 1991a).

[**丙廾及北**] mə.ʊ.o.ur [出] 道10. [校勘] 이 글자는 초본에 잘못 옮겨진 것이므로 "**丙廾及北**"가 올바르다(即實 2012[校]).

[**丙炏叐药**] mə.xəi.u.dʒi [出] 宗29.

[**丙炏业炏丙**] mə.xəi.l.gə.əi [出] 道28, 先39/60.

[丙杰] mə.kon [명] 씨족(即實 1996①). [出] 宣19, 仲6/13/41/46, 先63/66, 博36/44.

[丙杰村] mə.kon.ən [出] 仲41/44, 先44, 博26/27/30.

[丙杰业杰丙] mə.kon.əl.gə.əi [出] 特32.

[丙太矢] mə.gə.tə [出] 道27. [校勘] 이 글자는 초본에 잘못 옮겨진 것("丙"와 "太"를 이어 쓰는 사례는 없음)이므로, 即實은 글자를 "丙杰矢"라고 기록하고 있다(即實 2012[校]).

[丙朩] məg.ar [出] 先57, 迪37. [校勘] 이 글자는 초본에 잘못 옮겨진 것이므로 "丙朩"≪先57≫와 "仍朩"≪迪37≫가 올바르다(即實 2012[校]).

[丙叐火] mə.u.un [동] 그리워하다(慕)(實玉柱 1990b). [出] 道13. [校勘] 이 글자는 초본에 잘못 옮겨진 것이므로 "丙叐火"이 올바르다(即實 2012[校]).

[丙村] mə-n [出] 先57, 玦36.

[丙村亐叐平] mə.ən.al.u.ul [出] 圖25. [校勘] 이 단어는 본래 2개의 글자(乃村 亐叐平)이나 휘본들 중에는 잘못하여 하나로 합쳐져 있으며, "丙"는 "乃"로 고쳐야 한다(即實 2012[校]).

[丙叉] mə.ir [出] 先7, 清21. [校勘] 이 글자는 잘못 새겨진 것이므로 "丙叉"≪先7≫ 또는 "丙叐"≪清21≫가 올바르다(即實 2012[校]). [用例] 汁伞兴 丙叉 [ja.mə.ər məg.ir] [동] 명령을 따르다, 령을 받들다(實玉柱 2006).

[丙叉火] mə.ir.un [出] 糺12. [校勘] 이 글자는 초본에 잘못 옮겨진 것("丙叉"으로 쓰는 사례는 없음)이므로 "丙叐火"이 올바르다(即實 2012[校]).

[丙叉兴] mə.ir.ər [出] 副22/31. [校勘] 이 글자는 초본에 잘못 옮겨졌으므로 "丙叉兴"가 올바르다(即實 2012[校]).

[丙子余] mə.os.gu [出] 圖25. [校勘] 이 글자는 휘본 등에 잘못 옮겨진 것이므로 "丙子余"가 올바르다(即實 2012[校]).

[丙朻] mə.tʃi [명] ① 갈레(支)(即實 2012⑳), ② "길(道)"의 복수형·목적격(大竹昌巳 2016d). [出] 令/先/永/智/梁/玦.

[丙朻村] mə.tʃ.ən [명](소유격) 가지(支)의(即實 2012⑳). [出] 智17.

[丙朻朻亐] mə.tʃi.tʃ.u [出] 梁26. [校勘] 이 단어는 본래 2개의 글자(丙朻 朻亐)이나 초본에는 잘못하여 하나로 합쳐져 있고 마지막 원자도 다르다(即實 2012[校]).

[丙朻兴] mə.tʃ.ər [出] 道34, 先42/49.

[丙矢] mə.tə [명](향위격) ① 황후(皇后)에게(青格勒외 2003), ② 어머니에게(大竹昌巳 2016d). [出] 涿/皇/奴/玦/回/特.

[丙矢关] mə.d.i [명] 딸(即實 1996①). [出] 道33, 永36.

[丙仕文] mə.um.iæ [出] 仁27. [校勘] 이 글자는 초본에 잘못 옮겨진 것이므로 "丙仕文"이 올바르다(即實 2012[校]).

[丙余火] mə.gu.ui [부] 다시(羅福成 1934j, 研究小組 1977b, 清格爾泰외 1978a). [出] 郎3. [校勘] 이 글자는 탁본상에도 "丙余火"로 되어 있으나 이는 찬자(撰者)의 오류로 추정되며, "丙余火"가 올바르다(即實 2012[校]).

[丙令] mə.əd [명] ① 딸(王弘力 1986, 豊田五郎 1991b, 劉鳳翥 1993d), ② "딸"의 복수형(即實 1988b/1996⑯), ③ "할머니"의 복수형(即實 2012⑳), ④ "어머니"의 복수형(大竹昌巳 2016d). [명](소유격) 딸의(劉鳳翥 2014b⑰). [명](향위격) 길(道)에(大竹昌巳 2016d). [동] 규제하다(即實 2012⑳). [出] 道/令/許/仲/先/宗/博/涿/永/迪/弘/副/皇/慈/智/烈/奴/高/圖/梁/糺/清/尚/韓/玦/回/特/蒲.

[丙令 쿵] mə.əd qa [出] 奴36.

[丙令 及内] mə.əd o.on [出] 副29.

[丙令 业朩] mə.əd p.ar [명] ① 처실(妻室)(盧迎紅외 2000), ② 여권(女眷, 가족중의 부녀자 또는 여자 권속)(趙志偉외 2001, 鄭曉光 2002), ③ 가족(愛新覺羅 2006a), ④ 처(妻)(吳英喆 2012a④). [出] 高9, 迪30, 副24, 蒲14.

[丙令 舟对出] mə.əd b.aqa.an [명] "여자 아이(丙 舟犭)"의 복수형(即實 1996⑯, 武内康則 2016). [出] 仲29.

[丙令村] mə.əd.ən [명](소유격) 딸의(劉浦江외 2014). [出] 海9, 迪27, 慈12, 高4.

[丙令业朩] mə.əd.p.ar [出] 許45. [校勘] 即實은 이 글자를 "丙令 业朩"이라고 기록하고 있다(即實 2012[校]).

[丙令关] mə.əd.i [出] 宣22.

[丙公] mə.ən [명](소유격) 어머니의(愛新覺羅 2009a⑧, 劉鳳翥 2014b㊷). [出] 宣/令/許/故/先/宗/博/迪/弘/宋/烈/清/尚/韓/玦/回/特/蒲/洞.

[丙公] mə.d [出] 副28. [校勘] 이 글자는 초본에 잘못 옮겨진 것이므로 "丙令"이 올바르다. 복수접미사를 남성에게는 "公"를, 여성에게는 "令"을 사용하는 것이 관례이다(即實 2012[校]).

[丙公 舟对出] mə.d b.aqa-n [명] 여자아이(劉鳳翥 2014b㊷). [出] 副28. [校勘] 이 글자는 초본에 잘못 옮겨졌으므로(여성형을 써야하므로) "丙令 舟对出"이 올바르다(即實 2012[校]).

[丙公村] mə.d.ən [出] 道25. [校勘] 이 글자는 초본에 잘못 옮겨졌으므로 "乃公村"이 올바르다(即實 2012[校]).

[丙소] mə.ol [명] 족, 씨족(?)(即實 1996⑯). [出] 宣19.

[丙仝关] mə.ol.i [出] 先60.

[丙屮叉] mə.l.ir [出] 先15, 圖9. [校勘] 이 글자는 잘못 새겨졌으므로 "西屮叉"가 올바르다(即實 2012[校]).

[丙尜] mə.er [出] 許47. [校勘] 이 글자는 잘못 새겨진 것이므로 "丙尜"가 올바르다(即實 2012[校]).

[丙仝村] mə.iam.ən [出] 許9. [校勘] 이 글자는 잘못 새겨진 것이므로 "丙尜村"가 올바르다(即實 2012[校]).

[丙祭] mə.sei [出] 糺25. [校勘] 即實은 "丙祭" 또는 "丙祭"로 쓰는 사례가 모두 없어 이 글자의 신뢰성은 낮으나, "丙祭"는 "斗祭"와 발음이 유사하여 "丙祭"이 "丙幺祭"에 상당할 것이라고 주장하고 있다(即實 2012[校]).

[丙丹] mə.tum [出] 圖15. [書法] 即實은 이 글을 가로가 아닌 세로로 쓰고 있다(即實 2012[校]).

[丙交] mə.iæ [出] 許40, 迪38. [校勘] 이 글자는 초본에 잘못 옮겨졌으므로 "丙交"이 올바르다(即實 2012[校]).

[丙交尜] mə.iæ.ər [出] 許62. [校勘] 이 글자는 초본에 잘못 옮겨졌으므로 "丙交尜"이 올바르다(即實 2012[校]).

[丙关] mə.i [出] 永18, 梁25, 糺7. [校勘] 이 글자는 초본에 잘못 옮겨진 것이므로 "西关"《永18》, "丙尜"《梁25》, "丙关"《糺7》이 올바르다(即實 2012[校]).

[丙火未] mə.k(h).tʃi [出] 尚22.

[丙尜] mə.ər [형] ① 향기로운(即實 1991b), ② 광택이 나는, 빛나는(即實 1996①, 愛新覺羅 2006a). [동] 말하다(劉鳳翥 2014b㊾). [명] ① 질녀(劉鳳翥외 2003b), ② "길"(道)의 여성명사(愛新覺羅외 2011). [同源語] "길(道)"이나 "자취(跡)"를 의미하는 서면 및 중기몽골어의 [mör], 현대몽골어의 [mor]와 동일한 어원이다(大竹昌巳 2015b). [出] 興/仁/道/宣/令/許/仲/先/宗/海/博/永/迪/弘/副/皇/宋/慈/智/烈/奴/高/圖/梁/糺/清/尚/韓/玦/回/特. [用例] 几火 矢 夹 丙尜 [ku.uŋ miŋ-an mə.ər] [명] 공명(孔明)의 길(道)(愛新覺羅외 2011). [出] 特10. [參考] "공명(孔明)"을 "공맹(孔孟, 儒學을 의미)"으로 오역하는 경우도 있다(大竹昌巳 2015b).

[丙尜村] mə.ər.ən [명](소유격) 길(道)의(大竹昌巳 2016d). [出] 仁/仲/涿/弘/回.

[丙尜叉] mə.ər.ir [出] 先16.

[丙尜尜] mə.ər.ər [동] 겸손히 기다리다(謙待)(即實 2012⑳). [出] 道/故/宗/涿/迪/宋/烈/奴/糺/韓/玦/特.

[丙娄] mə.kon [명] 족, 씨족(即實 1996①). [出] 道/宣/故/先/宗/副/皇/智/圖/梁/尚/玦/特.

[丙娄村] mə.kon.ən [出] 令18, 迪13, 智23/25, 特17.

[丙娄矢] mə.kon.tə [出] 玦40/45.

[丙娄尜] mə.kon.ər [동] 발전하다(愛新覺羅 2004a⑤). [出] 宣22, 迪4.

[丙平圡为木] mə.ul.ha.a.ar [出] 道19. [校勘] 이 글자는 초본에 잘못 옮겨진 것이므로 "丙平圡为木"가 올바르다(即實 2012[校]).

丙 [발음] tʃau, tʃ [原字번호] 22

[丙] tʃau [借詞] "楚" 등을 나타내는 한어차사(即實 1990). [出] 仲30, 高4, 書12/21.

[丙 叉勺] tʃau m.ug [명](인명) ① 礎沐古(即實 1996⑯), ② 朝迷己(愛新覺羅 2010f). [出] 仲30. [人物] 《仲誌》의 주인인 烏里衍朮里者(1090~1150, 한풍명은 "蕭仲恭")의 손녀이다(愛新覺羅 2010f).

[丙 几芬] tʃau ku.ə [명](인명) 礎哥(即實 2012⑳, 劉鳳翥 2014b⑲). [出] 高4. [人物] 韓匡嗣의 첫째 아들인 韓德源의 첫 부인 "礎哥 부인(夫人)"을 말한다(愛新覺羅 2013a).

[丙杏] tʃau.uni [명](인명) ① 朝隱(愛新覺羅 2010c, 愛新覺羅외 2011), ② 慈寧(劉鳳翥 2014b). [出] 葉2. [人物] 《宗誌》의 주인인 朝隱驢糞(991~1053, 한풍명은 "耶律宗教")을 지칭한다(愛新覺羅 2010f).

[丙廾火伏] tʃau.ʊ.ui-n [出] 副6. [校勘] 이 글자는 초본에 잘못 옮겨진 것이므로 "丙廾火伏"이 올바르다(即實 2012[校]).

[丙交] tʃau.ur [명] "군사(軍事)", "전쟁(戰爭)"의 여성명사(即實 1996④/⑨). [同源語] "군사" 또는 "전쟁"을 의미하는 돌궐어의 [čärik], 여진어의 [tʃao-xa]·[tʃao-ʃi], 중기몽골어의 [ča'ur], 만주어의 [cooha]와 동일한 어원이다(金啓孮 1984, 韓百詩 1990, 孫伯君외 2008, Kane 2009). [出] 興/道/許/仲/先/博/迪/副/皇/慈/奴/高/室/圖/韓/玦/魚.

> [遼史] 《류설》(類說)에 수록된 《연북잡기》(燕北雜記)에는 "粆離是戰"(사리는 전투이다)이라 되어 있고, 《거란국지·세시잡기》에도 이와 동일하게 되어 있으며, 《요사·예지6》에는 "炒伍俪, 戰也"(초오이는 전투이다)라고 되어 있다(大竹昌巳 2015b).

[丙交 丙交尜] tʃau.ur tʃau.ur.ər [명] 군(軍)(即實 1996⑯). [出] 先41/42.

[丙交 火矢] tʃau.ur ui.tə [명](향위격) 군무(軍務)에(即實 2012③). [出] 迪12.

[丙交 用屮] tʃau.ur il.bur [명](관제) 군무이리필(軍務夷離畢)(即實 2012⑳). [出] 糺8. [参考] ☞ 이리필(夷離畢)에 대한 설명과 제반 표현은 "用屮" [il.bur]를 참조하라.

[丙交村] tʃau.ur-n [명](소유격) 군(軍)의(劉浦江외 2014). [出] 副12.

[丙交火矢] tʃau.ur.ui.tə [명](향위격) 군사(軍事)에(劉鳳翥 2014b52). [出] 迪12. [校勘] 이 단어는 본래 2개의 글자(丙交 火矢)이나 초본에는 잘못하여 하나로 합쳐져 있다(即實 2012校).

[丙交込] tʃau.ur.ər [명] 군(軍)(即實 1996⑥/⑨). [出] 先22/41/48/52.

[丙村] tʃau-n [出] 特4.

[丙豹] tʃau.dʒi [부] 모두(均, 都)(即實 1996⑯). [명] ① 기고(旗鼓, 전쟁에서 쓰는 기와 북. 군대를 지휘하고 명령하는 데 씀)(清格爾泰외 1985), ② 기치(旗幟, 군에서 쓰던 깃발)(劉鳳翥 2014b52), ③ "군(軍)"의 복수형(大竹昌巳 2016d), ④ "전(戰)"의 복수형(武內康則 2016). [명](인명) ① 朝只(愛新覺羅 2006b), ② 慈特(劉鳳翥외 2006a), ③ 淳(即實 2012⑳). [出] 許/郎/仲/先/博/永/迪/慈/烈/高/圖/玦. [人物] ≪慈誌≫의 주인 鉢里本朝只(1044～1081)를 지칭한다(愛新覺羅 2006b). [用例] 又圡冬 丙豹 [mi.ha.as tʃau.dʒi] [명] 대군(大軍)(大竹昌巳 2016d). [出] 仲10.

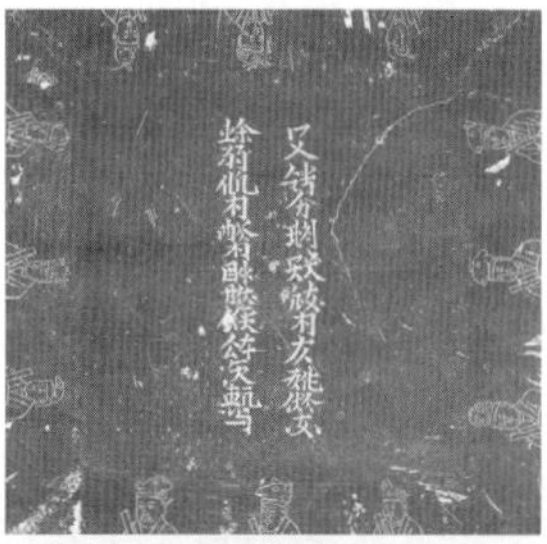

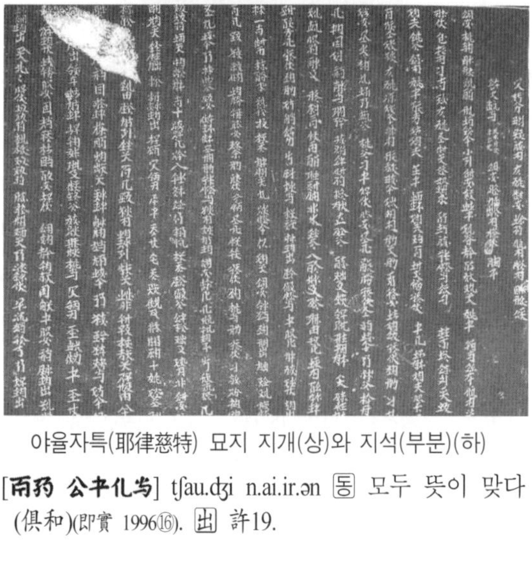

야율자특(耶律慈特) 묘지 지개(상)와 지석(부분)(하)

[丙豹 公丰化当] tʃau.dʒi n.ai.ir.ən [동] 모두 뜻이 맞다(俱和)(即實 1996⑯). [出] 許19.

[丙豹 亢火化夯] tʃau.dʒi k.ui.ir.e [동] 모두 도착하다(均至)(即實 1996⑯). [出] 先40.

[丙豹 亜全] tʃau.dʒi qur.u [동] 기고를 잡다(執旗鼓, 도통(都統)의 의미)(研究小組 1977b, 清格爾泰외 1985). [명](관제) ① 도통(都統)(即實 1996⑥/2012②, 劉鳳翥 2014b⑰), ② 총령(總領, 초토(招討)를 총괄하는 자는 당연히 "초토사(招討使)"를 지칭한다)(即實 1996⑥). [出] 先38/40, 博12.

> [遼史] **都統(도통)**은 군사의 통수(統帥)를 말한다. 당나라 때에는 모든 군사의 통수를 일컬었으며 당 숙종 때에는 3도(道)·5도 도통이라 하다가 뒤에 와서 제도행영도통(諸道行營都統)이라 하였는데 정벌을 맡았다. 임시 성질의 군사장관이다. 요나라 때의 도통은 여러 방면의 통수였다(金渭顯외 2012上).

[丙豹 亜全 尖艾夯 叉太 全] tʃau.dʒi qur.u ŋ.iue.æn ʃ.oi pu [명](관제) ① 원수부를 총괄하는 자(總領元帥府事)(即實 1996⑥), ② 원수부의 도통(都統元帥府)(即實 1996⑥, 劉鳳翥 2014b⑰). [出] 先38. [参考] 원수부(元帥府)에 대하여는 "尖艾业 叉太 全火"를 참조하라.

[丙豹 亜全 穴] tʃau.dʒi qur.u noi [명](관제) 도부서(都部署)(即實 2012⑳). [出] 高15.

> [遼史] **都部署(도부서)**는 관서의 최고책임자라는 의미로, ≪요사·백관지1≫ 북면궁관(北面宮官) 조에 "요나라는 제궁알로타(諸宮斡魯朶)·부족·번호(蕃户)를 세웠는데 북면궁관에서 통괄하였다"고 하며, "거란과 한인 제행궁(漢人諸行宮)의 일을 총괄하는 제행궁도부서원(諸行宮都部署院), 행재행군제알로타(行在行軍諸斡魯朶)의 정령(政令)을 총괄하는 거란행궁도부서사(契丹行宮都部署司) 및 행재제궁(行在諸宮)의 정령을 관장하는 행궁제부서사(行宮諸部署司)라는 관서를 두었는데, 각각에 도부서를 두었다"라고 기술하고 있다(金渭顯외 2012中).

[丙豹村] tʃau.dʒi-n [出] 博16.

[丙豹込] tʃau.dʒi.ər [명](관제) 도(都)(即實 2012⑳). [出] 先39/49/59, 室6, 圖2.

[丙豹] tʃau.dʒi [出] 仲9/11/15. ☞ 丙豹

[丙豹 亜全] tʃau.dʒi qur.u [명](관제) 도통(都統)(劉鳳翥 2014b43). [出] 仲9/15.

[丙乃] tʃau.mur [出] 博7. [校勘] 이 글자는 휘본 등에 잘못 옮겨진 것이므로 "丙豹"가 올바르다(即實 2012校).

[丙伏] tʃau.in [명](인명) ① 嘲隱(愛新覺羅 2004a⑪), ② 粆宛(愛新覺羅 2003e), ③ 慈寧(劉鳳翥 2010), ④ 楚訥(即實 2012①). [出] 宗2/29/34.

[丙伏 朩尖汁] tʃau.in l.iupən [명](인명) ① 朝隱·驢糞

(愛新覺羅 2010f), ② 慈寧・驢糞(劉鳳翥 2010), ③ 楚訥・旅備(即實 2012①). [出] 宗2. [人物] ≪宗誌≫의 주인인 朝隱驢糞(991~1053, 한풍명: 耶律宗教)의 자(字)를 말한다(愛新覺羅 2010f).

[墓誌] **朝隱驢糞**(조은여분, 991~1053, 한풍명은 "**耶律宗教**"). 조부는 경종황제(景宗皇帝)이고 부친은 경종황제의 차자인 진진국왕(秦晉國王) 융경(隆慶)이다. 방어사(防禦使)・관찰사(觀察使)・절도사(節度使)・왕자낭군반상온(王子郎君班詳穩)・탑모리성절도사(塌母里城節度使)・남원임아(南院林牙)・남원부부서(南院副部署)・거란행궁도통(契丹行宮都統)을 역임하고 사상(使相)에 봉하여졌다. 그 후 동북로달령상온(東北路撻領詳穩)・북원선휘(北院宣徽)・울주지방지사(知蔚州地方事)・좌원이리필(左院夷離畢)・대내척은(大內惕隱)을 역임하고 광릉군왕(廣陵郡王)에 봉하여졌다. 평주지사(知平州事)・지흥중부(知興中府)・현릉지사(知顯陵事)를 역임하였고, 62세에 병으로 사망하였다. ≪요사≫에 그의 전(傳)이 있다(愛新覺羅 2010f).

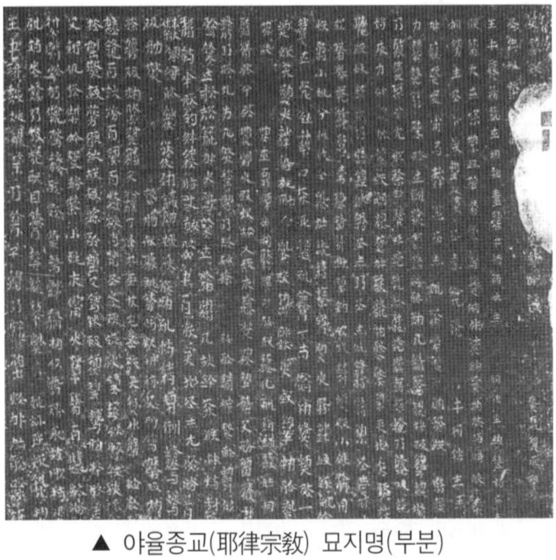

▲ 야율종교(耶律宗教) 묘지명(부분)

[芮仍] ʧau.ta [명](인명) 慈特(劉鳳翥 2014b52). [出] 慈3.

[芮化] ʧau.ur [명](향위격) 전쟁에(大竹昌巳 2016d). [出] 先44, 副8.

[芮化 及扎] ʧau.ur o.ur [동] 전쟁에 돌입했다(大竹昌巳 2016d). [出] 先44.

[芮化 及内] ʧau.ur o.on [出] 梁6.

[芮化关] ʧau.ur.i [명] 군(軍)(呼格吉樂圖 2017). [出] 圖8, 玦14.

[芮化炎] ʧau.ur.ər [명](인명) 楚瑞(即實 2012⑳). [出] 圖2.

[芮火] ʧau.ui [명] 군(軍)(即實 1996⑯). [出] 許/仲/慈/清/回.

[芮火 令犭] ʧau.ui t(d).ia [명] 적군(敵軍)(呼格吉樂圖 2017). [出] 慈8.

[芮火仐圡中] ʧau.ui.l.ha.ai [出] 博35.

[芮火当] ʧau.ui.ən [명] 군(軍)(呼格吉樂圖 2017). [出] 玦28.

[芮犳] ʧau.ʤi [出] 郎1. ☞ 芮犳

[芮犳 玊仐] ʧau.ʤi qur.u [동] 기고를 잡다(執旗鼓, 도통(都統)의 의미를 지닌다)(清格爾泰외 1985). [명](관제) 도통(研究小組 1977b, 清格爾泰외 1978a/1985). [出] 郎1.

[芮尘] ʧau.oŋ [借詞] "崇"을 나타내는 한어차사(研究小組 1977b). [出] 道/宣/故/涿/迪/皇/宋.

[芮尘 芡夂 丞 仐] ʧau.oŋ lu.ug tai pu [명](관제) "숭록대부(崇祿大夫)"의 한어차사(即實 2012③, 劉鳳翥 2014b52). [出] 迪1.

[芮尘 仐夂 夂中 仐] ʧau.oŋ l.ug da.ai pu [명](관제) "숭록대부(崇祿大夫)"의 한어차사(研究小組 1977b, 清格爾泰외 1978a, 劉鳳翥 2014b52). [出] 道2.

[芮平圡中] ʧau.ul.ha.ai [出] 回18.

[芮平圡木] ʧau.ul.ha.ar [出] 慈27.

[芮平圡为木] ʧau.ul.ha.a.ar [出] 皇12.

[芮平犭] ʧau.ul.al [出] 玦11.

[芮□] ʧau.? [出] 室3.

[芮□村] ʧau.?.ən [出] 梁7. [校勘] 即實은 탈루된 두 번째 원자를 "交"이라고 추정하고 있다(即實 2012校).

芮 [발음] al, ar, ær [原字번호] 23

[芮] al / ar / ær [書法] Kane은 이 원자를 丙 [io/iu](원자번호 19)의 이서체라고 기술하고 있으나(Kane 2009), 愛新覺羅는 이 원자가 本 [al/ar, æl/ær](원자번호 84)와 같으며 丙과는 관련이 없다고 주장하고 있다(愛新覺羅 2012). [出] 博27.

[芮犭圡犭] ar.al.ha.al [出] 海7. [校勘] 이 글자는 휘본 등에 잘못 옮겨졌으므로 "丙犭圡犭"가 올바르다(即實 2012校).

[芮夂村] al.ug.ən [出] 圓2.

[芮犭] al.ia [出] 興10. [校勘] 이 단어는 휘본 등에 옮기며 잘못 분할되었는데, 뒤 원자와 합쳐 "芮犭本"로 하여야 한다(即實 2012校).

[芮犭本] al.ia.al [出] 副33.

而 [발음] er(?) [原字번호] 24

[而女火] er.sair.ui [出] 海3. [校勘] 이 글자는 휘본

등에 잘못 옮겨진 것이므로 "**而廾火**"가 올바르다(即實 2012⑱).

[而廾] er.ʊ 出 梁11. 校勘 이 단어는 초본에 옮기며 잘못 분할되었는데, 뒤 원자들과 합쳐 "**而廾火业列冬**"로 하여야 한다(即實 2012⑱).

[**而廾太业圡木**] er.ʊ.oi.l.ha.ar 出 仲10.

[**而廾及扎**] er.ʊ.o.ur 出 先43/53/70.

[**而廾及内**] er.ʊ.o.on 出 先34/49.

[**而廾业叉**] er.ʊ.l.ir 出 先44.

[**而廾火**] er.ʊ.ui. 出 先43/45/53/68, 海8, 室4.

[**而廾火北**] er.ʊ.ui.əl 出 海8.

[**而廾火叉**] er.ʊ.ui.ir 出 先36/50/51. 校勘 이 글자가 일부 지석(≪先36≫)에는 "**币廾火叉**"으로 잘못 새겨져 있다(即實 2012⑱).

[**而廾火用圡木**] er.ʊ.ui.il.ha.ar 出 室4.

[**而廾火关**] er.ʊ.ui.i 出 令15, 仲10.

[**而廾火 冬**] er.ʊ.ui.ər 出 先34.

[**而廾火当**] er.ʊ.ui.ən 出 室5/6.

[而伏] er.in 出 博14. 校勘 이 글자는 초본에 잘못 옮겨진 것이므로 "**西伏**"이 올바르다(即實 2012⑱).

[而冬火关] er.ər.ui.i 出 迪17. 校勘 이 글자는 초본에 잘못 옮겨진 것이므로 "**而仌火关**"가 올바르다(即實 2012⑱).

[而尘灵矛] er.d.u.ʤi 出 令28. 校勘 이 글자는 초본에 잘못 옮겨진 것이므로 "**西尘灵矛**"가 올바르다(即實 2012⑱).

[而平仐村] er.ul.sə.ən 出 清21. 校勘 첫 글자가 초본에는 "**西**"로 되어 있고 탁본에는 "**而**"로 되어 있는데 탁본을 따랐다(即實 2012⑱).

西 [발음] dʒu [原字번호] 25

[西丙当] dʒu.məg.ən 出 興33. 校勘 휘본들마다 두 번째 원자를 **丙, 丙, 乃, 丹** 등으로 달리 표현되고 있는데, 그 중 가장 정확성이 높은 것은 "**西丙当**"이다(即實 2012⑱).

[**西圡弓**] dʒu.ha.al 出 許24/26/30, 高26.

[**西圡为弓**] dʒu.ha.a.al 出 故15.

[西业弓] dʒu.iaŋ.al 出 許20. 校勘 이 글자는 초본에 잘못 옮겨진 것이므로 "**西圡弓**"가 올바르다(即實 2012⑱).

[**西廾及扎**] dʒu.ʊ.o.ur 出 先43. 校勘 이 글자는 휘본 등에 잘못 옮겨진 것이므로 "**而廾及扎**"가 올바르다(即實 2012⑱).

[**西廾火叉**] dʒu.ʊ.ui.ir 出 博16. 校勘 即實은 이 글자를 "**而廾火叉**"라고 기록하고 있다(即實 2012⑱).

[**西灵矛**] dʒu.u.ʤi 出 迪26/27, 玦30.

[**西灵豹**] dʒu.u.ʤi 出 玦15.

[西叉] dʒu.ir 동 ① 이어받다, 계승하다(愛新覺羅 2003f), ② 지시하다, 명령하다(實玉株 2006), ③ 주관하다, 책임지고 집행하다(即實 2012⑳). 出 許/先/弘/智/清. 用例 **曲冬 西叉** [go.ər dʒu.ir] 장(帳)을 이어받다(愛新覺羅 2003f).

[西为弓] dʒu.a.al 동 대를 잇다, 계승하다(萬雄飛외 2008). 부 몸소, 직접(劉鳳翥 1993d, 即實 2012⑳). 出 興/令/仲/先/宗/迪/弘/副/皇/慈/烈/奴/梁/玦.

[**西为弓 朩冬**] dʒu.a.al ʧi.ər 동 손수 글을 쓰다(手書)(即實 2012⑰). 出 副50.

[**西为弓 冈为木**] dʒu.a.al ʤohi.a.ar 동명 어제(御製, 황제나 국왕이 직접 지은(또는 그 글)(即實 1996⑯). 出 先35.

[**西为弓 冈关**] dʒu.a.al ʤohi.i 동명 어제(御製, 황제나 국왕이 직접 지은(또는 그 글)(即實 1996⑯). 出 先15.

[**西为木**] dʒu.a.ar 出 興/道/博/皇/高.

[**西为出**] dʒu.a.an 동 "맡다"의 여성 과거형(大竹昌巳 2016d). 出 許50, 先10/17, 慈25.

[西生夯朩] dʒu.bu.ə.ʧi 出 慈24. 校勘 이 글자는 휘본 등에 잘못 옮겨진 것이므로 "**西尘夯朩**"가 올바르다(即實 2012⑱).

[西伏] dʒu.in 동 주관하다, 책임지고 집행하다(即實 2012⑳). 出 先24, 奴11, 玦16.

[**西仐北**] dʒu.sə.əl 出 許47, 先21.

[西业圡弓叉] dʒu.l.ha.al.ir 동 주관하도록 하다(即實 2012⑳). 出 先52.

[**西业圡弓列**] dʒu.l.ha.al.aqa 出 先52.

[**西业圡弓朩**] dʒu.l.ha.al.ʧi 동 ① [장(帳)을] 이어받다(愛新覺羅 2006c). ② 주관하도록 명령하다(即實 2012⑳). 出 慈7.

[**西业圡弓伏**] dʒu.l.ha.al.in 出 清9.

[**西业圡屮**] dʒu.l.ha.ai 出 先22/30/33/45/54, 副20.

[**西业圡木村**] dʒu.l.ha.ar.ən 出 玦21.

[**西业圡冬北**] dʒu.l.ha.as.əl 동 ① (장[帳]을) 이어받다(愛新覺羅 2004a⑧). ② 주관하도록 명령하다(即實 2012⑳).

[出] 弘8, 智8.

[西尓圡为木村] dʒu.l.ha.a.ar.ən [出] 玦28.

[西尓圡为出] dʒu.l.ha.a.an [동] ① 대를 잇다, 계승하다(萬雄飛외 2008). ② 주관하도록 명령하다(即實 2012⑳). [出] 慈19, 梁17/19.

[西尓圡□] dʒu.l.ha.⑦ [出] 室2. [校勘] 即實은 탈루된 마지막 원자를 "出"이라고 추정하고 있다(即實 2012㊗).

[西尓圡夬] dʒu.l.ʧu.ai [出] 智22. [校勘] 이 글자는 초본에 잘못 옮겨진 것이므로 "西尓圡夬"가 올바르다(即實 2012㊗).

[西尓廾药尖] dʒu.l.ʊ.dʒi.d [出] 先29. [校勘] 이 글자는 휘본 등에 잘못 옮겨졌으므로("药" 뒤에 "尖"가 오는 사례는 없음) "西尓廾药尖"가 올바르다(即實 2012㊗).

[西尓叐] dʒu.l.ir [동] ① 대를 잇다, 계승하다(愛新覺羅 2004b④, 劉鳳翥외 2005b, 即實 2012⑳). ② 주관하다(即實 2012⑳). [出] 先/宋/慈/高/清/玦. [用法] 西(타동사 어근)+尓叐(과거시재 접미사)(愛新覺羅 2004a⑧).

[西尓习] dʒu.l.qa [동] 뽑다(?)(即實 2012⑳). [出] 博8.

[西尓伏] dʒu.l.in [出] 室7, 玦35.

[西尓伏 夯行] dʒu.l.in al.əb [出] 許43.

[西尓伏公] dʒu.l.in.ən [出] 智7. [校勘] 이 글자는 초본에 잘못 옮겨졌으므로 "西尓伏炎"가 바르다(即實 2012㊗).

[西尓伏炎] dʒu.l.in.ər [동] ① 받들다, 돕다(奉)(即實 2012⑳), ② 대를 잇다, 계승하다(劉鳳翥 2014b). [出] 智7.

[西尓火关] dʒu.l.ui.i [出] 先30.

[西尓炎炎] dʒu.l.gə.ər [동] ① 주관하다(即實 2012⑳), ② 이어받다, 계승하다(劉鳳翥 2014b㊾). [出] 烈9.

[西关] dʒu.i [동] ① 계승하다(劉鳳翥 2002). ② 주관하다, 책임지고 집행하다(即實 2012⑳). ③ 점거하다(据)(即實 2012⑳). [명](관제) 서(署)(即實 1996⑯). [出] 道/許/故/仲/先/宗/博/副/烈/高/梁.

[西关 为木北] dʒu.i a.ar.əl [出] 迪19.

[西关习夬] dʒu.i.qa.ai [出] 清7. [校勘] 이 단어는 본래 두 글자(西关 为夬)이나 초본에는 잘못하여 하나로 합쳐져 있으며, "习"는 "为"로 고쳐야 한다(即實 2012㊗).

[西尘叐] dʒu.d.ir [出] 宗16.

[西尘炎] dʒu.d.ər [出] 室10.

毛
[발음] am, mas
[原字번호] 26

[毛] am / mas [수] 1(하나)(羅福成 1933/1934a, 王静如 1933, 研究小組 1977b, 清格爾泰외 1978a/1985, 即實 1996⑯, Kane 2009). [명](인명) 奥莫, 莫斯(愛新覺羅 2004b⑦/2009a⑨). [同源語1] "숫자 1"을 뜻하는 만주어 [emu], 어웬키(鄂溫克)어 [əmuŋ], 기타 방언인 [ɔmu] 또는 [ɑmɔ] 등과 같은 어원이다(即實 1996⑬). [同源語2] "처음", "으뜸", "우두머리" 등의 의미로 사용되는 한국어의 "맏" [mat]과 동일한 어원이다(이성규 2013a). [出] 興/道/宣/令/許/故/仲/先/博/涿/永/迪/弘/副/皇/宋/慈/智/烈/奴/高/室/圖/梁/糺/清/尚/韓/玦/回/特. [人物] 《許誌》 주인 乙辛隱斡特剌(1035~1104)의 맏누이 長安부인(夫人)의 이름(阿主隱 · 莫斯)이다(愛新覺羅 2009a⑨).

[毛 犮几村 杰矢] am bur.gə.ən uaŋ.tə [명](관제 · 향위격) 일자왕(一字王)에(研究小組 1977b, 清格爾泰외 1978a/1985). [出] 仲4.

> [參考] 一字王(일자왕)은 진왕(晉王)과 같이 왕(王) 앞의 글자가 한 자인 경우를 말한다. 서열상 이자왕(二字王)보다 높고, 주로 친왕(親王)의 봉작으로 사용되어 하위계급인 군왕(郡王)과 구분된다.

[毛 伯与] am sui.en [명] 일생(一生)(Kane 2009). [出] 奴37.

[毛 伯与 习冬ち 捺] am sui.en qa.as.al qutug [▶] 일생이 재앙과 복이다(Kane 2009). [出] 奴37.

[毛 小村] am dær.ən [명](소유격) 동포(同胞, 같은 부모의 자식)의(即實 1996⑯). [出] 先6.

[毛 小村 平尖] am dær.ən ai.d [명] 같은 부모의 남자 형제들(即實 1996⑯). [出] 先6. [用法] 같은 부모의 여자 형제들은 "毛 小村 丙令" [am dær.ən mɘg.əd]《先6》로 표기한다. 여기서 "尖"와 "令"는 각각 여성과 남성의 복수형을 나타내는 부가성분이다(即實 1996⑯).

[毛 业及子圡夬] am p.o.os.ha.ai [형] 치열한(即實 1996⑯). [出] 先21. [參考] 即實은 이 글자가 몽골어(蒙古語) 부신토어(阜新土語)에서 "강한, 맹렬한"을 의미하는 [um pəsun]과 음이 유사함을 근거로 이렇게 번역하고 있으나, 劉鳳翥는 단순히 "毛"는 "하나"로, "业及子圡夬"는 "~에 임명하다"는 정도로 번역하고 있다.

[毛 业伏] am p.in [명](관제) 일품(一品, 관직의 첫째 품계)(劉鳳翥 2014b㊾). [出] 故6.

[毛 乂尓炎] am k(h).əl.ər [명] 한마디로(一言으로)(愛新覺羅 2013b). [出] 特25.

[毛廾子北] am.ʊ.os.əl [出] 許42. [校勘] 이 글자는 초본에 잘못 옮겨진 것이므로 "毛廾平北"이 올바르다(即實 2012㊗).

[毛廾尓尘炎] am.ʊ.l.t.ər [出] 回10.

[毛廾平叐] am.ʊ.ul.ir [出] 仁18, 宗8.

[毛村] am.ən [出] 先49/50/52.

[毛习] am.aqa [出] 蒲24.

[毛欠] am.ugu [出] 玦24.

[乇仅夲业矢] am.ba.ar.əl.tə [出] 玦11.

[乇仅夲夯] am.ba.ar.ə [出] 故9.

[乇矢] am.tə [出] 圖16, 梁11, 玦38.

[乇伞几] am.əs.əg [명] 통일하다, 연합하다(王弘力 1990). [명] 族(即實 1996⑤). [出] 典/道/宣/故/仲/先/弘/副/皇/宋/奴/糺/淸/玦/蒲.

[乇伞几 与] am.sə.g dəu [명] 족제(族第)(即實 1996⑯). [出] 故5.

[乇伞几公] am.sə.gə.d [出] 特31.

[乇余] am.ogo [出] 仲38.

[乇火] am.un [出] 先53.

[乇关] am.i [出] 玦35.

[乇关朩当] am.i.tʃ.ən [出] 蒲16.

[乇夯] am.ər [出] 韓19. [校勘] 이 글자가 초본에는 "攵夯"로 잘못 옮겨져 있다(即實 2012校).

[乇穴业夲矢] am.u.l.ar.tə [出] 玦37.

[乇穴当] am.u.ən [명] 족(族)(即實 1996⑯). [出] 典3, 仁19.

乇 [발음] mas [原字번호] 27

[乇] mas [수] ① 숫자 1(하나)(研究小組 1977b, 清格爾泰 외 1978a, 吳英喆 2006c), ② "1"의 남성형(劉鳳翥 2014b52). [형] 유일한(即實 1996⑯). [同源語] "처음", "으뜸", "우두머리" 등 의미로 사용되는 한국어의 "맏"[mat]과 동일한 어원이다(이성규 2013a). [書法] "乇"[am](원자번호 26)에 점을 찍은 형태이다(Kane 2009). [出] 道/許/仲/先/宗/博/永/迪/副/皇/智/奴/高/圖/糺/尚/韓/回/特.

[乇 业爻矢] mas p.im.tə [명](향위격) 일품(一品, 관직의 첫째 품계)에(研究小組 1977b, 清格爾泰외 1978a). [出] 仲36. [用例] 乇 业爻矢 火火化太北 [mas p.im.tə k(h).ui.ir.gə.əl] (관직이) 일품에 이르다(劉鳳翥 2014b43).

[乇 业爻关] mas p.im.i [명](소유격) 일품(一品, 관직의 첫째 품계)의(即實 1996⑯). [出] 仲42. [用例] 乇 业爻关 关化伞 [mas p.im.i i.ir.əs] 일품의 명호(名號, 이름)들(即實 1996⑯, 劉鳳翥 2014b43).

[乇欠] mas.gu [명] 겨우 하나(即實 2012⑦). [出] 永40. [用例] 乇欠 佃当 [mas.gu sui.ən] [명] 겨우 하나의 일생(即實 2012⑦).

[乇穴] mas.u [수] 하나(吳英喆 2012a①). [出] 玦40.

攵 [발음] ʃ [原字번호] 28

[攵] ʃ [用法] 주로 "守", "少", "書", "聖", "室", "水", "樞", "署", "尚", "山", "省" 등의 한어차사의 초성(初聲) 자음으로 사용되며, 거란어 음절의 초성 자음으로도 사용된다(孫伯君외 2008).

[攵买朩] ʃ.?.ʧi [出] 道36. [校勘] 이 글자는 초본에 잘못 옮겨졌으므로 "攵买朩"가 올바르다(即實 2012校).

[攵买] ʃ.an [借詞] "十"(劉鳳翥 1993d/2002), "善"(劉鳳翥 1993d/2002), "新"(即實 1996③, 大竹昌巳 2016d), "山"(即實 2012⑦) 등을 나타내는 한어차사. [出] 仲/先/海/永/高/圖/韓.

[攵买 伞为乃] ʃ.an s.a.m [명](인명) (蕭)十三(即實 2012⑰, 劉鳳翥 2014b52). [出] 副20. [参考] 即實은 발음상 "杉三"으로 함이 마땅하나, ≪요사≫에 "十三"으로 기록한 사가(史家)들의 뜻을 좇아 그대로 "十三"으로 번역한다고 밝히고 있다(即實 2012⑰).

> [人物] 蕭十三(소십삼)은 ≪요사·간신전≫에 나오는 인물로서, 추밀사(樞密使) 야율을신(耶律乙辛)에게 붙어 태자를 모해하는 일을 하여 대강 3년(1077)에 북원추밀사(北院樞密使)에까지 올랐다(即實 2012⑰).

[攵买 几夯] ʃ.an g.ə [명](인명) ① 山哥(即實 2012⑦), ② 十哥(劉鳳翥 2014b52). [出] 永18. [人物] ≪永誌≫의 주인 遙隱永寧(1059~1085)의 형수(德哥 낭자)의 증조부인 山哥 창사(敞史)를 지칭한다(即實 2012⑦).

[攵买夲] ʃ.an.ar [出] 糺18/30. [校勘] 이 글자는 초본에 잘못 옮겨진 것이므로 "乇仅夲"≪糺18≫와 "久由夲"≪糺30≫가 올바르다(即實 2012校).

[攵买朩] ʃ.an.ʧi [出] 淸20.

[攵买伞夯] ʃ.an.sə.ər [出] 先44.

[攵买分] ʃ.an.ud [出] 蒲17.

[攵买公付尘] ʃ.an.t.əb.t [出] 仲34.

[攵买夯] ʃ.an.ə [出] 蒲24.

[攵雨] ʃ.in [出] 玦23/24.

[攵丙] ʃ.jo [出] 特13.

[攵丙] ʃ.əi [出] 許18. [校勘] 이 글자는 지석(誌石)이 훼손되어 알 수 없으나 劉浦江 등은 "攵丙"로 추정하고 있다(劉浦江외 2014, 劉鳳翥 2014b36).

[攵丙夯] ʃ.j.e [出] 先41. [校勘] 即實은 이 글자를 "攵ち夯"라고 기록하고 있다(即實 2012校).

[攵忝] ʃ.is [出] 特10.

[攵长廾伏] ʃ.su.u-n [出] 典30. [校勘] 이 글자는 휘본 등에 잘못 옮겨진 것이므로 "乇长廾伏"가 올바르다(即實 2012校).

[禿苩伞勾火] ʃ.haru.l.qa.d 出 興16. 校勘 이 글자는 휘본 등에 잘못 옮겨진 것이므로 "禿芴伞勾火"가 올바르다(即實 2012㊼).

[禿芴坐尺勾] ʃ.haru.l.qa.d 出 許55. 校勘 이 글자는 초본에 잘못 옮겨졌으므로 "禿芴坐尺勾"가 올바르다(即實 2012㊼).

[禿币仿夾用] ʃ.ai.ta.ur.il 出 許42. 校勘 이 단어는 본래 두 글자(禿币仿夾 用)이나 초본에는 잘못하여 하나로 합쳐져 있으며, 일부 원자는 차이가 있다(即實 2012㊼).

[禿坐冺] ʃ.ha.an 出 玦31.

[禿坐夫] ʃ.ha.ali 出 蒲1/5/6/7.

[禿坐方] ʃ.ha.ad 出 仲/先/宗/副/梁.

[禿坐方孙] ʃ.ha.ad.ən 名(소유격) 사리(沙里)의(即實 1996⑯). 出 令19, 梁14, 尚16.

[禿坐方屮] ʃ.ha.ad.bur 出 奴39.

[禿坐方丹坐] ʃ.ha.ad.bu.t 出 特33.

[禿坐爻] ʃ.ha.ir 出 仲29. 校勘 이 글자는 초본에 잘못 옮겨진 것이므로 "禿坐方"가 올바르다(即實 2012㊼).

[禿坐女] ʃ.ha.adʒu 出 令/許/仲/先/海/弘/副/慈/烈/高/室/圖/清/尚/玦/特/蒲. 校勘 이 글자가 《契丹小字研究》에는 "禿坐女"로 잘못 옮겨져 있다(淸格爾泰외 1985, 即實 2012㊼).

[禿夵万火] ʃ.[?].j.i 出 道16.

[禿夵万与] ʃ.[?].j.ən 出 宣14.

[禿刹爻勾] ʃ.mi.u.dʒi 出 宗18, 博29, 副32, 特22.

[禿刹爻勾] ʃ.mi.u.dʒi 出 宣19.

[禿刹爻] ʃ.mi.ir 出 先68, 博10/17.

[禿刹伏] ʃ.mi.n 出 仁/宣/令/許/宗/迪/副/宋/慈/梁/清.

[禿刹伞�芬] ʃ.mi.l.ga.e 動 실어서 운반하다(即實 2012⑳). 出 先8, 玦24.

[禿刹伞几] ʃ.mi.l.gə 出 令13.

[禿刹伞几火] ʃ.mi.l.gə.ər 出 迪28.

[禿刹伞巫万] ʃ.mi.l.gə.əi 出 令18, 迪9/29, 圖13, 玦5.

[禿刹伞巫火] ʃ.mi.l.gə.ər 動 대우하다, 상대하다(愛新覺羅 2004a⑧). 出 迪14, 特12.

[禿刹伞巫与] ʃ.mi.l.gə.ən 出 許41, 玦9.

[禿刹伞尺勾] ʃ.mi.l.u.dʒi 出 先18, 梁13.

[禿刹伞尺勾] ʃ.mi.l.u.dʒi 出 故20, 先18/60/66. 校勘 即實은 이 글자를 "禿刹伞尺勾"라고 기록하고 있다(即實 2012㊼).

[禿刹伞尺勾村] ʃ.mi.l.u.dʒi-n 出 博25.

[禿刹夂] ʃ.mi.i 出 道/許/先/宗/永/慈/烈/圖/玦.

[禿刹夂] ʃ.mi.ər 出 故14, 先34.

[禿刹芬] ʃ.mi.ə 出 宣19.

[禿刹坐火] ʃ.mi.d.ər 出 先59, 迪21, 玦24.

[禿刹与] ʃ.mi.ən 出 奴17.

[禿並] ʃ.iaŋ 名(관제) 성(省)(研究小組 1977b). 出 仲23, 玦13. 用例 夵勾乃 禿並 北 [s.a.am ʃ.iaŋ ʃ.i] 名(관제) 삼성사(三省事)(劉鳳書 2014b㊸). 出 仲23.

[並刹禿] ʃ.iaŋ.ən 名(관제・소유격) 省의(劉浦江외 2014). 出 令7, 仲22. 用例 不並 쬬 丙气 禿火 禿並 [hia.aŋ tai tʃa.aŋ ʃ.iu s.iaŋ] 名(관제) 행대상서성(行臺尚書省)(淸格爾泰외 1978a/1985). 出 仲22.

[禿土] ʃ.əu 借詞 "守", "叔", "壽" 등을 나타내는 한어차사(研究小組 1977b, 淸格爾泰외 1978a, 閻萬章 1992). 出 令/許/仲/先/永/迪/弘/副/宋/慈/智/烈/奴/清/玦/特/蒲. 用例 "叔"을 나타내는 글자에는 "禿土" 외에 "禿土司"[ʃ.əu.ug]《皇蓋》와 "禿司"[ʃ.ug]《皇1/4》/《宋7》이 있다(愛新覺羅 2004a⑥).

[禿土 並 劣] ʃ.əu sï tu 名(관제) "수사도(守司徒)"의 한어차사(劉鳳書 2014b㊼). 出 先23.

[禿土 並 公爻火 禿芳爻 火用] ʃ.əu sï n.u.uŋ ʃ.iau.u k(h).iŋ 名(관제) "수사농소경(守司農少卿)"의 한어차사(即實 2012⑭, 劉鳳書 2014b㊼). 出 清22.

[禿土 並 火太] ʃ.əu sï k(h).uŋ 名(관제) "수사공(守司空)"의 한어차사(研究小組 1977b, 淸格爾泰외 1978a). 出 仲5.

[禿土 並 火太] ʃ.əu sï k(h).uŋ 名(관제) "수사공(守司空)"의 한어차사(劉鳳書 2014b㊼). 出 仲5. 校勘 即實은 셋째 글자를 "火太"으로 기록하고 있다(即實 2012㊼).

[禿土 並 火火火 关化] ʃ.əu sï k(h).uŋ-n i.ir 名(관제) 수사공(守司空)의 호(號)(劉鳳書 2014b㊼). 出 先23.

[禿土 火关] ʃ.əu k(h).i 名(인명) ①壽喜(即實 2012⑦), ②守期(劉鳳書 2014b㊼). 出 永13.

[禿土 쬬 北] ʃ.əu tai ʃi 名(관제) "수태사(守太師)"의 한어차사(研究小組 1977b, 淸格爾泰외 1978a/1985). 出 許35.

[禿土 쬬 夵芬] ʃ.əu tai s.ï 名(관제) "수태자(守太子)"의 한어차사(愛新覺羅 2013b). 出 玦20.

[禿土 쬬 夵] ʃ.əu tai pu 名(관제) "수태부(守太傅)"의 한어차사(研究小組 1977b, 淸格爾泰외 1978a/1985). 出 許34.

[禿土 쬬 夵爻] ʃ.əu tai pu.u 名(관제) "수태부(守太傅)"의 한어차사(劉鳳書 2014b㊼). 出 先37.

[禿土 쬬 火] ʃ.əu tai ui 名(관제) "수태위(守太尉)"의 한어차사(劉鳳書 2014b㊼). 出 先24.

[禿土 쬬 丹爻] ʃ.əu tai b.u 名(관제) "수태보(守太保)"

의 한어차사(研究小組 1977b). [出] 先27, 許29.

[乂圡灭] ʃ.əu.? [出] 道27. [校勘] 이 글자는 초본에 잘못 옮겨진 것("灭"는 "丙"의 이서체이며 "丙"가 "圡" 뒤에 놓인 사례는 없음)이므로 "乂圡矢"가 올바르다(即實 2012校).

[乂圡长] ʃ.əu.us [명] ① 이슬(研究小組 1977b, 清格爾泰외 1978a, 劉鳳翥외 1977, 即實 1996⑯), ② 액즙(液汁)(吳英喆 2007c). [同源語1] 劉鳳翥와 即實 등은 "长"를 [dər]라고 추정함으로써, 중기몽골어의 [ši'uderi], 서면몽골어의 [sigüderi], 현대몽골어의 [šüder]와 동일 어원이라고 보았다(劉鳳翥외 1977, 即實 1982a). [同源語2] "이슬" 또는 "액체"를 의미하는 서면몽골어의 [šigüsü], 중기몽골어의 [ši'üsü], 현대몽골어의 [ʃu:s], 여진어의 史伐土 [ʃï-lə-un], 만주어의 [silenggi]와 동일한 어원이다(吳英喆 2007c, Kane 2009, 大竹昌巳 2015c/2016e). [出] 宣/許/宗/弘/圖. [用例] 可朴朴 乂圡长 [bai-n.ən ʃ.əu.us] [명] 아침이슬(呼格吉樂圖 2017). [出] 弘22, 圖25.

[乂圡叐] ʃ.əu.u [借詞] ①"少"를 나타내는 한어차사(清格爾泰외 1985), ②"淑", "壽" 등을 나타내는 한어차사(即實 1988b, 陳乃雄외 1999). [出] 許47/48/49/50/51/52/53, 弘2, 皇1, 尚25.

[乂圡叐 仐並 九亦] ʃ.əu.u s.iaŋ g.iun [명](관제) "소장군(少將軍)"의 한어차사(研究小組 1977b). [出] 許47.

[乂圡玙] ʃ.əu.ug [借詞] "叔"을 나타내는 한어차사(青格勒외 2003, 愛新覺羅 2004a⑥). [出] 皇蓋1.

[乂圡村] ʃ.əu-n [명](관제・소유격) 수(守)의(劉浦江외 2014). [出] 副12. [用例] 쪼 乂圡村 [tai(dai) ʃ.əu-n] [명](관제・소유격) 태수(太守)의(劉鳳翥 2014b㉞).

[乂圡北] ʃ.əu.ur.ud [出] 特14.

[乂圡伏] ʃ.əu-n [명](인명) ① 順(即實 1988b), ② 壽隱(愛新覺羅 2010f), ③ 壽寧(劉鳳翥 2014b⑮). [出] 令4. [人物] ≪令誌≫의 주인 高隱福留(997~1054)의 증조부인 "延壽寧"을 지칭한다(愛新覺羅 2010f).

[乂圡化] ʃ.əu.ur [出] 智21.

[乂圡仐] ʃ.əu.s [出] 特10, 蒲21, 洞I-2.

[乂圡仐炏] ʃ.əu.s.ər [出] 蒲22.

[乂圡火] ʃ.əu-n [명](인명・소유격) 壽의(即實 1996④). [명] 산언덕, 산(愛新覺羅 2004a⑫). [出] 令/許/先/皇/智. [用例] 쪼付公 乂圡火 [tai(dai).bu.d ʃ.əu-n] [명](지명) 태보산(太保山)(愛新覺羅 2004a⑫). [出] 皇4.

[乂圡火仐九] ʃ.əu.ud.l.gə [出] 宣23.

[乂圡平叐犳] ʃ.əu.ul.u.dʒi [出] 玦38.

[乂圡平叉] ʃ.əu.ul.ir [出] 先60, 玦39.

[乂圡平付叉] ʃ.əu.ul.bu.r [出] 圖14.

[乂圡平付伏] ʃ.əu.ul.bu.n [出] 玦7.

[乂方] ʃ.æn [借詞] ①"新"을 나타내는 한어차사(研究小組 1977b, 清格爾泰외 1978a, 即實 1996⑯, 劉鳳翥 2014b㉜), ②"善"을 나타내는 한어차사(清格爾泰외 1985). [형] ① 훌륭하다(嘉)(劉鳳翥 1993d, ※劉鳳翥는 추후에 이 글자를 "新"으로 고쳐 번역하였다), ② 길하다(吉)(即實 1996⑯). [出] 仁/道/宣/郎/先/副/宋/梁/玦.

[乂方 买] ʃ.æn niar [명] 길일(吉日)(即實 1996⑯). [出] 仁9.

[乂方 与] ʃ.æn dor [명](서명) ≪신례(新禮)≫(劉鳳翥 2014b㉜). [出] 仲20. [校勘] 即實은 이 어휘를 "乂买 与"이라고 기록하고 있다(即實 2012校).

[乂方矢] ʃ.æn.tə [명](향위격) 신(新)에(豊田五郎 1991b). [出] 先9.

[乂方关] ʃ.æn.i [出] 玦25.

[乂北圡为出] ʃ.ur.a.a.an [명](인명) ① 述瀾(劉浦江외 2005, 劉鳳翥 2014b㉜), ② 釋魯(趙志偉외 2001), ③ 釋魯烏(即實 1991b), ④ 釋釓初(即實 1996⑯), ⑤ 釋剌初(釋魯)(即實 2012⑳). [出] 先3/4/8, 智5. [人物] 耶律仁先과 耶律智先의 6대조인 述瀾釋魯를 지칭한다.

[乂北圡为出 乂用叐] ʃ.ur.a.a.an ʃ.il.u [명](인명) 述瀾釋魯(愛新覺羅외 2015⑧).

> [遼史] **耶律釋魯(야율석로)**. 술란(述瀾) 또는 솔라(率懶)로 불리며, 거란 질랄부(迭剌部) 사람이다. 요 현조 균덕실(匀德實)의 셋째 아들로 아보기의 백부다. 흔덕근가한(痕德菫可汗) 때에 우월(于越)이 되어, 북으로는 우궐(于厥)과 실위(室韋)를, 남으로는 역주(易州), 정주(定州) 및 해(奚), 습(霫)을 정벌하였다. 요사에서는 그가 성읍을 건설하고 뽕나무 등을 심었다고 기술하고 있다. 57세에 아들 활가(滑哥)에게 살해되었으며, 흥종 중희 21년(1052)에 수국왕(隋國王)으로 봉해졌다. 그 후손들은 중부방(仲父房)으로 칭하고 황족횡장(皇族橫帳)에 속한다(蔡美彪외 1986).

[乂北余火芬朩] ʃ.ur.gu.ui.ə.tʃi [出] 玦27.

[乂本圡出] ʃ.al.ha.an [出] 宋15. [校勘] 即實은 이 글자를 "乂朩圡出"이라고 기록하고 있다(即實 2012校).

[乂廾火圡为出] ʃ.ʊ.un.ha.a.an [出] 玦15.

[乂廾火屮] ʃ.ʊ.un.bur [동] ① 죽었다(愛新覺羅 2004a⑧), ② 요절하다(即實 2012⑳), ③"죽었다"의 남성 단수형(大竹昌巳 2016d). [出] 許53, 智15, 烈16/21. [用法] 乂廾火(자동사 어근)+屮(과거시제 접미사)(愛新覺羅 2004a⑧).

[乂廾火付伏] ʃ.ʊ.un.bu.n [동] ① 요절하다(即實 2012⑳), ②"죽었다"의 여성 단수형(大竹昌巳 2016d). [出] 烈18/19.

[乂廾火bh] ʃ.ʊ.un.betʃ [동] ① 요절하다(即實 2012⑳), ②"죽었다"의 복수형(남녀 모두에게 사용된다)(大竹昌巳

2016d). [出] 烈18, 梁18.

[用例] "요절(夭折)하다"의 표현 사례

구 분	어려서	죽다	출전
남성 단수형	杏余北	犮井尖屮	烈16
	杏余朱	犮井尖屮	智15
	杏余朱	圡炏	博37
여성 단수형	丞矢	犮井尖丹伏	烈19
복수형	杏欠伏炏	犮井尖与	烈18
	杏余伏炏	犮井尖与	梁18

(자료: "大竹昌巳 2016d" 등을 토대로 재구성).

[犮井平圡□本] ʃ.ʊ.ul.ha.[?].ar [出] 許22. [校勘] 이 글자는 초본에 잘못 옮겨진 것이므로 "乇井平圡为本"가 올바르다(即實 2012校).

[犮井平叉] ʃ.ʊ.ul.ir [出] 先70, 博7. [校勘] 即實은 이 글자를 "犮刈平攵"《先70》와 "乇井平叉"《博7》라고 기록하고 있다(即實 2012校).

[犮九仐] ʃ.umu.s [出] 許58. [校勘] 이 글자는 초본에 잘못 옮겨졌으므로 "犮九仌"가 올바르다(即實 2012校).

[犮炏] ʃ.ur [명] ① 선(善)(劉鳳翥 1993d, 呂振奎 1995), ② 권(權)(青格勒외 2003, 劉鳳翥외 2003b), ③ 당분간(劉鳳翥 2014b52). [出] 興/道/宣/故/先/宗/海/永/皇/宋/慈/智/清/玦/回/特.

[犮炏 令生ち伏] ʃ.ur t.ab.al.in [동] 잠조(暫厝, 가매장하다)(即實 1996⑯). [出] 宣5.

[犮炏 令生ち圡丰] ʃ.ur t.ab.al.ha.ai [동] 잠조(暫厝, 가매장하다)(即實 1996⑯). [出] 道5.

[犮炏 令生火圡ち朩] ʃ.ur t.ab.əl.ha.al.tʃi [동] 잠조(暫厝, 가매장하다)(即實 2012⑳). [出] 永32.

[犮炏廾火] ʃ.ur.ʊ.ui [出] 仲16.

[犮炏村] ʃ.ur.ən [出] 清21. [校勘] 이 글자는 초본에 잘못 옮겨진 것이며, 탁본에 따르면 "乇炏村"가 올바르다(即實 2012校).

[犮炏矢] ʃ.ur.tə [出] 慈16, 尚10/13.

[犮炏火丹伏] ʃ.ur.əl.bu.n [出] 道20.

[犮炏尘] ʃ.ur.d [出] 仲33.

[犮ち] ʃ.al [出] 仲16/17, 皇24, 宋21, 慈10.

[犮ち夯] ʃ.al.e [명](지명) 사리옥(士里沃)(即實 2012⑳). [出] 先41.

[参考] 사리옥산(士里沃山)은 야율인선(耶律仁先)이 서북로초토사에 임명되어 조복(阻卜)을 토벌하던 때에 반란자인 맹고(萌觚)가 이끄는 2만명의 군사가 이르렀던 지역이다(即實 1996⑥).

[犮ち夯 朩矢] ʃ.al.e nior.tə [명](지명・향위격) 사리옥산(士里沃山)에(即實 2012⑳). [出] 先41.

[犮ち叉] ʃ.al.ir [出] 興11.

[犮ち仐] ʃ.al.s [出] 興/道/宣/令/許/仲/先/宗/博/永/慈/烈/奴/糺/玦/特.

[犮ち仐村] ʃ.al.s.ən [出] 仲32, 博9/19.

[犮ち仐冬] ʃ.al.s.as [出] 糺24. [校勘] 이 글자는 초본에 잘못 옮겨졌으므로 "犮ち仐炏"가 올바르다(即實 2012校).

[犮ち仐公村] ʃ.al.sə.d.ən [出] 玦16.

[犮ち仐炏] ʃ.al.s.ər [出] 先/弘/烈/奴/清/回.

[犮ち公公] ʃ.al.ən.d [出] 許17. [校勘] 이 글자는 초본에 잘못 옮겨졌으므로 "犮ち仐公"가 올바르다(即實 2012校).

[犮ち平北] ʃ.al.ul.əl [出] 梁6. [校勘] 이 글자는 초본에 잘못 옮겨졌으므로 "犮圡平北"이 올바르다(即實 2012校).

[犮朩] ʃ.ad [出] 許19. [校勘] 이 단어가 초본에는 잘못 분할되었으므로 뒤 원자와 합쳐 "犮圡冬村"으로 하고, 두 번째 원자 "朩"는 고쳐져야 한다(即實 2012校).

[犮朩灵犳] ʃ.ad.u.ʤi [出] 皇24.

[犮朩叉] ʃ.ad.ir [出] 先51.

[犮朩伏] ʃ.ad.in [出] 皇17.

[犮朩火圡为出] ʃ.ad.əl.ha.a.an [出] 智3.

[犮朩火灵犳] ʃ.ad.əl.u.ʤi [出] 博10/19. [校勘] 이 글자는 초본에 잘못 옮겨진 것이므로 "犮炏火灵犳"가 올바르다(即實 2012校).

[犮朩火刄] ʃ.ad.əl.qa [出] 先51.

[犮朩火刄买] ʃ.ad.əl.qa.an [出] 興19, 先26/52, 回15.

[犮朩尘关] ʃ.ad.t.i [出] 先68.

[犮夵] ʃ.oi [借詞] "帥"를 나타내는 한어차사(研究小組 1977b). [出] 仲18, 先25/38, 副4/5. [用例] 尖犾出 犮夵 仐火 [ŋ.jue.æn ʃ.oi pu-n] [명](관제・소유격) 원수부(元帥府)의(清格爾泰외 1978a/1985). [出] 仲18.

[犮夵村] ʃ.oi-n [명] 한어차사 "帥"의 소유격(劉浦江외 2014). [出] 副6. [用例] 仐灵 尖犾ち 犮夵村 [pu.u ŋ.jue.æn ʃ.oi-n] [명](관제・소유격) 원수부(副元帥)의(劉鳳翥 2014b52).

[犮夵丙ち] ʃ.[?].i.en [出] 博26. [校勘] 이 글자는 초본에 잘못 옮겨진 것이므로 "犮夵丙ち"이 올바르다(即實 2012校).

[犮杢关ち] ʃ.[?].i.en [出] 仲28. [校勘] 이 글자는 초본에 잘못 옮겨진 것이므로 "犮杢关ち"이 올바르다(即實 2012校).

[犮杢炏] ʃ.[?].er [出] 先70. [校勘] 即實은 이 글자를 "丙杢炏"이라고 기록하고 있다(即實 2012校).

[夊杰丙] ʃ.[?].i [出] 先19/46. [校勘] 卽實은 이 글자를 "夊岙丙"≪先19≫와 "夊杰丙"≪先46≫라고 기록하고 있다(卽實 2012[校]).

[夊杰ち] ʃ.gə.en [出] 道10, 博15/17.

[夊杰ᄽ夯] ʃ.gə.l.e [出] 先64.

[夊杰ᄽ杰ᄽ九] ʃ.gə.l.gə.l.gə [出] 先16.

[夊杰ᄽ杰弓矢] ʃ.gə.l.gə.dʒu.tə [出] 特14.

[夊杰ᄽ杰当] ʃ.gə.l.gə.ən [出] 烈29.

[夊杰炏] ʃ.gə.ər [出] 先41/42, 玦7.

[夊犬ち] ʃ.ʃia.al [명](인명) ① 夏勒(愛新覺羅 2004a⑨), ② 時時里(愛新覺羅 2006b, 劉鳳翥 2014b(52)), ③ 石仕里(卽實 2012⑳). [出] 故17. [人物] ≪故銘≫의 주인인 撻體 낭자(娘子)(1081~1115)는 위로 언니가 넷 있었고 아래로 남동생 셋과 여동생 하나가 있었는데, 그 중 만언니인 時時里 부인(夫人)을 지칭하며 바로 천조제(天祚帝) 원비(元妃)의 모친이다(愛新覺羅 2010f).

[夊犬ち伏] ʃ.ʃia.al.in [명](인명) 時時離(萬雄飛외 2008). [出] 梁4/19.

[夊犬ᄽ伏] ʃ.ʃia.l.in [명](인명) ① 時時鄰(愛新覺羅 2006a), ② 時時離(韓世明외 2007, 劉鳳翥 2014b(52)). [出] 梁4.

[夊犬ᄽ伏 尽] ʃ.ʃia.l.in dilə [명](인명) ① 時時鄰迪烈(愛新覺羅 2010f), ② 時時離・迪烈(劉鳳翥 2014b(52)). [出] 梁4. [人物] ≪梁誌≫의 주인인 石魯隱朮里者(1019~1069, 한풍명: 蕭知微)는 7형제중 셋째인데, 時時鄰迪烈은 그 중 막내동생이다(愛新覺羅 2010f).

[夊朮] ʃ.iun [명] 군(軍)(Kane 2009). [出] 仁32. [校勘] 이 글자는 휘본 등에 잘못 옮겨진 것이므로 "九亦"이 올바르다(卽實 2012[校]).

[夊木] ʃ.ar [出] 先57, 尙32. [校勘] 卽實은 이 글자를 "公木"≪先57≫와 "乇木"≪尙32≫라고 달리 기록하고 있다(卽實 2012[校]).

[夊关] ʃ.ib [出] 涿22/23, 副20/21/22, 烈6, 韓9.

[夊关木] ʃ.ib.ʧi [형] 좋다(好)(卽實 1996⑯). [出] 宣26. [校勘] 卽實은 이 글자를 "夊买木"라고 기록하고 있다(卽實 2012[校]).

[夊灵癿] ʃ.u.ud [出] 淸31. [校勘] 이 글자는 초본에 잘못 옮겨진 것이며, 탁본에 따르면 "乇灵癿"가 올바르다(卽實 2012[校]).

[夊灵矢] ʃ.u.tə [出] 淸21. [校勘] 이 글자는 초본에 잘못 옮겨진 것이며, 탁본에 따르면 "乇灵矢"가 올바르다(卽實 2012[校]).

[夊又] ʃ.im [出] 宣11, 故23. [校勘] 이 단어는 초본에 옮기며 잘못 분할되었는데, 뒤 원자들과 합쳐 "夊又关村"로 하여야 한다(卽實 2012[校]).

[夊又夯] ʃ.im.e [명](부족) 심밀(審密)(吳英喆 2012a③). [出] 特35.

[夊又公] ʃ.im.ən [명](부족・소유격) 심밀(審密)의(愛新覺羅 2013b). [出] 回蓋3, 回1/29, 特1.

[夊又关] ʃ.im.i [명](부족) 심밀(審密), 석말(石抹)(劉鳳翥외 1981d/1983a, 高路加 1985). [出] 淸28.

[夊又关村] ʃ.im.i-n [명](부족・소유격) 심밀(審密)의, 석말(石抹)의(劉浦江외 2014). [出] 宣11, 故23.

[夊又券] ʃ.im.ə [명](부족) ① 심밀(審密)(愛新覺羅 2004b③), ② 석말(石抹)(卽實 2012⑳). [出] 先63, 弘23, 宋14. [用例] 乇 夊又券 [tud ʃ.im.ə] [명] 다섯 심밀(愛新覺羅외 2012). [出] 弘23.

> [遼史] **審密氏(심밀씨)** : 거란 옛 부(部)이다. 거란 대하씨(大賀氏) 연맹 시대에 심밀씨와 대하(大賀) 8부가 혼인을 하였는데 당 왕조의 사성(賜姓)으로 손씨(孫氏)가 되었다. 대하씨 연맹이 없어지고 요련씨(遙輦氏) 연맹이 중건된 후 을실부(乙室部)와 통혼한 을실이(乙室已) 씨족과 심밀부의 발리(拔里) 씨족으로 조성된 새로운 심밀이 되었다. 요 건국 후에는 소(蕭)라 칭하며 국구족(國舅族) 즉 후족이 되었다. 이것을 애탕송남(愛宕松男)이 정리한 바에 따르면 다음과 같다.
>
> 거란족 ┌ 말－야율(耶律)－야율・유씨(劉氏)－이랄(移剌)
> └ 소－심밀(審密)－심밀・초씨(肖氏)－석말(石抹)
>
> (金渭顯외 2012㊥).

[夊刃ᄽ丹伏炏] ʃ.ir.əl.bu.n.ər [出] 仲41.

[夊刋] ʃ.ug [借詞] "叔"을 나타내는 한어차사(靑格勒외 2003, 劉鳳翥외 2003b, 愛新覺羅 2004a⑥, 劉鳳翥 2014b(52)). [出] 皇1/4, 宋7. [校勘] 卽實은 ≪皇冊≫ 책개에 "夊土刋"이라는 글이 있는 것을 감안하여 "夊刋"의 정확성 여부에 의문을 제기하고 있다(卽實 2012[校]).

[夊刋火] ʃ.ug.ui [出] 淸25.

[夊村] ʃ.ən [借詞] "瀋"(淸格爾泰외 1985, 沈彙 1982), "愼"(豊田五郎 1991a), "申"(盧迎紅외 2000), "新"(鄭曉光 2002) 등을 나타내는 한어차사. [出] 興/道/宣/令/許/仲/先/永/迪/梁. [參考] 劉鳳翥는 "심(瀋)"의 음이 [sim]이므로 "夊村"과는 맞지 않으며, 반드시 "신(愼)"으로 번역해야 한다고 주장하고 있다(劉鳳翥 2014b⑭/⑮).

[夊村 木土火] ʃ.ən ʧ.əu-n [명](지명・소유격) ① 심주(瀋州)의(卽實 1996⑯), ② 신주(愼州)의(劉鳳翥 2014b(52)). [出] 興36, 令2.

[九村 杂圡火 廾 兆] ʃ.ən ʧ.əu-n sï ʂï [명](관제) 심주자사(瀋州刺史)(清格爾泰외 1985). [出] 典36.

[九村 公及] ʃ.ən.ən.u [出] 慈6. [校勘] 이 두 글자가 초본에는 하나로 잘못 합쳐 있다. 한어 인명 표기이므로 당연히 한어 음절대로 띄어 써야 한다(即實 2012[校]).

[九村叉] ʃ.ən.ir [出] 令7, 智19, 尚20/22, 玦26. [校勘] 即實은 이 글자를 "九村叉"라고 기록했다(即實 2012[校]).

[九村伏] ʃ.ən.in [出] 興30, 先60/68, 特32. [校勘] 이 글자는 墓誌 제작 과정(≪先60≫, ≪先68≫)이나 초본에 옮기는 과정(≪興30≫)에서 잘못된 것으로 "九村伏"이 올바르다(即實 2012[校]).

[九村公付尘] ʃ.ən.t.əb.t [出] 道19.

[九村仦夯公] ʃ.ən.l.gə.er [出] 仲45. [校勘] 이 글자는 초본에 잘못 옮겨진 것이므로 "九村仦夯公"가 올바르다(即實 2012[校]).

[九村仦公] ʃ.ən.l.gə [出] 迪32. [校勘] 이 단어는 초본에 옮기며 잘못 분할되었는데, 뒤 원자들과 합쳐 "九村仦公夯杰"로 하여야 한다(即實 2012[校]).

[九叉] ʃ.ir [出] 宗9, 副8. [校勘] 即實은 이 글자를 "毛叉"라고 기록하고 있다(即實 2012[校]).

[九叉村] ʃ.ir.ən [出] 先37. [校勘] 即實은 이 글자를 "毛叉村"이라고 기록하고 있다(即實 2012[校]).

[九子为] ʃ.ir.a [出] 先64. [校勘] 即實은 이 글자를 "尸子为"이라고 기록하고 있다(即實 2012[校]).

[九不叉卄矢关] ʃ.on.ir.u.ul.i [出] 博28. [校勘] 이 글자는 초본에 잘못 옮겨진 것이므로 "九方及卄矢关"가 올바르다(即實 2012[校]).

[九丸] ʃ.au [出] 智26, 清18, 洞Ⅰ2. [校勘] 이 단어는 초본에 잘못 옮겨진 것인데, ≪智26≫에서는 "九叉"로 하고, ≪清18≫에서는 뒤 원자들과 합쳐 "九丸为交"으로 하여야 한다(即實 2012[校]).

[九丸玍艾村] ʃ.au.ha.adʒi-n [명](관제・소유격) 초와직(稍瓦直)의(愛新覺羅 2013b). [出] 蒲10. [参考] 초와직(稍瓦直)은 매 사냥과 관련된 부락(抹里)으로 감모알로타(監母斡魯朵, 경종황제가 설치했다)에 니모갈렬인초와직(尼母曷烈因稍瓦直)이, 고온알로타(孤穩斡魯朵, 승천태후가 설치했다)에 예독온초와직(預篤溫稍瓦直)이 있다(≪요사・영위지㊤≫).

[九丸夾玍艾村] ʃ.au.ur.ha.adʒi-n [出] 玦30.

[九丸夾为] ʃ.au.ur.a [出] 宗4.

[九丸夾为火] ʃ.au.ur.a.iu [出] 弘13, 烈15, 梁21.

[九丸及] ʃ.au.u [借詞] "少"를 나타내는 한어차사(唐彩蘭외 2002). [出] 烈19.

[九丸及 今] ʃ.au.u pu [명](관제) 소부(少傅)(劉鳳翥 2014b ㊾). [出] 烈19.

[九丸为] ʃ.au.a [명] ① 매(鷹)(愛新覺羅 2004a⑧, 即實 2012⑳), ② 초와(稍瓦)(愛新覺羅 2002). [同源語] "맹금(猛禽)"을 의미하는 다호르어의 [shauwa], 서면몽골어의 [sibaɣu], 중기몽골어의 [ʃibawu] 및 현대몽골어의 [ʃʊbʊ:]와 동일한 어원이다(吳維외 1999, 大竹昌巳 2015c). [出] 興/先/副/皇/慈/烈/清/韓/蒲. [用例] 又出叉 九丸为 [m.an.ir ʃ.au.a] [명] 사냥 매(獵鷹)(即實 2012⑳). [出] 清17. [参考] 거란어로 초와(稍瓦)는 곧 해동청응골(海東青鷹鶻)을 말한다(金渭顯외 2012㊤).

[九丸为交] ʃ.au.a.an [명](소유격) 초와(稍瓦)의(即實 2012⑳). [出] 清18.

[九丸为方付尘] ʃ.au.a.ad.bu.t [出] 道19.

[九丸为丰] ʃ.au.a.ar [出] 奴32.

[九丸为火] ʃ.au.a.iu [명](향위격) 초와(稍瓦)에(愛新覺羅 2013b), [명] 매(鷹)(即實 2015a). [出] 玦6, 回12. [用例] 又出叉 九丸为火 [m.an.ir ʃ.au.a.iu] [명] 사냥용 매(獵鷹)(即實 2015a). [出] 玦6.

[九丸为艾] ʃ.au.a.adʒu [명] ① 매를 길들이는 자(馴鷹者)(即實 2012⑳), ② 초와(稍瓦)(劉浦江외 2014). [出] 先58.

[九丸为艾 伏冈夾] ʃ.au.a.adʒu ŋ(ni).u.ur [명](관제) ① 초와부(稍瓦部)(Wu Yingzhe외 2010), ② 초와직부(稍瓦直部)(愛新覺羅외 2012⑥). [出] 祥11. [用法] 앞 글자는 "매"를 의미하는 어간(九丸为)에 실사 형성 접미사(艾)를 붙여 어간과 연관되는 직업에 종사하는 사람을 나타낸다. 따라서 거란문에 의하면 "초와부"는 원래 초와직부로 번역할 수 있다(愛新覺羅외 2012⑥).

> [遼史] 稍瓦部(초와부)는 성종 34부에 속한다. 처음에는 여러 궁과 횡장의 큰 집안들의 노예들을 초와석렬(稍瓦石烈)에 배치하였다. 초와는 곧 응방(鷹坊)으로 요수(遼水) 동쪽에 살면서 새 잡는 일을 관장하였다. 성종 때 호구가 번성하자 부를 설치하였다. 절도사는 동경도부서사(東京都部署司) 소속이다(金渭顯외 2012㊤).

[九丸为艾村] ʃ.au.a.adʒi-n [명](소유격) ① 초와(稍瓦)의(愛新覺羅 2009c), ② 초와부(稍瓦部)의(吳英喆 2012a④). [명] 응방(鷹坊)(即實 2012⑳). [出] 尚24, 蒲10.

> [遼史] 鷹坊(응방) : 응방(鷹房)이라고도 한다. 응골(鷹鶻)을 관리하는 기구이다. 요・금・원의 통치자들은 응골을 길러서 사냥에 사용하였다. 거란 북면관에 응방을 설치하고 사(使)와 상온(詳穩) 등의 관리를 두었다(金渭顯외 2012㊦).

[九丸火冈药] ʃ.au.ud.u.dʒi [出] 許55.

[乂勺] ʃ.ug [出] 先30.

[乂勺公] ʃ.ug.d [出] 玦41.

[乂欠] ʃ.ʊgu [出] 博46. [校勘] 이 글자는 초본에 잘못 옮겨진 것이므로 "乇欠"가 올바르다(即實 2012㊳).

[乂欠为] ʃ.ʊgu.a [명](인명) 朔刮(愛新覺羅외 2012⑩). [出] 回3, 特3. [人物] ≪特誌≫의 주인 特里堅忽突堇(1041~1091)과 ≪回誌≫의 주인 回里堅何的(?~1080)의 5대조인 朔刮 낭군을 지칭한다. 忽突堇이 何的의 친형이다(愛新覺羅외 2012⑩).

[乂反木] ʃ.ba.ar [出] 先29, 迪6. [校勘] 即實은 이 글자를 "乇反木"이라고 기록하고 있다(即實 2012㊳).

[乂及] ʃ.o [借詞] ① "率"을 나타내는 한어차사(研究小組 1977b), ② "朔"을 나타내는 한어차사(韓世明외 2007). [出] 許/故/先/副/烈/奴/梁/玦.

[乂及 木圡火] ʃ.o tʃ.əu-n [명](지명・소유격) 삭주(朔州)의(劉鳳翥 2014b㊼). [出] 梁11.

[乂及 木圡火 火 尸叉] ʃ.o tʃ.əu-n ui dol.ir [명](관제) 삭주(朔州)의 사지(事知)(즉 한어로 "朔州知事"에 해당한다)(劉鳳翥 2014b㊼). [出] 梁11.

[乂及 个 乂及] ʃ.o pu ʃ.o [명](관제) "솔부솔(率府率)"의 한어차사(劉鳳翥 2014b㊼). [出] 梁6.

> [参考] **率府率(솔부솔)**은 당나라 때부터 설치된 태자동궁(太子東宮)의 시위장관(侍衛長官)이다. ≪송사≫에 태자좌우위솔부솔부솔(太子左右衛率府率副率) 등의 기록이 있고, ≪고려사≫에도 태자우청도(太子右清道)솔부솔 등을 임명한 기록이 나온다. ≪요사・백관지3≫에는 태자솔부(太子率府)에 "태자좌우위솔부・태자좌우사어솔부(太子左右司禦率府)・태자좌우청도솔부(清道率府)・태자좌우감문솔부(監門率府)・태자좌우내솔부(內率府)" 등 5개 관직을 열거하고 있으며, 거란문 묘지에도 자주 등장하기는 하나 대부분 "묘주가 몇 세에 솔부솔에 임명되었다"는 식으로 간략하다.

[乂及 个 个及 乂及] ʃ.o pu pu.u ʃ.o [명](관제) "솔부부솔(率府副率)"의 한어차사(清格爾泰외 1985, 劉鳳翥 2014b㊼). [出] 故10.

[乂及扎] ʃ.o.ur [出] 烈28, 圖22.

[乂及 仐 乂及] ʃ.o fu ʃ.o [명](관제) "솔부수(率府帥)"의 한어차사(愛新覺羅 2010f, 即實 2012④, 劉鳳翥 2014b㊼). [出] 奴12.

[乂及 仐 仐 乂及不] ʃ.o fu fu ʃ.o.on [명](관제・소유격) 솔부부솔(率府副率)의(劉鳳翥 2014b㊼). [出] 奴11.

[乂及 仐 仐 乂及不 关化] ʃ.o fu fu ʃ.o.on i.ir [명] 솔부부솔(率府副率)의 명호(號)(이성규 2013a, 劉鳳翥 2014b㉙). [出] 奴11.

[乂及扎廾犳] ʃ.o.ur.u.dʒi [出] 宗12.

[乂及扎伞] ʃ.o.ur.u [出] 圖13.

[乂及不] ʃ.o.on [명](관제・소유격) 솔(率)의(石金民외 2001). [出] 奴11.

[乂及闲叉] ʃ.o.od.ir [出] 博3.

[乂为] ʃ.a [出] 興17. [校勘] 이 글자는 초본에 잘못 옮겨진 것이므로 "乇为"가 올바르다(即實 2012㊳).

[乂为买] ʃ.a.an [借詞] "山"을 나타내는 한어차사(研究小組 1977b). [出] 郎2, 清1/2, 尚4, 特31.

[乂为买䒑] ʃ.a.an.qa [出] 特38.

[乂为去] ʃ.a.ali [명] 청년(即實 1996⑯). [명](관제) 사리(沙里), 낭군(郎君)(清格爾泰외 1978a, 高路加 1982, 劉鳳翥 1984a, 清格爾泰외 1985, 即實 1996⑯). [명](인명) 沙里克(即實 1996⑯). [同源語] 범어의 [śarira], 투르크어의 [Sarir], 몽고어의 [šaril]과 같은 어원이다(高路加 1982). [出] 許/故/郎/仲/先/宗/博/涿/永/迪/弘/副/慈/智/烈/奴/高/圖/糺/清/韓/玦/回/特.

> [遼史] **사리(舍利 또는 沙里)** : ≪遼史・國語解≫에 "거란 지역 세력가들이 두건을 머리에 두르고자 하는 자는 우타(牛駝) 10두, 말 1백 필을 들여놓으면 벼슬을 내려 사리(沙里)라 명명했다. 나중에는 마침내 모든 장(帳)의 벼슬이 되었고 낭군(郎君)을 사리 뒤에 붙여 불렀다"고 기술되어 있다(金渭顯외 2012㊦).
>
> ① ≪遼史≫ 권116 <國語解>: "沙里, 郎君也"。
>
> ② ≪武溪集≫ 권18 <契丹官儀>: "其未有官者呼舍利, 猶中國之呼郎君也"。(余靖)
>
> ③ ≪續資治通鑑長編≫ 권20 수록 ≪雜志≫(江休復): "契丹國中, 親近無職者其呼爲舍利郎君也"。(李燾)

> [参考] **舍利(사리)의 유래** : ≪구당서・돌궐전≫에 "골돌록이란 자의 조부는 본래 선우 우부 운중도독인 사리원영 휘하의 수령이었다(骨咄祿者, …… 其祖父本是單于右雲中都督舍利元英下首領)"란 기록이 있어, 당나라 초부터 돌궐족에 "사리"라는 관직이 있었음을 알 수 있다. 거란은 일찍이 돌궐에 의부한 바 있어 돌궐의 부락연맹장 칭호인 "가한(可汗)"과 관명인 "매락(梅落, 또는 梅綠)", "사근(俟斤)", "달간(達干)" 등을 채용했다. 거란관명 "사리"도 이로부터 이어받아 사용하였다(高路加 1982).
>
> 돌궐의 "사리" 호칭도 원래는 중앙아시아의 페르시아어 또는 소그디아나(粟特)어의 "국왕(國王)"의

호칭에서 유래했으나, 후에 귀족계급의 일반적 호칭으로 발전한 것이다(孫昊 2014).

[天为夫 丹力] ʃ.a.ali b.aqa 圐 젊은 남자(即實 1996⑯). 圐(관제) 사리(沙里), 낭군(郎君)(即實 1996⑯). 出 仲2.

[天为夫村] ʃ.a.ali-n 圐(관제·소유격) ① 낭군(郎君)의, 사리(沙里)의(豊田五郎 1991b), ② 사리(舍利)의(愛新覺羅 2004c). 出 許/仲/先/永/迪/弘/副/智/烈/圖/糺/清/尚/韓/特.

[天为夫矢] ʃ.a.ali.tə 圐(관제·향위격) 낭군(郎君)에(劉浦江외 2014). 出 許/宗/涿/永/迪/弘/糺/清/韓/玦/特.

[天为夫公] ʃ.a.ali.d 圐(관제) ① 낭군(郎君)의 복수형(劉鳳書외 1995, 武內康則 2016), ② 낭군반(郎君班)(愛新覺羅 2004a⑦). 出 先/宗/迪/副/智/烈/奴/高/梁/糺/清.

[天为夫公 仐各女] ʃ.a.ali.d s.iaŋ.un 圐(관제) 사리상온(沙里詳穩)(即實 1996⑯). 出 先9.

遼史 舍利詳穩(사리상온) : 사리사(舍利司)의 장관을 말한다. 사리사는 황족의 군정 기구로 황족의 군정을 맡으며 황족 제장관(諸帳官)을 다스린다. 장관인 사리상온 밑에 사리도감(都監), 사리장군, 사리소장군 등의 관직이 있으며 아울러 사리(舍利)와 매리(梅里) 등 무관직 약간이 있다(金渭顯외 2012上).

[天为夫公 丹扎出] ʃ.a.ali.d b.aqa.an 圐(관제) 낭군해아반(郎君孩兒班)(愛新覺羅 2013b). 出 玦5.

[天为夫公犬] ʃ.a.ali.d.fia 圐(관제·소유격) 여러 사리(諸沙里)의(即實 2012③/2012⑤). 迪5, 智5.

[天为屶氼立卉] ʃ.a.al.l.ha.ai 出 宋13.

[天为屶氼立为本] ʃ.a.al.l.ha.a.ar 圐(인명) ① 夏剌剌(愛新覺羅 2004a⑫), ② 紗剌剌(愛新覺羅 2010f), ③ 沙赤剌(即實 2012②), ④ 沙里懶(劉鳳書 2014b52). 出 博37. 人物 《博誌》 주인 習輦(1079~1142)의 차남으로, 14세에 선무장군(宣武將軍)에 봉해졌으며 맹안(猛安)을 계승하고 보국상장군(輔國上將軍)에 봉해졌다(愛新覺羅 2010f).

[天为卉] ʃ.a.ai 出 許53. 校勘 이 글자는 초본에 옮기며 잘못 분할되고 원자도 바뀌었는데, 앞 원자들과 합쳐 "仐分卅平立为卉"로 고쳐야 한다(即實 2012㉑).

[天为卉] ʃ.a.ar 圐(인명) ① 沙里(萬雄飛외 2008), ② 紗里(愛新覺羅 2010f). 出 梁4. 人物 《梁誌》 주인 石魯隱朮里者(1019~1069, 한풍명: 蕭知微)의 맏형 涅隣紗里 태사(太師)를 지칭한다(愛新覺羅 2010f/2013a).

[天为圣勺] ʃ.a.u.dʒi 出 副35. 校勘 이 글자는 초본에 잘못 옮겨진 것이므로 탁본 등을 참고할 때 "天利圣勺"가 올바르다(即實 2012㉑).

[天为氼] ʃ.a.aŋ 借詞 "上"을 나타내는 한어차사(梁振晶 2003). 出 圖10.

[天为氼氼] ʃ.a.l.u 出 興8. 校勘 이 글자는 휘본 등에 잘못 옮겨진 것이므로 "天为氼氼"가 올바르다(即實 2012㉓).

[天为出] ʃ.a.an 圐(인명) ① 沙赤(即實 1988b/1996⑯), ② 紗安(愛新覺羅 2010f), ③ 沙爾(劉鳳書 2014b⑮). 出 令9.

人物 《令誌》의 주인인 高隱福留(997~1054)의 중부(仲父)인 紗安(948~?) 상공(相公)으로 寧王 只沒의 딸 虎魯董 공주를 아내로 맞이하였다. 태자소사(太子少師)에 봉해졌으며 중경유수(中京留守)가 된 후 사상(使相)에 봉해졌다(愛新覺羅 2010f).

[天生] ʃ.abu 出 塔I-4.

[天氼] ʃ.aŋ 借詞 "尚", "上" 등을 나타내는 한어차사(研究小組 1977b). 出 仁/許/仲/先/博/永/迪/副/宋/智/奴/高/室/梁/糺/清/尚/韓/玦/特/蒲.

[天氼 天犬矵] ʃ.aŋ ʃ.iu.du 圐(서명·향위격) 《상서(尚書)》에(劉鳳書 2014b52). 出 副31.

[天氼 天犬矵 仐勺] ʃ.aŋ ʃ.iu.du t.ug 圐 《상서(尚書)》에 이르길(劉鳳書 2014b52). 出 副31.

[天氼 天关 勺屮 氘] ʃ.aŋ ʃ.i g.bur sï 圐(관제) 상식국사(尚食局使)(即實 2012⑳). 出 尚1. 參考 상식국사는 궁중의 음식을 담당하던 관리이다.

[天氼 仐] ʃ.aŋ pu 圐(관제) "상부(尚父)"의 한어차사(研究小組 1977b, 清格爾泰외 1978a). 出 許2, 先35.

[天氼 仐 扚女 劧 氼亦 杰] ʃ.aŋ pu q.un tu.uŋ g.iun uan 圐(관제) "상부혼동군왕(尚父混同郡王)"의 한어차사(研究小組 1977b, 清格爾泰외 1978a/1985). 出 許2.

[天氼 仐火] ʃ.aŋ pu.un 圐(소유격) ① 상부장(尚父帳)의(愛新覺羅 2006a), ② 상부(尚父)의(即實 2012⑯, 吳英喆 2012a④). 圐(인명) 尚芬(劉鳳書 2014b52). 出 糺7, 蒲6. 人物 《糺誌》의 주인의 조모인 尚芬·穆妮(愛新覺羅는 "滿尼"로, 即實은 "木初隆"으로 호칭)를 지칭한다(劉鳳書 2014b52).

[天氼 仐卌 氼亦] ʃ.aŋ s.iaŋ g.iun 圐(관제) "상장군(上將軍)"의 한어차사(劉鳳書 2014b52). 出 許12.

[天氼 仐卅 天朮] ʃ.aŋ s.iaŋ ʃ.☐ 圐(관제) "상장군(上將軍)"의 한어차사(研究小組 1977b, 清格爾泰외 1978a). 出 仁32. 校勘 이 어휘의 마지막 글자는 휘본 등에 잘못 옮겨진 것이므로 "氼亦"이 올바르다(即實 2012㉓).

[天氼 仐卌 氼亦] ʃ.aŋ s.iaŋ g.iun 圐(관제) "상장군(上將軍)"의 한어차사(研究小組 1977b, 清格爾泰외 1978a, 吳英喆 2012a①, 劉鳳書 2014b52). 出 仲8, 玦1.

[天氼 仐卌 氼亦村 关化仐] ʃ.aŋ s.iaŋ g.iun-n i.ri.s 圐(관제) 상장군(上將軍)의 명호들(諸號)(劉鳳書 2014b52). 出 副17.

[夭矢 乂用 九尖 门 尖夰] ʃ.aŋ k(h).iŋ g.iu tu ui.i 몡 (관제) "상경거도위(上輕車都尉)"의 한어차사(劉鳳翥 2014b⑤2). 뻬 博22.

[**夭矢**] ʃ.tə 뻬 許10/37, 梁8, 韓23, 玦29.

[夭矢�公] ʃ.d.u.dʒi.d 됭 ① 꾸미다(羅福成 1934j), ② 만들다(即實 1996⑦). 뻬 郎3.

[夭矢尖] ʃ.d.i 뻬 許60.

[夭矢立万] ʃ.ul.ha.al 뻬 仲49.

[**夭丂余**] ʃ.dor.s 뻬 海10. 校勘 이 글자는 초본에 잘못 옮겨졌으므로 "夭丂余"가 올바르다(即實 2012⑳).

[夭仕余] ʃ.um.əs 뻬 智7.

[夭仕九余] ʃ.um.gə.s 뻬 特19.

[夭仕尖] ʃ.um.i 뻬 先26.

[**夭化**] ʃ.ir 뻬 許40. 校勘 이 단어는 초본에 옮기며 잘못 분할되었는데, 뒤 원자들과 합쳐 "夭化夰夭"로 하여야 한다(即實 2012⑳).

[夭化仅] ʃ.ir 뻬 智26.

[夭化夰方] ʃ.ir.gə.i 뻬 先59.

[夭化夭] ʃ.ir.r 뻬 宣17, 博19.

[夭化余] ʃ.ir.s 뻬 道35, 特19.

[夭化令] ʃ.ir.əd 뻬 許21/23.

[夭化公] ʃ.ir.ən 몡(관제) ① 세리(世里)(愛新覺羅 2004b④), ② 석렬(石烈)(愛新覺羅 2006a). 몡(관제·소유격) 석렬(石烈)의(即實 2012⑳). 用法 "~公"은 소유격을 나타내는 어미이다(大竹昌巳 2015c). 뻬 令/故/先/副/清.

> 遼史 《요사·국어해》에 다음과 같이 기술되어 있다(金渭顯외 2012⑦).
> ① 世里(세리) : 거란이 처음 나라를 일으킨 지역으로, 어떤 이는 이를 야율이라고 번역하였다.
> ② 石烈(석렬) : 모든 궁(諸宮) 아래에 모두 석렬이 있어 관료를 두고 통치한다. 남방 민족의 향(鄉)에 속한다.

[夭化夰] ʃ.ir.ə 몡 석렬(石烈), 향(鄉)(愛新覺羅 2003i, 即實 2012⑳). 뻬 先/迪/弘/慈/智/糺/玦/特.

[夭化夰矢尖] ʃ.ir.ə.d.i 몡(탈격) 석렬(石烈)에서(愛新覺羅 2006c). 뻬 清4.

[夭化夰夭] ʃ.ir.gə.ər 뻬 玦37.

[夭化夰与] ʃ.ir.gə.en 뻬 玦25.

[**夭化**] ʃ.ur 뻬 特13.

[夭化尤] ʃ.ur.umu 뻬 先42.

[夭化尤伏] ʃ.ur.umu.in 뻬 宗32.

[夭化夭扚村] ʃ.ur.u.dʒi-n 뻬 韓23.

[夭化夭平] ʃ.ur.u.ul 뻬 道/故/博/烈/糺/回.

[夭化夭平夰] ʃ.ur.u.ul.ər 뻬 博6, 回16.

[夭化令] ʃ.ur.əd 뻬 許24. 校勘 即實은 이 글자를 "夭化令"이라고 기록하고 있다(即實 2012㉚).

[夭化九平] ʃ.ur.g.ul 뻬 弘29. 校勘 이 글자는 초본에 잘못 옮겨진 것이므로 "夭化夭平"이 올바르다(即實 2012㉚).

[夭化乂平] ʃ.ur.k(h).ul 뻬 先20. 校勘 即實은 이 글자를 "夭化尺平"이라고 기록하고 있다(即實 2012㉚).

[夭化尺圶] ʃ.ur.u.hai 뻬 玦21.

[夭化尺平] ʃ.ur.u.ul 뻬 副39, 智15, 梁25.

[夭化□] ʃ.ur.? 뻬 許42. 校勘 이 글자는 초본에 잘못 옮겨진 것이므로 "夭化令"가 올바르다(即實 2012㉚).

[**夭尖**] ʃ.au 뻬 清10. 校勘 이 단어는 초본에 옮기며 잘못 분할되었고 글자도 바뀌었는데, 앞 원자들과 합쳐 "九夾夭夹"으로 고쳐야 한다(即實 2012㉚).

[**夭余九**] ʃ.əs.gə 몡 "헌(獻)" 또는 "현(玄)"을 뜻하는 말(劉鳳翥외 2003b). 뻬 博/皇/宋/智/奴/尚. 用例 夭夭余九 令交夯矢 [au ʃ.əs.gə t(d).iæ.æn.tə] 몡(향위격) 천현전(天玄殿)에(劉鳳翥외 2003b). 뻬 宋6. 參考 천현전(天玄殿)은 흥종능묘(興宗陵墓)의 헌전 이름(獻殿名)인데, 한문 《宋誌》에서는 이를 "현전(玄殿)"으로 표기하고 있다. 송위국비(宋魏國妃)의 장례를 치를 때 그 영구(靈柩)를 임시로 놓아 둔 곳이다(劉鳳翥외 2003b).

[夭余九屮屮] ʃ.əs.gə.l.bur 뻬 皇13. 校勘 이 글자는 초본에 잘못 옮겨진 것이므로 "毛余九屮屮"가 올바르다(即實 2012㉚).

[夭余九尘] ʃ.əs.gə.t 뻬 皇14. 校勘 이 글자는 초본에 잘못 옮겨진 것이므로 "毛余九尘"가 올바르다(即實 2012㉚).

[**夭余**] ʃ.u 借詞 "蜀"을 나타내는 한어차사(韓寶典 1991, 豊田五郎 1991b, 即實 1991b). 뻬 先2.

[夭余 九火] ʃ.u g.ui 몡(국명) "촉국(蜀國)"의 한어차사(劉鳳翥 2014b⑤2). 뻬 先2.

[夭余 九火 杰] ʃ.u g.ui uaŋ 몡(관제) "촉국왕(蜀國王)"의 한어차사(即實 1996⑯). 뻬 先2.

[**夭余**] ʃ.ugu 뻬 迪36. 校勘 이 글자는 초본에 잘못 옮겨진 것이므로 "毛余"가 올바르다(即實 2012㉚).

[夭仐火立为本] ʃ.o.un.ha.a.ar 뻬 玦42.

[**夭公夰**] ʃ.t.ər 뻬 先47. 校勘 即實은 이 글자를 "毛公夰"이라고 기록하고 있다(即實 2012㉚).

[夭仝] ʃ.ol [出] 典28.

[夭仝丈关] ʃ.ol.qu.i [出] 仲4. [校勘] 이 글자는 초본에 잘못 옮겨진 것이므로 "夭企丈关"가 올바르다(即實 2012校).

[夭仝矢关] ʃ.ol.d.i [出] 博41(博39). [参考] 이 묘지는 제29행과 제30행이 유실되어 없으므로 劉浦江은 그 두 행을 무시하고 뒤의 행들을 앞당겨 표기하여 이 글자가 포함된 행을 제39행이라 기술하고 있다(劉浦江외 2014).

[夭企] ʃ.əm [借詞] ①"瀋"을 나타내는 한어차사(唐彩蘭외 2002), ②"善"을 나타내는 한어차사(愛新覺羅 2004a⑧, 即實 2012⑳). [명](지명) 심(瀋)(劉鳳翥 2014b㊾). [出] 先14, 烈21, 梁8.

[夭企 朩圡] ʃ.əm ʧ.əu [명](지명) 심주(瀋州)(劉鳳翥 2014b㊾). [出] 烈21.

[夭企 朩圡火] ʃ.əm ʧ.əu-n [명](지명・소유격) 심주(瀋州)의(劉鳳翥 2014b㊾). [出] 梁8/9.

[夭企丈] ʃ.əmə.qu [형] 선한 (것)(愛新覺羅 2004d, 即實 2012④). [出] 仁25, 許50, 智17, 尙28.

[夭企丈 公平朩当] ʃ.əmə.qu n.ai.tʃ.ən [명] 화선(和善, 온화하고 선량하다)(即實 2012⑳). [出] 仁25, 許50, 智17, 尙28.

[夭企丈矢] ʃ.əmə.qu.tə [出] 永40.

[夭企丈关] ʃ.əmə.qu.i [명](목적격) 선(善)을(愛新覺羅 2004a⑤, 即實 2012⑳). [出] 仲4, 奴34, 尙20. [語法] "夭企"는 선(善)을 표시하는 어간(語幹)이고 "丈关"는 어미(語尾)이다(即實 2012④).

[夭企丈关 芀化关当] ʃ.əmə.qu.i tʃə.ur.gə-ən [명] 선(善)을 쌓은(愛新覺羅 2004a⑤, 即實 2012⑳). [出] 仲4, 奴34, 尙20. [語法] 芀化关当의 "当"은 동사의 여성형 어미이다(大竹昌巳 2015b).

[夭企丈关 芀化关当 曲令] ʃ.əmə.qu.i tʃə.ur.gə-ən go.əd [명] 선을 쌓은 집(積善家)(愛新覺羅 2004a⑤). [出] 仲4, 尙20. [参考] 《주역(周易)》의 "積善之家, 必有餘慶; 積不善之家, 必有餘殃"(선을 쌓은 집에는 경사스런 일이 남아돌고, 선을 쌓지 않은 집은 재앙이 남아 돈다)중의 "積善之家"에 해당하는 말이다(大竹昌巳 2015b).

[夭企丈关 芀化关当 曲尖] ʃ.əmə.qu.i tʃə.ur.gə-ən go.ər [명] 선을 쌓은 집(積善家)(愛新覺羅 2004a⑤). [出] 奴34.

[夭企朩王] ʃ.əmə.tʃi.hoŋ [出] 回21.

[夭企伞] ʃ.əmə.əs [出] 先43. [校勘] 即實은 이 글자를 "夭企伞"라고 표기하고 있으나 명확하지는 않다(即實 2012校).

[夭企尜] ʃ.əmə.d [명] 선(善)의 복수형(即實 2012⑳). [出] 奴42. [語法] "夭企"는 선(善)을 표시하는 어간(語幹)이고 "尜"는 어미(語尾)이다(即實 2012④).

[夭仦] ʃ.əl [出] 梁11.

[夭仦夊伏] ʃ.əl.u.in [명](인명) 石魯隱(韓世明외 2007, 愛新覺羅 2010f, 劉鳳翥 2014b㊾). [出] 梁2.

> [人物] 《梁誌》의 주인인 石魯隱朮里者(1019~1069, 한풍명 : 蕭知微)이다. 16세에 출사하여 태보(太保)・관찰(觀察) 등을 거쳐 도궁사(都宮使)・좌원낭군반상온(左院郎君班詳穩)・동지남원(同知南院)・북여진상온(北女真詳穩)・국구상온(国舅詳穩)・서남초토(西南招討)・심주절도사(瀋州節度使)・선휘(宣徽)・서북초토(西北招討)・유성군왕(柳城郡王)・북부재상(北府宰相)을 역임했다. 함옹(咸雍) 5년(1069) 정월 삭주(朔州)에서 재직중 병사하였다. 죽자 진국왕(晉國王)・송국왕(宋國王)・양국왕(梁國王)에 봉해졌다. 《요사》 권91에 그의 전(傳)이 있다(愛新覺羅 2010f).

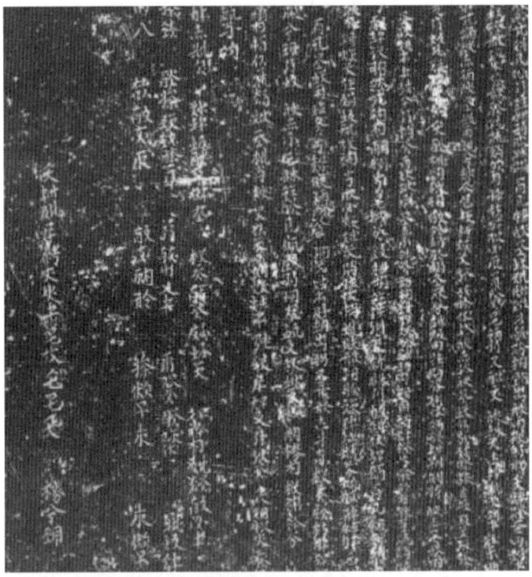

▲ 양국왕(梁國王) 묘지명(일부)

[夭仦夊伏朩] ʃ.əl.u.n.ən [出] 梁10.

[夭仦叐] ʃ.əl.ir [出] 特23.

[夭仦仦夊当] ʃ.əl.l.u.ən [出] 慈23, 玦8.

[夭仦仦欠当] ʃ.əl.l.gu.en [出] 博46. [校勘] 即實은 이 글자를 "夭仦仦穴当"이라고 기록하고 있다(即實 2012校).

[夭仦仦穴尖] ʃ.əl.l.u.ər [出] 令27.

[夭仦乂交] ʃ.əl.k(h).ur [出] 典8. [校勘] 即實은 이 글자를 "夭仦穴交"이라고 기록하고 있다(即實 2012校).

[夭仦穴交] ʃ.əl.u.ur [명](인명) ①實六(韓世明외 2007), ②石魯里(即實 2012⑳). [出] 梁4.

[夭仦穴伏] ʃ.əl.u.in [명](인명) ①石勒克訥(即實 1996⑯),

②述列(愛新覺羅 2003f), ③石魯隱(愛新覺羅 2004b⑦, 劉鳳翥 2014b(52)). 出 先8. 人物 양국왕(梁國王) 石魯隱朮里者이다. 양국왕과 耶律仁先은 처남・매부 관계(仁先의 여동생인 粘木袞이 양국태비)이다(愛新覺羅 2010f). 校勘 이 글자를 "飞火㸚伏"(劉鳳翥 1993d), "飞火乂伏"(即實 1996⑯) 등으로 인식한 학자들이 있었으나, 최근 자료들에는 모두 "飞火穴伏"으로 통일되어 있다.

[飞火] ʃ.ui 借詞 "水"를 나타내는 한어차사(研究小組 1977b). 出 故2, 紀14. 校勘 이 글자는 초본에 잘못 옮겨진 것이므로 "飞火"가 올바르다(《故2》의 경우 탁본에도 잘못되어 있는데, 동일인이 찬서(撰書)한 《迪誌》에는 "飞火"라고 바로 되어 있다)(即實 2012校).

[飞火力] ʃ.ui.na 出 仁29. 校勘 《거란소자연구》(1985)에 이렇게 표현되어 있으나 다른 학자들은 이 글자를 "飞劣"이라고 달리 표기하고 있다(即實 2012校, 劉鳳翥 2014b).

[飞火关] ʃ.ui.ər 出 清16. 校勘 이 글자는 초본에 잘못 옮겨진 것이므로 "飞火关"가 올바르다(即實 2012校).

[飞火] ʃ.ui 借詞 "水"를 나타내는 한어차사(研究小組 1977b). 出 許/博/迪/弘/皇/宋.

[飞关] ʃ.əŋ 借詞 ①"聖", "勝" 등을 나타내는 한어차사(研究小組 1977b, 郭添剛외 2009), ②"丞"을 나타내는 한어차사(盧迎紅외 2000). 出 令/故/永/迪/烈/高/紀/清/尚/玦/特/蒲.

[飞关 飞雨 夲文夯] ʃ.əŋ ʃ.in d.iæ.æn 명(관제) 성신전(聖神殿)(愛新覺羅 2013b). 出 玦23.

[飞关 飞圡夫] ʃ.əŋ ʃ.a.ali 명(인명) 聖 낭군(郎君)(愛新覺羅 2013b). 出 蒲6. 人物 《蒲誌》의 주인 白隱蒲速里(1058～1104, 한풍명: 耶律思齊)의 조부인 聖 낭군을 지칭한다(愛新覺羅 2013b).

[飞关 全水 主王] ʃ.əŋ s.uŋ huaŋ.di 명 "성종황제(聖宗皇帝)"의 한어차사(劉鳳翥 2014b(52)). 요나라의 제6대 황제(耶律隆緒, 재위기간 979~1031)로 《요사》 권10~17에 그의 본기(本紀)가 있다. 出 烈7.

[飞关 全当] ʃ.əŋ s.oŋ 명 "성종(聖宗)"의 한어차사(研究小組 1977b, 清格爾泰외 1978a). 出 令14, 玦4/5, 特3.

[飞关 全当 主 王村] ʃ.əŋ s.oŋ huaŋ di-n 명(소유격) 성종황제(聖宗皇帝)의(研究小組 1977b, 清格爾泰외 1978a/1985, 劉鳳翥 2014b(52)). 出 令14.

[飞关 伞当] ʃ.əŋ ts.oŋ 명 "성종(聖宗)"의 한어차사(陶金 2015). 出 尚4.

[飞关 关芡公] ʃ.əŋ ŋ.iue.n 명 "성원(聖元)"의 한어차사(研究小組 1977b, 清格爾泰외 1978a). 出 故4.

[飞关 关芡公 主 王村] ʃ.əŋ ŋ.iue.n huaŋ di-n 명(소유격) 성원황제(聖元皇帝, 태조 야율아보기의 묘호)의(研究小組 1977b). 出 故4. 參考1 仕夂犳 凡 关 山 主王 [um.u.dʒi ku aʊ niorqo hauŋ.di] 명 성원천금황제(聖元天金皇帝, 태조 야율아보기의 시호)(劉鳳翥외 2006a). 出 慈3. 參考2 동일한 "성원(聖元)"이라는 묘호를 쓴 이는 송나라의 제3대 진종황제(眞宗皇帝 趙德昌, 재위기간 997~1022)로 ≪송사≫ 권6~8에 그의 본기가 있다.

[飞关 九杰 公夂] ʃ.əŋ g.uaŋ n.u 명(인명) 聖光奴(劉鳳翥 2014b(52)). 出 永21. 人物 《永誌》 주인 遙隱永寧(1059～1085)의 조부의 4촌형제인 聖光奴 낭군(郎君)을 지칭한다(愛新覺羅 2010f).

[飞关谷] ʃ.əŋ.t 出 慈6, 玦14.

[飞犬与丹伏] ʃ.⃞.en.b.in 出 紀24. 校勘 이 단어는 본래 2개의 글자(乇犬 与丹伏)이나 초본에는 잘못하여 하나로 합쳐져 있으며, 첫 글자의 원자들도 잘못되어 있다(即實 2012校).

[飞火] ʃ.un 出 許31, 尚17. 校勘 "飞火"이라고 독립적으로 표현한 사례가 없고, 두 번째 원자는 "火"가 아닌 "幺"이 정당하며, 뒤의 원자들과 합쳐 "飞幺业夂犳谷"《許31》 또는 "飞幺业火穴犳"《尚17》로 함이 정당하다(即實 2012校).

[飞幺] ʃ.ia 형 좋다(好)(愛新覺羅외 2011). 同源語 《거란국지》에 나오는 『'捨'是'好'』의 "捨"는 바로 飞幺 [ʃia]의 음역이다. 거란을 필두로 알타이계 언어들에서 "좋다"를 나타내는 [ʃia]와 유사한 [sai-] / [saji-] / [saja-] 등의 어원은 모두 한어 "선(善)"에서 유래했다(愛新覺羅외 2011). 出 特12.

[飞幺买] ʃ.ia.an 동 칭찬하다(即實 2012⑦). 出 先34, 宗4, 永30, 玦23.

[飞幺夫] ʃ.ia.ali 出 玦24.

[飞幺ち圡为出] ʃ.ia.al.ha.a.an 出 玦35.

[飞幺东巾] ʃ.ia.at.⃞ 出 特14/30.

[飞幺朱] ʃ.ia-i 명 ①(목적격) 선(善)을(愛新覺羅 2004a⑧), ②(소유격) 선(善)의(大竹昌已 2016e), ③상서롭다, 선하다(即實 2012⑳). 형 좋다(好)(即實 1996①). 用法 朱은 모음이 있는 어간에 뒤따르는 경우에는 소유격・목적격 어미인 [-i]의 기능을 가진다. 격어미를 접속하지 않는 경우에는 飞斗로 표기하여 斗와 幺는 동음이 된다(愛新覺羅 2003). 同源語 "선하다"를 뜻하는 중기몽골어의 [sayi], "건강하다"를 뜻하는 고대투르크어의 [saɣ]가 동일한 어원이다(即實 1996⑦, 大竹昌已 2015b). 出 道/宣/許/故/仲/先/宗/博/迪/弘/副/皇/烈/圖/梁/紀/清/尚/韓/圓/玦/回.

[飞幺朱 圡亥尜丙] ʃ.ia-i əu.ur.gə.əi 동 선(善)을 행하다

(愛新覺羅외 2011).

[天幺朱 土灾岺丙 搽 芴化岺丙] ʃ.ia-i əu.ur.gə.əi qutug tʃə.ur.gə-ər 통 선행(善行)을 베풀고 복(福)을 쌓았다 (愛新覺羅외 2011).

[天幺朱 芴化岺与] ʃ.ia-i tʃə.ur.gə-ən 통 선(善)을 쌓은 (愛新覺羅외 2011). 出 迪3, 副35, 尚28.

[天幺朱 be 芴化岺与 曲令] ʃ.ia-i be.ng ne-eʒ.ur.gə-ən go.əd 명 선 (善)을 쌓은 집(積善家)(愛新覺羅외 2011). 出 迪3, 副35, 尚28.

[天幺朱 芴化岺丙] ʃ.ia-i tʃə.ur.gə.əi 통 선(善)을 쌓다(愛 新覺羅외 2011). 語法 芴化岺丙의 "丙"은 동사의 연결 형 어미이다(大竹昌巳 2015b). 出 宣11, 糺21.

[天幺女] ʃ.ia.? 出 玦39.

[天幺业立ち圣] ʃ.ia.aŋ.ha.al.u 出 梁7. 校勘 이 글자는 초본에 잘못 옮겨진 것이므로 "天幺业立ち圣"가 올 바르다(即實 2012㉠).

[天幺业立卆] ʃ.ia.aŋ.ha.ai 통 ① 칭찬하다(褒)(劉鳳翥외 1995), ② 찬상하다(讚賞, 훌륭하고 아름답게 여겨 칭 찬하다)(即實 2012㉠). 出 許13, 先57. 用例 天幺业立卆 氿 土灾 [ʃ.ia.aŋ. ha.ai ʃï əu.ər] 칭찬하는 시(褒詩)를 내리다(劉鳳翥외 1995). 出 許13.

[天幺业圣芴] ʃ.ia.aŋ.u.dʒi 통 칭찬하다(劉鳳翥외 1995, 即 實 2012㉠). 出 許20/29, 宗30.

[天幺业圣芴公] ʃ.ia.aŋ.u.dʒi.d 出 許31.

[天幺业尔] ʃ.ia.aŋ.ir 통 찬상하다(讚賞, 훌륭하고 아름 답게 여겨 칭찬하다)(即實 2012㉠). 出 道24, 博15, 玦17.

[天幺业伏] ʃ.ia.aŋ.in 통 찬상하다(讚賞, 훌륭하고 아름 답게 여겨 칭찬하다)(即實 2012㉠). 出 許10.

[天幺业屮立卆] ʃ.ia.aŋ.l.a.ai 통 ① 칭찬하다(褒)(朱志民 1995), ② 함께 칭찬하다(朱志民 1995). 出 仲28, 博18, 迪18.

[天幺业屮立为本] ʃ.ia.aŋ.l.a.a.ar 통 함께 칭찬하다(朱志 民 1995). 出 仲16/36.

[天幺业屮尺芴] ʃ.ia.aŋ.l.u.dʒi 통 칭송을 하다(愛新覺羅외 2011). 同源語 한어의 "상(賞)"에서 유래한 여진어 扂 夵[saila-], 만주어 [saiʃa-], 몽골어 [saisija-]가 같은 어 원이다(愛新覺羅외 2011). 出 尚17.

[天幺业屮尺芴 为ち] ʃ.ia.aŋ.l.u.dʒi a-al 명 칭송이 있어 (愛新覺羅외 2011).

[天幺业卅廾芴] ʃ.ia.aŋ.l.ʊ.dʒi 出 副18/20, 尚15.

[天幺业卅廾芴] ʃ.ia.aŋ.iaŋ.ʊ.dʒi 出 梁20. 校勘 이 글자 는 초본에 잘못 옮겨진 것이며 "天幺业屮廾芴"가 올 바르다(即實 2012㉠).

[天幺业关] ʃ.ia.aŋ.i 통 칭찬하다, 높이 평가하다(即實

2012㉔). 出 許14.

[天幺火] ʃ.ia.iu 명 (향위격) 선함에("天卆"의 향위격)(大 竹昌巳 2016e). 出 先70, 特23.

[天幺业圣芴] ʃ.ia.p.u.dʒi 명 선(善)(愛新覺羅 2004a⑧). 出 許62. 校勘 이 글자는 초본에 잘못 옮겨졌는데, 지 석에는 "天幺业尺芴"라고 되어 있다(即實 2012㉚).

[天幺釆] ʃ.ia.tʃən 出 興23. 校勘 이 글자는 휘본 등에 잘못 기록된 것이며 "天幺朱"가 올바르다(即實 2012㉚).

[天幺女] ʃ.ia.adʒi 出 副14/17.

[天幺□□为出] ʃ.ia.?.?.a.an 出 玦39.

[天业] ʃ.aŋ 出 先70. 校勘 即實은 이 글자를 "乇 业"이라고 기록하고 있다(即實 2012㉚).

[天止] ʃ.su 명 (지명) 습(隰)(即實 1996⑥). 出 先7.

[天止 �土火] ʃ.su tʃi.əu-n 명 (지명・소유격) 습주(隰 州)의(即實 1996⑯). 出 先7.

[天火] ʃ.iu 借詞 "樞", "書", "署" 등을 나타내는 한 어차사(研究小組 1977b). 出 仁/許/故/郎/仲/先/博/添/永/ 迪/弘/副/皇/宋/慈/智/奴/高/圖/梁/糺/韓/玦/回/特.

[天火 又刃] ʃ.iu m.ir 명 (관제) "추밀(樞密)"의 한어차사 (即實 1996⑯). 出 仁/許/先/添/弘/副/奴/梁.

[天火 又刃公] ʃ.iu m.ir.d 명 (관제) 추밀 등(樞密等)(即 實 1996⑯). 出 先14.

[天火 又关] ʃ.iu m.i 명 (관제) "추밀(樞密)"의 한어차 사(研究小組 1977b, 清格爾泰외 1978a). 出 許12.

[天火 又关 伸公] ʃ.iu m.i ju.ən 명 (관제) "추밀원(樞密 院)"의 한어차사(研究小組 1977b, 清格爾泰외 1978a). 出 許12.

> 遼史 樞密院(추밀원): 거란은 938년 후진을 멸망시 키고 후진제도에 의하여 한지(漢地)에 추밀원을 설 치하여 한인들의 군정을 맡게 하였다. 947년 거란 추밀원을 설치하고 거란・발해・여진 등 부족의 군명과 민사・형옥・백관규찰 등에 관한 일을 하 도록 하여 북추밀원(北樞密院)이라 불렸다. 또한 한 인 추밀원을 남추밀원이라 하여 한인들에 대한 정사를 총령케 하여 정치・재무・군사를 맡게 하 였는데 지위는 북추밀원과 달랐다. 남북추밀원에 각각 추밀사・지추밀사사・첨서추밀원사 등 관을 두었다. 황제가 친정할 때는 행추밀원(行樞密院)을 두어 병사(兵事)를 총령케 하였다(金渭顯외 2012上).

[天火 又关 伸公 ち灾 屋圣芴矢] ʃ.iu m.i ju.ən dəu.ur dol.u.dʒi.tə 명 (관제・향위격) 추밀원동지(樞密院同知) 에(即實 2012③, 劉鳳翥 2014b㊾). 出 迪20.

[天火 又关 �氿] ʃ.iu m.i pu ʃï 명 (관제) "추밀부사

(樞密副使)"의 한어차사(研究小組 1977b, 清格爾泰외 1978a/1985, 劉鳳翥 2014b㊾). 出 許13. 校勘 이 어휘의 세 번째 글자는 초본에 잘못 옮겨진 것이며 지석을 통해 교정한 바 "仐"가 올바르다(即實 2012校).

> 遼史 **樞密副使(추밀부사)** : 추밀원 중간관직의 하나이다. 그 직위는 지추밀원사(知樞密院事) 아래이고, 지추밀부사사(知樞密副使事)보다 위이다(金渭顯외 2012㊤).

[飞火村] ʃ.iu.ən 出 副48.

[飞火化] ʃ.iu.du 명(서명·향위격) ≪서(書)≫에(劉鳳翥 2014b㊾). 出 副31, 奴34.

[飞火化 令勺] ʃ.iu.du t.ug 동 ≪서(書)≫에서 이르길(大竹昌巳 2015b). 出 副31, 奴34.

[飞火为出] ʃ.iu.a.an 出 烈25. 校勘 이 글자는 초본에 잘못 옮겨진 것이므로 "飞丸为出"이 올바르다(即實 2012校).

[飞火矢] ʃ.iu.tə 명(서명·향위격) ≪서(書)≫에(劉鳳翥 2014b㊾). 出 梁18, 糺21, 特21.

[飞火矢 令勺] ʃ.iu.tə t.ug 동 ≪서(書)≫에서 이르길(大竹昌巳 2015b). 出 梁18, 糺21.

[飞火化] ʃ.iu.ur 명(관제) ①"서(署)"의 복수형(蓋之庸외 2008), ②"추(樞)"의 복수형(即實 2012⑰). 出 副20.

[飞火火] ʃ.iu.un 出 先/副/高/圖/玦/回.

[飞用]

[飞用] ʃ.il 出 令28. 校勘 即實은 이 글자를 뒤 원자와 합쳐 "飞用尔穴当"이라고 기록하고 있다(即實 2012校).

[飞用廾穴当] ʃ.il.ʊ.u.ən 出 特35.

[飞用夂] ʃ.il.u 명(인명) ①釋魯(劉浦江 2005), ②室魯(劉鳳翥외 2007). 出 室額1. 人物 ≪室誌≫의 주인인 撒懶室魯(?~1100)를 지칭한다(愛新覺羅 2010f). 参考 ☞ 묘주 및 묘지에 대한 자세한 내용은 "仐木圡出 飞用夂"를 참조하라.

> 遼史 **耶律室魯**(야율실로, 971-1011). 자(字)는 을신은(乙辛隱)으로 육원부(六院部) 출신이다. 성종과 동갑이어서 황제가 아꼈다. 막 20세가 되어 지후낭군(祗候郎君)에 보임되고, 얼마 있어 숙직관(宿直官)이 되었다. 군사를 일으켜 송을 칠 때 대수(隊帥)가 되어 남부재상 야율노과(耶律奴瓜), 통군사 소달람(蕭撻覽)을 따라 조(趙)·위(魏) 지역을 공략하는 데 세운 공으로 검교태사가 더하여졌고 북원대왕(北院大王)이 되었다. 송과 화의가 성립되자 문하평장사(門下平章事)로 특진하였고 추성갈절보의공신(推誠竭節保義功臣)이 하사되었다. 성종을 따라 송림(松林)에 사냥을 갔다가 사령(沙嶺)에 이르러 죽으니 향년 44세였다. 수사도(守司徒) 정사령(政事令)이 증직되었다. ≪요사≫(권81)에 그의 전(傳)이 있다(金渭顯외 2012㊦).

[飞用夂矢] ʃ.il.u.ul 명(인명) 士如里(即實 2012⑲). 出 尚23. 参考 ☞ "飞用□気"를 참조하라.

[飞用尔夂当] ʃ.il.l.u.ən 出 慈26.

[飞用尔穴火] ʃ.il.l.u.ui 명 과방(過房, 입양하는 일 또는 양아들)(即實 1996⑯). 出 許47, 梁24.

[飞用尔穴当] ʃ.il.l.u.ən 出 令28.

[飞用尔穴当火] ʃ.il.l.u.ən.ər 出 梁14.

[飞用穴杏] ʃ.il.u.un 명(인명) ①釋魯隱(愛新覺羅 2004a⑫, 即實 2012⑳), ②述列(趙志偉외 2001). 出 智12.

[飞用穴杏 马认券] ʃ.il.u.un dʒu.uldʒ.ə 명(인명) ①石魯隱朮里者(愛新覺羅 2010f), ②釋魯隱·朮里者(劉鳳翥 2014b㊾). 出 智12. 人物 양국왕(梁國王) 石魯隱朮里者를 지칭한다. 양국왕과 耶律智先은 처남·매부 관계(智先의 누나인 粘木衮이 양국태비)이다(愛新覺羅 2010f). 参考 ☞ 양국왕에 대한 자세한 설명과 묘지내용 등에 대하여는 "飞尔夂伏"를 참조하라.

[飞用□気] ʃ.il.?.aŋ 명(인명) ①實力昂(郭添剛외 2009), ②紗朗(愛新覺羅 2010f). 出 尚23. 人物 ≪尚誌≫ 주인 緬隱胡烏里(1130~1175)의 장손자(烏里只夷末里의 아들)이다(愛新覺羅 2010f). 校勘 即實은 이를 "飞用夂矢"이라 표기하여 "士如里"라고 해독하고 있다(即實 2012⑲).

[飞同]

[飞同] ʃ.iŋ 借詞 "聖", "承" 등을 나타내는 한어차사(研究小組 1977b, 閻萬章 1993). 出 道/令/先/宗/迪/弘/副/蒲.

[飞同 仐当] ʃ.iŋ s.oŋ 명 "성종(聖宗)"의 한어차사(研究小組 1977b, 清格爾泰외 1978a/1985). 요나라의 제6대 황제(耶律隆緖, 재위기간은 979~1031년)로, ≪요사≫ 권10~17에 그의 본기(本紀)가 있다. 出 道13, 宗5, 迪12, 副7.

[飞同 仐当 主 王] ʃ.iŋ s.oŋ huaŋ di 명 "성종황제(聖宗皇帝)"의 한어차사(劉鳳翥 2014b㊾). 出 宗5.

[飞同 仐当 主 令关关村] ʃ.iŋ ts.oŋ huaŋ t.i.i-n 명(소유격) 성종황제(聖宗皇帝)의(劉鳳翥 2014b㊾). 出 弘2.

[飞舟]

[飞舟] ʃ.əb 명(인명) "십(十)"의 한어차사(袁海波외 2005, 吳英喆 2011a). 出 清14. 参考 ≪清誌≫에 등장하는 인명(陳十)인데, "舟"는 [p]로 읽을 수 있으므로 한자 "十"의 중고음 [ziěp④]와 일치한다(吳英喆 2011a).

[飞舟火]

[飞舟火] ʃ.tum.ju 出 博26. 校勘 이 글자는 초본에 잘못 옮겨진 것이므로 "飞非火"가 올바르다(即實 2012校).

[飞朩与]

[飞朩与] ʃ.ia.al 명(인명) ①時時里(耶律弘用 모친의 小字)(劉鳳翥외 2003b), ②石仕里(即實 2012⑳). 出 弘5.

[夭夰ち伏] ʃ.ia.al.in 图(인명) ① 時時里(劉鳳書외 2003b), ② 夏鄩(愛新覺羅 2004b④), ③ 石仕林(即實 2012⑳). 出 弘12, 宋4/19.

[夭夰ち伏 今用芬] ʃ.ia.al.in t.il.ə 图(인명) ① 時時隣迪烈(愛新覺羅 2010f), ② 時時里·迪烈(劉鳳書 2014b�52). 出 弘12.

> 人物 《弘誌》 주인 敎魯宛隗也里(1054~1086, 한풍명: 耶律弘用)의 장인이자, 《宋誌》 주인 烏魯宛妃(1056~1080, 耶律弘用의 처제)의 부친인 난능군왕(蘭陵君王) 時時隣迪烈(蕭知玄)을 말한다(愛新覺羅 2010f).

[夭夰ち伏 公用芬] ʃ.ia.al.in t.il.ə 图(인명) ① 時時隣迪烈(愛新覺羅 2010f), ② 時時里·迪烈(劉鳳書 2014b�52). 出 宋4.

[夭夰矢] ʃ.ia.tə 出 梁16. 校勘 即實은 이 글자를 "夭夲矢"로 기록하고 있다(即實 2012㊊).

[夭交] ʃ.iæ 出 梁12. 校勘 이 글자는 초본에 "夭交 今夂"로 잘못 옮겨져 있으므로 "夭交本夂"가 올바르다(即實 2012㊊).

[夭交芀] ʃ.iæ.æn 借詞 ①"善", "單" 등을 나타내는 한어차사(鄭曉光 2002, 袁海波외 2005), ②"先"을 나타내는 한어차사(愛新覺羅 2006a). 出 永14, 副24, 清6/11, 尚25.

[夭交芀 九芬] ʃ.iæ.æn g.ə 图(인명) ① 單哥(愛新覺羅외 2011), ② 仙哥(即實 2012⑳), ③ 善哥(劉鳳書 2014b�52). 出 永14, 清6. 人物 《清誌》 주인 奪里懶太山(1029~1087, 한풍명: 蕭彥弼)의 조모(祖母)인 單哥 부인(夫人)을 지칭한다(愛新覺羅외 2011).

[夭交芀 火芬] ʃ.iæ.æn k(h).ə 图(인명) ① 仙珂(即實 2012⑳), ② 善哥(劉鳳書 2014b�52). 出 清11.

[夭交芀伏] ʃ.iæ.æn.in 图(인명) ① 先隱, 先寧(愛新覺羅 2006a/2006b), ② 善寧(盧迎紅외 2000), ③ 仙峨, 仙訥, 謝寧(即實 1988b). 出 故6, 迪12.

[夭交芀伏 九杰 수 公夊] ʃ.iæ.æn.in g.uaŋ pu n.u 图(인명) ① 善寧光佛奴(愛新覺羅 2010f), ② 仙訥·廣富奴(即實 2012③), ③ 善寧·廣富奴(劉鳳書 2014b�52). 出 故6, 迪12.

> 人物 《迪誌》 주인 撒懶迪烈德(1026~1092)의 부친인 善寧光佛奴 태사(太師)로, 《故銘》의 주인인 撻體 낭자(娘子)(1060~?, 撒懶迪烈德의 제5녀)의 조부에 해당한다(愛新覺羅 2010f).

[夭交本夂] ʃ.iæ.al.dʒi 出 迪34.

[夭交厸] ʃ.iæ.æm 出 奴46. 校勘 即實은 이 글자를 근거로 하여 《紀22》의 "戈交厸"가 잘못된 것이라고 주장하고 있으나(即實 2012㊊), 앞뒤 문맥("冉"을 나타내는 한어차사)을 보았을 때 "戈交厸"[j.iæ.æm]이 정당하다고 판단된다.

[戈交厸 岌丙火] ʃ.iæ.æm ŋ.io.un 图(인명·소유격) 염우(冉牛)의(大竹昌巳 2016d). 出 奴46. 校勘 《紀22》에는 "戈交厸 岌丙火"라고 되어 있다.

[夭交丹] ʃ.iæ.b 出 玦45.

[夭亦] ʃ.iun 借詞 "順", "舜" 등을 나타내는 한어차사(研究小組 1977b). 出 仲3, 梁19, 紀5, 尚6. 校勘 《紀5》의 경우 이 글자가 관직을 나타내며, 초본에 잘못 옮겨진 것이므로 "九亦"이 올바르다(即實 2012⑳).

[夭亦 伞屮 主 王雨] ʃ.iun ts.oŋ huaŋ di-n 图(소유격) 순종황제(順宗皇帝)의(劉鳳書 2014b�52). 出 梁19. 人物 순종황제는 요 도종(道宗)의 태자로서 이름은 耶律濬(1058~1077)이다. 耶律乙辛의 모함으로 유배되어 암살됨에 따라 제위에 오르지 못하였고, 그 아들인 천조제(天祚帝)가 "순종"으로 추존하였다(陶金 2015).

[夭亦 伞屮火] ʃ.iun ts.oŋ-n 图(소유격) 순종(順宗)의(研究小組 1977b, 清格爾泰외 1978a/1985). 出 仲3.

[夭亦ち] ʃ.iun.al 图(인명) ① 順□(盧迎紅외 2000), ② 舜琪(即實 2012③), ③ 順利(劉鳳書 2014b�52). 出 迪30.

[夭亦村] ʃ.iun.ən 图(소유격) 순(舜)의(即實 1996①). 出 道23, 智3. 用例 岌考爻 夭亦村 [ŋ.iau.u ʃ.iun.ən] 图(소유격) 요순(堯舜)의(即實 2012⑳, 大竹昌巳 2016b).

[夭穴] ʃ.noi 仁5. 校勘 이 글자는 초본에 잘못 옮겨진 것이므로 "夭㲋"가 올바르다(即實 2012㊊).

[夭九丙] ʃ.g.əi 出 先32. 校勘 即實은 이 글자를 "又九丙"라고 표현하고 있다(即實 2012㊊).

[夭斗] ʃ.ia 图 ① 선함(善)(愛新覺羅 2004a⑧), ② 마을(鄕)(寶玉柱 2006), ③ 가세(家世, 집안의 계통과 문벌)(愛新覺羅 2006). 形 좋다(好= 夭幺)(即實 1996⑦, 愛新覺羅외 2011). 副 방금, 지금 막(?)(即實 1996⑯). 同源語 "좋다(好)"를 의미하는 고대투르크어의 [saɣ], 서면몽골어의 [sain], 중기몽골어의 [sayin], 현대몽골어의 [sæːn]과 동일한 어원이다(大竹昌巳 2015c). 出 道/宣/令/許/故/仲/先/宗/博/涿/迪/副/慈/智/烈/奴/圖/梁/紀/清/尚/韓/玦/回/特/蒲/圓.

[夭斗 礼] ʃ.ia qa 出 仲44. 校勘 이 단어가 초본에는 잘못하여 하나로 합쳐져 있다(即實 2012㊊).

[夭斗 几] ʃ.ia ku 图 호인(好人, 성품이 좋은 사람) 또는 군자(君子)(即實 2012⑱). 出 梁14.

[夭斗 公司化] ʃ.ia n.ug.ur 图 좋은 벗들(愛新覺羅외 2011). 出 圓3.

[夭关] ʃ.i 借詞 "室", "師", "史", "世", "氏", "十", "食"

등을 나타내는 한어차사(研究小組 1977b). [出] 許/故/仲/先/宗/海/博/永/迪/弘/副/慈/烈/高/圖/梁/尚/韓/玦/回/特.

[又关 又村 公亥] ʃ.i ʃ.ən n.u [명](인명) ① 十神奴(愛新覺羅 2004a⑫, 即實 2012⑦), ② 世神奴(劉鳳翥 2014b(52)). [出] 永22.

[又关 犻] ʃ.i tʃəu [명](인명) ① 師崇(郭添剛외 2009), ② 士區(即實 2012⑲) 또는 昔區(即實 2012⑳). [出] 尚25. [人物] ≪尚誌≫ 주인 緬隱胡烏里(1130~1175)의 차녀인 吼烏里堅(劉鳳翥는 이를 "厚禮賢"이라 번역)의 남편이다(愛新覺羅 2010f).

[又关 犸] ʃ.i dʒu [명](관제) 세촉(世燭)(吳英喆 2012a①). [出] 玦4. [用例] 叐当 与叐火 又关 犸 [ir.ən en.u.ui ʃ.i dʒu] [명](관제) 본장(本帳)의 세촉(愛新覺羅외 2015⑧).

> [遼史] 世燭(세촉)은 요련장(遙輦帳)의 시중(侍中) 벼슬이다. [Šijü]로 재구성되며 한어 "시중"의 차용어이다(金渭顯외 2012㊥).

[又关雨] ʃ.i.in [명](소유격) 사(師)의(清格爾泰외 1985). [出] 故7, 副10, 圖9, 玦16.

[又关夫关] ʃ.i.ali.i [出] 尚27. [校勘] 이 단어는 본래 두 글자(乇关 夫关)이나 초본에는 잘못하여 하나로 합쳐져 있으며, "又"는 "乇"로 고쳐야 한다(即實 2012[校]).

[又关九村] ʃ.i.i-n [명](소유격) 사(使)의(蓋之庸외 2008). [出] 副7. [校勘] 이 글자는 초본에 잘못 옮겨진 것이므로 "又关㕣村"이 올바르다(即實 2012[校]).

[又关犻矢] ʃ.i.tʃəu.tə [명] ①(인명·향위격) 師崇에게(郭添剛외 2009), ② 石丑에게(愛新覺羅 2009c). [出] 尚25.

[又关又] ʃ.i.im [借詞] "瀋"을 나타내는 한어차사(劉鳳翥 2002). [出] 道/博/副/高/回/蒲.

[又关又 企村] ʃ.i.im mə-n [명](지명·소유격) 심주(瀋州)의(即實 2012⑫, 劉鳳翥 2014b(52)). [出] 高22.

[又关又 企村 令欠 又关] ʃ.i.im mə-n t(d).ugu ʃ.i [명](관제) ① 심주(瀋州)의 절도사(節度使)(即實 2012⑫), ② 심주(瀋州)의 도사(度使)(劉鳳翥 2014b(52)). [出] 高22.

[又关村] ʃ.i.ən [出] 宗/永/迪/烈/高/尚.

[又关犸] ʃ.i.dʒu [명](관제) 세촉(世燭)(愛新覺羅 2013b, 吳英喆 2012a②). [出] 回3. [校勘] ☞ "又关 犸"를 참조하라.

[又关攵亥平九] ʃ.i.?.u.il.gə [出] 玦25.

[又关矢] ʃ.i.tə [出] 迪31, 智11/12/13.

[又关矢亥伏] ʃ.i.d.u.n [명](인명) ① 實突寧(郭添剛외 2009), ② 士杜訥(即實 2012⑳). [出] 尚3, 清5.

[又关矢亥伏 乃ち] ʃ.i.d.u.n æn.al [명](인명) ① 石魯隱兗里(愛新覺羅 2010f), ② 實突寧·安利(劉鳳翥 2014b㉗). [出] 清5. [人物] ≪清誌≫ 주인 蕭太山의 고조부인 石魯隱兗里(蕭翰) 령공(令公)을 지칭한다(愛新覺羅 2010f).

[又关矢亥伏 乃朩] ʃ.i.d.u.n æn.əl [명](인명) ① 實突寧·安利(郭添剛외 2009), ② 石魯隱兗里(蕭翰)(愛新覺羅 2010f). [出] 尚3. [人物] ≪尚誌≫ 주인인 緬隱胡烏里(1130~1175)의 8대조를 지칭한다(愛新覺羅 2010f).

[又关矢穴] ʃ.i.d.u [出] 博9. [校勘] 이 단어는 초본에 옮기며 잘못 분할되었는데, 뒤 원자와 합쳐 "又关矢穴交"로 하여야 한다(即實 2012[校]).

[又关矢穴火] ʃ.i.d.u.ui [出] 博17.

[又关矢穴当] ʃ.i.d.u.ən [명](인명) 可信賴(愛新覺羅 2004a⑫). [명] 직계(直系)(即實 2012⑳). [出] 道21, 皇9.

[又关矢亥伏] ʃ.i.ul.u.n [명](인명) 石魯隱(愛新覺羅 2006a). [出] 清5. [校勘] 이 단어는 초본에 옮기며 "又关 又亥伏" 등으로 잘못 분할되기도 하였는데, "又关矢亥伏"이 올바르다(即實 2012[校]).

[又关化] ʃ.i.ir [명](하천) 희리(希里)(即實 2012⑳). [出] 副46, 皇22.

[又关仐亥伏 乃仐] ʃ.i.l.u.n ænlě [명](인명) 石魯隱兗里(愛新覺羅 2010f). [出] 尚3. [校勘] 即實은 이 어휘를 "又关矢亥伏 乃仐"이라고 기록하고 있다(即實 2012[校]).

[又关仐夵当] ʃ.i.l.oi.ən [出] 高19. [校勘] 이 글자는 휘본 등에 잘못 옮겨진 것인 바, 탁본 등에 근거하면 "又平仐夵当"가 올바르다(即實 2012[校]).

[又关仐为] ʃ.i.l.a [명](인명) ① 西剌(愛新覺羅 2003f), ② 石剌(愛新覺羅 2006b), ③ 惜拉(即實 2012⑳), ④ 室臘(劉鳳翥 2014b(52)). [出] 智7. [人物] 야율인선(耶律仁先)과 지선(智先)의 조부이다(愛新覺羅 2010f).

[又关火] ʃ.i.ui [出] 先4. [校勘] 이 글자는 묘지제작 당시 획이 누락되었는데 "又关类"가 올바르다(即實 2012[校]).

[又关关] ʃ.i.ŋ [명](인명) ①"興"의 한어차사(王弘力 1986), ②"盛"의 한어차사(即實 1988b/1996④). [出] 許52.

[又关类] ʃ.i.əns [명](인명) ① 昚思(愛新覺羅 2006a), ② 先(愛新覺羅 2003f), ③ 室□(劉鳳翥 2014b㊺). [出] 智7, 清11.

[又关冃] ʃ.i.iŋ [借詞] "聖"을 나타내는 한어차사(研究小組 1977b, 劉鳳翥외 1977). [出] 許46.

[又关冃 仐当] ʃ.i.iŋ s.oŋ [명] "성종(聖宗)"의 한어차사(研究小組 1977b, 清格爾泰외 1978a). [出] 許46. [参考] 요나라 제6대 황제(耶律隆緒, 재위기간 979~1031년)로, ≪요사≫ 권10~17에 그의 본기(本紀)가 있다.

[又关冃 仐当 主 王雨] ʃ.i.iŋ s.oŋ huaŋ di-n [명](소유격) 성종황제(聖宗皇帝)의(研究小組 1977b). [出] 許46.

[又关尘] ʃ.i.t [出] 尚33.

[又关当] ʃ.i.ən [出] 回3.

[又关□□火] ʃ.i.?.?.ui [出] 博33. [校勘] 即實은 이 글자를 "又关矢穴火"라고 기록하고 있다(即實 2012[校]).

[飞炎] ʃ.ər [명] 석(石)(愛新覺羅 2006b). [出] 先36, 博28/29, 弘29, 烈29.

[飞火ち] ʃ.ud.al [出] 圖18. [校勘] 이 글자는 휘본에 잘못 옮겨졌으므로 "飞犬ち"이 올바르다(即實 2012[校]).

[飞炎及药] ʃ.gə.u.ʤi [出] 奴30.

[飞炎及药矢] ʃ.gə.u.ʤi.tə [出] 糺26.

[飞炎叉] ʃ.gə.ir [出] 玦12.

[飞炎火杰] ʃ.gə.l.gə. [出] 奴23. [校勘] 이 단어는 초본에 옮기며 잘못 분할되었는데, 뒤 원자들과 합쳐 "飞炎火杰当矢"로 하여야 한다(即實 2012[校]).

[飞炎火炎炎] ʃ.gə.l.gə.ər [出] 興11.

[飞炎炎] ʃ.gə.ər [出] 許44.

[飞炎当] ʃ.gə.ən [出] 糺20, 尚15. [校勘] 이 글자가 초본에는 "飞炎□"으로 되어 있는데, 即實은 "飞炎炎"로, 劉浦江은 "飞炎当"으로 각각 달리 추정하고 있다(即實 2012[校], 劉浦江외 2014).

[飞米] ʃ.d [出] 皇25.

[飞米公] ʃ.d.d [出] 先34, 慈15.

[飞谷] ʃ.ï [명](관제) 사(使)(蘇赫 1981). [명] ① 조카(劉鳳翥외 1981d, 劉鳳翥 1983a), ② 적사(嫡嗣, 대를 잇는 적자)(即實 1996⑤), ③ 처(妻)(愛新覺羅 2003e), ④ 배우자(愛新覺羅 2006a). [出] 故1/18.

[飞尘夫] ʃ.d.qu [出] 智4. [校勘] 이 글자는 초본에 잘못 옮겨졌으므로 "飞企夫"가 올바르다(即實 2012[校]).

[飞尘伞] ʃ.d.u [出] 副45. [校勘] 即實은 이 글자를 "毛尘伞"이라고 기록하고 있다(即實 2012[校]).

[飞尘关] ʃ.d.i [出] 先12. [校勘] 即實은 이 단어를 앞 원자들과 합쳐 "朩交攵尘关"라고 기록하고 있다(即實 2012[校]).

[飞尘关当] ʃ.d.i.ən [出] 先61.

[飞当北] ʃ.oŋ.ur [명](인명) ① 勝訛(唐彩蘭외 2002), ② 松峨(劉鳳翥외 2004a), ③ 雙古里(愛新覺羅 2009a⑧), ④ 芎戈勒(即實 2012⑨), ④ 竦古里(劉鳳翥 2014b52). [出] 烈21.

> [人物] 《烈誌》의 주인인 空寧敵烈(1034~1100, 한풍명: 承規)에게는 누이가 4명(當哥, 胡睹古, 尤勒古, 僛訥) 있었는데, 그 중 첫째 누이인 當哥 부인(夫人)의 시아버지 雙古里 부마(駙馬)를 지칭한다(即實 2012⑨).

[飞当交] ʃ.oŋ.ur [명] "해동청 송골매"의 단수형(大竹昌巳 2016d). [명](인명) ① 雙古里(愛新覺羅 2006b), ② 實翁兀哩(劉鳳翥외 2004a, 劉鳳翥 2014b52), ③ 芎古里(即實 2012⑮). [出] 慈5/7/28, 室2. [同源語] "해동청"을 뜻하는 몽골어의 [ʃɔŋxɔr]와 동일한 어원이다(呼格吉樂圖 2017).

> [人物] 《慈誌》 주인 缽里本朝只(1044~1081)의 부친(涅鄰兀古勒 낭군)에게는 형 둘과 동생 한 명이 있었는데 그 중 동생(묘주의 숙부)인 蒲速宛雙古里 태위(太尉)를 지칭한다(愛新覺羅 2010f).

[飞当药] ʃ.oŋ.ʤi [명] "해동청 송골매"의 복수형(大竹昌巳 2016d). [出] 先54, 室3.

[飞岁及] ʃ.iau.u [借詞] "少"를 나타내는 한어차사(研究小組 1977b). [出] 令/仲/清/尚/玦.

[飞岁及 兆] ʃ.iau.u ʂï [명](관제) "소사(少師)"의 한어차사(研究小組 1977b, 清格爾泰외 1978a/1985). [出] 仲11.

> [遼史] 小師(소사)는 삼공(三公)을 보좌하며 국정을 맡는다. 거란은 남면관에 두었다(金渭顯외 2012㊦).

[飞岁及 兆村 关化] ʃ.iau.u ʂï-n i.ir [명](관제) 소사의 칭호(少師之號)(이성규 2013a). [出] 仲11.

[飞岁及 丹及] ʃ.iau.u b.u [명](관제) 소보(少保)(愛新覺羅 2013b). [出] 玦20.

[飞平] ʃ.ul [出] 許10. [校勘] 即實은 이 글자를 "飞平□□"이라고 기록하고 있다(即實 2012[校]).

[飞平北] ʃ.ul.ur [出] 尚17. [校勘] 이 글자는 초본에 잘못 옮겨졌으므로 "飞平九"가 올바르다(即實 2012[校]).

[飞平廾交] ʃ.ul.ʊ.ur [명](국명) 고려(高麗)(愛新覺羅외 2011). [出] 圖2, 蒲10/11.

[飞平廾交村] ʃ.ul.ʊ.ur-ən [명](국명・소유격) 고려(高麗)의(愛新覺羅외 2011). [出] 圖2, 特3.

[飞平廾交关] ʃ.ul.ʊ.ur.i [出] 道24.

[飞平及药] ʃ.ul.u.ʤi [出] 仁20. [校勘] 即實은 이 글자를 "飞平攵药"라고 기록하고 있다(即實 2012[校]).

[飞平叉] ʃ.ul.ir [出] 興/仁/先/宋/尚.

[飞平伏] ʃ.ul.in [出] 副25, 玦39.

[飞平伞] ʃ.ul.əs [出] 仁22.

[飞平火杰丙] ʃ.ul.l.gə.əi [出] 皇22.

[飞平火杰当] ʃ.ul.l.gə.ən [出] 仲2.

[飞平火及] ʃ.ul.l.u [出] 奴24. [校勘] 이 단어는 초본에 옮기며 잘못 분할되었는데, 뒤 원자들과 합쳐 "飞平火及药村"로 하여야 한다(即實 2012[校]).

[飞平火九] ʃ.ul.l.gə [出] 仁25.

[飞平火炎丙] ʃ.ul.l.gə.əi [부] 누차에(?)(即實 2012⑳). [出] 室11, 皇22.

[飞平火炎火九] ʃ.ul.l.gə.l.gə [出] 副19.

[飞平火炎炎] ʃ.ul.l.gə.ər [出] 副29.

[飞平火炎当] ʃ.ul.l.gə.ən [出] 宗/永/奴/玦/回.

[叉平ㅆ岺与炎] ʃ.ul.l.gə.ən.ər 出 梁23.

[叉平ㅆ穴药] ʃ.ul.l.u.ʤi 出 許58.

[叉平九] ʃ.ul.gə 出 興20, 許27, 玦44.

[叉平九令] ʃ.ul.gə.s 형 화창하다(暢), 상쾌하다(爽)(即實 2012⑳). 出 道/宣/許/先/梁/尚/特.

[叉平九令村] ʃ.ul.gə.s.ən 出 宗7, 梁12/26.

[叉平关] ʃ.ul.i 出 道11, 故14, 仲27, 迪27.

[叉平与] ʃ.ul.ən 형 순박하다(樸), 곧다(直), 바르다(正)(即實 2012⑳). 出 宣21, 宋17, 清24.

[叉穴] ʃ.u 명(국명) "촉(蜀)"의 한어차사(趙志偉외 2001). 出 智5, 糺1/3/4, 回4, 蒲3. 校勘 即實은 이 글자에 원자가 일부 누락되었으므로 "叉穴夂"로 하여야 한다고 주장한다(即實 2012㊇).

[叉穴 九火] ʃ.u g.ui 명(국명) "촉국(蜀國)"의 한어차사(劉鳳翥 2014b(52)). 出 智5.

[叉穴 九火 杰] ʃ.u g.ui uaŋ 명(관제) "촉국왕(蜀國王)"의 한어차사(劉鳳翥 2014b(52)). 出 智5.

[叉穴夂] ʃ.u.ug 명(국명) "蜀(촉)"의 한어차사(趙志偉외 2001). 出 智6.

[叉穴夂 九火 杰丆] ʃ.u.ug g.ui uaŋ.on 명(관제・소유격) 촉국왕(蜀國王)의(劉鳳翥 2014b(52)). 出 智6.

[叉王圣 尖关] ʃ.iu.u ŋ.i 명(관제) "숙의(淑儀)"의 한어차사(劉鳳翥 2014b(52)). 出 弘2. 校勘 초본에 잘못 옮겨졌으므로 "叉圡圣 尖关"가 올바르다(即實 2012㊇).

[叉血北] ʃ.oŋ.ur 出 玦4.

[叉白夫] ʃ.?.qu 出 智18. 校勘 이 글자는 초본에 잘못 옮겨졌으므로 "叉企夫"가 올바르다(即實 2012㊇).

[叉劵] ʃ.? 出 仁29. 校勘 《契丹小字研究》(1985)에서는 이 글자를 "叉火力"으로 잘못 표기하고 있다(即實 2012㊇, 劉鳳翥 2014b).

[叉劵公] ʃ.?.ən 명(관제) 석말(石抹)(愛新覺羅 2006a). 出 博41. 參考 劉鳳翥(1981d/1983a)와 高路加(1985)는 "叉又关" [ʃ.im.i]를 석말이라고 해석하고 있다.

[叉劵坐炎刃] ʃ.?.d.ər.qa 出 涿14.

[叉□] ʃ.? 出 韓20.

[叉□丂圡朩] ʃ.?.al.ha.ar 出 玦18.

[叉□巫□] ʃ.?.ba.?. 出 許34. 校勘 이 단어는 본래 2개의 글자(叉火 叉刃)이나 초본에는 원자도 바뀌면서 1개의 글자로 잘못 합쳐져 있다(即實 2012㊇).

[叉□九令] ʃ.?.gə.əs 出 許27. 校勘 即實은 훼손된 두 번째 원자를 "平"이라고 추정하고 있다(即實 2012㊇).

[叉□□□] ʃ.?.?.? 出 奴8. 校勘 即實은 이 단어를 "乇女 圣化"라고 기록하고 있다(即實 2012㊇).

乇 [발음] tau [原字번호] 29

[乇] tau 수 5(다섯). 借詞 "討"를 나타내는 한어차사(鄭紹宗 1973, 王静如 1973, 研究小組 1977b, 清格爾泰외 1978a/1985, 王弘力 1986, 即實 1988d). 同源語 "5(다섯)"를 뜻하는 서면몽골어의 [tabu], 중기몽골어의 [tabun], 현대몽골어의 [tab], 다호르어의 [t'awʊ] 등이 동일 어원이다(即實 1996⑬, 大竹昌巳 2016e). 出 興/道/宣/許/故/先/海/博/涿/永/迪/弘/副/皇/宋/慈/智/烈/奴/高/圖/梁/糺/清/尚/玦/回/特/蒲. 用例 乑 乇 [ʤau tau] 명(관제) "초토(招討)"의 한어차사(Kane 2009). 出 先40.

[乇 丙朴] tau məg.tʃi 명 오전(五典, 다섯 가지 도리), 또는 오지(五支, 다섯 개의 가지)(即實 2012⑳). 出 梁26.

[乇 与ㅆ叐药] tau dor.l.u.ʤi 명(관제) ① 오압(五押)(愛新覺羅 2006a), ②초토(招討)(即實 2012⑳). 出 迪8. 參考 이 글자를 직역하면 "오례(五禮)" 또는 "5번의 항복(降服)"이 될 수 있으나, 여기에서는 "乇"가 한어의 "토(討)"를 의미하고 "与ㅆ叐药"가 "예의가 있다(有禮)" 또는 "항복"을 의미하므로 "초토"로 해석할 수 있다. 즉, 한어와 거란어의 혼용 사례이다(即實 2012③).

[乇忝村] tau.s.ən 수 5(다섯)(愛新覺羅 2004a⑦). 出 道27, 奴35, 特25.

[乇忝村 九冃 乑 曲炎村 虬九矢关] tau.s.ən g.iŋ ʤau ko.ər.ən us.əg.d.i 명(탈격) 오경백가(五經百家)의 글로부터(劉鳳翥 2014b(52)). 出 奴35.

[乇长] tau.su 出 許26, 仲31. 校勘 即實은 이 글자를 뒤 글자와 합쳐 "乇长廾平刃夹"《許26》, "乇长ㅆ圡丰"《仲31》라고 기록하고 있다(即實 2012㊇).

[乇长北] tau.su.əl 出 宗16. 校勘 即實은 이 글자를 "叐长北"이라고 기록하고 있다(即實 2012㊇).

[乇长廾杏] tau.su.ʊ.un 出 回11.

[乇长廾夾] tau.su.ʊ.ur 동 불러들이다(召入)(愛新覺羅 2004a⑧). 出 道7.

[乇长廾药] tau.su.ʊ.ʤi 出 回26.

[乇长廾药村] tau.su.ʊ.ʤi-n 出 皇6.

[乇长廾及内] tau.su.ʊ.o.on 出 宣28, 回24.

[乇长廾关] tau.su.ʊ.ui 명(관제) 내(内)(即實 1988b). 동 ① 거슬러 올라가다(追)(劉鳳翥외 2003b), ② 부르다(召)(愛新覺羅 2004b④). 出 道/令/許/仲/先/博/永/迪/副/宋/慈/梁/糺/玦/蒲.

[乇长廾火 丸平圡丰 叉为夫 舟力] tau.su.ʊ.ui au.ul.ha.ai ʃ.a.ali b.aqa 명(관제) 내지후낭군(内袛候郎君)(即實 1988b

/1996⑯). [出] 許49.

[乇长廾火 丸平圡丰 朩火 廿 兆] tau.su.ʊ.ui au.ul.ha.ai tʃ.iu sï ʂï [명](관제) 내지후제사사(內祗候諸司使)(即實 1996⑯). [出] 許49.

[乇长廾火 令金仦炏㐅] tau.su.ʊ.ui t.əmə.l.gə.ən [동] 추봉하다(追封, 죽은 후에 관직·작위 등을 추서하다)(劉鳳翥 2014b㊵). [出] 宋10, 慈5.

[乇长廾犳村] tau.su.ʊ.dʒi-n [出] 故12.

[乇长廾平圡丰] tau.su.ʊ.ul.ha.ai [동] ① 불려오다(被召)(愛新覺羅 2004a⑧), ② 불러들이다(入爲, 召爲)(即實 1996⑯). [出] 許7/25, 高17/24/25.

[乇长廾平圡为木] tau.su.ʊ.ul.ha.a.ar [出] 永25.

[乇长廾平廾犳] tau.su.ʊ.ul.o.dʒi [出] 烈23/26.

[乇长廾平刭] tau.su.ʊ.ul.aqa [出] 清21, 玦33, 回18.

[乇长力火] tau.su.na.ui [出] 宋22. [校勘] 이 글자는 초본에 잘못 옮겨진 것("力"와 "火"를 이어 쓰는 사례가 없음)이므로 "乇长廾火"가 올바르다(即實 2012[校]).

[乇长村] tau.su.ən [出] 糺20.

[乇长几犳] tau.su.ku.dʒi [出] 宗19. [校勘] 이 글자는 초본에 잘못 옮겨진 것이므로 "乇长廾犳"가 올바르다(即實 2012[校]).

[乇长兆平刭] tau.su.ʂï.ul.aqa [出] 令20, 迪34, 圖16. [校勘] 即實은 이 글자를 "乇长廾平刭"라고 기록하고 있다(即實 2012[校]).

[乇长仦圡丰] tau.su.l.ha.ai [동] ① 부르다(召)(即實 1991b), ② 불러들이다(入爲, 召爲)(即實 1996⑯), ③ 열(列)에 들어오게 되다(愛新覺羅 2003i). [명](관제) 통사(通事)(?)(吳英喆 2012a③). [出] 先/迪/副/圖/梁/玦/特.

[乇长仦圡为] tau.su.l.ha.a [出] 迪32.

[乇长仦圡为木] tau.su.l.ha.a.ar [명](인명) ① 洮得剌里(即實 2012⑳), ② 陶蘇剌里(愛新覺羅외 2013a). [出] 永25. [人物] ≪永誌≫의 주인인 遙隱永寧(1059~1085)의 당숙에 해당하는 陶蘇剌里 낭군(郎君)을 지칭한다(愛新覺羅외 2013a).

[乇长仦圡为出] tau.su.l.ha.a.an [出] 宣21, 皇17/21.

[乇长仦廾犳] tau.su.l.ʊ.dʒi [出] 弘25.

[乇长付平刭] tau.su.b.ul.aqa [出] 圖17. [校勘] 即實은 이 글자를 "乇长廾平刭"이라 기록하고 있다(即實 2012[校]).

[乇长关犳] tau.su.i.dʒi [出] 梁13. [校勘] 이 글자는 초본에 잘못 옮겨진 것이므로 "乇长廾犳"가 올바르다(即實 2012[校]).

[乇长炏] tau.su.ər [出] 清27.

[乇廾长]

tau.ʊ.su [명] 지면(地面), 강역(疆域)(即實 2012⑳). [出] 皇13.

[乇廾火] tau.ʊ.ui [명](인명) ① 桃隈(劉鳳翥외 2003b), ② 陶瑰(即實 2012⑳). [出] 宋4/18, 梁3.

> [人物] ≪梁誌≫ 주인 石魯隱朮里者(1019~1069)의 조부이자, ≪宋誌≫ 주인 烏魯宛妃(1056~1080)의 증조부인 제국왕(齊國王) 諧領桃隗(한풍명은 蕭和)를 지칭한다. 즉 양국왕(梁國王)은 송위국비(宋魏国妃)의 백부에 해당한다(愛新覺羅 2010f).

[乇夾]

tau.ur [명] ① 아래(下)(寶玉柱 2005), ② 지상(地上)(即實 2012⑳). [出] 智8.

[乇夾火] tau.ur.un [出] 令3.

[乇ホ]

tau.ad [명] ① 전용(專用)의(青格勒외 2003), ② 장(帳)(愛新覺羅 2004b⑧, 即實 2012⑳). [出] 皇4.

[乇ホ丂关村] tau.ad.al.i-n [명](인명·소유격) 陶得里의(萬雄飛외 2008, 即實 2012⑱, 劉鳳翥 2014b㊾). [出] 梁7. [人物] 陶得里는 포노리부(蒲奴里部) 추장(酋長)으로 추정된다(即實 2012⑱).

[乇ホ关] tau.ad.i [명](인명) 陶瑰(王弘力 1990). [명](향위격) 장(帳)에(愛新覺羅 2006b, 即實 2012⑳). [出] 故13.

[乇木] tau.ar [出] 洞2-3.

[乇久]

tau.ug [명](인명) ① 討古(愛新覺羅 2004a⑫), ② 陶古(即實 2012①), ③ 陶烏(劉鳳翥 2014b⑬). [出] 宗25. [人物] ≪宗誌≫ 주인의 처(惕隱 부인)에게는 자매가 셋 있었는데, 그 중 막내인 陶古 별서(別胥)를 지칭한다(即實 2012①).

[乇凡]

tau.ud [수](향위격) 5(다섯)에(劉浦江외 2014). [出] 尚23.

[乇为] tau.a [出] 皇24, 智20.

[乇为来] tau.a.an [出] 尚27.

[乇为来炏] tau.a.an.ər [出] 先25.

[乇为奂] tau.a.miŋ [出] 許61. [校勘] 이 글자는 초본에 잘못 옮겨진 것인데, 지석에 근거하여 "乇为来"이 올바르다(即實 2012[校]).

[乇为尘矢] tau.a.d.tə [出] 慈11.

[乇矢]

tau.tə [수] ① 5(다섯)(清格爾泰외 1985), ②(향위격) 5(다섯)에(劉浦江외 2014). [出] 許/故/仲/弘/宋/韓.

[乇矢为]

tau.ul.a [명] 토끼(卯, 兎)의 거란어 표현이다(羅福成 1934d/1934g, 研究小組 1977b, 清格爾泰외 1978a/1985). [同源語] 다호르어의 [taule], 서면몽골어 및 중기몽골어의 [taulai], 현대몽골어의 [tʊ:læ:]와 동일한 어원이다(吳維외 1999, 大竹昌巳 2015c). [出] 宣/永/慈/奴/高/清/特. [參考] ☞ 거란문 "묘토(卯兎)"에 대한 ① 거란소자 형식, ② 거란대자 형식 및 ③ 관련 몽고어족의 표현례 등에 대하여는 "唐均 2016"을 참고하라.

[乇伏] tau.in [명](인명) ① 陶寧(盖之庸외 2008, 劉鳳翥 2014b㊾), ② 烏隱(愛新覺羅 2006c), ③ 洮訥(即實 2012⑰). [出] 副26, 糺24. [人物] ≪副誌≫ 주인 窩篤宛兀没里(即實은 "斡特莞 · 無里"라 번역)에게는 부인이 셋 있었는데, 그 중 셋째 부인인 德免 부인(夫人)의 부친인 洮訥 · 乙提開 상온(詳穩)을 지칭한다(即實 2012⑰).

[乇化刃] tau.ur.aqa [出] 先39, 玦28.

[乇分丹伏] tau.du.bu.n [出] 副43.

[乇公□朩圡为本] tau.?.?.l.a.ar [出] 尚31. [校勘] 이 글자는 초본에 잘못 옮겨진 것이므로 "**飞幺业朩圡为本**"가 올바르다(即實 2012校).

[乇仌□村] tau.o.?.ən [出] 迪16. [校勘] 即實은 탈루된 원자를 "**卡**"라고 추정하고 있다(即實 2012校).

[乇爫] tau.d [명](인명) 洮得(即實 2012⑭). [出] 清10. [人物] ≪清誌≫의 주인 영청군주(永清郡主) 堯姐의 부친인 踔古隱圖得 대왕(그의 한풍명은 "奇衮"으로 경종황제의 손자이다)을 지칭한다(愛新覺羅 2010f). [參考] ☞ **乇爫**

[乇朩□□] tau.l.?.? [出] 慈23. [校勘] 이 글자는 초본에 잘못 옮겨진 것이므로 "**乇卡□□**"가 올바르다(即實 2012校).

[乇火] tau.ui [出] 特15.

[乇火令] tau.ui.t [出] 尚11. [校勘] 이 글자는 초본에 잘못 옮겨졌으므로 "**乇火岑**"가 올바르다(即實 2012校).

[乇火岑] tau.ui.ər [出] 仲/先/弘/慈/烈/梁/清/特.

[乇火岑村] tau.ui.ər-n [出] 智3/18.

[乇火岺村] tau.ui.gə.ən [出] 智24. [校勘] 이 글자는 초본에 잘못 옮겨진 것이므로 "**乇火岑村**"이 올바르다(即實 2012校).

[乇火] tau.un [명](관제 · 소유격) 토(討)의(劉鳳翥 2002). [수](소유격) 5(다섯)의(劉鳳翥외 2006a). [出] 許/先/迪/皇/宋/慈/奴/高/圖/玦.

[乇火 太 叐化 圣 伏廾矢] tau.un tʃirkɔ u.ur tʃur ni.ʊ.ul [명](부족) ① 오 · 육원 2족(五六院二族)(即實 2012⑮), ② 오 · 육원 2부(五六院二部)(劉鳳翥외 2006a). [出] 慈4.

[乇火 叐化] tau.un u.ur [명](관제) ① 오원(五院)(韓寶興 1991, 豊田五郎 1991b/2001, 劉鳳翥 1993d, 即實 1996⑯), ② 북원(北院)(閻萬章 1992). [出] 先15, 高5/21.

> [遼史] 五院(오원)은 거란부의 이름이다. 922년(천찬 원년)에 질랄부를 오원(五院)과 육원(六院)의 2부로 나누었다. 그리고 부에 이리근(夷離菫)을 두었다. 938년(회동 원년)에는 이리근을 대왕(大王)이라 개칭하였다. 오원부에는 원래 대멸고(大蔑孤)와 소멸고(小蔑孤)라는 두 석렬이 있었는데, 939년(회동 2년)에 구곤(甌昆)과 을습(乙習) 두 석렬을 추가로 설치하고 오고(烏古)에 살게 하였다. 육원부는 할뢰(轄懶), 아속(阿速), 알납발(斡納拔), 알납아랄(斡納阿剌) 등 4개 석렬로 조성되었다(金渭顯외 2012㊤/㊦).

[乇火 叐化 小刃本叐 竻公] tau.un u.ur dær.qa.ar.ir tʃəu.n [명](관제) 권오원대왕(權五院大王)(即實 2012⑳). [出] 高21.

[乇火 叐化 丞 杰] tau.un u.ur tai uaŋ [명](관제) 오원대왕(五院大王)(劉鳳翥 2014b㊾). [出] 先15.

[乇火刃] tau.un.aqa [出] 玦24.

[乇用朩穴火] tau.il.l.u.ui [出] 許47. [校勘] 이 글자는 초본에 잘못 옮겨진 것인데, 지석에 근거하여 "**飞用朩穴火**"이 올바르다(即實 2012校).

[乇关仐] tau.i.s [出] 許8. [校勘] 이 글자는 초본에 잘못 옮겨진 것인데, 두 글자인 "**飞兂 仐**"가 올바르다(即實 2012校).

[乇尘关当] tau.d.i.ən [出] 先61. [校勘] 即實은 이 글자를 "**飞尘关当**"이라고 기록하고 있다(即實 2012校).

[乇平叐] tau.ul.ir [出] 圖23.

[乇平朩圡为出] tau.ul.l.ha.a.an [出] 副27.

[乇平朩岺丙] tau.ul.l.gə.əi [出] 許54. [校勘] 이 글자는 초본에 잘못 옮겨진 것인데, "**飞平朩岺丙**"가 올바르다(即實 2012校).

[乇平屮] tau.ul.bur [出] 先69.

[乇平穴犳] tau.ul.u.dʒi [出] 先37.

乇 [발음] tud [原字번호] 30

[乇] tud [수] ① 5(다섯)(清格爾泰외 1985, 即實 1986d, 吳英喆 2006c), ② 5(다섯)의 남성형(劉鳳翥 2014b㊾), ③ 합이 5(即實 1996⑯). [書法] "**乇**" [tau](원자번호 29)에 점을 찍은 형태(Kane 2009). [出] 道/仲/先/弘/宋/智/烈/梁/清.

[乇 飞叉夯] tud ʃ.im.ə [명] 다섯 심밀(審密)(愛新覺羅외 2012). [出] 弘23.

[乇 王爫村] tud ti.d.ən [명](복수 · 소유격) 오제(五帝)의(劉鳳翥 2014b㉖). [出] 智3.

[乇爫] tud.d [명](인명) ① 討得(愛新覺羅 2006a), ② 圖得(愛新覺羅 2010f), ③ 洮得(即實 2012⑭). [出] 清10. [人物] ≪清誌≫ 주인인 영청군주(永清郡主) 堯姐의 부친 踔古隱圖得 대왕(그의 한풍명은 "奇衮"으로 경종황제의 손자에 해당한다)을 지칭한다(愛新覺羅 2010f). [參考] ☞ **乇爫**

夯 [발음] tʃ [原字번호] 31

[夯] tʃ [用法1] Kane은 이 원자가 한어 자음 [ts]를 전사하는 데에만 한정적으로 사용되었다고 기술하고 있으나(Kane 2009), 愛新覺羅는 이 원자가 거란어를 수식하는 데에도 사용되며, 그 발음은 [ts]가 아니라 [tʃ]/[s-]라고 주장하고 있다(愛新覺羅 2012). [用法2] 이 원자는 금대(金代)에 와서 만들어진 것으로, 한어의 [tʃ]를 표기하는 전용자이다(吉池孝一 2018). [參考] **仐·伞·夯**의 발음 비교(s-, ts-, tʃ-)에 대하여는 **仐**(원자번호 244)을 참조하라(吉池孝一 2003).

[夯吞] tʃ.ï [借詞] "刺"를 나타내는 한어차사(朱志民 1995, 劉鳳翥외 1995). [出] 博22.

[夯吞 兆] tʃ.ï ʂ.ï [명](관제) 자사(刺史)(劉鳳翥외 1995). [出] 博22. ☞ **廿 兆**

> [遼史] **刺史(자사)**는 주(州)의 장관이다. 방어사보다 아래이며, 관직은 동지주사(同知州事), 녹사참군(錄事參軍) 등을 두었다(金渭顯외 2012㊤).

[夯中关] tʃ.ai.i [借詞] "蔡"를 나타내는 한어차사(愛新覺羅 2004a⑧). [出] 博41.

[夯气] tʃ.aŋ [借詞] "常"을 나타내는 한어차사(即實 2012⑲). [出] 尚14. [用例] **丞 夯气** [tai(dai) tʃ.aŋ] [명](관제) 태상(太常)("태상시(太常寺)"의 간칭이다)(即實 2012⑲). [出] 尚14.

[夯关] tʃ.i [借詞] "齊", "漆", "遲" 등을 나타내는 한어차사(閻萬章 1982b, 朱志民 1995, 劉鳳翥외 1995, 即實 1996③). [出] 仲19/27, 博5/14/22/23/40, 尚4.

[夯关 叉火 九火亦] tʃ.i ʃ.ui g.iu.iun [명](지명) "칠수군(漆水郡)"의 한어차사(劉鳳翥 2014b(52)). [出] 博5. [校勘] 即實은 두 번째 글자를 ≪博23≫과 동일하게 "**叉炏**"이라고 기록하고 있다(即實 2012[校]).

[夯关 叉炏 九火亦] tʃ.i ʃ.ui g.iu.iun [명](지명) ① "제수군(濟水軍)"의 한어차사(即實 2012②), ② "칠수군(漆水郡)"의 한어차사(劉鳳翥 2014b㊹). [出] 博23.

[夯关 叉炏 九火亦 仐叐伏] tʃ.i ʃ.ui g.iu.iun pu.s.in [명](관제) "칠수군 부인(漆水郡夫人)"의 한어차사(劉鳳翥 2014b(52)). [出] 博42.

[夯关 叉炏 九火亦 从中 九火 丹朱] tʃ.i ʃ.ui g.iu.iun k(h)ai g.ui b.jai [명](관제) "칠수군 개국백(漆水郡開國伯)"의 한어차사(劉鳳翥 2014b(52)). [出] 博22.

[夯关 叉炏 九火亦 丞 仐叐伏] tʃ.i ʃ.ui g.iu.iun tai pu.s.in [명](관제) "칠수군 태부인(漆水郡太夫人)"의 한어차사(即實 2012②, 劉鳳翥 2014b(52)). [出] 博5.

[夯关 九亥村] tʃ.i g.ur.ən [명](국명·소유격) 제국(齊國)의(劉鳳翥 2014b(52)). [出] 仲19.

天 [발음] ten [原字번호] 32

[天] ten [用例] ① **业盂天尺药** [p.ha.ten.u.dʒi] [出] 許39, ② **业为天小犭** [p.a.ten.əl.aq] [出] 仁29. [校勘] 이 두 글자는 모두 초본 등에 잘못 옮겨진 것이므로 각각 "**业盂夫尺药**"와 "**业为夫小犭**"가 올바르다(即實 2012[校]).

叐 [발음] is, s- [原字번호] 33

[叐] is [수] 9(아홉)(鄭紹宗 1973, 王靜如 1973, 研究小組 1977b, 淸格爾泰외 1978a/1985). [用法] ① 형용사형 부가성분(研究小組 1977b), ② 복수형 부가성분(吳英喆 2005c). [同源語] "9"를 의미하는 다호르어의 [xise] 또는 [yse], 서면몽골어의 [yisü], 중기몽골어의 [yisün], 현대몽골어의 [jos]~[jis]와 동일한 어원이다(吳維외 1999, 大竹昌巳 2016e). [出] 仁/道/故/仲/先/海/涿/永/迪/弘/副/皇/宋/慈/智/奴/高/圖/梁/糺/淸/尚/玦/特/洞Ⅱ.

[叐 乇] is tau [수] 95(即實 1996⑯). [명] 皇位(即實 1996⑯). [出] 道12.

[叐 与夛] is en.u [명] [요련(遙輦)의] 9장(九帳)(愛新覺羅외 2015⑧). [出] 玦3.

[叐 乃公村] is mur.d.ən [명](지명·소유격) 아홉 개 하천(九水)의(即實 1996⑯). [出] 先51.

[叐北] is.əl [出] 塔I-2.

[叐廾] is.ʊ [出] 仲30. [校勘] 即實은 이 글자를 앞뒤 원자들과 붙여 "**对虫叐廾平对**"이라고 기록하고 있다(即實 2012[校]).

[叐廾火] is.ʊ.ui [出] 典34. [校勘] 이 단어는 초본에 옮기며 잘못 분할되었는데, 앞 원자들과 합쳐 "**对虫叐廾火**"로 하여야 한다(即實 2012[校]).

[叐杏公] is.gə.ər [出] 智20. [校勘] 이 글자는 초본에 잘못 옮겨진 바, "**叐公火**"가 올바르다(即實 2012[校]).

[叐村] is.ən [出] 淸2. [校勘] 이 단어는 초본에 옮기며 잘못 분할되었는데, 앞 원자들과 합쳐 "**生火叐村**"로 하여야 한다(即實 2012[校]).

[叐叉公] is.ir.ər [수](서수) ① 아홉째(吳英喆 2012a②), ② 아홉째의 남성형(劉鳳翥 2014b(52)). [出] 回2.

[秂矢] is.tə [수](향위격) 9(아홉)에(劉浦江외 2014). [出] 弘/副/烈/梁/糺/清/特/蒲.

[秂化当] is.ir.ən [出] 清26.

[秂公ろ] is.d.aq [수] 아홉 번(即實 2012⑳). [出] 迪5.

[秂쑤九] is.əl.gə [出] 蒲24.

[秂쑤九村] is.əl.g.ən [出] 梁5.

[秂舟] is.əb [出] 玦24.

[秂九叉] is.gi.ir [명](부족) ① 을실이(乙室已), 을실이근(乙室已菫)(王弘力 1986), ②"을실기(乙室已)"의 남성형(愛新覺羅외 2012). [명](씨족・소유격) 을실기(乙室已)의(即實 1996⑯). [出] 仲1/2/50, 涿8. [用法] 거란대자에는 을실기의 여성형(癹寸卝)만 나타나지만 거란소자에는 남성형(秂九叉)과 여성형(秂九关)이 모두 나타난다(愛新覺羅외 2012).

[參考1] 乙室已(을실기) : 옛부터의 거란부락 명칭이며 국구대소부장(國舅大少父房)의 성씨이다. ≪구당서≫에 나오는 을실혁부(乙室革部)일 가능성이 크다. 이 부(部)는 당태종 정관 19년(645)에 당에 귀속되어 주(州)가 설치되었으며, 정관 22년(648)에 8부에 주가 설치되기 전에는 송막도독부(松漠都督府)의 8부연맹에 속하였다(愛新覺羅외 2012).

[參考2] 을실이(乙室已)인가, 을실기(乙室已)인가? ≪구당서≫에 나오는 을실혁(乙室革)은 거란어 [isgi]가 비교적 적절한 음역이다. 한편 ≪요사≫에는 을실이(乙室已)라고 기록되어 있는데, 이는 거란어 [isgi]와 부합하지 않는다. "기(已)"를 "이(已)"로 잘못 필사한 것이 분명하므로, 모두 "을실기(乙室已)"로 고침이 타당하다(愛新覺羅외 2012).

[秂九叉 雨欠卡] is.gi.ir dʒau.gu.us [명](인명) 을실부(乙室部) 사람 昭堪德爾(即實 1996⑯). [出] 仲2.

[遼史] 乙室部(을실부) : 요련 8부의 하나이다. 당초 요련씨 연맹을 건립할 때에 을실활부(乙室活部)를 쪼개어 을실과 질랄(迭剌) 2부로 하였다. 회동 2년(939)에 을실부 이리근(夷離菫)을 대왕이라 했다(金渭顯외 2012㊦).

[秂九叉 火気公叉] is.gi.ir h.aŋ.n.u [명](인명) 을실부(乙室部) 사람 航奴(即實 1996⑯). [出] 仲50.

[秂九仐] is.gi.s [명](부족/씨족) "을실기(乙室已)"의 복수형(愛新覺羅 2004b①, 劉鳳翥 2008). [出] 先61, 宗19, 葉2. [用法] 방족(房族)을 표시하는 경우에는 복수형 어미인 "仐"를 붙인다(愛新覺羅외 2012).

[秂九仐 力去出丛村 州欠 丰村] is.gi.s na.ha.an.ər.ən od.go ai-n [명](관제) 을실기 국구소부방(乙室已國舅少父房)(愛新覺羅외 2011). [出] 宗19.

[秂九公] is.gi.d [명](부족/씨족) "을실기(乙室已)"의 복수형(愛新覺羅 2006a). [出] 副24/26/28. [用法] "秂九仐" 외에 복수어미 "公"[-d]를 붙여 복수를 표시하는 경우도 있다(愛新覺羅외 2012).

[秂九关] is.gi.i [명](부족/씨족) ① 을실기(乙室已)(劉鳳翥외 2006b), ②"을실기(乙室已)"의 여성형(愛新覺羅외 2012), ③ 을실씨(乙室氏)(即實 2012⑯). [出] 迪10, 糺6, 蒲5.

[秂关] is.i [명](씨족) 을실(乙室)(愛新覺羅외 2012). [出] 高5. [參考] "을실"은 현재까지 거란문 묘지에 단 1회만 나타나는데 여성형이다(愛新覺羅외 2012). [人物] 한지고(韓知古)의 손자인 한덕창(韓德彰)의 처는 "을실탁지(乙室鐸只)"[isi daudʒi]이다(愛新覺羅외 2012)

[秂关 丙] is.i mə [出] 許50, 海5.

[秂丛] is.ər [出] 許58. [校勘] 即實은 이 글자를 앞 글자와 합쳐 "朩关秂丛"이라고 기록하고 있다(即實 2012[校]).

[秂穴伏] is.u-n [出] 仁22.

秂 [발음] is [原字번호] 34

[秂] is [수] ① 9(아홉)(清格爾泰외 1985, 吳英喆 2006c), ② 합이 9(即實 1996⑯). [書法] "秂"[is](원자번호 33)에 점을 찍은 형태이다(Kane 2009). [出] 宣18, 故9, 迪3.

丞 [발음] dʒalqu [原字번호] 35

[丞] dʒalqu [형] 작은(大竹昌巳 2016d). [명] 작은 딸, 둘째 딸(愛新覺羅 2004a⑦). [명](관제) 점(點)(愛新覺羅 2004a⑧). [書法] Kane은 이 원자를 "厺(원자번호 108)"의 이체(異體)라고 기술하고 있으나(Kane 2009), 愛新覺羅는 이 원자의 이체는 "厺"가 아니고 "厷(원자번호 111)"라고 주장하고 있다(愛新覺羅 2012). [出] 興/許/仲/先/海/迪/皇/宋/圖/梁/清/尚/玦/畵.

[丞矢] dʒalqu.tə [형](향위격) 어려서(大竹昌巳 2016d). [出] 先43/64, 烈18/19.

[丞矢 叉廾火舟伏] dʒalqu.tə ʃ.ʊ.un.bu.n [동] "요절하다"의 여성 단수형(大竹昌巳 2016d). [出] 烈19. [參考] ☞ "요절하다"는 표현에 대하여는 "叉廾火屮" 이하를 참고하라.

[丞关不穴] dʒalqu.au.hia.u [出] 清13. [校勘] 이 단

어는 본래 2개의 글자(丕矢 穴夭)이나 초본에는 잘못하여 하나로 합쳐져 있으며, 일부 원자도 바뀌었다(即實 2012[校]).

北 [발음] hu, xu [原字번호] 36

[北] hu / xu [借詞] "虎"를 나타내는 한어차사(硏究小組 1977b). [出] 仲20, 高23, 梁4, 玦1/21.

[北类廾及内] hu(xu).ur.u.ʊ.on [出] 博28.

[北类廾火] hu(xu).ur.u.ui [出] 許54.

[北类伞] hu(xu).ur.s [명](인명) ① 胡里斯(愛新覺羅 2006b), ② 呼哩西(劉鳳翥외 2006b). [出] 慈6.

[北及] hu(xu).u [借詞] "户"를 나타내는 한어차사(劉鳳翥 2002). [出] 迪19, 高7/22, 清8.

[北及 舟及 吊乞 叉尖] hu.u b.u tʃa.aŋ ʃ.iu [명](관제) 호부상서(户部尚書)(劉鳳翥 2014b㊾). [出] 高22.

[北及 舟及 吊乞 叉尖火 关化] hu.u b.u tʃa.aŋ ʃ.iu-n i.ir [명](관제) 호부상서의 명호(户部尚書之號)(이성규 2013a). [出] 高22.

[北丐] hu(xu).ʤu [명](인명) ① 胡篤古(王弘力 1986), ② 胡朱, 曷住, 合株(即實 1996⑤), ③ 胡朮(愛新覺羅 2010f). [出] 故19, 迪33. [人物] ≪迪誌≫의 주인인 撒懶迪烈德(1026~1092)의 3남 6녀중 차남으로, ≪故銘≫의 주인인 撻體娘子(1081~1115)의 남동생(계모 王日夫人의 둘째아들)에 해당한다(劉鳳翥 2014b㊶, 愛新覺羅외 2015⑩).

[北药村] hu(xu).ʤi-n [出] 永41, 玦22.

[北쇠] hu(xu).ulʤi [명](국명) ①"요(遼)"를 지칭하는 거란어(劉鳳翥 2006a/b/2014b㊾, 劉鳳翥외 2006b), ② 호리사(胡里斯), 호리지(胡里只)(愛新覺羅 2006b/2009a), ③ 합라(哈喇), 흑(黑)(劉鳳翥 1983a/1984a/c/d). [명] ① 호사(虎思, 虎斯), 강성(强盛)(王弘力 1987, 清格爾泰 2002b), ② 국(國)(即實 1996⑯). [同源語] "호사(虎斯)"는 "힘 있는(有力)"을 의미하는 용어로, "역량(힘)"을 뜻하는 몽골어의 [hüöü], 만주어의 [hūsun]과 동일한 어원이다(孫伯君외 2008). [出] 道/仲/先/宗/博/迪/副/皇/慈/智/奴/高/梁/玦/回蓋/回.

> [遼史] **胡里只(호리지)**: 거란문 사료 등에 나타나는 거란 국호의 전체 호칭(全稱)은 "대중앙호리지거란국(大中央胡里只契丹國)" 또는 "대중앙거란호리지국(大中央契丹胡里只國)"이다. 거란문 묘지(墓誌)에 등장하는 "**北쇠 买叉关**(胡里只契丹)"는 약칭의 일종이다(愛新覺羅외 2015⑧).

> [参考] 한문 국호의 연대별 변경내용은 다음과 같다(劉浦江 2001).
>
> | 연대 | 한문 국호 |
> |---|---|
> | 916~937년 | 大契丹 |
> | 938~982년 | 大遼(연운지역), 大契丹(요조 옛땅) |
> | 983~1065년 | 大契丹 |
> | 1066~1125년 | 大遼 |

[北쇠 买叉关] hu(xu).ulʤi kita.ir-i [명](국명) "요(遼)·거란(契丹)"을 나타내는 거란어(愛新覺羅외 2015⑧, 劉鳳翥외 2006b). [出] 道蓋, 博27, 仲47.

[北쇠 九类村] hu(xu).ulʤi g.ur.ən [명](국명·소유격) 요국(遼國)의(愛新覺羅외 2015⑧, 劉鳳翥외 2006b). [出] 道蓋, 博27, 仲47.

[北为] hu(xu).a [出] 洞II-3.

[北化] hu(xu).ur [出] 蒲15.

[北化穴当] hu(xu).ur.u.ən [出] 玦23.

[北火] hu(xu).ui [형] 현명하고 마음씨가 좋은(郭添剛외 2009). [명](씨족) 호외(護隗)씨(愛新覺羅외 2012). [出] 尚23. [人物] 상식국사(尚食局使)의 장모는 護隗·迺懶[hui noilhan]이다(愛新覺羅외 2012).

[北尖] hu(xu).ŋ [借詞] "弘"을 나타내는 한어차사(即實 2012⑧, 劉鳳翥외 2003b). [出] 弘9, 副16.

[北尖 丙及水] hu(xu).ŋ j.u.uŋ [명](인명) (耶律)弘用(即實 2012⑧, 劉鳳翥 2014b㊾). [出] 弘9.

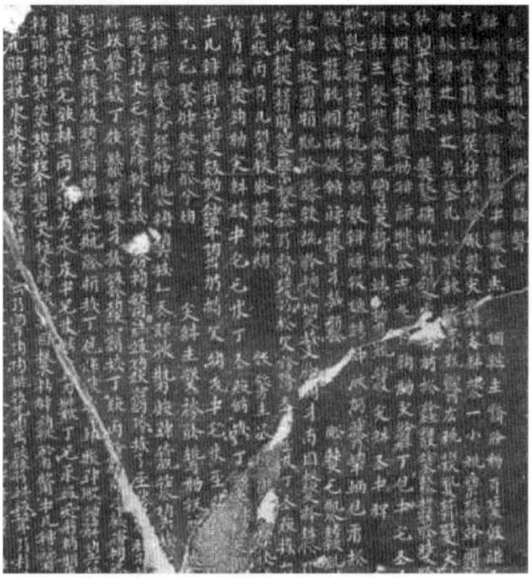

▲ 야율홍용(耶律弘用) 묘지명(일부)

> [墓誌] **耶律弘用**(야율홍용, 1054~1086)의 자(字)는 "奥魯宛", 이름은 "隗也里"이다. 조부는 성종황제, 부

> 친은 그 차남 訛里本(侯古) 대왕(1009~1072)이고 모친 訛里麼格 을림면(乙林免)은 拔里胡突董滑哥(蕭革) 추밀(樞密)의 딸이다. 그는 중희 23년(1054) 12월에 태어나 좌원봉신(左院奉宸)·좌원천우위장군(左院千牛衛將軍)과 칠수현개국남(漆水縣開國男)에 봉해졌고, 청녕 4년(1058)에 검교공부상서(檢校工部尚書)·우원령군위장군(右院領軍衛將軍)을 더하고 황제로부터 한자 이름인 "홍용(弘用)"을 하사받았다. 대안 2년(1086) 8월 33세의 나이로 병사하였다. 2남 1녀를 두었는데, 장자는 韓家奴 낭군(郎君)(1078~), 차자는 宋撒里 낭군(1086~)이다(愛新覺羅 2010f).

[北劣 劣关关 九丙火女 仒永 九丙火 兆] hu(xu).ŋ ŋ.i.i g.jo.uŋ-n p.u g.jo.uŋ ʂï [명](관제) 홍의궁(弘儀宮)의 부궁사(副宮使)(劉鳳翥 2014b㊾). [出] 副16.

[北女] hu(xu).un [명](소유격) [용]호(虎)의(趙志偉외 2001, 即實 2012⑤). [出] 智13.

[北穴] hu(xu).u [借詞] "護", "户" 등을 나타내는 한어차사(朱志民 1995, 劉鳳翥외 1995). [出] 博23/45.

[北穴 舟穴女 吊乞 攵米] hu(xu).u b.u-n tʃa.aŋ ʃ.iu [명](관제) 호부(户部)의 상서(尚書)(劉鳳翥 2014b㊾). [出] 博45.

[北穴 九亦] hu(xu).u g.iun [명](관제) 호군(護軍)(劉鳳翥 2014b㊾). [出] 博23.

王 [발음] ti [原字번호] 37

[王] ti [借詞] "帝"를 나타내는 한어차사(羅福成 1934a, 厲鼎煃 1934b, 研究小組 1977b). [出] 興/仁/道/令/許/故/先/宗/迪/副/皇/清/玦/特. [用例] 主 王 [huaŋ ti] [명] 황제(皇帝)(清格爾泰외 1978a/1985). [出] 道8/15, 仁7.

[王丙] ti.in [명](소유격) 제(帝)의(劉浦江외 2014). [出] 道/許/仲/先/迪/副/宋/奴/梁/糺/韓/特/蒲.

[王禾九] ti.si.gi [명](관제) ① 제실기(帝室己)(愛新覺羅 2004b③), ② 제사고(提司古)(即實 2012⑳). [명](인명) 迪斯格(劉鳳翥 2014b㊾). [出] 永13. [參考] 제사고(提司古)가 ≪요사≫에는 기록이 없다. ≪거란국지≫에 "제실가(提失哥)"로 나오고 군사기구 명칭으로 되어 있는데, 이는 잘못된 것으로 관명(官名)이 올바르다(即實 2012⑦).

[王禾九村] ti.si.g.ən [出] 蒲14/15.

[王禾九矢] ti.si.gi.tə [명](관제·향위격) ① 제실기(帝室己)에게(愛新覺羅 2003f), ② 제사고(提司古)에게(即實 2012⑤). [명](인명·향위격) 迪斯格에(劉鳳翥 2014b㊾). [出] 先8, 智12.

[王禾□] ti.si.? [명](관제) 제실기(帝室己)(愛新覺羅 2004b③). [出] 永23. [校勘] 即實은 탈루된 세 번째 원자를 "九"라고 추정하고 있다(即實 2012㉘).

[王夵矢屮] ti.i.tə.bur [出] 先52.

[王夵公] ti.i.d [명](관제) "척은(惕隱)"의 복수형(= 王谷公)(武內康則 2016). [出] 先48.

[王村] ti.ən [명](소유격) 제(帝)의(劉浦江외 2014). [出] 仁/道/令/故/宗/永/副/高/尚.

[王勺彔] ti.g.u [出] 先52.

[王矢] ti.tə [명](향위격) 제(帝)에(劉浦江외 2014). [出] 迪14, 梁2.

[王化九] ti.ri.gi [명](관제) 제리기(梯里己)(即實 1986c). [出] 許50. [參考] ≪요사≫에는 "제리이(梯里已)"로 기록되어 있으나, "제리기(梯里己)"가 마땅하다(即實 1986c).

[王化九矢] ti.ir.gi.tə [명](관제·향위격) 제리기(梯里己)에(即實 1996⑯). [出] 先8.

> [遼史] **梯里己(제리기)**는 여러 부의 하급관리이다. 938년(會同 元年) 11월 초하루에 사도(司徒)로 승폐(升陛)되었다(金渭顯 2012㊤).

[王公村] ti.d.ən [명](소유격) 제(帝)들의(趙志偉외 2001, 即實 2012⑤). [出] 智3. [用例] 乇 王公村 [tud ti.d.ən] [명](소유격) 5帝의(即實 2012⑤).

[王由] ti.jo [명](인명) ① 迪(袁海波외 2005), ② 迪友爾(即實 2012⑳). [出] 清11.

[王由伏] ti.jo.n [出] 烈12.

[王岺丙] ti.gə-n [명](관제) 척은(惕隱)(即實 1991b). [同源語] ① ≪속자치통감장편≫에 처음 나오는데, "척리기(惕里已)" 또는 "제리기(梯里己)"라고도 하며 "우두머리(頭領)"이란 의미를 가진다. 같은 의미의 고대몽골어 [帖里溫], 현대몽골어 [terigün]과 동일한 어원이다(孫伯君외 2008), ②"왕자"를 뜻하는 고대돌궐문의 [tigin]과 일치한다(吉如何 2016). [出] 宣/宗/智/奴/圖/韓.

> [遼史] **惕隱(척은)**은 황족에 관한 사무를 맡아보던 종정직(宗正職)이다. 거란어 음역인데 종정(宗正)이란 뜻이다. 제리기(梯里己)라고도 한다(金渭顯외 2012㊤).

[王岺丙 雨] ti.gə.in məgə [명] ① 척은마격(惕隱麼格, 기혼여성의 존호이다)(愛新覺羅외 2011), ② 척은부인(惕隱夫人)(即實 2012⑳). [出] 宗19.

[王岺村] ti.gə-n [명](관제) 척은(惕隱)(劉鳳翥외 1995). [出] 宗25.

[王岺公] ti.gə.d [명](관제) 척은(惕隱)(愛新覺羅 2003). [명]

(인명) ①帝德(石金民외 2001, 劉鳳翥 2014b㉙), ②惕德(即實 2012④). [出] 奴27/38.

> [遼史] **惕德(척덕)**은 국명으로부터 유래한 인명이다. 고대에는 특정 국가와 교전(交戰) 또는 교빙(交聘)이 많아 그 참여자가 자식이 출생하면 해당 국가 이름을 지어줘 이를 기념하는 사례들이 있었다. 거란 인명 중 철력(鐵驪), 출리자(朮里者), 찰불가(札不哥) 등도 모두 이에 해당한다(即實 2012④).

[王谷雨] ti.i.in [명](관제) 척은(惕隱)(唐彩蘭외 2002, 即實 1996⑯). [出] 宗14, 烈6/8.

[王谷父] ti.i.d [명](관제) "척은(惕隱)"의 복수형(= **王谷父**)(武内康則 2016). [명](부족명) ①척덕(惕德)(即實 1991b, 閻萬章 1993), ②척덕부(惕德部)(即實 1996⑯). [出] 先48. [参考] 《요사》에는 "척덕국(惕德國)"으로 나온다.

[王谷父村] ti.i.d.ən [명](관제) 척은(惕隱)(愛新覺羅 2002). [명](부족명·소유격) 척덕부(惕德部)의(即實 1991b). [出] 先47.

厇 [발음] ha [原字번호] 38

[厇] ha [書法] "庄"(원자번호 451)와 동일한 원자이다(劉鳳翥 2014b㉗).

[厇夫] ha.ali [명] ①번속(藩屬, 변방의 속국)(愛新覺羅 2004a⑧), ②명령(即實 1991b). [出] 興/道/先/副/圖/梁. [校勘] 即實은 이 글자를 모두 "**庄夫**"라고 표현하고 있다(即實 2012校).

[厇夫村] ha.ali.ən [명](소유격) 명령의(即實 2012⑥). [出] 先46, 圖8. [校勘] 即實은 이 글자를 "**庄夫村**"라고 표현하고 있다(即實 2012校).

[厇夫朩攵] ha.ali.tʃ.ug [出] 梁7. [校勘] 이 글자는 초본에 두 글자로 잘못 분리되고 일부 오류도 있으므로 뒤 글자와 합쳐 "**庄夫 朩攵平尗丙**"로 고쳐야 한다(即實 2012校).

[厇夫父] ha.ali.ər [出] 先45. [校勘] 即實은 이 글자를 "**庄夫父**"라고 표현하고 있다(即實 2012校).

[厇夯村] ha.æn.ən [出] 仁17. [校勘] 이 글자는 초본에 잘못 옮겨진 것이므로 "**庄夫村**"가 올바르다(即實 2012校).

[厇ち] ha.al [명] 번부(蕃部, 복속된 지방이나 지역)(愛新覺羅 2017a). [出] 道/許/先/室/梁/玦. [校勘] 即實은 이 글자를 "**庄ち**"라고 표현하고 있다(即實 2012校).

[厇ち 豿村] ha.al dʒi-n [명](소유격) 번부 내(蕃部內)의(愛新覺羅 2017a). [出] 玦44.

[厇ち村] ha.al.ən [명](소유격) 번부(蕃部)의(愛新覺羅 2017a). [出] 玦25.

[厇夬] ha.? [出] 許61. [校勘] 이 글자는 초본에 잘못 옮겨진 것이므로 "**庄夫**"가 올바르다(即實 2012校).

[厇少圡屮] ha.l.ha.ai [出] 先49. [校勘] 이 글자는 초본 작성 때 "**友丸 厇少圡屮**"로 잘못 기록된 것이므로 "**令夹火少圡屮**"로 고침이 올바르다(即實 2012校).

[厇米] ha.ordu [出] 興14. [校勘] 이 글자는 초본에 잘못 옮겨진 것이므로 "**庄夫**"가 올바르다(即實 2012校).

[厇当] ha.ən [出] 許18. [校勘] 即實은 이 글자를 "**庄当**"이라고 표현하고 있다(即實 2012校).

开 [발음] kai [原字번호] 39

[开禾] kai.si [出] 圖3, 玦24.

[开禾父] kai.si.ər [出] 玦41.

[开禾廾及内] kai.si.ʊ.o.on [出] 宣18.

[开冬北] kai.as.əl [出] 許39. [校勘] 이 글자는 초본에 잘못 옮겨진 것이므로 "**开禾北**"이 올바르다(即實 2012校).

[开穴平爻] kai.u.ul.ir [出] 梁5. [校勘] 이 글자는 초본에 잘못 옮겨진 것("**开**"와 "**穴**"를 이어 쓰는 사례가 없음)이므로 "**北穴平爻**"이 올바르다(即實 2012校).

十 [발음] uru [原字번호] 40

[十] uru [명] 서쪽(豊田五郎 1991a/1991b/1994/2001, 即實 1991b/1996⑯, 劉鳳翥 1993d). [出] 興/仁/道/許/仲/先/博/迪/副/慈/烈/高/梁/糺/清/玦/許/蒲.

[十圡] uru.ha [出] 慈20. [校勘] 이 단어는 초본에 옮기며 잘못 분할되었는데, 뒤 원자들과 합쳐 "**十圡为出**"로 하여야 한다(即實 2012校).

[十夂豿] uru.u.dʒi [出] 先40.

[十少关] uru.l.i [出] 高17.

[十关] uru.i [出] 先57, 清20.

长 [발음] su, us [原字번호] 41

[长] su/us [用法] 복수형 어미를 나타내는 부가성분이다(高路加 1988a, 吳英喆 2005c).

[卡北] su.əl [出] 先38.

[卡几㐅気] su.g.k(h).aŋ [出] 海6. [校勘] 이 단어는 초본에 옮기며 분할과 합침이 잘못 되었는데, 앞 뒤 원자들과 합쳐 "**北穴卡几 仐几券仐**"로 하여야 한다(即實 2012校).

[卡关] us.i [出] 先44.

土 [발음] hoʃ [原字번호] 42

[土丠㕘] hoʃ.ha.ər [出] 許42. [校勘] 이 글자는 초본에 잘못 옮겨진 것("**丠**"와 "**㕘**"를 이어 쓰는 사례는 없음)이므로 "**土丠夂**"가 올바르다(即實 2012校).

[土犮] hoʃ.sair [出] 先67. [校勘] 即實은 이 글자를 "**屮犮**"이라고 기록하고 있다(即實 2012校).

[土为] hoʃ.a [명](인명) ① 解里(吳英喆 2012a①), ② 猛阿(원래 "용맹한"을 의미하며, 여진·퉁구스 제어와 동일한 어원관계이다)(愛新覺羅외 2015②), ③ 鶻洒(≪蕭査剌相公墓誌銘≫에 등장하는 蕭査剌 상공(相公)의 손자 이름이다)(吉如何 2015). [出] 道/先/慈/玦/特/査.

[土为 圣田] hoʃ.a hai.il [명](인명) ① 猛阿·海里(愛新覺羅 2012), ② 鶻洒解里(吉如何 2015, 愛新覺羅 2017a). [出] 玦4. [人物] 猛阿·解里는 耶律玦의 고조부이다(吳英喆 2012a①, 愛新覺羅 2013b). [參考] 吉如何는 최근 발굴된 거란문 묘지를 참고로 하여, "**土为 圣田**"는 "鶻洒解里" 등으로 해독해야 하고 "**土为**"의 발음은 [hus.a]로 해야 한다며 기존 주장들을 반박하고 있다(吉如何 2015).

[土为冬] hoʃ.a.as [出] 令/先/宗/博/副/皇.

[土为冬朾] hoʃ.a.as.ən [出] 博10.

[土为冬㕘] hoʃ.a.as.ər [出] 圖14.

[土为出] hoʃ.a.an [出] 先64. [校勘] 即實은 이 글자를 "**𡿨为出**"이라고 기록하고 있다(即實 2012校).

[土由矢关] hoʃ.bəl.d.i [出] 宪3.

古 [발음] mod [原字번호] 43

[古] mod(愛新覺羅 2017a) / maut~mod(吉如何 2015).

[古为] mod.a [出] 許58. [校勘] 即實은 이 글자를 뒤의 원자들과 합쳐 "**古为ネ朾**"이라고 기록하고 있다(即實 2012校).

[古为关] mod.a.an [명](인명·소유격) ① □安의(郭添剛외 2009), ② 馬安의(마안은 선진가한(鮮質可汗)의 후손으로 금나라의 9맹안(猛安) 소속이다)(愛新覺羅 2009c, 愛新覺羅외 2015⑧), ③ 인명 "毛旦(**古为出**)"의 소유격(愛新覺羅 2017a). [出] 尚23.

[古为ネ关] mod.a.ar.i [出] 先59.

[古为出] mod.a.an [형] ① 악하다(愛新覺羅 2004d, 愛新覺羅외 2011), ② 못하다, 적다(即實 2012⑳). [명] 악(惡)(愛新覺羅외 2011). [명](인명) ① 毛丹(吉如何 2015), ② 毛旦(愛新覺羅 2017a). [同源語] 몽골어 [magu](악한), [maguhai](추악한, 더러운), [maɣutan](악한), 만주어 [mahu](도깨비탈)와 동일한 어원이다(愛新覺羅외 2011, 吉如何 2015). [用法] 거란인은 남녀를 가리지 않고 "magan"으로 명명한 경우는 있지만, "ʃia"로 명명한 것은 아직 나타나지 않는다(愛新覺羅외 2011). [出] 仁/宣/許/仲/永/副/糺/清/玦/査/圖. [人物] 毛丹은 ≪蕭査剌相公墓誌銘≫에 나오는 묘주 蕭査剌 상공(相公)의 장녀 이름이다(吉如何 2015). 참고로 이 묘지명(墓誌銘)의 자세한 내용은 이 사전에 수록하지 못하였다.

[古为出 㐅幺朱] mod.a.an ʃ.ia-i [명](소유격, 목적격) 선악(善惡)의, 선악(善惡)을(愛新覺羅외 2011). [出] 圓2.

[古为出 仐企北] mod.a.an s.əm.əl [명] 나쁜 병(大竹昌巳 2016d). [出] 奴46, 糺22.

[古为出朾] mod.a.an.ən [형] 선하지 않다(即實 2012⑳). [명](목적격) 악(惡)을(大竹昌巳 2015b). [出] 宗/副/奴/糺/玦.

[古为出矢] mod.a.an.tə [동] 재앙이 내리다(即實 2012⑳). [出] 先19.

[古为出矢关] mod.a.an.d.i [出] 宗8.

[古为出㕘] mod.a.an.ər [出] 海2.

[古为犮] mod.a.adʒu [형] 둔하다, 미련하다(駑)(即實 2012⑳). [出] 仲11, 先28.

[古为犮朾] mod.a.adʒu-n [出] 先60. [校勘] 即實은 이 글자를 "**古为ネ朾**"이라고 기록하고 있다(即實 2012校).

[古为犮㕘] mod.a.adʒu.ər [出] 仲12.

[古伏] mod.in [出] 許25.

[古关] mod.i [出] 海8, 玦28. [校勘] 即實은 이 글자를 앞 글자와 합쳐 "**令为古关**"≪海8≫라고 기록하고 있다(即實 2012校).

[古么丙当] mod.gə.j.ən [出] 先18. [校勘] 即實은 이 글자를 "**古么丙当**"이라고 기록하고 있다(即實 2012校).

[古□ネ□] mod.?.ar.? [出] 先36. [校勘] 即實은 이 글자를 "**古为ネ朾**"이라고 추정하고 있다(即實 2012校).

乇 [발음] ?? [原字번호] 44

[乇] ? [出] 道/宣/許/圖/玦.

支 [발음] ?? [原字번호] 45

[支乃市] ?.am.ai [出] 許43. [校勘] 이 글자는 초본에 잘못 옮겨졌으므로 "**支仍市**"가 올바르다(即實 2012[校]).

冇 [발음] hor [原字번호] 46

[冇亐出亐] hor.al.ha.al [出] 迪36. [校勘] 이 글자의 첫 번째 원자는 탁본에 "**冇**"으로 되어 있고 초본에도 그대로 따르고 있으나, 거란소자에는 이러한 자가 없으므로 "**丙**"가 올바르다(即實 2012[校]).

[冇叐交] hor.u.ur [出] 仁30. [校勘] 即實은 이 글자를 "**冇叐交**"이라고 기록하고 있다(即實 2012[校]).

[冇叐火] hor.u.un [명] 옷(寶玉柱 1990b). [出] 仁25. [校勘] 여러 휘본이 이렇게 기록하고 있으나, 即實은 "**冇**"이 ≪興冊≫과 ≪仁冊≫에만 등장하는 잘못된 원자이므로, 이는 "**冇叐火**"으로 써야 한다고 주장하고 있다(即實 2012[校]).

[冇夂药村] hor.ug.dʒi.ən [出] 興23. [校勘] 여러 휘본들이 이와 같이 기록하고 있으나, 即實은 이 글자가 잘못 되었으므로 "**冇叐药村**"으로 써야 한다고 주장하고 있다(即實 2012[校]).

冇 [발음] har / haru, qar / qaru [原字번호] 47

[冇] h(q)ar / h(q)aru [명] 백성(愛新覺羅 2003h). [出] 興12/19/41/42/43/45, 先50/53, 博13/17/25, 梁19.

[冇丙北] h(q)ar.i.əl [出] 先54, 梁4.

[冇丙乌圣] h(q)ar.i.en.ər [出] 迪36.

[冇丙夯朩] h(q)ar.i.e.tʃi [出] 糺18.

[冇丙马] h(q)ar.i.dʒu [出] 特37.

[冇伏] h(q)ar.i.n [出] 興21.

[冇丙关] h(q)ar.i.ir [명] 종친(即實 2012⑳). [동] ~에 속하다(愛新覺羅 2004a⑩). [出] 宗6, 清24.

[冇丙圣] h(q)ar.i.ər [명] 종친(即實 2012⑳). [동] 연결되다(大竹昌巳 2016d). [出] 仲17, 智23, 梁26, 清15.

[冇丙夯朩] h(q)ar.i.ə.tʃi [명] 자세한 의미는 알 수 없으나 "공동으로 제사를 지내는 자"에서 유래한 "친인(親人), 족인(族人), 동종(同宗)" 등을 의미하는 것으로 추정된다(即實 2012⑮/⑯/⑳). [出] 慈12, 糺18.

[冇丙当] h(q)ar.i.ən [명] 법(法)(愛新覺羅 2004a⑦). [동] ① 가문을 잇다, 연계되다(愛新覺羅 2004e), ② ~에 속하다(愛新覺羅 2004a⑩) [同源語] 몽골어 [hariya-tu](소속된, 예속된), [hariyala-](관할하다)와 같은 어원이다(愛新覺羅외 2011). [出] 令/先/宗/奴/糺/清/特.

[冇丙当圣] h(q)ar.i.ən.ər [명] 종친(即實 2012⑳). [出] 宗32, 奴22, 清8.

[冇廾交] h(q)ar.ʊ.ur [出] 令27, 先69.

[冇廾药] h(q)ar.ʊ.dʒi. [出] 先37. [校勘] 即實은 이 글자를 "**冇叐药**"라고 기록하고 있다(即實 2012[校]).

[冇廾及村] h(q)ar.ʊ.o.ən [出] 先60. [校勘] 이 글자는 각석 과정에서 잘못되었으므로("**及**"와 "**村**"을 이어 쓴 사례는 없음) "**冇廾及内**"이 올바르다(即實 2012[校]).

[冇廾及内] h(q)ar.ʊ.o.on [명] 은택(恩澤, 은혜와 덕택)(即實 2012⑳). [出] 許57, 博47.

[冇廾火] h(q)ar.ʊ.ui [명] ① 백성(愛新覺羅 2003h), ② 은택(恩澤, 은혜와 덕택)(即實 2012⑳). [出] 博26, 特16/20.

[冇廾药] h(q)ar.ʊ.dʒi [出] 博27.

[冇廾穴刃夹] h(q)ar.ʊ.u.qa.an [出] 先15. [校勘] 即實은 이 글자를 "**冇廾平刃夹**"이라 기록하고 있다(即實 2012[校]).

[冇叐] h(q)ar.u [명] ① 백성(愛新覺羅 2003h/2006c, 即實 2012⑳), ② 매, 기러기(即實 1990/1996⑥). [명](인명) ① 曷魯(即實 1996④, 劉鳳翥 2014b㊾), ② 何盧(即實 2012⑳). [형] ① 검다(郭添剛외 2009), ② 없다(劉鳳翥외 2005b). [出] 興/道/許/故/仲/先/宗/博/迪/皇/高/梁/糺/尚/玦.

[冇叐 丙本叐火] h(q)ar.u j.æl.u.d [명] 민야율(民耶律, ≪요사≫에 나오는 "서야율(庶耶律)"을 말한다)(愛新覺羅외 2012①). [出] 迪7. [遼史] ≪요사≫ 권89 야율서성전(耶律庶成傳)에 의하면 죄를 짓고 서야율로 된 사례가 있다(愛新覺羅외 2012①).

[冇叐 圣夂] h(q)ar.u dʒur.ug [명](지명) 안문(雁門)(即實 1996⑯). [出] 仲14.

> [遼史] **雁門(안문)**은 서형관(西陘關)이라고도 한다. 지금의 산서(山西) 대현(代縣) 서북 안문산 위에 있다. 동서쪽 두 산 사이 좁은 고개가 꼬불꼬불하게 뻗어난 길이 매우 험하여 산서 3관중 제일 험난하다. 북송 때 거란 방어의 요충지였다(金渭顯외 2012[上]). 과거에 석경당(石敬瑭)이 후당(後唐)의 침략을 받아 원병을 요청하자 거란은 이를 명목으로 새내(塞內)에 진주하게 되었는데, 이때 안문을 통과한 바 있다(金在滿 1974).

[冇叐 仐丸欠] h(q)ar.u s.au.gu [명](인명) ① 曷魯掃古(愛新覺羅 2010f), ② 曷魯・曉古(劉鳳翥 2014b㊾). [出] 許6.

人物 《許誌》 주인 乙辛隱幹特剌(1035~1104)의 조부
인 안국군절도사(安國軍節度使) 曷魯掃古 장군(將軍)을
지칭한다(愛新覺羅 2010f).

[市灵 几尺火] h(q)ar.u ku.u-n 명(인명·소유격) 黔黎
의(劉鳳翥 2010). 명(소유격) 인민 또는 백성의(大竹昌巳
2015b). 出 先14, 宗19.

[市灵 几尺火 キ 丙] h(q)ar.u ku.u.un ai məg 명 백성
의 부모(大竹昌巳 2015b). 出 宗19. 參考 《모시(毛詩)》
대아(大雅)편에 있는 "기제군자(豈弟君子), 민지부모(民之
父母)"(점잖으신 임금님은 백성의 부모이다)의 구절중 "민
지부모"에 해당하는 말이다(大竹昌巳 2015b).

[市灵杏] h(q)ar.u.un 명(인명) ① 曷魯寧(愛新覺羅 2003e,
劉鳳翥 2014b52), ② 曷魯隱(愛新覺羅 2010f), ③ 曷魯木(即實
2012③). 出 迪7, 副4, 慈4.

[市灵杏 쇠소쇠] h(q)ar.u.un q.æm.aq 명(인명) ① 曷魯
隱匣馬葛(愛新覺羅 2010f), ② 曷魯木·匣馬葛(即實 2012③),
③ 曷魯寧·轄麥哥(劉鳳翥 2014b52). 出 迪7. 人物 《迪
誌》 주인 撒懶迪烈德(1026~1092)의 7대조인 曷魯隱匣
馬葛 이리근(夷離菫)을 지칭한다(愛新覺羅 2010f).

[市灵杏 今用攵] h(q)ar.u.un t.il.ug 명(인명) ① 曷魯隱
迪魯古(愛新覺羅 2010f), ② 曷魯穩·迪里古(即實 2012⑳), ③
曷魯寧·敵魯(劉鳳翥 2014b52). 出 副4, 慈4.

人物 《副誌》의 주인 富篤宛兀没里(한풍명: 耶律運
[1031~1077])과 《慈誌》의 주인 鉢里本朝只(1044~
1081)의 6대조인 曷魯隱迪魯古 이리근(曷魯隱匣馬葛
이리근의 조카)을 지칭한다(愛新覺羅 2010f).

[市灵夾] h(q)ar.u.ur 명 백성(愛新覺羅 2004a⑤). 명(지명)
갈로이(曷魯爾=黑)산(劉鳳翥 2014b52). 명(인명) ① 何
魯兀哩(劉鳳翥외 2005a), ② 曷魯里(韓世明외 2007, 愛新覺
羅 2010f), ③ 曷盧無里(또는 曷盧里)(即實 2012⑬). 出 仁/
仲/先/梁/韓. 人物 《韓誌》의 주인인 曷魯里 부인(夫
人)(?~1077)으로 韓德昌의 손녀이다(愛新覺羅 2010f).

墓誌 曷魯里夫人(갈로리부인)의 남편은 特免부마
로 국구족 韓隱楊葛 상공(相公)의 4남이며 흥종 때
현주절도사(顯州節度使)를 지냈다. 당초 성종의 동생
제국(齊國)대왕 야율융유(耶律隆裕)의 딸과 결혼하여
딸을 둘(喜孛낭자, 吳家부인) 두었다. 갈로리부인과는
아들과 딸이 둘씩 있다(아들은 張高十, 吳高八, 딸은 福
留姐, 阿古). 부인의 부친 留隱郭三(한풍명: 韓郭三)은
일찍이 척은(惕隱)·남부재상(南府宰相)을 지냈고, 모
친 國哥별서(別胥)는 국구재상의 친족 霞里葛 령공
(令公)의 딸이다. 부인은 4형제(曷魯隱高家奴 상공, 吳
九낭군, 楊九낭군, 王寧高十 재상)와 언니 1명(勉부인으로
英哥 태사에게 시집갔다)이 있다(愛新覺羅 2009a⑧/2010f).

▲ 소특매부인 한씨(蕭特每夫人韓氏) 묘지명(일부)

[市灵夾 乑矢] h(q)ar.u.ur nior.tə 명(지명·향위격) 갈
로이(曷魯爾)산(=흑산)에(劉鳳翥 2014b52). 出 仲43, 梁23.

參考 갈로이(曷魯爾)는 거란어로 음역된 산이름으
로, 양국왕(梁國王)과 양국태비(梁國太妃)가 매장된
곳이다. 양국태비 한문묘지에 의하면 "祔于黑山故
宋國王之墓(흑산의 고송국왕의 묘에 합장했다)"라고 되
어 있는데, "갈로이"는 바로 "흑(黑)"을 의미함을
설명해 준다. 다호르어로는 "검다"를 [har]라고 읽
는데 "갈로이"의 발음과 유사하다(劉鳳翥 2014b③).

[市灵夠] h(q)ar.u.dʒi 出 蒲12.

[市灵厄] h(q)ar.u.du 명(향위격) 백성에(愛新覺羅 2002).
出 玦36.

[市灵伏] h(q)ar.u.in 명(인명) ① 曷魯寧(愛新覺羅 2003e),
② 曷魯隱(愛新覺羅 2003h), ③ 曷倫(即實 2012④), ④ 曷魯
訥(即實 2012⑬/2012⑮). 出 慈4, 奴6, 韓9.

人物 ① 《慈誌》 주인 鉢里本朝只(1044~1081)의 6
대조인 曷魯隱迪魯古 이리근(夷離菫)을 말한다(愛新
覺羅 2010f).
② 《奴誌》 주인 圭寧·奴(또는 國隱寧奴, 1041~1098)
의 고조모인 曷倫 부인(夫人)을 말한다(即實 2012④).
③ 《韓誌》 주인 曷魯里 부인(?~1077)의 형제자매
는 4남 2녀인데, 그 중 큰 오빠인 曷魯隱高家奴
상공(相公)을 지칭한다(愛新覺羅 2009a⑧).

[市灵仚] h(q)ar.u.əm 出 仲17. 校勘 이 단어는 본래 2
개의 글자(市灵 仚)이나 초본에는 잘못하여 하나로
합쳐져 있다(即實 2012㊵).

[市灵火] h(q)ar.u.un 명 백성(愛新覺羅 2003h). 명(소유격)
백성의(即實 2012⑳, 大竹昌巳 2015c). 出 興/道/許/仲/先/
博/迪/皇/智/圖/梁.

[尙灭火灭] h(q)ar.u.un.u [出] 仲37/40.

[尙村] h(q)ar.ən [出] 先19.

[尙叉] h(q)ar.ir [出] 副12, 烈11, 玦6.

[尙叉炎] h(q)ar.ir.ər [出] 烈13.

[尙朴] h(q)ar.tʃi [명](인명) 曷里只(即實 2012⑳). [出] 令21, 尙2.

[尙朴 生] h(q)ar.tʃi abu [명](인명) 曷里只阿鉢(即實 2012⑳). [出] 尙2. [人物] ≪尙誌≫의 서단인(書丹人, 비문의 바탕글씨를 적는 사람)인 永訥·曷里只阿鉢(육원 해린 우월장 사람이다)을 지칭한다(即實 2012⑳).

[尙朴村] h(q)ar.tʃi-n [出] 蒲25.

[尙为] h(q)ar.a [명] ① 동료, 친구(愛新覺羅 2004a⑧), ② 何剌(愛新覺羅 2006c). [出] 先/迪/奴/清/尙.

[尙为买] h(q)ar.a.an [出] 先26.

[尙为示] h(q)ar.a.at [명] ① 반려(伴侶), 동료(愛新覺羅 2004a⑦), ② "尙为"의 복수형(大竹昌巳 2015c). [出] 先38, 迪28.

[尙为火] h(q)ar.a.iu [出] 梁14.

[尙为火关] h(q)ar.a.iu.i [명] 관(關, 국경이나 요지의 통로에 두어 드나드는 사람이나 화물을 조사하던 곳)(豊田五郎 1991b). [명](지명) 와교관(瓦橋關)(即實 1991b). [出] 先10/17, 糺26.

[尙为火关 小] h(q)ar.a.iu.i dær [명](지명) 와교관(瓦橋關) 남쪽(即實 1996⑯). [出] 先10.

[尙为火关 小 仑 业寿尘村] h(q)ar.a.iu.i dær xarpa kiæ.æn.d.ən [명](지명·소유격) 와교관(瓦橋關) 남쪽 10개 현(縣)의(即實 1996⑯). [出] 先10.

> [遼史] 瓦橋關(와교관)은 지금 하북성 웅현(雄縣) 서남쪽이다. 오대 후진 초에 거란에 편입되었다. 현덕 6년(959) 수복하여 웅주(雄州)를 세웠다(金渭顯외 2012㊤).

[尙朱仐廾犳] h(q)ar.do.l.o.dʒi [出] 故20. [校勘] 이 글자는 초본에 잘못 옮겨진 것("尙"와 "朱"를 이어 쓰는 사례는 없음)이므로 "尚朱仐廾犳"가 올바르다(即實 2012[校]).

[尙仐] h(q)aru.s [명](관제) 호무(户務)(即實 2014). [出] 博15, 迪17, 玦14/15. [解說] "几 尙"는 "인호(人户=人家)"를 뜻하고, "仐"는 복수를 표시하는 부가성분이므로 "尙仐"는 "중호(衆户)"를 의미하게 된다(即實 2014).

[尙仐 盂仐 丞舟] h(q)aru.s qur.u tai.bu [명](관제) ① 하루스 태보(太保)(愛新覺羅 2013b), ② 호위태보(護衛太保)(吳英喆 2012a①), ③ 호무태보(户務太保)(即實 2014). [出] 玦14.

> [遼史] 護衛太保(호위태보)는 거란 북면 어장관계(御帳官系)에 속하는 관서 이름이다. 북호위부는 북원(北院)의 호위를 맡는데 황태후궁에 좌·우호위가 있다. 관원은 북호위태사, 북호위태보, 북호위사도가 있다. 소속된 좌·우호위사를 총령하는데 좌호위사에는 좌호위태보와 좌호위가 있고, 우호위사에도 우호위태보와 우호위가 있다. 남호위부는 남원(南院)의 호위를 맡는데 소속 사관(司官)은 북호위와 같다(金渭顯외 2012㊤).

[尙仐 盂仐 丞舟 业币关 及夾] h(q)ar.s qur.u tai.b p.od.i o.oi [동] 호위태보(護衛太保)가 되다(吳英喆 2012a①). [出] 玦14.

[尙仐炎] h(q)ar.s.ər [명](관제) 호무(户務)(即實 2012⑳). [出] 迪15.

[尙仐廾丙北] h(q)aru.l.ʊ.j.ur [出] 圖15.

[尙仐廾及州] h(q)aru.l.ʊ.o.od [出] 皇22. [校勘] 이 글자는 초본에 잘못 옮겨진 것이므로 "尙仐廾及内"이 올바르다(即實 2012[校]).

[尙仐廾火] h(q)aru.l.ʊ.ui [出] 宗6, 迪39.

[尙仐廾平𢀖犮] h(q)aru.l.ʊ.ul.ha.adʒi [出] 智21. [校勘] 이 글자는 초본에 잘못 옮겨진 것이므로 "尙仐廾平𢀖牛"가 올바르다(即實 2012[校]).

[尙舟] h(q)ar.əbu [명](인명) ① 曷魯不(即實 1996⑤), ② 何魯不(即實 2012③, 劉鳳翥 2014b). [出] 故5, 迪10. [人物] ≪故銘≫ 주인 撻體 낭자(娘子)(1081~1115)의 고조부인 斜寧何魯不 태사(太師)를 지칭한다(愛新覺羅 2010f, 即實 2012③).

[尙舟伏] h(q)ar.əbu.n [명](인명) ① 曷魯本(即實 1996⑤, 愛新覺羅 2010f), ② 曷魯(劉鳳翥 2014b). [出] 故5, 博42, 迪8/37.

[尙舟伏 生] h(q)ar.əbu.n abu [명](인명) ① 曷魯本·阿不(愛新覺羅 2004a⑧), ② 曷魯本·阿鉢(即實 2012⑳), ③ 曷魯本·阿布(劉鳳翥 2014b52). [出] 博42. [人物] ≪博誌≫의 주인인 習輦(1079~1142)의 손자이다(愛新覺羅 2010f).

[尙舟伏 八圡] h(q)ar.əb.in k(h).əu [명](인명) ① 曷魯本吼(愛新覺羅 2010f), ② 曷魯(曷魯本)·吼(劉鳳翥 2014b52). [出] 故5, 迪8.

> [人物] ≪故銘≫ 주인 撻體 낭자(1081~1115)의 5대조이자, ≪迪誌≫ 주인 撒懶迪烈德(1026~1092)의 고조부(4대조)인 채방사(採訪使) 曷魯本吼(911~949)를 지칭한다(愛新覺羅 2010f).

[尙朵灭内] h(q)ar.ia.u.on [出] 許59. [校勘] 이 글자는 초본에 잘못 옮겨진 것이므로 "尙廾及内"가 올바르다(即實 2012[校]).

[苩□灷] h(q)ar.ⓩ.ər 出 先68. 校勘 即實은 탈루된 두 번째 원자를 "万"이라고 기록하고 있다(即實 2012㊶).

[苩□与] h(q)ar.ⓩ.ən 出 回10.

夲   [발음] hʊl, hʊr
[原字번호] 48

[夲] hʊl/hʊr(愛新覺羅 2017a), ɣul(吉如何 2015) 혱 뛰어나다(俊)(即實 2012㉕). 出 道23, 宋19.

[夲苀] hʊl.ai 혱 기쁘다(即實 2012㉕). 出 興/令/許/仲/先/汙/迪/弘/烈/奴/梁/糺/尚/葉/特.

[夲両] hʊl.mə 出 興18. 校勘 이 글자는 초본에 잘못 옮겨진 것이므로 "夲万"가 올바르다(即實 2012㊶).

[夲並与] hʊl.ha.al 許17.

[夲並为与] hʊl.ha.a.al 博38.

[夲並为本] hʊl.ha.a.ar 혱 기쁘다(即實 2012㉕). 동 상(賞)을 주다(即實 2012㉕). 出 慈23, 糺23, 韓29.

[夲尢小炎灻] hʊl.umu.l.uŋ.ər 出 許61. 校勘 이 글자는 초본에 잘못 옮겨진 것이므로 "夲尢化灻灻"가 올바르다(即實 2012㊶).

[夲爻刕] hʊl.u.dʒi 出 弘11, 玦38.

[夲爻] hʊl.ir 혱 기쁘다(即實 1996⑦). 동 이기지 못하다(愛新覺羅 2004a⑧). 出 郎/先/皇/圖/回.

[夲爻不村] hʊl.ir.on.ən 出 尚8.

[夲爻灻] hʊl.ir.ər 동 따르다, 순종하다(即實 2012㉕). 出 清17.

[夲木] hʊl.tʃi 出 許52, 宗4.

[夲为] hʊl.a 出 先/宗/迪/智/梁/糺/清/韓.

[夲为与] hʊl.a.al 出 尚9/10.

[夲为与並卆] hʊl.a.al.ha.ai 出 烈24. 校勘 이 글자는 초본에 옮기면서 일부 글자가 탈루된 것이므로 "夭为与小並为卆"가 올바르다(即實 2012㊶).

[夲为本] hʊl.a.ar 出 宗/智/圖/清/玦.

[夲为出] hʊl.a.an 혱 ① 기쁘다(即實 2012㉕), ② 귀엽다, 사랑스럽다(愛新覺羅 2017a). 명 벼슬(卿)(寶玉柱 1990b). 명(인명) 胡懶(愛新覺羅 2017a). 出 仁/宗/圖/玦/特.

[夲为出灻] hʊl.a.an.ər 혱 기쁘다(即實 2012㉕). 出 迪9, 慈14, 智16.

[夲为出灻为本] hʊl.a.an.ər.a.ar 出 慈14. 校勘 이 단어는 본래 2개의 글자(夲为出灻 为本)이나 초본에는 잘못하여 하나로 합쳐져 있다(即實 2012㊶).

[夲为灻] hʊl.a.ər 혱 기쁘다(即實 2012㉕). 出 尚14.

[夲为艾] hʊl.a.adʒu 혱 기쁘다(即實 2012㉕). 出 宗31.

[夲伏] hʊl.in 혱 좋다, 훌륭하다, 존귀하다(即實 2012㉕). 出 仲31, 迪5, 皇12.

[夲小並与刭氼] hʊl.əl.ha.al.qa.an 出 仲36.

[夲小並卆] hʊl.əl.ha.ai 仲/先/迪/烈/奴/玦.

[夲小並本] hʊl.əl.ha.ar 동 기쁘게 하다(即實 2012㉕). 烈10, 梁14.

[夲小並为与] hʊl.əl.ha.a.al 出 仲31.

[夲小並为本] hʊl.əl.ha.a.ar 出 仲31, 先57, 宗13, 回8.

[夲小並为出] hʊl.əl.ha.a.an 出 宗5, 慈10.

[夲小並出] hʊl.əl.ha.an 出 仲39.

[夲小並□] hʊl.əl.tʃu.ⓩ 先43. 校勘 即實은 이 글자의 탈루를 보정하여 "夲小並本"라고 기록하고 있다(即實 2012㊶).

[夲小刭] hʊl.əl.qa 出 道23, 皇14, 智23.

[夲小刭氼] hʊl.əl.aq.iu 玦11.

[夲小刭灻] hʊl.əl.aq.ər 혱 기쁘지 않다(不歡)(即實 2012㉕). 出 烈11/16.

[夲刋坐] hʊl.bur.t 出 皇19.

[夲幺为卆] hʊl.ia.a.ai 出 糺10.

[夲灻] hʊl.i 出 博6, 特23.

[夲灻] hʊl.ər 出 韓12.

[夲□] hʊl.ⓩ 出 迪25. 校勘 即實은 탈루된 글자를 "为"라고 추정하고 있다(即實 2012㊶).

市   [발음] ai
[原字번호] 49

[市] ai 用例 夭市伃疢 [ʃ.ai.lu.ur] 出 許42. 校勘 이 단어가 초본에는 뒤 글자와 합쳐져 "夭市伃疢用"으로 잘못 기록되어 있다(即實 2012㊶).

夬   [발음] ul
[原字번호] 50

[夬] ul 用法 향위격 표시 부가성분으로 사용된다(愛新覺羅 2004a⑧). 出 圖11, 尚4.

[夬企村] ul əmə.n 명(지명·소유격) 내주(萊州)의(即實 2012㉕). 出 圖11.

[夬禾丹爻] ul.is.bu.r 出 許37. 校勘 이 글자는 초본에 잘못 옮겨진 것이므로 지석에 근거하여 "夬禾丹爻"가 올바르다(即實 2012㊶).

[夬爻] ul.u 出 仲/智/烈/尚/玦.

[夬夊 佟为本] ul.u dʒi.a.ar 명(관제) 도구(都勾)(即實 2012⑳). 出 迪15. **參考** 《요사·백관지3》의 남면관 예신사(南面官 禮信使) 조에 "구당(勾當)"이라는 관직이 나오는데, 석각에는 검교구당(檢校勾當), 권관구(權管 勾), 동구당(同勾當), 도구(都勾) 등의 기록이 나온다(即實 2012③).

[夬夊 剙朴公] ul.u qa.ja.n 명 실력(即實 2012⑳). 出 皇17.

[夬夊札] ul.u.ur 出 蒲16.

[夬夊剙业矢] ul.u.qa.aŋ.tə 出 迪15. **校勘** 이 단어는 본래 2개의 글자(夬夊 剙业矢)이나 초본에는 잘못하여 하나로 합쳐져 있다(即實 2012㉚).

[夬夊矢] ul.u.ul 형 두터운(厚), 가득 찬(實)(即實 2012⑳). 出 道16/20, 仲33.

[夬夊矢 穴芬] ul.u.ul nəu.ə 명 후토(厚土, 두터운 흙)(即實 2012⑳). 出 道20.

[夬夊佟朴本] ul.u.dʒi.ən.ar 出 迪15. **校勘** 이 단어는 본래 2개의 글자(夬夊 佟朴本)이나 초본에는 잘못하여 하나로 합쳐져 있다(即實 2012㉚).

[夬夊火] ul.u.un 出 玦29, 蒲9.

[夬夊火屮] ul.u.ud.l 出 迪37. **校勘** 이 단어는 초본에 옮기며 잘못 분할되었는데, 뒤 원자들과 합쳐 "夬夊 火屮几朴"으로 하여야 한다(即實 2012㉚).

[夬夊火屮几] ul.u.ud.l.gə 出 宣/仲/宗/博/迪/副.

[夬夊火屮几] ul.u.uŋ.l.gə 出 令11.

[夬夊平夊豹] ul.u.ul.u.dʒi 出 博19.

[夬夊平夊] ul.u.ul.ir 出 宣17, 奴43.

[夬夊平屮] ul.u.ul.bur 出 皇12.

[夬夊平屮朴] ul.u.ul.bu.tʃi 出 宣18.

[夬夊平丹伏] ul.u.ul.bu.n 형 독실(篤實)한(即實 2012⑳). 出 道10/15/28, 宣17, 糺28.

[夬夊平关] ul.u.ul.i 出 特34.

[夬夊平勺] ul.u.ul.pun 형 독실한(即實 2012⑳). 出 宋18.

[夬叐仐炎] ul.ir.s.ər 出 先39. **校勘** 即實은 이 글자를 "关化仐炎"이라고 기록하고 있다(即實 2012㉚).

[夬叐平屮] ul.r.ul.bur 出 興24. **校勘** 이 글자는 초본에 잘못 옮겨진 것이므로 "夬叐平屮"가 올바르다(即實 2012⑰).

[夬剙炎] ul.aq.ər 出 尚30. **校勘** 이 글자는 초본에 잘못 옮겨졌으므로 "玊剙炎"가 올바르다(即實 2012⑰).

[夬攵平丹伏] ul.ug.ul.bu.n 出 智3. **校勘** 이 글자는 초본에 잘못 옮겨진 것이므로 "夬夊平丹伏"이 올바르다(即實 2012⑰).

[夬剙矢] ul.bu.tə 出 副11. **校勘** 이 글자는 초본에 잘못 옮겨졌으므로 "夬剙矢"가 올바르다(即實 2012⑰).

[夬及平及豹朴] ul.o.ul.o.dʒi-n 出 興7. **校勘** 이 글자는 초본에 잘못 옮겨진 것이므로 "夬及平及豹朴"이 올바르다(即實 2012⑰).

[夬屮杏与] ul.l.gə.ən 出 韓33. **校勘** 이 글자는 초본에 잘못 옮겨진 것이므로 "夬屮杏与"이 올바르다(即實 2012⑰).

[夬屮尺关] ul.l.u.ui 出 宗28.

[夬剙矢] ul.bu.tə 동 정후(偵候, 망보다, 감시하다)(即實 2012⑰). 出 副11. **參考** "夬剙矢"의 의미는 명확하지 않으나 《副誌》에서 중희 13년(1045)에 李元昊 정벌을 위하여 요 황제가 친정할 때 묘주 부친(韓寧·宜新)의 역할에 관하여 언급한 내용이다(即實 2012⑰).

[夬剙叐火] ul.bu.u-n 出 智26. **校勘** 이 글자는 초본에 잘못 옮겨진 것이므로 "玊剙叐火"이 올바르다(即實 2012⑰).

[夬火] ul.iu 出 先30, 圖8.

[夬火住丹伏] ul.iu.mu.bu.n 出 玦5, 回21.

[夬火尘] ul.iu.t 出 玦3/43.

[夬关] ul.i 出 玦42.

[夬尺火屮几] ul.u.ud.əl.gə 出 先24.

圡 [발음] ha, a
[原字번호] 51

[圡] ha / a **用法1** ① 사역형 부가성분으로 사용된다(硏究小組 1977b, 淸格爾泰외 1985), ② 동명사형 부가성분으로 사용된다(吉池孝一 2012d). **用法2** 거란소자에서는 "圡"와 "炎"로 장모음 [a:]와 [ə:]를 표기하는 관습이 있다(吳英喆 2012a②).

[圡万] ha.hua 出 回14.

[圡夹 几斗 公叐] ha.an g.ia n.u 명(인명) 韓家奴(劉鳳書 2014b㊲, 愛新覺羅외 2015⑩). 出 海4. **人物** 《海誌》의 묘주(인명은 미상)에게는 아들이 여덟 명 있었는데, 그 중 넷째 아들의 이름이다(愛新覺羅외 2015⑩).

[圡圡艾刋] ha.ha.adʒu.qa 出 韓28. **校勘** 이 글자가 초본에 잘못 기록되었으므로 "又圡艾刋"가 올바르다(即實 2012㉚).

[圡圡冬] ha.qa.as 명 호랑이(寅·虎)(淸格爾泰외 1985). 出 仁14. **校勘** 이 글자는 초본 작성시 잘못 기록된 것으로 다른 비문(《郎/博/迪/副/皇/奴/玦/蒲》)에서는 모두 한결 같이 "圡圡冬"[qa.ha.as]로 표시하고 있다(即實 2012㉚).

[圡圡犳] ha.əu.ʤi [出] 先28. [校勘] 即實은 이 글자를 "𡈽圡犳"라고 기록하고 있다(即實 2012[校]).

[圡㠯几] ha.əl.gə [出] 許39. [校勘] 即實은 이 글자를 "朩㠯几"라고 기록하고 있다(即實 2012[校]).

[圡犮] ha.sair [出] 先41. [校勘] 即實은 이 원자들을 별도의 글자가 아닌 앞 원자들과 연결된 "仅仐圡犮"으로 기록하고 있다(即實 2012[校]).

[圡夾ち业㠯] ha.ur.al.p.əl [出] 尙18. [校勘] 이 글자는 초본에 잘못 옮겨진 것이므로, "公夾"와 "ち仐㠯"의 두 글자로 구분 수정해야 한다(即實 2012[校]).

[圡ち] ha.al [出] 迪19, 淸15, 尙8. [校勘] 이 글자는 초본에 잘못 기록되었으며, 앞 원자와 붙여 "刄仐丗秂圡ち"《迪19》로 쓰거나 "圡ち"《淸15》, "业ち为犮"《尙8》 등으로 고쳐야 한다(即實 2012[校]).

[圡ち不犳] ha.al.hia.ʤi [出] 塔2-1.

[圡ち及秂] ha.al.u.s [出] 許35. [校勘] 이 글자는 초본 작성 과정에서 "丸刃 丙ち圡ち 及夾"를 잘못 분리하여 "丸刃丙ち 圡ち及秂"로 기록한 것이므로, "丙ち圡ち"가 올바르다(即實 2012[校]).

[圡ち刄] ha.al.aqa [出] 先67, 副29. [校勘] 即實은 小圡ち刄으로 이 글자를 기록하고 있다. 즉 앞의 원자인 "小"와 붙여 써야 한다는 것이다(即實 2012[校]).

[圡夯] ha.e [出] 仲43. [校勘] 이 글자가 초본에 잘못 옮겨진 것이므로, "圡夯" 또는 "圡夯"가 올바르다(即實 2012[校]).

[圡屮] ha.ai [用法] 과거시재 표시 어간으로 사용된다(研究小組 1977b). [出] 許/仲/海/奴/韓.

[圡屮㠯] ha.ai.əl [出] 興4, 先40.

[圡屮夯朩] ha.ai.e.ʧi [명] 반란을 일으킨 자(即實 1991b). [出] 先33.

[圡屮及犳] ha.ai.u.ʤi [出] 副17, 奴15.

[圡屮用圡屮] ha.ai.il.ha.ai [동] 반란을 일으키다(即實 1991b). [出] 先28/39/48.

[圡屮用圡为出] ha.ai.il.ha.a.an [出] 先25.

[圡屮用廾犳朾] ha.ai.il.ʊ.ʤi.ən [동] 반란을 일으키다(即實 1991b). [出] 先47.

[圡屮丹丙㠯] ha.ai.bu.j.əl [出] 許7. [校勘] 이 글자는 초본에 잘못 기록되었으며 "丙子圡屮 刃丙㠯"이 올바르다(即實 2012[校]).

[圡屮关] ha.ai.i [出] 仁21, 玦25/37.

[圡朩] ha.ar [出] 許43/60, 博14, 副24, 尙21. [校勘] 이 글자가 접미사임에도 초본에 잘못 기록되었으므로 "□□圡朩"《許43》, "朩朩"《許60》, "公币圡朩"《博14》, "业朩"《副24》, "业币丙仐圡朩"《尙21》 등으로 고쳐야 한다(即實 2012[校]).

[圡朩朾] ha.ar.ən [出] 許45/47. [校勘] 이 원자들은 독립된 글자가 아니므로 앞 원자들과 연결시켜 "公币圡朩朾"로 기록해야 한다(即實 2012[校]).

[圡朩尜] ha.ar.ər [出] 淸17. [校勘] 이 글자는 접미사이므로 독립된 어휘로는 쓸 수 없으며, 앞 원자들과 연결시켜 "为ち圡朩尜"로 기록한다(即實 2012[校]).

[圡乃子关] ha.am.os.i [出] 海12. [校勘] 이 글자는 초본에 잘못 기록되었으므로 "圡乃子关"가 올바르다(即實 2012[校]).

[圡为] ha.a [出] 許18/50, 紀11, 尙32. [校勘] 이 글자는 독립적으로 사용된 사례가 없으며, 초본의 잘못된 내용은 "穴平圡为出"《許18》, "牛仐圡为"《許50》, "圡力"《紀11》, "朩朾"《尙32》 등으로 고쳐야 한다(即實 2012[校]).

[圡为ち] ha.a.al [出] 許21. [校勘] 이 원자들은 독립된 글자가 아니므로 앞 원자들과 연결된 "夾用圡为ち"으로 기록해야 한다(即實 2012[校]).

[圡为屮] ha.a.ai [出] 許8. [校勘] 이 글자는 접미사이므로 독립된 어휘로는 쓸 수 없으며, 앞 원자들과 연결시켜 "仐分平廾圡为屮"로 기록된다(即實 2012[校]).

[圡为朩] ha.a.ar [명](인명) ①哈里(清格爾泰 2002b, 劉鳳翥 2014b52), ②合里(愛新覺羅 2004a12). [出] 許41, 永18, 皇11. [校勘] 이 글자는 접미사이므로 독립된 어휘로는 쓸 수 없으며, 앞 원자와 연결시켜 "ち圡为朩"《許41》, "刄公丙仐圡为朩"《皇11》 등으로 된다(即實 2012[校]).

[圡为朩] ha.a.ʧi [명](인명) 韓隱(愛新覺羅 2006a). [出] 許47. [校勘] 이 원자들은 독립된 글자가 아니므로 원자들과 연결하여 "丸平圡为朩"로 기록된다(即實 2012[校]).

[圡为伏] ha.a.in [出] 韓10. [校勘] 이 글자는 초본에 잘못 기록되었으며 "圡为伏"이 올바르다(即實 2012[校]).

[圡为出朾] ha.a.an.ən [出] 仲13. [校勘] 이 글자는 초본에 두 글자(业为夫仐 圡为出朾)로 잘못 기록되어 있는데 "圡为出"는 접미사로 독립적으로 쓸 수 없으며 "业为夫仐圡为出朾"가 올바르다(即實 2012[校]).

[圡为出矢] ha.a.an.tə [出] 海9. [校勘] 이 원자들은 독립된 글자가 아니므로 앞 원자들과 연결된 "刃ち圡为出矢"가 올바르다(即實 2012[校]).

[圡为出尜] ha.a.an.ər [出] 故21. [校勘] 이 원자들은 독립된 글자가 아니므로 앞 원자들과 연결된 "尙子圡为

出火"로 기록된다(即實 2012[校]).

[**亚为艾**] ha.a.adʒu [出] 宗31, 永37. [校勘] 이 글자는 초본에 잘못 기록되었으며 "**牛为艾**"≪宗31≫ 또는 앞 원자들과 합친 "**尺平亚为艾**"≪永37≫가 올바르다(即實 2012[校]).

[**亚伏叉券**] ha.n.ir.ə [出] 許21. [校勘] 이 글자는 초본에 잘못 기록되었으므로, "**山伏**"와 "**叉券**"의 두 글자로 구분 수정해야 한다(即實 2012[校]).

[**亚公矢**] ha.ən.tə [出] 令12. [校勘] 이 글자는 초본에 잘못 옮겨졌으며 "**杏余矢**"가 올바르다(即實 2012[校]).

[**亚伙**] ha.l [出] 許48.

[**亚伙 庋生 为ホ**] ha.l ur.abu a.ar [出] 許48. [校勘] 이 글자들은 초본에 잘못 옮겨졌으며 "**亚伙 仐生为ホ**"가 올바르다(即實 2012[校]).

[**亚伙亚丰**] ha.l.ha.ai [出] 先43. [校勘] 이 글자는 각공(刻工) 과정에서 일부 획이 떨어져 나간 것이므로 "**由伙亚丰**"가 올바르다(即實 2012[校]).

[**亚出**] ha.an [出] 許26. [校勘] 이 원자들은 독립된 글자가 아니므로 앞 원자들과 연결된 "**为ち亚出**"으로 된다(即實 2012[校]).

[**亚出火**] ha.an.ər [出] 許28. [校勘] 이 원자들은 독립된 글자가 아니므로 앞 원자들과 연결된 "**当子亚出火**"으로 써야 한다(即實 2012[校]).

[**亚几仐北**] ha.g.əs.əl [出] 韓22. [校勘] 이 글자가 초본에 잘못 옮겨졌으므로 "**去几仐北**"이 올바르다(即實 2012[校]).

[**亚关雨**] ha.i.in [出] 宋13. [校勘] 이 글자는 초본에 잘못 옮겨졌으므로 "**本关雨**"이 올바르다(即實 2012[校]).

[**亚艾内**] ha.adʒu.on [出] 糺18. [校勘] 초본에 "**夊ホ 及子 亚艾内**"라는 두 글자로 잘못 기록되어 있으므로 "**夊ホ 及子亚艾 由(丙)**"의 세 글자로 해야 한다(即實 2012[校]).

去 [발음] tʃu [原字번호] 52

[**去**] tʃu [用法] Kane은 이 글자가 "**去几**"에만 출현하며 "기록하다"라는 의미를 지닌다고 하고 있다(Kane 2009). [出] 故10, 清18.

[**去夯**] tʃu.e [형] 현혁(顯赫, 권세·명성 등이 찬란하다, 빛나다, 혁혁하다)(即實 1996⑥). [出] 仲/先/博/副/智/糺/清/玦/特.

[**去夯 穴**] tʃu.e noi [명] 높은 벼슬자리(即實 1996⑯). [出] 先69.

[**去夯村**] tʃu.e.ən [出] 蒲20.

[**去夯杍**] tʃu.e.ən [出] 特18/21.

[**去厺丙伏**] tʃu.gə.əi.n [出] 先12.

[**去厺丙关**] tʃu.gə.əi.i [出] 先48.

[**去厺丙火**] tʃu.gə.j.ər [出] 道30.

[**去厺丙考**] tʃu.gə.j.ən [出] 先13.

[**去厺村**] tʃu.gə.ən [出] 道/宣/先/糺/特.

[**去厺杍**] tʃu.gə.tʃi [형명] 현(賢, 어질다 또는 어진사람)(即實 2015b). [出] 特2/8/12/24/25/28/31/36.

[**去厺杍矢**] tʃu.gə.tʃi.tə [出] 特30.

[**去厺杍矢关**] tʃu.gə.tʃi.d.i [出] 特27.

[**去厺坌**] tʃu.gə.d [명](지명) 초극도(超克圖)산(即實 2012⑳). [出] 先52, 特35.

[**去厺火**] tʃu.gə.ər [동] 빛을 발하다(即實 1996①). [出] 道23.

[**去ホ**] tʃu.ar [出] 糺24. [校勘] 이 글자는 초본에 잘못 옮겨진 것이므로, "**万ホ**"가 올바르다(即實 2012[校]).

[**去夊亥**] tʃu.ug.ur [出] 先28/34, 博24.

[**去分**] tʃu.du [出] 烈9. [校勘] 即實은 이 글자를 "**去夯**"이라고 달리 기록하고 있다(即實 2012[校]).

[**去几**] tʃu.g [명동] 지(誌, 명사로는 "묘지(墓誌) 등과 같은 기록"을 의미하며, 동사로는 "기록하다"를 의미한다)(清格爾泰외 1985, 劉鳳翥외 2009). [出] 興/道/先/慈/烈/高/室/圖/梁/特.

[**去几丙**] tʃu.g.əi [명동] 지(誌)(豊田五郎 1991b, 劉鳳翥 1993d). [동] 새기다(刻)(即實 2012⑳). [出] 先64/68, 迪35, 清27.

[**去几丙伏**] tʃu.g.əi.n [出] 先49.

[**去几考**] tʃu.g.en [명동] 지(誌)(豊田五郎 1991b, 劉鳳翥 1993d). [出] 先67/69.

[**去几考火**] tʃu.g.en.ər [명동] 지(誌)(豊田五郎 1991b). [出] 先65.

[**去几夯**] tʃu.g.e [명동] 지(誌)(豊田五郎 1991b, 劉鳳翥 1993d). [出] 先67.

[**去几叐**] tʃu.g.u [出] 尚15. [校勘] 이 글자는 초본에 잘못 옮겨졌으므로 "**去几叉**"가 올바르다(即實 2012[校]).

[**去几叐药**] tʃu.g.u.dʒi [명동] ① 명(銘, 명사로는 "금석에 새긴 글자"를 의미하며, 동사로는 "새기다" 또는 "기록하다"를 의미한다)(羅福成 1934a), ② 지(誌)(研究小組 1977b, 清格爾泰외 1978a). [동] 뚫어새기다(即實 1996①, 愛新覺羅 2004a③). [出] 興5, 令26.

[**去几叐药 令勺**] tʃu.g.u.dʒi t.ug [명동] 명(銘) 또는 사

(辭, 명사로는 “말, 말씀”을 의미하고, 동사로는 “알리다” 또는 “사퇴하다”를 의미한다)(即實 1996⑯). [出] 令26.

[圡凢叐犳] tʃu.g.u.ʤi [명동] 지(誌)(清格爾泰외 1985). [出] 宣9.

[圡凢叐犳 月仐] tʃu.g.u.ʤi yo.u [명] 지명(誌銘)(清格爾泰외 1985, 劉鳳翥 2014b㊾). [명동] 명(銘) 또는 사(辭)(即實 1996⑯). [出] 典5.

[圡凢叐] tʃu.g.ir [出] 仲/宗/梁/尚/特.

[圡凢几穴犳] tʃu.g.ku.u.ʤi [出] 迪18. [校勘] 이 글자는 2개의 글자(圡凢 几穴犳)이나 초본에는 잘못하여 하나로 합쳐져 있으며, “凢”는 글자의 초성(初聲)에만 나온다(即實 2012[校]).

[圡凢伏] tʃu.g.in [명동] 지(誌)(劉鳳翥외 1981c). [出] 許/仲/先/宗/皇/宋/梁/玦.

[圡凢仐北] tʃu.g.s.əl [出] 許56/57, 仲45.

[圡凢公] tʃu.gə.d [出] 先33/45.

[圡凢仒北] tʃu.g.əl.əl [出] 許57.

[圡凢仒芺丙] tʃu.g.əl.gə.i [出] 博3.

[圡凢仒芺炏] tʃu.g.əl.gə.ər [명동] 지(誌)(豊田五郎 1991b). [出] 先59.

[圡凢仒凢] tʃu.g.əl.əg [명] ① 명(銘)(羅福成 1934c), ② 지(誌)(研究小組 1977b, 清格爾泰외 1978a, 劉鳳翥외 1981c). [동] ① 뚫어새기다(即實 1996①), ② 기록하다(即實 2012⑳). [出] 道/先/永/迪/皇/高/玦.

[圡凢仒凢 月仐] tʃu.g.əl.g yo.u [명] ① 명(銘) 또는 사(辭)(即實 1996⑯), ② 지명(誌銘)(劉鳳翥 2014b㊾). [出] 道8.

[圡凢仒凢 月仐 冈叐犳村] tʃu.g.əl.g yo.u ʤohi.u.ʤi-n [동] 지명(誌銘)을 짓다(清格爾泰외 1985). [出] 道8.

[圡凢仒凢村] tʃu.g.əl.g.ən [出] 道31.

[圡凢仒夯朩] tʃu.g.əl.ə.tʃi [出] 尚6.

[圡凢仒芺朩] tʃu.g.əl.gə.tʃi [동] 새기다(刻)(愛新覺羅 2004a③). [出] 迪4, 梁2.

[圡凢仒芺炏] tʃu.g.əl.gə.ər [동] 착각(鑿刻, 뚫어새기다) 또는 명기(銘記, 명문을 기록하다)(即實 2012⑳). [명동] 지(誌)(劉鳳翥 2014b㊾). [出] 先59, 宋10.

[圡凢仒芺当] tʃu.g.əl.gə-n [명동] 지(誌)(豊田五郎 1991b). [出] 先18.

[圡凢关] tʃu.g.i [出] 塔2-1.

[圡凢炏] tʃu.g.ər [명동] ① 지(誌)(劉鳳翥외 1981c/2009, 劉鳳翥 1993d/2014b㊾), ② 서(書, 명사로는 “글” 또는 “문장”을 의미하고, 동사로는 “글을 쓰다”를 의미한다)(王弘力 1986). [出] 道/令/許/故/仲/先/海/永/迪/弘/副/宋/慈/智/烈/奴/圖/梁/糺/清/尚/韓/玦/回/特.

[圡凢当] tʃu.gə.ən [명동] ① 명(銘)(羅福成 1933, 1934b), ② 지(誌)(厲鼎煃 1954, 鄭紹宗 1973, 研究小組 1977b, 清格爾泰외 1978a, 劉鳳翥외 2009). [동] 착각(鑿刻, 뚫어새기다), 조각(雕刻, 새기다)(即實 1996①). [出] 興/仁/道/宣/令/許/故/仲/先/宗/海/博/永/迪/弘/副/宋/慈/智/烈/奴/高/室/圖/梁/糺/清/尚/韓/玦/回蓋/回/特/蒲.

[圡凢当 月仐] tʃu.gə.ən yo.u [명동] 명(銘) 또는 사(辭)(即實 1996⑯). [명] 지명(誌銘)(劉鳳翥 2014b㊶). [出] 仁22.

[圡凢当 月仐火] tʃu.gə.ən yo.u.un [명](소유격) 지명(誌銘)의(清格爾泰외 1985, 劉鳳翥 2014b㊶). [出] 故20.

[圡凢当 令勺] tʃu.gə.ən t.ug [동] 지에서 말하길(誌曰)(研究小組 1977b, 清格爾泰외 1978a/1985). [명] 명(銘) 또는 사(辭)(即實 1996⑯). [出] 仁22, 許58, 宗28.

[圡凢穴犳] tʃu.g.u.ʤi [명] 지(誌)(即實 2012⑳). [동] 기록하다(即實 2012⑳). [出] 皇13, 尚30.

[圡凢穴犳] tʃu.g.u.ʤi [명] 지(誌)(豊田五郎 1991b, 劉鳳翥 1993d). [出] 先54/67/68.

[圡凢□凢] tʃu.gə.□.g [出] 韓23. [校勘] 이 글자가 초본에는 셋째 원자가 누락되어 있는데, “圡凢仒凢”로 함이 올바르다(即實 2012[校]).

[圡夯] tʃu.ə [형] ① 현혁(顯赫, 권세·명성 등이 찬란하다, 빛나다, 혁혁하다)(即實 1996⑥), ② 두드러지다(即實 1996⑯), ③ 현명하다(愛新覺羅 2010c, 愛新覺羅외 2011). [명] 현인(賢人)(大竹昌巳 2016d). [出] 道/令/許/故/仲/先/宗/海/涿/永/迪/弘/副/宋/烈/奴/圖/梁/清/葉/玦/回/蒲.

[圡夯 几] tʃu.ə ku [出] 令18. [校勘] 초본에는 잘못하여 한 글자로 합쳐져 있으며, “几”는 글자의 처음(초성)에만 나온다(即實 2012[校]).

[圡夯 穴] tʃu.ə noi [명] 높은 벼슬자리(即實 1996⑯). [出] 許4.

[圡夯村] tʃu.ə.ən [出] 許14.

[圡芺村] tʃu.gə.ən [出] 副21/36/41, 玦42, 回26.

[圡芺朩] tʃu.gə.tʃi [명] 현사(賢士, 어진 선비)(愛新覺羅 2013b). [出] 特22.

[圡芺朩村] tʃu.gə.tʃi-n [出] 特22.

[圡芺公] tʃu.gə.t [형] 현혁(顯赫, 권세·명성 등이 찬란하다, 빛나다, 혁혁하다)(即實 2012⑳). [出] 令/迪/慈/圖/梁.

[圡芺公村] tʃu.gə.t.ən [出] 梁2.

[圡芺□北夯] tʃu.gə.□.ur.ə [出] 海7. [校勘] 이 글자는 초본 등에 잘못 기록된 것이므로, “圡芺丙当炏”가 올바르다(即實 2012[校]).

[圡朱矢] tʃu.d.tə [出] 玦39.

[圡犬矢] tʃu.os.tə [出] 許33. [校勘] 이 글자는 초본

에 잘못 옮겨진 것이므로 "圡尜矢"가 올바르다(即實 2012校).

亟 [발음] qa, qã [原字번호] 53

[亟] qa, qã [명] ① 한(汗)(研究小組 1977b), ② 가한(可汗)(清格爾泰외 1985), ③ 아(啊)(即實 1996①). [出] 興/仁/道/宣/宗/博/涿/慈/奴/韓/玦/特/盞. [用法] ①"가한"이란 명칭은 요 황제나 송 황제 모두에게 사용되었다(愛新覺羅외 2011). ②"가한"을 나타내는 말로 "亟"와 "亟圡艾"이 병존하는데, "亟"에 대응하는 "啊"는 "汗"에서 [n]음이 탈락된 것으로 "汗"보다 낮은 의미일 것이다(即實 1996①). ③"亟"는 "亟圡艾(소유격)"의 주격형식이다(王弘力 1986).

[亟 舟办] qa b.aqa [명] 황제의 아들(皇子)(即實 1996⑯). [出] 仁28.

[亟 宋关] qa tərik.i [명] 황제와 황후(即實 1996⑯). [出] 仁16.

[亟 宋村] qa tərik.ən [명] 황제와 황후(即實 1996⑯). [出] 宣10.

[亟艾] qa.an [借詞] "韓", "漢", "罕" 등을 나타내는 한어차사(研究小組 1979, 愛新覺羅 2004a⑫, 劉鳳翥외 2008b, 劉鳳翥 2014b52). [명] 가한(可汗)(研究小組 1977b). [명](소유격) 한(汗)의(即實 2012⑳). [의] 어찌하여(愛新覺羅 2006a). [同源語] "가한"을 의미하는 고대투르크어 및 서면몽골어의 [qaɣan], 중기몽골어의 [qa'an], 현대몽골어의 [xaːn]과 동일한 어원이다(大竹昌巳 2015c/2016e). [出] 仲/宣/宗/海/永/弘/副/智/烈/高/圖/清/韓/葉/特.

[亟艾 丙] qa.an məg [명](인명) ①韓麽格(愛新覺羅 2010f), ②韓茉(即實 2012⑳). [出] 副13. [人物] ≪副誌≫ 주인 窩篤宛兀没里(한풍명: 耶律運[1031~1077])의 모친인 韓麽格 을림면(乙林免)을 지칭한다(愛新覺羅 2010f).

[亟艾 火火] qa.an k(h).ui [명](국명) "한국(韓國)"의 한어차사(愛新覺羅외 2011, 劉鳳翥 2014b52). [出] 宗20. [参考] "한국(韓國)"은 耶律宗教(991~1053)의 부인인 을실기척은(乙室己 惕隱) 麽格娅 부인의 봉호(封號)이다(愛新覺羅외 2011).

[亟艾 九丙] qa.an g.iu [명](인명) 韓九(愛新覺羅 2010f, 即實 2012⑦, 劉鳳翥 2014b52). [出] 永19. [人物] ≪永誌≫ 주인 遙隱永寧(1059~1085)의 조부 韓九 낭군(郎君)을 지칭한다(愛新覺羅 2010f).

[亟艾 九火 戈文夯 九夯] qa.an g.ui ʃ.iæ.æn g.ə [명](인명) ①韓國單哥(愛新覺羅외 2011, 劉鳳翥 2014b52), ②韓國·仙哥(即實 2012⑭). [出] 清6. [人物] 영청군주(永淸郡主) 조모(韓國부인)의 봉호가 한국(韓國)이며, 이름은 仙哥이다(即實 2012⑭).

[亟艾 九火 九太] qa.an g.ui g.uŋ [명](관제) "한국공(韓國公)"의 한어차사(清格爾泰외 1985, 劉鳳翥 2014b52). [出] 仲21.

[亟艾 九才 公爻] qa.an g.ia n.u [명](인명) 韓家奴(即實 1996⑯). [出] 先63, 弘19, 清13. [人物] ≪弘誌≫ 주인 敖魯宛隗也里(1054~1086, 한풍명: 耶律弘用)의 장남인 韓家奴 낭군(1078~?)을 지칭한다(愛新覺羅 2010f).

[亟艾村] qa.an.ən [명](소유격) 가한(可汗)의(劉浦江외 2014). [出] 宣10, 迪3.

[亟艾伏] qa.an.in [명] 위(上)(朱志民 1995, 劉鳳翥외 1995). [명](인명) ①韓寧(唐彩蘭외 2002, 劉鳳翥 2014b52), ②韓隱(愛新覺羅 2004a⑪), ③韓訥(即實 2012⑳), ④何你(韓隱·雰金의 거란 字)(劉鳳翥 2014b52, 愛新覺羅 2009a⑧). [出] 博5, 副7/8/13/51, 烈6, 韓3.

> [人物] ①≪博誌≫의 주인인 習輦(1079~1142)의 부친 韓寧斡特剌 장군(將軍)을 지칭한다(愛新覺羅 2010f).
> ②≪韓誌≫ 주인 曷魯里 부인(?~1077) 남편(特免 부마)의 부친(시부에 해당)인 "韓隱楊葛 상공(相公)"을 지칭한다(愛新覺羅 2010f).

> [遼史] **蕭排押**(소배압, ?~1023)도 "한녕(韓寧)" 또는 "한은(韓隱)"이란 자(字)를 썼는데, 모두 **亟艾伏** [qanin]의 동음이역(同音異譯)에 해당하며 거란 남자의 字로 상용된다. 국구소부방(國舅小父房) 후손으로 고려 원정에 수 차례 참가하였으므로 ≪고려사≫에도 자주 언급된다. ≪요사≫ 권88에 그의 전(傳)이 있으며, 소손녕(蕭遜寧, 이름 恒德)이 그의 동생이다(愛新覺羅외 2011 등).

[亟艾伏 仐村] qa.an.in əs.ən [명](인명) 韓寧·宜新(劉鳳翥 2014b52). [出] 副8. [人物] ≪副誌≫의 주인 窩篤宛兀没里(한풍명은 耶律運[1031~1077])의 부친인 북원대왕(北院大王) 韓寧宜新을 지칭한다(愛新覺羅 2010f).

[亟艾伏 业当 九犭] qa.an.in p.oŋ g.im [명](인명) 韓寧·雰金(劉鳳翥 2014b52). [出] 烈6. [人物] ≪烈誌≫의 주인 空寧敵烈(1034~1100, 한풍명은 承規)의 조부인 韓寧雰金을 지칭한다(愛新覺羅 2010f).

[亟禾九丙] qa.s.g.jo [出] 洞III-3.

[亟圡] qa.ha [出] 蒲9.

[亟圡艾] qa.ha.an [명] 가한(可汗)(研究小組 1977b, 清格爾泰외 1985). [명](소유·목적격) 가한의, 가한을(研究小組 1977b, 清格爾泰외 1978a, 王弘力 1986, 大竹昌巳 2016d). [出] 仁/令/許/郎/仲/先/宗/海/博/永/迪/弘/副/皇/宋/智/奴/高/圖/梁/

紎/尚/韓/玦/回/特/蒲.

[壺壺采 曲兯] qa.ha.an go.er 명 ① 왕장(王帳)(趙志偉외 2001), ② 가한장(可汗帳)(愛新覺羅외 2011), ③ 가한(可汗)의 족계(族系)(劉鳳翥 2014b⑰). 出 先63, 永32.

[壺壺采 火九叐] qa.ha.an k(h).ṣï.ir 명 황족(皇族)(即實 1986c/1996⑯). 出 仁1, 許1.

[壺壺采 火九叐 曲兯] qa.ha.an k(h).ṣï.ir go.er 명 황족장(皇族帳)(即實 1991b). 出 仁1.

[壺壺采 才兯] qa.ha.an ja dəu 명 ① 가한장 질제(可汗帳侄弟, 즉 요국 황족의 핵심층인 "대횡장 질제(大橫帳侄弟)"를 의미한다)(即實 1996⑥), ② 가한의 횡장(橫帳)(劉鳳翥 2014b⑰). 出 先3.

[壺壺方] qa.ha.ad 명 ① 가한(可汗)(清格爾泰외 1985, 即實 1996⑯), ② "가한"의 복수형(即實 2012⑳, 大竹昌巳 2016d). 出 仁/道/先/弘/慈/烈.

[壺壺方兯] qa.ha.ad.ər 명(목적격) ① 한방(汗房)을(愛新覺羅 2004a⑦), ② 가한(可汗)을(即實 1996⑯), ③ 가한들을(即實 2012⑳). 出 先66, 迪9, 玦4.

[壺壺采] qa.ha.an 명(소유격) 가한(可汗)의(清格爾泰외 1985, 劉鳳翥 2014b㊱). 出 許14. 校勘 即實은 이 글자를 "壺壺采"이라고 기록하고 있다(即實 2012㊵).

[壺壺叐] qa.ha.ir 명 가한(可汗)(劉鳳翥 1993d). 出 先68. 校勘 即實은 이 글자를 "兯坐叐"라고 기록하고 있다(即實 2012㊵).

[壺壺孑] qa.ha.an 명 가한(可汗)(劉浦江외 2014, 劉鳳翥 2014b⑰). 出 先63. 校勘 即實은 이 글자를 "壺壺方"이라고 기록하고 있다(即實 2012㊵).

[壺壺孑冬] qa.ha.an.as 명(목적격) 가한(可汗)을(即實 1996⑥). 出 先66. 校勘 即實은 이 글자를 "壺壺方冬"이라고 기록하고 있다(即實 2012㊵).

[壺壺孑兯] qa.ha-n.ər 명(목적격) 가한(可汗)을(即實 1996⑥). 出 副29. 校勘 即實은 이 글자를 "壺壺方兯"이라고 기록하고 있다(即實 2012㊵).

[壺壺冬] qa.ha.as 명 ① 호랑이(寅·虎)(羅福成 1934g, 辛兌鉉 1937, 研究小組 1977b, 清格爾泰외 1985), ② 호랑이(虎), 번가사(蕃珂思, 호랑이를 나타내는 거란어로 "蕃珂忍" 또는 "蕃珂忍思"라고도 한다), 가한수(可汗獸), 다호르어로 호랑이를 [nɔjin kurə:s]("王獸"의 의미)라 부르는 데에서 추론)(即實 1982a/1996⑪), ③ 가한(可汗)들(王弘力 1984). 出 郎/博/迪/副/皇/奴/玦/蒲.

[壺壺矢] qa.ha.tə 명(향위격) 황위(皇位)에(清格爾泰외 1985). 出 博4.

[壺壺火] qa.ha.ju 명(소유격) 가한(可汗)의(即實 1996④). 명(향위격) 가한에(大竹昌巳 2016d). 出 許/先/博/弘/玦/回.

[壺壺火夬] qa.ha.ju.i 出 先3, 皇18.

[壺壺夵] qa.ha.ər 명 호랑이(寅·虎)(研究小組 1977b, 清格爾泰외 1978a). 出 郎5. 校勘 이 글자는 초본에 잘못 옮겨진 것이므로, "壺壺冬"가 올바르다(即實 2012㊵).

[壺九尺关] qa.də.dau.i 出 智20.

[壺兮] qa.al 興14, 韓33. 校勘 이 글자가 초본에 "壺兮 叐玏"≪興14≫로 분리되어 있는데, "叐玏"는 단독으로 사용하지 않으므로 "壺兮叐玏"가 올바르다(即實 2012㊵).

[壺兮比] qa.al.əl 出 仲44.

[壺兮叐玏] qa.al.u.dʒi 出 興14, 博16.

[壺兮叐] qa.al.ir 出 宋12. 校勘 이 글자가 초본에는 "壺兮叐"로 잘못 옮겨졌으므로 "壺兮叐"가 올바르다(即實 2012㊵).

[壺兮伏] qa.al.in 出 先50.

[壺兮屮廾玏] qa.al.l.ʊ.dʒi 出 仁22.

[壺兮尺玏] qa.al.u.dʒi 出 先51.

[壺方壺出] qa.ad.ha.an 出 仲41.

[壺方叐玏] qa.ad.u.dʒi 出 玦42.

[壺方关] qa.ad.i 명(인명) 何的(愛新覺羅외 2012⑩). 出 回2/5/8, 特27. 人物 ≪回誌≫의 주인인 回里堅何的(?~1080, 蕭圖古辭의 조카)를 지칭한다 ☞ 火火化夵与

[壺方关杴] qa.ad.i-n 出 回7.

[壺朩] qa.ar 出 道17, 尚29.

[壺力] qa.na 出 仁16.

[壺刘为] qa.qa.a 명(인명) ① 哈華(即實 1996⑥), ② 合蔑(愛新覺羅 2003f), ③ 哈嘎(寶玉柱 2006), ④ 哈夸(即實 2012⑬), ⑤ 汗哈(劉鳳翥 2014b㊼). 出 先7, 智11, 韓10.

人物 ① 耶律仁先(1013~1072, 紎鄰查剌)과 耶律智先(1023~1094, 烏魯本猪屎)은 5형제로, 그 중 막내인 撒班涅魯古가 중부방(仲父房) 합화(哈華) 재상의 가(家)를 이어받았다(即實 2012⑤).
② ≪韓誌≫의 주인인 曷盧無里 부인(?~1077)의 남편은 特免부마로 그의 맏형인 阿訥·哈念 상온(詳穩)을 지칭한다(即實 2012⑬).

[壺冬杴] qa.as.ən 명(소유격) 호랑이의(即實 2012⑳). 出 紎18, 蒲24.

[壺冬关杴] qa.as.i-n 出 慈8. 校勘 "关"와 "杴"가 이어지는 사례가 없으므로 그 중 하나는 오류일 가능성이 높다(即實 2012㊵).

[壺乃] qa.am 出 故15, 先5.

[壺为] qa.a 명(인명) ① 漢阿(劉鳳翥외 2005b), ② 合, 何(愛新覺羅 2004a⑫/2006a). 出 高7, 尚6.

[木夯化] mu.æi.ir 出 許48. 校勘 이 글자가 誌石이나 초본에 모두 잘못 기록되어 있으므로 "**夯夯化**"가 올바르다(即實 2012⑱).

글자의 첫 원자가 지석(誌石)에는 "木"으로 새겨져 있지만 "夯"가 정당(**夯夂平岺万**)하다(即實 2012⑱).

夲 [발음] ??
[原字번호] 55

[夲夭] ⑦.u 出 先57. 校勘 "夲"와 "夭"가 이어진 사례가 없으므로 "夭"는 잘못된 것("**夲夭**"이 정당)이다(即實 2012⑱).

[夲仐岺] ⑦.s.ər 出 先43.

[夲屮乢为夲] ⑦.l.ha.a.ar 出 玦11/38, 特28. 校勘 即實은 이 글자를 "**夲屮乢为出**"≪玦11≫이라고 기록하고 있다(即實 2014).

[夲屮乢为出] ⑦.l.ha.a.an 동 "교(敎)"의 사동태(즉, 가르치다, 교육시키다)(即實 2014). 出 玦11.

[夲屮廾为] ⑦.l.ʊ.dʒi 出 玦9.

[夲屮刅岑] ⑦.l.q.iu 出 先62, 博40.

[夲兴] ⑦.i 出 道19, 許17, 玦11/39.

[夲与] ⑦.ən 出 宗26, 宋11, 慈21, 許18.

夯 [발음] ??
[原字번호] 56

[夯] ⑦ 用例 ① 天夯万兴 [ʃ.⑦.j.i] 出 道16, ② 天夯万与 [ne.j.ən] 出 宣14.

[夯屮乢出] ⑦.l.ha.an 出 副27. 校勘 即實은 이 글자를 "**夲屮乢出**"이라고 기록하고 있다(即實 2012⑱).

夭 [발음] ho
[原字번호] 57

[夭] ho 借詞 "和"를 나타내는 한어차사(鄭曉光 2002). 出 永7, 皇1/4.

[夭 天禿 公夾] ho ʃ.aŋ n.u 명(인명) 和尚奴(鄭曉光 2002, 愛新覺羅 2004a⑫). 出 永7. 人物 ≪永誌≫ 주인 遙隱永寧(1059~1085)의 백증조부인 和尚奴 낭군(郎君)을 지칭한다(愛新覺羅 2004a⑫).

[夭币] ho.od 出 皇19.

[夭扎] ho.ur 出 許/道/宣/先/永/智/烈/圖/尙/洞1.

[夭乩] ho.us 出 許15. 校勘 "乩(또는 乬)"은 글자

[𠬝为 刋为] qa.a qa.a 명(인명) ①曷萬(愛新覺羅 2009a⑧), ②哈夯(即實 2012⑬), ③漢阿·哈(劉鳳翥 2014b52). 出 高7. 校勘 이 글자는 거란어로 된 인명이므로 한 글자(**𠬝为刋为** 또는 **𠬝刋为**)로 나타내야 한다(即實 2012⑬).

人物 ≪高誌≫ 주인 王寧高十(한풍명: 韓元佐, 1015~?)의 조부인 福哥(韓德昌, ?~986) 사도(司徒)의 여섯째 형(韓德沖, 즉 韓匡嗣의 6남)이다. ☞ 韓知古(玉田韓氏)의 가계에 대하여는 "愛新覺羅 2009a⑧"을 참고하라.

[𠬝为 几屮夹杓] qa.a gi.ya.an.ən 명(소유격) 한가(罕家, 왕가 또는 황가의 의미이다)의(即實 2012⑲). 出 尙6. 校勘 가(家)를 의미하는 "**几屮**" 뒤에 소유격어미인 "**夹**"과 "**杓**"이 중복 사용되었다(即實 2012⑲). 參考 묘주의 관직이 소윤(少尹) 또는 소경(少卿)인 점을 볼 때, "한가(罕家)"는 실제 황가를 의미하지는 않고, 그것과 등급이 유사한 "태상시(太常寺)" 등을 나타내는 관습적 표현에 불과하다(即實 2012⑲).

[𠬝为夹] qa.a.an 出 韓15, 玦14.

[𠬝生] qa.abu 동 합치다(即實 2012⑳). 出 許31.

[𠬝生尘] qa.abu.t 동 ① 합치다(即實 1996⑯), ② 합장(合葬)하다(愛宕松男 1991). 명 자리(座)(劉鳳翥외 2003b). 出 宣5, 迪29, 宋7, 淸4/7.

[𠬝生尘 力冬𠬝为出] qa.abu.t an.as.ha.a.an 동 ① 합장(合葬)하다, 함께 잠들게 하다(即實 1996⑯, 愛新覺羅 2004a⑫), ② 자리를 옮기다(劉鳳翥 2014b52). 出 宣5/6, 宋7.

[𠬝业夹] qa.p.an 出 宋16. 校勘 即實은 이 글자를 "**𠬝业夹**"이라고 기록하고 있다(即實 2012⑱).

[𠬝丹伏] qa.bu.n 出 仁28.

[𠬝廾屮叐] qa.⑦.l.ir 出 先19.

[𠬝由叐] qa.bəl.ir 出 仲11.

[𠬝由屮业卉] qa.bəl.əl.ha.ai 동 합장(合葬)하다(即實 2012⑳). 出 博43, 尙13.

木 [발음] mu(?)
[原字번호] 54

[木雨] mu.in 出 許16/23/36. 校勘 이 글자가 지석에는 "木雨"으로 새겨져 있지만 한어 "공신(功臣)"의 "신(臣)"을 음역한 것이므로 "**夯雨**"이 올바르다(即實 2012⑱).

[木木宋] mu.mu.terik 出 興16. 校勘 이 글자는 초본에 잘못 옮겨진 것이므로, "**夯夯朱**"가 올바르다(即實 2012⑱).

[木夂平岺万] mu.ug.ul.gə.əi 出 許23. 校勘 이

앞에서만 나오고 "夹犮"와 같은 사례는 없으므로 초본의 기록이 잘못되었으며, "夹北"가 올바르다(即實 2012[校]).

[夹不] ho-n [명](지명・소유격) 활(滑)의(愛新覺羅 2004j). [出] 博8/19/22.

[夹欠夰] ho.go.oi [出] 故17.

[夹行] ho.omo [명] 재궁(梓宮, 황제의 관을 지칭하는데 주로 가래나무로 만들기에 붙여진 명칭이다)(愛新覺羅 2004a⑨). [出] 興/道/許/仲/宗/皇/宋/智/烈/梁/清/回.

[夹行朩] ho.omo.ən [出] 宗17, 回18.

[夹行矢] ho.omo.tə [出] 智15.

[夹行炏] ho.omo.ər [出] 仁18, 迪28, 清25, 回28.

[夹仍炏] ho.ta.gə [出] 仁15. [校勘] 이 글자는 彙本 등에 잘못 옮겨진 것이므로, "夹行炏"가 올바르다(即實 2012[校]).

[夹仌夰] ho.o.oi [명] ① 천금(千金)(即實 1996⑥), ② 젊은 여자(愛新覺羅 2003e). [出] 故17/18/19.

[夹仌伏令] ho.o.in.t [명] 숙녀들(即實 1996①). [出] 宣13.

[夹仌火] ho.o.ui [명] 젊은 여자(愛新覺羅 2004a⑩). [出] 涿22, 梁23.

[夹sk廾丙] ho.l.ʊ.mur [出] 韓21. [校勘] 이 글자는 초본에 잘못 옮겨진 것이므로, "杰sk廾礿"가 올바르다(即實 2012[校]).

[夹闲] ho.od [出] 宣26.

朩 [발음] mi(?) [原字번호] 58

[朩] mi [出] 先32/50, 弘22, 特20. [用例] 飞朩sk炏炏 [ʃ.mi.l.gə.ər] [동] 대우하다, 상대하다(愛新覺羅 2004a⑧). [出] 迪14, 特12.

杏 [발음] un, uni, ni [原字번호] 59

[杏] un / uni / ni [명] 소(丑・牛)(羅福成 1934a, 王靜如 1935, 辛兌鉉 1937, 研究小組 1977b, 清格爾泰외 1978a/1985, 豊田五郎 1991, 即實 1996⑯). [同源語] "소"를 의미하는 서면몽골어의 [üniyen], 중기몽골어의 [üniğe], 현대몽골어의 [unʲəː]와 동일한 어원이다(大竹昌巳 2013a). [用法] ① 소유격 표시 부가성분으로 사용된다(劉浦江외 2005), ② 남자의 "자(字)"의 어미로 사용된다(愛新覺羅 2004a⑪). [出] 興/先/永/皇/糺/清/玦. [參考] ☞ "남자 자(字)의 어미 발음의 표현형식"에 대하여는 "伏"(원자번호 222)을 참조하라.

[杏北朩伏] un.ur.tʃ.in [出] 慈20. [校勘] 본래 이 단어는 2개의 글자(夹北 凷伏)이나 초본에 하나로 합쳐져 있으며, "杏"와 "朩"도 잘못되어 있다(即實 2012[校]).

[杏欠] uni.gu [명](관제) 말골(抹鶻)(即實 1996④). [형] 작은, 어린(即實 2012⑳). [出] 許/故/先/副/智/奴/梁. [參考] 即實이 당초에 "말골"로 번역한 이유는 "杏欠"의 발음을 [mu:rk'an]으로 보아 ≪몽고비사≫의 "멸아간(蔑兒干, 활을 잘 쏘는 자)"과 매우 유사하므로 같은 말일 가능성이 높다고 보았기 때문이다(即實 1996④).

[杏欠万关] uni.gu.j.i [出] 先30.

[杏欠皃] uni.gu.ud [出] 先46, 副13.

[杏欠为出] uni.gu.a.an [出] 智8. [校勘] 본래 이 단어는 2개의 글자(杏欠 为出)이나 초본에는 하나로 합쳐져 있으며, 그러한 사례가 없다(即實 2012[校]).

[杏欠矢] uni.gu.tə [出] 奴10. [校勘] 이 글자가 초본에는 "杏冬欠"로 잘못 기록되어 있다(即實 2012[校]).

[杏欠朱] uni.gu.do [出] 永27.

[杏欠伏] uni.gu.n [出] 副26, 梁22.

[杏欠伏炏] uni.gu.n.ər [명](향위격) 젊었을 때에(即實 2012⑳). [出] 圖5, 梁18. [校勘] 即實은 이 글자를 "杏余伏炏"≪梁18≫로도 기록하고 있다(即實 2012[校]).

[杏欠伏炏 飞廾火勺] uni.gu.n.ər ʃ.ʊ.un.betʃ [동] "요절하다"의 복수형(大竹昌巳 2016d). [出] 烈18. [參考] ☞ "요절하다"라는 표현에 대하여는 "飞廾火屮" 이하를 참고하라.

[杏欠米] uni.gu.ordu [出] 許53. [校勘] 이 글자는 초본에 잘못 옮겨졌으므로 "杏欠朱"가 올바르다(即實 2012[校]).

[杏乐朱] uni.æi.do [出] 仲6, 梁5. [校勘] 即實은 이 글자를 "杏余朱"≪仲6≫으로 기록하고 있다(即實 2012[校]).

[杏余] uni.gu [형] 작다(愛新覺羅 2004a⑫, 即實 2012⑳), 어리다(即實 2012⑳). [명](관제) 말리(抹里)(即實 1996⑪). [出] 宗/博/永/玦/回/蒲. [參考] ☞ 말리에 대해서는 "爻化"를 참고하라.

[杏余礿] uni.gu.dʑi [出] 令17, 特19.

[杏余不] uni.gu.on [出] 仲38, 玦29.

[杏余皃] uni.gu.ud [명](향위격) 어려서(愛新覺羅 2004a⑧, 即實 2012⑳). [出] 令/博/迪/慈/烈/尚.

[杏余皃 飞廾火屮] uni.gu.ud ʃ.ʊ.un.bur [동] "요절하다"의 남성 단수형(大竹昌巳 2016d). [出] 烈16. [參考] ☞ "요절하다"라는 표현에 대하여는 "飞廾火屮" 이하를 참

고하라.

[杏余㞐커] uni.gu.ud.aqa [동] 공경하다(悌)(即實 2012⑳). [出] 烈10.

[杏余㞐□] uni.gu.ud.? [동] 공경하다(悌)(即實 2015a). [出] 回8. [校勘] 即實은 누락된 4번째 원자를 "커"로 파악하고 있다(即實 2015a).

[杏余矢] uni.gu.tə [명](관제・향위격) 말리(抹里)에(即實 1996②). [出] 令12.

[杏余矢커] uni.gu.tə.qa [형] 작아서(即實 2012⑳). [出] 弘9.

[杏余朱] uni.gu.do [명](향위격) 어려서(愛新覺羅 2003f, 即實 2012⑳). [出] 仲25/30, 智15, 玦11, 特9.

[杏余朱 叉卄火屮] uni.gu.do ʃ.ʊ.un.bur [동] "요절하다"의 남성 단수형(大竹昌巳 2016d). [出] 智15. [參考] ☞ "요절하다"라는 표현에 대하여는 "叉卄火屮" 이하를 참고하라.

[杏余朱 圡火] uni.gu.do əu.ui [동] 요절하다(愛新覺羅 2004a⑧). [出] 博37.

[杏余伏] uni.gu-n [出] 仁16, 圖22, 回18.

[杏余伏村] uni.gu.ni-n [出] 玦9.

[杏余伏兴] uni.gu.n.ər [형] 나이가 어린, 작은(愛新覺羅 2004a⑫). [명](향위격) 어려서, 젊었을 때에(即實 2012⑳). [出] 烈17/21, 梁18.

[杏余伏兴 叉卄火与] uni.gu.n.ər ʃ.ʊ.un.betʃ [동] "요절하다"의 복수형(大竹昌巳 2016d). [出] 梁18. [參考] ☞ "요절하다"라는 표현에 대하여는 "叉卄火屮" 이하를 참고하라.

[杏余火] uni.gu.un [명](관제) 우군(牛群)(愛新覺羅 2003h). [명](관제・소유격) 말리(抹里)의(即實 1996②). [出] 令16.

[杏余火 吊气 ㄗ] uni.gu.un tʃa.aŋ ʂï [명](관제) 우군창사(牛群敞史)(愛新覺羅 2003h). [出] 令16.

[杏余行伏叉] uni.gu.bu.n.ir [出] 尚18. [校勘] 본래 이 단어는 2개의 글자(杏余 行伏叉)이나 초본에는 하나로 잘못 합쳐져 있다(即實 2012[校]).

[杏行大] uni.b.ud [出] 奴39. [校勘] 이 글자는 초본에 잘못 기록되었고("大"는 글자 끝에 놓이는 경우가 없다) 탁본도 균열이 있어 모호하나, 아마도 "北矢"일 것이다(即實 2012[校]).

[杏乚] uni.? [出] 副51.

寸 [발음] bai [原字번호] 60

[寸] bai [書法] ① Kane은 이 원자가 可 [bai](원자번호 61)의 이서체라고 주장하고 있다(Kane 2009). ② 即實도 이와 비슷한 견해인데, 이 원자는 주로 초본에 등장하고 있으나 독립된 원자가 아니라고 지적한다. 즉, 탁본에는 대부분 행서(行書)로 적혀 있고 "寸"는 행서를 잘못 적어서 생겨난 것일 뿐 "可"와 별개의 글자가 아니라는 것인데, 따라서 "寸"가 포함된 글자는 모두 "可"으로 보아야 한다고 주장한다(即實 2012[校]).

[寸禾矢] bai.s.tə [명](향위격) 지위(地位)에(即實 1996③). [出] 仲5. [校勘] ☞ 可仐矢(即實 2012[校]).

[寸夾] bai.ur [出] 許54. [校勘] 이 글자는 초본에 잘못 옮겨진 것이므로 "丹夾"가 올바르다(即實 2012[校]).

[寸村] bai-n [出] 道35, 宣16, 仲9, 博26. [校勘] ☞ 可村(即實 2012[校]).

[寸朿] bai.tʃi [出] 仲4. [校勘] ☞ 可朿(即實 2012[校]).

[寸仐矢] bai.sə.tə [出] 博31. [校勘] ☞ 可仐矢(即實 2012[校]).

[寸仐屮] bai.sə.bur [명](인명) ① 括思鉢(即實 1996⑯), ② 曷斯本(愛新覺羅 2004a⑧), ③ 白斯不(愛新覺羅 2010f), ④ 擺斯本(劉鳳翥 2014b㊸), ⑤ 白斯鉢里(愛新覺羅외 2015⑩). [出] 仲6. [人物] ≪仲誌≫ 주인 烏里衍朮里者(1090~1150, 한풍명: 蕭仲恭)에게는 5형제(묘주가 둘째)가 있었는데, 그 중 막내인 봉국(奉國) 白斯不를 지칭한다(愛新覺羅 2010f). [校勘] ☞ 可仐屮(即實 2012[校]).

[寸今] bai.t [出] 博23. [校勘] ☞ 可今(即實 2012[校]).

[寸公] bai.d [동] 늙다(老)(趙志偉외 2001). [出] 博29. [校勘] ☞ 可公(即實 2012[校]).

[寸公圡丯] bai.d.ha.ai [동] ① 시신을 안치하다(厝)(愛新覺羅 2004a⑧), ② 두다(置)(愛新覺羅 2004a⑫), ③ 시신을 안치하다(殯)(劉鳳翥 2014b㉜). [出] 道6. [校勘] ☞ 可公圡丯(即實 2012[校]).

[寸公圡为出兴] bai.d.ha.a.an.ər [出] 博39. [校勘] ☞ 可公圡为出兴(即實 2012[校]).

[寸丬圡丯] bai.l.ha.ai [出] 仲17. [校勘] ☞ 可丬圡丯(即實 2012[校]).

[寸兴] bai.ər [出] 仁20, 道21, 宣8, 博21/29. [校勘] ☞ 可兴(即實 2012[校]).

可 [발음] bai [原字번호] 61

[可] bai [동] ① 벌여놓다, 배치하다(擺)(劉鳳翥외 2006b), ② 세우다(立)(即實 2012⑳), ③ 있다(在)(即實 2012⑳). [出] 興/仁/道/令/許/先/宗/海/博/副/皇/宋/烈/奴/梁/糺/清/尚/韓/玦/回/特.

[可禾] bai.s [명] 위계(位階, 벼슬의 품계 또는 지위

나 계층의 등급(即實 2012⑳). 图 ① 빈장(殯葬, 사망 즉시 시신을 매장하지 않고 안치해 두는 의례)을 하다(劉鳳翥외 2006b), ② 현존하다, 이미 있다(即實 2012⑩), ③ 대개 존재하다(即實 2012⑳). 出 興/仁/宣/令/許/故/仲/先/迪/副/皇/宋/智/烈/梁/玦/特.

[ㄇ禾村] bai.s.ən 出 梁24.

[ㄇ禾矢] bai.s.tə 图 (향위격) 지위(地位)에(即實 1996⑯). 出 許40/55, 先36/59, 玦37.

[ㄇ扎比] bai.ur.bur 出 許61. 校勘 초본에 잘못 옮겨진 것이므로 "夲扎比"가 올바르다(即實 2012㊻).

[ㄇ夳ㄓ夯伏] bai.oi.l.gə.n 出 蒲20.

[ㄇ村] bai-n 图 아침(呼格吉樂圖 2017). 出 令/先/宗/烈/梁/尚/玦/回.

[ㄇ村村] bai-n.ən 图 (소유격) (이른)아침의, 새벽의(吳英喆 2005c, 劉鳳翥외 2008a). 出 弘22, 圖25.

[ㄇ村村 夭土卡] bai-n.ne ʃ.əu.us 图 아침이슬(呼格吉樂圖 2017). 出 弘22, 圖25.

[ㄇ村仐] bai-n.əs 出 先58.

[ㄇ夭] bai.ir 動 있다(在)(即實 2012⑳). 出 宣23, 許14, 副30, 慈11.

[ㄇ朱] bai.tʃi 出 先25, 宗29.

[ㄇ矢] bai.tə 出 清15, 特14.

[ㄇ矢火] bai.d.i 動 잠들다(劉鳳翥 1993d). 出 先51, 清28.

[ㄇ伏] bai.n 图 (인명) 白隱(愛新覺羅 2010f/2013b). 出 迪33, 蒲蓋2, 蒲1/2.

[ㄇ伏 仐卡尺夯] bai.n pu.us.u.ər 图 (인명) 白隱蒲速里(愛新覺羅 2013b). 出 蒲2.

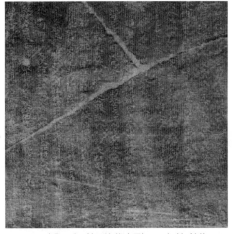

▲ 야율포속리(耶律蒲速里) 묘지명(일부)

墓誌 白隱蒲速里(1058~1104)는 ≪蒲誌≫의 주인이

다. "白隱"은 자(字)이고 "蒲速里"는 이름이며, 한풍명은 "耶律思齊"이다. 대강 2년(1076) 19세에 출사하여 지후(祗候)·낭군(郎君)·호위(護衛)·숙직관(宿直官)을 역임하고 결반사(結伴使)로 하서(河西)와 송나라에 갔다. 흥성궁부궁사(興聖宮副宮使)·남원호위태보(南院護衛太保)·숭덕궁궁사(崇德宮宮使)·귀주관찰사(歸州観察使)·좌원금오위장군(左院金吾衛将軍)·정강군절도유수(静江軍節度留守)를 역임했다. 건통 4년(1104)에 병사했다(愛新覺羅 2010f).

[ㄇ伏灬] bai.n.ər 出 故11.

[ㄇ化乏] bai.ri.ir 出 回10.

[ㄇ仐] bai.s 图 경사(即實 2012⑳). 形 경사스럽다(即實 2012⑳). 出 道/許/先/弘/烈/奴/清/尚/韓/特.

[ㄇ仐圡本] bai.s.ha.ar 图 (인명) ① 白撒里(愛新覺羅 2010f), ② 白薩里(即實 2012⑰), ③ 擺撒里(愛新覺羅 2013a, 劉鳳翥 2014b㊾). 出 副27. 人物 ≪副誌≫의 주인인 窩篤宛兀没里(한풍명: 耶律運[1031~1077])의 셋째 아들 白撒里 장군을 지칭한다(愛新覺羅 2010f).

[ㄇ仐圡为出] bai.s.ha.a.an 图 (인명) ① 擺撒(劉鳳翥외 2004c, 劉鳳翥 2014b㊾), ② 何斯罕(愛新覺羅 2005b), ③ 白斯釓初(即實 2012⑨). 出 烈19.

人物 ≪烈誌≫의 주인 空寧敵烈(1034~1100, 한풍명: 承規)에게는 5남 4녀의 자녀가 있었는데, 그 중 막내딸을 지칭한다(即實 2012⑨). ☞ 韓知古(玉田韓氏)의 가계에 대하여는 "愛新覺羅 2009a⑧"을 참고하라.

[ㄇ仐圡出] bai.s.ha.an 图 (인명) ① 白散(愛新覺羅 2010f), ② 白洒初 또는 白斯釓初(即實 2012⑭), ③ 擺撒(劉鳳翥 2014b㊾). 出 清14. 人物 ≪清誌≫의 주인인 奪里懶太山(한풍명: 蕭彦弼[1029~1087]) 부부에게는 3남(別里, 查剌, 阿剌里) 6녀가 있었는데, 그 중 셋째 아들인 阿剌里(蕭昉) 낭군의 장녀인 白散을 지칭한다(愛新覺羅 2010f).

[ㄇ仐亥夲] bai.sə.dʒi.al 出 弘29. 校勘 본래 이 단어는 2개의 글자(ㄇ仐 亥夲灬村)이나 초본에는 잘못하여 그 중 일부가 하나로 합쳐져 있다(即實 2012㊻).

[ㄇ仐圣矜公] bai.s.u.dʒi.d 出 仁10.

[ㄇ仐村] bai.s.ən 出 許55/56, 弘25.

[ㄇ仐乏] bai.s.ir 出 令14, 許40.

[ㄇ仐矢] bai.s.tə 出 皇19, 慈23, 智18.

[ㄇ仐ㄓ夵与矢] bai.sə.l.gə-n.tə 图 (향위격) 기쁜 때에(即實 2012⑳). 出 清15.

[ㄇ仐ㄓ刋] bai.sə.l.qa 動 ① 경축하다, 축하하다(即實 2012⑳). ② 기뻐하다(即實 2012⑳). 出 先67, 宋22.

[ㄇ仐ㄕ] bai.sə.bur 出 先34.

[可仐付伏] bai.sə.bu.n [명](인명) 白斯本(即實 2012⑦). [出] 永9. [人物] 《永誌》 주인인 耶律永寧(1059~1085)의 백모나 숙모에 해당하는 夸勒本 낭자(娘子)의 모친인 白斯本을 지칭한다(即實 2012⑦).

[可仐关] bai.s.i [出] 仁27, 先59, 特37.

[可仐炏] bai.s.ər [명](목적격) 지위를(即實 1996⑯). [出] 仲41, 副33.

[可仐夯] bai.s.ə [出] 許27.

[可仐火] bai.u-n [出] 玦27.

[可公] bai.d [동] ① 늙다(老)(趙志偉외 2001), ② 쇠하다(即實 2012⑤). [出] 智10.

[可公丞女] bai.d.ha.sair [동] (시신을) 안치하다(豊田五郎 1991b). [出] 先43. [校勘] 即實은 이 글자를 "**可公丞女**" 라고 기록하고 있다(即實 2012校).

[可公丞屮叐] bai.d.ha.al.ir [出] 仲3.

[可公丞屮刈] bai.d.ha.al.qa [동] 안치하다(豊田五郎 1991b). [出] 先68, 梁12, 玦41.

[可公丞中] bai.d.ha.ai [동] ① 안치하다(研究小組 1977b, 清格爾泰외 1978a/1985, Kane 2009, 劉鳳翥 2014b㉒), ② 두다(置), 임명하다(任), 제수하다(除)(即實 1991b). [명](인명) 擺撒里(盖之庸외 2008). [出] 興/仁/道/令/仲/先/皇/慈/玦.

[可公丞为女] bai.d.ha.a.sair [出] 故6. [校勘] 이 글자의 마지막 원자(**女**)는 초본에 잘못 기록되어 있으므로 "**女**"가 올바르다(即實 2012校).

[可公丞为木] bai.d.ha.a.ar [동] 놓다, 두다(置), 제수하다(即實 2012⑳). [出] 許/先/皇/圖/尚.

[可公廾药] bai.d.ʊ.ʤi [出] 慈20.

[可公村] bai.d.ən [出] 梁5.

[可公炏] bai.d.ər [동] ① 장례를 치르다(即實 1996④), ② 놓다, 두다(置)(即實 1996⑯). [出] 許53.

[可屮丞中] bai.l.ha.ai [出] 先51.

[可屮刈] bai.i.qa [出] 先34.

[可屮伏] bai.l.in [出] 韓33.

[可冂刈] bai.⍰.qa [出] 先31. [校勘] 即實은 이 글자를 "**可用刈**"라고 기록하고 있다(即實 2012校).

[可用刈木] bai.il.qa.mu [出] 先34. [校勘] 이 글자는 지석에 잘못 새겨져 있으므로 "**可用刈朱**"가 올바르다(即實 2012校).

[可用刈击] bai.il.q.ad [出] 玦17.

[可用刈炏] bai.il.q.ər [出] 蒲22.

[可炏] bai.ər [동] 대개 존재한다(即實 2012⑳). [出] 興/仁/道/宣/令/許/先/宗/博/弘/皇/梁/糺/清/玦/回.

亚

[발음] iaŋ
[原字번호] 62

[亚] iaŋ [用法] 주로 한어차사의 [-iaŋ] 발음을 나타내는 데 사용된다(Kane 2009).

夜

[발음] ur
[原字번호] 63

[夜] ur [명](지명) 운(雲)주(即實 2012⑳). [형] ① 영원하다(陳述 1973, 劉鳳翥외 1982, 即實 1996⑯, 愛新覺羅외 2011), ② 오랜, 유구한(愛新覺羅외 2011, 大竹昌巳 2016d). [同源語] 투르크어의 [uzun](← urun), 몽골어의 [urtu](← hurtu, ← purtu), [fudur](← furtu, ← purun)가 "길다"는 의미의 같은 어원이다(愛新覺羅외 2011). [参考] "영원하다"는 의미의 한자 "**永**"에서 파생되었다(Kane 2009). [出] 興/道/宣/令/許/故/仲/先/宗/博/迪/副/皇/宋/圖/梁/糺/清/尚/韓/玦/特/蒲/寶/錢.

[夜 仐长穴当 刈及闲] ur pu.su.u.ən q.o.ol [명](지명) ① 영흥릉(永興陵, 흥종황제의 능)(愛新覺羅외 2011), ② 영경릉(永慶陵, 성종황제의 능)(劉鳳翥 2014b㉒). [出] 皇5.

> [遼史] 永興陵(영흥릉)은 경운산(慶雲山) 아래에 있다. 요 경릉은 2가지 의미가 있는데, 협의로는 성종의 영경릉(永慶陵) 만을 지칭하고, 광의로는 영경릉 뿐만 아니라 영흥릉(永興陵, 흥종) 및 영복릉(永福陵, 도종)의 3개 능 까지를 포괄한다(劉鳳翥 2014b⑱).

[夜 仐九] ur s.umu [형] 오래토록 긴(愛新覺羅외 2011). [出] 道20.

[夜 仐村] ur s.ən [명] 요 흥종 때 연호인 "경복(景福)"(1031~1032)을 말하는데, 본 뜻은 "장수(長壽)"이다(清格爾泰 2002a, 盖之庸외 2008, 劉鳳翥 2014b㉒). [用法] "경(景)"은 "커다란"이란 의미지만 거란어의 "**夜**"를 고려하여 직역하면 "영수(永壽)"가 된다(愛新覺羅외 2011). [出] 副13.

[夜 仐村 捺 仒夵] ur s.ən qutug t.oi [명] ① 영수복창(永壽福昌)(愛新覺羅외 2011), ② 수장복덕(壽長福德)(劉鳳翥 2014b). [出] 錢.

복수전(福壽錢) 거란소자 명문(銘文)

[庋 才尜 刭及闲] ur ja.sei q.o.ol [명] 영복릉(永福陵, 도종황제의 능)(研究小組 1977b, 清格爾泰외 1978a). [出] 宣5.

[庋 搽 刭及闲] ur qutug q.o.ol [명] 영복릉(愛新覺羅외 2011). [出] 道6. [校勘] 清格爾泰 등은 "搽"를 분리하여 "庋 才尜 刭及闲"이라 표기하고 있다(清格爾泰외 1978a, 劉鳳翥 2014b㊾).

[庋丙仐圡平] ur.əi.l.ha.ai [出] 玦43.

[庋秃] ur.is [出] 先/皇/宋/清/玦.

[庋夊] ur.dʒi [出] 先21/43.

[庋村] ur.ən [出] 韓26.

[庋朩] ur.tʃi [出] 仁/博/弘/智/清/回.

[庋朩夂朩] ur.tʃi.ja.ar [出] 迪38. [校勘] 본래 이 단어는 2개의 글자(庋朩 夂朩)이나 초본에는 잘못하여 하나로 합쳐져 있다(即實 2012㊖).

[庋伏] ur.in [형] 오래토록 긴(即實 1990/1996①). [出] 宣10.

[庋仐] ur.sə [出] 宗25. [校勘] 即實은 이 글자를 "庋仐"이라고 기록하고 있다(即實 2012㊖).

[庋冊圡为朩] ur.?.ha.a.ar [出] 高9. [校勘] 吳英喆은 "庋冊圡为朩" [?.?.ha.a.ar]라고 적고 "撰(글을 짓다)"의 의미라고 해석하고 있다(吳英喆 2012a②). [出] 回1.

[庋冊圡为出] ur.?.ha.a.an [出] 道14, 皇6.

[庋冊圡出] ur.?.ha.an [出] 迪29.

[庋才丙] ur.ja.al [형] 가장 작은(愛新覺羅 2003e, 愛新覺羅외 2011). [명] ① 끝, 마지막(末)(即實 2012⑳), ② 곁(側)(愛新覺羅 2013b). [出] 故/皇/智/清/玦/回.

[庋才丙 丙 几] ur.ja.al məg ku [명] 측실(側室), 첩(愛新覺羅 2013b). [出] 回5. [用例] ① 又 丙 几 [mos məg ku] [명] 대처(大妻, 큰 부인)(即實 1996⑯). ② 伇关 夬为出 丙 几 [?.i. au.a.an məg ku] [명] 후처(愛新覺羅 2006a).

[庋尘] ur-d [用法] 묘지(墓誌) 한 곳만 나오는데, 앞에 향위격 부가성분, 뒤에 명사를 두는 정황으로 보아 庋 [ur]에서 파생된 형용사로 생각되지만, 원동경(圓銅鏡)의 경명(鏡銘)에서 댓구 형태인 점을 감안하면 명사로 쓰였을 가능성도 있다(愛新覺羅외 2011). [出] 圓3.

皮 [발음] lu [原字번호] 64

[皮] lu [書法] Kane은 이 원자가 癸 [lu](원자번호 208)의 이서체라고 주장하고 있다(Kane 2009). [出] 許43/46/60, 弘20.

夾 [발음] ?? [原字번호] 65

[夾] ? [書法] Kane은 이 원자가 夾(원자번호 116)의 이서체라고 주장하고 있다(Kane 2009). [出] 仁8, 塔Ⅱ-2. [用例] 文夾 [ie.?] [出] 典22.

[夾行] ?.om [出] 玦34.

土 [발음] mə [原字번호] 66

[土丙] mə.əi [出] 奴14.

[土丙夲关] mə.al.al.i [出] 烈27. [校勘] 이 글자는 초본에 잘못 옮겨진 것으로, "业丙夲关"가 올바르다(即實 2012㊖).

[土土平] mə.mə.ai [동] ① 사물을 정돈하다(王弘力 1990), ② 시신을 안치하다(殯)(劉鳳翥 2014b⑭). [出] 典2. [校勘] 이 글자는 휘본(彙本) 등에 잘못 기록된 것이므로 아마 "可公圡平"일 것으로 추정된다(即實 2012㊖).

[土北] mə.ur [出] 先57. [校勘] 이 글자의 두 번째 원자(北)는 그 끝자락이 누락되어 誌石에 잘못 새겨져 있으므로, "北"이 올바르다(即實 2012㊖).

[土北] mə-əl [동] ① 이름 짓다. ② 수를 세다. ③ 배열하다(愛新覺羅외 2011). [用法] 土 [mə-]는 "이름 짓다", "수를 세다", "배열하다"에 가까운 의미를 지니는 동사의 어간이고, 北 [əl]는 [ə]모음을 가진 어간에 뒤따르는 동사의 부동사형 부가성분이다(愛新覺羅외 2011). [出] 道/宣/仲/博/永/皇/慈/智/烈/梁/尚/玦/特/圓.

[土北 杰仐刭夹] mə-əl ?.əl.aqa.an [出] 仲6.

[土北 杰仐刭火] mə-əl ?.əl.aq.iu [出] 迪14.

[土北圡丙] mə-əl.ha.əi [出] 許30. [校勘] 이 단어는 본래 두 글자(土北 杰丙)이나 초본에 잘못하여 하나로 합쳐져 있고, "圡"는 "杰"로 고쳐져야 한다(即實 2012㊖).

[土北刭] mə-əl.aqa [出] 仲38.

[土夵矢] mə.oi.tə [出] 韓26. [校勘] 이 글자는 초본에 잘못 기록("土"와 "夵"가 이어지는 사례가 없음)된 것이므로 "土夯矢"로 함이 올바르다(即實 2012㊖).

[土夯] mə.e [出] 道/宣/仲/先/特.

[土夵公] mə.gə.d [出] 先30. [校勘] 即實은 이 글자를 "土夯公"라고 기록하고 있다(即實 2012㊖).

[土永豸] mə.u.dʒi [出] 博34.

[土村] mə.ən [出] 許40.

[土不] mə.on [出] 慈3. [校勘] 即實은 이 글자를 "业不"이라고 기록하고 있다(即實 2012[校]).

[土为] mə.a [出] 崖1.

[土亢] mə.? [出] 先30. [校勘] 即實은 이 글자를 "公亢"라고 기록하고 있다(即實 2012[校]).

[土矢] mə.tə [出] 特10.

[土伏叉] mə.n.ir [出] 故20. [校勘] "土伏"이라 쓰는 사례가 없으며 "业伏叉"의 오류일 것으로 추측된다(即實 2012[校]).

[土余交] mə.gu.ur [出] 韓25. [校勘] 이 글자는 초본에 잘못 기록("土"와 "余"가 이어지는 사례가 없음)된 것이므로 "ち余交"로 함이 올바르다(即實 2012[校]).

[土仐夯叉] mə.l.gə.ir [出] 先58.

[土仐夯仐北] mə.l.gə.s.əl [出] 先36.

[土仐夯仐九] mə.l.gə.l.gə [出] 先28.

[土仐夯当] mə.l.gə.ən [出] 道27.

[土仐伏] mə.l.in [出] 副43.

[土仐乆犳公] mə.l.k(h).dʒi.d [出] 先28. [校勘] 셋째 원자는 "乆"가 아닌 "穴"로 고치고, 이 단어를 둘로 분리하여 "土仐穴犳 公"라고 기록해야 한다(即實 2012[校]).

[土仐夯丙] mə.l.gə.əi [동] ① 명명하다(愛新覺羅 2003g), ② 명명되다(愛新覺羅 2004a⑫), ③ 시작하다(肇), 열다·개척하다(闢)(即實 2012⑳). [出] 令/先/迪/烈/玦.

[土仐夯仐北] mə.l.gə.s.əl [出] 許22.

[土仐夯仐伏] mə.l.gə.l.in [出] 弘11.

[土仐夯夾] mə.l.gə.ər [동] 시작하다(肇), 열다·개척하다(闢)(即實 2012⑳). [出] 副/烈/紀/尚/特/蒲.

[土仐夯当] mə.l.gə.ən [出] 迪17. [校勘] 초본에는 이 글자가 "ち仐夯当"으로 기록되어 있다(即實 2012[校]).

[土冄] mə.əb [出] 宗32.

[土九公] mə.g.ən [出] 永/宋/烈/清/特.

[土关] mə.i [出] 典23, 烈29.

[土夾] mə.ər [동] 시작하다(開), 번창하다(昌)(即實 2012⑳). [出] 副45, 宋16, 慈4, 努11.

[土夾 夯] mə.ər ə [出] 先19.

[土夯] mə.ə [出] 興/仁/許/皇/烈.

[土夯公] mə.ə.n [出] 烈8. [校勘] 即實은 이 글자를 "土夯公"라고 기록하고 있다(即實 2012[校]).

[土夯村] mə.gə.ən [出] 迪24. [校勘] "土夯"라고 쓰는 사례는 없으며 이 글자는 "土夯村"의 오류일 것으로 추정된다(即實 2012[校]).

[土夯公] mə.gə.t [出] 先32. [校勘] 即實은 이 글자를 "朩夯公"라고 기록하고 있다(即實 2012[校]).

[土夯夾] mə.gə.ər [出] 迪26.

[土兴] mə.os [出] 清2. [校勘] 이 글자는 초본에 잘못 옮겨졌으므로(한 글자가 두 글자로 분리됨) 탁본 내용대로 "生兴禾村"으로 고쳐야 한다(即實 2012[校]).

[土当] mə.ən [동] 시작하다(開, 肇)(即實 2012⑳). [出] 故/先/宗/智/清.

[土平夂犳] mə.ul.ug.dʒi [出] 先56. [校勘] 이 글자는 지석(誌石)에 잘못 새겨진 것이므로, "业平夂犳"가 올바르다(即實 2012[校]).

[土□夾] mə.?.ər [出] 韓12. [校勘] 초본의 첫 원자 "土"는 잘못된 것이므로 "ち长夾"이 올바르다(即實 2012[校]).

圡 [발음] əu [原字번호] 67

[圡长] əu.su [형] 가까운(即實 2012⑳). [명] ① 친척(即實 2012⑳), ② 풀(草)(大竹昌巳 2016d). [出] 道/先/宗/海/永/皇/烈/圖/尚/玦.

[圡长 叉及] əu.su m.o [명] 풀과 나무(草木)(大竹昌巳 2016d, 吉如何 2016). [出] 玦29.

[圡长叉] əu.su.ir [出] 宣5.

[圡长卍] əu.su.du [명](인명) 謳德爾吉(?)(即實 1996⑯). [出] 先67.

[圡长矢] əu.su.tə [出] 紀29.

[圡长公] əu.su.d [出] 宗22.

[圡长夾] əu.su.ər [出] 先56, 玦29.

[圡杏] əu.uni [出] 迪29, 玦10.

[圡杏夾] əu.un.ər [出] 玦7.

[圡北] əu.əl [형] 없다(即實 2012⑳). [동] 죽다(即實 2012⑳). [出] 仲/先/博/副/奴/玦/特.

[圡友] əu.dʒi [出] 仲13.

[圡交] əu.ur [명] ① 세월, 나이(歲)(劉鳳翥 1992c/1993d), ② 향년(享年, 죽은 사람의 나이), 년(年)(王弘力 1986), ③ 나이, 연령(齡)(豊田五郎 1990/1991b/1992), ④ 당시, 바야흐로(即實 1996①/1996⑤). [出] 興/仁/令/許/故/仲/先/宗/博/永/迪/弘/副/皇/宋/慈/智/烈/奴/高/圖/梁/紀/清/尚/韓/葉/玦/回/特/蒲.

[圡交 州欠] əu.ur od.go [형] 나이가 어리다(歲少)(劉鳳翥 2014b⑭). [出] 典31.

[圥夾比] əu.ur.əl 图 비호(庇護, 비호하다, 덮어 가리다)(即實 2012⑳). 名 세월, 나이(歲)(朱志民 1995). 出 博31.

[圥夾杂可] əu.ur.gə.ie 出 道13, 宣13.

[圥夾杂令] əu.ur.gə.s 出 仲47.

[圥夾杂出] əu.ur.gə.ər 出 道18, 先59, 宗15.

[圥夾丈] əu.ur.ir 出 弘10.

[圥夾久药] əu.ur.da.dʒi 出 慈8. 校勘 即實은 이 글자를 "圥夾尺药"라고 기록하고 있다(即實 2012⑯).

[圥夾矢] əu.ur.tə 名 세월, 나이(歲)(朱志民 1995). 名 (향위격) ~때에(愛新覺羅 2004a⑧). 出 仲/博/永/迪/智/韓/玦.

[圥夾屮] əu.ur.bur 图 ① 일찍 죽다(愛新覺羅 2004a⑩), ② 비호(庇護, 비호하다, 덮어 가리다)(即實 2012⑳). 名 나이, 연령(齡)(豊田五郎 1991b). 名 (인명) ① 歐里本(劉鳳翥외 2005b, 劉鳳翥 2014b㊼), ② 歐里不(愛新覺羅 2004a⑫), ③ 歐里鉢里(愛新覺羅 2013a), ④ 歐如卜(即實 2012⑳). 出 興/先/烈/高/尚.

> 人物 《高誌》 주인 王寧高十(한풍명: 韓元佐, 1015~?)의 이복형인 歐里鉢里 낭군이다(愛新覺羅 2013a). ☞ 韓知古(玉田韓氏)의 가계에 대하여는 "愛新覺羅 2009a⑧"을 참고하라.

[圥夾冂] əu.ur.? 出 許38. 校勘 即實은 본래 이 단어가 2개의 글자(圥夾 冂)이고 초본의 글자도 잘못되었다("冂"이 아님)고 주장하고 있다(即實 2012⑳).

[圥夾丹圣] əu.ur.bu.r 图 비호하다, 감싸주다(即實 2012⑳). 出 清29.

[圥夾丹本] əu.ur.bu.tʃi 出 興31.

[圥夾丹伏] əu.ur.bu.n 图 비호하다, 감싸주다(即實 2012⑳). 出 令10, 宗6, 弘28.

[圥夾关] əu.ur.i 名 세(歲)(劉鳳翥외 2009). 出 道33.

[圥夾杂可] əu.ur.gə.ie 图 베풀어 덮다(施廕)(即實 2012⑳). 出 興6, 道13, 慈7.

[圥夾杂夯本] əu.ur.gə.e.tʃi 出 故6.

[圥夾杂圣] əu.ur.gə.ir 出 迪22, 回16.

[圥夾杂令] əu.ur.gə.s 出 烈11.

[圥夾杂出] əu.ur.gə.ər 出 道/先/宗/智/烈/玦.

[圥夾杂与] əu.ur.gə.ən 出 仁25, 先15, 玦31.

[圥夾尺药] əu.ur.u.dʒi 出 先23.

[圥丂圣□矢] əu.al.u.?.tə 出 紀27. 校勘 이 글자는 초본에 잘못 옮겨진 것이므로, "囝圥圣药矢"가 올바르다(即實 2012⑯).

[圥与矢关] əu.en.d.i 出 智19. 校勘 "圥与"으로 쓴 사례가 없어 이 글자의 정확성에 의문이 든다(即實 2012⑯).

[圥夯] əu.e 出 特27.

[圥圣药] əu.u.dʒi 出 宗9, 涿24. 校勘 이 글자는 초본에 잘못 옮겨진 것이므로, "丂圣药"《宗9》 또는 "丂圣药"《涿24》로 함이 올바르다(即實 2012⑯).

[圥村] əu.ən 出 博8. 校勘 이 글자는 초본에 잘못 옮겨진 것이므로, "羊村"이 올바르다(即實 2012⑯).

[圥圣药] əu.ir.dʒi 出 智20. 校勘 이 글자는 초본에 잘못 옮겨진 것("圥"와 "圣"를 이어 쓰는 사례가 없음)이므로, "夫圣药"이 올바르다(即實 2012⑯).

[圥圣伏叐] əu.ir.in.ər 出 蒲16.

[圥圣亽化] 因 əu.ir.o.ur bə 出 奴45. 校勘 "圥圣"나 "圥圣亽化"의 사례가 없으며 글자간의 구분도 잘못되었으므로 "叐及 亽化囝"가 올바르다(即實 2012⑳).

[圥刋] əu.qa 出 興8, 許41. 校勘 이 글자는 초본에 잘못 옮겨진 것이므로 "丂刋"이 올바르며, 이는 독립된 글자로 쓸 수 없고 앞 원자에 붙여(예: 仐为丂刋) 써야 한다(即實 2012⑯).

[圥药] əu.dʒi 出 副38, 智16.

[圥药夹] əu.dʒi.an 出 尚15. 校勘 이 글자는 초본에 잘못 옮겨진 것("丂药夹"도 예가 없음)이므로, "丂药夹"가 올바르다(即實 2012⑯).

[圥药圣] əu.dʒi.ir 出 興4.

[圥药屮几] əu.dʒi.l.gə 出 皇23.

[圥平伏] əu.?.in 出 迪10.

[圥夂伏叐] əu.ug.n.ir 名 (씨족) ① 구고임(歐古恁)(愛新覺羅 2004b③), ② 구곤씨(甌昆氏)의 남성형(愛新覺羅 2006b), ③ 요련(遙輦)(即實 1996④). 出 許/故/宗/皇/宋.

> 遼史 甌昆(구곤)은 씨족명이다. 《요사·영위지/하》(권33)에 오원부(五院部) 소속의 석렬 중 하나로 보이는 "구곤 석렬(甌昆石烈)"에 대응한다(愛新覺羅 2006a). 구곤을 성씨로 한 것은 《요사》에는 보이지 않으나 거란문 묘지에는 자주 보인다(愛新覺羅외 2012).

[圥夂伏夵] əu.ug.ni.d 名 (씨족) 구곤(甌昆)의 복수형(=圥夂伏夵)(愛新覺羅외 2012). 出 紀9.

[圥夂伏关] əu.ug.n.i 名 (씨족) ① 구고임(歐古恁), 구고니(歐古尼)(愛新覺羅 2004a⑫/2004b③), ② 구곤(甌昆)의 여성형(=圥夂杏关)(愛新覺羅 2006a), ③ 구니(歐妮)(劉鳳翥외 2005b), ④ 구곤씨(甌昆氏)(即實 2012⑳). 出 故3/4/5/7/9, 紀14/16/17.

[圥为本] əu.a.ar 出 興22, 先35. 校勘 이 글자는

초본에 잘못 기록("圡"와 "为"는 이어 쓰는 예가 없음)된 것이므로 "亐为本"가 올바르다(即實 2012[校]).

[圡氖] əu.aŋ [出] 奴46. [校勘] 即實은 이 글자를 "亐氖"이라고 기록하고 있다(即實 2012[校]).

[圡矢尜] əu.ul.ər [出] 玦19.

[圡伏] əu.n [접] 그로 인하여(即實 1996c). [형] 없다(劉鳳翥 1987b). [出] 宣/許/郎/仲/先/博/永/圖/清/韓/玦/回/蒲.

[圡伏叉] əu.n.ir [出] 博44.

[圡伏朰丏] əu.n.du.pun [出] 先36. [校勘] 이 단어는 두 개의 글자(圡伏 朰丏)일 가능성이 높다(即實 2012[校]).

[圡伏尜] əu.n.ər [出] 烈27. [校勘] 이 글자는 초본에 잘못 옮겨진 것이므로 "圡长尜"가 올바르다(即實 2012[校]).

[圡仍] əu.ta [出] 許38. [校勘] 이 글자는 초본에 잘못 옮겨진 것이므로, "圡犳"이 올바르며 뒤의 원자들과 합쳐 "圡犳巛九"이 된다(即實 2012[校]).

[圡化] əu.ur [명] 때(時)(愛新覺羅 2002, 即實 2012⑳). [명](향위격) "때에"를 나타내는 여성형(大竹昌巳 2016d). [出] 許/仲/先/博/迪/弘/副/烈/奴/梁/糺/尚/玦/特/蒲.

[圡化厺尜] əu.ur.gə.ər [出] 道13.

[圡化关] əu.ur.i [出] 仲30.

[圡化厺当] əu.ur.gə.ən [出] 許38, 弘23, 特21.

[圡化当] əu.ur.ən [동] 자상하게 돕다(慈護)(即實 2012⑳). [出] 糺21.

[圡佘火关] əu.gu.ui.i [出] 博3. [校勘] 이 글자는 초본에 잘못 옮겨진 것이므로, "亐佘火关"가 올바르다(即實 2012[校]).

[圡巛盂廾犭夹] əu.l.ha.ʊ.qa.an [出] 仲30. [校勘] 이 단어는 본래 2개의 글자(圡火 本巛犭夹)이나 초본에는 잘못하여 하나로 합쳐져 있으며, 원자들도 잘못 기록되어 있다(即實 2012[校]).

[圡巛盂本] əu.l.ha.ar [出] 道24, 先66. [校勘] 이 글자는 초본 등에 잘못 옮겨진 것이므로 "夫巛盂卆"《道24》와 "卆巛盂本"《先66》가 올바르다(即實 2012[校]).

[圡巛盂为本] əu.l.ha.a.ar [出] 興17. [校勘] 이 글자는 초본에 잘못 옮겨졌으므로 "夫巛盂为本"가 올바르다(即實 2012[校]).

[圡巛盂为出] əu.l.ha.a.an [명](인명) ① 奪里懶(愛新覺羅 2010f), ② 堯斯拉初(即實 2012⑲), ③ 歐懶(劉鳳翥 2014b㊾). [出] 清1, 尚4. [人物] 《尚誌》의 주인 緬隱胡烏里(1130~1175)의 고조부인 奪里懶太山(한풍명: 蕭彦弼) 장군을 지칭한다(愛新覺羅 2010f). [校勘] 이 글자는 초본에 잘못 옮겨진 것이므로 "亐巛盂为出"가 올바르다(即實 2012⑲, 劉浦江외 2014).

[圡火] əu.ui [동] ① 죽다(卒·逝·亡)(即實 1996⑥/1996⑦, 愛新覺羅 2004a⑧, 劉鳳翥외 2006b), ② 요절하다(劉鳳翥외 2004a, 愛新覺羅 2004a⑦). [형] 없다(即實 1996⑯). [出] 令/許/仲/先/宗/博/皇/智/烈/奴/圖/糺/尚/韓/玦/特.

[圡刈] əu.bu [出] 令3/6/7. [校勘] 이 글자는 초본에 잘못 옮겨진 것이므로 "亐刈"가 올바르다(即實 2012[校]).

[圡业化仌舟伏] əu.aŋ.ur.d.bu.n [出] 梁10. [校勘] 이 단어는 본래 2개의 글자(亥业 化仌舟伏)이나 초본에는 하나로 합쳐져 있고 첫째 원자도 잘못되어 있다(即實 2012[校]).

[圡舟犭] əu.b.aqa [出] 許41. [校勘] 이 글자는 초본에 잘못 기록("圡"와 "舟"는 이어 쓴 사례가 없음)된 것이므로 "岁舟犭"가 올바르다(即實 2012[校]).

[圡九] əu.gə [出] 韓19. [校勘] 이 글자는 초본에 잘못 옮겨진 것이므로 "圡化"가 올바르다(即實 2012[校]).

[圡九伏关] əu.g.ni.i [조] ~와(劉鳳翥 2014b㊾). [명](씨족) 구곤(甌昆)(愛新覺羅 2006a). [出] 烈3/4.

[圡犭夲] əu.ia.al [出] 許44. [校勘] 이 글자는 초본에 잘못 기록("圡"와 "犭"는 이어 쓰는 예가 없음)된 것이므로 "亥犭夲"가 올바르다(即實 2012[校]).

[圡关] əu.i [出] 海8. [校勘] 이 글자는 초본 등에 잘못 옮겨진 것이므로 "夫关"가 올바르다(即實 2012[校]).

[圡尜] əu.ər [동] 주다(賜), 칭찬하다(褒)(劉鳳翥외 1995). [出] 許13/29, 弘11.

[圡火舟尘] əu.ud.bu.t [出] 副34. [校勘] 초본이나 탁본에 모두 "圡火□□" 형태로 되어 있으나 "圡"와 "火"가 이어 쓰인 사례가 없으므로, "亐火舟尘"가 올바르다(即實 2012[校]).

[圡芬] əu.ə [형] 없다(即實 2012⑳). [出] 海5, 迪3/22/32, 烈22, 圖5.

[圡当] əu.ən [出] 皇24. [校勘] 이 글자는 초본에 잘못 옮겨진 것이므로 "土当"이 올바르다(即實 2012[校]).

[圡当矢] əu.ən.tə [出] 宋24. [校勘] ☞ 土当矢(即實 2012[校]).

[圡当尜] əu.ən.ər [出] 梁24. [校勘] ☞ 土当尜(即實 2012[校]).

[圡平] əu.ul [명] 구름(即實 1996⑯). [同源語] 척발어(拓跋語)의 [eulen], 서면몽골어의 [əgülən], 중기몽골어의 [ə'ülən], 현대몽골어의 [u:l] 및 다호르어의 [əulən]와 동일한 어원이다(武内康則 2013b, 大竹昌巳 2015c/2016e). [出] 興/仁/道/宣/許/仲/先/博/迪/弘/皇/宋/慈/烈/梁/尚/玦/

特/魚.

[圡平 雨亥] əu.ul tʃau.ur [명](관제) 운군(雲軍)(愛新覺羅외 2012②, 吳英喆 2012a①), ② 동군(冬軍)(吳英喆 2012a①). [出] 玦4/12.

[圡平 尽矢] əu.ul dilə.tə [명](향위격) 운해(雲海)에(吉如何 2016). [出] 皇21.

[圡平 芆矢] əu.ul lu.tə [명](향위격) 운룡(雲龍, 구름을 타고 하늘로 오르는 용이라는 뜻으로, 황제나 왕후 등을 이르는 말)에(劉鳳翥 2014b㊾). [出] 典3.

[圡平 令卡穴令] əu.ul pu.su.u.t [명](복수형) 상서로운 구름(慶雲)들(即實 2012⑳). [出] 宋22.

[圡平 令卡穴令 汞] əu.ul pu.su.u.t nior [명](지명) "경운산릉(慶雲山陵)" 또는 "경운천궁(慶雲泉宮)"의 뜻이나 궁(宮)자가 생략되어 있다(即實 1996⑯), ② 운경산(雲慶山)(劉鳳翥 2014b⑱). [出] 仁15. [參考] "운경산(雲慶山)"은 한어 어순에 따르면 "경운산(慶雲山)"에 해당한다(劉鳳翥 2014b⑱).

[圡平 令卡穴令 汞村 九丙水化] əu.ul pu.su.u.t nior.ən g.iu.uŋ.ud [명] 경운능침(慶雲陵寢)(即實 1996⑯). [出] 典3.

[圡平 令卡穴尜] əu.ul pu.su.u.ər [명] 운경(雲慶)산(即實 1996①). [出] 道6. [參考] "운경(雲慶)"은 한어의 어순에 따르면 "경운(慶雲)"에 해당한다(劉鳳翥 2014b⑭).

[圡平 令卡穴尜 汞村] əu.ul pu.su.u.ər nior.ən [명](지명·소유격) 경운산(慶雲山)의(劉鳳翥 2014b⑭). [出] 道6.

> [參考] 慶雲山(경운산)은 예랄산(拽剌山) 동쪽, 임서현(林西縣) 북쪽에 있다. 원래 이름은 흑령(黑嶺)이다(金渭顯외 2012㊥).
> 흥종황제와 도종황제의 능이 있는 지역으로, ≪요사·지리지≫에 의하면 경주(慶州)에 속하였고, 지금의 내몽고자치구(內蒙古自治區) 파림우기(巴林右旗) 색박일알진(索博日嘎鎮)에 있다(劉鳳翥 2014b⑭/㉜).

[圡平夵丙] əu.ul.gə.əi [出] 道/仲/先/宗/博/弘/智/烈/奴/糺/清/韓/玦/特.

[圡平夵丙] əu.ul.gə.əi [出] 仲37.

[圡平夵圠] əu.ul.gə.əl [出] 仲38.

[圡平夵夯] əu.ul.gə.e [出] 清26

[圡平夵𠂉 九村] əu.ul.gə.l g.ən [出] 清17. [校勘] 이 글자는 초본에 두 글자로 잘못 분할("九村"는 독립적으로 쓸 수 없음)되어 있으나 "圡平夵𠂉九村"가 올바르다(即實 2012㊕).

[圡平夵尜] əu.ul.gə.ər [出] 仲34, 智16.

[圡平夵当] əu.ul.gə.ən [出] 博44.

[圡平夵当尜] əu.ul.gə.ən.ər [出] 仲40.

[圡平村] əu.ul.ən [명](소유격) 구름의(即實 1996⑯, 劉浦江외 2014). [出] 道29, 許60, 宗30.

[圡平伏] əu.ul.in [出] 慈19.

[圡平令卡] əu.ul.pu.su [出] 仁15.

[圡平九] əu.ul.gə [동] 사망한(故)(郭添剛외 2009). [同源語] 몽골어 [ühü-](사망하다)와 동일한 어원이다(愛新覺羅외 2011). [出] 許/博/副/圖/清/尚/韓/回/特.

[圡平九 圠为买 丙 几] əu.ul.gə ur.a.an məgə ku [명] 전처(前妻)(愛新覺羅 2006a). [出] 清2.

[圡平九村] əu.ul.gə.ən [出] 宣/先/迪/皇/尚/回/蒲.

[圡平九犭] əu.ul.gə.dʒi [出] 特24.

[圡平九矢关] əu.ul.gə.d.i [出] 回15.

[圡平炏丙] əu.ul.gə.əi [동] ① 시집가다(蓋之庸외 2008), ② 없어지다(愛新覺羅외 2011), ③ 가리지 않다(即實 2012④). [出] 道/令/許/博/涿/弘/副/宋/慈/奴/梁/糺/清/尚/韓/玦/回/特.

[圡平炏圠] əu.ul.gə.ur [出] 典23. [校勘] 이 글자는 초본에 잘못 옮겨진 것이므로, "圡平炏圠"가 올바르다(即實 2012㊕).

[圡平炏叉] əu.ul.gə.ir [出] 典21, 許7.

[圡平炏尜] əu.ul.gə.ər [出] 尚32.

[圡平炏夯] əu.ul.gə-ə [동] 시집을 가다(蓋之庸외 2008). [형] ① 잃다, 없다(愛新覺羅외 2011), ② 없다(即實 2012⑳). [用法] [-lgə-]는 사역형 또는 수동형 접미사이다(愛新覺羅 2003a/2004a). [同源語] 몽골어의 [ühügül-](죽게 되다)과 같은 어원이다(愛新覺羅외 2011). [出] 先36, 令41, 副32/33.

[圡穴犭] əu.u.dʒi [出] 許63. [校勘] 이 글자는 초본에 잘못 옮겨진 것이므로 "[illegible]穴犭"가 올바르다(即實 2012㊕).

[圡□炏𠂉九] əu.?.gə.l.gə [出] 先26. [校勘] 即實은 이 글자를 "圡亥炏𠂉九"이라고 기록하고 있다(即實 2012㊕).

圠 [발음] us [原字번호] 68

[圠为买] us.a.an [出] 令7. [校勘] 이 글자는 초본에 잘못 옮겨져 있는 것이므로 "圠为买"이 올바르다(即實 2012㊕).

[圠九] us.əg [명] ① 사(史)(金毓黻 1934), ② 글자(字)(研究小組 1977b, 清格爾泰외 1978a/1985, 即實 1996⑯, 劉鳳翥외 2009⑩). [同源語] "글자"를 뜻하는 몽골어의 [üsüg]와 유사하다(呼格吉樂圖 2017). [出] 興/道/宣/令/許/郎/仲/先/海/永/迪/弘/副/皇/宋/慈/智/烈/圖/梁/糺/清/韓/玦/回/特.

[圠九 亜伞火] us.əg qur.u.un [명](관제) 한림원(翰林院)(即實 1996⑯). [出] 道2.

[遼史] 翰林院(한림원)은 요 조정에서 문고(文誥)를 지어 올리는 기구이다. 북면관에서 문한(文翰)을 담당하는 자를 임아(林牙)라 부르는데, 한어로 번역하면 한림이다. 남면관은 당제를 이어받아 한림학사승지·한림학사·응봉(應奉) 등의 관직이 있었다(蔡美彪외 1986).

[北九 亞乑火 火 尼关] us.əg qur.u-n ui tʊi.i 명(관제) ① 총지한림원사(總知翰林院事)(即實 1996⑯), ② 자장(字掌)의 사지(事知)(한어로는 "자장관문자지사(字掌管文字知事)", 즉 "총지한림원사"에 해당한다)(劉鳳書 2014b㊾). 出 道2.

[北九村] us.əg.ən 명(소유격) 글자(字)의(劉浦江외 2014). 出 仁/弘/皇/糺/韓/特.

[北九村 火 亞乑 尼关] us.əg.ən ui qur.u tʊi.i 명(관제) 총지한림원사(總知翰林院事)(即實 1996⑯). 出 仁32.

[遼史] 總知翰林院事(총지한림원사)는 요대에 설치하였다. 남면관이며 늘 두지는 않았다. 한림원의 일을 총괄하였다(金渭顯외 2012㊉). 《요사·예지2》 상장의(喪葬儀) 조에는 야율고(耶律固)가 그 직에 있었던 것으로 되어 있다.

[北九刋] us.əg.aqa 명 글자(字)(清格爾泰외 1985). 出 故21. [校勘] 이 단어는 본래 2개의 글자(北九 刋)이나 초본에는 잘못하여 하나로 합쳐져 있는데, "北九"는 명사이므로 뒤에 "刋"를 직접 붙일 수 없다(即實 2012㊶).

[北九夲] us.əg.tʃi 명 문원(文員, 문자 작업을 하는 자)(即實 2012⑳). 出 智23, 梁6, 玦14/16.

[北九夲 丞舟] us.əg.tʃi tai.bu 명(관제) 문반태보(文班太保)(愛新覺羅 2010f, 即實 2012⑳). 出 梁6.

[北九卍] us.əg.du 명(향위격) 글자(字)에(劉浦江외 2014). 出 迪29.

[北九矢] us.əg.tə 명(향위격) 글자(字)에(劉浦江외 2014). 出 先/宗/迪/弘/副/智/尚/韓/玦/回.

[北九矢关] us.əg.d.i 명 글자(字)(劉鳳書 1993d). 出 先68.

[北九仐] us.əg.d 명 ① 글자(字)(豊田五郎 1991b), ② "글자(字)"의 복수형(劉鳳書 2014b㊾). 出 令/許/先/高/梁/清/玦.

[北九仐村] us.əg.d.ən 명(복수형·소유격) 글자(字)들의(劉鳳書 2014b㊾). 出 梁1.

[北九火] us.əg.ər 명 글자(字)(唐彩蘭외 2002). 出 弘9, 烈7.

[발음] ali
[原字번호] 69

[夫] ali 出 畵8.

[夫丙] ali.əi 명 가(家)(即實 2012⑳). 出 許6.

[夫禾] ali.is 出 先11. [校勘] 即實은 이 글자를 "夂禾"라고 기록하고 있다(即實 2012㉟).

[夫禾芬] ali.is.ə 出 興33. [校勘] 이 글자는 휘본 등에 잘못 옮겨진 것("夫"와 "禾"를 이어 쓰는 사례가 없음)이므로 "芀禾芬"가 올바르다(即實 2012㉟).

[夫卡丙仐夯丙] ali.su.əi.l.gə.əi 出 博13/14. [校勘] 첫 원자가 초본에는 "圡"로, 탁본에는 "夫"로 되어 있으나 모두 오류인 바, "夂卡丙仐夯丙"로 고쳐져야 한다(即實 2012㉟).

[夫北] ali.əl 동 ① 주다(賜)(鄭曉光 2002), ② 맡다, 담당하다(膺)(即實 2012⑳), ③ 받다(受)(即實 2012⑳). 出 許/仲/先/海/博/永/奴/高.

[夫夾] ali.ur 出 許54. [校勘] 이 단어는 초본에 옮기며 잘못 분할되고 원자들도 바뀌었는데, 뒤 원자들과 합쳐 "圡夾夲夲"로 하여야 한다(即實 2012㉟).

[夫方] ali.ad 出 智15. [校勘] 이 단어는 초본에 옮기며 잘못 분할되고 원자도 바뀌었는데, 뒤 원자들과 합쳐 "夂方丙仐九村"으로 하여야 한다(即實 2012㉟).

[夫与] ali.en 出 仲11, 先46, 博16.

[夫芬] ali.e 出 博11.

[夫芬夲] ali.e.tʃi 명 받는 자, 맡는 자(膺者)(即實 2012⑳). 出 道22.

[夫达爿存] ali.ur.ja.al 出 副44. [校勘] 이 글자는 초본에 잘못 옮겨진 것이므로 탁본에 근거하면 "夂达爿存"가 올바르다(即實 2012㉟).

[夫爻] ali.u 出 博20, 梁15, 韓27. [校勘] 이 단어는 초본에 옮기며 잘못 분할되었는데, 어떤 경우는 원자를 "夫爻"《韓27》로 고쳐야 하고, 어떤 경우는 앞 원자들과 합쳐 "圡北夫爻"《博20》로 하거나 뒤 원자와 합쳐 "夫爻狗"《梁15》로 하여야 한다(即實 2012㉟).

[夫爻北] ali.u.əl 동 취(娶, 장가들다, 아내를 맞다)(即實 2012⑲). 出 尚24/25.

[夫爻夾] ali.u.ur 出 道27, 智16.

[夫爻狗] ali.u.dʒi 동 얻다(即實 1996⑥). 出 先67, 宗30, 梁14. [用法] 여기서 "爻狗"는 조동사의 기능을 한다고 생각된다(大竹昌巳 2015b). [同源語] 어근 [ali-]와 동일한 어원은 투르크어 [al-](취하다), 몽골어 [ali](주다), 여진어 北屌 [alilu](받다), 만주어 [ali-](받다) 등이다(愛新覺羅외 2011).

[夫爻狗村] ali.u.dʒi.ən 동 부탁을 받다(即實 2012⑳). 出

宗/慈/烈/圖/糺/清/尚.

[夫村] ali.ən [出] 仲29. [校勘] 即實은 이 단어를 앞의 원자들과 합쳐 "**飞盂夫村**"이라고 기록하고 있다(即實 2012[校]).

[夫叉] ali.ir [동] 취(娶, 장가들다, 아내를 맞다)(即實 2012⑳). [出] 先32, 慈9, 韓12.

[**夫叉土关**] ali.ir.mə.i [出] 永29. [校勘] 이 단어는 본래 2개의 글자(**夫叉 十关**)이나 초본에는 잘못하여 하나로 합쳐져 있다(即實 2012[校]).

[**夫叉北**] ali.ir.ur [명](인명) 林烏(郭添剛외 2009). [出] 尚24/25. [人物] ≪尚誌≫의 주인의 셋째 아들인 貴銀(愛新覺羅는 "瑰里"라고 해석)의 아내를 지칭한다(郭添剛외 2009). [校勘] 即實은 이 글자를 "장가들다, 아내를 맞다"의 의미인 "**夫叐北**"라고 적고 있다(即實 2012⑲).

[**夫叉北矢**] ali.ir.ur.tə [出] 圖4.

[夫弓] ali.ʤu [명](인명) ① 麗克珠, 烈束(即實 1996⑤), ② 里朮, 麗朮里(愛新覺羅 2006b), ③ 阿里朮(愛新覺羅 2010f). [出] 故17, 迪30. [人物] ≪迪誌≫의 주인인 撒懶迪烈德(1026~1092)과 본 부인인 五姐 을림면(乙林免) 사이에는 두 딸이 있는데, 그 중 차녀인 阿里朮 부인을 지칭한다(愛新覺羅 2010f). [書法] 이 글자는 가로가 아닌 세로로 원자들을 연결시킨다.

[**夫杰仦几**] ali.tʃi.l.gə [出] 尚31.

[夫力] ali.qa [出] 許57, 仲45. [校勘] 이 글자는 초본에 잘못 옮겨진 것이므로 "**亥力**"≪許57≫가 올바르며, "**亥力北交**"≪仲45≫와 같이 뒤 원자와 합쳐야 하는 경우도 있다(即實 2012[校]).

[夫欠] ali.gu [出] 博12/28/33. [校勘] 이 글자는 휘본 등에 잘못 옮겨진 것이므로 "**亥欠**"가 올바르다(即實 2012[校]).

[夫夂朩] ali.ug.at [出] 博13. [校勘] 即實은 이 글자를 "**夫夂灭**"라고 기록하고 있다(即實 2012[校]).

[**夫夂与**] ali.ug.en [出] 博15/21.

[**夫夂当**] ali.ug.ən [出] 博14.

[夫兆叉] ali.ʂï.ir [出] 尚16. [校勘] 이 글자는 초본에 잘못 옮겨진 것("**兆**"는 한어차사에 사용되는 원자로서 거란어 표기에는 사용되지 않음)이므로 "**夫仦叉**"가 올바르다(即實 2012[校]).

[夫午仦] ali.tal.l [出] 尚20. [校勘] 이 글자는 초본에 잘못 옮겨졌으므로 "**亥夲仦**"가 올바르다(即實 2012[校]).

[夫朱矢] ali.jai.tə [出] 尚29. [校勘] 이 글자는 초본에 잘못 옮겨진 것이므로 "**不朱矢**"가 올바르다(即實 2012[校]).

[夫矢] ali.tə [出] 許45. [校勘] 이 단어는 초본에 옮기며 잘못 분할되었는데, 앞 원자들과 합쳐 "**飞为夫矢**"로 하여야 한다(即實 2012[校]).

[**夫伏**] ali.n [出] 迪9.

[夫仕关] ali.mu.i [出] 許45. [校勘] 即實은 이 글자를 "**亥仕关**"라고 기록하고 있다(即實 2012[校]).

[夫化] ali.ur [出] 韓12. [校勘] 이 글자는 초본에 잘못 옮겨진 것이므로 "**圡化**"가 올바르다(即實 2012[校]).

[夫今] ali.s [出] 博32.

[**夫今北**] ali.s.əl [동] 이미 장가들다(已娶)(即實 2012⑳). [出] 梁9.

[**夫今冄**] ali.s.əb [出] 博31. [校勘] 이 글자는 휘본에 잘못 옮겨진 것이므로 "**亥今冄**"가 올바르다(即實 2012[校]).

[**夫今冄村**] ali.s.əb.ən [出] 博47. [校勘] 이 글자는 초본과 휘본에 잘못 옮겨진 것이므로 "**亥今冄村**"이 올바르다(即實 2012[校]).

[夫公为出] ali.d.a.an [出] 智20. [校勘] 이 단어는 본래 2개의 글자(**夫公 为出**)이나 초본에는 잘못하여 하나로 합쳐져 있으며 일부 원자도 바뀌었다(即實 2012[校]).

[夫仦-] ali.l [동] "받다, 취하다"의 어간(愛新覺羅외 2011). [用法] "**夫仦**"의 과거시재 남성단수형은 "**夫仦叉**"이고 여성단수형은 "**夫仦伏**"이다(愛新覺羅외 2011). [同源語] 어근 [ali-]와 동일한 어원은 투르크어 [al-](취하다), 몽골어 [ali](주다), 여진어 **北厉** [alilu](받다), 만주어 [ali-](받아들이다) 등이다(愛新覺羅외 2011).

[**夫仦盂丰**] ali.l.ha.ai [出] 博17, 弘25.

[**夫仦盂ネ**] ali.l.ha.ar [出] 先34.

[**夫仦盂为ち**] ali.l.ha.a.al [出] 仲25/33.

[**夫仦盂为出**] ali.l.ha.a.an [出] 博12, 玦36.

[**夫仦廾药**] ali.l.ʊ.ʤi [出] 烈25.

[**夫仦廾平刈**] ali.l.ʊ.ul.aqa [出] 特15.

[**夫仦叉**] ali.l.ir [명] 남편(陳乃雄외 1999, 劉鳳翥 2014b(52)). [동] ① 주다(賜)(豊田五郎 1991b, 劉鳳翥 1993d), ② 받다, 하사 받다(膺)(即實 1996⑥), ③ 신분이나 지위가 높은 상대와 결혼하다(尚)(即實 2012⑳), ④ ~를 (아내로) 맞아 들였다, 주었다(愛新覺羅외 2011). [用法] "**夫仦**"의 과거시재 남성 단수형이다(愛新覺羅외 2011). [出] 許/先/博/弘/圖/尚.

[**夫仦刈**] ali.l.aqa [出] 許14.

[夫仆刃夹] ali.l.aqa.an [出] 宣23, 仲45.

[夫仆朩] ali.l.tʃi [동] 맡다, 담당하다(膺)(即實 1996⑥). [出] 梁17.

[夫仆伏] ali.l.in [동] ① 주다(賜)(豊田五郎 1991b), ② 고하다(誥), 맡다・담당하다(膺)(即實 1988b). ③ 얻다(得)(即實 2012⑳). [用法] "夫仆"의 과거시재 여성 단수형이다(愛新覺羅외 2011). [出] 仁/令/許/仲/先/迪/烈/韓.

[夫仆伏公] ali.l.in.ər [出] 博15.

[夫巾刃] ali.bur.aqa [出] 副3.

[夫火]

ali.ju [出] 許48. [校勘] 即實은 이 글자를 "亥火"라고 기록하고 있다(即實 2012㊳).

[夫由廾火] ali.jo.ʊ.ui [出] 皇19.

[夫关]

ali.i [명] ① 婿(사위)(豊田五郎 1991a), ② 호(户)(朱志民 1995, 即實 2012⑳), ③ 집(家)(即實 2012⑳). [동] ① 주다(賜)(唐彩蘭외 2002, 劉鳳翥 2014b52), ② 신분이나 지위가 높은 상대와 결혼하다(尚)(愛新覺羅 2006c), ③ 맡다, 담당하다(膺)(即實 1988b), ④ 받들다, 모시다(禦)(愛新覺羅 2003f), ⑤ 얻다(愛新覺羅 2013b, 大竹昌巳 2016d). [出] 仁/令/許/仲/先/宗/博/迪/副/皇/宋/智/烈/奴/室/圖/梁/糺/清/尚/韓/玦/回/特.

[夫关 𡬠] ali.i ai [명] ① 어부(禦父, 부친을 높이 부르는 말)(愛新覺羅 2003f/2006a), ② 엄군(嚴君, 자기 부친을 높이 부르는 말)(即實 2012⑳), ③ 호주(户主, 집안의 어른)(即實 2012⑳). [出] 清6.

[夫公]

ali.ər [명] 호(户)(劉鳳翥외 2003b). [동] ① 받들다, 모시다(禦)(趙志偉외 2001), ② 맡다, 담당하다(膺), 획득하다(愛新覺羅 2004a④), ③ 주다(賜)(劉鳳翥 2014b52), ④ "덕을 보다"의 남성형(大竹昌巳 2016b). [出] 興/令/許/先/宗/博/永/弘/副/智/清/尚/玦/特.

[夫公 𡬠] ali.ən ai [명] ① 어부(禦父, 부친을 높이 부르는 말)(劉鳳翥 2014b㉖), ② 생부(生父)(大竹昌巳 2016d). [出] 智6.

[夫芬朩]

ali.ə.tʃi [동] 맡다, 담당하다(膺), 받다(受)(即實 2012⑳). [出] 許19, 皇22.

[夫岺丙]

ali.gə.əi [出] 先57. [校勘] 即實은 이 글자를 "九岺丙"라고 기록하고 있다(即實 2012㊳).

[夫尘夵]

ali.t.oi [出] 智16. [校勘] 即實은 이 글자를 "夫尘公"라고 기록하고 있다(即實 2012㊳).

[夫尘公] ali.t.ər [出] 烈13.

[夫尘当] ali.t.ən [出] 清28.

[夫当]

ali.ən [동] ① 맡다, 담당하다, 획득하다(愛新覺羅 2004a④), ② 받들다, 모시다(禦)(愛新覺羅 2004a⑨), ③ 얻다(即實 2012⑳), ④ "덕을 보다"의 여성형(大竹昌巳 2016b). [出] 興/宣/故/先/永/迪/皇/慈/梁/清/尚.

[夫当 丙] ali.ən məgə [명] 생모(生母)(大竹昌巳 2016d). [出] 故17.

[夫当村] ali.ən.ən [出] 許27/30.

[夫穴行村] ali.u.dʒi.ən [出] 先68.

[夫□] ali.? [出] 韓30.

赤

[발음] w
[原字번호] 70

[赤吏]

w.ul [出] 興15. [校勘] 이 글자는 휘본 등에 잘못 옮겨졌으므로 "为吏"이 올바르다(即實 2012㊳).

[赤及]

w.u [명] "武"의 한어차사(蘇赫 1981). [出] 道/宣/故/仲/博/迪/尚/韓.

[赤及 为夹 朩圡女] w.u a.an tʃ.əu-n [명](지명・소유격) 무안주(武安州)의(劉鳳翥 2014b52). [出] 迪18.

[赤及 为夹 朩圡女 曲公 甬] w.u a.an tʃ.əu-n ko.n tʃa [명](관제) 무안주(武安州)의 관찰(觀察)(劉鳳翥 2014b52). [出] 迪18.

[赤及 仐同村] w.u s.iŋ.ən [명](관제・소유격) ① 무청(武清)의(清格爾泰외 1985). ② 무정군(武定軍)의(即實 1996⑯). [出] 故11.

> [遼史] **武定軍 馬步軍 都指揮使(무정군 마보군 도지휘사)**는 거란 때의 남면관서이다. 각 주에 나누어 마보군도지휘사사(司)를 설치하여 마보군을 통솔케 하였다. 도지휘사와 부지휘사 등의 직을 두었다(金渭顯외 2012㊤).

[赤及 仐同村 付同 又为 仃 九氺本] w.u s.iŋ.ən bi.iŋ m.a tu g.ia.iam [명](관제) 무청(武清)의 병마도감(兵馬都監)(劉鳳翥 2014b52). [出] 故11.

[赤及 九夻 火关] w.u g.i ui.i [명](관제) "무기위(武騎尉)"의 한어차사(劉鳳翥 2014b㉝). [出] 宣2.

[赤及 九谷 火关] w.u g.i ui.i [명](관제) "무기위(武騎尉)"의 한어차사(清格爾泰외 1985). [出] 道2.

[赤及 九氺] w.u g.ia [명](인명) ① 燕佳(即實 2012⑬), ② 吳家(劉鳳翥 2014b52). [出] 韓6. [人物] ≪韓誌≫의 주인인 曷盧無里 부인(夫人)은 특면부마(特免駙馬)의 둘째 부인인데, 그 첫 부인이 낳은 둘째 딸 燕佳 부인을 지칭한다(即實 2012⑬).

[赤及女] w.u.un [명](소유격) 무(武)의(劉浦江외 2014). [出] 智3.

[赤火] w.ui [出] 回32.

[赤女]

w.un [借詞] "文"을 나타내는 한어차사(厲鼎煃

1932, 羅福成 1933, 王静如 1933, 山路廣明 1943, 研究小組 1977b, 清格爾泰외 1978a). [出] 道1/5, 宣1, 故16, 智3.

[杰火 杰叐] w.un w.u [명] 문왕과 무왕(文武)(Kane 2009, 大竹昌巳 2016b). [出] 智3.

[杰火 为买] w.un a.an [명](인명) 文安(即實 1996⑯, 劉鳳翥 2014b㊶, 愛新覺羅외 2012⑤/⑥). [出] 故16. [人物] 《故銘》의 주인인 撻體 낭자(1081~1115)의 1남 2녀 중 막내딸인 文安 낭자를 지칭한다(愛新覺羅외 2012⑤/⑥).

杰 [발음] uaŋ [原字번호] 71

[杰] uaŋ [借詞] "王"을 나타내는 한어차사(研究小組 1977b, 劉鳳翥외 1977, 清格爾泰외 1978a). [出] 令/許/故/郎/仲/先/宗/永/迪/弘/副/宋/智/烈/奴/高/圖/梁/糺/清/尚/韓/葉/玦/回/特/蒲/畵/塔.

[杰 朱关] uaŋ do.i [명](향위격) 왕의 이름 아래에(即實 2012⑳). [出] 圖4.

[杰 小丙] uaŋ l.iu [명](인명) ① 王六(即實 1996⑯, 愛新覺羅 2010f), ② 王留(即實 2012⑨, 劉鳳翥 2014b㊾). [出] 令23, 烈21.

> [人物] ①《令誌》 주인 高隱福留(997~1054)의 장남인 王六을 지칭한다(愛新覺羅 2010f).
> ②《烈誌》의 주인인 空寧敵烈(1034~1100, 한풍명: 承規)은 모두 7형제인데, 그 중 다섯째이다. 즉 묘주의 둘째 동생으로 요절하였다(愛新覺羅 2010f).

[杰 尖叐] uaŋ ŋ.u [명](인명) 王五(愛新覺羅 2010f, 即實 2012③, 劉鳳翥 2014b㊾). [出] 迪12, 清6, 尚4.

> [人物] ①《迪誌》의 주인인 撒懶迪烈德(1026~1092)의 형인 王五 창사(敞史)를 지칭한다(愛新覺羅 2010f).
> ②《清誌》의 주인 奪里懶太山(한풍명: 蕭彦弼[1029~1087])의 부친이자 《尚誌》 주인 緬隱胡烏里(1130~1175)의 5대조인 부마도위(駙馬都尉) 特免王五를 지칭한다(愛新覺羅 2010f/2013a).

[杰 文各] uaŋ ʒ.ï [명](인명) ① 王氏(即實 1996⑯), ② 王芝(即實 2012③), ③ 王日(愛新覺羅 2010f, 劉鳳翥 2014b㊾). [出] 故18, 迪33. [人物] 《迪誌》의 주인 撒懶迪烈德은 부인이 셋인데, 그 셋째인 王日 부인(둘째부인 여동생의 딸이다)을 지칭한다(愛新覺羅 2010f).

[杰 九火] uaŋ g.ui [명](인명) 王圭(研究小組 1977b, 清格爾泰외 1978a/1985, 劉鳳翥 2014b㊾). [出] 郎5. [人物] 《郎記》의 찬사인(撰寫人, 글을 지은 사람)인 유주자사(宥州刺史) 王圭를 지칭한다(清格爾泰외 1985).

[杰 九才 公叐] uaŋ g.ia n.u [명](인명) ① 王家奴(即實 1996⑯), ② 王家女(即實 2012). [出] 許45. [校勘] 이 글자가 묘지석 초본에는 "杰 火才 乇火"으로 잘못 기록되어 있다(即實 2012㊸).

[杰 火才 乇火] uaŋ k(h).ia tau.uŋ [명](인명) ① 王家同(愛新覺羅 2010f), ② 王家童(劉鳳翥 2014b㊾). [出] 許45 [人物] 《許誌》 주인 乙辛隱斡特剌(1035~1104)의 만딸인 王家同 낭자(娘子)를 지칭한다(愛新覺羅 2010f).

[杰 火才 公叐] uaŋ k(h).ia n.u [명](인명) 王家奴(劉鳳翥 2014b㊾). [出] 高11. [人物] 唐古 태사의 아들로서, 《高誌》 주인 王寧高十의 둘째형인 斬睦古 장군에게 후사가 없어 그의 가(家)를 승계하였다(即實 2012⑫).

[杰币] uaŋ.od [명] ① 왕(王)(劉鳳翥외 1995), ② 왕자(王子)(豊田五郎 1996, 愛新覺羅 2004a⑦), ③ 왕자반(王子班)(劉鳳翥 2014b㊾), ④ "왕"의 복수형(武内康則 2016). [出] 先15/27, 宗11/15, 弘7, 宋18.

[杰币 乏为夫公] uaŋ.od ʃ.a.ali.d [명](관제) ① 왕자(王子)(即實 2012⑳), ② 낭군반(郎君班)(即實 2012⑳), ③ 왕자반 낭군(王子班郎君)(劉鳳翥 2014b⑬). [出] 宗11.

[杰币 乏为夫公 仐各火] uaŋ.od ʃ.a.ali.d s.iaŋ.un [명](관제) 왕자반낭군상온(王子班郎君詳穩)(劉鳳翥 2014b㊾). [出] 宗11.

[杰币村] uaŋ.od.ən [명](소유격) 왕(王)의(愛新覺羅 2003h). [出] 令21, 智3, 特19.

[杰雨村] uaŋ.do.ən [出] 令21. [校勘] 이 글자는 초본에 잘못 옮겨졌는데 "杰币村"가 올바르다(即實 2012㊸).

[杰村] uaŋ.ən [出] 回7.

[杰不] uaŋ.on [명](소유격) 왕(王)의(劉浦江외 2014). [出] 令/許/故/仲/先/宗/博/迪/弘/副/智/烈/奴/高/圖/梁/糺/清/尚/韓/玦/回/特/蒲.

[杰卍] uaŋ.ud [出] 玦26.

[杰矢] uaŋ.tə [명](향위격) 왕(王)에게(劉浦江외 2014). [出] 仲4.

[杰朱] uaŋ.do [명] 왕자(王子)(劉鳳翥 2014b㊾). [명](소유격) 왕(王)의(豊田五郎 1991b, 劉鳳翥 1993d). [出] 先33/51, 宗4/11.

[杰朱关] uaŋ.do.i [出] 梁16.

[杰伏] uaŋ.in [명](인명) 王寧(劉鳳翥외 2005a). [出] 高13, 韓9.

[杰伏 九丸 乏买] uaŋ.in g.au ʃ.an [명](인명) 王寧·高十(劉鳳翥 2014b㊾). [出] 高13.

> [墓誌] 《高誌》의 주인이자 《韓誌》 주인 曷魯里의 친오빠인 王寧高十(1015~?, 한풍명: 韓元佐)이다.

고조부는 韓知古, 증조부는 韓匡嗣, 조부는 韓德昌, 부친은 留隱郭三이다. 중희 8년(1039) 24세에 출사하여 지후(祗候)·패인사낭군(牌印司郎君)·숙직관(宿直官) 등을 시작으로 호부상서(户部尚書)·예부상서(禮部尚書)·용호군상장군(龍虎軍上将軍)·서남초토(西南招討)·사상(使相)·남경통군(南京統軍)·동경통판(東京通判)·남부재상(南府宰相)·시중(侍中)·지봉성주사(知奉聖州事) 등을 역임했다(愛新覺羅 2010f).

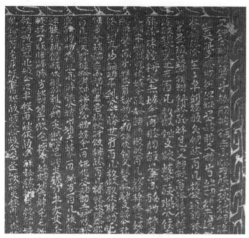

▲ 한고십(韓高十) 묘지명(일부)

[杰伏村] uaŋ.in.ən 명(인명·소유격) ① 王寧의(劉浦江 외 2014), ② 王訥의(即實 2012⑳). 出 高1.

夯 [발음] dor [原字번호] 72

[夯] dor 명 ① 동생(弟)(清格爾泰외 1985, 即實 1996⑯). ② 동쪽(豊田五郎 1996, 吳英喆 2004a). **用法** Kane은 이 원자를 夯(원자번호 101)의 이서체(異體)라고 기술하고 있으나(Kane 2009), 愛新覺羅는 이 원자가 동쪽(大化)을 나타내는 표의자(表意字)로서 夯와는 무관하다고 주장하고 있다(愛新覺羅외 2011). 出 仁/道/許/先/宗/副/皇/慈/烈/梁/清/回/特.

[夯 雨扎] dor do.ur 명 동쪽 산기슭(東麓)(即實 2012⑳). 出 道6.

[夯 灭化] dor u.ur 명 동쪽 면(東面)(即實 2012⑳). 出 清23.

[夯夬] dor.ul 명 동쪽(愛新覺羅 2003h, 即實 2012⑳). 出 道/故/迪/副/皇/宋/烈/梁/糺.

[夯夬 伏欠用] dor.ul in.go.od 명 동쪽 둔덕(東坡)(即實 2012⑳). 出 烈23, 副37.

[夯夬 交兂] dor.ul.iæ.də 出 皇18.

[夯生尺夾] dor.abu.u.ur 出 博46. **校勘** 이 글자는 초본에 잘못 옮겨진 것이므로 "夯厓尺夾"가 올바르다(即實 2012㊰).

方 [발음] æn, en [原字번호] 73

[方] æn / en **用法** 남자의 "자(字)"의 어미로 사용된다(愛新覺羅 2004a⑪). 出 宣11/28, 迪31, 宋5, 畵22. **參考** ☞ "남자 자(字)의 어미 발음의 표현형식"에 대하여는 "伏"(원자번호 222)을 참조하라.

[方 为本곳] æn a.ar.ir 통 대자(待字, 약혼을 기다리다. 옛날에는 여자들이 15세가 되면 머리를 빗어 올려 비녀를 꽂은 데서 유래한다)(即實 2012⑳). 出 迪31. **參考** "方"의 의미는 불명확하다.

[方 火用关] æn ui.il.i 통 결혼하다(即實 2012⑳). 出 宋5.
[方乑立本] æn.is.ha.ar 出 興31.
[方乑关] æn.is.i 出 宗33.

[方ち] æn.al 명(인명) ① 安里(郭添剛외 2009), ② 兗里(愛新覺羅 2009c), ③ 晏利(即實 2012⑳), ④ 安利(劉鳳翥 2014b㉗). 出 清5. **人物** ≪清誌≫ 주인인 奪里懶太山(1029~1087, 한풍명: 蕭彦弼)의 고조부인 石魯隱兗里(한풍명: 蕭翰) 령공(令公)을 지칭한다(愛新覺羅 2010f).

[方夬关] æn.qu.i 出 博32.

[方仐] æn.s 명 ① 자사(子嗣, 후계자 또는 적자)(愛新覺羅 2003e), ② 혈맥(血脈) 또는 현(縣)(寶玉柱 2006), ③ 후손 또는 후예(裔)(即實 2012⑳). 出 故/博/迪/皇/宋/慈/智/奴/玦. **參考** 몽골어의 [jasun]과 동원어로 확정할 수 있다. 즉 부계를 같이하는 친족집단을 말하는 것으로 오늘날 사회인류학에서 말하는 부계 리니지(lineage)에 해당된다고 보인다(愛新覺羅외 2012⑥).

[方屮] æn.lě 명(인명) ① 安里(郭添剛외 2009), ② 兗里(愛新覺羅 2009c). 出 尚3. **人物** ≪尚誌≫의 주인인 緬隱胡烏里(1130~1175)의 8대조 石魯隱兗里(한풍명: 蕭翰) 령공(令公)을 지칭한다(愛新覺羅 2010f).

[方屮곳] æn.əl.ir 出 興9. **校勘** 이 글자는 휘본 등에 잘못 옮겨진 것("方"과 "屮"을 이어 쓰는 사례는 없음)이므로 "夫屮곳"가 올바르다(即實 2012㊰).

[方斗朵] æn.ia.æi 명 성씨가 다른 사람(異姓)(即實 2012⑳). 出 烈5.

卉 [발음] tæl, tel [原字번호] 74

[卉为] tæl.a [명](인명) 帖剌(即實 1996⑯, 劉鳳翥 2014b㊷). [出] 故4, 皇14.

> [人物] **帖剌(첩랄)**은 자는 흔득(痕得)이다. 태조황제의 증조부인 의조(懿祖)에게는 아들이 넷(叔剌, 帖剌, 匀德實(현조), 褭古直) 있는데, 그 중 둘째이다. 장경황후(莊敬皇后) 소씨(蕭牙里辛)가 낳았다. 9차례나 질랄부 이리근이 되었으며, 70세에 사망하였다(金渭顯외 2012㊥).

[卉为买] tæl.a.an [出] 先43.

[卉为火] tæl.a.ju [出] 先26.

[卉为火关] tæl.a.iu.i [出] 回14.

[卉为火] tæl.a.ud [出] 興18. [校勘] 이 글자는 휘본 등에 잘못 옮겨졌으므로 "**卉为火**"가 올바르다(即實 2012㊮).

[卉为艾] tæl.a.adʒu [出] 玦27.

[卉屮] tæl.bur [명](인명) ① 帖勒卜(即實 1996⑯), ② 鉄里鉢里(愛新覺羅 2010f), ③ 迪里鉢(趙志偉외 2001, 愛新覺羅 2006a, 劉鳳翥 2014b㊷). [出] 先8, 智13, 圖5, 回4.

> [人物] **胡都菫·鉄里鉢里**(호도근 철리발리) 태사(太師)는 ≪圖誌≫의 주인인 蒲奴隱圖古辭의 형이다. 耶律仁先(거란명: 糺鄰査剌)과 耶律智先(거란명: 烏魯本猪屎) 형제에게는 누이가 다섯 있었는데, 그 중 막내인 揚姐 부인의 남편이다(愛新覺羅 2010f).

[卉舟叉] tæl.b.ur [出] 玦32, 特7.

[卉才] tæl.ia [명](인명) ① 迭剌(愛新覺羅 2002), ② 帖剌(盧迎紅외 2000, 即實 2012⑳, 愛新覺羅 2013a, 劉鳳翥 2014b㊷), ③ 帖拉(即實 2012⑳), ④ 鐵剌(劉鳳翥 2014b㊷). [出] 許/先/迪/副/梁/玦.

> [人物] ①≪迪誌≫의 주인 撒懶迪烈德(1026~1092)와 ≪副誌≫의 주인 窩篤宛兀没里(1031~1077, 한풍명: 耶律運)의 8대조인 痕得隱帖剌 이리근(夷離菫)을 지칭한다(愛新覺羅 2010f).
> ②≪梁誌≫의 주인 石魯隱朮里者(1019~1069, 한풍명: 蕭知微)의 고조부인 帖剌 태사(太師)를 지칭한다(愛新覺羅 2013a).

[卉才买] tæl.ia.an [出] 玦41.

[卉才火] tæl.ia.iu [出] 先51.

[卉关] tæl.i [명](인명) 鐵離(劉鳳翥외 1995, 愛新覺羅 2010f, 即實 2012⑳, 劉鳳翥 2014b⑬). [出] 宗21/24. [人物] ≪宗誌≫ 주인 朝隱驢糞(991~1053, 한풍명: 耶律宗教)의 차남인 鐵離를 지칭한다(愛新覺羅 2010f).

[卉炎] tæl.ər [出] 興28.

圭

[발음] huaŋ
[原字번호] 75

[圭] huaŋ [借詞] "黃", "皇" 등을 나타내는 한어차사(羅福成 1934a, 厲鼎煃 1934b, 山路廣明 1951, 研究小組 1977b, 劉鳳翥외 1977). [명] "가한(可汗)"의 "가(可)"를 뜻하며, 한어로는 "황(皇)"에 해당한다(王静如 1933/1935). [出] 典/仁/道/令/許/故/郎/仲/先/宗/永/迪/弘/副/皇/宋/奴/高/室/圖/糺/清/尚/韓/玦/特/蒲.

[圭 令关关] huaŋ t.i.i [명] "황제(皇帝)"의 한어차사(劉鳳翥 2014b㊷). [出] 弘15.

[圭 介] huaŋ hau [명] "황후(皇后)"의 한어차사(研究小組 1977b, 清格爾泰외 1978a). [出] 仁14.

[圭 仐凡 仐女] huaŋ l.iuŋ pu.un [명](지명·소유격) 황룡부(黃龍府)의(劉鳳翥 2014b㊷). [出] 副12.

> [遼史] **黃龍府(황룡부)**는 926년(천현 원년)에 부여부의 이름을 바꾸어 설치한 것이다. 치소는 지금의 길림성 농안현(農安縣)이다. 975년(보령 7년)에 폐지하였다가 1020년(개태 9)에 다시 설치하였다. 관할 지역은 지금의 길림성 농안, 덕혜(德惠), 장춘(長春) 등 현과 시 일부이다(金渭顯외 2012㊤).

[圭 仐火火 仐女] huaŋ l.iu.uŋ pu-n [명](지명·소유격) 황룡부(黃龍府)의(劉鳳翥 2014b㊷). [出] 室12.

[圭 仐火火 仐女 仐 亦] huaŋ l.iu.uŋ pu-n pu iun [명](관제) 황룡부의 부윤(府尹)(劉鳳翥 2014b㊷). [出] 圖11.

[圭 用 火关] huaŋ iŋ k(h).i [명](인명) 黃應期(研究小組 1977b, 清格爾泰외 1978a/1985). [出] 郎5. [人物] 유군(宥郡)의 蒲速斡(한문묘지에는 "蒲速里"로 되어 있다) 王圭와 함께 ≪郎記≫를 찬사(撰寫)한 인물로 상서직방낭중(尚書職方郎中)이라는 직위에 있었다(愛新覺羅외 2012⑤).

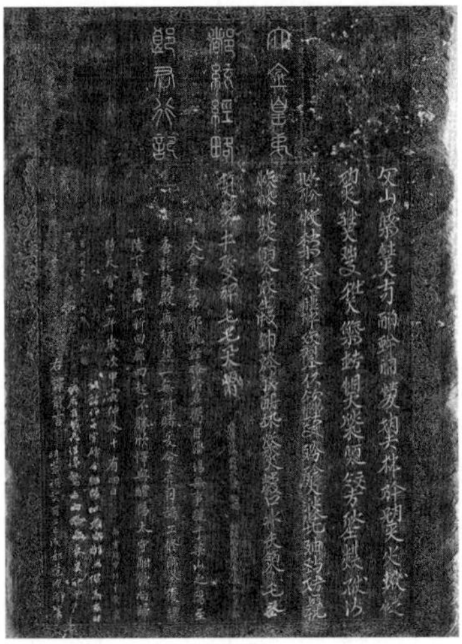

◀ 낭군행기(郎君行記) 비문

[主 乂交夯] huaŋ k(h).iæ.æn [명](인명) 黃憲(即實 2012⑳). [出] 奴46. [人物] 동한(東漢) 시대 여남(汝南, 현 허난성) 사람이며 자는 숙도(叔度)이다. 출신은 빈천하지만 어려서부터 천재로 소문났다. 그가 지은 유명한 ≪천록각외사≫(天祿閣外史)에 "격분한 노기는 불보다 뜨겁고 세 치 혀의 논봉은 칼보다 날카롭다"(一激之怒炎于火, 三寸之舌芒于劍)"는 말이 있다(≪후한서 · 황헌전≫).

[主 丞 叐圡] huaŋ tai ʃ.əu [명] "황태숙(皇太叔)"의 한어차사(大竹昌巳 2013b, 劉鳳翥 2014b㊾). [出] 迪17.

[主 丞 叐刃 伞仐夂] huaŋ tai ʃ.ug ʦ.u-n [명](소유격) 황태숙조(皇太叔祖)의(劉鳳翥 2014b㊾). [出] 皇1.

[人物] ≪皇冊≫의 주인인 阿輦和魯斡(1041~1110, "阿輦"은 묘주의 字, "和魯斡"은 묘주의 이름, 한풍명은 "耶律弘本")으로 도종황제의 동생이다(愛新覺羅 2013a).

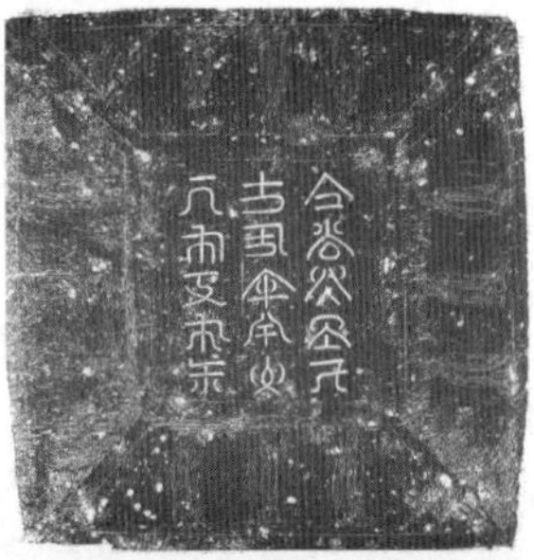

◀ 황태숙조 애책 책개

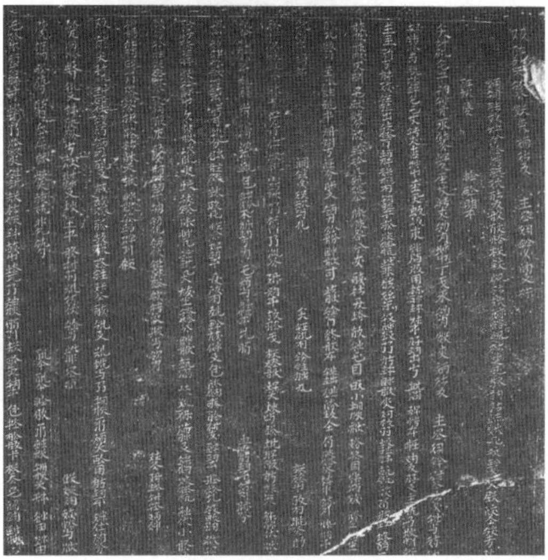

▲ 황태숙조 애책 책문(일부)

[主 丞 介] huaŋ tai hau [명] "황태후(皇太后)"의 한어차사(研究小組 1977b, 清格爾泰외 1985). [出] 仁4/8, 宗5, 玦23.

[主 丞 介夂] huaŋ tai hau.un [명](소유격) 황태후(皇太后)의(研究小組 1977b). [出] 仁10/22, 弘12, 副18, 玦23.

[主 王] huaŋ ti [명] "황제(皇帝)"의 한어차사(研究小組 1977b). [出] 興/仁/道/令/許/故/先/宗/迪/副/皇/清.

[主 王雨] huaŋ ti.in [명](소유격) 황제(皇帝)의(研究小組 1977b). [出] 道/許/仲/先/迪/副/宋/奴/韓/特/蒲.

[主 王村] huaŋ ti-n [명](소유격) 황제(皇帝)의(研究小組 1977b, 清格爾泰외 1978a). [出] 仁/道/令/故/宗/永/副/高/尚.

[主忝几矢] huaŋ.is.əg.tə [명](인명 · 향위격) ①黃已室에(即實 1988b), ②黃乙斯古에(即實 1996④), ③梯室己에(愛新覺羅 2003h), ④黃斯格에(劉鳳翥 2014b㊱). [出] 許52. [人物] ≪許誌≫ 주인의 셋째 부인 소생인 차녀 福盛의 남편으로 6부해 가한(六部奚可汗) 가문의 兀里本 · 黃斯格를 지칭한다(劉鳳翥 2014b㊱).

[主王] huaŋ.ti [명] 황제(皇帝)(王靜如 1933). [出] 慈/智/烈/清/玦.

[主王雨] huaŋ.ti-n [명](소유격) 황제(皇帝)의(劉鳳翥외 2009②, 吳英喆 2012a①). [出] 智6/7/9, 烈2/3/10, 清3/6/9, 玦5/16.

[主王矢] huaŋ.ti.tə [명](향위격) 황제(皇帝)에게(愛新覺羅외 2012②, 吳英喆 2012a①). [出] 玦2.

[主列] huaŋ.qa [명](인명) ①篁姑(即實 1996①), ②阿不葛(愛新覺羅 2006b), ③黃鶴(劉鳳翥 2014b⑱). [出] 仁6. [人物] 인의황후(仁懿皇后)의 모친으로 ≪요사≫에 나오는 胡獨堇 · 磨只(한풍명: 蕭孝穆)의 부인이다(愛新覺羅외 2012⑨).

[主不] huaŋ.on [出] 仁6. [校勘] 即實은 이 글자를 "主列"라고 기록하고 있다(即實 2012㊂).

[主为生公] huaŋ.a.abu.d [出] 烈23. [校勘] 即實은 이 글자를 뒤 원자들과 합쳐 "尘为生公从廾豖"라고 달리 기록하고 있다(即實 2012㊂).

[主公] huaŋ.d [出] 圖8. [校勘] 이 글자는 휘본 등에 잘못 옮겨진 것이므로 탁본에 따라 "主(원자번호 328) 公"가 올바르다(即實 2012㊂).

圠 [발음] ur [原字번호] 76

[圠] ur(愛新覺羅) / kəl(即實) / ho(吳英喆) / g(清格爾泰외) [동] 혼(混)(劉鳳翥 1982a/1983a). [형] 清(맑다), 明(밝다)(即實 1982a/1996⑯). [명] 청 · 녹 · 흑색(沈汇 1980). [명](인명) ①格(即實 1996③), ②額(劉鳳翥외 2006a, 劉鳳翥 2014b㊾), ③烏里(愛新覺羅 2006b), ④訛(劉鳳翥 2014b㊶). [用法] 부정 후치사(~가 없다, ~이 아니다 등)로 사용된다(愛新覺羅 2013b). [出] 興/仁/道/宣/許/故/仲/先/宗/迪/副/皇/慈/烈/奴/圖/韓/玦/特/蒲蓋.

[圠 九伏] ur ilim.in [명] 아기씨(小姐, 주인집의 미혼의

딸을 부르던 말)(即實 2012⑳). [出] 迪31.

[圠 为太 几亦村] ur tu.uŋ g.iun.ən [명](지명) 혼동군(混同郡)(清格爾泰외 1985). [명](관제・소유격) 와(訛) 통군(統軍)의(劉鳳翥 2014b㊶). [出] 故18.

[圠 尔伏夾] ur au.n.ər [명] 아가씨, 아기씨(小姐)(即實 1996⑯). [出] 故17.

[圠万] ur.hua [出] 特20/32/36.

[圠丙劣] ur.ju.ə [出] 仁18.

[圠丂] ur.əi [出] 先24/58, 韓16.

[圠丂圠] ur.j.əl [出] 玦29.

[圠丂夯未] ur.j.e.tʃi [出] 道31.

[圠丂叉] ur.əi.ir [出] 仲45, 梁24.

[圠丂为丰] ur.j.a.ai [出] 仲10. [校勘] 이 단어는 본래 2개의 글자(圠丂 为丰)이나 초본에는 잘못하여 하나로 합쳐져 있다(即實 2012㉯).

[圠丂关] ur.j.i [出] 博16, 烈12/29, 梁21, 玦25.

[圠丂夾] kəl.j.ər / ur.j.ər [명](인명) ① 格立也(即實 2012⑦), ② 烏也里, 敎耶里(劉鳳翥 2014b㊾). [出] 海5, 永18.

> [人物] ①《海誌》 주인의 장인(둘째 부인 訛里本의 부친)인 敎耶里 태위(太尉)를 지칭한다(劉鳳翥 2014b㊻).
>
> ②《永誌》 주인 遙隱永寧의 형수(德哥娘子)의 부친인 格立也 낭군(郎君)을 지칭한다(即實 2012⑦).

[圠丂劣] ur.j.ə [出] 道35, 皇23.

[圠丂劣未] ur.j.ə.tʃi [出] 宣23.

[圠丂尘夾] ur.əi.t.ər [出] 玦37.

[圠丂当] ur.j.ən [명](인명) ① 戈也昆(即實 1988b), ② 兀衍(劉浦江 2005), ③ 烏里衍(愛新覺羅 2006a), ④ 哥里衍(即實 2012⑦)・格里衍(即實 2012⑨)・革立衍(即實 2012⑭), ⑤ 烏演(劉鳳翥 2014b㊾). [出] 仲/永/烈/清/玦.

> [人物] ①《仲誌》의 주인 烏里衍朮里者(1090~1150, 한풍명: 蕭仲恭)를 지칭한다(愛新覺羅 2010f).
>
> ②《永誌》 주인 永寧 낭군(郎君)의 재종조부(再從祖父)인 十神奴 태사에게는 4남이 있었는데, 그 중 장남인 特牧(愛新覺羅는 "特末里") 태보(太保)의 아내 哥里衍 낭자(娘子)를 지칭한다(即實 2012⑦).
>
> ③《烈誌》의 주인(承規, 1034~1100)에게는 5남 4녀가 있었는데, 그 중 둘째 아들 葛舍卜 낭군의 차남 格里衍을 지칭한다(即實 2012⑨).
>
> ④《清誌》의 주인인 奪里懶太山(1029~1087, 한풍명: 蕭彦弼)의 장남 자손의 처가 쪽 先代 모계 인물인 革立衍 낭자를 지칭한다(即實 2012⑭).

[圠丂当村] ur.j.ən.ən / kəl.j.ən.ən [명](인명・소유격) ① 戈也昆의(即實 1996⑯), ② 格衍의(愛新覺羅 2004b①), ③ 烏里衍의(愛新覺羅 2009a㊤), ④ 烏演의(劉鳳翥 2014b㊸). [出] 仲蓋3.

> [墓誌] **烏里衍朮里者**(1090~1150, 한풍명: 蕭仲恭)는 거란 육원부(六院部) 멸고내씨(蔑古乃氏) 출신이다. 부친은 兀古鄰特末里, 모친은 도종황제의 3녀 월국공주(越国公主) 特里이다. 요조에서 제위소장군(諸衛小将軍)・단련(團練)・부궁사(副宮使)・관찰사(観察使)・보국상장군(輔国上将軍)・북원호위(北院護衛)・알로타통군(斡魯朶統軍)을 역임했다. 금조(金朝)에 들어간 이후 표기대장군(驃騎大将軍)・좌금오위상장군(左金吾衛上将軍)・타자소사(太子少師)・전전도점검(殿前都點檢)・선휘(宣徽)・용호위상장군(龍虎衛上将軍)・은청광록대부(銀青光祿大夫)・특진(特進)・상서우승(尚書右丞)・한국공(韓国公)・난릉군왕(蘭陵郡王)・평장정사(平章政事)・행대상서성좌상(行臺尚書省左丞相)・상서우승상(尚書右丞相)・중서령(中書令)・동감수국사(同監修国史)・태부(太傅)・령삼성사(領三省事)・연경유수(燕京留守)를 역임하고 7차례나 王에 봉해졌다. 《금사》 권82에 그와 아들(拱) 및 아우(仲宣)의 傳이 있다(愛新覺羅 2010f).

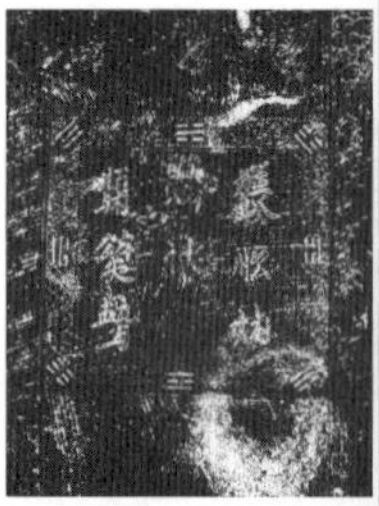

▲ 소중공묘지 지개

▶ 소중공묘지 지문 (일부)

[圠去] ur.ha [出] 許19. [校勘] 이 단어는 초본에 옮기며 잘못 분할되었는데, 뒤 원자들과 합쳐 "叉去冬村"으로 하여야 한다(即實 2012㉯).

[圠圠] ur.bur [出] 回24.

[圠圠火从] ur.bur.k(h).əl [出] 令18. [校勘] 이 단어는 본래 2개의 글자(圠圠 火从)이나 초본에는 잘못하여 하나로 합쳐져 있다(即實 2012㉯).

[圠廾] ur.ʊ [出] 先43. [校勘] 即實은 이 글자를 뒤 원자들과 합쳐 "圠廾平伏"이라고 달리 기록하고 있다(即實 2012㉯).

[扎廾夭当] ur.ʊ.oi.en [出] 仲3. [校勘] 即實은 이 글자를 "扎廾夭当"이라고 기록하고 있다(即實 2012[校]).

[扎廾火仐叉] ur.ʊ.ui.l.ir [出] 皇17.

[扎廾火炎] ur.ʊ.ui.ər [出] 梁26. [校勘] 이 글자는 초본에 잘못 옮겨진 것이므로 "扎廾夭炎"가 올바르다(即實 2012[校]).

[扎廾火当] ur.ʊ.ui.ən [出] 許12.

[扎夂长几] ur.u.su.gə [出] 玦44.

[扎夂夾] ur.u.ur [出] 尚8/31.

[扎夂犳] ur.u.ʤi [出] 先16/35, 奴33, 玦12/37.

[扎夂犳] ur.u.ʤi [出] 仲42.

[扎村又扎] ur.ən.m.ur [出] 糺20. [校勘] 이 어휘는 초본에 옮기며 잘못 분할·통합되었는데, "犳村 又扎芠平廾北"로 고쳐야 한다(即實 2012[校]).

[扎村朩朩] ur.ən.tʃ.ar [出] 尚15. [校勘] 이 단어는 본래 2개의 글자(扎为 朩朩)이나 초본에는 잘못하여 하나로 합쳐져 있다(即實 2012[校]).

[扎村及不] ur.ən.o.on [出] 宋11.

[扎叉] ur.ir [出] 先55.

[扎列东] ur.aqa.ad [出] 故15. [校勘] 即實은 이 글자를 "业列东"이라고 기록하고 있다(即實 2012[校]).

[扎朩] ur.tʃi [부] ① 홀로(即實 2012⑳), ② 오래토록(大竹昌已 2016d). [出] 仁/道/宣/仲/先/宗/博/弘/副/皇/宋/慈/智/烈/奴/韓/特.

[扎朩又扎 穴夭炎] ur.tʃi.m.ur u.oi.oi [出] 博46. [校勘] 이 어휘는 휘본 등에 옮기며 잘못 분할·통합되었는데, "扎朩 又扎穴夭炎"로 고쳐야 한다(即實 2012[校]).

[扎朩为朩] ur.tʃ.a.ar [出] 慈27. [校勘] 이 어휘는 초본에 옮기며 잘못 분할·통합되었는데, "扎朩 为朩夂犳"로 고쳐야 한다(即實 2012[校]).

[扎欠] ur.gu [명](인명) ① 訛古(唐採蘭외 2002), ② 格樂坎(即實 2012⑨), ③ 烏魯古(劉鳳翥외 2004a), ④ 烏魯姑(劉鳳翥 2014b[52]). [出] 烈14/16/22. [参考] 오로고(烏魯古)는 ≪宗誌≫에 나오는 성 가한(聖可汗, 火 血 [iu qā])의 이름이다. 오로고는 본래 요태조(遼太祖)가 타던 말의 이름으로, 요태조가 발해를 정복한 후에 그 마지막 왕인 대인선(大諲譔)에게 내린 거란식 이름이다(愛新覺羅외 2011).

> [遼史] **大諲譔(대인선)**. 발해의 제15대왕(末王)으로, 906년부터 926년까지 재위하였다. 926년(天顯 원년) 거란이 발해 서쪽 지역의 군사 요충지인 부여를 함락시키고 최종 발해 부대인 노상병(老相兵)을 물리치고 발해 상경(忽汗城)을 포위하여 압박하니 대인선이 항복하였다. 거란은 발해의 이름을 동단국(東丹國)으로 고치고 태자를 동단왕으로 삼아 다스리게 하였다. ≪요사·태조본기㊦≫에 "대인선에게는 오로고, 그 처에게는 아리지라는 이름을 내렸다(賜諲譔名曰烏魯古, 妻曰阿里只)"고 기술되어 있다(金渭顯외 2012㊤).

[扎欠不] ur.gu-n [명](인명·소유격) 烏魯古의(愛新覺羅외 2011). [出] 宗4, 烈26.

[扎为] ur.a [명] 후예(愛新覺羅 2004f, 愛新覺羅외 2011). [형] 밝다, 환하다(即實 2012⑳). [出] 道/許/故/仲/先/博/迪/慈/智/梁/清/尚/玦/蒲.

[扎为 夵仐廾反内] ur.a ar.əl.ʊ.o.on [用法] 후예가 성해졌다(愛新覺羅외 2011).

[扎为夾] ur.a.an [명] ① 한(翰)(清格爾泰외 1985), ② 영광(光榮)(即實 2012⑳). [명](소유격) 뒤의(愛新覺羅외 2011). [出] 道/宣/令/許/故/仲/先/宗/博/永/迪/弘/副/慈/智/圖/清/尚/韓/玦/回. [用例] 玍平几 扎为夾 丙 几 [əu.ul.gə ur.a.an məgə ku] [명] 전처(前妻)(愛新覺羅 2006a). [出] 清2.

[扎为夾 仐同村] ur.a.an l.iŋ-n [명](지명·소유격) 현릉(顯陵)의(劉鳳翥 2014b①). [出] 宗16.

[扎为夾 仐关雨] ur.a.an l.i.in [명](관직) 한림(翰林)(清格爾泰외 1985). [出] 許32.

[扎为东] ur.a.ad [명] 뒤(大竹昌已 2016d). [出] 許57, 仲3, 玦2/42.

[扎为东矢] ur.a.ad.tə [出] 故21.

[扎为不] ur.a.on [명](소유격) 뒤의(愛新覺羅외 2011). [出] 宗4. [校勘] 即實은 이 글자를 "扎为东"라고 기록하고 있다(即實 2012[校]).

[扎为不 业不] ur.a.on p.on [명] 후예(後裔)(愛新覺羅외 2011). [出] 宗4. [校勘] 即實은 이 어휘를 "扎为东 业不"이라고 기록하고 있다(即實 2012[校]).

[扎为朩] ur.a.ar [出] 圖8, 玦16.

[扎为□朩] ur.a.?.ar [出] 迪32. [校勘] 이 단어는 본래 2개의 글자(扎为 朩朩)이나 초본에는 잘못하여 하나로 합쳐져 있다(即實 2012[校]).

[扎矢] ur.tə [出] 博/涿/迪/弘/副/烈/奴/圖/玦/回/特.

[扎矢 丙] ur.tə ju [동] 갑자기 없어지다(忽無)(即實 2012⑳). [出] 弘12.

[扎仅] ur.ʤin [出] 先50. [校勘] 即實은 이 글자를 "扎欠"라고 기록하고 있다(即實 2012[校]).

[扎仐] ur.əl [명](인명) ① 訛里(劉鳳翥외 2003b), ② 訛

勒(愛新覺羅 2004a⑧), ③ 革樂(即實 2012⑳). [出] 弘5. [人物] ≪弘誌≫의 주인 敖魯宛隗也里(1054~1086, 한풍명: 耶律弘用)의 모친인 訛里 마격(麼格) 을림면(乙林免)으로 발리(拔里) 胡突菫滑哥(한풍명: 蕭革) 추밀(樞密)의 딸이다(愛新覺羅 2010f).

[圠仐圡屮] ur.əl.ha.ai [出] 先49.

[圠仐圠] ur.əl.əl [명] 해가 떠 밝아질 때(即實 1996⑥). [出] 先33/43/53.

> [遼史] ≪요사·소한가노전≫에 "明旦, 重元復誘奚獵夫來。韓家奴獨出諭之 …… 獵夫投仗首服"(이튿날 아침에 야율중원이 다시 해(奚) 지역 사냥군을 유혹해 나아갔다. 소한가노는 혼자서 나가 깨우쳐 말하기를 …… 하니, 사냥군들이 병장기를 버리고 자수하였다)의 내용과 관련된다(即實 1996⑥).

[圠仐爻 火关] kəl.əl.ir ui.i [명](인명) 戈隣·奎(即實 2012⑧). [出] 弘7. [人物] ≪弘誌≫의 주인인 야율홍용(耶律弘用)이 탄생했을 때 백부(伯父)인 흥종황제가 지어준 이름이다(即實 2012⑧).

[圠仐丬关] ur.əl.q.ər [형] 광채가 사라지다(即實 1986c). [동] 실망하다(愛新覺羅 2004a⑧). [出] 郎3.

[圠仐伏] ur.əl.in [형] 밝기 시작하다(即實 2012⑳). [出] 圖7.

[圠仐屮] ur.əl.bur [명] 초하루(朔)(厲鼎煃 1932, 羅福成 1933, 王靜如 1933, 研究小組 1977b, 清格爾泰외 1978a). [명](인명) ① 訛里本(劉鳳翥외 2003b), ② 哥勒卜(即實 2012⑪), ③ 訛里不里(愛新覺羅 2013a). [出] 興/仁/道/宣/仲/博/永/皇/宋/尚/特. [人物] ≪宋誌≫ 주인 烏魯宛妃(1056~1080)의 큰오빠인 禮賓使 訛里不里를 지칭하는데(愛新覺羅 2013a), ≪弘14≫행의 "圠仐丹爻"와 동일 인물이다(即實 2012⑪).

[圠仐丹爻] ur.əl.bu.r [명] 초하루(朔)(盖之庸외 2008, 劉鳳翥 2014b㊿). [명](인명) ① 訛里本(陳乃雄외 1999, 劉鳳翥 2014b㊿), ② 戈里賓(即實 2012⑧). [出] 弘14, 副37. [人物] 耶律弘用의 처남(부인 諳葛의 오빠)인 戈里賓(愛新覺羅는 "訛里不里"로 해석) 낭군을 지칭한다(即實 2012⑧). ≪宋7≫의 "圠仐屮"와 동일 인물이다(即實 2012⑪).

[圠仐丹爻朩] ur.əl.bu.r.ən [出] 故15.

[圠仐丹伏] ur.əl.bu.n [명] ① 초하루(朔)(研究小組 1977b, 清格爾泰외 1978a, 劉鳳翥 2014b㊿), ② 서언(序言)(王弘力 1986, 閻萬章 1992, 劉鳳翥 2014b㊿). [명](인명) ① 訛里本(陳乃雄외 1999, 劉鳳翥 2014b㊿, 愛新覺羅외 2015②), ② 戈勒本(即實 1996⑥), ③ 葛勒本(即實 1996⑯), ④ 烏盧本(劉鳳翥외 2004c, 吳英喆 2012a①, 愛新覺羅 2013a, 劉鳳翥 2014b㊿), ⑤ 斡里本(劉鳳翥 2014b㊿). [出] 仁/令/故/先/宗/海/永/迪/弘/副/宋/慈/智/烈/奴/高/梁/糺/清/韓/玦/回/特/蒲. [參考] "烏盧本"은 여성의 이름으로도 상용된다(愛新覺羅외 2015②).

[圠仐丹伏 朩关圠] ur.əl.bu.n tʃi.gə.əl [出] 先1, 故1. [參考] ☞ "圠仐丹伏 朩关圠"을 참고하라.

[圠仐丹伏 朩火 汁] ur.əl.bu.n tʃi.iu pən [명](인명) 烏盧本豬糞(愛新覺羅외 2015②). [人物] ≪玦誌≫의 주인 只兗昱(1014~1070)의 동생인 烏盧本豬糞 태위(太尉)를 지칭한다(愛新覺羅 2010f).

[圠仐丹伏 朩关圠] ur.əl.bu.n tʃi.gə.əl [동] 서병(序幷, 즉 "서문을 아울렀다, 서문을 쓰다"의 의미이며, 한어 어순으로는 "幷序"에 해당한다)(劉鳳翥 2014b㉓). [出] 令/永/迪/副/慈/奴/梁/清/韓.

[圠仐丹伏 朩厂圠] ur.əl.bu.n tʃi.p.ur [명](인명) ① 戈勒本·只□戈(即實 2012⑱), ② 烏盧本除鉢(愛新覺羅 2013a), ③ 訛里本·除鉢(劉鳳翥 2014b㊿). [出] 梁4. [人物] ≪梁誌≫의 주인인 石魯隱朮里者(1019~1069, 한풍명: 蕭知微)는 7형제중 셋째인데, 다섯번째인 烏盧本除鉢 태위를 지칭한다(愛新覺羅 2013a).

[圠毋圡朩] ur.?.ha.ar [出] 糺15.

[圠毋圡ㄌ出] ur.?.ha.a.an [出] 許48.

[圠关] ur.i [出] 道18, 仲17.

[圠穴当] ur.k(h).ən [出] 道19. [校勘] 即實은 이 글자를 "圠穴当"이라고 기록하고 있다(即實 2012㉟).

[圠火] ur.ud [出] 先57.

[圠火仐丬] ur.ud.əl.qa [出] 道6, 皇5.

[圠关仐九朩] ur.gə.l.gə-n [出] 玦30.

[圠尘] ur.t [동] ~을 인솔하다, 이끌다(大竹昌巳 2016d). [出] 許/仲/先/博/玦.

[圠尘屮关] ur.t.ai.ər [出] 玦26.

[圠丏] ur.pun [出] 玦18/24.

[圠厂州] ur.p.od [명] 충(忠)(即實 2012/2015a). [出] 奴42, 回13.

[圠厂州朩] ur.p.od.ən [형] 정성스럽다(忱), 도탑다(篤)(即實 1996③/2012㉟). [出] 仲33.

[圠厂州关] ur.p.od.ər [명](목적격) 충(忠)을(即實 2012⑳). [出] 奴42.

[圠□采] ur.?.an [出] 韓23. [校勘] 即實은 초본에 탈루되어 있는 두 번째 원자를 "ㄌ"라고 추정하고 있다(即實 2012㉟).

圠 [발음] bur, bor [原字번호] 77

[圠] bur [명](인명) ① 胡(即實 1988b), ② 古(愛新覺羅 2004a⑨), ③ 孛里(愛新覺羅 2009a⑰). [出] 仲27/30, 先18/53/66/

69, 慈20, 奴33. [人物] ≪仲誌≫의 주인 烏里衍朮里者(1090~1150, 한풍명: 蕭仲恭)의 장인(첫째 부인인 福哥 낭자의 부친)인 李里 태위(太尉)를 지칭한다(愛新覺羅 2009a⑰).

[北北] bur.bur [出] 令18, 弘23, 梁14/27, 圖14/23.

[北北村] bur.bur.ən [出] 宗7, 皇13, 奴42. [校勘] 即實과 劉鳳翥는 ≪宗7≫에서는 이 글자를 "**圠村**"이라고 기록하고 있다(即實 2012[校], 劉鳳翥 2014b⑬).

[北圵] bur.[?] [出] 先59. [校勘] 即實은 이 글자를 "**北北**"라고 기록하고 있다(即實 2012[校]).

[北朩] bur.tʃi [出] 故24.

[北乃币] bur.am.od [出] 先23. [校勘] 即實은 이 글자를 "**圵丆币**"이라고 기록하고 있다(即實 2012[校]).

[北乃州] bur.am.od [형] 무겁다(重)(即實 1996⑯). [出] 典/道/仲/故/奴. [校勘] 첫 두 원자가 초본에는 "**圵乃**"으로, 탁본에는 "**北乃**"으로 되어 있는데, 각공 과정에서 "**丆**"의 왼쪽 위 점을 "**圵**"의 오른쪽에 너무 바짝 붙여서 마치 "**北乃**"처럼 보이고 있으나, "**圵丆**"이 올바른 것 같다(即實 2012[校]).

[北为] bur.a [出] 智24, 圖15. [校勘] 이 글자는 초본에 잘못 옮겨진 것이므로 "**圵为**"가 올바르다(即實 2012[校]).

[北伏] bur.in [出] 迪31. [校勘] 이 글자는 초본에 잘못 옮겨진 것이므로 "**九伏**"이 올바르다(即實 2012[校]).

[北丆州] bur.p.od [형] 곧다(貞)(愛新覺羅 2013b). [出] 回13.

圵　[발음] ??　[原字번호] 78

[圵乃币] [?].am.od [出] 玦21.

[圵乃圵] [?].am.ur [出] 副30/44, 奴25. [校勘] 即實은 이 글자를 "**圵丆圵**"≪副30/44≫와 "**圵丆圵**"≪奴25≫이라고 기록하고 있다(即實 2012[校]).

[圵乃圵村] [?].am.ur.ən [出] 副30, 奴15. [校勘] 이 글자는 초본에 잘못 옮겨진 것이므로 "**圵丆圵村**"≪副30≫과 "**圵丆圵村**"≪奴15≫이 올바르다(即實 2012[校]).

[圵乃州] [?].am.od [형] ① 정성스럽다(忱)(愛新覺羅 2004a⑦), ② 신의에 충실하다(篤義)(即實 1996⑯, 吳英喆 2012a①). [出] 宣/故/仲/博/副/宋/奴/玦. [校勘] 이 글자는 휘본과 초본 등에 잘못 옮겨진 것이므로 "**圵丆州**"≪宣/博/副/宋/奴≫ 또는 "**圵丆州**"≪故/仲/博≫이 올바르다(即實 2012[校]).

[圵乃州村] [?].am.od.ən [出] 博12. [校勘] 이 글자는 휘본 등에 잘못 옮겨진 것이므로 "**圵丆州村**"이 올바르다(即實 2012[校]).

[圵乃州炏] [?].am.od.ər [出] 宋9. [校勘] 即實은 이 글자를 "**圵丆州炏**"이라고 기록하고 있다(即實 2012[校]).

[圵乃屮村] [?].am.bur.ən [出] 仲47. [校勘] 이 글자는 초본에 잘못 옮겨진 것이므로 "**圵丆州村**"이 올바르다(即實 2012[校]).

[圵乃圵村] [?].mur.ur.ən [出] 玦7.

圠　[발음] bur-bur　[原字번호] 79

[圠] bur-bur [형] "참한(眞)" 또는 "밝은(明)"이란 의미를 지닌다(即實 2015b). [校勘] 학계에서는 이 글자를 하나의 원자로 파악하고 있으나 이는 잘못 되었다. 이 글자 우측 상단의 표시(ㄹ)는 중복을 나타내는 부호일 뿐이다. 따라서 "**北北**"와 동일하다(即實 2015b). [書法] 이 글자가 합성자의 첫 원자로 위치하는 경우 가로가 아닌 세로로 내려쓴다(吳英喆 2012a). [出] 道/許/仲/先/宗/涿/迪/副/紀/特/洞.

[圠村] bur-bur.ən [出] 玦27. [校勘] ☞ **北北村**(即實 2015b).

[圠炏矢] bur-bur.gə.tə [出] 玦44.

圥　[발음] əl　[原字번호] 80

[圥] əl [用法] 부동사형 부가성분으로 사용하며, 같은 문법적 기능을 가진 표음자는 **ち**[-al], **소**[-ol]이 있다(研究小組 1977b, 愛新覺羅외 2011, 愛新覺羅 2012).

[圥圥] əl.əl [出] 仁28.

[圥廾平屮] əl.ʊ.ul.bur [동] 몰아내다, 축출하다(驅)(即實 1996⑥). [出] 先33.

[圥叒杏] əl.u.uni [出] 特15.

[圥叒炏] əl.u.ur [出] 圖4, 玦17.

[圥叒药] əl.u.dʑi [出] 副36. [校勘] 即實은 이 글자를 "**圥叒药**"라고 기록하고 있다(即實 2012[校]).

[圥叒伏] əl.u.in [出] 奴19.

[圥叒火] əl.u.ui [동] 구별하다(大竹昌巳 2016d). [出] 先59.

[圥叒平九] əl.u.ul.g [出] 慈17.

[圥村] əl.ən [出] 仁30. [校勘] 即實은 이 글자를 "**圥村**"이라고 기록하고 있다(即實 2012[校]).

[圥朩] əl.tʃi [出] 回25.

[圥乃州村] əl.am.od.ən [형] 정성스럽다(忱), 도탑

다(篤)(即實 1996③). [出] 仲33. [校勘] 이 글자는 초본에 잘못 옮겨진 것이므로 "北乃州村"이 올바르다(即實 2012校).

[北为] əl.a [出] 許57, 烈26, 回26.

[北为丁村] əl.a.?.ən [出] 智4. [校勘] 이 글자는 초본에 잘못 옮겨진 것이므로 "北为东村"이 올바르다(即實 2012校).

[北为买] əl.a.an [出] 許24/32, 烈11, 回23. [校勘] 即實은 이 글자를 "北为买"이라고 기록하고 있다(即實 2012校).

[北矢] əl.tə [出] 烈22. [校勘] 即實은 이 글자를 "北矢"라고 기록하고 있다(即實 2012校).

[北伏] əl.in [出] 迪32. [校勘] 이 글자는 초본에 잘못 옮겨진 것이므로 "九伏"이 올바르다(即實 2012校).

[北小] əl.əl [出] 興16. [校勘] 이 글자는 초본에 잘못 옮겨진 것이므로 "北小"이 올바르다(即實 2012校).

[北火火当] əl.ju.ui.ən [出] 智20.

[北穴长几] əl.u.su.g [出] 宗29.

[北穴杏] əl.u.un [出] 副36.

[北穴北] əl.u.əl [出] 玦28.

[北穴交] əl.u.ur [出] 先69.

[北穴药] əl.u.dʒi [出] 玦24.

[北穴火] əl.u.ui [出] 宣21, 副44.

[北穴火用朩] əl.u.ui.il.tʃi [동] 수호하다, 호위하다(拱衛)(即實 2012⑳). [出] 慈4.

[北穴犬] əl.u.ər [出] 宣11, 玦27.

[北穴当] əl.u.ən [出] 清18. [校勘] 이 글자가 초본에는 "北穴当"으로 잘못 기록되어 있다(即實 2012校).

[北穴平几] əl.u.ul.gə [出] 回24.

丈 [발음] sair [原字번호] 81

[丈] sair [명] 거란어로 "달(月)"을 나타내는 말이다(厲鼎煃 1932, 羅福成 1933, 王靜如 1933, 研究小組 1977b, 清格爾泰외 1978a/1985, 即實 1996⑯). [用法] 금대(金代)의 거란어 발음은 [said]이다(愛新覺羅외 2011). [同源語] "달(月)"을 뜻하는 다호르어의 [sarol], 몽골어의 [sara]가 동일한 어원이다(吳維외 1999, 愛新覺羅외 2011). [出] 興/仁/道/宣/令/許/故/仲/先/宗/博/涿/永/迪/弘/副/皇/宋/慈/智/烈/奴/高/室/圖/梁/糺/清/尚/韓/玦/回/特/蒲蓋/蒲/塔/洞.

[丈 非北] sair po.ur [명] 달빛(月光)(愛新覺羅외 2011). [出] 道35, 永41.

[丈夯] sair.e [명](국명) 월(越)(研究小組 1977b). [出] 仲24/27/46. [校勘] 이 글자는 초본에 잘못 옮겨진 것이므로 "关夯"가 올바르다(即實 2012校).

[丈夯 几交村] sair.ə g.ur.ən [명](국명・소유격) 월국(越國)의(研究小組 1977b, 清格爾泰외 1978a). [出] 仲46. [校勘] 이 글자는 초본에 잘못 옮겨진 것이므로 "关夯 几交村"이 올바르다(即實 2012校).

[丈夯 几火 杰] sair.ə g.ui uaŋ [명](관제) "월국왕(越國王)"의 한어차사(研究小組 1977b, 清格爾泰외 1978a). [出] 仲24. [校勘] 이 글자는 초본에 잘못 옮겨진 것이므로 "关夯 几火 杰"이 올바르다(即實 2012校).

[丈及火] sair.u.un [出] 許32. [校勘] 이 글자는 초본에 잘못 옮겨진 것이므로 "丈夂交"가 올바르다(即實 2012校).

[丈村] sair.ən [出] 仁5, 許3/45/51, 仲蓋1/5. [校勘] 이 글자는 초본에 잘못 옮겨진 것이므로 "丈村"이 올바르다(即實 2012校).

[丈夂] sair.ug [出] 先39. [校勘] 이 단어는 초본에 옮기며 잘못 분할되었는데, 뒤 원자들과 합쳐 "丈夂朩叉"로 하여야 한다(即實 2012校).

[丈夂化] sair.ug.ur [出] 道13, 仲43. [校勘] 이 글자는 초본에 잘못 옮겨진 것이므로 "丈夂化"가 올바르다(即實 2012校).

[丈夂化村] sair.ug.ur.ən [出] 興10, 令28. [校勘] 이 글자는 휘본 등에 잘못 옮겨진 것이므로 "丈夂化村"이 올바르다(即實 2012校).

[丈乍丙关] sair.abu.əi.i [出] 興6. [校勘] 이 글자는 집본 등에 잘못 옮겨진 것이므로 "今乍丙关"가 올바르다(即實 2012校).

[丈矢] sair.tə [명](향위격) ~달(月)에(劉浦江외 2014, 劉鳳翥 2014b52). [出] 仲/海/永/迪/副/智/高/圖/梁/尚/玦.

[丈矢关] sair.d.i [명](탈격) ~달(月)로부터(劉鳳翥 2014b㉗). [出] 先53, 清18.

[丈伏] sair.in [명](인명) ① 賽隣(愛新覺羅 2003i), ② 塞日訥(即實 2012③). [出] 迪10. [人物] 《迪誌》 주인의 6대조인 諧領庫古勒의 부인을 지칭한다(即實 2012③).

[丈伏 九矢] sair.in ilim.tə [명](인명・향위격) 塞日訥 부인에게(即實 2012③). [出] 迪8. [用法] "九矢"는 부인의 호칭에 향위격조사가 붙은 것이다(即實 2012③).

[丈伏九矢] sair.in.ilim.tə [명](인명・향위격) ① 賽隣氏에게(愛新覺羅 2003i), ② 竹隱 을림면(乙林免)에게(愛新覺羅 2006a). [出] 迪8. [校勘1] 愛新覺羅는 첫 원자를 "丈"

라고 기록하고 있다(愛新覺羅 2006a). [校勘2] 即實은 이 글이 "仗伏"와 "九矢"의 두 글자로 나뉘어져야 하며, 애초에 초본 작성 과정에서 잘못된 것이라고 주장하고 있다(即實 2012㉯).

[仗化] sair.ur [出] 許21. [校勘] 이 글자는 초본에 잘못 옮겨진 것("仗"와 "化"를 이어 쓰는 사례는 없음)이므로 "夂化"가 올바르다(即實 2012㉯).

[仗仐] sair.əs [명] ① 달(月)(盧迎紅외 2000), ② "달"의 복수형(武內康則 2016). [出] 先/迪/副/慈/尚/蒲.

[仗仐兴] sair.s.ər [명] 여러달 동안, 즉 동계(冬季)·하계(夏季)의 "계(季)" 정도로 사용된다(即實 2012⑫). [出] 高18.

[仗夯] sair.ə [명](국명) 월(越)(研究小組 1977b). [出] 許50, 仲蓋/1/5. [校勘] "仗"은 거란어로 "달(月)"을 나타내는 말이므로 한어로 "월(越)"을 나타내려면 "仗夯"가 아닌 "犮夯"으로 하여야 한다(即實 2012㉯).

[仗夯 几交村 北丙与 杰] sair.ə g.ur.ən ur.j.ən uaŋ [명](관제) ① 월국(越國)의 □왕(清格爾泰외 1985), ② 월국의 烏里衍 왕(愛新覺羅 2009a⑰). [出] 仲46. [校勘] 첫 글자는 초본에 잘못 옮겨진 것이므로 "犮夯"이 올바르다(即實 2012㉯).

> [參考] "北丙与"의 한어 표기에 대해서는 ① 戈也昆(即實 1988b), ② 兀衍(劉浦江 2005), ③ 烏里衍(愛新覺羅 2006a), ④ 哥里衍(即實 2012⑦)·格里衍(即實 2012⑨)·革立衍(即實 2012⑭), ⑤ 烏演(劉鳳翥 2014b㊾) 등의 다양한 주장이 있다. 그러나 ≪仲誌≫에서는 묘주인 烏里衍朮里者(1090~1150)를 지칭한다(愛新覺羅 2010f).

[仗夯 几火] sair.ə g.ui [명](국명) 월국(越國)(研究小組 1977b, 劉鳳翥 2014b㊾). [出] 仲1. [校勘] "仗夯"는 "犮夯"으로(即實 2012㉯).

[仗夯 几火 杰] sair.ə g.ui uaŋ [명](관제) 월국왕(越國王)(清格爾泰외 1985). [出] 仲1. [校勘] "仗夯"는 "犮夯"으로(即實 2012㉯).

[仗夯 几火 杰不] sair.ə g.ui uaŋ.on [명](관제·소유격) 월국왕(越國王)의(研究小組 1977b, 清格爾泰외 1978a/1985). [出] 許50, 仲1. [校勘] "仗夯"는 "犮夯"으로(即實 2012㉯).

[仗夯 几火 业关] sair.ə g.ui p.i [명](관제) 월국비(越國妃)(清格爾泰외 1985). [出] 仲27. [校勘] "仗夯"는 "犮夯"으로(即實 2012㉯).

[仗夯 几火 几太 亥火火] sair.ə g.ui g.uŋ ʤ.iu-n [명](관제·소유격) 월국공주(越國公主)의(清格爾泰외 1985). [出] 仲5. [校勘] "仗夯"는 "犮夯"으로(即實 2012㉯).

[仗与] sair.ən [出] 許20. [校勘] 이 단어는 초본에 옮기며 잘못 분할되었는데, 앞 원자들과 합쳐 "叉为仗与"으로 하여야 한다(即實 2012㉯).

犮 [발음] jue, jo [原字번호] 82

[犮] jue [借詞] "月", "越" 등을 나타내는 한어차사(研究小組 1977b, 豊田五郎 1991b, 劉鳳翥 1993d, 吳英喆 2006c). [出] 先25, 永36, 迪39.

[犮 仦丙] jue l.ju [명](인명) 越留(劉鳳翥 2014b㊾). [出] 清11. [校勘] 即實은 이 글을 "仐文 仦丙"라고 달리 표기하고 "謝留"로 해독하고 있다(即實 2012⑭).

[犮击ち圱买] jue.ha.al.aqa.an [出] 先48. [校勘] 即實은 이 글자를 "犮击ち圱买"이라고 기록하고 있다(即實 2012㉯).

[犮夯] jue.æn [借詞] "院", "遠" 등을 나타내는 한어차사(研究小組 1977b, 朱志民 1995, 劉鳳翥외 1995). [出] 道/宣/博/涿/玦.

[犮夯村] jue.æn.ən [명](관제·소유격) ~원(院)의(劉鳳翥 2014b㊸). [出] 仲22.

[犮交矢] jue.ur.? [出] 許35. [校勘] 이 글자는 초본에 잘못 옮겨진 것이므로 "犮交矢"가 올바르다(即實 2012㉯).

[犮村 几夯] jue-n g.ə [명](인명) 延哥(愛新覺羅 2010f, 即實 2012⑭, 劉鳳翥 2014b㊾). [出] 清12. [人物] ≪清誌≫의 주인인 奪里懶太山(1029~1087, 한풍명: 蕭彦弼) 부부에게는 3남 6녀가 있었는데, 그 중 막내딸인 延哥 낭자(娘子)를 지칭한다(愛新覺羅 2010f).

[犮夯] jue.ə [借詞] "越"을 나타내는 한어차사(即實 1996⑯). [出] 許50, 仲27. [校勘] 초본에는 이 글자가 "仗夯"으로 잘못 옮겨져 있다. 지석에는 정상적으로 되어 있는데, 탁본상의 "犮"원자 오른쪽 점이 희미해져 발생한 결과이다(即實 2012㉯).

[犮夯 几火 杰] jue.ə g.ui uaŋ [명](관제) "월국왕(越國王)"의 한어차사(即實 1996⑯). [出] 仲盖1.

[犮夯 几火 业关] jue.ə g.ui p.i [명](관제) "월국비(越國妃)"의 한어차사(即實 1996⑯). [出] 仲27.

[犮几] jue.g [出] 梁6. [校勘] 即實은 이 글자를 "犮几"라고 기록하고 있다(即實 2012㉯).

[犮火] jue.ud [出] 迪17.

廿 [발음] sï [原字번호] 83

[丈] sï [借詞] "刺", "司", "子", "石" 등을 나타내는 한어차사(研究小組 1977b, 王弘力 1984, 清格爾泰외 1985). [用法] 통상 단체자(單體字)로만 사용된다(孫伯君 2007/2008). [出] 興/令/許/仲/先/宗/迪/弘/副/皇/宋/智/奴/高/圖/梁/糺/清/尚/玦/特/蒲/畫.

[丈 兆] sï ʂï [명](관제) "자사(刺史)"의 한어차사(研究小組 1977b, 清格爾泰외 1978a/1985). [出] 興36, 許48, 糺11. [参考] ☞ 丙杏 兆.

> [遼史] 刺史(자사)는 주(州)의 장관이다. 방어사보다 아래이며, 관직은 동지주사(同知州事), 녹사참군(錄事參軍) 등을 두었다(金渭顯외 2012㊤).

[丈 労] sï tu [명](관제) "사도(司徒)"의 한어차사(即實 1996⑯). [出] 先23, 高5.

> [遼史] 司徒(사도)는 민호(民户)·토지·도역의 정치를 보필하는 대신이다. 거란의 남면조관인데 실직은 없고, 중신이나 공신 등의 가관이다. 또한 북면조관이나 어장관(御帳官) 중에도 이 관직을 설치하였다. 원래는 척은(惕隱: 梯里己)이었다. 부족의 사무를 관장하였다. 938년(회동 원년)에 오원부와 육원부의 제리기를 승등(升等)시켜 사도라 하였고, 뒷날 여러 부족·속관·규(糺) 중에 모두 사도를 두었다(金渭顯외 2012㊤).

[丈 労火] sï tu-n [명](관제·소유격) 사도(司徒)의(即實 1996⑯). [出] 令7, 副51.

[丈 仐谷 几㕚 半叐 令卡关] sï s.ï g.im ŋ.u t.ai.i [명](관제) "사자금어대(賜紫金魚袋)"의 한어차사(即實 2012⑭, 劉鳳翥 2014b㊾). [出] 清22.

[丈 几斗 公叐] sï g.ia n.u [명](인명) 司家奴(愛新覺羅 2013b, 劉鳳翥 2014b㊾). [出] 副2, 奴2, 特1.

> [人物] 司家奴(사가노)는 요대 말기의 거란소자 문장의 고수로, 《奴誌》와 《副誌》 등을 기술한 자이다. 과거 도종황제의 명으로 《칠조실록》(七朝實錄)을 집필한 육원(六院) 해리녕(解里寧) 우월(于越)의 가족이다(劉鳳翥 2014b㉙).

[丈 几券] sï g.ə [명](인명) ① 司哥(愛新覺羅 2010f, 劉鳳翥 2014b㊾), ② 四哥(即實 2012⑰). [出] 副8. [人物] 《副誌》 주인 窩篤宛兀没里(1031~1077, 한풍명: 耶律運)의 조모인 복외(僕隗)씨 司哥 부인(夫人)을 지칭한다(愛新覺羅 2010f).

[丈 乂太] sï k(h).uŋ [명](관제) "사공(司空)"의 한어차사(研究小組 1977b, 清格爾泰외 1978a). [出] 仲5.

> [遼史] 司空(사공)은 북면관에 속한다. 조관(朝官), 어장관(御帳官), 황족장관, 제장관(諸帳官), 부족관(部族官), 속국관(屬國官) 중에 모두 두었다. 938년(회동 원년) 여러 재상(宰相)과 절도사 및 속국관 달림(闥林)을 사공으로 고치었다(金渭顯외 2012㊥).

[丈村] sï.ən [명](소유격) ~사(司)의(劉浦江외 2014). [出] 仲9, 迪15, 特11. [校勘] 即實은 《仲9》에서는 이 글자를 "**女村**"이라고 기록하고 있다(即實 2012㊑).

[丈矢] sï.tə [명](향위격) ~사(司)에(劉浦江외 2014). [出] 先/迪/弘/玦/特.

[丈公村] sï.d.ən [명](소유격) ~사(司)들의(劉浦江외 2014). [出] 迪19.

[丈炏] sï.ər [명] 사(司)(吳英喆 2012a①). [出] 玦27.

亣 [발음] ar, ær [原字번호] 84

[亣] ar / ær [出] 興10, 宣25, 奴45, 梁6.

[亣与] ar.en [出] 道28, 先69. [校勘] 即實은 《先69》에서는 이 글자를 앞 원자들과 합쳐 "**列关亐村**"이라고 달리 기록하고 있다(即實 2012㊑).

[亣叐] ar.u [出] 奴31, 韓34. [校勘] 《奴31》에서는 이 단어를 초본에 옮기며 잘못 분할하였는데, 앞 원자들과 합쳐 "**丙交亣叐**"로 하여야 한다(即實 2012㊑).

[亣叐犳] ar.u.dʒi [出] 博16.

[亣关平列] ar.lu.ul.aqa [出] 糺29.

[亣公舟尘] ar.d.bu.t [出] 許9. [校勘] 이 단어는 초본에 옮기며 잘못 분할되었는데, 앞 원자들과 합쳐 "**亥交亣公舟尘**"로 하여야 한다(即實 2012㊑).

[亣氺] ar.əl [出] 仲4, 榆4. [校勘] 《仲4》에서는 이 단어를 초본에 옮기며 잘못 분할되었는데, 뒤 원자들과 합쳐 "**亣氺廾及内炏**"로 해야 한다(即實 2012㊑).

[亣氺廾犳] ar.əl.ʊ.dʒi [出] 副35.

[亣氺廾及扎] ar.əl.ʊ.o.ur [명](인명) ① 律里本(袁海波외 2005), ② 耶魯斡(愛新覺羅 2010f), ③ 里洛戈(即實 2012⑳), ④ 律里斡(劉鳳翥 2014b㉗). [出] 清12. [人物] 《清誌》의 주인에게는 3남 6녀가 있었는데, 그 중 장녀인 賢聖哥 낭자(娘子)의 남편을 지칭한다. 그녀는 외삼촌(영청군주(永清郡主)의 셋째 동생)인 耶魯斡(한풍명: 耶律弘禮) 태위(太尉)에게 시집갔다(愛新覺羅 2010f).

[亣氺廾及州] ar.əl.ʊ.o.od [명] 천보(天輔 = **九炏与**, 금나라 태조황제 때의 연호로서 기간은 1117년~1123년이다)(愛新覺羅 2004a⑧). [出] 先4, 尚29.

[亣氺廾及内] ar.əl.ʊ.o.on [명] 아로완(阿魯盌)(康鵬 2011).

[동] 진작(振作)하다, 분발하다(即實 2012⑳). [出] 弘/智/烈/梁/尚/特.

> [遼史] **阿魯盌(아로완)**은 ≪요사·국어해≫에 따르면 "보좌"(輔佐)라는 의미이다. ≪금사·병지≫에 "사졸의 부종(副從)은 아리희(阿里喜)이다"라고 하였는데, 아리희와 아로완은 같은 뜻이다(金渭顯외 2012㊤). 한편 아로완알로타(阿魯盌斡魯朶: "輔佐宮"의 의미)는 천조황제가 설치하였으며, 영창궁(永昌宮)이다.

[**𘲡𘲢卄火**] ar.əl.ʊ.ui [出] 仲44.

[**𘲡𘲢卄平**] ar.əl.ʊ.ul [出] 梁16. [校勘] 이 단어는 초본에 옮기며 잘못 분할되었는데, 뒤 원자들과 합쳐 "**𘲡𘲢卄平𘱀为出**"로 하여야 한다(即實 2012㉯).

[**𘲡𘲢卄平𘱀丰**] ar.əl.ʊ.ul.ha.ai [出] 仲39/42/48, 博3.

[**𘲡𘲢卄平𘱀叐**] ar.əl.ʊ.ul.ha.as [出] 糺26.

[**𘲡𘲢卄平𘱀为ち**] ar.əl.ʊ.ul.ha.a.ar [出] 仲4.

[**𘲡𘲢卄平𘱀为出**] ar.əl.ʊ.ul.ha.a.an [동] 보좌하다(愛新覺羅 2004a⑧). [出] 奴26.

[**𘲡𘲢卄平叉**] ar.əl.ʊ.ul.ir [出] 仲47.

[**𘲡𘲢卄平豹**] ar.əl.ʊ.ul.ʤi [出] 尚33. [校勘] 이 글자는 초본에 잘못 옮겨진 것이므로 "**𘲡𘲢卄平㕤**"가 올바르다(即實 2012㉯).

[**𘲡𘲢村**] ar.əl.ən [出] 弘30. [校勘] 이 글자는 초본에 잘못 옮겨진 것이므로 "**木𘲢村**"가 올바르다(即實 2012㉯).

[**𘲡𘲢㕤**] ar.əl.qa [出] 仲13/38, 博28, 迪16, 玦18/21/26/42.

[**𘲡𘲢反**] ar.əl.o [명](인명) ① 律來(劉鳳翥외 2005b, 劉鳳翥 2014b⑲), ② 阿隣(愛新覺羅 2004a⑫), ③ 耶魯(愛新覺羅 2006a), ④ 里洛(即實 2012⑳). [出] 高6.

> [人物] ≪高誌≫ 주인 王寧高十(한풍명: 韓元佐)의 조부(福哥: 韓德昌)의 넷째 형(韓德讓)이 자식이 없어 황실의 자손인 耶魯 낭군(郎君)으로 하여금 그 가문을 잇게 하였다 ☞ 韓知古(玉田韓氏)의 가계에 대하여는 "愛新覺羅 2009a⑧"을 참고하라.

[**𘲡𘲢冗豹**] ar.əl.u.ʤi [出] 仲44.

[**𘲡𘲢□火**] ar.əl.?.ui [出] 特35.

[**𘲡𘱃**] ar.ju [出] 許40, 梁18. [校勘] ≪許40≫에서는 이 단어를 초본에 옮기며 잘못 분할하였는데, 앞 원자들과 합쳐 "**丙交𘲡𘱃**"로 하여야 한다(即實 2012㉯).

[**𘲡𘱃㞢关**] ar.ju.zhi.i [出] 博38. [校勘] 이 단어는 본래 2개의 글자(**𘲡𘱃 㞢关**)이나 초본에는 잘못하여 하나로 합쳐져 있다(即實 2012㉯).

[**𘲡囯**] ar.bə [出] 先46.

[**𘲡付**] ar.bu [出] 興12, 許42, 先46, 高22.

[**𘲡付 丹**] ar.bu əl [出] 先45.

[**𘲡付村**] ar.bu-n [出] 博18.

[**𘲡付尘**] ar.bu.t [동] 신복(臣服, 신하의 예절로 섬기다, 복종하다)(愛新覺羅 2004a⑧). [出] 道11.

[**𘲡朵**] ar.ja [出] 圖19. [校勘] 이 글자는 휘본 등에 잘못 옮겨진 것이므로 "**仐丹**"가 올바르다(即實 2012㉯).

[**𘲡由𘱀为ネ**] ar.bəl.ha.a.ar [出] 典8.

[**𘲡关**] ar.ər [出] 道19, 奴14. [校勘] ≪奴14≫에서는 이 단어를 초본에 옮기며 잘못 분할하였는데, 앞 원자들과 합쳐 "**𘲢考𘲡关**"로 하여야 한다(即實 2012㉯).

[**𘲡当**] ar.ən [出] 海7. [校勘] 이 단어는 휘본 등에 옮기며 잘못 분할되었는데, 앞 원자들과 합쳐 "**付丙𘲡当**"으로 하여야 한다(即實 2012㉯).

[**𘲡当关**] ar.ən.ər [出] 尚19. [校勘] 이 단어는 초본에 옮기며 잘못 분할되었는데, 앞 원자들과 합쳐 "**付丙𘲡当关**"로 하여야 한다(即實 2012㉯).

灰 [발음] tʃir [原字번호] 85

[**灰**] tʃir [수] 6(여섯)(羅福成 1933/1934b, 王靜如 1933, 厲鼎煃 1933, 辛兌鉉 1937, 研究小組 1977b/1979, 清格爾泰외 1978a/1985, 即實 1996⑯). [同源語] "여섯"을 뜻하는 몽고어의 [tʃʊrkɑ]와 [tʃiyrkɑ], 서면몽골어의 [tʃirkʊkɑ], 다호르어의 [tʃirkɔ:]와 [tʃʊrkɔ] 등이 같은 어원이다(即實 1996⑬). [出] 仁/道/宣/許/故/仲/先/博/涿/迪/弘/副/宋/慈/智/烈/奴/高/室/圖/梁/糺/清/尚/玦/回/特/蒲/塔.

[**灰 𘲣九公村 九火 朩村**] tʃir us.gə.d.ən g.uŋ tʃ.ən [명](관제) 6자(六字)의 공신(劉鳳翥 2014b㊷). [出] 梁1.

[**灰 叐化**] tʃir u.ur [명](부족) ① 육원(六院)(劉鳳翥 2014b㊷), ② 육원부(六院部)(大竹昌巳 2016a). [出] 副1.

> [遼史] **六院部(육원부)**는 요대의 부 이름이다. 태조 천찬 원년(922)에 질랄부(迭剌部)를 쪼개어 오원(五院)과 육원(六院)의 양부로 하고 이리근을 두었다. 태종 회동 원년(938)에 이리근을 대왕으로 개칭하였다. 육원부는 할란(轄懶), 아속(阿速), 알납발(斡納拔), 알납아랄(斡納阿剌) 등 4석렬(石烈)로 조성되었다(金渭顯외 2012㊤/㊦).

[**灰 叐化 伏卄交**] tʃir u.ur ni.ʊ.ur [명](부족) 육원부(六院部)(劉鳳翥 2014b㊷). [出] 慈1.

[**灰 叐化 伏仌交**] tʃir u.ur ni.o.ur [명](부족) 육원부(六院部)(劉鳳翥외 2006a). [出] 慈蓋1. [參考] "**卄**"와 "**仌**"은 동일 음으로 서로 호환되고 있다(劉鳳翥외 2006a).

遼史 육원부(六院部) ○○○이리근(夷離堇) 족계

묘지명(墓誌銘)에 "육원부 ○○○이리근 족계의"라는 표현이 자주 나오는데, 이 표현은 ○○○ 후손들이 세인에게 과시하기 위해 사용하는 일종의 신분표시이다. ≪요사≫에도 여러 곳 나타나는데, <야율적렬전> 耶律頗烈, 字兀里軫, 六院部蒲古只夷離堇之後。<야율구리사전> 耶律漚里思, 六院夷離堇蒲古只之後。<야율후전> 耶律吼, 字葛魯, 六院部夷離堇蒲古只之後。<야율발고철전> 耶律勃古哲, 字蒲奴隱, 六院夷離堇蒲古只之後。 등이다(劉鳳書외 2006a).

[夾 叐化 叕 杰] tʃir u.ur tai uaŋ 명(관제) 육원대왕(六院大王)(劉鳳書 2014b㊾). 出 迪22.

[夾 伏廾夭村] tʃir n.ʊ.ul.ən 명(부족·소유격) 육부(六部)의(即實 1996⑯). 出 許52, 慈9.

[夾 伏廾夭村 丙药 玉仐] tʃir n.ʊ.ul.ən tʃau.dʒi qur.u 명(관제) 육부의 도통(六部都統)(即實 2012⑳). 出 博12.

[夾 伏廾夭村 口比伏] tʃir n.ʊ.ul.ən tə.əl.in 명(부족) 육부의 해(六部奚)(劉鳳書 2014b㊾). 出 許52, 副24.

[夾 几丙火化] tʃir g.ju.ud.ur 명(관제) 육궁(六宮)(研究小組 1977b, 清格爾泰외 1978a). 出 仁20. **校勘** 마지막 두 원자를 휘본에는 "火凡", "火化" 등으로 표기하고 있으나 "火凡"가 올바르다(即實 2012㊺).

[夾 几丙火凡夂] tʃir g.ju.uŋ.du.ər 명(관제·소유격) 육궁(六宮)의(即實 1996⑯). 出 仁27.

[夾夭屮] tʃir.is.bur 出 仁16. **校勘** 이 글자는 휘본 등에 잘못 옮겨진 것("夾"와 "夭"를 이어 쓰는 사례는 없음)이므로 "友夭屮"가 올바르다(即實 2012㊺).

[夾夭] tʃir.tə 쉬(향위격) 6(여섯)에(清格爾泰외 1985, 即實 2012⑳). 出 仲/博/涿/永/弘/梁/糺/清.

[夾屮커] tʃir.əl.aqa 出 仲41. **校勘** 이 글자는 초본에 잘못 옮겨진 것("夾"와 "屮"를 이어 쓰는 사례는 없음)이므로 "芍屮커"가 올바르다(即實 2012㊺).

[夾夾] tʃir.ər 쉬(서수) ① 제6, 여섯째(即實 1986d, 劉鳳書 1993d/1995a), ② 제6, 여섯째의 남성형(劉鳳書 2014b㊾). 出 興/海/弘/宋/慈/高/梁/清/玦/回.

[夾夾 公不村] tʃirkɔ.ər n.on-n 쉬(소유격) 제6대의(劉鳳書 2014b㊾). 出 慈4.

[夾与] tʃir.ən 쉬(서수) ① 여섯째(呂振奎 1995), ② 제6, 여섯째의 여성형(劉鳳書 2014b㊾). 出 清12.

[발음] tʃir(?)
[原字번호] 86

[夾] tʃir 쉬 ① 6(여섯)(清格爾泰외 1985, 吳英喆 2006c), ② "6"의 남성형(劉鳳書 2014b㊾), ③ 합이 6(即實 1996⑯). **書法** "夾 [tʃir](원자번호 85)"에 점을 찍은 형태. 出 道/弘/宋/烈/糺/尚/蒲.

[夾 丰公村] tʃir ai.d.ən 명(관제·소유격) ① 육사리방(六舍利房)의(劉鳳書외 2009, 吳英喆 2012a④), ② 육부방(六父房)의(愛新覺羅 2013b). 出 蒲1.

[발음] dʒi
[原字번호] 87

[友] tz(Kane) / dʒi(愛新覺羅) **借詞** ①"職"을 나타내는 한어차사(研究小組 1977b, 清格爾泰외 1978a), ②"知"를 나타내는 한어차사(研究小組 1977b). **用法1** ①"友"는 단독으로도 사용되고 다른 원자와 결합하여 사용되기도 한다. 단독으로 사용될 때는 "직(職)"이나 "지(知)"를 나타낸다(孫伯君 2007). ② 그러나 Kane은 이 원자가 한어 단어를 표기하는 데에만 사용한다고 기술하고 있고(Kane 2009), ③ 이에 대해 愛新覺羅는 이 원자가 거란어를 수식하는 데에도 사용되며, 발음은 [tz]가 아닌 [dʒi]라고 주장하고 있다(愛新覺羅외 2011). **用法2** 형용사 어미를 나타내는 부가성분으로 쓰인다(研究小組 1977b). 出 許/郎/先/涿/迪/副/圖/糺/玦.

[友 仲公] dʒi ju.ən 명(관제) 지추밀사사(知樞密使事)(即實 1996⑯). 出 許24.

[友 仲公 门 劣火] dʒi ju.ən du tu.uŋ 명(관제) 지원도통(知院都統)(清格爾泰외 1985). 出 許24.

[友 焦 屮夭 弓火] dʒi poŋ l.aŋ dʒu.uŋ 명(관제) 직방낭중(職方郎中)(研究小組 1977b, 清格爾泰외 1978a). 出 郎5.

[友雨] dʒi.n 명(관제·소유격) ~지(知)의(即實 1996④). 명(국명) "진(鎭)"의 한어차사(朱志民 1995, 劉鳳書외 1995). 出 許47, 博3/5/10/11/14/16/17/23/24/25/31/34/37/38/43/44, 副19, 尚23. **用例** 劣火 友雨 [tu.uŋ dʒi.n] 명(관제·소유격) 동지(同知)의(即實 1996⑯). 出 許47.

[友雨 几火 久丰夭 仐丗 几亦村 关化] dʒi.n g.ui da.ai.i s.ian g.iun-n i.ri 명(관제) 진국대장군(鎭國大將軍)의 호(號)(劉鳳書 2014b㊾). 出 副19.

[友夭屮] dʒi.is.bur 出 道/先/宗/智/烈/玦. **參考** ☞ "友夭丹叐"와 동일한 글자이다.

[友夭丹叐] dʒi.is.bu.r 동 치리(治理, "통치하다, 다스리다, 관리하다" 등의 의미로 추정된다)(即實 1996④). 出 許37, 副17/25.

[友夭丹反] dʒi.is.b.o 出 許41. **校勘** 이 글자는 초본에 잘못 옮겨진 것이므로 "友夭丹叐"가 올바르다(即實

2012[校]).

[夂丸屮] dʒi.də.bur [出] 糺29, 蒲23. [校勘] 이 글자는 초본에 잘못 옮겨진 것("夂"와 "丸"를 이어 쓰는 사례는 없음)이므로 "夂禾屮"가 올바르다(即實 2012[校]).

[夂叐] dʒi.u [出] 興4. [校勘] 이 글자는 휘본 등에 잘못 옮겨진 것("夂"와 "叐"를 이어 쓰는 사례는 없음)이므로 "夂及"가 올바르다(即實 2012[校]).

[夂村] dʒi-n [동](관제 · 소유격) ~지(知)의(劉浦江외 2014). [出] 高24. [用例] 为火 夂村 [tu.uŋ dʒi-n] [명](관제 · 소유격) 동지(同知)의(劉浦江외 2014).

[夂丸] dʒi.au [出] 先49. [校勘] 即實은 이 글자를 뒤 원자와 합쳐 "夫令火仐圡平"라고 기록하고 있다(即實 2012[校]).

[夂勺] dʒi.g [명](인명) 盜跖 중의 "跖"(即實 2010⑰, 吳英喆 2011a). [出] 副45. [用例] 穴叐 夂勺 [dau.u dʒi.g] [명](인명) 盜跖(即實 2010⑰, 大竹昌巳 2016d).

[夂矢] dʒi.tə [명](향위격) ①~치(治)에게(石金民외 2001), ②~지(旨)에게(愛新覺羅 2006b). [出] 奴27. [用例] 杢尖 夂矢 [tʃ.əŋ dʒi.tə] [명](관제 · 향위격) 승지(承旨)에게(即實 2012④). [명](인명 · 향위격) 成治에게(劉鳳翥 2014b㉙).

[夂化舟伏] dʒi.ri.bu.n [出] 副43.

[夂丞仐九] dʒi.d.əl.g [出] 博28.

[夂丞屮] dʒi.d.bur [出] 烈3. [校勘] 이 글자는 초본에 잘못 옮겨진 것이므로 "夂禾屮"가 올바르다(即實 2012[校]).

[夂尖] dʒi.ŋ [借詞] "政"을 나타내는 한어차사(郭添剛외 2009). [出] 烈2, 尚11.

[夂尖 兂 仐闬村] dʒi.iŋ ʂï l.iŋ [명](관제 · 소유격) 정사령(政事令)의(劉鳳翥 2014b㊿). [出] 烈2.

[夂氺卂] dʒi.ju.du [出] 奴22. [校勘] 即實은 이 글자를 "夊氺卂이라고 기록하고 있다(即實 2012[校]).

[夂用圡平] dʒi.il.ha.ai [出] 先50. [校勘] 即實은 이 글자를 "夵用圡平"이라고 기록하고 있다(即實 2012[校]).

[夂闬] dʒi.iŋ [명](국명) "정(鄭)"의 한어차사(劉鳳翥 2014b㊿). [用法] 한어 "政" 또는 "鄭"을 음역할 때 사용한다(研究小組 1977b). [出] 令/仲/先/迪/糺/玦/特/蒲.

[夂闬 杰] dʒi.iŋ uaŋ [명](관제) "정왕(鄭王)"의 한어차사(研究小組 1977b, 淸格爾泰외 1978a/1985). [出] 仲23.

[夂闬 兂 仐闬] dʒi.iŋ ʂï l.iŋ [명](관제) "정사령(政事令)"의 한어차사(研究小組 1977b, 淸格爾泰외 1978a/1985). [出] 令6.

> [遼史] 政事令(정사령)은 정사성(政事省)의 수장(首長)이다. 태조 때 정사성을 두어 나라 안팎의 모든 일을 처리하였다. 중희 13년(1044)에 정사성을 중서성(中書省)으로 고치고, 그 수장도 중서령(中書令)으로 고쳤다. 중서령의 직무에 관한 기록은 ≪요사≫의 <백관지>에는 없고, 다만 <예지>에 "황태자를 책봉할 때 무릎을 꿇고 책봉문을 봉독하였으며, 송나라 사신이 와서 예물을 올릴 때 전각(殿閣)에 올라가서 계주(啓奏)하였다"는 기록이 있다(金渭顯외 2012㊤).

[夂闬 仐平] dʒi.iŋ l.iaŋ [명](관제) ① 정량(正亮)(愛新覺羅 2011b), ② 정량(貞亮)(吳英喆 2012a①). [出] 玦1.

[夂闬 仐平 九火 杢村] dʒi.iŋ l.iaŋ g.uŋ tʃ.ən [명](관제) ①"정량공신(正亮功臣)"의 한어차사(愛新覺羅 2011b), ② "정량공신(貞亮功臣)"의 한어차사(吳英喆 2012a①). [出] 玦1.

[夂闬丞] dʒi.iŋ.ba [명](인명) 錚胡荼(即實 2012⑳). [出] 迪30. [人物] ≪迪誌≫ 주인 撒懶迪烈德(1026~1092)의 사위인 錚胡荼 태사(차녀 阿里朮夫人의 남편)를 지칭한다(即實 2012⑳).

[夂关] dʒi.i [出] 玦10.

[夂雨] dʒi.? [명](국명) "진(鎭)"의 한어차사(劉鳳翥 2014b㊹). [出] 博3/23. [校勘] 即實은 이 글자를 "夂雨"이라고 기록하고 있고(即實 2012[校]), 劉鳳翥는 "夂雨"이 "夂雨"의 이체자(碑別字)이므로 "진(鎭)"으로 음역해야 한다고 주장하고 있다(劉鳳翥 2014b㊹).

[夂雨 九火] dʒi.? g.ui [명](관제) 진국(鎭國, "진국상장군"의 간칭)(劉鳳翥 2014b㊹). [出] 博3.

[夂雨 九火 飞气 伞平 九亦] dʒi.? g.ui ʃ.aŋ ts.iaŋ g.iun [명](관제) "진국상장군(鎭國上將軍)"의 한어차사(劉鳳翥 2014b㊿). [出] 博23.

[夂□] dʒi.? [出] 奴9. [校勘] 即實은 결루된 마지막 원자를 "闬이라고 추정하고 있다(即實 2012[校]).

方 [발음] ?? [原字번호] 88

[方长] ?.su [出] 韓12. [校勘] 이 글자는 초본에 잘못 옮겨진 것이므로 "为长"가 올바르다(即實은 小字에 "方"이란 원자는 없다고 주장한다)(即實 2012[校]).

[方炎] ?.ər [出] 尚11. [校勘] 이 글자는 초본에 잘못 옮겨진 것이므로 "分炎"가 올바르다(即實 2012[校]).

[方丞仐伏] ?.gə.l.in [出] 皇19. [校勘] 이 글자는 초본에 잘못 옮겨진 것이므로 "为丞仐伏"이 올바르다

(即實 2012[校]).

丸 [발음] əd, də [原字번호] 89

[丸] əd / də [出] 許4.

[丸比夵当] də.əl.gə.ən [出] 梁10. [校勘] 이 글자는 초본에 잘못 옮겨진 것이므로 "**叔比夵当**"이 올바르다(即實 2012[校]).

[丸廾舟] də.ʊ.b [出] 興17.

[丸东] də.ad [出] 先57. [校勘] 即實은 이 글자를 "**九东**"라고 기록하고 있다(即實 2012[校]).

[丸东关] də.ad.i [出] 許4. [校勘] 이 글자는 초본에 잘못 옮겨진 것이므로 "**九东关**"가 올바르다(即實 2012[校]).

[丸夯] də.e [出] 仲43/48, 智21.

[丸夵丙] də.gə.əi [出] 仲29, 特31.

[丸夵与] də.gə.en [出] 先47, 博15/21.

[丸夵业击丙] də.gə.l.ha.əi [出] 博9. [校勘] 이 글자는 초본에 잘못 옮겨진 것이므로 "**丸夵业夵丙**"가 올바르다(即實 2012[校]).

[丸夵业夵叉] də.gə.l.gə.r [出] 宣17.

[丸夵业夵业叉] də.gə.l.gə.l.ir [出] 玦6.

[丸夵业夵业九] də.gə.l.gə.l.əg [出] 特24.

[丸夵业夵炏] də.gə.l.gə.ər [동] 협조하게 하다(愛新覺羅 2004a⑧). [出] 道11, 先54.

[丸夵业夵当] də.gə.l.gə.ən [出] 道19, 先56.

[丸夵业屮] də.gə.l.bur [出] 智23.

[丸夵业九] də.gə.l.əg [出] 道9.

[丸夵业炎当] də.gə.l.gə.ən [出] 宣17.

[丸夵尘] də.gə.t [出] 先52.

[丸夵当] də.gə.ən [명](연호) 천보(天輔 = **亦业廾及州**, 금나라 태조황제 때의 연호로 기간은 서기 1118년~1123년이다)(研究小組 1977b, 清格爾泰외 1978a/1985). [出] 道24, 仲10. [用例] **叉 丸夵当**[mos də.gə.ən] [명] 천보(鄭紹宗 1973, 王静如 1973, 研究小組 1977b, 清格爾泰외 1985, 王弘力 1986, 即實 1996⑫).

[丸夵只豹] də.gə.u.dʒi [出] 博11.

[丸豹] də.dʒi [出] 仲46. [校勘] 이 글자는 초본에 잘못 옮겨진 것이므로 "**九豹**"가 올바르다(即實 2012[校]).

[丸勺] də.g [出] 皇17.

[丸公令北] də.n.s.əl [出] 副8. [校勘] 이 글자는 초본에 잘못 옮겨진 것이므로 "**丸夵令北**"이 올바르다(即實 2012[校]).

[丸九夯] də.g.ə [出] 玦10.

[丸夯] də.ə [出] 仁20/29, 道35, 韓31, 回26.

[丸炎] də.gə [出] 梁14. [校勘] 이 단어는 초본에 옮기며 잘못 분할되었는데, 뒤 원자들과 합쳐 "**丸炎业朩**"로 하여야 한다(即實 2012[校]).

[丸炎丙] də.gə.əi [出] 迪38.

[丸炎朩] də.gə.tʃi [出] 許23/27.

[丸炎矢] də.gə.tə [出] 興31. [校勘] 이 글자는 초본에 잘못 옮겨진 것("**丸炎**"은 독립된 어휘로 사용할 수 없음)이므로 "**丸炎矢**"가 올바르다(即實 2012[校]).

[丸炎业及] də.gə.l.o [出] 許41. [校勘] 이 글자는 초본에 잘못 옮겨진 것이므로 "**丸炎业叉**"가 올바르다(即實 2012[校]).

[丸炎业伏] də.gə.l.in [出] 慈10.

[丸炎业夵丙] də.gə.l.gə.əi [동] 광보(匡輔, 무엇을 바로 잡는다는 의미=匡弼)(愛新覺羅 2004a⑧). [出] 迪24, 圖14.

[丸炎业炎炏] də.gə.l.gə.ər [出] 興9.

[丸炎炏] də.gə.ər [出] 烈29, 糺27. [校勘] 《烈29》에서는 이 단어가 초본에 잘못 옮겨졌는데, 앞 원자들과 합쳐 "**叉炎业炎炏**"로 하여야 한다(即實 2012[校]).

[丸炎炎当] də.gə.gə.ən [出] 許40. [校勘] 이 글자는 초본에 잘못 옮겨진 것이므로 "**丸炎当**"이 올바르다(即實 2012[校]).

[丸炎尘] də.gə.t [出] 梁13.

[丸炎当] də.gə.ən [명] 천보(天輔 = **亦业廾及州**, 금나라 태조황제 때의 연호로 기간은 1118년~1123년이다)(清格爾泰외 1985). [명](부족) ① 외연(隈衍)(即實 1996②), ② 돌궐(突厥)(吳英喆 2011b). [出] 令17, 迪18, 圖7. [用例] **叉 丸炎当**[mos də.gə.ən] [명] 천보(天輔)(鄭紹宗 1973, 王静如 1973, 研究小組 1977b, 清格爾泰외 1985, 王弘力 1986, 即實 1996⑫).

廾 [발음] ʊ, o, u [原字번호] 90

[廾禾] ʊ.is [出] 許56, 先56, 永28. [校勘] 이 글자는 초본에 잘못 옮겨진 것이므로 지석에 근거하여 "**床禾**"가 올바르다(即實 2012[校]).

[廾杏] ʊ.uni [出] 許17. [校勘] 이 글자는 초본과 지석에 잘못 기록된 것("**廾**"와 "**杏**"를 이어 쓰는 사례는 없음)이므로 "**舟杏**"가 올바르다(即實 2012[校]).

[廾去] ʊ.əu [出] 許21. [校勘] 이 글자는 초본에 잘못

옮겨진 것이므로 지석에 근거하여 "火圡"가 올바르다(即實 2012[校]).

[廾圠几公叐] ʊ.ur.ku.d.ir [出] 智6. [校勘] 이 글자는 초본에 잘못 옮겨진 것이므로 "圾圠几公叐"가 올바르다(即實 2012[校]).

[廾夾伏] ʊ.ur.in [出] 糺26. [校勘] 이 글자는 초본에 잘못 옮겨진 것으로 "犻夾伏"이 올바르다(即實 2012[校]).

[廾ち亚为出] ʊ.al.ha.a.an [出] 奴44. [校勘] 이 글자는 초본에 잘못 옮겨진 것("廾"와 "ち"을 이어 쓴 사례 없음)으로 "孔ち亚为出"이 올바르다(即實 2012[校]).

[廾叐马矢] ʊ.u.dʒu.d [出] 先56. [校勘] 이 글자는 초본에 잘못 옮겨진 것이므로 "尢夂与矢"가 올바르다(即實 2012[校]).

[廾叐内关] ʊ.u.on.ər [出] 仲4. [校勘] 이 단어는 초본에 옮기며 잘못 분할되었는데, 앞 원자들과 합쳐 "夲仐廾及内关"로 하여야 한다(即實 2012[校]).

[廾雨仐亚ち刃] ʊ.ju.l.ha.al.qa [出] 迪35. [校勘] 即實은 이 글자를 "廾马仐亚ち刃"라고 기록하고 있다(即實 2012[校]).

[廾雨仐亚平] ʊ.ju.l.ha.ai [出] 回18.

[廾雨仐亚为木] ʊ.ju.l.ha.a.ar [出] 玦30.

[廾犳] ʊ.dʒi [出] 許/博/迪/韓/弘. [校勘] 이 단어는 초본에 옮기며 잘못 분할되었는데, 앞 원자들과 합쳐 "夭仐廾犳"《許45》, "力夂廾犳"《博3》, "全化廾犳"《迪16》, "典ち廾犳"《迪16》, "仪ち廾犳"《迪16》, "夫叐廾犳"《韓12》, "□□廾犳"《韓23》으로 해야 한다(即實 2012[校]).

[廾犳村] ʊ.dʒi.ən [出] 迪3/22. [校勘] 이 단어는 초본에 옮기며 잘못 분할되었는데, 앞 원자와 합쳐 "小廾犳村"《迪3》, 孔ち廾犳村"《迪22》으로 하여야 한다(即實 2012[校]).

[廾犳公] ʊ.dʒi.t [出] 梁12. [校勘] 이 단어는 본래 2개의 글자(ち仐廾犳 公)중 일부이나 초본에는 잘못하여 하나로 합쳐져 있다(即實 2012[校]).

[廾丙] ʊ.mur [出] 蒲7.

[廾及圠] ʊ.o.ur [出] 海13, 回12.

[廾矢] ʊ.tə [出] 許25, 烈10, 玦28. [校勘] 이 글자는 초본에 잘못 옮겨진 것이므로 "丹矢"《許25》, "八矢"《烈10》가 올바르다(即實 2012[校]).

[廾化屮] ʊ.ur.bur [出] 糺26. [校勘] 이 글자는 초본에 잘못 옮겨진 것이므로 "犻化屮"가 올바르다(即實 2012[校]).

[廾化田] ʊ.ur.bə [出] 清22.

[廾化丹伏] ʊ.ur.bu.n [出] 慈19.

[廾分仐亚为木] ʊ.du.l.ha.a.ar [出] 玦13.

[廾火] ʊ.ui [명](국명) 위(魏)(唐彩蘭외 2002). [명](부족/씨족) ① 오외(奧隗)(愛新覺羅 2004b③), ② 오외(烏隗)(愛新覺羅 2006a, 即實 2012⑳), ③ "오외씨(烏隗氏)"의 여성형(愛新覺羅 2006a, 愛新覺羅외 2012). [出] 烈6, 圖10.

> [부족] **烏隗(오외)**는 《요사》에는 "烏隗" 또는 "烏隈"로 나오는데, 북부(北府)에 예속되었다. 한문묘지에는 "烏猥"라고도 쓰지만, 모두 거란어 "廾火叐"[ʊ'uir]와 "廾火"[ʊ'ui]에서 유래하는 동음이역(同音異譯)이다. 남성형은 "廾火叐"로, 여성형은 "廾火"와 "廾火关"[ʊ'ui-i]로 된다. 부족을 표시하는 경우 여성형 "廾火"를 사용한다(愛新覺羅외 2012).

[廾火 夂平] ʊ.ui ug.ul [명](부족) 오외오고리(烏隗烏古里)(愛新覺羅외 2012). [出] 圖10.

[廾火 夂平关] ʊ.ui ug.ul.i [명](부족) 외오고부(隗烏古部)(即實 2012⑥). [명](부족・소유격) 오외오고리(烏隗烏古里)의(愛新覺羅외 2012). [出] 圖10.

[廾火 夂平关 伏廾夾] ʊ.ui ug.ul.i ni.ʊ.ur [명](부족) 오외오고리(烏隗烏古里)의 부(愛新覺羅외 2012). [出] 圖10.

[廾火 伏廾夾] ʊ.ui ni.ʊ.ur [명](부족) 오외부(烏隗部)(愛新覺羅외 2012).

[廾火叐] ʊ.ui.ir [명] ①(부족/씨족) "오외씨(烏隗氏)"의 남성형(愛新覺羅 2006a, 愛新覺羅외 2012), ② 오외씨(烏隗氏)(即實 2012⑳). [出] 烈17.

[廾火叐 米仐亚为出] ʊ.ui.ir ordu.l.ha.a.an [명](인명) ① 烏隗 烏特懶(愛新覺羅 2010f), ② 烏隗・斡特剌出(即實 2012⑨), ③ 烏猥・烏特賴(劉鳳翥 2014b(52)). [出] 烈17. [人物] 《烈誌》 주인 空寧敵烈(1034~1100, 承規)의 셋째 아들은 烏魯古(1065~)로 그의 부인인 烏隗 烏特懶 낭자(娘子)를 지칭한다(愛新覺羅 2010f).

[廾火关] ʊ.ui.i [명](국명) 위(魏)(鄭曉光 2002). [명](부족/씨족) ① 오외(奧隗)(愛新覺羅 2004b③), ②"오외씨(烏隗氏)"의 여성형(愛新覺羅 2006a, 愛新覺羅외 2012), ③ 오외씨(烏隗氏)(即實 2012⑳). [명](인명) ① 素維(即實 2012③), ② 娓怡(劉鳳翥 2014b(52)). [出] 永14, 迪13, 烈6.

[廾火关 仝村] ʊ.ui.i əs.ən [명](인명) ① 烏隗阿信(愛新覺羅 2010f), ② 素維・思恩(即實 2012③), ③ 娓怡・意信(劉鳳翥 2014b(52)). [出] 迪13. [人物] 《迪誌》 주인 撒懶迪烈德(1026~1092)의 형인 王五 창사(敞史)의 부인을 지칭한다(愛新覺羅 2010f).

[廾火关 业百当] ʊ.ui.i p.j.ən [명](인명) ① 烏隗北衍(愛新覺羅 2010f), ② 烏隗氏 莆廷(또는 丕廷)(即實 2012⑨), ③

魏北也(劉鳳翥 2014b㊾). [出] 烈6. [人物] ≪烈誌≫의 주인 空寧敵烈(1034~1100, 한풍명: 承規)의 조모이다. 즉, 조부 韓寧雰金(한풍명: 遂正)의 부인을 말한다(愛新覺羅 2010f). ☞ 韓知古(玉田韓氏)의 가계에 대하여는 "愛新覺羅 2009a⑧"을 참고하라.

[卄씃] ʊ.əŋ [명](부족) 오외(烏隗)(劉鳳翥외 2008a). [명] 옹(翁)(鄭曉光 2002). [出] 永6. [校勘] 이 글자는 초본에 잘못 옮겨진 것("卄"와 "씃"을 이어 쓰는 사례는 없음)이므로 "卄火"가 올바르다(即實 2012[校]).

[卄朶並卆] ʊ.ja.ha.ai [出] 先21. [校勘] 即實은 이 글자를 "廾朶並卆"라고 기록하고 있다(即實 2012[校]).

[卄礿村] ʊ.dʒi.ən [出] 許17. [校勘] 이 단어는 초본에 옮기며 잘못 분할되었는데, 앞 원자들과 합쳐 "为ち卄犳村"으로 하여야 한다(即實 2012[校]).

[卄关] ʊ.i [出] 糺10, 尚12. [校勘] 이 글자는 초본에 잘못 옮겨진 것이므로 "关关"≪糺10≫, "朱关"≪尚12≫가 올바르다(即實 2012[校]).

[卄关内] ʊ.i.on [出] 先39. [校勘] 即實은 이 글자를 "业关内"이라고 기록하고 있다(即實 2012[校]).

[卄火쑤괴] ʊ.ud.əl.aqa [出] 許39. [校勘] 이 글자는 초본에 잘못 옮겨진 것이므로 "廾火쑤几"가 올바르다(即實 2012[校]).

[卄氺] ʊ.d [出] 韓23.

[卄平並十] ʊ.ul.ha.uru [出] 許6. [校勘] 이 단어는 초본에 옮기며 잘못 분할되었는데, 앞 원자들과 합쳐 "乏长卄平並卆"로 하여야 한다(即實 2012[校]).

[卄平並为ネ] ʊ.ul.ha.a.ar [出] 副44. [校勘] 이 단어는 초본에 옮기며 잘못 분할되었는데, 앞 원자들과 합쳐 "尓化卄平並为ネ"로 하여야 한다(即實 2012[校]).

[卄平괴买] ʊ.ul.aqa.an [出] 奴32. [校勘] 이 단어는 초본에 옮기며 잘못 분할되었는데, 앞 원자들과 붙여서 "卆公卄平괴买"로 하여야 한다(即實 2012[校]).

[卄平괴关] ʊ.ul.qa.an [出] 許26. [校勘] 即實은 이 글자를 앞 원자와 붙여 "乏长卄平괴买"이라고 기록하고 있다(即實 2012[校]).

ち
[발음] dau
[原字번호] 91

[ち反乃] dau.u.mur [出] 梆4.

[ち犳] dau.dʒi [명](지명) ① 鐸只山(愛新覺羅 2010f), ② 括折山(即實 2012⑳). [명](인명) 鐸只(愛新覺羅 2009a⑧). [出] 慈15, 高5. [人物] 韓匡嗣의 셋째 아들(韓德彰)의 부인인 을실(乙室) 鐸只낭자를 지칭한다(愛新覺羅 2009a⑧).

[ち反扎] dau.o.ur [명](인명) ① 鐸斡(康鵬 2011), ② 合魯(吳英喆 2012a②), ③ 鐸斡里(愛新覺羅외 2012⑩). [出] 回3. [人物] ≪回誌≫ 주인 回里堅何的(?~1080, 蕭圖古辭의 조카)의 6대조인 鐸斡里 낭군(郎君)을 지칭한다(愛新覺羅외 2012⑩).

[ち反内] dau.o.on [명](인명) ① 合魯隱(吳英喆 2012a①), ② 鐸宛(耶律玦의 6대조인 迪魯古의 자(字)이다)(愛新覺羅외 2015②). [出] 玦3. [用法] "dau'on"은 현존하는 사료에 한해서는 오로지 거란 남자의 자(字)에만 사용되는 형동사의 여성형이다(愛新覺羅외 2015②).

[ち反内 씄用夂] dau.o.on d.il.ug [명](인명) ① 合魯隱敵剌(愛新覺羅 2011b), ② 鐸宛迪魯古(愛新覺羅 2013a). [出] 玦3. [人物] ≪玦誌≫ 주인 只兗昱(1014~1070, 한풍명: 耶律玦)의 6대조인 鐸宛·迪魯古 맹부방 창온(孟父房敞穩)을 지칭한다(愛新覺羅 2013a).

> [遼史] **耶律敵剌(야율적랄)**의 자는 합로은(合魯隱)이며, 선질가한(鮮質可汗)의 아들이다. 태조가 등극하였을 때 창온(敞穩) 야율해리(耶律海里)와 한마음으로 정사를 보필하였다. 태조가 그의 충성을 알아보고 예의를 관장하도록 명하였다가 다시 군사관계 일을 맡겼다. 뒷날 내란을 평정한 공으로 해육부토리(奚六部吐里)를 삼았는데 재직중 죽었다. 야율결(耶律玦)의 6대조이다. ≪요사≫ 권74에 전(傳)이 있다(金渭顯외 2012㊦).

[ち火] dau.ui [出] 許9, 故6, 仲15, 先44.

[ち卌] dau.dʒil [명](인명) ① 鐸臻(愛新覺羅 2006b), ② 鐸只(愛新覺羅 2006a), ③ 骨只(即實 2012⑳). [出] 先4, 涿4, 慈4, 智6.

> [人物] ① ≪先誌≫ 주인 糺鄰查剌(1013~1072)과 그 동생 ≪智誌≫ 주인 烏魯本猪屎(1023~1094)의 5대조이자, ≪涿誌≫ 주인(미상, 1041~1107)의 7대조인 敵輦鐸臻 이리근(夷離菫)을 지칭한다(愛新覺羅 2013a).
> ② ≪慈誌≫ 주인 鉢里本朝只(1044~1081)의 5대조인 敵輦鐸只 이리근을 지칭한다(愛新覺羅 2010f).

> [遼史] **耶律鐸臻(야율탁진, ??-927년)**의 자는 적련(敵輦)이며, 육원부 이리근 야율포고지(六院部夷離菫耶律蒲古只)의 손자다. 그는 어려서부터 지조와 절의가 있었으며, 태조가 우월이 되었을 때 늘 좌우에 머물면서 보좌하였고, 외교에 뛰어난 식견을 가졌다. 아우로는 야율고와 야율돌려불이 있다. ≪요사≫ 권75에 그의 전이 있다(金渭顯외 2012㊦).

[ち平並卆] dau.ul.ha.ai [出] 宗28, 副36.

[巧平亚为仗] dau.ul.ha.a.adʒu [동] 울다, 근심하다(?)(即實 2012⑳). [出] 烈32.

[巧平刘] dau.ul.qa [出] 宣6, 慈17, 回25.

九 [발음] umu [原字번호] 92

[九] umu [형] ① 으뜸의(黃振華 1987), ② 영원하다(愛新覺羅 2004a⑤). [명] 동쪽(豊田五郎 1992). [出] 興/道/令/先/宗/迪/副/圖/清/玦/特.

[九交] umu.ur [명] 으뜸, 첫째(元)(厲鼎煃 1932/1933, 研究小組 1977b, 清格爾泰외 1978a, 吳英喆 2005c), 최초(即實 2012⑳). [명](인명) ① 脫倫(蓋之庸외 2008, 劉鳳翥 2014b52), ② 尤里(愛新覺羅 2006b), ③ 兀沒(愛新覺羅외 2011), ④ 兀沒里(劉浦江 2011, 愛新覺羅 2013a), ⑤ 無里(即實 2012⑰). [出] 興/道/宣/令/許/故/仲/先/宗/海/博/涿/永/迪/弘/副/皇/宋/智/烈/奴/高/圖/梁/糺/清/尚/韓/玦/回/特/蒲. [人物] 《副誌》의 주인 窩篤宛兀沒里(1031~1077, 한풍명: 耶律運)를 지칭한다(愛新覺羅 2013a). [參考] ☞ 《副誌》에 대하여는 "**仐分廾及内**"를 참조하라.

[九交 丰] umu.ur ai [명] 원년(元年)(研究小組 1977b, 清格爾泰외 1978a/1985). [出] 道5, 宣4, 先22.

[九交 丰矢] umu.ur ai.tə [명](향위격) 원년(元年)에(清格爾泰외 1985). [出] 仲20.

[九交 丰仐炎] umu.ur ai.s.ər [명] 초년(初年)(劉鳳翥 2014b29). [出] 奴12.

[九交村] umu.ur.ən [형] 으뜸의(豊田五郎 1991b). [出] 先66.

[九交平村] umu.ur.əl.ən [出] 先66. [校勘] 이 글자는 초본에 잘못 옮겨진 것이므로 "**九交平屮**"가 올바르다(即實 2012校).

[九交平叉] umu.ur.əl.ir [出] 智15.

[九交平屮] umu.ur.əl.bur [出] 弘29, 烈28.

[九交平关] umu.ur.əl.i [명] 처음, 최초(即實 2012⑳). [出] 清17.

[九交炎] umu.ur.ər [出] 宗9. [校勘] 이 글자는 초본에 잘못 옮겨진 것이므로 "**丸交炎**"가 올바르다(即實 2012校).

[九交尘] umu.ur.t [형] 화목하다(即實 1996①). [동] 개시하다(即實 2012⑳). [出] 道/宣/先/博/副/皇/智/烈/尚/玦.

[九雨] umu.dʒi [동] 사랑하다(郭添剛외 2009). [부] 홀로(獨)(即實 2012⑳). [出] 博33, 慈17, 尚7.

[九雨 业交仐] umu.dʒi p.ur.s [명] 단독 계승자, 독자(獨嗣)(即實 2012⑳). [出] 慈17.

[九雨 亜廾化 火 叔北穴雨] umu.dʒi qur.ʊ.ur ui kə.ə.u.dʒi [명] 홀로 총괄하는 일(即實 2012⑳). [出] 博33.

[九雨村] umu.dʒi.ən [出] 迪29. [校勘] 이 단어는 초본에 옮기며 잘못 분할되었는데, 앞 원자와 합쳐 "**小九雨村**"으로 하여야 한다(即實 2012校).

[九久] umu.da [出] 特21.

[九久火] umu.ug.ui [出] 宋22, 回23.

[九久炎] umu.ug.ər [出] 仲49.

[九久当] umu.ug.ən [出] 宗33.

[九丐] umu.mur [出] 永39. [校勘] 이 글자는 초본에 잘못 옮겨진 것이므로 "**九雨**"가 올바르다(即實 2012校).

[九化] umu.ur [명] 동쪽(劉鳳翥 1984a, 吳英喆 2004a). [出] 許/先/迪/副/高/圖.

[九化 几用] umu.ur g.iŋ [명](지명) 동경(東京)(劉鳳翥 2014b52). [出] 副8.

> [遼史] 요(遼)의 오경(五京)은 ① 상경 임황부(上京臨潢府; 지금의 내몽고 파림좌기 남쪽), ② 중경 대정부(中京大定府; 지금의 내몽고 영성 서쪽), ③ 동경 요양부(東京遼陽府; 지금의 요녕성 요양), ④ 남경 석진부(南京析津府; 지금의 북경), ⑤ 서경 대동부(西京大同府; 지금의 산서성 대동)를 말한다(清格爾泰외 1985).

[九化 几用村] umu.ur g.iŋ-n [명](지명・소유격) 동경(東京)의(劉鳳翥 2014b52). [出] 仁21.

[九化 几用村 北为 舟为 平用村 仐交方 业乐 圣 廿 公村] umu.ur g.iŋ-n hu.u b.u l.iŋ-n s.iæ.æn p.jai tʃur sï.d.ən [명](관제・소유격) 동경(東京)의 호부령(户部令)의 전백2사(錢帛二司)의(劉鳳翥 2014b52). [出] 迪19.

[九化 几用村 方火 业为夹] umu.ur g.iŋ-n tu.uŋ p.a.an [명](관제) 동경(東京)의 통판(通判)(劉鳳翥 2014b52). [出] 高23.

[九化 几用 平丙 叉圡] umu.ur g.iŋ l.ju ʃ.əu [명](관제) 동경유수(東京留守)(劉鳳翥 2014b52). [出] 先21.

[九化伏] umu.ur.in [명] 동쪽(豊田五郎 1991b, 即實 1991b). [出] 先47.

[九平叉] umu.ul.ir [出] 梁24.

方 [발음] ær [原字번호] 93

[方] ær [형] 높은, 귀한(即實 2012⑳). [出] 道9, 畵XVII.

[方 非] ær po [명] 길일(良辰)(即實 2012⑳). [出] 道9.

[方交仐北] ær.ur.u.əl [出] 烈5. [校勘] 即實은 이 글자를 "**方交仐北**"이라고 기록하고 있다(即實 2012校).

[犮交屮] ær.ur.bur [出] 烈7. [校勘] 即實은 이 글자를 "犮交屮"라고 기록하고 있다(即實 2012[校]).

[犮公仐伏] ær.ur.gə.n [형] 존귀하다, 용맹을 나타내다(即實 2012⑳). [出] 皇19.

方 [발음] ə [原字번호] 94

[方] ə [대] 이 것(愛新覺羅외 2015②). [出] 博11/18, 副51. [用例] 仐夲叐方 [s.oi.ir.ə] [出] 仲8.

[方尘伏] ə.t.in [出] 博33. [校勘] 即實은 이 글자를 "方尘关"라고 기록하고 있다(即實 2012[校]).

女 [발음] ?? [原字번호] 95

[女] ? [出] 興19.

[女九仐] ?.umu.l [出] 興4. [校勘] 이 글자는 초본 등에 잘못 옮겨진 것이므로 "夽朩"가 올바르다(即實 2012[校]).

[女朱化] ?.æi.ri [出] 尚14. [校勘] 이 글자는 초본 등에 잘못 옮겨진 것이므로 "公朱化"가 올바르다(即實 2012[校]).

[女公] ?.d [出] 博14.

[女火] ?.un [出] 仁19. [校勘] 이 글자는 초본 등에 잘못 옮겨진 것이므로 "女交"이 올바르다(即實 2012[校]).

夽 [발음] ?? [原字번호] 96

[夽朩] ?.tʃi [出] 興4. [校勘] 초본에는 이 글자의 첫 원자를 "夽"가 아니라 "汞"로 잘못 옮겨 놓았다고 지적한다(即實 2012[校]).

[夽关] ?.i [명] ① 씨족의(愛新覺羅 2006a), ② 중심, 하류(河流), 부(府)(寶玉柱 2006). [出] 故/慈/智/糺/玦. [參考] 첫 원자의 발음은 알 수 없으나 그 자형(위에 "女", 아래에 "人")을 볼 때 모계(母系)의 의미가 포함된 "씨족"을 나타내는 것이라 추정된다(愛新覺羅외 2012⑥).

[夽关雨] ?.i.in [出] 先64.

[夽关村] ?.i.ən [出] 興17.

交 [발음] ur [原字번호] 97

[交] ur [형] 편안한(呂振奎외 1992). [出] 仁/道/先/海/博/皇.

[交廾火与] ur.ʊ.ui.en [出] 宣15.

[交廾火当] ur.ʊ.ui.ən [出] 道16.

[交九] ur.umu [出] 梁20.

[交夯] ur.e [出] 特36.

[交叐] ur.u [명] ① 며느리(愛新覺羅 2003e/2004a), ② 아들, 자식(即實 2012⑳). [동] 시집가다(愛新覺羅 2006a). [出] 道/宣/仲/先/宗/博/永/弘/副/慈/烈/圖/梁/清/玦/特.

[交叐 为朩叐] ur.u a.ar.ir [동] 아들이 있다(即實 2012⑳). [出] 弘11.

[交叐 为朩叐 北] ur.u a.ar.ir ur [동] 출가하지(시집가지) 않았다(愛新覺羅 2013b). [出] 玦32.

[交叐 丹力关] ur.u b.aqa.i [명] 어린이(即實 2012⑳). [出] 弘11.

[交叐化] ur.u.ur [명] ① "며느리"의 복수형(愛新覺羅 2002), ② 손주들(即實 2012⑳). [出] 仲29, 先4, 涿23, 尚26.

[交叐火] ur.u.un [出] 興13, 道25, 仲4/29, 慈13.

[交村] ur.ən [出] 令20. [校勘] 이 단어는 초본에 옮기며 잘못 분할되었는데, 앞 원자들과 합쳐 "公豸交村"로 하여야 한다(即實 2012[校]).

[交叐] ur.ir [出] 回12.

[交为] ur.a [出] 韓23. [校勘] 이 글자는 초본에 잘못 옮겨진 것("交"와 "为"를 이어 쓰는 사례는 없음)이므로 "丸为"가 올바르다(即實 2012[校]).

[交矢关] ur.d.i [出] 梁28.

[交仍] ur.ta [出] 許28. [校勘] 이 단어는 초본에 옮기며 "交仍 床" 또는 "夽仍 床" 등으로 잘못 분할되었는데, 뒤 원자와 합쳐 "交仍床"로 하여야 한다(即實 2012[校]).

[交仐公] ur.əs.ər [出] 仲34.

[交公当] ur.d.ən [出] 興29.

[交仐] ur.əl [出] 興/仲/宗/弘/烈/尚/玦.

[交仐夲丙] ur.əl.gə.əi [出] 仲36.

[交仐㐅朩叐] ur.əl.k(h).tʃ.u [出] 梁5. [校勘] 이 단어는 본래 2개의 글자(交仐 㐅朩叐)이나 초본에는 잘못하여 하나로 합쳐져 있다(即實 2012[校]).

[交仐穴药] ur.əl.u.dʒi [出] 尚9. [校勘] 이 단어는 초본에 옮기며 잘못 분할되었는데, 앞의 원자들과 합쳐 "公豸交仐穴药"로 하여야 한다(即實 2012[校]).

[交用圡丰] ur.il.ha.ai [出] 先47. [校勘] 即實은 이 글자를 "夽用圡丰"이라고 기록하고 있다(即實 2012[校]).

[㳄文𠦂] ur.jæ.jaŋ [出] 尚14.

[㳄关] ur.i [명](인명) 烏里(愛新覺羅 2003i). [出] 令/迪/副/尚/韓.

[㳄关化几㕛] ur.i.ur.g.ər [出] 尚31. [校勘] 이 단어는 본래 2개의 글자(㳄关 化尺㕛)이나 초본에는 잘못하여 하나로 합쳐져 있다(即實 2012校).

[㳄㕛] ur.ər [出] 淸16.

[㳄夯] ur.ə [出] 烈25. [校勘] 이 단어는 초본에 옮기며 잘못 분할되었는데, 앞 원자들과 합쳐 "朩圡㳄夯"로 하여야 한다(即實 2012校).

[㳄㕘] ur.gə [出] 許24. [校勘] 이 글자는 초본에 잘못 옮겨진 것이며 지석(誌石) 등을 통해 볼 때 "㳄㕛当"이 올바르다(即實 2012校).

[㳄尘小夲丙] ur.d.əl.gə.ai [出] 道13. [校勘] 即實은 이 글자를 "㳄尘小夲㕛"라고 기록하고 있다(即實 2012校).

[㳄尘小夲㕛] ur.d.əl.gə.ər [出] 道29.

[㳄尘当] ur.d.ən [동] 많이 퍼지다, 번성하다(蕃衍)(即實 2012⑥). [出] 圖21.

[㳄□] ur.? [出] 海2.

𠀋 [발음] al [原字번호] 98

[𠀋] al [用法] 부동사형 부가성분으로 사용하며, 같은 기능을 가진 표음자는 𠃍 [-əl], 仐 [-ol]이 있다(愛新覺羅외 2011, 愛新覺羅 2012). [出] 興14/24, 海6, 永15, 副51.

[𠀋 㞢来 几丙] al qa.an g.iu [명](인명) 李韓九(劉鳳翥 2014b52). [出] 永15. [校勘] 即實은 이 글자의 첫 번째 원자를 교정하여 "与 㞢来 几丙"라고 하고 "弟韓九"라고 번역하였다(即實 2012⑦). [人物] ≪永誌≫ 주인 遙隱永寧(1059~1085)의 조부인 韓九 낭군(郎君)을 지칭한다(愛新覺羅 2010f).

[𠀋万] al.hua [出] 特12.

[𠀋㞢朩] al.ha.ar [出] 玦11.

[𠀋㞢为当] al.ha.a.ən [出] 仲16. [校勘] 이 글자는 초본에 잘못 옮겨진 것이므로 "𠀋㞢为𠀋"가 올바르다(即實 2012校).

[𠀋廾㳄㕛] al.ʊ.ur.ər [出] 仲15.

[𠀋廾犳] al.ʊ.dʒi [出] 許12, 尚19. [校勘] ≪許12≫에서는 이 단어가 초본에 옮기며 잘못 분할되었는데, 앞 원자들과 합쳐 "仒生𠀋廾犳"로 해야 한다(即實 2012校).

[𠀋㳄] al.ur [出] 糺19. [校勘] 이 글자는 초본에 잘못 옮겨진 것("𠀋"과 "㳄"를 이어 쓰는 사례는 없음)이므로 "犻㳄"가 올바르다(即實 2012校).

[𠀋达才夯] al.ur.ja.æn [出] 先50. [校勘] 即實은 이 글자를 "犮达才夯"이라고 기록하고 있다(即實 2012校).

[𠀋叐村] al.u.ən [出] 特10.

[𠀋叐犳] al.u.dʒi [出] 先/迪/圖/玦/特.

[𠀋叐犳㕘] al.u.dʒi.t [出] 永31, 皇10.

[𠀋叐犳] al.u.dʒi [出] 道18/22, 仲47, 奴23.

[𠀋叐犳村] al.u.dʒi.ən [出] 仲7.

[𠀋叐犳村] al.u.dʒi.ən [出] 博28.

[𠀋叐平] al.u.ul [명] 옆, 곁(即實 2012⑳). [出] 副51.

[𠀋叐平关] al.u.ul.i [出] 仲16.

[𠀋村久矢关] al.ən.da.d.i [出] 迪10. [校勘] 이 단어는 본래 2개의 글자(𠀋村 久矢关)이나 초본에는 잘못하여 하나로 합쳐져 있다(即實 2012校).

[𠀋叉] al.ir [用法] 타동사 어근에 붙여 사용하는 과거시제 접미사이다(愛新覺羅 2004a⑧). [出] 令/宗/永/弘/副/慈/烈/淸/玦/特. [参考] 동일한 기능을 가진 접미사로는 "朩叉, 小叉, 用叉"가 있는데, 이 접미사들의 사용은 어근(또는 어간) 모음의 성격에 따라 구분된다(愛新覺羅 2004a⑧).

[𠀋习大犳] al.qa.do.dʒi [出] 博45. [校勘] 이 단어는 본래 2개 글자(公中叉㞢𠀋习 九犳)이나 초본에는 잘못하여 그 일부가 하나로 합쳐져 있다(即實 2012校).

[𠀋习子] al.qa.dʒi [出] 蒲22.

[𠀋王来] al.ba.an [出] 博22.

[𠀋王来村] al.ba.an.ən [出] 博14.

[𠀋王来㕘] al.ba.an.d [出] 尚14.

[𠀋丸尘出] al.au.t.an [出] 韓17. [校勘] 이 글자는 초본에 잘못 옮겨진 것("𠀋"와 "丸"를 이어 쓰는 사례는 없음)이므로 "叉丸为出"가 올바르다(即實 2012校).

[𠀋朩村] al.tʃ.ən [出] 宗13.

[𠀋欠] al.gu [명] 걸음(步)(呼格吉樂圖 2017). [出] 許44, 博18. [校勘] 即實은 ≪許44≫에서는 이 글자를 뒤 원자와 합쳐 "𠀋欠㞋关"라고 기록하고, ≪博18≫에서는 "犮欠"가 올바르다고 주장하고 있다(即實 2012校).

[𠀋欠不] al.gu.on [명](소유격) 몇 걸음의(即實 2012⑳). [명](목적격) 몇 걸음을(愛新覺羅외 2015②). [出] 副51.

[𠀋欠㞋关] al.gu.du.i [명](소유격) ~에서 몇 걸음의(即實

좌단 (왼쪽)

2012⑳). 出 副51.

[ᠼ欠朱关] al.gu.do.i 명 ①장(丈, 길이의 단위, 3.33m) (盖之庸외 2008), ②(소유격) ~에서 몇 걸음의(即實 2012 ⑳). 出 副51.

[ᠼ为] al.a 出 仲44, 特4.

[ᠼ为ᠼ] al.a.al 出 副17.

[ᠼ为夲] al.a.ar 동 ①글을 쓰다(愛新覺羅 2004a⑧), ②(일이나 학문 등을) 익히다(即實 2012⑦). 出 道/仲/ 先/宗/永/迪/慈/圖/清/尚/韓/玦.

[ᠼ为出] al.a.an 명 공무(愛新覺羅 2004a⑧). 동 (일이나 학문 등을) 익히다(即實 2012⑳). 出 興/宣/許/仲/先/宗/ 博/弘/副/宋/慈/玦/回/特.

[ᠼ为出ᠼ] al.a.an.ər 出 道22.

[ᠼ为女] al.a.adʒu 出 先45/55, 尚31.

[ᠼ丠] al.kəi 뷔 다시, 재차(王弘力 1986). 出 仲20/21.

[ᠼ矢] al.tə 出 清27, 特36.

[ᠼ伏] al.in 出 令8.

[ᠼ伏ᠵ] al.in.ər 出 梁24.

[ᠼ仍及内] al.ta.o.on 出 智22. 校勘 이 글자는 초본에 잘못 옮겨진 것이므로 "圡为 及内"이 올바르다(即實 2012⑱).

[ᠼ仐北] al.s.ur 出 興13. 校勘 이 글자는 휘본 등에 잘못 옮겨진 것이므로 "ᠼ仐北"이 올바르다(即實 2012⑱).

[ᠼ仐北] al.s.əl 出 仲43/47, 先39, 博46.

[ᠼ余伏] al.gu.in 명 경력(即實 2012⑳). 出 仁31, 慈 21/27.

[ᠼ余火] al.gu.ui 出 興12, 玦37.

[ᠼ仌北] al.d.əl 出 許44.

[ᠼ仌及夊] al.d.u.dʒi 出 梁21.

[ᠼ仐] al.əm 出 興33.

[ᠼ亽圭丮] al.qur.ha.ai 명 (인명) 盧如陳(即實 2012 ⑳). 出 永14.

[ᠼ亽及夊] al.qur.u.dʒi 出 仲38.

[ᠼ屮圭为ᠼ] al.əl.ha.a.al 出 仲41.

[ᠼ屮圭为夲] al.əl.ha.a.ai 出 宗25, 圖17, 梁20. 校勘 即實은 《梁20》에서는 이 글자를 "圠弓圭为夲"이 라고 기록하고 있다(即實 2012⑱).

[ᠼ屮圭为出] al.əl.ha.a.an 명 전(傳)(即實 2012⑳). 出 博 46.

[ᠼ屮廾夊] al.əl.ʊ.dʒi 동 전하는(即實 2012⑳). 出 先/迪/

우단 (오른쪽)

慈/智/回.

[ᠼ屮廾夊] al.əl.ʊ.dʒi 동 전하는(即實 2012⑳). 出 仲 15/43, 烈23.

[ᠼ屮廾勺] al.əl.ʊ.dʒi 동 전하는(即實 2012⑳). 出 故21.

[ᠼ屮夂] al.əl.ir 出 興10, 皇20, 玦26. 校勘 即實은 《皇 20》에서는 이 글자를 "丙屮夂"이라고 기록하고 있 다(即實 2012⑱).

[ᠼ屮커] al.əl.qa 명동 전(傳), 전하다(即實 1996③). 出 仲7/37/41/46, 韓27, 回9.

[ᠼ屮커夹] al.əl.qa.an 명 (소유격) 전(傳)의(即實 2012⑳). 出 仲40, 宗26, 清27.

[ᠼ屮커夂] al.əl.q.ər 出 道17, 迪5, 烈16, 糺13.

[ᠼ屮本] al.əl.tʃi 出 奴22.

[ᠼ屮尺勺] al.əl.u.dʒi 出 尚22.

[ᠼ囝夂] al.bə.ər 出 先42. 校勘 即實은 이 글자를 "夲囝夂"이라고 기록하고 있다(即實 2012⑱).

[ᠼ夹] al.i 出 令/仲/先/永/迪/慈/烈/圖/尚/玦/回/特.

[ᠼ火] al.ud 出 興23.

[ᠼ坐夹] al.t.i 出 清17, 尚17. 校勘 《尚17》에서 는 이 글자가 초본에 잘못 옮겨진 것이므로 "圬坐 夹"가 올바를 것으로 추정하고 있다(即實 2012⑱).

[ᠼ平公芬] al.ul.d.ə 出 先36. 校勘 即實은 이 글 자를 "圡平公夯"라고 기록하고 있다(即實 2012⑱).

[ᠼ尺勺朾] al.u.dʒi-n 出 先68.

[ᠼ尺几夹] al.u.g.i 명 장(丈, 길이의 단위, 3.33m)(盖之庸 외 2008). 出 副51. 校勘 이 글자는 초본에 잘못 옮겨 진 것이므로 "ᠼ欠凡夹"가 올바르다(即實 2012⑱).

[ᠼ不北] al.⁈.əl 出 韓24. 校勘 이 글자는 초본에 잘못 옮겨진 것("ᠼ"와 "不"를 이어 쓰는 사례는 없 음)이므로 "ᠼ仐北"이 올바르다(即實 2012⑱).

[ᠼ□炎夹] al.⁈.iu.i 出 許18. 校勘 이 글자는 초본에 잘못 옮겨진 것이므로 "南为炎夹"가 올바르다(即實 2012⑱).

ᠵ [발음] at, ad [原字번호] 99

[ᠵ] ad 用法 ① 형용사형 어미를 표시하는 부가성 분(研究小組 1977b), ② 복수형 어미를 표시하는 부가성 분(愛新覺羅 2004a⑦). 出 尚9.

[ᠵ丙及勺] ad.ju.u.dʒi 出 博34.

[ᠵ丙勺] ad.əi.dʒi 뷔 모름지기, 반드시(須)(阮廷焯

1993a). 出 完2/5.

[朩丙仐刄] ad.əi.l.qa 出 智4.

[朩丙用刄㕛] ad.j.il.qa.an 出 先12.

[朩圡与刄尖] ad.ha.al.q.iu 出 博17.

[朩圡丰] ad.ha.ai 出 典32.

[朩圡为出] ad.ha.a.an 出 博39.

[朩廾火] ad.ʊ.ui 出 許19. 校勘 即實은 이 글자를 앞 원자와 합쳐 "丸为朩廾火"이라고 기록하고 있다(即實 2012校).

[朩廾平圡冬] ad.ʊ.ul.ha.as 出 仲24.

[朩欠秂] ad.gu.s 出 許21. 校勘 이 글자는 초본에 잘못 옮겨졌으므로 "与欠太"가 올바르다(即實 2012校).

[朩为㕛] ad.a.an 수 1만(實玉柱 1990b). 出 道13, 先11/38.

[朩为ホ尘叐药] ad.a.ar.t.u.dʒi 出 仲15. 校勘 이 글자는 초본에 잘못 옮겨진 것이므로 "朩为平尘叐药"가 올바르다(即實 2012校).

[朩为尖] ad.a.ju 出 博27, 智7.

[朩仐刄] ad.əl.qa 出 清24.

[朩乆] ad.bur 出 仁12. 校勘 이 글자는 휘본 등에 잘못 옮겨진 것이므로 "与乆"가 올바르다(即實 2012校).

[朩付尘] ad.bu.t 出 玦30.

[朩关] ad.i 出 先38.

[朩□] ad.⑦ 出 韓12.

与 [발음] en [原字번호] 100

[与] en 校勘 Kane은 이 원자를 当[ən](원자번호 361)의 이서체로 기술(Kane 2009)하고 있으나 愛新覺羅는 이 원자가 当과는 무관하고(愛新覺羅 2012), "동생(弟)"을 의미하는 표의자(表意字)인 与[dəu](원자번호 101)와도 유사하지만 이제까지 나타난 예가 "与叐"라는 한 글자 밖에 없는 것으로 보아 与의 이서체라고도 볼 수 없다고 주장하고 있다(愛新覺羅외 2015⑧).

[与火] en.ur 出 奴13/14. 校勘 이 글자는 초본에 잘못 옮겨진 것이므로 "与灭"가 올바르다(即實 2012校).

[与叐] en.u 명 요련가한(遙輦可汗)의 "장(帳)"을 지칭한다(愛新覺羅외 2012①). 用法 야율씨(耶律氏) 황족(皇族)이나 국구족(國舅族)의 장(帳)에는 "由犮"[go.ər] 또는 "令币圡木"[t.ad.a.ar]를 사용한다(愛新覺羅외 2012①). 出 仁/先/清/尚/玦. 用例 秂 与叐 丙仍达[is en.u j.ʊl.ur] 명 9장(帳) 요련(遙輦)(愛新覺羅외 2015⑧).

[与叐疋] en.u.du 명(향위격) 장(帳)에(愛新覺羅외 2015⑧). 出 先42.

[与叐伏] en.u.n 명 "지(支)" 또는 "계(系)"의 의미(即實 2014). 명(소유격) 장(帳)의(愛新覺羅외 2015⑧). 出 先41, 玦3.

[与叐伏村] en.u.n.ən 出 玦27.

[与叐火] en.u.ui 명 정통 후손(正支), 적계(嫡系)(即實 2012⑳). 명(소유격) 장(帳)의(愛新覺羅외 2012①). 出 博4, 韓7, 玦2/4. 用例 叉与 与叐火 飞关 弓 [ir.ən en.u.ui ʃ.i dʒu] 명(관제) 본장(本帳)의 세촉(世燭)(愛新覺羅외 2015⑧). 出 玦4.

[与叐火 几] en.u.ui ku 명 ① 후대(後代), 후세인(後世人), 후예(後裔)(吳英喆 2012a①), ② 장(帳)의 사람(愛新覺羅외 2012①). 出 玦2.

[与叐火] en.u.un 명(소유격) 장(帳)의(愛新覺羅외 2015⑧). 出 奴17.

[与叐火] en.u.ud 出 典7.

[与又疋] en.⑦.du 出 仁27. 校勘 이 글자는 초본에 잘못 옮겨진 것이므로 "与叐疋"가 올바르다(即實 2012校).

[与叉] en.ir 出 先31. 校勘 即實은 이 글자를 "与叐"라고 기록하고 있다(即實 2012校).

[与矢] en.tə 出 奴23. 校勘 이 단어는 초본에 옮기며 잘못 분할되었는데, 앞 원자들과 합쳐 "飞炎仐炎与矢"로 하여야 한다(即實 2012校).

[与乆] en.bu 명(부족) 품불(品不)부(即實 2012⑳). 出 令3.

[与谷] en.ï 出 尚6. 校勘 이 글자는 초본에 잘못 옮겨진 것이므로 "子谷"가 올바르다(即實 2012校).

[与穴] en.u 명 장(帳)(愛新覺羅외 2015⑧). 出 韓22.

[与穴火] en.u.ui 명(소유격) 장(帳)의(愛新覺羅외 2015⑧). 出 令24.

与 [발음] dəu [原字번호] 101

[与] dəu 명 ① 동생(研究小組 1977b, 清格爾泰외 1978a, Kane 2009, 劉鳳翥 2014b(52)), ② 남자가 자기보다 나이가 어린 동성(同性)의 동배(同輩) 친족을 지칭, 즉 "남동생"을 말한다(大竹昌巳 2014, 愛新覺羅 2017a). 同源語 "동생"을 의미하는 서면몽골어의 [degüü], 중기몽골어의

[de'ü], 현대몽골어의 [du:], 다호르어의 [dəw] 등과 같은 어원이다(大竹昌巳 2013a/2014). [出] 道/令/許/故/郎/仲/先/宗/博/永/迪/弘/副/皇/宋/慈/智/烈/奴/梁/糺/清/尚/韓/玦/回/特/蒲. [用法] ⺀ ち [ia dəu] [명] ① 질제(侄弟)(即實 1996⑯), ② 형제(即實 2012⑳, 劉鳳翥 2014b52), ③ 벗(即實 2012⑳), ④ 횡장(横帳)(劉鳳翥 2014b52/2016b). [出] 先4, 慈4/15, 糺18.

[ち 丰] dəu ai [명] 숙부(豊田五郎 1991b, 即實 1991b, 劉鳳翥 2014b52). [出] 先27, 副51, 慈6.

[ち 生 丰] dəu bu ai [명] 숙조부(即實 2012⑳). [出] 烈7.

[ち交] dəu.ur [조] ~와(即實 1996④⑦). [명](관제) 동(同)(劉鳳翥 2014b52). [명](향위격) 공동으로(即實 2012⑱). [用法] 향위격 어미를 표시하는 부가성분이다(吳英喆 2005c). [出] 令/許/郎/仲/先/宗/博/永/迪/副/皇/宋/烈/奴/高/圖/梁/糺/清/尚/韓/玦/特/蒲.

[ち交 尾叉] dəu.ur dol.ʊ [명](관제) 동지(同知)(劉鳳翥 2014b52). [出] 副15. [校勘] 두 번째 단어는 초본에 옮기며 잘못 분할되었는데, 뒤 원자들과 합쳐 "尾叉犳矢"로 하여야 한다(即實 2012㉟).

[ち交 尾叉犳矢] dəu.ur dol.ʊ.dʒi.tə [명](관제・향위격) 동지(同知)에(劉鳳翥 2014b52). [出] 奴13.

[ち交 尾兴] dəu.ur dol.ər [명](관제) 동지(同知)(劉鳳翥 2014b52). [出] 梁8.

[ち交公北] dəu.ur.d.əl [형] ~에 가깝다, ~를 따르다(即實 2012⑳). [出] 尚11.

[ち交业] dəu.ur.bur [명] 공동(共同)의(即實 2012⑱). [出] 皇19, 梁27.

[ち交付伏] dəu.ur.bu.n [명] 공동(共同)의(即實 2012⑱). [出] 宣25.

[ち交兴丙] dəu.ur.gə.əi [동] 더하다, 추가하다(即實 1991b/2012). [조] ~와(愛新覺羅 2003h). [出] 先12/38.

[ち村] dəu.ən [出] 圖4/7, 回蓋2, 回1. [校勘] 《圖7》의 경우 이 글자는 휘본 등에 잘못 옮겨진 것이므로 "ち火"이 올바르다(即實 2012㉟).

[ち犳] dəu.dʒi [出] 永36, 迪39.

[ち尼] dəu.du [명] ① 계수(동생의 부인)(劉鳳翥외 2003b), ②(향위격) 동생에게(愛新覺羅 2002). [出] 永/宋/梁/玦/特.

[ち尼关] dəu.du.i [出] 特23.

[ち及] dəu.o [명](인명) 都斡(即實 1996⑥). [出] 先63.

[ち矢] dəu.tə [명](향위격) 동생에게(劉浦江 2014). [出] 奴28, 圖14, 玦3.

[ち矢关] dəu.d.i [出] 永39.

[ち伏爻] dəu.n.ir [명] ① 동생(愛新覺羅 2004a⑩, 劉鳳翥 2014b52), ② "ち"의 복수형(=ち伏兴)(大竹昌巳 2014). [出] 博43, 糺15.

[ち伏令] dəu.n.t(d) [명] 동생(愛新覺羅 2004a⑩). [出] 涿24.

[ち伏兴] dəu.n.ər [명](인명) 都訥瑰(即實 1991b). [명] ① 남동생들(愛新覺羅 2004a⑦/2017a), ② "ち"의 복수형(=ち伏爻)(大竹昌巳 2014). [出] 先46, 永21, 迪10, 烈21.

[ち火] dəu-n [명](소유격) 동생의(豊田五郎 1991b, 劉鳳翥외 2003b). [대](소유격) 그(3인칭)의(吳英喆 2012a①). [出] 許/仲/先/宗/迪/弘/副/慈/烈/奴/高/圖/梁/糺/清/尚/韓/玦/回/特/蒲. [同源語] 吳英喆은 몽고어의 [tu:nɛ]와 매우 근사하다고 보고 있으며, "동생의"를 의미하지는 않는다고 주장하고 있다(吳英喆 2012a①).

[ち关] dəu.i [出] 韓20. [校勘] 即實은 이 글자의 정확성에 의문을 품고 있는데, 혹시 "ち矢"나 "朩关"의 오류가 아닐까 하고 추측하고 있다(即實 2012㉟).

[ち□] dəu.? [出] 韓17.

艻 [발음] tʃəu [原字번호] 102

[艻] tʃəu [借詞] "楚"를 나타내는 한어차사(劉鳳翥외 2003b). [형] 위중한(即實 2012⑲). [명] 소(牛 또는 丑)(萬雄飛외 2008). [出] 道/許/博/弘/宋/梁/韓.

[艻 公火 九夯] tʃəu n.ju g.ə [명](인명) ① 丑女哥(愛新覺羅 2010f), ② 苴女哥(即實 2012⑳), ③ 醜女哥(劉鳳翥 2014b52). [出] 梁19. [人物] 《梁誌》의 주인인 石魯隱朮里者(1019~1069, 한풍명: 蕭知微)에게는 2남(모두 요절) 2녀의 자녀가 있었는데, 그 중 차녀인 丑女哥 낭자(娘子)를 지칭한다(愛新覺羅 2010f).

[艻 九夯] tʃəu g.ə [명](인명) ① 苴哥(即實 2012⑧), ② 醜哥(劉鳳翥 2014b⑧). [出] 弘13. [人物] 《弘誌》 주인의 아내인 諳令(阿睦葛) 낭자의 모친인 苴哥 부인(夫人)을 지칭한다(即實 2012⑧).

[艻 半叉 欠气] tʃəu m.u ug.aŋ [명](인명) ① 丑睦陽(愛新覺羅 2010f), ② 苴沐光(即實 2012②), ③ 醜穆洋(劉鳳翥 2014b52). [出] 博43. [人物] 《博誌》 주인 習輦(1079~1142)의 손녀(차남 紗剌里의 딸)인 丑睦을 지칭한다(愛新覺羅 2010f).

[艻交] tʃəu.ur [명] 예의(?)(即實 2012⑳). [出] 皇23.

[艻交伏] tʃəu.ur.in [出] 糺20.

[艻犳] tʃəu.dʒi [出] 先48, 尚26.

[艻犳] tʃəu.dʒi [出] 仲15.

[艻欠尼] tʃəu.ug.ud [出] 皇12.

[夾仄] tʃəu.ud 图(향위격) 극(極)에(即實 2012⑳). 出
仲3/39/ 42, 回18, 特28.

[夾仄天] tʃəu.ud.ir 图(향위격) 극(極)에(即實 2012⑳). 出
尚16.

[夾矢] tʃəu.tə 图(향위격) 극(極)에(呼格吉樂圖 2017).
出 清26.

[夾伏] tʃəu-n 图 봄(愛新覺羅 2003f). 图(인명) ① 丑
女(吳英喆 2005c, 愛新覺羅 2010f), ② 丑隱(愛新覺羅 2011b,
愛新覺羅외 2015②). 出 智15, 玦4. 用法 "夾伏"은 字
또는 거란 여자의 이름으로도 사용된다. 이 경우에
는 "丑女"로 음영된다(愛新覺羅외 2015②).

[夾伏 仐为乃] tʃəu-n s.a.am 图(인명) ①丑隱三(愛新覺羅
2011b), ②劼訥·撒末(即實 2014). 玦4. 人物 ≪玦誌≫
의 주인 只兗昱(1014~1070, 한풍명: 耶律玦)의 증조부로
요련장(遙輦帳)의 세족(世燭)을 지냈다(愛新覺羅 2011b).
用法 "仐为乃"은 통상 한족의 이름에 붙이는 것으
로 거란이름에는 "삼(三)"을 단독으로 붙이는 관습은
없고, 오직 피휘(避諱) 등을 위한 경우에만 일부 사례
가 존재한다. 또한 ≪요사≫와 각종 묘지에도 거란
인의 인명에 "삼(三)"을 붙인 예는 없다(即實 2014).

[夾伏 几芬] tʃəu-n g.ə 图(인명) ① 丑女哥(愛新覺羅 2010f),
② 區娥哥(即實 2012⑳), ③ 醜女哥(劉鳳翥 2014b52). 出 智
15. 人物 ≪智誌≫ 주인 烏魯本猪屎(1023~1094)의 첩인
丑女哥(한문 묘지에는 "醜女哥"로 됨) 낭자를 지칭한다(愛
新覺羅 2010f).

[夾化炎与] tʃəu.ri.gə.ən 出 尚20/28, 回15. 校勘
이 글자는 초본에 잘못 옮겨진 것이므로 "夾化炎与"
이 올바르다(即實 2012㊹).

[夾化比] tʃəu.ur.əl 图 쌓다(即實 2012⑳). 出 糺22.

[夾化杰丂] tʃəu.ur.gə.ie 图 ① 드리다, 바치다(即實 1996
①), ②~을 쌓다(即實 2012⑳). 出 宣11, 先25/26, 糺21.

[夾化杰火] tʃəu.ur.gə.ɣe 图 쌓다(即實 2012⑳). 出 道13.

[夾化杰与] tʃəu.ur.gə.ne 出 弘29.

[夾化屮几] tʃəu.ur.əl.gə 出 槨2.

[夾化屮] tʃəu.ur.bur 图 ~을 쌓다(即實 2012⑳). 出 迪23.

[夾化舟伏] tʃəu.ur.bu.n 图 ① 합류하다, 모이다(聚集)
(愛新覺羅 2004a⑧), ②~을 쌓다(即實 2012⑳). 出 仁19,
先13, 宋17.

[夾化杰丂] tʃəu.ur.gə.əi 图 ~을 쌓다(愛新覺羅외 2011).
出 仁29, 許20, 先49/50. 語法 마지막 원자인 "丂"은
동사의 연결형 어미이다(大竹昌巳 2015b). 出 宣11, 糺21.

[夾化杰火] tʃəu.ur.gə-ər 图 ~을 쌓다, 모으다(愛新覺羅
외 2011). 出 道13. 同源語 몽골어 [tʃuglagul-](모으다,
수집하다)와 같은 어원이다(愛新覺羅외 2011).

[夾化炎与] tʃəu.ur.gə-ən 图 ~을 쌓다, 모으다(愛新覺羅
2004a⑤, 即實 2012⑳). 出 弘29. 出 許/仲/迪/副/奴.

[夾余] tʃəu.gu 出 塔II2.

[夾公] tʃəu.n 图(관제) ① 원(院)(研究小組 1977b), ②
부사(副使)(即實 1996②③), ③ 잠시/당분간(權), 대리(代
理)(即實 2012⑳). 出 令/仲/先/海/迪/奴/高/玦/特/蒲.

[夾炎] tʃəu.əʃ 图(인명) ① 楚衛(愛新覺羅 2003e), ②
楚里(愛新覺羅 2004a⑤), ③ 曲給(即實 2012③), ④ 丑烈
(愛新覺羅 2013a), ⑤ 酬利(劉鳳翥 2014b52). 出 故19, 迪
33. 人物 ≪迪誌≫의 주인인 撒懶迪烈德(1026 ~1092)의
3남 6녀중 셋째아들로, ≪故銘≫의 주인인 撻體 낭
자(1081~1115)의 남동생(계모 王日 부인의 셋째아들)에 해
당한다(劉鳳翥 2014b41, 愛新覺羅외 2015⑩).

[夾火] tʃəu.uŋ 借詞 "充"을 나타내는 한어차사(青格
勒외 2003). 出 皇2, 宋2.

[夾火 丹村 杂土 业杰 尖火 冗] tʃəu.uŋ b.ən tʃ.əu p.uan
ŋ.ui sï 图(관제) "충본주방어사(充本州防禦使)"의 한
어차사(劉鳳翥 2014b52). 出 宋2.

[夾火火] tʃəu.uŋ.ud 图(인명) 崇骨德(劉鳳翥외 1995, 即實
2012⑳, 劉鳳翥 2014b52). 出 宗21/24/25. 人物 ≪宗誌≫
주인 朝隱驢糞(991 ~ 1053, 한풍명: 耶律宗教)의 장자를 지
칭한다(愛新覺羅 2010f).

[夾火火] tʃəu.uŋ.uŋ 图(인명) ① 崇巖(愛新覺羅 2004a⑫),
② 崇翁(劉鳳翥외 2005b, 劉鳳翥 2014b52). 出 高5. 人物
"崇翁"은 韓匡嗣의 차남(즉 韓知古의 손자)인 사도(司徒)
韓德慶의 거란어 이름이다(劉鳳翥 2014b52). 校勘 과거
논문들은 이 글자를 "夾火仐"으로 표기하기도 하였
는데, "火仐"의 전례가 없고 인명에는 "夾火仐"를
쓰지 않으므로 "夾火火"가 올바르다(即實 2012㊹).

[夾与] tʃəu.ən 图(인명) ① 丑隱(愛新覺羅 2005b), ②
丑衍(愛新覺羅 2009a⑧), ③ 區衍(即實 2012⑨). 出 烈18.
人物 ≪烈誌≫ 주인인 空寧敵烈(1034~1100, 한풍명: 韓承
規)의 손녀, 즉 셋째 아들인 烏魯姑 낭군(1065~)의 다
섯째 딸(丑衍)이다(愛新覺羅 2009a⑧).

[夾平거] tʃəu.ul.qa 出 弘30. 校勘 이 글자는 초
본에 잘못 옮겨진 것이므로 "夾平거"가 올바르다(即
實 2012㊹).

[夾尺火] tʃəu.u.ui 出 宗7. 校勘 即實은 이 글자를
"比尺火"이라고 기록하고 있다(即實 2012㊹).

仇 [발음] us
[原字번호] 103

[虬] us [書法] Kane은 이 원자가 "虬 [us](원자번호 68)"의 이서체라고 주장하고 있다(Kane 2009).

[虬乃币] us.am.od [出] 先37. [校勘] 即實은 이 글자를 "虬乃币"라고 기록하고 있다(即實 2012[校]).

[虬几] us.gə [명] 글자(字)(研究小組 1977b). [出] 先7/64/70, 博6, 慈13, 高8.

[虬几 兂] us.gə au [出] 仲38. [校勘] 이 글자는 초본에 잘못 옮겨지며 두 글자로 분리된 것으로서 "虬几矢"가 올바르다(即實 2012[校]).

[虬几村] us.g.ən [명](소유격) 글자(字)의(劉浦江 2014). [出] 許1, 仲4, 智2.

[虬几村 火 王伞 𡰪关] us.g.ən ui qur.u dol.i [명](관제) 글에 관한 사무를 관장하다(字事掌管知, 즉 "총지한림원사(總知翰林院事)"를 말한다)(劉鳳翥 2014b[52]). [出] 智2.

[虬几矢] us.gə.tə [명](향위격) 글자(字)에(劉浦江 2014). [出] 仲6, 先12/35, 奴40.

[虬几矢炏] us.gə.tə.ər [문] ~에 적힌 바에 따르면(愛新覺羅 2004a⑦). [出] 奴35. [校勘] 이 글자가 초본에는 "虬几矢关"라고 옮겨져 있다(即實 2012[校]).

[虬几公] us.gə.d [명](소유격) 글자(字)의(豊田五郎 1991b). [出] 許34/35, 先35/38, 弘3.

犮 [발음] ʤ, ʤi [原字번호] 104

[犮] tz(Kane), ʤ/ʤi(愛新覺羅) [用法] ① 복수형 어미를 표시하는 부가성분이다(吳英喆 2005c). ② 愛新覺羅는 이 원자가 거란어를 수식하는 데에도 사용되며, 그 발음은 Kane이 주장하는 [tz]가 아니라고 주장하고 있다(愛新覺羅 2012).

> [語法] **"犮"[tʃ] 등과 "朩"[tʃʰ]의 변천에 대하여**
>
> 거란문은 초기에는 회골문의 표시방식처럼 "朩" 하나로 [tʃ]와 [tʃʰ]를 모두 표시하였으나, 시대를 지나면서 "朩"와 "犮" 등으로 엄격히 구분해 나갔다(傅林 2013b).

	1단계 (함께 사용)	2단계 (느슨한 구분)	3단계 (엄격한 구분)
[tʃ]	朩	朩 / 犮子刮友	犮子刮友
[tʃʰ]		朩	朩
묘지연대	1953-1068	1072-1092	1195-1175
묘지약칭	宗/興/仁/令/圖	先/韓/慈/永/迪/智	清/奴/室/弘/高/烈/道/宣/副/梁/皇/宋/貴/仲/博/尚

[犮本仦炏] ʤ.al.l.ər [出] 弘10/25.

[犮本火芬] ʤ.al.ud.ə [出] 許27.

[犮ち刭] ʤ.al.aq [出] 慈24. [校勘] 即實은 이 글자를 "犮ち刭"이라고 기록하고 있다(即實 2012[校]).

[犮东丙炏] ʤ.ad.j.ər [出] 弘26.

[犮东刭] ʤ.ad.aq [동] 부착하다, 오래 임명하다(即實 2012⑳). [出] 弘4.

[犮子] ʤ.os [出] 仲48, 皇22.

[犮丆为] ʤ.on.a [명](인명) 頡阿(即實 1996⑥). [出] 先47. [人物] ≪先誌≫에 등장하는 척덕부(惕德部) 재상(宰相)의 아들이다(即實 1996⑥).

> [遼史] **惕德部(척덕부)** : ≪요사≫에는 척덕국(惕德國), 퇴욕덕국(退欲德國), 체거부(諦居部) 등의 이름으로 기록되어 있다(即實 1996⑥).

[犮丆为关] ʤ.on.a.an [명](인명) 頡安(척덕부 재상의 아들)(即實 1996⑥). [出] 先47/48.

[犮丆为炎] ʤ.on.a.ju [명](인명) 頡遨(척덕부 재상의 아들)(即實 1996⑥). [出] 先47.

[犮勺] ʤ.ug [명](인명) (劉)焯(吳英喆 2011a, 即實 2012③). [出] 奴46.

> [人物] **劉焯(유작)**(544~610)은 수나라 신도(信都) 사람으로 자는 사원(士元)이다. 어릴 때부터 총명하고 유가전적을 널리 통달하여 유현(劉炫)과 함께 '이류(二劉)'로 불렸다. 저서에 ≪오경술의(五經述議)≫가 있었지만 없어졌고, ≪상서유씨의소(尚書劉氏義疏)≫가 전할 뿐이다. 그 밖의 저서로 천문과 역법에 관한 ≪계극(稽極)≫과 ≪역서(曆書)≫ 등이 있다(임종욱 2010).

[犮欠] ʤ.ug [부] 단지, 겨우(即實 2012⑳). [出] 仲7, 博25/34/35.

[犮冬为关] ʤ.as.a.an [出] 博38.

[犮及] ʤ.o [出] 道22.

[犮生余] ʤ.abu.gu [명](인명) ① 智不困(智不孤)(劉鳳翥 외 2003b, 劉鳳翥 2014b[52]), ② 扎不古(愛新覺羅 2004b④), ③ 札卜開(≪요사≫에서는 "札卜哥"로 나온다)(即實 2012⑧). [出] 弘16/19/21. [人物] ≪弘誌≫의 주인인 敖魯宛隗也里(1054~1086, 한풍명 : 耶律弘用)의 여섯째 아들인 扎不古 낭군(郎君)을 지칭한다(愛新覺羅 2004b④).

[犮伏关] ʤ.in.i [出] 韓21. [校勘] 이 글자는 초본에 잘못 옮겨진 것("犮"와 "伏"을 이어 쓰는 사례는 없음)이므로 "犮伳关"가 올바르다(即實 2012[校]).

[犮伳与] ʤi.mu.en [出] 博19.

[犮伳关] ʤi.mu.i [동] 기리다, 칭찬하다(譽)(即實 2012⑳).

出 博37, 梁15/21.

[夾仕荅夵] dʒi.mu.e.tʃi 出 宋16.

[夾化夯] dʒ.ur.ər 数 (서수) 제2, 두 번째(陳乃雄외 1999, 即實 2012⑳). 出 弘15, 尚24.

[夾化与] dʒ.ur.ən 数 (서수) 제2, 두 번째(陳乃雄외 1999, 即實 2012⑳). 出 弘15.

[夾化与利] dʒ.ur.ən.ən 数 (서수·소유격) 제2의, 두 번째의(劉鳳翥외 2003b, 劉浦江 2005, 即實 2012⑳). 名 자(字), 대명(大名)(愛新覺羅 2003e). 副 또, 다른(即實 2012⑳). 出 弘2, 尚3.

[夾伞丹] dʒi.s.əb 動 기대다, 따르다, 시집가다(即實 2012⑳). 出 博33.

[夾伞丹利] dʒi.s.əb.ən 動 기대다, 따르다(即實 2012⑳). 出 博51.

[夾余公夫] dʒi.go.os.qu 出 特5.

[夾屮] dʒi.l 出 糺20. 校勘 이 단어는 초본에 옮기며 잘못 분할되었는데, 뒤 원자들과 합쳐 "夫屮为卉"로 하여야 한다(即實 2012㊺).

[夾屮立为出] dʒi.l.ha.a.an 名 (인명) ① 芝蘭(郭添剛외 2009), ② 阿剌懶(愛新覺羅 2009c), ③ 只拉初/只里乱初(即實 2012⑲). 出 梁20, 尚23. 人物 ≪尚誌≫ 주인 緬隱胡烏里(1130~1175)의 장모(부인 楚越의 모친)인 阿剌懶을 지칭한다(愛新覺羅 2010f).

[夾火] dʒi.ui 出 韓26. 校勘 即實은 이 글자를 "夫火"라고 기록하고 있다(即實 2012㊺).

[夾刈] dʒi.bur 名 질환(即實 1991b/1996⑯). 出 先54.

[夾刈 叔夵] dʒi.bur kə.ər 動 병에 걸리다(即實 1996⑯). 出 先54.

[夾幺业斗] dʒ.ia.aŋ.ja 動 열었다(愛新覺羅외 2012①). 出 博4. 用例 夵利夵 夾幺业斗 [gə.ən.ər dʒ.ia.aŋ.ja] 動 부(府)를 열었다(愛新覺羅외 2012①).

[夾业] dʒ.aŋ 出 皇24.

[夾火] dʒ.ju 借詞 ①"主", "諸" 등을 나타내는 한어차사(研究小組 1977b, 清格爾泰외 1985), ②"護"를 나타내는 한어차사(劉鳳翥외 1995), ③"魯"를 나타내는 한어차사(盧迎紅외 2000). 出 許/仲/宗/永/迪/弘/皇/宋/智/奴/清/尚.

[夾火 夵谷] dʒ.ju s.ï 名 (인명) 珠思(劉鳳翥 2014b㊺). 出 梁19. 校勘 이 글은 초본에 있는 글로서, 愛新覺羅 등은 "夾火夵谷"라고 적고 있고(愛新覺羅 2006a, 萬雄飛외 2008), 即實은 ≪智誌≫ 등을 근거로 "夾火夵夯"가 정당하다고 주장하고 있다(即實 2012⑱). 人物 ≪梁

誌≫ 주인의 처남(부인 梁國王妃의 남동생)이자 ≪智誌≫의 주인인 耶律智先의 또 다른 이름이다(即實 2012⑱).

[夾火 屮 北] dʒ.ju sï şï 名 (관제) 제사사(諸司使). 出 許54.

[夾火 九火] dʒ.ju g.ui 名 (관제) 주국(柱國, 관호(官號)로 당나라 이후의 훈관(勳官)이다(即實 2012③). 出 迪1.

[夾火 夵夯] dʒ.ju.s.e 名 (인명) 苴司佗(即實 2012⑤). 智9. 參考 ☞ 보다 자세한 내용은 "夾火 夵谷"을 참고하라.

[夾火夵谷] dʒ.ju.s.ï 名 (인명) ① 諸速得(愛新覺羅 2006a), ② 主斯(萬雄飛외 2008), ③ 猪屎(愛新覺羅 2010f). 出 梁19. 參考 ☞ 보다 자세한 내용은 "夾火 夵谷"을 참고하라.

[夾火疋] dʒ.ju.ud 出 清9.

[夾火矢] dʒ.ju.tə 名 (향위격) 주(主)에(劉浦江 2014). 出 清5.

[夾火火] dʒ.ju-n 名 (소유격) 주(主)의(劉浦江 2014). 出 仲/弘/宋/清/尚.

[夾火火夵] dʒ.ju.un.ər 名 주(主)(清格爾泰외 1985). 出 仲31.

[夾攵] dʒ.jæ 出 許9. 校勘 이 단어는 초본에 옮기며 잘못 분할되었는데, 뒤 원자들과 합쳐 "夾攵夲仌丹尘"로 하여야 한다(即實 2012㊺).

[夾攵夲仌丹尘] dʒ.jæ.ær.d.bu.t 出 許9.

[夾攵夶] dʒ.jæ.uei 出 故15.

[夾攵冊] dʒ.jæ.jaŋ 借詞 "章"을 나타내는 한어차사(郭添剛외 2009). 出 尚11/13. 校勘 이 글자가 ≪尚13≫에서는 초본에 잘못 옮겨진 것이므로 "九火 北"가 올바르다(即實 2012㊺).

[夾攵夵] dʒ.jæ.ər 出 弘29.

[夾九利] dʒ.əg.ən 名 ① 동쪽, 왼쪽(吳英喆 2002), ② (소유격) 자(字)의(劉鳳翥 2003b). 同源語 "왼쪽"을 뜻하는 서면몽골어의 [dʒəgün], 중기몽골어의 [dʒəün], 현대몽골어의 [dʒu:n], 카라한투르크어와 브리야트어의 [züün]과 동일한 어원이다(大竹昌巳 2015c/2016e). 出 弘7/8.

[夾九利 夵化] dʒ.əg.ən u.ur 名 왼쪽(即實 2012⑳). 名 (관제) 좌원(左院) 또는 좌궁(左宮)(劉鳳翥 2014b㊺). 出 弘7.

[夾九利 夵化 业北 朮雨利 关化] dʒ.əg.ən u.ur p.oŋ tʃ.in-n i.ir 名 (관제) 좌원봉신(左院奉宸)의 이름(號)(劉鳳翥 2014b㊺). 出 弘7.

[夾九利 夵化 伞攵夛 夵丙 炗关 伞冊 九亦] dʒ.əg.ən u.ur s.iæ.æn ŋ.ju ui.i ts.iaŋ g.iun 名 (관제) 좌원천우위장군(左院千牛衛將軍)(劉鳳翥 2014b㊺). 出 弘8.

[夾斗丙] dʒ.ja.al 出 宣15.

[㚐对本] ʤ.ja.al [出] 仁8.

[㚐对业对] ʤ.ja.aŋ.ja [出] 故7.

[㚐关] ʤ.i [出] 仲10. [校勘] 即實은 이 글자를 "夫关"라고 기록하고 있다(即實 2012㊳).

[㚐炎] ʤ.uei [出] 奴28. [校勘] 이 단어는 초본에 옮기며 잘못 분할되었는데, 앞 원자들과 합쳐 "几穴平业炎炎"로 하여야 한다(即實 2012㊳).

[㚐考] ʤ.jau [借詞] ① "詔", "昭" 등을 나타내는 한어차사(清格爾泰외 1985), ② "趙"를 나타내는 한어차사(寶玉柱 1990b). [出] 許/故/弘/皇/尚.

[㚐考 叉用] ʤ.jau m.iŋ [명](인명) ① 昭明(即實 1996⑯), ② 照明(劉鳳翥 2014b㊶). [出] 故16. [人物] ≪故銘≫의 주인인 撻體娘子(1081~1115)는 1남 2녀의 자녀가 있었는데, 그 중 장남인 昭明 낭군(郎君)을 지칭한다(愛新覺羅 2010f).

[㚐考 叉用 叉为夫] ʤ.jau m.iŋ ʃ.a.ali [명](관제) 조명낭군(詔命郎君)(清格爾泰외 1985). [出] 故16. [參考] 이후의 연구결과로 보아 "㚐考 叉用"는 관직명이 아닌 인명으로 보아야 한다(劉鳳翥 2014b㊶).

[㚐考 余火] ʤ.jau gu.ui [명] 원래 "조국(趙國)"이라는 말에서 출발한 것으로 "한아(漢兒)"(또는 漢人)를 의미하며, 변하여 "남원(南院)" 또는 "남면(南面)"을 지칭한다(愛新覺羅 2003g). [出] 弘9.

> [用例] ☞ "한아(漢兒, 한인)"를 의미하는 여러 가지 표현 례"에 대하여는 "朴考 夫交"를 참조하라.

[㚐考 圣关 几亦] ʤ.jau d.i g.iun [명](관제) 소덕군(昭德軍)(清格爾泰외 1985). [出] 許7.

[㚐考 发关 几亦] ʤ.jau əŋ.i g.iun.ən [명](관제) 소의군(昭義軍)(即實 1996⑯). [出] 許7.

[㚐考及] ʤ.jau.u [借詞] ① "趙"를 나타내는 한어차사(即實 1996⑥, 劉鳳翥외 2003b), ② "昭"를 나타내는 한어차사(劉鳳翥 2014b㊾). [出] 先10/11/17/38, 博23, 宋9.

[㚐考及 未及 久丰 伞平 几亦] ʤ.jau.u w.u da.ai ts.iaŋ g.iun [명](관제) "소무대장군(昭武大將軍)"의 한어차사(劉鳳翥 2014b㊾). [出] 博23.

[㚐考及 主] ʤ.jau.u huaŋ [명] 조황(趙皇)(?)(即實 1996⑯). [出] 先10.

[㚐考及 几火 几太 㚐火火] ʤ.jau.u g.ui g.uŋ ʤi.iu-n [명](관제・소유격) 월국공주(趙國公主)의(劉鳳翥 2014b㊾). [出] 宋9.

[㚐考余火] ʤ.jau.gu.ui [명] 거란인의 한족에 대한 호칭(即實 2012⑧). [出] 弘9.

[㚐考余火 关化] ʤ.jau.gu.ui i.ir [명] 중국식 이름(漢風名)(即實 2012⑳). [出] 弘9.

[㚐米仕] ʤ.?.mu [出] 皇16.

大
[발음] do
[原字번호] 105

[大] do [書法] Kane은 이 원자를 "火[ud, -d](원자번호 344)"의 이서체라고 기술하고 있으나(Kane 2009), 愛新覺羅는 "火"의 이서체가 아니라고 주장하고 있다(愛新覺羅 2012).

[大丙东岑朩] do.j.ad.ə.tʃi [出] 玦27.

[大村] do-n [出] 玦23.

[大化] do.ur [명] 동쪽(即實 1996⑥). [出] 先21.

[大化 几用村] do.ur g.iŋ.ən [명](지명・소유격) 동경(東京)의(即實 1996⑥). [出] 先21.

[大化 几用村 业丙 叉去] do.ur g.iŋ.ən l.io ʃ.eu [명](관제) "동경유수(東京留守)"의 한어차사(Kane 2009). [出] 先21.

[大化伏] do.ur.in [명] 동쪽(即實 1996⑥). [同源語] 몽골어의 [tɔrunɑ]와 상응한다. 몽고어의 서쪽・동쪽 어미인 [nə]와 [na]는 향위격 조사(~에)에서 변화한 것이다(即實 1996⑥). [出] 先47.

[大化伏 王本싸村] do.ur.in di.i.d.ən [명](부족・소유격) 동척덕부(東惕德部)의(即實 1996⑥). [出] 先47.

[大业杰丙] do.l.gə.əi [出] 仲34.

[大□] do.? [出] 蒲19.

太
[발음] uŋ
[原字번호] 106

[太] uŋ [書法] Kane은 이 원자가 "火 [uŋ](원자번호 345)"의 이서체라고 주장하고 있다(Kane 2009). [用例] ① 几太 㚐火 [g.uŋ ʤ.iu] [명] "공주(公主)"의 한어차사(清格爾泰외 1978a/1985). [出] 仲4. ② 几丙太 [g.iu.uŋ] [명] [借詞] "宮"을 나타내는 한어차사(Kane 2009). [出] 仲33 ③ 火太 [k(h).uŋ] [借詞] "空"을 나타내는 한어차사(研究小組 1977b). [出] 仲5.

[太卡] uŋ.su [出] 道27.

夯
[발음] oi
[原字번호] 107

[夯] oi [書法] Kane은 이 원자가 "火 [oi](원자번호 347)"의 이서체라 주장하고 있다(Kane 2009). [用法] 소유격을 표시하는 접미사로 사용된다(金適외 2007). [出] 奴30.

> [語法] ☞ "소유격을 표시하는 접미사의 표현형식"에 대하여는 "村"(원자번호 140)을 참조하라.

[**夵禾圡示北**] oi.is.ha.ad.əl [出] 烈24. [校勘] 이 글자는 초본에 잘못 옮겨진 것이므로 "**夵禾圡冬北**"이 올바르다(即實 2012校).

[**夵禾圡丰**] oi.is.ha.ai [出] 奴25.

[**夵禾圡为朩**] oi.is.ha.a.ar [出] 令19.

[**夵禾圡为出**] oi.is.ha.a.an [出] 故20, 弘24.

[**夵禾仦仦圡丰**] oi.is.əl.l.ha.ai [出] 仲31.

[**夵廾夾**] oi.u.ur [出] 道25.

[**夵村**] oi-n [出] 蒲21.

[**夵叉廾夾**] oi.ir.u.ur [出] 清22.

[**夵叉化圡为朩**] oi.ir.ur.ha.a.ar [出] 尚32.

[**夵为ち**] oi.a.al [出] 副3.

[**夵化**] oi.ir [出] 許39. [校勘] 이 단어는 초본에 옮기며 잘못 분할되었는데, 뒤 원자들과 합쳐 "**夵化廾夾**"로 하여야 한다(即實 2012校).

[**夵化廾平犱**] oi.ir.u.ul.qa [出] 道23/34, 宣6/27, 仲33, 智16/25.

[**夵化廾平犱关**] oi.ir.u.ul.qa.an [出] 梁16.

[**夵化廾平平犱**] oi.ir.u.ul.ul.qa [出] 慈24. [校勘] 이 글자는 당초 묘지(墓誌) 작성시에 글을 옮겨 적는 자(書丹者)가 잘못하여 "**平**"를 반복 기록한 것이므로 "**夵化廾平犱**"가 올바르다(即實 2012校).

[**夵化与**] oi.ir.ən [出] 弘29.

[**夵业ち**] oi.p.al [出] 皇21. [校勘] 即實은 이 글자를 "**夵圡ち**"이라고 기록하고 있다(即實 2012校).

[**夵用**] oi.il [出] 許15/21. [校勘] 即實은 이 글자를 "**夵用圡丰**"《許15》와 "**夵用圡为ち**"《許21》이라고 기록하고 있다(即實 2012校).

[**夵用圡朩**] oi.il.ha.ar [出] 先35.

[**夵用圡为朩**] oi.il.ha.a.ar [出] 永25. [校勘] 이 단어는 초본에 옮기며 잘못 분할되었는데, 앞 원자들과 합쳐 "**公及夵用圡为朩**"으로 하여야 한다(即實 2012校).

[**夵与**] oi.ən [出] 典23, 許23. [校勘] 이 글은 초본에 옮기며 잘못 분할되었는데, 앞 원자들과 합쳐 "**公及夵与**"《典23》과 "**丹仌夵与**"《許23》으로 해야 한다(即實 2012校).

夰 [발음] uei [原字번호] 108

[**夰**] uei [用法] Kane은 이 원자를 "**丞**[dʒalqu](원자번호 35)"의 이서체라고 기술하고 있으나(Kane 2009), 愛新覺羅는 "**丞**"의 이서체가 아니라고 주장하고 있다(愛新覺羅 2012).

[**夰朩**] uei.tʃi [出] 蒲8.

夯 [발음] e [原字번호] 109

[**夯**] e.tʃi [형] ① 매우 많은, 무수한(即實 1996③), ② 견고한(即實 2012⑳). [대] 이것(即實 2012⑳, 吳英喆 2012a②/2013c). [書法] Kane은 이 원자가 "**夯**[ə](원자번호 348)"의 이서체라고 주장하고 있다(Kane 2009). [出] 仲/先/博/清/玦/特.

> [語法] "거란소자의 지시대명사"에 대하여는 ≪부록≫에 있는 [거란소자 주요 어휘]를 참조하라.

[**夯 关**] e niar [명] 당일(即實 2012⑳). [出] 先34.

[**夯 丹夾**] e tum.ur [수] 억만(即實 1996⑯). [出] 仲49.

[**夯朩**] e.tʃi [出] 迪16. [校勘] 이 단어는 초본에 옮기며 잘못 분할되었는데, 앞 원자들과 합쳐 "**今企夯朩**"로 하여야 한다(即實 2012校).

[**夯尘伏**] e.t.in [出] 玦12.

[**夯尘关**] e.t.i [出] 道16.

夳 [발음] kon [原字번호] 110

[**夳**] kon [用例] **丙夳** [mə.kon] [명] 씨족(即實 1996①). [出] 宣19, 仲6/13/41/46, 先63/66, 博36/44.

夳 [발음] pakl̩n [原字번호] 111

[**夳**] pakl̩n [형] ① 작은(即實 1988b), ② 나이가 어린, 젊은(愛新覺羅 2003h). [出] 許51.

夳 [발음] gə [原字번호] 112

[**夳**] gə [用法] 사역형 부가성분으로 사용된다(研究小組 1977b, 清格爾泰외 1985). [出] 許51. [書法] 長田夏樹는 "**夳**"와 "**夳**" [gə](원자번호 349)를 동일 문자로 보았는데, "**夳**"는 행서체이고 "**夳**"는 해서체라고 주장하고 있다(長田夏樹 1951).

[**夵丙**] gə.əi [用法] 부동사 어미를 표시하는 부가성분이다(研究小組 1977b).

[**夵叐关**] gə.u.i [出] 仲49. [校勘] 이 글자는 초본에 잘못 옮겨졌으므로 "**夵叐关**"가 올바르다(即實 2012㊙).

[**夵村**] gə.ən [出] 先48.

[**夵村炏**] gə.ən.ər [出] 仲35, 博4.

[**夵叐当**] gə.ir.ən [出] 玦46.

[**夵丸**] gə.au [出] 韓16. [校勘] 이 글자는 초본에 잘못 옮겨진 것이므로 "**夵村**"이 올바르다(即實 2012㊙).

[**夵及村**] gə.o.ən [出] 韓16. [校勘] 이 글자는 초본에 잘못 옮겨진 것으로 "**夵叐村**"이 올바르다(即實 2012㊙).

[**夵矢关**] gə.d.i [出] 清31.

[**夵令**] gə.t [出] 糺27.

[**夵仐**] gə.i [出] 仲32. [校勘] 即實은 이 글자를 앞 뒤 원자들과 합쳐 "**土交夵仐几村**"으로 기록하고 있다(即實 2012㊙).

[**夵火册韭为出**] gə.ui.?.ha.a.an [出] 先35. [校勘] 即實은 이 글자를 "**夵火用韭为本**"로 기록하고 있다(即實 2012㊙).

[**夵炏**] gə.əi [用法] 과거시재 어미를 나타내는 부가성분이다(研究小組 1977b).

吞 [발음] ï [原字번호] 113

[**吞**] ï [書法] Kane은 이 원자가 "**谷** [ï](원자번호 353)"의 이서체라고 주장하고 있다(Kane 2009). [用法] 주로 "**仐**"와 "**伞**" 뒤에 나오며, 어떤 경우에는 "**兆**"와 "**廿**" 뒤에도 나타난다(Kane 2009).

奈 [발음] i [原字번호] 114

[**奈**] i [用法] 한어 "기(騎)"를 음역하는 데에 사용된다(Kane 2009). [用例] **几奈** [g.i] [借詞] "騎"를 나타내는 한어차사(劉鳳翥 2014b㉝). [出] 宣2.

达 [발음] ur, tarkan [原字번호] 115

[**达**] ur(愛新覺羅) / tarkan(即實) [수] 둘(豊田五郎 1994/1988a). [형] 많은(吳英喆 2005c). [명] ① 쌍(愛新覺羅 2003f), ② 수령(首領), (即實 1991b), ③ 몇(愛新覺羅 2013b), ④ 달랄간(達剌干, 장관이란 의미이며 원래는 부족장의 호칭이었다)(即實 2012⑮), ⑤ 여러 사람(衆)(吉如何 2016). [동] 순서에 따르다(依次). [同源語] 달랄간(達剌干)은 "병마를 총괄하는 무관(武官)"이란 의미의 돌궐·위굴어의 [tarqan], 몽골어의 [darqan]과 같은 어원이다(孫伯君외 2008). [出] 興/仁/道/宣/許/故/仲/先/宗/海/博/永/迪/副/宋/慈/智/烈/奴/室/圖/梁/糺/清/尚/韓/玦/回/特/蒲.

[**达 及仝炏**] ur o.ol.ər [동] 역임하다(即實 1996⑯). [出] 先7

[**达 习 当**] ur ja dəu [명] ① 추장(酋長)의 질제(侄弟(即實 1996⑯), ② 사촌형제(即實 2012⑳). [出] 先47, 尚26

[**达韭冬炏**] ur.ha.as.ər [出] 許28. [校勘] 이 글자는 초본에 잘못 옮겨진 것("**达**"와 "**韭**"를 이어 쓰는 사례는 없음)이므로 "**土韭冬炏**"가 올바르다(即實 2012㊙).

[**达村**] ur.ən [出] 興17/21, 許5/6/10, 尚9, 特17.

[**达为**] ur.a [出] 回11.

[**达为火**] ur.a.ju [出] 先25.

[**达矢**] ur.tə [出] 宣/先/慈/尚/回/特.

[**达矢圠**] ur.tə.ur [出] 清24. [校勘] 即實은 이 글자를 "**火朱圠**"이라고 기록하고 있다(即實 2012㊙).

[**达矢朩**] ur.tə.æi [出] 智15. [校勘] 이 글자는 초본에 잘못 옮겨진 것("**矢**"와 "**朩**"를 이어 쓰는 사례는 없음)이므로 "**达矢关**"가 올바르다(即實 2012㊙).

[**达矢关**] ur.d.i [명](관제) 소저(小底)(寶玉柱 1990b). [出] 令/仲/先/宗/永/智/特. [遼史] "소저(小底)"라는 관직 이름은 ≪요사·천조제≫ 천경(天慶) 5년에 한 번 나온다

[**达关**] ur.i [出] 先3. [校勘] 即實은 이 글자를 앞 원자와 합쳐 "**丙仍达关**"라고 기록하고 있다(即實 2012㊙)

夾 [발음] ?? [原字번호] 116

[**夾**] ? [書法] Kane은 이 원자가 "**夾**(원자번호 65)"의 이서체라고 주장하고 있다(Kane 2009). [用例] **八夾刀叐** [k(h).?.ir.u] [부] 재차(更)(王未想 1999). [出] 涿23.

丈 [발음] qu [原字번호] 117

[**丈**] qu [書法] Kane은 이 원자가 "**丈** [qu](원자번호 118)"의 이서체라고 주장하고 있다(Kane 2009).

[**丈为女**] qu.a.sair [出] 仁18. [校勘] 이 글자는 휘본 등에 잘못 옮겨진 것이므로 "**丸为女**"가 올바르다(即實 2012㊙).

[丈为斥出] qu.a.dil.an 田 智4. 校勘 이 단어는 본래 2개의 글자(夬为 为出)이나 초본에는 잘못하여 하나로 합쳐져 있다(即實 2012⑭).

[丈矢关] qu.ul.i 田 仁18. 校勘 이 글자는 초본에 잘못 옮겨진 것으로 "夬矢关"가 올바르다(即實 2012⑭).

[丈火] qu.ui 田 副22. 校勘 이 글자는 초본에 잘못 옮겨진 것이므로 "夬火"가 올바르다(即實 2012⑭).

[丈火ち仆] qu.ui.al.əl 田 梁12. 校勘 即實은 이 글자를 분리하여 뒤 원자와 합쳐 "夬火 ち仆廾丏"로 기록하고 있다(即實 2012⑭).

[丈火与] qu.ui.ən 田 興15. 校勘 이 글자는 초본에 잘못 옮겨진 것이므로 "夬火与"이 올바르다(即實 2012⑭).

[丈癶] qu.os 田 先54. 校勘 이 글자는 묘지 제작 과정에서 잘못 각공된 것이므로 "先癶"가 올바르다(即實 2012⑭).

夬 [발음] qu, gu [原字번호] 118

[夬] qu 田 博25, 韓23.

[夬卡] qu.su 田 先35, 迪21, 皇24, 烈20.

[夬廾火] qu.o.un 田 先5. 校勘 이 글자는 묘지에 잘못 각공된 것으로 "夬廾火"이 올바르다. "夬廾"는 친족에 대한 호칭이다(即實 2012⑭).

[夬夾] qu.ur 田 원(院)(即實 1991b). 동 행(行), 당제(唐制)를 병행한다는 의미로 파악된다)(即實 1996⑯). 田 令16, 先16/22/26, 迪27. 用例 ▶ 考 夬夾 [tʃ.iau qu.ur] 回 ① 남면(南面)(即實 1996②), ② 조국(趙國), 한인(漢人)(愛新覺羅 2003g).

[夬夾村] qu.ur.ən 田 先70.

[夬夾关] qu.ur.i 田 奴7, 梁17. 用例 ▶ 考 夬夾关 [tʃ.iau qu.ur.i] 回(소유격) 한인(漢人)의(愛新覺羅 2006a).

[夬火] qu.ui 동 ① 가다(行)(沈彙 1982, 即實 1996⑯), ② 타다(駕)(即實 1988b). 田 令/郞/仲/先/迪/烈. 用例 ▶ 考 夬火 [tʃ.jau qu.ui] 回 ① 수가(隨駕)(即實 1988b), ② 조국(趙國), 한인(漢人)(愛新覺羅 2003g).

[夬火业] qu.ui.æn 田 先31. 校勘 이 글자는 묘지에 잘못 각공된 것으로 "夬火 业"이 올바르다(即實 2012⑭).

[夬用可廾火] qu.il.bai.o.ui 田 許23. 校勘 이 단어는 본래 2개의 글자(夬为 用廾火)이나 초본에는 잘못하여 하나로 합쳐져 있다(即實 2012⑭).

[夬关] qu.i 田 故10, 仲7, 清3/8. 用例 ▶ 考 夬关 [tʃ.iau qu.i] 回 한인(漢人)(愛新覺羅 2004a⑧).

[夬火为] qu.ud.a 田 仲37. 校勘 이 글자는 초본에 잘못 옮겨졌으므로 "夬火为"가 올바르다(即實 2012⑭).

尺 [발음] dau [原字번호] 119

[尺] dau 형 옛, 오랜(古)(羅福成 1934d). 田 仁/道/宣/仲/先/迪/梁/特.

[尺杏本] dau.un.ər 田 回19.

[尺夾] dau.ur 田 道20, 弘22, 珙17.

[尺夾圣丏] dau.ur.u.dʒi 田 珙46.

[尺夾圣] dau.ur.ir 回 ① 중동(仲冬)에서의 "중(仲)"(王靜如 1933, 清格爾泰외 1985), ② 요(遼)(羅福成 1934e), ③ 거란(契丹), 그 발음은 "Qtany"이다(村山七郎 1951), ④ 거란(契丹), 그 본래 의미는 "춥고 차갑다(寒冷)"이다)(Taскин 1963), ⑤ "중(仲)" 즉 "중(中)"(研究小組 1977b, 劉鳳翥 1982a/1983a), ⑥ 가운데(中)(即實 1996⑯). 田 道蓋/道/令/郞/博/迪/弘/副/皇/宋/烈/奴/紀/清/珙/特/蒲.

[尺夾圣 圣平] dau.ur.ir u.ul 回 중동(仲冬)(研究小組 1977b, 清格爾泰외 1978a/1985). 田 郞5.

[尺夾仝伏] dau.ur.d.in 回(향위격) 가운데에(即實 1996⑯). 田 許51.

[尺夾关] dau.ur.i 回 가운데(即實 1996⑯). 田 故24, 宗17.

[尺圣] dau.u 借詞 "道", "盜" 등을 나타내는 한어차사(羅福成 1934c, 研究小組 1977b, 吳英喆 2011a). 田 道/許/故/仲/副/宋/紀/塔II.

[尺圣 友勺] dau.u dʒi.g 回(인명) 盜跖(即實 2010⑰, 大竹昌巳 2016d). 田 副45. 人物 "도척(盜跖)은 춘추시대의 인물로 전설적인 대도적단(大盜賊團)의 수령(首領)이다(大竹昌巳 2016d).

[尺圣 友勺 劣圠] dau.u dʒi.g tu ur 문 도척(盜跖)은 명(命)이 길다(大竹昌巳 2016d).

[尺圣 兆 公夬] dau.u ši n.u 回(인명) 道士奴(劉鳳翥외 2006b, 愛新覺羅 2010f, 即實 2012⑯). 田 紀13. 人物 ≪紀誌≫ 주인 夷里衍紀里(1061~1102)의 막내 아들로, 묘주의 둘째 부인인 管迷 낭자의 소생이다(愛新覺羅 2010f).

[尺圣 仐出] dau.u s.oŋ 回 "도종(道宗)"의 한어차사(研究小組 1977b, 清格爾泰외 1978a/1985). 요나라 제6대 황제(耶律隆緖, 재위기간 979~1031)로, ≪요사≫ 권10~17에 그의 本紀가 있다. 田 道5.

▲ 도종황제 애책 책개

▲ 도종황제 애책 책문(일부)

[尺求 仐业 亜仐化屮 㐰反豸 又及 朩𫞂禾公屮 杰火 主 王] dau.u s.oŋ qur.u.ur.bur mu.o.dʒi m.o tʃ.i.s.t.bur w.un huaŋ di 명 도종 인성대효문 황제(道宗仁聖大孝文皇帝)(硏究小組 1977b, 淸格爾泰외 1978a). 出 道5.

[尺求 仐业 主 王] dau.u s.oŋ huaŋ di 명 "도종황제(道宗皇帝)"의 한어차사(硏究小組 1977b). 出 許14.

[尺求 仐业 主 王村] dau.u s.oŋ huaŋ di-n 명(소유격) 도종황제(道宗皇帝)의(硏究小組 1977b). 出 許49.

[尺求 仐业火] dau.u s.oŋ.un 명(소유격) 도종(道宗)의(淸格爾泰외 1985). 出 故10.

[尺求 仐业] dau.u ts.oŋ 명 "도종(道宗)"의 한어차사(硏究小組 1977b, 淸格爾泰외 1978a). 出 仲2.

[尺求 仐业 主 王雨] dau.u ts.oŋ huaŋ di-n 명(소유격) 도종황제(道宗皇帝)의(硏究小組 1977b, 淸格爾泰외 1978a, 劉鳳書 2014b52). 出 仲2.

[尺求 仐业夾] dau.u ʤ.oŋ.ur 명(소유격) 도종(道宗)의(淸格爾泰외 1985). 出 故8. 校勘 即實은 이 단어를 "尺求 仐业火"이라고 기록하고 있다(即實 2012㊽).

[尺剘] dau.qa 出 韓24.

[尺豹] dau.dʒi 出 玦22.

[尺欠杏] dau.gu.uni 명(인명) 鐸袞(愛新覺羅 2006b, 劉鳳書 2014b52). 出 副6.

[尺欠伏] dau.gu.n 명(인명) 鐸袞(耶律突呂不과 耶律海思의 字)(愛新覺羅 2006b, 劉鳳書 2014b52). 出 副4.

遼史 ① 耶律突呂不(야율돌려불, ?~942년). 요의 군인이자 정치가로 자는 탁곤(鐸袞)이다. 거란 육원부(六院部) 출신이며, 야율탁진(耶律鐸臻)과 야율고(耶律古)의 동생이다. 《요사》 권75에 그의 전이 있다.

② 耶律海思(야율해사, 연대 미상). 자는 탁곤(鐸袞)이다. 수국왕(隋國王) 야율석로(耶律釋魯)의 서자이다. 목종이 즉위하자 기왕(冀王) 야율적렬(耶律敵烈)과 반역을 꾀하였다가 옥사하였다. 《요사·역신㊦》에 그의 傳이 있다(金渭顯외 2012㊦).

[尺乃] dau.mur 出 仲27. 校勘 이 글자는 초본에 잘못 옮겨진 것이므로 "尺豹"가 올바르다(即實 2012㉓).

[尺反扎] dau.o.ur 出 道27, 副23.

[尺反比] dau.o.əl 出 博45, 尙9. 校勘 이 글자는 초본에 잘못 옮겨진 것이므로 "尺反扎"가 올바르다(即實 2012㉒).

[尺反村] dau.o.ən 出 尙13, 玦42. 校勘 이 글자는 초본에 잘못 옮겨진 것이므로 "尺反禸"이 올바르다(即實 2012㉒).

[尺反子] dau.o.os 出 尙15.

[尺反禸] dau.o.on 出 道27, 宣13, 慈22.

[尺反禸 屶子圥出] dau.o.on so.os.ha.an 명 순리(順理)(即實 2012⑲). 出 尙13.

[尺𠬶平] dau.a.ai 出 特15.

[尺𠬶夲] dau.a.ar 先/弘/奴/玦/特.

[尺𠬶朱茶] dau.a.do.ər 出 許5. 校勘 이 글자는 초본에 잘못 옮겨졌으므로 "尺𠬶圥茶"이 올바르다(即實 2012㉑).

[尺𠬶出] dau.a.an 동 받들다(奉)(寶玉柱 2005). 出 仲9, 先11/21/69, 宗28, 烈27.

[尺𠬶出茶] dau.a.an.ər 出 玦24.

[尺𠬶艾] dau.a.adʒi 동 ~을 보았다, 감시했다(大竹昌巳 2016d). 出 仲11.

[尺矢] dau.ul 出 仲41/45, 弘23, 淸25, 玦23.

[尺失] dau.sæ 出 塔II.

[尺伏] dau.n 부 매우, 심히(即實 1986c/1996⑦). 명(인명) ① 鐸隱(愛新覺羅 2013b), ② 鐸盌(吳英喆 2012a④). 道/宣/郎/皇/宋/玦/蒲. 人物 《蒲誌》 주인 蒲速里(1058~1104)의 둘째 사위인 鐸隱將軍(둘째 딸 鉢里本의 남편을 지칭한다(吳英喆 2012a④).

[尺伏村] dau.n.ən 出 先56.

[尺伏囝村] dau.n.bə.ən 出 梁13. 校勘 이 단어는 본래 2개의 글자(尺伏 囝村)이나 초본에는 잘못하여 하나로 합쳐져 있다(即實 2012㉘).

[尺化比] dau.ur.əl 出 宋14.

[尺化𢓲剘] dau.ur.əl.aq 出 仲16, 皇22, 淸24, 玦33.

[尺化𢓲冂] dau.ur.əl.⬚ 出 許38. 校勘 이 글자는 초본에 잘못 옮겨진 것이므로 "尺化𢓲剘"이 올바르다(即實 2012㉘).

穴分] dau.du [명] ① 둘째(仲)(石金民외 2001), ② 서(庶, 서자의 의미)(陳乃雄외 1999), ③ 두 번째(次, 仲)(即實 2012⑮). [出] 宣/海/涿/永/弘/副/慈/智/烈/奴/圖/梁/糺/清/尚/韓/玦/回/特.

[穴分 㐄村] dau.du ai-n [명](관제) 중부방(仲父房)(劉鳳翥 2014b㉔/㊿②). [出] 智1, 梁15.

[穴分 与村 北九] dau.du dor.ən us.əg [명] 두 번째 형태(次禮, 次式)의 글자(즉, "거란소자(契丹小字)"를 지칭한다)(即實 2014). [出] 玦11. [用例] 又及 与村 北九 [m.o dor.ən us.əg] [명] 거란대자(即實 2012⑳/2014).

[穴分 舟为] dau.du b.aqa [명] ① 서자(庶子)(陳乃雄외 1999), ② 차남(仲子)(劉鳳翥 2014b㊿②). [出] 慈6, 永2/27.

[穴分刃] dau.du.qa [명] 둘째(仲)(趙志偉외 2001). [出] 智11.

[穴分伏] dau.du.in [出] 仲15.

[穴公] dau-n [出] 道36.

穴火] dau.ui [出] 道/宣/令/許/先/迪/玦/回.

[穴火及㚒] dau.ui.u.dʒi [出] 故24.

[穴火叉] dau.ui.ir [出] 仲37.

[穴火小击丰] dau.ui.l.ha.ai [出] 博32.

[穴火小击ホ] dau.ui.l.ha.ar [出] 許55, 尚15.

[穴火小击为ホ] dau.ui.l.ha.a.ar [出] 宗31.

[穴火小刃夹] dau.ui.l.aq.an [出] 故21, 宋12.

[穴火小穴药村] dau.ui.l.u.dʒi-n [出] 尚30.

[穴火用击ホ] dau.ui.il.ha.ar [出] 迪29. [校勘] 即實은 이 글자를 "穴火用击丰"라고 기록하고 있다(即實 2012㊀).

[穴火灬] dau.ui.ər [出] 令20, 先42, 尚10.

[穴火当] dau.ui.ən [동] 초과하다(即實 1996①). [出] 宣13, 宗26, 玦41.

穴女] dau.un [出] 仲33. [校勘] 이 글자는 초본에 잘못 옮겨진 것이므로 "火女"이 올바르다(即實 2012㊀).

[穴女叉] dau.un.ir [出] 玦30.

[穴㚒] dau.dʒi [出] 仲28.

[穴关] dau.i [出] 魚II-1

穴平] dau.ul [명](인명) 道勒(愛新覺羅 2004a⑫). [出] 永18/37. [校勘] 이 단어는 초본에 옮기며 잘못 분할되었는데, 앞 원자들과 합쳐 "穴平击为ホ"(인명 都拉里를 지칭)로 하여야 한다. "击为ホ"는 접미사로 쓰인다(即實 2012㊀).

[穴平击ㄅ刃] dau.ul.ha.al.aq [동] 이끌다, 인도하다, 인솔하다(即實 2012⑳). [出] 許57, 皇3, 宋3.

[穴平击ㄅ刃夹] dau.ul.ha.al.qa.an [出] 梁24.

[穴平击ㄅ伏] dau.ul.ha.al.in [出] 奴29.

[穴平击丰] dau.ul.ha.ai [동] 거느리다, 이끌다(即實 1996⑯). [出] 道/許/故/清/韓.

[穴平击ホ] dau.ul.ha.ar [出] 許30, 博15, 慈27.

[穴平击为ホ] dau.ul.ha.a.ar [명](인명) 都拉里(即實 2012⑦). [出] 先59, 永18, 皇12. [人物] 《永誌》 주인의 형인 高奴 낭군(郎君)의 장남이다(即實 2012⑦).

[穴平击为出] dau.ul.ha.a.an [出] 道29, 宣21.

[穴平击为出刃] dau.ul.ha.a.an.qa [出] 博15. [校勘] 이 글자는 초본에 잘못 옮겨진 것("出"와 "刃"를 이어 쓰는 사례는 없음)이므로 "穴平击为出矢"가 올바르다(即實 2012㊀).

[穴平击为犮] dau.ul.ha.a.adʒi [出] 永41.

[穴平击出] dau.ul.ha.an [出] 先57.

[穴平廾药] dau.ul.ʊ.dʒi [出] 宣/先/弘/道/韓.

[穴平廾药火] dau.ul.ʊ.dʒi.t [出] 迪4.

[穴平廾及北] dau.ul.ʊ.o.ur [명](인명) ① 鐸魯斡(劉鳳翥외 2006b, 愛新覺羅 2010f, 吳英喆 2012a④, 劉鳳翥 2014b㊿②), ② 多魯嘻(即實 2012⑰), ③ 都錄嘻(即實 2012⑯), ④ 都盧斡戈 또는 都盧果(即實 2012⑲). [出] 副27/38/50, 糺7, 尚22, 蒲6.

> [人物] ①《副誌》 주인 寓篤宛兀沒里(1031~1077, 한풍명: 耶律運)의 둘째 아들인 鐸魯斡(1070~?, 即實은 "多魯嘻"으로 번역) 장군을 지칭한다(愛新覺羅 2010f).
>
> ②《糺誌》 주인 夷里衍糺里(1061~1102)의 부친이며 《蒲誌》 주인 白隱蒲速里(1058~1104)의 백부(伯父)인 撒班鐸魯斡(1020~1076, 即實은 "都錄嘻"으로 번역) 상공(相公)을 지칭한다(愛新覺羅 2010f).
>
> ③《尚誌》 주인의 장인인 都盧斡戈(또는 都盧果)를 지칭한다(即實 2012⑲).

[穴平廾及北] dau.ul.ʊ.o.əl [出] 尚22.

[穴平廾及内] dau.ul.ʊ.o.on [명](인명) ① 斛魯宛(愛新覺羅 2003h), ② 胡盧宛(愛新覺羅 2010f), ③ 鐸魯宛(愛新覺羅 2013b), ④ 德魯斡(劉鳳翥 2014b㉙). [出] 先64, 慈16, 奴27, 玦33. [人物] 《奴誌》의 주인 國隱寧奴(1041~1098)의 장녀인 胡盧宛을 지칭한다(愛新覺羅 2010f).

[穴平廾及内 今生丙灬] dau.ul.ʊ.o.on t(d).abu.j.ər [명](인명) 鐸魯宛撻不也里(愛新覺羅 2013b). [出] 玦33. [人物] 《玦誌》 주인 只兗昱(1014~1070, 한풍명: 耶律玦)의 외아들 狗屎少傅의 장인인 鐸魯宛撻不也里 장군을 지칭한다(愛新覺羅 2010f).

[穴平廾火] dau.ul.ʊ.ui [出] 先41, 烈11/15, 玦36.

[穴平刃] dau.ul.aq [出] 道23, 烈12.

[穴平小击丰] dau.ul.l.ha.ai [동] ① 좇다(從), ② 거느리다, 이끌다(率)(即實 1996⑯). [出] 仲16, 迪21.

[穴平小廾㚒] dau.ul.l.ʊ.dʒi [出] 博34.

[尺平尺火] dau.ul.u.ui 出 先26.

[尺□爿关] dau.②.qa.an 出 玦23.

犬 [발음] ʃia [原字번호] 120

[犬] ʃia 用法 ① 소유격 어미 표시 부가성분으로 사용된다(吳英喆 2005c). ② Kane은 이 원자를 "丼 [ja](원자번호 315)"의 이서체라고 기술하고 있으나(Kane 2009), 愛新覺羅는 이 원자가 "丼"의 이서체가 아니며 "夭丸"와 동일하다고 주장하고 있다(愛新覺羅 2012).

[犬夭与] ʃia.ir.ən 出 回18.

[犬火] ʃia.ui 명 ~의 후손(劉鳳翥 2014b㊵). 出 梁19. 校勘 다른 학자들은 이 글자를 "夬火"라고 기록하고 있다(即實 2012㊿, 劉浦江외 2014).

求 [발음] iun [原字번호] 121

[求] iun 동 오래 가다(愛新覺羅외 2012①). 書法 即實은 이 원자가 초본 등에 등장하며, "灰 [ur](원자번호 63)"의 이서체라고 주장하고 있다(即實 2014㊲). 出 仁26/29/31, 副9, 智17, 韓18. 用例 夭求 [ʃ.iun] 명 군(軍)(Kane 2009). 出 仁32.

[求禾] iun.is 出 烈32. 校勘 即實은 이 글자를 "灰禾"라고 기록하고 있다(即實 2012㊲).

[求忩] iun.æm 出 智3. 校勘 이 글자는 초본에 잘못 옮겨진 것이므로 "火忩"가 올바르다(即實 2012㊲).

[求丗立为本] iun.②.ha.a.ar 동 글을 짓다(撰)(吳英喆 2012a②). 出 回1. 校勘 即實은 이 글자를 "灰丗立为本"라고 기록하고 있다(即實 2015a).

夲 [발음] ai [原字번호] 122

[夲] ai 명 ①년(年)(厲鼎煃 1932, 羅福成 1933, 研究小組 1977b, 清格爾泰외 1978a/1985, 即實 1996⑯, 愛新覺羅 2003h), ②남자(男)(即實 1988b), ③아버지(父)(即實 1988b, 劉鳳翥 1998b/2014b㊵, 愛新覺羅 2003h). 同源語1("년"에 관하여) 투르크어의 [ai](月), 어웬키어의 [anŋani](年), 나나이어의 [ainani](年), 여진어(朮) 및 만주어의 [ania](年), 다호르어의 [ane](설날)과 동일한 어원이다(愛新覺羅 2003h, 愛新覺羅외 2011). 同源語2("아버지"에 관하여) 몽골어족과 만주·퉁구스어족이 동원 관계이다. 서면몽골

어의 [abu], 현대 몽골어의 [a:b]·[a:dʒɛ:], 명대 여진어(光)와 어웬키어의 [amin], 만주어의 [ama]와 동일한 어원이다(愛新覺羅 2003h). 出 興/仁/道/宣/令/許/故/郞/仲/先/宗/海/博/涿/永/迪/弘/副/皇/宋/慈/智/烈/奴/高/室/圖/梁/糺/清/尚/韓/玦/回/特/蒲/魚/塔/洞. 用例 주로 한어 "開"를 표시하는 차사의 모음(예: "叔夲"[k.ai] "冭夲"[k(h).ai])으로 사용된다(愛新覺羅 2003h).

語法 "夲(~立夲)" : 동사의 과거시제를 표시하는 부가성분으로 몽골어에 유사한 형식으로 "ᠰ[ka]"·"ᠷ[kə]"가 있다. 구어로는 [a:]·[ə:]·[ɔ:]·[o:]이다(清格爾泰외 1985).

[夲丙] ai məg 명 부모(大竹昌巳 2015b). 出 宗19.

[夲几] ai ku 명 ①남편, 지아비(即實 2012⑳), ②남자 장부(劉鳳翥 2014b㊵). 出 宗35, 弘14.

[夲几尺氕] ai ku.u.ud 명 (향위격) 남편에, 남편에게(即實 2012⑳). 副26.

[夲业夲仐] ai p.ur.s 명 맏아들(即實 2012⑳). 出 清9.

[夲丹与] ai b.ən 명 남자아이, 아들(即實 1996⑯). 仲28.

[夲丙] ai.əi 出 特19.

[夲卅平丈] ai.ʊ.ul.ir 出 玦9.

[夲攵] ai.dʒi 出 先31.

[夲村] ai-n 명 ①해(歲)(厲鼎煃 1932, 羅福成 1933, 研究小組 1977b), ②부방(父房), 부장(父帳)(即實 1994). 명(소유격) ①년(年)의(即實 1996⑯, 劉鳳翥외 2009), ②아버지(父親)의(即實 2012⑳, 劉鳳翥 2014b㊵). 興/道/宣/令/許/故/仲/先/宗/涿/迪/弘/副/皇/慈/智/烈/奴/高/圖/梁/糺/清/尚/韓/玦/回/特/蒲.

[夲村 仐业丹] ai-n s.əl.əb 명 세차(歲次, 간지를 따라서 정한 해의 차례)(研究小組 1977b, 清格爾泰외 1978a/1985). 出 道4, 仲50.

[夲夭] ai.ir 出 宣10, 特33.

[夲夭比] ai.ir.əl 出 尚10.

[夲爿] ai.qa 出 道22.

[夲爿攵] ai.qa.adʒi 出 博12. 校勘 即實은 이 글자를 "本爿攵"라고 기록하고 있다(即實 2012㊲).

[夲不] ai.on 出 烈29. 校勘 이 글자는 초본에 잘못 옮겨진 것이므로 "夲朩"가 올바르다(即實 2012㊲).

[夲朩] ai.tʃi 명 친족(即實 2012⑳). 出 許/故/仲/先/博/宋/智/奴/梁/清/玦/特.

[夲朩屮杰与] ai.tʃi.l.gə.ən 出 仲40.

[夲冬□□□] ai.as.②.②.② 出 海11. 校勘 即實은

이 글자를 "朩冬为亦关"로 기록하고 있다(即實 2012[校]).

[才为] ai.a [出] 海11, 特31. [校勘] 이 글자는 휘본 등에 잘못 옮겨진 것이므로 "才村"이 올바르다(即實 2012[校]).

[才矢] ai.tə [명](향위격) 년(年)에(研究小組 1977b, 清格爾泰외 1978a/1985, 劉浦江외 2014). [出] 令/許/仲/先/海/博/涿/弘/副/奴/高/梁/糺/玦/特/蒲/槨.

[才矢关] ai.d.i [명] 남편과(即實 2012⑳). [出] 先38, 清26, 玦11.

[才化] ai.ir [出] 許56. [校勘] 이 단어는 초본에 옮기며 잘못 분할되었는데, 뒤 원자들과 합쳐 "才化伞北"로 하여야 한다(即實 2012[校]).

[才化叉] ai.ir.ir [出] 迪39.

[才化生北] ai.ir.abu.əl [出] 許22. [校勘] 이 글자는 초본에 잘못 옮겨진 것이므로 "才化伞北"이 올바르다(即實 2012[校]).

[才化伞北] ai.ir.s.əl [동] 서로 교류하다, 서로 화합하다(即實 1996⑯). [出] 涿15, 特15.

[才化关] ai.ir.i [出] 興21, 仲46.

[才伞] ai.s [명] 년(年)(清格爾泰외 1985, 劉鳳翥외 2009). [명](복수형) ① 연간(年間)(袁海波외 2005, 即實 1996⑯, 劉鳳翥외 2006a), ② 여년(餘年)(吳英喆 2012a③). [出] 興/道/許/仲/先/海/博/永/迪/慈/智/烈/室/圖/梁/糺/清/尚/韓/玦/回/特/蒲.

[才伞村] ai.s.ən [出] 特19.

[才伞关] ai.s.ər [명] ① 년(年)(高路加 1988a), ② 연간(年間)(劉鳳翥외 2004a, 即實 1996⑯). [명](향위격) 년(年)에(即實 1996⑯) [出] 興/仲/先/慈/烈/奴/糺/清/玦/特/蒲.

[才伞关关] ai.s.ər.i [出] 回16.

[才仌门丙] ai.o.tala.əi [出] 副17. [校勘] 이 단어는 본래 2개의 글자(才关 门丙)이나 초본에는 잘못하여 하나로 합쳐져 있다(即實 2012[校]).

[才公] ai.d [명] ① 남자(男)(豊田五郎 1991b, 劉鳳翥 1993d), ② 남자들, 형제(即實 1988b/1996⑥), ③ 부친(父)(即實 1990), ④ 부방(父房)(愛新覺羅 2004a⑦), ⑤ 부친들(諸父)(即實 2012⑱), ⑥ "남자"의 복수형(劉鳳翥 2014b㊾, 大竹昌巳 2016d). [出] 道/令/許/故/先/宗/迪/副/皇/慈/智/烈/奴/高/圖/梁/糺/清/尚/韓/回/特/蒲. [用例] 叉化伏 才公 [u.ur.in ai.d] [명] "선조(先朝)"의 복수형(武內康則 2016). [出] 故8/9, 先4, 高8.

[才公 舟列出] ai.d ba.qa.an [명] 남자아이들, 아들들(即實 1996⑯). [出] 令23, 梁3.

[才公廾交] ai.d.ʊ.ur [出] 回13.

[才公廾交村] ai.d.ʊ.ur.ən [出] 回12.

[才公圡为木] ai.d.ha.a.ar [出] 興22, 先20.

[才公村] ai.d.ən [명](소유격) ① 년(年)의(即實 1991b, 鄭曉光 2002), ② 남자(男)의(豊田五郎 1991b, 劉鳳翥 1993d), ③ 부친(父)의(劉鳳翥외 2006a), ④ 부친들(諸父)의(即實 2012⑱), ⑤ 부방(父房)의(愛新覺羅 2013b, 劉鳳翥 2014b㊾). [명] ① 부방(父房)(即實 1990/1996⑥), ② 사리방(舍利房)(劉鳳翥외 2006b). [出] 許/先/永/弘/慈/智/烈/糺/尚/特/蒲.

[才公仒圡才] ai.d.əl.ha.ai [出] 奴32.

[才公仒圡木] ai.d.əl.ha.ar [出] 玦18.

[才公仒列买] ai.d.əl.aq.an [出] 博8.

[才公屮] ai.d.bur [出] 興17/18, 先56, 皇16, 玦38.

[才公舟叉] ai.d.bu.r [出] 智16.

[才公舟伏] ai.d.bu.n [出] 許41.

[才公舟尘] ai.d.əb.t [出] 玦30.

[才仒廾杏] ai.l.ʊ.un [出] 回25.

[才仒廾交] ai.l.ʊ.ur [出] 仲47.

[才仒廾及内] ai.l.ʊ.o.on [出] 許41, 玦39, 回23.

[才仒廾火] ai.l.ʊ.ui [出] 道9.

[才仒叉] ai.l.ir [出] 回24.

[才仒列] ai.l.qa [出] 智16.

[才仒仒廾犳] ai.l.l.ʊ.dʒi [出] 博33.

[才仒舟犳] ai.l.əb.dʒi [出] 許42. [校勘] 이 글자는 초본에 잘못 옮겨진 것이므로 "才仒廾犳"가 올바르다(即實 2012[校]).

[才用圡才] ai.il.ha.ai [出] 許13.

[才用廾及北] ai.il.o.o.bur [出] 許23. [校勘] 이 글자는 초본에 잘못 옮겨진 것이므로 "才用廾及北"가 올바르다(即實 2012[校]).

[才用廾及子] ai.il.o.o.os [出] 道19.

[才用廾及内] ai.il.o.o.on [出] 先29.

[才用廾火] ai.il.o.ui [出] 皇7/16.

[才用列] ai.il.aq [出] 蒲24.

[才关] ai.i [出] 博27. [校勘] 이 단어는 초본에 옮기며 잘못 분할되었는데, 앞 원자들과 합쳐 "午列才关"로 하여야 한다(即實 2012[校]).

[才关] ai.ər [出] 韓32, 玦36. [校勘] 即實은 이 글자를 "仲关"《韓32》이라고 기록하고 있다(即實 2012[校]).

[才关屮] ai.ər.bur [出] 興11. [校勘] 이 글자는 초본에 잘못 옮겨진 것이므로 "才公屮"가 올바르다(即實 2012[校]).

[才关㐅炎炎仒] ai.ər.k(h).əgə.gə.l [出] 糺25. [校勘] 이 단

어는 초본에 옮기며 잘못 분할되고 합쳐졌는데, 앞 원자들과 합쳐 "**午列卆炎 火仐炎火**"로 하여야 한다(即實 2012[校]).

[**卆尘**] ai.d [出] 仲14, 先43, 韓16/19.

[**卆□**] ai.? [出] 蒲2.

朩 [발음] ar [原字번호] 123

[**朩**] ar [用法] ① 과거시제를 표시하는 부가성분이다(清格爾泰외 1985), ② 동사 과거형의 남성어미(愛新覺羅외 2012). [出] 蒲蓋1.

[**朩丙**] ar.əi [出] 回12.

[**朩圡朩**] ar.ha.ar [명](인명) ① 里罕里(袁海波외 2005), ② 阿剌里(愛新覺羅 2010f), ③ 拉釓拉 또는 里釓勒(即實 2012⑭), ④ 里阿里(劉鳳翥 2014b52). [出] 清11/14. [人物] ≪清誌≫의 주인인 奪里懶太山(1029~1087, 한풍명: 蕭彦弼) 부부에게는 3남(別里, 査剌, 阿剌里) 6녀가 있었는데, 그 중 셋째 아들인 阿剌里(한풍명: 蕭昉) 郎君을 지칭한다(愛新覺羅 2010f).

[**朩圡朩矢**] ar.ha.ar.tə [명](인명·향위격) ① 阿撒里에게(愛新覺羅 2006b), ② 阿剌里에게(愛新覺羅 2010f), ③ 厘釓勒에게(即實 2012⑭). [出] 清12. [人物] ≪清誌≫ 주인 奪里懶太山 부부의 3남 6녀 중 차녀 含哥 낭자(娘子)의 남편인 요련씨(遙輦氏) 阿剌里를 지칭한다(愛新覺羅 2010f).

[**朩圡为朩**] ar.ha.a.ar [명](인명) ① 里哈里(劉鳳翥외 2005a, 劉鳳翥 2014b52), ② 阿剌里(愛新覺羅 2006a), ③ 剌釓勒 또는 剌阿勒(即實 2012⑬). [出] 韓7. [人物] ≪韓誌≫ 주인 曷魯里 부인(?~1077)에게는 딸이 둘 있었는데, 그 중 장녀 福留姐의 남편인 阿剌里 태보(太保)를 지칭한다(愛新覺羅 2009a⑧).

[**朩圡为丹**] ar.ha.a.tum [出] 永18. [校勘] 이 글자는 書丹 과정에서 잘못하여 마지막 원자(**炎**)를 다음 행(제19행)으로 넘겨 버린 것이므로 "**朩圡为丹炎**"가 올바르다(即實 2012[校]).

[**朩圡□**] ar.ha.? [出] 清23. [校勘] 即實은 이 글자를 "**朩圡朩**"라고 추정하고 있다(即實 2012[校]).

[**朩廾圡圡为出**] ar.ʊ.ha.ha.a.an [出] 智3. [校勘] 이 글자는 초본에 잘못 옮겨진 것이므로 "**朩廾平圡为出**"이 올바르다(即實 2012[校]).

[**朩廾交**] ar.ʊ.ur [동] 번창하다, 흥하다(興隆)(即實 1996①). [명](인명) 蒲速碗(即實 1996①). [出] 興6, 皇12.

[**朩廾药**] ar.ʊ.dʒi [出] 皇17, 玦46.

[**朩廾及扎**] ar.ʊ.o.ur [동] 보좌하다(愛新覺羅 2006c). [명] 건통(乾統, 요나라 마지막 황제인 천조제(天祚帝) 때의 연호로 기간은 1101~1110년이다)(研究小組 1977b, 清格爾泰외 1978a/1985). [出] 道/宣/許/副/皇/宋/烈/梁/糺/蒲. [用例] **关 朩廾及扎** [au ar.ʊ.o.ur] 건통(乾統)(羅福成 1933, 王静如 1933, 王弘力 1986, 即實 1996⑫).

> [遼史] 태조(太祖) 황제부터 천조제(天祚帝)에 이르기까지 요대 연호의 변천에 대하여는 ≪부록≫에 있는 [거란소자 주요 어휘]를 참조하라.

[**朩廾及内**] ar.ʊ.o.on [동] 보좌하다(大竹昌巳 2015b). [出] 宣20.

> [遼史] ≪요사·영위지㊤≫에 "補祐日阿魯盌"(보좌를 아로완이라 한다)이라는 구절이 있는데, "阿魯盌"(한어의 후기중고음 [*á.lu̯ŭ.'u̯ân*], 한어 고관화(高官話) [*e.lu.u̯on*])은 거란소자 "**朩廾及内**"에 상당하다(大竹昌巳 2015b).

[**朩廾伏**] ar.ʊ-n [出] 清15/24.

[**朩廾火**] ar.ʊ.l [동] 보좌하다(愛新覺羅 2004a⑦). [出] 奴34. [校勘] 이 글자는 초본에 잘못 옮겨진 것이므로 "**朩廾火**"가 올바르다(即實 2012[校]).

[**朩廾火**] ar.ʊ.ui [동] "보좌하다"의 남성형(大竹昌巳 2015b). [出] 糺21.

[**朩廾平圡卆**] ar.o.ul.ha.ai [出] 仲4, 博39, 迪32.

[**朩廾平圡为卆**] ar.ʊ.ul.ha.a.ai [出] 道22. [校勘] 即實은 이 글을 "**朩廾平圡为朩**"라 기록하고 있다(即實 2012[校]).

[**朩廾平圡为朩**] ar.ʊ.ul.ha.a.ar [出] 回9.

[**朩廾平圡为出**] ar.ʊ.ul.ha.a.an [出] 弘5, 宋19, 烈25.

[**朩廾平圡出**] ar.ʊ.ul.ha.an [出] 仲38, 糺22.

[**朩廾平圡与**] ar.ʊ.ul.ha.ən [出] 仲改38. [校勘] 이 글자는 초본에 잘못 옮겨진 것이므로 "**朩廾平圡出**"이 올바르다(即實 2012[校]).

[**朩叐**] ar.u [出] 先26/45, 玦41, 回14.

[**朩叐药**] ar.u.dʒi [出] 玦27.

[**朩村**] ar.ən [出] 許58. [校勘] 이 단어는 초본에 옮기며 잘못 분할되었는데, 앞 원자들과 합쳐 "**击为朩村**"로 하여야 한다(即實 2012[校]).

[**朩叉**] ar.ir [用法] 타동사 어근에 붙여 사용하는 과거시제 접미사이다(愛新覺羅 2004a⑧). [參考] 동일한 기능을 가진 접미사로는 "**与叉, 火叉, 用叉**"가 있는데, 이 접미사들의 사용은 어근(또는 어간) 모음의 성격에 따라 구분된다(愛新覺羅 2004a⑧).

[**朩列**] ar.qa [명] 명성(愛新覺羅 2004a⑤). [出] 迪21, 皇23, 清9.

[夲与矢] ar.qa.tə 명(향위격) 명성으로 인하여(愛新覺羅 2004a⑤). 出 奴11.

[夲与쏫] ar.qa.ju 명(향위격) 명성으로 인하여(愛新覺羅 2004a⑤). 出 仲/永/迪/副/特.

[夲屶] ar.a 出 圖3, 玦24.

[夲屶火] ar.a.an 出 博30.

[夲屶夲] ar.a.ar 명 ① 里阿里(郭添剛외 2009, 劉鳳翥 2014b ⑤), ② 阿剌里(愛新覺羅 2009c), ③ 拉里(即實 2012⑲). 出 尚4. 人物 《尚誌》의 주인 緬隱胡烏里(1130~1175)의 증조부인 特免阿剌里(한풍명: 蕭昕) 태사(太師)를 지칭한다(愛新覺羅 2010f).

[夲屶火] ar.a.iu 出 蒲21.

[夲夲廾及扎] ar.u.o.o.ur 出 糺17.

[夲夲及扎] ar.u.o.ur 出 涿21. 用例 쏫 夲夲及扎 [au ar.u.o.ur] 명 건통(乾統)(요 마지막 황제인 天祚帝 때의 연호로 기간은 서기 1101~1110년이다)(王未想 1999).

[夲仐] ar.əm 出 圖15/24.

[夲屮] ar.əl 명(인명) ① 荔枝(劉鳳翥 2002), ② 麗荔 (劉鳳翥외 2005b), ③ 阿里(袁海波외 2005, 愛新覺羅외 2011, 劉鳳翥 2014b⑤). 出 許48, 高7/10, 清11/13.

> 人物 ①《高誌》 주인 王寧高十(1015~?, 한풍명: 韓元佐)의 조부 福哥(?~986, 韓德昌 사도)의 형수(일곱째 형 韓德顒의 부인인 麗荔 부인을 지칭한다(劉鳳翥외 2005b). ☞ 韓知古(玉田韓氏)의 가계에 대하여는 "愛新覺羅 2009a⑧"을 참고하라.
> ②《清誌》의 주인 奪里懶太山(1029~1087)에게는 3남(別里, 查剌, 阿剌里) 6녀가 있었는데, 그 중 차남인 查剌(한풍명: 蕭晠) 낭군의 부인 阿里 낭자(娘子)를 지칭한다(愛新覺羅외 2011).

[夲业平廾] ar.aŋ.ul.aq 出 梁18. 校勘 이 글자는 초본에 잘못 옮겨진 것이므로 "夲廾平廾"가 올바르다(即實 2012㊱).

[夲丹立中] ar.əb.ha.ai 出 興14.

[夲丹火火] ar.b.uŋ.ud 出 宗9. 校勘 即實은 이 글자를 분리·수정하여 "火田 仚火"이라고 기록하고 있다 (即實 2012㊱).

[夲关] ar.i 出 許25. 校勘 이 단어는 초본에 옮기며 잘못 분할되었는데, 앞 원자들과 합쳐 "久立夲关"로 하여야 한다(即實 2012㊱).

夬 [발음] ?? [原字번호] 124

[夬] ?? 出 仁31. 用例 ① 厄夬 [ha.??] 出 許61, ② 玊夬 [zhi.??] 出 許24, ③ 仐夬癶 [s.??.ər] 出 仲48.

号 [발음] jau [原字번호] 125

[号] jau 書法 Kane은 이 원자가 "뮹 [jau](원자번호 362)"의 이서체일 가능성이 있지만 일부 단어(예: 业号)에서는 "号"만 사용하고 "뮹"는 사용되지 않으므로 서로 별개의 원자라고 주장하고 있다(Kane 2009). 出 塔I-3.

[号公冇] jau.n.ən 出 副17. 校勘 이 글자는 초본에 잘못 옮겨졌으므로 "仲公冇"이 올바르다(即實 2012㊱).

[号癶] jau.ər 出 仲47, 副42, 清28.

辻 [발음] ?? [原字번호] 126

[辻丙比] ??.j.əl 出 許16.

[辻쐬火冇] ??.aq.os.ən 出 許29.

夹 [발음] ib, b [原字번호] 127

[夹] ib 부 항상(愛新覺羅 2004a⑤). 用法 Kane은 이 원자가 "采 [an](원자번호 11)"의 이서체라고 주장하고 있으나(Kane 2009), 愛新覺羅는 "采"와는 무관하다고 주장하고 있다(愛新覺羅 2012). 出 仲27, 奴35.

[夹采] ib.an 出 道31. 校勘 即實은 이 글자를 "矢采"이라고 기록하고 있다(即實 2012㊱).

[夹雨] ib.in 出 許3. 校勘 이 글자는 당초에 잘못 새겨진 것이며, 개각 후에 "丹雨"으로 고쳐졌다(即實 2012㊱).

[夹ち] ib.ad 出 許22. 校勘 이 글자는 초본에 잘못 옮겨진 것이므로 "玊ち(压ち)"가 올바르다(即實 2012㊱).

[夹关] ib.i 出 許32. 校勘 即實은 이 글자를 "采关"이라고 기록하고 있다(即實 2012㊱).

玊 [발음] mə [原字번호] 128

[玊] zhi 校勘 吉如何 등은 이 원자가 "压"(원자번호 451)와 유사하고, 이 두 원자가 다른 원자와 결합되는 형태 또한 유사하다는 점을 근거라 하여 이를

해서체인 "压"로 고쳐 쓸 수 있다고 주장하고 있다(吉如何외 2009, 即實 2012[校]). [出] 故11.

[圣长] zhi.su [出] 許27. [校勘] 이 글자는 초본에 잘못 옮겨진 것이므로 "圣夫(压夫)"가 올바르다(即實 2012[校]).

[圣ち] zhi.al [出] 許28/42.

[圣夫] zhi.[?] [出] 許24. [校勘] ☞ 圣夫(压夫)(即實 2012[校]).

[圣关] zhi.ər [出] 許41. [校勘] 이 글자는 초본에 잘못 옮겨진 것이므로 "毛关"가 올바르다(即實 2012[校]).

乃 [발음] dʒi [原字번호] 129

[乃] dʒi [校勘] 吉如何 등은 이 원자가 万(원자번호 452)와 유사하고, 이 두 원자가 다른 원자와 결합되는 형태 또한 유사하다는 점을 근거라 하여 이를 해서체인 万로 고쳐 쓸 수 있다고 주장하고 있다(吉如何외 2009).

[乃去药] dʒi.əu.dʒi [동] 옮기다(即實 1996⑯). [出] 許11.

[乃北令] dʒi.ur.s [出] 許4. [校勘] 即實은 이 글자를 "万北令"이라고 기록하고 있다(即實 2012[校]).

[乃ち] dʒi.al [出] 許20. [校勘] 이 글자는 초본에 잘못 옮겨진 것이므로 "芀"가 올바르다(即實 2012[校]).

[乃刭为] dʒi.qa.a [出] 許30. [校勘] 即實은 이 글자를 "万刭为"라고 기록하고 있다(即實 2012[校]).

[乃欠及平] dʒi.gu.o.ul [出] 許21. [校勘] 이 글자는 초본에 잘못 옮겨진 것이므로 "万欠及子"가 올바르다(即實 2012[校]).

[乃伏] dʒi.in [出] 仲14. [校勘] 即實은 이 글자를 "万伏"이라고 기록하고 있다(即實 2012[校]).

[乃化廾及内] dʒi.ur.ʊ.o.on [出] 智15. [校勘] 即實은 이 글자를 "万化廾及内"이라고 기록하고 있다(即實 2012[校]).

[乃化廾火] dʒi.ur.ʊ.ui [出] 許58. [校勘] 이 글자는 초본에 잘못 옮겨진 것이므로 "尓化廾火"가 올바르다(即實 2012[校]).

[乃公村] dʒi.d.ən [出] 許17. [校勘] 이 글자는 초본에 잘못 옮겨진 것이므로 "万关村"이 올바르다(即實 2012[校]).

[乃业关北] dʒi.l.gə.əl [出] 許24.

[乃火公业叉] dʒi.ud.t.əl.ir [出] 許56. [校勘] 即實은 이 글자를 "万火公业叉"이라고 기록하고 있다(即實 2012[校]).

[乃火村] dʒi.uŋ.ən [出] 許40. [校勘] 이 글자는 초본에 잘못 옮겨진 것이므로 "万关村"이 올바르다(即實 2012[校]).

[乃□] dʒi.[?] [出] 清4. [校勘] 即實은 이 글자를 "朴芬"이라고 추정하고 있다(即實 2012[校]).

不 [발음] hia [原字번호] 130

[不] hia [借詞] "下"를 나타내는 한어차사(研究小組 1977b, 清格爾泰외 1985). [出] 許13/33. [校勘] 即實은 이 글자를 《許13》에서는 단체자 "不"로, 《許33》에서는 앞 원자들과 합쳐 "令夹业关万"이라고 기록하고 있다(即實 2012[校]).

[不禾] hia.is [出] 永30, 慈19, 烈12, 奴35. [校勘] 即實은 이 글자를 "不禾"라고 기록하고 있다(即實 2012[校]).

[不禾矢] hia.is.tə [명](향위격) 정(整)에(鄭曉光 2002). [出] 永33, 烈19, 蒲7. [校勘] 即實은 이 글자를 "不禾矢"라고 기록하고 있다(即實 2012[校]). [参考] "정"(整)은 숫자 밑에 붙이는 정확하다는 의미이다.

[不並] hia.jaŋ [借詞] "行"을 나타내는 한어차사(即實 1996③). [出] 仲22. [校勘] 即實은 이 글자를 "不並"이라고 기록하고 있다(即實 2012[校]).

[不並 丞 吊瓦 叉火 叉並村] hia.jaŋ tai tʃa.aŋ ʃ.iu s.jaŋ.ən [명](관제・소유격) 행대상서성(行臺尚書省)의(研究小組 1977b, 即實 1996③). [出] 仲22.

> [金史] 行臺尚書省(행대상서성)은 금의 관서명이다. 지역의 정무를 관리한다. 금 희종 천회 15년(1137) 11월에 제국(齊國)을 폐하고 변경(지금의 河南 開封)에 행대상서성을 설치하였다. 조정(朝庭) 상서성(尚書省)의 통제를 받지만 여전히 한인 관제를 보존하고, 행대 좌・우승상을 두었다. 해능왕(海陵王) 천덕 2년(1150)에 폐지하였다(蔡美彪외 1986).

[不亦] hia.ur [出] 智16, 玦20, 蒲10/11. [校勘] 이 글자는 초본에 잘못 옮겨진 것("不"와 "亦"를 이어 쓰는 사례는 없음)이므로 "尓亦"《智16》가 올바르다(即實 2012[校]).

[不亦业关伏] hia.ur.əl.gə-n [出] 玦20.

[不亦业关令北] hia.ur.əl.gə.s.əl [出] 蒲13.

[不亦穴火] hia.ur.u.ui [出] 玦41, 回20.

[不关] hia.an [出] 許18. [校勘] 이 글자는 초본에 잘

못 옮겨진 것이므로 "**夭夹**"이 올바르다(即實 2012[校]).

[**不仒丙**] hia.ol.ar [出] 仲25. [校勘] 이 글자는 초본에 잘못 옮겨진 것("**不**"와 "**仒**"를 이어 쓰는 사례는 없음)이므로 "**不仒丙**"가 올바르다(即實 2012[校]).

[**不夈夰**] hia.æm.ar [出] 永33. [校勘] 即實은 이 글자를 "**不夈夰**"라고 기록하고 있다(即實 2012[校]).

[**不业**] hia.aŋ [借詞] "行"을 나타내는 한어차사(研究小組 1977b). [出] 仲22. [校勘] 이 글자는 초본에 잘못 옮겨진 것이므로 "**不並**"이 올바르다(即實 2012[校]).

[**不业 丞 吊気 夭火 夭並村**] hia.aŋ tai tʃa.aŋ ʃ.iu s.jaŋ-n [명](관제・소유격) 행대상서성(行臺尚書省)의(研究小組 1977b, 清格爾泰외 1978a/1985). [出] 仲22. [校勘] ☞ **不並 丞 吊気 夭火 夭並村**(即實 2012[校]).

[**不业 丞 吊気 夭火 夭並村 伞及 朩关 仐卉**] hia.aŋ tai tʃa.aŋ ʃ.iu s.jaŋ-n ts.o tʃ.əŋ s.iaŋ [명](관제) 행대상서성(行臺尚書省)의 좌승상(左丞相)(清格爾泰외 1978, 即實 1996③). [出] 仲22.

[**不仔**] hia.tum [出] 令26, 宋17. [校勘] 이 글자는 초본에 잘못 옮겨진 것이므로 "**不䒑**"이 올바르다(即實 2012[校]).

[**不䒑**] hia.ja [부] 꼭, 정확히(大竹昌巳 2016d). [명] 정(整, 숫자 밑에 붙이는 정확하다는 의미)(劉鳳翥외 1995). [명] ① 나이(歲)(愛新覺羅 2002), ② 때, 좌우(即實 1996④), ③ 뒤(寶玉柱 2005). [出] 仁/宣/令/許/仲/先/宗/博/迪/皇/宋/奴/尚. [校勘] 即實은 이 글자를 "**不䒑**"이라고 기록하고 있다(即實 2012[校]).

[**不䒑矢**] hia.ja.tə [명](향위격) ① 정(整)에(劉鳳翥 1993d), ② 시절(때)에(即實 1996④). [出] 許38, 先55, 博36, 弘13. [校勘] 即實은 이 글자를 "**不䒑矢**"라고 기록하고 있다(即實 2012[校]).

[**不䒑矢关**] hia.ja.d.i [出] 博34. [校勘] 이 단어는 본래 2개의 글자(**不䒑 矢关**)이나 초본에는 잘못하여 하나로 합쳐져 있다(即實 2012[校]).

[**不习**] hia.ja [借詞] ①"夏"를 나타내는 한어차사(韓寶興 1991, 豊田五郎 1991b/1994, 即實 1991b), ②"下"를 나타내는 한어차사(劉鳳翥외 2003b). [出] 道/先/博/迪/宋/尚.

[**不习 几交**] hia.ia g.ur [명](국명) 하국(夏國, "서하"를 가리킨다)(即實 1996⑯). [出] 先18. ☞ "서하"의 다른 표현으로는 "**仐几 不习**"[sə.gə hia.ia]이 있다(即實 1996⑯). [出] 道24.

> [遼史] **西夏(서하)** : 11세기부터 13세기 사이에 당항(党項)의 강족(羌族)이 지금의 영하(寧夏), 섬북(陝北), 감숙(甘肅) 서북부와 내몽골 일부지역에 건립한 대하(大夏)를 말한다. 송나라 서쪽에 있다고 하여 송나라 사람들이 서하라고 한 것이다(金渭顯외 2012[上]).

[**不关村**] hia.i.ən [出] 塔I-3.

[**不□**] hia.? [出] 海2.

[**不□□□**] hia.?.?.? [出] 書8.

叐 [발음] u [原字번호] 131

[**叐**] u [명](지명) 오(烏)(愛新覺羅 2004a⑧). [出] 奴20, 尚19, 書7, 書23.

[**叐 求村**] u nior.ən [명](지명) 오산(烏山)(愛新覺羅 2004a⑧). [出] 奴20.

[**叐币为**] u.od.a [出] 韓34. [校勘] 이 글자는 초본에 잘못 옮겨진 것으로 "**仌币国**"가 올바르다(即實 2012[校]).

[**叐圠**] u.ur [出] 筆5.

[**叐交**] u.ur [명] 무(武)(陳乃雄외 1999). [명](인명) 烏魯(愛新覺羅 2004b④). [出] 許/仲/慈/奴/梁/糺/清/尚/韓. [人物] ≪慈誌≫ 주인 鉢里本朝只(1044~1081)의 형인 烏魯를 지칭한다(愛新覺羅 2010f).

[**叐交业杰**] u.ur.əl.gə [出] 博23. [校勘] 이 단어는 초본에 옮기며 잘못 분할되었는데, 뒤 원자들과 합쳐 "**叐交业杰仐北**"로 하여야 한다(即實 2012[校]).

[**叐交业杰丙**] u.ur.əl.gə.ai [동] 반열에 오르다(列班), 자리에 오르다(就位)(即實 2012⑳). [出] 宣15/21.

[**叐交业杰伏**] u.ur.əl.gə.n [동] 계속하여(吳英喆 2012a①). [出] 玦20. [參考] ☞ **叐交业仒伏**.

[**叐交业关**] u.ur.əl.ər [出] 興33, 糺3. [校勘] 即實은 휘본 등을 참고하여 이 글자를 "**叐炎业关**"≪典33≫와 "**叐交业仒关**"≪糺3≫으로 추정하고 있다(即實 2012[校]).

[**叐交业仒丙**] u.ur.əl.gə.ai [동] 반열에 오르다(列班), 자리에 오르다(就位)(即實 2012⑳). [出] 弘7, 梁26.

[**叐交业仒伏**] u.ur.əl.gə.n [동] ① 벼슬자리를 내려 주다(敍位)(愛新覺羅 2006a), ② 직에 오르다(就職)(即實 2012⑳). [出] 許35, 故10, 高22, 梁17.

[**叐交业仒仐北**] u.ur.əl.gə.s.əl [동] 직에 올랐다(即實 2012⑳). [出] 博23.

[**叐交业仒关**] u.ur.əl.gə.ər [동] 자리에 오르다(就位)(即實 2012⑳). [出] 糺3.

[**叐交业仒夯朩**] u.ur.əl.gə.ə.tʃi [동] 자리에 오르다(就位), 부름을 받다(受號)(即實 2012⑳). [出] 梁17/18.

[**叐交业仒当**] u.ur.əl.gə.ən [동] ① 직에 오르다(就職)(即實

2012⑳), ② 결혼하다(呼格吉樂圖 2017). [出] 皇17, 副14.

[夂交쑤当] u.ur.əl.ən [出] 令27. [校勘] 即實은 이 글자를 "夂交쑤岺□"이라고 기록하고 있다(即實 2012[校]).

[夂交乂火] u.ur.k(h).ui [명] 자리(位)(即實 1991b). [出] 典24. [校勘] 이 글자는 휘본 등에 잘못 옮겨진 것이므로 "夂交穴火"가 올바르다(即實 2012[校]).

[夂交穴伏] u.ur.u.in [동] 벼슬자리를 내려주다(敍位)(愛新覺羅 2004a⑫). [出] 宗15.

[夂交穴火] u.ur.u.ui [동] ① 자리에 머물다(居位)(即實 1996①, 愛新覺羅 2002), ② ~로 높이다(尊爲)(即實 1996⑯). [出] 仁7/14, 慈18, 淸20.

[夂交穴岺] u.ur.u.ər [동] ① 자리에 머물다(居位)(即實 1996①), ② 직에 오르다(就職)(即實 2012⑩). [명](관제) 무위(武衛)(陳乃雄외 1999). [명](인명) ① 烏魯兀衛(愛新覺羅 2004b④)・烏魯兀也(愛新覺羅 2004a⑫)・烏魯斡(愛新覺羅외 2015⑩), ② 訛都斡(劉鳳翥외 2003b, 劉鳳翥 2014b52), ④ 無如韋(即實 2012⑧). [出] 道14, 弘15/20, 皇16, 宋10. [人物] ≪宋誌≫ 주인 烏魯宛 비(妃)(1056~1080)의 여섯 형제 중 셋째인 烏魯斡 단주지사(檀州知事)를 지칭한다(愛新覺羅외 2015⑩).

> [遼史] **蕭訛都斡(소와도알)**은 국구 소부방(國舅 少父房)의 후손으로 ≪요사・간신[下]≫에 그의 전이 있다. 함옹 연간에 패인낭군에 보임되었다. 대강3년(1077)에 추밀사 야율을신의 무고사건이 있은 후, 야율을신의 의중에 들기 위하여 다른 사람들과 작당하여 그 사건을 실제 있었던 일로 조작하였다. 황녀 조국공주와 결혼해 부마도위가 되었으나 후에 야율을신과 의견이 맞지 않아 죄를 쓰고 죽임을 당했다(金渭顯외 2012[上]).
>
> [參考] "訛都斡"이라는 이름을 即實은 "無如韋"로, 愛新覺羅는 "烏魯斡"이라고 달리 호칭하고 있다(即實 2012⑧, 愛新覺羅외 2015⑩).

[夂交穴当] u.ur.u.ən [동] 자리에 머물다(居位)(即實 1996①). [명](인명) ① 烏魯兀衍(愛新覺羅 2004b④), ② 訛都斡(劉鳳翥외 2003b), ③ 無如浣(即實 2012⑪), ④ 烏魯宛(愛新覺羅 2013a), ⑤ 訛都婉(劉鳳翥 2014b52). [出] 宣6, 弘17, 宋4.

> [墓誌] **烏魯宛(오로완)**(1056~1080)은 ≪宋誌≫의 주인이다. 증조부 諧領桃隗(한풍명: 蕭和)는 제국왕(齊国王)에 추봉되었다. 조부 留隱高九(蕭孝誠)는 국구상온(国舅詳穩)・난능군왕(蘭陵郡王)이었다. 부친 時時鄰迪烈(蕭知玄)은 수사도(守司徒)에 추봉되었고, 난능군왕(蘭陵郡王)이었다. 烏魯宛 비(妃)는 형제 6인과 자매 5인중 차녀이다. 함옹 6년(1070) 가을에 홍종황제의 차남인 阿輦和魯斡(한풍명: 耶律弘本)과 결혼하였고 대강6년(1080) 12월에 사망했다. 아들은 셋(習里哥, 紀里, 紗懶)이 있다(愛新覺羅 2013a).

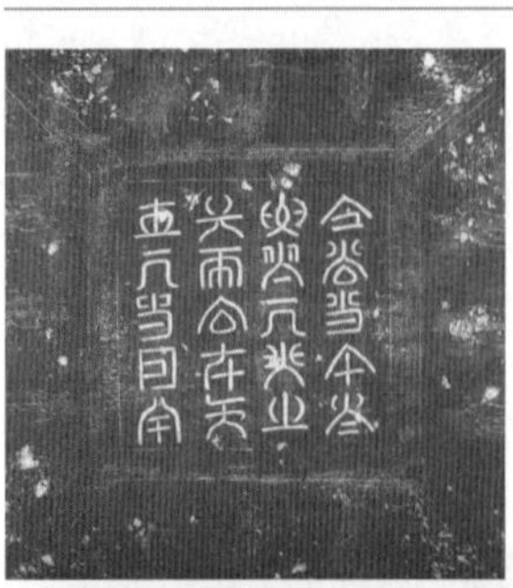

◀ 송위국비(宋魏国妃) 묘지 지개

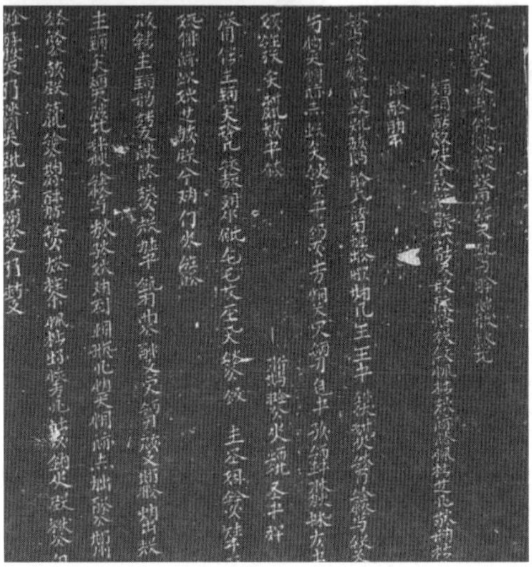

▲ 송위국비 묘지명(일부)

[夂交穴平几村] u.ur.u.ul.g.ən [出] 道18.

[夂东] u.at [出] 糺28. [校勘] 이 글자는 초본에 잘못 옮겨진 것이므로 "夂当"이 올바르다(即實 2012[校]).

[夂术] u.oi [出] 糺6/7/10/21. [校勘] 이 글자는 초본에 잘못 옮겨진 것이므로 각각 "及术"≪糺6/7/10≫와 "夂太"≪糺21≫이 올바르다(即實 2012[校]).

[夂术岺] u.oi.t [出] 韓16. [校勘] 이 글자는 초본에 잘못 옮겨진 것이므로 "夂太岺"가 올바르다(即實 2012[校]).

[夂太] u.uei [동] ① 슬퍼하다, 불쌍히 여기다(哀)(即實 1988b), ② 칭찬하다, 찬동하다(贊許)(即實 1996①), ③ 불쌍히 여겨 사랑하다(憐愛)(即實 1996①), ④ 사랑에 빠지다(溺愛)(愛宕松男 1991). [用法] 감탄사로 사용된다(即實 1996⑯). [出] 典4, 道7/19, 宣6, 玦36.

[夂太 舟力 叉雨 仐生及扎 血] u.uei b.aqa m.in s.abu.o.ur qa [명] 애자사황(哀子嗣皇, 선황제(先皇帝)인 부친(父親)을 여의고 즉위한 황제)(即實 1996⑯). [出] 典4.

[夂太 舟力关 舟力 叉雨 仐生及扎 血] u.uei b.aqa.i b.aqa m.in s.abu.o.ur qa [명] 애손사황(哀孫嗣皇, 선황제(先皇帝)인 조부(祖父)를 여의고 즉위한 황제)(即實 1996⑯).

[出] 道7. [參考] 도종황제가 서거하였을 때 태자(濬)가 이미 죽었기에 손자인 延禧(천조제)가 황위를 이었다(即實 1996⑯).

[爻亦公] u.uei.d [出] 仲43, 智21, 清23/24.

[爻亦火ホ几] u.uei.ud.əl.gə [出] 回18.

[爻夯朩] u.e.tʃi [出] 糺13. [校勘] 이 글자는 초본에 잘못 옮겨진 것으로 "爻夯朩"가 올바르다(即實 2012校).

[爻爻ホ夲伏] u.ir.əl.gə-n [出] 玦18.

[爻村] u.ən [出] 梁2.

[爻커] u.qa [出] 畵3, 塔II-3

[爻药] u.dʒi [用法] 형동사 단수형의 미래시제 어미(복수형은 "爻药公")(大竹昌巳 2016d). [出] 興/迪/慈/梁/特. [校勘] 이 단어는 초본에 옮기며 잘못 분할되었는데, 각각 앞 원자들과 합쳐 "出ち爻药"《興14》, "朩父爻药"《迪16》, "行子爻药"·"ち平爻药"《迪39》, "为木爻药"《慈27》, "乃平爻药"·"夯尘爻药"《梁12》로 하여야 한다(即實 2012校).

[爻药村] u.dʒi.ən [出] 先59, 奴17. [校勘] 이 단어는 초본에 옮기며 잘못 분할되었는데, 각각 앞 원자들과 합쳐 "尚米爻药村"《先59》과 "为木爻药村"《奴17》으로 하여야 한다(即實 2012校).

[爻药公] u.dʒi.d [用法] 형동사 복수형의 미래시제 어미(단수형은 "爻药")(大竹昌巳 2016d).

[爻药由] u.dʒi.har [出] 奴46. [校勘] 이 단어는 초본에 옮기며 잘못 분할되고 합쳐졌는데, 앞 원자들과 합쳐 "当冊爻药 由"로 하여야 한다(即實 2012校).

[爻药火] u.dʒi.ər [出] 韓22/27. [校勘] 이 글자는 초본에 잘못 옮겨진 것이므로 "□□爻药火"《韓22》와 "半药火"《韓27》가 올바르다(即實 2012校).

[爻刈平夲当] u.uldʒi.ul.gə.ən [명](인명) ① 武里烈(郭添剛외 2009), ② 烏里朮輦(愛新覺羅 2009c), ③ 無卜盧堅(即實 2012⑲). [出] 尚6. [校勘] 이 글자는 초본에 잘못 옮겨졌던 것으로 "爻刈平夲当"가 올바르다(即實 2012⑲). [人物] 《尚誌》 주인 緬隱胡烏里(1130~1175)의 부친인 자사소윤(刺史少尹) 烏里朮輦을 지칭한다(愛新覺羅 2010f).

[爻几] u.ku [出] 尚22. [校勘] 이 글자는 초본에 잘못 옮겨진 것이므로 "爻化"가 올바르다(即實 2012校).

[爻尺关] u.ud.i [出] 梁11. [校勘] 이 단어는 초본에 옮기며 잘못 분할되었는데, 앞 원자들과 합쳐 "仐交爻尺关"로 하여야 한다(即實 2012校).

[爻丹村] u.mur.ən [出] 蒲10.

[爻先] u.? [出] 韓18. [校勘] 이 글자는 초본에 잘못 옮겨진 것("爻"와 "先"를 이어 쓰는 사례는 없음)이므로 "父先"가 올바르다(即實 2012校).

[爻矢] u.tə [出] 興22. [校勘] 이 글자는 휘본 등에 잘못 옮겨진 것이므로 "大矢"가 올바르다(即實 2012校).

[爻化] u.ur [명] 위치(即實 2012⑳). [명](관제) ① 원(院)·궁(宮)·알로타(斡魯朶)(劉鳳翥 1983a/1984a, 即實 1988b), ② 면(面)·앞(先/前)(即實 1996⑯), ③ 위(上)(盧迎紅외 2000), ④ 원(院)·면(面)(愛新覺羅 2006a), ⑤ 원(院)·웃어른(上輩)·위(上)(劉鳳翥외 2009). [同源語] ① "원(院)" 또는 "궁실(宮室)"을 의미하는 여진어의 糸伟[ou-lə]와 동일한 어원이다(Kane 2009), ② "위(上)에"를 의미하는 서면몽골어의 [öge], 중기몽골어의 [ö'e], 현대몽골어의 [o:]와 동일한 어원이다(大竹昌巳 2015c). [出] 道/宣/令/許/故/仲/先/宗/博/永/迪/弘/副/皇/宋/慈/蓋/慈/烈/奴/高/圖/梁/糺/清/尚/韓/玦/回/特/蒲. [用例] 毛火 爻化 [tau.un u.ur] [명](관제) ① 오원(五院)(韓寶興 1991, 豊田五郎 1991b/2001, 劉鳳翥 1993d, 即實 1996⑯), ② 북원(北院)(閻萬章 1992). [出] 先15, 高5/21.

> [用例] 院(원)의 여러 가지 표시 형태(愛新覺羅 2009a⑫).
>
> | | |
> |---|---|
> | ·五院 毛火 爻化[tau.un u.ur] | ·六院 大 爻化[tʃir u.ur] |
> | ·北院 一 爻化[xɔi u.ur] | ·南院 小 爻化[dær u.ur] |
> | ·左院 朩几 村 爻化[tʃi.g.ən u.ur], | 亥几 村 爻化[dʒi.g.ən u.ur] |
> | ·右院 舟夯 才爽 爻化[b.ar.ia.n u.ur], | 舟夯 方爽 爻化[b.ar.an u.ur] |

> [參考] ☞ "궁(宮)·장(帳)·원(院)"의 거란소자 표시 비교에 대하여는 "及米爻"를 참조하라.
>
> **[即實]** 당초 "爻化"가 "원(院), 궁(宮)"의 의미를 모두 지닌다는 劉鳳翥의 의견에 찬동하였다가 《先誌》를 해독하고 난 후에는 "궁(宮)"을 의미하는 단어(米爻)가 따로 있으므로, "爻化"는 "원(院)"만으로 한정해야 한다고 변경했다(即實 1996부⑥).
>
> **[愛新覺羅]** 일부 학자가 거란소자 "爻化"를 알로타(宮)와 동일한 단어로 인식하여 "원(院)은 궁장(宮帳)과 의미가 가깝다"고 한 주장(劉浦江 2001)에 대하여 명확한 반대 의견을 표시하고 있다(愛新覺羅 2006a).

[爻化 ホ] u.ur ai [명] 조종(朝宗), 선조(先祖)(吳英喆 2012a ②, 劉鳳翥 2014b52). [出] 副3, 回2.

[爻化 几丙水火] u.ur g.ju.uŋ-n [명](지명·소유격) 상경(上京)의(劉鳳翥 2014b52). [出] 烈2.

> [遼史] 上京(상경)은 요 태조가 서기 918년에 건축했다. 《요사·지리지》에는 "상경은 임산배수의 천연 요새로 수성하기에 견고하고 토지는 비옥하

여 농사짓기에 적합하며, 수초가 많아 방목하기에 편리하다"고 기록되어 있다. 상경은 서로 접해 있는 남북 2개의 성으로 이루어져 있다. 북성(北城)은 황성(皇城)으로, 6각형 형태이며 주위 둘레는 모두 6km이다. 외성과 내성 두 부분으로 나눠지며 거란 황제가 정무를 돌보고 거주하는 지역이다. 남성(南城)은 한성(漢城)으로 정방형이며 주변 길이는 6km에 달한다. 한족 및 기타 민족의 거주지역이다(강영매 역 2004).

요 오경 분포도(인용: 강영매 역 2004)

[𐰇化 几丙氺火 屮丙 𐰇土] u.ur g.ju.uŋ-n l.ju ʃ.əu 圐(관제) 상경의 유수(上京留守)(劉鳳書 2014b⑤2). 出 烈2.

[𐰇化 几用村] u.ur g.iŋ-n 圐(지명·소유격) 상경(上京)의(劉鳳書 2014b⑤2). 出 迪33, 弘4/5.

[𐰇化 几用村 劣火 止为采] u.ur g.iŋ-n tu.uŋ p.a.an 圐(관제) 상경(上京)의 통판(通判)(劉鳳書 2014b⑤2). 出 圖 10/11.

[𐰇化 几用村 屮丙 𐰇土] u.ur g.iŋ-n l.ju ʃ.əu 圐(관제) 상경의 유수(上京留守)(劉鳳書 2014b⑤2). 出 迪33, 弘4/5.

[𐰇化卆] u.ur.ai ① 궁(宮)(清格爾泰외 1985), ② 조종(祖宗)·선조(先祖)(即實 1988b, 劉鳳書 1993d, 劉鳳書외 2006b). 出 令/許/故/先/迪/皇/慈/糺/清/尚/特/蒲.

[𐰇化卆村] u.ur.ai.əñ 圐(소유격) 궁(宮)의(劉浦江외 2014). 出 迪4.

[𐰇化村] u.ur.ən 圐(소유격) 궁(宮)의(劉浦江외 2014). 出 糺20.

[𐰇化𠂉] u.ur.ud 圐(향위격) 궁(宮)에(劉浦江외 2014). 迪39. 校勘 이 단어는 본래 2개의 글자(𐰇化 几)이나 초본에는 잘못하여 하나로 합쳐져 있다(即實 2012㉝).

[𐰇化伏] u.ur.in 圐 ① 선조(先朝)(即實 1996①), ② 웃어른(上輩)(劉鳳書외 2005b), ③ 원(院)(劉鳳書외 2009), ④ 위쪽(劉鳳書 2014b⑤2), ⑤ "𐰇化"의 복수형(武內康則 2016). 出 興/道/宣/故/先/海/高/尚/回.

[𐰇化伏 卆佥] u.ur.in ai.d 圐 "선조(先朝)"의 복수형

(武內康則 2016). 出 故8/9, 先4, 高8.

[𐰇化𠄌伏] u.ur.bu.n 圙 자리에 오르다(就位)(即實 2012⑳). 出 宋15.

[𐰇化采] u.ur.tʃoŋ 出 許11. 校勘 即實은 이 글자를 분리하여 "𐰇化 采"이라고 기록하고 있다(即實 2012㉝).

[𐰇仚] u.əm 出 許62. 校勘 이 글자는 초본에 잘못 옮겨진 것이므로 "公仚"이 올바르다(即實 2012㉝).

[𐰇火] u.ui 出 糺6/15.

[𐰇火] u.un 出 道/宣/許/故/仲/先/宗/迪/慈/烈/清/尚/韓/玦/回/洞I.

[𐰇火化] u.un.ir 出 智26.

[𐰇火夰公] u.un.o.ol 出 梁13. 校勘 이 글자는 초본에 잘못 옮겨진 것이므로 "𐰇夵尺𠆢"이 올바르다(即實 2012㉝).

[𐰇火屮几夲] u.un.əl.g.əs 出 尚19. 校勘 이 단어는 본래 2개의 글자(𐰇火 屮几夲)이나 초본에는 잘못하여 하나로 합쳐져 있다(即實 2012㉝).

[𐰇火关] u.un.i 出 興21, 慈27, 尚16.

[𐰇火炎屮伏] u.un.gə.l.in 出 回5/6.

[𐰇火炎与] u.un.gə.ne 出 玦10.

[𐰇火] u.ju 出 糺29.

[𐰇𠄌伏] u.bu.n 出 糺26. 校勘 이 단어는 초본에 옮기며 잘못 분할되었는데, 앞 원자들과 합쳐 "火为 𐰇𠄌伏"으로 하여야 한다(即實 2012㉝).

[𐰇勺] u.dʒi 出 奴30. 校勘 이 단어는 초본에 옮기며 잘못 분할되었는데, 앞 원자들과 합쳐 "为本 勺"로 하여야 한다(即實 2012㉝).

[𐰇夵屮夵] u.ər.əl.ər 出 興33. 校勘 即實은 휘본 등을 참고하여 이 글자를 "𐰇炎屮炎"이라고 추정하고 있다(即實 2012㉝).

[𐰇芬] u.ə 出 仁26. 校勘 이 글자는 휘본 등에 잘못 옮겨진 것이므로 "𐰇芬"가 올바르다(即實 2012㉝).

[𐰇平] u.ul 圐 겨울(王靜如 1933, 羅福成 1934j, 研究小組 1977b, 清格爾泰외 1978a, 劉鳳書 1982a). 同源語 서면몽골어의 [ebül], 중기몽골어의 [übül], 현대몽골어의 [öböl], 다호르어의 [ugul]과 동일한 어원이다(吳維외 1999, 大竹昌巳 2016e). 出 許/郎/仲/弘/副/皇/宋/烈/奴/高/尚/塔I.

[𐰇平廾夾] u.ul.ʊ.ur 出 仁16.

[𐰇平炎与] u.ul.en 出 糺17. 校勘 이 글자는 초본에 옮기면서 원자 하나(炎)가 빠졌는데 "𐰇平炎与"이 올바르다(即實 2012㉝, 大竹昌巳 2016e).

[亥平杰丙] u.ul.gə.əi [동] 시집가다, 출가하다(嫁)(石金民 외 2001). [出] 烈19/21, 奴21.

[亥平杰伏] u.ul.gə.ən [동] 시집가다, 출가하다(嫁)(袁海波 외 2005). [出] 清12. [校勘] 이 글자는 초본에 옮기면 원자 하나(사)가 빠졌는데 "亥平杰사伏"이 올바르다(即實 2012㊔).

[亥平丹伏] u.ul.bu.n [出] 博34.

[亥平九] u.ul.gə [부] 그런 까닭에(劉鳳翥 2014b㊷). [出] 清26. [校勘] 이 단어는 초본에 옮기며 잘못 분할되었는데, 앞 원자들과 합쳐 "丸平亥平九"로 하여야 한다(即實 2012㊔).

[亥平九矢关] u.ul.gə.d.i [出] 清32.

[亥平杰사伏] u.ul.gə.l.in [동] 시집가다, 출가하다(嫁)(愛新覺羅 2004a⑫). [出] 涿8, 清12.

[亥平杰火] u.ul.gə.ər [出] 永34.

[亥平杰当] u.ul.gə.ən [동] 시집가다, 출가하다(嫁)(愛新覺羅 2006b). [出] 奴27, 糺16, 清12, 韓6/15.

[亥□] u.? [出] 海1/10. [校勘] 이 단어는 《海10》의 경우 휘본 등에 옮기며 잘못 분할되었는데, 앞 원자들과 합쳐 "飞化亥平"로 하여야 한다(即實 2012㊔).

[亥□叉] u.?.ir [出] 許31.

又 [발음] ?? [原字번호] 132

[又] ? [書法] Kane은 이 원자가 "又 [m/im/mi](원자번호 133)"의 이서체라고 주장하고 있다(Kane 2009). [出] 典33.

[又丙当] ?.mə.ən [出] 韓29. [校勘] 이 글자는 초본에 잘못 옮겨진 것이므로 "又九当"이 올바르다(即實 2012㊔).

[又北穴] ?.əl.u [出] 許46. [校勘] 이 글자는 초본에 잘못 옮겨진 것으로 "又北欠"가 올바르다(即實 2012㊔).

[又杰] ?.gə [出] 先62. [校勘] 即實은 이 글자를 뒤 원자들과 합쳐 "又杰今九"라고 기록하고 있다(即實 2012㊔).

[又杰今사穴药] ?.gə.qu.l.u.dʒi [出] 先28. [校勘] 이 글자는 휘본 등에 잘못 옮겨진 것이므로 "又杰朴사穴药"가 올바르다(即實 2012㊔).

[又刃] ?.ir [出] 特31.

[又伏村] ?.in.ən [出] 博45. [校勘] 即實은 이 글자를 "又伏村"이라고 기록하고 있다(即實 2012㊔).

[又企] ?.əm [出] 故14. [校勘] 이 글자는 초본에 잘못 옮겨진 것이므로 "又企"이 올바르다(即實 2012㊔).

[又火] ?.ui [出] 先64. [校勘] 即實은 이 글자를 뒤 원자들과 합쳐 "又杰今北"이라고 기록하고 있다(即實 2012㊔).

[又券] ?.ə [出] 許30. [校勘] 이 글자는 초본에 잘못 옮겨진 것이므로 "又券"이 올바르다(即實 2012㊔).

[又杰朴사穴药] ?.gə.tʃi.l.k(h).dʒi [出] 仁24. [校勘] 이 글자는 휘본 등에 잘못 옮겨진 것이므로 "又杰朴사穴药"가 올바르다(即實 2012㊔).

[又□] ?.? [出] 先28. [校勘] 即實은 이 글자를 "又九"라고 기록하고 있다(即實 2012㊔).

又 [발음] m, im, mi [原字번호] 133

[又] m / im / mi [명] ①"묘(墓)"의 한어차사(劉鳳翥 외 2006b), ② 도리, 규칙(即實 2012⑳). [用法] 통상적으로 "명(明)"계통 자음[예: 密, 馬, 廟, 門]을 가진 한어차사의 초성(初聲) 자음과 "금(金)"의 모음 및 받침을 표시하는 데 사용되며, 거란어 음절의 초성 자음으로도 사용된다(孫伯君 외 2008). [出] 典/仁/許/先/副/皇/智/清/玦/回.

[又万付] m.hua.bi [出] 先67. [校勘] 이 글자는 각공 과정에서 일부 획이 떨어져 나간 것으로 "丸矢사刃"가 올바르다(即實 2012㊔).

[又买] m.an [명] 안개(霧)(即實 2012⑳). [出] 道32, 先56, 宗23/24, 奴30.

[又买 今気] m.an t.aŋ [명](인명) ① 滿堂(即實 2012⑳), ② 滿檔(劉鳳翥 2014b⑬). [出] 宗23. [人物] 《宗誌》 주인의 장례에 나타나 있는 滿檔 낭자(娘子)로, 묘주와의 정확한 관계는 알지 못한다(劉鳳翥 2014b⑬).

[又买村] m.an.ən [出] 先20, 弘29. [校勘] 即實은 《先20》에서는 이 글자를 "仅买村"이라고 기록하고 있다(即實 2012㊔).

[又币及] m.od.o [명](인명) ① 麻討(愛新覺羅 2006b), ② 末掇(劉鳳翥 외 2006b, 愛新覺羅 2010f, 即實 2012⑯, 劉鳳翥 2014b㊷), ③ 末侘(即實 2012⑯). [出] 糺4, 清27, 蒲3. [人物] 《糺誌》 주인 夷里衍糺里(1061~1102)와 《蒲誌》 주인 白隱蒲速里(1058~1104)의 6대조인 國隱寧·末掇 이리근(夷離菫)을 지칭한다(愛新覺羅 2010f). ☞ "九火村芡" 또는 "九火村伏"을 참조하라.

[又雨] m.in [대](소유격) 나의(即實 1996⑯). [명](소유격) ① 묘(墓)의(石金民외 2001, 劉鳳翥외 2006b), ② 위(位)의(愛新覺羅외 2015②). [出] 典/仁/道/宣/令/仲/先/宗/海/永/迪/弘/

副/慈/烈/奴/高/室額/圖/梁/紀/清/尚/玦/回/蒲蓋/蒲.

[又雨 圭几当 月全] m.in tʃu.gə.ən yo.u [명] 묘의 지명(墓誌銘)(劉鳳翥 2014b㊷). [出] 梁1.

[又雨 圭几当 止关雨 月全] m.in tʃu.gə.ən p.i.in yo.u [명] ① 묘지비명(墓誌碑銘)(吳英喆 2012a④), ② 위지비명(位誌碑銘)(愛新覺羅 2013b). [出] 蒲蓋2.

[又雨 公ホ刈杊 火] m.in n.ad.bu-n ui [명] ① "종실(宗室)의 일"로 ≪요사≫에는 "宮壺事(궁호사)"로 나온다(蓋之庸외 2008), ② 우리 가문의 일, 즉 "황실(皇室)의 일"을 지칭한다(即實 2012⑰). [出] 副21.

> [遼史] 宮壺事(궁호사). ≪副誌≫(21~22행)에 "대강(大康) 3년(1077) 여름 撻不也, 우원낭군상온(右院郎君詳穩) 特每・楊九와 함께 황실 일에 관한 부주의한 발언을 하여 화를 입었다"고 되어 있는데, 特每・楊九는 ≪요사≫(권92)에 나오는 소양구(蕭楊九)를 지칭한다. 황실의 일이 바로 "궁호사(宮壺事)"이다. ≪요사≫에는 "야율을신이 태자를 무고하여 해치는 과정에서 야율올몰도 죄에 연루되었으나 황제가 풀어주었다. 이 해 가을 을신이 또다시 소양구와 사사로이 황실의 일을 거론했다고 아뢰어 죽임을 당했다(乙辛誣害太子, 詞連兀沒, 帝釋之。是秋, 乙辛複奏與蕭楊九私議宮壺事, 被害。)"라고 되어 있어 ≪副誌≫의 내용과 일치한다(蓋之庸외 2008).

[又雨秃] m.in.is [出] 宣29.

[又雨秃叐犳] m.in.is.u.dʒi [出] 涿16.

[又雨秃屮] m.in.is.bur [出] 皇14, 奴43.

[又雨朩] m.in.tʃi [出] 仲10/11, 先56, 博27.

[又雨矢] m.in.tə [명] 묘(墓)(劉鳳翥외 2007). [명](향위격) ① 위(位)에(愛新覺羅 2004b④), ② 조(朝)에(唐彩蘭외 2002). [出] 令/許/故/仲/先/副/宋/慈/智/烈/奴/室/紀/尚/玦/特/蒲.

[又雨矢关] m.in.d.i [명](소유격) 묘(墓)의(蓋之庸외 2008). [명](탈격) 위(位)에서(愛新覺羅 2013b). [出] 副51, 奴37, 回21, 特14.

[又雨伏] m.in.in [出] 仲36.

[又雨伏众] m.in.in.ər [명] ① 우리들(愛新覺羅 2004a⑧), ② 諸位(愛新覺羅 2006a). [出] 故10, 博6/45.

[又雨公ホ刈] m.in.n.ad.bu [出] 興24. [校勘] 이 단어는 본래 2개의 글자(又雨 公ホ刈)이나 휘본 등에는 잘못하여 하나로 합쳐져 있다(即實 2012㊖).

[又雨쑤九] m.in.əl.əg [出] 奴46.

[又雨关] m.in.i [명] ① 앞, 선조(先)(豊田五郎 1991b, 即實 1991b), ② 능(陵)(愛新覺羅 2004a⑫), ③ 자기 집의(即實 1996⑯). [出] 道/許/先/涿/迪/皇/智/尚.

[又雨关 丆矢] m.in.i nior.tə [명](향위격) 선영(先塋)에(即實 1996⑯). [出] 先65.

[又雨众] m.in.ər [대](소유격) 나의(即實 2012⑳). [出] 仲/博/迪/宋/慈/梁/玦/特.

[又丙]
m.ju [出] 副21. [校勘] 이 글자는 초본에 잘못 옮겨진 것이므로 "又雨"이 올바르다(即實 2012㊖).

[又丙关] m.ju.i [出] 令30, 永35. [校勘] 이 글자는 초본에 잘못 옮겨진 것이므로 "又雨关"가 올바르다(即實 2012㊖).

[又丙]
m.əi [出] 海7/8. [校勘] 이 단어는 초본에 옮기며 잘못 분할되었는데, 각각 뒤 원자들과 합쳐 "又丙用九杊"≪海7≫과 "又丙用九"≪海8≫로 하여야 한다(即實 2012㊖).

[又丙攵伏] m.əi [出] 玦29.

[又丙用九] m.əi.il.g [出] 烈23.

[又丙] m.al [出] 玦23.

[又乇雨屮]
mi.tau.do.bur [出] 仲44. [校勘] 이 글자는 초본에 잘못 옮겨졌는데, "又欠币屮"가 올바르다(即實 2012㊖).

[又秃公]
m.is.d [명] 친가(即實 2012⑳). [出] 宗23.

[又秃尘] m.is.d [出] 仲12/14.

[又秃尘众] m.is.d.ər [出] 仲13.

[又长쑤叉]
mi.su.l.ir [명](관제) 지(知)(?)(即實 2012⑳). [出] 迪15, 弘29, 尚30.

[又长쑤伏] mi.su.l.in [出] 皇21.

[又长쑤九] mi.su.l.əg [出] 仲3.

[又长关] mi.su.i [명](관제) 지(知)(即實 2012⑳). [出] 宣14, 奴37, 特24.

[又长众] mi.su.ər [명](관제) 지(知)(即實 2012⑳). [出] 皇16.

[又长当] mi.su.ən [出] 仲29, 尚31, 回12.

[又长当矢] mi.su.ən.tə [出] 尚15.

[又圡ホ舟尘] m.ha.ad.bu.t [出] 特10.

[又圡冬]
m.ha.as [형] "커다란"의 복수형(大竹昌巳 2016d). [명] ① 실제(實際), 實授(王弘力 1987), ② 각각(即實 1996⑥). [명](관제) ① 실수(實授, 거란 관함(官銜)에 자주 등장하는 표현으로 실봉(實封)이라는 의미이다(王弘力 1987), ② 행군(行軍)(韓寶興 1991, 豊田五郎 2001), ③ 처치사(處置使)(陳乃雄외 1999), ④ 통군사(統軍使)(愛新覺羅 2003f). [出] 興/宣/許/仲/先/博/迪/弘/副/慈/烈/奴/梁/紀/清/葉/玦/蒲.

[又圡冬 而犳] m.ha.as tʃau.dʒi [명] 대군(大軍)(大竹昌巳 2016d). [出] 仲10.

[又圡冬众] m.ha.as.ər [出] 先16.

[又亚炎] m.ha.ər [出] 仲34. [校勘] 이 글자는 초본에 잘못 옮겨진 것이므로 "**又亚冬**"가 올바르다(即實 2012㊔).

[又亚艾] m.ha.adʒi [명] ① 내일(即實 1996⑥), ② 실제(?)(即實 2012⑳). [出] 興/令/許/仲/先/宗/博/迪/弘/副/慈/烈/奴/梁/糺/清/葉/玦/蒲.

[又亚艾刈] m.ha.adʒi.qa [出] 烈26.

[又夯] mi.æn [명](인명) 勉(即實 2012⑬). [出] 韓9. [人物] ≪韓誌≫의 주인인 曷魯里 부인(?~1077)의 친 언니인 勉 부인을 지칭한다(愛新覺羅 2010f).

[又夯村] mi.æn.ən [명](지명) 먀련(乜輦)(即實 2012⑳). [出] 興2.

[又北] m.ur [명] 소·말(牛馬)(清格爾泰외 1985). [出] 宣30, 玦41.

[又北廾火] m.ur.o.ui [出] 故9.

[又北欠杏] m.ur.gu.uni [명](인명) 磨魯菫(盖之庸외 2008, 即實 2012⑰). [出] 副8. [人物] ≪副誌≫의 주인 窩篤宛兀没里(1031~1077, 한풍명: 耶律運)의 조부인 磨魯菫·古昱 시중(侍中)을 지칭한다(愛新覺羅 2010f).

[又北欠夯关] m.ur.gu.oi.i [出] 博12/18.

[又北欠伏] m.ur.gu.n [명](인명) 磨魯菫(愛新覺羅 2006a, 即實 2012⑰). [出] 副7.

[又北欠伏 出及] m.ur.gu.n gui.u [명](인명) 磨魯菫·古昱(劉鳳翥 2014b52). [出] 副7. [參考] ☞ **又北欠杏**.

[又北平穴亚为ホ] m.ur.l.u.ha.a.ar [出] 完4.

[又北穴炎] m.ur.u.os [出] 道36. [校勘] 即實은 이 글자를 "**又北欠炎**"라고 기록하고 있다(即實 2012㊔).

[又北女] m.ur.un [出] 韓23.

[又本] m.al [出] 道37, 仲49, 博47, 糺27.

[又本付] m.al.bi [出] 海3.

[又灰] mi.nir [出] 書16.

[又廾□亚为ホ] m.o.?.ha.a.ar [出] 許21. [校勘] 이 글자는 초본에 잘못 옮겨진 것이므로 "**毛廾平亚为ホ**"가 올바르다(即實 2012㊔).

[又九] m.umu [명] "곁에", "옆에" 등으로 추정된다(即實 2012⑭). [出] 智16, 室8, 清23/30.

[又交] m.ur [명](관제) 목리(沐里)(即實 2012⑨). [出] 許/先/博/慈/烈/梁. [參考] "목리(沐里)"가 관직을 나타내는 것임에는 확실하나 그 자세한 의미는 알 수 없다(即實 2012⑨).

[又交村] m.ur.ən [出] 博25.

[又交矢] m.ur.tə [出] 博35.

[又夯] m.oi [형] 아름답다(徽)(即實 2012⑳). [出] 尚33.

[又夯欠] m.oi.gu [出] 仲41.

[又夯ホ平夯当] mi.gə.tʃi.l.gə.ən [出] 仲9, 先37.

[又夯ホ平九] mi.gə.tʃi.l.g [出] 道8.

[又夯ホ平穴药] mi.gə.tʃi.l.u.dʒi [出] 智22.

[又夬] mi.qu [명] 부(部)(劉鳳翥 1982a/1983a). [出] 仲/迪/烈/糺/蒲.

[又夬 夯讠乐] mi.qu n.ia.ai [명] 본부의 다른 성씨(本部異姓)(即實 2012⑳). [명](씨족) "멸고내(蔑古乃)"의 여성형(愛新覺羅외 2012). [出] 烈5.

[又夬 ㄓ讠本] mi.qu n.ia.ar [명] 본부의 다른 성씨(本部異姓)(即實 2012⑳). [명](씨족) "멸고내(蔑古乃)"의 남성형(愛新覺羅외 2012). [出] 仲2.

[又夬 ㄓ讠乐] mi.qu n.ia.ai [명] 본부의 다른 성씨(本部異姓)(即實 2012⑳). [명](씨족) "멸고내(蔑古乃)"의 여성형(愛新覺羅외 2012). [出] 迪12.

[又夬 ㄓ讠伏] mi.qu n.ia-n [명] 본부의 다른 성씨(本部異姓)(即實 2012⑳). [명](씨족) 멸고내(蔑古乃)(愛新覺羅외 2012). [出] 迪10.

> [氏族] **蔑古乃(멸고내)**는 한문 묘지에 "막굴내(邈屈耐)"로 기록되어 있다. 육원부 알납발 석렬(斡納撥石烈) 산하의 멸고내미리(蔑古乃弥里)가 그 씨족의 본거지이다. 북부(北府)에 예속되었다. 송인(宋人)에 의하여 "묘골(妙骨)"로도 음역된다(愛新覺羅외 2012).

[又夬达舟] mi.qu.ur.b [出] 皇24. [校勘] 이 글자는 초본에 잘못 옮겨진 것이므로 "**又夬达舟**"가 올바르다(即實 2012㊔).

[又丰] m.ai [出] 烈31, 奴32, 尚8.

[又丰炎] m.ai.ər [出] 仲48. [校勘] 이 글자는 초본에 잘못 옮겨진 것이므로 "**又号炎**"가 올바르다(即實 2012㊔).

[又ホ] m.ar [出] 先53, 韓34.

[又号炎] m.jau.ər [出] 先34/44.

[又号当] m.jau.ən [出] 令10, 先34/43, 慈17, 清19.

[又关] m.an / m.ib [出] 道32/36. [校勘] 即實은 이 글자를 "**又夹**"이라고 기록하고 있다(即實 2012㊔).

[又及] m.u [出] 仲37/40, 塔II-3. [校勘] 이 글자는 초본에 잘못 옮겨진 것이므로 "**又反**"가 올바르다(即實 2012㊔).

[又及仌ふ] m.u.os.on [出] 仲11/14/35/46. [校勘] 이 글자는 초본에 잘못 옮겨진 것이므로 "**又反仌ふ**"가 올바르다(即實 2012㊔).

[又刃] m.ir [借詞] "密"을 나타내는 한어차사(閻萬章

1992, 劉鳳翥 1993d). [出] 仁/許/仲/先/涿/弘/副/奴/梁/特. [用例] 乑火 又刃 [ʃ.iu m.ir] [명](관제) "추밀(樞密)"의 한어차사(閻萬章 1992, 劉鳳翥 1993d, 即實 1996⑯).

[又刃夂] m.ir.dʒi [出] 許/仲/先/迪/弘/奴/高/梁/玦/回/特/蒲.

[又刃村] m.ir.ən [명](관제・소유격) 밀(密)의(劉浦江외 2014). [出] 先/涿/慈/智/韓/回/特.

[又刃朩夂犳] m.ir.tʃ.u.dʒi [出] 皇6.

[又刃朩乆] m.ir.tʃ.ər [出] 仲6.

[又刃公] m.ir.d [명] "밀(密)"의 복수형(即實 1996⑯). [出] 先14. [用例] 乑火 又刃公 [ʃ.iu m.ir.d] [명](관제) 추밀등(樞密等)(即實 1996⑯).

[又羽女当] m.ug.sair.ən [出] 先29. [校勘] 即實은 이 글자를 "又为女当"이라고 기록하고 있다(即實 2012⑭).

[又村] m.ən [명] ① 신(神)(研究小組 1977b, 清格爾泰외 1978a), ② 문(門)(研究小組 1977b, 劉鳳翥외 1977). [동] 찌다, 증발하다(蒸)(即實 1996①). [出] 興/道/許/先/迪/宋/烈/奴/韓.

[又村 伏夂犳] m.ən mu.u.dʒi [형] 신성한(研究小組 1977b, 清格爾泰외 1978a/1985). [出] 興2.

[又村夯] m.ən.e [出] 玦22.

[又村夂] m.ən.u [出] 皇5, 尚33.

[又村伏] m.ən.in [出] 先41. [校勘] 即實은 이 글자를 "又冂伏"이라고 기록하고 있다(即實 2012⑭).

[又村几夯仃] m.ən.g.e.du [명](인명) 門歌都(即實 1996⑥). [出] 先52. [人物] 직불고(直不姑)가 새로이 세운 수령(首領)의 이름이다(即實 1996⑥). [參考] ☞ "직불고"에 대하여는 "一公 朩生欠不"를 참조하라.

[又村夯] m.ən.ə [出] 皇16.

[又叉太丙] m.ir.gə.əi [出] 糺12.

[又外] mi.qa [出] 興24, 韓24. [校勘] 이 단어는 초본에 옮기며 잘못 분할되었는데, 각각 뒤 원자와 합쳐 "又外ち"《興24》과 "又外ち矢"《韓24》로 하여야 한다(即實 2012⑭).

[又外ち] mi.qa.al [명] 병장(屛障, ①적의 침입을 막는 것, ②앞을 가로 막은 병풍이나 휘장)(即實 1996⑯). [出] 仲/先/永/皇/清.

[又丸矢] m.au.ul [명](지명) ① 모리(矛利)산(即實 2014), ② 마울산(愛新覺羅외 2015②). [出] 玦34.

[又丸矢 求] m.au.ul nior [명](지명) 마울산(愛新覺羅외 2015②). [出] 玦34. [參考] 거란인은 야율결(耶律玦)의 묘지가 있는 경사면의 구릉(丘陵)을 이렇게 불렀는데, 현지에서는 "석호북산(石虎北山)"이라 칭한다(愛新覺羅외 2015②).

[又丸夯] m.au.ə [出] 宗7, 尚5. [校勘] 即實은 이 글자를 "火几分"라고 기록하고 있다(即實 2012⑭).

[又朩方] mi.tʃ.ə [出] 博32.

[又朩夯外] mi.tʃ.e.qa [出] 烈14.

[又朩夯矢] mi.tʃ.e.tə [出] 仲32/38.

[又朩夯公] mi.tʃ.e.n [出] 烈14.

[又朩太村] mi.tʃi.gə.ən [出] 道17.

[又朩太矢] mi.tʃi.gə.d [出] 仲11/16.

[又朩夯] mi.tʃ.ə [형] 유감스럽다, 애석하다(王弘力 1986 [出] 道26, 宣25, 故16, 尚29.

[又朩夯矢关] mi.tʃ.ə.d.i [出] 尚7.

[又朩太叉] mi.tʃi.gə.ir [出] 清17.

[又勺] mi.qu [명] 노파(嫗)(即實 2012⑳). [명](인명) ① 沐古(即實 1990/1996③), ② 毛哥(愛新覺羅 2003e), ③ 毛古(愛新覺羅 2004b①), ④ 睦古(愛新覺羅 2006b), ⑤ 迷己(愛新覺羅 2009c). [同源語] 몽골어의 "조모"를 나타내는 [əmag "노부인"을 나타내는 [əmgən]과 동일한 어원이다(吗格吉樂圖 2017). [出] 仲/先/慈/烈/尚. [用法] 노인을 나타내는 표현에 있어, "又勺"는 여성에게 "生"는 남성에게 사용한다(即實 2012⑲).

[又勺 丙] mi.qu mə [명] 조모(祖母)(即實 2012⑳, 劉鳳翥외 2006a). [出] 慈5, 烈17.

[又勺 业习本] mi.qu n.ia.ar [명](씨족) "멸고내(蔑古乃)"의 남성형(愛新覺羅외 2012). [參考] ☞ "又夫 业习本"를 참조하라.

[又勺 业习卆] mi.qu n.ia.ai [명](부족) "멸고내(蔑古乃)"의 여성형(愛新覺羅외 2012). [參考] ☞ "又夫 业习乐" 또는 "又夫 夫习乐"를 참조하라.

[又勺关] m.ug.i [出] 先41.

[又欠] mi.gu [出] 迪39. [校勘] 即實은 이 글자를 뒤 원자들과 합쳐 "又欠币夂犳"라고 기록하고 있다(即實 2012⑭).

[又欠币亚为出] mi.gu.od.ha.a.an [出] 博29.

[又欠币夂犳] mi.gu.od.u.dʒi [동] 녹여버리다(?)(即實 2012⑳). [出] 奴47.

[又欠币夂犳矢] mi.gu.od.u.dʒi.tə [出] 博28.

[又欠币公北] mi.gu.od.d.əl [出] 仲40.

[又欠币小外] mi.gu.od.əl.aq [出] 智20.

[又欠币山] mi.gu.od.bur [出] 尚17.

[又欠币丹伏] mi.gu.od.bu.n [出] 副48.

[又欠丙亚卆] mi.gu.əi.ha.ai [出] 博20. [校勘] 이 글자는 초본에 잘못 옮겨진 것이므로 "又欠币亚卆"가 올바르다(即實 2012⑭).

[孞欠北打火] mi.gu.ur.u.ui 出 奴16.

[孞欠子打火] mi.gu.os.u.ui 出 仲36.

[孞欠火] mi.gu.ui 出 永17.

[孞父矢] m.ug.ul 동 패망하다(王弘力 1987). 명 "호수와 늪(湖沼)"의 복수형(大竹昌巳 2016d). 出 仲10.

[孞父火] m.ug.ui 出 仲13.

[孞父火] m.ug.ud 명 "호수와 늪(湖沼)"의 단수형(大竹昌巳 2016d). 出 仁11.

[孞冬] m.as 수 서수사인 "제1", "첫째"의 어근(이성규 2013a). 同源語 "처음", "으뜸", "우두머리" 등의 의미로 사용되는 한국어의 "맏"[mat]과 동일한 어원이다(이성규 2013a). 出 故/仲/先/奴/海/博/迪/皇/梁/清/慈/智/尚/韓/玦/回.

[孞冬欠] m.as.gu 수 제1, 첫째(劉鳳書 2014b52). 명 ① 우두머리(大者, 長)(王弘力 1986, 即實 1988b, 石金民외 2001), ② 맏이(伯長)(即實 1996⑯), ③ 맏아들(長子)(Kane 2009), ④ 추장(酋長)(即實 2012⑳). 명(인명) ① 磨魯古(即實 1996⑥), ② 謨如斯堪(即實 1996⑯), ③ 麻蘇古(愛新覺羅 2006b). 出 仲/先/奴/梁/清/玦/回. 參考 ☞ "孞冬余"를 참조하라.

[孞冬欠 丹力] m.as.gu b.aqa 명 장자, 첫째 아들(劉鳳書 2014b52). 出 奴10.

[孞冬欠子] m.as.gu.on 수 첫째(即實 1996⑯). 명(소유격) 맏이(伯長)의(即實 1996⑯). 出 仲3.

[孞冬欠伏] m.as.gu.n 수 ① 첫째(即實 1996⑯), ② "첫째"의 복수형(大竹昌巳 2016d). 명(소유격) 맏이(伯長)의(即實 1996⑯). 出 許50, 永30.

[孞冬欠伏村] m.as.gu.n.ən 出 先53.

[孞冬欠□] m.as.gu.☐ 出 玦20.

[孞冬余] m.as.gu 수 ① 제1, 첫째(劉鳳書 2014b52), ② "첫째"의 남성 단수형(여성 단수형은 "孞公夹")(大竹昌巳 2016d). 형 ① 큰, 첫째의(王弘力 1986, 劉鳳書 1993d, 即實 1996⑯), ② 맏이(伯長)(即實 1996⑯). 出 故/仲/先/海/博/迪/皇/慈/智/尚/韓/玦/回. 參考 ☞ "孞冬欠"를 참조하라.

[孞冬余 丹力] m.as.gu b.aqa 명 장자, 첫째 아들(劉鳳書 2014b52). 出 尚6.

[孞冬余子] m.as.gu.on 出 博7/8/12.

[孞冬余坐] m.as.gu.t 명 우두머리(即實 2012⑩). 동 으뜸으로 하다(即實 2012⑩). 出 皇16.

[孞冬尺] m.as.u 出 許48, 副27. 校勘 即實은 이 글자를 "孞冬欠"라고 기록하고 있다(即實 2012⑱).

[孞及] m.o 형 ① 크다(大)(羅福成 1934a/1934f, 研究小組 1977b, 清格爾泰외 1978a/1985), ② 위대한(即實 1996①), ③

순서의 우위를 나타내는 "맹(孟)" · "백(伯)" · "장(長)" 등(即實 1986c/1988), ④ 밝게 나타나다(顯彰)(即實 1996⑯). ⑤ "크다(大)"의 남성형(豊田五郎 1991d, 愛新覺羅 2004a⑨, 愛新覺羅외 2011). 명 나무(樹木)(大竹昌巳 2016d). 出 興/道/宣/令/許/故/仲/先/宗/海/博/永/迪/弘/副/皇/宋/慈/智/烈/奴/高/室/圖/梁/糺/清/尚/韓/玦/特/蒲蓋/蒲/塔II. 用例 土卡 孞及 [əu.su m.o] 명 풀과 나무(草木)(大竹昌巳 2016d). 出 玦29.

[孞及 万卒孞火] m.o j.æl.u.d 명 대야율(大耶律)(愛新覺羅외 2011). 出 宋14.

[孞及 万卒孞火关] m.o j.æl.u.d.i 명 대야율(大耶律)(劉鳳書외 2006b). 出 故1, 皇1, 宋1, 糺2.

[孞及 尺分 兮村 兆几] m.o dau.du dor.ən us.əg 명 거란 대 · 소자(契丹大小字)(吳英喆 2012a①, 愛新覺羅 2013b). 出 玦11.

[孞及 平] m.o ai 명 백부(伯父)(即實 1996⑯). 出 許51.

[孞及 平村] m.o ai-n 명 ① 대부장(大父帳)(即實 1996⑯), ② 맹부방(孟父房)(愛新覺羅외 2015⑧, 劉鳳書 2014b52). 명(소유격) 맹부방(孟父房)의(吳英喆 2012a④). 出 令24, 先61, 副26, 蒲蓋2.

遼史 孟父房(맹부방) : 태조의 아버지인 덕조(德祖)의 3방(房) 후예인데, 3방은 맹부방 암목(巖木), 중부방(仲父房) 석로(釋魯), 계부방(季父房) 날갈(剌葛) · 질랄(迭剌) · 인저석(寅底石) · 안단(安端) · 소(蘇)를 말한다(金渭顯외 2012⑤). 이러한 요조의 황족 구조는 한 번에 완성되어 고정된 것은 아니고 아래의 표와 같이 태종 조에 이르러 단계적 변화과정을 거쳤다(愛新覺羅외 2015⑧).

	태조 조	태종 조 이후
야율씨	어장(御帳)	알로타제궁장(斡魯朶諸宮帳)
	황족삼부장(皇族三父帳)	황족삼부장(皇族三父帳)
		이원황족(二院皇族)
요련씨	요련구장(遙輦九帳)	요련씨 → 맹부방
		(遙輦氏) (孟父房)

[孞及 平村 冊各火] m.o ai.n tʃa.jaŋ.un 명(관제) 맹부방의 상곤(孟父房常衮)(即實 2012⑳). 出 博8.

[孞及 兮村 兆几] m.o dor.ən us.əg 명 ① 첫 번째 형태의 글자, 즉 "거란대자(契丹大字)"를 지칭한다(即實 2012⑳, 吳英喆 2012a①, 愛新覺羅 2013b), ② 크게 쓰는 글자(大印之字, 거란대자)(劉鳳書 2014b52). 出 副5, 玦11. 用例 尺分 兮村 兆几 [dau.du dor.ən us.əg] 명 거란소자(即實 2014). 出 玦11.

[孞及 兮炎] m.o dor.ər 명(도구격) 대례(大禮)로써(劉鳳書 2014b36, 大竹昌巳 2016d). 出 許35.

[孞及 尖] m.o au 명 ① 황천(皇天)(即實 2012⑳), ② 호

천(昊天)(劉鳳書 2014b⑤②). 出 副31, 奴34/45, 紀21.

[⿰Khitan] m.o au n.əm.əd-n əu.ul.gə.əi 명 황천무친(皇天無親), 하늘은 사사로이 친한 이가 없다(愛新覺羅외 2011). 出 奴45. **參考** 《서경》에 나오는 말로 "하늘은 사사로이 친한 사람이 없어(皇天無親), 오직 덕있는 사람이면 그를 돕는다(惟德是輔)"는 내용이다.

[⿰Khitan] m.o s.a 명(인명) ① 末薩(即實 2012⑳), ② 麼散(劉鳳書 2014b⑤②). 出 烈3.

[⿰Khitan] m.o niorqu 명(부족) 대황실위(大黃室韋)(愛新覺羅외 2012①).

> **遼史** 大黃室韋(대황실위) : 당대 실위 30여부의 하나로, 흑룡강 치치하얼(齊齊哈爾)에 있었다. 북쪽은 나례실위(那禮室韋), 동쪽에는 달후(達姤)가 있었는데 당과 관계가 깊었다. 요대에는 소속 부락으로 황피실위(黃皮室韋)라 불렀다. 황피실위는 대황·소황실위로 나뉘어졌는데 2실위 또는 황두실위(黃頭室韋)라 불렀다. 극로륜하(克魯倫河) 중류로 이동하여 광활한 지대에 분포하며 대흥안령 중심으로 활동하였다. 요의 속국군에 대황실위와 소황실위를 두고 부족절도사 및 상온사를 설치하였으며, 2실위군(二室韋軍) 또는 대소골군(大小鶻軍)이라고도 불렀다. "송골매"처럼 용맹하다고 하여 붙여진 이름이다(蔡美彪외 1986, 金渭顯외 2012①).

[⿰Khitan] m.o b.aqa 명 큰아들(長子)(即實 1996⑯, Kane 2009, 劉鳳書 2014b⑤②). 出 令12, 副7.

[⿰Khitan] m.o nəu 명 장관(長官), 대관(大官)(即實 1996⑯). 出 先48.

[⿰Khitan] m.o s.a 명(인명) 麼散(劉鳳書 2014b⑤②). 出 高3. **校勘** 이 단어는 초본에 옮기며 잘못 분할되었는데, "[⿰Khitan]"가 올바르다(即實 2012⑫).

[⿰Khitan] m.o adʒi-n 명(관제) 대옹장(大翁帳)(劉鳳書 2014b⑤②). 出 宗21.

[⿰Khitan] m.o.ir.u.dʒi-n 出 回15.

[⿰Khitan] m.o.os 出 弘10.

[⿰Khitan] m.o.on 명(소유격) 장(長)의(劉浦江 2014). 出 許4, 奴19, 尚18/19.

[⿰Khitan] m.o.tʃi 出 紀25.

[⿰Khitan] m.o.od 명(인명) ① 麼□(劉鳳書외 2008a), ② 末撥(愛新覺羅 2006a), ③ 末教特(即實 2012⑥). 出 圖3/4. **人物** 《圖誌》 주인 蒲奴隱·圖古辞(1018~1068)의 백부(伯父)인 末撥 낭군(郎君)을 지칭한다(愛新覺羅 2010f).

[⿰Khitan] m.o.od 出 尚32.

[⿰Khitan] m.o.o.on 出 仲11/14/35/46. **校勘** "[⿰Khitan]"

는 "[⿰Khitan]"의 다른 표기이다(大竹昌巳 2016d).

[⿰Khitan] m.o.o.od 형 나이가 많은(남성형)(大竹昌巳 2016d). 出 圖14. **用例** 州欠 [⿰Khitan] [od.go m.o.o.od] 형 나이가 적거나 많은(남성형)(大竹昌巳 2016d).

[⿰Khitan] m.o.o.od 出 圖14. **校勘** 이 글자는 초본에 잘못 옮겨진 것이므로 "[⿰Khitan]"가 올바르다(即實 2012⑫).

[⿰Khitan] m.o.ol 出 興22, 玦15.

[⿰Khitan] m.o.ui.⁇ 出 許45. **校勘** 이 글자는 초본에 잘못 옮겨진 것이므로 "[⿰Khitan]"이 올바르다(即實 2012⑫).

[⿰Khitan] m.o.on.tə 出 回24.

[⿰Khitan] m.o.ər 出 仲18.

[⿰Khitan] m.o.os.ha.ai 동 우두머리가 되다(即實 2012⑳). 出 弘26.

[⿰Khitan] m.o.os.ha.a.an 명(인명) ① 摩散(愛新覺羅 2010f), ② 茉爾薩初(即實 2014). 出 玦33. **人物** 《玦誌》 주인 只兗昰(1014~1070, 한풍명 "耶律玦")의 며느리(외아들인 狗屎 소부[少傅]의 부인)인 摩散 낭자를 지칭하는데 외척구구소옹장(外戚國舅小翁帳)의 鐸魯宛攆不也里 장군과 阿果 낭자의 딸이다(愛新覺羅외 2015⑩).

[⿰Khitan] m.o.os.u.dʒi 동 우두머리가 되다(即實 2012⑳). 出 慈14/20, 韓17, 玦36/39.

[⿰Khitan] m.o.os.u.dʒi-n 出 玦30, 蒲19.

[⿰Khitan] m.o.os.u.dʒi 出 蒲20.

[⿰Khitan] m.o.os.u.dʒi-n 出 博33.

[⿰Khitan] m.o.os.a 명(인명) ① 麼撒(愛新覺羅 2010f), ② 茉爾薩(即實 2012⑫). 出 高3. **人物** 《高誌》 주인 王寧高十(1015~?, 한풍명: 韓元佐)의 고조모인 구곤씨(甌昆氏) 麼撒 부인(韓知古의 부인)을 지칭한다(愛新覺羅 2010f) ☞ 韓知古(玉田韓氏)의 가계에 대하여는 "愛新覺羅 2009a⑧"를 참고하라.

[⿰Khitan] m.a **借詞** "馬"를 나타내는 한어차사(研究小組 1977b, 劉鳳書외 1981a). 형 크다(王弘力 1986). 出 宣/許/故/仲/先/博/永/迪/弘/宋/奴/高/清/尚/韓/玦/回.

[⿰Khitan] m.a ʃ.ib tai ʂï 명(인명) 馬十 태사(太師)(愛新覺羅 2013b). 出 玦29. **人物** 《玦誌》에 등장하는 태의(太醫)로 묘쥬(야율결)가 임종하기 전에 황제가 간병을 위해 李春 태사와 함께 보냈다(愛新覺羅외 2015⑩).

[⿰Khitan] m.a bu 명(인명) ① 麻福(即實 2012②), ② 馬福(劉鳳書 2014b⑤②). 出 博42. **人物** 《博誌》 주인 習輦(1079~1142)의 차남인 보국상장군(輔國上將軍) 紗剌里의 장인인 馬福 낭중(郎中)을 지칭한다(愛新覺羅 2009a⑱).

[⿰Khitan] m.a g.ə 명(인명) ① 馬哥(即實 2012⑭, 愛新

覺羅 2013a, 劉鳳書 2014b㉒), ② 那哥(劉鳳書 2014b㉒). 出 青14. 人物 ≪清誌≫ 주인 奪里懶太山(1029~1087, 한풍 명: 蕭彦弼) 부부의 차남인 查剌 낭군(한풍명: 蕭晐)에게 는 3남 3녀의 자녀가 있었는데, 그 중 셋째 아들인 馬哥를 지칭한다(愛新覺羅 2013a).

[仄为夹] m.a.an 명(소유격) 말(馬)의(研究小組 1979). 出 仲/先/烈/尚/韓/蒲.

[仄为艾化立ヰ] m.a.sair.l.ha.ai 出 先36. 校勘 即實은 이 글자를 "仄为艾化立ヰ"라고 기록하고 있다(即實 2012㊱).

[仄为艾与] m.a.sair.ən 出 宣28. 校勘 이 글자는 초본 에 잘못 옮겨진 것이므로 "仄为艾与"이 올바르다(即 實 2012㊱).

[仄为友] m.a.dʒi 형 간략한(即實 1996⑯). 出 興7/11, 先 48, 玦41.

[仄为友 岙几] m.a.dʒi us.gə 명 간략한 글자(即實 1996 ⑯). 出 興7.

[仄为卄与] m.a.u.n.ən 出 清30. 校勘 이 글자는 초본에 잘못 옮겨진 것이므로 "仄为艾与"이 올바르다(即實 2012㊱).

[仄为勺] m.a.al 出 先60. 校勘 이 글자는 휘본 등에 잘못 옮겨진 것으로 "仄为友"가 올바르다(即實 2012㊱).

[仄为夯] m.a.ad 出 清28.

[仄为刭本] m.a.qa.ar 出 弘19.

[仄为刭出] m.a.qa.an 出 奴22.

[仄为艾夬] m.a.adʒ.ug 出 博32.

[仄为艾夯] m.a.adʒ.ər 出 奴43.

[仄朵公圣] m.jai.n.u 명(인명) ① 模奴(青格勒외 2003, 劉鳳書 2014b㉒), ② 邁奴(愛新覺羅 2004a⑫), ③ 墨奴(即實 2012⑪). 出 皇3, 宋3. 人物 ≪皇冊≫와 ≪宋誌≫의 지문을 옮겨 적은 자(書丹者)이다(劉鳳書 2014b㊴/㊵, 即 實 2012⑪).

[仄矢] m.tə 出 故19.

[仄伏] m.in 出 仲43, 奴31.

[仄伏村] m.in.ən 명 문벌(門閥)(即實 2012⑳). 出 烈32, 奴47.

[仄伏矢] m.in.tə 出 烈23, 糺28.

[仄伏谷] m.in.t 出 道18. 校勘 이 글자는 초본에 잘못 옮겨진 것이므로 "仄伏矢"가 올바르다(即實 2012㊱).

[仄仍] m.ul 出 先34. 校勘 即實은 이 글자를 뒤 원 자와 합쳐 "仄仍厷"라고 기록하고 있다(即實 2012㊱).

[仄仍火比] m.ul.ui.əl 出 奴23.

[仄化] m.ir 명 ① 소·말(牛馬)(羅福成 1934b, 鄭紹宗

1973, 研究小組 1977b, 清格爾泰외 1978a), ② 말(馬)(即實 2012 ⑫). 명(인명) 木里, 穆里(盧迎紅외 2000, 劉鳳書외 2006b). 명(관제) ① 미리(彌里)(愛新覺羅 2003i), ② 말리(抹里) (即實 2012⑳). 出 仁/道/宣/令/許/故/郞/仲/先/宗/海/博/涿 /永/迪/弘/副/皇/宋/慈/智/烈/奴/高/室/圖/梁/糺/淸.

同源語 "말"을 의미하는 여진어의 [伩�: morin], 서 면몽골어의 [morin], 중기몽골어의 [mori], 현대몽골 어의 [mœr]와 동일한 어원이다(大竹昌巳 2013a).

遼史 抹里(말리)는 거란 관부의 이름이다. 만주어 의 향리(鄕里)를 muhun, 한국의 촌읍(村邑)을 maal 이라 하는데 거란어의 말리·미리(彌里)와 말의 맥 락이 일맥상통함을 알 수 있다. Möri로 재구성되 며 말(馬)의 뜻이다 묵리(墨離), 말리(末里)로도 나타 난다(金渭顯외 2012㊤).

[仄化 仄夾为 穴火] m.ir ʃ.au.a noi.ui 명(관제) 마응관 (馬鷹官)(呼格吉樂圖 2017). 出 先47.

[仄化友] m.ir.dʒi 명 ① 말(馬)(清格爾泰외 1985), ② 서리 (署理)(即實 2012⑳). 出 宣9, 故6, 博12, 尚6.

[仄化村] m.ir.ən 명(소유격) 말(馬)의(劉浦江외 2014). 出 興11, 先55, 玦22.

[仄化朿] m.ir.tʃi 명 말 타는 이(騎手), 마부(養馬者)(即 實 2012⑳). 出 永16.

[仄化朿比] m.ir.tʃi.əl 出 博45.

[仄化朿村] m.ir.tʃi.ən 명(관제) 비룡원(飛龍院)(即實 2012 ⑳). 出 永16.

遼史 飛龍院(비룡원)은 목마(牧馬)의 기구를 관장 한다. 거란 북면관에 소속되며 비룡사와 비룡부사 등의 직을 두었다(金渭顯외 2012㊤).

[仄化勺关] m.ir.g.i 명(씨족) ① 밀아기(密兒紀), 매리 급(梅里急)(愛新覺羅 2006a), ② 발해인(渤海人)의 성인 대씨(大氏)를 가리키는 "미리길(迷里吉)"의 여성형(남 성형은 "仄化几夬")(愛新覺羅 2006a), ③ 목리급(穆里給)(劉 鳳書 2010/2014b⑬), ④ 모리고(矛里古)(即實 2012①). 出 宗3, 永25.

[仄化勺关 夲伏圣] m.ir.g.i tʃ.ni.u 명(인명) ① 미리길 (迷里吉)씨 遲女(愛新覺羅외 2011), ② 모리고(矛里古)씨 遲女(即實 2012①), ③ 목리급(穆里給) 遲女(劉鳳書 2014b ⑬). 出 宗3.

人物 ≪宗誌≫의 주인인 朝隱·驢糞(991~1053, 한풍 명: 耶律宗教)의 어머니 소씨(蕭氏, 발해 마지막왕 대인 선의 외손녀이다)를 지칭한다(愛新覺羅외 2011).

[仄化夊夾] m.ir.ug.ur 出 玦35.

[仄化矢] m.ir.tə 出 尚6.

[又化矢关] m.ir.d.i 명 (탈격) 말(馬)에서(愛新覺羅 2013b). 出 永17/30, 特16.

[又化矢关 ネ关 劣夾屮] m.ir.d.i on.i tu.ur.bur 동 말에서 떨어져 죽다(愛新覺羅 2013b). 出 特16.

[又化仝] m.ir.d 명 "말(馬)"의 복수형(劉浦江외 2014). 出 仲11.

[又化仝村] m.ir.d.ən 명(소유격) 말(馬)의(盧迎紅외 2000). 出 迪3.

[又化尒] m.ir.ol 出 仲12. 校勘 이 글자는 초본에 잘못 옮겨진 것이므로 "又化仝"가 올바르다(即實 2012⑫).

[又化用关] m.ir.il.i 出 先33. 校勘 即實은 이 글자를 두 글자로 분리하여 "又化 用关"라고 기록하고 있다(即實 2012⑫).

[又化九] m.ir.gi 명(씨족) ① 목리격(穆里格)(劉鳳翥외 2006b/2014b52), ② 미리길(迷里吉)(愛新覺羅 2006b), ③ 말리고(末里古)(即實 2012⑳), ④ 매리급(梅里急)(劉鳳翥외 2012). 出 紀4, 蒲4.

[又化九圠] m.ir.g.ir 명(씨족) ① 발해(渤海)의 성인 대씨(大氏)를 가리키는 "미리길(迷里吉)"의 남성형(여성형은 "又化勺关")(愛新覺羅 2006b), ②(=又化九) 목리격(穆里格)(劉鳳翥외 2006b), ③(=又化九夶) 매리급(梅里急) 또는 미리길(迷里吉, 복수형)(愛新覺羅 2005b/2006a, 吳英喆 2012a①). 出 永25, 玦8.

[又化九圠 屮丙 夲丙] m.ir.g.ir l.ib s.io 명(인명) 미리길(迷里吉) 立秋(愛新覺羅외 2011). 出 永25. 人物 《요사》에 나오는 대력추(大力秋) 부마도위(駙馬都尉)로 부인은 장수공주(長壽公主)이다. 1029년에 대연림(大延琳) 사건에 연루되어 주살(誅殺) 당하였다(愛新覺羅외 2011).

> 遼史 長壽公主(장수공주)는 요나라 성종의 제8녀로서 그녀의 어머니는 대씨다. 임해군주(臨海郡主)로 봉해졌다가 공주로 진봉되었다. 대력추(大力秋)에게 하가했는데, 대력추가 대연림의 모반사건에 연루되어 주살되자, 소조고(蕭慥古)에게 개가하였다. 《요사·공주표》(권65)에 그의 표(表)가 있다(金渭顯외 2012⊕).

[又化九夶] m.ir.gi.s 명 말의 무리(劉鳳翥 2002). 명(씨족) "매리급(梅里急)" 또는 "미리길(迷里吉)"의 복수형(愛新覺羅 2005b/ 2006a). 出 高16.

[又化九夶 玊夲] m.ir.gi.s qur.u 명(관제) 마군총전(馬群總典)(即實 2012⑳). 出 高16. 用法 "又化九夶"가 씨족(氏族)을 나타내기는 하나 그 수령(首領)을 "玊夲"로 칭하지는 않으므로, 말과 관련한 "군목사(群牧使)"로 해석함이 마땅하다(即實 2012⑫).

[又化关] m.ir.i 명(인명) ① "弥里"의 소유격(愛新覺羅 2006a), ② 穆里(盖之庸외 2008). 出 副3, 慈3, 玦2, 特2.

[又化茶] m.ir.ər 명 말(馬)(青格勒외 2003). 出 仲11, 10, 玦29.

[又化弔刃] m.ir.[?].ir 出 宋13. 校勘 이 글자는 초본에 잘못 옮겨졌으므로 "又化弔村"이 올바르다(即實 2012⑱).

[又余帀伏] mi.go.od.in 出 玦43.

[又余扎卅火] mi.gu.ur.ʊ.ui 出 玦17.

[又余子卅平刋] mi.go.os.ʊ.ul.qa 出 玦42.

[又余火] mi.gu.ui 명(관제) 멸고(蔑孤)(석렬(石烈)의 이름이다(吳英喆 2012a①). 出 玦2.

[又孛夾火] mi.dʒal.qu.ui 동 쫓다(追)(朱志民 1995) 出 博39. 校勘 이 글자는 초본에 잘못 옮겨진 것이므로 "又余夾火"가 올바르다(即實 2012⑱).

[又仐乑] m.o.on 出 宗8. 參考 ☞ 又及仐乑(大竹昌巳 2016d).

[又仐卮] m.o.du 出 先41.

[又仐朱] m.o.od 出 皇19. 參考 ☞ 又及仐朱(大竹昌巳 2016d).

[又仐火] m.o.un 出 先47.

[又公夹] m.os.qu 수 ① 제1, 첫째(劉鳳翥 2014b52) ② "첫째"의 여성 단수형(남성 단수형은 "又冬余")(大竹昌巳 2016d). 명 ① 딸, 여자아이(劉鳳翥 1987a), ② 맏이(伯·長)(王弘力 1986, 即實 1988b), ③ 맏이(孟)(即實 1990④), ④ 연장자, 장녀(愛新覺羅 2002). 出 許/故/仲/迪/副/烈/奴/淸/尙/回/特/蒲.

[又公夹] m.os.jæ 出 許8. 校勘 이 글자는 초본에 잘못 옮겨진 것이므로 "又公夹"가 올바르다(即實 2012⑱).

[又尒夹] m.ol.qu 出 許51. 校勘 이 글자는 초본에 잘못 옮겨진 것이므로 "又公夹"가 올바르다(即實 2012⑱).

[又企] m.əm 명 ① 은(銀)(清格爾泰외 1985), ② 얼음(即實 1996③). 出 道/宣/許/故/仲/先/慈/尙/韓.

[又企 又化] m.əm m.ir 명 눈썰매, 눈덧신(氷橇)(即實 2012⑳). 出 慈11.

[又企村] m.əm.ən 出 迪27.

[又企矢] m.əm.tə 出 玦46.

[又企余] m.əm.gu 出 韓19. 校勘 이 글자는 초본에 잘못 옮겨진 것으로 "又企夲"가 올바르다(即實 2012⑱).

[又企屮冈] m.əm.bur.[?] 出 韓19. 校勘 이 단어는 본래 2개의 글자(又企 刋冈)이나 초본에는 변형되어 하나로 합쳐져 있다(即實 2012⑱).

[又火] m.ui 명(인명) ① 萌舮(即實 1996⑥), ② 穆維(劉鳳翥외 2006b), ③ 麻隉(劉浦江 2009), ④ 木僢(即實 2012⑯), ⑤ 末思(愛新覺羅 2013a). 出 紀4, 蒲4. 人物 《紀誌》

의 주인 夷里衍糺里(1061~1102, 한풍명: 耶律糺里)와 ≪蒲誌≫의 주인 白隱蒲速里(1058~1104, 한풍명: 耶律思齊)는 4촌간인데 그 5대조에 해당하는 蒲隣末思 령온(令穩)을 지칭한다(愛新覺羅 2013a).

[又火又] m.ui.ir 出 迪34.

[又火化] m.ui.ir 副23.

[又火仝圠] m.ui.d.əl 出 先32. 校勘 即實은 이 글자를 "又火仝圠"이라고 기록하고 있다(即實 2012⑫).

[又火仝化几] m.ui.d.lə.əg 出 道36.

[又火仝化几矢] m.ui.d.lə.əg.tə 出 先56. 校勘 即實은 이 글자를 "又火仝化几矢"라고 기록하고 있다(即實 2012⑫).

[又火化几] m.ui.lə.g 出 弘22.

[又火化几利] m.ui.lə.g.ən 出 仁28.

[又炎] m.əŋ 借詞 ①"萌"을 나타내는 한어차사(即實 1991b, 閻萬章 1992), ②"明"을 나타내는 한어차사(豊田五郎 1991b). 出 先39/40/41/46.

[又炎 几圣] m.əŋ g.u 名(인명) 萌觚(即實 1996⑯). 出 先39.

[又尖卅及扎] m.æm.o.o.ur 出 尚8. 校勘 이 단어는 본래 2개의 글자(不尖 卅及扎)이나 초본에는 잘못하여 하나로 합쳐져 있다(即實 2012⑫).

[又非火及] m.ug.ud.o 出 興8.

[又出委卅] m.an.is.ʊ 出 慈24. 校勘 이 단어는 초본에 옮기며 잘못 분할되었는데, 뒤 원자들과 합쳐 "又出委卅矢芬本"로 하여야 한다(即實 2012⑫).

[又出委卅矢芬本] m.an.is.ʊ.ul.ə.tʃi 動 함께 사냥하다(即實 2012⑳). 出 慈24.

[又出委卅平쥐] m.an.is.ʊ.ul.qa 動 사냥하다(即實 1996⑯). 出 道26.

[又出委] m.an.ir 動 사냥하다(豊田五郎 1991b), ②가다(即實 1991b), ③출발하다(劉鳳書 1987a). 名 사냥군(獵夫)(即實 1991b). 名(인명) ①穆□□(劉鳳書외 2006b), ②滿尼(愛新覺羅 2006a), ③滿寧(愛新覺羅 2006b), ④木初蔭(即實 2012⑳). 出 郎/先/慈/烈/糺/清/玦/回/蒲. 人物 ≪糺誌≫ 주인 夷里衍糺里(1061~1102, 한풍명: 耶律糺里)의 조모인 滿尼 낭자를 지칭한다(愛新覺羅 2010f).

[又出委 尢夾为] m.an.ir ʃ.au.a 名 사냥용 매(獵鷹)(即實 2012⑳). 出 清17.

[又出委 尢夾为火] m.an.ir ʃ.au.a.iu 名 사냥용 매(獵鷹)(即實 2015a). 出 玦6.

[又出委 几] m.an.ir ku 名 사냥군(獵夫)(即實 1996⑯). 出 先33.

[又出委 夲住关] m.an.ir s.um.i 名 사냥(打獵)(研究小組 1977b, 清格爾泰외 1978a). 出 郎2.

[又出朱] m.an.tʃi 名 사냥군(獵夫)(即實 1991b). 名(인명) ①穆而茨(劉鳳書외 2006a), ②木初只(即實 2012⑳), ③穆尼茨(劉鳳書 2014b52). 出 先31, 慈6. 人物 ≪慈誌≫의 주인 鉢里本朝只(1044~1081)의 모친인 罟氏 낭자(即實은 "奄昔낭자", 劉鳳書는 "嚴實낭자"라고 해석)의 남동생이다(愛新覺羅 2010f).

[又出朱 亞夲 屋关] m.an.tʃi qur.u tol.i 名(관제) 전전사(典畋事, 사냥군에 관한 사무를 총괄하는 것을 말한다)(即實 1996⑯). 出 先31.

[又用] m.iŋ 借詞 ①"明"을 나타내는 한어차사(實玉柱 1990b), ②"銘"을 나타내는 한어차사(石金民외 2001). 出 故16, 奴1/41.

[又用关] m.iŋ.ər 出 玦6.

[又丹] m.əb 出 韓25.

[又卅] m.jaŋ 名(인명) 木楊(唐彩蘭외 2002). 出 烈34.

[又卅 几丬 公圣] m.jaŋ g.ia n.u 名(인명) 木楊家奴(劉鳳書 2014b52). 出 烈34. 校勘 ≪烈誌≫의 지문(誌文)을 옮겨 적은 자(書丹者)를 지칭하는데, 即實은 초본에 오류가 있으므로 첫 원자를 "又"가 아닌 "火"로 고쳐 "楊家奴"로 번역해야 한다고 주장하고 있다(即實 2012⑨).

[又丼] m.ja 出 慈13. 校勘 이 글자는 초본에 잘못 옮겨진 것("又"와 "丼"를 이어 쓰는 사례는 없음)이므로 "不丼"가 올바르다(即實 2012⑫).

[又文右公] m.jæ.ær.d 形 날래고 용맹한(即實 2012⑳). 名(관제) "미리(彌里)"의 복수형(吳英喆 2011a). 出 副12.

遼史 彌里(미리)는 작은 향(鄉)을 지칭한다. ≪요사・국어해≫에 따라 고을 중에서 작은 고을이 "miri"로 재구성되며, "시골"이란 뜻이다(金渭顯외 2012⑤).

[又文关] m.jæ.au 出 弘24. 校勘 이 글자는 초본에 잘못 옮겨진 것이므로 "又文关"가 올바르다(即實 2012⑫).

[又文关] m.jæ.əns 名(인명) 緬思(愛新覺羅 2006c). 出 弘24, 烈14/30, 清3/4. 人物 ≪清誌≫의 주인 拏里懶太山(1029~1087)의 5대조인 阿鉢董緬思(室魯) 상부(尚父)로, 순흠황후(淳欽皇后)의 이부중형(異父仲兄)이다(愛新覺羅 2010f).

[又文关伏] m.jæ.əns.in 名(인명) ①篾里寧(郭添剛외 2009), ②緬隱(愛新覺羅 2009c). 出 尚3.

墓誌 緬隱・胡烏里(면은・호오리)는 ≪尚誌≫의 주인이다. 烏里虎輦의 장남으로 천회(天会) 8년(1130)

에 태어나 대정(大定) 2년(1162)에 출사하여 소신교위(昭信校尉)·호위(護衛)·상사장(上師長)·시의부사(侍醫副使)를 역임한 후에 12년(1172)에 도사(道士)가 되었다. 현무장군(顯武將軍)에 봉해졌으며, 15년(1175) 하날발(夏捺鉢)에서 사망하였다. 자녀는 3남(烏里只夷末里, 毛家夷末里, 瑰里) 3녀(奥魯宛阿古, 吼烏里堅, 壽陽)가 있다(愛新覺羅 2010f).

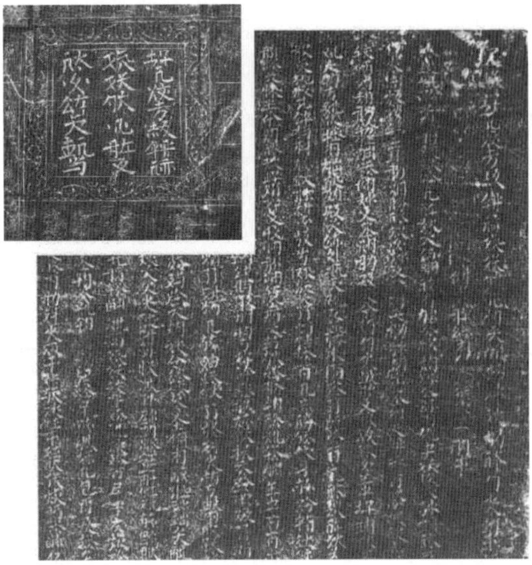

▲ 상식국사(尚食局使) 묘지 지개(좌상) 및 지문(일부)

[及交内] m.jæ.on [出] 興30. [校勘] 이 글자는 휘본 등에 잘못 옮겨진 것으로 "及夾内"이 올바르다(即實 2012㊄).

[及九] m.əg [형] 화목하고 즐겁다(即實 1996①). [出] 宣14, 清20.

[及九百 冈火] m.əg.əi u.ər [동] 특별히 받다(即實 2012⑳). [出] 先32.

[及九百灭药] m.əg.əi.u.dʒi [出] 慈14.

[及九百勺] m.əg.əi.g [出] 仲13. [校勘] 이 글자는 초본에 잘못 옮겨진 것이므로 "及九百当"이 올바르다(即實 2012㊄).

[及九百火] m.əg.j.ər [出] 玦27.

[及九灭药] m.əg.u.dʒi [出] 玦15.

[及九叉] m.əg.ir [出] 興/道/先/宗/圖.

[及九叉 부百] m.əg.ir nen.əi [형] 특히 기쁘다(即實 2012⑳). [出] 興20.

[及九伞] m.əg.əs [出] 道20, 博10, 皇13, 糺7.

[及九伞公火] m.əg.əs.d.ər [出] 博18.

[及九伞九] m.əg.əs.əg [出] 宗8, 玦44. [校勘] 即實은 ≪宗8≫에서는 이 글자를 "及九伞北"이라고 기록하고 있다(即實 2012㊄).

[及九小杰伏] m.əg.l.gə-n [出] 道22.

[及九小九] m.əg.əl.gə [出] 先37, 宗12.

[及九小九 火] m.əg.əl.gə ui [出] 先37.

[及九小火] m.əg.l.ər [出] 玦27.

[及九小杰百] m.əg.l.gə.əi [出] 尚28.

[及九小杰当] m.əg.l.gə.ən [出] 回25.

[及九券] m.əg.ə [出] 玦39.

[及九尘] m.əg.d [동] 흥분하다(?)(即實 2012⑳). [出] 許20.

[及九当] m.əg.ən [出] 許42, 宗18.

[及关] m.i [借詞] ①"密"을 나타내는 한어차사(研究小組 1977b, 劉鳳翥외 1977), ②"彌"를 나타내는 한어차사(梁振晶 2003). [대] 1인칭 대명사(愛新覺羅외 2011). [出] 許/迪/烈/奴/圖/玦.

[及关 小百 公灭] m.i l.əi n.u [명](인명) 彌勒女(愛新覺羅 2010f, 劉鳳翥 2014b㊾). [出] 圖7. [人物] ≪圖誌≫ 주인 蒲奴隱·圖古辞(1018~1068)의 넷째 딸이다(愛新覺羅 2010f).

[及关雨] m.i.ni [借詞] "珉"을 나타내는 한어차사(豊田五郎 1991b). [대] 1인칭 대명사의 소유격(愛新覺羅외 2011). [同源語] 음운적으로는 몽골어의 [minu]보다는 여진어의 "兵禾"[mini](나의 ~)와 가깝다(愛新覺羅외 2011). [出] 先64/65, 永38, 回8, 圓6.

[及关村] m.i-n [대](소유격) 나의(吳英喆 2012a②). [同源語] 몽골어의 제1인칭 소유격 [mini]와 매우 가깝다(吳英喆 2012a②). [出] 回2. [參考] ☞ "거란어와 몽골어의 지시대명사"에 대하여는 "口"(원자번호 323)를 참조하라.

[及杰] mi.gə [出] 尚9. [校勘] 이 단어는 초본에 옮기며 잘못 분할되었는데, 뒤 원자들과 합쳐 "及杰杰小冈药"로 하여야 한다(即實 2012㊄).

[及杰杰小杰火] mi.gə.tʃi.l.gə.ər [出] 烈26.

[及杰杰小灭药] mi.gə.tʃi.l.u.dʒi [出] 永38.

[及杰杰小火当] mi.gə.tʃi.l.ud.ən [出] 興22. [校勘] 이 글자는 휘본 등에 잘못 옮겨진 것이므로 "及杰杰小杰当"이 올바르다(即實 2012㊄).

[及杰□小八药] mi.gə.?.l.k(h).dʒi [出] 尚33. [校勘] 이 글자는 초본에 잘못 옮겨진 것이므로 "及杰杰小杰当"이 올바르다(即實 2012㊄).

[及炎击平] m.os.ha.ai [동] 우두머리가 되다(即實 2012⑳).

[及炎北] m.os.ur [出] 蒲7.

[及炎欠] m.os.gu [수] 제1, 첫째(劉鳳翥 2014b㊾). [명] ①남자형제 중의 맏이(袁海波외 2005), ②맏이(伯長)(即實 2012⑳). [出] 清6/10/13/14.

[及炎余] m.os.gu [명] 맏이(伯長)(即實 2012⑳).

[又炎小廾火] m.os.l.o.ui [出] 仲9.

[又尘用九] mi.d.il.gə [出] 先65. [校勘] 即實은 이 글자를 "又火用九"라고 기록하고 있다(即實 2012校).

[又半炎矢] m.oŋ.ər.tə [出] 興29.

[又岑矢] m.jau.tə [명](향위격) 태묘(太廟)에(研究小組 1977b). [出] 興32.

> [遼史] **太廟(태묘)** : 대묘(大廟)라고도 하는데, 제왕(帝王)의 조상들에게 제사를 지내는 사당이다(金渭顯외 2012㊤).

[又平亚丂伏] m.ul.ha.al.in [出] 先43.

[又穴亚丹伏] m.u.ha.bu.n [出] 海12. [校勘] 이 글자는 휘본 등에 잘못 옮겨진 것이므로 "又欠子廾火"가 올바르다(即實 2012校).

[又穴圠反] m.u.ur.u [出] 副9. [校勘] 이 단어는 초본에 옮기며 잘못 분할되었는데, 뒤 원자들과 합쳐 "又欠圠反犳矢"로 하여야 한다(即實 2012校).

[又□友] m.?.dʒi [出] 尚18. [校勘] 即實은 이 글자를 "又刃友"라고 추정하고 있다(即實 2012校).

圣 [발음] dʒir [原字번호] 134

[圣] dʒir [수] 2(둘)(羅福成 1933, 王静如 1933, 研究小組 1977b, 清格爾泰외 1978a/1985, 即實 1996⑯). [同源語1] "2"를 뜻하는 서면몽고어의 [xojar], 몽고방언 [xojir], [xuir], 다호르어의 [k'ɔirə] 또는 [xojir], 만주어 [tʃuwo], 어웬키어의 [tʃu:r] 등이 같은 어원이다(即實 1996⑬). [同源語2] 여진어의 "尓" [dʒir-hon] (12, 열둘)이 같은 어원이다(愛新覺羅외 2011). [出] 興/仁/道/宣/令/許/郎/仲/先/宗/海/博/涿/永/迪/弘/副/宋/慈/智/烈/奴/高/室/圖/梁/糺/清/尚/韓/玦/回/特/蒲蓋/蒲.

[圣 亚亚东] dʒir qa.ha.ad [명] 두 황제(二汗)(清格爾泰외 1985). [出] 仁20. [校勘] 即實은 이 단어를 "圣 亚亚东"이라고 기록하고 있다(即實 2012校).

[圣 扎九公 九火 朩雨] dʒir us.gə.d g.uŋ tʃ.in [명](관제) 이자공신(二字功臣)(吳英喆 2012a①). [出] 玦20.

[圣 仕反犳公 炎] dʒir mu.u.dʒi.d ər [명] 두 성인(二聖)(清格爾泰외 1985). [出] 許54. [校勘] 即實은 이 단어를 "圣 仕反犳公炎"이라고 기록하고 있다(即實 2012校).

[圣 今丹尘炎] dʒir tə.bu.t.ər [명](지명) 이달복(二撻卜) 못(即實 2012⑳). [出] 道5.

[圣 主公] dʒir kəi.d [명](관제) 2극(二剋)(吉如何 2016). [出] 圖8.

[圣 穴公] dʒir u.n [명](관제) 양부(兩府)(即實 1996⑯). [出] 許7.

[圣村] dʒir.ən [수](소유격) 둘(또는 두 사람)의(劉鳳翥 1993d, 即實 1996①, 愛新覺羅외 2011). [出] 仁/令/許/仲/先/宗/博/涿/永/迪/弘/副/慈/烈/奴/圖/糺/清/尚/韓/玦/回/特/蒲.

[圣村 朩士] dʒir.ən tʃ.əu [수] 두 개의 주(州)(清格爾泰외 1985). [出] 仲17.

[圣村夾] dʒir.ən.oi [出] 特16.

[圣久] dʒir.ug [명] ① 장(障), 문(門)(即實 1996⑥), ② 장애(即實 2012⑪). [명](인명) ① 迪里古(愛新覺羅 2006a), ② 直魯古(愛新覺羅외 2012⑥), ③ 亏里古(即實 2012⑳). [出] 仲14, 先19, 副3, 宋17. [人物] ≪副誌≫의 주인인 寫篤宛兀没里(1031~1077)의 9대조인 薩剌頂 · 直魯古 이리근(夷離堇), 즉 의조장경황제(懿祖莊敬皇帝)를 지칭한다(愛新覺羅외 2012⑥).

[圣久伏] dʒir.ug.in [명] 사위(婿)(即實 1988b). [出] 令9.

[圣矢] dʒir.tə [수](향위격) 둘(또는 두 사람)에(劉浦江외 2014). [出] 先/宗/永/迪/智/烈/梁/玦.

[圣仐] dʒir.əs [出] 永21. [校勘] 이 글자는 초본에 잘못 옮겨진 것이므로 "圣仐"가 올바르다(即實 2012校).

[圣关] dʒir.i [出] 先22.

[圣炎] dʒir.ər [出] 皇10, 副21. [校勘] 即實은 ≪副21≫에서는 이 글자를 "圣炎"이라고 기록하고 있다(即實 2012校).

[圣当] dʒir.ən [부] 제2차, 재차(다시)(清格爾泰외 1985, 劉鳳翥 1987b). [명] ① 형상(像)(羅福成 1934j, 研究小組 1977b, 黄振華 1985a, 即實 1996⑦), ② "그림(繪)"의 여성형(大竹昌巳 2016d). [出] 仁31, 郎3. [用例] 叉由 圣当 [ir.jo dʒir.ən] [명] 초상화(繪像)(清格爾泰외 1978a). [出] 郎3.

[圣平村] dʒir.ul.ən [出] 許29. [校勘] 이 글자는 초본에 잘못 옮겨진 것이므로 "圣尗村"이 올바르다(即實 2012校).

圣 [발음] kuir [原字번호] 135

[圣] kuir [수] ① 2(둘)(劉鳳翥 1984a, 清格爾泰외 1985, 即實 1986d, 吳英喆 2006c), ② 합이 2(即實 1996⑬), ③ 2(둘)의 남성형(劉鳳翥 2014b52). [同源語] "합이 2"를 뜻하는 서면몽고어의 [xojakʊla]와 그 구어 [xojʊ:l] 등이 같은 어원이다(即實 1996⑬). [書法] "圣(원자번호 134)"에 점을 찍은 형태(Kane 2009). [出] 仁/令/許/故/仲/先/博/涿/永/迪/

弘/副/皇/智/烈/奴/圖/清/尚/韓/玦/回/特/蒲.

[丞 业业ホ头] kuir qa.ha.ad.ər [명] 두 황제(二帝), 두 나라(兩朝)(即實 1996⑯). [出] 先66.

[丞 5个村 北几] kuir dor.əs.ən us.gə [명] 두 ≪예서(禮書)≫(即實 2012⑳). [出] 先57.

[丞村] kuir.ən [수](목적격) 둘(또는 두 사람)을(大竹昌巳 2016d). [出] 詳17.

刀 [발음] uan [原字번호] 136

[刀 ち] uan.əu [出] 塔I-3.

[刀丸村] uan.au.ən [出] 清3. [校勘] 이 글자는 초본에 잘못 옮겨졌으므로 "刃夲村"이 바르다(即實 2012[校]).

[刀个北] uan.s.əl [出] 仲11.

[刀仌个] uan.o.s [出] 先56. [校勘] 이 글자는 초본에 잘못 옮겨진 것으로 "伏夯个"가 올바르다(即實 2012[校]).

[刀公] uan.d [出] 智8.

[刀关] uan.i [出] 先25.

[刀关为丰ち礿] uan.i.a.ai.dəu.dʒi [出] 先65. [校勘] 即實은 이 글자를 세 글자(刀关 为丰 ち礿)로 나누어 기록하고 있다(即實 2012[校]).

[刀尺交] uan.u.ur [出] 塔I-1.

刃 [발음] ir [原字번호] 137

[刃] ir [出] 洞I-1.

[刃丙] ir.əi [出] 迪36.

[刃丙北] ir.j.əl. [부] 다시(即實 1996⑥). [동] 고치다(石金民외 2001). [명] ① 책력(曆), 순차(順次)(愛新覺羅 2004a⑤/2004b①), ②(관제) 이리필(夷離畢)(即實 1996④). [出] 道/許/先/永/迪/副/智/烈/奴/高/圖/清/韓/玦/蒲. [参考] ☞ 이리필(夷離畢)에 대한 설명과 제반 표현에 대하여는 "田屮" [il.bur]를 참조하라.

[刃丙北 仲公村] ir.j.əl ju.ən-n [명](관제・소유격) 이리필원(夷離畢院)의(即實 1996⑯). [出] 許12.

> [遼史] 夷離畢院(이리필원)에 대하여는 ≪요사≫에 간단히 기록되어 있는데, ≪요사・백관지1≫ 북면조관(北面朝官) 조에 "이리필원(夷離畢院)은 형옥(刑獄)을 관장하였다"고 되어 있다(清格爾泰외 1985).

[刃丙丈] ir.əi.sair [出] 許31. [校勘] 이 글자는 초본에 잘못 옮겨진 것이므로 "刃丙北"이 올바르다(即實 2012[校]).

[刃丙业业各北] ir.əi.l.ha.as.əl [명] 차례(即實 1996③). [동] ① 순서를 정하다(即實 1996⑯), ② 순서대로 배열하다(愛新覺羅 2004a⑤). [出] 仲20.

[刃丙关] ir.j.i [부] 순서대로(愛新覺羅외 2012①). [出] 博/皇/宋/尚/葉/玦.

[刃丙炏] ir.j.ər [명](인명) ① 夷烈里(愛新覺羅 2010f), ② 訛里也(即實 2012⑦), ③ 古也里(劉鳳翥 2014b52). [出] 永19, 智18. [人物] ≪永誌≫ 주인 遙隱永寧(1059~1085)의 동생인 夷烈里(即實은 "訛里也"라 표현)를 지칭한다(愛新覺羅 2010f).

[刃丙当] ir.j.ən [出] 仲36, 皇5.

[刃丙当炏] ir.j.ən.ər [동] 순서를 정하다(即實 2012⑳). [出] 弘9.

[刃长] ir.us [出] 塔II-3.

[刃並] ir.jaŋ [出] 韓25. [校勘] 이 글자는 초본에 잘못 옮겨진 것이므로 "刃尘"가 올바르다(即實 2012[校]).

[刃夫] ir.dʒi [出] 先41, 永36.

[刃交] ir.ur [出] 興18. [校勘] 이 글자는 휘본 등에 잘못 옮겨진 것이므로 "丹交"가 올바르다(即實 2012[校]).

[刃夂□] ir.u.? [出] 糺28. [校勘] 이 글자는 초본에 잘못 옮겨진 것이므로 "刃夂□"가 올바르다(即實 2012[校]).

[刃夲伏] ir.tʃ.in [동] 보좌하다(即實 2012⑳). [出] 興19, 慈4.

[刃夲当] ir.tʃ.ən [出] 回24.

[刃夂] ir.ug [명] 생령(生靈, 살아있는 넋, 생명)(即實 1988a). [出] 道/博/迪/宋/烈.

[刃夂커] ir.ug.aq [出] 先16.

[刃夂火] ir.ug.un [出] 道12, 智22.

[刃夂火关] ir.ug.un.i [명] 변괴(變壞), 불리(不利)(王弘力 1990). [出] 故13, 先10/17.

[刃仌交] ir.o.ur [出] 烈5.

[刃公穴关] ir.d.os.i [出] 許44. [校勘] 이 단어는 본래 2개의 글자(刃公 穴关)이나 초본에는 잘못하여 하나로 합쳐져 있다(即實 2012[校]).

[刃仝化] ir.ol.ur [出] 智21. [校勘] 이 글자는 초본에 잘못 옮겨진 것으로 "刃仌化"가 올바르다(即實 2012[校]).

[刃业夲及北矢] ir.əl.gə.u.ur.tə [出] 博27. [校勘] 이 단어는 본래 2개의 글자(刃业夲及 北矢)이나 초본에는 잘못하여 하나로 합쳐져 있다(即實 2012[校]).

[刃业夲当] ir.əl.gə.ən [出] 仲31.

[刃仐伏] ir.əl.in [出] 博33.

[刃仐炎仐九村] ir.əl.gə.l.g.ən [出] 副19.

[刃仐炎炎] ir.əl.gə.ər [동] 함께 돕다(即實 2012⑳). [出] 迪9.

[刃仐炎与] ir.əl.gə.ən [出] 先37, 迪32, 皇16, 回12.

[刃仐与矢] ir.əl.ən.tə [出] 仲39.

[刃火火] ir.un.un [出] 永30. [校勘] 이 글자는 초본에 잘못 옮겨진 것이므로 "**刃夂火**"이 올바르다(即實 2012校).

[刃火] ir.ju [出] 先47.

[刃火圧] ir.ju.jar [出] 慈11.

[刃付圡本] ir.əb.ha.ar [出] 回27.

[刃关圵] ir.i.əl [出] 宗11, 糺11.

[刃关炎] ir.i.ər [명](인명) ① 夷列(劉浦江 2009), ② 夷里也(愛新覺羅 2006b), ③ 瑰理(劉鳳翥외 2006b), ④ 訛里也(即實 2012⑳). [出] 糺15/17/23. [人物] ≪糺誌≫의 주인 夷里衍糺里(1061~1102)는 장남으로 동모(同母)의 동생이 셋 있는데, 그 중 첫째 동생인 遜寧夷烈里 낭군(1062~?)을 지칭한다(愛新覺羅 2010f).

[刃关与] ir.i.en [명](인명) 貴安(劉鳳翥 2014b52). [出] 糺1. [校勘] 이 글자는 초본에 잘못 옮겨진 것이므로 "**刃关与**"이 올바르다(即實 2012校).

[刃关与] ir.i.ən [명](인명) ① 夷懶(劉浦江 2009), ② 夷里衍(愛新覺羅 2006b), ③ 訛里衍(即實 2012⑯). [出] 糺1/2/30.

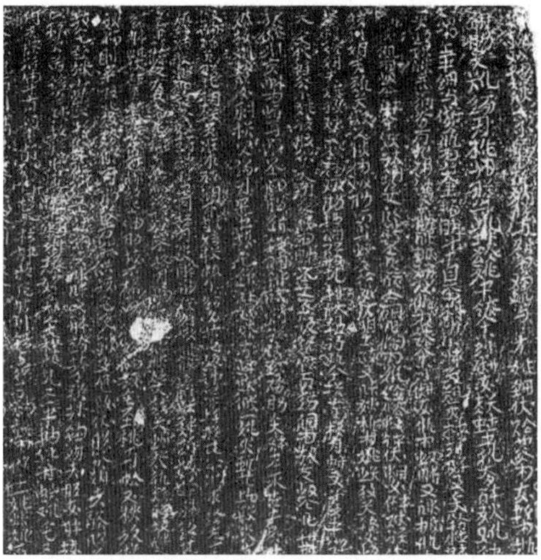

▲ 야율규리(耶律糺里) 묘지명(일부)

[墓誌] 夷里衍糺里(이리연규리)는 ≪糺誌≫의 주인이다. 撒班鐸魯斡 상공(1020~1076)의 적장자(嫡長子)이며, 동모(同母)의 동생이 셋 있는데, 遜寧夷烈里낭군(1062~), 白낭군(19세 사망), 烏里何里(18세 사망)이다. 이모(異母)의 형이 둘 있는데, 큰 형은 29세에 사망했고 그 아우가 乙辛낭군(1055~)이다. 부인이 둘인데, 첫 부인은 질랄해가한장(迭剌奚可汗帳)의 習撚(26세 사망)으로 아들 오근(1085~)을 낳았다. 둘째 부인인 구곤씨(甌昆氏) 管迷낭자는 아들 셋(德孫, 如六, 道士奴)과 딸 하나(延昌女)를 낳았다. 18세에 출사하여 지후(祗候)·패인사낭군(牌印司郎君)·지북원사(知北院事)·지기거주사(知起居注事)·숙직관(宿直官)을 역임하고 하서(河西)에 사절로 갔다. 난주자사(灤州刺史)·태보(太保)가 되었다. 건통 2년(1102) 6월에 병사하였다(愛新覺羅 2010f).

[刃炎] ir.ər [명] 호(户)(盧迎紅외 2000). [동] ① 집필했다, 집장(集掌)했다(愛新覺羅 2004a⑧), ② 글을 썼다(愛新覺羅 2004a⑧, 劉鳳翥 2014b52). [出] 迪1/2/8/29/41, 洞III-2. [用法] **刃**(어근) + **炎**(과거시제 접미사)로 구성된다(愛新覺羅 2004a⑧). [校勘] 이 글자중 일부는 초본에 잘못 옮겨진 것이므로 각각 "**朰炎**"≪迪2/41≫, "**可炎**"≪迪8/29≫가 올바르다(即實 2012校).

[刃炎圵] ir.gə.əl [出] 迪21.

[刃尘] ir.d [동] 보좌하다, 섬기다(即實 1991b/1996③/1996⑥). [出] 仲/先/副/奴/梁/玦. [同源語] 다호르어의 보좌한다는 의미인 [ərʃeː]에 대응한다(即實 1996⑥).

[刃尘 刭圡中用圡本] ir.d dʒa.ha.ai.il.ha.ar [동] 보좌하다, 섬기다(即實 1996⑥). [出] 仲20.

[刃□] ir.? [出] 尚12. [校勘] 초본에는 마지막 원자가 탈루되었는데 "**刃尘**"로 추정된다(即實 2012校).

刋

[발음] ug
[原字번호] 138

[刋交] ug.ur [出] 尚11. [校勘] 이 글자는 초본에 잘못 옮겨진 것이므로 "**乖交**"가 올바르다(即實 2012校).

[刋氵村] ug.gi.ən [出] 槨2.

力

[발음] na
[原字번호] 139

[力] na [동] 의외로, 뜻하지 않게(即實 2012⑳). [出] 興/道/許/仲/先/宗/博/皇/宋/智/奴.

[力 丙] na iu [동] 일찍 사망하다, 요절하다(即實 2012④, 劉鳳翥 2014b52). [명](인명) 納尤(即實 1996⑯). [出] 許45, 奴21. [人物] ≪許誌≫ 주인은 부인이 넷 있었는데, 그 중 첫째 부인인 納尤을 지칭한다(即實 1996⑯).

[力圡中] na.ha.ai [명] ① 외숙부(舅父)(趙志偉외 2001,

劉鳳翥 외 2003b, 劉鳳翥 2014b(52)), ② 아버지의 외숙부(舅祖)(愛新覺羅 2004b④), ③ 외할아버지(外祖父)(愛新覺羅 외 2011). [명](인명) 那乃(即實 2012⑳). [用法] 이 글자는 "외숙부"(舅, **力圡** [na.ha])"와 "아버지"(父, **卆** [ai])의 합성어라는 주장도 있다(愛新覺羅 외 2011). [出] 宗/宋/智/梁/清.

[**力圡卆 伞几村**] na.ha.ai mə.gə-n [명] 외숙조모(舅祖母)(呼格吉樂圖 2017). [出] 仲3.

[**力圡为ち**] na.ha.a.al [出] 仲3.

[**力圡出叐**] na.ha.an.ir [명] ① 숙부(叔父)(吳英喆 2012a①), ② 구(舅)(呼格吉樂圖 2017). [用法] ① "구(舅)"의 복수형으로 쓰이는데, 특히 "국구(國舅, 황후의 친정아버지, 즉 황제의 장인)"를 지칭한다(愛新覺羅 2011b). ② "국구"를 표시할 때에는 "**凡亦村 力圡出叐**"로 쓰는 것이 보통이다(吳英喆 2012a②). [出] 回蓋2, 回1/2, 特2/13. [同源語] 앞의 두 음절이 몽골어의 "구(舅)"인 [naɤatʃʊ]의 두 음절과 같다(呼格吉樂圖 2017). [校勘] "**力圡出叐**"는 ≪回誌≫와 ≪特誌≫에만 나타나는데, "**力圡出兴**"로 씀이 일반적이다(愛新覺羅 외 2012).

[**力圡出叐村**] na.ha.an.ir.ən [명](소유격) 국구(國舅)의(吳英喆 2012a②). [出] 特1.

[**力圡出兴**] na.ha.an.ər [명] ① 국구(國舅), 구(舅)(即實 1982a/1996③, 寶玉柱 1990b, 豊田五郎 1991b, 劉鳳翥 2014b(52)), ② 옹(翁)(劉鳳翥 외 1995), ③ "구(舅)"의 복수형(愛新覺羅 외 2011, 武内康則 2016). [用法] "**出兴**"외에 "**伏兴**"·"**伏叐**"도 인칭명사나 친족호칭의 복수 [-nər] /[-nir]를 표시한다(愛新覺羅 2004a⑦). [同源語] 몽골어의 복수접미사인 [-nar]·[-ner]와 같은 어원이다(愛新覺羅 외 2011). [出] 仁/許/故/仲/先/迪/弘/副/宋/智/奴/高/圖/梁/清/韓/蒲.

[**力圡出兴 州欠 丈村**] na.ha.an.ər od.gu adʒu-n [명](관제) 국구소옹장(國舅小翁帳)(即實 1996⑯). [出] 仲蓋.

> [遼史] **國舅帳(국구장)**. 태조 천찬 원년(922)에 20부를 조정하면서 질랄부(迭剌部)를 오원(五院)과 육원(六院)으로 나누고, 황족을 횡장(橫帳)과 3방(맹부방·중부방·계부방)으로 나누었으며, 황족과 통혼한 발리(拔里)·을실기(乙室己) 2족을 국구장으로 편성했다(李桂芝 1996).
>
> 을실기국구대옹장(乙室己國舅大翁帳)·소옹장(小翁帳), 발리국구대부장(拔里國舅大父帳)·소부장(小父帳), 국구을실대옹장(國舅乙室大翁帳)을 ≪요사≫에서는 국구5장이라 부르는데, 대부분의 북부재상이 여기에서 선발되었다(金渭顯 외 2012㊥).

[**力圡出兴村**] na.ha.an.ər-n [명](관제·소유격) ① 국구(國舅)의(即實 1996⑥, 劉鳳翥 2014b(52)), ② 국구장(國舅帳)의(即實 1996⑯, 愛新覺羅 외 2011). [用法] "구(舅)"의 복수형인 **力圡出兴** [naha-nər]와 소유격어미 **村** [-n]의 합성어이다(愛新覺羅 외 2011). [出] 先/宗/慈/奴/高/葉/玦.

[**力圡出兴村 叉及 丈村**] na.ha.an.ər-n m.o adʒu-n [명](관제) 국구대옹장(國舅大翁帳)(即實 2012⑳). [出] 宗21.

[**力圡出兴村 州欠 丈村**] na.ha.an.ər-n od.gu adʒu-n [명](관제) 국구소부장(國舅小父帳)(即實 2012⑳). [出] 宗19.

[**力圡兴**] na.ha.ər [명](소유격) 구(舅)의(郭添剛 외 2009). [出] 尚3. [校勘] 초본에는 세 번째 원자가 탈루되었는데 "**力圡出兴**"로 추정된다(即實 2012[校]).

[**力圡丈**] na.ha.adʒu [명] ① 옹장(翁帳)(陳乃雄 외 1999), ② 구(舅)(劉鳳翥 외 2003b), ③ 국구(國舅)(劉鳳翥 외 2004a), ④ 구장(舅帳)(愛新覺羅 2004a⑧), ⑤ 외숙부(舅父)(即實 2012⑳). [同源語] "구(舅)"를 뜻하는 몽골어의 [nagatʃu], 만주어의 [naktʃu]와 같은 어원이다(愛新覺羅 외 2011). [出] 弘/慈/烈/梁/清/玦.

[力ち圡卆] na.al.ha.ai [出] 仁/道/仲/皇/特.

[**力ち丮**] na.al.qa [명] ① 부근, 근처(即實 2012⑳), ② 묘지(墓地)(愛新覺羅 2017a). [出] 故/仲/博/永/副/慈/烈/奴/梁/糺/尚/玦/回. [用例] **丈夂化 力ち丮** [adʒu.ug.ur na.al.qa] [명] 가족묘지(愛新覺羅 2017a).

[**力卆兴**] na.ai.ər [出] 特31.

[**力本**] na.ar [出] 迪37, 梁23.

[力夂圡为本] na.ug.ha.a.ar [出] 興4. [校勘] 이 글자는 휘본 등에 잘못 옮겨진 것이므로 "**力冬圡为本**"가 올바르다(即實 2012[校]).

[力冬] na.as [동] ① "안식(安息)하다"의 어근(愛新覺羅 2004a⑧), ② 잠들다, 재혼하다(即實 2012⑳). [出] 先5, 清9/23. [校勘] 이 글자가 초본에는 "**力冬 业村**"≪清9≫와 "**力冬 为丈**"≪清23≫로 되어 있으나 각각 "**力冬小伏**"와 **力冬为丈**이 올바르다(即實 2012[校]).

[**力冬圡ち叐**] na.as.ha.al.ir [동] 안식(安息)하게 했다(愛新覺羅 2004a⑧). [出] 迪35. [用法] **力冬**(어근)+**圡**(사역형 접요사)+**ち叐**(과거시제 접미사)(愛新覺羅 2004a⑧).

[**力冬圡ち伏**] na.as.ha.al.in [出] 副36.

[**力冬圡卆**] na.as.ha.ai [出] 回14.

[**力冬圡本**] na.as.ha.ar [出] 宋12.

[**力冬圡为本**] na.as.ha.a.ar [동] ① 합장(合葬)하다(研究小組 1977b, 清格爾泰 외 1978a), ② 잠들게 하다(即實 1996①). [出] 仁16.

[**力冬圡为出**] na.as.ha.a.an [동] ① 합장(合葬)하다(研究小組 1977b, 清格爾泰 외 1978a), ② 옮기다(遷)(寶玉柱 1990b, 劉鳳翥 외 2003b), ③ 잠들게 하다(即實 1996③), ④ 안식(安息)하다(愛新覺羅 2004a⑧). [出] 道/宣/宋/智/梁.

[**力冬圡为□**] na.as.ha.a.? [出] 永35. [校勘] 초본에는 마

지막 원자가 탈루되었는데 "力冬圡为出"으로 추정된다(即實 2012校).

[力冬圡出] na.as.ha.an 出 迪28.

[力冬叒矛] na.as.u.dʒi 동 잠든(即實 2012⑳). 出 副51.

[力冬为艾] na.as.a.adʒu 동 잠들게 하다, 안장(安葬)하다(即實 2012⑳). 出 淸23.

[力冬仐北] na.as.s.əl 동 혼인하다, 재혼하다(即實 2012⑳). 出 令/永/奴/玦/蒲.

[力冬仒叉] na.as.əl.ir 동 ①안식(安息)했다(愛新覺羅 2004a⑧), ②혼인하다, 재혼하다(即實 2012⑳). 出 迪8, 圖4. 用法 力冬(어근)+仒叉(과거시제 접미사)(愛新覺羅 2004a⑧).

[力冬仒列] na.as.əl.qa 동 잠들다(即實 1996①). 出 宣27.

[力冬仒伏] na.as.əl.in 동 혼인하다, 재혼하다(即實 2012⑳). 出 許47.

[力冬行伏] na.as.bu.n 동 ①잠들다(即實 1991b), ②세상을 떠났다(愛新覺羅 2003f), ③편히 잠든(愛新覺羅 2004a⑤), ④혼인하다, 재혼하다(即實 2012⑳). 出 宣/仲/先/宗/博/迪/智/烈/圖/糺/尚/回. 用法 力冬(어근)+行伏(과거시제 접미사)(愛新覺羅 2004a⑧).

[力冬关] na.as.i 出 玦12.

[力乃] na.am 借詞 "男"을 나타내는 한어차사(陳乃雄외 1999). 出 弘8, 淸32, 尚1.

[力乃 丙亢] na.am j.aŋ 명(지명) "남양(南陽)"의 한어차사(即實 2015b). 出 特38. 用法 당송시대에는 "남(南)"을 [nam]으로 읽었음을 나타내 준다(即實 2015b).

[力乃伏火] na.am.in.ər 出 仲20. 校勘 이 글자는 초본에 잘못 옮겨진 것이므로 "为乃伏火"가 올바르다(即實 2012校).

[力乃仒火] na.am.əl.ər 동 겸하다(愛新覺羅 2004a⑧). 出 仲23. 校勘 이 글자는 초본에 잘못 옮겨진 것이므로 "为乃伏火"가 올바르다(即實 2012校).

[力仍分关] na.lu.du.i 出 永13. 校勘 이 글자는 초본에 잘못 옮겨진 것이므로 "朩仍分关"가 올바르다(即實 2012校).

[力出] na.an 出 先2, 慈16.

[力出火村] na.an.ər.ən 명(관제·소유격) 국구(國舅)의(吳英喆 2012a①). 出 玦10.

[力由火] na.jo.ər 出 宋22. 校勘 이 글자는 초본에 잘못 옮겨진 것으로 "力出火"가 올바르다(即實 2012校).

[力火交] na.ər.ur 出 許6. 校勘 이 글자는 초본에 잘못 옮겨진 것으로 "丙欠夵"가 올바르다(即實 2012校).

[力平叒] na.ul.u 出 先64. 校勘 即實은 이 글자를 "丸平叒"이라고 기록하고 있다(即實 2012校).

[力艾] na.adʒu 동 재혼하다(即實 2012⑳). 出 宗9, 永20, 淸5.

村 [발음] ən, -n [原字번호] 140

[村] ən, -n 用法 주로 [ə]모음 또는 자음으로 끝나는 어간의 뒤에 붙어 소유격·목적격·향위격 어미로 사용되는 부가성분이다(研究小組 1977b). 동일한 문법적 기능을 가진 표음자는 夹[-an], 火[-un], 朩[-on], 公[ən], 伏[-in], 雨[-in]이 있다(愛新覺羅 2004a⑦, 愛新覺羅외 2011). 出 畵XIV, 塔I-2.

語法1 "村"의 성격과 발음에 대한 초창기 견해

이 원자는 소유격 부가성분으로 인식되었지만, 그 발음에 대하여는 여러 견해가 있었고 대체로 [ən]으로 종합되었다. 또한 모음조화현상 연구를 통해 "村"는 주로 [ə] 등 음성모음이나 자음 뒤의 음성 부가성분에 붙는 것이 발견되었다. 이와 대응하는 것으로는 "夹[an]"·"雨[in]" 등이 있으나, 거란문은 소유격을 표시하는 부가성분이 매우 많고 "村"이 그 중 가장 범용성이 높다. 예컨대 모음 [i]로 끝나는 "圭 王" 등 단어에 소유격 부가성분이 붙을 때에도 "村"를 사용하여 "圭 王村(황제의)" 형식이 된다. "村"과 관련된 것으로 "公"이 있다. 이것은 [n]~[nə]로 읽으며 주로 초성(聲母)용으로 쓰는데, 소유격 위치에 출현하는 정황은 그리 일반적인 용법은 아닌 듯하다(清格爾泰외 1985).

語法2 소유격을 표시하는 접미사의 표현형식

(1) -n (문자형식: 村[公·伏·雨]·火·朩·夹)
모음으로 끝나는 단어에 접속될 때

(2) -in, -un, -on, -an (문자형식: 村·火·朩·夹)
자음 t, d, g, s, r, l, n, m, ŋ으로 끝나는 단어에 접속될 때는 모음 i와 붙어 나타난다.
(u)ŋ, (o)ŋ, (a)ŋ으로 끝나는 단어에 접속될 때는 모음 u, o, a와 붙어 나타난다.

(3) -i (문자형식: 关[火·东·太])
모음 a, ia, iau, o로 끝나는 단어에 접속될 때와 자음 t, d, r, l, n, m, ŋ으로 끝나는 단어에 접속될 때 나타난다(金適외 2007).

同源語 여진어 등의 소유격 표현형식

(1) 여진어 㕛[i]. 만주어도 [i]이며 몽골어의 [in]에 상당한다.

(2) **여진어 未 [ni]**. 만주어도 [ni]이며 몽골어의 [u]나 [un]에 상당한다.

※ "攵"와 "未"는 서로 같은 용법인데 차이점은 "攵"는 끝음절이 모음인 낱말에 붙고 "未"는 끝음절이 [n] 또는 [ŋ]인 낱말에 붙는다는 것이다(金光平외 1980).

[村公舟永长] n.ən.b.u.us [出] 皇19.

屖 [발음] dil, dilə, tʊlʊ [原字번호] 141

[屖] dil, tʊlʊ [수] 7(일곱)(羅福成 1933, 王静如 1933, 研究小組 1977b, 清格爾泰외 1978a/1985, 劉鳳翥외 2009). [명] 바다(海)(吉如何 2016). [同源語] "7"을 뜻하는 서면몽골어 [doloɤɑ], 중기몽골어 [doloan], 현대몽골어 [dɔlɔː] 및 다호르어 [tɔlɔ] 또는 [tɔlɔː] 등이 동일한 어원이다(即實 1996⑬, 大竹昌已 2016e). [出] 興/道/宣/令/故/仲/先/海/博/涿/迪/弘/副/皇/宋/慈/烈/奴/高/圖/梁/糺/清/尚/玦/特.

[屖列] dil.aqa [명](인명) ① 撻烈(王弘力 1986), ② 道洛(即實 1988b), ③ 多羅胡(愛新覺羅 2004a⑫), ④ 迭剌哥(愛新覺羅 2006b), ⑤ 迭烈哥(愛新覺羅 2010f), ⑥ 多羅葛(即實 2012⑳), ⑦ 迪烈赫(劉鳳翥 2014b㊸). [出] 仲30, 永3.

[人物] ①《仲誌》 주인 烏里衍朮里者(1090~1150, 한풍명: 蕭仲恭)의 장손자(長孫子)인 迭剌哥를 지칭한다(愛新覺羅 2010f).
②《永誌》의 주인 遙隱永寧(1059~1085)의 6대조인 雲獨昆 迭烈哥 재상으로서(愛新覺羅 2010f), 동란국(東丹國) 중대성우상(中臺省右相)・연왕(燕王)인 述蘭을 지칭한다(愛新覺羅외 2012).

[屖为东] dil.a.ad [出] 先42.

[屖矢] dil.tə [수](향위격) 7(일곱)에(清格爾泰외 1985, 劉浦江외 2014). [명](향위격) 바다에(吉如何 2016). [出] 仲/永/迪/烈/糺/蒲. [用例] **圡平 屖矢** [əu.ul dilə.tə] [명](향위격) 운해(雲海)에(吉如何 2016). [出] 皇21.

[屖伏] dil.in [명] ① 수컷 짐승(牡), 거세한 소(犍)(即實 1996⑯), ② 바다(劉鳳翥외 2009). [동] 가르치다(教)(即實 2012⑳). [出] 興7, 道33, 皇7.

[屖伏村] dil.in.ən [出] 許9.

[屖公] dil.ən [명](인명) 道連(即實 2012⑳). [出] 迪11. [人物] 《迪誌》 주인 撒懶迪烈德(1026~1092)의 조부인 迪輦 생원(生員)을 지칭한다(愛新覺羅 2010f).

[屖关] dil.i [명](소유격) 바다(海)의(呼格吉樂圖 2017). [出] 奴47, 清27, 特14.

[屖关 仐] dil.i ʊr [명] 바닷물(海水)(呼格吉樂圖 2017). [出] 奴47.

[屖当] dil.ən [수] 일곱째의(盧迎紅외 2000). [명](인명) ① 敵烈(愛新覺羅 2003e), ② 迪輦(愛新覺羅 2004b, 劉鳳翥 2014b㉔), ③ 道連(即實 2012③), ④ 迪利安(劉鳳翥 2014b㉔). [出] 迪11. [用例] "令用当" [t.il.ən]과 동일한 표현이다(即實 2012③, 劉鳳翥 2014b㉔). [人物] 《迪誌》 주인 撒懶迪烈德(1026~1092)의 조모인 국구대옹장(國舅大翁帳) 迪輦 낭자를 지칭한다(愛新覺羅 2010f).

屋 [발음] tʊl [原字번호] 142

[屋] tʊl [出] 宣28.

[屋长方] tʊl.us.ær [出] 槨3.

[屋北] tʊl.əl [명](관제) 지(知)(即實 1996④). [出] 許/故/仲/先/宗/海/博/迪/宋/智/烈/梁. [参考] "지(知)"는 주관하다 또는 주재하다는 의미를 지닌다.

[屋北乃仐] tʊl.əl.am.əs [명](관제) 지(知)(萬雄飛외 2008). [出] 梁7. [校勘] 이 단어는 본래 2개의 글자(**屋北 乃仐**)이나 초본에는 잘못하여 하나로 합쳐져 있다(即實 2012㊫).

[屋叐] tʊl.u [명](관제) 지(知)(蓋之庸외 2008). [出] 許12 副15/ 16/17, 梁23. [校勘] 이 단어는 초본에 옮기며 잘못 분할되었는데, 각각 뒤 원자와 합쳐 "**屋叐犳矢**"《許12》/《副15/16》, "**屋叐犳村**"《副17》, "**屋叐犳**"《梁23》로 하여야 한다(即實 2012㊫).

[屋叐犳] tʊl.u.dʒi [명](관제) 지(知)(即實 1996⑯). [出] 迪19 清4, 韓27, 玦14/22.

[屋叐犳村] tʊl.u.dʒi-n [出] 玦20, 特10.

[屋叐犳矢] tʊl.u.dʒi.tə [명](관제) 지(知)(即實 1996④). [出] 博/迪/奴/高/圖/玦.

[屋叐犳矢关] tʊl.u.dʒi.d.i [명](관제) 지(知)(吉如何 2016). [出] 先68.

[屋叐犳关] tʊl.u.dʒi.i [出] 特8.

[屋叐犳] tʊl.u.dʒi [出] 仲30/31.

[屋叐犳] tʊl.u.dʒi [명](관제) 지(知)(劉鳳翥 1993d). [出] 先62.

[屋叐犳村] tʊl.u.dʒi.ən [出] 博34, 奴31.

[屋叉] tʊl.ir [명](관제) ① 지(知)(劉鳳翥외 1995), ② 직무(賈玉柱 2006). [出] 仲/先/宗/副/清/梁/玦/特.

[屋叉犳] tʊl.ir.dʒi [명](관제) 지(知)(劉鳳翥 1993d). [出] 先24. [校勘] 이 글자는 각공 과정에서 잘못된 것으로

"屋叐犳"가 올바르다(即實 2012[校]).

屋列 tʊl.qa [出] 道/副/皇/玦/特.

[屋列冬] tʊl.qa.as [명](관제) 지(知)(吉如何 2016). [出] 許/先/博/副/弘/玦/特.

[屋列冬朾] tʊl.qa.as.ən [出] 仲/宗/博/迪/玦.

[屋列冬父] tʊl.qa.as.ər [出] 尚21.

屋矢 tʊl.tə [명] 친척(即實 2012⑳). [出] 皇21.

屋伏 tʊl.in [명](관제) 지(知)(王未想 1999). [出] 許14, 涿12, 迪30/39, 玦11.

[屋伏犳] tʊl.in.dʒi [出] 尚22. [校勘] 이 글자는 초본에 잘못 옮겨진 것으로 "屋叐犳"가 올바르다(即實 2012[校]).

[屋伏父] tʊl.in.ər [出] 許23.

屋令 tʊl.d [명] ① 먼 친척(愛新覺羅 2004a⑤), ② 친척(即實 2012⑳). [명](관제) 지(知)(鄭曉光 2002). [出] 仲博/永/慈/圖/梁/清/尚/回/特.

[屋令关] tʊl.t(d).i [명](관제) 지(知)(吉如何 2016). [出] 回15.

屋令犳 tʊl.d.dʒi [명](관제) 지(知)(吉如何 2016). [出] 蒲19.

屋小 tʊl.əl [명](관제) 지(知)(即實 1996③). [出] 仲23.

[屋小圡ち列ち] tʊl.əl.ha.al.qa.ad [出] 博19.

[屋小圡ヰ] tʊl.əl.ha.ai [명](관제) 지(知)(劉鳳翥 1993d). [出] 令17, 仲39, 先9/36/54, 圖7.

[屋小圡木] tʊl.əl.ha.ar [명](관제) 지(知)(豊田五郎 2001). [동] ① 임명되다, 임하다(即實 1991b), ② 주관토록 하다(即實 1996⑯). [出] 仲30, 先9.

[屋小圡为ち] tʊl.əl.ha.a.al [出] 博25.

[屋小圡为火关] tʊl.əl.ha.a.iu.i [出] 回10.

[屋小圡为出] tʊl.əl.ha.a.an [명](관제) 지(知)(吉如何 2016). [出] 慈19.

[屋小圡为出父] tʊl.əl.ha.a.an.ər [동] 직무를 대행하다, 대리하다(署理)(即實 2012⑳). [出] 尚12.

[屋小廾犳] tʊl.əl.ʊ.dʒi [명](관제) 지(知)(吉如何 2016). [出] 副34.

[屋小廾犳] tʊl.əl.ʊ.dʒi [명](관제) 지(知)(吉如何 2016). [出] 先45/67.

[屋小叉] tʊl.əl.ir [명](관제) 지(知)(吉如何 2016). [出] 玦30.

[屋小列] tʊl.əl.qa [명](관제) 지(知)(即實 1991b). [出] 道/先/奴/回/特.

[屋小列爽] tʊl.əl.qa.an [명](관제) 지(知)(石金民외 2001). [出] 奴15.

[屋小列ち] tʊl.əl.qa.ad [명](관제・소유격) 지(知)의(愛新覺羅 2004a⑦). [出] 仲21.

屋用子 tʊl.il.os [出] 許43. [校勘] 이 글자는 초본에 잘못 옮겨진 것이므로 "屋用dz"가 올바르다(即實 2012[校]).

[屋用dz] tʊl.il.ja [명](관제) 지(知)(吉如何 2016). [出] 許57, 奴38.

屋关 tʊl.i [명][동] 시험, 시험하다(試)(清格爾泰외 1985). [명](관제) 지(知)(沈彙 1982, 即實 1996⑥, 豊田五郎 2001, 劉鳳翥외 2009, 劉鳳翥 2014b52). [명](인명) 圖里(即實 2012⑳). [出] 興/仁/道/宣/許/先/宗/涿/迪/弘/副/皇/宋/智/奴/高/室/韓/玦/特.

屋父 tʊl.ər [명](관제) 지(知)(劉鳳翥 1993d, 即實 1996⑯, 盧迎紅외 2000). [出] 仲/宗/博/迪/弘/宋/慈/烈/奴/高/圖/梁/清/尚.

[屋父丙] tʊl.ər.mə [出] 許48. [校勘] 即實은 이 글자를 두 글자로 분리하여 "屋父 丙"이라고 기록하고 있다(即實 2012[校]).

[屋父朾] tʊl.ər.ən [명](관제) 지(知)(唐彩蘭외 2002). [出] 令20, 烈26.

[屋父列] tʊl.ər.qa [出] 故12.

[屋尘父] tʊl.t.ər [出] 玦17.

[屋当] tʊl.ən [出] 仲22, 玦4, 特32.

又 [발음] hua [原字번호] 143

又 hua [借詞] ① "卡"를 나타내는 한어차사(即實 1996②/⑤), ② "華"를 나타내는 한어차사(愛新覺羅 2002). [出] 興/令/故/回/特/蒲. [書法] 即實은 "又"를 "不"의 행서체로 보고 있다(即實 2012[校]).

[又 尖圣 公叐] hua ŋ.jam n.u [명](인명) ① 卡言奴(即實 1996⑤), ② 華嚴奴(劉鳳翥 2014b52). [出] 故7. [人物] ≪故銘≫의 주인인 撻體 낭자(1081~1115)의 남편 迪魯董華嚴奴(한풍명: 蕭孝寧) 장군을 지칭한다(愛新覺羅 2010f).

[又公] hua.o [出] 梆4.

又尗 hua.ja [出] 道/令/先/博/皇.

[又尗乂爽] hua.ja.k.an [出] 令13. [校勘] 이 단어는 본래 2개의 글자(又尗 乂爽)이나 초본에는 잘못하여 하나로 합쳐져 있다(即實 2012[校]).

[又火] hua.ud [出] 興3.

叉 [발음] ir, r [原字번호] 144

[夊] ir [用法] ① 과거시제를 표시하는 부가성분이다(研究小組 1977b), ② 서술류 접미사를 표시하는 부가성분이다(吳英喆 2012a①), ③ "ir" 음절을 나타내는 표음자로 사용된다(愛新覺羅 2013b). [出] 宗36, 迪3, 慈25.

[夊丙] ir.əi [명] 주인, 우두머리(即實 2012⑳). [出] 皇6, 奴15, 故8, 尚11.

[夊与] ir.ən [出] 仲12, 博16, 慈7, 尚5. [校勘] 即實은 이 글자를 "夊夯"≪博16≫와 "夊当"≪慈7≫/≪尚5≫으로 각각 달리 기록하고 있다(即實 2012[校]).

[夊夵仐] ir.oi.l [出] 奴43.

[夊夯] ir.e [대] 이것(王弘力 1986). [명] 현재, 지금(羅福成 1934d, 即實 1996⑯). [出] 道/宣/仲/先/博/奴/糺/玦/回/特/蒲.

[夊夯朩] ir.e.tʃi [出] 智21. [校勘] 이 글자는 초본에 잘못 옮겨진 것이므로 "文夯朩"가 올바르다(即實 2012[校]).

[夊夯公] ir.e.ən [出] 玦23.

[夊夵] ir.gə [出] 清23/29. [校勘] 이 단어는 초본에 옮기며 잘못 분할되었는데, 뒤 원자와 합쳐 "夊夵子"로 하여야 한다(即實 2012[校]).

[夊夵企仌火] ir.gə.əm.d.ər [出] 仲33. [校勘] 이 단어는 초본에 옮기며 잘못 분할되고 합쳐졌는데, 앞 원자들과 합쳐 "仐夵夊夯 企仌火"라고 하여야 한다(即實 2012[校]).

[夊夵仐仐] ir.gə.l.əs [出] 清20.

[夊夊] ir.u [出] 先40.

[夊丑夾] ir.ug.ur [出] 博28.

[夊丑平夵丙] ir.ug.ul.gə.əi [出] 博9.

[夊村] ir.ən [出] 許55, 先17/70. [校勘] 即實은 ≪先70≫에서는 이 글자를 "圣村"이라고 기록하고 있다(即實 2012[校]).

[夊夊芍] ir.ir.dʒi [出] 尚20. [校勘] 이 단어는 초본에 옮기며 잘못 분할(火火 夊夊芍)되었는데, 앞 원자들과 합쳐 "火火夊夊芍"로 하여야 한다(即實 2012[校]).

[夊犭] ir.aqa [出] 糺10.

[夊夂平夵火] ir.ug.ul.gə.ər [出] 道16.

[夊公] ir.ən [대] 이것(王弘力 1984). [명] 현재, 지금(劉鳳翥 1987b, 即實 1996⑯). [명](소유격) 지금의("夊夯"의 소유격 형태)(愛新覺羅 2013b, 大竹昌巳 2015c). [用法] "~公"은 소유격을 나타내는 어미이다(愛新覺羅 2013b, 大竹昌巳 2015c). [出] 仁/許/故/先/永/迪/弘/智/烈/高/糺/清/尚/玦/蒲.

[夊公 仕夊芍] ir.ən mu.u.dʒi [명] 현재의 황제(今聖)(即實 2012③, 劉鳳翥 2014b(52)). [出] 迪16, 高18.

[夊公 仕夊芍 关 又而] ir.ən mu.u.dʒi au m.in [문] ① 금성(今聖)께서 대위(大位)를(即實 2012③), ② 금성(今聖)께서 천조(天朝)를(劉鳳翥 2014b㉔). [出] 迪16, 高18.

[夊公村] ir.ən.ən [出] 先39, 弘5, 玦6.

[夊仐夊] ir.əl.ir [出] 迪37. [校勘] 이 단어는 초본에 옮기며 잘못 분할되었는데, 앞 원자들과 합쳐 "几… 夊仐夊"로 하여야 한다(即實 2012[校]).

[夊火仐几村] ir.ui.l.g.ən [出] 先56.

[夊火] ir.un [出] 仲34. [校勘] 이 글자는 초본에 잘못 옮겨진 것이므로 "夊火"이 올바르다(即實 2012[校]).

[夊舟] ir.əb [出] 興27.

[夊舟丙] ir.əb.əi [出] 海7. [校勘] 이 글자는 휘본 등에 잘못 옮겨진 것이므로 "夊舟而"이 올바르다(即實 2012[校]).

[夊舟伏] ir.bu.n [出] 尚22. [校勘] 이 단어는 초본에 옮기며 잘못 분할되었는데, 앞 원자들과 합쳐 "火火夊舟伏"으로 하여야 한다(即實 2012[校]).

[夊舟仐] ir.əb.əl [出] 宋7.

[夊舟火] ir.əb.ud [出] 烈29.

[夊舟尘] ir.əb.d [出] 仲33.

[夊舟尘火] ir.əb.d.ər [出] 道23, 宣16, 皇14.

[夊朩] ir.ja [出] 興8/25. [校勘] 이 글자는 초본에 잘못 옮겨진 것이므로 "又朩"가 올바르다(即實 2012[校]).

[夊朩火] ir.ja.ər [出] 興11. [校勘] ☞ 又朩火(即實 2012[校]).

[夊由] ir.bəl [동] 그림을 그리다(繪)(鄭紹宗 1973, 即實 1996⑦). [명] 초상화, 면모, 얼굴(劉鳳翥 1984a, 即實 1996⑯). [出] 仁/道/郎/仲/先/尚.

[夊由 圣当] ir.bəl dʒir.ən [명][동] 초상화(繪像), 초상화를 그리다(研究小組 1977b, 清格爾泰외 1978a). [出] 郎3.

[夊关] ir.i [명] 주인, 우두머리(即實 2012⑳). [出] 興/宣/許/博/迪/玦/蒲.

[夊关几穴火] ir.i.ku.u.un [出] 許50. [校勘] 即實은 이 글자를 두 자로 분할하여 "夊关 几穴火"이라고 기록하고 있다(即實 2012[校]).

[夊火] ir.ər [명] 음(蔭, 아비 등의 공로로 자식이 얻은 벼슬)(即實 2012⑳). [出] 仲/博/迪/弘/皇/糺/回/特.

[夊夯] ir.ə [명] 지금, 현재(羅福成 1934j, 清格爾泰외 1978a, 黃振華 1985a, 豊田五郎 1985, 即實 1996⑯). [부] 다시금, 재차(劉鳳翥 1987b, 西田龍雄 1992). [同源語] 여진어의 [inu] [inor](때 맞게, 마침내 때를 맞이하여), 만주어의 [inu](틀림없이, 또한 역시)와 동일한 어원이다(愛新覺羅외 2011).

用法 거란문 묘지에 ≪요사·양적전(楊績傳)≫(권97)의 "方今群臣忠直"(지금 여러 신료들 중 충직한 사람으로는)에 대응하는 표현이 나오는데, "방금(方今)"에 바로 이 叉岑 [ir.ə]를 쓰고 있다(愛新覺羅외 2011). 出 許/郎/仲/永/迪/弘/副/皇/慈/烈/奴/梁/糺/尚/韓/圖/玦/蒲. 用例 由叉叉岑 [bəl.ir ir.ə] 명 고금(古今)(即實 2012④). 出 奴6.

[叉岑矢] ir.ə.tə 出 迪4.

[叉㕣] ir.gə 出 室13. 校勘 即實은 이 글자를 뒤 원자와 합쳐 "叉㕣子"라고 기록하고 있다(即實 2012校).

[叉㕣叉] ir.gə.r 出 典14. 校勘 이 단어는 초본에 옮기며 잘못 분할되었는데, 앞 원자들과 합쳐 "火犭叉㕣叉"로 하여야 한다(即實 2012校).

[叉㕣子] ir.gə.ləs 명(지명) ① 은가늑(垠可勒)산(即實 2012⑳), ② 이르걸러스산(愛新覺羅 2017a). 出 清23, 尚26.

[叉㕣小令] ir.gə.l.əs 명(지명) ① 은가늑(垠可勒)산(即實 2012⑳), ② 이르걸러스산(愛新覺羅 2017a). 出 清20.

[叉尘] ir.d 出 許22, 仲3/10, 迪17. 校勘 이 단어는 초본에 옮기며 잘못 분할되었는데, 모두 앞 원자들과 합쳐 "几卡叉尘"로 하여야 한다(即實 2012校).

[叉当] ir.ən 동 토지를 나누어주다(分地)(即實 2012⑳). 명 본(本)(愛新覺羅외 2012①). 出 興/許/奴/圖/玦.

[叉当 与叉火 叉关 弓] ir.ən en.u.ui ʃ.i dʒu 명(관제) 본장(本帳)의 세촉(世燭)(愛新覺羅외 2015⑧). 出 玦4.

[叉当火令矢] ir.ən.k(h).ol.tə 出 尚11. 校勘 이 단어는 본래 2개의 글자(叉当 火令矢)이나 초본에는 잘못하여 하나로 합쳐져 있다(即實 2012校).

[叉穴犭村] ir.u.dʒi.ən 出 尚9. 校勘 이 단어는 초본에 옮기며 잘못 분할되었는데, 앞 원자들과 합쳐 "火犭叉穴犭村"으로 하여야 한다(即實 2012校).

了 [발음] tutʃi(?) [原字번호] 145

[了] tutʃi 수 40(即實 1996①/1996④). 出 興/先/弘/副/梁/糺/尚/玦/洞3.

[了 毛] tutʃ am 수 41(劉鳳翥 2014b52). 出 興31.

[了 毛] tutʃi tau 수 45(劉鳳翥 2014b52). 出 弘14.

[了 毛矢] tutʃi tau.tə 수(향위격) 45에(劉鳳翥 2014b52). 出 弘14.

[了村] tutʃi-n 수(소유격) 40의(劉浦江외 2014). 出 弘22, 烈24, 回22.

[了叉] tutʃi.ir 出 先28.

[了东] tutʃi.jai 出 尚6. 校勘 이 글자는 초본에 잘못 옮겨진 것이므로 "不东"가 올바르다(即實 2012校).

[了八] tutʃi.bai 出 先30. 校勘 이 글자는 초본에 잘못 옮겨진 것이므로 "对"가 올바르다(即實 2012校).

犭 [발음] gi [原字번호] 146

[犭] gi 부 ① 그러나(鄭紹宗 1973), ② 어찌(阮廷焯 1993a), ③ 아직 ~을 하지 않았다(愛新覺羅 2013b). 형 ① 좋다(即實 1996⑯), ② 없다(萬雄飛외 2008). 出 興/仁/道/道蓋/宣/令/許/故/仲/先/宗/海/博/永/迪/弘/副/皇/宋/慈/智/烈/室/圖/梁/清/尚/韓/完/玦/回/特/塔II. 用法 "아직 무엇을 하지 않았다"(≪愛新覺羅 2013b≫)와 같은 특정된 부정적 표현 뿐만 아니라 광범위한 부정적 표현에도 사용되므로 "not" 정도의 의미(≪Wu & Janhunen 2010≫)로 추정된다(大竹昌巳 2015b).

[犭对] gi.qa 出 故21, 先29, 弘26, 玦35.

[犭矢] gi.tə 出 蒲14.

弓 [발음] dʒu, tʃu [原字번호] 147

[弓] dʒu / tʃu 書法 Kane은 이 원자가 子[os](원자번호 149)의 이서체라고 주장하고 있으나(Kane 2009), 愛新覺羅는 이 원자가 子와는 무관하다고 주장하고 있다(愛新覺羅 2012). 出 興/宣/令/仲/宗/烈/清/尚/玦/特.

[弓卡伏] dʒu.su-n 出 仲14.

[弓九] dʒu.umu 명(인명) 朱優(即實 1996④). 出 許47. 人物 ≪許誌≫ 주인의 장남인 彭壽(劉鳳翥는 "房壽"라고 번역) 장군의 장인을 지칭한다(即實 1996④).

[弓太] dʒu.uŋ 借詞 ① "中"을 나타내는 한어차사(研究小組 1977b, 即實 1996③), ② "仲"을 나타내는 한어차사(王弘力 1984). 出 仲22. 校勘 이 글자가 초본에는 "子太"이라고 잘못 옮겨져 있다(即實 2012校).

[弓太 叉火 小用] dʒu.uŋ ʃ.iu l.iŋ 명(관제) 중서령(中書令)(即實 1996③). 出 仲22.

> 遼史 **中書令(중서령)**은 중서성(中書省)의 수장(首長)이다. 태조 때 정사성(政事省)을 두었는데, 중희 13년(1044)에 이를 중서성(中書省)으로 고치고 그 수장도 중서령으로 고쳤다. 남면 관서 중에서 품위가 가장 높으나 실제 직위는 아니며, 친왕이나 대신의 존호로도 쓰였다. 중서령의 직무에 대한 기록은

≪요사≫의 <백관지>에는 나오지 않고, 다만 <예지>에 "황태자를 책봉할 때 무릎을 꿇고 책봉문을 봉독하였으며, 송나라 사신이 와서 예물을 올릴 때 전각(殿閣)에 올라가서 계주(啓奏)하였다"는 기록이 있다(金渭顯외 2012㊤).

[马太火] dʒu.uŋ.un [명](소유격) ~중(仲)의(王弘力 1984). [出] 仲33/47.

[马礼夯] dʒu.uldʒi.ə [명](민족) 여진(女眞)(即實 1996⑯, 愛新覺羅 2003f). [명](인명) 竹路索(即實 1996⑯). [出] 先8/22.

[马礼公] dʒu.uldʒi.ən [명](민족) 여진(女眞, 朱里眞)(即實 1991b/1996①). [명](민족・소유격) 여진의(愛新覺羅외 2012, 大竹昌已 2015c). [用法] "~公"은 소유격을 나타내는 어미이다(大竹昌已 2015c). [出] 道25, 先21, 海3, 梁7/8.

[马礼关] dʒu.uldʒi.i [出] 先30.

[马礼务] dʒu.uldʒi.ə [명](민족) ① 출철(朮哲)(愛新覺羅 2004b⑦, 劉鳳翥 2014b52), ② 여진(女眞)(愛新覺羅 2006a). [명](인명) ① 朮里者(劉鳳翥 1987a/2014b44, 即實 1988b, 愛新覺羅외 2012), ② 朮者(劉鳳翥 2014b52). [出] 仲/博/涿/永/智/梁.

[人物] ①≪仲誌≫의 주인인 烏里衍朮里者(1090~1150, 한풍명: 蕭仲恭)를 지칭한다(愛新覺羅외 2012).
②≪梁誌≫의 주인인 石魯隱朮里者(1019~1069, 한풍명: 蕭知微)를 지칭한다(愛新覺羅 2010f).

[马余] dʒu.gu [명](인명) ① 朮古(愛新覺羅 2006a), ② 朱開(即實 2012⑫). [出] 高7. [校勘] 劉鳳翥는 "子余" [dʒi.gu]라고 적고, "質古"라고 번역하고 있다(劉鳳翥 2014b⑲).

[马火关] dʒu.ui.i [出] 仲12.

[马火] dʒu.un [명] 여름(劉鳳翥 2002, 劉鳳翥외 2003b, 即實 2012⑳). [同源語] "여름"을 의미하는 서면몽골어 및 중기몽골어의 [ǰun], 현대몽골어의 [ǰʊn]과 동일한 어원이다(大竹昌已 2016e). 몽고어족의 제 방언과 동부유고어에서도 모두 [dʒun]으로 표현하고 있다(劉鳳翥외 2003b). [出] 許/涿/副/宋/烈/奴/高/糺/尚/蒲.

[马火 公东田] dʒu.un n.ad.bə [명] 하날발(夏捺鉢)(即實 2012⑲, 吉如何 2016). [出] 尚15/16.

[马尚] dʒu.so [出] 韓11. [校勘] 이 글자는 초본에 잘못 옮겨진 것이므로 "马当"이 올바르다(即實 2012[校]).

[马水] dʒu.uŋ [借詞] "中", "忠" 등을 나타내는 한어차사(研究小組 1977b, 即實 1996②). [出] 令/許/郎/先/宗/博/迪/弘/皇/宋/烈/奴/高.

[马水 叉火 业同] dʒu.uŋ ʃ.iu l.iŋ [명](관제) "중서령(中書令)"의 한어차사(劉鳳翥 2014b52). [出] 許7.

[马水 叉火 业同村] dʒu.uŋ ʃ.iu l.iŋ-n [명](관제・소유격) 중서령(中書令)의(劉鳳翥 2014b52). [出] 先22.

[马水 友同 九亦 伞文 仃 兆] dʒu.uŋ dʒi.iŋ g.iun ts.i tu ʂï [명](관제) "충정군 절도사(忠正軍節度使)"의 한어차사(劉鳳翥 2014b52). [出] 迪20.

[马水 伞呇 乂关雨] dʒu.uŋ s.ï k(h).i-n [명](인명・소유격) 鐘子期의(大竹昌已 2016b). [出] 特32. [人物] 鐘子期는 춘추시대 노나라 사람이다(大竹昌已 2016b). 춘추시대의 거문고의 명수인 伯牙가 곡을 타면 그 뜻을 아는 사람은 오직 그의 친구 鐘子期 뿐이었다고 한다.

[马水 九同] dʒu.uŋ g.iŋ [명](지명) 중경(中京)(劉鳳翥 2014b52). [出] 博19. [参考] ☞ 요의 5경에 대하여는 "尢亻 九同"와 "叐化 九丙水火"를 참조하라.

[马水 九同村] dʒu.uŋ g.iŋ-n [명](지명・소유격) 중경(中京)의(劉鳳翥 2014b52). [出] 令11, 迪18.

[马水 九同村 劣水 友] dʒu.uŋ g.iŋ-n tu.uŋ dʒi [명](관제) 중경(中京)의 동지(同知)(大竹昌已 2013b, 劉鳳翥 2014b52). [出] 迪18.

[马水 九同村 业丙 叉圡] dʒu.uŋ g.iŋ-n l.ju ʃ.əu [명](관제) 중경의 유수(中京留守)(劉鳳翥 2014b52). [出] 令11.

[马水村] dʒu.uŋ.ən [出] 烈6.

[马水火] dʒu.uŋ.un [명](소유격) 중(中)의(劉鳳翥외 1995). [出] 博40, 高26, 玦10.

[马当] dʒu.ən [명](인명) 朱岩(即實 2012⑳). [出] 韓11.

[马□] dʒu.? [出] 蒲11.

㐅 [발음] dʒu [原字번호] 148

[㐅] dʒu [書法] Kane은 이 원자가 子[os](원자번호 149)의 이서체라 주장하고 있으나(Kane 2009), 愛新覺羅는 子와는 무관하다고 주장하고 있다(愛新覺羅, 2012).

[㐅炏] dʒu.ər [出] 塔I-3.

子 [발음] dʒi, os [原字번호] 149

[子] dʒi / os [用法] "지(知)"계통 자음[예: 仲]을 가진 한어차사의 초성(初聲) 자음으로 사용되며, 거란어 음절의 초성 자음으로도 사용된다(孫伯君외 2008).

[子圡卝业圡为本] dʒi.ha.ai.l.ha.a.ar [出] 仁29. [校勘] 이 글자는 휘본 등에 잘못 옮겨진 것이므로 "矛圡卝业圡为本"이 올바르다(即實 2012[校]).

[子圡本] dʒi.ha.ar [出] 許29. [校勘] 이 단어는 초본에

옮기며 잘못 분할되었는데, 앞 원자들과 합쳐 "**冄及子亚朩**"로 하여야 한다(即實 2012[校]).

[**子亚为朩**] dʒi.ha.a.ar [명] 무리(衆)(愛新覺羅 2004a⑤). [出] 仁30, 先55. [校勘] 即實은 《先55》에서는 이 글자를 "**仐亚为朩**"이라고 기록하고 있다(即實 2012[校]).

[子九] dʒi.umu [出] 許47. [校勘] 이 글자는 초본에 잘못 옮겨진 것이므로 "**马九**"가 올바르다(即實 2012[校]).

[子太] dʒi.uŋ [借詞] "中"을 나타내는 한어차사(清格爾泰외 1985). [出] 仲22. [校勘] 이 글자는 초본에 잘못 옮겨진 것이므로 "**马太**"이 올바르다(即實 2012[校]).

[**子太 犮氺 仒冋**] dʒi.uŋ ʃ.iu l.iŋ [명](관제) 중서령(中書令)(研究小組 1977b, 清格爾泰외 1978a/1985). [出] 仲22. [校勘] ☞ **马太 犮氺 仒冋**(即實 2012[校]).

[子刃平叉] dʒi.qa.ai.ir [出] 興18. [校勘] 이 글자는 초본에 잘못 옮겨진 것이므로 "**午刃平叉**"가 올바르다(即實 2012[校]).

[**子刃劣**] dʒi.qa.ə [出] 仲2. [校勘] 《契丹小字研究》(清格爾泰외 1985)에서 처음 "**子刃劣**"라고 기록했으나, 이후 학자들은 이를 "**马刈劣** [dʒu.uldʒ.ə]"의 오기라고 지적하며, 바로 《仲誌》의 주인 "朮里者"를 지칭한다고 주장한다(劉鳳翥 1987a/2014b㊸, 即實 1988b).

[子刈公] dʒi.uldʒ.ən [명](민족) 여진(女眞)(劉鳳翥 2014b㊿). [出] 道25, 梁8. [出] 仲22. [校勘] 이 글자는 초본에 잘못 옮겨진 것이므로 "**马刈公**"이 바르다(即實 2012[校]).

[子为] dʒi.a [出] 先40/41.

[**子为朩**] dʒi.a.ar [出] 迪24.

[**子为尔**] dʒi.a.on [出] 先32. [校勘] 이 글자는 각공 과정에서 잘못된 것으로 "**子为东**"가 올바르다(即實 2012[校]).

[**子为尔父**] dʒi.a.on.ər [出] 先32. [校勘] ☞ **子为东父**(即實 2012[校]).

[**子为尔与**] dʒi.a.on.betʃ [出] 先52. [校勘] ☞ **子为东与**(即實 2012[校]).

[**子行**] dʒi.om [出] 道32.

[子余] dʒi.gu [명](인명) ① 朮古(愛新覺羅 2009a⑧), ② 質古(劉鳳翥 2014b⑲). [出] 先26, 高7. [校勘] 이 글자는 휘본 등에 잘못 옮겨진 것이므로 "**马余**"가 올바르다(即實 2012[校]).

> [人物] 《高誌》 주인 王寧高十(1015~?, 한풍명: 韓元佐)의 조부(祖父, 韓匡嗣의 8子 韓德昌) 형제인 韓德沖(韓匡嗣의 6子)의 부인 구곤씨(甌昆氏) 朮古부인을 지칭한다(愛新覺羅 2009a⑧).

[子仒穴豹矢] dʒi.l.u.dʒi.tə [出] 副27. [校勘] 이 글자는 초본에 잘못 옮겨진 것이므로 "**马术叉豹矢**"가 올바르다(即實 2012[校]).

[子火关] dʒi.ui.i [出] 仲12. [校勘] 即實은 이 글자를 "**马火关**"라고 기록하고 있다(即實 2012[校]).

[子火] dʒi.un [出] 許43. [校勘] 이 글자는 초본에 잘못 옮겨진 것이므로 "**马火**"이 올바르다(即實 2012[校]).

[子关] dʒi.i [出] 許38, 智26. [校勘] 이 글자는 초본에 잘못 옮겨진 것이므로 "**午关**"《許38》와 "**平关**"《智26》이 올바르다(即實 2012[校]).

[子兴] dʒi.uŋ [借詞] ①"中"을 나타내는 한어차사(清格爾泰외 1985), ②"鐘"을 나타내는 한어차사(吳英喆 2012a③). [出] 令11, 許1/3/6/7/13/16/23, 郞5, 特32. [校勘] 이 글자는 초본에 잘못 옮겨진 것이므로 "**马兴**"이 올바르다(即實 2012[校]).

[**子兴 犮氺**] dʒi.uŋ ʃ.ju [명](관제) "중서(中書)"의 한어차사(研究小組 1977b, 清格爾泰외 1978a). [出] 許23. [校勘] ☞ **马兴 犮氺**(即實 2012[校]).

[**子兴 犮氺 叉村 不 业冋 刋気 兆**] dʒi.uŋ ʃ.ju m.ən hia p.iŋ dʒa.aŋ ʂï [명](관제) "중서문하평장사(中書門下平章事)"의 한어차사(研究小組 1977b). [出] 許13. [校勘] ☞ **马兴 犮氺 叉村 不 业冋 刋気 兆**(即實 2012[校]).

[**子兴 犮氺 仒冋**] dʒi.uŋ ʃ.ju l.iŋ [명](관제) "중서령(中書令)"의 한어차사(清格爾泰외 1985). [出] 許7. [校勘] ☞ **马兴 犮氺 仒冋**(即實 2012[校]).

[**子兴 仐谷 火关雨**] dʒi.uŋ s.ï k(h).i-in [명](인명·소유격) 鐘子期의(吳英喆 2012a③). [出] 特32. [校勘] ☞ **马兴 仐谷 火关雨**(即實 2012[校]).

[**子兴 九冋村**] dʒi.uŋ g.iŋ.ən [명](관제·소유격) 중경(中京)의(研究小組 1977b, 清格爾泰외 1978a). [出] 令11. [校勘] ☞ **马兴 九冋村**(即實 2012[校]).

[**子兴 九冋村 仒丙 犮土**] dʒi.uŋ g.iŋ.ən l.ju ʃ.əu [명](관제) 중경유수(中京留守)(研究小組 1977b, 清格爾泰외 1978a). [出] 令11. [校勘] ☞ **马兴 九冋村 仒丙 犮土**(即實 2012[校]).

[子谷] dʒi.ï [명](지명) 자주(磁州) 또는 치주(淄州)(即實 2012⑲). [出] 尚6. [校勘] 초본에는 이 글자가 "**与谷**"로 되어 있는데, 거란소자에 "**与**"이란 원자는 없다(即實 2012[校]).

[**子谷 九平 企仐村**] dʒi.ï g.iaŋ mə.əs.ən [명](지명·소유격) 자(磁)·강(絳) 등 여러 지역의(即實 2012⑲). [出] 尚6.

[子平] dʒi.ul [出] 許8. [校勘] 이 단어는 초본에 옮기며 잘못 분할되었는데, 앞 원자들과 합쳐 "**冄及子屮**"로 하여야 한다(即實 2012[校]).

[**子血豹**] dʒi.[?].dʒi [出] 紀7.

孑 [발음] tʃ, dʒa [原字번호] 150

[孑] tʃ / dʒa [借詞] "只"를 나타내는 한어차사(劉鳳翥 외 2005a). [동] 알리다(實玉柱 2005). [同源語] "알리다"를 의미하는 서면몽골어의 [dʒiɣa-], 중기몽골어의 [dʒi'a-] / [dʒa'a-], 현대몽골어의 [dʒɑːx]와 동일한 어원이다(實玉柱 2005, 大竹昌巳 2015c/2016e). [出] 先/宗/奴/梁/韓/玦.

[孑 九夯] tʃ gə.ə / dʒa gə.ə [명](인명) ① 只哥(劉鳳翥 외 2005a, 劉鳳翥 2014b⑳), ② 札哥(即實 2012⑳). [出] 韓6.

> [人物] ≪韓誌≫의 묘주(墓主)인 韓氏(曷魯里)는 韓知古의 4대손으로 蕭特每 부마(駙馬)(?~1077)의 둘째부인이다. 부마와 그 첫 부인인 特免 공주(성종황제의 친동생인 제국왕[齊國王] 耶律隆裕의 딸) 사이에는 딸이 둘 있었다. 차녀가 吳家 부인(夫人)인데 그 시아버지가 바로 只哥 태보(太保)이다(劉鳳翥 2014b⑳).

[孑秃廾及内] dʒa.ha.ʊ.o.on [出] 梁28.

[孑秃廾火] dʒa.ha.ʊ.ui [出] 令/先/慈/清/回.

[孑秃廾火 丸火] dʒa.ha.ʊ.ui au.ui [명](소유격) 4촌 누나(從姊)의(即實 2012⑳). [出] 清9.

[孑圡夫杏杰] dʒa.ha.ali.ï.tʃi [동] 고(告)하다, 알리다(實玉柱 2005). [出] 智9. [校勘] 이 단어는 본래 2개의 글자(孑木 夫夯杰)이나 초본에는 잘못하여 하나로 합쳐져 있다(即實 2012校).

[孑圡ち] dʒa.ha.al [出] 特24.

[孑圡ち圡为] dʒa.ha.al.ha.a [동] 지정하다(實玉柱 2005). [出] 迪7.

[孑圡ち为] dʒa.ha.al.a [동] 가리키다(指)(實玉柱 2005). [出] 先37.

[孑圡平] dʒa.ha.ai [出] 先10/31/47.

[孑圡平 丸火] dʒa.ha.ai au.ui [명] 도움(即實 2012⑳). [出] 先10/31/47.

[孑圡平仐圡平] dʒa.ha.ai.l.ha.ai [동] 보좌하다(即實 2012⑳). [出] 博6.

[孑圡平仐圡为ち] dʒa.ha.ai.l.ha.a.al [동] 담당하다, 맡아 관리하다(愛新覺羅 2006a). [出] 故10.

[孑圡平仐圡为女] dʒa.ha.ai.l.ha.a.adʒu [동] 보좌하다(愛新覺羅 2009a⑨, 即實 2012⑳). [出] 梁2.

[孑圡平仐刃] dʒa.ha.ai.l.aqa [出] 興29.

[孑圡平用圡夫当] dʒa.ha.ai.il.ha.ali.ən [동] 협력하다(即實 2012⑳). [出] 迪21.

[孑圡平用圡ち] dʒa.ha.ai.il.ha.al [出] 副29.

[孑圡平用圡平] dʒa.ha.ai.il.ha.ai [동] 보좌하다(即實 1996⑥/2012). [出] 先66, 迪12.

[孑圡平用圡为木] dʒa.ha.ai.il.ha.a.ar [出] 副6.

[孑圡平用廾讷] dʒa.ha.ai.il.ʊ.dʒi [동] 보좌하다(愛新覺羅 2004a⑧, 即實 2012⑳). [出] 奴18.

[孑圡平用为木] dʒa.ha.ai.il.a.ar [出] 慈8.

[孑圡平关] dʒa.ha.ai.i [명](목적격) 령(令)을(實玉柱 2005). [出] 先11, 迪14.

[孑圡平炎] dʒa.ha.ai.ər [出] 先39.

[孑圡木] dʒa.ha.ar [出] 先27/36/47, 博20.

[孑夫炎] dʒa.ali.oi [出] 皇19. [校勘] 即實은 이 글자를 "孑夫炎"이라고 기록하고 있다(即實 2012校).

[孑扎] dʒa.ur [出] 圖21. [校勘] 이 글자는 휘본 등에 잘못 옮겨진 것이므로 "刃扎"가 올바르다(即實 2012校).

[孑扎圡为出] dʒa.ur.ha.a.an [出] 玦36.

[孑女] dʒa.sair [出] 先39. [校勘] 即實은 이 글자를 "孑女"라고 기록하고 있다(即實 2012校).

[孑廾伏] dʒa.ʊ.in [出] 永26. [校勘] 이 글자는 초본에 잘못 옮겨진 것이므로 "刈廾伏"이 올바르다(即實 2012校).

[孑ち] dʒa.al [出] 迪22, 弘20, 特29. [校勘] 이 단어가 ≪迪22≫에서는 초본에 옮기며 잘못 분할되었는데 뒤 원자들과 합쳐 "孑ち廾羽村"으로 하여야 한다(即實 2012校).

[孑ち圡ち刃癶] dʒa.al.ha.al.q.an [出] 蒲3.

[孑ち圡平] dʒa.al.ha.ai [出] 道/博/迪/皇/梁/玦/特.

[孑ち圡为] dʒa.al.ha.a [出] 海13, 博25, 永33. [校勘] 이 단어는 초본에 옮기며 잘못 분할되었는데, 각각 뒤 원자와 합쳐 "孑ち圡为出矢"≪海13≫와 "孑ち圡为出"≪博25≫/≪永33≫으로 하여야 한다(即實 2012校).

[孑ち圡为木] dʒa.al.ha.a.ar [出] 皇20.

[孑ち圡为出] dʒa.al.ha.a.an [出] 宣/涿/宋/慈/智/烈/奴/圖/糺/尚/玦/特.

[孑ち圡为出村] dʒa.al.ha.a.an.ən [出] 特38.

[孑ち圡为女] dʒa.al.ha.a.adʒu [出] 清3/4.

[孑ち叉] dʒa.al.ir [出] 先65, 玦3/28.

[孑ち刃] dʒa.al.qa [出] 興12, 先16.

[孑ち刃火] dʒa.al.qa.ju [出] 博34.

[孑ち为] dʒa.al.a [出] 玦3.

[孑ち为ち] dʒa.al.a.al [出] 烈8.

[孑ち伏] dʒa.al.in [出] 迪35.

[커�5·火ㄅ] dʒa.al.un.al 出 糺17. 校勘 이 글자는 초본에 잘못 옮겨진 것이므로 "**커ㄅ 叔ㄅ**"이 올바르다(即實 2012⑬).

[커ㅈ·까火] dʒa.ad.ʊ.ui 出 副23.

[커夻化] dʒa.gə.ri 故 7. 校勘 이 글자의 원각(原刻)은 "**커夻化**"이었으나 "**커化欠**"로 개각(改刻)되었다(即實 2012⑬).

커ㅂ dʒa.ai 出 許/仲/先/迪/筆/玦.

[커ㅂ 夾火] dʒa.ai au.ui 出 烈14.

[커ㅂ�] dʒa.ai 出 玦27.

[커ㅂ义] dʒa.ai.ir 出 玦13/17/23.

[커ㅂ子坖ㅊ] dʒa.ai.dʒi.ha.ar 出 先40.

[커ㅂ커] dʒa.ai.qa 出 興23.

[커ㅂ伏] dʒa.ai.in 出 先35. 校勘 即實은 이 글자를 "**커坖伏**"이라고 기록하고 있다(即實 2012⑬).

[커ㅂ仐] dʒa.ai.s 出 玦23.

[커ㅂ少坖ㅂ] dʒa.ai.l.ha.ai 出 先56.

[커ㅂ少坖为ㅊ] dʒa.ai.l.ha.a.har 出 玦14.

[커ㅂ少坖为ㅂ] dʒa.ai.l.ha.a.ai 出 特7.

[커ㅂ少坖为ㅊ] dʒa.ai.l.ha.a.ar 出 梁21.

[커ㅂ少커] dʒa.ai.l.aqa 出 玦27.

[커ㅂ用廾约村] dʒa.ai.il.ʊ.dʒi-n 出 先63.

[커ㅂ关] dʒa.ai.i 出 玦18.

[커ㅂ尘炎] dʒa.ai.t.ər 出 玦17.

커ㅊ dʒa.ar 動 알리다(即實 2012⑳). 出 興/仁/道/宣/許/先/副/皇/烈.

[커ㅊ 困커] dʒa.ar bə.qa 出 尚18.

[커ㅊ坖为出] dʒa.ar.ha.a.an 出 蒲23.

커夬� dʒa.◻.ən 出 皇14. 校勘 이 글자는 초본에 잘못 옮겨진 것이므로 "**커矢�**"이 올바르다(即實 2012⑬).

커夵 dʒa.ib 出 許4. 校勘 即實은 이 글자를 "**커关**"이라고 기록하고 있다(即實 2012⑬).

[커村] dʒa.ən 出 永39, 筆.

커叉关 dʒa.ir.i 出 弘24. 校勘 이 글자는 휘본 등에 잘못 옮겨진 것이므로 "**커叉欠**"가 올바르다(即實 2012⑬).

[커夾村] dʒa.au.ən 出 筆.

[커冬] dʒa.as 出 特37.

[커冬比] dʒa.as.əl 出 故/先/永/迪/副/清/玦.

[커乃] dʒa.am 出 玦18.

[커乃村] dʒa.am.ən 出 玦18.

[커乃口坖ㅂ] dʒa.am.tə.ha.ai 出 特20.

[커为�] dʒa.a.al 出 玦29

[커为关] dʒa.a.i 動 고발하다(實玉柱 2005). 出 先28. 校勘 即實은 이 글자를 "**커ㅏ关**"라고 기록하고 있다(即實 2012⑬).

[커夭] dʒa.aŋ 借詞 "章", "張", "彰" 등을 나타내는 한어차사(研究小組 1977b). 出 宣/許/仲/先/弘/宋/烈/奴/韓/特.

[커夭 夫九] dʒa.aŋ us.gə 名(관제) ① 정장(呈章)(即實 2012⑳), ② 장자(章字)(劉鳳翥 2014b㊵). 出 弘17. 参考 정확한 직명과 업무는 알 수 없으나 첫 글자의 발음과 뒷 글자의 의미 등을 보았을 때 "呈章"(상소문 등과 관련된 일) 정도가 타당할 것이다(即實 2012⑧).

[커夭 又雨 仌火 ㅗ 丏交ㅊ 火用 包 九丙火化村 仒 九丙火 化] dʒa.aŋ m.in t.un mu j.jæ.æn k(h).iŋ qur g.ju.uŋ.ur-n fu g.ju.uŋ sï 名(관제) 창민·돈목·연경 3궁(彰愍敦睦延慶三宮)의 부궁사(副宮使)(劉鳳翥 2014b㊺). 出 奴12.

[커夭 少並] dʒa.aŋ l.iaŋ 名(인명) 張良(漢왕조의 건국 공신이다)(吳英喆 2012a③). 出 特16.

[커夭 九丙] dʒa.aŋ g.ju 名(인명) ① 章九(即實 2012⑨), ② 楊九(愛新覺羅 2013a). 烈17. 人物 《烈誌》 주인의 손자로, 즉 묘주의 3남인 烏魯古(1065~)의 첫째 아들이다(愛新覺羅 2013a).

[커夭 九夾 叐采] dʒa.aŋ g.au ʃ.an 名(인명) ① 張高十(愛新覺羅 2009a⑧), ② 章高山(即實 2012⑬), ③ 章高十(劉鳳翥 2014b㊺). 出 韓6. 人物 《韓誌》의 주인인 曷魯里 부인(夫人)(?~1077)의 장남이다(愛新覺羅 2009a⑧).

[커夭 九� 公灵] dʒa.aŋ g.ia n.u 名(인명) 張家奴(即實 1996⑯). 出 先1. 人物 《先誌》의 비문을 옮겨 적은 자이다. 탁본에는 마지막 원자가 "**公□**"으로 탈루되어 있는데, 閻萬章과 即實은 이 원자를 "**灵**"로 파악하고 있음에 반해 劉鳳翥는 "**汎**"라고 보아 그의 이름이 반드시 張家奴가 아닐 수도 있다고 주장하고 있다(劉鳳翥 2014b⑰).

[커夭圤] dʒa.aŋ.sï 出 智19.

커行北� dʒa.mo.əl.ən 出 許32. 校勘 이 글자는 초본에 잘못 옮겨진 것("**커**"와 "**行**"를 이어 쓰는 사례는 없음)이므로 "**커行北�**"이 올바르다(即實 2012⑬).

커化坖ㅂ dʒa.ri.ha.ai 出 許51, 仲4, 智20. 校勘 即實은 《仲4》에서는 이 글자를 "**커化坖ㅊ**"라고 기록하고 있다(即實 2012⑬).

[刃化圡ネ] dʒa.ri.ha.ar [出] 許56.

[刃化圡ネ 舟丬出] dʒa.ri.ha.ar b.aqa.an [명] 이어받거나 계승한 사람(承嗣)(即實 2012⑳). [出] 許56.

[刃化圡为ネ] dʒa.ri.ha.a.ar [동] 유산·권리 따위를 이어받거나 계승하다(承續)(即實 2012⑳). [出] 慈25, 梁13/27.

[刃化圡出] dʒa.ri.ha.an [出] 副35.

[刃化夯ポ] dʒa.ri.e.tʃi [出] 仲12.

[刃化穴ホ] dʒa.ri.dau.l [出] 許37. [校勘] 이 글자는 초본에 잘못 옮겨진 것이므로 "刃化欠不"이 올바르다(即實 2012㊳).

[刃化丬冬] dʒa.ri.qa.as [出] 宣21.

[刃化欠] dʒa.ri.go [명](관제) 재상(宰相)(豊田五郎 1991c, 即實 1991b, 鄭曉光 2002). [出] 仁/許/故/先/永/副/烈/高/梁/清/韓. [同源語] "소송(訴訟)"을 뜻하는 몽골어 [tʃarku]와 "단사(斷事)"를 뜻하는 몽골어 [dʒarag], 동부유고어 [dʒa:rGə], 토족어 [dzarGu]가 동일한 어원이다(大竹昌巳 2016a). [用例] ① 令方 仐火 刃化欠 [t.ær pu-n dʒa.ri.go] [명] 남부의 재상(南府宰相)(即實 2012⑫, 劉鳳翥 2014b㊿). ② 一岙 仐火 刃化欠 [xoi.d pu-n dʒa.ri.go] [명] 북부의 재상(北府宰相)(即實 1996⑯). [出] 仁5.

[刃化欠币] dʒa.ri.go.od [명](관제) ① 재상(宰相)(即實 1996⑥), ② 재상들(愛新覺羅 2004a⑦, 大竹昌巳 2016a). [出] 許49, 先14/35.

[刃化欠不] dʒa.ri.go.on [명](관제·소유격) 재상(宰相)의(即實 1996⑯/2012, 劉浦江외 2014). [出] 許/故/先/慈/智/烈/奴/高/梁/清/尚/韓/玦/回蓋/回/特.

[刃化欠矢] dʒa.ri.go.tə [명](관제·향위격) 재상(宰相)에(劉鳳翥 2014b㊿). [出] 先8. [校勘] 이 글자는 각공(刻工) 과정에서 잘못된 것이므로 "刃化欠朱"가 올바르다(即實 2012㊳).

[刃化欠朱] dʒa.ri.go.od [명](관제·향위격) 재상(宰相)에(即實 1996⑯). [出] 先8.

[刃化欠化] dʒa.ri.go.ur [명](관제) ① 재상(宰相)(盧迎紅외 2000), ② 재상들(即實 2012⑳, 大竹昌巳 2016a). [出] 迪30.

[刃化余] dʒa.ri.go [명](관제) 재상(宰相)(即實 1991b, 劉鳳翥 2014b㊿). [出] 先5/6, 奴8, 梁2, 玦24.

> [校勘] **"刃"과 "孔"의 구분에 대하여**
>
> 그 동안의 선행연구들은 "刃"와 "孔"를 구분하지 않고 모두 "刃"로 사용하였지만, 이들은 각기 다른 원자이다. 재상을 나타내는 경우에는 "孔"를 사용하여야 한다. "刃"의 음가는 [dʒa]이지만 "孔"의 음가는 [bůi] 또는 [boi]로 추정된다. 따라서 "孔化余"는 [dʒa.ri.go]가 아닌 [bůi.ir.go]로 발음하여야 한다(大竹昌巳 2016a).

[刃化余币] dʒa.ri.go.od [명](관제) "재상(宰相)"의 복수형(愛新覺羅 2013b, 大竹昌巳 2016a). [出] 蒲16.

[刃化余币 曲ポ] dʒa.ri.go.od go.tʃi [명](관제) 재상 세가(宰相 世選家)(大竹昌巳 2016a). [出] 蒲16.

[刃化余不] dʒa.ri.go.on [명](관제·소유격) 재상(宰相)의(劉浦江외 2014). [出] 智/圖/韓/葉/玦.

[刃化余化关] dʒa.ri.go.ur.ər [出] 玦24.

[刃化灸] dʒa.ri.qur [명](관제) ① 재상(愛新覺羅 2006a), ② 재상들(即實 2012⑳, 大竹昌巳 2016a). [出] 故9, 紀9/14/16/17, 玦18.

[刃化灸 曲ポ] dʒa.ri.qur go.tʃi [명](관제) 재상 세선가(宰相 世選家)(大竹昌巳 2016a). [出] 紀14.

[刃化关] dʒa.ri.i [出] 宗36, 梁16, 玦14. [校勘] 이 글자는 《梁16》에서는 초본에 잘못 옮겨진 것이므로 "刃化欠"가 올바르다(即實 2012㊳).

[刃化关] dʒa.ri.ər [出] 玦22.

[刃化火] dʒa.ri.ud [出] 仁5. [校勘] 이 글자는 초본에 잘못 옮겨진 것이므로 "刃化欠"이 올바르다(即實 2012㊳).

[刃化当] dʒa.ri-n [出] 道33/34, 先60, 皇12/22, 回18.

[刃化穴币] dʒa.ri.u.od [명](관제) 재상(宰相)(即實 1996⑯). [出] 許49.

[刃化欠] dʒa.ur.go [出] 許8. [校勘] 이 글자는 초본에 잘못 옮겨졌으므로 "刃化欠"이 올바르다(即實 2012㊳).

[刃岙] dʒa.d [명] 외(外)(即實 2012⑳). [명](인명) 札得(即實 2012⑦). [出] 興/道/永/皇/圖. [人物] 《永誌》 주인의 당숙모인 哥里衍 낭자(娘子)의 조부 札得 태사(太師)를 지칭한다(即實 2012⑦).

[刃岙 今気化朩] dʒa.d d.aŋ.ur.ən [명](부족) 외당항부(外党項部)(即實 2012⑳). [出] 圖2.

[刃岙伏] dʒa.d.in [出] 許20, 先39/48, 副10. [校勘] 이 글자는 일부 초본에는 잘못 옮겨져 있으므로 "药岙伏"《先39/48》/《副10》이 올바르다(即實 2012㊳).

[刃ホ] dʒa.l [出] 先40, 博17. [校勘] 이 글자가 《先40》에서는 각공 과정에서 잘못된 것이므로 "刃ネ"가 올바르다(即實 2012㊳).

[刃ホ 冈叉] dʒa.l dʒohi.ir [出] 先34.

[刃ホ朩] dʒa.l.ən [出] 尚30. [校勘] 이 글자는 초본에 잘못 옮겨진 것이므로 "药ホ朩"이 올바르다(即實 2012㊳).

[刃ホ丬] dʒa.l.qa [出] 韓25.

[刃出] dʒa.an [동] 출발하다(即實 2012⑳). [出] 道/許/博/副/宋/玦/回.

[刃出 叉九当] dʒa.an m.əg.ən [出] 許42.

[及出公] dʒa.an.ər [동] 가다, 행하다(即實 2012⑳). [出] 宋6/13/22.

[及田] dʒa.il [동] 공고하여 알리다(告示)(即實 2012⑳). [出] 先30/43/45.

[及田 闪朩] dʒa.il dʒohi.ar [出] 先30.

[及虫禿廾火] dʒa.æn.is.ʊ.ui [出] 副11.

[及关] tʃ.i [借詞] "知"를 나타내는 한어차사(鄭曉光 2002). [出] 先65, 永23. [校勘] 이 글자는 ≪永23≫에서는 초본에 잘못 옮겨진 것이므로 "刈关"가 올바르다(即實 2012[校]).

[及关 仐关 几才] tʃ.i l.i g.ia [명](인명) 知禮家(劉鳳翥 2014b㊿②). [出] 永23. [人物] ≪永誌≫에 등장하는 十神奴의 아내인 麗家 부인(夫人)을 지칭한다(即實 2012⑦). [校勘] 即實은 이 이름이 초본에 잘못 옮겨졌으므로 "刈关 仐关 几才"가 올바르다 지적하고 있는데, "刈关"는 국구별부(國舅別部)의 간칭이며 이름은 "麗家"가 맞다고 주장하고 있다(即實 2012⑦).

[及关廾火] dʒa.i.ʊ.ui [出] 玦22.

[及公] dʒa.ər [出] 玦22.

[及火] dʒa.ha [出] 仲13.

[及尘关] dʒa.d.i [명] ① 양지 바른 곳(陽面)(研究小組 1977b, 清格爾泰외 1978a), ② 양지(陽), 옆(旁)(即實 1996⑦). [出] 郎2.

[及当] dʒa.ən [出] 海9, 塔I-4. [校勘] 이 단어는 휘본 등에 옮기며 잘못 분할되었는데, 뒤 원자들과 합쳐 "及专圡为出矢"로 하여야 한다(即實 2012[校]).

[及艾刁] dʒa.adʒu.qa [出] 尚26.

[及□] dʒa.? [出] 令5, 蒲17.

[及□夯] dʒa.?.e [出] 糺23.

[及□伏] dʒa.?.in [出] 韓24. [校勘] 即實은 이 글자를 "及圡伏"이라고 추정하고 있다(即實 2012[校]).

刁 [발음] q, qa, aq [原字번호] 151

[刁] q/qa/aq [명] 규칙(即實 2012⑳). [用法1] 횟수를 나타내는 접미사일 가능성이 있다(吳英喆 2012a④). [用法2] "갑(匣)"계통 자음[예: 混]을 가진 한어차사의 초성(初聲) 자음으로 사용되며, 거란어 음절의 초성 자음으로도 사용된다(孫伯君외 2008). [出] 仁/故/奴/玦/蒲.

[刁 与] qa dor [명] 규례(即實 2012⑳). [出] 博36.

[刁买] q.an [명] 일(事)(愛新覺羅 2004a⑧). [出] 仲23, 海10, 博6/18, 迪9. [校勘] 이 단어는 초본에 옮기며 잘못 분할되었는데, 각각 앞 원자들과 합쳐 "屋仐刁买"≪仲23≫, "市仐刁买"≪海10≫, "为专刁买"≪博6/18≫, "朩东刁买"≪迪9≫으로 하여야 한다(即實 2012[校]).

[刁帀圡屮] q.od.ha.ai [出] 道16.

[刁帀刁] q.od.qa [出] 令11.

[刁帀公] q.od.ər [수] 셋째(袁海波외 2005). [出] 清13, 玦4.

[刁帀当] q.od.ən [수](서수) ① 제3, 셋째(蓋之庸외 2008), ② 제3, 셋째의 여성형(劉鳳翥 2014b㊿②). [出] 副25, 玦10/32.

[刁丙] q.əi [出] 尚9.

[刁丙关] q.əi.i [出] 糺22. [校勘] 이 글자는 초본에 잘못 옮겨진 것이므로 "刁乃关"가 올바르다(即實 2012[校]).

[刁而灾] q.er.ur [出] 道11.

[刁圡东廾及子] qa.ha.ad.ʊ.o.os [出] 先33. [校勘] 即實은 이 글자를 "及圡东廾及子"라고 기록하고 있다(即實 2012[校]).

[刁圡犳] q.əu.dʒi [出] 永31. [校勘] 이 글자는 초본에 잘못 옮겨졌으므로 "火圡犳"가 올바르다(即實 2012[校]).

[刁圡火] q.əu.un [出] 蒲13.

[刁夫] q.ali [명] 씨족(愛新覺羅외 2012①). [出] 博45, 迪17, 奴37. [校勘] 이 단어가 ≪奴37≫에서는 초본에 옮기며 셋(刁夫 仐廾 火)으로 잘못 분할되었는데, 합쳐서 "刁夫仐廾火"로 하여야 한다(即實 2012[校]).

[刁夫 为东] q.ali a.ad [出] 副3.

[刁夫村] q.ali.ən [出] 先34, 宗29.

[刁夫仒] q.ali.s [出] 先32/50.

[刁夫仐廾犳] q.ali.l.ʊ.dʒi [出] 特12.

[刁夫仐廾犳村] q.ali.l.ʊ.dʒi-n [出] 副17, 奴15.

[刁夫丹伏] q.ali.bu.n [出] 故16, 博24, 永32.

[刁乣] q.ur [명] ① 까마귀(烏鴉)(沈彙 1980, 劉鳳翥 1982a/1983a, 劉鳳翥외 2009), ② 송골매(鶻)(即實 1996⑯), ③ 들판(吉如何 2016). [出] 宣29, 副44. [同源語] "까마귀"를 뜻하는 몽골어의 [kərə]와 동일한 어원이다(呼格吉樂圖 2017). [用例] 山 刁乣 [niorgu q.ur] [명] 금오(金烏, "해"를 표시한다)(清格爾泰외 1985, Kane 2009). [出] 宣29.

[刁乣村] q.ur.ən [명] 까마귀(王弘力 1990). [형] 경사스런(慶)(劉鳳翥외 2009). [出] 宣5.

[刁乣叉] q.ur.ir [出] 道/先/慈/梁/玦/回.

[刁乣叉朩] q.ur.ir.tʃi [出] 許43.

[刁乣叉公] q.ur.ir.d [出] 博9/27.

[刁女] qa.sair [出] 仲15, 先53, 智17, 韓32. [校勘] 이

글자는 "艾"이 초본에 "艾"으로 잘못 옮겨진 것이므로 "丬艾"《仲15》/《智17》으로 하거나, 각각 뒤 원자들과 합쳐 "丬艾为木叉"《先53》, "丬艾夂火"《韓32》으로 함이 올바르다(即實 2012[校]).

[丬艾廾夾] qa.sair.ʊ.ur [出] 仲16. [校勘] ☞ 丬艾廾夾(即實 2012[校]).

[丬艾廾及村] qa.sair.ʊ.o.ən [出] 仁25. [校勘] ☞ 丬艾廾及内(即實 2012[校]).

[丬艾廾及内] qa.sair.ʊ.o.on [出] 許41. [校勘] ☞ 丬艾廾及内(即實 2012[校]).

[丬艾廾火] qa.sair.ʊ.ui [出] 先36, 烈3. [校勘] ☞ 丬艾廾火(即實 2012[校]).

[丬艾廾平击丰] qa.sair.ʊ.ul.qa.ai [出] 興22, 先55. [校勘] ☞ 丬艾廾平击丰(即實 2012[校]).

[丬艾丬] qa.sair.qa [명](인명) ① 阿辛, 亞思(愛新覺羅 2006a), ② 洪古(劉鳳翥 2014b㉜). [出] 許5. [校勘] ☞ 丬艾丬(即實 2012[校]). [人物] 태조의 아우인 허국왕(許国王) 阿辛寅底石을 지칭한다. 즉 《許誌》 주인인 乙辛隱斡特剌의 5대조이다(愛新覺羅 2010f).

[丬廾] qa.ʊ [出] 智17. [校勘] 即實은 이 글자를 뒤 원자들과 합쳐 "丬艾为火"라고 기록하고 있다(即實 2012[校]).

[丬ち击出] q.al.ha.an [出] 奴44.

[丬达] q.ur [出] 智26. [校勘] 이 글자는 초본에 잘못 옮겨진 것이므로 "丬业"가 올바르다(即實 2012[校]).

[丬丈廾火] qa.qu.ʊ.ui [出] 仁25. [校勘] ☞ 丬艾廾火(即實 2012[校]).

[丬夹] q.ugu [명](인명) ① 賀坤(劉鳳翥외 1995), ② 曷胡(愛新覺羅 2004a⑫), ③ 胡楷(即實 2012⑳), ④ 賀古(劉鳳翥 2014b㉜), ⑤ 胡古(愛新覺羅외 2015②). [出] 博4. [人物] 《博誌》의 주인인 習輦(1079~1142)의 조부이다(愛新覺羅외 2015②).

[丬丰爫击为出] q.ai.l.ha.a.an [出] 圖13.

[丬木] q.ar [명] ① 면(面)(愛新覺羅 2004a⑧), ② 사람(手)(愛新覺羅외 2012①). [出] 道16, 先53/57, 迪9/11/22, 回8. [校勘] 이 글자는 잘못 새겨지거나 옮겨진 것이므로 "丬丰"《先53》, "叉为丬木"《先57》, "小丬木"《迪9/11/22》 등이 올바르다(即實 2012[校]). [用例] 小 丬木 [dær q.ar] [명] 종실(宗室)(愛新覺羅외 2012①).

[丬木爫村] q.ar.l.ən [出] 尚8. [校勘] 이 단어는 본래 2개의 글자(丬平 爫村)이나 초본에는 잘못하여 하나로 합쳐져 있다(即實 2012[校]).

[丬木关] q.ar.i [出] 故3/5. [校勘] 이 단어는 초본에 옮기며 잘못 분할되었는데, 앞 원자와 합쳐 "小丬木关"("종실의"라는 의미)로 하여야 한다(即實 2012[校]).

[丬买] q.ib [出] 許10. [校勘] 이 단어는 초본에 옮기며 잘못 분할되었는데, 앞 원자들과 합쳐 "乃爫丬买"으로 하여야 한다(即實 2012[校]).

[丬夂子] q.u.os [出] 宋19. [校勘] 이 글자는 초본에 잘못 옮겨졌으므로 "丬及子"가 올바르다(即實 2012[校]).

[丬夂平] q.u.ul [명](인명) ① 胡里(郭添剛외 2009), ② 胡烏里(愛新覺羅 2009c), ③ 胡盧(即實 2012⑳). [出] 尚3. [人物] 《尚誌》의 주인인 緬隱胡烏里(1130~1175)를 지칭한다(愛新覺羅 2010f). [參考] ☞ 緬隱胡烏里에 대한 보다 상세한 내용은 "叉文类伏" [m.jæ.əns.in]을 참조하라.

[丬圣用击为ち] qa.dʒur.il.ha.a.al [出] 仲22. [校勘] 이 글자는 초본에 잘못 옮겨진 것이므로 "丬圣用击为ち"이 올바르다(即實 2012[校]).

[丬丸] q.au [出] 興13. [校勘] 이 단어는 휘본 등에 옮기며 잘못 분할되었는데, 뒤 원자들과 합쳐 "丬丸余化"로 하여야 한다(即實 2012[校]).

[丬丸夾] q.au.ur [出] 副46.

[丬丸余化] q.au.gu.ur [出] 皇10.

[丬丸佥] q.au.qur [出] 智23.

[丬未] qa.tʃi [出] 特30.

[丬业] qa.kiæ [出] 永30.

[丬欠] qa.gu [出] 奴43.

[丬欠分当] qa.gu.ud.ən [명](인명) ① 和古典(愛新覺羅 2006a), ② 胡古典(即實 2012⑳). [出] 清7. [人物] 《清誌》 주인인 奪里懶太山(1029~1087, 한풍명: 蕭彦弼)의 백조모(伯祖母)인 和古典 공주(백조부 啜里부마의 부인으로, 세종황제의 딸이다)를 지칭한다(愛新覺羅외 2011).

[丬冬] q.as [명] 황족(愛新覺羅 2006c). [동] 넘다(超)(即實 2012⑳). [出] 興/道/令/仲/先/博/迪/副/宋/慈/尚.

[丬冬 公ホ纠] q.as n.ad.bu [명] 황족날발(皇族捺鉢)(愛新覺羅외 2012). [出] 令4. [用例] ☞ "날발"의 각종 표현에 대하여는 "야율날발"(丙车夂火关 公ホ纠)을 참조하라.

[丬冬ち] q.as.al [명] 재해, 재앙(灾禍)(愛新覺羅 2002). [부] 심히, 매우(即實 2012⑳). [出] 道/宣/仲/先/宗/副/宋/奴/圖/玦.

[丬冬ち 拣] q.as.al qutug [명] 재앙과 복(Kane 2009). [出] 奴37.

[丬冬ち村] q.as.al.ən [出] 興/先/宗/副/玦.

[丬冬力] q.as.na [出] 先60. [校勘] 이 글자는 각공 과정에서 잘못된 것으로 "丬冬ち"이 올바르다(即實 2012[校]).

[丬冬当] q.as.dor [出] 梁11. [校勘] 이 글자는 초본에 잘

못 옮겨진 것("ち"은 주로 글자의 첫 번째 원자로 사용된다)이므로 "궈冬ち"가 올바르다(即實 2012[校]).

[궈冬炏] q.as.ər [형] 두텁다(厚)(即實 2012⑳). [出] 永40.

[궈乃]
q.am [부] 함께. [同源語] 몽골어의 [ham](공동으로)과 같은 어원이다(愛新覺羅외 2011). [出] 道9, 智24.

[궈乃夾] q.am.ur [出] 先32.

[궈乃杰关本] q.am.tʃi.i.al [出] 許41. [校勘] 이 단어는 본래 2개의 글자(궈乃 杰关禾)이나 초본에는 잘못하여 하나로 합쳐져 있다(即實 2012[校]).

[궈乃火] q.am.ui [부] 함께, 같이, 모두(愛新覺羅외 2011). [同源語] ≪화이역어(華夷譯語)≫ 인사문(人事門)의 함독아아(含禿阿兒) [qamtu-ar](함께) 및 서면몽골어의 [hamug](공동으로)와 같은 어원이다(愛新覺羅외 2011). [出] 道/宣/仲/先/海/博/皇/智/圓.

[궈乃平圡] q.am.ul.ha [出] 奴22. [校勘] 이 단어는 초본에 옮기며 잘못 분할되었는데, 뒤 원자들과 합쳐 "궈乃平圡冬北"로 하여야 한다(即實 2012[校]).

[궈乃平圡丰] q.am.ul.ha.ai [出] 奴30/44.

[궈乃平圡冬北] q.am.ul.ha.as.əl [出] 回16.

[궈乃平圡为出] q.am.ul.ha.a.an [出] 回23.

[궈及子] q.o.os [出] 海11, 博25, 副41, 特12.

[궈及雨]
q.o.ol [명] 능묘(陵墓)(研究小組 1977b, 即實 1990/1996①). [同源語] 몽골어 [haur]/[huur](분묘, 혈), 투르크멘어 [gɸ:r](묘)와 같은 어원이다(愛新覺羅외 2011). [出] 道6, 宣5, 先20, 皇5.

[궈及□] q.o.[?] [出] 許56. [校勘] 即實은 초본에는 마지막 원자가 훼손되어 있으나 고증 결과 "궈及子"가 정당하다고 주장하고 있다(即實 2012[校]).

[궈为]
q.a [명](인명) ① 冲(劉鳳翥 2002), ② 哈(劉鳳翥외 2005b), ③ 噶(愛新覺羅 2004a⑫). [出] 先37, 高7, 韓3, 玦10. [校勘] 即實은 이 글자를 앞 뒤 원자와 합쳐 "궈为矢"≪先37≫와 "圡为궈为"≪高7≫라고 기록하고 있다(即實 2012[校]).

[궈为夾] q.a.an [出] 奴16.

[궈为ち] q.a.al [出] 宗32.

[궈为ち仐] q.a.al.u [出] 道9, 先59, 慈8, 智4.

[궈为木 궈为木] q.a.ar q.a.ar [형] 매우 뛰어나다(卓卓)(即實 1996①). [出] 道16. [參考] 정확한 의미는 알 수 없으나 한문묘지 내용과 비교했을 때 뛰어남을 수식하는 글자 정도로 추측된다(即實 1996①).

[궈为炏平矢] q.a.gə.ul.tə [出] 尚17. [校勘] 이 글자는 초본에 잘못 옮겨진 것이므로 "궈为ち仐矢"가 올바르다(即實 2012[校]).

[궈为穴□] q.a.u.[?] [出] 智18. [校勘] 이 글자는 초본에 잘못 옮겨진 것이므로 "궈为ち仐"가 올바르다(即實 2012[校]).

[궈矢]
qa.[?] [出] 興7, 令10. [校勘] 이 단어는 초본에 옮기며 잘못 분할되었는데, 뒤 원자와 합쳐 "궈矢庚"로 하여야 한다(即實 2012[校]).

[궈矢禾廾火] qa.[?].is.ʊ.ui [出] 副42, 梁14, 特20. [校勘] 이 글자가 ≪副42≫에서는 초본에 잘못 옮겨진 것이므로 "可关禾廾火"가 올바르다(即實 2012[校]).

[궈矢] qa.tə [出] 糺11.

[궈行]
q.om [出] 先67, 尚22.

[궈行圡为□] q.om.ha.a.[?] [出] 蒲19.

[궈行北ち] q.om.ur.en [동] 지키다, 보호하다(護)(即實 1988a). [出] 道12, 宣8, 迪36. [校勘] 即實은 이 글자를 "궈行北当"이라고 기록하고 있다(即實 2012[校]).

[궈行北叐药村] q.om.ur.u.dʒi-n [出] 玦41.

[궈行北舟伏] q.om.ur.bu.n [出] 道37.

[궈行北关] q.om.ur.i [出] 迪3, 特35.

[궈行北炏] q.om.ur.ər [명] 혈맥, 대를 이를 자손(胤嗣)(即實 2012⑳). [出] 道/宣/海/宋/圖.

[궈行北当] q.om.ur.ən [出] 故/永/迪/副/皇/宋/烈.

[궈行夾当] q.om.ur.ən [出] 慈21, 清25.

[궈行ち为] q.om.al.a [동] 임신하다(即實 2012⑳). [出] 智14.

[궈行ち当] q.om.ad.ən [出] 智14. [校勘] 即實은 이 글자를 "궈行ち为"라고 기록하고 있다(即實 2012[校]).

[궈行药] q.om.dʒi [出] 烈24.

[궈行及当] q.om.o.ən [出] 海10. [校勘] 이 글자는 휘본 등에 잘못 옮겨진 것이므로 "궈行乂当"이 올바르다(即實 2012[校]).

[궈行州] q.om.od [出] 弘26, 回24. [校勘] 이 글자는 초본에 잘못 옮겨진 것이므로 "궈行屮"가 올바르다(即實 2012[校]).

[궈行소] q.om.ol [명](인명) ① 胡母里(康鵬 2011, 愛新覺羅 2013b), ② 惠宛(愛新覺羅외 2011). [出] 清3, 回2, 特2.

[궈行소 业丙药] q.om.ol p.əi.dʒi [명](인명) ① 胡母里·北只(愛新覺羅 2013b), ② 胡母里·□□(吳英喆 2012a②). [出] 特2.

> [遼史] **胡母里(호모리)**는 소적로(蕭敵魯)의 5대조이다. 요련씨(遙輦氏) 시대에 당나라에 사신으로 갔을 적에 당이 유주(幽州)에 억류하였다. 어느 날 석양에 관문을 부수고 도망쳐 귀국하였다. 이 일로 인해 대대로 옥사를 심판하는 관원(決獄官)이 되었다(≪요사≫ 권73)(金渭顯외 2012㊦).

[저行屮夊] q.om.bur.u [명](인명) ① 赫睦本(唐彩蘭외 2002), ② 合睦不(愛新覺羅 2004a⑫), ③ 渾不魯(愛新覺羅 2005b, 劉鳳翥 2014b㊾), ④ 葛舍卜(即實 2012⑳). [出] 烈18/22. [人物] 《烈誌》의 주인인 空寧敵烈(1034~1100, 한풍명: 承規)에게는 아들이 다섯 있었는데 그 중 넷째인 渾不魯 낭군(郎君)이다(愛新覺羅 2010f).

[저行舟关] q.om.b.ər [出] 海9. [校勘] 이 글자는 휘본 등에 잘못 옮겨진 것이므로 "저行扎关"이 올바르다(即實 2012㊗).

[저伏廾火]

qa.n.ʊ.ui [出] 糺25. [校勘] 이 글자는 초본에 잘못 옮겨진 것이므로 "저犾廾火"가 올바르다(即實 2012㊗).

[저化저]

q.ur.qa [수] 세 번(愛新覺羅외 2012⑤, 吳英喆 2012a④). [出] 仲12, 蒲2.

[저化关] q.ur.ər [수](서수) ① 제3, 셋째(即實 1988b), ② "제3, 셋째"의 남성형(劉鳳翥 2014b㊾). [出] 許/故/仲/博/永/弘/皇/宋/智/高/梁/尚/蒲.

[저化关丙] q.ur.ər.əi [명] 무리(劉鳳翥 1993d). [出] 先14. [校勘] 即實은 이 글자를 "竻化关丙"이라고 기록하고 있다(即實 2012㊗).

[저化与] q.ur.ən [수](서수) ① 제3, 셋째(朱志民 1995, 即實 1996④/1996⑤), ②"제3, 셋째"의 여성형(劉鳳翥 2014b㊾). [出] 許/故/博/宋/智/高/尚.

[저夂ち] q.er.al [出] 回13.

[저圣丙쑤圡为木] q.iam.əi.l.ha.a.ar [出] 皇11.

[저圣저]

q.iam.qa [명](인명) ① 匣馬葛(愛新覺羅 2003i, Kane 2009, 即實 2012⑳, 劉鳳翥 2014b㊾), ② 轄母葛(愛新覺羅 2003e), ③ 轄麥割, 轄麥哥(劉鳳翥 2014b㊾), ④ 霞馬葛(愛新覺羅 2010f, 愛新覺羅외 2015②). [出] 迪7, 玦3. [參考] "저圣저"는 거란 남자에게 상용되는 이름으로, 한문 사료에는 匣馬葛, 匣麥, 轄麥哥, 轄麥 등과 같은 다수의 동음이역이 존재한다(愛新覺羅외 2015②).

> [人物] ①《迪誌》의 주인 撒懶迪烈德(1026~1092)의 7대조인 匣馬葛(劉鳳翥는 "轄麥割", "轄麥哥"를 匣馬葛의 동명이역이라 함) 이리근을 지칭한다(愛新覺羅 2010f).
> ②《玦誌》의 주인 只兗昱(1014~1070, 한풍명: 耶律玦)의 5대조인 霞馬葛 낭군을 지칭한다(愛新覺羅 2010f).

[저仌]

q.un [借詞] "混"을 나타내는 한어차사(研究小組 1977b, 劉鳳翥외 1977). [出] 許2/36, 弘4.

[저仌 货太 几亦 杰] q.un tu.uŋ g.iun uaŋ [명](관제) "混同郡王"의 한어차사(淸格爾泰외 1978a/1985). [出] 許36. [校勘] 即實은 두 번째 글자를 "货火"이라고 기록하고 있다(即實 2012㊗).

[저仌 货火 几亦] q.un tu.uŋ g.iun [명](지명) "혼동군(混同郡)"의 한어차사(劉鳳翥 2014b㊾). [出] 許2.

[저仌 货火 几亦 杰] q.un tu.uŋ g.iun uaŋ [명](관제) "혼동군왕(混同郡王)"의 한어차사(研究小組 1977b, 劉鳳翥 2014b㊾). [出] 許2/36.

[저仌 货火 几亦 杰丞] q.un tu.uŋ g.iun uaŋ.on [명](관제・소유격) 혼동군왕(混同郡王)의(劉鳳翥 2014b㊾). [出] 弘4.

[저业]

q.aŋ [명] 조당(朝堂, 조정을 뜻하는 말)(愛新覺羅 2017a). [出] 道/令/許/仲/先/副/皇/清/玦/回.

[저业 邪为] q.aŋ ?.a [出] 仲41.

[저业秂廾夾] q.aŋ.is.ʊ.ur [出] 興14, 回9. [校勘] 이 글자는 초본에 잘못 옮겨진 것이므로 "저业秂廾夾"가 올바르다(即實 2012㊗).

[저业秂廾平저] q.aŋ.is.ʊ.ul.aq [出] 博32. [校勘] ☞ 저业秂廾平저(即實 2012㊗).

[저业夲关] q.aŋ.al [出] 故21, 慈19.

[저业ち火] q.aŋ.al.ju [出] 先13. [校勘] 即實은 이 글자를 두 글자로 분리하여 "저业 ち关"라고 기록하고 있다(即實 2012㊗).

[저业为矢] q.aŋ.a.tə [명](향위격) 아서(衙署, 관청을 의미한다)에(即實 2012⑳). [出] 副22.

[저业矢] q.aŋ.tə [명](향위격) 아서(衙署)에(即實 2012⑳). [동] 재직하다(即實 2012⑳). [出] 仲/博/永/副/智/奴/玦/特.

[저业矢关] q.aŋ.d.i [出] 博14.

[저业伏] q.aŋ.in [出] 先30.

[저业仍] q.aŋ.ta [出] 興33, 宣25, 回29.

[저业쏘夯舟] q.aŋ.d.ə.bu [出] 特12.

[저业舟] q.aŋ.bu [出] 宣18.

[저业关] q.aŋ.i [명] 전염병(染病)(愛新覺羅 2004a⑦). [出] 宗16, 博6/45, 奴11, 梁19.

[저业关 曲朩关] q.aŋ.i go.tʃ.ər [명](향위격) 아서(衙署)에(即實 2012⑳). [出] 宗16.

[저火]

q.ju [出] 博28/35. [校勘] 이 단어는 초본에 옮기며 잘못 분할되었는데, 앞 원자들과 합쳐 "久ち저火"로 하여야 한다(即實 2012㊗).

[저火关] q.ju.i [出] 許11. [校勘] 即實은 이 글자를 앞 원자들과 합쳐 "为ち저火关"로 기록하고 있다(即實 2012㊗).

[저小] qa.dær [出] 特2, 蒲2/3.

[저业] qa.p [出] 永32. [校勘] 이 글자는 초본에 잘못 옮겨진 것이므로 "저业"가 올바르다(即實 2012㊗).

[저业夵廾平伏] qa.p.oi.ʊ.ul.in [出] 特38.

[犭岀公ㄓ] q.?.n.ai [出] 典22. [校勘] 이 단어는 휘본 등에 옮기며 잘못 분할되고 합쳐졌는데, 뒤 원자들과 합쳐 "犭火 公ㄓ化与"으로 하여야 한다(即實 2012[校]).

[犭冂] q.od [出] 韓25. [校勘] 이 글자는 초본에 잘못 옮겨진 것이므로 "犭田"가 올바르다(即實 2012[校]).

[犭丹公] qa.tum.ən [出] 副10. [校勘] 即實은 이 글자를 "犭舟公"이라고 기록하고 있다(即實 2012[校]).

[犭丹付火] qa.tum.b.ud [出] 奴32.

[犭丹穴及不] qa.tum.u.o.on [出] 塔I-1

[犭丹穴女关] qa.tum.u.un.i [出] 塔I-1

[犭平关] q.jaŋ.i [出] 弘10.

[犭朵廾及内] q.ja.u.o.on [出] 仲35. [校勘] 이 글자는 초본에 잘못 옮겨진 것이므로 "犭艾廾及内"이 올바르다(即實 2012[校]).

[犭朵夯] q.ja.e [명] 위력(威力)(即實 2012⑳). [出] 仲34/35/41/47.

[犭朵丐] q.ja.ju [出] 烈29.

[犭朵州□] q.ja.od.? [出] 先19. [校勘] 即實은 이 글자의 탈루된 부분을 포함하여 "犭朵屮村"이라고 추정하고 있다(即實 2012[校]).

[犭朵付] q.ja.bi [出] 先48. [校勘] 即實은 이 글자를 "犭朵冃"이라고 기록하고 있다(即實 2012[校]).

[犭朵公] q.ja-n [명] ① 힘(力)(即實 2012⑳), ② 영채(營寨, 병영의 집, 병영의 목책)(即實 2012⑳). [出] 皇17, 梁6.

[犭朵公 丞冃] q.ja.n tai.bu [명](관제) 영채태보(營寨太保)(即實 2012⑳). [出] 梁6.

[犭朵由] q.ja.bəl [出] 仲13, 慈9, 清16.

[犭朵由村] q.ja.bəl.ən [出] 宗8.

[犭朵夯] q.ja.ə [명] ① 위력(威力)(即實 2012⑳), ② 영채(營寨)(即實 2012⑳). [出] 仲9, 副9, 皇11.

[犭内] q.on [出] 玦11.

[犭岀] q.æn [出] 仲30, 先68, 迪27, 玦30. [校勘] 即實은 《仲30》에서는 이 글자를 뒤 원자들과 합쳐 "犭岀禾廾平犭"이라고 기록하고 있다(即實 2012[校]).

[犭岀禾丗ち犭] q.æn.is.ha.al.aqa [出] 先16.

[犭岀禾丗ち伏] q.æn.is.ha.al.in [出] 尚29.

[犭岀禾丗ㄓ] q.æn.is.ha.ai [出] 先53.

[犭岀禾廾] q.æn.is.ʊ [出] 許21. [校勘] 이 단어는 초본에 옮기며 잘못 분할되었는데, 뒤 원자들과 합쳐 "犭岀禾廾犮夯杰"로 하여야 한다(即實 2012[校]).

[犭岀禾廾卡北] q.æn.is.ʊ.us.əl [동] 치다(伐)(即實 2012⑳). [出] 先19, 博39, 迪24.

[犭岀禾廾夾] q.æn.is.ʊ.ur [出] 道/仲/博/尚/玦.

[犭岀禾廾矛公] q.æn.is.ʊ.dʒi.d [出] 先48.

[犭岀禾廾及北] q.æn.is.ʊ.o.ur [出] 先41.

[犭岀禾廾及内] q.æn.is.ʊ.o.on [동] 치다(伐)(即實 2012⑳). [出] 先12/17, 博27, 慈9.

[犭岀禾廾伏] q.æn.is.ʊ-n [동] 치다(伐)(即實 2012⑳). [出] 副10.

[犭岀禾廾火] q.æn.is.ʊ.ui [동] 치다(伐)(即實 2012⑳). [出] 興/涿/永/慈/清/特.

[犭岀禾廾平犭] q.æn.is.ʊ.ul.qa [동] 치다(伐)(即實 2012⑳). [出] 博34.

[犭岀禾廾平伏] q.æn.is.ʊ.ul.in [出] 涿25.

[犭岀禾反矛] q.æn.is.u.dʒi [出] 玦24.

[犭岀禾必] q.æn.is.əl [出] 迪19. [校勘] 이 단어는 초본에 옮기며 잘못 분할되었는데, 뒤 원자들과 합쳐 "犭岀禾必丗木"로 하여야 한다(即實 2012[校]).

[犭岀禾必丗ㄓ] q.æn.is.əl.ha.ai [出] 道6, 迪25, 清21, 玦34.

[犭岀禾必丗ㄓち] q.æn.is.əl.ha.ai.al [동] 치다(伐)(即實 2012⑳). [出] 道24.

[犭岀禾必丗出] q.æn.is.əl.ha.an [出] 仁18, 令5, 尚11.

[犭岀禾屮] q.æn.is.bur [出] 糺12.

[犭岀禾冃] q.æn.is.bu [出] 許18/22. [校勘] 이 단어는 초본에 옮기며 잘못 분할되었는데, 각각 뒤 원자와 합쳐 "犭岀禾必及内"《許18》과 "犭岀禾廾卡北"《許22》로 하여야 한다(即實 2012[校]).

[犭岀禾冃伏] q.æn.is.bu.n [出] 糺11. [校勘] 即實은 이 글자를 "犭岀禾廾伏"으로 기록하고 있다(即實 2012[校]).

[犭岀关] q.æn.i [出] 糺12.

[犭文为火] q.ie.a.ju [出] 宋21. [校勘] 이 글자는 초본에 잘못 옮겨진 것이므로 "犭艾为火"가 올바르다(即實 2012[校]).

[犭ㄔ] q.ia [出] 玦8.

[犭ㄔ业乃尘] q.ia.aŋ.am.t [出] 先20. [校勘] 即實은 이 글자를 "犭ㄔ岀乃尘"이라고 기록하고 있다(即實 2012[校]).

[犭关] q.i [借詞] "黑"을 나타내는 한어차사(鄭曉光 2002). [出] 永18, 韓21. [校勘] 이 글자는 초본에 잘못 옮겨진 것이므로 "刹关"《永18》가 올바르다(即實 2012[校]).

[犭关 令丙 九夯] q.i t(d).əi. g.ə [명](인명) 黑德哥(劉鳳翥 2014b(52)). [出] 永18. [人物] 《永誌》의 주인 遙隱永寧(1059~1085)의 장남인 高奴 낭군(郎君)의 부인 德哥 낭자이다(愛新覺羅 2010f). [校勘] 即實은 이 글자가 초본 작성 때에 오류가 있어 "刹关 令丙 九夯"가 정당하다고 지적하고, "刹关"는 국구별부(國舅別部)의 간칭이

므로 이름은 "德哥"라고 주장하고 있다(即實 2012⑦).

[对关禾廾及村] q.i.is.ʊ.o-n [出] 特35.

[对炎] q.ər [出] 博44. [校勘] 이 단어는 초본에 옮기며 잘못 분할되었는데, 앞 원자들과 합쳐 "**为亐对炎**"로 하여야 한다(即實 2012[校]).

[对炎北] q.ər.əl [出] 仲26. [校勘] 이 글자는 초본에 잘못 옮겨진 것이므로 "**引冬北**"이 올바르다(即實 2012[校]).

[对火为] q.ud.a [出] 典30. [校勘] 이 글자는 휘본 등에 잘못 옮겨진 것이므로 "**对犾为**"이 올바르다(即實 2012[校]).

[对关] q.os [出] 先27/29/46/51/55, 玦38.

[对尘] qa.t [出] 蒲20.

[对尘禾圡半] qa.t.is.ha.ai [出] 仲25. [校勘] 이 글자는 초본에 잘못 옮겨진 것이므로 "**对业禾圡半**"이 올바르다(即實 2012[校]).

[对当] q.ən [出] 令4. [校勘] 이 글자는 초본에 잘못 옮겨진 것이므로 "**犳当**"이 올바르다(即實 2012[校]).

[对平] q.ul [出] 宣26.

[对平*夊火] q.ul.bu.u-n [出] 仲32/47. [校勘] 이 글자는 초본에 잘못 옮겨진 것이므로 "**对平*夊火**"이 올바르다(即實 2012[校]).

[对平仐] q.ul.əs [出] 道35, 博3.

[对平公夊几] q.ul.n.u.ku [出] 智24. [校勘] 이 글자는 초본에 잘못 옮겨진 것이므로 "**对平*夊凡**"가 올바르다(即實 2012[校]).

[对平*夊] q.ul.bu.u [出] 典/許/海/博/皇/智/尚.

[对平*夊化] q.ul.bu.u.ur [出] 烈15.

[对平*夊火] q.ul.bu.u-n [出] 宣18.

[对罡] q.ag [出] 道27.

[对罡币公] q.ag.məgə.n [명](인명) ①(소유격) 何□의(劉鳳翥외 2005b), ② 曷古麽格(愛新覺羅 2006c), ③ 乎固□(即實 2012⑫). [出] 高12. [人物] 《高誌》의 주인 王寧高十(1015~?, 한풍명: 韓元佐)의 셋째 아들인 塔塔里 장군의 장모이다(愛新覺羅 2010f).

[对罡火] q.ag.un [出] 皇12.

[对犾廾交] q.adʒu.ʊ.ur [出] 仲16.

[对犾廾交 ㄨ火化仐北] q.adʒu.ʊ.ur k(h).ui.ri.s.əl [동] 친히 이르다(親至), 몸소 움직이다(自往)(即實 2012⑳). [出] 仲16.

[对犾廾及北] q.adʒu.ʊ.o.əl [出] 特38.

[对犾廾及子] q.adʒu.ʊ.o.os [出] 先28, 海7.

[对犾廾及内] q.adʒ.ʊ.o.on [出] 許41, 先12, 宋21, 奴44.

[对犾夊] q.adʒu.u [명] 철(鐵)(愛新覺羅외 2015②). [명](인명) ① 華査烏(即實 1996⑯), ② 曷蘇, 曷朮(愛新覺羅 2004a⑫) [同源語] "철"을 의미하는 다호르어의 [kaso], 위굴어의 "迦沙"가 같은 어원이다(孫伯君외 2008). [出] 先6, 智11.

[对犾夊杏] q.adʒu.u.un [명](인명) 曷朮隱(耶律玦 조부의 자[字]이다)(愛新覺羅외 2015②). [出] 玦4. [用法] "철"을 뜻하는 [qadʒu]에 형용사의 여성형 어미(**杏**)를 붙여 남자의 "자(字)"를 구성한다(愛新覺羅외 2015②).

[对犾夊杏 六丹炎] q.adʒu.u.un da.l.ər [명](인명) 曷朮隱達烈(愛新覺羅외 2015②). [出] 玦4. [人物] 《玦誌》 주인 只兗昱(1014~1070, 한풍명: 耶律玦)의 조부인 曷朮隱達烈 부추(副樞)로 사상(使相)에 추봉되었다(愛新覺羅외 2015②).

[对犾对] q.adʒu.qa [부] 몸소(躬親)(即實 2012⑳). [出] 許/仲/先/迪/副/清/尚/回.

[对犾对 杁关禾] q.adʒu.qa tʃ.i.is [명] 직계의 친족(即實 2012⑳). [出] 尚26.

[对犾为] q.adʒu.a [명] ① 재앙(災殃)(愛新覺羅 2004a⑤), ② 화(禍)(愛新覺羅 2004a⑦, 即實 2012⑳), ③ 고난(苦難)(吳英喆 2012a③). [同源語] ① 몽골어 [gasacan](화)이 같은 어원이다(愛新覺羅외 2011), ② 몽골어 [ɣasalaŋ](고난)에 대응한다(吳英喆 2012a③). [出] 宣/仲/副/皇/奴/宄/特.

[对犾为 ㄐ关] q.adʒu.a ia.[?] [명] 고난(苦難)과 복(福)(吳英喆 2012a③). [出] 特31.

[对犾为 搽] q.adʒu.a qutug [명] 불행과 복(禍福)(愛新覺羅외 2011).

[对犾为 搽 仒仕公北村 圡平炎夯] q.adʒu.a qutug t.um.d.əl-n əu.ul.gə-ə [문] 화복(禍福)은 무상(無常)하다(愛新覺羅외 2011).

[对犾为本] q.adʒu.a.ar [出] 奴30. [校勘] 이 단어는 초본에 옮기며 잘못 분할되고 합쳐졌는데, 뒤 원자들과 합쳐 "**对犾 为本夊犳**"로 하여야 한다(即實 2012[校]).

[对犾为本叉] q.adʒu.a.ar.ir [出] 玦46.

[对犾为关] q.adʒu.a.ju [명] ① 불행(禍)(愛新覺羅 2004a⑫), ② 불행(禍)의(即實 2012⑳). [出] 副26/31, 宋5, 奴42/44.

[对犾仐] q.adʒu.a.ʊr [出] 先64.

[对□] qa.[?] [出] 奴39. [校勘] 即實은 이 글자를 "**对业**"이라고 추정하고 있다(即實 2012[校]).

[对□叉□] qa.[?].ir.[?] [出] 許37.

犳 [발음] dʒi [原字번호] 152

[犳] dʒi [명] ① 안(內, 裏)(愛新覺羅 2004a⑦), ② 정(正)(即實 2012⑳). [書法] Kane은 이 원자가 "**犳** [dʒi](원자번호 153)"의 이서체라고 주장하고 있다(Kane 2009). [用法]

①이 원자의 문법적 의미는 "형동사·동명사 어미"이고, 몽골어의 형동사 어미 [-tʃi]와 비교된다(愛新覺羅 2004a⑧), ② 복수형어미 [-dʒi]의 문자형은 일정하지 않은데, "朩" 또는 "亥"로 되기도 한다(愛新覺羅 외 2011), ③부동사형 접미사로도 쓰인다(吳英喆 2012a①). [出] 先/奴/梁/尚/韓/特.

[犳扗] dʒi.ha [出] 尚9. [校勘] 이 단어는 초본에 옮기며 "犳扗 㐅"로 잘못 분할("犳"는 "仿"의 오기이고, "㐅"는 단독 사용이 불가)되었는데, 뒤 원자와 합쳐 "犳扗㐅"로 하여야 한다(即實 2012校).

[犳及犳] dʒi.u.dʒi [出] 圖25.

[犳及犳村] dʒi.u.dʒi-n [出] 回15.

[犳及用] dʒi.u.il [형] ①길다(長)(即實 1982a/1996①), ②맑다, 투명하다(王弘力 1984). [出] 典25.

[犳村] dʒi-n [형] ①~에 대한(即實 1986b), ②적통의 바른(嫡正)(即實 2012④). [명] 사람(者)(王弘力 1987). [명](소유격) 가운데의(趙志偉 외 2001, 劉鳳翥 2014b52). [出] 興/仁/令/許/仲/先/宗/永/迪/弘/副/宋/慈/智/烈/奴/高/室/圖/梁/清/尚/韓/玦/回/特/蒲.

[犳村 刋] dʒi.ən qa [出] 智17.

[犳村 舟公当] dʒi.ən əb.d.ən [出] 許30.

[犳村村] dʒi.ən.ən [出] 尚21.

[犳村为] dʒi.ən.a [出] 清15. [校勘] 이 단어는 본래 2개의 글자(犳村 丸)이나 초본에는 잘못하여 하나로 합쳐져 있다(即實 2012校).

[犳村关] dʒi.ən.i [出] 許/先/迪/慈/烈/梁/清/蒲.

[犳村关] dʒi.ən.ər [出] 糺19.

[犳叉] dʒi.ir [出] 永41.

[犳为] dʒi.a [出] 仁17. [校勘] 이 글자는 휘본 등에 잘못 옮겨진 것이므로 "犳村"이 올바르다(即實 2012校).

[犳矢] dʒi.tə [出] 許12, 副9/15/16/18. [校勘] 이 단어는 초본에 옮기며 잘못 분할되었는데, 각각 앞 원자들과 합쳐 "屋及犳矢"《許12》/《副15/16/18》와 "及欠北及犳矢"《副9》로 하여야 한다(即實 2012校).

[犳朱朩] dʒi.do.tʃi [出] 蒲14.

[犳公] dʒi.d [명] ①속내, 복심(算, 心腹)(愛新覺羅 2004a⑦), ②친족(即實 1996①), ③정실(嫡)(即實 1996④), ④입양(愛新覺羅 2004a⑧), [명](관제) ①선저(選底, 형옥을 관장하는 벼슬)(高路加 1985), ②속온(速穩, 말리의 이름)(即實 1988b). [出] 仁/令/許/先/宗/副/烈/奴/高/圖/尚/韓/玦.

[犳公 业冈化] dʒi.d p.u.ur [명] 내외(即實 2012⑳). [出] 仁14, 宗30.

[犳公伏] dʒi.d.in [명] ①안(內)(即實 2012⑳), ②본(本)(即實 2012⑳). [명](소유격) ①복심의(愛新覺羅 2004a⑧/⑪), ②안(內)의, 중앙의(복수형)(大竹昌已 2016d). [出] 許/先/永/迪/宋/烈/高/圖/清/尚.

[犳公伏 외公 犳公伏 伏朩亚出] dʒi.d.in bu.d dʒi.d.in n.ar.ha.an [명](관제) 복심부(腹心部) [出] 清3.

[犳公伏 业冈化伏] dʒi.d.in p.u.ur.in [명] "내외"의 복수형(大竹昌已 2016d). [出] 先61, 烈4/6, 圖13.

[犳公仕夾矢] dʒi.d.um.an.tə [出] 尚30.

[犳仐叉] dʒi.l.ir [명] ①황위(位)(即實 1996⑯), ②정위(正位)(即實 2012⑳). [出] 典9.

[犳仐九] dʒi.l.gə [出] 宗10. [校勘] 即實은 이 글자를 "犳仐化"라고 기록하고 있다(即實 2012校).

[犳仐关] dʒi.l.i [명] 한 가운데(即實 2012⑳). [出] 永36, 迪39, 智26.

[犳内] dʒi.on [出] 興16. [校勘] 이 글자는 휘본 등에 잘못 옮겨진 것이므로 "犳村"이 올바르다(即實 2012校).

[犳关] dʒi.i [出] 副11, 韓4. [校勘] 即實은 《韓4》에서 이 글자를 "不关"라고 기록하고 있다(即實 2012校).

[犳关子火] dʒi.i.os.un [出] 迪25. [校勘] 이 단어는 본래 2개의 글자(犳关 子火)이나 초본에는 잘못하여 하나로 합쳐져 있다(即實 2012校).

[犳nd] dʒi.ər [出] 許47. [校勘] 이 단어는 초본에 옮기며 잘못 분할되었는데, 앞 원자들과 합쳐 "仐为犳关"로 하여야 한다(即實 2012校).

[犳券朩] dʒi.ə.tʃi [명] 바른 자(即實 2012⑳). [형동] 바르다, 바로잡다(正)(即實 2012⑳). [出] 宋18.

[犳券伏] dʒi.ə.n [出] 梁7. [校勘] 이 글자는 초본에 잘못 옮겨진 것이므로 "犳公伏"이 올바르다(即實 2012校).

[犳当] dʒi.ən [명](인명) ①只兗(愛新覺羅 2013b), ②舄括(即實 2014). [出] 玦2/10, 特27. [参考] 《玦誌》의 주인인 耶律玦의 자(字)이다(愛新覺羅 2013b).

[犳当 火] dʒi.ən iu [명](인명) 只兗·昱(愛新覺羅 2013b). [出] 玦2/10.

> [墓誌] **只兗·昱(지연 욱)**. 《玦誌》의 주인이다. 적련선질가한(迪輦鮮質可汗)의 7대손으로 개태(開泰) 3년(1014)에 태어났다. 20세에 출사하여 지후(祗候)·부보사 수기거주(符宝司修起居注)·패인사낭군(牌印司郎君)·좌원통진(左院通進)·남원승지(南院承旨)·지전운왕부(知轉運王府)·동지남원(同知南院)·도태보(都太保)·문반태보(文班太保)·소장군(小将軍)·남경통군도감(南京統軍都監)·척은사도감(惕隱司都監)을 역임했

다. 도종 즉위 후 다시금 문반태보(文班太保)가 되었고 관찰(観察)·절도사(節度使)·지군목도임아사(知群牧都林牙事)·총지태황태후릉침사(總知太皇太后陵寢事)·우감문위상장군(右監門衛上將軍)·부추(副樞)·하송국건원절사(賀宋国乾元節使)·서남초토도감상장군(西南招討都監上將軍)·남경동첨(南京同簽)·남원임아(南院林牙)·동지흥군사(同知興軍事)·검교태위(檢校太尉)·한아부추(漢兒副樞)·수태자소부(守太子少傅)·총리부서원(總理部署院)·서경유수부추(西京留守副樞)·통판(通判)을 역임하고 좌용호군상장군(左龍虎軍上將軍)·검교태사(檢校太師)에 봉해졌다. 함옹(咸雍) 6년(1070)에 병으로 사망했다(愛新覺羅 2010f).

▲ 야율결(耶律玦) 묘지명(일부)

[**狗平辻夲**] dʒi.ul.ha.ai 出 許12. **校勘** 이 글자는 초본에 잘못 옮겨진 것이므로 "**乑平辻夲**"가 올바르다(即實 2012㊲).

[**狗□**] dʒi.☐ 出 清30. **校勘** 即實은 이 글자를 "**狗村**"이라고 추정하고 있다(即實 2012㊲).

[**狗□关**] dʒi.☐.i 出 先2. **校勘** 即實은 이 글자를 "**狗村关**"라고 추정하고 있다(即實 2012㊲).

狗 [발음] dʒi [原字번호] 153

[**狗**] dʒi **書法** Kane은 이 원자가 "**狗** [dʒi](원자번호 152)"의 이서체라고 주장하고 있다(Kane 2009). **用法** 과거시재 형동사 어미를 표시하는 부가성분이다(研究小組 1977b). 出 書XXI.

[**狗村**] dʒi-n 出 道12, 宣17, 仲10/11/14/18/26/31/32/37/46, 涿24. **參考** ☞ **狗村**.

[**狗公伏**] dʒi.d.in 出 宣11, 仲4/5/34. **參考** ☞ **狗公伏**.

[**狗关**] dʒi.i 出 仲26, 永30. **校勘** 即實은 ≪永30≫에서는 이를 "**乑关**"라고 기록하고 있다(即實 2012㊲).

[**狗灬**] dʒi.ər 出 仲15.

乑 [발음] on [原字번호] 154

[**乑**] on **用法** 소유격어미를 표시하는 부가성분이다(研究小組 1977b).

> **語法** ☞ "소유격을 표시하는 접미사의 표현형식"에 대하여는 "**村**"(원자번호 140)을 참조하라.

[**乑커夲**] on.q.ai 出 回18/23.

[**乑커木**] on.q.ar 出 玦33.

[**乑狗夲**] on.dʒi.ai 出 圖19. **校勘** 即實은 이 글자를 "**乑커夲**"라고 기록하고 있다(即實 2012㊲).

[**乑为**] on.a 图(관제) 온납(溫納, 석렬이름이다)(愛新覺羅외 2011). 出 清2, 玦39. **校勘** ① 이 글자는 원래 석렬의 이름인 "**乑为丹为**"인데, 초본에 잘못 옮겨져 "**乑为**"와 "**丹为**"가 분리되었다(即實 2012⑭), ② 다른 학자들은 이 글자를 "**乑为 尚为**"로 기록하고 있다(劉鳳翥외 2009, 劉浦江외 2014).

[**乑为尚为**] on.a.har.a 图(관제) 알납아랄(斡納阿剌), 알납하랄(斡納河剌·斡納何剌)(愛新覺羅 2013b②). 出 特2. **參考** ≪요사·영위지㊦≫의 육원부(六院部)에 나오는 석렬(石烈) 이름이다(愛新覺羅 2013b②).

[**乑为ち**] on.a.al 出 許17.

[**乑为夲**] on.a.ai 出 紀24. **校勘** 이 글자는 초본에 잘못 옮겨진 것이므로 "**乑为木**"가 올바르다(即實 2012㊲).

[**乑为木**] on.a.ar 동 내리다(降)(豊田五郞 1991b). 出 先34, 慈26, 特38.

[**乑为出**] on.a.an 동 내리다(降)(研究小組 1977b, 劉鳳翥외 1977, 清格爾泰외 1978a). 出 許蓋4, 宗33. **同源語** "내리다"를 의미하는 몽골어의 [unax]와 [unan](과거시제) 다호르어의 [unəgu], 토족어의 [una:-], 동향어의 [una-] 등이 같은 어원이다(呼格吉樂圖 2017).

[**乑为丹为**] on.a.b.a 图(관제) 알납발(斡納拔, 석렬이름이다)(即實 2012⑭). 出 許蓋1, 宗33, 清2.

[**乑仐北**] on.əs.əl 동 말에서 떨어지다(即實 1996⑯). 出 智7.

[**乑仒圣**] on.əl.ir 동 ① 떨어졌다(吳英喆 2012a①), ② 죽었다(愛新覺羅 2013b). 出 玦4. **校勘** 愛新覺羅는 당초 "떨어졌다"라고 해석했다가 "죽었다"로 바꾸었다(愛

新覺羅 2013b).

不火叉豹] on.ui.u.dʒi [出] 博44. [校勘] 이 글자는 초본에 잘못 옮겨진 것이므로 "**穴火叉豹**"가 올바르다(即實 2012[校]).

不关] on.i [동] ~에서 떨어져(愛新覺羅 2013b). [出] 特16. [用例] **叉化矢关 不关 方交屮** [m.ir.d.i on.i tu.ur.bur] [문] 말에서 떨어져 죽다(愛新覺羅 2013b).

[不□木] on.?.ar [出] 圖17. [校勘] 即實은 이 글자를 "**不列木**"이라고 추정하고 있다(即實 2012[校]).

乙 [발음] tawi [原字번호] 155

乙] tawi [수] 50(即實 1986d/1996①). [出] 道/令/弘/副/烈/奴/圖/梁/糺/清/玦/特/蒲/畵.

[乙 乇] tawi am [수] 51(劉鳳翥 2014b㊿). [出] 梁11.

[乙 乇矢] tawi am.tə [수](향위격) 51에(劉鳳翥 2014b㊿). [出] 梁11.

乙村] tawi-n [수](소유격) 50의(劉浦江외 2014). [出] 圖15, 糺21. [書法] ≪圖15≫에서는 이 원자들을 가로가 아닌 세로로 이어 쓰고 있다(即實 2012[校]).

乇 [발음] ?? [原字번호] 156

乇] ? [出] 宣11, 慈25. [校勘] 이 글자는 초본에 잘못 옮겨진 것이므로 "**乇**"가 올바르다(即實 2012[校]).

[乇廾矢] ?.ʊ.ul [出] 仲11/15. [校勘] ☞ **乇廾矢**(即實 2012[校]).

[乇叉化] ?.u.ud [出] 玦12.

[乇叉火] ?.u.un [出] 皇22. [校勘] ☞ **乇叉火**(即實 2012[校]).

[乇公穴豹] ?.d.u.dʒi [出] 皇21. [校勘] ☞ **乇公穴豹**(即實 2012[校]).

[乇尘] ?.d [出] 道7, 皇24. [校勘] ☞ **乇尘**(即實 2012[校]).

乇穴化] ?.u.ud [出] 慈9. [校勘] 이 글자는 초본상에 잘못 옮겨진 것이므로 "**乇叉化**"가 올바르다(即實 2012[校]).

乎 [발음] ?? [原字번호] 157

[乎北□公] ?.əl.?.ər [出] 許9.

孑 [발음] os [原字번호] 158

孑] ləs [出] 室13, 清23/29. [校勘] 이 글자는 초본에 옮기며 잘못 분할되었는데, 앞 원자와 합쳐 "**叉公孑**"≪室13≫와 "**叉太孑**"≪清23/29≫로 하여야 한다(即實 2012[校]).

孑北] ləs.əl [出] 許16. [校勘] 이 단어는 초본에 옮기며 잘못 분할되었는데, 앞 원자들과 합쳐 "**丹及子北**"로 하여야 한다(即實 2012[校]).

[孑北太万] ləs.əl.gə.əi [出] 博34.

[孑北太叉] ləs.əl.gə.ir [出] 道24.

[孑北太当] ləs.əl.gə.ən [出] 仲41.

[孑北太当 列] ləs.əl.gə.ən qa [出] 仲34.

孓 [발음] niar [原字번호] 159

孓] niar [명] 날(日)(厲鼎煃 1932, 羅福成 1933, 王静如 1933, 研究小組 1977b, 清格爾泰외 1978a/1985). [同源語] "날(日)"을 의미하는 다호르어의 [nar], 몽골어의 [naran]이 동일한 어원이다(吳維외 1999). [出] 興/仁/道/宣/令/許/蓋/許/故/郎/仲/先/宗/博/永/迪/弘/副/皇/宋/慈/智/烈/奴/室/圖/梁/糺/清/尙/玦/回/特/蒲蓋/蒲/槨/盞/洞. [用例] **叉方 孓** [ʃæn niar] [명] 길일(吉日)(即實 1996⑯). [出] 仁9.

孓圡木关] niar.ha.ar.i [명](인명) ① 涅里吉(王弘力 1986), ② 那然培(即實 1996⑯), ③ 納剌里(愛新覺羅 2003e), ④ 涅剌里(即實 2012⑳, 愛新覺羅 2013a). [出] 故19, 迪34. [人物] ≪迪誌≫ 주인인 撒懶迪烈德(1026~1092)의 3남 6녀중 막내딸로, ≪故銘≫ 주인인 撻體娘子(1081~1115)의 여동생(계모 王日부인의 딸)이다(即實 2012⑨, 愛新覺羅외 2015⑩).

孓艾] niar.yo [出] 先16. [校勘] 即實은 이 글자를 "**孓女**"이라고 기록하고 있다(即實 2012[校]).

孓村] niar.ən [명](소유격) 날의(清格爾泰외 1985, 即實 1996⑯, 劉浦江외 2014). [出] 仲25, 涿23, 永27.

[孓列] niar.qa [出] 烈12, 梁21.

孓矢] niar.tə [명](향위격) 날에(研究小組 1977b, 清格爾泰외 1978a/1985, 即實 1996⑯, 劉浦江외 2014, 劉鳳翥외 2009). [出] 宣/令/許/故/仲/先/宗/博/涿/永/迪/弘/副/皇/慈/智/烈/奴/高/圖/梁/糺/清/尙/玦/回/特/蒲/塔II.

孓伏] niar.in [명] "날"의 복수형(大竹昌巳 2016d). [명](향위격) 날에(即實 1996⑯). [명](목적격) 날을(大竹昌巳 2016d). [出] 許21, 先55, 宗36, 慈15.

[孓伏公] niar.in.ər [出] 玦29.

[尺�出] niar.ia.an 형 화목하다(即實 2012⑳). 出 宋 15.

[尺关] niar.i 명 날(日)(劉鳳翥 2002, 劉鳳翥외 2009). 명 (소유격·목적격) 날의, 날을(大竹昌巳 2016d/2016e). 명 (인명) 伊離(蘇赫 1981). 명(관제) 반(班)(即實 1990/1996①). 出 道/宣/許/宗/迪/副/烈/奴/高/室/圖/糺/玦/回/特/蒲.

[尺关 火] niar.i ui 명(관제) 기거주(起居注, 사관이 황제의 언행을 기록한 책)(即實 2012⑳). 出 宣2, 奴2.

> 遼史 起居郎(기거랑)은 황제의 언행을 기록하고 기거주(起居注)를 편수하는 일을 맡았다. 역대 왕조마다 제도가 달랐다. 두기도 하고 폐하기도 하였으며, 기거랑과 기거사인(起居舍人)을 둘 때도 있고 기거랑 1명만 둘 때도 있었다. 거란도 기거랑을 두어 기거사인원(起居舍人院)에 예속시켰다(金渭顯외 2012⊕).

[尺ㄨ] niar.ən 명(목적격) 날을(即實 1996⑯). 出 興 17, 先54.

玊	[발음] ba [原字번호] 160

[玊] ba 出 興/博/迪/奴/圖/韓/畵.

[玊 九雨] xut gi.n 명(인명) 胡都菫(即實 2012②). 出 博 45. 人物 《博誌》 주인 習輦(1079~1142)의 증손녀(손자인 曷盧本阿鉢의 차녀 迭木宁)의 시아버지에 해당한다(即實 2012②).

[玊买] ba.an 出 先32.

[玊竝ㄑ] ba.ha.al 동 어떤 직에 임명하다(愛新覺羅 2004a⑤). 出 迪/奴/高/梁/特.

[玊丹圣狗] ba.ʊ.u.dʒi 出 仁31. 校勘 이 글자는 휘본 등에 잘못 옮겨진 것이므로 "玊丹圣狗"가 올바르다(即實 2012㊉).

[玊卉] ba.ai 동 어떤 직에 임명하다(劉鳳翥외 2003b). 出 仁/故/先/博/弘/副/智/高/梁/特.

[玊卉 雨行] ba.ai do.om 出 仁19.

[玊本] ba.ar 동 어떤 직에 임명하다(愛新覺羅 2004a⑧). 出 道/先/迪/皇/玦/蒲.

[玊本尺狗] ba.ar.u.dʒi 出 先67.

[玊丙竝ㄑ村] ba.dʒu.ha.al.ən 出 先20. 校勘 即實은 이 글자를 "孔丙竝ㄑ村"이라고 기록하고 있다(即實 2012㊉).

[玊꿔] ba.qa 명(인명) 胡荼古(即實 2012⑨). 出 烈13. 人物 《烈誌》 주인인 空寧敵烈(1034~1100, 한풍명: 韓規)의 손녀, 즉 셋째 아들인 烏魯古 낭군(1065~?)의 ○섯째 딸(燕哥)을 지칭한다(愛新覺羅 2009a⑧).

[玊冬] ba.as 出 先61.

[玊为方] ba.a.ad 동 연임하다(即實 2012⑳). 出 副6.

[玊为木] ba.a.ar 出 室10.

[玊亣] ba.da 出 永34. 校勘 이 글자는 초본에 ○못 옮겨진 것("亣"는 글자의 중간이나 끝에 놓이지 않음)이므로 "玊买"이 올바르다(即實 2012㊉).

[玊火] ba.un 出 梁20. 校勘 即實은 이 글자를 "ᴍ火"이라고 기록하고 있다(即實 2012㊉).

[玊丹公扎] ba.əb.t.ur 出 興8.

[玊丹圣狗] ba.l.u.dʒi 出 仁31, 博30, 副47.

[玊丹圣狗村] ba.l.u.dʒi-n 出 副33.

[玊丹圣] ba.l.ir 동 재직하다(即實 2012⑳). 出 博12, 副10.

[玊丹伏] ba.l.in 出 仲49, 蒲21.

[玊丹仐北] ba.l.sə.əl 出 仲45.

[玊丹公北] ba.l.d.əl 出 許60, 先38/52, 韓16.

[玊丹公北꿔] ba.l.d.əl.qa 出 永42.

[玊丹屮圣] ba.l.əl.ir 出 玦21.

[玊丹屮] ba.l.bur 出 先51.

[玊丹丹伏] ba.l.bu.n 出 故24, 宋21, 烈26.

[玊丹关] ba.l.i 出 永37.

[玊丹坐与] ba.l.t.ən 出 皇19.

[玊丹与] ba.l.betʃ 出 先10/17. 校勘 即實은 이 글자를 "玊丹夯"이라고 기록하고 있다(即實 2012㊉).

央	[발음] au [原字번호] 161

[央] au 명 ①누이(石金民외 2001, 劉鳳翥외 2003b), ②여자가 자기보다 나이가 많은 동성(同性)의 동배(同輩)친족을 지칭, 즉 "친언니"를 말한다(大竹昌巳 2014). 出 故/先/迪/弘/慈/奴/玦/特. 用例 火关雨 央 ud.i.in au 명 ①사촌누이·언니(表姐)(石金民외 2001), ②처제·처형(妻姐)(愛新覺羅 2004a⑩).

[央 丙] au mə 명 큰이모(伯姨母), 큰고모(伯姑母)(即實 2012⑳). 出 慈12.

[央 ㄨ火 丙令村] au k(h).ju mə.t.ən 명(소유격) 여러자매의(即實 2012⑳). 出 慈12.

[丸长] au.us [명] 조카(愛新覺羅 2006a). [出] 智7.

[丸长爻] au.us.ir [出] 道31.

[丸夹夯] au.ul.ə [出] 典34. [校勘] 이 글자는 초본에 잘못 옮겨진 것이므로 "丸夹夯"가 올바르다(即實 2012[校]).

[丸交] au.ur [出] 先32, 宗4, 烈15.

[丸交 丞条] au.ur ba.as [出] 宗4, 烈15. [校勘] 묘지에는 거의 붙여 각공을 함으로써 한 글자(丸交丞条)처럼 보이나 ≪先61≫에서는 띄어 쓰고 있다(即實 2012[校]).

[丸虫为木] au.ha.a.ar [出] 道12.

[丸杏卄犸] au.un.ʊ.dʒi [出] 迪16.

[丸交] au.ur [出] 先29/32/44/61, 奴10, 糺12, 玦28.

[丸交丞] au.ur.ba [出] 糺25.

[丸东] au.at [出] 先32. [校勘] 即實은 이 글자를 "丸交"라고 기록하고 있다(即實 2012[校]).

[丸夯卄反] au.e.ʊ.o [出] 先40. [校勘] 이 단어는 초본에 옮기며 잘못 분할되었는데, 뒤 원자와 합쳐 "丸杏卄反北"로 하여야 한다(即實 2012[校]).

[丸木] au.ar [出] 塔I-2

[丸及犸村] au.u.dʒi.ən [出] 皇16.

[丸刃百ち] au.ir.j.al [出] 許35. [校勘] 이 단어는 초본에 옮기며 잘못 분할되고 합쳐졌는데, 뒤 원자들과 합쳐 "及刃 百ち虫ち"로 하여야 한다(即實 2012[校]).

[丸欠火] au.gu.ui [出] 玦23.

[丸反北] au.o.ur [出] 道28, 梁18.

[丸反子] au.o.os [出] 迪17.

[丸反内] au.o.on [出] 迪34.

[丸为] au.a [出] 許/仲/先/烈/尚/玦/回.

[丸为买] au.a.an [出] 許/永/慈/烈/高.

[丸为ち] au.a.al [出] 慈25.

[丸为木] au.a.ar [出] 迪24/26/38, 慈19, 烈24, 玦38.

[丸为火] au.a.iu [出] 許/弘/烈/梁/回.

[丸为火关] au.a.iu.i [出] 特8.

[丸为出] au.a.an [出] 許41, 清10. [用例] 伐关 丸为出 百几 [dʒi.i au.a.an mə ku] [명] 후처(後妻)(愛新覺羅 2006a). [出] 清10.

[丸为出公] au.a.an.ən [出] 許58. [校勘] 이 글자는 초본에 잘못 옮겨진 것이므로 "丸为出火"가 올바르다(即實 2012[校]).

[丸为火] au.a.ər [出] 故6.

[丸为犮] au.a.adʒu [형] 넓은(即實 2012⑳). [出] 許44, 仲25, 宗9, 清23/29.

[丸矢仐卄犸] au.ul.l.ʊ.dʒi [出] 玦33.

[丸矢关] au.ul.i [出] 清24.

[丸矢火] au.ul.ər [出] 烈31. [校勘] 即實은 이 글자를 "丸矢火"이라고 기록하고 있다(即實 2012[校]).

[丸伏] au-n [出] 副14, 奴43, 特13.

[丸伏卄反北] au.n.ʊ.o.ur [出] 仲3, 先25.

[丸伏卄反北村] au.n.ʊ.o.ur.ən [出] 博9.

[丸伏卄反州] au.n.ʊ.o.od [出] 許24. [校勘] 이 글자는 초본에 잘못 옮겨진 것이므로 "丸伏卄反内"이 올바르다(即實 2012[校]).

[丸伏卄反内] au.n.ʊ.o.on [出] 仲3.

[丸伏卄伏] au.n.ʊ-n [명] 기병(騎兵)(即實 2012⑳). [出] 高21. [参考] 명확한 뜻은 알 수 없으나 "기병" 정도로 추정된다(即實 2012⑫).

[丸伏爻] au.n.ir [出] 許26. [校勘] 이 글자는 초본상에 "卄"가 탈루되었으므로 "丸伏卄爻"가 올바르다(即實 2012[校]).

[丸化卄反内] au.ur.ʊ.o.on [出] 糺12. [校勘] 이 글자는 초본에 잘못 옮겨진 것이므로 "丸伏卄反内"이 올바르다(即實 2012[校]).

[丸化卄火] au.ur.ʊ.ui [出] 清16/18.

[丸化与] au.ur.ən [出] 韓18. [校勘] 이 글자는 초본에 잘못 옮겨진 것이므로 "火化与"이 올바르다(即實 2012[校]).

[丸火] au.ui [명](소유격) 손위누이의(即實 2012⑳). [出] 仲/先/宗/博/皇/慈/烈/梁/清/玦/回.

[丸火 为ち虫为] au.ui a.al.ha.a [出] 慈13.

[丸火 用习] au.ui il.aqa [出] 先70.

[丸火木及] au.ui.mu.im [出] 許26. [校勘] 이 단어는 본래 2개의 글자(丸火 木及)이나 초본에는 잘못하여 하나로 합쳐져 있다(即實 2012[校]).

[丸火北] au.ui.əl [出] 許41.

[丸火与] au.ui.en [出] 博31.

[丸火木] au.ui.tʃi [出] 許50. [校勘] 이 글자는 초본에 잘못 옮겨진 것이므로 "丸火火"가 올바르다(即實 2012[校]).

[丸火仐虫ち习] au.ui.l.ha.al.qa [出] 特24.

[丸火仐虫平] au.ui.l.ha.ai [出] 道18, 宗8, 特17.

[丸火仐虫为出] au.ui.l.ha.a.an [出] 道28, 宣18, 博36.

[丸火仐虫出] au.ui.l.ha.an [出] 仲34, 梁10.

[丸火仐兴与] au.ui.l.gə.ən [동] 돕다, 도움 주다, 시주하다(施助)(即實 2012⑳). [出] 典18.

[丸火仐冗犸村] au.ui.l.u.dʒi.ən [出] 尚9.

[丸火关] au.ui.i [동] 돕다(即實 2012⑳). [出] 仲41, 迪38, 圖14, 尚12.

[丸火丛] au.ui.ər [명] ① 천조(天祚). 요나라의 마지막 황제(耶律延禧, 재위기간 1101~1125)로, ≪요사≫에 그의 본기(권27~30)가 있다(劉鳳翥외 1977, 愛新覺羅 2006a, 劉鳳翥 2014b㊱), ② 조(祚, "천조"의 간칭)(即實 1996⑯). ③ 순(順)(大竹昌巳 2016c). [出] 道12, 許28/51, 奴30, 玦46.
[用例] 仕叐犳朩 丸火丛 [um.u.dʒi-n au.ui.ər] [명](인명) 順聖("순성황제[順聖皇帝] 耶律濬"을 지칭한다)(大竹昌巳 2016c). [出] 許51.

[丸火丛 主 王雨] au.uiər huaŋ di.n [명] 천조황제(요나라의 마지막 황제)(清格爾泰외 1985). [出] 許51.

[丸火丛朩] au.ui.ər.ən [명](인명) ① 천조(요나라 마지막 황제)(即實 1996⑯), ② 祚("천조"의 간칭)(即實 1996⑯). [出] 許28, 故8, 皇17.

[丸火与] au.ui.ən [명](인명) ① 祚(即實 1996⑯), ② 奥衍(?)(Franke 1969, 即實 1996②). [동] 친화하다(即實 2012⑳). [出] 道/宣/令/先/宗/弘/皇/慈/奴/尚.

[丸火□朩] au.ui.?.tʃi [出] 宋23. [校勘] 即實은 이 글자를 "丸火㕣朩"라고 기록하고 있다(即實 2012㊔).

[丸火为] au.ud.əl [出] 仲46.

[丸夯廾反扎] au.ə.ʊ.o.ur [명] 난(亂)(劉鳳翥 1993d). [出] 先14. [校勘] 即實은 이 글자를 "丸杏廾反扎"라고 기록하고 있다(即實 2012㊔).

[丸夯廾反内] au.ə.ʊ.o.on [出] 先28. [校勘] ☞ 丸杏廾反内(即實 2012㊔).

[丸丛北] au.gə.əl [出] 許55. [校勘] 이 글자는 초본에 잘못 옮겨진 것이므로 "朩丛北"이 올바르다(即實 2012㊔).

[丸为] au.jau [借詞] "昭"를 나타내는 한어차사(清格爾泰외 1985). [出] 仲27. [校勘] 即實은 이 글자를 "朩为"라고 기록하고 있다(即實 2012㊔).

[丸为 未夂 丛キ关 仐平 几亦] au.jau w.ug d.ai.i s.jaŋ g.iun [명](관제) 소무대장군(昭武大將軍)(清格爾泰외 1985). [出] 仲27. [校勘] ☞ 朩为 未夂 丛キ关 仐平 几亦(即實 2012㊔).

[丸平] au.ul [出] 清26. [校勘] 이 단어는 초본에 옮기며 잘못 분할되었는데, 뒤 원자들과 합쳐 "丸平叐平几"로 하여야 한다(即實 2012㊔).

[丸平击交] au.ul.ha.ur [出] 特7.

[丸平击ち叉] au.ul.ha.al.r [동] 임명하다(豊田五郎 1991b). [出] 先10/20, 迪4, 智8, 回9.

[丸平击ち伏] au.ul.ha.al.in [出] 奴19.

[丸平击ち伏矢关] au.ul.ha.al.in.d.i [出] 迪28.

[丸平击キ] au.ul.ha.ai [동] ① 임명하다(任)(豊田五郎 1991b), ② 고용하다, 임용하다(錄用)(愛新覺羅 2004a⑧), ③ 용납하다(即實 2012⑳), ④ 보(補)하다(吳英喆 2012a①). [명](관제) ① 지후(祗候)(即實 1988b), ② 지응(祗應, 심부름을 하는 하급관리)(即實 1996⑯). [出] 道/令/許/仲/先/博/永/迪/副/智/奴/梁/尚/玦/特/蒲.

> [遼史] 祗候(지후)는 조회나 연향(宴享) 등의 일을 맡아 보는 관명이다. 송대의 경우 내시성(內侍省)이나 입내내시성(入內內侍省)에 지후직이 있었다. 또 합문(閤門)에도 합문지후(閤門祗侯)가 있었는데, 동·서상합문사(東西上閤門使)를 두어 합문선찬사인(閤門宣贊舍人)을 돕게 하였다(金渭顯외 2012㊥).

[丸平击キ叉] au.ul.ha.ai.ir [出] 仲37. [校勘] 이 글자는 초본에 잘못 옮겨진 것이므로 "丸平击ち叉"가 올바르다(即實 2012㊔).

[丸平击朩] au.ul.ha.a.ar [出] 回11.

[丸平击为朩] au.ul.ha.a.ar [동] 임명하다(豊田五郎 1991b) [명](인명) ① 奥烏勒乣普(即實 1996④), ② 敖勒乣普(即實 1996⑯). [出] 道/許/先/皇/玦.

[丸平击为出] au.ul.ha.a.an [出] 慈20, 玦26/45.

[丸平击出] au.ul.ha.an [出] 許4, 先37/38.

[丸平击与] au.ul.ha.ən [出] 先38. [校勘] 即實은 이 글자를 "丸平击出"이라고 기록하고 있다(即實 2012㊔).

[丸平廾犳] au.ul.ʊ.dʒi [出] 玦44.

[丸平廾反内] au.ul.ʊ.o.on [명](인명) ① 敖盧斡(劉鳳翥외 2003b), ② 奥里斡(郭添剛외 2009), ③ 斡魯宛(愛新覺羅 2003e), ④ 歐魯宛(愛新覺羅 2004a⑫), ⑤ 奥魯宛(愛新覺羅 2009c), ⑥ 敖盧溫(即實 2012⑳), ⑦ 奥盧斡(劉鳳翥 2014b52). [出] 故7, 弘2, 尚25.

> [人物] ① ≪故銘≫의 주인 撻體낭자(1081~1115)는 위로 누이가 넷 있었는데, 그 중 첫째인 時時里부인의 시아버지 奥魯宛燕六(한풍명: 蕭惟忠) 재상(宰相)이다(愛新覺羅 2010f).
> ② ≪弘誌≫의 주인인 敖魯宛隗也里(1054~1086, 한풍명: 耶律弘用)를 지칭한다(愛新覺羅 2010f). ☞ 보다 자세히는 "北父 丙叐火"를 참조하라.
> ③ ≪尚誌≫의 주인 緬隱胡烏里(1130~1175)의 장녀인 奥魯宛阿古를 지칭한다(愛新覺羅 2010f).

[丸平廾火] au.ul.ʊ.ui [出] 智26.

[丸平叐平几] au.ul.u.ul.gə [동] 남아있다, 잔류하다(容存)(即實 2012⑳). [出] 清26.

[丸平叉] au.ul.ir [명](소유격) 산(山)의(即實 1991b). [동]

임명하다(豊田五郎 1991b). [出] 許/先/宗/圖/玦/回.

[丸平叉 及扎] au.ul.r o.ur [명] 산기슭(山麓)(即實 2012⑳). [出] 圖25.

[丸平引] au.ul.qa [出] 許44, 韓26.

[丸平伏癸] au.ul.in.ər [出] 烈11.

[丸平屮立ゟ朩] au.ul.l.ha.a.ar [出] 道12.

[丸平ㄨ芬朩] au.ul.k.ə.tʃi [出] 道35. [校勘] 이 글자는 초본에 잘못 옮겨진 것이므로 "丸平穴芬朩"가 올바르다(即實 2012[校]).

[丸平穴交] au.ul.u.ur [出] 道30.

[丸平穴火] au.ul.u.ui [동] 임명하다, ~직에 제수하다(清格爾泰외 1985). [出] 故11, 先37. [校勘] 即實은 ≪故11≫에서 이 글자를 "丸平穴火"이라고 기록하고 있다(即實 2012[校]).

[丸平穴与] au.ul.u.ən [出] 故12, 玦15. [校勘] ☞ 丸平穴与(即實 2012[校]).

朩 [발음] tʃ, tʃi, ci [原字번호] 162

[朩] tʃ, tʃi [用法1] ① 부동사(副動詞)형 어미를 나타내는 부가성분(研究小組 1977b). ② 복수형 어미를 나타내는 부가성분(吳英喆 2005c). ③ "적다", "글을 짓다", "얻다" 등의 의미를 나타내는 동사의 어간(愛新覺羅 2004a⑤). [用法2] "장(章)"계통 자음[예: 州, 昭], "징(澄)"계통 자음[예: 陳] 및 "선(禪)"계통 자음[예: 臣, 郕, 丞, 尚]을 가진 한어차사의 초성(初聲) 자음으로 사용되며, 거란어 음절의 초성 자음으로도 사용된다(孫伯君 외 2008). [出] 仁/道/宣/許/宗/博/副/畫.

[語法] "亥"[tʃ] 등과 "朩"[tʃʰ]의 변천에 대하여

거란문은 초기에는 회골문의 표시방식처럼 "朩" 하나로 [tʃ]와 [tʃʰ]를 모두 표시하였으나, 시대를 지나면서 "朩"와 "亥" 등으로 엄격히 구분해 나갔다(傅林 2013b).

	1단계 (함께 사용)	2단계 (느슨한 구분)	3단계 (엄격한 구분)
[tʃ]	朩	朩/亥子引友	亥子引友
[tʃʰ]		朩	朩
문헌연대	1953-1068	1072-1092	1195-1175
문헌약칭	宗/興/仁/令/圖	先/韓/慈/永/迪/智	清/奴/室/弘/高/烈/道/宣/副/梁/皇/宋/貴/仲/博/尚

[朩乎 ㄨ火 仐禾伏] tʃ.an k(h).ui pu.is.in [명](인명) ① 韓國부인(愛新覺羅 2010f), ② 汧國부인(即實 2012①). [出] 宗20. [人物] ≪宗誌≫ 주인 朝隱鱸糞(991~1053, 한풍명: 耶律宗教)의 부인(梼隱麽格)에게 내려진 봉작이다(愛新覺羅 2010f).

[朩乎列朩] tʃ.an.aq.ar [出] 先29.

[朩乎岁] tʃ.an.altar [出] 玦28.

[朩雨] tʃ.in [借詞] "陳", "臣" 등을 나타내는 한어차사(研究小組 1977b, 劉鳳翥외 1977/1981a, 清格爾泰외 1985). [出] 許/仲/先/海/室/梁/清/玦.

[朩雨 叉舟] tʃ.in ʃ.əb [명](인명) 陳十(即實 2012⑳, 劉鳳翥 2014b(52)). [出] 清14.

[朩雨 屮丙 九火 杰不] tʃ.in l.ju g.ui uaŋ.on [명](관제·소유격) 진류국왕(陳留國王)의(研究小組 1977b, 清格爾泰외 1978a/1985). [出] 仲5.

[朩雨 九才] tʃ.in g.ia [명](인명) ① 陳佳(即實 1996④), ② 陳家(愛新覺羅 2010f). [出] 許46. [人物] ≪許誌≫의 주인 乙辛隱斡特剌(1035~1104)의 둘째 부인인 陳家 부인(夫人)을 지칭한다(愛新覺羅 2010f).

[朩雨 九才 公叐] tʃ.in g.ia n.u [명](인명) 陳家奴(愛新覺羅 2013a, 劉鳳翥 2014b(52)). [出] 海4. [人物] ≪海誌≫ 주인의 차남이다(愛新覺羅 2010f).

[朩雨村] tʃ.in.ən [명](소유격) 신(臣)의(劉浦江외 2014). [出] 許35, 副25.

[朩雨舟芬] tʃ.in.b.e [出] 仲9/38.

[朩万] tʃ.əi [出] 令/許/故/先/博/回.

[朩禾中] tʃ.is.bur [出] 智23.

[朩长万仐北] tʃ.us.əi.s.əl [동] (제도나 일을) 정하였다(即實 2012⑳). [出] 副37.

[朩长万关] tʃ.us.əi.i [동] (제도나 일을) 정하다(即實 2012⑳). [出] 道30.

[朩长万癸] tʃ.us.əi.ər [동] (제도나 일을) 정하다(即實 2012⑳). [出] 宋23.

[朩长北] tʃ.us.əl [명](인명) ① 齊德立(即實 1996④), ② 除鉢(愛新覺羅 2010f). [出] 許9, 烈13. [人物] ≪許誌≫ 주인 乙辛隱斡特剌(1035~1104)의 맏누이 長安부인(夫人)의 남편 除鉢태위(한풍명: 蕭知行)를 지칭한다(愛新覺羅 2010f).

[朩长叐犳] tʃ.us.u.dʒi [出] 宋6.

[朩长公北] tʃ.us.d.əl [出] 迪23.

[朩长屮叉] tʃ.us.əl.ir [出] 玦27.

[朩长屮炏万] tʃ.us.əl.gə.əi [出] 玦38.

[朩长屮炏屮叉] tʃ.us.əl.gə.l.ir [出] 迪10.

[朩长毋杰叉] tʃ.us.?.gə.r [동] (제도나 일을) 정하다, 할 수 있다(即實 2012⑳). [出] 道12.

[朩长毋杰癸] tʃ.us.?.gə.ər [出] 先37.

[朩长毋叉] tʃ.us.?.ir [出] 仲5.

[朩长毋炏万] tʃ.us.?.əl.əi [出] 仲25.

[朩长舟炏万] tʃ.us.b.əl.əi [出] 仲33. [校勘] 이 글자는 초

본에 잘못 옮겨진 것이므로 "**朩长毋炏丙**"가 올바르다(即實 2012校).

[**朩长关**] tʃ.us.i [出] 令4, 永31, 奴20/24, 清21.

[**朩击西**] tʃi.tʃu.? [出] 玦34. [書法] 愛新覺羅는 이 글자를 "**朩血西**"이라 달리 표현하고, "**朩血西 可村**" [tʃ.ʊŋ.dʒu bai-n]을 耶律玦의 묘(墓)가 있는 우측 비탈의 이름을 말한다고 주장하고 있다(愛新覺羅외 2015②).

[**朩击犮**] tʃi.ha.sair [出] 許15. [校勘] 이 글자는 초본에 잘못 옮겨진 것("**犮**"는 글자의 끝에 놓이지 않음)이므로 "**爻击犮**"가 올바르다(即實 2012校).

[**朩去**] tʃ.əu [借詞] "州", "舟", "妯", "周" 등을 나타내는 한어차사(研究小組 1977b, 清格爾泰외 1978a/1985, 實玉柱 1990b, 劉鳳翥외 2004a, 吳英喆 2011a, 即實 2012⑳). [감] 어조사 "矣"나 "哉"의 의미(即實 2012⑳). [형] 두터운(大竹昌巳 2016d). [명] 제도, 법식, 예절(即實 2012⑳). [出] 仁/道/宣/許/仲/先/宗/博/永/迪/弘/副/皇/宋/慈/智/烈/圖/梁/糺/清/尚/韓/葉/回/特/蒲/洞I.

[**朩去 丙勺矢**] tʃ.əu j.əg.tə [명](향위격) ≪주역(周易)≫에(劉鳳翥 2014b52). [出] 糺21.

[**朩去 兮炏**] tʃ.əu dor.ər [명](도구격) 주례(周禮)로(劉鳳翥 2014b52). [出] 仲43.

[**朩去 仌**] tʃ.əu æm [出] 仲29. [校勘] 이 단어가 초본에는 잘못하여 하나로 합쳐져 있다(即實 2012校).

[**朩去 几火火**] tʃ.əu g.uŋ.un [명](인명・소유격) 周公의(劉鳳翥 2014b52). [出] 皇23.

[**朩去交芬**] tʃ.əu.ur.ə [出] 烈31/32.

[**朩去交炏村**] tʃ.əu.ur.əl.ən [出] 慈24. [校勘] 이 글자는 초본에 잘못 옮겨진 것이므로 "**朩去交芬朩**"가 올바르다(即實 2012校).

[**朩去交炏矢关**] tʃ.əu.ur.əl.d.i [出] 副33. [校勘] ☞ **朩去交芬矢关**(即實 2012校).

[**朩去村**] tʃ.əu.ən [명](소유격) ~주(州)의(劉浦江외 2014). [出] 郎3. [校勘] 即實은 이 글자를 "**朩去火**"이라고 기록하고 있다(即實 2012校).

[**朩去凡**] tʃ.əu.ud [명] ① 주(州)(劉鳳翥 1993d), ② 추장(酋)을(即實 1996⑥), ③ 주(州)에(吳英喆 2012a③). [出] 先15/26, 特4. [用例] **丞 朩去凡** [tai tʃ.əu.ud] [명](지명) 태주(泰州)(劉鳳翥 1993d). [명](목적격) 대추(大酋)를(即實 1996⑥). [出] 先15/26.

[**朩去矢**] tʃ.əu.tə [명](향위격) ~주(州)에(研究小組 1977b). [出] 故8, 弘7, 清21, 回9. [校勘] 이 글자가 ≪弘7≫에서는 초본에 잘못 옮겨진 것이므로 "**朩去矢**"가 올바르다(即實 2012校).

[**朩去矢关**] tʃ.əu.d.i [명](향위격) ~주(州)에(郭添剛외 2009) [명](탈격) ~주(州)로부터(即實 2012⑲). [出] 尚11.

[**朩去矢**] tʃ.əu.ul [동] 전례에 따라(即實 2012⑧). [出] 弘7.

[**朩去火**] tʃ.əu.un [명](소유격) ① ~주(州)의(劉浦江외 2014) ② ~직(職)의(愛新覺羅 2003f). [出] 興/宣/令/故/先/宗/博/涿/迪/副/宋/高/圖/梁/糺/清/尚/韓/特/蒲.

[**朩去几关**] tʃ.əu.g.i [명] 주(州)(研究小組 1977b). [出] 仁13 [校勘] 이 글자는 휘본 등에 잘못 옮겨진 것이므로 "**朩去凡关**"가 올바르다(即實 2012校).

[**朩去火**] tʃ.əu.uŋ [借詞] "中"을 나타내는 한어차사(蓋之庸외 2008). [出] 副/圖/玦/回/特.

[**朩去火 几丙火火**] tʃ.əu.uŋ g.iu.uŋ.un [명](관제・소유격) 중경(中京)의(愛新覺羅 2013b). [出] 玦10.

[**朩去火 几用**] tʃ.əu.uŋ g.iŋ [명](관제) 중경(中京)(吳英喆 2012a③). [出] 特13. [用例] **马火 几用** [dʒu.uŋ g.iŋ] [명] 중경(中京)(劉鳳翥 2014b52). [出] 博19. [參考] ☞ 요의 5경(五京)에 대하여는 "**九化 几用**"와 "**叒化 几丙火火**"를 참조하라.

[**朩去火 几用村 方火 友**] tʃ.əu.uŋ g.iŋ.ən tu.uŋ dʒi [명](관제) ① 중경동지(中京同知)(即實 2012⑥), ② 중경(中京)의 동지(同知)(大竹昌巳 2013b, 劉鳳翥 2014b52). [出] 圖9.

[**朩去火 几用村 平丙 又去**] tʃ.əu.uŋ g.iŋ.ən l.ju ʃ.eu [명](관제) 중경의 유수(中京留守)(吳英喆 2012a③). [出] 特13.

[**朩去火火**] tʃ.əu.uŋ.un [명](소유격) 가운데(中)의(劉浦江외 2014). [出] 副7, 玦7/31.

[**朩去当**] tʃ.əu.ən [出] 尚22. [校勘] 이 글자는 초본에 잘못 옮겨진 것이므로 "**朩仕当**"가 올바르다(即實 2012校).

[**朩去平叉**] tʃ.əu.ul.ir [명](인명) 歐隣, 歐倫, 周隣(愛新覺羅 2003e). [동] 규율을 따르다(循規)(即實 2012⑰). [出] 迪39, 副4, 智5, 玦38.

[**朩去只平叉**] tʃ.əu.u.ul.ir [부] ~와 함께(幷)(劉鳳翥 1983a) [명] ① 차례, 순서(趙志偉외 2001, 劉鳳翥 2014b52), ② 안어(按語, 편집자 등이 붙이는 주석)(王弘力 1986). [명](인명) ① 儔倫/舟林(即實 1996⑤), ② 周隣(愛新覺羅 2003e) [出] 故1/3, 智1.

[**朩去只平叉 朩炏北**] tʃ.əu.u.ul.r tʃi.gə.əl [동] "서병(序幷)"으로 풀이되는데, 즉 한어의 "병서(幷序, 서문을 함께 쓰다)"에 해당한다(劉鳳翥 2014b26). [出] 智1. [參考] 即實은 첫 글자는 인명이고, 뒷 글자는 "새기다"의 의미이므로 "병서(幷序)"로 해석할 수 없다고 주장한다(即實 2012⑤).

[**朩北卄化才**] tʃ.ur.ʊ.ur.qa [出] 奴18.

[**朩北**] tʃ.əl [出] 特31.

[**朩北夲丙**] tʃ.əl.gə.əi [出] 仲14.

[朩北九村] tʃ.əl.g.ən [出] 先64.

[朩北火药] tʃ.əl.gə.dʒi [出] 玦28.

[朩北与 朩冬为火] tʃ.əl.ən tʃ.as.a.ju [명](관제) 제할(提轄)(即實 2012⑳). [出] 故15. [遼史] 제할사(提轄司)는 각 궁(宮)의 군대를 관장하는 관원이다(≪요사 · 국어해≫).

[朩伏去] tʃ.jue.æn [借詞] ①"權"을 나타내는 한어차사(劉浦江외 2014), ②"轉"을 나타내는 한어차사(即實 2012⑰). [出] 先65, 副15, 回4.

[朩伏去 亦] tʃ.jue.æn iun [명](관제) "전운사(轉運使)"의 한어차사(即實 2012⑰). [出] 副15.

> [遼史] 轉運使(전운사)는 지방의 조세를 거두어 수도로 운반하는 일을 담당한 관리다. 산서로(山西路) 도전운사사(都戰運使司) 및 봉성주(奉聖州), 울주(蔚州), 응주(應州), 삭주(朔州), 보주(保州)에 전운사사를 두고 각각 전운사, 부사, 동지전운사, 전운판관을 두어 담당케 하였다. 남면 재부관(財賦官)에 속한다(金渭顯외 2012㊤).

[朩伏犮] tʃ.jue.al [出] 仲8/34/39.

[朩伏犮火] tʃ.jue.al.ər [出] 仲41.

[朩伏达] tʃ.jue.ur [명](인명) ①啜里(愛新覺羅 2006a), ②糺里 · 却(玦)達剌干(即實 2012⑭). [出] 清6/7. [人物] ≪清誌≫ 주인 奪里懶太山(1029~1087, 한풍명: 蕭彦弼)의 백조부(伯祖父)인 啜里부마(駙馬)를 지칭한다(愛新覺羅 2010f).

[朩伏达伏] tʃ.jue.ur.in [명](인명) ①啜隣(愛新覺羅 2006a), ②却(珏)達剌干 또는 却(珏)達壬訥(即實 2012⑪). [出] 宋18, 梁2.

> [人物] ≪宋誌≫의 주인인 烏魯宛妃(1056~1080)의 고조부(高祖父)이자 ≪梁誌≫의 주인인 石魯隱朮里者(1019~1069, 한풍명: 蕭知微)의 증조부(曾祖父)인 啜隣蒲古 령공(令公)을 지칭한다(愛新覺羅 2010f).

[朩伏虫] tʃ.jue.æn [借詞] "轉"을 나타내는 한어차사(即實 2012③). [出] 迪17, 玦13.

[朩伏虫 亦] tʃ.jue.æn iun [명](관제) ①"전운사(轉運使)"의 한어차사(即實 2012⑳), ②"전운(轉運, 전운사의 약칭)"(即實 2012③/2014). [出] 迪17, 玦13.

> [參考] ☞ 전운사(轉運使)의 의미에 대하여는 위에 있는 "朩伏去 亦"를 참조하라.

[朩廿] tʃi.sï [出] 清7. [校勘] 即實은 이 글자가 초본에 잘못 옮겨진 것이라 주장하며 "朩□"으로 기록하고 있다(即實 2012㊖).

[朩犮커] tʃ.ar.qa [동] 접근하다(即實 2012⑳). [형] 짧다(即實 2012⑳, 大竹昌巳 2016b). [出] 糺22.

[朩犮커 芀] tʃ.ar.qa tu [명] 단명(短命)(大竹昌巳 2016b). [出] 糺22. [校勘] 即實은 이 글자를 "朩犮커 屮巾"으로 추정하고 있다(即實 2012㊖).

[朩犮커伩] tʃ.ar.qa.sair [동] 직위를 잃다(高路加 1988a). [出] 道25, 仲24. [校勘] 이 글자는 초본에 잘못 옮겨진 것이므로 "朩犮커伩"가 올바르다(即實 2012㊖).

[朩犮커火] tʃ.ar.qa.uŋ [出] 仁24. [校勘] ☞ 朩犮커伩(即實 2012㊖).

[朩犮커伩] tʃ.ar.qa.adʒu [出] 海3.

[朩犮力] tʃ.ar.qa [형] 짧다, 가깝다(即實 2012⑳). [出] 道/許/仲/先/永/宋/烈.

[朩犮力伩] tʃ.ar.qa.sair [出] 迪15/20. [校勘] 即實은 이 글자를 "朩犮力伩"라고 기록하고 있다(即實 2012㊖).

[朩犮力关] tʃ.ar.qa.i [出] 蒲23.

[朩犮付] tʃ.ar.bi [出] 宗9.

[朩犮쑤] tʃ.ar.əl [형] 친숙하다, 매우 친하다(親昵)(即實 2012⑳). [명] 친속(親屬)(即實 2012⑩). [出] 興/仁/道/宣/令/仲/先/宗/皇/智/烈.

[朩犮쑤村] tʃ.ar.əl.ən [出] 道31, 烈25.

[朩犮쑤矢] tʃ.ar.əl.tə [出] 道/宣/先/副/皇/奴.

[朩犮쑤关] tʃ.ar.əl.i [出] 海11.

[朩犮火伏] tʃ.ar.iu-n [出] 玦39.

[朩犮用] tʃ.ar.il [出] 道/先/迪/奴/特.

[朩犮用村] tʃ.ar.il.ən [出] 清27.

[朩犮用矢] tʃ.ar.il.tə [명](향위격) 자리에(即實 2012⑳). [出] 先66.

[朩犮舟仐北] tʃ.ar.b.əs.əl [出] 故4, 奴5.

[朩犮火升药] tʃ.ar.ud.ʊ.dʒi [出] 玦44.

[朩犮火叉] tʃ.ar.ud.ir [出] 副38. [校勘] 이 글자는 초본에 잘못 옮겨진 것이므로 "朩犮쑤叉"가 올바르다(即實 2012㊖).

[朩犮尘村] tʃ.ar.t.ən [出] 慈10.

[朩犮□叐药] tʃ.ar.?.u.dʒi [出] 回15.

[朩升欠] tʃ.ʊ.go [명](인명) 竹古 또는 竹坎(即實 2012⑭). [出] 清7. [人物] 竹古 부인(夫人)은 薩剌初 · 屋春 재상(宰相)의 부인으로, ≪清誌≫ 주인 蕭太山의 백부(伯父)인 築堅 부마(駙馬)가 그 장(帳)을 이어받았다(即實 2012⑭).

[朩升欠伏] tʃ.ʊ.go.in [명](인명) ①楚古隱(愛新覺羅 2006a), ②楚衮(愛新覺羅 2007c), ③踔古隱(愛新覺羅 2010f), ④奇(吉)克坎訥 또는 奇(吉)衮(即實 2012⑭). [出] 清10. [人物] ≪清誌≫ 주인 永清郡主 堯姐의 부친인 踔古隱圖得(한풍명: 耶律宗熙) 대왕을 지칭한다(愛新覺羅 2010f).

[朩ち叐夯矢] tʃ.al.u.e.tə [出] 紀30. [校勘] 이 글자는 초본에 잘못 옮겨진 것이므로 "**朩圡交夯矢**"가 올바르다(即實 2012校).

[朩ホ] tʃ.ad [명](인명) 札不(愛新覺羅 2002). [出] 仲/先/迪/慈/玦. [校勘] 이 단어는 초본에 옮기며 잘못 분할되었는데, 각각 뒤 원자들과 합쳐 "**朩ホ丙仐亚为出**"≪仲29≫, "**朩ホ丙北**"≪先48≫, "**朩ホ列央**"≪迪9≫, "**朩ホ丙公**"≪慈16≫로 하여야 한다(即實 2012校).

[**朩ホ丙夯朩**] tʃ.ad.j.e.tʃi [出] 玦15.

[**朩ホ丙仐亚ヰ**] tʃ.ad.əi.l.ha.ai [동] ① 합사·합장하다(青格勒외 2003, 劉鳳翥 2014b52), ② 열다(愛新覺羅 2004a12), ③ 순장하다(即實 2012⑳). [出] 皇5.

[**朩ホ丙仐亚为出**] tʃ.ad.əi.l.ha.a.an [出] 皇24.

[**朩ホ丙关**] tʃ.ad.əi.i [동] 오래 살다(即實 2012⑳). [出] 先69.

[**朩ホ丙公**] tʃ.ad.j.ər [出] 先38, 回18.

[**朩ホ丙当**] tʃ.ad.j.ən [出] 道34, 回13.

[**朩ホ丙夯朩**] tʃ.ad.j.ə.tʃi [동] ① 여러 벼슬을 하다(即實 2012⑮), ② 일을 오랫동안 맡다(即實 2012⑳). [出] 慈11, 烈22.

[**朩ホ列**] tʃ.ad.qa [동] 일을 오랫동안 맡다(即實 2012⑳). [명](부족) 출불고(朮不姑)(愛新覺羅 2002). [出] 宗11, 紀3.

[**朩ホ列央**] tʃ.ad.q.an [出] 玦15.

[**朩ホ冊亚为朩**] tʃ.ad.?.ha.a.ar [出] 道28.

[**朩ホ□**] tʃ.ad.? [出] 蒲23.

[**朩当**] tʃ.en [出] 仲27, 先40, 博25/30.

[**朩当 夲公**] tʃ.ən al.ər [出] 博17. [校勘] 이 글자가 초본에는 한 글자로 합쳐져 있고, "**当**"를 "**丐**"나 "**ち**" 등으로 기록하고 있다(即實 2012校).

[**朩当公**] tʃ.en.ər [出] 仲25, 博28.

[**朩亥太叉**] tʃi.dʒi.gə.r [出] 宣21, 先57.

[**朩亥太公**] tʃi.dʒi.gə.d [出] 副20/23/31.

[朩夯] tʃ.e [명] 외생(外甥, 아내의 오빠나 동생)(呼格吉樂圖 2017). [出] 清9. [同源語] "외생"을 의미하는 몽골어의 [dʒəː]와 같은 어원이다(呼格吉樂圖 2017).

[**朩夯 交叐**] tʃ.e ur.u [명] 외생(外甥, 아내의 오빠나 동생)(呼格吉樂圖 2017). [出] 清9.

[**朩夯丙**] tʃ.e.əi [出] 仲41.

[**朩夯丙仐九村**] tʃ.e.əi.l.g.ən [出] 道25.

[朩太北] tʃi.gə.əl [부] 함께, 더불어(閻萬章 1992). [出] 仲/先/智/故/清/玦/特.

[**朩太欠伏**] tʃi.gə.go.in [명](인명) ① 奇克堪訥(即實 1996⑯), ② 粘木袞(愛新覺羅 2010f). [出] 先6. [人物] ≪先誌≫ 주인인 紀鄰·查剌(1013~1072)의 동생 粘木袞·曷朮(한풍명: 耶律義先)을 지칭한다(愛新覺羅 2010f).

[朩夫] tʃi.qu [出] 先26. [校勘] 일부 저작물에는 이 글자가 "□□太公" 등으로 되어 있으나 劉浦江은 이를 "**朩夫 公公**"이라 기록하고 있다(劉浦江외 2012).

[**朩夫床仐叐药**] tʃi.qu.ur.əl.u.dʒi [出] 玦9.

[**朩夫床关**] tʃi.qu.ur.i [出] 慈17, 回20.

[**朩夫当**] tʃi.qu.ən [出] 仁26. [校勘] 이 글자는 휘본 등에 잘못 옮겨졌으므로 "**朩文当**"이 올바르다(即實 2012校).

[**朩夫□公**] tʃi.qu.?.ər [出] 特30.

[朩ヰ] tʃ.ai [出] 道21. [校勘] 即實은 이 글자를 "**朩ホ**"이라고 기록하고 있다(即實 2012校).

[**朩ヰ关**] tʃ.ai.i [出] 副12.

[**朩ヰ□□**] tʃ.ai.?.? [出] 韓17. [校勘] 초본에는 제3 및 제4 원자가 탈루되었는데, "**朩ヰ仐列**"로 추정된다(即實 2012校).

[朩本] tʃ.ar [부] 바로, 때마침(即實 1996⑯). [명] ① 지난번(向), 지난날(昔), 일찍이(曾)(劉鳳翥 1987b, 劉鳳翥외 2009), ② 경계(境界)(即實 1986c), ③ 현재의 직책(即實 2012⑳). [出] 興/宣/許/郎/仲/先/海/博/迪/弘/副/皇/宋/烈/奴/梁/韓/玦/特.

[**朩本 乃仐**] tʃ.ar am.əs [명] 변경(邊境)의 관문(즉, "강장(疆埸)"을 말한다)(即實 1986c). [出] 郎1.

[**朩本村列**] tʃ.ar.ən.qa [出] 博21.

[**朩本列列**] tʃ.ar.qa.qa. [出] 梁11. [校勘] 이 글자는 초본에 잘못 옮겨진 것(어미에 "**列列**"가 나오는 경우는 없음)이므로 "**朩本村列**"가 올바르다(即實 2012校).

[**朩本为出**] tʃ.ar.a.an [동] ① 지금 ~하고 있다(即實 2012⑳), ② 흐르다(吉如何 2016). [出] 皇21.

[**朩本为出 业本仐列**] tʃ.ar.a.an p.ar.əl.qa [동] 흘러가다(吉如何 2016). [出] 皇21.

[**朩本伏**] tʃ.ar.in [出] 先23.

[**朩本公**] tʃ.ar.d [명](인명) ① 慈露德(鄭曉光 2002, 劉鳳翥 2014b52), ② 札里德(愛新覺羅 2004b①), ③ 只里得(即實 2012⑦). [出] 永14. [人物] ≪永誌≫ 주인의 6촌형 韋果勒 낭군(郎君)의 부인인 只里得 낭자(娘子)를 지칭한다(即實 2012⑦).

[**朩本仐亚ヰ**] tʃ.ar.əl.ha.ai [出] 仲12.

[**朩本仐亚本**] tʃ.ar.əl.ha.ar [出] 先64.

[**朩本仐亚为ヰ**] tʃ.ar.əl.ha.a.ai [出] 先43.

[**朩本关**] tʃ.ar.i [出] 興28, 仁16.

[朩号火] tʃ.jau-n [명](소유격) ~주(州)의(即實 1996④).

[出] 許49.

[朩夊矢] tʃ.u.ul [出] 博25.

[朩夊当] tʃ.u.ən [出] 仲32. [校勘] 이 글자는 초본에 잘못 옮겨진 것이므로 "朩乏当"이 올바르다(即實 2012⑭).

[朩夊当尖] tʃ.u.ən.ər [出] 仲31. [校勘] ☞ 朩乏当尖(即實 2012⑭).

[朩爫] tʃ.im [부] 바로, 때마침(即實 2012⑳). [出] 仲/先/博/迪/梁/尚/圓.

[朩爫平穴药] tʃ.im.ul.u.dʒi [出] 仁11. [校勘] 이 글자는 휘본 등에 잘못 옮겨진 것이므로 "朩久平穴药"가 올바르다(即實 2012⑭).

[朩刃交方朩] tʃ.ug.ur.ə.tʃi [出] 仲47. [校勘] 이 글자는 초본에 잘못 옮겨진 것이므로 "朩刃交夯朩"가 올바르다(即實 2012⑭).

[朩刃交当] tʃ.ug.ur.en [出] 仲15.

[朩刃交ㅆ杰夊] tʃ.ug.ur.əl.gə.u [出] 仲34. [校勘] 이 글자는 초본에 잘못 옮겨진 것이므로 "朩刃交ㅆ杰乏"가 올바르다(即實 2012⑭).

[朩刃交ㅆ尖丙] tʃ.ug.ur.əl.gə.əi [出] 先33.

[朩刃交当] tʃ.ug.ur.ən [出] 先29.

[朩刃药] tʃ.ug.dʒi [명](인명) ① 姑古只(劉浦江 2009, 愛新覺羅외 2011), ② 秋只(愛新覺羅 2006a), ③ 姝古只(即實 2012⑳). [出] 先5, 宗19. [人物] ≪宗誌≫의 주인인 朝隱·驢糞(991~1053, 한풍명: 耶律宗教)의 부인 척은 마격(惕隱麼格) 姑古只이다(愛新覺羅외 2011).

[朩刃平] tʃ.ug.ul [명](인명) ① 楚勒(愛新覺羅 2004a⑫), ② 俶勒(愛新覺羅 2007b), ③ 初古里(愛新覺羅 2010f), ④ 楚古魯(即實 2012⑳), ⑤ 朮古里(愛新覺羅 2013a), ⑥ 轃里(劉鳳翥 2014b㊾). [出] 博4. [人物] ≪博誌≫의 주인인 習輦(1079~1142)의 증조부 朮古里 낭군(郎君)을 지칭한다(愛新覺羅 2013a).

[朩村] tʃ.ən [借詞] "臣", "陳", "辰", "宸" 등을 나타내는 한어차사(研究小組 1977b, 劉鳳翥외 1977/1984a, 清格爾泰외 1985). [出] 仁/令/許/故/先/弘/副/烈/奴/高/梁/糺/玦/特/蒲.

[朩村 生ふ 公夊] tʃ.ən to.on n.u [명](인명) ① 陳摶奴(即實 2012⑯), ② 陳團奴(劉鳳翥 2014b㊾). [出] 烈1, 糺1. [人物] ≪烈誌≫, ≪糺誌≫ 및 ≪蒲誌≫의 지문을 지은 자(撰寫人)인 耶律陳團奴를 말한다(劉鳳翥 2014b㉟).

[朩村 仐] tʃ.ən pu [명](인명) 陳甫(清格爾泰외 1985). [出] 仁32. [人物] ≪仁冊≫의 지문을 지은 자인 陳甫, 즉 耶律庶箴(≪요사≫(권89)에 그의 전(傳)이 있다)을 말한다(沈彙 1982, 劉鳳翥 2014b㉟).

[朩村 几夯] tʃ.ən g.ə [명](인명) 陳哥(即實 2012④). [出] 奴8. [人物] ≪奴誌≫의 주인 國隱寧奴(1041~1098)의 조모인 陳哥 부인(夫人)을 말한다(即實 2010f).

[朩村 几斗 公夊] tʃ.ən g.ia n.u [명](인명) 陳家奴(劉鳳翥 2014b㊶). [出] 故18. [人物] ≪故銘≫의 주인인 撻體 낭자(娘子)는 위로 언니가 넷 있는데, 그 중 넷째 언니인 唐 부인(夫人)의 남편 陳家奴 낭군(郎君)을 지칭한다(劉鳳翥 2014b㊶).

[朩村村] tʃ.ən.ən [명](소유격) 궁궐·집·저택(宸)의(劉浦江외 2014). [出] 弘7, 副28.

[朩村付夯] tʃ.ən.b.e [出] 道21, 先39/55.

[朩村付夯] tʃ.ən.b.ə [出] 宣23.

[朩乏] tʃ.ir [出] 先39, 洞I-3. [校勘] 即實은 이 글자를 앞 원자들과 합쳐 "艾久朩乏"≪先39≫라고 기록하고 있다(即實 2012⑭).

[朩乏平尖ㅆ几] tʃ.ir.ul.gə.g [出] 仲33. [校勘] 이 글자는 초본에 잘못 옮겨진 것이므로 "朩久平尖ㅆ几"가 올바르다(即實 2012⑭).

[朩乏□] tʃ.ir.? [出] 韓12. [校勘] 即實은 이 글자를 두 글자로 분리하여 "朩乏 □"라고 기록하고 있다(即實 2012⑭).

[朩弓村] tʃi.dʒu.ən [出] 洞II-3.

[朩子] tʃ.os [出] 宗33, 慈26.

[朩刈] tʃi.qa [出] 迪10, 清14.

[朩丸] tʃ.au [出] 高8. [校勘] 이 글자는 휘본 등에 잘못 옮겨진 것이므로 "朩朩"가 올바르다(即實 2012⑭).

[朩朩] tʃi.tʃi [명] ~등(等)(豊田五郎 1991b). [出] 許/故/仲/先/宗/博/永/弘/慈/智/烈/奴/梁/清/韓/特.

[朩朩圡东] tʃi.tʃi.ha.ad [出] 糺25. [校勘] 이 글자는 초본에 잘못 옮겨진 것이므로 "朩冬圡东"가 올바르다(即實 2012⑭).

[朩朩村] tʃi.tʃ.ən [出] 許/仲/先/博/迪/副/尚/韓/玦.

[朩朩尖] tʃi.tʃ.ər [出] 弘3, 慈7, 智18. [校勘] 이 글자가 ≪智18≫에서는 초본에 잘못 옮겨진 것이므로 "朩朩村"이 올바르다(即實 2012⑭).

[朩欠] tʃi.gu [借詞] "冊"을 나타내는 한어차사(羅福成 1934d). [부] 오직, 단지, 겨우(即實 2012⑳). [出] 道/宣/仲/先/海/弘/副/智/烈/梁/尚/韓/玦/特.

[朩欠杰] tʃi.gu.oi [出] 副11.

[朩欠火] tʃi.gu.ui [부] 딱, 마침내(即實 2012⑳). [出] 副20, 清17.

[朩久交] tʃ.ug.ur [出] 先44/45/46/49/50/51/53.

[朩久火] tʃ.ug.ui [出] 仲16, 先34.

[朩久平杰丙] tʃ.ug.ul.gə.əi [出] 道26.

[朩夂平亦火] tʃ.ug.ul.gə.oi [出] 道14. [校勘] 即實은 이 글자를 "朩夂平亦火"이라고 기록하고 있다(即實 2012[校]).

[朩夂平九] tʃ.ug.ul.gə [出] 道29.

[朩夂平亦万] tʃ.ug.ul.gə.əi [出] 許23.

[朩夂平亦屮叐] tʃ.ug.ul.gə.l.ir [동] ① 높이 일어나다(即實 2012⑳), ② 해치웠다(愛新覺羅외 2012⑥), ③ 진압했다(大竹昌巳 2016d). [出] 副4.

[朩夂平亦火] tʃ.ug.ul.gə.r [동] ~을 벌(伐)하다(吳英喆 2012a②). [出] 圖2.

[朩夂平亦当] tʃ.ug.ul.gə.ən [出] 仁23.

[朩夂穴药村] tʃ.ug.u.dʒi.ən [出] 先54.

[朩攵夂关] tʃi.ja.ug.i [出] 興20. [校勘] 이 글자는 휘본 등에 잘못 옮겨진 것이므로 "朩文夂关"가 올바르다(即實 2012[校]).

[朩冬] tʃ.as [出] 仁/仲/先/奴/梁. [校勘] 이 단어는 초본에 옮기며 잘못 기록되거나 분할되었는데, "丹冬"≪仁26≫로 고치거나 뒤 원자들과 합쳐 "朩冬为炏关"≪仲5≫, "朩冬为炏"≪先31/32/41≫≪梁13/14≫, "朩冬为东村"≪奴30≫ 등으로 하여야 한다(即實 2012[校]).

[朩冬亚亐叐药] tʃ.as.ha.al.u.dʒi [出] 博10.

[朩冬力东] tʃ.as.na.ad [出] 興14.

[朩冬为] tʃ.as.a [동] 다스리다(政)(愛新覺羅 2004a⑧). [명](관제) ① 갑살(閘撒)(愛新覺羅 2004a⑧), ② 작야살(綽若薩)(即實 2012③). [出] 興/令/許/故/先/宗/博/涿/迪/副/皇/智/奴/高/糺/清/玦. [同源語] "다스리다(政・治)"를 의미하는 몽골어의 [dʒasax], 다호르어의 [dasagu], 동부유고어의 [xsa], 보안어의 [ʥasə-]가 동일한 어원이다(呼格吉樂圖 2017).

> [遼史] **閘撒(갑살)**은 말리(抹里)의 관원의 하나이다. 퉁그스족의 여진어에는 촌(村)을 "厈舍"(哈沙) [ga-ʃa]라고 한다. 만주어는 [gasan], 골드어는 [gasan] 또는 [gasen], 올카어는 [gasa], 오로센어는 [kasan]이라 하는데 거란어 갑살의 음을 맞춘 것이다(金渭顯외 2012㊤).

[朩冬为罒] tʃ.as.a.an [동] 다스리다(政)(愛新覺羅 2004a⑧). [出] 故12, 迪22/24, 圖16, 玦3/27/36.

[朩冬为东] tʃ.as.a.ad [동] 다스리다(政)(呼格吉樂圖 2017). [명](관제) 갑살(閘撒)(愛新覺羅 2004a⑦). [出] 先21, 博7/8/10/19, 玦43.

[朩冬为东村] tʃ.as.a.ad.ən [出] 先46.

[朩冬为东火] tʃ.as.a.ad.ər [出] 先52, 玦37.

[朩冬为矢] tʃ.as.a.tə [出] 糺12.

[朩冬为炏] tʃ.as.a.ju [명](관제) 갑살월(閘撒狘)(愛新覺羅 2004a⑧). [명](관제・소유격) 작야살(綽若薩)의(即實 2012⑥). [명](관제・향위격) 갑살(閘撒)에(大竹昌巳 2016d). [同源語] "갑살월(閘撒狘)"은 원래 법도(法度)를 의미하는데, 여진어의 "札失哈", 만주어의 [jasak], 몽고어의 [jasaq]와 같은 어원이다(孫伯君외 2008). [出] 仁/先/副/慈/奴/高/圖/糺/清/玦/回.

> [遼史] **閘撒狘(갑살월)**은 말리사(抹里司)의 관리인데 궁위(宮衛)의 직임을 맡았다(金渭顯외 2012㊤).

[朩冬为炏关] tʃ.as.a.ju.i [동] 다스리다(政)(呼格吉樂圖 2017). [出] 特12.

[朩冬为□] tʃ.as.a.⍰ [出] 慈3. [校勘] 이 단어는 본래 2개의 글자(朩火 为□)이나 초본에는 잘못하여 하나로 합쳐져 있다(即實 2012[校]).

[朩冬为□亦火] tʃ.as.a.⍰.gə.ər [出] 特7.

[朩冬屮亚平] tʃ.as.əl.ha.ai [出] 韓26.

[朩冬火] tʃ.as.ər [出] 糺13/19. [校勘] 이 글자가 ≪糺19≫에서는 초본에 잘못 옮겨진 것이므로 "朩夂亦"가 올바르다(即實 2012[校]).

[朩冬□□] tʃ.as.⍰.⍰ [出] 糺20, 蒲17. [校勘] 초본에는 제3 및 제4 원자가 탈루되었는데, 即實은 이 글자를 "朩冬为炏"라고 추정하고 있다(即實 2012[校]).

[朩各爪] tʃ.jaŋ.ud [명](향위격) 창온(敞穩)에(吳英喆 2012a①). [出] 玦31.

[朩各火] tʃ.jaŋ.un [명](관제) 창온(敞穩)(愛新覺羅 2011b). [명](소유격) ① 감옥・창고(倉)의(梁振晶 2003), ② 상곤(常袞)의(即實 2012⑳). [出] 圖9, 玦2/3/5/7/9/10/26/31/35/36/41/42.

> [遼史] **常袞(상곤)**은 창온(敞穩)으로도 번역되었다. 요대의 북면관으로 족속을 맡아 다스리는 관직이며 겸하여 부족의 호적도 맡았다. 대횡장(大橫帳)에는 상곤사(司)가 있고 삼부방(三父房)에도 각각 상곤사, 요련장은 대상곤, 대국국사 4장(帳)에도 각각 상곤이 있으며 해왕부(奚王府)에도 대상곤, 부상곤 등이 있다(金渭顯외 2012㊤).

[朩各火夯] tʃ.jaŋ.un.e [出] 先2. [校勘] 即實은 이 글자를 "朩冬火夯"라고 기록하고 있다(即實 2012[校]).

[朩刈矢关] tʃi.bu.d.i [出] 故13. [校勘] 即實은 이 글자를 "朩刈矢关"라고 기록하고 있다(即實 2012[校]).

[朩刈叔万] tʃi.bu.kə.əi [出] 尚16. [校勘] 이 단어는 본래 2개의 글자(朩刈 叔万)이나 초본에는 잘못하여 하나로 합쳐져 있다(即實 2012[校]).

[朩乃北] tʃ.am.ur [명](인명) 除鉢(韓世明외 2007). [出]

梁4. [校勘] 이 글자는 초본에 잘못 옮겨진 것이므로 "朩仍北"가 올바르다(即實 2012㉿). [人物] ≪梁誌≫의 주인인 石魯隱朮里者(1019~1069, 한풍명: 蕭知微)는 7형제중 셋째인데, 그 동생(다섯째)인 烏魯本除鉢을 지칭한다(愛新覺羅 2010f).

[朩乃炎尘击为出] tʃ.am.ur.əl.ha.a.an [出] 慈15. [校勘] 이 글자는 초본에 잘못 옮겨진 것이므로 "朩玎炎尘击为出"이 올바르다(即實 2012㉿).

[朩乃欠] tʃ.am.gu [명](인명) ① 除睦古(愛新覺羅 2006a), ② 斬睦古(愛新覺羅 2010f), ③ 産堪(即實 2012⑳), ④ 楚木古(劉鳳翥 2014b㊾). [出] 高10. [人物] ≪高誌≫ 주인 王寧高十(1015~?, 한풍명: 韓元佐)의 둘째 형 斬睦古將軍을 지칭한다(愛新覺羅 2010f).

[朩及] tʃ.o [借詞] ①"涿"을 나타내는 한어차사(愛新覺羅 2004a⑫/2004j, 沈鐘偉 2006a), ②"澤"을 나타내는 한어차사(王未想 1999). [出] 許18, 先26, 涿20, 玦46.

[朩及 朩土] tʃ.o tʃ.əu [명](지명) 탁주(涿州)(即實 2012⑳). [出] 涿20.

[朩及北] tʃ.o.ur [명](인명) 涿古(愛新覺羅 2004b④). [出] 許9, 圖24. [校勘] 이 글자는 초본에 잘못 옮겨진 것이므로 "朩长北"이 올바르다(即實 2012㉿).

[朩及关] tʃ.o.i [出] 先38.

[朩及炎] tʃ.o.os [出] 興33, 仲13/46.

[朩为] tʃ.a [出] 先70. [校勘] 即實은 이 글자를 "朩才"라고 기록하고 있다(即實 2012㉿).

[朩为生炎] tʃ.a.abu.ər [出] 韓18.

[朩生火] tʃ.abu.ju [出] 弘10. [校勘] 即實은 이 글자를 "朩为火"라고 기록하고 있다(即實 2012㉿).

[朩生未] tʃ.abu.ar [出] 先27.

[朩生未 冂 丸平叉] tʃ.abu.ar ? au.ul.ir [명](지명) 태자산(太子山)(即實 1996⑯). [出] 先27.

[朩生欠] tʃ.abu.go [명](부족) 조복(阻卜), 출불고(朮不姑), 직불고(直不姑)(王弘力 1986, 即實 1996④). [出] 許17, 先51/56. [參考] "조복(阻卜)"은 "출불고(朮不姑)"로도 음역된다(劉鳳翥 2014b⑰).

> [遼史] 阻卜(조복)은 북방 부족 이름으로, 달단(達靼)인데 조복(阻轐)이라고도 한다. 고비사막 이북에 살았다. 북조복, 서조복, 서북조복, 조복별부 등이 있었다. 거란의 봉책을 받아 대왕부(大王府), 절도사사(節度使司)를 설치하였다. 거란에 대하여 반복이 무성하였고, 여러 번 조공을 바쳤다. 야율대석(耶律大石)이 서방으로 옮겨가자 이들은 서요(Qara Khitai)에 신복하였다(金渭顯외 2012㊤).

[朩生欠丕] tʃ.abu.go.on [명](부족・소유격) ① 조복(阻卜)의, 출불고(朮不姑)의(劉浦江외 2014, 劉鳳翥 2014b⑰), ② 직불고(直不姑)의(即實 1996⑯). [出] 許20, 先39/40/46.

[朩生余] tʃ.abu.gu [명](인명) ① 지불곤(智不困)・지불고(智不孤)(劉鳳翥외 2003b, 劉鳳翥 2014b㊾), ② 찰불고(扎不古)(愛新覺羅 2004a⑫), ③ 찰불개(扎不開)(即實 2012⑪), ④ 찰불고(札不古)(愛新覺羅 2013a). [명](부족) 출불고(朮不姑)(愛新覺羅 2003g). [出] 宗35, 宋11. [人物] ≪宋誌≫의 주인인 烏魯宛妃(1056~1080)에게는 남자 형제가 6명 있었는데, 그 중 여섯째인 札不古를 지칭한다(愛新覺羅 2013a).

[朩生余火] tʃ.abu.gu.un [명](부족・소유격) 조복(阻卜)의(吳英喆 2012a③). [出] 特4.

[朩东] tʃ.æi [借詞] "冊"을 나타내는 한어차사(羅福成 1933, 王靜如 1933). [出] 皇蓋3, 皇1.

[朩东 杰火] tʃ.æi w.un [명] "책문(冊文)"의 한어차사(劉鳳翥 2014b㊾). [出] 道1, 宣1.

[朩东化] tʃ.æi.ri [出] 許48.

[朩东化村] tʃ.æi.ri.ən [出] 皇18.

[朩気] tʃ.aŋ [借詞] "尙", "章", "嫦", "張" 등을 나타내는 한어차사(研究小組 1977b). [出] 郞/迪/回/特/畵II.

[朩気 叉火] tʃ.aŋ ʃ.iu [명](관제) "상서(尙書)"의 한어차사(研究小組 1977b, 清格爾泰외 1978a). [出] 郞5.

[朩気 叉火 友 羔 尘気 子太] tʃ.aŋ ʃ.iu dʒi phaŋ l.aŋ dʒi.uŋ [명](관제) "상서직방낭중(尙書職方郎中)"의 한어차사(研究小組 1977b, 清格爾泰외 1978a/1985). [出] 郞5.

[朩気 叉火 友 业杰 尘気 丐火] tʃ.aŋ ʃ.iu dʒi p.uaŋ l.aŋ dʒu.uŋ [명](관제) "상서직방낭중(尙書職方郎中)"의 한어차사(劉鳳翥 2014b㊾). [出] 郞5.

[朩気 北] tʃ.aŋ ur [명](인명) ① 常哥(即實 2012③), ② 嫦娥(愛新覺羅 2010f, 劉鳳翥 2014b㊾). [出] 迪12. [人物] ≪迪誌≫ 주인 撒懶迪烈德(1026~1092)의 모친인 멸고내(蔑古乃)씨 嫦娥 부인(夫人)을 지칭한다(愛新覺羅 2010f).

[朩気 朩安 安文方] tʃ.aŋ tʃ.əŋ ŋ.iæ.æn [명](인명) ① 張承言(即實 2012③), ② 張誠願(劉鳳翥 2014b㊾). [出] 迪27.

[朩気公] tʃ.aŋ.ən [出] 洞I-2.

[朩気□] tʃ.aŋ.? [出] 糺19.

[朩矢] tʃi.tə [出] 皇15, 尙21, 漁II.

[朩朱] tʃ.od [出] 許4. [校勘] 이 글자는 초본에 잘못 옮겨진 것이므로 "非朱"가 올바르다(即實 2012㉿).

[朩朱力] tʃ.od.qa [出] 糺3. [校勘] 이 글자는 초본에 잘못 옮겨진 것이므로 "朩本力"가 올바르다(即實 2012㉿).

[朩伏叐] tʃ.in.u [명](인명) 遲女(劉鳳翥외 1995, 愛新覺

羅외 2011, 即實 2012⑳). [出] 宗3.

> [人物] 《宗誌》 주인 朝隱·驢糞(991~1053, 한풍명: 耶律宗教)의 모친인 迷里吉遲女를 지칭한다. 그녀는 바로 단국(丹國, 발해)의 성칸(聖汗) 烏魯古(발해의 마지막 왕인 大諲譔)의 외손녀이다(愛新覺羅 2010f).

[朩伏非] tʃ.in.gu [出] 韓32.

[朩伏与] tʃ.in.ən [出] 仲39. [校勘] 이 글자는 초본에 잘못 옮겨진 것이므로 "朩化与"이 올바르다(即實 2012校).

[朩仕叉] tʃi.mu.r [出] 先60.

[朩仕业九] tʃi.mu.l.gə [出] 先15.

[朩仕非] tʃi.mu.gu [出] 先34.

[朩仕中村] tʃi.mu.bur.ən [出] 道19, 宣18, 先24.

[朩仕关] tʃi.mu.i [동] 다스리다(?), 기리다(即實 2012⑳). [出] 仲37, 先60/61, 迪9.

[朩仕与] tʃi.mu.ən [동] 다스리다(?), 기리다(即實 2012⑳). [出] 仁26, 道16, 宣22.

[朩仍庆公] tʃ.ʊl.ur.ər [出] 烈25.

[朩仍北伏] tʃ.ʊl.ur.in [명](인명) 初魯鄰(해왕[奚王]의 자[字])(愛新覺羅외 2011).

[朩仍北伏 亚亚买 曲公] tʃ.ʊl.ur.in qa.ha.an go.ər [명](관제) 초로린가한장(初魯鄰可汗帳)(愛新覺羅외 2011). [해설] 거란문 묘지에는 해가한장(奚可汗帳)을 많이 기록하고 있지만, 모두 해육부(奚六部)에 속하여 있다(愛新覺羅외 2011).

[朩仍分] tʃ.ʊl.ud [명] ①석렬(石烈)(?)(即實 1996⑯), ②씨(氏)(即實 1996⑯). [명](부족) 초로득(初魯得), 저특(楮特)(愛新覺羅외 2004b⑧, 劉鳳翥 2014b㊾). [명](씨족) "저특씨(楮特氏)"의 남성형(愛新覺羅외 2012). [出] 故1/7, 迪30, 蒲15. [參考] "초로득(初魯得)"은 《요사》에 나오는 "저특(楮特)"이다(劉鳳翥 2014b㊾).

[朩仍分 伏廾交] tʃ.ʊl.ud ŋ(ni).ʊ.ur [명](부족) 초로득부(初魯得部)(愛新覺羅외 2009a⑤). [出] 故7.

[朩仍分关] tʃ.ʊl.ud [명](씨족) "저특씨(楮特氏)"의 여성형(愛新覺羅외 2012).

[朩化村] tʃ.ir.ən [出] 許8. [校勘] 이 글자는 초본에 잘못 옮겨져 "与"이 탈루된 것이므로 "朩化与村"이 올바르다(即實 2012校).

[朩化业太丙] tʃ.ir.əl.gə.əi [出] 先41/52.

[朩化业太公] tʃ.ir.əl.gə.ər [出] 先31.

[朩化关] tʃ.ir.i [出] 典23, 先30/31/52. [校勘] 即實은 《典23》에서는 이 글자를 "朩九关"라고 기록하고 있다(即實 2012校).

[朩化公] tʃ.ir.ər [出] 先/弘/皇/梁/清/玦.

[朩化公村] tʃ.ir.ər.ən [出] 梁18.

[朩化与] tʃ.ir.ən [出] 道/仲/先/烈/梁/尚.

[朩化与公] tʃ.ir.ən.ər [出] 先57.

[朩化与□] tʃ.ir.ən.? [出] 令3. [校勘] 即實은 이 글자를 "朩化与村"이라고 추정하고 있다(即實 2012校).

[朩化] tʃ.ur [수] 2(劉鳳翥 1993d, 清格爾泰 1997a). [出] 許54. [校勘] 이 글자는 초본에 잘못 옮겨진 것이므로 "土化"가 올바르다(即實 2012校).

[朩化公] tʃ.ur.ər [수](서수) ①제2, 둘째(即實 1988b, 劉鳳翥 1993d), ②"제2, 둘째"의 남성형(劉鳳翥 2014b㊾). [명] 중(仲)·차(次)(即實 1996⑯). [명](인명) ①初魯里(愛新覺羅 2006c), ②奇如給(即實 2012⑳). [出] 令/許/故/仲/先/宗/海/博/永/迪/宋/慈/智/烈/高/室/圖/梁/糺/清/韓/玦/回/特/蒲.

[朩化公 舟力] tʃ.ur.ər b.aqa [명] 둘째 아들(即實 1996⑯). [出] 許8.

[朩化与] tʃ.ur.ən [수](서수) ①제2, 둘째(即實 1988b, 劉鳳翥 1993d), ②제2등(石金民외 2001, 唐彩蘭외 2002). ③"제2, 둘째"의 여성형(劉鳳翥 2014b㊾). [명] 중(仲)·차(次)(即實 1996⑥). [出] 許/故/先/宗/海/博/涿/永/迪/副/皇/慈/智/烈/奴/高/圖/梁/糺/清/尚/韓/玦/回/特/蒲.

[朩化与 丰] tʃ.ur.ən ai [명] 이듬해(即實 1996⑯). [出] 許12.

[朩化与 丰村] tʃ.ur.ən ai.ən [명](관제) 중부방(仲父房)(即實 1991b). [出] 仁1.

[朩化与村] tʃ.ur.ən.ən [수](소유격) ①제2의, 둘째의(即實 1988b, 劉鳳翥 1993d), ②제2등의(石金民외 2001, 唐彩蘭외 2002). [명] ①두 번째 이름(即實 1996⑯, 劉鳳翥외 2004a, 劉鳳翥 2005/2014b㊾), ②거란 남자의 자(字)(愛新覺羅 2003e/2003f/2003g/2009a⑫). [出] 令/許/仲/先/宗/迪/慈/智/烈/奴/高/圖/梁/糺/清/回/特/蒲.

[朩化与村 北万与] tʃ.ur.ən.ən ur.j.ən [명](인명) ①奇如蓋念·戈也昆(即實 1996⑯), ②자(字)가 烏里衍(愛新覺羅 2009a), ③두 번째 이름이 烏演(劉鳳翥 2014b㊸). [出] 仲2.

[朩化与朩] tʃ.ur.ən.tʃi [명] 따르다(從)(劉鳳翥외 2005a). [出] 韓18.

[朩仐] tʃ.əs [出] 許53, 智16. [校勘] 이 단어는 초본에 잘못 옮겨졌으므로 "朩仐舟尘"《許53》와 "朩企"《智16》가 올바르다(即實 2012校).

[朩仐舟] tʃ.əs.bu [동] ①합사·합장하다(即實 1996①), ②그 쪽으로 향하다(王弘力 1984), ③잇다, 계승하다(嗣)(愛新覺羅 2004a⑧), ④우귀(于歸, 신부가 처음으로 시집에 들어감)(即實 2012⑳), ⑤재혼하다(即實 2012⑳). [出] 仁/永/宋/慈/智/烈.

[朩仐舟 力夂亚为朩] tʃ.əs.bu na.as.ha.a.ar [동] 합장시키다(即實 1996⑯). [出] 仁16.

[朩仐舟尘] tʃ.əs.bu.t [동] ① 따르다, 종속하다(附)(即實 1996⑥), ② 합장하다(即實 1996⑯, 愛新覺羅 2004a⑦), ③ 항복하여 굴종하다(降附)(即實 2012⑳). [出] 先65, 博16.

[朩仐] tʃ.ʊr [명](국명) "楚"의 한어차사(韓寶興 1991, 豊田五郎 1991b, 即實 1991b, 閻萬章 1992). [出] 先2/27/53, 蒲3.

[朩仐 几火] tʃ.ʊr g.ui [명](국명) "초국(楚國)"의 한어차사(劉鳳翥 2014b(52)). [出] 先2.

[朩仐 几火 杰] tʃ.ʊr g.ui uaŋ [명](관제) "초국왕(楚國王)"의 한어차사(即實 1996⑯). [出] 先2.

[朩仐余] tʃ.ʊr.gu [명](인명) 初楷(即實 2012①). [出] 宗23. [人物] ≪宗誌≫의 송장명단(送葬名單)에 나오는 初楷 부인(夫人)을 지칭한다(即實 2012①).

[朩仐夊] tʃ.ʊr.un [出] 先54.

[朩仐夯] tʃ.ʊr.ə [명](인명) ① 楚越(郭添剛외 2009, 愛新覺羅 2010f), ② 初斡(即實 2012⑲). [出] 尚22. [人物] ≪尚誌≫ 주인인 緬隱胡烏里(1130~1175)의 부인이다(愛新覺羅 2010f).

[朩余] tʃi.gu [借詞] "冊"을 나타내는 한어차사(羅福成 1933, 王靜如 1933, 研究小組 1977b, 清格爾泰외 1978a). [出] 道蓋/道/宣蓋/宣/副/韓.

[朩余 杰交] tʃi.gu w.ur [명] "책문(冊文)"의 한어차사(研究小組 1977b, 清格爾泰외 1978a). [出] 道1.

[朩余行] tʃi.gu.omo [出] 宋19.

[朩余火] tʃi.gu.ui [부] 가까스로, 겨우(即實 2012⑳). [형] 작다, 미미하다(即實 2012⑳). [出] 宋17, 回11.

[朩今] tʃ.əd [동] 있다, 능하다(即實 2012⑳). [出] 博47, 尚28/29.

[朩乎] tʃi.dʒal [出] 副27. [校勘] 이 글자는 초본에 잘못 옮겨진 것이므로 "朩子"가 올바르다(即實 2012[校]).

[朩公] tʃ.ən [동] 있다(即實 2012⑳). [出] 興14, 宗33, 紀21.

[朩公炏] tʃ.ən.oi [出] 先9. [校勘] 即實은 이 글자를 "朩欠炏"이라고 기록하고 있다(即實 2012[校]).

[朩仌交村] tʃ.o.ur.ən [出] 清17.

[朩仌廾] tʃ.o.tum [出] 宗27.

[朩公仐圡丰] tʃi.t.əl.ha.ai [出] 特15.

[朩金] tʃ.əm [出] 先6/16/17/18/24/34/37/39/45/52, 宗33.

[朩金秃村] tʃ.əm.is.ən [出] 仲31.

[朩金村] tʃ.əm.ən [出] 許26, 玦24.

[朩金矢关] tʃ.əm.d.i [出] 先31.

[朩仐圡丰] tʃi.l.ha.ai [出] 韓16.

[朩仐圡为朩] tʃi.l.ha.a.ar [出] 副5. [校勘] 即實은 이 글자를 "太仐圡为朩"라고 기록하고 있다(即實 2012[校]).

[朩仐圡为出炏] tʃi.l.ha.a.an.ər [出] 智3. [校勘] 即實은 이 글자를 "夵化圡为出炏"로 기록하고 있다(即實 2012[校]).

[朩仐及东] tʃi.l.qa.ad [出] 興28.

[朩仐夂] tʃi.l.ug [명](씨족) 야율씨(述律氏)(即實 1996⑯). [出] 仁5.

[朩仐伏] tʃi.l.in [出] 智25.

[朩火] tʃ.ui [出] 先48. [校勘] 即實은 이 글자를 "丸火东"이라고 기록하고 있다(即實 2012[校]).

[朩 为] tʃ.əŋ [借詞] "丞", "郕", "承", "誠" 등을 나타내는 한어차사(研究小組 1977b, 清格爾泰외 1978a). [出] 仁/令/仲/海/迪/副/烈/奴/高/玦/蒲/畵.

[朩 为 杰] tʃ.əŋ uaŋ [명](관제) "성왕(郕王)"의 한어차사(研究小組 1977b, 清格爾泰외 1978a/1985). [出] 仲22.

[朩 为 友矢] tʃ.əŋ dʒi.tə [명](관제・향위격) 승지(承旨)에게(即實 2012④). [명](인명・향위격) 成治에게(劉鳳翥 2014b㉙). [出] 奴27.

[朩 为 仐平] tʃ.əŋ s.iaŋ [명](관제) "승상(丞相)"의 한어차사(研究小組 1977b, 清格爾泰외 1978a). [出] 烈4, 仲22.

[朩 为 与] tʃ.əŋ dʒï [명](관제) "승지(承旨)"의 한어차사(吳英喆 2012a①). [出] 迪17, 玦13.

[朩 为分] tʃ.əŋ.du [명](관제) 승득(承得)(석렬[石烈]의 이름이다)(愛新覺羅 2006a/2010f). [出] 故7.

[朩刈] tʃi.bu [명] 질병, 고통(即實 2012⑳). [出] 尚16.

[朩刈夂] tʃi.bu.ug [명](인명) ① 楚不古(愛新覺羅 2006c), ② 楚卜勤古(即實 1991b). [出] 先61. [人物] 耶律仁先의 장모인 楚卜勤古 부인(夫人)을 지칭한다(即實 1996⑥).

[朩幺] tʃi.ia [出] 迪7.

[朩业] tʃ.aŋ [借詞] "常"을 나타내는 한어차사(即實 1996⑥). [出] 先47.

[朩业 亦关] tʃ.aŋ iun.i [명](인명) 常云逸(即實 1996⑯). [出] 先47. [人物] ≪先誌≫의 "조복(阻卜) 토벌" 부분에 등장하는 인물로, 頫阿 등과 함께 반란을 일으켰다고 기록되어 있다(即實 1996⑥).

[朩业矢] tʃ.aŋ.tə [出] 道30.

[朩业炏] tʃ.aŋ.ər [出] 副34.

[朩火] tʃ.iu [借詞] "諸"를 나타내는 한어차사(即實 1996②). [出] 令/宗/副/圖/紀/玦/畵.

[朩火 廿 兆] tʃ.iu sï ʂï [명](관제) 제사사(諸司使)(即實 1996⑯). [出] 令16.

[朩火 巾夯] tʃ.iu k(h).ə [명](인명) ① 區珂(即實 2012①), ② 主哥(劉鳳翥 2014b(52)). [出] 宗23. [人物] ≪宗誌≫의 송

장명단(送葬名單)에 나오는 匾珂 부인(夫人)을 지칭한다(即實 2012①).

[朩火 汁] tʃ.iu pən [명](인명) ① 猪糞(劉鳳翥외 1995, 劉鳳翥 2014b㊾), ② 豬糞(愛新覺羅 2010f), ③ 去備(即實 2012⑳). [出] 宗6. [人物] ≪宗誌≫ 주인 朝隱驢糞(991~1053)의 동생인 豬糞(한풍명: 耶律宗海) 태사(太師)를 지칭한다(愛新覺羅 2010f).

[朩火禾夯] tʃ.iu.s.e [명](인명) 苴司陀(即實 2012⑳). [出] 先7.

[朩火村] tʃ.iu-n [出] 蒲7.

[朩火仐村] tʃ.iu.s.ən [出] 室4.

[朩火火] tʃ.iu.un [명](소유격) □주(主)의(清格爾泰외 1985). [出] 令/高/圖/梁/玦.

[朩火关] tʃ.iu.ər [명](목적격) □주(主)를(豊田五郎 1991b, 即實 1996⑥). [出] 先37. [用例] 凡太 朩火关 [g.uŋ dʑ.iu.er] [명] 공주(公主)를(即實 1996⑥). [出] 先37.

[朩肖] tʃ.altar [명] ① 정실・본처・본처자식(嫡)(袁海波 2005), ② 정실(正)(愛新覺羅 2006a), ③ 본처(本妻)(吳英喆 2012a①, 劉鳳翥 2014b㊾). [出] 道/宣/許/仲/博/迪/副/皇/宋/高/梁/清/玦/回.

[朩肖 丙 几] tʃ.altar məg ku [명] 정실(正室), 정처(正妻)(愛新覺羅 2013b). [出] 回4.

[朩肖矢] tʃ.altar.tə [出] 博23.

[朩用] tʃ.il [出] 弘10.

[朩用攵犸为夹] tʃ.il.ug.dʒi.a.an [出] 興14, 皇14, 糺27. [校勘] 即實은 ≪興14≫에서는 이 글자를 "朩用攵犸为关"이라고 기록하고 있다(即實 2012㊗).

[朩用关] tʃ.il.i [出] 迪3.

[朩冈] tʃ.iŋ [借詞] "城", "承" 등을 나타내는 한어차사(豊田五郎 1991b, 即實 1991b, 劉鳳翥 1993d). [出] 先/宗/副/梁/特.

[朩冈 仐文夯 主 丞 介] tʃ.iŋ t.jæ.æn huaŋ tai hau [명] "승천황태후(承天皇太后)"의 한어차사(即實 2012①, 劉鳳翥 2014b㊾). [出] 宗5.

[朩冈 仐文夯 丞 介] tʃ.iŋ t.jæ.æn tai hau [명] "승천태후(承天太后)"의 한어차사(吳英喆 2012a③). [出] 特3.

> [인물] **承天太后(승천태후)**의 이름은 소작(蕭綽)으로 어렸을 때 이름은 연연(燕燕)이었다. 경종황제의 황후로, 통화 원년(983년)에 승천황태후(承天皇太后)라는 존호를 받았다(吳英喆 2012a③).

[朩冈 与] tʃ.iŋ dʒï [명](관제) "승지(承旨)"의 한어차사(劉鳳翥 2014b㊾). [出] 副25. [校勘] 即實은 이 어휘를 "朩冈 友"라고 기록하고 있다(即實 2012㊗).

[朩丹企] tʃi.tum.mə [명](인명) 只土末(即實 2012⑦). [出] 永13. [人物] ≪永誌≫ 주인 遙隱永寧(1059~1085)의 장남 迪里得 장군의 장인을 지칭한다(即實 2012⑦).

[朩文] tʃ.jæ [出] 先12. [校勘] 이 단어는 초본에 옮기며 잘못 분할되었는데, 뒤 원자들과 합쳐 "朩文攵关关"로 하여야 한다(即實 2012㊗).

[朩文夯] tʃ.jæ.æn [명] ① "錢"을 나타내는 한어차사(劉鳳翥 1993d), ② "戰"을 나타내는 한어차사(豊田五郎 1991b) ③ "燦"(인명)을 나타내는 한어차사(劉鳳翥외 2008a). [명] 이외, 이상(即實 1996⑯). [명동] 저울, 저울질하다(衡)(愛新覺羅 2017a). [出] 許/先/博/圖/玦/特.

[朩文夯 朩去] tʃ.jæ.æn tʃ.əu [명](지명) 전주(澶州)(愛新覺羅 2013b). [出] 特4.

[朩文夯 仐攵关] tʃ.jæ.æn t(d).ug.ər [명] 형경(衡鏡, 옳고 그름을 구분하는 준칙)(愛新覺羅 2017a). [出] 玦44.

> [參考] **衡鏡(형경)**은 북주(北周) 유신(庾信)의 ≪유자산집≫(庾子山集) 제7권에 나오는 말로, 후세의 시문에 자주 등장한다. ≪이태백집≫(李太白集)에는 "大國置衡鏡, 準平天地心。"(큰 나라가 형경을 두는 것은 공평하려는 하늘 땅과 같은 마음이다)라고 하고 있다. ≪玦誌≫에서는 묘주(墓主)인 야율결(耶律玦)을 "조당(朝堂)의 형경(衡鏡)"으로 표현하여 칭송하고 있다(愛新覺羅 2017a).

[朩文夯廾火关] tʃ.jæ.æn.ʊ.ui.i [出] 玦30.

[朩文夯矢关] tʃ.jæ.æn.d.i [명] 이외(以外), 이원(以遠)(即實 2012⑳). [出] 慈16, 清17.

[朩文夯关] tʃ.jæ.æn.ər [명] ① 전(戰)(豊田五郎 1991b), ② 이외(即實 2012⑳). [出] 先/宗/博/副/奴/玦/蒲.

[朩文ち叐犸矢] tʃ.jæ.ær.u.dʒi.tə [出] 特14.

[朩文叐] tʃ.jæ.dʒi [出] 先24.

[朩文亦] tʃ.jæ.ur [出] 許24. [校勘] 이 글자는 초본에 잘못 옮겨진 것이므로 "朩攵亦"가 올바르다(即實 2012㊗).

[朩文与村] tʃ.jæ.en.ən [出] 道5. [校勘] 即實은 이 글자를 "朩文当村"이라고 기록하고 있다(即實 2012㊗).

[朩文从村] tʃ.jæ.uei [出] 宣27.

[朩文夯与] tʃ.jæ.e.ən [出] 先44. [校勘] 即實은 이 글자를 "朩攵夯朩"이라고 기록하고 있다(即實 2012㊗).

[朩文朩当] tʃ.jæ.tʃ.ən [出] 先4.

[朩文攵伏] tʃ.jæ.ug.in [出] 先45, 玦11.

[朩文攵关] tʃ.jæ.ug.i [出] 興20, 先19/64.

[朩文化] tʃ.jæ.ri [出] 玦30.

[朩文夂伏] tʃ.jæ.?.in [出] 道20, 先16/40, 奴38/45. [校勘] 이 글자는 초본에 잘못 옮겨진 것이므로 "朩文攵伏"이 올바르다(即實 2012㊗).

[朩文夂用] tʃ.jæ.?.il [出] 尙21. [校勘] ☞ 朩文夂用サ(即實 2012[校]).

[朩文夂关] tʃ.jæ.?.i [出] 許16, 仲40. [校勘] ☞ 朩文夂关(即實 2012[校]).

[朩文公] tʃ.jæ.ər [出] 興19, 道26, 副43. [校勘] 即實은 ≪副43≫에서는 이 글자를 "朩文公"이라고 기록하고 있다(即實 2012[校]).

[朩文公仝舟尘] tʃ.jæ.ər.d.əb.d [出] 故6.

[朩文尘サ] tʃ.jæ.d.ja [出] 烈4. [校勘] 即實은 이 글자를 "朩文业サ"라고 기록하고 있다(即實 2012[校]).

[朩文□廾] tʃ.jæ.?.ʊ [出] 弘22.

[朩亦] tʃ.iun [借詞] "春"을 나타내는 한어차사(豊田五郎 1994/1998a). [出] 先14/25, 玦29.

[朩几] tʃi.gə [出] 許18, 先5/30/67, 玦15. [校勘] 即實은 ≪先67≫에서는 이 글자를 "朩几"라고 기록하고 있다(即實 2012[校]).

[朩几丙] tʃi.gə.əi [명] 왼쪽(即實 2012⑳). [出] 副11.

[朩几廿朿] tʃi.gə.sï-n [명](관제・소유격) 좌사(左司)의(呼格吉樂圖 2017). [出] 特11.

[朩几与] tʃi.gə.en [出] 先42. [校勘] 即實은 이 글자를 "朩亻与"이라고 기록하고 있다(即實 2012[校]).

[朩几朿] tʃi.gə.ən [명] ① 어(御)(即實 1991b), ② 동쪽, 왼쪽(吳英喆 2002). [出] 道/宣/許/先/宗/副/梁/糺/玦/特/蒲.

[朩几朿 及化] tʃi.gə-n u.ur [명](관제) ① 어원(御院)(即實 1996⑯), ② 좌원(左院)・좌궁(左宮)(劉鳳翥 2014b52). [出] 道2, 先9, 梁7.

[朩几朿 及化 乏为 夫公 仐各火] tʃi.gə-n u.ur ʃ.a ali.d ʃ.jaŋ.un [명](관제) 좌원낭군반상온(左院郎君班詳穩)・좌지후낭군반상온(左祗候郎君班詳穩)(劉鳳翥 2014b52). [出] 先9, 梁7.

[朩几朿 及化 用屮] tʃi.gə.ən u.ur il.bur [명](관제) ① 좌이리필(左夷離畢)(即實 2012⑳), ② 좌원이리필(左院夷離畢)(劉鳳翥 2014b52). [出] 道2, 宗14.

> [遼史] **左夷離畢(좌이리필)**은 요대의 북면관에 속하며 이리필원(夷離畢院)의 중요 관원이다. 지위는 이리필 아래이고, 우이리필보다 위이다. 거란 말년까지 한인이 이 직을 맡은 자는 없다. 형옥을 다스리는 일 외에 아랫 사람들의 뜻을 위에 전하는 책임도 지고 있었다(金渭顯외 2012㊤).

[朩几犭] tʃi.gə.dʒi [出] 先70. [校勘] 即實은 이 글자를 "朩几 犭与"이라고 기록하고 있다(即實 2012[校]).

[朩几朩穴平几矢] tʃi.gə.tʃ.u.ul.gə.tə [出] 道28.

[朩几关] tʃi.gə.i [出] 興23.

[朩几与] tʃi.gə.ən [명](인명) ① 築堅(即實 2012⑭), ② 勅堅(愛新覺羅 2013a). [出] 淸7. [人物] ≪淸誌≫ 주인 奪里懶太山(1029~1087, 한풍명: 蕭彦弼)의 당숙에 해당하는 勅堅額哥(한풍명: 蕭克忠)를 지칭한다(愛新覺羅 2013a).

[朩サ] tʃ.ia [出] 興11, 許18. [校勘] 이 단어는 초본에 옮기며 잘못 분할되었는데, 뒤 원자들과 합쳐 "朩サ与公"≪興11≫ 또는 "朩サ夯朿"≪許18≫으로 하여야 한다(即實 2012[校]).

[朩サ丙] tʃ.ia.al [出] 圖8. [校勘] 이 글자는 휘본 등에 잘못 옮겨진 것이므로 "床サ丙"가 올바르다(即實 2012[校]).

[朩サ夯] tʃ.ia.al [出] 道29, 先50, 宖2, 玦30.

[朩サ为] tʃ.ia.qa [명] "척(尺)"의 한어차사(吳英喆 2012a④, 愛新覺羅 2013b). [出] 興/道/仲/糺/回/蒲/洞I. [用例] ① 目 乑 朩サ为 [dʒur niæm tʃ.ia.qa] 신장 8척(吳英喆 2012a④). [出] 糺3. ② 田 乑 朩サ为 [bə niæm tʃ.ia.qa] 신장 8척(吳英喆 2012a④). [出] 蒲2.

[朩サ矢] tʃ.ia.tə [出] 宖5.

[朩サ券] tʃ.ia.altar [명] 앞(前)(大竹昌巳 2016d). [出] 先56, 烈27.

[朩サ券 今杏] tʃ.ia.altar s.un [명] 전날 밤(前夜)(大竹昌巳 2016d). [出] 先56.

[朩关] tʃ.i [借詞] "持"를 나타내는 한어차사(劉鳳翥외 2003b). [出] 許/仲/先/博/永/皇/宋.

[朩关両] tʃ.i.in [借詞] "秦"을 나타내는 한어차사(豊田五郎 1991b, 即實 1991b). [명] 경(慶)(閻萬章 1992). [出] 先34/36, 博21. [用例] 火叐 朩关両 几太 [k(h).ib tʃ.i.in g.uŋ] [명] 적경궁(積慶宮)(閻萬章 1992). [出] 先34.

[朩关両 几太] tʃ.i.in g.uŋ [명](관제) 진공(秦公)(即實 1996⑯). [出] 先34.

[朩关天] tʃ.i.ten [出] 仁29. [校勘] 即實은 이 글자를 "朩关秃"라고 기록하고 있다(即實 2012[校]).

[朩关秃] tʃ.i.s [명] ① 피(血)(即實 1988b/1991b, 愛新覺羅외 2011). ② 근친(近親) 또는 친척(親戚)(愛新覺羅 2004a⑤/⑩). [同源語] "피" 및 "혈연"을 의미하는 서면몽골어의 [čisu], 중기몽골어의 [čisun], 현대몽골어의 [tʃʊs], 다호르어의 [tʃos]와 같은 어원이다(長田夏樹 1951, 愛新覺羅외 2011, 大竹昌巳 2015c/2016e). [出] 興/仁/宣/令/故/仲/先/宗/博/永/迪/弘/皇/宋/慈/智/烈/奴/圖/梁/糺/淸/尙/韓/玦/回/特/蒲. [用例] 公佥 朩关秃 [n.əmə tʃ.i.s] [명] 至親, 血親(매우 가까운 친척)(即實 2012⑳). [出] 許54.

[朩关秃 屰丙公] tʃ.i.s har.j.ər [동] 피를 나누다(大竹昌巳 2016d). [出] 仲17.

[朩关秃 屰丙与] tʃ.i.s har.j.ən [동] 피를 나누다(愛新覺羅외 2011). [出] 宗4.

[朩关秂 屋炎] tʃ.i.s tul.ər [명] 친속(親屬)(即實 2012⑳). [出] 梁22.

[朩关秂 伏买生冬] tʃ.i.s n.an.abu.as [명] 혈담(血曇)(即實 1996⑯). [出] 仲48.

[朩关秂 业化炎] tʃ.i.s p.ir.ər [동] 피를 뽑다(刺血)(即實 1996⑯). [出] 先5.

[朩关秂 火火化夲叉] tʃ.i.s k(h).ui.ir.gə.r [동] 피를 나누다(獻血)(即實 1996⑯). [出] 仁28.

[朩关秂九丹伏] tʃ.i.s.əd.bu.n [出] 副22.

[朩关秂村] tʃ.i.s.ən [명] ① 효(孝)(愛新覺羅 2006a), ② 혈통(血統), 혈친(血親), 직계친(直系親)(即實 2012⑧). [명](소유격) 친속(親屬)의(愛新覺羅 2004a⑫). [出] 仁/道/宣/先/宗/迪/弘/宋/慈/智/梁/清/尚/玦/回.

[朩关秂朩] tʃ.i.s.tʃi [명] 혈연이 있는 자, 즉 친인(親人)(即實 2012⑳). [出] 烈15.

[朩关秂为] tʃ.i.s.a [出] 韓28. [校勘] 이 글자는 초본에 잘못 옮겨진 것이므로 "朩关秂村"이 올바르다(即實 2012㊈).

[朩关秂矢] tʃ.i.s.tə [명](향위격) 혈연 관계에(Kane 2009). [出] 先/宗/博/迪/慈/韓/玦/回.

[朩关秂矢关] tʃ.i.s.d.i [出] 故14, 弘10/25, 皇16.

[朩关秂公] tʃ.i.s.d [出] 先7, 智15/24, 烈24. [校勘] 即實은 ≪先7≫에서는 이 글자를 "朩火秂夯"이라고 기록하고 있다(即實 2012㊈).

[朩关秂公叉] tʃ.i.s.d.ir [명] 효(孝)(陳述 1978). [出] 仲46, 玦38.

[朩关秂公火九] tʃ.i.s.d.ui.g [出] 尚18. [校勘] 이 단어는 본래 2개의 글자(朩关秂公 火化)이나 초본에는 잘못하여 하나로 합쳐져 있다(即實 2012㊈).

[朩关秂公屮] tʃ.i.s.də.bur [명] 효(孝)(王靜如 1933, 羅福成 1934a/1934c, 長田夏樹 1951, 研究小組 1977b, 清格爾泰외 1978a, 劉鳳翥 2014b㊾). [同源語] "피(血)"를 뜻하는 서면몽골어 [čisun]의 명사형인 [čisuda] 혹은 [čisudu]와 같은 어원이다(長田夏樹 1951). [用法] 명사 "朩关秂"을 어간으로 하여, 동사형 접사 "公"와 동사형 접미사 "屮"·"丹叉"·"丹伏"을 붙인 것이다(吉池孝一 2013c). [出] 興/道/仲/先/皇/烈/回/特.

> [遼史] "孝"(효)에 대한 표현
>
> ≪요사·궁위지≫에는 "적식득본"(赤寔得本)이라 하였고 <국어해>에는 "득실득본"(得失得本)이라 하였는데 같은 말을 달리 번역한 것이다. 그 뜻은 효(孝)로, Klaproth는 그 음을 [desideben]이라 번역하고 Schcott는 [tihtipun]이라 번역하였는데, 모두 득실득본에 근거한 음독이다. 또 득실득, 적실득과 퉁구스어의 [saksati], [saksaci], 몽골어의 [suhute], [suhutai], [cosotoi] 등과 어원이 동일하며, 적실득본, 득실득본의 본(本)은 동사의 어미를 표시한 것이다(金渭顯외 2012⊕).

[朩关秂公屮 丹力] tʃ.i.s.də.bur b.aqa [명] 효자(即實 1996⑯). [出] 仲49.

[朩关秂公屮矢] tʃ.i.s.də.bur.tə [명](향위격) 효(孝)에(劉浦江외 2014). [出] 智24.

[朩关秂公丹叉] tʃ.i.s.də.bu.r [명] 효(孝)·적식득본(赤寔得本)·득실득본(得失得本)(羅福成 1934e/1934f, 長田夏樹 1951, 研究小組 1977b, 清格爾泰외 1978a, 劉鳳翥 2014b㊾). [同源語] [用法] ☞ 위 "朩关秂公屮"를 참조하라. [出] 道/蓋/仲/先/副/智/玦/特.

[朩关秂公丹伏] tʃ.i.s.də.bu.n [명] 효(孝)·적식득본(赤寔得本)·득실득본(得失得本)(羅福成 1934c, 長田夏樹 1951, 鄭紹宗 1973, 研究小組 1977b, 清格爾泰외 1978a, 劉鳳翥 2014b㊾). [同源語] [用法] ☞ 위 "朩关秂公屮"를 참조하라. [出] 道/許/仲/先/博/永/迪/副/皇/宋/智/烈/奴/梁/清/尚/玦/特.

[朩关秂公丹伏 仍叐] tʃ.i.s.də.bu.n da.u [명] 효장(孝章)요 흥종황제에 대한 전칭(專稱)이다(劉鳳翥 2014b㉜). [出] 道15. [校勘] 두 번째 글자는 초본에 잘못 옮겨진 것이므로 "仍炎"가 올바르다(即實 2012㊈).

[朩关秂公丹伏炎] tʃ.i.s.də.bu.n.ər [出] 皇14.

[朩关秂公内] tʃ.i.s.d.on [명] 효(孝)(趙志偉외 2001). [出] 智22. [校勘] 이 글자는 초본에 잘못 옮겨진 것이므로 "朩关秂公匃"가 올바르다(即實 2012㊈).

[朩关秂公关] tʃ.i.s.d.i [出] 先56.

[朩关秂公炎] tʃ.i.s.d.ər [出] 烈29.

[朩关秂公炊关] tʃ.i.s.d.gə.i [出] 永28. [校勘] 即實은 이 글자를 둘로 분리하여 "朩关秂公 夲关"라고 기록하고 있다(即實 2012㊈).

[朩关秂公匃] tʃ.i.s.d.? [명] 효(孝)(即實 2012⑳). [出] 智22.

[朩关秂炎] tʃ.i.s.ər [명] ① 친족·근친(愛新覺羅 2006a, 即實 2012⑤/⑭), ② 혈맥(即實 2012⑭), ③ 신분(吳英喆 2012①). [명](인명) ① 智先(豊田五郎 1991b, 即實 1991b), ② 奇遂(即實 1996⑯), ③ 諸速得(愛新覺羅 2010f), ④ 豬屎(愛新覺羅 2013a). [出] 故/仲/先/弘/智/奴/清/玦. [人物] 耶律仁先(1013~1072, 거란명: 糺鄰査剌)의 셋째 동생인 耶律智先(1023~1094, 거란명: 烏魯本豬屎)을 지칭한다(愛新覺羅 2013a).

[朩关炊屮] tʃ.i.s.gə.bur [出] 興20. [校勘] 即實은 이 글자를 "朩关秂公屮"라고 기록하고 있다(即實 2012㊈).

[朩关村] tʃ.i.ən [出] 梁9.

[朩关炎] tʃ.i.ər [出] 智21. [校勘] 이 글자는 초본에 잘못 옮겨진 것이므로 "朩关秂"가 올바르다(即實 2012㊈).

[朩仌] tʃ.ər [동] ①글을 짓다(撰)(羅福成 1934a), ②글을 쓰다(題, 書寫)(王靜如 1973, 研究小組 1977b, 清格爾泰외 1978a, 劉鳳翥 2014b(52)), ③"쓰다(寫)"의 과거형(愛新覺羅 2004a⑧), ④있다, 열다(即實 2012⑳). [명] 호(户)(青格勒외 2003, 劉鳳翥 2014b(52)). [出] 興/道/許/故/郎/仲/先/宗/博/迪/弘/副/皇/宋/慈/智/烈/奴/高/室/圖/梁/糺/清/尙/韓/玦/回/特/蒲. [用法] 朩(어근)+仌(과거시제 접미사)(愛新覺羅 2004a⑧).

[朩仌 平朩] tʃ.ər nen.tʃi [出] 仲42. [校勘] 이 단어가 초본에는 잘못하여 하나로 합쳐져 있다(即實 2012(校)).

[朩仌 芬] tʃ.ər ə [出] 梁12. [校勘] 이 단어가 초본에는 잘못하여 하나로 합쳐져 있다(即實 2012(校)).

[朩仌仌] tʃ.ər.ər [出] 永39, 奴40, 糺24.

[朩火] tʃ.ud [出] 許22. [校勘] 이 단어는 초본에 옮기며 잘못 분할되었는데, 앞 원자들과 합쳐 "火仐仌火"로 하여야 한다(即實 2012(校)).

[朩火芬] tʃ.ud.ə [出] 圖17.

[朩火] tʃ.uŋ [出] 玦41.

[朩炏] tʃ.oi [出] 海9.

[朩芬] tʃ.ə [명] 조카(即實 2012⑳). [出] 梁13. [同源語] "조카"를 의미하는 서면몽골어의 [dʒigə], 중기몽골어의 [dʒe'e], 현대몽골어의 [dʒəː]와 동일한 어원이다(大竹昌已 2016e).

[朩芬丙尘当朩] tʃ.ə.əi.d.ən.tʃi [出] 尙29.

[朩芬丙当] tʃ.ə.al.ən [出] 興13. [校勘] 이 글자는 휘본 등에 잘못 옮겨진 것이므로 "朩芬丙当"이 올바르다(即實 2012(校)).

[朩芬村芬] tʃ.ə.ən.ə [명](인명) ①撒訥(愛新覺羅 2004a⑨), ②綽諾(即實 2012④), ③撒涅(愛新覺羅 2013a), ④確恩(劉鳳翥 2014b(52)). [出] 奴9. [人物] ≪奴誌≫ 주인 國隱寧奴(1041~1098)의 부친인 撒涅 낭군을 말한다(愛新覺羅 2013a).

[朩仌北] tʃi.gə.əl [부] ①함께(并)(閻萬章 1993, 劉鳳翥 2014b㉖), ②이미(即實 2012⑳). [동] ①새기다(刻)(即實 1996②/2012⑤), ②완결하다(即實 2012⑳). [出] 興/仁/令/許/故/仲/先/宗/永/迪/副/宋/慈/智/奴/梁/清/尙/韓/玦/回/特/蒲.

[朩当] tʃi-ən [형] 있다(愛新覺羅 2004a⑤, 即實 2012⑳). [동] ①글을 적다, 글을 짓다, 얻다(愛新覺羅 2004a⑤), ②봉하다(即實 2012⑳). [用法] 朩[tʃi]은 "글을 적다", "글을 짓다", "얻다" 등의 의미를 나타내는 동사의 어간이고, 当[ən]은 [ə]모음을 지니는 어간에 뒤따르는 동사의 과거시제 형동사형의 여성 어미이다(愛新覺羅 2004a⑤). [出] 仁/道/宣/令/許/故/先/宗/副/慈/烈/奴/梁/尙/韓/玦/特/蒲/圓.

[朩当村] tʃi.ən.ən [出] 興22.

[朩当仌] tʃi.ən.ər [出] 仲2, 博19/38, 梁19.

[朩考] tʃ.iau [借詞] ①"昭"를 나타내는 한어차사(研究小組 1977b, 劉鳳翥외 1981a), ②"朝"를 나타내는 한어차사(袁海波외 2005). [명] 남(南)(即實 1991b, 豊田五郎 2001). [出] 興/道/令/許/故/郎/仲/先/迪/弘/烈/奴/高/梁/糺/清.

[朩考 未叐 仌平关 仐尗 九亦] tʃ.iau w.u t.ai.i s.iaŋ g.iun [명](관제) "소무대장군(昭武大將軍)"의 한어차사(研究小組 1977b, 清格爾泰외 1978a, 即實 1996③). [出] 仲27.

[朩考 丈长] tʃ.iau qu.us [명] 조국(趙國), 한인(漢兒·漢人)(愛新覺羅 2003g, 傅林 2013c). [出] 迪21, 烈20. [校勘] 即實은 ≪烈20≫에서는 이 글자를 "朩考 丈交"라고 기록하고 있다(即實 2012(校)).

[用例] "漢兒"(한인)를 의미하는 여러 표현

"漢兒"(한인)를 의미하는 표현은 "朩考 丈交" 외에도 여러 가지 형태가 있다(傅林 2013a/2013c).

전반부	후반부	발음	출처	문헌 漢譯
朩考	丈交	tʃ.iau qu.ur	先16	漢兒中之房杜魏
			先22/26	漢兒樞密
朩考	丈交关	tʃ.iau qu.ur.i	梁17	漢兒之禮
			奴7	南漢兒
朩考	丈长	tʃ.iau qu.us	迪21/烈20	漢兒諸斡魯朵都統
朩考	丈火	tʃ.iau qu.ui	郞5	漢兒宇
			令14	漢兒城
			烈7	漢兒名
朩考	丈关	tʃ.iau qu.i	仲7	漢兒契丹詩
朩考	余火	tʃ.iau gu.ui	高4	漢兒楚哥夫人
朩考	余交	tʃ.iau gu.ur	先54	불명확
文考	余火	dʒ.iau gu.ui	弘9	漢兒名
乖	余火	dʒau.gu.ui	博40	契丹女眞漢兒
乖	欠火	dʒau.gu.ui	永9	漢兒夫人

[朩考 丈交] tʃ.iau qu.ur [동] 병행하다(即實 1996⑯). [명] ①남면(南面)(即實 1996⑯), ②남원(南院)·남면(南面)(愛新覺羅 2003g/2006a). [出] 先16/22/26. [參考] 원래 "조국(趙國)"이라는 말에서 출발한 것으로 "한인(漢兒·漢人)를 의미하며, 변하여 "남원(南院)" 또는 "남면(南面)"을 지칭한다(愛新覺羅 2003g/2006a). [出] 先16/22/26.

[朩考 丈交 劣太 仐甬] tʃ.iau qu.ur tu.uŋ s.in [명](관제) 남면통진(南面通進)(即實 1996⑯). [出] 令16.

[朩考 丈交 飞火 叉刃] tʃ.iau qu.ur ʃ.ju m.ir [명](관제) ①남원추밀사(南院樞密使)(即實 1996⑯), ②한아 추밀(漢兒樞密, ≪요사·백관지3≫에 있는 "한인추밀원(漢人樞密院)"을 말한다)(傅林 2013c). [出] 先22/26, 令16.

[朩考 丈交关] tʃ.iau qu.ur.i [명] 조국(趙國), 한인(漢兒·漢人)(愛新覺羅 2003g, 傅林 2013a/2013c). [出] 梁17, 奴7.

[朩考 丈关] tʃ.iau qu.i [명] 조국(趙國), 한인(漢兒·漢人)(愛新覺羅 2003g). [出] 仲7. [校勘] 이 글자는 초본에

잘못 옮겨진 것이므로, "**朩考 亢火**"가 올바르다(即實 2012[校]).

[**朩考 亢火**] tʃ.iau qu.ui [명] 조국(趙國), 한인(漢兒 · 漢人)(愛新覺羅 2003g). [出] 仲7, 郎5, 令14, 烈7. [校勘] 愛新覺羅는 최근 문헌에서는 이 두 글자를 한 글자로 붙여 쓰고 있다(愛新覺羅외 2012⑤).

[**朩考 亢火 圠几**] tʃ.iau qu.ui us.əg [명] 한자(漢字)(愛新覺羅외 2012). [出] 仲7. [用例] **伞关 朩考 亢火 圠几** [kita.i tʃ.iau qu.ui us.əg] [명] 거란 · 한자(契丹 · 漢字)(愛新覺羅외 2012).

[**朩考 亢火 伞关 兆**] tʃ.iau qu.ui kita.i ʂï [명] 한 · 거란시(漢 · 契丹詩)(愛新覺羅외 2012). [出] 仲7.

[**朩考 伞为夾 今丰关 个**] tʃ.jau s.a.an t.ai.i pu [명](관제) "조산대부(朝散大夫)"의 한어차사(即實 2012⑭, 劉鳳翥 2014b52). [出] 清22.

[**朩考 亽交**] tʃ.iau gu.ur [명] 조국(趙國), 한인(漢兒 · 漢人)(愛新覺羅 2003g). [出] 先54. [校勘] ☞ "**朩考亢交**(即實 2012[校]).

[**朩考 亽火**] tʃ.iau gu.ui [명] 조국(趙國), 한인(漢兒 · 漢人)(愛新覺羅 2003g). [出] 興9, 高4. [校勘] ☞ **朩考亽火**(即實 2012[校]).

[**朩考 亽火 丙 九芬**] tʃ.iau gu.ui tʃau g.ə [명](인명) ① 한인(漢人) 礎哥(即實 2012⑫), ② 曹桂 · 楚哥(劉鳳翥 2014b52), ③ 한인(漢人) 朝哥(康鵬 2016a). [出] 高4. [人物] ≪高誌≫ 주인 王寧高十(1015~?, 한풍명: 韓元佐)의 백조부(伯祖父) 延訥 · 蘇魯葛(한풍명: 韓德源) 상공(相公)의 첫째부인 한인(漢人) 礎哥부인(夫人)을 지칭한다(即實 2012⑫).

[**朩考亢庚**] tʃ.iau.qu.ur [出] 室11.

[**朩考亢交**] tʃ.iau.qu.ur [명] "한인(漢兒 · 漢人)"의 남성형(愛新覺羅 2012). [出] 玦17/18.

[**朩考亢交 个 叉火**] tʃ.iau.qu.ur pu ʃ.iu [명](관제) 한아부추(漢兒副樞= 남원추밀부사)(愛新覺羅 2013b). [出] 玦17.

[**朩考亢交 穴**] tʃ.iau.qu.ur noi [명](관제) 남면관(南面官), 한관(漢官)(即實 2012⑳, 康鵬 2016a). [出] 迪27.

[**朩考亢亥**] tʃ.iau.qu.dʒi [명] "한인(漢兒 · 漢人)"의 복수형(愛新覺羅 2013b). [出] 玦24.

[**朩考亢关**] tʃ.iau.qu.i [出] 故10. [校勘] 이 글자는 초본과 탁본에 모두 잘못 기록된 것이므로 "**朩考亢火**"가 올바르다(即實 2012[校]).

[**朩考亢火**] tʃ.iau.qu.ui [명] "한인(漢兒 · 漢人)"의 여성형(愛新覺羅외 2012⑤). [出] 郎5, 玦23, 特10/28.

[**朩考亢火 圠几**] tʃ.iau.qu.ui us.əg [명] 한자(漢字)(康鵬 2015a). [出] 先58, 郎5.

[**朩考亢火 朩安**] tʃ.iau.qu.ui tʃ.əŋ [명] 한성(漢城)(康鵬 2015a). [出] 令14.

[**朩考亢火 业雨**] tʃ.iau.qu.ui p.in [명](관제) 한아궁호(漢兒宮户)(愛新覺羅 2013b). [出] 玦23. [用例] **伞关 业雨** [kita.i p.in] [명](관제) 거란궁호(契丹宮户)(愛新覺羅 2013b). [出] 玦23.

[**朩考亢火 关化**] tʃ.iau.qu.ui i.ir [명] ① 한풍명(漢風名)(愛新覺羅 2010f), ② 한식(漢式) 이름(即實 2012⑳). [出] 烈7.

[**朩考叐**] tʃ.iau.u [借詞] "趙"를 나타내는 한어차사(即實 1996⑯). [出] 許22, 海9.

[**朩考叐 主丕**] tʃ.iau.u huaŋ.on [명](관제 · 소유격) 조왕(趙王)의(即實 1996⑯). [出] 許22.

[**朩考叐火**] tʃ.iau.u.un [出] 皇10.

[**朩考攵交**] tʃ.iau.gu.ur [명] 한인(漢兒)(愛新覺羅 2013b). [出] 蒲10.

[**朩考佘交**] tʃ.iau.gu.ur [명](관제) 한아부서(漢兒副署)(吳英喆 2012a①). [出] 玦20.

[**朩考佘交关**] tʃ.iau.gu.ur.i [出] 道11.

[**朩考佘火**] tʃ.iau.gu.ui [명] "한인(漢兒 · 漢人)"의 여성형(愛新覺羅 2012). [出] 興9.

[**朩考佘火 几交**] tʃ.iau.gu.ui g.ur [명] 한인(漢人)의 나라(康鵬 2016a). [出] 興9.

[**朩考□**] tʃ.iau.? [出] 畵II.

[**朩平圡丰**] tʃ.ul.ha.ai [出] 興12.

[**朩平圡出**] tʃ.ul.ha.an [出] 回9.

[**朩平刘**] tʃ.ul.aqa [出] 糺27.

[**朩平攵**] tʃ.ul.ug [出] 仁19.

[**朩平半村**] tʃ.ul.əl.ən [出] 奴43.

[**朩平八豸**] tʃ.ul.k(h).dʒi [出] 仁20. [校勘] 이 글자는 휘본 등에 잘못 옮겨진 것이므로 "**朩平穴豸**"가 올바르다(即實 2012[校]).

[朩穴]

tʃ.u [出] 仁30, 先66, 梁11, 尚10. [校勘] 이 글자는 휘본 등에 잘못 옮겨지거나 잘못 분할된 것이므로 "**朩攵**"≪仁30≫≪先66≫≪尚10≫ 또는 "**朩穴火半**丙"≪梁11≫가 올바르다(即實 2012[校]).

[**朩穴圠村**] tʃ.u.ur.ən [出] 興35.

[**朩穴分**] tʃ.u.ud [出] 仁20.

[**朩穴半与**] tʃ.u.l.ən [出] 尚31.

[**朩穴岁**] tʃ.u.tal [出] 宗23.

[朩血面]

tʃ.oŋ.dʒu [명](지명) "총주[tʃoŋ dʒu]"라 부르는 비탈의 이름(愛新覺羅외 2010). [出] 玦34. [校勘] 吳英喆은 이 글자를 "**朩圡面**"이라고 하여 달리 표현하고 있다(吳英喆 2012a①).

[**朩血面 可村**] tʃ.oŋ.dʒu bai-n [명](지명) 耶律玦의 묘가 위치한 우측 비탈의 이름(愛新覺羅외 2015②). [出] 玦34

朩芬] tʃ.? [명] ① 외조카(愛新覺羅 2006a, 萬雄飛외 2008), ② 처조카, 생질(即實 2012⑱, 劉鳳翥 2014b㊾). [出] 梁29.

[朩芬朾] tʃ.?.ən [出] 梁23.

朩仍扎伏] tʃi.p.ur.in [명](인명) 楚不寧(大竹昌巳 2016a). [校勘] 愛新覺羅는 이 글자를 "朩仍扎伏"으로 기록하고 있다(愛新覺羅외 2011). [人物] ≪요사·소포노전≫(권87)에 언급된 해왕(奚王) "楚不寧"을 말한다(大竹昌巳 2016a).

[朩□] tʃi.? [出] 令4. [校勘] 即實은 이 글자를 "朩关"라고 기록하고 있다(即實 2012㊗).

[朩□交舟] tʃi.?.ur.əb [出] 許34. [校勘] 이 글자는 초본에 잘못 옮겨진 것이므로 "朩考 夬交"가 올바르다(即實 2012㊗).

[朩□分关] tʃi.?.ud.i [出] 永17. [校勘] 即實은 이 글자를 "朩仍分关"라고 기록하고 있다(即實 2012㊗).

䒑 [발음] hiæ, kiæ [原字번호] 163

䒑] hiæ, kiæ [書法] 亼文와 같은 글자이다(愛新覺羅외 2011). [用法] 주로 乾·縣·玄 등의 한어차사를 나타내는 "䒑夯"의 자음(子音)으로 사용된다(Kane 2009).

䒑夯] kiæ(hiæ).æn [借詞] ①"乾", "縣" 등을 나타내는 한어차사(研究小組 1977b, 清格爾泰외 1978a), ②"玄"을 나타내는 한어차사(劉鳳翥 1984a). [出] 故/郎/先/迪/弘/皇/宋/智/尚.

[䒑夯 仐仐 主 王] kiæ(hiæ).æn s.u huaŋ di [명] "현조황제(玄祖皇帝)"의 한어차사(劉鳳翥 2014b㊾). [出] 先2, 迪5. [人物] 현조황제는 李堇·匀德實 이리근(夷離堇)으로 태조 야율아보기의 조부이다. 그 장자는 敵輦巖木古, 차자는 述瀾釋魯이다. 耶律仁先은 그의 8대손이다(愛新覺羅 2010f).

[䒑夯 伞仐 主王] kiæ(hiæ).æn ts.u huaŋ di [명] "현조황제(玄祖皇帝)"의 한어차사(劉鳳翥 2014b㊾). [出] 智5.

[䒑夯 小闩矢] kiæ(hiæ).æn l.iŋ.tə [명](향위격) 건릉(乾陵)에(研究小組 1977b, 清格爾泰외 1978a). [出] 郎2.

[䒑夯朾] kiæ(hiæ).æn.ən [명](관제·소유격) 현(縣)의(劉浦江외 2012). [出] 先14/17/25, 尚24.

[䒑夯公] kiæ(hiæ).æn.d [명](관제) ① 현(縣)(豊田五郎 1991b), ②"현(縣)"의 복수형(武內康則 2016). [出] 先10/17.

[䒑夯公朾] kiæ(hiæ).æn.d.ən [명](관제·소유격) ① 현(縣)의(豊田五郎 1991b), ② 현(縣)들의(복수형)(即實 1996⑯). [出] 先10, 博8.

䒑不关] kiæ(hiæ).on.i [명](인명) ① 昆乙(即實 2012⑳), ② 曉義(劉鳳翥 2014b㉖). [出] 智14, 糺11. [人物] ≪智誌≫ 주인 烏魯本猪屎(1023~1094, 한풍명: 耶律智先)의 차남인 阿信의 장인(부인 回里本娘子의 부친)인 昆乙 낭군(郎君)을 지칭한다(愛新覺羅 2010f, 即實 2012⑳).

夬 [발음] au [原字번호] 164

夬] au [명] 사리, 규칙(即實 2012⑮). [出] 興/道/仲/副/慈/奴/回.

夬矢] au.tə [명](향위격) 사리에(即實 2012⑮). [出] 奴10, 梁6.

[夬矢 亼九岑公] au.tə k(h).əd.gə.ər [형] 사리에 밝다, 예절을 알다(即實 2012⑮). [出] 慈13, 奴10. [校勘] 이 단어는 초본에는 잘못하여 하나(夬矢亼九岑公)로 합쳐져 있는데, 묘지 작성 때 비문을 옮겨 적는 이(書丹者)가 글자간격을 줄인데 따른 결과이다(即實 2012㊗).

勺 [발음] g, ug, gu, ku [原字번호] 165

勺] ug / gu [用法] 주로 "令勺"라는 단어에 사용된다(Kane 2009). [出] 許18. [校勘] 이 글자는 초본에 잘못 옮겨져 "令"이 탈루된 것이므로 "令勺"가 올바르다(即實 2012㊗). [用例1] 令勺 [t(d).ug] [동] 일컫다, 말하다(曰)(羅福成 1933/1934, 王静如 1933, 厲鼎煃 1954, 清格爾泰외 1978a, 劉鳳翥 2014b㊾). [명] 노래(即實 1996⑯). [用例2] 公关勺 [n.i.g] [명] ① 녀고(女古, 거란어의 "金")(愛新覺羅 2002/2003e/2007b, 吳英喆 2004b), ② 가족(即實 2012/2015a). [명](민족) 여진(女眞)(劉鳳翥외 1995, Kane 2009).

勺亥] gu.u [出] 仁28. [校勘] 이 글자는 휘본 등에 잘못 옮겨진 것이므로 "㔾亥"가 올바르다(即實 2012㊗).

勺矢] gu.tə [出] 尚20. [校勘] 이 글자는 초본에 잘못 옮겨져 "丙"이 탈루된 것이므로 "丙勺矢"가 올바르다(即實 2012㊗).

勺火] g.iu [借詞] ①"局"을 나타내는 한어차사(即實 2012⑲), ②"居"를 나타내는 한어차사(郭添剛외 2009). [出] 尚蓋2, 尚1.

[勺火 兂] g.iu ʂï [명](관제) ① 거사(居士)(郭添剛외 2009), ② 국사(局使)(即實 2012⑲). [用法] 即實은 이 글자가 "거사(居士)"를 나타낼 수도 있으나 관함(官銜)이 아니며, 정식 관호는 "상식국사(尚食局使, 叉気 叉关 勺火 兂)라고 주장하고 있다(即實 2012⑲). [出] 尚1.

勺㚘] g.i [동] 말을 타다(劉鳳翥외 2003b). [出] 宋2.

端·蘇)가 계부방(季父房)이 되었다. 이들을 합하여 삼부방(三父房)이라 일컫는다(金渭顯외 2012上).

[包 キ仐村 ㇇ 与] kʊrpʊ ai.d.ən ia dəu 명 ① 삼부 질제(三父房侄弟)(即實 1996⑯), ② 삼부방(三父房)의 장(橫帳)(劉鳳翥 2014b㉑). 出 先4, 慈4.

[包 㐂仐] kʊrpʊ şi.d 명 "삼사(三師)"의 복수형(即實 1996⑯). 出 仲42.

> 遼史 三師(삼사)는 태자태사(太子太師), 태자태부(太子太傅), 태자태보(太子太保)의 합칭(合稱)이다(金渭顯외 2012⊕).

[包 与仐村 丸几] kʊrpʊ dor.əs.ne us.gə 동 《삼례(三禮)》에서 적기를(即實 2012⑳). 出 永28.

[包 几火化村] kʊrpʊ g.uŋ.ur.ən 명(소유격·복수형) 삼공(三公)들의(即實 2012⑳). 出 皇12.

> 遼史 三公(삼공). 태위(太尉), 사도(司徒), 사공(司空)을 삼공으로 하여 남면조관에 삼공부(三公府)가 있었다(金渭顯외 2012⊕).

[包村] kʊrpʊ.mi 出 許51. 校勘 이 글자는 초본에 잘못 옮겨진 것이므로 "包村"이 올바르다(即實 2012⑱).

为 [발음] xəi, qa / [原字번호] 168

[为] qa 用法 주로 "伏为", "令为为" 등의 단어에 사용된다(Kane 2009). 用例1 伏为 [ŋ(ni).aqa] 명 개(王靜如 1933, 羅福成 1934a/c/f, 研究小組 1977b, 清格爾泰외 1978a/1985). 명(인명) ① 涅赫(石金民외 2001), ② 捏黑·訥黑(即實 2012⑳), ③ 涅褐(劉鳳翥 2014b㉙). 用例2 令为为 [t(d).aqa.a] 명 닭(羅福成 1933/1934b/d/g, 王靜如 1933, 研究小組 1977b, 清格爾泰외 1978a/1985, 劉鳳翥 2014b㊼).

[为丞玚] qa.u.dʒi 出 永30.

[为丞化屮伏] qa.u.ur.əl.in 出 梁20.

[为刋为与] qa.qa.a.al 出 博14/15.

[为刋屮屮文出] qa.qa.bur.əl.ha.an 出 仲15.

[为行币屮刋] qa.om.od.əl.qa 出 博33.

[为关半玚比] qa.i.mu.dʒi.əl 出 先33. 校勘 《先33》의 64~65째 글은 학자마다 달리 표기하고 있는데, 即實은 이를 "朿夲为攵 半玚比"라 한 반면, 劉浦江은 "㇇夲 为关半玚比"로, 劉鳳翥는 "因夲 为关半玚比"로 표기하고 있다(即實 2012⑱, 劉浦江외 2014, 劉鳳翥 2014b).

包 [발음] qur / [原字번호] 166

[包] qur 㑀 3(羅福成 1933, 王靜如 1933, 屬鼎煃 1933, 研究小組 1977b, 清格爾泰외 1978a/1985, 即實 1996⑯). 同源語 "3"을 뜻하는 서면몽골어의 [ɣurba], 중기몽골어의 [qurban], 현대몽골어의 [gʊrăb], 다호르어의 [kwarab]와 같은 어원이다(即實 1996⑬, 大竹昌巳 2016e). 出 興/仁/道/宣/令/許/故/仲/先/海/博/永/迪/弘/副/皇/宋/慈/智/烈/奴/高/室/梁/糺/清/尚/韓/玦/回/特/蒲/塔/洞.

[包 丙朴] qur məgə.tʃi 명 세 갈래(三支)(即實 2012⑳). 出 智17.

[包 夂火与] qur au.ui.n 명 삼친(三親, "부부·부자·형제"를 말함)(即實 2012⑳). 出 韓18.

[包 仕丞玚仚㐅] qur mu.u.dʒi.d.ər 명 삼성(三聖)(吳英喆 2012a①). 出 玦39.

[包矢] qur.tə 㑀(향위격) 3에(劉浦江외 2012). 出 仲7, 博23, 副15.

包 [발음] kʊrpʊ, qur-n / [原字번호] 167

[包] kʊrpʊ/qur-n 㑀 ① 3(셋)(劉鳳翥 1984a, 吳英喆 2006c), ② "3(셋)"의 남성형(劉鳳翥 2014b㊼), ③ 합이 3(即實 1996⑯). 同源語1 "합이 3"을 의미하는 서면몽골어의 [kʊrpa-], [kula]와 그 구어 [kʊrpʊ:l] 등이 같은 어원이다(即實 1996⑬). 同源語2 "3"을 의미하는 몽골어의 [qurăb], 다호르어의 [guarəb], 동부유고어의 [gurwan], 토족어의 [gura:n], 동향어의 [guran]이 같은 어원이다(呼格吉樂圖 2017). 書法 "包(원자번호 166)"에 점을 찍은 형태이다(Kane 2009). 出 道/許/故/仲/先/宗/海/永/迪/副/皇/慈/智/烈/糺/清/尚/韓/蒲.

[包 杰币村] kʊrpʊ uan.ad.ən 명(복수·소유격) 삼왕(三王)의(劉鳳翥 2014b㉖). 出 智3. 參考 "삼왕(三王=三皇)"은 하 우왕(夏禹), 상 탕왕(商湯), 주 문왕(周文王)을 말한다(劉鳳翥 2014b㉖).

[包 キ仐村] kʊrpʊ ai.d.ən 명(관제) 삼부방(三父房)(即實 1996⑯). 出 許56.

> 遼史 三父房(삼부방)은 거란 종실을 말한다. 태조의 현조 윤덕실(勻德實)이 네 아들을 낳았는데, 맏아들 마로(麻魯)는 일찍 죽어 둘째 암목(巖木)의 후예가 맹부방(孟父房)이 되고, 셋째 석로(釋魯)의 후예가 중부방(仲父房)이 되며, 넷째 덕조(德祖) 살랄적(撒剌的: 태조의 부친)의 후예(剌葛·迭剌·寅底石·安

欠 [발음] gu, go / [原字번호] 169

欠] gu, go [用法] 이 원자는 거란어 표기에만 사용된다(Kane 2009). 첫 음절이 아닌 음절에 사용될 경우에는 **欠** [gu] 자신이 가지고 있는 [u]모음이 그 앞 음절의 모음으로 된다(愛新覺羅외 2011). [用例1] **孑化欠** [dʒa.ir.ugo] [명](관제) 재상(宰相)(豊田五郎 1991c, 即實 1991b, 鄭曉光 2002). [用例2] **朩生欠** [tʃ.abu.go] [명](부족) 조복(阻卜), 출불고(朮不姑), 직불고(直不姑)(王弘力 1986, 即實 1996④).

欠伏] go.in [出] 許50. [校勘] 이 단어는 초본에 옮기며 잘못 분할되었는데, 앞 원자들과 합쳐 "**夂冬欠伏**"으로 하여야 한다(即實 2012校).

欠炎] go.ər [명] 호(户), 가(家)(劉鳳翥 2014b㊾). [出] 先13. [校勘] 다른 학자들은 모두 이 글자를 "**穴炎**"이라고 기록하고 있다(即實 2012校, 劉浦江외 2014).

攴 [발음] ba [原字번호] 170

攴] ba [명] 생원(生員), 미사(未仕)(即實 1996⑤). [用法] "미사(未仕, 관직에 나가지 않음)"의 뜻을 가지는 표의자(表意字)이다(愛新覺羅 2012). [出] 許/故/涿/永/迪/智.

攴买] ba.an [명](소유격) ① 군(君)의(即實 2012⑳), ② 생원(生員)의(劉浦江외 2014). [出] 涿/永/慈蓋/慈/智.

攴ち] ba.al [出] 迪40. [校勘] 이 단어는 초본에 옮기며 잘못 분할되었는데, 뒤 원자들과 합쳐 "**攴ち廾芴**"로 하여야 한다(即實 2012校).

[**攴ち圡卆**] ba.al.ha.ai [出] 仁30, 智26.

[**攴ち圡为ち**] ba.al.ha.a.al [出] 特39.

[**攴ち圡为出**] ba.al.ha.a.an [出] 宋21.

[**攴ち圡犬**] ba.al.ha.adʒu [出] 糺30.

[**攴ち廾芴**] ba.al.ʊ.dʒi [동] 남겨 놓다(遺留)(即實 2012⑳). [出] 迪40.

[**攴ち叐**] ba.al.ir [出] 皇14.

[**攴ち伏**] ba.al.in [出] 宣25.

[**攴卆**] ba.ai [出] 興23, 故21, 先25, 韓28.

[**攴朩**] ba.ar [出] 智23.

攴夂] ba.ug [명](인명) ① 保(愛新覺羅 2010f), ② 俳古(即實 2012④). [出] 奴20. [校勘] 초본에는 이 글자가 "**攴叐**"으로 잘못 옮겨져 있다(即實 2012④). [人物] 《奴誌》 주인 國隱寧奴(1041~1098)의 동생인 保 낭군(1042~?)을 지칭한다(愛新覺羅 2010f).

攴为朩] ba.a.ar [出] 博30.

[**攴为出**] ba.a.an [동] 기쁘다(喜)(愛新覺羅 2003h). [出] 道33, 故23, 智21, 特32.

[**攴为出矢**] ba.a.an.tə [出] 涿25.

[**攴仐**] ba.s [出] 回26.

[**攴出芴**] ba.an.dʒi [出] 仁22.

攴炎几芴] ba.ər.gə.dʒi [出] 韓23. [校勘] 이 단어는 본래 2개의 글자(**攴炎 几芴**)이나 초본에는 잘못하여 하나로 합쳐져 있다(即實 2012校).

久 [발음] da [原字번호] 171

久] da [書法] 吉如何 등은 이 원자가 "**夂**"(원자번호 215)와 자형이 매우 유사하고 서로 교체되어 사용되는 점을 들어 두 자가 서로 동일한 자라고 추단하고 있다(吉如何외 2009). [出] 道21, 先28/36, 迪17, 皇13.

[**久圡卆**] da.ha.ai [出] 特30.

[**久圡卆业圡卆**] da.ha.ai.l.ha.ai [出] 玦18.

久圡朩] da.ha.ar [동] ① 닫다, 가리다(掩)(研究小組 1977b, 劉鳳翥외 1977, 王弘力 1986, 愛新覺羅 2004a⑫), ② 봉하여 묻다(封埋)(即實 2012⑳). [出] 博/副/皇/宋/智/烈/奴/清/玦/回/蒲. [校勘] 일부 학자들이 《宋7》에서는 이 글자를 "**六圡朩**"라고 기록하고 있다(愛新覺羅 2004a⑫, 即實 2012校).

[**久圡朩 及子刄 买**] da.ha.ar o.os.qa au [명] 엄폐일(掩閉日)(清格爾泰외 1985). [出] 許蓋1.

[**久圡朩 及子圡ち刄**] da.ha.ar o.os.ha.al.qa [동] 엄폐(掩閉)하다(劉鳳翥 2014b㊾). [出] 奴39, 博46.

[**久圡朩 及子圡ち刄 公佥矢**] da.ha.ar o.os.ha.al.qa n.əm.tə [명](향위격) 엄폐(掩閉)한 날에(劉鳳翥 2014b㊾). [出] 博46.

[**久圡朩 及子圡朩**] da.ha.ar o.os.ha.ar [동] 엄폐(掩閉)하다(清格爾泰외 1985). [出] 仲17. [校勘] ☞ **六圡朩 及子圡朩**(即實 2012校).

[**久圡朩 及子圡为出**] da.ha.ar o.os.ha.a.an [동] 엄폐(掩閉)하다(清格爾泰외 1985, 劉鳳翥 2014b㊾). [出] 道6, 故16.

[**久圡朩 及子圡为犬**] da.ha.ar o.os.ha.a.adʒu [동] 엄폐(掩閉)하다(劉鳳翥 2014b㊾). [出] 奴4, 烈23, 博24.

[**久圡朩 及子圡出**] da.ha.ar o.os.ha.an [동] 엄폐(掩閉)하다(劉鳳翥 2014b㊾). [出] 宋7.

[**久圡朩 及子朩**] da.ha.ar o.os.ar [동] 엄폐(掩閉)하다(劉鳳翥 2014b㊾). [出] 清30.

[**久圡朩关**] da.ha.ar.i [出] 奴18, 特13.

[**久圡长**] da.ha.su [동] 닫다, 가리다(掩)(清格爾泰외 1985).

[出] 典3. [校勘] 이 글자는 휘본 등에 잘못 옮겨진 것이므로 "**久圡ホ**"가 올바르다(即實 2012⑫).

[**久圡长 及子圡为艾**] da.ha.su o.os.ha.a.sair [동] 엄폐(掩閉)하다(清格爾泰외 1985). [出] 典3. [校勘] 이 글자는 휘본 등에 잘못 옮겨진 것이므로 "**久圡ホ 及子圡为艾**"가 올바르다(即實 2012⑫).

[**久ち**] da.al [出] 博28. [校勘] 이 단어는 초본에 옮기며 잘못 분할되었는데, 뒤 원자들과 합쳐 "**久ち켜火**"로 하여야 한다(即實 2012⑫).

[**久ち켜**] da.al.aqa [出] 道36.

[**久卆**] da.ai [借詞] "大"를 나타내는 한어차사(研究小組 1977b). [出] 許11, 博22/23/46, 副5/8. [校勘] 即實은 ≪副8≫에서는 이 글자를 "**六卆**"라고 기록하고 있다(即實 2012⑫).

[**久卆 丙交秀 业又村**] da.ai j.jæ.æn l.im-n [명](인명) 발해인 "대연림(大延琳)"의 한어차사(劉鳳翥 2014b52). [出] 副8.

> [人物] **大延琳(대연림)**은 발해 태조 대조영(大祚榮)의 후손이다. 거란의 동경(遼陽) 사리군상온으로 있다가 1029년(太平9) 동경에서 난을 일으켜 왕이 되었다. 국호를 흥요(興遼)라 하고 연호를 천경(天慶)이라 했다. 다음 해 8월 거란군에게 평정되었다(金渭顯외 2012上).

[**久卆 及关 公叉**] da.ai ʃ.i n.u [명](인명) ① 太師奴(愛新覺羅 2010f, 劉鳳翥 2014b52), ② 大師奴(即實 2012②). [出] 博46. [人物] ≪博誌≫ 주인 習輦(1079~1142)의 이복 동생인 太師奴를 지칭한다(愛新覺羅 2010f).

[**久卆 伞並 九亦**] da.ai dz.iaŋ g.iun [명](관제) 대장군(大將軍)(清格爾泰외 1985). [出] 許11.

> [遼史] **大將軍(대장군)**. ① 거란은 당나라의 제도를 이어받았는데, 표기(驃騎)・보국(輔國)・진군(鎮軍)・관군(冠軍)・회화(懷化)・귀덕(歸德) 등에다 대장군을 붙였다. 무관을 우대한 명예직이다. ② 거란 북면군관 대장군부(大將軍府)의 장관이다. 상장군(上將軍)의 윗자리이다. 여러 위장관(衛長官)을 대장군으로 삼았으며 직명이 모두 앞에 붙는다. 우위대장군이 예이다. 황자나 종실 사람으로 충임한다(金渭顯외 2012上).

[**久卆关**] da.ai.i [出] 仲21.

[**久ホ**] da.ar [동] ① 닫다, 가리다(掩)(即實 1996③), ② 봉하여 묻다(封埋)(即實 2012⑳). [出] 仲43, 糺18.

[**久ホ及子**] da.ar.o.os [出] 糺18. [校勘] 이 단어는 초본에 옮기며 잘못 분할되고 합쳐졌는데, 뒤 원자들과 합쳐 "**久ホ 及子圡艾**"로 하여야 한다(即實 2012⑫).

[**久村**] da.ən [出] 先29/31/32/33/37.

[**久为ホ**] da.a.ar [出] 仁20.

[**久艾**] da.adʒu [出] 仲15, 博32.

[**久艾当**] da.adʒu.ən [出] 仲12/14.

[**久廾矢**] da.tum.tə [出] 特24.

夊 [발음] ug [原字번호] 172

[**夊**] ug [出] 宣/先/博/迪/室/糺/清/尚/蒲蓋/畫.

[**夊圡ホ关**] ug.ha.ar.i [出] 糺11. [校勘] 이 글자는 초본에 잘못 옮겨진 것이므로 "**六圡ホ关**"가 올바르다(即實 2012⑫).

[**夊ち**] ug.al [出] 先58.

[**夊ホ**] ug.ar [出] 典7, 先68.

[**夊犳**] ug.dʒi [出] 令5, 先34.

[**夊丹**] ug.mur [出] 蒲18.

[**夊芍圡卆**] ug.dor.ha.ai [出] 仁27. [校勘] 이 글자는 초본에 잘못 옮겨졌으므로 "**夊出圡卆**"가 올바르다(即實 2012⑫).

[**夊伏**] ug.in [出] 先40. [校勘] 即實은 이 글자를 "**夊伏**"이라고 기록하고 있다(即實 2012⑫).

[**夊仍**] ug.ta [出] 海3. [校勘] 이 글자는 휘본 등에 잘못 옮겨진 것이므로 "**夊犳**"가 올바르다(即實 2012⑫).

[**夊公**] ug.ən [出] 許45. [校勘] 即實은 이 글자를 "**夊公**"이라고 기록하고 있다(即實 2012⑫).

[**夊业夯**] ug.l.ə [出] 許42.

[**夊屮关**] ug.bur.i [명](인명) ① 烏貝(王弘力 1986), ② 牙不里(愛新覺羅 2010f), ③ 野里補(劉鳳翥 2014b43). [出] 仲6/11/12. [校勘] 即實은 이 글자를 "**夊屮关**"라고 기록하고 있다(即實 2012⑫). [人物] ☞ "**夊屮关**" 참조.

[**夊出圡ち**] ug.an.ha.al [出] 典33.

[**夊平**] ug.ul [명](인명) ① 烏理(劉鳳翥외 2006a), ② 兀古勒(愛新覺羅 2004a⑪), ③ 韓九(愛新覺羅 2010f), ④ 估勒(부족명 "烏古"에서 온 이름이다)(即實 2012⑳), ⑤ 兀古里(愛新覺羅 2013a). [명](부족) ① 오고(烏古)(愛新覺羅 2004b⑦, 即實 2012④), ② 오고리(烏古里)(愛新覺羅외 2012). [出] 永/副/慈/奴/高/圖/特.

> [人物] ① ≪永誌≫ 주인 遙隱永寧(1059~1085)의 조부인 韓九(即實은 "估勒"라 번역) 낭군(郎君)을 지칭한다(愛新覺羅 2010f).

②《慈誌》 주인 鉢里本朝只(1044~1081)의 부친 涅隣兀古里(劉鳳翥 등은 "睦哩寧·烏理"라 번역) 낭군(郎君)을 지칭한다(愛新覺羅 2013a).

[遼史] **烏古部(오고부)**는 길림 동북지역에 살던 부족이다. 오고리(烏古里)·오골리(烏骨里)·오호리(烏虎里)·우궐(于厥)·우골리(于骨里)·우궐(羽厥)·구궐률(嫗厥律)이라고도 한다. 그 영역은 동쪽은 실위(室韋), 서쪽은 적렬·몽골, 남쪽은 거란과 이웃하였다. 유목과 수렵을 직업으로 삼는다. 거란에 대하여 반복이 무상하였다. 태조가 항복한 인호를 오고날랄부(烏古涅剌部)와 도로부(圖魯部)에 살게 하고 북부에 예속시켰고, 절도사는 서남로초토사에 속하게 하였다. 성종이 항복한 인호를 알돌완오고부(斡突盌烏古部)에, 그 후 도종 수창2년(1096)에는 오납수(烏納水) 서쪽에 위치하였다(金渭顯외 2012㊤).

[**夂平 令用令**] ug.ul d.il.əd [명](부족) 오고·적렬덕부(烏古·迪烈德部)(即實 2012⑥). [出] 圖11.

[**夂平 令用令村**] ug.ul d.il.əd.ən [명](부족·소유격) 오고·적렬덕(烏古·迪烈德)의(即實 2012⑫). [出] 高21.

[**夂平伏**] ug.ul.in [명](인명) ①兀古匿(王弘力 1986), ②兀納(即實 1996⑯)·古魯訥(即實 2012⑧/⑮), ③兀立寧(劉鳳翥외 2006a)·菩里寧(劉鳳翥외 2006b), ④兀古隣(愛新覺羅 2004j/2013a)·烏古隣(愛新覺羅 2013b). [出] 仲/弘/慈/糺/蒲.

[人物] ①《弘誌》 주인 敖魯宛隗也里(1054~1086, 한풍명: 耶律弘用)의 부친인 訛里本侯古(한풍명: 耶律宗愿)가 兀古隣頗得의 장(帳)을 계승한 바 있다(愛新覺羅 2010f).

②《蒲誌》 주인 白隱蒲速里(1058~1104, 한풍명: 耶律思齊)의 장인(작은 부인 구곤(甌昆)씨 奧瓦부인(夫人)의 부친)인 오원구곤재상장(五院甌昆宰相帳)의 烏古鄰 이리필(夷離畢)을 지칭한다(愛新覺羅외 2011).

[**夂平伏 几火夾**] ug.ul.in ku.uŋ.ur [명](인명) ①兀古隣控骨里(愛新覺羅 2010f), ②兀立寧·空古里(劉鳳翥 2014b㊾). [出] 慈7. [人物] 《慈誌》 주인 鉢里本朝只(1044~1081)의 중백부(仲伯父)인 兀古隣控骨里 태사(太師)를 지칭한다(愛新覺羅 2010f).

[**夂平伏 不企关**] ug.ul.in d.əm.ər [명](인명) ①兀古隣特末里(愛新覺羅 2010f), ②兀立寧·特末(兀立寧·特末里)(劉鳳翥 2014b㊸). [出] 仲5. [人物] 《仲誌》 주인 烏里衍朮里者(1090~1150, 한풍명: 蕭仲恭)의 부친인 兀古隣特末里 부마(駙馬)를 지칭한다(愛新覺羅 2010f).

[**夂平伏 非币**] ug.ul.in po.od [명](인명) ①兀古隣頗得(愛新覺羅 2010f), ②古盧訥·泊提(即實 2012⑯), ③菩里寧·頗得(劉鳳翥 2014b㊾). [出] 糺5. [人物] 《糺誌》 주인 夷里衍糺里(1061~1102)의 고조부(撻烈哥)의 동생인 兀古隣特末里 통군사(統軍使)를 지칭한다(愛新覺羅 2010f).

[**夂平关**] ug.ul.i [명](부족) ①오리(奧里)(劉鳳翥외 2008a), ②오골리(烏骨里)(愛新覺羅 2006a), ③오고(烏古)(即實 2012⑥). [명](부족·소유격) 오고리(烏古里)의(愛新覺羅외 2012). [出] 圖10. [用例] **卄火 夂平关** [ʊ.ui ug.ul.i] [명](부족) 외오고부(隗烏古部)(即實 2012⑥). [명](부족·소유격) 오외오고리(烏隗烏古里)의(愛新覺羅외 2012). [出] 圖10.

[**夂平关 伏卄夾**] ug.ul.i ŋ(ni).ʊ.ur [명](부족) ①오고부(烏古部)(即實 2012⑥), ②오고리(烏古里)의 부(愛新覺羅외 2012). [出] 圖10.

攵 [발음] ja [原字번호] 173

[**攵**] ja [명](인명) ①射(劉鳳翥외 2005b), ②楪(劉鳳翥외 2008a), ③牙(愛新覺羅외 2011). [出] 高3, 圖6. [人物] 《圖誌》 주인 蒲奴隱圖古辞(1018~1068)의 첫째 사위(장녀 菩薩女 낭자의 남편)인 牙 태위(太尉)를 지칭한다(愛新覺羅외 2011).

[**攵买**] ja.an [出] 宗12. [校勘] 이 글자는 휘본 등에 잘못 옮겨진 것이므로 "**夂买**"이 올바르다(即實 2012㉖).

[**攵九**] ja.də [出] 令13.

[**攵ち**] ja.al [出] 仲48.

[**攵ホ**] ja.ai [出] 道/故/仲/宗/玦.

[**攵本**] ja.ar [동] 거느렸다(愛新覺羅외 2012①). [出] 玦16/18/19/38, 特18, 蒲8/15.

[**攵力关**] ja.qa.i [명](인명) 古黑(即實 1988b). [出] 仲6/11. [校勘] 이 글자는 초본에 잘못 옮겨진 것이므로 "**攵屮关**"가 올바르다(即實 2012㉖).

[**攵fi**] ja.aŋ [出] 博41.

[**攵先**] ja.? [出] 道29, 皇23.

[**攵伏矢爻**] ja.in.tə.r [出] 弘23. [校勘] 이 글자는 초본에 잘못 옮겨진 것이므로 탁본에 근거하여 "**夂伏矢爻**"가 올바르다(即實 2012㉖).

[**攵屮关**] ja.bur.i [명](인명) ①谷沛(即實 1996⑯), ②野里補(劉鳳翥 2014b㊸). [出] 仲6/11/12. [人物] 《仲誌》 주인 烏里衍朮里者(1090~1150)의 동생인 봉국(奉國) 牙不里(劉鳳翥는 "野里補"로 번역, 1094~1157, 한풍명: 蕭仲宣)를 지칭한다(愛新覺羅 2010f).

[**攵出关**] ja.an.ər [出] 宋22. [校勘] 即實은 이 글자를 "**夂出关**"이라고 기록하고 있다(即實 2012㉖).

冬 [발음] as [原字번호] 174

[冬] -(a)s **用法** 동사의 1인칭 희망형 어미이다. 같은 문법적 기능을 가진 표음자는 夲[-(ə)s], 夨[-(u)s], 孑[-(o)s] 등이다(愛新覺羅외 2011).

[冬圶] as.ha 出 許62. **校勘** 이 글자는 초본에 잘못 옮겨진 것이므로 "冬夲"가 올바르다(即實 2012⑳).

[冬扎] as.əl 出 仲44, 奴22. **校勘** 이 단어는 초본에 옮기며 잘못 분할되었는데, "冬扎"는 접미사이므로 단독으로는 쓸 수 없으므로 각각 앞 원자들과 합쳐 "午커冬扎"《仲44》과 "커乃平圶冬扎"·"令生ち圶冬扎"《奴22》로 하여야 한다(即實 2012⑳).

[冬扎커] as.əl.aqa 出 博34. **校勘** 이 어휘는 초본에 옮기며 잘못 분할되고 합쳐졌는데(业及孑圶 冬扎커), "业及孑圶冬扎 커"로 하여야 한다(即實 2012⑳).

[冬ち为夬] as.al.a.an 出 先52.

[冬夲] as.ar **형** ① 넓다, 관대하다(阿思)(王弘力 1986), ② 한어의 "녕(寧)"에 대응한다(即實 1982a/1996③/1996⑫). **동** 돌보아주다(眷顧)(劉鳳翥외 2009, 劉鳳翥 2010). **명** ① 청(清)(劉鳳翥 1982a/1983a, 清格爾泰외 1985), ② 청녕(清寧)(요나라 도종황제 때 연호로서 기간은 1055~1064년이다)(金毓黻 1934, 研究小組 1977b, 清格爾泰외 1978a/1985). **명**(인명) ① 阿撒里(愛新覺羅 2010f, 劉鳳翥 2014b㉕), ② 珂若斯里(即實 2012⑤). 出 興/仁/道/宣/令/仲/先/宗/博/涿/永/迪/弘/副/皇/慈/智/烈/奴/高/梁/糺/清/韓. **人物** 《智誌》 주인 烏魯本猪屎(1023~1094)의 장남인 阿撒里(即實은 "珂日斯里"로 번역) 낭군(郎君)을 지칭한다(愛新覺羅 2010f). **用例** 夾 冬夲 [au as.ar] 청녕(清寧)(羅福成 1934a, 王靜如 1935, 研究小組 1977b).

遼史 阿思(아사). ①《요사》<영위지上>와 <국어해>에 의하면 "아사(阿思)"는 "관대(寬大)"라는 뜻인데, 거란소자 "冬夲"[as.ar]에 상당하다(王弘力 1986).
② 거란어 아사는 한국어 고대어인 아사달(阿斯達)에 나타나는 아사(阿斯)와 관련이 있다. 고조선의 수도였던 아사달이 평양(平壤)으로 나타나므로 아사는 평(平)과 연결되고 "넓은, 관대함, 광대함"의 뜻이다. 한국어에서는 "아스라이" 등의 단어에 남아 있다(金渭顯외 2012上).

參考 태조부터 천조제에 이르기까지 요대 연호의 변천에 대하여는 《부록》의 거란소자 주요 어휘 를 참조하라.

[冬夲 主 王] as.ar huaŋ.ti **명** 청녕황제(清寧皇帝)(硏究組 1977b, 清格爾泰외 1978a). 出 仁7.

[冬夲 主 王커] as.ar huaŋ.ti **명**(소유격) 청녕황제(清寧皇帝)의(硏究小組 1977b, 清格爾泰외 1978a). 出 仁5.

[冬夲 公壬𣏋冬] as.ar n.ai.tʃ.ər **형** 조용하고 편안하다(安和)(即實 2012⑳). 出 宗19.

[冬夲 公壬𣏋冬 义亦 卄] as.ar n.ai.tʃ.ər k(h).iun sï **명** 점잖으신 군자(愛新覺羅 2003h). 出 宗19. **參考** 《毛詩(모시)》 대아(大雅)편에 있는 "豈弟君子, 民之父母"의 구절중 "豈弟君子"에 해당하는 말이다(大竹昌巳 2015b).

[冬夲커] as.ar.ən 出 仁26/27.

[冬夲伏] as.ar.in **명**(인명) ① 阿撒林(鄭曉光 2002, 劉鳳翥 2014b㉒), ② 珂若斯林(即實 2012⑦). 出 永32. **人物** 《永誌》 주인 遙隱永寧(1059~1085)의 장인인 珂若斯林 대왕을 지칭한다(即實 2012⑦).

[冬爻] as.u 出 迪7.

[冬爻灻关] as.u.ur.i **명**(씨족) 아소리(阿蘇里)(愛新覺羅외 2012). 出 迪7. **參考** 아소리(阿蘇里)는 현재까지 거란문 묘지(墓誌)에 1번 나타나는데, 여성형이다(愛新覺羅외 2012).

[冬爻灻关 穴久伏] as.u.ur.i nəu.ug.in **명**(인명) 阿蘇里·耨斤(愛新覺羅외 2012). 出 迪7. **人物** 《迪誌》의 주인 撒懶迪烈德(1026~1092)의 7대조모(曷魯隱匣馬葛 이리근의 부인)인 아소리(阿蘇里)씨 耨斤 을림면(乙林免)을 지칭한다(愛新覺羅외 2012).

[冬爻乃] as.u.mur 出 槨3.

[冬杓] as.ən 出 許19. **校勘** 이 단어는 초본에 옮기며 잘못 분할되었는데, 앞 원자들과 합쳐 "丈圶夯杓"로 하여야 한다(即實 2012⑳).

[冬朩] as.tʃi 出 弘24.

[冬用] as.il 出 弘10. **校勘** 即實은 이 글자를 "朩用"이라고 기록하고 있다(即實 2012⑳).

[冬由] as.jo 出 道18/27.

[冬由卄犭] as.jo.ʊ.dʒi 出 梁20.

[冬由卄火] as.jo.ʊ.ui 出 宣13, 特10.

쉬 [발음] bu [原字번호] 176

[쉬] bu **書法** Kane은 이 원자가 "쉬 [bu/bur](원자번호 272)"의 이서체라고 주장하고 있다(Kane 2009). **用例** 公灻쉬 [n.ad.bu] **명** ① 가족, 종족(即實 1988b/1996①/2012 ② 날발(捺鉢)(豊田五郎 1992), ③ 가(家)(愛新覺羅 2003g ④ 종실(宗室)(劉鳳翥외 2009, 劉鳳翥 2014b㉕).

[쇠女] bu.sair 出 尙14. 校勘 이 글자는 초본에 잘못 옮겨진 것("女"가 어미에 놓이는 경우는 없음)이므로 "쇠女"가 올바르다(即實 2012⑳).

[쇠廾伏] bu.ʊ-ŋ (인명) ① 勃魯恩(即實 1996④), ② 部隱, 布隱(愛新覺羅 2003f/2004b③). 出 許52, 智13. 校勘 即實은 이 글자가 초본 작성 과정에서 잘못 옮겨진 것으로 "쇠"와 "廾"는 서로 붙여 쓸 수 없고, 마땅히 "쇠廾伏"으로 적어야 한다고 주장하고 있다(即實 2012⑤). 人物 ☞ "勃魯恩"에 대하여는 "쇠廾伏"을 참조하라.

[쇠圣] bu.u 出 博40. 校勘 이 단어는 초본에 옮기며 잘못 분할되었는데, 앞 원자들과 합쳐 "全夾쇠圣"로 하여야 한다(即實 2012⑳).

[쇠圣伏] bu.u-n (인명) ① 勃魯恩(愛新覺羅 2006a), ② 布隱(愛新覺羅 2004b⑦). 出 博42. 校勘 이 글자는 초본에 잘못 옮겨진 것이므로 "쇠圣伏"이 올바르다(即實 2012⑳). 人物 ☞ "勃魯恩"은 "쇠廾伏"을 참조하라.

[쇠圣] bu.r 出 許25, 涿26. 校勘 이 글자가 ≪涿26≫에서는 휘본 등에 잘못 옮겨졌는데 탁본에 따르면 "可圣"가 올바르다(即實 2012⑳).

[쇠커为出] bu.q.a.an 出 玦16.

[쇠커为出 亞全 쇠夾커去] bu.q.a.an qur.or l.æm.ia.æn (관제·소유격) 군목도임아(群牧都林牙)의(愛新覺羅 2011b). 出 玦16.

[쇠欠] bu.gu 出 回14.

[쇠州] bu.od 出 糺28.

[쇠为] bu.a 出 興/博/迪/慈/烈.

[쇠为本] bu.a.ar 형 비창(悲愴, 마음이 몹시 상하고 슬픔)(即實 2012⑳). 出 仁29, 皇8, 智16.

[쇠为火] bu.a.ju 出 博9, 副9.

[쇠为出] bu.a.an 형 비창(悲愴)(即實 2012⑳). 出 仲43/48, 玦28.

[쇠为女] bu.a.adʒu 형 비창(悲愴)(即實 2012⑳). 出 仁20, 道35, 梁5.

[쇠公] bu.d 명 ① 별부(別部)(即實 1996⑤, 愛新覺羅 2004a⑦), ② 외척(外戚)(愛新覺羅 2011b). 명(부족) 을실기(乙室己)(萬雄飛외 2008). 명(씨족) 소(蕭)씨, 술률(述律)씨(劉鳳翥외 2006a, 劉鳳書2014b㉗). 出 宣/故/先/弘/宋/慈/智/奴/梁/淸/玦/回蓋/回/特/蒲. 参考 ☞ "을실기(乙室己)"에 대하여는 "耒几圣"를 참조하라.

[쇠公 力击出圣] bu.d na.ha.an.ir 명 외척국구(外戚國舅)(愛新覺羅 2013b). 出 蒲7.

[쇠公 力击出圣] bu.d na.ha.an.ər 명 ① 국구별부(國舅別部)(即實 1996⑯), ② 외척국구(外戚國舅)(愛新覺羅 2013b). 出 故17.

[쇠公 力击出圣커 쇠化欠乃 커 古女] bu.d na.ha.an.ər.ən dʒa.ir.go-n ja dəu-n 명(관제) ① 별부국구재상(別部國舅宰相)의 형제(兄弟)(吳英喆 2012a①), ② 외척국구재상척은사(外戚國舅宰相惕隱司)·발리국구이리필장(拔里國舅夷離畢帳)(愛新覺羅 2013b). 出 玦32.

[쇠丝击为本] bu.l.ha.a.ar 出 道11.

[쇠丝커] bu.l.aqa 出 興34.

[쇠夬] bu.i 명 별부인(別部人)(即實 2012⑦). 명(씨족) ① 포이(布夷)(愛新覺羅 2004b①), ② 포외(布猥)씨(愛新覺羅 2009c). 出 許/先/海/博/永/智/烈. 参考 "쇠夬"는 여성형으로 1곳에서만 남자의 성으로 사용된 것을 빼고는 모두 여자의 성씨를 표시한다(愛新覺羅외 2012).

遼史 布猥氏(포외씨) : 황후족(皇后族)인 소씨(蕭氏)를 구성하는 씨족중 하나이다. 거란문 묘지에는 태조 순흠황후의 부친인 발뢰월완(拔懶月椀)의 성으로 명확히 기록되어 있다. 요태조(遼太祖)의 동생 운독곤질렬가(雲獨昆迭烈哥)의 7세손의 묘지인 ≪永誌≫ 등에 포외씨 출신의 선조 이름이 출현한다(愛新覺羅외 2012).

쇠 [발음] uldʒ, uldʒi [原字번호] 177

[쇠] uldʒi 명(인명) ① 李(郭添剛외 2009), ② 烏里只(愛新覺羅 2009c). 出 尙23, 特2, 塔I4.

[쇠 夬圣夯] uldʒi i.im.ər 명(인명) 烏里只夷末里(愛新覺羅 2010f). 出 尙23. 校勘 即實은 첫 글자를 "쇠"가 아닌 "几커"로 추정하고 있다(即實 2012⑳). 人物 ≪尙誌≫ 주인 緬隱胡烏里(1130~1175)의 장남인 烏里只夷末里 지후(祗候)를 지칭한다(愛新覺羅 2010f).

几 [발음] ku [原字번호] 178

[几] ku 명 ① 사람(豊田五郎 1991a, 閻萬章 1992, 劉鳳書 2014b㉒), ② 백성(即實 1991b). 同源語 "사람"을 의미하는 서면몽골어의 [kümün], 중기몽골어의 [kü'ün], 현대몽골어의 [kün]과 동일한 어원이다(大竹昌巳 2015c/2016e). 出 興/仁/道/宣/令/許/仲/先/宗/海/博/涿/永/迪/弘/副/皇/宋/慈/智/烈/奴/高/圖/梁/糺/淸/尙/韓/玦/回/特/蒲/塔I. 用例1 丙 几 [mə ku] 명 처, 부인(豊田五郎 1991b). 用例2 出圣 几 [gui.u ku] 명 ① 신(臣)(王靜如 1933, 羅

福成 1934c/1934d/1934f, 蘇赫 1979), ② 남자 종(奴才)(閻萬章 1982a), ③ 종(僕)(Kane 2009, 大竹昌巳 2016d). [用例3] 业及 几 [p.u ku] [명] 신(臣)(羅福成 1933/1934a/ 1934b).

[几 向] ku h(q)ar [명] 인호(人户)(即實 2014). [出] 先19/46.

[几 九尓] ku na.at [出] 仁30. [校勘] 이 단어가 휘본 등에는 잘못하여 하나로 합쳐져 있다(即實 2012⑳).

[几 业币为木] ku p.od.a.ar [명](인명) 庫・普達里(劉鳳翥 2014b㊾). [出] 慈5. [參考] 이 글자가 ≪慈5≫에서는 "丰 几 业币为木"로 새겨져 있는데, 即實은 "几"가 "丰"와 합쳐져 "남편(夫)"를 의미한다고 지적하며, "业币为木"만이 인명(蒲達里)이라고 주장하고 있다(即實 2012⑮). [人物] ≪慈誌≫ 주인 鉢里本朝只(1044~1081)의 조부 蒲打里(即實은 "蒲達里"라고 표현)를 지칭한다(愛新覺羅 2010f).

[几 业及子及药] ku p.o.os.u.dʒi [명] 성년(即實 2012⑳). [出] 博43.

[几 业及子伃伏] ku p.o.os.bu.n [명] 성년(即實 2012⑳). [出] 博39.

[几 业及仒] ku p.o.ol [동] 성년이 되다(장성하다)(吳英喆 2012a③). [出] 特9.

[几 业及仒兆 丸几 冈又] ku p.o.ol ʂï us.gə dʒohi.ir [동] 장성하여 시와 글을 짓다(吳英喆 2012a③). [出] 特9.

[几卡] ku.us [명] ① 몸에 붙임(貼身)(即實 1996③), ② 관직(愛新覺羅외 2012⑩, 吳英喆 2012a①), ③ 힘(大竹昌巳 2015a). [명](관제) 지후(祗候)(愛新覺羅 2005b). [同源語] "힘"을 뜻하는 서면몽골어의 [küčü], 중기몽골어의 [küčü], 현대몽골어의 [kutʃ], 사하어의 [küs], 투르크어의 [gütʃ]와 동일한 어원이다(白鳥庫吉 1970, 大竹昌巳 2015c). [出] 興/令/許/故/仲/先/博/涿/永/迪/弘/副/宋/慈/智/烈/高/室/糺/清/尚/韓/回/特/蒲.

> [遼史] **祗候(지후)**는 조회(朝會)나 연향(宴享) 등의 일을 맡아 보는 관명이다. 송대의 경우 내시성(內侍省)이나 입내내시성(入內內侍省)에 지후직이 있었다. 또 합문(閤門)에도 합문지후(閤門祗候)가 있었는데, 동・서상합문사(東西上閤門使)를 두어 합문선찬사인(閤門宣贊舍人)을 돕게 하였다(金渭顯외 2012㊥).

[几卡 夂] ku.us ug [出] 智9. [校勘] 초본에는 이 글자가 한 글자로 합쳐져 있다(即實 2012⑳).

[几卡 冈北] ku.us u.əl [명](관제) 근시(近侍)(即實 1996⑯). [出] 仲2.

> [遼史] **近侍(근시)**는 북면 시위사(侍衛司) 소속이다. 황제의 시위를 맡는데 직장(直長)과 소저(小底) 등의 직을 두었다(金渭顯외 2012㊥).

[几卡 冈北 叉为夫 伃为] ku.us u.əl ʃ.a.ali b.qa [명](관제) 근시낭군(近侍郎君)(即實 1996⑯). [出] 仲2.

[几卡 冈亦] ku.us u.ur [명](관제) 근시(近侍)(即實 2012⑳). [出] 故8.

[几卡 冈火] ku.us u.ui [명](관제) 근시(近侍)(即實 1996⑯). [동] ① 입사(入仕)하다, 관직을 수여받다(愛新覺羅외 2012⑩), ② (주군에게 또는 부모 등에게) 봉사하다(大竹昌巳 2015a). [同源語] "군주에게 봉사하다(힘을 쏟다)"라는 의미인 중기몽골어의 [küčü ög-]와 동일한 어원이다(大竹昌巳 2015a). [出] 故8. [校勘] ≪特22≫에는 두 글자가 붙은 형태(几卡冈火)로 되어 있다(吳英喆 2012b).

[几卡杓] ku.us.ən [出] 仲34, 韓28.

[几卡叉] ku.us.ir [出] 宗32, 皇8, 室1, 糺16.

[几卡叉尘] ku.us.ir.t [出] 令5, 許22, 海3, 智7.

[几卡叉尘 岃岺伃关] ku.us.ir.t dor.əl.b.i [동] 가까이서 예를 갖추다(待以近禮)(即實 1996⑯). [出] 許22.

[几卡矢] ku.us.tə [出] 奴19.

[几卡伏] ku.us.in [出] 許42.

[几卡岺关为丰] ku.us.əl.ia.ai [出] 韓4. [校勘] 이 단어는 본래 2개의 글자(几卡叉岺关 为丰)이나 초본에는 잘못하여 "叉"이 탈루되고 한 글자로 합쳐져 있다(即實 2012⑳).

[几卡冈亦] ku.us.u.ur [出] 特22.

[几圡] ku.əu [出] 許55. [校勘] 이 글자는 초본에 잘못 옮겨진 것이므로 "杁圡"가 올바르다(即實 2012⑳).

[几北叉] ku.əl.ir [出] 許19. [校勘] 이 글자는 초본에 잘못 옮겨진 것("几"와 "北"을 이어 쓰는 사례는 없음)이므로 "叔北叉"가 올바르다(即實 2012⑳).

[几太] ku.uŋ [명](관제) 통(通)(豊田五郎 1991b). [出] 先15/26/39. [參考] 豊田五郎은 "几"의 음을 [t]로 보아 "通"으로 해석한 것 같다.

[几太亦] ku.uŋ.ur [出] 道12.

[几达夫] ku.ur.qu [出] 高11. [校勘] 이 글자는 휘본 등에 잘못 옮겨진 것이므로 탁본에 기초하여 "尼达夫"가 올바르다(即實 2012⑳).

[几达当] ku.ur.ən [出] 先43. [校勘] 即實은 이 글자를 "尼达当"이라고 기록하고 있다(即實 2012⑳).

[几及尼关] ku.u.ud.i [出] 室6.

[几杓] ku.ən [出] 智16.

[几欠火] ku.gu.un [出] 許26. [校勘] 即實은 이 글자를 "几冈火"이라고 기록하고 있다(即實 2012⑳).

[几夂平] ku.ug.ul [명](인명) ① 述古魯(即實 1996⑤), ② 庫勒(愛新覺羅 2003e), ③ 庫古勒(愛新覺羅 2003i), ④ 庫

古哩(劉鳳書 2014b㊿). 出 故5, 迪8. **人物** 《故銘》 주인 撻體 낭자(1081~1115)의 7대조이자 《迪誌》 주인 撒懶迪烈德(1026~1092)의 6대조인 諧領庫古勒 낭군을 지칭한다(愛新覺羅 2010f).

[几卆尘芥朩] ku.uldʒi.d.ə.tʃi 出 慈24.

[几奀与] ku.ul.ən 出 先6/36. **校勘** 이 글자는 각공 과정에서 잘못 새겨진 것이므로 "**九奀与**"이 올바르다(即實 2012㊲).

[几化] ku.ur 出 令30.

[**几业**] ku.l 出 許20. **校勘** 이 글자는 초본에 잘못 옮겨지며 분할된 것이므로 "**坒业业卆**"가 올바르다(即實 2012㊲).

[几业业ち剂] ku.l.ha.al.qa 出 尙10. **校勘** ☞ **坒业业ち剂**(即實 2012㊲).

[**几穴女**] ku.noi.un 出 許38. **校勘** 即實은 이 글자를 "**几尺女**"이라고 기록하고 있다(即實 2012㊲).

[**几火夾**] ku.ud.ur 出 特31.

[几火火扎] ku.ud.h. əl 出 興9. **校勘** 이 글자는 초본에 잘못 옮겨진 것이므로 "**几火尺扎**"이 올바르다(即實 2012㊲).

[几火火火] ku.ud.h.ui 出 興31. **校勘** ☞ **几火尺火**(即實 2012㊲).

[几火火平] ku.ud.h.ul 出 興33. **校勘** ☞ **几火尺平**(即實 2012㊲).

[几火尺扎] ku.ud.u.əl 出 先31/32.

[几火尺火] ku.ud.u.ui **동** 솟다(聳)(即實 1996⑯). 出 郎4.

[**几火**] ku.uŋ **借詞** "孔"을 나타내는 한어차사(愛新覺羅외 2011). 出 迪24, 特10/19.

[几火 奀釆 丙夂] ku.uŋ min-an məər **명** ① 공명(孔明)의 도(道)(愛新覺羅외 2011), ② 공맹(孔孟)의 도(道)(即實 2015b). 出 特10. **參考** "공명(孔明)"을 유학(儒學)을 의미하는 "공맹(孔孟)"으로 오역하는 경우도 있다(大竹昌巳 2015b).

[几火夾] ku.uŋ.ur **동** 출정해 싸우다(征戰)(即實 2012⑳). **명** 병(兵)(愛新覺羅 2004a⑨). **명**(인명) ① 控骨里(劉鳳書외 1995, 即實 2012①), ② 松管(即實 1996⑯), ③ 孔古里(劉鳳書외 2004a). 出 許/先/宗/副/慈/烈/高/特. **人物** 《宗誌》 주인 朝隱・驢冀(991~1053, 한풍명: 耶律宗教)의 차녀 胡睹古의 남편인 拔里控骨里 태보(太保)를 지칭한다(愛新覺羅 2010f).

[几火夾 刧业禿卅伏] ku.uŋ.ur q.æn.is.o.n **동** 정벌하다(即實 2012⑳). 出 副10.

[几火夾 刧业禿卅火] ku.uŋ.ur q.æn.is.o.ui **동** 정벌하다(即實 2012⑳). 出 興/添/永/慈/清.

[几火夾 刧业禿卅比] ku.uŋ.ur q.æn.is.o.su.əl **동** 정벌하다(即實 2012⑳). 出 先19, 博39, 迪24.

[几火夾夂] ku.uŋ.ur.ər **동** 출정하여 싸우다(征戰)(即實 2012⑳). 出 先18.

[几火村] ku.uŋ.ən 出 高24.

[几火伏] ku.uŋ.in **명**(인명) ① 空寧(唐彩蘭외 2002, 愛新覺羅 2009a④), ② 孔寧(愛新覺羅 2004a⑪), ③ 空訥(即實 2012⑨). 出 先16, 烈1/2/33.

[几火伏 令用芬] ku.uŋ.in t.il.ə **명**(인명) ① 空寧敵烈(愛新覺羅 2010f), ② 空訥・迪里活(迪烈)(即實 2012⑨), ③ 空寧・迪烈(劉鳳書 2014b㊿). 出 烈1.

> **墓誌** 空寧・敵烈(공녕・적렬)은 《烈誌》의 주인(1034~1100, 한풍명: 韓承規)으로 韓知古의 6대손이다. 고조부는 天寧瑤質(韓匡嗣), 증조부는 普鄰道韓(韓德威), 조부는 韓寧雰金, 부친은 遵寧滌魯(999~1071, 韓宗福)이다. 형은 乙辛隱燕五(韓承訓) 소부(少傅)로 69세에 사망하였고, 동생은 魯不董控骨里(1037~?, 韓承導) 太師이다. 그 아래 동생들은 3명이 더 있었으나 모두 요절하였다. 장남 夷達古阿不는 요절하였고, 차남 盧不古는 20대 중반에 사망하였다. 3남은 烏魯古(1065~), 4남은 渾不魯(1068~), 5남은 撻不也里이다. 敵烈은 중희(重熙) 말년에 출사하여 솔부솔예빈부사(率府率禮賓副使)・지후(祗候)・숙직관(宿直官) 등의 관직을 역임했다. 수창(壽昌) 6년(1100) 11월에 병에 걸려 3남인 烏魯古에게 상속한 후 67세를 일기로 타계하였다(愛新覺羅 2010f). ☞ 韓知古의 가계에 대하여는 "愛新覺羅 2009a⑧"을 참고하라.

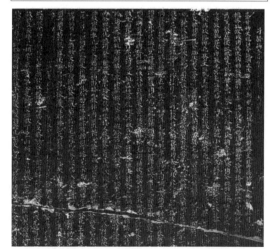

▲ 야율(한)적렬[耶律(韓)迪烈] 묘지명(일부)

[几火火] ku.uŋ.un **명**(인명) ① 孔文(蓋之庸외 2008, 即實 2012⑰, 劉鳳書 2014b㊿), ② 控穩(愛新覺羅 2006c). 出 副24. **書法** 即實은 이 글자가 "空古里"를 뜻하는 말이

므로 마땅히 "几火夾"로 적어야 한다고 지적하고 있다(即實 2012⑰). [人物] 《副誌》 주인 寫篤宛兀没里(1031~1077, 한풍명: 耶律運)의 장인으로, 둘째 부인인 都特(即實은 "徒古得"으로 번역) 낭자(娘子)의 부친이다(愛新覺羅 2010f).

[几平犬] ku.ul.niar [出] 榔3.

[几平伏] ku.ul.in [出] 慈20.

[几平ㅆ夲尖] ku.ul.əl.gə.ər [出] 室5.

[几平ㅆ穴犳] ku.ul.əl.u.dʒi [出] 副29.

[几平关] ku.ul.i [동] 다하다, 완수하다(盡)(即實 2012⑳). [出] 奴23, 糺15, 特10/15/19.

[几平夲尖] ku.ul.gə.ər [出] 玦6.

[几平夲与] ku.ul.gə.ən [出] 先18.

[几穴长] ku.u.us [명] 관직(愛新覺羅 2013b). [出] 典/仁/道/涿/弘/慈/奴/清/回/特.

[几穴长 穴犳] ku.u.us u.dʒi [명](관제) 근시(近侍)(即實 2012⑳). [出] 奴11.

[几穴长矢] ku.u.us.tə [出] 仁25, 永34.

[几穴夾夲丙] ku.u.ur.gə.əi [出] 道23.

[几穴夾夲方朩] ku.u.ur.gə.ə.tʃi [出] 博29.

[几穴夾夲与] ku.u.ur.gə.ən [出] 奴29.

[几穴夾夲与] ku.u.ur.gə.ən [出] 皇24.

[几穴犳] ku.u.dʒi [出] 仁18, 宗12, 慈9/10/26.

[几穴乢] ku.u.ud [명](소유격) 사람의(愛新覺羅 2004a⑧). [명](향위격) 사람에(大竹昌巳 2016e). [出] 故/仲/先/宗/迪/副/慈/糺/尚/玦/回.

[几穴乢关] ku.u.ud.i [出] 先58, 清17, 韓18.

[几穴矢] ku.u.tə [出] 博5/44. [校勘] 이 글자는 초본에 잘못 옮겨진 것이므로 "几穴矢"로 함이 올바르다(即實 2012校).

[几穴矢] ku.u.ul [동] 다하다, 완수하다(即實 2012⑳). [出] 宣7/12, 仲36, 副30, 特12.

[几穴火ㅆ九] ku.u.ui.l.gə [出] 尚9. [校勘] 이 글자는 초본에 잘못 옮겨진 것이므로 "几穴火ㅆ九"가 올바르다(即實 2012校).

[几穴女] ku.u.un [명](소유격) 사람의(愛新覺羅 2003h, 郭添剛외 2009). [명](목적격) 사람을(大竹昌巳 2016e). [出] 典/仁/道/許/故/仲/先/宗/海/博/永/迪/副/宋/慈/智/奴/圖/梁/糺/清/尚/韓/玦/回/特/蒲/洞. [用例] 南爻 几穴女 [qar.u ku.u.un] [명](인명・소유격) 黔黎의(劉鳳翥 2010).

[几穴女 㐅ㅆ矢] ku.u.un k(h).əl.tə [명](향위격) 사람들의 말(語)에(吳英喆 2012a①). [出] 玦9.

[几穴女与] ku.u.un.ən [出] 清15. [校勘] 이 글자는 초본에 잘못 옮겨진 것이므로 "几穴夾夲与"이 올바르다(即實 2012校).

[几穴尖] ku.u.ər [出] 仲15/31/39, 梁11.

[几穴火ㅆ九] ku.u.ud.əl.gə [出] 迪34, 皇14.

[几穴平夯] ku.u.ul.e [出] 宣20.

[几穴平夲丙] ku.u.ul.gə.əi [동] 교육하다, 배양하다(愛新覺羅 2004a⑧), ② 다하다, 완수하다(盡)(即實 2012⑳). [出] 智13.

[几穴平夲北] ku.u.ul.gə.əl [出] 仲40.

[几穴平爻] ku.u.ul.ir [出] 博21, 尚9.

[几穴平伏] ku.u.ul.in [동] 다하다, 완수하다(輸, 盡)(即實 1996⑯/2012⑳). [出] 仲33/47, 韓17.

[几穴平ㅆ] ku.u.ul.əl [出] 奴28, 梁15, 韓19. [校勘] 이 단어는 초본에 옮기며 잘못 분할되었는데, 각각 뒤 원자들과 합쳐 "几穴平ㅆ夲尖"《奴28》, "几穴平ㅆ穴犳"《梁15》와 "几穴平ㅆ穴犳村"《韓19》으로 하여야 한다(即實 2012校).

[几穴平ㅆ夲丙] ku.u.ul.əl.gə.əi [동] 다하다, 완수하다(盡)(即實 2012⑳). [出] 仲2, 韓20.

[几穴平ㅆ夲北] ku.u.ul.əl.gə.əl [동] 다하다, 완수하다(盡)(即實 2012⑳). [出] 仲17.

[几穴平ㅆ夲与] ku.u.ul.əl.gə.en [出] 宣10. [校勘] ☞ 几穴平ㅆ夲与(即實 2012校).

[几穴平ㅆ公爻] ku.u.ul.əl.t.ir [出] 特25.

[几穴平ㅆ夲ㅆ爻] ku.u.ul.əl.gə.l.ir [出] 令10.

[几穴平ㅆ夲尖] ku.u.ul.əl.gə.ər [出] 永27.

[几穴平ㅆ夲与] ku.u.ul.əl.gə.ən [出] 奴16.

[几穴平舟伏] ku.u.ul.bu.n [出] 宣18.

[几穴平关] ku.u.ul.i [동] 다하다, 완수하다(盡)(即實 2012⑳). [出] 涿/奴/梁/尚/回/特.

乢 [발음] ud, du [原字번호] 179

[乢] ud [명] 어린이, 아들(豊田五郎 1991b, 即實 1996⑥, 吳英喆 2002). [用法] ① 향위격어미를 표시하는 부가성분이다[= 朱, 矢](即實 1996⑯, 愛新覺羅 2004a⑦, Kane 2009). ② 복수어미를 표시하는 부가성분이다(高路加 1988a). [出] 先14, 蒲8.

[乢关] ud.i [出] 許/仲/永/迪/智/梁/洞I. [用法] 비교격어미를 표시하는 부가성분이다(吳英喆 2005c).

兆 [발음] ʂï [原字번호] 180

[兆] ʂï [借詞] "詩", "侍", "氏", "史", "師", "使", "事", "士", "石" 등을 나타내는 한어차사(研究小組 1977b). [用法] "兆"는 대부분 단독으로 사용되고, 다른 원자와 결합될 때는 "峇" 등과 연결된다(孫伯君 2007). [出] 興/令/許/故/仲/先/宗/博/涿/永/迪/弘/副/皇/宋/慈/智/烈/奴/高/室/圖/梁/糺/清/尚蓋/尚/韓/玦/回/特/蒲.

[兆 叉非来 关化] ʂï ʃ.iaŋ.an i.ir [명] 사상의 호(使相之號)(이성규 2013a). [出] 副12.

[兆 圥九] ʂï us.gə [동] 시에서 적기를(詩書)(即實 2012⑳). [出] 慈13.

[兆 圥九 闵叉] ʂï us.gə dʒohi.ir [동] 시와 글을 짓다(吳英喆 2012a③). [出] 特9.

[兆 马火] ʂï dʒu.uŋ [명](관제) 시중(侍中)(即實 1996⑥). [出] 先39.

[兆 马火火] ʂï dʒu.uŋ-n [명](관제・소유격) 시중(侍中)의(即實 2012⑫, 吳英喆 2012a①). [出] 高26, 玦9. [校勘] 두 번째 글자가 초본에는 "子火火"으로 옮겨져 있다(即實 2012㊑).

[兆 马火火 关化] ʂï dʒu.uŋ-n i.ir [명] 시중의 호(侍中之號)(이성규 2013a). [出] 高26.

[兆 子火] ʂï dʒi.uŋ [명](관제) "시중(侍中)"의 한어차사(研究小組 1977b, 清格爾泰외 1978a/1985). [出] 許7, 烈5. [校勘] 이 어휘는 초본에 잘못 옮겨진 것이므로 "兆 马火"이 올바르다(即實 2012㊑).

> [遼史] 侍中(시중)은 문하성(門下省)의 장관으로, 황제의 대정(大政)을 보좌하고 내외의 출납을 심정(審定)하는 일을 한다. 대제사(大祭祀)나 대조회(大朝會)에는 조칙을 내리고 찬인(贊引)하는 일을 하며, 황후 책봉 때에는 인보(印寶)를 받들어 사도(司徒)에게 주는 일을 한다. 아래로 문하시랑・급사중・좌간의대부・기거랑(起居郎) 등의 관원을 두었다(金渭顯외 2012㊤).

[兆 杙ㄊ火] ʂï tʃ.əu.uŋ [명](관제) "시중(侍中)"의 한어차사(吳英喆 2012a①, 劉鳳翥 2014b㊾). [出] 副7, 玦8.

[兆 杙ㄊ火火] ʂï tʃ.əu.uŋ-n [명](관제・소유격) 시중(侍中)의(劉鳳翥 2014b㊾). [出] 副7.

[兆 仐非来 关化] ʂï s.iaŋ.an i.ir [명](관제) 사상의 호(使相之號)(即實 2012①, 劉鳳翥 2014b㊾). [出] 宗13.

[兆 令勺] ʂï t.ug [동] 시에서 이르기를(詩曰)(研究小組 1977b, 清格爾泰외 1978a/1985). [出] 許13.

[兆 九叐] ʂï g.u [명](인명) 師姑(愛新覺羅 2010f, 即實 2012⑭, 劉鳳翥 2014b㊾). [出] 清12. [人物] ≪清誌≫의 주인인 奪里懶太山(1029~1087, 한풍명: 蕭彦弼) 부부에게는 3남 6녀의 자녀가 있었는데, 그 중 다섯째 딸인 師姑 낭자(娘子)를 지칭한다(愛新覺羅 2010f).

[兆 ㄨ叐] ʂï k(h).u [명](인명) ① 師姑(即實 2012⑬), ② 師古(劉鳳翥 2014b㊾). [出] 韓11. [人物] ≪韓誌≫의 주인인 曷魯里(愛新覺羅) 또는 曷盧無里(即實) 부인(?~1077)의 남편의 장조카인 師姑 낭자를 지칭한다(即實 2012⑬).

[兆峇] ʂï.ï [借詞] "使", "事", "侍" 등을 나타내는 한어차사(研究小組 1977b). [出] 仲22/27/28/43/44.

[兆峇 业気] ʂï.ï l.aŋ [명](관제) "시랑(侍郎)"의 한어차사(研究小組 1977b, 清格爾泰외 1978a/1985). [出] 仲43.

[兆峇 业気来] ʂï.ï l.aŋ.an [명](관제・소유격) 시랑(侍郎)의(研究小組 1977b, 清格爾泰외 1978a/1985). [出] 仲27.

[兆峇村] ʂï.ï.ən [명](소유격) □사(使)의(劉鳳翥외 1995, 劉浦江외 2014). [出] 博20.

[兆村] ʂï.ən [명](소유격) □사(師)의, □사(事)의, □석(石)의(劉浦江외 2014). [出] 宣/令/許/仲/先/博/永/迪/副/奴/高/室額/室/梁/糺/清/尚/韓/玦/回/特.

[兆矢] ʂï.tə [명](향위격) □사(師)에, 시(詩)에(劉浦江외 2014). [出] 故/先/宗/奴/道/梁/糺/韓.

[兆矢关] ʂï.d.i [出] 永22.

[兆谷] ʂï.d [명] 시(詩)(研究小組 1977b). [出] 許3/31, 宗7. [校勘] 이 글자가 ≪許3≫에서는 초본에 잘못 옮겨졌으므로 "兆峇"가 올바르다(即實 2012㊑).

[兆谷村] ʂï.d.ən [명](소유격) □사(師)의(即實 1990). [出] 仲42.

[兆谷炎] ʂï.d.ər [명](목적격) □사(師)를(即實 1990). [出] 仲36.

[兆火丹反] ʂï.iu.b.o [出] 許60. [校勘] 이 글자는 초본에 옮기며 잘못 분할되고 합쳐진 것인데 지석(誌石)에 근거하면 "业犬 丹反闲业叉"가 올바르다(即實 2012㊑).

[兆峇] ʂï.ï [借詞] "使", "侍"를 나타내는 한어차사(研究小組 1977b). [出] 許/仲/博/皇/宋/高.

[兆峇 子火] ʂï.ï dʒi.uŋ [명](관제) "시중(侍中)"의 한어차사(研究小組 1977b, 清格爾泰외 1985). [出] 許6/16.

[兆峇 杙关 伞文 业爪 杙ㄊ 友火 九亦 兆峇] ʂï.ï tʃ.i ts.iæ l.juŋ tʃ.əu dʒ.iu g.iun ʂï.ï [명](관제) "사지절룡주제군사(使持節龍州諸軍事)"의 한어차사(劉鳳翥 2014b㊾). [出] 皇2, 宋2.

爪

[발음] juŋ
[原字번호] 181

[𘭁] juŋ [用例] 𘱐𘭁 𘲝 𘲝 𘲝𘲝 𘲝𘲝 𘲝𘲝 [l.juŋ xu ui ʃ.aŋ ʤ.iaŋ g.iun] [명](관제) "용호위상장군(龍虎衛上將軍)"의 한어차사(清格爾泰외 1978a/1985). [出] 仲20.

凨 [발음] ?? [原字번호] 182

[凨] [?] [명](서명) ≪역(易)≫(即實 2015b). [出] 仁/道/仲/先/奴/特. [用例] 동일한 ≪역≫의 표현으로 "丙勺" [j.əg]이 있다(即實 2010, 吳英喆 2011a). [出] 奴34, 糺21.

𘲝 [발음] tʃal [原字번호] 183

[𘲝𘲝] tʃal.ai [出] 許34. [校勘] 이 글자는 초본에 잘못 옮겨진 것이므로 "为𘲝"가 올바르다(即實 2012[校]).

[𘲝为] tʃal.a [명] 술통(酒樽)(賓玉柱 2005). [명](인명) ① 查剌(即實 1991b/2012⑭, 愛新覺羅 2010f, 劉鳳翥 2014b㊷), ② 撒剌(賓玉柱 2005). [出] 仁/道/先/迪/智/清. [人物] ≪先誌≫의 주인인 糺鄰查剌(1013~1072, 한풍명: 耶律仁先)을 지칭하며, ≪清誌≫ 주인 奪里懶太山(1029~1087, 한풍명: 蕭彦弼)의 차남(查剌 낭군)도 같은 이름을 사용했다(愛新覺羅 2010f).

> [墓誌] 糺鄰查剌(규린 사랄)은 ≪先誌≫의 주인(1013~1072)으로, ≪요사≫(권96)에 그의 전(傳)이 있다. 현조황제(玄祖皇帝) 李董匀德實의 자손이다. 부친은 남부재상(南府宰相) 查懶瑰引이며 연왕(燕王)에 추봉되었고, 모친은 질랄해가한장(迭剌奚可汗帳)의 燕哥별서(別胥)이며 연국부인(燕國夫人)에 봉해졌다. 형제는 5남 5녀로, 남동생은 粘木衮曷朮(한풍명: 義先) 부춘군왕(富春郡王), 撻不衍狗屎(禮先), 烏魯本猪屎(智先) 대장군, 撒班涅魯古(信先) 남원임아(南院林牙)이다. 누이는 興哥부인, 李姐부인, 冬哥낭자, 粘木衮별서, 楊姐부인이다. 22세(1034)에 출사해 좌원낭군반상온(左院郎君班詳穩)·학랄당고(鶴剌唐古)절도사·지북원임아부추(知北院林牙副樞)를 역임했다. 중희 11년(1042) 사신으로 송나라에 갔다. 평장사(平章事)·남경동지(南京同知)·알로타도통(斡魯朵都統)·오원대왕(五院大王)·북원통군도감(北院統軍都監)·북원지원(北院知院)을 역임하고 송왕(宋王)·오왕(吳王)·허왕(許王)에 봉해졌다. 북원추밀(北院樞密)이 되어 상부송왕(尚父宋王)·수태부(守太傅)·요왕(遼王)에 봉해지고, 남경유수(南京留守)가 되어 진왕(晉王)에 봉해졌다. 서북로초토도통(西北路招討都統)이 된 후 3년이 채 안된 함옹 8년(1072) 4월에 사망하였다(愛新覺羅 2010f/2013a).

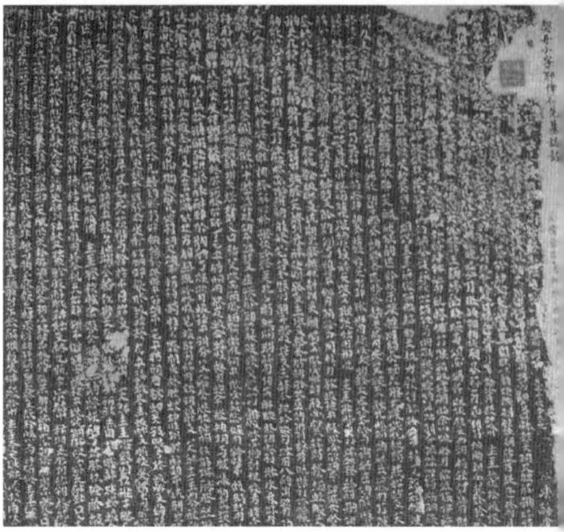

▲ 야율인선(耶律仁先) 묘지명(일부)

[𘲝为𘲝] tʃal.a.an [형] 아름답다(徽)(即實 2012⑳). [出] 故24, 尚33.

[𘲝为𘲝] tʃal.a. [出] 興/仁/宣/仲/弘/智.

[𘲝为出] tʃal.a.an [명](인명) ① 查剌初(即實 1996⑯/2012⑮), ② 查懶剌(劉浦江외 2005), ③ 查剌梶(萬雄飛외 2008), ④ 迪懶(愛新覺羅 2010f), ⑤ 查懶(吳英喆 2012a③). [出] 慈12, 特26. [人物] ≪特誌≫의 주인인 特里堅忽突董(1041~1091)의 두 딸(첫째 魯姐麼格, 둘째 特里堅娘子)은 모두 같은 가문에 시집을 갔는데, 바로 迪懶 재상(宰相)의 가문이다(愛新覺羅 2010f).

[𘲝为出 𘲝𘲝𘲝] tʃal.a.an g.ui-n [명](인명) ① 查懶瑰引(愛新覺羅 2010f), ② 查剌初·瑰引(即實 2012⑱), ③ 查剌梶·篚引(瑰引)(劉鳳翥 2014b㊷). [出] 先5, 梁15. [校勘] 即實은 ≪梁15≫에서는 첫 글자를 "𘲝为出"으로 기록하고 있다(即實 2012⑱). [人物] ≪先誌≫ 주인 糺鄰查剌(1013~1072)과 ≪梁誌≫ 주인 양국태비(梁國太妃, 1019~1107)의 부친인 查懶瑰引 남부재상(南府宰相)을 지칭한다. 양국태비(粘木衮)는 糺鄰查剌(야율인선)의 여동생이다(愛新覺羅 2010f).

[𘲝为出 𘲝𘲝𘲝] tʃal.a.an k(h).ui-n [명](인명) ① 查剌初·瑰引(即實 2012⑮), ② 查剌梶·篚引(瑰引)(劉鳳翥 2014b㉑). [出] 慈12. [校勘] 초본상에는 첫 원자에 점이 찍혀 있지 않은데 "𘲝"이 올바르다(即實 2012⑮). [人物] ≪慈誌≫ 주인 鉢里本朝只(1044~1081)의 처 외조부인 查剌初·瑰引(愛新覺羅는 "查懶瑰引"라고 번역) 재상을 지칭한다(即實 2012⑮).

[𘲝为火] tʃal.a.d [出] 仁3. [校勘] 이 글자는 휘본 등에 잘못 옮겨졌으므로 "𘲝为𘲝"가 올바르다(即實 2012[校]).

[𘲝𘱐𘲝丙] tʃal.əl.gə.ai [出] 許15. [校勘] ☞ 𘲝𘱐𘲝丙(即實 2012[校]).

乃 [발음] am [原字번호] 184

[乃] am [出] 許/先/迪/奴/玦.

[乃圡□□] am.ha.?.? [出] 先64. [校勘] 이 글자는 초본에 잘못 옮겨진 것이므로 "用仐圡キ"가 올바르다(即實 2012[校]).

[乃北] am.ur [出] 先42. [校勘] 即實은 이 글자를 "及北"라고 기록하고 있다(即實 2012[校]).

[乃交关] am.ur.i [出] 奴44. [校勘] 이 글자는 초본에 잘못 옮겨졌으므로 "ㄨ交关"가 올바르다(即實 2012[校]).

[乃刃] am.aq [出] 糺22.

[乃刃为] am.aq.a [명](인명) ① 姆哈(唐彩蘭외 2002), ② 阿姆哈(劉鳳翥외 2003b, 劉鳳翥 2014b㊾), ③ 阿睦葛 / 阿木葛(愛新覺羅 2004a⑫/2004b①), ④ 諳夸 / 庵夸(即實 2012⑧/2012⑨), ⑤ 諳葛(愛新覺羅 2013a). [出] 弘/宋/烈/淸/玦.

> [人物] ①《弘誌》 주인 敖魯宛隗也里(1054~1086, 한풍명: 耶律弘用)의 부인인 阿睦葛 낭자(1055~1099)를 지칭한다(愛新覺羅 2010f).
> ②《宋誌》 주인 烏魯宛妃(1056~1080)의 둘째 언니인 阿木葛(諳葛) 낭자를 지칭한다(愛新覺羅 2013a).
> ③《烈誌》 주인 空寧敵烈(1034~1100, 한풍명: 韓承規)의 모친인 阿睦葛 별서를 지칭한다(愛新覺羅 2010f).
> ④《淸誌》 주인 奪里懶太山(1029~1087, 한풍명: 蕭彦弼)의 차남인 査剌 낭군의 장모인 庵夸 부인을 지칭한다(即實 2012⑨).

[乃欠夭] am.gu.is [出] 許7. [校勘] 이 글자는 초본에 잘못 옮겨진 것이므로 "丏欠夭"가 올바르다(即實 2012[校]).

[乃及内] am.o.on [出] 韓35. [校勘] 이 글자는 초본에 잘못 옮겨진 것이므로 "丏及内"이 올바르다(即實 2012[校]).

[乃为] am.a [명](인명) 阿麻(劉鳳翥외 2005a). [出] 韓10. [校勘] 即實은 이 글자가 한어차사일 가능성이 높은데 초본에 잘못 기록되었으므로, "丏为" 또는 "丏村"이 올바르다고 주장하고 있다(即實 2012⑬).

[乃为ネ] am.a.ar [出] 圖24. [校勘] 即實은 이 글자를 "又为ネ"라고 기록하고 있다(即實 2012[校]).

[乃矢] am.tə [出] 許10, 弘31. [校勘] 即實은 《弘31》에서는 이 글자를 "丏矢"라고 기록하고 있다(即實 2012[校]).

[乃矢关] am.d.i [出] 許60, 宗9.

[乃化] am.ir [出] 奴18. [校勘] 이 단어는 초본에 옮기며 잘못 분할되었는데, 앞 원자들과 합쳐 "ㄨ火乃化"로 하여야 한다(即實 2012[校]).

[乃仐] am.s [동] ~로 말미암다(清格爾泰외 1985, 劉鳳翥 1987a). [명] ① 관새(關塞, 국경·지방의 관문 또는 요새)(即實 1986c), ② 관애(關隘, 국경의 관문과 높고 험한 지역)(即實 1996⑥). [同源語] "병 입구"나 "하구(河口)"를 의미하는 몽골어 및 다호르어의 [amsar]가 동일한 어원이다(即實 1986c). [出] 郎/仲/先/慈/梁/玦.

[乃仐北] am.s.əl [出] 先30. [校勘] 即實은 이 글자를 "不仐北"이라고 기록하고 있다(即實 2012[校]).

[乃ᄽ] am.əl [出] 許10. [校勘] 即實은 이 글자를 뒤 원자들과 합쳐 "乃ᄽ刃买"이라고 기록하고 있다(即實 2012[校]).

[乃ᄽ圡冬] am.əl.ha.as [出] 仲24.

[乃口圡出] am.hi.ha.an [出] 迪8. [校勘] 이 글자는 초본에 잘못 옮겨진 것("口"는 어두에만 사용됨)이므로 "乃平圡出"이 올바르다(即實 2012[校]).

[乃ㄨ炏] am.k(h).ər [出] 先70. [校勘] 即實은 이 글자를 앞 원자들과 합쳐 "ㄨ仐炏ᄽ炏"이라고 기록하고 있다(即實 2012[校]).

[乃炏] am.ər [出] 玦35.

[乃平] am.ul [出] 梁12. [校勘] 이 단어는 초본에 옮기며 잘못 분할되었는데, 뒤 원자들과 합쳐 "乃平叐犸"로 하여야 한다(即實 2012[校]).

[乃平圡キ] am.ul.ha.ai [出] 博17.

[乃平圡ネ] am.ul.ha.ar [出] 先21, 迪22/24, 梁14.

[乃平圡为ネ] am.ul.ha.a.ar [出] 先14.

[乃□] am.? [出] 許14.

丏 [발음] mur [原字번호] 185

[丏] mur [명] ① 강, 몰리(沒里, "강"을 뜻함), 하(河)(即實 1996①/1996⑥, 愛新覺羅외 2015②), ② 천(川)(愛新覺羅 2013b). [同源語] "물"을 뜻하는 말로 《신오대사》에 "몰리(沒里)"가 처음 나오고, 고대몽골어의 [moren], 현대몽골어의 [morõ] 등과 같은 어원이다(孫伯君외 2008). [出] 興/仲/先/副/慈/智/韓/玦/回/特.

> [參考] 《新五代史·四夷附錄一》 契丹自後魏以來, 名見中國。或曰與庫莫奚同類而異種。其居曰梟羅

> 箇沒里。沒里者, 河也。是謂黃水之南, 黃龍之北, 得鮮卑之故地, 故又以為鮮卑之遺種。(거란은 후위 때부터 중국에 이름이 보인다. 고막해와 종족은 다르나 같은 이류(夷類)이다. 그들이 사는 곳은 효라개(梟羅箇) 몰리(沒里)이다. 몰리는 하천이다. 황수이남, 황룡이북의 선비 옛 땅을 얻었는데, 본래도 선비의 유종이다.)

[丹秃廾仌圠] mur.is.ʊ.o.ur [出] 宗8. [校勘] 이 글자는 휘본 등에 잘못 옮겨진 것이므로 "**开秃廾反圠**"가 올바르다(即實 2012㉯).

[丹廾反圠] mur.ʊ.o.ur [동] 그리워하다(懷念)(即實 2012⑳). [出] 智4.

[**丹廾反内**] mur.ʊ.o.on [出] 宋20.

[**丹廾反内矢**] mur.ʊ.o.on.tə [出] 特25.

[**丹廾火伏**] mur.ʊ.ui-n [동] ~을 주의하다, 고려하다(即實 2012⑳). [出] 宋20.

[丹ホ叉] mur.at.ir [出] 尚16. [校勘] 即實은 이 글자를 "**万ち叉**"라고 기록하고 있다(即實 2012㉯).

[丹丰叐药矢] mur.ai.u.dʒi.tə [出] 尚16. [校勘] 이 단어는 본래 2개의 글자(**万丰 叐药矢**)이나 초본에는 잘못하여 하나로 합쳐져 있다(即實 2012㉯).

[丹村] mur.ən [명](소유격) 하(河)의(即實 2012⑳). [出] 先68, 宗6, 清23.

[**丹村 仐**] mur.ən ʊr [出] 令30. [명] 하(河)의 물(呼格吉樂圖 2017). [校勘] 이 글은 초본에 한 글자로 합쳐져 있는데, 탁본을 보면 글자 간격이 명확하다(即實 2012㉯).

[丹矢] mur.tə [명](향위격) 수(水)에(即實 1996①). [出] 道5.

[**丹矢关**] mur.d.i [出] 迪26.

[丹公] mur.d [명] "수(水)·하(河)"의 복수형(即實 1996⑯, 武內康則 2016). [出] 先23/44.

[**丹公村**] mur.d.ən [명](소유격) 수(水)의, 몰리(沒里)의, 강하(江河)의(即實 1991b/1996①/1996⑥). [出] 道25, 先51.

[丹氺关] mur.əl.i [出] 涿11. [校勘] 이 글자는 초본에 잘못 옮겨졌으므로 "**药氺关**"가 올바르다(即實 2012㉯).

[**丹尘**] mur.d [出] 先20.

反 [발음] o [原字번호] 186

[反] o [用法] "**仐反**"[dz.o](=左), "**飞反**"[ʃ.o](=率) 등 한어차사에 사용되기도 하고 "**叉反**"[m.o](크다), "**仕圠反**"[um.ur.o](뱀), "**业反**"[p.o](원숭이) 등 거란어에도 사용된다(Kane 2009).

[**反币圠**] o.od.əl [出] 烈24, 玦16.

[反雨列买] o.in.qa.an [出] 博17. [校勘] 이 글자는 휘본 등에 잘못 옮겨진 것이므로 "**反子列买**"이 올바르다(即實 2012㉯).

[反秃炏] o.is.oi [出] 海11. [校勘] 이 글자는 휘본 등에 잘못 옮겨진 것이므로 "**反夵炏**"이 올바르다(即實 2012㉯).

[反长廾平刂] o.su.ʊ.ul.qa [出] 海10. [校勘] 이 글자는 휘본 등에 잘못 옮겨진 것이므로 "**乏长廾平刂**"가 올바르다(即實 2012㉯).

[反夫矢] o.li.tə [出] 圖24. [校勘] 이 글자는 휘본 등에 잘못 옮겨진 것("**反**"와 "**夫**"를 이어 쓰는 사례는 없음)이므로 "**仐生矢**"이 올바르다(即實 2012㉯).

[反圠] o.ur [동] ① 임명되다(即實 1996③), ② ~이 되다(愛新覺羅 2004a⑫), ③ (전쟁에) 들었다(大竹昌巳 2016d). [出] 興/道/許/仲/先/宗/博/永/迪/烈/圖/玦/特.

[**反圠 圠**] o.ur ur [出] 奴24. [校勘] 이 어휘가 초본에는 잘못하여 하나로 합쳐져 있다(即實 2012㉯).

[**反圠村**] o.ur.ən [出] 許22. [校勘] 即實은 이 글자를 앞 원자들과 합쳐 "**仐生反圠村**"이라고 기록하고 있다(即實 2012㉯).

[反北] o.bur [出] 圖22. [校勘] 이 글자는 휘본 등에 잘못 옮겨진 것("**反**"와 "**北**"를 이어 쓰는 사례는 없음)이므로 "**反圠**"가 올바르다(即實 2012㉯).

[反北] o.əl [동] 주다, 수여하다(授)(劉鳳翥외 1995). [出] 許56, 清27. [校勘] 即實은 이 글자를 각각 뒤 원자들과 합쳐 "**反北穴药**"《許56》와 "**反北叐药**"《清27》라고 기록하고 있다(即實 2012㉯).

[**反北叐丹**] o.əl.u.mur [出] 糺21/27. [校勘] 이 글자는 초본에 잘못 옮겨진 것이므로 "**反北叐药**"가 올바르다(即實 2012㉯).

[**反北出不村**] o.əl.an.on.ən [出] 許5. [校勘] 이 단어는 초본에 옮기며 잘못 분할되고 합쳐졌는데, 앞 뒤 원자들과 합쳐 "**公币反北 公不村**"으로 하여야 한다(即實 2012㉯).

[反夾] o.ur [出] 尚31. [校勘] 이 글자는 초본에 잘못 옮겨진 것이므로 "**及夾**"가 올바르다(即實 2012㉯).

[反夵] o.oi [동] ① 임명되다(即實 1996④/1996⑤), ② 주다, 수여하다(朱志民 1995), ③ ~이 되다(愛新覺羅 2005b). [出] 道/令/許/故/仲/先/宗/海/博/迪/副/慈/智/烈/奴/高/圖/

梁/糺/尚/韓/葉/玦/回/特/蒲.

[及夲 ꓘ生] o.oi l.abu [出] 海3.

[及夲与] o.oi.en [出] 先60.

[及夲及药公] o.oi.u.dʒi.d [出] 梁18.

[及夲叉] o.oi.ir [出] 先70, 玦36.

[及夲公] o.oi.t [出] 玦46.

[及夲ꓘ对] o.oi.l.aq [出] 許19, 奴38.

[及夲用对] o.oi.il.aq [出] 副32.

[及夲关] o.oi.i [동] 수여하다(即實 2012⑳). [出] 博29, 副32, 尚28.

[及夲爻] o.oi.ər [出] 永40.

[及夲当] o.oi.ən [出] 許43.

[及夲] o.gə [出] 慈9.

[及及火] o.u.un [동명] 속이다, 허위의(僞)(即實 1991b). [出] 先14.

[及村] o.ən [出] 梁15. [校勘] 이 글자는 초본에 잘못 옮겨진 것이므로 "及内"가 올바르다(即實 2012[校]).

[及子] o.os [出] 迪11, 尚14, 玦18. [校勘] 이 글자는 초본에 잘못 옮겨졌는데, ≪迪11≫에서는 앞 원자들과 합쳐 "万余及子"로, ≪尚14≫에서는 탈루된 마지막 원자와 합쳐 "及子叉"로 하여야 한다(即實 2012[校]).

[及子圡与叉] o.os.ha.al.ir [동] "들게 했다, 일을 시켰다"의 남성형(大竹昌巳 2016d). [出] 清16/17.

[及子圡与对] o.os.ha.al.qa [出] 博43, 奴39.

[及子圡与伏] o.os.ha.al.in [出] 副31.

[及子圡中] o.os.ha.ai [동] ① 끝내다(閉)(清格爾泰외 1985), ② 마치다, 끝내다(畢)(即實 1996①), ③ 와해되도록 하다(即實 1996⑯). [出] 仁/宣/仲/先/博/永/迪/副/慈/智/烈/高/室/尚/韓/玦/回/特.

[及子圡本] o.os.ha.ar [동] ① 마치다, 끝내다(畢)(即實 1996③), ② 제수하다, 임명하다(除)(即實 1996⑯). [出] 仲17, 副38, 特11.

[及子圡为与] o.os.ha.a.al [동] 제수하다, 임명하다(除)(即實 1996③). [出] 仲19.

[及子圡为本] o.os.ha.a.ar [동] 끝내다(閉)(豊田五郎 1991b). [出] 興/令/先/梁/玦.

[及子圡为出] o.os.ha.a.an [동] ① 끝내다(閉)(研究小組 1977b, 劉鳳翥외 1977, 王弘力 1986), ② 직을 물러나게 하다(使閉)(愛新覺羅 2004a⑫), ③ 완전하게 끝내다(完畢)(即實 1996①). [出] 道/故/皇/梁/蒲.

[及子圡为廾] o.os.ha.a.adʒu [동] ① 끝내다(閉)(劉鳳翥외 1977, 愛新覺羅 2004a⑫, 郭添剛외 2009), ② 완전하게 끝내다(完畢)(即實 1996①). [出] 興/仲/博/涿/弘/慈/烈/奴/尚/玦/回.

[及子圡出] o.os.ha.an [동] 끝내다(閉)(劉鳳翥외 2003b). [出] 宋7.

[及子圡廾] o.os.ha.adʒu [동] 완전하게 끝내다(完畢)(即實 2012⑳). [出] 糺18.

[及子叉] o.os.ir [동] ① 끝내다(閉)(趙志偉외 2001), ② 봉하다, 임명하다(封)(陳乃雄외 1999). ③ 제수하다, 임명하다(除)(即實 1996⑯), ④ 완전하게 끝내다(完畢)(即實 2012⑳). [出] 仁/令/仲/迪/弘/皇/智/烈/圖/糺/清/尚/韓/玦/回/蒲.

[及子对] o.os.qa [동] 끝내다(閉)(研究小組 1977b, 劉鳳翥외 1977). [出] 許蓋/仲/先/副/智/韓/回/特.

[及子对 火矢] o.os.qa ui.tə [명](향위격) 끝내는 일에(劉鳳翥 2014b㉜). [出] 副18.

[及子对天] o.os.qa.? [出] 故14. [校勘] 이 글자는 초본에 잘못 옮겨진 것이므로 "及子对买"이 올바르다(即實 2012[校]).

[及子对买] o.os.q.an [동] 완전하게 끝내다(完畢)(即實 2012⑳). [出] 尚17.

[及子对东] o.os.q.at [出] 先22.

[及子对火] o.os.q.ui [동] 끝내다(閉)(郭添剛외 2009). [出] 尚17. [校勘] 이 글자는 초본에 잘못 옮겨진 것이므로 "及子对买"이 올바르다(即實 2012[校]).

[及子朩] o.os.tʃi [出] 清25.

[及子为廾] o.os.a.adʒu [동] ① 끝내다(閉)(袁海波외 2005), ② 완전하게 끝내다(完畢)(即實 2012⑳). [出] 清20.

[及子伏] o.os.in [동] ① 끝내다(閉)(豊田五郎 1991b), ② "들어갔다"의 여성형(大竹昌巳 2016d). [出] 先/迪/宋/奴/尚/玦.

[及子□] o.os.? [出] 蒲18.

[及子□为] o.os.?.a [出] 許54. [校勘] 即實은 이 글자를 "及子圡为□"이라고 기록하고 있다(即實 2012[校]).

[及仪子] o.ba.os [出] 仲8. [校勘] 即實은 이 글자를 "及仌子"이라고 기록하고 있다(即實 2012[校]).

[及及子] o.o.os [동] 제수하다, 임명하다(除)(愛新覺羅 2003e). [出] 博/迪/副/奴/故/圖.

[及州] o.od [명] 목장(即實 2012⑳). [出] 道22, 許20, 先45.

[及州村] o.od.ən [명](소유격) 목장의(即實 2012⑳). [出] 慈15.

[及兮] o.dʒal [出] 令8. [校勘] 即實은 ≪거란소자연구≫와 달리 이 글자를 뒤 원자와 합쳐 "及子圡为本"라고 기록하고 있다(即實 2012[校]).

[及公子] o.n.os [명] 칼(刀)(即實 1996⑯). [出] 仲8.

[及仌北] o.os.əl [出] 副20. [校勘] 이 글자는 초본에 잘못 옮겨졌으므로 "**及火北**"이 올바르다(即實 2012㊴).

[及仐与] o.ol.en [出] 先12.

[**及仐夯朩**] o.ol.e.tʃi [出] 先62.

[**及仐关**] o.ol.i [出] 永16.

[**及仐仌**] o.ol.ər [동] ① 임명되다(即實 1996⑥), ② ~이 되다(愛新覺羅 2003f), ③ 주다(吉如何 2016). [出] 先/迪/慈/梁/清/韓.

[**及仐夯朩**] o.ol.ə.tʃi [出] 圖18.

[**及仐仌朩**] o.ol.gə.tʃi [出] 回6.

[**及仐与**] o.ol.ən [出] 宗18.

[及企仌] o.mə.ər [出] 許49, 玦22. [校勘] 이 글자는 초본에 잘못 옮겨졌으므로 "**及仐仌**"가 올바르다(即實 2012㊴).

[**及企与**] o.mə.ən [出] 圖13. [校勘] ☞ **及仐与**(即實 2012㊴).

[**及朵交**] o.ja.ur [出] 糺5.

[及内] o.on [出] 許/故/先/宗/博/奴/圖/糺/玦/蒲. [校勘] 이 단어는 《許18》에서는 초본에 옮기며 잘못 분할되었는데, 앞 원자들과 합쳐 "**对曲禾廾及内**"로 하여야 한다(即實 2012㊴).

[**及内仌**] o.on.ər [出] 許58. [校勘] 即實은 이 글자를 앞 원자들과 합쳐 "**丙丸及内仌**"이라고 기록하고 있다(即實 2012㊴).

[及才] o.ja [出] 先69. [校勘] 即實은 이 글자를 앞 원자들과 합쳐 "**仅才**"라고 기록하고 있다(即實 2012㊴).

[及关北] o.i.əl [出] 糺11. [校勘] 이 글자는 초본에 잘못 옮겨졌으므로 "**及火北**"이 올바르다(即實 2012㊴).

[及仌子] o.ər.os [出] 許10. [校勘] 이 글자는 초본에 잘못 옮겨졌으므로 "**及仌子**"가 올바르다(即實 2012㊴).

[及火] o.odʒ [出] 令4, 許48. [校勘] 即實은 이 글자를 뒤 원자와 합쳐 "**及火北**"이라고 기록하고 있다(即實 2012㊴).

[**及火北**] o.odʒ.əl [동] ① 기거・거주하다(居)(即實 1988b/1996②/1996④), ② 자리에 나아가다(卽), 오르다(登)(即實 1996⑯). [出] 令/許/故/宗/迪/宋/慈/烈/奴/玦.

[及米] o.ordu [出] 許25. [校勘] 이 단어는 초본에 옮기며 잘못 분할되었는데, 뒤 원자들과 합쳐 "**及米仐化**"로 하여야 한다(即實 2012㊴).

[**及米爻**] o.ordu.u [명](관제) 행궁(行宮), 알로타(斡魯朶, 궁위(宮衛)를 말하는 거란어)(王弘力 1990, 即實 1996⑯ [出] 故13, 尚15. [同源語] 여진어의 알리타(斡里朶), 몽골어의 알이타(斡耳朶)가 《요사》 알로타의 전음(轉音)이다. 만주어에서 궁전・정루(亭樓)를 [ordo], 몽골어에서 궁전・진영(陣營)을 [ordu], 터키족의 바라바(Barab... ・키르기즈(Kirgiz)어도 궁전・성곽을 [orda]라 하는데, 거란어의 알로타, 여진의 알리타, 몽골의 알이타는 모두 "오르도"・"오리두"・"오르다"에 음을 맞춘 것이다(金渭顯외 2012㊤).

> [參考] 宮(궁)・帳(장)・院(원)의 거란소자 표시 비교
>
> 한문사료(漢文史料)에는 "궁・장・원"의 명칭을 서로 섞어 기술하는 경우가 있으나, 거란문사료에는 매우 명확히 구분되어 있다. 궁에는 "**及米爻**" 등을, 장에는 "**曲仌**"을, 원에는 "**爻化**"를 사용한다. 그리고 그 지위는 "궁 > 장 > 원" 순으로 구분된다(愛新覺羅 2009a⑫).

부락	伏仌亥	五院部, 六院部 및 기타 諸部	복수 씨족을 포함한 행정 및 군사조직
장족(帳族)	曲仌	皇族帳, 國舅帳, 奚王帳	특정 가족으로 구성된 부족조직
	及米爻	요태조의 직계자손, 역대황제의 宮衛	황족이 핵심

(자료 : 愛新覺羅외 2012⑥)

[**及米爻化**] o.ordu.u.ud [명](관제・향위격) 행궁(行宮)에, 알로타(斡魯朶)에(王弘力 1990, 豊田五郎 1992, 即實 1996⑯) [出] 道5.

[**及米爻化村**] o.ordu.u.ur.ən [명](소유격) ① 옛날(昔)의, 앞(前)의(即實 2012⑳), ② 여러 행궁(行宮)의(即實 2012⑳) [명](관제) ① 알로타(斡魯朶)(愛新覺羅 2002), ② 궁분인(宮分人)(即實 2012⑳). [出] 博5/41/42, 高15.

[**及米爻火**] o.ordu.u.un [명](관제・소유격) 알로타(斡魯朶)의(愛新覺羅 2002). [出] 高15.

[**及米仐**] o.ordu.u [명](관제) 행궁(行宮), 알로타(斡魯朶)(愛新覺羅 2009a⑫). [出] 許25.

[**及米仐化**] o.ordu.u.ur [명](관제) 행궁(行宮), 알로타(斡魯朶)(即實 1996④). [出] 許25.

[**及米仐化 亜仐**] o.ordu.u.ur qur.u [명](관제) 행궁도부서(行宮都部署)(即實 1996④). [出] 許25.

> [遼史] 行宮都部署(행궁도부서)는 북면관속인데 상시 설치하지는 않았다. 행군도부서사(行軍都部署司)의 장관이다. 정벌이 있을 때 조정 대신을 파견하여 한 방면을 맡겨 군마를 통영하는 전권을 준다(金渭顯외 2012㊤).

[**及米仐圡为本**] o.ordu.l.ha.a.ar [出] 慈8. [用例] **关 及米**

Left column

𤚥为本 [au o.ordu.l.ha.a.ar] 명 중희(重熙, 요나라 홍종황제 때의 연호로 기간은 1032년~1055년이다)(=**𤚥公𤚥为出**, **𤚥分𤚥为本**, **𤚥芬𤚥为本**)(劉鳳書 외 2006a).

> 遼史 태조부터 천조제에 이르기까지 요대 연호의 변천에 대하여는 《부록》의 거란소자 주요 어휘 를 참조하라.

[反□] o.⊡ 出 許11, 蒲13.

反 [발음] tum
[原字번호] 187

反] tum 수 1만(王弘力 1986). 명 (인명) 圖木, 禿沒(王弘力 1986). 형 여럿, 많은(即實 2012⑳). 同源語 "만(萬)"을 뜻하는 중기몽골어의 [tüme], 현대몽골어의 [tum], 고대투르크어의 [tümän] 등과 동일한 어원이다(王弘力 1986, 呼格吉樂圖 2017). 出 興/仁/道/宣/許/先/永/迪/皇/宋/慈/智/烈/奴/清/尚/韓/玦/特. 用例 夹 介夾 反 公乃夾 [miŋ hau.ur tum n.am.ur] 천춘만츄(千春萬秋)(豊田五郎 1998a). 出 宣30.

[反 古夾] tum qar.u 형 일반 백성(即實 2012⑳). 出 興16.

[反 九夾仐] tum g.ur.s 명 만국(萬國, 모든 나라)(劉鳳書 외 2009). 出 道10.

反夾] tum.ur 명 (인명) ① 特滿(王弘力 1986), ② 圖睦里(愛新覺羅 2006b). 出 故17. 人物 《故石》의 주인인 捷體낭자(1081~1115)는 위로 언니가 넷, 아래로 남동생 셋과 여동생 하나가 있는데, 그 중 둘째 언니 阿里出의 남편인 圖睦里 태위(太尉)를 지칭한다(愛新覺羅 2010f).

[反化] tum.ur 出 許45.

[反火] tum.un 出 仲45.

州 [발음] od
[原字번호] 188

州] od 명 목장(?)(即實 2012⑳). 出 令13, 糺11.

[州廾犳] od.ʊ.dʒi 出 特8.

[州廾平列尖] od.ʊ.ul.q.ui 出 玦41.

州欠] od.gu 형 ① 작다(小)(即實 1991b, 劉鳳書 외 1995), ② 적다(少)(劉鳳書 1993d), ③ 막내(季)·작다(小)·적다(少)(即實 1994), ④ 어리다(幼)(陳乃雄 외 1999), ⑤ "나이가 적은"의 단수 남성형(여성형은 "夕夬"[dʒal.qu])(大竹昌巳 2016d). 同源語 몽골어의 odhon(←odqan)(가장 작은, 마지막의)과 같은 어원이다. 出 興/仁/許/仲蓋/仲先/宗/

Right column

博/永/弘/副/宋/智/烈/奴/高/圖/梁/清/尚/玦/回/特/蒲. 用例 圡夾 州欠 [əu.ur od.go] 형 나이가 어리다(劉鳳書 2014b⑭). 出 興31.

[州欠 女村] od.gu sair.ən 명 (관제) 소옹장(少翁帳)(劉鳳書 2014b㊾). 出 副13. 校勘 即實은 이 어휘를 "州欠 女村"이라고 기록하고 있다(即實 2012㊺).

[州欠 乇村] od.gu ai-n 명 (관제) ① 계부방(季父房)(即實 1996⑯, 劉鳳書 2014b㊾), ② 소부방(少父房)(劉鳳書 2014b㊾). 出 許1, 宗19, 烈2, 梁3.

[州欠 及反] od.gu m.o 명 (관제) 부직(副職)과 정직(正職)(여러가지 임직을 말한다)(即實 2012⑳). 出 宗30.

[州欠 及反 穴] od.gu m.o noi 명 말대주(末大主)(即實 1996③). 出 仲37/40. 參考 "말대주"는 요나라 마지막 황제인 천조제(天祚帝)를 지칭하는 듯하다. 지문(誌文)을 작성하는 자가 천조를 황제로 거명하길 피하면서 해빈왕(海濱王) 또는 예왕(豫王)이란 이름을 쓰기도 원치 않아 마지막 군주라는 의미로 이 명칭을 쓴 것 같다(即實 1996③).

[州欠 及反仐朱] od.gu m.o.o.od 형 "나이가 적거나 많은"의 남성형(大竹昌巳 2016d). 出 圖14.

[州欠 釆] od.gu tʃoŋ 出 許51. 校勘 이 어휘가 초본에는 한 글자로 합쳐져 있다(即實 2012㊺).

[州欠 女村] od.gu adʒu-n 명 (관제) 소옹장(少翁帳)(即實 1996⑯, 愛新覺羅 2013b, 劉鳳書 2014b㊾). 出 許2, 梁1.

[州欠朱] od.gu.do 형 ① 적다(少)(梁振晶 2003, 劉鳳書 2014b㊾), ② 어리다(幼)(愛新覺羅 2003f). 出 仲/宗/添/智/奴/圖.

[州欠叒] od.gu.ər 出 烈27.

[州仒] od.ba 出 仁5. 校勘 이 글자는 초본에 잘못 옮겨진 것이므로 "州欠"가 올바르다(即實 2012㊺).

[州久] od.da 出 興31. 校勘 《興31》 초본에 유일하게 등장하나 이는 "州欠"를 잘못 옮겨 적은 것이다(即實 1996①, 劉鳳書 2014b⑭).

[州余] od.gu 형 ① 막내(季)(盧迎紅 외 2000, 即實 2012⑳), ② 어린아들, 막내아들(幼子)(愛新覺羅 2003e). 出 迪2/12, 圖4, 清1/14, 韓13.

[州余 乇村] od.gu ai-n 명 (관제) 계부방(季父房)(劉鳳書 2014b㊾). 出 迪2, 圖4.

[州余 女村] od.gu sair.ən 명 (관제) 소옹장(少翁帳)(劉鳳書 2014b㊾). 出 清1. 校勘 即實은 이 어휘를 "州余 女村"이라고 기록하고 있다(即實 2012㊺).

[州余朱] od.gu.do 형 (향위격) ① 젊어서, 어려서(劉鳳書 외 2008a), ② 젊었을 때(少時)(即實 2012⑳). 出 圖3.

[**州余㐅 丞村**] od.gu.s dʒ.ən [형](목적격) 어린 둘(두 아이)을(大竹昌巳 2016d). [出] 清16/17.

[**州쑤圡丰**] od.əl.ha.ai [出] 先3/15/55, 迪6.

[**州쑤圡木**] od.əl.ha.ar [出] 宣19.

[**州쑤圡冬比**] od.əl.ha.as.əl [出] 玦22.

[**州穴**] od.u [出] 興19. [校勘] 이 글자는 초본에 잘못 옮겨진 것이므로 "**州欠**"가 올바르다(即實 2012校).

[**州□圡丰**] od.?.ha.ai [出] 許58. [校勘] 即實은 이 글자를 "**州쑤圡丰**"라고 추정하고 있다(即實 2012校).

为 [발음] a [原字번호] 189

[**为釆**] a.an [借詞] "安"을 나타내는 한어차사(研究小組 1979). [出] 許/故/宗/迪/智/奴/圖/清/尚/洞I.

[**为釆 朩号火**] a.an tʃ.jau.un [명](지명・소유격) 안주(安州)의(即實 1996⑯). [出] 許49.

[**为釆 朩圡**] a.an tʃ.əu [명](지명) 안주(安州)(即實 1986c/1996⑯). [出] 許10.

[**为釆 朩圡火 今谷 兆**] a.an tʃ.əu.un s.ï ʂï [명](관제) ① 안주자사(安州刺史)(即實 2012⑥), ② 안주(安州)의 자사(刺史)(劉鳳翥 2014b52). [出] 圖8.

[**为釆 今炏 公叐**] a.an s.əŋ n.u [명](인명) ① 丹青奴(即實 2012⑭), ② 安姓奴(劉鳳翥 2014b52). [出] 清10. [校勘] 이 글자는 초본에 잘못 옮겨진 것이므로 "**仍釆 今炏 公叐**"가 올바르다(即實 2012校).

[**为釆 几火 几亦村**] a.an g.ui g.iun-n [명](관제・소유격) 안국군(安國軍)의(清格爾泰외 1985). [出] 許6.

[**为釆 几火 几亦村 今欠 仐关**] a.an g.ui g.iun-n t.ugu s.i [명](관제) 안국군(安國軍)의 도사(度使)(劉鳳翥 2014b36). [出] 許6. [校勘] 即實은 마지막 글자를 "**飞关**"라고 기록하고 있다(即實 2012校).

[**为釆 乂夯**] a.an k(h).ə [명](인명) 安珂(即實 2012⑳). [出] 宗35.

[**为釆火**] a.an.un [명](부족) 농올(濃兀)(即實 2012③). [出] 迪17. [參考] ≪요사・국어해≫에서는 "농올"을 "부락 중 일부분을 나누어 부른 말"이라고 적고 있다(金渭顯외 2012下).

[**为釆夯**] a.an.ə [명](인명) ① 安哥(劉鳳翥외 2004a), ② 安訥(愛新覺羅 2005b), ③ 安諾(即實 2012⑨). [出] 烈18. [人物] ≪烈誌≫ 주인의 손자 며느리, 즉 셋째 아들인 格抆(1065~?)의 넷째 며느리(安諾 낭자)이다(即實 2012⑨).

[**为币**] a.ad [出] 塔I-2.

[**为丙刃**] a.əi.qa [出] 尚9. [校勘] 이 글자는 초본에 잘못 옮겨졌으므로 "**冈丙刃**"가 올바르다(即實 2012校).

[**为圡七**] a.ha.al [동] ① 있게 하다(愛新覺羅 2004a⑧), ② 일찍이 ~을 지냈다, 일찍이 ~이었다(即實 2012⑳). [出] 智/高/清/玦/回.

[**为圡为七**] a.ha.a.al [동] ① 있게 하다(愛新覺羅 2004a⑧), ② 일찍이 ~을 지냈다, 일찍이 ~이었다(即實 2012⑳). [出] 先59, 永16, 烈8/20.

[**为圡出关**] a.ha.an.ər [出] 仁5. [校勘] 이 글자는 휘본에 잘못 옮겨진 것이므로 "**力圡出关**"가 올바르다(即實 2012校).

[**为杏**] a.uni [出] 先17. [校勘] 即實은 이 글자를 "**…杏**"이라고 기록하고 있다(即實 2012校).

[**为庋**] a.ur [出] 先22. [校勘] 即實은 이 글자를 "**…庋**"이라고 기록하고 있다(即實 2012校).

[**为圡**] a.əu [出] 許51, 博6. [校勘] 이 단어는 초본에 옮기며 잘못 분할되었는데, 앞 원자들과 합쳐 "**为…刃釆**"으로 하여야 한다(即實 2012校).

[**为圡刃**] a.əu.qa [出] 先30. [校勘] 即實은 이 글자를 "**…七刃**"라고 기록하고 있다(即實 2012校).

[**为圡刃ホ**] a.əu.q.ad [出] 仲25. [校勘] 이 글자는 초본에 잘못 옮겨진 것("**为**"와 "**圡**"를 이어 쓰는 사례는 없음)이므로 "**为七刃ホ**"가 올바르다(即實 2012校).

[**为夫**] a.ali [명] "청총마(青驄馬)"를 뜻하는 것으로 몽고어의 [alag]이 "염색"을 의미하는 것에 착안한 추정이다(即實 1996⑯). [出] 道33.

[**为北几**] a.ur.gə [出] 尚20. [校勘] 이 글자는 초본에 잘못 옮겨졌으므로 "**収北几**"가 올바르다(即實 2012校).

[**为北**] a.əl [出] 副8. [校勘] 이 글자는 초본에 잘못 옮겨진 것이므로 "**为艾**"가 올바르다(即實 2012校).

[**为七**] a.al [동] ~이 있어(愛新覺羅외 2011). [명] ① 은혜(即實 1996①), ② 공품(貢品)(即實 1996③), ③ 소리(音)(即實 2015b). [用法] **为** [a-]는 "있다"는 뜻을 나타내는 동사어근이다(愛新覺羅외 2011). [同源語] 몽골어의 [a-], 女眞語의 [a-sui], 滿洲語의 [a-ku], 나나이어의 [a-ba], 日本語의 [a-ri]와 동일한 어원이다(愛新覺羅외 2011). [出] 道/宣/許/宗/海/博/涿/弘/副/皇/智/烈/奴/梁/糺/清/玦/特.

[**为七圡七**] a.al.ha.al [出] 玦43.

[**为七圡丰**] a.al.ha.ai [동] 있게 하다(愛新覺羅 2004a⑧). [出] 興/仁/道/仲/先/宗/海/博/皇/慈/烈/韓.

[**为七圡木**] a.al.ha.ar [出] 仲3, 永39.

[为ち盂冬] a.al.ha-as [동] 있고 싶다, 있도록 하다(愛新覺羅외 2011). [用法] ち盂 [-lha-]는 모음 어근에 뒤따르는 동사의 사역형·수동형 접미사이고, 冬 [as]는 a모음 어간에만 붙어 1인칭의 희망형 어미 [-s]를 나타내는 표음자이다. 为ち盂 [a.al.ha]는 "있게 하다"의 의미이다(愛新覺羅외 2011). [出] 玦26, 圓6.

[为ち盂为] a.al.ha.a [出] 先16.

[为ち盂为ち] a.al.ha.a.al [동] 일찍이 다스렸다(即實 2012⑳). [出] 故12.

[为ち盂为木] a.al.ha.a.ar [出] 道21, 先9/16, 皇11/16.

[为ち盂出] a.al.ha.an [出] 博10.

[为ち廾药] a.al.o.dʒi [出] 先67.

[为ち廾丙] a.al.o.mur [出] 博10. [校勘] 이 글자는 초본에 잘못 옮겨진 것이므로 "为ち廾药"가 올바르다(即實 2012[校]).

[为ち叉] a.al.ir [出] 仁31.

[为ち对] a.al.qa [명] ① 명성, 명망(愛新覺羅 2004a⑤), ② 다스리는 땅(治地)(即實 2012⑳). [명](관제) 아시(阿厮), 말리의 명칭이다)(即實 1996②). [出] 興/仁/宣/令/故/先/博/涿/迪/副/慈/奴/圖/清/尚/韓/玦/回/特/蒲.

[为ち对爽] a.al.aq.an [出] 仁25, 仲24/29, 先68, 海2.

[为ち对ホ] a.al.aq.at [出] 先52, 博11.

[为ち对火关] a.al.aqa.ju.i [出] 許33.

[为ち对劣] a.al.aq.ər [出] 博9, 烈27, 清27.

[为ち术] a.al.tʃi [出] 皇22.

[为ち伏] a.al.in [명] 길(?), 자취(?)(即實 2012⑳). [出] 宋20, 智24.

[为ち仐叉] a.al.əl.ir [出] 蒲9.

[为ち劣] a.al.ər [出] 副23.

[为ホ] a.ad [出] 令/許/仲/先/玦/畫. [校勘] 即實은 ≪先31/32/41≫에서는 이 글자를 "术冬为ホ"이라고 기록하고 있다(即實 2012[校]).

[为ホ盂ち] a.ad.ha.al [出] 皇23.

[为ホ北] a.ad.əl [出] 永34.

[为ホ北对] a.ad.əl.qa [出] 博28.

[为ホ村] a.ad.ən [出] 奴30. [校勘] 이 단어는 초본에 옮기며 잘못 분할되었는데, 앞 원자들과 합쳐 "术冬为ホ村"로 하여야 한다(即實 2012[校]).

[为ホ仐叉] a.ad.əl.ir [동] ① 일찍이 ~이었다(?)(即實 2012⑳), ② 순찰하다(吳英喆 2012a①). [出] 令/實/圖/梁/玦.

[为ホ仐对] a.ad.əl.qa [出] 先19, 智20.

[为ホ仐对 止币仐对] a.ad.əl.qa p.od.əl.qa [동] 왕복하다, 갔다가 돌아오다(往返)(即實 2012⑳). [出] 先19.

[为ホ仐对ホ] a.ad.əl.qa.ad [出] 先49.

[为ホ仐术] a.ad.əl.tʃi [出] 先51.

[为ホ仐伏] a.ad.əl.in [동] 있다(即實 2012⑳). [出] 副28.

[为ホ仐□] a.ad.əl.? [出] 特27.

[为ホ屮] a.ad.bur [동] 거슬러 올라가다(遡)(即實 2012⑳). [出] 仲26, 先31/44/48, 迪27, 奴25.

[为ホ丹叉] a.ad.bu.r [出] 仲12.

[为ホ丹术] a.ad.bu.tʃi [出] 仲13.

[为ホ丹伏] a.ad.bu.n [出] 興/道/許/仲/先/宗.

[为ホ丹伏村] a.ad.bu.n.ən [出] 先48.

[为ホ尘劣] a.ad.t.ər [出] 室4.

[为ホ忘] a.ad.betʃ [出] 先63. [校勘] 即實은 이 글자를 "为ホ勿"이라고 기록하고 있다(即實 2012[校]).

[为ホ□伏劣] a.at.?.in.ər [出] 弘26. [校勘] 即實은 이 글자를 "为ホ丹伏劣"이라고 추정하고 있다(即實 2012[校]).

[为丈] a.qu [出] 糺11. [校勘] 이 글자는 초본에 잘못 옮겨진 것이므로 "为艾"가 올바르다(即實 2012[校]).

[为丰] a.ai [동] ①~이다(王弘力 1986), ② 일찍이 ~을 지냈다, 일찍이 ~이었다(即實 1996①/1996⑯), ③ 이어받다, 계승하다(劉鳳翥 2002). [出] 興/仁/道/令/許/故/仲/先/宗/博/涿/永/迪/弘/副/智/烈/奴/高/室/圖/梁/糺/清/尚/玦/特/洞I/崖.

[为丰 对] a.ai qa [出] 副29, 智20. [校勘] 이 글자가 초본에는 한 글자로 합쳐져 있다(即實 2012[校]).

[为丰叉] a.ai.r [出] 海12.

[为丰对] a.ai.qa [出] 尚8. [校勘] 이 글자는 초본에 잘못 옮겨졌으므로 "为木对"가 올바르다(即實 2012[校]).

[为丰仐盂丰] a.ai.l.ha.ai [出] 興35.

[为丰仐对] a.ai.l.qa [出] 回11.

[为丰仐对爽] a.ai.l.qa.an [出] 宗8, 慈11.

[为丰劣] a.ai.ər [出] 宗17, 奴39, 特14/30.

[为丰平□□] a.ai.ul.?.? [出] 筆4.

[为丰穴药] a.ai.u.dʒi [出] 玦28.

[为木] a-ar [동] ① 일찍이 ~을 지내다(即實 1988b/1996②), ② 일찍이 ~이었다(即實 1996⑯), ③~이 따르다, ~이 있다(愛新覺羅외 2011). [用法] 과거시재 어미를 나타내는 부가성분이다(研究小組 1977b). [同源語] "있다·살다"를 의미하는 몽골어의 [a-]; "없다"를 의미하는 여진어 𠂆卅 [a-sui], 만주어 [a-ku], 어웬키(鄂溫克)어 [a:tʃin], 나나이어 [a-bu]~[a-na]; "있다"를 의미하는 일본어 [a-ri] 등과 동일한 어원이다(愛新覺羅외 2011). [出] 興/宣/令/許/仲/先/海/博/涿/迪/副/皇/慈/烈/奴/高/圖/

梁/糺/尚/韓/玦/回/特/蒲.

[勺夲立勺] a.ar.ha.a 出 尚11.

[勺夲比] a.ar.əl 出 許30, 仲12, 回23.

[勺夲廾伏] a.ar.ʊ-n 出 道11, 宣28, 故11, 博26.

[勺夲夂村] a.ar.dʒi-n 出 糺25. 校勘 이 단어는 초본에 옮기며 잘못 분할되고 합쳐졌는데, 앞 원자들과 합쳐 **"非币勺夲 夫村"**으로 하여야 한다(即實 2012㊾).

[勺夲夊勺] a.ar.u.dʒi 명 장소, 존재하는 곳(所在)(即實 2012⑳). 出 博18.

[勺夲村] a.ar.ən 出 玦28.

[勺夲圣] a.ar.ir 동 일찍이 ~을 지냈다, 일찍이 ~이었다(即實 1996①/1996⑯). 出 道/仲/先/永/迪/弘/副/烈/圖/玦/回/特. 用法 勺(타동사 어근)+夲圣(과거시제 접미사)(愛新覺羅 2004a⑧).

[勺夲冽] a.ar.qa 出 博25.

[勺夲夊矢] a.ar.ta.⁇ 出 先60. 校勘 即實은 이 글자를 두 글자로 분할하여 **"勺夲 夊矢"**라고 기록하고 있다(即實 2012㊾).

[勺夲伏] a.ar.in 동 ① 일찍이 ~을 지냈다, 일찍이 ~이었다(即實 1996⑤/1996⑯), ② 거주하다, 있다(即實 2012⑳). 出 故8, 仲45, 烈29, 尚16.

[勺夲关] a.ar.i 出 海6, 清16.

[勺夲爻] a.ar.ər 出 奴30.

[勺夲芬] a.ar.ə 出 烈26, 蒲21.

[勺夲尺勼] a.ar.u.dʒi 出 先51/53, 慈21.

[勺夲尺勼关] a.ar.u.dʒi.ər 出 烈30.

[勺夲尺勼] a.ar.u.dʒi 出 烈27.

[勺弓介] a.jau.o 出 興31. 校勘 이 글자는 휘본 등에 잘못 옮겨진 것("勺"와 "弓"를 이어 쓰는 사례는 없음)이므로 **"丹弓介"**가 올바르다(即實 2012㊾).

[勺夾] a.ib 出 許49. 校勘 即實은 이 글자를 **"勺夾"**이라고 기록하고 있다(即實 2012㊾).

[勺爻勼村] a.u.dʒi-n 동 갖추다, 준비하다(具)(羅福成 1934a). 出 興5. 校勘 이 글자는 휘본 등에 잘못 옮겨진 것이므로 **"囝爻勼村"**이 올바르다(即實 2012㊾).

[勺乂] a.m 出 晝VI.

[勺刀伏] a.ua.in 出 許27. 校勘 이 글자는 초본에 잘못 옮겨졌으므로 **"勺乃伏"**이 올바르다(即實 2012㊾).

[勺村] a.ən 出 迪38. 校勘 이 글자는 초본에 잘못 옮겨진 것이므로 **"可村"**가 올바르다(即實 2012㊾).

[勺圣] a.ir 동 갖추다, 준비하다(具)(愛新覺羅 2004a⑤).

[勺子] a.dʒi 出 仁14.

[勺刭] a.qa 出 烈8.

[勺刭夲芬] a.qa.ar.ə 出 興28.

[勺不炎] a.on.oi 出 海6. 校勘 이 단어는 휘본 등에 옮기며 잘못 분할되었는데, 앞 원자들과 합쳐 **"朶冬勺不炎"**로 하여야 한다(即實 2012㊾).

[勺夊矢] a.ug.tə 出 先66. 校勘 即實은 이 글자를 **"刃夊矢"**이라고 기록하고 있다(即實 2012㊾).

[勺冬] a.as 出 博3/44, 迪32, 皇21. 校勘 即實은 이 글자를 각각 앞 또는 뒤 원자들과 합쳐 **"力冬廾勼"** ≪博3≫, **"令夊勺冬"**≪博44≫, **"令余勺冬"**≪迪32≫라고 기록하고 있다(即實 2012㊾).

[勺冬比] a.as.əl 出 韓25.

[勺冬廾炎] a.as.u.gə 出 先29. 校勘 即實은 이 글자를 **"勺冬比炎"**이라고 기록하고 있다(即實 2012㊾).

[勺冬屮刭] a.as.əl.qa 出 韓16.

[勺冬丹伏] a.as.bu.n 出 先43. 校勘 이 글자는 휘본 등에 잘못 옮겨진 것이므로 **"力冬丹伏"**이 올바르다(即實 2012㊾).

[勺凡屮业勺夲] a.juŋ.əl.p.a.ar 出 副30. 校勘 이 글자는 초본에 잘못 옮겨진 것이므로 **"勺币屮业勺夲"**가 올바르다(即實 2012㊾).

[勺乃] a.am 出 特38.

[勺乃夲] a.am.ar 형 ① 나이가 많은, 첫째의(長), 큰(大)(即實 1996③), ② "오래된"의 남성형(大竹昌巳 2016d). 명 웃어른·손윗사람·선배(尊長)(即實 1996③). 出 仲 17/24/47.

[勺乃夲 穴] a.am.ar noi 명 옛 신하(舊臣)(大竹昌巳 2016d). 出 仲17.

[勺乃夲] a.am.tʃi 出 許23.

[勺乃夲炎] a.am.tʃ.ər 동 앞서가다(赶前), 미치다(將)(即實 1996⑥). 명 "오랜"을 나타내는 복수형으로, 하순(下旬) 또는 월말(月末)을 표시한다(大竹昌巳 2016d). 出 先44/49/52.

[勺乃伏] a.am.in 형 "오래된"의 여성형(大竹昌巳 2016d). 出 宣/先/迪/弘/奴/清/玦.

[勺乃伏 公年] a.am.in n.ar 명 "오래된 묘"의 여성형(大竹昌巳 2016d). 出 迪27.

[勺乃伏炎] a.am.in.oi 出 奴15. 校勘 即實은 이 글자를 **"勺乃伏炎"**이라고 기록하고 있다(即實 2012㊾).

[勺乃伏炎] a.am.in.ər 동 ① 받아들이다, 일하다(受)(王弘

力 1986), ② 제수하다(除), 승진하다(晉)(即實 1986c), ③ 자리를 찾아주다(位置)(即實 1996③). [出] 道36, 許12/25/34, 仲21/22, 迪25/26.

[为乃伏关 屋北] a.am.in.ər tɯl.əl [명](관제) 겸지(兼知)(即實 1996⑯). [出] 許12.

[为乃伏关 为本] a.am.in.ər a.ar [동] 여전히 겸하다(即實 1996⑯). [出] 仲20.

[为生伏] a.abu.in [동] 봉하다(封)(豊田五郎 1992). [명] 조상, 선조(即實 1996①). [出] 興31.

[为生伏矢] a.abu.in.tə [동] 봉하다(封)(豊田五郎 1992). [명] 조상, 선조들(即實 1996⑯). [出] 道23.

[为生伏公] a.abu.in.d [명] 노인들(即實 2012⑳). [出] 宗23.

[为矢伏平] a.d.in.aq [出] 仲38. [校勘] 이 글자는 초본에 잘못 옮겨진 것이므로 "丸矢伏平"가 올바르다(即實 2012[校]).

[为朱] a.do [出] 玦23.

[为化廾火] a.ur.u.ui [出] 韓29. [校勘] 이 글자는 초본에 잘못 옮겨진 것("为"와 "化"를 이어 쓰는 사례는 없음)이므로 "丸化廾火"가 올바르다(即實 2012[校]).

[为八伏] a.bai.n [出] 副51. [校勘] 이 글자는 초본에 잘못 옮겨졌으므로 "为乃伏"이 올바르다(即實 2012[校]).

[为公北] a.d.əl [出] 興29.

[为公山] a.d.bur [出] 令18.

[为火平夹] a.ui.qa.an [出] 仁29. [校勘] 이 글자는 휘본 등에 잘못 옮겨진 것이므로 "仔仐平夹"이 올바르다(即實 2012[校]).

[为圣火] a.æm.iu [出] 玦43.

[为火] a.iu [出] 梁13/14. [校勘] 이 단어는 초본에 옮기며 잘못 분할되었는데, 앞 원자들과 합쳐 "木冬为火"로 하여야 한다(即實 2012[校]).

[为火凡] a.iu.ud [出] 韓27. [校勘] 이 글자는 초본에 잘못 옮겨진 것이므로 "刀火凡"가 올바르다(即實 2012[校]).

[为火关] a.iu.i [出] 仲5. [校勘] ☞ 木冬为火关(即實 2012[校]).

[为出] a.an [동] 있다(即實 1996⑯). [出] 興/宣/許/故/仲/先/宗/海/博/永/迪/弘/皇/宋/慈/智/烈/奴/高/圖/梁/糺/清/尚/玦/回/蒲/槨. [用法] 조건문에 "있으므로"로 사용된다(大竹昌巳 2016d). [出] 仲10.

[为出 业当] a.an p.ən [出] 迪35. [校勘] 초본에는 이 어휘를 한 글자로 합쳐 기록하고 있다(即實 2012[校]).

[为出十当] a.an.uru.ən [出] 博47. [校勘] 이 단어는 초본에 옮기며 잘못 분할되고 합쳐졌는데, 앞 원자들과 합쳐 "公行子韭为出 十当"으로 해야 한다(即實 2012[校]).

[为出村] a.an.ən [出] 先13.

[为出叉] a.an.ir [出] 仲9.

[为出平] a.an.qa [出] 玦23.

[为出凡] a.an.ud [出] 先33. [校勘] 即實은 이 단어를 두 글자로 분리하여 "力出 凡"라고 기록하고 있다(即實 2012[校]).

[为出矢关] a.an.d.i [出] 先64, 海8.

[为出火] a.an.un [出] 許58.

[为出关] a.an.ər [出] 仲/博/宋/奴/尚/葉.

[为水] a.? [出] 道7.

[为仔] a.tum [出] 清24. [校勘] 초본에는 "仐平为仔"으로 기록되어 있다(即實 2012[校]).

[为仔韭水] a.tum.ha.ai [出] 特19.

[为仔韭为] a.tum.ha.a [出] 高8.

[为仔韭为ち] a.tum.ha.a.al [동] 연속하다(?)(即實 2012⑳). [出] 皇11.

[为仔韭为本] a.tum.ha.a.ar [出] 宗7.

[为仔韭为出] a.tum.ha.a.an [出] 令22.

[为仔夯] a.tum.e [出] 特23.

[为仔叉] a.tum.ir [出] 博3.

[为仔仐韭ち平] a.tum.əl.ha.al.qa [出] 玦39.

[为仔仐韭水] a.tum.əl.ha.ai [동] 유지하다(維護)(即實 2012⑳). [出] 圖3, 梁3.

[为仔仐韭本] a.tum.əl.ha.ar [出] 尚29.

[为仔仐韭为] a.tum.əl.ha.a [出] 故9, 先16.

[为仔仐韭为出] a.tum.əl.ha.a.an [出] 博32.

[为仔仐韭为艾] a.tum.əl.ha.a.adʒu [出] 博5.

[为仔仐廾药] a.tum.əl.o.dʒi [出] 先13, 玦44.

[为仔仐平] a.tum.əl.aq [出] 韓33.

[为仔仐穴药] a.tum.əl.u.dʒi [동] 계속 존재하다(續存)(即實 2012⑳). [出] 尚33.

[为朵] a.ja [出] 許6. [校勘] 이 단어는 초본에 옮기며 세 글자로 잘못 분할되었는데, 뒤 원자들과 합쳐 "为仔仐廾药"로 하여야 한다(即實 2012[校]).

[为寸] a.ja [出] 先5/43. [校勘] 即實은 이 글자들을 각각 "刎"《先53》와 "尸寸"《先43》라고 달리 기록하고 있다(即實 2012[校]).

[为关] a.ər [出] 興11, 洞I-1.

[为火] a.ud [出] 仁17. [校勘] 이 글자는 휘본 등에 잘못 옮겨진 것이므로 "为艾"가 올바르다(即實 2012[校]).

[为夯仔] a.ə.bu [出] 仁29. [校勘] 이 글자는 휘본 등

에 잘못 옮겨진 것("为"와 "夯"를 이어 쓰는 사례는 없음)이므로 "令夯舟"가 올바르다(即實 2012[校]).

[为仌比] a.gə.əl [出] 許55. [校勘] 이 글자는 초본에 잘못 옮겨졌으므로 "朩仌比"이 올바르다(即實 2012[校]).

[为仌村] a.gə.ən [出] 許10. [校勘] 이 글자는 초본에 잘못 옮겨진 것이므로 "丙仌村"이 올바르다(即實 2012[校]).

[为尘] a.d [出] 許36.

[为平及夯朩] a.ul.u.ə.tʃi [出] 梁2. [校勘] 이 글자는 초본에 잘못 옮겨진 것("为"와 "平"을 이어 쓴 사례는 없음)이므로 "舟平及夯朩"가 올바르다(即實 2012[校]).

[为艾] a.adʒu [동] 갔다(大竹昌巳 2016d). [명] 사자(使者)(即實 2012⑳). [出] 許/仲/先/博/永/迪/副/梁/尚/玦/特/蒲.

[为艾 与] a.adʒu dor [出] 仲19. [校勘] 초본에는 "为艾与"로 잘못 옮겨졌으며 한 글자로 합쳐져 있다(即實 2012[校]).

[为艾伏] a.adʒu.in [명](인명) ① 阿思林(即實 1988b), ② 阿查訥(即實 1996④), ③ 阿竹隱, 阿主隱(愛新覺羅 2006a). [出] 許8, 韓25. [人物] 《許誌》 주인 森訥・斡特剌(愛新覺羅는 "乙辛隱斡特剌"라고 번역)의 형인 阿查訥을 지칭한다(即實 1996④).

[为艾伏村] a.adʒu.in.ən [出] 葉4.

[为艾伏公] a.adʒu.in.d [명] 여러 조카들(即實 1996⑯). [出] 先65.

[为艾□] a.adʒu.[?] [出] 清23. [校勘] 이 단어는 초본에 옮기며 잘못 분할되었는데, 앞 원자들과 합쳐 "力冬为艾"로 하여야 한다(即實 2012[校]).

[为□] a.[?] [出] 迪10. [校勘] 即實은 이 글자를 "为ち列"라고 추정하고 있다(即實 2012[校]).

[为□叉] a.[?].ir [出] 智21. [校勘] 即實은 이 글자를 "为朩叉"라고 추정하고 있다(即實 2012[校]).

[为□仐叉] a.[?].l.ir [出] 蒲10.

刘 [발음] a [原字번호] 190

[刘] a [出] 道/宣/仲/先/博/皇/韓/回.

[刘采] a.an [형] ① 멀다(即實 2012⑳), ② 멀리 하다(愛新覺羅외 2015②). [出] 仲/迪/副/皇/宋/玦.

[刘采 夜] a.an ur [형] 몹시 오래되다(即實 2012⑳). [出] 皇14.

[刘采 几卡] a.an ku.us [명] 멀고 가까움(遠近)(即實 2012⑳). [出] 仲34.

[刘中仐圡中] a.ai.l.ha.ai [出] 先39. [校勘] 即實은 이 글자를 "刘朩仐圡中"이라고 기록하고 있다(即實 2012[校]).

[刘矢当] a.miŋ.ən [出] 興15. [校勘] 이 글자는 휘 등에 잘못 옮겨진 것이므로 "刘采当"이 올바르다(即實 2012[校]).

[刘火] a.ju [형] 멀다(即實 2012⑳). [出] 迪29.

丸 [발음] mu [原字번호] 191

[丸] mu [借詞] "睦"을 나타내는 한어차사(盧迎紅외 200 愛新覺羅 2017a). [명] ① 날개(翼)(羅福成 1933/1934c), ② 손자・후손(孫)(青格勒외 2003, 劉鳳翥 2014b(52)). [형] ① 넓다(廣)(即實 1996①), ② 크다(大)(即實 1996⑯). [出] 仁/道/宣/令/許/故/郎/仲/先/宗/海/博/涿/永/迪/弘/副/皇/宋/慈/智/烈/奴/高/室/圖/梁/糺/清/尚/韓/玦/回.

[丸 列虫秀仐圡中] mu q.æn.is.əl.ha.ai [出] 道6.

[丸 丸(= 丸 ⺀)] mu mu [동] 나누다(析析)(即實 1996⑯) [형] 장대・성대하다(皇皇)(即實 2012⑳). [出] 宣14, 慈3.

[丸 业交仐] mu p.ur.əs [명] 명문, 큰 집안(即實 2012⑳). [出] 清4.

[丸 舟列出] mu b.aq.an [명] 어린아이(即實 2012⑳). [出] 尚23.

[丸为朩] mu.a.ar [형] 종용(從容, 차분하고 침착하다)(即實 2012⑳). [出] 迪38.

[丸矢伏] mu.ul.in [出] 梁27.

[丸矢伏列] mu.ul.in.aq [出] 仲4/39.

[丸矢仐几] mu.ul.əl.gə [出] 宣25.

[丸矢仐仌丙] mu.ul.əl.gə.əi [동] 달리다(即實 2012⑳). [出] 慈11.

[丸化及交] mu.ur.u.ur [出] 梁21. [校勘] 即實은 이 단어를 두 글자로 분리하여 "丸化 丸交"라고 기록하고 있다(即實 2012[校]).

[丸化冗约] mu.ur.u.dʒi [出] 博27.

[丸火仐圡朩] mu.ui.l.ha.ar [出] 興21.

[丸火关] mu.ui.i [出] 許25.

[丸火夯朩] mu.ui.ə.tʃi [出] 仁8.

[丸平夲丙] mu.ul.gə.əi [出] 清23.

[丸平夲叉] mu.ul.gə.r [동] 용납하다, 합장하다(即實 201 ⑭). [出] 清31.

[丸平夲当] mu.ul.gə.ən [出] 清26.

[丸平及火] mu.ul.u.ui [出] 圖9/10, 回14. [校勘] 이 글자

가 ≪圖9/10≫에서는 휘본 등에 잘못 옮겨진 것이므로 "丸平叐火"가 올바르다(即實 2012㊸).

[丸平及火] mu.ul.o.ui 出 圖8. 校勘 ☞ 丸平叐火(即實 2012㊸).

[丸平丹平犭] mu.ul.b.ul.aq 出 興33. 校勘 이 글자는 휘본 등에 잘못 옮겨진 것이므로 "丸平廾平犭"가 올바르다(即實 2012㊸).

[丸平穴交] mu.ul.u.ur 出 道30. 校勘 ☞ 丸平穴交(即實 2012㊸).

[丸平穴火] mu.ul.u.ui 동 ① 제수하다(清格爾泰외 1985), ② 맡기다, 임명하다(豊田五郎 1991b), ③ 재차 임명하다(即實 1996③). 出 故/仲/先/弘/副/圖/蒲.

[丸平穴当] mu.ul.u.ən 出 故12.

[丸平穴平九] mu.ul.u.ul.gə 出 完1.

[丸穴长炎中伏] mu.u.us.əl.bur.in 出 許30. 校勘 이 단어는 본래 2개의 글자(几穴长炎 中伏)이나 초본에는 잘못하여 하나로 합쳐져 있다(即實 2012㊸).

[丸□] mu.? 出 先61. 校勘 即實은 이 글자를 "丸犸"라고 추정하고 있다(即實 2012㊸).

九 [발음] ilim [原字번호] 192

[九] ilim 명 ① 씨(氏)(愛新覺羅 2003e), ② "을림면(乙林免)"을 나타내는 표의자(愛新覺羅 2006b), ③ 부인(夫人)(即實 2012⑳), ④ 며느리(劉鳳翥 2014b㉔). 出 先/永/迪/弘/副/蒲.

[九村冈为] ilim.ən.dʒohi.a 出 先5. 校勘 即實은 이 단어를 두 글자로 분리하여 "九村 冈为"라고 기록하고 있다(即實 2012㊸).

[九矢关] ilim.d.i 명(탈격) ~씨(氏)로부터(愛新覺羅 2004a⑦). 出 故18. 用法 "矢关"는 ~로부터, ~에게서 등의 의미(탈격)를 갖는 접미사이다(愛新覺羅 2004a⑦).

[九伏] ilim.in 명 소저(小姐, 아기씨), 부인(夫人)(即實 2012⑳). 出 迪27/31.

[九关] ilim.i 명(소유격) ① 부인(夫人)의(即實 2012⑳), ② 을림면(乙林免)의(愛新覺羅 2006d). 出 故18, 迪31/33.

九 [발음] na [原字번호] 193

[九东] na.ad 出 興/仁/道/仲/博/清/玦/特.

[九东 丸火炎] na.ad au.ui.ər 명 요 목종황제의 존호(陶金 2015). 出 道12.

[九东夲仐北] na.ad.ar.əs.əl 出 玦16.

[九东关] na.ad.i 出 仁23, 玦10/46.

[九ネ] na.ar 出 興9, 道17.

[九当伏] na.ən.in 명(인명) ① 挈恩(愛新覺羅 2006a, 劉鳳翥 2014b(52)), ② 割輦(?)(即實 2012⑳). 出 烈4, 高3.

> 人物 ≪烈誌≫ 주인 空寧敵烈(1034~1100, 한풍명: 韓承規)의 고조모이자 ≪高誌≫ 주인 王寧高十(1015~?, 한풍명: 韓元佐)의 증조모인 구곤(甌昆)씨 挈恩부인(韓匡嗣의 부인)을 지칭한다(愛新覺羅 2010f). ☞ 韓知古 가계에 대하여는 "愛新覺羅 2009a⑧"을 참고하라.

[九艾] na.adʒu 出 玦33.

尘 [발음] kəi [原字번호] 194

[尘] kəi 出 先/奴/梁/清/玦/回/特.

[尘丙] kəi.əi 出 清21.

[尘丙 炇] kəi.əi ? 出 清21. 校勘 이 글자가 초본에는 탁본 내용과 달리 "尘丙炎"이라고 기록되어 있다(即實 2012㊸).

[尘丙炗] kəi.j.? 出 智9. 校勘 이 글자는 "尘丙炎"의 오류일 것으로 추정된다(即實 2012㊸).

[尘叐犸] kəi.u.dʒi 出 先10/17.

[尘村] kəi.n 명 바람(風)(即實 2012⑳). 出 仁19, 尚5.

[尘为] kəi.a 出 迪27.

[尘矢] kəi.tə 出 梁11. 校勘 即實은 이 글자를 뒤 원자들과 합쳐 "九矢业九"이라고 기록하고 있다(即實 2012㊸).

[尘伏] kəi.in 出 烈11.

[尘用犭] kəi.il.aq 出 先18, 清25.

[尘用犭东] kəi.il.q.ad 出 先11/12.

[尘夯木] kəi.ə.tʃi 出 梁10.

[尘当] kəi.ən 出 慈17, 清19.

午 [발음] tal [原字번호] 195

[午] tal 명 ① 방면(方面, 관찰사가 다스리던 행정구역), 들판(原野)(即實 2012/2015a), ② 초원(吳英喆 2012a①), ③ 평원(大竹昌巳 2016d). 出 興/先/博/皇/宋/烈/梁/玦/特/榔. 同源語 몽고어에서는 산(山) [ɑːl]과 초원(草原) [tal]을 대등하게 하여 사용하는 표현이 존재한다(吳英喆

2012a①).

[午 伏仌扗] tal ŋ(ni).o.ur [명](부족) ① 달령부(達領部)(吳英喆 2012a③), ② 달리부(撻里部)(愛新覺羅 2013b), ③ 속부(屬部)(即實 2015a). [出] 特6.

[午朩] tal.ar [出] 先60, 宋24.

[午村] tal.ən [명](소유격) 백성(民)의(劉鳳翥외 2003b). [명](관제) ① 달령(達領)(豊田五郎 1996, 吳英喆 2004a), ② 달령(撻領)(愛新覺羅외 2006). [出] 道/許/宗/宋/烈/梁/特.

> [同源語] **撻領(달령)**. 여정(余靖)의 ≪무계집(武溪集)·거란관의(契丹官儀)≫에 "달림(撻林)"([tarim], 撻領·撻凜·撻覽·闥覽·駝寧)이란 관명이 나오는데, "흑수(黑水) 등 변방 일을 관장한다"고 되어 있고 "찰간(察看)·진무(鎮撫)"의 의미를 지닌다. 금대에는 부락 송사(訟事)을 맡거나 비위자(非違者)를 규찰하는 자를 "독리(禿里)" [turi]라 하였다. "찰간(察看, 살피다)"을 뜻하는 여진어 [turu]와 "징청(澄清, 맑고 깨끗하다)"을 뜻하는 만주어 [turambi]가 같은 어원이다(孫伯君외 2008).

[午村 仐各火] tal.ən s.jaŋ.un [명](관제) ① 달령상온(達領祥穩)(吳英喆 2004a), ② 달림상온(撻林祥穩)(即實 2012⑳). [出] 宗13.

[午村伏] tal.ən.in [명](관제) ① 달림(達林)(愛新覺羅 2004b④), ② 달령(撻領)(愛新覺羅 2006a). [出] 故7.

[午列] tal.qa [出] 許/仲/博/紀/回. [校勘] 이 글자는 초본에 옮기며 잘못 분할되었는데, 뒤 원자들과 합쳐 "午列冬北"≪仲44≫, "午列屮关"≪博27≫, "午列屮火"≪紀25≫로 하여야 한다(即實 2012[校]).

[午列 为出] tal.qa a.an [出] 智26. [校勘] 초본에는 이 어휘가 하나의 글자로 합쳐져 있다(即實 2012[校]).

[午列廾药村] tal.q.ʊ.dʒi-n [出] 尚15.

[午列与列] tal.q.al.aqa [出] 特5.

[午列屮] tal.q.ai [出] 回27, 特4.

[午列屮北] tal.q.ai.əl [出] 迪34.

[午列屮灵药] tal.q.ai.u.dʒi [出] 玦38.

[午列屮灵药村] tal.q.ai.u.dʒi-n [出] 涿16, 烈28. [校勘] 이 단어는 본래 2개의 글자(午列屮灵 药村)이나 초본에는 잘못하여 하나로 합쳐져 있다(即實 2012[校]).

[午列屮灵] tal.q.ai.ir [동] 편급(遍及, 두루 미치다, 골고루 퍼지다)(即實 2012⑤/⑳). [出] 道25, 智3.

[午列屮伏] tal.q.ai-n [出] 皇25.

[午列屮业列] tal.q.ai.l.qa [出] 梁5.

[午列屮当] tal.q.ai.ən [出] 副34.

[午列朩] tal.q.ar [出] 高17, 圖9.

[午列伏] tal.qa-n [동] 편급(遍及, 두루 미치다, 골고루 퍼지다)(即實 2012⑯). [出] 副6.

[午列火] tal.q.ud [出] 特13.

[午生及内] tal.abu.o.on [동] 대를 잇다, 전하다(嗣·繼·傳·遺)(即實 1996④). [出] 許59.

[午矢] tal.tə [명](향위격) 방면(方面)으로, 방면에(即實 2012⑳). [出] 道25, 先53, 副6.

[午矢关] tal.d.i [出] 許19.

[午八] tal.bai [出] 先70. [校勘] 이 글자는 휘본 등에 잘못 옮겨진 것이며 뒤 원자들과 합쳐 "午列冬村"으로 함이 올바르다(即實 2012[校]).

[午仐火] tal.əs.ər [出] 道/仲/永/副/皇/宋/奴/紀/玦/回/特/蒲.

[午㕣火] tal.d.ər [명](향위격) 방면(方面)에(大竹昌巳 2016d). [出] 先56.

[午佥] tal.əm [出] 回3.

[午佥火] tal.əm.ər [出] 玦6.

[午舟] tal.əb [명] 고요하다(靜)(即實 1996①). [出] 宣28, 先43, 皇8.

[午舟 午舟] tal.əb tal.əb [형] ① 고요하다(靜靜)(即實 1996⑯), ② 맑다(粼粼)(即實 2012⑳). [出] 宣28, 奴47.

[午火] tal.ər [出] 許47, 尚22.

[午炏火] tal.oi.ər [出] 先56. [校勘] 即實은 이 글자를 "午㕣火"이라고 기록하고 있다(即實 2012[校]).

[午当] tal.ən [出] 烈29. [校勘] 即實은 이 글자를 "午当"이라고 기록하고 있다(即實 2012[校]).

[午□] tal.? [出] 畫XVIII.

生 [발음] bu, abu [原字번호] 196

[生] abu [명] ① 할아버지, 조상(祖)(即實 1988b/1996③), ② 아버지(即實 1996⑯). [명](인명) 阿不(即實 1996③). [出] 許/仲/先/宗/博/永/迪/皇/宋/慈/智/烈/奴/高/圖/紀/清/尚/玦/回/特. [同源語] "조(祖)"를 뜻하는 몽고어의 [əbəg] 및 [a:b]와 같은 어원이다(呼格吉樂圖 2017). [用法] 노인을 나타내는 표현을 사용함에 있어, "又勺"는 여성에게 "生"는 남성에게 적용한다(即實 2012⑲).

[生 屮] abu ai [명] 조부(祖父)(即實 1996⑯, Kane 2009, 吳英喆 2012a②). [出] 仲2, 宗3, 博4, 慈5.

[生 生 屮] abu abu ai [명] 증조부(Kane 2009, 即實 2012⑳, 劉鳳翥 2014b㊾). [出] 博4, 宋4.

[生本] abu.ar 出 尚30.

[生커] abu.qa (인명) 阿不葛(愛新覺羅외 2011). 出 蒲8. 人物 《蒲誌》 주인 白隱蒲速里(1058~1104, 한풍명: 耶律思齊)의 모친인 阿不葛 부인(夫人)을 지칭한다 (愛新覺羅외 2011).

[生矢] abu.tə (인명·향위격) ① □□布에게(郭添剛외 2009), ② □□阿不에게(即實 2012⑲). 出 尚27.

[生伏] abu.in (관제) 기장(耆長)(即實 2012③). (인명) 阿鉢隱(愛新覺羅 2003i). 出 迪5, 智5, 糺2. 用例 圥为夫仐犬 生伏 [ʃ.a.ali.d.ʃia abu.in] (관제) 여러 사리(諸沙里)의 장(長)(即實 2012③/2012⑤). 出 迪5, 智5.

[生伏村] abu.in-n (관제·소유격) 기장(耆長)·노옹(老翁)의(即實 2012③). (인명·소유격) ① 不寧의(盧迪紅외 2000), ② 阿鉢隱의(愛新覺羅 2006b), ③ 阿不寧의(劉鳳翥 2014b㊑). 出 迪30. 人物 《迪誌》 주인 撒懶迪烈德(1026~1092)의 부인 五姐 을림면(乙林免)의 선조인 재상(宰相) 阿鉢隱을 나타낸다(愛新覺羅외 2010f).

[生火关] abu.l.i (인명) 阿不里(即實2012⑭). 出 清5. 人物 《清誌》 주인 영청군주(永清郡主)의 5대조모로, 양국황제(讓國皇帝, 야율배)의 딸인 제국공주(齊國公主) 阿不里를 지칭한다(即實2012⑭).

[生火关村] abu.l.i.n (인명·소유격) ① 布利의(郭添剛외 2009), ② 阿不里의(愛新覺羅 2009c, 即實2012⑲). 出 尚3. 人物 《尚誌》 주인 緬隱胡烏里(1130~1175)의 8대조모로, 위의 "生火关"과 동일 인물이다. 다만, 이 묘지에서는 진국공주(晉國公主)로 표현되어 있다(愛新覺羅 2010f, 即實2012⑲).

[生火] abu.ju 出 副42. 校勘 이 글자는 초본에 옮기며 "万炎"이 탈루된 것이므로 "仐生万炎"로 함이 올바르다(即實 2012㊑).

[生火关] abu.ju.i 出 智24, 烈30. 校勘 이 글자가 《智24》에서는 초본에 잘못 옮겨진 것이므로 "生丞夹"이 올바르다(即實 2012㊑).

[生用立为出] abu.il.ha.a.an 出 蒲19.

[生文] abu.jæ 出 許52. 校勘 이 글자는 초본에 잘못 옮겨진 것이므로 "仐文"가 올바르다(即實 2012㊑).

朱 [발음] jai, æi [原字번호] 197

[朱] jai 用法 ①[-ai]를 나타내는 한어차사에 주로 사용된다(Kane 2009), ② 소유격을 표시하는 접미사로 사용된다(金適외 2007). 出 許19. 用例 犬平 九火 丹朱

[k(h).ai g.ui b.jai] (관제) "개국백(開國伯)"의 한어차사(清格爾泰외 1978a/1985).

語法 ☞ "소유격을 표시하는 접미사의 표현형식"에 대하여는 "村"(원자번호 140)을 참조하라.

[朱村] jai.n 出 許19. 校勘 이 글자는 초본에 잘못 옮겨진 것이므로 "午村"가 올바르다(即實 2012㊑).

仄 [발음] bi [原字번호] 198

[仄] bi 校勘 吉如何 등은 이 원자가 矢(원자번호 204)와 유사하고, 이 두 원자가 각각 "父" 또는 "禾"와 결합되는 형태 또한 유사하다는 점을 근거라 하여 이를 해서체인 矢로 고쳐 쓸 수 있다고 주장하고 있다(吉如何외 2009). 出 許48, 先4/14, 清10.

[仄禾] bi.is 出 許48, 先17, 室8.

[仄父] bi.i 出 先14.

[仄炎] bi.ər (인명) ① 別里(愛新覺羅 2010f), ② 綏也(即實2012⑭). 出 清10. 人物 《清誌》 주인 奪里懶太山(1029~1087, 한풍명: 蕭陽溫)의 장남인 摩散別里 태보(太保)를 지칭한다(愛新覺羅 2010f).

[仄与] bi.ən (인명) ① 別衍(愛新覺羅 2010f), ② 綏衍(即實2012), ③ □安(劉鳳翥 2014b㊑). 出 先4. 人物 耶律仁先의 6대조 述瀾釋魯의 부인 別衍비(妃)를 지칭한다(愛新覺羅 2010f).

夗 [발음] aŋ [原字번호] 199

[夗] aŋ 用法 이 원자는 단독으로는 사용되지 않고 주로 [-aŋ] 음을 가진 한어차사를 표기하는 용도로 사용된다(清格爾泰외 1985). 用例 ① 仐用 九夗 九亦 [ts.iŋ g.aŋ g.iun] (관제) "정강군(靜江軍)"의 한어차사(清格爾泰외 1978a, 劉鳳翥 2014b㊑), ② 出用 引夗 兆 [p.iŋ tʃa.aŋ ʃǐ] (관제) "평장사(平章事)"의 한어차사(清格爾泰외 1978a).

万 [발음] ?? [原字번호] 200

[万] ② 書法 Kane은 이 원자가 "劣 [tu](원자번호 202)" 또는 "为 [qa](원자번호 168)"의 이서체라고 주장하고 있다(Kane 2009).

[万禾] ②.is 出 興19. 校勘 이 글자는 휘본 등에

못 옮겨진 것이므로 "夂禾"가 올바르다(即實 2012[校]).

[万卡关] ?.us.i [명] 처(妻)(劉鳳翥 1983a). [명](인명) 撻里(即實 1996①). [出] 仁4. [校勘] 即實은 이 글자가 초본에 잘못 기록된 것이므로 "分卡关"가 올바르며, 흥종 인의황후(仁懿皇后, 1014~1075)의 이름(諱)인 "撻里"를 지칭한다고 주장하고 있다(即實 2012⑬).

[万仪] ?.ba [出] 興20. [校勘] 이 글자는 휘본 등에 잘못 옮겨진 것이므로 "尔仪"가 올바르다(即實 2012[校]).

万 [발음] ?? [原字번호] 201

[万] ? [書法] Kane은 이 원자가 "夯[æn](원자번호 73)"의 이서체라고 주장하고 있다(Kane 2009). [出] 仲12/14. [用例] 火交万 [k(h).iæ.?] [借詞] "賢"을 나타내는 한어차사(Kane 2009).

[万村] ?.ən [出] 先38. [校勘] 即實은 이 글자를 앞의 원자들과 글자와 합쳐 "公交万村"이라고 기록하고 있다(即實 2012[校]).

[万业寸夯朩] ?.aŋ.b.e.tʃi [出] 先42. [校勘] 即實은 이 글자를 "令业寸夯朩"이라고 달리 기록하고 있다(即實 2012[校]).

方 [발음] tu [原字번호] 202

[方] tu [借詞] ①"涂", "徒" 등을 나타내는 한어차사(王弘力 1984/1990, 韓寶興 1991, 閻萬章 1992), ②"道"를 나타내는 한어차사(即實 2012⑳). [명] "수명(壽命)"의 남성형(大竹昌巳 2016b). [出] 興/許/故/仲/先/宗/海/博/迪/弘/副/皇/宋/智/烈/高/圖/糺/尚/韓/特/蒲. [用例] 朩圶习 方 [tʃ.ar.qa tu] [명] 단명(短命)(大竹昌巳 2016b).

[方卡] tu.us [명](민족) ① 달단(韃靼)(即實 1996①), ② 탑탑아(塔塔兒)(即實 1996⑯). [出] 興/故/先/永/智/烈/梁/特.

> [遼史] **韃靼(달단)**은 달달(達怛)이라고도 한다. 어원은 몽골어의 탑탑아부(塔塔兒部)에서 나왔는데, 이 부족이 강대하므로 부 이름이 실위 각 부와 몽골고원의 몇몇 부락의 통칭이 되었다. 후에 돌궐과 회흘(回紇) 때 30성달달(三十姓達怛), 9성달달(九姓達怛)이 있었다. 당 후기 오대 때 음산달달(陰達怛山), 흑거자달달(黑車子達怛)등이 있었다. 원나라 때는 달달이 몽골인의 속칭이 되었다.(金渭顯외 2012㊤).

[方卡炏] tu.us.ər [出] 副26.

[方交] tu.ur [동] 훙서(薨)하다(제후 등이 사망하다), 서거(逝去)하다("사망하다"의 존칭)(Kane 2009). [出] 仲26. [用法] 통상적으로 과거형인 方交付伏 [tu.ur.bu.n], 方交屮 [tu.ur.bur], 方交付叉 [tu.ur.bu.r] 등의 형태로 쓰인다(Kane 2009).

[方交仐北] tu.ur.s.əl [동] 훙서(薨)하였다(即實 2012⑳). [出] 烈5.

[方交屮] tu.ur.bur [동] 훙서(薨)하였다, 죽었다(王弘力 1986, 閻萬章 1993, 劉鳳翥 1993d). [出] 令/許/仲/先/宗/涿/迪/弘/皇/烈/圖/梁/糺/特/蒲. [用法] 方交(자동사 어근)+屮(과거시제 접미사)(愛新覺羅 2004a⑧).

[方交付叉] tu.ur.bu.r [동] ① 훙서(薨)하였다(即實 1991b, 愛新覺羅 2004a⑧, 劉鳳翥 2014b㊾), ② 죽었다(豊田五郎 1991b) [出] 先6, 副13, 清28, 玦29. [用法] 方交(자동사 어근)+付叉(과거시제 접미사)(愛新覺羅 2004a⑧).

[方交付伏] tu.ur.bu.n [동] ① 훙서(薨)한(陳乃雄외 1999, 愛新覺羅 2004a⑧, 劉鳳翥 2014b㊾), ② 죽은(王弘力 1990, 豊田五郎 1991a). [出] 故/仲/弘/副/梁/尚. [用法1] 方交(자동사 어근)+付伏(과거시제 접미사)(愛新覺羅 2004a⑧). [用法2] 왕이나 귀인의 훙거(薨去)를 지칭하는 동사의 과거시제 연체형(連體形)이다(愛新覺羅외 2012①).

[方交付伏炏] tu.ur.bu.n.ər [동] 훙서(薨)하였다(劉鳳翥외 2003b). [出] 宋5.

[方太] tu.uŋ [借詞] "同"을 나타내는 한어차사(研究小組 1977b, 清格爾泰외 1978a). [出] 仲5/21/23, 糺5.

[方太 几才乃 仐丙 几火 兆] tu.uŋ g.ia.am s.ju. g.ui ʂ [명](관제) "동감수국사(同監修國史)"의 한어차사(研究小組 1977b, 清格爾泰외 1978a/1985, 劉鳳翥 2014b㊾). [出] 仲23.

> [遼史] **監修國史(감수국사)**. 사관(史官)을 대신이 통할하는 것을 감수라 한다. 거란은 국사원(國史院)을 설치하고 그 장관을 감수국사라 하였다(金渭顯외 2012㊤).

[方太火] tu.uŋ.un [出] 仲11.

[方叉夬伏] tu.u.ali.in [出] 先29.

[方ㄗ] tu.ud [出] 烈25, 尚22, 玦32.

[方矢] tu.tə [出] 興12. [校勘] 即實은 이 글자를 "方矢"이라고 기록하고 있다(即實 2012[校]).

[方矢] tu.ul [명] 봉화대(烽火臺)(?)(即實 1996⑯). [出] 先44, 慈8, 高17.

[方矢炏] tu.ul.ər [出] 先41/45.

[方化小叉] tu.ur.əl.ir [명] 먼저(首, 先)(即實 2012⑳) [出] 迪11.

[与化大当] tu.ur.əl.ən [出] 尚20.

[与火] tu.un [出] 令7, 副51.

[与关关] tu.i.i [出] 糺21. [校勘] 이 글자는 초본에 잘못 옮겨졌으므로 "与长关"가 올바르다(即實 2012[校]).

[与火] tu.ju [出] 許47. [校勘] 이 글자는 초본에 잘못 옮겨진 것이므로 "与火"가 올바르다(即實 2012[校]).

[与火] tu.uŋ [借詞] "統", "同", "通", "童" 등을 나타내는 한어차사(研究小組 1977b, 劉鳳翥외 1977, 清格爾泰외 1978a). [出] 令/許/故/先/宗/涿/迪/弘/副/宋/奴/高/圖/糺/尚/玦/特/蒲.

[与火 友] tu.uŋ dʒi [명](관제) "동지(同知)"의 한어차사(即實 1996⑯, 劉鳳翥 2014b㊿). [出] 仁14, 先14.

[与火 友雨] tu.uŋ dʒi.n [명](관제・소유격) 동지(同知)의(即實 1996⑯). [出] 許47.

[与火 友村] tu.uŋ dʒi-n [명](관제・소유격) 동지(同知)의(劉浦江외 2014). [出] 高24.

[与火 马火 又出 又村 不 业同 刃気 兆] tu.uŋ dʒu.uŋ ʃ.iu m.ən ɣa p.iŋ dʒa.aŋ ʂï [명](관제) "동중서문하평장사(同中書門下平章事)"의 한어차사(劉鳳翥 2014b㊿). [出] 許13. [校勘] 即實은 다섯 째 글자를 "不"이라 기록하고 있다(即實 2012[校]).

[与火 马火 又出 又村 不才 业同 术気 兆] tu.uŋ dʒu.uŋ ʃ.iu m.ən ɣa.ia p.iŋ dʒa.aŋ ʂï [명](관제) "동중서문하평장사(同中書門下平章事)"의 한어차사(劉鳳翥 2014b㊿). [出] 迪1, 宋10. [校勘] 即實은 다섯 번째와 일곱 번째 글자를 각각 "不才"와 "刃気"이라고 기록하고 있다(即實 2012[校]).

[与火 子火 又出] tu.uŋ dʒi.uŋ ʃ.ju [명](관제) "동중서(同中書)"의 한어차사(清格爾泰외 1985). [出] 許13. [校勘] ☞ 与火 马火 又出(即實 2012[校]).

[与火 子火 又出 又村 不 业同 刃気 兆] tu.uŋ dʒi.uŋ ʃ.iu m.ən ɣa p.iŋ dʒa.aŋ ʂï [명](관제) "동중서문하평장사(同中書門下平章事)"의 한어차사(研究小組 1977b, 清格爾泰외 1978a/1985). [出] 許13. [校勘] ☞ 与火 马火 又出 又村 不 业同 刃気 兆(即實 2012[校]).

[与火 令谷 公出] tu.uŋ s.ï n.iu [명](인명) 童子女(劉鳳翥 2014b㊿). [出] 奴21. [人物] 《奴誌》 주인 國隱寧奴(1041~1098)의 만누이 童子女를 지칭한다(愛新覺羅 2010f).

[与火 丹及] tu.uŋ b.u [명] "통보(通寶)"의 한어차사(=令火 丹及)(愛新覺羅외 2011). [出] 大康通寶.

[与火 业为买] tu.uŋ p.a.an [명](관제) "통판(通判)"의 한어차사(即實 1996⑯). [出] 仁25.

[与火 几亦村] tu.uŋ g.iun.ən [명](관제) "통군사(統軍使)"의 단축형(即實 1996⑯). [명](관제・소유격) 통군(統軍)의(劉鳳翥 2014b㊿). [出] 故18.

> [遼史] 統軍司(통군사)는 거란, 서하, 금, 원 시기의 주요 군사기구였다. 거란에는 동경통군사가 있어서 동경도(東京道) 여러 주의 군사에 관한 일을 통할하고, 동북로 통군사는 태주(泰州), 장춘주(長春州), 영강주(寧江州) 및 동부 여러 부(部)의 병사(兵事)를 통령한다. 남경(南京)통군사는 남경 한군(漢軍)을 통령하며, 오고적렬통군사(烏古敵烈統軍司)는 오고부 군대를 통령하였다. 도종 때 서북통군사를 창설하여 조복(阻卜)을 정토(征討)하였고 북면행군관(北面行軍官)에 별도로 동정・서정・남군통군사가 있었다. 여러 통군사에 일반적으로 통군사(統軍使), 부사, 도감 등 관을 두었다(金渭顯외 2012㊤).

[与火 乂夯] tu.uŋ k(h).ə [명](인명) ① 同珂(即實 2012①), ② 同哥(同哥공주)(劉鳳翥 2014b㊿). [出] 宗25/35. [人物] 《宗誌》 주인의 부인인 척은부인(惕隱夫人)의 자매중 한 사람인 同珂를 지칭한다(即實 2012①).

[与平] tu.ul [出] 先68.

[与平兴] tu.ul.ər [出] 先54/55, 韓4.

[与廾丹] tu.tum.tum [出] 皇21. [校勘] 即實은 이 글자를 "与廾丹"이라고 기록하고 있다(即實 2012[校]).

先 [발음] ?? [原字번호] 203

[先夫] ?.ali [出] 先41. [校勘] 即實은 이 글자를 "先火"이라고 기록하고 있다(即實 2012[校]).

矢 [발음] ?? [原字번호] 204

[矢系矢] ?.is.tə [出] 博3. [校勘] 이 글자는 휘본 등에 잘못 옮겨진 것("矢"와 "系"를 이어 쓰는 사례는 없음)이므로 "矢系矢"가 올바르다(即實 2012[校]).

[矢达廾及扎] ?.ur.u.ʊ.ur [出] 宣27.

[矢达廾及雨] ?.ur.u.ʊ.in [出] 回13.

[矢达廾及州] ?.ur.u.ʊ.od [出] 特22.

[矢达廾及内] ?.ur.u.ʊ.on [出] 先48.

[矢达廾火] ?.ur.ʊ.ui [出] 宗27.

[矢公穴火] ?.d.u.ui [出] 許20. [校勘] 이 글자는 초본에 잘못 옮겨진 것이므로 "矢公穴火"가 올바르다(即實 2012[校]).

[矢关] ?.i [出] 令15, 許4.

[矢关 乃对] ?.i gi.qa [出] 尚16. [校勘] 이 글자가 초본에

는 한 글자로 잘못 합쳐져 있다(即實 2012[校]).

[矢炏] [illegible].ər [出] 清10/13/23. [校勘] 이 글자는 초본에 잘못 옮겨진 것이므로 "矢炏"가 올바르다(即實 2012[校]).

矢 [발음] d, tə [原字번호] 205

[矢] d / tə [用法] 향위격 어미를 표시하는 부가성분이다(研究小組 1977b). [出] 洞III2-8. [同源語] 향위격을 나타내는 여진어의 半 [do](양성음 뒤), 羊 [du/dou](음성음 뒤), 만주어의 [də], 몽골어의 [da]・[du]・[dur]에 상당하다(金光平외 1980).

[矢爻炏] tə.u.ur [出] 仲38/40.

[矢爻化关] tə.u.ur.i [出] 仲36.

[矢业杰当] tə.əl.gə.ən [出] 仲3.

[矢九] tə.g [出] 道22.

[矢关] tə(d).i [用法] ① 탈격(奪格) 또는 출발격 어미(~로부터)를 표시하는 부가성분이다(愛新覺羅 2004a⑦), ② "~와" 또는 "~를" 따위의 의미를 지닌다(即實 2012[校]). [出] 仁23, 許31/48/55, 仲38, 先12/21.

矢 [발음] ul [原字번호] 206

[矢] ul [用法] 복수형 어미를 표시하는 부가성분이다(愛新覺羅 2004a⑦). [用例] 毛矢为 [tau.ul.a] [명] 토끼(卯・兎)의 거란어 표현이다(羅福成 1934d/1934g, 研究小組 1977b, 清格爾泰외 1978a/1985).

[矢九伏] ul.də.n [出] 興24.

[矢爻] ul.u [出] 皇17.

[矢叉杰村] ul.ir.gə.n [명](소유격) 능(陵)의(即實 1996⑯). [出] 道35.

[矢叉炏矢] ul.ir.gə.tə [명](향위격) 능(陵)에(研究小組 1977b, 清格爾泰외 1978a, 即實 1996⑯). [出] 仁16.

[矢关朩本] ul.i.tʃ.ar [出] 先40. [校勘] 即實은 이 글자를 "矢关 朩本"로 하여 둘로 나누고 있다(即實 2012[校]).

[矢劣朩] ul.ə.tʃi [出] 許21, 慈24. [校勘] 이 단어는 초본에 옮기며 잘못 분할되었는데, 앞 원자들과 합쳐 "刃丗禾廾矢劣朩"《許21》과 "叉出禾廾矢劣朩"《慈24》로 하여야 한다(即實 2012[校]).

矣 [발음] miŋ, miŋ'a [原字번호] 207

[矣] miŋ [수] 1천(劉鳳翥 1993d, 劉鳳翥외 1995, 即實 201⑳). [同源語] "천(千)"을 뜻하는 중기몽골어의 [miŋga] 다호르어의 [miaŋ]과 같은 어원이다(豊田五郎 1997c, 吳維외 1999). [出] 興/道/宣/令/許/仲/先/宗/博/涿/迪/副/皇/慈/奴/室/梁/糺/清/尚/玦/特.

[矣 介炏 及 公乃炏] miŋ hau.ur o n.am.ur [명] 천춘만추(千春萬秋)(豊田五郎 1998a). [出] 宣30.

[矣 丹] miŋ tum [수] 1천만(即實 2012⑳). [出] 宗33.

[矣平] miŋ.an [명](관제) 맹안(猛安)(朱志民 1995, 劉鳳翥외 1995, 即實 2012⑳). [명](관제・소유격) 맹안(猛安)의(劉鳳翥 2014b52). [出] 仲22, 博14/15/16/21/37, 特10/19/38

> [金史] **猛安謀克(맹안모극)**은 여진부락과 금대 군사조직 명칭이다. 원래 맹안은 여진부락의 통군수장(統軍首長)이었으며, 모극은 씨족장이었다. 금 건국 후 모든 군대를 맹안과 모극을 통해 지휘함에 따라 "맹안모극"이 군사조직이 되었다. 처음에는 300호를 1모극으로 하고 10모극을 1맹안으로 하다 나중에는 25인을 1모극, 4모극을 1맹안으로 축소하였다(蔡美彪외 1986).

[矣平 丙炏] miŋ.an tʃ.ur [명](관제) 맹안군(猛安軍)(即實 2012⑳). [出] 博16.

[矣平 穴] miŋ.an noi [명](관제) 맹안관(猛安官)(即實 201⑳). [出] 博21.

[矣平 穴公] miŋ.an noi.t [명](관제) 맹안(猛安)의 수장(首長)(劉鳳翥 2014b52). [出] 博14.

[矣平 业夯 几両] miŋ.an p.e g.in [명](관제) 맹안패근(猛安孛菫)(即實 2012⑳). [出] 博15.

[矣圡火村] miŋ.əu.ud.ən [出] 高21.

[矣亦] miŋ.at [수] 1천(愛新覺羅 2004a⑦). [出] 先43/45/52/53, 弘25, 玦22.

[矣亦 刃友] miŋ.ad ir.dʒi [出] 迪6. [校勘] 이 단어는 본래 2개의 글자이나 초본에는 잘못하여 하나로 합쳐져 있다(即實 2012[校]).

[矣柔] miŋ.an [명](관제) 맹안(猛安)(愛新覺羅 2004a⑦). [出] 仲22. [校勘] 即實은 이 글자를 "矣平"이라고 기록하고 있다(即實 2012[校]).

[矣爻犳] miŋ.u.dʒi [出] 糺26. [校勘] 即實은 이 글자를 "禾爻犳"라고 기록하고 있다(即實 2012[校]).

[矣爻火村] miŋ.u.ud.ən [명](부족) ① 맹고부(萌古部)(即實 2012⑳), ② 몽올(蒙兀)(吳英喆 2015a). [出] 先54.

> [遼史] **萌古部(맹고부)**는 몽고의 별칭이다. 몽고라고 명칭된 것은 11~12세기의 중국 사료에 전해지는

몽올(蒙兀), 맹고(萌古), 몽골자(蒙骨子), 몽고(어떻든 蒙古의 역음에서 이루어진 것이다)에서 기원되어 나왔다. 이 지방의 주민은 모두 몽고족이지만 고대에는 터키족이 우세하였다(金渭顯 1985).

[关村] miŋ.ən [수](소유격) 1천에(劉鳳翥 2014b㊾). [出] 許44, 宗7, 糺25. [校勘] 이 글자는 초본에 잘못 옮겨진 것이므로 "丞舟"가 올바르다(即實 2012㊎).

笈 [발음] lu [原字번호] 208

[笈] lu [借詞] "祿"을 나타내는 한어차사(劉鳳翥외 1977/1981a). [명] 용(辰・龍)(羅福成 1934b/1934d/1934g, 研究小組 1977b, 清格爾泰외 1978a/1985, 清格爾泰 1997e), [同源語] "용"을 뜻하는 몽골어의 [lvv]와 동일한 어원이다(吳維외 1999). [出] 興/仁/道/宣/仲/先/宗/永/烈/奴/高/尚/玦/回/特.

[笈 叉由] lu ir.bəl [명] 용안(龍顔)(劉鳳翥 2014b㊾). [出] 仲24.

[笈主当] lu.huaŋ.ən [出] 圖21. [校勘] 이 글자는 휘본 등에 잘못 옮겨진 것이므로 "交尘当"이 올바르다(即實 2012㊎).

[笈夂] lu.ug [出] 迪1, 皇2, 宋2.

[笈矢] lu.tə [出] 興3.

[笈化舟尘] lu.ur.əb.t [出] 故6.

[笈火] lu.un [出] 梁26.

笶 [발음] lu [原字번호] 209

[笶] lu [명] 용(辰・龍)(研究小組 1977b, 清格爾泰외 1978a/1985). [出] 仁11. [校勘] 이 글자는 휘본 등에 잘못 옮겨진 것으로 추정된다. 용(辰)을 나타내는 간지(干支)는 모두 "笈"을 사용하는데 오직 이곳에서만 "笶"를 사용하고 있으므로 "笈"로 함이 마땅하다(即實 2012㊎).

尓 [발음] au [原字번호] 210

[尓] au [명] 언니(姉)(武内康則 2016). [出] 海9.

[尓交] au.ur [出] 仲/先/博/迪/副/慈/奴/梁/尚/玦.

[尓亐] au.al [出] 博25/35. [校勘] 이 글자는 휘본 등에 잘못 옮겨진 것("尓"와 "亐"을 이어 쓰는 사례는 없음)이므로 "尓交"가 올바르다(即實 2012㊎).

[尓仅] au.ba [出] 許/先/弘/玦/特.

[尓仅平] au.ba.an [出] 皇16.

[尓仅ホ关] au.ba.ar.i [出] 弘10, 特7.

[尓冬村] au.as.ən [出] 崖1.

[尓伏公] au.n.ər [명] ①"누이, 누나"의 복수형(愛新覺羅 2004a⑦, 即實 2012⑳), ②"丸"의 복수형(大竹昌巳 2014), ③"尓"의 복수형(武内康則 2016). [出] 故17, 宋11.

[尓化] au.ur [出] 副44. [校勘] 이 단어는 초본에 옮기며 잘못 분할되었는데, 뒤 원자들과 합쳐 "尓化井平击为ホ"로 하여야 한다(即實 2012㊎).

[尓化井及扎] au.ur.ʊ.o.ur [出] 先15/26, 博6, 尚7.

[尓化井及内] au.ur.ʊ.o.on [出] 弘29.

[尓化井火] au.ur.ʊ.ui [동] 줄이다(大竹昌巳 2016b). [出] 道/故/先/迪/慈/玦.

[尓化小击ヰ] au.ur.əl.ha.ai [出] 迪38.

[尓化小击为ホ] au.ur.əl.ha.a.ar [出] 玦18.

[尓火] au.ui [명] ①낭자(娘子)(石金民외 2001, 趙志偉외 2001, 劉鳳翥외 2003b, Kane 2009, 即實 2012⑳), ②공(公)(即實 1996⑯). [出] 許/故/仲/先/宗/博/涿/永/迪/弘/副/慈/智/烈/奴/高/圖/梁/糺/清/韓/玦/回/特/蒲.

> [參考] 거란의 여성에 대한 존칭으로는 ①**乙林免**(을림면), ②**麼格**(마격), ③**娘子**(낭자), ④**別胥**(별서), ⑤**夫人**(부인), ⑥**令孃**(영양) 등이 있다(愛新覺羅 2006a).
> ☞ 이와 관련한 보다 자세한 내용에 대하여는 "尘犮伞火"를 참고하라.

[尓火禾] au.ui.is [出] 迪28. [校勘] 이 글자는 초본에 잘 못 옮겨진 것이므로 "ホ关禾"가 올바르다(即實 2012㊎).

[尓火村] au.ui-n [명](소유격) ①낭자(娘子)의(劉浦江외 2014, 劉鳳翥 2014b㊾), ②공(公)의(即實 1996⑯). [出] 故/弘/慈/智/烈/糺/清/回.

[尓火矢] au.ui.tə [명](향위격) 낭자에게(劉浦江외 2014). [出] 令15. [校勘] 即實은 이 글자를 "ホ火矢"라고 기록하고 있다(即實 2012㊎).

[尓火公] au.ui.d [명] "낭자(娘子)"의 복수형(趙志偉외 2001). [出] 智15.

[尓火芬] au.ui.ə [명](인명) 歸月(即實 2012⑰). [出] 副24. [人物] ≪副誌≫ 주인의 둘째 부인인 徒古得(愛新覺羅는 "都特"이라 해석) 낭자(娘子)의 모친인 歸月 부인(夫人)을 지칭한다(即實 2012⑰).

[尓丹] au.tum [出] 特7.

[尓中] au.[?] [出] 先45, 弘10. [校勘] 即實은 이 글자를 "尓币"이라고 기록하고 있다(即實 2012㊎).

[尓中考支为乍] au.[?].jau.dʒi.qa.al [出] 梁16. [校勘] 이 단어

는 본래 2개의 글자(尔币 考亥力朩)이나 초본에는 잘못하여 하나로 합쳐져 있다(即實 2012⑭).

[尔币] au.[?] [出] 玦30.

ㄥ [발음] ɣʊtʃ, kʊtʃi [原字번호] 211

[ㄥ] ɣʊtʃ, kʊtʃi [수] 30(研究小組 1977b, 清格爾泰외 1978a/1985, 即實 1996⑯). [同源語] "30"을 의미하는 여진어의 [久: gušin], 만주어의 [gūsin], 몽고어의 [kʊtʃʻi], 다호르어의 [kɔtʃʻi], 어웬키(鄂溫克)어의 [kʊtʻiŋ] 등이 동일한 어원이다(即實 1996⑬, 孫伯君외 2008). [出] 故/仲/先/博/弘/副/慈/烈/圖/梁/清/尚/韓/玦/特/蒲.

[ㄥ 丞矢] kʊtʃi niæm.tə [수](향위격) 38에(即實 2012⑱, 劉鳳翥 2014b㉜). [出] 梁8.

[ㄥ 乇] kʊtʃi tau [수] 35(劉鳳翥 2014b㉜). [出] 弘16. [校勘] 이 글자는 휘본 등에 잘못 옮겨진 것이므로 "ㄥ 乇"가 올바르다(即實 2012⑭).

[ㄥ 禾] kʊtʃi is [수] 39(劉鳳翥 2014b㉜). [出] 弘16.

[ㄥ 禾矢] kʊtʃi is.tə [수](향위격) 39에(即實 2012⑱, 劉鳳翥 2014b㉜). [出] 梁8.

[ㄥ 圣] kʊtʃi dʒur [수] 32(劉鳳翥 2014b㉜). [出] 弘16.

[ㄥ村] kʊtʃi-n [수](소유격) 30의(吳英喆 2012a③). [出] 特37.

[ㄥ矢] kʊtʃi.tə [수](향위격) 30에(清格爾泰외 1985). [出] 烈7.

ケ [발음] ?? [原字번호] 212

[ケ丑ち水火] [?].ha.al.q.iu [出] 宣18.

[ケ丑丰] [?].ha.ai [出] 先24/37.

[ケ丑久水夹] [?].ha.da.aq.an [出] 奴43. [校勘] 이 글자는 초본에 잘못 옮겨진 것이므로 "ケ丑ち水夹"이 올바르다(即實 2012⑭).

[ケ丑力朩] [?].ha.a.ar [出] 玦37.

[ケ叐] [?].u [出] 特11.

[ケ水丰关] [?].aq.ai.i [出] 奴33. [校勘] 이 글자는 초본에 잘못 옮겨진 것이므로 "午水丰关"이 올바르다(即實 2012⑭).

[ケ令北] [?].s.əl [出] 先31.

[ケ关] [?].i [出] 先/副/烈/奴/梁/玦/回/特.

[ケ当] [?].ən [명] 직(職)(即實 2012⑳). [出] 弘29, 烈31, 奴37.

生 [발음] to [原字번호] 213

[生北] to.ur [出] 圖25.

[生子] to.os [명] 본보기(楷式)(即實 2012⑳). [出] 宣/令 弘/副/圖/尚.

[生子村] to.os.ən [出] 副30.

[生ふ] to.on [借詞] "團"을 나타내는 한어차사(劉鳳翥외 1981a, 即實 1990). [出] 仲/涿/弘/宋/智/烈/紀/蒲.

[生ふ 쑤文秀] to.on l.iæ.æn [명](관제) "단련(團練)"의 한어차사(劉鳳翥 2014b㉜). [出] 仲7.

[生ふ 쑤文秀 兆] to.on l.iæ.æn şï [명](관제) "단련사(團練使)"의 한어차사(劉鳳翥 2014b㉜). [出] 宋11.

[生ふ 쑤文秀 业火 火火] to.on l.iæ.æn p.uŋ ŋ.iu [명](관제) ① 단련사(團練使)·방어사(防禦使)(即實 2012⑤), ② "단련방어(團練防禦)"의 한어차사(劉鳳翥 2014b㉜). [出] 智10.

[生ふ伏] to.on.in [명](인명) ① 團寧, 團隱(梁振晶 2003, 愛新覺羅 2004a⑪), ② 駝寧(康鵬 2011, 愛新覺羅외 2011, 吳英喆 2012a②). [出] 智6, 圖2, 回3/21, 特3/6.

> [人物] ① 耶律智先의 선조인 團寧 惕隱을 지칭한다(劉鳳翥 2014b㉖).
> ② 駝寧(蕭撻凜)은 《圖誌》의 주인 蒲奴隱圖古辞(1018~1068)의 조부이자, 《特誌》의 주인 特里堅忽突菫(1041~1091)과 《回誌》의 주인 回里堅何的(?~1080)의 증조부에 해당한다(愛新覺羅 2010f).

[生ふ伏 午会 丞 杰] to.on.in tal.əm tai(dai) uaŋ [명](인명) 駝寧·撻凜대왕(吳英喆 2012a②). [出] 回3. [人物] 《回誌》 주인 回里堅何的(?~1080, 蕭圖古辭의 조카)의 증조부인 駝寧撻里麼 대왕(大王)을 지칭한다(愛新覺羅 2010f).

> [人物] **蕭撻凜**(소달름, ?-1004년)의 자는 타녕(駝寧)이며 요의 명장이다. 어려서부터 천문에 밝았다. 통화 11년(993년)에 소손녕(蕭遜寧)을 따라 고려를 침공하고, 그 다음해 서하(西夏)를 토벌하여 난릉군왕(蘭陵郡王)에 봉해졌으며, 남경통군사(南京統軍使)가 되었다. 통화 22년(1004년) 성종이 송을 침략할 때 요군 주장(主將)이 되어 전연(澶淵)에 이르렀으나 매복한 송나라 병사가 쏜 쇠뇌에 맞아 사망했다. 다음날 영구를 실은 수레가 도착하자 태후가 통곡하고 5일 동안 조회를 중지하였다(金渭顯외 2012㊦).

[生矢] to.ul [명](인명) ① 突里(蓋之庸외 2008, 劉鳳翥

2014b⑤2), ② 霞里得(愛新覺羅 2010f), ③ 組里(即實 2012⑰).
出 副6. 人物 《副誌》 주인 窩篤宛兀没里(1031~1077,
한풍명: 耶律運)의 고조부인 蒲奴隱霞里得 낭군(郎君)을
지칭한다(愛新覺羅 2010f).

生与] to.ən 出 尚18. 校勘 이 글자는 초본에 잘못
옮겨진 것("生"와 "与"를 이어 쓰는 사례는 없음)이
므로 "土与"이 올바르다(即實 2012⑱).

生艾] to.adʒu 出 奴18. 校勘 이 글자는 초본에 잘
못 옮겨진 것이므로 "坐艾"가 올바르다(即實 2012⑱).

六 [발음] da
[原字번호] 214

六] da 書法 Kane은 이 원자가 "久 [da](원자번호 171)"
및 "久 [da](원자번호 215)"의 이서체라고 주장하고 있다
(Kane 2009). 出 道29, 海8.

六立本] da.ha.ar 動 가리다, 닫다(掩)(劉鳳翥외 1981d).
出 故/涿/弘/梁/清/尚/韓/玦.

六立本 及子立为屮] da.ha.ar o.os.ha.a.an 動 안장하다
(安葬·掩閉)(即實 2012⑱, 劉鳳翥 2014b⑤2). 出 梁22.

六立本 及子立为艾] da.ha.ar o.os.ha.a.adʒu 動 ① 안장
하다(掩閉)(吳英喆 2012a①), ② 매장했다(愛新覺羅 2017a).
出 玦35.

六立本 及子立出] da.ha.ar o.os.ha.an 名 엄폐처(掩閉處,
즉 "묘혈(墓穴)"을 말한다)(愛新覺羅 2004a⑫). 出 宋7.

六立本 及子为艾] da.ha.ar o.os.a.adʒu 動 매장했다(愛
新覺羅 2017a). 出 清22.

六立本关] da.ha.ar.i 副 재차(愛新覺羅 2004a⑧), 名 ① 시
종(侍從, 임금을 모시는 벼슬)(即實 2012⑥), ② 수가(隨
駕, 임금의 거둥시 가마를 수행하는 일)(即實 2012⑥).
出 迪/副/奴/高/圖/清.

六立本关 丹及 几亦] da.ha.ar.i b.u g.iun 名(관제) 시
위친군보군지휘사(侍衛親軍步軍指揮使)(即實 2012⑥). 出
圖10.

六夫] da.ali 名(인명) ① 達里(愛新覺羅 2004b③), ②
達利(即實 2012⑦). 出 永5. 人物 《永誌》 주인 遙隱永
寧(1059~1085)의 부인인 해가한장(奚可汗帳)의 迭剌蒲速
宛 낭자(1066~1087)를 지칭한다(愛新覺羅 2010f).

六半] da.ai 借詞 "大"를 나타내는 한어차사(劉鳳翥외
1977). 出 故/先/副/皇/高/韓.

六半 万交方 屮又村] da.ai j.jæ.æn l.im-n 名(인명) 발
해인 "대연림(大延琳)"의 한어차사(劉鳳翥 2014b⑤2). 出
副8. 參考 ☞ 대연림(大延琳)에 대한 보다 자세한 내

용은 "久半 万交方 屮又村"를 참조하라.

六半 乇用] da.ai ʃ.iɲ "대성(大聖)"의 한어차사(劉鳳
翥 2014b⑰, 陶金 2015). 出 先3. 用例 巨 半半 六半 乇
用 癶 山 主 王 [tai(dai) s.u da.ai ʃ.iɲ au niorqo huaŋ
ti] 名 ① 태조대성승천황제(太祖大聖承天皇帝)(야율아
보기의 존호(尊號)중 하나이다)(即實 1996⑯), ② 태조대
성천명[천금]황제(太祖大聖天明[天金]皇帝)(劉鳳翥 2014b
⑰). 出 先3.

六半 本癶 半艸] da.ai tʃ.əŋ s.iaŋ 名(관제) "대승상(大
丞相)"의 한어차사(劉鳳翥 2014b⑲). 出 高6. 校勘 即實
은 첫 글자를 "久半"라고 기록하고 있다(即實 2012⑱).

> 歷史 大丞相(대승상)은 권위가 매우 높은 중신이
> 거나 공로가 뛰어나거나 군국의 대정을 맡은 권신
> 에게 주어지는 관직인데, 거란에서는 남면 조관
> 중 최고의 관직으로 공로가 뛰어난 신하에게 내려
> 졌으며 정제(定制)는 아니었다(金渭顯외 2012上).

六半 付 公圣] da.ai bi n.u 名(인명) ① 大卜奴(即實
2012⑬), ② 大夫奴(劉鳳翥 2014b⑳). 出 韓15.

六半 半] da.ai pu 名(관제) "대부(大夫)"의 한어차사
(研究小組 1977b, 清格爾泰외 1978a). 出 故2.

六半 半艸 几亦] da.ai s.iaŋ g.iun 名(관제) "대장군(大
將軍)"의 한어차사(劉鳳翥 2014b⑤2). 出 高15. 參考 ☞
대장군(大將軍)에 대한 보다 자세한 내용은 "久半 半
並 几亦"를 참조하라.

六村] da.n 出 先29. 校勘 即實은 이 글자를 "久村"
이라고 기록하고 있다(即實 2012⑱).

六出] da.an 動 ① 따르다, 수행하다(隨)(即實 2012⑳),
② 가다(吉如何 2016). 出 皇21. 用例 半本坐与 六出
[s.ar.t.ən da.an] 動 흩어져 가다(吉如何 2016). 出 皇21.

六丹癶] da.l.ər 数(서수) ① 제7, 일곱째(劉鳳翥 1993d),
② 제7, 일곱째의 남성형(愛新覺羅 2003a, 劉鳳翥 2014b⑤2).
名(인명) ① 達烈里(愛新覺羅 2010f), ② 達烈(愛新覺羅외
2015②). 出 海/永/慈/故/梁/清/尚/玦. 人物 《玦誌》의
주인 只兗昱(1014~1070, 한풍명: 耶律玦)의 조부인 曷朮隱
達烈 부추(副樞)를 지칭한다(愛新覺羅외 2015②).

六丹癶 公圣村 癶化 半] da.tum.ər n.o.ən u.ur ai 名 ①
7대조(代祖)(即實 2012⑱), ② 제7대의 조종(祖宗)(劉鳳翥
2014b⑤2). 出 梁2, 尚3.

六丹□癶] da.tum.⍰.ir 数(서수) 제7, 일곱째(吳英喆 2012a
②). 出 回2.

六艾] da.adʒu 出 先8, 宗13/18, 慈14, 玦15/42. 校勘
이 글자가 《先8》에서는 휘본 등에 잘못 옮겨졌으
므로 "火夲"가 올바르다(即實 2012⑱). 書法 이 글자는

어떤 경우 세로로 써 내려간다(即實 2012校).

| 久 | [발음] da
[原字번호] 215 |

[久] da 書法 Kane은 이 원자가 "久[da](원자번호 171)"와 "𡆵[da](원자번호 214)"의 이서체라고 주장하고 있다(Kane 2009).

[久並] da.ha 出 許25. 校勘 即實은 이 글자를 뒤 원자들과 합쳐 "久並夰夂"이라고 기록하고 있다(即實 2012校).

[久並卡] da.ha.su 出 興3, 故14. 校勘 이 글자는 휘본에 잘못 옮겨졌으므로 "久並夰"가 바르다(即實 2012校).

[久並卡 及子並为夂] da.ha.su o.os.ha.a.adʒu 動 엄폐(掩閉)하다(研究小組 1977b, 清格爾泰외 1978a). 出 興3. 校勘 ☞ 久並夰 及子並为夂(即實 2012校).

[久並夰] da.ha.ar 動 ①덮다(掩)(研究小組 1977b, 劉鳳翥외 1977/1981a), ②옮기다(遷)(劉鳳翥외 1977). 出 興/道/許蓋/許/故/仲/博/尚. 校勘 ☞ 久並夰(即實 2012校).

[久並夰 及子並为出] da.ha.ar o.os.ha.a.an 動 엄폐(掩閉)하다(研究小組 1977b, 清格爾泰외 1978a). 出 道6. 校勘 ☞ 久並夰 及子並为出(即實 2012校).

[久並夰 及子케] da.ha.ar o.os.aq 動 엄폐(掩閉)하다(研究小組 1977b, 清格爾泰외 1978a). 出 許蓋1. 校勘 ☞ 久並夰 及子케(即實 2012校).

[久並夰 及子케 夬] da.ha.ar o.os.aq niar 名 엄폐한 날자(掩閉日)(研究小組 1977b, 清格爾泰외 1978a). 出 許蓋1. 校勘 ☞ 久並夰 及子케 夬(即實 2012校).

[久女] da.sair 出 仲40. 校勘 이 글자는 초본에 잘못 옮겨진 것이므로 "久女"가 올바르다(即實 2012校).

[久卞] da.ai 借詞 "大"를 나타내는 한어차사(研究小組 1977b, 劉鳳翥외 1977). 出 仁/道/宣/許/仲/宋. 校勘 ☞ 久卞(即實 2012校).

[久卞 万交为 屮叉] da.ai j.jæ.æn l.im 名(인명) 발해인 "대연림(大延琳)"의 한어차사(愛新覺羅외 2011). 出 副8. 校勘 即實은 첫 글자를 "𡆵卞"라고 기록하고 있다(即實 2012校). 參考 ☞ 대연림(大延琳)에 대한 보다 자세한 내용은 "久卞 万交为 屮叉夰"를 참조하라.

[久卞 수] da.ai pu 名(관제) "대부(大夫)"의 한어차사(研究小組 1977b). 出 道2. 校勘 ☞ 久卞 수(即實 2012校).

[久卞 수井 九亦] da.ai s.iaŋ g.iun 名(관제) "대장군(大將軍)"의 한어차사(清格爾泰외 1978a, 劉鳳翥 2014b52). 出 許11. 校勘 ☞ 久卞 수並 九亦(即實 2012校).

[久卞关] da.ai.i 借詞 "大"를 나타내는 한어차사(研究小組

1977b, 劉鳳翥외 1977). 出 仲21. 校勘 ☞ 久卞关(即實 2012校).

[久卞关 수] da.ai.i pu 名(관제) "대부(大夫)"의 한어차사(清格爾泰외 1978a). 出 仲21. 校勘 ☞ 久卞关 수(即實 2012校).

[久木] da.ar 動 묻다·매장하다(掩埋), 장사지내다(葬)(即實 199616). 出 仲43. 校勘 ☞ 久木(即實 2012校).

[久刃] da.ir 出 先67. 校勘 即實은 이 글자를 "夰 村"이라고 기록하고 있다(即實 2012校).

[久村] da.n 出 先66. 校勘 ☞ 久村(即實 2012校).

[久屮岺万] da.l.gə.əi 出 許19. 校勘 即實은 이 글자를 "万屮岺万"이라고 기록하고 있다(即實 2012校).

[久开屶] da.tum.ən 出 道14. 校勘 ☞ 久开屶(即實 2012校).

[久岺万] da.gə.əi 出 梁5. 校勘 이 글자는 초본에 잘못 옮겨졌으므로 "令岺万"가 올바르다(即實 2012校).

[久女] da.adʒu 出 仲40, 先39. 校勘 ☞ 久女(即實 2012校).

| 失 | [발음] sæ
[原字번호] 216 |

[失並] sæ.ha 出 仲3. 校勘 이 단어는 초본에 옮기며 잘못 분할되었는데, 뒤 원자들과 합쳐 "失並为木"로 하여야 한다(即實 2012校).

[失並丂케] sæ.ha.al.aq 出 先17.

[失並木] sæ.ha.ar 出 先68, 梁24.

[失並为] sæ.ha.a 出 先41.

[失並为木] sæ.ha.a.ar 出 玦18.

[失並丂] sæ.ha.dor 出 許41. 校勘 이 글자는 초본에 잘못 옮겨진 것이므로 "失並丂"이 올바르다(即實 2012校).

[失开歹] sæ.o.dʒi 出 博38.

[失夫] sæ.qu 出 先44.

[失케] sæ.qa 名 쥐(子·鼠)(王靜如 1933, 羅福成 1934a/c, 研究小組 1977b, 清格爾泰외 1978a/1985, 劉鳳翥 1984a). 出 興/道/故/添/皇/奴.

[失소] sæ.sə 出 先38.

[失刽叐] sæ.bu.u 出 先57/64, 慈13/16, 糺19, 清15/29.

| 朱 | [발음] od, do
[原字번호] 217 |

朱] do [用法] 향위격어미를 표시하는 부가성분이다(即實 1996⑯, 愛新覺羅 2004a⑦). [出] 迪41.

[朱叉] do.r [出] 仲38.

[朱叉圡平] do.r.ha.ul [出] 智25. [校勘] 이 단어는 초본에 옮기며 잘못 분할되고 합쳐졌는데(**朱叉圡平 仐火**), "**朱叉 ⽊平仐火**"로 하여야 한다(即實 2012㊷).

朱关] do.i [대](향위격) 그것에(即實 2012⑳). [用法] 탈격(奪格) 어미를 표시하는 부가성분이다(吳英喆 2005c, 이성규 2015). [出] 圖4.

与 [발음] dor [原字번호] 218

与] dor [명] ① 인(印)(盧迎紅외 2000, 劉鳳翥외 2005b, 劉鳳翥 2014b㉕/㉚), ② 예(禮)(羅福成 1933/1934c/d, 即實 1996⑯), ③ 제도(即實 1996⑯). [出] 興/仁/道/宣/許/故/仲/先/海/博/涿/永/迪/副/皇/宋/慈/智/烈/奴/高/梁/糺/清/尚/玦/回/特. [同源語] "예"를 뜻하는 척발어의 [doro], 서면몽골어의 [törö], 중기몽골어의 [törö]/[töre], 현대몽골어의 [tor]가 같은 어원이다(大竹昌巳 2016e).

[与 犻㚇] dor tʃəu.ur [명] 예절(即實 2012⑳). [出] 皇23.

[与 兂] dor au [명] 예의(即實 2012⑳). [出] 奴10.

[与 兂矢] dor au.tə [명](향위격) 예의에(即實 2012⑳). [出] 梁6.

[与 叔比穴豹] dor k.əl.u.dʒi [동] 예(禮)이다(劉鳳翥 2014b㊷). [出] 梁23.

[与 叔比穴豹] dor k.əl.u.dʒi [동] 예(禮)이다(劉鳳翥 2014b㊷). [出] 道6. [校勘] ☞ **与 叔比穴豹**(即實 2012㊷).

[与 业中廾村] dor p.ai.sï-n [명](관제) 예신사(禮信司)(即實 2012⑳). [명](관제・소유격) 인패사(印牌司)의(吳英喆 2012a③, 劉鳳翥 2014b㉔). [出] 迪15, 特11. [参考] 印牌司는 ≪요사≫에 나오는 "패인사(牌印司)"를 가리킨다(劉鳳翥 2014b㉔).

[与 业中廾村 叉为夫] dor p.ai.sï-n ʃ.a.ali [명](관제) ① 예신사 낭군(禮信司郎君)(即實 2012③), ② 인패사(印牌司)의 낭군(郎君)(劉鳳翥 2014b㉔). [出] 迪15, 高2.

[与 业中廾村 叉为夫公] dor p.ai.sï-n ʃ.a.ali.d [명](관제) ① 예신사 낭군반(禮信司郎君班)(即實 2012⑰), ② 인패사(印牌司)의 낭군(郎君)들(劉鳳翥 2014b㊷). [出] 迪2, 智2, 副15.

[与秃廾伏] dor.is.ʊ.n [出] 博33.

与圡乃] dor.ha.am [형] 예의가 있다(即實 1996⑫). [명] ① 대정(大定, 금나라 제5대 세종황제 때의 연호로서 기간은 1161년~1189년이다)(清格爾泰외 1985), ② 정(定)(即實 1996⑯). [出] 塔II-1. [用例] **关 与圡乃** [au dor.ha.am] [명] 대정(大定)(清格爾泰외 1985, 即實 1996⑫).

[与夯] dor.e [出] 清31.

[与村] dor.ən [명](소유격) 예(禮)의(劉鳳翥외 2009). [出] 宣22, 副5, 尚18, 玦11.

[与村村] dor.ən.ən [出] 奴14.

[与叉] dor.ir [명] 예(禮)(即實 1996⑯). [出] 道26, 仲40, 尚7.

[与欠扎火矢] dor.gu.ur.əl.tə [出] 皇10.

[与为木] dor.a.ar [동] 귀순하다(歸順, 적이 스스로 돌아와 복종하거나 순종함)(即實 1996⑯). [出] 仁52, 先51, 智4.

[与为出] dor.a-an [형] 안정되다(愛新覺羅외 2011). [동] 귀순(歸順)하다(即實 1996⑯). [出] 許/先/博/迪/智/烈/奴/圖/糺/尚/蒲. [用例1] **又 与为出** [mos dor.a-an] 대정(大定)(朱志民 1995, 劉鳳翥외 1995). [用例2] **令火 与为出** [t.ud dor.a-an] 보령(保寧, 요나라 제5대 경종황제 때의 연호로서 기간은 969년~979년이다)(唐彩蘭외 2002).

[与为犾] dor.a.adʒu [동] ① 예를 갖추게 하다, 항복하다, 가어(駕馭, 수레를 마음대로 부리다)(即實 1996①), ② 귀례(歸禮)(即實 1996⑯). [出] 道29, 清26.

[与矢] dor.tə [명](향위격) 예(禮)에(劉鳳翥 2014b㉔). [出] 迪14, 奴14/37.

[与矢关] dor.d.i [형] 예의가 있다(即實 1996⑯). [出] 仲16/17, 先60, 慈16, 回18.

[与伏] dor.in [出] 皇15.

[与仕习] dor.mu.ja [出] 許57.

[与化圡为出] dor.ur.ha.a.an [명](인명) ① 堯四勒釓初, 堯四勒古(即實 1996④), ② 多羅蘭(劉鳳翥 2014b㊱). [出] 許47. [人物] ≪許誌≫ 주인의 첫째 며느리(장남 房壽[彭壽] 장군의 부인)인 多羅蘭을 지칭한다(劉鳳翥 2014b㊱).

[与仐] dor.əs [명] 제례(諸禮, 모든 예의범절)(即實 2012⑳). [出] 慈18.

[与仐 ⽊当] dor.əs tʃ.ən [동] 모든 예절(諸禮)을 갖추다(即實 2012⑳). [出] 慈18.

[与仐比] dor.əs.əl [出] 迪18.

[与仐村] dor.əs.ən [명](소유격) ① 인(印)의(鄭曉光 2002), ② 예(禮)의(即實 2012⑦). [出] 先57, 永28, 玦37.

[与佘扎] dor.gu.ur [出] 玦27.

[与分] dor.ud [형] 예의가 있다, 법규에 맞다(即實 2012⑳). [出] 清31.

[与公] dor.d [出] 尚9. [校勘] 이 단어는 초본에 옮기며 잘못 분할되었는데, 뒤 원자들과 합쳐 "与公仐刃来"으로 하여야 한다(即實 2012校).

[与公叉] dor.d.ir [명] 예(禮)(愛新覺羅 2002). [出] 永28.

[与公仐刃] dor.d.əl.aq [出] 迪34.

[与公仐刃来] dor.d.əl.aq.an [동] 예를 베풀다(施禮)(即實 2012⑳). [出] 尚9.

[与公屮] dor.d.bur [형] 겸손하고 공손하다, 예의가 있다(即實 1996⑯). [出] 仲37.

[与公舟叉] dor.d.bu.r [형] 예의 있다(即實 1996⑯). [出] 許4.

[与公舟伏] dor.d.bu.n [형] 겸손하고 공손하다, 예의가 있다(即實 1996①). [出] 宣/故/仲/博/皇/梁.

[与公舟火公] dor.d.b.ju.ər [出] 仲35. [校勘] 이 글자는 초본에 잘못 옮겨졌으므로 "与公舟伏公"가 올바르다(即實 2012校).

[与仐] dor.əl [出] 許22. [校勘] 이 단어는 초본에 옮기며 잘못 분할되었는데, 뒤 원자들과 합쳐 "与仐舟关"로 하여야 한다(即實 2012校).

[与仐圡丰] dor.əl.ha.ai [出] 特14.

[与仐圡朩] dor.əl.ha.ar [동] 예의가 바르도록 하다, 항복하다(即實 1996⑯). [出] 先54.

[与仐圡朩 夯] dor.əl.ha.ar e [出] 先54. [校勘] 이 글자가 휘본 등에는 한 글자로 합쳐져 있다(即實 2012校).

[与仐圡为出] dor.əl.ha.a.an [명](인명) ① 奪里懶(愛新覺羅 2006a), ② 堯斯拉初(即實 2012⑳). [出] 清1/2, 尚4.

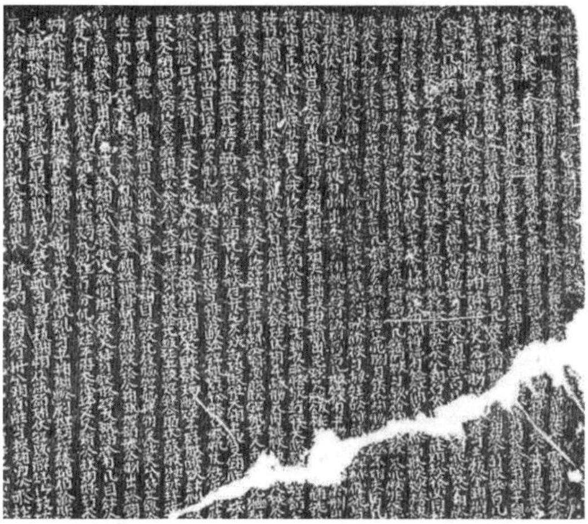

▲ 소태산(蕭太山) · 영청군주(永清郡主) 묘지명(일부)

[墓誌] ≪清誌≫의 주인인 奪里懶太山(1029~1087, 한풍명: 蕭彦弼) 장군이다. 5대조는 순흠황후(淳欽皇后)의 오빠인 阿鉢董細思(室魯) 상부(尚父), 고조부는 石魯隱究里(蕭翰) 령공(令公), 증조부는 丹哥 장군, 조부는 留隱安哥 태사(太師)이다. 부인은 영청군주(永清郡主) 堯姐로, 경종황제(景宗皇帝)의 증손녀이다. 장군과 군주(郡主)에게는 3남(別里[蕭昕]태보, 查剌[蕭晐]낭군, 阿剌里[蕭昉]낭군) 6녀(賢聖哥 · 合哥 · 貴哥 · 得哥 · 師姑 · 延哥낭자)가 있다. 장군은 대안(大安) 3년(1087) 봄에 병으로 관직을 사퇴하였고, 3월에 횡주(横州)에서 사망하였다(愛新覺羅 2010f).

[与仐圡与叉] dor.əl.ha.dor.ir [出] 仲10.

[与仐圡出] dor.əl.ha.an [명](인명) 堯斯拉初(即實 2012⑭). [出] 清28. [參考] ☞ 위의 "与仐圡为出"과 동일한 이름이다(即實 2012⑭).

[与仐井□] dor.əl.o.? [出] 許62. [校勘] 이 글자는 초본에 잘못 옮겨진 것이므로 "与仐舟伏"이 올바르다(即實 2012校).

[与仐亥药] dor.əl.u.dʒi [동] ① 누르다(押)(盧迎紅외 2000), ② 직무를 맡다(服), 부르다(招)(即實 2012⑳). [出] 迪... [同源語] "압력(壓力)"을 의미하는 몽골어 및 다호르어의 [daralt]와 동일한 어간이다(劉鳳翥 2014b㉔).

[与仐叉] dor.əl.ir [出] 迪39.

[与仐刃] dor.əl.qa [동] 예를 베풀다(即實 1996⑯). [出] 仲3..., 博32.

[与仐州] dor.əl.od [出] 宗23. [校勘] 即實은 이 글자를 "与仐屮"라고 기록하고 있다(即實 2012校).

[与仐伏] dor.əl.in [동] 항복하다(愛新覺羅 2006a). [出] 奴7.

[与仐屮] dor.əl.bur [동] ① 예를 베풀다(即實 1996⑯). ② 정복했다(?)(吳英喆 2015a). [명](인명) 堯思勒卜(即實 2012①). [出] 道25, 先59, 宗23. [人物] ≪宗誌≫의 송장명단(送葬名單)에 출현하는 인물로서, "동생 堯思勒卜 태위(太尉)"라고 해석된다(即實 2012①).

[与仐舟叉] dor.əl.bu.r [동] 귀복(歸服, 백성으로 편입되기를 바라고 내속하는 것), 예를 베풀다(即實 1996①). [出] 道改25, 圖2.

[与仐舟伏] dor.əl.bu.n [동] ① 예의가 바르도록 하다, 항복하다, 가어(駕馭, 수레를 마음대로 부리다)(即實 1996①), ② 예를 베풀다(即實 1996⑯). [出] 道21, 皇13, 烈5.

[与仐舟关] dor.əl.b.i [동] 예를 베풀다(即實 1996④). [出] 許22.

[与仐关] dor.əl.i [出] 許28, 圖14.

[与火] dor.ju [出] 許40. [校勘] 이 글자는 초본에 잘못 옮겨진 것이므로 "与火"가 올바르다(即實 2012校).

[与关] dor.i [出] 宣29.

[与公] dor.ər [동] ① 좇다, 따르다(追)(盧迎紅외 2000), ② 전례를 따르다(依例)(即實 2012⑳). [명] ① 예(禮)(...

五郎 1991b, 萬雄飛외 2008), ② 예(禮)로써(即實 1996⑯). [出] 許/仲/先/宗/博/迪/梁/清.

[与火] dor.ud [出] 博6/37, 皇9, 烈10, 清29.

[与火尘列] dor.ud.əl.qa [出] 仲35.

[与尘] dor.d [出] 道12, 先33.

[与平圡为木] dor.ul.ha.a.ar [出] 仁20.

与 [발음] en [原字번호] 219

[与] en [書法] Kane은 이 원자를 "与[ən](원자번호 361)"의 이서체라 주장하나(Kane 2009), 愛新覺羅는 이를 반박("与"와 "与"는 별개의 원자라는 입장)하고 있다(愛新覺羅 2012).

[与丙关] en.əi.i [出] 玦29.

[与叐药矢] en.u.dʒi.tə [명](향위격) 직(職)에(即實 2012⑳). [出] 皇16.

[与爻杰] en.ir.tʃi [出] 玦46.

[与伏] en.in [出] 玦37.

[与尘亥药] en.əl.dʒ.dʒi [出] 副20. [校勘] 이 글자는 초본에 잘못 옮겨 "与尘叐药"가 올바르다(即實 2012㉿).

[与尘九] en.əl.gə [出] 道17.

[与尘炏尘伏] en.əl.gə.l.in [出] 玦35.

[与冊] en.? [出] 奴46. [校勘] 이 단어는 초본에 옮기며 잘못 분할되었는데, 뒤 원자들과 합쳐 "与冊叐药"로 하여야 한다(即實 2012㉿).

[与关] en.i [出] 仲17/19.

[与炏] en.ər [出] 尚22.

[与与] en.ən [出] 玦25.

行 [발음] om, omo [原字번호] 220

[行] om / omo [出] 道/先/宗/博/副/皇/智/烈/玦.

[行子北] omo.os.əl [出] 先68.

[行子爻] om.os.ir [出] 仲45, 皇6, 智23.

[行子尘关] om.os.t.i [出] 玦42.

[行子尘圡丰] om.os.əl.ha.ai [出] 副26.

[行子尘廾药] om.os.əl.ʊ.dʒi [出] 副29, 韓19.

[行子丹爻 关] om.os.bu.r an [出] 梁13. [校勘] 이 글자들이 초본에는 한 글자로 합쳐져 있다(即實 2012㉿).

[行平] omo.? [出] 迪39. [校勘] 即實은 이 글자를 "行州"라고 기록하고 있다(即實 2012㉿).

[行平穴药] omo.?.u.dʒi [出] 烈25. [校勘] 이 글자는 초본에 잘못 옮겨진 것이므로 "行子穴药"가 올바르다(即實 2012㉿).

[行州] om.od [부] 함께(?)(即實 2012⑳). [出] 興/仁/道/仲/先/宗/博/迪/烈/回. [書法] "行"과 "州"는 통상적으로는 가로로 원자를 붙여 쓰나, 이와는 달리 세로로 원자를 붙여 쓰는 경우가 있다(예: ≪烈31≫).

[行仐] om.ol [出] 許47, 仲31.

[行火尘列] om.ud.əl.aq [出] 梁12.

[行出] om.? [出] 興15. [校勘] 이 글자는 휘본 등에 잘못 옮겨진 것("行"과 "出"를 이어 쓰는 사례는 없음)이므로 "行炏"가 올바르다(即實 2012㉿).

[行炏] om.os [동] 화합하다, 어울리다(諧)(?)(即實 2012⑳). [出] 興/令/仲/先/永/皇/宋/慈/圖/清/尚/韓/玦/回/特.

[行炏村] om.os.ən [出] 先23, 皇18.

[行炏矢] om.os.tə [出] 令10.

[行尘] omo.t [出] 仲28.

伏 [발음] ni [原字번호] 221

[伏] ni [書法] Kane은 이 원자가 "伏 [ŋ/-in/-n](원자번호 222)"의 이서체라고 주장하고 있다(Kane 2009).

[伏丙与] ni.j.ən [出] 宣19.

[伏圡冬] ni.ha.as [出] 玦45.

[伏廾乃列关] ni.ʊ.am.aq.an [出] 先49. [校勘] 即實은 이 글자를 "伏廾平列关"이라 기록한다(即實 2012㉿).

[伏叐火] ni.u.un [出] 道25.

[伏仐] ni.æm [出] 先34/43. [校勘] 이 글자 휘본 등에 잘못 옮겨진 것이므로 "伏仐"가 올바르다(即實 2012㉿).

伏 [발음] ŋ, ni, -in, -n [原字번호] 222

[伏] ŋ/-in/-n [用法] ① 형동사 및 동명사의 어미(研究小組 1977b, 愛新覺羅 2003a), ② 소유격을 표시하는 어미(蘇赫 1979/1981, 劉浦江외 2005, 吳英喆 2005c, 金適외 2007), ③ 남자의 "자(字)"의 어미(愛新覺羅 2004a⑪), ④ 동사의 과거시제 어미로 동일한 문법적 기능을 가진 표음자는 出 [-an], 内 [-on], 与 [-ən]이 있다(愛新覺羅외 2011).

> [語法1] ☞ "소유격을 표시하는 접미사의 표현형식"에 대하여는 "村"(원자번호 140)을 참조하라.

> [語法2] **남자 "字"의 어미 발음의 표현형식**
>
> 어미 발음인 [-n]/[-in]의 표현형식은 4가지가 있다.
>
> (1) 범위가 가장 넓은 "**伏**"의 사용
>
> ① 어미가 모음(a, o, u, ə, i) 혹은 특정 자음(t, g, l, r, m, n, ŋ)인 경우: [-in]으로 표시
>
> ② 어미음절이 gu 또는 bu인 경우: [-n]으로 표시
>
> * u 모음과 접속되는 경우 때로는 "**杏**"을 사용하고, æ 모음 또는 u 모음과 접속되는 경우 때로는 "**夯**"를 사용하기도 하는데, 이들 원자의 어미 출현 빈도는 "**伏**"보다 현저히 낮아 "**伏**"의 변체라고 볼 수 있다.
>
> (2) 어미 모음 a에 접속하는 "**出**"[an]
>
> (3) 어미 모음 o에 접속하는 "(**反**)**内**"[on]
>
> (4) 어미 모음 ə에 접속하는 "**当**"[ən]
>
> 이들 4가지의 어미문자 형식은 모두 [-n] 또는 [-in]으로 대표된다(愛新覺羅 2004a⑪).
>
> [参考] 愛新覺羅는 묘지연구를 토대로 거란여자가 결혼하면 혼인전의 이름(小名) 대신에 남편 字의 어간과 동일한 이름을 사용하는 "<u>처연부명(妻連夫名)</u>" 현상과, 장남이 부친의 자와 동일한 이름을 사용하는 "<u>자연부명(子連父名)</u>"의 현상이 있다고 주장한다(愛新覺羅 2009a①).

> [語法3] [-n]의 어미를 가지는 동사의 어간은 형동사 겸 동명사의 어법 의미를 표시한다. 알타이어계 언어 중[n]으로 끝나는 동사형식은 동사 또는 일정 범위에서 완성의 의미를 나타내는 형용사에서 유래한 것이며, 한국어에서 [-n]으로 끝나는 행위동사의 어간은 바로 과거시재 동사의 어법 의미를 표시한다(愛新覺羅 2004a⑧).

[**伏买**] ŋ(ni).an [出] 許38, 仲13, 蒲9.

[**伏买丙小圡屮**] ŋ(ni).an.əi.l.ha.ai [出] 博19.

[**伏买丙当**] ŋ(ni).an.j.ən [出] 宣18.

[**伏买圧冬**] ŋ(ni).an.ha.as [出] 興29. [校勘] 이 글자는 휘본 등에 잘못 옮겨진 것이므로 "**伏买生冬**"가 올바르다(即實 2012⑱).

[**伏买生冬**] ŋ(ni).an.abu.as [명] ① 우담바라(優曇波羅)(即實 1996③), ② 담화(曇華)(即實 1996⑯). [出] 興/道/仲/先/宗/副/慈/圖/尚/韓/玦/回/特/蒲. [参考] 即實은 몽고어로 우담바라를 [ʊtʊmpara]라고 칭하는 것을 참고하여 이 글자를 "우담바라(優曇波羅)" 또는 "담화(曇華)"라고 주장하고 있다(即實 1996③).

[**伏买生冬ꟾ**] ŋ(ni).an.bu.as.ər [出] 慈18, 梁22, 回20.

[**伏买矢**] ŋ(ni).an.tə [명] 활(弓)(?)(即實 2012⑳). [出] 副29.

[**伏买仐ꟾ**] ŋ(ni).an.əs.ər [出] 尚16.

[**伏买丹冬**] ŋ(ni).an.b.as [出] 清23/24. [校勘] 即實은 이 글자를 "**伏买生冬**"라고 기록하고 있다(即實 2012⑱).

[**伏芀**] ni.tʃ [出] 博32.

[**伏圡冬**] ni.ha.as [명](지명) 니하스(강이름)(愛新覺羅 외 2015②). [出] 玦45.

[**伏圡冬 丹**] ni.ha.as mur [명](지명) 니하스강(愛新覺羅 외 2015②). [出] 玦45.

[**伏圡化仌ꟾ**] ŋ(ni).əu.ur.gə.ər [出] 道13.

[**伏圠反**] ŋ(ni).ur.o [명] 뱀(巳·蛇)(王静如 1933, 羅福成 1934c/1934f, 研究小組 1977b, 劉鳳翥 1984a, 清格爾泰 외 1985). [出] 道4, 慈15, 烈22, 高22. [校勘] 即實은 이 글자를 "**仕圠反**"라고 기록하고 있다(即實 2012⑱).

[**伏夯圡朩**] ŋ(ni).al.ha.ar [명](인명) 訥里釓勒 또는 涅剌里(即實 2012⑮). [出] 慈13.

[**伏夯圡朩 伏朩**] ŋ(ni).al.ha.ar ŋ(ni).ar [명](인명) 訥里釓勒·涅勒(即實 2012⑮). [出] 慈13. [人物] 《慈誌》에 나오는 芙得日勒堅 낭자(묘주와의 관계는 불명확하다)의 부친 訥里釓勒·涅勒 태보(太保)를 지칭한다(即實 2012⑮). 참고로 愛新覺羅는 "芙得日勒堅"를 "蒲速堅"으로 읽고 묘주 장인의 첩(妾)이라 번역하고 있다(愛新覺羅 2010f).

[**伏廾币**] ŋ(ni).ʊ.od [명] ① 부(部)(劉鳳翥 외 2006a), ② 제부(諸部)(即實 2012⑳). [명](향위격) 부(部) 또는 로(路)에(吳英喆 2011b) [出] 慈11.

> [用例] **部**(부)·**路**(로)를 표기할 때, **伏仌实·伏仌化·伏廾实·伏冗实**는 모두 "부(部)" 또는 "로(路)"를 표시하고, **伏仌矢·伏冗九·伏廾币·伏仌化关·伏廾矢·伏廾实朾·伏廾实仐ꟾ**는 모두 "부(部)"만을 표시한다. **伏仌圠朾**는 "로(路)"만을 표시한다(吳英喆 2011b).

[**伏廾长**] ŋ(ni).ʊ.us [명] 부(部)(即實 2012⑳). [명](인명) 尼兀禿(愛新覺羅 2004a⑫). [出] 令25, 宗25, 尚2.

[**伏廾夯**] ŋ(ni).ʊ.al [出] 令6. [校勘] 이 글자는 초본에 잘못 옮겨진 것이므로 "**伏廾实**"가 올바르다(即實 2012⑱).

[**伏廾实**] ŋ(ni).ʊ.ur [명] ① 부(部)(即實 1996②, 劉鳳翥 외 2006b), ② 부(部) 또는 로(路)(吳英喆 2011b). [명](인명) ① 尼兀里(愛新覺羅 2004a⑫), ② 裊里(愛新覺羅 2010f), ③ 涅古里(即實 2012⑦), ④ 兀古里(愛新覺羅 2013a), ④ 奴哩(劉鳳翥 2014b㊷). [出] 令/故/仲/博/永/副/慈/智/圖/梁/糺/清/玦. [同源語] "면(面)"을 의미하는 몽골어의 [nu:r], 동부유고어의 [ny:r], 토족어의 [niur], 보안어의 [nor]가 같은 어원이다(呼格吉樂圖 2017). [人物] 《永誌》 주인 遙隱永寧(1059~1085)의 백조부(伯祖父)인 兀古里 장군을 지칭한다(愛新覺羅 2013a).

[伏廾夾 尢土火] ŋ(ni).υ.υr.ʃ.ɥ-n 图 (지명·소유격) 날고리수(涅古里收)의(即實 2012⑳). 出 先34.

[伏廾夾村] ŋ(ni).υ.υr.ən 图 (소유격) 부(部)의(劉鳳書 2014b ⑤2). 出 梁7.

[伏廾夾予] ŋ(ni).υ.υr.s 图 ① 부(部)(石金民외 2001), ② 여러 부(諸部)(即實 2012⑳). 出 奴30.

[伏廾芍] ŋ(ni).υ.dʒi 出 先51.

[伏廾矢] ŋ(ni).υ.ul 图 ① 부(部)(閻萬章 1992), ② 족(族)(即實 2012⑳), ③ "부(部)" 또는 "로(路)"의 복수형(吳英喆 2011b). 出 博7/8/10, 慈4.

[伏廾矢村] ŋ(ni).υ.ul.ən 图 (소유격) 부(部)의(即實 1996⑯, 愛新覺羅 2003h, 劉鳳書외 2006a). 出 令/許/博/副/慈/梁.

[伏廾化] ŋ(ni).υ.ur 图 ① 부(部), 로(路)(吳英喆 2011b), ② "부(部)", "면(面)"의 복수형(愛新覺羅 2013b). 出 玦28.

[伏廾火] ŋ(ni).υ.ui 出 副36.

[伏廾□] ŋ(ni).υ.?.? 出 韓28.

[伏女夹] ŋ(ni).?.i 出 故15.

伏夯] ŋ(ni).e 图 누이, 여자아이(姐)(袁海波외 2005). 出 仲/先/清/玦/特/蒲.

[伏夯予] ŋ(ni).e.s 出 智26, 特39.

伏木] ŋ(ni).ar 图 소나무(愛新覺羅 2015②). 图 (인명) ① 涅魯(鄭曉光 2002), ② 尼里(劉鳳書외 2005a), ③ 涅里 (即實 2012⑳). 出 仲/先/宗/海/博/永/慈/糺/清/尚/韓/玦.

人物 ①《永誌》에 등장하는 해(奚) 諾灰衍 낭자(증조모[曾祖母] 혹은 조모[祖母] 항렬의 여성으로 보이나 묘지 내용이 일부 유실되어 정확한 위치를 알 수 없다)의 부친인 涅里 태사(太師)를 지칭한다(即實 2012⑦).
②《韓誌》 주인 曷盧無里 부인의 남편의 형수인 涅里 부인을 지칭한다(即實 2012⑬).

[伏木圡ㄎㄌ] ŋ(ni).ar.ha.al.qa 出 宣6.

[伏木圡キ] ŋ(ni).ar.ha.ai 出 興34.

[伏木圡为木] ŋ(ni).ar.ha.a.ar 出 皇5.

[伏木圡为出] ŋ(ni).ar.ha.a.an 出 宋22.

[伏木圡出] ŋ(ni).ar.ha.an 出 清3.

[伏木圡出冬] ŋ(ni).ar.ha.an.ər 出 許46.

[伏木圡□芍] ŋ(ni).ar.qa.?.dʒi 出 韓26. 校勘 이 글자 중 초본에 탈루된 원자는 "ㄎ"이다(即實 2012⑱).

[伏木欠] ŋ(ni).ar.gu 图(인명) 涅魯古(豊田五郎 1991b, 即實 1991b, 劉鳳書 2014b⑰). 出 先27/29. 人物 도종황제의 숙부(叔父)인 황태숙(皇太叔) 耶律宗元의 아들 초국왕(楚國王) 涅魯古를 지칭한다(劉鳳書 2014b⑰).

[伏木欠了] ŋ(ni).ar.gu.on 图(인명·소유격) 涅魯古의(韓

實興 1991, 豊田五郎 1991b). 出 先30. 校勘 即實은 이 글자를 "伏夯欠了"이라고 기록하고 있다(即實 2012⑱).

[伏木欠伏] ŋ(ni).ar.gu.n 图(인명) ① 涅離堪訥(即實 1996 ④), ② 涅烈堪訥(涅魯衰, 涅烈衰)(即實 1996⑥), ③ 涅里衰(愛新覺羅 2010f, 即實 2012⑫), ④ 涅里坎訥(即實 2012⑫). 出 許45, 先4, 高11, 糺5,

人物 ①《許誌》 주인의 첫 부인의 방족(房族)을 지칭하는데, 그 부친이 국구소옹장(國舅小翁帳) 涅離堪訥 부인방(夫人房)의 思恩태사라고 되어 있다(即實 1996④).
②《先誌》 주인 糺鄰査剌(한풍명: 耶律仁先)의 고조부 涅烈堪訥(愛新覺羅는 "涅里衰"이라고 번역)을 지칭하며,《요사》에는 涅魯衰, 涅烈衰 등으로 등장한다(即實 1996⑥).
③《高誌》 주인 王寧高十(한풍명: 韓元佐)의 둘째 형의 장인인 涅里坎訥 상공을 지칭한다(即實 2012⑫).
④《糺誌》의 주인 夷里衍糺里(1061~1102)의 5대조 蒲鄰馬斯 령온(令穩)의 부인인 涅里衰부인을 지칭한다(愛新覺羅 2010f).

[伏木伏] ŋ(ni).ar.in 图(인명) ① 訥普訥(即實 1996④), ② 涅普訥(即實 1996⑥), ③ 涅隣(愛新覺羅 2006b), ④ 尼里寧 (萬雄飛외 2008), ⑤ 訥隣, 訥里訥(即實 2012⑬/2012⑱), ⑥ 涅魯隱(劉鳳書 2014b⑤2). 出 許51, 先61, 梁3, 韓5.

人物 ①《許誌》 주인 乙辛隱·韓特剌(1035~1104)의 장녀(福德)의 시아버지인 訥普訥 태사(太師)를 지칭한다(即實 1996④).
②耶律仁先의 장인인 涅隣太師(처인 요국부인[遼國夫人] 胡都古의 부친)를 지칭한다(愛新覺羅 2010f).
③《梁誌》 주인 石魯隱朮里者(1019~1069, 한풍명: 蕭知微)의 맏형 涅隣紗里태사를 지칭한다(愛新覺羅 2013a).
④《韓誌》에 등장하는 천보황제(天輔皇帝)의 동생 제국왕(齊國王)의 손녀 思恩낭자의 시아버지인 訥里訥 태사(太師)를 지칭한다(即實 2012⑬).

[伏木伏 尢为木] ŋ(ni).ar.in ʃ.a.ar 图(인명) ① 尼里寧·沙里(萬雄飛외 2008), ② 涅隣紗里(愛新覺羅 2013a). 出 梁 3/4. 参考 ☞ 위 "伏木伏"의《梁誌》부분을 참조하라.

[伏木余] ŋ(ni).ar.gu 图(인명) ① 涅烈楷(即實 1996⑥), ② 涅里骨(愛新覺羅 2003f), ③ 涅魯姑(愛新覺羅 2004a⑫), ④ 涅里楷(即實 2012⑤), ⑤ 涅魯古(愛新覺羅 2013a, 劉鳳書 2014b ⑤2). 出 先7, 宗25, 智11. 人物 《先誌》 주인 糺鄰査剌(1013~1072)과《智誌》 주인 烏魯本猪屎(1023~1094)의 막내동생인 撒班涅魯古를 지칭한다(愛新覺羅 2013a).

[伏木余否] ŋ(ni).ar.gu-ŋ 图(인명) 소적렬(蕭敵烈)의 字인 날리곤(涅里衰=伏木余伏)을 말한다(遼寧研究所 2010,

愛新覺羅 2010c, 愛新覺羅외 2011). [出] 葉2.

> [人物] 涅里衮(날리곤)은 소적렬(蕭敵烈)의 자(字)이다. 소적렬(생졸연도는 불명)은 을실기 국구소부방(乙室已國舅少父房) 사람이며, ≪요사≫(권88)에 그의 전(傳)이 있다.

[伏本余伏] ŋ(ni).ar.gu-ŋ [명](인명) 위 "伏本余杏(=涅里衮)" 참조(劉鳳翥외 1995). [出] 宗20, 蒲4. [校勘] 即實은 이 글자가 잘못 작성된 것이므로 "伏存余伏"가 올바르다(即實 2012校).

[伏本余伏 令刃分] ŋ(ni).ar.gu-ŋ t.ir.du [명](인명) ① 涅里衮·德日活(即實 2012①), ② 涅里衮·妊古只(劉鳳翥 2014b⑬). [出] 宗20. [校勘] 即實은 이 글들을 "伏存余伏 令刃分"라고 기록하고 있다(即實 2012校). [人物] ≪宗誌≫ 주인 朝隱驢糞(991~1053, 한풍명: 耶律宗教)의 장인인 涅里衮敵烈德 상공(相公)을 지칭한다(愛新覺羅외 2011).

[伏本穴伏] ŋ(ni).ar.u-n [出] 許45. [校勘] 이 글자는 초본에 잘못 옮겨진 것이므로 "伏本欠伏"이 올바르다(即實 2012校).

[伏本穴火] ŋ(ni).ar.u.ui [出] 蒲23.

[伏夹丙当] ni.b.j.ən [出] 道28. [校勘] 即實은 이 글자를 "伏夹丙当"이라고 기록하고 있다(即實 2012校).

[伏夹生冬] ni.b.abu.as [出] 宣28. [校勘] ☞ 伏夹生冬(即實 2012校).

[伏叐] ŋ(ni).u [出] 先20, 玦27.

[伏叐卡村] ŋ(ni).u.us.ən [出] 烈31.

[伏叐交将伏] ŋ(ni).u.ur.bu.n [出] 宋21.

[伏叐尓] ŋ(ni).u.on [동] 가라앉다, 전념하다(潛)(劉鳳翥 1993d). [出] 先14.

[伏叐伏] ŋ(ni).u.n [出] 先14.

[伏丒] ŋ(ni).im [出] 先64, 迪35.

[伏叉] ŋ(ni).ir [用法] 복수표시 어미로 쓰이는 부가성분이다(愛新覺羅 2004a⑦). [出] 仲4, 弘17, 智9.

[伏叉为] ŋ(ni).ir.ə [出] 博25. [校勘] 이 글자가 휘본 등에는 "伏叐夯"로 잘못 옮겨져 있다. 아울러 即實은 "为"를 "夯"의 행서체라 판단하고 있다(即實 2012校).

[伏叉夯] ŋ(ni).ir.e [出] 仲12.

[伏叉丈] ŋ(ni).ir.qu [出] 韓13. [校勘] 이 글자는 초본에 잘못 옮겨졌으므로 "伏叉夯"가 올바르다(即實 2012校).

[伏叉夯] ŋ(ni).ir.ə [명] 사자(士子, 선비나 사대부 계층의 사람)(即實 2012⑳). [出] 許/永/迪/副/梁.

[伏叉夯 几] ŋ(ni).ir.ə ku [명] 사인(士人, 선비나 사대부 계층의 사람)(即實 2012⑳). [出] 永35.

[伏犸] ni.dʒi [出] 許21.

[伏丸天勺伏] ŋ(ni).au.ten.g.in [出] 宗23. [校勘] 이 글자는 휘본 등에 잘못 옮겨진 것이므로 "伏丸交伏"이 올바르다(即實 2012校).

[伏丸交] ŋ(ni).au.ur [명](인명) ① 裊魯(愛新覺羅 2006a), ② 敖無如(即實 2012⑦), ③ 鐃無里(即實 2012⑯). [出] 永2 糺6, 尚31.

> [人物] ①≪永誌≫ 주인 遙隱永寧(1059~1085)의 조부 항렬에 있는 十神奴 태사(太師)의 장모 敖無如 부인(夫人)을 지칭한다(即實 2012⑦).
> ②≪糺誌≫ 주인 夷里衍糺里(1061~1102)의 고조모인 裊魯 낭자(娘子)를 지칭한다(愛新覺羅 2006a).

[伏丸交犭] ŋ(ni).au.ur.qa [명](인명) 瑙日胡(即實 2012①). [出] 宗21. [人物] ≪宗誌≫의 주인 慈寧·驢糞(991~105 한풍명: 耶律宗教)의 장녀 特免의 시어머니인 瑙日胡 부인(夫人)을 지칭한다(即實 2012①).

[伏丸交犭伏] ŋ(ni).au.ur.qa.n [명](인명) 瑙日琿(即實 2012①). [出] 宗23. [人物] ≪宗誌≫의 송장명단(送葬名單)에 등장하는 친가국구장(親家國舅帳)의 瑙日琿 부인(夫人)을 지칭한다(即實 2012①).

[伏丸欠] ŋ(ni).au.gu [명](인명) 烏古(Franke 1969, 劉鳳翥 2014b㊽). [出] 糺6. [校勘] 이 글자는 초본에 잘못 옮겨진 것이므로 "伏丸交"가 올바르다(即實 2012校).

[伏丸及扎] ŋ(ni).au.o.ur [出] 博45.

[伏丸久] ŋ(ni).au.da [명](인명) ① 裊魯(愛新覺羅 2006b), ② 鐃無里(即實 2012⑯). [명](부족) 오고(烏古)(劉鳳翥외 2006b). [出] 糺6. [校勘] 이 글자는 초본에 잘못 옮겨진 것이므로 "伏丸交"가 올바르다(即實 2012校).

[伏丸余] ŋ(ni).au.gu [出] 蒲5.

[伏丸平立为本] ŋ(ni).au.ul.ha.a.ar [出] 道19.

[伏丸□] ŋ(ni).au.? [出] 許43.

[伏力] ŋ(ni).aqa [명] 개(戌·狗)(王靜如 1933, 羅福成 1933a/c/f, 研究小組 1977b, 清格爾泰외 1978a/1985). [명](인명) ① 涅赫(石金民외 2001), ② 捏黑 또는 訥黑(即實 2012⑳), ③ 涅褐(劉鳳翥 2014b㉙). [同源語] "개"를 뜻하는 척발어(拓跋語) [ɲaqan], 서면몽골어 [noqai], 중기몽골어 [noqoyi], 현대몽골어 [nɔxœ:], 만주어 [niyahan], 다호르어 [nog]와 동일 어원이다(吳維외 1999, 武內康則 2013a, 大竹昌巳 2013a/2016e). [出] 興/道/仲/迪/慈/智/烈/奴/清/尚/特/畵.

> [人物] ①≪奴誌≫ 주인 圭寧·奴(또는 國隱寧奴, 1041~1098)의 장녀 胡盧琯의 시아버지인 捏黑 태사(太師)를 지칭한다(即實 2012④).
> ②≪清誌≫의 지문(誌文)을 작성한 정강군절도사(靜江軍節度使) 郭寧·訥黑을 지칭한다(即實 2012⑭).

[伏欠] ni.gu 몡 여자(愛新覺羅 2006b, 劉鳳翥외 2006b). 出 許20.

[伏欠子] ni.gu.os 몡 ① 볕(陽)(劉鳳翥외 2006b), ② 언덕, 비탈(即實 2012⑳), ③ 혈(穴)(呼格吉樂圖 2017). 出 仁/宗/糺/尚/韓/蒲. 同源語 “동혈(同穴)”을 나타내는 몽골어의 [nøx], 다호르어의 [nugu], 동부유고어의 [nøgøn], 토족어의 [nuko] 등과 같은 어원이다(呼格吉樂圖 2017). 用例 ① 聚杓 伏欠子[nior.ən ni.gu.os] 몡 산비탈(即實 2012⑮). ② 公夾杓 伏欠子 [n.ar.ən ni.gu.os] 묘혈(墓穴)(呼格吉樂圖 2017). 出 迪39.

[伏欠用] ni.gu.od 몡 ① 볕(陽)(劉鳳翥외 2003b), ② 꼭대기(頂)(石金民외 2001), ③ 비탈(坡)(劉鳳翥외 2004a), ④ 능(陵)(愛新覺羅 2003h), ⑤ 볕이 드는 곳(陽面)(即實 2012⑳). 出 故/先/宗/涿/永/弘/副/宋/智/烈/奴.

[伏欠仌] ni.gu.odʒ 몡(인명) ① 南古如(即實 1996⑯), ② 涅古只(愛新覺羅 2003h), ③ 尼古只(愛新覺羅 2006a). 出 許51. 人物 ≪許誌≫의 주인에게는 6남 2녀가 있는데, 그 중 장녀인 福德의 남편 南古如 장군을 지칭한다(即實 1996④).

[伏欠平] ni.gu.ul 出 梁28.

[ŋ伏夂扎] ŋ(ni).ug.ur 出 許23. 校勘 이 글자는 초본에 잘못 옮겨진 것이므로 “伏仐扎”가 올바르다(即實 2012㉚).

[伏夂生夵] ŋ(ni).as.abu.ər 出 回23.

[伏乃欠伏] ŋ(ni).am.gu.in 몡(인명) 涅木衮(即實 2012⑦). 出 永8. 人物 ≪永誌≫에 등장하는 涅木衮 낭자(증조모 혹은 조모 항렬의 여성으로 보이나 묘지 내용이 일부 유실되어 정확한 위치를 알 수 없다)를 지칭한다(即實 2012⑦).

[伏乃夂夬与] ŋ(ni).am.ba.ad.ən 出 令21.

[伏夹万夵] ŋ(ni).miŋ.j.ər 出 興16. 校勘 이 글자는 휘본 등에 잘못 옮겨진 것이므로 “伏夹万夵”가 올바르다(即實 2012㉚).

[伏行欠] ŋ(ni).omo.gu 혱 “평정(平靜)의” 또는 “평화(平和)로운”(即實 2015a). 몡(인명) ① 巖木(涅睦古)(劉鳳翥외 2006b, 劉鳳翥 2014b㉟), ② 巖木古(愛新覺羅 2006b/2010f). 出 仲9, 糺3, 回25. 人物 ≪糺誌≫의 주인 夷里衍糺里(1061~1102)의 7대조인 敵輦巖木古를 지칭한다(愛新覺羅 2010f).

[伏行欠夵伏] ŋ(ni).omo.gu.s.in 혱 정목(靜穆, 고요하고 화목하다)(即實 2012⑳). 副35.

[伏行欠伏] ŋ(ni).omo.gu.n 몡(인명) ① 涅木堪訥(即實 1996⑥), ② 涅睦(劉鳳翥외 2005b), ③ 涅睦衮(萬雄飛외 2008, 劉鳳翥 2014b㉒), ④ 粘木衮(愛新覺羅 2010f), ⑤ 涅木衮(吳英喆 2012a②). 出 先/智/高/梁/回.

人物 ① 耶律仁先(1013~1072, 거란명: 糺鄰査剌)과 耶律智先(1023~1094, 거란명: 烏魯本猪屎)의 누이인 粘木衮 별서(1019~1107, ≪梁誌≫ 주인의 부인인 양국태비)를 지칭한다(愛新覺羅 2010f).

② ≪高誌≫ 주인의 조부(祖父) 형제 중 다섯째인 韓德威 초토(招討)의 부인인 粘木衮 부인(夫人)을 지칭한다. 동일한 이름의 묘주 셋째 형(塔塔里) 부인은 粘木衮 낭자(娘子)이다(愛新覺羅 2010f).

③ ≪回誌≫ 주인의 본처인 興哥부인의 모친인 涅木衮 낭자(娘子)를 지칭한다(吳英喆 2012a②).

[伏行余] ŋ(ni).omo.gu 혱 평정(平靜, 평안하고 고요하다)(即實 2012⑳). 몡(인명) ① 巖木(即實 1996④, 愛新覺羅 2003f, 吳英喆 2006b/2012a④), ② 巖木(涅睦古)(劉鳳翥 2014b㉒). 出 先2, 博24/47/51, 蒲2. 人物 ≪先誌≫ 주인 糺鄰査剌(1013~1072)의 6대조(迷瀾釋魯)의 형이자 ≪蒲誌≫ 주인 白隱蒲速里(1058~1104, 한풍명: 耶律思齊)의 7대조인 敵輦巖木을 지칭한다(愛新覺羅 2010f, 吳英喆 2012a④).

參考 巖木(암목)의 상고음(上古音), 중고음(中古音), 근대음(近代音)은 각각 다음과 같다(吳英喆 2012a④).

구분	상고음	중고음	근대음
巖	ŋeam①	ŋəm①	iam②
木	mɔk④	muk④	mu④

[伏行余 夵夵承] ŋ(ni).omo.gu tʃi.ər nior 몡(지명) 초모산(草帽山)의 거란명(愛新覺羅외 2015②). 出 博24. 參考 “초모산”은 해발 832m로, 네이멍구 아오한치(敖漢旗) 씬후이전(新惠鎭)의 남쪽인 씬디씨앙(新地鄉)의 동북쪽 3.27km에 소재하고 있는 산으로 ≪博誌≫의 묘주가 묻힌 곳이다(愛新覺羅외 2015②).

[伏行余伏] ŋ(ni).omo.gu.n 몡(인명) ① 涅睦(趙志偉외 2001), ② 涅睦衮(愛新覺羅 2006a, 劉鳳翥 2014b㉒), ③ 涅木堪訥(即實 2012⑤), ④ 拈母渾(劉鳳翥 2014b㉒). 出 智12, 烈5.

人物 ① ≪智誌≫ 주인 烏魯本猪屎(1023~1094, 한풍명: 耶律智先)의 누이인 涅睦衮(粘木衮) 별서(別胥, 1019~1107)를 지칭한다(愛新覺羅 2010f).

② ≪烈誌≫ 주인 空寧敵烈(1034~1100, 한풍명: 韓承規)의 증조부 韓德威 초토(招討)의 부인인 粘木衮 부인(夫人)을 지칭한다(愛新覺羅 2010f).

[伏仐卅火] ni.s.ʋ.ui 出 道36.

[伏余子] ni.gu.os 몡 언덕, 비탈(即實 2012⑳). 出 慈24, 回29. 參考 ☞ “伏欠子”을 참조하라(即實 2012⑮).

[伏余用] ni.gu.od 몡 볕이 드는 곳(陽面)(即實 2012⑳).

[出] 迪27, 慈18, 圖17.

[伏令] ni.t [用法] 복수표시 어미로 쓰이는 부가성분이다(吳英喆 2005c).

[伏公] ŋ(ni).ən [出] 清4. [校勘] 이 글자는 초본에 잘못 옮겨진 것이므로 "**丙公**"이 올바르다(即實 2012校).

[**伏公圠**] ŋ(ni).ən.ur [出] 許18. [校勘] 이 글자는 초본에 잘못 옮겨졌으므로 "**伏亽圠**"가 올바르다(即實 2012校).

[伏亽币] ŋ(ni).o.od [명] 부(部)에(愛新覺羅 2006a, 吳英喆 2011b). [出] 副25.

[**伏亽长**] ŋ(ni).o.us [出] 智7.

[**伏亽圠**] ŋ(ni).o.ur [명] 로(路) 또는 부(部)(即實 2012⑳). [出] 許15/18/24, 皇12, 特4. [用例] **午 伏亽圠** [tal ŋ(ni).o.ur] [명](부족) ① 달령부(達領部)(吳英喆 2012a③), ② 속부(屬部)(即實 2015a). [出] 特6.

[**伏亽圠 丙圣火**] ŋ(ni).o.ur har.u.un [명](소유격) 부민(部民)의(即實 2012⑳). [出] 許24.

[**伏亽圠 公丙伏**] ŋ(ni).o.ur d.io-n [명] 부족규(部族糺)(陶金 2015). [出] 許18.

[**伏亽圠村**] ŋ(ni).o.ur.ən [명] ① 면(面)(豊田五郎 1996), ② 로(路)(愛新覺羅외 2006, 萬雄飛외 2008). [出] 宗13.

[**伏亽圠艾**] ŋ(ni).o.ur.adʒu [出] 先8. [校勘] 即實은 이 글자를 두 글자로 분할하여 "**伏夯 又廾**"이라고 기록하고 있다(即實 2012校).

[**伏亽圯**] ŋ(ni).o.? [出] 許26. [校勘] 이 글자는 초본에 잘못 옮겨졌으므로 "**伏亽圠**"가 올바르다(即實 2012校).

[**伏亽交**] ŋ(ni).o.ur [명] ① 면(面)(豊田五郎 1991b/1994/1998a, 劉鳳翥 1993d), ② 로(路)(即實 1996⑥), ③ 부(部)(王未想 1999, 愛新覺羅 2004j, 吳英喆 2011b, 即實 2012⑳). [出] 先/涿/迪/慈/蓋/烈/奴/玦/蒲.

[**伏亽交 几**] ŋ(ni).o.ur ku [명] 부의 사람(部人)(即實 2012⑳). [出] 先24.

[**伏亽矢**] ŋ(ni).o.ul [명] ① 족(族)(即實 2012⑳), ② "부(部)"나 "로(路)"의 복수형(吳英喆 2011b). [出] 先32, 迪6, 特8.

[**伏亽化**] ŋ(ni).o.ur [명] ① 면(面)(豊田五郎 1991b), ② 부(部) 또는 로(路)(寶玉柱 2006, 吳英喆 2011b), ③ 사(司)(即實 1996⑯). [出] 先20/41/ 49/53/62, 迪6/10.

[**伏亽化关**] ŋ(ni).o.ur.i [명] ① 면(面)(豊田五郎 1991b), ② "부(部)"나 "로(路)"의 복수형(吳英喆 2011b). [명](소유격) ① 부(部)의(愛新覺羅 2004a⑧), ② 사(司)의(即實 1996⑯), ③ 로(路)의(即實 2012⑳). [出] 先3/39/52, 迪6.

[**伏亽与**] ŋ(ni).o.ən [出] 許27. [校勘] 이 글자는 초본에 잘못 옮겨졌으므로 "**伏亽圠**"가 올바르다(即實 2012校).

[**伏公圠**] ŋ(ni).os.ur [出] 特14.

[**伏公交**] ŋ(ni).os.ur [出] 特6.

[伏公击乂] ŋ(ni).d.ha.tʃar [出] 韓32. [校勘] 이 글자는 초본에 잘못 옮겨진 것이므로 "**伏公击艾**"가 올바르다(即實 2012校).

[**伏公廾反内**] ŋ(ni).d.u.o.on [出] 許17, 特35.

[伏佥] ŋ(ni).əmə [出] 許17. [校勘] 이 단어는 초본에 옮기며 잘못 분할되고 합쳐졌는데(**伏佥 仒几乂交**), 뒤 원자들과 합쳐 "**伏佥仒几 乂交**"로 하여야 한다(即實 2012校).

[**伏佥仒几**] ŋ(ni).əmə.sə.gə [명] 친족(即實 2012⑳). [동] 겸(兼)하다(即實 2012⑳). [出] 許18/23/32, 梁7/23.

[**伏佥仒几公**] ŋ(ni).əmə.sə.gə.d [명] 친족(即實 2012⑳). [出] 烈22.

[伏屮及交] ni.l.u.ur [出] 慈25.

[**伏屮及火**] ni.l.u.ui [동] 열다(即實 2012⑳). [出] 糺18.

[**伏屮乂火**] ni.l.k(h).ui [出] 仁26, 先20. [校勘] 이 글자는 휘본 등에 잘못 옮겨진 것이므로 "**伏屮冭火**"가 올바르다(即實 2012校).

[**伏屮冭火**] ni.l.u.ui [명] ① 안쪽(內)(劉鳳翥외 2003b), ② 혈(穴)(劉鳳翥 2014b52). [동] 열다(愛新覺羅 2004a⑧, 即實 2012⑳). [出] 博/迪/弘/副/智/烈/清/回/蒲.

[**伏屮冭火**] ni.l.u.ər [형] 광대한, 풍부한(即實 1996⑫). [명] 개태(開泰, 요 성종황제 때의 연호)(韓寶典 1991, 即實 1991b/1996⑥/1996⑫, 劉鳳翥 1993d). [出] 先/弘/烈/高/梁.

> [遼史] 태조부터 천조제에 이르기까지 요대 연호의 변천에 대하여는 ≪부록≫의 [거란소자 주요 어휘]를 참조하라.

[**伏非**] ni.gu [出] 韓32.

[伏火] ŋ(ni).ju [借詞] ① "奴"를 나타내는 한어차사(唐彩蘭외 2002), ② "女"를 나타내는 한어차사(劉鳳翥외 2004a). [出] 先69, 烈17, 糺16. [校勘] 이 글자는 휘본이나 초본 등에 잘못 옮겨진 것이므로 "**冭火**"≪先69≫와 "**伏冭**"≪糺16≫가 올바르다(即實 2012校).

[伏关亢] ŋ(ni).i.də [出] 智15. [校勘] 이 글자는 초본에 잘못 옮겨진 것("**关**"와 "**亢**"를 이어 쓰는 사례는 없음)이므로 "**伏冭亢**"가 올바르다(即實 2012校).

[**伏关子**] ŋ(ni).i.dʒi [出] 糺28, 韓33.

[**伏关化**] ŋ(ni).i.ri [出] 興26, 道23, 智18, 圖2.

[**伏关化亽付化**] ŋ(ni).i.ir.o.b.ir [出] 許30. [校勘] 이 단어는 본래 2개의 글자(**伏关化亽 付化**)이나 초본에는 잘못하여 하나로 합쳐져 있다(即實 2012校).

[伏公] n.ər [用法] 복수형 어미 "nər"를 표시하는 부

가성분이다(愛新覺羅 2004a⑦). [出] 玦37, 特11.

[伏炎丸] ŋ(ni).ər.ur [出] 典14, 許19. [校勘] 이 글자는 휘본 등에 잘못 옮겨진 것이므로 "伏仌丸"가 올바르다(即實 2012校).

[伏夯] ŋ(ni).ə [동] ① 잇다, 계승하다(嗣)(蓋之庸외 2008), ② 함께하다(伴)(即實 2012⑳). [형] 다르다(別)(即實 2012⑳). [명] ① 의형(義兄)(愛新覺羅 2004a⑧), ② 고모(愛新覺羅 2004a⑩), ③ 비동포(非同胞, 친형제가 아님)(愛新覺羅 2004a⑩). [出] 許/宗/副/烈/奴/清/回.

[伏夯 中] ŋ(ni).ə ai [명] 종부(從父, 아버지 형제의 통칭)(即實 2012⑳). [出] 宗35.

[伏夯 舟为] ŋ(ni).ə b.aqa [명] ① 별자(別子, 서자)(即實 2012⑳), ② 대를 이을 아들(劉鳳翥 2014b52). [出] 副13, 清7.

[伏夯仐] ŋ(ni).ə.əs [명] ① 여러 누이들(愛新覺羅 2004a⑩), ② 친구들(即實 2012⑳). [出] 宋18.

[伏考] ŋ(ni).iau [명] ① 동포(同胞) 여동생(石金民외 2001), ② 자매(趙志偉외 2001, 楊杰 2003, 即實 2012⑳), ③ 친형제·자매(劉鳳翥외 2003b), ④ "여동생"의 단수형(愛新覺羅 2004a⑩), ⑤ 남동생 또는 여동생(愛新覺羅 2006a), ⑥ 형제(即實 2012⑳). [형] 예쁘다(唐彩蘭외 2002). [同源語] "여동생(妹)"를 뜻하는 여진어 𘬀𘬁 [niohun]의 어근 [nio]과 동원관계이다(愛新覺羅 2006a). [出] 宗/永/弘/宋/慈/智/烈/糺/清.

> [用法] **거란어의 「형제자매(兄弟姊妹)」 표시 칭호**
>
> ① 형제자매는 어간 "伏考"에 다른 복수접미사를 붙여 표시한다. 이와 같이 동일한 말을 가지고 다른 성별의 친족칭호를 나타내는 방식은 몽골어 및 다호르어와 유사한 특징이 있다. "伏考"에 복수접미사가 붙으면 "동생들"이나 "여동생들"을 나타낼 뿐만 아니라 "형제"나 "자매"의 복수를 표시할 수도 있다. 따라서 "伏考"는 원래부터 "남동생"과 "여동생"을 모두 표시하는 것으로 추측된다(愛新覺羅 2006a).
>
> ② "伏考"는 형제자매를 포괄적으로 표시한다. 이 단어의 의미에 대하여 여러 학자들이 견해를 달리하고 있으나, 남녀 모두에 사용이 가능하고 나이 연장과도 관계가 없으며, 단지 이성의 동배 친족(즉, 대상자가 남자일 경우 누나와 여동생들을 포괄하며, 대상자가 여자일 경우 오빠와 남동생을 포괄한다)을 포괄적으로 가리키는 용어로 봄이 타당하다(大竹昌巳 2014b).

[伏考伏叐] ŋ(ni).iau.n.ir [명] ① 친형제(同胞)(石金民외 2001, 劉鳳翥외 2003b), ② 그의 자매, 형제(即實 2012⑳), ③ 형제자매(吳英喆 2012a②, 劉鳳翥 2014b52), ④ "伏考"의 복수형(=伏考伏炎)(愛新覺羅 2006a, 大竹昌巳 2014). [出] 弘/烈/奴/糺/特. [用法] 吳英喆(2012a②)은 "斗幺伏炎"와 "伏考伏令"는 남자 형제들만을 지칭하고, "伏考伏叐"와 "伏考伏炎"는 형제자매를 모두 지칭한다고 주장하고 있으나, 학자들마다 견해는 다소 상이하다.

[伏考伏令] ŋ(ni).iau.n.əd [명] ① 친형제(同胞)(石金民외 2001), ② 여동생, 누이(愛新覺羅 2004a⑩), ③ "伏考"의 복수형(愛新覺羅 2006a), ④ 자매들(即實 2012⑳). [出] 奴10.

[伏考伏炎] ŋ(ni).iau.n.ər [명] ① 형제(劉鳳翥외 2003b, 劉鳳翥 2014b52), ② 자매(趙志偉외 2001), ③ 남동생, 여동생(愛新覺羅 2004a⑩), ④ 그의 자매, 형제(即實 2012⑳), ⑤ 형제자매(吳英喆 2012a②), ⑥ "여동생(妹)·동생(弟)·형제(兄弟)"의 복수형(愛新覺羅 2013b), ⑦ "伏考"의 복수형(=伏考伏叐)(愛新覺羅 2006a, 大竹昌巳 2014b). [동] 이미 결혼했다(?)(即實 1996⑯). [出] 故/先/宗/宋/智/韓/玦/回.

[伏考火] ŋ(ni).iau.ui [명](소유격) 여동생의, 누이의(愛新覺羅 2004a⑩). [명] 표형제(表兄弟, 외사촌형제)(即實 2012⑳). [出] 宗35, 慈27.

[伏考炏] ŋ(ni).iau.ui [명](소유격) 여동생의, 누이의(愛新覺羅 2004a⑩). [出] 迪11/31/33. [校勘] 이 글자는 초본에 잘못 옮겨진 것("炏"는 거란어에서 사용되지 않음)이므로 "伏考火"가 올바르다(即實 2012校).

[伏考关] ŋ(ni).iau.i [명](소유격) 누나의(郭添剛외 2009). [出] 尚25.

[伏平欠伏] ŋ(ni).ul.gu.n [명](인명) ① 奴魯菫(愛新覺羅 2006a), ② 女魯衮(愛新覺羅 2007c), ③ 涅里衮(劉鳳翥 2014b52). [出] 高11. [校勘] 이 글자는 휘본 등에 잘못 옮겨진 것이므로 "伏本欠伏"이 올바르다(即實 2012校). [參考] ☞ "伏行欠伏"을 참조하라.

[伏穴丸] ŋ(ni).u.əl [出] 特8.

[伏穴冇] ŋ(ni).u.də [명] 부(部), 로(路)(吳英喆 2011b). [出] 仲13.

[伏穴交] ŋ(ni).u.ur [명] 부(部), 면(面), 로(路)(呼格吉樂圖 2017). [出] 特2.

[伏穴豹] ŋ(ni).u.dʒi [出] 道36.

[伏穴闲] ŋ(ni).u.ol [出] 特30.

[伏里豹] ŋ(ni).og.dʒi [명](인명) 褭古直(劉鳳翥 2003, 劉鳳翥외 2003b, 愛新覺羅 2004j, 即實 2012⑳). [出] 弘1/3.

> [人物] ≪弘誌≫의 주인인 敖魯宛隗也里(1054~1086, 한풍명: 耶律弘用)는 성종황제(聖宗皇帝)의 손자이나, 그 부친 耶律宗愿이 육원(六院) 褭古直 낭군(郎君)의 가족인 兀古隣頗德을 계승하여 육원부사리방(六院部舍利房)이 되었다(愛新覺羅 2013a).

[伏□□] ŋ(ni).?.? [出] 永31.

仕 [발음] mu [原字번호] 223

[仕] ni [書法] Kane은 이 원자가 "仕 [um/mu](원자번호 224)"의 이서체라고 주장하고 있다(Kane 2009).

[仕叉] mu.ir [出] 玦15.

[仕公] mu.n [出] 特39.

[仕关] mu.i [出] 皇17. [校勘] 이 글자는 초본에 잘못 옮겨진 것("仕"와 "关"를 이어 쓰는 사례는 없음)이므로 "仕关"가 올바르다(即實 2012㊳).

仕 [발음] um, mu [原字번호] 224

[仕秃夂药] mu.is.u.dʒi [出] 副27. [校勘] 이 글자는 초본에 잘못 옮겨진 것이므로 "伏秃夂药"가 올바르다(即實 2012㊳).

[仕扎反] mu.ur.o [명] 뱀(巳·蛇)(研究小組 1977b, 清格爾泰외 1978a/1985, 即實 1996⑯). [出] 道4, 慈15, 特9, 蒲17.

[仕扎反 非朱] mu.ur.o po.do [명](향위격) 사시(巳時)에(即實 2012⑮). [出] 慈15.

[仕本伏] mu.ar.in [명](인명) ① 涅李寧(劉鳳翥외 2006a), ② 熱隣(愛新覺羅 2006b), ③ 睦里寧(劉鳳翥 2014b52). [出] 慈5. [校勘] 이 글자는 초본에 잘못 옮겨진 것("仕"와 "本"를 붙여 쓰는 사례는 없음)이므로 "伏本伏"가 올바르다(即實 2012㊳).

[仕本伏 夂平] mu.ar.in ug.ul [명](인명) ① 涅鄰兀古里(愛新覺羅 2013a), ② 睦里寧·烏理(劉鳳翥 2014b52). [出] 慈5. [校勘] ☞ 伏本伏 夂平(即實 2012㊳). [人物] ≪慈誌≫ 주인 鉢里本朝只(1044~1081)의 부친 涅鄰兀古里 낭군을 지칭한다(愛新覺羅 2013a).

[仕夂药] mu.u.dʒi [명] 성(聖)(羅福成 1933/1934a/b/c, 即實 1996⑯, 劉鳳翥 2014b52, 大竹昌巳 2016c). [出] 興/仁/宣/令/許/先/宗/副/皇/宋/慈/奴/高/糺/清/玦/回/特. [校勘] 金毓黻(1934)은 "药"(원자번호 152)와 "药"(원자번호 153)를 이체자(異體字)로 보아 "仕夂药"와 "仕夂药" 두 글자를 같은 자로 보고 있고, 劉鳳翥외(2009)는 "仕夂药"와 "仕夂药" 뿐만 아니라 "仕夂药村"를 모두 "성(聖)"이라 해석하고 있다(吉池孝一 2012c).

[仕夂药 公东刈] mu.u.dʒi n.ad.bu [명] 성날발(聖捺鉢)(愛新覺羅외 2012). [出] 令4. [用例] ☞ "날발"의 각종 표현에 대하여는 "야율날발"(万本夂火关 公东刈)을 참조하라.

[仕夂药 火同 今当 主 王] mu.u.dʒi k(h).iŋ s.oŋ hauŋ di [명] 성흥종황제(聖興宗皇帝)(劉鳳翥 2014b52). [出] 先3.

[仕夂药 凡 关 山 主王] mu.u.dʒi ku aʊ niorqo hauŋ.di [명] 성원천금황제(聖元天金皇帝, 요 태조 야율아보기의 시호(謚號))(劉鳳翥 2014b21). [出] 慈3. [校勘] 即實은 세 번째 글자를 "凡"이 아닌 "几"으로 파악하고 있다(即實 2012㊳). [参考] 又安 安艾公 主 王 [ʃ.əŋ ŋ.iue.n huaŋ di-n [명] 성원황제(聖元皇帝, 야율아보기의 묘호(廟號)(清格爾泰외 1985). [出] 故4.

[仕夂药村] mu.u.dʒi-n [명] 성(聖)(即實 1996⑯). [명](소유격) 성(聖)의(即實 1996⑯, 劉浦江외 2012). [出] 許/先/永/迪/弘/皇.

[仕夂药村 丸火公] mu.u.dʒi-n au.ui.ər [명](인명) ① 성스러운 천조(天祚)(劉鳳翥외 1977, 即實 1996⑯, 愛新覺羅 2006a, 劉鳳翥 2014b36), ② 순성(順聖, "순성황제 야율준(順聖皇帝 耶律濬)"을 지칭)(大竹昌巳 2016c). [出] 許51.

[仕夂药矢] mu.u.dʒi.tə [명] 성명(聖明, 임금의 총명함, 임금의 밝은 지혜)(即實 1996⑯). [出] 故8.

[仕夂药矢 丸火公] mu.u.dʒi.tə au.ui.ər [명] ① 천조제(天祚帝)(陶金 2015), ② 순성(順聖, "순성황제 야율준(順聖皇帝 耶律濬)"을 지칭)(大竹昌巳 2016c). [出] 故8.

[仕夂药公] mu.u.dʒi.d [명] 성명(聖明)(即實 1996⑯). [出] 道10, 特34.

[仕夂药公村] mu.u.dʒi.d.ən [명](향위격) 성(聖)의(劉鳳翥 2014b34). [出] 副2, 奴2. [校勘] ☞ 仕夂药公村(即實 2012㊳).

[仕夂药公公] mu.u.dʒi.d.ər [명] ① 성(聖)(羅福成 1934a), ② "성(聖)"의 복수형(劉鳳翥 2014b36). [出] 興24, 許54, 玦39.

[仕夂药□] mu.u.dʒi.? [명] 성(聖)(劉鳳翥 2014b35). [出] 糺25.

[仕夂药] mu.u.dʒi [명] 성(聖)(王靜如 1933, 羅福成 1934a/c/e/f, 研究小組 1977b). [出] 典2/10, 道蓋3, 道1/5/20/23/26/32, 故3. [校勘] ☞ 위 "仕夂药"를 참조하라(吉池孝一 2012c).

[仕夂药 虫] mu.u.dʒi qa [명] 성 가한(聖汗)(研究小組 1977b, 清格爾泰외 1978a/1985, Kane 2009). [出] 典10.

[仕夂药 介] mu.u.dʒi hau [명] 성후(聖后)(清格爾泰외 1985, Kane 2009). [出] 宣13.

[仕夂药村] mu.u.dʒi-n [명](소유격) 성(聖)의(劉鳳翥외 2009). [出] 道31. [校勘] ☞ 위 "仕夂药村"를 참조하라(吉池孝一 2012c).

[仕夂药矢] mu.u.dʒi.tə [명](향위격) 성(聖)에(劉鳳翥외 2009). [出] 道27, 宣23. [校勘] ☞ 仕夂药矢(即實 2012㊳).

[仕夂药公] mu.u.dʒi.d [명] 성(聖)(羅福成 1933/1934d). [出] 道10/15, 宣12. [校勘] ☞ 仕夂药公(即實 2012㊳).

[仕夂药公村] mu.u.dʒi.d.ən [명](소유격) 성(聖)의(劉鳳翥

2014b㊾). 出 副2, 奴2.

[仸圣㣽] mu.u.dʒi 명 성(聖)(劉鳳翥 2014b⑰). 出 先55/63.
参考 ☞ 仸圣㐌

[仸圣㣽朳] mu.u.dʒi-n 명 성(聖)(清格爾泰외 1985, 即實 1996
⑤). 명(향위격) 성(聖)의(劉鳳翥 2014b㉟). 出 故10, 紈
11. 参考 ☞ 仸圣㐌朳

[仸圣㣽矢] mu.u.dʒi.tə 명 성(聖)(即實 1996⑤). 出 故8.

[仸圣㐅朳] mu.r.qa.n 許12. 校勘 即實은 이 글
자를 "仸圣㐌朳"이라고 기록하고 있다(即實 2012㉒).

[仸欠子] mu.go.os 出 皇23, 清19. 校勘 即實은 이
글자를 "伏欠子"라고 기록하고 있다(即實 2012㉒).

[仸乃㐃] mu.am.dʒi 出 先59. 校勘 即實은 이 글자
를 "仍立�朳"이라고 기록하고 있다(即實 2012㉒).

[仸企仐九] mu.əm.sə.gə 出 道15, 宗26. 校勘 即實
은 이 글자를 "毛仐九"《道15》와 "伏企仐九"《宗26》
라고 달리 기록하고 있다(即實 2012㉒).

[仸屮伏] mu.l.in 用法 요태종의 존호 또는 시호로
쓰였으나 그 구체적 의미는 알지 못하여, 일단 "요
태종(遼太宗)" 혹은 "혜문(惠文)"으로 해석하였다(劉鳳翥
2014b㉔). 出 許43.

[仸屮九] mu.əl.gə 명 ① 태종(太宗)(盧迎紅외 2000, 劉鳳翥
2006a), ② 요 태종의 존호(愛新覺羅 2004a④), ③ 혜문(惠
文)(劉鳳翥 2006a), ④ 사성(嗣聖, 제위나 왕위를 이을 후
계자)(即實 2012⑳). 出 迪9, 副5, 智7, 珎3. 同源語 "지
혜로운", "총명한"을 의미하는 몽골어의 [mərɣən]과
같은 어원이다(愛新覺羅 2004a④).

[仸屮九 矢 丹力 主 王朳] mu.əl.gə aʊ b.aqa hauŋ di-n
명(소유격) ① 사성천자(嗣聖天子)황제의(即實 2012⑰),
② 혜문천자(惠文天子)황제의(劉鳳翥 2014b㊾). 出 副5.

[仸屮九朳] mu.əl.gə.ən 명(소유격) 태종(太宗)의(盧迎紅외
2000). 出 宣14, 迪8.

[仸文朼] mu.gi.əl 出 許17. 校勘 이 글자는 초본에
잘못 옮겨졌으므로 "伏仐朼"가 올바르다(即實 2012㉒).

[仸矢] mu.i 出 仁4, 海3.

[仸矢化] mu.i.ir 出 興4.

[仸与] mu.ən 명 가래나무(王弘力 1990). 出 仁13/18,
宣28.

[仸与 田] mu.ən bə 出 仁13/18.

付 [발음] bu, bi
[原字번호] 225

[付] bu/bi 用法 한어차사의 표기에만 사용된다(Kane
2009). 借詞 ①"普", "僕", "卜" 등을 나타내는 한어차
사(王弘力 1986, 實玉柱 1990b, 即實 1996②), ②"畢", "比"
등을 나타내는 한어차사(唐彩蘭외 2002, 劉鳳翥외 2005a).
出 令/海/烈/韓/珎/特.

[付 仌斗 伏尖] bi k(h).ja n.iu 명(인명) 畢家女(愛新覺羅
2010f, 劉鳳翥 2014b㊾). 出 令24, 烈17. 人物 《令誌》의
주인인 高隱福留(997~1054)의 장녀 畢家女를 지칭한
다(愛新覺羅 2010f). 校勘 即實은 이 글자를 "付 九斗
伏尖"《烈17》 또는 "付 仌斗 公尖"《令24》로 기록하
고 있다(即實 2012㉒).

[付 仌斗 公尖] bu k(h).ja n.iu 명(인명) ① 卜家奴(即實
1996②), ② 卜家女(即實 2012⑳). 出 令24.

[付雨] bi.in 借詞 "賓"을 나타내는 한어차사(韓寶典
1991, 豊田五郎 1991b, 劉鳳翥외 2003b). 出 先55, 宋7. 校勘
이 글자가 《先55》에서는 휘본 등에 잘못 옮겨진 것
이므로 "仍雨"가 올바르다(即實 2012㉒).

[付㐁] bi.qa 出 珎23.

[付闬] bi.iŋ 借詞 "兵"을 나타내는 한어차사(研究小組
1977b, 劉鳳翥외 1977). 出 故11, 珎5.

[付闬 又为 仃 九斗㐰] bi.iŋ m.a tu g.ja.jam 명(관제)
"병마도감(兵馬都監)"의 한어차사(研究小組 1977b, 清格爾
泰외 1978a/1985, 劉鳳翥 2014b㊾). 出 故11.

仲 [발음] ju, jo
[原字번호] 226

[仲] ju 부 ① 반드시(愛新覺羅외 2004a⑤, 即實 2012⑳),
② 항상, 언제나(即實 2012⑳). 出 興/仁/仲/宗/迪/副/皇/
烈/奴/圖/紈/尚/珎/回/特.

[仲㐂] ju.qa 出 宗31.

[仲矢] ju.tə 出 皇15.

[仲公] ju.ən 借詞 "院"을 나타내는 한어차사(研究小組
1977b). 出 許/先/迪/奴/珎.

[仲公 可屮立为] ju.ən bai.l.ha.al 出 許17. 校勘 이 글
자들이 초본에는 하나로 합쳐져 있는데, "仲公"은 한
어고 "可屮立为"는 거란어이므로 붙여 쓸 수는 없다
(即實 2012㉒).

[仲公朳] ju.ən.ən 명 원(院)(韓寶典 1991). 명(소유격) 원
(院)의(即實 1991b, 劉鳳翥 1993d/2014b㊱). 出 許12, 先62,
珎28.

[仲公朳 尖] ju.ən.ən ui 명(관제) 원사(院事)(即實 1996
⑯). 出 許12.

[仲公村 火 屋叐药] ju.ən.ən ui tʊl.u.dʒi [명](관제) 지원사(知院事)(即實 1996⑯). [出] 先62.

[仲公村 火 屋叐药矢 雨仐] ju.ən.ən ui tʊl.u.dʒi.d do.ol [명](관제) 수지원사(守知院事)(即實 2012⑳). [出] 副17.

[仲公伏] ju.ən.in [명](인명) ① 元寧(愛新覺羅 2006a), ② 元訥(即實 2012⑬). [出] 韓7. [人物] 《韓誌》 주인의 장녀 福留姐의 시부 元訥・迪里伏를 지칭한다(即實 2012⑬).

[仲公尜ち] ju.ən.gə.al [出] 許25. [校勘] 이 단어는 본래 2개의 글자(仲公 尜ち)이나 초본에는 잘못하여 하나로 합쳐져 있다(即實 2012㉕).

[仲尜] ju.ər [出] 許60, 奴44.

[仲当] ju.ən [出] 玦29.

仅 [발음] ?? [原字번호] 227

[仅] [?] [명] ① 관리(有司)(羅福成 1934b/1934c, 鄭紹宗 1973), ② 외관, 형식(愛新覺羅 2002). [동] ① 참람하다, 분수에 넘치다(僭)(即實 1991b), ② 가차(假借)・수식(修飾)・참위(僭僞)(即實 1996①), ③ 명하다(豊田五郎 1991b). [書法] Kane은 이 원자가 "仅(원자번호 230)" 또는 "仗(원자번호 231)"의 이서체라고 주장하고 있다(Kane 2009). [出] 仁/道/令/許/郎/仲/先/宗/博/永/迪/弘/副/宋/慈/智/烈/奴/高/圖/梁/紀/清/尚/玦/回/特/蒲.

[仅 叐交仆尜尜] [?] u.ur.əl.gə.ər [동] 가호(加號, 시호(諡號)나 존호(尊號) 등에 호를 더함)(即實 2012⑳). [出] 紀3.

[仅 叐交穴火] [?] u.ur.u.ui [동] 상시(上諡, 죽은 황제나 임금에게 묘호(廟號)를 올리다)(即實 1996⑯). [出] 仁14.

[仅 丸平圡ち叐] [?] au.ul.ha.al.ir [동] 가칭(加稱, 칭호를 더함)(即實 2012⑳). [出] 智8.

[仅 仐欠州仆圡ち叐] [?] sə.go.od.əl.ha.al.ir [동] 수선하다(即實 1996⑯). [명](관제) 장작감(將作監)(即實 1996⑯). [出] 郎3, 仲19.

> [遼史] 將作監(장작감)은 남면조관에 설치하였는데 그 제도는 미상이다. 그러나 송과 같이 당나라 제도를 연습한 것이므로 감(監), 소감(少監)을 두어서 토목공장(土木工匠)과 판축(板築) 등에 관한 일을 맡았을 것이다(金渭顯 외 2012㊦).

[仅 令企仆尜丙] [?] t.əmə.l.gə.əi [동] 더하다(即實 1996⑯). [出] 令6.

[仅 丹厺为关 叐化] [?] b.al.a.an u.ur [동](관제) 선휘원(宣徽院)(即實 1996⑯). [出] 仲19.

> [遼史] 宣徽院(선휘원)은 내정(內廷) 사무를 총괄하는 기구이다. 938년(會同 원년) 북면조관에 속하는 남・북 선휘원을 설치하였고 같은 해 남면조관에 속하는 선휘원을 설치하였으며 이와 별도로 남면 경관에 속하는 남경선휘원을 설치하였다. 관원으로는 사(使), 부사(副使), 지원사(知院事), 동지원사(同知院事), 지사사(知使事), 동지사사(同知使事) 등을 두었다(金渭顯 외 2012㊤).

[仅 穴交穴火] [?] u.ur.u.ui [동] 참위(僭位, 스스로 분수에 넘치는 군주의 자리에 앉는 일, 또는 그 자리)(即實 1996⑯). [出] 先14.

[仅 穴交仆尜丙] [?] u.ur.l.gə.əi [동] 참위(僭位)(即實 1996⑯). [出] 先25.

[仅夯] [?].e [出] 道28.

[仅木] [?].ar [出] 奴43. [校勘] 이 글자는 초본에 잘못 옮겨진 것이므로 "仅木"가 올바르다(即實 2012㉕).

[仅叐丹] [?].u.b [出] 許44.

[仅玥叐药] [?].ug.u.dʒi [出] 博30.

[仅玥伏] [?].ug.in [出] 仲43.

[仅夂伏] [?].ug.in [出] 慈26, 智25, 回22.

[仅夂火] [?].ug.ui [出] 宗16/17, 紀28.

[仅仐] [?].ol [出] 玦25.

[仅九] [?].gə [형] 곧다・바르다(直), 희다(素)(?)(即實 2012⑳). [出] 道/許/故/仲/先/宗/博/迪/弘/副/皇/烈/奴/梁/紀/清/韓/玦/特.

[仅九伏 ち仆卅药] [?].g.in al.l.ʊ.dʒi [명] 유직(遺直, 옛사람의 곧은 유풍이 남아 있는 사람)(即實 2012⑳). [出] 慈26.

[仅券] [?].ə [出] 許15.

[仅旡] [?].[?] [出] 先51. [校勘] 即實은 이 글자를 "仅关"이라고 기록하고 있다(即實 2012㉕).

仍 [발음] lu, ul, ʊl [原字번호] 228

[仍] lu/ul/ʊl [用例] 朩仍分 [tʃ.ʊl.ud] [명] ① 석렬(石烈)(即實 1996⑯), ② 씨(氏)(即實 1996⑯). [명](부족) 초로득(初魯得), 저특(楮特)(愛新覺羅 외 2004b⑧, 劉鳳翥 2014b㊷). [명](씨족) "저특씨(楮特氏)"의 남성형(愛新覺羅 외 2012).

[仍攴] lu.ur [出] 宣27, 仲12.

[仍攴丙火] lu.ur.j.ju [出] 宣25. [校勘] 이 글자는 초본에 잘못 옮겨진 것이므로 "仍攴乃火"가 올바르다(即實 2012㉕).

[仍攴吝] lu.ur.[?] [出] 皇7.

[伤叉ㄨ芬尖] lu.r.əl.gə.ər [出] 智18. [校勘] 이 글자는 초본에 잘못 옮겨진 것이므로 "伤叉ㄨ芬尖"가 올바르다(即實 2012校).

[伤欠仝] lu.go.ol [出] 令20. [校勘] 이 글자가 초본에는 "水欠仝"로, 탁본에는 "ㄎ欠仝"로 잘못 기록되어 있는데, 뒤 글자와의 관계로 보아 "公夯 丕"가 올바르다(即實 2012校).

伤 [발음] da, ta [原字번호] 229

[伤] da / ta [형] ① 길다(長)(沈彙 1980, 劉鳳翥 1984a, 清格爾泰외 1985), ② 멀다(大竹昌已 2016d). [出] 興/道/許/仲/先/皇/慈/奴/圖/回/塔I.

[伤 虫朩屮 主 王] da qa.ar.bur huaŋ ti [명] 장□황제(長□皇帝, 요 흥종황제의 존호 또는 시호)(劉鳳翥 2014b㉜). [出] 道15.

[伤夹] da.an / ta.an [借詞] "丹" 또는 "檀"을 나타내는 한어차사(劉鳳翥외 1995/2003b, 愛新覺羅 2011a). [出] 宗4/24, 宋10, 清5, 尚3.

[伤夹 朩去火 火 犀尖] da.an tʃ.əu.un ui dol.ər [명](관제) ① 지단주사(知檀州事)(即實 2012⑪), ② 단주(檀州)의 사지(事知)(즉, 한어 "단주지사(檀州知事)" 또는 "지단주지사(知檀州之事)"에 해당한다)(劉鳳翥 2014b㊷). [出] 宋10.

[伤夹 仐尖 公夯] da.an s.əŋ n.u [명](인명) 丹青奴(即實 2012⑳). [出] 清10.

[伤夹 九夾] da.an g.ur [명](지명) 거란인이 발해(渤海) 옛땅을 가리키는 구칭(愛新覺羅 2009a②). [명](국명) 발해(渤海)(即實 2012①). [出] 宗4.

[伤夹 九夾村] da.an g.ur-n [명](국명・소유격) ① 동단국(東丹國)의(即實 2012⑳), ② 발해(渤海)의(愛新覺羅 2009a②). [出] 宗4. [해설] 伤夹이 "거란"의 간칭(簡稱)이라는 증거는 전혀 없으며, "dan gur"는 거란인이 발해(渤海)의 고지(故地)를 가리키는 구칭(舊稱)에 해당한다(愛新覺羅 2009a②).

[伤夹 九芬] da.an g.ə [명](인명) 丹哥(愛新覺羅 2010f, 即實 2012⑭/2012⑲). [出] 清5, 尚3. [人物] 《淸誌》 주인인 奪里懶太山(1029~1087)의 증조부이자 《尚誌》 주인인 緬隱胡烏里(1130~1175)의 7대조인 丹哥 장군을 지칭한다(愛新覺羅 2010f).

[伤丙公尖] da.əi.d.ər [出] 尚14. [校勘] 이 글자는 초본에 잘못 옮겨진 것이므로 "伤丙公尖"가 올바르다(即實 2012校).

[伤长村] da.su.n [出] 先12. [校勘] 即實은 이 글자를 "伉长村"이라고 기록하고 있다(即實 2012校).

[伤虫ち女] da.ha.al.sair [出] 先18. [校勘] 即實은 이 글자를 "伤虫ち关"라고 기록하고 있다(即實 2012校).

[伤虫ち关] da.ha.al.i [出] 興13, 奴40.

[伤虫ホ] da.ha.ad [出] 仲46, 弘11, 特30.

[伤虫ホ村] da.ha.ad.ən [명](목적격) 먼 것을(大竹昌已 2016d). [出] 宣17. [用例] 公企公 伤虫ホ村 [n.əmə.d da.ha.ad.ən] [명](목적격) 친소(親疏)를(大竹昌已 2016d).

[伤虫ヰ] da.ha.ai [出] 副38.

[伤虫不] da.ha.on [出] 先68. [校勘] 即實은 이 글자를 "伤虫ホ"라고 기록하고 있다(即實 2012校).

[伤虫尔朩] da.ha.au.ar [出] 宗7. [校勘] 即實은 이 글자를 "伤虫ホ朩"라고 기록하고 있다(即實 2012校).

[伤虫火] da.ha.ju [出] 先42.

[伤虫女] da.ha.adʒu [出] 博6, 梁19.

[伤夾村] da.ur.ən [出] 許11. [校勘] 이 글자는 초본에 잘못 옮겨졌으므로 "伤亥村"이 올바르다(即實 2012校).

[伤ち] da.al [出] 圖25.

[伤ち亥药] da.al [出] 玦19/21.

[伤ち屮] da.al [出] 玦27.

[伤ち屮村] da.al [出] 玦15.

[伤朩] da.ar [出] 道/仲/先/博/永/皇/烈/梁/回.

[伤朩 虫生] da.ar qa.abu [出] 宋23.

[伤朩 九芬尖] da.ar əd.gə.ər [出] 博46. [校勘] 이 글자들이 휘본 등에는 한 글자로 합쳐져 있다(即實 2012校).

[伤亥] da.u [명] "흥종신성대효장천중희황제(興宗神聖大孝章天重熙皇帝)"에서의 "장(章)", 또는 단독으로 "장(章)"을 나타낸다(羅福成 1934a/c, 劉鳳翥 2014b⑭). [出] 興/道/仲/先/宗/迪/副/梁/特. [校勘] 이 글자는 초본에 잘못 옮겨진 것이므로 "伤亥"가 올바르다(即實 2012校).

[伤亥村] da.u.n [出] 仲7. [校勘] ☞ 伤亥村(即實 2012校).

[伤亥朩] da.u.tʃi [出] 奴19, 特15. [校勘] ☞ 伤亥朩(即實 2012校).

[伤亥矢] da.u.tə [出] 先23. [校勘] ☞ 伤亥矢(即實 2012校).

[伤亥公] da.u.d [出] 智4. [校勘] ☞ 伤亥公(即實 2012校).

[伤亥公舟尘] da.u.d.əb.t [出] 道20. [校勘] ☞ 伤亥公舟尘(即實 2012校).

[伤亥内] da.u.on [出] 尚21. [校勘] ☞ 伤亥村(即實 2012校).

[伤叉ㄨ芬北] da.r.əl.gə.əl [出] 仲35. [校勘] 이 글자는 초본에 잘못 옮겨진 것이므로 "伤叉ㄨ芬北"이 올바르다(即實 2012校).

[伤叉ㄨ芬尖] da.r.əl.gə.ər [出] 智4. [校勘] ☞ 伤叉ㄨ芬尖

(即實 2012[校]).

[仍叉当尜] da.r.ən.ər [出] 仲9. [校勘] ☞ 仍叉当尜(即實 2012[校]).

[仍久] da.ug [명] 장(章)(羅福成 1934a). [出] 興/道/宣/仲/副/皇/宋/玦. [校勘] 이 글자는 초본과 탁본에 모두 잘못 기록되어 있으나 ≪圖2≫에 근거하면 "仍友"이 올바르다(即實 2012[校]).

[仍久 丞圡兴] da.ug qa.ha.an [出] 仲33. [校勘] ☞ 仍友 丞圡兴(即實 2012[校]).

[仍久 舟交] da.ug b.ur [出] 道8. [校勘] ☞ 仍友 舟交(即實 2012[校]).

[仍久朾] da.ug.ən [명](소유격) 장(章)의(羅福成 1933, 青格勒외 2003). [出] 宣15, 皇9. [校勘] ☞ 仍友朾(即實 2012[校]).

[仍久矢] da.ug.tə [出] 宋14. [校勘] ☞ 仍友矢(即實 2012[校]).

[仍久〓穴□朾] da.ug.l.u.[?].ən [出] 特23.

[仍久火公夳光] da.ug.ud.ən.gə.ju [出] 糺26. [校勘] 이 단어는 본래 2개의 글자(仍友 火叉夳关)이나 초본에는 잘못하여 하나로 합쳐져 있다(即實 2012[校]).

[仍攵朾] da.ja.n [出] 許59. [校勘] 이 글자는 초본에 잘못 옮겨졌으므로 "仍友朾"이 올바르다(即實 2012[校]).

[仍乃] da.am [出] 仲21.

[仍乃矢] da.am.tə [出] 玦16/18/20.

[仍生] da.abu [出] 副51.

[仍気] ta.aŋ [명](국명) "당(唐)"의 한어차사(王弘力 1986, 即實 1996⑤). [명](인명) 탕임금(湯)(大竹昌巳 2016b). [出] 道/故/博/迪/玦.

[仍気朾] ta.aŋ-n [명](소유격) ① 당(唐)의(研究小組 1977b, 劉鳳翥외 1977, 清格爾泰외 1978a), ② 탕(湯)임금의(大竹昌巳 2016b). [出] 道22, 郎2, 玦20, 特37.

[仍気朾 亚先 〓冋矢] ta.aŋ-n kiæ.æn l.iŋ.tə [명](지명·향위격) 당의 건릉(唐乾陵)에(研究小組 1977b, 清格爾泰외 1978a/1985). [出] 郎2.

> [參考] **唐乾陵(당건릉)**은 섬서성 서안시(陝西省 西安市)에 있다. 측천황후(則天皇后)라고도 불리우는 무측천(武則天)의 무자비(無字碑: 글자가 없는 비)가 있는 건릉은 당조(唐朝)의 18개 제왕능 중에 유일하게 도굴을 당하지 않아 가장 완전하게 보전된 황궁의 능원이다. 당 고종(唐高宗) 이치(李治)와 중국사상 유일한 여황제인 무측천이 함께 묻혀 있는 건릉은 세계적으로 유일하게 두 황제가 합장된 무덤이다. 무측천이 자신을 위해 세운 "무자비"가 지금까지 건릉을 지키고 있다(中國國家旅游局 홈페이지 참조).

[仍気光] ta.aŋ.ju [出] 宣21.

[仍公伏] da.d.in [대](소유격) 그들(彼)의(呼格吉樂圖 2017). [出] 先40. [同源語] "그들의"를 뜻하는 몽골어의 [tədnæ:]와 같은 어원이다(呼格吉樂圖 2017).

[仍公伏 币药] da.d.in tʃau.ʤi [명] 피군(彼軍, 그들의 군대)(呼格吉樂圖 2017). [出] 先40.

[仍舟叉] da.b.u [형] 오래다, 변치 아니하다(久)(陳乃雄외 1999). [出] 弘31.

[仍舟叉火] da.b.u.un [出] 奴38.

[仍关] da.i [出] 宣5, 仲8/31, 迪11, 尚23. [校勘] 이 글자는 초본에 잘못 옮겨진 것이므로 "仍关"가 올바르다(即實 2012[校]).

[仍尜] da.ər [出] 烈29. [校勘] 이 글자는 초본에 잘못 옮겨진 것이므로 "仍尜"가 올바르다(即實 2012[校]).

[仍友] da.mun [명] ① 상(上)(即實 1996⑯), ② 장(章)(愛新覺羅외 2011), ③ 대명(大明)(陶金 2015). [出] 興/道/宣/仲/副/皇/宋/玦/圓. [參考] ≪요사·흥종본기3≫에 요 도종(遼道宗) 청녕(清寧) 원년(1055) 7월 흥종황제(興宗皇帝)에게 "효장황제(孝章皇帝)"라는 존호를 올렸다고 되어 있는데, "효장(孝章)"의 "장(章)"에 해당하는 것이 "仍友"이다(愛新覺羅외 2011).

[仍友 丞圡兴] da.mun qa.ha.an [명] 상황(上皇)(即實 1996⑯). [出] 仲33.

[仍友 火叉夳关] da.mun ud.ir.gə.i [出] 糺26.

[仍友 舟交] da.mun b.ur [동] 조서(詔書)를 내리다(即實 1996⑯). [出] 道8.

[仍友朾] da.mun-n [명](소유격) 장(章)의(愛新覺羅외 2011). [出] 圓2.

[仍友矢] da.mun.tə [出] 宋14.

仅 [발음] ʤin [原字번호] 230

[仅] ʤin(?) [書法] Kane은 이 원자가 "仅(원자번호 227)"의 이서체라고 주장하고 있다(Kane 2009). [出] 塔II-1.

[仅兴] ʤin.an [명] ① 검(檢)(愛新覺羅 2004a⑧), ② 정(政)(?)(即實 2012⑳). [出] 興/道/仲/先/迪/梁.

[仅兴 公] ʤin.an d [出] 迪19. [校勘] 이 단어는 본래 2개의 글자이나 초본에는 잘못하여 하나로 합쳐져 있다(即實 2012[校]).

[仅兴尜] ʤin.an.ər [出] 迪27.

[仅圡兴] ʤin.ha.an [出] 玦15.

[仅本] ʤin.ar [出] 許/先/梁/清/特.

[仅本村] dʒin.ar.ən [出] 先30.

仅夊列公] dʒin.u.qa.d [出] 永38. [校勘] 即實은 이 글자를 "仅 火公"라고 기록하고 있다(即實 2012[校]).

[仅业屮] dʒin.əl.bur [出] 玦36.

仅几] dʒin.gə [出] 海7, 永37, 副31/34/36, 韓20. [校勘] 이 글자는 초본에 잘못 옮겨진 것이므로 "仅几"가 올바르다(即實 2012[校]).

[仅几业杏] dʒin.gə.p.un [出] 永36. [校勘] 이 단어는 본래 2개의 글자(仅几 业杏)이나 초본에는 잘못하여 하나로 합쳐져 있다(即實 2012[校]).

[仅几冈丙] dʒin.gə.?.əi [出] 興30. [校勘] ☞ 仅几 冈丙(即實 2012[校]).

[仅几汋] dʒin.gə.gi [出] 梆3.

[仅尘] dʒin.d [出] 先30.

仸 [발음] ?? [原字번호] 231

仸] ? [用法] Kane은 이 원자를 "仅(원자번호 227)"의 이서체라고 기술(Kane 2009)하고 있으나, 愛新覺羅는 "仅"의 이서체가 아니라고 주장하고 있다(愛新覺羅 2012). [出] 烈32, 尚8/19/29, 韓33.

[仸来] ?.an [出] 迪37, 蒲1.

仸北及] ?.ur.o [出] 糺29. [校勘] 이 글자는 초본에 잘못 옮겨졌으므로 "伇业叉"가 올바르다(即實 2012[校]).

[仸ち业为出] ?.al.ha.a.an [出] 回25.

[仸本] ?.ar [出] 興10.

[仸剁] ?.bu [出] 許57.

[仸剁 才午] ?.bu ja.al [出] 梁18.

仸为来村] ?.a.an.ən [동] 급양(給養, 먹을 것을 주다, 돌보아 주다)(即實 2012⑳). [出] 博12.

[仸业业冬北] ?.əl.ha.as.əl [出] 博22. [校勘] 即實은 이 글자를 "仅业业冬北"이라고 기록하고 있다(即實 2012[校]).

[仸业廾犳] ?.əl.ʊ.dʒi [出] 回21.

[仸业廾乃村] ?.əl.ʊ.mur.ən [出] 博9. [校勘] 이 글자는 초본에 잘못 옮겨진 것("乃"는 글자의 앞부분에만 놓임)이므로 "仸业廾犳村"이 올바르다(即實 2012[校]).

[仸业叉] ?.əl.ir [出] 玦42.

[仸业伏] ?.əl.in [出] 仲3.

仸几] ?.gə [出] 興27, 梁14. [校勘] 이 글자는 초본에 잘못 옮겨진 것("仸"와 "几"를 이어 쓰는 사례는 없음)이므로 "仅几"가 올바르다(即實 2012[校]).

[仸尘] ?.t [出] 許22/24, 奴18, 玦27.

伇 [발음] ji [原字번호] 232

伇] ji [동] 임명하다, 보하다(補)(愛新覺羅 2004a⑧). [出] 興/仁/道/仲/先/海/博/慈/智/梁/清/玦/回.

伇丙] ji.əi [동] 주관하다, 다스리다(即實 2012⑳). [出] 高16/21, 圖8, 玦3/5.

[伇丙北] ji.j.əl [出] 先29/45/51, 涿14.

[伇丙与火] ji.j.en.ər [出] 先69.

[伇丙火] ji.j.ər [出] 宋16.

伇丙] ji.al [出] 圖8. [校勘] 이 글자는 휘본 등에 잘못 옮겨진 것이므로 "伇丙"가 올바르다(即實 2012[校]).

伇夊] ji.u [出] 博32. [校勘] 이 글자는 휘본 등에 잘못 옮겨진 것("伇"와 "夊"를 이어 쓰는 사례는 없음)이므로 "伏夊"가 올바르다(即實 2012[校]).

[伇村] ji.ən [出] 尚24.

[伇叉] ji.ir [出] 宣13.

伇为本] ji.a.ar [동] 주관하다, 다스리다(即實 2012⑳). [出] 皇13.

[伇矢] ji.tə [出] 慈15, 玦28.

[伇矢关] ji.d.i [出] 副17.

[伇伏] ji.in [出] 博33.

伇仐北] ji.s.əl [동] 다스렸다, 있다(即實 2012⑳). [出] 涿18, 智9, 梁17, 尚15.

伇业] ji.əl [出] 先41. [校勘] 即實은 이 글자를 뒤 원자들과 합쳐 "仅业业犬"이라고 기록하고 있다(即實 2012[校]).

[伇业业为本] ji.əl.ha.a.ar [出] 道11.

[伇业叉] ji.əl.ir [동] 다스리다(即實 1996⑯, 愛新覺羅외 2012①). [出] 先5, 博4, 皇12, 宋17.

[伇业伏] ji.əl.in [出] 玦35.

伇关] ji.i [동] ①~을 하고자 하다, 원하다(欲)(袁海波외 2005), ②주관하다, 다스리다(即實 2012⑳). [出] 興/令/許/仲/先/宗/海/博/迪/副/清/韓/特.

[伇关 丸为出] ji.i au.a.an [명] 후처(繼室)(劉鳳翥 2014b㊾). [出] 清10. [校勘] 이 글자가 초본에는 "伇关 丈为出"으로 잘못 기록되어 있다(即實 2012⑭).

[伇关 丸为出 丙 几] ji.i. au.a.an məg ku [명] 후처(愛新覺羅 2006a). [出] 清10. [參考] ①又 丙 几 [mos məg ku]

[명] 큰 부인(大妻)(即實 1996⑯). ② 㝗𠄌丙 丙 几 [ur.ja.al məg ku] [명] 측실(側室), 첩(愛新覺羅 2013b).

[伩关 仲炏矢] ji.i ju.ər.tə [出] 迪4. [校勘] 이 단어는 본래 2개의 글자이나 초본에는 잘못하여 하나로 합쳐져 있다(即實 2012⑫).

[伩炏] ji.ər [出] 回16.

[伩□糸□] ji.?.jai.? [出] 令1. [校勘] 이 글자는 초본에 잘못 옮겨진 것이므로 "伏廾矢村"이 올바르다(即實 2012⑫).

伨 [발음] ku [原字번호] 233

[伨] ku [형] 무겁다(重)(?)(即實 2012⑳). [書法] Kane은 이 원자를 "几[ku](원자번호 178)"의 이서체라고 기술(Kane 2009)하고 있으나, 愛新覺羅는 이 원자는 그것과 관련이 없다고 주장하고 있다(愛新覺羅 2012). [出] 興/仁/先/宗/海/皇/清/特.

[伨长] ku.us [형] 가깝다(近)(即實 2012⑳). [명] ① 근시(近侍)(即實 1996⑥), ② 관직(愛新覺羅 2013b). [出] 先7/8/19/30/32/41/47/51/59/64, 博16, 圖7/12/16/22, 玦3/4/12/17/29/32/33/34/35.

[伨长 孑 穴炏] ku.us gi u.ər [동] 관직을 받아 있다(吳英喆 2012a①). [出] 玦3.

[伨长叐] ku.us.ir [형] 가까운(近)(即實 2012⑳). [出] 圖23.

[伨长矢] ku.us.tə [出] 先68, 玦14/36/41.

[伨长炏] ku.us.ər [出] 先32/65.

[伨叐] ku.u [借詞] "庫"를 나타내는 한어차사(愛新覺羅 2004a⑧). [出] 烈20.

[伨犸] ku.dʒi [出] 尚32.

[伨欠长] ku.gu.us [出] 許43. [校勘] 即實은 이 글자를 "伨穴长"이라고 기록하고 있다(即實 2012⑫).

[伨化] ku.ur [出] 道28.

[伨平炏丙] ku.ul.gə.əi [出] 玦12.

[伨平炏炏] ku.ul.gə.ər [동] "보고 따르다, 본받다"의 남성형 과거시제(大竹昌巳 2016d). [出] 圖15. [用例] 丙交夲 叐犸 伨平炏炏 [j.iæ.ær.u.dʒi ku.ul.gə.ər] [동] 다 같이 본받다(大竹昌巳 2016d).

[伨平炏当] ku.ul.gə.ən [出] 玦31.

仍 [발음] ?? [原字번호] 234

[仍] ? [書法] 吉如何 등은 이 원자의 우측 필획이 "ノ" 형태가 아니라 "丨" 형태의 글자이므로 "仍"이 아닌 "仍"로 고쳐야 한다고 주장하고 있다(吉如何 2009). [出] 仁3.

[仍圡冬村] ?.ha.as.ən [出] 糺9. [校勘] 이 글자는 초본에 잘못 옮겨진 것이므로 "仍圡冬村"이 올바르다(即實 2012⑫).

[仍北] ?.əl [出] 宋7.

[仍叐业大仐北] ?.u.l.gə.s.əl [出] 特25.

[仍叐业大炏] ?.u.l.gə.ər [出] 先62. [校勘] 即實은 이 글자를 "仍叉业大炏"라고 기록하고 있다(即實 2012⑫).

[仍叐业穴犸] ?.u.l.u.dʒi [出] 特20.

[仍叐平] ?.u.ul [出] 興19.

[仍村] ?.ən [出] 特9.

[仍叉业大炏] ?.ir.əl.gə.ər [出] 清17.

[仍叉业公当] ?.ir.əl.d.ən [出] 奴19.

[仍叉业炏业叉] ?.ir.əl.gə.l.ir [出] 玦36.

[仍叉业炏炏] ?.ir.əl.gə.ər [出] 玦43.

[仍叉业炏当] ?.ir.əl.gə.ən [동] 더하다(增)(即實 2012⑳). [出] 故19, 慈10, 玦35/40/45.

[仍叉业穴犸] ?.ir.əl.u.dʒi [出] 特36.

[仍叉炏] ?.ir.ər [出] 先29, 慈14.

[仍朩] ?.tʃu [出] 許47.

[仍乃] ?.am [出] 仲23. [校勘] 即實은 이 글자를 "仍乃"이라고 기록하고 있다(即實 2012⑫).

[仍为] ?.a [出] 副13, 蒲8.

[仍为东村] ?.a.al.ən [出] 高17. [校勘] 이 글자는 휘등에 잘못 옮겨진 것이므로 "仍为东村"이 올바르다(即實 2012⑫).

[仍化业大炏] ?.ir.əl.gə.ər [出] 道23.

[仍化业炏丙] ?.ir.əl.gə.əi [동] 더하다(增)(即實 2012⑳). [出] 宣24.

[仍化业炏当] ?.ir.əl.gə.ən [出] 道21, 許25, 智24.

[仍仐北] ?.s.əl [동] "수행하다"의 과거형(即實 2012⑳). [出] 尚15.

[仍仐九] ?.s.umu [出] 先33. [校勘] 即實은 이 글자를 "仍仐北"이라고 기록하고 있다(即實 2012⑫).

[仍公业朩] ?.d.əl.tʃi [出] 故12.

[仍业叉] ?.əl.ir [동] ① ~에 임명되다, 보해지다(補)(即實 1988b), ② ~가 되었다(吳英喆 2012a④). [出] 許7/49, 蒲

[仍业炏] ?.əl.ər [동] ~에 임명되다, 보해지다(補)(即

2012⑳). [出] 烈16.

仍关] ?.i [동] ~에 임명되다, 보해지다(補)(即實 1996⑯, 愛新覺羅 2002). [명] 자리나 작은 집단(班)(劉鳳翥외 2008a). [出] 仲/先/博/永/迪/副/烈/奴/高/圖/梁/糺/特.

仍关比] ?.i.əl [出] 許10. [校勘] 이 글자는 초본에 잘못 옮겨진 것이므로 "**仍关 丸**"가 올바르다(即實 2012㊈).

仍关药] ?.i.dʒi [出] 特12.

仍公] ?.ər [동] ~에 임명되다, 보해지다(補)(愛新覺羅 2004a⑧, 即實 2012⑳). [出] 烈13, 奴11, 玦12/45, 特11.

仍尜木] ?.ə.tʃi [出] 令14.

仍当] ?.ən [出] 仁3, 先44.

仍当公] ?.ən.ər [동] ① 어떤 감정이나 느낌을 참지 못하다(不勝)(羅福成 1934j), ② 기뻐하다(欣)(黃振華 1985a), ③ 증보(增補)하다(愛新覺羅 2004a⑧). [出] 郎4.

化 [발음] ri, ir [原字번호] 235

化] ri / ir [명] 증손자(青格勒외 2003, 劉鳳翥 2014b㉜). [用法] ① 형용사형 어미를 표시하는 부가성분이다(研究小組 1977b), ② 복수어미를 표시하는 부가성분이다(吳英喆 2005c). [出] 道/令/許/仲/先/宗/博/迪/副/皇/慈/智/烈/玦/回/特/畵. [用例1] **反化** [m.ir] [명] 소・말(羅福成 1934b, 鄭紹宗 1973, 研究小組 1977b, 清格爾泰외 1978a). [명](관제) ① 미리(彌里)(愛新覺羅 2003i), ② 말리(抹里)(即實 2012⑳). [用例2] **关化** [i.ir] [명] ① 호(號)・이름(名)・휘(諱)(劉鳳翥외 1981d, 劉鳳翥 1983a, 即實 1996⑤), ② 자(字)(即實 1996⑯).

化亚东村] ir.ha.ad.ən [出] 玦27.

化交村] ir.ur.ən [出] 仁16. [校勘] 이 글자는 휘본 등에 잘못 옮겨진 것이므로 "**九交村**"가 올바르다(即實 2012㊈).

化ち亚木] ir.al.ha.ar [出] 慈21. [校勘] 이 글자는 초본에 잘못 옮겨진 것이므로 "**攵ち亚木**"가 올바르다(即實 2012㊈).

化夯] ir.e [出] 先3, 特2.

化叐药] ir.u.dʒi [出] 仲12.

化村] ir.ən [出] 許45.

化丬太比] ir.əl.gə.əl [出] 仲14.

化九村] ir.gə-n [명](관제) 이리근(夷離菫)(即實 1991b, 劉鳳翥외 2006a). [同源語] 부족의 수령(首領)을 뜻하는 돌궐어(突厥語)의 [irkin]이 같은 어원이다. ≪수서・철늑전(隋書・鐵勒傳)≫에 동일한 의미로 "사근(俟斤)" [irkin, irgin, erkan]이라는 기록이 나온다(孫伯君외 2008). [出] 故/先/涿/迪/副/慈蓋/慈/智/奴/糺/蒲.

> [遼史] **夷離菫(이리근)**은 "移里菫"이라고도 한다. 원래 돌궐어로는 통군마대관(統軍馬大官)이다. 각 부의 군사수령(軍事首領)을 가리킨다. 거란 건국전 요련씨(遙輦氏) 부락연맹시기(730~906)에는 각 부 수령을 이리근이라 하였다. 907년 아보기가 우월(于越) 겸 질랄부이리근(迭剌部夷離菫)으로서 연맹가한(聯盟可汗)에 추대되자 북남 양부(北南兩府)에 재상(宰相)을 두고 각 부의 이리근을 나누어서 그 예하에 두었다. 922년 질랄부를 나누어 북남 양원으로 하고 각각 이리근을 두어 본원군마(本院軍馬)를 영솔하도록 하여 북부재상 아래 예속시켰다. 938년 북남 양원과 을실부(乙室部) 이리근을 대왕이라 고쳐 부르고, 각 부 이리근을 절도사로 고쳤다. 선임은 요련시기에는 본부 귀족 중 세선(世選)으로 뽑았고 건국 후에는 조정 귀족 중에서 뽑아 임명했다(金渭顯외 2012㊤).

化九公] ir.gə.d [명](관제) "이리근(夷離菫)"의 복수형(即實 1996①, 武內康則 2016). [出] 興24, 道14, 故5, 先2.

化关] ir.i [出] 副31, 慈16, 蒲23.

化公] ir.ər [出] 清9.

化尜] ir.ə [出] 道16.

化公叉] ir.gə.r [出] 涿20. [校勘] 即實은 이 글자를 앞의 두 원자가 탈루된 "□□化公叉"이라고 기록하고 있다(即實 2012㊈).

化当] ir.ən [出] 興22. [校勘] 이 단어는 초본에 옮기며 잘못 분할되었는데, 앞 원자들과 합쳐 "**公屮化当**"으로 하여야 한다(即實 2012㊈).

化□比] ir.?.əl [出] 博8.

化 [발음] ur [原字번호] 236

化] ur [用法] ① 형용사류 어미를 표시하는 부가성분이다(研究小組 1977b), ② 복수어미를 표시하는 부가성분이다(愛新覺羅 2004a⑦, 吳英喆 2005c). [出] 興16.

化叐夯] ur.u.e [出] 仲11.

化叐火] ur.u.ui [出] 先42/49, 玦22.

化村] ur.ən [出] 許9. [校勘] 이 글자는 초본에 잘못 옮겨진 것이므로 "**八村**"이 올바르다(即實 2012㊈).

化公屮] ur.d.bur [出] 宣23.

化公丹伏] ur.d.bu.n [出] 副33.

化丬公ち] ur.əl.gə.en [出] 先41. [校勘] 即實은 이

글자를 "化中太当"이라고 기록하고 있다(即實 2012⑭).

[化火北] ur.ui.əl [出] 韓17. [校勘] 이 글자는 초본에 잘못 옮겨졌으므로 "化水北"이 올바르다(即實 2012⑭).

[化火] ur.ju [명](인명) 女(盧佛女낭자의 "녀"자에 해당한다)(愛新覺羅 2006a). [出] 永13. [校勘] 이 글자는 초본에 잘못 옮겨진 것이므로 "伏火"가 올바르다(即實 2012⑭).

[化舟伏] ur.bu.n [出] 許24. [校勘] 即實은 이 글자를 앞 원자들과 합쳐 "今九化舟伏"이라고 기록하고 있다(即實 2012⑭).

[化关] ur.i [出] 韓13. [校勘] 이 글자는 초본에 잘못 옮겨진 것이므로 "化关"가 올바르다(即實 2012⑭).

[化关雨] ur.i.in [出] 烈24.

[化太] ur.ər [出] 令4. [校勘] 이 단어는 초본에 옮기며 잘못 분할되었는데, 앞 원자들과 합쳐 "米及化太"로 하여야 한다(即實 2012⑭).

[化火北] ur.ud.əl [出] 智16, 奴46.

[化穴九] ur.u.umu [出] 博30.

[化穴药村] ur.u.dʒi.n [出] 興22.

[化穴伏] ur.u.in [出] 道35.

[化穴火] ur.u.ui [出] 先32/41.

[化穴太] ur.u.ər [出] 道27.

[化穴平太与] ur.u.ul.gə.en [出] 道23.

仃 [발음] du [原字번호] 237

[仃] du [借詞] "都", "度", "篤", "督", "德" 등을 나타내는 한어차사(研究小組 1977b, 劉鳳翥외 1977/1981a). [出] 許/故/仲/先/博/永/迪/弘/副/宋/烈/奴/圖/梁/清/尚/玦/塔II.

[仃 方火] du tu.uŋ [명](관제) "도통(都統)"의 한어차사(研究小組 1977b, 清格爾泰외 1978a/1985). [出] 許18.

> [遼史] **都統(도통)**은 군사의 통수(統帥)를 말한다. 당나라 때에는 모든 군사의 통수를 일컬었으며, 당 숙종 때에는 3도(道), 5도 도통이라 하다가 뒤에 와서 제도행영도통(諸道行營都統)이라 하였는데 정벌을 맡는다. 임시 성질의 군사장관이다. 요나라 때의 도통은 여러 방면의 통수(統帥)였다(金渭顯외 2012㊤).

[仃 仌仌 九交仌] du d.æm g.iæ.æm [명](관제) "도점검(都點檢)"의 한어차사(研究小組 1977b, 清格爾泰외 1978a). [出] 仲20. [用例] 仌交夯 今交夯 仃 仌仌 九交仌 [d.jue.æn s.jue.æn du d.æm g.jæ.æm] [명](관제) "전전도점검(殿前都點檢)"의 한어차사(清格爾泰외 1978a/1985, 劉鳳翥 201… ㊾). [出] 仲20/33.

> [遼史] **都點檢(도점검)**은 전전도점검(殿前都點檢)을 줄여서 부르는 말이다 요대에는 오대시대(五代時代)의 구제도를 이어 받아서 남면군관(南面軍官) 중에 전전도점검사(殿前都點檢司)를 두어 황실의 친군(皇室親軍)을 거느리도록 하였다. 그 장관이 전전도점검이다(金渭顯외 2012㊤).

[仃 九丙火 兆] du g.ju.uŋ ʂï [명](관제) "도궁사(都… 使)"의 한어차사(即實 1996⑯, 劉鳳翥 2014b㊾). [出] 先… 副17, 梁6.

[仃 九亦村] du g.iun.ən [명](관제・소유격) 독군(督軍)의(即實 1996⑯). [出] 先6.

[仃 九寸乃] du g.ja.am [명](관제) "도감(都監)"의 한어차사(即實 2012②, 劉鳳翥 2014b②). [出] 博4.

> [遼史] **都監(도감)**은 거란 때의 주요 무관이다. 주관(主官)의 군정 관리를 협조하는 요원으로 부서의 약속, 영오(營伍)를 관장한다. 직위는 상온(詳穩) 다음이다(金渭顯외 2012㊤).

[仃 九寸仌] du g.ja.jam [명](관제) "도감(都監)"의 한어차사(研究小組 1977b, 清格爾泰외 1978a). [出] 迪13, 圖8.

[仃 九夯] du g.ə [명](인명) 都哥(愛新覺羅 2010f, 即實 20… ⑦, 劉鳳翥 2014b⑧). [出] 永17. [人物] ≪永誌≫ 주인 遙… 永寧(1059~1085)의 모친인 都哥부인(夫人)을 지칭한다(愛新覺羅 2010f).

[仃北] du.əl [出] 仲13, 尚15.

[仃北 为ホ] du.əl a.ar [出] 永29.

[仃交] du.ur [出] 糺19.

[仃太] du.uŋ [借詞] ①"冬"을 나타내는 한어차사(即實 1991b), ②"桐"을 나타내는 한어차사(豊田五郎 1991b). [出] 先8, 韓14. [校勘] 即實은 이 글자를 "仃火"이라고 기록하고 있다(即實 2012⑭).

[仃太 丸] du.uŋ mu [명](관제) 동두(東頭)(即實 2012⑳). [出] 副25.

> [遼史] ① **東頭供奉官(동두공봉관)** : 당나라 때 대명궁(大明宮)에 공봉관을 두었는데 오대 때에도 그래도 있었다.
> ② **東頭承奉班(동두승봉반)** 거란 남면 문하성에 속하는 벼슬이다. 경종 때 한덕양(韓德讓)을 동두승봉관에 임명했던 일이 있다(金渭顯외 2012㊤㊥).

[仃太 乂夯] du.uŋ k(h).e [명](인명) ①冬珂(即實 1996⑯) ②冬哥(愛新覺羅 2010f), ③佟哥, 東哥(劉鳳翥 2014b㊾). [出] 先8. [人物] ≪先誌≫의 주인인 糺鄰査剌(1013~1072)의

셋째 여동생인 冬哥낭자를 지칭한다(愛新覺羅 2010f).

[仃矛] du.u [借詞] ①"篤"을 나타내는 한어차사(愛新覺羅 2003g), ②"杜"를 나타내는 한어차사(愛新覺羅 2006a). [出] 先16, 高16/18, 蒲13.

[仃叉火炎与] du.r.əl.gə.ən [出] 皇17. [校勘] 이 글자는 초본에 잘못 옮겨졌으므로("仃"와 "叉"를 이어 쓴 사례는 없음) "仍叉火炎与"이 올바르다(即實 2012[校]).

[仃久] du.ug [出] 宣21.

[仃矢] du.tə [出] 玦28.

[仃九] du.gə [出] 海12. [校勘] 이 글자는 휘본 등에 잘못 옮겨진 것("仃"와 "九"를 이어 쓰는 사례는 없음)이므로 "仅九"가 올바르다(即實 2012[校]).

[仃炎] du.ər [出] 迪7.

[仃火] du.uŋ [借詞] ①"冬", "東", "董" 등을 나타내는 한어차사(豊田五郎 1988a, 梁振晶 2003, 劉鳳翥외 2008a), ②"敦"을 나타내는 한어차사(盧迎紅외 2000, 劉鳳翥 2014b㊾, 愛新覺羅 2017a). [出] 迪/副/智/圖/尚.

[仃火 丸 九火火] du.uŋ mu g.iu.uŋ [명] "돈목궁"(敦睦宮)의 한어차사(劉鳳翥 2014b㊾, 愛新覺羅 2017a). [出] 迪13. [遼史] "돈목궁"은 효문황태제 야율융경(耶律隆慶)이 건립한 적식득본알로타(赤寔得本斡魯朶)를 말한다(≪요사·영위지㊤≫).

[仃火 丸 九火火 业火 曲公] du.uŋ mu g.iu.uŋ p.uŋ ko.n [명](관제) "돈목궁판관"(敦睦宮判官)의 한어차사(劉鳳翥 2014b㊾). [出] 迪13.

[仃火 业用 亚夯村] du.uŋ p.iŋ hiæ.æn-n [명](지명·소유격) 동평현(東平縣)의(即實 2012⑲, 劉鳳翥 2014b㊾). [出] 尚24.

[仃火 九夯] du.uŋ g.ə [명](인명) ①冬哥(愛新覺羅 2010f, 即實 2012⑤/⑥/⑬), ②董哥, 東哥(劉鳳翥 2014b㊾). [出] 韓14, 圖7, 智12.

> [人物] ①≪韓誌≫ 주인의 남편인 特每·闊哥부마(駙馬)의 조카(셋째 형인 章九태위의 장녀) 董哥낭자를 지칭한다(劉鳳翥 2014b⑳).
>
> ②≪圖誌≫ 주인 蒲奴隱圖古辞(1018~1068)의 다섯째 딸인 冬哥를 지칭한다(愛新覺羅 2010f).
>
> ③≪智誌≫ 주인 烏魯本猪屎(1023~1094)의 셋째 누이인 冬哥낭자를 지칭한다(即實 2012⑤).

[仃平太与] du.ul.gə.en [出] 博17.

伯
[발음] sui
[原字번호] 238

[伯] sui [동] ①기리다(?)(即實 1996⑯), ②탄생하다(Kane 2009). [出] 道23, 宋11, 畫V. [參考] "伯"[sui]와 "仐火关"[s.ui.i]는 동음동역(同音同譯)에 속한다(吳英喆 2014b).

[伯 伏关化] sui ni.i.ri [동] 이름을 기리다(?)(即實 1996⑯). [出] 道23.

[伯丙矢] sui.əi.tə [명](향위격) 생(生)에(吳英喆 2012a①). [出] 玦45.

[伯丙关] sui.əi.i [동] 탄생하다(即實 2012⑳). [出] 許40/55, 慈3, 烈24, 清28/30.

[伯北] sui.əl [出] 許56.

[伯交炎] sui.ur.ər [出] 奴7. [校勘] 即實은 이 글자를 "丙交炎"이라고 기록하고 있다(即實 2012[校]).

[伯与] sui.en [명] (일)생(石金民외 2001, 趙志偉외 2001). [出] 道/先/博/永/智/奴/糺. [校勘] 即實은 이 글자를 "伯与"으로 기록하고 있다(即實 2012⑦). [用例] ① 乇 伯与 [am sui.en] [명] 일생(Kane 2009). ② 乇久 伯与 [mas.gu sui.ən] [명] 겨우 하나의 일생(即實 2012⑦).

[伯与矢] sui.en.tə [명](향위격) 생(生)에(劉鳳翥외 2006b). [出] 糺23. [校勘] ☞ 伯与矢(即實 2012[校]). [用例] 乇 伯与矢 [am sui.ən.tə] [명](향위격) 일생에(即實 2012⑯).

[伯与炎] sui.en.ər [명] (일)생(劉鳳翥외 2006b). [出] 糺29. [校勘] ☞ 伯与炎(即實 2012[校]). [用例] 矢 中 乇 伯与炎 [miŋ ai am sui.en.ər] [명] 천년 일생(劉鳳翥외 2006b).

[伯夯朩] sui.e.tʃi [동] 탄생하다(吳英喆 2012a①). [出] 仲30, 博28, 玦10.

[伯矛] sui.u [出] 仲43. [校勘] 이 글자는 초본에 잘못 옮겨진 것이므로 "伯叉"가 올바르다(即實 2012[校]).

[伯矛犳] sui.u.dʒi [명] 낳은 자식(即實 2012⑳). [出] 宗32.

[伯矛犳] sui.u.dʒi [出] 宗10. [校勘] ☞ 伯矛犳(即實 2012[校]).

[伯矛平] sui.u.ul [형] 둥근(即實 1982a/1996①). [出] 興25.

[伯矛平 女] sui.u.ul sair [명] 둥근 달(即實 1996⑯). [出] 興25.

[伯刃] sui.ir [出] 智24. [校勘] 即實은 이 글자를 "伯与"이라고 기록하고 있다(即實 2012[校]).

[伯叉] sui.r [出] 興27.

[伯叉炎] sui.r.ər [동] 탄생하다(即實 2012⑳). [出] 永36.

[伯犳] sui.dʒi [出] 仲39.

[伯矢] sui.tə [명] 국가(即實 1996①). [동] 생겨나다(劉鳳翥외 2009). [出] 興21.

[伯伏] sui-n [出] 智17.

[伯化几] sui.ur.ku 出 弘21. 校勘 이 글자는 초본에 잘못 옮겨진 것이므로 "伯氺几"가 올바르다(即實 2012校).

[伯仐圠] sui.s.əl 동 ① 탄생하다(劉鳳翥 외 2003b), ② 태어났다(即實 2012⑧). 出 宗5, 弘6, 韓21.

[伯仐几] sui.s.gə 명 ① 부(父)(劉鳳翥 1987a), ② 생(生)(盧迎紅 외 2000), ③ 출신(郭添剛 외 2009, 即實 2012③). 出 仲2, 迪4, 宋4, 尚3.

[伯氺圡丰] sui.l.ha.ai 동 생존하다(吳英喆 2012b②). 出 特2/16/34. 用例 伯氺圡丰 非 [sui.l.ha.ai po] 명 생시(生時, 살아 있는 동안)(吳英喆 2012b②).

[伯氺圡为朩] sui.l.ha.a.ar 명 ① 생(生)(鄭曉光 2002, 劉鳳翥 2014b(52)), ② 생부(生父)(愛新覺羅 2004a⑧). 동 ① 태어나게 하다(即實 2012⑳), ② "낳다"의 남성형(吳英喆 2014b). 出 博/永/弘/宋/圖.

[伯氺圡为朩 丰] sui.l.ha.a.ar ai 명 생부(친아버지)(吳英喆 2014b). 出 博4, 弘2, 宋4.

[伯氺圡为出] sui.l.ha.a.an 동 ① "낳다"의 여성형(愛新覺羅 2004a⑤, 吳英喆 2014b), ② 태어나게 하다(사동태)(吳英喆 2014b). 出 仲12, 博11.

[伯氺圡为出 丙] sui.l.ha.a.an məg 명 생모(친어머니)(吳英喆 2014b). 出 仲12, 博11.

[伯氺圡平] sui.l.əu.ul 出 智17. 校勘 이 글자는 초본에 잘못 옮겨진 것이므로 "伯氺圡朩"가 올바르다(即實 2012校).

[伯氺叐] sui.l.ir 동 낳았다(實玉柱 2005). 명 (~의) 소생 또는 후예(即實 2012⑳). 出 許45, 弘28, 智4/5/8. 用法 伯(타동사 어근)+氺叐(과거시제 접미사)(愛新覺羅 2004a⑧).

[伯氺伏] sui.l.in 동 생겨나다(即實 2012⑤). 出 弘/智/韓/玦/回/特.

[伯氺几] sui.l.əg 동 태어나다(吳英喆 2012b②). 出 博25.

[伯氺几村] sui.l.əg.ən 동 태어난(吳英喆 2012b②). 出 慈17, 回19.

[伯用圡丰] sui.il.ha.ai 出 清16.

[伯用圡为朩] sui.il.ha.a.ar 동 낳다(劉鳳翥외 2006a). 出 慈5. 用例 "伯氺圡为朩"의 다른 표기법이다(吳英喆 2014b).

[伯用圡为出] sui.il.ha.a.an 用法 동사 과거형 여성어미인 "出"과 연결되어 "낳았다"의 의미를 지닌다(愛新覺羅 2013b). 出 玦8. 用例 ☞ 伯氺圡为出(吳英喆 2014b).

[伯用圡为出 丙] sui.il.ha.a.an məg 명 생모(愛新覺羅 2013b). 出 玦8.

[伯用叐] sui.il.ir 동 태어났다(即實 1991b/2012④). 出 先2/5/66/69, 奴42. 用法 伯(타동사 어근)+用叐(과거시제 접미사)(愛新覺羅 2004a⑧).

[伯用叐 寿仐] sui.il.ir æn.əs 명 태어난 후예(即實 201
④). 出 奴42.

[伯用朩] sui.il.tʃi 동 ~를 낳다(愛新覺羅 2006a). 出 清
校勘 이 글자는 초본에 잘못 옮겨진 것이므로 "伯
朩"가 올바르다(即實 2012校).

[伯用伏] sui.il.in 동 탄생하다(即實 2012⑳). 出 副/宋/烈/清/蒲.

[伯用伏 乇农村 乇叐矢] sui.il.in am.ur.ən am.u.tə
탄신(誕辰)과 동시에(即實 2012⑳). 出 清21.

[伯用几] sui.il.gə 동 태어나다(吳英喆 2014b). 出 先7
烈23, 清19.

[伯用几村] sui.l.gə.ən 동 태어난(吳英喆 2012b②). 出 清
21/25.

[伯关] sui.i 동 태어나다(呂振奎외 1992, 劉鳳翥 1993d
出 仁/道/令/仲/先/宗/海/博/永/迪/慈/智/清/韓/特/蒲.

[伯公] sui.ər 동 ① 태어나다(閻萬章 1982b, 清格爾泰외
1985, 即實 1996⑯), ② "탄생했다"의 남성형(劉鳳翥외 1981
2006b, 吳英喆 2014b, 劉鳳翥 2014b(52), 大竹昌巳 2016d). 出
/先/宗/永/迪/弘/副/皇/智/奴/高/梁/糺/尚/特/蒲.

[伯公 伏仌圠] sui.ər ŋ(ni).o.ur 出 許30.

[伯夯朩] sui.ə.tʃi 동 (자식을) 낳다(愛新覺羅 2004a⑦
명 낳은 자식(即實 2012④). 出 故18, 永15, 奴9, 圖
用例 伯夯朩 舟列出 丞 [sui.ə.tʃi b.aqa.an dʒur] 낳은
자식은 아들이 둘이다(愛新覺羅 2004a⑦, 即實 2012④).

[伯尘公] sui.d.ər 出 宋17.

[伯尘当] sui.t.ən 명 태어난 자(即實 2012⑭). 出 清28.

[伯当] sui.ən 동 ① 탄생하다(羅福成 1934b/1934i, 研究小組 1977b, 清格爾泰외 1978a), ② "탄생하다"의 여성형(劉鳳翥외 1981d/2006b, 清格爾泰외 1985, 大竹昌巳 2016d). 형 急(급하다, 빠르다)(即實 1996⑯). 出 仁/令/許/故/仲/宗/博/涿/永/迪/弘/副/慈/烈/奴/梁/清/尚/韓/回/特/蒲/盞. 用法 동일하게 "탄생"의 의미를 가지는 "伯公"이 남성에만 사용되는데 반해, "伯当"는 여성에게만 사용된다는 견해(劉鳳翥외 1981d/2006b, 清格爾泰외 1985, 大竹昌巳 2016
와 여성·남성 모두에게 사용된다는 두 가지 견해(吳英喆 2014b)가 있다.

[伯当 关] sui.ən niar 명 ① 탄생일(誕日)(研究小組 1977
清格爾泰외 1978a), ② 생일(愛新覺羅 2009a⑪). 出 仁10.

[伯当 曲公] sui.ən go.ər 명 본장(本帳)(即實 2012③). 出
迪31. 參考 거란은 예부터 같은 성(姓)끼리 결혼이 불
가하였으므로, 여기서 "曲公"은 족(族)(이성[異姓] 불가)
이 아닌 장(帳)(이성 가능)으로 해석하여야 한다(即實

2012③).

伯当村] sui.ən.ən [동] 탄생한(吳英喆 2012b①). [出] 玦6.

伯当矢] sui.ən.tə [명](향위격) (일)생에(劉浦江외 2014). [出] 弘22, 烈23. [用例] **乇 伯当矢** [am sui.ən.tə] [명](향위격) 일생에(即實 2012⑯).

八 [발음] bai [原字번호] 239

八] bai [명] ① 리(里)(即實 1991b, Kane 2009), ② 지(地)(即實 1996①). [用法] "리(里)·지방(地方)"의 뜻을 가지는 표의자(表意字)이다(愛新覺羅 2008a). [出] 興/道/宣/先/皇/宋/慈/智/烈/奴/梁/糺/清/尚/韓/玦/特/畫/洞I.

八 丏] bai gi [出] 興13. [校勘] "**八**"은 명사이고 "**丏**"는 형용사·부사이므로 이어 쓸 수 없으나, 휘본 등에는 잘못하여 하나(**八丏**)로 합쳐져 있다(即實 2012㉟).

八卡叐] bai.su.r [出] 玦24.

八村] bai-n [명] 리정(里程, 일정한 곳으로부터 다른 곳에 이르는 거리, "리"를 단위로 하여 헤아린 거리)(即實 1996⑥). [명](소유격) 리(里)의(即實 1996⑯). [出] 道/仲/先/博/弘/回.

八叐] bai.r [出] 興15.

八矢] bai.tə [명](향위격) ① 지방(地方)에(愛新覺羅 2002), ② 지(地)에(即實 1996⑯). [出] 仲/先/博/弘/智/奴/清/玦/特.

八矢 不为] bai.tə on.a [동] 땅에 떨어지다(吳英喆 2012a①). [出] 玦39.

八矢关] bai.d.i [出] 先63, 副16, 梁11.

八公] bai.d [명] 도량형 단위인 "리(里)"의 복수형(愛新覺羅 2004a⑦/2013b). [出] 先22/33, 玦35. [校勘] 即實은 ≪先22≫에서는 이 글자를 "**八矢**"이라고 기록하고 있다(即實 2012㉟).

八公村] bai.d.ən [명](소유격) ~리(里)의(愛新覺羅외 2012②). [出] 玦35.

八公火] bai.d.ər [出] 許23, 迪25, 玦22.

八关] bai.i [出] 仁23. [校勘] 이 글자는 휘본 등에 잘못 옮겨진 것이므로 "**小关**"가 올바르다(即實 2012㉟).

乇 [발음] xarpa [原字번호] 240

乇] xarpa [수] 10(十)(厲鼎煃 1932/1933, 羅福成 1933, 王静如 1933, 研究小組 1977b, 清格爾泰외 1978a/1985, 即實 1996⑯). [同源語] "10"을 뜻하는 몽골어의 [arpa], 다호르어의 [xarpa] 등이 같은 어원이다(即實 1996⑬). [出] 興/仁/道/宣/令/許/故/郎/仲/先/宗/博/涿/永/迪/弘/副/皇/宋/慈/智/烈/奴/高/圖/梁/糺/清/尚/葉/玦/特/蒲/塔II/洞II/洞III.

[**乇 巫矢**] xarpa niæm.tə [수](향위격) 18에(即實 2012⑱, 劉鳳翥 2014b㊷). [出] 梁6.

[**乇 乇**] xarpa am [수] 11(劉鳳翥 2014b㊷). [出] 清20.

[**乇 秃矢**] xarpa is.tə [수](향위격) 19에(即實 2012⑱, 劉鳳翥 2014b㊷). [出] 梁6.

[**乇 灰矢**] xarpa tʃirkɔ.tə [수](향위격) 16에(即實 2012⑱, 劉鳳翥 2014b㊷). [出] 梁6.

[**乇 圣**] xarpa dʒur [수] 12(劉鳳翥 2014b㊷). [出] 宗22.

[**乇 仐化**] xarpa qu.ur [수] 13(劉鳳翥 2014b㊷). [出] 烈7.

[**乇 丹**] xarpa tum [수] 10만(即實 1996⑯). [出] 先11.

[**乇乇**] xarpa.am [수] 11(劉鳳翥 2014b㊷). [出] 糺17.

[**乇包**] xarpa.qur [수] 13(吳英喆 2012a①). [出] 玦35. [書法] "13"을 표시하는 숫자가 이렇게 하나의 합성자로 쓰이는 것은 매우 흥미로운 사례다(吳英喆 2012a①).

[**乇矢**] xarpa.tə [出] 先28.

[**乇矢关**] xarpa.d.i [出] 先29.

[**乇乂平矢关**] xarpa.bur.ul.d.i [出] 副24.

[**乇丹**] xarpa.əb [수] 10(?)(吳英喆 2012a①). [出] 玦37.

[**乇丹叐平**] xarpa.b.u.ul [出] 回22.

仐 [발음] pu [原字번호] 241

[**仐**] pu [借詞] 종종 단독으로 "府", "夫", "傅", "駙", "輔", "副", "父", "富", "福", "佛", "敷" 등을 나타내는 한어차사로 사용된다(研究小組 1977b, 劉鳳翥외 1977/1981a, 清格爾泰외 1978a, 孫伯君외 2008). [出] 仁/道/令/許/故/仲/先/宗/海/博/涿/永/迪/弘/副/皇/宋/慈/烈/智/烈/奴/高/室/圖/梁/糺/清/尚/韓/玦/塔. [用例] ① **仐 叉为** [pu m.a] 부마(駙馬) ≪仲5외≫, ② **仐 九丙火 兆谷** [pu g.ju.uŋ ʂï.ï] 부궁사(副宮使)≪仲8≫, ③ **丙当 小夂 夂中 仐** [tʃau.oŋ l.ug ta.ai pu] 숭록대부(崇祿大夫)≪道2≫, ④ **丞 仐叐 小同 仐为乃 叉並 兆** [tai pu.u l.iŋ s.a.m ʃ.iaŋ ʂï] 태부령삼성사(太傅領三省事)≪仲23≫, ⑤ **仐 九火 叉乞 仐平 九亦** [pu g.ui ʃ.aŋ s.jaŋ g.iun] 보국상장군(輔國上將軍)≪仲8≫, ⑥ **叔中 仐 火关 为太 仐为乃 廿** [k.ai pu ŋ.i tu.uŋ s.a.am sï] 개부의동삼사(開府儀同三司)≪仲21≫(孫伯君외 2008).

[**仐 叉圡叐**] pu ʃ.əu.u [명](인명) 福壽(即實 1996⑯). [出] 許51. [人物] ≪許誌≫의 주인 乙辛隱·斡特剌(1035~1104)의 세째 아들인 福壽를 지칭한다(愛新覺羅 2010f).

[仐 叐火] pu ʃ.iu [명](관제) 부추(副樞), 부서(副署)(愛新覺羅 2013b). [出] 玦4/8/20/22/23/25.

[仐 叐关发] pu ʃ.i.ŋ [명](인명) 福盛(即實 1996⑯). [出] 許52. [人物] 《許誌》의 주인인 乙辛隱・斡特剌(1035~1104)과 그 셋째 부인 사이에는 딸이 둘 있는데 그 중 차녀인 福盛을 지칭한다(劉鳳翥 2014b㊱).

[仐 犬] pu is [명](관제) "부사(副使)"의 한어차사(即實 2012⑪, 劉鳳翥 2014b(52)). [出] 宋10. [校勘] 即實은 두 번째 글자인 "犬"의 발음은 [isu]이므로 "사(使)"에는 사용될 수 없다고 오류를 지적하고 있다(即實 2012[校]).

[仐 又为] pu m.a [명](관제) "부마(駙馬)"의 한어차사(研究小組 1977b, 清格爾泰외 1978a). [出] 仲5/17, 永25, 宋8, 奴21.

[仐 又为 仃 尖] pu m.a tu ui [명](관제) "부마도위(駙馬都尉)"의 한어차사(劉鳳翥 2014b(52)). [出] 宋8.

[仐 又为夾] pu m.a-an [명](관제・소유격) 부마(駙馬)의 (研究小組 1977b, 清格爾泰외 1978a/1985). [出] 仲17.

[仐 兆] pu ʂï [명](관제) "부사(副使)"의 한어차사(研究小組 1977b, 清格爾泰외 1978a). [出] 許13. [校勘] 이 글자는 초본에 잘못 옮겨졌으며, 당송시대 음으로 하자면 "仐 兆"가 올바르다(即實 2012[校]).

[仐 伤乃] pu ta.am [명] "복탄(覆誕)"의 한어차사(愛新覺羅외 2015⑧), [명](관제) 부보(符寶)(即實 2014). [出] 玦16.

> [遼史] **覆誕禮(복탄례)**는 일명 재생례(再生禮)라고도 한다. 이 예를 행하는 목적은 잊혀져 가는 어머니의 노고를 다시 일깨워 효심을 두터이 하려는 의식에서 비롯된 것으로, 조오가한이 후손들에게 유훈으로 내린 것이다. 《요사・국어해》에 "매 12년마다 1차례 이 예를 행하는데, 오직 황제・태후・태자・이리근만이 행할 수 있었다"고 하였다(金渭顯외 2012㊤).

[仐 伤乃矢 重伞 火圧丙炎] pu ta.am.tə qur.u k(h).jar.j.ər [명](관제) 부보사총관(符寶司總管)(即實 2014). [出] 玦16.

> [遼史] **符寶司(부보사)**는 요대의 남면관에 있다. 문하성에 속하며 황제 및 태후, 황후의 인장(印章)을 맡아 관리하는 일을 한다(金渭顯외 2012㊥). 《요사・백관지3》에 의하면 부보사에는 부보랑(符寶郎)을 두고 있으며 흥종 중희 초(1032년)에 야율결(耶律玦)을 부보랑으로 삼았다는 기록이 있다.

[仐 伞为 公火] pu s.a n.iu [명](인명) ① 菩薩女(愛新覺羅 2010f, 即實 2012⑥), ② 傅散女(劉鳳翥 2014b⑯). [出] 圖6. [人物] 《圖誌》 주인 蒲奴隱圖古辞(1018~1068)의 다섯 딸 중 장녀인 菩薩女 낭자를 지칭한다(愛新覺羅 2010f).

[仐 今丙] pu d.əi [명](인명) 福德(即實 2012⑦). [出] 永25.

[仐 今丙 仐犬伏] pu d.əi pu.s.in [명](인명) 福德부인(即實 2012⑦). [出] 永25. [人物] 《永誌》 주인 遙隱永(1059~1085)의 재종조부(再從祖父)인 迪烈得 태사(太師) 부인 福德부인(夫人)을 지칭한다(即實 2012⑦, 愛新覺羅 2013a).

[仐 今丙 公火] pu t.əi n.iu [명](인명) 福德女(劉鳳翥 2014b⑬). [出] 韓13. [人物] 《韓誌》 주인의 남편 特・闊哥 부마의 형수(세째 형 章九 태위의 부인)인 福德 부인을 지칭한다(劉鳳翥 2014b⑬).

[仐 公又 丞舟] pu n.u tai.bu [명](인명) 福奴태보(太保)(愛新覺羅 2013b). [出] 玦31. [人物] 《玦誌》 주인 只兗(1014~1070, 한풍명: 耶律玦)의 외조부인 迪烈시중(모친 蓮부인의 부친)의 동생이자 只兗昱의 장인인 福奴태보(부인 國哥夫人의 부친)를 지칭한다(愛新覺羅외 2015⑩).

[仐 公丙] pu d.əi [명](인명) 福德(即實 1996⑯, 劉鳳翥 2014b㊱). [出] 許51. [人物] 《許誌》 주인 乙辛隱・斡特剌(1035~1104)과 그 셋째 부인 사이에는 딸이 둘 있는데 그 중 장녀인 福德을 지칭한다(劉鳳翥 2014b㊱).

[仐 公用] pu d.iŋ [명](인명) ① 福丁(即實 2012⑤), ② 福頂(劉鳳翥 2014b(52)). [出] 梁23, 智14. [校勘] 即實은 《智14》에서 이 글자를 "仐 今用"이라고 기록하고 있다(即實 2012[校]).

> [人物] ①《梁誌》 주인 石魯隱朮里者(1019~1069, 한풍명: 蕭知微)의 처조카인 佛頂을 지칭한다(劉鳳翥 2014b㊲). ②《智誌》 주인 烏魯本猪屎(1023~1094)의 셋째 아들인 佛頂을 지칭한다(愛新覺羅 2010f).

[仐 ㄨ丙] pu l.iu [명](인명) ① 福留(即實 1996⑯, 愛新覺羅 2010f), ② 富留(劉鳳翥 2014b(52)). [出] 先8, 令3, 慈12.

> [人物] ①《令誌》의 주인인 高隱福留(997~1054) 칙사(敞史)로서, ②《先誌》 주인 糺鄰査剌(1013~1072)의 둘째 여동생 李姐부인의 남편이자, ③《慈誌》의 주인 鉢里本朝只(1044~1081)의 장인에 해당한다(愛新覺羅 2010f).

> [墓誌] **高隱福留**(고은 복류)는 《令誌》의 주인이다. 증조부는 延壽隱이고, 조부 某 령공(令公)은 경종황제(景宗皇帝) 집권기에 하루만에 정사령(政事令)・개부의동삼사(開府儀同三司)・검교태위(檢校太尉)에 봉해졌다. 령공의 장남은 修治태사(太師)이다. 차남은 紗安(948~) 상공(相公)이고 녕왕(寧王) 只沒의 딸 朮魯董 공주를 아내로 맞이하였느며, 태자소사(太子少師)・중경유수(中京留守)가 된 후 사상(使相)에 봉해졌다. 3남이 바로 묘주 부친인 管寧杷哥 상공(相公)이며 모친은 宝隱부인이다. 그 장남이 묘주이고 차남은 한아승(漢兒丞)이 된 華嚴이며, 3남은 절도사(節度使)가 된 天寧華嚴이다. 高隱福留의 부인은

척은사중부방(惕隱司仲父房)의 李姐부인이다. 장자는 王六, 차자는 高이다. 장녀는 畢家女, 차녀는 阿古, 3녀는 迪魯이다(愛新覺羅 2010f).

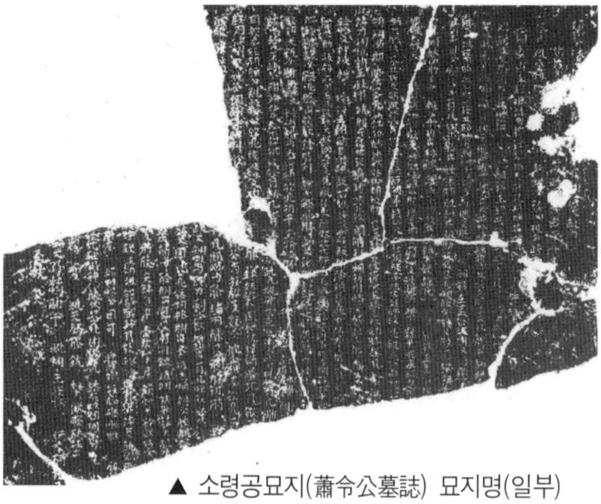

▲ 소령공묘지(蕭令公墓誌) 묘지명(일부)

[仐 쑤丙 仐文] pu l.ju s.jæ [명](인명) ① 福留沽(即實 1996⑯), ② 福留姐(即實 2012⑬), ③ 富留節(劉鳳翥 2014b⑰/⑳). [出] 先62, 韓7.

[人物] ①《先誌》 주인 糺鄰査剌(1013~1072)의 며느리(아들 耶律撻不也의 부인)인 富留節부인을 지칭한다(劉鳳翥 2014b⑰).
② 《韓誌》의 주인인 何魯兀哩 부인의 장녀인 富留節를 지칭한다(劉鳳翥 2014b⑳).

[仐 丹及 叉火] pu b.u ʃ.ju [명](관제) "부부서(副部署)"의 한어차사(研究小組 1977b, 清格爾泰외 1978a). [出] 許9.

[仐 丹穴 叉火女 火 尽叉] pu b.u ʃ.ju-n ui dol.ir [명](관제) ① 지부부서사(知副部署事)(即實 2012⑰), ② 부부서(副部署)의 사지(事知)(劉鳳翥 2014b㊾). [出] 副18. [校勘] 마지막 글자는 초본에 잘못 옮겨진 것이므로 "尽及 犽矢"가 올바르다(即實 2012㊗).

[仐 亦] pu iun [명](관제) "부윤(府尹)"의 한어차사(劉鳳翥 2014b㊾). [出] 室2.

[仐 九火] pu g.ui [명](관제) "보국상장군(輔國上將軍)"의 간칭(即實 1996⑯). [出] 仲29.

[仐 九火 叉乞 仐平 九亦] pu g.ui ʃ.aŋ s.jaŋ g.iun [명](관제) "보국상장군(輔國上將軍)"의 한어차사(研究小組 1977b, 清格爾泰외 1978a/1985). [出] 仲8.

[仐 九券] pu g.ə [명](인명) ① 福哥(即實 1996⑯), ② 傅/富哥(劉鳳翥 2014b㊾). [出] 仲27, 高9.

[人物] ①《仲誌》 주인 烏里衍朮里者(1090~1150, 한풍명: 蕭仲恭)의 부인 福哥娘子를 지칭한다(愛新覺羅 2010f).
② 《高誌》 주인 王寧高十(1015~?, 한풍명: 韓元佐)의 조부 福哥사도(?~986, 德昌)를 지칭한다(愛新覺羅 2010f).

[仐炙] pu.s [명](관제) "부사(副使)"의 한어차사(劉鳳翥외 2003b, 即實 2012⑳). [出] 永/宋/尚/葉/蒲.

[仐炙伏] pu.s.in [명] 부인(劉鳳翥 1983a/1984a/2014b㊾, 即實 1996⑯). [比較] 몽골어 [üdʒin](←hudʒin), 만주어 [fudʒin], 한국어 [pu-in](愛新覺羅외 2011). [出] 令/許/故/先/宗/海/博/涿/永/迪/弘/副/慈/智/烈/奴/高/圖/糺/清/尚/韓/玦/回/特/蒲.

[參考] 거란의 여성에 대한 존칭으로는 ① **乙林免**(을림면), ② **麼格**(마격), ③ **娘子**(낭자), ④ **別胥**(별서), ⑤ **夫人**(부인), ⑥ **令孃**(영양) 등이 있다(愛新覺羅 2006a). ☞ 보다 자세한 내용은 "**业芡伞火**"를 참고하라.

[仐炙伏村] pu.s.in-n [명](소유격) 부인(夫人)의(劉浦江외 2014, 劉鳳翥 2014b㊾). [出] 令/許/故/宗/海/博/永/迪/副/智/奴/圖/梁/清/尚/韓/葉/玦/蒲.

[仐炙伏村 关化] pu.s.in.in i.ir [명] 부인(夫人)의 호(號)(이성규 2013a). [出] 宗20.

[仐炙伏矢] pu.s.in.tə [出] 永20, 圖4.

[仐炙伏矢关] pu.s.in.d.i [出] 玦13.

[仐卡] pu.us [出] 許19, 永32, 博15, 糺28. [校勘] 이 단어가 에서는 초본에 옮기며 잘못 분할되었는데, 앞뒤 원자들과 합쳐 "仐卡穴火"《許19》, "仐卡穴当"《永32》 또는 "业亚夫关"《糺28》로 해야 한다(即實 2012㊗).

[仐卡矢] pu.us.tə [出] 奴45.

[仐卡쑤冬火] pu.us.əl.gə.ər [형] 경사스럽다(慶)(即實 1996⑯). [동] ① 성공하게 하다(王弘力 1986), ② 흥성하게 하다(愛新覺羅 2004a⑫). [명] 천경(天慶, 요나라 마지막 황제인 천조제 때의 연호로 기간은 1111~1120년이다)(研究小組 1977b). [出] 道10, 故13/25. [用法] **关 仐卡쑤冬火** [au pu.us.əl.gə.ər] [명] 천경(天慶)(研究小組 1977b, 劉鳳翥외 1977, 清格爾泰외 1978a/1985, 蘇赫 1979/1981, 昭烏達盟외 1981, 愛新覺羅 2004a⑫).

[遼史] 요대 연호의 변천에 대하여는 《부록》의 [거란소자 주요 어휘]를 참조하라.

[仐卡쑤冬当] pu.us.əl.gə.ən [형] ① 경사스럽다(慶)(劉鳳翥외 2006a, 即實 2012⑮), ② 흥하다(興)(即實 2012⑮). [명](인명) ① 蒲速堅(愛新覺羅 2010f), ② 芙得日勒堅(即實 2012⑳). [出] 慈4/13. [人物] 《慈誌》 주인 鉢里本朝只(1044~1081)의 첩(妾)인 蒲速堅 낭자를 지칭한다(愛新覺羅 2010f).

[仐卡穴火] pu.us.k(h).ui [出] 興9. [校勘] 이 글자는 휘본 등에 잘못 옮겨진 것이므로 "仐卡穴火"가 올바르다(即實 2012㊗).

[仐卡穴当] pu.us.k(h).ən [형] 경사스럽다(劉鳳翥 2014b⑭). [명] 관리(官吏)(即實 2012⑤). [명](인명) ① 富得爾(劉鳳翥외 2003b), ② 富圖衍(愛新覺羅 2004a⑧), ③ 蒲速宛(愛新覺羅

2010f), ④福得日沅(即實 2012⑧), ⑤蒲速斡(劉鳳翥 2014b㊷). [出] 興17/27, 弘19, 智3. [人物] ≪弘誌≫ 주인 敎魯宛隗也里(1054~1086)의 외동딸인 蒲速宛 낭자를 지칭한다(愛新覺羅 2010f).

[令长冈北] pu.us.u.əl [형] 흥하다(豊田五郎 1991a). [명] 관리(官吏), 중추(中樞)(即實 1996①). [出] 道29.

[令长冈与] pu.us.u.en [형] 경사스럽다(愛新覺羅 2004a⑫). [出] 道28. [同源語] 몽골어의 [ös](성장하다), 여진어의 **库** [pösə-]→[fusə](흥하다), 만주어의 [fusə](번식하다, 커지다)가 같은 어원이다(愛新覺羅외 2011).

[令长冈药] pu.us.u.ʤi [형] 흥하다(即實 2012⑳). [出] 宣15, 先58, 副4.

[令长冈约] pu.us.u.ʤi [出] 博30. [校勘] ☞ **令长冈药**(即實 2012㊫).

[令长冈伏] pu.us.u-n [형] 흥했다(愛新覺羅외 2012①). [出] 興7.

[令长冈火] pu.us.u.ui [명] 관리(官吏)(即實 1996⑯). [出] 許19.

[令长冈关] pu.us.u.ər [형] ① 경사스럽다(即實 1996①, 青格勒외 2003), ② 흥하다(豊田五郎 1991a). [명] 관리(官吏)(即實 1996⑦). [명](인명) ① 蒲速里(袁海波외 2005, 愛新覺羅외 2011, 劉鳳翥 2014b㊷), ② 蒲速斡(愛新覺羅외 2012), ③ 苐得瑞 또는 苐得里韋(即實 2012⑭). [出] 興/道/宣/郎/皇/清/蒲.

> [人物] ≪清誌≫ 주인 奪里懶太山(1029~1087, 한풍명: 蕭彦弼) 부부는 3남 6녀를 두었는데, 그 중 다섯째 딸인 師姑낭자의 남편 蒲速里낭군을 지칭한다(愛新覺羅 2011a).
> ②≪蒲誌≫의 주인인 白隱蒲速里(1058~1104, 한풍명: 耶律思齊)를 지칭한다(愛新覺羅 2013b).

[令长冈关 亲村] pu.us.u.ər nior.ən [명](지명・소유격) 경□산(慶□山)의(即實 2012㊫). [出] 興3. [校勘] 이 글자가 초본에는 잘못하여 한 글자로 합쳐져 있다(即實 2012㊫).

[令长冈关朴] pu.us.u.ə.ʧi [동] 흥할 수 있다(即實 2012⑳). [出] 宋15.

[令长冈与] pu.us.u.ən [형] ① 경사스럽다(慶)(青格勒외 2003), ② 흥하다(愛新覺羅 2004a⑫), ③ 창성(昌盛)하다(即實 2012⑳). [명] 관리(官吏)(即實 1996⑯). [명](인명) ① 蒲速衍(愛新覺羅 2006b), ② 蒲速, 蒲速盌(萬雄飛외 2008), ③ 蒲速苑(愛新覺羅 1010f, 吳英喆 2012a④), ④福得日沅(即實 2012⑦). [出] 許/故/涿/永/皇/慈/梁/蒲.

> [人物] ①≪永誌≫ 주인 遙隱永寧(1059~1085)의 누나(또는 형)인 福得日沅을 지칭한다(即實 2012⑦).
> ②≪慈誌≫ 주인 鉢里本朝只(1044~1081)의 숙부(叔父)인 蒲速宛雙古里를 지칭한다(愛新覺羅 2013a).
> ③≪蒲誌≫ 주인 白隱蒲速里(1058~1104, 한풍명: 耶律思齊)의 부친인 蒲速苑烏魯里(1030~1099) 낭군을 지칭한다(愛新覺羅 2010f).

[令长冈与 又伞冈交] pu.us.u.ən ʃ.əl.u.ur [명](인명) ①福得里沅・士盧里(即實 2012⑱), ②蒲速宛・實六(愛新覺羅 2013a, 劉鳳翥 2014b㊷). [出] 梁4. [人物] ≪梁誌≫의 주인인 石魯隱朮里者(1019~1069, 한풍명: 蕭知微)는 7형제중 셋째인데, 그 중 넷째인 蒲速宛・實六 태사를 지칭한다(愛新覺羅 2013a).

[令长冈与关] pu.us.u.ən.ər [出] 梁18.

[令长冈平朴] pu.us.u.ul.ʧi [동] 솟구쳐 나오다(湧出)(寶玉柱 2004). [出] 智8.

[令长冈平九] pu.us.u.ul.gə [명] 경전(慶典, 경사스러운 의식, 축전)(即實 2012⑳). [出] 宣10, 宋17.

[令长冈平关与] pu.us.u.ul.gə.ən [명](인명) ①蒲速輦(愛新覺羅외 2011), ②蒲速苑(吳英喆 2012a④). [出] 蒲1.

[令长冈平关与 朴村 生不 公灵] pu.us.u.ul.gə.ən ʧ.ən to.on n.u [명](인명) 蒲速輦・陳團奴(愛新覺羅외 2011). [出] 蒲1. [人物] ≪烈誌≫와 ≪紀誌≫ 등의 묘지(墓誌)를 지은 耶律陳團奴를 말한다(劉鳳翥 2014b㉟).

[令土攵] pu.mə.ug [出] 興28.

[令杰] pu.uaŋ [借詞] "防"을 나타내는 한어차사(郭添剛외 2009, 即實 2012⑲). [出] 尚23.

[令杰 米火] pu.uaŋ ŋ.iu [명](관제) 방어사(防禦使)(郭添剛외 2009, 即實 2012⑲). [出] 尚23. [參考] ☞ **业杰 米火 兆**.

[令夯] pu.æn [出] 興28. [校勘] 即實은 이 글자를 "**令土攵**"라고 기록하고 있다(即實 2012㊫).

[令卄村] pu.o.n [出] 先69.

[令卄矢村] pu.o.ul.ən [出] 許52. [校勘] 이 글자는 초본에 잘못 옮겨진 것이므로 "**伏卄矢村**"이 올바르다(即實 2012㊫).

[令太] pu.uŋ [借詞] ①"馮"을 나타내는 한어차사(愛新覺羅 2009a⑱), ②"豊"을 나타내는 한어차사(即實 2012②). [出] 博46.

[令太 九关] pu.uŋ g.ə [명](인명) ①馮哥(愛新覺羅 2010f), ②豊哥(即實 2012②). [出] 博46. [人物] ≪博誌≫ 주인인 習輦(1079~1142)의 이복 동생인 馮哥를 지칭한다(愛新覺羅 2009a⑱/2010f).

[令灵] pu.u [借詞] "傅", "富", "副", "賦" 등을 나타내는 한어차사(研究小組 1977b, 劉鳳翥외 1981a). [出] 興/故/仲/先/博/烈/高/紀.

[今夊 乏火] pu.u ʃ.iu [명](관제) ①"부추(副樞, 추밀부사[樞密副使]의 약칭)"의 한어차사(即實 1996⑯), ②"부서(副署)"의 한어차사(劉鳳翥 2014b㊾). [出] 先10, 副3.

[今夊 乏火化] pu.u ʃ.iu.ur [명](관제) ①"부서(副署)"의 복수형(蓋之庸외 2008), ②부추(副樞, 추밀부사의 약칭)"의 복수형(即實 2012⑰). [出] 副20.

> [遼史] **樞密副使(추밀부사)**는 추밀원의 중간 관직의 하나이다. 위치는 지추밀원사(知樞密院事)의 아래이고 지추밀부사사(知樞密副使事)의 위이다(金渭顯외 2012㊤).

[今夊 乏火女 火 尽夊] pu.u ʃ.iu.un ui tol.ər [명](관제) 지추밀부사사(知樞密副使事)(即實 1996⑯). [出] 先10.

[今夊 朩亦 九亦 杰不 关化] pu.u tʃ.iun g.iun uaŋ.on i.ri [명](관제) 부춘군왕(富春郡王)의 호(號)(劉鳳翥 2014b㊾). [出] 先6.

[今夊 令文丕 九文丕村] pu.u t.iæ.æm g.æ.æm-n [명](관제·소유격) 부점검(副點檢)의(劉鳳翥 2014b㊾). [出] 先9. [校勘] 即實은 첫번째 글자를 "令夊"[t.u]라고 보아 "도점검(都點檢)"으로 번역하고 있다(即實 1996⑥).

[今夊 父犮夯 乏夲] pu.u ŋ.jue.æn ʃ.oi [명](관제) "부원수(副元帥)"의 한어차사(即實 1996⑯). [出] 先25, 副4/5.

[今夊 父犮夯 乏夲村] pu.u ŋ.jue.æn ʃ.oi-n [명](관제·소유격) 부원수(副元帥)의(劉鳳翥 2014b㊾). [出] 副6.

[今夊 业穴 乏火] pu.u p.u ʃ.iu [명](관제) "부부서(副部署)"의 한어차사(即實 2012⑰, 劉鳳翥 2014b㊾). [出] 副19.

[今夊 九丙火 北谷] pu.u g.ju.uŋ ʂï.ï [명](관제) "부궁사(副宮使)"의 한어차사(研究小組 1977b, 清格爾泰외 1978a). [出] 仲8.

[今夊 几火 令丰关 伞卅 九亦] pu.u g.ui t.ai.i s.iaŋ g.iun [명](관제) "보국대장군(輔國大將軍)"의 한어차사(劉鳳翥 2014b㊾). [出] 奴15. [校勘] 即實은 첫 글자를 "令夊"이라고 기록하고 있다(即實 2012校).

[今夊羽] pu.u.dʒi [出] 韓23.

[今叉] pu.r [出] 令8, 烈2. [校勘] 이 글자는 초본에 잘못 옮겨진 것이므로 "与叉"가 올바르다(即實 2012校).

[今刃关] pu.qa.i [出] 仲25. [校勘] 이 글자는 초본에 잘못 옮겨졌으므로 "今札关"가 올바르다(即實 2012校).

[今欠] pu.gu [명](인명) ①溥古(韓寶興 1991, 豊田五郎 1991b, 即實 1991b), ②福堪(即實 2012⑪). [出] 先28, 宋18.

> [人物] ①《先誌》에 출현하는 "溥古"는 모반에 참여한 인물인 북원임아(北院林牙) 涅剌溥古를 지칭한다(劉鳳翥 2014b⑰).
> ②《宋誌》에 출현하는 "福堪"는 《요사》에 "普古"라고 기록된 인물이다(即實 2012⑪).

[今札小九] pu.uldʒi.l.gə [出] 道20.

[今札关] pu.uldʒi.i [出] 仲48.

[今伞北] pu.s.əl [出] 先12. [校勘] 即實은 이 글자를 "与伞北"이라고 기록하고 있다(即實 2012校).

[今余] pu.gu [명](인명) ①浦古(愛新覺羅외 2006), ②普古(萬雄飛외 2008, 劉鳳翥 2014b㊾), ③福開(即實 2012⑱). [出] 梁3. [人物] 《梁誌》 주인 石魯隱朮里者(1019~1069, 한풍명: 蕭知微)의 증조부(曾祖父)인 啜鄰蒲古 령공(令公)을 지칭한다(愛新覺羅 2010f).

[今小父叉] pu.l.gə.r [出] 典21.

[今火] pu.un [借詞] "芬"을 나타내는 한어차사(劉鳳翥외 2006b). [명](소유격) ①부(府·夫)의(研究小組 1977b), ②부(父)의(即實 2012⑯). [出] 仁/許/仲/迪/副/烈/奴/高/室/圖/梁/糺/韓/玦/回/蒲蓋/蒲. [用例1] 乏乞 今火 [ʃ.aŋ pu.un] [명] 상부장(尚父帳)(愛新覺羅 2006a). [명](소유격) 상부(尚父)의(即實 2012⑯). [명](인명) 尚芬(劉鳳翥외 2006b). [出] 糺7. [用例2] 父犮虫 乏夲 今火 [ŋ.jue.æn ʃ.oi pu.un] [명](관제·소유격) 원수부(元帥府)의(研究小組 1977b, 清格爾泰외 1978a/1985). [出] 仲18.

[今火 丙亦] pu.un j.iun [명](관제) 부윤(府尹)(即實 2012⑳). [出] 副12.

[今火 关化 冬佥丙] pu.un i.ir d.əm.əi [명](관제) 질개부(秩開府)(即實 1996⑯). [出] 許37.

[今火夊杏] pu.un.u.un [명](인명) ①勃魯恩(劉浦江외 2005), ②奮勿膩(劉鳳翥외 2008a, 劉鳳翥 2014b㊾), ③蒲奴寧(愛新覺羅 2006a), ④蒲奴隱(愛新覺羅 2010f, 康鵬 2011), ⑤福奴溫(即實 2012⑳). [出] 圖1/2/5, 玦32. [人物] 《圖誌》의 주인이자, 《玦誌》 주인의 셋째 딸 시아버지인 蒲奴隱·圖古辞(1018~1068)를 지칭한다(愛新覺羅 2010f).

> [墓誌] **蒲奴隱 圖古辞(포노은 도고사)**의 조부는 團寧대왕(大王)이고, 백부 末掇낭군(郎君)이 젊어서 사망하자, 부친 阿古軫대왕(大王)이 조부의 직을 계승했다. 형은 胡都菫鉄里鉢里태사(太師)이며 그의 아들(묘주의 조카)이 본 묘지를 집필한 胡都菫이다. 묘주(蒲奴隱圖古辞)는 차남이며, 여자 형제들은 모두 요절하였다. 묘주의 부인은 天八공주(公主)로 2남(迪輦司徒, 阿古郎君) 5녀(菩薩女, 官奴, 徐氏女, 彌勒女, 冬哥)를 낳았다. 묘주는 지후(祗候)가 되고 낭군반(郎君班)에 보임되었으며 북원사(北院事)에 임명되고 안주자사(安州刺史)·사번도감(四蕃都監)·이극(二剋)·대장군(大將軍)·중경동지(中京同知)·요련창온도감(遙輦敞穩都監)·궁사(宮使)·절도사(節度使)·육원도감(六院都監)·보군(步軍)·오외오고리부절도사상장군(烏隈烏古里部節度使上將軍)·국구상온도감(国舅詳穩都監)·남경동

첨(南京同簽)·금오위상장군(金吾衛上將軍)·상경통판
(上京通判)·황룡부부윤(黃龍府府尹)·오고적렬도상온
(烏古敵烈都詳穩)·공부상서(工部尚書) 등을 역임하였다.
송나라에 새 황제가 즉위할 때 즉위축하사절(賀卽
位使)이 되었다. 함옹(咸雍) 4년(1068) 2월에 병사하
였다(愛新覺羅 2010f).

▲ 포노은 도고사(蒲奴隱·圖古辞) 묘지명(일부)

[**令火死伏**] pu.un.u-n 명(인명) ① 備勿臘(劉鳳翥외 2008a),
② 福奴溫(即實 2012⑳). 出 圖21, 回4. 人物 ☞ 동일한
인물인 “**令火死杏**”를 참조하라.

[**令交方**] pu.jæ.æn 명(인명) 範(劉鳳翥 2002, 愛新覺羅
2004a⑫). 出 高5. 校勘 이 글자는 초본에 잘못 옮겨
진 것이므로 “**令交方**”가 올바르다(即實 2012⑫). 人物
≪高誌≫ 주인 王寧高十(1015~?, 한풍명: 韓元佐)의 조부
福哥(?~986, 韓德) 사도(司徒)의 셋째 형(韓德彰 상공)을
지칭한다(愛新覺羅 2010f). ☞ 韓知古(玉田韓氏)의 가계에 대
하여는 “愛新覺羅 2009a⑧”을 참고하라.

[**令穴**] pu.noi 명(인명) 福耐(劉鳳翥외 2005a). 出 韓14.
校勘 이 글자는 초본에 잘못 옮겨진 것이므로 “**令
欠**”가 올바르다(即實 2012⑬). 人物 ≪韓誌≫ 주인의
남편인 特每·闊哥 부마(駙馬)의 셋째 동생 章九 태위
(太尉)의 차남인 福耐를 지칭한다(劉鳳翥 2014b⑳).

[**令火**] pu.uŋ 借詞 “豐”, “奉”, “馮” 등을 나타내는
한어차사(清格爾泰외 1985, 王弘力 1986, 劉鳳翥 2002). 出 仲
6, 皇12, 高10, 尚5.

[**令火 九火**] pu.uŋ g.ui 명(지명) “풍국(豐國)”의 한어
차사(清格爾泰외 1985). 명(관제) “보국상장군(輔國上將
軍)”의 간칭(即實 1996⑯). 명(인명) 奉國(劉鳳翥 2014b㊼).
出 仲6.

[**令火 九火 九火 杰不**] pu.uŋ g.ui g.ui uaŋ.on 명(관

제) “풍국국왕(豐國國王)”의 한어차사(清格爾泰외 1985).
出 仲6.

[**令火 义才 公灭**] pu.uŋ k(h).ia n.u 명(인명) 馮家奴(愛
新覺羅 2010f, 劉鳳翥 2014b㊼). 出 高10. 人物 ≪高誌≫
주인 王寧高十(1015~?, 한풍명: 韓元佐)의 맏형인 馮家奴
상공(相公)을 지칭한다(愛新覺羅 2010f). ☞ 韓知古(玉田韓氏)
의 가계에 대하여는 “愛新覺羅 2009a⑧”을 참고하라.

[**令芯火不**] pu.gə.ui.on 出 韓17. 校勘 이 글자는
초본에 잘못 옮겨진 것이므로 “**令芯伞对**”가 올바르
다(即實 2012⑬).

[**令平**] pu.ul 명(인명) ① 蒲魯(劉浦江 2009), ② 蒲勒(愛
新覺羅 2006b), ③ 福樂(劉鳳翥외 2006b), ④ 符盧(即實 201.
⑯), ⑤ 福利(劉鳳翥 2014b㊼). 出 糺5/7, 蒲5. 人物 ≪糺
誌≫의 주인 夷里衍糺里(1061~1102)와 ≪蒲誌≫의 주
인 白隱蒲速里(1058~1104, 한풍명: 耶律思齊)의 백고조부(佰
高祖父)인 蒲里낭군을 지칭한다(愛新覺羅 2013a).

[**令平伏**] pu.ul.in 명(인명) ① 蒲隣(愛新覺羅 2006b), ② 富
隣(愛新覺羅 2004a⑫), ③ 普你(韓德威의 거란 자[字])(劉
鳳翥외 2006b, 愛新覺羅 2009a⑧), ④ 富樂寧(唐彩蘭외 2002)
⑤ 福倫(即實 2012⑳). 出 烈/高/圖/糺/蒲.

[**令平伏 雨皿买**] pu.ul.in do.qa.an 명(인명) ① 普鄰道韓
(愛新覺羅 2010f), ② 福倫·才函(即實 2012⑥/⑨/⑫), ③ 普
你·大漢(劉鳳翥 2014b㊼). 出 烈5, 高6, 圖4. 校勘 即實
은 이 글자가 초본에 “**雨 皿买**”으로 잘못 기록되어
있는데, “**雨皿买**”가 정당하다고 주장한다(即實 2012⑨).

人物 ① ≪烈誌≫의 주인 空寧敵烈(1034~1100, 韓承規)
의 증조부이자, ② ≪高誌≫ 주인 王寧高十(1015~?,
한풍명: 韓元佐)의 조부 福哥(韓德昌 사도[司徒], ?~986)의
다섯째 형이며, ③ ≪圖誌≫ 주인 蒲奴隱·圖古辞
(1018~1068)의 당숙모(霞安石奴 夫人)의 부친인 普鄰道
韓(韓德威)를 지칭한다(愛新覺羅 2010f). ☞ 韓知古(玉田韓
氏)의 가계에 대하여는 “愛新覺羅 2009a⑧”을 참고하라.

[**令平伏 叉火**] pu.ul.in m.ui 명(인명) ① 蒲鄰馬斯(愛新覺
羅 2010f), ② 扶盧訥·木歸(即實 2012⑯), ③ 普你·穆維
(劉鳳翥 2014b㊼). 出 糺4. 人物 ≪糺誌≫의 주인 夷里
衍糺里(1061~1102)의 5대조인 蒲鄰馬斯 령온(令穩)을 지
칭한다(愛新覺羅 2010f).

[**令尺丹杓**] pu.ul.b.ən 出 宗6. 校勘 即實은 이 글
자를 “**令尺丹杓**”이라고 기록하고 있다(即實 2012⑬).

令 [발음] fu
[原字번호] 242

[**令**] fu 借詞 “府”, “駙”, “復” 등을 나타내는 한어차

사(劉鳳翥외 1981a, 清格爾泰외 1985). [出] 仲/先/智/奴/蒲.

[仐 乃为夹] fu ma.a.an [명](관제) 부마(駙馬)(即實 1996⑯). [出] 先62.

[仐 九丙火 兆] f.u g.ju.uŋ ʂï [명](관제) "부궁사(副宮使)"의 한어차사(即實 2012⑤, 劉鳳翥 2014b52). [出] 智11.

[仐杰] fu.uaŋ [借詞] "防"을 나타내는 한어차사(即實 2012②). [出] 博23.

[仐杰 尖火 兆各] fu.uaŋ ŋ.iu ʂï.ï [명](관제) 방어사(防禦使)(即實 2012②). [出] 博23. [參考] ☞ 业杰 尖火 兆

[仐太] fu.uŋ [借詞] "豐"을 나타내는 한어차사(劉鳳翥외 1995). [出] 博43.

[仐太 九务] fu.uŋ g.ə [명](인명) ① 馮哥(愛新覺羅 2010f), ② 豐哥(即實 2012②, 劉鳳翥 2014b㊹). [出] 博46. [人物] 《博誌》 주인 習輦(1079~1142)의 둘째 아우(이복 동생)인 馮哥를 지칭한다(愛新覺羅 2009a⑱/2010f).

[仐夊] fu.u [出] 奴15.

[仐火] fu.un [出] 蒲18/20.

[仐穴] fu.u [借詞] "輔"를 나타내는 한어차사(劉鳳翥외 1995, 愛新覺羅 2009a⑱). [出] 博39/43. [校勘] ☞ 个穴(即實 2012[校]).

[仐穴 九火 又乞 伞平 九亦] fu.u g.ui ʃ.aŋ s.iaŋ g.iun [명](관제) "보국상장군(輔國上將軍)"의 한어차사(劉鳳翥외 1995, 愛新覺羅 2009a⑱). [出] 博39. [校勘] ☞ 个穴 九火 又乞 伞平 九亦(即實 2012[校]).

[仐穴火] fu.u.un [명](소유격) 보(輔)의, 복(福)의(劉浦江외 2014). [出] 博41.

关 [발음] au [原字번호] 243

[关] au [명] 하늘(天)(羅福成 1933, 王靜如 1933/1973, 厲鼎煃 1954, 鄭紹宗 1973, 研究小組 1977b, 清格爾泰외 1978a, 即實 1981, 黄振華 1985a, 劉鳳翥 2014b52). [형] 광대한(即實 1981). [同源語] 몽골어의 [agu:(←agui)](위대한, 광대한), 어웬키어의 [agï](광활한 들판)와 동일한 어원이다(愛新覺羅외 2011). [出] 興/仁/道/宣/令/許/故/郎/仲/先/宗/博/涿/永/迪/弘/副/皇/宋/慈/智/烈/智/烈/奴/高/圖/梁/糺/清/尚/韓/玦/回/特/蒲蓋/蒲/完/魚/塔II.

[关 亜全] au qur.u [명] 통화(統和, 요나라 성종황제 때의 연호로 기간은 983~1012년이다)(愛新覺羅외 2012⑩, 即實 2012⑳). [出] 奴7.

> [遼史] 태조부터 천조에 이르기까지 요대 연호의 변천에 대하여는 《부록》에 있는 [거란소자 주요 어휘]를 참조하라.

[关 雨扎] au do.əl [명] 천하(天下)(即實 2012⑳, 劉鳳翥 2014b52). [出] 圖21, 副5.

[关 雨扎 雨犳 亜全 夂平 尖戈夯 叉太] au do.əl tʃau.dʑi qur.u ta.ai.i ŋ.jue.en ʃ.oi [명](관제) ① 천하도통대원수(天下都統大元帥)(蓋之庸외 2008), ② 천하병마대원수(天下兵馬大元帥)(即實 2012⑰). [出] 副5.

[关 毛伞九] au am.sə.gə [명] 동천(同天, 같은 하늘, 하늘과 같은 경지)(即實 2012⑳). [出] 宋7.

[关 叉伞九 今交夯矢] au ʃ.əs.gə t(d).iæ.æn.tə [명](향위격) 천현전(天玄殿)에(劉鳳翥외 2003b). [出] 宋6. [參考] 천현전(天玄殿)은 흥종능묘(興宗陵墓)의 헌전 이름(獻殿名)인데, 한문 《宋誌》에서는 이를 "현전(玄殿)"으로 표기하고 있다. 송위국비(宋魏國妃)의 장례를 치를 때 그 영구(靈柩)를 임시로 놓아 둔 곳이다(劉鳳翥외 2003b).

[关 去平 雨交 伞各火] au əu.ul tʃau.ur s.jaŋ.un [명](관제) 천운군상온(天雲軍詳穩)(即實 1996⑯). [出] 魚.

[关 去平 雨交 伞各火 火 尽夊犳矢] au əu.ul tʃau.ur s.jaŋ.un ui dol.u.dʑi.tə [명](관제) 천운군상온사지(天雲軍詳穩事知)(即實 2012②, 劉鳳翥 2014b52). [出] 博7.

[关 主 王] au huaŋ di [명] 천황제(天皇帝, "요태조"를 가리킨다)(劉鳳翥 2014b52). [出] 迪5.

[关 主 王雨] au huaŋ di-n [명](소유격) 천황제(天皇帝)의(劉鳳翥 2014b52). [出] 迪5.

[关 主 王矢] au huaŋ di [명](향위격) 천황제(天皇帝)에(即實 2012⑱, 劉鳳翥 2014b52). [出] 梁2.

[关 扎] au ur [명] 천청(天淸)(即實 1996⑯). [出] 宣29. [參考] 《宣冊》의 사문(辭文)에 나오는 내용으로 선의황후를 찬양하는 내용중의 일부이다.

[关 木廾及扎] au ar.o.o.ur [명] 건통(乾統, 요나라 마지막 황제인 천조제 때의 연호로 기간은 1101년~1110년이다. 혹은 "乾通"이라고도 한다)(羅福成 1933, 王靜如 1933, 王弘力 1986, 即實 1996⑫). [出] 許53.

[关 木仐及扎] au ar.u.o.ur [명] 건통(乾統)(王未想 1999). [出] 涿21.

[关 叉雨] au m.in [명] ① 대위(大位)(即實 2012③), ② 천조(天朝)(劉鳳翥 2014b㉔). [出] 迪16, 宋10. [用例] 叉公 仕夊犳 关 叉雨 伞生伞北 [ir.ən mu.u.dʑi au m.in s.abu.s.əl] [문] 금성(今聖)이 대위(大位)를 계승하다(即實 2012③, 劉鳳翥 2014b㉔).

[关 叉雨矢 及尖北] au m.in.tə o.odʒ.əl [동] 대위(大位)에 오르다(即實 2012⑳). [出] 宋10.

[关 犳业] au qa.aŋ [명] 조정(朝廷)(即實 2012⑳). [出] 許49.

[关 冬木] au as.ar [명] ① 천녕(天寧)(即實 1996⑯), ② 청녕(淸寧, 요나라 도종황제 때의 연호로 기간은 1055년~1064년이다)(羅福成 1934a, 王靜如 1935, 研究小組 1977b).

出 仁7.

[夹 冬本 主 令关关] au as.ar huaŋ t.i.i 명 청녕황제
(淸寧皇帝, 즉 "도종황제"를 지칭한다)(即實 2012⑧, 劉
鳳翥 2014b㊾). 出 弘15.

[夹 及米사立为本] au o.ordu.l.ha.a.ar 명 중희(重熙), 요
나라 흥종황제 때의 연호로 기간은 1032년~1055년이
다(=夲炎사立为出, 夲分사立为本, 夲芬사立为本)(劉
鳳翥외 2006a). 出 慈8.

> 遼 태조부터 천조에 이르기까지 요대 연호의 변
> 천에 대하여는 ≪부록≫에 있는 거란소자 주요 어휘
> 를 참조하라.

[夹 劣冗] au tu.ud 명 (향위격) 천도(天道, 하늘의 도
리, 자연의 법칙)에(即實 2012⑳). 出 烈25.

[夹 ち立乃] au dor.ha.am 명 대정(大定, 金나라 세종황
제 때의 연호로 기간은 1161~1189년이다)(淸格爾泰외
1985, 即實 1996⑫). 出 塔2.

[夹 伏사冗灷] au ni.l.u.ər 명 개태(開泰, 요나라 성종
황제 때의 연호로 기간은 1012~1021년이다)(即實 1996
⑯). 出 先8.

[夹 佋 宍夯庚] au ta nəu.ə ur 명 천장지구(天長地久)
(淸格爾泰외 1985, Kane 2009). 出 道37. 參考 천장지구(天
長地久, 하늘은 길고 땅은 오래간다)는 "하늘과 땅은 영구
히 변함이 없음"을 의미한다(노자, ≪도덕경≫ 7장).

[夹 令卡사岺灷] au pu.us.əl.gə.ər 명 천경(天慶, 요나
라 마지막 황제인 천조제 때 연호로서 기간은 1111
~1120년이다)(研究小組 1977b, 劉鳳翥외 1977, 蘇赫 1979/1981,
昭烏達盟외 1981, 淸格爾泰외 1985, 愛新覺羅 2004a⑫). 出 故13.

[夹 夲生及扎] au s.abu.o.ur 명 ① 통화(統和, 요나라
성종황제 때의 연호로 기간은 983~1012년이다)(唐彩蘭
외 2002, 袁海波외 2005), ② 건형(乾亨, 요나라 경종·성종
황제 때의 연호로 기간은 979~983년이다)(吳英喆 2012a
③), ③ 응력(應曆, 요나라 목종황제 때의 연호로 기간
은 951~969년이다)(愛新覺羅외 2012⑩), ④ "성종(聖宗)"을
지칭하는 말(愛新覺羅외 2012⑩, 即實 2015b). 出 特3.

[夹 夲生及扎 主王雨] au s.abu.o.ur huaŋ.di-n 명 (소유
격) 통화황제(統和皇帝)의(劉鳳翥 2014b㊾). 出 淸6.

[夹 夲生及扎杓] au s.abu.o.ur-n 명 (소유격) 통화(統和)
의(靑格勒외 2003). 出 皇9.

[夹 夲分사立为本] au ʊr.du.l.ha.a.ar 명 중희(重熙), 요
나라 흥종황제 때의 연호로 기간은 1032~1055년이다
(羅福成 1934a/b/c, 王靜如 1935/1973, 即實 1996⑯, 劉鳳翥외
2006a). 出 興1.

[夹 夲分사立为出] au ʊr.du.l.ha.a.an 명 중희(重熙)(羅福
成 1934b). 出 仁8. 校勘 即實과 劉浦江은 이 글자들을
"囲 夲(夲)分사立为出"이라고 기록하고 있다(即實 2012

㉟), 劉浦江외 2014).

[夹 夲芬사立为本] au u.ə.l.ha.a.ar 명 중희(重熙)(劉鳳翥
외 2009). 出 仁5. 校勘 두 번째 글자는 휘본 등에 잘
못 옮겨진 것("夲"와 "芬"를 이어 쓰는 사례는 없음
이므로 "夲芬사立为本"가 올바르다(即實 2012㉟).

[夹 令丙炎] au t.ju.ər 명 천회(天會 = 夹 公丙炎)(금나
라 희종황제[熙宗皇帝] 때의 연호로 기간은 1135~1137
년이다)(王靜如 1933/1973, 羅福成 1934j, 厲鼎煃 1957a, 鄭紹宗
1973, 淸格爾泰외 1985, 即實 1996⑯). 出 郎4, 博10, 尚7.

[夹 令企丙炎] au t.əm.j.ər 명 천권(天眷 = 夹 公企丙
炎)(금나라 희종황제 때의 연호로 기간은 1138~1140
년이다)(鄭紹宗 1973, 王靜如 1973, 研究小組 1977b, 王弘力
1986, 即實 1996⑯). 出 仲20.

[夹 令火] au t.ud 명 함옹(咸雍, 요나라 도종황제 때
연호로 기간은 1065~1074년이다)(劉鳳翥 1984a/1993d, 韓寶
興 1991, 豊田五郎 1991b, 即實 1991b/1996⑫). 出 先37, 奴12.

[夹 令火 尢夾 牛夲炎] au t.ud umu.ur ai.s.ər 명 함옹
초년(咸雍 初年)(劉鳳翥 2014b㉙). 出 奴12.

[夹 公丙刃] au d.ju.ir 명 천덕(天德, 금나라 해릉왕[海
陵王] 完顏亮 때의 연호로 기간은 1149~1153년이다
(即實 1996⑯). 出 仲23/24/50.

[夹 公丙炎] au d.ju.ər 명 천회(天會 = 夹 令丙炎)(金나
라 희종황제 때의 연호로 기간은 1135~1137년이다
(鄭紹宗 1973, 王靜如 1973, 研究小組 1977b, 王弘力 1986, 即實
1996⑫). 出 仲19/20.

[夹 公企丙炎] au d.əmə.j.ər 명 천권(天眷 = 夹 令企丙
炎)(鄭紹宗 1973, 王靜如 1973, 研究小組 1977b, 即實 1996⑯)
出 仲20/21/35, 博22.

[夹 公火] au d.ud 명 함옹(咸雍)(愛新覺羅외 2011). 出
涿10.

[夹 山] au niorqo 명 ① 승천(承天)(即實 1996⑯), ② 천금
(天金, "요태조"를 지칭하는 말이다)(吳英喆 2012a①, 劉鳳
翥 2014b㉑/2014b㉖). 出 道/令/許/故/先/永/慈/智/玦.

> 參考 태조황제의 거란문 존호
> 거란소자 묘지에 나타나는 태조황제에 대한 존호
> 는 대략 다음과 같다(陶金 2015).
>
> | 존호 내용 | 의미 | 출처 |
> |---|---|---|
> | 夹 山 | 天金 | 道 |
> | 哭 戈用 夹 山 主王 | 大聖天金皇帝 | 令 |
> | 哭 夲夲 六平 戈用 夹 山 主王 | 太祖大聖天金皇帝 | 先 |
> | 哭 夲夲 夹 山 主王 | 太祖天金皇帝 | 許 |
> | 哭 伞夲 戈夾 夾夾公 主王 | 太祖聖元皇帝 | 故 |
> | 哭 伞夲 夹 山 | 太祖天金 | 永/智 |
> | 伩圥药 凡 夹 山 主王 | 聖元天金皇帝 | 慈 |

[关 山 主 王] au niorqo huaŋ ti [명] ① 승천황제(承天皇帝, 태조 아보기에 대한 존호이다)(即實 1996⑯), ② 천금황제(天金皇帝)(吳英喆 2012a①, 劉鳳翥 2014b㉑/㉖). [出] 令4, 先3, 慈3, 玦2/3.

[关 舟为] au b.aqa [명] 천자(天子)(即實 1996⑯). [出] 典9, 道11, 副5.

[关 舟为 主 王杓] au b.aqa huaŋ di-n [명](소유격) 천자황제(天子皇帝)의(即實 2012⑰, 劉鳳翥 2014b52). [出] 副5. [參考] ≪副誌≫에서 "천자황제(天子皇帝)"는 요 태종을 지칭한다(即實 2012⑰).

[关 穴夯] au nəu.e [명] ① 하늘과 땅(乾坤)(清格爾泰외 1985), ② 천지(天地)(劉鳳翥 2014b52). [出] 宣10, 先36.

[关 穴夯 丙圡化穴药杓] au nəu.e j.əu.ur.u.dʒi-n [명] 건곤선전(乾坤旋轉, 하늘과 땅이 뒤바뀐다)(即實 1996⑯). [出] 先36.

[关 穴公] au nəu.n [명](소유격) 천지(天地)의(即實 1996⑯). [出] 博15.

[关 米仐圡木] au ordu.l.ha.ar [명] 중희(重熙, 요나라 흥종황제 때의 연호로 기간은 1032~1055년이다)(盧迎紅외 2000). [出] 迪14, 烈19, 清15.

> [遼史] 태조부터 천조에 이르기까지 요대 연호의 변천에 대하여는 ≪부록≫에 있는 [거란소자 주요 어휘]를 참조하라.

[关 米仐圡为木] au ordu.l.ha.a.ar [명] 중희(重熙)(劉鳳翥외 2006a). [出] 慈10.

[关 币为夹] au ?.a.an [명] 천강(天疆) 또는 엄계(广界)(即實 2012⑳). [명](관제) "대이리필원(大夷離畢院)"의 약칭(即實 2012⑳). [出] 奴14.

[关 穴炎] au u.ər [명] ① 천수(天授)(盧迎紅외 2000, 即實 2012⑳), ② 천찬(天贊, 요 태조황제 때의 연호로 기간은 922~926년이다)(袁海波외 2005). [出] 清7. [參考] 천수(天授)는 서하 경종황제[景宗皇帝, 李元昊] 때의 연호(天授禮法延祚)로도 사용되었는데, 기간은 1038~1048년이다.

[关 穴炎 主 王雨] au u.ər huaŋ di-n [명](소유격) 天授皇帝(요 세종을 지칭한다)의(劉鳳翥 2014b㉔). [出] 迪9.

> [遼史] ≪요사≫권5 천록(天祿) 원년 9월조, "…… 丁卯, 行柴冊禮, 羣臣上尊號曰天授皇帝"(정묘일에 시책례를 행하고 여러 신하들이 존호를 천수황제로 올렸다).

[关 捺] au qutug [명] 응력(應曆, 요나라 목종황제 때의 연호로 기간은 951년~969년이다). [參考] 본래의 뜻은 "天福"이다(愛新覺羅외 2011).

[关矢] au.ul [동] 빙천(憑天, 하늘에 맹세하다)(陳述 1973). [出] 完2.

[关仐圡为出] au.l.ha.a.an [出] 尚30.

仐 [발음] s, sə, əs [原字번호] 244

[仐] s / sə / əs [用法1] 복수형 어미를 표시하는 부가성분이다(高路加 1988a, 吳英喆 2007b). [用法2] "정(精)"계통 자음[예: 酒, 將, 宗, 子, 祖], "청(清)"계통 자음[예: 青, 漆], "종(從)"계통 자음[예: 前] 및 "심(心)"계통 자음[예: 西, 仙, 宣, 三, 修, 小, 相]을 가진 한어차사의 초성(初聲) 자음으로 사용되며, 거란어 음절의 초성 자음으로도 사용된다(孫伯君외 2008).

> [參考] **仐·伞·秀의 발음(ts-, tʃ-, s-) 구분에 대하여**
>
> 이 들 세 원자의 발음에 대한 연구결과는 대체로 3가지 형태로 분류된다.
>
> [제1형] "仐"가 ts-, tʃ-, s-의 3가지에 대응하고, "伞"은 ts-에만 대응한다≪宗/令/迪/道/許≫(연구자료: 劉鳳翥외 1999, 清格爾泰외 1985).
>
> [제2형] "仐"가 tʃ-, s-의 2가지에 대응하고, "伞"은 ts-에만 대응한다≪宣/涿/故≫(연구자료: 清格爾泰외 1985, 王未想 1999).
>
> [제3형] "仐"가 s-, "伞"가 ts-에 각각 대응하고, 새롭게 "秀"가 tʃ-에 대응한다≪仲/博≫(연구자료: 沈彙 1980, 清格爾泰외 1985, 劉鳳翥외 1999).
>
> 요조에서는 처음에는 거란어 [s-]를 표기하는 거란소자 "仐"를 이용하여 한어의 [ts-], [tʃ-], [s-] 모두를 표기했다. 그러다가 한어음 [ts-]를 표기하는 전용자로서 "伞"를 만들어 함께 사용하기로 했다. 그 후 금조에 들어와서는 [tʃ-]를 표기하는 전용자로 "秀"을 만들어 병용했다. 새롭게 만들어진 "伞"와 "秀"의 용법은 요조와 금조가 서로 다르다(吉池孝一 2018).
>
> 한편 초기의 발견 자료로 현재 필사본만 존재하는 ≪興冊≫과 ≪仁冊≫에는 "伞"이 사용되지 않았는데, 이는 당시 이를 발견한 선교사 L. Kervyn이 5일이라는 짧은 기간에 비문을 필사하면서 "仐"와 "伞"의 근소한 차이를 동일시하여 모두 "仐"로 기록했을 가능성이 있다(吉池孝一 2003).

[仐乑关] s.an.i [出] 奴29, 清15.

[仐币圡木] s.od.ha.ar [出] 智21. [校勘] 이 글자는 초본에 잘못 옮겨진 것이므로 "仐币圡木"가 올바르다(即實 2012[校]).

[仐币力火] s.od.na.ud [出] 典3. [校勘] 이런 기록 예가 없어 "仐木力火"의 오류일 것으로 추정된다(即實 2012[校]).

[仐雨炎仐炎与] sə.do.gə.l.gə-n [出] 永26. [校勘] 이

글자는 초본에 잘못 옮겨진 것이므로 "**仐雨㕣屮㕣当**"가 올바르다(即實 2012(校)).

[**仐雨**] s.in 借詞 ①"新"을 나타내는 한어차사(豊田五郎 1991b, 即實 1991b, 劉鳳翥 1993d), ②"晉"을 나타내는 한어차사(劉鳳翥 1984a, 清格爾泰외 1985), ③"秦"을 나타내는 한어차사(閻萬章 1993, 劉鳳翥외 1995, 劉鳳翥 2014b(52)). 出 許/仲/先/宗/烈/故/圖/梁/尚/玦/回/特.

[**仐雨 杰**] s.in uaŋ 명(관제) ①"진왕(晉王)"의 한어차사(即實 1996⑯), ②"진왕(秦王)"의 한어차사(愛新覺羅 2013b, 劉鳳翥 2014b(52)). 出 仲27, 高3, 回7, 特29.

[**仐雨 杰村 曲炗**] s.in uaŋ.ən go.ər 명(관제) 진왕장(秦王帳)(愛新覺羅 2013b). 出 回7.

[**仐雨 朩同 业夯村**] s.in tʃ.iŋ hiæ.æn.ən ku 명(지명·소유격) 신성현(新城縣)의(即實 1996⑯, 劉鳳翥 2014b(52)). 出 先25.

[**仐雨 朩同 业夯村 几**] s.in tʃ.iŋ hiæ.æn.ən ku 명 신성현민(新城縣民)(即實 1996⑯). 出 先25.

[**仐雨 仐雨 几火 杰**] s.in ts.in g.ui uaŋ 명(관제) "진진국왕(秦晉國王)"의 한어차사(即實 2012①, 劉鳳翥 2014b(52)). 出 宗3.

[**仐雨 几火**] s.in g.ui 명(국명) "진국(晉國·秦國)"의 한어차사(清格爾泰외 1985, 劉鳳翥 2014b(52)). 出 許8, 宗3.

[**仐雨 几火 杰**] s.in g.ui uaŋ 명(관제) ①"진국왕(晉國王)"의 한어차사(即實 2012⑱), ②"진국왕(秦國王)"의 한어차사(愛新覺羅 2013b, 劉鳳翥 2014b(52)). 出 梁17, 玦20.

[**仐雨 几火 几犮 亥火**] s.in g.ui g.uŋ dʒ.iu 명(관제) "진국공주(晉國公主)"의 한어차사(即實 2012⑲, 劉鳳翥 2014b(52)). 出 尚3.

[**仐雨 几火 丞 杰**] s.in g.ui tai uaŋ 명(관제) "진국대왕(秦國大王)"의 한어차사(愛新覺羅 2013b). 出 玦19.

[**仐雨 几火 丞 今炛伏**] s.in g.ui tai pu.s.in 명(관제) 진국태부인(晉國太夫人)(即實 1996⑯). 出 許8.

[**仐雨 几火 丞 业关雨**] s.in g.ui tai p.i.n 명(관제·소유격) 진국태비(晉國太妃)의(即實 2012⑱, 劉鳳翥 2014b(52)). 出 梁17.

[**仐雨 几火 丞 业关雨 关化仐**] s.in g.ui tai p.i.n i.ir.s 명(관제) ①진국태비(晉國太妃)의 봉(封)(即實 2012⑱), ②진국태비(晉國太妃)의 호(號)(劉鳳翥 2014b(52)). 出 梁17.

[**仐雨村**] s.in.ən 出 玦13.

[**仐雨伏**] s.in.in 명(인명) ①信陵(劉鳳翥외 1995, 劉鳳翥 2014b(52)), ②信寧(鄭曉光 2002, 愛新覺羅 2010f, 劉鳳翥 2014b⑰), ③信訥(即實 2012⑳). 出 先16, 宗21/24, 永14, 尚2/27.

人物 ①信寧은 《요사》 권76에 등장하는 耶律魯不古를 지칭한다(劉鳳翥 2014b⑰).

②《宗誌》 주인 朝隱驢糞(991~1053)의 사위(장녀 特免의 남편)인 信寧낭군을 지칭한다(愛新覺羅 2010f).

③《永誌》 주인 永訥(1059~1085)의 6촌형 韋果勒의 장인(岳父)인 信訥태사(太師)를 지칭한다(即實 2012⑦).

[**仐雨伏 生**] s.in.in abu 명(인명) 信訥·阿不(即實 201⑲). 出 尚2. 人物 《尚誌》에 등장하는 信訥阿不로 그 묘지(墓誌)의 글을 지은 자이다(即實 2012⑲).

[**仐雨屮㕣夵炗**] s.in.əl.gə.gə.ər 명(인명) ①習泥烈(即1996③), ②辛樂克(即實 1996⑯). 出 仲29.

[**仐雨屮㕣当**] s.in.əl.gə.ən 명(인명) ①秦樂(蓋之庸외 200 劉鳳翥 2014b(52)), ②信堅(愛新覺羅 2010f), ③新樂堅(即 2012⑳). 出 副28. 人物 《副誌》 주인 窩篤宛兀没里(1031~1077, 한풍명: 耶律運)의 장녀인 信堅을 지칭한다(愛新覺羅 2010f).

[**仐雨㕣屮㕣炗**] s.in.gə.l.gə.ər 명(인명) ①辛克勒勉(即1996⑯), ②秀安(劉鳳翥 2014b㊱). 出 許48. 人物 《許誌》 주인 乙辛隱斡特剌(1035~1104)의 며느리인 秀安을 지칭하는데, 묘주의 셋째 부인 楊姐 소생의 차남 長壽 이리필(夷離畢)의 처이다(愛新覺羅 2010f, 劉鳳翥 2014b㊱).

[**仐雨㕣屮㕣当**] s.in.gə.l.gə.ən 명(인명) 辛克勒堅(即 2012⑦). 出 永26. 人物 《永誌》 주인 永訥(1059~108 의 6촌형수(묘주의 당숙[堂叔] 迪里得 태사의 장남인 昭宜 태보의 아내)에 해당한다(即實 2012⑦).

[**仐雨㕣炗**] s.in.gə.ər 명(인명) ①晉涅(劉鳳翥외 2006b ②習撚(愛新覺羅 2010f), ③辛可歆(即實 2012⑯). 出 糺1 人物 《糺誌》의 주인 夷里衍糺里(1061~1102)의 첫 부인인 習撚 낭자(娘子)를 지칭하는데, 26세에 사망하였다(愛新覺羅 2010f).

[**仐雨㕣当**] s.in.gə.ən 명(인명) ①晉涅(劉鳳翥외 2006b ②習撚, 習涅(愛新覺羅 2006c, 劉浦江 2011), ③習輦(愛新覺羅외 2012③), ④辛堅(即實 2012⑯). 出 先25, 博3, 糺2/13

人物 ①《博誌》의 주인인 習輦(1079~1142)을 지칭한다(愛新覺羅 2013a).

②《糺誌》의 주인 夷里衍糺里(1061~1102)의 8대조인 질랄부(迭剌部)의 習撚涅里이리근(夷離堇)을 지칭한다(愛新覺羅 2006a).

墓誌 **習輦(습련)**의 증조부는 朮初古里 낭군, 조부는 胡古 도감(都監), 부친은 韓寧斡特剌 장군이다. 習輦은 장자이며 아래로 太師奴와 馮哥라는 2명의 아우가 있다. 대강(大康) 5년(1079) 2월에 태어나 16세인 대안(大安) 10년(1094)에 출사하여 천운군상온(天雲軍詳穩)·통군도통(統軍都統)·맹부방창온(孟父房敞穩)을 역임하였다. 금(金)에 항복한 후 천회(天会)

3년(1125)에 맹안패근(猛安孛堇)이 되었으며 세습 맹안(世襲猛安)을 획득하였다. 소무대장군(昭武大將軍)·진국상장군(鎮国上將軍)·호군(護軍)·칠수군개국후(漆水郡開国侯)에 봉해졌고 박주방어사(博州防禦使)가 되었으나 부임(赴任) 직전인 2월에 병사하였다. 장남 汴奴는 요절하였다. 차남 紗剌里는 14세에 선무장군(宣武將軍)에 봉해졌으며 맹안을 계승하고 보국상장군(輔国上將軍)에 봉해졌다. 손자인 曷魯本阿不는 거란자(契丹字)·여진자(女真字)·한자(漢字)에 통달하였다(愛新覺羅 2010f).

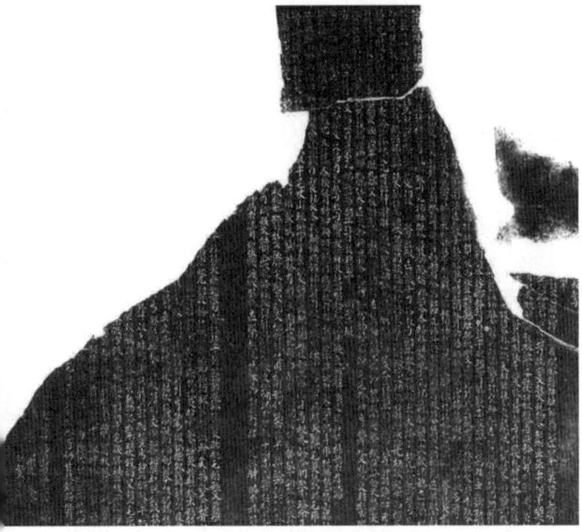

▲ 금대박주방어사(金代博州防禦使) 묘지명(일부)

[仐雨当] s.in.ən [명](인명) ① 習撚(即實 1996②), ② 秦安(劉鳳翥외 2006a), ③ 辛袞, 思奴古(即實 1982a), ④ 習念(即實 2012⑮), ⑤ 習輦(愛新覺羅외 2012①). [出] 令2, 慈3, 圖1, 糺18. [參考] "사노고(思奴古)"는 관직명으로도 쓰이는데, ≪요사·국어해≫에서는 사노고[singü]가 "창사(敞史)"와 가까운 관직이라 되어 있으며, 한어 "장군(將軍)"의 음역일 수 있다(孫伯君외 2008).

> [人物] ①≪慈誌≫ 주인의 선조인 習念·涅里를 지칭한다(即實 2012⑮).
> ②≪糺誌≫ 주인 夷里衍糺里(1061~1102)의 첫 부인 習撚 낭자를 말한다(愛新覺羅 2010f). ☞ **仐雨尜仌**

[仐雨当 求] s.in.ən su [명](인명) ① 習撚·撻葛(即實 1996②/2012⑥), ② 習撚·蘇(劉鳳翥 2014b㊿). [出] 令2, 圖1. [人物] ≪令誌≫와 ≪圖誌≫의 묘지(墓誌) 글을 지은 習撚·蘇를 말한다(劉鳳翥 2014b㊿).

[仐雨当村] s.in.ən.ən [명](인명·소유격) 習撚의(即實 2012⑥). [出] 圖18.

仐丙

[仐丙] s.iu [借詞] "酒", "修", "秀", "秋" 등을 나타내는 한어차사(研究小組 1977b, 劉鳳翥외 1977/1981a, 豊田五郎 1998a). [出] 道2, 仲23, 永25.

[仐丙刃九村] s.iu.ir.g.ən [出] 智25. [校勘] 이 글자는 초본에 잘못 옮겨진 것("仐丙刃"로 쓰는 사례는 없음)이므로 "**仒丙刃九村**"가 올바르다(即實 2012㉝).

[仐丙尜仐尜仌] s.iu.gə.l.gə.ər [명](인명) ① 周哥(即實 1988b), ② 秀安(劉鳳翥 2014b㊱). [出] 許48. [人物] ≪許誌≫ 주인 乙辛隱斡特剌(1035~1104)의 며느리인 秀安을 지칭하는데, 묘주의 셋째 부인 楊姐 소생의 차남 長壽 이리필(夷離畢)의 처이다(愛新覺羅 2010f, 劉鳳翥 2014b㊱).

> [校勘] 이 글자는 학자들마다 다르게 표현하고 있다. 劉浦江은 초본에 있는 대로 "**仐丙尜仐 尜仌**"라고 기술하고 있다(劉浦江외 2014). 即實은 "**丙**"을 "**雨**"으로 고치긴 하였으나 당초에는 초본처럼 "**仐雨尜仐**"와 "**尜仌**"를 분리하여 보았고(即實 1988b), 최근 들어 이를 서로 붙여서 "**仐雨尜仐尜仌**"이라고 보았다(即實 2012㉝). 그러나 劉鳳翥는 서로 붙여서 보되, 여전히 두 번째 원자를 "**雨**"가 아닌 "**丙**"이라고 보고 있다(劉鳳翥 2014b㊱).

[仐丙] s.əi [出] 塔II-2.

[仐丙为出] s.al.a.an [出] 仲3.

仐圡

[仐圡ち] sə.ha.al [出] 清21. [校勘] 이 글자는 초본에 잘못 옮겨졌으므로 "**仐圡ホ**"가 올바르다(即實 2012㉝).

[仐圡平圡为出] sə.ha.ul.ha.a.an [出] 博42. [校勘] 이 글자는 초본에 잘못 옮겨진 것이므로 "**仐血平圡为出**"이 올바르다(即實 2012㉝).

仐木

[仐木及内] sə.mu.o.on [出] 慈23. [校勘] 即實은 이 글자를 "**仐尒及内**"이라고 기록하고 있다(即實 2012㉝).

仐杏

[仐杏] s.un [형] 저물다, 때가 늦다(晩)(豊田五郎 1991a). [명] 밤(夜)(豊田五郎 1991b/1992, 劉鳳翥 1993d, 劉鳳翥외 1995, 即實 1996③). [同源語] "밤"을 의미하는 서면몽골어·중기몽골어의 [süni], 현대몽골어의 [söni]와 동일한 어원이다(Kane 2009). [出] 道/許/仲/先/涿/永/副/烈/高/室/圖/糺/玦/回/蒲. [用例] **ホオ岁 仐杏** [tʃ.ia.altar s.un] [명] 전날 밤(前夜)(大竹昌巳 2016d). [出] 先56.

[仐杏 关关] s.un niar.i [명](관제) 숙직(宿直)(即實 2012⑳). [出] 圖8.

[仐杏 关关 穴] s.un niar.i noi [명](관제) ① 숙직관(宿直官)(愛新覺羅외 2011, 即實 2012⑳), ② 야일관(夜日官=宿直官)(劉鳳翥 2014b㊿). [出] 烈13.

> [遼史] **宿直官(숙직관)**. 관원들이 돌아가면서 숙직 사무를 보는데 숙직상온, 숙직도감, 숙직장군, 숙직소장군 등의 관이 있다. 황태후궁에는 숙직관이 있었다(金渭顯외 2012㊤).

[�杏村] s.un.ən 名(소유격) 밤(夜)의(劉浦江외 2014, 劉鳳
書 2014b㊾). 名(목적격) 밤(夜)을(대죽창사 2016e). 出 仲
/宗/皇/烈/圖/韓.

[�杏村 女] s.un.ən sair 名 밤의 달(夜月)(即實 2012①),
劉鳳書 2014b㊾). 出 宗34.

[�杏矢] s.un.tə 名(향위격) 밤(夜)에(豊田五郎 1991b, 劉
鳳書 1993d). 先38.

[�並] s.jaŋ 借詞 "相"(=�卅), "將"(=�卅) 등을 나
타내는 한어차사(研究小組 1977b, 劉鳳書외 1977). 許
6/11/12/46/47/48/51.

[�並 几火] s.jaŋ g.uŋ 名(관제) "상공(相公)"의 한어
차사(研究小組 1977b, 清格爾泰외 1978a/1985). 許46.

[�並 几亦] s.jaŋ g.iun 名(관제) "장군(將軍)"의 한어
차사(研究小組 1977b, 清格爾泰외 1978a). 許11.

[�並 几亦村] s.jaŋ g.iun-n 名(관제·소유격) 장군(將
軍)의(研究小組 1977b, 清格爾泰외 1978a/1985). 許48.

[�並 几亦矢] s.jaŋ g.iun.tə 名(관제·향위격) 장군(將
軍)에(研究小組 1977b, 清格爾泰외 1978a/1985). 許46.

[�土比] s.əu.əl 出 許/故/博/永/迪/奴/梁/玦.

[�土夾叐] s.əu.ur.ir 出 道/宣/仲/先/宋/尚/回.

[�土化] s.əu.ur 出 皇21.

[�土芬火] s.əu.ə.i 出 興33, 先66, 宗9. 校勘 이 글자
는 휘본 등에 잘못 옮겨진 것이므로 "�土芬火"가
올바르다(即實 2012㉑).

[�土芬尘] s.əu.ə.d 出 烈12. 校勘 即實은 이 글자를
"�土分尘"라고 기록하고 있다(即實 2012㉑).

[�方] s.æn 出 永10.

[�方 几芬] s.æn g.ə 名(인명) ① 仙哥(即實 2012⑦), ②
斜哥(劉鳳書 2014b㊾). 出 永10. 人物 《永誌》에 등장
하는 해(奚) 諾灰衍낭자(증조모[曾祖母] 혹은 조모[祖母] 항
렬의 여성으로 보이나 묘지[墓誌] 내용이 일부 유실되어 정확
한 위치는 알 수 없다)의 모친인 仙哥부인을 지칭한다(即
實 2012⑦).

[�方村] s.æn.tʃi 名(인명) ① 鮮質(即實 1996②), ② 斜茨
(劉鳳書외 2005a, 劉鳳書 2014b㊾). 出 令/清/尚/韓/玦.

> 遼史 鮮質(선질)은 습이지(習爾之)라고도 한다. 거란
> 요련씨(遙輦氏)의 제5대 가한(可汗)이다. 가한이 생존
> 시에 거란이 점차 강성해졌다. 요대에 요련 9장(帳)
> 을 설치하였는데 선질가한이 그 첫째가 되었다(金
> 渭顯외 2012㊤).

[�方村 並] s.æn.tʃi qa 名 선질가한(鮮質可汗)(愛新覺羅
외 2012①). 出 玦2.

[�方伏] s.æn.in 名(인명) 斜寧(愛新覺羅 2010f, 即實 1996

⑤, 盧迎紅외 2000). 出 故5, 迪10.

[�方伏 芇冊] s.æn.in qaru(haru).əb 名(인명) 斜寧·何
魯不(愛新覺羅 2010f, 劉鳳書 2014b㊾). 出 故5, 迪10. 人物
《迪誌》 주인 撒懶迪烈德(1026~1092, 한풍명: 耶律迪烈)의
증조부이자 《故銘》 주인 撻體낭자(1081~1115)의 고조
부(高祖父)인 斜寧·何魯不 태사(太師)를 지칭한다(愛新覺
羅 2010f).

[�比] s.ur 出 先13. 校勘 即實은 이 글자를 앞
자들과 합쳐 "引キ�比"라고 기록하고 있다(即實
2012㉑).

[�比立ち커] s.ur.ha.al.qa 出 回13

[�比立キ] s.ur.ha.ai 出 先58, 回13.

[�比立为キ] s.ur.ha.a.ai 出 特10.

[�比立为本] s.ur.ha.a.ar 動 완전히 익다(純熟)(即實 20
⑳). 出 慈13.

[�比比] s.ur.ur 出 興16. 校勘 이 글자는 휘본 등에
잘못 옮겨졌으므로 "�比比"가 올바르다(即實 2012㉑).

[�比比] s.ur.bur 動 지각(知覺)하다(即實 2012⑳). 名 말
로 쓴 것, 말(愛新覺羅외 2011). 用法 단독으로 사용하
"글쓴 것" 또는 "말"을 의미한다. 동경 명문(銘文)에
겹쳐 쓴 형태가 처음 보이는데, 아마도 "한편 한
(一篇一篇)"의 의미로 추정된다(愛新覺羅외 2011). 同源
어두음절 [sur-]은 동사 [surha-](배우다)의 그것과
은 뿌리이다(愛新覺羅외 2011). 出 宣/宗/海/慈/尚/圓.

[�比比 �比比] s.ur.bur s.ur.bur 副 한편 한편(一篇
篇)(愛新覺羅외 2011). 出 圓3.

[�比廾孑] s.ur.ʊ.dʒi 出 玦15.

[�比叐] s.ur.r 出 皇17.

[�比为出] s.ur.a.an 仁24.

[�比] s.əl 出 令/先/博/迪/尚.

[�比比] s.əl.� 出 許42. 校勘 이 글자는 초본
잘못 옮겨졌으므로 "�比比"가 올바르다(即實 2012㉑).

[�比夾] s.əl.ur 出 許56. 校勘 이 단어는 초본에 옮
며 잘못 분할되고 합쳐졌는데, 앞 원자들과 합쳐 "
化�比 夾"로 하여야 한다(即實 2012㉑).

[�比커] s.əl.aqa 迪22. 校勘 이 단어는 초본에 옮
기며 잘못 분할되고 합쳐졌는데, 앞 원자들과 합쳐
"火火化岺�比 커"로 하여야 한다(即實 2012㉑).

[�犬] s.jue 出 仲13.

[�犬女] s.jue.� 出 先56, 副14, 玦11/37. 校勘 即實
이 글자를 "�犬攵"라고 기록하고 있다(即實 2012㉑).

[�犬並] s.jue.æn 借詞 "宣"을 나타내는 한어차사(羅福
成 1933/1934d/e/g, 王靜如 1933). 出 宣蓋/宣/仲/宗/博/涿/奴

梁/尚/玦.

[仐犾业 赤叐 伞并 几亦] s.jue.æn w.u ʦ.iaŋ g.iun [명] (관제) "선무장군(宣武將軍)"의 한어차사(即實 2012②, 劉鳳翥 2014b(52)). [出] 博39.

[仐犾业 关关] s.jue.æn i.i [명] "선의(宣懿)"의 한어차사(研究小組 1977b, 淸格爾泰외 1978a). [出] 宣蓋1/2, 宣1/5.

[仐犾业 关关 穴芬 丙] s.jue.æn i.i nəu.ə məg [명] ① 선의황후(宣懿皇后)(研究小組 1977b, 淸格爾泰외 1978a/1985, 劉鳳翥 2014b(52)), ② 선의누알마(宣懿耨斡麽)("누알마[耨斡麽]"는 황후를 뜻하는 거란어)(即實 1996①, 愛新覺羅외 2015⑩). [出] 宣蓋1/2, 宣5. [人物] 도종황제의 황후인 선의황후(?~1075, 휘[諱]는 "觀音"이다)를 지칭한다.

[仐犾业 关关 穴芬 丙公] s.jue.æn i.i nəu.ə məg.ən [명] (소유격) 선의황후(宣懿皇后)의(研究小組 1977b, 淸格爾泰외 1978a/1985, 劉鳳翥 2014b(52)). [出] 宣蓋1/2, 宣1.

[仐犾业 关关 穴芬 丙公 几村叐 杋佘 赤女] s.jue.æn i.i nəu.ə məg-n g.ən.ir ʧi.gu w.un [명] ①선의황후 애책문(宣懿皇后哀冊文)(即實 1996①, 劉鳳翥 2014b㉝), ② 선의누알마 애책문(宣懿耨斡麽哀冊文)(愛新覺羅외 2015⑩). [出] 宣蓋1/4, 宣1. [校勘] 即實은 여섯 번 째 단어의 둘째 원자인 "佘"이 초본에는 "佘"로, 탁본에는 "余"로 되어 있고, 책개(冊蓋)의 전서(篆書)에는 "佘"로 되어 있는 점을 감안하여 "佘"와 "余"를 동자이체(同字異體)라고 추정하고 있다(即實 2012).

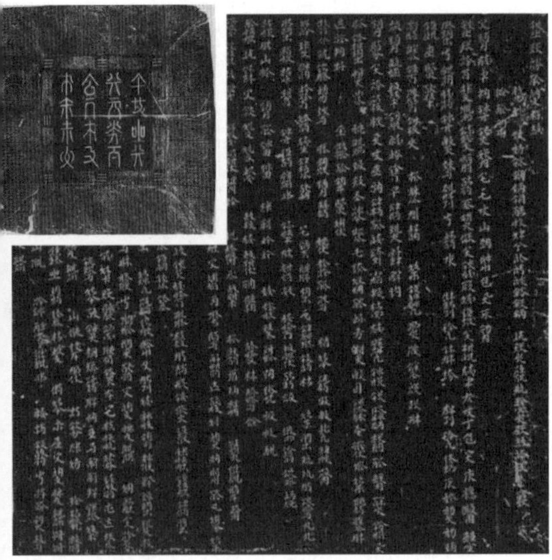

▲ 선의황후(宣懿皇后) 애책 책개 및 책문(일부)

[哀冊] 책개(冊蓋)에 4행의 전서(篆書)로 쓰인 거란소자(契丹小字) ≪선의누알마애책문(仐犾业 关关 穴芬 丙公 几村叐 杋佘 赤女)≫이 있다. 책석(冊石)에는 30행의 거란소자 책문(冊文)이 있다. 같은 능(陵)에서 출토된 한자애책(漢字哀冊)의 책개에는 전서로 된 한자(漢字) ≪宣懿皇后哀冊≫이, 책석에는 34행의 해서(楷書) 한자책문(漢字冊文)이 있다. 양 문자의 내용은 서로 대역(對譯)은 아니다(愛新覺羅외 2015⑩).

[仐犾业 ㄨ火村 火 ㄨ王丙叐] s.jue.æn h.ui-n ui k(h).zhi.əi.ir [명](관제) 지선휘원사(知宣徽院事)(即實 1996⑯). [出] 仲33.

[仐犾业 ㄨ火] s.jue.æn k(h).ui [명](관제) "선휘(宣徽)"의 한어차사(劉鳳翥 2014b(52)). [出] 宗13, 梁9.

[仐犾业 ㄨ火] s.jue.æn h.ui [명](관제) "선휘(宣徽)"의 한어차사(研究小組 1977b, 淸格爾泰외 1978a/1985). [出] 仲19.

[仐犾业 ㄨ火村 艻公] s.jue.æn h.ui-n ʧəu.n [명](관제) 선휘원(宣徽院)(研究小組 1977b, 淸格爾泰외 1978a). [出] 仲19.

[遼史] **宣徽院(선휘원)**은 내정(內廷) 사무를 총괄하는 기구이다. 회동(會同) 원년(938) 북면조관에 속하는 남·북 선휘원을 설치하였고 같은 해 남면조관에 속하는 선휘원을 설치하였으며 이와 별도로 남면경관에 속하는 남경선휘원을 설치하였다. 관원으로는 사(使), 부사(副使), 지원사(知院事), 동지원사(同知院事), 지사사(知使事), 동지사사(同知使事) 등을 두었다(金渭顯외 2012㊤).

[仐亇叐] s.al.ir [出] 仲/永/奴/玦/特.

[仐亇叐村] s.al.ir.ən [出] 仲40, 奴6.

[仐亇叐公] s.al.ir.d [명] 위(位)(愛新覺羅 2004a⑧). [出] 仲19.

[仐亇公] s.al.d [명] 기회(即實 2012⑳). [出] 先/弘/副/智/烈/特/蒲.

[仐亇平圡丰] s.al.əl.ha.ai [出] 淸28.

[仐亇平叐药] s.al.əl.u.dʒi [出] 宗30.

[仐亇平关] s.al.əl.i [出] 博47, 弘31.

[仐亇小圡ち刃买] s.al.dær.ha.al.aq.an [出] 博26. [校勘] 即實은 이 글자를 "仐亇平圡ち刃买"이라고 기록하고 있다(即實 2012(校)).

[仐亢] s.əd [出] 興25.

[仐廾] s.ʊ [出] 韓16. [校勘] 이 단어는 초본에 옮기며 잘못 분할되었는데, 뒤 원자들과 합쳐 "仐廾平刃"로 하여야 한다(即實 2012(校)).

[仐廾本刃] s.ʊ.ar.aqa [명](인명) ① 蘇里赫(劉鳳翥 2002), ② 蘇得里赫(劉鳳翥외 2005b), ③ 蘇阿里合(愛新覺羅 2004a⑫). [出] 高4, 韓11. [校勘] 이 글자는 초본에 잘못 옮겨진 것이므로 "仐廾平刃"가 올바르다(即實 2012⑦).

[人物] ≪高誌≫의 주인 王寧高十(1015~?, 한풍명: 韓元佐)과 ≪韓誌≫의 주인 曷魯里부인(?~1077)의 백조

부(伯祖父)인 韓德源 상공(相公)을 지칭한다(愛新覺羅 2010f). ☞ 韓知古(玉田韓氏)의 가계에 대하여는 "愛新覺羅 2009a⑧"을 참고하라.

[仐廾矢] s.ʊ.ul [出] 道33.

[仐廾火] s.ʊ.un [명] "仐伞(흰색)"의 소유격・목적격(大竹昌已 2016e). [出] 宗26.

[仐廾火业丮] s.ʊ.ud.əl.qa [出] 玦40.

[仐廾平爻] s.ʊ.ul.u [出] 博47. [校勘] 이 글자는 초본에 잘못 옮겨진 것이므로 "仐廾平叉"가 올바르다(即實 2012[校]).

[仐廾平叉] s.ʊ.ul.ir [동] 상을 당하다(喪・憂)(即實 2012⑳). [명] 위(位)(愛新覺羅 2004a⑨). [出] 興/仁/道/宣/許/仲/宗/宋/慈/智/奴/清/尙/玦/回/特.

[仐廾平叉 火] s.ʊ.ul.ir ui [명] 상사(喪事)(即實 2012⑳). [出] 宣8.

[仐廾平叉 凡化] s.ʊ.ul.ir gə.ri [명] 복기(服期, 상주가 상복을 착용하는 기간)(即實 2012⑳). [出] 智25.

[仐廾平叉 穴火叉尜业九] s.ʊ.ul.ir k.ui.r.gə.l.gə [명] 복기(服期)(即實 2012⑳). [出] 尙13.

[仐廾平叉尜] s.ʊ.ul.ir.ər [出] 玦34.

[仐廾平丮] s.ʊ.ul.qa [명](인명) 蘇魯葛(即實 2012⑳). [出] 高4. [人物] ☞ "仐廾未丮"을 참조하라.

[仐廾平夂] s.ʊ.ul.ug [出] 仁21. [校勘] 即實은 이 글자를 "仐廾平叉"라고 기록하고 있다(即實 2012[校]).

[仐廾平及] s.ʊ.ul.o [出] 宣8. [校勘] 이 글자는 초본에 잘못 옮겨졌으며, 탁본에 따르면 "仐廾平叉"가 올바르다(即實 2012[校]).

[仐廾平伏] s.ʊ.ul.in [出] 仁21.

[仐廾平尜] s.ʊ.ul.d [형] 근심스러워 가슴이 아프다(憂傷)(即實 2012⑳). [동] 상을 당하다(喪・憂)(即實 2012⑳). [명] 위(位)(愛新覺羅 2004a⑤). [出] 皇/宋/清/尙/回.

[仐廾平付伏] s.ʊ.ul.bu.n [出] 慈14.

[仐尢] s.umu [형] 익히다, 배우다, 멀다(即實 1996①). [명] 화살(愛新覺羅외 2011). [用法] 형용사로서의 "仐尢" [sumu](길다)와 "朿" [ur](오래다, 길다)의 의미상 차이는 "朿"에 수식되는 대상은 추상적이고 "仐尢"는 일부 예외도 있지만 수식대상이 구체적이라는 점에 있다(愛新覺羅외 2011). [同源語] "화살"의 경우 ≪화이역어(華夷譯語)≫ 기용문(器用門)의 속문(速門)[sumun](화살) 및 서면 몽골어의 [sumu](←[sumus]; 矢), 다호르어의 [som], 동부유고어의 [səmən], 토족어와 동향어의 [sumu] 등과 같은 어원이다(愛新覺羅외 2011, 呼格吉樂圖 2017). [出] 興/道/宣/令/許/故/仲/先/宗/海/博/迪/弘/副/皇/智/烈/奴/圖/梁/糺/清/尙/韓/玦/回/特/圓.

[仐尢丂] s.umu.dʒu [出] 皇5.

[仐尢犳] s.umu.dʒi [명](인명) ①修尊(即實 1996⑯), ②治(愛新覺羅 2010f), ③蘇沒只(愛新覺羅 2013a), ④奇陀(劉鳳翥 2014b㊾). [出] 令8, 韓17. [人物] ≪令誌≫ 주인 隱福留(997~1054)의 장백부(長伯父)인 蘇沒只 태사(太… 를 지칭한다(愛新覺羅 2013a).

[仐尢犳] s.umu.dʒi [出] 道29.

[仐尢矢] s.umu.tə [出] 玦21, 特5

[仐尢矢穴当] s.umu.ul.u.ən [出] 宣26, 宋22.

[仐尢化] s.umu.ur [出] 特37.

[仐尢化杰尜] s.umu.ur.gə.ər [出] 道26.

[仐尢化尜尜] s.umu.ur.gə.ər [出] 特29.

[仐尢化尜当] s.umu.ur.gə.ən [出] 烈5.

[仐尢火] s.umu.un [出] 許41, 先37/57, 博32.

[仐尢尜] s.umu.ər [명](도구격) 화살로써(大竹昌已 2016… [出] 副4. [用例] 乇 仐尢尜 [mas s.umu.ər] [명] 하나의 … 살로써(大竹昌已 2016d).

[仐夯村] s.ær.ən [出] 書VI.

[仐交] s.ur [出] 博40, 梁11. [校勘] ≪梁11≫에서는 … 단어가 초본에 옮기며 잘못 분할되었는데, 뒤 원자… 과 합쳐 "仐交爻厇关"로 하여야 한다(即實 2012[校]).

[仐交尜] s.ur.d [명] 글에 있는 전(傳)(即實 2012⑳). [出] 迪…

[仐交夯矢] s.ur.æn.tə [出] 興2. [校勘] 이 글자는 휘본… 에 잘못 옮겨진 것이므로 "仐交夯矢"가 올바르다(… 實 2012[校]).

[仐交刈爻] s.ur.bur.u [出] 宣20.

[仐交刈爻犳] s.ur.bur.u.dʒi [出] 韓17.

[仐交刈爻火] s.ur.bur.u.un [出] 宣18.

[仐ち交叉] s.al.ur.ir [出] 特37.

[仐ち夯火] s.al.e.ud [出] 仲42. [校勘] 이 글자는 초본… 잘못 옮겨진 것이므로 "仐圡夯火"가 올바르다(即… 2012[校]).

[仐疒丮] s.ad.aqa [出] 糺28.

[仐疒为爻] s.ad.a.u [出] 尙7. [校勘] 이 글자는 초본에 … 못 옮겨졌으므로 "仐疒丹叉"가 올바르다(即實 2012[校]).

[仐疒业廾伏] s.ad.əl.ʊ.n [出] 宗9. [校勘] 即實은 이 글… 를 "仐疒业廾化"이라고 기록하며, 仐疒业廾火와 … 관을 짓고 있다(即實 2012[校]).

[仐疒业廾火] s.ad.əl.ʊ.ui [出] 博25, 弘23, 清30.

[仐疒尘] s.ad.d [出] 宋19.

[仐与] s.en [出] 道35.

[仐艻] sə.tʃəu [出] 尙12. [校勘] 이 글자는 초본에 …

못 옮겨진 것("犮"는 글자의 첫머리에만 출현함)이므로 "仐岑" 또는 "仐号"가 올바르다(即實 2012㊕).

仐友] sə.dʒi [出] 梁12. [校勘] 이 단어는 초본에 옮기며 잘못 분할되었는데("仐"와 "友"를 이어 쓰는 사례도 없음), 앞 원자들과 합쳐 "犮文本友"로 하여야 한다(即實 2012㊕).

仐大] sə.do [出] 蒲10.

仐太] s.uŋ [借詞] "宋"을 나타내는 한어차사(即實 1991b). [出] 先35.

仐太 杰] s.uŋ uaŋ [명](관제) "송왕(宋王)"의 한어차사(即實 1996⑯). [出] 先35.

仐夯] s.oi [명] ① 숲(林)(即實 2012⑳), ②"소이"라는 산의 이름(愛新覺羅외 2015②). [出] 先/皇/烈/紀/尚/玦/特.

仐夯 介村] s.oi nior.ən [명](지명·소유격) 소이산의(愛新覺羅외 2015②). [出] 玦45.

仐夯叉方] s.oi.ir.ə [出] 仲8.

仐夯叉与] s.oi.ir.en [出] 博10.

仐夯叉与矢] s.oi.ir.en.tə [出] 博9.

仐夯叉叉] s.oi.ir.ir [出] 仲47.

仐夯叉伏] s.oi.ir.in [出] 仲32.

仐夯衣] s.oi.tʃi [出] 博8.

仐夯矢] s.oi.tə [出] 宣25.

仐夯兆圡为关] s.oi.l.ha.a.ər [出] 宗3. [校勘] 이 글자는 휘본 등에 잘못 옮겨진 것이므로 "仐夯兆圡为本"가 올바르다(即實 2012㊕).

仐夯兆谷北] s.oi.l.gə.əl [出] 尚10.

仐达] s.ur [出] 仲42, 奴31. [校勘] 이 단어는 초본에 옮기며 잘못 분할되었는데, 뒤 원자와 합쳐 "仐达才"로 하여야 한다(即實 2012㊕).

仐达才] s.ur.ja [出] 烈28.

仐犬分] sə.ʃia.du [出] 皇12.

仐求] s.? [出] 仁31. [校勘] 이 글자는 휘본 등에 잘못 옮겨진 것이므로 "仐水"가 올바르다(即實 2012㊕).

仐中] s.ai [借詞] ①"差"를 나타내는 한어차사(韓寶興 1991), ②"采"를 나타내는 한어차사(即實 1996⑤, 陳乃雄외 1999). [명] 의사(醫師)(愛新覺羅 2017a). [명](관제) 태의(太醫)(愛新覺羅 2013b). [出] 令/故/先/宗/迪/弘/玦/特. [用例] 圣衣 仐中 [æm.tʃi s.ai] [명] 약의(藥醫, 약으로 병을 고치는 의사)(愛新覺羅 2017a). [出] 玦44.

仐中 业杰] s.ai p.uaŋ [명](관제) "채방(采訪)"의 한어차사(愛新覺羅 2004a⑫, 劉鳳翥 2014b㊾). [出] 迪8, 弘5. [書法] 劉鳳翥 등은 두 번째 단어가 "业杰"라는 2개의 개별 원자로 구성되어 가로(业杰) 혹은 세로(业杰)로 적는다고 보는 반면, 即實은 이를 "羔"이라는 하나의 원자로 보기도 했다(即實 1996⑯).

[仐中 羔] s.ai phaŋ [명](관제) 채방사(采訪使)(即實 1996⑯, 愛新覺羅 2004a⑫). [出] 故5.

> [遼史] **採訪使(채방사)**는 개원(開元) 4년(716) 당의 현종이 하남(河南), 양주(楊州) 등에 설치하고 조관(朝官)으로 임명하였다. 본도의 민정을 맡도록 했다. 거란은 채방사를 남면 분사관(分司官)으로 두었다(金渭顯외 2012㊥).

[仐中圡方关] s.ai.ha.ad.ər [出] 玦46.

[仐中犬] s.ai.ʃia [명] 가족(愛新覺羅외 2012⑥). [명](인명) 才思(即實 2012⑯). [出] 紀2. [人物] 《紀誌》 주인 訛里衍紀里(1061~1102)의 선조인 才思阿鉢을 지칭한다(即實 2012⑯).

[仐中村] s.ai-n [명](관제·소유격) 태의(太醫)의(吳英喆 2012a①). [出] 迪25, 玦29, 特5.

> [遼史] **太醫(태의)**는 황제의 병을 치료하는 의원으로 어의(御醫)라고도 한다. 의원의 경칭(敬稱)으로도 쓴다(金渭顯외 2012㊦).

[仐中矢] s.ai.tə [명](관제·향위격) 태의(太醫)에게(呼格吉樂圖 2017). [出] 清18.

[仐中伏关] s.ai.n.ər [명](관제) "태의(太醫=仐中)"의 복수형(愛新覺羅 2013b). [出] 故14, 先55/63, 玦29.

[仐中伏关 穴公关] s.ai.n.ər noi.d.ər [명](관제·도구격) 어의관(御醫官)으로써(呼格吉樂圖 2017). [出] 先63.

[仐中伏关村] s.ai.n.ər.ən [명](관제·소유격) 태의(太醫)의(呼格吉樂圖 2017). [出] 尚31.

[仐中公] s.ai.d [명] ① 월(月)(郭添剛외 2009, 即實 2012⑲), ② 태의(太醫)(呼格吉樂圖 2017). [出] 尚14.

[仐中兆廾约] s.ai.l.ʊ.dʒi [出] 奴43. [校勘] ☞ 仐中兆廾羽(即實 2012㊕).

[仐本] s.ar [出] 皇8.

[仐本 仐本] s.ar s.ar [형] 구구(昫昫, 해가 떠서 따뜻하다)(即實 2012⑳). [出] 皇8.

[仐本圡方] s.ar.ha.ad [명](인명) 撒剌德(即實 2012⑤, 劉鳳翥 2014b㉖). [出] 智5. [人物] 요태조 야율아보기의 증조부인 撒剌德 이리근(夷離菫)으로 사후인 건통 3년(1103년)에 의조(懿祖=关关 伞仐《故4》) 황제로 추봉되었다(劉鳳翥 2014b㉖).

[仐本圡方伏] s.ar.ha.at.in [명](인명) ①撒剌的/撒剌丁(即實 1996⑥), ②撒剌丁(愛新覺羅 2003f), ③撒剌的/撒剌德(劉浦江 2006), ④撒剌德(即實 2012⑰). [出] 先3, 智5, 副3.

[校勘] 이 글자가 ≪先3≫에서는 휘본 등에 잘못 옮겨진 것이므로 "伞犾圡冭伏"이 올바르다(即實 2012⑱).

> [人物] ①≪先誌≫에 나오는 撒剌丁·迪魯古 이리근(덕조황제)으로, 야율아보기의 부친이다(愛新覺羅 2003f).
> ②≪副誌≫ 묘주의 선조인 撒剌德·亏里古(또는 撒剌德·直魯古, 즉 요태조의 증조부이다) 이리근(夷離菫)을 지칭한다(即實 2012⑰, 陶金 2015).

[伞木圡冭伏 今用夂] s.ar.ha.ad.in t.il.ug [명](인명) 撒剌的·敵魯 이리근(夷離菫)(劉鳳翥 2014b⑰). [出] 先3. [校勘] ☞ 伞犾圡冭伏 今用夂(即實 2012⑱).

[伞木圡木] s.ar.ha.ar [명](인명) 撒剌里(愛新覺羅 2003f, 即實 2012⑤). [出] 智7. [人物] ≪智誌≫ 주인 烏魯本猪屎(1023~1094)의 증조부(曾祖父)인 撒剌里를 지칭한다(愛新覺羅 2013a).

[伞木圡出] s.ar.ha.an [명](인명) ①蘇布釓初(即實 1996⑯), ②撒懶(盧迎紅외 2000, 劉鳳翥 2014b㊾), ③薩剌初(撒剌)(即實 2012⑳). [出] 故/迪/圖/梁/清.

> [人物] ①≪故銘≫ 주인 撻體娘子(1081~1115)의 6대조인 서남초토(西南招討) 撒懶魯不古를 지칭한다(愛新覺羅2010f).
> ②≪迪誌≫의 주인인 撒懶迪烈德(1026~1092)을 지칭한다(愛新覺羅 2010f).
> ③≪圖誌≫ 주인의 장녀 菩薩女 낭자의 시아버지인 薩剌初 대왕(大王)을 지칭한다(即實 2012⑥).

[伞木圡出 叉用夂] s.ar.ha.an ʃ.il.ug [명](인명) 撒懶·室魯(愛新覺羅 2010f, 劉鳳翥 2014b㊾). [出] 室額1. [校勘] 即實은 뒤 글자를 "叉用夊"로 기록하고 있다(即實 2012⑱).

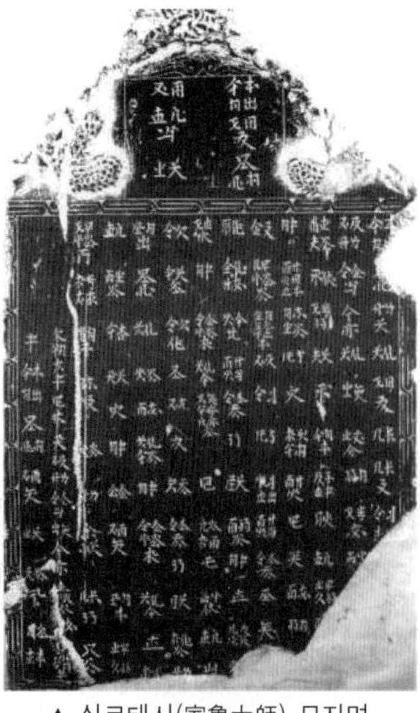

▲ 실로태사(室魯太師) 묘지명

> [墓誌] 撒懶室魯(살라실로)는 ≪室誌≫의 주인이다. 묘지(墓誌) 2~11행은 撒懶태사(太師)의 세 아들에 대하여 기술하고 있는데, 특히 그 중 장남인 特免에 대하여 자세히 다루고 있다(전체 13행의 묘지 중 거의 8행을 特免에 대하여 할애하고 있다). 그는 황룡부 부윤(黃龍府府尹)으로, "상장군(上將軍)"의 봉호를 3개 가지고 있으며 "공신(功臣)" 봉호를 하나 가지고 있다. 차남은 查懶隗也里인데, 봉호를 상세히 서술하지는 않았다. 3남 官尼의 정황은 가장 간단하다(愛新覺羅 2010f).

[伞木圡出 rh夂] s.ar.ha.an l.ubu.ug [명](인명) ①薩剌初·魯不古(即實 2012③), ②撒懶·盧不古(劉鳳翥 2014b㊾). [出] 迪7. [人物] ≪迪誌≫의 주인 撒懶迪烈德(1026~1092)의 5대조인 撒懶魯不古 상온(詳穩)을 지칭한다(愛新覺羅 2010f).

[伞木圡出 买药] s.ar.ha.an ak.dʒi [명](인명) ①撒懶·阿古只(愛新覺羅 2010f, 劉鳳翥 2014b㉗), ②薩剌初·謁古只(即實 2012⑱). [出] 梁2. [用例] 伞木圡出 买药 [ts.ar.ha.an ak.dʒi]와 동일하다(劉鳳翥 2014b㉗). [出] 清3. [人物] ≪清誌≫ 주인 石魯隱朮里者(1019~1069, 한풍명: 蕭知微)의 대조이자 ≪清誌≫에 등장하는 북부재상(北府宰相) 撒懶阿古只를 지칭한다(愛新覺羅 2010f).

[伞木圡爻夂] s.ar.ha.adʒu.ug [명](인명) 撒剌竹(即實 199… 豊田五郎 1998c). [出] 先28/31.

[伞木丟] s.ar.ba [出] 道28.

[伞木为] s.ar.a [명](인명) ①撒剌(愛新覺羅 2004a⑪, 即實 2012⑳), ②西剌(劉鳳翥 2014b㊾). [出] 迪13. [人物] ≪迪誌≫ 주인 撒懶迪烈德(1026~1092)의 조카(형 王五의 장남)인 대동군도감(大同軍都監) 撒剌을 지칭한다(愛新覺羅 2010f).

[伞木为夻伏] s.ar.a.ad.in [명](인명) ①撒剌汀(愛新覺羅 2006a), ②撒剌德(蓋之庸외 2008, 即實 2012⑰). [出] 副… [人物] ≪副誌≫의 주인의 선조인 撒剌德·亏里古 이리근(夷離菫)을 지칭한다(即實 2012⑰).

[伞木为木] s.ar.a.ar [出] 宣6.

[伞木为出] s.ar.a.an [명](인명) ①撒懶(劉鳳翥외 2007), ②薩剌初(即實 2012⑪). [出] 宋16, 室1/13.

> [人物] ①≪宋誌≫에 출현하는 薩剌初를 지칭한다(即實 2012⑪).
> ②≪室誌≫의 주인인 撒懶室魯(?~1100)를 지칭한다(愛新覺羅 2010f).

[伞木仐圡为木] s.ar.əl.ha.a.ar [出] 道11.

[伞木圡出] s.ar.ha.an [出] 故3.

[伞木府] s.ar.əb [出] 博39.

[伞木尘北] s.ar.t.əl [出] 博8.

仐木尘当] s.ar.t.ən 동 흩어지다(吉如何 2016). 出 宣25, 皇21.

仐木尘当 穴出] s.ar.t.ən da.an 동 흩어져 가다(吉如何 2016). 出 皇21.

仐夬兴] s.?.ər 出 仲48. 校勘 이 글자는 초본에 잘못 옮겨진 것이므로 "仐号兴"가 올바르다(即實 2012㊗).

仐号] s.jau 出 道20.

仐号矢] s.jau.tə 出 皇14.

仐号兴] s.jau.ər 出 皇22, 慈26, 奴45.

仐号当] s.jau.ən 出 宗33.

仐不炎] s.hia.ur 出 許39. 校勘 이 글자는 초본에 잘못 옮겨진 것이므로 "仐尓炎"가 올바르다(即實 2012㊗).

仐夊] s.u 借詞 "蘇"를 나타내는 한어차사(鄭曉光 2002). 出 仲38, 永8. 校勘 이 단어가 《仲38》에서는 초본에 옮기며 잘못 분할되었는데, 뒤 원자들과 합쳐 "仐夊类兴"로 하여야 한다(即實 2012㊗).

仐夊 几券] s.u g.ə 명(인명) ① 素哥(即實 2012⑦), ② 蘇哥(劉鳳翥 2014b㊿). 出 永8. 人物 《永誌》에 등장하는 涅木袞 낭자(증조모 혹은 조모 항렬의 여성으로 보이나 묘지 내용이 일부 유실되어 정확한 위치를 알 수 없다)의 모친 素哥 낭자를 지칭한다(即實 2012⑦).

仐夊炎] s.u.ur 出 興27.

仐夊矢] s.u.tə 出 特18.

仐夊关] s.u.au 出 道19/23, 博25, 皇9, 宋18. 校勘 이 글자는 초본에 잘못 옮겨진 것이므로 "仐夊类"가 올바르다(即實 2012㊗).

仐夊关札] s.u.au.ən 出 博13. 校勘 ☞ 仐夊类札(即實 2012㊗).

仐夊类] s.u.əns 出 仲/永/智/尚/韓.

仐刃凶] s.ir.bu 出 先68.

仐刃凶女] s.ir.bu.un 出 梁21.

仐札] əs.ən 명 목숨(壽)(王靜如 1933, 王弘力 1986, 即實 1996①, 劉鳳翥외 2009), 명(인명) ① 乙辛, 宜新(王弘力 1986, 即實 1991b/2015b), ② 思恩(即實 1996③), ③ 義信(劉鳳翥 2003, 劉鳳翥외 2003b). 同源語 "仐札"은 본래 "평안(平安), 길상(吉祥)"의 뜻이었는데, 바뀌어 한어의 "壽"를 대역하게 되었으며, 《원조비사(元朝秘史)》의 [esen](安存), 돌궐어의 [esen](평안하다)과 뿌리가 같다(愛新覺羅외 2011). 出 道/許/仲/涿/永/迪/弘/副/宋/智/烈/奴/室/梁/糺/清/韓/玦/特/蒲/寶/錢. 用例1 庆 仐札[ur əs.ən] 명 경복(景福)(清格爾泰 2002a, 蓋之庸외 2008). 用例2 又 仐札[mos əs.ən] 명 수창(壽昌)(王靜如 1933/1973, 羅福成 1934c/1934f, 辛兌鉉 1937, 鄭紹宗 1973, 王弘力 1986, 即實 1996⑫).

> 人物 ①《許誌》 주인 乙辛隱斡特剌(1035~1104)의 외가(外家) 인물인 乙辛 태사(太師)를 지칭한다(劉鳳翥 2014b㊱).
>
> ②《仲誌》 주인 烏里衍朮里者(1090~1150)의 둘째 동생인 부마(駙馬) 乙信을 지칭한다(愛新覺羅 2013a).
>
> ③《宋誌》 주인 烏魯宛妃(1056~1080)의 오빠인 乙辛을 지칭한다(愛新覺羅 2013a).

[仐札夊卞] s.ən.u.us 出 興29, 道36, 慈18, 韓32.

[仐札札] s.ən.ən 명(소유격) 목숨(壽)의(劉鳳翥외 2009). 出 道/宣/故/仲/涿/烈/奴/梁/玦/回/特.

[仐札欠] s.ən.gu 出 副13. 校勘 이 글자는 초본에 잘못 옮겨진 것이므로 "仐内欠"가 올바르다(即實 2012㊗).

[仐札伏] əs.ən.in / s.ən.in 명(인명) ① 乙辛隱(王弘力 1986, 劉鳳翥 2014b㊿), ② 乙辛(即實 1991b), ③ 森訥(即實 1996④/2012⑦), ④ 乙辛寧(唐彩蘭외 2002), ⑤ 信寧(劉鳳翥 2014b㊳). 出 許/故/涿/永/烈/奴.

> 人物 ①《許誌》 주인인 乙辛隱斡特剌(1035~1104)을 지칭한다(愛新覺羅 2010f).
>
> ②《涿誌》 주인(未詳, 1041~1107)의 부친인 乙辛隱을 지칭한다(愛新覺羅 2013a).
>
> ③《永誌》에 등장하는 森訥이라는 인물(묘지 내용이 일부 유실되어 묘주와의 정확한 관계를 알 수 없다)을 지칭한다(即實 2012⑦).
>
> ④《奴誌》 주인 國隱寧奴(1041~1098)의 조부(祖父)인 乙辛隱高十을 지칭한다(即實 2012④).

> 墓誌 **乙辛隱 斡特剌**(을신은 알특랄)은 《許誌》의 주인이다. 5대조는 태조의 아우인 허국왕(許国王) 阿辛寅底石, 고조부는 明隱劉哥 척은(惕隱), 증조부는 陶寧阿烈 중서령(中書令)이며, 조부 曷魯掃古장군은 안국군절도사(安国軍節度使)에, 부친 烏魯斡里는 소덕군절도사 겸 시중(昭德軍節度使兼侍中)에 각각 추봉되었다. 모친은 포외(布猥) 撒葛只 진국태부인(秦国太夫人)이다. 묘주는 41세에 출사하여 숙직관(宿直官)·제위대장군(諸衛大将軍)·호위태보(護衛太保)·절도사(節度使)·북원임아(北院林牙)·금오위상장군(金吾衛上将軍)·좌원이리필(左院夷離畢)·중서문하평장사(中書門下平章事)·추밀부사(樞密副使)를 역임하고 겸 시중(兼侍中)·중서령(中書令)이 된 후 초토(招討)를 제수 받았으며 칠수군왕(漆水郡王)에 봉해졌다. 후에 남부재상(南府宰相)의 직책에 거란행궁도통(契丹行宮都統)을 더하여 수태보(守太保)·한아추밀(漢兒樞密)·수태부(守太傅)·수태사(守太師)·거란추밀(契丹樞密)이 되었다. 건통(乾統) 3년(1103)에 락경유수(洛京留守)가

되고 우월(于越)·혼동군왕(混同郡王)에 봉해졌으며, 그 해 2월 병사하였다. 부인이 4명(① 난릉군부인[蘭陵郡夫人], ② 진가부인[陳家夫人, 秦国太夫人에 추봉], ③ 楊姐, ④ 南睦散 별서)이다(愛新覺羅 2010f).

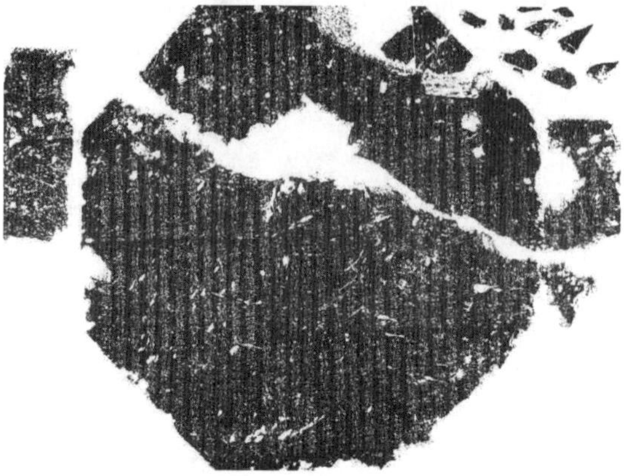

▲ 허왕(許王) 묘지명

[伞村伏 丙文吞 安夊] əs.ən.in j.iæ.æn ŋ.u [명](인명) ① 乙辛隱燕五(愛新覺羅 2010f), ② 思寧·燕五(即實 2012⑨), ③ 乙辛寧·燕五(劉鳳翥 2014b㊾). [出] 烈19. [人物] 《烈誌》 주인 空寧敵烈(1034~1100, 한풍명: 韓承規)의 만형인 乙辛隱燕五(韓承訓)을 지칭한다(愛新覺羅 2010f).

[伞村伏 九丸丕] əs.ən.in g.au.ba [명](인명) ① 乙辛隱高八(愛新覺羅 2010f), ② 乙辛寧·高八(劉鳳翥 2014b㊾). [出] 故7. [校勘] 첫 글자는 초본에 잘못 옮겨진 것이므로 "午村伏"이 올바르다(即實 2012㊗). [人物] 《故銘》 묘주의 남편 迪魯董華嚴奴(1060~?, 한풍명: 蕭孝寧) 장군의 조부(祖父)인 乙辛隱高八(蕭德順) 재상(宰相)을 지칭한다(愛新覺羅 2010f).

[伞村关] s.ən.ər [出] 先43.

[伞村平长关] s.ən.ul.us.ər [出] 宗24. [校勘] 即實은 이 글자를 두 글자로 분리하여 "伞村 穴长关"이라고 기록하고 있다(即實 2012㊗).

[伞村穴火] s.ən.u.ui [동] 늙지 않음(不老)(即實 2012⑳). [出] 宗17, 副46.

[伞村□] s.ən.? [出] 蒲7.

[伞叉] s.ir [出] 許/先/博/迪/智/烈/糺/韓/特.

[伞叉朩业岺丙] s.ir.tʃi.l.gə.əi [出] 尚19. [校勘] 이 글자는 초본에 잘못 옮겨진 것이므로 "伞叉九业岺丙"가 올바르다(即實 2012㊗).

[伞叉由] s.ir.bəl [出] 蒲13.

[伞叉九丙] s.ir.əg.əi [동] 높이 들어 올리다(擧揚)(即實 2012⑳). [出] 皇16.

[伞叉九ち关] s.ir.əg.əl.ər [出] 博7. [校勘] 이 글자는 휘본 등에 잘못 옮겨진 것이므로 "伞叉九ち关"가 올바르다(即實 2012㊗).

[伞叉九ち] s.ir.əg.en [出] 道15/30/36.

[伞叉九夊犳] s.ir.əg.u.dʒi [出] 宣29.

[伞叉九叉] s.ir.əg.ir [出] 道12, 尚30, 玦42.

[伞叉九伞北] s.ir.əg.əs.əl [出] 仲46.

[伞叉九业岺业九] s.ir.əg.əl.gə.l.əg [出] 宣8.

[伞叉九业夊犳村] s.ir.əg.əl.u.dʒi.n [出] 圖18.

[伞叉九业岺丙] s.ir.gə.l.gə.əi [동] 높이 들어 올리다(擧揚)(即實 2012⑳). [出] 故20, 宋24.

[伞叉九业岺叉] s.ir.gə.l.gə.r [出] 興20, 令11, 皇6.

[伞叉九业岺关] s.ir.gə.l.gə.ər [出] 玦36.

[伞叉九业穴犳夊] s.ir.gə.l.u.dʒ.u [出] 尚27. [校勘] 이 글자는 초본에 잘못 옮겨진 것이므로 "伞叉九业穴犳村"이 올바르다(即實 2012㊗).

[伞叉九关] s.ir.g.ər [명](인명) 辛歸(即實 2012⑬). [出] 令/梁/尚/韓. [人物] 《韓誌》 주인의 남편인 부마(駙馬)에게는 형이 3인 있는데, 그 중 만형 阿訥·哈夸 상온(詳穩)의 장남(즉 묘주의 장조카)인 耶坎那·辛歸를 지칭한다(即實 2012⑬).

[伞叉九岺] s.ir.g.ə [出] 宋15, 奴15.

[伞叉九ち] s.ir.g.ən [出] 宣14, 博36. [校勘] 即實은 이 글자를 "伞叉九ち"이라고 기록하고 있다(即實 2012㊗).

[伞叉岺ち] s.ir.gə.ən [出] 興4.

[伞子廾反内关] s.os.ʊ.o.on.ər [出] 先28. [校勘] 이 글자는 휘본 등에 잘못 옮겨진 것이므로 "伞平廾反内关"가 올바르다(即實 2012㊗).

[伞礿] s.aqa [出] 奴45, 糺28.

[伞礿 伞礿] s.aqa s.aqa [형] 창창(蒼蒼, 물이 매우 푸르다, 앞길이 멀어 아득하다)(即實 2012⑳). [出] 奴45, 糺28.

[伞礿甘] s.aqa.sair [명](인명) ① 撒哈撒(愛新覺羅 2003b), ② 撒胡竹(愛新覺羅 2006a), ③ 薩葛只(即實 2012⑦). [出] 誌8, 永4. [人物] 《永誌》 주인 遙隱永寧(1059~1085)의 대조모인 迪魯古낭자(雲獨昆迭烈哥의 부인)의 부친을 지칭한다(愛新覺羅 2010f).

[伞礿ち] s.aqa.al [명](인명) ① 思忽其(即實 1996⑥), ② 撒割里(愛新覺羅 2010f, 即實 2012⑤). [出] 先5, 博11, 智6, 烈30. [人物] 《先誌》 주인 糺鄰查剌(1013~1072, 한풍명: 耶律仁先)과 《智誌》 주인 烏魯本猪屎(1023~1094, 한풍명: 耶律智先)의 조부인 雲獨昆撒割里 태사(太師)를 지칭한다(愛新覺羅 2010f).

[伞礿ち村] s.aqa.al.ən [出] 皇17.

[伞礿尓] s.aqa.ad [出] 仲33.

[仐对平关] s.aqa.ai.i [出] 興13. [校勘] 이 글자는 초본에 잘못 옮겨졌으므로 "仐对平关"가 올바르다(即實 2012[校]).

[仐对本] s.aqa.ar [出] 仲2, 先30/33/56, 烈7/10.

[仐对火] s.aqa.ju [出] 宣5.

[仐对女] s.aqa.adʒu [명](인명) ①撒割竹(여자의 이름)(愛新覺羅 2009c), ②撒葛只(愛新覺羅외 2011), ③薩葛只(即實 2012⑳). [出] 永4, 清2. [人物] ☞ "仐对女"의 내용을 참조하라.

[仐药及北] sə.dʒ.u.əl [명](인명) ①撒割里(愛新覺羅 2002), ②撒割(愛新覺羅 2003f). [出] 韓23.

[仐药伏] sə.dʒi.n [出] 韓26.

[仐不] s.on [出] 許38, 仲48, 先48, 尚11. [校勘] 이 단어가 ≪尚11≫에서는 초본에 옮기며 잘못 분할되었는데, 뒤 원자들과 합쳐 "仐不平圡平"로 하여야 한다(即實 2012[校]).

[仐不叐] s.on.ir [出] 烈30.

[仐不矢] s.on.tə [出] 清18.

[仐不伏] s.on.in [出] 博19.

[仐不平圡平] s.on.əl.ha.ai [동] 새롭게 하다(愛新覺羅 2004a⑫). [出] 先/宗/博/烈/尚.

[仐不平对] s.on.əl.qa [出] 道26, 副21.

[仐不关] s.on.i [동] 승(升) 또는 낙(落)(即實 2012⑳). [出] 先30/50/58/68, 宗22.

[仐丸] s.au [借詞] "曹"를 나타내는 한어차사(閻萬章 1982b, 清格爾泰외 1985). [出] 仲23.

[仐丸 杰] s.au uaŋ [명](관제) "조왕(曹王)"의 한어차사(清格爾泰외 1985, 即實 1996⑯). [出] 仲23.

[仐丸交叐] s.au.ur.ir [出] 梁12.

[仐丸交仐] s.au.ur.s [出] 宣25.

[仐丸欠] s.au.gu [형] 푸르다(愛新覺羅외 2015②). [명](인명) ①逍堪(即實 1996⑯), ②掃古(愛新覺羅 2004b④), ③慥古(吳英喆 2012a②, 愛新覺羅 2013a). [出] 許6, 玦45, 回3.

> [人物] ①≪許誌≫ 주인 乙辛隱斡特剌(1035~1104)의 조부(祖父)인 曷魯掃古 장군을 지칭한다(愛新覺羅 2010f). ②≪回誌≫ 주인 回里堅何的(?~1080)의 조부(蕭撻凜의 아들)인 阿古軫慥古를 지칭한다(愛新覺羅 2013a).

[仐丸欠 伏本] s.au.gu ni.ar [명] 푸르른 소나무(愛新覺羅외 2015②). [出] 玦45.

[仐丸及北] s.au.o.ur [出] 博45.

[仐丸及北村] s.au.o.ur.ən [出] 博9.

[仐丸余] s.au.gu [형] ①甲・乙(研究小組 1977b), ②甲・乙・青(劉鳳翥 1984a), ③甲・乙・藍(即實 1984a/1996⑩, 王弘力 1986), ④甲・乙・木(閻萬章 1982b, 黄振華 1985b). [형] 甲・乙인(即實 2014). [명](인명) 慥古, 掃古(康鵬 2011, 愛新覺羅외 2011). [出] 仲50, 博11, 慈26, 梁11. [用法] 夬・欠・余는 모두 형용사형 접미사이다(即實 2014).

> [用例] 거란어의 천간(天干)과 관련한 각종 표현에 대하여는 ≪부록≫의 [거란소자 주요 어휘]를 참조하라.

[仐丸分] s.au.du [出] 道33, 宣27. [校勘] 即實은 이 글자를 "仐犬分"이라고 기록하고 있다(即實 2012[校]).

[仐丸火] s.au.ui [出] 博27. [校勘] 即實은 이 글자를 "仐丸火"이라고 기록하고 있다(即實 2012[校]).

[仐丸女] s.au.un [出] 尚31. [校勘] 이 글자는 초본에 잘못 옮겨진 것이므로 "仐丸交"가 올바르다(即實 2012[校]).

[仐丸平圡为本] s.au.ul.ha.a.ar [出] 道18.

[仐丸平廾及] s.au.ul.ʊ.o [出] 清27.

[仐丸平对兲] s.au.ul.aq.an [出] 智16.

[仐匀] sə.əg [借詞] "積"을 나타내는 한어차사(蓋之庸외 2008). [出] 副16.

[仐匀 从同 仐叐 几丙水 兆] sə.əg k(h)i.iŋ pu.u g.iu.uŋ ʂï [명](관제) ①적경궁부사(積慶宮副使)(即實 2012⑫), ②적경부궁사(積慶副宮使)(大竹昌巳 2013b). [出] 高15. [校勘] 即實과 劉浦江은 첫 글자를 "仐关"라고 기록하고 있다(即實 2012[校], 劉浦江외 2014).

[仐匀 从关同 几丙水女 仐叐 几丙水 兆] sə.əg k(h)i.iŋ g.iu.uŋ.un pu.u g.iu.uŋ ʂï [명](관제) 적경궁(積慶宮)의 부궁사(副宮使)(即實 2012⑰, 大竹昌巳 2013b, 劉鳳翥 2014b㊾). [出] 副16.

[仐欠友] sə.gu.dʒi [出] 仲17, 尚16.

[仐欠药平圡平] sə.gu.dʒi.l.ha.ai [出] 先11. [校勘] 即實은 "仐欠" 뒤에는 주로 "州"가 오므로, 세 번째 원자인 "药"에 대하여는 의문을 제기하고 있다(即實 2012[校]).

[仐欠州北] sə.gu.od.əl [出] 尚15.

[仐欠州平圡ち叐] sə.gu.od.əl.ha.al.ir [명] 비둘기(鳩)(羅福成 1934j). [동] ①소집하다, 집합시키다(黄振華 1985a), ②외관을 수리하게 하다(研究小組 1977b, 清格爾泰외 1978a, 愛新覺羅 2004a⑧), ③고치다(即實 1996⑯). [出] 郎3, 仲19. [用法] 仐欠州(어근)+平圡(사역형 접요사)+ち叐(과거시제 접미사)愛新覺羅 2004a⑧).

[仐欠州平圡平] sə.gu.od.əl.ha.ai [명] 비둘기(鳩)(鄭紹宗 1973). [동] 수리하다(劉鳳翥 1993d). [出] 仲10/24.

[仐欠州平圡本] sə.gu.od.əl.ha.ar [동] 수리하다(豊田五郎 1991b). [出] 先45/46.

[仐欠州犬] sə.gu.od.ər [出] 博8/22.

[仐欠州尘犬] sə.gu.od.d.ər [出] 尚15.

[仐欠用仒] sə.gu.il.əl [出] 許11. [校勘] 이 단어는 초본에 옮기며 잘못 분할되었는데, 뒤 원자들과 합쳐 "仐欠州仒圡丰"로 하여야 한다(即實 2012校).

[仐欠闲当] sə.gu.od.ən [出] 道7.

[仐夂九丙] sə.ug.g.əi [出] 特34.

[仐夂关] sə.ug.i [出] 仁12.

[仐冬]

s.ə.as [명](인명) 索熱斯(即實 1991b). [出] 許49.

[仐冬疋] sə.as.ud [명] 충성과 신의(忠信)(劉鳳翥 1993d). [명](인명) 索熱斯(即實 1996⑥). [出] 先63.

[仐冬付叐] sə.as.b.ir [出] 玦32.

[仐各疋]

s.jaŋ.ud [명](관제・향위격) 상온(詳穩)에(愛新覺羅 2002, 即實 2012⑳). [出] 迪30/31/36.

[仐各火] s.jaŋ.un [명](관제) 상온(詳穩, 장군을 뜻한다)(王弘力 1986, 即實 1996④, 豊田五郎 2001). [同源語] 돌궐어에서도 "장군(將軍)"의 음역으로 "상온(相溫)"[sangun]을 사용하였으며, ≪원사(元史)≫에는 "상곤(想昆・桑昆)"으로 되어 있다(孫伯君외 2008). [出] 許/故/先/宗/博/永/迪/副/宋/慈/烈/奴/高/圖/梁/糺/清/韓/特/蒲/畵I/魚I.

> [遼史] **詳穩(상온)**은 거란어(仐各火, 甬各火)를 음역한 것으로, 장군을 말한다. 세종 이래 북대왕원, 남대왕원, 근시(近侍), 숙직(宿直), 지후낭군반(祗候郎君班), 황족4장(皇族四帳), 북면제장(北面諸帳), 북면제방감(北面諸坊監), 북면제군(北面諸軍), 각부 절도사사(節度使司)에 두었는데, 군마와 정령(政令)을 맡아 보았다. 상온사에는 상온, 도감(都監), 장군, 소장군 등의 직책이 있다. 황족4장과 후족 국구장의 상온사는 추밀원에 직속된다(金渭顯외 2012㊤).

[仐各火夯] s.jaŋ.un.ə [出] 先2. [校勘] 即實은 이 글자를 "杰各火夯"라고 표기하고 있다(即實 2012校).

[仐爪]

s.juŋ [借詞] ①"從"을 나타내는 한어차사(豊田五郎 1991b, 劉鳳翥 1993d), ②"宗"을 나타내는 한어차사(吳英喆 2012a②). [出] 先25, 回32.

[仐乃]

s.am [出] 尚19. [校勘] 이 단어는 초본에 옮기며 잘못 분할되었는데, 뒤 원자와 합쳐 "仐乃达"로 하여야 한다(即實 2012校).

[仐乃山廾] s.am.niorqo.ʊ [出] 奴32. [校勘] 이 단어는 초본에 옮기며 잘못 분할되었는데, 뒤 원자와 합쳐 "仐乃ち廾犭"로 하여야 한다(即實 2012校).

[仐乃□关□ヌ] s.am.?.an.?.qa [出] 奴44. [校勘] 이 글자는 초본에 잘못 옮겨진 것이므로 "仐乃ち圡ちヌ"가 올바르다(即實 2012校).

[仐乃□圡ちヌ] s.am.?.ha.al.qa [出] 回12.

[仐乃□圡为ち] s.am.?.ha.a.al [出] 回16.

[仐及]

s.o [借詞] "左"(=伞及)를 나타내는 한어차사(研究小組 1977b, 劉鳳翥외 1977). [出] 許/先/副/奴/玦.

[仐及 叐及 仒 仐 叐及] s.o ʃ.o pu fu ʃ.o [명](관제) "좌솔부부솔(左率府副率)"의 한어차사(研究小組 1977b, 清格爾泰외 1978a/1985). [出] 許3.

[仐及 业当 朩村] s.o p.oŋ tʃ.ən [명](관제) "좌봉신(左奉宸)"의 한어차사(劉鳳翥 2014b52). [出] 副2.

[仐及 九习乑 叉村 火] s.o g.ja.jam m.ən ui [명](관제) "좌감문위(左監門衛)"의 한어차사(即實 1996⑯). [出] 先61.

[仐及 九习乑 叉村 火 叐気 仐平 九亦] s.o g.ja.jam m.ən ui ʃ.aŋ s.iaŋ g.iun [명](관제) "좌감문위상장군(左監門衛上將軍)"의 한어차사(劉鳳翥 2014b52). [出] 先61/62.

> [遼史] **左監門衛 上將軍(좌감문위 상장군)**: 662년에 감문부(監門府)를 감문위로 고치었다. 궁문, 금위(禁衛), 문적(門籍), 행차 등에 부하들을 거느리고 위문(衛門)을 지킨다. 거란은 가관(加官)으로 하였다(金渭顯외 2012㊦).

[仐及子圡朩] s.o.os.ha.ar [出] 玦23.

[仐州]

s.od [出] 弘30. [校勘] 이 글자는 휘본 등에 잘못 옮겨진 것이므로 "行州"가 올바르다(即實 2012校).

[仐州圡为太] s.od.ha.a.ər [出] 蒲9.

[仐州廾夾] s.od.ʊ.ur [出] 先69.

[仐州廾火叐] s.od.ʊ.ui.ir [出] 皇20.

[仐州廾火仒ヌ] s.od.ʊ.ui.l.qa [出] 智17. [校勘] 이 글자는 마땅히 "仐州廾平仒ヌ"로 써야 하는데, 即實은 비문을 지은 자의 실수라고 단정하고 있다(即實 2012校).

[仐州廾火关] s.od.ʊ.ui.i [出] 皇18.

[仐州廾火太] s.od.ʊ.ui.ər [出] 先58, 涿5, 奴7.

[仐州廾火当] s.od.ʊ.ui.ən [出] 令22, 特18.

[仐州玊] s.od.ba [出] 興15, 圖22.

[仐州玊爻] s.od.ba.adʒu [형] 훌륭하고 뛰어난(偉卓)(即實 2012⑳). [出] 慈25.

[仐州仌夾夯朩] s.od.o.oi.e.tʃi [出] 宣11.

[仐州仌夾关] s.od.o.oi.i [형] 정숙하다, 고요하다(窕)(?)(即實 2012⑳). [出] 弘10/25, 宋20.

[仐州仌夾当] s.od.o.oi.ən [出] 道20.

[仐为]

s.a [借詞] ①"夏"를 나타내는 한어차사(唐彩蘭외 2002), ②"家"를 나타내는 한어차사(梁振晶 2003), ③"散"을 나타내는 한어차사(劉鳳翥외 2008a), ④"薩"을 나타내는 한어차사(吳英喆 2012a①). [出] 興/道/先/烈/圖/玦.

[仐为关] s.a.an [借詞] "散", "算" 등을 나타내는 한어차

사(即實 1996②, 袁海波외 2005). [명] 심복(心腹)(即實 1996⑯). [出] 令17, 清22.

[**仐为夾 米叐火**] s.a.an ordu.u.un [명](관제・소유격) 산알로타(算斡魯朶)의(即實 1996⑯). [出] 令17.

> [遼史] **算斡魯朶(산알로타)**는 태조가 설치하였다. 거란어로 심복(心腹)을 산(算, **仐为夾**)이라 하고 궁을 알로타(斡魯朶)라고 한다. 산알로타는 홍의궁(弘義宮)이다. 심복위사들을 배치하였으며, 발해 포로와 금주(錦州: 遼寧 錦縣)의 민호를 보충하였다. 임황부에 있고 능침은 조주(朝州: 內蒙古 林西縣) 동남쪽 20리에 있다. 정호가 8천, 번한에서 옮겨온 민호가 7천, 출기군(出騎軍)이 6천명이었다(金渭顯외 2012㊤).

[**仐为长**] s.a.us [出] 興2, 先30. [校勘] 이 글자는 "**仐为丰**"의 오기일 것으로 추정된다(劉鳳翥 2014b⑭).

[**仐为盂ち**] s.a.ha.al [出] 先20, 玦24.

[**仐为盂为ち**] s.a.ha.a.al [出] 道14, 玦12.

[**仐为ち**] s.a.al [出] 尙6.

[**仐为ち盂丰**] s.a.al.ha.ai [出] 仁/道/先/宗/烈/玦.

[**仐为ち对**] s.a.al.qa [出] 仲14, 先49/50.

[**仐为ち对夾**] s.a.al.qa.an [出] 先10/17/44, 回24.

[**仐为ち对火**] s.a.al.q.iu [出] 副29.

[**仐为ち对火关**] s.a.al.q.iu.i [出] 玦23.

[**仐为ち对公**] s.a.al.q.ər [동] 거주하다(即實 2012⑤). [出] 先70, 智17, 玦42.

[**仐为ㄅ**] s.a.ad [用法] "주필(駐蹕)"의 뜻을 나타내는 자동사 어근으로 쓰인다(愛新覺羅 2004a⑧). [出] 宗10, 奴42.

> [參考] 사서(史書)에서 사용되는 황제나 군사의 이동 등과 관련한 용어는 다음과 같다.
> ① **駐蹕**(주필) : 제왕이 출행 도중 거가(車駕)를 잠시 멈추고 머무르거나 묵다.
> ② **駐**(주) : 한 곳에 머무르다, 주둔하다.
> ③ **如**(여) : 어떤 장소에 이르거나 가다.

[**仐为ㄅ盂为ち**] s.a.ad.ha.a.al [出] 韓16.

[**仐为ㄅ盂为木**] s.a.ad.ha.a.ar [出] 回27.

[**仐为ㄅ北**] s.a.ad.əl [동] 살다, 거주하다(即實 2012⑳). [出] 尙17.

[**仐为ㄅ升药**] s.a.ad.ʊ.dʒi [出] 博13.

[**仐为ㄅ与**] s.a.ad.en [동] 한 곳에 머무르다(駐), 어떤 장소에 이르다(如), 맡다(任)(即實 1991b). [出] 先31.

[**仐为ㄅ山**] s.a.ad.bur [동] 머무르다(坐, 駐)(即實 1996⑯). [出] 先41/49.

[**仐为ㄅ关**] s.a.ad.i [出] 先/宗/博/弘/慈/清.

[**仐为ㄅ尘公**] s.a.ad.d.ər [동] 살다(居, 在)(即實 2012⑳). [出] 副9.

[**仐为ㄅ匇**] s.a.ad.? [동] ① 머무르다(坐, 駐)(即實 1996⑯), ② 주필(駐蹕)했다(愛新覺羅 2004a⑧). [出] 先31. [用法] **仐为ㄅ**(자동사 어근) + **匇**(과거시제 접미사)(愛新覺羅 2004a⑧).

[**仐为丰**] s.a.ai [동] ① 머무르다(駐), 책임지다・맡다(任)(豊田五郎 1991b, 即實 1991b/1996①), ② 머무르다(坐), 있다(於・在)(即實 1996⑯). [명](관제) ① 공서(公署)(劉鳳翥 1993d), ② 관아(官衙)(梁振晶 2003), ③ 행장(行帳)(靑格勒외 2003), ④ 근무처(任所)(劉鳳翥 2014b㊾). [出] 道/令/許/仲/先/宗/海/迪/弘/皇/慈/烈/室/圖/梁/糺/清/尙/韓/玦/回/蒲.

[**仐为木**] s.a.ar [동] ① 머무르다(駐), 책임지다・맡다(任)(豊田五郎 1991b, 即實 1991b), ② 머무르다(坐), 거주하다(居), 이르다(如)(即實 1996⑤), ③ "거주하다"의 남성형(大竹昌巳 2016b). [出] 興/道/宣/令/許/故/仲/先/迪/皇/宋/烈/奴/室/梁/糺/尙/玦/特.

[**仐为木村**] s.a.ar.ən [동] 거주하는, 위치하는(即實 2012⑮). [出] 慈23.

[**仐为刃盂丰**] s.a.ir.ha.ai [出] 皇6. [校勘] 이 글자는 초본에 잘못 옮겨진 것("**为**"와 "**盂**" 사이에 "**刃**"가 놓이는 사례는 없음)이므로 "**仐为ち盂丰**"가 올바르다(即實 2012㊳).

[**仐为乃**] s.a.am [수] "3(셋)"의 한어차사(研究小組 1977b, 劉鳳翥외 1977/1981a). [명](인명) 三(愛新覺羅 2010f, 即實 2014, 愛新覺羅외 2015②). [出] 令/許/仲/先/宗/永/弘/副/智/高/糺/韓/玦/蒲. [人物] 《玦誌》 주인 只兗昱(1014~1070, 한풍명: 耶律玦)의 증조부인 丑隱三(**艿伏 仐为乃**)을 지칭하며, 遙輦帳 세촉(世燭)을 지냈다(愛新覺羅 2010f).

[**仐为乃 叉盂 兆**] s.a.am ʃ.iaŋ ʂï [명](관제) 삼성사(三省事)(劉鳳翥 2014b㊸). [出] 仲23.

[**仐为乃 廿**] s.a.am sï [명](인명) ① 三媤(即實 2012⑤), ② 三司(劉鳳翥 2014b㊾). [出] 智7. [人物] 《智誌》 주인의 조부인 雲獨昆撒割里 태사(太師)의 측실 三媤낭자를 지칭한다(愛新覺羅 2010f, 即實 2012⑤).

[**仐为乃 业务 仐文考**] s.a.am p.ə l.iæ.æn [명](인명) ① 三珀連(即實 2012⑦), ② 三匹連(劉鳳翥 2014b㊾). [出] 永20. [校勘] 두 번째 글자는 초본에 잘못 옮겨진 것이므로 "**业务**"가 올바르다(即實 2012㊳). [人物] 《永誌》 주인 증조부의 동생에 해당하는 迪輦協留 태위(太尉)의 장모 三珀連 낭자를 지칭한다(即實 2012⑦).

[**仐为乃村**] s.a.m.ən [수](소유격) 3의(劉鳳翥 2014b㉞). [出] 副21/22.

[**仐为乃伏**] s.a.m.in [명](인명) ① 三寧(劉鳳翥외 2005b, 劉鳳翥 2014b㊾), ② 三隱(愛新覺羅 2004a⑪), ③ 三訥(即實 2012⑳). [出] 烈7, 高7.

[**仐为乃伏 坌关发 九务**] s.a.m.in d.i.ŋ g.ə [명](인명) ①

三訥·圩哥(即實 2012⑫), ②三寧·定哥(劉鳳書 2014b⑲). 出 高7. 人物 《高誌》 주인 王寧高十(1015~?, 한풍명: 韓元佐)의 조부 福哥(韓德昌 司徒, ?~986)의 일곱째 형, 즉 韓匡嗣의 제7남 韓德顒 상공(相公)을 지칭한다(愛新覺羅 2013a, 劉鳳書 2014b⑲). ☞ 韓知古(玉田韓氏)의 가계에 대하여는 "愛新覺羅 2009a⑧"을 참고하라.

[关为伏] s.a.n 出 仲26. 校勘 이 글자는 초본에 잘못 옮겨진 것이므로 "关为犮"가 올바르다(即實 2012㊟).

[关为出] s.a.an 동 ① 머무르다(駐), 책임지다·맡다(任)(豊田五郎 1991b, 即實 1991b), ② 머무르다(坐), 거주하다(居), 주필(駐蹕)하다(即實 1996⑯). 出 仁/仲/先/宗/梁.

[关为业 为] s.a.æn ? 出 先43. 校勘 即實은 이 글자를 "为为尺平为"이라고 크게 달리 기록하고 있다(即實 2012㊟).

[关为犮] s.a.adʒu 동 머무르다(坐), 거주하다(居), 있다(在)(即實 1996⑯). 出 仁11, 仲32, 故26, 玦28.

[关午出尺州公] sə.tal.an.u.od.d 出 尚29. 校勘

이 글자는 초본에 잘못 옮겨진 것이므로 "关乔业尺为公"가 올바르다(即實 2012㊟).

[关生] s.abu 出 仁/許/迪/尙/韓/玦. 用法

生 [abu~ab]은 "조(祖)"의 표의자로 되는 경우 음가는 [abu]가 되고, 표음자로 되는 경우 뒤따르는 음운에 따라 [abu]~[ab]를 각각 표음한다(愛新覺羅 2004).

[关生夹] s.ab.an 出 先38.

[关生丙] s.ab.əi 동 ① 계승하다(即實 1988b), ② 대를 잇다(嗣)(即實 1996①). 出 興/仁/道/宣/仲/博/迪/烈/清.

[关生丙比] s.ab.j.əl 동 계승하다, 대를 잇다(即實 1996①). 出 道/仲/永/迪/皇.

[关生丙爻匀] s.ab.ju.dʒi 出 博29.

[关生丙业坐冬比] s.ab.əi.l.ha.as.əl 동 상계(相繼, 서로 이어가다)(即實 1996⑯). 出 仲49.

[关生丙关] s.ab.əi.i 동 전계(傳繼, 후손에게 물려주다)(即實 2012⑭). 명(인명) 撻不也(蓋之庸외 2008). 出 弘5, 副22/30/36, 烈13/25, 清8.

[关生丙] s.abu.mə 명(인명) 撒八(劉鳳書외 2004a). 出 仁7. 校勘 이 글자는 휘본 등에 잘못 옮겨진 것이므로 "关生丙"가 올바르다(即實 2012㊟). 參考 금대 여진어(《금사·국어해》)에서 "撒八[saba]"은 "빠르다"라는 의미이다(孫伯君외 2008).

[关生业木] s.abu.ha.ar 명(인명) ① 薩卜虬里(即實 2012⑨), ②撒八(撒八里)(劉鳳書 2014b㊿). 出 烈17/19/21. 人物 《烈誌》 주인 空寧敵烈(1034~1100, 한풍명: 韓承規)의 셋째 아들(烏魯古, 1065~?)의 장인인 薩卜虬里 장군을 지칭한다(愛新覺羅 2010f, 即實 2012⑨).

[关生比] s.ab.əl 出 先55.

[关生友] s.abu.dʒi 出 先47.

[关生廾木村] s.ab.ʊ.ar.ən 出 許15. 校勘 이 글자는 초본에 잘못 옮겨진 것이므로 "关生为木村"가 올바르다(即實 2012㊟).

[关生闩] s.ab.al 명(지명) 살복리(撒卜里)산(即實 2012⑯). 出 糺18/30. 參考 《糺誌》의 주인 夷里衍糺里(1061~1102)가 안장된 곳이다.

[关生闩爻] s.ab.al.ir 명 사속(嗣續, 대를 잇는 아들)(即實 2012⑳). 出 迪37.

[关生木坐爻匀村] s.ab.ar.t.dʒi-n 出 仲3.

[关生木坐村] s.ab.ar.t.ən 出 道30.

[关生爻匀] s.ab.u.dʒi 동 대를 잇다(即實 1996⑯). 出 道31.

[关生爻匀] s.ab.u.dʒi 出 故20. 校勘 ☞ 关生爻匀(即實 2012㊟).

[关生爻坐屮刘匀村] s.ab.ir.t.əl.qa.dʒi-n 出 特5.

[关生及雨] s.ab.o.in 出 許21. 校勘 即實은 이 글자를 "关生及丙"이라고 기록하고 있다(即實 2012㊟).

[关生及扎] s.ab.o.ur 동 대를 잇다(即實 1996⑯). 出 興/道/宣/先/烈/圖/清/韓/特. 用例 关 关生及扎 [au s.ab.o.ur] 명 통화(統和), 요나라 성종황제 때의 연호로 기간은 983~1012년이다(唐彩蘭외 2002, 袁海波외 2005).

遼史 태조부터 천조에 이르기까지 요대 연호의 변천에 대하여는 《부록》의 거란소자 주요 어휘 를 참조하라.

[关生及扎 屳] s.ab.o.ur qa 동 황위를 계승하다(嗣皇)(即實 1996⑯). 出 興4.

[关生及扎村] s.ab.o.ur.ən 동 대를 이은(即實 2012⑩). 出 皇9. 用例 关 关生及扎村 [au s.abu.o.ur.ən] 명(소유격) 통화(統和)의(青格勒외 2003).

[关生及丙] s.ab.o.on 동 대를 잇다(嗣), 후세에 전하다(遺)(即實 1996④). 명(인명) ① 撒卜文(即實 1996⑥), ② 撒班·撒版·撒板·薩板·撒本(劉浦江외 2005), ③ 希不噢(劉鳳書외 2009, 劉鳳書 2014b㉟), ④ 薩卜溫(即實 2012⑯) ⑤ 撒不椀(吳英喆 2012a④). 出 道/宣/先/許/博/圖/糺/蒲.

[关生及丙 尺平廾及扎] s.ab.o.on dau.ul.ʊ.o.ur 명(인명) ① 撒班·鐸魯幹(愛新覺羅 2013b), ② 薩卜溫·都錄嶂(即實 2012⑯). 出 蒲6. 人物 《糺誌》 주인 夷里衍糺里(1061~1102)의 부친이자 《蒲誌》 주인 白隱蒲速里(1058~1104)의 백부(伯父)인 撒班鐸魯幹(1020~1076) 상공(相公)을 지칭한다(愛新覺羅 2010f/2013a).

[关生及丙 伏木欠] s.ab.o.on ŋ(ni).ar.gu 명(인명) 撒班涅魯古(愛新覺羅 2010f). 出 先7. 校勘 即實은 두 번째 글자를 "伏夲余"이라고 기록하고 있다(即實 2012㊟

[人物] 《先誌》 주인 糺鄰査剌(1013~1072, 한풍명: 耶律仁先)의 다섯째 동생인 撒班涅魯古(耶律信先)을 지칭한다(劉浦江외 2005, 愛新覺羅 2010f).

[仐生为木] s.ab.a.ar [명](인명) ① 薩卜阿鉢(即實 1996④), ② 撒巴里(愛新覺羅 2004a⑫, 劉鳳翥 2014b52), ③ 思巴里(劉鳳翥외 2005a), ④ 撒八里(愛新覺羅 2009a⑧/2010f), ⑤ 薩卜阿里(即實 2012⑦/⑬), ⑥ 撒八(劉鳳翥 2014b52). [出] 許48, 永19, 韓14.

> [人物] ①《許誌》 주인 乙辛隱斡特剌(1035~1104)의 차남 長壽의 장인 薩卜阿鉢 장군을 지칭한다(即實 1996④).
>
> ②《永誌》 주인 遙隱永寧(1059~1085)의 숙부(叔父)인 撒八里 낭군을 지칭한다(愛新覺羅 2010f).
>
> ③《韓誌》 주인 曷魯里부인(?~1077)의 셋째 오빠 張九 태위(太尉)의 사위(장녀 冬哥낭자의 남편) 撒八里 낭군을 지칭한다(愛新覺羅 2009a⑧).

[仐生为出] s.ab.a.an [出] 仁26.

[仐生矢 几] s.ab.ul ku [명] 계승인(繼承人)(即實 2012⑳). [出] 圖24.

[仐生伏] s.abu.n [동] 왕위 등을 계승하다(嗣位)(即實 2012⑳). [出] 迪9.

[仐生关圠] s.ab.au.ur [동] 대를 잇다(嗣)(即實 1996⑯). [出] 迪9.

[仐生仐] s.abu.s [동] 끊이지 않고 이어 나가다(繼續)(即實 2012⑳). [出] 副43.

[仐生仐北] s.abu.s.əl [동] ① 계승하다(愛新覺羅 2004a⑧), ② 대를 잇다(愛新覺羅 2006c), ③ 대를 이었다(即實 2012⑳). [出] 迪/永/副/高/玦.

[仐生火] s.ab.ui [동] 계승하다(即實 2012⑳). [出] 慈27, 圖21, 特16.

[仐生火] s.ab.iu [명] 대를 잇는 자식(嗣繼)(即實 2012⑳). [出] 副3.

[仐生火 包] s.ab.iu kurpu [문] 자식이 셋이다(即實 2012⑳). [出] 副3.

[仐生炏□] s.ab.ər.? [出] 蒲14.

[仐生尘廾及圠] s.abu.t.ʊ.o.ur [出] 回14.

[仐矢尘]
sə.də.l [동] 밭을 갈다(耕)(?)(即實 2012⑳). [出] 弘24, 烈14/30, 奴24.

[仐尔犳] s.au.dʒi [出] 慈19.

[仐尔及内] s.au.o.on [出] 特9/31/35.

[仐尔平廾访] s.au.ul.o.dʒi [出] 博20.

[仐尔平刄] s.au.ul.qa [出] 道23, 仲33, 慈24.

[仐仕当]
sə.mu.ən [出] 故13. [校勘] 이 글자는 각공 과정에서 잘못 되었을 것으로 추정되며 "仐仕当"이 올바르다(即實 2012校).

[仐仕]
sə.mu [出] 尚16, 特37. [校勘] 이 단어는 《尚16》에서는 초본에 옮기며 잘못 분할되었는데, 뒤 원자들과 합쳐 "仐仕仐北"로 하여야 한다(即實 2012校).

[仐仕丙尘厺当] sə.mu.əi.l.gə.ən [명] 사행(使行, 사신의 행차)(即實 1996⑯). [出] 道28.

[仐仕丙尘厺炏] sə.mu.əi.l.gə.ər [出] 皇14.

[仐仕丙当] sə.mu.j.ən [出] 博34, 尚8.

[仐仕关] sə.mu.i [동] ① 왕래하다(黃振華 1985a), ② 사냥하다(打獵·狩獵), 놀다(游玩)(劉鳳翥 1987a/2014b52), ③ 행(行)(即實 1996⑦), ④ "행장"의 행(行)(即實 2012⑳). [명] 원숭이(蓋之庸외 2008). [出] 郎2, 副20, 清18, 蒲11. [用例] 又出叐 仐仕关 [m.an.ir sə.mu.i] [동] 사냥하다(打獵)(研究小組 1977b).

[仐仕当] sə.mu.ən [동] ① 사냥하다(王弘力 1990, 劉鳳翥 2014b32), ② 행(行)(豊田五郎 1991a/b/1998c, 即實 1991b/1996①). [出] 興/道/故/先/皇.

[仐仕当 乇朩] sə.mu.ən tau.ad [명] 행장(行帳)(即實 2012⑩). [出] 皇4.

[仐仕当 及米叐卍] sə.mu.ən o.ordu.u.ud [명] 행궁(行宮), 행재(行在)(即實 1996①). [出] 道5.

[仐仕当 米叐卍] sə.mu.ən ordu.u.ud [명] 행궁(行宮), 행재(行在)(即實 1996①). [出] 興2.

[仐仕当 米仐] sə.mu.ən ordu.u [명] 행궁(行宮), 행재(行在)(即實 1996⑥). [出] 先27.

[仐仍]
sə.lu [出] 博3, 尚27. [校勘] 이 단어는 초본에 옮기며 잘못 분할(仐仍 达)되었는데, 뒤 원자와 합쳐 "仐仍达"로 하여야 한다(即實 2012校).

[仐化勺]
sə.ri.g [出] 皇24. [校勘] 即實은 이 글자를 "仐化勺"이라고 기록하고 있다(即實 2012校).

[仐仐]
sə.sə [出] 許57. [校勘] 《契丹小字研究》에서 이렇게 기록하고 있으나, 앞 원자가 불명확하여 다른 저술에서는 이를 따르지 않고 있다(即實 2012校).

[仐仐]
s.ʊr [借詞] ① "祖"를 나타내는 한어차사(研究小組 1977b, 劉鳳翥외 1977), ② "蘇"를 나타내는 한어차사(沈彙 1982, 即實 1996①). [형] 희다(大竹昌巳 2016e). [出] 興36, 許5, 先2/3, 迪5/6. [用例] 丕 仐仐 [tai s.ʊr] [명] 태조(太祖)(劉鳳翥 2014b36).

[仐分廾及内]
sə.du.ʊ.o.on [명] 대안(大安, 요나라 도종황제 때의 연호로서 기간은 1085~1094년이다)(=仐分廾及内)(清格爾泰외 1985). [出] 許16. [校勘] 이 글자

는 초본에 잘못 옮겨진 것이므로 "**仐分廾及内**"이 올바르다(即實 2012校).

> [遼史] 태조부터 천조제에 이르기까지 요대 연호의 변천에 대하여는 ≪부록≫의 [거란소자 주요 어휘]를 참조하라.

[仐公北] sə.n.əl [出] 令17. [校勘] 이 글자는 초본에 잘못 옮겨졌으므로 "**仐企北**"이 올바르다(即實 2012校).

[仐亽ち] s.o.al [出] 先39, 慈20. [校勘] 即實은 ≪先39≫에서는 이 글자를 "**仐소ち**"이라고 기록하고 있다(即實 2012校).

[仐亽平叐] s.o.ul.ir [出] 迪27/34/35.

[仐公] sə.t [出] 玦28.

[仐企北村] s.əm.ur.ən [出] 尚31. [校勘] 이 글자는 초본에 잘못 옮겨진 것이므로, "**仐企北村**"이 올바르다(即實 2012校).

[仐企北炏] s.əm.ur.ər [명] 병, 질병(陳乃雄외 1999). [出] 弘/智/圖/梁. [校勘] 即實은 이 글자가 초본에 잘못 기록된 것이므로 "**仐企北炏**"이 정당하다고 주장하고 있다(即實 2012校).

[仐企北] s.əm.əl [동] 병으로 사망하다(Kane 2009). [명] ① 병의 기운(病氣)(鄭曉光 2002), ② 질병(即實 2012⑮). [出] 宣/令/仲/先/永/迪/慈/烈/奴/糺/清/玦/回/蒲. [用例] **亡为出 仐企北** [mʊd.a.an s.əm.əl] [명] 나쁜 병(大竹昌巳 2016d). [出] 奴46, 糺22.

[仐企北村] s.əm.əl.ən [出] 永34.

[仐企北炏] s.əm.əl.ər [명] ① 병(王未想 1999, 陳乃雄외 1999, 劉鳳翥 2014b52), ② 노질(勞疾, 결핵을 지칭하는 옛말)(即實 2012⑳). [出] 許/宗/博/涿/永/迪/弘/副/奴/梁/糺/玦/蒲/回蓋.

[仐企北炏 令炏炏] s.əm.əl.ər t(d).əgə-ər [동] "병으로 사망하다"의 남성형(劉鳳翥외 2006b). [出] 奴20, 糺13.

[仐企北炏 令炏当] s.əm.əl.ər t(d).əgə-ən [동] "병으로 사망하다"의 여성형(劉鳳翥외 2006b). [出] 弘14.

[仐企北炏 夊炏炏] s.əm.əl.ər d.əgə.ər [동] 병으로 사망하다(吳英喆 2012a①). [出] 玦6.

[仐企夯火] s.əm.ə.d [명](향위격) 병의 기운(病氣)에(大竹昌巳 2015c). [用法] "~**夯火**"는 향위격 접미사이다(大竹昌巳 2015c). [出] 故23, 蒲14.

[仐企□] s.əm.? [出] 慈15. [校勘] 即實은 이를 "**仐企北**"이라고 적고 있다(即實 2012⑮).

[仐个] sə.l [명](지명) 새륵(塞勒)산(即實 2012⑳). [出] 興/道/仲/先/博.

[仐个 丸平 雨交] sə.l au.ul tʃau.ur [명](관제) 새륵산군(塞勒山軍)(即實 2012⑳). [出] 博8.

[仐个太夯] sə.l.gə.e [명](지명) 색륵곽(色勒郭)(即實 1991b). [出] 先44/49.

[仐个太夯 丹] sə.l.gə.e mur [명](지명) 색륵곽하(色勒郭河)(即實 1996⑯). [出] 先49.

[仐个太叐] sə.l.gə.r [出] 博34.

[仐个太炏] sə.l.gə.ər [出] 永30.

[仐个太夯朩] sə.l.gə.ə.tʃi [出] 奴24.

[仐个丸平] sə.l.au.ul [出] 博7/8. [校勘] 이 단어는 본래 2개의 글자(**仐个 丸平**)이나 초본에는 잘못하여 하나로 합쳐져 있다(即實 2012校).

[仐个伏] sə.l.in [명](인명) 思勒訥(即實 2012⑤). [出] 智6. [人物] ≪智誌≫ 주인 烏魯本猪屎(1023~1094, 한풍명: 耶律智先)의 증조부인 思勒訥 대왕을 지칭한다(即實 2012⑤). [校勘] 即實은 이 글자가 초본에 "**余个伏**"으로 잘못 기록되었으므로 "**仐个伏**"가 정당하다고 주장하고 있고(即實 2012⑤), 愛新覺羅는 "**余个伏**"를 기초로 "古隣"이라고 해독하고 있다(愛新覺羅 2004a⑫).

[仐个田] sə.l.bə [出] 玦46.

[仐个丹] sə.l.əb [명] ①"세차(歲次)"의 차(次)(厲鼎煃 1932/1933, 羅福成 1933/1934a/c/d/f, 王靜如 1933, 劉鳳翥 2014b52) ② 질서(即實 2012⑤). [出] 興/道/宣/仲/博/皇/智/奴/糺/回/特/蒲.

[仐个丹 令交夯3] sə.lə.b t.jæ.ær.qa [형동] 질서가 안정되다("**仐个丹**"는 "질서"를, "**令交夯3**"는 "안정되다"를 의미)(即實 2012⑤). [出] 智19.

[仐个丹矢] sə.lə.b.tə [出] 宣10, 智25.

[仐个丹夊火] sə.lə.b.d.ju [出] 清30. [校勘] 이 단어는 본래 2개의 글자(**仐个丹夊 火**)이나 초본에는 잘못하여 하나로 합쳐져 있다(即實 2012校).

[仐个丹炏] sə.lə.b.ər [명] 차례·순서(秩), 예(禮)(即實 2012⑳) [出] 道9, 皇21.

[仐个九炏] sə.lə.g.ər [出] 弘24.

[仐火交] s.ui.ur [出] 韓17. [校勘] 即實은 이 글자를 "**仐丸交**"라고 기록하고 있다(即實 2012校).

[仐炏] s.ui [借詞] "隋"를 나타내는 한어차사(趙志偉외 2001). [出] 智5/6.

[仐炏 兆 公火] s.ui ʂï n.iu [명](인명) ① 徐氏女(愛新覺羅 2010f), ② 隋氏女(即實 2012⑥). [出] 圖7. [人物] ≪圖誌≫ 주인 蒲奴隱圖古辞(1018~1068)의 셋째 딸인 徐氏女를 지칭한다(愛新覺羅 2010f).

[仐炏 九火 杰不] s.ui g.ui uaŋ.on [명](소유격) 수국왕(隋國王)의(即實 2012⑤, 劉鳳翥 2014b52). [出] 智6.

[仐火矢] s.ui.tə [出] 宣21. [校勘] 이 글자는 초본에는 "仐火矢"로 잘못 옮겨져 있다(即實 2012校).

[仐火关] s.ui.i [借詞] "隋"를 나타내는 한어차사(劉鳳翥외 2003b). [出] 弘17/21.

[仐火关 几夯] s.ui.i g.ə [명](인명) 遂哥(即實 2012⑧). [出] 弘17. [人物] ≪弘誌≫ 주인 敖魯宛隗也里(1054~1086)의 부인 阿睦葛낭자(1055~1099)의 언니인 遂哥낭자를 지칭한다(愛新覺羅 2010f, 即實 2012⑧).

仐发] s.əŋ [借詞] ①"姓"을 나타내는 한어차사(袁海波외 2005), ②"僧"을 나타내는 한어차사(愛新覺羅 2006a), ③"青" 또는 "精"을 나타내는 한어차사(即實 2012⑭). [出] 仲33, 清10.

[仐炎] s.ui [出] 故6.

[仐乂] sə.tʃiar [出] 槨1.

[仐夭] sə.er [出] 回14.

[仐仒丙伏] s.æm.əi-n [出] 道35.

[仐仒本] s.æm.al [出] 典15/16, 清27.

仐刘矢] sə.bu.ul [동] 뜻은 분명하지 않으나, "승계하다"의 의미를 지니는 것으로 추정되며, "仐生5叉"와 같은 말이다(即實 2012⑮). [出] 迪36, 慈27, 特19.

仐火] s.un [借詞] "孫"을 나타내는 한어차사(袁海波외 2005). [出] 宣21, 清13. [用例] 发关 仐火 [ŋ.i s.un] [명](인명) 宜孫(袁海波외 2005).

[仐火伏] s.un.in [명](인명) ①孫訥(即實 1996④), ②遜寧, 習寧, 信寧(石金民외 2001, 劉浦江 2011), ③遵寧(劉鳳翥 2002, 唐彩蘭외 2002). [出] 許/烈/奴/高/糺. [人物] ≪許誌≫에 등장하는 孫訥 우월(于越)을 지칭한다(即實 1996④).

> [參考] **遜寧(손녕)과 恒德(항덕)**. 손녕(遜寧)은 소항덕(蕭恒德: ?~996)의 자(字)로, 거란어(仐火伏)를 한자로 음역하면 손녕이 된다. 그 이름인 "항덕(恒德)"(≪요사≫, ≪고려사≫)은 "긍덕(肯德)"(≪요사≫), "긍두(肯頭)"(≪거란국지≫), "간득(懇得)"(≪거란국지≫)과 같이 모두 거란어 "乂矢"[k(h)ə.tə]의 동음이역(同音異譯)으로 거란 남자가 상용하는 이름이다(愛新覺羅외 2011).
>
> 참고로 수국왕(隋國王) 야율석로(耶律釋魯)의 손자로서 우월을 지냈고 송국왕(宋國王)에 봉해진 바 있는 야율휴가(耶律休哥: ?~998)의 자도 손녕이다.

> [遼史] **蕭恒德(소항덕)**은 발리국구소옹장(拔里國舅小翁帳) 사람으로, 고려 원정에 수 차례 참가하여 ≪고려사(高麗史)≫에도 자주 언급되며, ≪요사≫ 권88에 그의 전(傳)이 있다. 해당 전에 따르면 그는 통화 원년(983년)에 월국공주(越國公主)와 결혼하여 부마도위가 되었고 동경유수를 지냈는데, 통화 14년(996년)에 행군도부서(行軍都部署)가 되어 포로모타부(蒲盧毛朵部)를 정벌하고 귀환하던 중 그의 처인 월국공주가 병이 들자 이를 간호하기 위해 예지황후(睿智皇后)가 보낸 현석(賢釋)이라는 궁인(宮人)과 사통하였다. 이에 공주가 분노하여 훙서(薨逝)하자 예지황후에게 노여움을 사서 사사 당했으며, 후에 난릉군왕(蘭陵郡王)으로 추봉되었다. 소배압(蕭排押: 字는 한녕[韓寧] 또는 한은[韓隱])의 동생이며, 아들은 소필적(蕭匹敵)이다(金渭顯외 2012下).

[仐火伏 刃关夯] s.un.in ir.i.ər [명](인명) ①遜寧夷烈里(愛新覺羅 2010f), ②蓀訥·訛里也(即實 2012⑯), ③遵寧·瑰理(劉鳳翥 2014b52). [出] 糺15. [人物] ≪糺誌≫ 주인 夷里衍糺里(1061~1102)의 동생인 遜寧夷烈里 낭군(1062~?)을 지칭한다(愛新覺羅 2010f).

[仐火伏 令用夂] s.un.in t.il.ug [명](인명) ①遵寧滌魯(愛新覺羅 2010f, 劉鳳翥 2014b52), ②遵寧·迪里古(滌魯)(即實 2012⑫). [出] 烈7, 高8. [人物] ≪烈誌≫의 주인 空寧敵烈(1034~1100, 한풍명: 韓承規)의 부친이자, ≪高誌≫의 주인 王寧高十(1015~?, 韓元佐)의 6촌형 遵寧滌魯(999~1071, 韓宗福) 재상(宰相)을 지칭한다(愛新覺羅 2010f). ☞ 韓知古(玉田韓氏)의 가계에 대하여는 "愛新覺羅 2009a⑧"을 참고하라.

[仐火伏 乂丙 几夯] s.un.in k(h).iu g.ə [명](인명) 遜寧休哥(愛新覺羅 2010f, 即實 2012④, 劉鳳翥 2014b52). [出] 奴6. [人物] ≪奴誌≫ 주인 國隱寧奴(1041~1098)의 증조부인 遜寧休哥 우월(于越)을 지칭한다(愛新覺羅 2010f).

[仐火丹矢] s.un.əb.tə [出] 許62. [校勘] 이 글자는 초본에 잘못 옮겨진 것(지석(誌石)에는 "仐火"이 없다)이므로 "丹矢"가 올바르다(即實 2012校).

[仐业圡出] s.aŋ.ha.an [出] 皇8.

仐虫药] s.qa.dʒi [出] 副14/28/42. [校勘] 이 글자는 초본에 잘못 옮겨진 것이므로 "仐血药"가 올바르다(即實 2012校).

仐火] s.iu [出] 智25, 圖7. [校勘] 이 단어는 ≪智25≫에서는 초본에 옮기며 잘못 분할되고 합쳐졌는데, 앞 원자들과 합쳐 "朩平仐火"로 하여야 한다(即實 2012校).

[仐火 ㄆ 公火] s.iu ʂï n.iu [명](인명) ①徐氏女(愛新覺羅 2010f), ②隋氏女(即實 2012⑥), ③居士女(劉鳳翥 2014b⑯). [出] 圖7. [校勘] 이 이름은 초본에 잘못 옮겨진 것이므로 "仐火 ㄆ 公火"가 올바르다(即實 2012⑥). [人物] ≪圖誌≫ 주인 蒲奴隱圖古辞(1018~1068)의 셋째 딸인 徐氏女를 지칭한다(愛新覺羅 2010f).

仐水] s.? [부동] 다시, 도리어, 뒤집히다(覆)(?)(即實 2012⑳). [出] 典35, 先40.

[仐业夫] əs.p.ali [出] 尚27. [校勘] 이 글자는 초본에 잘못 옮겨진 것("仐"와 "业"를 붙여 쓰는 사례는 없음)이므로 "令企关"가 올바르다(即實 2012㊕).

[仐岁北] s.?.əl [出] 博28. [校勘] 이 글자는 초본에 잘못 옮겨진 것("仐"와 "岁"를 붙여 쓰는 사례는 없음)이므로 "仐去北"이 올바르다(即實 2012㊕).

[仐米] s.altar [명](인명) 薩勒達日(即實 2012⑫). [出] 高12. [人物] ≪高誌≫ 주인 王寧高十(1015~?, 한풍명: 韓元佐)의 셋째형 撻提里(愛新覺羅는 "塔塔里"로, 劉鳳翥는 "撻得里"로 번역) 장군의 아들인 薩勒達日 태사(太師)를 지칭한다(即實 2012⑫).

[仐用] s.il [出] 許9, 迪1. [校勘] 이 글자가 ≪許9≫에서는 초본에 옮겨지며 잘못 추가(誌石에는 이 글자가 없다)된 것이고, ≪迪1≫에서는 초본에 잘못 옮겨졌으므로 "仐用"이 올바르다(即實 2012㊕).

[仐同] s.iŋ [借詞] "青", "清" 등을 나타내는 한어차사(研究小組 1977b, 劉鳳翥외 1977/1981a, 劉鳳翥 1984a, 清格爾泰외 1985, 豊田五郎 1991b). [出] 道/宣/許/仲/先/皇/宋/清/玦.

[仐同 雨 廿矢] s.iŋ i.n sï.tə [명](향위격) 청은사(清隱寺)에(愛新覺羅 2013b). [出] 玦10.

[仐同村] s.iŋ.ən [명](소유격) 청(青・清)의(蘇赫 1979/1981, 劉鳳翥외 1981d). [出] 故11, 玦5.

[仐同采] s.iŋ.tʃoŋ [명](관제) 청영(青榮)(即實 2012㊕). [出] 許3. [校勘] 이 단어는 본래 2개 글자(仐同 采)이나 초본에는 잘못하여 하나로 합쳐져 있다. 또한 한어(漢語)인 "青"에는 부가성분을 붙일 수 없다(即實 2012㊕).

[仐舟] sə.əb [형] 고요하다, 맑다(靜)(愛新覺羅 2004a⑤). [명](인명) 薩鉢(即實 1996①). [出] 道/先/博/宋/奴/梁/清.

[仐舟夯] sə.b.al [出] 許19. [校勘] 이 글자는 초본에 잘못 옮겨진 것으로 지석에 따르면 "仐斗夯"가 올바르다(即實 2012㊕).

[仐舟伏] sə.bu.n [出] 玦29.

[仐舟平叉] sə.b.ul.ir [出] 興35. [校勘] 이 글자는 휘본 등에 잘못 옮겨진 것이므로 "仐廾平叉"가 올바르다(即實 2012㊕).

[仐丹] sə.tum [명](인명) 薩鉢(即實 1996①). [出] 永/迪/慈/烈/奴/清/玦/特. [校勘] 即實은 이 글자가 초본에 잘못 기록된 것이므로, "仐舟"가 정당하다고 주장하고 있다(即實 1996①).

[仐丹丙北] sə.tum.j.əl [동] 이별하다(離), 상을 당하다(喪)(即實 2012⑳). [出] 清26.

[仐丹丙叉] sə.tum.j.ir [동] 이별하다(大竹昌巳 2016d). [出] 烈11.

[仐丹丙仐北] sə.tum.əi.s.əl [出] 玦11.

[仐丹丙关] sə.tum.əi.i [동] 이별하다(即實 2012⑳). [出] 仲/永/副/韓/玦.

[仐丹丙当] sə.tum.j.ən [동] 사별(死別)하다(即實 1996①). [出] 道33, 清20. [用例] **公及矢关 仐丹丙当**[n.o.d.i s.tum.j.ən] [동] 남편과 사별하다(即實 2012⑳). [出] 清20.

[仐丹村] sə.tum.ən [出] 宋21.

[仐丹矢] sə.tum.tə [出] 慈11.

[仐仔] sə.lo [出] 仲20/22/27. [校勘] 이 글자는 초본에 잘못 옮겨진 것이므로 "仐𠂤"이 올바르다(即實 2012㊕).

[仐𠂤] s.iaŋ [借詞] ①"將", "相", "絳" 등을 나타내는 한어차사(研究小組 1977b, 劉鳳翥외 1977/1981a, 郭添剛외 2009) ② 相(=仐並)(愛新覺羅외 2011). [出] 仁/令/故/仲/先/宗/永/迪/副/慈/智/烈/奴/高/室/圖/梁/糺/清/韓/葉/玦/回/特/蒲.

[仐𠂤 九亦] s.iaŋ g.iun [명](관제) "장군(將軍)"의 한어차사(研究小組 1977b, 清格爾泰외 1978a, 吳英喆 2012a①). [出] 副2, 梁4, 清14/15, 玦1.

[仐𠂤 九火] s.iaŋ g.uŋ [명](관제) "상공(相公)"의 한어차사(研究小組 1977b, 清格爾泰외 1978a/1985). [出] 令12, 宗20.

[仐𠂤 九火火] s.iaŋ g.uŋ-n [명](관제・소유격) 상공(相公)의(研究小組 1977b, 清格爾泰외 1978a/1985). [出] 令12, 故17, 慈12.

[仐𠂤 乂亦] s.iaŋ k(h).iun [명](관제) "장군(將軍)"의 한어차사(即實 1996⑯). [出] 令15.

[仐𠂤买] s.iaŋ.an [명](관제・소유격) 상(相)의(劉浦江외 2014). [出] 宣26, 副12.

[仐𠂤交] s.iaŋ.ur [出] 興22, 清14/17, 玦38.

[仐𠂤村] s.iaŋ.ən [出] 令/宗/烈/高/梁/糺/清.

[仐𠂤公] s.iaŋ.d [명](관제) "상(相)"의 복수형(唐彩蘭외 200... 即實 2012⑨). [出] 烈4.

[仐尗] s.ja [出] 先8. [校勘] 即實은 이 글자를 "仐尗"이라고 기록하고 있다(即實 2012㊕).

[仐由] sə.har [出] 許53. [校勘] 이 단어는 초본에 옮기며 세 글자(仐由 平由 为木)로 잘못 분할되었는데 뒤 글자들과 합쳐 "仐㠯平圡为木"로 하여야 한다(即實 2012㊕).

[仐内] s.on [出] 博31. [校勘] 이 단어는 초본에 옮기며 잘못 분할되었는데, 뒤 원자와 합쳐 "仐内欠"로 하여야 한다(即實 2012㊕).

[仐内欠] s.on.go [出] 道21, 博40, 尚8, 特9.

[仐内欠关] s.on.go.odʒ [出] 博44.

仐内余] s.on.gu [出] 蒲8.

仐内乂炎村] s.on.k(h).os.ən [出] 尚19. [校勘] 이 글자는 초본에 잘못 옮겨진 것이므로 "仐内欠炎村"이 올바르다(卽實 2012[校]).

仐内穴炎尜] s.on.u.s.ər [出] 尚29. [校勘] ☞ 仐内欠炎尜(卽實 2012[校]).

仐业] s.æ [出] 慈14.

仐业公] s.æ.d [出] 弘24.

仐文劣矢] s.iæ.æn.tə [出] 仁13. [校勘] 이 글자는 휘본 등에 잘못 옮겨졌으므로 "仐文劣矢"가 올바르다(卽實 2012[校]).

仐文] s.iæ [借詞] "節", "妾", "謝", "沽", "借" 등을 나타내는 한어차사(卽實 1988b/1991b, 韓寶興 1991, 豊田五郎 1991b, 劉鳳翥 1993d). [동] 머무르다, 살다(吳英喆 2012a ①). [出] 令/許/先/海/永/迪/副/慈/烈/清/尚/韓/玦/回/特/蒲.

仐文 火丙] s.iæ l.iu [명](인명) 謝留(卽實 2012⑭). [出] 清11. [人物] ≪清誌≫ 주인 奪里懶太山(1029~1087, 한풍명: 蕭彦弼)의 셋째 아들인 阿剌里郎君(蕭昉)의 장인인 謝留 낭군을 지칭한다(愛新覺羅 2010f, 卽實 2012⑭).

仐文 几ㄔ 公及] s.iæ g.ia n.u [명](인명) 謝家奴(卽實 2012⑰, 劉鳳翥 2014b52). [出] 副28, 海4.

> [人物] ①≪副誌≫ 주인 寫篤宛兀没里(1031~1077)의 막내딸 南火日薩初(愛新覺羅는 "南睦散"으로 번역)의 남편 謝家奴 낭군을 지칭한다(愛新覺羅 2010f, 卽實 2012⑰).
> ②≪海誌≫ 주인의 셋째 아들인 謝家奴를 지칭한다(愛新覺羅 2013a).

仐文夫] s.iæ.ali [出] 典27. [校勘] 卽實은 이 글자를 "仐文劣"이라고 기록하고 있다(卽實 2012[校]).

仐文劣] s.iæ.æn [借詞] "仙", "先", "前", "千", "遣" 등을 나타내는 한어차사(研究小組 1977b, 劉鳳翥외 1977/1981a, 韓寶興 1991, 卽實 1991b, 閻萬章 1992, 劉鳳翥 2014b52). [出] 道/仲/先/宗/海/迪/弘/部/塔.

仐文劣 丙丙及 令文劣矢] s.iæ.æn j.iu.u t.iæ.æn.tə [명](지명・향위격) ①선유전(仙游殿)에(研究小組 1977b), ②선유전(僊游殿)에(清格爾泰외 1978a/1985). [出] 道6.

仐文劣 炎丙 火关 仐平 几亦] s.iæ.æn ŋ.iu ui.i s.iaŋ g.iun [명](관제) "천우위장군(千牛衛將軍)"의 한어차사(卽實 2012①, 劉鳳翥 2014b52). [出] 宗21.

仐文劣 业东] s.iæ.æn p.jai [명](관제) "전백(錢帛)"의 한어차사(卽實 2012③). [出] 迪19.

仐文劣 业岺] s.iæ.æn p.oŋ [명](관제) ①"선봉(先鋒)"의 한어차사(卽實 2012⑰), ②"선봉(先鋒)" 또는 "전봉(前鋒)"의 한어차사(劉鳳翥 2014b52). [出] 副12.

[仐文劣 业岺火 仐 业及 又岗] s.iæ.æn p.oŋ-n pu p.u ʃ.iu [명](관제) 선봉사사부부서(先鋒使司副部署)(卽實 1996⑯). [出] 先19.

[仐文劣] s.iæ.tu [出] 玦24.

[仐文圣] s.iæ.hai [出] 玦19.

[仐文幺] s.iæ.æm [借詞] "簽"을 나타내는 한어차사(劉鳳翥외 2008a). [出] 迪20, 圖11.

[仐文尘] s.iæ.d [出] 仲32.

[仐几] sə.gə [명](인명) ①熙格(鄭曉光 2002), ②色格(愛新覺羅 2004b①). [出] 道24, 先62, 永14. [校勘] 卽實은 ≪先62≫에서는 이 글자를 앞 원자들과 합쳐 "又厺仐几"이라고 기록하고 있다(卽實 2012[校]).

[仐几 不ㄔ] sə.gə hia.ja [명](국명) 서하(西夏)(卽實 1996⑯). [出] 道24. [參考] ☞ 서하의 다른 표현으로는 "不ㄔ 几夾" [hia.ja g.ur]이 있다(卽實 1996⑯). [出] 先18.

> [遼史] **西夏(서하)**: 11세기~13세기 당항(党項)의 강족(羌族)이 지금의 영하(寧夏), 섬북(陝北), 감숙(甘肅) 서북부와 내몽골 일부지역에 건립한 대하(大夏)를 말한다. 송나라의 서쪽에 있다 하여 송나라 사람들이 서하라고 한 것이다(金渭顯외 2012㊤).

[仐几 火关] sə.gə l.i [명](인명) ①錫禮(卽實 2012⑦), ②熙格・麗(劉鳳翥 2014b52). [出] 永14. [人物] ≪永誌≫ 주인 遙隱永寧(1059~1085)의 6촌형(당숙인 解里[卽實은 "埃米勒"이라 표현] 장군의 아들)인 磨魯斡(卽實은 "韋果勒"이라 표현)의 장모 錫禮부인을 지칭한다(卽實 2012⑦, 愛新覺羅 2013a).

[仐几乂夾] sə.g.k(h).ur [出] 許17. [校勘] 이 단어는 초본에 옮기며 잘못 분할되고 합쳐졌는데, 앞 원자들과 합쳐 "伏企仐几 乂夾"로 하여야 한다(卽實 2012[校]).

[仐几芬] sə.g.ə [명](인명) ①色格(愛新覺羅 2003h), ②塞哥(愛新覺羅 2006b), ③思克活(卽實 2012①/④), ④西哥(劉鳳翥 2014b52). [出] 宗22, 奴27.

> [人物] ①≪宗誌≫의 송장명단(送葬名單)에 등장하는 인물로서, 思克活는 황제의 명을 받아 파견된 제장사(祭葬使)이다(卽實 2012①).
> ②≪奴誌≫ 주인 圭寧・奴(또는 國隱寧奴, 1041~1098)의 장녀 胡盧琯의 남편인 思克活 승지(承旨)를 지칭한다(卽實 2012④).

[仐ㄔ东] s.ja.æi [出] 許19. [校勘] 이 글자는 초본에 잘못 옮겨졌으므로 "仐ㄔ东"가 올바르다(卽實 2012[校]).

[仐关] s.i [借詞] "漆"(=伞关), "齊", "西", "喜", "稷" 등을 나타내는 한어차사(研究小組 1977b). [出] 仁/宣/故/

仲/先/迪/弘/皇/宋/智/高/清/尚/韓/玦/特/蒲.

[仐伞 圥炎 业方] s.i ʃ.ui k(h)iæ.æn 몡(지명) "칠수현
(漆水縣)"의 한어차사(研究小組 1977b, 清格爾泰외 1978a/
1985, 劉鳳翥 2014b⑤). 囲 故2. 校勘 한어차사에는 "火"
가 아닌 "炎"를 사용하므로 두 번째 글자는 "圥炎"
가 올바르다(即實 2012㉖).

[仐伞 圥炎 业方 癶ヰ 几炎 丹朱] s.i ʃ.ui k(h)iæ.æn
k(h).ai g.ui b.jai 몡 "칠수현개국백(漆水縣開國伯)"의
한어차사(研究小組 1977b, 清格爾泰외 1978a). 囲 故2. 校勘
☞ 仐伞 圥炎 业方 癶ヰ 几炎 丹朱(即實 2012㉖).

[仐伞 圥炎 业方] s.i ʃ.ui k(h)iæ.æn 몡(지명) "칠수현
(漆水縣)"의 한어차사(即實 2012⑧, 劉鳳翥 2014b⑤). 囲
弘8.

[仐伞 圥炎 业方 叔ヰ 几炎 力乃] s.i ʃ.ui k(h)iæ.æn k.ai
g.ui na.am 몡(관제) "칠수현개국남(漆水縣開國男)"의
한어차사(即實 2012⑧, 劉鳳翥 2014b⑤). 囲 弘8.

[仐伞 圥炎 业方 癶ヰ 几炎 仐谷] s.i ʃ.ui k(h)iæ.æn
k(h).ai g.ui ts.ï 몡(관제) "칠수현개국자(漆水縣開國
子)"의 한어차사(劉鳳翥 2014b⑤). 囲 皇2.

[仐伞 圥炎 几亦 朶] s.i ʃ.ui g.iun uaŋ 몡(관제) "칠수
군왕(漆水郡王)"의 한어차사(研究小組 1977b). 囲 許24.

[仐伞 圥炎 几亦 叔万 几炎 几火] s.i ʃ.ui g.iun k.əi
g.ui g.uŋ 몡(관제) "칠수군개국공(漆水郡開國公)"의
한어차사(劉鳳翥 2014b⑤). 囲 迪1.

[仐伞 癶用 仐夾 几丙火 虎] s.i g.iŋ pu.u g.ju.uŋ ʂǐ 몡
(관제) "적경부궁사(積慶副宮使)"의 한어차사(即實 2012
⑫, 劉鳳翥 2014b⑤). 囲 高15.

[仐伞 几丙火] s.i g.iu.uŋ 몡(지명) 서경(西京)(愛新覺羅
2013b). 囲 玦20.

[仐伞 几用矢] s.i g.iŋ.tə 몡(지명·향위격) 서경(西京)
에(研究小組 1977b, 清格爾泰외 1978a/1985). 囲 仲16.

[仐伞雨] s.i-n 몡(인명·소유격) 숙제(齊)의(即實 2012⑤).
囲 智24. 用例 伞 仐伞雨 [i s.i-n] 몡(인명·소유격)
백이와 숙제(夷齊)의(即實 2012⑤).

[仐伞矢] s.i.tə 囲 糺11.

[仐伞伏] s.i'in 몡(인명) ① 齊隱(愛新覺羅 2010f), ② 喜隱
(吳英喆 2012a①). 囲 玦7/10.

[仐伞伏 几夬 씨丙] s.i'in g.au l.ju 몡(인명) ① 齊隱高
六(愛新覺羅 2010f), ② 喜隱高六(吳英喆 2012a①). 囲 玦7.
人物 《玦誌》 주인 只兗昱(1014~1070)의 숙부인 齊
隱高六 시중(侍中)을 지칭한다(愛新覺羅 2010f).

[仐伞公] s.i.d 囲 先65, 室8.

[仐伞用] s.i.iŋ 囲 海9, 蒲13.

[仐伞伞] s.i.i 借詞 "齊"를 나타내는 한어차사(劉鳳翥외

2003b, 即實 2012⑪). 囲 宋4.

[仐伞伞 几火 朶] s.i.i g.ui uaŋ 몡(관제) "제국왕(齊國
王)"의 한어차사(即實 2012⑪, 劉鳳翥 2014b⑤). 囲 宋4.

[仐父] s.ʁr 用法 복수형 어미를 표시하는 부가성
이다(愛新覺羅 2004a⑦). 囲 仁/許/仲/先/永/迪/糺/尚.

[仐父村] s.ʁr.nə 囲 先21. 校勘 即實은 이 글자를 "
夰村"이라고 기록하고 있다(即實 2012㉖).

[仐父朴夾] s.ʁr.tʃ.ur 囲 尚19. 校勘 이 단어는 본래
개의 글자(仐 父 尓夾)이나 초본에는 잘못하여 하나
합쳐져 있다(即實 2012㉖).

[仐火] s.uŋ 몡(국명) "宋"의 한어차사(研究小組 197
清格爾泰외 1978a). 몡(인명) 宋(劉鳳翥 2014b⑤). 囲 仁
/迪/烈/圖/梁/玦/特.

用例 "송(宋)" 등 국호의 거란소자 표현에 대하여
는 《부록》에 있는 거란소자 주요 어휘 를 참조하라.

[仐火 朶] s.uŋ uaŋ 몡(관제) "송왕(宋王)"의 한어차
(即實 1996⑯). 囲 先20.

[仐火 朶乄 伞化] s.uŋ uaŋ.on i.ri 몡(관제) 송왕(宋王
의 호(號)(即實 1996⑯). 囲 先20.

[仐火 宊炎伞 几炎 朶乄] s.uŋ ŋ.ui.i g.ui uaŋ.on 몡(
제·소유격) 송위국왕(宋魏國王)의(劉鳳翥 2014b⑤). 囲
弘17. 校勘 첫 번째 글자는 휘본 등에 잘못 옮겨
것이므로 "仐火"가 올바르다(即實 2012㉖).

[仐火 几夾村] s.uŋ g.ur-n 몡(국명·소유격) 송국(宋
國)의(研究小組 1977b, 清格爾泰외 1978a). 囲 仁8.

[仐火 几夾村 圥夾 业立夾 又雨] s.uŋ g.ur-n ʃ.an c
ha.an m.in 몡 송국(宋國)의 새로운 가한(可汗)의
(劉鳳翥 2014b⑤). 囲 圖12.

[仐火 几炎] s.uŋ g.ui 몡(국명) "송국(宋國)"의 한어차
사(劉鳳翥 2014b⑤). 囲 梁17.

[仐火 几炎 朶] s.uŋ g.ui uaŋ 몡(관제) "송국왕(宋國
王)"의 한어차사(劉鳳翥 2014b⑤). 囲 梁17.

[仐火 几炎 圣 业火] s.uŋ g.ui tai p.i 몡(관제) "송
태비(宋國太妃)"의 한어차사(劉鳳翥 2014b⑤). 囲 梁17.

[仐火女] s.uŋ.un 몡(소유격) ① ～종(宗)의(即實 2012⑨
② 송(宋)의(大竹昌巳 2016d). 囲 仲17, 烈8.

[仐父] s.uŋ 몡(국명) "송(宋)"의 한어차사(石金民
2001). 囲 永/宋蓋/宋/智/奴.

[仐父 曲公 仐] s.uŋ go.ən pu 몡(관제) 총관부(總
府)(即實 2012⑳). 囲 迪23.

[仐父 宊炎 几火 业火] s.uŋ ŋ.ui g.ui p.i 몡(관제) "
위국비(宋魏國妃)"의 한어차사(劉鳳翥 2014b⑤). 囲
1/4.

[仐冬 九火 杰不] s.uŋ ŋ.ui.i g.ui uaŋ.on [명](관제・소유격) 송국왕(宋國王)의(劉鳳翥 2014b(52)). [出] 奴4.

[仐冬火] s.uŋ.un [명](국명・소유격) 송(宋)의(劉浦江외 2014). [出] 道14/24, 仲17, 博16, 皇12.

[仐炏] s.oi [出] 興3/16, 海9. [校勘] 이 단어가 《海9》에서는 휘본 등에 옮기며 잘못 분할되었는데, 앞 원자들과 합쳐 "关化仐炏"로 하여야 한다(即實 2012[校]).

[仐炏业圡为出] sə.gə.l.ha.a.an [명] 중희(重熙, 요 흥종황제 때의 연호로 기간은 1032년~1055년이다)(=仐分业圡为キ, 仐芬业圡为キ)(清格爾泰외 1985). [出] 仁5. [校勘] 이 글자는 휘본 등에 잘못 옮겨진 것이므로 "仐炏业圡为キ"가 올바르다(即實 2012[校]).

> [遼史] 요대 연호의 변천에 대하여는 《부록》에 있는 [거란소자 주요 어휘]를 참조하라.

[仐呇] s.ï [借詞] ①"子", "刺" 등을 나타내는 한어차사(研究小組 1977b, 王未想 1999), ②"紫"를 나타내는 한어차사(即實 2012⑭). [出] 許/涿/圖/清/玦/特.

[仐呇 九殳 米火 令中关] s.ï. g.im ŋ.u t(d).ai.i [명](관제) "자금어대(紫金魚袋)"의 한어차사(即實 2012⑭). [出] 清22.

[仐呇火] s.ï.un [出] 許48. [校勘] 이 글자는 초본에 잘못 옮겨진 것이므로 지석(誌石)에 의거 "仐各火"이 올바르다(即實 2012[校]).

[仐米] s.ordu [出] 許43. [校勘] 이 단어는 초본에 옮기며 잘못 분할되어 "仐米 穴火"라고 되어 있는데, "仐长穴火"가 올바르다(即實 2012[校]).

[仐尘药] sə.d.dʒi [出] 興25, 先16. [校勘] 即實은 이 글자를 "仐尘药"이라고 기록하고 있다(即實 2012[校]).

[仐 㞢] s.oŋ [借詞] "宗"을 나타내는 한어차사(羅福成 1934a/b/c/f, 厲鼎煃 1958b, 研究小組 1977b). [出] 興/仁/道/令/許/先/宗/弘/副/烈/奴/糺/尚/韓/玦/特.

[仐㞢 令交秀 主 坙 介火] s.oŋ t(d).jæ.æn huaŋ tai hau-n [명](소유격) 종천황태후(宗天皇太后)의(即實 2012⑰, 劉鳳翥 2014b(52)). [出] 副18.

[仐㞢 九交矢] s.oŋ g.ur.tə [명](국명・향위격) 송국(宋國)에(即實 2012⑰, 劉鳳翥 2014b(52)). [出] 副19.

[仐㞢夬] s.oŋ.qu [명] 갑(甲)(羅福成 1934b, 王靜如 1935, 辛兌鉉 1937). [出] 仁14, 許53. [校勘] 이 글자는 휘본 등에 잘못 옮겨진 것이므로 "仐考夬"가 올바르다(即實 2012[校]).

[仐㞢夂药村] s.oŋ.u.dʒi-n [出] 仁26.

[仐㞢药] s.oŋ.dʒi [出] 宗/圖/梁/韓/玦/特.

[仐㞢药炏] s.oŋ.dʒi.ər [出] 玦6.

[仐㞢药] s.oŋ.dʒi [出] 特21.

[仐㞢火] s.oŋ.un [명](소유격) ~종(宗)의(蓋之庸외 2008, 即實 2012⑰). [出] 迪12, 副7/9/14, 特3.

[仐㞢用为] s.oŋ.od.ən [出] 道7. [校勘] 即實은 이 글자를 "仐欠用为"이라고 기록하고 있다(即實 2012[校]).

[仐㞢平圡中] s.oŋ.ul.ha.ai [出] 宗13, 迪23.

[仐㞢平圡为キ] s.oŋ.ul.ha.a.ar [出] 興17, 許53.

[仐㞢平圡为キ 丸平叉] s.oŋ.ul.ha.a.ar au.ul.ir [명](지명) 송오륵가보산(松烏勒釓普山)(即實 1996⑯). [出] 許53.

[仐考] s.jau [借詞] "小"를 나타내는 한어차사(研究小組 1977b, 劉鳳翥외 1977/1981a). [出] 仲/先/智/故/梁/清/尚/玦/特.

[仐考 亚仐] s.jau qur.u [명](인명) 小斛祿(即實 1996⑯). [出] 仲14. [人物] 서하(西夏) 사람으로 천조제가 금군에 패하여 도망할 때 천조제를 도왔는데, 《송사(宋史)・요열전(遼列傳)》에 이름이 나온다(即實 1996⑯).

[仐考 圡] s.jau qa [명](인명) 蕭何(한[漢] 왕조의 건국 공신이다)(吳英喆 2012a③). [出] 特16.

[仐考 仐井 九亦] s.jau s.jaŋ g.iun [명](관제) "소장군(小將軍)"의 한어차사(研究小組 1977b, 清格爾泰외 1978a/1985). [出] 仲7, 梁6.

[仐考夬] s.jau.qu [명] ①甲・乙(羅福成 1933/1934d, 王靜如 1973, 研究小組 1977b, 清格爾泰외 1978a), ②甲・乙・青(辛兌鉉 1937, 山路光明 1951, 劉鳳翥 1984a, 清格爾泰외 1985, 陳曉偉 2011), ③甲・乙・藍(即實 1984a/1996⑩, 王弘力 1986), ④甲・乙・木(厲鼎煃 1954, 黄振華 1985b), ⑤甲・乙・黑・水(愛宕松男 1956a), ⑥甲・乙・青・錫(豊田五郎 1963). [형] 甲・乙인(即實 2014). [出] 道/宣/故/郎/博/永/皇/慈/高/清/尚/韓/回/特/蒲. [用法] 夬・欠・余는 모두 형용사를 나타내는 접미사이다(即實 2014).

> [用例] "거란어의 천간(天干)"과 관련한 각종 표현에 대하여는 《부록》의 [거란소자 주요 어휘]를 참조하라.

[仐考夬 虽为 山 叉冬] s.jau.qu tʃal.a nior ʃ.kon [명] ①청등황권(青燈黄卷)(即實 2012⑩), ②청산황천(青山黄泉)(劉鳳翥 2014b(52)). [出] 皇25. [校勘] 두 번째 글자는 초본에 잘못 옮겨졌으므로 "虽为"가 올바르다(即實 2012[校]).

[仐考药] s.jau.dʒi [出] 先24, 宗12. [校勘] 이 글자는 잘못 새겨진 것이므로 "仐㞢药"가 올바르다(即實 2012[校]).

[仐考余] s.jau.go [명] ①甲・乙(羅福成 1934a, 王靜如 1935, 研究小組 1977b, 清格爾泰외 1978a), ②甲・乙・青(辛兌鉉 1937, 劉鳳翥 1984a, 陳曉偉 2011), ③甲・乙・藍(即實 1984a/1996⑩, 王弘力 1986), ④甲・乙・木(黄振華 1985b). [형] 甲・乙인(即實 2014). [出] 興1/3, 尚33. [參考] ☞ 仐考夬.

[仐平] s.ul [出] 先42/46, 尚22. [校勘] 即實은 《先46》에서는 이 글자를 뒤 글자와 합쳐 "仐平分杰丙"이라

고 기록하고 있다(即實 2012[校]).

[仐平廾仌圡弓] s.ul.ʊ.l.ha.al [出] 先42.

[仐平分炏丙] s.ul.du.gə.əi [出] 副11.

[仐平亼] s.ul.d [出] 尚8.

[仐平仌廾及北] s.ul.əl.ʊ.o.ur [出] 先59.

[仐平仌廾及村] s.ul.əl.ʊ.o.n [出] 仁27. [校勘] 이 글자는 휘본 등에 잘못 옮겨졌으므로("及" 뒤에 "村"이 붙는 사례는 없음) "仐平仌廾及内"이 올바르다(即實 2012[校]).

[仐平仌廾伏] s.ul.əl.ʊ-n [出] 仲18.

[仐平仌廾火] s.ul.əl.ʊ.ui [出] 特19.

[仐平仌廾平圡丰] s.u.l.ʊ.ul.ha.ai [出] 故8.

[仐平乂火] s.ul.k(h).ui [出] 尚22. [校勘] 이 단어가 초본에는 한 글자로 되어 있으나, ≪先42/46/58≫에 근거하면 두 글자로 나누어 "仐平 乂火"가 올바르다(即實 2012[校]).

[仐平乂平几] s.ul.k(h).ul.gə [出] 尚22. [校勘] ☞ 仐平 乂平几(即實 2012[校]).

[仐穴州关] s.u.od.i [出] 尚30. [校勘] 이 글자는 초본에 잘못 옮겨진 것이므로 "仐欠州关"가 올바르다(即實 2012[校]).

[仐穴朱] s.u.do [出] 尚11. [校勘] ☞ 仐欠朱(即實 2012[校]).

[仐穴伏] s.u.in [出] 許21. [校勘] 이 글자는 초본에 잘못 옮겨진 것이므로 "仐火伏"이 올바르다(即實 2012[校]).

[仐穴火] s.u.ui [出] 宗6. [校勘] 이 글자는 휘본 등에 잘못 옮겨진 것이므로 "仐穴炎"가 올바르다(即實 2012[校]).

[仐穴火仌炏当] s.u.ui.l.gə.ən [出] 博32.

[仐穴炎] s.u.əns [형] 영수(靈秀, 뛰어나고 빼어나다)(即實 2012⑳). [出] 宗16.

[仐穴闲当] s.u.od.ən [出] 興29. [校勘] ☞ 仐欠闲当(即實 2012[校]).

[仐穴内炏] s.u.on.ər [出] 尚25. [校勘] ☞ 仐欠州炏(即實 2012[校]).

[仐夲圡本伏] sə.ra.ha.ad.in [명](인명) ① 撒剌丁(即實 1996⑥), ② 撒剌的(寧)(即實 1996⑥, 劉鳳翥 2014b⑰). [出] 先3. [人物] ≪先誌≫ 주인의 선조인 撒剌的 이리근(夷離菫)을 지칭한다(劉鳳翥 2014b⑰).

[仐夲圡艾夂] sə.ra.ha.adʒu.ug [명](인명) 撒剌竹(即實 1996⑥). [出] 先28.

[仐丹仌当] sə.tum.əl.ən [出] 玦46.

[仐血平圡为木] s.ʊŋ.ul.ha.a.ar [명](인명) ① 松烏拉里(即實 2012⑧), ② 宋剌里(愛新覺羅 2013a). [出] 弘19/20. [人物] ≪弘誌≫ 주인 敖魯宛隗也里(1054~1086, 한풍명: 耶律弘用)의 차남인 宋剌里(1086~?) 낭군을 지칭한다(愛新覺羅 2013a).

[仐血平圡为出] s.ʊŋ.ul.ha.a.ar [명](인명) ① 宋兀懶(愛新覺羅 2009a⑱), ② 松烏拉初(即實 2012⑰). [出] 博45. [人物] ≪博誌≫ 주인 習輦(1079~1142)의 셋째 딸인 宋兀懶 지칭한다(愛新覺羅 2009a⑱).

[仐血矜] s.?.dʒi [出] 博36, 糺9/18. [校勘] ☞ 仐血犸(即實 2012[校]).

[仐血矜亼舟伏] s.?.dʒi.d.bu.n [出] 博31.

[仐□] s.? [出] 令16, 清29, 畵XVI. [校勘] 即實은 이 자를 "仐雨"≪令16≫와 "仐尔火"≪清29≫라고 기록하 있다(即實 2012[校]).

[仐□ 丐] s.? dʒu [出] 令30. [校勘] 이 글자들이 초본는 하나로 합쳐져 있다(即實 2012[校]).

[仐□弓刈火关] s.?.al.aq.iu.i [出] 回10.

[仐□炏□火] s.?.gə.?.ui [出] 回12.

[仐□炏] s.?.ə [出] 蒲14.

仐 [발음] ʊr [原字번호] 245

[仐] ʊr [借詞] "武"를 나타내는 한어차사(劉鳳翥 198 豊田五郎 1991b, 即實 1991b). [명] "물(水・河)"의 뜻을 지는 표의자(表意字)이다(愛新覺羅 2004a⑤, 即實 2012 [명](지명) 조주(鳥州)(即實 2012⑳). [出] 道/先/宗/海/副/ 慈/烈/奴/圖/糺/畵XX. [用法] ① 종종 한어차사 "祖" 표기에 사용되고(예: 仐仐, 仐仐), "武"를 표기함 있어서는 赤叐"[w.u]와 발음이 유사하다(Kane 2009). 거란어중(예: 알로타[ordu]를 표기하는 米仐, 米叐, 廾)에서는 "叐" 및 "廾"와 치환관계를 이룬다(愛新覺 2014a①).

[仐 圡为出矢] ʊr mʊd.a.an.tə [명](향위격) 수재(水災) (即實 2012⑳). [出] 先19.

[仐 仐闬 圡夯村] ʊr s.iŋ k(h)iæ.æn-n [명](지명・소유 무청현(武清縣)의(劉鳳翥 2014b52). [出] 先14.

[仐 仐闬 圡夯村 几] ʊr s.iŋ hiæ.æn-n ku [명] 무청현 (武清縣民)(即實 1996⑯). [出] 先14.

[仐 乂交] ʊr k(h).ur [명] 물가(水泮)(即實 2012⑮). [出] 24. [参考] "乂交"는 주로 "물가"나 "강가"의 의미 나타낸다(即實 2012⑮).

[仐交穴交] ʊr.ur.u.ur [出] 博46. [校勘] 이 글자 초본에 잘못 옮겨진 것이므로 "仐交穴交"가 올바 다(即實 2012[校]).

[仐丐仌圡木] ʊr.dəu.l.ha.ar [出] 韓28. [校勘] 이 자는 초본에 잘못 옮겨진 것이므로 "仐丐仌圡木" 올바르다(即實 2012[校]).

[仐爲] ʊr.tʃu [出] 梁24. [校勘] 이 단어는 초본에 옮기며 잘못 분할되었는데, 뒤 원자들과 합쳐 "仐爲𠂉圭丰"로 하여야 한다(即實 2012㊳).

[仐𠃊] ʊr.ud [出] 先67, 清29.

[仐化] ʊr.ur [出] 許25. [校勘] 이 단어는 초본에 옮기며 잘못 분할되었는데, 앞 원자들과 합쳐 "及米仐化"로 하여야 한다(即實 2012㊳).

[仐仐公] ʊr.sə.d [出] 副20. [校勘] 이 글자는 초본에 잘못 옮겨졌으므로 "仐夲公"가 올바르다(即實 2012㊳).

[仐分廾交] ʊr.du.ʊ.r [出] 尚21. [參考] "仐分"는 "米" [ordu](원자번호 355)와 음가가 같다(愛新覺羅 2017a).

[仐分廾药] ʊr.du.ʊ.dʒi [형] 편안하다(即實 1996⑯, 愛新覺羅 2006a). [出] 宣10.

[仐分廾及扎] ʊr.du.ʊ.o.r [명](인명) ① 窩篤斡, 訛都斡(愛新覺羅 2006b, 劉浦江 2011), ② 斡特㖒(即實 2012⑰), ③ 烏特斡, 窩篤碗(兀沒)(劉鳳翥 2014b52), ④ 烏里達剌(愛新覺羅 2017a). [出] 副24/27. [人物] ≪副誌≫ 주인 窩篤宛兀没里(1031~1077, 한풍명: 耶律運)의 장남인 窩篤斡 상온(詳穩)을 지칭한다(愛新覺羅 2010f).

[仐分廾及内] ʊr.du.ʊ.o.on [형] 편안하다, 안녕하다(即實 1996⑫). [동] 번식하여 불어나다(愛新覺羅 2004a⑫). [명] 대안(大安, 요나라 도종황제 때의 연호로 기간은 1085년~1094년이다)(=仐分廾及内)(研究小組 1977b). [명](인명) ① 窩篤盌(愛新覺羅 2004a⑫), ② 兀沒(蓋之庸외 2008), ③ 窩篤宛(愛新覺羅 2010f), ④ 斡特莞(即實 2012⑰), ⑤ 烏特斡, 窩篤碗(兀沒)(劉鳳翥 2014b52). [出] 許/故/仲/永/弘/副/宋/智/特/蒲. [人物] ≪副誌≫의 주인인 窩篤宛兀没里(1031~1077, 한풍명: 耶律運)를 지칭한다(愛新覺羅 2010f). [用例] 又 仐分廾及内 [mos ʊr.du.ʊ.o.on] [명] 대안(大安)(鄭紹宗 1973, 王靜如 1973, 研究小組 1977b, 劉鳳翥외 1977/1981a, 清格爾泰외 1978a, 王弘力 1986, 即實 1996⑫).

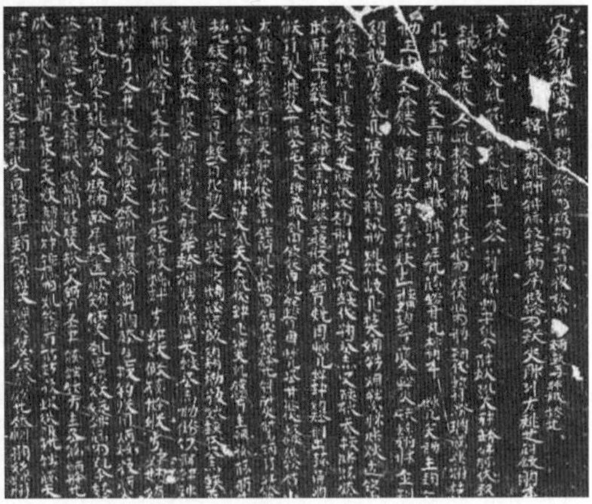

▲ 야율부부서(耶律副部署) 묘지명(일부)

> [遼史] 태조부터 천조제에 이르기까지 요대 연호의 변천에 대하여는 ≪부록≫의 [거란소자 주요 어휘]를 참조하라.

[仐分廾火] ʊr.du.ʊ.ui [出] 弘22.

[仐分廾平] ʊr.du.ʊ.ul [出] 許8. [校勘] 이 단어는 초본에 옮기며 잘못 분할되었는데, 뒤 원자들과 합쳐 "仐分廾平圭为丰"로 하여야 한다(即實 2012㊳).

[仐分廾平圭为丰] ʊr.du.ʊ.ul.ha.a.ai [명](인명) 斡特剌(即實 1996④). [出] 許8, 蒲2. [人物] ≪許誌≫의 주인인 乙辛隱斡特剌(1035~1104)을 지칭한다(愛新覺羅 2010f). [參考] ☞ ≪許誌≫의 주인과 묘지에 대한 상세한 내용은 "仐村伏"을 참조하라.

[仐分廾平列夹] ʊr.du.ʊ.ul.aqa.an [出] 宣23.

[仐分𠂉圭丰] ʊr.du.l.ha.ai [형] 편안한, 화목한(即實 1996①). [出] 道30.

[仐分𠂉圭本] ʊr.du.l.ha.ar [명](인명) ① 窩里朵(萬雄飛외 2008), ② 斡特懶(愛新覺羅 2006a). [出] 清11, 特20. [校勘] 即實은 ≪清11≫에서는 이 글자를 "仐分𠂉圭出"이라고 기록하고 있다(即實 2012㊳).

[仐分𠂉圭为本] ʊr.du.l.ha.a.ar [명] ① 희(熙)(即實 1996⑯), ② 중희(重熙, 요나라 흥종황제 때의 연호로서 기간은 1032~1055년이다)(=仐峇𠂉圭为出, 仐券𠂉圭为本)(研究小組 1977b, 清格爾泰외 1978a/1985). [명](인명) ① 斡特剌(即實 1996④, 劉鳳翥 2014b52, 愛新覺羅외 2015②), ② 斡特拉里(即實 2012⑦), ③ 烏特蘭, 烏特賴, 烏獨賴(劉鳳翥 2014b52). [出] 興/仁/道/令/許/先/宗/博/涿/永/弘/副/奴/高/梁/糺/韓. [用例] 矢 仐分𠂉圭为本 [au ʊr.du.l.ha.a.ar] [명] 중희(重熙)(羅福成 1934a/b/c, 王靜如 1935/1973, 即實 1996⑫).

> [人物] ① ≪博誌≫ 주인 習輦(1079~1142)의 부친인 韓寧斡特剌 장군을 지칭한다(愛新覺羅 2013a).
> ② ≪永誌≫ 주인 遙隱永寧(1059~1085)의 재당숙인 斡特剌 낭군(聖光奴의 차남)을 지칭한다(愛新覺羅 2013a).
> ③ ≪弘誌≫ 주인 敖魯宛隗也里(1054~1086, 한풍명: 耶律弘用)의 부인 阿睦葛낭자의 셋째 여동생인 烏特蘭비(妃)를 지칭한다(愛新覺羅 2010f, 劉鳳翥 2014b52).

[仐分𠂉圭为出] ʊr.du.l.ha.a.an [동] 번식하여 불어나다(愛新覺羅 2004a⑫). [명] ① 광명(光明)(即實 1996①), ② 영화(榮華)(即實 1996⑯), ③ 모친(劉鳳翥외 2009). [명](인명) ① 窩里朵(郭添剛외 2009, 愛新覺羅 2010f, 劉鳳翥 2014b52), ② 斡特懶(愛新覺羅 2006a), ③ 斡特拉初(即實 2012⑪). [出] 仁/道/宣/皇/宋/尚. [用例] 矢 仐分𠂉圭为出 [au ʊr.du.l.ha.a-n] [명] 중희(重熙)(羅福成 1934b).

> [人物] ① ≪宋誌≫ 주인 烏魯宛妃(1056~1080)의 막내 누이인 斡特懶를 지칭한다(愛新覺羅 2010f).

②《尙誌》 주인 緬隱胡烏里(1130~1175)의 증조모인 窩里朶夫人(증조부 特免阿剌里[蕭昉] 태사의 부인)을 지칭한다(愛新覺羅 2013a).

[�\分ㅛ�ㅛ] ʊr.du.l.ha.an 명(인명) ① 幹特拉初(即實 2012⑭), ② 窩里朶(劉鳳書 2014b㉗). 出 淸11. 人物 《淸誌》 주인 夆里懶太山(1029~1087, 한풍명: 蕭彦弼)의 셋째 아들 特免阿剌里(蕭昉)의 부인 窩里朶낭자를 지칭한다(愛新覺羅 2010f, 劉鳳書 2014b㉗).

[�\分ㅛ丗豸] ʊr.du.l.ʊ.dʒi 出 智18.

[�\火] ʊr.ui 出 博27.

[�\火] ʊr.un 出 宣18, 博24.

[�\火丹소] ʊr.un.b.ol 出 奴45. 校勘 이 단어는 초본에 옮기며 잘못 분할되고 합쳐졌는데, 뒤 원자들과 합쳐 "ㅈ火 丹소ㄇ化"로 하여야 한다(即實 2012㊲).

[�\犮] ʊr.ər 出 許43/44.

[�\芬ㅛㅛ为本] ʊr.ə.l.ha.a.ar 형 현영(顯榮, 높은 지위에 올라 영화로움)(即實 1996⑯). 명 중희(重熙, 요 흥종 때 연호로 기간은 1032년~1055년이다)(=ㅈ兆ㅛㅛ为出, ㅈ分ㅛㅛ为本)(硏究小組 1977b). 出 仁5.

> 遼史 태조부터 천조제에 이르기까지 요대 연호의 변천에 대하여는 《부록》의 거란소자 주요 어휘를 참조하라.

[ㅈ芬ㅛㅛ为本 主 王雨] ʊr.ə.l.ha.a.ar huaŋ di-n 명(소유격) 중희황제(重熙皇帝, 홍종황제를 말함)의(淸格爾泰외 1985, 劉鳳書외 2009). 出 仁5.

▲ 홍종황제(興宗皇帝) 애책(일부)

[ㅈ芬丹平 戈ㅈ书] ʊr.ə.bu.ul ʃ.a.ai 出 許53. 校勘 이 글자들은 초본에 옮기며 잘못 분할된 것인데, "ㅈ分丹平ㅛ为书"로 함이 올바르다(即實 2012㊲).

[ㅈ丹□] ʊr.tum.⸮ 出 特25.

余 [발음] gu, go [原字번호] 246

[余亦] gu.ur 出 先54. 校勘 即實은 이 글자를 앞 글자와 합쳐 "本考余亦"라고 기록하고 있다(即實 20㊲). 用例 本考 余亦 [tʃ.jau gu.ur] 명 조국(趙國), 한（漢兒)(愛新覺羅 2003g).

[余亦关] gu.ur.i 出 道11. 校勘 ☞ 本考余亦关(即實 20㊲). 用例 本考 余亦关 [tʃ.jau gu.ur.i] 명 한인(漢兒)(愛新覺羅 2004a⑧).

[余ㄊ关] gu.ad.i 명(인명) ① 琨得(劉鳳書외 200），② 官尼(愛新覺羅 2010f). 出 室11. 校勘 即實은 이 글를 "余ㅈ关"이라고 기록하고 있다(即實 2012㊲). 人《室誌》 주인 撒懶室魯(?~1100)의 셋째 아들인 官를 지칭한다(愛新覺羅 2010f).

[余化] gu.ur 出 興13. 校勘 이 단어는 휘본 등에 옮기며 잘못 분할되었는데, 앞 원자들과 합쳐 "ㅈ余化"로 하여야 한다(即實 2012㊲).

[余ㅛ伏] gu.l.in 명(인명) 古隣(愛新覺羅 2003f). 智6. 校勘 이 글자는 초본에 잘못 옮겨진 것("余" "ㅛ"를 이어 쓰는 사례는 없음)이므로 "ㅈㅛ伏"올바르다(即實 2012㊲).

[余火] gu.ui 명(인명) (曹)桂(劉鳳書외 2005b). 出 興弘9, 高4. 校勘 即實은 이 글자를 앞 원자들과 합 "本考 余火"《興9》, "女考余火"《弘9》라고 기록하있다(即實 2012㊲). 用例 本考 余火 [tʃ.jau gu.ui], 女余火 [dʒ.jau gu.ui] 명 조국(趙國), 한인(漢兒)(愛新覺 2003g).

[余□] gu.⸮ 出 迪36, 淸30.

令 [발음] t-, d, əd, tʰ(傅林) [原字번호] 247

[令] t / d / əd / tʰ 대 ① 그들, 이것들(吳英喆 2007b, 即 2012⑳), ② 근칭의 복수를 나타내는 표의자(表意字)新覺羅외 2011), ③ 복수형 어미(~등, ~들)를 표시하부가성분(高路加 1988a, 盧迎紅외 2000, 愛新覺羅 2004a⑦, 實 2012⑳, 劉鳳書 2014b�52). 用法1 "令"의 단수는 "芬 (이것)으로 표현한다(吳英喆 2013c, 大竹昌巳 2015c). 用法 향위격 어미를 표시하는 부가성분(愛新覺羅 2004a⑦, 英喆 2005c). 用法3 "단(端)"계통 자음[예: 德]과 "투(透계통 자음[예: 通, 太]을 가진 한어차사의 초성(初聲)음을 표시하는 데 사용되며, 거란어 음절의 초성음으로도 사용된다(孫伯君외 2008). 出 仲/先/宗/海/迪/清

/智/奴/梁/清/尚/特/畵XII.

[語法1] **"令"[t]와 "公"[tʰ]의 변천에 대하여**

거란문은 초기에는 회골문의 표시방식처럼 "**令**" 하나를 가지고 [t]와 [tʰ]를 모두 표시하였으나, 시대가 지나면서 "**令**"와 "**公**"로 엄격히 구분해 나갔다(傅林 2013b).

	1단계 (함께 사용)	2단계 (느슨한 구분)	3단계 (엄격한 구분)
[t]	令	公 / 令	公
[tʰ]		令	令
문헌연대	1953 ~ 1092	1094 ~ 1110	1150 ~ 1175
문헌약칭	宗/興/仁/令/圖/先/韓/慈/永/迪	智/清/奴/室/弘/高/烈/道/宣/副/梁/皇/宋/糺	仲/博/尚

[語法2] "거란소자의 지시대명사"에 대하여는 ≪부록≫에 있는 [거란소자 주요 어휘]를 참조하라.

令丏] əd.hua [出] 智7. [校勘] 이 글자는 초본에 잘못 옮겨진 것이므로 "**令丏**"가 올바르다(即實 2012㉜).

令币立示] t(d).ad.a.ad [出] 故/先/海/弘/宋/烈/糺/韓/玦/回.

令币立木] t(d).ad.a.ar [명] ①"**由公**" [go.ər]와 함께 야율씨(耶律氏) 황족이나 국구족(國舅族)의 장(帳)에 사용되는 용어다(요련가한[遙輦可汗]의 장[帳]에는 "**与亥**" [en.u]를 사용한다)(愛新覺羅 2004a⑫), ② 족(族), 후인(后人)(竇玉柱 2006). [명](부족) 달단(韃靼)(愛新覺羅 2013b). [出] 宣/先/迪/副/宋/智/烈/奴/清/玦/特.

令币立木村] t(d).ad.a.ar.ən [명](소유격) ① 장(帳)의(愛新覺羅 2003i), ② 제5지(第5支, 다섯번째 갈래를 말함)의(即實 2012⑳). [出] 迪5, 糺2, 蒲19.

令币立木关] t(d).ad.a.ar.i [명] 뜻은 명확하지 않지만, 대략 "제5지(第5支)"일 것으로 추측된다(即實 2012⑤). [出] 智5.

令币立犬] t(d).ad.a.adʒu [명] 뜻은 명확하지 않지만, 대략 "제5지(第5支)"일 것으로 추측된다(即實 2012⑭). [出] 清3, 韓17.

令币及扎] t(d).ad.o.ur [수](서수) ① 제5, 다섯째(豊田五郎 1991b, 即實 1991b, 劉鳳翥 1993d), ②"제5, 다섯째"의 남성형(劉鳳翥 2014b㉜). [出] 許/先/海/涿/烈/高/清/尚.

令币及内] t(d).ad.o.on [수] 제5, 다섯째(即實 1991b, 劉鳳翥 1993d). [出] 故18, 先8, 智13, 清5.

令币为木] t(d).ad.a.ar [명](인명) 達査阿鉢(即實 1996⑥). [出] 先63. [人物] ≪先誌≫ 주인 糺鄰査剌(1013~1072, 한풍명: 耶律仁先)의 셋째 딸 冬哥낭자의 남편의 형인 達査阿鉢 이리필(夷離畢)을 지칭한다(即實 1996⑥).

[令币关] t(d).ad.i [出] 蒲4.

[令丙] t(d).io [出] 興/先/副/糺/玦/回.

[令丙夷] t(d).io.ul [出] 特24.

[令丙廾公] t(d).io.ʊ.ər [出] 玦45.

[令丙支] t(d).io.dʒi [명] ① 덕(德)(愛新覺羅 2004a⑦, 劉鳳翥외 2005a), ②"덕(德)"의 복수형(武內康則 2016). [出] 宣14, 迪27/39, 智18, 韓18.

[令丙刃] t(d).io.r [형][명] 가득 찬(盈滿), 풍성하고 실한(豊實), 편안한(康), 덕(德)(王靜如 1933/1935, 王弘力 1986, 即實 1990/1996⑫). [명] ① 규칙, 규범(即實 1996⑯), ② 대강(大康, 요나라 도종황제 때의 연호로서 기간은 1075년~1084년이다)(硏究小組 1977b, 清格爾泰외 1978a/1985), ③ 덕(德)(武內康則 2016). [명](인명) ① 迪里姑(趙志偉외 2001, 劉鳳翥 2014b㉜), ② 糺里(即實 1996⑥, 竇玉柱 2005, 愛新覺羅 2006a/2006b). [同源語] 몽골어 [düri](외관), [dürsün](자세·형태), 만주어 [durun](型), 한국어 [mēn-duri](형상·외관), 일본어 [irö](←[jirə] ←[dürə], 색, 안색) 등이 같은 어원이다(愛新覺羅외 2011). [出] 興/仁/道/宣/許/故/先/宗/迪/副/皇/宋/慈/智/烈/奴/圖/糺/尚/韓/玦/回/特/蒲/洞2/洞3.

[人物] ①≪先誌≫에 등장하는 糺里공주로 도종황제의 셋째 딸이다(即實 1996⑥).
②≪智誌≫ 주인 烏魯本猪屎(1023~1094, 한풍명: 耶律智先)의 손자인 糺里阿不(요사에는 "糺里阿鉢"로, 한문묘지에는 "迪里姑"로 되어 있다)을 지칭한다(愛新覺羅 2010f).
③≪糺誌≫의 주인인 夷里衍糺里(1061~1102)를 지칭한다(愛新覺羅 2010f). [參考] ☞ 해당 묘지의 주인과 묘지에 대한 상세한 내용은 "**刃关乡**"을 참조하라.

[用例] ① **又 令丙刃** [mos t(d).io.r] [명] 대강(大康)(羅福成 1933/1934b/c/d/g, 王靜如 1933/1935/1973, 厲鼎煃 1954, 王弘力 1986, 即實 1996⑫), ② **公仐付夯 令丙刃** [n.əs.b.ə t(d).io.r] [명] 재능과 덕(才德)(即實 2012⑳). [出] 許63.

[遼史] 태조부터 천조제에 이르기까지 요대 연호의 변천에 대하여는 ≪부록≫의 [거란소자 주요 어휘]를 참조하라.

[令丙刃 生] t(d).io.r abu [명](인명) ① 糺里阿不(愛新覺羅 2010f), ② 糺里阿鉢(即實 2012⑳). [出] 智4. [人物] ≪智誌≫ 주인 烏魯本猪屎(1023~1094)의 손자이다(愛新覺羅 2010f).

[令丙刃 搽 火夷 令太] t(d).io.r qutug ju.l t(d).oi [명] 덕복존창(德福尊昌)(愛新覺羅외 2011). [出] 錢.

[令丙刃伏] t(d).io.r.in [형] 편안한(劉鳳翥 1993d). [명] 어진 덕(仁德), 덕(德)(韓寶典 1991). [명](인명) ① 糺隣(即實 1991b, 清格爾泰 2002a, 吳英喆 2002, 劉浦江 2006, 愛新覺羅외 2015②), ② 主因(豊田五郎 1991b/1998c), ③ 迪里衮(劉鳳翥 2014b⑰). [出]

先1/4/6/8/9/10/13/19/27/28/29/31/33/37/38/40/42/49/51/52/54/57/61/62/63/66/67/70, 智10, 玦26. [人物] ≪智誌≫ 주인 烏魯本猪屎(1023~1094)의 맏형이자, ≪先誌≫의 주인인 糺鄰査剌(1013~1072, 한풍명: 耶律仁先)을 지칭한다(愛新覺羅 2010f). [參考] ☞ ≪先誌≫의 묘주와 묘지에 대한 자세한 내용은 "圣为"를 참조하라.

[令丙刀伏 圣为] t(d).io.r.in tʃal.a [명](인명) 糺隣査剌(愛新覺羅 2010f). [出] 先6.

[令丙刀公ㄩ] t(d).io.r.d.bur [出] 海6.

[令丙刀炏] t(d).io.r.ər [형] 편안한(康)(即實 1996①). [명] 덕(德)(即實 1996①). [명](도구격) ① 덕(德)으로써(愛新覺羅 2004a⑤), ② 덕이 있는 자(有德者)로써(大竹昌巳 2016d). [出] 典/仁/先/永/副/宋/智/奴/梁/糺.

[令丙犳] t(d).io.dʒi. [出] 梁16.

[令丙伏] t(d).io.n [用法] 군대와 관련된 명사로, 요금원사(遼金元史) 영역에서 "규군(糺軍)"을 거란문으로 표기하는 방법이라고 추정된다(陶金 2015). [出] 道25, 先33/41/46/48/49/50, 副11, 皇14. [用例] 关伞 令丙伏 [kita.s t(d).io.in] [명](관제) 거란규(契丹糺)(陶金 2015). [出] 先48/49/50.

[令丙伏村 穴公] t(d).io.in-n noi.d [명] "덕이 있는 관리"의 복수형(有德諸官)(即實 2012②). [出] 博11.

[令丙化夯伏] t(d).io.ur.gə.n [出] 先63.

[令丙化夯炙] t(d).io.ur.gə.u [出] 宗8. [校勘] 即實은 이 글자를 "令丙伏夯炙"라고 기록하고 있다(即實 2012㉕).

[令丙分ㄩ] t(d).io.du.bur [出] 迪26.

[令丙火] t(d).io.ui [형] 명성과 영예가 있는(即實 2012⑰). [出] 副25.

[令丙炏] t(d).io.ər [명] ① 회(會)(即實 1996⑯), ② 천회(天會, 금나라 제3대 희종황제[熙宗皇帝] 때의 연호로 기간은 1135~1137년이다)(=公丙炏)(清格爾泰외 1985). [명](인명) ① 糺給(即實 2012⑦), ② 糺里(愛新覺羅 2013a). [出] 令/郎/博/永/圖/尚/特. [用例] 父 令丙炏 [au t(d).io.ər] [명] 천회(天會)(王靜如 1933/1973, 羅福成 1934j, 厲鼎煃 1957a, 鄭紹宗 1973, 清格爾泰외 1985, 即實 1996⑯). [人物] ≪永誌≫ 주인 遙隱永寧(1059~1085)의 재당숙(十神奴의 차남)인 糺里 동지(同知)를 지칭한다(愛新覺羅 2013a).

[令丙关] t(d).io.odʒ [동] 행(行)(即實 2012⑳). [出] 韓18.

[令丙当] t(d).io.ən [出] 先2/51.

[令丙]

t(d).ei [借詞] "德"을 나타내는 한어차사(研究小組 1977b, 劉鳳翥외 1977). [出] 故/先/永/迪/糺/清/韓/蒲.

[令丙 伞伞 主 王雨] t(d).ei s.u huaŋ ti-n [명](소유격) 德祖皇帝의(야율아보기의 아버지인 撒剌的 이리근[夷離菫]의 묘호를 말한다. 덕조[德祖]는 "令丙 伞伞"≪故5≫ 또는 "公丙 伞伞"≪智6≫로도 쓴다)(愛新覺羅 2003f, 陶… 2015). [出] 迪6.

[令丙 伞火] t(d).ei s.uŋ [명](인명) ① 德孫(愛新覺羅 201… ② 德遂(即實 2012⑯). [出] 糺14. [人物] ≪糺誌≫의 주… 夷里衍糺里(1061~1102)의 차남인 德孫(1089~?)를 지… 하는데, 묘주와 그 둘째 부인 구곤씨(甌昆) 管迷낭… 의 자식이다(愛新覺羅 2010f).

[令丙 伞伞] t(d).ei ts.u [명] 덕조(德祖)(研究小組 1977b, 清… 爾泰외 1978a). [出] 故5.

[令丙 伞伞 主 王村] t(d).ei ts.u huaŋ ti-n [명](소유… 덕조황제(德祖皇帝)의(清格爾泰외 1985). [出] 故5.

[令丙 伞当火] t(d).ei ts.oŋ-n [명](소유격) 덕종(德宗)… (劉鳳翥 2014b㊷). [出] 仲36. [校勘] 即實은 첫 번째 글… 를 "公丙"라고 기록하고 있다(即實 2012㉕).

[令丙 凡芬] t(d).ei g.ə [명](인명) ① 得哥(愛新覺羅 201… 即實 2012⑭, 劉鳳翥 2014b㊷), ② 德哥(即實 2012⑦). [出] … 18, 清12.

> [人物] ① ≪永誌≫ 주인 遙隱永寧(1059~1085)의 형수… (형 高奴의 부인) 德哥낭자를 지칭한다(即實 2012⑦).
> ② ≪清誌≫ 주인 奪里懶太山(1029~1087, 한풍명: 蕭彦弼… 의 넷째 딸인 得哥낭자를 지칭한다(愛新覺羅 2010f).

[令丙扎尘] t(d).ei.ur [出] 迪11. [校勘] 即實은 이 글자… "列行扎当"이라고 기록하고 있다(即實 2012㉕).

[令丙当] t(d).ei.ən [出] 先2. [校勘] 即實은 이 글자를 "… 丙当"이라고 기록하고 있다(即實 2012㉕).

[令丙仐夯丙]

t(d).əmə.l.gə.əi [出] 先60. [校勘] … 實은 이 글자를 "令丙伏夯丙"라고 기록하고 있다(… 實 2012㉕).

[令丙圡木]

t(d).ær.ha.ar [出] 蒲14.

[令丙子木关] t(d).ær.os.ar.i [出] 迪18. [校勘] 이 글자… 초본에 잘못 옮겨진 것이므로 "令丙才木关"가 올… 르다(即實 2012㉕).

[令丙才卉] t(d).ær.ia.ar [명](씨족) ① "迭剌(奚王族의 … 씨)"의 남성형(愛新覺羅 2003f), ② 迪輦(即實 1996⑥). [出] … 先6/7/8/63.

> [參考] 迭剌(질랄)은 해왕족(奚王族)의 성씨이다. 남성… 형은 公丙为木 또는 令丙才卉로 쓴다. 여성형은 公丙才朱 또는 令丙才朱로 쓴다. 부족을 표시하는 경우에는 남성형을 사용하는 것이 보통이지만, 여… 성형을 사용하는 경우도 보이는데 아마 이것은 오… 기일 가능성이 높다(愛新覺羅외 2012).

[令丙才卉关] t(d).ær.ja.ar.i [명](부족) 해(奚)(吳英喆 201… ③). [명](관제・소유격) 해왕부(奚王府)의(即實 2012⑳…

[명](씨족・소유격) 질랄(迭剌)의(愛新覺羅외 2012). [出] 迪18, 特3/8.

> [遼史] 奚(해)는 부족이름이다. 그 선대 시슬가한(時瑟可汗)이 자립하여 해왕이라 하였다. 그 지역은 서쪽에는 달리낙이(達里諾爾)가 있고, 남쪽에는 대릉하(大凌河)가 있으며, 노합하(老哈河)가 활동의 중심지이다. 거란 요련 선질가한(鮮質可汗)이 토벌하여 그 세력이 쇠퇴하였다. 처음에 5부였는데 요 태조 때 모두 항복하여 해5부라 하였다. 923년 타괴부(墮瑰部)를 설치하여 6부해라 불렀다. 대왕부(大王府)를 설치하고 2명의 상곤(常袞), 2명의 재상, 토리태위(吐里太尉), 해6부 한군상온(漢軍詳穩) 등의 관직을 두었다. 성종 때 북부(北府)에 예속시켰다(金渭顯외 2012㊤).

[令丙ㄐ朱] t(d).ær.ja.jai [명](부족) 해족(奚族)(即實 2012⑳). [명](씨족) "질랄(迭剌)"의 여성형(愛新覺羅 2004b③/⑦, 愛新覺羅외 2012). [出] 永5/12/20/21/22/26/32.

[令秀公] t(d).tʃi.d [명] 조카들(?)(即實 1996⑯). [出] 先65, 宗23.

[令杰伏村] t(d).is.in-n [出] 韓24. [校勘] 即實은 이 글자를 "令杰伏村"이라고 기록하고 있다(即實 2012㊖).

[令卡] t(d).us [出] 先47/67. [校勘] 即實은 이 글자를 뒤 글자들과 합쳐 "令卡冊杰夯"≪先47≫과 "令卡冈夯朩"≪先67≫라고 기록하고 있다(即實 2012㊖).

[令卡丙关] t(d).us.əi.i [出] 仲25, 奴19.

[令卡伏] t(d).us.in [형] 서늘하다(即實 2012⑳). [出] 宗34.

[令卡冊杰丙] t(d).us.?.gə.əi [出] 道30.

[令卡冈犸] t(d).us.u.dʒi [出] 先23. [校勘] 即實은 이 글자를 "令卡冈犸"라고 기록하고 있다(即實 2012㊖).

[令卡冈令] t(d).us.u.d [出] 宋22. [校勘] ☞ 令卡冈令(即實 2012㊖).

[令市] t(d).ai [借詞] "大"를 나타내는 한어차사(清格爾泰외 1985). [出] 仁8. [校勘] 이 글자는 휘본 등에 잘못 옮겨진 것이므로 "令岁"가 올바르다(即實 2012㊖).

[令市 屶火 几亦村] t(d).ai tu.uŋ g.iun-n [명](지명・소유격) 대동군(大同軍)의(劉鳳翥 2014b㊷). [出] 迪13. [校勘] ☞ 令岁 屶火 几亦村(即實 2012㊖).

[令市 仐火 几交村] t(d).ai s.uŋ g.ur-n [명](국명・소유격) 대송국(大宋國)의(研究小組 1977b, 清格爾泰외 1978a/1985). [出] 仁8. [校勘] ☞ 令岁 仐火 几交村(即實 2012㊖).

> [用例] "송(宋)" 등 국호의 거란소자 표현에 대하여는 ≪부록≫에 있는 [거란소자 주요 어휘]를 참조하라.

[令夾] t(d).ul [명] 바다(即實 1990/1996①). [出] 興31.

[令夾 쇼] t(d).ul qa [명] ① 달뢰한(達賚汗, "무상황제(無上皇帝)"의 의미로 흥종황제를 찬양하여 쓴 말이다)(即實 1996①), ② 달래가(達來呵)(即實 1996⑯). [出] 興31.

[令夾叉] t(d).ul.ir [出] 先19.

[令夾公] t(d).ul.d [명](부족명) 질렬덕(迭烈德)・적렬덕(迪烈德)・적렬(適烈)(即實 1990/1996①). [出] 興32.

> [遼史] 敵烈部(적렬부)는 북방의 부족이름이다. 적렬(迪烈)・질렬덕(迭烈德)・달리저(達里底)・질렬(迭烈)・적렬덕(迪烈德)이라고도 한다. 8부가 있어 8부 적렬 혹은 8석렬적렬(八石烈敵烈)이라고도 부르고, 오고부와 병칭하여 오고적렬이라고도 한다. 노구하(臚朐河: 현재 克魯倫河) 유역에서 유목과 사냥을 생업으로 삼고 살았다. 거란에 대하여 반복이 무상하였다. 성종 때에 질로적렬부(迭魯敵烈部)와 북적렬부(北敵烈部)를 두었다(金渭顯외 2012㊤).

[令夾쑤杰丙] t(d).ul.əl.gə.əi [出] 道36, 先69, 奴41.

[令夾쑤杰쑤几] t(d).ul.əl.gə.l.gə [出] 清24.

[令夾쑤殳犸] t(d).ul.əl.u.dʒi [出] 永39, 玦33.

[令夾쑤殳犭] t(d).ul.əl.u.dʒi [出] 蒲22.

[令夾쑤火丙] t(d).ul.əl.gə.əi [出] 興/許/先/宗/迪/皇/慈/圖/玦/回/蒲.

[令夾쑤火北] t(d).ul.əl.gə.əl [出] 回25.

[令夾쑤火当] t(d).ul.əl.gə.ən [出] 皇23.

[令夾□火] t(d).ul.?.gə [出] 許33. [校勘] 이 글자는 초본에 잘못 옮겨진 것이므로 "令夾쑤火丙"가 올바르다(即實 2012㊖).

[令夾关] t(d).ul.i [出] 玦24.

[令쇼ㄨ火] t(d).ha.k(h).ər [出] 許22. [校勘] 이 글자는 초본에 잘못 옮겨진 것이므로 "令平冈火"가 올바르다(即實 2012㊖).

[令夫叉关] t(d).ali.ir.i [出] 回14.

[令夫列] t(d).ali.qa [명](인명) ①撻里葛(即實 2012⑳), ②德里赫(劉鳳翥 2014b㊼), ③撻烈哥(愛新覺羅외 2015⑧). [出] 海6, 糺5, 蒲5.

[令北] t(d).ur [出] 先/宗/海/皇/圖.

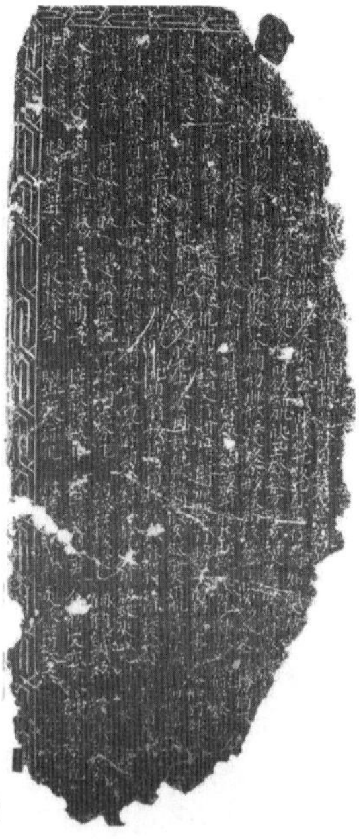

▶ 해당산(海棠山) 묘지(잔석)

人物 ①《海誌》주인의 셋째 부인인 畢家的부인의 부친 德里赫 태위(太尉)를 지칭한다(劉鳳書 2014b㊼).
②《糺誌》주인 夷里衍糺里(1061~1102)의 고조부 撻烈哥 낭군(郎君)을 지칭한다(愛新覺羅외 2015⑧).

[令圠叐] t(d).ur.ir 出 道17, 皇16.

[令圠커及子] t(d).ur.aq.o.os(dʒi) 出 先37/69. 校勘 即實은《先37》에서는 이 글자를 둘로 나누어 "令圠 커及子"라고 기록하고 있다(即實 2012㊵).

[令圠为木] t(d).ur.a.ar 出 弘29.

[令圠为出] t(d).ur.a.an 出 梁14. 校勘 ☞ 令圠 为出(即實 2012㊵).

[令圠矢] t(d).ur.tə 出 副41, 特12.

[令圠丝只] t(d).ur.l.u 出 先24.

[令圠关] t(d).ur.i 出 仲35/36.

[令女] t(d).sair 出 先43. 校勘 即實은 이 글자를 "令女"라고 기록하고 있다(即實 2012㊵).

[令方] t(d).? 出 興10. 校勘 即實은 이 글자를 "令方"라고 기록하고 있다(即實 2012㊵).

[令无勺] t(d).əd.əg 出 海9, 皇18.

[令无勺关] t(d).əd.əg.i 出 博15.

[令无火关] t(d).əd.ui.i 出 糺13. 校勘 이 글자는 초본에 잘못 옮겨진 것이므로 "火无火关"가 올바르다(即實 2012㊵).

[令尢] t(d).umu 出 先18/66.

[令尢 丹号犮] t(d).umu b.jau.ər 出 梁10. 校勘 이 글자가 초본에는 한 글자(令尢丹号犮)로 합쳐져 있다(即實 2012㊵).

[令尢勺] t(d).umu.ug 出 道20.

[令尢化木] t(d).umu.ur.ən 出 許54.

[令劣] t(d).ær 명 아래(下), 남쪽(南)(韓寶興 1991, 即實 1991b/1996①/⑤, 劉鳳書 2014b㊼). 명(지명) 연(燕)(豊田五郎 1991b, 劉鳳書 1993d). 出 興/仁/道/故/先/迪/烈/奴/高/圖/糺/韓/玦.

[令劣 血] t(d).ær qa 명 남조황제(南朝皇帝)(即實 1996⑯). 出 先12.

[令劣 九关] t(d).ær ilim.i 명(소유격) 후처(後妻)의(即實 2012⑳). 迪33.

[令劣 수] t(d).ær pu 명(관제) 남부(南府)(即實 1996⑯). 出 先5.

[令劣 수火 커化欠] t(d).ær pu-n dʒa.ri.go 명(관제) 남부의 재상(南府宰相)(即實 2012⑫, 劉鳳書 2014b㊼). 出 烈

8, 高25. 用例 一仝 수火 커化欠 [xɔi.d pu.un dʒa.ri.go 명(관제) 북부의 재상(北府宰相)(即實 1996⑯). 出 仁5.

[令方 几丙火火 丝丙 又土] t(d).ær g.ju.uŋ-n l.ju ʃ.u 명(관제) 남경의 유수(南京留守)(劉鳳書 2014b㊼). 出 烈3.

[令方 几用村] t(d).ær g.iŋ-n 명(지명·소유격) 하경(下京)의, 남경(南京)의(即實 1996⑯). 出 先21, 高18/24.

[令方 几用村 令火 几亦] t(d).ær g.iŋ-n t(d).uŋ g.iun 명(관제) 남경(南京)의 통군(統軍)(即實 1996⑯). 出 高24.

[令方 几用村 丹叐 几亦] t(d).ær g.iŋ-n b.u g.iun 명(관제) 남경(南京)의 보군(步軍)(即實 1996⑯). 出 高18.

[令方伏] t(d).ær.in 명 남부(南部)(即實 2012⑳). 出 圖2.

[令夾] t(d).ur 명(인명) ①杜里(鄭曉光 2002, 劉鳳書 2014b㊼), ②徒里(即實 2012⑦). 명(관제) 토리(吐里)(愛新覺羅 2006, 即實 2012⑳). 出 興/道/令/先/永/迪/慈/烈/梁/糺/特/蒲. 人物《永誌》에 등장하는 涅木袞 낭자(증조모[曾祖母] 혹은 조모[祖母] 항렬의 여성으로 보이나 묘지 내용이 일부 유실되어 정확한 위치를 알 수 없다)의 부친 徒里 낭군(郎君)을 지칭한다(即實 2012⑦).

[令夾 叾 火] t(d).ur tai ui 명(관제) 토리 태위(吐里[=秃里] 太尉)(愛新覺羅외 2012, 吳英喆 2012a②, 愛新覺羅 2013b) 出 回3/7.

[令夾丙丝茶伏] t(d).ur.əi.l.gə-n 出 玦40.

[令夾土平茶丙] t(d).ur.əu.ul.gə.əi 出 令19. 校勘 即實은 이 글자를 두 글자로 분리하여 "令夾 土平茶丙"라고 기록하고 있다(即實 2012㊵).

[令夾夫矢] t(d).ur.ali.tə 出 仁11.

[令夾叐讧] t(d).ur.u.dʒi 出 蒲24.

[令夾丝茶伏] t(d).ur.əl.gə-n 出 玦45.

[令夾纟叐豹] t(d).ur.bur.u.dʒi 出 特34.

[令夾纟叐豹] t(d).ur.bur.u.dʒi 出 宣25, 先48, 烈14, 特38.

[令夾纟叐伏] t(d).ur.bur.u-n 出 先14.

[令夾关] t(d).ur.i 出 先41.

[令丙木] t(d).ad.ar 명 장(帳)(愛新覺羅 2003g). 명(인명) ①撻不里(劉鳳書 2002), ②塔塔里(愛新覺羅 2006c), ③撻提里(即實 2012⑳), ④撻得里(劉鳳書 2014b㊼). 用法 "仝币血木[t(d).ad.a.ar]"로도 적는다. 그 본래의 뜻은 "장방(帳房)"인데 변하여 부족명으로 사용되었으며, 음역은 "달단(韃靼)" 또는 "탑탑아(塔塔兒)"로 적는다(愛新覺羅 2003g). 出 先56, 高11. 人物《高誌》주인 王寧高十(1015~?, 한풍명: 韓元佐)의 셋째 형인 塔塔里 장군을 지칭한다(愛新覺羅 2010f).

[令丙木村] t(d).ad.ar.ən 명(소유격) 장(帳)의(吳英喆 2007b)

[명](부족・소유격) ① 달단(韃靼)의(吳英喆 2007b), ② 달제박(撻提朴, 실위[室韋]의 한 부족이다)의(即實 2012④). [명](인명) 東普恩(即實 1996④). [出] 許17/60, 奴7/30.

> [人物] "東普恩"은 조복(阻卜)의 대수령(大首領) 磨古斯의 다른 이름일 가능성이 높다. ≪요사・도종기≫ 대안 8년(1092) 10월의 "阻卜磨古斯殺金吾吐古斯以叛"(조복의 마고사가 금오 토고사를 죽이고 반란을 일으켰다)이란 기록을 근거로 추정한 것이다(即實 1996④).

[令木爻] t(d).ad.ir [出] 回7.

[令木及北] t(d).ad.o.ur [수](서수) ① 제5, 다섯째(即實 1988b/1990/1996④, 劉鳳翥외 1995), ② 제5, 다섯째의 남성형(劉鳳翥 2014b52). [出] 許/仲/宗/弘/宋/慈/梁/玦/回.

[令木及北 公不村] t(d).ad.o.ur n.on-n [명](소유격) 제5대의(劉鳳翥 2014b52). [出] 慈4.

[令木及及采] t(d).ad.o.u.ʧoŋ [出] 許50. [校勘] 即實은 이 글자를 두 글자로 분리하여 "令木及北 采"이라고 기록하고 있다(即實 2012校).

[令木及内] t(d).ad.o.n [수](서수) 제5, 다섯째의 여성형(即實 1996⑤, 劉鳳翥 2014b52) [同源語] 몽골어 [tabu-duɣar](다섯째), [tobŏ-hon](열다섯)이 같은 어원이다. [出] 故/宗/圖/清/葉/玦.

[令木及内 舟为 舟化] t(d).ad.o.n b.aqa b.ir [명] 제5대손(即實 1996⑯). [出] 故3.

[令木田] t(d).ad.bə [수] 5(愛新覺羅 2002). [出] 奴36. [校勘] 이 글자는 초본에 잘못 옮겨진 것이므로 "公木外"가 올바르다(即實 2012校).

[令木关] t(d).ad.i [명](인명) ① 塔不也(劉鳳翥외 1981d, 劉鳳翥 1983a), ② 撻體(愛新覺羅 2003e), ③ 陶瑰, 桃隈, 桃委(王弘力 1986), ④ 東倪(即實 1996⑤), ⑤ 撻提吉(即實 2012②), ⑥ 達得, 達德(劉鳳翥 2014b52). [出] 故1/3, 博5, 迪31.

> [人物] ① ≪迪誌≫ 주인 撒懶迪烈德(1026~1092)의 다섯째 딸이자, ≪故銘≫의 주인인 撻體낭자(1081~1115)를 지칭한다(愛新覺羅 2010f).
> ② ≪博誌≫ 주인 習輦(1079~1142)의 모친인 칠수군태부인(漆水郡太夫人) 撻體낭자를 지칭한다(愛新覺羅 2010f).

> [墓誌] **撻體娘子(달체낭자)**는 ≪故銘≫의 주인이다(1081~1115). 8대조는 曷魯隱匣馬葛 이리근(夷離菫), 7대조는 諧領庫古勒 낭군(郎君), 6대조는 서남초토(西南招討) 撒懶魯不古, 5대조는 채방사(採訪使) 曷魯本啜(911~949), 고조부는 태사(太師) 斜寧何魯不, 증조부는 迪輦諧里, 조부는 善寧光佛奴 태사(太師)이고 부친은 ≪迪誌≫의 주인인 육원대왕(六院大王) 撒懶迪烈德(1026~1092)이다. 6명의 자매가 있으며 撻體낭자가 그 중 다섯째이다(적모는 蔑古乃五姐 을림면[乙林免], 생모는 蔑古乃蒲魯本 을림면이다). 첫째누이 時時里부인은 천조제(天祚帝) 원비(元妃)의 모친이다. 남동생이 셋 있다. 남편인 迪魯董華嚴奴(1060~?, 蕭孝寧) 장군은 초로득부(初魯得部) 승득석렬(承得石烈)의 乙辛隱高八(蕭德順) 재상(宰相)의 손자이며, 그의 부친은 奧魯宛燕六(蕭惟忠) 재상이다. 대안(大安) 10년(1094)에 35세의 나이로 출사하여 솔부부솔(率府副率)・솔부솔(率府率)・무청병마도감(武清兵馬都監) 등을 역임했다. 撻體낭자는 천경(天慶) 5년(1115) 정월 11일에 행장(行帳)에서 사망하였다(愛新覺羅 2010f).

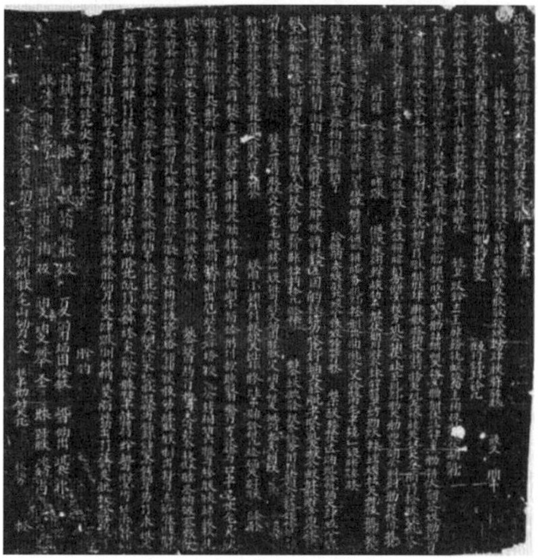

▲ 고야율씨명석(故耶律氏銘石)

[令与] t(d).en [出] 特11.

[令友爻] t(d).ʤi.ir [出] 糺10. [校勘] 이 글자는 초본에 잘못 옮겨진 것이므로 "令太爻"가 올바르다(即實 2012校).

[令友扌] t(d).ʤi.qa [명](인명) ① 得志赫(劉鳳翥외 2006b), ② 迪里葛(愛新覺羅 2006b). [出] 糺5/6. [校勘] 이 글자는 초본에 잘못 옮겨진 것이므로, "令夫扌"가 올바르다(即實 2012⑯).

[令大] t(d).do [出] 蒲5.

[令太] t(d).uŋ [借詞] "通"을 나타내는 한어차사(研究小組 1977b). [出] 道2.

[令太 伞雨] ŋ.iu jue.æn t(d).uŋ ts.in [명](관제) "통진(通進)"의 한어차사(清格爾泰외 1978a). [出] 道2. [用例] 尖火 夹夯 令太 伞雨 [ŋ.iu jue.æn t(d).uŋ ts.in] [명](관제) "어원통진(御院通進)"의 한어차사(清格爾泰외 1978a).

[令夵] t(d).oi [用法] 본래의 뜻은 "영예로운, 융성한"으로(=公夵), 항상 [qutug](복), [tior](덕), [əsə](길상[吉祥])

등의 단어와 함께 쓰여 "경사스럽다"의 의미를 나타내고 있다. 아울러 "尖太"를 어근으로 하는 동사 [doirhai]도 파생하여 "자손을 번영시키다" 등의 표현으로 사용한다. [出] 宣/先/皇/糺/清/蒲/洞I/錢. [用例] ① 搽 尖太 [qutug t.oi] [명] 복창(福昌), ② 令丙刃 搽 火 夬 令太 [t(d).io.r qutug ju.l t(d).oi] [명] 복덕존창(德福尊昌), ③ 尖太叉金ヰ [t.oi.r. a-ai] [형] 영예로운(愛新覺羅 외 2011).

[令太 丙尜] t(d).oi mə.ər [형] 융성하고 빛나는(即實 1996⑯). [出] 先1.

[令太仐] t(d).oi.s [명](부족명) ① 질랄(迭剌)(劉鳳翥외 2006a/2006b), ② 도외사(陶猥思)(愛新覺羅 2007b). [명](지명) 토하(土河)(愛新覺羅외 2012). [出] 迪/副/慈/奴/糺/清/特/蒲. [参考] "자랑", "긍지"를 의미하는 말로 ≪거란국지≫에 도외사(陶猥思)로 음역되어 있다. 하천의 이름을 나타내는 음역은 토하(土河)로 된다(愛新覺羅외 2012).

[令太仐 小刃 伏廾交] t(d).oi.s dær.qa ŋi.ʊ.ur [명](부족) 도외사 질랄부(陶猥思迭剌部)(愛新覺羅외 2012). [出] 副/慈/奴/糺/清.

[令太仐 小刃 伏仌交] t(d).oi.s dær.qa ŋi.o.ur [명](부족) 도외사 질랄부(陶猥思迭剌部)(愛新覺羅 2013b). [出] 迪5, 特2, 蒲2.

[令太当] t(d).oi.ən [出] 特23.

[令太□] t(d).oi.? [出] 蒲9.

[令夯付] t(d).e.b [명] 정(正)(愛新覺羅 2002). [出] 道/宣/先/糺/特.

[令夯尜] t(d).e.ər [出] 仲48.

[令厺丙] t(d).gə.əi [出] 先44/50/52.

[令厺丙叉] t(d).gə.əi.ir [出] 先45.

[令厺丙丱廾关] t(d).gə.əi.l.ʊ.an [出] 智23.

[令厺夯朩] t(d).gə.e.tʃi [出] 智22.

[令厺夯矢关] t(d).gə.e.d.i [出] 先33.

[令厺村尜] t(d).gə.ən.ər [出] 仲17, 智9.

[令厺叉] t(d).gə.r [명] 대략, 좌우(即實 2012⑳). [出] 先33/43/52/67, 烈13/31, 特15.

[令厺丱叉犳村] t(d).gə.l.ir.dʒi-n [出] 仲25. [校勘] 이 글자는 초본에 잘못 옮겨진 것이므로 "令厺丱叉犳村"이 올바르다(即實 2012㊫).

[令厺丱九] t(d).gə.l.gə [出] 仲38.

[令厺丱厺丙] t(d).gə.l.gə.əi [出] 特5.

[令厺丱厺夯朩] t(d).gə.l.gə.e.tʃi [出] 特32.

[令厺丱九矢关] t(d).gə.l.gə.d.i [出] 特18.

[令厺丱厺尜] t(d).gə.l.gə.ər [出] 智25.

[令厺付] t(d).gə.əb [出] 先45, 烈31.

[令厺尜] t(d).gə.ər [동] 죽었다(即實 2012⑭). [出] 清18/23. [参考] ☞ 令厺尜.

[令厺尜 ヰ村 叉九] t(d).gə.ər ai-n m.umu [문] 죽은 남편의 곁에(即實 2012⑭). [出] 清23.

[令厺尘关] t(d).gə.t.i [出] 先44.

[令厺当] t(d).gə.ən [出] 宣/先/智/奴/糺/清.

[令厺穴犳村] t(d).gə.u.dʒi-n [出] 先63. [校勘] ☞ 令厺穴犳村(即實 2012㊫).

[令夾] t(d).qu [校勘] 이 글자가 ≪梁6≫에서는 초본에 잘못 옮겨진 것(제3・제4 원자가 탈루됨)이므로 "令夾火关"가 올바르다(即實 2012㊫). [出] 梁6, 特24.

[令夾庂] t(d).qu.ur [出] 興14.

[令夾犳叉] t(d).qu.dʒi.ir [出] 仲35. [校勘] 이 글자는 초본에 잘못 옮겨진 것이므로 "令夾火叉"가 올바르다(即實 2012㊫).

[令夾火丱金ヰ] t(d).qu.ui.l.ha.ai [出] 仲18.

[令夾火关] t(d).qu.ui.i [出] 先51.

[令夾火] t(d).qu.ui [出] 先63. [校勘] 即實은 이 글자를 "令夾火"이라고 기록하고 있다(即實 2012㊫).

[令夾火尜] t(d).qu.ui.ər [出] 皇13. [校勘] 이 글자는 초본에 잘못 옮겨진 것("火"는 주로 한어차사에 사용되고 거란어에는 "火"가 사용됨)이므로 "令夾火尜"가 올바르다(即實 2012㊫).

[令ヰ] t(d).ai [借詞] "大"를 나타내는 한어차사(鄭曉光 2002). [出] 先59, 永16.

[令ヰ 仐卝 九亦] t(d).ai s.iaŋ g.iun [명](관제) "대장군(大將軍)"의 한어차사(即實 2012⑦). [出] 永16.

[令ヰ仐] t(d).ai.s [出] 道30.

[令ヰ关] t(d).ai.i [借詞] ①"太", "大" 등을 나타내는 한어차사(研究小組 1977b, 閻萬章 1993, 劉鳳翥외 1995), ② "袋"를 나타내는 한어차사(袁海波외 2005). [出] 故/先/宗/弘/烈/奴/清. [用例] 仐谷 九叉 犮火 令ヰ关 [s.ï. g.in ŋ.u t(d).ai.i] [명](관제) 자금어대(紫金魚袋)(即實 2012⑭).

[令ヰ关 朩犮 仐卝] t(d).ai.i tʃ.əŋ s.iaŋ [명](관제) "대승상(大丞相)"의 한어차사(即實 2012⑨, 劉鳳翥 2014b㊾). [出] 烈4.

[令ヰ关 兆] t(d).ai.i ʂï [명](관제) "태사(太師)"의 한어차사(研究小組 1977b, 清格爾泰외 1978a/1985). [出] 故25.

[令ヰ关 公火 王谷雨] t(d).ai.i n.ui ti.i.in [명](관제) 대내척은(大內惕隱)(劉鳳翥 2014b㊾). [出] 宗14. [校勘] 한어차사를 표현하는 경우 "火"가 아닌 "火"를 사용하는 것이 관례이다(即實 2012㊫).

[令平关 伞平 几亦村] t(d).ai.i ts.iaŋ g.iun-n [명](관제·소유격) 대장군(大將軍)의(即實 2012⑧, 劉鳳翥 2014b㊾). [出] 弘2.

[令号令] t(d).jau.t [수] 4(劉鳳翥 2003, 劉鳳翥외 2003b). [명] ① 중(中)(愛新覺羅 2002), ② 근(近), 장(將)(即實 2012⑳). [出] 弘4, 玦13.

[令号丛] t(d).jau.d [수] 4(劉鳳翥 2014b㊾). [명] ① 중(中·仲)(愛新覺羅 2002), ② 상(上)(愛新覺羅 2004a⑧). [出] 烈16.

[令及] t(d).u [명](관제) 도(都)(即實 1991b). [出] 先9/27.

[令及 令交丛 令交丛] t(d).u t(d).jæ.æm t(d).jæ.æm [명](관제) "도점검(都點檢)"의 한어차사(即實 1996⑯). [出] 先9.

[令及 令交丛 令交丛村 火 尽少圡朩] t(d).u t(d).jæ.æm t(d).jæ.æm-n ui tʊl.l.ha.ar [명](관제) 지도점검사(知都點檢事)(即實 1996⑯). [出] 先9.

[令及圡乃] t(d).u.ha.am [出] 興32. [校勘] 이 글자는 휘본 등에 잘못 옮겨진 것이므로 "令冬圡乃"이 올바르다(即實 2012校).

[令及北] t(d).u.əl [出] 仲/先/奴/圖/韓/特.

[令及药] t(d).u.dʒi [出] 許10. [校勘] 이 단어는 초본에 옮기며 잘못 분할(伞叉 令及药)되었는데, "伞叉几及药"로 합쳐야 한다(即實 2012校).

[令又北] t(d).?.əl [出] 許15. [校勘] 이 글자는 초본에 잘못 옮겨진 것이므로 지석(誌石)에 따라 "令久北"가 올바르다(即實 2012校).

[令爫] t(d).im [부][형] 매우 많이, 매우 많다(即實 2012⑯). [出] 故/仲/博/梁/尚/玦.

[令爫 业号炏] t(d).im p.jau.ər [동] 매우 많이 이루었다(即實 2012⑯). [出] 紀22.

[令爫伏] t(d).im.in [出] 尚21.

[令爫业圡炏] t(d).im.p.ha.ər [出] 紀22. [校勘] 이 단어는 본래 2개의 글자(令爫 业号炏)이나 초본에는 잘못하여 하나로 합쳐져 있다(即實 2012校).

[令爫丹杏炏] t(d).im.b.uni.ər [出] 許26. [校勘] 이 단어는 본래 2개의 글자(令爫 丹杏炏)이나 초본에는 잘못하여 하나로 합쳐져 있다(即實 2012校).

[令爫关] t(d).im.i [出] 許54.

[令爫尘] t(d).im.d [出] 博10.

[令圣禿] t(d).tʃur.s [出] 興14. [校勘] 이 글자는 휘본 등에 잘못 옮겨진 것이므로 "令圣禿"가 올바르다(即實 2012校).

[令刃及凡] t(d).ir.u.ud [出] 蒲23.

[令刃久交] t(d).ir.ug.ur [명](인명) ① 迪里古魯(愛新覺羅 2009a⑧), ② 得爾古里(即實 2012⑨), ③ 德古(劉鳳翥 2014b㊾). [出] 烈2, 高3/12.

> [人物] ≪烈誌≫ 주인 空寧敵烈(1034~1100, 한풍명: 韓承規)의 5대조이자, ≪高誌≫ 주인 王寧高十(1015~?, 韓元佐)의 고조부인 韓知古의 거란어 이름이다(愛新覺羅 2010f). ☞ 韓知古(玉田韓氏)의 가계에 대하여는 "愛新覺羅 2009a⑧"을 참고하라.

[令刃刈及 丹交] t(d).ir.bu.u b.ur [동] 교지 등을 내리다(即實 1996⑯). [出] 宣9. [校勘] 即實은 이 글자들을 "令刃刈及 丹交"라고 기록하고 있다(即實 2012校).

[令刃刈及火] t(d).ir.bu.u.un [出] 仁27, 許16. [校勘] 이 글자는 휘본 등에 잘못 옮겨진 것("刈"와 "及"를 이어 쓰는 사례는 없음)이므로 "令刃刈及火"이 올바르다(即實 2012校).

[令刃刈及] t(d).ir.bu.u [出] 興/宣/仲/宗/永/宋/韓.

[令刃刈及凡] t(d).ir.bu.u.ud [出] 永37, 智19, 玦38.

[令刃刈及矢关] t(d).ir.bu.u.d.i [出] 宋24.

[令刃刈矢] t(d).ir.bu.tə [出] 玦30.

[令刃非关] t(d).ir.ug.i [명](국명/부족) 돌궐(突厥)(愛新覺羅 2006c). [出] 涿20.

> [遼史] 突厥(돌궐)은 부족명이며 국명이다. 악이혼 돌궐문비(顎爾渾突厥文碑)에는 "Turk"라 하였다. 광의로는 돌궐과 철륵(鐵勒) 여러 부락이 포함되며, 협의로는 돌궐칸국을 가리킨다. 546년 수령 토문(土門)이 웅걸하여 철륵을 격파한 후 552년 유연(柔然)을 대파하고 스스로 이이가한이라 하고 돌권칸국을 건설하였다. 문자·관제·형법·세법 등이 있었다. 가한 아래 소가한(小可汗)·섭호(葉護)·설(設)·특근(特勤)·사리발(俟利發)·토둔(吐屯) 등 28등급의 관원이 있는데 모두가 세습되었다. 582년 서면가한(西面可汗) 달두(達頭)와 대가한(大可汗) 사발략(沙鉢略)이 반목하여 동·서 돌궐칸국으로 나누어졌다(金渭顯외 2012㊤).

[令刃冈及] t(d).ir.dʒohi.u [出] 圖19. [校勘] 이 글자는 휘본 등에 잘못 옮겨진 것이므로 "令刃刈及"가 올바르다(即實 2012校).

[令刃券] t(d).ir.ə [명](인명) ① 敵烈德(愛新覺羅외 2011), ② 德日活(即實 2012①), ③ 妊古只(劉鳳翥 2014b⑬). [出] 宗19.

> [人物] ≪宗誌≫ 주인 朝隱驢糞(991~1053, 한풍명: 耶律宗教)의 장인 蕭敵烈(생졸년도 불명)의 이름인 "敵烈德"을 말하며, 자(字)는 涅里衮(=伏朩余伏, 伏朩余杏)이다. 을실기 국구소부방(乙室己國舅少父房)에 속하며 ≪요사≫(권88)에 그의 전(傳)이 있다(愛新覺羅외 2011).

[令村伏] t(d).ən.in [出] 圖2. [校勘] 이 글자는 휘본 등에 잘못 옮겨진 것이므로 "令方伏"이 올바르다(即實 2012[校]).

[令叉] t(d).ir [대] 그러하다, 그와 같다(即實 2012⑳). [出] 仲14, 先61.

[令叉太企] t(d).ir.gə.mə [出] 回20.

[令叉药丙] t(d).ir.dʒ.əi [出] 副18. [校勘] 即實은 이 글자를 "令叉丹丙"라고 기록하고 있다(即實 2012[校]).

[令叉企] t(d).ir.mə [出] 特30/39. [参考] ≪特誌≫의 주인 "蕭特里堅"이 안장된 산의 이름으로 그의 숙부인 "蕭圖古辭"가 안장된 "令叉炎企"와 같은 지역(산)일 것으로 추정하고 있다(吳英喆 2012a②).

> [参考] ≪特誌≫의 출토지는 네이멍구(內蒙古) 퉁랴오시(通遼市) 나이만기(奈曼旗) 칭룽샨진(青龍山鎮) 난고우툰(南溝屯)(바리한[八里罕])에서 서북으로 750m 떨어진 산의 남쪽 경사면이다. 이 산은 ≪圖誌≫의 출토지인 "푸쇼우산(佛手山)"과 동일한 산맥에 속하며, 요대에는 틸리메산이라 불렀다. 바리한(八里罕)에서 쓰쟈쯔툰(四家子屯, 蒲奴隱圖古辞의 묘)까지의 직선거리는 약 10km이다(愛新覺羅 2013a).

[令叉屮] t(d).ir.bur [出] 先51/54.

[令叉丹] t(d).ir.əb [出] 先48.

[令叉丹仐叉] t(d).ir.əb.s.ir [出] 道7.

[令叉由及药] t(d).ir.bəl.u.dʒi [出] 副33.

[令叉由及药村] t(d).ir.bəl.u.dʒi-n [出] 皇12.

[令叉由九] t(d).ir.bəl.gə [出] 先17.

[令叉炎企] t(d).ir.gə.mə [명](지명) 정말산(亭末山)(即實 2012⑳). [出] 圖17/25.

> [参考] ≪圖誌≫의 출토지는 랴오닝성(遼寧省) 푸씬멍구주쯔지현(阜新蒙古族自治縣) 타이핑향(太平鄉) 다다오총(大道村) 쓰쟈쯔툰(四家子屯)에서 북으로 1.5 km 떨어진 푸쇼우산(佛手山)이다. 이 산이 속한 산맥은 요대에는 틸게메산이라 불렀다. 푸쇼우산에 있는 4기의 묘는 모두 蒲奴隱圖古辞 일가에 속한다(愛新覺羅 2013a).

[令叉尘] t(d).ir.t [出] 先52. [校勘] 即實은 이 글자를 "令叉尘"이라고 기록하고 있다(即實 2012[校]).

[令叉尘外太丙] t(d).ir.t.əl.gə.əi [出] 清19.

[令子叉] t(d).os.ir [出] 永16. [校勘] 이 글자는 초본에 잘못 옮겨진 것이므로 "生子叉"가 올바르다(即實 2012[校]).

[令子为本] t(d).os.a.ar [出] 道10.

[令子为出] t(d).os.a.an [出] 典15.

[令ふ关] t(d).on.i [出] 糺4. [校勘] 이 글자는 초본에 잘못 옮겨졌으므로 "又ホ关"가 올바르다(即實 2012[校]).

[令木] t(d).tʃi [出] 道20.

[令勺] t(d).ug [동] 왈(曰, ~에서 일컫기를, 말하기를 (羅福成 1933/1934a/b/c/d/f, 王静如 1933, 厲鼎煃 1954, 研究小組 1977b, 清格爾泰외 1978a, 劉鳳翥 2014b52). [명] 노래(即實 1996⑯). [出] 興/仁/道/宣/許/故/仲/先/宗/海/永/迪/弘/副/皇/宋/智/烈/奴/圖/梁/糺/清/尚/韓/玦/回/特.

[令勺为] t(d).ug.a [出] 玦46.

[令力为] t(d).aqa.a [명] 닭(酉・鷄)(羅福成 1933/1934b, 1934d/1934g, 王静如 1933, 研究小組 1977b, 清格爾泰외 1978a, 1985, 劉鳳翥 2014b52). [同源語] 서면 및 중기몽골어의 [takiy-a], 현대몽골어의 [tæxıɑ], 여진어의 乇 [tixo], 만주어의 [coho], 고대투르크어의 [taqïɣu]와 동일한 어원이다(金啓孮 1984, Kane 2009, 大竹昌巳 2013a/2015c). [出] 仁/宣/許/故/博/永/弘/皇/奴/糺/尚/回/蒲.

[令力为 非朱] t(d).aqa.a po.od [명](향위격) 유시(酉時)에(呼格吉樂圖 2017). [出] 永33.

[令欠] t(d).ugu [借詞] "都", "度" 등을 나타내는 한어 차사(韓寶興 1991, 劉鳳翥 1993d). [出] 令/許/先/宗/博/永/副/烈/高/室/梁/清/尚/韓/玦/特.

[令欠 又关] t(d).ugu ʃ.i [명](관제) ① 정사(正使)(?)(即實 1996⑯), ② "도사(度使)"의 한어차사(劉鳳翥 2014b52). [出] 先7, 副17.

[令欠 又关雨 关化] t(d).ugu ʃ.i.in i.ir [명](관제) 도사(度使)의 호(號)(劉鳳翥 2014b52). [出] 副10.

[令欠 又关村 关化仐] t(d).ugu ʃ.i-n i.ir.s [명](관제) 도사(度使)의 호(號)(복수형)(劉鳳翥 2014b52). [出] 宗11.

[令欠 兆] t(d).ugu ʂï [명](관제) "도사(度使)"의 한어차사(劉鳳翥 2014b52). [出] 令20. [校勘] ≪契丹小字研究≫에서는 이 글자를 하나로 합쳐 기술하고 있다(清格爾泰외 1985).

[令欠币] t(d).ugu.od [명](관제) "도(度)"의 한어차사(蓋之庸외 2008, 即實 2012⑰). [出] 副7.

[令欠币 又关公] t(d).ugu.od ʃ.i.d [명](관제) "도사(度使)"의 복수형(即實 2012⑰). [出] 副7. [校勘] 即實은 첫 번째 글자의 철자법에 의문을 제기한다. 즉 "도사"의 경우 두 번째 글자의 끝에 복수접미사가 붙어야 하므로 "令欠 又关公"가 마땅하다는 주장이다(即實 2012⑰).

[令欠雨] t(d).ugu.in [出] 先65. [校勘] 이 글자는 휘본 등에 잘못 옮겨진 것이므로 "令欠币"가 올바르다(即實 2012[校]).

[令欠北] t(d).ugu.əl [出] 韓20. [校勘] 이 글자는 초본에

잘못 옮겨졌으므로 "**令夂北**"이 올바르다(即實 2012校).

[**令欠亥叉**] t(d).ugu.dʒ.ir [出] 回4.

[**令欠乃冬**] t(d).ugu.dʒa.as [出] 韓20. [校勘] 이 글자는 초본에 잘못 옮겨졌으므로 "**令欠为冬**"가 올바르다(即實 2012校).

[**令欠兆**] t(d).ugu.ʂï [出] 令17.

[**令欠为**] t(d).ugu.a [형] 충실한, 충의가 있는(愛新覺羅외 2011). [用法] **欠** [gu]는 제1음절이 아닌 머리글로 사용되고, 앞의 음절의 머리글을 나타내는 표음자에 音素的 성격이 있는 경우 **欠** 자신이 가진 [u]모음은 그 앞 음절의 모음으로 된다(愛新覺羅외 2011). [出] 道/許/仲/先/皇/宋/梁/清/玦/回/特/圓.

[**令欠为 中关**] t(d).ugu.a bur.i [명] 성실하고 신뢰있는 것(愛新覺羅외 2011). [出] 圓4.

[**令欠为夾**] t(d).ugu.a.an [出] 韓30.

[**令欠为冬**] t(d).ugu.a.as [出] 宣13, 仲28, 先61, 皇21.

[**令欠为冬村**] t(d).ugu.a.as.ən [出] 仲42.

[**令欠为火**] t(d).ugu.a.ju [出] 宣23, 仲12.

[**令欠为关**] t(d).ugu.a.i [出] 先19.

[**令欠化**] t(d).ugu.ur [出] 室8.

[**令欠小 令欠小**] t(d).ugu.ol t(d).ugu.ol [부] ① 유유하게(물이 흐르는 모습)(即實 2012⑰), ② 돈독하게(부부간의 정)(即實 2012⑯). [出] 弘30, 副46, 糺30.

[**令欠亥叉**] t(d).ugu.os.ir / t(d).ugu.dʒ.ir [명](인명) ① 鐸臻(寶玉柱 1990b), ② 丹古倫(即實 1996⑯), ③ 圖古辭(劉鳳翥 외 2005a, 即實 2012⑥, 劉鳳翥 2014b㊶), ④ 脫古思(愛新覺羅 2006a), ⑤ 圖古軫(愛新覺羅 2006b), ⑥ 鐸括辛 또는 鐸火日辛(即實 2012⑬). [出] 故17, 圖2, 韓4.

> [人物] ①《故銘》 주인 撻體낭자(1081~1115)의 만언니 남편인 烏魯本圖古辭 상공(相公)으로, 그 딸이 천조제 원비(天祚帝 元妃)이다(劉鳳翥 2014b㊶).
> ②《圖誌》의 주인인 蒲奴隱圖古辞(1018~1068)를 지칭한다(愛新覺羅 2010f). [參考] ☞ 묘주 및 묘지에 대한 자세한 내용은 "**今火叐杏**"를 참조하라.
> ③《韓誌》에 등장하는 鐸括辛 또는 鐸火日辛 추밀사(樞密使)로, 한풍명은 蕭惠이다(即實 2012⑬).

令夂卡]

t(d).ug.us [出] 先47/48.

[**令夂北**] t(d).ug.əl [出] 宣/令/仲/先/宗/海/涿/永/迪/弘/副/宋/烈/奴/高/圖/梁/糺/清/尚/玦/特/蒲.

[**令夂令**] t(d).ug.t [出] 清29.

[**令夂关村**] t(d).ug.i-n [出] 先47. [校勘] 即實은 이 글자를 "**令夂卡村**"라고 기록하고 있다(即實 2012校).

[**令夂尒**] t(d).ug.ər [명] 거울(鏡)(愛新覺羅 2017a). [出] 先/宗/副/皇/圖/玦. [用例] **朮文夯 令夂尒** [tʃ.jæ.æn t(d).ug.ər] [명] 형경(衡鏡, 옳고 그름을 구분하는 준칙)(愛新覺羅 2017a). [出] 玦44.

令夂夯]

t(d).ja.æn [出] 圖23. [校勘] 即實은 이 글자를 "**令文夯**"라고 기록하고 있다(即實 2012校).

令冬圡乃]

t(d).as.ha.am [동] 다스리다(治)(愛新覺羅 2004a⑤). [出] 仁/道/宣/迪/副/皇/奴/梁/糺/玦/回.

[**令冬圡乃 几丙火**] t(d).as.ha.am g.ju.uŋ [명] 명궁(明宮)(即實 2012⑳). [出] 道6.

[**令冬公**] t(d).as.d [出] 先43.

[**令冬囙**] t(d).as.bə [出] 博/迪/皇/智/烈.

[**令冬丹公**] t(d).as.əb.d [동] 회념(懷念, 그리워하다)(即實 2012⑳). [出] 宣19, 永42, 皇18.

令各化]

t(d).jaŋ.ur [명](인명) 徒古如(即實 2012①). [出] 興12, 道14, 宗23, 博45. [人物] 《宗誌》의 송장명단(送葬名單)에 등장하는 徒古如 부인(夫人)을 지칭한다(即實 2012①).

[**令各化 生**] t(d).jaŋ.ur abu [명](인명) 徒古如阿鉢(即實 2012②). [出] 博45. [人物] 《博誌》 주인 習輦(1079~1142)의 증손녀 남편을 지칭한다(即實 2012②).

[**令礻关**] t(d).uldʒ.i [出] 先30.

令圧公村]

t(d).ud.t.ən [명](인명·소유격) ① 圖得의(愛新覺羅 2009c), ② 撻乞得의(即實 2012⑲). [出] 尚4. [人物] 《尚誌》 주인 緬隱胡烏里(1130~1175)의 고조모(高祖母) 부친인 圖得(宗熙)을 지칭한다(愛新覺羅 2010f).

[**令圧尒**] t(d).ud.d [出] 興13. [校勘] 이 글자는 휘본 등에 잘못 옮겨졌으므로 "**令圧公**"가 올바르다(即實 2012校).

令乃]

t(d).am [出] 許46.

[**令乃夾**] t(d).am.ur [명](지명) 탑모(塌母)(劉鳳翥 2014b52). [出] 仁20, 宗11. [參考] ☞ **令乃本**.

[**令乃夾 企村**] t(d).am.ur mə-n [명](지명·소유격) 탑모성(塌母城)의(劉鳳翥 2014b⑬). [出] 宗11.

> [遼史] **塌母里城(탑모리성)**은 《요사》(권96) <야율적렬전(耶律敵烈傳)>에 있는 탑모성(塌母城)을 지칭한다. 耶律敵烈은 耶律迪烈을 지칭한다(劉鳳翥 2014b⑬).

[**令乃本**] t(d).am.ar [명](지명) ① 탑모리(塌母里)(盧迎紅외 2000), ② 탑모(塌母)(清格爾泰 2002a). [出] 迪25, 玦27. [參考] ☞ **令乃夾**.

[**令乃本 企村**] t(d).am.ar mə-n [명](지명·소유격) 탑모리성(塌母里城=塌母城)의(劉鳳翥 2014b52). [出] 迪25.

[**令乃本 企村 令余 叉关村 火 乏叐犭矢**] t(d).am.ar mə-n t(d).ugu ʃ.i-n ui dol.u.dʒi.tə [명](관제) 탑모리성

(塌母里城)의 도사(度使)의 사지(事知)(劉鳳翥 2014b㊾). [出] 迪25.

[令乃为夹] t(d).am.a.an [出] 先56, 博32.

[令乃为火] t(d).am.a.iu [出] 玦12.

[令乃伏] t(d).am.in [出] 先40. **[校勘]** 即實은 이 글자를 "令丙伏"이라고 기록하고 있다(即實 2012㊫).

[令乃化] t(d).am.ur [出] 皇14.

[令及] t(d).o [명](인명) 鐸斡(即實 2012⑬). [出] 韓16.

[人物] ≪韓誌≫ 주인 曷盧無里 부인(?~1077)의 장남 章高山(愛新覺羅는 "張高十"이라 번역)의 거란어 이름이다(即實 2012⑬).

[令及子圡出] t(d).o.os.ha.an [명] 착령(着令, 부리는 것)(即實 2012⑳). [出] 博15.

[令及不] t(d).o.on [借詞] "團"을 나타내는 한어차사(王弘力 1984). [出] 畵IV.

[令及不 廾] t(d).o.on sï [명](인명) 團石(王弘力 1984). [出] 畵IV. **[人物]** 경릉(慶陵) 전실(前室)의 벽화 우측에 있는 청년무관(青年武官) 그림 위에 새겨진 글자로 성종·도종 때의 명장인 동경유수(東京留守) 耶律團石으로 추정된다(王弘力 1984).

[令为] t(d).a [出] 洞III-2.

[令为杼关] t(d).a.b.i [出] 興4.

[令生] t(d).abu [出] 許/仲/先/博/尚.

[令生丙] t(d).abu.i [명](관제) 영전사(營田使)(即實 2012⑳). [명] 전답과 장원(田庄)(即實 2012⑰). **[用法]** 生 [abu~ab]은 "祖"의 표의자로 되는 경우 음가는 abu가 되고, 표음자로 되는 경우 뒤따르는 음운에 따라 [abu]와 [ab]를 각각 표음한다. 예컨대 동사의 어근 令生丙 [t.abu.i → tabui] 및 令生ち [t.ab.al → tabal]처럼 된다(愛新覺羅 2004). [出] 仲/先/博/永/迪/副/清/玦.

[令生丙ち] t(d).abu.j.en [出] 先34, 博32. **[校勘]** 即實은 ≪先34≫에서 이 글자를 "令生丙当"이라고 기록하고 있다(即實 2012㊫).

[令生丙叉] t(d).abu.j.ir [出] 回11.

[令生丙伏] t(d).abu.j.in [出] 博17.

[令生丙伏矢关] t(d).abu.j.in.d.i [出] 玦40.

[令生丙业圡屮] t(d).abu.j.əl.ha.ai [出] 興22, 博17.

[令生丙业叉] t(d).abu.j.əl.ir [出] 糺25.

[令生丙关] t(d).abu.j.i [동] 넘는다(吳英喆 2012a③). [명] ① 전답과 장원(田庄)(即實 1986c /1996④), ② 세간(世間)(即實 2012①/⑰/⑲). [명](인명) ① 撻不也(王弘力 1986, 即實 1986c), ② 撻不也里(愛新覺羅 2010f). [出] 興/宣/許/仲/先/宗/博/涿/副/智/烈/尚/玦/特. **[人物]** ≪仲誌≫ 주인 烏里衍朮里者(1090~1150)의 조부 特免撻不也里 대왕을 지칭한다(愛新覺羅 2010f).

[令生丙炎] t(d).abu.j.ər [명](인명) ① 撻不也(即實 1986c/1988b, 呂振奎외 1992, 陳乃雄외 1999, 劉鳳翥 2014b㊾), ② 撻不也里(愛新覺羅 2010f). [出] 仲/先/海/博/永/弘/宋/智/烈/梁/清/玦

[人物] ① 위 "令生丙关"의 特免撻不也里 대왕과 동일 인물이다(愛新覺羅 2010f).

② ≪弘誌≫ 주인의 고모부인 撻不也 부마(도종황제의 차녀인 제국공주[齊國公主]의 남편)를 지칭한다(即實 2012⑧).

③ ≪清誌≫ 주인 奪里懶太山(1029~1087, 한풍명: 蕭彦弼)의 셋째 딸인 貴哥낭자의 남편 撻不也里 장군을 지칭한다(愛新覺羅 2010f).

④ ≪宋誌≫ 주인 烏魯宛妃(1056~1080)의 둘째 형제인 斡里端撻不也里 부마를 지칭한다(愛新覺羅 2010f). 위 ②와 동일 인물이다.

⑤ ≪智誌≫ 주인 烏魯本猪屎(1023~1094)의 조카로 胡都菫撻不也里(맏형 耶律仁先의 아들)와 撻不也(동생 耶律信先의 아들) 부궁사(副宮使)가 있다(愛新覺羅 2010f, 即實 2012⑤).

⑥ ≪烈誌≫의 주인인 空寧敵烈(1034~1100, 한풍명: 韓承規)의 막내아들인 撻不也里 낭군을 지칭한다(愛新覺羅 2010f).

[令生丙当] t(d).abu.j.ən [명] 세간(世間)(即實 2012⑰). [명](인명) ① 撻不衍(即實 1986c/1988b, 愛新覺羅 2010f, 吳英喆 2012a④), ② 撻不也(陳乃雄외 1999, 劉鳳翥 2014b㊾), ③ 撻卜烟(即實 2012⑭), ④ 撻不演(劉鳳翥 2014b㊾). [出] 宣/許/仲/先/宗/永/弘/副/智/奴/清/玦/特/蒲.

[人物] ① ≪仲誌≫ 주인 烏里衍朮里者(1090~1150)의 부친은 兀古隣特末里인데, 撻不衍陳留(한풍명: 蕭孝友) 국왕의 장(帳)을 계승하였다(愛新覺羅 2010f).

② ≪弘誌≫ 주인 敖魯宛隗也里(1054~1086, 한풍명: 耶律弘用)의 누이인 撻不衍 공주를 지칭한다(愛新覺羅 2010f).

③ ≪智誌≫ 주인 烏魯本猪屎(1023~1094)의 둘째 부인 撻不衍 낭자를 지칭한다(愛新覺羅 2010f).

④ ≪清誌≫ 주인 奪里懶太山(1029~1087, 한풍명: 蕭彦弼) 부부에게는 3남 6녀가 있는데, 그 장남의 부인 撻卜烟 낭자를 지칭한다(愛新覺羅 2010f, 即實 2012⑭).

⑤ ≪蒲誌≫ 주인 白隱蒲速里(1058~1104, 한풍명: 耶律思齊)의 큰 부인인 撻不衍 부인을 지칭한다(愛新覺羅 2010f, 吳英喆 2012a④).

[令生ち圡] t(d).ab.al.ha [出] 奴22. **[校勘]** 이 단어는 초본에 옮기며 잘못 분할되었는데, 뒤 원자들과 합쳐 "令生ち圡冬北"로 하여야 한다(即實 2012㊫).

[**令生丂圡兵当**] t(d).ab.al.ha.ali.ən [出] 仲28.

[**令生丂圡丂**] t(d).ab.al.ha.al [出] 仲40.

[**令生丂圡丂对买**] t(d).ab.al.ha.al.qa.an [出] 道17, 烈12, 梁20.

[**令生丂圡丰**] t(d).ab.al.ha.ai [동] 안치하다, 관을 놓아두다(厝)(即實 1996⑯). [出] 道5, 先14.

[**令生丂圡木**] t(d).ab.al.ha.ar [出] 玦37.

[**令生丂圡籴**] t(d).ab.al.ha.tʃi [出] 玦12.

[**令生丂圡冬壮**] t(d).ab.al.ha.as.əl [동] 안치하다, 관을 놓다(厝)(即實 2012④). [出] 奴22.

[**令生丂圡为丂**] t(d).ab.al.ha.a.al [出] 先54.

[**令生丂圡为丰**] t(d).ab.al.ha.a.ai [出] 特10.

[**令生丂圡为出**] t(d).ab.al.ha.a.an [出] 宣21.

[**令生丂圡出**] t(d).ab.al.ha.an [동] 안치하다・관을 놓다(厝)(青格勒외 2003, 即實 2012⑳). [出] 皇6. [用例] **叉夾 令生丂圡出** [ʃ.ur t(d).ab.al.ha.an] [동] 가안치(暫厝)하다(即實 2012⑩).

[**令生丂圡艾**] t(d).ab.al.ha.adʒu [出] 先65.

[**令生丂廾**] t(d).ab.al.ʊ [出] 許25. [校勘] 이 단어는 초본에 옮기며 잘못 분할되었는데("**廾**"는 글자 끝에 오지 않음), 뒤 원자들과 합쳐 "**令生丂廾犳村**"으로 하여야 한다(即實 2012㊍).

[**令生丂廾犳**] t(d).ab.al.ʊ.dʒi [出] 先70.

[**令生丂廾犳村**] t(d).ab.al.ʊ.dʒi-n [出] 海/迪/烈/玦/回.

[**令生丂灸犳**] t(d).ab.al.u.dʒi [동] 두다, [명] 둔 것(愛新覺羅외 2011). [語法] 앞의 "**令生丙**"에서 "**生**"이 표의자로 되는 경우[abu]와 표음자로 되는 경우 [abu]/[ab]에 음을 달리한다 설명했다. **令生丂** [tabal-]는 동사 "두다"의 어근이고, 후속되는 **灸** [u] + **犳** [dʒi] → **灸犳**[udʒi]는 동명사 또는 형동사 어미로서 기능을 하므로, **令生丂灸犳** [tabal-udʒi]는 "둔", "둔 것"이라는 의미가 된다(愛新覺羅외 2011). [出] 圓5.

[**令生丂伏**] t(d).ab.al.in [동] ① 매장하다(瘞), 안치하다・관을 놓다(厝)(劉鳳翥외 2003b), ② 장례지내다(殯)(寶玉柱 1990b), ③ 안치하다・관을 놓다(厝)(即實 1996⑯). [出] 宣5.

[**令生丂关**] t(d).ab.al.i [동] 매장하다(瘞), 안치하다・관을 놓다(厝)(劉鳳翥외 2003b). [出] 宋6.

[**令生与**] t(d).ab.en [出] 蒲17.

[**令生乃关**] t(d).abu.dʒi.i [出] 許20. [校勘] 即實은 이 글자를 "**令生丙关**"라고 기록하고 있다(即實 2012㊍).

[**令生灸矢**] t(d).abu.u.ul [명](인명) 撻卜厘(即實 2012⑨). [出] 烈18. [人物] ≪烈誌≫ 주인 空寧敵烈(1034~1100, 한풍명: 韓承規)의 손자(넷째아들인 葛舍卜낭군의 3남)인 撻卜厘을 지칭한다(愛新覺羅 2010f, 即實 2012⑨).

[**令生灸平**] t(d).abu.u.ul [명](인명) ① 撻不勒(愛新覺羅 2010f/2013a), ② 撻不吾勒(即實 2012③). [出] 迪33. [人物] ≪迪誌≫ 주인 撒懶迪烈德(1026~1092)의 장남인 雲獨古里 撻不勒를 지칭한다(愛新覺羅 2010f/2013a).

[**令生乃关**] t(d).abu.am.i [명](인명) 撻不勒(愛新覺羅 2006b). [出] 許4. [校勘] 即實은 이 글자를 "**令生丙关**"라고 기록하고 있다(即實 2012㊍).

[**令生为木**] t(d).ab.a.ar [出] 特23.

[**令生为出**] t(d).ab.a.an [出] 迪34/35. [校勘] 이 단어는 본래 2개의 글자(**令生 为出**)이나 초본에는 잘못하여 하나로 합쳐져 있다(即實 2012㊍).

[**令生佥圡出**] t(d).abu.mə.ha.an [出] 許16. [校勘] 이 글자는 초본에 잘못 옮겨진 것이므로 "**令生业圡出**"이 올바르다(即實 2012㊍).

[**令生业圡丂籴**] t(d).abu.l.ha.al.tʃi [동] 가안치(暫厝)하다(即實 2012⑦). [出] 永32.

[**令生业圡丰**] t(d).abu.l.ha.ai [出] 仲37.

[**令生业圡木**] t(d).abu.l.ha.ai [出] 特25.

[**令生冊圡丰**] t(d).abu.?.ha.ai [出] 先19.

[**令生冊圡出**] t(d).abu.?.ha.an [出] 迪21.

[**令生冊叉**] t(d).abu.?.ir [出] 道15.

[**令生舟伏**] t(d).abu.bu.n [명](인명) 撻不本(愛新覺羅 2006a). [出] 海4. [校勘] 이 단어는 본래 2개의 글자(**令生 刃攵**)이나 초본에는 잘못하여 하나로 합쳐져 있다(即實 2012㊍).

[**令生平**] t(d).abu.ul [出] 尚18/21. [校勘] 이 글자는 초본에 잘못 옮겨진 것이므로 "**令里平**"이 올바르다(即實 2012㊍).

[**令生□圡攵**] t(d).abu.?.ha.ug [出] 海13. [校勘] 이 글자는 휘본 등에 잘못 옮겨진 것이므로 "**令生丂圡丂叉**"가 올바르다(即實 2012㊍).

[**令生□圡为丂**] t(d).abu.?.ha.a.al [出] 特24.

[令気] t(d).aŋ [借詞] "堂"을 나타내는 한어차사(即實 2012①). [出] 宗23.

[**令気为**] t(d).aŋ.a [명](인명) ① 當阿(唐彩蘭외 2002), ② 唐阿(愛新覺羅 2004a⑫), ③ 棠阿(即實 2012⑨), ④ 當哥(劉鳳翥 2014b㊷). [出] 烈15/21. [人物] ≪烈誌≫의 주인인 空寧敵烈(1034~1100, 한풍명: 韓承規)에게는 누이가 넷 있었는데, 그 중 맏누이인 當阿부인을 지칭한다(愛新覺羅 2004a⑫).

[**令気化**] t(d).aŋ.ur [명](인명) ① 當爾(劉鳳翥 2002/2014b㊷), ② 唐魯(愛新覺羅 2004a⑫), ③ 唐古魯(愛新覺羅 2006c), ④ 唐古(愛新覺羅외 2012, 即實 2012⑫). [出] 高10/11. [人物] ≪高誌≫ 주인 王寧高十(1015~?, 한풍명: 韓元佐)의 조카(만형 馮家奴의 외아들)인 唐古魯 상공(相公)을 지칭한다(愛新覺

羅 2010f).

[令炁化村] t(d).aŋ.ur.ən [명](부족명) ① 강인(羌人)(王弘力 1986), ② 당고(唐古)(豊田五郎 2001), ③ 당고(唐古)의, 당고부(唐古部)(即實 1996③/1996⑥), ④ 당고특(唐古特)(吳英喆 2012a②). [出] 仲14, 先9, 圖2/8.

> [遼史] **唐古部(당고부)**는 옛 종족의 이름이다. 요나라 속부에 북당고, 남당고, 익흘당고(匿訖唐古), 학날당고(鶴剌唐古)로 나누었다. 상온과 절도사 등의 관직이 있었다(金渭顯외 2012㊤).

[令炁当] t(d).aŋ.ən [出] 先67.

[令六] t(d).da [出] 海2. [校勘] 即實은 이 글자를 "令欠"라고 기록하고 있다(即實 2012⑫).

[令行公] t(d).omo.n [出] 道31. [校勘] 即實은 이 글자를 "令行소"이라고 기록하고 있다(即實 2012⑫).

[令行소] t(d).omo.ol [出] 仁/仲/先/皇/烈.

[令伏乏] t(d).in.ir [出] 仲13.

[令伏쏘夯火关] t(d).in.t.ə.d.i [出] 回15.

[令仕쳐] t(d).umu.uldʒi [出] 仲47. [用法] "仕" [mu]는 원순모음을 수반한다. 이 표음자의 성격은 "欠"(원자번호 169)와 유사한 측면이 있는데, 즉 첫음절이 아닌 음절에 사용되는 경우 앞 음절의 자음 등에 원순모음(圓脣母音)을 부여하게 된다. 欠와 차이나는 점은 仕이 첫음절의 자음으로도 사용될 수 있다는 점이다(愛新覺羅외 2011).

[令仕令北] t(d).umu.t.əl [出] 特39.

[令仕쏘北] t(d).umu.d.ur [出] 興27/35. [校勘] 이 글자는 휘본 등에 잘못 옮겨진 것이므로 "令仕쏘北"이 올바르다(即實 2012⑫).

[令仕쏘北冈丸本] t(d).umu.d.ur.dʒohi.a.ar [出] 興27. [校勘] 即實은 이 글자를 두 글자로 분리하여 "令仕쏘北 冈丸本"이라고 기록하고 있다(即實 2012⑫).

[令仕쏘北] t(d).umu.d.əl [부] 항상(愛新覺羅외 2011, 即實 2012⑳). [出] 仁/道/宣/令/仲/弘/副/皇/智/糺/尚.

[令仕쏘北村] t(d).umu.d.əl-n [부] ① 매사(每事)를(愛新覺羅외 2011), ② 항상(即實 2012⑰). [出] 許17, 博25, 副32.

[令仕쏘北村 去平炎夯] t(d).umu.d.əl-n əu.ul.gə-ə [형] 항상 같지 않다. 무상(無常)하다(愛新覺羅외 2011). [出] 副32.

[令仕刈] t(d).umu.bur [出] 道6, 宣18, 先64, 清17.

[令仕冗北] t(d).um.w.əl [부] 항상(愛新覺羅외 2011). [出] 圓6. [校勘] 이 단어가 동경의 명문(鏡銘)에서는 令仕冗北[tumwəl]로 되어 있어 묘지(墓誌)에 등장하는 令仕쏘北[tumdəl]과 세 번째 원자가 서로 다르다. 令仕쏘北이 거란문 묘지(契丹文墓誌)에 출현하는 시기는 요 도종 청녕(清寧) 원년(1055)부터 금 세종 대정(大定) 15년(117 까지로, 요금(遼金) 양대를 통하여 동일한 음운을 나 내고 있다. 따라서 경명의 令仕冗北는 ① 다른 방 의 발음을 적었거나, ② 쏘를 冗로 잘못 새기는 등 가지의 가능성이 추정된다(愛新覺羅외 2011). [出] 圓6.

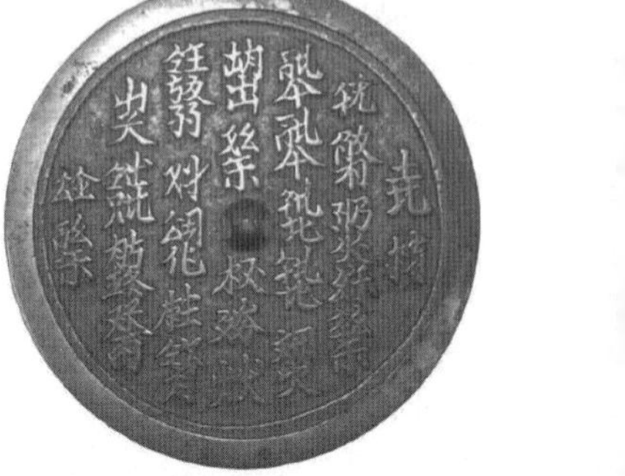

圓銅鏡 뒷면의 명문

[令仕冗北 为ち圡冬] t(d).um.w.əl a.al.ha-as [동] 항상 고 싶다(愛新覺羅외 2011). [出] 圓6.

[令化] t(d).ir [出] 道9, 智19/24.

[令化夂] t(d).ur.ug [수] 4(劉鳳翥 1993d). [명] 머리, 두머리(首)(?)(即實 1996⑯). [用法] 거란의 전기(前期) 헌에는 주로 "令化~"로 표기되지만, 후기(後期) 문에는 "쏘化~"로 표기된다(傳林 2013c). [出] 先66.

[令化伏] t(d).ur.in [出] 仲14. [校勘] 이 글자는 초본 잘못 옮겨졌으므로 "仌化伏"이 올바르다(即實 2012⑫).

[令化炏] t(d).ur.ər [수](서수) ① 제4, 넷째(豊田五郎 199 即實 1996⑯, 劉鳳翥외 2003b), ② "제4, 넷째"의 남성형(鳳翥 2014b㊾). [出] 先/永/迪/弘/宋/慈/烈/奴/高/梁/糺/清/ /玦/回/蒲.

[令化炏 公不村] t(d).ur.ər n.on-n [명](소유격) 제4대의(鳳翥 2014b㊾). [出] 慈5.

[令化当] t(d).ur.ən [수](서수) ① 제4, 넷째(王弘力 1986, 田五郎 1991b, 劉鳳翥 1993d, 即實 1996⑯), ② "제4, 넷째" 여성형(劉鳳翥 2014b㊾). [出] 故/先/烈/圖/清.

[令仐炏] t(d).əs.ər [出] 先64. [校勘] 即實은 이 글 를 "ᅩ仐炏"라고 기록하고 있다(即實 2012⑫).

[令佘] t(d).ugu [借詞] "度"를 나타내는 한어차사(劉 翥외 2008a). [명] 도관(都管=都監寺, 절의 모든 일을 독하는 직책)(梁振晶 2003). [出] 迪25/32, 圖9/10. [校勘] 단어는 초본에 옮기며 잘못 분할되었는데, ≪迪32 에서는 뒤 원자들과 합쳐 "令佘为冬"로 하여야 한 (即實 2012⑫).

[令佘 叉关] t(d).ugu ʃi [명](관제) "도사(度使)"의 한 차사(劉鳳翥 2014b㊾). [出] 圖10.

令余为] t(d).ugu.a [出] 迪14.

令余为买] t(d).ugu.a.an [出] 迪21.

令余为火] t(d).ugu.a.ju [出] 迪34.

令余火叉] t(d).ugu.os.ir [명](인명) 圖古辭(梁振晶 2003, 劉鳳翥 2014b㉜). [出] 迪30/36, 圖2/5, 玦32.

> [人物] ①《迪誌》 주인 撒懶迪烈德(1026~1092)의 장녀 時時里부인의 남편인 圖古辭 상온(詳穩)을 지칭한다(劉鳳翥 2014b㉔).
>
> ②《圖誌》의 주인인 蒲奴隱圖古辞(1018~1068)를 지칭한다(愛新覺羅 2010f). [參考] ☞ 묘주 및 묘지에 대한 자세한 내용은 "令火叉杏"를 참조하라.
>
> ③《玦誌》 주인 只兗昱(1014~1070, 한풍명: 耶律玦)의 셋째딸 阿果낭자의 시아버지인 蒲奴隱圖古辞를 지칭한다(愛新覺羅 2010f). [參考] ☞ 위 ②와 동일 인물이다.

令仌为冬] t(d).i.a.as [出] 奴21.

令尐] t(d).əd [대] 그들(?)(即實 1996⑯). [명] 덕(德)(韓寶興 1991). [명](부족명) 달단(韃靼)(高路加 1991, 朱志民 1995, 劉鳳翥외 1995). [명](인명) 達打(豊田五郎 1991b). [出] 仲/先/博/迪/慈/清/玦/特. [人物] 《先誌》 주인 糺鄰査剌(1013~1072)의 아들인 耶律撻不也의 처가 쪽 선조(先祖)이다(劉鳳翥 2014b⑰).

令尐 几] t(d).əd ku [出] 梁2. [校勘] 이 글자가 초본에는 한 글자(**令尐几**)로 합쳐져 있다(即實 2012㊇).

令尐夭] t(d).əd.is [出] 許37. [校勘] 이 글자는 초본에 잘못 옮겨졌으므로 "**令尐夭**"가 올바르다(即實 2012㊇).

令尐北] t(d).əd.əl [出] 宣16, 烈12, 梁20. [校勘] 이 글자가 《梁20》에서는 초본에 잘못 옮겨졌으므로 "**令尐北**"가 올바르다(即實 2012㊇).

令尐欠] t(d).əd.go [出] 許12. [校勘] 이 글자는 초본에 잘못 옮겨졌으므로 "**令尐 叉**"가 올바르다(即實 2012㊇).

令尐关] t(d).əd.i [出] 仲36, 宗15, 圖11.

令尐与] t(d).əd.ən [出] 圖17. [校勘] 이 글자는 휘본 등에 잘못 옮겨졌으므로 "**令尐与**"가 올바르다(即實 2012㊇).

令么夲火] t(d).ol.ar.ju [出] 先47. [校勘] 即實은 이 글자를 "**令么夲火**"라고 기록하고 있다(即實 2012㊇).

令么朩少圡为亐] t(d).ol.tʃi.l.ha.a.al [出] 仲42.

令企] t(d).əmə [出] 先41, 迪16. [校勘] 即實은 이 글자를 "**公企**"《先41》 또는 "**令企夯朩**"《迪16》라고 기록하고 있다(即實 2012㊇).

令企丙] t(d).əmə.əi [동] ①~에 봉하다(封)(韓寶興 1991, 豊田五郎 1991b, 劉鳳翥 1993d), ②~에 임명하다(除)(即實 1996⑯), ③쫓다, 따르다(追)(石金民외 2001), ④기록하다(愛新覺羅 2004a⑧). [出] 仁/宣/令/故/先/宗/迪/皇/慈/烈/奴/圖/清/韓/玦/回. [用例] "봉(封)"의 의미로는 여러 표현이 사용된다(=**尐企少夲丙, 尐企少夲丙, 令企少夲北, 尐企少夲北, 尐企少夲北, 尐企少夲与, 尐企少夲尖, 尐企少夲尖, 尐企少夲少叉**).

[**令企丙叉犭**] t(d).əmə.j.u.dʒi [出] 糺13.

[**令企丙伏**] t(d).əmə.əi-n [出] 韓33.

[**令企丙少伏**] t(d).əmə.əi.l.in [出] 玦45.

[**令企丙尖**] t(d).əmə.j.ər [동] 신임하다, 중시하다(器重)(王弘力 1986), [명] ①권(眷)(即實 1996⑯), ②천권(天眷, 금나라 제3대 희종황제[熙宗皇帝] 때의 연호로 기간은 1138~1140년이다)(=**尐企丙尖**)(研究小組 1977b, 清格爾泰외 1978a/1985). [명](인명) ①撻不也里(愛新覺羅 2010f), ②特末里(吳英喆 2012a②). [出] 仲20, 回5. [人物] 《回誌》 주인 回里堅何的(?~1080)의 장녀 魯姐의 남편인 撻不也里 태위를 지칭한다(愛新覺羅 2010f). [用例] 关 **令企丙尖** [au t(d).əmə.j.ər] [명] 천권(天眷)(鄭紹宗 1973, 王静如 1973, 研究小組 1977b, 王弘力 1986).

[**令企丙与**] t(d).əmə.j.ən [동] 생각하다, 반성하다(顧)(即實 1996①). [명](인명) ①特免(石金民외 2001, 愛新覺羅 2010f), ②特末衍(即實 2012⑳), ③特梅妍(劉鳳翥 2014b㉘). [出] 宣15, 奴28. [人物] 《奴誌》 주인 國隱寧奴(1041~1098)의 둘째 딸인 特免을 지칭한다(愛新覺羅 2010f).

[**令企与村**] t(d).əmə.j.en [동] 보내다, 선물하다(贈)(豊田五郎 1991b). [出] 先68.

[**令企夯**] t(d).əmə.ə [出] 先45.

[**令企犭圡**] t(d).əmə.dʒa.ha [出] 先31. [校勘] 即實은 이 글자를 두 글자로 나누어 "**朩企 犭朩**"라고 기록하고 있다(即實 2012㊇).

[**令企犭圡火矢**] t(d).əmə.dʒi.ha.ju.tə [出] 先25. [校勘] 即實은 이 글자를 두 글자로 나누어 "**公企 犭圡火矢**"라고 기록하고 있다(即實 2012㊇).

[**令企朩夯**] t(d).əmə.tʃ.e [出] 蒲24.

[**令企伏**] t(d).əmə.in [出] 仁19.

[**令企伞伏**] t(d).əmə.s.in [出] 先38. [校勘] 即實은 이 글자를 "**令企丙伏**"이라고 기록하고 있다(即實 2012㊇).

[**令企公**] t(d).əmə.n [명] 연고·까닭·이유(故)(盧迎紅외 2000). [명](지명) 특문(特門, 하천명)(即實 2012③). [出] 迪26/39.

[**令企少夲丙**] t(d).əmə.l.gə.əi [동] ~에 봉하다(封)(趙志偉외 2001, 唐彩蘭외 2002). [出] 智/高/清/玦/特.

[**令企少夲夯朩**] t(d).əmə.l.gə.ə.tʃi [동] ①~에 봉하다(封)(豊田五郎 1991b, 即實 1991b, 即實 1996⑯), ②전서(銓敍, 재능을 시험하여 우열에 따라 벼슬을 시킴)(即實 1996⑯). [出] 先39.

[令企仐夳仐叉] t(d).əmə.l.gə.l.ir [동] ①~에 봉하다(封)(劉鳳翥외 1995, 趙志偉외 2001), ②~에 봉해지다(被封)(愛新覺羅 2004a⑧). [出] 宗/智/烈/玦/特.

[令企仐夳火] t(d).əmə.l.gə.ər [동] 얼마 안 있어 ~에 제수되다(旋授)(即實 2012⑫). [出] 道14, 高14/22.

[令企仐夳当] t(d).əmə.l.gə.ən [出] 玦35.

[令企仐叉] t(d).əmə.l.ir [동] ①~에 봉했다(封)(劉鳳翥외 2003b, 愛新覺羅외 2004a⑧), ②맡게 하다(委), 수여·제수하다(授)(即實 2012⑳). [出] 先4, 弘7. [用法] 令企(어근)+仐叉(과거시제 접미사)(愛新覺羅 2004a⑧).

[令企仐九] t(d).əmə.l.gə [동] ①~에 봉하다(封)(劉鳳翥외 1981d), ②맡게 하다(委), 수여·제수하다(授)(即實 2012⑳). [出] 故10, 弘8.

[令企仐九矢] t(d).əmə.l.gə.tə [出] 清28.

[令企仐火尘劣朩] t(d).əmə.l.ər.t.ə.tʃi [出] 回6.

[令企仐炏丙] t(d).əmə.l.gə.əi [동] ①~에 봉하다(封)(劉鳳翥외 1981d, 清格爾泰외 1985, 即實 1996⑯/2012), ②전서(銓敍, 재능을 시험하여 우열에 따라 벼슬을 시킴)(即實 1996⑯), ③위임하다(即實 2012⑳). [出] 令/故/先/宗/迪/弘/副/烈/奴/圖/糺/玦/蒲.

[令企仐炏北] t(d).əmə.l.gə.əl [동] ①~에 봉하다(封)(劉鳳翥외 1981d, 清格爾泰외 1985, 即實 1996⑯), ②전서(銓敍)하다(即實 1996⑯). [出] 故11, 副14.

[令企仐炏与] t(d).əmə.l.gə.en [동] ①~에 봉하다(封)(劉鳳翥 1993d, 即實 1996⑯), ②전서(銓敍)하다(即實 1996⑯). [出] 先5.

[令企仐炏叉] t(d).əmə.l.gə.ər [동] ①~에 봉하다(封), ~에 제수하다(除)(即實 1996⑯), ②전서(銓敍)하다(即實 1996⑯). [出] 令14.

[令企仐炏朩] t(d).əmə.l.gə.tʃi [동] ~에 봉하다(封)(劉鳳翥외 2007). [出] 副28, 室7/9.

[令企仐炏仐叉] t(d).əmə.l.gə.l.ir [동] ①~에 봉하다(封)(豊田五郎 1991b, 劉鳳翥 1993d, 即實 1996⑯), ②전서(銓敍)하다(即實 1996⑯), ③~에 봉해지다(被封)(愛新覺羅 2004a⑧), ④위임하다(即實 2012⑳). [出] 先/副/烈/奴/糺/清/蒲. [用法] 令企(어근)+仐炏(사역형 접요사)+仐叉(과거시제 접미사)(愛新覺羅 2004a⑧).

[令企仐炏火] t(d).əmə.l.gə.ər [동] ~에 봉하다(封)(盧迎紅외 2000). [出] 興/迪/副/皇/奴/玦/蒲.

[令企仐炏当] t(d).əmə.l.gə.ən [동] ~에 봉하다(封)(劉鳳翥외 2003b). [出] 先5, 宋4/10, 慈5, 玦4/5.

[令企火] t(d).əmə.ər [명](인명) ①德斯給(即實 1996⑥), ②特每(劉鳳翥외 2003b, 即實 2012⑳, 劉鳳翥 2014b㊵), ③特末(劉鳳翥 2003/2014b㊷), ④特末里(袁海波외 2005, 愛新覺羅 2010f/2013a, 劉鳳翥 2014b㊷), ⑤特枚(即實 2012⑦). [用法] 거란의 전기문헌에는 주로 "令企火"로 표기되지만, 후(기) 문헌에는 "丞企火"로 표기한다(傅林 2013c). [出] 道/(先)/永/弘/宋/圖/清/蒲.

[人物] ①《先誌》 주인 糺鄰査剌(1013~1072, 한풍명: 耶律仁先)의 셋째 딸 馬思古낭자의 남편인 特末里(1045~1072, 한풍명: 蕭閘)를 지칭한다. 한자 묘지명이 출토되었다(劉鳳翥 2014b⑰).

②《永誌》 주인 遙隱永寧(1059~1085)의 재당숙 特末里 태보(十神奴의 장남)를 지칭한다(愛新覺羅 2013a).

③《弘誌》 주인 敖魯宛隗也里(1054~1086, 한풍명: 耶律弘用)의 다섯째 처남(부인 阿姆合[阿睦葛 또는 諳兮] 낭자의 둘째 남동생)이자, 《宋誌》 주인 烏魯宛妃(1056~1080)의 둘째 남동생인 特每낭군을 지칭한다(劉鳳翥 2014b㊵).

④《圖誌》 주인 蒲奴隱圖古辞(1018~1068)의 사위(차녀 官奴의 남편)인 仁寧特末里 태사(太師)를 지칭한다(愛新覺羅 2010f).

⑤《清誌》 주인 奪里懶太山(1029~1087, 한풍명: 蕭彦弼) 부부의 손자(차남 査剌낭군의 장남)인 特末里를 지칭한다(愛新覺羅 2010f).

[令企火矢] t(d).əmə.ər.tə [명](인명·향위격) ①特末에(게) (劉浦江외 2014), ②特末里에게(劉鳳翥 2014b⑰). [出] 先63

[令企劣] t(d).əmə.ə [동] ~에 봉하다(封)(愛新覺羅 2004b④). [出] 興12, 故12, 糺24. [校勘] 即實은 《糺24》에서는 (이) 글자를 "令企火"이라고 기록하고 있다(即實 2012㉟).

[令企炏仐叉] t(d).əmə.gə.l.ir [出] 副25. [校勘] 이 글자(는) 초본에 잘못 옮겨진 것(셋째 원자에 "仐"가 탈루되었)음)이므로 "令企仐炏仐叉"가 올바르다(即實 2012㉟).

[令企当] t(d).əmə-n [동] 수여·제수하다(授), ~에 봉하(다)(封)(即實 2012⑩). [명] 연고·까닭·이유(故)(青格勒외 200(3)). [명](인명) ①特美, 特每(劉鳳翥외 1995, 劉鳳翥 2014b㊷), ②德斯昆(即實 1996⑥), ③特免(愛新覺羅 2010f, 即實 2012①, 英喆 2012a④), ④德勉(即實 2012⑰), ⑤特勉(劉鳳翥 201(4b)⑰). [出] 先/宗/弘/副/皇/宋/室/糺/清/回/蒲.

[人物] ①《先誌》의 지문(誌文)을 지은 사람인 特勉을 지칭한다(劉鳳翥 2014b⑰).

②《宗誌》 주인 朝隱驢糞(991~1053, 한풍명: 耶律宗教)의 장녀인 特免을 지칭한다(愛新覺羅 2010f).

③《弘誌》 주인 敖魯宛隗也里(1054~1086, 한풍명: 耶律弘用)의 처제(부인 阿姆合[阿睦葛 또는 諳兮] 낭자의 둘째 여동생)이자, 《宋誌》 주인 烏魯宛妃(1056~1080)의 여동생인 特美(特免) 낭자를 지칭한다(劉鳳翥 2014b㊵).

④《副誌》 주인 窩篤宛兀没里(1031~1077, 한풍명: 耶律運)의 셋째 부인인 特免부인(夫人)을 지칭한다(愛新

覺羅 2010f).
⑤《室誌》 주인 撒懶室魯(?~1100)의 장남인 特免霞里를 지칭한다(愛新覺羅 2010f).
⑥《清誌》 주인 奪里懶太山(1029~1087, 한풍명: 蕭彦弼)의 부친 特免王五를 지칭한다(愛新覺羅 2013a).
⑦《回誌》의 주인인 回里堅何的(?~1080)의 장남 特免阿不를 지칭한다(愛新覺羅 2013a).
⑧《蒲誌》의 주인 白隱蒲速里(1058~1104, 한풍명: 耶律思齊)의 장녀인 特免을 지칭한다(愛新覺羅 2010f).

[令佥与 万兂 九丙] t(d).əmə-n j.aŋ g.ju [명](인명) ① 特免・陽九(即實 2912⑰), ② 特每・陽九(劉鳳翥 2014b52). [出] 副21. [人物] 《副誌》에 등장하는 우원낭군반 상온(右院郎君班詳穩) 蕭陽九이다. 묘주(墓主) 寫篤宛兀沒里(1031~1077, 한풍명: 耶律運)는 대강(大康) 3년(1077) 여름에 蕭陽九와 함께 국사(國事)에 관한 부주의한 발언을 하여 화를 입고 8월 19일에 사망하였다(愛新覺羅 2010f).

[令佥□] t(d).əmə.? [出] 令11. [校勘] 即實은 이 글자를 "**令佥业吝丙**"라고 기록하고 있다(即實 2012⑫).

[令业去与] t(d).əl.gə.en [出] 特27.

[令业去与] t(d).əl.gə.ən [出] 特1/2.

[令业去与村] t(d).əl.gə.ən.ən [出] 特35.

[令业叉] t(d).əl.ir [出] 韓34. [校勘] 이 글자는 초본에 잘못 옮겨진 것이므로 "**令火叉**"가 올바르다(即實 2012⑫).

[令业子矢] t(d).əl.dʒu.tə [出] 道28.

[令业公] t(d).əl.ən [出] 清21. [校勘] 이 글자는 초본에 잘못 옮겨진 것이므로 "**仐业关**"가 올바르다(即實 2012⑫).

[令业丹号] t(d).əl.əb.s [出] 皇15.

[令业丹夯] t(d).əl.əb.e [出] 玦8.

[令业丹芬] t(d).əl.b.ə [형] 개활(開闊, 크고 넓음)(愛新覺羅 2004a④, 即實 2012⑳). [同源語] "광대한", "관대한"의 뜻을 나타내는 서면몽골어 [delbe-]와 동일한 어원이다(愛新覺羅 2004a④, 即實 2012⑳). [出] 興23, 烈7/30, 奴44, 糺19. [用法] 여러 묘지(墓誌)에서 "**冬本**(안녕한)" [as.ar] 또는 "**公平杰关**(온화하고 공손한)" [n.ai.tʃ.ər]와 앞뒤로 함께 사용되고 있어 아마 이것들과 유사한 의미를 지닐 것이다(大竹昌巳 2015b). [用例] ① **令业丹芬 公平杰关**《烈7》, ② **签业业芬 公平杰关**《涿24》, ③ **冬平 令业丹芬**《糺19》.

[令业由] t(d).əl.bəl [형] 어근이 같은 "**令业丹芬**"와 유사한 의미를 지닌 것으로 생각된다(大竹昌巳 2015b). [出] 道/宣/烈/奴/糺/特.

[令业夯丙] t(d).əl.gə.əi [동] 전개하다(愛新覺羅 2003h). [出] 先33/37. [校勘] 即實은 《先37》에서는 이 글자를 "**圣业吝丙**"라고 기록하고 있다(即實 2012⑫).

[令业吝叐豹村] t(d).əl.gə.u.dʒi-n [出] 回26.

[令业吝夂] t(d).əl.gə.ug [出] 特13.

[令业吝关] t(d).əl.gə.ər [出] 副42.

[令业吝与] t(d).əl.gə.ən [명](인명) ① 特里堅(愛新覺羅 2010f), ② 得勒堅(即實 2012⑮/2015b). [出] 慈11/12/21, 回6/19.

> [人物] ①《慈誌》의 지문(誌文)을 지은 사람인 得勒堅을 지칭한다(即實 2012⑮).
> ②《回誌》 주인 回里堅何的(?~1080, 蕭圖古辭의 조카)의 차녀인 特里堅을 지칭한다(愛新覺羅 2010f).

[令业吝与村] t(d).əl.gə.ən-n [명](인명・소유격) 得勒堅의(即實 2015a). [出] 慈10/12, 回16/23.

[令业吝与村 与] t(d).əl.gə.ən-n dəu [명] 得勒堅의 동생(即實 2015a). [出] 回23.

[令火叐] t(d).ui.u [명](인명) ① 頹昱(愛新覺羅 2006b, 劉鳳翥 2014b52), ② 圖欲(即實 2012⑳). [出] 智6. [人物] 《智誌》 주인 烏魯本猪屎(1023~1094, 한풍명: 耶律智先)의 고조부에 해당하는 척은(惕隱) 團寧頹昱을 지칭한다(愛新覺羅 2010f).

[令火叐灾] t(d).ui.u.ur [명](지명) 토아(吐兒)(산)(劉鳳翥 외 2009). [出] 宣5.

[令火叐灾 朿矢] t(d).ui.u.ur nior.tə [명](지명・향위격) 토아산(吐兒山)에(劉鳳翥 외 2014b33). [出] 宣5.

[令火叐灾关] t(d).ui.u.ur.ər [出] 道34.

[令火矢] t(d).ui.tə [出] 韓23.

[令火关] t(d).ui.ər [出] 韓16.

[令兴叉] t(d).əŋ.ir [出] 令8. [校勘] 이 글자는 초본에 잘못 옮겨진 것이므로 "**令火叉**"가 올바르다(即實 2012⑫).

[令圣禿] t(d).hai.is [出] 博19, 尚21. [校勘] 이 글자는 초본에 잘못 옮겨진 것이므로 "**令圣禿**"가 올바르다(即實 2012⑫).

[令圣] t(d).æm [出] 先31/49, 糺11. [校勘] 이 글자는 휘본 등에 잘못 옮겨진 것이므로 "**公佥**"《先31》, **令圣禿**《先49》, **令圣友**《糺11》가 올바르다(即實 2012⑫).

[令圣禿] t(d).æm.is [出] 宣/許/先/宗/博/永/迪/智/室/清/玦/蒲.

[令圣禿村] t(d).æm.is-n [出] 梁2.

[令圣禿矢] t(d).æm.is.tə [出] 永36, 特25.

[令圣禿关] t(d).æm.is.ər [出] 迪30.

[令圣木业圡为出] t(d).æm.mu.l.ha.a.an [出] 宣11. [校勘] 이 글자의 세 번째 원자는 탁본에도 "**木**"로 기록되어 있고 《興冊》과 《許誌》에도 그렇게 되어 있으

나, 각공 과정에서 잘못된 것으로 "犬"가 올바르다(即實 2012[校]).

[令圣友] t(d).æm.dʒi [동] 경유하다, 돌다(即實 2012⑳). [出] 興/先/迪/皇/清.

[令圣犬伏] t(d).æm.tʃi.in [出] 宋16.

[令圣犬个圡为ち] t(d).æm.tʃi.l.ha.al [出] 仲42.

[令圣犬个圡为木] t(d).æm.tʃi.l.ha.a.ar [出] 道21.

[令圣犬与] t(d).æm.tʃ.ən [出] 皇11, 慈21.

[令圣尘] t(d).æm.t [出] 梁12.

[令夊北] t(d).⍰.əl [出] 永40. [校勘] 이 글자는 초본에 잘못 옮겨진 것이므로 탁본에 근거하여 "令夂北"가 올바르다(即實 2012[校]).

[令火] t(d).un [명] 말미, 끝, 마지막(愛新覺羅 2004a⑤). [명](인명) 屯(即實 2012⑳). [出] 先47/48, 迪33.

[令火 令夂长] t(d).un t(d).ug.us [명](인명) 屯圖古德爾(即實 1996⑥). [出] 先47. [人物] 《先誌》에 등장하는 동척덕부(東惕德部)의 추장(酋長)으로 직불고인(直不姑人)을 지원하여 요조(遼朝)에 대항한 자이다(即實 1996⑥).

[令幺夾] t(d).ia.an [出] 先43/44/45/50. [用法] "令才" [t(d).ia](적[敵])의 소유격/목적격(大竹昌巳 2016e).

[令幺东] t(d).ia.ad [出] 特4. [用法] "令才"의 복수형(大竹昌巳 2016e).

[令幺火] t(d).ia.ju [出] 令15, 先42, 特7. [用法] "令才"의 향위격(大竹昌巳 2016e).

[令业] t(d).aŋ [出] 特26.

[令业亟圡为木] t(d).aŋ.qa.ha.a.ar [出] 興20. [校勘] 이 글자는 휘본 등에 잘못 옮겨진 것이므로 "令业由圡为木"가 올바르다(即實 2012[校]).

[令业付] t(d).aŋ.bi [出] 道15, 先45/51, 博18.

[令业丹与] t(d).aŋ.b.en [出] 博25.

[令业丹伏] t(d).aŋ.bu.n [出] 興19, 先47, 博11.

[令业丹火] t(d).aŋ.b.ər [出] 先18.

[令业由圡平] t(d).aŋ.bəl.ha.ai [出] 回23.

[令业由圡木] t(d).aŋ.bəl.ha.ar [出] 先53.

[令非刃] t(d).⍰.r [명] 파수군(大竹昌巳 2016d). [出] 仲11, 先14/49.

[令非刃伏] t(d).ugu.r.in [出] 先32/41. [校勘] ☞ 令非刃伏(即實 2012[校]).

[令非刃关] t(d).ugu.r.i [出] 先41. [校勘] ☞ 令非刃关(即實 2012[校]).

[令业] t(d).əp [부] ① 갑자기(王弘力 1986), ② 바로, 때마침(即實 1996⑯, 愛新覺羅 2002). [出] 仲21, 宗8/13, 皇7. [同源語] 몽골어의 [tob]와 동일한 어원이다(王弘力 1986

[令业 北个丹] t(d).əp nen(?).əl.qa [出] 梁12.

[令业 因个丹伏] t(d).əp bə.l.bu.n [동] ① 정통, ② 황 (皇統= 卺业 因个丹伏, 금나라 제3대 희종황제[熙宗 帝] 때의 연호로 기간은 1141~1149년이다)(即實 1996⑥ [出] 仲21/22.

[令业矢] t(d).əp.tə [出] 玦44.

[令用夊] t(d).il.u [出] 令25. [校勘] 이 글자는 초본 잘못 옮겨졌으므로 "令用夂"가 올바르다(即實 2012[校]).

[令用夂] t(d).il.ug [명](인명) ① 廸魯(鄭曉光 2002), ② 魯(劉鳳翥 2002, 劉鳳翥외 2005b), ③ 敵魯(袁海波외 2005, 鳳翥 2014b㉗), ④ 迪魯古(愛新覺羅 2003f), ⑤ 敵魯古(愛新 羅 2004a⑪), ⑥ 迪里姑(即實 2012⑦), ⑦ 迪里古(即實 20 ⑨/⑮/⑰). [出] 先/永/副/慈/烈/高/清/韓.

[人物] ①《先誌》의 주인 紇鄰査剌(1013~1072, 한풍명: 耶律仁先)의 선조인 撒剌丁迪魯古 이리근(夷離菫 = 의조[懿祖]황제)을 지칭한다(愛新覺羅 2003f).

②《永誌》 주인 遙隱永寧(1059~1085)의 6대조모인 迪魯古 낭자(娘子)를 지칭한다(愛新覺羅 2010f).

③《副誌》 주인 寓篤宛兀没里(1031~1077, 한풍명: 耶律運)와 《慈誌》 주인 鉢里本朝只(1044~1081)의 6대조인 曷魯隱迪魯古 이리근(夷離菫)을 지칭한다(愛新覺羅 2010f).

④《烈誌》 주인 空寧敵烈(1034~1100, 한풍명: 韓承規)의 부친이자, 《高誌》 주인 王寧高十(1015~?, 韓元佐)의 6촌 형제인 遵寧·滌魯(韓德威의 손자인 韓宗福)을 지칭하는데, 그 숙조부(叔祖父)인 定哥(韓德顒) 상공(相公)의 가(家)를 이어받았다(劉鳳翥외 2005b). ☞ 韓知古(玉田韓氏)의 가계에 대하여는 "愛新覺羅 2009a⑧"을 참고하라.

⑤《清誌》 주인 奪里懶太山(1029~1087, 한풍명: 蕭彦弼)의 선조인 敵輦·敵魯 재상(宰相)을 지칭하는데, 解里 낭군(郎君)의 아들이다(劉鳳翥 2014b㉗).

[令用夂伏] t(d).il.ug.in [명](인명) ① 特末衮(即實 1996⑯ ② 迪輦(愛新覺羅 2003e), ③ 迪魯菫(愛新覺羅 2004a⑧), ④ 敵魯寧(劉鳳翥 2014b(52)). [出] 故1/7/9/23. [人物] 《故銘》 주인 撻體낭자(1081~1115)의 남편인 迪魯菫華嚴奴(106 ~?, 한풍명: 蕭孝寧) 장군을 지칭한다(愛新覺羅 2010f).

[令用夂伏 又 关圣 公夊] t(d).il.ug.in hua ŋ.æm n.u (인명) ① 迪魯菫華嚴奴(愛新覺羅 2010f), ② 敵魯寧· 嚴奴(劉鳳翥 2014b(52)). [出] 故7.

[令用令] t(d).il.t(d) [명](인명) ① 迪里德(愛新覺羅 2004a⑫ ② 得利德(鄭曉光 2002, 劉鳳翥 2014b(52)), ③ 迪里得(即 2012⑦), ④ 迪烈得(愛新覺羅 2013a). [出] 永12/22/25. [人

《永誌》 주인 遙隱永寧(1059~1085)의 당숙(부친 南睦散博古只 태사[?~1072]의 사촌형)인 迪烈得 장군을 지칭한다(愛新覺羅 2013a).

[令用令杓] t(d).il.t.ən [명](인명・소유격) 敵烈의(愛新覺羅 2004b⑦). [명](부족명) (오고[烏古])적렬덕부(迪烈德部)(即實 2012⑫/⑰). [出] 副12/25, 高20, 圖11.

> [遼史] 烏古迪烈部詳穩(오고적렬부 상온)은 외몽골 여구하(臚朐河) 유역에 있던 부족의 상온이다(金渭顯 외 2012㊤).

[令用劣] t(d).il.ə [명](인명) ①敵烈, 迪烈(唐彩蘭외 2002, 劉鳳翥외 2003b/2004a, 即實 2012⑯, 劉鳳翥 2014b(52)), ②迪里伙 또는 迪里活(即實 2012⑧/⑨/⑬), ③敵輦(吳英喆 2012a④). [出] 宗/弘/烈/糺/韓/蒲.

> [人物] ①《弘誌》 주인 敖魯宛隗也里(1054~1086, 한풍명: 耶律弘用)의 장인인 時時隣迪烈(한풍명: 蕭知玄) 태사(太師)를 지칭한다(愛新覺羅 2010f).
>
> ②《烈誌》의 주인인 空寧敵烈(1034~1100, 한풍명: 韓承規)을 지칭한다(愛新覺羅 2010f). [參考] ☞ 묘주 및 묘지에 대한 자세한 내용은 "几火伏 令用劣"를 참조하라.
>
> ③《糺誌》 주인 夷里衍糺里(1061~1102)와 《蒲誌》 주인 白隱蒲速里(1058~1104, 한풍명: 耶律思齊)의 7대조인 敵輦巖木古 이리근을 지칭한다(愛新覺羅 2010f).
>
> ④《韓誌》 주인 曷盧無里夫人(?~1077)의 남편의 형인 章九 태위(太尉)의 장인 迪里伙 낭군을 지칭한다(即實 2012⑬).

[令用当] t(d).il.ən [명](인명) ①特末衍(即實 1996⑯), ②敵輦, 迪輦(劉鳳翥 1993d/2014b㉔, 即實 1996⑤/2012⑥), ③迪年(即實 2012⑫), ④迪里(劉鳳翥 2014b(52)), ⑤迪利安(劉鳳翥 2014b㉔). [出] 故/先/永/慈/智/高/圖/糺/清/玦/回/蒲. [用法] "令用当"은 "尸当"[dil.ən]과 동일한 표현이다(劉鳳翥 2014b㉔).

[令用当 両 业及 公及] t(d).il.ən ur [명](인명) ①迪輦多寶奴(愛新覺羅 2010f), ②敵輦・大菩奴(康鵬 2011). [出] 回4. [人物] 《回誌》의 주인인 回里堅何的(?~1080, 蕭圖古辭의 조카)의 맏형인 迪輦多寶奴 창사(敞史)를 지칭한다(愛新覺羅 2010f).

[令用当 北] t(d).il.ən ur [명](인명) 敵輦・訛(劉鳳翥 2014b(52)). [出] 故18. [人物] 《故銘》 주인인 撻體娘子(1081~1115)의 형부(셋째 언니 度突里의 남편)인 敵輦・訛 통군(統軍)을 지칭한다(劉鳳翥 2014b㊶).

[令用当 芍甫] t(d).il.ən dau.dʒil [명](인명) ①敵輦鐸只(愛新覺羅 2010f), ②迪輦・骨只(即實 2012⑮). [出] 慈4. [人物] 《慈誌》 주인 鉢里本朝只(1044~1081)의 5대조인 敵輦鐸只 이리근(夷離菫)을 지칭한다(愛新覺羅 2010f).

[令用当 伏行欠] t(d).il.ən ŋ(ni).omo.gu [명](인명) ①敵輦巖木古(愛新覺羅 2010f), ②敵輦・巖木(即實 2012⑯). [出] 糺3. [人物] 《糺誌》 주인 夷里衍糺里(1061~1102)의 7대조인 敵輦巖木古 이리근(夷離菫)을 지칭한다(愛新覺羅 2010f). [參考] ☞ "令用当 伏行余"을 참조하라.

[令用当 伏行余] t(d).il.ən ŋ(ni).omo.gu [명](인명) ①敵輦巖木古(愛新覺羅 2010f), ②迪輦巖木(吳英喆 2012a④), ③敵輦・巖木(劉鳳翥 2014b⑰). [出] 先2, 蒲2. [人物] 《先誌》 주인 糺鄰查剌(1013~1072, 한풍명: 耶律仁先)의 7대조이자, 《蒲誌》 주인 白隱蒲速里(1058~1104, 한풍명: 耶律思齊)의 7대조인 敵輦巖木古 이리근(夷離菫)을 지칭한다(愛新覺羅 2010f). [參考] ☞ "令用当 伏行欠"을 참조하라.

[令用当 伞夯朩] t(d).il.ən s.æn.tʃi [명](인명) 迪輦鮮質(愛新覺羅 2010f). [出] 玦7. [人物] 《玦誌》의 주인 只兗昱(1014~1070, 한풍명: 耶律玦)의 7대조인 요련씨(遙輦氏) 迪輦鮮質 가한(可汗)을 지칭한다(愛新覺羅 2010f).

[令用当 伞交 业丙] t(d).il.ən s.iæ l.io [명](인명) ①迪輦射六(愛新覺羅 2010f), ②迪輦・協留(即實 2012⑦). [出] 永20. [人物] 《永誌》 주인 遙隱永寧(1059~1085)의 증조부의 동생인 迪輦射六 태위(太尉)를 지칭한다(愛新覺羅 2010f).

[令用当 令用夂] t(d).il.ən t(d).ir.ug [명](인명) ①迪輦迪魯古(愛新覺羅 2010f), ②敵輦・敵里古(即實 2012⑭), ③敵輦・敵魯(劉鳳翥 2014b(52)). [出] 清3. [人物] ☞ "令用夂"의 ⑥을 참조하라.

[令用当 圣用] t(d).il.ən hai.il [명](인명) ①迪輦諧里(愛新覺羅 2010f), ②敵輦・解里(劉鳳翥 2014b(52)). [出] 故5/6. [人物] 《故銘》 주인인 撻體낭자(1081~1115)의 증조부 迪輦諧里를 지칭한다(愛新覺羅 2010f).

[令冃]
t(d).iŋ [借詞] "定", "頂", "廷" 등을 나타내는 한어차사(即實 1991b, 趙志偉외 2001). [出] 先8, 智14.

[令冃 火] t(d).iŋ k(h) [명](인명) 廷克(即實 1996⑯). [出] 先8.

[令冃 火杰 公及] t(d).iŋ k(h).uaŋ n.u [명](인명) 定光奴(劉鳳翥 2014b⑰). [出] 先8. [人物] 《先誌》 주인 糺鄰查剌(1013~1072, 한풍명: 耶律仁先)의 셋째 딸 冬哥낭자의 남편인 定光奴 제실기(帝室己)를 지칭한다(愛新覺羅 2006a).

[令丹尘兴] t(d).əb.d.ər [出] 道5.

[令丹刈]
t(d).tum.aqa [出] 智23. [校勘] 이 글자는 초본에 잘못 옮겨진 것이므로 "令尗刈"가 올바르다(即實 2012[校]).

[令丹关] t(d).tum.i [出] 玦22.

[令尗圡犮] t(d).ja.ha.adʒu [出] 博14.

[令水力] t(d).ja.qa 出 先68, 宗26.

[令水力关] t(d).ja.qa.i 出 海10.

[令叒火叐] t(d).niæ.ui.r 出 道23.

[令竝叐] t(d).æn.ir 图(인명) ①地安(劉鳳書 2002/2014b⑤②), ②殿隱(愛新覺羅 2004a⑫), ③鈿匿(愛新覺羅 2006a), ④鈿茵(即實 2012⑫). 出 高5/10. 人物 《高誌》 주인 王寧高十(1015~?, 한풍명: 韓元佐)의 조부 福留(?~986, 韓德昌 사도(司徒))의 둘째형(韓德慶 사도) 부인인 甌昆鈿匿 낭자를 지칭한다(愛新覺羅 2006a).

[令交] t(d).iæ 出 宗23. 校勘 即實은 이 글자를 "今交"라고 기록하고, "(鸞)洁"(인명)이라고 해석하고 있다(即實 2012⑫).

[令交丙关] t(d).iæ.al.ər 出 副22, 博21. 校勘 即實은 이 글자를 "今交丙关"이라고 기록하고 있다(即實 2012⑫).

[令交丙关关] t(d).iæ.al.ər.i 出 故15.

[令交夯] t(d).jæ.æn 借詞 ①"天"을 나타내는 한어차사(閻萬章 1993, 劉鳳書외 1995), ②"殿"을 나타내는 한어차사(硏究小組 1977b, 劉鳳書외 1977). 图(인명) 滇(또는 闐)(即實 2012⑫). 出 郎/先/宗/弘/副/皇/宋/圖/玦/特. 人物 《高誌》 주인 王寧高十(1015~?, 한풍명: 韓元佐)의 조부 福哥(?~986, 韓德昌 사도(司徒))의 셋째 형인 韓德彰 상공(相公)을 지칭한다(愛新覺羅 2010f).

[令交夯 弓火 北夻 安火 北] t(d).iæ.æn dʒu.uŋ ʃi.ï ŋ.iu ʃi 图(관제) "전중시어사(殿中侍御史)"의 한어차사(劉鳳書 2014b⑤②). 出 皇2, 宋2.

[令交夯 王] t(d).iæ.æn ba 图(인명) ①天八(愛新覺羅 2010f), ②田胡突(即實 2012⑳), ③鈿匿(劉鳳書 2014b⑤②). 出 圖6. 人物 《圖誌》 주인 蒲奴隱圖古辞(1018~1068)의 부인인 天八공주(公主)를 지칭한다(愛新覺羅 2010f).

[令交夯村] t(d).iæ.æn-n 出 涿18, 玦23.

[令交夯夂] t(d).iæ.æn.ug 出 令7. 校勘 이 글자는 초본에 잘못 옮겨진 것이므로 "令交夯伏"이 올바르다(即實 2012⑫).

[令交夯矢] t(d).iæ.æn.tə 图(향위격) ~전(殿)에(硏究小組 1977b). 出 興/仁/道/令/先/宋.

[令交夯伏] t(d).iæ.æn.in 图(인명) ①田訥(即實 1996⑯), ②殿寧(劉鳳書 2002), ③天你(劉鳳書외 2008a, 愛新覺羅 2009a⑧), ④鈿匿(愛新覺羅 2010f), ⑤典訥(即實 2012⑥), ⑥殿烏(劉鳳書 2014b⑮). 出 令7/20, 烈3/4, 高3, 圖6.

人物 ①《令誌》 주인 高隱福留(997~1054)의 조부의 동생인 鈿匿 사도(司徒)를 지칭한다(愛新覺羅 2010f). ②《圖誌》 주인 蒲奴隱圖古辞(1018~1068)의 장인(부인 天八공주의 부친)인 典訥 임아(林牙)를 지칭한다(愛新覺羅 2010f, 即實 2012⑥).

[令交夯伏 丙圠夠] t(d).iæ.æn.in j.au.dʒi 图(인명) ①你藥只(愛新覺羅 2009a⑧), ②天你(殿寧)·堯冶(劉鳳書 201⑤②), ③田訥·夊純(即實 2012⑨). 出 烈3, 高3. 人物 《高誌》 주인인 空寧敵烈(1034~1100, 한풍명: 韓承規)의 고부이자, 《高誌》 주인 王寧高十(1015~?, 한풍명: 韓元佐)의 증부인 天你藥只(韓匡嗣) 대왕을 지칭한다(愛新覺羅 200⑧). ☞ 韓知古(玉田韓氏)의 가계에 대하여는 "愛新覺羅 200⑧"을 참고하라.

[令交夯公] t(d).iæ.æn.d 出 特4.

[令交夯关] t(d).iæ.æn.ər 借詞 "殿"을 나타내는 한어차사(蓋之庸외 2008, 即實 2012⑰). 出 副20.

[令交夯苶 今禿伏] t(d).iæ.æn.ə pu.si.in 图(인명) 天부인(夫人)(愛新覺羅외 2011). 出 詳13.

人物 《耶律詳穩墓誌》 주인 連寧曷里(1010~1091)의 부인인 天哥부인(夫人)을 지칭하는데, 天哥부인은 발해왕족의 후예인 迷里吉立秋(大力秋) 부마(駙馬)외 常哥공주의 딸로서 連寧曷里와 혼인하였고 함옹(咸雍) 연간(1065~1074)에 사망하였다(愛新覺羅외 2011).

[令交本] t(d).iæ.ær 出 興/仁/宣/仲/海/博/慈/烈/奴/尚.

[令交本刋] t(d).iæ.ær.qa 形動 안정되다(即實 2012⑤). 智19. 用例 今灬丹 令交本刋 [sə.lə.b t.jæ.ær.aq 形질서가 안정되다("今灬丹"는 "질서"를, "令交本刋"는 "안정되다"를 의미한다)(即實 2012⑤).

[令交本公] t(d).iæ.ær.d 图 남쪽(蓋之庸외 2008). 形 우한(即實 2012⑳). 出 副12, 特39. 参考 "一关"(북쪽의)와 대립하는 말이다(吉如何 2016).

[令交本公 几用村] t(d).iæ.ær.d g.iŋ-n 图(지명·소유격) 南京의(劉鳳書 2014b⑤②). 出 副12.

[令交本公 几用村 北 火关] t(d).iæ.ær.d g.iŋ-n ʃi u 图(관제) 南京의 侍衛(劉鳳書 2014b⑤②). 出 副12.

[令交无关] t(d).iæ.də.ər 出 奴11.

[令交夯] t(d).iæ.ær 图 ①아래(下), 남쪽(南)(即實 1991⑤), ②연(燕)(劉鳳書 1984a). 出 先11/14/37.

[令交夯 几夾] t(d).iæ.ær g.ur 图 ①아래 나라(下國)(即實 1996⑯), ②남조(南朝), 남국(南國)(即實 1996⑯). 出 先11.

[令交夯 几用村] t(d).iæ.ær g.iŋ-n 图(지명·소유격) 경(下京)의, 남경(南京)의(即實 1996⑯). 出 先14.

[令交夯 几用村 夯火 夯 业及子坐朴] t(d).iæ.ær g.iŋ-tu.uŋ dʒi p.o.os.ha.tʃi 旾 남경(南京)의 동지(同知)라는 벼슬을 받다. 즉 한어의 어순으로는 "배남경지동지(拜南京之同知)"가 되며, 《요사·야율인선(耶律仁先)》전에 있는 "因授燕京留守同知"에 해당하는 표현이다(劉鳳書 2014b⑰). 出 先14. 校勘 即實은 마지막 글자를

"业及子圡ホ"라고 기록하고 있다(即實 2012[校]).

[令交方 九冈朩 仐丙 叉圡] t(d).iæ.ər g.iŋ-n [명](관제) 남경의 유수(南京留守)(劉鳳翥 2014b52). [出] 先37.

[令交乃关关] t(d).iæ.am.ər.i [出] 先55. [校勘] 即實은 이 글자를 "令交丙关关"라고 기록하고 있다(即實 2012[校]).

[令交为] t(d).iæ.tu [出] 玦24.

[令交仐] t(d).iæ.æm [借詞] "點"을 나타내는 한어차사(豊田五郎 1991b, 即實 1991b, 劉鳳翥 1993d). [出] 先9/27/31, 烈20.

[令交仐 令交仐朩 火 戸仐刃] t(d).iæ.æm t(d).iæ.æm-n ui tʊl.l.qa [명](관제) 지점검사사(知點檢司事)(即實 1996⑯). [出] 先27.

[令交类] t(d).iæ.əns [명] 전(典)(愛新覺羅 2004a⑦). [出] 智7.

[令交关] t(d).iæ.ər [동] 삼가다, 중히 여기다(即實 2012⑳). [出] 仲/弘/副/梁/糺.

[令亦] t(d).iun [出] 先60. [校勘] 即實은 이 글자를 "令ㄔ"라고 기록하고 있다(即實 2012[校]).

[令ㄔ] t(d).ia [명] 적(敵)(即實 1996⑥). [出] 道/先/副/慈/高/室/特. [用例] 丙火 令ㄔ [tʃau.ui t(d).ia] [명] 적군(敵軍)(呼格吉樂圖 2017). [出] 慈8.

[令ㄔ 圡□] t(d).ia ha.? [出] 室1.

[令ㄔ丰廾子刃] t(d).ia.nen(?).ʊ.os.qa [出] 智23. [校勘] 이 단어는 본래 2개의 글자(令ㄔ 木廾平刃)이나 초본에는 잘못하여 하나로 합쳐져 있다(即實 2012[校]).

[令关] t(d).i [用法] 종비격어미를 나타내는 부가성분이다(吳英喆 2005c). [出] 道34, 韓25.

[令关 尺平关叉] t(d).i u.ul.gə.ər [出] 圖18. [校勘] 이 글자가 휘본 등에는 한 글자로 합쳐져 있다(劉浦江외 2014).

[令关禿] t(d).i.is [出] 糺19. [校勘] 이 글자는 초본에 잘못 옮겨진 것이므로 "令仐禿"이 올바르다(即實 2012[校]).

[令关艾] t(d).i.sair [出] 許31. [校勘] 이 글자는 초본에 잘못 옮겨졌으므로 "令夂北"이 올바르다(即實 2012[校]).

[令关仐] t(d).i.t [出] 特19.

[令关冃] t(d).i.iŋ [借詞] ①"丁"을 나타내는 한어차사(即實 2012⑧), ②"定"을 나타내는 한어차사(劉鳳翥 2014b52). [出] 弘17.

[令关冃 八忐 公叐] t(d).i.iŋ k(h).uaŋ n.u [명](인명) ① 丁光奴(即實 2012⑧), ② 定光奴(劉鳳翥 2014b52). [出] 弘17. [人物] 《弘誌》 주인 敖魯宛隗也里(1054~1086)의 부인 阿睦葛낭자(1055~1099)의 형부(언니 遂哥낭자의 남편) 丁光奴낭군을 지칭한다(愛新覺羅 2010f, 即實 2012⑧).

[令关关] t(d).i.i [借詞] "帝"를 나타내는 한어차사(即實 2012⑧). [出] 弘7/15. [用例] 主 令关关 [huaŋ t(d).i.i] [명] 황제(皇帝)(即實 2012⑧).

[令关关朩] t(d).i.i.n [명](소유격) 제(帝)의(即實 2012⑧). [出] 弘2. [用例] 主 令关关朩 [huaŋ t(d).i.i.n] [명](소유격) 황제(皇帝)의(即實 2012⑧).

[令关冄叐] t(d).ər.əb.u [명](지명) 덕급복(德給卜)산(即實 2012⑳). [出] 奴3/4/47.

[令火] t(d).ud [借詞] "睹"를 나타내는 한어차사(韓保興 1991). [형] 부드러운, 온화한(=公火)(愛新覺羅외 2011). [명](관제) 都督(吳英喆 2012a③). [명](인명) ① 德和(即實 1996⑤), ② 度突里(袁海波외 2005, 劉鳳翥 2014b27/41), ③ 都特(愛新覺羅 2003e), ④ 徒古得(即實 2012③/⑰), ⑤ 土古得(即實 2012⑭), ⑥ 圖獨(愛新覺羅 2013a). [出] 故/先/永/迪/弘/副/宋/烈/奴/高/圖/梁/糺/清/玦/特. [用例] 关 令火 [au t(d).ud] [명] 함옹(咸雍, 요나라 도종황제 때의 연호로 기간은 1065~1074년이다)(劉鳳翥 1984a/1993d, 韓寶興 1991, 豊田五郎 1991b, 即實 1991b/1996⑫).

> [人物] ①《迪誌》 주인 撒懶迪烈德(1026~1092)의 셋째 딸이자, 《故銘》 주인 撻體낭자(1081~1115)의 셋째 언니인 度突里를 지칭하는데, 그 남편은 敵輦·訛(令冊当 北) 통군(統軍)이다(劉鳳翥 2014b41).
>
> ②《清誌》 주인 奪里懶太山(1029~1087, 한풍명: 蕭彦弼)의 넷째 딸 得哥낭자의 남편인 왕자반(王子班)의 都特(即實은 "度突里"라고 번역) 낭군(郎君)을 지칭한다(愛新覺羅 2010f).
>
> ③《副誌》 주인 寓篤宛兀没里(1031~1077, 한풍명: 耶律運)의 둘째부인 都特낭자를 지칭한다(愛新覺羅 2010f).
>
> ④《烈誌》 주인 空寧敵烈(1034~1100, 한풍명: 韓承規)의 손자(4남 渾不魯의 장남)인 圖獨을 지칭한다(愛新覺羅 2013a).

[令火 勺为出] t(d).ud dor.a-an [명] 보령(保寧, 요나라 경종황제 시기의 연호로 기간은 969~978년이다)(唐彩蘭외 2002, 即實 2012⑨). [出] 烈3.

> [遼史] 태조부터 천조에 이르기까지 요대 연호의 변천에 대하여는 《부록》의 [거란소자 주요 어휘]를 참조하라.

[令火矢] t(d).ud.tə [出] 先26.

[令火仐杰关] t(d).ud.əl.gə.ər [出] 先59/69.

[令火仐杰当] t(d).ud.əl.gə.ən [出] 道21.

[令火仐叉] t(d).ud.əl.ir [出] 副21, 奴42/44.

[令火仐杰仐] t(d).ud.əl.gə.s [出] 皇12.

[令火仐杰当] t(d).ud.əl.gə.ən [出] 迪8.

[令火冄] t(d).ud.bu [出] 仁20.

[令火尘] t(d).ud.t [出] 梁5, 特16.

[令火] t(d).uŋ [借詞] ① "通"을 나타내는 한어차사(研究小組 1977b, 愛新覺羅외 2011), ② "冬"을 나타내는 한어차사(豊田五郎 1998a). [出] 宣2, 先31, 高24, 玦13/19/20/21. [校勘] 即實은 ≪先31≫에서는 이 글자를 "令炎"라고 기록하고 있다(即實 2012[校]).

[令火 伞交丕] t(d).uŋ s.iæ.æm [명](관제) "동첨(同簽)"의 한어차사(愛新覺羅 2013b). [出] 玦19.

[令火 业为夹] t(d).uŋ p.a.an [명](관제) "통판(通判)"의 한어차사(愛新覺羅 2013b). [出] 玦20.

[令火 舟叐] t(d).uŋ b.u [명] "통보(通寶)"의 한어차사(愛新覺羅외 2011). [出] 保寧通寶등. [用例] ☞ "劣火 舟叐" [tu.uŋ b.u]로도 쓴다(愛新覺羅외 2011).

[令炎] t(d).oi [동] ① 집중하다(陳述 1973), ② 창성하다(愛新覺羅외 2011). [명] 덕(德)(劉鳳翥외 1982). [出] 寶.

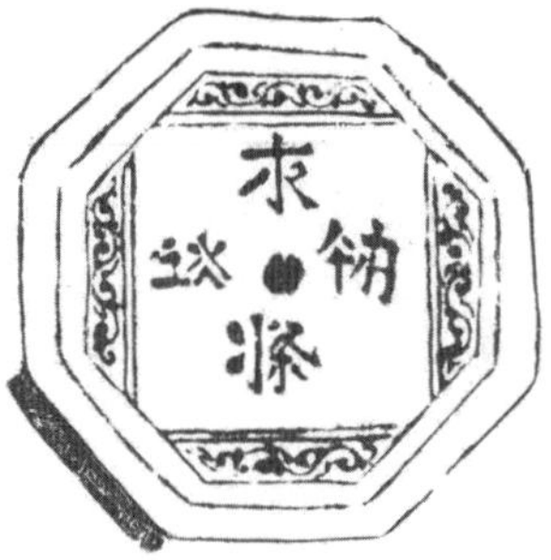

▶ 寶坻鏡
거울 뒷면

[令炎丙] t(d).oi.əi [出] 韓25. [校勘] 即實은 이 글자를 "令炎丙"라고 기록하고 있다(即實 2012[校]).

[令炎伞] t(d).oi.s [형] ① 큰, 완전한(寶玉柱 2006), ② 창성(昌盛, 일이나 기세가 크게 일어나다), 현영(顯榮, 높은 지위에 놀라 영화롭다)(即實 2012④). [명] 迭剌(劉鳳翥 1983a). [명](인명) "脫古思", "圖古斯", "禿古斯" 등의 이름으로도 쓰인다(寶玉柱 2006). [出] 故4, 奴5. [用例] ☞ "公炎伞" [d.oi.s]로도 쓴다(寶玉柱 2006). [同源語] 몽고어의 "완전한, 원만한"의 의미를 지닌 [tegüs]와 동일한 어원이다(寶玉柱 2006).

[令夯北] t(d).ə.əl [出] 清15.

[令夯舟] t(d).ə.əb [出] 仁29, 先25/41/56, 奴29.

[令裕] t(d).əgə [出] 令19, 先4, 奴6, 紀19. [校勘] 即實은 이 글자를 "令裕□□□"≪令19≫, "令裕丙"≪先4≫, "令夯"≪奴6≫, "令业舟夯"≪紀19≫ 등으로 각각 달리 기록하고 있다(即實 2012[校]).

[令裕丙] t(d).əgə.əi [동] ① 추(追, 거슬러 올라가다)(即實 1996⑥, 劉鳳翥외 2003b), ② 之(가다, ~의)(即實 1996⑯). [出] 令/先/迪/宋/慈/奴/玦.

[令裕丙 令佥业裕与] t(d).əgə.əi t(d).əmə.l.gə.ən [동] 관직을 추사하다(贈), 추봉(追封)하다(即實 1996⑯). [出] 先5, 宋4.

[令裕丙 火用叐] t(d).əgə.əi ui.il.ir [명] 재혼의(即實 2012⑳). [出] 慈9.

[令裕丙关] t(d).əgə.əi.i [出] 副31.

[令裕丙犬] t(d).əgə.j.ər [동] ① 세상을 떠났다(故)(蓋之庸외 2008), ② 사망하다(卒)(即實 2012⑳). [出] 副23.

[令裕夯村] t(d).əgə.e.tʃi [명] 죽은 사람(逝者)(即實 2012⑳). [出] 智22.

[令裕叐犳] t(d).əgə.u.dʒi [出] 副34.

[令裕村犬] t(d).əgə.ən.ər [부] ~후에(即實 2012⑳). [出] 許16, 故12, 尚8.

[令裕叐] t(d).əgə.r [出] 韓25, 蒲18.

[令裕叐业穴犳] t(d).əgə.r.əl.u.dʒi [出] 玦33.

[令裕伏犬] t(d).əgə.in.ər [부] ~후에(即實 2012⑳). [出] 慈27.

[令裕业裕与] t(d).əgə.l.gə-n [出] 烈14.

[令裕业叐] t(d).əgə.l.ir [出] 蒲6.

[令裕业伏] t(d).əgə.l.in [동] 떠나다(離), 죽다(逝)(即實 2012⑳). [出] 宋23.

[令裕业裕丙] t(d).əgə.l.gə.əi [出] 迪26. [校勘] 即實은 이 글자를 "令裕业裕犬"라고 기록하고 있다(即實 2012[校]).

[令裕业裕业九] t(d).əgə.l.gə.l.əg [出] 興32.

[令裕业裕犬] t(d).əgə.l.gə.ər [出] 皇13, 圖24.

[令裕业裕与] t(d).əgə.l.gə.ən [동] 서거하다(即實 2012⑳). [出] 慈16.

[令裕业穴犳] t(d).əgə.l.u.dʒi [出] 興12.

[令裕犬] t(d).əgə-ər [동] ① "고(故, 세상을 떠났다)"의 남성형(劉鳳翥외 1995, 即實 1996②, 陳乃雄외 1999), ② "죽다"의 과거형(愛新覺羅외 2011). [同源語] 여진어의 圭判 [dəjə-](일어나다), [dəgdən-](바치다, 받들어 올리다), 만주어의 [dəjə-](하늘을 날다), [dəgdə-] (떠돌다, 날아오르다), 몽골어의 [dəgdə-](날아오르다)와 같은 어원이다(愛新覺羅외 2011). [出] 令/宗/永/迪/弘/皇/智/烈/奴/圖/紀/韓/回/蒲. [用例] **伞佥扎犬 令裕犬** [s.əm. ur.ər t(d).əgə-ər] [동] "병으로 인해 사망하다(病故)"의 남성형(劉鳳翥외 2006b). [出] 奴20, 紀13.

[令裕犬村] t(d).əgə.ər.ən [出] 回19.

[令裕夯村] t(d).əgə.ə.tʃi [出] 永37, 迪34.

[令裕尘关] t(d).əgə.t.i [出] 興13.

[令裕与] t(d).əgə.ən [형] "넘었다"의 여성형(大竹昌巳 2016d) [동] ① 죽다(卒)(即實 2012⑳), ② "고(故, 이미 세상을 떠나다)"의 여성형(陳乃雄외 1999, 劉鳳翥외 2003b). [出] 故/仲/永/迪/弘/副/皇/宋蓋/宋/烈/奴/圖/玦/蒲/梆. [用例1] **毛 令裕与 土化** [mas t(d).əgə.ən əu.ur] [문] 10세를 넘은 나이에(大竹昌巳 2016d). [出] 烈10. [用例2] **伞佥扎犬 令裕与**

[s.əm.ur.ər t(d).əgə-ən] [동] "병으로 사망하다(病故)"의 여성형(劉鳳翥외 2006b). [出] 弘14.

[令关与关] t(d).əgə.ən.i [出] 先67. [校勘] 即實은 이 글자를 "令 关与关"이라고 기록하고 있다(即實 2012[校]).

[令关与关] t(d).əgə.ən.ər [동] 세상을 떠났다(故)(劉鳳翥외 2003b). [出] 宋9.

[令谷付] t(d).ï.əb [出] 興19. [校勘] 即實은 이 글자를 "令分付"라고 기록하고 있다(即實 2012[校]).

[令义叉] t(d).odʒ.ir [出] 烈2.

[令义为出] t(d).odʒ.a.an [出] 宣22.

[令义小伏] t(d).odʒ.əl.in [出] 梁21.

[令义关] t(d).odʒ.i [出] 烈11.

[令义□] t(d).odʒ.? [出] 特11.

[令当为] t(d).oŋ.a [명](인명) ① 同阿(即實 1991b/1996⑥), ② 同瓦(豊田五郎 1991b/1998a, 即實 1996⑥). [出] 先47/48/51. [人物] ≪先誌≫에 등장하는 북직불고(北直不姑)의 "同阿"라는 인물을 지칭한다(即實 1996⑥).

[令当为夾] t(d).oŋ.a.an [명](인명) 同安(即實 1996⑥). [명](인명・소유격) 同阿의, 同瓦의(即實 1996⑥). [出] 先46/49/50.

[令考] t(d).iau [出] 博34, 蒲25.

[令考仕斗] t(d).iau.mu.ja [出] 故21.

[令考分] t(d).iau.ud [명] ① 중앙(盧迎紅외 2000), ② 위(即實 2012⑳). [出] 宗/迪/副/皇/慈蓋/慈/智/高/糺/玦/特.

[令考伞用斗] t(d).iau.ts.il.ja [出] 故19.

[令平] t(d).ul [出] 許41, 先34/43, 高22. [校勘] 即實은 이 글자를 뒤 원자와 합쳐 "令平□□"≪許41≫, "令平穴火"≪先34≫, "令平穴与"≪高22≫이라고 기록하고 있다(即實 2012[校]).

[令平叐北] t(d).ul.u.əl [出] 圖13, 糺29, 淸17/19.

[令平叐夾] t(d).ul.u.ur [出] 慈27, 糺24, 淸22, 玦42.

[令平叐火] t(d).ul.u.ui [出] 高17, 特4.

[令平叐关] t(d).ul.u.ər [동] 치다, 정벌하다(伐)(吳英喆 2012a ②). [出] 特4.

[令平叐与] t(d).ul.u.ən [명](인명) ① 覩璐(鄭曉光 2002), ② 圖魯沅(即實 2012⑦). [出] 永14, 圖3. [人物] ≪永誌≫ 주인 遙隱永寧(1059~1085)의 6촌 형제 韋果勒의 둘째 부인인 圖魯沅낭자를 지칭한다(即實 2012⑦).

[令平叉伞] t(d).ul.ir.əs [出] 仲11.

[令平叉伞 刀叉] t(d).ul.ir.əs uan.ir [出] 仲9. [校勘] 이 글자들이 초본에는 잘못하여 하나로 합쳐져 있다(即實 2012[校]).

[令平叉与] t(d).ul.ir.ən [出] 玦5.

[令平伞北] t(d).ul.s.əl [出] 令18.

[令平公北叉] t(d).ul.t.əl.ir [出] 淸30. [校勘] 이 단어는 본래 2개의 글자(令平公北 久)이나 초본에는 잘못하여 하나로 합쳐져 있다(即實 2012[校]).

[令平小九] t(d).ul.əl.əg [出] 興32.

[令平关] t(d).ul.i [出] 迪27, 烈3.

[令平㐅北] t(d).ul.k(h).əl [出] 興20, 圖23. [校勘] 이 글자는 휘본 등에 잘못 옮겨진 것이므로 "令平穴北"가 올바르다(即實 2012[校]).

[令平㐅火] t(d).ul.k(h).ui [出] 興24. [校勘] ☞ 令平穴火(即實 2012[校]).

[令平穴北] t(d).ul.u.əl [동] 앞 뒤 정황으로 보아 "다스리고 따르다"의 의미로 추정된다(即實 2012⑨). [出] 先/宗/迪/皇/慈/智/烈/玦.

[令平穴廾] t(d).ul.u.ʊ [出] 慈17. [校勘] 이 글자는 초본에 잘못 옮겨진 것이므로 "令平穴北"이 올바르다(即實 2012[校]).

[令平穴夾] t(d).ul.u.ur [出] 令/先/弘/慈/烈/淸.

[令平穴与] t(d).ul.u.en [出] 博39.

[令平穴与关] t(d).ul.u.en.ər [出] 博16.

[令平穴火] t(d).ul.u.ui [동] 이끌다(領・率)(即實 1996⑥). [出] 許/仲/先/博/永/慈.

[令平穴关] t(d).ul.u.gə [出] 玦13.

[令平穴与] t(d).ul.u.ən [명](인명) 圖盧沅(即實 2012⑳). [出] 許42, 永14. [校勘] 即實은 이 글자를 "令平叐与"라고도 기록하고 있다(即實 2012[校]).

[令平□□] t(d).ul.?.? [出] 先30. [校勘] 即實은 이 글자를 "令平穴药"라고 기록하고 있다(即實 2012[校]).

[令穴] t(d).u [借詞] "度"를 나타내는 한어차사(Kane 2009). [出] 迪12. [校勘] 이 글자는 초본에 잘못 옮겨진 것이므로 "令欠"가 올바르다(即實 2012[校]).

[令穴为] t(d).u.a [出] 仁28. [校勘] ☞ 令欠为(即實 2012[校]).

[令穴为冬] t(d).u.a.as [出] 智12. [校勘] 이 글자는 초본에 잘못 옮겨진 것이므로 "令㐅村关"가 올바르다(即實 2012[校]).

[令穴为冬村] t(d).u.a.as.ən [出] 宋20. [校勘] ☞ 令欠为冬村(即實 2012[校]).

[令王平] t(d).ak.ul [出] 宗26, 智23, 尚18/21/27.

[令廿] t(d).adʒu [出] 智21.

[令圢关] t(d).p.i [出] 玦26.

[令圢义] t(d).p.os [出] 玦29.

[令□] t(d).? [出] 先20, 永10. [校勘] 이 글자가 초본에

는 "令□"와 "令□オ□"으로 잘못 옮겨져 있으므로 각각 "令丞"≪先20≫와 "令丙オ朱"≪永10≫가 올바르다(即實 2012校).

[令□雨] t(d).?.in [出] 涿12.

[令□夾冬] t(d).?.ul.as [出] 韓21. [校勘] 이 글자는 초본에 잘못 옮겨진 것이므로 "令欠为冬"가 올바르다(即實 2012校).

[令□伏] t(d).?.in [出] 先48. [校勘] 即實은 이 글자를 "令丙伏"이라고 기록하고 있다(即實 2012校).

[令□化村] t(d).?.ir.ən [명](부족명) 당고특(唐古特)(吳英喆 2012a②). [出] 特4. [參考] ☞ "令気化村"를 참조하라.

[令□国] t(d).?.bə [出] 迪4. [校勘] 이 글자는 초본에 잘못 옮겨진 것이므로 "令冬国"가 올바르다(即實 2012校).

[令□将券] t(d).?.b.ər [出] 玦18.

[令□由] t(d).?.bəl [出] 先29. [校勘] 即實은 이 글자를 "令尘由"이라고 기록하고 있다(即實 2012校).

[令□穴北] t(d).?.u.əl [出] 回10.

[令□□] t(d).?.? [出] 博35, 永22, 韓24. [校勘] 即實은 ≪永22≫에서는 이 글자를 "令用令"로 추정하고 있다(即實 2012校).

兮 [발음] dʒal [原字번호] 248

[兮夾] dʒal.qu [형] ① 나이가 적은(愛新覺羅 2003d), ② 작은(吳英喆 2005c, 即實 2012⑳), ③ "나이가 적은"의 단수 여성형(남성형은 "卅欠"이다)(大竹昌巳 2016). [명] 어린이, 소년(劉鳳翥 2014b52). [出] 宣/許/仲/先/博/永/弘/副/智/奴/梁/韓/特/蒲.

[兮夾 圡化] dʒal.qu əu.ur [명] 젊은 시절(Kane 2009, 即實 2012⑳). [出] 仲2.

[兮夾疋] dʒal.qu.ur [出] 仁26, 仲48.

[兮夾矢] dʒal.qu.tə [出] 許50, 韓18.

[兮夾券] dʒal.qu.ər [出] 宣22, 迪38.

[兮丸疋] dʒal.au.? [出] 烈31. [校勘] 이 글자는 초본에 잘못 옮겨진 것이므로 "兮夾疋"가 올바르다(即實 2012校).

[兮伏] dʒal.in [出] 先28. [校勘] 이 글자는 휘본 등에 잘못 옮겨진 것이므로 "当伏"이 올바르다(即實 2012校).

[兮文夾] dʒal.jæ.? [出] 仁26. [校勘] 이 글자는 휘본 등에 잘못 옮겨진 것이므로 "兮夾疋"가 올바르다(即實 2012校).

[兮文矢] dʒal.jæ.d [出] 宗4. [校勘] ☞ 兮夾矢(即實 2012校).

[兮券] dʒal.ə [出] 許38. [校勘] 이 단어는 초본에 옮기며 잘못 분할되었는데, 앞 원자들과 합쳐 "尘朵年券"로 하여야 한다(即實 2012校).

分 [발음] du, ud [原字번호] 249

[分长杰丙] du.su.gə.əi [出] 韓27. [校勘] 이 글자는 초본에 잘못 옮겨진 것이므로 "令长杰丙"가 올바르다(即實 2012校).

[分长关] du.su.i [명](인명) 撻里(即實 1996①). [出] 仁4. [校勘] 即實은 이 글자가 초본에는 "万长关"으로 잘못 기록되어 있다고 지적하고 있다(即實 1996①). [人物] 흥종 인의황후(興宗仁懿皇后, 1014~1075)의 이름(諱)인 "撻里"를 지칭한다(即實 1996①).

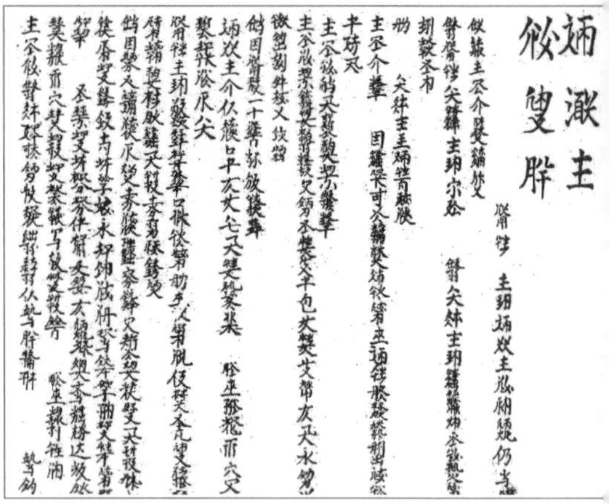

▲ 인의황후(仁懿皇后) 애책(일부)

[分夾北] du.qu.əl [出] 先45. [校勘] 即實은 이 글자를 "兮夾北"이라고 기록하고 있다(即實 2012校).

[分夾关] du.qu.i [出] 先11. [校勘] 即實은 이 글자를 "兮夾关"이라고 기록하고 있다(即實 2012校).

[分及] du.u [동] 시문 등을 짓다(王弘力 1984/1990). [出] 仁13.

[分火] du.un [出] 先47. [校勘] 即實은 이 글자를 "兮火"이라고 기록하고 있다(即實 2012校).

[分闲欠伏] du.ol.go-n [명](인명) ① 都古袞(愛新覺羅 2003f), ② 度勒袞(愛新覺羅 2007c). [出] 智7. [校勘] 이 글자는 초본에 잘못 옮겨진 것("分"와 "闲"을 이어 쓴 사례는 없음)이므로 "丙闲欠伏"이 올바르다(即實 2012校).

[分关] du.i [出] 先10. [校勘] 첫 원자는 "分"처럼 보이나 "矢"의 잘못 새긴 것(誤刻)이며, 앞 원자들과 합쳐 "九火矢关"로 함이 올바르다(即實 2012校).

[分券] du.ər [出] 迪39.

[**分平业廾矛**] du.ul.əl.ʊ.dʒi [出] 韓27. [校勘] 이 글자는 초본에 잘못 옮겨진 것이므로 "**仐平业廾矛**"가 올바르다(即實 2012[校]).

介 [발음] hau [原字번호] 250

[**介**] hau [借詞] "后"를 나타내는 한어차사(羅福成 1934b, 王靜如 1935, 硏究小組 1977b). [명](관제) 군명(軍名)인 "호랄(豪刺, **介亦为**)"의 약칭(愛新覺羅 2017a). [出] 仁4/8/14, 宣13, 宗5, 玦23. [參考] 愛新覺羅는 "**介**"에 대하여 당초에는 "豪"를 나타내는 한어차사라고 판단한 바 있으나(愛新覺羅외 2011), 후에 이를 "호랄(豪刺)"의 약칭이라고 변경하였다(愛新覺羅 2017a). [用例] **圭 介** [huaŋ hau] [명] 황후(皇后)(Kane 2009). [出] 仁14.

[**介亦**] hau.ur [명] 봄(春)(豊田五郎 1994/1998a, 即實 2012⑳). [同源語] "봄"을 뜻하는 서면몽골어와 중기몽골어의 [qabur], 현대몽골어의 [xabăr], 다호르어의 [xaur]가 동일한 어원이다(Kane 2009, 大竹昌巳 2016e). [出] 仁/道/宣/許/故/博/涿/永/迪/弘/副/皇/宋/烈/高/糺/清/特/蒲. [用例] **矢 介亦 及 公乃亦** [miŋ hau.ur o n.am.ur] [명] 천춘만추(千春萬秋)(豊田五郎 1998a).

[**介亦 攵丸为**] hau.ur ʃ.au.a [명] 춘응(春鷹)(呼格吉樂圖 2017). [出] 副29.

[**介亦㐅ち**] hau.ur.ha.al [명](부족명) 학랄[당고]부(鶴刺[唐古]部)(豊田五郎 2001, 即實 2012⑳). [出] 先9, 圖8.

[**介亦乍**] hau.ur.ar [出] 典16. [校勘] 이 단어는 본래 2개의 글자(**介亦 乍**)이나 휘본 등에는 잘못하여 하나로 합쳐져 있다(即實 2012[校]).

[**介亦为**] hau.ur.a [명](지명) ① 후리아(候里阿)(하천)(即實 2012⑳), ② 호랄(豪刺)(하천)(愛新覺羅 2017a). [出] 清23.

> [參考] **豪刺(호랄).** 영청군주(永清郡主)의 묘는 2003년 5월에 발견되었는데, 이 지역은 요대에 호주(豪州)에 속한 곳으로, 살뢰아고지(撒懶阿古只)가 건설한 주하군주(頭下軍州)이다. ≪진만묘지≫(陳萬墓誌)에 의하면 묘주는 45세(923)에 "호랄군사(豪刺軍使)에 임명"되었고, 55세(933)에는 "황제가 사도(司徒)의 전공(戰功)이 높은 것을 알고는, 군(軍)을 고쳐 호주(豪州)로 하고 사도를 자사관(刺史官)으로 봉하였으며 사공(司空)을 더하였다"고 되어 있다. "호주"의 "호(豪)"는 "호랄(豪刺)"이라는 군명(軍名) 약칭이고, 군명 "호랄"은 이 주의 거란어 하천이름인 "**介亦为**"[haura]의 음역임을 알 수 있다(愛新覺羅 2017a).

[**介亦为 丹**] hau.ur.a mur [명](하천) ① 후리아하(候里阿河)(即實 2012⑳), ② 호랄하(豪刺河)(愛新覺羅 2017a). [出] 清23. [參考] "호랄하"는 난릉산(蘭陵山)의 서쪽에 위치하고 있는데, ≪요사 · 지리지≫에 보이는 추자하(錐子河)의 지류이다. 지금은 아할라이강(阿哈來河)이라 불리운다(愛新覺羅 2017a).

[**介杓伏**] hau.ən.in [出] 許8. [校勘] 이 글자는 초본에 잘못 옮겨졌으므로 "**仐杓伏**"이 올바르다(即實 2012[校]).

[**介矢廾及**] hau.ul.ʊ.o [出] 許16. [校勘] 即實은 이 글자를 뒤 원자들과 합쳐 "**介矢廾及内公**"라고 기록하고 있다(即實 2012[校]).

[**介矢廾及内**] hau.ul.ʊ.o.on [出] 梁11.

[**介火**] hau-n [명](소유격) 후(后)의(蓋之庸외 2008, 即實 2012⑧). [명] 호(昊)의(蓋之庸외 2008, 即實 2012⑧). [出] 仁2/10/22, 宣20, 弘12, 副10/18. [用例] **圭 丕 介火** [huaŋ tai hau-n] [명](소유격) 황태후(皇太后)의(即實 2012⑧).

[**介火□**] hau.un.? [出] 令5, 玦17/23, 特3. [校勘] 即實은 ≪令5≫에서는 이 글자를 "**仐火□**"이라고 기록하고 있다(即實 2012[校]).

[**介平㐅为朩**] hau.ul.ha.a.ar [出] 道19.

[**介平廾火**] hau.ul.ʊ.ui [出] 典30.

[**介平业㐅出**] hau.ul.l.ha.an [出] 特22.

[**介□**] hau.? [出] 許8. [校勘] 이 글자는 초본에 탈루된 부분을 보충하면 "**介火**"이 된다(即實 2012[校]).

[**介□九**] hau.?.əg [出] 令3. [校勘] 이 글자는 초본에 잘못 옮겨진 것이므로 "**伯仐九**"가 올바르다(即實 2012[校]).

公 [발음] n, ən [原字번호] 251

[**公**] n / ən [用法1] 소유격 어미를 표시하는 부가성분이다(山路廣明 1968, 硏究小組 1977b, 愛新覺羅 2013b). [用法2] 통상적으로 "니(泥)"계통 자음[예: 寧, 內]을 가진 한어차사의 초성(初聲) 자음과 "완(院) · 원(元) · 관(觀)"의 모음 및 받침 등으로 사용된다. 또한 거란어 음절의 초성 자음으로도 사용된다(孫伯君외 2008).

[**公币丹伏**] n.od.bu.n [出] 韓31.

[**公平亿㐅丰**] n.nen.ri.ha.ai [出] 許21. [校勘] 即實은 이 글자를 "**公丰亿㐅丰**"라고 기록하고 있다(即實 2012[校]).

[**公汞**] n.ur [出] 韓21.

[**公北叉**] n.ur.ir [出] 特37.

[**公北业ち ち叉**] n.ur.əl.al.al.ir [出] 智24. [校勘] 이 글자는 초본에 잘못 옮겨진 것이므로 "**公北业㐅ち叉**"가 올

바르다(即實 2012[校]).

[公本] n.ar [명] 묘(墓)(即實 1991b/1996⑯, 劉鳳翥 1993d). [出] 許/仲/先/博/永/迪/副/宋/智/烈/奴/梁/尚/回/蒲. [用例] **ㄉ乃伏 公本** [a.am.in n.ar] [명] "오래된 묘"의 여성형(大竹昌巳 2016d). [出] 迪27.

[公本村] n.ar.ən [명](소유격) 묘(墓)의(呼格吉樂圖 2017). [出] 迪/慈/清/玦/回.

[公本村 伏欠子] n.ar.ən ni.gu.os [명] 묘혈(墓穴)(呼格吉樂圖 2017). [出] 迪39.

[公本内] n.ar.qa [出] 令/故/仲/先/慈.

[公本矢] n.ar.tə [명](향위격) 묘(墓)에(厲鼎煃 1954, 鄭紹宗 1973, 研究小組 1977b, 即實 1996⑯). [出] 令/許/故/仲蓋/仲/先/宗/博/迪/宋蓋/宋/慈蓋/慈/智/烈/高/圖/清/尚蓋/尚/韓/玦/回蓋/回.

[公本矢 圡九] n.ar.tə tʃu.g [명] 묘지(墓誌)(清格爾泰외 1985, 吳英喆 2012a①). [出] 故1, 玦1.

[公本矢 圡九及犳 月仐] n.ar.tə tʃu.g.u.dʒi jo.o [명] 묘지명(墓誌銘)(研究小組 1977b, 清格爾泰외 1978a). [出] 令26.

[公本矢 圡九岑] n.ar.tə tʃu.g.ən [명] 묘지(墓誌)(研究小組 1977b, 清格爾泰외 1978a). [出] 仲蓋3.

[公本矢 圡九岑 扎仦丹伏 朩岺比] n.ar.tə tʃu.g.ən ur.əl.b.in tʃi.gə.əl [명] "묘지서병(墓誌序併)"에 상당하는 구절이다(吳英喆 2012a①). [出] 玦1.

[公本矢 圡九岑 月仐] n.ar.tə tʃu.g.ən jo.o [명] 묘지명(墓誌銘)(清格爾泰외 1985). [出] 故1, 宗1.

[公本丹夯] n.ar.b.ə [出] 博37. [校勘] 이 글자는 휘본 등에 잘못 옮겨진 것이므로 "**公仐丹夯**"가 올바르다(即實 2012[校]).

[公廾夾] n.ʊ.ur [명] ① 부(部)(愛新覺羅 2004j), ② 계통(緒)(即實 2012⑳). [出] 道/故/仲/宗/迪/慈/烈/梁/糺/尚/蒲.

[公廾化村] n.ʊ.ur.ən [명](지명) 노우런(하천 이름)(愛新覺羅외 2015②). [出] 博24/47.

[公廾化村 仐] n.ʊ.ur.ən ʊ [명](지명) 노우런河(愛新覺羅외 2015②). [出] 博24. [參考] 금대(金代)의 거란인은 이 강을 노우런(**公廾化村**) 강이라 불렀는데, 노우런의 어간(**公廾化**)은 "광대한, 장대한"의 의미를 가진다. 민국(民國) 이후에는 "맹극하(孟克河)"로 개칭하였는데, "맹극(孟克)"도 몽골어에서 유래한 것으로 "영구(永久)"의 뜻을 나타낸다(愛新覺羅외 2015②).

[公廾火] n.ʊ.un [명] 남자 아이(即實 2012⑳). [出] 圖4/5.

[公九] n.umu [명] 활(弓)(呼格吉樂圖 2017). [出] 道33, 仲11, 先30. [同源語] "활"을 의미하는 몽골어의 [num], 다호르어의 [nəm], 동부유고어의 [nəmən], 토족어의 [numu]가 같은 어원이다(呼格吉樂圖 2017).

[公夾及伏] n.ur.u-n [出] 奴44. [校勘] 이 글자는 초본에 잘못 옮겨진 것이므로 "**䒑夾及伏**"가 올바르다(即實 2012[校]).

[公ホ] n.ad [出] 玦28.

[公ホ刈] n.ad.bu [명] ① 가족, 종족(即實 1988b/1996①/201③), ② 날발(捺鉢)(豊田五郎 1992), ③ 가(家)(愛新覺羅 2003g), ④ 종실(宗室)(劉鳳翥외 2009, 劉鳳翥 2014b㊿). [出] 興/仁/道/宣/令/仲/先/博/迪/皇/宋/慈/尚/特. [參考] "날발"은 거란어(契丹語)로, 본래의 뜻은 유목민의 "가(家)"이다(愛新覺羅외 2012). [用例] ☞ "날발"의 각종 표현에 대하여는 "야율날발"(**丙本及火关 公ホ刈**)을 참조하라.

> [遼史] **捺鉢(날발)**은 행원(行轅)·행영(行營)·행재(行在)·행궁(行宮) 등의 의미를 가진 거란어(契丹語)이다. 즉 황제의 출행 때의 행영(行營)을 말한다. 봄·여름·가을·겨울의 매 계절마다 궁을 나가서 사냥과 피서 등을 하며 날발생활을 한다. 여진어로는 "剌鉢"(랄발: lat-bat)이라 하고 원대(元代) 몽고어로는 "納鉢"(납발) 또는 "納寶"(납보)라고 하였는데, 거란어 "捺鉢"이 전음된 것이다(金渭顯외 2012㊤, 孫伯君외 2008).

[公ホ刈村] n.ad.bu-n [명] 장(帳)(豊田五郎 1991b). [명](소유격) ① 종실(宗室)의(即實 1988b/1996①, 劉鳳翥외 1995), ② 가(家)의(愛新覺羅 2003g), ③ 날발(捺鉢)의(愛新覺羅외 201 吳英喆 2012a①). [出] 仁/先/宗/副/尚/玦.

[公ホ生ホ] n.ad.bu.ad [명] 날발(捺鉢)(王弘力 1990). [出] 故3 弘24. [用法] "**ホ**"는 복수형과 목적격을 나타내는 부가성분이다(即實 2012②).

[公ホ生ホ关] n.ad.bu.ad.i [명] ① 날발(捺鉢)(王弘力 199 豊田五郎 1992, 吳英喆 2007b), ② 가(家)(愛新覺羅 2003g). [명](소유격) 날발(捺鉢)의(即實 2012⑳). [명](목적격) 날발(捺鉢)을(即實 2012②). [出] 興2. [用法] "**ホ关**"는 복수형과 소유격·목적격을 나타내는 부가성분이다(即實 2012②).

[公ホ生쏘关] n.ad.bu.d.i [명] ① 날발(捺鉢)(王弘力 1990, 實玉柱 1990b), ② 가(家)(愛新覺羅 2003g). [명](소유격) 날발(捺鉢)의(即實 2012⑳). [명](목적격) 날발(捺鉢)을(即實 201②). [出] 宣5. [用法] "**쏘关**"는 복수형과 소유격·목적격을 나타내는 부가성분이다(即實 2012②).

[公ホ仐쏘] n.ad.sə.ər [동] 세습하다(愛新覺羅 2003g). [出] 仲22. [校勘] 이 글자는 초본에 잘못 옮겨진 것이므로 "**公ホ仐쏘**"가 올바르다(即實 2012[校]).

[公ホ田] n.ad.bə [명] ① 가(家)(愛新覺羅 2003g, 即實 201⑳), ② 종(宗)(即實 2012⑳), ③ 날발(捺鉢)(吉如何 2016 [出] 博26/28, 副38, 尚15/16. [用例] **弓火 公ホ田** [dʒu.u

n.ad.bə] 명 하날발(夏捺鉢)(吉如何 2016). 出 尙15/16.

[公ち田仐] n.ad.bə.o 명 장(帳), 행장(行帳), 날발(捺鉢)(實玉柱 2005). 出 智8. 校勘 이 글자는 초본에 잘못 옮겨진 것이므로 "公ち田仒"가 올바르다(即實 2012㉒).

[公ち丹仒] n.ad.bə.ər 出 淸15. 校勘 即實은 이 글자를 "仒丙刃仒"이라고 기록하고 있다(即實 2012㉒).

[公夵禾井及扎] n.oi.is.ʊ.o.ur 出 回14.

公夵用垚本 n.oi.il.ha.ar 명 (인명) ① 内賴(愛新覺羅 2006a), ② 諾灰拉里(即實 2012⑯). 出 紀16. 人物 ≪紀誌≫ 주인 夷里衍糺里(1061~1102)의 첫째 여동생인 常家女낭자의 남편 諾灰拉里 태사(太師)를 지칭한다(即實 2012⑯).

[公夵用垚为出] n.oi.il.ha.a.an 명 (인명) ① 内懶(劉鳳翥 외 2009, 劉鳳翥 2014b�52), ② 諾灰日乣初(即實 2012⑨). 出 烈19/26. 校勘 이 글자는 초본에 잘못 옮겨진 것이므로 "公及夵用垚为出"가 올바르다(即實 2012⑨). 人物 ≪烈誌≫의 주인인 空寧敵烈(1034~1100, 한풍명: 韓承規)의 셋째 딸인 内懶 낭자(娘子)를 지칭한다(愛新覺羅 2011f, 劉鳳翥 2014b㉛).

公夵叐] ən.gə-r 명 나머지, 내외(即實 2012⑯). 出 紀19. 校勘 이 글자는 초본에 잘못 옮겨진 것이므로 "今夵叐"가 올바르다(即實 2012⑯).

公夬刃叐屸 n.⫯.ir.u.du 出 先43. 校勘 即實은 이 글자를 "亽夬刃叐屸"이라고 기록하고 있다(即實 2012㉒).

公氺] n.⫯ 出 仁30, 宋24. 校勘 이 글자는 휘본 등에 잘못 옮겨진 것이므로 "公氷"가 올바르다(即實 2012㉒).

[公氺化] n.⫯.ir 出 仁28. 校勘 이 글자는 휘본 등에 잘못 옮겨졌으므로 "公乐化"가 올바르다(即實 2012㉒).

公屮] n.ai 형 "화목(和睦)·우호(友好)·우정(友情)" 등을 나타내는 형용사 어간(呼格吉樂圖 2017). 出 許50, 仲37, 梁19. 校勘 이 단어는 초본에 옮기며 잘못 분되었는데, 뒤 원자들과 합쳐 "公屮朩丂"≪許50≫와 "公屮朩仒"≪仲37≫/≪梁19≫로 하여야 한다(即實 2012㉒).

[公屮井火] n.ai.ʊ.ui 出 回11.

[公屮友] n.ai.dʒi 형 일반·보편적인, 적합한(即實 1996⑫). 出 興31, 特5.

[公屮友屮垚本] n.ai.dʒi.l.ha.ar 동 ① 화목하게 하다, 화해하게 하다(即實 1991b/1996⑯), ② 친하다(大竹昌巳 2016d). 出 先66.

[公屮友屮垚为出] n.ai.dʒi.l.ha.a.an 명 우호(友好)(愛新覺羅 2004a⑧). 出 先12.

[公屮友父] n.ai.dʒi.ər 出 奴30.

[公屮友与] n.ai.dʒi.ən 명 ① 벗(愛新覺羅 2004a⑧), ② 우호(友好)(吉如何 2016), ③ 화목(和睦)(呼格吉樂圖 2017). 出 先14.

[公屮叐扚村] n.ai.u.dʒi-n 出 蒲22.

[公屮叐垚] n.ai.ir.ha 出 博45. 校勘 即實은 이 글자를 뒤 원자들과 합쳐 "公屮叐垚与刭"라고 기록하고 있다(即實 2012㉒).

[公屮叐垚屮] n.ai.ir.ha.ai 명 화목(和睦)(即實 2012⑳). 出 博9/12, 紀12.

[公屮叐垚本] n.ai.ir.ha.ar 出 弘14.

[公屮叐垚冬] n.ai.ir.ha.as 명 ① 화목·화해(和諧)(愛新覺羅 2004a⑩), ② 화목(和睦)(即實 2012⑳). 出 博31.

[公屮叐扎] n.ai.ir.ur 出 先39. 校勘 이 글자는 휘본 등에 잘못 옮겨진 것이므로 "公屮友扎"이 올바르다(即實 2012㉒).

[公屮叐与] n.ai.ir.en 出 博34/35.

[公屮叐叐扚] n.ai.ir.u.dʒi 出 弘26.

[公屮叐刭冬村] n.ai.ir.qa.as-n 出 博38.

[公屮叐父村] n.ai.ir.ər-n 형 화목(和睦)하다(即實 2012⑮). 出 慈7.

[公屮叐与] n.ai.ir.ən 명 화목(和睦)(即實 2012⑳). 出 博35/38, 弘25, 副35, 慈8.

[公屮朩与] n.ai.tʃ.en 명 친화(即實 1996③). 出 仲28/40/41.

[公屮朩与父] n.ai.tʃ.en.ər 명 우정(友情)(呼格吉樂圖 2017). 出 宣14, 特32.

[公屮朩叐] n.ai.tʃ.ir 명 화목(和睦)(即實 2012⑨). 出 烈16.

[公屮朩伏] n.ai.tʃ.in 出 先60, 宋16.

[公屮朩屮井扚] n.ai.tʃi.l.ʊ.dʒi 出 玦9.

[公屮朩屮刭] n.ai.tʃi.l.qa 명 화목(和睦)(呼格吉樂圖 2017). 出 特23.

[公屮朩屮刭夹] n.ai.tʃi.l.qa.an 出 永28.

[公屮朩屮朩] n.ai.tʃi.l.tʃi 형 화목(和睦)하다(愛新覺羅 2013b). 出 特5.

[公屮朩父] n.ai.tʃ.ər 동 ① (형제 등과) 사이좋게 지내다(即實 1996③), ② 화합하다(和)(愛新覺羅 2003h), ③ 공경하다(悌)(愛新覺羅 2004b⑦). 出 宗/涿/弘/副/慈/烈/圖/梁/紀/玦/回/特.

[公屮朩与] n.ai.tʃ.ən 명 ① 친화(親和)(即實 1996①), ② 화목(和睦)(愛新覺羅 2004a⑧). 出 道/宣/故/宗/博/迪/弘/皇/烈/紀/尙/特.

[公屮伏父] n.ai.in.ər 出 蒲14.

[公屮仕垚屮] n.ai.mu.ha.ai 出 先63. 校勘 即實은 이 글

자를 "**公卡化圡卡**"라고 기록하고 있다(即實 2012[校]).

[**公卡化圡**] n.ai.ir.ha [出] 許41. [校勘] 이 단어는 초본에 옮기며 잘못 분할되었는데, 뒤 원자들과 합쳐 "**公卡化化圡丂犭**"로 하여야 한다(即實 2012[校]).

[**公卡化圡丂犭**] n.ai.ir.ha.al.qa [出] 興/許/先/涿/迪.

[**公卡化圡丂犭又**] n.ai.ir.ha.al.qa.an [出] 先16.

[**公卡化圡卡**] n.ai.ir.ha.ai [동] 안장하다(即實 2012⑳). [出] 興/道/先/宗/涿/清/尚/特.

[**公卡化圡木**] n.ai.ir.ha.ar [出] 興10, 迪5, 圖14.

[**公卡化圡为木**] n.ai.ir.ha.a.ar [동] 따르도록 하다, 안치하다, 겸하다(即實 2012⑭). [出] 清16.

[**公卡化圡为仐**] n.ai.ir.ha.a.s [出] 先25. [校勘] 이 글자는 휘본 등에 잘못 옮겨진 것("**为**"와 "**仐**"를 이어 쓰는 사례는 없음)이므로 "**公卡化圡为木**"가 올바르다(即實 2012[校]).

[**公卡化圡为出**] n.ai.ir.ha.a.an [동] 안장하다(即實 2012/2015a). [出] 興/仁/道/慈/清/玦/回.

[**公卡化北犭**] n.ai.ir.əl.dʒi [出] 許17. [校勘] 이 글자는 초본에 잘못 옮겨진 것이므로 "**公卡化廾犭**"가 올바르다(即實 2012[校]).

[**公卡化廾犭**] n.ai.ir.ʊ.dʒi [出] 許27, 慈8.

[**公卡化廾犭矢**] n.ai.ir.ʊ.dʒi.tə [형](조건형) 화목(和睦)하면(即實 2012⑳). [出] 宗31.

[**公卡化与**] n.ai.ir.en [出] 仲25, 糺20, 特35. [校勘] 即實은 ≪糺20≫에서는 이 글자를 "**公卡化当**"이라고 기록하고 있다(即實 2012[校]).

[**公卡化叐犭**] n.ai.ir.u.dʒi [出] 迪23.

[**公卡化犭**] n.ai.ir.qa [出] 奴29.

[**公卡化犭冬**] n.ai.ir.qa.as [명] 화목(和睦)(愛新覺羅 2002, 即實 2012⑳). [出] 故19, 先61, 奴10, 糺12. [用例] **公行夊 公卡化犭冬** [n.omo.os n.ai.ir.qa.as] [명] 평화(即實 2012⑳). [出] 糺12.

[**公卡化犭冬矢**] n.ai.ir.aq.as.tə [형] 화기(和氣) 있는, 평화로운(即實 2012⑯). [出] 糺27.

[**公卡化伏**] n.ai.ir.in [出] 先17.

[**公卡化仐圡为出**] n.ai.ir.əl.ha.a.an [명] 조화, 화목(愛新覺羅 2004a⑧, 即實 2012⑳). [出] 仲28, 烈16.

[**公卡化屮**] n.ai.ir.bur [명] 화목・화해(和諧)(即實 2012⑳). [出] 清20.

[**公卡化舟伏**] n.ai.ir.bu.n [동] 합치다, 합장하다(即實 2012⑳). [出] 圖17.

[**公卡化夯**] n.ai.ir.ər [出] 故/先/迪/梁/玦.

[**公卡化夯村**] n.ai.ir.ər-n [出] 先11.

[**公卡化芬朩**] n.ai.ir.ə.tʃi [명] 화목함(即實 2012⑳). [出] 先14, 皇11.

[**公卡化当**] n.ai.ir.ən [동] 和怡(서로 기뻐하다)(即實 19[...]⑯). [명] 화목(和睦)・융합(融合)・우호(友好)(呼格吉樂[...] 2017). [出] 道/宣/許/故/皇/清/尚/回/特.

[**公卡尖仐犭**] n.ai.d.əl.qa [出] 仁26, 先20/56.

[**公卡尖仐犭又**] n.ai.d.əl.q.an [出] 先20.

[**公卡尖仐犭ち**] n.ai.d.əl.q.ad [형] 화목(和睦)하다(愛新覺[...] 2004a⑦). [出] 宣14.

[**公卡尖仐犭夯**] n.ai.d.əl.q.ər [형] 화목(和睦)하다(即實 20[...]⑳). [出] 智14.

[**公卡仐圡木**] n.ai.l.ha.ar [出] 道22, 宗7.

[**公卡仐圡为出**] n.ai.l.ha.a.an [出] 永32. [校勘] 이 글자는 초본에 잘못 옮겨진 것이므로 "**公卡化圡为出**"가 [...]바르다(即實 2012[校]).

[**公卡仐圡穴关**] n.ai.l.ha.noi.i [出] 仲3. [校勘] 即實은 [...] 글자를 "**公卡仐圡炏关**"라 기록하고 있다(即實 2012[校]).

[**公卡仐廾犭**] n.ai.l.ʊ.dʒi [出] 興4, 韓33. [校勘] 即實은 [...] 글자를 ≪韓33≫에서는 "**公卡仐犭**"라고 기록하고 있다(即實 2012[校]).

[**公卡仐廾犭尖**] n.ai.l.ʊ.dʒi.d [出] 圖25.

[**公卡仐犭**] n.ai.l.qa [出] 宣26, 令10/20, 博27, 回26.

[**公卡仐犭又**] n.ai.l.q.an [出] 道36.

[**公卡九当矢**] n.ai.g.ən.tə [出] 特24.

[**公卡关**] n.ai.i [出] 宗33, 玦34.

[**公卡夯**] n.ai.ər [出] 永30, 清22/24.

[**公卡攵夯**] n.ai.dʒ.ər [出] 奴10.

[**公卡攵当**] n.ai.dʒ.ən [出] 奴28.

[**公卡当**] n.ai.ən [出] 永30.

[**公卡□圡**] n.ai.?.ha [出] 迪22. [校勘] 이 단어는 초본에 옮기며 잘못 분할되었는데, 뒤 원자들과 합쳐 "**公卡化圡丂犭炏**"로 하여야 한다(即實 2012[校]).

[**公卡□夯**] n.ai.?.ər [出] 永30. [校勘] 即實은 이 글자를 "**公卡伏夯**"이라고 보정하고 있다(即實 2012[校]).

[**公卡圡丂叉**] n.ai.ha.al.ir [出] 先19. [校勘] 即實은 이 글자를 "**公木圡丂叉**"이라고 기록하고 있다(即實 2012[校]).

[公木朩当]
n.ar.tʃ.ən [명] 화목(和睦)(愛新覺羅 200[...]⑩). [出] 許60, 博31. [校勘] 即實은 이 글자를 "**公木朩当**"이라고 기록하고 있다(即實 2012[校]).

[**公木为出**] n.ar.a.an [出] 道28.

[**公木仐圡为木**] n.ar.əl.ha.a.ar [出] 道11.

[公不尘夯]
n.hia.t.ər [명](인명) 乃方里(趙志偉외 2001[...]) [出] 智14. [校勘] 이 글자는 초본에 잘못 옮겨진 것이므로 "**公行攵关**"가 올바르다(即實 2012⑤).

公圣] n.u 借詞 "奴"를 나타내는 한어차사(韓寶興 1991, 豊田五郎 1991b, 即實 1991b). 出 仁/許/故/先/海/博/永/迪/弘/副/智/烈/奴/高/紈/清/尚/韓/玦/回/特/蒲.

公圣雨] n.u.in 出 仲37. 校勘 이 글자는 초본에 잘못 옮겨진 것이므로 "公圣內"이 올바르다(即實 2012㊝).

公圣化] n.u.du 出 回6.

公圣女] n.u.un 名(소유격) 노(奴)의(即實 1988b, 豊田五郎 1992, 劉鳳翥 2014b). 出 許9, 特30.

公圣丹夯] n.u.b.ar 出 先41. 校勘 即實은 이 글자를 "今圣丹夯"이라고 기록하고 있다(即實 2012㊝).

公圣火] n.u.uŋ 借詞 "農"을 나타내는 한어차사(袁海波 외 2005). 出 清22. 用例 夭圵 廾 公圣火 夭券圣 乂闬 ʃ.əu sï n.u.uŋ ʃ.iau.u k(h).iŋ 名(관제) "수사농소경(守司農少卿)"의 한어차사(即實 2012⑭, 劉鳳翥 2014b㊼). 出 清22.

公圣□] n.u.? 出 海6. 校勘 이 글자는 휘본 등에 잘못 옮겨진 것이므로 "亼圣夾"가 올바르다(即實 2012㊝).

公叉勺] n.im.ug 形 얇다(연하다)(即實 2012⑳, 吳英喆 2015a). 出 海13, 特38.

公叉九] n.im.əg 形 얇다(연하다)(即實 2012⑳, 吳英喆 2015a). 出 奴45, 蒲23.

公刃夾] n.ir.ur 出 蒲20.

公刃力屮伏] n.ir.na.l.in 出 紈26. 校勘 이 글자는 초본에 잘못 옮겨진 것이므로 "公刃丹屮伏"이 올바르다(即實 2012㊝).

公刃子치伏] n.ir.os.aqa.n 出 紈19. 校勘 이 글자는 초본에 잘못 옮겨진 것이므로 "公刃夾치伏"이 올바르다(即實 2012㊝).

公刃纠] n.ir.bur 出 皇10.

公刃纠夾] n.ir.bu.ər 出 先41.

公刃纠平伏] n.ir.bu.ul.in 出 副30.

公刃□叉九] n.ir.?.ir.əg 出 韓23. 校勘 이 글자는 초본에 잘못 옮겨진 것이므로 "公刃纠叉化"가 올바르다(即實 2012㊝).

公刃] n.ug 出 슞20. 校勘 이 단어는 초본에 옮기며 잘못 분할되었는데, 뒤 원자들과 합쳐 "公刃夾村"으로 하여야 한다(即實 2012㊝).

公刃夾] n.ug.ur 名 ① 부(部)(愛新覺羅 2004⑫), ② 친구, 벗(=公刃化)(愛新覺羅 외 2011), ③ 사촌형제(即實 2012⑮), ④ 근신(近臣)(即實 2012⑨), ⑤ ≪화이역어(華夷譯語)≫에 보이는 "니올아(你兀兒)"에 해당하며, 거란어로는 "尼兀里", "尼魯里"로 번역(거란어의 어미에 있는 "[-r]"을 번역할 때는 주로 "里"를 사용한다)할 수 있는데, 묘주가 가

진 직명을 지칭하는 것으로 보인다(愛新覺羅 2006b), ⑥ 몽골어의 "那可兒(ᠨᠥᠬᠥᠷ)"에 해당하며, 기본 뜻은 "수행원·종·하인"이고, 파생적 의미로는 "시종·배우자·친구" 등을 나타낸다(吉如何 2014). 名(인명) ① 耨古里(即實 2012①), ② 紐兀爾(劉鳳翥 2014b⑬). 同源語 "친구"를 뜻하는 서면몽골어 ᠨᠥᠬᠥᠷ, 그 구어인 [nøxør], 다호르어 [nugur], 동부유고어 [Nøkør], 투즈어 [Nukor], 투르크어 [nøkər] 등과 같은 어원이다(吉如何 2014). 出 仲/先/宗/迪/慈/智/烈/梁/紈/特. 人物 ≪宗誌≫의 송장 명단(送葬名單)에 등장하는 紐兀爾 여사(女士)로, 묘주와의 관계는 알 수 없다(劉鳳翥 2014b⑬).

[公刃夾村] n.ug.ur-n 名(소유격) 사촌형제(表兄弟)의(即實 2012⑮). 出 慈19.

[公刃夾屮夾] n.ug.ur.əl.ir 動 "공경하다"의 과거형(愛新覺羅 2004a⑧). 出 永28.

[公刃勺] n.ug.dʒi 名 "친구"의 복수형(愛新覺羅 외 2011, 武內康則 2016). 用法 복수형어미 [-dʒi]의 문자형은 일정하지 않은데, "夲" 또는 "夾"로 되기도 한다(愛新覺羅 외 2011). 出 永38, 慈11.

[公刃勾] n.ug.dʒi 出 仲25/37/40. ☞ 公刃勺.

[公刃化] n.ug.ur 名 친구, 벗(=公刃夾)(愛新覺羅 외 2011). 用法 묘지(墓誌)에는 이 公刃化 [nugur]보다는 公刃夾 [nugur]로 쓰여진 형식이 빈번히 보인다. 묘지에 보이는 [nugur]의 복수형은 公刃勾 [nug-dʒi]가 많은데, 公刃化는 그 자체도 복수형일 가능성이 있다(愛新覺羅 외 2011). 出 尚10, 圓5. 同源語 ≪화이역어·인물문(人物門)≫의 那可兒 [nöhör](←nökör)(수행원·종·하인), 서면몽골어의 [nöhör], 다호르어의 [nuwar](우인)와 같은 어원이다(愛新覺羅 외 2011).

[公圣尺与] n.ir.u.al 出 烈24. 校勘 即實은 이 글자를 "公圣尺与"이라고 기록하고 있다(即實 2012㊝).

[公치夫] n.aqa.ali 出 先21.

[公平] n.on 名 ① 대(代)(劉鳳翥 외 2003b), ② 조(朝)(陳乃雄 외 1999). 出 仁/宗/海/永/弘/副/高/清/尚/玦.

[公平村] n.on.ən 名(소유격) ① 대(代)의(劉鳳翥 1993d, 吳英喆 2012a②), ② 종실(宗室)의(即實 1988b/1996①/1996④/1996⑯). 出 興/道/許/先/海/永/迪/慈/奴/梁/紈/清/尚/玦/回/特.

[公平矢] n.on.tə 名(향위격) ① 대(代)에(盧迎紅 외 2000, 劉鳳翥 외 2003b), ② 족(族)에(即實 1996①/1996⑯). 出 故/先/博/迪/宋/慈/智/烈/奴/特.

[公平夲] n.on.s 名 ① 대(代)(唐彩蘭 외 2002), ② "족(族)"의 복수형(即實 1996⑯), ③ 세습(愛新覺羅 2004a⑦), ④ 세대(世代)(即實 2012⑳). 出 先/副/宋/慈/烈/清.

[公平夲村] n.on.s.ən 名(소유격) ① 족(族)들의(即實 1996

⑯), ② 대대로, 세습의(愛新覺羅 2004a⑦), ③ 세대(世代)의(愛新覺羅외 2012①), ④ 여러 대(代)의(劉鳳翥 2014b㊾). [出] 故9, 博15/21, 玦2.

[**公丕仐朾 关夾 关亿矢**] n.on.s.ən miŋ.an i.ri.tə [명](관제·향위격) 세습맹안(世襲猛安)의 호(號)에, 대대로 맹안(猛安)의 호(號)에(即實 2012②, 劉鳳翥 2014b㊾). [出] 博15.

[**公丕仐炏**] n.on.s.ər [명](소유격) 세대(世代)의(即實 2012⑳). [出] 先12/13, 副30/38, 玦44.

[**公丕仐炏 为丹仒廾豸**] n.on.s.ər a.tum.əl.ʊ.dʒi [동] 후세에 전하여 영원히 계속된다(永世傳繼)(即實 2012⑳). [出] 先13.

[**公丕炏**] n.on.ər [出] 回26.

[**公勺**] n.ug [出] 博32.

[**公欠子圡本**] n.go.os.ha.ar [出] 先38.

[**公欠为**] n.go.a [명](인명) ① 奴瓜(愛新覺羅 2005b), ② 那坎阿(即實 2012⑬). [出] 韓14. [校勘] 即實은 "**公欠为**"로 적는 사례는 없고 주로 "**令欠为**"가 많은데, 이럴 경우 이름은 "達坎阿" 또는 "拓坎那"로 번역된다고 주장하고 있다(即實 2012⑬). [人物] ≪韓誌≫ 주인 曷魯里 부인(?~1077)의 남편(特免郭哥 부마)의 조카(형 張九태위[太尉]의 장남)인 奴瓜를 지칭한다(愛新覺羅 2005b/2009a⑧).

[**公夂炏叉**] n.ug.gə.r [出] 蒲21.

[**公冬丙与**] n.as.j.en [出] 仲30.

[**公冬丙叐豸**] n.as.j.u.dʒi [出] 宗10.

[**公冬丙当**] n.as.j.ən [出] 副41, 皇6, 特12.

[**公冬丙冗豸**] n.as.j.u.dʒi [出] 尚21.

[**公冬冊圡为本**] n.as.?.ha.a.ar [出] 道17.

[**公冬冊圡平**] n.as.?.ha.ai [出] 先25.

[**公乃交**] n.am.ur [명] 가을(豊田五郎 1994/1998a, Kane 2009, 即實 2012⑳). [同源語] "가을"을 의미하는 서면 및 중기몽골어의 [namur], 현대몽골어의 [namăr], 다호르어의 [namər]가 동일한 어원이다(Kane 2009, 愛新覺羅외 2011, 大竹昌巳 2013a). [出] 興/仁/道/宣/先/宗/永/迪/弘/副/皇/宋/烈/高/圖/清/尚/玦/特/蒲. [用例] **关 介交 及 公乃交** [miŋ hau.ur o n.am.ur] [명] 천춘만추(千春萬秋)(豊田五郎 1998a).

[**公乃交 飞圡书**] n.am.ur ʃ.əu.su [명] 가을 이슬(秋露)(劉鳳翥 2014b㊾). [出] 宗34.

[**公乃交 仐仕关**] n.am.ur s.um.i [동] 가을에 □□지역에 이르다(即實 2012⑰). [명] 가을 사냥(秋獮)(劉鳳翥 2014b㊾). [出] 副20.

[**公及**] n.o [借詞] "耨"를 나타내는 한어차사(愛新覺羅 2009c). [명] ① 배우자, 반려자(即實 1996⑤/2012⑭, 郭添剛외 2009), ② 과부(遺孀)(劉鳳翥 2014b㊾). [出] 興/宣/故/先/永/宋/梁/糺/清/尚/玦.

[**公及丙**] n.o.mə [명] 처(妻)(即實 2012⑭). [出] 清3. [用] "**公及**"는 배우자의 뜻이고, "**丙**"는 여자를 가리킨

(即實 2012⑭).

[**公及扎**] n.o.ur [出] 道/先/副/烈/圖/尚.

[**公及扎朾**] n.o.ur.ən [出] 玦27.

[**公及扎炏**] n.o.ur.ər [出] 先44/46.

[**公及廾化**] n.o.ʊ.ur [出] 迪34, 糺30. [校勘] 即實은 ≪糺30≫에서는 이 글자를 "**令夵叉**"라고 기록하고 있(即實 2012㉞).

[**公及ホ交出朾**] n.o.at.ur.an.ən [出] 副51. [校勘] 이 글자 초본에 잘못 옮겨진 것이므로 "**公及夵夯朩朾**"이 바르다(即實 2012㉞).

[**公及夵**] n.o.oi [出] 先36, 慈25.

[**公及夵夯朩**] n.o.oi.e.tʃi [出] 先53.

[**公及夵夯朩朾**] n.o.oi.e.tʃi-n [명](인명·소유격) 諾訥亓의(即實 2012⑰). [出] 副51. [人物] ≪副誌≫ 주인 寫宛兀没里(1031~1077, 한풍명: 耶律運)의 별자(別子)에 해하는 인물로 추정된다(即實 2012⑰).

[**公及夵仒圡为本**] n.o.oi.l.ha.a.ar [명](인명) 諾訥拉里(即2012⑲). [出] 尚25. [人物] ≪尚誌≫ 주인 緬隱胡烏里(11~1175)의 장녀인 奥魯宛阿古의 남편이다(愛新覺羅 201即實 2012⑲).

[**公及夵仒业为出**] n.o.oi.l.p.a.an [出] 博17/18. [校勘] 글자는 초본에 잘못 옮겨진 것이므로 "**公及夵仒圡出**"이 올바르다(即實 2012㉞).

[**公及夵用圡为本**] n.o.oi.il.ha.a.ar [명](인명) 諾灰日阿(即實 2012⑦). [出] 永23. [校勘] 이 글자가 초본에는 글자(**公及 夵用圡为本**)로 분리되어 기록되어 있으나 이름은 뛰어 쓸 수 없으므로 "**公及夵用圡为本**"로 여 씀이 올바르다(即實 2012⑦). [人物] ≪永誌≫ 주인 隱永寧(1059~1085)의 재당숙인 迺剌里 낭군(十神奴의 째 아들)을 지칭한다(愛新覺羅 2013a).

[**公及夵用圡为出**] n.o.oi.il.ha.a.an [명](인명) 諾灰日阿(即實 2012⑨). [出] 烈19. [人物] ≪烈誌≫ 주인 空寧敵(1034~1100, 한풍명: 韓承規)의 셋째 딸인 諾灰日阿初 자를 지칭한다(即實 2012⑨).

[**公及夵炏**] n.o.oi.ər [명](인명) ① 諾訥(即實 2012⑧), ② 里(劉鳳翥 2014b㊵). [出] 先54, 弘18. [人物] ≪弘誌≫ 인 敖魯宛隗也里(1054~1086, 한풍명: 耶律弘用)의 처제(인 阿姆合[阿睦葛 또는 諳夸] 낭자의 둘째 여동생)인 特免자의 남편 諾訥낭군을 지칭한다(即實 2012⑧).

[**公及夵当**] n.o.oi.ən [명](인명) 諾灰衍(即實 2012⑦). [出] 54, 永10, 副27. [人物] ≪永誌≫ 주인 遙隱永寧(1059

1085)의 백증조부(伯曾祖父) 和尚奴의 손자 며느리인 夸勒本낭자의 누이 諾灰衍낭자를 지칭한다(即實 2012⑦).

公及了列] n.o.tutʃi.qa 出 輿25. 校勘 이 글자는 휘본 등에 잘못 옮겨진 것("了"는 글자의 중간이나 끝에는 오지 않음)이므로 "**公及ち列**"가 올바르다(即實 2012校).

公及不] n.o.on 명 ① 배우자들(愛新覺羅 2004a⑦), ② 남자 아이(即實 2012⑳). 出 許58, 仲43, 永12.

公及及] n.o.o 出 玦21.

公及矢关] n.o.d.i 명(탈격) 남편으로부터(即實 2012⑳). 出 清20.

公及矢关 令丹丙当] n.o.d.i sə.tum.j.ən 동 남편으로부터 사별(死別)하다(即實 2012⑳). 出 清20.

公及朱] n.o.od 명(향위격) 남편에게(即實 2012⑱). 出 梁16.

公及公劣] n.o.n.ə 명(인명) ① 儺訥(愛新覺羅 3009a⑧), ② 諾恩託(即實 2012⑨). 出 烈21. 人物 《烈誌》 주인 空寧敵烈(1034~1100, 한풍명: 韓承規)에게는 누이가 넷 있는데, 그 중 막내 여동생인 儺訥낭자를 지칭한다(愛新覺羅 3009a⑧). ☞ 韓知古(玉田韓氏)의 가계에 대하여는 "愛新覺羅 2009a⑧"을 참고하라.

公及圣当] n.o.æm.ən 出 故4. 校勘 이 글자는 초본에 잘못 옮겨진 것이므로 "**公及太当**"이 올바르다(即實 2012校).

公及火] n.o.iu 出 清2. 校勘 이 글자는 초본에 잘못 옮겨진 것이므로 "**公及太**"가 올바르다(即實 2012校).

公及业为次] n.o.p.a.ad 出 迪8, 清9. 校勘 이 단어는 본래 2개의 글자(**公及 业为次**)이나 초본에는 잘못하여 하나로 합쳐져 있다(即實 2012校).

公及内] n.o.on 出 高22.

公及关北] n.o.dʒ.əl 出 許28.

公及穴] n.o.u.ər 出 圖24. 校勘 이 글자는 휘본 등에 잘못 옮겨진 것으로 탁본에 근거하여 "**公叉穴**"가 올바르다(即實 2012校).

公为] n.a 出 尚9. 校勘 이 단어는 초본에 옮기며 잘못 분할되었는데, 뒤 원자들과 합쳐 "**公丑灰业穴矛**"로 하여야 한다(即實 2012校).

公为化] n.a.ur 出 圓5. 校勘 이 글자는 잘못 옮겨진 것으로 《圓鏡》의 실물에 근거하면 "**公丑化**"가 올바르다(愛新覺羅외 2011).

公为出] n.a.an 出 清18.

公午廾业] n.tal.ʊ.l 出 先33. 校勘 이 글자는 휘본 등에 잘못 옮겨졌으므로 "**公尔廾火**"가 올바르다(即實 2012校).

公生□士本] n.abu.?.ha.ar 出 許16. 校勘 이 글자는 초본에 잘못 옮겨진 것이므로 "**今生ち士本**"가 올바르다(即實 2012校).

公尓化] n.jai.ir 出 仁28, 先10/19/22, 博17.

公矢] n.tə 出 仲31. 校勘 即實은 이 글자를 뒤 원자들과 합쳐 "**公矢业伏**"이라고 기록하고 있다(即實 2012校).

公矢业伏] n.tə.l.in 出 仲2.

公矢业兴] n.tə.l.gə 出 故12. 校勘 即實은 이 글자를 뒤 원자들과 합쳐 "**公矢业兴业伏**"이라고 기록하고 있다(即實 2012校).

公矢关] n.d.i 出 副30, 奴29.

公矢当] n.tə.ən 出 仲8/39.

公行] n.om 出 許52. 校勘 이 단어는 초본에 옮기며 잘못 분할되었는데, 뒤 원자들과 합쳐 "**公行关士为出**"으로 하여야 한다(即實 2012校).

公行支叉] n.omo.dʒi.ir 出 迪22. 校勘 이 글자는 초본에 잘못 옮겨진 것이므로 "**公行关叉**"가 올바르다(即實 2012校).

公行子士本] n.omo.os.ha.ai 出 博26.

公行子士为出] n.omo.os.ha.a.an 出 博19.

公行子士为出兴] n.omo.os.ha.a.an.ər 出 博36.

公行州] n.omo.od 出 弘29, 宋23, 奴25.

公行州劣] n.omo.od.ə 형 고요하고 화목함(靜穆)(即實 2012⑯). 出 糺27.

公行关 公本化列冬] n.omo.os n.ai.ir.aq.as 명 평화(即實 2012⑯). 出 糺12.

公行关士为出] n.omo.os.ha.a.an 명(인명) ① 那木爾鈕初(即實 1996④), ② 南睦散(愛新覺羅 2010f), ③ 南火日撒初(即實 2012⑦). 出 許52, 副28, 永15/27/41, 清14.

> 人物 ①《許誌》 주인 乙辛隱斡特剌(1035~1104)의 넷째 부인 南睦散 별서(別胥)를 지칭한다(愛新覺羅 2010f).
> ②《副誌》 주인 寓篤宛兀没里(1031~1077, 한풍명: 耶律運)의 막내딸인 南睦散를 지칭한다(愛新覺羅 2010f).
> ③《永誌》 주인 遙隱永寧(1059~1085)의 부친인 南睦散博古哲 태사(太師)를 지칭한다(愛新覺羅 2013a).
> ④《清誌》 주인 奪里懶太山(1029~1087, 한풍명: 蕭彦弼)의 손녀(제3남 里鈕勒낭군의 차녀)인 南火日薩初를 지칭한다(即實 2012⑦).

公行关士出] n.omo.os.ha.an 명(인명) ① 涅睦散(愛新覺羅 2006a), ② 南睦散(愛新覺羅 2010f). 出 仲27. 人物 《仲誌》 주인 烏里衍朮里者(1090~1150, 한풍명: 蕭仲恭)의 부인 월국비(越國妃) 南睦散을 지칭한다(愛新覺羅 2010f).

公行关叉] n.omo.os.ər 형 점차 고요해지다(漸靜)(即實

2012⑳). [出] 副43.

[公行犮丹叉] n.omo.os.b.ur [형] 빨리 고요해지다(趨靜)(即實 2012⑳). [出] 慈24.

[公行犮关] n.omo.os.i [명](인명) ① 乃方里(愛新覺羅 2010f), ② 南火日昔(即實 2012⑤). [出] 智14. [人物] ≪智誌≫ 주인 烏魯本猪屎(1023~1094, 한풍명: 耶律智先)의 손자(차남 阿信의 외아들)인 乃方里를 지칭한다(愛新覺羅 2010f).

[公化当] n.ur.ən [出] 先2. [校勘] 即實은 이 글자를 "戈化火平"이라고 달리 기록하고 있다(即實 2012[校]).

[公今丹尜] n.əs.əb.ər [出] 許40/63. [校勘] 이 글자는 초본에 잘못 옮겨진 것이므로 "公今丹芬"가 올바르다(即實 2012[校]).

[公今丹芬] n.əs.əb.ə [명] 재주・재능(才)(即實 2012⑳). [出] 許/皇/宋/智/梁.

[公今丹芬 令丙刃] n.əs.b.ə t.ju.ir [명] 재능과 덕(才德)(即實 2012⑳). [出] 許63.

[公余子为] n.go.os.a [出] 海11.

[公公雨村] n.ən.in.ən [出] 許53. [校勘] 이 글자는 초본에 잘못 옮겨진 것이므로 "杰币村"가 올바르다(即實 2012[校]).

[公公乂叐卡] n.ən.bu.u.us [出] 博31. [校勘] 이 글자는 초본에 잘못 옮겨진 것("乂"와 "叐"를 이어 쓰는 사례는 없음)이므로 "公公乂叐卡"가 올바르다(即實 2012[校]).

[公公丹叐化朩几] n.ən.əb.u.ur.əl.əg [出] 道23.

[公仌币] n.o.od [명] 처(원래 "딸"이란 의미에서 파생된 것으로 추정된다)(即實 2012⑦/⑩). [出] 皇21, 智14.

[公仌币村] n.o.od.ən [명](소유격) 처(妻)의(即實 2012⑤). [出] 智22.

[公仌雨] n.o.in [명] 배우자들(愛新覺羅 2004a⑦). [出] 先65, 智14. [校勘] 이 글자는 초본에 잘못 옮겨진 것이므로 "公令 目"≪先65≫과 "公仌币"≪智14≫가 올바르다(即實 2012[校]).

[公仌北] n.o.ur [出] 特5.

[公仌夾] n.o.ur [出] 先8.

[公仌犳] n.o.dʒi [出] 先57.

[公仌不] n.o.on [명] ① 배우자들(愛新覺羅 2004a⑦), ② 남자 아이(即實 2012⑳). [出] 仲48, 永6/19/21, 慈25.

[公仌朱] n.o.od [동] 어린 아이를 대하다(對幼)(即實 2012⑳). [出] 仁26, 故19, 博31.

[公仌火] n.o.un [出] 圖15. [校勘] 即實은 이 글자를 "公廾火"이라고 기록하고 있다(即實 2012[校]).

[公소] n.ol [出] 尙7. [校勘] 이 단어는 초본에 옮기며 잘못 분할되었는데, 뒤 원자들과 합쳐 "公今丹芬"하여야 한다(即實 2012[校]).

[公企] n.əmə [부] 가깝게(大竹昌已 2016b). [형] 가까운(愛新覺羅외 2011). [명] 측근, 친근(愛新覺羅외 2011). [명](인명) 燕斯(即實 1996②). [用法] 복수형은 "公企쑈"이며, [əm]은 [ə]모음을 수반한다(愛新覺羅외 2011). [出] 典/宣/令/許/故/仲/先/涿/永/副/慈/室/圖/圓/玦. [用例] 了 公 廾今 犳村 [tutʃi n.əmə ai.s dʒi-n] 40 가까운 해 동안(耶律仁先이 출사한 38년간을 지칭한다)(大竹昌已 2015). [出] 先66.

[公企 丙幺东] n.əmə j.ia.ai [명] 근반(近班)(愛新覺羅 2011). [用法] 한문(漢文) 묘지(墓誌)에 기록된 "치이근반(寘以近班)"에 상당하는 표현으로 사용된다(愛新覺羅 2011). [出] 圓6.

[公企 37] n.əmə qa [出] 許13. [校勘] 초본에는 이 글자가 하나로 합쳐져 있다(即實 2012[校]).

[公企 37艾37] n.əmə qa.adʒ.aq [出] 奴16. [校勘] 초본에는 이 글자가 하나로 합쳐져 있다(即實 2012[校]).

[公企 朩关乑] n.əmə tʃ.i.s [명] 매우 가까운 친족(至親血親)(即實 2012⑳). [出] 許54.

[公企友] n.əmə.dʒi [出] 仲13, 淸15/29.

[公企刮垚廾] n.əmə.dʒa.ha.ai [出] 先27/39. [校勘] 即實은 이 글자를 분할하여 "公企 刮垚廾"라고 기록하고 있다(即實 2012[校]).

[公企犳] n.əmə.dʒi [出] 特23.

[公企玊艾] n.əmə.ba.sair [出] 仲11. [校勘] 이 단어는 원래 2개의 글자(公企 玊艾)이나 초본에는 잘못하여 하나로 합쳐져 있다(即實 2012[校]).

[公企朩叉] n.əmə.r [出] 特24.

[公企朩伏] n.əmə-n [出] 先44, 回25.

[公企朩朩] n.əmə.tʃi.l [出] 先33. [校勘] 即實은 이 글자를 뒤 원자들과 합쳐 "公企朩朩太丙"라고 기록하고 있다(即實 2012[校]).

[公企朩朩太尜] n.əmə.tʃi.l.gə.ər [出] 道19.

[公企朩尜] n.əmə.tʃ.ər [出] 仲9, 先44. [校勘] 이 글자는 휘본 등에 잘못 옮겨진 것이므로 "公企朩伏"이 올바르다(即實 2012[校]).

[公企矢] n.əmə.tə [명](향위격) ① 날(日)에(朱志民 1995, 劉鳳翥외 1995), ② 가까이에(大竹昌已 2015b). [出] 先/宗/博/奴/糺.

[公企矢 丹37出] n.əmə.tə b.aq.an [명] 족자(族子, 조카나 조카뻘 되는 사람)(即實 2012⑳). [出] 博46.

[公企矢 ㄔ 夯] n.əmə.tə ja tʃ [명] 종족형제(宗族兄弟)(即實 2012⑳). [出] 奴39.

公金仍] n.əmə.da [出] 智22, 玦12. [校勘] 이 단어는 본래 2개의 글자(**公金 仍**)이나 초본에는 잘못하여 하나로 합쳐져 있다(即實 2012[校]).

公金谷] n.əmə.d [명] ①"친족"의 복수형(愛新覺羅 2003g), ②가까움(大竹昌巳 2016d). [出] 宣/許/仲/先/宗/弘/副/皇/奴/尚/韓/特.

公金谷 仍去方村] n.əmə.d da.ha.ad.ən [명](목적격) 멀고 가까움(親疏)을(大竹昌巳 2016d). [出] 宣17.

公金谷村] n.əmə.d.ən [명] ①친족(親族), 족인(族人)(愛新覺羅 2004a⑧), ②친자(親者, 부모를 뜻함)(即實 2012⑳). [出] 副31, 奴34, 尚28.

公金谷村 才 考] n.əmə.d.ən ja tʃ [명] 종족형제(宗族兄弟)(即實 2012⑳). [出] 許52.

公金谷伏] n.əmə.d.in [出] 許52, 烈8, 清9. [校勘] 即實은 ≪清9≫에서는 이 글자를 "**公金谷村**"이라 기록하고 있다(即實 2012[校]).

公金火] n.əm.ui [出] 回14.

公金当] n.əmə.ən [出] 先68. [校勘] 即實은 이 글자를 "**令金当**"이라 기록하고 있다(即實 2012[校]).

公金□□] n.əmə.?.? [出] 慈17. [校勘] 即實은 이 글자를 "**公金谷伏**"이라 보정하고 있다(即實 2012[校]).

公火] n.ui [借詞] "內"를 나타내는 한어차사(研究小組 1977b). [出] 令7, 宗14, 烈20.

公火 丈並村] n.ui ʃ.iaŋ-n [명](관제・소유격) 내성(內省)의(研究小組 1977b, 清格爾泰외 1978a). [出] 令7.

公火 仇及] n.ui ku.u [명](관제) "내고(內庫, 왕실의 창고)"의 한어차사(愛新覺羅 2009a⑧, 即實 2012⑳). [出] 烈20.

公火 仇及 伏力 丈丸ゟ 亜伞 屋关] n.ui ku.u ŋ(ni).aqa ʃ.au.a qur.u tʊl.i [명](관제) ①내고날갈초와[견응]도통(內庫揑褐稍瓦[犬鷹]都統)(愛新覺羅 2009a⑧), ②총지내고견응사(總知內庫犬鷹事)(即實 2012⑨). [出] 烈20.

公幺本] n.ia.ar [명](인명) ①泥禮 또는 雅里(劉鳳翥외 2006a), ②涅里(愛新覺羅외 2012⑥, 即實 2012⑮). [出] 慈3. [人物] ≪慈誌≫ 주인 鉢里本朝只(1044~1081)의 선조(先祖)에 해당하는 習輦涅里 이리근(夷離菫)을 지칭한다(愛新覺羅외 2012⑥).

公幺卍] n.ia.du [出] 玦31.

公幺舟及] n.ia.b.u [出] 興20.

公屮] n.bur [出] 先42. [校勘] 即實은 이 글자를 "**本屮**"라고 기록하고 있다(即實 2012[校]).

公尖] n.iu [借詞] ①"奴"를 나타내는 한어차사(王弘力 1986), ②"女"를 나타내는 한어차사(豊田五郎 2000, 愛新覺羅 2003h). [出] 令/宗/永/奴/圖/梁/紀/韓.

公尖非] n.iu.ug [出] 宣15.

公氺] n.? [동] 싣다, 실어 운반하다(載)(即實 2012⑳). [出] 興35, 宣23, 弘31.

公氺谷] n.?.d [명] 처소(處所)(即實 2012⑩). [出] 皇25, 清31. [校勘] 即實은 같은 글자임에도 두 번째 원자에 대하여는 "**公氺谷**"(即實 2012⑳)와 "**公朮谷**"(即實 2012⑩)로 달리 기술하고 있다

公业谷夯朩] n.əp.d.e.tʃi [出] 仲25.

公用及村] n.il.u-n [出] 先70. [校勘] 即實은 이 글자를 "**丰用及犳**"라고 기록하고 있다(即實 2012[校]).

公冃] n.iŋ [借詞] "寧"을 나타내는 한어차사(研究小組 1977b). [出] 令9, 許11/49, 迪19/30.

公冃 杰] n.iŋ uaŋ [명](관제) "영왕(寧王)"의 한어차사(即實 1996⑯). [出] 令9.

公冃 杰不] n.iŋ uaŋ.on [명](관제・소유격) 영왕(寧王)의(清格爾泰외 1985). [出] 令9.

公冃 杰不 舟力 丞攵伏] n.iŋ uaŋ.on əb.qa tʃur.ug.in [명] 영왕(寧王)의 자서(子壻, 아들과 사위)(即實 1996⑯). [出] 令9.

公冃 ㄨ夯] n.iŋ k(h).ə [명](인명) ①寧珂(即實 2012③), ②寧哥(即實 2012③, 劉鳳翥 2014b㉔). [出] 迪30. [人物] ≪迪誌≫ 주인 撒懶迪烈德(1026~1092)의 첫 부인 五姐의 부친 寧哥 사리(沙里)를 지칭한다(即實 2012③).

公冃伏] n.iŋ.in [명](인명) ①寧寧(劉鳳翥외 2004a), ②寧隱(愛新覺羅 2006a), ③寧訥(即實 2012⑨). [出] 烈18. [人物] ≪烈誌≫ 주인 空寧敵烈(1034~1100, 한풍명: 韓承規)의 손녀(제4남 渾不魯낭군의 제4녀) 安哥낭자의 시아버지 寧寧 재상(宰相)을 지칭한다(劉鳳翥 2014b㉛).

公冃化] n.iŋ.ur [出] 海12. [校勘] 이 글자는 휘본 등에 잘못 옮겨졌으므로 "**公羽化**"가 올바르다(即實 2012[校]).

公舟秃火] n.əb.is.ud [出] 先57. [校勘] 即實은 이 글자를 "**令舟秃火**"라고 기록하고 있다(即實 2012[校]).

公舟ち刃舟村] n.əb.al.qa.b.ən [出] 先36. [校勘] 即實은 이 글자를 "**公丰文少廾犳**"라고 기록하고 있다(即實 2012[校]).

公舟亦] n.əb.ər [出] 許55. [校勘] 이 글자는 초본에 잘못 옮겨진 것("**公**"과 "**舟**"를 이어 쓰는 사례는 없음)이므로 "**公丕亦**"가 올바르다(即實 2012[校]).

公卅] n.iaŋ [出] 梁13. [校勘] 이 글자는 초본에 잘못 옮겨진 것이므로 "**公丹**"가 올바르다(即實 2012[校]).

公文] n.jæ [出] 仁25, 先38/67.

公才本] n.ia.ar [명](인명) ①雅里(愛新覺羅 2006a), ②涅里(愛新覺羅 2006a, 即實 2012⑯). [出] 紀2. [人物] ≪紀誌≫

의 주인인 夷里衍糺里(1061~1102)의 선조인 習輦(習念)·涅里 이리근(夷離菫)을 지칭한다(愛新覺羅외 2012⑥).

[公方业方] n.ia.aŋ.ia [出] 仁24.

[公关] n.i [出] 先36.

[公关勺] n.i.gu [명] ① 녀고(女古, 거란어로 "金"을 지칭한다)(愛新覺羅 2002/2003e/2007b, 吳英喆 2004b), ② 가족(即實 2012/2015a). [명](민족명) 여진(女眞)(劉鳳翥외 1995, Kane 2009). [出] 興/許/仲/先/海/博/迪/宋/慈/智/烈/奴/高/圖/梁/清/尚/玦/回/特/蒲.

[公关勺 佃仐九] n.i.gu sui.sə.g [명] 출신(即實 2012⑳). [出] 仲2.

[公关勺 圡圡东] n.i.gu qa.a.ad [명] 가문내의 여러 가한들(本家諸汗)(即實 2012⑳). [出] 慈4.

[公关勺 公东礿] n.i.gu n.ad.bu [명] 녀고날발(女古捺鉢)(愛新覺羅외 2012). [出] 迪37. [用例] ☞ "날발"의 각종 표현에 대하여는 "야율날발"(百夲爻火关 公东礿)을 참조하라.

[公关勺 九交朩] n.i.gu g.ur.ən [명](국명·소유격) 금나라(金國)의(Kane 2009, 劉鳳翥 2014b㉜). [出] 博11.

> [用例] "금(金)" 등 국호의 거란소자 표현에 대하여는 《부록》에 있는 [거란소자 주요 어휘]를 참조하라.

[公关勺 九交矢] n.i.gu g.ur.tə [명](향위격) 국가에(即實 2012⑳). [出] 博12.

[公关勺 九交矢关] n.i.gu g.ur.d.i [명](탈격) 국가에서(即實 2012⑳). [出] 博15.

[公关勺 朩幷] n.i.gu ?.ja [명] 특수한 시절(特殊時節)(即實 2012⑳). [出] 許15.

[公关勺 ㄨ九苂与] n.i.gu k(h).əd.gə.ən [동] 두루 알다(遍識)(即實 2012⑳). [出] 烈13.

[公关勺 朩火屮苂与] n.i.gu tʃ.ui.l.gə.ən [동] 두루 돕다(遍助)(即實 2012⑳). [出] 興18.

[公关勺ろ 几穴矢 卆仦圡ち才叐] n.i.gu.qa ku.u.ul nen.əl.ha.al.qa.an [문] 어루만져 기쁨을 다하다(巡而盡喜)(即實 2012⑳). [出] 仲36.

[公关勺丞] n.i.gu.d [出] 先52.

[公关冃] n.i.ŋ [借詞] "寧"을 나타내는 한어차사(朱志民 1995, 劉鳳翥외 1995). [出] 博22. [參考] ☞ 公冃.

[公关冃 玦夯 夂半 伞幷 几亦] n.i.iŋ jue.æn da.ai ts.iaŋ g.iun [명](관제) "영원대장군(寧遠大將軍)"의 한어차사(劉鳳翥 2014b②). [出] 博22.

[公犮] n.ər [出] 許54. [校勘] 이 글자(去交 公犮)는 초본에 잘못 옮겨진 것이므로 "去交苂犮"가 올바르다(即實 2012⑭).

[公犮万与] n.ər.j.en [出] 仲44. [校勘] 이 글자는 초본에 잘못 옮겨진 것이므로 "公冬万与"이 올바르다(即實 2012⑭).

[公冬交] n.uŋ.ur [出] 許57. [校勘] 이 글자는 초본에 잘못 옮겨졌으므로 "公仌交"가 올바르다(即實 2012⑭).

[公平亻圡为出] n.ul.ir.ha.a.an [동] 봉안(奉安)하다("장례지내다"의 존칭어)(即實 2012⑤). [出] 智7. [校勘] 이 글자는 초본에 잘못 옮겨진 것("公"와 "平"를 이어 쓰는 사례는 없음)이므로 "公半亻圡为出"가 올바르다(即實 2012⑤/2012⑭).

[公平亻圡出] n.ul.ir.ha.an [出] 許44. [校勘] 即實은 이 글자를 "公半亻圡出"이라고 기록하고 있다(即實 2012⑭).

[公□] n.? [出] 許12, 書XXVI.

[公□出] n.?.an [出] 先2. [校勘] 即實은 이 글자를 "公夾"이라고 기록하고 있다(即實 2012⑭).

[公□关与] n.?.dʒ.ən [出] 奴36. [校勘] 即實은 이 글자를 "公半关与"이라고 기록하고 있다(即實 2012⑭).

[公□□□] n.?.?.? [出] 博18.

仌 [발음] o [原字번호] 252

[仌] o [用法] "夃"[o]의 대환용으로 쓰인다(예: 夃仌·夃夃[크다], 公仌·公夃·朿夃[배우자])(愛新覺羅 2004a①).

[仌币囯] o.od.bə [부] 갑자기(豊田五郎 1991a, 蓋之庸외 2008). [명] ① 거주하는 방(住房)(愛新覺羅 2004a①), ② 명운(命運)(即實 2012⑳). [出] 許/故/仲/海/副.

[仌本] o.ar [出] 先57. [校勘] 即實은 이 글자를 "夃本"이라고 기록하고 있다(即實 2012⑭).

[仌化舟叉] o.ur.bu.r [出] 玦7.

[仌仌朱] o.o.od [出] 仁26. [校勘] 이 글자는 휘본 등에 잘못 옮겨진 것이므로 "公仌朱"가 올바르다(即實 2012⑭).

[仌火] o.ui [出] 先31/32.

[仌出] o.an [出] 皇21. [校勘] 即實은 이 글자를 "夃出"이라고 기록하고 있다(即實 2012⑭).

[仌用仦ろ] o.ol.əl.qa [出] 興21.

公 [발음] os [原字번호] 253

[公] os [書法] Kane은 이 원자를 "仌[o](원자번호 252)"의 이서체라고 기술(Kane 2009)하고 있으나, 愛新覺羅

는 이를 부정하고 있다(愛新覺羅 2012).

仌币田] os.od.bə [出] 宗16, 尚32. [校勘] 即實은 이 글자를 "**仌币田**"이라고 기록하고 있다(即實 2012㉻).

仌不矢] os.on.tə [出] 玦41.

仌不伞仌] os.on.s.ər [出] 玦25.

仌伞夻业] os.əs.gə.l [出] 韓26. [校勘] 이 글자는 초본에 잘못 옮겨진 것이므로 "**乂伞夻业**"가 올바르다(即實 2012㉻).

仌田] os.bə [出] 蒲21.

丕 [발음] t, d [原字번호] 254

丕] t, d [用法1] ① 향위격 어미를 나타내는 부가성분이다(愛新覺羅 2004a⑦, 吳英喆 2005c), ② 복수형 어미를 나타내는 부가성분이다(研究小組 1977b, 高路加 1988a, 吳英喆 2012a①), [用法2] "단(端)"계통 자음[예: 点, 德]과 "정(定)"계통 자음[예: 殿, 大, 特]을 가진 한어차사의 초성(初聲) 자음으로 사용되며, 거란어 음절의 초성 자음으로도 사용된다(孫伯君외 2008). [出] 故/涿/奴/清/畫. [語法] "**仌**" [t]와 "**丕**" [tʰ]의 변천에 대하여는 "**仌**" 부분의 설명내용을 참조하라(傅林 2013).

丕币圡亦] d.ad.a.ad [出] 博33.

丕币圡ネ] d.ad.a.ar [명](부족) 달단(韃靼)(愛新覺羅 2003g). [用法] **仌亦ネ** [t.at.ar]로도 적는다. 그 본래의 뜻은 "장방(帳房)"인데 변하여 부족명으로 사용되었으며, 음역은 "달단(韃靼)" 또는 "탑탑아(塔塔兒)"로 적는다(愛新覺羅 2003g). [出] 許38/54, 仲12/19/28/34/39/43, 博11/18, 糺21.

> [遼史] **韃靼(달단)**은 달달(達怛) 또는 달단(達旦)이라고도 한다. 어원은 몽골어의 탑탑아부(塔塔兒部)에서 나왔는데, 이 부(部)가 강대하므로 부 이름이 실위 각 부와 몽골 고원의 몇몇 부락의 통칭이 되었다. 후에 돌궐(突厥)과 회흘(回紇) 때 30성 달달(三十姓達怛), 9성 달달(九姓達怛)이 있었고, 당 후기 오대 때 음산달달(陰山達怛), 흑거자달달(黑車子達怛) 등이 있었다. 원나라 때는 달달(達怛)이 몽골인의 속칭이 되었다(金渭顯외 2012㊤).

丕币圡ネ 几] d.ad.a.ar ku [出] 仲43. [校勘] 초본에는 이 글자가 한 글자(**丕币圡ネ几**)로 되어 있다(即實 2012㉻).

丕币圡ネ村] d.ad.a.ar.ən [명](소유격) 장방(帳房)의, 달단(韃靼)의(愛新覺羅 2003g). [出] 許45/47.

丕雨] d.in [出] 許36, 玦31. [校勘] 이 글자가 ≪許36≫에서는 초본에 잘못 옮겨진 것(식읍[食邑] 3천호[千户]의 의미임)이므로 "**业雨**"이 올바르다(即實 2012㉻).

[丕丙] d.io [出] 許4/40, 博45. [校勘] 이 단어는 초본에 옮기며 잘못 분할되었는데, 뒤 원자와 합쳐 "**丕丙丸**"≪許4≫와 "**丕丙刃**"≪許40≫로 해야 하며, ≪博45≫도 그런 사례가 없어 오류 가능성이 높다(即實 2012㉻).

[丕丙丸] d.io.də [出] 許19.

[丕丙刃] d.io.ir [명] ① 덕(德)(即實 1996⑯), ② 천덕(天德, 금나라 제4대 해릉왕 때 연호로 기간은 1149~1153년이다)(研究小組 1977b, 清格爾泰외 1978a/1985). [명](인명) ① 舌額日(≪요사≫에는 "糺里"로 기록)(即實 1996③), ② 糺里(愛新覺羅 2010f), ③ 迪里姑(劉鳳翥 2014b㊸). [出] 許/仲/博/高/梁/尚. [人物] ≪仲誌≫ 주인 烏里衍朮里者(1090~1150, 한풍명: 蕭仲恭)의 장녀인 糺里胡都古를 지칭한다(愛新覺羅 2010f). [用例] **又 丕丙刃** [mos d.ju.ir] [명](연호) ① 대강(大康)(王弘力 1986, 朱志民 1995, 劉鳳翥외 1995), ② 천덕(天德)(鄭紹宗 1973, 王靜如 1973, 王弘力 1986).

> [遼史] 요대 연호의 변천에 대하여는 ≪부록≫에 있는 [거란소자 주요 어휘]를 참조하라.

[丕丙刃 丕交夊] d.io.ir d.ur.u [명] 덕범(德範)(即實 2012⑳). [出] 許10.

[丕丙刃伏] d.io.ir.in [명](인명) 糺隣(即實 1996④). [出] 許22. [人物] ≪先誌≫의 주인인 糺隣王 査剌(1013~1072, 한풍명: 耶律仁先)를 지칭한다(即實 1996④).

[丕丙刃仌] d.io.ir.ər [명](목적격) 덕(德)을(即實 2012⑳). [出] 糺21, 尚19.

[丕丙伏] d.io-n [用法] 군대와 관련된 명사로서, 요금원사 영역의 "규군(糺軍)"을 거란문으로 표기하는 방법이라고 추정된다(陶金 2015). [出] 許18/19. [用例] **伏仌扎 丕丙伏** [ŋ(ni).o.ur d.io-n] [명](관제) 부족규(部族糺)(陶金 2015). [出] 許18/19.

[丕丙伏村] d.io.n.ən [出] 博11/13.

[丕丙仕夻丙] d.io.um.gə.əi [出] 仲36. [校勘] 이 글자는 초본에 잘못 옮겨진 것이므로 "**丕丙伏夻丙**"가 올바르다(即實 2012㉻).

[丕丙火] d.io.ui [出] 許42.

[丕丙米] d.io.ui [出] 博14.

[丕丙仌] d.io.ər [명] ① 회(會)(即實 1996⑯), ② 천회(天會, 금나라 제3대 희종황제[熙宗皇帝] 때의 연호로 기간은 1135~1137년이다)(=**仌丙仌**)(研究小組 1977b, 清格爾泰외 1978a/1985). [出] 仲19/20. [用例] **关 丕丙仌** [au d.io.ər] [명] 천회(天會)(鄭紹宗 1973, 王靜如 1973, 研究小組 1977b, 王弘力 1986, 即實 1996⑫). [出] 仲19.

[丕丙当] d.io.ən [出] 許62, 玦31.

[丕丙□□] d.io.?.? [出] 許28.

[仌丙] d.əi／t.əi 借詞 ①"德"을 나타내는 한어차사 (研究小組 1977b, 劉鳳翥외 1977), ②"特"을 나타내는 한어차사(劉鳳翥외 1981a, 清格爾泰외 1985). 出 許／仲／先／海／博／泳／智／尙.

[仌丙 尢土圣] d.əi ʃ.əu.n 名(인명) 德壽(即實 1996④). 出 許49. 人物《許誌》주인 乙辛隱斡特剌(1035~1104)의 넷째 아들인 德壽태위(太尉)를 지칭한다(愛新覺羅 2013a).

[仌丙 仐业火] d.əi ts.oŋ.un 名(소유격) 덕종(德宗)의(研究小組 1977b, 清格爾泰외 1978a/1985). 出 仲36.

[仌丙 仐伞 主王] d.əi ts.ɔr huaŋ.ti 名 "덕조황제(德祖皇帝)"의 한어차사(덕조황제는 야율아보기의 아버지인 撒剌的·匣魯 夷離董의 묘호를 말한다. 덕조를 "令丙 仐伞"《迪6》 또는 "令丙 仐伞"《故5》로도 쓴다)(愛新覺羅 2003f, 陶金 2015). 出 智6.

[仌丙 仐雨] t.əi ts.in 名(관제) "특진(特進)"의 한어차사(清格爾泰외 1985). 出 仲21.

[仌丙 仐雨杓] t.əi ts.in.ən 名(관제·소유격) 특진(特進)의(清格爾泰외 1985, 即實 1996③). 出 仲29.

[仌丙为本] d.ær.a.ar 名(부족) 해족(奚族)(即實 2012⑳). 名(씨족) "질랄(迭剌)"의 남성형(愛新覺羅외 2012). 出 博11, 梁10.

> 参考 迭剌(질랄)은 해왕족(奚王族)의 성씨이다. 남성형은 "仌丙为本" 또는 "令丙屮本"로 쓴다. 여성형은 "仌丙屮朱" 또는 "令丙屮朱"로 쓴다. 부족을 표시하는 경우에는 남성형을 사용하는 것이 보통이다. 여성형을 사용하는 경우도 보이지만, 아마 이는 오기(誤記)일 가능성이 높다(愛新覺羅외 2012).

[仌丙屮朱] d.ær.ja.jai 名(부족) 해족(奚族)(即實 2012④). 名(씨족) "질랄(迭剌)"의 여성형(愛新覺羅 2003h). 出 奴6. 参考 ☞ 해족(奚族)과 질랄(迭剌)에 대한 해설 및 여타 표기방식에 대해서는 "令丙屮本关"과 "仌丙为本" 등을 참조하라.

[仌卡丙屮伏] d.us.ei.l.in 出 皇10.

[仌卡丙关] d.us.ei.i 出 智18.

[仌卡丙丐] d.us.j.ən 出 玦38.

[仌卡屮九] d.usu.l.gə 出 玦33.

[仌庚] d.ur 出 興32, 道36.

[仌土矢] d.əu 出 先21/59, 慈17, 清19, 特37.

[仌�圣伏] d.æn.ir.in 出 興11. 校勘 이 글자는 휘본 등에 잘못 옮겨진 것이므로 "仌夫圣伏"이 올바르다(即實 2012㊌).

[仌夲力] d.ær.qa(吳英喆은 telax 또는 delag) 名(부족) ① 질랄(迭剌)부(=小刋)(愛新覺羅 2013b, 吳英喆 2012a

①), ② 달리각(達利刻)(《요사》에는 "단리개(旦利皆)"로 기록됨)(即實 2014). 出 玦2.

[仌夲力 伏仒夾] d.ær.qa ni.o.ur 名(부족명) 질랄부(迭剌部)(吳英喆 2011b/2012a①). 出 玦2.

> 用例 迭剌部(질랄부)를 나타낼 때, 仌夲力와 小刋는 모두 "迭剌"을 나타내며, 특히 小刋는 밑으로 내려 쓴다. 참고로 "伏仒夾"은 "部"를 표시하면서 "路"를 표시하기도 하는데, 이렇듯 어떤 글자는 "部" 또는 "路"를 동시에 표시하고, 어떤 글자는 "部"나 "路" 1가지만을 표시한다(吳英喆, 2011b). ☞ 보다 자세한 예는 "伏屮帀"의 설명을 참고하라.

[仌夯] d.ær 名 ① 아래(下), 남쪽(南)(即實 1996③), ② 연(燕)(劉鳳翥외 1981a, 閻萬章 1982b, 清格爾泰외 1985), 대(大)(王弘力 1986). 出 許／仲／博／泳／糺／尙.

[仌夯 仒] d.ær pu 名(관제) 남부(南府)(即實 1996⑯). 出 許25.

[仌夯 仒火 刋化欠] d.ær pu.un ʤa.ri.go 名(관제) 남재상(南府宰相)(即實 1996⑯, 劉鳳翥 2014b52). 出 許25.

[仌夯 仐米杓] d.ær s.uŋ.ən 名(국명·소유격) 남송(宋)의(劉鳳翥 2014b52). 出 仲17. 校勘 即實은 두 번째 글자를 "仐米火"이라고 기록하고 있다(即實 2012㊌).

> 用例 "송(宋)" 등 국호의 거란소자 표현에 대하여는 《부록》에 있는 거란소자 주요 어휘 를 참조하라.

[仌夯 令怣化杓] d.ær t.aŋ.ur.ən 名(부족) 남당고부(南唐古部)(即實 1996⑯). 出 仲14.

[仌夯 几用] d.ær g.iŋ 名(지명) ① 연경(燕京)(清格爾泰외 1985), ② 하경(下京), 남경(南京)(即實 1996⑯). 出 仲16.

[仌夯 几用矢] d.ær g.iŋ.tə 名(지명·향위격) ① 연경(燕京)에(清格爾泰외 1985), ② 남경(南京)에(即實 1996⑯). 出 仲24.

[仌夯 几用杓] d.ær g.iŋ-n 名(지명·소유격) 남경(南京)의(即實 1996⑯). 出 仲1/23.

[仌夯 几用杓 屮丙 尢土] d.ær g.iŋ-n l.iu ʃ.əu 名(관제) ① 연경유수(燕京留守)(清格爾泰외 1985), ② 남경유수(南京留守)(即實 1996⑯, 劉鳳翥 2014b52). 出 仲1.

[仌夾丐] d.ur.al 出 博20.

[仌夾圣] d.ur.u 수 4(愛新覺羅 2003h). 名 도리(道理), 방식(模式)(即實 2012⑳). 出 道34, 許10/40.

[仌夾伏] d.ur.in 名(인명) ① 都隣(愛新覺羅 2003i), ② 都倫(愛新覺羅 2003e), ③ 都如訥(即實 2012⑳). 出 迪7. 人物《迪誌》주인 撒懶迪烈德(1026~1092)의 8대조모(痕隱帖剌 이리근의 부인) 僕隗都鄰 을림면(乙林免)을 지칭한다. 즉 7대조 曷魯隱匣馬葛 이리근(夷離董)의 모친이

다(愛新覺羅 2010f).

[公夾小炎丙] d.ur.əl.gə.əi 出 梁16.

[公夾冊炎丙] d.ur.?.gə.əi 동 "이끌다, 고치다"의 의미로 추정된다(即實 2012⑱). 出 梁27. 用法 "公夾及"가 이 단어의 어근이다(即實 2012⑱).

[公夾火当] d.ur.ud.ən 出 典3.

[公夵] d.oi 형 번창하다(即實 1996①). 出 典/許/先/海/博/宋/梁/韓.

[公夵 公今冊芬] d.oi n.əs.əb.ə 명 뛰어난 재능(高才)(即實 2012⑳). 出 許4.

[公夵叉圭丰] d.oi.ir.ha-ai 형 영예로운(愛新覺羅외 2011). 出 博29, 尚19.

[公夵朩] d.oi.tʃi 出 仲4.

[公夵化圭丰] d.oi.ir.ha.ai 出 仲42.

[公夵令] d.oi.s 형 ① 크다, 완전하다(實玉柱 2006), ② 현영(顯榮, 높은 지위에 올라 영화로움)(即實 2012⑳). 명 (인명) 脫古思, 圖古斯, 禿古斯(實玉柱 2006). 出 智5, 玦2. 用例 ☞ "令夵令"[d.oi.s]로도 쓴다(實玉柱 2006). 同源語 몽고어의 "완전한, 원만한"의 의미를 지닌 [tegüs]와 동일한 어원이다(實玉柱 2006).

[公夵令 公圥为 伏仐夾] d.oi.s d.ær.qa ni.o.ur 명(부족명) 도외사 질랄부(陶猥思 迭剌部)(愛新覺羅 2013b). 出 玦2. 參考 ☞ 令夵令 小劝 伏廾夾.

[公夵令 小劝 伏廾夾] d.oi.s dær.qa ni.ʊ.ur 명(부족명) 도외사 질랄부(陶猥思 迭剌部)(愛新覺羅 2012). 出 玦2.

[公夵舟文圥] d.oi.b.jæ.ær 出 皇8. 校勘 이 단어는 본래 2개의 글자(公夵 舟文圥)이나 초본에는 잘못하여 하나로 합쳐져 있다(即實 2012校).

[公夵公] d.oi.d 出 先43. 校勘 即實은 이 글자를 "令夵公"라고 기록하고 있다(即實 2012校).

[公夯舟] d.e.b 出 玦35.

[公夾仐用] d.?.ol.il 出 智18. 校勘 이 글자는 초본에 잘못 옮겨진 것이므로 "公号伞用斗"가 올바르다(即實 2012校).

[公夫] d.qu 出 尚32. 校勘 이 글자는 초본에 잘못 옮겨진 것이므로 "公文"가 올바르다(即實 2012校).

[公丰] d.ai 出 玦10.

[公丰关] d.ai.i 借詞 "大"를 나타내는 한어차사(研究小組 1977b, 劉鳳翥외 1977). 出 仲27, 圖9.

[公丰关 仐幷 九亦] d.ai.i s.iaŋ g.iun 명(관제) "대장군(大將軍)"의 한어차사(研究小組 1977b). 出 仲27.

[公丰关 仐幷 九亦村] d.ai.i s.iaŋ g.iun-n 명(관제・소유격) 대장군(大將軍)의(劉鳳翥 2014b(52)). 出 圖9.

[公朩] d.ar 出 先33, 副39. 校勘 即實은 이 글자를 "朩朩"《先33》와 "only朩"《副39》이라고 기록하고 있다(即實 2012校).

[公朩炎] d.ar.ər 出 許61.

[公及夵九] d.u.gə.g 出 韓35. 校勘 이 글자는 초본에 잘못 옮겨진 것이므로 "公叉夵企"가 올바르다(即實 2012校).

[公叉] d.im 형 많다(多)(即實 1990/1996①). 명 한도(即實 1996⑯). 出 典32, 道36.

[公圣] d.tʃur 出 仲20. 校勘 即實은 《契丹小字研究》에 기록된 이 글자를 "公圣"(도점검[都點檢]의 "點"에 해당)이라고 달리 기록하고 있다(即實 2012校).

[公叉] d.ir 出 梁20, 玦44.

[公叉及] d.ir.u 出 許5.

[公叉炎企] d.ir.gə.mə 명(지명) 정극말(亭克末)(산)(即實 2012⑬). 出 韓35.

[公叉炎企 万村] d.ir.gə.mə nior.ən 명(지명・소유격) 정극말산(亭克末山)의(即實 2012⑬). 出 韓35.

[公欠] d.ugu 出 涿20. 校勘 即實은 이 글자를 "令欠"라고 기록하고 있다(即實 2012校).

[公冬圭乃] d.as.ha.am 出 仲17, 慈27, 梁11.

[公冬公] d.as.d 出 許20.

[公生共及火] d.abu.ali.u.ui 出 海8. 校勘 이 단어는 본래 2개의 글자(公生 共及火)이나 초본에는 잘못하여 하나로 합쳐져 있다(即實 2012校).

[公伏] d.in 出 許51/53. 校勘 即實은 이 글자를 앞 원자들과 합쳐 각각 "穴夾公伏"《許51》와 "业化公伏"《許53》이라고 기록하고 있다(即實 2012校).

[公住□当] d.um.?.ən 出 許9. 校勘 即實은 이 글자를 "公住穴当"이라고 보정하고 있다(即實 2012校).

[公化业夯] d.ir.p.e 出 涿24. 校勘 即實은 이 글자를 "公小业夯"이라고 기록하고 있다(即實 2012校).

[公化炎] d.ur.ər 수(서수) ① 제4, 넷째의(王弘力 1986, 即實 1988b), ② 제4, 넷째의 남성형(劉鳳翥 2014b(52)). 用法 거란의 전기(前期) 문헌에는 "令化~"로 표기되었지만, 후기 문헌에는 "公化~"로 표기한다(傅林 2013). 出 許/仲/海/涿/智/玦.

[公化当] d.ur.ən 수(서수) ① 제4, 넷째의(即實 1996④), ② 제4, 넷째의 여성형(劉鳳翥 2014b(52)). 出 許52, 智12.

[仒仐] d.əs [出] 許22.

[仒仒北] d.d.əl [出] 仲26, 尙31. [校勘] 이 글자는 초본에 잘못 옮겨진 것이므로 "令仒北"이 올바르다(即實 2012⑫).

[仒企~] d.əm [동] "더하다"의 의미를 가진 동사의 어근(大竹昌巳 2016e).

[仒企丙] d.əm.əi [동] ~에 봉하다(封)(清格爾泰외 1985). [出] 許/仲/博/梁/尙. [用例] "봉(封)"의 의미를 지닌 단어로는 令企丱炏丙, 仒企丱炏丙, 仒企丱太丙, 令企丱炏北, 仒企丱太北, 仒企丱炏北, 仒企丱炏当, 仒企丱太炏, 仒企丱炏炏, 仒企丱炏丱叉 등이 있다(清格爾泰외 1985).

[仒企丙叉] d.əm.j.ir [出] 尙17.

[仒企丙炏] d.əm.j.ər [명] ① 권(眷)(即實 1996⑯), ② 천권(天眷, 금나라 제3대 희종황제[熙宗皇帝] 때의 연호로 기간은 1138~1140년이다)(=令企丙炏)(研究小組 1977b, 清格爾泰외 1978a/1985). [出] 仲20/21/35, 博22. [用例] 关 仒企丙炏 [au d.əmə.j.ər] [명] 천권(天眷)(鄭紹宗 1973, 王靜如 1973, 研究小組 1977b, 即實 1996⑯). [出] 仲20.

[仒企夯] d.əm.ə [出] 仲31.

[仒企叉] d.əm.ir [동] 더하다(大竹昌巳 2016d). [出] 許58.

[仒企丱太丙] d.əmə.l.gə.əi [동] ~에 봉하다(封), ~에 임명하다(除)(研究小組 1977b, 清格爾泰외 1978a/1985, 劉鳳翥외 1981a, 即實 1982a). [出] 許/仲/博/涿/梁/高.

[仒企丱太北] d.əmə.l.gə.əl [동] ~에 봉하거나 임명하다(劉鳳翥외 1981a, 清格爾泰외 1985, 即實 1996⑯). [出] 仲21/23.

[仒企丱太与] d.əmə.l.gə.al [동] ~에 봉하거나 임명하다(劉鳳翥외 1995). [出] 博40/41. [校勘] 이 글자는 초본에 잘못 옮겨진 것이므로 "仒企丱太当"이 올바르다(即實 2012⑫).

[仒企丱太丱叉] d.əmə.l.gə.l.r [동] ~에 봉하거나 임명하다(清格爾泰외 1985, 即實 1996⑯). [出] 仲8.

[仒企丱太炏] d.əmə.l.gə.ər [동] ~에 봉하거나 임명하다(研究小組 1977b, 清格爾泰외 1978a/1985, 即實 1996⑯). [出] 仲5/20/21/22/24, 博20/23.

[仒企丱太尘关] d.əmə.l.gə.d.i [出] 博38. [校勘] 이 글자는 초본에 잘못 옮겨진 것이므로 "仒企丱太丱关"가 올바르다(即實 2012⑫).

[仒企丱炏] d.əmə.l.gə [出] 許8. [校勘] 即實은 이 글자를 뒤 원자들과 합쳐 "仒企丱炏丱几"라 기록하고 있다(即實 2012⑫).

[仒企丱炏丙] d.əmə.l.gə.əi [동] ~에 봉하거나 임명하다(研究小組 1977b, 清格爾泰외 1978a/1985, 即實 1996⑯). [出] 許/先/博/梁/尙/圖.

[仒企丱炏北] d.əmə.l.gə.əl [동] ~에 봉하거나 임명하다(劉鳳翥외 1977, 清格爾泰외 1985, 即實 1996⑯). [出] 許12, 仲7/21.

[仒企丱炏丱叉] d.əmə.l.gə.l.ir [동] ~에 봉하거나 임명하다(清格爾泰외 1985, 即實 1996⑯). [出] 仲7.

[仒企丱炏丱几] d.əmə.l.gə.l.əg [동] ~에 봉하거나 임명하다(即實 1996⑯). [出] 許8.

[仒企丱炏炏] d.əmə.l.gə.ər [동] ~에 봉하거나 임명하다(研究小組 1977b, 清格爾泰외 1978a/1985, 即實 1996⑯). [出] 許6/7/14/16/23/24/36/48/55, 仲21.

[仒企丱炏当] d.əmə.l.gə.ən [동] ~에 봉하거나 임명하다(清格爾泰외 1985, 即實 1996⑯). [出] 許2/6/7/46, 博5, 梁17.

[仒企炏] t.əm.ər [동] 호(號)를 내리거나 봉(封)하다(即實 1988b). [명](인명) ① 德思瑰(即實 1996⑯), ② 特末(愛新覺羅 2004b①, 劉鳳翥 2014b㊿), ③ 特末里(劉鳳翥 2014b㊿). [用法] 거란의 전기(前期) 문헌에는 "令企炏"로 표기하지만 후기에는 "仒企炏"로 표기한다(傅林 2013). [出] 許27, 仲5.

> [人物] 《仲誌》 주인 烏里衍朮里者(1090~1150, 한풍명: 蕭仲恭)의 부친인 부마(駙馬) 守사공(司空)(도종황제의 3녀 월국공주 特里와 결혼) 兀古鄰特末里를 지칭하며, 撻不衍陳留(한풍명: 蕭孝友) 국왕(國王)의 장(帳)을 계승하여 국구소옹장(国舅小翁帳)에 변경・소속되었다(愛新覺羅 2010f).

[仒企夯] t.əm.ə [명](인명) 特末(愛新覺羅 2006a). [出] 高19, 梁23. [校勘] 即實은 이 글자를 "令企夯"라고 기록하고 있다(即實 2012⑫).

[仒企夯木] d.əm.ə.tʃi [出] 梁5.

[仒企当] d.əm.ən [동] 호(號)를 내리거나 봉(封)하다(即實 1988b). [명](인명) ① 德思昆(即實 1996⑯), ② 特美(劉鳳翥외 2005a), ③ 特免(愛新覺羅 2010f, 即實 2012⑳), ④ 特末, 特勉(劉鳳翥 2014b㊸). [出] 許49, 仲2/4/5, 尙4/5, 韓1/15. [人物] 《仲誌》 주인 烏里衍朮里者(1090~1150, 한풍명: 蕭仲恭)의 조부인 特免撻不也里 대왕(大王)을 지칭한다(愛新覺羅 2010f).

[仒企当 木为木] d.əm.ən ar.a.ar [명](인명) ① 特免阿剌里(愛新覺羅 2010f), ② 特免・拉里(即實 2012⑲), ③ 特勉・里阿里(劉鳳翥 2014b㊺). [出] 尙4. [人物] 《尙誌》 주인 緬隱胡烏里(1130~1175)의 증조부인 特免阿剌里(한풍명: 蕭昕) 태사(太師)를 지칭한다(愛新覺羅 2010f).

[仒企当 关化] d.əm.ən i.ri [명] 봉호(封號, ~에 봉한 이름)(即實 1996⑯). [出] 仲5.

[仒企当 火及 几夯] d.əm.ən k(h).o g.ə [명](인명) ① 特免郭哥(愛新覺羅 2009a⑧), ② 特免・和哥(即實 2012⑬), ③ 特每・闊哥(劉鳳翥 2014b⑬). [出] 韓15. [人物] 《韓誌》 주인 曷魯里부인(?~1077)의 남편인 特免郭哥 부마(駙馬)를 지칭한다(愛新覺羅 2009a⑧).

[尖 尒杰丙] d.əl.gə.əi [出] 博26/30.

[尖 尒舟夯朩] d.əl.b.e.tʃi [동] 매우 기뻐하다(大悅)(即實 1996⑯). [出] 仲24.

[尖 尒由] d.əl.bəl [出] 涿13/16, 皇18. [参考] ☞ 令尒由("광대한, 관대한"의 의미)(大竹昌已 2015b).

[尖 圣] d.æm [借詞] "點"을 나타내는 한어차사(研究小組 1977b). [出] 仲20/33, 宋11, 梁13, 玦33. [用例] 仃 尖 圣 九交圣 [du d.æm g.iæ.æm] [명](관제) "도점검(都點檢)"의 한어차사(清格爾泰외 1978a).

[尖圣 九交圣 丂安 尽关] d.æm g.iæ.æm dəu.ur dol.i [명](관제) ① 동지점검사사(同知點檢司事)(即實 2012⑪), ② 점검동지(點檢同知)(劉鳳翥 2014b52). [出] 宋11.

[尖圣 犮] d.æm.dʒi [出] 許13, 博15.

[尖圣 朩丂] d.æm.tʃ.en [명](인명) ① 迭木芊(即實 2012②), ② 點燦(劉鳳翥 2014b52). [出] 博45. [人物] 《博誌》 주인 習輦(1079~1142)의 증손녀(묘주의 손자인 曷盧本阿鉢의 차녀)인 迭木芊을 지칭한다(即實 2012②).

[尖圣 朩丂] d.æm.tʃ.ən [명](인명) [出] 博42.

[尖圣 米癶] d.æm.ordu.ər [出] 許58. [校勘] 이 글자는 초본에 잘못 옮겨진 것이므로 "尖圣朩癶"가 올바르다(即實 2012校).

[尖 火] d.un [借詞] "敦"을 나타내는 한어차사(石金民외 2001, 劉鳳翥 2014b29, 愛新覺羅 2017a). [出] 奴12.

[尖火 半] d.un mu [명](관제) 돈목(敦睦)(궁)(劉鳳翥 2014b29, 愛新覺羅 2017a). [出] 奴12.

[尖 幺东] d.ia.ad [명] "적(敵=尖才)"의 복수형(大竹昌已 2016e). [出] 玦5.

[尖 幺朱] d.ia-i [出] 圓2.

[尖 幺火] d.ia.iu [명](향위격) 적(敵=尖才)에(大竹昌已 2016e). [出] 玦4.

[尖 业] d.aŋ [出] 皇8/23, 韓25/30.

[尖 业□] d.aŋ.? [出] 玦45.

[尖 出刈] d.an.bur [出] 智15. [校勘] 이 글자는 초본에 잘못 옮겨진 것("尖"와 "出"을 이어 쓰는 사례는 없음)이므로 "尖仕刈"가 올바르다(即實 2012校).

[尖 业] d.əp [出] 仲39/40, 博22.

[尖业 㐄尒圭屮] d.əp ?.əl.ha.ai [出] 仲42. [校勘] 초본에는 이 글자가 하나로 합쳐져 있다(即實 2012校).

[尖业 囯尒舟伏] d.əp bə.l.bu.n [명] 황통(皇統=令业 囯尒舟伏, 금나라 제3대 희종황제[熙宗皇帝] 때의 연호로 기간은 1141~1149년이다)(即實 2012⑳). [出] 博22.

[尖 用久] d.il.ug [명](인명) 迪魯古(愛新覺羅외 2015②). [出] 玦3. [人物] 《玦誌》의 주인 只兖昱(1014~1070, 한풍명: 耶律玦)의 6대조인 鐸宛迪里古 맹부방창온(孟父房敞穩)을 지칭하는데 《요사》에는 전(傳)이 없다. 참고로 "尖用久"는 남녀를 불문하고 상용되는 이름이다(愛新覺羅외 2015②).

[尖用 令朩] d.il.t.ən [명](부족・소유격) 적렬[적렬덕](敵烈[迪烈德])의(愛新覺羅 2004b⑦, 即實 2012⑫). [出] 高21. [参考] ☞ 적렬(敵烈)에 대한 해설 및 여타 표기방식에 대해서는 "令夷尖" 등을 참조하라.

[尖用 夯] d.il.ə [명](인명) ① 迪烈(劉鳳翥외 2003b, 愛新覺羅 2010f, 即實 2012⑳), ② 敵烈(劉鳳翥 2014b52). [出] 宋4, 韓7.

> [人物] ①《宋誌》 주인 烏魯宛妃(1056~1080)의 부친인 수사도(守司徒) 時時隣迪烈(한풍명: 蕭知玄)을 지칭한다(愛新覺羅 2010f).
> ②《韓誌》 주인 曷盧無里 부인(?~1077)의 남편(特免・和哥 부마) 형인 張九태위(太尉)의 장인(福德女부인의 부친) 迪烈낭군(郎君)을 지칭한다(即實 2012⑬).

[尖用 丂] d.il.ən [명](인명) 迪輦(即實 1996③). [出] 仲28, 涿4, 糺11, 玦32. [人物] 《玦誌》 주인 只兖昱(1014~1070)의 셋째 딸인 阿古낭자의 남편으로 圖古辭 상온(詳穩)의 장남이다(吳英喆 2012a①).

[尖用丂 圷市] d.il.ən dau.dʒil [명](인명) 敵輦鐸臻(愛新覺羅 2013a). [出] 涿4. [校勘] 《涿4》에는 "尖用丂 □□ 化九朩"으로 되어 있어 정확한 이름을 알기 어려웠으나, 《先4》에 기록된 "令用丂 圷市 化九朩"과 비교하여 동일인임을 추정해 낼 수 있었다(愛新覺羅 2004a⑫). [人物] 《涿誌》 주인의 7대조인 敵輦鐸臻 이리근(夷離菫)을 지칭한다(愛新覺羅 2013a).

[尖用丂 生] d.il.ən abu [명](인명) 迪輦・阿不(即實 1996⑯, 愛新覺羅 2010f, 劉鳳翥 2014b52). [出] 仲28. [人物] 《仲誌》 주인 烏里衍朮里者(1090~1150, 한풍명: 蕭仲恭)의 장남인 예부시랑(禮部侍郎) 迪輦阿不(?~1151, 蕭拱)를 지칭한다(愛新覺羅 2010f).

[尖 同] d.iŋ [借詞] "定"을 나타내는 한어차사(趙志偉외 2001). [出] 仲22, 智12/22, 梁23/29.

[尖同 九杰 公夊] d.iŋ g.uaŋ n.u [명](인명) 定光奴(劉鳳翥 2014b52). [出] 智12. [人物] 《智誌》 주인 烏魯本猪屎(1023~1094, 한풍명: 耶律智先)의 조카딸(만형인 仁先의 셋째 딸) 冬哥낭자의 남편인 定光奴 제실기(帝室己)를 지칭한다(愛新覺羅 2006a).

[尖 文] d.jue [出] 先38. [校勘] 即實은 이 글자를 뒤의 글자와 합쳐 "尖文岁朩"이라고 기록하고 있다(即實 2012校).

[尖 文夯] d.jue.æn [借詞] "殿"을 나타내는 한어차사(劉鳳

翥외 1977, 清格爾泰외 1985). [出] 許3, 仲20/33.

[关文夯 马火 兆谷(尖火 兆)] d.jue.æn dʒu.uŋ ʂ.ï(əŋ.iu ʂ) [명](관제) 전중시어사(殿中侍御使)(即實 1996⑯). [出] 許3.

> [遼史] **殿中侍御使(전중시어사)**는 3원(三院)의 하나인 전원(殿院)의 책임자로 조의(朝儀), 조회(朝會), 교사(郊祀) 등에 대한 잘못을 규찰하고 수도(京師)를 순찰하는 책임을 진다(金渭顯외 2012㊤).

[关文夯 子火 兆关] d.jue.æn dʒi.uŋ ʂ.ï.d [명](관제) ① 전중시(殿中侍)(研究小組 1977b, 清格爾泰외 1978a), ② 전중사(殿中使)(清格爾泰외 1985). [出] 許3. [校勘] 두 번째 글자는 초본에 잘못 옮겨진 것으로 지석에 근거하면 "马火"이 올바르다(即實 2012㊆).

[关文夯 全文夯 仃 关关 几文关] d.jue.æn s.jue.æn tu d.æm g.jæ.æm [명](관제) "전전도점검(殿前都點檢)"의 한어차사(研究小組 1977b, 清格爾泰외 1978a/1985). [出] 仲20/33.

> [遼史] **殿前都點檢(전전도점검)** : 요대에는 오대 시대의 구제도를 연습(沿襲)하여 남면군관(南面軍官) 중에 전전도점검사(殿前都點檢司)를 두어 황실친군(皇室親軍)을 거느리도록 하였다. 그 장관이 전전도점검이다(金渭顯외 2012㊤).

[关几买伞] d.əg.an.ts [出] 仁18.

[关才] d.ia [명] ① 敵(即實 1996⑯), ② 戰(愛新覺羅 2004a⑨). [同源語] "敵"을 의미하는 고대투르크어의 [dayï], 서면몽골어의 [dayin], 중기몽골어의 [dayyin], 현대몽골어의 [dæ:n]과 동일한 어원이다(大竹昌巳 2013a/2015c). [出] 許22/42, 先33/59, 博27/39, 高17.

[关才东] d.ja.ad [出] 博39. [參考] ☞ 关幺东(大竹昌巳 2016e).

[关才火] d.ja.iu [出] 許19. [參考] ☞ 关幺火(大竹昌巳 2016e).

[关关] d.i [用法] 종비격 어미를 나타내는 부가성분이다(吳英喆 2005c). [出] 許44, 先33, 奴37.

[关关禾] d.i.is [出] 尚10.

[关关村] d.i.ən [동] 처리하다, 안치하다(頓)(韓寶興 1991). [出] 先55.

[关关勺] d.i.ug [出] 海9, 蒲15. [校勘] 이 글자는 휘본 등에 잘못 옮겨진 것이므로 "今关勺"가 올바르다(即實 2012㊆). [參考] 吳英喆은 이 글자가 ≪蒲誌≫ 주인 白隱蒲速里(한풍명: 耶律思齊)의 장남 이름이라고 주장(吳英喆 2012a④)하고 있으나, 愛新覺羅는 묘주의 장남은 宜孫이라 주장(愛新覺羅 2010f)하고 있어 이와는 다르다.

[关关尖] d.i.əŋ [借詞] ① "定"을 나타내는 한어차사(劉鳳翥외 2005b), ② "玎"을 나타내는 한어차사(即實 2012⑫). [명](인명) 德顒(劉鳳翥 2002). [出] 高7.

[关关同] d.i.ŋ [借詞] "定"을 나타내는 한어차사(郭添剛외 2009, 即實 2012⑲). [出] 尚5.

[关关] d.ər [用法] 서수사의 접미사(남성형 단수)로 사용된다(여성형 단수는 "关与이다)(大竹昌巳 2016e/2016d). [出] 先26, 梁27. [同源語] 서면몽골어의 [dUgAr], 중기몽골어의 [DU'Ar], 다오르어의 [dvr]가 동일한 어원이다(大竹昌巳 2016e). [校勘] 即實은 이 글자를 각각 "□□ 夯关"≪先26≫와 "关关舟叐"(=今关舟叐, 산이름)≪梁27≫라고 기록하고 있다(即實 2012㊆).

[关关舟叐] d.ər.əb.u [出] 海13.

[关火] d.ud [명](인명) ① 度突里(郭添剛외 2009, 劉鳳翥 2014b㊾), ② 都特(愛新覺羅 2004b①), ③ 德括(即實 1996④), ④ 土古得(即實 2012⑲). [出] 許45, 涿10, 尚7, 回29.

> [人物] ① ≪許誌≫ 주인 乙辛隱斡特剌(1035~1104)의 장녀 王家奴의 남편 德括낭군(郎君)을 지칭한다(即實 1996④).
> ② ≪尚誌≫ 주인 緬隱胡烏里(1130~1175)의 외조부(모친 王哥夫人의 부친)인 土古得 절도사(節度使)를 지칭한다(即實 2012⑲).

[关火] d.oi [出] 興15/35.

[关夯舟] d.ə.əb [出] 許17/28.

[关岑丙] d.gə.əi [동] 관위(官位)를 추사(追賜)하다(即實 1996①/1996④). [出] 仁8, 許2/6/7/42/46.

[关岑丙 关伞业岑与] d.gə.əi d.əmə.l.gə.ən [동] ① 추봉(追封)하다(即實 1996⑯), ② 사후에 봉하다(劉鳳翥 2014b㊾). [出] 先5, 許1/46.

[关岑万业岑丙] d.gə.dʒi.l.gə.əi [出] 許16. [校勘] 即實은 이 글자를 "关岑丙业岑丙"라고 기록하고 있다(即實 2012㊆).

[关岑伞北] d.gə.s.əl [出] 許42.

[关岑业岑丙] d.gə.l.gə.əi [出] 許32.

[关岑业岑关] d.gə.l.gə.ər [出] 尚11.

[关岑关] d.gə.ər [동] 사망하다(卒・故)(即實 2012⑳, 吳英喆 2012a①). [出] 尚17, 玦1/6. [用例] 伞金北关 关岑关 [s.əm əl.ər d.əgə.ər] [동] 병으로 죽다(吳英喆 2012a①). [出] 玦6.

[关岑当] d.gə.oŋ [出] 許55. [校勘] 即實은 이 글자를 "关岑与"이라고 기록하고 있다(即實 2012㊆).

[关岑与] d.gə.ən [出] 許36/44/50.

[关岑□] d.gə.? [出] 許28. [校勘] 即實은 이 글자를 "关岑与"이라고 보정하고 있다(即實 2012㊆).

[关与] d.ən [用法] 서수사의 접미사(여성형 단수)로 사용된다(남성형 단수는 "关关이다)(大竹昌巳 2016d).

[关考分] d.iau.ud [명] ① 가운데(中)(青格勒외 2003), ② 상방(上方)・상등(上等)(即實 2015a), ③ "중앙"의 ㅇ

성형(大竹昌巳 2016d). [出] 皇7, 宋19, 尚18/28, 回1. [用例] “중앙” 또는 “위”를 나타내는 “仐考分” [t(d).iau.ud]와 유사하다(即實 2015a).

[丕考分 北礼] d.iau.ud hu(xu).uldʒi [명] 상국(上國)(即實 2015a). [出] 回蓋1, 回1.

> [参考] ☞ “거란”, “요” 등 국호의 거란소자 표현에 대하여는 ≪부록≫의 [거란소자 주요 어휘]를 참조하라.

[丕穴火半几] d.u.ud.əl.g [出] 道17.

[丕穴平关] d.u.ul.i [出] 先25.

[丕□冈欠] d.?.?.gu [出] 先23. [校勘] 即實은 이 글자를 “丕夾 用文”이라고 보정하고 있다(即實 2012⑧).

[丕□□] d.?.? [出] 許62. [校勘] 即實은 이 글자를 “丕幺买(丕斗의 소유격·목적격)”이라고 보정하고 있다(即實 2012⑧).

仝 [발음] ol [原字번호] 255

[仝] ol [用法] 부동사형 어미로 사용되며(研究小組 1977b), 같은 문법적 기능을 가진 표음자는 北 [-əl], 与 [-al]이 있다(愛新覺羅외 2011, 愛新覺羅 2012).

[仝夲] ol.ar [出] 仁28, 海8. [校勘] 이 글자는 휘본 등에 잘못 옮겨진 것(“仝”는 글자 앞머리에는 오지 않음)이므로 “丕夲”가 올바르다(即實 2012⑧).

[仝犾] ol.ər [出] 許18. [校勘] 即實은 이 글자를 앞 원자와 합쳐 “夲及仝犾”이라 기록하고 있다(即實 2012⑧).

[仝犾关] ol.ər.i [出] 興12. [校勘] 이 글자는 휘본 등에 잘못 옮겨졌으므로 “丕丕关”가 올바르다(即實 2012⑧).

㑒 [발음] em [原字번호] 256

[㑒] em [出] 特14.

[㑒叉] em.ir [出] 興33. [校勘] 이러한 형태의 출현은 매우 드문데, “仚叉”의 오류로 지문(誌文) 제작과정에서 잘못된 것으로 추정된다(吉如何외 2009, 即實 2012⑧).

仚 [발음] əm, əmə, mə [原字번호] 257

[仚] əm, əmə, mə [用法] “성(城)”·“주(州)” 또는 “소재지(所在地)”의 뜻을 가지는 표의자(表意字)이다(愛新覺羅 2012, 愛新覺羅외 2015⑧). [出] 副6, 特5, 蒲23.

[仚及] əm.u [出] 仁24. [校勘] 即實은 이 글자를 “仚叉”라고 기록하고 있다(即實 2012⑧).

[仚村] mə-n [명](소유격) ① 땅(地)의(劉鳳翥 1982a, 盧迎紅외 2000, 劉鳳翥외 2003b), ② 성(城)의(盧迎紅외 2000). [出] 許/郎/先/宗/迪/皇/宋/慈/智/烈/奴/高/圖/清/尚/韓/玦/回.

[仚村 火 乥犾] mə-n ui tul.ər [명](관제) 지주사(知州事)(即實 2012⑳). [出] 宗13.

[仚村犾] mə.ən.ər [出] 玦11.

[仚叉] mə.ir [出] 仁/先/涿/副/智/奴/室/玦/特.

[仚朩] mə.tʃi [出] 許46, 先33. [校勘] 이 글자가 ≪許46≫에서는 초본에 잘못 옮겨졌으므로 “仚朱”가 올바르다(即實 2012⑧).

[仚矢] mə.tə [명](향위격) 땅에(即實 2012⑳). [出] 博23, 永16.

[仚伏] mə.in [出] 永38. [校勘] 이 단어는 초본에 옮기며 잘못 분할되었는데, 앞 원자들과 합쳐 “几劣仚伏”로 하여야 한다(即實 2012⑧).

[仚伏及药] mə.in.u.dʒi [出] 韓24.

[仚仐] mə.əs [명] 여러 땅(即實 2012⑳). [出] 興/先/宗/博/弘/慈/智/高/圖/特.

[仚仐北] mə.s.əl [出] 慈9.

[仚仐夯丙] mə.sə.gə.əi [出] 仲14.

[仚仐夯半几] mə.sə.gə.l.gə [出] 先64.

[仚仐及药] mə.s.u.dʒi [出] 迪14.

[仚仐村] mə.s.ən [명](소유격) ① 지방(地方)의(劉鳳翥외 2005b), ② 주(州)의(愛新覺羅 2004a⑦), ③ 여러 주(諸州)의(即實 2012⑲). [出] 先65, 烈21, 高16, 尚5/6.

[仚仐丕] mə.sə.d [出] 先56.

[仚仐半几矢] mə.sə.l.gə.tə [出] 道17.

[仚仐丹伏] mə.sə.bu.n [出] 興34, 先37, 智9.

[仚仐犾] mə.s.ər [出] 許23, 先32.

[仚仐夯半几] mə.sə.gə.l.gə [出] 故14.

[仚仐夯半几村] mə.sə.gə.l.gə-n [出] 許39.

[仚丕犾] mə.d.ər [出] 道/先/博/弘/慈/烈/回.

[仚半伏] mə.l.in [出] 先56. [校勘] 即實은 이 글자를 “不半伏”이라고 기록하고 있다(即實 2012⑧).

[仚几] mə.gə [명] ① 부인(夫人)(愛新覺羅 2003h), ② 마격(麼格, 거란인 여성에 대한 존칭중 하나이다)(愛新覺羅 2006a), ③ 목고(沐古, 노파나 할머니[祖母]에 해당하는 말이다[= 爻勺])(即實 2012⑦). [出] 永4. [用法] “仚几”는 표의자 “丙”[məgə]를 표음자로 쓴 것으로서 본래 “어머니(母)·여성(女)”이라는 의미에서 변하여

여성의 존칭으로 사용되게 되었다(愛新覺羅외 2011).

[金九村] mə.gə-n [명](소유격) ① 麼格의(愛新覺羅 2004b④), ② 沐古의(即實 2012⑪/⑭/⑱). [명](인명・소유격) 每格의(劉鳳翥 2014b(52)). [出] 宋9, 梁9, 清2.

> [參考] 거란의 여성에 대한 존칭으로는 ① **乙林免**(을림면), ② **麼格**(마격), ③ **娘子**(낭자), ④ **別胥**(별서), ⑤ **夫人**(부인), ⑥ **令孃**(영양) 등이 있다(愛新覺羅 2006a). ☞ 보다 자세한 내용은 "**业犾伞火**"를 참고하라.

[金次] mə.ər [出] 清21.

[金芬舟] mə.ə.əb [出] 副5. [校勘] 이 글자는 초본에 잘못 옮겨진 것이므로 "**今芬舟**"가 올바르다(即實 2012[校]).

[金岑丙] mə.gə.əi [出] 令18.

[金岑次] mə.gə.ər [出] 蒲24.

[金岑当矢] mə.gə.ən.tə [出] 韓23. [校勘] 이 글자는 초본에 잘못 옮겨진 것이므로 "**今岑当矢**"가 올바르다(即實 2012[校]).

[金谷] mə.ï [出] 特38.

伞 [발음] ts [原字번호] 258

[伞] ts- [用法] ① 주로 한어차사에 사용된다(Kane 2009), ② "정(精)"계통 자음[예: 祖, 進, 節, 祭, 濟, 左, 宗, 將, 酒, 紫, 子]과 "종(從)"계통 자음[예: 靜]을 가진 한어차사의 초성(初聲) 자음으로 사용된다(孫伯君외 2008). [參考] "**仐・伞・秀**"의 발음(s-, ts-, tsh-) 구분에 대하여는 "**仐**"(원자번호 244)를 참고하라.

[伞雨] ts.in [借詞] "進", "晋" 등을 나타내는 한어차사(研究小組 1977b). [出] 道/宣/仲/宗/尚.

[伞雨 杰] ts.in uaŋ [명](관제) "진왕(晋王)"의 한어차사(即實 1996⑯). [出] 先38.

[伞雨 几火] ts.in g.ui [명](국명) "진국(晋國)"의 한어차사(即實 2012①, 劉鳳翥 2014b(52)). [出] 宋3.

[伞雨村] ts.in-n [명] 술(酒)(劉鳳翥외 1977). [명](소유격) □진(進)의(劉浦江외 2014). [出] 仲29, 博42, 迪11. [用例] **公丙 伞雨村** [d.əi ts.in-n] [명](관제・소유격) 特進의(即實 2012②).

[伞丙] ts.ju [借詞] ① "酒"를 나타내는 한어차사(清格爾泰외 1978a), ② "秋"를 나타내는 한어차사(豊田五郎 1998a). [出] 宣2. [用例] **几火 伞谷 伞关 伞丙** [g.ui ts.ï ts.i ts.iu] [명](관제) "국자제주(國子祭酒)"의 한어차사(清格爾泰외 1978a). [出] 宣2. [參考] 《宣2》와 달리 《道2》에서는 "주(酒)"를 "**仐丙**"로 표기하고 있다.

[伞谷] ts.ï [借詞] "子"를 나타내는 한어차사(研究小組 1977b, 劉鳳翥외 1981a). [出] 仲20.

[伞谷公] ts.ï.d [명] ① 자(字)(朱志民 1995, 劉鳳翥외 1995), ② "(牌)子"의 복수형(愛新覺羅 2004a⑦). [出] 博14. [用例] **业余 伞谷公** [p.ugu ts.ï.d] [명] "패자(牌子)"의 복수형(愛新覺羅 2004a⑦).

[伞木圡出] ts.ar.ha.an [명](인명) ① 撒本(袁海波외 2005), ② 撒懶(愛新覺羅 2010f, 劉鳳翥 2014b㉗), ③ 薩剌初(即實 2012⑭). [出] 清3. [校勘] 即實은 이 글자를 "**仐木圡出**"이라고 기록하고 있다(即實 2012[校]).

[伞木圡出 王药] ts.ar.ha.an ak.dʒi [명](인명) ① 撒本・阿古只(袁海波외 2005), ② 撒懶・阿古只(愛新覺羅 2010f, 劉鳳翥 2014b㉗), ③ 薩剌初・屋春(即實 2012⑭). [出] 清3. [用例] **仐木圡出 王药** [s.ar.ha.an ak.dʒi]와 동일하다(劉鳳翥 2014b㉗). [人物] 《梁誌》 주인 石魯隱朮里者(1019~1069, 한명: 蕭知微)의 5대조이자 《清誌》에 등장하는 북부재상(北府宰相) 撒懶阿古只를 지칭한다(愛新覺羅 2010f).

[伞叐] ts.u [借詞] "祖"를 나타내는 한어차사(鄭曉光 2002). [出] 永9. [用例] **少丙 业北 伞叐 公叐** [l.io p.iau ts.u n.u] [명](인명) 劉鹿祖奴(即實 2012⑦).

[伞及] ts.o [借詞] "左"를 나타내는 한어차사(=**伞反**)(研究小組 1977b, 清格爾泰외 1978a). [出] 仲20/22, 宋7.

[伞及 朩炎 伞北] ts.o tʃ.əŋ s.iaŋ [명](관제) "좌승상(左丞相)"의 한어차사(研究小組 1977b, 清格爾泰외 1978a/1985, 劉鳳翥 2014b(52)). [出] 仲22.

> [遼史] 左丞相(좌승상) : 남면조관(南面朝官)속으로 중서성에 예속되나 정제(定制)가 아니며 실권이 없다(金渭顯외 2012㊤).

[伞及 几叉 米 飞气 伞北] ts.o g.im ui ʃ.aŋ s.iaŋ [명](관제) "좌금위상장(左金衛上將)"의 한어차사(研究小組 1977b, 清格爾泰외 1978a/1985, 劉鳳翥 2014b(52)). [出] 仲20. [校勘] 이 글자들은 제작 과정에서 잘못된 것(두 번째와 세 번째 글자 사이에 "오(吾)"가 탈루되었는데, "금위상장(金衛上將)"이란 관명은 존재하지 않음)이므로 "**伞及 几叉 炎叐 米 飞气 伞北**"이 올바르다(即實 2012[校]).

[伞及 几叉 炎叐 米 飞气 伞北 几亦] ts.o g.im ŋ.u ui ʃ.aŋ s.iaŋ g.iun [명](관제) "좌금오위상장군(左金吾衛上將軍)"의 한어차사(即實 2012⑪, 劉鳳翥 2014b(52)). [出] 宋7.

> [遼史] 金吾衛(금오위) : 금오위에 대한 사료가 명확하지 않다. 그러나 당제를 연습한 것이 거란의 제도이고 송 또한 당제를 연습한 것이므로 당・송 제도에서 찾아 볼 수 있다. 당은 662년(龍朔 2)에 좌우금오위로 이름을 바꾸고 송대에도 금오위에

상장군, 대장군, 장군 등을 두었다. 그 직무는 궁중과 수도의 순경(巡警)과 범법자 체포, 봉화, 도로 등을 맡는다(金渭顯외 2012㊤).

[伞仳九] ts.ir.gə [出] 仲45.

[伞仐] ts.u [借詞] "祖"를 나타내는 한어차사(研究小組 1977b). [出] 故4/5, 永3, 皇4, 智5/6. [用例] 丕 伞仐[tai ts.u] [명] 태조(太祖)(即實 2012⑦).

[伞仐火] ts.u.un [명](소유격) □조(祖)의(即實 2012⑩, 劉浦江외 2014). [出] 皇蓋2, 皇1, 宋7, 智5.

[伞炏] ts.ui [借詞] "隋"를 나타내는 한어차사(劉鳳翥 2014b㊷). [出] 智5. [校勘] 即實은 이 글자를 "仐炏"라고 기록하고 있다(即實 2012㊍).

[伞炏 九火] ts.iu g.ui [명](국명) "수국(隋國)"의 한어차사(劉鳳翥 2014b㊷). [出] 智5. [校勘] ☞ 仐炏 九火(即實 2012㊍).

[伞炏 九火 杰] ts.iu g.ui uaŋ [명](관제) "수국왕(隋國王)"의 한어차사(劉鳳翥 2014b㊷). [出] 智5. [校勘] ☞ 仐炏 九火 杰(即實 2012㊍).

[伞火] ts.iu [出] 許52/54. [校勘] 이 단어는 초본에 옮기며 잘못 분할되었는데, 앞 원자들과 합쳐 "舟夬伞火"로 하여야 한다(即實 2012㊍).

[伞同] ts.iŋ [借詞] "靜"을 나타내는 한어차사(研究小組 1977b). [出] 許11, 清32.

[伞同 九乞 九亦] ts.iŋ g.aŋ g.iun [명](관제) "정강군(靜江軍)"의 한어차사(研究小組 1977b, 清格爾泰외 1978a, 劉鳳翥 2014b㊷). [出] 許11, 清32.

[伞同 九乞 九亦 仐文 仃 兆] ts.iŋ g.aŋ g.iun s.jæ du ʂï [명](관제) "정강군절도사(靜江軍節度使)"의 한어차사(即實 2012⑭). [出] 清32.

[伞同 九乞 九亦 伞文 仃 兆] ts.iŋ g.aŋ g.iun ts.jæ du ʂï [명](관제) "정강군절도사(靜江軍節度使)"의 한어차사(研究小組 1977b, 清格爾泰외 1978a/1985, 大竹昌巳 2013b, 劉鳳翥 2014b㊷). [出] 許11.

[伞舟] ts.əb [出] 仲34.

[伞丱] ts.iaŋ [借詞] "將"을 나타내는 한어차사(=仐丱/仐並)(劉鳳翥외 1981d). [명] 감(監), 금(禁)(蘇赫 1979/1981). [出] 故/海/博/弘/宋/智/尚蓋/尚.

[伞丱 九亦] ts.iaŋ g.iun [명](관제) "장군(將軍)"의 한어차사(清格爾泰외 1985). [出] 故7, 博5.

[伞丱 九亦村] ts.iaŋ g.iun-n [명](관제・소유격) 장군(將軍)의(研究小組 1977b, 清格爾泰외 1978a/1985). [出] 故1.

[伞文] ts.jæ [借詞] "節", "姐", "戒", "結", "謝" 등을 나타내는 한어차사(研究小組 1977b, 劉鳳翥외 1977). [出] 許/故/博/永/迪/皇/宋/智/尚.

[伞文 仃 兆] ts.jæ tu ʂï [명](관제) "절도사(節度使)"의 한어차사(研究小組 1977b, 清格爾泰외 1978a). [出] 許11, 迪1.

[伞关] ts.i [借詞] "漆"(=仐关), "濟", "祭" 등을 나타내는 한어차사(研究小組 1977b, 劉鳳翥외 1977). [出] 道2, 宣2, 許24, 仲22. [校勘] 即實은 ≪許24≫에서는 이 글자를 "仐关"라고 기록하고 있다(即實 2012㊍).

[伞关 叉炏 九亦] ts.i ʃ.ui g.iun [명](지명) 칠수군(漆水郡)(即實 1996④, 劉鳳翥 2014b㊷). [出] 許24. [校勘] ☞ 仐关 叉炏 九亦(即實 2012㊍).

[伞关 叉炏 九亦 杰] ts.i ʃ.ui g.iun uaŋ [명](관제) 칠수군왕(漆水郡王)(清格爾泰외 1985, 即實 1996④). [出] 許24. [校勘] ☞ 仐关 叉炏 九亦 杰(即實 2012㊍).

[伞关 杰] ts.i uaŋ [명](관제) 제왕(濟王)(研究小組 1977b, 清格爾泰외 1978a/1985). [出] 仲22.

[伞关矢] ts.i.tə [出] 迪27.

[伞关公] ts.i.d [出] 許53.

[伞谷] ts.ï [借詞] "子", "紫" 등을 나타내는 한어차사(研究小組 1977b, 劉鳳翥외 1977, 蘇赫 1979). [出] 道/先/故/涿/副/皇/宋/奴/尚.

[伞谷 叉为买] ts.ï ʃ.a.an [명](인명) 子産(即實 2015b). [出] 特38.

[伞光] ts.oŋ [借詞] "宗"을 나타내는 한어차사(李文信 1954, 厲鼎煃 1954). [出] 令/故/仲/弘/宋/智/梁/尚.

[伞光炎] ts.oŋ.ur [出] 故8. [校勘] 即實은 이 글자를 "伞光火"이라고 기록하고 있다(即實 2012㊍).

[伞光火] ts.oŋ.un [명](소유격) □종(宗)의(劉浦江외 2014). [出] 故10, 仲3/36, 皇9, 梁15.

佘 [발음] qur, gur [原字번호] 259

[佘] qur / gur [명] 익익(翼翼, 다음의 다음)(大竹昌巳 2016d). [用法] 복수형을 표시하는 부가성분이며(愛新覺羅 2004a⑦), 발음은 "刃化, 欠化"와 같다(愛新覺羅 2012).

[佘廾平] qur.ʊ.ul [出] 故15.

[佘及平] qur.u.ul [出] 仲12.

[佘叉] qur.ir [出] 先43/46. [校勘] 即實은 이 글자를 "佘叉"라고 기록하고 있다(即實 2012㊍).

[佘刃] qur.aq [出] 尚31, 玦21.

[佘谷] qur.ər [수](서수) ① 제3, 셋째의(豊田五郎 1991b,

即實 1991b, 劉鳳翥 1993d), ② 제3, 셋째의 남성형(劉鳳翥 2014b52). [명] "익익(翼翼, 다음의 다음)"의 남성형(大竹昌巳 2016d). [出] 先/迪/烈/室/糺/清/韓/特/蒲.

[夾炎] qur.oi [出] 海4.

[夾当] qur.ən [수](서수) ① 제3, 셋째의(豊田五郎 1991b, 即實 1991b, 劉鳳翥 1993d), ② 제3, 셋째의 여성형(劉鳳翥 2014b52). [명] "익익(翼翼, 다음의 다음)"의 여성형(大竹昌巳 2016d). [出] 先/海/涿/迪/烈/圖/清.

[夾当 犬] qur.ən niar [명] ① 셋째 날(即實 1996⑯), ② 익익일(大竹昌巳 2016d). [出] 先34.

今 [발음] qu [原字번호] 260

[今] qu [借詞] "谷"을 나타내는 한어차사(大竹昌巳 2016d). [出] 仲10.

[今 叉村] qu ʃ.ən [명](인명) 谷神(여진문자를 만든 "完顏希尹"을 지칭한다)(大竹昌巳 2016d). [出] 仲10.

[今芍] qu.dʒi [出] 先44.

[今化] qu.ur [수] ① 3(셋)(唐彩蘭외 2002, 劉鳳翥외 2003b, 即實 2012⑳), ② 넷째(Kane 2009). [出] 弘11/18, 烈7/9, 玦12.

从 [발음] l, lə [原字번호] 261

[从] l / lə [用法1] 명사를 동사로 만드는 부가성분이다(吉池孝一 2012d). [用法2] 어간과 어미(접미어) 사이에 다른 원자가 삽입되어 어간의 일부를 형성하는 역할을 하는 부가성분이다(吉池孝一 2012c). 이러한 원자로는 "从" 외에도 廾·公·圡·穴·化·为·炎·平·叉·朩 등이 있다(吉池孝一 2013a). [用法3] "래(來)"계통 자음[예: 龍, 陵, 令, 梁, 郎, 蘭, 留, 祿, 略, 洛, 禮, 樓]을 가진 한어차사의 초성(初聲) 자음으로 사용되며, 거란어 음절의 초성 자음으로도 사용된다(孫伯君외 2008).

[从买非] l.an.gu [명](인명) 蘭柯(即實 2012⑫). [出] 高4. [人物] 《高誌》 주인 王寧高十(1015~?, 한풍명: 韓元佐)의 조부 福哥(?~986, 韓德昌) 사도(司徒)의 만형 延寧 蘇阿里合(韓德源) 상공(相公)의 셋째 부인인 蘭柯부인을 지칭한다(愛新覺羅 2004a⑫, 即實 2012⑫).

[从雨] l.in [借詞] "蘭"을 나타내는 한어차사(愛新覺羅 2013b). [出] 玦8.

[从雨 兆] l.in ʂï [명](인명) ① 劉十(吳英喆 2012a①), ② 蘭氏(愛新覺羅 2013b). [出] 玦8. [人物] 《玦誌》의 주인 只兗昱(1014~1070, 한풍명: 耶律玦)의 외증조모인 蘭氏공주를 지칭한다(愛新覺羅 2012).

[从丙] l.io [借詞] "留", "六", "柳" 등을 나타내는 한어차사(研究小組 1977b, 劉鳳翥외 1977/1981a). [出] 令/許/故/仲/先/永/迪/弘/慈/智/烈/奴/梁/糺/清/尚/韓/玦/回/特/蒲.

[从丙 叉圡] l.io ʃ.eu [명](관제) "유수(留守)"의 한어차사(研究小組 1977b, 清格爾泰외 1978a/1985). [出] 許1, 仲23.

> [遼史] **留守(유수)**: 요대에는 상경(上京)·동경(東京)·중경(中京)·남경(南京)·서경(西京)에 유수를 두어 부윤(府尹) 겸 본로병마도총관(本路兵馬都總管)과 관할지구의 군정과 민정을 관리하게 했다(金渭顯외 2012㊤).

[从丙 廿 几芬] l.io sï g.ə [명](인명) ① 劉四哥(2009a⑨, 劉鳳翥 2014b52), ② 留四哥(即實 2012⑱). [出] 梁4. [人物] 《梁誌》의 주인인 石魯隱术里者(1019~1069, 한풍명: 耶律知微)는 7형제중 셋째인데, 그 중 여섯째인 劉四哥(耶律知善) 용호(龍虎)를 지칭한다(愛新覺羅 2009a⑨).

[从丙 圡勺] l.io dʒ.ug [명](인명) 劉焯(即實 2012④). [出] 奴46.

> [人物] **劉焯**(유작, 544~610)은 수나라 신도(信都) 사람으로 자는 사원(士元)이다. 어릴 때부터 총명하고 유가전적을 널리 통달하여 유현(劉炫)과 함께 '이류(二劉)'로 불렸다. 저서에 《오경술의(五經述議)》가 있었지만 없어졌고, 《상서유씨의소(尚書劉氏義疏)》가 전할 뿐이다. 그 밖의 저서로 천문과 역법에 관한 《계극(稽極)》과 《역서(曆書)》 등이 있다(임종욱 2010).

[从丙 对圡] l.io q.əu [명](관제) 유후(留後)(愛新覺羅외 2011). [出] 蒲13.

[从丙 朩用 几亦] l.io tʃ.iŋ g.iun [명](지명) 유성군(柳城郡)(即實 2012⑱, 劉鳳翥 2014b52). [出] 梁10.

[从丙 朩用 几亦 杰丆 关化] l.io tʃ.iŋ g.iun uaŋ.on i. [명](관제) 유성군왕(柳城郡王)의 호(號)(劉鳳翥 2014b52). [出] 梁10.

[从丙 今 伏火] l.io pu n.iu [명](인명) 留福女(即實 2012⑦). [出] 永13. [人物] 《永誌》 주인 遙隱永寧(1059~1085)의 중부(仲父)인 埃米勒 장군의 부인 야율씨(迪律氏) 留福女 낭자를 지칭한다(即實 2012⑦).

[从丙 今关] l.io s.i [명](인명) 留喜(即實 1996⑯). [명](관제) 留西(劉鳳翥 2014b⑰). [出] 先6. [參考] 耶律引先의 모친인 해왕가족(奚王家族)인 류서군(留西軍)의 딸임을 나타낸다(劉鳳翥 2014b⑰).

[从丙 业丱 夅叉 公叉] l.io p.iaŋ ts.u n.u [명](인명) ① 劉龐祖奴(即實 2012⑦), ② 留芳祖奴(劉鳳翥 2014b52). [出] 永9. [人物] 《永誌》 주인 耶律永寧(1059~1085)의 백부나 숙부에 해당하는 夸勒本 낭자의 부친인 劉龐祖奴

태사(太師)를 지칭한다(即實 2012⑦).

仌丙 几才 公叐] l.io g.ia n.u 명(인명) 劉家奴(劉鳳翥 2014b㉔). 出 迪41. 人物 《迪誌》의 비문 글을 옮겨 적은 자인 査剌의 부친 耶律劉家奴 태사(太師)를 지칭한다(劉鳳翥 2014b㉔).

仌丙 几夯] l.io g.ə 명(인명) ① 六哥(即實 2012⑦, 愛新覺羅 2013a), ② 留哥(劉鳳翥 2014b(52)). 出 永6. 人物 《永誌》 주인 耶律永寧(1059~1085)의 고조부(高祖父)인 六哥를 지칭한다(即實 2012⑦).

仌丙叐] l.io.u 出 特28.

仌丙刃与] l.io.ir.en 出 仲43, 皇22. 校勘 即實은 이 글자를 모두 "**仌丙刃当**"으로 달리 표현하고 있다(即實 2012(校)).

仌丙刃仐北] l.io.ir.əs.əl 동 황제가 세상을 떠나다(崩) (愛新覺羅 2004a⑧, 即實 2012⑨, 劉鳳翥 2014b(52)). 出 副18, 烈3. 用例 "붕(崩)"의 의미를 지니는 다른 단어로는 **仌丙刃尖**, **仌丙刃当**가 있다(清格爾泰외 1985).

仌丙刃尖] l.io.ir.ər 동 ①"붕(崩)"의 남성형(研究小組 1977b, 清格爾泰외 1978a/1985, 愛新覺羅 2004a⑨, 劉鳳翥 2014b(52)), ② 무너지다(壞頽)(即實 1986c). 出 興2, 道5.

仌丙刃尖 丙圡犳] l.io.ir.ər j.əu.dʒi 동 (황제가) 붕어하다(即實 1986c). 出 興2.

仌丙刃尖 丙圡化尜丙] l.io.ir.ər j.əu.ur.gə.i 동 (황제가) 붕어하다(即實 1986c). 出 道5.

仌丙刃当] l.io.ir.ən 동 ①"붕(崩)"의 여성형(研究小組 1977b, 清格爾泰외 1978a/1985, 愛新覺羅 2004a⑨, 劉鳳翥 2014b(52)), ② 무너지다(壞頽)(即實 1986c). 出 仁12, 宣5, 皇22.

仌丙刃当 丙圡犳] l.io.ir.ən j.əu.dʒi 동 (황후가) 붕어하다(即實 1986c). 出 宣5.

仌丙伏] l.io-n 명(인명) ① 六溫, 留引(劉鳳翥외 2003b), ② 留寧(劉鳳翥 2002), ③ 留隱(愛新覺羅 2004a⑪), ④ 留訥(即實 2012⑳). 出 博/迪/弘/宋/高/梁/清/韓/玦.

仌丙伏 为关 几夯] l.io-n a.an g.ə 명(인명) ① 留隱安哥(愛新覺羅 2010f), ② 留訥·安哥(即實 2012⑭), ③ 留寧·安哥(劉鳳翥 2014b(52)). 出 清6. 人物 《清誌》 주인 奪里懶太山(1029~1087, 한풍명: 蕭彦弼)의 조부인 留隱安哥 태사(太師)를 지칭한다(愛新覺羅 2010f).

仌丙伏 个 仐为 公叐] l.io-n pu s.a n.u 명(인명) 留隱菩薩奴(愛新覺羅 2011b). 出 玦5. 人物 《玦誌》 주인 只兗昱(1014~1070, 한풍명: 耶律玦)의 부친인 留隱菩薩奴(?~1023) 도감(都監)을 지칭한다(愛新覺羅 2010f).

仌丙伏 仌关叉] l.io-n l.i.niæ 명(인명) 留訥·李□(即實 2012③). 出 迪12. 人物 《迪誌》 주인 撒懶迪烈德(1026~1092)의 외조부(모친 常哥부인[愛新覺羅는 "嫦娥부인"으로 번역]의 부친)인 留訥·李□ 태사(太師)를 지칭한다(即實 2012③).

[**仌丙伏 曲 仐为乃**] l.io-n go s.a.am 명(인명) ① 留隱郭三(愛新覺羅 2010f), ② 留訥·郭三(即實 2012⑫), ③ 留寧·郭三(劉鳳翥 2014b(52)). 出 高9. 人物 《高誌》 주인 王寧高十(1015~?, 한풍명: 韓元佐)의 부친인 留隱郭三(韓郭三) 재상(宰相)을 지칭한다(愛新覺羅 2010f). 參考 ☞ "**仌丙伏 几及 仐为乃**"을 참조하라. ☞ 韓知古(玉田韓氏)의 가계에 대하여는 "愛新覺羅 2009a⑧"을 참고하라.

[**仌丙伏 几丸 几丙**] l.io-n g.au g.ju 명(인명) ① 留隱高九(愛新覺羅 2010f), ② 留訥·高九(即實 2012⑧), ③ 六溫·高九(劉鳳翥 2014b(52)). 出 弘12, 宋4, 梁3.

> 人物 《弘誌》 주인 敖魯宛隗也里(1054~1086, 한풍명: 耶律弘用)의 모친 阿睦葛낭자와 《宋誌》 주인 烏魯宛妃(1056~1080)의 조부이며(阿睦葛과 烏魯宛은 친자매), 《梁誌》 주인 石魯隱朮里者(1019~1069, 한풍명: 蕭知微)의 부친인 난릉군왕(蘭陵郡王) 留隱高九(蕭孝誠) 대왕을 지칭한다(愛新覺羅 2006a/2010f/2013a).

[**仌丙伏 几及 仐为乃**] l.io-n g.o s.a.am 명(인명) ① 留隱郭三(愛新覺羅 2010f), ② 留訥·郭三(即實 2012⑬), ③ 留寧·郭三(劉鳳翥 2014b(52)). 出 韓8. 人物 《韓誌》 주인 曷魯里 부인(?~1077)의 부친인 留隱郭三(한풍명: 韓郭三) 재상을 지칭한다(愛新覺羅 2010f). 參考 ☞ "**仌丙伏 曲 仐为乃**"을 참조하라. ☞ 韓知古(玉田韓氏)의 가계에 대하여는 "愛新覺羅 2009a⑧"을 참고하라.

[仌丙]

l.əi 借詞 "勒"을 나타내는 한어차사(梁振晶 2003, 即實 2012⑥). 出 圖7.

[**仌丙关**] l.əi.i 出 許25, 梁9, 清15. 校勘 이 글자는 초본에 잘못 옮겨진 것이므로 "**火丙关**"가 올바르다(即實 2012(校)).

[仌圡中]

l.ha.ai 出 仲31, 高22, 梁24, 尚11. 校勘 이 단어는 초본에 옮기며 잘못 분할되었는데, 앞 원자들과 합쳐 각각 "**乇长仌圡中**"《仲31》, "**雨子仌圡中**"《高22》, "**仐丙仌圡中**"《梁24》, "**仐不仌圡中**"《尚11》로 하여야 한다(即實 2012(校)).

[**仌圡为出**] l.ha.a.an 出 海6/8. 校勘 이 단어는 초본에 옮기며 잘못 분할되었는데, 앞 원자들과 합쳐 "**丹皮仌圡为出**"로 하여야 한다(即實 2012(校)).

[**仌圡午尜**] l.ha.tal.d 出 尚17. 校勘 이 글자는 초본에 잘못 옮겨졌으므로 "**仌圡乍尜**"가 올바르다(即實 2012(校)).

[仌並]

l.iaŋ 借詞 "梁"을 나타내는 한어차사(研究小組 1977b). 出 許6, 郎1, 特16. 校勘 이 단어가 《許6》에서는 초본에 옮기며 세 글자로 잘못 분할되고 수정(**为朩 仌並 犳**)되었는데, 앞 원자들과 합쳐 "**为丹仌廾犳**"로 하여야 한다(即實 2012(校)).

[仆並 叉为夹] l.iaŋ ʃ.a.an [명](지명) 양산(梁山)(研究小組 1977b, 清格爾泰외 1978a/1985). [出] 郎1.

[仆plus] l.əu [借詞] "婁"를 나타내는 한어차사(研究小組 1977b). [出] 仲16.

[仆士 叉关] l.əu ʃ.i [명](인명) 婁室(研究小組 1977b, 劉鳳翥 2014b㊾). [出] 仲16.

> [遼史] **婁室(누실)** : 여진 완안부 사람이고, 자는 알리연(斡里衍, 1077~1130)이다. 21세에 아버지를 대신하여 아달뢰(雅撻瀨) 등의 칠수부장(七水部長)이 되었다. 아골타를 따라 군사를 일으켜 여러 차례 거란군과 싸워 승리하였다. 만호(萬户)로서 황룡부를 지켜 도통이 되고 완안고(完顏杲)를 따라 중경을 탈취하고 암모(闇母)와 함께 서경을 격파하고 천조제와 황후를 사로잡고 하중부(河中府)·경조부(京兆府)·봉상(鳳翔)을 취하고 연안부(延安府)를 함락시키고 경내의 여러 주(州)·채(寨)·보(堡)의 항복을 받았다. 파로화(婆盧火)와 같이 연안을 지켰다. 우부원수, 총섬서정벌제군사가 되었다가 경주(涇州)에서 죽었다. 금원군왕(金源郡王)으로 추봉되고 시호를 장의(壯義)라 하였으며 개국공신이 되었다(金渭顯외 2012㊤).

[仆士 叉关 丞 杰不] l.əu ʃ.i tai uaŋ.on [명](인명·소유격) 婁室大王의(研究小組 1977b, 清格爾泰외 1985). [出] 仲16.

[仆夫非] l.ali.gu [명](인명) ① 麗莉(趙志偉외 2001), ② 里庫(愛新覺羅 2006a), ③ 禮不庫(愛新覺羅 2010f), ④ 利克(即實 2012⑤). [出] 智13. [人物] ≪智誌≫ 주인 烏魯本猪屎(1023~1094, 한풍명: 耶律智先)의 며느리(아들 阿撒里낭군의 부인)인 禮不庫 낭자를 지칭한다(愛新覺羅 2010f).

[仆北] l.ur [出] 興34. [校勘] 이 글자는 휘본 등에 잘못 옮겨진 것이므로 "非北"가 올바르다(即實 2012㉜).

[仆廾] l.ʊ [出] 奴37. [校勘] 이 단어가 초본에는 세 글자(𠃌夫 仆廾 火)로 잘못 분할되었는데, 앞 뒤 원자들과 합쳐 "𠃌夫仆廾火"로 하여야 한다(即實 2012㉜).

[仆廾药] l.ʊ.dʒi [出] 先64, 烈23, 奴40. [校勘] 即實은 이 글자를 앞 원자들과 합쳐 각각 "朩本仆廾药"≪先64≫/≪奴40≫, "尘为生㕣仆廾药"≪烈23≫라고 기록하고 있다(即實 2012㉜).

[仆夲㕣] l.oi.ər [出] 宗6, 紀19. [校勘] 이 글자는 초본에 잘못 옮겨진 것("仆"과 "夲"를 이어 쓰는 사례는 없음)이므로 "仆夲㕣"가 올바르다(即實 2012㉜).

[仆夯] l.e [出] 先52. [校勘] 即實은 이 글자를 앞 글자와 합쳐 "朩关仆夯"라고 기록하고 있다(即實 2012㉜).

[仆夯 丰] l.e.ai [出] 先26. [校勘] 即實은 이 단어를 두 글자로 분할하여 "仆夯 丰"로 기록하고 있다(即實 2012㉜).

[仆夲与] lə.gə.en [出] 道7, 博32.

[仆夲伏] lə.gə-n [出] 先45.

[仆夲㕣] lə.gə.ər [出] 先65.

[仆夾非] l.?.gu [出] 清10. [校勘] 이 글자는 초본에 잘못 옮겨진 것(탁본도 불명확)이므로 다른 비문(≪4≫)을 통해 교감한 결과 "仆夾非"가 올바르다(即實 2012㉜).

[仆夾] l.ib [借詞] ①"蘭"을 나타내는 한어차사(鄭曉 2002), ②"立"을 나타내는 한어차사(愛新覺羅외 2011). [出] 永25. [校勘] 即實은 이 글자를 "仆夾"이라고 기록하고 있다(即實 2012㉜).

[仆夾 仐丙] l.ib s.ju [명](인명) ① 蘭秀(即實 2012⑦, 劉鳳翥 2014b㊾), ② 立秋(愛新覺羅외 2011). [出] 永25. [校勘] 仆夾 仐丙(即實 2012㉜).

[仆夾 仐丙 仐 叉为] l.ib s.ju pu m.a [명](인명) 立秋駙馬(愛新覺羅외 2011). [出] 永25. [校勘] ☞ 仆夾 仐丙 叉为(即實 2012㉜). [人物] ≪요사≫에 보이는 大力秋 부마도위(駙馬都尉)를 말하며, 1029年에 大延琳 사건에 연루되어 주살(誅殺)을 당하였다(愛新覺羅외 2011).

[仆叐凡] l.u.du [出] 皇11.

[仆叐□□火] l.u.?.?.ui [出] 玦28.

[仆叉村] l.im.ən [명](소유격) 琳의(蓋之庸외 2008). [出] 副8. [用例] 夊丰 百文夯 仆叉村 [da.ai j.jæ.æn l.im.ən] [명](인명·소유격) 대연림(大延琳)의(蓋之庸외 2008, 劉鳳翥 2014b㊾).

[仆叉 叉] l.im.ir [出] 清13. [校勘] 이 단어는 초본에 옮기며 잘못 분할되었는데, 앞 원자와 합쳐 "仆叉叉"로 하여야 한다(即實 2012㉜).

[仆刀不] l.uan.on [借詞] "亂"을 나타내는 한어차사(劉鳳翥 1984a). [出] 先62. [用例] 业用 仆刀不 几火 朩 [p.iŋ l.uan.on g.uŋ tʃi-n] [명](관제) "평란공신(平亂功臣)"의 한어차사(即實 1996⑯).

[仆村] l.ən [借詞] "臨"을 나타내는 한어차사(研究小組 1977b). [出] 宣26, 令30, 弘29, 清24. [校勘] 이 단어가 ≪弘29≫에서는 초본에 옮기며 잘못 분할되었는데, 앞 원자들과 합쳐 "亥东仆村"으로 하여야 한다(即實 2012㉜).

[仆村 主] l.ən huaŋ [명](지명) 임황(臨潢)(研究小組 1977b, 清格爾泰외 1978a). [出] 令30, 清24.

> [遼史] **臨潢(임황)**은 거란을 창업한 곳이다. 네이멍구 바린주오치(巴林左旗) 동남쪽 보뤄성(波蘿城)이다. 고성내에 지금도 유적이 남아 있다(金渭顯외 2012㊤).

Ж叉] l.ir 用法1 형동사 단수 남성형(여성 단수형은 "**Ж伏**")의 과거시제 어미(大竹昌巳 2016d). 用法2 타동사의 어근에 붙여 사용하는 과거시제 접미사(愛新覺羅 2004a⑧). 出 道36, 仲38, 永40, 智20. 參考 동일한 기능을 가진 접미사로는 "**ち叉, 朩叉, 用叉**"가 있는데, 이 접미사들의 사용은 어근(또는 어간) 모음의 성격에 따라 구분된다(愛新覺羅 2004a⑧).

Ж3I买] lə.q.an 出 玦11.

Ж药买] lə.dʒi.an 出 尚9. 校勘 이 단어는 초본에 옮기며 잘못 분할되었는데, 앞 원자들과 합쳐 "**ち公Ж3I买**"으로 하여야 한다(即實 2012校).

Ж药犾] lə.dʒi.ər 出 先55. 校勘 이 글자는 휘본 등에 잘못 옮겨졌으므로 "**半药犾**"가 올바르다(即實 2012校).

Ж丸] l.au 借詞 ①"樓"를 나타내는 한어차사(愛新覺羅 2002), ②"老"를 나타내는 한어차사(劉鳳翥 2014b㊸). 出 仲29, 玦32.

Ж丸 兆 几叐] l.au şï g.u 명(인명) ①勞十古(即實 1996⑯), ②老師古(劉鳳翥 2014b㊸). 出 仲29. 人物 《仲誌》에 등장하는 "老師古"라는 인물이나, 묘주와의 관계는 알 수 없다(劉鳳翥 2014b㊸).

Ж丸叐] l.au.u 借詞 "洛"을 나타내는 한어차사(研究小組 1977b, 劉鳳翥외 1977). 出 許1/35, 奴21.

Ж丸叐 几闲村] l.au.u g.iŋ-n 명(지명·소유격) 낙경(洛京)(劉鳳翥 2014b㊿). 出 許1/35.

Ж丸叐 几闲村 Ж丙 叉ち] l.au.u g.iŋ-n l.ju ʃ.əu 명(관제) 낙경(洛京)의 유수(留守)(研究小組 1977b, 清格爾泰외 1978a/1985). 出 許1/35.

Ж丸欠伏] l.au.gu-n 명(인명) ①老古寧(石金民외 2001, 即實 2012⑳), ②老古隱(愛新覺羅 2003h), ③勞骨寧(愛新覺羅 2010f), ④老袞(劉鳳翥 2014b㊿). 出 奴5/6. 人物 《奴誌》 주인 國隱寧奴(1041~1098)의 高祖父인 연왕(燕王) 勞骨寧(한풍명: 耶律綰思)을 지칭한다(愛新覺羅 2010f).

Ж丸余伏] l.au.gu-n 명(인명) 老開訥(即實 2012①). 出 先1, 宗23. 人物 《宗誌》의 송장명단(送葬名單)에 등장하는 老開訥 낭자를 지칭한다(即實 2012①).

Ж丸余化犾] l.au.gu.ur.ər 出 蒲11.

Ж丸当] l.au.ən 出 智24. 校勘 即實은 이 글자를 "**Ж九当**"이라고 기록하고 있다(即實 2012校).

Ж朩] lə.tʃi 用法 형동사(복수형)의 과거시제 어미(大竹昌巳 2016d). 出 梁14. 校勘 이 단어는 초본에 옮기며 잘못 분할되었는데, 앞 원자들과 합쳐 "**九关ЖЖ朩**"로 하여야 한다(即實 2012校).

Ж朩村] lə.tʃi.n 出 副11. 校勘 이 글자는 초본에 잘못 옮겨진 것이므로 "**朩朩村**"가 올바르다(即實 2012校).

Ж朩尘] lə.tʃi.d 出 尚8.

Ж朩当] lə.tʃ.ən 出 宋21, 玦46.

Ж夊] l.ug 借詞 "祿"을 나타내는 한어차사(研究小組 1977b). 出 道2, 宣2, 故2, 涿1.

Ж用] l.juŋ 借詞 "龍"을 나타내는 한어차사(研究小組 1977b). 出 仲/副/皇/宋/智/高/梁.

Ж用 北] l.juŋ xu 명(관제) ①용호(龍虎)(愛新覺羅 2009a⑨), ②"용호장군(龍虎將軍)"의 약칭(即實 2012⑱). 出 梁4. 參考 劉鳳翥는 "용호(龍虎)"를 관제가 아닌 인명편에 기술하고 있다(劉鳳翥 2014b㊿).

Ж用 北 岑 叉气 仐卅 几亦] l.juŋ xu ui ʃ.aŋ s.iaŋ g.iun 명(관제) "용호위상장군(龍虎衛上將軍)"의 한어차사(研究小組 1977b, 清格爾泰외 1978a/1985). 出 仲20.

> 遼史 龍虎衛上將軍(용호위상장군)은 무관(武官)의 산관(散官: 일정한 직무가 없는 벼슬) 관명이다. 금·원 때에는 34관계 중에서 제1계(階)였다. 이로 미루어 보아 요대에도 같았을 것이다(金渭顯외 2012㊤).

Ж用 北 几亦 叉气 仐卅 几亦] l.juŋ xu g.iun ʃ.aŋ s.iaŋ g.iun 명(관제) "용호군상장군(龍虎軍上將軍)"의 한어차사(즉실 2012⑫, 劉鳳翥 2014b㊿). 出 高23.

Ж用 朩ち] l.juŋ tʃ.əu 명(지명) "용주(龍州)"의 한어차사(劉鳳翥 2014b㊿). 出 皇2.

Ж用 朩ち 廿 兆] l.juŋ tʃ.əu sï şï 명(관제) "용주자사(龍州刺史)"의 한어차사(劉鳳翥 2014b㊿). 出 皇2, 宋2.

Ж用 朩ち 生不 Ж交夯 兆] l.juŋ tʃ.əu to.on l.jue.æn şï 명(관제) "용주단련사(龍州團練使)"의 한어차사(即實 2012⑪, 劉鳳翥 2014b㊿). 出 宋11.

Ж反不] l.o.on 借詞 "灤"을 나타내는 한어차사(即實 2012⑯). 명(지명·소유격) "노(盧)"의(劉鳳翥외 2006b). 出 宗23, 糺11, 葉1, 博11.

Ж反不 朩ち] l.o.on tʃ.əu 명(지명) ①노주(盧州)(劉鳳翥외 2006b), ②난주(灤州, 남경도[南京道]에 속한다)(即實 2012⑯/2012⑳). 出 糺11, 博11.

Ж反不 仐交] l.o.on s.iæ 명(인명) 鸞洁(即實 2012⑳). 出 宗23. 人物 《宗誌》의 송장명단(送葬名單)에 등장하는 鸞洁낭자를 지칭한다(即實 2012①).

Ж力] l.a 借詞 "獵", "拉", "剌" 등을 나타내는 한어차사(劉鳳翥 1984a/1993d, 即實 1991b). 出 先53/61/68, 韓14, 特28/30.

Ж力 血买 公叐] l.a qa.an n.u 명(인명) 羅漢奴(愛新覺羅 2013b). 出 特28/30. 人物 《特誌》 주인 特里堅忽突堇

(1041~1091, 한풍명: 蕭特里堅)의 장남인 羅漢奴를 지칭한다(愛新覺羅 2013b).

[��为关] l.a.an 借詞 "蘭"을 나타내는 한어차사(研究小組 1977b, 劉鳳翥 외 1977/1981a). 出 許/仲/宋/尙/抉.

[��为关 ��用 业右 癶丰 几火 力乃] l.a.an l.iŋ hiæ(kiæ).æn k(h).ai g.ui na.am 名(관제) "난릉현개국남(蘭陵縣開國男)"의 한어차사(劉鳳翥 2014b⑫). 出 尙1.

[��为关 ��用 几亦] l.a.an l.iŋ g.iun 名(지명) "난릉군(蘭陵郡)"의 한어차사(劉鳳翥 2014b⑫). 出 仲21.

[��为关 ��用 几亦 杰] l.a.an l.iŋ g.iun uaŋ 名(관제) "난릉군왕(蘭陵郡王)"의 한어차사(研究小組 1977b, 清格爾泰외 1978a/1985). 出 仲21, 宋4.

[��为关 ��用 几亦 夲秀伏] l.a.an l.iŋ g.iun pu.s.in 名(관제) 난릉군부인(蘭陵郡夫人)(即實 1996⑯). 出 許9.

[��为业关] l.a.qa.an 名(인명) ① 刺韓(愛新覺羅외 2006), ② 刺罕(萬雄飛외 2008, 劉鳳翥 2014b⑫), ③ 拉函(即實 2012⑱). 出 梁3. 人物 ≪梁誌≫ 주인 石魯隱朮里者(1019~1069, 한풍명: 蕭知微)의 외조부(外祖父)인 刺韓을 지칭한다(愛新覺羅외 2006).

[��为夭] l.a.b / l.a.an 借詞 "蘭"을 나타내는 한어차사(研究小組 1977b). 出 許9. 校勘 即實은 이 글자를 "��为关"이라고 기록하고 있다(即實 2012⑱).

[��为夭 ��用 几亦] l.a.b l.iŋ g.iun 名(지명) 난릉군(蘭陵郡)(研究小組 1977b, 清格爾泰외 1985). 出 許9. 校勘 ☞ ��为关 ��用 几亦(即實 2012⑱).

[��为生] l.a.ab 借詞 "臘"을 나타내는 한어차사(劉鳳翥외 2005a). 出 韓34.

[��为女] l.a.adʒu 名(인명) ① 拉茶(即實 1996⑯), ② 獵月(劉鳳翥외 2014b⑰). 出 先61. 人物 耶律仁先(1013~1072, 거란명: 糺鄰查剌)의 부인인 요국부인(遼國夫人)의 선조 獵月낭군(郎君)을 지칭한다(劉鳳翥 2014b㊶).

[��生] l.abu 出 道/仲/宗/海/皇/烈/糺/抉/特.

[��生关] l.abu.an 出 先12.

[��生村] l.abu-n 出 尙18, 回12.

[��生朱] l.abu.tʃi 出 糺19.

[��生欠] l.abu.gu 出 許/仲/先/梁/回/特.

[��生为公] l.abu.a.n 名(인명) 拉卜安(即實 2012⑤). 出 智14. 校勘 即實은 이 글자가 초본에 잘못 기록된 것이므로, "��生为关"이 정당하다고 주장하고 있다(即實 2012⑤). 人物 ≪智誌≫ 주인인 烏魯本猪屎(1023~1094, 한풍명: 耶律智先)는 후처를 셋 두었는데, 그 중 첫째인 乙你割낭자의 부친 古尼·拉卜安 추밀사(樞密使)를 지칭한다(即實 2012⑤, 愛新覺羅 2013a).

[��生仒] l.abu.ta 出 蒲22.

[��生余] l.abu.gu 出 興/先/宗/博/迪/皇/慈/梁/抉.

[��克] l.aŋ 借詞 "廊", "郎" 등을 나타내는 한어차사(羅福成 1934j, 研究小組 1977b). 出 郎4/5, 仲27/28/43/4 博40.

[��克 弓太火] l.aŋ dʒu.uŋ-un 名(관제) 낭중(郎中)의 實 2012②). 出 博40.

[��克 子火] l.aŋ dʒi.uŋ 名(관제) "낭중(郎中)"의 한 차사(研究小組 1977b, 清格爾泰외 1978a, 劉鳳翥 2014b⑫). 郎5. 校勘 두 번째 글자는 초본에 잘못 옮겨진 것이므로 "弓火"이 올바르다(即實 2012㊼).

[��克关] l.aŋ.an 出 仲27.

[��矢] l.ətə 出 許14.

[��矢子与] l.ətə.os.ən 出 梁5. 校勘 이 단어는 본래 개의 글자(��矢 弓与)이나 초본에는 잘못하여 하나 합쳐져 있다(即實 2012㊼).

[��矢关] l.ətə.i 出 許16.

[��矢□] l.ətə.? 出 糺19. 校勘 即實은 이 글자를 "关□"이라고 기록하고 있다(即實 2012㊼).

[��行癶刋] l.omo.k(h).aqa 出 仲25. 校勘 이 글자는 초본에 잘못 옮겨진 것이므로 "伏行欠刋"가 올르다(即實 2012㊼).

[��伏] l.in 用法 형동사 여성 단수형의 과거시 어미(남성 단수형은 "��"이다)(大竹昌巳 2016d). 出 12, 仲31, 先51. 校勘 即實은 이 글자를 앞 원자와 처 각각 "公矢��亢��伏"≪故12≫, "公矢��伏"≪仲31 天刋��伏"≪先51≫이라고 기록하고 있다(即實 2012㊼).

[��伃非] l.um.ug 出 烈32, 糺30.

[��夲比] l.əs.əl 出 許29, 先35. 校勘 即實은 글자를 "火夲比"이라고 기록하고 있다(即實 2012㊼).

[��夲] l.u 借詞 ①"魯"를 나타내는 한어차사(閻萬 1982b, 清格爾泰외 1985), ②"盧"를 나타내는 한어 實 2012⑦). 出 仲23/24, 永18, 特27.

[��夲 杰] l.u uaŋ 名(관제) "노왕(魯王)"의 한어차사 格爾泰외 1985). 出 仲23.

[��夲 杰夫] l.u uaŋ.on 名(관제·소유격) 노왕(魯王) (清格爾泰외 1985). 出 仲24.

[��夲 夲文] l.u dʒ.iæ 名(인명) ① 魯姐(愛新覺羅외 20 ⑩), ② 魯節(吳英喆 2012a②). 出 回5. 人物 ≪回誌≫ 인 回里堅何的(?~1080, 蕭圖古辭의 조카)의 첫째 누이 魯姐별서(別胥)를 지칭한다(愛新覺羅외 2012⑩).

[��夲 几刋] l.u g.ia 名(인명) ① 盧家(即實 2012⑦), ② 家(劉鳳翥 2014b⑫). 出 永18.

氺쏘 커为] l.æm.qa.a [명](관제) 임아(林牙)(劉鳳翥외 1995, 即實 2012⑳). [同源語] 돌궐어의 [alymɣá]와 동일한 어원이다(Menges 1969). [出] 宗11, 迪20, 玦19. [參考] 송나라의 江休復(1005~1060)이 쓴 《가우잡지(嘉祐雜誌)》에는 "임아(林牙·林迓)"를 "한림(翰林)"으로 풀이하고 있다(孫伯君외 2008).

> [遼史] **林牙(임아)**는 문한(文翰)을 맡은 관원이다. 요나라 북면관 중에 대임아원(大林牙院)이 있는데 북면 도임아(都林牙), 북면 임아승지(承旨), 북면 임아, 좌임아, 우임아 등의 관직이 있으며 남면관에는 한림원(翰林院)이 있고 한림도임아, 남면임아 등의 관직이 있다(金渭顯외 2012㊤).

[氺쏘커为来] l.æm.aqa.a.an [명](관제·소유격) 임아(林牙)의(劉鳳翥외 2005a, 即實 2012⑬). [出] 韓2.

[氺쏘为] l.æm.a [명](관제) 임아(林牙)(王弘力 1986, 韓寶興 1991, 豊田五郎 1991b, 即實 1991b/1996④, 劉鳳翥 1993d). [出] 許12, 先7/10/28/62/67, 智11, 特14.

[氺쏘为来] l.æm.a.an [명](관제·소유격) 임아(林牙)의(趙志偉외 2001, 劉鳳翥 2014b㊾). [出] 副24, 智13.

[氺쏘习] l.æm.ia [명](관제) 임아(林牙)(即實 2012⑳, 大竹昌巳 2015c). [出] 圖6, 玦16/17.

[氺쏘习考] l.æm.ia.æn [명](관제·소유격) 임아(林牙)의(即實 2012⑳). [出] 圖6, 玦16/17.

氺 夂出] l.?.an [出] 許42. [校勘] 이 글자는 초본에 잘못 옮겨졌으므로 "氺幺出"이 올바르다(即實 2012㊫).

氺久攵] lə.bu.ug [명](인명) ① 盧不姑(劉鳳翥외 2004a, 劉鳳翥 2014b㊾), ② 魯不古(即實 1996⑤, 劉鳳翥 2014b㊾), ③ 盧卜古(即實 2012⑨), ④ 盧保古(愛新覺羅 2013a). [出] 故5, 先16, 迪8, 烈16.

> [人物] ①《故銘》 주인 揵體낭자(1081~1115)의 6대조이자, 《迪誌》 주인 撒懶迪烈德(1026~1092, 한풍명: 耶律迪烈)의 5대조인 撒懶魯不古 초토(招討)를 지칭한다(愛新覺羅 2010f).
>
> ②《요사》 권76에 전(傳)이 있는 信寧魯不古를 지칭하는데, 태조의 5촌 조카이다. 지난날 태조가 거란 글자를 제정할 때 이 일을 도운 공으로 임아(林牙)·감수국사(監修國史)에 임명되었다(愛新覺羅 2009a④, 金渭顯외 2012㊦).
>
> ③《烈誌》 주인 空寧敵烈(1034~1100, 한풍명: 韓承規)의 차남인 盧保古낭군(郎君)을 지칭한다(愛新覺羅 2013a).

[氺久攵伏] lə.bu.ug-n [명](인명) ① 盧不衮(劉鳳翥외 2004a), ② 魯不堇(愛新覺羅 2004a⑪), ③ 盧卜衮(即實 2012⑳). [出] 烈20/22.

[氺久攵伏 几氺交] lə.bu.ug-n ku.uŋ.ur [명](인명) ① 盧不衮·孔古里(劉鳳翥외 2004a), ② 魯不堇控骨里(愛新覺羅 2010f), ③ 盧卜衮·空古里(即實 2012⑨). [出] 烈20. [人物] 《烈誌》 주인 空寧敵烈(1034~1100, 한풍명: 韓承規)의 동생인 魯不堇控骨里(1037~?, 韓承訓) 태사(太師)를 지칭한다(愛新覺羅 2010f).

氺夂] l.un [借詞] "論"을 나타내는 한어차사(袁海波외 2005). [出] 清25.

[氺夂 炎火矢] l.un ŋ.iu.tə [명](서명·향위격) 《논어(論語)》에(即實 2012⑭, 劉鳳翥 2014b㉗). [出] 清25.

[氺夂 炎火矢 令勺] l.un ŋ.iu.tə t.ug [동] 《논어(論語)》에 이르길(即實 2012⑭, 大竹昌巳 2015b). [出] 清25.

氺幺] l.ia [出] 先42. [校勘] 即實은 이 글자를 뒤 원자와 합쳐 "氺幺圡木"라고 기록하고 있다(即實 2012㊫).

[氺幺圡亐圡出] l.ia.ha.al.ha.an [出] 先46.

[氺幺夻] l.ia.ar [형] 빼어나다(秀)(?)(即實 2012⑳). [出] 涿7, 副14, 烈9.

[氺幺廾犳村] l.ia.ʊ.dʒi-n [出] 先50.

[氺幺亐圡丰] l.ia.al.ha.ai [동] 내증(來贈)(韓寶興 1991). [出] 先55.

[氺幺木] l.ia.ar [出] 副29. [校勘] 이 글자는 초본에 잘못 옮겨진 것으로 탁본에 의거하면 "氺幺夻"가 올바르다(即實 2012㊫).

[氺幺朱] l.ia.jai [명] ① 지(旨)(愛新覺羅 2006a), ② 칙(敕)(愛新覺羅 2006a). [형] 성대하고 장중하다(隆重)(?)(即實 2012⑳). [出] 許/故/先/梁/玦.

[氺幺朱 西伏] l.ia.jai ?.in [명](관제) 처치(處置)(吳英喆 2012a①). [出] 玦16.

[氺幺北圡丰] l.ia.aŋ.ha.ai [出] 先11/46.

[氺幺北出] l.ia.aŋ.an [出] 先45. [校勘] 即實은 이 글자를 "氺幺为出"이라고 기록하고 있다(即實 2012㊫).

[氺幺出] l.ia.an [出] 許42.

[氺幺□] l.ia.? [出] 慈13. [校勘] 即實은 이 글자를 "氺幺夻"라고 보정하고 있다(即實 2012㊫).

[氺北] l.aŋ [出] 永42.

氺炏火] l.iu.uŋ [借詞] "龍"을 나타내는 한어차사(梁振晶 2003, 吳英喆 2012a①). [出] 室12, 圖11/12/16, 玦1/21. [用例] **主 氺炏火 仒夂** [huaŋ l.iu.uŋ fu.un] [명](관제·소유격) 황룡부(黃龍府)의(即實 2012⑥).

[氺炏火 北 几亦] l.iu.uŋ xu g.iun [명](관제) "용호군(龍虎軍)"의 한어차사(愛新覺羅 2009e, 吳英喆 2012a①). [出] 玦1/21.

[氺炏汁] l.iu.pən [명](인명) ① 旅坟(閻萬章 1993), ② 驢糞

(劉鳳翥외 1995), ③ 旅備(即實 2012①). [出] 宗2. [人物] ≪宗誌≫의 주인인 朝隱驢糞(991~1053, 한풍명: 耶律宗教)을 지칭한다(愛新覺羅 2010f). [参考] ☞ 묘주 및 묘지에 대한 자세한 내용은 "**両杏**"을 참조하라.

[仐同] l.iŋ [借詞] "陵", "令", "領" 등을 나타내는 한어차사(研究小組 1977b). [出] 令/許/仲/先/宗/永/弘/宋/智/烈/奴/高/梁/清/尚/韓/玦.

[仐同 兆] l.iŋ ʂï [명](인명) 靈詩(即實 2012⑭). [出] 清7. [人物] ≪清誌≫ 주인 奪里懶太山(1029~1087, 한풍명: 蕭彦弼)의 백조부(啜里)의 아들(勒堅頜哥[蕭克忠] 부마)의 부인인 靈詩공주를 지칭한다(愛新覺羅 2010f, 即實 2012⑭).

[仐同 仐为乃 叉並 兆] l.iŋ s.a.am ʃ.iaŋ ʂï [명](관제) "영삼성사(領三省事)"의 한어차사(研究小組 1977b, 清格爾泰외 1978a). [出] 仲23.

[仐同 九太] l.iŋ g.uŋ [명](관제) "영공(令公)"의 한어차사(清格爾泰외 1978a). [出] 許8.

[仐同 九火] l.iŋ g.uŋ [명](관제) "영공(令公)"의 한어차사(研究小組 1977b, 清格爾泰외 1985). [出] 令5, 梁3.

[仐同 九火火] l.iŋ g.uŋ.un [명](관제・소유격) 영공(令公)의(研究小組 1977b, 清格爾泰외 1978a). [出] 令8, 梁3, 尚3.

[仐同村] l.iŋ.ən [명](소유격) 영(令)의(劉浦江외 2014). [出] 先/宗/迪/烈/高/紀/尚/蒲.

[仐同村 火 尽叉] l.iŋ.ən ui tʊl.ir [명](관제) 지릉사(知陵事)(即實 2012⑳). [出] 宗16.

[仐同矢] l.iŋ.tə [명](향위격) 능(陵)에(劉浦江외 2014). [出] 郎2, 皇24.

[仐同火] l.iŋ.un [명](관제) 영온(令穩)(愛新覺羅 2003f). [出] 智7, 紀4/5, 蒲4. [参考] ≪원사(元史)≫에는 "영곤"(領昆)이라 되어 있다(孫伯君외 2008).

> [遼史] 令穩(영온). 거란 태조 때 질랄(迭剌)과 을실(乙室) 두 대부(大部) 외의 소부락의 이리근(夷離菫)을 영온이라 개칭하였다. 성종 때에는 절도사라 고쳐 불렀다(金渭顯외 2012㊤).

[仐丹仐] lə.tum.u [出] 奴23. [校勘] 이 글자는 초본에 잘못 옮겨진 것("仐"와 "仐" 사이에 "丹"이 놓이는 사례는 없음)이므로 "**仐冞仐**"가 올바르다(即實 2012㊎).

[仐丹夾] lə.lo.an [出] 宣11. [校勘] 即實은 이 글자를 "**仐冞夾**"이라고 기록하고 있다(即實 2012㊎).

[仐冞] l.iaŋ [명] "梁"의 한어차사(朱志民 1995, 劉鳳翥외 1995). [出] 博12, 梁1/4/5/15/17, 尚15, 玦1.

[仐冞 九火] l.iaŋ g.ui [명](국명) "양국(梁國)"의 한어차사(愛新覺羅 2009a⑨, 即實 2012⑱, 劉鳳翥 2014b㊷). [出] 梁1.

[仐冞 九火 杰] l.iaŋ g.ui uaŋ [명](관제) "양국왕(梁王)"의 한어차사(愛新覺羅 2009a⑨, 即實 2012⑱, 劉鳳翥 2014b㊷). [出] 梁4. [参考] ☞ 묘주 및 묘지에 대한 자세한 내용은 "**叉仐灵伏**"을 참조하라.

[仐冞 九火 丞 业关] l.iaŋ g.ui tai p.i [명](관제) "양국태비(梁國太妃)"의 한어차사(即實 2012⑱, 劉鳳翥 2014b㊷). [出] 梁15.

[仐朩] l.ja [出] 許38. [校勘] 이 단어는 초본에 옮기며 잘못 분할되었는데, 뒤 원자들과 합쳐 "**仐朩夯**"로 하여야 한다(即實 2012㊎).

[仐朩廾交矢] l.ja.ʊ.ur.tə [出] 玦30.

[仐朩灵] l.ja.u [감] 오(嗚)(王靜如 1935, 清格勒외 2003). [동] ① 부르다(呼)(厲鼎煃 1934b), ② 혼절하다(?)(即實 1996⑯). [형] 슬프다(哀)(羅福成 1933/1934c/d/g, 愛新覺羅외 2011). [出] 仁/道/宣/故/仲/皇/宋.

[仐朩灵卍] l.ja.u.du [出] 仁25, 韓13.

[仐朩仐] l.ja.u [형] ① 부르다(呼)(羅福成 1934a), ② 혼절하다(?)(即實 1996⑯). [出] 興/故/副/慈/清/回/特.

[仐朩才卍] l.ja.ja.du [出] 副25.

[仐交夯] l.jue.æn [借詞] "練", "連" 등을 나타내는 한어차사(即實 1981, 鄭曉光 2002). [出] 仲/涿/永/宋/智/玦.

[仐穴] lə.noi [出] 仲14. [校勘] 即實은 이 글자를 "**仐火**"라고 기록하고 있다(即實 2012㊎).

[仐九] lə.g [用法] 형동사 단수형의 현재시제 어미(복수형은 "**仐九쏘**")(大竹昌巳 2016d). [出] 許8/38/44, 28/40, 梁11. [校勘] 即實은 이 글자를 앞 원자들과 합쳐서 각각 "**쏘企仐公仐九**"≪許8≫, "**土药仐九**"≪許38≫, "**火火化公仐九**"≪許44≫, "**□□仐九**"≪永28≫, "**丸矢仐九**"≪梁11≫라고 기록하고 있다(即實 2012㊎).

[仐九村] lə.g.ən [出] 許30, 宗26. [校勘] 即實은 이 글자를 앞 원자들과 합쳐 각각 "**火火化公仐九村**"≪許30≫, "**穴交仐九村**"≪宗26≫이라 기록하고 있다(即實 2012㊎).

[仐九쏘] lə.gə.d [用法] 형동사 복수형의 현재시제 어미(단수형은 "**仐九**")(大竹昌巳 2016d).

[仐才舌中] l.ja.ha.ai [동] 명확하지는 않으나 "頒(사・반포하다)"의 의미로 추정된다(即實 2012⑧). [出] 弘8.

[仐才舌出] l.ja.ha.an [出] 室5.

[仐才仐舌中 舟太丙] l.ja.l.ha.ai il.gə.əi [명] 명확하지는 않으나 "제인(祭引)"(愛新覺羅는 "묘제발인사[墓祭發引使]"로 표현하고 있다)의 의미로 추정된다(即實 2012⑭). [出] 清2.

[仐关] l.i [借詞] "禮", "醴", "李", "麗" 등을 나타내는 한어차사(研究小組 1977b, 劉鳳翥 1984a, 即實 1988b). [出]

令/郎/仲/先/永/副/宋/慈/智/烈/高/清/尚/玦/回.

仐关 朩玍村] l.i tʃ.əu-n [명](지명·소유격) 예주(醴州)의(研究小組 1977b, 清格爾泰외 1978a/1985). [出] 郎3.

仐关 朩亦 丞 兆] l.i tʃ.iun tai ʂï [명](인명) 李春태사(太師)(愛新覺羅 2013b). [出] 玦29. [人物] ≪玦誌≫에 등장하는 태의(太醫)로 묘주가 임종하기 전에 황제가 간병을 위해 馬十태사와 함께 보냈다(愛新覺羅외 2015⑩).

仐关 付雨 兆] l.i b.in ʂï [명](관제) "예빈사(禮賓使)"의 한어차사(劉鳳翥 2014b52). [出] 宋7.

> [遼史] **禮賓使(예빈사)**. 소수민족 정권 혹은 외국사신을 접대하는 곳인 예빈원(禮賓院)의 장관이다. 환관으로 충원하였다(金渭顯외 2012中).

仐关 仐文] l.i s.jæ [명](인명) ① 麗洁(即實 1996⑯), ② 李姐(愛新覺羅 2010f), ③ 麗節(劉鳳翥 2014b52). [出] 令22, 先7, 慈12.

> [人物] ①≪令誌≫의 주인 高隱福留(997~1054)의 부인이자, ②≪先誌≫ 주인 糺鄰查剌(1013~1072, 한풍명: 耶律仁先)의 둘째 여동생이며, ③≪慈誌≫ 주인 鉢里本朝只(1044~1081)의 장모가 되는 李姐부인을 지칭한다(愛新覺羅 2010f).

仐关 伞文] l.i ts.jæ [명](인명) ① 禮節(愛新覺羅 2004a⑫), ② 李姐(愛新覺羅 2006a), ③ 麗洁(即實 2012⑤), ④ 麗節(劉鳳翥 2014b52). [出] 智12. [人物] ≪智誌≫ 주인 烏魯本猪屎(1023~1094, 한풍명: 耶律智先)의 둘째 누이인 禮節(=李姐)부인을 지칭한다(愛新覺羅 2004a⑫).

仐关 安犬夯 介火] l.i ŋ.jue.æn hau-n [명](인명·소유격) 李元昊의(劉鳳翥 2014b52). [出] 副10. [參考] 중희 13년 산서부족절도사 굴렬(屈烈)이 난을 일으켜 서하에 투항하였는데, 이원호가 반란 무리들을 지원하였다. ≪副誌≫ 주인의 부친(韓訥 또는 韓寧)은 이 때 당항(党項)과의 전투에 참전하였다(即實 2012⑰).

> [遼史] **李元昊(이원호)**는 서하의 경종(景宗, 재위기간 1038~1048)으로 국왕 이덕명(李德明)의 아들이다. 병법, 불학, 법률, 한문에 통달하였다. 나이 20여 세 때 홀로 군사를 이끌고 회골 야락격가한(夜洛隔可汗)을 격파하고 감주를 탈취하였다. 1932년에 황태자가 되었고 1038년에 황제위에 올랐다. 국호를 대하(大夏)라 하고 흥경부(興慶府: 지금의 銀川市)에 도읍을 정하였다. 관제를 제정하고 예제를 만들고 문자를 창제하며 학교를 세워서 제국의 기초를 다졌다. 시호를 무열(武烈)황제, 묘호(廟號)를 경종(景宗)이라 하였다(金渭顯외 2012上).

仐关 安关] l.i ŋ.i [명](인명) 李宜(劉鳳翥 2014b⑰). [出] 先14. [人物] ≪요사·홍종본기2≫ 중희 13년조에 "7월 신유일에 향하현(香河縣)의 백성 이의(李宜)의 아들이 사도(邪道)로써 대중을 현혹시키므로 그를 죽였다"는 기록이 나오는데 바로 그 내용이다(劉鳳翥 2014b⑰).

[**仐关 丹雨 兆**] l.i b.in ʂï [명](관제) "예빈사(禮賓使)"의 한어차사(劉鳳翥 2014b52). [出] 副15.

[**仐关 丹穴 兆吝 仐兂**] l.i b.u ʂ.ï l.aŋ [명](관제) "예부시랑(禮部侍郎)"의 한어차사(研究小組 1977b, 清格爾泰외 1978a/1985). [出] 仲27/28.

[**仐关 丹穴 吊兂 叉火**] l.i b.u tʃa.aŋ ʃ.iu [명](관제) ① "예부상서(禮部尚書)"의 한어차사(即實 2012⑫), ② "이부상서(吏部尚書)"의 한어차사(劉鳳翥 2014b52). [出] 高22. [校勘] 即實은 두 번째 글자를 "**丹叐**"라고 기록하고 있다(即實 2012校).

[**仐关 九犮出村**] l.i g.jue.æn-n [명](인명·소유격) 李權의(劉鳳翥 2014b27). [出] 清22. [人物] 李權은 영청군주(永清郡主)의 장례 발인(發引)과 한자묘지(漢字墓誌)의 지문(誌文) 작성을 담당한 자이다(劉鳳翥 2014b27).

[**仐关雨**] l.i.in [명](관제) 리인(里引, 석렬의 이름으로 추정된다)(即實 2012⑥). [出] 許/慈/高/圖/玦.

[**仐关村**] l.i-n [出] 梁6.

[**仐关同**] l.i.iŋ [借詞] "令"을 나타내는 한어차사(即實 2012⑬). [出] 韓7.

[**仐关同 九火火**] l.i.iŋ g.uŋ.un [명](관제·소유격) 영공(令公)의(即實 2012⑬). [出] 韓7.

[**仐关叉**] l.i.niæ [명](인명) ① 里只(愛新覺羅 2006b), ② 李胡(即實 2012③), ③ 李□(劉鳳翥 2014b24). [出] 迪12. [人物] ≪迪誌≫ 주인 撒懶迪烈德(1026~1092, 한풍명: 耶律迪烈)의 외조부(묘주의 모친인 嫦娥부인의 부친이다)를 지칭한다(劉鳳翥 2014b24).

[**仐夵夵**] lə.gə.ər [出] 令/許/宗/迪/副/圖.

[**仐夵与**] lə.gə.ən [出] 弘24, 烈24.

[**仐夵与村**] lə.gə.ən-n [出] 許56.

[**仐夵与矢关**] lə.gə.ən.d.i [出] 許55.

[仐当] l.oŋ [出] 玦13.

[**仐当犮**] l.oŋ.jue [出] 仁11. [校勘] 이 글자는 휘본 등에 잘못 옮겨졌으므로 "**仐岑犮**"가 올바르다(即實 2012校).

[**仐当列**] l.oŋ.aq [出] 糺24.

[仐岑] l.iau [借詞] "遼"를 나타내는 한어차사(劉鳳翥 1987a/1993d, 豊田五郎 1991b). [出] 先37/61, 奴14/37. [校勘] 이 단어가 ≪奴14≫에서는 초본에 옮기며 잘못 분할되었는데, 뒤 원자와 합쳐 "**仐岑夯夵**"로 하여야 한다(即實 2012校).

[**仐岑 盂**] l.iau uaŋ [명](관제) "요왕(遼王)"의 한어차사

(即實 1996⑯). 出 先37.

[屮夯 禾疒 关化] l.iau uaŋ.on i.ir 명(관제) 요왕(遼王)의 호(號)(劉鳳翥 2014b㊾). 出 先37.

[屮夯 几火 夲禿伏] l.iau g.ui pu.s.in 명(관제) 요국부인(遼國夫人)(即實 1996⑯). 出 先61.

[屮夯存] l.iau.ar 出 仁/道/仲/宗/永/副/皇/宋/梁/特.

[屮夯存灸] l.iau.ar.ər 出 仲34, 奴14.

[屮夯夬] l.iau.qu 명 ① 丙·丁(羅福成 1934b, 王靜如 1973, 研究小組 1977b, 清格爾泰외 1978a), ② 丙·丁·赤·紅(山路廣明 1951, 劉鳳翥 1984a, 王弘力 1986), ③ 丙·丁·赤·銅(豊田五郎 1963), ④ 丙·丁·火(黃振華 1985a). 出 仁/迪/弘/副/皇/智/梁/淸/特.

[屮夯夬 盂立冬] l.iau.qu qa.ha.as 명 병인(丙寅)(呼格吉樂圖 2017). 出 迪13.

用例 "거란어의 천간(天干)"과 관련한 각종 표현에 대하여는 ≪부록≫의 거란소자 주요 어휘를 참조하라.

[屮夯圣] l.iau.u 借詞 "略"을 나타내는 한어차사(研究小組 1977b). 出 郎1.

[屮夯余] l.iau.gu 명 ① 丙·丁(王靜如 1935, 研究小組 1977b, 清格爾泰외 1978a), ② 丙·丁·赤·紅(辛兒鉉 1937, 劉鳳翥 1984a, 清格爾泰외 1985, 王弘力 1986, 即實 1996⑩), ③ 丙·丁·赤·火(愛宕松男 1956a, 黃振華 1985b). 出 興1, 博36. 參考 ☞ "屮夯夬"를 참조하라.

[屮夯灸] l.iau.ər 명 요(遼)(劉鳳翥 1993d). 出 先50/51/69, 奴43, 玦33.

[屮尺] l.u 出 智16. 校勘 即實은 이 글자를 "屮仈"이라고 기록하고 있다(即實 2012㊹).

[屮尺夠] l.u.dʒi 명 梁17. 校勘 이 단어는 초본에 옮기며 잘못 분할되었는데, 앞 원자들과 합쳐 "口枣屮尺夠"로 하여야 한다(即實 2012㊹).

[屮尺与] l.u.ən 出 令28. 校勘 即實은 이 글자를 앞 원자들과 합쳐 "天用屮尺与"라고 기록하고 있다(即實 2012㊹).

[屮尺□] l.u.? 出 許57. 校勘 ☞ 口枣屮尺夠(即實 2012㊹).

[屮仈] l.? 出 先61, 智16.

[屮□] l.? 出 永40. 校勘 即實은 이 글자를 "屮几"라고 보정하고 있다(即實 2012㊹).

[屮□伏] l.?.in 出 奴8. 校勘 即實은 탁본에 근거하여 이 글자를 "屮丙伏"이라고 보충하고 있다(即實 2012㊹).

[屮□与] l.?.ən 出 許41. 校勘 即實은 이 글자를 "屮圣与"라고 보정하고 있다(即實 2012㊹).

[屮□□□] l.?.?.? 出 許18.

[火] ui 借詞 "衛", "尉", "位" 등을 나타내는 한어차사(研究小組 1977b, 清格爾泰외 1985, 寶玉柱 2006). 형 많다(多)(即實 1996⑯). 명 ① 돼지(猪·亥)(即實 1982b, 劉鳳翥외 1995, 鄭曉光 2002, Kane 2009, 愛新覺羅 2012), ② "일(事)"을 거란어로 번역하는 데 사용(劉鳳翥 1993d, Kane 2009, 劉鳳翥외 2009, 愛新覺羅 2012). 用法 소유격어미를 표하는 부가성분이다(愛新覺羅 3004a⑦). 同源語 "일"을 타내는 몽골어와 다호르어의 [uil], 토족어의 [uil], 동향어의 [uiliə]가 동일한 어원이다(呼格吉樂圖 201? . 出 興/仁/道/宣/令/許/故/郎/仲/先/宗/海/博/涿/永/迪/副/皇/宋/智/烈/奴/高/圖/梁/糺/淸/尙/韓/玦/回/特/蒲.

語法 ☞ "소유격을 표시하는 접미사의 표현형식에 대하여는 "村"(원자번호 140)을 참조하라.

[火 盂几氿] ui tʃu.g.əl 명(관제) 통사(通事)(即實 2012⑳). 出 糺20.

[火 盂几灸] ui tʃu.g.ər 명(관제) 통사(通事)(即實 2012⑳). 出 圖8.

[火 屈关] ui tʊl.i 명(관제) 지사(知事)(即實 1996⑯). 出 宣2.

[火 屈氿] ui tʊl.əl 명(관제) 지사(知事)(即實 1996⑯). 出 仲7.

[火 屈灸] ui tʊl.ər 명(관제) 지사(知事)(即實 1996⑯). 出 先10.

[火 屈屮立本] ui tʊl.əl.ha.ar 명(관제) 사지사(使知事)(即實 1996⑯). 出 先9.

[火 屈屮刋] ui tʊl.əl.qa 명(관제) 지사(知事)(即實 1996⑯). 出 先27.

[火 枣卡百仐氿] ui tʃ.us.əi.sə.əl 동 일이 이루어졌다(即實 2012⑳). 出 副37.

[火 火叐] ui k.im 형 매우 많다(即實 1996⑯). 出 興32.

[火 火圧百北] ui k.ha.j.əl 명(관제) 지사(知事)(即實 1996⑯). 出 宣2.

[火雨] ui.in 出 糺18. 校勘 即實은 이 글자를 "火雨"이라고 기록하고 있다(即實 2012㊹).

[火百关] ui.i.i 借詞 "衛"를 나타내는 한어차사(梁振晶 2003). 동 명하다(即實 2012⑱). 出 先/副/圖/梁/淸/玦.

[火卡] ui.su 出 海7. 校勘 이 글자는 휘본 등에 잘못 옮겨진 것으로 탁본에 근거하여 "屮卡"가 올바르다(即實 2012㊹).

[**火芡**] ui.jue [出] 玦22.

[**火与**] ui.en [명](부족) 외연(隗衍)(愛新覺羅 2006c). [명](인명) ① 維安(劉鳳翥외 2006b), ② 奎衍(即實 2012⑬/2012⑯). [出] 先19, 博43, 糺8, 韓46. [校勘] 이 글자는 초본에 잘못 옮겨진 것이므로, "**火与**"이 올바르다(即實 2012⑯). [人物] ≪糺誌≫ 주인 夷里衍糺里(1061~1102)의 백조모(伯祖母)에 해당하는 奎衍부인(夫人)을 지칭한다(即實 2012⑯).

[**火与 令刀非关**] ui.en t.ir.ug.i [명](부족) 외연돌궐부(隗衍突厥部)(即實 2012). [出] 涿20.

[**火与关**] ui.dəu.ər [出] 仲17. [校勘] 即實은 이 글자를 "**火与关**"라고 기록하고 있다(即實 2012[校]).

[**火夯**] ui.e [出] 先52.

[**火夯木**] ui.e.tʃi [出] 先44/53.

[**火及药**] ui.u.dʒi [出] 先45/49/50.

[**火及药冬**] ui.u.dʒ.as [出] 仁10. [校勘] 이 글자는 휘본 등에 잘못 옮겨진 것이므로 "**火及药公**"가 올바르다(即實 2012[校]).

[**火及药公**] ui.u.dʒi.d [出] 先49.

[**火村**] ui-n [명](소유격) ① 일(事)의(劉浦江외 2014), ② 위(尉)의(劉浦江외 2014). [出] 道/故/仲/先/海/博/永/弘/糺/清/玦/回/特.

[**火村勺**] ui.n.ug [出] 許62. [校勘] 이 글자는 초본에 잘못 옮겨진 것("**村**"와 "**勺**"를 이어 쓰는 사례는 없음)이므로 "**火用村**"가 올바르다(即實 2012[校]).

[**火叉**] ui.ir [出] 先19/62. 玦14.

[**火丸关村**] ui.au.au-n [出] 副17. [校勘] 이 글자는 초본에 잘못 옮겨진 것이므로 "**火丸余村**"가 올바르다(即實 2012[校]).

[**火丸关**] ui.au.ər [出] 洞I-3.

[**火勺**] ui.ug [出] 智24. [校勘] 이 글자는 초본에 잘못 옮겨진 것이므로 "**火叉**"가 올바르다(即實 2012[校]).

[**火矢**] ui.tə [명](향위격) ① 일(事)에(劉鳳翥외 2009), ② 위(尉)에(劉浦江외 2014). [出] 宣/許/仲/先/宗/海/永/迪/弘/副/皇/宋/慈/奴/圖/梁/尚/玦/特/蒲.

[**火矢关**] ui.d.i [出] 仲/永/迪/梁/特.

[**火矢**] ui.ul [出] 圖3.

[**火化**] ui.ir [出] 副9.

[**火化 列夫丹伏**] ui.ir qa.ali.bu.n [出] 梁21. [校勘] 초본에는 이 글자가 하나로 합쳐져 있다(即實 2012[校]).

[**火仐**] ui.sə [명] ① 일(事)(愛新覺羅 2004a⑦), ② 여러 일(即實 2012⑳). [出] 道30, 仲41/46.

[**火仐北**] ui.sə.əl [出] 先/海/慈/故/室.

[**火仐令关**] ui.sə.d.ər [동] 여러 일을 돕다(即實 2012⑳). [出] 先17.

[**火仐公**] ui.sə.d [명] 여러 일(即實 2012⑳). [出] 仲25, 先11/12/14/55/66, 弘28, 糺25.

[**火仐公关**] ui.sə.d.ər [동] 여러 일을 돕다(即實 2012⑳). [出] 奴16.

[**火余北**] ui.gu.əl [出] 圖9. [校勘] 이 글자는 휘본 등에 잘못 옮겨진 것이므로 "**火仐北**"가 올바르다(即實 2012[校]).

[**火仌**] ui.o [出] 宗28. [校勘] 이 글자는 휘본 등에 잘못 옮겨진 것("**火**"와 "**仌**"를 붙여 쓰는 사례는 없음)이므로 "**火关**"가 올바르다(即實 2012[校]).

[**火小太丙**] ui.l.gə.əi [出] 梁11. [校勘] 이 단어는 초본에 옮기며 잘못 분할되었는데, 앞 원자들과 합쳐 "**木穴火小太丙**"로 하여야 한다(即實 2012[校]).

[**火小叉**] ui.l.ir [出] 博18.

[**火小列关**] ui.l.q.ər [出] 梁11. [校勘] 이 단어는 초본에 옮기며 잘못 분할되었는데, 앞 원자들과 합쳐 "**而廾火小列关**"로 하여야 한다(即實 2012[校]).

[**火小九**] ui.lə.g [出] 許5, 先62.

[**火幺廾药公**] ui.ia.ʊ.dʒi.d [出] 先40.

[**火门木**] ui.⍰.tʃi [出] 先48. [校勘] 即實은 이 글자를 "**火用木**"이라고 기록하고 있다(即實 2012[校]).

[**火用**] ui.il [명] 재능(大竹昌巳 2016d). [出] 道/令/先/宗/海/迪/副/宋/圖/梁/糺/玦/特.

[**火用 土伏**] ui.il əu.in [문] 재능이 없다(大竹昌巳 2016d). [出] 仲44.

[**火用 木本力**] ui.il tʃ.ar.qa [문] 재능이 부족하다(大竹昌巳 2016d). [出] 宋11.

[**火用圡女**] ui.il.ha.sair [出] 先45. [校勘] 即實은 이 글자를 앞 글자와 합쳐 "**公及太用圡女**"라고 기록하고 있다(即實 2012[校]).

[**火用圡平**] ui.il.ha.ai [出] 先26/46.

[**火用圡本**] ui.il.ha.ar [出] 先20/21.

[**火用太与**] ui.il.⍰.en [出] 迪36. [校勘] 이 단어는 본래 2개의 글자(**火用 太与**)이나 초본에는 잘못하여 하나로 합쳐져 있다("**太**"는 글자의 첫머리에만 나온다)(即實 2012[校]).

[**火用土伏叉**] ui.il.əu.n.ir [出] 仲44. [校勘] 이 단어는 본래 2개의 글자(**火用 土伏叉**)이나 초본에는 잘못하여

하나로 합쳐져 있다(即實 2012[校]).

[火用亥] ui.il.dʒi [동] 얻다(得)(即實 2012⑳). [出] 先65.

[火用村] ui.il-n [명](소유격) ① 자기(己)의(即實 2012⑳), ② 재능의(大竹昌巳 2016d). [出] 許14.

[火用爻] ui.il.ir [동] 얻다(得)(即實 2012⑳). [出] 慈9.

[火用杀] ui.il.tʃi [出] 仲14, 梁11.

[火用伏] ui.il.in [出] 宋24, 玦19.

[火用九] ui.il.gə [出] 先38.

[火用九村] ui.il.g.ən [出] 先32.

[火用关] ui.il.i [出] 故19, 宋5.

[火用공] ui.il.ər [出] 先68.

[火冈] ui.? [出] 典25. [校勘] 이 글자는 초본에 잘못 옮겨진 것이므로 "火用"이 올바르다(即實 2012[校]).

[火关] ui.i [借詞] "衛"를 나타내는 한어차사(陳乃雄외 1999). [명](인명) 奎也(即實 2012⑧). [出] 仁/仲/先/宗/永/迪/弘/副/皇/高/尚/玦/特/蒲. [人物] 《弘誌》 주인인 耶律弘用(1054~1086)의 어릴 적 이름(小名)으로, 그 묘지(墓誌) 제2행에 기록된 "火공"의 유래(묘주가 탄생한 때에 홍종 황제가 지어준 이름)가 된다(即實 2012⑧). [參考] ☞ 묘주 및 묘지에 대한 자세한 내용은 "兆发 丙夂炏"를 참조하라.

[火공] ui.ər [명](인명) ① 維里(劉鳳翥 2003), ② 隗因(劉浦江외 2005), ③ 魏野(愛新覺羅 2004a⑧), ④ 尉隗也(愛新覺羅 2004a⑫), ⑤ 隗也里(愛新覺羅 2010f), ⑥ 奎也(即實 2012⑧). [出] 先/宗/弘/副/慈/奴/烈/室/清. [人物] 《弘誌》 주인인 耶律弘用(1054 ~ 1086)의 小名이다. 위 "火关"를 참조하라(即實 2012⑧).

[火공 火为出] ui.ər iu.a.an [出] 許30. [校勘] 초본에는 이 글자가 하나로 합쳐져 있다(即實 2012[校]).

[火공□] ui.ər.? [出] 海9.

[火火屮] ui.d.bur [出] 道22, 仲42.

[火火屮村] ui.d.bur.ən [出] 博27.

[火火舟伏] ui.d.bu.n [出] 博25/26/30/38/44.

[火炏屮] ui.uŋ.bur [出] 令13, 回26. [校勘] 이 글자는 초본에 잘못 옮겨진 것이므로 "火火屮"가 올바르다(即實 2012[校]).

[火芬杀] ui.ə.tʃi [出] 許53.

[火当] ui.ən [명](인명) ① 維安(劉鳳翥외 2006b), ② 隗衍(愛新覺羅 2006b), ③ 葵衍(即實 2012⑯). [出] 先/宗/涿/永/烈/紀. [人物] 《紀誌》 주인 夷里衍糺里(1061~1102)의 모친인 구곤씨(甌昆) 隗衍 부인(夫人)을 지칭한다(愛新覺羅 2010f).

[火□] ui.? [出] 清27, 蒲18.

炏 [발음] ui [原字번호] 263

[炏] ui [借詞] "衛", "尉" 등을 나타내는 한어차사(研究小組 1977b, 清格爾泰외 1978a/1985). [用法] 소유격어미를 나타내는 부가성분이다(愛新覺羅 2004a⑦). [書法] Kane은 이 원자가 "火 [ui](원자번호 262)"의 이서체라고 주장하고 있다(Kane 2009). [出] 許/仲/先/宗/永/迪/宋/慈/智/高/圖/梁/清/尚/韓/玦/特/蒲. [用例] 九爻 发亥 炏 攵気 仐並 九亦 [g.im ŋ.u ui ʃ.aŋ s.iaŋ g.iun] [명](관제) "금오위상장군(金吾衛上將軍)"의 한어차사(清格爾泰외 1978a/1985).

[炏村] ui-n [명](관제・소유격) □위(尉)의(盧迎紅외 2000). [出] 迪/慈/智/玦/回/特/蒲.

[炏矢] ui.tə [명](관제・향위격) □위(尉)에게(即實 2012⑬). [出] 韓6, 回5.

[炏伏] ui.in [명](인명) ① 蔚寧(劉鳳翥외 2005a), ② 隗隱(愛新覺羅 2005b), ③ 奎訥(即實 2012⑬). [出] 韓11. [人物] 《韓誌》 주인 曷魯里夫人(?~1077)의 남편(特免郭哥 부마)의 조카 사위(장형 何隱曷葛 상온[詳穩]의 둘째 딸 남편인 隗隱 척은(惕隱)을 지칭한다(愛新覺羅 2005b/2009a⑧).

[炏关] ui.i [借詞] "衛"를 나타내는 한어차사(蘇赫 1979/1981). [出] 道2, 宣2, 宗21, 副12.

[炏] ui.i [借詞] "尉"를 나타내는 한어차사(朱志民 1995, 劉鳳翥외 1995). [出] 博22.

发 [발음] əŋ, ŋ [原字번호] 264

[发] əŋ [借詞] "恩"을 나타내는 한어차사(袁海波외 2005). [用法] 한어차사의 초성이나 종성의 [ŋ]을 표현하는 데 사용된다(Kane 2009). [出] 清7.

[发 九芬] əŋ g.ə [명](인명) ① 恩哥(袁海波외 2005), ② 迸哥(即實 2012⑳). [出] 清7. [人物] 《清誌》 주인 奪里懶太山(1029~1087, 한풍명: 蕭彦弼)의 당숙(堂叔)인 實幹・恩哥 부마(駙馬)를 지칭한다(袁海波외 2005).

[发雨] ŋ.in [借詞] "銀"을 나타내는 한어차사(研究小組 1977b). [出] 道/宣/許/仲/皇/宋.

[发雨 仐用 九杰 爻 久丰关 수] ŋ.in s.iŋ g.uaŋ lu dai.i pu [명](관제) "은청광록대부(銀青光祿大夫)"의 한어차사(研究小組 1977b, 清格爾泰외 1978a/1985). [出] 仲21.

[发雨 仐用 丙当] ŋ.in s.iŋ tʃau.oŋ l.u

da.ai pu 명(관제) "은청숭록대부(銀青崇祿大夫)"의 한어차사(研究小組 1977b, 清格爾泰외 1978a/1985). 出 道2, 宣2.

[ŋ.in s.iŋ tʃau.oŋ lu.ug da.ai pu] 명(관제) "은청숭록대부(銀青崇祿大夫)"의 한어차사(劉鳳翥 2014b52). 出 皇2, 宋2. 校勘 即實은 《宋2》에서는 다섯 번째 글자를 "久屮"라고 기록하고 있다(即實 2012⑫).

[ŋ.in s.iŋ.tʃoŋ] 명(관제) 은청(銀青)(清格爾泰외 1985). 出 許3. 校勘 한어 "청(青)"에는 부가성분을 붙일 수 없으므로 두 번째 글자는 "半用釆"으로 고쳐야 한다. 즉 "청영(青榮)"의 음역이다(即實 2012⑫).

[ŋ.io] 借詞 "牛"를 나타내는 한어차사(閻萬章 1993, 即實 2012⑧). 出 宗21, 弘8.

[ŋ.io.un] 명(소유격) 우(牛)의(大竹昌巳 2016d). 出 奴46, 糺22. 用例 戈交杰 [j.iæ.æm ŋ.io.un] (인명·소유격) 염우(冉牛)의(大竹昌巳 2016d). 出 糺22.

[ŋ.nən.an] 出 尚25. 校勘 即實은 이 글자를 "[ŋ.nən.an]"로 기록하고 있다(即實 2012⑲).

[ŋ.jue.æn] 借詞 "元"을 나타내는 한어차사(韓寶興 1991, 豊田五郎 1991b, 即實 1991b). 出 先25/38, 副 4/5/6/10.

[ŋ.jue.æn ʃ.oi pu.un] 명(관제) "원수부(元帥府)"의 한어차사(即實 1996⑥, 劉鳳翥 2014b52). 出 先38.

[ŋ.jue.n] 借詞 "元"을 나타내는 한어차사(=ŋ.jue.æn公, ŋ.jue.n屮)(研究小組 1977b). 出 故4/17.

[ŋ.jue.n p.in] 명(관제·소유격) 원비(元妃)의(研究小組 1977b, 清格爾泰외 1978a/1985). 出 故17.

遼史 元妃(원비)는 황제의 측실의 명호이다. 거란 천조제의 원비 소씨가 있었다. 그 제도는 자세하지 않다(金渭顯외 2012①).

[ŋ.jue.æn] 借詞 "元"을 나타내는 한어차사(=ŋ.jue.æn公, ŋ.jue.n公)(研究小組 1977b). 出 仲18.

[ŋ.jue.æn ʃ.oi pu.un] 명(관제) "원수(元帥)"의 한어차사(劉鳳翥 2014b52). 出 仲18.

[ŋ.jue.æn ʃ.oi pu.un] 명(관제·소유격) 원수부(元帥府)의(研究小組 1977b, 清格爾泰외 1978a/1985). 出 仲18.

遼史 元帥府(원수부): 북면관에 천하병마대원수부를 두어 태자(太子)와 친왕(親王)으로 천하대원수·부원수를 삼았다. 또 대원수부가 있었는데 대신으로 대원수를 삼았고 남경도원수부에는 도원수, 대

원수를 두었다. 《요사·홍종1》(권18) 중희 4년 11월조에 남경총관부(南京總管府)를 원수부로 고쳤다는 기록이 나온다(金渭顯외 2012①).

[ŋ.u] 借詞 ①"吾", "吳", "五" 등을 나타내는 한어차사(研究小組 1977b, 劉鳳翥 1984a, 唐彩蘭외 2002), ②"御", "魚" 등을 나타내는 한어차사(盧迎紅외 2000, 袁海波외 2005). 出 許/故/仲/先/迪/宋/烈/故/圖/清/尚/韓/玦/蒲.

[ŋ.u tʃ.i] 명(인명) ①吾遲(即實 1996⑯), ②五齊(劉鳳翥 2014b43). 出 仲27. 人物 《仲誌》 주인 烏里衍虎里者(1090~1150, 한풍명: 蕭仲恭)의 장인인 五齊 태사(부인 월국비[越國妃]의 부친)를 지칭한다(劉鳳翥 2014b43).

[ŋ.u uaŋ] 명(관제) "오왕(吳王)"의 한어차사(即實 1996⑥, 愛新覺羅 2010f). 出 先22.

[ŋ.u uaŋ.on i.ir] 명(관제) 오왕(吳王)의 호(號)(劉鳳翥 2014b52). 出 先22.

[ŋ.u ba] 명(인명) ①吳八(愛新覺羅 2006a), ②五忽荼(即實 2012⑳). 出 永22. 人物 《永誌》 주인 遙隱永寧(1059~1085)의 조부(祖父)의 사촌형제인 迪烈得 태사(太師)의 부인 吳八낭자를 지칭한다(愛新覺羅 2006a).

[ŋ.u s.iæ] 명(인명) ①五姐(愛新覺羅 2010f, 即實 2012③), ②五節(劉鳳翥 2014b52). 出 迪30. 人物 《迪誌》 주인 撒懶迪烈德(1026~1092)의 본처(本妻)인 멸고내부(蔑古乃部)의 五姐 을림면(乙林免)을 지칭한다(愛新覺羅 2010f).

[ŋ.u g.in] 명(인명) ①五斤(愛新覺羅 2011, 即實 2012⑭, 劉鳳翥 2014b27), ②五根(劉鳳翥 2014b52). 出 清14. 人物 《清誌》 주인 奪里懶太山(1029~1087, 한풍명: 蕭彥弼)의 손녀(차남 查剌낭군의 셋째 딸)인 五斤을 지칭한다(愛新覺羅 2011).

[ŋ.u.dʒi] 出 先27.

[ŋ.im.əl.g.ən] 出 回11.

[ŋ.ən] 出 仲27. 校勘 이 글자는 초본에 잘못 옮겨진 것이므로 "火村"이 올바르다(即實 2012⑫).

[ŋ.os] 명 완(完)(愛新覺羅 2009c). 出 尚11/25.

[ŋ.os ŋ.ja.an] 명(인명) 完顏(愛新覺羅 2010f). 出 尚25. 校勘 即實은 이 글자가 《尚25》에서는 띄어져 있지만 《尚11》에서는 붙여 쓴 것을 보아 둘 중 하나는 오류일 것으로 추정하고 있다(即實 2012⑲).

[ŋ.os.ŋ.ja.an] 出 尚11.

[ŋ.gu] 出 尚22. 校勘 초본에는 이 글자가 매우 희미한데 앞 뒤 정황(魏隋國公)으로 "隋"를 의

하는 "仐炏"로 추정된다(即實 2012⑱).

[𘬜伏] ŋ.in [동] 범(犯)하다(即實 1996⑥). [出] 先29.

[𘬜仲公] ŋ.ju.ən [借詞] "元"을 나타내는 한어차사(=𘬜夹公, 𘬜夹㞢)(研究小組 1977b). [出] 故12.

[𘬜仲公 业关] ŋ.ju.ən p.i [명](관제) "원비(元妃)"의 한어차사(研究小組 1977b, 清格爾泰외 1978a/1985). [出] 故12.

[𘬜火村] ŋ.ui-n [出] 迪3. [校勘] 이 글자는 국명인 한어 "魏"를 나타내는 것이므로 "火"가 아닌 "炏"를 쓰는 것이 관례이다(即實 2012⑱).

[𘬜炏] ŋ.ui [명](국명) "위(魏)"의 한어차사(劉鳳翥외 2003b). [出] 宋蓋2, 宋1/4.

[𘬜炏村] ŋ.ui-n [명](소유격) 위(魏)의(青格勒외 2003). [出] 皇13.

[𘬜炏村 非亥] ŋ.ui-n po.dʒi [명](향위격) 위(魏)나라 때에(即實 2012⑳). [出] 迪3.

[𘬜炏关] ŋ.ui.i [借詞] "魏"를 나타내는 한어차사(陳乃雄외 1999, 劉鳳翥 2014b⑰). [出] 先16, 弘17.

[𘬜圣] ŋ.æm [借詞] "嚴"을 나타내는 한어차사(愛新覺羅 2002, 劉鳳翥 2014b㊶). [出] 故7.

[𘬜火] ŋ.iu [借詞] ①"御", "翊" 등을 나타내는 한어차사(研究小組 1977b, 蘇赫 1979/1981), ②"어(語)"를 나타내는 한어차사(即實 2012⑭). [出] 道/宣/先/宗/博/迪/皇/宋/智/高/尚.

[𘬜火 夹秀 令太 伞雨] ŋ.iu jue.æn t.uŋ ts.in [명](관제) "어원통진(御院通進)"의 한어차사(研究小組 1977b, 清格爾泰외 1978a). [出] 道2.

[𘬜火 夹秀 令炏 伞雨] ŋ.iu jue.æn t.uŋ ts.in [명](관제) "어원통진(御院通進)"의 한어차사(研究小組 1977b, 清格爾泰외 1978a/1985). [出] 宣2.

> [遼史] **御院通進(어원통진)**은 황제의 문지기를 말한다. ≪요사·조안인전(趙安仁傳)≫(권 109)에 그가 일찍이 "어원통진(御院通進)"에 임명되었음을 언급하고 있어, 요대에 그러한 관직이 설치되었음을 짐작할 수 있다(清格爾泰외 1985).

[𘬜火 几太] ŋ.iu ku.uŋ [명] "어형(御兄)"의 한어차사(即實 2012③). [出] 先15/26/39, 迪24. [参考] ≪先誌≫에는 "𘬜火 几太"으로 기록되어 있다.

[𘬜火尺] ŋ.iu.du [명](향위격) (당)우(唐虞)에(即實 2012②). [出] 博26. [参考] "당우(唐虞)"는 "요순(堯舜)임금"을 지칭한다(即實 2012②).

[𘬜火矢] ŋ.iu.tə [명](향위격) (논)어(論語)에(袁海波외 2005, 即實 2012⑭). [出] 清25.

[𘬜火非] ŋ.iu.gu [出] 涿18.

[𘬜用] ŋ.iŋ [借詞] ①"迎"을 나타내는 한어차사(鄭曉光 2002), ②"凝", "靈" 등을 나타내는 한어차사(即實 2012⑦/⑭). [出] 永13.

[𘬜用 文谷] ŋ.iŋ ʒï [명](인명) ①迎日(鄭曉光 2002), ②凝芝(即實 2012⑦). [出] 永13. [人物] ≪永誌≫ 주인 遙隱永寧(1059~1085)의 당숙(堂叔)인 迪烈得 장군의 부인 凝芝낭자를 지칭한다(即實 2012⑦).

[𘬜用 兆] ŋ.iŋ ʂï [명](인명) ①靈什(即實 2012⑭), ②迎使(劉鳳翥 2014b㊾). [出] 清7. [人物] ≪清誌≫ 주인 영청군주(永清郡主) 堯姐(?~1095)의 외조모인 靈什공주를 지칭한다(即實 2012⑭).

[𘬜文叉] ŋ.iæ.ir [出] 令13. [校勘] 即實은 이 글자를 "𘬜交圣"이라고 기록하고 있다(即實 2012⑱).

[𘬜交秀] ŋ.jue.æn [借詞] ①"願"을 나타내는 한어차사(盧迎紅외 2000), ②"言(또는 彦)"을 나타내는 한어차사(即實 2012③). [出] 迪27.

[𘬜交圣] ŋ.iæ.æm [借詞] ①"嚴"을 나타내는 한어차사(豊田五郎 1991a), ②"言"을 나타내는 한어차사(即實 199②). [出] 令13/20.

[𘬜氵夹] ŋ.ja.an [借詞] "顔"을 나타내는 한어차사(愛新覺羅 2010f). [出] 糺22, 尚11, 特32.

[𘬜关] ŋ.i [借詞] "儀", "義", "宜" 등을 나타내는 한어차사(研究小組 1977b, 蘇赫 1979/1981, 劉鳳翥 1993d). [出] 令/許/故/仲/先/宗/永/弘/皇/糺/清/蒲.

[𘬜关 为太 仐为乃 廿] ŋ.i tu.uŋ s.a.am sï [명](관제) "의동삼사(儀同三司)"의 한어차사(研究小組 1977b, 清格爾泰외 1985). [出] 仲21.

> [金史] **儀同三司(의동삼사)**는 문관의 산관명(散官名)이다. 금(金)·원(元)에 모두 설치하였다. 42개 품계중 두 번째 였는데, 금에서는 종1품중(中)이었고 원에서는 정1품이었다(蔡美彪외 1986).

[𘬜关 为炏] ŋ.i tu.uŋ [명](관제) "의동(儀同)"의 한어차사(大竹昌巳 2016d). [出] 仲10.

[𘬜关 朩圡火] ŋ.i tʃ.əu-n [명](지명·소유격) 의주(宜州)의(即實 2012①, 劉鳳翥 2014b㊾). [出] 宗11.

[𘬜关 仐火] ŋ.i s.un [명](인명) ①宜孫(愛新覺羅 2010f, 即實 2012⑭), ②宜蓀(劉鳳翥 2014b㊾). [出] 清13. [人物] ≪清誌≫ 주인 奪里懶太山(1029~1087, 한풍명: 蕭彦弼)의 손자(차남 查剌낭군의 둘째 아들)인 宜孫을 지칭한다(愛新覺羅 2010f).

[安关 令文方 主 巠 介夊] ŋ.i s.oŋ 명(관제·소유격) 의천황태후(儀天皇太后)의(劉鳳翥 외 2003b, 即實 2012⑧). 出 弘12.

人物 儀天皇太后(의천황태후)는 요 성종 흠애황후(欽愛皇后, ≪요사≫에서는 欽哀皇后로 잘못 기록하고 있다) 소누근(蕭耨斤)을 지칭한다. "중희 원년(1032)에 인자성선흠효광덕안정전순관후숭각의천황태후(仁慈聖善欽孝廣德安靖貞純寬厚崇覺儀天皇太后)라고 존호를 올렸다". 또 ≪요사≫ 권71(흥종 인의황후전)에 "인의황후(仁懿皇后) 소씨(蕭氏)는 소자(小字)가 달리(撻里)이다. 흠애황후의 아우인 소효목(蕭孝穆)의 맏딸이다"라는 기록은 의천황태후와 소효목이 오누이 관계임을 설명해 준다(劉鳳翥 외 2003b).

[安关 夾 戈雨 乏土夾 主 巠 乏刂 伞伞] ŋ.i ho j.in ʃ.əu.u huaŋ tai ʃ.ug ts.u (관제) "의화인수황태숙조(義和仁壽皇太叔祖)"의 한어차사(即實 2012⑩, 劉鳳翥 2014b㉒). 出 皇4.

[安关 火文万] ŋ.i k(h).iæ.⊘ 명(인명) 儀亥(即實 1996⑯). 出 故25.

[安关关] ŋ.i.i 借詞 "義"를 나타내는 한어차사(愛新覺羅 2009c). 出 副16, 尚3.

[安关关 伞出] ŋ.i.i s.oŋ 명 "의종(義宗)"의 한어차사(郭添剛외 2009, 愛新覺羅 2010f, 即實 2012⑲, 陶金 2015). 出 尚3.

人物 義宗(의종)은 야율배(耶律倍)를 지칭한다. 세종(야율배의 아들이다)이 즉위한 후에 그의 시호를 양국황제(讓國皇帝)로, 능을 현릉(顯陵)이라 하였고, 통화 26년에 다시 시호를 문헌황제(文獻皇帝)로 하였으며, 중희 21년에 문헌흠의황제(文獻欽義皇帝)라는 시호를 추가하고 묘호(廟號)를 의종(義宗)이라고 하였다(即實 2012⑲).

安尒] ŋ.i 借詞 "儀"를 나타내는 한어차사(即實 2012⑲). 出 尚11.

安与] ŋ.ən 借詞 "嚴"을 나타내는 한어차사(即實 2012⑨). 出 烈18.

[安与 伞文] ŋ.ən s.iæ 명(인명) 嚴謝(即實 2012⑨). 出 烈18. 人物 ≪烈誌≫ 주인 空寧敵烈(1034~1100, 한풍명: 韓承規)의 손자(넷째 아들인 渾不魯의 차남)인 嚴謝를 지칭한다(愛新覺羅 2010f, 即實 2012⑨).

安芳] ŋ.iau 借詞 "堯"를 나타내는 한어차사(愛新覺羅 2010f, 即實 2012⑭). 出 清9.

[安芳 伞文] ŋ.iau s.iæ 명(인명) ① 堯姐(愛新覺羅 2010f), ② 堯洁(即實 2012⑭). 出 清9. 人物 ≪清誌≫의 주인 영청군주(永清郡主) 堯姐(?~1095)를 지칭한다(愛新覺羅 2010f).

參考 ☞ 묘주 및 묘지에 대한 자세한 내용은 "芳屮 立夾出"를 참조하라.

[安芳夾] ŋ.iau.u 명(인명) 堯(愛新覺羅 2009c, 劉鳳翥 2014b㊼). 出 智3, 尚4.

[安芳夾 乏亦] ŋ.iau.u ʃ.iun 명(인명) 堯舜(即實 2012⑳, 大竹昌巳 2016b). 出 智3.

[安芳夾 乏亦村] ŋ.iau.u ʃ.iun-n 명(인명·소유격) 堯舜의(劉鳳翥 2014b㉖, 大竹昌巳 2016b). 出 智3.

[安芳夾 伞文] ŋ.iau.u ts.iæ 명(인명) ① 堯姐(愛新覺羅 2010f), ② 堯洁(即實 2012⑲). 出 尚4. 人物 ≪尚誌≫ 주인 緬隱胡烏里(1130~1175)의 고조모(高祖母)인 영청군주(永清郡主) 堯姐(?~1095)를 지칭한다(愛新覺羅 2010f). 參考 ☞ "安芳 伞文"와 동일 인물이다.

[安芳夾火] ŋ.iau.u-n 명(인명·소유격) 요(堯)임금의(即實 1996①, 劉鳳翥 2014b㊼). 出 道23.

[安芳夾火 又] ŋ.iau.u-n mos 문 요(堯)임금의 위대함(即實 1996⑯). 出 道23.

[安芳夾火 又 乏亦村 杰关禿谷丹伏] ŋ.iau.u.un mos ʃ.iun-n tʃ.i.s.d.bu.n 문 요(堯)임금의 위대함과 순(舜)임금의 효행(劉鳳翥 2014b㉖). 出 道23.

[安□] ŋ.⊘ 出 紀14.

[安□伞□] ŋ.⊘.sə.⊘ 出 海4.

炎 [발음] ui [原字번호] 265

[炎] ui 出 蒲14.

[炎太立夾出] ui.er.ha.a.an 出 蒲18.

人 [발음] tʃiar [原字번호] 266

[人] tʃiar(?) 수 60(王弘力 1986, 即實 1986d/1991b/1996⑯, 豊田五郎 1991b). 出 興/仁/先/宗/博/添/迪/弘/烈/梁.

[人圣] tʃiar dʒur 수 62(劉鳳翥 2014b①). 出 宗16/33.

[人圣矢] tʃiar dʒur.tə 수(향위격) 62에(劉鳳翥 2014b①). 出 宗16/33.

[人 令号令] tʃiar t(d).jau.t 수 ① 60여(即實 2012⑧), ② 64(劉鳳翥 2014b⑧). 出 弘4.

[人 巴] tʃiar dur 수 64(劉鳳翥 2014b㊼). 出 興31.

[人叐] tʃiar.im 出 先28. 校勘 即實은 이 글자를 "人叐"이라고 기록하고 있다(即實 2012㉘).

[人村] tʃiar.ən 수(소유격) 60의(即實 2012⑳). 出 許14, 圖24, 玦39.

犬 [발음] ?? [原字번호] 267

[犬] ? 出 道22.

圣 [발음] hai [原字번호] 268

[圣] hai 동 사랑하다(愛), 아끼다(惜)(即實 2012⑳). 出 興/道/宣/故/仲/先/永/皇/宋/烈/奴/梁/糺/清/尚/玦/蒲.

[圣ち] hai.al 出 特24.

[圣叉] hai.ir 동 사랑하다(愛), 아끼다(惜)(即實 2012⑳). 出 永40, 奴37, 韓31.

[圣叉由] hai.ir.bəl 出 尚9, 特7.

[圣为] hai.a 出 尚19. **校勘** 이 글자는 초본에 잘못 옮겨진 것이므로 "**圣村**"이 올바르다(即實 2012㉜).

[圣生籴圡为出] hai.abu.l.ha.a.an 出 興30. **校勘** 이 글자는 휘본 등에 잘못 옮겨진 것이므로 "**圣尘籴圡为出**"이 올바르다(即實 2012㉜).

[圣化] hai.ir 出 仲45, 糺21, 回23.

[圣化廾亦] hai.ir.ʊ.ur 出 室6.

[圣化廾及内] hai.ir.ʊ.o.on 出 道27.

[圣化廾矢炎] hai.ir.ʊ.ul.ər 出 副4.

[圣化廾平커] hai.ir.ʊ.ul.qa 出 先49.

[圣化由] hai.ir.bəl 명(관제) 도사(度使)·관찰(觀察)·방어사(防御使) 등의 글 앞에 출현하며, 관직을 나타낸다(吳英喆 2012a①). 出 許/故/先/宗/迪/副/慈/高/圖/玦. **用法** "**圣化夯**"와 같은 의미를 지닌다(吳英喆 2012a①).

[圣化由 今欠 叉关] hai.ir.bəl əd.go ʃ.i 명(관제) 節度使(愛新覺羅 2011b). 出 玦5.

[圣化由] hai.ir.har 出 回18.

[圣化夯] hai.ir.ə 명(관제) 도사(度使)·관찰(觀察)·방어사(防御使) 등의 글 앞에 출현하며, 관직을 나타낸다(吳英喆 2012a①). 出 許63, 玦40/45. **用法** "**圣化由**"와 같은 의미를 지닌다(吳英喆 2012a①).

[圣化夯] hai.ur.ə 出 許44. **校勘** 이 글자는 초본에 잘못 옮겨졌으므로 "**圣化夯**"가 올바르다(即實 2012㉜).

[圣公关] hai.t.i 出 玦27.

[圣籴] hai.l 명(인명) ①解里(鄭曉光 2002, 愛新覺羅 2010f), ②埃米勒(即實 2012⑦). 出 永13. **人物** 《永誌》 주인 遙隱永寧(1059~1085)의 당숙(堂叔)인 解里 장군을 지칭한다(愛新覺羅 2010f).

[圣籴伏] hai.l.in 명(인명) ①解里, 諧領, 諧里(劉鳳翥 2002, 劉鳳翥 외 2003b, 蓋之庸 외 2008), ②解里寧(鄭曉光 2002, 劉鳳翥 외 2003b), ③岩彌林(即實 2012①), ④埃米隣(即實 2012⑦), ⑤亥隣(即實 2012⑰), ⑥海利(劉鳳翥 2014b(52)). **用法** 거란문 묘지(墓誌)에서는 남자의 자(字)나 여자의 이름에 사용된다(愛新覺羅 외 2011). 出 宗/永/副/宋/高/梁/特.

> **人物** ①《宗誌》 주인 朝隱驢糞(991~1053, 한풍명: 耶律宗教)의 장모(부인 척은마격[惕隱麼格] 한국부인[韓国夫人]의 모친)를 지칭한다(愛新覺羅 2010f).
>
> ②《永誌》 주인 遙隱永寧(1059~1085)의 조부(祖父)의 사촌형제인 聖光奴낭군의 장인 埃米隣·王六 대왕을 지칭한다(即實 2012⑦).
>
> ③《副誌》 주인 窩篤宛兀沒里(1031~1077, 한풍명: 耶律運)의 7대조인 諧領蒲古只 이리근(夷離菫)을 지칭한다(愛新覺羅 2010f).
>
> ④《高誌》 주인 王寧高十(1015~?, 한풍명: 韓元佐)의 적모(부친 留隱郭三 재상의 본처) 諧領부인을 지칭한다(愛新覺羅 2010f).

[圣籴伏 无廾火] hai.l.in tau.ʊ.ui 명(인명) ①諧領桃隗(愛新覺羅 2010f), ②孩隣·陶瑰(即實 2012⑪), ③解里·桃隈(劉鳳翥 2014b(52)). 出 宋4, 梁3.

[圣用] hai.il 명(인명) ①乙林(即實 1996⑯), ②諧里(愛新覺羅 2006a), ③亥里(即實 2012⑭), ④海里(愛新覺羅 2013a), ⑤解里(劉鳳翥 2014b㉗/㊶). 出 故6, 清2/3, 玦4/1… **參考** 한문 사료에는 海里, 諧里, 孩里 등 여러 가지 음역이 나타난다(愛新覺羅 외 2015②).

> **人物** ①《故銘》 주인 撻體낭자(1081~1115)의 증조부(曾祖父)인 迪輦諧里를 지칭한다(愛新覺羅 2010f).
>
> ②《清誌》 주인 奪里懶太山(1029~1087, 한풍명: 蕭彦弼)의 6대조모(祖母) 撒葛只마격(麼格)이 재가한 남편 拔里諧里 낭군을 지칭한다(愛新覺羅 외 2011).
>
> ③《玦誌》의 주인 只兗昱(1014~1070, 한풍명: 耶律玦)의 고조부(高祖父) 猛阿海里를 지칭한다(愛新覺羅 2013a).

[圣用伏] hai.il.in 명 을림면(乙林免)(即實 2012④). 명(관제) ①이리면(迤逦免)(即實 1988b), ②이리근(夷離菫)(即實 1988b), ③이리필(夷離畢)(盧迎紅 외 2000). 명(인명) ①解里寧(劉鳳翥 외 2006b), ②洽禮(石金民 외 2001, 唐彩蘭 외 2002, 劉鳳翥 2003, 劉鳳翥 외 2003b), ③亥里訥, 亥隣(即實 2012⑯/⑰/⑲), ④埃米林(即實 2012⑧/⑨), ⑤諧里寧, 解里, 海里(劉鳳翥 2014b(52)). 出 令/故/仲/迪/弘/副/烈/奴/糺/尚. **人物** 《副誌》 주인 窩篤宛兀沒里(1031~1077, 한풍명: 耶律運)의 7대조 諧領蒲古只 이리근(夷離菫)을 지칭한다(愛新覺羅 2010f).

圶用伏 夲秂伏] hai.il.in pu.s.in 명(인명) ① 遒逦免夫人(夫人)(即實 1996⑯), ② 階領부인(愛新覺羅 2010f), ③ 諧領부인(劉鳳書 2014b⑮). 出 令8. 人物 《令誌》 주인 高隱福留(997~1054)의 조모인 諧領부인을 지칭한다(劉鳳書 2014b⑮).

圶用伏 凡公] hai.il.in u.ən 명(관제) 이리면원(遒逦免院)(即實 1996⑯). 出 故3, 仲27, 副1, 尚4.

圶用伏 凡公 曲秂杓] hai.il.in u.ən go.ər.ən 명(관제·소유격) ① 이리면원본방(遒逦免院本房)의(即實 1996⑯), ② 애미림우월장(埃米林于越帳)의(即實 2012⑧/⑨), ③ 해린우월장(亥隣于越帳)의(即實 2012⑯/⑰/⑲). 出 故/弘/副/烈/糺/尚.

圶坐] hai.d 出 玦33.

圶坐比] hai.d.əl 出 玦26.

圶坐亥杓] hai.d.u.dʒi 出 永39.

圶坐爻] hai.d.ir 出 副39, 玦40.

圶坐伏] hai.d.in 出 許45, 海7.

圶坐屮夲为出] hai.d.əl.ha.a.an 出 永17, 慈15.

圶坐屮廾杓] hai.d.əl.ʊ.dʒi 出 梁15.

圶坐屮剁] hai.d.əl.aq 명 愛惜者(사랑하고 아깝게 여기는 사람)(即實 2012⑳). 出 道26, 宗17/33.

圶坐爻] hai.d.i 出 仲/迪/慈/糺/尚/特.

圶坐芬] hai.d.ər 出 副23.

ㄨ [발음] er [原字번호] 269

ㄨ] er 用法 Kane은 이 원자를 "杀"[ər](원자번호 341)와 관련짓고 있으나(Kane 2009), 愛新覺羅는 이를 부정하고 있다(愛新覺羅 2012). 出 玦3, 蒲15.

ㄨち] er.al 무 ~때문에, ~로 인해(愛新覺羅 2004a⑤). 동 뽑다, 발탁하다(擢)(?)(即實 2012⑳). 出 仲/迪/副/奴/特.

圶 [발음] æm, jam [原字번호] 270

圶] æm/jam 동 격려하다(愛新覺羅의 2012①). 명 생명(吳英喆 2015a). 出 興/道/許/仲/先/宗/宋/智/尚/玦/特.

[圶丙关] æm.ær 出 永36.

圶秂屮剁] æm.is.əl.qa 出 副16/20, 玦23, 回11.

[圶秂火] æm.is.ui 出 先18.

[圶秂丹杓] æm.is.bu.tʃi 동 뜻은 불명확하나, 앞뒤 정황으로 보아 "마시다(飲)" 정도로 추정된다(即實 2012⑳).

出 慈15.

[圶秂坐芬杧] æm.is.d.ə.tʃi 동 함께 마시다(即實 2012⑳). 出 慈24.

[圶夲] æm.ær 동 공경하다(即實 2012⑳). 出 先15/64, 慈17, 清19, 回24.

[圶夲 为木] æm.ær ha.ar 出 令10. 校勘 초본에는 이 글자가 하나로 합쳐져 있다(即實 2012⑯).

[圶夲伏] æm.ær.in 명(소유격) 공경의, 공경하는(即實 2012⑳). 出 先49.

[圶夲关] æm.ær.i 동 공경하다(即實 2012⑳). 出 興/道/令/先/永/迪/梁.

[圶杓] æm.ən 出 道/令/先/慈/玦.

[圶木] æm.tʃi 명 약(藥)(愛新覺羅 2017a). 동 ~을 마시다(研究小組 1977b, 清格爾泰외 1978a, 即實 1996⑦). 出 郎4, 玦44.

[圶木 夲干] æm.tʃi s.ai 명 약의(藥醫, 약으로 병을 고치는 의원)(愛新覺羅 2017a). 出 玦44.

[圶木杓] æm.tʃi-n 出 特10.

[圶为] æm.a 명 양(未·羊)(羅福成 1933/1934a/d/g, 王靜如 1933, 研究小組 1977b, 清格爾泰외 1978a/1985, 劉鳳書 1982a). 同源語 서면몽골어의 [imaɣa], 중기몽골어의 [ima'an], 현대몽골어의 [imɑ:], 고대투르크어의 [ïmɣa]와 동일한 어원이다(大竹昌巳 2013a/2016e). 出 興/宣/故/先/高/尚.

[圶矢] æm.tə 出 仁12. 校勘 이 글자는 휘본 등에 잘못 옮겨졌으므로 "圶矢"가 올바르다(即實 2012⑱).

[圶化廾礿] æm.ir.ʊ.dʒi 出 先51. 校勘 이 글자는 휘본 등에 잘못 옮겨졌으므로 "圶化廾礿"가 올바르다(即實 2012⑱).

[圶夲] æm.əs 명(인명) 艾木思(即實 2012⑳). 出 永21. 校勘 초본에는 이 글자가 "圶夲"으로 잘못 기록되어 있다(即實 2012⑦). 人物 《永誌》 주인 遙隱永寧(1059~1085)의 종조부(從祖父)인 聖光奴낭군의 장모 留哥·艾木思를 지칭한다(即實 2012⑦).

[圶公叐] æm.d.ir 出 博15.

[圶公屮廾] æm.d.əl.ʊ 出 慈21. 校勘 이 단어는 초본에 옮기며 잘못 분할되었는데, 뒤 원자들과 합쳐 "圶公屮廾礿杓"으로 하여야 한다(即實 2012⑱).

[圶公芬] æm.d.ər 出 許22.

[圶公芬□] æm.d.ə.☐ 出 玦46.

[圶乂] æm.tʃiar 出 梆1.

[圶屮] æm.ia 명 12지(支)중의 "미(未)"에 해당한다

(唐彩蘭외 2002, 即實 2012⑨). [同源語] "양"을 의미하는 서면몽골어의 [imaɣa], 중기몽골어의 [ima'a], 현대몽골어의 [imɑː]와 동일한 어원이다(大竹昌巳 2015c). [出] 烈22, 梁5/15, 特29.

[圣尘夯] æm.t.e [出] 智21.

[圣当] æm.ən [出] 仁31. [校勘] 이 글자는 휘본 등에 잘못 옮겨진 것이므로 "圣当"이 올바르다(即實 2012[校]).

夂 [발음] ?? [原字번호] 271

[夂] ? [出] 玦44.

[夂药] ?.dʒi [出] 奴40. [校勘] 이 단어는 초본에 옮기며 잘못 분할되었는데, 앞 원자들과 합쳐 "止平夂药"로 하여야 한다(即實 2012[校]).

[夂冬北] ?.as.əl [出] 許25. [校勘] 이 글자는 초본에 잘못 옮겨졌으므로 "六企北"이 올바르다(即實 2012[校]).

[夂化] ?.ur [出] 先28. [校勘] 이 글자는 휘본 등에 잘못 옮겨진 것이므로 "及化"가 올바르다(即實 2012[校]).

[夂幺ち半廾药] ?.ia.al.l.ʊ.dʒi [出] 副11. [校勘] 이 글자는 초본에 잘못 옮겨진 것이므로 "飞幺北半廾药"가 올바르다(即實 2012[校]).

[夂平] ?.ul [명](인명) 不勒(愛新覺羅 2006b). [出] 永11. [校勘] 即實은 이 글자를 "夂平"로 기록하고 있다(即實 2012⑦).

刈 [발음] bu, bur [原字번호] 272

[刈廾伏] bur.ʊ-ŋ [명](인명) 渤魯恩(即實 1996⑯). [出] 許52, 智13. [校勘] 초본에는 "刈廾伏"로 잘못 기록되어 있는데, 即實은 "刈"와 "廾"는 서로 붙여 쓸 수 없고, 마땅히 "刈廾伏"로 적어야 한다고 주장하고 있다(即實 2012⑤). [書法] Kane은 이 원자를 "刈 [bu](원자번호 176)"의 이서체로 추정하고 있다(Kane 2009).

> [人物] ≪智誌≫ 주인 烏魯本猪屎(1023~1094, 한풍명: 耶律智先)의 장남 珂日斯里 낭군의 처가인 발로은 가한장(勃魯恩可汗帳)을 지칭한다. 이는 "복로눌(卜盧訥)"로 읽음이 마땅하나, 학계는 ≪요사≫에 기록된 대로 "발로은"을 따르고 있다(即實 2012⑤).

[刈及] bur.u [出] 尚11. [校勘] 이 단어는 초본에 옮기며 잘못 분할되었는데, 앞 원자들과 합쳐 "刃平刈及"로 하여야 한다(即實 2012[校]).

[刈及药] bur.u.dʒi [出] 先66. [校勘] 即實은 이 글자를 앞 원자들과 합쳐 "今交刈及药"라고 기록하고 있다(即實 2012[校]).

[刈及伏] bur.u-ŋ [명](민족) 해족(奚族)(劉鳳翥 2014b⑰). [명](인명) ①渤魯恩(해왕[奚王]의 자[字])(即實 1991b/1996⑥, 愛新覺羅외 2011), ②布隱(愛新覺羅 2004b③). [出] 先63.

[刈及伏 虫圡买 曲夳] bur.u-ŋ qa.ha.an go.er [명](관제) 발로은가한장(渤魯恩可汗帳)(即實 1996⑥, 愛新覺羅외 2011). [出] 先63.

> [해설] 거란문 묘지(墓誌)는 ①특린 가한장(忒隣可汗帳 口比伏 虫圡买 曲夳), ②발로은 가한장(渤魯恩可汗帳 刈及伏 虫圡买 曲夳), ③초로린 가한장(初魯隣可汗帳 朩仍扎伏 虫圡买 曲夳) 등 해가한장(奚可汗帳)을 많이 기록하고 있지만, 모두 해6부(奚六部)에 통속되어 있다. ≪요사≫ 권96에 기록되어 있는 蕭韓家奴는 발로은 가한장에 예속되어 있었다(愛新覺羅외 2011).

[刈刃] bur.qa [出] 先41/42/44.

[刈刃为出 王伞 半圣斗夯] bur.qa.a.an qur.ʊr l.æ.ia.æ [명](관제・소유격) 군목도임아(群牧都林牙)의(愛新覺羅 2013b). [出] 玦16.

[刈为朩] bur.a.ar [出] 玦38.

[刈关] bur.i [出] 副15, 奴25. [校勘] 이 글자는 초본에 잘못 옮겨진 것이므로 "刈关"가 올바르다(即實 2012[校]).

火 [발음] un [原字번호] 273

[火] un [用法] "u"로 끝나는 단어의 소유격어미를 나타내는 부가성분이다(研究小組 1977b). [出] 尚20.

> [語法] ☞ "소유격을 표시하는 접미사의 표현형식"에 대하여는 "村"(원자번호 140)을 참조하라.

[火交夳] un.ur.ər [出] 先52. [校勘] 이 글자는 휘본 등에 잘못 옮겨진 것이므로 "丸交夳"가 올바르다(即實 2012[校]).

[火叉] un.ir [出] 令18.

[火□] un.? [出] 韓17. [校勘] 即實은 이 글자를 "火叉"라고 보정하고 있다(即實 2012[校]).

幺 [발음] ia [原字번호] 274

[幺] ia [用法] "斗" [ia](원자번호 335)와 동일한 음가를 가지고 있다(愛新覺羅 2004a①).

幺炙] ia.is [出] 糺7. [校勘] 即實은 이 글자를 앞 글자와 합쳐 "**关化伞炎**"라고 기록하고 있다(即實 2012㊆).

幺卆屮□卆] ia.ai.l.?.ai [出] 特26.

幺及] ia.o [出] 許47. [校勘] 이 글자는 초본에 잘못 옮겨진 것이므로 "**公及**"가 올바르다(即實 2012㊆).

幺朱] ia.jai [出] 宣28, 圓2.

幺朱 公幺朱] ia.jai d.ia.jai [出] 圓2.

幺行支] ia.omo.dʒi [出] 糺12. [校勘] 이 글자는 초본에 잘못 옮겨진 것이므로 "**公行炎**"가 올바르다(即實 2012㊆).

幺丹村] ia.tum.ən [出] 尚2.

厺 [발음] sen [原字번호] 278

厺] sen [校勘] 이 원자는 "**ibid厺伏**"라는 형태로 ≪仁5≫에만 유일하게 출연하며, "**才**"는 항상 "**尓**(원자번호 277)"와만 짝을 이루는 점을 보아 "**厺**"는 "**尓**"의 오기(誤抄)일 것이다(吉如何외 2009). [書法] Kane은 이 원자가 "**尓**"(원자번호 277)"의 이서체라고 주장하고 있다(Kane 2009). [出] 仁5.

非 [발음] po [原字번호] 279

非] po [명] 時(때)(羅福成 1933/1934a/j, 王靜如 1933, 研究小組 1977b, 清格爾泰외 1978a, 劉鳳翥외 1981c). [出] 興/道/宣/許/故/郎/仲/先/宗/海/博/副/慈/智/烈/奴/糺/尚/玦/回/特.

> [遼史] ≪요사·국어해≫에서는 "때(時)"를 나타내는 단어로 "파(叵)"를 표시하고, 이것이 "頗"[po]로 발음된다고 적고 있다. 더 자세히 ≪거란국지≫에서는 "瞎里叵, 漢人譯云: 瞎里是請, 叵是時"(한인이 瞎里叵를 번역하길, 瞎里는 "청하다"로, 叵는 "때"라고 한다)라고 되어 있다(Kane 2009).

非币] po.od [동] 깨닫다(覺)(即實 2012⑳). [명] ① 때(時)(唐彩蘭외 2002), ② "때"의 복수형(劉鳳翥 2014b㊾), ③ 보리(菩提: 산스크리티어 보디(Bodhi)를 음역한 것으로, 불교에서 수행 결과 얻어진 깨달음의 지혜나 그 지혜를 얻기 위한 수도 과정을 이르는 말이다)(即實 2012⑳). [명](인명) ① 破得, 頗得(劉鳳翥외 2004a, 愛新覺羅외 2006b), ② 治提(即實 2012⑨). [用法] "**非币**"는 남자 이름에 사용되며, ≪요사≫에서는 "頗德" 또는 "頗得"으로, ≪금사≫에서는 "李迭"로, 한문묘지(漢文墓誌)에서는 "破得"으로 음역되었다(愛新覺羅외 2011). [出] 先/永/烈/奴/糺/塔I.

> [人物] ①≪烈誌≫ 주인 空寧敵烈(1034~1100, 한풍명: 韓承規)의 손자(제3남 烏魯姑의 차남)인 破得(1088~?)을 지칭한다(愛新覺羅 2013a).
> ②≪糺誌≫ 주인 夷里衍糺里(1061~1102)의 고조부 撻烈哥낭군의 동생인 兀古隣頗得 통군사(統軍使)를 지칭한다(愛新覺羅 2013a).

[非币圡卆] po.od.ha.ai [出] 興/先/慈/韓/玦.

[非币圡癸] po.od.ha.as [出] 道17, 仲42.

[非币圡为出炎] po.od.ha.a.an.ər [出] 博29.

[非币北] po.od.əl [동] 깨달았다(即實 2012⑳). [出] 糺26.

[非币圡出] po.od.ha.an [동] 깨닫게 하다(即實 2012⑳). [出] 糺26, 清29.

[非币廾豹] po.od.ʊ.dʒi [出] 仲13.

[非币伏] po.od-n [명](인명) 蕭幹의 자(字)인 "婆典" 또는 "婆項"의 동음이역(同音異譯)이다(愛新覺羅외 2011). [用法] 거란어의 어근 **非币**[pod]에 **伏**을 붙인 형태로, 거란문 묘지(契丹文墓誌)에서는 남자의 자(字)나 여자의 이름에 사용된다(愛新覺羅외 2011).

> [遼史] **蕭幹(소간, ?~986)**의 소자는 항렬(項烈)이고 자는 파전(婆典)이다. 북부재상 소적로(蕭敵魯)의 아들이다. 천록 5년(951)에 야율찰할(耶律察割)의 난에 그 무리 호고지(胡古只)가 소간과 친하여 사람을 시켜 부르자 소간이 "내 어찌 역적을 따르겠나."하고 심부름 온 사람을 결박해 수안왕(壽安王 야율경[耶律璟])에게 보냈다. 난이 평정되어 수안왕이 황제(穆宗)가 된 후 그의 충성을 가상히 여겨 군목도임아(群牧都林牙)에 임명하였다(金渭顯외 2012㊦).

[非币当] po.od.ən [수] 서수사 "제10"의 여성형(愛新覺羅외 2015⑧). [出] 玦3. [参考] 서수사 "제10"의 남성형은 "**非币炎**" [po.od.ər]이다(愛新覺羅외 2015⑧).

[非币当 与叐] po.od.ən en.u [명](관제) 제10장(帳)(愛新覺羅외 2015⑧, 吳英喆외 2015). [出] 玦3. [解說] 愛新覺羅는 "**非币当**"에 이어진 "**与叐**"의 의미가 아마 "장(帳)"이나 "방(房)"은 아니고, 오로지 요련씨(遙輦氏)의 아장(牙帳)을 지칭하는 특정어가 아닐까 생각된다고 적고 있다(愛新覺羅외 2015⑧).

[非北] po.ur [형] ① 빛나다(光)(愛新覺羅외 2011), ② 맑다(淡·清)(即實 2012⑳). [명] 때(時)(豊田五郎 1991b, 鄭曉光 2002). [出] 道/仲/先/宗/博/永/皇/烈/圖/尚/回.

[非北村] po.ur.ən [出] 特10.

[非ふ] po.on [명](소유격·목적격) 때(時)의, 때를(大竹昌巳 2016e). [出] 先53, 涿25, 回11.

[非ふ夺] po.on.ar [出] 糺27. [校勘] 이 단어는 본래 2개의

글자(半药 本)이나 초본에는 잘못하여 원자가 바뀌고 한 글자로 합쳐져 있다(即實 2012[校]).

[非州] po.od [出] 仲15, 糺13.

[非州 乃化] po.od am.ur [出] 糺13. [校勘] 초본에는 이 글자가 하나로 합쳐져 있다(即實 2012[校]).

[非朱] po.od [명] 때(時)(王靜如 1935, 研究小組 1977b, 清格爾泰외 1978a, 即實 1996⑯). [명](향위격) 때에(劉鳳翥 2014b ㊾, 大竹昌已 2016e). [出] 仁/宣/許/故/仲/先/博/涿/永/迪/副/慈/智/烈/奴/梁/清/韓/玦/回/特. [用例] **杏 非朱**[uni po.od] [명](향위격) 축시(丑時)에(呼格吉樂圖 2017). [出] 永27.

[非朱 对] po.od qa [出] 梁11/20. [校勘] 초본에는 이 글자가 하나로 합쳐져 있다(即實 2012[校]).

[非公] po.ən [出] 先24.

[非仌关] po.o.ər [명] 때(時)(劉鳳翥외 1981c). [出] 道18.

[非关] po.ər [명] 임시(臨時)(即實 2012⑦). [出] 永32.

[非火] po.os [명] ① 때(時)(陳述 1973, 研究小組 1977b, 即實 1996⑯), ② 계절(季節)(沈彙 1980, 即實 1996⑯), ③ 파광(时光)(沈彙 1980), ④ "**非**(때)"의 복수형(劉鳳翥 2014b㊾, 大竹昌已 2016e). [出] 宣25, 清29, 完1.

[非火村] po.os.ən [명](소유격) 여러 때의(研究小組 1977b, 劉鳳翥외 1981c). [出] 道17.

[非火关] po.os.ər [出] 梁20.

[非□廾药] po.?.ʊ.dʒi [出] 圖18. [校勘] 即實은 이 글자를 "**非币廾药**"이라고 기록하고 있다(即實 2012[校]).

业 [발음] aŋ [原字번호] 280

[业] aŋ [用法] [-aŋ]으로 끝나는 한어차사에도 사용되며, "**气** [aŋ](원자번호 199)"와 용법이 유사하다(Kane 2009). [出] 興/仁/道/仲/先/弘/副/皇/智/烈/韓/玦. [用例] **不业 丞 吊气 叉火 叉业** [hia.aŋ tai tʃa.aŋ ʃ.iu s.jaŋ] [명](관제) "행대상서성(行臺尚書省)"의 한어차사(清格爾泰외 1978a/1985). [出] 仲22.

[业丙] aŋ.əi [出] 副22. [校勘] 即實은 이 글자를 "**业 丙**"이라고 기록하고 있다(即實 2012[校]).

[业丙关] aŋ.əi.i [出] 蒲11.

[业丙文] aŋ.j.jæ [出] 仁26. [校勘] 이 단어는 본래 2개의 글자(**业 丙文**)이나 휘본 등에는 잘못하여 하나로 합쳐져 있다(即實 2012[校]).

[业丙] aŋ.məg [出] 許13. [校勘] 이 글자는 초본에 잘못 옮겨진 것이므로 "**业丙**"가 올바르다(即實 2012[校]).

[业叉交] aŋ.ʃ.ur [出] 興28. [校勘] 이 단어는 본래 2개의 글자(**业 叉交**)이나 휘본 등에는 잘못하여("业"와 "**叉**"을 이어 쓰는 사례는 없음) 하나로 합쳐져 있다(即實 2012[校]).

[业本] aŋ.ar [出] 先46, 永30.

[业及] aŋ.u [出] 尚30. [校勘] 이 글자는 초본에 잘못 옮겨진 것이므로 "**业叉**"가 올바르다(即實 2012[校]).

[业村] aŋ.ən [出] 皇14, 特36.

[业叉] aŋ.ir [出] 特16.

[业叉木] aŋ.ir.tʃi [出] 尚6.

[业对] aŋ.qa [동] 첨압(簽押, 책임자가 담당 문서에 초서(草書)로 자신의 성명을 쓰는 것을 말한다)(即實 2012⑳). [出] 迪15.

[业对出] aŋ.qa.an [出] 博4. [校勘] 이 글자는 초본에 잘못 옮겨진 것(여기에서는 "황자[皇子]"를 언급하고 있으므로 "**册对出**"가 올바르다(即實 2012[校]).

[业欠] aŋ.ja [出] 仲45. [校勘] 이 단어는 초본에 옮기며 잘못 분할되었는데, 앞 원자들과 합쳐 "**亥为业欠**"로 하여야 한다(即實 2012[校]).

[业仌] aŋ.d [出] 海11, 特6.

[业仆关药为亏] aŋ.əl.gə.dʒ.a.al [出] 尚19. [校勘] 이 단어는 본래 2개의 글자(**业仆关丙 为亏**)이나 초본에는 잘못하여 하나로 합쳐져 있다(即實 2012[校]).

[业火] aŋ.iu [出] 智17. [校勘] 이 단어는 초본에 옮기며 잘못 분할되었는데, 앞 원자들과 합쳐 "**对艾为火**"로 하여야 한다(即實 2012[校]).

[业用对] aŋ.il.ia [出] 仲13, 迪30.

[业对] aŋ.ja [명] 정확한 의미는 알지 못하나 심밀(審密)에 대응하는 부락의 명칭 정도로 파악된다(愛新覺羅외 2012). [用法] 뒤에 나오는 석말(石抹)을 강조하는 감탄사로 추측된다(即實 2012⑪). [出] 海8, 弘23, 宋14. [用例] **户 业对 无 叉叉夯** [dilə aŋ.ja tud ʃ.im.ə] [명] 일곱 "业对"와 다섯 심밀(愛新覺羅외 2012). [出] 弘23. [参考] 《요사 · 영위지(부족㊤)》에 "일곱야율(七耶律) · 다섯심밀(五審密)"이란 기록이 있어 "**业对**"가 "야율"인 듯 보이나, 야율에 대한 거란소자가 엄연히 존재하는 등의 이유로 야율의 의미는 아닌 듯하다(愛新覺羅외 2012).

[业对 叉叉夯] aŋ.ja ʃ.im.ə [명] ① "**业对**"와 심밀(審密)(愛新覺羅외 2012), ② 석말(石抹)이여(即實 2012⑪). [出] 宋14.

[业对关] aŋ.ja.an [出] 宣11.

[业关] aŋ.ər [出] 副44, 奴43. [校勘] 이 글자가 《

43≫에서는 초본에 잘못 옮겨진 것이므로 "**叔尜**"가 올바르다(即實 2012[校]).

业尜朩丞] aŋ.gə.tʃi.d [出] 許31. [校勘] 이 단어는 초본에 옮기며 잘못 분할되었는데, 앞 원자들과 합쳐 "**叉幺业及犳尜**"로 하여야 한다(即實 2012[校]).

业□] aŋ.[?] [出] 回14.

非 [발음] ? [原字번호] 281

非] [?] [校勘] 吉如何 등은 이 원자가 "**令非刃**"라는 형태로 ≪仲11≫에만 유일하게 출연하며, "**令**"는 주로 "**非**(원자번호 282)"와 짝을 이루는 점을 들어 "**非**"는 "**非**"의 오기(誤寫)일 것이라고 추단하며, 이를 원자표에서 삭제하여야 한다고 주장하고 있다(吉如何 외 2009). [出] 仲11.

非 [발음] ug, gu [原字번호] 282

非丕] ug.niæm [出] 副34. [校勘] 이 글자는 초본에 잘못 옮겨진 것("**丕**"은 글자의 중간이나 끝에 오지 않음)이므로 "**非庄**"가 올바르다(即實 2012[校]).

非丞] ug.zhi [出] 道21. [校勘] 即實은 이 글자를 "**非庄**"라고 기록하고 있다(即實 2012[校]).

非丞关] ug.zni.i [出] 道27. [校勘] ☞ **非庄关**(即實 2012[校]).

非生关] ug.abu.i [出] 興23. [校勘] 이 글자는 휘본 등에 잘못 옮겨진 것이므로 "**非庄关**"가 올바르다(即實 2012[校]).

非庄] ug.zhi [出] 副20/21/22/31, 皇5.

叔 [발음] kə, k- [原字번호] 283

叔] kə [借詞] "可"를 나타내는 한어차사(趙志偉 외 2001, 愛新覺羅 2003f). [동] ~라고 말하다(大竹昌巳 2016e). [用法] "계(溪)"계통 자음[예: 開]을 가진 한어차사의 초성(初聲)으로 사용되며, 거란어 음절의 초성으로도 사용된다(孫伯君 외 2008). [同源語] "말하다"라는 의미를 지닌 서면몽골어의 [kəmə], 중기몽골어의 [ke'e]와 동일한 어원이다(大竹昌巳 2016e). [出] 先7, 海13, 智11, 尚11.

叔 亞 公及] kə qa n.u [명](인명) 可汗奴(愛新覺羅 2013a, 劉鳳翥 2014b⑰). [出] 先7.

[人物] 可汗奴太師(가한노 태사)는 해족(奚族)으로 6부해 가한5장(六部奚可汗五帳)·특린 가한장(忒隣可汗帳)에 속한다. 자(字)가 "덕은(德隱)"이고 이름이 "가한노(可汗奴)"이다. 야율인선(耶律仁先)의 맏누이인 홍가부인(興哥夫人, 1010~1073)을 아내로 맞았으며, 52세(성종 통화 28년[1010]~도종 청녕 7년[1061])에 사망하였다. ≪육부해가한5장특린가한장덕은가한노태사묘지(六部奚可汗五帳忒隣可汗帳德隱可汗奴太師墓誌)≫의 묘주인이다(愛新覺羅 2013a, 劉鳳翥 2014b⑰㉖).

叔 亞买 公及] kə qa.an n.u [명](인명) 可汗奴(即實 2012⑤, 劉鳳翥 2014b㉖). [出] 智11. [參考] ☞ "**叔 亞 公及**"를 참조하라.

叔雨] k.in [借詞] ①"沁", "信" 등을 나타내는 한어차사(劉鳳翥 외 1995), ②"忻"을 나타내는 한어차사(愛新覺羅 2007b). [出] 博22.

叔雨 朩圡] k.in tʃ.əu [명](지명) ①흔주(忻州)(即實 2012②), ②심주(沁州)(劉鳳翥 2014b52). [出] 博22.

叔雨 朩圡火 秀谷 兆] k.in tʃ.əu-n tʃ.ï ʂï [명](관제) 심주자사(沁州刺史)(即實 2012②, 劉鳳翥 2014b52). [出] 博22.

叔丙] k.əi [借詞] "開"를 나타내는 한어차사(劉鳳翥 1993d). [명] 병(染·患)(即實 2012⑳). [出] 仲/先/迪/慈/奴/梁/清/尚/韓/特.

叔丙 几火 几水] k.əi g.ui g.uŋ [명](관제) "개국공(開國公)"의 한어차사(即實 2012③, 劉鳳翥 2014b52). [出] 迪1.

叔丙 几火 力乃] k.əi g.ui na.am [명](관제) "개국남(開國男)"의 한어차사(即實 2012⑭, 劉鳳翥 2014b52). [出] 清32.

叔丙北] kə.j.əl [出] 回23.

叔北尜当] k.ur.gə.ən [出] 尚22. [校勘] 이 글자는 초본에 잘못 옮겨진 것이므로 "**叔北尜当**"이 올바르다(即實 2012[校]).

叔北及犳] k.ur.u.dʒi [出] 先60, 奴26, 韓20. [校勘] ☞ **叔北及犳**(即實 2012[校]).

叔北乂犳] k.ur.k(h).dʒi [감] "오호애재(嗚呼哀哉)"에서의 "哉"(羅福成 1934a/1934b). [조] 也("~이다"를 의미하는 어조사)(羅福成 1934a). [出] 興16/36, 仁28. [校勘] ☞ **叔北穴犳**(即實 2012[校]).

叔北尜丙] k.ur.gə.əi [동] 일컬어지다(愛新覺羅 2004a⑧). [出] 興17, 迪20. [校勘] ☞ **叔北尜丙**(即實 2012[校]).

叔北尜券] k.ur.gə.ə [出] 興10. [校勘] ☞ **叔北尜券**(即實 2012[校]).

叔北尜当] k.ur.gə.ən [出] 尚20/22. [校勘] ☞ **叔北尜当**(即實 2012[校]).

叔北穴犳] k.ur.u.dʒi [조] 也, 哉(劉鳳翥 2014b52). [出] 先61, 宗7, 海8/9/11, 皇5. [校勘] ☞ **叔北穴犳**(即實 2012[校]).

[叔北穴药] k.ur.u.dʒi [조] 也, 哉(劉鳳翥 2014b㊷). [出] 道37, 博21. [校勘] ☞ 叔北穴药(即實 2012㊑).

[叔北穴礿] k.ur.u.dʒi [出] 先66/67. [校勘] ☞ 叔北穴药(即實 2012㊑).

[叔北]

kə.əl [동] 일컫다(謂)(愛新覺羅 2004a⑤). [出] 道20, 許57, 先49, 智19. [校勘] 即實은 이 글자를 뒤 원자들과 합쳐 각각 "叔北九"《許57》, "叔北九公"《先49》라고 기록하고 있다(即實 2012㊑).

[叔北厺丙] kə.əl.gə.əi [用法] 허사(虛詞)로 추정되나, "진(進)"의 의미도 있을 것이다(即實 2012⑫). [出] 先10, 高15.

[叔北厺公] kə.əl.gə.ər [出] 仲29.

[叔北叐药] kə.əl.u.dʒi [조] 也("~이다"를 의미하는 어조사)(盧迎紅외 2000). [出] 迪/副/慈/奴/梁/玦/回/特.

[叔北叐药 叐] kə.əl.u.dʒi u [出] 副32. [校勘] 초본에는 이 글자가 하나로 합쳐져 "叐"가 마치 어미인 것처럼 되어 있으나 탁본에는 분리되어 있다(即實 2012㊑).

[叔北叉] kə.əl.ir [出] 先4/38/50, 尚22.

[叔北伏] kə.əl.in [出] 玦17.

[叔北九] kə.əl.gə [동] ① 칭하다(愛新覺羅 2005b), ② 칭할 수 있다(即實 2012⑳). [명] ~라고 일컫는 것(愛新覺羅 2013b). [出] 令/仲/先/博/迪/慈/烈/尚/玦. [參考] 吳英喆은 《故13》에 나오는 "又 九村叉 业犬叐 叔北穴礿"가 "오호애재(嗚呼哀哉)"의 의미이고 "叔北穴礿"와 "叔北九"의 어간이 같으므로 "叔北九"가 "소위" 또는 "~라고 말하다" 등의 의미를 가질 것이라고 설명한다(吳英喆 2012a①).

[叔北九村] kə.əl.gə.ən [出] 玦25.

[叔北九公] kə.əl.g.ər [出] 仲45.

[叔北厺丙] kə.əl.gə.əi [出] 令/迪/智/梁/尚.

[叔北厺业伏] kə.əl.gə.l.in [出] 先22, 奴44.

[叔北厺公] kə.əl.gə.ər [出] 令23, 梁26, 玦26.

[叔北厺尘公] kə.əl.gə.t.ər [出] 迪16.

[叔北厺当] kə.əl.gə.ən [出] 先61, 韓21.

[叔北穴药] kə.əl.u.dʒi [감조] ① "오호애재(嗚呼哀哉)"에서의 "哉"(羅福成 1933/1934a/1934d, 愛新覺羅외 2003), ② 也("~이다"를 의미하는 어조사)(盧迎紅외 2000, 趙志偉외 2001, 劉鳳翥외 2003b), ③ 也, 哉, 歟(王弘力 1984), ④ 哉, 矣(即實 1996⑯). [동] 일컫다(謂)(愛新覺羅 2004a⑧). [出] 興/宣/許/先/宗/博/迪/弘/皇/宋/慈/智/烈/梁/清/尚/回.

[叔北穴药] kə.əl.u.dʒi [감조] ① 哉(羅福成 1933/1934c/1934d/1934f), ② 也(羅福成 1933/1934c/1934d), ③ 呼(王靜如 1933), ④ 歟(羅福成 1934c/1934f). [동] 일컫다(謂)(愛新覺羅 2004a⑦). [出] 道/宣/仲/博/烈.

[叔北穴礿] kə.əl.u.dʒi [出] 道/許/故/先/蒲.

[叔夾穴公]

k.ur.u.ər [出] 許61. [校勘] 이 글자는 본에 잘못 옮겨진 것("叔"와 "夾"를 이어 쓰는 사는 없음)이므로 "叐夾穴公"가 올바르다(即實 2012㊑).

[叔与] k.en [出] 仲42.

[叔与]

kə.dəu [出] 尚20. [校勘] 이 글자는 초본에 못 옮겨진 것이므로 "叔当"이 올바르다(即實 2012㊑).

[叔夯] k.e [出] 先28/44, 博21.

[叔厺北] kə.gə.əl [出] 先29.

[叔丰]

k.ai [借詞] "開"를 나타내는 한어차사(研究小 1977b). [出] 令/許/仲/弘/糺/玦/蒲.

[叔丰 仐 尜关 穷太 仐为乃 廿] k.ai pu ŋ.i tu.uŋ s.a.a sï [명](관제) "개부의동삼사(開府儀同三司)"의 한어차사(研究小組 1977b, 清格爾泰외 1978a/1985). [出] 仲21.

> [金史] **開府儀同三司(개부의동삼사)**는 문관의 산관명(散官名)이다. 금(金)·원(元)에 모두 설치하였다 42개 품계중 첫 번째 였는데, 금에서는 종1품상(上이었고 원에서는 정1품이었다(蔡美彪외 1986).

[叔丰 仐 尜关 穷水 仐为乃 廿] k.ai pu ŋ.i tu.uŋ s.a.a sï [명](관제) "개부의동삼사(開府儀同三司)"의 한어차사(研究小組 1977b, 清格爾泰외 1978a/1985). [出] 許1, 令6.

[叔丰 仐 尜关 穷水 仐为乃 廿 九文丞 九岑 丞 火] k pu ŋ.i tu.uŋ s.a.am sï g.iæ.æm g.iau tai ui [명](관제) "개부의동삼사검교태위(開府儀同三司檢校太尉)"의 한어차사(研究小組 1977b, 清格爾泰외 1978a). [出] 令6. [校勘] 即實은 마지막 글자를 "火"라고 기록하고 있다(即實 2012㊑).

[叔丰 仐 尜关 穷太 仐为乃 廿] k.ai fu ŋ.i tu.uŋ s.a.a sï [명](관제) "개부의동삼사(開府儀同三司)"의 한어차사(清格爾泰외 1985). [出] 仲5.

[叔丰 仐 尜关 穷太 仐为乃 廿 丹雨 九火 九太] k.ai ŋ.i tu.uŋ s.a.am sï b.in g.ui g.uŋ [명](관제) "개부의동사 빈국공(開府儀同三司豳國工)"의 한어차사(清格爾泰 1978a). [出] 仲5.

[叔丰 九火 力乃] k.ai g.ui na.am [명](관제) "개국남(開國男)"의 한어차사(即實 2012⑧, 劉鳳翥 2014b㊷). [出] 弘

[叔村夹叐]

k.ən.ul.u [出] 許61. [校勘] 이 단어는 본에 옮기며 잘못 분할되고 합쳐졌는데, 앞 뒤 원자들과 합쳐 "叔村 夹叐平丹叉"로 하여야 한다(即實 2012㊑).

[叔杰] kə.tʃi [出] 宣23.

[叔反]

k.o [借詞] "誥"를 나타내는 한어차사(愛新覺羅 2004j). [出] 博39.

[叔当]

k.en [出] 弘20. [校勘] 이 글자는 휘본 등에

못 옮겨진 것이므로 "**叔当**"이 올바르다(即實 2012校).

叔仐比] k.əs.əl [出] 皇12, 糺20, 尚20/22.

[叔企] k.əmə [명] 칙(敕)(羅福成 1933/1934a/b/c/d/f, 研究小組 1977b, 清格爾泰외 1978a, 即實 1996⑯, 愛新覺羅 2004a⑤, 劉鳳翥외 2009). [出] 興/仁/道/宣/令/許/故/先/宗/涿/永/迪/副/皇/宋/智/奴/高/梁/清/玦/蒲.

叔企 雨子㐰叉] k.əmə do.os.bu.r [동] 칙서를 전하다(即實 2012⑳). [出] 皇6.

叔企 雨仐] k.əmə do.ol [동] 봉칙(奉敕, 칙서를 받들다)(Kane 2009, 即實 2012①, 劉鳳翥 2014b52). [出] 宗22.

叔企 雨仐 冈为本] k.əmə do.ol dʒohi.a.ar [동] 봉칙찬(奉敕撰, 칙서를 받들어 글을 짓다)(研究小組 1977b, 清格爾泰외 1978a/1985). [出] 道3, 宣3.

叔企 犮几 㞐关] k.əmə us.gə dol.i [명](관제) ① 지제고(知制誥)(即實 2012⑰), ② 래자지(敕字知, 한어 "知敕字" 또는 "知制誥"에 해당한다)(劉鳳翥 2014b52). [出] 副6.

叔企 仍亥] k.əmə da.mun [명] 칙장(敕章)(愛新覺羅외 2011). [出] 皇18. [用例] ≪宋22≫에서는 "**仍亥 叔企**"라고 표현되어 있다.

叔企 令勺] k.əmə t.ug [동] ① 칙서에 이르길(敕日)(研究小組 1977b, 清格爾泰외 1978a/1985), ② 노래를 짓다(即實 1996⑯). [出] 許32.

叔企村] k.əmə-n [出] 副37, 玦12.

叔企夾] k.əmə.ər [명] 칙(敕)(石金民외 2001, 劉鳳翥외 2003b/2009, 即實 2012⑳). [出] 宣/許/宋/奴/梁/特.

叔企米] k.əmə.d [명] 칙(敕)(劉鳳翥외 2009). [出] 仁8. [校勘] 이 글자는 휘본 등에 잘못 옮겨진 것이므로 "**叔企夾**"가 올바르다(即實 2012校).

叔企九] k.əmə.? [出] 特12.

[叔宊] k.iu [명] ① 아이(王弘力 1986, 劉鳳翥 1987a), ② 姨(처의 자매, 이모), 어린이(即實 1996⑯, 愛新覺羅 2004a⑩), ③ 여동생, 누이(吳英喆 2005c, 劉鳳翥 2014b52), ④ 여자가 자기보다 나이가 어린 동성(同性)의 동배(同輩) 친족, 즉 "친여동생"을 지칭한다(=火宊)(大竹昌巳 2014). [出] 故12/17.

叔宊 丙公] k.iu məg-n [명](소유격) ① 유모(乳母)의(即實 1996⑯), ② 작은 이모의, 작은 고모의(即實 2012⑳), ③ 이모의(劉鳳翥 2014b52). [出] 故12.

叔宊火] k.iu.un [出] 皇10.

叔文夯] k.jue.æn [出] 皇22.

[叔关] k.i [감조] 也, 矣(即實 2012⑳). [동] 말하다(=火关)(呼格吉樂圖 2017). [出] 尚16, 玦24. [參考] ☞ 감탄사와 어조사에 대하여는 "**叔北冈药**"를 참조하라.

[叔关用仐夾当] k.i.il.əl.gə.ən [出] 尚20. [校勘] 이 단어는 본래 2개의 글자(**叔关 冊仐夾当**)이나 초본에는 잘못 하여 하나로 합쳐져 있다(即實 2012校).

[叔夾] k.ər [동] 얻다(得), 나아가다(遂)(即實 2012⑳). [명] 질병(疾)(即實 1991b). [出] 仲26/47, 先54, 副43, 糺26.

叔尘与] kə.d.en [出] 博34.

叔尘夾] kə.d.ər [出] 令8, 博10, 玦12/13/26.

叔当] k.ən [出] 尚/仁/奴/玦/特/蒲.

叔□] kə.? [出] 畵X.

丄

[발음] dʒ, dʒə
[原字번호] 284

[丄九] dʒə.d [명] ① 오른쪽(羅福成 1934c/d/g/h, 即實 1996⑯), ② 내족(內族= 친족), 황실(皇室)(愛新覺羅외 2011), ③ "안(內)"의 여성형(大竹昌巳 2014d). [出] 道/宣/仲/先/迪/副/皇/奴/高/圖/梁/糺/清/韓/玦/特/魚I. [參考] "**丄**"는 한자 "上"에서 파생되어, 주로 "**九**"와 함께 단어를 구성한다(Kane 2009).

丄九 交亥] dʒə.d ur.a [명] 우윤(右胤, 오른쪽 자손)(即實 2012⑪). [出] 宋20. [校勘] 초본에는 이 글자가 하나로 합쳐져 있다(即實 2012校).

丄九 羋关] dʒə.d niar.i [명] 우반(右班)(即實 1996⑯). [出] 宣2.

丄九 羋关 火] dʒə.d niar.i ui [명](관제) ① 기거주(起居注, 사관이 황제의 언행을 기록한 책)(Kane 2009), ② 우기거주(右起居注)(即實 2012⑳). [出] 迪15.

丄九 羋关 火 㐅圧丙北] dʒə.d niar.i ui k.ha.j.əl [명](관제) 우반도지(右班都知)(即實 1996⑯). [出] 宣2.

丄九 朩关禾] dʒə.d tʃ.i.is [명] 귀한 혈통(貴胄)(即實 2012⑳). [出] 清8.

丄九 尔交 冈药] dʒə.d au.ur u.dʒi [명](관제) 우지응사(右祗應司)(即實 2012⑳). [出] 副18.

丄九 㐰为] dʒə.d b.aqa [명] ① 황녀(皇女)(愛新覺羅외 2011), ② 큰 아이(右子・大兒)(即實 2012⑳). [出] 圖5.

丄九 㐰日夬] dʒə.d bu.ʃul.ul [명](향위격) 안・밖(內外)의(大竹昌巳 2016d). [出] 玦4.

丄九 飛为宊] dʒə.d ?.ur.iu [명] 정승의 지위(右位)(即實 2012⑳). [出] 先21.

丄九矢] dʒə.d.tə [出] 令14.

丄九□圡□] dʒə.d.?.ha.? [出] 蒲18.

[丄关夾] dʒ.i.ər [出] 先50. [校勘] 即實은 이 글자를 둘로 나누어 "**丄关 夾**"이라고 달리 기록하고 있다(即實 2012校).

[丄儿] dʒə.? [出] 迪33. [校勘] 이 글자는 초본에 잘못 옮겨진 것이므로 "丄丸"가 올바르다(即實 2012⑱).

山 [발음] nior [原字번호] 285

[山] nior [명] ① 戊·己(羅福成 1933/1934a/1934d/1934g, 王静如 1933/1973, 研究小組 1977b, 清格爾泰외 1978a), ② 戊·己·금(金)(劉鳳翥 1983a/1984c/1987a), ③ 戊·己·황(黄)·금(金)(辛兌鉉 1937, 山路廣明 1951, 豊田五郎 1963, 即實 1981, 劉鳳翥 1984a/1985, 清格爾泰외 1985, 王弘力 1986), ④ 戊·己, 토지(土地)(黄振華 1981/1985b), ⑤ 녀고(女古=公关勺, 거란어로 "金"을 나타내는 표의자이다)(即實 1988b), ⑥ 戊·己·산(山)·토(土)·금(金)·황(黄), 녀고(女古), 뇨라개(裊羅箇, 거란어로 "黄"을 나타내는 표의자이다)(周建奇 1994), ⑦ 戊·己·백(白)·금(金)(愛宕松男 1956a). [同源語] ☞ "노랑(黄)"의 어원과 관련해서는 "山"(원자번호 286)의 내용을 참조하라. [用法] 吳英喆은 "山"은 양성(陽性)을 표시하여 남자황제를 수식하는데 사용되고, "山"은 음성(陰性)을 표시한다고 주장한다(吳英喆 2007c). [出] 興/宣/令/故/郎/先/宗/涿/永/皇/慈/烈/奴/高/室/梁/尚/韓/回/特. [用例] 又 山 九交村 [mos nior g.ur.ən] [명](국명·소유격) 대금국(大金國)의(清格爾泰외 1978a/1985).

> [參考] "거란어의 천간(天干)"과 관련한 각종 표현에 대하여는 ≪부록≫의 [거란소자 주요 어휘]를 참조하라.

[山 乃] nior mur [명](지명) 뇨라개몰리(裊羅箇沒里, 즉 황수[潢水]의 거란어 표현이다)(即實 2012⑳) [出] 韓4.

[山 乃 小 及化] nior mur dær u.ur [명](관제) 황수남면(潢水南面)(即實 2012⑳). [出] 韓4.

[山 今文秀矢] nior t.iæ.æn.tə [명](향위격) 금전(金殿)에(劉鳳翥 2014b㊷). [出] 令16.

[山 业关柔叉] nior p.i.is.ir [명](관제) 황피실(黄皮室)(吳英喆 2012a③). [出] 特7.

[山 业关柔叉 仐各火] nior p.i.is.ir s.jaŋ.un [명](관제) 황피실상온(黄皮室詳穩)(吳英喆 2012a③). [出] 特7.

[山关] nior.i [出] 尚1.

[山关雨] nior.i.in [出] 烈10.

山 [발음] niorgu [原字번호] 286

[山] niorgu [명] ① 금(金)(劉鳳翥외 1981d, 劉鳳翥 1982a/1984a, 清格爾泰외 1985, 吳英喆 2004b), ② 황(黄), 금(金)(即實 1981, 劉鳳翥 1985), ③ 명(明)(即實 1982b, 閻萬章 1992, 劉鳳翥외 2006a), ④ 상(上), 승(升)(黄振華 1981, 賈敬顔외 1993), ⑤ 산(山), 가한(可汗), 황자(皇子)(厲鼎煃 1954), ⑥ 汗)(陳述 1978, 王弘力 1986), ⑦ 부(父), 황제(皇帝)(厲鼎 1957a), ⑧ 황(黄·皇)(劉鳳翥 1984a/1985), ⑨ 계승자, (金)(即實 1996①), ⑩ 금(金), 뇨라개(裊羅箇, 거란어 "黄"을 나타내는 표의자이다)(愛新覺羅 2009a⑯/201 [同源語] "노랗다(黄)"를 의미하는 선비어(척발어) [noraq]와 동일한 어원이다(白鳥庫吉 1898, Kane 2009, 内康則 2013a). [用法] 오영철은 "山"은 양성(陽性)을 표 하여 남자황제를 수식하는데 사용되고, "山"은 음 (陰性)을 표시한다고 주장한다(吳英喆 2007c). [出] 道/宣 令/許/先/博/永/慈/智/玦.

[山 对扎] niorgu q.ur [명] ① 금오(金烏, "태양"을 표 한다)(清格爾泰외 1985, Kane 2009, 劉鳳翥 2014b㉝), ② 금 (金鶻)(即實 1996⑯). [出] 仲24, 宣29. [參考] "달"은 "九 乇矢为" [g.u tau.ul.a]로 표시한다(清格爾泰외 1985, 即 1996⑯, 劉鳳翥 2014b㉝).

[山 乃] niorgu mur [명](지명) 뇨라개몰리(裊羅箇沒里 즉 황하[潢河]의 거란어 표현이다)(愛新覺羅외 2012①).

[山 业关柔叉 仐各火] niorgu p.i.is.ir s.jaŋ.un [명](관제 황피실상온(黄皮室詳穩)(愛新覺羅 2013b). [出] 特7.

[山矢] niorgu.tə [명] ① 계승자, 황태자(儲君)(即實 19 ①/1996⑤), ② 금(金)(劉鳳翥외 2009). [出] 道11, 故8.

[山化] niorgu.ur [명] 여러 계승자(即實 2012⑳). [出] 副

[山□] niorgu.? [出] 畫X.

屮 [발음] qa [原字번호] 287

[屮夾] qa.an [出] 永24.

[屮夾飞伏及] qa.an.ʃ.in.u [명](인명) ① 寒食女(愛新覺羅 2011), ② 潘氏奴(即實 2012⑥). [出] 圖4/5.

> [人物] 寒食女夫人(한식녀 부인)은 포린타한(蒲鄰朶韓 한덕위(韓德威)의 거란이름이다)의 딸로서 아고진소고(阿古軫掃古)의 두 번째 부인이다. 아고진소고는 ≪요사·공주표≫에 등장하는 소조고(蕭慥古)로 ≪거란국지≫에 전(傳)이 있는 소오지(蕭奧只)이다. 둘 사이에 4남 2녀를 두었는데, 장자는 호도근철리발리(胡都菫鐵里鉢里: 1011~1069) 태사(太師)이고 차자는 포노은도고사(蒲奴隱圖古辭: 1018~1068) 상서(尚書)이다(愛新覺羅외 2011).

[屮夾飞伏及 仐柔伏] qa.an.ʃ.in.u pu.s.in [명](인명) 寒食女부인(愛新覺羅외 2011). [出] 圖4/5.

[屮夾为夾] qa.an.a.an [명](인명) 霞懶安(愛新覺羅 2006a [出] 永13. [人物] ≪永誌≫ 주인 遙隱永寧(1059~1085)

당숙(堂叔)인 解里(即實은 "埃米勒"이라 표현) 장군의 장모(부인 盧佛女낭자의 모친)인 霞懶安 별서(别胥)를 지칭한다(愛新覺羅 2006a).

[虫亚丰] qa.ha.ai [명](관제) 하뢰익(霞瀨益, 석렬 이름이다)(實玉柱 2006, 愛新覺羅 2006a). [出] 智5. [校勘] 이 글자는 초본에 잘못 옮겨진 것("虫"와 "亚"를 이어 쓰는 사례는 없음)이므로 "由亚丰"가 올바르다(即實 2012[校]). [參考] 여러 궁 아래에 모두 석렬이 있어 관료를 두고 통치한다. 석렬은 남방민족의 향(鄉)에 속한다(金渭顯외 2012[上]).

[虫夫] qa.ali [出] 奴30. [校勘] 이 글자는 초본에 잘못 옮겨진 것이므로 "庄夫"가 올바르다(即實 2012[校]).

[虫艾] qa.sair [出] 仲5, 先24. [校勘] 이 글자는 초본에 잘못 옮겨진 것이므로 "虫艾"가 올바르다(即實 2012[校]).

[虫芡禾] qa.jue [出] 智21. [校勘] 이 글자는 초본에 잘못 옮겨진 것이므로 "业芡伞火"가 올바르다(即實 2012[校]).

[虫与] qa.al [出] 宣27, 故8/24, 慈24, 智26.

[虫与尗刃] qa.al.ja.qa [出] 智25. [校勘] 이 글자는 초본에 잘못 옮겨진 것이므로 "虫示仐刃"가 올바르다(即實 2012[校]).

[虫示仐叐] qa.ad.əl.ir [동] ① 뒤를 잇다(續)(愛新覺羅 2006c), ② 개임(改任, 전근하다, 다른 사람이 임명되다)(實玉柱 2006). [出] 故/先/宗/弘/智.

[虫示仐刃] qa.ad.əl.qa [出] 仲11, 先40.

[虫丰亚丰] qa.ai.ha.ai [出] 道25, 先38/40, 涿14. [校勘] 即實은 이 글자를 "虫本亚丰"《道25》/《先40》/《涿14》와 "虫本亚本"《先38》라고 기록하고 있다(即實 2012[校]).

[虫本亚与叐] qa.ar.ha.al.ir [동] ① 물리치다(幷), 나아가다(遂)(即實 1996⑥), ② 귀입(歸入, 귀의・투항하다), 분속(分屬, 나누어 속하게 하다)(實玉柱 2006). [出] 先14, 迪6.

[虫本亚丰] qa.ar.ha.ai [出] 先40, 玦22.

[虫本亚为本] qa.ar.ha.a.ar [出] 先15.

[虫本北] qa.ar.əl [出] 仲11.

[虫本廾药刂] qa.ar.ʊ.dʒi-n [出] 清20.

[虫本叐] qa.ar.ir [出] 韓16.

[虫本伏] qa.ar.in [出] 仲11, 奴17.

[虫本屮] qa.ar.bur [出] 道15, 先39/43.

[虫本丹伏] qa.ar.bu.n [出] 先40/48.

[虫本只药] qa.ar.u.dʒi [出] 慈9.

[虫叐夂] qa.ir.ug [出] 興15.

[虫矢] qa.ul [명](인명) ① 組里(即實 2012⑳), ② 霞里(愛新覺羅 2013a). [出] 室2/12. [人物] 《室誌》 주인 撒懶室魯(?~1100)의 장남인 特免霞里를 지칭한다(愛新覺羅 2013a).

[虫公村] qa.d.ən [出] 梁26. [校勘] 이 글자는 초본에 잘못 옮겨졌으므로 "丰公村"(諸父의 소유격)이 올바르다(即實 2012[校]).

[虫仐叐] qa.l.ir [出] 清5. [校勘] 이 글자는 초본에 잘못 옮겨졌으므로 "药仐叐"가 올바르다(即實 2012[校]).

[虫丹] qa.tum [出] 弘25. [校勘] 이 글자는 초본에 잘못 옮겨졌는데, 탁본에 근거하여 "虫艾"가 올바르다(即實 2012[校]).

[虫艾] qa.adʒu [동] 돌아가다(愛新覺羅외 2012①). [出] 宗/皇/奴/圖/梁/糺/韓/玦/特. [用例] **业及仝 虫艾** [p.o.ol qa.adʒu] [동] 다른 자리로 옮겼다(轉任)(愛新覺羅외 2012①). [出] 奴17, 胡13.

屮 [발음] bur [原字번호] 288

[屮] bur [用法] ① 과거시재어미를 표시하는 부가성분이다(研究小組 1977b), ② 자동사 어근에 붙여 사용하는 과거시제 접미사이다(동일한 기능을 가진 접미사로는 "丹伏, 丹叐, 匇"가 있다)(愛新覺羅외 2004a⑧). [用例] "丹叐"[bu.r]와 동일한 글자이다(Kane 2009, 愛新覺羅 2012). [出] 先45.

[屮秃只夾] bur.is.u.ur [出] 宗27. [校勘] 即實은 이 글자를 "巾秃只夾"이라고 기록하고 있다(即實 2012[校]).

[屮北关] bur.əl.i [出] 許55. [校勘] 이 글자는 초본에 잘못 옮겨졌으므로 "屮几关"가 올바르다(即實 2012[校]).

[屮叒] bur.u [出] 烈12, 梁11, 玦6. [校勘] 이 글자는 초본에 잘못 옮겨진 것이므로 "屮叐"가 올바르다(即實 2012[校]).

[屮叒化叐] bur.u.ur.ir [出] 仲44.

[屮叐] bur.ir [出] 仁/宣/宋/玦/特.

[屮当] bur.en [出] 皇13. [校勘] 이 글자는 초본에 잘못 옮겨진 것("当"은 글자의 첫머리에만 옴)이므로 "屮当"이 올바르다(即實 2012[校]).

[屮仐夻北] bur.əl.gə.əl [出] 道19.

[屮仐夻当] bur.əl.gə.en [出] 道8. [校勘] ☞ 屮仐夻当(即實 2012[校]).

[屮仐亽炏] bur.əl.gə.ər [出] 道34.

[屮仐亽当] bur.əl.gə.ən [出] 仲9.

[屮仐几] bur.əl.gə [동] ① 머물다(宿)(劉鳳翥 1993d), ② 지키다(衛)(即實 1991b, 豊田五郎 2001). [出] 仲/先/副/皇/尚/蒲.

[屮仐炏当] bur.əl.gə.ən [出] 皇20.

[屮几] bur.gə [出] 許40, 皇10, 智4/18.

[屮几仐] bur.gə.əs [出] 道16, 仲28/31/35/39/41, 智17.

[屮关] bur.i [형] 성실한, 오로지 전념하는(愛新覺羅외 2011). [用法] **屮关** [buri]는 중첩형으로 사용되는 예도 보이며, **令欠为**에 이어 쓰는 예도 보인다. 모두 같은 의미로 추정된다. 따라서 원동경 명문(圓銅鏡 銘文)의 "**令欠为 屮关**" [tugua buri]는 "성실하고 신뢰있는 것"으로 해석할 수 있다(愛新覺羅외 2011). [出] 典23, 副18, 糺7, 圓6.

[屮炏村] bur.ər.ən. [出] 仲27. [校勘] 即實은 이 글자를 "**曲炏村**"이라고 기록하고 있다(即實 2012校).

[屮□丙] bur.?.məg [出] 許11. [校勘] 이 글자는 초본에 잘못 옮겨진 것("**丙**"이 글자 가운데나 끝에 오는 사례는 없음)이므로 "**屮仐几**"가 올바르다(即實 2012校).

火 [발음] iu [原字번호] 289

[火] iu [형] ① "존귀(尊貴)하다"는 뜻을 가진 표의자(表意字)이다(愛新覺羅 2004a⑫/2012). ② 한자의 "성(聖)"에 대역된다(劉鳳翥외 1995, 愛新覺羅 2012). [用法] ① 형용사형 어미를 나타내는 부가성분이다(研究小組 1977). ② 향위격 어미를 나타내는 부가성분이다(愛新覺羅 2004a⑫). [出] 興/宗/副/玦/畵/魚II.

[火 盅] iu qã [명] ① "성한(聖汗)" 또는 "성왕(聖王)"의 대역이다(愛新覺羅 2004a⑫, 愛新覺羅외 2011), ② 오한(烏汗)(即實 2012⑳). [出] 宗4.

[火币] iu.od [형] 평범한(即實 2012⑬). [出] 韓30. [同源語] "평범한", "보통"을 뜻하는 몽골어의 [ut'ələ]와 동일한 어원이다(即實 2012⑬).

[火币 几] iu.od ku [명] 평범한 사람(凡人)(即實 2012⑳). [出] 韓30.

[火丙与] iu.j.en [出] 博9.

[火丙仐欠] iu.əi.sə.gu [出] 先41. [校勘] 이 글자는 휘본 등에 잘못 옮겨진 것이므로 "**火丙仐北**"가 올바르다(即實 2012校).

[火丙仐盅夫炏] iu.əi.l.ha.ali.ər [出] 尚7.

[火丙仐盅出] iu.əi.l.ha.an [出] 仲29/37.

[火丙关] iu.əi.i [出] 仲24, 慈15, 玦28.

[火丙当] iu.j.ən [出] 仲33, 先26/70, 皇11, 韓30.

[火夷] iu.ul [명] 정상(頂上), 존귀한 지위(尊位)(即 1990/1996①). [동] 존경하다(愛新覺羅외 2011). [出] 道/宣/ 先/迪/弘/皇/韓.

[火夷 几] iu.ul ku [명] 고인(高人, 벼슬을 사양한 고 한 사람)(即實 2012⑳). [出] 韓30.

[火夷关] iu.ul.i [出] 皇18.

[火叐] iu.u [出] 特38.

[火叐药] iu.u.dʒi [出] 先40.

[火刃关] iu.ir.i [出] 先59.

[火刃火] iu.ug.iu [出] 博19. [校勘] 이 글자는 초본 잘못 옮겨진 것("**刃**"와 "**火**"를 이어 쓰는 사례는 음)이므로 "**㞢为火**"가 올바르다(即實 2012校).

[火叉] iu.ir [出] 先54.

[火几关] iu.ku.i [出] 先24. [校勘] 即實은 이 글자 앞 원자와 합쳐 "**舟刃火凡关**"이라고 기록하고 있 (即實 2012校).

[火为ち] iu.a.al [出] 先41.

[火为木] iu.a.ar [出] 典21/29, 副45, 圖23, 玦27.

[火为木村] iu.a.ar.ən [出] 先14.

[火为出] iu.a.an [명](관제) 와리(瓦里, "감옥"을 뜻하 거란어)(劉鳳翥외 2003b). [出] 興/仲/先/博/涿/副/宋/玦.

> [遼史] **瓦里(와리)**는 거란 관부의 이름이다. 몽골어의 인리촌락(鄰里村落)[ali], 퉁그스의 솔론(solon)어 인리촌락[ail], 터키의 알타이(altai)어 궁려(穹廬)[ail] 등 북방 유관민족 어언이 거란어 "와리"와 일맥상 통하는 자취를 찾아 볼 수 있다. 거란에서는 관부로 사용되어 궁장, 부족에 모두 설치하였다. 종실 외척, 대신으로 죄를 지은 자는 그 가속을 적몰하여 여기에 들여 보냈다(金渭顯외 2012上).

[火为出矢关] iu.a.an.d.i [出] 慈17.

[火矢] iu.tə [出] 洞I-4.

[火伏] iu-ŋ [형] 귀중한, 존경할만한(愛新覺羅외 201 [用法] 첫 원자 **火**는 "존(尊)", "성(聖)"의 뜻을 가지 데, **火 盅** [ju qã]를 한문 묘지(墓誌)에서는 "성왕(聖王 으로 대역한다(愛新覺羅 2004a⑫). **伏**는 형용사용접미 기능을 한다. 남자의 자(字)에 **伏**를 붙이는 경우가 다(이 경우 **伏**는 자음에 붙으면 [in]으로, 모음에 붙으면 [ŋ] 로 발음된다). 따라서 경명(鏡銘)의 **火伏** [iu-ŋ]는 "귀 한", "존경할만한" 등의 의미를 나타내는 것으로 정된다(愛新覺羅외 2011). [出] 先12, 圓4.

[火伏 今生丂叐药] iu-ŋ t.ab.al-u.ʤi 형 존경할만한 위치에 있는(愛新覺羅외 2011). 出 圓4.

[火仐击丰] iu.l.ha.ai 出 道28, 副22. 校勘 即實은 ≪道28≫에서는 이 글자를 "火仐击木"라고 기록하고 있다(即實 2012⑧).

[火仐对] iu.l.qa 出 先23.

[火仐对火] iu.l.aq.iu 出 道22.

[火关] iu.ŋ 借詞 "永"을 나타내는 한어차사(盧迎紅외 2000). 出 迪16, 尚24.

[火关 权击火] iu.ŋ ʧ.əu-n 명(지명・소유격) 영주(永州)의(劉鳳翥 2014b52). 出 迪16.

[火关 权击火 夯水 夊] iu.ŋ ʧ.əu-n tu.uŋ ʤi 명(관제) 영주(永州)의 동지(同知)(劉鳳翥 2014b52). 出 迪16.

[火火] iu-n 명(인명・소유격) 우(禹)임금의(大竹昌已 2016b). 出 道22, 先60, 奴46.

[火火] iu.iu 借詞 "吳"를 나타내는 한어차사(盧迎紅외 2000). 出 迪3/28.

[火出村] iu.an.ən 出 許61. 校勘 이 글자는 초본에 잘못 옮겨졌는데, 지석(誌石)에 따르면 "非圧村"가 올바르다(即實 2012⑧).

[火同] iu.iŋ 借詞 "永"을 나타내는 한어차사(袁海波외 2005). 出 清1/9, 玦32.

[火同 仐同 几亦 交火] iu.iŋ s.iŋ g.iun ʤ.iu 명(관제) "영청군주(永清郡主)"의 한어차사(即實 2012⑭, 劉鳳翥 2014b52). 出 清1.

[火同 仐丸] iu.iŋ l.au 명(인명) 永洛(愛新覺羅외 2015⑩). 出 玦32. 人物 ≪玦誌≫ 주인 只兗昱(1014~1070, 한풍명: 耶律玦)의 넷째 딸인 永洛낭자를 지칭한다(愛新覺羅외 2015⑩).

[火冊击丰] iu.?.ha.ai 出 許9.

[火冊击为出] iu.?.ha.a.an 出 韓4.

[火由穴火] iu.bəl.k(h).ui 出 仲26. 校勘 이 글자는 초본에 잘못 옮겨졌는데 "火由穴火"가 올바르다(即實 2012⑧).

[火关] iu.i 出 先68.

[火平] iu.ul 出 清21.

[火□□□] iu.?.?.? 出 先6.

出 [발음] an [原字번호] 290

[出] -an 用法 ① 형동사형 어미를 나타내는 부가성분이다(研究小組 1977b, 愛新覺羅 2003a), ② 소유격 어미를 나타내는 부가성분이다(劉浦江외 2005), ③ 과거시재 형동사형 어미를 나타내는 부가성분이다(清格爾泰 1992), ④ 복수형 어미를 표시하는 부가성분이다(吳英喆 2005c), ⑤ 남자의 "자(字)"의 어미로 사용된다(愛新覺羅 2004a ⑪), ⑥ 동사의 과거시제 어미(여성어미)로, 동일한 문법적 기능을 가진 표음자는 与 [-ən], 内 [-on], 伏 [-in]이 있다(愛新覺羅외 2011). 出 書XIV.

> 語法1 ☞ "소유격을 표시하는 접미사의 표현형식"에 대하여는 "村"(원자번호 140)을 참조하라.

> 語法2 ☞ "남자 자(字)의 어미 발음의 표현형식"에 대하여는 "伏"(원자번호 222)을 참조하라.

> 語法3 [-n]의 어미를 가지는 동사의 어간은 형동사 겸 동명사의 어법 의미를 표시한다. 알타이어계 언어 중 [n]으로 끝나는 동사형식은 동사 또는 일정범위에서 완성의 의미를 나타내는 형용사에서 유래한 것이며, 한국어에서 [-n]으로 끝나는 행위동사의 어간은 바로 과거시재 동사의 어법 의미를 표시한다(愛新覺羅 2004a⑧).

[出击木] an.ha.ar 出 先41.

[出丂出村] an.al.an.ən 명 악(惡)(愛新覺羅 2004a⑤). 出 奴34. 校勘 이 글자는 초본에 잘못 옮겨진 것이므로 "古为出村"이 올바르다(即實 2012⑧).

[出东仐对冈为木] an.ad.əl.qa.ʤohi.a.ar 出 典34. 校勘 이 단어는 본래 2개의 글자(出东仐对 冈为木)이나 휘본 등에는 잘못하여 하나로 합쳐져 있다(即實 2012⑧).

[出木丹伏] an.ar.bu.n 出 仁4. 校勘 이 글자는 휘본 등에 잘못 옮겨진 것("出"과 "木"를 이어 쓰는 사례는 없음)이므로 "出木丹伏"이 올바르다(即實 2012⑧).

[出叐] an.u 出 玦31.

[出叐] an.os.ir 用法 복수형을 나타내는 어미(愛新覺羅 2013b). 参考 ☞ 出关.

[出子叐] an.os.ir 出 尚32.

[出矢叐] an.tə.u 出 海13. 校勘 이 단어는 초본에 옮기며 잘못 분할되고 합쳐졌는데, 앞 원자들과 합쳐 "对丂击为出矢 叐"로 하여야 한다(即實 2012⑧).

[出化穴药] an.ur.u.ʤi 出 尚20.

[出关] an.ər 用法 복수형을 나타내는 어미(愛新覺羅 2013b). 出 許52. 参考 ☞ 出叐.

[出血儿] an.?.ur 出 尚17.

水 [발음] ?? [原字번호] 291

[水] [?] [동] 있다(即實 2012⑳). [出] 興/宣/仲/先/博/永/弘/奴/糺/清/玦/特.

[水村夫北] ?.ən.ali.əl [出] 迪23.

[水𠂉] ?.ər [出] 特34.

孙 [발음] tal [原字번호] 292

[孙叐] tal.u [형] 달다(甘)(研究小組 1977b, 劉鳳翥외 1977). [出] 許蓋1.

[孙叐 叉太长] tal.u ʃ.əu.us [명] 감로(甘露, 옛날에 천하가 태평하면 하늘이 감로를 내린다 했음)(研究小組 1977b, 清格爾泰외 1978a). [出] 許蓋1.

[孙叐 叉太长 不为出] tal.u ʃ.əu.us on.a.an [동] 감로(甘露)가 내리다(研究小組 1977b, 清格爾泰외 1985). [出] 許蓋1.

[孙叐矢] tal.u.ul [명] 撻魯里(愛新覺羅 2005⑥). [出] 烈18, 蒲16. [人物] ≪烈誌≫ 주인 空寧敵烈(1034~1100, 한풍명: 韓承規)의 손녀(제3남인 烏魯姑인 다섯째 딸)인 撻魯里를 지칭한다(愛新覺羅 2005⑥/2013a).

[孙仐廾亥] tal.l.ʊ.ur [出] 博14.

[孙仐廾矛] tal.l.ʊ.dʒi [出] 道18.

[孙仐廾及子] tal.l.ʊ.o.os [出] 博11/15.

[孙仐廾伏] tal.l.ʊ-n [出] 博12/46.

[孙仐廾平当] tal.əl.ʊ.ul.qa [出] 博13, 回11.

[孙丹伏] tal.bu.n [出] 仲31.

类 [발음] əns [原字번호] 293

[类村丰] əns.ən.ar [出] 許28. [校勘] 이 단어는 초본에 옮기며 잘못 분할되고 합쳐졌는데, 앞 원자들과 합쳐 "仐叐类村 丰"로 하여야 한다(即實 2012㉟).

[类子圡为] əns.os.ha.a [出] 智16. [校勘] 即實은 이 글자를 "夫子圡为"라고 기록하고 있다(即實 2012㉟).

[类𠂉] əns.ər [出] 仲38. [校勘] 이 단어는 초본에 옮기며 잘못 분할되었는데, 앞 원자들과 합쳐 "仐叐类𠂉"로 하여야 한다(即實 2012㉟).

小 [발음] dær [原字번호] 294

[小] dær [명] ① 남쪽(豊田五郎 1991b, 即實 1991b/1996⑯, 劉鳳翥 1993d, 愛新覺羅 2012), ② 동포, 형제자매(胞)(即實 1996⑤), ③ 배(腹)(愛新覺羅 2012). [書法] ①"仌丰"와 같은 글자이다(愛新覺羅 2012), ②"小"가 합성자의 첫 번째 원자로 위치하는 경우에는 그 다음 원자는 세로로 연결하는 경우가 많다. [出] 興/道/宣/令/許/故/仲/先/宗/博/迪/弘/副/皇/慈/烈/奴/高/梁/糺/韓/玦/特/蒲/崖.

[小 十] dær uru [명] 남서쪽, 서남쪽(即實 1996⑯). [出] 興2, 先19.

[小 十 弔 毛] dær uru ʧau tau [명](관제) ① 서남면초토사(西南面招討使)(即實 2012⑨), ② 남서초토(南西招討)(劉鳳翥 2014b52). [出] 烈5, 高20.

> [遼史] 招討司(초토사). 태조 때부터 포로나 항복한 자들을 군적에 올려 해6부 등에 배치한 관부이다. 각 로에 상온・통군・초토사(招討使)를 두어 그들을 통괄하였다. 초토사는 서남면초토사(西南面招討司)와 서북로초토사(西北路招討司)로 나누어지는데, 북추밀원(北樞密院)에 예속되었다(金渭顯외 2012上).

[小 十 伏仌亥] dær uru ni.o.ur [명](관제) 서남로(西南路)(即實 1996⑯). [出] 先19.

[小 为] dær dor [명] 동남쪽(即實 2012⑳). [出] 先33.

[小 为 劣太 凡亦] dær dor tu.uŋ g.iun [명](관제) 남동통군(南東統軍=東南面統軍使)(劉鳳翥 2014b52). [出] 副10.

[小 叐化] dær u.ur [명](관제) 남면(南面), 남원(南院)(即實 1996⑯). [出] 許9, 玦13.

[小 叐化 与亥 尸叐] dær u.ur dəu.ur dol.u [명](관제) 남원동지(南院同知)(劉鳳翥 2014b52). [出] 副16. [校勘] 마지막 글자는 초본에 옮기며 잘못 분할되었는데, 뒤 원자들과 합쳐 "尸叐矛矢"로 하여야 한다(即實 2012㉟).

[小 叐化 与亥 尸叐矛矢] dær u.ur dəu.ur dol.u.dʒi.tə [명](관제・향위격) ① 남면동지(南面同知)에(即實 2012③), ② 남원동지(南院同知)에(劉鳳翥 2014b52). [出] 迪20.

[小 叐化 与亥 尸𠂉] dær u.ur dəu.ur dol.ər [명](관제) ① 남면동지(南面同知)(即實 2012⑱), ② 남원동지(南院同知)(劉鳳翥 2014b52). [出] 梁7.

[小 叐化 今 业叐 叉米] dær u.ur pu p.u ʃ.iu [명](관제) ① 남면부부서(南面副部署)(即實 2012①), ② 남원부부서(南院副部署)(劉鳳翥 2014b52). [出] 宗12.

[小 叐化 今 丹叐 叉米] dær u.ur pu b.u ʃ.iu [명](관제) 한아행궁부부서(漢兒行宮副部署)(即實 1996⑯). [出] 許9.

[小 叐化 今叐 丹叐 叉米] dær u.ur pu.u b.u ʃ.iu [명](관제) ① 남면부부서(南面副部署)(即實 2012⑯), ② 남원부부서(南院副部署)(劉鳳翥 2014b52). [出] 糺8.

[小 叐化 仐仌为] dær u.ur l.æm.a [명](관제) ① 남면임

아(南面林牙)(即實 1996⑯), ② 남원임아(南院林牙)(劉鳳翥 2014b(52)). [出] 先7.

[小 夾化 仐仒刃为] dær u.ur l.æm.aq.a [명](관제) ① 남원임아(南院林牙)(劉鳳翥 2010), ② 남면임아(南面林牙)(即實 2012①). [參考] 耶律宗教의 한문묘지에는 "남면임아(南面林牙)"라고 기록되어 있다(劉鳳翥 2010). [出] 宗11.

[小 刃木] dær qa.ar [명] 종실(宗室)(愛新覺羅외 2012①). [出] 迪9/11/22. [參考] 이 글자는 오원(五院)과 육원(六院) 황족의 뒤에만 출현한다. 그 외의 황족은 "小 刃木"를 칭하지 않는다(愛新覺羅외 2012①).

[小 玊丹叉] dær ba.tum.ir [동] 아기를 출산하다(即實 2012⑳). [出] 智8.

小 圡ち圡中]

dær.ha.al.ha.ai [出] 典19.

[小圡ち刃火] dær.ha.al.dʒa.iu [出] 皇10. [校勘] 이 글자는 초본에 잘못 옮겨진 것("刃"는 글자 앞부분에 옴)이므로 "小圡ち刃火"가 올바르다(即實 2012(校)).

[小圡ち刃] dær.ha.al.qa [出] 典28, 道26.

[小圡中] dær.ha.ai [부] ~와 함께(即實 2012⑳). [出] 典19, 淸29.

[小圡为ち] dær.ha.a.al [出] 烈30.

[小圡为出] dær.ha.a.an [出] 弘24, 慈14, 烈31.

[小圡出] dær.ha.an [부] ~와 함께, 공동으로(即實 2012⑪). [出] 宋16.

小廾犳关]

dær.ʊ.dʒi.i [出] 博43. [校勘] 초본에는 이 글자가 "小 丹乃关"로 되어 있다(即實 2012(校)).

[小廾犳关 考] dær.ʊ.dʒi.i tʃ [명] 이복동생(即實 2012⑳). [出] 博43.

[小廾犳] dær.ʊ.dʒi [出] 宣10. [參考] ☞ 小廾犳关.

小村]

dær.ən [명](소유격) 동복(同腹 = 同胞)의(即實 1988b/1991b, 劉鳳翥 2014b(52)). [出] 許/先/宗/迪/宋/智/烈/梁/韓/特.

[小村 ち] dær.ən dəu [명] 동복의 동생(胞弟)(即實 1996⑯). [出] 許5.

小刃]

dær.qa [명] ① 동복(同腹)(劉鳳翥외 2006a), ② 씨족(愛新覺羅 2007b), ③ 본(本)(即實 2012⑳). [명](부족) 질랄(迭剌 = 仐疒力)(寶玉柱 2006, 愛新覺羅외 2012). [出] 迪/副/慈/智/奴/糺/淸/特.

[小刃 伏廾夾] dær.qa ni.ʊ.ur [명](부족) ① 질랄부(迭剌部)(寶玉柱 2006), ② 본족(本族)(即實 2012⑤). [出] 智5.

[小刃 伏仒夾] dær.qa ni.o.ur [명](부족) ① 질랄부(迭剌部)(寶玉柱 2006, 吳英喆 2012a②), ② 본족(本族)(即實 2012③). [出] 迪5, 特2.

[小刃木] dær.q.ar [명] ① 종실(宗室)(愛新覺羅 2004a⑫), ② 종정(宗正, 종파의 어른)(愛新覺羅 2005b), ③ 족장(族長), 남북원대왕(南北院大王)(即實 2012⑳). [出] 迪4. [參考] 거란어에서 종실(宗室, 小刃木)이란 단어는 모두 오원(五院)과 육원(六院)의 양원 뒤에만 나타나고 양원 이외의 황족은 "小刃木"라고 칭하지 않는데, 이는 거란인의 "小刃木" 개념이 황족의 먼 친척만을 가리키는 것으로, 소위 한인의 "종실"과는 차이가 크다는 것을 나타낸다(愛新覺羅 2009a⑯, 愛新覺羅외 2012①).

[小刃木关] dær.q.ar.i [명](소유격) ① 종실(宗室)의(愛新覺羅 2004a⑫), ② 종정(宗正)의(愛新覺羅 2005b), ③ 족장(族長)의(即實 2012⑳). [명](인명) 晻古只(即實 1996⑯). [명](부족·소유격) 질랄(迭剌)의(吳英喆 2011b). [出] 故/迪/弘/副/高/糺. [參考] 吳英喆은 "小刃木关"의 뒤에 통상적으로 "关化矢"이 붙는 것으로 보아 일종의 관직을 표시하는 것으로 보인다고 주장하고 있다(吳英喆 2011b). [校勘] 劉鳳翥는 이 글자를 "小 刃木关"의 두 글자로 분리하고 "남대왕(南大王)"의 의미라고 주장하고 있다(劉鳳翥 2014b㊶).

[小刃□] dær.q.? [出] 奴8. [校勘] 即實은 이 글자를 "小刃木"이라고 기록하고 있다(即實 2012(校)).

[小火火] dær.iu.ui [出] 道22.

小关]

dær.i [명](소유격) 남면(南面)의, 전면(前面)의(即實 1996⑯). [出] 道29.

[小关 主村] dær.i kəi-n [명](관제·소유격) 남극(南尅)의(吉如何 2016). [出] 道29.

[小关木刃] dær.i.ar.aq [出] 特26.

[小□] dær.? [出] 先55. [校勘] 即實은 이 글자를 "小关"라고 기록하고 있다(即實 2012(校)).

业 [발음] p [原字번호] 295

[业] p [用法] "평(平)"·"비(妃)"·"봉(奉)" 등을 가진 한어차사의 초성(初聲)으로 사용되며, 거란어 음절의 초성 자음으로도 사용된다(孫伯君외 2008). [用例] ① 业冃 刃坴 犮冃 兆杏 [p.iŋ tʃa.aŋ dʒi.iŋ ʂï.ï] 평장정사(平章政事)≪仲22≫, ② 犾仲公 业关 [ŋ.ju.ən p.i] 원비(元妃)≪故12≫, ③ 业光 飞犾 朩圡 [p.oŋ ʃ.əŋ tʃ.əu] 봉성주(奉聖州)≪故8≫(孫伯君외 2008).

> [語法] "丹"[p]와 "业"[p^h]의 변천에 대하여
>
> 거란문은 초창기에는 회골문(回鶻文)의 표시방식과 같이 "业" 하나로 [p]와 [p^h]를 모두 표시하였으나, 시대를 지나면서 "丹"와 "业"로 엄격히 구분해 나갔다(傅林 2013b).

	1단계 (함께 사용)	2단계 (느슨한 구분)	3단계 (엄격한 구분)
[p]	业	业/丹	丹
[pʰ]		业	业
문헌연대	-	1053~1110	1150~1175
문헌약칭		宗/興/仁/令/圖/先/韓/慈/永/迪/智/清/奴/室/弘/高/烈/道/宣/副/梁/皇/宋/	仲/博/尚

[业万□] p.hua [出] 令2. [校勘] 이 글자는 초본에 잘못 옮겨진 것("业"와 "万"를 이어 쓰는 사례는 없음)이므로 "业夂"가 올바르다(即實 2012[校]).

[业朩生火] p.nior.abu.iu [出] 興33. [校勘] 이 글자는 휘본 등에 잘못 옮겨진 것("朩"는 글자 앞머리에만 나옴)이므로 "业朩尘火"가 올바르다(即實 2012[校]).

[业币丙] p.od.əi [동] ① 돌아가다(歸)(即實 2012⑰), ② 뒤돌아보다(吳英喆 2012a①). [명](인명) 泊提(即實 2012⑰). [出] 副9/19/51, 葉1, 玦23/24/28. [人物] ≪副誌≫ 주인의 부친을 지칭한다(即實 2012⑰).

[业币丙北] p.od.j.əl [出] 先43.

[业币丙ㄨ] p.od.əi.l [出] 尚21. [校勘] 이 단어는 초본에 옮기며 잘못 분할("为本"는 접미사이므로 앞글자와 붙여 써야 함)되었는데, 뒤 원자들과 합쳐 "业币丙ㄨ为本"로 하여야 한다(即實 2012[校]).

[业币丙ㄨ为出] p.od.əi.l.a.an [出] 玦25.

[业币丙关] p.od.əi.i [동] 돌아가다(歸)(即實 1991b/1996⑯). [出] 先11/33/35.

[业币丙为] p.od.j.ən [出] 宣6.

[业币击ち] p.od.ha.al [出] 烈29.

[业币击本] p.od.ha.ar [명](인명) ① 蒲撻里(愛新覺羅 2006b), ② 普得漢哩(劉鳳翥외 2006a), ③ 蒲打里(愛新覺羅 2010f), ④ 蒲達里(即實 2012⑮). [出] 慈5. [人物] ≪慈誌≫ 주인 鉢里本朝只(1044~1081)의 조부(祖父)인 蒲打里 낭군을 지칭한다(愛新覺羅 2010f).

[业币击出] p.od.ha.an [동] 돌아가게 하다(即實 2012⑳). [出] 清21.

[业币乃ㄨ药] p.od.dʒi.k(h).dʒi [出] 許18. [校勘] 이 글자는 초본에 잘못 옮겨진 것이므로 "业币丙穴药"가 올바르다(即實 2012[校]).

[业币灵药] p.od.u.dʒi [出] 永37, 宋24.

[业币叉] p.od.ir [出] 迪38.

[业币化] p.od.ud [出] 尚32.

[业币为ち] p.od.a.al [出] 回9.

[业币为本] p.od.a.ar [명](인명) ① 普達里(劉鳳翥외 2006a), ② 浦打哩(劉鳳翥외 2006b), ③ 普達(劉鳳翥 1993d), ④ 坡苴阿鉢(即實 1996⑥), ⑤ 蒲達里(即實 2012⑳), ⑥ 蒲打里(劉鳳翥 2014b⑰). [出] 許48, 先44/46/62, 皇6, 慈5. [人物] ≪先誌≫ 주인 糺鄰査剌(1013~1072, 한풍명: 耶律仁先)의 맏사위(장녀 骨浴迷己의 남편)인 蒲打里 장군을 지칭한다(劉鳳翥 2014b⑰).

[业币为本村] p.od.a.ar-n [명](인명・소유격) ① 普達의(劉鳳翥 1993d), ② 蒲打里의(劉鳳翥 2014b⑰). [出] 先63. [校勘] 即實은 이 글자를 "令币为本村"이라고 기록하고 있다(即實 2012[校]).

[业币为出] p.od.a.an [동] ① 돌아가다(豊田五郎 1991b, 愛新覺羅 2004a⑧), ② 돌아가게 하다(即實 2012⑳). [出] 道/宣/先/宋/智/回.

[业币为犬] p.od.a.adʒu [出] 先48.

[业币生尖] p.od.abu.ər [校勘] 이 글자는 탁본에 "业币生尖"로 되어 있으나 초본 내용대로 "业币公尖"가 올바르다("生"와 "尖"를 이어 쓰는 사례는 없음)(即實 2012[校]). [出] 皇20.

[业币矢] p.od.tə [出] 奴24.

[业币伏] p.od.in [동] 되돌아가다(返回)(即實 2012⑳). [出] 副11, 高16.

[业币伞] p.od.əs [出] 烈25. [校勘] 이 글자는 초본에 잘못 옮겨진 것이므로 "业丰伞"가 올바르다(即實 2012[校]).

[业币伞北] p.od.əs.əl [동] 돌아갔다(即實 2012⑳). [出] 宋6, 玦14.

[业币公北] p.od.t.əl [出] 玦14.

[业币ㄨ击ち叉] p.od.əl.ha.al.ir [동] 돌아가다(豊田五郎 1991b, 即實 1991b/1996⑯). [出] 先13.

[业币ㄨ击ち对] p.od.əl.ha.al.qa [동] 돌아가게 하다(愛新覺羅 2004a⑧). [出] 道7, 先38.

[业币ㄨ廾药] p.od.əl.ʊ.dʒi [出] 興5.

[业币ㄨ与] p.od.əl.en [동] ① 돌아가다(豊田五郎 1985/1991b), ② 돌아오다(愛新覺羅 2004a⑧). [出] 先47.

[业币ㄨ叉] p.od.əl.ir [동] ① 돌아가다(羅福成 1934j, 黃振華 1985a, 豊田五郎 1985, 即實 1996⑯), ② 되돌아오다(研究小組 1977b, 清格爾泰외 1978a). [出] 郎4, 迪26.

[业币ㄨ对] p.od.əl.qa [동] 돌아가다(豊田五郎 1991b). [出] 先/博/智/尚/特.

[业币ㄨ对东] p.od.əl.aqa.at [동] ① 돌아가다(即實 1991/1996⑯), ② 되돌아오다(即實 1996⑥). [出] 先42.

[业币ㄨ为] p.od.əl.a [出] 許14.

[业币ㄨ为夹] p.od.əl.a.an [出] 特5.

[业币毋击丰] p.od.?.ha.ai [出] 先39.

[业币关] p.od.i [부] 다시, 재차(萬雄飛외 2008, 劉鳳翥 2014

52). [동] ① 벼슬을 내리다(拜)(劉鳳翥외 2008a), ② 돌아가다(即實 1988b/1996⑯). [出] 仁/道/令/許/先/宗/博/永/皇/烈/奴/圖/梁/尚/玦/回/特/蒲.

业雨]
p.odo [出] 永29. [校勘] 이 글자는 초본에 잘못 옮겨진 것이므로 "**业雨**"이 올바르다(即實 2012[校]).

[**业雨亥**] p.odo. [出] 先27. [校勘] 이 글자는 초본에 잘못 옮겨진 것이므로 "**业币亥**"가 올바르다(即實 2012[校]).

[**业雨矢**] p.odo. [出] 奴22. [校勘] 이 글자는 초본에 잘못 옮겨진 것("**雨**"는 글머리에만 나옴)이므로 "**业雨矢**"가 올바르다(即實 2012[校]).

业雨]
p.in [명] ① 식(食)(劉鳳翥 1993d), ② 품(品)(?)(即實 1996②/1996⑥), ③ 궁호(宮户)(愛新覺羅 2013b). [出] 興/令/先/宗/博/涿/迪/弘/皇/宋/慈/烈/奴/尚/玦/特. [用例] ① **采关 业雨** [kita.i p.in] [명] 거란궁호(契丹宮户)(愛新覺羅 2013b), ② **朩考夫火 业雨** [tʃ.iau.qu.ui p.in] [명] 한아궁호(漢兒宮户)(愛新覺羅 2013b).

[**业雨 杰村关**] p.in gə.ən.ər [出] 先64.

[**业雨矢**] p.in.tə [명](향위격) 호(户)에(大竹昌已 2016d). [出] 故11, 慈14.

[**业雨虫丹**] p.in.qa.tum [出] 玦6.

[**业雨关**] p.in.i [出] 弘/副/智/奴/特.

业丙为出]
p.jo.a.an [出] 仁30. [校勘] 이 글자는 휘본 등에 잘못 옮겨진 것이므로 "**业币为出**"이 올바르다(即實 2012[校]).

[**业丙仒廾犳村**] p.jo.l.ʊ.dʒi-n [出] 仁8. [校勘] ☞ **业币仒廾犳村**(即實 2012[校]).

业丙]
p.əi [出] 先25, 韓19.

[**业丙仒**] p.əi.l [出] 特2.

[**业丙仒村**] p.əi.l.ən [동] 서명하다(?)(即實 2012⑳). [出] 迪15.

[**业丙关**] p.əi.i [出] 許10. [校勘] 이 글자는 초본에 잘못 옮겨진 것이므로 지석에 근거하여 "**业丙关**"가 올바르다(即實 2012[校]).

[**业丙当**] p.j.ən [명](인명) ① 北衍(愛新覺羅 2006b), ② 北也(劉鳳翥외 2006b), ③ 蒲延(即實 2012⑨). [出] 烈6, 紀6/9, 尚8, 蒲5.

> [人物] ① 《烈誌》 주인 空寧敵烈(1034~1100, 한풍명: 韓承規)의 조모인 오외씨(烏隈) 北衍부인을 지칭한다(愛新覺羅 2010f).
> ② 《紀誌》 주인 夷里衍糺里(1061~1102)와 《蒲誌》 주인 白隱蒲速里(1058~1104, 한풍명: 耶律思齊)의 증조부인 北衍蒲奴 상온(詳穩)을 지칭한다. 두 묘지의 주인은 4촌간이다(愛新覺羅 2010f, 吳英喆 2012a④).

[**业丙冂犳**] p.j.u.dʒi [出] 玦28.

业丙本当]
p.məg.ar.ən [出] 紀20, 玦8/18. [校勘] 이 글자는 초본에 잘못 옮겨진 것이므로 "**业丙本当**"이 올바르다(即實 2012[校]).

[**业丙关**] p.məg.i [出] 許15. [校勘] 이 글자는 초본에 잘못 옮겨진 것이므로 지석에 근거하여 "**业丙关**"가 올바르다(即實 2012[校]).

业丙本]
p.al.ar [出] 先70.

[**业丙本 圣**] p.al.ar hai [형] 자애롭다(即實 2012⑳). [出] 先70.

[**业丙本当**] p.al.ar.en [出] 先24.

[**业丙本叉**] p.al.ar.ir [出] 道24.

[**业丙本仐**] p.al.ar.əs [出] 先32.

[**业丙本仒刘**] p.al.ar.əl.qa [동] 총애하다(寵)(即實 2012⑳). [出] 先36/41.

[**业丙本关**] p.al.ar.i [出] 先54, 永31.

[**业丙本关**] p.al.ar.ər [出] 宗9, 迪15.

[**业丙本当**] p.al.ar.ən [동] 사랑하다(慈)(即實 2012⑳). [出] 道/令/先/永/皇/圖/紀.

[**业禾仒伏**] p.is.əl.in [出] 尚10.

业长及化]
p.us.u.du [명](향위격) 처(妻)에게(即實 2012⑯). [出] 紀18.

[**业长及矢**] p.us.u.tə [出] 玦17.

[**业长及火**] p.us.u.un [명](소유격) 처(妻)의(即實 2012⑯). [出] 仲10, 紀30.

[**业长叉**] p.us.ir [出] 特14.

[**业长冂化**] p.us.u.du [명](향위격) 친닐(親昵, 친한 벗)에게(即實 2012⑳). [出] 先42, 紀18.

业市关]
p.ul.i [出] 仲17. [校勘] 이 글자는 탁본에도 "**业市关**"로 되어 있는데, 제작 과정에서 잘못된 것이므로 "**业币关**"가 올바르다(即實 2012[校]).

业盂]
p.ha [出] 紀28. [校勘] 이 단어는 초본에 옮기며 잘못 분할되었는데, 뒤 원자들과 합쳐 "**业盂夫关**"로 하여야 한다(即實 2012[校]).

[**业盂天冂犳**] p.ha.ten.u.dʒi [出] 許39. [校勘] 이 글자는 초본에 잘못 옮겨진 것이므로 "**业盂夫冂犳**"가 올바르다(即實 2012[校]).

[**业盂夫仒刘**] p.ha.ali.l.aq [出] 許38.

[**业盂夫关**] p.ha.ali.l.qa [동] 마음으로 슬퍼하다(悲惻)(即實 2012⑳). [出] 紀28.

[**业盂仒盂本**] p.ha.l.ha.ar [出] 先32.

[业利矢] p.?.tə [出] 令5.

[业杏炎] p.un.ər [出] 先23/47, 清26.

[业並发] p.iaŋ.əŋ [借詞] ①"彭"을 나타내는 한어차사(王弘力 1986, 即實 1988b), ②"房"을 나타내는 한어차사(豊田五郎 1991a). [出] 許47/50.

[业並发 叉七叐] p.iaŋ.əŋ ʃ.əu.u [명](인명) 彭壽(即實 1996④, 愛新覺羅 2006a). [出] 許47. [人物] ≪許誌≫의 주인 乙辛隱斡特剌(1035~1104)의 장남인 彭壽 장군을 지칭한다(即實 1996④, 愛新覺羅 2006a).

[业七关] p.əu.i [出] 特15.

[业北朴村] p.us.tʃ.ən [出] 許54. [校勘] 이 글자는 초본에 잘못 옮겨진 것이므로 "**业扎朴村**"이 올바르다(即實 2012㊈).

[业杰] p.uaŋ [借詞] "方", "訪", "防" 등을 나타내는 한어차사(研究小組 1977b, 劉鳳翥외 1977, 即實 1996⑤, 陳乃雄외 1999, 劉鳳翥외 2003b). [出] 故/郎/宗/迪/皇/宋.

[业杰 发火 兆] p.uaŋ ŋ.iu ʂï [명](관제) 방어사(防禦使)(即實 2012①, 劉鳳翥 2014b㊾). [出] 宗10. [参考] ☞ **仐杰 发火 兆杏**

> [遼史] **防禦使(방어사)**는 관할구의 군사적 방어 임무를 맡는다. 요대에는 방어주의 장관으로 단련사(團練使)보다 아래이고 자사(刺史)의 위이다. 밑으로 방어부사, 방어판관을 두었다(金渭顯외 2012㊤).

[业杰不] p.uaŋ.on [명](관제・소유격) ~방(訪)의(陳乃雄외 1999, 即實 2012⑧). [出] 迪9/28, 弘3. [用例] **仐丰 业杰不** [s.ai p.uaŋ.on] [명] 채방(採訪)의(即實 2012⑧).

[业内] p.dor [出] 特21.

[业内矢] p.dor.tə [出] 迪3.

[业考刃] p.æn.qa [出] 弘13.

[业考刃女] p.æn.qa.sair [出] 興28. [校勘] 이 글자는 휘본 등에 잘못 옮겨진 것이므로 "**业考刃艾**"가 올바르다(即實 2012㊈).

[业考刃丰] p.æn.qa.ai [出] 宗31.

[业考为] p.æn.qa [형] 풍부하다(即實 2012⑳). [出] 宣/皇/宋/梁/玦.

[业考为刃] p.æn.qa.qa [出] 仲24.

[业考为关] p.æn.qa.i [出] 先12.

[业考为炎] p.æn.qa.ər [出] 圖14.

[业扎] p.ur [명] ①작음(小)(即實 1991b), ②아이(萬雄飛외 2008), ③실봉(實封, 봉읍 안의 과호[課户]가 바치는 조[租]를 실제로 취득할 수 있는 식봉)(盧迎紅외 2000). [出] 許/先/博/迪/副/皇/智/清/尚.

[业扎 业雨] p.ur p.in [명] 소빈(小賓), 실읍(實邑)(即實 20… ③). [出] 迪1. [参考] "**业雨**"은 한어로 "빈(賓)" 또는 "… (服 = 納賦)"의 의미이다(即實 2012③).

[业扎 业雨 圣 乖 刃炎] p.ur p.in tʃur tʃau ir.ir [명](… 제) 실봉식이백호(實封食二百户, 한어로는 "食實封二… 百户"에 해당한다)(即實 2012③, 劉鳳翥 2014b㊾). [出] 迪1…

[业扎(北) 关化] p.ur i.ri [명] ①어릴 적 이름(小字)(即實 1996⑯), ②어릴 적 이름(小名)(劉鳳翥 2014b㊾). [出] 先… 智4, 許8, 尚3.

[业扎朴] p.ur.tʃi [명] 젊은이(即實 2012⑳). [出] 故/副/慈/奴… 回.

[业扎朴村] p.ur.tʃ.ən [명](소유격) 젊은이의(即實 2012⑳). [出] 弘24, 宋21, 烈24, 糺26.

[业扎为亏] p.ur.a.al [出] 韓21. [校勘] 이 단어는 본래 … 개의 글자(**业扎 为亏**)이나 초본에는 잘못하여 하나로… 합쳐져 있다(即實 2012㊈).

[业扎行] p.ur.omo [出] 圖23. [校勘] 이 단어는 본래 2개의 글자(**业扎 行**)이나 초본에는 잘못하여 하나로 합쳐져 있다(即實 2012㊈).

[业北] p.əl [出] 涿17. [校勘] 이 글자는 초본에 잘못 옮겨진 것이므로 "**七北**"이 올바르다(即實 2012㊈).

[业北穴火] p.əl.u.ui [出] 慈9.

[业艾] p.sair [出] 許60, 梁9, 韓35. [校勘] 이 글자는 초본에 잘못 옮겨진 것이므로 각각 "**业艾**"≪許60≫, "**业艾**"≪許60≫, "**业芡**"≪韓35≫가 올바르다(即實 2012㊈).

[业艾达火刃] p.sair.ur.iu.ir [出] 興30. [校勘] 이 글자는 휘본 등에 잘못 옮겨진 것("**艾**"는 글자 중간에 오지 않음)이므로 "**业艾达火刃**"가 올바르다(即實 2012㊈).

[业艾叉] p.sair.ir [出] 道24. [校勘] ☞ **业艾叉**(即實 2012㊈).

[业艾朴] p.sair.tʃi [出] 先30. [校勘] ☞ **业艾朴**(即實 2012㊈).

[业芡伞火] p.jue.ts.iu [명] 별서(別胥, 거란인 여성에 대한 존칭중의 하나이다)(即實 1991b/1996⑯, 愛新覺羅 2006a). [명](관제) 별서(別胥), 왕비(王妃)(劉鳳翥 2014b㊾). [出] 仁/故/先/宗/永/烈/故/韓. [用例] "별서"를 표현하는 단어는 "**业芡伞火**" 외에도 "**丹艾伞火**"와 "**业文伞火**"가 있다(愛新覺羅 2006a).

[业芡伞火凡] p.jue.ts.iu.du [명](향위격) 별서(別胥)에게(唐彩蘭외 2002). [出] 烈10.

> [参考] 거란 여성에 대한 존칭어
>
> 거란의 여성에 대한 존칭으로는 ①**乙林免**(을림면), ②**麼格**(마격), ③**娘子**(낭자), ④**別胥**(별서), ⑤**夫人**(부인), ⑥**令孃**(영양) 등이 있다(愛新覺羅 2006a).

구분	문자	사용대상
을림면(乙林免)	九	남편의 직위가 이리근(夷離菫)인 경우(차처[次妻]에게도 부여된 사례 있다)
마격(麼格)	丙 金几	본래 "모(母)·녀(女)"의 뜻이다. 신분이 낭자(娘子)보다 다소 높은 경우에 부여(추정)
낭자(娘子)	尓火	대개 남편의 직위가 낭군·장군인 경우에 부여(미혼여성도 호칭)
별서(別胥)	业犾 伞火 舟犾 伞火 业文 伞火	별서는 요대 한문 석각에만 보이고, ≪요사≫에는 보이지 않는다. 재상(宰相)의 처에게 전용되는 존칭으로 추측된다.
부인(夫人)	仐秃 伏	한어 "부인(夫人)"이 거란어에 들어온 이후 신분이나 봉호를 얻은 기혼여성
영양(令孃)	夹仌 夾 夹仌 火	일반적인 존칭이다.

[业犾伞火·女] p.jue.ts.iu.un [명](소유격) 별서(別胥)의(唐彩蘭외 2002). [出] 烈12, 韓9.

[业夲] p.ar [명] 언덕(即實 2012⑳). [出] 興/仁/仲/迪/副/特.

[业夲叉] p.ar.ir [명](부족) 발리씨(拔里氏)(愛新覺羅 2006b, 即實 2012⑳). [명](인명) 比律(劉鳳翥외 2006b). [出] 糺6, 蒲5. [人物] ≪糺誌≫ 주인 夷里衍糺里(1061~1102)와 ≪蒲誌≫ 주인 白隱蒲速里(1058~1104, 耶律思齊)의 증조모인 발리씨(拔里) 阿郭 마격(麼格)을 지칭한다(愛新覺羅 2010f). [參考1] 劉鳳翥 등은 "业夲叉"를 인명으로 보아 比律·阿鵝 부인으로 지칭하고 있다(劉鳳翥외 2006b). [參考2] 발리에 대한 여타 표현 형식은 "舟夲叉"를 참조하라.

> [遼史] 拔里(발리)는 대대로 대하씨(大賀氏) 부락과 통혼하였다. 요련씨 연맹이 건립된 후에는 을실이부(乙室己部)와 합쳐 심밀부(審密部)가 되었다(金渭顯외 2012㊤).

[业夲用] p.ar.il [명](인명) ① 拔里(愛新覺羅 2004a⑩), ② 匹里日(即實 2012③), ③ 普麗利(劉鳳翥 2014b㉓). [出] 迪11. [人物] ≪迪誌≫ 주인 撒懶迪烈德(1026~1092)의 증조모인 拔里부인을 지칭한다(愛新覺羅 2010f).

[业九苂叉] p.əd.gə.ir [出] 尚8.

[业廾夾] p.ʊ.oi [명] 측실(側室, 처첩, 작은 집)(即實 2012⑳). [出] 副8.

[业廾夾用丠力出] p.ʊ.oi.il.ha.a.an [出] 慈20.

[业廾火] p.ʊ.ui [명] 측실(側室)(即實 2012⑮). [명](인명) 福蔚(劉鳳翥외 2006a). [명](씨족) 복외(僕隗)(愛新覺羅 2006b, 愛新覺羅외 2012). [出] 慈5. [參考] "복외"는 모두 여성형으로만 출현하는데, 业仌夾·业廾火·舟仌火 등이다(愛新覺羅외 2012).

[业廾火 乑丙] p.ʊ.ui l.io [명](인명) ① 福蔚·留(劉鳳翥외 2006a), ② 측실 留(即實 2012⑮). [出] 慈5. [人物] ≪慈誌≫ 주인 鉢里本朝只(1044~1081)의 조모인 福蔚·留 부인을 지칭한다(劉鳳翥외 2006a).

[业廾火叐药] p.ʊ.ui.u.dʒi [出] 玦25.

[业廾火叐药矢] p.ʊ.ui.u.dʒi.tə [出] 烈25.

[业廾火关] p.ʊ.ui.i [동] ① 무너지다, 쓰러지다(黃振華 1985a), ② 추락(墜落)하다(即實 1986b/c/1996⑯). [出] 郎2. [用例] 丙火尘 业廾火关 [j.iu.d p.ʊ.ui.i] [동] 황폐해지다(Kane 2009).

[业廾苂] p.ʊ.ər [出] 許38.

[业为] p.ə [出] 博11/15/16/42.

[业夾] p.ur [명] ① 종(種)(愛新覺羅외 2011), ② 호(户), 사(嗣)(即實 2012⑳). [出] 興28, 道19, 慈23, 智17.

[业夾与] p.ur.en [出] 先60.

[业夾叐平 业夾叐平] p.ur.u.ul p.ur.u.ul [형] 은은(隱隱)하다(即實 2012⑦). [出] 道22, 永41.

[业夾叐平苂] p.ur.u.ul.ər [出] 博19.

[业夾仐] p.ur.s [명] ① 자사(子嗣=嗣子, 대를 이을 아들)(愛新覺羅 2005b/2006a), ② 호(户)·사(嗣)(即實 2012⑨). [用法] 业夾仐 [purs]는 业夾 [pur]의 복수형이다(愛新覺羅외 2012⑩). [同源語] "후계"를 의미하는 중기몽골어의 [püre-s], 서면몽골어의 [üres](üre의 복수형), 현대몽골어의 [urs], 만주어의 [fursun](묘[苗])과 같은 어원이다(愛新覺羅 2005b/2006a, 大竹昌巳 2013a/2015c). [出] 興/許/仲/博/永/迪/皇/慈/智/烈/高/圖/梁/清/韓/玦/回.

[业夾仐 丙] p.ur.s io [동] 후사(後嗣)가 없다(即實 2012⑳). [出] 高6.

[业夾仐 丙文] p.ur.s j.iæ [동] 후사(後嗣)가 있다(即實 2012⑳). [出] 高5.

[业夾仐 圡平苂丙] p.ur.s əu.ul.gə.əi [동] 후사(後嗣)가 없다(愛新覺羅외 2011). [出] 韓12.

[业夾仐 乃 朩苂] p.ur.s gi tʃ.ər [동] ① 후사(後嗣)가 없다(愛新覺羅 2009a⑧), ② 후사를 삼다(即實 2012⑨). [出] 烈4.

> [遼史] ≪烈誌≫와 ≪요사≫(권31·권82)에 의하면 한덕양(韓德讓)은 후사가 없어 황족인 위왕(魏王) 첩불(貼不)의 아들 야로(耶魯)로 후사를 삼았다는 기록이 있다(愛新覺羅 2009a⑧, 金渭顯외 2012㊦).

[业夾仐 乃 朩与] p.ur.s gi tʃ.ən [동] 후사를 삼다(即實 2012⑳). [出] 許50.

[业夾仐朩] p.ur.s.ən [명](관제) ① 도(都=门)(愛新覺羅 2004a⑧), ② 호정(户政)기구의 간칭(即實 2012③). [出] 仁/仲/先

/博/迪/梁/糺/清/韓/玦/特.

[业亥伞村 仅来] p.ur.s.ən ?.an [명](관제) ① 도검(都檢)(愛新覺羅 2004a⑧), ② 호정(户政)(即實 2012⑳). [出] 迪19.

[业亥伞矢刃] p.ur.sə.tə.qa [出] 副34.

[业亥伞舟伏] p.ur.sə.bu.n [명] 편찬·기록(編)(即實 1990/1996⑯). [出] 仲45. [同源語] 만주어 [pantʃipun](편찬, 기록)에 상당하다(即實 1996⑯).

[业亥伞舟伏 令勺] p.ur.sə.bu.n t.ug [用法] 전후 구성으로 보면 "편왈(編曰)"이 되나, "사(辭)" 또는 "명(銘)"의 의미일 것으로 추정된다(即實 1996⑯). [出] 仲45.

[业亥仐九村] p.ur.əl.gə.ən [出] 尚10.

[业亥仐兴当] p.ur.l.gə.en [出] 先43. [校勘] ☞ **业亥仐杰当**(即實 2012㊈).

[业亥仐兴夯朩] p.ur.l.gə.ə.tʃi [出] 弘30.

[业亥刈伏] p.ur.bur.in [명](인명) ① 不魯本(愛新覺羅 2003e), ② 蒲魯本(愛新覺羅 2006a), ③ 菩如卜僉(即實 2012③), ④ 普爾不衮(劉鳳翥 2014b㉔). [出] 迪31. [人物] 《迪誌》 주인 撒懶迪烈德(1026~1092)의 둘째 부인인 蒲魯本 을림면(乙林免)을 지칭한다(愛新覺羅 2010f).

[业亥舟伏] p.ur.b.in [동] 강생하다, 출생하다(即實 1996⑤). [명](인명) ① 不魯本(愛新覺羅 2003e), ② 蒲魯本(愛新覺羅 2010f), ③ 菩如本(即實 2012⑳). [出] 故18. [人物] 《故銘》 주인 撻體낭자(1081~1115)의 모친인 蒲魯本 을림면(乙林免)을 지칭한다(愛新覺羅 2010f). [参考] "**业亥刈伏**"와 동일한 인물이다.

[业亥关] p.ur.i [出] 興23, 仲12/39, 先36/43/44, 糺21.

[业亥关] p.ur.ər [出] 博8.

[业亥尘关] p.ur.d.ər [出] 玦36.

[业亥尘当] p.ur.d.ən [出] 尚18.

[业亥当] p.ur.ən [出] 先34/43.

[业ち] p.al. [出] 玦32.

[业ち击ち刃] p.al.ha.al.aqa [出] 韓34.

[业ち击出] p.al.ha.an [명](인명) 拔懶(남자의 "字")(愛新覺羅 2006a). [出] 清5. [校勘] 이 글자는 초본에 잘못 옮겨진 것이므로, **业子击出**("세우다"의 의미)이 올바르다(即實 2012⑭).

[业ち刃] p.al.aq [出] 先36.

[业ち为出] p.al.a.an [명](인명) 拔懶(남자의 "字")(愛新覺羅 2006a). [出] 清2. [校勘] 이 단어는 본래 2개의 글자(**业当 为出**)이나 초본에는 잘못하여 하나로 합쳐져 있다(即實 2012⑭).

[业ち为出 百廾火] p.al.a.an j.u-un [명](인명) 拔懶月椀(≪요사≫에 등장하는 月椀·容我)(愛新覺羅 2006a). [出] 清2/5. [校勘] ☞ **业当 为出 百廾火**(即實 2012⑭).

[业ち伞] p.al.əs [出] 迪28, 智19, 奴33/45.

[业ち伞 业ち伞] p.al.əs p.al.əs [형][동] 환하다, 이해하다(昭昭)(即實 2012⑳). [出] 奴45.

[业ち伞 业ち峃] p.al.əs p.al.səm [형] 공적이 빛나다, 명성이 자자하다(烜赫)(即實 2012⑳). [出] 奴33.

[业ち伞 业ち峃] p.al.əs p.al.səm [형] 소명하다, 밝고 똑똑하다(昭兮明兮)(即實 2012⑤). [出] 迪28, 智19.

[业ち伞夯] p.al.əs.ə [出] 道30, 皇20, 慈19, 回21.

[业ち关] p.al.i [出] 迪36, 副23, 尚9, 回14.

[业ち峃] p.al.səm [出] 博25.

[业ち峃] p.al.səm [出] 迪28/38, 智19/25, 奴34. [校勘] 即實은 ≪奴34≫에서는 이 글자를 "**业ち峃**"이라고 기록하고 있다(即實 2012㊈).

[业东] p.ad [出] 先51.

[业东廾凡] p.ad.ʊ.du [出] 道22.

[业东廾火] p.ad.ʊ.ui [出] 博30, 尚18.

[业东又] p.ad.ir [出] 玦9.

[业东伞村] p.ad.əs.ən [出] 先5.

[业东仐刃火] p.ad.əl.q.iu [出] 先68. [校勘] 이 글자는 휘본 등에 잘못 옮겨진 것이므로 "**业东仐刃火**"가 올바르다(即實 2012㊈).

[业东用ち] p.ad.il.al [出] 糺27. [校勘] 即實은 이 글자를 "**业夊用ち**"이라고 기록하고 있다(即實 2012㊈).

[业当] p.dəu [出] 蒲5.

[业当矢] p.dəu.tə [出] 圖15/24, 尚19, 玦45, 蒲18. [校勘] 이 글자는 휘본 등에 잘못 옮겨진 것("**当**"는 글자의 가운데나 끝에 오지 않음)이므로 "**业为矢**"가 올바르다(即實 2012㊈).

[业夊用伏] p.dʒ.il.in [出] 皇8.

[业杰村] p.oi.ən [出] 宋21. [校勘] 이 글자는 초본에 잘못 옮겨졌으므로 "**业夯村**"가 올바르다(即實 2012㊈).

[业杰冊杰叉] p.oi.?.gə.r [出] 清30. [校勘] 이 글자는 초본에 잘못 옮겨졌으므로 "**业杰用杰叉**"가 올바르다(即實 2012㊈).

[业夯] p.e [出] 先31/64.

[业夯 几雨] p.e ku.in [명](관제) "패근(孛堇)(即實 2012⑳). [出] 博16. [参考] 금나라 건국을 전후한 시기의 여진족 추장(酋長)에 대한 칭호이다.

[业夯北 ミ] p.e.əl p.e.əl [형] 부지런하다, 근면하다(?)(即實 2012⑳). [出] 烈31.

[业夯及] p.e.o [出] 先64.

[业夯令] p.e.əd [出] 博24.

[业夯炏] p.e.ər [형] 의미가 명확하지는 않으나 "고개", "비탈" 정도로 추정된다(即實 2012⑯). [出] 仲14/48, 糺30.

[业夯火厺丙] p.e.d.gə.əi [出] 宣14.

[业夯火北] p.e.uŋ.əl [出] 蒲19.

[业夯火厺炏] p.e.uŋ.gə.ər [出] 特18/37.

[业厺北] p.gə.əl [出] 道/仲/先/宗/智/烈/韓.

[业厺关] p.gə.i [出] 先31. [校勘] 即實은 이 글자를 "**业丆关**"이라고 기록하고 있다(即實 2012校).

[业厺炏] p.gə.ər [出] 清27. [校勘] 即實은 이 글자를 "**业夯炏**"이라고 기록하고 있다(即實 2012校).

[业犬分] p.qu.du [出] 室2.

[业犬公] p.qu.d [出] 仁30.

[业朩] p.? [出] 特39.

[业朩尘火] p.?.?.iu [出] 烈26. [校勘] 即實은 이 글자를 "**业庂尘火**"이라고 기록하고 있다(即實 2012校).

[业朩穴杏] p.?.u.uni [出] 烈30. [校勘] ☞ **业庂穴杏**(即實 2012校).

[业丰] p.ai [명] "패(牌)"의 한어차사(劉鳳翥외 2003b). [出] 興/先/迪/弘/皇/烈/奴/糺/玦/回/特/蒲.

[业丰 廾] p.ai sï [명] "패자(牌子, 관서의 직인 등이 찍혀 있는 문서류)"의 한어차사(吳英喆 2012a①). [出] 玦15.

[业丰廾村] p.ai.sï-n [명](관제・소유격) ①(인)패사(印牌司)의(盧迎紅외 2000, 劉鳳翥 2014b㉕), ② 패자(牌子) 또는 패사(牌司)의(即實 2012⑯). [出] 永/迪/副/智/故/糺/玦.
[用例] **㔾 业丰廾村 夂为夫** [dor p.ai.sï-n ʃ.a.ali] [명](관제) ① 예신사 낭군(禮信司郎君)(即實 2012⑯), ② 패인사 낭군(牌印司郎君)(劉鳳翥 2014b㉕). [出] 迪15. [參考] ① "**㔾**"는 "예(禮)"의 뜻이므로 "**㔾 业丰廾**"는 예신사(禮信司)가 된다(即實 2012⑯), ② "**㔾**"는 "인(印)"의 뜻이므로 "**㔾 业丰廾**"는 인패사(印牌司)가 되는데, 이는 바로 ≪요사≫에 나오는 패인사(牌印司)를 지칭한다(劉鳳翥 2014b㉕/㉚).

[业丰廾矢] p.ai.sï.tə [명](관제・향위격) ①(인)패사에(石金民외 2001, 劉鳳翥 2014b㉚), ②(예)신사에(即實 2012④/2012⑯). [出] 副15, 奴11, 糺10.

[业丰为夭] p.ai.a.? [出] 高13.

[业丰矢] p.ai.tə [出] 迪14.

[业丰伏] p.ai-n [出] 仁18.

[业丰仐] p.ai.sə [出] 道30.

[业朩] p.ar [명] 처(妻), 여권(女眷, 아내를 의미한다)(呼格吉樂圖 2017). [出] 故/仲/先/博/永/迪/智/高/糺/清/回/特/蒲. [同源語] "아내"를 의미하는 몽골어의 [bər], 다호르어의 [bəri], 동부유고어의 [bi:rə], 토족어의 [bə:rə], 보안어의 [biəri] 등이 동일한 어원이다(呼格吉樂圖 2017).
[用例] **丙令 业朩** [məg.əd p.ar] [명] ① 처실(妻室)(盧迎紅외 2000), ② 여권(女眷)(趙志偉외 2001, 鄭曉光 2002), ③ 가족(愛新覺羅 2006a).

[业朩 化村] p.ar ir.ən [出] 許16. [校勘] 초본에는 이 글자가 하나로 합쳐져 있다(即實 2012校).

[业朩圡万叉] p.ar.ha.al.ir [出] 玦37.

[业朩圡丰] p.ar.ha.ai [出] 先30, 博16, 高25, 尚17. [校勘] 이 글자가 ≪高25≫는 초본에 잘못 옮겨진 것이므로 "**业朩圡万**"이 올바르다(即實 2012校).

[业朩圡朩] p.ar.ha.ar [出] 先33/42/43.

[业朩圡冬北] p.ar.ha.as.əl [出] 先33, 慈9.

[业朩圡出] p.ar.ha.an [出] 先42. [校勘] 即實은 이 글자를 "**业朩圡朩**"라고 기록하고 있다(即實 2012校).

[业朩廾药] p.ar.ʊ.dʒi [出] 博17.

[业朩廾及內] p.ar.ʊ.o.on [出] 仲11.

[业朩廾火] p.ar.ʊ.ui [出] 興27, 仲13.

[业朩夃药] p.ar.u.dʒi [出] 圖25.

[业朩村] p.ar.ən [出] 先50/51.

[业朩为] p.ar.a [出] 海13. [校勘] 이 글자는 휘본 등에 잘못 옮겨진 것이므로 "**业朩村**"가 올바르다(即實 2012校).

[业朩矢] p.ar.tə [出] 糺16, 蒲12. [校勘] 이 단어가 ≪糺16≫에서는 초본에 옮기며 잘못 분할되었는데, 앞 원자와 합쳐 "**小刄朩关**"로 하여야 한다(即實 2012校).

[业朩伏] p.ar.in [出] 許11. [校勘] 이 글자는 초본에 잘못 옮겨진 것이므로 "**业朩伏**"이 올바르다(即實 2012校).

[业朩仒圡丰] p.ar.l.ha.ai [出] 仁29.

[业朩仒刄] p.ar.əl.qa [동] ① 샘 솟다, 끓어 오르다(?)(即實 2012⑳), ② 가다(去)(吉如何 2016). [出] 興/令/宗/皇/宋.

[业朩付伏] p.ar.bu.n [出] 先35.

[业朩付火] p.ar.b.ui [出] 仁24. [校勘] 이 글자는 휘본 등에 잘못 옮겨진 것이므로 "**业朩廾火**"가 올바르다(即實 2012校).

[业朩穴药公] p.ar.u.dʒi.d [出] 先48.

[业朩与] p.ar.betʃ [出] 先46/52/53. [校勘] 即實은 이 글자를 "**业朩勿**"이라고 기록하고 있다(即實 2012校).

[业号北] p.jau.əl [出] 清15.

[业号炏] p.jau.ər [동] ~이 되다, ~이다(即實 1991b/1996⑯/2012). [出] 令3/18, 先2/13/37/60/66, 迪41, 清29.

[业号当] p.jau.ən [동] ①~이 되다(愛新覺羅 2003f, 即實 2012⑳), ②~이다(即實 2012⑳, 大竹昌巳 2016d). [出] 先18/35/45, 迪33, 智15, 韓5.

[业及] p.u [借詞] "卜", "僕", "部" 등을 나타내는 한어차사(豊田五郎 1991a, 即實 1991b, 閻萬章 1993, 劉鳳翥 1993d, 劉鳳翥외 1995). [부] 즉(即)(愛新覺羅외 2006, 萬雄飛외 2008, 劉鳳翥 2014b㉜). [동] ~이다, ~이 되다(即實 1996⑯, 愛新覺羅 2013b, 劉鳳翥 2014b㉜). [出] 興/仁/道/宣/令/仲/先/宗/涿/弘/副/皇/宋/慈/智/烈/奴/梁/糺/尙/韓/玦/回/特/蒲/塔.

[**业及 几**] p.u ku [명] 신(臣)(羅福成 1933/1934a/1934b). [出] 興36, 仁32. [校勘] 即實은 첫 번째 글자를 "**出及**"이라고 기록하고 있다(即實 2012㊈).

[**业及穴公**] p.u.dʒi.ər [出] 特24.

[**业及及**] p.u.u [借詞] "部"를 나타내는 한어차사(石金民외 2001). [出] 奴13.

[**业及及 夭灮 廾 为支 层及药矢**] p.u.u ʃ.iu sï dəu.ur dol.u.dʒi.tə [명](관제・향위격) 부서사동지(部署司同知)에(即實 2012④, 劉鳳翥 2014b㉜). [出] 奴13.

[**业及子击朩**] p.u.os.ha.ar [동] ①~에 제수하다(除, 황제가 직접 벼슬을 내리는 것을 의미한다)(劉鳳翥외 1981a), ②~으로 임명하다(成爲)(閻萬章 1982b, 劉鳳翥 2014b㉜). [出] 仲23. [用例] "除"의 의미를 지니는 단어로는 **业及仌**, **业及公**, **业及仌**, **业及子屮**, **业及子北**, **业及子击丰**, **业及子击朩**, **业及子舟叉**, **业及閑仈关**, **业及閑仈叉** 등이 있다(清格爾泰외 1985).

[**业及子北**] p.u.os.əl [동] ①~에 제수하다(劉鳳翥외 1981a), ②~으로 삼다(爲)(閻萬章 1982b). [出] 仲22.

[**业及子屮**] p.u.os.bur [동] ①~에 제수하다(劉鳳翥외 1981a), ②~으로 삼다(閻萬章 1982b). [出] 仲21/23, 先57. [用法] **业及子**(자동사어근) + **屮**(과거시재 접미사)(愛新覺羅 2004a⑧). [校勘] 即實은 ≪先57≫에서는 이 글자를 "**业及子屮**"라고 기록하고 있다(即實 2012㊈).

[**业及子舟叉**] p.u.os.bu.r [동] ①~에 제수하다(研究小組 1977b, 劉鳳翥외 1981a), ②~으로 임명하다(閻萬章 1982b), ③~자리에 오르다(立)(愛新覺羅 2004a⑧), ④ 벼슬을 내리다(拜)(劉鳳翥 2014b㉜). [出] 仲20. [用法] **业及子**(자동사어근) + **舟叉**(과거시재 접미사)(愛新覺羅 2004a⑧).

[**业及子舟伏**] p.u.dʒi.bu.n [出] 博36. [校勘] 即實은 이 글자를 "**舟及子舟伏**"이라고 기록하고 있다(即實 2012㊈).

[**业及化伏**] p.u.ur.in [명] 밖(外)(即實 2012⑯). [出] 糺7.

[**业及公**] p.u.n [동] ~에 제수하다(清格爾泰외 1985). [出] 仲23. [校勘] 이 글자는 초본에 잘못 옮겨진 것이므로 "**业及仌**"가 올바르다(即實 2012㊈).

[**业及仌**] p.u.ol [동] ~에 제수하다(清格爾泰외 1985). [出] 仲33. [校勘] ☞ **业及仌**"(即實 2012㊈).

[**业及火**] p.u.un [出] 回27.

[**业及火关**] p.u.un.ər [명] 가짜(僞)(即實 1991b/1996⑥, 劉鳳翥 1993d). [出] 先25/33, 尙21, 韓22.

[**业及火关 击**] p.u.un.ər qa [명] 위제(僞帝, 가짜 황제)(即實 1996⑥). [出] 先25.

[**业及閑仈叉**] p.u.il.əl.ir [出] 仲8. [校勘] 이 글자는 초본에 잘못 옮겨진 것이므로 "**业及閑仈叉**"가 올바르다(即實 2012㊈).

[**业及閑北**] p.u.od.əl [出] 仲4. [校勘] ☞ **业及閑北**(即實 2012㊈).

[**业及閑仈叉**] p.u.od.əl.ir [出] 仲36. [校勘] ☞ **业及閑仈叉**(即實 2012㊈).

[**业及几叉**] p.u.gə.r [出] 興12. [校勘] 이 글자는 휘본에 잘못 옮겨진 것이므로 "**业叉几叉**"가 올바르다(即實 2012㊈).

[**业及平屮**] p.u.ul.bur [出] 先69.

[**业及□伏**] p.u.[?].in [出] 先21. [校勘] 即實은 이 글자를 "**业及舟伏**"이라고 기록하고 있다(即實 2012㊈).

[业双] p.im [명] ① 품(品, 벼슬의 등급)(研究小組 1977b, 清格爾泰외 1978a), ② 계(階, 관등 및 벼슬의 차례)(即實 1996③). [出] 仲20.

[**业双矢**] p.im.tə [명](향위격) 품(品)에(研究小組 1977b, 清格爾泰외 1978a). [出] 仲36.

[**业双关**] p.im.i [명] 품(品)(研究小組 1977b). [出] 仲42.

[业刃九夾为出] p.ir.umu.ul.a.an [出] 博46. [校勘] 이 단어는 본래 2개의 글자(**业刃丙夾 为出**)이나 초본에는 잘못하여 하나로 합쳐져 있다(即實 2012㊈).

[**业刃九矢**] p.ir.umu.ul [出] 迪38.

[**业刃及**] p.ir.u [형] 밀접하다(密), 친하다(昵)(即實 2012㊈). [出] 烈23, 糺22/28.

[**业刃及火**] p.ir.u.un [出] 烈32.

[**业刃关**] p.ir.iu [出] 玦14.

[业村] p.ən [出] 韓6.

[**业村 丞**] p.ən ba [명](인명) 濱乎茶(即實 2002). [出] 韓6.

[业叉] p.ir [出] 仁29.

[**业叉木仈**] p.ir.mu.l [명](인명) 頻沐里(即實 1984a). [出] 33. [校勘] 이 단어는 초본에 옮기며 잘못 분할되었는데, 뒤 원자들과 합쳐 "**业叉朾仈穴药**"로 해야 한다(即實 2012㊈).

[**业叉子击丂朩**] p.ir.dʒi.ha.al.tʃi [동] ~으로 되다(劉鳳翥 2006a). [出] 慈11. [校勘] 即實은 이 글자를 "**业及子击朩**"라고 기록하고 있다(即實 2012㊈).

[**业叉子北**] p.ir.dʒi.əl [出] 奴25. [校勘] ☞ **业及子北**(即實 2012㊈).

[**业叉朾仈**] p.ir.tʃi.l [出] 智19. [校勘] ☞ **业叉朾仈穴药**

實 2012校).

[业爻几讼] p.ir.gə.ər [出] 道19.

[业爻□讼村] p.ir.?.ər.ən [出] 先70. [校勘] 即實은 이 글자를 분할하여 "业爻 马讼村"이라 기록하고 있다(即實 2012校).

业子盂出] p.os.ha.an [동] ~를 세우다, 임명하다(即實 2012⑳). [出] 道19.

业不] p.on [명] ① 문벌(門閥)(即實 1996①), ② 후손(裔)(愛新覺羅외 2011), ③ 문하생(門弟)(即實 2012⑳). [出] 道/宣/許/故/先/宗/博/迪/慈/尚/玦/蒲. [用例] **扎为不 业不** [ur.a-n p.on] [명] 후예(後裔)(愛新覺羅외 2011). [出] 宗4.

[业不 公不] p.on n.on [부] 대대세세(代代世世)로(愛新覺羅외 2011). [出] 尚19.

[业不爻] p.on.ir [出] 清23.

[业不药火] p.on.dʒi.ui [出] 韓28. [校勘] 이 단어는 본래 2개의 글자(业不 药火)이나 초본에는 잘못하여 하나로 합쳐져 있다(即實 2012校).

[业不矢] p.on.tə [出] 迪4, 皇23, 梁26, 糺17.

[业不矢关] p.on.d.i [명] 출신 문하생(出身門弟)(即實 2012⑭). [出] 清30.

[业不讼] p.on.ər [出] 玦3.

业丸余伏] p.au.gu.in [명](인명) ① 寶開訥(即實 1996⑯), ② 寶隱(愛新覺羅 2010f), ③ 保特妮(劉鳳翥 2014b⑮). [出] 令12. [人物] 《令誌》 주인 高隱福留(997~1054)의 모친인 寶隱부인을 지칭한다(愛新覺羅 2010f).

[业朲廾药村] p.au.ʊ.dʒi-n [出] 輿11.

[业勺屮爻亦] p.ug.l.u.ur [出] 慈20.

[业勺用] p.ug.il [出] 道11.

[业为] p.aqa [出] 葉4.

业欠药] p.ugu.dʒi [명](인명) 蒲古只(盧迎紅외 2000, 蓋之庸외 2008, 愛新覺羅 2010f). [出] 副4, 迪4/7. [用例] "欠"와 "余"이 호환되어 《慈誌》에는 "业余药" [p.ugu.dʒi]로 나온다(劉鳳翥 2014b㉑). [出] 慈蓋2, 慈1.

> [人物] 《副誌》 주인 寓篤宛兀没里(1031~1077, 한풍명: 耶律運)의 7대조이자, 《迪誌》 주인 撒懶迪烈德(1026~1092)의 7대조(曷魯隱匣馬葛 이리근)의 형인 諧領蒲古只 이리근을 지칭한다(愛新覺羅 2010f).

[业欠火当] p.ugu.ui.ən [出] 先53. [校勘] 即實은 이 글자를 "业仌火当"이라고 기록하고 있다(即實 2012校).

[业欠火爻药] p.ugu.ud.u.dʒi [出] 迪39.

业夂] p.ug [명] 부(部)(豊田五郎 1991b, 即實 1991b, 劉鳳翥 1993d). [出] 輿17, 先19. [校勘] 即實은 이 글자를 각각 "业爻"《輿17》와 "业汞"《先19》라고 기록하고 있다(即實 2012校).

[业冬] p.as [명](인명) ① 拜石(王弘力 1986), ② 朴如(即實 1988b), ③ 坡熱斯(即實 1996③), ④ 葩思(愛新覺羅 2013a), ⑤ 巴斯(劉鳳翥 2014b㊸). [出] 仲30. [人物] 《仲誌》 주인 烏里衍朮里者(1090~1150, 한풍명: 蕭仲恭)의 손자(외아들 迪輦阿不의 셋째 아들)인 葩思를 지칭한다(愛新覺羅 2013a).

[业乃] p.am [出] 迪35.

[业及] p.o [명] 신(申)(陳乃雄외 1999). [出] 弘/皇/清/尚/回. [用例] **禾 业及 父** [su p.o nar] [명] 경신일(庚申日)(陳乃雄외 1999). [出] 弘20.

[业及扎] p.o.ur [出] 先13, 博25, 烈29.

[业及子万] p.o.os.hua [出] 迪4. [校勘] 即實은 이 글자를 "业及子匇"이라고 기록하고 있다(即實 2012校).

[业及子盂] p.o.os.ha [동] ~에 제수하다(除)(豊田五郎 1991b). [出] 先26, 博34. [校勘] 即實은 이 글자를 뒤 원자들과 합쳐 각각 "业及子盂夫讼"《先26》와 "业及子盂冬扎"《博34》이라고 기록하고 있다(即實 2012校).

[业及子盂亏] p.o.os.ha.al [동] ~에 제수하다(盧迎紅외 2000). [出] 迪6/27.

[业及子盂亏爻] p.o.os.ha.al.ir [出] 仁11.

[业及子盂亏列] p.o.os.ha.al.aq [出] 博3.

[业及子盂亏伏] p.o.os.ha.al.in [동] ~으로 임명되다(成爲)(唐彩蘭외 2002). [出] 烈3.

[业及子盂平] p.o.os.ha.ai [동] ① ~에 제수하다(研究小組 1977b, 清格爾泰외 1978a/1985), ② ~으로 임명되다(研究小組 1977b, 清格爾泰외 1978a, 劉鳳翥 2014b㊾), ③ ~으로 세우다(立爲), 존대하다(尊爲)(即實 1996⑯). [出] 仁/道/宣/令/許/仲/先/宗/博/永/迪/宋/慈/智/烈/梁/清/玦/回.

[业及子盂本] p.o.os.ha.ar [동] ① ~에 제수하다(清格爾泰외 1985, 即實 1996⑯), ② ~으로 세우다(即實 1996⑯). [出] 先/海/迪/弘/烈/糺/清/玦.

[业及子盂朲] p.o.os.ha.tʃi [동] 벼슬을 내리다(拜), ~에 제수하다(除), ~으로 임명되다(成爲)(劉鳳翥 2014b㊾). [出] 先14. [校勘] 即實은 이 글자를 "业及子盂平"라고 기록하고 있다(即實 2012校).

[业及子盂为扎] p.o.os.ha.a.əl [出] 玦29.

[业及子盂为亏] p.o.os.ha.a.al [出] 宗17.

[业及子盂为平] p.o.os.ha.a.ai [出] 特19.

[业及子盂为本] p.o.os.ha.a.ar [동] ① ~에 제수하다(劉鳳翥외 1995), ② 건립하다(即實 1996⑯), ③ 벼슬을 내리다(劉鳳翥 2014b㊾). [出] 輿/先/博/皇/智/玦.

[业及子盂为出] p.o.os.ha.a.an [出] 皇22.

[**业及子亝岀**] p.o.os.ha.an [出] 迪35, 烈3.

[**业及子北**] p.o.os.əl [동] ①~에 제수하다(研究小組 1977b, 清格爾泰외 1978a/1985, 即實 1996⑯), ② 벼슬을 내리다(劉鳳翥 2014b㊾), ③~으로 임명되다(研究小組 1977b, 清格爾泰외 1978a, 即實 1996⑯, 劉鳳翥 2014b㊾), ④ 일어서다(即實 1996⑯, 愛新覺羅 2004a⑧). [出] 郎/仲/奴/高/梁/蒲.

[**业及子廾**] p.o.os.ʊ [동] 벼슬을 내리다(萬雄飛외 2008). [出] 梁10. [校勘] 即實은 이 글자를 "**业及子屮**"라고 기록하고 있다(即實 2012[校]).

[**业及子廾屮**] p.o.os.ʊ.ai [出] 糺22. [校勘] 이 글자는 초본에 잘못 옮겨진 것이므로 "**业及子亝屮**"가 올바르다(即實 2012[校]).

[**业及子廾药**] p.o.os.ʊ.dʒi [出] 梁9, 玦24/25.

[**业及子廾药村**] p.o.os.ʊ.dʒi-n [동](소유격) 세운, 임명한(即實 2012⑳). [出] 梁10.

[**业及子夭北矢**] p.o.os.u.ur.tə [出] 迪24. [校勘] 이 단어는 본래 2개의 글자(**业及子叐 北矢**)이나 초본에는 잘못하여 하나로 합쳐져 있다(即實 2012[校]).

[**业及子夭药**] p.o.os.u.dʒi [동] ~에 제수하다(盧迎紅외 2000). [出] 迪11/22, 玦13/17.

[**业及子夭药**] p.o.os.u.dʒi [出] 仲45, 博41, 韓32.

[**业及子叐**] p.o.os.ir [出] 故16, 迪25, 玦31, 特23.

[**业及子叐 北**] p.o.os.ir ur [동] 결혼하지 아니한(愛新覺羅 2006a). [出] 故16, 迪24.

[**业及子州**] p.o.os.od [동] 벼슬을 내리다(劉鳳翥 2002). [出] 高18. [校勘] 이 글자는 초본에 잘못 옮겨진 것이므로 "**业及子屮**"가 올바르다(即實 2012[校]).

[**业及子为**] p.o.os.a [出] 先4/64, 烈15.

[**业及子屮**] p.o.os.bur [동] ~에 제수하다(清格爾泰외 1985, 即實 1996⑯), ② 세우다(即實 1996⑯), ③ 벼슬을 내리다, ~으로 임명되다)(劉鳳翥 2014b㊾). [出] 興/仲/先/博/智/故/梁/糺/玦.

[**业及子舟叐**] p.o.os.bu.r [동] ~에 제수하다, 임명되다(研究小組 1977b, 清格爾泰외 1978a). [出] 仲20, 玦13/20, 蒲12.

[**业及子舟杰**] p.o.os.bə.tʃi [出] 特2.

[**业及子舟伏**] p.o.os.bu.n [동] ~에 제수하다, ~으로 임명되다(豊田五郎 1991b, 愛新覺羅 2004a⑧). [出] 興/仲/先/博/迪/糺/清/韓/玦/蒲.

[**业及子关**] p.o.os.i [出] 特24.

[**业及平北**] p.o.[?].əl [出] 故/仲/博/永/弘/宋/智/烈/梁/尚/玦/特.

[**业及平女커**] p.o.[?].sair.aq [出] 先67. [校勘] 이 글자는 휘본 등에 잘못 옮겨진 것이므로 "**业及子北 커**"가 올바르다(即實 2012[校]).

[**业及平关**] p.o.[?].i [出] 先67. [校勘] ☞ "**业及子北**"(即實 2012[校]).

[**业及刃北**] p.o.os.əl [出] 永35, 奴18, 糺23. [校勘] ☞ "**业及子北**"(即實 2012[校]).

[**业及及**] p.o.o [명] 원숭이(申・猴)(盧迎紅외 2000). [出] 迪26/41, 慈18, 韓32, 玦34.

[**业及令北커**] p.o.t.ur.aq [出] 尚10. [校勘] 이 단어는 본래 3개의 글자(**业叐 令北 커**)이나 초본에는 잘못하여 하나로 합쳐져 있다(即實 2012[校]).

[**业及公**] p.o.n [동] ①~에 제수하다(即實 1996⑯), ②~으로 임명되다(即實 1996⑯). [出] 仲23.

[**业及仐**] p.o.ol [동] ① 벼슬을 내리다(研究小組 1977b), ②~에 제수하다(研究小組 1977b, 清格爾泰외 1978a/1985), ③ 오르다, 진급하다(升)(愛新覺羅 2004a⑧). [出] 仁/令/仲/先/宗/博/涿/永/迪/慈/智/烈/奴/高/圖/梁/糺/清/尚/韓/葉/玦/特/蒲.

[**业及仐 业女**] p.o.ol qa.adʒu [동] 다른 자리로 옮겼다(轉任)(愛新覺羅외 2012①). [出] 奴17, 胡13.

[**业及闲北**] p.o.od.əl [出] 仲4, 糺11.

[**业及闲仐夯杰**] p.o.od.l.e.tʃi [出] 先2.

[**业及闲仐叐**] p.o.od.l.r [동] ①~에 제수하다(清格爾泰외 1985, 劉鳳翥 1993d, 即實 1996⑯), ②~으로 임명되다(即實 1996⑯), ③ 오르다, 진급하다(愛新覺羅 2004b④). [出] 仁/令/仲/先/宗/涿/迪/弘/奴/梁/糺/尚/韓/玦/特/蒲.

[**业及闲仐杰**] p.o.od.əl.tʃi [동] ①~에 제수하다(豊田五郎 1991b, 即實 1996⑤), ②~으로 임명되다(即實 1996⑯, 劉鳳翥 2014b㊾). [出] 故5, 先14, 永29, 清30.

[**业及闲仐伏**] p.o.od.l.in [동] ①~으로 임명되다(鄭曉光 2001, 劉鳳翥 2014b㊾), ② 세워지다(愛新覺羅 2004a⑧). [出] 宣/故/永/迪/弘/宋/梁/玦.

[**业及闲仐关**] p.o.od.l.i [동] ①~에 제수하다(清格爾泰외 1985, 即實 1996⑯), ②~으로 임명되다(即實 1996⑯). [出] 故11, 迪8/32.

[**业及闲仐尜**] p.o.od.l.ər [동] 일찍이 ~이 되다(曾是・曾爲)(即實 2012⑭). [出] 烈5/21, 圖11, 清4/30.

[**业及闲田叐**] p.o.od.il.ir [出] 玦4.

[**业及闲尘夯杰**] p.o.od.t.ə.tʃi [出] 先2, 玦29. [校勘] 即實은 "**闲**"와 "**尘**"를 이어 쓴 사례가 없으므로 네 번째 글자인 "**尘**"의 오류 가능성을 주장하고 있다(即實 2012[校]).

[**业及闲尘尜**] p.o.od.t.ər [出] 玦19.

[**业及冇**] p.o.on [동] ~으로 임명되다, ~이다(即實 1996⑯). [出] 郎5.

[**业及火仐尜**] p.o.ud.l.ər [동] ① 벼슬을 내리다(唐彩蘭외 2002, 劉鳳翥 2014b㊾), ② 일찍이 ~을 역임하다(曾任)(即實 2012⑳), ③~으로 임명되다(劉鳳翥 2014b㊾). [出] 烈5.

6/21.

[业及丛] p.o.d [出] 典7.

业为] p.a [借詞] ①"八"을 나타내는 한어차사(劉鳳翥 외 2006a), ②"葩"를 나타내는 한어차사(愛新覺羅 2006a). [出] 博20, 慈12, 洞II-3. [校勘] 이 단어가 ≪博20≫에서는 초본에 옮기며 잘못 분할되었는데, 뒤 원자들과 합쳐 "**业为夫叉**"로 하여야 한다(即實 2012㉁).

[业为 几芬] p.a g.ə [명](인명) ①八哥(劉鳳翥외 2006a), ②杷哥(愛新覺羅 2010f), ③葩哥(即實 2012⑮). [出] 慈12. [人物] ≪慈誌≫의 주인 鉢里本朝只(1044~1081)의 부인 阿古낭자의 조부(장인 高隱福留 태사[太師]의 부친) 管寧杷哥 상공(相公)을 지칭한다. 즉 ≪令誌≫ 주인의 부친이다(愛新覺羅 2010f).

[业为买] p.a.an [借詞] ①"判"을 나타내는 한어차사(韓寶興 1991, 豊田五郎 1991b, 即實 1991b, 閻萬章 1992). ②"磐"을 나타내는 한어차사(即實 1996①). [出] 宣/高/圖/玦/蒲.

[业为买 北村] p.a.an ʂï-n [명](소유격) 반석(磐石)의(即實 1996⑯). [出] 宣19.

[业为买村] p.a.an.ən [出] 玦20.

[业为天业지] p.a.ten.əl.aq [出] 仁29. [校勘] 이 글자는 휘본 등에 잘못 옮겨진 것이므로 "**业为夫业지**"가 올바르다(即實 2012㉁).

[业为夷 几丙火火] p.a.ul g.ju.uŋ.un [명](소유격) 편궁(偏宮, "비빈"을 의미한다)의(即實 2012⑳). [出] 清6.

[业为圡公] p.a.əu.ər [出] 博46. [校勘] 이 글자는 휘본 등에 잘못 옮겨진 것이므로 "**业为夫公**"가 올바르다(即實 2012㉁).

[业为夫北] p.a.ali.əl [出] 回25.

[业为夫与] p.a.ali.en [出] 智21. [校勘] ☞ **业为夫当**(即實 2012㉁).

[业为夫夯] p.a.ali.ə [出] 先56.

[业为夫灵] p.a.ali.u [出] 奴40. [校勘] 이 단어는 초본에 옮기며 잘못 분할되었는데, 뒤 원자들과 합쳐 "**业为夫灵药村**"으로 하여야 한다(即實 2012㉁).

[业为夫灵药] p.a.ali.u.dʒi [出] 海9.

[业为夫灵药矢] p.a.ali.u.dʒi.tə [出] 奴22.

[业为夫叉] p.a.ali.ir [동] ①장악하다, 건립하다(高路加 1991), ②마음으로 슬퍼하다(悲惻)(即實 2012⑳). [出] 仁/道/博/烈/韓. [同源語] 어근 "**业为夫**"는 몽골어의 "장악하다", "통제하다", "세우다" 등을 의미하는 동사 [bari]와 동일한 어원이다(高路加 1991).

[业为夫及药] p.a.ali.o.dʒi [동] 세우다(豊田五郎 1991b). [出] 先17. [校勘] 即實은 이 글자를 "**业为夫穴药**"이라고 기록하고 있다(即實 2012㉁).

[业为夫伏] p.a.ali-n [동] 장악하다, 건립하다(高路加 1991). [出] 仁/道/弘/烈/糺.

[业为夫业] p.a.ali.l [명] 건조, 건축물, 보답, 보상금(高路加 1991). [出] 仲13. [校勘] 이 단어는 초본에 옮기며 잘못 분할되었는데, 앞 원자들과 합쳐 "**业为夫业去为出村**"로 하여야 한다(即實 2012㉁).

[业为夫业卅药] p.a.ali.l.ʊ.dʒi [出] 永41.

[业为夫业卅药村] p.a.ali.l.ʊ.dʒi-n [出] 烈26.

[业为夫业지] p.a.ali.l.qa [명] 건조, 건축물, 보답, 보상금(高路加 1991). [동] 마음으로 슬퍼하다(即實 2012⑳). [出] 興/仁/故/宗/永/迪/慈/圖/清/韓/玦. [同源語] 몽골어의 "행위", "동작", "건조", "건축물", "보상금" 등을 의미하는 명사 [barilɣa]와 동일한 어원이다(高路加 1991).

[业为夫业지买] p.a.ali.l.qa.an [명] 건조, 건축물, 보답, 보상금(豊田五郎 1991b, 高路加 1991). [出] 興19, 仁18, 仲16, 先64.

[业为夫兴] p.a.ali.i [동] 장악하다, 건립하다(高路加 1991). [出] 興/先/宗/海/副/韓/特.

[业为夫当] p.a.ali.ən [出] 烈31.

[业为东] p.a.ad [동] ①하사하다(頒・賜)(即實 1991b/1996⑯), ②종속하다(附)(即實 2012⑳). [出] 仁/許/故/仲/先/迪/故/梁/清/韓/玦.

[业为东 力冬业叉] p.a.ad na.as.əl.ir [동] 재혼하다(即實 2012③). [出] 迪8.

[业为东 力艾] p.a.ad na.adʒu [동] 재혼하다(即實 2012⑭). [出] 清5.

[业为东 穴村 西业叉] p.a.ad noi-n ?.l.ir [동] 그 관직을 세습하다(即實 2012⑳). [出] 清4.

[业为东未] p.a.ad.tʃi [出] 玦37.

[业为未] p.a.ar [동] ①하사하다(即實 1991b/1996⑯), ②벼슬을 내리다(豊田五郎 1991b). [명] 읍(邑)(劉鳳翥1993d, 劉鳳翥 외 1995). [出] 興/令/先/博/迪/弘/皇/宋/奴/糺/尚/玦/特.

[业为未 业雨] p.a.ar p.in [명] 부빈(附賓), 식읍(食邑)(即實 2012⑳). [出] 迪1, 玦21. [參考] "식읍"이라는 해독(即實 2012⑳)에 대하여, 吳英喆은 거란어의 어순에 따르면 "읍식(邑食)"의 순으로 기록되었다고 봄이 적당하다고 주장하고 있다(吳英喆 2012a①).

[业为未 业雨 乇 丹] p.a.ar p.in am tum [명](관제) 읍식 1만(邑食一萬, 한어로는 "식읍1만[食邑一萬]"에 해당한다)(劉鳳翥 2014b52). [出] 先35.

[业为未 业雨 乇 矢 欠公] p.a.ar p.in tau miŋ go.ər [명](관제) 읍식5천호(邑食五千户, 한어로는 "식읍5천호[食邑五千户]"에 해당한다)(劉鳳翥 2014b52). [出] 先13. [校勘] 即實은 마지막 글자를 "**穴公**"이라고 기록하고 있다(即實 2012㉁).

[**业为木 业雨 圣 矢**] p.a.ar p.in ʧur miŋ [명](관제) 읍식2천(邑食二千, 한어로는 "식읍2천[食邑二千]"에 해당한다)(即實 2012③, 劉鳳翥 2014b㊿). [出] 迪1.

[**业为木矢**] p.a.ar.tə [出] 尚20.

[**业为叐火**] p.a.u.un [出] 許28. [校勘] 이 글자는 초본에 잘못 옮겨진 것이므로 지석에 근거하여 "**业刃叐火**"가 올바르다(即實 2012校).

[**业为出**] p.a.an [出] 梁16. [校勘] 이 단어는 초본에 옮기며 잘못 분할되었는데, 앞 원자들과 합쳐 "**东业廾平 尗为出**"으로 하여야 한다(即實 2012校).

[**业为王公伏 ⺆**] p.a.hoŋ.ər.in.aq [出] 尚10. [校勘] 이 글자는 초본에 잘못 옮겨진 것이므로 "**尘为乍公伏 ⺆**"가 올바르다(即實 2012校).

[**业丸**] p.umu [出] 葉4.

[业乐]
p.jai [借詞] ①"帛"을 나타내는 한어차사(愛新覺羅 2004a⑧/2004j, 即實 2012③), ②"牌"를 나타내는 한어차사(劉浦江외 2014). [出] 博14, 迪19. [用例] **仐文夯 业乐** [s.iæ.æn p.jai] [명] 전백(錢帛, 금전과 베를 통틀어 이르는 말)(即實 2012③).

[**业乐 伞杏公**] p.jai ts.ï.d [명] "패자(牌子)"의 한어차사(劉浦江외 2014). [出] 博14. [校勘] 愛新覺羅와 即實은 첫 글자를 "**业余**"라고 기록하고 있다(愛新覺羅 2004a⑦, 即實 2012校).

[**业乐伞**] p.jai.ts [出] 先21.

[**业矢**] p.ul [出] 回29.

[**业尔平尗丰**] p.au.ul.ha.ai [出] 玦9.

[业伏]
p.in [出] 故/先/博/宋/烈.

[**业伏 ⺆**] p.in qa [出] 梁9. [校勘] 초본에는 이 글자가 하나로 합쳐져 있다(即實 2012校).

[**业伏叉**] p.in.ir [出] 宣/故/仲/博/永/奴/梁.

[**业伏公**] p.in.ər [出] 智22, 蒲20.

[业任非]
p.um.gu / p.umu.gu [형] 많은, 여분의(愛新覺羅 2004a⑤, 即實 2012④). [명] 공(功)(?)(即實 1996④). [同源語] 몽골어 [ilegü]/[ülegü](←hüle'ü)(여분의), 다호르어 [hulu](여분의), 만주어 [fulu](이겼다, 여분의)가 같은 어원이다(愛新覺羅외 2011). [出] 興/仁/道/令/許/故/仲/先/宗/永/迪/弘/副/皇/宋/慈/烈/奴/圖/糺/尚/韓/玦/回.

[**业任非 㭘**] p.umu.gu qutug [명] 많은 복(福)(愛新覺羅외 2011, 即實 2012⑯). [出] 副35, 奴34, 糺21.

[**业任非反**] p.umu.gu.o [出] 仁26. [校勘] 이 글자는 휘본 등에 잘못 옮겨진 것이므로 "**业任非叉**"가 올바르다(即實 2012校).

[**业任非关**] p.umu.gu.i [出] 迪36.

[**业任穴文**] p.umu.u.ie [出] 海8. [校勘] 이 글자는 휘… 등에 잘못 옮겨진 것이므로 "**业任欠叉**"가 올바르다(即實 2012校).

[**业伤**] p.ta [出] 玦8.

[业化]
p.ir [명] 임부(妊婦)(大竹昌巳 2016d). [出] 迪3… 智25, 糺2.

[**业化 土业岑公**] p.ir mə.l.gə.ər [동] 개호(開户, 가문… 열다)(即實 2012⑳). [出] 糺2.

[**业化村**] p.ir.ən [出] 故/仲/先/博/副/慈/智/圖/糺/回/蒲.

[**业化公伏**] p.ir.d.in [명] 산 기슭(麓), 산 모퉁이(隈)(即… 1996④). [出] 許53.

[**业化公**] p.ir.ər [명] 추(樞)(韓寶典 1991). [出] 先3/5.

[**业全屮**] p.u.bur [出] 韓16.

[业余]
p.ugu [出] 道32, 博14.

[**业余 伞杏公**] p.ugu ts.ï.d [명] 패자(牌子)(愛新覺羅 200… ⑦). [出] 博14.

[**业余大业 ⺆**] p.ugu.do.l.aq [出] 糺29. [校勘] 이 글자는 초… 본에 잘못 옮겨졌으므로 "**业余火业 ⺆**"가 올바르다(即… 實 2012校).

[**业余豸**] p.ugu.dʒi [명](인명) 蒲古只(劉鳳翥외 2006a). [出] 慈蓋2, 慈1. [用例] "**余**"와 "**欠**"이 호환되어 《副4》나 《迪4/7》 등에는 "**业欠豸**" [p.ugu.dʒi]로 기록되어 있다(即實 2012③, 劉鳳翥 2014b㉑). [參考] 해당 인물의 자세한 내용에 대하여는 "**业欠豸**"를 참조하라.

[业令]
p.əd [명] 풀의 무더기(叢) 또는 풀이 무성한 모양(茸茸)(即實 1996①). [出] 宣/烈/梁/尚/特.

[**业令叐**] p.əd.u [동] 두드러지다, 거듭되다(即實 2012⑳). [出] 博6, 烈10/28, 梁5, 清14.

[**业公**] p.ən [出] 特19.

[业仌夲]
p.o.oi [명] "측실" 또는 "후처"(即實 2012⑰). [명](씨족) 복외(僕隗)(愛新覺羅 2006a). [出] 副8. [參考1] "복외"는 모두 여성형으로 출현하는데, **业仌夲 · 业廾…** **· 丹仌火** 등이다(愛新覺羅외 2012). [人物] 《副誌》 주인 窩篤宛兀没里(1031~1077, 한풍명: 耶律運)의 조모인 복외씨(僕隗) 司哥 부인을 지칭한다(愛新覺羅 2010f). [參考] 《요사》에도 복외씨가 나오는데 권64(황자표)에 보면 성종의 제4자인 吳哥, 제5자인 狗兒가 복외씨에게 … 가 들었다(愛新覺羅외 2012).

[业公]
p.d [出] 許5. [校勘] 即實은 이 글자를 뒤 원자와 합쳐 "**业公当**"이라고 기록하고 있다(即實 2012校).

[**业公当**] p.d.ən [出] 道18.

[**业公穴夾**] p.d.u.ur [出] 宗26. [校勘] 이 단어는 휘본 등에 옮기며 잘못 분할되고 합쳐졌는데, 뒤 원자들과 …

쳐 "**业坌 穴麦仐几村**"으로 하여야 한다(即實 2012[校]).

[业佥雨] p.em.in [出] 副16. [校勘] 이 글자는 초본에 잘못 옮겨진 것으로 "**业谷雨**"이 올바르다(即實 2012[校]).

[业仐] p.əl [出] 許50. [校勘] 即實은 이 글자를 뒤 원자와 합쳐 "**쇼仐丞为**"라고 기록하고 있다(即實 2012[校]).

[业仐叉叐犳村] p.əl.r.u.dʒi-n [出] 仲38. [校勘] 이 글자는 초본에 잘못 옮겨진 것("**业**"와 "**仐**"을 이어서 쓰는 사례는 없음)이므로 "**夫仐叉叐犳村**"이 올바르다(即實 2012[校]).

[业火] p.ui [出] 許31. [校勘] 即實은 이 글자를 뒤 원자와 합쳐 "**쇼仐丞为**"라고 기록하고 있다(即實 2012[校]).

[业火仉] p.ui.ku [出] 先32. [校勘] 即實은 이 글자를 분할하여 "**圡火 仉**"이라고 기록하고 있다(即實 2012[校]).

[业刈犮关] p.bur.odʒ.i [出] 糺13. [校勘] 이 글자는 초본에 잘못 옮겨졌으므로 "**业为夫关**"가 올바르다(即實 2012[校]).

[业火叐] p.un.u [명](인명) ① 備兀(劉鳳翥외 2006b), ② 蒲古(愛新覺羅 2006b), ③ 蒲奴(愛新覺羅 2010f), ④ 盆奴(即實 2012⑳). [出] 糺6, 蒲5.

> [人物] 《糺誌》 주인 夷里衍糺里(1061~1102)와 《蒲誌》 주인 白隱蒲速里(1058~1104, 한풍명: 耶律思齊)의 증조부인 北衍蒲奴 상온(詳穩)을 지칭한다. 두 묘지 주인은 서로 4촌간이다(愛新覺羅 2010f, 吳英喆 2012a④).

[业火叐犳] p.un.u.dʒi [동] 하사하다(即實 2012⑳). [出] 副6.

[业火穴杏] p.un.u.uni [명](인명) ① 本烏尼(蓋之庸외 2008), ② 浦奴溫(愛新覺羅 2010f, 即實 2012⑳). [出] 副6.

[业火穴杏 生矢] p.un.u.uni to.ul [명](인명) ① 本烏尼·突里(蓋之庸외 2008), ② 蒲奴隱霞里得(愛新覺羅 2010f), ③ 蒲奴隱·組里(即實 2012⑰). [出] 副6. [人物] 《副誌》 주인 窩篤宛兀没里(1031~1077, 한풍명: 耶律運)의 高祖父인 蒲奴隱霞里得 낭군(郎君)을 지칭한다(愛新覺羅 2010f).

[业幺夲叐] p.ia.ar.u [出] 尚8.

[业幺业卄火] p.ia.aŋ.ʊ.ui [出] 尚22.

[业业夲] p.aŋ.ar [出] 清14/17.

[业业刄ち刄夹] p.aŋ.qa.al.qa.? [出] 智23. [校勘] 이 단어는 본래 2개의 글자(**业业 刄ち刄夹**)이나 초본에는 잘못하여 하나로 합쳐져 있다(即實 2012[校]).

[业业犳朩] p.aŋ.dʒi.ar [出] 興13. [校勘] 이 글자는 휘본 등에 잘못 옮겨진 것이므로 "**业业刄朩**"가 올바르다(即實 2012[校]).

[业出叐犳村] p.an.u.dʒi-n [出] 奴31.

[业出仐圡为犮] p.an.əl.ha.a.adʒu [出] 玦27.

[业出仐伏] p.an.əl.in [出] 烈12.

[业火] p.? [出] 迪22/25.

[业用] p.il [出] 蒲19.

[业用舟村] p.il.b.ən [出] 道19.

[业用仍] p.il.ta [명] 과부(即實 2012⑳). [出] 迪31, 糺21, 清26, 玦9.

[业用穴火] p.il.u.ui [出] 尚18.

[业同] p.iŋ [借詞] ①"平"을 나타내는 한어차사(研究小組 1977b, 清格爾泰외 1985), ②"兵"을 나타내는 한어차사(劉鳳翥 1993d). [出] 許/仲/先/宗/迪/宋/尚.

[业同 刄気 夂同 兆杏] p.iŋ tʃa.aŋ dʒi.iŋ ʂï.ï [명](관제) "평장정사(平章政事)"의 한어차사(研究小組 1977b, 清格爾泰외 1978a/1985). [出] 仲22.

[业同 刄気 兆] p.iŋ tʃa.aŋ ʂï [명](관제) "평장사(平章事)"의 한어차사(研究小組 1977b, 清格爾泰외 1978a). [出] 許13.

[业同 朩圡火] p.iŋ tʃ.əu-n [명](지명·소유격) 평주(平州)의(即實 2012①, 劉鳳翥 2014b㊾). [出] 宗15.

[业同 仐刀不 几火 朩村] p.iŋ l.uan.on g.uŋ tʃi-n [명](관제) "평란공신(平亂功臣)"의 한어차사(即實 1996⑯). [出] 先61.

[业同 几火 几火] p.iŋ g.ui g.uŋ [명](관제) "평국공(平國公)"의 한어차사(即實 1996⑯). [出] 許1.

[业同夹] p.iŋ.an [명](관제·소유격) ~병(兵)의(劉鳳翥 1993d). [出] 先25. [校勘] 即實은 이 글자를 "**业为夹**"이라고 기록하고 있다(即實 2012[校]).

[业舟力出] p.əb.na.an [出] 仁20.

[业舟为朩] p.əb.a.ar [出] 興33.

[业舟为出] p.tum.a.an [出] 先60.

[业卅] p.iaŋ [借詞] ①"芳"을 나타내는 한어차사(鄭曉光 2002), ②"龐"을 나타내는 한어차사(即實 2012⑦). [出] 永9.

[业目夹] p.dʒur.ul [명](관제) 상공(尚功, 내명부의 관제)(劉鳳翥 2014b㉗). [出] 清6, 韓20. [校勘] 即實은 이 글자를 "**业为夹**"이라고 기록하고 있다(即實 2012[校]).

[业目夹 几丙火火] p.dʒur.ul g.ju.uŋ-n [명](관제·소유격) 상공궁(尚功宮)의(劉鳳翥 2014b㉗). [出] 清6. [校勘] ☞ **业为夹 几丙火火**(即實 2012[校]).

[业目刃] p.dʒur.ir [出] 博17.

[业文] p.jue [出] 梁12.

[业文 圣] p.jue hai [出] 先29.

[业文方] p.jue.æn [借詞] "賓"을 나타내는 한어차사(唐彩蘭 2002, 即實 2012⑨). [出] 烈12. [用例] **仐关 业文方 수叐**

儿 [l.i p.jue.æn pu.u ʂï] 명(관제) “예빈부사(禮賓副使)”의 한어차사(即實 2012⑨).

[业交九火] p.jue.əd.iu 出 故11.

[业几炏] p.əg.ər 出 梁15, 尚6. 校勘 이 글자는 초본에 잘못 옮겨진 것(“业”와 “几”를 이어 쓰는 사례는 없음)이므로 “**业仉炏**”가 올바르다(即實 2012(校)).

[业习业廾矛] p.ia.aŋ.ʊ.dʒi 出 永41. 校勘 이 글자는 초본에 잘못 옮겨진 것이므로 “**业习业廾矛**” 혹은 “**业习业廾矛**”가 올바르다(即實 2012(校)).

[业关] p.i 借詞 “妃”, “碑” 등을 나타내는 한어차사(研究小組 1977b, 劉鳳翥외 2007) 出 許/故/仲/先/弘/宋/室/梁/清.

[业关雨] p.i.in 명(소유격) 비(妃·碑)의(劉浦江외 2014). 명(관제) ① 품(品)(高路加 1991), ② 별근(別勤)(即實 1996⑯). 出 故/先/宋蓋/宋/梁/韓/回/蒲蓋.

[业关雨 月仐] p.i.in jo.u 명 비의 명(碑銘)(劉鳳翥 2014b(52)). 出 韓1. 校勘 첫 번째 글자는 초본에 잘못 옮겨진 것으로 “**业炏雨**”이 올바르다. “**业炏雨**”의 의미는 “병(弁)”이므로 “**业炏雨 月仐**”는 “병명(弁銘)”으로 해석함이 마땅하다(即實 2012(校)).

[业关秂] p.i.is 出 先60, 博17. 校勘 即實은 《先60》에서는 이 글자를 “**土关秂**”이라고 기록하고 있다(即實 2012(校)).

[业关秂叉] p.i.is.ir 명(관제) 피실(皮室, 《무계집(武溪集)》과 《요사·국어해》에 따르면 “피실”은 거란어로 “금강(金剛)”이란 뜻이다)(孫伯君외 2008, 愛新覺羅 2013b, 吳英喆 2012a③). 出 特7, 蒲5. 用例 **山 业关秂叉** [niorgu p.i.is.ir] 명(관제) 황피실(黃皮室)(愛新覺羅 2013b). 出 特7.

[业关秂叉关] p.i.is.ir.i 명(관제·소유격) 피실군(皮室軍)의(即實 2012⑳). 出 糺6.

> 遼史 **皮室軍(피실군)**의 피실은 금강(金剛)이란 뜻이다. 거란 태조가 건국 후에 천하의 정병을 뽑아 중요 지역에 포치시켜 숙위(宿衛)에 충당시켰는데 이름을 피실군이라 하였다. 남북피실상온(南北皮室詳穩)을 두어 좌우 2군을 거느렸으며, 뒤에 황피실상온(黃皮室詳穩)·적렬피실상온(敵烈皮室詳穩) 등의 직을 두어 실위 적렬제부족이 만든 피실군을 맡았다. 거란의 정예부대로, 응군(鷹軍)·용군(龍軍)·봉군(鳳軍)·호군(虎軍) 등이 있는데 처음에는 3만 기였으나 태종 때 와서 30만 기나 보유하였다. 피실군 병사들은 윤번으로 궁장(宮帳)에 입직을 섰고, 나누어 오경(五京)과 변방 요지에 주둔하였으며 수자리를 지키고 작전하는 데 쓰이는 으뜸 되는 군사였다(金渭顯외 2012㊤).

[业关秂矢关] p.i.is.d.i 出 海7.

[业关秂个炏丙] p.i.is.əl.gə.əi 出 糺12.

[业关九] p.i.də 出 回26.

[业关村] p.i-n 명(소유격) 비(妃)의(愛新覺羅외 2011, 即實 2012①). 出 先64, 宗4.

[业关化] p.i.ri 명 비(妃)(韓寶興 1991, 萬雄飛외 2008). (인명) ① 조里(即實 1991b), ② 匹里(愛新覺羅 2004b①, 劉鳳翥 2014b⑰). 出 先62/69, 宗27, 梁25, 韓28. 人物 《… 誌》 주인 糺鄰查剌(1013~1072, 한풍명: 耶律仁先)의 맏위(장녀 骨浴迷己의 남편)인 蒲打里 장군의 조부 胡覩·匹里 태사(太師)를 지칭한다(劉鳳翥 2014b⑰).

[业关化炏] p.i.ri.ər 出 副39, 玦41, 特13.

[业炏] p.ər 동 있다, ~이다(即實 2012⑳). 出 興/道/…許/仲/先/宗/弘/副/皇/宋/梁/清/特.

[业炏秂叉] p.ər.is.ir 出 奴43. 校勘 即實은 이 글자… “**业关秂叉**”이라고 기록하고 있다(即實 2012(校)).

[业火伞火] p.ud.ts.iu 出 仁6. 校勘 이 글자는 …본 등에 잘못 옮겨진 것이므로 “**业艾伞火**”(별서)… 올바르다(即實 2012(校)).

[业火] p.uŋ 借詞 “判”, “防”, “奉” 등을 나타내는 …어차사(盧迎紅외 2000, 趙志偉외 2001, 劉鳳翥 2002). 出 副/智/高/畫/迪.

[业火 爻公 朩土女 火 尽叉矛矢] p.uŋ ʃ.əŋ tʃ.əu-n dol.u.dʒi.tə 명(관제) 봉성주(奉聖州)의 사지(事知)(…어로는 “知奉聖州事”에 해당한다)(即實 2012⑫, 劉鳳翥 2014b(52)). 出 高26.

[业火 公火] p.uŋ ŋ.iu 명(관제) 방어(防禦)(即實 2012…, 劉鳳翥 2014b(52)). 出 智10.

[业火 朩雨村 关化] p.uŋ tʃ.in-n i.ir 명(관제) 봉신(…宸)의 호(號)(劉鳳翥 2014b(52)). 出 副25.

[业夯] p.ə 出 興16, 宣9, 海13, 回26.

[业夯大炏夯朩] p.ə.do.gə.ə.tʃi 出 糺25. 校勘 이 글자… 초본에 잘못 옮겨진 것이므로 “**业夯火炏夯朩**”가 …바르다(即實 2012(校)).

[业夯炏] p.ə.ər 出 弘30.

[业夯火夲炏] p.ə.d.gə.ər 出 烈28.

[业夯火公丙] p.ə.d.n.əi 出 奴36. 校勘 이 글자는 초…에 잘못 옮겨진 것(“公”과 “丙”를 이어 쓰는 사례…없음)이므로 “**业夯火炏丙**”가 올바르다(即實 2012(校)).

[业夯火炏炏] p.ə.d.gə.ər 出 奴42, 圖21.

[业夯火炏当] p.ə.d.gə.ən 出 宗20.

[业炏圠] p.gə.əl 出 興/故/宗/皇/奴.

[业尜 丸] p.gə au [出] 烈15. [校勘] 초본에는 이 글자가 하나로 합쳐져 있다(即實 2012校).

[业尜村] p.gə.ən [出] 興3. [校勘] 이 글자는 휘본 등에 잘못 옮겨진 것이므로 "土尜村"가 올바르다(即實 2012校).

[业尜夂药村] p.gə.ug.dʒi-n [出] 興22. [校勘] 이 글자는 휘본 등에 잘못 옮겨진 것이므로 "业平夂药村"가 올바르다(即實 2012校).

[业尜丕] p.gə.t [出] 先21. [校勘] 即實은 이 글자를 "击尜丕"라고 기록하고 있다(即實 2012校).

[业尜内] p.gə.on [부] 그리고, 아울러(幷・及)(即實 1996⑯). [出] 許2.

[业谷] p.ï [借詞] ①"匹"을 나타내는 한어차사(鄭曉光 2002), ②"珀"을 나타내는 한어차사(即實 2012⑦. [出] 永20. [校勘] 탁본에도 "业谷"로 되어 있으나, 即實은 한어에 이러한 음이 없으므로 "业尜"가 올바르다고 주장하고 있다(即實 2012校).

[业当] p.oŋ [借詞] "奉", "馮", "訪", "雰", "琫", "房" 등을 나타내는 한어차사(研究小組 1977b, 陳乃雄외 1999, 唐彩蘭외 2002). [出] 故/先/迪/弘/副/慈/烈.

[业当 叉发 朿土矢] p.oŋ ʃ.ən tʃ.əu.tə [명](지명・향위격) 奉聖州에(研究小組 1977b, 清格爾泰외 1978a/1985). [出] 故8.

[业当 朿村] p.oŋ tʃ.ən [명](관제) 봉신(奉宸)(即實 2012⑧). [出] 弘7. [参考] 봉신(奉宸)은 봉신사(奉宸司)에 속한 관직이나, 관직명만 하사되므로 어린 아이도 임명될 수 있었다(即實 2012⑧).

> [遼史] 奉宸(봉신)은 봉신위의 관원이다. 원래 당나라 용삭(龍朔) 2년(662)부터 신룡(神龍) 원년(705)까지 좌우천우위를 두었다가 이때 좌우봉신위(左右奉宸衛)로 고쳤다. 대개 고쳐도 옛날 명칭을 그대로 쓰는 관습 때문에 어떤 때 봉신으로 기록한 것 같다(金渭顯외 2012下).

[业当 朿村村 关化] p.oŋ tʃ.ən-n i.ri [명](관제) 봉신(奉宸)의 호(號)(劉鳳翥 2014b52). [出] 弘7.

[业当 几ᄌ] p.oŋ g.im [명](인명) 雰金(愛新覺羅 2009a⑧, 即實 2012⑨, 劉鳳翥 2014b26). [出] 烈6. [人物] 《烈誌》 주인 空寧敵烈(1034~1100, 한풍명: 韓承規)의 조부인 韓寧雰金 척은(惕隱)을 지칭한다(愛新覺羅 2010f). ☞ 韓知古(玉田韓氏)의 가계에 대하여는 "愛新覺羅 2009a⑧"을 참고하라.

[业当 仐文] p.oŋ s.jæ [명](인명) ①秉節(劉鳳翥외 2004a), ②雰姐(愛新覺羅 2009a⑧), ③鳳姐(即實 2012⑨), ④奉節(劉鳳翥 2014b52). [出] 烈19. [人物] 《烈誌》 주인의 장녀인 雰姐를 지칭한다(愛新覺羅 2009a⑧).

[业当 发火 兆村] p.oŋ ŋ.iu ʂï-n [명](관제・소유격) ①봉어사(奉御使)의(即實 2012③), ②방어사(防禦使)의(劉鳳翥 2014b52). [出] 迪18. [参考] 《요사・관지》 전중사(殿中司)에 "봉어(奉御)"라는 관직의 기록이 나온다. 참고로 "방(防)"은 "业杰" 또는 "仐杰"으로 표시한다(即實 2012③).

[业当火] p.oŋ.un [명](소유격) ~봉(鋒)의(韓寶興 1991, 豊田五郎 1991b, 即實 1991b). [出] 先19. [用例] 仐文方 业当火 仐 业汞 叉火 [s.iæ.æn p.oŋ-n pu p.u ʃ.iu] [명](관제) 선봉사사 부부서(先鋒使司副部署)(即實 1996⑯).

[业当] p.ən [出] 故22, 回21.

[业考] p.iau [出] 許32, 迪26, 高25.

[业考击亏犬为] p.iau.ha.al.adʒ.a [出] 蒲21.

[业平] p.ul [出] 許47, 奴40. [校勘] 이 단어가 《奴40》에서는 초본에 옮기며 잘못 분할되었는데, 뒤 원자들과 합쳐 "业平夂药"로 하여야 한다(即實 2012校).

[业平丰] p.ul.? [出] 先70. [校勘] 即實은 이 글자를 "业丙左"라고 기록하고 있다(即實 2012校).

[业平击亏刃矢] p.ul.ha.al.aq.tə [出] 尚24.

[业平廾药] p.ul.ʊ.dʒi [出] 先64.

[业平廾药村] p.ul.ʊ.dʒi-n [出] 先68.

[业平夯朩] p.ul.e.tʃi [出] 先16.

[业平汞] p.ul.u [出] 仁19, 道7, 清24. [校勘] 即實은 이 글자를 각각 "业平叉"《仁19》와 "业平夂"《道7》라고 기록하고 있다(即實 2012校).

[业平汞药] p.ul.u.dʒi [出] 宋15, 特32. [校勘] 이 글자는 초본에 잘못 옮겨진 것으로 탁본에 근거하면 "业平夂药"가 올바르다(即實 2012校).

[业平汞火] p.ul.u.un [出] 糺30. [校勘] 即實은 이 글자를 "业卡汞火"이라고 기록하고 있다(即實 2012校).

[业平叉] p.ul.ir [出] 興11/32, 仁20, 道22, 副14.

[业平叉仐] p.ul.ir.əs [出] 尚33.

[业平欠药] p.ul.gu.dʒi [出] 尚8. [校勘] 이 글자는 초본에 잘못 옮겨졌으므로 "业平夂药"가 올바르다(即實 2012校).

[业平夂] p.ul.ug [명] ①윤월(閏月)(趙志偉외 2001, 實玉柱 2005, 劉鳳翥 2014b52), ②여분(即實 2012⑳, 大竹昌巳 2016e). [同源語] "여분"을 의미하는 서면몽골어의 [ilegüü], 중기몽골어의 [hüle'ü], 현대몽골어의 [ilu], 카라한투르크어와 브리야트어의 [ülüü], 다호르어의 [xulu:] 등이 동일한 어원이다(大竹昌巳 2016e). [出] 興/仁/道/令/仲/先/宗/皇/智/梁/糺/玦/回/蒲.

[业平夂药] p.ul.ug.dʒi [부] 완전히(即實 2012⑳). [出] 興/令/許/先/宗/永/烈/室/圖/梁/清/尚/葉/玦.

[业平夂药] p.ul.ug.dʒi [出] 仲2/17/31/36/39, 博39.

[业平夂丙] p.ul.ug.mur [出] 特31.

[业平夂伏] p.ul.ug.in [명](인명) ①布魯寧(劉鳳翥외 2005b),

② 蒲魯寧(劉鳳翥외 2005a), ③ 朴盧袞(即實 2012⑫), ④ 不魯寧(劉鳳翥 2014b㊾). [出] 高2, 韓2/24.

> [人物] ①《高誌》의 지문(誌文)을 지은 耶律固의 조부(祖父)인 朴盧袞 태사(太師)를 지칭한다(即實 2012⑫). ②《韓誌》의 지문을 지은 蒲盧袞 한림원 임아(翰林院林牙)를 지칭한다(即實 2012⑬).

[业平攵犭] p.ul.ja.dʒi [出] 興13. [校勘] 이 글자는 휘본 등에 잘못 옮겨진 것이므로 "业平夂犭"가 올바르다(即實 2012[校]).

[业平伏] p.ul.in [出] 許41.

[业平伏犭] p.ul.in.dʒi [出] 興18. [校勘] ☞ 业平夂犭(即實 2012[校]).

[业平公关] p.ul.t.i [出] 特21.

[业平仐九] p.ul.l.əg [出] 興19.

[业平攵犭] p.ul.?.dʒi [早] 앞서(先)(唐彩蘭외 2002). [出] 烈10/16, 宗6. [校勘] 이 글자는 초본에 잘못 옮겨진 것이므로 "业平夂犭"가 올바르다(即實 2012[校]).

[业平攵丹] p.ul.?.mur [早] 앞서(先)(劉鳳翥외 2006b). [出] 糺24. [校勘] ☞ 业平夂犭(即實 2012[校]).

[业平攵火] p.ul.?.un [出] 奴16. [校勘] ☞ 业平夂火(即實 2012[校]).

[业平攵犭] p.ul.?.dʒi [出] 故12, 智16. [校勘] ☞ 业平夂犭(即實 2012[校]).

[业平丹交] p.ul.b.ur [出] 許38. [校勘] 이 글자는 초본에 잘못 옮겨진 것이므로 지석에 근거하여 "业平廾火"이 올바르다(即實 2012[校]).

[业平关] p.ul.i [出] 許17, 皇10, 玦24.

[业平公] p.ul.ər [出] 許56, 仲7.

[业平公丙] p.ul.gə.əi [出] 興27.

[业平□□] p.ul.?.? [出] 許33.

[业穴] p.u [借詞] "部"를 나타내는 한어차사(劉鳳翥외 2003b, 即實 2012⑪). [出] 副19, 宋8.

[业穴 乏火 廿 与交 屋关] p.u ʃ.iu s.ï dəu.ur dol.i [명](관제) ① 동지부서사사(同知部署司事)(即實 2012⑪), ② 부서사동지(部署司同知)(劉鳳翥 2014b㊾). [出] 宋8.

[业穴长] p.u.su [出] 博18, 特15.

[业穴交] p.u.ur [명](관제) 시위(侍衛)(即實 2012⑳). [명](향위격) 밖(外)에(愛新覺羅외 2015②). [出] 興/仁/道/宣/令/仲/博/永/迪/副/智/烈/圖/梁/玦/特/蒲/洞.

> [遼史] 侍衛(시위) : 요대에 시위사(侍衛司)를 설치하고 시위관을 두었는데 황제의 시위를 책임졌다(金渭顯외 2012㊤).

[业穴交关] p.u.ur.i [出] 先32.

[业穴与矢] p.u.al.tə [出] 尚5.

[业穴犭] p.u.dʒi [出] 副4. [校勘] 即實은 이 글자를 "业欠犭"이라고 기록하고 있다(即實 2012[校]).

[业穴化] p.u.ur [명] 밖(外, 지방관을 지칭한다)(即實 2012⑳). [出] 仁14, 仲31/34/39, 宗30.

[业穴化伏] p.u.ur.in [명](소유격) 밖(外)의(即實 2012⑳) [出] 仲/先/迪/副/烈/圖/特. [用例] 犭公伏 业穴化伏 [dʒi.d in p.u.ur.in] [명] "내외(內外)"의 복수형(大竹昌巳 2016d) [出] 先61, 烈4/6, 圖13.

[业穴化仐叐] p.u.ur.əl.ir [出] 智16.

[业丙夲] p.tʃa.ar [出] 先31. [校勘] 即實은 이 글자를 "业丙夲"라고 기록하고 있다(即實 2012[校]).

[业艾] p.adʒu [出] 玦45.

[业汞村] p.?.ən [出] 慈9. [校勘] 이 글자는 초본에 잘못 옮겨진 것이므로 "业汞村"이 올바르다(即實 2012[校]).

[业□] p.? [出] 海3, 永27, 回30.

[业□圡为出] p.?.ha.a.an [出] 玦28.

[业□夫叐] p.?.ali.ir [出] 玦46.

[业□北] p.?.əl [명] 새로운 관직에 임명하다(除任)(即實 1996④). [出] 許11.

[业□矢] p.?.tə [出] 玦39.

[业□九] p.?.gə [出] 回24.

𘬝 [발음] ?? [原字번호] 296

[𘬝圡丰] ?.ha.ai [형] 편안하고 태평한(安泰)(即實 1986c). [出] 典20. [校勘] 이 단어는 휘본 등에 옮기며 잘못 분할되었는데, 앞 원자들과 합쳐 "灭及火圡丰"로 하여야 한다(即實 2012[校]).

[𘬝交] ?.ur [出] 典30. [校勘] 이 글자는 휘본 등에 잘못 옮겨진 것이므로 "业交"가 올바르다(即實 2012[校]).

[𘬝叐] ?.u [出] 仁20. [校勘] 이 글자는 초본에 잘못 옮겨진 것이므로 "业叐"가 올바르다(即實 2012[校]).

[𘬝及子丹伏] ?.o.os.bu.n [出] 典29. [校勘] 이 글자는 휘본 등에 잘못 옮겨진 것이므로 "业及子丹伏"이 올바르다(即實 2012[校]).

[𘬝平矢] ?.ul.tə [出] 洞I-1.

[𘬝□] ?.? [出] 室6.

出 [발음] gui [原字번호] 297

出灭] gui.u 명 ① 종(僕)(即實 2012⑨), ② 신하(臣)(劉鳳書 2014b㉜). 명(인명) ① 古昱(愛新覺羅 2006a, 劉鳳書 2014b㊷), ② 兀欲(愛新覺羅 2006a). 出 興/道/宣/令/故/先/博/皇/宋/副/烈/糺/玦/回. 參考 青格勒 등은 "出灭"이 "신하(臣)"를 뜻하며 인명 "古昱"으로도 쓰였다고 주장하는데, 거란대자 인명 "古昱"의 자형(字形)이 한자 "臣"을 직접 차용(《거란대자 耶律祺墓誌銘》 8행)한 것에 근거를 두고 있다(青格勒외 2003).

> 人物 ①《副誌》 주인 寫篤宛兀沒里(1031~1077)의 조부 磨魯董古昱 시중(侍中)을 지칭한다(愛新覺羅 2010f).
> ②《糺誌》 주인 夷里衍糺里(1061~1102)의 외조부(모친 隗衍부인의 부친)인 北衍古昱 태사(太師)를 지칭한다(愛新覺羅 2006a).

出灭 几] gui.u ku 명 ① 신하(臣)(王靜如 1993, 羅福成 1934c/d/f, 研究小組 1977b, 清格爾泰외 1978a/1985, 蘇赫 1979), ② 남자 종(奴才)(閻萬章 1982a), ③ 종(僕人)(Kane 2009, 大竹昌巳 2016d). 出 興36, 道2, 宣2.

出灭几] gui.u.ku 명 신하(臣人)(劉鳳書 2014b㉜). 出 興36, 道2, 宣2. 校勘 "几"는 어휘의 중간이나 끝에 위치할 수 없으므로 이 글자는 둘로 분리(出灭 几)되어야 한다(即實 2012⑯).

出灭火] gui.u.un 명(소유격) 신하(臣)의(即實 1996③). 명 종(僕)(愛新覺羅 2004a⑦). 出 許22/43, 仲17/32/39, 先61.

尚
[발음] so
[原字번호] 298

尚] so 書法 "全及"와 같은 글자이다(愛新覺羅 2012). 出 道21, 故24, 先39.

尚夭关] so.s.i 出 仲16. 校勘 이 글자는 초본에 잘못 옮겨졌으므로 "尚�关"가 올바르다(即實 2012⑯).

[尚圡本] so.ha.ar 出 蒲22.

尚木马] so.☒.dʒu 出 博6. 校勘 이 글자는 초본에 잘못 옮겨진 것이므로 "尚朱与"이 올바르다(即實 2012⑯).

[尚木屮廾芍] so.☒.l.ʊ.dʒi 出 海9. 校勘 ☞ 尚朱屮廾芍 (即實 2012⑯).

[尚扎] so.ur 出 烈13/29, 圖24.

尚夵] so.oi 出 仲38, 糺27. 校勘 即實은 이 글자를 앞 뒤 원자들과 합쳐 "尚夵屮夊"《仲38》과 "本夊为火"《糺27》라고 기록하고 있다(即實 2012⑯).

[尚夵全比] so.oi.s.əl 許38.

[尚夵屮刋采] so.oi.l.qa.an 出 博18.

[尚夵屮伏] so.oi.l.in 出 仲13.

尚灭] so.u 出 先47. 校勘 即實은 이 글자를 "㐆灭"이라고 기록하고 있다(即實 2012⑯).

尚子] so.os 出 許28, 故21, 蒲18. 校勘 이 단어는 초본에 옮기며 잘못 분할되었는데, 뒤 원자들과 합쳐 각각 "尚子圡出关"《許28》, "尚子圡为出关"《故21》로 하여야 한다(即實 2012⑯).

[尚子圡屮] so.os.ha.ai 出 仲13.

[尚子圡本] so.os.ha.ar 出 迪39, 烈31, 蒲21.

[尚子圡为本] so.os.ha.a.ar 出 玦6.

[尚子圡为出] so.os.ha.a.an 出 玦42.

[尚子圡出] so.os.ha.an 出 先36, 尚13. 用例 尺及内 尚子圡出 [dau.o.on so.os.ha.an] 명 순리(順理)(即實 2012⑲).

[尚子廾夬] so.os.ʊ.dʒi 出 道32.

[尚子屮] so.os.bur 出 興12.

尚孒] so.on 명 ① 찬(攢) 또는 추(菆)(王弘力 1984/1990), ② 찬(欑)(即實 1996①), ③ 추(菆)(即實 2012⑯). 出 興2, 仁13, 蒲11. 校勘 即實은 이 글자가 초본에는 "与孒"로 잘못 기록되어 있으나, 한어 "추도(菆塗)"를 음사(音寫)한 것이므로 "与"를 사용할 수 없고 "尚孒"가 정당하다고 주장하고 있다(即實 2012⑯).

[尚孒 劳 仐夾夯矢] so.on tu s.ur.æn.tə 명(지명·소유격) 추도전(菆塗殿)에(劉鳳書 2014b⑭). 出 興2. 校勘 세 번째 글자는 휘본 등에 잘못 옮겨진 것이므로 "仐夾夯矢"가 올바르다(即實 2012⑯).

[尚孒 分灭] so.on du.u 명(지명) 찬도전(撰塗殿)(王弘力 1984). 出 仁13.

尚朱] so.od 出 先59. 校勘 即實은 이 글자를 뒤 원자들과 합쳐 "尚朱灭芍村"이라고 기록하고 있다(即實 2012⑯).

[尚朱来] so.od.an 出 智15.

[尚朱夊] so.od.ir 出 先28, 回23.

[尚朱夊刋] so.od.ir.aq 出 清16, 玦29.

[尚朱伏] so.od.in 出 宗29, 永36, 弘26, 智20.

[尚朱屮丹] so.od.l.əb 出 仲32. 校勘 이 글자는 초본에 잘못 옮겨진 것이므로 "尚朱屮刋"가 올바르다(即實 2012⑯).

[尚朱关] so.od.i 出 仁/令/許/先/宗/博/弘/副/皇/烈/高/玦/回.

[尚朱夯] so.od.ər 出 興4, 宣8, 先36.

[尚朱芬] so.od.ə 出 皇23.

[尚朱与] so.od.ən 出 令/先/弘/皇/慈/梁/回/蒲.

[尚朱尺刋] so.od.u.dʒi 出 先67.

屶 [발음] altar [原字번호] 299

[屶] altar 冏 ① 명성과 청예, 훌륭한 명망(聲譽)(即實 2012⑳), ② 벼슬(爵)(大竹昌巳 2015b), ③ 공(功)(即實 2015b). 出 許/迪/皇/奴/糺/尚/玦/特. 用法 屶 业为本 [altar p.a. ar] 冏 작록(爵祿)(大竹昌巳 2015b), 屶 关化 [altar i.ir] 冏 작위(爵位)(大竹昌巳 2015b).

[屶村] altar.ən 出 慈13, 清15, 玦6.

[屶矢] altar.tə 囮 명망이 있는(即實 2012⑭). 出 先70, 奴9/24, 清29.

冂 [발음] tala [原字번호] 300

[冂] tala 數 ① "70"을 나타내는 표의자(表意字)이다 (劉鳳翥외 1995, 愛新覺羅 2012), ② 80(即實 1996⑯, Kane 2009). 出 許/先/博/智/烈/清/玦/蒲.

[冂조] tala tʃur 數 72(即實 2012⑤, 劉鳳翥 2014b㊾). 出 智20.

[冂조矢] tala tʃur.tə 數(향위격) 72에(即實 2012⑤, 劉鳳 翥 2014b㊾). 出 智20.

[冂 수化] tala qu.ur 數 73(即實 2012⑨, 劉鳳翥 2014b㊾). 出 烈9.

[冂村] tala-n 數(소유격) ① 70의(劉浦江외 2014), ② 80 의(即實 1996⑯). 出 道31, 仲42, 博29, 皇20.

[冂仒] tala.o 出 先5. 校勘 即實은 이 글자를 "冂 夂"이라고 기록하고 있다(即實 2012㊽).

[冂火] tala.ui 出 韓20. 校勘 이 글자는 초본에 잘 못 옮겨진 것("冂"와 "火"를 이어 쓰는 사례는 없음) 이므로 "仃火"가 올바르다(即實 2012㊽).

[冂关] tala.i 出 先15. 校勘 이 글자는 휘본 등에 잘못 옮겨진 것이므로 "冈关"가 올바르다(即實 2012㊽).

冈 [발음] ?? [原字번호] 301

[冈] ⁇ 數 70(豊田五郞 1991a/1991b/1992, 劉鳳翥 1993d). 出 許38, 先27. 校勘 이 글자가 ≪許38≫에서는 초본에 잘못 옮겨진 것이므로 "冂"가 올바르다(即實 2012㊽).

[冈万] ⁇.əi 出 先62, 弘11.

[冈丙亥] ⁇.al.dʒi 出 先15. 校勘 即實은 이 글자를 "丹丙亥"이라고 기록하고 있다(即實 2012㊽).

[冈卡矢] ⁇.us.tə 出 副33. 校勘 이 글자는 초본에 잘못 옮겨졌으므로 "几卡矢"가 올바르다(即實 2012㊽).

[冈卮仈火朩] ⁇.du.k(h).ui.tʃi 出 尚16. 校勘 이 단어는 본래 2개의 글자(冈卮 仈火朩)이나 초본에는 잘못하여 하나로 합쳐져 있다(即實 2012㊽).

[冈化关] ⁇.ur.i 出 先51/54.

[冈刂] ⁇.ia 出 先51. 校勘 即實은 이 글자를 "卉刂" 라고 기록하고 있다(即實 2012㊽).

用 [발음] il [原字번호] 302

[用] il 冏 말, 가축(王弘力 1986). 出 道/故/先/博/弘/副/ 慈/奴/清/玦/特.

[用万刃] il.əi.qa 出 尚18. 校勘 이 글자는 초본에 잘못 옮겨진 것으로 "冈万刃"가 올바르다(即實 2012㊽).

[用禾叏氽] il.is.u.ər 出 仲34.

[用禾伏与] il.is.u.ən 出 先21.

[用业中] il.ha.ai 出 許49. 校勘 이 단어는 초본에 옮기며 잘못 분할되었는데, 앞 원자들과 합쳐 "刂中 用业中"로 하여야 한다(即實 2012㊽).

[用业本] il.ha.ar 出 迪39, 清16. 校勘 이 단어는 초본 에 옮기며 잘못 분할되었는데, 앞 원자들과 합쳐 "夾 火用业本"로 하여야 한다(即實 2012㊽).

[用业与刂] il.ha.al.aqa 出 先53.

[用北丙] il.əl.məg 出 仲11. 校勘 即實은 이 글자 를 "用北 丙"이라고 기록하고 있다(即實 2012㊽).

[用ち叐本] il.al.im.ar 出 糺27. 校勘 이 단어는 초본에 옮기며 잘못 분할되고 합쳐졌는데, 앞 원자들 과 합쳐 "业亥用ち 叐本"로 하여야 한다(即實 2012㊽).

[用夵小夈] il.gə.l.ir 出 仲24, 先10. 校勘 即實은 이 글자를 "丹夵小夈"라고 기록하고 있다(即實 2012㊽).

[用夵小九] il.gə.l.gə 出 先48. 校勘 ☞ 丹夵小九(即實 2012㊽).

[用叐] il.ir 用法 타동사 어근에 붙여 사용하는 거 거시제 접미사이다(愛新覺羅 2004a⑧). 參考 동일한 기 능을 가진 접미사로는 "ち叐, 本叐, 小叐"가 있는 이 접미사들의 사용은 어근(또는 어간) 모음의 성격에 따라 구분된다(愛新覺羅 2004a⑧).

[用刂夬] il.qa.an 出 清20. 校勘 이 단어는 초본에

옮기며 잘못 분할되었는데, 앞 원자들과 합쳐 "犮丰用刃买"로 하여야 한다(即實 2012[校]).

[用伏] il.in [出] 先29.

[用火化] il.ui.ri [出] 許53.

[用业] il.bur [명] 기로(耆老, 노인)(即實 1996⑯). [명](관제) 이리필(夷離畢)(即實 1996⑰/2012, 盧迎紅외 2000, 劉鳳翥 2014b㊾). [명](인명) ①麻都不(王弘力 1986), ②麻普, 馬步(即實 1996④). [出] 許/宗/迪/副/梁/糺/尚/特. [用例] "用丹叉"이라고도 쓴다(大竹昌巳 2016a). [人物] ≪許誌≫ 주인 乙辛隱斡特剌(1035~1104)의 차남 長壽·麻都不 낭군을 지칭한다(王弘力 1986).

> [遼史] **夷離畢(이리필)**은 요나라의 독특한 관직명으로, 바로 참지정사(參知政事)이다. ≪요사·백관지1≫ 북면조관(北面朝官) 조에는 "이리필원(夷離畢院)은 형옥(刑獄)을 관장하였다"고 되어 있다. 심괄(沈括)의 ≪夢溪筆談≫에는 송(宋)나라 조약(刁約)이 요나라에 사신으로 가서 지은 시에, "잔치를 주관하는 사람은 이리필"이며, 그 주석에 "이리필이란 벼슬은 중국의 집정관(執政官)에 해당한다"고 기술되어 있다(金渭顯외 2012㊥; 清格爾泰외 1985).

[用业 仐弁 九亦] il.bur s.iaŋ g.iun [명](관제) 이리필장군(夷離畢將軍)(愛新覺羅 2013b). [出] 特1.

[用业村] il.bur-n [명](관제·소유격) 이리필(夷離畢)의(愛新覺羅 2006a, 劉鳳翥외 2006b, 即實 2012⑥). [出] 糺14, 蒲16.

[用火] il.iu [出] 許12. [校勘] 이 글자는 초본에 잘못 옮겨진 것이므로 "用业"가 올바르다(即實 2012[校]).

[用丹朩] il.bə.tʃi [명](관제) ①이리필(夷離畢)(愛新覺羅 2006c), ②"이리필(用业)"의 복수형이며, "用与"이라고도 쓴다(大竹昌巳 2016a). [出] 高11. [校勘] 即實은 이 글자 중 "丹"는 지문을 지은 자(撰誌人)의 실수이고 "朩"는 지문을 옮기는 과정에서 각공(刻工) 오류이므로 "用业村"이 정당하다고 지적하고 있다(即實 2012[校]).

[用交] il.iæ [出] 迪34, 梁12.

[用九] il.gə [出] 海8. [校勘] 이 단어는 초본에 옮기며 잘못 분할되었는데, 앞 원자들과 합쳐 "叉丙用九"로 하여야 한다(即實 2012[校]).

[用斗] il.ia [出] 許57, 宋23, 韓18.

[用关] il.ər [出] 先47, 博14, 副37, 慈8.

[用尜关] il.gə.ər [出] 先11. [校勘] 即實은 이 글자를 "毋尜关"이라고 기록하고 있다(即實 2012[校]).

[用尜穴药] il.gə.u.dʒi [出] 先11. [校勘] ☞ 毋尜穴药(即實 2012[校]).

[用与] il.betʃ [명](관제) ①이리필(夷離畢)(愛新覺羅 2004b ①), ②"이리필(用业)"의 복수형이며, "用丹朩"이라고도 쓴다(大竹昌巳 2016a). [出] 先8. [校勘] 即實은 이 글자를 "用匇"이라고 기록하고 있다(即實 2012[校]).

[用与 曲朩] il.betʃ go.tʃi [명](관제) 이리필 세선가(世選家)(大竹昌巳 2016a). [出] 先8. [校勘] ☞ 用匇 曲朩(即實 2012[校]).

[用匇] il.? [명] 노인(翁·耆老)(即實 1996⑥). [명](관제·소유격) 이리필(夷離畢)의(即實 2012⑯). [出] 先8.

[用匇 曲朩村] il.? ?.tʃi-n [명](관제·소유격) 대옹장(大翁帳)의(即實 1996⑥). [出] 先8.

同 [발음] iŋ [原字번호] 303

[同] iŋ [借詞] ①"應"을 나타내는 한어차사(山路廣明 1951, 研究小組 1977b, 劉鳳翥외 1977), ②"英"을 나타내는 한어차사(劉鳳翥외 2005a). [用法] 글자의 종성이 [-iŋ]인 한어차사(兵, 平, 景, 經 등)에 주로 사용된다(Kane 2009). [出] 郞/宗/清/韓/特/畫XI.

[同 朩土火] iŋ tʃ.əu-n [명](지명·소유격) 응주(應州)의(即實 2012①/⑭, 劉鳳翥 2014b㊾). [出] 宗11, 清8.

[同 朩土火 仒欠 兆] iŋ tʃ.əu-n t.ugu ʂï [명](관제) ①응주절도사(應州節度使)(即實 2012⑭), ②응주(應州)의 도사(度使)(劉鳳翥 2014b㊾). [出] 清8.

[同 朩土火 炏关 朩土火 仒欠 叉关] iŋ tʃ.əu-n ŋ.i tʃ.əu-n t.ugu ʃ.i [명](관제) 응주·의주절도사(應州·宜州節度使)(即實 2012①). [出] 宗11.

[同 九芬] iŋ g.ə [명](인명) 英哥(愛新覺羅 2009a⑧, 即實 2012⑬, 劉鳳翥 2014b⑳). [出] 韓10. [人物] ≪韓誌≫ 주인 曷魯里 부인(?~1077)의 형부(언니 勉부인의 남편)인 英哥태사(太師)를 지칭한다(愛新覺羅 2009a⑧).

闲 [발음] ol, od [原字번호] 304

[闲] ol / od [用法] 향위격 어미를 표시하는 부가성분이다(吳英喆 2005c). [用例] 刃及闲 [q.o.ol] [명] 능묘(陵墓)(研究小組 1977b, 即實 1990/1996①).

[闲化叉] ol.əl.ir [出] 許60, 特16. [校勘] 即實은 이 글자를 앞 원자와 합쳐 "丹及闲化叉"라고 기록하고 있다(即實 2012[校]).

[闲化伏] ol.əl.in [出] 許50, 糺20. [校勘] 即實은 이 글자를 ≪許50≫에서는 앞 원자와 합쳐 "丹及闲化伏"이

라고, ≪糺20≫에서는 "用ᄊ伏"이라고 달리 기록하고 있다(即實 2012[校]).

肉 [발음] ?? [原字번호] 305

[肉] ⍰ [명] 노역(勞役)(大竹昌巳 2016d). [出] 典/先/弘/糺/清.

[肉丙伏] ⍰.əi-n [出] 玦17.

[肉及夾] ⍰.u.ur [出] 皇22.

[肉村火] ⍰.ən.iu [出] 許19. [校勘] 이 글자는 초본에 잘못 옮겨졌으므로 "肉为火"가 올바르다(即實 2012[校]).

[肉为] ⍰.a [명] "당(堂)"을 나타내는 거란어 표의문자(愛新覺羅 2003h). [出] 許/海/智/烈/梁/清. [校勘] 이 글자가 초본에는 "冈为"로 기록되어 있다(即實 2012[校]).

[肉为 又及 平] ⍰.a m.o ai [명] ① 당대부(堂大父)(愛新覺羅 2003h), ② 장백부(長伯父)(大竹昌巳 2016c). [出] 許51.

[肉为火] ⍰.a.iu [出] 令7, 許28, 宗7.

[肉矢] ⍰.tə [명](향위격) 노역(勞役)에(大竹昌巳 2016d). [出] 祥17.

[肉矢关] ⍰.d.i [出] 先15.

[肉仐] ⍰.əs [出] 先15/26, 迪16.

冈 [발음] ?? [原字번호] 306

[冈] ⍰ [出] 先14. [校勘] 即實은 이 글자를 "肉"이라고 기록하고 있다(即實 2012[校]).

[冈北] ⍰.əl [出] 故11. [校勘] 초본과 탁본 모두 "冈北"로 되어 있으나 다른 지석들(道17, 許25, 仲41 등)과 대조한 결과 "冈北"이 올바르다(即實 2012[校]).

[冈叉] ⍰.ir [出] 奴27. [校勘] 이 글자는 초본에 잘못 옮겨진 것이므로 "冈叉"가 올바르다(即實 2012[校]).

冈 [발음] ?? [原字번호] 307

[冈丙] ⍰.əi [조](목적격) ~으로, ~을 가지고(寶玉柱 2005). [出] 道/宣/許/故/仲/先/海/博/涿/迪/皇/慈/智/烈/奴/高/清/玦/回/特.

[冈丙 夲ᄊ廾火] ⍰.əi ar.əl.ʊ.ui [出] 仲38. [校勘] 초본에는 이 글자가 하나로 합쳐져 있다(即實 2012[校]).

[冈丙刂] ⍰.əi.qa [出] 仲16/31, 皇19, 智4, 尚20/29.

[冈丙火村] ⍰.əi.iu-n [出] 玦26.

[冈丙] ⍰.məg [出] 故6. [校勘] 即實은 이 글자를 "冈丙"이라고 기록하고 있다(即實 2012[校]).

[冈北] ⍰.əl [出] 道/許/仲/博/迪/副/皇/奴/玦.

[冈廾犳] ⍰.ʊ.dʒi [出] 先40. [校勘] 이 글자는 초본에 잘못 옮겨진 것이므로 "乃廾犳"가 올바르다(即實 2012[校]).

[冈刂] ⍰.qa [出] 仲37.

[冈矢关] ⍰.d.i [出] 智16. [校勘] 이 글자는 초본에 잘못 옮겨진 것으로 "国矢关"가 올바르다(即實 2012[校]).

[冈伏] ⍰.in [出] 故6.

[冈仐北] ⍰.əs.əl [동] 이르다, 알리다(謂)(愛新覺羅 2004a⑦). [出] 令/故/先/海/迪/弘/智/烈/奴/梁/糺/特.

[冈仐ᄊ刂] ⍰.əs.əl.qa [出] 圖12. [校勘] 이 글자는 휘본 등에 잘못 옮겨진 것으로 탁본에 근거하여 "可仐ᄊ刂"("경축·축하하다"의 의미)가 올바르다(即實 2012[校]).

[冈公北] ⍰.d.əl [出] 海9.

[冈关] ⍰.i [出] 許15.

[冈夯] ⍰.ə [出] 宗19. [校勘] 即實은 이 글자를 "冈夯"라고 기록하고 있다(即實 2012[校]).

[冈□] ⍰.⍰ [出] 弘23. [校勘] 即實은 이 글자를 "冈丙"라고 보정하고 있다(即實 2012[校]).

闵 [발음] dʒohi [原字번호] 308

[闵] dʒohi [동] 글을 짓다(撰)(劉鳳翥 외 2003b). [出] 故1, 先64, 宋13, 玦41.

[闵丙] dʒohi.əi [出] 許22, 慈17. [校勘] 이 글자는 초본에 잘못 옮겨진 것이므로 "闵为"가 올바르다(即實 2012[校]).

[闵丙公] dʒohi.əi.d [出] 尚6. [校勘] 이 단어는 본래 2개의 글자(闵丙 公)이나 초본에는 잘못하여 하나로 합쳐져 있다(即實 2012[校]).

[闵圡本] dʒohi.ha.ar [出] 蒲1.

[闵圡出] dʒohi.ha.an [出] 清19.

[闵北] dʒohi.əl [出] 回23.

[闵本] dʒohi.ar [出] 宣28, 博13/17.

[闵及犳村] dʒohi.u.dʒi-n [동] 글을 짓다(撰)(即實 1996⑯, 劉鳳翥 2014b㊾). [出] 仁22, 仲44.

[闵及犳] dʒohi.u.dʒi [出] 仲8. [校勘] ☞ 闵及犳(即實 2012[校]).

[冈夊犳村] dʒohi.u.dʒi-n [동] ① 갖추다(具)(羅福成 1934c, 鄭紹宗 1973), ② 글을 짓다(撰)(研究小組 1977b, 清格爾泰외 1985, 劉鳳翥 2014b(52)). [出] 道8, 仲44. [校勘] ☞ 冈夊犳村 (即實 2012[校]).

[冈夊犳村 文夯木] dʒohi.u.dʒi-n ie.e.tʃi [명] 글을 지은 사람(撰寫人)(劉鳳翥 2014b(52)). [出] 仲44.

[冈叐] dʒohi.ir [동] ① "글을 짓다(撰)"의 과거형(愛新覺羅 2004a⑧, 劉鳳翥 2014b(52)), ② 작성하다(製), 서명하다(署)(即實 1996⑯). [出] 仲/先/宗/清/玦/特.

[冈叐村] dʒohi.ir-n [出] 先30.

[冈叐犳村] dʒohi.ir.dʒi-n [出] 尚9. [校勘] 이 글자는 초본에 잘못 옮겨진 것이므로 "冈夊犳村"이 올바르다(即實 2012[校]).

[冈为] dʒohi.a [出] 蒲2.

[冈为ち] dʒohi.a.al [出] 宗17, 弘22.

[冈为夹] dʒohi.a.an [出] 玦12.

[冈为本] dʒohi.a.ar [동] ① 글을 짓다(撰)(王静如 1935, 厲鼎煃 1954, 研究小組 1977b, 清格爾泰외 1985, 即實 1996⑯, 劉鳳翥 2014b(52)), ② "글을 짓다(撰)"의 과거시제 남성 완료형(愛新覺羅외 2012⑩). [出] 興/仁/道/宣/令/故/仲/先/宗/博/永/迪/弘/副/皇/宋/慈/智/烈/奴/高/圖/糺/清/尚/韓/玦/特.

[冈为出] dʒohi.a.an [명] 화합 · 조화(和諧)(即實 1996⑯). [出] 宣14/21, 梁16, 特22.

[冈为艾] dʒohi.a.adʒi [出] 興3, 道22, 皇23.

[冈为艾各] dʒohi.a.adʒi.as [出] 副21. [校勘] 이 글자는 초본에 잘못 옮겨졌으므로 "冈为艾炎"가 올바르다(即實 2012[校]).

[冈矢] dʒohi.tə [出] 奴30, 梁11, 尚10, 玦12.

[冈伏] dʒohi.in [동] ① 글을 짓다(撰)(蓋之庸외 2008, 劉鳳翥 2014b(52)), ② 만들다(製, 作)(即實 2012⑳). [出] 副5.

[冈仐北叐] dʒohi.s.əl.ir [出] 回22.

[冈仐尼] dʒohi.u.du [出] 回26.

[冈尒] dʒohi.d [出] 仁14. [校勘] 이 글자는 휘본 등에 잘못 옮겨진 것이므로 "曲炎"가 올바르다(即實 2012[校]).

[冈业舌中] dʒohi.l.ha.ai [동] ① 글을 짓다(撰)(豊田五郎 1991b, 劉鳳翥외 2006b), ② 제정하다(愛新覺羅 2004a⑦), ③ 기초하다, 헤아리다(擬)(即實 2012⑳). [出] 令/先/宗/慈/烈/道/糺/清/蒲.

[冈业舌各北] dʒohi.l.ha.as.əl [동] 글을 짓다(撰)(劉鳳翥외 2006b). [出] 糺23, 清4. [校勘] 이 글자는 초본에 잘못 옮겨진 것이므로 "西业舌各北"(승습하다, 연속하다)이 올바르다(即實 2012[校]).

[冈业舌为本] dʒohi.l.ha.a.ar [동] ① 제정하다(愛新覺羅 2004a⑦), ② 이름 짓다(命名)(愛新覺羅 2004a⑫) ③ 기초하다, 헤아리다(擬)(即實 2012⑳). [出] 弘9.

[冈业舌出] dʒohi.l.ha.an [出] 海10.

[冈业廾犳村] dʒohi.l.ʊ.dʒi-n [동] 글을 짓다(撰)(劉鳳翥외 2003b). [出] 弘27, 梁24, 特31.

[冈业列] dʒohi.l.qa [동] ① 글을 짓다(撰)(石金民외 2001, 劉鳳翥 2014b(52)), ② 편찬 · 집필하다(修纂)(即實 2012⑳). [出] 道/先/宗/副/奴/清.

[冈业列夹] dʒohi.l.qa.an [동] ① 글을 짓다(撰)(石金民외 2001), ② 만들다(造)(吉如何 2016). [出] 許56, 奴40.

[冈业州] dʒohi.l.od [出] 韓25. [校勘] 이 글자는 초본에 잘못 옮겨진 것으로 "冈业列"가 올바르다(即實 2012[校]).

[冈业为] dʒohi.l.a [出] 迪35.

[冈业□] dʒohi.l.? [出] 尚26. [校勘] 即實은 이 글자를 "冈业舌中"라고 기록하고 있다(即實 2012[校]).

[冈关] dʒohi.i [동] ① 글을 짓다(撰)(即實 1996④, 劉鳳翥 2014b(52)), ② 제작 · 제정하다(即實 1996③), ③ 서명하다(署)(即實 1996⑯), ④ 만들다(作), 시를 짓다(賦), 윤택하게 하다(洽), 모으다(合)(即實 2012⑳). [出] 許/仲/先/博/迪/皇/宋/梁/清/玦/回.

[冈炎] dʒohi.ər [出] 仁21. [校勘] 이 글자는 휘본 등에 잘못 옮겨진 것으로 "曲炎"가 올바르다(即實 2012[校]).

[冈尘炎] dʒohi.t.ər [出] 迪29.

囯 [발음] bə [原字번호] 309

[囯] bə [동] ① 호위하다(即實 1991b, 豊田五郎 2001), ② 경영하다(王弘力 1990). [형] 아름다움(美)(即實 2012⑳). [명] ① 나라(國)(羅福成 1934a/1934b, 鄭紹宗 1973), ② "몸(身體)"를 나타내는 표의자(表意字)(愛新覺羅외 2011, 吳英喆 2012a④, 愛新覺羅 2013b). [出] 興/仁/令/許/故/仲/先/海/博/涿/永/迪/弘/副/慈/智/烈/奴/圖/梁/糺/清/尚/韓/玦/回/特/蒲/榔/塔I.

[囯 屮业九] bə bur.əl.əg [명] 호위(護衛)(即實 1996⑯). [出] 先9.

[囯 屮业九 丞舟] bə bur.əl.əg tai.b [명](관제) 호위태보(護衛太保)(即實 1996⑯). [出] 先9.

> [遼史] **護衛太保(호위태보)**는 거란 북면 어장관계(御帳關系)에 속하는 관명이다. 북호위부는 북원 호위를 맡는데 왕태후궁에 좌 · 우호위가 있다. 관원은 북호위태사, 북호위태보, 북호위사도가 있다. 소속된 좌 · 우호위사를 통령하는데 좌호위사에는 좌호위태보와 좌호위가 있고, 우호위사에도 우호위

태보와 우호위가 있다. 남호위부는 남원 호위를 맡는데, 소속 사관(司官)은 북호위와 같다(金渭顯외 2012㊤).

[国丙刃] bə.əi.qa [出] 典9. [校勘] 이 글자는 휘본 등에 잘못 옮겨진 것("国"와 "丙"를 이어 쓰는 사례는 없음)이므로 "冈丙刃"가 올바르다(即實 2012㊔).

[国与] bə.en [出] 仲45, 弘24.

[国及] bə.u [명](인명) ① 兀欲(劉鳳翥 1993d), ② 骨欲(劉鳳翥 2014b⑰). [出] 先62/63. [校勘] 即實은 이 글자를 ≪先62≫에서는 "出及"라고 기록하고 있고, ≪先63≫에서는 뒤 원자들과 합쳐 "国及药村"이라고 기록하고 있다(即實 2012㊔).

[国及 乂勺] bə.u m.əg [명](인명) 骨欲・迷己(愛新覺羅 2010f, 劉鳳翥 2014b⑰). [出] 先62. [人物] ≪先誌≫ 주인 糺鄰查剌(1013~1072, 한풍명: 耶律仁先)의 장녀인 骨欲迷己를 지칭한다(愛新覺羅 2010f). [校勘] ☞ 出及 乂勺(即實 2012㊔).

[国及夾] bə.u.ur [出] 皇21.

[国及药] bə.u.dʒi [出] 烈32.

[国及药村] bə.u.dʒi-n [出] 圖18.

[国村] bə-n [出] 仲41/46, 慈11/15/26, 清16.

[国刃] bə.qa [형] 뛰어나다(杰)(即實 2012⑳). [出] 先/宗/迪/副/智/梁/韓/特.

[国刃刃行] bə.qa.q.omo [出] 迪29. [校勘] 이 단어는 초본에 옮기며 잘못 분할되고 합쳐졌는데, 뒤 원자들과 합쳐 "国刃 刃行北关"로 하여야 한다(即實 2012㊔).

[国矢] bə.tə [명] 작위(爵位)(王弘力 1986). [出] 典/許/仲/先/弘/智/糺/蒲.

[国矢关] bə.d.i [出] 智24.

[国仝北] bə.u.əl [出] 清26. [校勘] 이 글자는 초본에 잘못 옮겨진 것으로 "冈仝北"이 올바르다(即實 2012㊔).

[国仝艾] bə.u.sair [出] 先67. [校勘] ☞ 冈仝北(即實 2012㊔).

[国尖] bə.d [出] 先60, 烈12.

[国仌] bə.l- [用法] 동사의 어간으로 사용된다(愛新覺羅외 2012). [出] 特20.

[国仌北] bə.l.əl [出] 特20.

[国仌廾药村] bə.l.ʊ.dʒi-n [出] 永38. [校勘] 이 글자는 초본에 잘못 옮겨진 것이므로 "冈仌廾药村"이 올바르다(即實 2012㊔).

[国仌夯朩] bə.l.e.tʃi [동] ① 칭찬하여 기리다(即實 2012⑳), ② 밧줄 등으로 묶다(愛新覺羅 2017a). [出] 清20.

[国仌太丙] bə.l.gə.əi [出] 烈29.

[国仌及药] bə.l.u.dʒi [出] 回21.

[国仌及乃] bə.l.u.mur [出] 糺21. [校勘] 이 글자는 초본에 잘못 옮겨진 것(초서체를 잘못 씀)이므로 "国仌及药"가 올바르다(即實 2012㊔).

[国仌叉] bə.l.ir [명](소유격) 상(賞)의(即實 2012⑳). [出] 22/26, 玦38.

[国仌仝厺] bə.l.əs.ər [出] 先60. [校勘] 이 글자는 초본에 잘못 옮겨졌으므로 "冈仌仝厺"가 올바르다(即實 2012㊔).

[国仌仌太仌伏] bə.l.əl.gə.l.in [出] 博18.

[国仌仌太厺] bə.l.əl.gə.ər [出] 道22.

[国仌屮] bə.l.bur [명] 통(統), 종(宗)(即實 2012③). [명](인명) ① 兀里本(鄭曉光 2002), ② 訛里不(愛新覺羅 2004a⑫), ③ 勒卜(即實 2012⑦), ④ 鉢里不里(愛新覺羅 2013a). [出] 先1 66, 永24, 迪37. [用法] "国仌"의 과거시제 남성단수이다(=国仌舟叉)(愛新覺羅외 2012). [人物] ≪永誌≫ 주인 遙隱永寧(1059~1085)의 8촌 형제인 鉢里不里(十神奴의 손)를 지칭한다(愛新覺羅 2013a).

[国仌舟叉] bə.l.bu.r [동] 세상에 널리 퍼졌다(流傳)(即 1996①). [명](인명) ① 固勒本(即實 1996④), ② 訛里本(新覺羅 2003h), ③ 兀勒本(劉鳳翥외 2006a), ④ 夸勒賓(即 2012⑭), ⑤ 鉢里不里/鉢里本(愛新覺羅 2013a), ⑥ 兀里 (劉鳳翥 2014b㊱), [出] 道/許/慈/圖/清. [用法] "国仌"의 거시제 남성단수형이다(여기서 "舟叉"는 동일한 법적 의미를 지니는 표음자 "屮"와 바꾸어 쓸 수 다)(愛新覺羅외 2012).

> [人物] ① ≪許誌≫ 주인 乙辛隱斡特剌(1035~1104)의 둘째 사위(둘째 부인 소생인 차녀 福聖의 남편)인 訛里本 제실기(帝室己)를 지칭한다(愛新覺羅 2006a).
> ② ≪慈誌≫ 주인 鉢里本朝只(1044~1081)의 4촌 형제(숙부 蒲速宛雙古里 태위[太尉]의 아들)인 鉢里不里를 지칭하는데, 바로 해당 묘지(墓誌)를 옮겨 적은 인물(書丹者)이다(愛新覺羅 2013a).

[国仌舟伏] bə.l.bu.n [동] ① 위세를 부리다, 뽐내다(抖威)(王弘力 1986), ② 연접・연속하다(愛新覺羅 2004a⑤) [명] ① 황통(皇統, 금나라 제3대 희종황제 때의 연호로 기간은 1141~1149년이다)(鄭紹宗 1973, 王靜如 1973, 研究小組 1977b, 清格爾泰외 1978a/1985), ② (황)통(即實 1984 1996③/⑫, 劉鳳翥 1993d), ③ 皇族(盧迎紅외 2000). [명](인명 ① 訛里本(愛新覺羅 2003f)・郭里本(愛新覺羅 2006b)・回里本 (愛新覺羅 2010f)・鉢里本(愛新覺羅외 2011), ② 兀里本(趙 偉외 2001, 鄭曉光 2002, 劉鳳翥외 2006a), ③ 固勒本(即實 1996⑤)・夸勒本(即實 2012⑦/⑮), ④ 烏魯本(吳英喆 2012a② ④). [出] 興/道/宣/令/許/故/仲/先/宗/博/永/迪/副/皇/慈/蓋 慈/智/烈/奴/高/圖/梁/尚/玦/回/特/蒲. [用法] "国仌"의 과거시제 여성단수형(愛新覺羅외 2012). [用例] ① 令止

仐付伏 [t(d).əp ~] [동] 정통, 황통(皇統)(即實 1996⑥). [出] 仲21/22. ② **仌业 国仐付伏** [d.əp ~] [명] 황통(即實 2012⑳). [出] 博22.

> [人物] ①≪故銘≫ 주인 撻體낭자(1081~1115)의 맏언니 時時里부인의 남편인 固勒本·丹古倫 상공(相公)을 지칭한다(即實 1996⑤, 愛新覺羅 2010f).
>
> ②≪永誌≫에 등장하는 和尙奴 낭군(묘주 遙隱永寧의 증조부인 管장군의 형)의 손자 며느리인 夸勒本 낭자를 지칭한다(即實 2012⑦).
>
> ③≪慈誌≫의 주인인 鉢里本朝只(1044~1081)를 지칭한다(愛新覺羅 2013a). [參考] ☞ 묘주 및 묘지에 대한 자세한 내용은 "**丙药**"를 참조하라.
>
> ④≪智誌≫ 주인 烏魯本猪屎(1023~1094, 한풍명: 耶律智先)의 장남인 阿信의 부인 訛里本낭자를 지칭한다(愛新覺羅 2003h).
>
> ⑤≪回誌≫ 주인 回里堅何的(?~1080)의 장녀인 烏魯本을 지칭한다(吳英喆 2012a②).
>
> ⑥≪蒲誌≫ 주인 白隱蒲速里(1058~1104, 한풍명: 耶律思齊)의 차녀인 鉢里本을 지칭한다(愛新覺羅외 2011).

国仐付伏 朩㕣] bə.l.bu.n tʃ.ər [명](관제) 계속된 서리(署理)(即實 2012⑳). [出] 高15.

国仐付伏矢关] bə.l.bu.n.d.i [出] 迪28.

国仐付伏㕣] bə.l.bu.n.ər [동] 유전(流傳, 세상에 널리 퍼지다)(即實 1996⑥). [명] ① 황족(皇族)(盧迎紅외 2000), ② 통(統)을(愛新覺羅 2004a⑤). [出] 許29, 先54, 迪4, 尙12.

国仐几] bə.l.əg [出] 道20.

国仐冗药] bə.l.u.dʒi [出] 仲44. [校勘] ☞ **国仐冗药**(即實 2012校).

[国丬] bə.ia [出] 迪7. [校勘] 이 글자는 초본에 잘못 옮겨진 것이므로 "**用丬**"가 올바르다(即實 2012校).

[国关] bə.i [出] 仲48.

国关 冗北] bə.i.u.əl [出] 迪34. [校勘] 초본에는 이 글자가 하나로 합쳐져 있다(即實 2012校).

[国㕣] bə.ər [명](소유격) 찬(贊)의(即實 2012⑳). [出] 道/先/弘/智/烈/梁/尙. [參考] "찬(贊)"은 인물이나 사물을 찬양하는 내용을 담은 옛날 문체의 일종으로, 칭찬 또는 칭송에 해당한다.

国火仐伏] bə.d.əl.in [出] 宋13.

国火仐几] bə.d.əl.əg [出] 博17, 玦25.

[国尘] bə.d [동] 아름다운 일을 하다, 선을 지향하다(即實 2012⑰). [出] 道/仲/先/副/奴.

国尘对关] bə.d.q.odʒ [出] 迪38.

[国与] bə-n [명](소유격) 찬(贊)의(即實 2012⑳). [出] 先/海/博/皇/慈/烈/奴/玦/回.

冊

[발음] əl, il (吉如何 2015)
[原字번호] 310

[冊圶丙] il.gə.əi [出] 先33/38/41/49/50/63/65, 清22, 韓19.

[**冊圶夯**] il.gə.e [出] 先47. [校勘] 即實은 이 글자를 앞 원자들과 합쳐 "**令卡冊圶夯**"이라고 기록하고 있다(即實 2012校).

[**冊圶夯朩**] il.gə.e.tʃi [出] 先56/63, 智23. [校勘] 即實은 ≪先63≫에서는 이 글자를 앞 원자들과 합쳐 "**压火冊圶夯朩**"라고 기록하고 있다(即實 2012校).

[**冊圶叉**] il.gə.ir [出] 先65.

[**冊圶伏**] il.gə-n [出] 先48.

[**冊圶仐北**] il.gə.s.əl [出] 仲10, 先36/47/53.

[**冊圶仐叉**] il.gə.l.ir [出] 道24.

[**冊圶仐朩**] il.gə.l.tʃi [出] 先54.

[**冊圶㕣**] il.gə.ər [出] 先17/27/32/40/45/51/55, 智16.

[冊朩夯] il.tʃi.e [出] 仲25. [校勘] 이 글자는 초본에 잘못 옮겨진 것("**冊**"와 "**朩**"를 이어 쓰는 사례는 없음)이므로 "**癶朩夯**"가 올바르다(即實 2012校).

[**冊圶丙**] il.gə.əi [出] 令/許/故/先/宗/清.

[**冊圶北**] il.gə.əl [出] 許11, 故14, 先13.

[**冊圶与**] il.gə.en [出] 先13.

[**冊圶仐叉**] il.gə.l.ir [出] 先11/17, 玦29.

[**冊圶仐几**] il.gə.l.gə [出] 慈17, 清19.

[**冊圶仐几仌**] il.gə.l.gə.d [出] 回19.

[**冊圶㕣**] il.gə.ər [出] 許20/27, 先17/46.

[**冊圶夯朩**] il.gə.ə.tʃi [出] 宗36.

[**冊圶与**] il.gə.ən [出] 先18, 慈21, 圖18.

[**冊圶冗药**] il.gə.u.dʒi [出] 先11.

付

[발음] p, əb, b
[原字번호] 311

[付] p / əb / b [用法] 통상적으로 "방(幇)"계통 자음[예: 伯, 保, 驃]과 "병(幷)"계통 자음[예: 部, 僕]을 가진 한어차사의 초성(初聲) 자음으로 사용되며, 거란어 음절의 초성 자음으로도 사용된다(孫伯君외 2008). [出] 永/副/烈/奴/梁/蒲/魚II. [語法] 거란문은 초기에는 회골문의 표시방식처럼 "**业**" 하나로 [p]와 [pʰ]를 모두 표시하였으나, 시대를 지나면서 "**付**"와 "**业**"로 엄격히 구

분해 나갔다. 그 단계별 변화 등에 대하여는 "屮"의
설명을 참조하라(傅林 2013b).

[丹雨] b.in 借詞 ①"幽"을 나타내는 한어차사(研究
小組 1977b), ②"賓"을 나타내는 한어차사(劉鳳翥외 1981a).
出 許3, 仲5, 副15.

[丹雨 几火 几太] b.in g.ui g.uŋ 명(관제) "빈국공(幽
國公)"의 한어차사(研究小組 1977b, 清格爾泰외 1978a/1985).
出 仲5.

[丹雨 八糸] b.in k(h).jai 명 "빈객(賓客)"의 한어차사
(即實 1996⑯). 出 許3.

[丹丙] b.əi 出 仲26, 皇12. 校勘 即實은 ≪皇12≫에
서 이 글자를 "丹乃"라고 기록하고 있다(即實 2012㊼).

[丹丙州村] b.j.od.ən 出 清3. 校勘 ☞ 丹乃 火村(即實
2012㊼).

[丹丙车叐] b.əməg.ar.ir 出 仲46. 校勘 이 글자
는 초본에 잘못 옮겨진 것("丙"는 주로 글자 첫머리
에 등장함)이므로 탁본에 근거하여 "丹丙车叐"가 올
바르다(即實 2012㊼).

[丹丙车火] b.əməg.ar.i 出 圖23. 校勘 ☞ 丹丙车火(即
實 2012㊼).

[丹丙] b.al 出 海7, 尚19. 校勘 이 단어는 휘본 등
에 옮기며 잘못 분할되었는데, 각각 뒤 원자들과 합
쳐 "丹丙车火"≪海7≫와 "丹丙车与火"≪尚19≫로 하여
야 한다(即實 2012㊼).

[丹丙车] b.al.ar 出 宣18, 仲10.

[丹丙车与] b.al.ar.en 出 博26/31/38.

[丹丙车叐芴] b.al.ar.u.dʒi 出 玦24.

[丹丙车叐] b.al.ar.ir 出 玦36.

[丹丙车屮立为本] b.al.ar.əl.ha.a.ar 명 사랑·자비(慈)(即
實 2012⑩). 出 皇14.

[丹丙车屮廾芴] b.al.ar.əl.ʋ.dʒi 出 仲9.

[丹丙车火] b.al.ar.i 出 副39.

[丹丙车火] b.al.ar.ər 명 사랑·자비(慈)(即實 2012⑳). 出
仲19, 慈8, 奴28, 尚13/15.

[丹丙车芬杏] b.al.ar.ə.tʃi 명 사랑·자비(慈)(即實 2012
⑳). 出 弘28.

[丹丙车坐火] b.al.ar.d.gə 出 智17.

[丹丙车与] b.al.ar.ən 명 사랑·자비(慈)(即實 2012⑳). 出
先59, 梁12.

[丹丙本] b.al.tʃi 出 博21.

[丹丙公屮为火] b.al.d.əl.aq.ər 出 尚31. 校勘 이 글자는
초본에 잘못 옮겨진 것이므로 "丹丙车屮为火"가 올

바르다(即實 2012㊼).

[丹丙关] b.al.i 出 弘29. 校勘 이 글자는 초본에 잘
옮겨진 것이므로 "丹丙车火"가 올바르다(即實 2012㊼

[丹禾] b.is 出 仲26. 校勘 即實은 이 글자를 "
疢"이라고 기록하고 있다(即實 2012㊼).

[丹禾矢] b.is.tə 出 玦5.

[丹禾火] b.is.ər 出 許59. 校勘 即實은 이 글자를 "
卡火"이라고 기록하고 있다(即實 2012㊼).

[丹卡] b.us 出 特9.

[丹卡火] b.us.ər 出 許59.

[丹立夫与] b.ha.ali.ən 出 尚18.

[丹木] b.☒ 出 特25.

[丹村叐芴] b.☒.u.dʒi 出 玦9.

[丹杏] b.uni 出 先48/50, 副34.

[丹杏叐] b.uni.ir 出 慈17, 回10/18/25.

[丹杏火] b.un.ər 出 先11/40, 弘22, 玦14/22/39/41, 特1

[丹业引ち引] b.iaŋ.q.al.qa 出 梁12. 校勘 이
자는 초본에 잘못 옮겨진 것이므로 "丹业引ち引"
올바르다(即實 2012㊼).

[丹疢] b.ur 出 海6/8, 宋23, 特12. 校勘 이 단어
≪海6/8≫에서는 휘본 등에 옮기며 잘못 분할되었
데, 뒤 원자들과 합쳐 "丹疢屮立为出"로 하여야
다(即實 2012㊼).

[丹疢廾伏] b.ur.ʋ-n 형 빛나다(煌)(即實 2012⑩). 出 皇

[丹疢廾伏 冫] b.ur.ʋ-n b.ur.ʋ-n 형 밝게 빛나다(煌煌
(即實 2012⑩). 出 皇7.

[丹疢村] b.ur.ən 出 博17.

[丹疢仍伏] b.ur.ul.in 出 先42/43.

[丹疢屮立ち] b.ur.əl.ha.al 出 仲39.

[丹疢屮立丰] b.ur.əl.ha.ai 出 故20.

[丹土宎] b.əu.ur 出 皇22.

[丹土芴] b.əu.dʒi 出 玦9.

[丹比] b.əl 出 許31. 校勘 이 글자는 초본에 잘
옮겨진 것이므로 "丹化"가 올바르다(即實 2012㊼).

[丹比糸丙] b.əl.gə.əi 出 博33. 校勘 이 글자는 초본
잘못 옮겨진 것("丹"와 "比"을 이어 쓰는 사례는
음)이므로 "叔比糸丙"가 올바르다(即實 2012㊼).

[丹犬] b.jue 出 許54. 校勘 이 단어는 초본에
기며 잘못 분할되었는데, 뒤 원자들과 합쳐 "丹犬
火"로 하여야 한다(即實 2012㊼).

[丹犬达] b.jue.ur 出 弘26. 校勘 이 글자는 초본에

못 옮겨진 것으로 "**丹仄圠**"가 올바르다(即實 2012㉒).

丹火**伞**尖] b.jue.ts.iu 명 별서(別壻), 부인에 대한 호칭(即實 1996④). 出 許52/54, 智12. **用例** 別壻를 표현하는 단어는 "**丹**火**伞**尖" 외에도 "**业**火**伞**尖"와 "**业文伞**尖"가 있다(愛新覺羅 2006a).

참고 거란의 여성에 대한 존칭으로는 ① **乙林免**(을림면), ② **麿格**(마격), ③ **娘子**(낭자), ④ **別壻**(별서), ⑤ **夫人**(부인), ⑥ **令孃**(영양) 등이 있다(愛新覺羅 2006a). ☞ 보다 자세한 내용은 "**业**火**伞**尖"를 참고하라.

丹火**伞**尖 **刋火刋**] b.jue.ts.iu q.adʒu.qa 명 별서(別壻), 자기(自己)(即實 2012⑳). 出 許54.

丹火**伞**尖火] b.jue.ts.iu.un 명(소유격) 별서(別壻)의(愛新覺羅 2003f). 出 智15.

丹火**业**] b.jue.aŋ 出 仲38.

丹�] b.ar 명(씨족) 발리(拔里)씨, 소(蕭)씨(郭添剛 외 2009). 出 道35, 宣26, 尚2. **참고** ☞ 발리(拔里)에 대한 설명과 여타 표현방식에 대하여는 "**丹夲圣**"[b.ar.ir]와 "**业夲圣**" [p.ar.ir]를 참조하라.

丹夲村] b.ar.ən 出 先16, 智4.

丹夲村 北刋 朶圣关] b.ar.ən xu.uldʒi kita.ir.i 명(소유격) 발리부(拔里部)의(即實 2012⑳). 出 先16.

丹夲村 穴朩 北刋] b.ar.ən noi.tʃi xu.uldʒi 명(관제) 발리부(拔里部)의 이민(吏民)(即實 2012⑳). 出 智4.

丹夲圣] b.ar.ir 명(씨족) 발리씨(拔里氏), 소씨(蕭氏)(唐彩蘭 외 2002, 即實 2012④, 愛新覺羅 2013b). 出 弘/烈/奴/清/尚蓋/尚/特. **참고** "발리"는 국구대소옹장(國舅大小翁帳)과 국구이리필장(國舅夷離畢帳)의 성씨이다. 거란대자는 "**伒丆**"[barir]로 적는데, 거란소자는 "**丹夲圣**"나 "**业夲圣**"로 적는다. 모두 남성형이다(愛新覺羅 외 2012).

丹夲圣 丙刋] b.ar.ir tʃau.dʒi 명(인명) ① 拔里·旗幟(蕭旗幟)(劉鳳翥 외 2004a), ② 拔里朝只(愛新覺羅 2009a⑧), ③ 拔里氏 椿(即實 2012⑨). 出 烈9. **人物** 《烈誌》 주인 空寧敵烈(1034~1100, 한풍명: 韓承規)의 외조부(모친 阿睦葛 별서[別壻]의 부친)인 拔里朝只 태사(太師)를 지칭한다(愛新覺羅 2009a⑧).

丹夲圣 公用伏] b.ar.ir n.iŋ.in 명(인명) ① 拔里·寧寧(蕭寧寧)(劉鳳翥 외 2004a), ② 拔里寧隱(愛新覺羅 2009a⑧), ③ 발리씨(拔里氏) 寧訥(即實 2012⑨). 出 烈18. **人物** 《烈誌》 주인 空寧敵烈의 넷째 아들 渾不魯낭군의 장인(그 부인 安哥낭자의 부친) 拔里寧隱 재상(宰相)을 지칭한다(愛新覺羅 2009a⑧).

丹夲圣 吊兔 几芬] b.ar.ir tʃa.aŋ g.ə 명(인명) ① 拔里氏 常哥(即實 2012⑨), ② 拔里·尚哥(蕭尚哥)(劉鳳翥 2014b㉘). 出 奴26. **人物** 《奴誌》 주인 國隱寧奴의 장남

國隱(1071~?, 한풍명: 耶律珪)의 장인(부인 安保寧의 부친)인 발리씨(拔里＝蕭) 尚哥 선휘사(宣徽使)를 지칭한다(劉鳳翥 2014b㉘).

[**丹夲圣 搽**(**刋茶**)] b.ar.ir qutug 명(인명) ① 拔里·胡都古(蕭胡都古)(劉鳳翥 외 2004a), ② 拔里胡都古(愛新覺羅 2009a⑧), ③ 발리씨(拔里氏) 也才(即實 2012⑨). 出 烈15. **人物** 《烈誌》 주인 空寧敵烈(1034~1100, 한풍명: 韓承規)의 장인(부인 烏盧本 낭자의 부친)인 拔里胡都古 태사(太師)를 지칭한다(愛新覺羅 2009a⑧).

[**丹夲圣 搽**(**刋茶**)伏] b.ar.ir qutug.in 명(인명) ① 拔里·胡都董(劉鳳翥 외 2003b), ② 拔里胡突董(愛新覺羅 2010f), ③ 발리씨(拔里氏) 也先(即實 2012⑧). 弘6. **人物** 《弘誌》 주인 敎魯宛隗也里(1054~1086, 한풍명: 耶律弘用)의 외조부(모친 訛里 마격을림면[麿格乙林免]의 부친)인 발리씨(拔里) 胡突董滑哥(**万刋**, 한풍명: 蕭革) 추밀(樞密)을 지칭한다(愛新覺羅 2010f).

[**丹夲为夹**] b.ar.a.an 명 오른쪽(即實 1996⑰, 劉鳳翥 2014b㊼). **同源語** 서면몽골어의 [baraɣun], 중기몽골어의 [bara'un], 현대몽골어의 [baruːn]과 동일한 어원이다(大竹昌巳 2015c). 出 仲/宗/弘/副/故.

[**丹夲为夹 氷化**] b.ar.a.an u.ur 명 우면(右面), 오른쪽(即實 2012⑳). 명(관제) ① "선휘원(宣徽院)"의 약칭(即實 1996⑯), ② 우원(右院)(呼格吉樂圖 2017). 出 仲19.

[**丹夲为夹 氷化 伞火业 乆火村**] b.ar.a.an u.ur 명(관제) ·소유격) 우원선휘(右院宣徽)의(劉鳳翥 2014b㊼). 出 仲19. **校勘** 即實은 마지막 글자를 "**乆火村**"이라고 기록하고 있다(即實 2012㉒).

[**丹夲刋夹**] b.ar.ia.an 명 오른쪽(即實 1996⑰). **同源語** ☞ 위의 "**丹夲为夹**"를 참조하라. 出 奴14.

[**丹夲刋夹 氷化**] b.ar.ia.an u.ur 명 우면(右面), 오른쪽(即實 2012⑳). 出 奴14.

[**丹夲刋乑**] b.ar.ia-i 出 玦35/46.

[**丹夲刋乑 几又**] b.ar.ia-i g.im 명 우측 비탈(愛新覺羅 외 2015②). 出 玦35.

[**丹廾** 夰**圣**] b.ʊ.s.ir 出 梁12. **校勘** 이 글자는 초본에 잘못 옮겨진 것이므로 "**丹廾夰圣**"가 올바르다(即實 2012㉒).

[**丹廾丙**] b.ʊ.dʒi 出 許37. **校勘** 이 글자는 초본에 잘못 옮겨진 것이므로 "**今廾丙**"가 올바르다(即實 2012㉒).

[**丹廾反扎**] b.ʊ.o.ur 出 皇10.

[**丹亦**] b.ur 수 억(億)(即實 1990/1996①). 동 내리다(降下)(即實 1996①). 出 興/仁/許/永/烈/尚/韓.

[**丹亦 公叉**] b.ur d.im 형 매우 많다(即實 1996⑯). 出 興32.

[舟ち] b.al [出] 興/令/副/宋/智/烈/玦.

[舟ち 丙文] b.al əi.iæ [동] 시집가지 않고 집에 있다(即實 2012⑳). [出] 烈19.

[舟ち 文] b.al iæ [동] 시집가지 않고 집에 있다(即實 2012⑳). [出] 副28.

[舟ち 为出] b.al a.an [동] 가문을 열다(開户)(即實 2012⑳). [出] 梁2.

[舟ち圡为出] b.al.ha.a.an [出] 韓12.

[舟ち刄] b.al.aqa [명](인명) ① 巴剌葛(愛新覺羅 2004a⑫), ② 卜剌哥(即實 2012⑦), ③ 博里赫(劉鳳翥 2014b㉒). [出] 永23, 迪39. [人物] 《永誌》 주인 遙隱永寧(1059~1085)의 8촌 형제(聖光奴의 장손)인 巴剌葛낭군을 지칭한다(愛新覺羅 2004a⑫).

[舟ち为] b.al.a [出] 皇12.

[舟ち为出] b.al.a.an [명](인명) ① 拔懶(愛新覺羅외 2006), ② 婆姑(萬雄飛외 2008). [出] 梁2.

[舟ち为出 丙仌丆] b.al.a.an j.o.on [명](인명) ① 拔懶月椀(愛新覺羅외 2006), ② 婆姑·月椀(萬雄飛외 2008). [出] 梁2. [人物] 《梁誌》의 주인인 石魯隱朮里者(1019~1069, 한풍명: 蕭知微)의 6대조인 拔懶月椀 阿主를 지칭한다(愛新覺羅 2009a⑨).

[舟ち] b.dəu [出] 尚7. [校勘] 이 단어는 초본에 옮기며 잘못 분할되었는데, 앞 원자들과 합쳐 "公全舟夯"로 하여야 한다(即實 2012㉜).

[舟达文] b.ur.iæ [出] 宗23. [校勘] 即實은 이 글자를 "凡达夫"(여성이름이며 "□達日開"로 해석)라고 기록하고 있다(即實 2012①).

[舟夯] b.e [出] 仲9. [校勘] 이 단어는 초본에 옮기며 잘못 분할되었는데, 앞 원자들과 합쳐 "朩雨舟夯"로 하여야 한다(即實 2012㉜).

[舟夯朩] b.e.tʃi [出] 玦28.

[舟亥仐比] b.gə.s.əl [出] 特5.

[舟夬] b.qu [出] 仁26. [校勘] 이 글자는 초본에 잘못 옮겨진 것이므로 "舟文"가 올바르다(即實 2012㉜).

[舟朿] b.⑦ [出] 仁30.

[舟丰] b.ai [出] 韓16. [校勘] 이 글자는 초본에 잘못 옮겨진 것이므로 "为丰"가 올바르다(即實 2012㉜).

[舟丰比] b.ai.əl [出] 海6. [校勘] 이 글자는 휘본 등에 잘못 옮겨졌으므로 "舟号比"이 올바르다(即實 2012㉜).

[舟丰仆圡丰] b.ai.l.ha.ai [出] 特11.

[舟朩] b.ar [出] 興8, 先4, 副28, 慈13. [校勘] 即實은 《慈13》과 《副28》에서는 이 글자를 "万朩"이라고 기록하고 있다(即實 2012㉜).

[舟朩炏] b.ar.ər [出] 許45, 仲5, 先56. [校勘] 이 글자 초본에 잘못 옮겨진 것이므로 "舟号炏"가 올바르(即實 2012㉜).

[舟号比] b.jau.əl [出] 尚19.

[舟号与] b.jau.en [出] 博30.

[舟号仝] b.jau.ol [出] 先48. [校勘] ☞ 舟号炏(即實 2012

[舟号炏] b.jau.ər [동] ①~이다, ~이 되다(即實 2012 ②~이었다(愛新覺羅 2013b). [出] 先/弘/副/慈/奴/圖/梁/ 玦/特.

[舟号当] b.jau.ən [出] 仲19, 副34, 玦31.

[舟灵] b.u [借詞] ①"部, 保, 步, 布, 卜" 등을 나타는 한어차사(研究小組 1977b, 劉鳳翥외 1977, 劉鳳翥 200 ②"實"를 나타내는 한어차사(愛新覺羅외 2011). [동] ~다(愛新覺羅 2013b, 劉鳳翥 2014b㊷). [出] 許/故/先/海/迪/ /高/圖/梁/紀/清/韓/玦/筆.

[舟灵 乏火] b.u ʃ.iu [명](관제) "부서(部署)"의 한어 사(研究小組 1977b, 清格爾泰외 1978a). [出] 許9.

[舟灵 父] b.u ja [명](인명) 卜固(即實 2012⑫). [명](관 "복야(僕射)"의 한어차사(劉鳳翥 2014b㊷). [出] 高3. 《高誌》 주인 王寧高十(1015~?, 한풍명: 韓元佐)의 고 부인 迪里古魯(한풍명: 韓知古) 복야령공(僕射令公)을 칭한다(愛新覺羅 2010f). ☞ 韓知古(玉田韓氏)의 가계에 하여는 "愛新覺羅 2009a⑧"을 참고하라.

[舟灵 伞円 几亦] b.u ts.iŋ g.iun [명](관제) 보정군(靜軍)(即實 2012⑳). [出] 迪1.

[舟灵实] b.u.ur [명] 밖(外)(即實 2012⑳). [出] 令/先/道/ 清/玦.

[舟灵灵] b.u.u [借詞] "步"를 나타내는 한어차사(梁振 2003). [出] 圖10/11, 玦20.

[舟灵灵 乏火 伊公] b.u.u ʃ.iu ju.ən [명](관제) "부서 (部署院)"의 한어차사(愛新覺羅 2013b). [出] 玦20.

[舟灵灵 几亦村 火 厔炏] b.u.u g.iun-n ui dol.ər [명](제) ① 지보군사(知步軍事)(即實 2012⑥), ② 보군(步軍) 사지(事知)(劉鳳翥 2014b㊷). [出] 圖11.

[舟灵药] b.u.dʒi [出] 尚20.

[舟灵矢] b.u.tə [出] 烈18. [校勘] 即實은 이 글자를 " 灵矢"이라고 기록하고 있다(即實 2012㉜).

[舟灵伏] b.u-n [出] 先58.

[舟灵化] b.u.ur [出] 玦18.

[舟灵火炏] b.u.⑦.ər [出] 玦38.

[舟灵火] b.u.un [出] 玦20.

[舟灵火 舟力 血] b.u.un b.aqa qa [명] 가짜 소황제(

小汗)(即實 1996⑯). [出] 先14.

舟叐火㕛] b.u.un.ər [出] 玦10, 特12.

舟叐屮] b.u.bur [出] 先69. [校勘] 即實은 이 글자를 "舟叐巾"라고 기록하고 있다(即實 2012㉑).

舟叐火] b.u.ud [出] 先57. [校勘] 即實은 이 글자를 "舟及火"라고 기록하고 있다(即實 2012㉑).

舟叐子圡丬] b.u.dʒi.ha.ai [出] 許27. [校勘] 이 글자는 초본에 잘못 옮겨진 것으로 지석(誌石)에 근거하여 "舟及子圡丬"가 올바르다(即實 2012㉑).

舟刃] b.ir [出] 先66. [校勘] 이 글자는 휘본 등에 잘못 옮겨진 것이므로 "万本"가 올바르다(即實 2012㉑).

舟刃夾] b.ir.an [出] 特23.

舟刃杰火] b.ir.gə.un [出] 奴46. [校勘] 이 글자는 초본에 잘못 옮겨진 것("杰"와 "火"을 이어 쓰는 사례는 없음)이므로 "舟刃火火"가 올바르다(即實 2012㉑).

舟刃叐] b.ir.u [出] 奴31.

舟刃叐北] b.ir.u.du [出] 玦37.

舟刃叐火] b.ir.u.un [出] 皇24.

舟刃叐火叉] b.ir.u.un.ir [出] 仲43.

舟刃火] b.ir.iu [出] 特12.

舟刃火兆] b.ir.iu.ʂï [出] 許40.

舟刃关] b.ir.i [出] 先44, 特22.

舟刃㕛] b.ir.ər [出] 博9.

舟刃咨朱] b.ir.ï.do [出] 宗7. [校勘] 即實은 이 글자를 "舟刃叐火"이라고 기록하고 있다(即實 2012㉑).

舟刃当] b.ir.ən [出] 海13, 特32.

舟刃穴矜] b.ir.u.dʒi [出] 仲8.

舟村] b.ən [借詞] "本"을 나타내는 한어차사(劉鳳翥 외 2003b). [명](관제・소유격) □보(保)의(劉鳳翥 2014b㉜). [出] 副/皇/宋/慈/清/韓/蒲. [用例] [1] 犿火 舟村 杰圡 [tʃəu.uŋ b.ən tʃ.əu] [명](지명) "충본주(充本州)"의 한어차사(劉鳳翥 2014b㉜). [出] 皇2, 宋2. [2] 丞 舟村 [tai(dai) bu.n] [명](관제・소유격) 태보(太保)의(吳英喆 2012a④, 劉鳳翥 2014b㉜). [出] 慈13, 清13, 韓6, 蒲11.

舟叉] bu.r [用法] 형동사 남성 단수형의 과거시제 어미(=屮, 단수형은 "舟伏")(大竹昌巳 2016d). [出] 許39, 仲42, 糺22, 韓22. [校勘] 이 단어가 ≪許39≫에서는 초본에 옮기며 잘못 분할되었는데, 앞 원자들과 합쳐 "雨子舟叉"로 하여야 한다(即實 2012㉑).

舟子] b.os / pɛ.tʃu [명] 별서(別胥, 거란인 여성에 대한 존칭 중 하나이다)(吳英喆 2012a②). [出] 梁24, 回5/6. [校勘] 이 글자가 ≪梁24≫에서는 초본에 잘못 옮겨진 것이므로 "舟寸"가 올바르다(即實 2012㉑). [用例] 원래 별서(別胥)를 표현하는 단어는 "业芡伞火", "业文伞火" 및 "舟艾伞火" 등인데(愛新覺羅 2006a), 吳英喆은 舟子의 음가[pɛ.tʃu]가 业芡伞火 [p.jue.ts.iu]와 유사하다는 이유로 별서라고 해독하고 있다(吳英喆 2012a②).

> [参考] 거란의 여성에 대한 존칭으로는 ① 乙林免(을림면), ② 麼格(마격), ③ 娘子(낭자), ④ 別胥(별서), ⑤ 夫人(부인), ⑥ 令孃(영양) 등이 있다(愛新覺羅 2006a). ☞ 보다 자세한 내용은 "业芡伞火"을 참고하라.

[舟子村] b.os.ən [出] 清2. [校勘] 이 글자는 초본에 잘못 옮겨진 것이므로 "舟寸村"이 올바르다(即實 2012㉑).

[舟列本] b.aqa.ar [出] 仲27. [校勘] 即實은 이 글자를 "舟列出"이라고 기록하고 있다(即實 2012㉑).

[舟列出] b.aqa.an [명] ① 자녀(實玉柱 1990b, 呂振奎외 1992, 劉鳳翥 1993d), ② 자사(子嗣, 대를 이을 아들)(王弘力 1986), ③ 아들들(即實 1996⑯), ④ "舟分"의 복수형(Kane 2009), ⑤ 남・여아, 아이들(劉鳳翥 2014b㉜). [出] 仁/令/許/故/仲/先/宗/海/博/涿/永/迪/弘/副/皇/宋/慈/智/烈/奴/高/圖/梁/糺/清/尚/韓/玦/回/特/蒲.

[舟列出村] b.aqa.an-n [出] 尚8.

[舟列出㕛] b.aqa.an.ər [명] 자녀, 자사(子嗣, 대를 이을 아들)(劉浦江외 2012). [出] 先57, 弘8, 玦9.

[舟列出㕛关] b.aqa.an.ər.i [동] 아들을 두다(即實 2012⑨). [出] 烈10, 尚8, 特9.

[舟列□] b.aqa.? [出] 許56. [校勘] 即實은 이 글자를 "舟列出"이라고 보정하고 있다(即實 2012㉑).

[舟丸叐] b.au.u [借詞] "鮑"를 나타내는 한어차사(大竹昌巳 2016b). [出] 特32.

[舟丸叐 叉圡 尖寸夾] b.au.u ʃ.əu ŋ.ia.an [명](인명・소유격) 鮑叔牙의("포숙아[鮑叔牙]"는 춘추시대 제나라의 대부[大夫]이다)(吳英喆 2012a③). [出] 特32.

[舟丸平圡为本] b.au.ul.ha.a.ar [出] 道19.

[舟朩] bə.tʃ [用法] 형동사 복수형(단수형은 舟叉, 舟伏)의 과거시제 어미(=匇)(大竹昌巳 2016d).

[舟分] b.aqa [명] ① 자녀(劉鳳翥 1993d/2014b㉜, 劉鳳翥외 2009, 吳英喆 2012a①), ② 아들(即實 1996⑯), ③ 딸(愛新覺羅외 2011). [同源語] 서면몽골어의 [baɣa], 중기몽골어의 [baga], 현대몽골어의 [bag](작은, 어린, 젊은), 다호르어의 [batʃi:kən](작은, 조그만), 일본어의 [wakasi(←baga)](젊은, 어린)가 동일한 어원이다(愛新覺羅외 2011, 大竹昌巳 2013a). [出] 興/仁/道/宣/令/許/故/仲/先/宗/海/博/涿/永/迪/弘/副/皇/宋/慈/智/烈/奴/高/室/圖/梁/糺/清/尚/

韓/玦/回/特/蒲. [用例] 卞 㑇为 [ai b.aqa] [명] 남자 아이(呼格吉樂圖 2017). [出] 韓11.

[㑇为 䖝] b.aqa qa [명] 자황(子皇, 아들 황제)(即實 1996⑯). [出] 仁16.

[㑇为 䖝 尔关] b.aqa qa ?.i [명] 자황자후(子皇子后, 아들 황제와 황후)(即實 1996⑯). [出] 仁16.

[㑇为 圣夂伏] b.aqa ʧur.ug.in [명] 사위(子婿)(即實 1996⑯). [出] 令9.

[㑇为 九] b.aqa ilim [명] 손녀(劉鳳翥 2014b㊾). [出] 尚23. [校勘] 即實은 두 번째 글자를 "丸"이라고 기록하고 있다(即實 2012㊈).

[㑇为 业及子䖝木] b.aqa p.o.os.ha.ar [동] 아들처럼 여기다(即實 2012⑳). [出] 宗5.

[㑇为 㑇刄出] b.aqa b.aqa.an [명] 아들의 아들, 손자들(即實 1996⑯). [出] 仲27.

[㑇为 㑇化] b.aqa b.ir [명] 먼 손주(即實 1996⑯). [出] 故3.

[㑇为矢] b.aqa.tə [出] 許5, 先69, 玦9/12.

[㑇为矢关] b.aqa.d.i [出] 永27.

[㑇为公㑇尘] b.aqa.d.bu.t [명](관제) 집자례(執子禮)(愛新覺羅 2004a⑧). [出] 道11.

[㑇为火] b.aqa.iu [명] 아이(愛新覺羅 2004a⑩). [出] 先57, 博31, 玦36/38, 特26. [校勘] 即實은 《先57》에서는 이 글자를 두 글자(㑇为 火)로 나누어 기록하고 있다(即實 2012㊈).

[㑇为火关] b.aqa.iu.i [出] 博25.

[㑇为关] b.aqa.i [出] [명](소유격) 아들의(即實 1988b, 劉鳳翥 1993d). [出] 興/道/宣/令/許/故/仲/先/博/永/迪/弘/副/慈/烈/奴/高/室/梁/糺/清/尚/韓/玦/蒲.

[㑇为关 㑇为] b.aqa.i b.aqa [명] 아들의 아들, 손주(即實 1988b/1996⑯, 劉鳳翥외 2009, 劉鳳翥 2014b㊾). [出] 道7, 令9, 慈6.

[㑇为关 㑇刄出] b.aqa.i b.aq.an [명] 아들의 아들, 손주들(即實 1996⑯). [出] 仲30.

[㑇为关 关化] b.aqa.i i.ir [명] 어릴 때의 이름(즉, "소명[小名]"을 말한다)(劉鳳翥외 2009, 이성규 2013a, 劉鳳翥 2014b㊾). [出] 弘2, 副3.

[㑇欠仒伏]
b.ugu.l.in [出] 許23. [校勘] 이 글자는 초본에 잘못 옮겨진 것으로 지석에 근거하여 "㑇欠化伏"가 올바르다(即實 2012㊈).

[㑇欠闲关] b.ugu.ol.i [出] 仲38.

[㑇欠火当] b.ugu.ud.ən [出] 奴44. [校勘] 초본에는 이 글자가 둘(㑇欠 火当)로 나뉘어 있다(即實 2012㊈).

[㑇夂]
b.ug [借詞] "僕"을 나타내는 한어차사(研究小組 1977b, 劉鳳翥외 1977). [出] 故2, 皇2, 宋2.

[㑇夂 丙文] b.ug j.jæ [명](관제) "복야(僕射)"의 한어차사(研究小組 1977b, 清格爾泰외 1978a). [出] 故2.

[㑇夂长北] b.ug.us.əl [出] 韓21. [校勘] 即實은 이 글자를 "㑇夂长北"이라고 기록하고 있다(即實 2012㊈).

[㑇冬]
b.as [부] ① 또(王弘力 1984/1986, 劉鳳翥외 200… ② 다시(愛新覺羅 2005b), ③ 및(即實 1996⑯). [同源語] "또" "다시"를 의미하는 다호르어의 [bas], 서면몽골어 … 중기몽골어의 [basa], 현대몽골어의 [bas], 만주어… [basa] 등과 동일한 어원이다(吳維외 1999, Kane 2009, … 竹昌巳 2015c). [出] 興/仁/道/令/許/故/仲/先/宗/博/迪/副/皇/宋/慈/烈/奴/高/圖/梁/糺/尚/韓/玦/回/特.

[㑇冬 令勺] b.as t.ug [동] 또한 말하기를(劉鳳翥 201… ㊾). [出] 副32.

[㑇冬叉] b.as.ir [出] 仲33.

[㑇冬刄] b.as.aqa [出] 許27, 仲2/49, 烈31.

[㑇冬刄兲] b.as.aqa.an [出] 宣24.

[㑇冬伏] b.as.in [出] 仁26.

[㑇冬仒刄] b.as.əl.aq [出] 興34.

[㑇乃] b.am [出] 許/仲/先/副/皇/玦.

[㑇乃关] b.am.i [出] 博25/43.

[㑇及]
b.o [出] 許16/29/50, 清23. [校勘] 이 단어… 《許誌》에서는 초본에 옮기며 잘못 분할되었는데 각각 뒤 원자들과 합쳐 "㑇及子北"《許16》, "㑇及子䖝木"《許29》 및 "㑇及闲仒伏"《許50》으로 하여야 한다(即實 2012㊈).

[㑇及子] b.o.os [동] ~이 되다(大竹昌巳 2016e). [同源語] 서면・중기몽골어의 [bol-], 현대몽골어의 [bɔlǒx]와 동일한 어원이다(大竹昌巳 2016e).

[㑇及子䖝卞] b.o.os.ha.ai [出] 副20, 慈7.

[㑇及子䖝木] b.o.os.ha.ar [동] 건립하다(即實 1996⑯). [出] 許13.

[㑇及子䖝为木] b.o.oaha.a.ar [出] 慈24. [校勘] 即實은 이 글자를 "业及子䖝为木"로 기록하고 있다(即實 2012㊈).

[㑇及子北] b.o.os.əl [동] ① 벼슬을 내리다(拜)(蓋之庸… 2008, 劉鳳翥 2014b㊾), ② ~에 제수하다(除), 기용하다(起), 출사하다(即實 1988b), ③ ~에 임명되다(成爲)(劉鳳翥 2014b㊾). [出] 許9, 副19.

[㑇及子伏] b.o.os.in [동] ① 벼슬을 내리다(拜)(蓋之庸… 2008, 劉鳳翥 2014b㊾), ② ~에 임명되다(成爲)(劉鳳翥 2014… ㊾). [出] 副5.

[㑇及子屮] b.o.os.bur [동] ① 벼슬을 내리다(拜)(劉鳳翥 2006a), ② ~에 임명되다(成爲)(劉鳳翥 2014b㊾). [出] 許…

副20, 梁8, 高23. [校勘] 即實은 《副20》과 《高23》에서는 이 글자를 "**业及子屮**"라고 기록하고 있다(即實 2012㉞).

[**舟及子关**] b.o.os.i [동] ~에 임명되다(成爲)(大竹昌巳 2005c). [出] 特34.

[**舟及犭**] b.o.dʒi [出] 尚9. [校勘] 이 글자는 초본에 잘못 옮겨진 것이므로 "**舟及子叉**"가 올바르다(即實 2012㉞).

[**舟及平北**] b.o.?.əl [동] ~에 임명되다(成爲)(大竹昌巳 2005c). [出] 特22.

[**舟及买北**] b.o.niar.əl [동] ~이 되다(成)(愛新覺羅 2004a⑧). [出] 許9/19, 副32. [校勘] 이 글자는 초본에 잘못 옮겨진 것이므로 "**舟及子北**"이 올바르다(即實 2012㉞).

[**舟及仐**] b.o.ol [동] ①~에 제수하다(除)(劉鳳翥외 1995, 即實 1996⑯), ②~이 되다(成)(王弘力 1986, 即實 1990/1996⑯), ③~에 임명되다(成爲)(劉鳳翥 2014b㊷). [出] 許/許/副/慈/梁.

[**舟及闲仐叉**] b.o.ol.l.ir [동] ①벼슬을 내리다(拜)(劉鳳翥 2006a), ②~으로 제수하다(任除)(即實 1996④), ③~에 임명되다(成爲)(劉鳳翥 2014b㊷). [出] 許60, 副5.

[**舟及田仐叉**] b.o.bə.l.ir [出] 許48. [校勘] 即實은 이 글자를 "**舟及闲仐叉**"이라고 기록하고 있다(即實 2012㉞).

[**舟及内**] b.o.on [동] ~이 되다(成)(即實 1996⑯). [出] 許45.

[**舟及九当**] b.o.g.oŋ [명](인명) ①步恭(愛新覺羅외 2011), ②波空(即實 2012⑭). [出] 淸13. [人物] 《淸誌》 주인 奪里懶太山(1029~1087, 한풍명: 蕭彦弼)의 장남 摩散別里(蕭昕) 태보(太保)의 셋째 부인 步恭낭자를 지칭한다(愛新覺羅외 2011).

[**舟及平去木**] b.o.ul.ha.ar [出] 許13. [校勘] 即實은 이 글자를 "**舟及子去木**"이라고 기록하고 있다(即實 2012㉞).

[**舟及平北**] b.o.ul.əl [동] ~에 임명되다(成爲), ~자리에 세우다(起立), ~으로 제수하다(任除)(即實 1996④). [出] 許7, 副36. [校勘] ☞ **舟及子北**(即實 2012㉞).

[**舟及□仐**] b.o.?.l [出] 許60. [校勘] 即實은 이 글자를 "**舟及闲仐叉**"라고 기록하고 있다(即實 2012㉞).

[**舟九**] b.ilim [出] 玦22.

[**舟九叉**] b.ilim.ir [出] 博29, 副34.

[舟生]
b.abu [出] 許53. [校勘] 이 단어는 초본에 옮기며 잘못 분할되었는데, 앞 원자들과 합쳐 "**木仐舟生**"로 하여야 한다(即實 2012㉞).

[舟朩]
b.jai [借詞] "伯"을 나타내는 한어차사(研究小組 1977b). [出] 故2, 博22. [用例] **X丰 九火 舟朩** [k(h).ai g.ui b.jai] [명](관제) "개국백(開國伯)"의 한어차사(淸格爾泰외 1978a/1985).

[舟万]
b.? [出] 仲27. [校勘] 即實은 이 글자를 "**舟万**"라고 기록하고 있다(即實 2012㉞).

[**舟朱村**] b.od.ən [出] 玦28.

[**舟矢**] b.tə [出] 奴21, 韓7/11.

[舟伏]
bu.n [用法] ①자동사 어근에 붙여 사용하는 과거시제 접미사이다(동일한 기능을 가진 접미사로는 "**舟叉·屮·分**"가 있다)(愛新覺羅외 2004a⑧), ②형동사 여성단수의 과거시제 어미(남성단수는 "**舟叉·屮**"이다)(大竹昌巳 2016d), ③"재귀·소유격" 의미를 가지는 부가성분이다(吳英喆 2013c). [出] 仲28, 先55/67.

[**舟伏叉**] b.in.ir [出] 特31.

[**舟伏关**] b.in.ər [出] 許53, 特21. [校勘] 即實은 《許53》에서 이 글자를 앞 원자들과 합쳐 "**雨子舟伏关**"이라고 기록하고 있다(即實 2012㉞).

[**舟仍关**] b.ul.i [出] 回10.

[舟化]
b.ir [명] 아이의 닐칭(昵稱, 별명)(即實 1996⑤). [出] 許/故/先/副/宋/智/烈/韓/特/蒲.

[**舟化 土当**] b.ir mə.ən [동] 가문을 열다(開户)(即實 2012⑳). [명] 유명(乳名, 어릴 때의 이름)(愛新覺羅 2003e). [出] 迪5, 慈3.

[**舟化木**] b.ir.ar [出] 許47.

[**舟化刃**] b.ir.qa [出] 皇24.

[舟化]
b.ur [出] 許18. [校勘] 이 글자는 초본에 잘못 옮겨진 것으로 지석(誌石)에 근거하여 "**夃化**"가 올바르다(即實 2012㉞).

[舟八出]
bu.bai.an [出] 許50. [校勘] 이 글자는 초본에 잘못 옮겨진 것이므로 "**舟刃出**"이 올바르다(即實 2012㉞).

[舟仐北]
b.əs.əl [出] 先54. [校勘] 即實은 이 글자를 "**丹仐北**"이라고 기록하고 있다(即實 2012㉞).

[**舟余犭**] b.ugu.dʒi [出] 尚20.

[舟令]
b.əd [명] 산등성이, 고개, 언덕(岡)(即實 2012⑳). [出] 梁28.

[舟分]
b.ud [出] 糺19. [校勘] 이 글자는 초본에 잘못 옮겨진 것이므로 앞 원자들과 합쳐 "**令仐舟夯**"이 올바르다(即實 2012㉞).

[舟仌]
b.o [出] 許23. [校勘] 이 단어는 초본에 옮기며 잘못 분할되었는데, 뒤 원자들과 합쳐 "**舟仌夯当**"으로 하여야 한다(即實 2012㉞).

[**舟仌火**] b.o.ui [명] 측실(側室, 첩)(即實 2012③/⑤). [명](씨족) ①포위(布尉), 포외(布隗)(愛新覺羅 2003i), ②복외(僕隗)(愛新覺羅 2006a). [出] 迪7, 智7. [參考] "복외(僕隗)"

는 모두 여성형으로만 출현하는데, **业仌赤·业卅火·舟仌火** 등이다(愛新覺羅외 2012).

[**舟公**] b.əd [出] 興28.

[**舟公伏**] b.d.in [出] 特6.

[**舟仝欠亥**] b.ol.gu.ur [出] 許56. [校勘] 即實은 이 글자를 "**舟仝欠亥**"이라고 기록하고 있다(即實 2012[校]).

[**舟仐杰丙**] b.əl.gə.əi [出] 特17.

[**舟仐叐犳**] b.əl.u.dʒi [出] 仲12.

[**舟仐犳**] b.əl.dʒi [出] 許39. [校勘] 이 글자는 초본에 잘못 옮겨진 것으로 지석에 근거하여 "**舟仐犭**"가 올바르다(即實 2012[校]).

[**舟仐公丙**] b.əl.ən.əi [出] 先45. [校勘] 即實은 이 글자를 "**舟仐杰丙**"이라고 기록하고 있다(即實 2012[校]).

[**舟业**] b.aŋ [出] 梁6. [校勘] 이 단어는 초본에 옮기며 잘못 분할되었는데, 뒤 원자와 합쳐 "**舟业车**"로 하여야 한다(即實 2012[校]).

[**舟业车**] b.aŋ.ar [동] 모으다, 합치다(即實 2012⑳). [出] 道/令/先/慈/玦/回/特.

[**舟业犭ち犭火**] b.aŋ.q.al.q.iu [出] 副21.

[**舟业犭キ**] b.aŋ.q.ai [동] ① 닦다(羅福成 1934j, 鄭紹宗 1973), ② 깨우치다(黃振華 1985a), ③ 명하다(劉鳳翥 2014b㊷). [出] 郎3, 仲39.

[**舟业犭本**] b.aŋ.q.ar [동] ① 명하다(愛新覺羅 2004a⑦), ② 모으다·거두어들이다(聚), 여물다·익다(稔)(即實 2012⑳). [出] 道17, 宣14.

[**舟业犭叐犳**] b.aŋ.q.u.dʒi [出] 宋21.

[**舟业关**] b.aŋ.i [出] 許49. [校勘] 이 글자는 초본에 잘못 옮겨진 것으로 지석에 근거하여 "**犭业关**"가 올바르다(即實 2012[校]).

[**舟火刃**] b.iu.ir [出] 梁15.

[**舟火圧**] b.iu.jar [出] 回16.

[**舟出**] b.an [出] 海12, 副12, 韓26, 塔I-2. [校勘] 이 글자는 휘본 등에 잘못 옮겨진 것이므로 "**犭出**"《海12》와 "**为出**"《副12》/《韓26》이 올바르다(即實 2012[校]).

[**舟用**] b.il [出] 故21, 智17.

[**舟用吞**] b.il.is [出] 許39, 慈23.

[**舟用仍**] b.il.ta [出] 仲43. [校勘] 이 글자는 초본에 잘못 옮겨진 것("**仍**"는 단어의 중간이나 끝에는 오지 않음)이므로 "**舟用仍**"가 올바르다(即實 2012[校]).

[**舟用仍**] b.il.ta [명] 과부(即實 2012⑳). [出] 許/仲/博/涿/慈/智/韓/玦.

[**舟用仍村**] b.il.ta-n [出] 先26/69.

[**舟同夹**] b.iŋ.ul [出] 先24. [校勘] 即實은 이 글자를 "**舟为夹**"이라고 기록하고 있다(即實 2012[校]).

[**舟冈出**] b.dʒohi.an [出] 許47. [校勘] 即實은 이 자를 "**舟犭出**"이라고 기록하고 있다(即實 2012[校]).

[**舟丹叐乃**] b.tum.u.mur [出] 特26.

[**舟业车**] b.æn.ær [出] 玦11.

[**舟文**] b.iæ [出] 海9. [校勘] 이 글자는 휘본 등에 못 옮겨진 것이므로 "**舟文**"이 올바르다(即實 2012[校]).

[**舟交**] b.iæ [出] 許9, 智19. [校勘] 이 글자가 《許9》에서는 초본에 잘못 옮겨진 것으로 지석에 근거여 "**朩叉**"가 올바르다(即實 2012[校]).

[**舟交夯**] b.iæ.æn [借詞] "汴"을 나타내는 한어차사(愛新羅 2004a⑫). [出] 博39.

[**舟交夯 公叐**] b.iæ.æn n.u [명](인명) ① 汴奴(愛新覺 2004a⑫), ② 邊奴(即實 2012②). [出] 博39. [人物] 《博誌》 주인 習輦(1079~1142)의 장남인 汴奴(요절했다)를 지 한다(愛新覺羅 2010f).

[**舟交夯矢**] b.iæ.æn.tə [명](지명·향위격) 변(汴)에(朱志 1995, 劉鳳翥외 1995). [出] 博18.

[**舟交仝**] b.iæ.æm [借詞] "判"을 나타내는 한어차사(梁 晶 2003). [出] 圖10. [用例] **方火 舟交仝** [tu.uŋ b.iæ.æ [명](관제) 통판(通判)(劉鳳翥외 2008a).

[**舟交业**] b.iæ.aŋ [형] 풍부하다, 성하다, 번성하다(即 1990). [出] 道13.

[**舟穴矢**] b.noi.ul [出] 仲25. [校勘] 이 글자는 초에 잘못 옮겨진 것이므로 "**舟火矢**"이 올바르다(即 2012[校]).

[**舟九**] b.əgi / əb.əg [出] 許22, 先38. [校勘] 即實은 글자를 각각 "**舟九朩村**"《許22》와 "**刃九**"《先38》라 기록하고 있다(即實 2012[校]).

[**舟九 由叉**] b.əgi bəl.ir [出] 興10. [校勘] 초본에는 글자가 하나(**舟九由叉**)로 합쳐져 있다(即實 2012[校]).

[**舟九村**] b.əgi-n [出] 海7. [校勘] 이 단어는 휘본 등 옮기며 잘못 분할되었는데, 앞 원자들과 합쳐 "**叉**用九村"로 하여야 한다(即實 2012[校]).

[**舟九朩**] b.əgi.tʃi [명](인명) ① 李吉只, 別乞(韓寶興 199 豊田五郎 1991b, 即實 1996⑥), ② 勃吉只(即實 1996⑯). [出] 先29/30/31/32/33. [人物] 《先誌》에 등장하는 李吉 라는 인물로 성종(聖宗)의 둘째아들인 耶律重元의 아란이름이다(即實 1996⑥).

[**舟九朩村**] b.əg.tʃi-n [명](인명·소유격) ① 李吉只의(寶興 1991, 豊田五郎 1991b), ② 勃吉只의(即實 1996⑯). [出]

先30/34/36, 迪17.

[丹九伏] b.əg.in / əb.əg.in 명(관제) 패근(孛堇, 부족의 우두머리를 말한다)(即實 1996⑥). 명(인명) ① 孛堇(匀德實의 字)(愛新覺羅 2003f), ② 阿保謹(劉浦江 2006, 大竹昌已 2015c), ③ 保格寧(劉鳳翥 2014b⑰), ④ 乙不董(愛新覺羅외 2015⑧). 出 先2/3.

[丹九伏 火丹] b.əg.in ?.tum 명(인명) 孛堇·匀德實(即實 1996⑥, 愛新覺羅 2003f). 出 先3. 人物 《先誌》의 주인 糺鄰査剌(1013~1072, 한풍명: 耶律仁先)의 7대조인 孛董·匀德實 이리근(태조 야율아보기의 조부이다. 중희 21년(1050)에 현조황제[玄祖皇帝]로 추존되었다)을 지칭한다(愛新覺羅 2003f/2010f).

[丹习村] b.ia-n 명(소유격) 몸(身體)의(即實 2012⑳). 出 許56.

[丹关] b.i 出 糺12. 校勘 이 단어는 초본에 옮기며 잘못 분할되었는데, 앞 원자들과 합쳐 "**火为刃关**"로 하여야 한다(即實 2012(校)).

[丹火为] bu.k(h).a 出 先52. 校勘 이 글자는 휘본 등에 잘못 옮겨진 것이므로 "**丹欠为**"가 올바르다(即實 2012(校)).

[丹炏] b.ər 出 許63. 校勘 이 단어는 초본에 옮기며 잘못 분할되었는데, 앞 원자들과 합쳐 "**公仐丹炏**"로 하여야 한다(即實 2012(校)).

[丹火及药] b.ud.u.dʒi 出 梁12. 校勘 即實 등은 이 글자를 "**丹火及药**"라고 기록하고 있다(即實 2012(校), 劉鳳翥 2014b).

[丹火炏] b.ud.ər 出 梁14.

[丹火当] b.uŋ.ən 出 許57. 校勘 이 글자는 초본에 잘못 옮겨진 것으로 지석에 근거하여 "**丹火当**"가 올바르다(即實 2012(校)).

[丹炏力] b.ə.qa 出 許14.

[丹炏炏] b.ə.ər 조 ~이다(是矣)(即實 2012⑳). 出 尚32.

[丹炏] bu.gə 出 許18.

[丹炏半九为术] bu.gə.l.g.a.? 出 興4. 校勘 이 단어는 본래 2개의 글자(**丹炏半九 为术**)이나 휘본 등에는 잘못하여 하나로 합쳐져 있다(即實 2012(校)).

[丹尘] bu.t 出 特12, 圓5. 校勘 이 글자는 초본에 잘못 옮겨진 것이므로 "**反尘**"가 올바르다(愛新覺羅외 2011).

[丹尘冗火] bu.t.u.ui 出 皇12.

[丹当] b.ən 명 아들(即實 1996⑯). 出 仲28, 先21.

[丹当] b.iau 借詞 "驃"를 나타내는 한어차사(研究小組 1977b). 出 仲19, 先24. 校勘 이 단어가 《先24》에서는 초본에 옮기며 잘못 분할되었는데, 앞 원자들과 합쳐 "**丹刃火尼关**"로 하여야 한다(即實 2012(校)).

[丹当 九关关 久平 仐卅 九亦] b.iau g.i.i da.ai s.iaŋ g.iun 명(관제) "표기대장군(驃騎大將軍)"의 한어차사(研究小組 1977b, 清格爾泰외 1978a/1985). 出 仲19.

[丹平] b.ul 出 許19. 校勘 이 단어는 초본에 옮기며 잘못 분할되었는데, 뒤 원자들과 합쳐 "**丹平及化**"로 하여야 한다(即實 2012(校)).

[丹平及] b.ul.u 出 仲49, 弘30. 校勘 이 글자는 초본에 잘못 옮겨진 것으로 탁본에 근거하여 "**丹平久**"가 올바르다(即實 2012(校)).

[丹平冗尼] b.ul.u.du 出 許43.

[丹冗] b.u 借詞 "部"를 나타내는 한어차사(研究小組 1977b). 出 仲/海/副/高/梁.

[丹冗夾] b.u.ur 명 밖(外)(即實 2012⑳). 出 許33/50/61, 弘15/16.

[丹冗及] b.u.u 借詞 "部"를 나타내는 한어차사(陳乃雄외 1999). 出 弘8. 用例 **九火 丹冗及 吊気 叉火** [g.uŋ b.u.u tʃa.aŋ ʃ.iu] 명(관제) "공부상서(工部尚書)"의 한어차사(劉鳳翥 2014b(52)).

[丹冗矢] b.u.tə 出 尚7. 校勘 即實은 이 글자를 "**丹冗矢**"이라고 기록하고 있다(即實 2012(校)).

[丹冗化伏] b.u.ur.in 명 밖(即實 2012⑧). 出 許18, 弘3.

[丹冗火] b.u.un 명(소유격) 부(部)의(劉浦江외 2014). 出 博42.

[丹冗闲半刃□关] b.u.ol.l.qa.?.i 出 特15.

[丹冗闲当矢] b.u.ol.ən.tə 出 特17.

[丹巫及药村] bu.tai.u.dʒi-n 出 仁27. 校勘 이 글자는 초본에 잘못 옮겨진 것이므로 "**丹平久药村**"이 올바르다(即實 2012(校)).

[丹王] b.ag 借詞 "博"을 나타내는 한어차사(劉鳳翥외 1995). 出 博23.

[丹王 朩士火 仐杰 兴火 兆关] b.ag tʃ.əu-n p.uaŋ ŋ.iu ʂï.i 명(관제) 박주의 방어사(博州防禦使)(劉鳳翥 2014b(52)). 出 博23.

[丹王药炏] b.ag.dʒ.ər 명(인명) ① 卜古隹 또는 卜古初尼(即實 2012⑦), ② 博古哲(愛新覺羅 2013a). 出 永12/15. 人物 《永誌》 주인 遙隱永寧(1059~1085)의 부친인 南睦散博古哲 태사(太師)를 지칭한다(愛新覺羅 2013a).

[丹丈] b.adʒi 出 玦25.

[村月夷] bu.ʃul.ul [명](향위격) 바깥(外)의(大竹昌巳 2016d). [出] 玦4. [用例] 丄冇 村月夷 [dʒə.d bu.ʃul.ul] [명](향위격) 안・밖(內外)의(大竹昌巳 2016d).

[村丹火] bu.tum.iu [出] 特25.

[村玄] b.⍰ [出] 塔I-1.

[村□] b.⍰ [出] 許26, 韓22/23.

[村□伏] b.⍰.in [出] 韓17. [校勘] 即實은 이 글자를 "村冬伏"이라고 보정하고 있다(即實 2012[校]).

[村□𡗐] b.⍰.ər [出] 海7. [校勘] 即實은 이 글자를 "村考𡗐"이라고 보정하고 있다(即實 2012[校]).

丹 [발음] I, tum [原字번호] 312

[丹] 1/tum [수] 1만(即實 1986d/1991d/1996⑯/2012, 劉鳳翥 1993d). [同源語] "1만(萬)"을 의미하는 다호르어의 [tum], 여진어의 [方: tumən], 몽골어의 [tumen], 돌궐어 및 위구르어의 [tümön]과 동일한 어원이다(金啓孮 1984, 吳維 외 1999, 孫伯君외 2008). [出] 道/先/宗/智/玦.

[丹夫] tum.ali [出] 烈25. [校勘] 이 글자는 초본에 잘못 옮겨진 것이므로 "床夫"가 올바르다(即實 2012[校]).

[丹交] tum.ur [수] 1만(即實 1996①). [명] 鐵(即實 2012⑳). [명](인명) 圖滿, 圖沒里, 圖木(即實 1991b/1996⑥). [出] 道/宣故/仲/先/宗/博/迪/副/宋/慈/智/奴/梁/尚/玦/特.

[丹交 今当为] tum.ur t.oŋ.a [명](인명) 圖滿・同阿(即實 1996⑥). [出] 先47. [人物] 《先誌》에 등장하는 인물로 萌觚를 이어 난을 일으킨 자이다(即實 1996⑥).

[丹交可] tum.ur.bai [出] 梁27. [校勘] 이 단어는 본래 2개의 글자(丹交 示)이나 초본에는 잘못하여 하나로 합쳐져 있다(即實 2012[校]).

[丹交村] tum.ur.ən [出] 弘28, 副30/41.

[丹及交] tum.u.ur [명] 철(鐵 = 丹交)(即實 2012⑥). [出] 令15, 海13, 圖2/18/21, 玦8.

[丹及交 夹北] tum.u.ur ho.ur [명] 철주(鐵柱, 쇠로 만든 기둥)(即實 2012⑳). [出] 圖21.

[丹及平矢] tum.u.ul.tə [出] 玦11.

[丹叉] tum.ir [出] 奴16.

[丹及北] tum.o.ur [出] 皇8, 玦2/3. [校勘] 이 글자는 초본에 잘못 옮겨진 것이므로 "丙及北"가 올바르다(即實 2012[校]).

平 [발음] iaŋ [原字번호] 314

[平] ~iaŋ [用法] [-iaŋ]으로 끝나는 한어차사에 주로 사용된다(Kane 2009). [用例] 仐平 ~ 伞平(將).

朵 [발음] ja [原字번호] 315

[朵] ja [書法] Kane은 이 원자가 "平[iaŋ](원자번호 314)"의 이서체라고 주장하고 있다(Kane 2009).

[朵禾] ja.is [出] 許24/42. [校勘] 이 글자는 초본에 잘못 옮겨진 것으로 지석에 근거하여 "床禾"가 올바르다(即實 2012[校]).

[朵圡亐刭] ja.ha.al.qa [出] 尚10. [校勘] 이 글자는 초본에 잘못 옮겨진 것("朵"와 "圡"를 이어 쓰는 사례는 없음)이므로 "用圡亐刭"가 올바르다(即實 2012[校]).

[朵及交] ja.u.ur [出] 海8. [校勘] 이 글자는 휘본 등에 잘못 옮겨진 것이므로 "丹及交"가 올바르다(即實 2012[校]).

[朵村] ja-n [出] 洞I-3.

[朵刭] ja.qa [出] 洞I-4.

[朵不] ja.on [出] 許22. [校勘] 이 글자는 초본에 잘못 옮겨진 것이므로 "非不"이 올바르다(即實 2012[校]).

[朵及北] ja.o.ur [出] 玦2.

[朵为买] ja.a.an [명](인명・소유격) ① 實阿의(郭添剛외 2009), ② 耶阿의(愛新覺羅 2009c), ③ 沙의(即實 2012⑲). [出] 尚24. [人物] 《尚誌》 주인 緬隱胡烏里(1130~1175)의 차남인 毛家夷末里의 장인 응방좌사(鷹坊佐使) 沙를 지칭한다(愛新覺羅 2010f, 即實 2012⑲).

[朵行余] ja.omo.gu [명](인명) ① 岩木(即實 1996⑥), ② 巖木古(愛新覺羅 2006a). [出] 先2. [人物] 《先誌》 주인 糺鄰查剌(한풍명: 耶律仁先)의 6대조의 형이자 《蒲誌》 주인 白隱蒲速里(1058~1104, 한풍명: 耶律思齊)의 8대조인 초국왕(楚國王) 敵輦巖木古를 지칭한다(愛新覺羅 2006a/2012). [校勘] 即實은 "伏行余"라고 기록하고 있다(即實 2012[校]).

[朵余豸] ja.gu.dʒi [出] 烈14.

[朵𡗐北] ja.gə.əl [出] 許41. [校勘] 이 글자는 초본에 잘못 옮겨진 것으로 지석에 근거하여 "业𡗐北"이 올바르다(即實 2012[校]).

[朵穴平伏] ja.u.ul.in [出] 許10. [校勘] 이 글자는 초본에 잘못 옮겨진 것으로 지석에 근거하여 "几穴平伏"이 올바르다(即實 2012[校]).

[朵乚村] ja.⍰.ən [出] 洞I-4.

[尗□] ja.? [出] 先1.

目 [발음] dʒur [原字번호] 316

目 dʒur [명] 마음(心)(愛新覺羅외 2012). [同源語] "마음"을 뜻하는 서면몽골어의 [dʒürüken]과 같은 어원이다(愛新覺羅외 2012). [出] 興/道/宣/令/許/仲/先/宗/海/博/弘/皇/慈/智/烈/奴/圖/梁/糺/清/尚/韓/玦/回/特/蒲/塔I.

目屮夂丏 dʒur.hʊl.u.mur [出] 糺23. [校勘] 이 글자는 초본에 잘못 옮겨졌으므로("目"와 "屮"를 이어 쓴 사례는 없음) "田屮夂丏"가 올바르다(即實 2012校).

[目廾乎] dʒur.ʊ.ul [出] 糺15.

目夂火 dʒur.u.ər [명](인명) 朮魯烈(愛新覺羅외 2012⑩). [出] 回3. [人物] 《回誌》 주인 回里堅何的(?~1080, 蕭圖古辭의 조카)의 고조부인 朮魯烈 세촉(世燭)을 지칭한다(愛新覺羅외 2012⑩).

[目村] dʒur.ən [出] 永29, 皇23.

[目刂] dʒur.qa [出] 許56.

目及仌 dʒur.o.ol [出] 梁5. [校勘] 이 글자는 초본에 잘못 옮겨졌으므로 "舟及仌"이 올바르다(即實 2012校).

目为 dʒur.a [出] 先56/67. [校勘] 即實은 이 글자를 각각 "北为"《先56》와 "为刀"《先67》이라고 달리 기록하고 있다(即實 2012校).

[目矢] dʒur.tə [出] 仁28, 弘29, 特22.

[目公化] dʒur.os.ur [出] 回6.

目小 dʒur.əl [出] 許44. [校勘] 即實은 이 글자를 뒤 원자들과 합쳐 "目小炏北"이라고 기록하고 있다(即實 2012校).

[目关] dʒur.i [出] 玦28.

[目炏] dʒur.ər [出] 道/許/仲/先/烈/清.

[目当] dʒur.ən [出] 特18, 蒲18.

月 [발음] jo [原字번호] 317

月丙刂 jo.əi.qa [出] 永41. [校勘] 이 글자는 초본에 잘못 옮겨진 것으로 "冈丙刂"가 올바르다(即實 2012校).

月圡 jo.ha [出] 先52. [校勘] 이 단어는 초본에 옮기며 잘못 분할되었는데, 뒤 원자들과 합쳐 "月圡ヰ仌村"로 하여야 한다(即實 2012校).

月为 jo.a [出] 永42, 糺3. [校勘] 이 글자는 초본에 잘못 옮겨진 것("月"와 "为"를 이어 쓰는 사례는 없음)이므로 "冈为"가 올바르다(即實 2012校).

[月为夹] jo.ha.an [出] 永32. [校勘] ☞ 冈为夹(即實 2012校).

[月仐] jo.s [出] 特32.

月仐 jo.u [명] ① 명(銘)(王靜如 1933/1935, 厲鼎煃 1954, 清格爾泰외 1978a, 即實 1996⑯), ② 사(詞)(羅福成 1933, 王靜如 1933), ③ 사(辭)(羅福成 1934a/b/c/d/f, 閻萬章 1992/1993/1997, 即實 1996⑯). [出] 興/仁/道/宣/令/許/故/仲/先/宗/海/博/永/迪/副/皇/宋/宋蓋/慈/智/烈/奴/圖/梁/糺/尚/韓/玦/回/特/蒲蓋/蒲. [用例] 圡几当 月仐 [tʃu.gə.ən jo.u [명] ① 명(銘)·사(辭)(即實 1996⑯), ② 묘지명(誌銘)(清格爾泰외 1985, 劉鳳翥 2014b㊶).

[月仐 今勺] jo.u t.ug [동] 명(銘)에 이르길(研究小組 1977b). [명] 명(銘)·사(辭)(即實 1996⑯). [出] 興5, 故22.

[月仐疋] jo.u.ud [出] 圖13, 特13.

[月仐化] jo.u.ur [出] 許10.

[月仐火] jo.u.un [명](소유격) 명(銘)의(劉鳳翥외 1981d, 劉鳳翥 2014b㊶). [出] 故11/20. [用例] 圡几当 月仐火 [tʃu.gə.ən jo.u-n] [명](소유격) 지명(誌銘)의(清格爾泰외 1985, 劉鳳翥 2014b㊶).

[月仐炏] jo.u.ər [出] 故8, 尚10.

月仌圡ヰ jo.d.ha.ai [出] 先28. [校勘] 이 글자는 휘본 등에 잘못 옮겨진 것이므로 "可仌圡ヰ"가 올바르다(即實 2012校).

[月仌圡ホ] jo.d.ha.ar [出] 室13.

月小穴丏村 jo.l.u.mur.ən [出] 智22. [校勘] 이 글자는 초본에 잘못 옮겨진 것이므로 "冈小穴丏村"("글을 짓다"의 의미)이 올바르다(即實 2012校).

叉 [발음] niæ [原字번호] 318

[叉丙] niæ.əi [出] 先42, 智15, 特14.

叉北夳丙 niæ.əl.gə.əi [出] 高19.

[叉北叉] niæ.əl.ir [出] 智24.

[叉北炏丙] niæ.əl.gə.əi [出] 宗12, 尚10. [校勘] 이 글자가 《尚10》에서는 초본에 잘못 옮겨진 것이므로 "叔北炏丙"가 올바르다(即實 2012校).

[叉北炏矢关] niæ.əl.gə.d.i [出] 梁10. [校勘] 이 단어는 본래 2개의 글자(叉北 炏矢关)이나 초본에는 잘못하여 하나로 합쳐져 있다(即實 2012校).

[叉力ホ小矢] niæ.na.ar.əl.tə [出] 玦4.

[叉为ホ] niæ.qa.ar [出] 玦33.

[叉仝岔炎] niæ.ol.d.ər [수] 제8, 여덟째(劉鳳翥 1993d). [出] 海4. [校勘] 이 글자는 휘본 등에 잘못 옮겨진 것이므로 "叉仝岔炎"가 올바르다(即實 2012校).

[叉炎] niæ.ər [出] 興/道/許/仲/先/宗/奴/特.

[叉尘炎] niæ.t.ər [出] 宗30.

[叉当] niæ.ən [出] 仁27, 許42, 先28.

由 [발음] go [原字번호] 319

[由] go [借詞] "郭"을 나타내는 한어차사(即實 1991b, 劉鳳翥 2002). [書法] 由이 합성자의 첫째 원자로 사용되는 경우 다음 원자를 가로가 아닌 세로로 써 내려가는 경우도 있다(即實 1996⑯). [出] 先62, 宗35, 高9.

[由 仐为乃] go s.a.m [명](인명) 郭三(劉鳳翥외 2005b, 劉鳳翥 2010, 即實 2012①). [出] 宗35, 高9.

> [人物] ①《宗誌》의 장례명단에 나오는 인물이다(劉鳳翥외 2005b).
> ②《高誌》 주인 王寧高十(1015~? 한풍명: 韓元佐)의 부친 留隱郭三 재상(宰相)을 지칭한다(愛新覺羅 2010f).

[由廾伏] go.ʊ-n [出] 糺13.

[由丸村] go.au-n [出] 許15.

[由朩] go.ətʃi [명] ① 장(帳)(即實 1994), ② 집(庶)(即實 1996⑯), ③"由炎"의 복수형(愛新覺羅 2013b, 武內康則 2016), ④ 세선가(世選家)(大竹昌巳 2016a). [出] 郎4, 先14.

> [用例] **"由炎"과 "由朩"의 차이**
> 인명(단수소유격)+由炎("家"의 단수)→그 인물의 가계
> 관직명(복수)+由朩("家"의 복수)→그 관직의 세선가
> (大竹昌巳 2016a).

[由朩村] go.ətʃi-n [명](관제·소유격) ① 방(房)의, 장(帳)의(即實 1991b/1994/1996⑯), ② 세선가(世選家)의(大竹昌巳 2016a). [出] 許/先/慈/故/糺/蒲.

[由朩炎] go.ətʃi.ər [명] 치소(治所)(愛新覺羅 2004a⑦). [명](향위격) 장(帳)에(即實 2012⑳). [出] 先63, 宗16, 宋11.

[由令] go.əd [명] ① 가(家)(愛新覺羅 2002), ② 가(家)의 복수형(即實 2012⑳). [명](향위격) ①"由炎"의 향위격(愛新覺羅 2013d), ② 가(家)에(大竹昌巳 2016a). [出] 宣/許/故/仲/先/博/迪/智/烈/奴/梁/糺/清/尚/玦/特.

[由令关] go.əd.i [出] 博18.

[由公] go.ən [借詞] "觀", "官", "棺" 등을 나타내는 한어차사(韓寶興 1991, 豊田五郎 1991b, 即實 1991b, 袁海波외 2005). [出] 許/故/仲/先/宗/永/迪/梁/玦/蒲/畫.

[由公 九丸] go.ən g.au [명] "관고(官誥, 고위 관료의 사령장, 교지)"의 한어차사(即實 1996⑯). [出] 先15.

[由公 九丸化] go.ən g.au.ur [명] "관고(官誥)"의 한어차사(即實 1996⑯). [出] 先39.

[由公 火丸] go.ən k(h).au [명] "관고(官誥)"의 한어차사(即實 2012⑳, 劉鳳翥 2014b52). [出] 宗15.

[由公 吊 兆] go.ən tʃa ʂï [명](관제) "관찰사(觀察使)"의 한어차사(研究小組 1977b, 清格爾泰외 1978a/1985, Kane 200 劉鳳翥 2014b52). [出] 故2, 宗10.

> [遼史] **觀察使(관찰사)**는 관찰사사(觀察使司)의 장관으로 본주의 행정을 담당한다. 관찰처치사(觀察處置使)라고도 한다. 해당 관부의 관리들의 청탁과 선악을 감찰하여 조정의 기강을 잡는 일을 한다. 절도사를 두지 않는 여러 도에 관찰사를 두면 그 지역의 최고장관이 된다. 군정과 민정을 모두 관장한다(金渭顯외 2012上).

[由公 吊 兆谷] go.ən tʃa ʂï.ï [명](관제) "관찰사(觀察使)"의 한어차사(清格爾泰외 1985, 劉鳳翥 2014b52). [出] 仲8.

[由公 吊买] go.ən tʃa.an [명](관제·소유격) 관찰(觀察)의(即實 1996⑯). [出] 許50. [參考] 관찰은 관찰사(觀察使)의 축약형이다(即實 1996⑯).

[由公 吊买 关化] go.ən tʃa.an i.ri [명](관제) 관찰(觀察)의 호(號)(劉鳳翥 2014b52). [出] 梁6.

[由公叉] go.ən.im [명](인명) ① 管迷(愛新覺羅 2010f), ② 觀木(即實 2012⑯), ③ 冠睦(劉鳳翥 2014b52). [出] 糺14/17/23. [人物] 《糺誌》 주인 夷里衍糺里(1061~1102, 한풍명: 耶律糺里)의 둘째 부인 구곤씨(甌昆氏) 管迷낭자를 지칭한다(愛新覺羅 2010f).

[由公伏] go.ən.in [명](인명) ① 郭寧(即實 1996②), ② 管寧(劉鳳翥 2014b52). [出] 令/先/副/清/韓. [人物] 《令誌》 주인 高隱福留(997~1054)의 부친인 管寧杷哥 상공(相公)을 지칭한다(愛新覺羅 2010f).

[由公伏 仒欠炎叉] go.ən.in t.ogo.os.ir [명](인명) ① 關訥·鏵括辛(即實 2012⑬), ② 管寧·圖固辭(劉鳳翥 2014b52). [出] 韓4. [人物] 《韓誌》 주인의 남편(特免 부마)과 어떠한 관계를 지녔는지와 《요사》속의 어느 인물인지는 정확히 알 수 없으나, 그의 자(脫古思)와 직위(봉왕, 추밀사 등) 등을 고려할 때 "蕭惠"(권93에 전이 있다)로 추정된다(即實 2012⑬).

[由公伏村] go.ən.in.ən [出] 梁10, 清26.

[由公穴] go.ən.u [出] 塔II-2.

[由仌村] go.o-n [出] 仲29. [校勘] 이 글자는 초본과 탁본에 잘못 기록된 것이므로 "由炎村"이 올바르다(即實 2012校).

曲八夯 go.k(h).e [명](인명) 郭珂(即實 1996⑥). [出] 先63. [人物] 《先誌》 주인 糺鄰查剌(1013~1072, 한풍명: 耶律仁先)의 외아들 남원임아(南院林牙) 撻不也의 장인(처 福留浩의 부친)인 郭珂 부마를 지칭한다(劉鳳翥 2014b㊶, 愛新覺羅외 2015⑩).

曲父 go.ər [명] ① 장(帳)·방(房)(即實 1996⑯, Kane 2009, 愛新覺羅외 2011), ② 족계(族係)·가족(家族)·가(家)(劉鳳翥 2014b㊾). [同源語] ① "집"을 의미하는 서면몽골어 및 중기몽골어의 [ger], 현대몽골어의 [gər]와 동일 어원이다(愛新覺羅외 2011, 大竹昌巳 2015c). ② 다호르어의 [gəri], 동향어의 [giə], 동부유고어의 [ger], 보안어와 토족어의 [der]도 같은 어원이다(呼格吉樂圖 2017). [用法] "**令币圡木**"(t.ad.a.ar)와 함께 야율씨(耶律氏) 황족(皇族)이나 국구족(國舅族)의 장(帳)에 사용되는 용어인데, 이와 달리 "요련가한(遙輦可汗)의 장"에는 "**与叐**"를 사용한다(愛新覺羅외 2015⑧). [出] 興/仁/宣/許/故/仲/先/宗/博/永/迪/弘/副/皇/宋/慈/智/烈/奴/高/梁/糺/清/尚/玦/回/特/蒲/榔/蓋.

> [參考] ☞ "宮(궁)·帳(장)·院(원)"의 거란소자 표시 비교에 대하여는 "**及米叐**"를 참조하라.

[**曲父 而关**] go.ər dʒu.i [명] 가문을 잇다(承嗣), 집안을 책임지다(待家)(即實 2012⑳). [出] 永18.

[**曲父 圡**] go.ər qa [명] ① 가한(家汗, 당시의 황제를 지칭하며, 《仁21》에서는 도종황제[耶律弘基]를 가리킨다)(即實 1996⑯), ② 족계한(族係汗, 당시의 황제를 지칭하며, 《宗14》에서는 흥종황제를 가리킨다)(劉鳳翥 2014b㊾). [出] 仁21, 宗14.

[**曲父 圡圡吴 叉丙**] go.ər qa.a.an m.in [명] 족계가한(族係可汗)의 조(朝)(《梁17》에서는 천조황제[天祚皇帝]의 조[朝]를 지칭한다)(劉鳳翥 2014b㊾). [出] 梁17.

[**曲父 圡圡东**] go.ər qa.a.ad [명] ① 방장(房帳)의 여러 가한(可汗)들(即實 2012⑧), ② 족계(族係)가한(당시의 황제를 지칭)(劉鳳翥 2014b㊾). [出] 弘7.

[**曲父 圡圡火**] go.ər qa.a.iu [명] ① 본가(本家) 가한의(即實 2012⑧), ②~장(帳) 가한에(愛新覺羅 2013d), ③ 족계(族係)가한(당시의 황제를 지칭)(劉鳳翥 2014b㊾). [出] 弘9, 玦18.

[**曲父村**] go.ər.ən [명](소유격) ① 방(房)의(即實 1988b/1996⑯), ② 족(族)의, 족계(族係)의(劉鳳翥 1993d, 盧迎紅외 2000), ③ 장(帳)의(即實 1994/1996⑯). [出] 許/故/仲/先/海/博/永/迪/弘/副/慈蓋/慈/智/烈/奴/高/圖/糺/尚/回/特/蒲.

[**曲父父**] go.ər.ər [명] 장(帳)(即實 2012⑱). [出] 梁22.

曲夯村 go.ə-n [出] 許52. [校勘] 이 글자는 《契丹小字研究》에 잘못 옮겨진 것이므로 "**曲父村**"이 올바르다(清格爾泰외 1985, 即實 2012㊳).

[**曲父村**] go.gə-n [出] 許45. [校勘] ☞ **曲父村**(即實 2012㊳).

由
[발음] bəl (大竹昌巳)
[原字번호] 320

[**由**] bəl [出] 興13, 仲37, 先36, 崖1.

由长圡屮 bəl.us.ha.ai [出] 烈10. [校勘] 이 글자는 초본에 잘못 옮겨진 것이므로 "**由仒圡屮**"가 올바르다(即實 2012㊳).

由叐 bəl.u [出] 仲41, 先57/58. [校勘] 이 글자는 휘본 등에 잘못 옮겨진 것이므로 "**由叉**"가 올바르다(即實 2012㊳).

由叉 bəl.ir [명] ① 壬·癸(羅福成 1934c, 鄭紹宗 1973, 王靜如 1973), ② 壬·癸, 흑(黑)(劉鳳翥 1993d), ③ 壬·癸, 수(水)(黃振華 1985b), ④ 평상시(平常)(即實 2012⑳), ⑤ 옛적(古)(大竹昌巳 2015b). [出] 興/道/宣/許/先/宗/博/迪/弘/副/皇/智/奴/糺/清/玦/蒲.

> [用例] "거란어의 간지(干支)"와 관련한 각종 표현에 대하여는 《부록》의 [거란소자 주요 어휘]를 참조하라.

[**由叉 叉夯**] bəl.ir ir.ə [명] 고금(古今)(即實 2012⑳). [出] 奴6.

[**由叉 八仒矢**] bəl.ir k(h).əl.tə [명](향위격) 속담(옛말)에 이르기를(即實 2012⑳). [出] 先60.

[**由叉村**] bəl.ir.ən [出] 迪4/15, 皇17, 尚10.

[**由叉矢**] bəl.ir.tə [出] 道16, 宣6.

[**由朩**] bəl.tʃi [出] 許44, 仲10/26/38/42, 博18, 烈25.

[**由仒圡屮**] bəl.əl.ha.ai [出] 令14.

由中木村 bəl.bur.ar.ən [出] 許52. [校勘] 이 단어(**由中木村 夫为**)는 초본에 옮기며 잘못 분할되고 합쳐졌는데, 뒤 원자와 합쳐 "**用中 叉为夫村**"으로 하여야 한다(即實 2012㊳).

[**由关**] bəl.i [出] 烈29.

由父 bəl.ər [出] 先69. [校勘] 이 글자는 휘본 등에 잘못 옮겨진 것이므로 "**由公**"이 올바르다(即實 2012㊳).

[**由夯当**] bəl.gə.ən [出] 玦44.

由尘 bəl.t [出] 特37.

[**由尘叐村**] bəl.t.u-n [出] 特18.

[**由尘叉**] bəl.t.ir [出] 興16. [校勘] 이 글자는 휘본 등에 잘못 옮겨진 것으로 "**由尘叉**"가 올바르다(即實 2012㊳).

[**由尘关**] bəl.t.i [出] 特17.

由 [발음] har [原字번호] 321

[由] har [명] 흑(黑), 철(鐵)(山路廣明 1951). [出] 道/先/許/迪/宋/慈/道/糺.

[由 雨北关] har do.ur.i [명] 고개 아래(坡下)(即實 2012⑳). [出] 慈15.

[由岙夫北] har.ha.ali.əl [出] 博28. [校勘] 即實은 이 글자를 "尘岙夫北"이라고 기록하고 있다(即實 2012⑳).

[由岙丰] har.a.ai [명] ① 하뢰익(霞瀨益, 석렬이름이다)(實玉柱 2006), ② 요해(堯該)(即實 2012⑳). [出] 迪5, 副3, 慈3, 玦2.

[由岙丰 又化券 秀仐 丙木叐火 又化关] har.a.ai ʃ.ir.ə æn.əs j.ær.u.d m.ir.i [명] 하뢰익석렬(霞瀨益石烈) 야율미리(耶律彌里)(實玉柱 2006). [出] 玦2.

[由岙出] har.ha.an [出] 宋16.

[由叐] har.u [명] ① 壬·癸(王靜如 1933, 羅福成 1934c/1934d/1934f, 厲鼎煃 1954, 研究小組 1977b, 清格爾泰외 1978a/1985), ② 壬·癸, 흑(黑)(即實 1984a, 劉鳳翥 1984a, 清格爾泰외 1985, 王弘力 1986, 即實 1996⑩), ③ 壬·癸, 흑(黑), 철(鐵)(山路廣明 1951, 豊田五郎 1963), ④ 壬·癸, 중앙(中央), 토(土)(愛宕松男 1956a), ⑤ 흑(黑)(清格爾泰외 1985). [出] 道/宣/奴/清/皇.

> [用例] "거란어의 간지(干支)"와 관련한 각종 표현에 대하여는 ≪부록≫의 [거란소자 주요 어휘]를 참조하라.

[由叐 犮] har.u lu [명] 흑룡(黑龍)(即實 1996⑯). [出] 宣26.

[由叉] har.ir [명] 壬, 흑(黑)(吳英喆 2014a). [出] 仁26, 尚32. [校勘] 即實은 이 글자를 "由叉"이라고 기록하고 있다(即實 2012⑳).

[由과] har.qa [명](인명) ① 霞里葛(愛新覺羅 2005b), ② 爻括(即實 2012⑫/⑬), ③ 堯骨(即實 2012⑳). [出] 高12, 韓8, 玦2.

> [人物] ≪高誌≫ 주인 王寧高十(1015~?, 한풍명: 韓元佐)과 ≪韓誌≫ 주인 曷魯里부인(?~1077)의 외조부(모친 桂哥별서[別胥]의 부친)인 爻括 상공(相公)을 지칭한다(愛新覺羅 2010f, 即實 2012⑫).

[由生当] har.abu.ən [出] 仁25. [校勘] 이 글자는 휘본 등에 잘못 옮겨진 것("由"와 "生"를 이어 쓰는 사례는 없음)이므로 "由尘当"이 올바르다(即實 2012⑳).

[由业岙ち伏] har.əl.ha.al.in [出] 許42.

[由刈叐] har.bur.u [出] 副41. [校勘] 이 글자는 초본에 잘못 옮겨진 것이므로 "亜刈叐"가 올바르다(即實 2012⑳).

[由屮] har.bur [出] 海6.

[由火] har.iu [명] 壬·癸, 흑(黑)(劉鳳翥 1984a, 豊田五郎 1991b, 即實 1991b/1996⑩). [出] 先/迪/副/慈/烈/糺/尚/玦/蒲. [参考] ☞ 由叐.

[由舟叐] har.b.u [出] 副42, 糺7.

[由舟仐] har.b.əs [出] 玦27. [用法] 첩어로 사용되었다(吳英喆 2012a).

[由关] har.i [出] 故4/11. [校勘] 이 글자는 초본에 잘못 옮겨진 것이므로 "由关"가 올바르다(即實 2012⑳).

[由炏] har.ər [出] 特12.

[由尘叉] har.t.ir [出] 先69, 迪11.

[由尘仐과] har.t.əs.qa [出] 玦44.

[由尘仐과买] har.t.əs.q.an [出] 特23.

[由尘业岙ち과] har.t.əl.ha.al.qa [出] 博27. [校勘] 即實은 이 글자를 "尘尘业岙ち과"이라고 기록하고 있다(即實 2012⑳).

[由尘业岙为女] har.t.əl.ha.a.sair [出] 道14. [校勘] 이 글자는 초본에 잘못 옮겨진 것으로 탁본에 근거하여 "由尘业岙为女"가 올바르다(即實 2012⑳).

[由尘关] har.t.i [出] 先15, 回15.

[由尘炏] har.t.ər [出] 迪3/29.

[由尘当] har.t.ən [出] 宣21, 先60.

内 [발음] on [原字번호] 322

[内] -on [用法] ① 형동사 및 동명사의 어미를 나타내는 부가성분이다(研究小組 1977b, 愛新覺羅 2003a), ② 소유격 어미를 표시하는 부가성분이다(劉浦江외 2005), ③ 남자 "자(字)"의 어미로 사용된다(愛新覺羅 2004a⑪), ④ 동사의 과거시제 어미로 동일한 문법적 기능을 가진 표음자는 出[-an], 当[-ən], 伏[-in]이 있다(愛新覺羅외 2011).

> [参考1] ☞ "남자 자(字)의 어미 발음의 표현형식"에 대하여는 "伏"(원자번호 222)을 참조하라.

> [参考2] [-n]의 어미를 가지는 동사의 어간은 형동사 겸 동명사의 어법 의미를 표시한다. 알타이어계 언어 중 [n]으로 끝나는 동사형식은 동사 또는 일정범위에서 완성의 의미를 나타내는 형용사에

서 유래한 것이며, 한국어에서 [-n]으로 끝나는 행위동사의 어간은 바로 과거시재 동사의 어법 의미를 표시한다(愛新覺羅 2004a⑧).

内木夕朩出] on.tʃi.l.ha.an 出 許13. 校勘 이 글자는 초본에 잘못 옮겨진 것으로 지석에 근거하여 "**虫木夕朩出**"이 올바르다(即實 2012⑯).

[**内余**] on.gu 出 慈21.

内炎] on.ər 出 許16. 校勘 即實은 이 글자를 앞 원자들과 합쳐 "**介兏艽夃内炎**"라고 기록하고 있다(即實 2012⑯).

口 | tə 대 ① 이것(此・是)(王靜如 1933/1935/1973, 鄭紹宗 1973), ② 그(該=**口爿**)(研究小組 1977b, 劉鳳翥외 1977, 清格爾泰외 1978a, 即實 1996⑯), ③ 그것(閻萬章 1982b, 吳英喆 2012a②/2013c). 用法 원칭(遠稱)의 단수를 나타내는 표의글자로 사용된다(愛新覺羅 2012). 同源語 몽골어의 ᠲᠡᠷ[tər]와 가깝다(吳英喆 2012a②). 出 仁/道/許/故/郎/仲/先/宗/博/涿/永/迪/副/慈/智/奴/高/圖/梁/糺/清/尚/玦/回/特/蒲.

語法 거란소자와 몽골어의 지시대명사 비교
거란어의 지시대명사는 몽골어의 그것과 유사한데, 이를 정리하면 다음과 같다(吳英喆 2012a②/2013c).

거란소자	독음	의미	몽고어 연원		단・복수
夯(夯)	[ə]	이것	ᠡᠨ	[ən]	단수
夯爿	[ə.qa]	이것(?)	ᠡᠨᠬᠦ	[ənxu:]	단수
仒	[əd]	이것들	ᠡᠳ	[əd]	복수
口	[tə]	그것	ᠲᠡᠷ	[tər]	단수
口爿	[tə.qa]	그것(?)	ᠲᠡᠷᠬᠦ	[tərxu:]	단수(?)
口仒	[tə.əd]	그것들	ᠲᠡᠳ	[təd]	복수
口坐	[tə.t]	그것들	ᠲᠡᠳ	[təd]	복수(?)

[**口卅**] tə ai 명 그 해(該年)(研究小組 1977b, 清格爾泰외 1978a, 劉鳳翥 2014b㊼). 出 許38, 仲42, 副8.

[**口卅口攴口尖口非朱**] tə ai tə sair tə niar tə po.od 명(향위격) 그 해 그 달 그 날 그 시각에(研究小組 1977b, 清格爾泰외 1978a/1985). 出 仲42.

[**口非**] tə po 명 그 시각(該時)(清格爾泰외 1978a/1985). 出 郎4.

口卡] tə.us 出 許6. 校勘 이 단어는 초본에 옮기며 잘못 분할되었는데("**口**"와 "**卡**"를 이어 쓰는 사례도 없음), 뒤 원자들과 합쳐 "**无卡卝平立卅**"로 하

여야 한다(即實 2012㊼).

[**口北伏**] tə.əl.in. 명 (부족) ① 해(奚)(愛新覺羅 2003f), ② 고막해(庫莫奚)(趙志偉외 2001). 명 (인명) ① 忽里賓(即實 1996⑯), ② 奚隱(愛新覺羅 2006c), ③ ≪요사≫에 기술되어 있는 해왕(奚王) "특린(忒鄰)"의 거란어 이름 원형이다(愛新覺羅외 2011). 出 許/先/永/副/智/糺/蒲.

遼史 庫莫奚(고막해)는 거란과 같이 4세기에서 10세기에 이르기까지 요서지역을 중심으로 살아 왔는데 두 부족은 문화정도가 비슷하였다. 원래 선비의 우문・모용・단부가 요하를 중심으로 정족지세를 이루고 있었다. 그러다가 4세기 초에 모용부가 우문부와 단부를 격파하였는데 그 중 우문부의 잔부(殘部)가 성장하여 거란과 고막해가 되었다. 그 후 고막해는 야율아보기의 기습을 받아 멸망하였다. 그러다 거란은 해를 통치하는 데 어려움이 있자 다시 해6부대왕부(奚六部大王府)를 두어 통치하였다(金渭顯외 2012上).

[**口北伏 亝立夾 曲炎**] tə.əl.in qa.ha.an go.ər 명 특린가한장(忒鄰可汗帳)(愛新覺羅외 2011).

遼史 忒鄰可汗帳(특린가한장). 거란문 묘지(墓誌)는 해가한장(奚可汗帳)을 많이 기록하고 있지만 모두 해6부(奚六部)에 통속되어 있다. ≪요사≫ 권85에 기록되어 있는 해왕 탑흘(搭紇)의 손자 소관음노(蕭觀音奴) 및 권114의 해회리보(奚回離保)는 모두 특린가한장에 예속되어 있다(愛新覺羅외 2011).

[**口爿**] tə.qa 대 그(研究小組 1977b, 清格爾泰외 1978a, 劉鳳翥외 1981a, 閻萬章 1982b, 吳英喆 2012a②). 出 仲20/22/23, 高19. 同源語 몽골어의 ᠲᠡᠷᠬᠦ[tərxu:]와 가깝다(吳英喆 2012a②).

[**口爿卅**] tə.qa ai 명 그 해(清格爾泰외 1985). 出 仲20.

[**口木**] tə.tʃi 出 許57, 梁17, 槨4. 校勘 이 단어는 초본에 옮기며 잘못 분할되었는데, 뒤 원자들과 합쳐 "**口木夕朩与**"로 하여야 한다(即實 2012㊼).

[**口木北**] tə.tʃi.ət 出 特32.

[**口木夾口**] tə.tʃi.u.dʒi 出 玦41.

[**口木夕夾口**] tə.tʃi.l.u.dʒi 出 仲10/14. 校勘 ☞ **口木夕夾口攵与**(即實 2012㊼).

[**口木夕攵与**] tə.tʃi.l.ug.dʒi 出 仲10. 校勘 이 글자는 초본에 잘못 옮겨진 것이므로 "**口木夕夾与**"가 올바르다(即實 2012㊼).

[**口及◻仒北**] tə.o.◻.se.əl 出 清3. 校勘 이 글

자는 초본에 잘못 옮겨진 것("口"와 "反"를 이어 쓰는 사례는 없음)이므로 "火火化夲比"이 올바르다(卽實 2012㉭).

[**口令**] tə.bd 圖 그것들(高路加 1988a, 卽實 2012⑳, 吳英喆 2012a②/2013c). 出 仲8/10, 先45. 同源語 몽골어의 ᠊ᠨ [təd]와 가깝다(吳英喆 2012a②).

語法 "거란소자의 지시대명사"에 대하여는 ≪부록≫에 있는 거란소자 주요 어휘를 참조하라.

[口仝] tə.d 出 先44.

[**口炎夊**] tə.ər.u 出 尚27, 韓29.

[口炎夊火] tə.ər.u.ui 出 圖18.

[口炎夬] tə.ər.tumu 出 故22. 校勘 이 글자는 초본에 잘못 옮겨진 것("夬"는 어미로 쓰이지 않음)이므로 "口炎夊"가 올바르다(卽實 2012㉭).

[口炎尺火] tə.ər.u.ui 出 宗28.

[**口炎夊**] tə.oi.u 出 海10. 校勘 卽實은 이 글자를 "口炎夊"이라고 기록하고 있다(卽實 2012㉭).

[口炎矢关] tə.gə.d.i 出 慈11.

[**口尘**] tə.t 圖 그것들(吳英喆 2012a②). 出 許46/54. 同源語 몽골어의 ᠊ᠨ [təd]와 가깝다(吳英喆 2012a②).

[**口尺**] tə.u 出 許16. 校勘 이 단어는 초본에 옮기며 잘못 분할되었는데, 뒤 원자들과 합쳐 "几尺卡村"으로 하여야 한다(卽實 2012㉭).

[발음] æn, n
[原字번호] 324

[**ㅂ**] æn / n 用法 글자의 종성(終聲)이 [-æn]인 한어차사(元, 宣 등)에 사용된다(Kane 2009). 出 仁18, 宣28, 韓32. 用例 ① 夯芖ㅂ [ŋ.jue.æn] "元"의 한어차사(= 夯芖公, 夯仲公)(硏究小組 1977b), ② 夲芖ㅂ [s.jue.æn] "宣"의 한어차사(羅福成 1933/1934d/e/g, 王靜如 1933).

[**ㅂㅓ夯**] n.ia.al 명(씨족) 멸고내(蔑古乃)의 복수형(愛新覺羅 2006a). 出 仲2. 用例 씨족 "멸고내"를 나타낼 때는 통상적으로 "叐夾 ㅂㅓ夯" [mi.qu n.ia.al] 등의 형태로 쓰지만 "叐夾"를 생략하는 경우도 있다(愛新覺羅 2006a).

[**ㅂㅓ半**] n.ia.ai 명 이성(異姓, 다른 성씨)(卽實 2012⑫). 명(씨족) 멸고내(蔑古乃)(愛新覺羅 2006a). 명(인명) 阿娜野(劉鳳翥외 2005b). 出 高7.

[**ㅂㅓ半 伏行欠伏**] n.ia.ai n.omo.go.n 명(인명) ① 蔑古乃 涅睦衷(愛新覺羅 2006a), ② 涅木堪訥(卽實 2012⑫), ③

阿娜野·拈母渾(劉鳳翥 2014b⑲). 出 高7. 人物 ≪高誌≫주인 王寧高十(1015~?, 한풍명: 韓元佐)의 중조부(仲祖父)韓德威 초토(招討)의 부인인 멸고내(蔑古乃)씨 拈木부인을 지칭한다(愛新覺羅 2010f).

[**ㅂㅓ夅**] n.ia.jai 명 이성(異姓)(卽實 2012⑳). 명(씨족)멸고내(蔑古乃)(愛新覺羅 2006a). 出 迪12/30, 糺4, 蒲3.

[**ㅂㅓ伏**] n.ia-n 명 이성(異姓)(卽實 2012⑳). 出 迪10.

[발음] ??
[原字번호] 325

[**屯欠**] ☑.gu 出 道17/21/33, 皇14, 烈4. 校勘 이 글자가 ≪烈4≫에서는 초본에 잘못 옮겨진 것이므로"屮夊"가 올바르다(卽實 2012㉭).

[**屯尺**] ☑.u 出 副42. 校勘 이 글자는 초본에 잘못옮겨진 것으로 탁본에 근거하여 "屯欠"가 올바르다(卽實 2012㉭).

[발음] ie
[原字번호] 326

[**文卡**] ie.su 出 仁5. 校勘 이 글자는 휘본 등에 잘못 옮겨진 것("文"와 "卡"를 이어 쓰는 사례는 없음)이므로 "六卡"가 올바르다(卽實 2012㉭).

[**文屮女**] ie.ha.sair 出 令24. 校勘 이 글자는 초본에 잘못 옮겨진 것이므로 "叐屮女"가 올바르다(卽實 2012㉭).

[文夾] ie.☑ 出 興22.

[**文方**] ie.æn 出 許23. 校勘 이 글자는 초본에 잘못 옮겨진 것으로 지석에 근거하여 "禿方"이 올바르다(卽實 2012㉭).

[文北] ie.əl 出 仲9.

[文与] ie.en 出 仲44.

[**文夯**] ie.e 出 先68, 特31.

[**文夯朿**] ie.e.tʃi 명 사람(劉鳳翥 2014b㊷). 出 仲44. 用例 闬夊豹村 文夯朿 [dʒohi.u.dʒi-n ie.e.tʃi] 명 글을 지은사람(撰寫人)(劉鳳翥 2014b㊷).

[文夊豹] ie.u.dʒi 出 玦42.

[**文夊**] ie.ir 出 慈21, 智23, 玦30.

[**文夊 丹杰夯朿**] ie.ir ☑.gə.e.tʃi 出 奴40. 校勘 초본에는 이 글자들이 하나로 합쳐져 있다(卽實 2012㉭).

[**文伏**] ie.in 出 令/許/弘/副/慈/烈/梁/韓.

[**文伏 屯夯**] ie.in tʃu.ə 出 尚27. 校勘 초본에는 이 글

자들이 하나로 합쳐져 있다(即實 2012㊑).

文仐圡共当] ie.l.ha.ali.ən 出 迪32.

文仐圡弓伏] ie.l.ha.al.in 出 梁13.

文仐圡中] ie.l.ha.ai 出 迪/皇/烈/梁/清/玦/特.

文仐圡中糸] ie.l.ha.ai.ər 出 玦44.

文仐圡木] ie.l.ha.ar 出 宗12/14.

文仐圡为木] ie.l.ha.a.ar 出 宗30.

文仐圡为出] ie.l.ha.a.an 出 宣/故/奴/梁/玦.

文仐圡为出糸] ie.l.ha.a.an.ər 出 博27.

文仐圡出矢] ie.l.ha.an.tə 出 特38.

文仐列] ie.l.aq 出 先68, 韓28.

文仐为廾] ie.l.a.ʊ 出 糺27. 校勘 即實은 이 글자를 "**文仐为犬**"라고 기록하고 있다(即實 2012㊑)

文仐伏] ie.l.in 出 典12.

文关] ie.i 出 先38/39.

文关 冊糸当] ie.i ?.gə.ən 出 迪36. 校勘 초본에는 이 글자가 하나로 합쳐져 있다(即實 2012㊑).

文糸] ie.ər 出 玦46.

文夯] ie.ə 出 宗26.

文当] ie.ən 出 仁20, 宗27, 永39.

交 [발음] jæ [原字번호] 327

交] jæ 用法 중성(中聲)의 발음이 [-jæ]인 한어차사(宣, 前, 仙, 殿, 節 등)에 사용된다(Kane 2009). 出 博34, 副28, 韓11. 用例 1 **仐交** [s.iæ] 節, 妾, 謝, 洁, 借 등(即實 1988b/1991b, 韓寶興 1991, 豊田五郎 1991b, 劉鳳翥 1993d). 2 **仐交夯** [s.iæ.æn] 仙, 先, 前, 千, 遣 등(研究小組 1977b, 劉鳳翥외 1977/1981a, 韓寶興 1991, 即實 1991b, 閻萬章 1992, 劉鳳翥 2014b㊾). 3 **公交夯** [d.jue.æn] 殿(劉鳳翥외 1977, 清格爾泰외 1985). 4 **九交仐** [g.iæ.æm] ① 兼(研究小組 1977b, 清格爾泰외 1978a/1985), ② 檢(=**九仐**)(清格爾泰외 1985).

交木] jæ.ar 出 許18. 校勘 即實은 이 글자를 "**文木**"라고 기록하고 있다(即實 2012㊑).

交叉] jæ.ir 出 圖18. 校勘 即實은 이 글자를 "**文叉**"라고 기록하고 있다(即實 2012㊑).

交仐圡为木] jæ.l.ha.a.ar 出 許33, 先20. 校勘 即實은 이 글자를 "**文仐圡为木**"라고 기록하고 있다(即實 2012㊑).

交用火] jæ.il.iu 用法 성종(聖宗)의 연호 "태평(太平)"에 사용된 **丙交夯火**와 같은 말로, 미리(彌里)의 이름과 성으로서의 **丙夯叉火**(耶律: 본래 뜻은 "융성한, 왕성한"임)의 어근 [jælu-]와 같은 말인데, 제2음절의 머리자음에 구개음화가 발생하고 있으므로 두 가지로 읽힌다(愛新覺羅외 2011). 出 皇24, 圓3. 同源語 몽골어의 [jenü](번화한), [jenü:tei](활기찬) 및 만주어 [jəndə-](활활타다, 흥하다)의 어근 [jən-]과는 같은 어원이다. [jæliu]~[jælu]를 표기하는 철자법이 여럿 존재한다(愛新覺羅외 2011).

> 遼史 태조부터 천조에 이르기까지 요대 연호의 변천에 대하여는 ≪부록≫의 거란소자 주요 어휘를 참조하라.

[**交**□] jæ.? 出 回26.

主 [발음] kəi [原字번호] 328

主] kəi 명 ① 황(潢)(研究小組 1977b), ② 주(主)·군(君), 당사자(當事者)(即實 2012⑳), ③ 바람(風)(愛新覺羅 2012). 명(관제) ① 아진(俄眞)(即實 2012⑳), ② 극(剋)(愛新覺羅외 2012①). 用法 "바람(風)" 또는 "극(剋)"의 뜻을 나타내는 표의자(表意字)로, **主**[huaŋ](원자번호 75)의 이서체는 아니다(愛新覺羅 2012). 出 宣/令/先/博/皇/宋/烈/奴/圖/梁/糺/尚/玦/回/特/漁. 用例 **丙仍达关 主** [j.ʊl.ur.i kəi] 명(관제) 요련극(遙輦剋)(愛新覺羅외 2012⑧). 出 奴17.

> 遼史 剋(극)은 통군관(統軍官)을 말하는데, 남극과 북극이 있으며 모두 궁장(宮帳) 남북군의 무리들이다. 태종이 남·북극의 병적을 친히 열람한 일이 있다. 해왕부(奚王府)에도 2극이 있었는데, 994년(통화 12)에 해왕부 2극을 남극부와 북극부로 나누었다(金渭顯외 2012㊦).

主夯] kəi.e 出 博30. 校勘 이 글자는 초본에 잘못 옮겨진 것("**主**"와 "**夯**"를 이어 쓰는 사례는 없음)이므로 "**圡夯**"가 올바르다(即實 2012㊑).

主村] kəi-n 명(관제·소유격) 극(剋)"의(吉如何 2016). 出 道/故/弘/副/智/烈/奴. 用例 **小关 主村** [dær.i kəi-n] 명 남극(南剋)의(吉如何 2016). 出 道29.

主矢] kəi.tə 명(향위격) 바람(風)에(吉如何 2016). 出 先21, 博27, 皇21, 韓33.

主公] kəi.d 명(관제) "극(剋)"의 복수형(吉如何 2016). 出 圖8. 用例 **丕 主公** [dʒir kəi.d] 명(관제) 2극(二剋)(吉如何 2016).

[主㕕为本] kəi.ər.a.ar [出] 梁13. [校勘] 이 단어는 본래 2개의 글자(主㕕 为本)이나 초본에는 잘못하여 하나로 합쳐져 있다(即實 2012[校]).

亦 [발음] iun [原字번호] 329

[亦] iun [借詞] ①"雲"을 나타내는 한어차사(青格勒외 2003), ②"尹"을 나타내는 한어차사(梁振晶 2003). [用法] 愛新覺羅는 이 원자가 거란어를 수식하는 데에도 사용이 된다고 주장하며, 그 발음이 [ün]이라는 일부 추론에 대하여는 반대 입장을 표명하고 있다(愛新覺羅 2012). [出] 迪/副/皇/宋/室/圖/尚/玦.

[亦 勺佘 米] iun g.i ui [명](관제) "운기위(雲騎尉)"의 한어차사(劉鳳翥 2014b㊷). [出] 宋2.

[亦 仐同村 付同 夂为] iun s.iŋ-n bi.iŋ m.a [명] 운청(雲淸)의 병마(兵馬)(愛新覺羅외 2012②). [出] 玦5.

[亦 九佘 米] iun g.i ui [명](관제) "운기위(雲騎尉)"의 한어차사(劉鳳翥 2014b㊷). [出] 皇2.

[亦币圡本] iun.od.ha.ar [出] 智25.

[亦万] iun.ə [出] 博28/30.

[亦ち] iun.al [出] 奴40. [校勘] 이 글자는 초본에 잘못 옮겨진 것("亦"과 "ち"을 이어 쓰는 사례는 없음)이므로 "亦当"이 올바르다(即實 2012[校]).

[亦ち] iun.en [出] 仲/先/博/慈/智/奴/糺/玦.

[亦夯] iun.e [대] 이, 이것(即實 2012⑤). [出] 道/仲/先/博/智/糺/特/蒲.

[亦夯矢] iun.e.tə [대](향위격) 이에, 이것에(即實 2012⑤). [出] 智3, 玦29.

[亦夲㕕] iun.gə.ər [出] 道19.

[亦⽝犭] iun.u.dʒi [出] 宋14.

[亦㕕] iun.ir [出] 許30, 先28/30, 玦38.

[亦为] iun.a [出] 海10. [校勘] 이 글자는 휘본 등에 잘못 옮겨진 것이므로 "亦当"이 올바르다(即實 2012[校]).

[亦伏] iun.in [出] 宗7, 迪4, 皇7, 慈26.

[亦仐九] iun.sə.g [出] 道21, 許27, 先12.

[亦仐九村] iun.sə.g.ən [出] 博7.

[亦仐九㕕] iun.sə.g.ər [出] 許42.

[亦公] iun.ən [出] 許45, 仲44, 迪38.

[亦仌] iun.o [出] 仲25. [校勘] 이 글자는 초본에 잘못 옮겨진 것("亦"과 "仌"를 이어 쓰는 사례는 없음)이므로 "亦㕕"가 올바르다(即實 2012[校]).

[亦卝⽝犭] iun.l.u.dʒi [出] 玦41.

[亦卝⽝丹] iun.l.u.mur [出] 糺27. [校勘] 이 글자는 초본에 잘못 옮겨진 것("丹"은 글자의 첫머리에만 나... 이므로 "亦卝⽝犭"가 올바르다(即實 2012[校]).

[亦卝付㕕] iun.əl.bu.r [出] 宣23.

[亦卝付伏] iun.əl.bu.n [出] 迪20, 玦17/25.

[亦卝㕕丙] iun.əl.gə.əi [出] 迪37.

[亦卝穴犭] iun.l.u.dʒi [동] 연속하다(即實 2012⑩). [出] 19, 清29.

[亦卝□犭] iun.l.?.dʒi [出] 智19. [校勘] 即實은 이 글... 를 "亦卝穴犭"라고 보정하고 있다(即實 2012[校]).

[亦关] iun.i [出] 令5, 先34/36/47/60/68, 博26.

[亦㕕] iun.ər [出] 許4.

[亦夯] iun.ə [대] 이것(即實 2012⑳). [명] 질병(豊田五 1991a). [出] 興/道/仲/宗/海/皇/尚/玦/回/蒲.

[亦夯矢] iun.ə.tə [대](향위격) 이것에(即實 2012⑳). [許10, 故6.

[亦夲㕕] iun.gə.ər [出] 先16.

[亦尘] iun.d [出] 先10/29/31/40, 博7/8, 玦25. [校... 即實은 《先29》에서는 이 글자를 뒤 원자들과 ... 쳐 "亦尘穴犭"라고 기록하고 있다(即實 2012[校]).

[亦当] iun.ən [出] 興/宣/令/許/故/仲/先/宗/涿/永/迪/弘/... 宋/慈/烈/奴/梁/清/尚/韓/玦/回/特/塔I.

[亦当村] iun.ən.ən [出] 特15.

[亦当㕕] iun.ən.ər [出] 先31.

[亦女] iun.adʒu [出] 玦35.

[亦□] iun.? [出] 涿16. [校勘] 即實은 이 글자를 "亦... 이라고 보정하고 있다(即實 2012[校]).

戈 [발음] j, ʒ [原字번호] 330

[戈再] j.in [借詞] "仁"을 나타내는 한어차사(羅福... 1934b, 王靜如 1935, 山路廣明 1943, 研究小組 1977b). [出] ... 1/3/8/14, 皇1/4.

[戈再 仐当] j.in s.oŋ [명] "인종(仁宗)"의 한어차사(研... 小組 1977b, 清格爾泰외 1978a/1985). [出] 仁8.

[戈再 关关 主 介女] j.in i.i huaŋ hau.un [명](소유... 인의황후(仁懿皇后)의(清格爾泰외 1978a/1985). [出] 仁3/1...

[戈再 酒关 主 介女] j.in ji huaŋ hau.un [명](소유... 인의황후(仁懿皇后)의(研究小組 1977b). [出] 仁1.

[戈圡仐] j.ha.u [出] 韓23. [校勘] 이 글자는 초본...

잘못 옮겨진 것으로 "**戈仕仐**"가 올바르다(卽實 2012㉟).

[戈交] j.ur [出] 許56. [校勘] 이 글자는 초본에 잘못 옮겨진 것으로 지석(誌石)에 근거하여 "**戈交**"가 올바르다(卽實 2012㉟).

[戈杏] j.ï [借詞] "日"을 나타내는 한어차사(愛新覺羅 2004a⑧). [명] 배우자(愛新覺羅 2006a). [出] 博41.

[戈勺] j.ug [出] 許15.

[戈为夫] j.a.ali [명] 청년(卽實 1996⑯). [명](관제) 사리(沙里), 낭군(郞君)(卽實 1996⑯). [出] 許48.

[戈朩村] j.i.ən [出] 許11. [校勘] 이 글자는 초본에 잘못 옮겨진 것으로 "**戈关村**"이 올바르다(卽實 2012㉟).

[戈火] j.iu [借詞] ①"儒"를 나타내는 한어차사(劉鳳翥 외 2006b), ②"如"를 나타내는 한어차사(愛新覺羅 2010f). [出] 糺15.

[戈火 朩丙] j.iu l.io [명](인명) ①儒留(劉鳳翥외 2006b), ②如六(愛新覺羅 2010f), ③茹留(卽實 2012⑯). [出] 糺15. [人物] ≪糺誌≫ 주인 夷里衍糺里(1061~1102)의 셋째 아들인 如六을 지칭한다(愛新覺羅 2010f).

[戈文𠘨] j.iæ.æm [借詞] "冉"을 나타내는 한어차사(大竹昌巳 2016d). [出] 奴46, 糺22. [校勘] 卽實은 이 글자가 초본에 잘못 옮겨졌고 ≪奴46≫을 근거로 하여 "**戈文𠘨**"이 올바르고 주장하고 있으나(卽實 2012㉟), 앞뒤 문맥을 보았을 때 "**戈文𠘨**"이 정당하다고 판단된다.

[戈文𠘨 关丙火] j.iæ.æm ŋ.io.un [명](인명・소유격) 冉牛의(大竹昌巳 2016d). [出] 糺22. [人物] "염우(冉牛)"는 공자의 제자인 염경(冉耕, 자는 백우(伯牛)이다)으로 중한 병에 걸렸던 것으로 알려진다(大竹昌巳 2016d).

[戈文𠘨 关丙火 古为出 仐企北] j.iæ.æm ŋ.io.un mʊd.a.an s.əm.əl [명] 염우(冉牛)의 질병(大竹昌巳 2016d). [出] 糺22.

[戈亦] j.iun [借詞] ①"閏"을 나타내는 한어차사(愛新覺羅 2006a), ②"潤"을 나타내는 한어차사(劉鳳翥 2014b㊶). [出] 故16.

[戈亦 几夯] j.iun g.ə [명](인명) ①俊哥(卽實 1996⑯), ②閏哥(愛新覺羅 2006a), ③潤哥(劉鳳翥 2014b㊶). [出] 故16. [人物] ≪故銘≫ 주인 撻體낭자(1081~1115)의 장녀인 閏哥낭자를 지칭한다(愛新覺羅 2010f).

[戈夵朩夵夵] j.gə.l.gə.ər [出] 興11. [校勘] 卽實은 "**戈夵朩夵夵**"이라고 기록하고 있다(卽實 2012㉟).

[戈杏] j.ï [借詞] ①"爾"를 나타내는 한어차사(豊田五郞 1991a), ②"日"을 나타내는 한어차사(愛新覺羅 2006a). [명] ①씨(氏)(寶玉柱 1990b, 愛新覺羅 2003e), ②배우자(愛新覺羅 2006a). [出] 故18, 永13, 迪33.

[戈平卄交] j.ul.ʊ.ur [出] 興12. [校勘] 卽實은 이 글자를 "**戈平卄交**"이라라고 기록하고 있다(卽實 2012㉟).

穴 [발음] nəu [原字번호] 331

[穴] nəu [명] 땅(地)(卽實 1996⑯). [用法] 이 원자는 독자적으로 "흙・땅(土)"의 표의자(表意字)로 사용되는 경우에 발음은 [nəu'ə]가 된다(愛新覺羅 2012). [出] 尙14, 盞1.

[穴 丙] nəu məg [명] "황후(皇后)"의 의미인데, ≪요사・국어해≫에는 "누알마(耨斡麽, 황후의 독음)"로 나오며, "땅의 어머니(地母)"를 칭한다(卽實 1988a). [同源語] "지모(地母)"를 뜻하는 여진어의 [𢆶脊: na ənin], 만주어의 [na emu]와 같은 어원이다(孫伯君외 2008). [出] 盞1.

[穴 丙公] nəu məg.ən [명](소유격) 모후(母后)의, 누알마(耨斡麽)의(卽實 1996⑯). [用法] "~**公**"은 소유격을 나타내는 어미이다(大竹昌巳 2015c). [出] 盞1.

[穴夯] nəu.e [명] ①땅(地)(厲鼎煃 1954, 研究小組 1977b/1979, 清格爾泰외 1978a), ②후토(后土)(清格爾泰외 1978a). [出] 道/宣/先/智/清/特.

[穴夯 丙] nəu.e məg [명] 황후(皇后)(研究小組 1977b, 清格爾泰외 1978a). [出] 宣21.

[穴夯 冬朩] nəu.e as.ar [명] 땅의 평온함(地寧)(卽實 1996⑯). [出] 宣29.

[穴夯公] nəu.e.n [명](소유격) 땅(地)의(趙志偉외 2001). [用法] "~**公**"은 소유격을 나타내는 어미로 사용된다(大竹昌巳 2015c). [出] 智19.

[穴久伏] nəu.ug.in [명](인명) ①耨斤(성종 흠애황후 소씨의 어릴적 字)(愛新覺羅 2003i/2009a⑧), ②耨斡衮(卽實 2012③), ③耨衮(卽實 2012⑭). [出] 迪7, 清5.

> [人物] ①≪迪誌≫ 주인 撒懶迪烈德(1026~1092)의 7대조모(曷魯隱匣馬葛 이리근의 부인)인 阿蘇里 耨斤 을림면(乙林免)을 지칭한다(愛新覺羅 2010f).
> ②≪清誌≫에 등장하는 耨衮부인으로, 후사가 없어 양국황제(讓國皇帝, 耶律倍)의 딸인 제국공주(齊國公主) 阿不里가 그 가문을 이었다(卽實 2012⑭).

[穴为朩] nəu.a.ar [出] 奴23. [校勘] 이 글자는 초본에 잘못 옮겨진 것이므로 "**火为朩**"가 올바르다(卽實 2012㉟).

[穴伏] nəu.in 出 許19.

[穴公] nəu.ən 명(소유격) 땅(地)의(大竹昌已 2015c).
用法 "~公"은 소유격을 나타내는 어미이다(大竹昌已
2015c). 出 宣25, 博15, 永36, 特14.

[穴火] nəu.ui 出 韓33. 校勘 이 글자는 초본에 잘
못 옮겨진 것("穴"와 "火"를 이어 쓰는 사례는 없음)
이므로 "尺火"가 올바르다(即實 2012⑫).

[穴火关] nəu.ui.i 出 尚18. 校勘 이 글자는 초본에 잘
못 옮겨진 것이므로 "火夬关"가 올바르다(即實 2012⑫).

[穴芬] nəu.ə 명 ① 후토(后土)(厲鼎煃 1932), ② 인
(仁)(劉鳳翥 1984a, 劉鳳翥외 2003b), ③ 땅(地)(劉鳳翥 2014b
⑫). 出 宣蓋/宣/許/先/永/弘/副/皇/宋/烈/梁/清/玦.

[穴芬 丙] nəu.ə məg 명 ① 황후(皇后), 누알마(耨斡麼,
황후의 독음), 지모(地母)(厲鼎煃 1932/1933, 羅福成 1933,
研究小組 1977a, 即實 1988a), ② 황후(皇后)(清格爾泰외 1978a
/1985). 出 宣5/22, 梁19. 參考 ☞ 穴 丙

[穴芬 丙公] nəu.ə məg.on 명(소유격) 황후(皇后)의(研究
小組 1977b, 清格爾泰외 1978a/1985). 出 宣蓋2, 宣1, 許51.

[穴芬 土几公] nəu.ə mə.g.on 동 땅을 개척하다(開土),
종파를 열다(開宗)(即實 2012⑳). 명(소유격) ① 황후의
(愛新覺羅 2004f/2006b), ② 지황후(地皇后)의(康鵬 2016b).
出 清2.

[穴芬刋] nəu.ə.qa 명(소유격) 땅(地)의(劉鳳翥 1993d). 出
先16. 校勘 ☞ 穴芬 刋(即實 2012⑫).

[穴芬矢] nəu.ə.tə 出 許63.

[발음] noi
[原字번호] 332

穴

[穴] noi 명 ① 으뜸, 제일(研究小組 1977b, 清格爾泰외
1978a, 即實 1996⑯), ② 정(正)(王靜如 1933, 羅福成 1934a/b/c
/f), ③ 관(官), 우두머리(酋)(即實 1991b/1996⑯), ④ 주(主)
(即實 1996⑯), ⑤ 우두머리(首·正), 관(官)(劉鳳翥외 2009),
⑥ "머리" 또는 "우두머리"를 나타내는 표의자(表意
字)(愛新覺羅 2012), ⑦ 신하(大竹昌已 2016d). 出 興/仁/道/
許/故/仲/先/博/永/迪/副/皇/宋/智/烈/奴/高/室/梁/糺/清/
尚/韓/玦/回/蒲/洞I. 用例 乖 穴 [dʒau noi] 명(관제) 백
관(百官)(即實 1996⑯). 出 仁14, 道33.

遼史 "正"과 "頭" 등에 대한 사적의 기록
① 正: 《류설(類說)》 권5에 수록된 《연북잡기(燕
北雜記)》에 "媚是丁(내는 정이다)"으로, 《거란국지
(契丹國志)·세시잡기(歲時雜記)》에 "妳(媚의 속자)是
丁"으로 되어 있고(이것들 중 "丁"은 "正"의 오류라고

할 수 있다), 《요사·예지6》에는 "遒, 正也(내는
이다)". 라고 되어 있다.
② 頭: 《연북잡기》에 "媚是頭"로, 《거란국기
세시잡기》에 "妳是頭(내는 머리이다)"로 되어 있고
《요사·예지6》에는 "耐, 首也(내는 머리이다)". 라
고 되어 있다.
※ 이들 네 글자(媚·妳·遒·耐)의 당시 한어발음은
[nai] 또는 [nâi]로, 모두 거란소자 "穴"에 대응하
다(大竹昌已 2015b).

[穴 甬又] noi qar.u 명 관리와 백성(官民)(即實 2012⑫)
出 仲8.

[穴 艾] noi sair 명 정월(研究小組 1977b, 清格爾泰외 197
Kane 2009, 劉鳳翥 2014b⑫). 出 仲10, 永43.

[穴癶] noi.an 명 윗사람, 어른(長者)(即實 2012⑫)
書法 이 글자는 가로가 아닌 세로로 쓴다. 出 圖5.

[穴丙与] noi.j.ən 出 道24. 校勘 即實은 이 글자
를 "火丙与"라고 기록하고 있다(即實 2012⑫).

[穴禿廾及內] noi.s.ʊ.o.on 出 許40.

[穴夬] noi.ul 出 仲38. 校勘 即實은 이 글자를 "
夬"라고 기록하고 있다(即實 2012⑫).

[穴北] noi.əl 書法 이 글자는 가로가 아닌 세로로
쓴다. 出 玦29.

[穴无杏癶亥] noi.də.gə.ər.? 出 智16. 校勘 이
단어는 본래 2개의 글자(尢无杏癶 亥)이나 초본에
잘못하여 하나로 합쳐져 있다("穴"와 "尢"를 이어
쓰는 사례도 없음)(即實 2012⑫).

[穴杓] noi-n 명 낙안(諾顔, 유군[猶君]·영주[領主]
뜻하는 몽고어의 음역)(即實 1996⑯). 명(소유격) ①
일·첫째의(研究小組 1977b), ② 관(官)의(劉鳳翥 1993d, 即
1996⑯), ③ 우두머리(首)의(劉鳳翥외 2009). 出 道/許/
仲/先/宗/海/博/烈/高/清/玦.

[穴杓 业又] noi-n p.im 명(관제) ① 일품(一品)(研究小
1977b, 清格爾泰외 1978a), ② 관계(官階, 벼슬의 등급·
계)(即實 1996⑯), ③ 관품(官品)(大竹昌已 2016d). 出 仲2

[穴叐] noi.ir 出 博9, 副33.

[穴朩] noi.tʃi 명 관리가 된 자(即實 2012⑳). 出 言
29, 先49, 高26, 清29.

[穴朩余] noi.tʃi.t 出 特36.

[穴朩ㅆ关] noi.tʃi.l.i 出 副29.

[穴为出] noi.a.an 出 奴44, 回16. 校勘 이 글자는

초본에 잘못 옮겨진 것이므로 "火为出"이 올바르다(即實 2012校).

[穴矢] noi.tə [出] 宣/先/皇/烈/奴/梁/回.

[穴化] noi.ir [出] 烈12.

穴公 noi.n [出] 許26. [校勘] 이 글자는 초본에 잘못 옮겨진 것으로 지석에 근거하여 "穴公"이 올바르다(即實 2012校).

穴爫 noi.d [명](관제) ① 수장(首長)(劉鳳翥 1982a, 高路加 1985, 劉鳳翥 1993d), ② 관리(官吏), 제관(諸官)(即實 1996②/1996④), ③ 태수(太守)(羅福成 1934j, 鄭紹宗 1973, 研究小組 1977b, 清格爾泰외 1978a), ④ 윤(尹)(黃振華 1985a), ⑤ 장관(長官)(劉鳳翥 2014b52). [出] 令/許/郎/仲/先/博/皇/智/高/梁/玦.

[穴爫 与亥] noi.d dəu.ur [出] 迪19. [校勘] 초본에는 이 글자가 하나로 합쳐져 있다(即實 2012校).

[穴爫村] noi.d.ən [명](소유격) ① 수장(首長)의(劉鳳翥외 2003b), ② 관(官)의(即實 2012⑧). [出] 先32, 弘7.

[穴爫犮] noi.d.ər [명] ① 수장(首長)(劉鳳翥 1993d), ② 여러 관리(衆官)(即實 1996⑦), ③ 태수(太守)(羅福成 1934j, 鄭紹宗 1973), ④ 장관(長官)(劉鳳翥 2014b52). [명](목적격) 관(官)을(即實 1996⑯). [명](도구격) 관(官)으로써(呼格吉樂圖 2017). [出] 郎3, 仲16/37, 先44/63, 玦13/17.

[穴爫犮 刃北] noi.d.ər qa.aŋ [명] 관아(官衙)(即實 2012⑳). [出] 仲16.

[穴爫犮关] noi.d.ər.i [명] ① 장관(長官)(趙志偉외 2001), ② 제관(諸官)(愛新覺羅 2004a⑦). [出] 先52, 智3.

穴火 noi.ui [出] 先47, 圖19. [用例] 又化 叉丸为 穴火 [m.ir ʃ.au.a noi.ui] [명](관제) 마응관(馬鷹官)(呼格吉樂圖 2017). [出] 先47.

[穴目火] noi.dʒur.un [出] 迪3.

[穴券] noi.ə [出] 仁18.

穴平九 noi.ul.gə [出] 智20. [校勘] 이 글자는 초본에 잘못 옮겨진 것("穴"와 "平"을 이어 쓰는 사례는 없음)이므로 "火平九"가 올바르다(即實 2012校).

尓 [발음] tərik(即實) [原字번호] 333

尓 tərik [借詞] "祿", "魯" 등을 나타내는 한어차사(王弘力 1986). [명] ① 특리건(忒俚寋), 황후(皇后), 제일(第一)(王弘力 1986), ② 그 곳(即實 1996⑯). [出] 仁/仲/先/副/烈/清/尚. [同源語] "제일의, 수뇌(首腦), 관군(冠軍)"을 나타내는 다호르어의 [turu-n]과 몽골어의 [terigü-n]과 서로 대응한다(王弘力 1986).

[尓 叉公] tərrik ir.ən [명] ① 특리건(腻俚寋)(即實 1982a/1996①), ② 가돈(可敦)(劉鳳翥 1983a). [参考] "특리건"과 "가돈"은 모두 황후를 뜻하는 말이다. [同源語] 몽골어의 "塔里牙赤"([tariyači], 밭을 경작하는 사람)과 같은 어원이다(孫伯君외 2008). [出] 仁5.

> [遼史] **腻里蹇(특리건)**(또는 忒里寋)은 거란어로 황후를 지칭하며, ≪국어해≫(권116)와 ≪후비전≫(권71)에 각각 나온다(白玉冬외 2013).
>
> - ≪국어해≫ "忒里蹇, 遼皇后之稱。 耨斡麼, 麼, 亦作改。 耨斡, 后土稱。 麼, 母稱。" (특리건[忒里蹇]은 요나라에서 황후를 칭하는 말이다. 누알마[耨斡麼]의 "누알[耨斡]"은 후토 즉 대지를 칭하는 말이고 "마[麼]"는 개[改]자로 쓰기도 하는데, 어머니를 칭하는 말이다).
> - ≪후비전≫ "遼因突厥, 稱皇后曰可敦, 國語謂之忒里蹇, 尊稱曰耨斡麼, 蓋以配后土而母之云。" (요나라는 돌궐의 풍속에 따라 황후를 "가돈[可敦]"이라 칭하였으나, 요나라 말로는 특리건[忒里寋]이라 일렀으며 존칭할 적에는 누알마[耨斡麼]라고 하였다. 땅에 대비시켜 어머니라고 이르는 말이다).

[尓夹] tərik.ul [出] 先8.

尓村 tərik.ən [명] 특리건(腻俚寋), 황후(皇后)(即實 1996⑯). [出] 宣10, 先4, 宋16.

[尓刃] tərik.qa [出] 弘10.

尓爫 tərik.d [명] ① 특리길(腻俚吉, "황후"의 복수형), 수령(首領)의 부인(夫人)(即實 1996⑯), ② 가돈(可敦)(愛新覺羅 2004a⑦). [出] 宣12, 弘23, 宋18, 清28.

尓关 tərik.i [명] 처(妻), 특리길(腻俚吉), 황후(皇后)(即實 1996①/1996⑯). [出] 仁16, 仲3/35, 尚17/29.

九 [발음] g, gi, gə [原字번호] 334

九 g/gi/gə [用法1] 형동사 어미를 표시하는 부가성분이다(研究小組 1977b). [用法2] "견(見)"계통 자음[예: 光, 公, 功, 宮, 京, 景, 經, 江, 監, 檢, 圭, 國, 金, 軍, 校]과 "군(群)"계통 자음[예: 郡, 騎]을 가진 한어차사의 초성(初聲) 자음으로 사용되며, 거란어 음절의 초성 자음으로도 사용된다(孫伯君외 2008). [出] 典33, 許57.

> [語法] **"九"[k]와 "乂"[k^h/x]의 변천에 대하여**
>
> 거란문은 초기에는 회골문의 표시방식처럼 "乂" 하나로 [k]와 [k^h/x]를 모두 표시하였으나, 시대를 지나면서 "九"와 "乂"로 엄격히 구분해 나갔다(傅林 2013b).

	1단계 (함께 사용)	2단계 (느슨한 구분)	3단계 (엄격한 구분)
[k]	火	火 / 九	九
[kʰ / x]		火	火
문헌연대	-	1053~1078	1082~1175
문헌약칭		宗/興/仁/令/圖/先/韓/	慈/永/迪/智/清/奴/室/弘/高/烈/道/宣/副/梁/皇/宋/糺/仲/博/尙

[九夾村] g.an.ən [出] 先32.

[九雨] g.in [借詞] "斤"을 나타내는 한어차사(袁海波외 2005). [出] 宗33, 博11/14/15/16/42, 清14, 特28.

[九雨村] g.in.ən [出] 博42.

[九丙] g.iu [수] 9(韓寶興 1991, 豊田五郎 1991b, 即實 1991b). [出] 先/永/弘/副/宋/智/烈/梁/韓.

[九丙 伞交] g.iu ts.iæ [명](인명) ① 九姐(愛新覺羅 2010f, 即實 2012⑦), ② 九節(劉鳳翥 2014b㊿). [出] 永11. [人物] ≪永誌≫ 주인 遙隱永寧(1059~1085)의 조모(조부 韓九郎君의 부인)인 九姐부인을 지칭한다(愛新覺羅 2010f).

[九丙太] g.iu.uŋ [借詞] "宮"을 나타내는 한어차사(Kane 2009). [出] 仲33. [參考] ☞ 九丙太.

[九丙及芍] g.iu.u.dʒi [出] 仁30. [校勘] 이 글자는 휘본 등에 잘못 옮겨진 것이므로 "九村及芍"가 올바르다(即實 2012校).

[九丙火化炎] g.iu.ui.ur.ər [出] 仁27. [校勘] 이 글자는 휘본 등에 잘못 옮겨진 것이므로 "九丙太化炎"가 올바르다(即實 2012校).

[九丙火] g.iu.ud [出] 仁17. [校勘] ☞ 九丙太(即實 2012校).

[九丙火尼] g.iu.ud.ud [出] 仁3. [校勘] ☞ 九丙太尼(即實 2012校).

[九丙火化] g.iu.ud.ur [出] 仁20. [校勘] ☞ 九丙太化(即實 2012校).

[九丙太] g.iu.uŋ [借詞] "宮"을 나타내는 한어차사(研究小組 1977b, 清格爾泰외 1978a, 劉鳳翥외 1977). [出] 仁/道/郎/仲/先/迪/副/智/奴/高/圖/梁/蒲.

[九丙太 兆] g.iu.uŋ ʂï [명](관제) "궁사(宮使)"의 한어차사(即實 1996⑯). [出] 先27.

[九丙太 兆谷] g.iu.uŋ ʂï.ï [명](관제) "궁사(宮使)"의 한어차사(研究小組 1977b, 清格爾泰외 1978a). [出] 仲8.

[九丙太 令文考] g.iu.uŋ t.iæ.æn [명] "궁전(宮殿)"의 한어차사(研究小組 1977b, 清格爾泰외 1978a/1985). [出] 郎2.

[九丙太尼] g.iu.uŋ.ud [명](향위격) 궁(宮)에(豊田五郎 1991a, 即實 1996①). [出] 興/仁/宣/副/玦.

[九丙太尼炎] g.iu.uŋ.ud.ər [명] 궁(宮)(劉鳳翥외 1977). [出] 許11.

[九丙太伏] g.iu.uŋ.in [명](인명) ① 宮寧(唐彩蘭외 2002 ② 宮訥(即實 2012⑨). [出] 烈9.

[九丙太伏 九丸 杰 小丙] g.iu.uŋ.in g.au uaŋ l.iu [명](인명) ① 宮寧高王六(愛新覺羅 2004a⑫), ② 宮訥・高王六(即實 2012⑨), ③ 宮寧・高王留(劉鳳翥 2014b㊿). [出] 烈9

> [人物] ≪烈誌≫ 주인 空寧敵烈(1034~1100, 한풍명: 韓承規)의 숙부(叔父)인 宮寧高王六 태사(太師)를 지칭한다(愛新覺羅 2004a⑫). ☞ 韓知古(玉田韓氏)의 가계에 대하여는 "愛新覺羅 2009a⑧"을 참고하라.

[九丙太化] g.iu.uŋ.ur [명] "궁(宮)"의 복수형(研究小組 1977b, 即實 2012校). [出] 仁20.

[九丙太化村] g.iu.uŋ.ur.ən [명] 제궁(諸宮)(愛新覺羅 2005b [명](소유격) 제궁(諸宮)의(即實 2012⑨, 劉鳳翥 2014b㉙ [出] 烈8, 奴12.

[九丙太化炎] g.iu.uŋ.ur.ər [명] 궁(宮)(實玉柱 1990b, 即實 1996①). [出] 仁27.

[九丙太女] g.iu.uŋ-n [명](소유격) ① 경(京)의(愛新覺羅 2009a⑧), ② 궁(宮)의(劉鳳翥 2014b㊱, 劉浦江외 2014). [出] 許/先/副/宋/烈/奴/高/清/玦/蒲. [用例] 及化 九丙太女 小丙 叉土 [u.ur g.iu.uŋ-n l.ju ʃ.əu] [명](관제) 상경의 유수(上京留守)(愛新覺羅 2009a⑧, 劉鳳翥 2014b㊿). [出] 烈2.

[九丙太女 兆] g.iu.uŋ-n ʂï [명](관제) ① 궁사(宮使)(即實 2012⑫), ② 궁(宮)의 사(使)(劉鳳翥 2014b㊿). [出] 高19.

[九丙炎尼] g.iu.gə.du [出] 興33. [校勘] 이 글자는 휘본 등에 잘못 옮겨진 것("宮"의 한어차사이므로 "炎"를 사용함은 부적절함)으로 "九丙太尼"가 올바르다(即實 2012校).

[九万] g.əi [出] 令/博/韓/玦/特.

[九圡村] g.ha-n [出] 副43. [校勘] 이 글자는 초본에 잘못 옮겨진 것("九"와 "圡"를 이어 쓰는 사례는 없음)이므로 "九夾村"이 올바르다(即實 2012校).

[九並] g.iaŋ [借詞] "耿"을 나타내는 한어차사(陳乃雄외 1999, 劉鳳翥외 2003b). [出] 弘2.

[九並 兆] g.iaŋ ʂï [명](인명) 耿氏(愛新覺羅 2010f, 即實 2012⑧, 劉鳳翥 2014b㊿). [出] 弘2. [人物] ≪弘誌≫ 주인 耶魯宛隗也里(1054~1086, 한풍명: 耶律弘用)의 조모인 숙의(淑儀) 耿氏(조부는 성종황제)를 지칭한다(愛新覺羅 2010f).

[九床] g.ur [명](인명) 古尼(即實 2012⑤). [出] 智14. [人物] ≪智誌≫ 주인 烏魯本猪屎(1023~1094, 한풍명: 耶律智先)의 장인(첫째 부인 因古訥낭자의 부친)인 古尼・拉卜安 추밀사(樞密使)를 지칭한다(即實 2012⑤).

[九床小生为公] g.ur.əl.ab.ha.n [出] 智14. [校勘] 이 단어는 본래 2개의 글자(九床 小生为夾)이나 초본에는

잘못하여 하나로 합쳐져 있다(即實 2012[校]).

九去] g.əu [借詞] ①"靚"를 나타내는 한어차사(袁海波외 2005), ②"構", "狗" 등을 나타내는 한어차사(愛新覺羅 2010f, 愛新覺羅외 2015⑩), ③"高"를 나타내는 한어차사(吳英喆 2012a①). [出] 仁/仲/永/尚/玦/回/特.

九去 兆] g.əu ʂï [명](인명) ①構石(愛新覺羅 2010f), ②高十(吳英喆 2012a①), ③狗屎(愛新覺羅외 2015⑩). [出] 玦32/34. [人物] ≪玦誌≫의 주인 只兗昱(1014~1070, 한풍명 耶律玦)의 외아들인 狗屎 소부(少傅)를 지칭한다(愛新覺羅외 2015⑩).

九去禿夼] g.əu.s.i [명](인명) ①寇蘇乙(愛新覺羅 2003f), ②構蘇已(愛新覺羅 2006a), ③勾司奇(即實 2012⑤), ④狗屎(愛新覺羅 2013a), ⑤苟斯(劉鳳翥 2014b[52]). [出] 智11/13. [人物] ≪智誌≫ 주인 烏魯本猪屎(1023~1094, 한풍명: 耶律智先)의 막내형인 撻不衍狗屎 태위(耶律仁先의 둘째 동생이다)를 지칭한다(愛新覺羅 2013a).

九去火] g.əu.un [수](소유격) 9의(劉鳳翥외 2003b). [出] 宋11. [校勘] 即實은 이 글자를 "朩去火"이라고 기록하고 있다(即實 2012[校]).

九杰] g.uaŋ [借詞] "光", "廣" 등을 나타내는 한어차사(研究小組 1977b, 閻萬章 1993). [出] 故/仲/宗/永/迪/弘/智.

九杰 笑 久卡关 仐] g.uaŋ lu da.ai.i pu [명](관제) "광록대부(光祿大夫)"의 한어차사(研究小組 1977b, 清格爾泰외 1978a, 劉鳳翥 2014b[52]). [出] 仲21.

九杰 仐 公豸] g.uaŋ pu n.u [명](인명) ①廣富奴(即實 1996⑤), ②光佛奴(愛新覺羅 2010f). [出] 故6. [人物] ≪故銘≫ 주인 撻體낭자(1081~1115)의 조부인 善寧光佛奴 태사를 지칭한다(愛新覺羅 2010f).

九杰 仦囘 九亦] g.uaŋ l.iŋ g.iun [명](지명) "광릉군(廣陵郡)"의 한어차사(即實 2012①, 劉鳳翥 2014b[52]). [出] 宗1/15.

九杰 仦囘 九亦 杰ㄗ] g.uaŋ l.iŋ g.iun uaŋ.on [명](관제・소유격) 광능군왕(廣陵郡王)의(即實 2012①, 劉鳳翥 2014b[52]). [出] 宗1/15. [参考] "광능군왕(廣陵郡王)"을 ≪요사≫에는 "요서군왕(遼西郡王)"이라고 기록하고 있다(即實 2012①).

九杰 仦囘 九亦 杰ㄗ 关化] g.uaŋ l.iŋ g.iun uaŋ.on i.ir [명](관제) 광능군왕(廣陵郡王)의 호(號)(劉鳳翥 2014b[52]). [出] 宗15.

九比] g.əl [出] 博38. [校勘] 이 단어는 초본에 옮기며 잘못 분할되었는데, 앞 원자들과 합쳐 "仐爻九比"로 하여야 한다(即實 2012[校]).

九犮业村] g.jue.en.ən [명](인명・소유격) 權의(袁海波외 2005, 即實 2012⑲). [出] 清22. [用例] 仦关 九犮业村 [l.i g.jue.en.ən] [명](인명・소유격) 李權의(即實 2012⑲).

[九廾火] g.ʊ.ui [出] 副11.

九交] g.ur [명] "나라(國)"를 나타내는 거란어(研究小組 1977b, 清格爾泰외 1978a, 劉鳳翥외 2009, 劉鳳翥 2014b[52]). [同源語] 여진어 囨土 [guru-un], 만주문어 [gurun]과 동일한 어원이다(Kane 2009, 大竹昌巳 2015c). [出] 興/仁/道/宣/許/仲/先/博/迪/副/皇/慈/烈/奴/糺/清/玦/回/特.

[九交 公ホ外] g.ur n.ad.bu [명] 국족(國族), 국가(國家)(即實 1996⑯). [出] 宣10.

[九交 冈关] g.ur u.ər [동] 나라를 양보하다(讓國)(即實 2012⑳). [出] 清5. [参考] 冈关 [u.ər]는 "주다"라는 의미이다.

[九交 冈关 主王] g.ur u.ər huaŋ.ti [명] 양국황제(讓國皇帝)(愛新覺羅 2006a). [出] 清5. [人物] 양국황제는 요 태조 야율아보기의 장남인 "인황왕(人皇王) 耶律倍(거란명: 圖欲)"를 지칭한다.

[九交竹及] g.ur.tʃəu.dʒi [出] 仁18. [校勘] 이 단어는 본래 2개의 글자(九交 竹及)이나 휘본 등에는 잘못하여 하나로 합쳐져 있다(即實 2012[校]).

[九交村] g.ur.ən [명](소유격) ①나라의(研究小組 1977b, 清格爾泰외 1978a, 劉鳳翥외 2009), ②국족(國族)의(即實 2012⑳). [出] 仁/道/許/郎/仲/先/宗/海/博/涿/永/迪/弘/副/皇/宋/慈/智/奴/高/圖/梁/糺/清/尚/玦/回/蓋/回/特.

[九交村 飞火 双刃] g.ur.ən ʃ.iu m.ir [명](관제) 북원추밀사(北院樞密使)(即實 1996⑯). [出] 先23.

> [遼史] **北院樞密使(북원추밀사)**는 북추밀원(北樞密院)의 장관으로, 회동 10년(947) 세종이 즉위하면서 신임이 두터운 사람을 임명하였다. 처음에는 부족 사무를 맡았다가 후에는 정치의 중심이자 최고의 집정기관이 되었다. 병기와 무선(武選), 군목(群牧)을 맡아 다스렸다. 거란의 군마는 모두 북원추밀사에 속한다. 장관을 북원추밀사 혹은 지추밀원사라 하고, 부사를 북원추밀부사라 하였다. 아래로 중승사(中丞司)를 두어 구체적인 군무를 관리하였다(金渭顯외 2012㊤).

[九交村 业业夾] g.ur.ən qa.ha.an [명](소유격) 대칸(大汗)의(即實 2012⑳). [出] 奴1.

[九交村 杰ㄗ] g.ur.ən uaŋ.on [명](관제・소유격) 국왕(國王)의(清格爾泰외 1985, 劉鳳翥 2014b). [出] 仲42.

[九交村 力业出关] g.ur.ən na.ha.an.ər [명] 국구(國舅)(即實 1996⑯). [出] 許3.

[九交村 力业出关 卅欠 犮村] g.ur.ən na.ha.an.ər od.go adʒu-n [명](관제) 국구소옹장(國舅小翁帳)(即實 1996⑯). [出] 許3.

[九夾村 仉长兴] g.ur.ən [명] 국족의 가까운 친족(國族近支)(即實 2012⑳). [出] 先65.

[九夾朩] g.ur.tʃi [出] 特25.

[九夾矢] g.ur.tə [명](향위격) 나라(國)에(即實 1996⑯, 劉浦江외 2014). [出] 許/故/仲/先/博/副/奴/梁/玦.

[九夾矢关] g.ur.d.i [명](탈격) 나라(國)로부터(劉鳳翥 2014b㉜). [出] 博15/21.

[九夾个长乂伏] g.ur.pu.su.k(h).in [出] 興7.

[九夾仐] g.ur.əs [명] "나라(國)"의 복수형(王弘力 1984, 豊田五郎 1991b, 即實 1991b). [出] 興/道/先/副/特.

[九夾仐村] g.ur.əs.ən [명](소유격) 나라(國)의(劉浦江외 2014). [出] 皇22.

[九夾仐叉] g.ur.əs.ir [出] 先13.

[九ち] g.al [出] 先23. [校勘] 即實은 이 글자를 "圧ち"이라고 기록하고 있다(即實 2012㊳).

[九太] g.uŋ [借詞] "公"을 나타내는 한어차사(=九水)(研究小組 1977). [出] 仲4/5/6/11/12/16/17/21/31/34/37/38, 奴22, 糺7/9, 蒲7.

[九太 犮火] g.uŋ dʒ.iu [명] "공주(公主)"의 한어차사(研究小組 1977b, 清格爾泰외 1978a/1985). [出] 仲4.

[九太 犮火火] g.uŋ dʒ.iu-n [명](소유격) 공주(公主)의(研究小組 1977b, 清格爾泰외 1978a/1985). [出] 仲6.

[九太 犮火火兴] g.uŋ dʒ.iu-n.er [명](소유격) 공주(公主)의(清格爾泰외 1985). [出] 仲31.

[九太 朩火兴] g.uŋ dʒ.iu.er [명](목적격) 공주(公主)를(即實 1996⑥). [出] 先37.

[九太矢乂] g.uŋ.tə.k(h) [出] 涿9. [校勘] 이 글자는 휘본 등에 잘못 옮겨진 것이므로 "九太矢关"가 올바르다(即實 2012㊳).

[九太火] g.uŋ.un [명](소유격) 공(公)의(劉鳳翥 2014b). [出] 奴23/36.

[九夯] g.e [借詞] "哥"를 나타내는 한어차사(趙志偉외 2001). [出] 仲/先/博/永/慈/智/清/韓.

[九夯朩] g.e.tʃi [出] 智3. [校勘] 이 단어는 초본에 옮기며 잘못 분할되었는데, 앞 원자들과 합쳐 "仐叉九夯朩"로 하여야 한다(即實 2012㊳).

[九夯尘] g.e.t [형] ① 멀다, 아득하다(悠)(沈彙 1980), ② 시원하다(爽)(即實 1982a/1996①). [出] 道/宣/副/清/玦.

[九夯尘 九夯尘] g.e.t g.e.t [부] 산들산들, 시원시원(爽爽)(即實 1996⑯). [出] 宣29.

[九夯] g.i [借詞] "騎"를 나타내는 한어차사(劉鳳翥 2014b㉝). [出] 宣2. [用例] 未叉 九夯 火关 [w.u g.i ui.i] [명](관제) "무기위(武騎尉)"의 한어차사(劉鳳翥 2014b㉝

[九平] g.ai [借詞] "開"를 나타내는 한어차사(劉鳳 2014b㉜). [出] 清22. [校勘] 이 글자는 제작 과정에서 못된 것이므로 "乂平"가 올바르다(即實 2012㊳).

[九平 九火 仐谷] g.ai g.ui s.ï [명](관제) "개국자(開子)"의 한어차사(劉鳳翥 2014b㉜). [出] 清22. [校勘] ☞ 平 九火 仐谷(即實 2012㊳).

[九朩] g.ar [出] 海10. [校勘] 이 글자는 휘본 등에 못 옮겨진 것이므로 "伩朩"가 올바르다(即實 2012㊳)

[九圣夯] g.zhi.e [出] 糺28. [校勘] ☞ 九圧夯(即實 2012㊳

[九圣公] g.zhi.n [出] 弘25.

[九叉] g.u [借詞] "姑", "觚"(술잔), "古" 등을 나타는 한어차사(即實 1991b, 閻萬章 1992, 愛新覺羅 2006a). 옥(玉)(劉鳳翥외 1981d, 劉鳳翥 1982a/1983a/1984a, 清格爾泰 1985). [出] 宣/仲/先/海/博/弘/副/皇/奴/清/韓/玦/特.

[九叉 乇矢为] g.u tau.ul.a [명] 옥토(玉兎, "달"을 표한다)(清格爾泰외 1985, 即實 1996⑯). [出] 宣29. [參考] "ㅎ는 "山 对礼" [niorqo q.ur]로 표시한다(清格爾泰외 19 劉鳳翥 2014b㉝).

[九叉 尘] g.u t [명] 옥령(玉鈐, 병서[兵書]의 일종으 통상적으로 병무[兵武]에 관한 것을 지칭한다)(即 2012④). [出] 奴13.

[九叉村] g.u-n [出] 先36. [校勘] 即實은 이 글자를 원자들과 합쳐 "仐叉九叉村"이라고 기록하고 있 (即實 2012㊳).

[九叉不] g.u.on [出] 仲33. [校勘] 이 글자는 초본에 잘 옮겨진 것으로 탁본에 근거하여 "九及不"가 올바 다(即實 2012㊳).

[九叉攵] g.u.ug [借詞] "固"를 나타내는 한어차사(蘇 1979/1981, 閻萬章 1982a). [出] 道/宣/故/迪/皇/宋/智/故. [用 丙本叉火 九叉攵 [j.al.u.d g.u.ug] [명](인명) 耶律固(赫 1981, 即實 1996①, 劉鳳翥 2014b㉜).

[九叉化] g.u.ur [出] 故15.

[九叉火] g.u.un [명] ① 옥(玉)(即實 1996⑯), ② 고온(孤 (愛新覺羅 2004a⑧). [同源語] 고온은 "옥(玉)"을 지칭한 여진어의 "고온(古溫)", 만주어의 [gu]가 같은 어원이 (孫伯君외 2008). [出] 宣28, 高15.

[九叉火 及米叉火] g.u.un o.ordu.u.un [명](관제・소 격) 고온알로타(孤穩斡魯朶)의(即實 2012⑳). [出] 高15.

[九氼] g.im [借詞] "金"을 나타내는 한어차사(研究 組 1977b). [명] 산과 산 사이의 평지(即實 2012⑳). [出] 許 故/仲/涿/副/宋/智/烈/高/圖/清/回/特/蒲.

[九氼 仐谷 両当 ⺌攵 六平 个] g.im ts.ï tʃ.oŋ l.u

ta.ai pu 명(관제) "금자숭록대부(金紫崇祿大夫)"의 한 어차사(研究小組 1977b, 清格爾泰외 1978a/1985). 出 故2.

[仈又 枀乏 氺 圣夈 全並 仈亦] g.im ŋ.u ui ʃaŋ s.iai g.iun 명(관제) "금오위상장군(金吾衛上將軍)"의 한어 차사(研究小組 1977b, 清格爾泰외 1978a). 出 許12. 參考 금오위상장군은 무산관(武散官) 34계의 제2계 관명이 다(金渭顯외 2012上).

[仈又 枀乏 氺 圣夈 全卅 仈亦] g.im u.ŋən uʃ. s.iaŋ g.iun 명(관제) "금오위상장군(金吾衛上將軍)"의 한어차사(劉鳳書 2014b52). 出 高20.

[仈又 仈夈 公乏] g.im g.aŋ n.u 명(인명) 金剛奴(愛新覺羅 2006a, 即實 2012⑰, 劉鳳書 2014b52). 出 副13. 人物 ≪副誌≫ 주인 寫篤宛兀沒里(1031~1077, 한풍명: 耶律運) 의 외조부(모친 韓마격을림면[慶格乙林免]의 부친)인 소용장(小翁帳) 金剛奴낭군을 지칭한다(愛新覺羅 2006a).

[仈又扰] g.im.tʃi 出 許45. 校勘 即實은 이 글자를 "仈 欠扰"이라고 기록하고 있다(即實 2012㊵).

[仈又矢] g.im.tə 出 玦35.

[仈刃女夾] g.ir.[?].ur 出 仁27. 校勘 이 글자는 휘 본 등에 잘못 옮겨진 것("仈"와 "刃"를 이어 쓴 사 례는 없음)이므로 "仈村乏夾"가 올바르다(即實 2012㊵).

[仈村] g.ən 명(소유격) 극(剋)의(即實 1984a). 出 許/ 仲/迪/梁/清. 參考 ☞ 극(剋)에 대하여는 "主"(원자번호 328)를 참조하라.

[仈村夯] g.ən.e 出 智21.

[仈村乏夾] g.ən.u.ur 명형 슬픔과 설움, 슬프고 애통하 다(悲哀)(即實 1996①). 出 興32, 仁27, 梁13, 回24.

[仈村乏] g.ən.ir 형 ① 슬프다, 가엽다(哀)(羅福成 1993/ 1934a/b/c/d/e, 王靜如 1933, 厲鼎煃 1934b, 劉鳳書 2014b52), ② 슬프다, 서럽다(悲)(即實 2012①). 出 興/仁/道蓋/道/宣 蓋/宣/許/故/仲/先/海/永/弘/副/皇蓋/皇/宋/智/烈/奴/梁/糺/ 清/回/特.

[仈村乏 扑余] g.ən.ir tʃ.ugu 명 애책(哀冊)(研究小組 1977b, 清格爾泰외 1978a). 出 道蓋5, 道1, 宣1. 校勘 두 번째 글자는 초본에 잘못 옮겨진 것이므로 탁본에 근거 하여 "扑朱"가 올바르다("余"와 "朱"는 동자이체[同字 異體]이다)(即實 2012㊵).

[仈村乏 扑余 圥火] g.ən.ir tʃ.ugu w.un 명 애책문(哀 冊文)(研究小組 1977b, 清格爾泰외 1978a/1985, Kane 2009, 劉 鳳書 2014b52). 出 道蓋5, 道1, 宣1. 校勘 ☞ 仈村乏 扑 朱 圥火(即實 2012㊵).

[仈村乏 月令] g.ən.ir jo.ur 명 애명(哀銘)(研究小組 1977b, 清格爾泰외 1978a/1985, 劉鳳書 2014b52). 出 仁2.

[仈村乏夯] g.ən.ir.e 형 슬프다, 가엽다(哀)(劉鳳書 1993d,

即實 1996⑯). 出 宣/仲/先/智/糺/玦/特.

[仈村乏芬] g.ən.ir.ə 형 슬프다, 가엽다(哀)(即實 1996⑯, 陳乃雄외 1999). 出 興/令/先/永/弘/宋/慈/烈/圖/梁/清/韓/ 玦/回.

[仈村乏芬 全秂伏村] g.ən.ir.ə pu.s.in.ən 명 애부인(哀 夫人)(吳英喆 2012a①). 出 玦32.

[仈村伏] g.ən.in 出 慈11.

[仈村公] g.ən.d 出 特32.

[仈村公丹伏] g.ən.d.bu.n 出 清24.

[仈村欠芬] g.ən.ug.ə 出 興27. 校勘 이 글자는 휘본 등에 잘못 옮겨진 것이므로 "仈村乏芬"가 올바르다 (即實 2012㊵).

[仈村屮仈] g.ən.əl.gə 出 道7/34, 永34, 圖17.

[仈村屮仈 圴丹] g.ən.əl.gə a.tum 형 슬픔이 오래다(哀 久)(即實 2012⑳). 出 道7.

[仈村火芬] g.ən.un.ə 出 圖23. 校勘 即實은 이 글자를 "仈村乏芬"라고 기록하고 있다(即實 2012㊵).

[仈村夨] g.ən.i 형 슬프다, 가엽다(哀)(即實 1996⑯, 劉鳳 書외 2009). 出 興4/21.

[仈村芬] g.ən.ə 出 故24.

[仈村尺夾] g.ən.u.ur 出 仲40.

[仈乏芶] g.ir.dʒi 出 許62. 校勘 이 단어는 초본에 옮기며 잘못 분할되었는데, 앞 원자들과 합쳐 "圣幺业乏芶"로 하여야 한다(即實 2012㊵).

[仈乏仚公村] g.ir.əmə.t.ən 智21. 校勘 이 단어는 본래 2개의 글자(仈乏 仚公村)이나 초본에는 잘못하 여 하나로 합쳐져 있다(即實 2012㊵).

[仈乏仚公芬] g.ir.əmə.t.ər 出 智7. 校勘 ☞ 仈乏 仚公 芬(即實 2012㊵).

[仈芶村] gi.dʒi-n 出 仁16.

[仈丸] g.au 借詞 "高", "誥" 등을 나타내는 한어차 사(蘇赫 1979/1981, 即實 1991b). 出 令/故/先/涿/永/弘/副/ 宋/智/烈/高/梁/韓/玦. 用例 曲公 仈丸[go.ən g.au] 명 "관고(官誥, 고위 관료의 사령장, 교지)"의 한어차사 (即實 1996⑯).

[仈丸 圣夾] g.au ʃ.an 명(인명) ① 高十(愛新覺羅 2004a⑫, 劉鳳書외 2005b), ② 高山(即實 2012⑫). 出 高13. 人物 ≪高誌≫의 주인인 王寧高十(1015~?, 한풍명: 韓元佐)을 지칭한다 參考 ☞ 묘주 및 묘지에 대한 자세한 내 용은 "圥伏 仈丸 圣夾"을 참조하라.

[仈丸 扑土火] g.au tʃ.əu-n 명(지명·소유격) 고주(高 州)의(劉鳳書 2014b52). 出 故2.

[仈丸 扑土火 曲公 吊 北] g.au tʃ.əu-n go.ən ʃa sï 명

(관제) 고주(高州)의 관찰사(觀察使)(劉鳳翥 2014b[52]). [出] 故2.

[九丸 公叐] g.au n.u [명](인명) 高奴(愛新覺羅 2010f, 即實 2012[6]/[7], 劉鳳翥 2014b[52]). [出] 永17, 智13.

> [人物] ①《永誌》 주인 遙隱永寧(1059~1085)의 형인 高奴낭군을 지칭하는데, 백조부(伯祖父)인 裊里장군(즉 管장군의 차남)의 장(帳)을 계승했다(愛新覺羅 2010f). ②《智誌》 주인 烏魯本猪屎(1023~1094, 한풍명: 耶律智先)의 형수(형 構蘇已태위의 배우자)이자 그의 첫 부인인 胡睹부인의 부친인 高奴임아(林牙)를 지칭한다(愛新覺羅 2010f).

[九丸 九丙] g.au g.iu [명](인명) 高九(愛新覺羅 2010f, 即實 2012[6]/[18], 劉鳳翥 2014b[52]). [出] 智14, 梁3.

> [人物] ①《智誌》 주인 烏魯本猪屎의 장인(둘째 부인 撻不衍낭자의 부친)인 高九대왕을 지칭한다(愛新覺羅 2010f).
> ②《梁誌》 주인 石魯隱朮里者(1019~1069, 한풍명: 蕭知微)의 부친인 란능군왕(蘭陵郡王) 留隱高九(한풍명: 蕭孝誠) 대왕을 지칭한다(愛新覺羅 2010f).

[九丸 九斗 公叐] g.au g.ia n.u [명](인명) 高家奴(愛新覺羅 2009a[8], 即實 2012[13], 劉鳳翥 2014b[52]). [出] 韓9. [人物] 《韓誌》 주인 曷魯里夫人(?~1077)의 이복 오빠인 曷魯隱高家奴 상공(相公)을 지칭한다(愛新覺羅 2009a[8]).

[九丸丞] g.au.ba [명](인명) 高八(愛新覺羅 2006a). [出] 故7, 海4.

> [人物] ①《故銘》 주인 撻體낭자(1081~1115)의 남편 迪魯董華嚴奴(1060~?, 한풍명: 蕭孝寧) 장군의 조부 乙辛隱高八(蕭德順) 재상(宰相)을 지칭한다(愛新覺羅 2010f).
> ②《海誌》 주인의 다섯째 아들인 高八을 지칭한다(愛新覺羅 2013a).

[九丸伏] g.au.in [명](인명) ①高寧(劉鳳翥외 2006a), ②高隱(愛新覺羅 2004a[11]), ③高訥(即實 1996[2]). [出] 先8, 令3/12/28, 慈12, 奴8.

[九丸伏 今 ꟷ丙] g.au.in pu l.iu [명](인명) ①高隱福留(愛新覺羅 2010f), ②高訥·福留(即實 2012[15]), ③高寧·富留(劉鳳翥 2014b[52]). [出] 先8, 慈12.

> [人物] 《先誌》 주인 糺鄰査剌(1013~1072, 한풍명: 耶律仁先)의 둘째 누이인 李姐부인의 남편이자, 《慈誌》 주인 鉢里本朝只(1044~1081)의 장인(첫부인 阿古낭자의 부친)인 高隱福留 태사(997~1054, 즉 《令誌》의 주인이다)를 지칭한다(愛新覺羅 2010f).

[九丸化] g.au.ur [借詞] "誥"를 나타내는 한어차사(即實 1991b). [出] 先39. [用例] 𠙴公 九丸化 [go.ən g.au.ur] [명] "官誥"(고위 관료의 사령장, 교지)의 한어차사(即實 1996[16]).

[九丸火] g.au.un [出] 迪23.

[九丸叔北] g.au.kə.əl [명](인명) ①高剋(即實 1996[16]), ②高克(愛新覺羅외 2012[11], 劉鳳翥 2014b[15]). [出] 令23. [人物] 《令誌》 주인 高隱福留(997~1054)의 차남인 高克을 지칭한다(愛新覺羅외 2012[11]).

[九杰ꟷ叐犳] gi.tʃi.l.u.dʒi [出] 博9.

[九杰公] gi.tʃi.d [出] 許23/61.

[九杰关] gi.tʃi.i [出] 奴44.

[九杰关矢] gi.tʃi.i.tə [出] 永33.

[九杰尘] gi.tʃi.t [出] 先52.

[九攵]

g.ug [出] 韓22. [校勘] 이 단어는 초본에 옮기며 잘못 분할(今叉 九攵)되었는데, 앞 원자들과 합쳐 "今叉九叉"(九攵로 쓴 사례도 없음)로 하여야 한다(即實 2012[校]).

[九冬爫关]

g.as.ud.i [出] 先5. [校勘] 即實은 이 글자를 "九杰爫关"이라고 기록하고 있다(即實 2012[校]).

[九及]

g.o [借詞] "郭"을 나타내는 한어차사(劉鳳翥외 2005a). [出] 博16, 韓8. [用例] ꟷ丙伏 九及 今犳乃 [l.io-r g.o s.a.am] [명](인명) ①留隱郭三(愛新覺羅 2010f), ②留訥·郭三(即實 2012[13]), ③留寧·郭三(劉鳳翥 2014b[52]). [出] 韓8. [人物] 《韓誌》 주인 曷魯里夫人의 부친인 留隱郭三(한풍명: 韓郭三) 재상(宰相)이다(愛新覺羅 2010f).

[九及 丙号穴 兆] g.o əi.iau.u ʂï [명](인명) 발해인 "郭藥師"를 말한다(愛新覺羅외 2011, 即實 2012[20]). [出] 博16.

> [遼史] **郭藥師(곽약사)**는 거란 철주(鐵州) 사람이다. 천조제 때 원군(怨軍: 뒤에 상승군으로 고쳤다) 통수였다. 1122년 탁(涿)·역(易) 2주가 송에 항복하자 거란 연경을 공격하다 패하였다. 송의 명령을 받고 연산을 수호하는데 조력하였다. 1125년 금나라 장수 종망(宗望)이 삼하(三河)에 도착하자 금에 항복하였다. 금 태종이 연경유수를 시키고 완안(完顔)이란 성을 내렸다(金渭顯외 2012[下]).

[九及丂及] g.o.al.o [명](인명) ①郭落(劉鳳翥외 2008a), ②官奴(愛新覺羅 2010f), ③郭寧(即實 2012[6]). [出] 圖7. [校勘] 이 글자는 초본에 잘못 옮겨진 것이므로 "九及不叉"가 올바르다(即實 2012[6]). [人物] 《圖誌》 주인 蒲奴隱圖古辞(1018~1068)의 둘째 딸인 郭落을 지칭한다(劉鳳翥외 2008a).

[九及不] g.o.on [借詞] "管", "觀" 등을 나타내는 한어차사(王弘力 1984, 朱志民 1995, 劉鳳翥외 1995). [出] 仲47, 博19

[九及不 乃火火] g.o.on dʒu.uŋ [명](인명·소유격) 管仲

의(王弘力 1984). 田 仲33/47. 人物 관중(管仲)은 중국 춘추시대 제나라의 재상(?~B.C.645)으로, 이름은 이오(夷吾)이다(王弘力 1984).

[几又子 马犬女 比灯州] g.o.on dʒu.uŋ-un bur.p.od 图 管仲의 충(忠)(王弘力 1984). 田 仲33/47. 校勘 마지막 글자는 초본에 잘못 옮겨진 것이므로 "比灯州"가 올바르다(即實 2012⑳).

[几又子 用 北谷村 关化] g.o.on tʃa ʂï.ï-n i.ir 图(관제) 관찰사(觀察使)의 호(號)(劉鳳翥 2014b52). 田 博19/20.

[几又子又] g.o.on.ir 图(인명) ① 官奴(愛新覺羅 2010f), ② 郭寧(即實 2012⑥). 田 圖7. 人物 《圖誌》 주인 蒲奴隱圖古辞(1018~1068)의 둘째 딸인 官奴를 지칭한다(愛新覺羅 2010f).

[几又□□] g.o.⁇.⁇ 田 韓6. 校勘 即實은 이 글자를 "几又子圣"라고 보정하고 있다(即實 2012⑱).

[几匇] g.a 田 道29.

[几匇女] g.a.sair 田 興34. 校勘 이 글자는 휘본 등에 잘못 옮겨진 것("女"는 어미에 올 수 없음)이므로 "几匇夾"가 올바르다(即實 2012⑱).

[几匇火] g.a.iu 田 韓23.

[几匇出] g.a.an 田 韓31.

[几丸] gi.mu 田 智18. 校勘 即實은 이 글자를 "几夾"라고 기록하고 있다(即實 2012⑱).

[几夾] g.aŋ 借詞 "江", "剛" 등을 나타내는 한어차사(研究小組 1977b, 蓋之庸외 2008). 田 許11, 副13, 清32. 用例 伞用 几夾 几亦 [ts.iŋ g.aŋ g.iun] 图(관제) "정강군(靜江軍)"의 한어차사(清格爾泰외 1978a, 即實 2012⑲, 劉鳳翥 2014b52).

[几矢] gi.tə 田 許52. 校勘 이 단어는 초본에 옮기며 잘못 분할되었는데, 앞 원자들과 합쳐 "主禿几矢"로 하여야 한다(即實 2012⑱).

[几矢丹伏] gi.tə.bu.n 田 令30, 皇23.

[几矢关] gi.d.i 田 智16. 校勘 이 단어는 초본에 옮기며 셋(圶土 火屮 几矢关)으로 잘못 분할되었는데, 앞 원자들과 합쳐 "圶土火屮几矢关"로 하여야 한다(即實 2012⑱).

[几仕] g.umu 田 迪11, 梁21. 參考 即實은 이 글자를 "장모(丈母, 아내의 어머니)"라고 해석(即實 2012⑳)하고 있으나, 불명확하다.

[几仕 夾卄尼] g.umu au.ʊ.du 图(향위격) 시어머니에게(即實 2012⑳). 田 先61.

[几仕 夾尼] g.umu au.du 图(향위격) 시어머니에게(即

實 2012⑳). 田 烈15, 梁16.

[几仕村] g.umu-n 田 仲28.

[几仕九关] g.um.ilim.i 图(소유격) ① 갈마씨(葛慶氏)의 (愛新覺羅 2004a⑩), ② 古茂부인의(即實 2012③). 田 迪11. 校勘 이 단어는 본래 2개의 글자(几仕 九关)이나 초본에는 잘못하여 하나로 합쳐져 있다(即實 2012③).

[几仕矢] g.umu.tə 图(향위격) 시어머니에게(即實 2012⑳). 田 博31.

[几化] g.ir 图 임기(秩), 기간(期)(即實 2012⑳). 田 令/博/迪/智/尚.

[几化 火圣茶丙] g.ir k(h).ui.ir.gə.əi 動 관직에서의 임기가 만료되다(即實 2012⑳). 田 尚13.

[几化 火化茶仐北] g.ir k(h).ui.ir.gə.s.əl 動 관직에서의 임기가 만료되었다(即實 2012⑳). 田 迪22.

[几化伏] g.ir.in 田 副12. 校勘 이 글자는 초본에 잘못 옮겨진 것으로 "几火伏"이 올바르다(即實 2012⑱).

[几化村□] g.ur.ən.⁇ 田 許34. 校勘 이 글자는 초본에 잘못 옮겨진 것이므로 "几化村"이 올바르다 (即實 2012⑱).

[几仐北] g.əs.əl 田 玦25.

[几公尺与] g.ən.u.ən 田 道9.

[几公] g.ə.d 田 先49. 校勘 即實은 이 글자를 앞 원자들과 합쳐 "叔比几公"이라고 기록하고 있다(即實 2012⑱).

[几屮] g.ə.l 田 先18.

[几屮茶] g.ə.l.ər 田 糺13. 校勘 이 단어는 초본에 옮기며 잘못 분할되었는데, 앞 원자들과 합쳐 "仐圣几屮茶"로 하여야 한다(即實 2012⑱).

[几屮茶关] g.ə.l.gə.ər 田 迪18. 校勘 ☞ 仐圣几屮茶关 (即實 2012⑱).

[几火] g.ui 借詞 "國", "圭", "貴" 등을 나타내는 한어차사(研究小組 1977b, 劉鳳翥외 1977/1981a/2005a/ 2005b, 清格爾泰외 1978a, 閻萬章 1982b, 劉鳳翥 2014b52). 田 道(宣)/令/許/故/郎/仲蓋/仲/先/宗/博/永/迪/弘/副/皇/宋蓋/宋/智/奴/高/梁/糺/清/尚/韓/玦/特/蒲.

[几火 杰] g.ui uaŋ "국왕(國王)"의 한어차사(研究小組 1977b, 清格爾泰외 1978a/1985) 田 仲2, 梁2.

[几火 杰子] g.ui uaŋ.on 图(소유격) 국왕(國王)의(研究小組 1977b, 清格爾泰외 1978a/1985). 田 仲5, 梁3.

[几火 朩土] g.ui tʃ.u 图(지명) 귀주(歸州)(愛新覺羅 2013b). 田 蒲12.

[几火 伞谷 伞关 伞丙] g.ui ts.ï ts.i s.iu 图(관제) "국

자제주(國子祭酒)”의 한어차사(研究小組 1977b, 淸格爾泰 외 1978a/1985). 出 道2.

[几火 伞谷 伞关 伞丙] g.ui ts.ï ts.i ts.iu 몡(관제) “국자제주(國子祭酒)”의 한어차사(研究小組 1977b). 出 宣2.

[几火 业关] g.ui p.i 몡(관제) “국비(國妃)”의 한어차사(淸格爾泰 외 1985, 卽實 1996⑯). 出 仲44.

[几火 兆矢] g.ui ʂï.tə 몡(관제·향위격) 국사(國師)에 (淸格爾泰 외 1985). 出 故15.

[几火 仐乑伏] g.ui pu.si-n 몡(관제) “국부인(國夫人)”의 한어차사(卽實 1996⑯). 몡(인명) □哥夫人(卽實 2012⑦). 出 令43, 永27.

[几火 几芬] g.ui g.ə 몡(인명) ①國哥(愛新覺羅 2010f), ②貴哥(卽實 2012⑦, 吳英喆 2012a①, 劉鳳翥 2014b52), ③桂哥(卽實 2012⑫). 出 永26, 高12, 淸12, 玦30.

> 人物 ①《永誌》에 등장하는 昭宜留태보(묘주 遙隱永寧의 재당숙에 해당)의 장모인 貴哥부인을 지칭한다 (愛新覺羅 2010f, 卽實 2012⑦).
> ②《高誌》 주인 王寧高十(1015~?, 한풍명: 韓元佐)의 둘째부인인 國哥별서(別胥)를 지칭한다(愛新覺羅 2010f).
> ③《淸誌》 주인 奪里懶太山(1029~1087, 한풍명: 蕭彦弼)의 셋째 딸인 貴哥낭자를 지칭한다(愛新覺羅 2010f).
> ④《玦誌》 주인 只兗昷(1014~1070, 한풍명: 耶律玦)의 처 란능군부인(蘭陵郡夫人) 國哥(1019~?)를 지칭한다(愛新覺羅 2010f).

[几火雨] g.ui.in 몡(인명) ①瑰引(卽實 1991b/1996⑯, 劉鳳翥 2014b52), ②國隱(石金民 외 2001, 劉鳳翥 2014b52), ③瑰引, 郡引(劉鳳翥 외 2006a, 萬雄飛 외 2008). 出 先/智/奴/梁/特.

> 人物 ①耶律仁先(1013~1072, 거란명: 糺鄰査剌)과 耶律智先(1023~1094, 거란명: 烏魯本猪屎)의 부친이자 《梁誌》 주인 石魯隱朮里者(1019~1069, 한풍명: 蕭知微)의 장인(양국태비[1019생]는 仁先과 智先의 누이)인 남부재상(南府宰相) 査懶瑰引을 지칭한다(愛新覺羅 2010f).
> ②《奴誌》 주인 國隱寧奴(1041~1098)의 장남인 남면승지(南面承旨) 國隱(1071~?, 한풍명: 耶律珪)을 지칭한다(愛新覺羅 2010f).

[几火雨伏] g.ui.in.in 몡(인명) ①國寧(劉浦江 외 2005), ②國胤寧(劉鳳翥 외 2006b), ③國隱寧(愛新覺羅 2004a⑫, 劉鳳翥 2014b52), ④圭寧(卽實 2012⑳). 出 奴1/4.

> 墓誌 國隱寧奴(국은녕노, 1041~1098). 《奴誌》의 주인(한풍명: 耶律奴)이다. 5대조는 횡장중부방(橫帳仲父房) 수국왕(隋国王) 述瀾釋魯, 고조부는 연왕(燕王) 勞骨寧, 증조부는 우월(于越) 敵輦涅, 조부는 留隱척은(惕隱), 부친은 撒訥낭군, 모친은 烏盧本낭자, 부인은 意辛부인(夫人)이다. 아들은 남면승지(南面

承旨) 國隱(1071~)과 惕德(1077~), 딸은 胡盧宛과 特免이 있다. 묘주는 중희 10년(1041) 2월에 태어나 청녕 5년(1059)에 출사하여 패인사(牌印司)에 보임되어 솔부부솔(率府副率)·솔부솔(率府率)·부궁사(副宮使)·도궁사(都宮使)·동지부서사(同知部署司)·좌감문위상장군(左監門衛上将軍)·우원낭군반상온(右院郎君班詳穩)·보국대장군(輔国大将軍)을 역임하였고 대강 2년(1076) 여름에는 송나라에 사절(使節)로 갔다. 수창 4년(1098) 12월에 병사하였다(愛新覺羅 2010f).

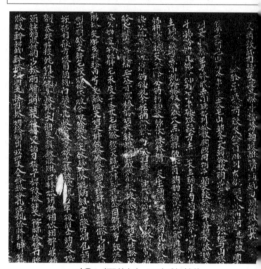

▲ 야율노(耶律奴) 묘지명(일부)

[几火村] g.ui-n 몡(소유격) 나라(國)의(劉浦江 외 2014). 出 博17/24/34/37/44, 回5.

[几火村犬] g.ui-n.jue 몡(인명) ①國恩月(劉鳳翥 외 2006b ②國隱寧(愛新覺羅 외 2011), ③歸也隉(卽實 2012⑯). 出 糺4

[几火村犬 叐币及] g.ui-n.jue m.od.o 몡(인명) ①國隱寧末撥(愛新覺羅 외 2011), ②歸也隉·末撥(卽實 2012⑯ 出 糺4. 人物 《糺誌》의 주인 夷里衍糺里(1061~110. 의 6대조인 國隱寧末撥 이리근(夷離菫)을 지칭한다(新覺羅 2010f).

[几火村伏] g.ui-n.in 몡(인명) ①國隱寧(愛新覺羅 2012 ②國恩寧(劉鳳翥 2014b52). 出 蒲3.

> 人物 위의 “几火村犬”와 동일 인물인 國隱寧末撥 夷離菫을 지칭하는데, 《蒲誌》 주인 白隱蒲速里(1058~1104, 한풍명: 耶律思齊)의 6대조에 해당한다. 참고로 두 묘지의 주인들은 서로 4촌간이다(愛新覺羅 2010f).

[几火叐] g.ui.ir 몡(소유격) 나라(國)의(卽實 1996④). (인명) ①貴銀(郭添剛 외 2009), ②瑰里(愛新覺羅 2009c ③歸引(卽實 2012⑲). 出 許20, 迪34, 高21, 尙24/31 人物 《尙誌》 주인 緬隱胡烏里(1130~1175)의 셋째

들인 瑰里를 지칭한다(愛新覺羅 2010f).

[九火矢] g.ui.tə [出] 仲29, 博31, 尚25.

[九火伏] g.ui-n [명] 나라(國)(劉鳳翥외 1995). [出] 先22, 博16, 高15/16, 特4.

[九火化] g.ui.ir [동] 배반하다(叛)(?)(即實 2012⑳). [出] 涿14, 副10.

[九火火] g.ui.d [出] 令15.

[九火火关] g.ui.d.i [出] 涿15.

[九火太] g.ui.uŋ [出] 特14.

[九火太关] g.ui.uŋ.i [出] 特15.

[九火当] g.ui.ən [동] "달리다·좇다(馳)"의 의미로 추정되며, ≪永40≫에서는 "나타나다(呈)"로 번역된다(即實 2012⑨). [出] 仁25, 永40.

[九火] g.əŋ [出] 特21.

[九冬] g.æm [借詞] "檢"을 나타내는 한어차사(=九交冬)(研究小組 1977b). [出] 道/宣/故/弘/皇/宋/糺/清.

[九冬 九考] g.æm g.iau [명](관제) "검교(檢校)"의 한어차사(研究小組 1977b, 清格爾泰외 1978a). [出] 故2.

[九冬 九考 九火 伞答 伞关 伞丙] g.æm g.iau g.ui ts.ï ts.i s.iu [명](관제) "검교국자제주(檢校國子祭酒)"의 한어차사(研究小組 1977b, 清格爾泰외 1978a/1985). [出] 道2.

[九冬 九考 九火 伞答 伞关 伞丙] g.æm g.iau g.ui ts.ï ts.i ts.iu [명](관제) "검교국자제주(檢校國子祭酒)"의 한어차사(研究小組 1977b, 清格爾泰외 1978a/1985). [出] 宣2.

[九冬 九考 吊気 叉火 丙去叐 丹攵 丙交] g.æm g.iau tʃa.aŋ ʃ.iu j.əu.u b.ug j.iæ [명](관제) "검교상서우복야(檢校尚書右僕射)"의 한어차사(劉鳳翥 2014b㊾). [出] 故2, 皇2, 宋2.

[九冬 九考 丞 兆] g.æm g.iau tai ʂï [명](관제) "검교태사(檢校太師)"의 한어차사(即實 2012⑯, 劉鳳翥 2014b㊾). [出] 糺5.

[九冬 九考叐 九太 丹穴叐 吊気 叉火] g.æm g.iau.u g.uŋ b.u.u tʃa.aŋ ʃ.iu [명](관제) "검교공부상서(檢校工部尚書)"의 한어차사(即實 2012⑧, 劉鳳翥 2014b㊾). [出] 弘8.

[九冬公] g.æm.d [명](관제) □검(檢)(劉鳳翥외 2003b). [出] 宋11. [校勘] 최근 자료들은 모두 이 글자를 "九交冬"라고 기록하고 있다(即實 2012⑪, 劉鳳翥 2014b㊾).

[九火] g.un [出] 蒲24.

[九火村] g.un.ən [出] 副43.

[九火伞] g.un.s [出] 道32.

[九火] g.iu [借詞] "車"를 나타내는 한어차사(朱志民 1995, 劉鳳翥외 1995). [出] 博22, 迪23. [用例] 叉気 火用 九火 仃 火答] ʃ.aŋ k(h).iŋ g.iu tu ui.i [명](관제) "상경거도위(上輕車都尉)"의 한어차사(劉鳳翥 2014b㊹).

[九火亦] g.iu.iun [借詞] "郡"을 나타내는 한어차사(朱志民 1995, 劉鳳翥외 1995). [出] 博5/22/23/40/41. [用例] 屴关 叉火 九火亦 [tʃ.i ʃ.ui g.iu.iun [명](지명) ①"제수군(濟水軍)"의 한어차사(即實 2012②), ②"칠수군(漆水郡)"의 한어차사(劉鳳翥 2014b㊹).

[九火太] g.iu.uŋ [借詞] ①"宮"을 나타내는 한어차사(盧迎紅외 2000, 即實 2012⑨), ②"供"을 나타내는 한어차사(即實 2012⑳). [出] 迪13, 烈20. [用例] 仃 九火太 兆 [du g.iu.uŋ ʂï] [명](관제) "도궁사(都宮使)"의 한어차사(即實 2012⑨).

[九火太 业太 曲公] g.iu.uŋ p.uŋ ko.ən [명](관제) "공봉관(供奉官)"의 한어차사(即實 2012⑳). [出] 迪13.

[九业非] gə.p.ug [出] 韓33. [校勘] 이 글자는 초본에 잘못 옮겨진 것("九"와 "业"를 이어 쓰는 사례는 없음)이므로 "九仕非"가 올바르다(即實 2012㊸).

[九用九] g.ili.g [명](인명) 急里哥(愛新覺羅 2013a). [出] 玦34. [用法] "九用九"는 남녀를 불문하고 통용되는 이름이다(愛新覺羅외 2015②). [人物] ≪玦誌≫의 주인 只兗昱(1014~1070, 한풍명: 耶律玦)의 손자인 急里哥를 지칭한다(愛新覺羅 2013a).

[九用] g.iŋ [借詞] "京", "經", "景" 등을 나타내는 한어차사(厲鼎煃 1958b, 研究小組 1977b). [出] 道/令/郎/仲/先/宗/海/博/副/皇/奴/玦/特.

[九用 灭] g.iŋ nior [명](지명) 형산(荊山)(即實 2015b). [出] 特37.

[九用 伞当] g.iŋ s.oŋ [명] "경종(景宗)"의 한어차사(研究小組 1977b, 清格爾泰외 1978a). [出] 道13, 令5, 宗3.

[九用 伞当 主 王] g.iŋ s.oŋ huaŋ ti [명] "경종황제(景宗皇帝)"의 한어차사(研究小組 1977b). [出] 令5. [人物] 경종황제는 요나라 제5대 황제(한풍명: 耶律賢, 재위기간 969~982)로 ≪요사≫(권9, 권10)에 본기(本紀)가 있다.

[九用 伞当 主王] g.iŋ s.oŋ huaŋ.ti [명] "경종황제(景宗皇帝)"의 한어차사(即實 2012①, 劉鳳翥 2014b㊾). [出] 宗3.

[九用 业考叐] g.iŋ l.iau.u [명](관제) "경략(經略)"의 한어차사(研究小組 1977b, 清格爾泰외 1978a/1985). [出] 郎1.

[九用村] g.iŋ.ən [명](소유격) 경(京)의(劉浦江외 2014). [出] 令/許/仲/先/迪/弘/副/奴/高/圖/糺/清/尚/玦/回/特.

[九用矢] g.iŋ.tə [명](향위격) 경(京)에(劉浦江외 2014). [出] 仲16/24, 先59, 博16. [校勘] 이 글자가 ≪先59≫에서는 휘본 등에 잘못 옮겨진 것이므로 "九力矢"가 올바르다(即實 2012㊸).

[九用公] g.iŋ.d [명] 여러 경(諸京)(即實 2012⑧). [出] 先32.

[几用厽村] g.iŋ.d.ən 명(소유격) ①경(京)의(陳乃雄외 1999), ②여러 경(諸京)의(即實 2012⑧). 出 弘3, 皇19.

[几卅] g.iaŋ 借詞 "絳(州)"을 나타내는 한어차사(即實 2012⑳). 出 尚29.

[几交厽] g.iæ.æm 借詞 ①"兼"을 나타내는 한어차사(研究小組 1977b, 淸格爾泰외 1978a/1985), ②"檢"을 나타내는 한어차사(=几厽)(淸格爾泰외 1985). 出 令/許/仲/宋/迪/弘/皇/宋/高/糺/韓/蒲. 用例 厽厽 几交厽 ㄎ交 屁火 [d.æm g.iæ.æm dəu.ur dol.i] 명(관제) ①동지점검사사(同知點檢司事)(即實 2012⑪), ②점검동지(點檢同知)(劉鳳翥 2014b(52)). 出 宋11.

[几交厽 弓火 夭火 仦用] g.iæ.æm dʒu.uŋ ʃ.iu l.iŋ 명(관제) "겸중서령(兼中書令)"의 한어차사(即實 2012⑫, 劉鳳翥 2014b(52)). 出 許1, 高1.

[几交厽 北 弓火] g.iæ.æm şï dʒu.uŋ 명(관제) "겸시중(兼侍中)"의 한어차사(即實 2012⑧, 劉鳳翥 2014b(52)). 出 弘4.

[几交厽 几考] g.iæ.æm g.iau 명(관제) "검교(檢校)"의 한어차사(研究小組 1977b, 淸格爾泰외 1978a). 出 令6.

[几交厽 几考 圣火] g.iæ.æm g.iau tai ui 명(관제) "검교태위(檢校太尉)"의 한어차사(淸格爾泰외 1985, 劉鳳翥 2014b(52)). 出 令6. 校勘 即實은 마지막 글자를 "炗"라고 기록하고 있다(即實 2012㊲).

[几交厽村] g.iæ.æm.ən 명(관제·소유격) □검(檢)의(劉浦江외 2014). 出 先9/27/31.

[几交厽厽] g.iæ.æm.d 명 "검(檢)"의 복수형(即實 2012⑨). 出 烈20.

[几交夬] g.iæ.i 借詞 "騎"를 나타내는 한어차사(袁海波외 2005). 出 淸22. 校勘 이 글자는 초본에 잘못 옮겨진 것으로 탁본에 근거하여 "几夬夬"가 올바르다(即實 2012㊲).

[几交坐火] g.iæ.t.iu 出 仲38.

[几交坐火] g.iæ.□.iu 出 道9.

[几交□] g.iæ.□ 出 玦1.

[几亦] g.iun 借詞 "軍", "郡" 등을 나타내는 한어차사(研究小組 1977b, 淸格爾泰외 1978a, 劉鳳翥외 1977). 出 仁/令/許/故/郎/仲/先/宗/博/永/迪/弘/副/皇/宋/智/奴/高/圖/梁/糺/淸/尚蓋/尚/韓/玦/回/特/蒲.

[几亦 杰] g.iun uaŋ 명(관제) "군왕(郡王)"의 한어차사(研究小組 1977b, 淸格爾泰외 1978a). 出 許24.

[几亦 廿] g.iun şï 명 "군자(君子)"의 한어차사(即實 2012⑳). 出 奴33.

[几亦 夂火] g.iun dʒi.iu 명(관제) "군주(君主)"의 한어 차사(即實 2012⑲). 出 淸19.

[几亦村] g.iun.ən 명(소유격) 군(軍)의(劉浦江외 2014). 出 許/故/先/海/永/迪/弘/副/烈/奴/圖/淸尚/韓/玦/回/特/蒲.

[几亦矢] g.iun.tə 명(향위격) 군(軍)에(劉浦江외 2014). 出 許/先/弘/烈/淸/尚/韓/蒲.

[几亦厽] g.iun.d 出 室7.

[几斗] g.ia 借詞 "家"를 나타내는 한어차사(王弘力 1986, 韓寶興 1991, 即實 1991b, 閻萬章 1992, 劉鳳翥 1993d). 出 許/故/先/海/博/永/迪/弘/副/奴/糺/淸/韓/回/特.

[几斗夹] g.ia.an 出 仲14.

[几斗夹村] g.ia.an.ən 명(소유격) ①건(建)의(郭添剛외 2009), ②가(家)의(即實 2012⑲). 出 尚6. 參考 即實은 "夹"과 "村"이 모두 "가(家=几斗)"에 대한 소유격 표시 가성분으로 쓰였다고 주장한다(即實 2012⑲).

[几斗並] g.ia.iaŋ 명(지명) "景(景州)"의 한어차사(即實 2012⑲). 出 尚5. 參考 경주(景州)는 요 남경도(南京道)에 속했으며, 군호(軍號)는 청안(淸安)이다(即實 2012⑲).

[几斗乃] g.ia.am 借詞 "監"을 나타내는 한어차사(研究小組 1977b). 出 仲23, 博4, 尚24.

[几斗乃 夲丙 几火 兆] g.ia.am s.ju g.ui şï 명(관제) 감수국사(監修國史)(研究小組 1977b). 出 仲23.

[几斗乃矢] g.ia.am.tə 명(향위격) 감(監)에(劉浦江외 2014). 出 弘18. 用例 亻 几斗乃矢 [du g.ia.am.tə] 명(향위격) 도감(都監)에(即實 2012⑧).

[几斗亢] g.ia.aŋ 出 蒲13.

[几斗厽] g.ia.æm 借詞 "監"을 나타내는 한어차사(研究小組 1977b). 出 故/先/永/迪/烈/奴/圖/梁/玦.

[几斗厽 夊村 炎 夭矢 夲卅 几亦] g.ia.æm m.ən ʃ.aŋ s.iaŋ g.iun 명(관제) "감문위상장군(監門衛上將軍)"의 한어차사(劉鳳翥 2014b(52)). 出 迪21.

[几斗厽村] g.ia.æm.ən 명(관제·소유격) 감(監)의(即實 2012⑱). 出 梁7.

[几夬] g.i 出 塔II-3.

[几夬村] g.i-n 명(소유격) 기(騎)의(即實 2012⑲). 出 11/12. 用例 几考 几夬村 [g.iau g.i-n] 명(소유격) 기(驍騎)의(即實 2012⑲).

[几夬夬] g.i.i 借詞 "騎"를 나타내는 한어차사(研究小組 1977b). 出 仲19.

[几火交厽万] gə.k(h).ur.gə.əi 出 尚18. 校勘 이 글자는 초본에 잘못 옮겨졌으므로("几"와 "火"를 쓴 사례는 없음), "几尺交厽万"가 올바르다(即實 2012㊲).

[几厽] g.ər 出 興22, 許61, 迪37. 校勘 이 단어가

≪迪37≫에서는 초본에 옮기며 잘못 분할되었는데, 앞 원자들과 합쳐 "仐叐兀癸"로 하여야 한다(即實 2012㉑).

[兀火] g.uŋ 借詞 "宮", "工", "功", "公"(=兀太) 등을 나타내는 한어차사(研究小組 1977b, 清格爾泰외 1978a). 出 令/許/故/先/宗/添/永/迪/弘/副/智/烈/奴/高/實/梁/清/尚/韓/玦/特/蒲.

[兀火 无癸 亇 兀才乃矢] g.uŋ ʃ.i tu g.ia.am.tə 名(관제·향위격) 궁사도감(宮使都監)에(劉鳳翥 2014b52). 出 弘18.

[兀火 朿雨] g.uŋ tʃ.in 名(관제) "공신(功臣)"의 한어차사(研究小組 1977b, 清格爾泰외 1978a, 劉鳳翥 2014b52). 出 許16/29/35/36/37, 梁10.

[兀火 朿雨 夬兀癸 巴] g.uŋ tʃ.in us.gə.d dur 名(관제) 4자공신(四字功臣)(研究小組 1977b). 出 許29.

[兀火 朿雨村 夬兀癸 灰] g.uŋ tʃ.in-n us.gə.d ☐ 名(관제) 6자공신(六字功臣)(研究小組 1977b). 出 許35.

[兀火 朿雨 巴 夬兀癸] g.uŋ tʃ.in dur us.gə.d 名(관제) 4자공신(四字功臣)(= 巴 夬兀村 兀火 朿雨)(研究小組 1977b, 清格爾泰외 1978a/1985). 出 許37.

[兀火 朿村] g.uŋ tʃ.ən 名(관제) "공신(功臣)"의 한어차사(研究小組 1977b, 清格爾泰외 1978a). 出 令6, 玦1.

[兀火 朿村 亜 夬兀癸] g.uŋ tʃ.ən niæm us.gə.d 名(관제) ①8자공신(八字功臣)(研究小組 1977b, 清格爾泰외 1978a/1985), ②"8자공신"의 복수형(劉鳳翥 2014b52). 出 令6.

[兀火 朿村 孖 夬兀癸] g.uŋ tʃ.ən tʃur us.gə.d 名(관제) "2자공신(二字功臣)"의 복수형(劉鳳翥 2014b52). 出 高25.

[兀火 朿火] g.uŋ tʃ.iu 名 "공주(公主)"의 한어차사(=兀火 叐火)(清格爾泰외 1985, 劉鳳翥 2014b52). 出 令9, 圖6.

[兀火 朿火女] g.uŋ dʒ.iu-n 名(소유격) 공주(公主)의(清格爾泰외 1985, 吳英喆 2012a①). 出 令9, 玦8.

[兀火 叐火] g.uŋ dʒ.iu 名 "공주(公主)"의 한어차사(清格爾泰외 1985, 劉鳳翥 2014b52). 出 永25, 弘11.

[兀火 丹叐 用勹 无火] g.uŋ b.u tʃa.aŋ ʃ.iu 名(관제) "공부상서(工部尚書)"의 한어차사(劉鳳翥 2014b52). 出 高21.

[兀火化] g.uŋ.ur 出 令15.

[兀火化村] g.uŋ.ur.ən 名(소유격) ①궁(宮)의(青格勒외 2003), ②공(公)들의(即實 2012⑳). 出 皇12.

[兀火女] g.uŋ.un 名(소유격) 공(公)의, 궁(宮)의(劉浦江외 2014). 出 令/故/添/迪/副/皇/慈/烈/奴/高/梁/尚/韓/玦.

[兀火癸] g.uŋ.ər 名 ①공(公·功)(韓寶興 1991, 豊田五郎 1991b), ②공(功)으로 인하여(劉鳳翥 2012b⑰). 出 先35. 用法 공(功)을 의미하는 어간 "兀火"(한어차사)과 도

구격 어미인 "癸"가 결합된 형태이다(劉鳳翥 2012b⑰).

[兀火☐] g.uŋ.⁇ 出 添22. 校勘 即實은 이 글자를 "兀火女"이라고 보정하고 있다(即實 2012㉑).

[兀芬] g.ə 用法 兀芬[gə]는 거란 남녀의 이름에 자주 사용되는 "가(哥)"의 음역이다(即實 1996⑤, 劉鳳翥외 2004a, 愛新覺羅외 2011). 出 故/海/永/弘/副/宋/慈/烈/奴/高/圖/梁/清/尚/韓/玦/回/蒲.

[兀芬平只与] g.ə.⁇.u.ən 出 海11. 校勘 세 번째 원자가 탁본상에는 "平"처럼 보이나 "平"이 올바르다(即實 2012㉑).

[兀芬仐] g.ə.mə 名(인명) ①格麼(愛新覺羅 2004b③), ②過末(即實 2012⑨). 出 永20.

[兀芬仐 兆] g.ə.mə si 名(인명) ①格麼氏(愛新覺羅 2006a), ②過末失(即實 2012⑦), ③艮詩(即實 2012⑳), ④哥梅氏, 葛美施(劉鳳翥 2014b52). 出 永20. 人物 ≪永誌≫ 주인 遙隱永寧(1059~1085)의 증조부(曾祖父) 동생인 迪輦謝六 태위(太尉)의 부인 질랄(迭剌) 格麼氏부인을 지칭한다(愛新覺羅 2006a/2013a).

[兀芬仐伏] g.ə.mə-n 名(인명) ①哥末訥(即實 2012⑦), ②哥慕寧(劉鳳翥 2014b52). 出 永2. 人物 ≪永誌≫의 지문(誌文)을 지은 인물(撰寫者)이다(鄭曉光 2002).

[兀芬癸] g.ə.ər 出 弘29.

[兀芬尘] g.ə.t 形 ①푸르다(蒼)(即實 2012⑩), ②상쾌하다(爽)(即實 2012④/2012⑰). 用法 주로 첩어로 사용된다(劉浦江외 2014). 出 副44, 皇7, 奴46.

[兀芬尘 兀芬尘] g.ə.t g.ə.t 形 ①창창하다(蒼蒼, "푸른 하늘"을 지칭한다)(即實 2012⑩), ②상쾌하다(即實 2012④). 出 副44, 皇7, 奴46.

[兀芬尘叐] g.ə.t.u 出 皇8.

[兀氺] gə.d 出 故20, 皇24, 智20.

[兀氺癸] gə.d.ər 出 智25, 高17. 校勘 即實은 ≪智25≫에서는 이 글자를 "兀氺芬"이라고 기록하고 있다(即實 2012㉑).

[兀氺叐] gə.d.ir 出 興16. 校勘 휘본 등에는 "兀氺叐"라고 기록되어 있다(劉浦江외 2014).

[兀谷] g.i 借詞 "騎"를 나타내는 한어차사(閻萬章 1982a, 即實 2012⑲). 出 道2, 皇2, 尚1.

[兀谷 亇 火] g.i tu ui 名(관제) "기도위(騎都尉)"의 한어차사(即實 2012⑲, 劉鳳翥 2014b52). 出 尚1.

遼史 騎都尉(기도위)는 훈계(勳階)이다. 금 때는 12등급중 제8등급으로 종5품이었으며, 원나라 때는 10등급중 제8등급이었으며 종4품이었다. 봉증(封贈)에만 사용되었다(蔡美彪외 1986).

[兀谷] g.ï 出 許56.

[兀半] g.oŋ 借詞 “恭”을 나타내는 한어차사(愛新覺羅 2006a). 出 清13.

[兀另] g.ən 出 特37.

[兀岑] g.iau 借詞 ①“校”를 나타내는 한어차사(研究小組 1977b), ②“驍”를 나타내는 한어차사(即實 2012⑲). 出 道/宣/令/許/故/迪/皇/宋/糺/尚/韓/玦/蒲.

[兀岑 兀关村] g.iau g.i-n 명(소유격) 효기(驍騎, 용감하고 날랜 기병)의(即實 2012⑲). 出 尚11/12.

[兀岑圣] g.iau.u 借詞 “校”를 나타내는 한어차사(陳乃雄외 1999). 出 弘8. 用例 兀圶 兀岑圣 兀氺 丹尺圣 用氕 叐炗 [g.æm g.iau.u g.uŋ b.u.u tʃa.aŋ ʃi.ui] 명(관제) “검교공부상서(檢校工部尚書)”의 한어차사(即實 2012⑧, 劉鳳翥 2014b㊼).

[兀尺尼] g.u.ud 出 興7.

[兀压芬] gə.jar.ə 出 皇8. 校勘 이 글자는 초본에 잘못 옮겨졌으므로 “乂压芬”가 올바르다(即實 2012㉚).

[兀□] g.⸮ 出 奴7, 玦46, 特28.

[兀□□□] g.⸮.⸮.⸮ 出 奴43.

ㄅ [발음] ia, ja
[原字번호] 335

[ㄅ] ia 用法1 ①“형(兄)”을 나타내는 표의자(表意字)이다(豊田五郎 1991b, 劉鳳翥외 1995, 愛新覺羅 2012), ②남자가 자기보다 나이가 많은 동성(同性)의 동배(同輩) 친족, 즉 “형”을 지칭한다(大竹昌巳 2014). 用法2 중성(中聲)의 발음이 [-ia]인 한어차사(예: 家, 監, 夏 등)에 사용된다(Kane 2009). 出 道/令/許/仲/先/宗/博/永/迪/弘/副/皇/宋/慈/智/烈/奴/高/圖/梁/糺/清/尚/韓/玦/回蓋/回/特/蒲蓋/蒲. 用例 ① 兀ㄅ [g.ia] 家(王弘力 1986, 韓寶興 1991, 即實 1991b, 閻萬章 1992, 劉鳳翥 1993d). ② 兀ㄅ乃 [g.ia.am] 監(研究小組 1977b). ③ 不ㄅ [hia.ja] ①夏(韓寶興 1991, 豊田五郎 1991b/1994, 即實 1991b), ② 下(劉鳳翥외 2003b).

[ㄅ匀] ia dəu 명 ① 질제(侄弟)(即實 1996⑯), ② 형제(即實 2012⑳, 劉鳳翥 2014b㊼), ③ 벗(即實 2012⑳), ④ 횡장(橫帳)(即實 2012⑲, 劉鳳翥 2014b㊼/2016b). 出 先4, 慈4/15, 糺18. 參考 吳英喆은 “횡장”이라는 劉鳳翥의 해석에 대하여 이의를 제기하고 있는데, ≪玦10≫ 등의 기록에 따르면 “횡장”이 국구별부(國舅別部)에 소속하는 것이 되므로 타당하지 않다는 것이다(吳英喆 2012a①).

遼史 橫帳(횡장)은 거란 종실의 궁장(宮帳)이다. 현조 윤덕실(勻德實)이 네 아들을 낳았는데 맏아들 마

로(麻魯)는 일찍 죽고 둘째 아들 암목(巖木)의 후예가 맹부방(孟父房)이 되고 셋째 아들 석로(釋魯)의 후예가 중부방(仲父房)이 되고, 넷째 아들 덕조(德祖) 살랄적(撒剌的: 태조의 부친)의 후예가 계부방(季父房)이 되었다. 이들을 합하여 삼부방(三父房)이라 일컬으며 삼방족의 속관장(屬官帳)을 횡장이라 하고 황족으로 귀하게 여겼다(金渭顯외 2012㊤).

[ㄅ匀尼] ia dəu.du 명(향위격) 형제에게(即實 2012㉒) 出 梁6.

[ㄅ匀火] ia dəu.un 명(소유격) ① 형제의(2012a①, 劉鳳翥 2014b㉗), ② 횡장(橫帳)의(劉鳳翥 2004a, 劉鳳翥 201-52/2016b). 명(관제) 척은사(惕隱司)(即實 1991b, 愛新覺羅 2003f). 出 先/弘/副/慈/烈/高/圖/梁/糺/清/尚/韓.

> 參考 橫帳(횡장)에 대한 劉鳳翥의 주장 (劉鳳翥 2016b)
> ① “ㄅ匀火”는 “형제의”라는 의미 뿐만 아니라 고귀한 신분을 나타내기도 한다. 即實은 최초에는 “척은사(惕隱司)”로 해석[1]하였다. 필자는 이를 “횡장(橫帳)의”로 해석[2]했는데, 이 견해는 학계의 인정을 받았다. 예컨대, 吳英喆도 ≪圖7≫에 있는 “ㄅ匀火 尺分 半村”를 “횡장의 중부방”으로 해석[3]한 바 있다. 即實의 인식도 계속 발전하여, 최근 “ㄅ匀火”를 “횡장이나 대횡장으로 번역할 수 있다”고 하였다.[4]
> ② 최근 일부 위조품에서 “甾耒 余宋 ㄅ匀火”라는 오류가 여러 차례 나왔다. 같은 사람의 신분이 “국구(國舅)”가족이고 소씨(蕭氏)가 되기도 하고 “횡장”가족이고 야율씨(耶律氏)가 되기도 한다. 나는 그 부당함을 지적하였는데, 그 후 吳英喆은 “횡장의”라 했던 자기의 관점을 포기하고, “‘ㄅ匀火’는 ‘형제의’를 나타내는 것이며, 이전에 劉선생이 이를 ‘횡장’이라고 한 것이 반드시 맞는 것은 아니다”[5]고 주장하고 있다.

1) 即實 1996⑥,   2) 劉鳳翥외 2004a,   3) 吳英喆 2007c,
4) 即實 2012⑨,   5) 吳英喆 2011c.

[ㄅ匀火 尺分 半村] ia dəu.un dau.du ai-n 명(관제) 횡장(橫帳)의 중부방(仲父房)(吳英喆 2007c, 劉鳳翥 2016b) 出 先/弘/慈/圖/梁/清/尚/韓.

[ㄅ匀火 叐反 半村] ia dəu.un m.o ai-n 명(관제) ① 척은사 맹부방(惕隱司孟父房)(愛新覺羅 2013b), ② 횡장(橫帳)의 맹부방(孟父房)(即實 2012⑬/⑲, 劉鳳翥 2016b) 出 糺1, 清6, 韓5/6/10, 蒲1.

[ㄅ匀火 州欠 半村] ia dəu.un od.gu ai-n 명(관제) ① 척은사 계부방(惕隱司季父房)(愛新覺羅 2013b), ② 횡장(橫帳)의 계부방(季父房)(劉鳳翥 2016b). 出 高/圖/梁/清

韓/回.

[才 与火 仃 九才乏] ia dəu.un du g.ia.iam [명](관제) 척은사도감(惕隱司都監)(愛新覺羅 2013b). [出] 玦16.

[才 与火 穴公] ia dəu.un u.ən [명](관제) 척은원(惕隱院)(即實 1996⑯). [出] 先1.

> [遼史] 惕隱(척은)은 황족에 관한 사무를 맡아보던 종정직(宗正職)이다. 거란어 음역인데 종정(宗正)이란 뜻이다. 제리기(梯里己)라고도 한다(金渭顯외 2012㊤).

[才 丰] ia ai [명] ① 종부(從父, 아버지의 형제)(?)(即實 1996⑯), ② 백부(伯父)(即實 2012⑳, 劉鳳翥 2014b㊾). [出] 許46, 宗5, 慈6.

[才 丰村] ia ai-n [명] 종부(從父)의(即實 1996⑯). [出] 故5.

[才 生 丰] ia abu ai [명] 백조부(伯祖父)(即實 2012⑳, 劉鳳翥 2014b㊾). [出] 糺7, 永17/18.

[才丙屮] ia.al.bur [出] 奴31. [校勘] 이 단어는 초본에 옮기며 잘못 분할되었는데, 앞 원자들과 합쳐 "个达才丙屮"로 하여야 한다(即實 2012㊕).

[才古亥] ia.ma.dʒi [出] 蒲21.

[才车] ia.ar [형] 정성스럽다, 진실되다(愛新覺羅 2004a⑦). [부] 오직(即實 2012⑳). [出] 宣/許/仲/先/宗/海/博/永/副/宋/慈/智/烈/奴/尚/玦/特.

[才与] ia.dəu [명] 형제(即實 2012⑳). [出] 梁5, 清6. [参考] ☞ "才 与"를 참조하라.

[才矢] ia.jai [出] 玦42.

[才公盂丰] ia.n.ha.ai [出] 糺25. [校勘] 即實은 이 글자를 "才ム盂丰"라고 기록하고 있다(即實 2012㊕).

[才佥盂东] ia.mə.ha.ad [出] 道26. [校勘] 即實은 이 글자를 "才半盂东"이라고 기록하고 있다(即實 2012㊕).

[才佥兴] ia.mə.ər [出] 先7. [校勘] 이 글자는 휘본 등에 잘못 옮겨진 것("才"와 "佥"를 이어 쓰는 사례는 없음)이므로 "叔佥兴"가 올바르다(即實 2012㊕).

[才佥兴 丙叉] ia.mə.ər məg.ir [동] 令을 따르다, 旨를 따르다(實玉柱 2006). [出] 先7. [校勘] 이 글자는 휘본 등에 잘못 옮겨진 것이므로 "叔佥兴 丙叉"가 올바르다(即實 2012㊕).

[才幺买] ia.ia.an [出] 尚27.

[才幺丰] ia.ia.ai [명] ① 백부(伯父)(愛新覺羅 2002), ② 친족, 재종(再從, 6촌간)(?)(即實 1996⑯). [出] 故25, 玦26.

[才幺丰 舟为] ia.ia.ai b.aqa [명] 족자(族子, 조카나 조카뻘 되는 사람)(?)(即實 1996⑯). [出] 故25.

[才幺矢] ia.ia.jai [명](소유격) 형(兄)의(愛新覺羅 2004a⑩). [명] 의형, 4촌형(即實 2012⑳). [出] 烈8, 奴45, 圖26, 梁16.

[才幺矢 舟为] ia.ia.jai b.aqa [명] ① 형의 아들(조카)(即實 2012⑥), ② 당질(5촌 조카)(劉鳳翥 2014b㊾). [出] 圖26.

[才幺伏叉] ia.ia-n.ir [명] 그의 4촌형들(即實 2012⑳). [出] 糺16.

[才幺伏兴] ia.ia-n.ər [명] ① 형(兄)(趙志偉외 2001, 劉鳳翥 2014b㊾), ② 그의 형들(即實 2012⑳, 劉鳳翥 2014b㊾), ③ 남자 형제(吳英喆 2012a②), ④ "형(兄= 才)"의 복수형(愛新覺羅 2013b, 大竹昌巳 2014). [出] 迪6, 智10, 回7. [用法] 吳英喆(2012a②)은 "才幺伏兴"와 "伏考伏令"는 남자 형제들만을 지칭하고, "伏考伏叉"와 "伏考伏兴"는 형제자매를 모두 지칭한다고 주장하고 있으나, 학자들마다 견해는 다소 상이하다.

[才幺屮] ia.ia.bur [명] "맏이(伯長者)"를 뜻하는 말로 "大"로 번역할 수 있다(即實 2012⑭). [出] 清1.

[才幺火] ia.ia.iu [명](향위격) 형(兄)에게(愛新覺羅 2002). [出] 永28, 玦8.

[才幺□叉□] ia.ia.?.ir.? [出] 糺16. [校勘] 即實은 이 글자를 "才幺伏叉"라고 보정하고 있다(即實 2012㊕).

[才圭] ia.? [出] 玦44.

[才圭丰] ia.?.ai [出] 博26, 清19, 尚19.

[才圭本] ia.?.ar [出] 博12.

[才圭本屮盂本] ia.?.ar.əl.ha.ar [出] 玦33.

[才圭本当] ia.?.ar.ən [出] 玦45.

[才圭为出] ia.?.a.an [出] 仲35/47.

[才半] ia.? [出] 故15.

[才尔] ia.sei [명] 복(福)(陳述 1973, 研究小組 1977b, 劉鳳翥외 1982/2009, 王弘力 1986, 即實 1996⑯). [명](인명) ① 胡覩古(劉鳳翥외 1995), ② 也才, 乙辛(即實 1996⑯), ③ 胡睹古(愛新覺羅 2010f), ④ 胡覩, 胡覩姑, 胡獨古(劉鳳翥 2014b㊾). [校勘] 愛新覺羅는 이 글자가 "才"와 "尔"의 합성자가 아닌 단체자(㤵)라고 주장하고 있다(愛新覺羅 2012). [出] 興/仁/道/宣/許/仲/先/宗/海/永/迪/弘/副/皇/宋/慈/智/烈/奴/圖/梁/糺/清/尚/韓/特/塔/寶/錢.

> [人物] ①《仲誌》 주인 烏里衍朮里者(1090~1150, 한풍명: 蕭仲恭)의 형인 移敵蹇胡睹古 태위(太尉)를 지칭한다(愛新覺羅 2013a).
>
> ②《先誌》의 장례명단(葬禮名單)에 등장하는 동지북원추밀사사(同知北院樞密使事) 蕭胡覩를 지칭한다(劉鳳翥 2014b⑰).
>
> ③《宗誌》 주인 朝隱驢糞(991~1053, 한풍명: 耶律宗教)의 며느리(차남 鐵離의 아내. 即實은 아내가 아닌 "손자"라고 표현)인 胡睹古이며, 묘주 차녀도 이름이 같다(愛新覺羅 2010f).

④ 《副誌》 주인 窩篤宛兀没里(1031~1077, 한풍명: 耶律運)의 장모(셋째 부인 德勉부인의 모친)인 也才부인을 지칭한다(即實 2012⑰).

⑤ 《智誌》 주인 烏魯本猪屎(1023~1094, 한풍명: 耶律智先)의 첫 부인인 胡睹부인(형 構蘇己 태위의 배우자였다)을 지칭한다(愛新覺羅 2010f).

[ㅋ芥扏 八] ia.sei.on bai 图 복지(福地, 신선이 사는 곳, 복 있는 땅)(即實 2012⑳). 出 尚26.

[ㅋ芥矢] ia.sei.tə 出 糺22.

[ㅋ芥伏] ia.sei-n 图 복(福)(劉鳳書 1993d, 即實 1996⑯). 图 (인명) ① 胡睹袞(劉鳳書외 2003b), ② 胡睹董(豊田五郎 1991c, 梁振晶 2003, 愛新覺羅 2011b, 吳英喆 2012a①), ③ 也思輦(即實 1996①), ④ 乙辛(即實 1996⑥), ⑤ 也思訥(即實 2012⑮), ⑥ 忽突董(愛新覺羅외 2012②), ⑦ 胡獨董 / 胡觀董 / 胡觀袞(劉鳳書 2014b㉒). 出 仁/先/弘/副/慈/智/圖/梁/玦/回/特.

人物 ① 인의황후(仁懿皇后)의 부친인 胡獨董磨只(한풍명: 蕭孝穆)를 지칭한다(愛新覺羅 2013a).

② 《先誌》 주인 糺鄰査剌(1013~1072, 한풍명: 耶律仁先)의 매제(다섯째 여동생인 揚節부인의 남편)인 胡觀袞·迪里鉢 태사와, 묘주의 외아들인 남원임아(南院林牙) 胡都董撻不也里를 지칭한다(劉鳳書 2010f/2014b⑰).

③ 《弘誌》 주인 敎魯宛隗也里(1054~1086, 한풍명: 耶律弘用)의 외조부(모친 訛里 마격을림면(慶格乙林免)의 부친)인 발리씨(拔里) 胡突董滑哥(한풍명: 蕭革) 추밀(枢密)을 지칭한다(愛新覺羅외 2010f).

④ 《副誌》 주인 窩篤宛兀没里(1031~1077, 한풍명: 耶律運)의 숙부 胡獨董獨攊(한풍명: 耶律祺)을 지칭한다(愛新覺羅 2013a).

⑤ 《慈誌》의 지문을 지은 인물(撰寫者)로, 묘주의 4촌형제(숙부 蒲速宛雙古里 태위의 아들)인 回里必을 지칭한다(愛新覺羅 2010f).

⑥ 《特誌》의 주인이자, 《玦誌》 주인 只兗昱(1014~1070, 한풍명: 耶律玦)의 맏사위(장녀 烏盧本娘子의 남편)이며, 《回誌》 주인 回里堅何的(?~1080)의 형인 特里堅忽突董(1041~1091) 낭군을 지칭하는데, 바로 《玦誌》와 《圖誌》의 지문을 지은 인물이다(愛新覺羅외 2010f/2012②).

⑦ 《特誌》 주인 特里堅忽突董(1041~1091)의 부친인 胡睹董鐵里鉢里 태사(蕭圖古辭의 형)를 지칭한다(愛新覺羅외 2010f).

墓誌 特里堅忽突董(특리견 홀돌근, 1041~1091). 《特誌》의 주인이다. 胡都董鐵里鉢里의 아들로 부친이 사임한 후인 28세에 출사하여 패인사낭군(牌印司郎君)·북원관리(北院官吏)·칙사낭군(勅司郎君)에 임

명되었다. 이 때 추밀(樞密) 乙辛이 국정의 전권을 잡았고, 忽突董은 황실 기거주(起居注)를 맡았다 대강(大康) 2년 겨울에 국구상온(國舅詳穩)의 문하에 들어갔다. 그 다음 해 겨울 임아(林牙) 蕭岩壽와의 친분이 원인이 되어 보주(保州)로 귀양을 갔고, 2 년 후 간신히 돌아왔다. 대안(大安) 7년(1091)에 수렵 도중 말에서 떨어져 51세에 사망하였다. 忽突董의 부인은 맹부방(孟父房) 只兗昱(한풍명: 耶律玦) 창온(敞穩)과 國哥부인의 장녀로 2남2녀를 낳았다 (愛新覺羅외 2012).

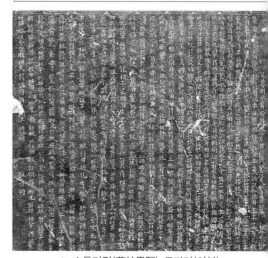

▲ 소특리견(蕭特里堅) 묘지명(일부)

[ㅋ芥伏矢] ia.sei-n.tə 出 玦41.

[ㅋ芥化] ia.sei.ur 图 "복(福)"의 복수형(即實 2012⑳). 图 皇20, 尚21.

[ㅋ芥爻] ia.sei.ər 囮 복이 있다(即實 1988b/1996①). 图 利 (即實 1996⑯, 劉鳳書외 2009). 出 宣11.

[ㅋ焱伏] ia.sen.in 囮 복이 있다(即實 1996⑯). 图 (인명) 乙辛隱(即實 1996⑯). 出 仁5. 校勘 吉如何 은 이 원자가 "ㅋ焱伏"라는 형태로 《仁冊》에만 일하게 출연하며, "ㅋ"는 항상 "芥(원자번호 277)"와 짝을 이루는 점을 들어 "焱"는 "芥"의 오기(誤抄) 것이라 주장하고 있다(吉如何외 2009).

[ㅋ交木] ia.jæ.do 書法 이 글은 첫째 원자(ㅋ)를 왼쪽에 쓴 후 오른쪽에 두 원자(交木)를 내려쓰는 특수 형태의 서법을 보이고 있다(清格爾泰외 1985). 出 興2 校勘 이 글자는 휘본 등에 잘못 옮겨진 것이므 "ㅋ芥"가 올바르다(即實 2012⑱).

[ㅋ关ㅎ] ia.i.al 出 糺7. 校勘 이 글자는 초본에 잘못 옮겨진 것이므로 "ㅋ幺ㅎ" 혹은 "焦ㅋㅎ"이

바른 것으로 추정된다(即實 2012校).

[犭庄丙北] ia.jar.j.əl [出] 永31.

[犭□] ia.? [出] 永10. [校勘] 이 글자는 초본에 잘못 분할되어 옮겨진 것이므로 "令丙犭余"가 올바르다(即實 2012校).

氵 [발음] gi [原字번호] 336

[氵] gi [형] ① 좋다, 길하다(即實 1996⑯), ② 없다(無)(萬雄飛외 2008, 劉鳳翥 2014b㊾). [부] ① 어찌(何), 가히(可)(阮廷焯 1993a), ② 아직 ~을 하지 않았다(= 犭)(愛新覺羅 2013b). [書法] Kane은 이 원자가 "犭[gi](원자번호 146)"의 초서체라고 주장하고 있다(Kane 2009). [出] 道/宣/郎/仲/先/博/涿/副/智/奴/高/糺/清/特/蒲/洞I.

[氵 业欠叉] gi.l.im.hua [명](인명) ① 樞林迷(愛新覺羅 2010f), ② 謝冷卡(即實 2012⑳). [出] 清13. [校勘] 초본에는 이 글자가 "氵"와 "业欠叉"의 두 글자로 잘못 분할되어 있다(即實 2012⑭). [人物] ≪清誌≫ 주인 奪里懶太山(1029~1087, 한풍명: 蕭彦弼)의 장손녀인 樞林迷을 지칭한다(愛新覺羅 2010f).

礿 [발음] dʒi [原字번호] 337

[礿] dʒi [書法] Kane은 이 원자가 "犭[dʒi](원자번호 152)"와 "犳[dʒi](원자번호 153)"의 이서체라고 주장하고 있다(Kane 2009).

[礿木] dʒi.ar [出] 許37. [校勘] 이 글자는 초본에 잘못 옮겨진 것("犭"와 "木"를 이어 쓰는 사례는 없음)이므로 "仍木"가 올바르다(即實 2012校).

[礿村] dʒi-n [명] 적(嫡, 정실의 자식)(即實 1996⑤). [出] 故/先/博/奴/糺. [校勘] ☞ 犭村(即實 2012校).

[礿仐北] dʒi.s.əl [出] 博16. [校勘] 이 글자는 초본에 잘못 옮겨진 것("犭"와 "仐"를 이어 쓰는 사례는 없음)이므로 "仍仐北"가 올바르다(即實 2012校).

[礿公伏] dʒi.d.in [出] 故14, 糺7. [校勘] ☞ 犭公伏(即實 2012校).

[礿关] dʒi.i [出] 蒲18.

洎 [발음] ji [原字번호] 338

[洎] ji [書法] "关关"와 같은 글자이다(Kane 2009, 愛新覺羅 2012). [出] 涿12, 玦8.

[洎 仍气 丞 兆] ji t.aŋ tai ʂï [명](인명) 懿唐太師(愛新覺羅 2013b). [出] 玦8.

> [人物] ≪玦誌≫의 주인 只兗昱(1014~1070, 한풍명: 耶律玦)의 외증조부인 懿唐태사(太師)를 지칭한다. 묘주의 모친은 미리길씨(迷里吉氏) 小蓮(996~1045)으로, 懿唐태사와 蘭氏공주(公主)의 아들인 迪烈시중(侍中)과 特里勃부인의 차녀이다(愛新覺羅외 2015⑩).

[洎关] ji.i [借詞] "懿"를 나타내는 한어차사(羅福成 1934b, 王静如 1935, 研究小組 1977b). [出] 仁1. [用例] 戈雨 洎关 主 介火[j.in ji huaŋ hau.un] [명](소유격) 인의 황후(仁懿皇后)의(清格爾泰외 1978a/1985).

关 [발음] i [原字번호] 339

[关] i [用法] ① 소유격 어미를 표시하는 부가성분이다(王弘力 1987, 愛新覺羅 2004a⑦, 吳英喆 2007b), ② 향위격 어미를 표시하는 부가성분이다(吳英喆 2005c/2007b), ③ 목적격 어미를 표시하는 부가성분이다(吳英喆 2007b), ④ 형동사 남성 단수형의 현재시제 어미이다(大竹昌巳 2016d). [出] 先26, 宗15, 智3/18/24, 糺8.

> [語法] ☞ "소유격을 표시하는 접미사의 표현형식"에 대하여는 "村"(원자번호 140)을 참조하라.

[关 仐关] i s.i [명](인명) 夷齊(伯夷와 叔齊)(即實 2012⑦, 大竹昌巳 2016b). [出] 智3.

[关丙与] i.j.en [出] 先35. [校勘] 이 글자는 휘본 등에 잘못 옮겨진 것("关"와 "丙"를 이어 쓰는 사례는 없음)이므로 "兂丙与"가 올바르다(即實 2012校).

[关秂] i.is [出] 興3/29, 宣26, 先17. [校勘] 即實은 ≪先17≫에서는 이 글자를 "攵秂"라고 기록하고 있다(即實 2012校).

[关秂 乇穴当] i.is am.u.ən [명] 9족(九族)(?)(即實 1996⑯). [出] 興3.

[关圡与圡为] i.ha.al.ha.a [出] 先3. [校勘] 即實은 이 글자를 "兂圡与圡为"라고 기록하고 있다(即實 2012校).

[关九厺与] i.də.gə.en [出] 博12. [校勘] 即實은 이 글자를 "乂九厺与"이라고 기록하고 있다(即實 2012校).

[关九厺丙] i.də.gə.ai [出] 博45. [校勘] ☞ 乂九厺丙(即實 2012校).

[关交仐] i.ur.u [出] 許44. [校勘] 이 단어는 본래 2개의 글자(尢交 仐)이나 초본에는 잘못하여 하나로

합쳐져 있다(即實 2012[校]).

[关本] i.ar [出] 先69. [校勘] 即實은 이 글자를 "火本"라고 기록하고 있다(即實 2012[校]).

[关及村] i.u-n [出] 尚17. [校勘] 이 글자는 초본에 잘못 옮겨진 것으로 "火及村"이 올바르다(即實 2012[校]).

[关及关] i.im.ər [出] 尚23/24.

[关커] i.qa [出] 奴30/44.

[关勺矢] i.ug.tə [명](향위격) ≪역(易)≫에(即實 2012⑳). [出] 副35.

[关化] i.ir [명] ① 이름(號·名·諱)(劉鳳翥외 1981d, 劉鳳翥 1983a, 即實 1996⑤), ② 자(字)(即實 1996⑯). [同源語] 몽골어의 [nere](이름, 성명)와 같은 어원이라는 주장(愛新覺羅외 2011)도 있으나, 한국어의 "이름"[irim](중세 한국어에서는 [ilhum])과 대응한다는 주장(이성규 2013a)이 더 가능성이 높다. [出] 興/道/令/許/故/郎/仲/先/宗/海/博/永/迪/弘/副/皇/宋/慈/智/烈/奴/高/室/圖/梁/糺/清/尚/玦/回/特/蒲.

[关化 可禾矢] i.ir bai.is.tə [명](향위격) 명위(名位, 관명과 관위, 명예와 지위)에(即實 2012⑳). [出] 許55.

[关化 夫朩叉] i.ir ali.l.ir [동] 응호(膺號), 고봉(誥封)(即實 1996⑯). [出] 令8.

> [参考] **誥封(고봉)**은 "고명봉상(誥命封賞)"의 줄임말이다. 과거에 황제가 문무 벼슬아치 및 그 선대의 정실부인에게 작위나 명호를 부여할 때 고명(誥命)과 칙명(敕命)을 구별했는데, 5품(五品) 이상은 고명을 통해 내렸기 때문에 이를 "고명"이라고 했고, 6품 이하는 칙명을 통해 내렸기 때문에 "칙봉(敕封)"이라고 불렀다(曹雪芹『홍루몽』).

[关化 朩关] i.ir tʃ.ər [동] ~에 제수하다(除)(即實 1996⑯). [出] 先7.

[关化 今커犬] i.ir sə.q.adʒu [동] 사호(賜號, 국왕이 호를 내려주다), 고봉(誥封)(?)(即實 1996⑯). [出] 許8.

[关化 公行关击出] i.ir n.om.odʒ.ha.an [동] 가호(加號, 시호나 존호 등에 호를 더함), 가봉(加封, 신하에게 녹봉이나 벼슬을 올려 줌)(即實 1996⑯). [出] 仲27.

[关化 肖] i.ir altar [명] ① 명망(名望)(即實 2012⑳), ② 작위(位爵)(大竹昌巳 2015b). [出] 先70.

[关化 肖矢] i.ir altar.tə [명](향위격) 명망(名望)에(即實 2012⑳). [出] 先70.

[关化村 八] i.ir.ən bai [명] 다스리는 땅(治地)(即實 2012⑳). [出] 博23, 梁11.

[关化叉] i.ir.ir [出] 許22. [校勘] 이 글자는 초본에 잘못 옮겨진 것으로 지석에 근거하여 "火化叉"가 올바르다(即實 2012[校]).

[关化矢] i.ir.tə [명](향위격) 호(號)에(劉鳳翥외 2003b/200… [명] 봉호(封號)가 있는(即實 2012⑳). [出] 宣/令/故/仲/先/宗/博/涿/迪/弘/副/宋/慈/高/圖/梁/糺/玦/特/蒲.

[关化矢 仐为丰] i.ir.tə s.a.ai [명](향위격) 직무에, 재… 기간에(即實 1996⑯). [出] 先6.

[关化矢关] i.ir.d.i [出] 涿/迪/烈/糺/特.

[关化矢关 커] i.ir.d.i qa [出] 高26. [校勘] 휘본 등에… 이 글자가 하나로 합쳐져 있다(即實 2012[校]).

[关化仐] i.ir.əs [명] ① 이름과 호(名號)(即實 1996⑯), ② 이름과 호(名號)의 복수형(即實 2012⑨, 劉鳳翥 2014b52). [出] 仲/先/宗/永/弘/副/皇/智/烈/奴/高/室/圖/梁/尚/玦/回.

[关化仐村] i.ir.s.ən [명](소유격) 이름과 호(名號)들의(即實 1996⑯). [出] 先39, 尚14.

[关化仐关] i.ir.s.ər [명](목적격) 이름과 호(名號)들을(即實 1996⑯, 劉鳳翥 2014b52). [出] 先/宗/博/迪/弘/副/慈/烈/室/道/梁/清/尚/韓/玦/特/蒲.

[关化саз] i.ir.bu [出] 清3. [校勘] 이 글자는 초본에 잘못 옮겨진 것이므로 "北冂州"가 올바르다(即實 2012[校]).

[关化关] i.ir.ər [명](목적격) 이름과 호(名號)를(即實 20…⑨). [出] 烈6, 特8.

[关火化杏] i.ui.ir.ï [出] 韓21. [校勘] 이 단어는 초본에 옮기며 잘못 분할(关火化杏 □关)되었는데, … 원자들과 합쳐 "关火化关与关"로 하여야 한다(即… 2012[校]).

[关叴ち] i.dʒi.əl [出] 塔I-3.

[关关] i.i [借詞] "懿"를 나타내는 한어차사(羅福成 193… 1934b/d/e/g, 研究小組 1977b). [出] 仁/宣蓋/宣/故/先.

[关关 伞仐 主 王] i.i ts.u huaŋ ti [명](인명) "의조황제(懿祖皇帝)"의 한어차사(研究小組 1977b, 清格爾泰외 1985…). [出] 故4. [人物] 의조는 요 태조 야율아보기의 증조부인 薩剌德 이리근의 묘호(廟號)이다(愛新覺羅 2003f).

火 [발음] k, h, x [原字번호] 340

[火] k / h / x [명] 극(克)(即實 1991b). [用法] "계(溪)"계통 자음[예: 空, 開, 客], "군(群)"계통 자음[예: 期] 및 "효(曉)"계통 자음[예: 興, 徽, 許]을 가진 한어차사의 초성(初聲) 자음으로 사용되며, 거란어 음절의 초성 자음으로도 사용된다(孫伯君외 2008). [語法] 거란문은 초기에는 회골문의 표시방식처럼 "火" 하나로 [k]와 [kʰ/x]를 모두 표시하였으나, 시대를 지나면서 "九"와 "火"로 엄격히 구분해 나갔다(傳林 2013b). ☞ "九"[k…

와 "乂"[k^h/x]의 변천에 대하여는 "九"(원자번호 334)을 참조하라.

[乂乎] k(h).an [借詞] "韓"을 나타내는 한어차사(即實 1986c). [명] ① 모두(均)(愛新覺羅 2004a④, 即實 2012⑳), ② 전부(全)(即實 2012⑳), ③ 모두(皆)(劉鳳翥 2014b㊾). [出] 仁/令/先/宗/海/博/永/迪/副/宋/智/高/尚/玦/特/蒲.

[乂乎 朩圡] k(h).an tʃ.əu [명](지명) ① 한주(韓州)(即實 1986c). ② 현주(顯州)(劉鳳翥 2014b⑬). [出] 宗24.

[乂乎夲村夲] k(h).an.gə-n.ər [出] 玦25.

[乂币刈] k(h).od.aq [出] 糺27. [校勘] 이 글자는 초본에 잘못 옮겨진 것이므로 "仌币刈"가 올바르다(即實 2012[校]).

[乂雨] k(h).in [出] 宣19.

[乂雨ㄓ夲夯朩] k(h).in.əl.gə.e.tʃi [出] 道33.

[乂丙] k(h).iu [借詞] "秀", "休" 등을 나타내는 한어차사(石金民외 2001, 萬雄飛외 2008). [出] 道/宗/慈/奴/韓.

[乂丙 火伏] k(h).iu ui-n [명](인명) ① 休隗隱(愛新覺羅 2009a⑧), ② 何優·奎訥(即實 2012⑬). [出] 韓11. [人物] 《韓誌》 주인 曷魯里부인(?~1077)의 남편의 조카(만형 何隱曷葛 상온의 차녀) 胡睹古를 지칭하는데, 休隗隱척은마격(惕隱麼格)으로 불렀다(愛新覺羅 2009a⑧).

[乂丙 九夯] k(h).iu g.ə [명](인명) ① 休哥(即實 2012④/⑮, 劉鳳翥 2014b㊾), ② 秀哥(劉鳳翥 2014b㊾). [出] 奴6/21, 慈9. [人物] 《奴誌》 주인 國隱寧奴(1041~1098)의 증조부인 遜寧休哥 우월(于越)을 지칭한다(愛新覺羅 2013a). 한편 "休哥"라는 음(音)은 당송시대(唐宋時代)의 발음과 정확히 일치한다(即實 2012④).

> [遼史] **休哥(휴가)**는 요의 황족이자 명장(名將)인 야율휴가(耶律休哥, ?~998)를 지칭한다. 자는 손녕(遜寧)이다. 응력 말년에 척은(惕隱)이 되었고, 건통원년(979)에 송이 남경을 포위했을 때 오원(五院)의 군사를 이끌고 가 대승하는 등 많은 전과를 올렸다. 우월·남경유수를 역임하고 송국왕(宋國王)에 봉해졌다. 송과의 국경지역을 평화롭게 잘 다스렸다. 《요사》 권83에 그의 전(傳)이 있다(蔡美彪외 1986).

[乂丙刀] k(h).iu.ir [명] 들판(野)(?)(即實 1996⑯). [出] 令5.

[乂丙㓠] k(h).iu.dʒu [出] 仲3.

[乂丙久夯] k(h).iu.ug.e [명](인명) ① 休幹(王弘力 1986), ② 求哥(即實 1988b), ③ 休哥(愛新覺羅 2010f), ④ 秀沃(劉鳳翥 2014b㊸). [出] 仲30. [人物] 《仲誌》 주인 烏里衍朮里者(1090~1150, 한풍명: 蕭仲恭)의 손자(외아들 迪輦阿不[蕭拱, ?~1151]의 차남)인 休哥를 지칭한다(愛新覺羅 2010f).

[乂丙久当] k(h).iu.ug.ən [명](인명) ①蘇幹(石金民외 2001, 劉鳳翥 2014b㉚), ② 休堅(愛新覺羅 2006a, 即實 2012⑳). [出] 奴21. [人物] 《奴誌》 주인 國隱寧奴(1041~1098)의 장인(묘주의 처 意辛부인의 부친)인 부마도위(駙馬都尉) 休堅을 지칭한다(愛新覺羅 2006a).

[乂丙伏] k(h).iu-n [出] 仲34.

[乂丙关] k(h).iu.i [出] 宋16.

[乂丙火] k(h).iu.uŋ [出] 特17.

[乂庄] k(h).ha [出] 先63. [校勘] 即實은 이 글자를 뒤 원자들과 합쳐 "乂庄冊夲夯朩"라고 기록하고 있다(即實 2012[校]).

[乂庄百北] k(h).ha.j.əl [出] 先55. [校勘] ☞ 乂庄百北(即實 2012[校]).

[乂庄百叉] k(h).ha.əi.ir [동] 관장하다, 관리하다(即實 2012⑳). [出] 先40/42/59. [校勘] ☞ 乂庄百叉(即實 2012[校]).

[乂庄百关] k(h).ha.əi.i [出] 先58/65. [校勘] ☞ 乂庄百关(即實 2012[校]).

[乂卡北] k(h).us.əl [出] 先17. [校勘] 即實은 이 글자를 "穴卡北"이라고 기록하고 있다(即實 2012[校]).

[乂卡廾舟伏为] k(h).us.ʊ.bu.n.a [出] 先42. [校勘] 即實은 이 글자를 "乂火化舟伏为"라고 기록하고 있다(即實 2012[校]).

[乂卡佥] k(h).us.əm [出] 興35. [校勘] 이 글자는 휘본 등에 잘못 옮겨진 것("乂"와 "卡"를 이어 쓰는 사례는 없음)이므로 "乂ㄓ佥"가 올바르다(即實 2012[校]).

[乂圡关] k(h).ha.i [出] 先31. [校勘] 即實은 이 글자를 "乂庄关"라고 기록하고 있다(即實 2012[校]).

[乂圡] k(h).əu [형] 따뜻하다(即實 2012⑩). [명](인명) ① 吼(即實 1996⑤, 盧迎紅외 2000), ② 厚(郭添剛외 2009), [出] 道/故/先/迪/皇/尚. [人物] 《故銘》의 주인인 撻體낭자(1081~1115)의 5대조인 채방사(採訪使) 曷魯本吼(911~949)를 지칭한다(愛新覺羅 2010f). [校勘] 即實은 《尚25》에서는 이 글자를 뒤 원자들과 합쳐 "乂圡平穴当"(인명: 候盧沅)이라고 기록하고 있다(即實 2012⑲).

[乂圡杏夲余] k(h).əu.un.gə.gu [出] 玦29.

[乂圡不叉] k(h).əu.hia.ir [出] 慈26. [校勘] 이 글자는 초본에 잘못 옮겨진 것("不"는 낱말 중간이나 끝에 오지 않음)이므로 "乂圡平叉"가 올바르다(即實 2012[校]).

[乂圡村] k(h).əu-n [出] 特14.

[乂圡矛] k(h).əu.dʒi [명] 배꼽(臍), 시조(始祖)(即實 2012⑳). [出] 令/先/永/迪/副/慈/智/梁/清/玦.

[乂圡矛公] k(h).əu.dʒi.d [出] 仁16.

[乂圡伏夲今] k(h).əu-n.gə.s [명] 감로(甘露)(大竹昌巳 2016d). [出] 興3, 先56, 玦29. [校勘] 이 단어는 본래 2개의 글

자(火土 伏芬令)이나 휘본 등에는 잘못하여 하나로 합쳐져 있다(即實 2012校).

[火土火] k(h).əu.ui [出] 先49.

[火土犳] k(h).əu.dʒi [出] 博21, 糺23. [校勘] ☞ 火土药(即實 2012校).

[火土犳村] k(h).əu.dʒi-n [出] 博17. [校勘] ☞ 火土药村(即實 2012校).

[火土平爻] k(h).əu.ul.ir [형] 밝게 비추어 빛나다(照耀), 밝다・환하다(明)(即實 1990/1996①). [出] 典/道/宣/先/玦.

[火土平穴当] k(h).əu.ul.u.ən [명](인명) ① 厚禮賢(郭添剛 외 2009), ② 吼烏里堅(愛新覺羅 2010f), ③ 候盧沅(即實 2012⑲). [出] 尚25. [人物] 《尚誌》 주인 緬隱胡烏里(1130~1175)의 차녀인 吼烏里堅을 지칭한다(愛新覺羅 2010f). [校勘] 일부 문헌에서는 이 단어를 둘로 구분하여 "火土 平火当 [k(h).əu ul.k(h).ən]"이라고 표현한 경우도 있다(郭添剛외 2009, 劉浦江외 2014).

[火土平业农丙] k(h).əu.ul.əl.gə.əi [出] 典26.

[火夫犳] k(h).ali.dʒi [出] 副22.

[火夫关] k(h).ali.i [出] 淸6. [校勘] 이 글자는 초본에 잘못 옮겨졌으므로 "火九关"가 올바르다(即實 2012校).

[火杰] k(h).uaŋ [借詞] "光"을 나타내는 한어차사(愛新覺羅 2006a, 劉鳳翥 2014b⑰). [出] 先8.

[火杰 公亥] k(h).uaŋ n.u [명](인명) ① 王奴(即實 1996⑥), ② 光奴(愛新覺羅 2006a, 劉鳳翥 2014b⑰). [出] 先8. [校勘] 即實은 당초에 "火"와 "杰"를 분리하여 "王奴"라고 해독("杰 公亥"를 별명으로 파악)하였다가(即實 1996⑥), 추후 이를 붙여 "火杰 公亥"라고 교감하였다(即實 2012校). [人物] 耶律仁先(1013~1072, 거란명: 糺鄰査剌)에게는 자녀가 5남 5녀 있었는데, 그 중 셋째딸 冬哥낭자의 남편인 定光奴 제실기(帝室己)를 지칭한다(愛新覺羅 2006a).

[火为] k(h).dor [出] 糺12. [校勘] 即實은 이 글자를 뒤 원자들과 합쳐 "火为刃关"라고 기록하고 있다(即實 2012校).

[火为刃北] k(h).dor.ir.el [명] 변고(變故, 갑작스러운 재앙이나 사고)(即實 2012⑳). [出] 奴37.

[火为刃当] k(h).dor.ir.en [出] 宣24.

[火为刃业爻] k(h).dor.ir.əl.ir [동] 옮기다(遷), 바꾸다(易)(即實 2012⑳). [出] 皇13.

[火为刃关] k(h).dor.ir.i [동] 변경되다, 초월하다(即實 2012⑳). [出] 烈24.

[火为刃当] k(h).dor.ir.ən [명] 파천(播遷, 황제가 도성을 떠나 다른 곳으로 피란 가는 일)(即實 2012⑳). [出] 博3.

[火为朩] k(h).dor.tʃi [동] 이역(移易, 옮기어 바뀌다)(即實 2012⑳). [出] 博26/28.

[火扎] k(h).ur [出] 仁16.

[火九] k(h).əd [出] 先61, 淸21. [校勘] 이 단어가 《淸21》에서는 휘본 등에 옮기며 잘못 분할되었는데 뒤의 원자들과 합쳐 "火九农丙"로 하여야 한다(即實 2012校).

[火九忝] k(h).əd.is [出] 許48. [校勘] 이 글자는 초본에 잘못 옮겨진 것으로 지석에 근거하여 "火九炎"가 올바르다(即實 2012校).

[火九农丙] k(h).əd.gə.əi [出] 道/宣/先/烈/高/糺/淸/玦/特.

[火九农当] k(h).əd.gə.en [명] 공(功)(即實 1996①), 은혜(恩惠)(愛新覺羅 2004a⑤). [出] 道/仲/博/糺/特.

[火九农炎] k(h).əd.gə.ər [出] 仲30, 先62, 博40, 玦6.

[火九农当] k(h).əd.gə-n [出] 道/宣/仲/涿/烈/特.

[火九农当雨] k(h).əd.gə-n.in [出] 特37.

[火九爻反] k(h).əd.ir.o [명](인명) 痕迪魯(愛新覺羅외 2012②). [出] 玦32/34. [人物] 《玦誌》의 주인 只兗昱(1014~1070, 한풍명: 耶律玦)의 차녀인 痕迪魯낭자를 지칭한다(愛新覺羅외 2012②).

[火九勺] k(h).əd.gu [부] 심하게, 매우(甚)(即實 2012⑳). [명] 은의(恩義, 갚아야 할 의리와 은혜)(愛新覺羅 2004a⑤). [出] 典/仁/道/仲/海/皇/烈/淸.

[火九关] k(h).əd.i [명](인명) ① 紇迪(愛新覺羅외 2011), ② 珂揆(即實 2012⑭). [出] 淸6. [人物] 《淸誌》 주인 奪里懶太山(1029~1087, 한풍명: 蕭彦弼)의 조모 한국부인(韓國夫人) 單哥의 부친인 紇迪태사를 지칭한다(愛新覺羅외 2011).

[火九炎丙] k(h).əd.gə.əi [동] 알다(識・知)(即實 2012⑳). [出] 典/令/宗/迪/弘/副/慈/圖/梁/玦/特.

[火九炎当] k(h).əd.gə.en [出] 副42, 糺27. [校勘] 이 글자는 초본에 잘못 옮겨진 것이므로 "火九炎当"이 올바르다(即實 2012校).

[火九炎炎] k(h).əd.gə.ər [동] ① 수혜(受惠, 은혜를 입다)(愛新覺羅 2004a⑤), ② 승은(承恩, 신하가 군주로부터 은혜를 입다)(愛新覺羅 2004a⑧), ③ 알다(識), 삼가다(謹)(即實 2012⑳). [出] 仲/迪/弘/奴/淸.

[火九炎当] k(h).əd.gə.ən [出] 仁/迪/副/皇/宋/慈/奴/圖/梁/淸/回/特/蒲. [用例] 公关勺 火九炎当 [n.i.gu k(h).əd.gə.ən] [동] 두루 알다(遍識)(即實 2012⑳). [出] 烈13.

[火九当] k(h).əd.ən [出] 梛2.

[火九穴夂] k(h).əd.u.ug [出] 典15. [校勘] 即實은 이 글자를 "火九平夂"라고 기록하고 있다(即實 2012校).

[火九□□] k(h).əd.?.? [出] 蒲21.

[火尢] k(h).umu [出] 道30/33, 令28, 許59, 宗31.

[乂九平九] k(h).umu.ul.gə [出] 博12.

乂交] k(h).ur [명] 땅의 경계(畔・邊)(即實 2012⑳). [出] 仁/先/迪/慈/清/尚/洞I.

[乂交叉] k(h).ur.ir [명](인명) ① 庫林(劉鳳翥외 2006a), ② 渠里(愛新覺羅 2010f), ③ 庫隣 / 胡隣(即實 2012⑮). [出] 典20, 博16, 慈4. [人物] ≪慈誌≫ 주인 鉢里本朝只(1044~1081)의 고조부인 渠里낭군을 지칭한다(愛新覺羅 2010f).

[乂交夂平九] k(h).ur.ug.ul.gə [出] 糺11. [校勘] 이 글자는 초본에 잘못 옮겨진 것("交"와 "夂"를 이어 쓴 사례는 없음)이므로 "乂交叉平九"가 올바르다(即實 2012校).

[乂交伏] k(h).ur.in [出] 仁18.

[乂交仝朩太犬] k(h).ur.ol.əl.gə.ər [出] 先13. [校勘] 이 글자는 휘본 등에 잘못 옮겨진 것이므로 "乂交尘朩太犬"가 올바르다(即實 2012校).

[乂交朩太伏] k(h).ur.əl.gə-n [명] ① 자리・위치(即實 1996⑥, 愛新覺羅 2004a⑤), ② 차례(敍次)(愛新覺羅 2004a⑧). [出] 先22. [校勘] 即實은 이 글자를 "冗交朩太伏"이라고 기록하고 있다(即實 2012校).

[乂交朩叉] k(h).ur.əl.ir [出] 宋15.

[乂交朩太丙] k(h).ur.əl.gə.ai [동] 직을 맡도록 하다(愛新覺羅 2004a⑤). [명] 차례(敍次)(愛新覺羅 2004a⑧). [出] 先24. [校勘] 이 글자는 휘본 등에 잘못 옮겨진 것이므로 "冗交朩太丙"가 올바르다(即實 2012校).

[乂交止朩火仐北] k(h).ur.p.əl.uŋ.s.əl [出] 副11. [校勘] 이 글자는 초본에 잘못 옮겨진 것이므로 "乂交尘朩太仐北"이 올바르다(即實 2012校).

[乂交关] k(h).ur.i [出] 先44/52.

[乂交乂火] k(h).ur.k(h).ui [出] 仁18. [校勘] 이 글자는 휘본 등에 잘못 옮겨진 것이므로 "乂交冗火"가 올바르다(即實 2012校).

[乂交犬] k(h).ur.ər [명](지명) ① 상경(上京) 서북쪽 명산을 말하며, 한문 묘지에서는 "거렬(渠劣)" 또는 "굴렬(屈烈)"로 적는다(愛新覺羅외 2011), ② ≪요사≫에 있는 "굴렬산(屈劣山)"을 의미한다(即實 2012⑨). [명](인명) 屈烈(唐彩蘭외 2002, 愛新覺羅외 2011). [出] 烈22/32/33.

> [人物] 屈烈(굴렬) 등에 대한 사례
>
> ① ≪요사・소간(蕭幹)전≫(권84)에 있는 蕭幹의 소자(小字) "項烈"(백납본에는 "頊烈"로 기록), ② ≪요사≫에 보이는 "虛烈・虛列・忽列・湖烈", ③ 張九齡 ≪강곡문집(曲江文集)≫ 권8(거란왕 據埒)에 나오는 "據埒" 및 ≪요사・세표≫(권63)에 나오는 "屈列"(愛新覺羅외 2011).
>
> [用法] 여기서 보이는 욱(頊)・허(虛)・홀(忽)・호(湖)는 [h]음을 나타내고, 굴(屈)은 [k]음을 나타내며, 거(據)는 [g]음을 나타내어 간혹 [k]음과 통하기도 하는데, 이 3가지 음은 거란어 글머리의 [hu]~[ku] 음절을 음역하는 경우에 항시 통용된다(愛新覺羅외 2011).

[乂交犬 兆村] k(h).ur.ər nior.ən [명](지명・소유격) ① 굴렬산(屈劣山)의(即實 2012⑨), ② 거열산(渠劣山)의(劉鳳翥 2014b㊾). [出] 烈22.

[乂交犬] k(h).ur.ə [出] 先56.

[乂交尘与] k(h).ur.t.en [出] 博10.

[乂交尘叉] k(h).ur.t.u [出] 道/令/許/先/海.

[乂交尘叉乃] k(h).ur.t.u.ud [出] 先35.

[乂交尘叉] k(h).ur.t.ir [出] 仲35. [校勘] 이 글자는 초본에 잘못 옮겨진 것으로 탁본에 근거하여 "乂交尘叉"가 올바르다(即實 2012校).

[乂交尘当] k(h).ur.t.ən [出] 先37, 尚32.

[乂交冗犬朩] k(h).ur.u.ə.tʃi [명](지명) ① 채운(彩雲)(산)(劉鳳翥외 2003b), ② 고여와지(枯如萬只)(산)(即實 2012⑪). [出] 宋5/22.

[乂交冗当] k(h).ur.u.ən [동] ① 옮기다(遷)(豊田五郎 1998a), ② 징계하여 다스리다(懲治), 몸에 상처를 입다(傷害)(王弘力 1990). [出] 故13.

[乂交冗平九] k(h).ur.u.ul.gə [명] 변경(邊陲)(即實 2012⑳). [出] 慈14.

[乂ち列뇨] k(h).al.qa.jue [出] 先34. [校勘] 이 글자는 휘본 등에 잘못 옮겨진 것("乂"와 "ち"을 이어 쓰는 사례는 없음)이므로 "引ち列来"이 올바르다(即實 2012校).

[乂ち約] k(h).al.dʒi [出] 先70. [校勘] 이 글자는 휘본 등에 잘못 옮겨진 것이므로 "乂土約"가 올바르다(即實 2012校).

[乂东尘当] k(h).at.t.ən [出] 先2. [校勘] 即實은 이 글자를 "乂交尘当"이라고 기록하고 있다(即實 2012校).

[乂与刃北] k(h).en.ir.əl [出] 奴37. [校勘] 이 글자는 초본에 잘못 옮겨진 것이므로 "乂为刃北"가 올바르다(即實 2012校).

[乂与刃关] k(h).dəu.ir.i [出] 烈24. [校勘] ☞ 乂为刃关(即實 2012校).

[乂与刃与] k(h).dəu.ir.en [出] 博3. [校勘] ☞ 乂为刃与(即實 2012校).

[乂太] k(h).uŋ [借詞] "空"을 나타내는 한어차사(研究小組 1977b). [出] 仲5.

[乂本] k(h).oi [出] 副31.

[乂夯] k(h).e [명](인명) 哥, 珂(即實 1991b). [出] 先7/8/62/67.

[火夾刃及] k(h).?.ir.u [명] 밤 시각(更)(王未想 1999). [出] 涿23.

[火夾刃火龙] k(h).?.ir.iu.du [부] 거듭해서(吳英喆 2012a①). [出] 玦29.

[火夾仕] k(h).?.mu [出] 仲26. [校勘] 이 글자는 초본에 잘못 옮겨졌으므로 "火夾伏"이 올바르다(即實 2012[校]).

[火キ] k(h).ai [借詞] "開"를 나타내는 한어차사(研究小組 1977b). [出] 故/博/皇/宋/高/尚.

[火キ 几火 伞各] k(h).ai g.ui ts.ï [명](관제) "개국자(開國子)"의 한어차사(劉鳳翥 2014b(52)). [出] 皇2, 宋2.

[火キ 几火 舟东] k(h).ai g.ui b.jai [명](관제) "개국백(開國伯)"의 한어차사(研究小組 1977b, 清格爾泰외 1978a/1985). [出] 故2, 博22.

[火キ 几火 几水] k(h).ai g.ui g.uŋ [명](관제) "개국공(開國公)"의 한어차사(即實 2012⑫, 劉鳳翥 2014b(52)). [出] 高1.

[火木] k(h).ar [出] 回26.

[火癸] k(h).ib [부] 모두(愛新覺羅 2004a⑦, 大竹昌巳 2016d). [동] 겸령(兼領, 둘 이상을 아울러 다스림)(即實 1996②). [명] 적(積)(閻萬章 1992). [出] 道/令/許/故/仲/先/涿/副/慈/烈/奴/圖/糺/玦/特.

[火癸 夫岕] k(h).ib ali.ər [出] 迪38. [校勘] 초본에는 이 글자가 하나로 합쳐져 있다(即實 2012[校]).

[火癸 朩关雨 几太] k(h).ib tʃ.i.in g.uŋ [명] 적경궁(積慶宮)(閻萬章 1992). [出] 先34.

[火癸夲村] k(h).ib.gə-n [出] 特24.

[火丢] k(h).zhi [出] 奴16/40. [校勘] 이 단어는 초본에 옮기며 잘못 분할되었는데, 뒤 원자들과 합쳐 "火庄关化"로 하여야 한다. 아울러 即實은 "火丢"를 대부분 "火庄"으로 표기하고 있다(即實 2012[校]).

[火丢丙北] k(h).zhi.j.əl [동] ①다스리다(知)(即實 1990/1996⑯/2012⑰), ②관장하다(掌)(即實 1990/2012⑰). [出] 宣2, 副18. [校勘] ☞ 火庄丙北(即實 2012⑰).

[火丢丙及犭] k(h).zhi.j.u.dʒi [出] 特26.

[火丢丙及犭] k(h).zhi.j.u.dʒi [동] 총괄하다(愛新覺羅 2004a⑫). [出] 涿18.

[火丢丙及犭村] k(h).zhi.j.u.dʒi-n [出] 博8/14. [校勘] ☞ 火庄丙及犭村(即實 2012[校]).

[火丢丙叉] k(h).zhi.əi.ir [동] 다스리다(知)(即實 1996③). [出] 仲33, 圖3. [校勘] ☞ 火庄丙叉(即實 2012[校]).

[火丢丙伏] k(h).zhi.əi-n [出] 博35. [校勘] ☞ 火庄丙伏(即實 2012[校]).

[火丢丙ㅆ及犭] k(h).zhi.əi.l.u.dʒi [出] 玦11.

[火丢丙用] k(h).zhi.əi.il [出] 永34. [校勘] 이 단어는 초… 에 옮기며 잘못 분할되었는데, 뒤 원자들과 합… "火庄丙用岕伞"로 하여야 한다(即實 2012[校]).

[火丢丙关] k(h).zhi.əi.i [동] 다스리다(知), 관장하다(掌… (即實 2012⑥). [出] 仲14, 永31, 慈8, 圖2. [校勘] ☞ 火… 丙关(即實 2012[校]).

[火丢丙当] k(h).zhi.j.ən [동] 책임지다(愛新覺羅 2004a⑦… [出] 仲10. [校勘] ☞ 火庄丙当(即實 2012[校]).

[火丢丙当岕] k(h).zhi.j.ən.ər [出] 先10. [校勘] ☞ 火庄… 当岕(即實 2012[校]).

[火及] k(h).u [借詞] ①"古", "酷" 등을 나타내는 한… 어차사(劉鳳翥외 2005a), ②"姑"를 나타내는 한어차사(… 新覺羅 2006a), ③"葫"를 나타내는 한어차사(即實 2012⑬… [出] 宗29, 韓11/15.

[火及犭] k(h).u.dʒi [出] 尚14.

[火及火] k(h).u.ui [出] 令5.

[火叉] k(h).im [명] 한도(限度)(即實 1990/1996①). [出] 興32, 先28.

[火叉关] k(h).im.i [出] 玦46.

[火刃剁伏] k(h).ir.uldʒi-n [出] 興18. [校勘] 이 글자는 … 본 등에 잘못 옮겨진 것이므로 "火刃刈及"가 올바르다(即實 2012[校]).

[火刃付] k(h).ir.bi [出] 仁18, 道18, 仲15, 先38/40.

[火刃刈岕] k(h).ir.bur.ər [出] 皇17.

[火刃夯] k(h).ir.ə [出] 清27.

[火村] k(h).ən [出] 仁21, 韓19. [校勘] 이 단어는 초… 에 옮기며 잘못 분할되었는데, 《仁21》은 앞 원… 와 합쳐 "伞生火村" 또는 "伞生穴犭"로 하여야 … 고, 《韓19》는 뒤 원자와 합쳐 "火村及交矢"로 … 여야 한다(即實 2012[校]).

[火村夫] k(h).ən.qu [出] 仁19. [校勘] 이 글자는 휘본 … 에 잘못 옮겨진 것이므로 "火冊夫"가 올바르다(即實 2012[校]).

[火村及交] k(h).ən.u.ur [형] 슬프다, 가엽다(哀)(即實 201… ⑳). [出] 宗30/33.

[火村及交 主] k(h).ən.u.ur kəi [명] 슬퍼하는 자(哀者)(即實 2012⑳). [出] 宗33.

[火村及犭] k(h).ən.u.dʒi [出] 宗18.

[火村叉] k(h).ən.ir [형] 슬프다, 가엽다(哀)(即實 2012⑳). [出] 宗34.

[火村叉夯] k(h).ən.ir.ə [형] 슬프다, 가엽다(哀)(即實 201… ⑳). [出] 宗16.

[火村公] k(h).ən.ən [명](소유격) 비밀의(吳英喆 2012a③…

[出] 特5.

[火村关] k(h).ən.i [出] 宗17.

火叉] k(h).ir [出] 興26. [校勘] 이 글자는 휘본 등에 잘못 옮겨진 것("火"와 "叉"를 이어 쓰는 사례는 없음)이므로 "火叉"가 올바르다(即實 2012㊳).

[火子] k(h).os [出] 興14.

火列] k(h).aq [出] 先67. [校勘] 即實은 이 글자를 "氵列"이라고 기록하고 있다(即實 2012㊳).

火药] k(h).dʒi [出] 興14, 永16, 尙9. [校勘] 이 단어는 초본에 옮기며 잘못 분할되었는데, 뒤 원자들과 합쳐 "火药叉芬叉"≪興14≫, "火药朩"≪永16≫, "火药叉穴药村"≪尙9≫로 하여야 한다(即實 2012㊳).

[火药村] k(h).dʒi-n [出] 先17, 副18, 尙17. [校勘] 即實은 이 글자를 "穴药村"≪先17≫/≪副18≫와 "无幺业华穴药村"≪尙17≫이라고 기록하고 있다(即實 2012㊳).

[火药叉夲伏] k(h).dʒi.ir.gə-n [出] 智25.

[火药叉夲兴] k(h).dʒi.ir.gə.ər [동] 옮기다(遷)(即實 2012⑳). [出] 先58.

[火药叉夲叉] k(h).dʒi.ir.gə.ir [出] 宋12.

[火药叉丹伏] k(h).dʒi.ir.bu.n [동] 옮기다(徙)(即實 2012⑳). [出] 糺26.

[火药朩] k(h).dʒi.tʃi [동] 옮기어 바뀌다(遷移)(即實 2012⑳). [出] 先47.

[火药叉夲与] k(h).dʒi.ir.gə.ən [出] 仲29.

[火药朩] k(h).dʒi.tʃi [出] 道5.

火丸] k(h).au [借詞] "誥"를 나타내는 한어차사(劉鳳翥외 1995, 即實 2012①). [出] 宗15, 奴22. [用例] 曲公 火丸 [go.ən k(h).au] [명] "관고(官誥, 고위 관료의 사령장, 교지)"의 한어차사(即實 2012⑳, 劉鳳翥 2014b㊾).

火朩] k(h)ə.tʃi [명] ① 땅의 경계(疆·境)(即實 1996⑯), ② 경계가 되는 지역(境·方)(愛新覺羅 2004a⑤, 武內康則 2016). [出] 道/先/涿/迪/皇/梁/清/玦. [同源語] "성(城)"을 나타내는 여진어의 果示禾 [xə tʃə ni]와 동일한 어원이다(金啓孮 1984, Kane 2009).

[火朩 八] k(h)ə.tʃi bai [명] 국경지역, 변경지역(即實 1996⑯). [出] 道10.

[火朩村] k(h)ə.tʃi-n [명](소유격) 변경(邊境)의(即實 1991b/1996⑯). [出] 道/許/先/永/迪.

[火朩村 八] k(h)ə.tʃi-n bai [명] 국경지역, 변경지역(即實 1996⑯). [出] 先17.

[火朩村 企矢] k(h)ə.tʃi-n mə.tə [명](향위격) 국경지역에, 변경지역에(即實 2012⑳). [出] 永16.

[火朩列] k(h)ə.tʃi.qa [出] 先55. [校勘] 即實은 이 글자를 두 글바로 분리하여 "火朩 列"라고 기록하고 있다(即實 2012㊳).

[火朩伏] k(h)ə.tʃi-n [명] ① 경계가 되는 땅(境·方)(即實 1996①), ② "火朩"의 복수형(武內康則 2016). [出] 道17.

火夂] k(h)ə.gu [出] 特13.

[火夂药] k(h)ə.gu.dʒi [명](인명) ① 忽古只(愛新覺羅 2003e), ② 忽古知(即實 2012⑳). [出] 迪10. [人物] ≪迪誌≫ 주인 撒懶迪烈德(1026~1092)의 고조모(고조부 曷魯本吼 채방[採訪]의 부인)인 을실기(乙室己) 忽古只 을림면(乙林免)을 지칭한다(愛新覺羅 2010f).

火尼叉] k(h).ədu.r [명] ① 부(部)·군(群)(王弘力 1986), ② 실(室)·방(房)·지(支)·족(族)(即實 1996④), ③ 횡장(橫帳)(石金民외 2001), ④ 횡(橫)(愛新覺羅외 2011). [同源語] "횡(橫)"을 의미하는 몽골어의 [hündelen](← küöndölen), 다호르어의 [hundul], 여진어의 史炁 [hətun], 만주어의 [hətu]와 동일한 어원이다(愛新覺羅외 2011). [出] 許/海/迪/智/奴/高/清.

[火尼叉 企村 八矢] k(h).ədu.r əm.ən bai.tə [명](향위격) 본장(本帳)의 분지(分地)에(即實 2012⑳). [出] 清18.

[火尼叉 曲兴] k(h).ədu.r go.ər [명] 횡장(橫帳)(愛新覺羅 2003d/2009a⑫). [出] 許/迪/智/奴/高. [參考] ☞ "횡장"의 또 다른 표현에 대하여는 "斗 与" [ia dəu]를 참조하라.

> [參考] **橫帳(횡장)**의 의미에 대하여는 여러 가지 주장이 있다(愛新覺羅 2009a⑫).
>
> ① 황장(黃帳): 稻葉岩吉(1932), <契丹の横宣横賜の名稱>.
>
> ② 대장(大帳): 陳述(2000), <契丹舍利横帳考釋>.
>
> ③ 특장(特帳): 金毓黻(1993), <靜晤室日記>.
> 劉浦江(2001), <遼朝横帳考>.

[火尼叉与] k(h).ədu.r.ən [出] 宣26.

火兆叉] k(h).ʂï.ir.ən [명] ① 유장(帷帳, 휘장과 장막)(即實 1986c/1996⑯), ② 횡장(橫帳)(劉鳳翥 2014b㊲). [出] 許1.

火丹] k(h).mur [出] 糺26. [校勘] 이 단어는 초본에 옮기며 잘못 분할되었는데, 뒤 원자들과 합쳐 "火药叉丹伏"으로 하여야 한다(即實 2012㊳).

火反] k(h).o [借詞] ① "闊"을 나타내는 한어차사(劉鳳翥외 2005a), ② "郭"을 나타내는 한어차사(愛新覺羅 2009a), ③ "和"를 나타내는 한어차사(即實 2012⑬). [出] 先62, 韓1/15. [校勘] 即實은 ≪先62≫에서는 이 글자를 "火太"이라고 기록하고 있다(即實 2012㊳).

[火反 几夯] k(h).o g.ə [명](인명) ① 闊哥(劉鳳翥외 2009⑧),

② 郭哥(愛新覺羅 2009a), ③ 和哥(即實 2012⑬). [出] 韓1. [人物] 《韓誌》의 주인인 曷魯里부인의 남편인 特免郭哥 부마(駙馬)를 지칭한다(愛新覺羅 2009a).

[火为] k(h).a [出] 宋18.

[火生丙北] k(h).abu.j.əl [出] 玦29.

[火生丙巾九] k(h).abu.j.əl.gə [出] 博7. [校勘] 이 글자는 초본에 잘못 옮겨진 것("火"와 "生"를 이어 쓴 사례는 없음)이므로 "火压丙巾九"가 올바르다(即實 2012[校]).

[火生用九矢] k(h).abu.il.gə.tə [出] 許24. [校勘] 이 글자는 초본에 잘못 옮겨진 것으로 지석에 근거하여 "火压冊九矢"가 올바르다(即實 2012[校]).

[火生冊芬丙] k(h).abu.b.əgə.əi [出] 興18. [校勘] ☞ 火压用芬丙(即實 2012[校]).

[火东] k(h).jai [借詞] "客"을 나타내는 한어차사(清格爾泰외 1985). [出] 許3, 慈6.

[火东 飞安] k(h).jai ʃ.əŋ [명](관제) "객성(客省 = 客省使)"의 한어차사(大竹昌已 2016a). [出] 慈6.

[火东 飞安公] k(h).jai ʃ.əŋ.d [명](관제) "객성(客省 = 客省使)"의 복수형(大竹昌已 2016a). [出] 慈6.

[火攵] k(h).? [出] 先25. [校勘] 이 글자는 휘본 등에 잘못 옮겨진 것이므로 "火平"이 올바르다(即實 2012[校]).

[火気公叐] k(h).aŋ.n.u [명](인명) ① 韓奴(王弘力 1986), ② 航奴(即實 1996③), ③ 康奴(愛新覺羅 2006a). [出] 仲50. [人物] 《仲誌》의 지문(誌文)을 옮겨 적은 인물(書丹者)인 蕭康奴를 지칭한다(劉鳳翥 2014b㊸).

[火矢] k(h).ətə [명](인명) 恒德(愛新覺羅외 2011).

> [遼史] **蕭恒德**(소항덕, ?~996)의 자는 "손녕(遜寧, 仐火伏)"이며, 이름인 "항덕(恒德)"(《요사》, 《고려사》)은 "긍덕(肯德)"(《요사》), "긍두(肯頭)"·"간득(懇得)"(《거란국지》)과 같이 모두 거란어 "火矢"의 동음이역(同音異譯)으로 거란 남자가 상용하는 이름이다(愛新覺羅외 2011). ☞ 자세히는 "仐火伏"를 참조하라.

[火矢伏] k(h).ətə.in [명](인명) ① 可突訥(即實 1996⑤), ② 痕得隱(愛新覺羅 2003i), ③ 痕得(愛新覺羅 2003e, 劉鳳翥 2014b㊾). [出] 故4, 迪4/6, 副4.

> [人物] ①《迪誌》 주인 撒懶迪烈德(1026~1092)의 8대조이자, 《故銘》 주인 撻體낭자(1081~1115)의 9대조인 痕得隱帖剌을 지칭한다. 撻體낭자는 撒懶迪烈德의 다섯째 딸이다(愛新覺羅 2013a).
>
> ②《副誌》 주인 寓篤宛兀没里(1031~1077, 한풍명: 耶律運)의 8대조인 痕得隱帖剌을 지칭한다. 위 ①의 두 사람과 같은 조상을 모셨다(愛新覺羅 2013a).

[火矢丹伏] k(h).ətə.bu.n [出] 先3. [校勘] 即實은 이 글자를 "火矢九伏"이라고 기록하고 있다(即實 2012[校]).

[火矢九伏] k(h).ətə.g.in [명](인명) 痕德堇(愛新覺羅외 201… ②, 即實 2012⑳, 吳英喆 2012a①). [出] 先3, 玦2.

[火矢九伏 由刃] k(h).ətə.g.in hiar.aqa [명](인명) 痕德堇·霞里葛(愛新覺羅외 2012②). [出] 玦2. [人物] 《玦誌》에 등장하는 痕德堇霞里葛 가한(可汗)으로, 요태조에게 대위를 양위했다고 기록되어 있다(愛新覺羅외 2012②).

[火伏] k(h).in [出] 興/仁/宣/許/先/永/副/皇/尚.

[火伏村] k(h).in.ən [出] 興29, 仁29.

[火伏叉] k(h).in.ir [동] 근심하다(憫)(?)(即實 2012⑳). [出] 仁30, 迪40, 皇10, 圖24.

[火仉芬] k(h).ir.ər [出] 皇10.

[火化仐] k(h).ur.əs [出] 興25, 宣25, 皇7, 烈30.

[火化巾刃] k(h).ur.əl.qa [出] 興30/34. [校勘] 이 글자가 《興34》에서는 휘본 등에 옮기며 잘못 분할되었는데, 뒤 원자와 합쳐 "火化巾刃火"로 하여야 한다(即實 2012[校]).

[火化尘] k(h).ur.d [出] 宋22.

[火化当] k(h).ur.ən [出] 許52. [校勘] 이 글자는 초본에 잘못 옮겨진 것으로 지석에 근거하여 "刃化当"이 올바르다(即實 2012[校]).

[火关为才巾女] k(h).au.qa.ia.l.? [出] 糺12. [校勘] 이 단어는 본래 2개의 글자(火平 为才巾叐)이나 초본에는 잘못하여 하나로 합쳐져 있다(即實 2012[校]).

[火仐] k(h).əsə [명] ① 국경(邊界)(愛新覺羅 2004a⑤, 即實 2012⑳), ② 변두리, 가장자리(即實 2012⑳). [出] 許/先/博/弘/慈/烈/奴/清/尚/玦/回.

[火仐 八村] k(h).əsə bai-n [명](소유격) 외지(外地)의(即實 2012⑳). [出] 糺18.

[火仐雨] k(h).əs.in [出] 弘10.

[火仐女巾] k(h).əsə.dʒi.l [出] 洞13.

[火仐杰] k(h).əsə.gə [명] 부문(= 火仐)(Kane 2009). [同源語] "부문" 등을 의미하는 몽골어의 [keseg]와 동일한 어원이다(Kane 2009).

[火仐杰大] k(h).əsə.gə.do [出] 先60, 慈27. [校勘] 이 글자는 휘본 등에 잘못 옮겨진 것이므로 "火仐杰火"가 올바르다

[火仐杰巾] k(h).əsə.gə.l [出] 道/宣/先/博/烈/特.

[火仐杰巾 火] k(h).əsə.gə.l ui [出] 清30. [校勘] 초본에는 이 글자가 하나로 합쳐져 있다(即實 2012[校]).

[火仐杰巾村] k(h).əsə.gə.l.ən [出] 先63.

火仐枀屮央癸] k(h).əsə.gə.l.ui.ər 出 先67. **校勘** 이 단어는 본래 2개의 글자(**火仐枀屮 失癸**)이나 휘본 등에는 잘못하여 하나로 합쳐져 있다(即實 2012㊟).

火仐枀火] k(h).əsə.gə.d 出 道/仲/博/高/特. **校勘** ☞ **火仐枀火**(即實 2012㊟).

火仐枀坐] k(h).əsə.gə.d 名 ① 숙위(宿衛)(即實 1996⑯, 愛新覺羅 2004a⑦), ② 호위(護衛)(即實 1996⑯). 出 道30, 仲37/39, 博3.

火仐枀坐伏] k(h).əsə.gə.d.in 出 特3.

火仐枀坐癸] k(h).əsə.gə.d.ər 名 숙위(宿衛), 호위(護衛)(即實 1996⑯). 出 故8.

火仐枀村] k(h).əs.ən 名 (소유격) ① 변경(邊境)의(愛新覺羅 2004a⑧, 即實 2012⑳), ② 경계(境界)의(即實 2012⑳). 出 許/迪/皇/烈/圖/清/尚/玦.

火仐矢] k(h).əsə.tə 名 (향위격) ① 왼쪽에(石金民외 2001), ② 근처, 가장자리(邊)에(愛新覺羅 2004a⑧), ③ 부근에(即實 2012⑳). 出 宣/仲/博/奴/玦.

火仐付] k(h).əsə.bi 出 海10.

火仐公丙] k(h).əsə.n.ad 出 清17. **校勘** 이 단어는 초본에 옮기며 잘못 분할되고 통합되었는데, 뒤 원자와 합쳐 "**火仐 公丙囝**"로 하여야 한다(即實 2012㊟).

火仐公坐癸] k(h).əs.ən.t.ər 出 梁14. **校勘** 이 글자는 초본에 잘못 옮겨진 것이므로 "**火仐枀坐癸**"가 올바르다(即實 2012㊟).

火仐仝癸] k(h).əsə.d.ər 出 博17, 奴24.

火仐仝癸 夬] k(h).əsə.d.ər an 出 先18. **校勘** 휘본 등에는 이 글자가 하나로 합쳐져 있다(即實 2012㊟).

火仐屮村] k(h).əs.əl.ən 出 特30.

火仐屮尺万夰] k(h).əs.əl.u.ə.tʃi 出 博46. **校勘** 이 글자는 초본에 잘못 옮겨진 것이므로 "**火仐屮尺夯夰**"가 올바르다(即實 2012㊟).

火仐屮尺㿝] k(h).əs.əl.u.dʒi 形 소속되는, 오래된(即實 2012⑳). 出 皇8.

火仐屮尺伏] k(h).əs.əl.u-n 出 仲32/39.

火仐屮尺平几] k(h).əs.əl.u.ul.gə 出 博27.

火仐屮尺火] k(h).əs.əl.u.ui 出 皇19.

火仐由枀万] k(h).əs.bəl.gə.əi 出 興21. **校勘** 이 글자는 휘본 등에 잘못 옮겨졌으므로 "**火仐屮枀万**"가 올바르다(即實 2012㊟).

火仐由枀癸] k(h).əs.bəl.gə.ər 出 玦37.

火仐枀卡] k(h).əs.gə.us 名 숙위(宿衛)(愛新覺羅 2004a⑦). 出 興27. **校勘** 이 글자는 휘본 등에 잘못 옮겨졌으므로 "**火仐枀屮**"가 올바르다(即實 2012㊟).

火仐枀屮] k(h).əsə.gə.l 名 ① 해정(亥正, 해시[亥時]의 한 가운데, 오후 10시), 질책·책망(申斥)·징계(高路加 1988a), ② 숙위(宿衛)(愛新覺羅 2004a⑦), ③ 무리의 구분(輩分), 부분(部分)(即實 2012⑳), ④ 조정(朝庭)(?)(大竹昌巳 2015c). 出 興/宣/故/迪/副/皇/宋/慈/奴/特.

[**火仐枀屮 公廾夾**] k(h).əsə.gə.l n.ʊ.ur 名 계열의 시초(支緒)(即實 2012⑳). 出 故9.

[**火仐枀火**] k(h).əsə.gə.ui 出 許31. **校勘** 이 글자는 초본에 잘못 옮겨진 것으로 지석에 근거하여 "**火仐枀屮**"이 올바르다(即實 2012㊟).

[**火仐枀火**] k(h).əsə.gə.d 名 ① 해정(亥正, 해시[亥時]의 한 가운데, 오후 10시), 질책·책망(申斥)·징계(高路加 1988a), ② 숙위(宿衛)(愛新覺羅 2004a⑦), ③ 조대(朝代)(即實 2012⑳). 名 (향위격) 조정(朝庭)에(大竹昌巳 2015c). 出 仁/令/先/宗/海/迪/弘/副/奴/圖/玦/特.

[**火仐枀火乏**] k(h).əsə.gə.dir 出 蒲19.

[**火仐枀坐**] k(h).əsə.gə.d 名 ① 위(位)(青格勒외 2003), ② 숙위(宿衛)(愛新覺羅 2004a⑦), ③ 지(支)·조(朝)(即實 2012/2014). 出 仲/弘/皇/智/玦.

[**火仐枀坐癸**] k(h).əsə.gə.d.ər 名 ① 호위(護衛)(即實 1996⑤), ② 숙위(宿衛)(愛新覺羅 2004a⑧). 名 (목적격) 제부(諸部)를(愛新覺羅 2004a⑥). 出 故8, 迪22, 副6, 玦39/44.

[**火分生乂**] k(h).ud.to.ug 出 興15.

[**火公**] k(h).ən 出 仁23. **校勘** 이 글자는 휘본 등에 잘못 옮겨진 것이므로 "**欠公**"이 올바르다(即實 2012㊟).

[**火㣻**] k(h).ad 出 先/永/迪/智/清/韓/特.

[**火㣻 刭化欠**] k(h).d q.ur.gu 出 許7. **校勘** ≪契丹小字研究≫에는 이 글자가 하나로 합쳐져 있다(清格爾泰외 1985).

[**火㣻癸**] k(h).əd.ər 出 皇19, 烈31.

[**火企丙叐**] k(h).əm.j.u 出 仲33. **校勘** 이 글자는 초본에 잘못 옮겨진 것이므로 "**火圧丙叐**"가 올바르다(即實 2012㊟).

[**火屮**] k(h).əl 名 ① 말, 언어(愛新覺羅 2013b), ② "~말(언어)"의 여성명사(即實 2010/2012⑳). **同源語** 서면몽골어의 [kelen], 중기몽골어의 [kele], 현대몽골어의 [xəl]과 동일한 어원이다(吳英喆 2012b, 大竹昌巳 2013a). 出 興/道/令/許/先.

[**火屮圥夾枀癸**] k(h).əl.ha.tʃi.d.ər 出 先46.

[**火屮为出癸**] k(h).əl.a.an.ər 出 玦46.

[**火屮矢**] k(h).əl.tə 名 (향위격) "~말에(이르기를)"의 여성명사(即實 2010/2012⑳). 出 先60, 玦9.

[**火屮化叐**] k(h).əl.ur.ir 出 先44. **校勘** 即實은 이 글자를 "**火火化叐**"라고 기록하고 있다(即實 2012㊟).

[乂仐化伏] k(h).əl.ur.in [出] 仲4. [校勘] ☞ 乂火化伏(即實 2012㊱).

[乂仐化舟伏] k(h).əl.ur.bu.n [出] 智20. [校勘] ☞ 乂火化舟伏(即實 2012㊱).

[乂仐仐] k(h).əl.əs [명] "말(=乂仐)"의 복수형(大竹昌巳 2016e). [出] 宣11.

[乂仐企] k(h).əl.əm [出] 道35, 先19/44/50.

[乂仐仐屮] k(h).əl.əl.bur [명](인명) ① 禾勒樂卜(即實 2012⑤), ② 徽里本(劉鳳翥 2014b㉖). [出] 智13. [人物] ≪智誌≫ 주인 烏魯本猪屎(1023~1094, 한풍명: 耶律智先)의 장남 阿撒里낭군의 장인(부인 禮不庫낭자의 부친)인 禾勒樂卜 용호(龍虎)를 지칭한다(愛新覺羅 2010f, 即實 2012⑤).

[乂仐九丙] k(h).əl.g.əi [出] 先47.

[乂仐九乏] k(h).əl.g.ir [出] 回9.

[乂仐火] k(h).əl.ər [出] 博30, 特25.

[乂仐□丙] k(h).əl.?.jo [出] 許33. [校勘] 이 글자는 초본에 잘못 옮겨진 것이므로 "乂仐 乂丙"가 올바르다(即實 2012㊱).

[乂仐□仐北] k(h).əl.?.əs.əl [出] 副7. [校勘] 이 글자는 초본에 잘못 옮겨진 것이므로 "乂火化仐北"이 올바르다(即實 2012㊱).

[乂火] k(h).ui [借詞] "國", "惠", "徽" 등을 나타내는 한어차사(寶玉柱 1990b, 閻萬章 1993, 劉鳳翥외 1995). [出] 興/宣/先/宗/尙/葉/玦. [用例] 仐艾虫 乂火 [s.jue.æn k(h).ui] [명](관제) "선휘(宣徽)"의 한어차사(即實 2012①, 劉鳳翥 2014b52).

[乂火雨] k(h).ui.in [명](인명) 瑰引(劉鳳翥외 2006a, 即實 2012⑮). [出] 慈12. [人物] ≪慈誌≫ 주인 鉢里本朝只(1044~1081)의 장모 李姐부인의 부친인 瑰引재상(宰相)을 지칭한다(劉鳳翥외 2006a).

[乂火币仐乏] k(h).ui.ha.l.ir [出] 先70. [校勘] 即實은 이 글자를 "乂火公仐乏"이라고 기록하고 있다(即實 2012㊱).

[乂火亥] k(h).ui.dʒi [동] 이르다, 도달하다(至)(即實 1991b/1996⑯). [出] 先11/13/21/36/41/42/59/66, 玦19/22/28.

[乂火夯朩] k(h).ui.e.tʃi [出] 特37.

[乂火杓] k(h).ui-n [명](관제・소유격) □휘(徽)의(劉鳳翥 2014b43). [出] 仲19/33.

[乂火乏夯丙] k(h).ui.ir.gə.əi [동] 이르다, 도달하다(至)(愛新覺羅 2003h). [出] 博23/26/28. [同源語] "이르다", "도달하다"의 의미인 "乂火乏"[k(h).ui.r]는 중기몽골어 [kür-]와 동일한 어원이다(即實 1996①).

[乂火乏夯与] k(h).ui.ir.gə.en [出] 博35.

[乂火乏及豸] k(h).ui.ir.u.dʒi [명] 소치(所致, 어떤 까닭으로 빚어진 결과)(即實 2012⑳). [出] 尙20. [用法] 형동사 접미사인 "及豸"[u.dʒi]의 의미에 대하여는 추가적인 연구가 필요하다고 보고 있다(大竹昌巳 2015b).

[乂火乏仐北] k(h).ui.ir.əs.əl [出] 博7. [校勘] 即實은 이 글자를 "乂火乏平北"이라 기록하고 있다(即實 2012㊱).

[乂火乏公北] k(h).ui.ir.t.əl [出] 特28.

[乂火乏屮] k(h).ui.ir.bur [동] 이르다, 도달하다(至), 임하다(即實 2012⑳). [出] 弘30, 副43.

[乂火乏舟伏] k(h).ui.ir.bu.n [出] 尙32.

[乂火乏火] k(h).ui.ir.ər [동] 이르다, 도달하다(至)(研究小組 1977b, 清格爾泰외 1985). [出] 尙16.

[乂火乏夯丙] k(h).ui.ir.gə.əi [동] 베풀다(施), 이르다(至・至), 가득하다(滿)(即實 2012⑳). [出] 尙13.

[乂火乏夯仐九] k(h).ui.ir.gə.l.ir [동] 기약하다, 과정이 있다(即實 2012⑳). [出] 尙13.

[乂火朩] k(h).ui.tʃi [동] 이르다, 도달하다(至)(研究小組 1977b, 清格爾泰외 1978a/1985). [出] 道/許/郞/仲/博/迪/副/梁/尙/韓/玦. [用法] "옮기다"를 자동사로 쓸 때는 "乂火朩"으로, 타동사로 쓸 때는 "乂火化夯丙"으로 표현한다(研究小組 1977b).

[乂火州] k(h).ui.od [出] 糺11. [校勘] 이 글자는 초본에 잘못 옮겨진 것이므로 "乂火化屮"가 올바르다(即實 2012㊱).

[乂火为夯丙] k(h).ui.a.gə.məg [出] 許36. [校勘] 이 글자는 초본에 잘못 옮겨진 것이므로 "乂火化夯丙"가 올바르다(即實 2012㊱).

[乂火矢] k(h).ui.tə [出] 先60. [校勘] 即實은 이 글자를 "乂仐矢"이라고 기록하고 있다(即實 2012㊱).

[乂火化北] k(h).ui.ir.əl [동] 이르다, 도달하다(至)(大竹昌巳 2015c). [出] 奴17, 玦28.

[乂火化女伏] k(h).ui.ir.sair.in [出] 許43. [校勘] 이 글자는 초본에 잘못 옮겨진 것으로 지석에 근거하여 "乂火化舟伏"이 올바르다(即實 2012㊱).

[乂火化夯丙] k(h).ui.ir.oi.əi [出] 特23.

[乂火化夯乏] k(h).ui.ir.oi.ir [出] 奴31.

[乂火化夯] k(h).ui.ir.e [出] 先17/40/41.

[乂火化夯火] k(h).ui.ir.e.ər [出] 先66. [校勘] 即實은 이 글자를 "乂火化夯火"이라고 기록하고 있다(即實 2012㊱).

[乂火化夯丙] k(h).ui.ir.gə.əi [동] ~로 옮기다(徙)(清格爾泰외 1985). [出] 道6, 仲14/37.

[乂火化夯北] k(h).ui.ir.gə.əl [동] ① 이르게 하다(即實 1996⑯), ② 이르다(劉鳳翥 2014b43). [出] 仲36/40/42/44.

[乂火化夯朩] k(h).ui.ir.gə.tʃi [出] 清26.

[乂火化夯仐乏] k(h).ui.ir.gə.l.ir [出] 仲14.

[乂火化夯仐九杓] k(h).ui.ir.gə.l.g.ən [동] 이르게 하다

新覺羅 2004a⑧). [出] 道7.

[乂火化杰炎] k(h).ui.ir.gə.ər [동] ① 이르다, 도래하다(至)(豊田五郎 1991b), ② 보내다(送)(實玉柱 1990b). [出] 道17, 仲17/20, 先13/18.

[乂火化杰尘炎] k(h).ui.ir.gə.t.ər [出] 智16. [校勘] 即實은 이 글자를 "乂火化杰当炎"라고 기록하고 있다(即實 2012[校]).

[乂火化杰当] k(h).ui.ir.gə.ən [동] 베풀다(施), 보내다(致)(即實 1996⑯). [出] 宣14, 仲14.

[乂火化杰当炎] k(h).ui.ir.gə.ən.ər [동] 베풀다(施), 보내다(致)(即實 1996⑯). [出] 仲39.

[乂火化犮犳] k(h).ui.ir.u.dʒi [동] ① 옮기다(徙)(愛新覺羅 2004a⑧), ② 이르다(至)(大竹昌巳 2015c). [出] 仲42/47.

[乂火化犮犳村] k(h).ui.ir.u.dʒi-n [出] 道19.

[乂火化刃] k(h).ui.ir.ir [出] 許18. [校勘] 이 글자는 초본에 잘못 옮겨진 것으로 지석에 근거하여 "乂火化勿"가 올바르다(即實 2012[校]).

[乂火化叉] k(h).ui.ir.ər [동] 이르다, 도래하다(至)(即實 2012⑳). [出] 宗16, 博28, 奴40, 蒲22.

[乂火化커] k(h).ui.ir.qa [동] 이르다, 도래하다(至)(即實 1991b). [出] 先42.

[乂火化伏] k(h).ui.ir-n [동] 이르다, 도래하다(至)(即實 2012⑳). [出] 糺29, 尚28, 回24.

[乂火化仐北] k(h).ui.ir.sə.əl [동] ① 이르다, 도래하다(至)(豊田五郎 1991a, 即實 1996⑯), ② 오다(來)(研究小組 1977b, 清格爾泰외 1978a), ③ 아뢰다(謁)(劉鳳翥 1987b), ④ 이르렀다(即實 2012⑳). [出] 郎3, 仲11/15/16/25, 清19, 玦5.

[乂火化丞丙] k(h).ui.ir.d.əi [出] 仲32. [校勘] 이 글자는 초본에 잘못 옮겨진 것으로 탁본에 의거하여 "乂火化苓丙"가 올바르다(即實 2012[校]).

[乂火化丞北] k(h).ui.ir.d.əl [동] 받다(受)(即實 1988b). [出] 仲39.

[乂火化屮] k(h).ui.ir.bur [동] 이르다, 도래하다(至)(豊田五郎 1991b, 即實 2012⑳). [出] 道21, 仲24, 先27/42.

[乂火化舟叉] k(h).ui.ir.bu.r [동] 이르다, 도래하다(至)(大竹昌巳 2015c). [出] 許23, 圖15.

[乂火化舟朩] k(h).ui.ir.bu.tʃi [出] 宗36.

[乂火化舟伏] k(h).ui.ir.bu.n [동] ① 이르다, 도래하다(至)(豊田五郎 1991b), ② 보내다(致)(即實 1996⑯). [出] 道/宣/許/仲/先/迪/糺/玦/回.

[乂火化舟伏丙] k(h).ui.ir.bu.n.əi [出] 韓17. [校勘] 이 글자가 초본에는 잘못 옮겨져 "乂火化舟丙"로 되어 있다(即實 2012[校]).

[乂火化舟伏力] k(h).ui.ir.bu.n.a [동] 이르다, 도래하다(至)(即實 1996⑯). [出] 先42.

[乂火化舟伏炎] k(h).ui.ir.bu.n.ər [出] 烈25.

[乂火化关] k(h).ui.ir.i [동] 이르다, 도래하다(至)(大竹昌巳 2015c). [出] 興14, 副44.

[乂火化炎] k(h).ui.ir.ər [出] 許30. [校勘] 即實은 이 글자를 뒤 원자들과 합쳐 "乂火化苓仐九村"이라고 기록하고 있다(即實 2012[校]).

[乂火化苓] k(h).ui.ir.gə [出] 許44, 迪17/22. [校勘] 即實은 이 글자를 각각 뒤 원자들과 합쳐 "乂火化苓仐九"《許44》와 "乂火化苓仐北"《迪17/22》이라고 기록하고 있다(即實 2012[校]).

[乂火化苓丙] k(h).ui.ir.gə.əi [동] ① ~로 옮기다(徙)(研究小組 1977b, 清格爾泰외 1978a/1985, 即實 1996⑯, 劉鳳翥 2014b ㊾), ② 보내다(送)(即實 1982a/1996⑯), ③ 발부(發赴, 황제의 관[梓宮] 등을 ~로 옮기다)(王弘力 1990). [出] 仁/宣/許/迪/葉/玦. [用法] "옮기다"를 자동사로 쓸 때는 "乂火朩"으로, 타동사로 쓸 때는 "乂火化苓丙"으로 표현한다(研究小組 1977b).

[乂火化苓叉] k(h).ui.ir.gə.ir [동] ① 받들어 바치다(奉獻)(即實 1988b), ② 보내다, 바치다(送致)(即實 1996⑯). [出] 興14, 仁28.

[乂火化苓仐] k(h).ui.ir.gə.əs [出] 慈11.

[乂火化苓仐九] k(h).ui.ir.gə.l.əg [동] 이르다(致), 드러나다(呈現)(即實 2012⑳). [出] 皇6/13, 奴32.

[乂火化苓炎] k(h).ui.ir.gə.ər [동] 보내다(送, 致)(即實 2012⑩). [出] 皇8/15, 永28.

[乂火化苓当] k(h).ui.ir.gə.ən [동] 보내다, 바치다(送致)(即實 1996①). [명](인명) ① 徽哩輦(劉鳳翥 2011d), ② 回璉(吳英喆 2012a②), ③ 回里堅(愛新覺羅외 2012⑩, 即實 2015a). [出] 興/仁/故/慈/梁/回蓋/回.

> [墓誌] **回里堅何的**(회리견 하적, ?~1080). 《回誌》의 주인으로 胡母里北只의 9대손이다. 부친은 胡都董鉄里鉢里 태사(太師)이며, 숙부는 《圖誌》의 주인인 蒲奴隱圖古辭 상서(尚書)이다. 부친의 처첩(妻妾)은 2명인데, 정처(正妻)는 川哥부인(척은사 계부방[惕隱司季父房]의 謝六태위의 딸)으로 외아들 迪輦多寶奴창사(敞史)가 있다. 첩은 楊姐부인(척은사 중부방[仲父房]의 查懶瑰引 남부재상[南府宰相]의 딸로 耶律仁先과 耶律智先의 누이)으로, 장자가 特里堅忽突菫(1041~1091, 이 지문[誌文]을 지석[誌石]에 옮겨 적은 인물로서, 《特誌》의 주인에 해당한다), 차자가 何的이다. 장녀는 魯姐, 차녀는 特里堅이다. 何的는 부모가 별세한 후에 출사하여 관은 추밀원 낭군(樞密院郎君)에 이르렀다. 사냥에 능하고 문자에 뛰어났는데, 대강(大康) 6년 3월에 병사하였다(愛新覺羅외 2012⑩).

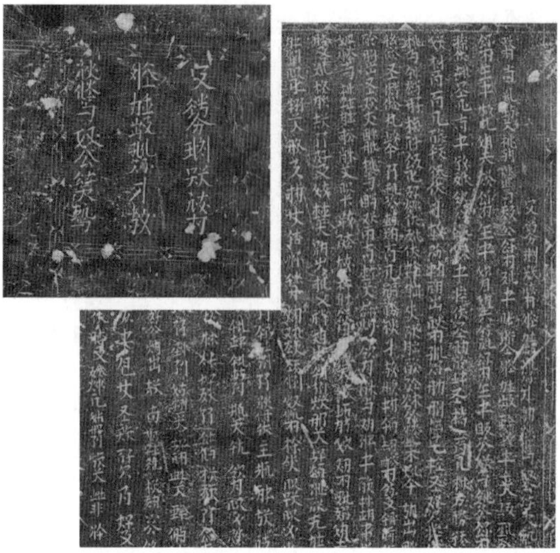

▲ 소회련(蕭回璉) 묘지의 책개와 묘지명(일부)

[乂火化平北] k(h).ui.ir.ul.əl [동] 올리다(陟), 도달하게 하다(即實 1996③). [出] 仲5.

[乂火化与] k(h).ui.ir.betʃ [동] ① 이르다, 도래하다(至)(即實 1991b), ② 보내다(送)(即實 1996⑯). [出] 先34/44/46, 智4.

[乂火化□] k(h).ui.ir.? [出] 奴9. [校勘] 即實은 이 글자를 "乂火化叉"라고 보정하고 있다(即實 2012校).

[乂火化伏] k(h).ui.ur.in [出] 先58. [校勘] 即實은 이 글자를 "乂火化伏"이라고 기록하고 있다(即實 2012校).

[乂火化丹伏] k(h).ui.ur.bu.n [出] 仲15. [校勘] ☞ 乂火化丹伏(即實 2012校).

[乂火今刃] k(h).ui.t.aq [동] 이르다, 도래하다(至), 임하다(臨)(即實 2012⑳). [出] 尚9.

[乂火分北] k(h).ui.ud.əl [出] 先53. [校勘] 即實은 이 글자를 "乂火今北"이라고 기록하고 있다(即實 2012校).

[乂火仝朩叉] k(h).ui.d.əl.ir [동] ① 이르다, 도래하다(劉鳳翥 1993d, 即實 2012⑳), ② 받아들이다(領受)(即實 1988b/1996⑯), ③ 임하다(臨)(即實 2012⑳). [出] 令/仲/先/迪/尚/玦.

[乂火仝朩木] k(h).ui.d.əl.tʃi [出] 仲11.

[乂火仝朩伏] k(h).ui.d.əl.in [出] 故/慈/清/尚/玦/蒲.

[乂火仝朩伏矢] k(h).ui.d.əl.in.tə [出] 玦40.

[乂火仝朩九] k(h).ui.d.əl.gə [出] 韓21, 玦15.

[乂火朩小] k(h).ui.l.bur [명](인명) 徽里本(劉鳳翥 2014b㉖). [出] 智13. [人物] ≪智誌≫ 주인 烏魯本猪屎(1023~1094, 한풍명: 耶律智先)의 장남 阿撒里낭군의 장인(부인 禮不庫 낭자의 부친)인 徽里本 용호(龍虎)를 지칭한다(劉鳳翥 2014b㉖).

[乂火朩穴药] k(h).ui.l.u.dʒi [出] 許55. [校勘] 이 글자는 초본에 잘못 옮겨진 것으로 지석에 근거하여 "乂火化穴药"가 올바르다(即實 2012校).

[乂火关] k(h).ui.i [借詞] "揮", "貴" 등을 나타내는 한어차사(即實 1990, 郭添剛외 2009). [出] 許11, 尚12.

[乂火糸] k(h).ui.ər [형] 가급적, 되도록이면(即實 2012⑳). [出] 尚26.

[乂火当] k(h).ui.ən [出] 永39, 尚20. [校勘] 이 글자는 초본에 잘못 옮겨진 것으로 "穴火当"≪永39≫과 "乂火化当"≪尚20≫이 올바르다(即實 2012校).

[乂火□□] k(h).ui.?.? [出] 韓20. [校勘] 即實은 이 글자를 "乂火化小"라고 보정하고 있다(即實 2012校).

[乂火] k(h).ui [명](관제) "□휘(徽)"의 한어차사(研究小組 1977b). [出] 仲19/20, 宗13, 梁9. [校勘] 即實은 이 글자를 "乂火"라고 기록하고 있다(即實 2012校).

[乂火村] k(h).ui-n [명](관제・소유격) □휘(徽)의(閻萬章 1982b, 劉鳳翥 2014b㊸). [出] 仲19/33, 奴26, 尚17. [校勘] ☞ 乂火村(即實 2012校).

[乂火化] k(h).ui.ur [出] 尚28. [校勘] 이 글자는 초본에 잘못 옮겨진 것이므로 "乂火化伏"이 올바르다(即實 2012校).

[乂女] k(h).un [명] ① 후(后)(羅福成 1934b, 王靜如 1935), ② 후(后)의(劉鳳翥 2014b⑱). [出] 仁3/11. [用例] 主 乂女 [huaŋ h(h).un] [명](소유격) 황후(皇后)의(劉鳳翥 2014b⑱). [校勘] 即實은 이 글자를 "介女"이라 기록하고 있다(即實 2012校).

[乂女 今当为] k(h).un t.oŋ.a [명](인명) 昆同阿(即實 1996⑥). [出] 先46. [人物] ≪先誌≫에 등장하는 북직불고(北直不姑)의 昆同阿를 지칭한다(即實 1996⑥).

[乂女夯] k(h).un.e [出] 先50.

[乂女仐] k(h).un.əs [出] 先26/44/52.

[乂女今业为亚] k(h).un.t.aqa.a.ha [出] 先46. [校勘] 이 단어는 본래 2개의 글자(乂女 今业为亚)이나 휘본 등에는 잘못하여 하나로 합쳐져 있다(即實 2012校).

[乂女刈] k(h).un.bur [出] 奴44, 糺29.

[乂米] k(h).iu [借詞] "許"를 나타내는 한어차사(研究小組 1977b, 劉鳳翥외 1977). [用法] 여자의 자기보다 나이 어린 동성(同性)의 동배(同輩) 친족, 즉 "여동생"을 말한다(大竹昌已 2014, 愛新覺羅 2017a). [出] 許/先/宗/慈/智/奴/特. [用例] 丙公 乂米 [məg.ən k(h).iu] [명] 이모(姨母)(愛新覺羅 2004a⑩). [出] 宗35.

[乂米 杰] k(h).iu uaŋ [명](관제) "허왕(許王)"의 한어차사(研究小組 1977b, 清格爾泰외 1978a/1985). [出] 許2.

[乂米 杰ㄱ] k(h).iu uaŋ.on [명](관제・소유격) 허왕(許王)의(研究小組 1977b, 清格爾泰외 1978a/1985). [出] 許39.

[乂米 九火] k(h).iu g.ui [명](국명) "허국(許國)"의 한어

차사(劉鳳翥 2014b㊿②). [出] 許5.

[火炎 九火 杰] k(h).iu g.ui uaŋ [명](관제) “허국왕(許國王)”의 한어차사(研究小組 1977b, 清格爾泰외 1985). [出] 許5.

[火炎刃] k(h).iu.ir [出] 許43.

[火炎乃叉] k(h).iu.am.ir [出] 道7, 宣24.

[火炎乃化关] k(h).iu.am.ir.i [出] 宗29.

[火炎伏叉] k(h).iu.in.ir [명] ① 그 여동생(即實 2012⑳), ② “火炎” 또는 “叔炎”의 복수형(大竹昌巳 2014). [出] 奴17.

[火炎伏关] k(h).iu.in.ər [명] ① 누이들(寶玉柱 1990b), ② 그 여동생(即實 2012⑳). [出] 宋11.

[火炎炎] k(h).iu.ui [명](소유격) 손아래 누이의(大竹昌巳 2014). [出] 宗35. [用例] **丙公 火炎炎** [məg.ən k(h).iu.ui] [명](소유격) 이모(姨母)의(愛新覺羅 2004a⑩). [出] 宗35.

[火炎非] k(h).iu.gu [명](인명) ① 休庫(愛新覺羅 2006c), ② 許姑(愛新覺羅외 2012⑩). [出] 清3. [人物] ≪清誌≫ 주인 奪里懶太山(1029~1087, 한풍명: 蕭彦弼)의 선조 諧里낭군의 조부 胡母里北只의 부인인 許姑를 지칭한다(愛新覺羅외 2012⑩).

[火炎非关] k(h).iu.gu.i [명](소유격) 여동생의(即實 2015a). [명](인명・소유격) 許姑의(愛新覺羅외 2012⑩). [出] 回2. [人物] ≪回誌≫ 주인의 8대조모(九代祖母)인 許姑(胡母里北只의 부인)를 지칭한다(愛新覺羅외 2012⑩). ※ ≪清3≫에 등장하는 인물과 동일인이다.

[火炎□] k(h).iu.? [出] 許19. [校勘] 即實은 이 글자를 “火炎刃”라고 기록하고 있다(即實 2012㊫).

[火用平炏关] k(h).il.əl.gə.ər [出] 令10. [校勘] 即實은 이 글자를 “火冊平炏关”이라고 기록하고 있다(即實 2012㊫).

[火用] k(h).iŋ [借詞] “經”, “慶”, “興”, “邢” 등을 나타내는 한어차사(朱志民 1995, 劉鳳翥외 1995, 石金民외 2001). [出] 先/海/博/永/迪/弘/副/智/烈/奴/高/梁/清/尚/回/蒲/畵III.

[火用 丙炎] k(h).iŋ j.ui [명](인명) 慶余(興余)(即實 2012⑲). [出] 尚24. [人物] ≪尚誌≫ 주인 緬隱胡烏里(1130~1175)의 손녀(牟家伊枚의 딸)이다(即實 2012⑲).

[火用 全火] k(h).iŋ s.uŋ [명] “흥종(興宗)”의 한어차사(清格爾泰외 1985). [出] 迪14, 烈8.

[火用 全当] k(h).iŋ s.oŋ [명] “흥종(興宗)”의 한어차사(清格爾泰외 1985). [出] 先3/9/10/61, 智9, 烈10, 副7/9/14.

[火用 全当 主 王] k(h).iŋ s.oŋ huaŋ ti [명] “흥종황제(興宗皇帝)”의 한어차사(劉鳳翥 2014b⑰). [出] 先3/9/10/61.

[火用 全当 主王雨] k(h).iŋ s.oŋ huaŋ.ti.in [명](소유격) 흥종황제(興宗皇帝)의(即實 2012⑤). [出] 智9, 烈10.

[火用 全当火] k(h).iŋ s.oŋ-n [명](소유격) 흥종(興宗)의(劉鳳翥 2014b㊿②). [出] 副7/9/14.

[火用 全当火 叉雨] k(h).iŋ s.oŋ-n m.in [명] 흥종(興宗)의 조(朝)(劉鳳翥 2014b㊿②). [出] 副9.

[火用 全当 主 今关关] k(h).iŋ ts.oŋ huaŋ t.i.i [명] “흥종황제(興宗皇帝)”의 한어차사(即實 2012⑧, 劉鳳翥 2014b㊿②). [出] 弘7.

[火用 全当火] k(h).iŋ ts.oŋ-n [명](소유격) 흥종(興宗)의(即實 2012⑱, 劉鳳翥 2014b㊿②). [出] 梁15.

[火用 九夯] k(h).iŋ g.ə [명](인명) 興哥(即實 2012⑤, 劉鳳翥 2014b㊿②). [出] 智11, 先7. [校勘] 即實, 愛新覺羅 등은 ≪先7≫에서는 이 글자를 “火用 火夯”라고 기록하고 있다(即實 1996⑥, 愛新覺羅 2004a⑫, 劉浦江외 2014). [人物] 耶律仁先(1013~1072, 거란명: 糺鄰査剌)과 耶律智先(1023~1094, 거란명: 烏魯本猪屎)의 맏누이인 興哥부인을 지칭한다(愛新覺羅 2010f).

[火用 火夯] k(h).iŋ k(h).ə [명](인명) ① 興珂(即實 1996⑯), ② 興哥(愛新覺羅 2004a⑫). [出] 先7.

[火用村] k(h).iŋ.ən [出] 迪28, 玦15.

[火用伏] k(h).iŋ.in [명](인명) ① 興寧(劉鳳翥 2002, 唐彩蘭외 2002), ② 興訥(即實 2012⑳). [出] 烈4, 高5.

[火用伏 丙丸九夯] k(h).iŋ.in j.au.g.ə [명](인명) ① 興寧藥哥(愛新覺羅 2009a⑧), ② 興訥・瑤哥(即實 2012⑨/⑫), ③ 興寧・姚哥(劉鳳翥 2014b㊿②). [出] 烈4, 高5/6.

> [人物] ≪烈誌≫의 주인 空寧敵烈(1034~1100, 한풍명: 韓承規)의 증조부의 형이자, ≪高誌≫ 주인 王寧高十(1015~?, 韓元佐)의 조부 福哥(?~986, 韓德昌 사도[司徒])의 형인 興寧藥哥(941~1011, 韓德讓 대승상[大丞相])를 지칭한다(愛新覺羅 2009a⑧).

[火用尖村] k(h).iŋ.d.ən [명](소유격) 여러 경(諸京)의(愛新覺羅 2004a⑤). [出] 迪3. [參考] 即實은 이 글자를 지명(야율씨 선조들이 가장 먼저 이동한 지역)으로 보아 “火冊尖村”으로 기록하고 있다(即實 2012㊫).

[火用安] k(h).iŋ.əŋ [借詞] “慶”을 나타내는 한어차사(蓋之庸외 2008). [出] 副20.

[火用安 朩土火 今文秀炏] k(h).iŋ.əŋ tʃ.əu-n t(d).iæ.æn.ər [명](지명) 경주(慶州)의 전(殿)(劉鳳翥 2014b㊿②). [出] 副20.

[火用炏] k(h).iŋ.ər [出] 仲21/23.

[火冊] k(h).əb [出] 仁19.

[火冊令] k(h).əb.əd [명](지명) 하복득(何卜得)(即實 2012⑯). [出] 道5. [遼史] ≪요사・천조황제2≫에 “호보답강”(護步答岡, 지금의 헤이룽쟝성 우창[五常]시 서쪽에 소재)이란 지역이 나오는데, 即實은 이곳으로 추정하고 있다(即實 2012⑯).

[火冊令村] k(h).əb.əd.ən [명](지명) 화복전(禾卜甸)(即實 2012⑳). [出] 道5.

[仌舟冬村 业禸矢] k(h).əb.d.ən p.dor.tə [명](지명·향위격) 화복전(禾卜甸) 산등성이에(即實 2012⑳). [出] 迪3.

[仌月仍化 东为] k(h).jo.ul.ir.at.a [出] 圖3. [校勘] 이 단어는 본래 3개의 글자(仌月 仍化 东为)이나 휘본 등에는 잘못하여 하나로 합쳐져 있다(即實 2012㊳).

[仌文] k(h).iæ [出] 尚21. [校勘] 이 글자는 초본에 잘못 옮겨진 것으로 "仌文夯"이 올바르다(即實 2012㊳).

[仌文夯] k(h).iæ.æn [借詞] "仙", "顯", "賢" 등을 나타내는 한어차사(劉鳳翥외 1995/2004a, 唐彩蘭외 2002, 袁海波외 2005). [出] 道/先/宗/副/烈/奴/糺/清/尚蓋/尚/韓/玦.

[仌文夯 叉安 几芬] k(h).iæ.æn ʃ.əŋ g.ə [명](인명) 賢聖哥(愛新覺羅 2010f, 即實 2012⑭, 劉鳳翥 2014b52). [出] 清11. [人物] 《清誌》 주인 奪里懶太山(1029~1087, 한풍명: 蕭彥弼) 부부에게는 3남 6녀가 있었는데, 그 중 맏딸인 賢聖哥 낭자를 지칭한다(愛新覺羅 2010f).

[仌文夯 杰叐] k(h).iæ.æn w.u [명](관제) "현무(顯武)"의 한어차사(即實 2012⑳). [出] 尚1.

[仌文夯 杰叐 伞平 几亦] k(h).iæ.æn w.u ts.iaŋ g.iun [명](관제) "현무장군(顯武將軍)"의 한어차사(即實 2012⑲, 劉鳳翥 2014b52). [出] 尚蓋1, 尚1.

[仌文夯 朩土] k(h).iæ.æn tʃ.əu [명](지명) "현주(顯州)"의 한어차사(劉鳳翥 2014b52). [出] 烈21.

[仌文夯 朩土火] k(h).iæ.æn tʃ.əu-n [명](지명·소유격) 현주(顯州)의(劉鳳翥 2014b52). [出] 韓3.

[仌文夯 朩土火 令欠 叉关] k(h).iæ.æn tʃ.əu-n t.ugu ʃ.i [명](관제) ① 현주절도사(顯州節度使)(即實 2012⑬), ② 현주(顯州)의 도사(度使)(劉鳳翥 2014b52). [出] 韓3.

[仌文夯 仍乑 公火] k(h).iæ.æn ta.an n.iu [명](인명) ① 賢丹女(愛新覺羅 2010f), ② 銜丹女(即實 2012①), ③ 仙丹女(劉鳳翥 2014b52). [出] 宗24. [人物] 《宗誌》 주인 朝隱驢糞(991~1053, 한풍명: 耶律宗教)의 맏며느리(장남 崇骨德의 부인)인 賢丹女를 지칭한다(愛新覺羅 2010f).

[仌文夯村] k(h).iæ.æn.ən [出] 玦42.

[仌文夯] k(h).iæ.? [借詞] "賢"을 나타내는 한어차사(Kane 2009). [出] 故25. [校勘] 即實은 이 글자를 "仌文分"이라고 기록하고 있다(即實 2012㊳).

[仌亦] k(h).iun [借詞] "君"을 나타내는 한어차사(愛新覺羅 2003h, 劉鳳翥 2010, 即實 2012⑳). [出] 令8, 宗19.

[仌亦 廿] k(h).iun sï [명] "군자(君子)"의 한어차사(即實 2012⑳, 大竹昌已 2015b). [出] 宗19.

[仌亦村] k(h).iun.ən [명](소유격) 군(軍)의(即實 1990). [出] 令15.

[仌习] k(h).ia [借詞] "家"를 나타내는 한어차사(即實 1996②). [出] 令24, 高10/11.

[仌彴村] k(h).dʒi-n [出] 故13/23. [校勘] ☞ 仌犸村(即 2012㊳).

[仌关] k(h).i [借詞] "期", "祁", "嬉", "易" 등을 나타내는 한어차사(山路廣明 1952, 研究小組 1977b, 豊田五 1991b, 即實 1991b, 愛新覺羅외 2006). [동] 말하다(= 叔关)(格吉樂圖 2017). [出] 許/郎/仲/先/宗/永/副/智/奴/梁/糺/清/尚/特.

[仌关 兆] k(h).i ʂï [명](인명) ① 祁氏(愛新覺羅 2009a⑨ ② 喜時(即實 2012⑱), ③ 齊世(劉鳳翥 2014b52). [出] 梁 [人物] 《梁誌》 주인 石魯隱朮里者(1019~1069, 한풍 蕭知微)의 모친인 연국부인(燕國夫人) 祁氏를 지칭한 (愛新覺羅 2010f).

[仌关雨] k(h).i.in [出] 特32.

[仌关conf 禾业夲犾] k(h).i.is.əl.gə.ər [出] 道17.

[仌关禾穴火] k(h).i.is.u.ui [동] ① 흥하다(黃振華 1985 ② 마시다(羅福成 1934j), ③ 높은 지위에 오르다(飛揚 가볍게 나부끼다(飄然)(即實 1996⑦). [出] 郎4, 先18/36.

[仌关禾穴当] k(h).i.is.u.ən [出] 仲3.

[仌关九] k(h).i.də [出] 回10.

[仌关化] k(h).i.ir [出] 先31.

[仌关令] k(h).i.pu [명] "기복(起復)"의 한어차사(即實 20 ⑲). [出] 尚13. [參考] 기복출사(起復出仕)의 준말이다. 중(喪中)에는 벼슬을 하지 않는 것이 관례이나, 국가의 필요에 의하여 상제의 몸으로 상복을 벗고 벼슬자리에 나오게 하는 것을 말한다.

[仌关伞] k(h).i.fu [명] "기복(起復)"의 한어차사(即實 19 ⑯). [出] 仲27.

[仌关冬□北] k(h).i.d.?.əl [出] 玦28.

[仌关业矢犾] k(h).i.l.tə.ər [出] 先65. [校勘] 이 글자는 휘본 등에 잘못 옮겨진 것이므로 "仌关业夲犾"가 올바르다(即實 2012㊳).

[仌关业舟伏] k(h).i.l.bu.n [出] 宗5.

[仌关安] k(h).i.ŋ [借詞] ①"慶"을 나타내는 한어차사(即實 1986c, 豊田五郎 1991a), ②"興"을 나타내는 한어차사(竇玉柱 1990b). [出] 許53.

[仌关安 叉土叐] k(h).i.ŋ ʃ.əu.u [명](인명) ① 慶壽(即實 1996④), ② 興壽(愛新覺羅 2010f). [出] 許53. [人物] 《許誌》 주인 乙辛隱斡特剌(1035~1104)의 여섯째 아들(두 째부인 南睦散 별서[別胥]의 외아들)인 興壽를 지칭한다(愛新覺羅 2010f).

[仌关用] k(h).i.iŋ [借詞] ①"興"을 나타내는 한어차사(羅福成 1934a/1934b, 厲鼎煃 1958b, 研究小組 1977b), ②"慶"을 나타내는 한어차사(研究小組 1977b). [出] 興/仁/故/宗/副

皇/宋/奴/高/清/尚/韓/玦.

ㄨ关同 飞发 仃叐 九丙水 兆] k(h).i.iŋ ʃ.əŋ tu.u g.ju.uŋ ʂï [명](관제) ① 흥성궁도궁사(興聖宮都宮使)(即實 2012⑫), ② "흥성도궁사(興聖都宮使)"의 한어차사(劉鳳翥 2014b52). [出] 高18.

ㄨ关同 马水 个] k(h).i.iŋ dʒu.uŋ pu [명](지명) "흥중부(興中府)"의 한어차사(即實 2012①, 劉鳳翥 2014b52). [出] 宗16. [校勘] 即實은 마지막 글자를 "仐"라고 기록하고 있다(即實 2012[校]).

ㄨ关同 杰圡尼关] k(h).i.iŋ tʃ.əu.ud.i [명](지명・탈격) 경주(慶州)로부터(即實 1996⑯). [出] 仁13.

ㄨ关同 仐水 主王雨] k(h).i.iŋ s.uŋ huaŋ.ti.in [명](소유격) 흥종황제(興宗皇帝)의(吳英喆 2012a①). [出] 玦16.

ㄨ关同 仐岑] k(h).i.iŋ s.oŋ [명] "흥종(興宗)"의 한어차사(研究小組 1977b). [出] 興2, 仁3/5/16, 韓3, 玦13/16.

ㄨ关同 仐岑 主 王村] k(h).i.iŋ s.oŋ huaŋ ti-n [명](소유격) 흥종황제(興宗皇帝)의(研究小組 1977b). [出] 仁16.

ㄨ关同 伞岑] k(h).i.iŋ ts.oŋ [명] "흥종(興宗)"의 한어차사(劉鳳翥 2014b52). [出] 故8, 宋7, 尚6.

ㄨ关同 九夯] k(h).i.iŋ g.ə [명](인명) 興哥(即實 2012⑭, 愛新覺羅 2013a, 劉鳳翥 2014b52). [出] 清6. [人物] ≪清誌≫의 주인 奪里懶太山(1029~1087, 한풍명: 蕭彦弼)의 모친인 興哥공주를 지칭한다(愛新覺羅 2013a).

ㄨ关火尘夯杰] k(h).i.ud.d.ə.tʃi [명] 유열(愉悅, 유쾌하고 기쁨)(愛新覺羅 2004a⑧). [出] 迪14.

ㄨ关夯] k(h).i.ə [出] 副32, 梁18. [校勘] 이 단어는 본래 2개의 글자(ㄨ关 夯)이나 초본에는 잘못하여 하나로 합쳐져 있다(即實 2012[校]).

ㄨ关尘] k(h).i.t [동] ① 기쁘다(喜)(黃振華 1985a), ② 기뻐하다(欣・懌)(羅福成 1934j, 厲鼎煃 1958b), ③ 경쾌하게 나부끼다(飄飄然), 확 트이다(暢然)(即實 1996⑦). [出] 郎4.

[ㄨ关] k(h).ər [出] 仁15, 先33. [校勘] 이 글자는 휘본 등에 잘못 옮겨진 것이므로 "仐长穴关"≪仁15≫와 "穴关"≪先33≫가 올바르다(即實 2012[校]).

[ㄨ水] k(h).uŋ [借詞] "空", "公" 등을 나타내는 한어차사(劉鳳翥외 1977, 劉鳳翥 2014b52). [出] 宗25, 尚22, 塔II-2. [校勘] 即實은 ≪宗25≫에서는 이 글자를 "ㄨ夯"라고 기록하고 있다(即實 2012[校]).

ㄨ水 杰火] k(h).uŋ tʃ.iu [명] 공주(劉鳳翥 2014b52). [出] 宗25. [校勘] 即實은 이 글자를 "ㄨ夯 杰火"로 파악하여 사람의 이름, 즉 묘주의 아내인 척은부인(惕隱夫人)의 자매중 하나라고 번역하고 있다(即實 2012①).

ㄨ水女] k(h).uŋ.un [명](소유격) 공(空)의(劉浦江외 2014). [出] 先23, 葉2. [用例] 飞圡 廾 ㄨ水女 [ʃ.əu sï k(h).uŋ.un] [명](관제・소유격) 수사공(守司空)의(劉鳳翥 2014b52).

[ㄨ夯] k(h).ə [명](인명) 哥(愛新覺羅 2004a⑫). [出] 興/仁/宗/迪/清.

[ㄨ夯 杰火] k(h).ə tʃ.iu [명](인명) 珂曲(即實 2012①). [出] 宗25. [人物] ≪宗誌≫에 등장하는 珂曲이란 인물을 지칭하는데, 묘주의 아내인 척은부인(惕隱夫人)의 자매이다(即實 2012①).

[ㄨ夯庄叐] k(h).ə.ha.u [出] 興20. [校勘] 이 글자는 휘본 등에 잘못 옮겨진 것이므로 "ㄨ夯庄叉"가 올바르다(即實 2012[校]).

[ㄨ岑会业] k(h).?.gə.l [出] 仲42. [校勘] 이 글자는 초본에 잘못 옮겨진 것으로 탁본에 의거하여 "ㄨ仐会业"이 올바르다(即實 2012[校]).

[ㄨ尘夯] k(h).t.ə [명](인명) 珂辰諾(即實 2012⑲). [出] 副51. [人物] ≪尚誌≫에 등장하는 珂辰諾 사도(司徒)를 지칭하는데, 본 묘지(墓誌)에는 그의 묘가 인근에 있음을 나타내고 있다(即實 2012⑲).

[ㄨ当] k(h).ən [出] 仲12. [校勘] 이 글자는 탁본상의 두 번째 원자 윗부분이 훼손되어 초본에 잘못 옮겨진 것이므로 "穴当"이 올바르다(即實 2012[校]).

[ㄨ平] k(h).ul [出] 仲12/14.

[ㄨ平圡木] k(h).ul.ha.ar [出] 興8, 先57. [校勘] 이 글자는 휘본 등에 잘못 옮겨진 것이므로 "穴平圡木"가 올바르다(即實 2012[校]).

[ㄨ平廾药] k(h).ul.ʊ.dʒi [出] 仁30.

[ㄨ平廾及内] k(h).ul.ʊ.o.on [명](인명) ① 胡盧宛(愛新覺羅 2010f), ② 胡盧琯(即實 2012④). [出] 奴27. [人物] ≪奴誌≫주인 國隱寧奴(1041~1098)의 장녀인 胡盧宛을 지칭한다(即實 2012④).

[ㄨ平廾火] k(h).ul.ʊ.ui [出] 興13/30, 糺13.

[ㄨ平叉] k(h).ul.ir [出] 先14. [校勘] 即實은 이 글자를 "穴平叉"이라고 기록하고 있다(即實 2012[校]).

[ㄨ平叉关] k(h).ul.ir.i [出] 仲16, 迪25.

[ㄨ平化业刃] k(h).ul.ir.əl.ir [出] 興34. [校勘] 이 단어는 본래 2개의 글자(ㄨ平 化业刃)이나 휘본 등에는 잘못하여 하나로 합쳐져 있다(即實 2012[校]).

[ㄨ平舟火] k(h).ul.b.ui [出] 興18. [校勘] 이 글자는 휘본 등에 잘못 옮겨진 것이므로 "ㄨ平廾火"가 올바르다(即實 2012[校]).

[ㄨ平劣丙] k(h).ul.gə.əi [出] 尚17. [校勘] 이 글자는 초본에 잘못 옮겨진 것이므로 "几平劣丙"가 올바르다(即實 2012[校]).

[ㄨ庄] k(h).ʒi [出] 烈11, 梁11, 清18/21, 玦16. [校勘]

이 단어는 초본에 옮기며 잘못 분할되었는데, 각각 뒤 원자들과 합쳐 "**火压丙夂犳**"《烈11》, "**火压丙关**"《梁11》, "**火压丙用北**"《清18/21》, "**火压丙夵**"《玦16》로 하여야 한다(即實 2012㉯).

[**火压丙北**] k(h).ʒi.j.əl [出] 副5/18.

[**火压丙夂犳**] k(h).ʒi.j.u.dʒi [出] 迪16/19/27.

[**火压丙夂犳村**] k(h).ʒi.j.u.dʒi-n [동] 관리하다, 관장하다(即實 2012⑳). [出] 尚14.

[**火压丙伏**] k(h).ʒi.əi.in [동] 관리하다(即實 2012⑳). [出] 博37, 玦25.

[**火压丙쌔夵丙**] k(h).ʒi.əi.l.gə.əi [出] 尚16.

[**火压丙用北**] k(h).ʒi.əi.il.əl [出] 清18/21.

[**火压丙用夵丙**] k(h).ʒi.əi.il.gə.əi [동](사역형) 종사시키다(大竹昌已 2016d). [出] 清16.

[**火压丙关**] k(h).ʒi.əi.i [동] 관리하다, 관장하다(即實 2012⑳). [出] 宗22, 圖2, 清30, 韓16.

[**火压丙夵**] k(h).ʒi.j.ər [出] 玦18/20.

[**火压丙当**] k(h).ʒi.j.ən [出] 迪20, 玦15/17.

[**火压冊叉**] k(h).ʒi.?.ir [出] 先40. [校勘] 이 글자는 휘본 등에 잘못 옮겨진 것이므로 "**火压用叉**"가 올바르다(即實 2012㉯).

[**火压冊九**] k(h).ʒi.?.g [出] 宗1.

[**火压冊九村**] k(h).ʒi.?.g.ən [出] 迪18.

[**火压冊夵北**] k(h).ʒi.?.gə.ər [出] 迪25.

[火□] k(h).? [出] 令17, 許16. [校勘] 이 단어가 《令17》에서는 초본에 옮기며 잘못 분할되었는데, 뒤 원자들과 합쳐 "**火火仂夵丙**"로 하여야 한다(即實 2012㉯).

[**火□丙夯朩**] k(h).?.j.ə.tʃi [出] 先26. [校勘] 即實은 이 글자를 "**火压丙夯朩**"이라고 보정하고 있다(即實 2012㉯).

[**火□圡平**] k(h).?.ha.ai [出] 清4. [校勘] 即實은 이 글자를 "**为㐄圡平**"라고 보정하고 있다(即實 2012㉯).

[**火□仐关**] k(h).?.əs.i [出] 糺11. [校勘] 이 글자는 초본에 잘못 옮겨진 것이므로 "**火火令北**"이 올바르다(即實 2012㉯).

[**火□仌□**] k(h).?.d.? [出] 圖23. [校勘] 이 글자는 휘본 등에 잘못 옮겨진 것이므로 "**又火仌夵**"가 올바르다(即實 2012㉯).

[**火□夵夵**] k(h).?.gə.ər [出] 副33. [校勘] 即實은 이 글자를 "**火仐夵쌔**"이라고 보정하고 있다(即實 2012㉯).

夵 [발음] ər [原字번호] 341

[**夵**] ər [用法] ① 도구격어미를 나타내는 부가성분(研究小組 1977b, 愛新覺羅 2004a⑦), ② 목적격어미를 나타내는 부가성분(即實 1996⑯), ③ 향위격어미를 나타내는 부가성분(愛新覺羅 2004a⑦), ④ 동사의 과거시제 남성형 어미(여성형 어미는 "**当**")(愛新覺羅외 2011), ⑤ "ər"음절을 표시하는 표음자(愛新覺羅 2013b). [出] 仁永19, 慈14.

[**夵丙**] ər.əi [出] 許25. [校勘] 即實은 이 글자를 "□**夵丙**"라고 기록하고 있다(即實 2012㉯).

[**夵朩村**] ər.ar.ən [出] 典17. [校勘] 이 글자는 휘본 등에 잘못 옮겨진 것이므로 "**仌朩村**"가 올바르다(即實 2012㉯).

[**夵关圠犳**] ər.əŋ.ur.dʒi [出] 仁20. [校勘] 이 글자는 휘본 등에 잘못 옮겨진 것("**圠**"와 "**犳**"를 이어 쓴 사례는 없음)이며 "**仌类廾犳**"가 올바른 것으로 추정된다(即實 2012㉯).

[**夵关**] ər.i [出] 令25. [校勘] 이 단어는 초본에 옮기며 잘못 분할되었는데, 앞 원자들과 합쳐 "**汞仐夵关**"로 하여야 한다(即實 2012㉯).

[**夵夵村□**] ər.gə.?.? [出] 尚18. [校勘] 이 글자는 초본에 잘못 옮겨진 것("**夵**"는 글자 첫머리에 오지 않음)이므로 "**仌夵村夵**"가 올바르다(即實 2012㉯).

亩 [발음] səm [原字번호] 342

[**亩仐쌔九**] səm.əs.əl.gə [出] 回15.

[**亩仐关**] səm.əs.i [出] 皇16.

[**亩屮**] səm.bur [出] 先24, 尚13/15. [校勘] 即實은 《先24》에서는 이 글자를 "**肖屮**"이라고 기록하고 있다(即實 2012㉯).

[**亩业村**] səm.p.ən [出] 仲3.

[**亩业伏**] səm.p.in [형] 탁월하다, 우뚝하다(即實 2012⑳). [出] 皇13.

[**亩业伏 芀几**] səm.p.in tʃəu.du [형] 매우 위급하다(即實 2012⑳). [出] 仲3.

[**亩业伏 业**] səm.p.in p [명] 친형제(即實 2012⑳). [出] 皇1.

[**亩付**] səm.bu [부] 매우(即實 2012⑩). [형] 술에 취하다(羅福成 1934j, 研究小組 1977b). [명] 술(愛新覺羅 2003h). [出] 許/郞/先/宗/副/烈/奴/糺.

[**亩付 圠万卅**] səm.bu ur.p.od [명] 정충(精忠, 자기를 돌보지 않는 순수한 충성)(即實 2012⑳). [出] 奴42.

[**亩付 圠쌔圠村**] səm.bu ur.l.ur.ən [명] 정성(即實 2012⑳)

[出] 奴15.

[㐫付 付丙不关] səm.bu b.al.ar.ər [형] 자비가 많은(即實 2012⑳). [出] 奴28.

[㐫付 太卡] səm.bu uŋ.us [형] 매우 높다(即實 2012⑳). [出] 烈12.

[㐫付村 氵乃] səm.b.ən ? [형] 매우 좋다(即實 2012⑳). [出] 道17.

[㐫付叐] səm.bu.r [명] 술(吳英喆 2012a①). [出] 玦37.

[㐫付朩] səm.bu.tʃi [出] 糺25.

[㐫付伏] səm.bu.n [부] 매우(即實 2012⑩). [出] 尚19.

[㐫付伏 业丙不当] səm.bu.n p.al.ar.ən [형] 매우 자비로운(即實 2012⑳). [出] 圖13.

[㐫关] səm.ər [형] 완전하여 결함이 없음(即實 2012⑳). [用法] 주로 첩어로 사용된다(劉浦江외 2014). [出] 許47, 仲47, 尚33.

㐫 [발음] səm [原字번호] 343

[㐫仐仌关] səm.əs.gə.ər [出] 玦26.

[㐫仐仐㐅犳] səm.əs.əl.k(h).dʒi [出] 宣23. [校勘] 이 글자는 초본과 탁본 모두 잘못 되어 있는데("仐" 뒤에 "㐅犳"가 오는 사례는 없음), "㐫仐仐穴犳"가 올바르다(即實 2012校).

[㐫业村] səm.p.ən [出] 仲35/47.

[㐫付] səm.bu [出] 宣24, 奴15/28/36/42.

[㐫付村] səm.bu.ən [出] 道17.

[㐫付伏] səm.bu.n [出] 圖13, 梁13.

[㐫关] səm.ər [出] 弘30, 烈30. [校勘] 이 글자는 휘본 등에 잘못 옮겨진 것으로 탁본에 근거하여 "㐫关"가 올바르다(即實 2012校).

[㐫与] səm.betʃ [出] 弘28. [校勘] 即實은 이 글자를 "㐫豸"이라고 기록하고 있다(即實 2012校).

火 [발음] ud, -d [原字번호] 344

[火] ud / -d [用法] 복수접미사를 표시하는 부가성분이다(高路加 1988a/1988b). [出] 書X.

> [用法] 각종 접미사를 나타내는 부가성분에 대하여는 ≪부록≫에 있는 [거란소자 주요 어휘]를 참조하라.

[火卡] ud.us [出] 興23, 仲25. [校勘] 이 글자는 휘본 등에 잘못 옮겨진 것이므로 ≪宣16/27≫ 등에 의거하여 "太卡"가 올바르다(即實 2012校).

[火叐夳丙] ud.ir.gə.əi [出] 玦12.

[火叐夳关] ud.ir.gə.ər [出] 清16.

[火叐力犳村] ud.ir.na.dʒi-n [出] 先58. [校勘] 即實은 이 글자를 "火叐叒犳村"이라 기록하고 있다(即實 2012校).

[火叐仌丙] ud.ir.gə.əi [出] 許37, 博32.

[火叐仌㐅九] ud.ir.gə.l.gə [出] 許32.

[火乃] ud.am [出] 先56.

[火㐅] ud.əl [出] 智16. [校勘] 이 단어는 초본에 옮기며 잘못 분할되었는데, 앞 뒤 원자들과 합쳐 "叉圡火㐅九矢关"로 하여야 한다(即實 2012校).

[火火刈] ud.un.bur [出] 副43. [校勘] 이 글자는 초본에 잘못 옮겨진 것으로 탁본에 근거하여 "乂火刈"가 올바르다(即實 2012校).

[火用文当矢] ud.il.ie.ən.tə [出] 智23. [校勘] 이 단어는 본래 2개의 글자(火用 文当矢)이나 초본에는 잘못하여 하나로 합쳐져 있다(即實 2012校).

[火用火] ud.il.iu [出] 蒲23.

[火关雨] ud.i.in [出] 奴27. [校勘] 이 글자는 초본에 잘못 옮겨진 것("火"와 "关"를 이어 쓰는 사례는 없음)이므로 "业关雨"이 올바르다(即實 2012校).

[火关雨 丸] ud.i.in au [명] ① 사촌 누이(石金民외 2001, 劉鳳翥 2014b㊾), ② 처제(愛新覺羅 2004a⑩). [出] 奴27. [校勘] ☞ 业关雨 丸(即實 2012校).

[火关] ud.os [出] 先46.

[火关矢] ud.os.tə [出] 特20.

太 [발음] uŋ [原字번호] 345

[太] uŋ [書法] Kane은 "太[uŋ](원자번호 346)"와 "太[uŋ](원자번호 106)"이 이 원자의 이서체라고 주장하고 있다(Kane 2009). [出] 皇2, 書Ⅷ/XIV.

[太卡] uŋ.us [형] 높다(即實 1996①). [명] 색(色)(大竹昌巳 2016d). [出] 興/宣/許/先/宗/副/宋/烈/奴/梁/清/尚/玦/回/特.

[太卡矢] uŋ.us.tə [出] 皇10.

[太卡公] uŋ.us.d [명] "색(色)"의 복수형(大竹昌巳 2016d). [出] 先57.

[太卡关] uŋ.us.ər [出] 特12.

夳 [발음] uei [原字번호] 347

[炎] uei 書法 Kane은 이 원자가 "杏 [oi](원자번호 107)"의 이서체라고 주장하고 있다(Kane 2009).

[炎廾夾] uei.ʊ.ur 出 興8.

[炎叐夬] uei.ir.i 出 奴40. 校勘 이 글자는 초본에 잘못 옮겨진 것으로 탁본에 근거하여 "炎叐夬"가 올바르다(即實 2012校).

	[발음] e [原字번호] 348

[芬] e 대 ① 이것(即實 2012⑳). 명 ① 선(先)(劉鳳翥외 2005b), ② 야(耶)(豊田五郎 1998c). 書法 Kane은 이 원자가 "芬 [e](원자번호 109)"의 이서체라고 주장하고 있다(Kane 2009). 用法1 "芬"의 복수형은 "仐"이다(吳英喆 2013c, 大竹昌巳 2015c). 用法2 ① 형용사형 어미로 사용된다(研究小組 1977b), ② 형동사 현재시제의 복수형 어미로 사용된다(大竹昌巳 2016d). 出 仁/故/先/海/博/永/迪/副/宋/奴/高/清/尚/韓/玦/特/洞. 參考 거란어의 지시대명사는 몽골어와 유사한데, 이와 관련해서는 "ロ"(원자번호 323)를 참조하라(吳英喆 2012a②/2013c).

[芬刃] e.q 형명 같은(同)(即實 2012⑳). 대 이것(?)(吳英喆 2012a/2013c). 出 奴14.

[芬朮] e.tʃi 用法 형동사 과거시제의 복수형 어미로 사용된다(大竹昌巳 2016d). 出 迪32. 校勘 이 단어는 초본에 옮기며 잘못 기록되고 분할되었는데, 앞 원자들과 합쳐 "天利屮芬朮"로 하여야 한다(即實 2012校).

[芬仐] e.sə 出 海6. 校勘 이 단어는 휘본 등에 옮기며 잘못 분할되었는데, 앞 원자들과 합쳐 "仐几芬仐"로 하여야 한다(即實 2012校).

[芬不朿] e.hia.ja 書法 첫 줄에는 하나의 원자(芬)만을 적고 다음 줄에 2개의 원자(不朿)를 기록한다(清格爾泰외 1985). 出 仁30. 校勘 이 단어는 본래 2개의 글자(芬 不朿)이나 초본에는 잘못하여 하나처럼 합쳐져 있다(即實 2012校).

[芬坐] e.t 出 梁12. 校勘 이 단어는 초본에 옮기며 잘못 분할되었는데, 뒤 원자들과 합쳐 "芬坐叐芀"로 하여야 한다(即實 2012校).

[芬坐叐] e.t.ir 出 玦39.

[芬坐伏] e.t.in 出 玦36.

[芬坐夬] e.t.i 出 興3.

[芬坐夬] e.t.ər 出 興28.

	[발음] gə [原字번호] 349

[炎] gə 用法 거란소자에서는 "圡"와 "炎"로 장모음 [a:]와 [ə:]를 표기하는 관습이 있다(吳英喆 2012a②). 書法 長田夏樹는 "炎"와 杏 [gə](원자번호 112)를 동일 문자로 보아, "炎"는 해서체, "杏"는 행서체라고 주장하고 있다(長田夏樹 1951).

[炎万] gə.əi 出 尚15. 用法 "炎万"는 접미사 등의 용도이므로 독립적으로 사용될 수 없다(即實 2012校). 校勘 이 단어는 초본에 옮기며 잘못 분할되었는데, 앞 원자들과 합쳐서 "叔比炎万"로 하여야 한다(即實 2012校).

[炎芮] gə.al 出 許20. 校勘 이 글자는 초본 등에 옮기면서 앞 원자들과 잘못 분리된 것으로 지석에 근거하여 "竻化炎芮"가 올바르다(即實 2012校).

[炎卡] gə.su 出 興33. 校勘 이 글자는 휘본 등에 잘못 옮겨진 것("炎"와 "卡"를 이어 쓰는 사례는 없음)이므로 "火卡"가 올바르다(即實 2012校).

[炎比] gə.əl 出 許24/44. 校勘 即實은 이 글자를 앞 글자와 합쳐 각각 "万屮炎比"《許24》와 "目屮炎比"《許44》라고 기록하고 있다(即實 2012校).

[炎牛] gə.ai 出 許10. 校勘 이 글자가 초본상에는 "炎牛 朮炎"로 되어 있으나 잘못 옮겨진 것("炎牛는 모음조화현상에도 맞지 않음)으로 지석에 근거하여 "公牛朮炎"가 올바르다(即實 2012校).

[炎叐坐芬] gə.u.t.ə 出 仁19. 校勘 이 글자는 휘본 등에 잘못 옮겨진 것("炎"와 "叐"를 이어 쓰는 사례는 없음)으로 "炎叐坐芬"가 올바르다(即實 2012校).

[炎村] gə.ən 명 부(府)(愛新覺羅외 2012①). 出 尚20. 校勘 이 글자는 사용례가 없으므로 아마 "炎村炎"의 오류일 것으로 추정된다(即實 2012校).

[炎村炎] gə.ən.ər 명(목적격) 부(府)를(愛新覺羅외 2012①). 出 許/故/博/迪/慈/烈/玦.

[炎村炎 夬幺业力] gə.ən.ər dʒ.ia.ɲa.ja 동 부(府)를 열었다(愛新覺羅외 2012①). 出 博4.

[炎叐囝屮叐] gə.ir.bə.l.ir 出 許40. 校勘 即實은 이 글자를 앞 원자들과 합쳐 "天化炎叐 囝屮叐"이라고 기록하고 있다(即實 2012校).

[炎叐夬] gə.ir.i 出 副38, 慈22, 梁25, 玦43.

[㐱叉尘关] gə.ir.t.i [出] 副46.
[㐱叉尘夯] gə.ir.t.ə [出] 仁19.
[㐱叉当] gə.ir.ən [出] 典33.
[㐱矢关] gə.d.i [出] 博21, 皇17.
[㐱伞] gə.əs [出] 永34. [校勘] 이 단어는 초본에 옮기며 잘못 분할되었는데, 앞 원자들과 합쳐 "火圧用丙㐱伞"로 하여야 한다(即實 2012[校]).
[㐱仌] gə.o [出] 副32. [校勘] 이 글자는 초본에 잘못 옮겨진 것이므로 "火关"(감탄사의 일종)가 올바르다(即實 2012[校]).
[㐱屮圡为本] gə.l.ha.a.ar [명](인명) 只剌里(愛新覺羅 2009c). [出] 尚25. [人物] ≪尚誌≫의 주인인 緬隱胡烏里(1130~1175)의 장손자(烏里只夷末里의 아들)이다(愛新覺羅 2009c). [校勘] 이 글자는 초본에 옮기며 잘못 분할되었는데, 앞 원자들과 합쳐 "公及关㐱屮圡为本"로 하여야 한다(即實 2012[校]).
[㐱屮九] gə.l.gə [出] 迪32. [校勘] 이 글자는 초본에 옮기며 잘못 분할되었는데, 앞 원자들과 합쳐 "圡灾㐱屮九"로 하여야 한다(即實 2012[校]).
[㐱丹伏] gə.bu.n [명](인명) ① 格本(愛新覺羅 2006b), ② 可本(即實 2012④). [出] 奴26. [人物] ≪奴誌≫ 주인 國隱寧奴(1041~1098)의 장남 남면승지(南面承旨) 國隱(1071~?, 한풍명: 耶律珪)의 아내인 格本을 지칭한다(即實 2012④).
[㐱关禾] gə.i.is [出] 許54. [校勘] 이 글자는 초본에 잘못 옮겨진 것으로 지석에 근거하여 "朩关禾"가 올바르다(即實 2012[校]).
[㐱火] gə.ər [出] 典16, 許48, 迪16, 慈26. [校勘] ①≪典16≫에서는 이 글자가 휘본 등에 잘못 옮겨진 것으로 "㐱火"가 올바르다(即實 2012[校]), ②≪許48≫에서 이 단어는 초본에 옮기며 잘못 분할되었는데, 지석에 근거하여 각각 앞 원자들과 합쳐 "伞雨㐱屮㐱火"로 하여야 한다(即實 2012[校]), ③≪迪16≫에서 이 단어는 초본에 옮기며 잘못 분할되었는데, 앞 원자들과 합쳐 "圡平㐱火"로 하여야 한다(即實 2012[校]).

𘬁 [발음] d [原字번호] 350

[𘬁] d [書法] Kane은 이 원자가 "本 [kon](원자번호 110)"과 "㐱 [d](원자번호 254)"의 이서체라 주장하고 있다(Kane 2009).
[𘬁夂犳] d.u.dʒi [出] 先60. [校勘] 即實은 이 글자를 "火夂犳"라고 기록하고 있다(即實 2012[校]).
[𘬁夂犳] d.u.dʒi [出] 宗8.
[𘬁屮] d.bur [出] 慈25, 回24.
[𘬁丹叉] d.əbu.r [出] 弘30.
[𘬁丹伏] d.əbu.n [명](인명) 苓本(即實 2012④). [出] 奴26. [校勘] 即實은 이 글자가 초본에 "㐱丹伏"으로 잘못 기록되어 있는데, "𘬁丹伏"가 정당하다고 주장하고 있다(即實 2012⑬). [人物] ≪耶律奴墓誌≫ 주인 國隱寧奴(1041~1098)의 장남 남면승지(南面承旨) 國隱(1071~?, 한풍명: 耶律珪)의 아내인 苓本을 지칭한다(即實 2012④).

㕓 [발음] i, ɣi [原字번호] 352

[㕓] ɣi [書法] Kane은 이 원자가 "夲 [i](원자번호 114)"의 이서체라고 주장하고 있다(Kane 2009). [用例] 去夂九㕓 火关 [w.u g.i ui.i] [명](관제) "무기위(武騎尉)"의 한어차사(清格爾泰외 1985).
[㕓化尘] ɣi.ri.? [出] 道7.

㕕 [발음] ï [原字번호] 353

[㕕] ï [用法] 모음이 [ï]로 끝나는 한어차사(예: 紫, 子, 使 등)에 사용된다(Kane 2009). [書法] Kane은 이 원자가 "㕕 [ï](원자번호 113)"의 이서체라고 주장하고 있다(Kane 2009). [用例] ① 伞㕕 [ts.ï] 子, 紫(研究小組 1977b, 劉鳳翥외 1977, 蘇赫 1979). ② 兆㕕 [ʂï.ï] 使, 事, 侍(研究小組 1977b).

𘭓 [발음] dʒ, odʒ, os, s- [原字번호] 354

[𘭓] dʒ / odʒ / os / s- [用法] 복수형 어미를 표시하는 부가성분이다(愛新覺羅 2004a⑦). [書法] Kane은 이 원자를 "玄 [dʒ, dʒi](원자번호 104)"의 이서체라고 기술하고 있으나(Kane 2009), 愛新覺羅는 이를 부정하고 있다(愛新覺羅 2012).
[𘭓禾] dʒ(s).is [出] 糺28.
[𘭓圡本] dʒ(s).ha.ar [出] 迪39. [校勘] 이 단어는 초본에 옮기며 잘못 분할되었는데, 앞 원자들과 합쳐 "又及𘭓圡本"로 하여야 한다(即實 2012[校]).
[𘭓圡为本] dʒ(s).ha.a.ar [出] 梁21. [校勘] 이 단어는 초본에 옮기며 잘못 분할(又及 𘭓生为本)되었는데, 앞 원자들과 합쳐 "又及𘭓圡为本"로 하여야 한

다(即實 2012[校]).

[关可] dʒ(s).bai [出] 典17. [校勘] 即實은 이 글자를 "**米可**"라고 기록하고 있다(即實 2012[校]).

[**关亥犭朩**] dʒ(s).u.dʒi-n [出] 仁25.

[**关叉**] dʒ(s).ir [出] 許40.

[关为] dʒ(s).a [명](인명) ① 夏(劉鳳書 2002), ② 扎(劉鳳書외 2005b), ③ 散(愛新覺羅 2006a). [出] 高3. [校勘] 이 글자가 초본에는 "**又及 关为**"로 분할되어 있는데, 거란 이름은 한 글자로 나타내어야 하므로 "**又及关为**"(茉爾薩)가 정당하다고 주장하고 있다(即實 2012⑫).

[**关为女**] dʒ(s).a.adʒu [出] 先45/46.

[关全北] dʒ(s).əs.əl [동] 배반하다(叛)(?)(即實 2012⑳). [出] 梁7.

[**关爷亥犭朩**] dʒ(s).d.u.dʒi-n [出] 特14.

[**关爷亥犭**] dʒ(s).d.u.dʒi [出] 奴44.

[关ヤ击卡] dʒ(s).əl.ha.ai [出] 先26. [校勘] 即實은 이 글자를 앞 원자들과 합쳐 "**朩及关ヤ击卡**"이라고 기록하고 있다(即實 2012[校]).

[**关ヤ朩**] dʒ(s).əl.tʃi [出] 梁10. [校勘] 이 글자는 초본에 잘못 옮겨졌으므로 "**关为朩**"가 올바르다(即實 2012[校]).

[关火亥长] dʒ(s).ui.u.us [出] 永20. [校勘] 이 글자는 휘본 등에 잘못 옮겨진 것으로 탁본에 근거하여 "**丸火 去长**"가 올바르다(即實 2012[校]).

[关火] dʒ(s).iu [出] 先69, 清6. [校勘] 이 글자는 초본에 잘못 옮겨졌으므로 "**关火**"≪先69≫와 "**亥火**"≪清6≫가 올바르다(即實 2012[校]).

[关由为出] dʒ(s).har.a.an [出] 許52. [校勘] 초본에서는 인명(인명)으로 보아 "**公行 关由为出**"으로 분할하였으나, 지석에 근거하여 "**公行关击为出**"이 올바르다(即實 2012[校]).

[**关关**] dʒ(s).i [出] 道11, 先39/52.

[关岑] dʒ(s).iau [借詞] "昭"를 나타내는 한어차사(劉鳳書외 1995). [出] 博23. [校勘] 이 글자는 초본에 잘못 옮겨진 것("**关**"는 거란어에 사용되고 한어차사에는 "**亥**"를 사용함)이므로 "**亥岑**"가 올바르다(即實 2012[校]). [用例] **亥岑 赤亥** [dʒ.iau w.u] [명](관제) 소무(昭武)(即實 2012[校]).

[**关□**] dʒ(s).? [出] 回13.

米	[발음] ordu [原字번호] 355

[米] ordu [用法] "알로타(斡魯朶)"를 나타내는 표의자(表意字)이다(愛新覺羅 2004a⑨). [出] 許11, 韓24.

[米北] ordu.əl [出] 許22. [校勘] 이 글자는 초본에 잘못 분할되어 옮겨진 것으로 지석에 근거하여 "**对ㅁ 秃廾长北**"이 올바르다(即實 2012[校]).

[米廾] ordu.ʊ [出] 烈10, 蒲11.

[**米廾化**] ordu.ʊ.du [出] 玦14.

[**米廾及北**] ordu.ʊ.o.ur [명](인명) ① 斡篤宛(愛新覺羅 2004⑫), ② 窩篤斡(愛新覺羅 2010f), ③ 斡托哥(即實 2012⑨). [出] 烈12/17, 特6/7. [用例] **关 米廾及北** [mos ordu.ʊ.o.ur] [명] 중희(重熙)(吳英喆 2012a③). [出] 烈12, 特6/7. [人物] ≪烈誌≫ 주인 空寧敵烈(1034~1100, 한풍명: 韓承規)의 손자(넷째아들 烏魯姑의 제4남)인 窩篤斡을 지칭한다(愛新覺羅 2010f).

[**米廾及内**] ordu.ʊ.o.on [명] 번식하여 불어남(斡篤盌孳息)(愛新覺羅 2004j). [出] 永33, 迪26/41, 烈13, 清18/30. [校勘] 이 글자는 묘지(墓誌)를 지은 자(撰者)가 음운과 철자규칙에 어두워 잘못 기록한 것이므로 "**仐分廾及内**"이 올바르다(即實 2012[校]). [用例] **又 米廾及内** [mos ordu.ʊ.o.on] [명] 대안(大安)(盧迎紅외 2000).

[**米廾化**] ordu.ʊ.ur [出] 烈20. [校勘] 이 글자는 "**米亥化**"가 정당하다(大竹昌巳 2016e).

[米亥] ordu.u [명] 알로타(斡魯朶), 행궁(行宮)(王弘力 1987, 即實 1996③). [同源語] "ordu"를 의미하는 고대투르크어의 [ordu], 서면몽골어 및 중기몽골어의 [ordo], 현대몽골어의 [ɔrd], 사하어의 [ordū] 등과 동일한 어원이다(大竹昌巳 2013a/2015c). [出] 仁11, 仲10/13/16.

[**米亥化**] ordu.u.ud [명] 알로타(斡魯朶), 행궁(行宮)(王弘力 1990). [명](향위격) 알로타(斡魯朶)에, 궁(宮)에(即實 1996⑯). [出] 典2, 迪24.

[**米亥化关**] ordu.u.ud [명] "행궁(行宮)"의 간칭(即實 1996⑯). [명](향위격) 알로타(斡魯朶)에(即實 1996⑯). [出] 典2, 迪24.

[**米亥化**] ordu.u.ur [명] ① 알로타(斡魯朶)(愛新覺羅 2002), ② "궁(宮)" 또는 "알로타(斡魯朶)"의 복수형(即實 2012⑨, 大竹昌巳 2015c/2016e). [出] 宗12, 迪21.

[**米亥化为 业为 九夯**] ordu.u.ur.a p.a g.ə [명](인명) 烏圖拉·八哥(劉鳳書 2014b㊷). [出] 慈12. [校勘] 초본에는 "**米亥化为**"으로 옮겨져 있으나 실제 그러한 예는 없으므로 "**米亥化朩**"이 올바르다(即實 2012⑮[校]).

[**米亥化朩**] ordu.u.ur.ən [명] 궁분인(宮分人, 직역하면 "알로타의"라는 의미이나, 실제의 의미는 "궁분인"이다)(即實 2012⑮). [出] 慈12.

[米叐化㚇] ordu.u.ur.ər [명] 궁(宮)(即實 1996⑯). [명](소유격) 斡魯朵의(即實 1996⑯). [出] 令4.

[米叐火] ordu.u.un [명](소유격) 알로타(斡魯朵)의, 궁(宮)의(即實 1996⑯). [명](목적격) 알로타(斡魯朵)를(大竹昌巳 2016e). [出] 令17.

[米丆] ordu.on [出] 許58. [校勘] 이 글자는 초본에 잘못 옮겨진 것으로 지석에 근거하여 "**非丆**"이 올바르다(即實 2012㉘).

[米为木] ordu.a.ar [出] 道24. [校勘] 即實은 이 글자를 "**市为木**"라고 기록하고 있다(即實 2012㉘).

[米仐] ordu.ʊr [명] ① 행궁(行宮)(豊田五郎 1991b/1998c, 即實 1991b), ② 알로타(斡魯朵), 궁(宮)(即實 1996⑯). [出] 先27/29/31.

[米仐兂] ordu.ʊr.du [出] 玦22.

[米仐兂关] ordu.ʊr.du.i [명] ① 행궁(行宮)(豊田五郎 1991b), ② 알로타(斡魯朵)(愛新覺羅 2003h). [出] 先33.

[米仐为击木] ordu.ʊr.a.ha.ar [出] 特9.

[米仐化] ordu.ʊr.ur [명] ① 행궁(行宮)(豊田五郎 1991b/2001, 即實 1991b/1996⑯), ② 알로타(斡魯朵)(即實 1996⑯, 愛新覺羅 2004j). [出] 先15.

[米仐化 玊仐] ordu.ʊr..ur qur.u [명](관제) 행궁도부서(行宮都副署)(即實 1996⑯). [出] 先15.

[米仐化村] ordu.ʊr.ur.ən [명] 궁분인(宮分人)(即實 2012⑳). [명](소유격) 알로타(斡魯朵)의(愛新覺羅 2003f). [出] 先8, 智12.

[米分廾及内] ordu.ud.ʊ.o.on [出] 特16.

[米仌犳] ordu.o.dʒi [出] 迪38.

[米仌及内] ordu.o.o.on [명] 번식하여 불어남(斡篤盌, 孳息)(愛新覺羅 2004a⑥). [出] 迪7. [用例] **又 米仌及内** [mos ordu.o.o.on] [명] 대안(大安)(即實 2012③).

[米쌔击丰] ordu.l.ha.ai [出] 迪19/37. [校勘] 即實은 "**米**"를 "**仐分**"로 고쳐야 한다고 주장한다(即實 2012㉘).

[米쌔击木] ordu.l.ha.ar [出] 迪14, 烈19, 清15. [用例] **父 米쌔击木** [au ordu.l.ha.ar] [명] 중희(重熙)(盧迎紅외 2000). [校勘] ☞ **仐分쌔击木**(即實 2012㉘).

[米쌔击为木] ordu.l.ha.a.ar [出] 慈10. [用例] **父 米쌔击为木** [au ordu.l.ha.a.ar] [명] 중희(重熙)(劉鳳翥외 2006a). [校勘] ☞ **仐分쌔击为木**(即實 2012㉘).

[米쌔击为出] ordu.l.ha.a.an [명](인명) ① 烏特賴(劉鳳翥외 2004a), ② 斡特懶(愛新覺羅 2004a⑪), ③ 烏特懶(愛新覺羅 2010f), ④ 斡特拉初(即實 2012⑨), ⑤ 烏獨賴(劉鳳翥 2014b㊾). [出] 烈17/19. [校勘] ☞ **仐分쌔击为出**(即實 2012㉘).

[人物] 《烈誌》 주인 空寧敵烈(1034~1100, 한풍명: 韓承規)의 셋째 아들인 烏魯姑의 부인 烏特懶낭자를 지칭하는데, 烏魯姑의 누이 이름도 烏特懶낭자이다(愛新覺羅 2009a⑧/2010f).

[米쌔击出] ordu.l.ha.an [出] 清14. [校勘] ☞ **仐分쌔击出**(即實 2012㉘).

[米쌔火□] ordu.l.k(h).? [出] 智24. [校勘] ☞ **仐分쌔穴犳**(即實 2012㉘).

[米쌔㚇㚇] ordu.l.gə.ər [出] 蒲21.

尘 [발음] d, t [原字번호] 356

[尘] d / t [用法] ① 형용사형 어미를 표시하는 부가성분이자(研究小組 1977b), ② 복수형 어미를 표시하는 부가성분이다(高路加 1988a, 愛新覺羅 2004a⑦). [出] 仁/令/故/仲/皇/智/奴.

[尘击夫叐犳] t(d).ha.ali.u.dʒi [出] 博12. [校勘] 이 글자는 휘본 등에 잘못 옮겨진 것으로 탁본에 근거하여 "**尘击夫叐犳**"가 올바르다(即實 2012㉘).

[尘交穴比] t(d).ha.u.əl [出] 道31. [校勘] 即實은 이 글자를 "**尘交穴比**"이라고 기록하고 있다(即實 2012㉘).

[尘叐] t(d).u [出] 韓27. [校勘] 即實은 초본과 달리 이 글자를 "**尘叉**"이라고 추정하고 있다(即實 2012㉘).

[尘叐兂] t(d).u.ud [出] 迪37. [校勘] 이 단어는 초본에 옮기며 잘못 분할되었는데, 앞 원자들과 합쳐 "**火交尘叐兂**"로 하여야 한다(即實 2012㉘).

[尘刃关] t(d).ir.i [出] 回13.

[尘村] t(d).ən [出] 智16, 尚10.

[尘커] t(d).aqa [出] 烈18. [校勘] 이 글자는 초본에 잘못 옮겨진 것이므로 "**乎커**"가 올바르다(即實 2012㉘).

[尘丆] t(d).on [出] 許22. [校勘] 이 글자는 초본에 잘못 옮겨진 것으로 지석에 근거해 "**主丆**"이 올바르다(即實 2012㉘).

[尘子] t(d).os [出] 先51. [校勘] 即實은 이 글자를 "**穴子**"이라고 기록하고 있다(即實 2012㉘).

[尘朩] t(d).tʃi [出] 故8, 仲3/18/34/45. [用例] 《蕭仲恭墓誌》에서는 모두 첩어로 사용되었다(劉浦江외 2014).

[尘乃] t(d).am [出] 先50.

[尘为生] t(d).a.abu [出] 令13, 先58/68, 清15/28, 玦38.

[尘为生乑比] t(d).a.abu.d.əl [出] 副23, 玦23.

[尘为生乑叐犳] t(d).a.abu.d.u.dʒi [出] 弘26.

[尘为生公反豹村] t(d).a.abu.d.u.dʒi-n [出] 博10.

[尘为生公伏] t(d).a.abu.d.in [出] 迪3

[尘为生公平击本] t(d).a.abu.d.əl.ha.ar [出] 室5.

[尘为生公平廾豹] t(d).a.abu.d.əl.ʊ.dʒi [出] 蒲18.

[尘为生公当] t(d).a.abu.d.ən [동] 의논하다(即實 2012⑳). [出] 副22, 奴17.

[尘为生公穴豹] t(d).a.abu.d.u.dʒi [出] 烈26.

[尘为生仌关] t(d).a.ab.ol.i [出] 先12.

[尘为生公] t(d).a.ab.ər [出] 尚9. [校勘] 이 글자는 초본에 잘못 옮겨진 것이므로 "尘为生公"가 올바르다(即實 2012[校]).

[尘为伏] t(d).a.in [出] 先5.

[尘生] t(d).abu [出] 先26. [校勘] 即實은 이 글자를 "业生"이라고 기록하고 있다(即實 2012[校]).

[尘矢关] t(d).d.i [出] 許30.

[尘尔] t(d).au [出] 韓18. [校勘] 이 글자는 초본에 잘못 옮겨진 것으로 《道29》 등에 근거하여 "主村"가 올바르다(即實 2012[校]).

[尘公] t(d).d [出] 博16.

[尘刈当] t(d).bur.ən [出] 迪23.

[尘丹九] t(d).bu.gə [出] 迪21.

[尘丹] t(d).tum [出] 先54. [校勘] 이 글자는 초본에 잘못 옮겨진 것으로, 뒤 원자와 합쳐 "王丹山"가 올바르다(即實 2012[校]).

[尘关] t(d).i [出] 仲8.

[尘夯] t(d).ə [出] 清22. [校勘] 이 글자는 초본에 잘못 옮겨진 것이므로 "土夯"가 올바르다(即實 2012[校]).

岀 [발음] oŋ [原字번호] 357

[岀交] oŋ.ur [出] 許49.

[岀及] oŋ.u [出] 洞I-1.

[岀关戈交] oŋ.i.ʒ.ur [出] 尚17. [校勘] 이 단어는 본래 2개의 글자(公关 戈交)이나 초본에는 잘못하여 하나로 합쳐져 있다(即實 2012[校]).

[岀□□□] oŋ.?.?.? [出] 先4. [校勘] 即實은 이 글자를 "业及子击本"(~에 제수하다)이라고 보정하고 있다(即實 2012[校]).

半 [발음] mu [原字번호] 358

[半] mu [借詞] ①"睦", "穆" 등을 나타내는 한어차 (石金民외 2001, 郭添剛외 2009), ②"毛"를 나타내는 한 차사(愛新覺羅 2004b⑦). [出] 宋/奴/圖/梁/尚.

[半 兆] mu ʂï [명] "모시(毛詩)"의 한어차사(即實 2012 愛新覺羅 2017a). [出] 宗19. [参考] "모시"는 "시경(詩經)을 달리 이르는 말이다.

[半 九才 关ㄨ公] mu g.ia i.im.ər [명](인명) ①毛家末里(愛新覺羅 2010f), ②牟家伊牧(即實 2012⑳). [出] 尚2 [人物] 《尚誌》 주인 緬隱胡烏里(1130~1175)의 차남 毛家夷末里 지후(祗候)를 지칭한다(愛新覺羅 2010f).

[半 ㄅ] mu dʒï [명] "묘지(墓誌)"의 한어차사(即實 20 ⑥). [出] 圖18.

[半交] mu.ur [出] 博27. [校勘] 이 단어는 초본에 기며 잘못 분할되었는데, 뒤 원자들과 합쳐 "半交 火"로 하여야 한다(即實 2012[校]).

[半交及火] mu.ur.u.ui [出] 玦18.

[半交穴公] mu.ur.u.ər [出] 副22.

[半及] mu.u [借詞] "沐", "睦" 등을 나타내는 한 차사(愛新覺羅 2004b⑧/2006a). [出] 博41.

[半豹] mu.dʒi [出] 興28, 先41/45.

[半豹中] mu.dʒi.ai [出] 先34. [校勘] 即實은 이 글자 "尘习中"라고 기록하고 있다(即實 2012[校]).

[半豹矢] mu.dʒi.tə [出] 副23, 玦15.

[半豹平九] mu.dʒi.l.gə [出] 慈14.

[半豹平公叉] mu.dʒi.l.gə.ir [出] 玦11.

[半豹关] mu.dʒi.i [동] 펴다(暢)(即實 2012⑳). [出] 慈1 回11.

[半乃叉] mu.mur.ir [出] 仲37. [校勘] 이 글자는 본에 잘못 옮겨진 것으로 탁본에 근거하여 "半 叉"가 올바르다(即實 2012[校]).

[半为与] mu.a.en [出] 先21. [校勘] 이 글자는 초 에 잘못 옮겨진 것("半"와 "为"를 이어 쓰는 사례 없음)이므로 "尘为与"이 올바르다(即實 2012[校]).

[半伏] mu-n [出] 蒲1.

羔 [발음] poŋ [原字번호] 360

[羔] poŋ [書法] 吉如何 등은 이 원자가 개별 원자가 아니고 "业"(원자번호 295)와 "杰"(원자번호 71)라는 원자가 세로로 붙은 합성어라고 주장하고 있다(吉 何외 2009). [出] 故5, 郎5. [用例] 朩乞 戈火 友 羔 平

子太 [tʃ.aŋ ʃ.iu dʒi phaŋ l.aŋ dʒi.uŋ] [명](관제) "상서직방낭중(尚書職方郎中)"의 한어차사(清格爾泰외 1978a/1985, Kane 2009, 吉池孝一 2014).

[烝 尖火 北] poŋ əŋ.iu ʂï [명](관제) "방어사(防禦使)"의 한어차사(清格爾泰외 1985). [出] 宗10. [校勘] 即實은 이 어휘를 "业烝 尖火 北"이라고 기록하고 있다(即實 2012㊑).

> [遼史] 防禦使(방어사)는 관할구의 군사적 방어 임무를 맡는다. 요대에는 방어주의 장관으로 단련사(團練使) 아래 자사(刺史)의 위이다. 방어부사, 방어판관을 두었다(金渭顯외 2012㊤).

⺌ [발음] ən [原字번호] 361

[⺌] ən [用法] ① 형동사 및 동명사형 어미를 나타내는 부가성분(研究小組 1977b, 愛新覺羅 2003a), ② 소유격 어미를 나타내는 부가성분(劉浦江 2005), ③ 동사 어미를 나타내는 부가성분(吳英喆 2007b), ④ 남자의 "字"의 어미로 사용(愛新覺羅 2004a⑪), ⑤ "ən"음절을 나타내는 표음자(愛新覺羅 2012), ⑥ 동사의 과거형 여성어미(남성어미는 "公")를 나타내는 부가성분으로, 동일한 문법적 기능을 가진 표음자는 出 [-an], 内 [-on], 伏 [-in]이 있다(清格爾泰 1992, 愛新覺羅외 2011). [書法] Kane은 이 원자가 "与 [en](원자번호 100)"의 이서체라고 주장하고 있다(Kane 2009).

> [參考1] ☞ "남자 자(字)의 어미 발음의 표현형식"에 대하여는 "伏"(원자번호 222)을 참조하라.

> [參考2] [-n]의 어미를 가지는 동사의 어간은 형동사 겸 동명사의 어법 의미를 표시한다. 알타이어계 언어 중 [n]으로 끝나는 동사형식은 동사 또는 일정범위에서 완성의 의미를 나타내는 형용사에서 유래한 것이며, 한국어에서 [-n]으로 끝나는 행위동사의 어간은 바로 과거시제 동사의 어법 의미를 표시한다(愛新覺羅 2004a⑧).

[⺌雨] ən.in [出] 興17. [校勘] 이 글자는 휘본 등에 잘못 옮겨진 것("⺌"은 글자의 첫머리에는 오지 않음)이므로 "⺌雨"이 올바르다(即實 2012㊑).

[⺌丙北] ən.j.ur [出] 尚18. [校勘] 이 글자는 초본에 잘못 옮겨진 것으로 "岗丙北"가 올바르다(即實 2012㊑).

[⺌北] ən.əl [出] 韓34. [校勘] 이 글자는 초본에 잘못 옮겨진 것으로 "⺌北"이 올바르다(即實 2012㊑).

[⺌不] ən.on [出] 仁13. [校勘] 이 글자는 초본에 잘못 옮겨진 것인데, 한어 "추도(莪塗)"를 음사(音寫)한 것이므로 "⺌"를 사용할 수 없으며 "尚不"가 올바르다(即實 2012㊑).

[⺌丸火] ən.au.ui [出] 尚18. [校勘] 이 글자는 초본에 잘못 옮겨진 것이므로 "丙丸火"가 올바르다(即實 2012㊑).

[⺌伏] ən.in [出] 奴46. [校勘] 이 글자는 초본에 잘못 옮겨진 것이므로 "⺌伏"가 올바르다(即實 2012㊑).

[⺌用公丙] ən.il.gə.əi [出] 副19. [校勘] 이 글자는 초본에 잘못 옮겨진 것이므로 "⺌冊公丙"가 올바르다(即實 2012㊑).

[⺌关] ən.i [出] 仁23, 先38. [校勘] 이 글자는 휘본 등에 잘못 옮겨진 것이므로 각각 "公关"≪仁23≫와 "矢关"≪先38≫가 올바르다(即實 2012㊑).

[⺌公] ən.ər [出] 興11. [校勘] 이 단어는 휘본 등에 옮기며 잘못 분할되었는데, 앞 원자와 합쳐 "朩刁⺌公"로 하여야 한다(即實 2012㊑).

[⺌□] ən. [出] 海9.

岁 [발음] iau [原字번호] 362

[岁] iau [用法] [-iau]를 포함하는 한어차사(예: 驃, 廟, 小, 少, 略 등)에 사용된다(Kane 2009). [書法] Kane은 이 원자가 "号 [jau](원자번호 125)"의 이서체라 주장하고 있다(Kane 2009). [用例] ① 舟岁 [b.iau] 驃(研究小組 1977b). ② 叉岁 [m.iau] 廟(研究小組 1977b). ③ 仐岁 [s.iau] 小(研究小組 1977b, 劉鳳翥외 1977/ 1981a). ④ 爻岁又 [ʃ.iau.u] 少(研究小組 1977b). ⑤ 火岁又 [l.iau.u] 略(研究小組 1977b).

[岁夷与] iau.ul.en [出] 博17.

[岁刁乍] iau.ja.ar [出] 圖12.

[岁刁乍关] iau.ja.ar.i [出] 宗18.

巿 [발음] dʒil [原字번호] 363

[巿立夫公] dʒil.ha.ali.ər [出] 室3. [校勘] 即實은 이 글자를 "巿立夫火"라고 기록하고 있다(即實 2012㊑).

[巿又药公] dʒil.u.dʒi.d [出] 先28.

[巿叉] dʒil.ir [出] 仁25, 博18.

[巿为] dʒil.a [出] 許22.

[巿为买] dʒil.a.an [出] 先12.

[币为丈] dʒil.a.sair [出] 仁10/16/17/23, 道29, 仲33. [校勘] 이 글자는 휘본 등에 잘못 옮겨진 것("丈"는 글자 끝에 오지 않음)이므로 "币为丈"가 올바르다(即實 2012⑱).

[币为亦] dʒil.a.ad [出] 玦28.

[币为本] dʒil.a.ar [동] 사신으로 가다(出使)(蓋之庸외 2008, 劉鳳翥외 2008a). [명] ① 정단(正旦)(愛新覺羅 2004a⑦), ② "사신(使臣)"의 남성형(大竹昌巳 2016d). [명](인명) ① 只剌(愛新覺羅외 2006, 劉鳳翥 2014b52), ② 札里(即實 2012⑱). [出] 仲/先/永/副/奴/室/圖/梁/糺/玦/特/蒲. [人物] 《梁誌》 주인 石魯隱朮里者(1019~1069, 한풍명: 蕭知微)는 7형제 중 셋째인데, 둘째 형인 只剌장군을 지칭한다(愛新覺羅외 2006).

[币为本 买] dʒil.a.ar niar [명] 객을 초청한 날(即實 2012⑳). [出] 仲8.

[币为本 为丈] dʒil.a.ar a.adʒu [동] 사신으로 가다(出使)(即實 2012⑳). [出] 副19.

[币为出] dʒil.a.an [出] 博20, 烈12.

[币为出村] dʒil.a.an.ən [出] 玦35.

[币为出关] dʒil.a.an.tə [出] 圖12.

[币公舟伏] dʒil.də.bu.n [出] 道26, 尚9.

[币火] dʒil.ui [出] 海10. [校勘] 이 단어는 휘본 등에 잘못 옮겨지고 분할되었는데, 뒤 원자들과 합쳐 "币 小列买"로 하여야 한다(即實 2012⑱).

山

[발음] xum (即實)
[原字번호] 364

[山] xum [書法] 이 원자는 다른 원자와 붙여쓸 때 가로가 아닌 세로로 연결된다(劉浦江외 2014). [校勘] 이 원자가 "小"(원자번호 294)와 병용형식이 같고, 합성자로서 출현하는 위치(즉 가로가 아닌 세로 연결)도 같아 서로 동일한 자이므로 "山"를 원자표에서 삭제하여야 한다고 주장하는 학자도 있다(吉如何외 2009). [出] 永4, 回18/21.

[山圡本] xum.ha.ar [出] 令19, 涿16. [校勘] 即實은 이 글자를 "小圡本"라고 기록하고 있다(即實 2012⑱).

[山村] xum.ən [出] 回26.

[山玊□及] xum.ba.?.u [出] 智8. [校勘] 이 단어는 본래 2개의 글자(小 玊丹及)이나 초본에는 잘못하여 하나로 합쳐져 있다(即實 2012⑱).

[山公] xum.ər [出] 回16.

买

[발음] kita
[原字번호] 365

[买及] kita.ir [명] ① 거란(契丹)(劉鳳翥 1983a, 王弘力 1986/1987), ② "거란(契丹)"의 남성형(愛新覺羅외 2011). [出] 宣11, 許35, 先55, 博7/8/12.

> [用例] "거란", "요" 등 국호의 거란소자 표현에 대하여는 《부록》에 있는 [거란소자 주요 어휘]를 참조하라.

[买及关] kita.ir-i [조] ~의(即實 1996⑯). [명] 거란(契丹)(劉鳳翥 1983a/1984a/1984c, 盧迎紅외 2000), [명](소유격) 거란(契丹)의(王弘力 1986/1987, 愛新覺羅외 2011). [出] 道蓋/仲/先/博/慈/梁/尚/玦.

[买及关 又及 屮公] kita.ir-i m.o dor.ər [명](도구격) ① 대례(大禮)로(即實 2012⑱), ② 거란대례(契丹大禮)로(劉鳳翥 2014b52). [出] 梁17. [参考] 即實은 여기서 "买及关"를 접두사나 관사 정도로 파악하고 있다(即實 2012⑱).

[买伞] kita.s [명] ① 거란(契丹)(豊田五郎 1991c/1996), ② "거란(契丹)"의 복수형(愛新覺羅 2004a7). [出] 許25, 先48/49/50, 宗12, 玦24.

[买伞 令丙伏] kita.s t(d).io.in [명](관제) 거란규(契丹糺)(陶金 2015). [出] 先48/49/50.

[买关] kita.i [명] ① 거란(契丹)(劉鳳翥 1993d, 盧迎紅외 2000, 清格爾泰 2002b), ② "거란(契丹)"의 여성형(愛新覺羅외 2011). [出] 故/仲/宗/海/博/迪/副/慈蓋/慈/智/奴/高/清/玦/回蓋/回/特. [用法] 국호에 출현하는 거란은 모두 여성형인 "买关"를 사용하여 표시한다. 다만, 국호의 소유격을 표시할 때만은 남성형인 "买及关"를 사용한다(愛新覺羅외 2012).

[买关 北长 九炎村] kita.i hu(xu).uldʒi g.ur.ən [명](국명·소유격) ① 거란합라국(契丹哈喇國)의(劉鳳翥 2010), ② 거란호리지국(契丹胡里只國)의(愛新覺羅외 2015⑧). [出] 宗1.

> [遼史] **胡里只(호리지)** : 거란문 사료에 보이는 거란국호의 전칭(全稱)은 "대중앙호리지거란국(大中央胡里只契丹國)" 또는 "대중앙거란호리지국(大中央契丹胡里只國)"이다. 거란문 묘지에 나오는 "北长 买及关" [huldʒi kitai](호리지거란)는 일종의 약칭이다(愛新覺羅외 2015⑧). ☞ "거란", "요" 등 국호의 거란소자 표현에 대하여는 《부록》의 [거란소자 주요 어휘]를 참조하라.

[买关 本考 夫火 玌九] kita.i tʃ.iau qu.ui us.əg [명] 거란·한자(契丹·漢字)(愛新覺羅외 2012). [出] 仲7.

[买关 兆] kita.i ʂï [명] 거란시(契丹詩)(愛新覺羅외 2012). [명](서명) 《契丹史(거란사)》(劉鳳翥 2014b52). [出] 仲7. [用例] [本考 夫火 买关 兆] tʃ.iau qu.ui kita.i ʂï [명] 한

·거란시(漢·契丹詩)(愛新覺羅외 2012). [出] 仲7.

[关关 业雨] kita.i p.in [명] 거란궁호(契丹宮户)(愛新覺羅 2013b). [出] 玦23. [用例] 朩考夬火 业雨 [tʃ.iau.qu.ui p.in] [명] 한아궁호(漢兒宮户)(愛新覺羅 2013b). [出] 玦23.

关关 业雨 乇 朩考夬火 业雨 乇] kita.i p.in tau tʃ.iau.qu.ui p.in tau [명] 거란궁호 다섯과 한아궁호 다섯(愛新覺羅 2013b). [出] 玦23.

[关□] kita.? [出] 海1.

平 [발음] ul [原字번호] 366

平] ul [出] 道/宣/許/仲/宗/副/慈/烈/圖/尚/玦/蒲蓋.

平盂丰] ul.ha.ai [出] 洞Ⅱ-2.

平廾矜村] ul.ʊ.dʒi-n [出] 洞Ⅱ-3.

平廾平叉] ul.ʊ.ul.ir [出] 仁19. [校勘] 이 글자는 휘본 등에 불명확하게 옮겨진 것으로 《道34》 등에 근거하여 "仐廾平叉"가 올바르다(即實 2012[校]).

平夫公币] ul.qu.d.od [出] 許45. [校勘] 이 글자(平夫公币 盂朩村)는 초본에 잘못 옮겨졌으므로 지석에 근거하여 "仐夫 公币盂朩村"가 올바르다(即實 2012[校]).

平朩] ul.ar [出] 洞Ⅰ-4.

平村] ul.ən [出] 尚19.

平叉] ul.ir [出] 興11, 烈30, 梁12. [校勘] 이 단어가 《梁12》에서는 초본에 옮기며 잘못 분할되었는데, 앞 원자와 합쳐 "朩去平叉"로 해야 한다(即實 2012[校]).

平⺈] ul.qa [出] 仲30, 洞Ⅰ-4. [校勘] 即實은 《仲30》에서 이 글자를 앞 원자들과 합쳐 "⺈出丞廾平⺈"이라고 기록하고 있다(即實 2012[校]).

平冬] ul.as [出] 許44. [校勘] 이 글자는 초본에 잘못 옮겨진 것으로 지석에 근거하여 "平公"가 올바르다(即實 2012[校]).

平伏] ul.in [出] 先43. [校勘] 即實은 이 글자를 앞 원자들과 합쳐 "北廾平伏"이라고 기록하고 있다(即實 2012[校]).

平公丙] ul.n.əi [出] 梁7. [校勘] 이 단어는 초본에 잘못 옮겨지고 분할까지 되었는데, 앞 원자들과 합쳐 "朩夂平公丙"로 하여야 한다(即實 2012[校]).

[平仒⺈] ul.əl.qa [出] 許41.

[平仒夯] ul.əl.ə [出] 許42.

平丹叉] ul.bu.r [出] 許61. [校勘] 이 단어는 초본에 옮기며 잘못 분할되었는데, 앞 원자들과 합쳐 "夬叉平丹叉"로 하여야 한다(即實 2012[校]).

[平丹伏] ul.bu.n [出] 先53. [校勘] 即實은 이 글자를 앞 원자들과 합쳐 "丙叉平丹伏"이라고 기록하고 있다(即實 2012[校]).

[平由] ul.har [出] 許53. [校勘] 초본에는 이 글자가 셋(仐由 平由 为朩)으로 분리되어 있으나 지석에 근거하여 "仐由平由为朩"가 올바르다(即實 2012[校]).

[平九] ul.gə [出] 尚22. [校勘] 이 단어는 초본에 옮기며 잘못 분할되었는데, 앞 원자와 합쳐 "□去平九"로 하여야 한다(即實 2012[校]).

[平关] ul.i [出] 塔Ⅰ-3.

[平关北] ul.i.bur [用法] 이 단어는 첩어로 사용되고 있다(劉浦江외 2014). [出] 奴43.

[平火当] ul.k(h).ən [명](인명) ① 禮賢(郭添剛외 2009), ② 烏里堅(愛新覺羅 2009c). [出] 尚25. [人物] 《尚誌》 주인 緬隱胡烏里(1130~1175)의 차녀인 吼烏里堅을 지칭한다(愛新覺羅 2010f). [校勘] 이 단어는 초본에 옮기며 잘못 분할되었는데, 앞 원자들과 합쳐 "火去平火当"으로 하여야 한다(即實 2012[校]).

[平□当矢] ul.?.ən.tə [出] 智19. [校勘] 이 단어는 초본에 옮기며 잘못 분할되었는데, 앞 원자와 합쳐 "夹叉平叉矜矢"로 하여야 한다(即實 2012[校]).

采 [발음] tʃʊŋ [原字번호] 367

[采] tʃʊŋ [借詞] ① "榮"을 나타내는 한어차사(即實 1988b/1990), ② "崇"을 나타내는 한어차사(愛新覺羅 2012). [用法] "而当"[tʃ.oŋ]과 동일한 글자이다(愛新覺羅 2012). [出] 許/先/永/迪/玦.

[采 叉去叉] tʃʊŋ ʃ.əu.u [명](인명) ① 榮壽(即實 1996④), ② 崇壽(愛新覺羅 2013a). [出] 許50. [人物] 《許誌》 주인 乙辛隱斡特剌(1035~1104)의 5남인 崇壽를 지칭한다(愛新覺羅 2013a).

[采 叉安] tʃʊŋ ʃ.əŋ [명](관제) "중승(中丞)"의 한어차사(愛新覺羅외 2015②). [出] 迪13.

[采 叉安 廿] tʃʊŋ ʃ.əŋ sï [명](관제) ①"영생사(榮生司)"의 한어차사(即實 2012⑳), ②"중승사(中丞司)"의 한어차사(愛新覺羅외 2015②). [出] 迪13.

[采 叉安公] tʃʊŋ ʃ.əŋ.d [명](관제) 중승사(中丞司)(愛新覺羅 2013d). [出] 玦14.

[采 仒夂 夂丰 个] tʃʊŋ l.ug da.ai pu [명](관제) "영록대부(榮祿大夫)"의 한어차사(即實 1996④). [出] 許3.

[采 火关] tʃʊŋ k(h).i [명](인명) ① 崇琪(愛新覺羅 2006a),

②榮喜(即實 2012⑦). [出] 永21. [人物] 《永誌》 주인 遙隱永寧(1059~1085)의 재종조부(再從祖父)인 聖光奴낭군의 부인 崇琪낭자를 지칭한다(愛新覺羅 2006a).

乇 [발음] dur [原字번호] 368

[乇] dur [수] 4(넷)(羅福成 1933/1934a/c/d/f/j, 王靜如 1933, 研究小組 1977b, 清格爾泰외 1978a/1985, 即實 1996⑯). [同源語] "4"를 의미하는 서면몽골어의 [dörbe], 중기몽골어의 [dörben], 현대몽골어의 [dorŏb], 다호르어의 [durb]가 동일한 어원이다(吳維외 1999, 大竹昌已 2016e). [出] 興/道/宣/許/故/郎/仲/先/宗/博/涿/永/弘/皇/宋/烈/奴/高/室/圖/梁/糺/清/尚/韓/完/玦/回/特/蒲/洞2/洞3.

[乇 払几村 几氺 朩雨] dur us.gə-n g.uŋ tʃ.in [명](관제) 4자공신(四字功臣 = 几氺 朩雨 乇 払几丛)(研究小組 1977b, 清格爾泰외 1978a, 即實 1996④). [出] 許1.

[乇 払几丛 几氺 朩村] dur us.gə.d g.uŋ tʃ.ən [명](관제) 4자공신(四字功臣)(即實 2012⑧, 劉鳳翥 2014b㊷). [出] 弘3.

[乇 仍圡朩村] dur ta.ha.ad.ən [명] 4개 부족(即實 2012⑳). [出] 高17.

[乇 非艾] dur po.dʒi [명] 사계절(四時)(研究小組 1977b, 清格爾泰외 1978a/1985). [出] 宣25. [校勘] 即實은 두 번째 글자를 "非艾"라고 기록하고 있다(即實 2012㊔).

[乇 非艾村] dur po.dʒi-n [명](소유격) 사계절(四時)의(研究小組 1977b, 清格爾泰외 1978a/1985, 即實 1996⑯). [出] 道17. [校勘] ☞ 乇 非艾村(即實 2012㊔).

[乇 几冂公村] dur g.iŋ.d.ən [명](소유격) 4경(京)의(呼格吉樂圖 2017). [出] 皇19.

[乇矢] dur.tə [수](향위격) 4에(清格爾泰외 1985, 劉浦江외 2014). [出] 仲/博/烈/高/蒲.

[乇屮] dur.bur [명](인명) 都如卜(即實 1996⑯). [出] 許46. [人物] 《許誌》 주인 乙辛隱斡特剌(1035~1104)의 장인(묘주의 둘째 부인인 진국태부인[晉國太夫人]의 부친)인 都如卜·格(乇屮 圠) 낭군을 지칭한다(即實 1996④).

[乇屮圠] dur.bur.ur [명](인명) □本額(劉鳳翥 2014b㊱). [出] 許46. [人物] 《許誌》 주인 乙辛隱斡特剌(1035~1104)의 장인(위 "乇屮 圠"와 동일)인 □本額 낭군을 지칭한다(劉鳳翥 2014b㊱). [校勘] 지석에 의하면 이 단어는 2개의 글자(乇屮 圠)이나 초본에는 잘못하여 하나로 합쳐져 있다(即實 2012㊔).

乇 [발음] turpu [原字번호] 369

[乇] turpu [수] ①4(넷)(鄭曉光 2002, 吳英喆 2006c), ②(넷)의 남성형(劉鳳翥 2014b㊷), ③합하여 4(即實 1996⑯ [書法] Kane은 이 원자를 "乇 [dur](원자번호 368)"의 서체라고 기술하고 있다(Kane 2009). [出] 永/迪/皇/烈/高/清/韓.

[乇及] turpu.u [명](인명) 突呂不(愛新覺羅 2010f, 即實 2012⑰). [出] 副4. [人物] 《副誌》 주인 寓篤宛兀没(1031~1077, 한풍명: 耶律運)의 5대조인 鐸袞突呂不 부수(副元帥)를 지칭한다(愛新覺羅 2010f).

[乇叉] turpu.r [명] 4명(即實 1996⑯). [명](부족) 돌려불(突呂不部) 사람(即實 2012⑳). [명](인명) 突呂不(愛新覺羅 2006a, 劉鳳翥 2014b㊷). [出] 故18, 副4.

> [遼史] 突呂不(돌려불)은 거란의 요련씨(遙輦氏) 8부의 하나이다. 요대에 들어 절도사를 두어 통치하였으며 서북로초토사(西北路招討司)에 예속시켰다(金渭顯외 2012㊤).

兂 [발음] ?? [原字번호] 370

[兂丙公] ?.məg.ər [出] 興16. [校勘] 이 글자는 휘… 등에 잘못 옮겨진 것(①"丙"는 글자의 첫머리에만 나… ②"兂"와 "丙"를 이어 쓰는 사례는 없음)이므로 "兂丙公"가 올바르다(即實 2012㊔).

[兂及犭] ?.u.dʒi [出] 皇21. [校勘] 即實은 이 글자를 "兂及犭"라고 기록하고 있다(即實 2012㊔).

[兂叉] ?.ir [出] 副4, 韓22. [校勘] 이 글자가 《副4》에서는 초본에 잘못 옮겨진 것으로 탁본에 근거하여 "乇及"가 올바르다(即實 2012㊔).

[兂为] ?.a [出] 博19.

[兂为朩村] ?.a.ad.ən [出] 許16. [校勘] 即實은 이 글자를 "兂为朩村"이라고 기록하고 있다(即實 2012㊔).

[兂为朩公] ?.a.ad.ər [出] 故10. [校勘] ☞ 兂为朩公(即實 2012㊔).

[兂为ホ] ?.a.on [명](지명) 연(兖)(陳乃雄외 1999). [出] …3. [校勘] 이 글자는 초본에 잘못 옮겨진 것이므로 "兂为朩"가 올바르다(即實 2012㊔).

[兂为火] ?.a.iu [出] 先64. [校勘] 即實은 이 글자를 "兂为火"라고 기록하고 있다(即實 2012㊔).

[兂为出] ?.a.an [出] 博25.

[兂为□] ?.a.? [出] 糺8. [校勘] 即實은 이 글자를 "兂…买"라고 보정하고 있다(即實 2012㊔).

豖 [발음] ha [原字번호] 371

[豖] ha [명] 국경, 국경지역(Kane 2009). [出] 清12.

[豖 九券] ha g.ə [명](인명) 合哥(愛新覺羅외 2011). [出] 清12. [人物] 《清誌》 주인 奪里懶太山(1029~1087, 한풍명: 蕭彦弼)의 차녀인 合哥낭자로, 遙輦阿剌里에게 시집갔다(愛新覺羅외 2011).

[豖丙] ha.əi [出] 玦22.

[豖丙夯杰] ha.j.e.tʃi [명] 방면(方面)(即實 1996①). [出] 道29.

[豖丙艸刃] ha.j.od.qa [出] 副32. [校勘] 이 글자는 초본에 잘못 옮겨진 것("丙"와 "艸" 또는 "艸"와 "刃"를 이어 쓰는 사례는 없음)이므로 "豖丙用刃"가 올바르다(即實 2012㊗).

[豖丙仐伏] ha.əi.l.in [出] 宣15.

[豖丙关] ha.əi.i [出] 道20, 仲38.

[豖丙券] ha.j.ə [出] 宣10, 副32.

[豖ち刃] ha.al.qa [出] 道35.

[豖为] ha.a [명] 변방(邊), 경계(界)(即實 1996⑥/1996⑯). [出] 道/仲/先/博/宋/烈.

[豖为夹] ha.a.an [명] 문하생(門弟)(即實 2012⑳). [명](소유격) 강역·국경 또는 변방의(劉鳳翥 1987a/1987b, 即實 1996⑯). [出] 郎/仲/宗/迪/副/宋/奴/梁/清/特.

[豖为夹 火] ha.a.an ui [명] 변방에 관한 일(疆場之事)(劉鳳翥 2014b㊾). [出] 宗14, 郎1.

[豖为ホ] ha.a.ad [명] "변경(邊境)"의 복수형(即實 2012⑳). [出] 烈8, 玦5/22/44, 特6.

[豖为ホ券] ha.a.ad.ər [명](소유격) 강역·국경 또는 변방의(即實 1996⑯). [出] 許41, 先59, 迪37, 玦27.

[豖为ネ] ha.a.ar [出] 皇10, 智4.

[豖为ネ村] ha.a.ar.ən [명](소유격) 빈지(份地, 나누어 준 토지)의(即實 2012⑳). [出] 烈21.

[豖为ネ伏] ha.a.ar.in [出] 弘21/30.

[豖为火] ha.a.iu [명] 자리(位)(即實 2012⑳). [出] 先/博/迪/奴/梁/玦/回/特.

[豖为火关] ha.a.iu.i [명](소유격) 국경의(即實 2101). [出] 宣13, 故8, 奴33, 梁24.

[豖为出] ha.a.an [出] 特20.

[豖为□] ha.a.? [出] 玦16.

[豖冊刃] ha.?.qa [出] 回22.

宂 [발음] u, ö [原字번호] 372

[宂] u / ö [用法] [u]음을 가진 한어차사(예: 護, 户, 度, 蜀, 部 등)에 사용되며, 한어차사에서 廾[ʊ] 및 叐[u]와 동일한 음가를 가진다(Kane 2009). [出] 盞2. [用例] ① 无宂 [ʃ.u] 蜀(趙志偉외 2001). ② 玌宂 [hu(xu).u] 護, 户(朱志民 1995, 劉鳳翥외 1995). ③ 仒宂 [t(d).u] 度(Kane 2009). ④ 冄宂 [b.u] 部(研究小組 1977b).

[宂丙ろ] u.io.ju [出] 仲3. [校勘] 이 글자는 초본에 잘못 옮겨진 것으로 탁본에 근거하여 "火丙ろ"이 올바르다(即實 2012㊗).

[宂禾廾夾] u.s.ʊ.ur [出] 奴14.

[宂长] u.us [出] 梁22. [校勘] 이 단어는 초본에 옮기며 잘못 분할되었는데, 앞 원자들과 합쳐 "仒村宂长"로 하여야 한다(即實 2012㊗).

[宂长北] u.us.əl [동] ① 수여하다(愛新覺羅 2013b, 大竹昌已 2015c), ② 양위하다(吉如何 2016). [出] 許15, 先25, 玦2.

[宂圡ネ] u.ha.ar [出] 宗36.

[宂扎] u.ur [出] 奴45. [校勘] 이 단어는 초본에 옮기며 잘못 분할되고 합쳐졌는데, 앞 원자들과 합쳐 "冄仝宂化"로 하여야 한다(即實 2012㊗).

[宂北] u.əl [동] 수여하다(大竹昌已 2015c). [出] 仲2, 奴14, 圖22, 尚17.

[宂北廾反扎] u.əl.ʊ.u.ur [명](인명) 韋果勒(即實 2012⑦). [出] 永14. [人物] 《永誌》 주인 遙隱永寧(1059~1085)의 6촌 형제인 磨魯斡 낭군을 지칭한다(愛新覺羅 2013a).

[宂交] u.ur [동] 수여하다(大竹昌已 2015c). [명] ① 위치(位置)(即實 1996③/1996⑤), ② 직위(職位)(愛新覺羅 2003e/2004a⑤). [出] 令/故/仲/先/涿/永/迪/副/慈/烈/高/圖/尚/韓/玦/回/特/蒲.

[宂交叉] u.ur.ir [出] 許/先/博/皇/烈/高.

[宂交仐夲丙] u.ur.əl.gə.əi [부] 차례로(愛新覺羅 2004a⑧). [명] ① 거짓·허위(僞)(劉鳳翥 1993d), ② 자리·위치(位)(即實 1991b). [出] 先25/33.

[宂交仐券伏] u.ur.əl.gə.in [동] ① 자리에 임명시키다(愛新覺羅 2004a⑤), ② 자리를 배치한 다음으로(愛新覺羅 2004a⑧), ③ 자리에 취임하다(即實 2012⑳). [出] 奴12.

[宂交宂ホ] u.ur.u.ad [동] 주다(愛新覺羅 2004a⑧). [出] 先4.

[宂交宂伏] u.ur.u-n [명] ① 차례·순서(敍次)(愛新覺羅 2004a⑧), ② 자리에 머무름(居位)(即實 1996⑥). [出] 先23/37/37, 博18.

[宂交宂火] u.ur.u.ui [명] ① 거짓(僞)(劉鳳翥 1993d), ② 자리(位)(即實 1991b). [出] 先14.

[宂与] u.en [出] 先68, 博35.

[穴太炎] u.oi [出] 博46. [校勘] 이 단어는 초본에 옮기며 잘못 기록되고 분할되었는데, 앞 원자들과 합쳐 "**及北欠太关**"로 하여야 한다(即實 2012㊍).

[穴夯朿] u.e.tʃi [出] 先37.

[穴类] u.ib [出] 許39. [校勘] 이 글자는 초본에 잘못 옮겨진 것이므로 "**火类**"이 올바르다(即實 2012㊍).

[穴及] u.u [出] 故8. [校勘] 이 글자는 탁본에도 이와 같이 잘못 기록되어 있으나 "**穴及**"가 올바르다(即實 2012㊍).

[穴村] u.ən [出] 許58. [校勘] 이 글자가 지석(誌石)에는 첫 원자의 머리 점이 희미한데, "**穴**"는 단독으로 사용하거나 소유격을 형성하지는 못하므로 "**穴村**"이 올바르다(即實 2012㊍).

[穴村矢] u.ən.tə [出] 特11.

[穴叉] u.ir [出] 許10/20.

[穴犳] u.dʒi [동] 수여하다(大竹昌巳 2015c). [出] 許56, 先17/29, 迪27/37, 梁10/15. [校勘] 即實은 이 글자를 각각 앞 원자들과 합쳐 "**及北穴犳**"《許56》, "**亦尘穴犳**"《先29》, "**太仦穴犳**"《迪37》, "**几穴平仦穴犳**"《梁15》이라고 기록하고 있다(即實 2012㊍).

[穴犳村] u.dʒi-n [동] 더하다(增)(即實 1996⑯). [出] 許/先/永/弘/烈/尚/韓.

[穴犳叉及犳] u.dʒi.ir.u.dʒi [出] 皇24, 海12. [校勘] 이 글자는 초본에 잘못 옮겨진 것이므로 "**火犳叉及犳**"가 올바르다(即實 2012㊍).

[穴犳矢] u.dʒi.tə [出] 迪11, 烈11.

[穴犳矢] u.dʒi.tə [명](향위격) 직(職)에(愛新覺羅 2005b). [出] 仲31, 副14, 奴11. [校勘] ☞ **穴犳矢**(即實 2012㊍).

[穴不] u.on [出] 副51. [校勘] 초본에는 "**ち 穴不**"으로 되어 있으나 "**ち欠不**"이 올바르다(即實 2012㊍).

[穴朿仦关为本] u.tʃi.l.i.a.ar [出] 奴7. [校勘] 이 단어는 본래 2개의 글자(**穴朿仦关 为本**)이나 초본에는 잘못하여 하나로 합쳐져 있다(即實 2012㊍).

[穴为本] u.a.ar [出] 許39. [校勘] 이 글자는 초본에 잘못 옮겨진 것("**穴**"와 "**为**"를 이어 쓰는 사례는 없음)이므로 "**穴为本**"가 올바르다(即實 2012㊍).

[穴生丙炎] u.pu.j.ər [出] 玦12.

[穴伏] u-n [出] 故21, 海7, 烈11.

[穴仍] u.ta [出] 智19. [校勘] 이 단어는 초본에 옮기며 잘못 분할되었는데, 앞 원자들과 합쳐 "**业叉朿仦穴犳**"로 하여야 한다(即實 2012㊍).

[穴仐太尘] u.s.gə.t [出] 道30. [校勘] 即實은 이 자를 "**火仐火尘**"라고 기록하고 있다(即實 2012㊍).

[穴仐矢] u.s.tə [出] 玦6.

[穴仐炎关] u.s.gə.i [出] 奴8. [校勘] 이 글자는 초본에 못 옮겨진 것으로 탁본에 근거하여 "**火仐炎关**"가 바르다(即實 2012㊍).

[穴公] u.ən [명](관제) ① 우월(于越)(愛新覺羅 20… ② 부(府)·사(司)·방원(房院)(即實 1996④). [명](관제 소유격) 우월(于越)의(即實 2101, 劉鳳翥 2014b㊾, 大竹昌巳 2015c). [用法] "~**公**"은 소유격 표시 어미이다(大竹昌巳 2015c). [同源語] 우월은 "존경하는, 현명한"을 의…하는 위굴어의 [Ügä] 또는 [Ögä]와 동일한 어원이…(孫伯君 외 2008). [出] 許/故/仲/先/迪/弘/副/烈/奴/梁/糺/…

[遼史] **于越(우월)**은 귀관(貴官)이 맡았던 관직인데 직임은 없다. 그 지위가 남북대왕의 위이고, 공덕을 세운 자가 아니면 받을 수 없었다. 대우월(大于越)이라 하여 더 높여 제수한 귀관도 있었다. 거란 일대에 대우월을 수여한 사람은 야율갈로(耶律曷魯), 야율옥질(耶律屋質), 야율인선(耶律仁先) 3명밖에 없다. 그래서 이른바 3우월이라 하였다(金渭顯 외 2012㊤).

[参考] 요대(遼代)의 우월(于越) 임명 사례

황제	성 명 (출신)	우월 재임 전후의 경력		
		우월임명전	재임중	우월재임후
태조	耶律割底 (육원황족)	질랄부이리근		
태조	耶律曷魯 (육원황족)	질랄부이리근		
태종	耶律魯不古 (중부방)	임아, 감수국사, 서남면대상온		북원대왕
세종	耶律洼 (중부방)	척은, 북원대왕		
경종	耶律屋質 (맹부방)	척은, 북원대왕		
경종 성종	耶律休哥 (중부방)	척은, 북원대왕		송국왕
흥종	耶律弘古 (맹부방)	북원대왕, 척은, 남부재상, 남원대왕		무정군절도사
흥종	耶律高十 (중부방)	북원대왕, 남원대왕, 남부재상, 남경통군사		
도종	耶律仁先 (중부방)	북면임아, 북원부추, 행궁도부서, 북원대왕, 북원추밀사, 동경유수, 오왕, 남경병마부원수, 남원추밀사, 북원대왕, 허왕, 상부, 송왕	요왕, 북원추밀사	남경유수, 진왕(晋王), 서북로초토사

도종	耶律乙辛(오원부)	북원동지, 추밀부사, 남원추밀사, 지북원, 조왕, 북원추밀사, 위왕	지남원대왕사	혼동군왕, 지홍중부사
천조	耶律阿思(육원황족)	행궁도부서, 북원대왕, 북원추밀사, 감수국사	북원추밀사	상부, 조왕

(武田和哉 2008)

[穴公丞而] u.ən.d.do [出] 許5. [校勘] 이 단어는 초본에 옮기며 잘못 분할되고 합쳐졌는데, 뒤 원자들과 합쳐 "穴公 丞币及廾"로 하여야 한다(即實 2012⑱).

[穴丞] u.d [出] 韓27. [校勘] 即實은 이 글자를 "乂丞"라고 기록하고 있다(即實 2012⑱).

[穴火] u.ui [동] ① 주다(給)(即實 1996④/1996⑤/1996⑥), ② 자리에 머무르다(居位)(愛新覺羅 2003f), ③ 맡기다(任), 맡아 다스리다(職)(愛新覺羅 2004b④). [用法] 부동사형 어미를 표시하는 부가성분이다(研究小組 1977b). [出] 仁/許/故/仲/先/博/弘/副/室/糺/尚/玦/回/特/蒲.

[穴火分廾] u.ui.du.əl [出] 宗9. [校勘] 即實은 이 글자를 "乂火令廾"이라고 기록하고 있다(即實 2012⑱).

[穴火丞夾币] u.ui.d.gə.məg [出] 仁8. [校勘] 이 단어는 본래 2개의 글자(穴火 丞夾币)이나 초본에는 잘못하여 하나로 합쳐져 있다(即實 2012⑱).

[穴火] u.un [出] 韓17.

[穴幺列化夾] u.ia.q.ur.ər [出] 許46. [校勘] 이 단어는 본래 2개의 글자(穴公 列化夾)이나 초본에는 잘못하여 하나로 합쳐져 있다. 또한 "穴"와 "幺"를 이어 쓰는 사례도 없다(即實 2012⑱).

[穴幺朱] u.ia.jai [出] 道15. [校勘] 이 글자는 초본에 잘못 옮겨진 것으로 "又幺朱"가 올바르다(即實 2012⑱).

[穴礿矢关] u.dʒi.d.i [出] 特15.

[穴夾] u.ər [동] 주다(給·賜·奉)(即實 1988a/1996⑥). [用法] 동사 과거형 남성어미 "夾"이 붙어 "수여한"의 의미를 지닌다(愛新覺羅 2013b). [出] 道/許/先/宗/博/迪/宋/智/烈/室/清/尚/盞. [用例1] 关 穴夾 [au u.ər] [명] ① 천수(天授, 서하 경종황제[景宗皇帝, 李元昊] 때의 연호로 기간은 1038년~1048년이다)(盧迎紅외 2000, 即實 2012⑳), ② 천찬(天贊, 요나라 태조황제 때의 연호로 기간은 922년~926년이다)(袁海波외 2005). [出] 清7, 玦4, 蒲7/9. [用例2] 九夾 穴夾 [g.ur u.ər] [명] 양국(讓國)(即實 2012⑳). [出] 清5. [用例3] 九夾 穴夾 圭王 [g.ur u.ər huaŋ.ti] [명] 양국황제(讓國皇帝)(愛新覺羅 2006a). [出] 清5.

[穴夯] u.ə [명](관제) 우월(于越)(研究小組 1977b, 清格爾泰외 1978a/1985, 劉鳳翥 2014b㊿). [명](인명) 無斡(即實 2012⑦). [同源語] "우월"은 "고문(顧問)", "재상(宰相)"을 의미하는 고대 투르크어의 [ögä]에서 유래했다(松井太 2013). [出] 許/先/副/烈/奴/尚/玦.

> [遼史] **于越(우월)**은 귀관(貴官)이 맡았던 관직인데 직임은 없다. ☞ 자세한 내용은 "**穴公** [u.ən]"을 참고하라.

[穴夯朩] u.ə.tʃi [出] 玦35, 回9.

[穴与] u.ən [동] 주었다("穴夾"와 같은 의미를 지니는데, 동사 과거형 여성어미 "与"이 붙었다)(愛新覺羅 2013b). [出] 先/永/故/梁/清/玦.

[穴与夾] u.ən.ər [出] 迪9.

[穴平] u.ul [出] 許18, 先40. [校勘] 이 단어가 ≪許18≫에서는 초본에 옮기며 잘못 기록되고 분할되었는데, 뒤 원자들과 합쳐 "穴平圡为出"으로 하여야 한다(即實 2012⑱).

[穴平圡士列] u.ul.ha.əu.qa [出] 許44. [校勘] 이 글자는 초본에 잘못 옮겨진 것이므로 "穴平圡ち列"가 올바르다(即實 2012⑱).

[穴平圡中] u.ul.ha.ai [出] 先40. [校勘] ☞ 穴平圡中(即實 2012⑱).

[穴平卄令夾] u.ul.ʊ.s.ər [出] 先54. [校勘] 即實은 이 글자를 두 글자인 "穴平 中令夾"이라고 기록하고 있다(即實 2012⑱).

[穴平夲币] u.ul.gə.əi [동] 시집가다, 출가하다(嫁)(即實 1996③). [出] 仲29, 先43.

[穴平夲与] u.ul.gə.en [동] 시집가다, 출가하다(嫁)(劉鳳翥 1993d, 即實 1996⑯). [出] 先63, 博42, 韓7/8, 特29.

[穴平夲小伏] u.ul.gə.l.in [동] 시집가다, 출가하다(嫁)(趙志偉외 2001). [出] 先62, 智11/12/13, 特29, 蒲15/16.

[穴平列] u.ul.qa [出] 皇15. [校勘] 이 글자는 초본에 잘못 옮겨진 것이므로 "穴平列"가 올바르다(即實 2012⑱).

[穴平小卄平列夾] u.ul.l.ʊ.ul.qa.an [出] 博18. [校勘] ☞ 穴平小卄平列夾(即實 2012⑱).

[穴平小夾廾] u.ul.l.gə.əl [出] 尚19. [校勘] ☞ 穴平小夾廾(即實 2012⑱).

[穴平九] u.ul.gə [出] 先30, 副36.

[穴平九朾] u.ul.gə-n [出] 智23.

[穴平九矢关] u.ul.gə.d.i [出] 涿17.

[穴平九夾] u.ul.g.ər [出] 特23.

[穴平夾币] u.ul.gə.əi [동] 시집가다, 출가하다(嫁)(即實 1988b, 劉鳳翥 2014b㊿). [出] 許51/52, 仲29, 迪31, 弘18/20.

[穴平夾与] u.ul.gə.en [동] 시집가다, 출가하다(嫁)(劉鳳翥외 1995). [出] 博42, 迪30.

[穴平夾小叉] u.ul.gə.l.ir [出] 尚32.

[穴平炎仐伏] u.ul.gə.l.in [동] 시집가다, 출가하다(嫁)(即實 1988b, 劉鳳翥 2014b㊾). [出] 許/先/宗/智/圖/韓/玦.

[穴平炎炎] u.ul.gə.ər [出] 迪27, 玦30.

[穴平炎券未] u.ul.gə.ə.tʃi [동] 시집가다, 출가하다(嫁)(即實 2012⑳). [出] 宋11.

[穴平炎与] u.ul.gə.ən [동]시집가다, 출가하다(嫁)(豊田五郎 1991b, 劉鳳翥 1993d, 即實 1996⑯). [出] 先/宗/迪/弘/圖/梁/尚/韓/玦.

[穴□] u.? [出] 海1. [校勘] 이 글자는 초본에 잘못 옮겨진 것으로 탁본에 근거하여 "关□"이 올바르다(即實 2012[校]).

[穴□仐叐] u.?.l.ir [出] 先13. [校勘] 即實은 이 글자를 "火伏 伎"라고 기록하고 있다(即實 2012[校]).

又 [발음] mos [原字번호] 373

[又] mos [형] 크다(王靜如 1933, 羅福成 1934e/1934f/1934j, 研究小組 1977b, 劉鳳翥 1984c, 即實 1996①). [用法] "크다(=한어차사 丞)"의 여성형으로 사용된다(愛新覺羅 2012, 大竹昌巳 2016d). [出] 興/仁/道/宣/令/許/故/郞/仲/先/宗/海/博/涿/永/迪/弘/副/皇/宋/慈/智/烈/奴/高/室/圖/梁/紀/清/尚/韓/玦/回蓋/回/特/蒲/畵22/洞I/洞III.

[又 丙文岑叐] mos j.iæ.ær.u [명] 태평(太平, 요나라 성종황제 시기의 연호로서 기간은 1021년~1031년이다(劉鳳翥 2014b㊾). [出] 迪13.

> [遼史] 요대 연호의 변천에 대하여는 ≪부록≫에 있는 [거란소자 주요 어휘]를 참조하라.

[又 丙文岑叐火] mos j.iæ.ær.u.un [형] 대흥(大興, 크게 번성함), 태평(太平, 전혀 걱정이 없고 평안함)(即實 2012⑰). [出] 副43.

[又 丙文岑火] mos j.iæ.ær.iu [명] 태평(太平, 요나라 성종황제 시기의 연호로 기간은 1021년~1031년이다(劉鳳翥 2014b㊾). [出] 副8.

[又 丙 几] mos məg ku [명] 큰 부인(即實 1996⑯). [出] 先4. [用例] ①伎关 丸为出 丙 几 [?.i. au.a.an məg ku] [명] 후처(愛新覺羅 2006a). ②床才丙 丙 几 [ur.ia.al məg ku] [명] 측실(側室), 첩(愛新覺羅 2013b).

[又 丙交炎] mos tʃau.ur.ər [명] 대군(大軍)(即實 1996⑯). [出] 先22.

[又 飞亦朩] mos ʃ.iun-n [명](인명・소유격) 대순(大舜)의(劉鳳翥 2014b㊾). [出] 道23.

[又 北乂 买关 几交朩] mos hu.uldʒi kita.i g.ur.ən [명](국명・소유격) 대요거란국(大遼契丹國)의(劉鳳翥 2014b㊾). [出] 奴1.

> [用例] "거란", "요" 등 국호의 거란소자 표현에 대하여는 ≪부록≫의 [거란소자 주요 어휘]를 참조하라.

[又 九夾与] mos də.gə.ən [명] ①대조(大助, 큰 도움)(即實 1996⑯), ②천보(天輔, 금나라 태조황제 때의 연호로 기간은 1117년~1123년이다)(劉鳳翥외 1981a, 即實 1996⑯), ③보대(保大, 요나라 천조제 때의 연호로 기간은 1121년~1125년이다)(陶金 2015). [出] 仲10.

[又 穴交叐] mos dau.ur.ir [명](국명) ①거란(契丹), 대중(大中)(即實 1996⑯), ②대중앙(大中央)(劉鳳翥 2014b㉜). [出] 道蓋1.

[又 穴交叐 北乂] mos dau.ur.ir hu.uldʒi [명](국명) ①대요국(大遼國)(羅福成 1934e), ②대거란국(大契丹國)(村山七郎 1951, Таскин 1963), ③거란국(契丹國), 대중국(大中國)(即實 1996⑯). [出] 道蓋1.

[又 穴交叐 北乂 买叐关] mos dau.ur.ir hu.uldʒi kita.ir-i [명](국명) ①대요국(大遼國)(金毓黻 1934), ②대중앙합라거란(大中央哈喇契丹)(劉鳳翥 1983a/1984c), ③거란국(契丹國)의(即實 1983), ④위대한 중앙의 강성한 거란(王弘力 1987), ⑤대중앙요거란(大中央遼契丹)(劉鳳翥 2014b㊾). [出] 道蓋1. [用例] "穴交叐"와 "令考分"는 같은 의미이다(劉鳳翥 2014b㉜).

[又 对业] mos qa.aŋ [명] 대아(大衙, 큰 관아라는 뜻으로 지방관으로 있는 아버지나 형에게 편지할 때에 겉봉의 지명 밑에 쓰던 말)(即實 2012⑳). [出] 許36.

[又 与为出] mos dor.a-an [명] 대정(大定, 금나라 제5대 세종황제 때의 연호로서 기간은 1161년~1189년이다)(朱志民 1995, 劉鳳翥외 1995). [出] 博38, 尚12.

[又 与炎] mos dor.ər [명] 대례(조정의 중대한 의식, 혼례)(即實 1996⑯). [出] 先65.

[又 仐朩] mos s.ən [명] 수창(壽昌, 요나라 도종황제 때의 연호로 기간은 1095~1101년이다. "수창"의 본래 뜻은 커다란 목숨이다)(王靜如 1933/1973, 羅福成 1934c/f, 厲鼎煃 1937, 鄭紹宗 1973, 王弘力 1986, 即實 1996⑫). [出] 弘20.

[又 仐分廾及内] mos u.ud.ʊ.o.on [명] 대안(大安, 요나라 도종황제 때의 연호로서 기간은 1085년~1094년이다=仐分廾及内)(鄭紹宗 1973, 王靜如 1973, 研究小組 1977b, 劉鳳翥외 1977/1981a, 王弘力 1986, 即實 1996⑫). [出] 許/故/仲/永/弘/副/宋/智.

[又 令丙刃] mos t.io.ir [명] ①대풍(大豐)(即實 1996⑯) ②대강(大康, 요나라 도종황제 때의 연호로 기간은 서기 1075년~1084년이다. "대강"의 본래 뜻은 "커다란 덕(德)"이다)(羅福成 1933/1934b/c/d/g, 王靜如 1933/1935/1973, 厲鼎煃 1954, 王弘力 1986, 即實 1996⑫). [出] 仁11.

[又 令考分 北乂 买关 几交] mos t.iau.ud hu.uldʒi kita.i g.ur [명](국명) ①대중앙호리지거란국(大中央胡里只契

丹國)(愛新覺羅외 2012⑩), ② 대중앙합라거란국(大中央哈喇契丹國)(劉鳳翥 2014b㉜). [出] 迪/副/慈蓋/慈/高. [參考] "令号分"와 "欠亥叉"는 같은 의미이다(劉鳳翥 2014b㉜).

[又 令号分 关关 兆礻 九亥村] mos t.iau.ud kita.i hu.uldʒi g.ur.ən [명](국명・소유격) 대중앙거란합라국(大中央契丹哈喇國)의(劉鳳翥 2014b㊾). [出] 宗1.

[又 山] mos nior [명](국명) 대금(大金)(即實 1996⑯). [出] 郎1.

> [用例] "金" 등 국호의 거란소자 표현에 대하여는 ≪부록≫에 있는 [거란소자 주요 어휘]를 참조하라.

[又 山 九亥村] mos nior g.ur.ən [명](국명・소유격) 대금국(大金國)의(研究小組 1977b, 清格爾泰외 1978a). [出] 郎1.

[又 山 九亥村 血血关 与] mos nior g.ur.ən qa.ha.an dəu [명] 대금국 황제 동생(皇弟)(研究小組 1977b). [出] 郎1.

[又 九亥村] mos g.ur.ən [명](소유격) 대국(大國)의(即實 1996⑯). [出] 仲15.

[又 九村叉] mos g.ən.ir [형] 크게 슬프다(大哀)(即實 1996⑯). [出] 興36.

[又 九村叉 业朴灭 叔北欠药] mos g.ən.ir l.ja.u k.əl.u.dʒi [감] 대애호재(大哀呼哉 = 鳴呼哀哉)(研究小組 1977b, 清格爾泰외 1978a, 劉鳳翥 2014b㊾). [出] 道37.

[又 九村叉 业朴灭 叔北欠礿] mos g.ən.ir l.ja.u k.əl.u.dʒi [감] 오호애재(鳴呼哀哉)(研究小組 1977b, 清格爾泰외 1978a/1985). [出] 故13.

[又 九村叉 业朴伞 叔北欠药] mos g.ən.ir l.ja.u k.əl.u.dʒi [감] 오호애재(鳴呼哀哉)(研究小組 1977b). [出] 興36.

[又 九村叉 又 业朴伞 叔北灭药] mos g.ən.ir mos l.ja.u k.əl.u.dʒi [감] 대애대호재(大哀大呼哉 = 鳴呼哀哉)(劉鳳翥 2014b㊾). [出] 副31.

[又 米廾及内] mos ordu.ʊ.o.on [명] 대안(大安)(盧迎紅외 2000). [出] 永33, 迪26/41, 烈13, 清17/30. [校勘] 即實은 두번째 글자의 "米"는 "伞分"로 고쳐야 한다고 주장한다(即實 2012㊸).

[又朱] mos.jai [出] 玦22.

[又幺关]

mos.ia.an [出] 先18.

[又幺朱] mos.ia.jai [出] 烈15.

[又幺火] mos.ia.iu [出] 先17, 宗30/32.

[又幺关] mos.ia.i [出] 特32.

[又幺炎] mos.ia.ər [出] 博7. [校勘] 即實은 이 글자를 "又叉炎"라고 기록하고 있다(即實 2012㊸).

丞

[발음] tai, dai
[原字번호] 374

[丞]

tai / dai [借詞] "大"(=又), "太", "臺", "泰" 등을 나타내는 한어차사(羅福成 1934a/b, 研究小組 1977b, 清格爾泰외 1978a, 劉鳳翥 1993d). [出] 興/仁/令/許/故/仲/先/宗/海/博/永/迪/弘/副/皇/宋/慈/智/烈/奴/高/室/圖/梁/糺/清/尚/韓/葉/玦/回/特/蒲蓋/蒲.

[丞 杰] tai(dai) uaŋ [명](관제) "대왕(大王)"의 한어차사(研究小組 1977b, 清格爾泰외 1978a/1985). [出] 仲2, 宗2, 副8.

[丞 杰不] tai(dai) uaŋ-on [명](소유격) 대왕(大王)의(清格爾泰외 1985). [出] 故3, 副7.

[丞 戈去村] tai(dai) ʃ.əu-n [명](관제・소유격) 태수(太守)의(劉鳳翥 2014b㉞). [出] 副12.

[丞 戈去刃 伞伞火] tai(dai) ʃ.əu.ug ʦ.u-n [명](관제・소유격) 태숙조(太叔祖)의(即實 2012⑩, 劉鳳翥 2014b㊾). [出] 皇蓋1/2.

[丞 戈为关] tai(dai) ʃ.a.an [명](인명) 太山(即實 2012⑭, 劉鳳翥 2014b㊾). [出] 清1, 尚4.

> [人物] ≪清誌≫의 주인이자, ≪尚誌≫ 주인 緬隱胡烏里(1130~1175)의 고조부인 奪里懶太山(1029~1087, 한풍명: 蕭彦弼) 장군을 지칭한다(愛新覺羅 2010f). [參考] ☞ 묘주 및 묘지에 대한 자세한 내용은 "与业血为出"를 참조하라.

[丞 戈问] tai(dai) ʃ.iŋ [명] "대성(大聖)"의 한어차사(研究小組 1977b, 清格爾泰외 1978a/1985). [出] 令4.

[丞 戈问 关 山 主 王村] tai(dai) ʃ.iŋ au niorqo huaŋ ti-n [명](소유격) ① 대성승천황제(大聖承天皇帝)의(即實 1996②), ② 대성천명황제(大聖天明皇帝, 태조 야율아보기의 존호 중 하나이다)의(劉鳳翥 2014b⑮). [出] 令4.

[丞 戈关] tai(dai) ʃ.i [명](관제) "태사(太師)"의 한어차사(研究小組 1977b, 清格爾泰외 1978a/1985). [出] 故5.

> [遼史] 太師(태사)는 군왕을 보필하는 주요 대신이다. 요대에는 가관(加官), 증관(贈官)의 최고 관계인 정1품이다. 거란 북면관서, 여러 부족, 궁장, 속국의 고급 장관의 관칭(官稱)이다(金渭顯외 2012㊤).

[丞 戈关雨] tai(dai) ʃ.i-in [명](관제・소유격) 태사(太師)의(清格爾泰외 1985). [出] 故6. [校勘] 即實은 두 번째 글자를 "戈关村"이라고 기록하고 있다(即實 2012㊸).

[丞 秀瓦] tai(dai) tʃ.aŋ [명](관제) 태상(太常, "태상시"(太常寺)의 간칭)(即實 2012⑲). [出] 尚14.

> [遼史] 太常寺(태상시)는 오례(五禮) 의식(儀式)을 정하고 개혁 규정을 심의하는 일을 맡은 관서이며, 박사(博士)・찬인(贊引)・태축(太祝)・봉예랑(奉禮郎)・협률랑(協律郎)이 있었다(金渭顯외 2012㊤).

[丞 主 丞 介] tai(dai) huaŋ tai(dai) hau [명](관제) "태

황태후(太皇太后)"의 한어차사(研究小組 1977b, 清格爾泰 외 1978a/1985). [出] 許8.

[丕 廾 又考及 兆村] tai(dai) sï ʃ.iau.u ʂï-n [명](관제・소유격) 태자소사(太子少師)의(即實 1996②, 劉鳳翥 2014b(52)). [出] 令11.

[丕 廾 丕 令及] tai(dai) sï tai(dai) pu.u [명](관제) "태자태부(太子太傅)"의 한어차사(即實 2012⑯, 劉鳳翥 2014b(52)). [出] 糺8.

[丕 又考矢] tai(dai) m.iau.tə [명](향위격) 태묘(太廟, 대묘라고도 하는데, 제왕의 조상에게 제사를 지내는 사당이다)에(研究小組 1977b, 清格爾泰 외 1978a). [出] 典32.

[丕 朴圡化] tai(dai) tʃ.əu.ud [명](목적격) 대추(大酋, 부족의 우두머리)를(即實 1996⑯). [出] 先15.

[丕 兆] tai(dai) ʂï [명](관제) "태사(太師)"의 한어차사(研究小組 1977b, 清格爾泰 외 1978a/1985). [出] 令3/8.

[丕 兆 仐冃 几次攵] tai(dai) ʂï l.iŋ g.uŋ.un [명](관제・소유격) 태사령공(太師令公)의(清格爾泰 외 1985). [出] 令8. [參考] 태사령은 사천감(司天監)의 장관이다(金渭顯 외 2012㊥).

[丕 兆村] tai(dai) ʂï-n [명](관제・소유격) 태사(太師)의(清格爾泰 외 1985, 劉鳳翥 2014b(52)). [出] 令21, 副7.

[丕 兆矢] tai(dai) ʂï.tə [명](관제・향위격) 태사(太師)에(劉鳳翥 2014b(52)). [出] 先7.

[丕 令] tai(dai) pu [명](관제) "태부(太傅)"의 한어차사(研究小組 1977b, 清格爾泰 외 1978a). [出] 許34.

[丕 令秂伏] tai(dai) pu.s.in [명] "태부인(太夫人, 남의 어머니를 높여 부르는 말)"의 한어차사(即實 1996⑯, 劉鳳翥 2014b(52)). [出] 許8.

[丕 令及] tai(dai) pu.u [명](관제) "태부(太傅)"의 한어차사(研究小組 1977b, 清格爾泰 외 1978a). [出] 仲23.

[丕 令及 仐冃 伞为乃 又共 兆] tai(dai) pu.u l.iŋ s.a.m ʃ.iaŋ ʂï [명](관제) "태부령삼성사(太傅領三省事)"의 한어차사(清格爾泰 외 1985). [出] 仲23.

[丕 伞村] tai(dai) s.ən [명](소유격) 태자(太子)의(愛新覺羅 2013b). [出] 玦20.

[丕 伞伞] tai(dai) s.u [명] "태조(太祖)"의 한어차사(研究小組 1977b, 清格爾泰 외 1978a). [出] 許5.

[丕 伞伞 亣丰 又冃 关 山 圭 王] tai(dai) s.u da.ai ʃ.iŋ au niorqo huaŋ ti [명] ① 태조대성승천황제(太祖大聖承天皇帝, 야율아보기의 존호 중 하나)(即實 1996⑯), ② 태조대성천명황제(太祖大聖天明[天金]皇帝)(劉鳳翥 2014b⑰). [出] 先3.

[丕 伞伞 关 山 圭 王雨] tai(dai) s.u au niorqo huaŋ ti-n [명](소유격) ① 태조승천황제(太祖承天皇帝)의(即實 1996④), ② 태조천금황제(太祖天金皇帝)의(劉鳳翥 2014b(52)). [出] 許5.

[丕 伞呇] tai(dai) s.ï [명](관제) "태자(太子)"의 한어차사(研究小組 1977b, 清格爾泰 외 1978a, 劉鳳翥 2014b(52)). [出] 許3

[丕 伞呇 关雨 八乐] tai(dai) s.ï ib.in k(h).jai [명](관제) "태자빈객(太子賓客)"의 한어차사(清格爾泰 외 1985, 即實 1996④). [出] 許3. [校勘] 세 번째 글자는 초본에 잘못 옮겨진 것이므로 지석(지석에도 원각은 "关"이었으나 "舟"로 고쳐져 있다)에 근거하여 "舟雨"가 올바르다(即實 2012(校)).

> [遼史] 太子賓客(태자빈객)은 동궁관으로 태자의 호위, 규간(規諫), 시중 등을 맡았다(金渭顯 외 2012㊤).

[丕 伞伞] tai(dai) ts.u [명] "태조(太祖)"의 한어차사(清格爾泰 외 1985). [出] 故4.

[丕 伞伞 又安 安犬公 圭 王村] tai(dai) ts.u ʃ.əŋ ŋ.jue. huaŋ ti-n [명](소유격) 태조성원황제(太祖聖元皇帝, 야율아보기의 존호 중 하나)의(研究小組 1977b, 清格爾泰 외 1978a/1985, 劉鳳翥 2014b(52)). [出] 故4.

[丕 伞伞 关 山] tai(dai) ts.u au niorqo [명] ① 태조승천(太祖承天, 야율아보기의 존호 중 하나)(即實 2012⑦), ② 태조천금(太祖天金)(劉鳳翥 2014b㉒). [出] 永3, 智6.

[丕 伞呇] tai(dai) ts.ï [명](관제) "태자(太子)"의 한어차사(研究小組 1977b, 清格爾泰 외 1978a). [出] 仲20.

[丕 伞呇 又考及 兆] tai(dai) ts.ï ʃ.iau.u ʂï [명](관제) "태자소사(太子少師)"의 한어차사(研究小組 1977b, 清格爾泰 외 1978a/1985). [出] 仲20.

[丕 伞当] tai(dai) ts.oŋ [명] "태종(太宗)"의 한어차사(研究小組 1977b, 清格爾泰 외 1978a/1985). [出] 仲19.

[丕 火] tai(dai) ui [명](관제) "태위(太尉)"의 한어차사(劉鳳翥 2014b(52)). [出] 先24. [校勘] 即實은 이 글자를 "丕 火"라고 기록하고 있다(即實 2012(校)).

[丕 火村] tai(dai) ui-n [명](관제・소유격) 태위(太尉)의(清格爾泰 외 1985, 即實 1996⑤). [出] 故17. [校勘] ☞ 丕 火村(即實 2012(校)).

[丕 火矢] tai(dai) ui.tə [명](관제・향위격) 태위(太尉)에(劉鳳翥 2014b(52)). [出] 梁19. [校勘] ☞ 丕 火矢(即實 2012(校)).

> [遼史] 太尉(태위)는 거란 북면 여러 장(帳) 및 대부족 고급 장관의 관칭이다. 진・한(秦漢) 때에는 전국적인 군정 장관으로 승상(丞相), 어사대부(御史大夫)와 같은 직위로 녹질이 1만 석이었다(金渭顯 외 2012㊤).

[丕 火] tai(dai) ui [명](관제) "태위(太尉)"의 한어차사(研究小組 1977b, 清格爾泰 외 1978a/1985, 即實 2012⑱). [出] 許49, 仲6, 梁4/7, 慈7.

[丞 火村] tai(dai) ui-n [명](관제・소유격) 태위(太尉)의(即實 2012⑮, 劉鳳翥 2014b52). [出] 慈5.

[丞 冄] tai(dai) bu [명](관제) "태보(太保)"의 한어차사(劉鳳翥 2014b52). [出] 烈2/9, 副10.

[丞 冄灸] tai(dai) bu.u [명](관제) "태보(太保)"의 한어차사(研究小組 1977b, 清格爾泰외 1978a). [出] 許29.

[丞兆] tai(dai).şï [명](관제) "태사(太師)"의 한어차사(劉鳳翥 2014b52). [出] 宗6/21/25, 慈7/10/12. [校勘] 即實은 이 글자를 "丞 兆"라고 두 글자로 분리하여 기록하고 있다(即實 2012校).

[丞兆村] tai(dai).şï-n [명](관제・소유격) 태사(太師)의(即實 2012⑨, 劉鳳翥 2014b52). [出] 烈9.

[丞兆矢] tai(dai).şï.tə [명](관제・향위격) 태사(太師)에게(即實 2012⑨, 劉鳳翥 2014b52). [出] 烈21.

[丞仐村] tai(dai).s.ən [명](관제・소유격) ① 태사(太師)의(唐彩蘭외 2002), ② 태자(太子)의(愛新覺羅 2004a⑧, 即實 2012⑨). [出] 烈3.

[丞公] tai(dai).d [명] "대(大)"의 복수형(韓寶興 1991, 豊田五郎 1991b, 劉鳳翥 1993d). [出] 先27. [用例] 丞 丞公 杰帀 [kuir tai(dai).d uaŋ.od] [명] 2인의 대왕(劉鳳翥 2014b⑰). [參考] 《先27》에는 도종의 숙부인 황태숙 耶律宗元(《요사》에는 "重元"으로 잘못 기록되어 있다) 및 그의 아들 초국왕(楚國王) 涅魯古 두 대왕과 진국왕(陳國王) 陳六에 대한 기록을 두고 있다(劉鳳翥 2014b⑰).

[丞火矢] tai(dai).ui.tə [명](관제・향위격) 태위(太尉)에(吳英喆 2012a①). [出] 葉3, 玦38. [校勘] "태위(太尉)"는 통상적으로는 "丞 火矢"의 형태로 쓴다(吳英喆 2012a①).

[丞冄] tai(dai).bu [형] 높다(崇・嵩・高)(閻萬章 1992, 劉鳳翥 1993d). [명](관제) "태보(太保)"의 한어차사(即實 1991b, 豊田五郎 2001, 劉鳳翥 2014b52). [出] 令/許/先/宗/慈/智/梁/糺/清/玦.

> [遼史] 太保(태보)는 정1품관인데 가관(加官) 또는 증관(贈官)으로 내려졌다(金渭顯외 2012上).

[丞冄 及太] tai(dai).bu o.oi [동] 태보(太保) 직을 주다(劉鳳翥 2014b36). [出] 許11.

[丞冄村] tai(dai).bu-n [명](관제・소유격) 태보(太保)의(即實 2012⑯, 劉浦江외 2014). [出] 烈1/33, 梁19/24, 糺1/22/23/30, 玦29.

[丞冄矢] tai(dai).bu.tə [명](관제・향위격) 태보(太保)에(劉浦江외 2014). [出] 宗22, 智7, 烈16.

[丞冄公] tai(dai).bu.d [형] 높다(高)(青格勒외 2003). [명](관제) "태보(太保)"의 복수형(愛新覺羅 2004a⑫/2004b⑧). [出] 皇4.

[丞冄公 叉圡火] tai(dai).bu.d ʃ.əu.un [명](지명) 태보산(太保山)(愛新覺羅 2004a⑫). [명](지명・소유격) 대복특・수(臺卜特收)의(即實 2012⑩). [出] 皇4.

> [參考] 太保山(태보산)는 요나라때 경주(慶州)에 속한 산이다. 《요사・지리지1》 경주조에 "흑산(黑山)・적산(赤山)・태보산(太保山)・노옹령(老翁嶺)・만두산(饅頭山)・흥국호(興國湖)・할실락(轄失濼)・흑하(黑河)가 있다"고 기록되어 있고, 《거란국지》 목종천순황제(穆宗天順皇帝)조에 "상경 동북(上京東北)에 흑산(黑山), 적산(赤山), 태보산(太保山) 등이 있는데, 산수가 아름답고 사슴이 많아 사시 유렵(四時遊獵)을 이 산의 근처에서 했다"는 기재가 있다. 한문 《皇冊》에 황태숙조(皇太叔祖)가 경주서남쪽 행장에서 서거했다"는 것으로 보아 "丞冄公 叉圡火"는 태보산일 가능성이 매우 높다(愛新覺羅 2004a⑫).

[丞冄公村] tai(dai).bu.d.ən [出] 玦15.

[丞关] tai(dai).i [出] 玦17.

[丞关 主 丞关 介火] tai(dai).i huaŋ tai(dai).i hau.un [出](관제・소유격) 태황태후(太皇太后)의(吳英喆 2012a①). [出] 玦17.

[丞乎] tai(dai).? [出] 涿12/13. [校勘] 即實은 이 글자를 "丞平"이라고 기록하고 있다(即實 2012校).

吊 [발음] tʃa [原字번호] 375

[吊] tʃa [借詞] "察"를 나타내는 한어차사(研究小組 1977b). [用法] "吊"는 단독으로도 사용되고 다른 원자와 결합하여 사용되기도 한다. 단독으로 사용될 때는 "察"를 나타낸다(孫伯君 2007). [出] 故/仲/先/宗/博/迪/副. [用例] 由公 吊 兆 [go.ən tʃa şï] [명] "관찰사(觀察使)"의 한어차사(清格爾泰외 1978a/1985, 劉鳳翥 2014b52). [出] 故2, 宗10.

[吊 ㄱ] tʃa tʃ [명](인명) 査只(即實 2012⑳). [出] 宗35.

[吊天] tʃa.an [出] 令/許/先/迪/梁/玦/蒲.

[吊杏] tʃa.un [명](인명) 朝隱(남자의 자[字])(愛新覺羅외 2011). [出] 葉2.

[吊杏 丞 杰] tʃa.un tai(dai) uaŋ [명](인명) 朝隱대왕(=耶律宗教)(愛新覺羅외 2011). [出] 葉2. [參考] ☞ 耶律宗教의 묘지에 대한 자세한 내용은 "吊杏"를 참조하라.

[吊女比] tʃa.sair.əl [出] 先11. [校勘] 即實은 이 글자

를 "尚朱北"이라고 기록하고 있다(即實 2012㉿).

[吊丸村] tʃa.də.ən [出] 烈28. [校勘] 이 글자는 초본에 잘못 옮겨진 것이므로 "吊先村"이 올바르다(即實 2012㉿).

[吊丸矢关] tʃa.də.d.i [出] 智4. [校勘] ☞ 吊先矢关(即實 2012㉿).

[吊丰仐立丰] tʃa.ai.l.ha.ai [出] 典29.

[吊木] tʃa.ar [出] 先38.

[吊木关] tʃa.ar.i [出] 許26, 先11/40.

[吊丸] tʃa.au [借詞] "巢"를 나타내는 한어차사(大竹昌已 2016b). [出] 智3/24.

[吊丸 爫炏] tʃa.au k(h).iu [명](인명) 巢·許(即實 2012⑳, 劉鳳翥 2014b㉖). [出] 智3.

> [參考] **巢許(소허)**는 소보(巢父)와 허유(許由)를 말한다. 소보는 요(堯) 임금 시대의 고사(高士)로 세상을 등지고 은거하면서, 나무 위에 거처를 마련하여 살았기에 사람들이 소보라 불렀다. 허유는 소보와 동시대 사람으로 기산(箕山)에 살면서 요임금이 황제의 자리를 주려 했으나 사양했다(류건집 2009).

[吊丸爫火] tʃa.au.k(h).ud [出] 智18. [校勘] 이 단어는 본래 2개의 글자(吊丸 爫炏)이나 초본에는 잘못하여 하나로 합쳐져 있다(即實 2012㉿).

[吊各火] tʃa.jaŋ.un [명](관제) ① 상온(詳穩)(愛新覺羅 2002), ② 상곤(常袞)의(即實 2012⑳), ③ 상곤(常袞) 또는 창온(敞穩)(愛新覺羅외 2014④). [出] 博8.

> [遼史] ① **詳穩(상온)**은 거란어(仐各火, 吊各火)를 음역한 것으로, 장군을 말한다. ☞ 보다 자세한 내용은 "仐各火"을 참고하라.
> ② **常袞(상곤)**은 창온(敞穩)으로도 번역된다. 거란의 북면관속으로 족속을 관리하는 관이며 겸하여 부족의 호적에 관한 일을 맡았다(金渭顯외 2012㊤).

[吊生] tʃa.abu [出] 迪27.

[吊生 廿] tʃa.abu sï [명](관제) 차포사(茶布司), 사포사(查逋司)(?)(即實 2012⑳). [出] 迪27.

[吊気] tʃa.aŋ [借詞] "昌", "長", "尚", "敞", "常" 등을 나타내는 한어차사(研究小組 1977b, 劉鳳翥외 1977 /1981a, 清格爾泰외 1985, 愛新覺羅외 2011). [出] 令/許/故/仲/博/永/迪/弘/皇/宋/慈/奴/高/圖/糺/回/蒲.

[吊気 叉圡叐] tʃa.aŋ ʃ.əu.u [명](인명) 長壽(即實 1996④). [出] 許48. [人物] 《許誌》 주인 乙辛隱斡特剌(1035~1104)의 둘째 아들인 長壽를 지칭한다(愛新覺羅 2013a).

[吊気 叉炏] tʃa.aŋ ʃ.iu [명](관제) "상서(尚書)"의 한어차사(研究小組 1977b, 清格爾泰외 1978a). [出] 仲21/22/28, 故2

[吊気 叉炏 丙圡叐 丹夂 丙交] tʃa.aŋ ʃ.iu j.əu.u b.u j.iæ [명](관제) "상서우복야(尚書右僕射)"의 한어차사(研究小組 1977b, 清格爾泰외 1978a/1985, 即實 1996③). [出] 故2

> [遼史] **尚書右僕射(상서우복야)** : 당나라 때에는 상서령을 제수하는 일이 별로 없었다. 662년 폐지하고 좌우복야가 정식으로 장관이 되어 성의 사무를 총괄하였다. 관품은 종2품이며 중서·문하성 장관과 나란히 재상이 되어 정사당에서 국정을 논의하고 백관의 장이 되어서 대우가 융숭하였다. 거란도 당제의 연습이라 당과 같았을 것이다(金渭顯외 2012㊤).

[吊気 叉炏 丙圡叐 朩炏] tʃa.aŋ ʃ.iu j.əu.u tʃ.əŋ [명](관제) "상서우승(尚書右丞)"의 한어차사(研究小組 1977b, 即實 1996③, 劉鳳翥 2014b㊿). [出] 仲21.

[吊気 叉炏 丙圡叐 朩炏 仐并] tʃa.aŋ ʃ.iu j.əu.u tʃ.ə s.iaŋ [명](관제) "상서우승상(尚書右丞相)"의 한어차사(研究小組 1977b, 清格爾泰외 1978a/1985, 即實 1996③). [出] 仲2

[吊気 叉炏 叉並村] tʃa.aŋ ʃ.iu ʃ.iaŋ.ən [명](관제·소유격) 상서성(尚書省)의(劉鳳翥 2014b㊸). [出] 仲22.

[吊気 叉炏 仐关 丹穴 北夻 仐気] tʃa.aŋ ʃ.iu l.i b.u ṣï l.aŋ [명](관제) "상서예부시랑(尚書禮部侍郎)"의 한어차사(研究小組 1977b, 清格爾泰외 1978a/1985, 即實 1996③, 劉鳳翥 2014b㊿). [出] 仲28.

[吊気 北] tʃa.aŋ ṣï [명](관제) "창사(敞史)"의 한어차사(研究小組 1977b, 清格爾泰외 1978a/1985, 即實 1996②). [出] 令16. [用例] 杏关火 吊気 北 [uni.gu.un tʃa.aŋ ṣï] [명](관제) 우군창사(牛群敞史)(愛新覺羅 2003h). [參考] 창사는 관부(官府)의 좌리(佐吏)이다(金渭顯외 2012㊤).

[吊気 为买 仐汞伏] tʃa.aŋ a.an pu.s.in [명](인명) 長安夫人(即實 1996⑯). [出] 許8. [人物] 《許誌》 주인 乙辛隱斡特剌(1035~1104)의 만누이인 長安부인을 지칭한다(愛新覺羅 2010f).

[吊気 令丙 九丙氺] tʃa.aŋ t(d).əi g.iu.uŋ [명](관제) 숭덕궁(崇德宮)(愛新覺羅 2013b). [出] 蒲12.

[吊気 公用 九丙氺 个 九丙氺 北] tʃa.aŋ n.iŋ g.iu.uŋ pu g.ju.uŋ ṣï [명](관제) "장녕궁부궁사(長寧宮副宮使)"의 한어차사(劉鳳翥 2014b㊿). [出] 迪19.

[吊気 公用 九丙氺火] tʃa.aŋ n.iŋ g.iu.uŋ-un [명](지명·소유격) 장녕궁(長寧宮)의(研究小組 1977b, 清格爾泰외 1978, 即實 1996④). [出] 許49.

[吊気 公用 九丙氺火 个 丹叐 叉炏] tʃa.aŋ n.iŋ g.iu.u-un pu b.u ʃ.iu [명](관제) 장녕궁의 부부서(長寧宮

部署)(研究小組 1977b, 清格爾泰외 1978a/1985, 即實 1996④, 劉鳳翥 2014b㊾). [出] 許49.

[吊気 仐丸叐] tʃa.aŋ l.au.u [명](인명) ①長樂(即實 2012④), ②尚洛(劉鳳翥 2014b㊾). [出] 奴21. [人物] ≪奴誌≫ 주인 國隱寧奴(1041~1098)의 장모(묘주의 처 意辛부인의 모친)인 尚洛공주를 지칭한다(劉鳳翥 2014b㊾).

[吊気 九才 伏穴] tʃa.aŋ g.ia n.u [명](인명) ①常家女(愛新覺羅 2006a, 即實 2012⑯), ②常家奴(劉鳳翥 2014b㊾). [出] 糺16. [人物] ≪糺誌≫ 주인 夷里衍糺里(1061~1102)의 누이동생인 常家女낭자를 지칭한다(愛新覺羅 2006a).

[吊気 九券] tʃa.aŋ g.ə [명](인명) 常哥(愛新覺羅외 2011, 即實 2012⑳). [用法] "九券"는 거란 남녀 이름에 상용되는 "哥"의 음역이다(愛新覺羅외 2011). [出] 慈7, 永25, 圖5.

[吊気 九券 九火 亥火] tʃa.aŋ g.ə g.uŋ dʒi.iu [명](인명) 常哥공주(愛新覺羅외 2011). [出] 永25.

> [人物] **常哥公主(상가공주)**는 성종의 제8녀인 장수공주(長壽公主)를 말하며, ≪요사·공주표≫(권65)에 기록이 있다. 기록에 따르면 대력추(大力秋=입추부마[立秋駙馬], 仐厼 仝丙 仐 叐为)에게 출가하였으나 그가 대연림(大延琳) 사건에 연루되어 주살(1029년) 당한 이후 아고진소고(阿古軫掃古)와 재혼하였다(愛新覺羅외 2011).

[吊気火] tʃa.aŋ.un [명](관제) 상곤(常衮) 또는 창온(敞穩)(愛新覺羅외 2014④). [出] 玦32, 特27.

[吊先] tʃa.[?] [명] 이전(以前)의, 지난(即實 1996④, 大竹昌巳 2016d). [出] 許59, 迪33, 智22, 玦3/7/39/42/43.

[吊先 女] tʃa.[?] sair [명] 지난 달(大竹昌巳 2016d). [出] 迪33.

[吊先 女矢] tʃa.[?] sair.tə [명](향위격) 지난 달에(大竹昌巳 2016d). [出] 智22.

[吊先 公お刈村 秀 与叐伏] tʃa.[?] n.at.bu-n is en.u.n [명] ①선종 9지(先宗九支)(即實 2014), ②전조(前朝)의 9장(帳)(愛新覺羅외 2015⑧). [出] 玦3.

[吊先村] tʃa.[?].ən [出] 道16.

[吊先伏] tʃa.[?].in [명](소유격) 이전의(愛新覺羅 2004a⑧). [出] 仲26, 迪22, 玦29.

写

[발음] ??
[原字번호] 376

写] [?] [수] 1천(愛新覺羅 2003h). [出] 興4, 仁21, 道33, 先66.

罕

[발음] ak, ag, og
[原字번호] 377

[罕叐] ag(og).u [명](인명) ①阿顚(劉鳳翥외 2006a/2008a), ②阿古(愛新覺羅 2009c), ③嫵庫(即實 2012⑮)·烏庫(即實 2012⑥)·蕪枯(即實 2012⑭)·無庫(即實 2012⑲)·蕪庫(即實 2012⑬). [出] 慈/圖/清/尚/韓/特.

> [人物] ①≪慈誌≫ 주인 鉢里本朝只(1044~1081)의 부인인 阿古낭자를 지칭한다(愛新覺羅 2010f).
>
> ②≪圖誌≫ 주인 蒲奴隱圖古辞(1018~1068)의 차남인 阿古낭군를 지칭한다(愛新覺羅 2010f).
>
> ③≪清誌≫ 주인 奪里懶太山(1029~1087, 한풍명: 蕭彦弼)의 둘째 손녀(장남 摩散別里[한풍명 蕭昕] 태보의 차녀)인 阿古를 지칭한다(愛新覺羅 2010f).
>
> ④≪尚誌≫ 주인 緬隱胡烏里(1130~1175)의 장녀인 奥魯宛阿古를 지칭한다(愛新覺羅 2010f).
>
> ⑤≪韓誌≫ 주인 曷魯里부인(?~1077)의 차녀인 阿古를 지칭한다(愛新覺羅 2009a⑧).
>
> ⑥≪特誌≫ 주인 特里堅忽突菫(1041~1091)의 장남 羅漢奴의 부인인 阿古를 지칭한다(愛新覺羅외 2012⑪).

[罕犳] ag(og).dʒi [명](인명) ①阿古只(愛新覺羅외 2006, 愛新覺羅 2006c, 劉鳳翥 2014b㊾), ②烏克淳/屋春(即實 2012⑭), ③遏古只(即實 2012⑳). [出] 永26, 清2/3/7, 梁2. [人物] ≪清誌≫에 등장하는 북부재상(北府宰相) 撒懶阿古只를 지칭하는데, ≪梁誌≫ 주인 石魯隱朮里者(1019~1069, 한풍명: 蕭知微)의 5대조에 해당한다(愛新覺羅 2010f).

[罕犳伏] ag(og).dʒi-n [명](인명) ①阿古眞(愛新覺羅 2006a, 劉鳳翥 2014b㊾), ②古只寧(蓋之庸외 2008), ③阿古軫(愛新覺羅 2010f, 吳英喆 2012a②), ④屋春訥(即實 2012⑰), ⑤烏克初訥(即實 2012⑳). [出] 副13, 圖3/4, 回3, 特6.

> [人物1] ①≪副誌≫ 주인 寓篤宛兀没里(1031~1077, 한풍명: 耶律運)의 모친인 韓茉부인의 어릴 적 자(小字)인 屋春訥을 지칭한다(即實 2012⑰).
>
> ②≪圖誌≫ 주인 蒲奴隱圖古辞(1018~1068)의 부친이자, ≪回誌≫ 주인 回里堅何的과 ≪特誌≫ 주인 特里堅忽突菫(1041~1091)의 조부인 阿古軫槌古 대왕을 지칭한다(愛新覺羅 2010f).

> [人物2] **阿古眞(아고진)**은 소달름(蕭撻凜)의 아들로, ≪요사≫ 권85에는 이름이 조고(槌古)라고 되어 있다. 성종황제 및 흥종황제 재위시 달령부(達領部)를 관리하였다. 육자공신(六字功臣) 및 허왕(許王)의 칭호를 얻었다(≪特6≫). 그의 묘지에 의하면, 임아(林牙), 이리필(夷離畢), 동궁통군사(東宮統軍使), 사상(使相), 군왕(郡王), 남궁통군사(南宮統軍使) 등의 칭호를 얻은 것으로 되어 있다(吳英喆 2012a③).

[𘬦𘭃] ak(og).o [명](인명) ① 斡高(愛新覺羅외 2004a⑫)·阿古(愛新覺羅 2006b)·阿郭(愛新覺羅 2006a)·阿果(愛新覺羅 2013b), ② 無括(即實 2012⑫)·嫵擴(即實 2012⑯), ③ 阿虢(劉鳳翥 2014b㊾). [出] 高4, 糺6, 玦32/33/34.

> [人物] ①《高誌》 주인 王寧高十(1015~?, 한풍명: 韓元佐)의 큰 할아버지(長祖父) 韓德源 상공(相公)의 둘째 부인인 斡高부인을 지칭한다(愛新覺羅외 2004a⑫).
> ②《糺誌》 주인 夷里衍糺里(1061~1102)의 증조모(증조부 北衍蒲奴 상온[詳穩]의 부인)인 拔里阿郭 마격(麽格)을 지칭한다(愛新覺羅 2010f).
> ③《玦誌》 주인 只兗昱(1014~1070, 한풍명: 耶律玦)의 셋째 딸인 阿果낭자를 지칭한다(愛新覺羅외 2012②).

[𘬦𘭃𘭄𘭅𘭆] ak(og).o.ʃ.ui.tə [出] 令15. [校勘] 이 단어는 본래 2개의 글자(𘬦𘭃 𘭄𘭅𘭆)이나 초본에는 잘못하여 하나로 합쳐져 있다(即實 2012校).

[𘬦𘭅𘭇] ak(og).un.e [명](인명) ① 阿古訥(愛新覺羅 2006b), ② 烏昆陀 / 烏古諾(即實 2012⑤), ③ 阿古涅(愛新覺羅 2013a), ④ 阿古文哥(劉鳳翥 2014b㊾). [出] 智15. [人物] 《智誌》 주인 烏魯本猪屎(1023~1094, 한풍명: 耶律智先)의 넷째 아들인 阿古涅을 지칭한다(愛新覺羅 2013a).

[𘬦𘭈𘭉] ak(og).ul.in [명](인명) ① 古里寧(郭添剛외 2009), ② 阿古隣(愛新覺羅 2009c), ③ 無庫侖(即實 2012⑲). [出] 尚23. [人物] 《尚誌》 주인 緬隱胡烏里(1130~1175)의 큰며느리(장남 烏里只夷末里의 부인)인 阿古隣을 지칭한다(愛新覺羅 2010f).

〻	[발음] -- [原字번호] 378

[〻] [用法] 앞의 단어를 그대로 반복하는 용도로 사용된다. [出] 仲/先/玦/回/特/蒲/塔I.

契丹小字研究 이후의 원자	𘭁	[발음] qutug [原字번호] 379

[𘭁] qutug [명] "복(福)"을 나타내는 표의자(表意字)이다(愛新覺羅 2007a). [書法] 劉浦江은 이 글자를 단체자가 아닌 "𘭊"(원자번호 335)와 "𘭋"(원자번호 277)의 합성자라고 보고 있다(劉浦江외 2014). [同源語] 여진어 [𘭌𘭍: hutugai](복이 있는, 행운의)와 [𘭌𘭎: hutur](복), 만주어 [hūturi](복)와 [hutu](망령), 한국어 [kut](굿), 서면몽골어 [hutug](福) 등과 어원이 같다. 아울러 돌궐어 [qut](행복, 엄한)를 어근으로 하는 동원어가 투르크계 언어(투르크어 [kutur], [kutlama], [kutla-], 위구르어 [qutluq], [qutluqlɛ], 타타르어 [qutlə], [qutla-], 투르크멘어 [gutlag], [gutla-] 등)이 광범위하게 존재하는 것으로 보아 [gut-]의 어원은 돌궐어에서 유래한 것으로 보인다(愛新覺羅외 2011). [出] 興/仁/道/宣/許/仲/先/宗/海/永/迪/弘/副/皇/宋/慈/智/烈/奴/圖/梁/糺/清/尚/韓/塔/寶/錢. [用例] 𘭏𘭐𘭑 𘭁 [q.as.a qutug] [명] 재앙과 복(Kane 2009). [出] 奴37.

[𘭁 𘭒𘭓𘭔𘭕] qutug ʧ.ur.gə-n [동] 복을 쌓다(愛新覺羅외 2011). [出] 副35, 奴34

[𘭁 𘭖𘭗] qutug d.oi [형] 복이 많다(福昌)(愛新覺羅외 2011). [出] 錢.

[𘭁𘭉] qutug.in [명](인명) ① 胡睹堇(愛新覺羅 2011b), ② 忽突堇(愛新覺羅외 2015②). [出] 玦1.

> [人物] **蕭忽突堇(소홀돌근)**은 《蕭誌》의 주인으로, 야율결(耶律玦)의 사위(장녀의 남편)이다. 《요사》에 나오는 홀돌근(忽突堇)이라고 지적된다(愛新覺羅 2011b).
> [參考] ☞ 묘주 및 묘지에 대한 자세한 내용은 "𘭊𘭋𘭉"를 참조하라.

[𘭁𘭉 𘭘𘭙𘭔𘭕] qutug.in t.əl.gə.ən [명](인명) 忽突堇·特里堅(愛新覺羅외 2015②). [出] 回1/23. [人物] 《回誌》 주인 回里堅何的(?~1080)의 친형인 忽突堇特里堅으로, 해당 묘지(墓誌)의 지문(誌文)을 지은 인물(撰者)이다(愛新覺羅외 2015②).

[𘭁𘭉 𘭚𘭛] qutug.in t.æl.bur [명](인명) ① 胡睹堇·帖剌本(即實 2012a②), ② 胡睹堇鐵里鉢里(愛新覺羅 2010f), ③ 忽突堇鐵里鉢里(愛新覺羅외 2015②). [出] 回4. [人物] 《回誌》 주인 回里堅何的의 부친인 忽突堇鐵里鉢里(?~1080, 蕭圖古辭의 형)를 지칭한다(愛新覺羅외 2015②).

[𘭁𘭉𘭜] qutug.in.ən [명](인명·소유격) 胡睹堇의(愛新覺羅 2015②). [出] 副51.

[𘭁𘭝] qutug.ur [명] "복(福)"의 복수형(武内康則 2016). [出] 皇20, 尚21.

[𘭁𘭞 𘭟𘭠] qutug.ər a-ar [동] 복이 따르다. 복이 있다(愛新覺羅외 2011). [出] 宣11.

契丹小字研究 이후의 원자	𘭂	[발음] adʒi, adʒu [原字번호] 380

[𘭂] adʒi, adʒu [명] ① 노인(翁)(愛新覺羅외 2012, 即實 2012⑳), ② 아주(阿主)(愛新覺羅 2009a⑨/2009c, 即實 2012⑳), ③ 대나무(竹)(愛新覺羅 2006c). [用法] "노인"을 나타내는 표의자(表意字)이며, "장(帳)"을 나타내지는 않는다(愛新覺羅 2013b). [同源語] 《요사·국어해》에서 "아주(阿主)"는 "부조(父祖)"를 칭하는 말로 나오며 "주인"·"장자"를 의미하는 다호르어의 [ača], 돌궐어

의 [äčü], 몽골어의 [eje] 또는 [ejen]과 동일한 어원이다(孫伯君외 2008). [出] 先61, 宋16, 梁2, 清2/16.

[艾 兖炏] adʒu ur.ər [명](소유격) 부자(父子)의(即實 2012⑳). [명](인명·소유격) 阿主無芮의(即實 2012⑳). [出] 清16.

[艾村] adʒi-n [명] 장(帳), 옹장(翁帳)(沈彙 1982, 王弘力 1986, 即實 1991b/1996③/⑯, 劉鳳翥외 1995). [명](소유격) ① 옹(翁)의(即實 2012⑳), ② 아주(阿主)의(即實 2012⑳), ③ 대나무(竹)의(愛新覺羅 2006c). [出] 仲蓋/仲/清/梁/玦/蒲. [用例] **九兖村 力尗出炏 州夂 艾村** [g.ur.ən na.ha.an.ər od.go adʒi-n] [명](관제) 국구소옹장(國舅小翁帳)(即實 1996⑯).

[艾夂] adʒu.ug [명] 족(族), 문벌(門)(即實 2012⑳). [出] 皇8, 玦31. [用例] **九兖村 艾夂** [g.ur.ən adʒu.ug] [명] 국족(國族)(即實 2012⑩). [出] 皇8.

[艾夂化] adʒu.ug.ur [명] ① 근원(源), 조상(祖)(即實 2012⑳), ② 가족(愛新覺羅 2017a). [出] 道/仲/先/博/迪/副/宋/慈/烈/梁/紀/清/尚/回/特/蒲.

[艾夂化 力ち刁] adʒu.ug.ur na.al.qa [명] 가족묘지(愛新覺羅 2017a). [出] 仲/博/副/慈/烈/梁/紀/尚/回.

[艾夂化村] adʒu.ug.ur.ən [명] 족(族), 문제(門第)(即實 2012⑳). [出] 興/令/圖/紀/玦.

[艾仐炏] adʒu.sə.ər [出] 高18/23, 玦27. [校勘] 이 글자는 초본에 잘못 옮겨진 것(계절에 관한 것이므로 "**艾**"가 올 수 없음)이므로 "**艾仐炏**"가 올바르다(即實 2012校).

[艾ㅆ尗ち朩] adʒu.l.ha.al.tʃi [出] 清25. [校勘] 이 단어는 초본에 옮기며 잘못 분할되었는데, 앞 원자와 합쳐 "**夂为艾ㅆ尗ち朩**"로 해야 한다(即實 2012校).

契丹小字研究 이후의 원자 | **王** | [발음] hoŋ [原字번호] 381

[王村] hoŋ.ən [出] 尚5. [校勘] 이 글자는 초본에 잘못 옮겨진 것이므로 "**夵村**"이 올바르다(即實 2012校).

[王丹与] hoŋ.tum.betʃ [出] 尚18. [校勘] 이 글자는 초본에 잘못 옮겨진 것이므로 "**乑丹与**"가 올바르다(即實 2012校).

契丹小字研究 이후의 원자 | **汞** | [발음] ?? [原字번호] 384

[汞九] ?.gə [出] 宗8.

[汞九仐] ?.gə.əs [出] 弘11.

契丹小字研究 이후의 원자 | **旅** | [발음] ?? [原字번호] 391

[旅尘] ?.t [出] 玦36.

契丹小字研究 이후의 원자 | **与** | [발음] dʒï [原字번호] 397

[与] dʒï [借詞] "旨", "指" 등을 나타내는 한어차사(盧迎紅외 2000, 蓋之庸외 2008, 郭添剛외 2009). [出] 迪/副/圖/尚/玦.

[与 火火关 北] dʒï k(h)ui.i ʂï [명](관제) "지휘사(指揮使)"의 한어차사(劉鳳翥 2014b52). [出] 尚12.

契丹小字研究 이후의 원자 | **与** | [발음] betʃ [原字번호] 399

[与] betʃ [用法] 형동사 복수형의 과거시제 어미(大竹昌巳 2016d).

契丹小字研究 이후의 원자 | **月** | [발음] ʃul [原字번호] 405

[月北] ʃul.əl [出] 蒲19.

[月仐] ʃul.u [出] 玦19.

[月穴炏] ʃul.u.ər [명](인명) 朮魯列(蕭撻凜의 부친이다)(康鵬 2011, 吳英喆 2012a③). [出] 特3.

契丹小字研究 이후의 원자 | **虫** | [발음] ?? [原字번호] 410

[虫尗卆] ?.ha.ai [명](부락명) 하뢰익(霞懶益)(愛新覺羅 2006a). [出] 紀2. [校勘] 이 글자는 초본에 잘못 옮겨진 것이므로 "**由尗卆**"(석렬의 이름 "요해[堯該]")가 올바르다(即實 2012校).

[虫村] ?.ən [出] 尚29. [校勘] 이 글자는 초본에 잘못 옮겨진 것이므로 "**夵村**"이 올바르다(即實 2012校).

[虫火] ?.iu [명] 흑(黑), 계(癸)(吳英喆 2014a). [出] 副37. [校勘] 이 글자는 초본에 잘못 옮겨진 것이므로 "**由火**"가 올바르다(即實 2012校).

> [用例] "거란어의 간지(干支)"와 관련한 각종 표현에 대하여는 ≪부록≫의 [거란소자 주요 어휘]를 참조하라.

[虫艾] ?.adʒu [出] 烈4. [校勘] 이 글자는 초본에 잘

못 옮겨진 것이므로 "虫艾"가 올바르다(即實 2012[校]).

契丹小字研究 이후의 원자	巾	[발음] ?? [原字번호] 411

[巾叐] [?].u [出] 特26.

契丹小字研究 이후의 원자	典	[발음] ?? [原字번호] 413

[典ち] [?].al [出] 迪16. [校勘] 이 단어는 초본에 옮기며 잘못 분할되었는데, 뒤 원자들과 합쳐 "典ち卄犭"로 하여야 한다(即實 2012[校]).

[典ち虫卞 火] [?].al.ha.ai ui [出] 迪14. [校勘] 초본에는 이 글자가 하나로 합쳐져 있다(即實 2012[校]).

契丹小字研究 이후의 원자	仑	[발음] xarpa [原字번호] 422

[仑] xarpa [수] ① 10(吳英喆 2006c), ② 합이 10(即實 1996⑯). [出] 先10/17.

[仑 虫夯公村] xarpa hiæ(kiæ).æn.ən [명](복수·소유격) 10현(縣)의(即實 1996⑯). [出] 先10.

契丹小字研究 이후의 원자	火	[발음] ?? [原字번호] 424

[火丹] [?].tum [명](인명) 匀德實(即實 1996⑥, 愛新覺羅 2003f/2006a, 劉浦江 2006, 劉鳳翥 2014b⑰). [出] 先/永/弘/皇/宋/智.

> [人物] 《先誌》 주인 糺鄰查剌(1013~1072, 한풍명: 耶律仁先)과 《智誌》 주인 烏魯本猪屎(1023~1094, 한풍명: 耶律智先) 형제의 7대조이자, 《宋誌》 주인 烏魯宛妃(1056~1080)의 선조인 현조황제(玄祖皇帝) 匀德實을 지칭한다(愛新覺羅 2010f).

[火平] [?].jaŋ [借詞] "楊"을 나타내는 한어차사(即實 2012⑨). [出] 烈34.

[火平 几才 公叐] [?].jaŋ g.ia n.u [명](인명) 楊家奴(即實 2012⑨). [出] 烈34. [校勘] 《烈誌》의 지문을 옮겨 적은 인물(書丹人)을 지칭하는데, 초본에는 첫 원자를 "火"가 아닌 "又"으로 잘못 기록하였다(即實 2012⑨).

契丹小字研究 이후의 원자	凡	[발음] ku [原字번호] 427

[凡达虫卞] ku.ur.ha.ai [出] 玦41.

契丹小字研究 이후의 원자	凡	[발음] ?? [原字번호] 429

[凡] [?] [出] 先33/34/37/43/45, 慈9.

契丹小字研究 이후의 원자	屋	[발음] tʃal [原字번호] 431

[屋] tʃal [出] 玦19.

[屋为] tʃal.a [명] 돌(石)(大竹昌巳 2015c). [명](인명) 查剌(劉鳳翥 2010, 即實 2012⑭). [同源語] "돌"을 뜻하는 서면몽골어의 [tʃilaɣu], 중기몽골어의 [tʃilawu], 현대몽골어의 [tʃʊlɔː]와 동일한 어원이다(大竹昌巳 2015c). [出] 宗29, 皇25, 清23, 韓26.

[屋为关] tʃal.a.an [명](소유격) 돌(石)의(大竹昌巳 2015c). [出] 弘25, 宋24, 慈27.

[屋为火] tʃal.a.iu [出] 弘31, 慈22, 清28.

[屋为出] tʃal.a.an [명](인명) ① 查懶(劉浦江외 2005), ② 查剌梶(萬雄飛외 2008), ③ 查剌(愛新覺羅 2003f). [出] 先5, 智8, 室9, 梁15. [校勘] 即實은 《先5》와 《智8》에서는 이 글자를 "屋为出"으로 기록하고 있다(即實 2012[校]).

> [人物] 《先誌》 주인 糺鄰查剌(1013~1072, 한풍명: 耶律仁先)과 《智誌》 주인 烏魯本猪屎(1023~1094, 한풍명: 耶律智先) 및 《梁誌》 주인 양국태비(梁國太妃, 粘木袞, 1019~1107)의 부친인 查懶瑰引 남부재상(南府宰相)을 지칭한다. 이들은 모두 형제자매이다(愛新覺羅 2010f).

[屋为艾] tʃal.a.adʒu [出] 回32.

[屋为□] tʃal.a.[?] [出] 回27.

契丹小字研究 이후의 원자	关	[발음] ?? [原字번호] 434

[关关] [?].i [出] 玦39.

契丹小字研究 이후의 원자	肖	[발음] ?? [原字번호] 436

[肖丹] [?].əb [出] 玦26.

契丹小字研究 이후의 원자	汁	[발음] pən [原字번호] 438

[汁] pən [出] 玦7/11.

[汁矢] pən.tə [出] 玦12, 回24.

契丹小字研究 이후의 원자 | 洒 | [발음] ?? [原字번호] 439

洒] [?] [出] 先56.

契丹小字研究 이후의 원자 | 屖 | [발음] dilə [原字번호] 441

屖] dilə [수] ① 7(일곱)(吳英喆 2006c), ② 합이 7(即實 1996⑬), ③ 7(일곱)의 남성형(劉鳳翥 2014b㊾). [명](인명) ① 迪烈(劉鳳翥외 2006a, 愛新覺羅외 2015②), ② 敵烈(愛新覺羅 2006b, 吳英喆 2012a①). [出] 迪/弘/副/宋/慈/烈/奴/高/梁/清/玦.

[屖 兆 朩圡火] dilə ʂï tʃ.əu.uŋ [명](인명) 迪烈시중(侍中)(愛新覺羅 2013b). [出] 玦8. [人物] ≪玦誌≫의 주인 只兗昱(1014~1070, 한풍명: 耶律玦)의 외조부인 迪烈시중(모친 小蓮부인의 부친)을 지칭한다(愛新覺羅외 2012②).

[屖 仕叐犳夵村] dilə mu.u.dʒi.d.ən [명] 칠성(七聖)의(劉鳳翥 2014b㊾). [出] 副2, 奴2.

[屖 仕叐犳夵村 叐关 火] dilə mu.u.dʒi.d.ən niar.i ui [명](서명) 칠성(七聖)의 일사(日事), 즉 ≪七朝實錄(칠조실록)≫을 말한다(劉鳳翥 2014b㊾). [出] 副2, 奴2.

[屖 业讠 乇 叉叉芬] dilə aŋ.ja tud ʃ.im.ə [명] 일곱 "业讠"와 다섯 심밀(愛新覺羅외 2012). [出] 弘23.

屖令] dilə.t [명](인명) ① 迪烈(盧迎紅외 2000), ② 敵烈(劉鳳翥 2014b㊾). [出] 迪4. [校勘] 이 글자는 탁본에 잘못 옮겨진 것이므로, "屖公"이 올바르다(即實 2012③). [人物] ≪迪誌≫의 주인인 撒懶迪烈德을 지칭한다(愛新覺羅 2010f).

> [墓誌] **撒懶迪烈德**(살라 적렬덕, 1026~1092). 8대조는 痕得隱帖剌 이리근(夷離堇), 7대조는 曷魯隱匣馬葛 이리근, 6대조는 諧領庫古勒 낭군(郎君), 5대조는 撒懶魯不古 상온(詳穩), 고조부는 曷魯本吼 채방(採訪), 증조부는 斜寧何魯不 태사(太師), 조부는 迪輦 생원(生員), 부친은 善寧光佛奴 태사, 모친은 멸고내(蔑古乃) 嫦娥부인이다. 형 王五는 본장창사(本帳敞史)가 되었고 두 아들(대동군도감[大同軍都監] 撒剌, 돈목궁판관[敦睦宮判官] 紇里)이 있다.
>
> 묘주는 重熙15년(1046)에 출사하여 지후(祗候)・패인사낭군(牌印司郎君)・지기거주사(知起居注事)・북원승지(北院承旨)・전운(轉運)・방어사(防禦使)・무안주관찰(武安州觀察)・동지중경(同知中京)・해왕부토리태위(奚王府吐里太尉)・장녕궁부궁사(長寧宮副宮使)・동지남원(同知南院)・동지추밀원(同知樞密院)・첨북원임아사(簽北院林牙事)・지좌이리필사(知左夷離畢事)・한아행궁도통(漢兒行宮都統)・감문위상장군(監門衛上將軍)・육원대왕(六院大王)・중서문하평장사(中書門下平章事)・동지남경유수관부사(同知南京留守官府事)・상경유수(上京留守)・탑모리성절도사(塌母里城節度使) 등을 역임했다. 대안(大安) 8년(1092) 정월에 병사했다. 3명의 부인이 있으며, 정처(正妻)인 멸고내부(蔑古乃部) 五姐 을림면(乙林免)은 두 딸이 있는데, 장녀는 時時里부인, 차녀는 阿里朮부인이다. 둘째부인 蒲魯本 을림면은 세 딸이 있는데, 장녀가 都特부인, 차녀가 唐, 3녀가 撻體이다. 셋째부인인 王日부인은 둘째부인 을림면의 여동생의 딸이며 신국부인(申国夫人)에 봉해졌다. 아들 셋이 있으며 장남 尤勒古里撻不勒, 차남 胡朮, 막내가 丑里이다(愛新覺羅 2010f).

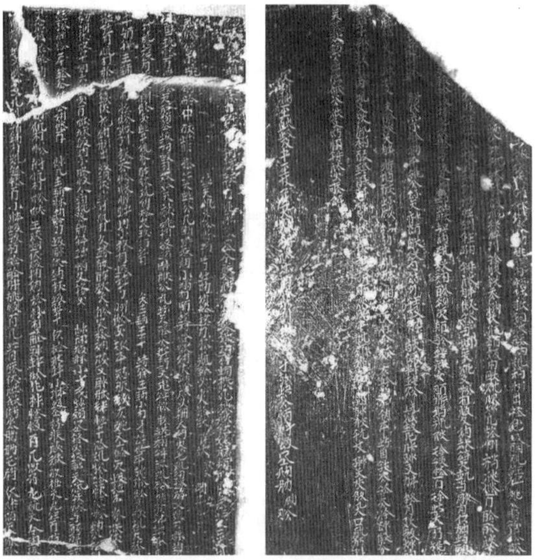

▲ 야율적렬(耶律迪烈) 묘지명(일부)

契丹小字研究 이후의 원자 | 咎 | [발음] ?? [原字번호] 442

[咎火] [?].ui [出] 梁12.

契丹小字研究 이후의 원자 | 厶 | [발음] s [原字번호] 447

厶] s [수] 80(劉鳳翥 2014b㊾). [出] 烈7. [校勘] 이 글자는 초본에 잘못 옮겨진 것이므로 "[illegible]"가 올바르다(即實 2012㊽).

[厶矢] s.tə [수](향위격) 80에(劉鳳翥 2014b㊾). [出] 烈7. [校勘] ☞ [illegible]矢(即實 2012㊽).

契丹小字研究 이후의 원자	圧	[발음] ʒi [原字번호] 451

[圧] ʒi [書法] "丆"(원자번호 38)와 동일한 원자이다(劉鳳翥 2014b㉗). [出] 清14.

[圧村伏] ʒi.ən.in [명](인명) 亞仁訥(即實 2012⑳). [出] 圖7.

[圧火] ʒi.iu [명] ① 유(乳)(劉鳳翥외 2004a), ② 여(如)(袁海波외 2005, 郭添剛외 2009). [出] 烈17, 清14, 尚5.

[圧火 公叐] ʒi.iu n.u [명](인명) ① 乳奴 / 如奴(愛新覺羅 2010f, 劉鳳翥 2014b52), ② 析如奴(即實 2012⑨), ③ 亞如奴(即實 2012⑭). [出] 烈17, 清14.

> [人物] ①《烈誌》 주인 空寧敵烈(1034~1100, 한풍명: 韓承規)의 손자(3남 烏魯古의 셋째 아들)인 乳奴를 지칭한다(愛新覺羅 2010f).
> ②《清誌》의 주인인 奪里懶太山(1029~1087, 한풍명: 蕭彦弼)의 손자(3남 特免阿剌里의 첫째 아들)인 如奴를 지칭한다(愛新覺羅 2010f).

契丹小字研究 이후의 원자	丆	[발음] p [原字번호] 456

[丆] p [出] 博29, 蒲19.

[丆欠仝] p.ogo.ol [出] 令20. [校勘] 이 글자는 초본에는 "水欠仝"로 탁본에는 "丆欠仝"로 잘못 새겨져 있는데, "公叐 丕"가 올바르다(即實 2012校).

契丹小字研究 이후의 원자	不	[발음] ?? [原字번호] 457

[不忝] [?].is [出] 蒲22.

[不忝矢] [?].is.tə [出] 玦12.

[不余] [?].gu [명](지명) 개주(開州), 해주(解・海州)(即實 2012⑳). [出] 尚6.

[不卅] [?].ja [出] 玦3, 回21/23.

[不廾] [?].tum [出] 特23.

契丹小字研究 이후의 원자	ㄅ	[발음] ?? [原字번호] 458

[ㄅ] [?] [수] 80(萬雄飛외 2008, 即實 2012⑱). [出] 梁18.

[ㄅ 丕] [?] niæm [수] 88(即實 2012⑱, 劉鳳翥 2014b52). [出] 梁18.

[ㄅ 丕矢] [?] niæm.tə [수](향위격) 88에(即實 2012⑱, 劉鳳翥 2014b52). [出] 梁18.

契丹小字研究 이후의 원자	罒	[발음] ?? [原字번호] 459

[罒屮] [?].æn [出] 梁24. [校勘] 이 글자는 초본에 잘못 옮겨진 것이므로 "罒屮"가 올바르다(即實 2012校).

기타 원자	?	첫번째 원자 이후가 명확하지 아니한 합성자

[□买] [?].an [出] 許53, 韓4/35, 蒲10.

[□币叐犳] [?].od.u.dʒi [出] 蒲18.

[□币□关] [?].od.[?].i [出] 涿26. [校勘] 即實은 이 글자를 "业币丙关"이라고 보정하고 있다(即實 2012校).

[□乇□为火] [?].am.[?].a.iu [出] 許17.

[□忝] [?].is [出] 先67, 特23. [校勘] 即實은 《先67》에서는 이 글자를 "农忝"라고 보정하고 있다(即實 2012校).

[□忝圡为出] [?].is.ha.a.an [出] 蒲18.

[□长] [?].su(us) [出] 玦39.

[□廾] [?].[?] [出] 許32. [校勘] 即實은 이 글자를 "□キ"이라고 기록하고 있다(即實 2012校).

[□圡ち] [?].ha.al [出] 涿26, 蒲22. [校勘] 即實은 《涿26》에서는 이 글자를 "甬圡ち"이라고 기록하고 있다(即實 2012校).

[□圡ホ] [?].ha.ar [出] 慈19. [校勘] 이 글자는 초본에 옮기며 첫 번째 원자가 탈루된 것으로 《道6》 등에 근거하여 "久圡ホ"가 올바르다(即實 2012校).

[□圡ホ关] [?].ha.ar.i [出] 圖10. [校勘] 이 글자는 초본에 옮기며 일부 원자가 탈루된 것으로 탁본에 근거하여 "六圡ホ关"가 올바르다(即實 2012校).

[□圡犬] [?].ha.adʒu [出] 玦42.

[□土] [?].mə [出] 尚22. [校勘] 이 단어는 초본에 옮기며 잘못 분할되었는데, 뒤 원자와 합쳐 "□ち平几"로 하여야 한다(即實 2012校).

[□ち□□] [?].mə.[?].[?] [出] 書XIII.

[□夯] [?].æn [出] 韓8.

[□北] [?].ur [出] 迪11, 奴13. [校勘] 即實은 이 글자를 각각 "雨北"《迪11》와 "反北"《奴13》라고 보정하고 있다(即實 2012校).

[□北北] [?].ur.bur [出] 許61. [校勘] 即實은 이 글자를 "仐北北"라고 보정하고 있다(即實 2012校).

[□北欠] [?].ur.gu [出] 許49. [校勘] 即實은 이 글자를 "文北欠"라고 보정하고 있다(即實 2012校).

[□扎□用伏] ②.ur.②.il.in 出 智24.

[□旡□□] ②.əd.②.② 出 慈20. 校勘 即實은 이 글자를 "火旡炎与"라고 보정하고 있다(即實 2012㉛).

[□廾奀与] ②.o.ur.ən 出 玦46.

[□尤] ②.umu 出 許59. 校勘 即實은 이 글자를 "火尤"라고 보정하고 있다(即實 2012㉛).

[□奀] ②.ur 出 玦14, 蒲18/23.

[□奀炎] ②.ur.ər 出 奴8. 校勘 이 글자는 초본에 옮기며 일부 원자가 탈루된 것으로 탁본에 근거하여 "业奀炎"가 올바르다(即實 2012㉛).

[□奀□] ②.ur.② 出 玦46.

[□奀□圣] ②.ur.②.u 出 博32. 校勘 이 글자는 휘본 등에 잘못 옮겨진 것으로 《宣20》 등에 따라 "夲奀别圣"로 보정된다(即實 2012㉛).

[□芍玌] ②.al.aqa 出 迪15. 校勘 이 글자는 초본에 옮기며 일부 원자가 탈루된 것으로 탁본에 근거하여 "为芍玌"가 올바르다(即實 2012㉛).

[□芍屮] ②.al.əl 出 先16. 校勘 即實은 이 글자를 "朴本屮"라고 보정하고 있다(即實 2012㉛).

[□吞丙炎] ②.at.j.ər 出 玦36.

[□吞圣] ②.at.ir 出 博20.

[□吞□□] ②.at.②.② 出 先3. 校勘 即實은 이 글자를 "夭吞屮玌"라고 보정하고 있다(即實 2012㉛).

[□杰] ②.oi 出 先70, 特24, 蒲23. 校勘 即實은 《先70》에서는 이 글자를 "令杰"라고 보정하고 있다(即實 2012㉛).

[□杰圣] ②.ge.ər 出 韓24. 校勘 이 글자는 초본에 잘못 옮겨진 것(어미에 "杰圣"가 오는 사례는 없음)이므로 "夲本圣"가 올바르다(即實 2012㉛).

[□羋] ②.ai 出 許15, 特16. 校勘 即實은 《許15》에서 이 글자를 "仲公"이라고 보정하고 있다(即實 2012㉛).

[□羋□令] ②.ai.②.s 出 涿26.

[□本] ②.ar 出 玦25.

[□圣] ②.u 出 清16, 玦22.

[□圣犳] ②.u.dʒi 出 特25.

[□圣□] ②.u.② 出 令18.

[□圣□丹] ②.u.②.mur 出 韓12. 校勘 이 글자는 초본에 잘못 옮겨진 것("丹"는 글자 첫머리에만 놓임)이므로 "□圣犳"가 올바르다(即實 2012㉛).

[□圣□□] ②.u.②.② 出 慈21.

[□圣] ②.im 出 玦39.

[□圣□□欠伏] ②.im.②.②.go-n 出 先6. 校勘 即實은 이 글자를 "朴杰欠伏"이라고 보정하고 있다(即實 2012㉛).

[□村] ②.ne 出 許45, 韓27, 蒲19/23. 校勘 即實은 이 글자를 《許45》에서는 "兆村"으로, 《韓27》에서는 "目村"으로 보정하고 있다(即實 2012㉛).

[□村半公] ②.ən.ai.n 出 紀26. 校勘 이 글자는 초본에 잘못 옮겨진 것이므로 "午村半公"가 올바르다(即實 2012㉛).

[□村出] ②.ən.an 出 智16. 校勘 이 글자는 초본에 잘못 옮겨진 것("村"과 "出"을 이어 쓰는 사례는 없음)이므로 "为出"이 올바르다(即實 2012㉛).

[□村炎] ②.ən.ər 出 玦3.

[□圣] ②.ir 出 蒲23.

[□子] ②.dʒi(os) 出 特24.

[□커] ②.aqa 出 烈17.

[□커火] ②.aqa.iu 出 迪22. 校勘 이 단어는 초본에 옮기며 잘못 분할되었는데, 앞 원자들과 합쳐 "公半化业커火"로 하여야 한다(即實 2012㉛).

[□커炎] ②.aqa.ər 出 仲41. 校勘 即實은 이 글자를 "庄커冬"라고 보정하고 있다(即實 2012㉛).

[□커□村] ②.qa.②.ən 出 許19. 校勘 이 글자는 지석이 흐릿하여 초본에 잘못 옮겨진 것으로 "业커冬村"이 올바르다(即實 2012㉛).

[□犳炎] ②.dʒi.ər 出 玦36.

[□夬仐奀圣] ②.au.o.ur.ir 出 智17. 校勘 即實은 이 글자를 "커夬仐奀圣"라고 보정하고 있다(即實 2012㉛).

[□夬火为] ②.au.un.a 出 許44. 校勘 첫 원자는 지석이 흐릿하여 잘못 옮겨진 것으로 "夭夬奀为"이 올바르다(即實 2012㉛).

[□朴] ②.tʃi 出 先70, 清27, 特27. 校勘 即實은 《先70》에서는 이 글자를 "丸"라고 보정하고 있다(即實 2012㉛).

[□朴生] ②.tʃ.abu 出 尚2. 校勘 即實은 이 글자를 "朿朴生"라고 보정하고 있다(即實 2012㉛).

[□朴炎芬] ②.e.g.tʃi.gə.ə 出 玦46.

[□朴□公] ②.tʃi.②.n 出 韓18.

[□为] ②.qa 出 迪33. 校勘 이 글자는 초본에 옮기며 일부 원자가 탈루된 것으로 《迪31》에 근거하여 "丹为"가 올바르다(即實 2012㉛).

[□欠] ②.go 出 許27.

[□欠村] ②.go-n 出 塔II-3.

[□欠犳] ②.gu.dʒi 出 先29. 校勘 即實은 이 글자를 "雨欠犳"라고 보정하고 있다(即實 2012㉛).

[□攵□村] ②.go.②.ne 出 海8. 校勘 이 글자는 초본에 옮기며 일부 원자가 탈루된 것으로 탁본에 근거하여 "业攵屮村"이 올바르다(即實 2012㉛).

[□及] ?.o [出] 玦46, 蒲10.

[□及 子乎] ?.o dʒi(os).ul [出] 許8. [校勘] 이 단어들은 초본에 옮기며 잘못 분할되었고 마지막 원자도 잘못되었는데, "丹及子屮"가 올바르다(即實 2012[校]).

[□州] ?.od [出] 玦45.

[□为] ?.a [出] 先4, 智18, 韓17/23, 玦25. [校勘] 即實은 ≪先4≫에서는 이 글자를 "与"라고 보정하고 있다(即實 2012[校]).

[□为买] ?.a.an [出] 蒲1.

[□为交] ?.a.ur [出] 韓28. [校勘] 이 글자는 초본에 잘못 옮겨진 것("为"와 "交"는 붙여 쓸 수 없음)이므로 "□为 交"가 올바르다(即實 2012[校]).

[□为丂] ?.a.al [出] 先69. [校勘] 即實은 이 글자를 "业为丂"라고 기록하고 있다(即實 2012[校]).

[□为东伏] ?.a.at.in [出] 特25.

[□为本] ?.a.ar [出] 許55, 尚20, 特35. [校勘] 即實은 ≪許55≫에서는 이 글자를 "仐为本"라고 보정하고 있다(即實 2012[校]).

[□为豹] ?.a.dʒi [出] 崖2.

[□为及太] ?.a.o.oi [出] 迪10. [校勘] 이 단어는 본래 2개의 글자(而为 及太)이나 초본에는 잘못하여 하나로 합쳐져 있다(即實 2012[校]).

[□为出] ?.a.an [出] 玦21.

[□为爫] ?.a.ər [出] 尚21. [校勘] 即實은 이 글자를 "丸为爫"라고 보정하고 있다(即實 2012[校]).

[□为刍] ?.a.ən [出] 奴5. [校勘] 이 글자는 초본에 옮기며 일부 원자가 탈루된 것으로 탁본에 근거하여 "尘为刍"이 올바르다(即實 2012[校]).

[□为□] ?.a.? [出] 智16. [校勘] 即實은 이 글자를 "火为出"이라고 보정하고 있다(即實 2012[校]).

[□生火] ?.abu.iu [出] 仲38. [校勘] 即實은 이 글자를 "业生欠"라고 보정하고 있다(即實 2012[校]).

[□生出] ?.abu.an [出] 弘22. [校勘] "生"와 "出"을 이어 쓴 사례가 없어 오류일 것으로 의심된다(即實 2012[校]).

[□気村] ?.aŋ.ən [出] 許21. [校勘] 即實은 이 글자를 "仍気村"("唐"의 소유격)라고 보정하고 있다(即實 2012[校]).

[□为□穴□尼] ?.tu.?.u.?.ud [出] 弘30.

[□矢] ?.tə [出] 清28, 葉3. [校勘] 이 글자가 ≪清28≫에서는 초본에 옮기면서 첫 원자가 탈루되었는데 탁본에 근거하여 "亥矢"가 올바르다(即實 2012[校]).

[□笑] ?.lu [出] 洞II-2.

[□行□圡] ?.omo.?.ha [出] 博47. [校勘] 이 글자는 초본에 옮기면서 탈루와 잘못된 분할이 이루어진 것으로 "公行子圡为出"이 올바르다(即實 2012[校]).

[□伏] ?.in [出] 奴8. [校勘] 이 글자는 초본에 옮기며 일부 원자가 탈루된 것으로 탁본에 근거하여 "丙伏"이 올바르다(即實 2012[校]).

[□伏刃火] ?.in.ir.iu [出] 玦46.

[□住丙关] ?.um.əi.i [出] 博33. [校勘] 이 글자는 휘... 등에 잘못 옮겨진 것으로 "今生丙关"로 추정된다(即實 2012[校]).

[□仍友] ?.da.dʒi [出] 許19. [校勘] 이 글자는 초본에 잘못 옮겨진 것으로 지석에 근거하여 "亥仍友"가 올바르다(即實 2012[校]).

[□化] ?.ir [出] 永37, 智26. [校勘] 이 글자가 ≪永37≫에서는 초본이 매우 흐릿한데 ≪智19≫에 근거하여 "令化"로 추정된다(即實 2012[校]).

[□化廾火] ?.ir.ʊ.ui [出] 尚16. [校勘] 即實은 이 글자를 "太化廾火"라고 보정하고 있다(即實 2012[校]).

[□化叐丙] ?.ir.u.əi [出] 韓22. [校勘] 이 글자는 초본에 잘못 옮겨졌는데 "□化太丙"가 올바르다(即實 2012[校]).

[□化□□] ?.ir.?.? [出] 許60.

[□化] ?.ur [出] 圖24. [校勘] 即實은 이 글자를 단체자인 "几"라고 보정하고 있다(即實 2012[校]).

[□化欠] ?.ur.go [出] 許34. [校勘] 이 글자는 지석이 흐릿하여 초본에 잘못 옮겨진 것으로 "forall化欠"이 올바르다(即實 2012[校]).

[□化刍] ?.ur.ən [出] 許23.

[□仐几] ?.sə.ku [出] 涿26. [校勘] 即實은 이 글자를 "毛仐几"라고 보정하고 있다(即實 2012[校]).

[□余] ?.gu [出] 玦26.

[□公□及] ?.ən.?.o [出] 許13.

[□公] ?.d [出] 玦3, 蒲13.

[□公 包] ?.d qur [出] 許62. [校勘] 첫 원자는 지석이 훼손되어 알 수 없으나, 두 번째 글자("包"가 아닌 "包")와 묘주가 계부방(季父房) 소속 인물인 점을 근거로 "丰公 包"로 추정된다(即實 2012[校]).

[□소] ?.ol [出] 玦27.

[□소□] ?.ol.? [出] 玦45.

[□佥] ?.əm [出] 迪27. [校勘] 即實은 이 글자를 "公佥"라고 보정하고 있다(即實 2012[校]).

[□佥□本] ?.əm.?.ar [出] 先70. [校勘] 即實은 이 글자를 "□丰圡丂本"라고 보정하고 있다(即實 2012[校]).

[□业 为] ?.l tu [出] 許56. [校勘] 첫 원자는 지석이 훼손되어 알 수 없으나, ≪典27≫의 어휘를 참고하여 "交业 为"로 추정된다(即實 2012[校]).

[□业芀伤] ?.l.tʃəu.ta [出] 韓26. [校勘] 이 단어는 본래 2개의 글자(□业 芀豹)이나 초본에는 잘못 옮겨지며

하나로 합쳐져 있다(即實 2012㉓).

[□卟夾夵] ㉺.l.ir.ər 出 尚16. 校勘 即實은 이 글자를 "仒火夾夵"이라고 보정하고 있다(即實 2012㉓).

[□卟㸲夹] ㉺.l.aqa.an 出 特25.

[□卟冬] ㉺.l.as 出 博17.

[□卟火] ㉺.l.ui 出 奴45. 校勘 이 단어는 초본에 옮기며 잘못 분할되고 합쳐졌는데, "仒仒夵卟 火"로 하여야 한다(即實 2012㉓).

[□卟几村] ㉺.l.gə.ən 出 智15. 校勘 이 단어는 초본에 옮기며 잘못 분할되었는데, "犮夯丙卟几村"으로 하여야 한다(即實 2012㉓).

[□卟木] ㉺.l.㉺.ar 出 迪24.

[□卟反] ㉺.l.㉺.o 出 令21.

[□火] ㉺.ui 出 許17/28、先65、韓26、回9. 校勘 ①《許17》과 《先65》의 첫 원자는 지석이 훼손되어 알 수 없으나, 《許37/47》 및 《故8》의 어휘를 참고하여 "尺火"로 추정된다(即實 2012㉓). ②《許28》에서는 뒤 원자들과 합쳐 "仒夵夹村"로 함이 올바르다(即實 2012㉓).

[□火仐卟夵] ㉺.ui.t.əl.ir 出 特38

[□火卟几] ㉺.ui.l.gə 出 博25. 校勘 이 글자는 초본에 불분명하게 옮겨진 것으로 "又火卟几"가 올바르다(即實 2012㉓).

[□火夵] ㉺.ui.ər 出 蒲18.

[□癶] ㉺.əŋ 出 迪28.

[□火] ㉺.un 出 特30、書Ⅲ.

[□尖] ㉺.iu 出 海9. 校勘 即實은 이 글자를 "仒尖"라고 보정하고 있다(即實 2012㉓).

[□尖乃化] ㉺.iu.am.ir 出 皇13. 校勘 即實은 이 글자를 "仒尖乃化"라고 보정하고 있다(即實 2012㉓).

[□尖火] ㉺.iu.un 出 智24. 校勘 이 글자는 초본에 옮기면서 첫 원자가 탈루된 것으로 《智3》과 《許2》 등에 따라 "仒尖火"가 올바르다(即實 2012㉓).

[□尖] ㉺.iu 出 弘17. 校勘 即實은 이 글자를 "仒尖伏夵"라고 보정하고 있다(即實 2012㉓).

[□尖□几] ㉺.iu.㉺.ku 出 許13. 校勘 即實은 이 글자를 "□尖尼"라고 기록하고 있다(即實 2012㉓).

[□出□子□] ㉺.an.㉺.os.㉺ 出 先70.

[□业友] ㉺.p.dʒi 出 永17. 校勘 이 글자는 초본에 잘못 옮겨진 것("业"와 "友"를 이어 쓰는 사례는 없음)이므로 "夯火 友"가 올바르다(即實 2012㉓).

[□用] ㉺.iŋ 出 玦19、蒲10.

[□用卟夵] ㉺.ol.əl.ir 出 迪24. 校勘 이 글자는 초본에 옮기면서 첫 원자가 탈루된 것으로 《迪25》 등에

따라 "甬用卟夵"가 올바르다(即實 2012㉓).

[□丹] ㉺.bu 出 永38. 校勘 이 글자는 초본에 잘못 옮겨진 것으로 《先54》 등에 근거하여 "牛丹"가 올바르다(即實 2012㉓).

[□丹尘] ㉺.bu.t 出 博36. 校勘 이 글자는 초본에 옮기면서 첫 원자가 탈루된 것으로 《道11》에 따라 "车丹尘"로 추정된다(即實 2012㉓).

[□丹伏] ㉺.b.in 出 玦31.

[□丹] ㉺.tum 出 玦46.

[□文□□] ㉺.ie.㉺.㉺ 出 奴43.

[□文] ㉺.jæ 出 尚21. 校勘 即實은 이 글자를 "仒文夯"이라고 보정하고 있다(即實 2012㉓).

[□几] ㉺.gə 出 許61. 校勘 即實은 이 글자를 "又几与"이라고 보정하고 있다(即實 2012㉓).

[□几伏] ㉺.g.in 出 許46.

[□刋] ㉺.ja 出 涿25、奴32、玦27. 校勘 即實은 《涿25》에서는 이 글자를 "叐刋"라고 보정하고 있다(即實 2012㉓).

[□夬] ㉺.i 出 許/先/永/烈/清/韓21. 校勘 ①即實은 이 글자를 《許4》/《清6》에서는 "夫夬"로, 《永4》에서는 "剹夬"로, 《先68》에서는 "午夬"라고 기록하고 있다(即實 2012㉓). ②《韓21》에서는 초본에 잘못 옮겨지고 분할되었는데 앞 원자들과 합쳐 "仒火化夵与夵"로 하여야 한다(即實 2012㉓).

[□夬夵] ㉺.i.d 出 先65. 校勘 即實은 이 글자를 "仐夬夵"이라고 보정하고 있다(即實 2012㉓).

[□夵] ㉺.ər 出 許/先/尚/玦/特. 校勘 即實은 이 글자를 각각 "业夵"《先30》와 "屋夵"《先63》이라 보정하고 있다(即實 2012㉓).

[□火] ㉺.ud 出 許2. 校勘 即實은 이 글자를 "才夵伏"이라고 보정하고 있다(即實 2012㉓).

[□火夬] ㉺.ud.i 出 尚17. 校勘 即實은 이 글자를 "仒火夬"라고 보정하고 있다(即實 2012㉓).

[□火火] ㉺.uŋ.un 出 涿25. 校勘 即實은 이 글자를 "几火火"라고 보정하고 있다(即實 2012㉓).

[□芬] ㉺.ə 出 許8. 校勘 첫 원자는 지석이 훼손되어 알 수 없으나, 뒤의 단어(尚父)를 참고하여 "尺芬"(于越)로 추정된다(即實 2012㉓).

[□芬仐] ㉺.ə.u 出 奴46.

[□夵北] ㉺.gə.əl 出 令1. 校勘 초본에는 첫 원자가 훼손되었는데, "朳夵北"이 올바르다(即實 2012㉓, 劉浦江 외 2014).

[□夵卟几] ㉺.gə.l.gə 出 玦25.

[□夵□] ㉺.gə.㉺ 出 蒲20/21.

[□米쑤伏] ⍰.ordu.l.in [出] 永12.

[□尘] ⍰.t [出] 許29. [校勘] 첫 원자는 지석이 훼손되어 알 수 없으나, ≪仲11/14≫의 어휘를 참고하여 "北尘"로 추정된다(即實 2012[校]).

[□尖乐东] ⍰.oŋ.ja.at [出] 洞Ⅱ-2.

[□当] ⍰.ən [出] 涿25.

[□当□] ⍰.ən.⍰. [出] 迪26.

[□考] ⍰.iau [出] 許24, 仲14.

[□考□] ⍰.iau.⍰ [出] 先70.

[□平] ⍰.ul [出] 許10.

[□平村] ⍰.ul.ən [出] 蒲4.

[□平□伤] ⍰.ul.⍰.ta [出] 許55. [校勘] 即實은 이 글자를 "□平□药"라고 기록하고 있다(即實 2012[校]).

[□平□当] ⍰.ul.⍰.ən [出] 博45.

[□冈火屮] ⍰.u.k(h).bur [出] 智16. [校勘] 이 글자는 초본에 잘못 옮겨진 것이므로 "久欠币屮"가 올바르다(即實 2012[校]).

[□冈平关] ⍰.u.ul.i [出] 回13.

[□艾] ⍰.adʒu [出] 蒲13.

[□血] ⍰.ʊŋ [出] 玦46.

[□□买] ⍰.⍰.an [出] 烈32.

[□□丙] ⍰.⍰.əi [出] 先9.

[□□天] ⍰.⍰.⍰ [出] 畵X.

[□□夷] ⍰.⍰.ul [出] 許7.

[□□圡ち] ⍰.⍰.ha.al [出] 蒲11.

[□□圡ち叉] ⍰.⍰.ha.al.ir [出] 韓4. [校勘] 이 글자는 초본에 옮기며 첫 두 원자가 탈루된 것으로, ≪仲41≫ 등에 따라 "ち쑤圡ち叉"로 보정된다(即實 2012[校]).

[□□圡ち刈火关] ⍰.⍰.ha.al.q.iu.i [出] 許38. [校勘] 即實은 이 글자를 두 글자로 분리(□ □□刈火关)하고 있다(即實 2012[校]).

[□□圡ち□□] ⍰.⍰.ha.al.⍰.⍰ [出] 蒲22.

[□□圡屮] ⍰.⍰.ha.ai [出] 迪24.

[□□北] ⍰.⍰.əl [出] 許12, 淸17, 回13.

[□□艾] ⍰.⍰.sair [出] 令27. [校勘] 即實은 이 글자를 "□□ 艾"이라고 기록하고 있다(即實 2012[校]).

[□□东] ⍰.⍰.ar [出] 先70. [校勘] 即實은 이 글자를 "令交东"이라고 보정하고 있다(即實 2012[校]).

[□□友] ⍰.⍰.dʒi [出] 永25. [校勘] 이 글자는 초본에 잘못 옮겨지며 합쳐진 것이므로 "当火 友"가 올바르다(即實 2012[校]).

[□□廾药] ⍰.⍰.ʊ.dʒi [出] 慈19. [校勘] 이 글자는 초본에 옮기며 첫 두 원자가 탈루된 것으로, ≪道18≫ 등에 따라 "太化廾药"로 보정된다(即實 2012[校]).

[□□廾及北] ⍰.⍰.ʊ.o.əl [出] 回13.

[□□廾火] ⍰.⍰.ʊ.ui [出] 先68. [校勘] 即實은 이 글자를 "东化廾火"라고 보정하고 있다(即實 2012[校]).

[□□廾□] ⍰.⍰.ʊ.⍰ [出] 慈7. [校勘] 即實은 이 글자를 "□□廾火"라고 보정하고 있다(即實 2012[校]).

[□□夾乂丙] ⍰.⍰.ur.k(h).əi [出] 皇16. [校勘] 即實은 이 글자를 "□□夾癶丙"라고 기록하고 있다(即實 2012[校]).

[□□东] ⍰.⍰.at [出] 先70.

[□□屮令] ⍰.⍰.ai.s [出] 永42.

[□□屮当] ⍰.⍰.ai.ən [出] 奴37. [校勘] 이 글자는 초본에 잘못 옮겨진 것("屮"와 "当"을 이어 쓰는 사례는 없음)이므로 "□□朩当"이 올바르다(即實 2012[校]).

[□□朩] ⍰.⍰.ar [出] 特4.

[□□叐] ⍰.⍰.u [出] 永5.

[□□叐药] ⍰.⍰.u.dʒi [出] 玦38.

[□□刃] ⍰.⍰.ir [出] 許43, 特14.

[□□村] ⍰.⍰.ən [出] 許/先/海/博/涿/迪/糺/蒲/畵/塔II. [校勘] 即實은 이 글자를 ≪先2≫에서는 "久夫村"으로, ≪涿3≫에서는 "□火村"으로, ≪涿4≫에서는 "曲癶村"으로 기록하고 있다(即實 2012[校]).

[□□叉] ⍰.⍰.ir [出] 博10.

[□□叉夯] ⍰.⍰.ir.e [出] 蒲23.

[□□刈] ⍰.⍰.qa [出] 韓13. [校勘] 이 글자는 초본에 잘못 옮겨진 것이므로 "□□ 刈"가 올바르다("刈"는 다음의 "九夯"와 함께 한어 이름을 구성한다)(即實 2012[校]).

[□□刈买] ⍰.⍰.qa.an [出] 慈19. [校勘] 이 단어는 초본에 옮기며 잘못 분할되었는데, 앞 원자와 합쳐 "圡ち刈买"으로 하여야 한다(即實 2012[校]).

[□□药] ⍰.⍰.dʒi [出] 許13/37/40, 特4.

[□□豹] ⍰.⍰.dʒi [出] 筆.

[□□朩□] ⍰.⍰.tʃi.⍰ [出] 玦23.

[□□为] ⍰.⍰.qa [出] 許44.

[□□久伏] ⍰.⍰.da-n [出] 蒲14.

[□□夂] ⍰.⍰.ug [出] 塔Ⅲ-3.

[□□为] ⍰.⍰.a [出] 韓12. [校勘] 即實은 이 글자를 "朩夂为"라고 추정하고 있다(即實 2012[校]).

[□□为出] ⍰.⍰.a.an [出] 回3.

[□□生令] ⍰.⍰.abu.s [出] 令26. [校勘] 即實은 이 글자를 "伏买生夂"라고 보정하고 있다(即實 2012[校]).

[□□矢] ⍰.⍰.tə [出] 先38/70, 博30, 回9, 蒲9. [校勘] 即實은 이 글자를 "由叉矢"≪先38≫, "尽为火矢"≪先70≫라고 보정하고 있다(即實 2012[校]).

[□□伏] ⍰.⍰.in [出] 先61, 慈25, 韓8.

[□□化] ⍰.⍰.ir [出] 奴7. [校勘] 即實은 이 글자를 "□□劣与 化"이라고 보정하고 있다(即實 2012[校]).

[□□化圡ち犳] ⍰.⍰.ir.ha.al.qa [出] 令11. [校勘] 即實은 "公中化圡ち犳"라고 보정하고 있다(即實 2012[校]).

[□□化叉] ⍰.⍰.ur.ir [出] 糺7.

[□□个] ⍰.⍰.s [出] 先5. [出] 令11. [校勘] 即實은 이 글자를 "业交个"라고 기록하고 있다(即實 2012[校]).

[□□个反] ⍰.⍰.s.o [出] 許34. [校勘] 即實은 이 글자를 "令反"라고 기록하고 있다(即實 2012[校]).

[□□余] ⍰.⍰.gu [出] 博37. [校勘] 即實은 이 글자를 "爻冬余"라고 보정하고 있다(即實 2012[校]).

[□□令兴] ⍰.⍰.t.ər [出] 慈26.

[□□𠓛] ⍰.⍰.d [出] 清25, 韓17. [校勘] 이 글자는 초본에 옮기며 첫 두 원자가 탈루된 것으로, ≪清24≫ 문구에 따라 "叉夾𠓛"로 보정된다(即實 2012[校]).

[□□𠓛北] ⍰.⍰.d.əl [出] 博31. [校勘] 이 글자는 초본에 옮기며 첫 두 원자가 탈루된 것으로, ≪先53≫ 등에 따라 "火火𠓛北"로 보정된다(即實 2012[校]).

[□□个] ⍰.⍰.ol [出] 永27. [校勘] 이 글자는 초본에 옮기며 첫 두 원자가 탈루된 것인데 "业反个"로 추정된다(即實 2012[校]).

[□□小几矢] ⍰.⍰.l.ku.tə [出] 博44. [校勘] 이 글자는 휘본 등에 잘못 옮겨진 것이므로 "□□小几矢"("小几"는 접미사로 사용됨)가 올바르다(即實 2012[校]).

[□□小为卡] ⍰.⍰.l.a.ai [出] 特12.

[□□小□为出] ⍰.⍰.l.⍰.a.an [出] 奴7.

[□□小□伏] ⍰.⍰.l.⍰.in [出] 智17.

[□□火] ⍰.⍰.ui [出] 許61, 博24, 永20. [校勘] ≪博24≫에서는 장례 정황 등을 보아 "由火 火"로 추정되고, ≪永20≫에서는 "丞 火"로 추정된다(即實 2012[校]).

[□□火] ⍰.⍰.un [出] 許22, 博13, 玦19. [校勘] ≪博13≫에서는 "几穴火"으로 보정하고 있다(即實 2012[校]).

[□□ㄓ] ⍰.⍰.bur [出] 海10. [校勘] 이 글자는 탁본과 초본이 모두 모호한데, ≪道24≫ 등에 근거하여 "友禾ㄓ"로 추청된다(即實 2012[校]).

[□□火] ⍰.⍰.iu [出] 慈21, 清16, 蒲16. [校勘] 이 글자는 초본에 옮기며 첫 두 원자가 탈루된 것으로 ≪弘10≫ 등에 따라 "丸为火"로 보정된다(即實 2012[校]).

[□□出] ⍰.⍰.an [出] 許15, 慈18.

[□□舟] ⍰.⍰.b [出] 玦45.

[□□舟伏] ⍰.⍰.bu.n [出] 海13.

[□□舟与] ⍰.⍰.b.ən [出] 回24.

[□□几内] ⍰.⍰.g.on [出] 玦46.

[□□关] ⍰.⍰.i [出] 博6.

[□□兴] ⍰.⍰.ər [出] 許/博/韓/玦/特.

[□□兴□] ⍰.⍰.ər.⍰ [出] 許42.

[□□劣兴] ⍰.⍰.gə.ər [出] 玦26.

[□□与] ⍰.⍰.ən [出] 許24, 蒲5.

[□□与兴] ⍰.⍰.ən.ər [出] 蒲18.

[□□平圡为出] ⍰.⍰.ul.ha.a.an [出] 回7.

[□□平叉] ⍰.⍰.ul.ir [出] 玦46.

[□□□火] ⍰.⍰.⍰.un [出] 許60.

[□□□出] ⍰.⍰.⍰.an [出] 崖1.

[□□□关] ⍰.⍰.⍰.i [出] 涿26, 蒲18. [校勘] 이 글자가 ≪涿26≫에서는 초본에 잘못 옮겨진 것으로 탁본에 근거하여 "业币丙关"가 올바르다(即實 2012[校]).

[□□□与] ⍰.⍰.⍰.ən [出] 許43. [校勘] 지석이 흐릿하여 초본에 잘못 옮겨진 것인데, ≪宣15≫를 참고하여 "令企丙与"이 올바르다(即實 2012[校]).

[□□□□犳] ⍰.⍰.⍰.⍰.dʒi [出] 先60, 智22. [校勘] 即實은 이 글자를 "圣尘小叉犳"와 "□□ 火土犳"라고 기록하고 있다(即實 2012[校]).

[□□□□火] ⍰.⍰.⍰.⍰.ui [出] 先9. [校勘] 即實은 이 글자를 세 글자로 분리하여 "亦与 叔丙 火"라고 기록하고 있다(即實 2012[校]).

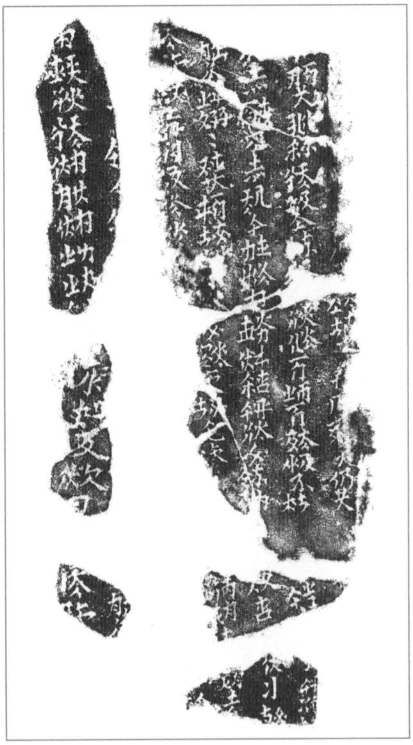

거란소자 주요 어휘

차 례

. 요대의 연호(年號)　　※ 劉鳳翥 2014b⑤ 참조

황제	연 호 한글(한자)	연 호 거란소자	기간
태조(太祖)	신책(神冊)	?	916~922
	천찬(天贊)	[au u.ər]	922~926
태종(太宗)	천현(天顯)	?	926~938
	회동(會同)	[qur.u am.sə.g]	938~947
	대동(大同)	?	947
세종(世宗)	천록(天祿)	?	947~951
목종(穆宗)	응력(應曆)	[au qutug]	951~969
경종(景宗)	보녕(保寧)	[t.ud dor.a-an]	969~979
	건형(乾亨)	?	979~982
성종(聖宗)	건형(乾亨)	?	982~983
	통화(統和)	[au qur.ʊr] / [au s.abu.o.ur]	983~1012
	개태(開泰)	[au ni.l.u.ər]	1012~1021
	태평(太平)	[mos j.iæ.ær.iu] / [mos j.iæ.ær.u]	1021~1031
흥종(興宗)	경복(景福)	[ur s.ən]	1031~1032
	중희(重熙)	[au ʊr.du.l.ha.a.ar] / [au ʊr.du.l.ha.a.an]	1032~1055

황제	연 호 한자	연 호 거란소자	기간
흥종(興宗)	중희(重熙)	[au ordu.l.ha.ar] / [au o.ordu.l.ha.a.ar] / [au ordu.l.ha.a.ar]	1032~1055
도종(道宗)	청녕(清寧)	[au as.ar]	1055~1064
	함옹(咸雍)	[au t(d).ud]	1065~1074
	대강(大康)	[mos t.io.ir] / [mos d.io.ir]	1075~1084
	대안(大安)	[mos ʊr.ud.ʊ.o.on] / [mos ordu.ʊ.o.on] / [mos ordu.o.o.on]	1085~1094
	수창(壽昌)	[mos s.ən]	1095~1101
천조제(天祚帝)	건통(乾統)	[au ar.ʊ.o.ur] / [au ar.u.o.ur]	1101~1110
	천경(天慶)	[au pu.us.əl.gə.ər]	1111~1120
	보대(保大)	?	1121~1125

<참고> 황제의 계보

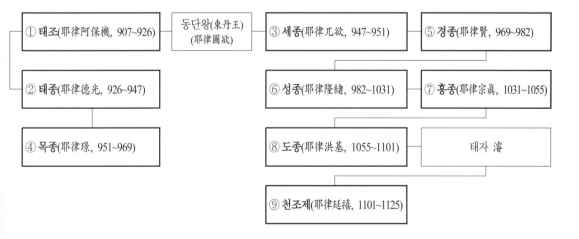

① 태조(耶律阿保機, 907~926) — 동단왕(東丹王) (耶律圖欲) — ③ 세종(耶律兀欲, 947~951) — ⑤ 경종(耶律賢, 969~982)

② 태종(耶律德光, 926~947)

④ 목종(耶律璟, 951~969)

⑥ 성종(耶律隆緒, 982~1031) — ⑦ 흥종(耶律宗眞, 1031~1055)

⑧ 도종(耶律洪基, 1055~1101) — 태자 濬

⑨ 천조제(耶律延禧, 1101~1125)

2. 천간(天干) 및 지지(地支)

① 천간(天干)

거란어의 천간의 의미에 대하여는 여러 학설이 있다. 주로 "오색설(五色說)"과 "오행설(五行說)"이 대립하고 있으나, 아직 그 의미에 대한 명확한 결론이 내려지지 않았다. 陳曉偉가 여러 학설들을 종합하여 하나의 표로 제시한 바 있다(陳曉偉 2011).

거란소자			夲岁 夲丸 / 夬 余	伞岁 伞岁 / 夬 余	山, 山	禾, 求	由火, 由亥
거란대자			岑	伐	夬, 夹	天	尧, 丙
천간			갑(甲)·을(乙)	병(丙)·정(丁)	무(戊)·기(己)	경(庚)·신(辛)	임(壬)·계(癸)
오색설	뜻 해석(신태현)		청(靑)	적(赤)	황(黃)	백(白)	흑(黑)
	음 추정	山路廣明	singe	dungye	jin	munggu	saliga
		即實	siɑuk'æ	liuæ	niɔlɔg·niɔlko	t'ak'an·t'ak'ag	jou
		王弘力	siaog	liaog	xant	?	xuu
		愛新覺羅	siaugu·saugu	liaugu	niolgo	talgu	jogu·jogiu
오행설	뜻 해석	厲鼎煃	목(木)			금(金)	
		閻萬章	목(木)	화(火)	토(土)	금(金)	수(水)
	음 추정(黃振華)		sesegereg	gesegereg	nuəttuo	ortu·oltu	usiyiu
조화설(愛宕松男)	뜻 해석		흑(黑)·수(水)	적(赤)·화(火)	백(白)·금(金)	청(靑)·목(木)	황(黃)·토(土)
	음 추정		alakar	ulakan	ča	hü	dumda

吳英喆은 거란어가 다섯 색상(五色)을 가지고 천간을 표시한다는 데서 출발하여, 각종 거란문 자료를 검토한 결과 하나의 색을 나타내는 거란소자가 각각 2개 이상이고, 동일한 색상이라도 구성된 원자(原字)의 종류에 따라 "양성(陽性)" 또는 "음성(陰性)"으로 나눠지며, 이로 인하여 천간이 구별된다고 주장하고 있다(吳英喆 2014a).

오색	청(靑)			홍(紅)			황(黃)		백(白)		흑(黑)	
거란소자	夲岁余	夲丸余	夲岁夬	伞岁余	伞岁夬	伞丙夬	山	山	求	求	血亥·血亥	由火·虫火
천간	갑(甲)	을(乙)		병(丙)	정(丁)		무(戊)	기(己)	경(庚)	신(辛)	임(壬)	계(癸)
성	양성	음성		양성	음성		양성	음성	양성	음성	양성	음성

※ 劉鳳翥 2014b52 참조

한자	갑(甲)·을(乙)			병(丙)·정(丁)		무(戊)·기(己)		경(庚)·신(辛)		임(壬)·계(癸)			
거란소자	夲岁夬	夲丸余	夲岁余	伞岁夬	伞岁余	山	山	禾	求	血火	由火	由亥	虫火
	[s.iau.qu]	[s.au.ku]	[s.iau.ku]	[l.iau.qu]	[l.iau.ku]	[nior]	[niorqo]	[su]	[su]	[hiar.iu]	[hiar.iu]	[hiar.u]	[ʔ.iu]

② 지지(地支)　※ 劉鳳翥 2014b52 참조

한자	자(子)	축(丑)	인(寅)	묘(卯)	진(辰)	사(巳)	오(午)	미(未)	신(申)	유(酉)	술(戌)	해(亥)
의미	쥐	소	호랑이	토끼	용	뱀	말	양	원숭이	닭	개	돼지
거란소자	矢子 [ʔ.qa]	岑 [un]	血业笑 [qa.ha.as]	毛矢为 [tau.ul.a]	笑 / 笑 [lu]	住扎反 [um.ur.o]	又化 [m.ir]	岁勺 [æm.a] / 岁矢 [æm.ia]	业反 [p.o] / 丹反反 [p.o.o] / 丹反 [p.o]	令为 [t.aqa.a]	伏为 [ni.qa]	火 [ui]

숫자(數字)

① 기수(基數)　※ 吳英喆 2005b/2006c, 劉鳳翥 2014b㊿ 참조

수자	1		2				3					4			
구분	기본	남성형	기본	남성형	향위격	소유격	기본	남성형	향위격	차사	기타	기본	남성형	향위격	기타
거란소자	乇	乇	丞	巠	丞矢	丞杓	包	包	包矢	夂杓乃	夂化	疋	疋	疋矢	仐弓令	仐弓丝

수자	5			6			7			8			9		10
구분	기본	남성형	향위격	기본	남성형	향위격	기본	남성형	향위격	기본	남성형	향위격	기본	향위격	기본
거란소자	五	五	五矢	大	犬	大矢	斤	斤	斤矢	亚	亚	亚矢	禾	禾矢	屯

수자	11	12	13	16		18	19		20	22	24
구분	기본	기본	기본	기본	향위격	기본	기본	향위격	기본	기본	기본
거란소자	乇 乇	乇乇	乇 丞	乇 夂化	乇包	乇 大	乇 大矢	乇 亚	乇 亚矢	乇 禾	乇 禾矢	丁	丁丞	丁仐弓丝

수자	30	32	35	38		39	40	41	45	50	51
구분	기본	기본	기본	기본	향위격	기본	향위격	기본	기본	기본	향위격	기본	기본	향위격
거란소자	乚	乚丞	乚乇	乚亚	乚亚矢	乚禾	乚禾矢	了	了乇	了丞	了丞矢	乙	乙乇	乙乇矢

수자	60	62		64	70	72		73	80		88	
구분	기본	기본	향위격	기본	기본	기본	향위격	기본	기본	향위격	기본	향위격
거란소자	乂	乂丞	乂丞矢	乂仐弓令	乂疋	冂	冏	冂丞	冂丞矢	冂化仐	凵	勹	凵矢	勹亚	勹亚矢

수자	1백	1천		차사	1만		10만
구분	기본	기본	소유격	차사	기본		기본
거란소자	乑	癸	癸杓	仐交勺	爰	丹	乇丹

② 서수(序數)　※ 吳英喆 2005a/2005b/2006c, 劉鳳翥 2014b㊿, 愛新覺羅외 2015⑧ 참조

수자	1				2							3				
의미	제1			제1, 첫째	제2, 둘째	제2의, 둘째이름	제2차, 재차	제2, 둘째		제2의, 둘째이름		제3, 셋째				
								남성	여성			남성	여성			남성
거란소자	叐冬欠	叐冬余	叐公夬	叐夂欠	亥化与	亥化丝	亥化与杓	丞与	杕化丝	杕化与	杕化与杓	刋化丝	刋化与	刋亦与	伋与	伋丝

수자	4				5			6		7	8	9	10	
의미	제4, 넷째				제5, 다섯째			제6, 여섯째		제7, 일곱째	제8, 여덟째	제9, 아홉째	제10, 열째	
	남성	여성	남성	여성	남성	여성	남성	남성	여성	남성	남성	남성	남성	여성
거란소자	仐化丝	仐化与	丝化丝	丝化与	仐亦及扎	仐亦及肉	仐亦及扎	大丝	大与	六丹丝	亚化丝	禾叐丝	非亦丝	非亦与

③ 기수와 서수의 성별(性別)에 의한 분류   ※ 吳英喆 2014c 참조

성별＼의미	1	2	3	4	5	6	7	8	9	10
남성 기수	毛	丞	包	毡	壬	厷	屵	亚	汞	乇
남성 서수	氼冬余	枺化 夵	刋化 夵	夵化 夵	令亐 及圠	厷夵	六丹 夵	亚化 夵	汞夵	乇夵 夵
남성 서수	氼冬欠	亥化 夵	夵夵	令化 夵	令帀 及圠	厷夵		亚夵 夵		
남성 서수	氼癶欠		刋帀 夵							
남성 서수	氼冬刋									
여성 기수	毛	丞	包	毡	壬	厷	屵	亚	汞	乇
여성 서수	氼父夾	枺化 与	刋化 与	令化 与	令亐 及內	厷与	久丹 与			非帀 与
여성 서수	氼火夾	亥化 与	夵与	仐化 与	令帀 及內		久丹 与			
여성 서수			刋帀 与							

④ 형제·자매에 대한 서수사(序數詞)   ※ 愛新覺羅 2004a⑨/2006a/2009a① 참조

구분	형제의 경우									자매(또는 妻)의 경우					
출전	《先》	《烈》	《仲》	《高》	《弘》	《宋》	《海》	《許》	《梁》	《先》	《智》	《故》	《蒲》	《清》	《烈》
長	氼及	氼及	氼冬余	氼及	氼及	氼及	氼冬余	氼及	氼冬余	又	又	氼父夾	又	氼父夾	氼父夾
次	枺化夵	枺化夵	枺化夵	枺化夵	枺化夵	枺化夵	枺化夵	枺化夵	枺化夵	枺化与	枺化与	枺化与	枺化与	枺化与	枺化与
제3	夵夵	夵夵	刋化夵	刋化夵	刋化夵	刋化夵	夵夵	刋化夵	刋化夵	夵与	刋化与	刋化与	夵与	夵与	夵与
제4	令化夵	令化夵	夵化夵	令化夵	令化夵	令化夵	夵化夵	令化夵	令化夵	令化与	夵化与	令化与	令化与	令化与	令化与
제5	令帀 及圠	令帀 及圠	令帀 及圠	令帀 及圠	令亐 及圠	令帀 及圠	令帀 及圠	令亐 及圠	令亐 及圠	令亐 及內	令亐 及內	令亐 及內	令亐 及內	令亐 及內	
제6			厷夵	厷夵	厷夵	厷夵		厷夵						厷与	
제7			六丹 夵			六丹 夵		六丹 夵							
제8			亚化 夵												

시각(時刻) 및 삭윤(朔閏) ※ 劉鳳翥 2014b㉜ 참조

한자	년(年)			월(月)			일(日)			밤(夜)		때·시각(時)				
구분	기본	향위격	소유격	기본	향위격	정월	기본	향위격	소유격	기본	소유격	기본	복수	소유격	복수	향위격
거란소자	卆	卆矢	卆杓	厼	厼矢	穴厼	叐	叐矢	叐杓	夲杏	夲杏杓	夅	夅癶	夅癶杓	夅币	夅朱

한자	밤시각(更)	봄(春)	여름(夏)	가을(秋)	겨울(冬)	초하루(朔)			윤달(閏)
거란소자	火灾刃爻	介夵	弓火	公乃夵	爻平	圠业丹伏	圠业业	圠业丹爻	业平夂

성(性)·수(數)를 표시하는 어미 ※ 大竹昌巳 2016d 참조

거란어에서 성(性) 또는 수(數)의 표시를 가지는 것으로 확인되는 것은 명사·형용사·수사·지시사·형동사이다. 그 중 형동사·서수사·지시사의 형태변화에 대하여 정리하면 다음과 같다.

	형동사						서수사	지시사	
	과거①	과거②	과거③	현재①	현재②	미래		근칭	원칭
남성단수	~災	~丹爻 / ~业	~业爻	~业几	~癸	~爻药	~公癸	~夰	~口
여성단수	~与	~丹伏	~业伏				~公与		
복수	~夰朩	~丹朩 / ~与	~业朩	~业几公	~夰	~爻药公	—	~令	~口令

거란문 묘지(契丹文 墓誌) 중의 인명(人名) 등 표기 ※ 金適외 2007 참조

거란문 묘지중에 남자의 이름이 관칭(官稱) 또는 존칭(尊稱)에 후속하게 되는 경우 그 출현방식은 3가지 정황 :
① "자(字)" 만을 호칭, ② "자(字)"와 "이름"을 이어서 호칭, ③ "이름" 만을 호칭

통상 관직이 높을수록 ①·② 두 가지가 훨씬 많고, 관직이 낮아질수록 ①·②의 형식이 줄어드는 추세를 보인다. 하급관리 또는 관직이 없는 경우에는 대다수가 ③의 형식으로 출현한다. 아래 표에서 보는 바와 같다(★ 표시는 동시에 ① 또는 ②의 형식도 존재하는 것을 표시한다). 이 표에서 명확한 것은 "자(字)"를 모든 남자들이 다 가지고 있는 것은 아니고, 그것은 신분이나 문벌의 하나의 표시라는 것이다.

관칭	이리근 대왕(大王) 군왕(郡王) 국왕(國王)	재상(宰相) 상부(尙父) 추밀(樞密)	령공(令公)	상공(相公)	원수(元帥)	채방(採訪)	초토(招討)	시중(侍中)	태사(太師) 소사(少師)	부마(駙馬)	유수(留守)	태부(太傅) 소부(少傅)	태위(太尉)	태보(太保)
字	7	13	1	9	1	1	2		12	3		2	4	4
字+이름	12	19+3★	6	5+3★		1	1★	1	16+5★	4+1★	1	1	3+3★	1+1★
이름	3★	2							28+1★	5	1		16+1★	13

관칭	상온(詳穩) 령온(令穩) 장군(將軍)	임아(林牙)	이리필(夷離畢)	용호(龍虎)	승지(承旨)	제실기(帝室己)	보국(輔國)	궁사(宮使)	단련사(團練使)	낭군(郎君)	생원(生員)	봉국(奉國)	사도(司徒)	
字	8	1	1			1	1		5	2		3		
字+이름	9+3★									6	2			
이름	40			2	1	3		1	1	82+2★	6+2★	2	3	

7. 친속(親屬)

① 일반적인 친속관계 표시 명사 ※ 劉鳳翥 2014b㊾ 참조

거란소자	친속명	거란소자	친속명	거란소자	친속명	거란소자	친속명
朿及	사위	与 丰	숙부	丸	손자	舟为	남·여아, 아이
丙	어머니	穴分 舟为	차남	生 丰	조부	(舟列 出)	남·여아, 아이 (복수형)
(丙令)	어머니(복수형)	丰	아버지	生 生 丰	증조부	舟为 丸	손녀
(丙公)	어머니(소유격)	(丰丞)	아버지(복수형)	尔火	낭자	舟为 关	아이
丙 几	여인(처)	丰 几	사내(장부)	(尔火 朾)	낭자(소유격)	舟为 关 舟为	손, 손녀
丙 几穴 火	여인(처)	癶勺 丙	조모	伏厺 舟为	대이을 아들	斗 生 丰	백조부
叉土	숙부 (한어차사)	力击 丰	외삼촌	化	증손	斗 丰	백부
叉玥	숙부 (한어차사)	力击 艾	외삼촌	令禾 伏	부인	斗幺 釆 舟为	당질(5촌 조카)
夫伙 叉	남편	朩厺	처조카, 생질	(令禾 伏朾)	부인(소유격)	火关 雨 丸	4촌 언니
与	동생	朩岁	본처	叔火 丙公	이모	叔火	여동생

② 동성(同性)의 형제자매를 표시하는 명사 ※ 大竹昌巳 2014b 참조

동성의 형제자매를 개별적으로 표시하는 거란어 명사는 다음의 4가지가 있다.

1) "斗"[iɑ] : 남자가 자기보다 나이가 많은 동성(同性)의 동배(同輩) 친족을 지칭 (☞ 즉, "형"을 말한다)
(형의 복수형은 "斗幺伏厺")

2) "与"[dəu] : 남자가 자기보다 나이가 어린 동성(同性)의 동배(同輩) 친족을 지칭 (☞ 즉, "남동생"을 말한다)
(동생의 복수형은 "与伏厺" 또는 "与伏叉")

3) "丸"[ɑu] : 여자가 자기보다 나이가 많은 동성(同性)의 동배(同輩) 친족을 지칭 (☞ 즉, "언니"를 말한다)
(언니의 복수형은 "尔伏厺")

4) "火火"[k(h)iu] : 여자가 자기보다 나이가 어린 동성(同性)의 동배(同輩) 친족을 지칭 (☞ 즉, "여동생"을 말한다)
(여동생은 "叔火"로도 표현하며, 복수형은 "火火伏厺")

③ 이성(異性)의 형제자매를 표시하는 명사 ※ 大竹昌巳 2014b 참조

형제자매를 포괄적으로 표시하는 거란어 명사는 "伏当"[n.iɑu]이다. 그러나 이 단어에 대한 의미에 대하여는 여러 학자들이 견해를 달리하고 있는데, 石金民외(2001)는 "동포(同胞) 여동생"을, 趙志偉외(2001)는 "자매"를, 劉鳳翥외(2003)은 "동포 형제 또는 동포 자매"를 지칭한다고 주장하고 있다.

그러나 大竹昌巳(2014)가 다수의 거란문 묘지의 표현방식을 연구하여 얻어 낸 결과에 따르면 일치되는 결론이 하나 나오는데, "伏当"는 남녀 모두에게 사용이 가능하고 나이의 연장과는 관계가 없으며, 단지 이성의 동배 친족(즉, 대상자가 남자일 경우 누나와 여동생들을 포괄하며, 대상자가 여자일 경우 오빠와 남동생을 포괄함)을 포괄적으로 가리키는 용어라는 것인데, 신뢰할 만하다.

"伏当"의 복수형은 "伏当伏叉" 또는 "伏当伏厺"이다.

ㅣ. 부가성분

① 복수접미사 ※ 이성규 2015, 武內康則 2016 등 참조

접미사	거란소자	吳英喆(2007c)	Kane(2009)	愛新覺羅(2012)	武內康則(2016)	접미사	거란소자	吳英喆(2007c)	Kane(2009)	愛新覺羅(2012)	武內康則(2016)
[d]/[t]	令	tu	t	t	ed	[tʃ] [r]	夃	tʃi	dź	os/odʒ	os
	夂	t'u	d	d/t	ɪd		亥	tʃi	tz	dʒi	idʒ
	帀	t'ə	od	od	od		枺	tʃə	c	tʃi	edʒ
	ʒ	tʊ	ad	ad/at			化	ru	ur	ur	ud
	火	ut	ud	ud			亿	ri	ri	ir	-
	尘	te	cen	d/t			矢	li	li	ul	-
[s]	仐	əs	s	əs	ɪs	기타	伏夂	nɔr~nɔl	ń-er	nər	ɲer
	夈	is	-	is			伏夊	nin	nun	inir	ɪɲer
	卡	su	kå	su			伏令	nɔd	nət	nəd	-
	出	sa	an	an	aɲ						

② 격어미 ※ 이성규 2015 등 참조

격	거란소자	吳英喆(2007c)	Kane(2009)	격	거란소자	吳英喆(2007c)	Kane(2009)	격	거란소자	吳英喆(2007c)	Kane(2009)
소유격	买	an	an	목적격	夯	ri~il		탈격	灬	-	iú
	雨	in	in		夬	i	-		矢夬	ti~t'i	de.i
	与	ʊn	on	도구격	夯	ri~il	er		朱夬	ti~t'i	-
	火	un	un	향위격	矢	tə	de		几夬	ti~t'i	-
	杓	ən	en		令·夂	tu·t'u	-		夂夬	ti~t'i	-
	夯	en	-		朱	ta	do		令夬	ti~t'i	-
	犬	yn	-		几	ti	dú	재귀격	止		ban
	公	nə	n		与夃	tur/t'ur	-		丹伏,丹夊		ben
	伏	ʊ	iń		冄	ɣɔ	-		屮出		iyan
	夬	i	i		夬	i			出		an
									为出		a:n

③ 동사의 접미사 ※ 愛新覺羅 2004a⑧ 참조

부동사(副動詞)의 접미사	형동사(形動詞)와 동명사의 접미사	동사의 진술식(陳述式) 접미사
~i(卆·火·夾·万·比·夬) [행위의 순서]	~n(与·出·夊·冄·소·公·伏)	~n(夊·冄·伏·소·出) [과거시제]
~tʃ(尘) [행위의 병렬]	~ur/~ar(夬·枺) [과거시제]	~ur/~ar(夃·枺) [과거시제]
~l(与)	~lga(与扎·屮扎), ~lgə(屮几) [타동사의 어간, 과거시제]	~lin(与夊·枺夊·屮夊·用夊) [타동사의 어간, 과거시제]
~sai(冬比), ~səi(仐比), ~soi(子比) [조건 및 원인, 과거시제]	~ga(扎), ~gə(几), ~go(扎·州)	~go(扎·州) [과거시제]
	~bun(丹伏) [자동사의 어간, 과거시제]	~bun(丹伏·丹夊), ~bu(屮) [자동사의 어간, 과거시제]
~tʃi(枺·夯)	~utʃi(夊药·尺药·廾药·廾㣺 芬枺·夯枺)	

* 위 표에 기술된 어미의 발음은 愛新覺羅가 2004년도에 추정한 음이므로 현재 시점에서는 다소 다른 부분도 있다.

9. 거란소자의 분사식(分寫式) 표현 사례 ※ 吳英喆 2014b 참조(제17번은 陳曉偉 2011 참조)

No.	단체자	분사식	의미	발음	No.	단체자	분사식	의미	발음
①	乇	又公 / 又火	1(여성·남성)	əmu	⑨	斥	久丹 / 六丹	7(여성·남성)	dol
②	乇	又冬 / 又义	1(남성)	əms?[주]	⑩	斥	久丹 / 六丹	7(남성)	dol?
③	圣	秋化 / 亥化	2(여성·남성)	dʒur	⑪	巫	伏交 조	8(여성·남성)	niem
④	圣	秋化 / 亥化	2(남성)	dʒur?	⑫	山	公关 勺	금(金)	nigu
⑤	包	커化	3(여성·남성)	ɣur	⑬	王	令关 关	제(帝)	di
⑥	包	커化	3(남성)	ɣur?	⑭	方	大化	동(東)	dor
⑦	屯	令化 / 公化	4(여성·남성)	dur	⑮	佃	仐炎 关	생(生)	suei ~ sui
⑧	屯	令化 / 公化	4(남성)	dur?	⑯	禾	伞火	백(白), 경(庚)·신(辛)	siu ~ su
					⑰	禾	仐仐	백(白)	su

주) 발음에 "?"를 표시한 것은 아직 긍정적으로 평가할 단계가 아니다. 왜냐 하면 여러 어근 뒤에 부가성분이 연결될 때에 마지막 모음의 탈락 현상이 발생하느냐에 대하여 지금 고증할 방법이 없기 때문이다(吳英喆 2014b).

10. 지시대명사 ※ 吳英喆 2013c 등 참조

거란소자	발음	의미	몽고어 연원		단·복수
芬(夯)	[ə]	이것	〰〰	[ən]	단수
芬커	[ə.qa]	이것(?)	〰〰〰	[ənxu:]	단수
仐	[əd]	이것들	〰〰	[əd]	복수
口	[tə]	그것	〰〰	[tər]	단수
口커	[tə.qa]	그것(?)	〰〰〰	[tərxu:]	단수(?)
口仐	[tə.t(d)]	그것들	〰〰	[təd]	복수
口尘	[tə.t(d)]	그것들	〰〰	[təd]	복수(?)

11. 서명(書名) ※ 劉鳳翥 2014b⑤ 참조

거란소자	서명	거란소자	서명	거란소자	서명	거란소자	서명
丸去 勺	《신서(新書)》	丸尖 厄	《서(書)》에	씨火 安尖 矢	《논어(論語)》에	仗刕 药公 村 矢关 火	《칠조실록》 (七朝實錄)
丸兔 丸尖 厄	《상서(尚書)》에	秋土 万勺 矢	《주역(周易)》에	艾关 化	《거란사(契丹史)》*		

* 愛新覺羅는 이를 "거란시(契丹詩)"로 풀이하고 있다(愛新覺羅 외 2012).

12. 부족명(部族名) ※ 劉鳳翥 2014b⑤ 참조

한자	여진 (女眞)	북여진 (北女眞)	출불고·조복 (虎不姑·阻卜)	북출불고·북조복 (北虎不姑·北阻卜)	오륙원이부 (五六院二部)		해 (奚)	육부해 (六部奚)		초로득* (初魯得)
거란 소자	子쇠 公	丞 子쇠 公	秋生 欠	秋生 欠不	丞	秋生 欠不	乇火 友 灭化 圣 伏升 矢	口比 伏	友	伏升 矢村 口比 伏	秋仔 分

* "초로득(初魯得)"은 《요사》에 나오는 "저특(楮特)"이다.

3. 씨족명(氏族名) ※ 愛新覺羅외 2012 참조

구분	씨족명	남성형	여성형	복수형	구분	씨족명	남성형	여성형	복수형
야율씨(耶律氏)	야율씨			[illegible] [illegible] [illegible]	소씨(蕭氏)	멸고내씨(蔑古乃)	[illegible] [illegible]	[illegible] [illegible] [illegible]	남성형 또는 여성형 사용
소씨(蕭氏)	포외씨(布猥)		[illegible]			저특씨(楮特)	[illegible]	[illegible]	남성형 사용
	발리씨(拔里)		[illegible] [illegible]			구곤씨(甌昆)	[illegible]	[illegible] [illegible]	[illegible] [illegible]
	을실기씨(乙室己)	[illegible]	[illegible]	[illegible] [illegible] [illegible]		복외씨(僕隗)		[illegible] [illegible] [illegible]	
	질랄씨(迭剌)	[illegible] [illegible]	[illegible] [illegible]	남성형 사용		을실씨(乙室)		[illegible]	
						호외씨(護隗)		[illegible]	
	오외씨(烏隗)	[illegible]	[illegible] [illegible]	[illegible]		항내씨(杭奈)		[illegible]	
						미리길씨(迷里吉)	[illegible]	[illegible]	

4. 국호(國號) 및 국명(國名) ※ 劉鳳翥 2014b㊿ 참조

한자	나라(國)		요(遼)	요거란(遼契丹)	거란(契丹)		요국(遼國)	대중앙요거란(大中央遼契丹)	대중앙요거란국(大中央遼契丹國)
구분	거란어	차사	차사	거란어	거란어		소유격	거란어	거란어(소유격)
거란소자	[illegible]	[illegible]	[illegible]	[illegible]	[illegible]	[illegible]	[illegible]	[illegible]	[illegible]

한자	대중앙거란요국(大中央契丹遼國)	대요거란국(大遼契丹國)	송(宋)	송국(宋國)		대송국(大宋國)	남송(南宋)
구분	거란어(소유격)	거란어(소유격)	차사	한어차사	향위격	소유격	소유격
거란소자	[illegible]	[illegible]	[illegible]	[illegible]	[illegible]	[illegible]	[illegible]

한자	금국(金國)	대금국(大金國)	연(燕)	촉국(蜀國)		제국(齊國)	한국(韓國)	월국(越國)	동단국(丹國)
구분	소유격	소유격	한어차사	한어차사	한어차사	소유격	한어차사	한어차사	소유격
거란소자	[illegible]	[illegible]	[illegible]	[illegible]	[illegible]	[illegible]	[illegible]	[illegible]	[illegible]

한자	정(鄭)	초국(楚國)	진국(秦國)	진국(晉國)	수(隋)	수국(隋國)	양국(梁國)	위(魏)	허국(許國)
구분	한어차사	한어차사	한어차사	한어차사	한어차사	한어차사	한어차사	한어차사	한어차사
거란소자	[illegible]	[illegible]	[illegible]	[illegible]	[illegible]	[illegible]	[illegible]	[illegible]	[illegible]

5. 지명(地名) ※ 劉鳳翥 2014b㊿ 참조

거란소자	지명	거란소자	지명	거란소자	지명
[illegible]	北東路	[illegible]	朔州의(소유격)	[illegible]	瀋州의(소유격)
[illegible]	宥郡	[illegible]	愼州의(소유격)	[illegible]	瀋州의(소유격)
[illegible]	野魯里山의(소유격)	[illegible]	瀋州	[illegible]	漆水郡

거란소자	지명	거란소자	지명	거란소자	지명
秀犬 爻炎 几火亦	漆水郡	全雨 木用 业务村	新城縣의(소유격)	业为夨 业用 几亦	蘭陵郡
甬爻爻 丙矢	曷魯爾山에(향위격)	全交 丙丙务 全交务矢	僡遊殿에(향위격)	业凡 木土	龍州
庅 全长尺与 刬反用	永慶陵	全犬 爻炎 务业	漆水縣	业犬 木土村	醴州의(소유격)
庅 斗炎 刬反用	永福陵	全犬 爻炎 务业	漆水縣	炎犬 木土火	宜州의(소유격)
土平 全长尺炎 不村	雲慶山의(소유격)	全犬 几用矢	西京에(향위격)	炎炎 木土火	永州의(소유격)
杰爻 为夹 木土火	武安州의(소유격)	全 全用 业务村	武淸縣의(소유격)	业用 木土火	平州의(소유격)
杰爻 全用村	武淸의(소유격)	今市 务炎 几亦村	大同軍의(소유격)	业出 爻炎 木土矢	奉聖州에(향위격)
主 业凡 全炎	黃龍府의(소유격)	今乃爻 企村	塌母城의(소유격)	用 木土火	應州의(소유격)
主 业炎火 全炎	黃龍府의(소유격)	今乃木 企村	塌母里(塌母)城의(소유격)	几丙火 全交务	宮殿
圠为 业用夹 村	顯陵의(소유격)	今交车公 几用	南京의(소유격)	几杰 业用 几亦	廣陵郡
尢化 几用	東京	公务 几用	南京	几夬 木土火	高州의(소유격)
尢化 几用村	東京의(소유격)	公务 几用村	南京의(소유격)	火夹 木土	顯州
爻化 几用村	上京의(소유격)	伞用 几怎 几亦	靜江軍	火爻炎 不村	渠劣山의(소유격)
马炎 几用	中京	伞犬 爻炎 几亦	漆水郡	火交务 木土	顯州
马炎 几用村	中京의(소유격)	业丙 木用 几亦	柳城郡	火交务 木土火	顯州의(소유격)
刬炎 务炎 几亦	混同郡	业並 爻为夹	梁山	火用炎 木土火 今交务炎	慶州의 殿
伤怎村 业务 业用矢	唐의 乾陵에(향위격)	业夬爻 几用村	洛京의(소유격)	火犬用 马炎全	興中府
门火 业用 业务村	東平縣의(소유격)	业为夹 业用 几亦	蘭陵郡	用怎 业夬爻	尙洛

16. 관명(官名) ※ 劉鳳翥 2014b㊿ 참조

◇ 관명의 순서는 거란소자의 원자번호 순으로 표기하였으며, 劉鳳翥가 최근 저술에 이를 체계적으로 요약 정리하고 있기에 이를 활용하였다.

거란소자	관명	거란소자	관명
一 十孖毛	北西招討	一 爻化 全 丹尺 爻炎 门 几才 么村 火	北院副部署都監之事
一 务 伏卅炎 午村 全各火	北東路達領詳穩	丞 子刬 全各 公 火	北女眞詳穩
一 务 伏仐圠村 午村 全各火	北東路達領詳穩	丞 全炎 刬化欠	北府의 宰相
一 爻化 木安与	北院承旨	丙土爻 木安	右丞(한어차사)
一 爻化 全烑业 火炎	北院宣徽	丙土爻 木安 全丹	右丞相(한어차사)

거란소자	관명	거란소자	관명
〔거란소자〕	右僕射(한어차사)	〔거란소자〕	上將軍(한어차사)
〔거란소자〕	右監門衛上將軍(한어차사)	〔거란소자〕	上將軍의 諸號
〔거란소자〕	實封食一百賜	〔거란소자〕	上輕車都尉(한어차사)
〔거란소자〕	延慶宮의 都宮使	〔거란소자〕	樞密(한어차사)
〔거란소자〕	延昌宮의 副使	〔거란소자〕	樞密院同知
〔거란소자〕	崇祿大夫(한어차사)	〔거란소자〕	樞密副使(한어차사)
〔거란소자〕	崇祿大夫(한어차사)	〔거란소자〕	瀋州의 度使
〔거란소자〕	都統	〔거란소자〕	少師(한어차사)
〔거란소자〕	都統	〔거란소자〕	五院大王
〔거란소자〕	一品	〔거란소자〕	戶部尚書(한어차사)
〔거란소자〕	守司徒(한어차사)	〔거란소자〕	戶部의 尚書
〔거란소자〕	守司農少卿(한어차사)	〔거란소자〕	護軍
〔거란소자〕	守司空(한어차사)	〔거란소자〕	弘儀宮의 副宮使
〔거란소자〕	守司空의 號	〔거란소자〕	惕隱
〔거란소자〕	守太師(한어차사)	〔거란소자〕	字掌의 事知(한어 "字掌知事")
〔거란소자〕	守太傅(한어차사)	〔거란소자〕	武安州의 觀察
〔거란소자〕	守太傅(한어차사)	〔거란소자〕	武清의 兵馬都監
〔거란소자〕	守太尉(한어차사)	〔거란소자〕	武騎尉(한어차사)
〔거란소자〕	守太保(한어차사)	〔거란소자〕	王子班郎君詳穩
〔거란소자〕	少傅(한어차사)	〔거란소자〕	黃龍府의 府尹
〔거란소자〕	朔州의 事知(한어 "朔州知事")	〔거란소자〕	刺史(한어차사)
〔거란소자〕	率府率(한어차사)	〔거란소자〕	司徒(한어차사)
〔거란소자〕	率府副率(한어차사)	〔거란소자〕	司徒의
〔거란소자〕	率府帥(한어차사)	〔거란소자〕	賜紫金魚袋(한어차사)
〔거란소자〕	率府副率 의(한어차사)	〔거란소자〕	六字의 功臣
〔거란소자〕	尚父(한어차사)	〔거란소자〕	六院大王
〔거란소자〕	上將軍(한어차사)	〔거란소자〕	六部의 都統

거란소자	관명	거란소자	관명
(거란소자)	鎭國大將軍의 號		彰愍敦睦延慶三宮의 副宮使
(거란소자)	政事令의(소유격)	(거란소자)	宰相
(거란소자)	政事令(한어차사)	(거란소자)	宰相에(향위격)
(거란소자)	鎭國("鎭國上將軍"의 간칭)	(거란소자)	宰相의(소유격)
(거란소자)	鎭國上將軍(한어차사)	(거란소자)	宰相
(거란소자)	東京의 戶部令의 錢帛二司의	(거란소자)	宰相의(소유격)
(거란소자)	東京의 通判	(거란소자)	中京의 同知
(거란소자)	東京留守	(거란소자)	尙書職方郎中(한어차사)
(거란소자)	同知	(거란소자)	丞相(한어차사)
(거란소자)	同知	(거란소자)	丞旨(한어차사)
(거란소자)	充本州防禦使(한어차사)	(거란소자)	丞旨(한어차사)
(거란소자)	充本州防禦使(한어차사)	(거란소자)	左院郎君班詳穩(左祗候郎君班詳穩)
(거란소자)	字의 事掌管知(즉, "總知翰林院事")	(거란소자)	左院夷離畢
(거란소자)	左院奉宸의 號	(거란소자)	昭武大將軍
(거란소자)	左院千牛衛將軍	(거란소자)	朝散大夫(한어차사)
(거란소자)	昭武大將軍(한어차사)	(거란소자)	侍中(한어차사)
(거란소자)	行臺尙書省의 左丞相	(거란소자)	侍中(한어차사)
(거란소자)	上京의 留守	(거란소자)	侍中의(소유격)
(거란소자)	上京의 留守	(거란소자)	使相의 號
(거란소자)	上京의 通判	(거란소자)	侍中
(거란소자)	中書令(한어차사)		使持節龍州諸軍事(한어차사)
(거란소자)	中書令의(소유격)	(거란소자)	安州의 刺史
(거란소자)	忠正軍節度使(한어차사)	(거란소자)	安國軍의 度使
(거란소자)	中京의 同知	(거란소자)	同知(한어차사)
(거란소자)	中京의 留守	(거란소자)	同監修國史(한어차사)
(거란소자)		(거란소자)	同中書門下平章事(한어차사)

거란소자	관명	거란소자	관명
(거란소자)	同中書門下平章事	(거란소자)	副署
(거란소자)	統軍의(소유격)	(거란소자)	副點檢의(소유격)
(거란소자)	猛安의(소유격)	(거란소자)	副元帥(한어차사)
(거란소자)	猛安의 首長	(거란소자)	副元帥의(소유격)
(거란소자)	團練(한어차사)	(거란소자)	副部署(한어차사)
(거란소자)	團練使(한어차사)	(거란소자)	副宮使(한어차사)
(거란소자)	團練防禦(한어차사)	(거란소자)	輔國大將軍(한어차사)
(거란소자)	大丞相	(거란소자)	副宮使(한어차사)
(거란소자)	大將軍(한어차사)	(거란소자)	輔國上將軍(한어차사)
(거란소자)	大將軍	(거란소자)	天下都統大元帥
(거란소자)	印牌司의 郎君	(거란소자)	天雲軍詳穩事知
(거란소자)	印牌司의 郎君들	(거란소자)	夜日官(宿直官)
(거란소자)	兵馬都監(한어차사)	(거란소자)	將軍(한어차사)
(거란소자)	檀州의 事知(한어 "檀州知事")	(거란소자)	宣徽(한어차사)
(거란소자)	夷离菫	(거란소자)	宣徽(한어차사)
(거란소자)	都統(한어차사)	(거란소자)	宣武將軍(한어차사)
(거란소자)	都宮使(한어차사)	(거란소자)	探訪(한어차사)
(거란소자)	都監(한어차사)	(거란소자)	探訪(한어차사)
(거란소자)	都監(한어차사)	(거란소자)	積慶宮의 副宮使
(거란소자)	敦睦宮判官(한어차사)	(거란소자)	詳穩
(거란소자)	副使(한어차사)	(거란소자)	左率府副率(한어차사)
(거란소자)	駙馬(한어차사)	(거란소자)	左奉宸(한어차사)
(거란소자)	駙馬都尉(한어차사)	(거란소자)	左監門衛上將軍(한어차사)
(거란소자)	副部署의 事知	(거란소자)	將軍(한어차사)
(거란소자)	府尹(한어차사)	(거란소자)	相公(한어차사)
(거란소자)	輔國上將軍(한어차사)	(거란소자)	相公의(소유격)
(거란소자)	副使	(거란소자)	千牛衛將軍
(거란소자)	副署	(거란소자)	先鋒, 前鋒(한어차사)

거란소자	관명	거란소자	관명
仐关 戋火 亚方 八半 九火 丹乐	漆水縣開國伯(한어차사)	厺圶 九交圶 与亥 屋关	點檢同知
仐关 戋炎 九亦 叔丙 九火 九火	漆水郡開國公(한어차사)	厺交方 仐交方 门 厺圶 九交圶	殿前都點檢(한어차사)
仐关 戋炎 亚方 八半 九火 仐吞	漆水縣開國子(한어차사)	仐及 杰安 仐卅	左丞相(한어차사)
仐关 火用 仐爻 九丙火 圠	積慶副宮使(한어차사)	仐及 九又 炎 戋氘 仐卅	左金衛上將(한어차사)
仐芳 仐卅 九亦	小將軍(한어차사)	仐及 九又 安爻 炎 戋氘 仐卅 九亦	左金吾衛上將軍(한어차사)
令方 仐火 引化欠	南府의 宰相	仐用 九氘 九亦 仐交 门 圠	靜江軍節度使(한어차사)
令方 九丙火火 屮丙 戋土	南京의 留守	仐卅 九亦	將軍(한어차사)
令方 九用村 丹亥 九亦	南京의 步軍	仐交 门 圠	節度使(한어차사)
令方 九用村 仐水 九亦	南京의 統軍	屮丙 戋土	留守(한어차사)
令半关 杰安 仐卅	大丞相(한어차사)	屮央爻 九用村 屮丙 戋土	洛京의 留守
令半关 厺火 玉谷雨	大內惕隱	屮氘 弓水	郎中(한어차사)
令半关 仐卅 九亦村	大將軍의(소유격)	屮用 北炎 戋氘 仐卅 九亦	龍虎衛上將軍(한어차사)
令欠 戋关	度使(한어차사)	屮用 北 九亦 戋氘 仐卅 九亦	龍虎軍上將軍(한어차사)
令欠 戋关雨 关化	度使의 號	屮用 杰土 廾圠	龍州刺史(한어차사)
令欠 戋关雨 关化仐	度使의 號(복수형)	屮用 杰土 生乑 屮交方 圠	龍州團練使(한어차사)
令欠 圠	度使(한어차사)	屮圶 引为	林牙
令乃木 企村 令余 戋关村 火 屋亥药矢	塌母里城의 度使의 事知	屮圶 为	林牙
令余 戋关	度使(한어차사)	屮圶 为夹	林牙의(소유격)
令交本厺 九用村 圠 炎关	南京의 侍衛	屮用 九火	令公(한어차사)
令交方 九用村 屮丙 戋土	南京의 留守	屮用 九火火	令公의(소유격)
令交方 弓水 圠谷 安火 圠	殿中侍御史(한어차사)	屮关 付雨 圠	禮賓使(한어차사)
厺乑仐村 奕夹 关化矢	世襲猛安의 號에(항위격)	屮关 丹雨 圠	禮賓使(한어차사)
厺关用 奕方 久半 仐卅 九亦	寧遠大將軍(한어차사)	屮关 丹穴 圠谷 屮氘	禮部侍郎(한어차사)
厺丙 仐雨	特進(한어차사)	屮关 丹穴 用氘 戋火	吏部尚書(한어차사)
厺方 九用村 屮丙 戋土	南京의 留守	安雨 仐用 雨岁 屮欠 久半关 仐	銀青崇祿大夫(한어차사)
厺方 仐火 引化欠	南府의 宰相	安雨 仐用 雨岁 灾欠 六半 仐	銀青崇祿大夫(한어차사)
厺半关 仐卅 九亦村	大將軍의(소유격)	安雨 仐用 九岁 灾 久半关 仐	銀青光祿大夫(한어차사)

거란소자	관명	거란소자	관명
安厹夯 丈杰 夲	元帥府(한어차사)	北屮 安火 兆朾 关化	防禦使의 號
安厹 丈杰 坐	元帥(한어차사)	北尺 丈火 廾 与安 屋关	部署司同知
安火 厹夯 令火 伞雨	御院通進(한어차사)	用屮	夷離畢
安关 劣火 夲为乃 廾	儀同三司(한어차사)	用 秌圡火 令欠 丈关	應州의 度使
叔雨 秌圡火 与各 兆	沁州의 刺史	丹车为夾 灭化 夲安 人火 坐朾	右院宣徽의 (소유격)
叔屮 令 安关 劣火 夲为乃 廾	開府儀同三司(한어차사)	丹灭 父	僕射(한어차사)
叔屮 令 安关 劣火 夲为乃 廾	開府儀同三司(한어차사)	丹灭灭 几亦火 朾 屋各	步軍의 事知
叔企 圠几 屋关	勅字知(한어 "知勅字" 또는 "知制誥")	丹考 几关 久屮 夲卅 几亦	驃騎大將軍(한어차사)
火安 秌圡火 劣火 夊	永州의 同知	丹里 秌圡火 令杰 安火 兆各	博州의 防禦使
小 十 乑 丢	南西招討	曲公 朿夾 关化	觀察의 號
小 为 劣火 几亦	南東統軍(東南面統軍使)	曲公 用 兆	觀察使(한어차사)
小 灭化 与安 屋灭	南院同知	曲公 用 兆各	觀察使
小 灭化 与安 屋灭夘矢	南院同知	亦 勺各 火	雲騎尉(한어차사)
小 灭化 与安 屋火	南院同知	亦 几各 火	雲騎尉(한어차사)
小 灭化 令 北灭 丈火	南院副部署	穴公	首長, 長官
小 灭化 令灭 丹灭 丈火	南院副部署	穴公各	首長, 長官
小 灭化 屮公为	南院林牙	几丙火火 兆各	宮의 使
小 灭化 屮公刋为	南院林牙	几杰 夨 久屮关 令	光祿大夫(한어차사)
北杰 安火 兆	防禦使	几又 伞各 雨屮 屮夊 六屮 令	金紫崇祿大夫(한어차사)
北扎 北雨 圣 乑 刃各	實封食二百户(한어 "食實封二百户")	几又 安灭 火 丈兔 夲並 几亦	金吾衛上將軍(한어차사)
北灭灭 丈火 廾 与安 屋灭夘矢	部署司同知	几又 安灭 火 丈兔 夲卅 几亦	金吾衛上將軍(한어차사)
北为夲 北雨 圣 矢	邑食二千(한어 "食邑二千")	几丸 秌圡火 曲公 用 兆	高州의 觀察使
北用 刋兔 夊用 兆各	平章政事(한어차사)	几反不 用 兆各朾 关化	觀察使의 號
北用 屮刀弓 几火 秌朾	平亂功臣(한어차사)	几夵 几考 几火 伞各 伞关 伞丙	檢校國子祭酒(한어차사)
北火 丈安 秌圡火 火 屋灭夘矢	奉聖州의 事知(한어 "知奉聖州事")	几夵 几考 几火 伞各 伞关 伞丙	檢校國子祭酒(한어차사)
北火 秌雨朾 关化	奉宸의 號	几交夵 弓火 丈火 屮用	兼中書令(한어차사)
北屮 秌朾朾 关化	奉宸의 號	几交夵 兆 弓火	兼侍中(한어차사)

거란소자	관명	거란소자	관명
几夊仐 几ᵂᵉ 盈 火	檢校太尉(한어차사)	盈 北	太師(한어차사)
几盈 几ᵂᵉ 甪ᵉ 仄火 丙上ᵉ 丹夊 丙夊	檢校尚書右僕射(한어차사)	盈 北	太師(한어차사)
几盈 几ᵂᵉ 盈 北	檢校太師(한어차사)	盈 北ᵃ	太師의(소유격)
几盈 几ᵂᵉ 仄火 丹ᵘ 甪ᵉ 仄火	檢校工部尚書(한어차사)	盈 北ᵉ	太師에(향위격)
几甪 ⼧ᵂᵉ	經略(한어차사)	盈北 ᵉ	太師에(향위격)
几ʲ盈 又ᵃ 火 仄ᵉ 仐⼦ 几亦	監門衛上將軍(한어차사)	盈 仐	太傅(한어차사)
几火 仄⼿ 门 几ʲ乃矢	宮使都監에(향위격)	盈 仐ᵉ ⼧甪 仐ᵃ乃 仄並 北	太傅領三省事(한어차사)
几火 朩雨	功臣(한어차사)	盈 火	太尉(한어차사)
几火 朩村 至 ᵂᵉ几盈	功臣八字(복수형)	盈 火矢	太尉에(향위격)
几火 朩村 丞 ᵂᵉ几盈	功臣二字(복수형)	盈 火	太尉(한어차사)
几火 丹ᵉ 甪ᵉ 仄火	工部尚書(한어차사)	盈 火村	太尉의(소유격)
几夲 门 火	騎都尉(한어차사)	盈 丹	太保(한어차사)
火キ 几火 几火	開國公(한어차사)	盈丹	太保(한어차사)
火夊ᵃ 杰ᵉ 仐⼦ 几亦	顯武將軍(한어차사)	盈丹ᵃ	太保의(소유격)
火夊ᵃ 朩上火 仐夊 仄⼿	顯州의 度使	盈丹矢	太保에(향위격)
火⼦甪 仄尖 门ᵉ 几丙火 北	興聖都宮使(한어차사)	盈 仐夲ᵉ 仄ᵂᵉ 北	太子少師(한어차사)
屯 ᵂᵉ几村 几火 朩雨	四字의 功臣	甪ᵉ 仄火 丙上ᵉ 朩尖	尚書右丞(한어차사)
屯 ᵂᵉ几盈 几火 朩村	四字功臣	甪ᵉ 仄火 丙上ᵉ 朩尖 仐⼦	尚書右丞相(한어차사)
夊公	于越의(축약형·소유격)	甪ᵉ 仄火 ⼧尖 丹夊 北夲 ⼧ᵉ	尚書禮部侍郎(한어차사)
夊芬	于越	甪ᵉ 北	敞史(한어차사)
盈 仄尖	太師(한어차사)	甪ᵉ 公甪 几丙火 仐 几丙火 北	長寧宮副宮使(한어차사)
盈 壮 ᵂᵉ 北村	太子少師의(소유격)	甪ᵉ 公甪 几丙火火 仐夊 丹夊 仄火	長寧宮의 副部署
盈 壮 盈 仐夊	太子太傅(한어차사)	与 火尖尖 北	指揮使(한어차사)

거란소자 관련 문헌

가部 賈敬顔, 康鵬, 江上波夫, 蓋之庸, 高桂雲, 高路加, 杲文川, 高娃, 高占一, 郭添剛, 郭添剛, 關樹東, 今西春秋, 吉林省文物考古研究所, 吉如何, 吉日嘎拉, 吉池孝一, 金光平, 金永田, 金毓黻, 金適, 김주원

[賈敬顔 1981] <契丹文及其文獻>, ≪中國史研究動態≫ 1981 제5기.

[賈敬顔 1982] <契丹文>, ≪中國民族古文字會議≫, 1982.

[賈敬顔 1985] <契丹字錢幣考>, ≪內蒙古金融≫ 1985 錢幣增刊.

[賈敬顔외 1993] <關於契丹文≪許王墓誌≫的若干問題>(賈敬顔、黃振華), ≪東北古代民族古代地理叢考≫, 中國 社會科學出版社, 1993.

[康鵬 2011] <蕭撻凛家族世系考>, ≪新亞洲論壇≫(서울) 제4집(2011).

[康鵬 2013] <契丹小字≪蕭敵魯副使墓誌銘≫考釋>, ≪遼金歷史與考古≫(2013).

[康鵬 2015] <新世紀契丹語文研究的新進展及其對歷史研究的貢獻>, ≪만주연구≫ 제20집(2015).

[康鵬 2016a] <≪馬衛集書≫中的契丹語詞 "Sh.rghūr (漢人)">, ≪西域研究≫ 2016 제3기.

[康鵬 2016b] <契丹小字 "地皇后" 考>, ≪西北師大學報(社會科學版)≫ 제53권 제5기(2016).

[江上波夫외 1939] ≪東亞考古學≫(江上波夫、駒井和愛、隆藤守一), 平凡社, 1939.

[蓋之庸 2002] ≪內蒙古遼代石刻文研究≫, 內蒙古大學出版社, 2002.

[蓋之庸외 2008] <契丹小字≪耶律副部署墓誌銘≫考釋>(蓋之庸、齊曉光、劉鳳翥), ≪內蒙古文物考古≫ 2008 제1기.

[高桂雲 1995] <遼契丹文錢淺說>, ≪首都博物館叢刊≫ 제10집, 地質出版社, 1995.

[高路加 1981] <契丹小字的製作和突厥文>, ≪吉林大學社會科學學報≫ 1981 제2기.

[高路加 1982] <契丹原字『夫』音値考>, ≪東北考古與歷史≫ 제1집(1982).

[高路加 1985] <契丹小字詞語雜考>, ≪遼金契丹女真史研究≫ 1985 제2기.

[高路加 1988a] <契丹小字複數符號探索>, ≪內蒙古大學學報≫ 1988 제2기.

[高路加 1988b] <契丹姓氏耶律音義新探>, ≪內蒙古大學學報≫ 1988 제4기.

[高路加 1991] <契丹字詞拾零>, ≪內蒙古大學學報≫ 1991 제4기.

[杲文川 1999] <劉鳳翥遍搜古碑問契丹>, ≪中華兒女≫(海外版) 1999 제4기.

[杲文川 2000] <張張拓片滴滴汗—記我國契丹小字研究>, ≪阜新遼金史研究≫ 제4집, 中國社會出版社, 2000.

[高娃 2014] <內蒙古大学所藏契丹字文献>, ≪中央民族大学学报≫(哲学社会科学版) 2014 제4기.

[高占一외 1984] <吉林柳河出土契丹文銅鏡>(高占一、樸潤陸), ≪遼金契丹女真史研究≫ 1985 제2기.

[郭添剛외 2009] <契丹小字金代≪蕭居士墓誌銘≫考釋>(郭添剛、崔嵩、王義、劉鳳翥), ≪文史≫ 2009 제1집.

[關樹東 1993] <近年來國內的契丹小字研究>, ≪民族研究動態≫ 1993 제4기.

[今西春秋 1938] <女真字銅印>, ≪東洋史研究≫ 3권 4호(1938).

[吉林省文物考古研究所 1989] <內蒙古科右前旗發現六處古代墨書題記>, ≪北方文物≫ 1989 제1기.

[吉如何 2011] <契丹語語法研究綜述>, ≪북방문화연구≫ 제2권 제1호(2011).

[吉如何 2013] <契丹大小字同形字比較研究>, ≪북방문화연구≫ 제4권(2013).

[吉如何 2014] <契丹語 "那可見" 考>, ≪북방문화연구≫ 제5권(2014).

[吉如何 2015] <關於若干契丹字的讀音>, ≪알타이학보≫ 제25권(2015).

[吉如何 2016] <契丹博物館藏契丹小字碑刻殘石>, ≪몽골학≫ 제47권(2016).

[吉如何외 2009] <契丹小字原字字形規範與原字總表>(吉如何、吳英喆), ≪內蒙古大學學報≫ 2009 제3기.

[吉日嘎拉 2011] <試析契丹語和蒙古語的共用語言>, ≪赤峰學院學報≫(漢文哲學社會科學版) 2011 제4기.

[吉池孝一 2003] <漢語の精母系子音を表わす契丹小字について>, ≪KOTONOHA≫ 제13호(2003).

[吉池孝一 2004a] <止摂開口精母系の漢語音を表わす契丹小字について>, ≪KOTONOHA≫ 제14호(2004).

[吉池孝一 2004b] <止摂開口荘章母系の漢語音を表わす契丹小字について>, ≪KOTONOHA≫ 제15호(2004).

[吉池孝一 2007a] <契丹大字の解読>, ≪KOTONOHA≫ 제57호(2007).

[吉池孝一 2007b] <劉氏の契丹大字音節文字説について>, ≪KOTONOHA≫ 제58호(2007).

[吉池孝一 2010a] <長田夏樹氏の契丹文字に係る論文をよむ>, ≪KOTONOHA≫ 제92・93호(2010).

[吉池孝一 2010b] <"契丹大小字" 諸説>, ≪KOTONOHA≫ 제94호(2010).

[吉池孝一 2011a] <長田夏樹氏と契丹小字研究>, ≪KOTONOHA≫ 제98호(2011).

[吉池孝一 2011b] <≪慶陵≫の契丹文字接尾語表について>, ≪KOTONOHA≫ 제100호(2011).

[吉池孝一 2011c] <≪慶陵≫契丹文字接尾語表の属格語尾>, ≪KOTONOHA≫ 제101호(2011).

[吉池孝一 2011d] <長田夏樹氏の契丹語ノートなど―契丹原字出度表>, ≪KOTONOHA≫ 제103호(2011).

[吉池孝一 2011e] <長田夏樹氏の契丹語ノートなど―契丹原字音価表>, ≪KOTONOHA≫ 제105호(2011).

[吉池孝一 2011f] <周辺言語の漢字音>, ≪KOTONOHA≫ 제106호(2011).

[吉池孝一 2011g] <契丹漢字音の存否>, ≪KOTONOHA≫ 제109호(2011).

[吉池孝一 2012a] <長田夏樹氏の契丹語ノートなど―接尾語備忘録>, ≪KOTONOHA≫ 제110호(2012).

[吉池孝一 2012b] <長田夏樹氏の契丹語ノートなど―≪慶陵≫に関わる諸資料の音価対照>, ≪KOTONOHA≫ 제111호(2012).

[吉池孝一 2012c] <契丹文字接尾語表(≪慶陵≫)考(1~3)>, ≪KOTONOHA≫ 제112・113・116호(2012).

[吉池孝一 2012d] <長田夏樹氏の契丹語ノートなど―<接尾語備忘録>の挙例と≪慶陵≫の記述>, ≪KOTONOHA≫ 제118호(2012).

[吉池孝一 2012e] <厲氏1958年の契丹小字研究―漢語音を利用した先駆的研究として>, ≪KOTONOHA≫ 제120호(2012).

[吉池孝一 2013a] <≪慶陵≫(1953年刊)の契丹語研究―体系的研究の嚆矢として>, ≪KOTONOHA≫ 제122호(2013).

[吉池孝一 2013b] <關於契丹小字後綴表(≪慶陵≫1953年刊)>, ≪華西語文學刊≫ 제8집(2013).

[吉池孝一 2013c] <契丹語の孝について>, ≪KOTONOHA≫ 제124호(2013).

[吉池孝一 2013d] <關於契丹小字的字素排列法>, ≪KOTONOHA≫ 제127호(2013).

[吉池孝一 2013e] <關於長田夏樹先生遺留的契丹小字解読工作的資料>, ≪KOTONOHA≫ 제129호(2013).

[吉池孝一 2013f] <字素排列法―關於漢字、西蔵文字、契丹小字和訓民正音>, ≪KOTONOHA≫ 제130호(2013).

[吉池孝一 2013g] <契丹文字と西夏文字>, ≪KOTONOHA≫ 제131호(2013).

[吉池孝一 2014] <郎君行記末尾の契丹小字と漢語訳>, ≪KOTONOHA≫ 제140호(2014).

[吉池孝一 2015] <≪遼上京文物擷英≫≪遼上京契丹記憶≫中の八思巴字漢語 "gi 收" 印>, ≪KOTONOHA≫ 제147호(2015).

[吉池孝一 2018] <契丹語二項対立子音の弁別特徴について>, ≪KOTONOHA≫ 제182호(2018).

[金光平 1962] <從契丹大小寧到女真大小字>, ≪內蒙古大學學報≫ 1962 제2기.

[金光平외 1957] <"錦西西孤山契丹文墓誌試釋" 摘要>(金光平、曾毅公), ≪考古學報≫ 1957 제2기.

[金光平외 1964] <女真語言文字研究>(金光平、金啓孮), ≪內蒙古大學學報≫ 1964 제1기.

[金光平외 1980] ≪女真語言文字研究≫(金光平、金啓孮), 文物出版社, 1980.

[金永田 1991] <契丹大字 "耶律習涅墓誌" 考釋>, ≪考古≫ 1991 제4기.

[金毓黻 1934] 《遼陵石刻集錄》 6권, 1934.
[金毓黻 1942] 《東北文獻零拾》 6권, 1942.
[金適 2010] <乾隆皇帝禦題玉厄的契丹字銘文>, 《東北史地》 2010 제1기.
[金適 2011] <北京地區首現契丹文字石刻>, 《東北史地》 2011 제5기.
[金適외 2007] <契丹古俗新證－再論契丹人 "字" 的詞性>(金適、愛新覺羅烏拉熙春), 《東亞文史論叢》 2007.
[김주원 2012] <한글과 거란소자에 관한 단상－Wylie(1860)에 나타난 한글과 거란소자 비교에 대한 논평>, 《건지인문학》 제8집(2012).
[김주원 2015] <거란소자 연구의 첫걸음>, 《2015년 제2차 문자연구 학술대회》, 국립한글박물관 2015.
[김주원 2017] <거란소자 해독을 위한 기초적 연구>, 《알타이학보》 제27호, 2017.

나部 　那順烏日圖, 內蒙古文物考古研究所

[那順烏日圖 1992] <施甸 "本人" 語言否定副詞 "i">, 《內蒙古社會科學》 1992 제3기.
[內蒙古文物考古研究所 1996] <遼耶律羽之墓發掘簡報>, 《文物》 1996 제1기.
[內蒙古文物考古研究所 1998] <內蒙古赤峰寶山遼壁畫墓發掘簡報>, 《文物》 1998 제1기.

다部 　譚英傑, 唐均, 唐長孺, 唐彩蘭, 唐統天, 大竹昌巳, 道爾弗, 島田正郎, 島田貞彥, 島田好, 都興智, 東北博物館

[譚英傑 1979] <伊春大豐發現的契丹文金質符牌>, 《黑龍江古代文物》, 黑龍江人民出版社, 1979.
[唐均 2010] <鄂爾渾碑銘中契丹族稱末尾齶鼻音的來源>, 《語言學研究》 제8집(2010).
[唐均 2013a] <契丹語 "亥豬" 考>, 《華西語文學刊》 제8집(2013 제1기).
[唐均 2013b] <论 "曷朮"－吐火罗语和契丹语的联系钩稽>, *Journal of Sino-Western Communications*, Volume 5, Issue 1 (2013).
[唐均 2016] <契丹文 "卯兔" 論>, 《青海民族研究》 제27권 제2기(2016).
[唐長孺 1947] <論金代契丹文字之廢興及政治影響>, 《武漢日報》 1947.6.23.자.
[唐彩蘭 2005] 《遼上京文物擷英》, 遠方出版社, 2005.
[唐彩蘭외 2002] <契丹小字《韓敵烈墓誌銘》考釋>(唐彩蘭、劉鳳翥、康立君), 《民族語文》 2002 제6기.
[唐統天 1985] <契丹語官名小考>, 《東北地方史研究》 1985 제3기.
[大竹昌巳 2013] <契丹語的元音長度－兼論契丹小字的拼寫規則>, 《華西語文學刊》 제8집(2013 제1기).
[大竹昌巳 2014a] <契丹小字文献中の漢語音からみた漢語喉音韻尾(上)>, 《KOTONOHA》 제137호(2014).
[大竹昌巳 2014b] <關於契丹語的兄弟姉妹稱謂系統>, 《KOTONOHA》 제142호(2014).
[大竹昌巳 2015a] <契丹語の奉仕表現>, 《KOTONOHA》 제149호(2015).
[大竹昌巳 2015b] <契丹小字文獻所引の漢文古典籍>, 《KOTONOHA》 제152호(2015).
[大竹昌巳 2015c] <契丹小字文献における母音の長さの書き分け>, 《言語研究》 제148호(2015).
[大竹昌巳 2016a] <契丹小字文献における「世選之家」>, 《KOTONOHA》 제159호(2016).
[大竹昌巳 2016b] <契丹小字文獻所引の漢人典故>, 《KOTONOHA》 제160호(2016).
[大竹昌巳 2016c] <契丹小字《耶律斡特剌墓誌銘》所見の皇帝號は天祚皇帝に非ず>, 《KOTONOHA》 제161호(2016).
[大竹昌巳 2016d] <契丹語形容詞の性・数標示体系について>, 《京都大学言語学研究》 제35호(2016).
[大竹昌巳 2016e] <契丹小字文献における「母音間のg」>, 《日本モンゴル学会紀要(Bulletin of JAMS) 제46호(2016).

[陶金 2014] <契丹大字考證三則>, *Journal of Sino-Western Communications*, Volume 6, Issue 1(2014).

[陶金 2015] <遼金帝王契丹文尊號廟號年號彙考>, *Journal of Sino-Western Communications*, Volume 7, Issue 2(2015).

[道爾弗 1969] <阿爾泰學家評福赫伯著《論遼朝語言關系》>([德]道爾弗著), 《中亞研究》 제3기(1969).

[島田正郎 1950] <契丹文字と契丹語>, 《史學雜誌》 제59편 제12호(1950).

[島田正郎 1962] <遼、言語文字>, 《アジア歷史事典》 제9권, 平凡社, 1962.

[島田正郎 1970] <遼の文化と契丹文字>, 《歷史敎育》 제18권 제7호(1970).

[島田貞彦 1933] <熱河發見の契丹文字墓誌>, 《ドルメン》 제2권 제4호(1933).

[島田貞彦 1935] <滿蒙考古栞·契丹墓誌>, 《滿蒙》 16년 제8호(1935).

[島田好 1933a] <熱河林西遼陵石刻出土記事>, 《書香》 제46기(1933).

[島田好 1933b] <新發見の契丹文字>, 《滿蒙》 14년 제1호(1933).

[島田好 1934] <(書評)遼陵石刻集錄>, 《書香》 제60기(1934).

[島田好 1936] <遼靜安寺契丹文磚額>, 《書香》 제83기(1936).

[都興智 2011] <從石刻資料看遼代契丹貴族的婚俗>, 《북방문화연구》 제2권 제1호(2011).

[東北博物館 1951] <遼西省義縣淸河門西山村"遼佐移離畢蕭相公"族墓發掘工作報告>, 《文物參考資料》 2권 제9기(1951).

라 部   羅福成, 羅幅頤, 羅振玉, 蘭司鐵, 厲鼎煃, 盧迎紅, 柳翼謀

[羅福成 1933] <遼宣懿皇后哀冊釋文>, 《滿洲學報》 제2기(1933).

[羅福成 1934a] <興宗皇帝哀冊文釋文>, 《遼陵石刻集錄》(金毓黻編) 권4, 1934.

[羅福成 1934b] <興宗仁懿皇后哀冊文釋文>, 《遼陵石刻集錄》(金毓黻編) 권4, 1934.

[羅福成 1934c] <道宗皇帝哀冊文釋文>, 《遼陵石刻集錄》(金毓黻編) 권4, 1934.

[羅福成 1934d] <道宗宣懿皇后哀冊文釋文>, 《遼陵石刻集錄》(金毓黻編) 권4, 1934.

[羅福成 1934e] <道宗皇帝及宣懿皇后哀冊篆蓋釋文>, 《遼陵石刻集錄》(金毓黻編) 권4, 1934.

[羅福成 1934f] <道宗仁聖皇帝國書哀冊考>, 《遼陵石刻集錄》(金毓黻編) 권4, 1934.

[羅福成 1934g] <道宗宣懿皇后國書哀冊考>, 《遼陵石刻集錄》(金毓黻編) 권4, 1934.

[羅福成 1934h] <金國書魚符跋>, 《遼陵石刻集錄》(金毓黻編) 권5, 1934.

[羅福成 1934i] <玉盞釋文>, 《遼陵石刻集錄》(金毓黻編) 권5, 1934.

[羅福成 1934j] <大金皇第都統經略郎君行記石刻>, 《遼陵石刻集錄》(金毓黻編) 권5, 1934.

[羅幅頤 1937] 《滿洲金石志》 6권. 1937.

[羅幅頤 1941] <遼金文字僅存錄>, 《國立中央博物館時報》 제13호(1941).

[羅幅頤 1949] <契丹國書管窺>, 《燕京學報》 제37기(1949).

[羅振玉 1914] 《歷代符牌圖錄》 2권. 1914.

[羅振玉 1916] 《古鏡圖錄》 2권. 1916.

[羅振玉 1925] 《增訂歷代符牌圖錄》 2권. 1925.

[羅振玉 1933] 《遼帝后哀冊文錄》 1권. 1933.

[蘭司鐵 2003] 《阿爾泰語言學導論》(G. J. Ramstedt, 周建奇譯), 內蒙古敎育出版社, 2003.

[盧迎紅외 2000] <契丹小字《耶律迪烈墓誌銘》考釋>(盧迎紅、周峰), 《民族語文》 2000 제1기.

[厲鼎煃 1932] <熱河契丹國書碑考>, 《國學季刊》 제3권 제4호(1932).

[厲鼎煃 1933] <熱河遼碑二種考>, 《大學雜志》 제1권 제5기(1933)와 《契丹國書略說》의 부록.

[厲鼎煃 1934a] <讀日本羽田博士契丹文字之新資料後>, 《國風半月刊》 제5권 제5기(1934).

[厲鼎煃 1934b] 《契丹國書略說》, 1934.

[厲鼎煃 1954] <義縣出土契丹文墓誌銘考釋>, 《考古學報》 제8기(1954).

[厲鼎煃 1957a] <試用古回鶻文比較研究契丹文字>, 《中山大學學報》 1957 제2기.

[厲鼎煃 1957b] <契丹語文在漢語文中的遺存>, 《語文知識》 제67기(1957).

[厲鼎煃 1958a] <『橫磨劍』和『八大山人』─契丹語文在漢語文中的遺存>, 《語文知識》 제70기(1958).

[厲鼎煃 1958b] <漢語拼音方案幫助了我考釋契丹文字>, 《語文知識》 제72기(1958).

[厲鼎煃 1959] <關於契丹國字的紹介>, 《文物》 1959 제3기.

[ル・モンド 1953] <契丹文字解讀に成功>, 《朝日新聞》 1953.4.17. 제12판.

[柳翼謀 1923] <契丹大小字考>, 《史地學報》 제2권 제6기(1923).

[陸錫興 2016] <古琴譜減字與其他民族文字的創制>, 《中國文學研究》 제22집(2016).

ロ部 萬雄飛, 孟森, 孟盛彬, 孟志東(莫日根迪), 武家昌, 武內康則, 武伯綸, 武田和哉

[萬雄飛외 2008] <契丹小字《梁國王墓誌銘》考釋>(萬雄飛、韓世明、劉鳳翥), 《燕京學報》 신25기(2008).

[孟森 1932] <遼碑九種跋尾>, 《國學季刊》 제3권 제3호(1932).

[孟盛彬 2009] <契丹、漢語合璧詩新釋>, 《赤峰學院學報》(漢文哲學社會科學版), 2009년 제5기.

[孟志東 1995] 《雲南契丹後裔研究》, 中國社會科學出版社, 1995.

[孟志東 2015] <"天書"解讀漫記之一>, 《內蒙古大學學報(哲學社會科學版)》 2015 제2기.

[武家昌 1984] <遼寧近年出土、征集的宋遼金官印選輯>, 《文物》 1984 제9기.

[武內康則 2010] <契丹語研究の現段階>, 《京都大学言語学懇話会第84回例会》 2010.

[武內康則 2011] <モンゴル国ドルノゴビ県契丹大字碑文について>, 《国際シンポジウム「新発見の契丹文字資料」》, 東京外国語大学, 2011.

[武內康則 2012a] <A General Survey of Kitan Script Materials of Recent Years>(Yasunori Takeuchi), 《国際ワークショップ「西夏、契丹文文献の図録化と課題」》, 東京外国語大学, 2012.

[武內康則 2012b] <契丹語和中古蒙古語文獻中的漢語喉牙音聲母>, 《満語研究》 2012 제2기.

[武內康則 2012c] <從漢文文獻的契丹語音借詞來論契丹語的語音>, 《第二屆中國少數民族古籍文獻國際學術檢討會》 2012.

[武內康則 2012d] <Some Notes on the Chinese Transcriptions of Khitan Words>, 《第二屆契丹文字及相關領域學術檢討會》, 2012.

[武內康則 2012e] <契丹大字解読の最前線－ブレーニィ・オボー碑文に挑む>, 《Field+》 2012 7월호.

[武內康則 2012f] <契丹語の"左"和"右">, 《契丹学国際学術検討会》(赤峰), 2012.

[武內康則 2013a] <拓跋語與契丹語詞彙拾零>, 《華西語文學刊》 제8집(2013 제1기).

[武內康則 2013b] <最新の研究からわかる契丹文字の姿>, 《契丹[遼]と10~12世紀の東部ユーラシア》(荒川慎太郎、澤本光弘、高井康典行、渡辺健哉), 勉誠出版, 2013.

[武內康則 2013c] <漢字音写により記録された契丹語に関する諸問題>, 《第13回遼金西夏史研究会大会》(京都), 2013.

[武內康則 2016] <契丹語の複数接尾辞について>, 《言語研究》 제149집(2016).

[武內康則 2017] <契丹語の數詞について>, 《アジア・アフリカ言語文化研究》 제93호(2017).

[武伯綸 1965] <西安碑林述哈－爲碑林拓片在日本展出而作>, 《文物》 1965 제9기.

[武田和哉 2012] <契丹文字墓誌の姿からわかること>, 《Field+》 2012 7월호.

바部 方東杰, 裴耀軍, 白玉冬, 白鳥庫吉, 白俊瑞, 伯平, 樊英峰, 卞宗孟, 寶玉柱, 福赫伯, 傅林, 阜新市, 傅振倫

[方東杰외 2013] <遼時期契丹族語言文字的使用特点>(方東杰、曲赫) 《蘭臺世界》 2013 제11기.

[裴耀軍 1989] <昌圖八面城出土一枚契丹文銅印>, 《遼海文物學刊》 1989 제2기.

[柏光 2006] <遼代契丹文大字 "天朝萬順" 寬緣大錢>, 《收藏界》 2006 제2기.

[白玉冬외 2013] <契丹國語 "㒵里寨" 淺釋>(白玉冬、賴寶成), 《華西語文學刊》 제8집(2013 제1기).

[白鳥庫吉 1898] <契丹女真西夏文字考>, 《史學雜誌》 제9편 제11·12호(1898).

[白鳥庫吉 1970] <東胡民族考>, 《白鳥庫吉全集》 제4권(1970).

[白俊瑞외 1998] <析契丹語的 "捺缽">(白俊瑞、李波), 《內蒙古大學學報》 1998 제4기.

[伯平 1934] <《遼陵石刻集錄》紹介>, 《燕京學報》 제15기(1934).

[樊英峰 1992] <《郎君行記》碑考>, 《文博》 1992 제6기.

[卞宗孟 1934a] <熱河遼陵石刻拓本真跡>, 《東北文獻叢譚》 제1집(1934).

[卞宗孟 1934b] <熱河林東遼陵石刻出土記>, 《東北文獻叢譚》 제1집(1934).

[卞鴻儒 1931] <熱河林東契丹國書墓誌跋>, 《東北叢刊》 제14기(1931), 《遼陵石刻集錄》 권6.

[寶玉柱 1990a] <古鏡契丹字銘文釋讀>, 《民族譯壇》 1990 제1기.

[寶玉柱 1990b] <契丹小字文獻漢語借詞釋讀>, 《中央民族學院學報》 1990(증간).

[寶玉柱 2005] <契丹小字183號、227號字源研究>, 《中央民族大學學報》(哲學社會科學版) 2005 제1기.

[寶玉柱 2006] <契丹小字血及其替換字研究>, 《內蒙古大學學報》(人文社會科學版) 제38권 제1기(2006).

[福赫伯 1969] <契丹語考>([德]福赫伯著, 黃振華譯), 《中亞研究》 제3기(1969).

[傅林 2013a] 《契丹語和遼代漢語及其接觸研究—以雙向匹配材料爲基礎》 北京大學博士學位論文, 2013.

[傅林 2013b] <論契丹語中 "漢兒(漢人)" 的對應詞的來源>, 《遼金歷史與考古》 제4집(2013).

[傅林 2013c] <論契丹小字與回鶻文的關系及其文字改革>, 《華西語文學刊》 제8집(2013 제1기).

[傅林 2016] <從契丹文墓誌看遼代漢語 "兒" 字的音值>, 《保定學院學報》 제29권 제1기(2016).

[傅林 2017] <遼代漢語與河北方言語音層次的形成>, 《河北大學學報(社會科學版)》 제42권 제4기(2017).

[阜新市 1977] <遼寧阜新縣遼許王墓清理簡報>(阜新市文化局文物組), 《文物資料叢刊》 창간호(1977).

[傅振倫 1957] <豊富多采的中國文字與書體>, 《文物參考資料》 1957 제1기.

사部 謝國楨, 山路廣明, 山本守, 山下泰藏, 三宅宗悅, 桑原隲藏, 徐姍, 西田龍雄, 徐英章, 石圭平, 石金民, 石田幹之助, 聶鴻音, 成增耀, 邵國田, 小林行雄, 小野勝年, 昭烏達盟, 小倉進平, 小平綏方, 蘇赫, 蘇航, 孫國軍, 孫伯君, 孫偉祥, 松井太, 松川節, 神尾弌春, 신태현, 新華社, 沈英, 沈鍾偉, 沈彙

[謝國楨 1935] <記遼陵石刻及其它關於討論遼陵之文字>, 《圖書季刊》 제2권 제1기(1935).

[山路廣明 1943] <契丹大字考>, 《浮田和民博士還歷紀念史學論文集》, 1943.

[山路廣明 1951] 《契丹語の研究》 제1집, 제2집(1951, 유인본).

[山路廣明 1952a] <契丹數字の起源について>, 《言語集錄》 제1호(1952).

[山路廣明 1952b] <契丹語 "玉" について>, 《言語集錄》 제1호(1952).

[山路廣明 1952c] <形容詞として用ひられる過去分詞形について>, 《言語集錄》 제1호(1952).

[山路廣明 1952d] <副詞 "㞢芬" の音と意味について>, 《言語集錄》 제1호(1952).

[山路廣明 1952e] <理論的に見た契丹文字と漢字との關係について>, 《言語集錄》 제1호(1952).

[山路廣明 1952f] <契丹文字 "女" 再考>, 《言語集錄》 제1호(1952).

[山路廣明 1952g] <契丹語及び製字の研究 “日” 字の音讀>, 《史觀》 제37호(1952).

[山路廣明 1952h] <契丹文字十二支の “未” について>, 《言語集錄》 제2호(1952).

[山路廣明 1952i] <遼詩話に現はれたる契丹大字について>, 《言語集錄》 제2호(1952).

[山路廣明 1952j] <契丹訳語>, 《言語集錄》 제2호(1952).

[山路廣明 1952k] <宣懿皇后哀冊文中に於ける変化語の區別について>, 《言語集錄》 제2호(1952).

[山路廣明 1952l] <日本に於ける契丹語の研究錄及びその批判>(1)、(2), 《言語集錄》 제2~3호(1952).

[山路廣明 1952m] <契丹文字の漢字音転寫 ―特に頭音の変化について>, 《言語集錄》 제3호(1952).

[山路廣明 1952n] <道宗皇帝哀冊文中に於ける “叐扎 禸夾” について>, 《言語集錄》 제3호(1952).

[山路廣明 1952o] <興宗仁懿皇后哀冊文中に於ける “酒” について>, 《言語集錄》 제3호(1952).

[山路廣明 1953a] <宣懿皇后哀冊文中に於ける “扎朩” について>, 《言語集錄》 제4호(1953).

[山路廣明 1953b] <統計學の方法による契丹文字音價發見の不合理性について>, 《言語集錄》 제4호(1953).

[山路廣明 1953c] <契丹、女真製字方法論の比較>, 《言語集錄》 제4호(1953).

[山路廣明 1953d] <滿洲、中國に於ける主なる契丹語研究錄及びその批判>, 《言語集錄》 제5호(1953).

[山路廣明 1953e] <契丹語官職名の解讀>, 《言語集錄》 제5호(1953).

[山路廣明 1953f] <契丹、女真の言語と文字及びその關係について>, 《史觀》 제39호(1953).

[山路廣明 1954] <契丹語研究餘錄>, 《早稲田學報復刊》 제8권 제4호(1954).

[山路廣明 1955a] <慶陵発表契丹文字音価の批判>, 《言語集錄》 제6호(1955).

[山路廣明 1955b] <契丹數詞 “包” の基字について>, 《言語集錄》 제6호(1955).

[山路廣明 1955c] <契丹數詞 “太” の基字について>, 《言語集錄》 제6호(1955).

[山路廣明 1956] 《契丹製字の研究》, アジア、アフリカ言語研究室, 1956.

[山路廣明 1958] 《女真文字の製字に關する研究》, 南方諸言語研究所, 1958.

[山路廣明 1961s] <從漢字形狀所見之契丹文字>, 《大陸雜志》 제23권 제1기(1961).

[山路廣明 1968] <若干の契丹文字の解讀>, 《早稲田大學図書館紀要》 제9호(1968).

[山路廣明 1974] <契丹墓誌銘文字索引>, 《早稲田大學圖書館紀要》 제15호(1974).

[山路廣明 1980a] 《契丹語の研究、『郎君行記』、他》, 南方諸言語研究所, 1980.

[山路廣明 1980b] 《契丹語の研究、又の基字、その他》, 南方諸言語研究所, 1980.

[山路廣明 1980c] 《契丹語の研究、帀の基字、その他》, 南方諸言語研究所, 1980.

[山本守 1944] <ワールインマンハの遼陵>, 《遼東の珠》, 1944.

[山下泰藏 1935] <大遼大横帳蘭陵郡夫人建靜安寺碑>, 《滿蒙》 제16년 10월호(1935).

[三宅宗悅 1939] <ワールインマンハの遼陵の調査>, 《滿洲史學》 제3권 제1호(1939).

[三宅宗悅 1940] <奉天博物館展望、墓誌銘>, 滿洲《國立中央博物館時報》 제4호(1940).

[桑原隲藏 1908] <雍豫二州旅行日記>, 《歷史地理》 제12권 제2호(1908).

[桑原隲藏 1910] <郎君行記碑石拓本>, 《史學雜誌》 제21편 제6호(1910).

[徐娜 1994] <談北宋兩首契丹語詩>, 《撫州師專學報》 1994 제4기.

[西田龍雄 1981a] <契丹文字 ―その解讀の新展開>(上・中・下), 《言語》 제10권 제1~3호(1981).

[西田龍雄 1981b] <從漢字産生的文字>, 《言語》 10권 제11호(1981).

[西田龍雄 1992] <<關於契丹小字研究>中的基本性問題>, 《民族語文》 1992 제2기.

[徐英章 1993] <銅魚符的由來與契丹文銅魚符>, 《遼海文物學刊》 1993 제2기.

[石圭平외 1995] <內蒙古出土一契丹大字墓誌銘>(石圭平、侯峰), 《人民日報》 1995.5.12.

[石金民외 2001] <契丹小字《耶律奴墓誌銘》考釋>(石金民、于澤民), 《民族語文》 2001 제2기.

[石田幹之助 1942] <女眞大字とは何ぞや, 附李王家博物館藏一圓鏡々背の文字に就いて>, 《史學雜誌》 제53편 제7호(1942).

[聶鴻音 1988] <論契丹語中漢語借詞的音系基礎>, 《民族語文》 1988 제2기.

[聶鴻音 1999] <契丹大字解讀淺議>, 《民族語文》 1999 제4기.

[聶鴻音 2001] <契丹語的名詞附加成分 -n 和 -in>, 《民族語文》 2001 제2기.

[聶鴻音 2009] <《契丹語和契丹文》讀後>, 《滿語研究》 2009 제2기.

[聶鴻音 2011a] <《契丹小字的新資料》讀後>, 《滿語研究》 2011 제2기.

[聶鴻音 2011b] <契丹小字墓誌眞僞辯－兼與劉鳳翥先生商榷>, 《中國社會科學報》 2011.6.16.

[聶鴻音외 2010] 《中國多文字時代的歷史文獻研究》(聶鴻音, 孫伯君), 社會科學文獻出版社, 2010.

[成增耀 1987a] <契丹字錢幣"天朝萬歲"釋讀疑點試析>, 《內蒙古金融》 錢幣專刊 叢 제7기(1987).

[成增耀 1987b] <契丹字錢幣"天朝萬歲"釋讀疑點再探>, 《內蒙古金融》 錢幣專刊 叢 제9기(1988).

[成增耀 2001] <契丹字錢幣"丟矢五万"的音讀與意釋>, 《西安金融》 2001 제11기.

[邵國田외 2014] <漢文《耶律君寧墓誌銘》與《耶律延□墓誌銘》考釋>(邵國田、劉憲楨), 《북방문화연구》 제5권(2014).

[小林行雄 1939] <遼慶陵の調査>, 《史林》 제24권 제4호(1939).

[小野勝年 1954] <田村實造、小林行雄《慶陵》[書評]>, 《史林》 제37권 제2기(1954).

[昭烏達盟외 1981] <內蒙古山嘴子『故耶律氏』墓發掘報告>(昭烏達盟文物工作站、翁牛特旗文化館), 《文物資料叢刊》 제5기(1981).

[小倉進平 1917] <朝鮮に於ける契丹及び女眞語學>, 《歷史地理》 제29권 제5호(1917).

[小平綏方 1937] <遼、金、西夏、元、淸五朝の製字>, 《東洋文化》 제154호(1937).

[蘇赫 1979] <《故耶律氏銘石》初考>, 《文物通訊》 제8기(1979).

[蘇赫 1981] <《故耶律氏銘石》考釋>, 《文物資料叢刊》 제5기(1981).

[蘇赫 1987] <崇善碑考述>, 《遼金史論集》 제3집, 書目文獻出版社, 1987.

[蘇航 2016] <乣音義新探>, 《中國邊疆史研究》 제26권 제4기(2016).

[蘇航 2017] <論札忽惕與契丹小字𤔁𤔁𤔁>, 《民族語文》 2017 제2기.

[孫繼民 1994] <內蒙古克什克騰旗發現契丹大字金銀錢>, 《考古》 1994 제2기.

[孫國軍 2017] <淸格爾泰先生與蒙古語‧契丹語研究>, 《內蒙古民族大學學報(社會科學版)》 제43권 제5기(2017).

[孫伯君 2004] <遼金官制與契丹語>, 《民族語文》 2004 제1기.

[孫伯君 2007] <契丹小字幾類聲母的讀音>, 《民族語文》 2007 제3기.

[孫伯君 2009] <從契丹小字"峇"看支思韻在遼代的分立>, 《中國語文》 2009 제1기.

[孫伯君 2010] <契丹小字解讀新探>, 《民族語文》 2010 제5기.

[孫伯君 2013] <西夏、契丹、女眞文的計算機編碼槪況>, 《華西語文學刊》 제8집(2013 제1기).

[孫伯君 2015] <契丹小字碑銘中的金代年號>, 《滿語研究》 제60기(2015 제1기).

[孫伯君외 2008] 《契丹語研究》(孫伯君、聶鴻音), 中國社會科學出版社, 2008.

[孫偉祥 2013] <契丹小字《蕭仲恭墓誌》削字現象硏究>, 《북방문화연구》 제4권(2013).

[松井太 2013] <契丹とウイグルの關係>, 《契丹[遼]と10~12世紀の東部ユーラシア》(荒川愼太郎、澤本光弘、高井康典行、渡辺健哉), 勉誠出版, 2013.

[松川節 2013a] <契丹大字碑文の新發現>, 《華西語文學刊》 제8집(2013 제1기).

[松川節 2013b] <契丹大字碑文の新發現>, 《契丹[遼]と10~12世紀の東部ユーラシア》(荒川愼太郎、澤本光弘、高井康典行、渡辺健哉), 勉誠出版, 2013.

[神尾弌春 1939] <東亞諸民族の言語と文字>, 《滿洲日日新聞》 1939.10.27.~29.

[신태현 1937] <契丹文哀冊に就て>, 《靑丘學叢》 제28호(1937).

[신태현 1958] <契丹文字考>, 《思潮》 1권 2호, 서울사조사, 1958.

[新華社 1978] <我國學者硏究契丹文字獲得重大進展>, 《新華社新聞稿》 2965기(1978.3.13.).

[新華社 1979] <硏究整理契丹文字>, 《人民畫報》 1979 제6기.

[沈英외 1980] <契丹文之謎>(沈英、李禎、陳風祥), 《內蒙古畫報》 1980 제2기.

[沈鍾偉 2006a] <遼代北方漢語方言的語音特徵>, 《中國語文》 2006 제6기.

[沈鍾偉 2006b] <北方官話探源>, 《丁邦新先生七十壽慶論文集》, (台灣)中央硏究院語言硏究所, 2006.

[沈鍾偉 2009] <契丹小字韻文初探>, 《民族語文》 2009 제3기.

[沈鍾偉 2012] <契丹小字漢語音譯中的一個聲調現象>, 《民族語文》 2012 제1기.

[沈彙 1980] <論契丹小字的創製與解讀－兼論達斡爾族的族源>, 《中央民族學院學報》 1980 제4기.

[沈彙 1982] <契丹小字石刻撰人考>, 《考古與文物》 1982 제6기.

�部
楊家駱, 楊杰, 梁黎, 杨若薇, 楊毓驤, 梁振晶, 楊虎嫩, 愛新覺羅烏拉熙春, 愛宕松男, 額爾敦巴特爾, 呂振奎, 硏究小組, 閻文儒, 閻萬章, 葉寒, 永吉管理所, 烏蘭工作站, 吳文良, 吳英喆, 吳維, 吳日嘎, 翁善珍, 阮廷焯, 王大方, 王東甲, 王連春, 王龍, 王未想, 王民信, 王成, 王崇人, 王靜如, 王志榮, 王晴, 王青煜, 王則, 王弘力, 遼金考古隊, 遼寧硏究所, 遼寧工作隊, 牛達生, 羽木, 于寶麟, 羽田亨, 于化蛟, 園田一龜, 袁海波, 魏建功, 衛藤利夫, 魏文成, 魏福祥, 衛月望, 劉謙, 劉鳳翥, 劉浦江, 李巨炎, 李居正, 李文信, 怡生, 이성규, 李衛學, 李薀, 李宇峰, 李遇春, 李義, 伊日貴, 李逸友, 李俊義, 李鑫, 李興盛, 日比野丈夫

[楊家駱 1973] 《遼史彙編》 10책, 1973.

[楊杰 2003] <烏日根搭拉遼墓出土的契丹小字墓誌銘再考>, 《西北民族硏究》 2003 제4기.

[梁黎 2008] <劉鳳翥－最後的契丹文字破譯者>, 《中國民族》 2008 제2기.

[杨若薇 2008] <遼代漢語北方方言入聲韻尾的消失>, 《鄧廣銘敎授百年誕辰紀念文集》, 中華書局, 2008.

[楊毓驤 1993] <雲南契丹小字的遺存與釋義>, 《內蒙古大學學報》 1993 제4기.

[梁振晶 2003] <阜新四家子遼墓發掘簡報>, 《遼寧考古文集》, 遼寧民族出版社, 2003.

[楊虎嫩 2011] <契丹小字碑銘真僞辨－答劉鳳翥先生>, 《中國社會科學報》 2011.11.8.

[愛新覺羅烏拉熙春 1999] <契丹大小字和女真大小字>, 《立命館文學》 제560호(1999).

[愛新覺羅烏拉熙春 2000] <契丹小字表音的性質>, 《立命館文學》 제565호(2000).

[愛新覺羅烏拉熙春 2002] <契丹小字的語音構擬>, 《立命館文學》 제577호(2002).

[愛新覺羅烏拉熙春 2003a] <契丹語名詞的格與數>, 《東亞文史論叢》 창간호(2003).

[愛新覺羅烏拉熙春 2003b] <契丹語動詞的後綴>, 《東亞文史論叢》 창간호(2003).

[愛新覺羅烏拉熙春 2003c] <契丹語的序數詞>, 《東亞文史論叢》 창간호(2003).

[愛新覺羅烏拉熙春 2003d] <契丹語的親族稱謂及其相關名詞>, 《東亞文史論叢》 창간호(2003).

[愛新覺羅烏拉熙春 2003e] <《耶律迪烈墓誌銘》與《故耶律氏銘石》所載墓主人世系考－兼論契丹人的 "名" 與 "字">, 《東亞文史論叢》창간호(2003).

[愛新覺羅烏拉熙春 2003f] <《耶律仁先墓誌銘》與《耶律智先墓誌銘》之比較硏究>, 《立命館文學》 제581호(2003).

[愛新覺羅烏拉熙春 2003g] <遼金史札記>, 《立命館言語文化硏究》 15권 1호(2003).

[愛新覺羅烏拉熙春 2003h] <契丹小字的表意文字>, 《立命館言語文化硏究》 15권 2호(2003).

[愛新覺羅烏拉熙春 2003i] <匣馬葛考>, 《立命館文學》 582호(2003).

[愛新覺羅烏拉熙春 2003j] <高九代王世系考>, 《東亞文史論叢》 제1호(2003).

[愛新覺羅烏拉熙春 2003h] <<<韓敵烈墓誌銘≫與≪韓高十墓誌≫之比較研究>,≪東亞文史論叢≫ 제2호(2003).
[愛新覺羅烏拉熙春 2004a] ≪契丹語言文字研究－記念金啓孮先生學術叢書之一≫, 東亞歷史文化研究会, 2004.
   1. 契丹小字的表音文字　　　　2. 契丹小字的表意文字　　　　3. 契丹小字的"字源"與"字流"
   4. 契丹語與蒙古語　　　　　　5. 契丹語與女眞語　　　　　　6. 從契丹小字看遼代漢語的特徵
   7. 契丹語名詞的格與數　　　　8. 契丹語的動詞後綴　　　　　9. 契丹語的序數詞
   10. 契丹語的親族稱謂及其相關名詞　　11. 契丹人的命名特徵－兼論契丹語派生形容詞的後綴
   12. 契丹小字墓誌綜考
[愛新覺羅烏拉熙春 2004b] ≪遼金史與契丹、女眞文－記念金啓孮先生學術叢書之二≫, 東亞歷史文化研究會, 2004.
   1. 契丹國舅帳考　　　　　　　2. 契丹橫帳考　　　　　　　　3. 耶律氏、蕭氏及其相關問題考
   4. 高九大王世系考　　　　　　5. 匜馬葛考　　　　　　　　　6. 遼金史札記
   7. 契丹蒙古札記　　　　　　　8. 契丹突厥札記
   9. ≪耶律迪烈墓誌銘≫與≪故耶律氏銘石≫所載墓主人世系考－兼論契丹人的 "名" 與 "字"
[愛新覺羅烏拉熙春 2004c] <契丹橫帳考>,≪立命館文學≫ 제583호(2004).
[愛新覺羅烏拉熙春 2004d] <契丹蒙古札記>,≪立命館文學≫ 제584호(2004).
[愛新覺羅烏拉熙春 2004e] <契丹小字的表音文字>,≪立命館言語文化研究≫ 16권 2호(2004).
[愛新覺羅烏拉熙春 2004f] <永清郡主與太山將軍世系考>,≪東亞文史論叢≫ 제1호(2004).
[愛新覺羅烏拉熙春 2004i] <契丹語與蒙古古語>,≪東亞文史論叢≫ 제2호(2004).
[愛新覺羅烏拉熙春 2004j] <遼代漢語無入聲考>,≪東亞文史論叢≫ 제2호(2004).
[愛新覺羅烏拉熙春 2004k] <契丹小字『永清郡主墓誌銘』考釋>,≪東亞文史論叢≫ 제2호(2004).
[愛新覺羅烏拉熙春 2004l] ≪契丹文字と女眞文字の歷史的比較研究≫, 文科省科學研究補助金基盤研究, 2004.
[愛新覺羅烏拉熙春 2005a] ≪契丹大字研究－記念金啓孮先生學術叢書之三≫, 東亞歷史文化研究会, 2005.
[愛新覺羅烏拉熙春 2005b] <韓知古家族世系考>,≪立命館文學≫ 제591호(2005).
[愛新覺羅烏拉熙春 2005c] ≪コンピューターを利用した契丹大字の歷史言語學的研究≫, 三菱財團人文科學研究助成研究, 2005.
[愛新覺羅烏拉熙春 2006a] ≪契丹文墓誌より見た遼史≫, 松香堂(京都), 2006.
[愛新覺羅烏拉熙春 2006b] <遼朝の皇族－金啓孮先生逝去二周年に寄せて>,≪立命館文學≫ 제594호(2006).
[愛新覺羅烏拉熙春 2006c] <契丹の社會組織－金啓孮先生逝去二周年に寄せて>,≪立命館文學≫ 제596호(2006).
[愛新覺羅烏拉熙春 2006d] <初魯得氏族考>,≪東亞文史論叢≫ 2006 제1호.
[愛新覺羅烏拉熙春 2006e] <遼朝國號非 "哈喇契丹(遼契丹)" 考>,≪東亞文史論叢≫ 2006 제1호.
[愛新覺羅烏拉熙春 2006f] <契丹文字墓誌的題額及其相關問題>,≪東亞文史論叢≫ 2006 제2호.
[愛新覺羅烏拉熙春 2007a] <契丹古俗「妻連夫名」與「子連父名」－再論契丹人的「字」一詞的詞性問題>,≪立命館文學≫ 제603호(2007).
[愛新覺羅烏拉熙春 2007b] <契丹小字≪金代博州防御使墓誌銘≫墓主非移剌斡里朵－兼論金朝初期無"女真国"国號>,≪滿語研究≫ 2007 제1기.
[愛新覺羅烏拉熙春 2007c] <"孛菫勻德實" 與 "空寧曷魯">,≪中国古代社会與思想文化研究論集≫ 제2권(2007).
[愛新覺羅烏拉熙春 2007d] ≪契丹文字と遼史≫, 文科省科學研究補助金基盤研究, 2007.
[愛新覺羅烏拉熙春 2008a] <契丹語の性、數、格>,≪東亞文史論叢≫ 2008 제1호.
[愛新覺羅烏拉熙春 2008b] <契丹文 dan gur 本義考>,≪立命館文學≫ 제610호(2008).
[愛新覺羅烏拉熙春 2009a] ≪愛新覺羅烏拉熙春女真契丹学研究≫, 松香堂(京都), 2009.
   1. 契丹古俗"妻連夫名"與"子連父名"　　　2. 契丹文dan gur與 「東丹國」 国号
   3. 遼朝國號非"哈喇契丹(遼契丹)"考　　　4. "孛菫勻德實"與"空寧曷魯"

5. 初魯得氏族考
6. 雙古里駙馬與烏隗帳
7. 漚思涅烈家族與東丹国世選制
8. 韓知古家族世系考
9. 《梁国王位誌銘》新考
10. 愛新覺羅恒煦先生と契丹大字《蕭孝忠墓誌》
11. 清内府旧蔵玉厄銘文考
12. 契丹横帳考—兼論帳、宮、院之関係
13. "東丹"は"東契丹"の略称にあらず—あわせて"皇龍寺九層塔"の国名を論ずる
14. 従満文《遼史》的誤訳談起—以"都庵山"與"陶猥思氏族部"為中心
15. 契丹大字墓誌より見た漢語借用語の音韻体系の基礎
16. 金朝開国史豈容竄改—石刻銘文實證"收國"年號的存在
17. 金代契丹人越國王烏里衍墓出土の金版書考
18. 金代契丹人習撚鎮國墓出土の帛書考
19. 《金代博州防禦使墓誌銘》の墓主は移剌幹里朶にあらず

[愛新覺羅烏拉熙春 2009b] <契丹大字《痕得隱太傅墓誌》漢文《上國都監墓誌》合考>, 《東亞文史論叢》 2009 제1호.

[愛新覺羅烏拉熙春 2009c] <契丹文《惕隱司孟父房白隱太傅位誌碑銘》《故顯武將軍上師居士拔里公墓誌》合考>, 《立命館文学》 614호(2009).

[愛新覺羅烏拉熙春 2009d] <契丹大字《天神千万》考>, 《立命館文学》 613호(2009).

[愛新覺羅烏拉熙春 2009e] <遙輦氏迪輦鮮質可汗與陶猥思迭剌部—以契丹文《故左龍虎軍上將軍正亮功臣檢校太師只兗昱敵穩墓誌》為中心>, 《契丹研究의 現況과 研究方向》, 북방문화연구소, 2009.

[愛新覺羅烏拉熙春 2009f] <契丹大字《大中央フリジ契丹國興隱太師妻夫人墓誌碑銘》, 《東亞文史論叢》 2009 제1호.

[愛新覺羅烏拉熙春 2009g] <天朝万順(歲)臆解可以休矣—遼上京出土契丹大字銀幣新釈>, 《第三屆中韓宋遼金元史国際学会》, 2009 8월.

[愛新覺羅烏拉熙春 2010a] <中央民族大学民族古文字陳列館所蔵時代最早的契丹大字墓誌>, 《首都博物館叢刊》 제24호(2010).

[愛新覺羅烏拉熙春 2010b] <敵輦巖木古與室魯子嗣考>, 《北方文物》 2010 제3기.

[愛新覺羅烏拉熙春 2010c] <契丹文《控骨里太尉妻胡覩古娘子墓誌》《大中央契丹フリジ國故廣陵郡王墓誌銘》合考>, 《立命館文學》 제617호(2010).

[愛新覺羅烏拉熙春 2010d] <紹介：向南、張国慶、李宇峰編《遼代石刻文続編》>, 《史林》(遼寧) 第93호(2010).

[愛新覺羅烏拉熙春 2010e] <《遼代石刻文續編》讀後>, 《中国文物報》 2010-10월.

[愛新覺羅烏拉熙春 2010f] <契丹文字の主な資料源>, 《2010년도 문명아카이브 해제 프로젝드》, 서울대학교 중앙유라시아연구소, 2010.

[愛新覺羅烏拉熙春 2011a] 《契丹語諸形態の研究》, 東亜歴史文化研究会, 2011.

[愛新覺羅烏拉熙春 2011b] <國舅夷離畢帳と耶律玦家族>, 《立命館文學》 제621호(2011).

[愛新覺羅烏拉熙春 2011c] <蕭撻凜與國舅夷離畢帳>, 《2011年遼金歷史與考古國際學術研討會論文》, 2011.

[愛新覺羅烏拉熙春 2011d] <契丹女子の姓名習俗>, 《북방문화연구》 제2권 제1호(2011).

[愛新覺羅烏拉熙春 2011g] <契丹大字《大フリジ契丹國可汗横帳惕隱司仲父房國隱寧詳隱位誌銘》《可汗横帳仲父房連寧詳隱墓誌》合考>, 《東亞文史論叢》 2011 제1호.

[愛新覺羅烏拉熙春 2012] <契丹小字の音価推定及び相関問題>, 《立命館文學》 제627호(2012).

[愛新覺羅烏拉熙春 2013a] 《契丹大小字墓誌》, 2013(미간행)

[愛新覺羅烏拉熙春 2013b] <契丹小字新發見資料の解釈及び相關問題>, 《立命館文學》 제632호(2013).

[愛新覺羅烏拉熙春 2013c] <契丹文字に遺された<秘史>—成百仁先生の傘壽に寄せて>, 《立命館文學》 제633호(2013).

[愛新覺羅烏拉熙春 2014a] ≪契丹大小字石刻全譯－金啓孮先生逝世十周年記念叢書之二≫, 東亞歷史文化研究会, 20

[愛新覺羅烏拉熙春 2014b] <平泉縣出土≪六節度國王延寧之夫人耶律乙里娩墓誌銘≫研究>, ≪記念金啓孮先生世十周年文集≫, 2014.

[愛新覺羅烏拉熙春 2014c] <契丹女子の命名習俗に関する再考察>, ≪立命館文學≫ 제638호(2014).

[愛新覺羅烏拉熙春 2017a] <遼史・契丹言語文字研究の新成果(上)>, ≪立命館文學≫ 제653호(2017).

[愛新覺羅烏拉熙春 2017b] <遼史・契丹言語文字研究の新成果(下)>, ≪立命館文學≫ 제654호(2017).

[愛新覺羅烏拉熙春외 2006] <契丹小字≪梁國王墓誌銘≫考>(愛新覺羅烏拉熙春、王禹浪), ≪遼東史地≫, 2006 제2

[愛新覺羅烏拉熙春외 2007] <契丹史實新證>(愛新覺羅烏拉熙春、金適), ≪東亞史論叢≫ 2007.

[愛新覺羅烏拉熙春외 2011] ≪韓半島から眺めた契丹・女真≫(愛新覚羅烏拉熙春、吉本道雅), 京都大學, 2011.

[愛新覺羅烏拉熙春외 2012] ≪**新出契丹史料の研究**≫(愛新覺羅烏拉熙春、吉本道雅), 松香堂(京都), 2012.
　　　　　　1. 契丹史料中の遙輦　　2. 鮮質可汗の八世孫耶律玦(只兗昰)敵穩　　3. 耶瀾可汗の十世孫習輦鎮國上將
　　　　　　4. 遙輦氏後裔の寅寧敵穩　　5. 陶猥思迭剌部と奚王族姓氏「迭剌」　　6. 遼史皇族表の再構成
　　　　　　7. 国舅帳の歴史的沿革　　8. 国舅夷離畢帳と国舅別部　　9. 天祚帝皇后の系譜
　　　　　10. 国舅夷離畢帳の系譜　　11. 遼史外戚表の再構成

[愛新覺羅烏拉熙春외 2015] ≪**大中央胡里只契丹国－遙輦氏発祥地の点描**≫(愛新覚羅烏拉熙春、吉本道雅), 松堂(京都), 2015.
　　序　編　耶律玦墓誌の発見から「契丹発祥地の考古学的調査研究」プロジェクトの実施へ
　　調査編　1. 遙輦氏発祥地－内蒙古自治区敖漢旗－の沿革　　2. 遙輦可汗後裔の墓地－考古学的調査
　　　　　　3. 遙輦可汗後裔墓地の周辺－考古学的検討　　4. 敖漢旗出土の釈典関係の刻銘遺物
　　　　　　5. 敖漢旗出土の漢文墓誌　　6. 敖漢旗における州城・仏塔・穀倉遺跡
　　研究編　7. 漢文史料に見える遙輦氏九世可汗
　　　　　　8. 契丹文史料に見える遙輦氏鮮質可汗、昭古可汗、耶瀾可汗、痕徳菫可汗
　　附　編　9. 契丹国志疏証
　　　　　10. 契丹文字に遺された「秘史」－契丹大小字石刻解読の新成果

[愛宕松男 1956a] <契丹Kitai文字の解讀について>, ≪東北大學文學部研究年報≫ 제7호(1956).

[愛宕松男 1956b] <契丹Kitai文字魚符、玉盞、銅鏡銘文の解讀>, ≪文化≫ 제20권 제6호(1956).

[愛宕松男 1991] <遼道宗宣懿皇后契丹文哀冊撰者考>, 京都女子大學史學會 ≪史窗≫ 제48호(1991).

[額爾敦巴特爾 1996] <簡論契丹大字和女真文字的比較研究>, ≪內蒙古大學學報≫ 1996 제3기.

[額爾敦巴特爾 2010] <契丹大字研究概況與展望>, ≪북방문화연구≫ 제1권(2010).

[額爾敦巴特爾 2013] <新世紀以來契丹大字研究概述>, ≪華西語文學刊≫ 제8집(2013 제1기).

[呂振奎 1992] <阜新發現契丹小字墓誌>, ≪中國文物報≫ 1992.10.18.

[呂振奎 1995] <海棠山契丹小字墓誌殘石補釋>, ≪民族語文≫ 1995 제4기.

[呂振奎외 1992] <遼寧阜新海棠山發現契丹小字造像碑>(呂振奎、袁海波), ≪考古≫ 1992 제8기.

[呂振奎외 1995] <遼寧阜新海棠山發現契丹小字墓誌殘石>(呂振奎、袁海波), ≪阜新遼金史研究≫ 제2집(1995).

[研究小組 1977a] <契丹文字的研究取得重大進展>(契丹文字研究小組), ≪內蒙古大學學報≫ 1977 제2기.

[研究小組 1977b] <關於契丹小字研究>(契丹文字研究小組), ≪內蒙古大學學報≫ 1977 제4기(契丹小字研究專號).

[研究小組 1979] ≪契丹小字研究方法簡論≫(契丹文字研究小組), 內蒙古大學蒙古語文研究室, 1979.

[閻文儒 1951] <遼西省縣淸河門附近遼墓의發掘簡報>, ≪文物參考資料≫ 제2권 제2기(1951).

[閻萬章 1957] <錦西西孤山出土契丹文墓誌研究>, ≪考古學報≫ 1957 제2기.

[閻萬章 1982a] <契丹文遼道宗皇帝、皇后哀冊和『故耶律氏銘石』的撰寫人初探>, ≪遼寧大學學報≫ 1982 제4기.

[閻萬章 1982b] <河北興隆金墓出土契丹文墓誌考釋>, ≪東北考古與歷史≫ 제1집(1982).

[閻萬章 1988] <契丹文≪蕭袍魯墓誌銘≫考釋>, ≪民族語文≫ 1988 제3기.

[閻萬章 1990] <關於契丹大字墓誌紀年的考釋問題>, ≪遼海文物學刊≫ 1990 제1기.

[閻萬章 1992] <北票出土契丹小字≪耶律仁先墓誌銘≫考釋>, ≪遼海文物學刊≫ 1992 제2기.

[閻萬章 1993] <契丹小字≪耶律宗教墓誌銘≫考釋>, ≪遼海文物學刊≫ 1993 제2기.

[閻萬章 1997] <關於契丹小字≪遼道宗皇帝哀冊≫的考釋問題>, ≪遼海文物學刊≫ 1997 제2기.

[葉寒 1981] <契丹人的文字>, ≪實踐≫ 1981 제4기.

[永吉管理所 1986] <吉林永吉發現契丹文銅印>(永吉縣文物管理所), ≪北方文物≫ 1986 제2기.

[烏蘭工作站 1986] <內蒙古察右前旗發現遼代碑刻>(烏蘭察布盟文物工作站), ≪考古≫ 1986 제11기.

[吳文良 2005] ≪泉州宗教石刻≫(增訂本), 科学出版社, 2005.

[吳英喆 2002] <契丹小字≪耶律仁先墓誌≫補釋>, ≪內蒙古大學學報≫ 2002 제5기.

[吳英喆 2004a] <關於契丹小字中的方位名稱 "東">, ≪內蒙古大學學報≫ 2004 제1기.

[吳英喆 2004b] <關於契丹小字中的 "大金國" 的 "金">, ≪中央民族大學學報≫ 2004 제6기.

[吳英喆 2005a] <契丹小字 "性" 語法範疇初探>, ≪內蒙古大學學報≫ 2005 제3기.

[吳英喆 2005b] <契丹小字 "性" 語法範疇再探—以帶點與不帶點的字爲主線>, ≪蒙古學集刊≫ 2005 제2기.

[吳英喆 2005c] ≪契丹語靜詞語法範疇研究≫, 內蒙古大學博士論文, 2005.

[吳英喆 2006a] <契丹小字拼讀方法探索>, ≪蒙古學集刊≫ 2006 제3기.

[吳英喆 2006b] <契丹小字中的漢語入聲韻尾的痕跡>, ≪蒙古學集刊≫ 2006 제4기.

[吳英喆 2006c] <從帶點與不帶點的原字論說契丹語 "性" 語法範疇>, ≪中央民族大學學報≫ 2006 제6기.

[吳英喆 2007a] <契丹小字研究概況>, ≪KOTONOHA≫ 제52호(2007).

[吳英喆 2007b] <契丹小字中的元音附加法>, ≪民族語文≫ 2007 제4기.

[吳英喆 2007c] ≪契丹語靜詞語法範疇研究≫, 內蒙古大學出版社, 2007.

[吳英喆 2011a] <再論契丹文中之漢語入聲韻尾的痕跡>, ≪북방문화연구≫ 제2권 제1호(2011).

[吳英喆 2011b] <契丹小字 "迭刺部" 考釋>, ≪民族語文≫ 2011 제5기.

[吳英喆 2011c] <契丹小字≪蕭敵魯墓誌銘≫及≪耶律詳穩墓誌≫絕非贗品 —與劉鳳翥先生商榷>, ≪中國社會科學報≫ 2011.12.8.

[吳英喆 2012a] ≪契丹小字新發現資料釋讀問題≫, 日本東京外國語大學亞非語言文化研究所, 2012.

    1. 契丹小字<耶律玦墓誌銘>考釋   2. 契丹小字<蕭回璉墓誌銘>考釋

    3. 契丹小字<蕭胡睹菫墓誌銘>考釋   4. 契丹小字<耶律蒲速里墓誌碑銘>考釋

[吳英喆 2012b] <契丹文典故 "人生七十古來稀">, ≪中央民族大學學報≫(哲學社會科學版) 2012 제6기.

[吳英喆 2012c] <契丹文字資料の発見と「贗物」>, ≪Field+≫ 2012 7월호.

[吳英喆 2012d] <關於契丹小字的新資料≪蕭敵魯墓誌銘≫和≪耶律詳穩墓誌≫>, ≪알타이학보≫ 제22호(2012).

[吳英喆 2012e] <契丹小字≪胡睹菫審密墓誌銘≫考釋>, ≪アジア・アフリカ語言文化研究≫ 제84호(2012).

[吳英喆 2012f] <契丹大、小字的類型及研究現狀>, ≪東洋學≫ 제52집(2012).

[吳英喆 2013a] <近年の中國出土契丹文字墓誌>, ≪契丹[遼]と10~12世紀の東部ユーラシア≫(荒川慎太郎、澤本光弘、高井康典行、渡辺健哉), 勉誠出版, 2013.

[吳英喆 2013b] <內蒙古大學的契丹文字研究>, ≪華西語文學刊≫ 제8집(2013 제1기).

[吳英喆 2013c] <契丹小字指示代词考釋>, *Journal of Sino-Western Communications*, Volume 5, Issue 1 (2013).

[吳英喆 2013d] <契丹語靜詞領屬語法範疇研究>, ≪북방문화연구≫ 제4권(2013).

[吳英喆 2013e] <關於所謂 "一葉知秋" 和 "一通百通" — 與劉鳳翥先生商榷>, ≪몽골학≫ 제35권(2013).

[吳英喆 2014a] <再論契丹文天干陰陽之別>, ≪북방문화연구≫ 제5권(2014).

[吳英喆 2014b] <關於若干契丹原字的讀音>, 《알타이학보》 제24권(2014).

[吳英喆 2014c] <關於契丹語的序數詞>, 《몽골학》 제37권(2014).

[吳英喆 2015] <契丹小字史料における『失(室)韋』>, 《2015년 제2차 문자연구 학술대회》, 국립한글박물관, 2015.

[吳英喆 2016] <蕭査剌相公契丹文遺言>, 《內蒙古社會科學(漢文版)》 제37권 제2기(2016).

[吳英喆외 2008] <關於新近發現的幾件契丹文墓誌>(吳英喆、寶音德力根、吉如何), 《中國多文字時代的歷史文獻研究》, 2008.

[吳英喆외 2009a] <契丹小字研究綜述>(吳英喆、吉如何), 《華西語文學刊》 제1집(2009 제1기).

[吳英喆외 2009b] <關於新近發現的幾件契丹文墓志及以往發表的契丹文資料>(吳英喆、寶音德力根、吉如何), 《알타이학보》 제19호, 2009.

[吳英喆외 2015] <契丹文皇族 "第十帳" 及其他>(吳英喆、孫偉祥), 《中央民族大學學報(哲學社會科學版)》 제4권(2015 제4기).

[吳維외 1999] <達斡爾語是契丹語的延續>(吳維、濱丹), 《昭烏達蒙族師專學報》 제20권 제5기(1999).

[吳日嘎 2013] <蒙古族言語學大師─清格爾泰>, 《內蒙古畫報》 2013.

[翁善珍 1983] <契丹銅鏡>, 《內蒙古日報》 1983.4.28.

[阮廷焯 1987] <《遼史、國語解》賡補>, 香港中文大學 《聯合書院30周年紀念論文集》, 1987.

[阮廷焯 1991] <契丹小字"月"音義跋>, 《大陸雜志》(台北) 83권 제4기(1991).

[阮廷焯 1992] <契丹語文爲雙語系試證>, 《第2屆國際華學研究會議論文集》, 台北, 1992.

[阮廷焯 1993a] <契丹小字銅鏡新考>, 《漢學研究》(台北) 11권 1기(1993).

[阮廷焯 1993b] <若干契丹大字之解讀>, 《第35屆世界阿爾泰學會議記錄》, 台北, 1993.

[王大方 2002] <盖之庸《內蒙遼代石刻文研究》評價>, 《內蒙遼文物考古》 2002 제2기.

[王東甲외 1980a] <關於伊春市大豊金牌的斷代>(王東甲、魏國忠), 《求是學刊》 1980 제4기.

[王東甲외 1980b] <關於伊春市大豊出土金牌的斷代問題>(王東甲、魏國忠), 《黑龍江省文物博物館學會成立紀念文集》, 1980.

[王連春외 1983] <丹東地區出土的一批古代官印>(王連春、許玉林), 《黑龍江文物叢刊》 1983 제3기.

[王龍 2011] <金代的女真文和契丹文閱讀>, 《圖書館理論與實踐》 2011 제4기.

[王龍 2014] <2010年以來契丹文字與文獻文物研究綜述>, 《북방문화연구》 제5권(2014).

[王未想 1999] <契丹小字《澤州刺史墓誌》殘石考釋>, 《民族語文》 1999 제2기.

[王民信 1961] <《遼史》"契丹語官名" 雜考>, 《幼獅學報》(台北) 제4권 1・2기 합간(1961).

[王成 1997] <呼倫貝爾伊敏河礦區發現 "契丹大字" 銅牌>, 《呼倫貝爾文物》 총 제4기, 1997.

[王成 1999] <內蒙古鄂溫克族自治旗發現契丹大字銅牌>, 《考古》 1999 제6기.

[王崇人 1981] <漢唐陵墓石刻之趣>, 《旅遊》 1981 제1기.

[王靜如 1933] <遼道宗及宣懿皇后契丹國字哀冊初釋>, 《國立中央研究院歷史言語研究所集刊》 제3본 제4분(1933).

[王靜如 1935] <契丹國字再釋>, 《國立中央研究院歷史言語研究所集刊》 제5본 제4분(1935).

[王靜如 1973] <興隆出土金代契丹文墓誌銘解>, 《考古》 1973 제5기.

[王志榮 2011] <"天朝萬順" 契丹文大錢>, 《收藏界》 제119기(2011).

[王晴 1979] <遼上京出土契丹銀幣釋文>, 《文物通訊》 제8기(1979).

[王青煜 2006] <耶律宗福墓誌淺探>, 《遼上京研究論文選》, 政協巴林左旗委員會, 2006.

[王則 1985] <吉林省發現的契丹文銀質符牌>, 《博物館研究》 1985 제2기.

[王則 1996] <林西發現契丹文摩崖刻字>, 《中國文物報》 1996.3.3.

[王弘力 1984] <對≪契丹小字字源擧隅≫的幾點商榷>, ≪民族語文≫ 1984 제3기.

[王弘力 1986] <契丹小字墓誌研究>, ≪民族語文≫ 1986 제4기.

[王弘力 1987] <契丹小字中之契丹>, ≪民族語文≫ 1987 제5기.

[王弘力 1990] <契丹小字宮殿解>, ≪內蒙古大學學報≫ 1990 제1기.

[遼金考古隊 2000] <紮魯特旗遼墓發現精美壁畫>, ≪中國文物報≫ 2000.10.29.

[遼寧研究所 2010] <遼寧法庫縣葉茂臺23號遼墓發掘簡報>(遼寧省文物考古研究所), ≪考古≫ 2010 제1기.

[遼寧工作隊 1980] <遼代耶律延寧墓發掘簡報>(遼寧省博物館文物工作隊), ≪文物≫ 1980 제7기.

[牛達生 1997] <≪郎君行記≫與契丹字研究－兼談不能再視≪郎君行記≫爲女眞字了>, ≪考古與文物≫ 1997 제4기.

[羽木 1983] <二十世紀之謎－武則天『無字碑』上的少數民族文字>, ≪旅遊≫ 1983 제2기.

[于寶麟 1980] <略論≪契丹文字的解讀方法≫>, ≪中國民族古文字研究≫, 中國社會科學出版社, 1980.

[于寶麟 1982] <契丹文>, ≪中國民族古文字研究≫, 中國社會科學出版社, 1982.

[于寶麟 1985] <契丹文字文獻論著解題>, ≪文獻≫ 1985 제1~3기.

[于寶麟 1996a] <契丹文字製字時借用漢字的初步研究>, ≪內蒙古大學學報(哲學社會科學版)≫ 1996 제3기.

[于寶麟 1996b] <西夏、契丹文字的比較研究>, ≪寧夏社會科學≫ 1996 제3기.

[于寶麟 1996c] <略論≪契丹語研究≫及其相關問題>, ≪中國民族古文字研究≫ 제4집, 天津古籍出版社, 1996.

[于寶麟 1997] <契丹文字女眞文字比較研究>, ≪遼金西夏史研究≫, 天津古籍出版社, 1997.

[于寶麟 1998] <契丹民族語言的初步探查－以語詞考爲中心>, ≪契丹古代史論稿≫, 黃山書社, 1998.

[于寶麟외 1993] <北鎭遼耶律宗敎墓>, ≪遼海文物學刊≫ 1993 제2기.

[羽田亨 1925] <契丹文字的新資料>, ≪史林≫ 제10권 제1호(1925).

[于化蛟 1986] <契丹錢幣中之新品>, ≪內蒙古金融≫ 錢幣專刊 총 제6기(1986).

[園田一龜 1936] ≪滿洲金石志稿≫, 南滿洲鐵道株式會社, 1936.

[袁海波외 2005] <契丹小字≪蕭大山和永淸公主墓誌≫考釋>(袁海波, 劉鳳翥), ≪文史≫ 2005 제1기.

[魏建功 1936] <遼陵石刻哀冊文中之入聲韻>, (天津)≪益世報≫ 讀書周刊 제69기, 1936.10.8.

[衛藤利夫 1941] <遼の哀冊發見の端緖－ミユリー神父の他の「橫顔」>, ≪收書月報≫ 제70호(1941).

[魏文成 2012] <契丹小字"丙文"(雁門關)關防腰牌文字的讀音破解>, ≪學術中國≫ 2012-1월호.

[魏福祥 1999] <略評卽實先生著≪謎林問徑≫>, ≪社會科學輯刊≫ 1999 제2기.

[衛月望 1983] <遼代錢幣圖表>, ≪內蒙古金融≫ 1983 제8기.

[衛月望 1985] <四朝錢補>, ≪內蒙古金融≫ 錢幣增刊(1985).

[衛月望 1986] <契丹小字錢補證>, ≪內蒙古金融≫ 錢幣專刊 제1기(1986).

[劉謙 1956] <遼寧錦西西孤山出土的遼墓墓誌>, ≪考古通訊≫ 1956 제2기.

[劉鳳翥 1966] <讀者來信>, ≪文物≫ 1966 제1기.

[劉鳳翥 1973] ≪契丹大字資料彙編≫, 1973 6월.

[劉鳳翥 1979a] <靜安寺契丹文碑額爲贗品說>, ≪民族研究≫ 복간호(1979).

[劉鳳翥 1979b] <關於混入漢字中的契丹大字"糺"的讀音>, ≪民族語文≫ 1979 제4기.

[劉鳳翥 1979c] <遼太祖尊號諡號考辨>, ≪社會科學輯刊≫ 1979 제1기.

[劉鳳翥 1980a] <釋契丹語"迤邐免"和"乙林免">, ≪瀋陽師專學報≫ 1980 제1기.

[劉鳳翥 1980b] <契丹、女眞文字簡介>, ≪歷史敎學≫ 1980 제5기.

[劉鳳翥 1981a] <建國三十年來我國契丹文字的出土和研究>, ≪內蒙古社會科學≫ 1981 제1기.

[劉鳳翥 1981b] <契丹大字和契丹小字的區別>, ≪內蒙古社會科學≫ 1981 제5기.

[劉鳳翥 1982a] <從契丹小字解讀探達斡爾爲東胡之裔>, ≪黑龍江文物叢刊≫ 1982 제1기.

[劉鳳翥 1982b] <乾陵發見的契丹字石刻 >,《西安晚報》 1982.11.12.

[劉鳳翥 1982c] <契丹大字中的紀年考釋>,《民族語文》 1982 제3기.

[劉鳳翥 1983a] <契丹小字解讀再探>,《考古學報》 1983 제2기.

[劉鳳翥 1983b] <最近十年我國契丹文字的研究狀況>,《民族研究動態》 1983 제4기.

[劉鳳翥 1983c] <契丹小字與漢字的關系—兼談契丹小字的製字方法>,《東北地方史研究》 창간호(1983).

[劉鳳翥 1984a] <遼代的語言和文字>(上、下),《博物館研究》 1984 제2·3기.

[劉鳳翥 1984b] <《契丹文字解讀的新進展》評介>,《遼金契丹女真史研究動態》 1984 제3·4기.

[劉鳳翥 1984c] <契丹小字道宗哀冊篆蓋的解讀>,《民族研究》 1984 제5기.

[劉鳳翥 1984d] <"阿穆爾" 源於契丹語的 "黑水" 說>,《黑龍江文物叢刊》 1984 제1기.

[劉鳳翥 1985] <契丹小字 "山" 和 "山" 的解讀及其它>,《宋遼金史論叢》 제1집, 中華書局, 1985.

[劉鳳翥 1986a] <《契丹語解讀方法論序說》評價>,《遼金契丹女真史研究》 1986 제2기.

[劉鳳翥 1986b] <契丹大字銀錢和遼錢上限問題>,《內蒙古金融》 錢幣專刊 총 제9기(1988).

[劉鳳翥 1987a] <契丹小字解讀三探>, 香港中文大學《聯合書院三十周年紀念論文集》, 1987.

[劉鳳翥 1987b] <若干契丹小字的解讀>,《民族語文》 1987 제1기.

[劉鳳翥 1988a] <評價豊田五郎研究契丹文字的兩篇文章>,《遼金契丹女真史研究》 1988 제1기.

[劉鳳翥 1988b] <契丹大字銀錢和遼錢上限問題>,《內蒙古金融》 錢幣專刊 총 제9기(1988).

[劉鳳翥 1988c] <契丹大字中 "六" 的解讀曆程>,《遼金契丹女真史研究》 1988 제2기.

[劉鳳翥 1989] <契丹民族爲何創製兩種文字?>,《歷史月刊》(台北) 제21기(1989).

[劉鳳翥 1991a] <王靜如先生對契丹文字研究的學術貢獻>,《民族研究》 1991 제6기.

[劉鳳翥 1991b] <關於契丹大字中個位數字之解讀>,《東北亞歷史與文化》, 遼沈書社, 1991.

[劉鳳翥 1992a] <中日聯合契丹文字研究首屆國際學術討論會在日本京都舉行>,《民族研究動態》 1992 제1기.

[劉鳳翥 1992b] <首屆中日聯合契丹文字研究國際學術討論會>,《漢學研究通訊》(台北) 11권 제1기(1992).

[劉鳳翥 1992c] <契丹大字 "五" 的讀音>,《民族語文》 1992 제1기.

[劉鳳翥 1992d] <略論契丹語的語系歸屬與特點>,《大陸雜志》(台北) 84권 제5기(1992).

[劉鳳翥 1992e] <契丹文字資料簡介>,《中國書目季刊》(台北) 26권 제2기(1992).

[劉鳳翥 1993a] <評阮廷焯博士對契丹文字的研究>,《北方文物》 1993 제1기.

[劉鳳翥 1993b] <女真《郎君行記》碑文是契丹小字>,《歷史月刊》(台北) 제65기(1993).

[劉鳳翥 1993c] <若干契丹大字的解讀及其它>,《漢學研究》(台北) 11권 제1기(1993).

[劉鳳翥 1993d] <契丹小字解讀四探>,《第三十五屆世界阿爾泰學會會議記錄》, 台北, 1993.

[劉鳳翥 1993e] <契丹文字與漢字和女真字的關系>,《大陸雜志》(台北) 87권 제1기(1993).

[劉鳳翥 1995a] <海棠山契丹小字墓誌殘石補釋>,《阜新遼金史研究》 제2집(1995).

[劉鳳翥 1995b] <契丹小字解讀五探及其它>,《中國北方古代文化國際學術研討會論文集》, 中國文史出版社, 1995.

[劉鳳翥 1996] <契丹大字中若干官名和地名之解讀>,《民族語文》 1996 제4기.

[劉鳳翥 1997] <我與清格爾泰教授在契丹文字研究方面共同工作的印象>,《論文與紀念文集—紀念清格爾泰教授從教50周年》, 內蒙古大學出版社, 1997.

[劉鳳翥 1998a] <羅福成的生平及其學術貢獻>,《首屆西夏學國際學術會議論文集》, 寧夏人民出版社, 1998.

[劉鳳翥 1998b] <從契丹文推測漢語 "爺" 的來源>,《內蒙古大學學報》 1998 제4기.

[劉鳳翥 1998c] <契丹大字六十年之研究>,《中國文化研究所學報》 1998 제7기.

[劉鳳翥 2001] <最近20年來的契丹文字研究概況>,《燕京學報》 新11기(2001).

[劉鳳翥 2002] <契丹小字《韓高十墓誌》考釋>,《揖芬集—張政烺先生90華誕紀念文集》, 社會科學文獻出版社, 2002.

[劉鳳翥 2003] <解讀契丹文字與深化遼史研究>, 《史學彙刊》(臺北) 제18기(2003).

[劉鳳翥 2005] 《遍訪契丹文話拓碑》, 華藝出版社, 2005.

[劉鳳翥 2006a] <契丹大字《耶律祺墓誌銘》考釋>, 《內蒙古文物考古》 2006 제1기.

[劉鳳翥 2006b] <從契丹文字的解讀談遼代契丹語中的双國號—兼論"哈喇契丹">, 《東北史研究》 2006 제2기.

[劉鳳翥 2008] <契丹大字《耶律習涅墓誌銘》再考釋>, 《國學研究》 제22권(2008).

[劉鳳翥 2010] <契丹小字《耶律宗教墓誌銘》考釋>, 《文史》 2010 제4집.

[劉鳳翥 2011a] <契丹小字《蕭敵魯墓誌銘》和《耶律廉寧墓誌銘》均爲贗品>, 《中國社會科學報》 2011 제5기.

[劉鳳翥 2011b] <再論《蕭敵魯墓誌銘》爲贗品說>, 《中國社會科學報》 2011.6.16.

[劉鳳翥 2011c] <再論《耶律廉寧墓誌》爲贗品>, 《中國社會科學報》 2011.11.10.

[劉鳳翥 2011d] <契丹小字《蕭徽哩輦·汗德墓誌銘》爲贗品說>, 《遼金歷史與考古國際學術研討會》 2011 9월.

[劉鳳翥 2012] <契丹大字"都统府之印"的解读>, 《北方文物》 2012 제3기.

[劉鳳翥 2014a] <契丹小字《故耶律氏铭石》考釋>, 《赤峰学院学报(哲学)》 2014 제10기.

[劉鳳翥 2014b] 《契丹文字研究類編》, 中華書局, 2014.

1. 遼陵之契丹文字(Kervyn)　　　　　2. 遼道宗皇帝的陵墓——一個有趣的發現(Kervyn)
3. 契丹文字研究之濫觴(Daniel Kane)　　4. 道宗仁聖皇帝國書哀冊考(羅福成)
5. 道宗宣懿皇后國書哀冊考(羅福成)　　6. 熱河遼碑二種考(厲鼎煃)
7. 熱河契丹國書碑考(厲鼎煃)　　　　　8. 義縣出土契丹文墓誌銘考釋(厲鼎煃)
9. 試用古回鶻文比較研究契丹文字(厲鼎煃)　10. 王靜如先生對契丹文字研究的學術貢獻
11. 羅福成的生平及其學術貢獻　　　　　12. 厲鼎煃的生平及對契丹小字的研究
13. 契丹小字《耶律宗教墓誌銘》考釋　　14. 契丹小字《興宗哀冊》考釋
15. 契丹小字《蕭高寧·富留太師墓誌銘》考釋　16. 契丹小字《蕭奮勿膩·圖古辭墓誌銘》考釋
17. 契丹小字《耶律仁先墓誌銘》再考釋　　18. 契丹小字《仁懿皇后哀冊》考釋
19. 遼代《韓德昌墓誌銘》和《耶律(韓)高十墓誌銘》考釋
20. 契丹小字《蕭特每·闊哥駙馬第二夫人韓氏墓誌銘》考釋
21. 契丹小字《耶律兀里本·慈特墓誌銘》考釋　22. 契丹小字《耶律永寧郎君墓誌銘》考釋
23. 契丹小字《耶律迪烈墓誌銘》考釋　　24. 契丹小字《耶律迪烈墓誌銘》再考釋
25. 契丹小字《耶律智先墓誌銘》考釋　　26. 契丹小字《耶律智先墓誌銘》再考釋
27. 契丹小字《蕭太山和永清公主墓誌》再考釋　28. 契丹小字《耶律奴墓誌銘》考釋
29. 契丹小字《耶律奴墓誌銘》再考釋　　30. 契丹小字《撒懶·室魯太師墓誌碑》考釋
31. 遼代蕭烏盧本等三人的墓誌銘考釋　　32. 契丹小字《道宗皇帝哀冊》考釋
33. 契丹小字《宣懿皇后哀冊》考釋　　　34. 契丹小字《耶律副部署墓誌銘》考釋
35. 遼代《耶律隆佑墓誌銘》和《耶律貴安墓誌銘》考釋
36. 契丹小字《許王墓誌》再考釋　　　　37. 契丹小字《梁國王墓誌銘》考釋
38. 契丹小字《澤州刺史墓誌》殘石考釋　39. 契丹小字《皇太叔祖哀冊文》考釋
40. 契丹小字《宋魏國妃墓誌銘》和《耶律弘用墓誌銘》考釋
41. 契丹小字《故耶律氏銘石》考釋　　　42. 契丹小字《大金皇第都統經略郎君行記》考釋
43. 契丹小字《蕭仲恭墓誌銘》再考釋　　44. 契丹小字《金代博州防御使墓誌銘》考釋
45. 契丹小字金代《蕭居士墓誌銘》考釋　46. 海棠山發現的契丹小字墓誌殘石補釋
47. 契丹小字《蕭敵魯墓誌銘》和《耶律廉寧墓誌銘》均爲贗品
48. 再論《蕭敵魯墓誌銘》爲贗品說　　　49. 再論《耶律廉寧墓誌》爲贗品說
50. 解讀契丹文字不能顧此失彼, 要做到一通百通—與吳英喆先生商榷
51. 部分契丹大字擬音　　　　　　　　52. 已經釋讀的契丹小字語詞

53. 部分契丹小字的原字音值之構擬

[劉鳳翥 2016a] 《契丹尋踪 — 我的拓碑之路》, 商務印書館, 2016.

[劉鳳翥 2016b] <契丹文字中的 "橫帳">, 《유라시아 문명과 알타이》, 가천대학교 아시아문화연구소, 2016.

[劉鳳翥 외 1977] <契丹小字《許王墓誌》考釋>(劉鳳翥、于寶麟), 《文物資料叢刊》 창간호(1977).

[劉鳳翥 외 1979] <對初中《中國歷史》第二冊有關契丹文字插圖說明的一點意見>(劉鳳翥、許曉秋), 《歷史教學》 1979 제6기.

[劉鳳翥 외 1980] <契丹文>(劉鳳翥、于寶麟), 《歷史教學》 1980 제12기.

[劉鳳翥 외 1981a] <契丹小字《蕭仲恭墓誌》考釋>(劉鳳翥、于寶麟), 《民族研究》 1981 제2기.

[劉鳳翥 외 1981b] <遼上京出土契丹大字銀幣>(劉鳳翥、王晴), 《文物》 1981 제10기.

[劉鳳翥 외 1981c] <解讀契丹小字的兩個方法>(劉鳳翥、于寶麟、郭曉丹), 《社會科學戰線》 1981 제2기.

[劉鳳翥 외 1981d] <《故耶律氏銘石》跋尾>(劉鳳翥、于寶麟), 《文物資料叢刊》 제5기(1981).

[劉鳳翥 외 1982a] <內蒙古喀喇沁旗出土契丹小字銅鏡考釋>(劉鳳翥、翁善珍、鄭瑞峰、金永田), 《考古》 1982 제3기.

[劉鳳翥 외 1982b] <乾陵發現的契丹字石刻>(劉鳳翥、于寶麟), 《西安晚報》 1982.11.12.

[劉鳳翥 외 1983a] <陝西乾縣又發現一塊契丹小字《郎君行記》石刻>(劉鳳翥、于寶麟), 《遼金契丹女真史研究動態》 제6기(1982).

[劉鳳翥 외 1983b] <契丹大字《北大王墓誌》考釋>(劉鳳翥、馬俊山), 《文物》 1983 제9기.

[劉鳳翥 외 1984a] <《耶律延寧墓誌》的契丹大字釋讀舉例>(劉鳳翥、于寶麟), 《文物》 1984 제5기.

[劉鳳翥 외 1984b] <契丹字研究概況>(劉鳳翥、于寶麟), 《中國民族古文字研究》, 中國社會科學出版社, 1984.

[劉鳳翥 외 1995] <契丹小字解讀五探>(劉鳳翥、周洪山、趙傑、朱志民), 《漢學研究》 제13권 제2기(1995).

[劉鳳翥 외 2003a] <遼《蕭興言墓誌》和《永寧郡公主墓誌》考釋>(劉鳳翥、唐彩蘭) 《燕京學報》 新14기(2003).

[劉鳳翥 외 2003b] <契丹小字《宋魏國妃墓誌銘》和《耶律弘用墓誌銘》考釋>(劉鳳翥、清格勒), 《文史》 2003 제4집.

[劉鳳翥 외 2004a] <遼代蕭烏盧本等三人的墓誌銘考釋>(劉鳳翥、唐彩蘭、高娃), 《文史》 2004 제2집.

[劉鳳翥 외 2004b] <契丹大字《耶律昌允墓誌銘》之研究>(劉鳳翥、王雲龍), 《燕京學報》 신17기(2004).

[劉鳳翥 외 2005a] <契丹小字《蕭特每、闊哥駙馬第二夫人韓氏墓誌銘》考釋>(劉鳳翥、清格勒), 《金啓孮先生逝世周年紀念文集》, 日本東亞歷史文化研究會, 2005.

[劉鳳翥 외 2005b] <遼代《韓德昌墓誌銘》和《耶律(韓)高十墓誌銘》考釋>(劉鳳翥、清格勒), 《國學研究》 제15권(2005).

[劉鳳翥 외 2006a] <契丹小字《耶律慈特、兀里本墓誌銘》考釋>(劉鳳翥、叢豔雙、于志新、那仁高娃), 《燕京學報》 신20기(2006).

[劉鳳翥 외 2006b] <遼代《耶律隆祐墓誌銘》和《耶律貴墓誌銘》考釋>(劉鳳翥、唐彩蘭、高娃、李建奎), 《文史》 2006 제4집.

[劉鳳翥 외 2006c] <兩件契丹大字木牘之研究>(劉鳳翥、丁勇、孔群、白玉), 《國學研究》 제18권(2006).

[劉鳳翥 외 2007] <契丹小字《撒懶、室魯太師墓誌碑》考釋>(劉鳳翥、董新林), 《考古》 2007 제5기.

[劉鳳翥 외 2008a] <契丹小字《蕭奮勿膩、圖古辭墓誌銘》考釋>(劉鳳翥、梁振晶), 《文史》 2008 제1기.

[劉鳳翥 외 2008b] <契丹小字《蕭特每、闊哥駙馬第二夫人韓氏墓誌銘》考釋>(劉鳳翥、清格勒), 《10-13世紀中國文化的碰撞與融合》, 上海人民出版社, 2008.

[劉鳳翥 외 2009] 《遼上京地區出土之遼代碑刻彙輯》(劉鳳翥、唐彩蘭、青格勒), 社會科學文獻出版社, 2009.

1. 韓匡嗣與其家人三墓誌銘考釋　　　　　2. 遼《蕭興言墓誌》和《永寧郡公主墓誌》考釋
3. 契丹小字《皇太叔祖哀冊》考釋　　　　4. 契丹小字《宋魏國妃墓誌銘》和《耶律弘用墓誌銘》考釋
5. 遼代蕭烏盧本等三人的墓誌銘考釋　　　6. 遼代《韓德昌墓誌銘》和《耶律(韓)高十墓誌銘》考釋
7. 契丹大字《耶律習涅墓誌銘》再考釋　　8. 契丹小字《蕭特每、闊哥駙馬第二夫人韓氏墓誌銘》考釋

9. 遼代《耶律隆祐墓誌銘》和《耶律貴安‧迪里姑墓誌銘》考釋
10. 已經釋讀的契丹小字語詞

[劉子健 1987] <討論"北宋大臣通契丹語"的問題>, 《大陸雜志》(台北) 28권 제12기(1964).

[劉振鷺 1932] <遼聖宗永慶陵被掘紀略>, 《藝林月刊》 제32기(1932).

[劉浦江 1998] <關於契丹‧黨項與女真遺裔問題>, 《大陸雜志》(台北) 96권 제6기(1998).

[劉浦江 1999] <內蒙古敖漢旗出土的金代契丹小字墓誌殘石考釋>, 《考古》 1999 제5기.

[劉浦江 2002] <二十世紀契丹語言文字研究論著目錄>, 《漢學研究通訊》 21권 제2기(2002).

[劉浦江 2003] <近20年出土契丹大小字石刻綜錄>, 《文獻》 2003 제3기.

[劉浦江 2005] <契丹名‧字初釋－文化人類學視野下的父子連名制>, 《文史》 2005 제3집.

[劉浦江 2006] <"糺鄰王"與 "阿保謹"－契丹小字《耶律仁先墓誌》二題>, 《文史》 2006 제4집.

[劉浦江 2009] <關於契丹小字《耶律糺里墓誌銘》的若干問題>, 《北大史學》 제14집(2009).

[劉浦江 2011] <再論契丹人的父子連名制-以近年出土的契丹大小字石刻爲中心>, 《清華元史》 창간호(2011).

[劉浦江외 2014] 《契丹小字詞彙索引》(劉浦江‧康鵬), 中華書局, 2014.

[李巨炎 2011] <契丹大字‧契丹小字及其書法>, 《書法賞評》 2011 제2기.

[李居正 1988] <內蒙古烏蘭哈達阿貴山洞壁題記和大黑山摩崖刻石的發現>, 《考古》 1988 제7기.

[李文信 1942] <契丹小字《故太師銘石記》之研究>, 《國立中央博物館論叢》 제3호(1942).

[李文信 1954] <義縣淸河門遼墓發掘報告>, 《考古學報》 제8기(1954).

[李文信 1958] <遼瓷簡述>, 《文物參考資料》 1958 제2기.

[怡生 1935] <遼陵契丹文碑刻>, (北平)《晨報》 1935.11.6.

[이성규 2010] <거란어와 한국어의 관련성 연구>, 《북방문화연구》 제1권(2010).

[이성규 2012a] <요사(遼史) 국어해(國語解)의 거란어 연구>, 《몽골학》 제32호(2012).

[이성규 2012b] <고구려, 발해, 거란 문자와 상호 연관성 연구>, 《다문화 융합의 만주지역 고문자연구 및 자료개발》, 동북아역사재단(2012).

[이성규 2013a] <거란소자(契丹小字) 표기 단어와 한국어의 비교 연구>, 《북방문화연구》 제4권(2013).

[이성규 2013b] <요사 국어해의 거란 관직명과 거란소자(契丹小字) 표기 관직명(官職名)의 비교연구>, 《고조선단군학》 제29호(2013).

[이성규 2015] <거란문자의 자료와 연구현황>, 《몽골학》 제40호(2015).

[이성규 2016] <거란소자 서수사 연구>, 《몽골학》 제44호(2016).

[李術學외 2008] <四方石柱之契丹大字解讀>(李術學‧黃莉‧高雲庫‧婁達), 《民族語文》 2008 제6기.

[李亞婷 2012] <遼契丹文 "大安銀寶" 銀幣考釋>, 《東方收藏》 2012 제7기.

[李藝 2015] <劉浦江的契丹小字研究>, 《黑龍江史志》 제351기 제14호(2015).

[李蘊 2000] <解讀《契丹天書》>, 《紫金歲月》 2000 제2기.

[李宇峰 1989] <遼契丹大字銅印誰識>, 《中國文物報》 1989.11.17.

[李宇峰 1989] <遼寧盤山縣發現遼契丹大字銅印>, 《考古》 1990 제12기.

[李遇春 1959] <兩顆契丹文銅印>, 《文物》 1959 제3기.

[李義 1997] <遼代炙"大王記結親事" 碑>, 《遼金西夏史硏究》, 天津古籍出版社, 1997.

[伊日貴 2011] 《契丹小字《耶律副部署墓誌銘》與契丹大字《耶律祺墓誌銘》比較研究》, 內蒙古大學 碩士學位論文, 2011.

[李逸友 1959] <昭盟巴林右旗白塔子出土銅鏡>, 《文物》 1959 제5기.

[李逸友 1961] <內蒙古出土古代官印的新資料>, 《文物》 1961 제9기.

[李逸友 1977] <呼市萬部華嚴經塔的金元明各代題記>, ≪文物≫ 1977 제5기.

[李逸友 1978] <呼和浩特市白塔上的金元明各代題記>, ≪光明日報≫ 1978.1.13.

[李逸友 1982] <遼耶律琮墓石刻及神道碑銘>, ≪東北考古與歷史≫ 제1집, 文物出版社, 1982.

[李俊義 2008] <劉鳳翥先生來赤峰學院講學紀要>, ≪赤峰學院學報≫ 2008 제1기

[李俊義 2009] <契丹文字緣>, ≪草原≫ 2009 제7기.

[李俊義외 2016] <≪遼蕭德順墓誌銘≫考釋>(李俊義、張夢雪), ≪中國國家博物館館刊≫ 2016 제1기.

[李鑫 1993] <敖漢旗出土遼代玉質墓誌>, ≪赤峰日報≫ 1993.10.15.

[李興盛 1997] <內蒙古烏蘭察布盟察右前旗發現一方契丹大字銅印>, ≪考古≫ 1997 제8기.

[日比野丈夫 1942] <契丹誦詩>, ≪東洋史研究≫ 제7권 제2、3합간호(1942).

자部 張果園, 張建坤, 張力, 張雪霞, 張少珊, 長田夏樹, 張亭立, 齋藤武一, 田村實造, 鄭家相, 鄭瑞峰, 鄭紹宗, 丁治民, 鄭曉光, 齊德文, 齋藤菊太郎, 齋藤武一, 齊木德道爾吉, 齊心, 齊曉光, 鳥居龍藏, 鳥山喜一, 朝格巴圖, 朝鮮總督府, 曹彥生, 趙志偉, 趙振海, 左藤文比古, 周建奇, 洲傑, 朱成德, 朱子方, 朱志民, 周肇樣, 中村雅之, 即實, 池建學, 陳金梅, 陳乃雄, 陳秉義, 陳述, 陳智超, 陳曉偉

[張果園 1943] <契丹文大錢辨>, ≪泉幣≫ 제16기(1943).

[張建坤 2010] <辽代诗文用韵新考>, ≪福州教育学院学报≫ 2010 제6기.

[張力 2014] <遼≪韓德源嫡妻李氏墓誌≫考釋>, ≪북방문화연구≫ 제5권(2014).

[張雪霞 2017] <吳英喆先生 "契丹小字" 研究綜述>, ≪北方文學≫ 2017 제29기.

[張少珊 2014] <近80年來契丹大字研究綜述>, ≪赤峰學院學報(漢文哲學社會科學版)≫ 2014 제12기.

[張少珊외 2009] <豐寧縣出土的契丹大字銘陶壺補釋>(張少珊、曲軼莉), ≪北方文物≫ 2009 제2기.

[長田夏樹 1951] <契丹文字解讀の可能性－村山七郎氏の論文を讀みて>, ≪神戸外大論叢≫ 제2권 제4호(1951).

[長田夏樹 1983] <契丹語解讀方法論序說>, ≪內陸アジア言語の研究≫Ⅰ, 神戸外國語大學, 1983.

[長田夏樹 1995] <契丹文字、女眞文字及西夏文字相互關系的一個規測－從成吉思皇帝聖旨牌背面的番字談起>, ≪中國北方古代文化國際學術研討會論文集≫, 中國文史出版社, 1995.

[張亭立 2013] <21世紀以來國內契丹語言文字研究述略>, ≪華西語文學刊≫ 제8집(2013 제1기).

[齋藤武一 1941] <契丹文字和女眞文字>, ≪(滿洲)國立中央博物館時報≫ 제11호(1941).

[田村實造 1938] <遼・言語及文字>, ≪東洋歷史大辭典≫ 권8(1938).

[田村實造 1942] <遼朝帝後の哀冊と慶陵 ──哀冊出土の經過と三陵の比定>, ≪滿洲學報≫ 제7호(1942).

[田村實造 1951] <契丹文字の發見から解讀まで－村山七郎『契丹文字解讀の方法』讀む>, ≪民族學研究≫ 제16권 제1호(1951).

[田村實造 1954a] <契丹、女眞、西夏の文字>, ≪書道全集≫ 제15권(1954).

[田村實造 1954b] <慶陵について>, ≪學術月報≫ 제7권 제8호(1954).

[田村實造 1955] <契丹文字>, ≪世界歷史事典≫ 제5책, 1955.

[田村實造 1976] <契丹、女眞文字考>, ≪東洋史研究≫ 제35권 제3호(1976).

[田村實造 1977] ≪慶陵の壁畫≫, 1977년 12월 同朋合版.

[田村實造외 1953] ≪慶陵－東モンゴリアにおける遼代帝王陵とその壁畫に關する≫(田村實造、小林行雄), 座右寶刊行會, 1953.

[鄭家相 1942] <契丹文大錢>, ≪泉幣≫ 제15기(1942).

[정광 2012] <고려본≪용감수경(龍龕手鏡)≫에 대하여>, ≪국어국문학≫ 제161호(2012).

[鄭瑞峰 1979] <喀喇沁旗發現一面契丹文銅鏡>, ≪文物通訊≫ 제8기(1979).

[鄭紹宗 1973] <興隆縣梓木林子發見的契丹文墓誌銘>,《考古》1973 제5기.

[鄭紹宗 1974] <承德發見的契丹符牌>,《文物》1974 제10기.

[鄭紹宗 2003] <契丹文銘陶壺考釋>,《文物春秋》2003 제6기.

[丁治民 1999] <遼韵考>,《古汉语研究》1999 제4기。

[鄭曉光 2002] <契丹小字《耶律永寧郎君墓誌銘》考釋>,《民族語文》2002 제2기.

[齊德文 1983] <乾陵發現契丹小字刻石>,《考古與文物》1983 제6기.

[齋藤菊太郎 1940] <ワールインマンハ調査旅行誌>,《滿洲史學》제3권 제2호(1940 3월).

[齋藤武一 1941] <契丹文字と女真文字>, 滿洲《國立中央博物館時報》제11호(1941 5월).

[齊木德道爾吉 2002] <從原蒙古語到契丹語>,《中央民族大學學報》2002 제3기.

[齊心 1983] <大契丹平州馬縣小考>,《中國地方志通訊》1983 제1기.

[齊曉光 1994a] <內蒙古發掘契丹顯貴耶律祺墓>,《中國文物報》1994.4.24.

[齊曉光 1994b] <契丹大字的重大發現>,《內蒙古文物考古》1994 제2기.

[齊曉光 1997a] <近年來阿魯科爾沁旗遼代墓葬的重要發現>,《內蒙古文物考古》1997 제1기.

[齊曉光 1997b] <鑌鐵－契丹與遼王朝>,《內蒙古文物考古》1997 제1기.

[鳥居龍藏 1931] <遼代の壁畫について>,《國華》제41편 제9~12호(1931).

[鳥居龍藏 1932a] <滿洲だより>,《武蔵野》제19권 제2、3호(1932).

[鳥居龍藏 1932b] <私共の今回旅行した地方と其の仕事>,《ドルメン》제1권 제8호(1932).

[鳥居龍藏 1933a] <遼の皇都とその陵墓>,《國際寫真情報》제11권 제1호(1933).

[鳥居龍藏 1933b] <契丹の陵墓とその陵碑に就いて>,《上代文化》제9호(1933).

[鳥居龍藏 1934a] <遼代陵墓內の壁畫に就いて>,《中央美術》제8호(1934).

[鳥居龍藏 1934b] <近頃發見せられた契丹文字に就いて>,《書物展望》제4권 제3호(1934).

[鳥居龍藏 1936a] <遼の王陵壁畫に就て>,《ミネルワア》제1권 제4호(1936).

[鳥居龍藏 1936b] 《考古學上より見たる遼の文化図譜》, 東方文化学院東京研究所, 1936.

[鳥居龍藏 1937] <滿蒙における契丹の遺跡について>,《遼の文化を探る》, 章華社, 1937.

[鳥居龍藏 1953] <ある老學徒の手記－考古學ともに六十年》, 朝日新聞社, 1953년 1월판.

[鳥山喜一 1935] <奉天に於ける契丹哀冊に就いて>,《滿鮮文化史觀》1935년 6월판.

[鳥山喜一 1952] <契丹文字、西夏文字及び女真文字>,《東洋史觀》1952년 3월판.

[朝格巴圖 2001] <內蒙古巴林右旗發現契丹大字銅牌>,《北方文物》2003 제1기.

[朝鮮總督府 1919] 《朝鮮金石總覽》, 國書刊行會, 1919.

[曹彦生 1993] <尋解"世界之謎"－劉鳳翥先生談契丹文字>,《松州學刊》1993 제6기.

[趙志偉외 2001] <契丹小字《耶律智先墓誌銘》考釋>(趙志偉、包瑞軍),《民族語文》2001 제3기.

[趙振海 1982] <略淡遼代的文字和文學>,《中學歷史》1982 제1기.

[左藤文比古 1937] <所謂大名城出土契丹國字碑>,《滿洲史學》제1권 제1호(1937).

[周建奇 1994] <"女真"與契丹小字"山">,《內蒙古大學學報》1994 제4기.

[周建奇 1998] <遼金元史劄記三則>,《內蒙古大學學報》1998 제4기.

[洲傑 1966] <內蒙古昭盟遼太祖陵調査散記>,《考古》1966 제5기.

[朱成德외 1980] <揭開契丹小字之謎>(朱成德、劉順華),《內蒙古日報》1980.6.21.

[朱子方 1946] <契丹大小字創製之年代問題>,《東方學志》제42권 제14호(1946).

[朱志民 1995] <內蒙古敖漢旗老虎溝金代博州防禦使墓>,《考古》1995 제9기.

[周肇樣 1932] <遼慶陵出土文字>,《藝林月刊》제32기(1932).

[中村雅之 2011] <魏建功の遼代漢字音研究>, 《KOTONOHA》 제109호(2011).

[中村雅之 2012] <《夷堅志》<契丹誦詩>に見える<俗語>>, 《KOTONOHA》 제112호(2012).

[即實 1980] 《契丹字源初探》, 遼寧社會科學院, 1980.

[即實 1981] <契丹字源一斑>, 《社會科學輯刊》 1981 제3기.

[即實 1982a] <契丹小字字源舉隅>, 《民族語文》 1982 제3기.

[即實 1982b] <關於『屮』、『屮』二字>, 《內蒙古大學學報》 1982 제3·4기 합간호.

[即實 1983] <契丹國號解>, 《社會科學輯刊》 1983 제2기.

[即實 1984a] <解"由夭"及其他>, 《民族語文》 1984 제2기.

[即實 1984b] <從皮室印的解讀論說糺軍>, 《黑龍江文物叢刊》 1984 제2기.

[即實 1984c] <試解三顆契丹文印>, 《內蒙古大學學報》 1984 제4기.

[即實 1986a] <南剠印解說>, 《遼金契丹女真史研究》 1986 제1기.

[即實 1986b] <關於契丹小字的幾個問題>, 《民族語文》 1986 제3기.

[即實 1986c] <契丹小字解讀拾零>, 《東北地方史研究》 1986 제4기.

[即實 1986d] <關於契丹數詞讀音問題>, 《內蒙古大學學報》 1986 제4기.

[即實 1988a] <清宮玉厄契丹文銘補釋>, 《社會科學輯刊》 1988 제2기.

[即實 1988b] <從"矢丹丩"說起>, 《內蒙古大學學報》 1988 제4기.

[即實 1990] <契丹小字解讀拾零續>, 《東北地方史研究》 1990 제3기.

[即實 1991a] <《糺鄰墓誌》校抄本及其它>, 《內蒙古大學學報》 1991 제1기.

[即實 1991b] <《糺鄰墓誌》釋讀述略>, 《東北地方史研究》 1991 제4기.

[即實 1994] <一個契丹原字的辨讀>, 《民族語文》 1994 제5기.

[即實 1996] 《謎林問徑－契丹小字解讀新程》, 遼寧民族出版社, 1996.
  1. 哀冊拾讀(《興宗哀冊》, 《仁懿哀冊》, 《道宗哀冊》, 《宣懿哀冊》) 2. 《福留墓誌》臆解
  3. 《戈也昆墓誌》釋讀   4. 《森訥墓誌》釋讀
  5. 《銘石》瑣解   6. 《糺鄰墓誌》釋讀
  7. 《郎君行記》補釋   8. 清宮玉厄契丹文銘補釋
  9. 魚符銘文改釋   10. 天干語義解
  11. 幾個地支的音讀問題   12. 年號問題析議
  13. 關於契丹數詞音讀問題   14. 《糺鄰墓誌》校勘本
  15. 《糺鄰墓誌》校勘記   16. 解讀總表
  [부록] ① 契丹國號解   ② 幷非答疑
     ③ 又不等于叒及－反駁劉鳳翥同志 ④ 契丹幣銘與國號
     ⑤ "萬鈔" 誰見 "丹實" 怎解 ⑥ 皇黃無同議－讀《契丹小字解讀再探》所見
     ⑦ 關於不冬夯三字－答王弘力先生 ⑧ 契丹文紀年問題對議

[即實 1998] <契丹耶律姓新探>, 《社會科學輯刊》 1998 제4기.

[即實 2010] <契丹小字墓誌中之漢籍典故>, 미간행(2010).

[即實 2012] 《謎田耕耘－ 契丹小字解讀續》, 遼寧民族出版社, 2012.
  1. 《旅備墓誌》釋讀   2. 《韓訥墓誌》釋讀   3. 《迪烈墓誌》釋讀
  4. 《圭寧墓誌》釋讀   5. 《格勒本墓誌》釋讀 6. 《圖古辭墓誌》釋讀
  7. 《永訥墓誌》釋讀   8. 《奎也墓誌》釋讀   9. 《空訥墓誌》釋讀
  10. 《義和哀冊》釋讀   11. 《無如沅墓誌》釋讀 12. 《王訥墓誌》釋讀
  13. 《曷盧無里墓誌》釋讀 14. 《太山堯洁墓誌》釋讀 15. 《夸勒本墓誌》釋讀

16. ≪訛里衍墓誌≫釋讀　　　17. ≪斡特鸇墓誌≫釋讀　　　18. ≪石魯隱墓誌≫釋讀
19. ≪乎盧墓誌≫釋讀　　　　20. 詞語釋義表

[卽實 2013] <簡說契丹語的親屬稱謂>, ≪華西語文學刊≫ 第8집(2013 제1기).

[卽實 2014] <讀謎談解－補說≪芻拓墓誌≫>, ≪북방문화연구≫ 제5권(2014).

[卽實 2015a] <讀謎談解－補說≪回里堅墓誌≫>, ≪內蒙古大學學報(哲學社會科學版)≫ 제47권 제2기(2015).

[卽實 2015b] <讀謎談解－≪得勒堅墓誌≫補說>, ≪社會科學輯刊≫ 제221기(2015 제6기).

[池建學 1999] <內蒙古發現契丹小字韓特略墓誌>, ≪光明日報≫ 1999.4.2.

[陳金梅 1999] <遼寧北票發現遼耶律智先墓>, ≪中國文物報≫ 1999.6.30.

[陳乃雄 1985] <關於遼代錢幣契丹字的釋讀情況>, ≪內蒙古金融≫ 1985 錢幣增刊.

[陳乃雄 1986] <契丹字錢辨>, ≪內蒙古金融≫ 錢幣專刊 총 제6기(1986).

[陳乃雄 1987] <近十年來我國契丹字硏究>, ≪內蒙古大學學報≫ 1987 제3기.

[陳乃雄 1988a] <契丹字硏究述略>, ≪東亞的語言和歷史≫, 日本松香堂, 1988.

[陳乃雄 1988b] <契丹字錢性質探>, ≪內蒙古金融≫ 錢幣專刊 총 제9기(1988).

[陳乃雄 1988c] <蒙古語族語言的詞彙>, ≪內蒙古大學學報≫ 1988 제1기.

[陳乃雄 1992] <契丹小字數詞 "影子字" 探>, ≪內蒙古大學學報≫ 1992 제3기.

[陳乃雄 1994] <雲南的契丹族後裔和契丹字遺存>, ≪民族語文≫ 1994 제6기.

[陳乃雄 1995] <本話中的阿爾泰語言成分遺存>, ≪中國語言學報≫ 제6기, 商務印書館, 1995.

[陳乃雄외 1999] <烏日根塔拉遼墓出土的契丹小字墓誌銘考釋>(陳乃雄、楊傑), ≪西北民族硏究≫ 1999 제2기.

[陳乃雄외 2006] ≪契丹小字硏究論文選編≫(陳乃雄、包聯群), 內蒙古人民出版社, 2006.

[陳秉義 2017] <契丹－遼音樂文化考察瑣記(上/下)>, ≪樂府新聲(瀋陽音樂學院學報)≫ 2017 제3·4기.

[陳述 1949] <糺軍考釋初稿>, ≪國立中央硏究院歷史言語硏究所集刊≫ 제20본 下책(1949).

[陳述 1953] ≪遼文滙≫ 12권, 中國科學院, 1953.

[陳述 1973] <跋吉林大安出土契丹文銅鏡>, ≪文物≫ 1973 제8기.

[陳述 1978] <契丹文字的歷史槪況>, ≪中央民族學院學報≫ 1978 제3기.

[陳述 1982] ≪全遼文≫, 中華書局, 1982.

[陳述 1989] <遼史避諱表>, ≪遼金史論集≫ 제4집, 書目文獻出版社, 1989.

[陳智超 2011] <給文物熱潑點冷水－從≪蕭敵魯墓誌銘≫眞僞之辨說起>, ≪中國社會科學報≫ 2011 11월.

[陳曉偉 2011] <再論契丹"五色紀年說"－以契丹小字永爲中心>, ≪文史≫ 2011 제4집.

[陳曉偉 2012] <釋≪遼史≫中的"大漢"一名－兼論契丹小字原字雨的音値問題>, ≪民族硏究≫ 2012 제2기.

차部 扎伊采夫, 蔡炳根, 淸格勒, 淸格爾泰, 村山七郞, 叢艶雙, 鄒世魁, 秋貞實造

[扎伊采夫 2013] <俄羅斯科學院東方文獻硏究所收藏的契丹大字手稿書>([俄] В.П. 扎伊采夫著, 任震寰譯), ≪隋唐遼宋金元史論叢≫ 제3집, 2013.

[蔡炳根 2007] <契丹文"福壽永昌"錢>, ≪收藏界≫ 2007 제10기.

[淸格勒 2000] <遼皇室墓出土契丹文>, ≪中國文物報≫ 2000.4.26.

[淸格勒외 2003] <契丹小字≪皇太叔祖哀冊≫考釋>(淸格勒、劉鳳翥), ≪民族語文≫ 2003 제5기.

[淸格爾泰 1992] <契丹小字中的動詞附加成分>, ≪民族語文≫ 1992 제2기.

[淸格爾泰 1997a] <契丹語數詞及契丹小字拼讀法>, ≪內蒙古大學學報≫ 1997 제4기.

[淸格爾泰 1997b] <關於契丹文字的特點>, ≪亞洲諸民族的文字≫, 韓國口訣學會, 1997.

[清格爾泰 1997c] <關於契丹小字的研究>, 《語言文字論集》, 內蒙古大學出版社, 1997.

[清格爾泰 1997d] <契丹文字研究近況(蒙文)>, 《語言文字論集》, 內蒙古大學出版社, 1997.

[清格爾泰 1997e] <거란어와 몽골어의 十二支>, 《알타이학보》 제7호(1997).

[清格爾泰 1999] <契丹小字研究槪況>, 《內蒙古大學學報》(蒙文版), 1999 제4기.

[清格爾泰 2002a] 《契丹小字釋讀問題》, 東京外國語大學國立亞非語言文化研究所, 2002.

[清格爾泰 2002b] <契丹小字 "大契丹國" 的釋讀問題>, 《內蒙古大學學報》(人文社會科學版), 2002 제3기.

[清格爾泰 2005] <契丹小字釋讀工作中運用元音和諧律的問題>, 《蒙古學集刊》 2005 제2기.

[清格爾泰 2007] <契丹小字幾個常用原字讀音研究>, 《內蒙古大學學報》 2007 4기.

[清格爾泰 2013] <20世紀契丹小字研究的重要收獲>, 《華西語文學刊》 제8집(2013 제1기).

[清格爾泰외 1978a] <契丹小字解讀新探>(清格爾泰、劉鳳翥、陳乃雄、于寶麟、邢莆里), 《考古學報》 1978 제3기.

[清格爾泰외 1978b] <關於契丹文字>(清格爾泰、陳乃雄), 《內蒙古日報》 1978.7.19.

[清格爾泰외 1985] 《契丹小字研究》(清格爾泰、劉鳳翥、陳乃雄、于寶麟、刑複禮), 中國社會科學出版社, 1985.

[清格爾泰외 2016] 《유목민족이 남긴 미스터리 – 거란소자 연구》(清格爾泰등 5인 공저, 김태경 번역), 예문춘추관, 2016.

[村山七郎 1951] <契丹字解讀の方法>, 《言語研究》 제17~18호(1951).

[村山七郎 1953] <契丹文字の解明>, 《各個研究および助成研究報告集錄—昭和27年—哲、史、文學篇》, 1953.

[叢艷雙외 2005] <契丹大字《多羅里本郎君墓誌銘》考釋>(叢艷雙、劉鳳翥、池建學), 《民族語文》 2005 제4기.

[鄒世魁 1986] <吉林省德惠縣發現遼金時期銀質符牌>, 《文物》 1986 제5기.

[秋貞實造 1938] <(契丹)文字の創製>, 《東洋文化史大系》, 誠文堂新光社, 1938.

Ⅲ部 包聯群, 包阿如那, 馮永謙, 豊田五郞

[包聯群 2002] <《南贍部洲大遼國故迪烈王墓誌文》的補充考釋>, 《內蒙古大學學報》 2002 제3기.

[包阿如那 2013] 《契丹大字《大帳節度副使墓誌》研究》, 內蒙古大學 碩士學位論文, 2013.

[馮永謙 1988] <補遼蕭袍魯墓出土的契丹大字墓誌銘>, 《遼金契丹女眞史研究》 1988 제1기.

[馮永謙외 1988] <遼寧建昌普查中發現的重要文物>(馮永謙、鄧寶學), 《文物》 1983 제9기.

[豊田五郞 1963] <契丹隷字考—女眞文字的源流>, 《東洋學報》 46권 1호(1963).

[豊田五郞 1984] <契丹文字の日付について>, 《京都産業大學國際言語科學研究所報》 6권 제1호(1984).

[豊田五郞 1985] <關於契丹小字 "叐" 的新解釋>, 《京都産業大學國際語言科學研究所報》 7권 제1호(1985).

[豊田五郞 1990] <契丹小字の方位と若干の數詞について>, 未刊稿(1990).

[豊田五郞 1991a] <關於契丹小字的幾點探索>, 《內蒙古社會科學》 1991 제3기.

[豊田五郞 1991b] <契丹小字《仁先墓誌》の新釈>, 未刊稿(1991).

[豊田五郞 1991c] <契丹小字 "北南府宰相" の探索>, 未刊稿(1991).

[豊田五郞 1991d] <契丹小字《耶律仁先墓誌》讀後>, 未刊稿(1991).

[豊田五郞 1992] <關於契丹小字的方位和一些數詞>, 《中國民族史研究》 제4집, 改革出版社, 1992.

[豊田五郞 1993] <契丹大字解讀の手がかり>(赤峰の國際研究会での発表論文), 1993.

[豊田五郞 1994] <契丹小字の四季の稱號について>, 未刊稿(1994).

[豊田五郞 1995] <解讀契丹大字的線索>, 《中國北方古代文化國際學術硏討會論文集》, 中國文史出版社, 1995.

[豊田五郞 1996] <契丹小字《耶律宗敎墓誌銘》釋讀補遺>, 未刊稿(1996).

[豊田五郞 1997a] <契丹文字>, 《漢學》 8권 제6호(1997).

[豊田五郎 1997b] <契丹文字－蒙古の萬葉式秘密仮名＞, ≪月刊しにか≫ vol.8/ No.6 (1997).

[豊田五郎 1997c] ≪契丹小字に保存された中古蒙古語の痕迹—永福、春秋、數詞≫, 日中合同文字文化研討會 講演資料, 1997.

[豊田五郎 1998a] <契丹小字對四季的稱呼＞, ≪民族語文≫ 1998 제1기.

[豊田五郎 1998b] <耶律宗教墓誌に見える契丹小字官名＞, 未刊稿(1998.

[豊田五郎 1998c] <契丹小字所保留下來的中古蒙古語之痕跡—永福、春秋、數詞＞, ≪日中聯合文字文化研討會發表論文集≫, 日本文字文化研究所, 1998.

[豊田五郎 2000] <契丹小字の親族称号について＞, ≪알타이학보≫ 제10기, 한국알타이학회, 2000.

[豊田五郎 2001] <≪耶律仁先墓誌≫所見的契丹小字官名＞, ≪北方民族文化新論≫, 哈爾濱出版社, 2001.

卜部 賀梓城, 韓桂榮, 韓伯詩, 韓寶典, 韓世明, 韓仁信, 項春松, 向南, 胡順利, 胡振華, 和希格, 黃緯中, 黃浚, 黃振華, 荒川慎太郎, 侯雪諒

[賀梓城외 1982] <乾陵＞(賀梓城、王仁波), ≪文物≫ 1982 제3기.

[韓桂榮 1998] <契丹小字解讀的又一部新作－≪謎林問徑≫一書出版＞, ≪蒙古學信息≫ 1998 제2기.

[韓伯詩 1953] <契丹文字破譯初探＞([法]韓伯詩著, 董果良譯), ≪法國科學院金石文藝院會議報告集≫, 1953.

[韓寶典 1991] <契丹小字≪耶律仁先墓誌≫考釋＞, ≪內蒙古大學學報≫ 1991 제1기.

[韓世明외 2007] <梁國王墓誌銘文初釋＞(韓世明、吉本智慧子), ≪民族研究≫ 2007 제2기.

[韓世明외 2015] <渤海王族姓氏新考＞(韓世明、都興智), ≪中國邊疆史地研究≫ 2015 제2기.

[韓仁信 1999] <內蒙古巴林右旗出土契丹大字銅符牌和石質道教符印＞, ≪考古≫ 1999 제6기.

[項春松 1981] <昭盟地區的遼代墓葬－兼談遼墓分期及其隨葬器物的斷代問題＞, ≪內蒙古文物考古≫ 창간호 (1981).

[項春松 1982] <契丹文字簡介＞, ≪昭烏達報≫ 1982.12.9.

[項春松 1983] <內蒙古昭烏達盟發現的一批古印資料＞, ≪文物≫ 1983 제8기.

[向南 1995] ≪遼代石刻文編≫, 河北教育出版社, 1995.

[向南 2008] <松漠上的開拓—簡評烏拉熙春≪從契丹文墓誌看遼史≫＞, ≪內蒙社會科學≫ 2008 제1기.

[호격길락도 2017] ≪契丹語與蒙古語共同詞彙研究≫, 內蒙古大學 碩士學位論文, 2017.

[胡順利 1982] <≪郎君行記≫碑應是以契丹字書寫的＞, ≪文物≫ 1982 제7기.

[胡順利 1990] <關於契丹大字 "天朝萬順" 錢的釋讀意見＞, ≪內蒙古金融研究≫ 1990 제2기.

[胡振華 1978] <關於釋讀契丹小字的幾點意見＞, ≪中央民族學院學報≫ 1978 제3기.

[和希格 1984] <契丹大字與傳世的女真文字＞, ≪內蒙古大學學報≫ 1984 제3기.

[黃緯中 2016] <遼慶陵哀冊書法評述＞, ≪實踐博雅學報≫ 제23기, 2016.

[黃浚 1935] ≪衡齋金石識小隸≫. 1935년 2월간.

[黃振華 1981] <契丹文 "山"、"山" 考—契丹文字構造規律新探＞, ≪社會科學戰線≫ 1981 제2기.

[黃振華 1985a] <契丹文≪郎君行記≫新釋＞, ≪宋遼金史論叢≫ 제1집, 中華書局, 1985.

[黃振華 1985b] <契丹文天干名稱考＞, ≪考古與文物≫ 1985 제4기.

[黃振華 1986] <契丹文地支名稱考＞, ≪民族古籍≫ 1986 제2기.

[黃振華 1987] <契丹文年月日數字名稱考＞, ≪民族古籍≫ 1987 제3기.

[黃振華 1993] <契丹文字新釋＞, ≪文史≫ 제37집, 中華書局, 1993.

[荒川慎太郎 2013a] <日本的契丹文字、契丹語研究—從豊田五郎先生和西田龍雄先生的業績談起＞, ≪華西語文學刊≫ 제8집(2013 제1기).

[荒川慎太郎 2013b] ＜ロシア所蔵契丹大字写本冊子について＞, ≪契丹[遼]と10~12世紀の東部ユーラシア≫(荒川 太郎、澤本光弘、高井康典行、渡辺健哉), 勉誠出版, 2013.

[侯雪琼 1979] ＜契丹文字研究瑣談＞, ≪中央民族學院學報≫ 1979 제1~2기 합간호.

러시아문

[Рудов Л. Н. 1963] Проблемы киданьской письменности.// Советская Этнография Ⅰ. 1963.
* [(러)루도프 1963] ＜거란문자문제＞, ≪소련민족학≫ 1963 제1기.

[Таскин В. С. 1963] Опыт дешифровки киданьской письменности. Народы Азии и Африки Ⅰ.// 196[
* [(러)타스킨 1963] ＜거란문자시독＞, ≪아시아-아프리카민족≫ 제1기, 1963.

[Шавкунов Э. В. 1963] К вопросу о расшифровке малой кидань-чжурчжэньской письменности. [
играфика востока. 15. 1963.
* [(러)샤프꾸노프 1963] ＜거란-여진소자 해독문제＞, ≪東方碑銘學≫ 제15기, 1963.

[Всесоюзный институт научной и технической информации АН СССР Институт этнографии А
СССР 1964] Предварительное сообщение о дешифровке киданьского письма. Москва. 1964.
* [소련과학원 정보연구소·민족연구소 1964] ≪거란문자 해독의 초보 보도≫, 1964.

[АН СССР, Институт этнографии имени Н.Н.Миклухо-Маклая, Всесоюзный институт научной
технической информации] Материалы по дешифровке киданьского письма. Книга Ⅰ. Книга Ⅰ
Москва. 1970.
* [소련과학원 민족연구소·정보연구소 1970] ≪거란문자 판독에 대한 자료≫, 1970.

[Стариков В. С. 1975] Киланьско-китайская билингва чжурчжэньского времени (1134 г). Страны
Народы Востока. 17. 1975.
* [(러)스타리코프 1975] ＜금대(1134년)의 거란자·한자 合璧碑＞, ≪동방국가와 민족≫ 제17분책, 1975.

[Стариков В. С. 1977] Характеристика Киданьских стихотворных Текстов в каменописных эпита
иях XI-XII вв. // Олон улсын монголч эрлэмтний Ⅲ ИХ ХУРАЛ. Ⅱ. боть. Улаанбаатар. 1977.
* [(러)스타리코프 1977] ＜11~12세기 거란문묘지 명문의 특징＞, ≪제3회 국제몽고학대회 논집≫ 제2권, 1977.

[Арапов М. В. 1982] Лексика и морфология текстов малого киданьского письма // Забытые сист
мы письма. М., 1982.
* [(러)아라포프 1982] ＜거란문자의 텍스트적 어휘와 어형론＞, ≪잊혀진 문자 체계≫ 모스크바, 1982.

[Стариков В. С. 1982] Прозаические и стихотворные тексты малого киданьского письма XI-XII в
// Забытые системы письма. М., 1982.
* [(러)스타리코프 1982] ＜11~12세기 거란문자의 운문과 산문＞, ≪잊혀진 문자 체계≫ 모스크바, 1982.

[Кузьменков Е. А. 1988] Монгольские элементы в маньчжурском и диалектная база старомонго.
ьской письменности. //ВОПРОСЫ ЯЗЫКОЗНАНИЯ, 1988.
* [(러)쿠즈멘코프 1988] ＜만주어의 몽고어 차용과 고대 서면몽골어의 방언＞, ≪언어학 문제≫, 1988.

[Кузьменков Е. А. 1997] Киданьский язык // Языки мира. Монгольские языки. Тунгусо-маньчжу
ские языки. Японский язык. Корейский язык. － М., 1997.
* [(러)쿠즈멘코프 1997] ＜거란족의 언어＞, ≪세계의 언어 : 몽고어, 퉁구스-만주어, 일본어, 한국어≫ 모스크바, 1997.

[Зайцев В. П. 2011] Рукописная книга большого киданьского письма из коллекции Института
осточных рукописей РАН // Письменные памятники Востока, № 2(15), осень-зима 2011. — М.
≪Наука≫ Издательская фирма ≪Восточная литература≫ 2011.
* [(러)자이체프 2011] ＜러시아과학원 동방문헌연구소 소장 거란대자 편지＞, ≪동방의 기록유산≫ 제2권 제15호, 2011 기

을·겨울호, 모스크바.

영문 및 기타

[A. Remusat 1820] *Recherches sur las Langues Tartares*. Paris. 1820.

* [(프)Remusat] 《달단언어고》, 1820.

[J. Klaproth 1823] *Asia Polyglotta*. Paris. 1823.

* [(독)Klaproth] 《아시아민족 어휘집》, 1823.

[W. Schott 1879] *Kitan und Karakitan*. Abhandlungen der königlichen Akademie der Wissenschaften. Berlin. 1879.

* [(독)Schott 1879] <거란과 카라키탄>, 《황립과학원 논문집》, 1879.

[L. Kervyn 1923] *Le tombeau de L'empereur Tao-tsong(1101) – Une découverte interéssante*. Le Bulletin Catholique de P'ekin. 118. 1923.

* [(벨)Kervyn 1923] <도종황제능-개인의 흥미로운 발견>, 《북경천주교회 공보》 제118호, 1923.

[L. Ligeti 1927] *A Kitai nép és nyelv*. Magyar Nyelv. 1927.

* [(헝)Ligeti 1927] <거란 및 그 언어>, 《마자르어》 제23권, 1927년.

[J. Mullie 1933] *Les sepultunres de King des Leao*. T'oung Pao. Vol.XXX. 1933.

* [(벨)Mullie 1933] <요경릉고>, 《통바오(通報)》 제30권, 1933.

[Fêng Chia-sheng 1948] *The Ch'itan Script*. Journal of the American Oriental Society. vol.68. 1948.

* [(미)馮家昇 1948] <거란비명>, 《미국동방학회잡지》 제68기, 1948.

[A. Wittfogel, Fêng Chia-sheng 1949] *History of Chinese Society, Liao(907-1125)*. 1949.

* [(미)Wittfogel, 馮家昇 1949] 《요대 사회사(907-1125)》 1949.

[L. Hambis 1953] *Premier essai de déchiffrement de la langue Khitan*. Comptes Rendus de l'Académie des inscriptions et Belles – lettres. 1953.

* [(프)Hambis 1953] <거란문자 번역 초보탐구>, 《프랑스과학원 금석문예원 회의보고집》, 1953.

[Toyoda Goro 1964] *An Analysis of the Major Ch'itan Characters*. Memoirs of the Research Department of the Toyo Bunko, No.23, 1964.

* [(일)豊田五郎 1964] <거란대자 분석>, 《동양학보》 기념호, 1953.

[Karl H. Menges 1968] *Tungusen und Ljao*. Abhandlungen für die Kunde des Morgenlandes 38:1. Wiesbaden: Franz Steiner GmbH. 1968.

* [(독)Karl H. Menges 1968] <퉁구스와 요>, 《동방학술논총》 제38권 제1기, 1968.

[Herbert Franke 1969] *Bemerkung zu den sprachlichen Verhältnissen im Liao-Reich*. Zentralasiatische Studien, 3, 1969, S. 14.

* [(독)Herbert Franke 1969] <요국 언어관계 연구>, 《중아연구》 제3기, 1969.

[G. Kara 1975] *A Propos de l'inscription Khitane de 1150*. Annales Universitatis scientiarum Budapestinensis. Sectio linguistica. 1975.

* [(헝)Kara 1975] <1150년 거란문자비에 대한 의견>, 《부다페스트대학학보》 언어학분책, 1975.

[Liu Feng-zhu 1999] *Seventy Years of Khitan Lesser Script Studies*. in Juha Janhunen and Volker Rybatzki (eds), Writing in the Altaic World, Helsinki: John Benjamins Publishing Company, 1999.

* [(중)劉鳳翥 1999] <거란소자 연구 70년>, 《헬싱키 세계알타이학회논문집》, 1999.

[Toyoda Goro 2000] *On the Kinship term in Small Khitan Characters*. Journal of the Altaic society of Korea (N0.10), 2000.

* [(일)豊田五郞 2000] <거란소자의 친족칭호에 대하여>, ≪한국알타이학보≫ 제10권, 2000.

[Nicolas Tranter 2002] *The 'Ideal Square' of Logographic Scripts and The Structural Similarities of Khitan Scr and Han'gŭl.* Pathways into Korean Language and Culture, 2002.

* [(영)Nicolas Tranter 2002] <거란문자와 한글의 유사구조 및 정방형 표기>, ≪한국어와 문화의 길≫, 2002.

[Alexander Vovin 2003] *Once Again on Khitan Words in Chinese-Khitan Mixed Verses.* Acta Orientalia Volume (2-4), 2003.

* [(미)Alexander Vovin 2003] <한어·거란 합벽시를 통한 거란어 재연구>, ≪Acta Orientalia≫ 제56권, 2003.

[Anarás Róna-Tas 2004] *A Khitan Word for "Marmot".* Acta Orientalia Volume 57(1), 2004.

* [(형)Anarás Róna-Tas 2004] <거란어의 "마멋">, ≪Acta Orientalia≫ 제57권, 2004.

[Zhongwei Shen 2007] *Sino-Khitan Phonology.* Bulletin of Chinese Linguistics. Vol.1.2.

* [(중)沈鍾偉 2007] <거란 음운학>, ≪중국 언어학≫ 제1권 제2호, 2007.

[Daniel Kane 2009] *The Kitan Language and Script.* London: Brill, 2009.

* [(濠)Daniel Kane 2009] ≪거란어와 거란문자≫, 2009.

[Wu Yingzhe 2009] *A brief discussion on the vowel attachment in the Khitan Small Script,* Journal of Philolo Ural-Altaic Studies № 1/UA(1) 2009, Moscow.

* [(중)吳英喆 2009] <거란소자에 접미사로 쓰이는 모음 소개>, ≪우랄알타이연구≫ 제1호, 2009.

[Wu Yingzhe, Juha Janhunen 2010] *New Materials on the Khitan Small Script: A Critical Edition of Xiao Dilu a Yelü Xiangwen.* Global Oriental, 2010.

* [(중)吳英喆, (핀)Juha Janhunen 2010] ≪거란소자 최신자료: 소적로와 야율상은에 대한 비평≫, 2010.

[Yasunori Takeuchi 2010] *Chinese Guttural Initials in Kitan and Middle Mongolian Texts.* First Internation Conference on Ancient Manuscript and Literatures of the Minorities in China, 2010.

* [(일)武內康則 2010] <거란어와 중고 몽골어 문헌 중의 한어 후아음(喉牙音)>, ≪제1회 중국소수민족 고대기록 및 학 국제회의≫ 2010.

[Yasunori Takeuchi 2010] *Kitan Phonology and the Assignment of Phonetic Values to Kitan Graphemes.* Perspectiv on the Liao, Yale University(New Heaven), 2010.

* [(일)武內康則 2010] <거란 음운론과 거란문자에 대한 음가 할당>, ≪동양학≫ 제64권, 2011.

[Guillaume Jacques 2010] *The Khitan Language and Script, By Daniel Kane.* Diachronica 27:1(2010).

* [(프)Guillaume Jacques 2010] <"거란 언어와 문자" 독후>, ≪역사언어학≫ 제27권 제1집, 2010.

[Yasunori Takeuchi 2011] *Kitan Transcription of Chinese Velar Initials".* Acta Orientalia Academiae Scientiaru Hungaricae 64(1), 2011.

* [(일)武內康則 2011] <한어 구개음의 거란문 전사>, ≪Acta Orientalia≫ 제64권, 2011.

[John Tang 2011] *On the terms for "goat" recorded in Khitan and Jurchen scripts.* Journal of the Altaic society Korea(N0.21) 2011.

* [(중)唐均 2011] <거란 및 여진문자의 "염소"에 대한 호칭>, ≪알타이학보≫ 제21권, 2011.

[Wu Yingzhe 2011] *Deciphering some demonstrative pronouns in Khitan Small Script.* Journal of the Altaic society Korea(N0.21) 2011.

* [(중)吳英喆 2011] <거란소자 지시대명사의 해독>, ≪알타이학보≫ 제21권, 2011.

[Andrew Shimunek 2011] *Kitan functional morphology and Serbi-mongolic historical-comparative linguistics.* 북방문화연구 Volume 2-1, 2011.

* [(미)Andrew Shimunek 2011] <거란어의 기능 형태와 선비몽골어의 역사적 비교 음운학>, ≪북방문화연구≫ 제2-1권, 201

[Juha Janhunen 2012] *Khitan: Understanding the Language Behind the Scripts.* SCRIPTA, Volume 4, 2012.

* [(핀)Juha Janhunen 2012] ≪문자를 통한 거란의 이해≫, ≪훈민정음학회보(SCRIPTA)≫ 제4권, 2012.

[John Tang 2012] *On the Terms Concerning Longevity in Khitan and Jurchen Languages.* Per Urales ad Orientem, 2012.
* [(중)唐均 2012] <거란어와 여진어의 "장수(長壽)"에 관한 용어>, ≪Per Urales ad Orientem≫, 2012.

[Wu Yingzhe 2012] *A Study of the Tribal Name Diela in the Khitan Small Script.* ТАНГУТЫ в Центральной Азии, 2012.
* [(중)吳英喆 2012] <거란소자 "질랄부" 연구>, ≪중앙아시아의 탕구트≫, 2012.

[John Tang 2014] *The Khitan Lexical Tetrachoricism.* 북방문화연구 Volume 5.
* [(중)唐均 2014] <거란 어휘의 사전적 상관관계>, ≪북방문화연구≫ 제5권, 2014.

[Nie Hongyin 2014] *A Supplementary Note on "Khitan" in Tangut Historical Records.* 북방문화연구 Volume 5.
* [(중)聶鴻音 2014] <당항사에 기록된 거란관련 보충자료>, ≪북방문화연구≫ 제5권, 2014.

[Sun Bojun 2014] *Reign Titles of Jin Dynasty in Khitan Small script Inscriptions.* 북방문화연구 Volume 5.
* [(중)孫伯君 2014] <거란소자의 금대(金代) 연호>, ≪북방문화연구≫ 제5권, 2014.

[Andrew Shimunek 2014] *Koreanic–Serbi-Mongolic ethnolinguistic contact before the Mongol Empire.* 북방문화연구 Volume 5.
* [(미)Andrew Shimunek 2014] <몽골제국 이전의 한(韓)·선비몽골간 언어적 접촉>, ≪북방문화연구≫ 제5권, 2014.

[Andrew Shimunek 2014] *A new decipherment and linguistic reconstruction of the Kitan–Chinese bilingual inscription of 1134 A.D.* Acta Orientalia Volume 67(1), 2014.
* [(미)Andrew Shimunek 2014] <1134년 거란·한자 합벽비문의 해석 및 음운 재구성>, ≪Acta Orientalia≫ 제67권, 2014.

[Yasunori Takeuchi 2015] *Direction Terms in Khitan.* Acta Linguistica Petropolitana Vol.11, part 3, 2015.
* [(일)武內康則 2015] <거란어의 방향표시 용어>, ≪Acta Linguistica Petropolitana≫ 제2권 제3호, 2015.

[Anarás Róna-Tas 2016] *Remarks on the Ethnonym Khitan.* Turkic Languages Vol.20, Iss.2, 2016.
* [(헝)Anarás Róna-Tas 2016] <거란 민족명 개요>, ≪터어키어≫ 제20권 제2호, 2016.

[Anarás Róna-Tas 2016] *The Graphs of the Khitan Small Script: 1. General Remarks, Dotted Graphs, Numerals.* Acta Orientalia Volume 69(2), 2016.
* [(헝)Anarás Róna-Tas 2016] <거란소자의 원자: 1. 개요, 유점원자, 수사>, ≪Acta Orientalia≫ 제69권, 2016.

[Ákos Bertalan Apatóczky; Béla Kempf 2017] *Recent developments on the decipherment of the Khitan small script.* Acta Orientalia Volume 70(2), 2017.
* [(헝)Ákos Bertalan Apatóczky; Béla Kempf 2017] <최근의 거란소자 해독의 진전>, ≪Acta Orientalia≫ 제70권, 2017.

[Anarás Róna-Tas 2017] *The Graphs of the Khitan Small Script.* Acta Orientalia Volume 70(2), 2017.
* [(헝)Anarás Róna-Tas 2017] <거란소자의 원자>, ≪Acta Orientalia≫ 제70권, 2017.

[Anarás Róna-Tas 2017] *The Graphs of the Khitan Small Script: 2. The Vowels.* Acta Orientalia Volume 70(2), 2017.
* [(헝)Anarás Róna-Tas 2017] <거란소자의 원자: 2. 모음>, ≪Acta Orientalia≫ 제70권, 2017.

[Otake Masami 2017] *Reconstructing the Khitan Vowel System and Vowel Spelling Rule through the Khitan Small Script.* Acta Orientalia Volume 70(2), 2017.
* [(일)大竹昌巳 2017] <거란소자를 통한 거란어의 모음조직 및 모음 철자규칙 재구성>, ≪Acta Orientalia≫ 제70권, 2017.

[Alexander Vovin 2017] *Koreanic Loanwords in Khitan and Their Importance in the Decipherment of the Latter.* Acta Orientalia Volume 70(2), 2017.
* [(미)Alexander Vovin 2017] <한국어의 거란어 차용 및 거란어 해독상의 중요성>, ≪Acta Orientalia≫ 제70권, 2017.

기타 관련 문헌

[강영매 2004] 강영매 역, ≪중국역사박물관(7)≫, 범우사, 2004.

[金渭顯 1985] 金渭顯, ≪遼金史研究≫, 裕豊出版社, 1985.

[金渭顯외 2012], 金渭顯외, ≪國譯 遼史≫, 檀國大學校出版部, 2012.

[金在滿 1974] 金在滿, ≪契丹民族發展史의 研究≫, 讀書新聞社出版局, 1974.

[류건집 2009] 류건집 역, ≪茶賦 註解≫, 이른아침, 2009.

[武田和哉 2008] 武田和哉, <契丹国(遼朝)の于越について>, ≪立命館文学≫ 608호(松本英紀教授退職記念論集), 2008

[孫昊 2014] 孫昊, ≪遼代女眞族群與社會研究≫, 蘭州大學出版社, 2014.

[劉浦江 1996] 劉浦江, <遼朝國號考釋>, ≪歷史研究≫ 2001 제6기.

[李桂芝 1996] 李桂芝, ≪遼金簡史≫, 福建人民出版社, 1996.

[임종욱 2010] 임종욱, ≪중국역대인명사전≫, 이회문화사, 2010.

[曹雪芹 2013] 曹雪芹저, 홍상훈 역, ≪홍루몽≫, 솔출판사, 2013.

[蔡美彪외 1986] 蔡美彪외, ≪中國歷史大辭典≫, 上海辭書出版社, 1986.

거란소자 관련 발굴자료

약칭	애책, 묘지 등의 명칭	발견년도	발굴지역	내용량		제작년도	비고
				행수	글자수		
興冊	興宗皇帝哀冊	1922	內蒙古 巴林右旗	36	850	청녕1 (1055)	
仁冊	仁懿皇后哀冊	1922	內蒙古 巴林右旗	32	575	대강2 (1076)	
道冊	道宗皇帝哀冊	1930	內蒙古 巴林右旗	37	1,130	건통1 (1101)	冊蓋(6행36자)
宣冊	宣懿皇后哀冊	1930	內蒙古 巴林右旗	30	620	건통1 (1101)	冊蓋(4행16자)
令誌	蕭令公墓誌	1950	遼寧 義縣	32	590	청녕3 (1057)	
許誌	許王墓誌	1975	遼寧 阜新縣	64	2,163	건통5 (1105)	
故銘	故耶律氏銘石	1962	內蒙古 翁牛特旗	25	695	천경5 (1115)	
郎記	郎君行記	1928	陝西 乾縣	5	96	천회12 (1134)	
仲誌	蕭仲恭墓誌	1942	河北 興隆縣	50	2,490	천덕2 (1150)	誌蓋(3행9자)
先誌	耶律仁先墓誌	1983	遼寧 北票縣	70	5143	함옹8 (1072)	
宗誌	耶律宗教墓誌	1991	遼寧 北寧市	33	935	중희22 (1053)	
海誌	海棠山契丹小字墓誌殘石	1991	遼寧 阜新県	13	300	불명	
博誌	金代博州防禦使墓誌	1993	內蒙古 敖漢旗	51	1,570	대정11 (1171)	
涿誌	涿州刺史墓誌	1994	內蒙古 巴林左旗	26	230	건통8 (1108)	
永誌	耶律永寧郎君墓誌	1995	內蒙古 喀喇沁旗	43	1,060	대안4 (1088)	
迪誌	耶律迪烈墓誌	1995	內蒙古 通遼市	32	1,687	대안8 (1092)	誌蓋(9행)
弘誌	耶律弘用墓誌	1996	內蒙古 扎魯特旗	32	900	수창6 (1100)	
副誌	耶律副部署墓誌	1996	內蒙古 阿魯科爾沁旗	24	合2,000	건통2 (1102)	誌蓋(27행)
皇冊	皇太叔祖哀冊	1997	內蒙古 巴林右旗	25	795	건통10 (1110)	冊蓋(3행15자)
宋誌	宋魏國妃墓誌	1997	內蒙古 巴林右旗	24	642	건통10 (1110)	誌蓋(4행20자)
慈誌	耶律慈特墓誌	1997	內蒙古 阿魯科爾沁旗	28	915	대강8 (1082)	誌蓋(2행15자)
智誌	耶律智先墓誌	1998	遼寧 北票縣	27	1,000	대안10 (1094)	
烈誌	耶律(韓)迪烈墓誌	1998	內蒙古 巴林左旗	34	1,350	건통1 (1101)	
奴誌	耶律奴墓誌	1999	遼寧 阜新縣	24	合1,274	수창5 (1099)	誌蓋(24행)

약칭	애책, 묘지 등의 명칭	발견년도	발굴지역	내용량		제작년도	비고
				행수	글자수		
高誌	韓高十墓誌	1995	內蒙古 巴林左旗	26	749	불명	
室誌	室魯太師墓誌	2000	內蒙古 扎魯特旗	13	154	수창6 (1100)	碑額(2행6자)
圖誌	蕭圖古辭墓誌	2000	遼寧 阜新縣	26	739	함옹4 (1068)	
梁誌	梁國王墓誌	2001	遼寧 阜新縣	29	1,280	건통7 (1107)	
糺誌	耶律糺里墓誌	2002 (추정)	內蒙古 巴林左旗(?)	31	1,020	건통2 (1102)	
淸誌	蕭太山·永淸公主墓誌	2003	遼寧 阜新縣	32	1,330	수창1 (1095)	
尙誌	尙食局使蕭公墓誌	2004	遼寧 阜新県	36	1,360	대정15 (1175)	誌蓋(3행13자)
韓誌	蕭特每夫人韓氏墓誌	2004	탁본만 발견	32	810	대강4 (1078)	
葉誌	葉茂台契丹小字墓誌殘石	2004	遼寧 法庫県	4	36	천경2 (1112)	
玦誌	耶律玦墓誌	2004 (추정)	內蒙古 敖漢旗	46	2,530	함옹7 (1071)	
回誌	蕭回里堅墓誌	불명	遼寧 阜新縣	31	840	대강6 (1080)	誌蓋(3행14자)
特誌	蕭特里堅墓誌	불명	遼寧 阜新縣	39	1,480	대안7 (1091)	
蒲誌	耶律蒲速里墓誌碑	불명	불명	25	약 800	건통5 (1105)	誌蓋(2행26자)
畵	慶陵 壁畵 題字						
槨	木槨 壁面 題字						
圓	圓銅鏡 鏡背 銘文						
寶	寶坻銅鏡 鏡背 銘文						
完	完顏通銅鏡 鏡背 銘文						
盞	玉盞 盞底 刻文						
錢	壽昌錢 銘文						
魚	魚符 刻文(1~2)						
筆	三彩釉碩 / 黃釉筆洗墨書						
塔	萬部華嚴經塔壁 題字(1~2)						
洞	巴拉哈達洞壁 墨書(1~3)						
崖	烏蘭哈達石崖 墨書						

묘주의 신분에 따른 묘지 규격

	묘주의 신분	묘지(墓誌) 한 변의 길이	사 례
①	황제	130~135cm 정도	성종황제, 도종황제
②	황후	125~130cm 정도	성종인덕황후, 성종흠애황후, 도종선의황후
③	황태숙과 비	120cm 내외	의화인수황태숙조와 그 비
④	황친, 유공 황족과 비, 국구족(國舅族) 유력자	100~110cm 내외	耶律羽之(발해국상), 耶律宗教(흥종의 아우), 耶律宗政(흥종의 아우), 耶律宗允(흥종의 아우), 耶律仁先(우월), 耶律弘世(도종의 아우)와 그 비, 蕭和의 처 야율씨(성종황제의 맏누이, 성종흠애황후의 모친), 蕭義(천조비의 부친) 등
⑤	종실, 국구족의 구성원	75~100cm 정도	陳国公主(성종의 조카), 耶律弘用(흥종의 조카), 耶律元寧(耶律羽之의 손자) 등
⑥	황족, 타 부족 유력자	75cm 정도 이하	耶律道清(耶律羽之의 증손), 蕭孝恭(저특부, 남부재상 가계), 蕭孝資(저특부, 남부재상 가계), 耶律元寧(우월 曷魯의 손자) 등

(자료 : 武田和哉 2012)

거란소자 묘지 등 현황

　　국내외 학자들에 의하면 현재까지 발견된 거란문 묘지의 수량은 50여 건으로, 그 중 거란소
자는 40건이 넘는다고 한다. 그 중 위작의 논란이 큰 몇 건의 묘지[1]를 제외한 38건을 대상으
로 그 현황을 소개하였으며, 황제·황후의 애책(哀冊)을 먼저 열거하고 그 다음 기타 묘지 등은
제작년도에 따라 시대순으로 표기하였다. 묘지의 약칭은 중국에서 일반적으로 사용하는 표현
으로 통일하였다.

　　한편 묘지의 주요 내용, 특히 인명(인명은 다른 어휘들과 구분하기 위하여 밑줄을 그었다)·관직 등
에 대하여는 학자들 간에 견해 차이가 많고, 심지어는 동일 학자라도 연구시점별로 상당한 차
이를 보이고 있어 유의하여야 한다. 따라서 이 장에서 언급하고 있는 묘지의 출토지·묘지형
태·소장기관·묘주·방족·계보 등의 요약내용은 최근까지 연구활동이 가장 왕성하고 다수의
깊이 있는 글을 저술한 일본의 아이씬죠로(愛新覺羅 烏拉熙春)의 연구결과[2]로 단일화하여 가급적
그대로 전제하였음을 명확히 밝혀 둔다. 아울러 묘지의 내용도 대체로 그의 연구결과에 많이
의존하였으나, 본 필자가 그의 연구결과를 모두 습득하지는 못한 터라, 나머지 부분은 중국의
류펑주(劉鳳書)[3]나 지스(即實)[4]의 연구결과를 참고하여 보충하였다.

　　다만, 묘주의 가계 인명은 위의 세 학자의 연구결과(필요시 우잉저[吳英喆]의 연구결과도 포함)를
서로 비교해 볼 수 있도록 거란소자와 함께 나란히 표로 제시하였다.

---

1) 현재 위작 논란이 큰 ≪蕭敵魯墓誌銘≫과 ≪耶律詳穩墓誌銘≫ 등을 말한다.
2) 愛新覺羅烏拉熙春·吉本道雅, ≪大中央胡里只契丹国－遙輦氏發祥地の点描≫, 松香堂(京都), 2015 등.
3) 劉鳳書, ≪契丹文字研究類編≫, 中華書局, 2014 등.
4) 即實, ≪謎田耕耘－契丹小字解讀續≫, 遼寧民族出版社, 2012 등.

차 례

◆ **황제 및 황후의 애책**

◆ **기타 거란소자 묘지 등**

황제 및 황후의 애책

1. 興宗皇帝 哀冊 (요 도종 청녕 원년[1055] 12월)

애책명	흥종황제 애책(興宗皇帝哀冊)
출토지	內蒙古自治區 巴林右旗 索博日嘎鎭 瓦林茫哈[1]의 동릉(영흥릉[永興陵])[2] 1) "瓦林茫哈"는 몽고어 음역으로, 원래의 뜻은 "와력탄(瓦礫灘)"이다[劉鳳翥외 2014b]. 2) 劉鳳翥는 영흥릉(永興陵)을 속칭 "중릉(中陵)"이라고 표현하고 있다[劉鳳翥외 2014b].
묘지형태	오른쪽은 행방불명이고 초본(抄本)만 전한다. 초본에는 36행의 거란소자 책문(冊文)이 있다.
묘주	흥종황제 휘(諱) 夷不菫只骨[宗眞], 향년 40세(요 성종 개태5년[1016]~요 흥종 중희24년[1055]).

(자료 : 愛新覺羅외 2015⑩)

관련 연구문헌 (저자순)	· 羅福成 <興宗皇帝哀冊文釋文>, 《遼陵石刻集錄》(金毓黻 編) 권4, 1934. · 王靜如 <契丹國字再釋>, 《國立中央研究院歷史言語研究所集刊》 제5본 제4분, 1935. · 劉鳳翥 <契丹小字《興宗哀冊》考釋>, 《契丹文字硏究類編》, 中華書局, 2014. · 即 實 <哀冊拾讀—興宗哀冊>, 《謎林問徑—契丹小字解讀新程》遼寧民族出版社, 1996.

<계보>

(자료 : 愛新覺羅외 2015⑩)

<애책 내용>

애책문 내용은 크게 두 부분으로 나뉘어지는데, 전반은 "서(序)"*이고 후반은 "사(辭)"**로 구성된다.

* 序 : 책주(冊主)의 사망시간·지점, 장례지점, 안장시간, 송덕(頌德) 내용 등을 구체적으로 기록한다.
** 辭 : 한어의 4언절구(四言絕句) 형태의 운문(韻文)으로, 예외 없이 송덕을 기리는 추상적인 내용들로 이루어진다(참고로 이 부분은 학자들의 번역이 충실하지 못하여 구체적 기술은 생략한다).

1. 서문(序文) 부분 (제1행~제5행)

① 중희(重熙) 24 세차(歲次) 을미(乙未) 8월 병술삭(丙戌朔) 4일 기축(己丑)에

② 흥종신성효장상중희황제(興宗神聖孝章上重熙皇帝)께서 □□ 서남쪽에 주필(駐蹕, 거둥하여 잠시 머무르다)하던 중에 알로타(斡魯朶, 행궁)에서 붕서(崩逝)하였다. 추도전(載塗殿)에서 염을 하고 청녕(淸寧) 원년

11월

③ 10일 갑자(甲子)일에 경운사(慶雲山)의 궁(宮)에 안장하였다.

④ …… 애자(哀子)가 황위(皇位)를 이어받아 …… 만사(萬事)를 …… 하였다.

⑤ …… 조서(詔書)를 내려 명(銘)을 새겼다.

2. 사문(辭文) 부분 (제6행~제36행)

⑥~㉟ (생략)

㊱ 대애호재(大哀呼哉)라, 심주자사(瀋州刺史) 신인(臣人) 蘇[1]가 칙서를 받들어 글을 쓰다.

---

1) 애책문(哀冊文)을 지은 자(撰者)는 醫撚·蘇로서, 바로 《遼史》(권96)에 전이 있는 耶律良을 말한다[劉鳳翥 2014b⑬].

<資料> 1) 即實 1996①, 2) 劉鳳翥 2014b⑭.

흥종황제 애책 초본

【애책 등의 발견】 내몽골 와린망하(瓦林莊哈) 지역에 요대 경릉이 있다. 그 곳에 요의 성종·흥종 및 도종 세 황제와 그 황후들이 안장되어 있는데 민국(民國) 초기에 지역 토호인 동리엔(董廉)이 능을 도굴하였다. 당시 르허(熱河)에 있던 벨기에 선교사 케르빈(E. P. Louis Kervyn)이 그 소식을 듣고 1922년 6월 해당지역을 탐사하여 능묘 한 곳에서 문자가 있는 비석 4건을 발굴하였다. 그 중 2건은 한자이고 2건은 거란자이었는데, 그는 다음 해에 거란소자 흥종황제와 인의황후 애책의 초본 사진을 《북경천주교잡지》에 처음 발표하였다.

그러자 이러한 소식에 많은 사람들이 관심을 가지게 되었다. 급기야 1930년 당시 르허성 주석의 아들인 탕주오룽(湯佐榮)이 인부를 동원하여 경릉을 발굴하였는데, 성종 능에서는 성종과 두 황후의 한문 애책이, 도종 능에서는 도종과 선의황후의 한문 애책과 거란문 애책이 각각 1조씩 나왔다. 다행히 이들 비석은 여러 경로를 거쳐 지금은 랴오닝성 박물관에 보존되고 있다(淸格爾泰외 1985 참조).

2. 仁懿皇后 哀冊 (요 도종 대강 2년[1076] 6월)

애책명	인의황후 애책(仁懿皇后哀冊)
출토지	內蒙古自治區 巴林右旗 索博日嘎鎭 瓦林茫哈의 동릉(영흥릉)
묘지형태	책석(冊石)은 행방불명이고 사본만 전한다. 책개(冊蓋)에 전서 한자(篆書漢字) ≪仁懿皇后哀冊≫이 있다. 초본에는 32행의 거란소자 및 한자 책문이 있다.
묘주	흥종인의황후 휘(諱) 撻里, 향년 62세(요 성종 개태3년[1014] ~ 요 도종 대강2년[1076])
방족(房族)	발리국구소옹장(抜里国舅小翁帳)
출전	『新出契丹史料の研究』(p.203)

(자료 : 愛新覺羅외 2015⑩)

관련 연구문헌 (저자순)	· 羅福成 <興宗仁懿皇后哀冊文釋文>, ≪遼陵石刻集錄≫(金毓黻 編) 권4, 1934 4월. · 山路廣明 <興宗仁懿皇后哀冊文中に於ける "洦"について>, ≪言語集錄≫ 제3호(1952). · 王靜如 <契丹國字再釋>, ≪國立中央研究院歷史言語研究所集刊≫ 제5본 제4분, 1935. · 劉鳳翥 <契丹小字≪仁懿皇后哀冊≫考釋>, ≪契丹文字研究類編≫, 中華書局, 2014. · 卽 實 <哀冊拾讀—仁懿哀冊>, ≪謎林問徑—契丹小字解讀新程≫ 遼寧民族出版社, 1996.

<계보>

[拔懶月椀] → [撒懶阿古只] → [帖剌] → [啜隣蒲古] → [諧領挑隗] → [胡獨董磨只] → [仁懿皇后]

諧領挑隗 [蕭和], 胡獨董磨只 [蕭孝穆]

(자료 : 愛新覺羅외 2015⑩)

<애책 내용>

≪仁冊≫은 여타 애책들과는 다소간의 차이가 있다. 애책의 찬자가 해당 애책에 일반 묘지의 서술 방식을 도입하였기 때문이다.

1. 서문(序文) 부분 (제1행~제22행)

①~② 인의황후(仁懿皇后)의 애책명(哀冊銘)

③ 흥종황제(興宗皇帝) 인의황후의 천궁(泉宮)에서 명(銘)을 적고, 戈勒[1)]이 본각(本刻)을 하다[2)].

④ 대행황태후(大行皇太后) 야율날발(耶律捺鉢)의 撻里는

⑤ 성(聖) 흥종 중희황제(重熙皇帝)의 부인이며, 성 청녕황제(清寧皇帝)의 모친으로, 국구소옹장(國舅小翁帳) 북부재상(北府宰相) 북원추밀사(北院樞密使)에 제수된 술률(述律) 胡獨董과

⑥ 阿不葛 별서(別胥)[3)] 2人의

⑦ 딸로서, 청녕황제가 대위를 잇자

⑧ 황태후(皇太后)가 되었다. …… 남쪽 송나라(宋國)의 황제 인종(仁宗)이 또 …… 아들 나라(송은 인종 때에 스스로를 그렇게 칭하였다) ……

⑨ 매년 원단(元旦)과

⑩ 황태후의 탄신일에 (사신을 파견하여 축하를 하였기에)

⑪ 황태후의 ……가 ……되었다. 대강2 병진년(丙辰年) 3월 병진삭(丙辰朔) 6일 신유(辛酉) 늦은 봄에

⑫ 62세를 일기로 붕서하셨기에

⑬ 경주(慶州) 북서(北西)로 운구하여 추도전(菆塗殿)에서 염하였다。

⑭ 시호(諡號)를 "인의황후"로 하였고, 그 해 6월 10일 갑오일(甲午日) 인시(寅時)에 홍기황제(弘基皇帝)·친속·백관이 ……

⑮ 경운천궁(慶雲泉宮) ……

⑯ 흥종황제의 능에 함께 묻었다. 그 때에 자황후(子

皇后) ……

⑰~㉑ (생략)

㉒ 황태후의 성스러운 돌봐줌 …… 명사(銘辭)를 찬한다.

2. 사문(辭文) 부분 (제23행~제32행)

㉓~㉛ (생략)

㉜ 상장군(上將軍) 총지한림원사(總知翰林院事) 신인(臣人) 陳甫[4]가 칙서를 받들어 글을 쓰다.

1) "戈勒"은 ≪先誌≫의 각공자(刻工者)이기도 한데, 두 묘지(墓誌) 모두 오류가 많은 편이다(即實 1996①).

2) 이 부분은 작은 글자체로 되어 있는데, 劉鳳翥는 이를 각공(刻工) 기록이 아닌 "병서(幷書)"의 의미로 보고 있다(劉鳳翥 2014b⑱).

3) 인의황후의 부모에 대하여, 即實은 부친을 "也思輦"으로 모친을 "篁姑 별서"라고 해석하고(即實 1996①), 劉鳳翥는 이를 각각 "胡獨董"과 "黃鶴 별서"로 해석하고 있다(劉鳳翥 2014b). 愛新覺羅도 당초에는 이들과 유사하게 "胡獨董"(≪요사≫에 기록된 한풍명은 "蕭孝穆"이다)과 "阿不葛 별서"로 해석하였으나(愛新覺羅 2006a), 최근 자료에서는 부친을 "胡獨董磨只"로 하고 모친은 별도 이름 없이 그냥 "별서"라고만 해석하고 있다(愛新覺羅외 2012⑨/2015⑩).

4) 책문의 찬자(撰者)인 "陳甫"는 ≪요사≫에 전(傳)이 있는 耶律庶箴을 말한다(≪요사≫(권89): 庶箴, 字陳甫, 善屬文。重熙中, 為本族將軍[서잠은 자(字)가 진보이다. 글을 잘 지었다. 중희 연간에 본족의 장군이 되었다]) (即實 1996①).

<資料> 1) 即實 1996①, 2) 愛新覺羅 2006a, 3) 愛新覺羅외 2012⑨, 4) 劉鳳翥 2014b⑱.

인의황후 애책 초본

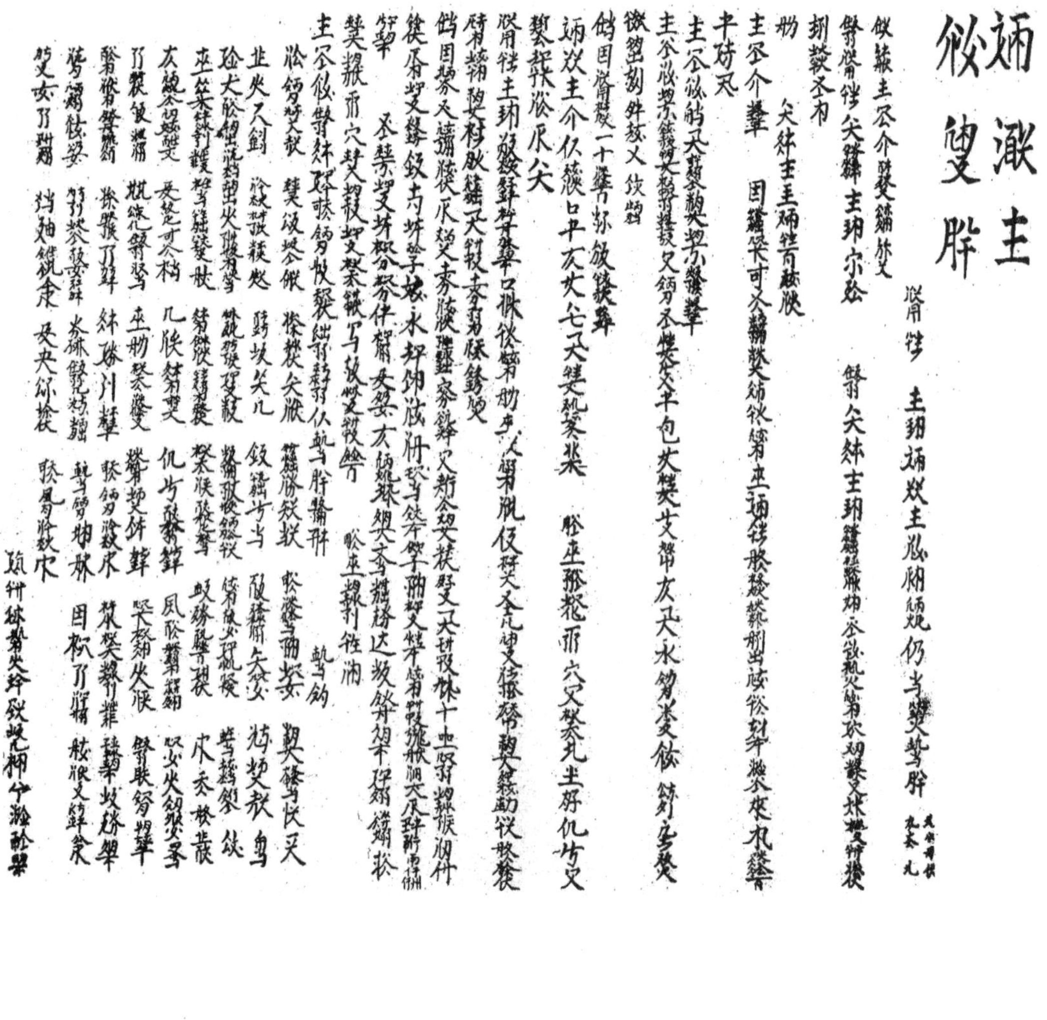

3. 道宗皇帝 哀冊 (요 천조제 건통 원년[1101])

애책명	대중앙 호리지거란 인성대효문황제 애책문(大中央胡里只契丹仁聖大孝文皇帝哀冊文)
출토지	内蒙古自治區 巴林右旗 索博日嘎鎮 瓦林茫哈의 서릉(영복릉[永福陵])
애책형태	책개(冊蓋)에 6행의 전서(篆書) 거란소자 ≪대중앙호리지거란 인성대효문황제 애책문≫이 있다. 책석(冊石)에는 37행의 거란소자 책문(冊文)이 있다. 이 능에서 출토된 한문애책의 책개에는 전서 한자 ≪인성대효문황제애책(仁聖大孝文皇帝哀冊)≫이, 책석에는 36행의 해서(楷書)로 된 한자 책문이 있다. 양 문자의 내용은 대역(對譯) 관계가 아니다.
소장기관	랴오닝성 박물관(遼寧省博物館)
묘주	도종황제 휘(諱) 涅鄰查剌[洪基], 향년 70세 (요 흥종 중희 원년[1032]~요 도종 수창7년[1101])

(자료 : 愛新覺羅외 2015⑩)

관련 연구문헌 (저자순)	· 羅福成 <道宗皇帝哀冊文釋文>, ≪遼陵石刻集錄≫(金毓黻 編) 권4, 1934. · ── <道宗皇帝及宣懿皇后哀冊篆蓋釋文>, ≪遼陵石刻集錄≫(金毓黻 編) 권4, 1934. · ── <道宗仁聖皇帝國書哀冊考>, ≪遼陵石刻集錄≫(金毓黻 編) 권4, 1934. · 山路廣明 <道宗皇帝哀冊文中に於ける"𤫉𤩅 而交"について>, ≪言語集錄≫ 제3호(1952). · 閻萬章 <契丹文遼道宗皇帝、皇后哀冊和『故耶律氏銘石』的撰寫人初探>, ≪遼寧大學學報≫ 1982 제4기. · ── <關於契丹小字≪遼道宗皇帝哀冊≫的考釋問題>, ≪遼海文物學刊≫ 1997 제2기. · 厲鼎煃 <熱河遼碑二種考>, ≪大學雜志≫ 제1권 제5기(1933)와 ≪契丹國書略說≫의 부록. · 王靜如 <遼道宗及宣懿皇后契丹國字哀冊初釋>, ≪國立中央研究院歷史語言研究所集刊≫ 제3본 제4분(1933년). · 劉鳳翥 <契丹小字道宗哀冊篆蓋的解讀>, ≪民族研究≫ 1984 제5기. · ── <契丹小字≪道宗皇帝哀冊≫考釋>, ≪契丹文字研究類編≫, 中華書局, 2014. · 卽 實 <哀冊拾讀─道宗哀冊>, ≪謎林問徑─契丹小字解讀新程≫ 遼寧民族出版社, 1996. · L. Kervyn, Le tombeau de L'empereur Tao-tsong(1101) ─ Une découverte interéssante. Le Bulletin Catholique de P'ekin. 118. 1923.

< 계보 >

(자료 : 愛新覺羅외 2015⑩)

< 애책 내용 >

1. 책개(冊蓋) (총 6행)

① 又 尺 夾 圣 北 쇠 ② 夬 圣 夹 平 廾 化 ③ 屮 仕 圣 豹 丛 及
大　中央　胡里只　　契丹　仁　　　　聖　大
대　중앙　호리지　　거란　인　　　　성　대

④ 秌 癸 秃 糸 丹 圣   ⑤ 杰 火 主 玉 雨 几   ⑥ 村 圣 秌 朱 杰 火
　　孝   文 皇 帝 之   哀   冊 文
　　효   문 황 제 의   애   책 문

2. 책석(冊石)의 서문(序文) 부분 (제1행~제8행)

① 인성대효문황제(仁聖大孝文皇帝)의 애책문(哀冊文).

② 좌원(左院) 어원통진(御院通進) 은청숭록대부(銀靑崇祿大夫) 검교(檢校) 국자제주(國子祭酒) 자집장지사지(字執掌之事知) 무기위(武騎尉) 신인(臣人) 耶律固[1]가

③ 칙서를 받들어 글을 짓는다.

④ 수창(壽昌) 7 세차(歲次) 신사(辛巳) 정월 임술삭(壬戌朔) 13일 갑술(甲戌)에

⑤ 도종 인성대효문황제(道宗仁聖大孝文皇帝)께서 북나수(北那水)에 행차하였다가, 이동하여 수렵(狩獵)을 하던 중 알로타(斡魯朵) 행장(行帳)에서 붕서(崩逝)하였다. 화복전(禾卜㫗) 날발(捺鉢) 남서쪽에 권조(權厝, 가매장)한 후 건통(乾統) 원년 4월

⑥ 10일 경자(庚子)에 경운산(慶雲山)의 동쪽 아래에 있는 선유전(僊遊殿)으로 옮겨 염했다. 그 해 6월

23일 임자(壬子)에 영복릉(永福陵)에서 장례를 치렀다.

⑦~⑧ 애손(哀孫, 야율연희를 지칭한다)이 황위(皇位)를 이어 받아 …… 조서(詔書)를 내려 …… 지명(誌銘)을 찬(撰)한다.

3. 책석의 사문(辭文) 부분 (제9행~제37행) (생략)

---

1) 책문(冊文)을 지은 인물인 "耶律固"(야율고)는 요대 말기의 거란소자 문장의 고수이다. 현재 전하는 거란소자 비각중 그가 지은 것은 《道冊》, 《宣冊》, 《高誌》, 《皇冊》, 《宋誌》, 《智誌》, 《迪誌》, 《故銘》 등이다. 이것들을 통해 그의 거란소자 문단상의 지위를 충분히 엿볼 수 있다(劉鳳書 2014b㊶).

<資料> 1) 卽實 1996①, 2) 劉鳳書 2014b㉝.

도종황제 애책의 책개 탁본

도종황제 애책의 책석 탁본

[참고] ≪道冊≫ 책석에는 특이하게 9개 행에 개각(改刻, 고쳐 새긴 것) 흔적이 있는데, 원 글자(原刻字)와 고친 글자(改刻字)가 겹쳐져 있어 판독이 어렵다. 분해하여 보면 원 글자와 고친 글자가 내용면에서는 기본적으로 일치한다. 개각을 한 이유는 원래의 비문에 빈 칸이 있어야 할 곳에 빈 칸이 없고 줄을 바꾸어야 할 곳에 바뀜이 없었기 때문일 것으로 추정된다. 개각 과정에서 원 글자는 갈아 없애지 않은 채 원래의 내용을 차례대로 밑으로 이동시켰다. 한 번 이동의 길이가 짧게는 행의 절반, 길게는 두 행에까지 이르는데, 원 글자의 공백이 없는 곳에서 끝이 난다(淸格爾泰외 1985, p.528).

다음 페이지에서는 애책 책석 내용의 판독이 쉽도록 고친 글자를 기준으로 필자가 선명하게 재구성해 보았다.

도종황제 애책 책석문 보정

(개각 내용을 기준으로 필자가 직접 재구성)

㊲ ㊱ ㉟ ㉞ ㉝ ㉜ ㉛ ㉚ ㉙ ㉘ ㉗ ㉖ ㉕ ㉔ ㉓ ㉒ ㉑ ⑳ ⑲ ⑱ ⑰ ⑯ ⑮ ⑭ ⑬ ⑫ ⑪ ⑩ ⑨ ⑧ ⑦ ⑥ ⑤ ④ ③ ② ①

③ (왼쪽 위)	① (오른쪽 위)
④ (왼쪽 아래)	② (오른쪽 아래)

도종황제 애책 책석 ([1] - 오른쪽 위)

⑲ ⑱ ⑰ ⑯ ⑮ ⑭ ⑬ ⑫ ⑪ ⑩ ⑨ ⑧ ⑦ ⑥ ⑤ ④ ③ ② ①

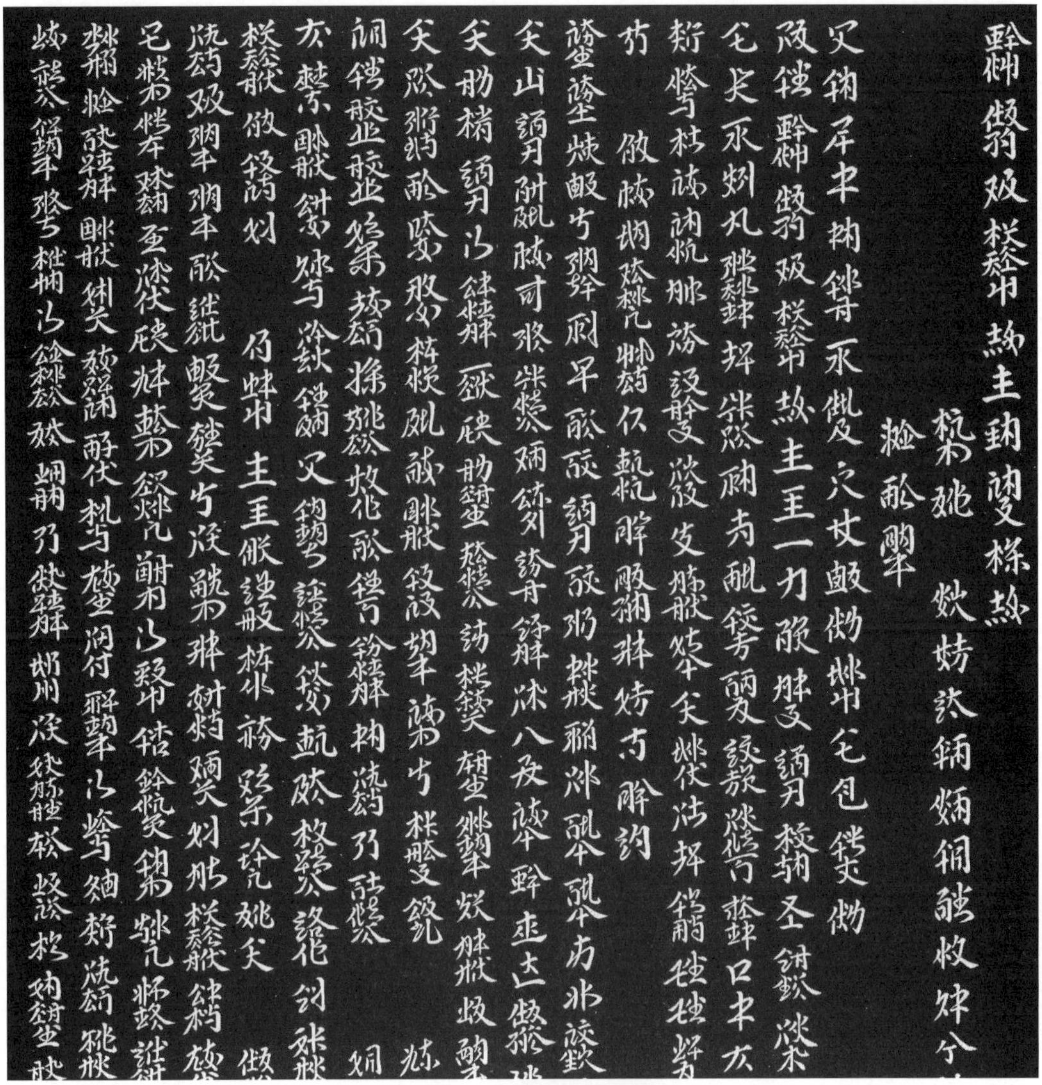

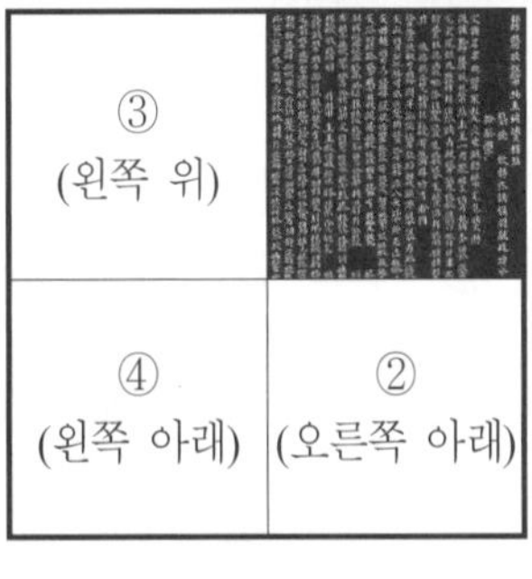
③
(왼쪽 위)
④
(왼쪽 아래)
②
(오른쪽 아래)

도종황제 애책 책석 ([2]-오른쪽 아래)

⑲ ⑱ ⑰ ⑯ ⑮ ⑭ ⑬ ⑫ ⑪ ⑩ ⑨ ⑧ ⑦ ⑥ ⑤ ④ ③ ② ①

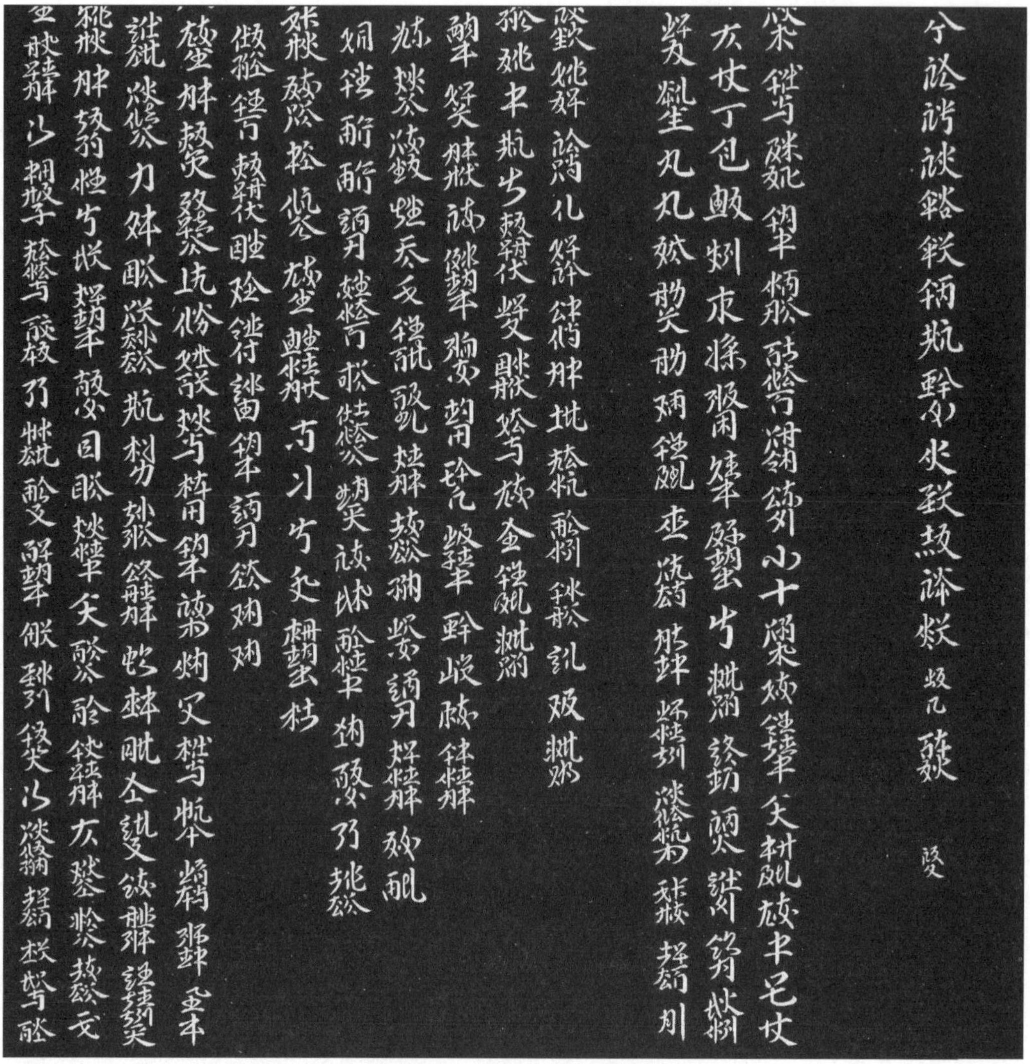

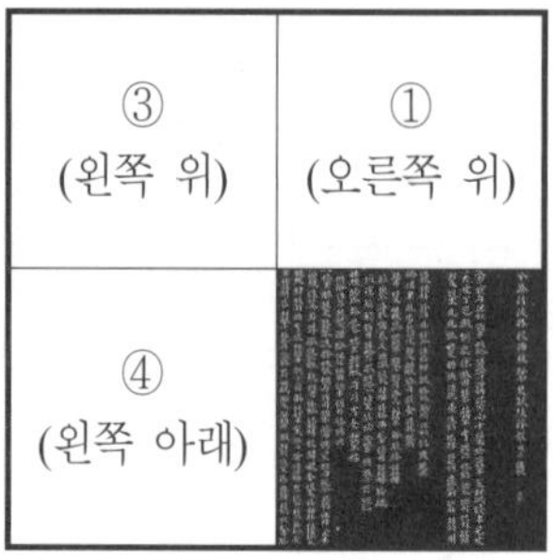

도종황제 애책 책석 ([3]-왼쪽 위)

㊲ ㊱ ㉟ ㉞ ㉝ ㉜ ㉛ ㉚ ㉙ ㉘ ㉗ ㉖ ㉕ ㉔ ㉓ ㉒ ㉑ ⑳

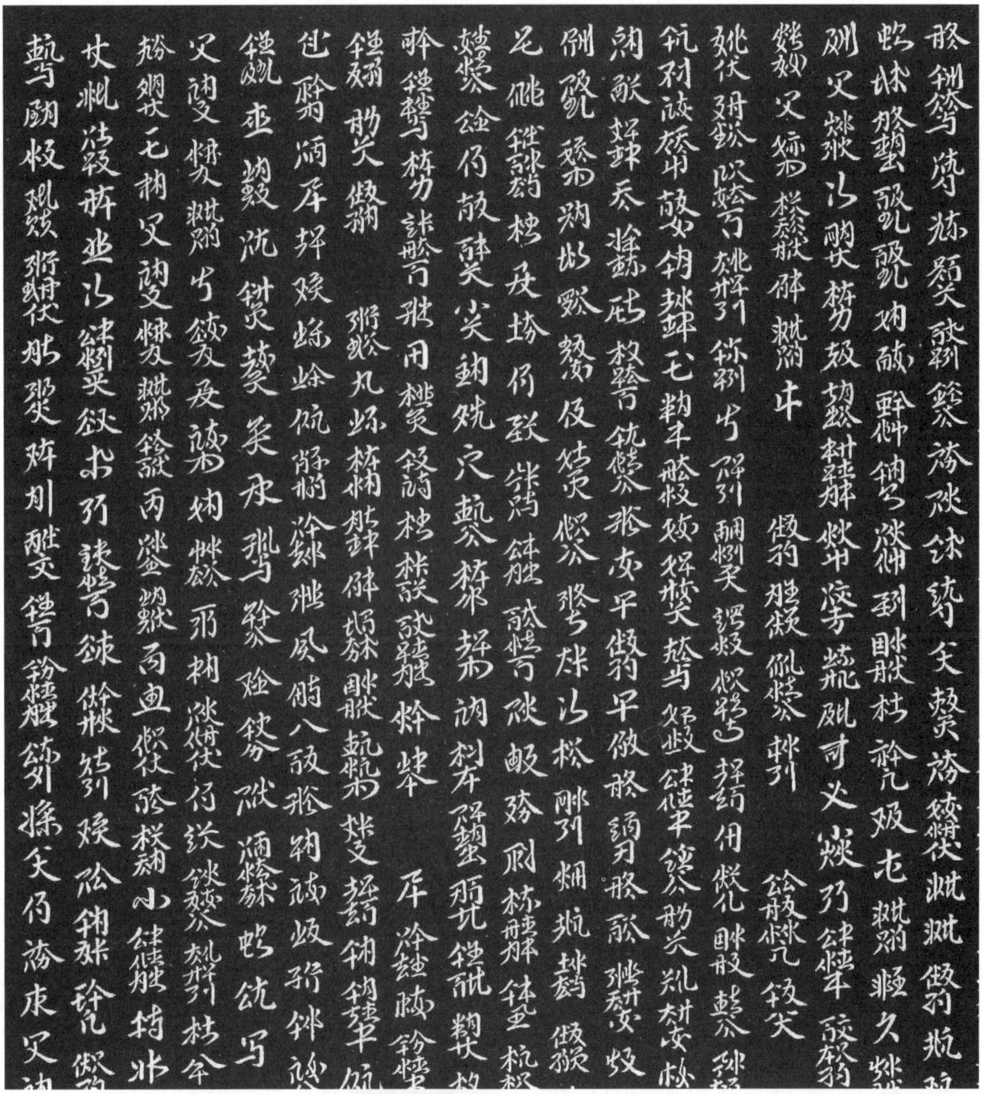

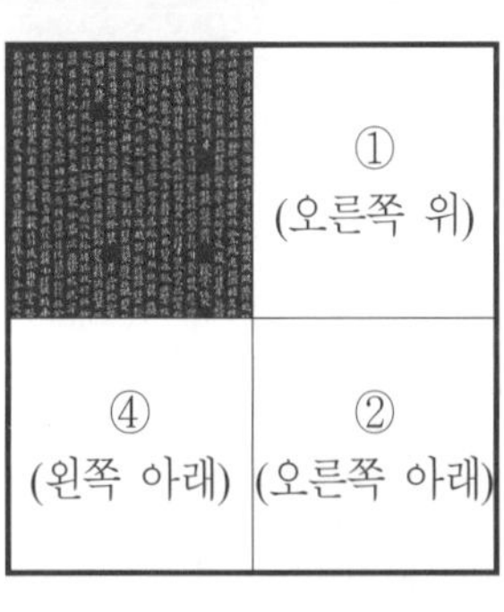
①
(오른쪽 위)
④
(왼쪽 아래)
②
(오른쪽 아래)

도종황제 애책 책석 (4 - 왼쪽 아래)

4. 宣懿皇后 哀冊 (요 천조제 건통 원년[1101])

애책명	선의누알마 애책문(宣懿撋幹麼哀冊文)
출토지	內蒙古自治區 巴林右旗 索博日嘎鎭 瓦林茫哈의 서릉(영복릉[永福陵])
묘지형태	책개(冊蓋)에 4행의 전서(篆書) 거란소자 ≪선의누알마애책문≫이 있다. 책석(冊石)에는 30행의 거란소자 책문(冊文)이 있다. 이 능에서 출토된 한문애책 책개에는 전서(篆書)로 된 한자 ≪선의황후애책(宣懿皇后哀冊)≫이, 책석에는 34행의 해서(楷書)로 된 한자 책문이 있다. 양 문자의 내용은 대역(對譯) 관계가 아니다.
소장기관	랴오닝성 박물관(遼寧省博物館)
묘주	도종선의황후 휘(諱) 観音[観音女] (?~요 도종 대강 원년[1075])
방족(房族)	발리국구소옹장(拔里国舅小翁帳)
출전	『新出契丹史料の研究』(p.203)

(자료 : 愛新覺羅외 2015⑩)

관련 연구문헌 (저자순)	· 羅福成 <遼宣懿皇后哀冊釋文>, ≪滿洲學報≫ 제2기(1933). · ── <道宗宣懿皇后哀冊文釋文>, ≪遼陵石刻集錄≫(金毓黻 編) 권4, 1934. · ── <道宗皇帝及宣懿皇后哀冊篆蓋釋文>, ≪遼陵石刻集錄≫(金毓黻 編) 권4, 1934. · ── <道宗宣懿皇后國書哀冊考>, ≪遼陵石刻集錄≫(金毓黻 編) 권4, 1934. · 厲鼎煃 <熱河遼碑二種考>, ≪大學雜志≫ 제1권 제5기(1933)와 ≪契丹國書略說≫의 부록. · 卞宗孟 <熱河遼陵石刻拓本眞跡>, ≪東北文獻叢譚≫ 제1집(1934). · 卞鴻儒 <熱河林東契丹國書墓誌跋>, ≪遼陵石刻集錄≫(金毓黻 編) 권6, 1934. · 山路廣明 <宣懿皇后哀冊文中に於ける変化語の區別について>, ≪言語集錄≫ 제2호(1952). · ── <宣懿皇后哀冊文中に於ける "北朩"について>, ≪言語集錄≫ 제4호(1953). · 愛宕松男 <遼道宗宣懿皇后契丹文哀冊撰者考>, 京都女子大學史學會 ≪史窗≫ 제48호(1991). · 閻萬章 <契丹文遼道宗皇帝、皇后哀冊和『故耶律氏銘石』的撰寫人初探>, ≪遼寧大學學報≫ 1982 제4기. · 王靜如 <遼道宗及宣懿皇后契丹國字哀冊初釋>, ≪國立中央研究院歷史語言研究所集刊≫ 제3본 　제4분(1933). · 劉鳳翥 <契丹小字≪宣懿皇后哀冊≫考釋>, ≪契丹文字研究類編≫, 中華書局, 2014. · 卽 實 <哀冊拾讀─宣懿哀冊>, ≪謎林問徑─契丹小字解讀新程≫ 遼寧民族出版社, 1996.

<계보>

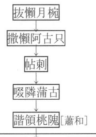

(자료 : 愛新覺羅외 2015⑩)

<애책 내용>

1. 책개(冊蓋) (총 4행)

①   ②   ③   ④

𐊧 𐊜 𐊞 𐊢 . . . . . 𐊢 𐊩 𐊰 𐊱   𐊎 𐊫 𐊲 𐊳   𐊴 𐊵 𐊶 𐊷

宣   懿   皇 后 之 哀   冊   文

선   의   황 후 의 애   책   문

2. 책석(冊石)의 서문(序文) 부분 (제1행~제9행)

① 선의누알마(宣懿耨幹麼)[1]의 애책문(哀冊文).

② 좌원(左院) 어원통진(御院通進) 은청숭록대부(銀靑崇祿大夫) 검교(檢校) 국자제주(國子祭酒) 자집장지사지(字執掌之事知) 무기위(武騎尉) 신인(臣人) <u>耶律固</u>[2]가

③ 칙서를 받들어 글을 짓는다.

④ 대강(大康) 원년 세차 을묘(乙卯) 11월 기미삭(己未朔) 3일 신유(辛酉)에

⑤ 선의누알마께서 장경천(長慶川)에서 붕서(崩逝)하였다. 북쪽의 천토아산(天吐兒山)에 권조(權厝, 가매장)한 후 건통(乾統) 원년 6월 23일 영복릉(永福陵)에 합장하는

⑥ 예를 드렸다.…… 애손(哀孫)이

⑦ 황위(皇位)를 이어 받고 ……

⑧ (생략)

⑨ 높은 덕(德)을 명(銘)에 담도록 조서(詔書)를 내렸다.

3. 책석의 사문(辭文) 부분 (제10행~제30행) (생략)

─────────

1) "누알마(耨幹麼, 𐊩 𐊰 𐊱)"는 황후를 뜻하는 거란어이다.

2) 책문(冊文)을 지은 "耶律固"(야율고)에 대하여는 p.516의 주석 1)을 참조하라.

<資料> 1) 卽實 1996①, 2) 劉鳳書 2014b㉝.

선의황후 애책의 책개 탁본

선의황후 애책의 책석 탁본

㉚ ㉙ ㉘ ㉗ ㉖ ㉕ ㉔ ㉓ ㉒ ㉑ ⑳ ⑲ ⑱ ⑰ ⑯ ⑮ ⑭ ⑬ ⑫ ⑪ ⑩ ⑨ ⑧ ⑦ ⑥ ⑤ ④ ③ ② ①

③ (왼쪽 위)	① (오른쪽 위)
④ (왼쪽 아래)	② (오른쪽 아래)

선의황후 애책의 책석 탁본 ([1]-오른쪽 위)

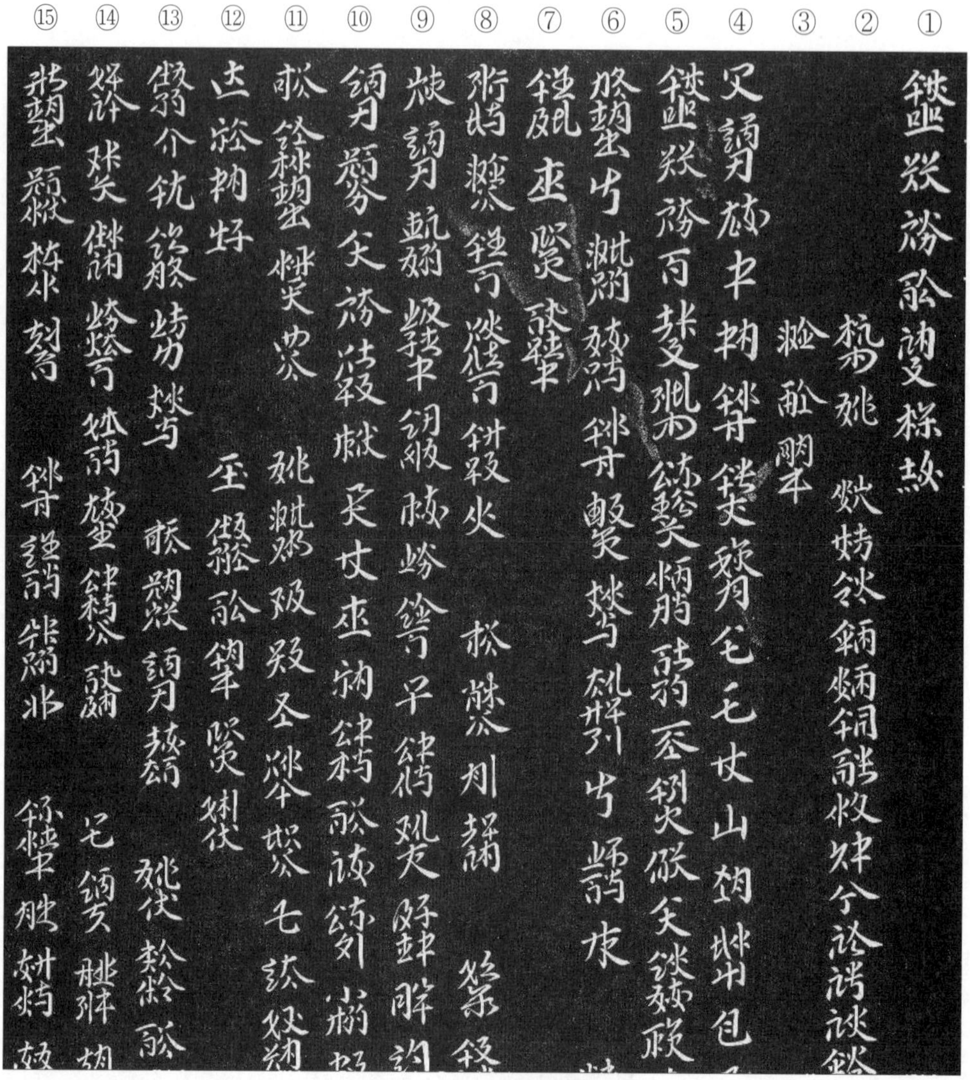
⑮ ⑭ ⑬ ⑫ ⑪ ⑩ ⑨ ⑧ ⑦ ⑥ ⑤ ④ ③ ② ①

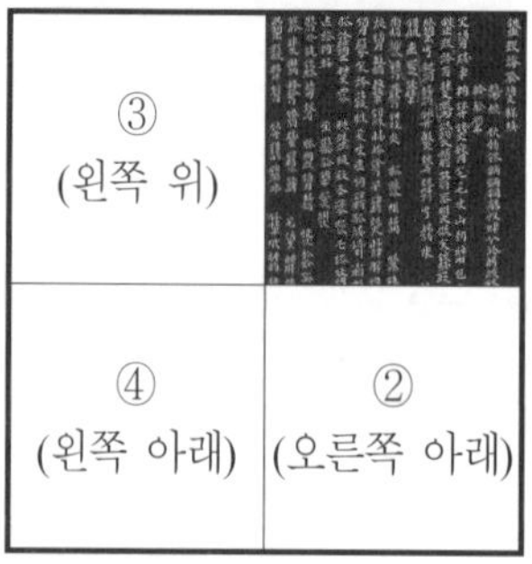
③
(왼쪽 위)
④
(왼쪽 아래)
②
(오른쪽 아래)

선의황후 애책의 책석 탁본 ([2]-오른쪽 아래)

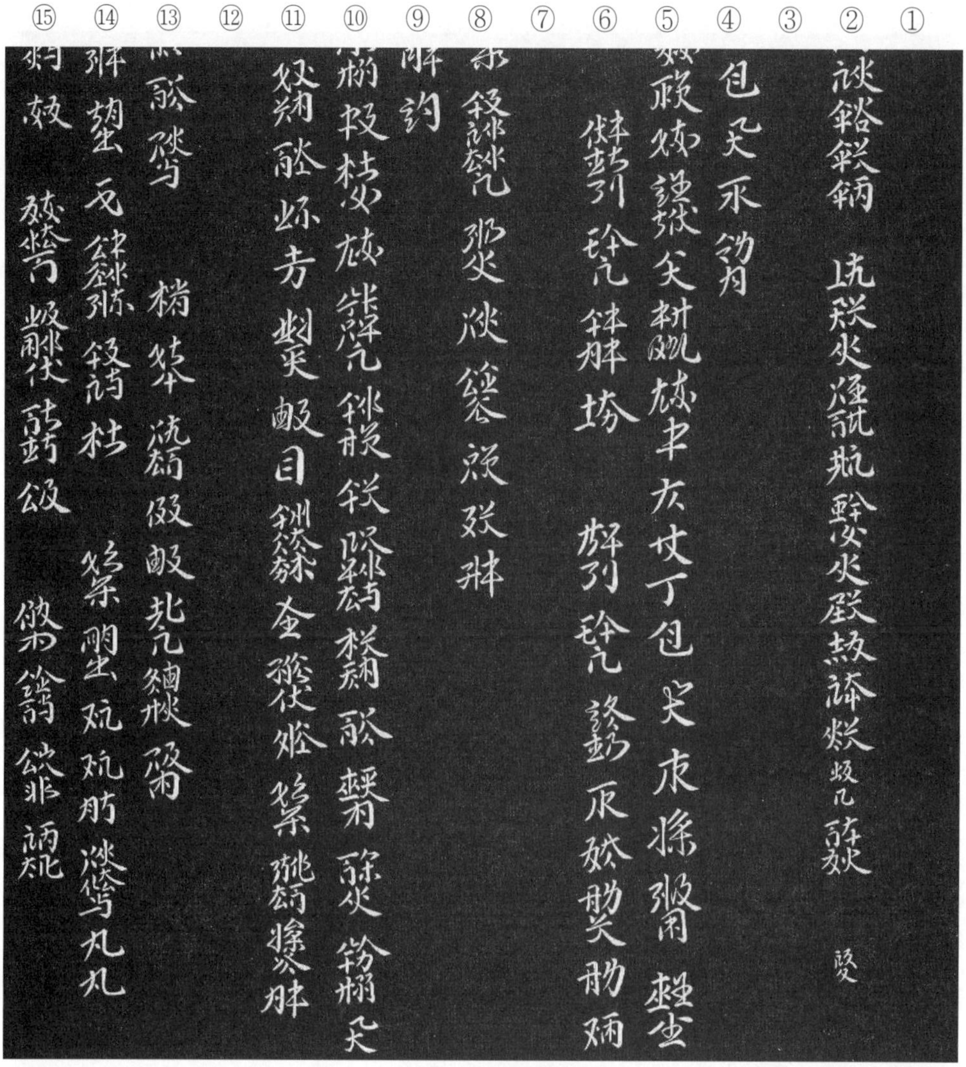
⑮ ⑭ ⑬ ⑫ ⑪ ⑩ ⑨ ⑧ ⑦ ⑥ ⑤ ④ ③ ② ①

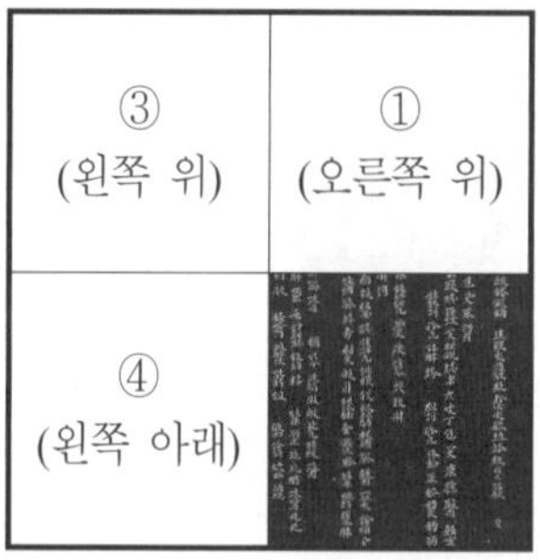
③
(왼쪽 위)
①
(오른쪽 위)
④
(왼쪽 아래)

선의황후 애책의 책석 탁본 ([3]-왼쪽 위)

㉚ ㉙ ㉘ ㉗ ㉖ ㉕ ㉔ ㉓ ㉒ ㉑ ⑳ ⑲ ⑱ ⑰ ⑯

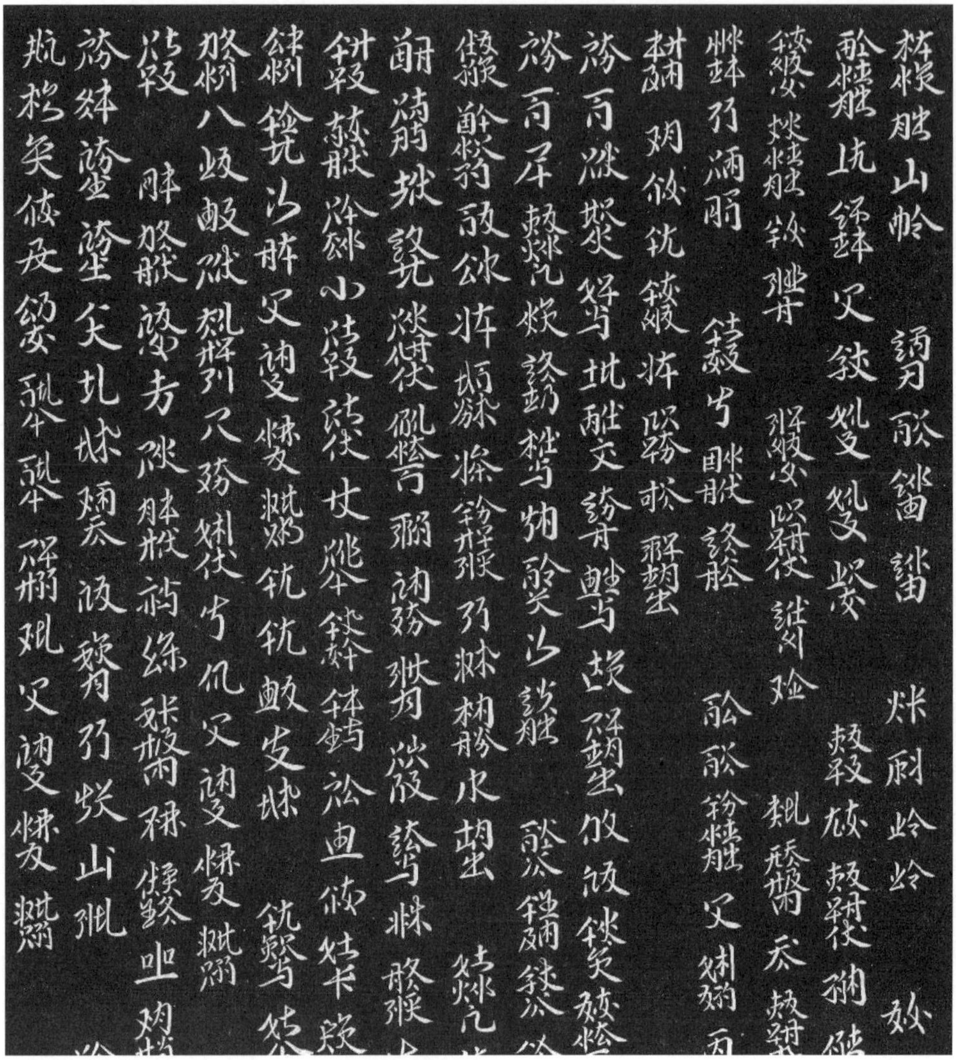

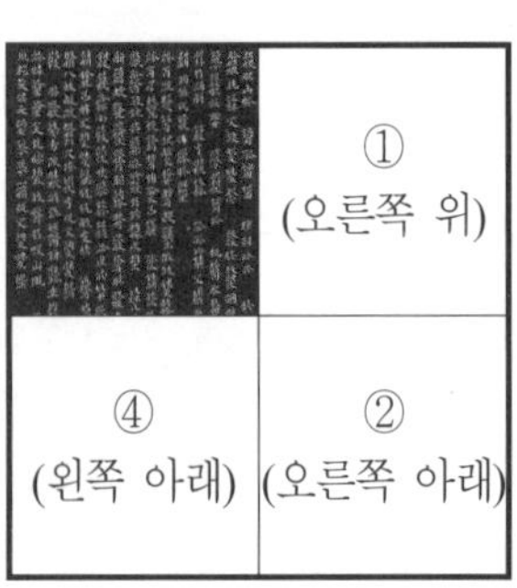
①
(오른쪽 위)
④
(왼쪽 아래)
②
(오른쪽 아래)

선의황후 애책의 책석 탁본 (4 - 왼쪽 아래)

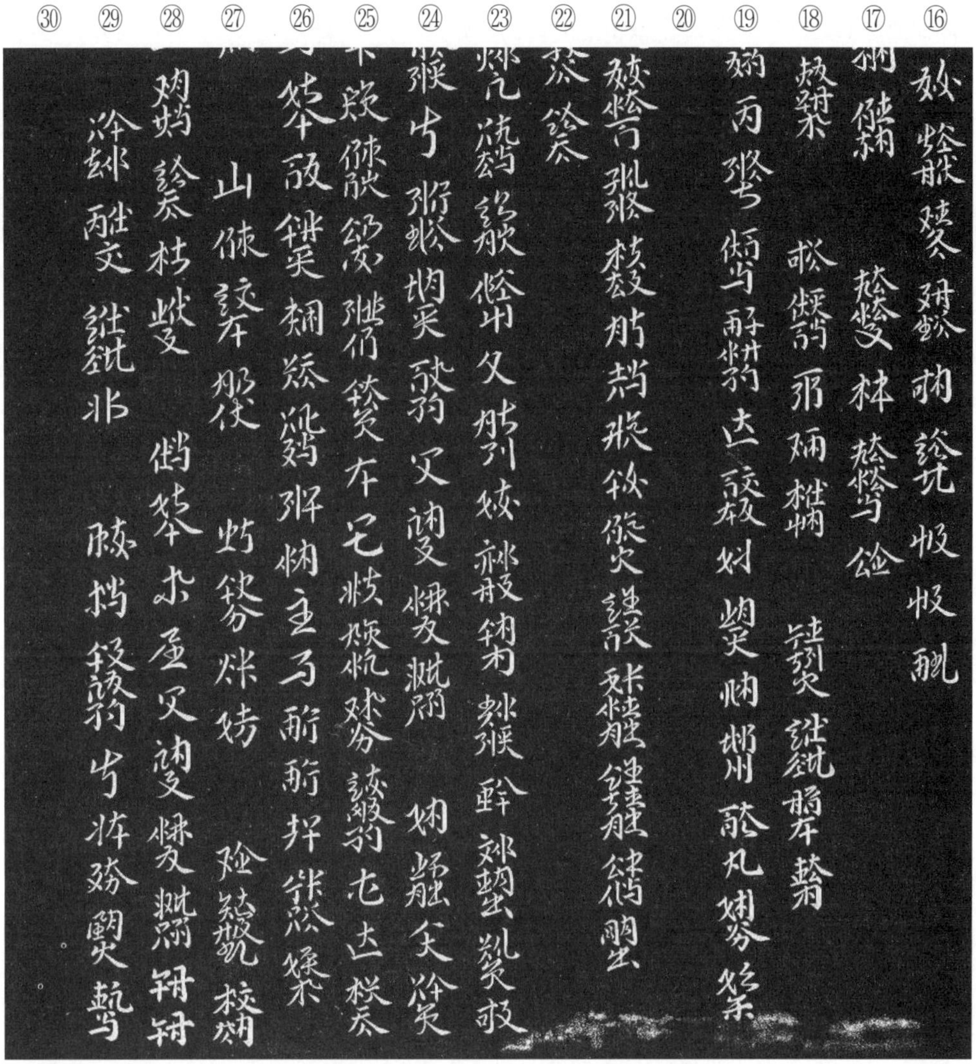

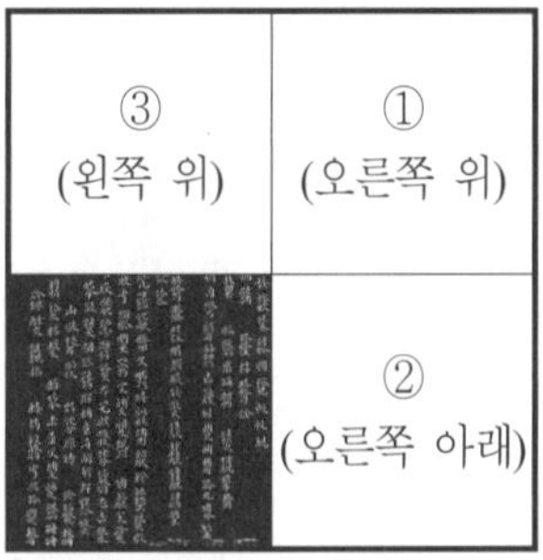

기타 거란소자 묘지 등

1. 耶律宗敎墓誌 (요 흥종 중희 22년[1053] 8월 12일)

묘지명	대중앙 거란호리지국 고광릉군왕 묘지명(大中央契丹胡里只国故廣陵郡王墓誌銘)
출토지	遼寧省 北鎭 滿洲族自治県 鮑家郷 高起村에서 서북으로 약 1.5km 떨어진 산골짜기
묘지형태	지개(誌蓋)에 3행의 전서(篆書)로 된 한자 ≪대거란국광릉군왕묘지명기(大契丹國廣陵郡王墓誌銘記)≫, 지개(誌蓋) 안쪽에 36행의 거란소자, 지석(誌石)에 33행의 한자 ≪고보의군절도동중서문하평장사판봉선군절도사사광릉군왕묘지명(故保義軍節度同中書門下平章事判奉先軍節度使事廣陵郡王墓誌銘)≫이 있다. 양 문자 간의 내용은 대역(對譯)이 아니다.
소장기관	랴오닝성 베이닝(北寧)시 문물관리소
묘주	朝隱驢糞("朝隱"은 묘주의 字, "驢糞"은 묘주의 이름, 그 한풍명은 "耶律宗敎"), 향년 63세(요 성종 통화 9년[991]~요 흥종 중희 22년[1053]).
방족	경종황제계(景宗皇帝系)
출전	『契丹語言文字研究』(pp.227-230), 『韓半島から眺めた契丹・女真』(pp.110-111).
묘주의 처	妊古只
방족(房族)	을실기 국구소부방(乙室己 國舅少父房)
출전	『韓半島から眺めた契丹・女真』(pp.48-52), 『新出契丹史料の研究』(p.242)

(자료 : 愛新覺羅외 2015⑩)

관련 연구문헌 (저자순)	· 愛新覺羅烏拉熙春 <契丹文≪控骨里太尉妻胡覩古娘子墓誌≫≪大中央契丹フリジ國故廣陵郡王墓誌銘≫合考>, ≪立命館文學≫ 제617호(2010). · 閻萬章 <契丹小字≪耶律宗敎墓誌銘≫考釋>, ≪遼海文物學刊≫ 1993 제2기. · 于寶麟·辛發·吳鵬 <北鎭遼耶律宗敎墓>, ≪遼海文物學刊≫ 1993 제2기. · 劉鳳翥 <契丹小字≪耶律宗敎墓誌銘≫考釋>, ≪文史≫ 2010 제4집. · 劉鳳翥·周洪山·趙傑·朱志民, <契丹小字解讀五探>, ≪漢學研究≫ 제13권 제2기(1995). · 卽 實 <≪旅備墓誌≫釋讀>, ≪謎田耕耘─契丹小字解讀續≫ 遼寧民族出版社, 2012. · 豊田五郎 <契丹小字≪耶律宗敎墓誌銘≫釋讀補遺>, 未刊稿(1996). · ──── <耶律宗敎墓誌に見える契丹小字官名>, 未刊稿(1998).

<묘지 내용>

① 묘지명 제목 및 찬자(撰者)(제1행)
대중앙 거란호리지국 고광릉군왕 묘지명(大中央契丹胡里只國故廣陵郡王墓誌銘).
낭군(郞君) 蘇[1]가 찬(撰)하다.

② 묘주의 선조(제2행~제6행)
대왕(大王, 묘주를 지칭한다)의 이름은 驢糞이고 자(字)는 朝隱이다. 조부는 야율날발(耶律捺鉢)의 다섯째 칸인

경종황제이고, 생부는 경종황제의 차자인 진진국왕(秦晉國王) 隆慶이다. 대왕은 진진국왕의 장자이다. 모친은 迷里吉遲女 낭자로 단국(丹國)[2]의 성칸(聖汗) 烏魯古의 후예인데, 외조부와 외손녀의 혈연관계이다. 어렸을 적 미모로 현지에 명성이 자자하여 진진국왕에게 시집갔다. 타고난 성품이 어질고 깊어 승천황태후(承天皇太后)의 환심을 샀다. 대왕이 태어나자 백

부(伯父)인 성종황제가 자기의 아들로 삼았다. 친동생은 豬糞 태사(太師)이다.

③ 묘주의 사적(事蹟)(제6행~제19행)

대왕은 처음에 방어사(防禦使)로 시작하여 계속해서 관찰사(觀察使)와 주(州)의 절도사(節度使) 등의 직에 차례로 봉해졌다. 왕자낭군반 상온(王子郎君班詳穩)과 탑모성 절도사(塌母城節度使)의 직을 거친 후 남원임아(南院林牙), 응주 및 의주 절도사(應州·宜州節度使), 귀화주 절도사(歸化州節度使) 등을 역임했다. 옮겨서 남원부부서(南院副部署) 등의 직을 역임하고 거란행궁 도통(契丹行宮都統)에 제수되어 사상(使相)에 봉해졌다. 동북로 달령상온(東北路撻領詳穩)·북원선휘(北院宣徽)·지울주 지방사(知蔚州地方事) 등을 역임하였고, 좌원이리필(左院夷離畢) 등의 호를 얻어 종족에 관한 일을 맡았고, 대내척은(大內惕隱)이 되어 척은사(惕隱司)를 담당하였다. 그 후 친족 왕자의 순위를 결정하게 되어 광릉군왕(廣陵郡王)의 호에 봉해졌으며, 지평주사(知平州事)·지흥중부(知興中府)·지현릉사(知顯陵事)를 역임하였다. 대왕은 62세에 병으로 서아(署衙)에서 서거하였다. 모시(毛詩)에 "기제군자(豈弟君子), 민지부모(民之父母)"[3]라는 것은 대왕과 같은 사람을 말하는 것이다.

④ 묘주의 부인과 자녀(제19행~제22행)

대왕의 부인 척은마격(惕隱慶格) 妊古只는 을실기(乙室己) 국구소부방(國舅少父房) 涅里袞敵烈德 상공(相公)과 諧領 부인(夫人)의 다섯째 딸로 한국부인(韓國夫人)에 봉해졌다. 인덕이 풍부하였다. 대왕과 부인 사이에는 자식이 넷 있는데, 장자는 崇骨德이며 그의 아내는 賢丹女이다. 차자는 鐵離로 우원천우위장군(右院千牛衛將軍)에 임명되었으며 그의 아내는 胡睹古이다. 장녀 特免은 국구대옹장(國舅大翁帳)의 處骨태사와 梟魯隣 부인의 아들인 信寧낭군(郎君)에게 시집갔다. 차녀 胡睹古는 국구대옹장의 控骨里 태보(太保)에게 시집갔다.

⑤ 묘주의 장례 등(제22행~제36행)

대왕은 중희(重熙) 22년(1053) 8월 12일 일출시에 안장되었다. 칙령을 받들어 장례를 총괄한 자는 구곤씨(甌昆氏) 塞哥태보이다. 장의에 참가한 친족은 척은마격(묘주의 부인을 지칭한다)의 여동생들인 當古德마격(慶格)·朱哥마격·奴古里마격·勞骨寧낭자, 척은마격의 남동생들인 奪里鉢里 태위(太尉)와 동생의 처 唐낭자, 며느리들의 모친인 崇낭자·樂姐낭자, 사위들의 모친인 국구장(國舅帳) 梟魯隣부인·楚魯古마격, 척은마격의 여동생 不列낭자, 장남 崇骨德과 그 아내 賢丹女, 차남 鐵離와 그 아내 胡睹古, 장녀 特免낭자와 사위 信寧낭군, 차녀 胡睹古 및 인척 등이다. 대장(大葬)에서는 곡례(哭禮)를 하고, 니무사(尼巫思) 연봉(連峰)에서는 涅里古가 남면장(南面長) 언덕에서 회장(會葬)의 의식을 행했다. 척은마격, 대왕의 이모(異母) 여동생인 同哥공주와 討古별서(別胥), 장남 崇骨德 태사가 함께 묘지(墓誌)의 찬작(撰作)에 더하여 빛나고 원만한 묘지를 완성했다.

대왕의 이모(異母) 여동생인 同哥공주, 척은마격의 매부인 札不古장군, 척은마격의 동생 자식인 郭三과 察者 및 그 남편 趙九, 척은마격의 숙부 아들인 安哥 등이 영구(靈柩)를 묘지(墓地)까지 옮겼다.

---

1) 墓誌 撰者는 瞖撚·蘇로서, 바로 ≪요사≫(권96)에 傳이 있는 耶律良을 말한다(劉鳳翥 2014b⑬).

2) 即實은 이를 "발해(渤海)"라고 해석하고 있다(即實 2012①).

3) ≪모시(毛詩)≫ 대아(大雅)편에 있는 "기제군자(豈弟君子), 민지부모(民之父母)"(점잖으신 군주는 백성의 부모이다)의 구절을 말한다(大竹昌巳 2015b).

<資料> 1) 愛新覺羅 2010f, 2) 愛新覺羅외 2011, 3) 劉鳳翥 2014b⑬, 4) 愛新覺羅외 2015⑩, 5) 愛新覺羅 2017b.

< 묘주의 가계 인명 >

구 분		거란소자	추정 발음	≪요사≫/ 한문 묘지	劉鳳翥	即實	愛新覺羅
조	조부	几用 소光 主王	g.iŋ s.oŋ huaŋ.ti	景宗皇帝	景宗皇帝	景宗皇帝	景宗皇帝
	조모	朮用 令攴 主坕介	tʃ.iŋ t.iæ.æn huaŋ tai hau	承天皇太后	承天皇太后	承天皇太后	承天皇太后

부모	부친	—	—	耶律隆慶 (孝貞皇太叔)	—	—	燕隱普賢奴
부모	모친	(거란소자)	m.ir.g.i tʃ.in.u	遲女娘子	穆里給遲女	矛里古氏 遲女	迷里吉遲女
당대	묘주	(거란소자)	tʃau.in l.iu.pən	耶律宗教	慈寧·驢糞	楚訥·旅備	朝隱驢糞
당대	부인	(거란소자)	tʃ.ug.dʒi	姝古只	姝古只	姝古只	姓古只
아들	장남	(거란소자)	tʃəu.uŋ.bu.neʃ	崇骨德	崇骨德	崇骨德	崇骨德
아들	차남	(거란소자)	tæl.i	鐵離	鐵離	鐵離	鐵離
딸	장녀	(거란소자)	t(d).əmə-n	特每	特每	德免	特免
딸	차녀	(거란소자)	qutug(ia.sei)	胡睹古	胡睹古	也才	胡睹古

야율종교 묘지 탁본

2. 蕭令公墓誌 (요 도종 청녕 3年[1057] 2월)

묘지명	고은태사 묘지명(高隱太師墓誌銘)
출토지	遼寧省 阜新市 淸河門区 西山村
묘지형태	지개(誌蓋)에는 글자가 없고, 지석(誌石)에 32행의 거란소자 지문(誌文)이 있다.
소장기관	랴오닝성 박물관
묘주	高隱福留("高隱"은 묘주의 字, "福留"는 묘주의 이름), 향년 58세(요 성종 통화 15년[997] ~ 요 홍종 중희 23년[1054]).
방족(房族)	을실기 국구소부방(乙室己国舅少父房)
출전	『新出契丹史料の研究』(p.242)

(자료 : 愛新覺羅외 2015⑩)

관련 연구문헌 (저자순)	· 東北博物館 <遼西省義縣淸河門西山村 "遼佐移離畢蕭相公" 族墓發掘工作報告>, ≪文物參考資料≫ 2권 제9기(1951). · 厲鼎煃 <義縣出土契丹文墓誌銘考釋>, ≪考古學報≫ 제8기(1954). · 閻文儒 <遼西省義縣淸河門附近遼墓的發掘簡報>, ≪文物參考資料≫ 제2권 제2기(1951). · 劉鳳書 <契丹小字≪蕭高寧・富留太師墓誌銘≫考釋>, ≪契丹文字研究類編≫, 中華書局, 2014. · 李文信 <義縣淸河門遼墓發掘報告>, ≪考古學報≫ 제8기(1954). · 卽 實 <≪福留墓誌≫臆解>, ≪謎林問徑—契丹小字解讀新程≫ 遼寧民族出版社, 1996.

<묘지 내용>

① 묘지명 제목 및 찬자(撰者)(제1행~제2행)

오외우궐이부정사복류태사묘지명(烏隈于厥二部正使福留太師墓誌銘).[1]

심주자사(瀋州刺史)・검교상서우복야(檢校尚書右僕射) 贄撚・蘇가 찬(撰)하다.

② 묘주의 선조(제3행~제12행)

태사(太師, 묘주를 지칭한다)의 자(字)는 高隱이고 이름은 福留이다.

증조부는 을실기 국구소부방(乙室己國舅少父房) 지포부(只布部) 토륜석렬(討輪石烈)의 延壽隱이다.

조부는 경종황제(景宗皇帝) 때의 蓀□령공(令公)으로, 延壽隱의 장자이며, 경종황제의 집권기에 하루 만에 정사령(政事令)・식읍2천(食邑二千)・개부의동삼사(開府儀同三司)・검교태위(檢校太尉)에 봉해졌다. 조모는 諧領부인(夫人)으로 국부인(國夫人)에 봉해졌다. 延壽隱의 차자는 鈿匣사도(司徒)이다.

령공의 장자는 蘇沒只태사이다. 차자는 紗安상공(相公, 948~?)이며 영왕(寧王) 只沒의 딸인 虎魯董공주를 아내로 맞이하였다. 식실봉(食實封) 300호(户)・태자소사(太子少師)에 봉해졌으며, 중경유수(中京留守)가 된 후 사상(使相)에 봉해졌다. 령공의 셋째 아들은 管寧杷哥상공(相公)이고 그의 아내는 □□상공의 딸인 寶隱부인이다.

高隱福留태사는 管寧상공과 寶隱부인 2인의 장자이다. 차자는 한아승(漢兒丞)이 된 華嚴이며, 셋째 아들은 절도사(節度使)가 된 天寧華嚴이다.

③ 묘주의 사적(事蹟)(제16행~제18행)

태사는 일찍이 속온말리(速穩抹里)의 창사(敞史) 및 녀고특리특(女古特里特)의 연사(燕斯), □말리(抹里)의 창사(敞史)에 임명되었다. 돌아와서 내지후제사사(內祗候諸司使)에 임명되고 다시 남면통진(南面通進)에 임명되었다. 다시 산알로타(算斡魯朶)의 태보(太保)에 임명되었고, 직위가 오외(烏隈)・우궐(于厥) 2부의 정사(正使)에 머물렀다.

④ **묘주의 부인과 자녀**(제22행~제24행)

태사의 부인은 횡장 중부방(橫帳仲父房)의 <u>李姐</u>부인[2]이다. 태사와 부인에게는 아들이 둘 있는데, 장자는 <u>王六</u>, 차자는 <u>高</u>이다.

딸은 셋인데, 장녀는 <u>畢家女</u>로 맹부방(孟父房) 선질가한장(鮮質可汗帳) 사람에게 시집갔다. 차녀 <u>阿古</u>낭자와 제3녀 <u>迪魯</u>는 모두 아직 결혼하지 않았다[3].

⑤ **묘주의 장례**(제25행~제32행)

청녕(淸寧) 3년(1057) 2월 27일에 노득이산(笯得爾山)에 안장(安葬)하였다.

---

1) 이 묘지(墓誌)가 출토된 당시에는 거란문자에 대한 해독수준이 낮아 ≪의현출토거란문묘지명(義縣出土契丹文墓誌銘)≫으로 하고 그 후에 한문 묘지를 참조하여 ≪소령공묘지(蕭令公墓誌)≫라고 명명을 한 바 있으나, 묘주의 이름을 따서 ≪복류묘지(福留墓誌)≫ 등으로 함이 타당하다(即實 1996②, 劉鳳翥 2014b⑮).

2) <u>李姐</u>부인은 ≪先誌≫의 주인인 耶律仁先(거란명: 糺鄰査剌)의 둘째 여동생이다(劉鳳翥 2014b⑮).

3) <u>阿古</u>낭자는 청녕3년(1057) 이후에 육원부(六院部) 포고지이리근장(蒲古只夷離菫帳)의 <u>鉢里本朝只</u>에게 시집갔다(→ ≪慈誌≫ 내용을 참조하라).

<자료> 1) 即實 1996②, 2) 愛新覺羅 2010f,
        3) 劉鳳翥 2014b⑮.

< 묘주의 가계 인명 >

구 분		거란소자	추정 발음	≪요사≫/한문 묘지	劉鳳翥	即實	愛新覺羅
증조	조부	万交 圥土 为 伏	j.iæ.æn ŋ.uə.ʃ n.ur.l		延壽寧	延順	延壽隱
	조모	—					
조	조부	仐夾 □	s.un.⑫		··	蓀□	某
	조모	坌用 伏	hai.il.in		諧領	迤邐免	諧領
부모	부친	曲公 伏 止为 九芬	go.ən.in p.a g.ə		管寧·八哥	郭寧·葩哥	管寧杷哥
	모친	止夾 余伏	p.au.gu.in		保特妮	實開訥	實隱
당대	묘주	九夾 伏 仐 伙丙	g.au.in pu l.iu		高寧·富留	高訥·福留	高隱福留
	부인	伙关 仐交	l.i s.iæ		麗節	麗洁	李姐
아들	장남	杰 伙丙	uaŋ l.iu		王留	··	王六
	차남	九夾 叔比	g.au.kə.əl		高克	高剋	高
딸	장녀	付 乂ㅓ 伏宍	bu k(h).ia n.iu		畢家女	卜家奴	畢家女
	차녀	圼夭	ak(og).u		阿顧	嫵庫	阿古
	삼녀						迪魯

소령공 묘지 탁본

3. 葉茂台契丹小字墓誌(殘石) (요 도종 대강 3년[1077] 이후)

묘지명	공골리태위의 처 호도고낭자 묘지(控骨里太尉妻胡覩古娘子墓誌)
출토지	遼寧省 法庫縣 法庫鎭에서 서남쪽으로 약 50km 떨어진 葉茂臺鎭 서북 언덕
묘지형태	지석(誌石)은 파손 상태로, 6행의 거란소자 만이 남아 있다.
소장기관	랴오닝성 박물관
묘주	胡覩古
방족(房族)	경종황제계(景宗皇帝系)
출전	『烏拉熙春敎授揭密法庫県葉茂台23号遼墓墓主身世』(http://article.netor.com/article/memtext_95001.html)

(자료 : 愛新覺羅외 2015⑩)

관련 연구문헌 (저자순)	· 愛新覺羅烏拉熙春 <契丹文《控骨里太尉妻胡覩古娘子墓誌》·《大中央契丹フリジ國故廣陵郡王墓誌銘》合考>, ≪立命館文學≫ 제617호(2010). · 遼寧省文物考古硏究所 <遼寧法庫縣葉茂臺23號遼墓發掘簡報>, ≪考古≫ 2010 제1기.

< 묘지 내용 >

공골리태위의 처 호도고낭자 묘지(控骨里太尉妻胡覩古娘子墓誌).

묘주 胡覩古낭자는 ≪宗誌≫의 묘주인 요 경종황제(景宗皇帝)의 둘째아들 진진국왕(秦晉國王) 야율隆慶의 서장자(庶長子)인 朝隱驢糞(한풍명: 耶律宗教)의 차녀이다.

모친 척은마격(惕隱麼格) 한국부인(韓國夫人)의 방족(房族)은 을실기씨(乙室己氏) 국구소부방(國舅少父房)에 속하며, 涅里衮敵烈德(즉 ≪요사≫에 전이 있는 蕭敵烈)의 다섯째 딸이다.

胡覩古낭자의 남편 控骨里태위(太尉)의 방족은 발리씨(拔里氏) 국구대옹장(國舅大翁帳)에 속하며, 요 태조 순흠황후(淳欽皇后)의 이부장형(異父長兄)인 敵魯의 후예이다. 朝隱驢糞의 두 딸은 모두 발리씨 국구대옹장으로 시집갔다.

부친인 朝隱驢糞의 장례시기는 흥종 중희(重熙) 22년(1053)이며, 이 때 胡覩古낭자는 대략 30세가 넘었으므로, 그의 장례시기도 중희 22년을 크게 벗어나지 않았을 것으로 추단할 수 있으므로 도종 청녕(清寧) 연간일 가능성이 높다.

<資料> 1) 愛新覺羅 2010c, 2) 愛新覺羅 2010f.

엽무대 거란소자묘지 탁본

< 묘주의 가계 인명 >

구 분		거란소자	추정 발음	≪요사≫/한문 묘지	劉鳳翥	即實	愛新覺羅
조	조부	—	—	耶律隆慶	—	—	燕隱普賢奴
	조모	又化勺欠 朱伏夊	m.ir.g.i tʃ.in.u	遲女娘子	穆里給遲女	矛里古氏 遲女	迷里吉遲女
부모	부친	雨伏 尐火汁	tʃau.in l.iu.pən	耶律宗教	慈寧 · 驢糞	楚訥 · 旅備	朝隱驢糞
	모친	朱刉芀	tʃ.ug.dʒi	姝古只	姝古只	姝古只	妷古只
당대	묘주	搭(ㅓ茶)	qutug(ia.sei)	胡睹古	胡睹古	也才	胡覩古(娘子)
	남편	几火夾	ku.uŋ.ur	控骨里	控骨里	控骨里	控骨里

4. 蕭圖古辭墓誌 (요 도종 함옹 4년[1068] 7월 9일)

묘지명	국구 양은재상 척은사 포노은상서 묘지명(國舅楊隱宰相惕隱司蒲奴隱尚書墓誌銘)
출토지	遼寧省 阜新蒙古族自治県 太平鄕 大道村 四家子屯에서 북으로 1.5km 떨어진 불수산(佛手山)이다. 이 산이 속한 산맥은 요대(遼代)에는 딜게메산이라 불렀다. 불수산에 있는 4기의 묘는 모두 蒲奴隱圖古辭 일가에 속한다.
묘지형태	지개(誌蓋)에는 문자가 없고, 지석(誌石)에는 26행의 거란소자 지문(誌文)이 있다.
소장기관	랴오닝성 문물고고연구소
묘주	蒲奴隱圖古辭("蒲奴隱"은 묘주의 字, "圖古辭"는 묘주의 이름), 향년 51세(개태 7년[1018]~함옹 4년[1068]).
방족(房族)	발리국구이리필장(拔里国舅夷離畢帳)
출전	『韓半島から眺めた契丹・女真』(pp.30-41), 『新出契丹史料の研究』(pp.222-227).

(자료 : 愛新覺羅외 2015⑩)

관련 연구문헌	・劉鳳書・梁振晶 <契丹小字≪蕭奮勿膩、圖古辭墓誌銘≫考釋>, ≪文史≫ 2008 제1기. ・即 實 <≪圖古辭墓誌≫釋讀>, ≪謎田耕耘─契丹小字解讀續≫ 遼寧民族出版社, 2012.

<묘지 내용>

① 묘지명 제목 및 찬자(撰者)(제1행)

국구 양은재상 척은사 포노은상서 묘지명(国舅楊隱宰相惕隱司蒲奴隱尚書墓誌銘).

瞥撚・蘇[1] 척은(惕隱)이 찬(撰)하다.

② 묘주의 선조(제2행~제5행)

상서(尚書, 묘주를 지칭한다)의 이름은 圖古辭이고 자(字)는 蒲奴隱이다. 조부는 團寧대왕이다. 남부도지(南府都知)가 되었다가 공을 쌓아 북면도승지(北面都承旨)가 되었다. 대왕에게는 2명의 아들이 있는데, 장자 末撥낭군(郎君)은 젊어서 사망하였다. 그의 부인은 횡장계부방(橫帳季父房) 진왕장(秦王帳)의 蒲隣朶韓(한풍명: 韓德威) 초토(招討)의 딸인 霞安石奴부인이다. 차자 阿古軫대왕이 부친의 직을 계승하여 통군도통(統軍都統)이 되었으며 형 末撥낭군의 아내를 부인으로 삼아 2남 2녀를 낳았다. 장자가 胡都菫鈇里鉢里태사(太師)이며 그의 아들이 본 묘지의 글을 적은 胡都菫이다. 차자가 蒲奴隱圖古辭상서이다. 딸들은 모두 요절하였다. 霞安石奴부인이 사망한 후 황실의 常哥공주를 부인으로 맞았지만 자식이 없었다.

③ 묘주의 부인과 자녀(제5행~제7행)

상서의 부인 天八공주는 내족자(內族子)인 天寧임아(林牙)의 딸이다. 상서와 공주 2인의 자녀는 2남 5녀이다. 장자는 迪輦사도(司徒), 차자는 阿古낭군이다. 장녀 菩薩女낭자는 내족자인 撒懶대왕의 아들 牙태위(太尉)에게 시집갔다. 차녀 官奴는 횡장중부방(橫帳仲父房)의 仁寧特末里태사에게 시집갔다. 제3녀 徐氏女, 제4녀 彌勒女, 제5녀 冬哥는 모두 시집가지 않았다.

④ 묘주의 사적(事蹟) 등(제7행~제26행)

상서는 출사하여 제일 먼저 낭군해아반(郎君孩兒班)에 보임되었으며 북원사(北院事)에 임명되었다. 지방으로 전근하여 안주자사(安州刺史)를 임기만료시까지 근무하였고, 낭군해아반에 머물며 숙직관이 되었으므로 전근하였고, 사번도감(四藩都監)으로 부름을 받아 복귀하였으며, 녀고북극(女古北尅) 등 2극(二尅)에 상차(相次)로 임명되었다. 거기서 옮겨 학랄당고부(鶴剌唐古部)를 맡았는데, 재직중에 업적이 많았으므로 연임했다. 부름을 받아 대장군(大將軍)의 호(號)에 봉해졌고, 중경동지(中京同知)에 이어 요련창온도감(遙輦敞穩都監)에 임명되었으며, 궁사(宮使)의 임기가 만료된 후에 절도사(節度使)의 호(號)에 봉해졌다. 육원도감(六院都監)・보군(步軍) 및 오외오고리부절도사(烏隈烏古里部節度使)와 아울

러 상장군(上將軍)의 호에 봉해졌다. 국구상온도감(國舅詳穩都監)이 임기 만료된 후에 남경동첨(南京同簽)과 아울러 금오위상장군(金吾衛上將軍)의 호에 봉해졌다. 상경통판(上京通判)에서 옮겨 황룡부부윤(黃龍府府尹)에 이어 오고리·적렬덕도상온(烏古里·迪烈德都詳穩)이 임기 만료된 후에 내주(來州)의 일을 맡았다. 재차 보군(步軍)의 일을 맡았다. 복귀하여 동첨(同簽)에 임명되었다. 나아가 공부상서(工部尚書)의 호에 봉해졌고 황룡부부윤 재임 중에 송나라에 새로운 황제[2]가 즉위할 때 하즉위사(賀卽位使)가 되었다. 함옹 4년(1068) 2월 25일에 황룡부부윤 재임 중 질병으로 향년 51세 나이로 서거하였다. 그 해 7월에 본변(本邊)의 딜게메산

평지의 양지 바른 곳에 공주와 합장했다. 묘지(墓誌)를 짓도록 명받았으나, 瞖撚은 공무(公務)를 탐닉하여 문필이 생소하다.
(중략)
조카(형의 아들) 胡都菫이 글을 적다.
함옹 4년(1068) 7월 9일.

---

1) 瞖撚은 《요사》에 전이 있는데, 그 이름은 耶律良이다(卽實 2012⑥).
2) 송(宋)의 신종(神宗)황제를 지칭한다.

<資料> 1) 劉鳳翥 외 2008a, 2) 愛新覺羅 2010f, 3) 愛新覺羅 외 2012, 4) 卽實 2012⑥.

< 묘주의 가계 인명 >

구 분		거란소자	추정 발음	《요사》/한문 묘지	劉鳳翥	卽實	愛新覺羅
조	조부	生不伏	to.on.in	蕭捷凜	圑寧大王	盆訥	駝寧撻里麼(圑寧大王)
	조모	—	—	—	—	—	—
부모	부친	坖豿伏	ag(og).dʒi-n saugu	蕭愷古(蕭奧只)	阿古眞	烏克初恩	阿古軫愷古
	모친	坒夹弋伏亥	qa.an.ʃ.in.u		· ·	潘氏奴	寒食女
		甬気 九芬	tʃa.aŋ g.ə	常哥公主	尚哥公主	常哥	常哥(公主)
당대	묘주	夺火 夺欠亥杏 火亥	pu.un.u.un t(d).ugu.os.ir	蕭圖古辭	奮勿膩·圖古辭	福奴溫·圖古辭	蒲奴隱圖古辭
	부인	夺文夯 乛	t(d).iæ.æn ba		殿□	田胡突	天八(公主)
아들	장남	夺用与	t(d).il.ne		敵輦	迪輦	迪輦
	차남	坒亥	ak(og).u		阿顧	烏庫	阿古
딸	장녀	夺 夺夯 公火	pu s.a n.iu		傳散女	菩薩女	菩薩女
	차녀	九及 不亥	g.o.on.ir		郭落	郭寧	官奴
	3녀	夺火 北 公火	s.ui ʃi n.iu		居士女	隋氏女	徐氏女
	4녀	夈犬 屮丙 公亥	m.i l.əi n.u		彌勒女	彌勒女	彌勒女
	5녀	门火 九芬	du.uŋ g.ə		董哥	冬哥	冬哥

소도고사 묘지 탁본

5. 耶律玦墓誌 (요 도종 함옹 7년[1071] 8월 28일)

묘지명	대중앙 호리지거란국 고좌용호군상장군・정량공신・검교태사 지연욱창온 묘지(大中央胡里只契丹国故左龍虎軍上將軍正亮功臣檢校太師只㸑昱敞穩墓誌)
출토지	内蒙古自治區 敎漢旗 新惠鎮에서 동남쪽으로 70km 떨어진 貝子府鎮의 뒷산
묘지형태	지개(誌蓋)에는 문자가 없고, 지석에는 46행의 거란소자 지문이 있다.
소장기관	씬저우(新州) 박물관

묘주	只兗昆("只兗"는 묘주의 字, "昆"은 묘주의 이름, 그 한풍명은 "耶律珙"), 향년 57세(요 성종 개태 3년[1014]~요 도종 함옹 6년[1070]). ≪요사≫ 권91에 전(傳)이 있다.
방족(房族)	맹부방 요련씨(孟父房遙輦氏) 적련선질가한장(迪輦鮮質可汗帳)
출전	『新出契丹史料の研究』(pp.107-119).

(자료 : 愛新覺羅외 2015⑩)

| 관련
연구문헌
(저자순) | • 愛新覺羅烏拉熙春 <遙輦氏迪輦鮮質可汗與陶猥思迭剌部－以契丹文≪故左龍虎軍上將軍正亮功臣檢校太師只兗昆敵穩墓誌≫為中心>, ≪契丹研究의 現況과 研究方向≫, 북방문화연구소, 2009.
• ─────── <國舅夷離畢帳と耶律珙家族>, ≪立命館文學≫ 제621호(2011).
• 吳英喆 <契丹小字≪耶律珙墓誌銘≫考釋> ≪契丹小字新發現資料釋讀問題≫, 日本東京外國語大學亞非語言文化研究所, 2012.
• 卽 實 <讀謎談解─補說≪舅拢墓誌≫>, ≪북방문화연구≫ 제5권(2014). |

<묘지 내용>

① 묘지명 제목 및 찬자(撰者)(제1행)

대중앙 호리지거란국 고좌용호군상장군·정량공신·검교태사 지연욱창온 묘지(大中央胡里只契丹國故左龍虎軍上將軍正亮功臣檢校太師只兗昆敵穩墓誌) 병서(竝序).
사위 忽突堇이 찬(撰)했다.

② 묘주의 선조(제2행~제7행)

호리지거란(胡里只契丹)의 대효대정(大孝大貞) 只兗昆(1014~1070) 창온(敵穩, 묘주를 지칭한다)은 맹부방(孟父房) 선질가한장(鮮質可汗帳) 사람이다. 鮮質가한(可汗)은 도외사질랄부(陶猥思迭剌部) 대멸고석렬(大蔑孤石烈) …… 4세대(世代)의 칸이었다. 후에, 痕德堇霞里葛 가한이 대위(大位)를 양위하여 하뢰익석렬(霞瀨益石烈) 야율미리(耶律彌里)의 아려타리천뇨라개(阿廬朵里天梟羅箇) 황제(요태조)에게 전했다. 천뇨라개황제는 전조(前朝)의 9장(帳)의 관리(官吏)에 이어 제10장의 순위로 늘어섰다. 태종천자황제(太宗天子皇帝)는 나라를 이어받아 가한의 형제에게 조서(詔書)를 내려 나이의 많고 적음에 따라 작위 등의 명호(名號)와 번갈아가며 맹부(孟父)를 맡게 했다. 6대조는 鐸宛迪里古 맹부방 창온(孟父房敵穩)이다. 5대조는 霞馬葛낭군(郎君)으로 관직을 맡지 않았다. 고조부는 猛阿海里로 운군(雲軍) 숀구르의 진영(陣營)에서 사망하였다. 증조부는 丑隱三으로 본장(本帳)의 세족(世燭)이다. 조부는 曷朮隱達烈 부추(副樞, 혹은 副署)이며 사상(使相)에 추봉(追封)되었고 경종·성종 두 황제를 모셨다. 받은 칭호(稱號)는 몇 있지만 미상이다. 부친 留隱菩薩奴(?~1023) 도감(都監)은 2형제 중 장남이다. 성종 때에 낭군해아반(郎君孩兒班)에 들어가 운청병마(雲淸兵馬)가 되었다. 벼슬에서 물러나 머물다 병사했다. 타고난 도량이 크고 문무에 뛰어나 모르는 게 없었다. 벼슬을 탐하지 않고 수렵을 즐기니, 그 재능이 세상에 묻혀 고위직에는 이르지 않았다. 후에 창온(敵穩, 묘주를 지칭한다)이 입신출세하면서 절도사(節度使)에 추증(追贈)되었다. 숙부는 齊隱高六 시중(侍中)이다.

③ 묘주와 그 형제(제7행~제8행)

창온은 迪輦鮮質가한의 8세손이다. 동생이 한 명 있는데, 烏盧本豬糞 태위(太尉)는 관찰(觀察)에 봉해졌다. 부친 사망후 모친에게 효행을 다하였으며, 형에 이어 벼슬에 나갔다. 맹부방도감(孟父房都監) 재임 중에 사망하였다.

④ 묘주의 모친(제8행~제10행)

모친은 미리길씨(迷里吉氏)로 이름은 小蓮(996~1045)이며, 懿唐태사와 蘭氏공주의 아들인 迪烈시중과 特里勃부인의 차녀이다. 曷朮隱達烈 상공(相公)이 가까운 인척을 택하여 좋은 짝을 맺어 주었다. 그는 어려서 뛰어난 기량(器量)을 보였고 혼인 후에는 방장(房帳)을 화목하게 하고 아들과 며느리가 효를 다 하였다. 미망인이 된지 22년에 의범(懿範)을 정포(旌襃, 공로를 포창)받았다.

⑤ 묘주의 숙부와 그 자녀(제10행)

숙부 齊隱高六시중은 장남 迪烈령공(令公)을 두었다. 小蓮부인과 재혼하여 딸 셋을 낳았다. 장녀는 譜葛로 외척국구재상척은사(外戚國舅宰相惕隱司)의 海里낭군에게 시집갔다. 차녀 滑哥는 시집가기 전에 사망하였다. 3녀는 圓智只克昆태사(大師)로 부르는데, 중경(中京)의 청은사(淸隱寺)에 승려로 출가하였다.

⑥ 묘주의 경력(제10행~제30행)

只克昆은 어려서는 온순(溫淳)하고 단정(端正)·선량(善良)하였으며, 장성하여서는 기풍이 쾌활하였다. 10세에 부친을 여의고 모친의 훈육을 받아 거란대·소자(契丹大小字)에 능통했다. 중희 2년(1033)에 운군(雲軍)에 임명되었다. 4년(1035)에는 부보랑(符寶郞)에 임명되었고, 명을 받아 기거주(起居注)를 편찬하였다. 5년(1036)에 패인사낭군(牌印司郞君)이 되었고, 같은 해에 통진(通進)을 겸하였다. 7년(1038)에 통진에 뽑혔다. 당시 황제는 조서를 내려 청렴한 관리를 찾고 있었는데, 只克昆은 재간(才幹)이 두드러져 사(使)에 임명되었다. 12년(1043)에 좌원통진(左院通進)과 샨론사(使)를 역임했다. 14년(1045)에 남원승지(南院承旨)가 되고 전운(轉運)의 일을 동지(同知)하였다. 이 해에 모친이 세상을 하직했다. 동지남원(同知南院)을 맡았을 때 병을 얻었다. 알로타(斡魯朶)에 이르러 재차 진료를 받고 돌아가 하루스 도태보(都太保, 護衛太保?[吳英喆 2012a①])에 임명되어 문반태보(文班太保)가 되었고, 칙령(勅令)을 받아 동지중승사(同知中丞司)가 되었다. 국경의 관문을 잘 통제하여 소장군(小將軍)을 제수받고 남경통군도감(南京統軍都監)이 되었다. 하루스 도태보에 재임명되어 척은사도감(惕隱司都監)이 되었다. 흥종황제가 붕서하자 왕릉에 관한 일을 맡았다. 청녕황제(도종)가 즉위하면서 다시금 문반태보가 되었으며 관찰·절도사(觀察·節度使)를 제수받고 부보사총관(符寶司總管[即實 2014])을 도맡았다. 나아가 절도사에 봉해졌고 군목도임아(群牧都林牙)의 일을 맡았다. 서경서남변(西京西南邊) 관내를 다스렸다. 청녕 4년(1058)에 태황태후(太皇太后)의 황릉(皇陵)에 관한 일을 총괄했다. 대장(大帳)의 칸(汗)은 성품이 온건하고 정사(政事)가 민완(敏腕)하다는 말이 있으므로 상장군(上將軍)을 제수하고 한아부추(漢兒副樞)로 뽑았다. 승진하여 부보사총관(符寶司總管)을 도맡았다. 5년(1059)에 하송건원절사(賀宋乾元節使)에 임명되었

다. 돌아와서 서남초토도감(西南招討都監) 상장군(上將軍)으로 옮기고 동첨남경유수(同簽南京留守)의 일을 맡았다. 그 해에 남원임아(南院林牙)가 되어 임기가 다음해까지 이어졌다. 8년(1062)에 진국대왕(秦國大王)과 요흥군(遼興軍)의 일을 동지(同知)하였다. 10년(1064)에 검교태위(檢校太尉)가 더해졌고 한아부추(漢兒副樞)가 되었다. 함옹(咸雍) 원년(1065)에 승진하여 2자공신(二字功臣)이 더해져 태자소부(太子少傅)를 맡고 수보(首輔)를 지냈다. 부보사총관(符寶司總管)을 도맡았으며, 칙령(勅令)을 받아 당(唐, [吳英喆 2012a①])의 사무를 관장했다. 그 해에 부서원(部署院)을 총괄했다. 2년(1066) 겨울에 진국왕(秦國王)이 서경유수(西京留守)가 되자 只克昆은 북원부서(北院副署)로서 통판(通判)을 겸했다. 3년(1067)에 좌용호군상장군(左龍虎軍上將軍)을 제수받고 관(官)은 2품이 되었으며 통판에 발탁되었다. 그 해 동안에 칙삼도(勅三道)가 내려지고, 검교태사(檢校太師)가 더해져 식읍(食邑)이 2,500호, 실봉(實封)이 250호에 이르렀다. 3년(1067)에 부름을 받아 알로타에 이르자 북원부서(北院副署)에 제수되고 칙령(勅令)을 받아 낭군해아반(郞君孩兒班)을 관장하였다. 거란궁호(契丹宮戶) 다섯과 한아궁호(漢兒宮戶) 다섯을 받았다. 4년(1068) 가을에 장칸(帳汗)께서 군신들을 신성전(神聖殿)에 불러모아, 한아재상(漢兒宰相) 楊哲에게 이르기를, "지금 충성스럽고 바른 사람을 논하자면, 거란사람들 중에서는 昆이, 한인 중에서는 劉伸이 있을 뿐이다. 그러나 자세히 살펴보면 실로 昆이 훨씬 낫다."라고 하였다. 12월에 불러서 맹부방창온(孟父房敞穩)에 보임하고, 우월대왕(于越大王) 糺鄰을 남경유수(南京留守)에 임명했다. 5년(1069) 겨울에 칙령을 받들어 서북부(西北部)에서 돌아와 추밀원(樞密院)에 임명되었다. 6년(1070) 11월 29일에 병을 얻자 장칸(帳汗)은 태의(太醫) 李春태사(太師)와 馬十태사를 보내 살피도록 했지만 그날 밤 2경(更)에 사망했다. 향년 57세이다.

⑦ 묘주의 부인과 자손(제30행~제31행)

아내는 난릉군부인(蘭陵郡夫人)으로 이름은 國哥(1019~?)인데, 只克昆의 외조부인 迪烈시중(侍中)의 동생 福奴태보(太保)와 阿奴낭자의 딸이다.

只克昆에게는 1남 4녀가 있다. 장녀는 烏盧本낭자로 외척국구재상척은사(外戚國舅宰相惕隱司)의 胡都董鐵里鉢里태사와 楊姐부인의 차남인 忽突董낭군에게 시집

갔다. 차녀 痕迪魯낭자는 아직 결혼하지 않았다. 3녀 阿果낭자는 胡都董태사의 동생인 蒲奴隱圖古辭상서(尚書)와 天八공주의 장남인 迪輦사도(司徒)에게 시집갔다. 아들은 狗屎소부(少傅)이며 아직 출사하지는 않았지만 부친의 작위를 이어받았고 외척국구소옹장(外戚國舅小翁帳)의 鐸魯宛撻不也里장군과 阿果낭자의 딸인 摩散을 아내로 맞았다. 4녀 永洛낭자는 집에 살고 있다. 손자가 하나 있는데, 急里哥이다.

⑧ 장의(제34행~제35행)

이 해 12월에 임시로 본변(本邊) 마우르산의 북쪽에 가매장(假埋葬)하였다. 7년(1071) 8월 28일에 부인 國哥, 아들 狗屎, 손자 急里哥, 맏사위 忽突董, 이부(異父)여

동생 譜莴낭자, 대사(大師), 장녀 烏盧本, 차녀 痕迪魯, 3녀 阿郭 및 친지들이 소이산(山)과 니하스천(川)에 있는 선영(先塋)의 오른쪽, 즉 부친 留隱菩薩奴태사의 묘에서 북쪽으로 2리 떨어진 지점에 안장하였다.

⑨ 명문(銘文) 등(제35행~제46행)

묘주는 양조(흥·도종)를 섬기며 세 황제(성·흥·도종)로부터 많은 상을 받았고, 충직함이 으뜸이라 차고(次高)의 위치에 까지 올랐다. 맏사위 忽突董이 묘지(墓誌)를 지었다. (이하 생략)

<資料> 1) 愛新覺羅 2010f, 2) 吳英喆 2012a①, 3) 即實 2014, 4) 愛新覺羅외 2015⑩.

< 묘주의 가계 인명 >

구 분		거란소자	추정 발음	《요사》/한문 묘지	即實	愛新覺羅	吳英喆
7대조		仐用 仐夯 与 朿	t(d).il.ən s.æn.tʃi	鮮質可汗	··	迪輦鮮質	鮮質可汗
6대조		圴反 仝用 內 夂	dau.o.on d.il.ug	耶律敵剌	昆·迪里古	鐸宛迪魯古	合魯隱敵剌
5대조		彐仐 刋	q.iam.aqa	··	霞馬莴	匣馬莴
고조부		土夯 仝用	hʊs.a hai.il		亥里	海里	□解里
증조부		圴伏 仐夯 乃	tʃəu-n s.a.am		劾訥·撒末	丑隱三	□三
조부		彐夾 六丹 亥否 矢	q.adʒ.u.un da.l.ər		··	曷尤隱達烈	··
부모	부친	仏丙 伏 仐 仐夯 公亥	l.io-n pu s.a n.u		··	留隱菩薩奴	留隱菩薩奴
	모친	仐夯 仏夾 夯	s.iau l.iæ.æn		··	小蓮	小連
당대	묘주	狗与 火	dʒi.ən iu	耶律玦	舅拈·烏	只兗昱	□烏
	부인	九火 九芬	g.ui g.ə		··	國哥	貴哥
아들	장남	九圠 兆	g.əu ʃĭ		勾詩	狗屎	高十
딸	장녀	圠仐 丹伏	ur.əl.bu.n		戈勒本	烏盧本	烏盧本
	차녀	火夯 叐反	k(h).əd.ir.o		候乙諾	痕迪魯	··
	삼녀	呈反	ag(og).o		屋括	阿郭	阿古
	사녀	火用 仏夬	iu.iŋ l.au		··	永洛	··

야율결 묘지 탁본

6. 耶律仁先墓誌 (요 도종 함옹 8년[1072] 9월 19일)

묘지명	우월상부 · 수태부 규린왕 묘지비명(于越尚父守太傅糾鄰王墓誌碑銘)
출토지	遼寧省 北票縣 小塔子鄉 蓮花山村. 리엔후아산(蓮花山)은 요대(遼代)에 겔메트(한어음역은 "葛蒐姥")로 불렸으며 이우뤼산맥(醫巫閭山脈)에 속한다. 묘는 리엔후아산 남부의 동향 산골짜기에 있는데, 阜新市 淸河門區에서 서북으로 약 19km 떨어져 있다. 같은 묘역에서 한자 ≪야율경사묘지(耶律慶嗣墓誌)≫(요 도종 대안10년[1094])가 출토되었다. 그 묘주(墓主)는 <u>糺鄰查剌</u>의 외아들인 <u>胡都菫撻不也里</u>이다.

묘지형태	지개(誌蓋)에 4행의 한자 ≪대요국상부우월송왕묘지명(大遼國尙父于越宋王墓誌銘)≫이 있고, 지개 안쪽에 70행의 거란소자 지문(誌文)이 있다. 지석(誌石)에는 한자 지문이 있다. 양 문자의 내용은 대역(對譯)이 아니다.
소장기관	랴오닝성 박물관
묘주	紇鄰査剌("紇鄰"은 묘주의 자[字], "査剌"는 묘주의 이름. 그의 한풍명은 "耶律仁先"), 향년 60세(개태 2년 [1013]~함옹 8년[1072]). ≪요사≫ 권96에 전(傳)이 있다.
방족(房族)	맹부방(孟父房) → 중부방(仲父房)
출전	『契丹語言文字硏究』(pp.263~284), 『契丹文墓誌より見た遼史』(pp.160~166), 『新出契丹史料の硏究』(pp.156~157, 169~171).

(자료 : 愛新覺羅외 2015⑩)

관련 연구문헌 (저자순)	· 愛新覺羅烏拉熙春 <≪耶律仁先墓誌銘≫與≪耶律智先墓誌銘≫之比較硏究>, ≪立命館文學≫ 제 581호(2003). · 閻萬章 <北票出土契丹小字≪耶律仁先墓誌銘≫考釋>, ≪遼海文物學刊≫ 1992 제2기. · 吳英喆 <契丹小字≪耶律仁先墓誌≫补释>, ≪內蒙古大學學報≫ 2002 제5기. · 劉鳳翥 <契丹小字解讀四探>, ≪第三十五屆世界阿爾泰學會會議記錄≫, 臺北, 1993. · ────── <契丹小字≪耶律仁先墓誌銘≫再考釋>, ≪契丹文字硏究類編≫, 中華書局, 2014. · 劉浦江 <"紇鄰王"與"阿保謹"－契丹小字≪耶律仁先墓誌≫二題>, ≪文史≫ 2006 제4집. · 卽 實 <≪紇鄰墓誌≫校抄本及其它>, ≪內蒙古大學學報≫ 1991 제1기. · ────── <≪紇鄰墓誌≫釋讀述略>, ≪東北地方史硏究≫ 1991 제4기. · 豊田五郎 <契丹小字≪仁先墓誌≫の新釈>, 未刊稿(1991 완성). · ────── <契丹小字≪耶律仁先墓誌≫讀後>, 未刊稿(1991 완성). · ────── <≪耶律仁先墓誌≫所見的契丹小字官名>, ≪北方民族文化新論≫ 哈爾濱出版社, 2001. · 韓寶興 <契丹小字≪耶律仁先墓誌≫考釋>, ≪內蒙古大學學報≫ 1991 제1기.

<묘지 내용>

① 묘지명 제목 및 찬자(撰者)(제1행)
우월상부·수태부 규린왕 묘지비명(于越尙父守太傅紇鄰王墓誌碑銘).
횡장중부방(橫帳仲父房) □왕의 족계 特每가 비문을 짓고, 張家奴가 글을 옮겨 적다.

② 묘주의 선조(제2행~제6행)
7대조 현조황제(玄祖皇帝)의 이름은 勻德實이고 자(字)는 李董이다. 아들이 셋인데, 장자는 초국왕(楚國王) 敵輦巖木古, 차자는 촉국왕(蜀國王) 迭瀾釋魯이다. 태조대성천금황제(太祖大成天金皇帝)의 …… 3부방(三父房)의 횡장(橫帳) …… 흥종황제 중희 21년에 천황제(天皇帝)의 조부 李董勻德實이리근(夷離董), 부친 撒剌汀迪魯古이리근, 황제([太祖]皇帝)의 상배(上輩) 부친들을 대례(大禮)로 황제에 봉했다. 3부방의 횡장은 모두 가한(可汗)의 아들이다.

迭瀾釋魯의 대처(大妻) 別衍비(妃)가 낳은 아들은 敵輦鐸只이리근, 그의 아들은 涅里袞十殿, 그의 아들은 撒剌里, 그의 아들은 石剌령온(令穩)인데, 아들이 없어 맹부방(孟父房) 滑哥대왕의 부인 虎古只을림면(乙林免)이 낳은 雲獨昆撒割里태사(太師)에게 중부방(仲父房)의 장(帳)을 계승시켰으며, 그가 낳은 아들은 査懶瑰引남부재상(南府宰相)이며 중희황제(重熙皇帝)에 의하여 연왕(燕王)에 추봉되었다. 그의 부인은 燕哥별서(別胥)로 질랄해가한장(迭剌奚可汗帳) 劉四독군(瞀軍)의 딸이며, 연국부인(燕國夫人)에 봉해졌다.

③ 묘주의 형제자매(제6행~제8행)

査懶瑰引재상(宰相)과 별서는 5남 5녀를 낳았다. 장자는 糺鄰왕(仁先)으로 어릴적 이름(幼名)은 査剌이다. 차자는 粘木葛朮(義先)로 통군제호(統軍諸號)와 함께 부춘군왕(富春郡王)의 호(號)를 얻었고, 척은사(惕隱司) 척은(惕隱)으로 있다가 사망하였다. 3자는 撻不衍構蘇己(禮先), 4자는 烏魯本諸速得(智先)대장군이다. 5자는 撒班涅魯古(信先)로 남원임아(南院林牙)·상장군(上將軍)의 호를 얻었다. 장녀는 興哥부인으로 질랄해가한장의 可汗奴태사에게 시집갔다. 차녀는 李姐부인으로 高隱福留태사에게 시집갔다. 3녀는 冬哥낭자로 질랄해가한장의 定光奴제실기(帝室己)에게 시집갔다. 4녀는 粘木袞별서로 소옹장(小翁帳) 石魯隱朮里者재상에게 시집갔다. 5녀는 楊姐부인으로 국구이리필장(國舅夷離畢帳)의 胡都董迪里鉢태위에게 시집갔다.

④ 묘주의 사적(事蹟)(제8행~제55행)

糺鄰왕은 개태 2년(1013)에 태어났다. 22세(1034)에 출사하여 호위(護衛)·소장군(小將軍)·북원호위태보(北院護衛太保)·도궁사(都宮使)·지부점검(知副點檢)·좌원낭군반상온(左院郎君班詳穩)·학랄당고절도사(鶴剌唐古節度使)·지북원림아부추(知北院林牙副樞)를 역임하였다. 중희 11년(1042)에 흥종황제께서 와교관(瓦橋關) 남쪽의 송나라 10현지(縣地)[1]를 얻고자 하여, 사신으로 송나라에 갔다가 귀국했다. 평장사(平章事)에 봉해지고, 4자공신(四字功臣)·식읍(食邑)5천호에 봉해졌는데, 이 때 糺鄰왕의 나이 30세였다. 남경동지(南京同知)에 제수되어서는 정보(亭堡)를 설치하였다. 무청현(武淸縣) 사람 李宜兒가 난을 일으켜 칭제(稱制)함에 따라 이를 진압하였다. 15년(1046)에 오원대왕(五院大王)이 되어 중희황제로부터 관고(官誥)를 받았다. 황제께서 "옛날에 한인 중의 房(房玄齡)·杜(杜如晦)·魏(魏徵) 3인의 가르침이 제일이었지만, 지금은 거란 空寧曷魯, 信寧魯不朮의 효에 대한 명성이 더 높다"고 했다. 18년(1049)에 북원통군도감(北院統軍都監)이 되었고, 19년(1050)에 북원지원(北院知院)을 역임하고 송왕(宋王)에 봉해졌다. 21년(1052)에 남경동지(南京同知)·동경유수(東京留守)에 임명되고, 23년(1054)에 겸시중(兼侍中)·오왕(吳王)에 봉해졌다. 청녕황제 조(朝)에 들어서는, 청녕 원년(1055)에 남경동지(南京同知)·겸중서령(兼中書令)에 봉해지고, 한아추밀(漢兒樞密)·수사공(守司空)에 봉해지고 2자공신(二字功臣)을 하사받았다. 2년(1056)에는 수사도(守司

徒)·정왕(鄭王)에 봉해지고, 4년(1058)에는 북원추밀(北院樞密)에 임명되었다. 수태위(守太尉)·송왕(宋王)에 봉해지고 2자공신(二字功臣)을 하사받았다. 청녕 4년에 남경통판(南京通判)·부원수(副元帥)가 되었을 때, 신성현(新城縣) 사람 楊從樾이 난을 일으켜 칭제함에 따라 이를 진압하였다. 6년(1060)에 오원대왕(五院大王)에 임명되었고, 9년(1063)에 한아추밀(漢兒樞密)·수태보(守太保)를 역임하고 허왕(許王)에 봉해졌다. 그 해 7월 19일에 행궁(行宮)이 태자산(太子山)에 이르렀을 때, 궁사(宮使) 蘇(耶律良의 소자[小字]), 숙부황태숙(叔父皇太叔) 및 그 아들 초국왕(楚國王) 涅魯古 2인과 陳六, 동지(북원)추밀사사(同知[北院]樞密使事) 乙辛, 중서령(中書令) 帖不, 지검교사사(知檢校司事) 撒剌竹, 북면임아(北面林牙) 薄古 등이 반란을 일으켰다. 황태숙(皇太叔) 李吉只 및 그 아들 涅魯古 2인이 백여명의 군졸을 이끌고 행궁을 침범하여 호위중인 근시(近侍)를 살해하였다. …… (중략) ……[2]

이러한 공으로 인하여 북원추밀(北院樞密)·2자공신(二字功臣)·식읍1만호가 되었으며, 상부송왕(尙父宋王)에 봉해졌다. 관고를 황제께서 직접 지었다. 수태부(守太傅)·요왕(遼王)에 봉해졌으며, 추밀사(樞密使) 직에서는 물러났다. 함옹 원년(1065)에 남경유수(南京留守)·원수부도통(元帥府都統)·10자공신(十字功臣)·진왕(晉王)에 봉해졌다. 5년(1069)에 북서면 북직불고(北西面北直不姑)의 별근시중(別勤侍中) 萌觚달달간(達剌干)이 황제의 명을 어겼다. 그 해에 糺鄰왕은 서북로초토도통(西北路招討都統)에 임명되었고, 그 소식을 들은 날 밤에 관사에 이르렀다. 8월 19일에 萌觚의 2만 병사가 □□에 이르자, 북으로 100리를 추격하여 패배시켰다. 11월에 세 곳에 봉화대를 세웠다. 북직불고(北直不姑) 昆同阿의 아들 都訥瑰와 숙부 圖滿同阿 ……, 동척덕부(東惕德部) 대추(大酋) 屯圖古德爾 및 그 재상의 아들 頹安 ……, 圖滿同阿 및 달달간의 조카 常云逸·頹安 등이 반란을 일으켰다. 7월에 圖滿同阿의 장수 色勒郭이 강아래에 2만군을 집결시켰다. …… 구수직불고(九水直不姑)가 귀순해 왔다. 함옹 8년(1072) 1월 27일 임지에서 병에 걸렸다. 그 해 4월 20일 임지에서 향년 60세로 사망하였다.

⑤ 묘주의 처와 자녀(제61행~제63행)

요국부인(遼國夫人, 糺鄰王의 부인이다)은 胡都古부인으로

을실기 국구대부방(乙室己國舅大父房) 拉茶사리(沙里)의
손(孫)인 涅普訥태사와 楚卜勒古부인 2인의 딸이며
요국부인에 봉해졌다. 糺鄰왕과 부인의 자녀는 1남
3녀이다. 외아들 胡都董撻不也里는 좌감위상장군(左監
衛上將軍)·평란공신(平亂功臣)·남원임아(南院林牙)가 되
었다. 그의 부인은 국구(國舅) 郭哥부마(駙馬)의 딸인
佛留姐부인이다. 장녀 骨浴미기(迷己)는 별부국구(別部
國舅) 胡篤董匹里태사의 손 蒲打里장군에게 시집갔다.
차녀 迪輦부인은 질랄발로은가한장(迭剌勃魯恩可汗帳)의
管寧韓家奴대왕의 아들인 楊九상온(詳穩)에게 시집갔
다. 3녀는 馬思古낭자로 蒲打里이리필(夷離畢)의 동생
인 特末里에게 시집갔다.

⑥ 장의 등(제64행~끝)
함옹 8년(1072) 9월 19일 모의산(牟義山)에서 대례(大

禮)를 드리고 안장(安葬)하였다. 모친, 동생, 두 아들
및 여러 조카들이 함께 애통해 한다.

―――――――――――――

1) 《요사·권19》의 "上聞宋設關河, 治壕塹, 恐為邊患, 與南·
北樞密吳國王蕭孝穆, 趙國王蕭貫寧謀取宋舊割關南十縣地,
遂遣蕭英·劉六符使宋". (황제가 송이 황하에 관문을 설치
하고 해자와 참호를 구축한다는 말을 듣고 변방에 환란이
있을까 염려되어 남·북추밀 오국왕 소효목, 조국왕 소관녕
과 의논해, 송나라가 때어간 관남 10현의 땅을 취하기로 하
고 마침내 소영과 유육부를 송에 사신으로 보냈다)라는 기
록과 일치한다(即實 1996⑥).
2) 묘지(墓誌) 제27행~제34행은 묘주(仁先)가 이 사건을 해결하
여 황제를 호위한 것을 기록(《요사》나 한문묘지에도 자세
히 기록되어 있다)하고 있으나, 대부분 해독이 되지 않고 있
다(劉鳳書 2014b⑰).

<資料> 1) 即實 1996⑥, 2) 愛新覺羅 2009a④, 3) 愛新覺羅
2010f, 5) 劉鳳書 2014b⑰, 6) 大竹昌巳 2016b.

< 묘주의 가계 인명 >

구 분		거란소자	추정 발음	《요사》/ 한문 묘지	劉鳳書	即實	愛新覺羅
7대	조부	丹几伏 父丹 (业夯夲夲主王)	b.əg.in ⑦.tum (hiæ.æn s.u huaŋ di)	勻德實	保格寧·勻德實	孛董勻德實	孛董勻德實 (玄祖皇帝)
	조모						
6대	조부	戈扎 戈用 並为 夂 出	∫.ur.a.a.an ∫.il.u	述瀾釋魯	述瀾釋魯	釋剌初 (釋魯)	述瀾釋魯
	조모	夊与	⑦.ən		□安	綏衍	別衍妃
5대	조부	火用 与 / 巧帯	k(h).il.ən dau.dʒil	耶律鐸臻	格哩安·武治	骨只	敵輦鐸臻
	조모						
고조	조부	伏本 戈关 今文 欠伏 火 夯	ŋ(ni).ar.gu.n ∫.i.ui t(d).iæ.æn		涅里衰	涅烈堪訥	涅里衰十殷
	조모						
증조	조부	夲本 並本	s.ar.ha.ar		撒懶	撒剌里	撒剌里
	조모						
조	조부	丙用 今刋 欠伏 与	j.od(ol).gu-n s.aq.al		撒割里	尤爾堪訥·思忽其	雲獨昆撒割里
	조모						
부모	부친	屋为 几火 出 雨	tʃal.a.an g.ui-n	耶律思忠	查剌梷·瑰引	查剌初·瑰引	查懶瑰引
	모친	丙文 夯 火夯	j.iæ.æn k(h).ə		燕國	燕珂	燕哥

당대	묘주	**今丙刀伏 尾为**	t(d).io.r.in tʃal.a	耶律仁先	迪里袞	糺隣·查剌	糺鄰查剌
	부인	**搽**	qutug		胡都古	也才	胡都古
아들	장남	**搽伏 今生丙癸**	qutug-n t(d).abu.j.ər	耶律慶嗣	胡獨董·撻不也	胡都董·撻不也	胡都董撻不也里
딸	장녀	**田亥 又勺**	bə.u m.əg		骨欲·迷己	□沐古	骨欲迷己
	차녀	**今用 与**	t(d).il.ən		迪輦	德覓	迪輦
	삼녀	**又冬 欠**	m.asa.go		馬思古	謨如斯堪	馬思古

야율인선 묘지 탁본

7. 蕭特每夫人韓氏墓誌 (요 도종 대강 4년(1078) 정월)

묘지명	특면곽가부마 차처 갈로리부인 묘지비명(特免郭哥駙馬次妻曷魯里夫人墓誌碑銘)
출토지	불명
묘지형태	지석(誌石)은 행방불명이고, 탁본은 개인이 소장하고 있다. 탁본에 35행의 거란소자 지문(誌文)이 있다.
묘주	曷魯里(?~요 도종 대강 3년[1077])
방족(房族)	계부방 진왕장(季父房秦王帳)
출전	『愛新覺羅烏拉熙春女真契丹学研究』(pp.247-267).

(자료 : 愛新覺羅외 2015⑩)

관련 연구문헌 (저자순)	· 劉鳳翥·清格勒 <契丹小字≪蕭特每、閘哥駙馬第二夫人韓氏墓誌銘≫考釋>, ≪金啓孮先生逝世周年紀念文集≫, 日本東亞歷史文化研究會, 2005. · 卽 實 <≪曷盧無里墓誌≫釋讀>, ≪謎田耕耘—契丹小字解讀續≫ 遼寧民族出版社, 2012.

<묘지 내용>

① 묘지명 제목 및 찬자(撰者)(제1행~제2행)
특면곽가부마 차처 갈로리부인 묘지비명(特免郭哥駙馬次妻曷魯里夫人墓誌碑銘).
우감문위상장군(右監門衛上將軍)·검교태부(檢校太傅)·한림원지임아사(翰林院知林牙事) 蒲魯寧이 찬(撰)하다.

② 묘주의 남편(제3행~제5행)
曷魯里부인(夫人)의 남편인 特免부마(駙馬)는 바로 국구족(國舅族) 韓隱楊葛상공(相公)과 休부인의 넷째 아들로 홍종(興宗) 중희황제(重熙皇帝) 때에 현주절도사(顯州節度使)를 지냈다.

통화황제(統和皇帝, 성종을 지칭한다)의 친동생 제국대왕(齊國大王, 한풍명: 耶律隆祐)의 딸과 결혼하여 딸을 둘 두었는데, 장녀는 意幸낭자(娘子)로 횡장맹부방(橫帳孟父房) 尼□寧留□태사(太師)의 아들인 高寧□□에게 시집갔다. 차녀인 吳家부인은 횡장맹부방 只哥태보(太保)의 아들 彬□태위(太尉)에게 시집갔다.

③ 묘주의 자녀(제6행~제7행)
曷魯里부인에게는 아들이 둘 있는데, 장자는 張高十이고 차자는 楊吳八이다. 딸은 둘이 있는데, 장녀 福留姐는 요련씨(遙輦氏) 맹부방(孟父房) 鮮質가한의 후손 袁寧迪烈령공(令公)의 아들 阿剌里태보(太保)에게 시집갔다. 차녀인 阿古는 횡장(橫帳) □관(官) □□의 아들

迪里古낭군(郎君)에게 시집갔다.

④ 묘주의 부모(제8행)
曷魯里부인의 부친 야율(耶律) 留隱郭三은 일찍이 척은(惕隱)과 남부재상(南府宰相)을 지냈으며, 부인 國哥별서(別胥)는 국구(國舅) □寧재상의 친족인 霞里菓령공의 딸이다. 曷魯里부인은 바로 留隱재상과 별서의 딸이다.[1]

⑤ 묘주의 형제자매(제9행)
친 형제자매로 4형제와 언니 하나가 있다. 남자형제는 첫째가 曷魯隱高家奴상공이고, 둘째는 吳九낭군이며, 셋째는 楊九낭군이고, 막내는 王寧高十재상이다. 장녀는 勉부인으로 요온(瑤穩)씨 □관 □의 아들 英哥태사에게 시집갔다.

⑥ 묘주 남편의 형제(제10행~제15행)
부인의 남편 부마(駙馬)의 친형은 3인으로 장형은 何隱曷萵로 일찍이 국구상온(國舅詳穩)을 지냈는데, 그 부인은 바로 횡장(橫帳)의 맹부방(孟父房) 馬哥의 딸이며 외아들 夷瓜와 딸 둘을 두었다. 장녀 師姑낭자는 횡장의 尤瑣태보에게 시집갔고, 차녀 胡睹古는 지금 "休隗隱 척은마격(惕隱麽格)"이라 불린다.

둘째형은 蘇剌萵로 낭군·방제근시(方除近侍)이며, 그

부인은 □哥낭자로 바로 횡장의 계부방(季父房) □撻
葛재상의 손(孫) 高十태사의 딸인데, 후사는 없다.

셋째형은 張九태위로 그 부인은 바로 횡장의 중부방
(仲父房)인 迪烈낭군의 딸이며 4남 2녀가 있다. 장자
는 奴瓜, 차자는 蒲古, 제3자는 福留, 제4자는 刺汗
奴이다. 장녀 冬哥낭자는 횡장의 중부방인 撒八里낭
군에게 시집갔고, 차녀 㝵낭자는 횡장의 중부방인
大悲奴낭군에게 시집갔다.

부인의 남편인 넷째 부마는 지방의 여러 직을 역임
했다.

⑦ 기타(제16행~제35행)

애자(哀子) 鐸幹(張高十), 蘇盧葛(楊吳八).

부인의 아들 張高十장군, 楊吳八, ……, 意辛낭자 등.
(이하 생략)

---

1) 《高誌》에 의하면 曷魯里 부인의 부친인 留隱郭三 재상(宰
相)에게는 부인이 둘 있었다. 첫 부인인 諧傾 부인에게는 4
명의 아들이 있고, 둘째 부인 國哥 별서(別胥)에게는 4남 2
녀가 있는데, 그 중 차녀가 曷魯里 부인이다(愛新覺羅 2010f).

<資料> 1) 劉鳳翥 외 2005a, 2) 愛新覺羅 2009a⑧,
3) 愛新覺羅 2010f, 4) 即實 2012⑬.

< 묘주의 가계 인명 >

구 분		거란소자	추정 발음	《요사》/한문 묘지	劉鳳翥	即實	愛新覺羅
고조주)	조부	令刃 夊夾	t(d).ir.ug.ur	韓知古	圖古兀爾	得爾古里	迪里古魯
	조모	夊反 夾为	m.o.os.a		麽散	茉爾薩	麽撒
증조주)	조부	令交 丙夬 夯伏 药	t(d).iæ.æn.in j.au.dʒi	韓匡嗣	天你·堯治	田訥·爻純	天你藥只
	조모	丸与 伏	na.ən.in	陳國夫人	挐恩	割輦	挐恩
조주)	조부	夽 几芬	pu g.ə	韓德昌	富哥	福哥	福哥
	조모	丙夂 伏	iu.ug.in	蘭陵蕭氏	偶寧	友衰	尤堇
부모	부친	屮丙 伏 几反 夲为 乃	l.io.in g.o s.a.am	韓郭三	留寧·郭三	留訥·郭三	留隱郭三
	모친	几火 几芬	g.ui g.ə		貴哥	桂哥	國哥
당대	묘주	甬夾 夾	h(q)ar.u.ur		何魯兀哩	曷盧無里	曷魯里
	남편	厽金 屮 火反 几芬	d.əm.ən k(h).o g.ə		特每·闊哥	特免·和哥	特免郭哥
아들	장남	引夂 几夬 戈夹	dʒa.aŋ g.au ʃ.an		章高十	章高山	張高十
	차남	丙夂 炑夾 凸	j.aŋ ŋ.u ba		··	楊五胡茶	楊吳八
딸	장녀	夽 屮丙 夲交	pu l.io s.jæ		富留節	福留姐	福留姐
	차녀	꼬夾	ag(og).u		阿顧	蕪庫	阿古

주) 이 묘지(《韓誌》)에는 묘주의 선대(先代)를 부모(父母)만 기록하고 있으므로, 그 이전의 내용은 묘주의 친형제인
王寧高十의 묘지(《高誌》) 내용을 참고하였다.

소특매부인한씨 묘지 탁본

8. 蕭回里堅墓誌 (요 도종 대강 6년[1080] 8월 1일)

묘지명	대중앙 호리지거란국 외척국구재상 척은사 회리견심밀 묘지(大中央胡里只契丹国外戚国舅宰相惕隱司回里堅審密墓誌)
출토지	内蒙古 通遼市 奈曼旗 青龍山鎮 南溝(八里罕)屯으로부터 서북으로 750m 떨어진 산의 남사면(南斜面)에 있다. 이 산은 ≪圖誌≫의 출토지인 遼寧省 阜新蒙古族自治県 太平郷 大道村 四家子屯으로부터 북으로 1.5km 떨어진 "불수산(佛手山)"과 같은 산맥에 속하고, 요대(遼代)에는 딜게메산 또는 티리메산으로 불렸다. 八里罕에서 四家子屯(蒲奴隱圖古辞의 묘) 까지의 직선거리는 약 10km이다.
묘지형태	지개(誌蓋)에 3행의 거란소자 ≪대중앙호리지거란국외척국구재상척은사회리견심밀묘지≫가 있고, 지석(誌石)에 31행의 거란소자 지문(誌文)文이 있다.
소장기관	북경과거편액박물관(北京科擧匾額博物館)
묘주	回里堅何的("回里堅"은 묘주의 字, "何的"는 묘주의 이름), 출생년도는 미상(?~요 도종 대강 6년[1080]).
방족(房族)	발리국구이리필장(抜里国舅夷離畢帳)
출전	『新出契丹史料の研究』(pp.204-234).

(자료 : 愛新覺羅외 2015⑩)

관련 연구문헌 (저자순)	・吳英喆 <契丹小字≪蕭回璉墓誌銘≫考釋>, ≪契丹小字新發現資料釋讀問題≫, 日本東京外國語大學亞非語言文化研究所, 2012. ・劉鳳翥 <契丹小字≪蕭徽哩輦·汗德墓誌銘≫為贗品説>, ≪遼金歷史與考古國際學術研討會≫, 2011. ・卽 實 <讀謎談解―補說≪回里堅墓誌≫>, ≪內蒙古大學學報(哲學社會科學版)≫ 제47권 제2기(2015).

< 묘지 내용 >

① 묘지명 제목 및 찬자(撰者)(제1행)
대중앙 호리지거란국 외척국구재상 척은사 회리견심밀묘지(大中央胡里只契丹国外戚国舅宰相惕隱司回里堅審密墓誌). 둘째 형 特里堅忽突董이 찬(撰)하다.

② 묘주의 선조(제2행~제5행)
나의 동생 이름은 何的이고 자(字)는 回里堅이다. 8대조는 胡母里北只로 외척국구장(外戚國舅帳)을 통령(統領)한 사람이다. 7대조는 바로 8대조의 첫 부인 거란 許姑의 아들인 官·尤魯古이고, 6대조는 鐸幹里낭군(郎君)이다. 5대조는 朔刮낭군이고, 고조부는 虎魯列세촉(世燭)이다. 증조부는 駝寧撻里麼대왕이고, 조부는 阿古軫慥自대왕이다. 생부는 胡都董鉄里鉢里태사(太師)이며 숙부는 蒲奴隱圖古辭상서(尙書)이다. 胡都董태사의 처첩(妻妾)은 2인으로 정처(正妻) 川哥부인은 횡장계부방(橫帳季父房)의 謝六태위(太尉)의 딸이다. 외아들 迪輦多寶奴창사(敞史)가 있다. 첩은 楊姐부인으

로 횡장중부방(橫帳仲父房)의 査懶瑰引남부재상(南府宰相)의 딸[1]이다.

③ 묘주의 형제자매(제5행~제7행)
楊姐부인은 2남 2녀를 두었는데, 장자가 忽突董, 차자가 何的이다. 장녀 魯姐는 撻不也里태위에게 시집갔고, 차녀 特里堅은 常哥奴에게 시집갔다.

④ 묘주의 부인과 자녀(제7행~제8행)
何的의 처 興哥낭자는 횡장계부방 진왕장(秦王帳)의 撻體里장군과 粘木袞낭자 2인의 딸이다. 자녀는 2남 2녀를 두었는데, 장자가 特免阿不이고 차자가 幹特懶이다. 장녀는 鉢里本[2]이고 차녀는 鉢衍이다.

⑤ 묘주의 사적(事蹟)(제8행~제18행)
何的은 명리(名利)를 쫓지 않고 부모가 돌아가신 후에 출사하여 관직이 겨우 추밀원(樞密院) 낭군에 머물렀을 뿐이다. 그의 동모형(同母兄)인 特里堅忽突董과

같이 수렵(狩獵)을 좋아하고 문자(文字)에 능하였다. 대강 6년(1080) 3월 2일에 야자감하(耶子坎河) 정말산(亭末山) 옆의 분지(盆地)에 머물다 임지에서 병사했다.

⑥ **장의**(제19행~제27행)

둘째 형 特里堅, 숙부 상서의 아들 迪輦창사, 묘주의 장자 特免阿不 및 형제·친족이 모여 장례를 치르고, 그 해 윤8월 1일에 딜게메산에 있는 증조부 駝寧대왕의 묘 남쪽에 있는 가족묘지에 매장하였다.

⑦ **명문(銘文)**(제28행~제32행)

대강 6년 세차(歲次) 경신(庚申) 정월 을유(乙酉) 1일 경신(庚申)에 재궁(梓宮)을 엄폐(掩蔽)하는 예를 드렸다. 白烏衍里장군의 부름을 받은 蘇가 지문을 옮겨 적었다. (이하 생략)

---

1) 즉, 耶律仁先과 耶律智先의 누이이다.
2) 鉢里本은 이후에 耶律智先의 차남인 阿信에게 시집가서 乃方里라는 외아들을 두었다는 내용이 한문 및 거란소자 《智誌》에 모두 기록되어 있다(愛新覺羅외 2012⑩).

<資料> 1) 愛新覺羅 2010f, 2) 康鵬 2011, 3) 吳英喆 2012a②, 4) 愛新覺羅외 2012⑩, 5) 即實 2015a.

< 묘주의 가계 인명 >

구 분		거란소자	추정 발음	《요사》/한문 묘지	即實	愛新覺羅	吳英喆
8대	조부	圠行소 **쒸公**	q.om.ol bu.d		胡母里	胡母里北只	胡母里 別部
	조모	八灬非	k(h).iu.gu		(妹)	許姑	··
7대	조부	丙圠余	j.ur.gu		耶克來	尤魯古	··
6대	조부	丂及圠	dau.o.ur			鐸斡里	合魯
5대	조부	禿欠为	∫.ʊgu.a			朔刮	··
고조	조부	目圣矢	dʒur.u.ər	蕭秃魯列		秃魯列	秃魯烈
증조	조부	生不伏 午企	to.on.in tal.əm	蕭捷凜		駝寧捷里麼	駝寧·捷凜
조	조부	呈芍伏 仐圥欠	ak(og).dʒi-n s.au.go	蕭憸古 (蕭奧只)	烏克初訥	阿古軫憸古	阿古軫·憸古
부모	부친	搭伏 卉屮	qutug.in t.æl.bur		胡睹董·帖剌本	忽突董鐵里鉢里	胡睹董·帖剌本
	모친	朿焚为 几芬	t∫.jue.æn g.ə			川哥	建哥
		丙匇 伞亽	j.aŋ ts.iæ			楊姐	楊節
당대	묘주	八灬化茶 圶圥与 茭	k(h).ui.ir.gə.ən qa.ad.i		回里堅·咖提吉	回里堅何的	回建·轄底
	부인	八用 几芬	k(h).iŋ g.ə			興哥	興哥
아들	장남	合企与 生	t(d).əmə-n abu		特免	特免阿不	特免·阿不
	차남	□□ 平圤为出	☒.☒.ul.ha.a.an			斡特懶	··
딸	장녀	囝屮丹伏	bə.l.bu.n			鉢里本	烏盧本
	차녀	囝与	bə.ən			鉢衍	兀衍

소회리견 묘지 탁본

9. 耶律慈特墓誌 (요 도종 대강 8년[1082] 8월 11일)

묘지명	대중앙 호리지거란국 육원부 포고지이리근장 발리본묘지(大中央胡里只契丹国六院部蒲古只夷離菫帳鉢里本墓誌)
출토지	内蒙古自治區 阿魯科爾沁旗
묘지형태	지개(誌蓋)에 2행의 거란소자 《大中央胡里只契丹国六院部蒲古只夷離菫帳鉢里本墓誌》가 있고, 지석(誌石)에 28행의 거란소자 지문(誌文)이 있다.
소장기관	요상경 박물관(遼上京博物館)

묘주	鉢里本朝只("鉢里本"은 묘주의 자[字], "朝只"는 묘주의 이름). 향년 38세(요 흥종 중희 13년[1044] ~ 요 도종 대강 7년[1081])
방족(房族)	육원이리근방(六院夷離菫房)
출전	『新出契丹史料の研究』(p.150, pp.165-168).

(자료 : 愛新覺羅외 2015⑩)

| 관련
연구문헌
(저자순) | ・劉鳳翥・叢艶雙・于志新・那仁高娃 <契丹小字≪耶律慈特、兀里本墓誌銘≫考釋>, ≪燕京學報≫
　　신20기(2006).
・卽　實 <≪夸勒本墓誌≫釋讀>, ≪謎田耕耘—契丹小字解讀續≫ 遼寧民族出版社, 2012. |

<묘지 내용>

① 묘지명 제목 및 찬자(撰者)(제1행~제2행)

대중앙 호리지거란국 육원부 포고지이리근장 발리본 묘지(大中央胡里只契丹国六院部蒲古只夷離菫帳鉢里本墓誌). 사촌형제(表兄弟)인 국구별부(國舅別府)의 胡睹袞[1]이 찬(撰)하다.

② 묘주의 선조(제3행~제11행)

묘주의 자(字)는 鉢里本이고 이름은 朝只로, 도외사질 랄부(陶猥思迭剌部) 야율말리(耶律抹里) 사람이다.

선조 瞀念涅里이리근(夷離菫)이 시조이다. 황실의 가문이 성원천금황제(聖元天金皇帝, 요태조를 지칭한다)에까지 이어져, 제업(帝業)을 세우고 부족을 통일했다. 삼부방(三父房)의 횡장(횡장) 오・육원(五院) 2족(族)이 두 손을 맞잡아 황제를 호위하고 국가를 융성시켰는데, 바로 이를 말한다.

6대조는 曷魯隱迪魯古이리근, 5대조는 敵輦鐸只이리근, 고조부는 渠里낭군(郞君), 증조부는 延壽낭군이다. 조부는 蒲打里낭군이고 조모는 복외씨(僕隗氏) 剌不只부인(夫人)이며, 그 넷째 아들이 雙古里로 태위(太尉)의 직에 있었는데, 그 아들로 인하여 봉작을 받았다.

묘주의 생부는 涅鄰兀古里낭군이고, 모친은 鼉氏낭자(娘子)로 육원 객성장(六院客省帳)의 延訥・胡如思 추밀사(樞密使)의 손자인 昭詳온봉(穩奉)과 神奴부인 두 분의 딸이다.

형은 烏里낭군이고 동생은 滿尺낭군인데, 묘주는 涅鄰兀古勒낭군과 鼉氏낭자의 차자이다. 장백부 迪烈德낭군과 숙부 蒲速宛雙古里태위, 이 두 분의 손자 세대에 관한 기록은 없다. 중백부 兀古鄰控骨里태사(太師)와 그의 부인 常哥부인은 자식이 없으므로 형

제의 아들 가운데 온순한 이를 받아들여 양자로 삼았으며, 육원(六院) 休哥태보(太保)와 延詩부인 두 분의 딸과 재혼하였다. 兀古鄰태사는 군사(軍事)와 수렵을 관장(管掌)하였는데, 兀古鄰태사와 得勒堅의 부친 胡睹袞태사는 모두 중희(重熙) 연간에 동북제부행(東北諸部行)에서 여러 벼슬을 하였다. 묘주와 得勒堅은 어려서부터 얼음위에서 말을 달렸다.

③ 묘주의 부인(제12행~제13행)

묘주의 부인은 阿古낭자로 을실기(乙室己) 국구소부방(國舅少父房) 萢哥상공(相公)의 장자인 高隱福留태사와 李姐부인 두 분의 차녀이다. 李姐부인은 즉 횡장(橫帳)의 중부방(仲父房)인 査懶瑰引재상(宰相)[2]의 딸로 得勒堅의 중이모(仲姨母)이다. 李姐부인에게는 아들이 없었으므로 訥里虬勒・涅勒태보의 딸인 蒲速堅낭자를 첩(妾)으로 삼았다.

④ 묘주의 사적(事蹟)(제13행~제16행)

묘주는 어려서부터 시(詩)와 서(書)를 익히고 예절(禮節)을 알았으며, 성년이 되어서는 남보다 뛰어났다. 일찍이 근시(近侍)에 임명되어 오랫동안 그 자리에 있었으며, 동・서변(東西邊) 역참지역(驛站地域)에 머물면서 매사냥(獵鷹)에 관한 일을 하였다.

대강(大康) 7년(1081) 9월 19일 사시(巳時, 오전 9~11시)에 탁지산(鐸只山)의 서쪽 총목목장(叢木牧場)의 요록(爻麓)에서 벗들과 술을 많이 마신 후 그 다음날 병을 얻었다. 이 때 향년 38세였는데, 수개월 후에 사망하였다.

⑤ 장의(제18행~제22행)

대강 8년(1082) 8월 11일 묘시(卯時, 오전 5~7시)에 선영
(先塋)의 양지바른 곳에 안장되었다.
지금 (사촌누이인) 阿古낭자가 남편의 업적을 기리고
자, ……, 묘지문(墓誌文)을 찬(撰)해 주도록 부탁하였
으나 得勒堅은 문필(文筆)과 친하지 않으므로 ……
(후략).

⑥ 명문(銘文)(제23행~제28행)
(중략)
숙부 蒲速宛雙古里 태위(太尉)의 아들 回里必이 지문

(誌文)을 옮겨 적었다.

―――――――――――

1) 지문(誌文)을 지은 胡睹袞은 査懶瑰引 재상(宰相)의 외손자
로 묘주의 처 阿古낭자(査懶瑰引의 외손녀)의 이종사촌에
해당한다(即實 2012⑮).
2) 査懶瑰引 재상은 耶律仁先과 耶律智先의 부친이다. 즉 묘주
는 耶律仁先 형제의 조카 사위에 해당한다.

<資料> 1) 劉鳳翥외 2006a, 2) 愛新覺羅 2010f, 3) 即實 2012⑮.

< 묘주의 가계 인명 >

구 분		거란소자	추정 발음	《요사》/한문 묘지	劉鳳翥	即實	愛新覺羅
6대	조부	向爻 令用 杏 夂	h(q)ar.u.un t.il.ug		曷魯寧·敵魯	曷魯穩·迪里古	曷魯隱迪魯古
	조모						
5대	조부	令用 圬苻 圬	t(d).il.ən dau.dʒil		迪輦·□	迪輦·骨只	敵輦鐸只
	조모						
고조	조부	火夾 爻	k(h).ur.ir		庫林	庫隣(胡隣)	渠里
	조모						
증조	조부	万爻 夯 圥土	j.iæ.æn ʃ.uə		延壽	延壽	延壽
	조모						
조	조부	业币 业币 为本 圭本	p.od.a.ar (p.od.ha.ar)		普得漢哩	蒲達里	蒲打里
	조모	业廾 火 仸丙	p.ʊ.ui l.io		福蔚·留	福蔚·留	刺不只
부모	부친	仹本 伏 夂平	mu.ar.in ug.ul		睦里寧·烏理	涅里訥·古盧	涅鄰兀古里
	모친	万爻 圥土	j.iæ.æn ʃ.uə		嚴實	奄昔	鼍氏
당대	묘주	田丩 丹伏 丙豹	bə.l.bu.n tʃau.dʒi		兀里本·慈特	夸勒本	鉢里本朝只
	부인	呈爻	ag(og).u		阿顧	嫵庫	阿古
	첩	수卡 仸𢀖 与	pu.us.əl.gə ne		··	芙得日勒堅	蒲速堅

야율자특 묘지의 지개(上)와 지석(下) 탁본

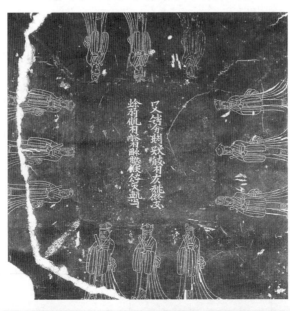

10. 耶律永寧郎君墓誌 (요 도종 대안 4년[1088] 정월 13일)

묘지명	대중앙 거란요국 육원부 운독곤재상장 야율영녕낭군 묘지명(大中央契丹遼國六院部雲獨昆宰相帳耶律永寧郎君墓誌銘)
출토지	内蒙古 喀喇沁旗 宮營子鄕(지금의 西橋鄕) 鄭家窩鋪村의 大北溝
묘지형태	지개(誌蓋)는 파손되었고, 지석(誌石)에 43행의 거란소자 지문(誌文)이 있다.
소장기관	커라친치(喀喇沁旗) 박물관
묘주	遙隱永寧("遙隱"은 묘주의 자[字], "永寧"은 묘주의 이름), 향년 27세(요 도종 청녕 5년[1059] ~ 대안 원년[1085]).
방족(房族)	계부방(季父房)
출전	『契丹語言文字研究』(pp.236~239), 『契丹文墓誌より見た遼史』(pp.181~201), 『愛新覺羅烏拉熙春女真契丹学研究』(pp.228~230), 『新出契丹史料の研究』(pp.171~172).

(자료 : 愛新覺羅외 2015⑩)

관련 연구문헌 (저자순)	· 劉鳳翥·唐彩蘭 <遼≪蕭興言墓誌≫和≪永寧郡公主墓誌≫考釋>, ≪燕京學報≫ 新14기(2003). · 鄭曉光 <契丹小字≪耶律永寧郎君墓誌銘≫考釋>, ≪民族語文≫ 2002 제2기. · 卽 實 <≪永訥墓誌≫釋讀>, ≪謎田耕耘─契丹小字解讀續≫ 遼寧民族出版社, 2012.

<묘지 내용>

① 묘지명 제목 및 찬자(撰者)(제1행~제2행)
대중앙 거란요국 육원부 운독곤재상장 야율영녕낭군 묘지명(大中央契丹遼國六院部雲獨昆宰相帳耶律永寧郎君墓誌銘). 耶律哥慕寧이 찬(撰)하다.

② 묘주의 선조(제3행~제26행)

※ 제1행부터 제12행까지는 지석(誌石)의 약 2/3 정도가 파손되어 지문(誌文)의 상당 부분이 유실됨에 따라 그 내용을 알 수 없는 상태이다.

6대조는 雲獨昆迭烈哥재상(宰相)[1]으로 즉 태조 천금 황제(天金皇帝)의 ……,
그의 부인은 포외(布猥) 迪里古낭자(娘子)로 월완아주(月椀阿主) 撒胡竹과 마격(麼格) 2인의 딸이다. 누알마(耨斡麼, 皇后)의 ……,
재상의 아들은 모 령공(令公)인데, 그의 부인은 해가한장(奚可汗帳)의 질랄씨(迭剌氏) 達里을림면(乙林免)으로 특린가한장(忒隣可汗帳)의 ……,
모 령공은 아들이 둘 있는데 장자가 六哥생원(生員)이고 그의 처는 오외씨(烏隗氏) ……,

破得과 모 낭자 2인에게는 아들이 셋 있는데, 장자는 和尙奴낭군(郎君, 耶律昌言)이며 그의 처는 발리씨(勃里氏) ……,
涅木衰낭자[2]는 즉 이리필장(夷離畢帳) 徒里낭군과 素哥낭자 2인의 딸로 아들이 ……,
2인의 딸이다. 둘째는 한족(漢族) 夆勒本낭자로 즉 劉龐祖奴태사(太師)와 白斯本 ……,
질랄씨 諾灰衍낭자[3]는 즉 특린가한장 涅里태사와 仙哥부인 2인의 딸이다. 六哥의 차자는 菅장군(耶律昌時)인데, 그의 부인은 ……
태위(太尉)와 □阿初부인 2인의 딸이다. 아들이 셋 있는데, 장자는 尢古里낭군으로 그의 처는 발리씨 九姐부인 ……,
낭자 2인의 딸이다. 아들 卜古初태사는 절도사(節度使)에 제수되었고, 태부인(太夫人)의 ……
딸 넷과 아들 둘이 있다. 장자는 迪烈德장군이고 부인은 질랄씨(迭剌氏) 迎日낭자로 즉 특린가한장 卫土未제실기(帝室己)와 守期낭자 2인의 딸인데, 자식은 없다.

차자는 解里장군(耶律解里)인데, 부인은 초로득(初魯得) 盧佛女낭자로 즉 延寧乙辛재상(蕭惟信)과 霞懶安별서(別胥) 2인의 차녀이다. 외아들은 磨魯幹낭군인데 부인이 둘 있다. 본처(本妻)는 발리씨 札里德낭자로 대옹장(大翁帳) 信寧태사와 色格禮부인 2인의 딸이다. 후처는 오외씨(烏隈氏) 圖倫낭자로 魯如隊태사와 先哥부인 2인의 딸이다. 동생 韓九와 재혼하여 아들을 둘 낳았다.

장자는 南睦散博古哲태사(?~1072)로 바로 永寧의 생부(生父)이다. 중희황제(重熙皇帝)의 시위(侍衛)·내지후(內祇候)를 지냈다. 옮겨서 비룡분원부사(飛龍分院副使)·삼부방도감(三父房都監)을 맡았다. 지금의 황제(今聖)께서 즉위하자 대장군(大將軍)·절도사(節度使) 등의 직을 제수받고 송(宋)에 사신으로 갔으며, 변지동지(邊地同知)에 임명되었다. 모친은 초로득(初魯得) 都哥부인(?~1077)으로 延寧재상의 장녀이다.

아들이 셋 있는데, 장자 高奴낭군은 백조부(伯祖父)인 尼兀里장군(즉 箸장군의 차자)의 장(帳)을 계승했다. 형수는 포외 德哥낭자로 즉 山哥창사(敞史)의 손자인 格호也낭군과 盧家낭자 2인의 딸이다. 아들이 둘 있는데, 첫째는 鐸刺里낭군이고 둘째는 阿刺烈낭군이다. 차자는 永寧(묘주)이고, 셋째가 夷烈里이다.

韓九의 차자는 撒八里낭군인데, 후사가 없다. 箸장군의 차자인 濃兀里장군은 후사(後嗣)가 없고, 막내아들 韓九낭군은 아들이 일찍 죽었으므로 九姐부인과 재혼하여 아들 둘을 얻었다.

六哥의 셋째 아들은 迪輦謝六태위(耶律阿儸奴)인데, 부인은 질랄씨 格廳氏부인으로 즉 특린가한장 延寧대왕(大王, 蕭觀音奴)과 三匹連낭자 2인의 딸이다. 아들이 셋 있는데, 첫째는 聖光奴낭군으로 부인은 질랄씨 崇琪낭자로 즉 특린가한장 諧領王六대왕과 六哥 2인의 딸로 아들이 없다. 그 동생 十神奴태사와 迪烈得태사 2인이 각각 아들을 한명씩 주었다. 十神奴태사 아들 胡都古태위, 迪烈得태사 아들 幹特剌낭군이다.

幹特剌낭군의 처는 질랄씨 특린가한장 五八제실기와 □哥낭자 2인의 딸이다. 幹特剌낭군은 아들이 셋 있는데 첫째는 巴刺葛낭군, 둘째는 摩內剌里낭군, 셋째는 溫古內刺里낭군이다.

十神奴태사의 부인 발리씨 麗家부인은 즉 소옹장(小翁帳) 淳太師와 敎無如부인 2인의 딸이다. 아들이 넷

있다. 첫째는 特末里태보(太保)로 처는 哥里衍낭자인데 즉 札得태사의 아들인 福留태사와 涅里부인 2인의 딸로 외아들 鉢里不里를 두었다. 둘째는 糺里동지(同知)이고, 셋째는 陶蘇刺里낭군이며, 넷째는 內刺里낭군이다.

제3자 迪烈得태사의 부인 미리길(迷里吉) 佛德부인은 즉 圥休부마(駙馬)와 常哥공주(公主) 2인의 딸이다. 아들이 넷 있다. 첫째는 昭義留태보로 처는 질랄씨 辛克勒堅낭자인데 즉 발로은가한장(勃魯恩可汗帳) 烏克春상온(詳穩)과 國哥부인 2인의 딸이다. 둘째는 興哥낭군이고, 셋째는 虎里者낭군, 넷째는 撻不也里낭군이다.

③ 묘주의 사적(事蹟)(제26행~제32행)

永寧낭군은 南睦散博古哲태사와 都哥부인의 차자(次子)이다. 청녕(淸寧) 5년(1059) 봄 2월 14일 밤 축시(丑時, 오전 1시~3시)에 태어났으며 14세와 19세 때 양친이 잇달아 돌아가셨다. 형제들과는 사이가 좋았다. 거란 대·소자(契丹大小字)와 한자(漢字)를 통달했으며 마술(馬術)과 궁술(弓術)에 능했다. 26세에 지후(祇候)가 되어 패인사낭군(牌印司郞君)에 보임되었으며 근신(近班)으로 배치되었다. 대안(大安) 원년(1085) 가을에 아내를 맞이하였다.

납폐(納聘) 하던 날에 사냥을 하다가 말에서 떨어져 부상을 입었다. 그대로 병이 들어 그 해 11월 13일에 27세로 사망하였다. 이듬해 2월 13일 부친인 태사를 봉안한 곳 근처에 임시로 안치하였다.

④ 묘주의 부인(제32행~제35행)

부인 질랄씨 蒲速宛낭자(1066~1087)는 즉 해특린가한장(奚忒隣可汗帳) 阿撒隣대왕과 □哥부인 2인의 딸로, 함옹(咸雍) 2년(1066) 4월 10일 유시(酉時, 오후 5시~7시)에 태어났다. 20세가 되던 대안 원년(1085) 9월에 永寧과 결혼했다. 3개월 후 永寧과 사별(死別)하였다. 희비가 거듭되더니 병환이 들고 말았다. 3년이 지나도 낫지 않다가 대안 3년(1087) 10월 24일 22세의 나이로 이 병 때문에 사망하였다. 다음해 정월 13일 永寧과 합장(合葬)되었다.

⑤ 기타(제36행~제43행)

森訥과 묘주의 누이인 福得日沇이 哥慕寧에게 묘지(墓誌)를 지어줄 것을 청하였다. 지금까지 哥慕寧과

永寧은 형제의 정(情)을 넘어서는 관계이다.
대안 4년(1088) 정월 13일.

---

1) 雲獨昆에 대하여는 ≪요사·황자표≫(권64)에 자세히 기록되어 있고, 한자 ≪耶律琮神道碑≫(보녕 11년[979])에서는 "烈祖諱匀睹衮, 大聖皇帝之同母弟也。…… 拜爲東丹國左宰相。" (열조의 이름은 균도곤으로, 대성황제의 친동생이다)라고 기록하고 있다(愛新覺羅 2006a)

2) 문맥으로 보아 涅木衮낭자는 和尚奴의 며느리들 중의 하나일 것으로 추정된다(即實 2012⑦).

3) 夸勒本낭자와 諾灰衍낭자는 和尚奴의 손주며느리들이라 추정된다(即實 2012⑦).

<資料> 1) 愛新覺羅 2004a⑫, 2) 愛新覺羅 2006a,
3) 愛新覺羅 2010f, 4) 即實 2012⑦,
5) 愛新覺羅외 2015⑩.

<묘주의 가계 인명>

구분		거란소자	추정 발음	≪요사≫/한문 묘지	劉鳳翥	即實	愛新覺羅
6대	조부	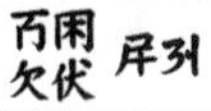	j.od.go-n dil.qa	雲獨昆迭剌	迪烈赫	尤爾堪訥·多羅葛	雲獨昆迭烈哥
	조모		t(d).il.ug		敵魯	迪里姑	迪魯古
5대	조부		[?].[?].u	耶律允	··	某令公	某令公
	조모	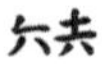	da.ali		··	達利	達里
고조	조부	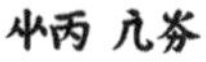	l.io g.ə	耶律合主	留哥	留哥	六哥
	조모		(ʊ.ui)		··	(烏隗氏)	(烏隗氏)
증조	조부		go.ən	耶律昌時	··	關	管
	조모						
조	조부		qa.an g.iu		韓九	韓九	韓九
	조모		g.iu ʦ.iæ		九節	九姐	九姐
부모	부친	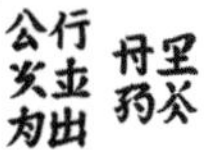	n.omo.os.ha.a.an b.og.dʒ.ər		··	南火日撒初·卜古初	南睦散博古哲
	모친		du g.ə		都哥	都哥	都哥
당대	묘주		j.uŋ.in	耶律永寧	永寧	永訥	遙隱永寧
	부인		pu.su.u.ən		··	福得日沅	蒲速宛

야율영녕 낭군 묘지 탁본

11. 蕭特里堅墓誌 (요 도종 대안 7년[1091] 9월 30일)

묘지명	대중앙거란국 외척국구장 특리견심밀 위지명(大中央契丹国外戚国舅帳特里堅審密位誌銘)
출토지	内蒙古 通遼市 奈曼旗 靑龍山鎭 南溝(八里罕)屯에서 서북으로 750m 떨어진 산의 남사면(南斜面)이다. 이 산은 《圖誌》의 출토지인 遼寧省 阜新蒙古族自治縣 太平鄕大道村 四家子屯에서 북으로 1.5km 떨어진 "불수산(佛手山)"과 동일한 산맥에 속하며 요대(遼代)에는 딜리메산이라 불렸다. 八里罕에서 四家子屯(蒲奴隱圖古辭 묘) 까지의 직선거리는 약 10km이다.
묘지형태	지개(誌蓋)에는 문자가 없고, 지석(誌石)에는 39행의 거란소자 지문(誌文)이 있다.
소장기관	바린주오치(巴林左旗) 거란박물관
묘주	特里堅忽突菫("特里堅"은 묘주의 字, "忽突菫"[1]은 墓主의 이름), 향년 51세(요 흥종 중희 10년[1041] ~ 요 도종 대안 7년[1091]).
방족(房族)	발리 국구이리필장(拔里国舅夷離畢帳)
출전	『韓半島から眺めた契丹・女真』(pp.30-41), 『新出契丹史料の研究』(pp.204-234).

(자료 : 愛新覺羅외 2015⑩)

관련 연구문헌 (저자순)	· 吳英喆 <契丹小字<蕭特里堅墓誌銘>考釋>, 《契丹小字新發現資料釋讀問題》, 日本東京外國語大 學亞非語言文化研究所, 2012. · ———— <契丹小字《胡睹菫審密墓誌銘》考釋>, 《アジア·アフリカ語言文化研究》 제84호(2012). · 卽 實 <讀謎談解—《得勒堅墓誌》補說>, 《社會科學輯刊》 제221기(2015 제6기).

<묘지 내용>

① 묘지명 제목 및 찬자(撰者)(제1행~제2행)

대중앙거란국 외척국구장 특리견심밀 위지명(大中央契丹国外戚国舅帳特里堅審密位誌銘).

耶律司家奴가 지문(誌文)을 짓고, 차남 楊七이 소자(小字)로 된 지문을 지석(誌石)에 옮겨 적었다.

② 묘주의 선조(제3행~제8행)

묘주의 자(字)는 特里堅이고 이름은 忽突菫이다. 선조는 도외사질라부(陶猥思迭剌部) 온납아랄석렬(溫納阿剌石烈) 발미리(鉢彌里)의 사람으로, 胡母里北只이다. 7대조는 鐸幹里낭군(郎君)이다. 3대를 거친 아들은 朔刮낭군으로, 승천태후(承天太后)의 숙조부(叔祖父)이다. 朔刮낭군의 아들 虎魯列태위(太尉)는 응력(應曆) 연간에 여러 가지 칭호를 받고, 질랄(迭剌)의 토리태위(吐里太尉)에 임명되었다. 虎魯列태위의 아들은 駝寧대왕(大王)이다. 駝寧대왕의 아들은 阿古軫대왕으로, 성종(聖宗)과 흥종(興宗) 때에 달리부(撻里部)를 오래토록 관할하여 6자공신(六字功臣)을 제수받고 허왕(許王)에 봉하여졌다.

阿古軫대왕의 아들 胡都菫鉄里鉢里태사(太師)는 전투에 용맹하고 정치에는 화목했다. 중희(重熙) 연간에 출사하여 족속(族屬)을 규정하는 보첩(寶牒)을 담당하고, 황피실상온(黃皮室詳穩)·토리태위(吐里太尉)·절도사(節度使)·남원동지(南院同知)·응주절도사(應州節度使)·동북로달령상온대행(東北路撻領詳穩代行)·육부질랄대왕대행(六部迭剌大王代行)을 역임했다. 상장군(上將軍)에 제수되었지만 나이를 이유로 사임한 후 향년 59세에 고향에서 서거했다.

③ 묘주의 사적(事蹟)(제8행~제16행)

胡都菫鉄里鉢里태사의 아들 特里堅忽突菫은 어려서부터 또래보다 뛰어났고 커서는 문무(文武)를 겸비했다. 시문(詩文)을 즐기고 말타기와 활쏘기에 능했으며, 친족(親族)과 화목했다. 약관(弱冠)에 이르기 전에 부친인 태사가 장내(帳內)의 모든 사무를 처리하였으므로, 한자를 익히고 공명(孔明)의 도(道)를 좇았으며 종교전적(宗敎典籍)·의방(醫方)의 일에 능통하여 천문에 종사하였다.

함옹 4년(1068) 부친이 사임한 후인 28세에 출사하였다. 패인사 낭군(牌印司郎君)에 보해지고, 북원(北院)의 관리가 되어 칙사낭군(勅司郎君)에 임명되었다. 이 때 추밀(樞密) 乙辛이 국정(國政)의 전권을 잡았다. 忽突菫은 전근하여 게멤사(司)에 보해져 필연(筆硯)의 일을 담당하여 황실 기거주(起居注)를 맡았다. 대강 2년(1076)에 乙辛이 중경유수(中京留守)에 임명되어 다시 추부(樞府)에 들어왔다. 그 해 겨울에 인품(人品)에 관한 일로 직위가 바뀌어 국구상온(國舅詳穩)의 문하에 들어갔다.[1] 대강 3년(1077) 겨울에 임아(林牙) 蕭岩壽와의 친분이 원인이 되어 보주(保州)로 귀양을 간다.

대강 5년(1079) 봄에 乙辛이 추밀에서 외지로 나감에 따라 忽突菫은 간신히 그 곳을 빠져 나왔지만 출사 후 11년이 지나면서 조정에서 멀어져 갔다. 대안 7년(1091) 2월 16일에 수렵 도중 말에서 떨어져 51세에 사망하였다.

④ 묘주의 형제자매(제26행~제27행)

忽突菫은 이모형(異母兄)이 한명 있는데 多寶奴태위이다. 동모제(同母弟)로 何的낭군이 있다. 누이가 둘 있는데, 첫째는 魯姐마격(麼格), 둘째는 特里堅낭자로, 모두 중부방(仲父房) 査懶재상가(宰相家)에 시집갔는데, 忽突菫보다 먼저 죽었다.

⑤ 묘주의 부인과 자녀(제27행~제29행)

忽突菫의 부인 烏魯本낭자(1041~?)는 맹부방(孟父房) 只克昺창온(敵穩, 한풍명: 耶律珙)과 國哥부인의 장녀로 2남 2녀를 낳았다. 장남은 羅漢奴로, 처 阿岩는 척은사(惕隱司) 糺隱六태사의 딸이다. 차남은 楊七(1074~?)로 18세이다. 忽突菫이 가르쳐 한자(漢字)에 익숙했다.

장녀는 <u>耶魯宛</u>으로 육원(六院) <u>華嚴奴</u>낭군에게 시집 갔지만 이미 사망하였다. 아들이 셋 있다. 차녀는 <u>耶懶</u>로 척은사 진왕장(惕隱司秦王帳) <u>蘇沒里格里</u>낭군에게 시집갔다. 손자는 3인으로 모두 <u>羅漢奴</u>가 낳았다. 장손은 <u>九斤</u>, 차손은 <u>諧領</u>, 손녀는 <u>六斤</u>이다.

⑥ **장의**(제29행~제39행)

대안 7년(1091) 9월 30일에 처 <u>烏魯本</u>낭자, 아들 <u>羅漢奴</u>와 <u>楊七</u>, 친족・친지・우인(友人) 및 주변의 여러 사람들이 요스코하(河)의 동쪽 딜메산 서편에 귀장(歸葬)하여 선영(先塋)에 나아갔다.

<u>司家奴</u>가 묘주의 일생을 적은 묘지명(墓誌銘)을 찬(撰)한다. 묘주(墓主)는 젊어서 주공(周公)의 도(道)를 알게 되었고, 20세가 되어서는 화복(禍福)을 모두 겸하며 <u>鍾子期</u>의 지음(知音)과 <u>鮑叔牙</u>의 우정(友情)이 빛남을 알았다.

(이하 생략)

---

1) 참고로 <u>忽突董</u>은 ≪요사≫에는 전(傳)이 없고 ≪요사・도종본기3≫(권23) 대강2년(1076) 11월조에 "갑술일에 황제가 기거주(起居注, 사관이 황제의 언행을 기록한 책)를 보고자 했는데, 수주랑(修注郞) <u>不撝</u>과 <u>忽突董</u> 등이 보여주지 않자 각각 장(杖) 2백대를 쳐 파면시켰다"는 기록만이 있다. 묘지(墓誌)에는 이러한 기록은 은폐하고 "그 해 겨울, <u>忽突董</u>은 인품(人品)에 관한 일로 직위가 바뀌어 국구상온의 문하에 들어갔다"고 애매하게 기록하고 있다. <u>忽突董</u>은 평생 불우하고 재능은 있으나 운이 없어 묘지(墓誌)에는 그를 "현사(賢士)"라고 칭하고 있다. 그의 조카인 <u>耶魯宛迪魯古</u>(1062~1114)의 묘지에는 그를 "태사(太師)"로 칭하여 의도적으로 그 직을 격상하고 있다. 이 묘지는 그가 사망한 후 7개월 반 후에 전각(篆刻)되어 대안 7년(1091) 9월 30일에 하장(下葬)되었다(愛新覺羅외 2011).

<資料> 1) 愛新覺羅 2010f, 2) 愛新覺羅외 2011, 3) 吳英喆 2012a③, 4) 愛新覺羅외 2012⑩, 5) 即實 2015b.

< 묘주의 가계 인명 >

구 분		거란소자	추정 발음	≪요사≫/ 한문 묘지	即實	愛新覺羅	吳英喆
6대	조부	圬反圠	dau.o.ur			鐸斡里	合魯
	조모						
5대	조부	禿欠为	ʃ.ʊgu.a			朔刮	··
	조모						
고조	조부	目尺焱	dʒur.u.ər	蕭禿魯列		禿魯列	禿魯烈
	조모						
증조	조부	生不伏 午金	to.on.in tal.əm	蕭撻凜		駝寧撻里麼	駝寧・撻凜
	조모						
조	조부	圼�伏 全夬欠	ag(og).dʒi-n s.au.gu	蕭奧只	烏克初訥	阿古軫慅古	阿古軫・慅古
	조모						
부모	부친	搽伏 卉舟叏	qutug.in t.æl.bu.r		胡睹董・帖剌本	胡睹董鐵里鉢里	胡睹董・帖里本
	모친	枀苂为 几苓	tʃ.jue.æn g.ə			川哥	建哥
		丙兎 伞交	j.aŋ ts.iæ			楊姐	楊節
당대	묘주	令小焭与 搽伏	t(d).əl.gə-n qutug.in	忽突董	得勒堅・也思訥	特里堅忽突董	□□・胡睹董
	부인	圠小丹伏	ur.el.bu.n			烏魯本	烏盧本

아들	장남	圵为 血夹 公圣	l.a qa.an n.u			羅漢奴	羅漢奴
	차남	丙𠕂 夲𢺸	j.aŋ s.i			楊七	楊哲
딸	장녀	夲圵 廾反 内	ar.əl.ʊ.o.on			耶魯宛	‥
	차녀	牛为 出	hʊl.a.an			耶懶	‥

소특리견 묘지 탁본

12. 耶律迪烈墓誌 (요 도종 대안 8년[1092] 8월 7일)

묘지명	대중앙 호리지거란국 임해군절도사·숭록대부·검교태위·동중서문하평장사·상주국칠수군개국공·식읍이천·식실봉이백 야율살뢰상공 묘지명(大中央胡里只契丹国臨海軍節度使崇祿大夫檢校太尉同中書門下平章事上柱国漆水郡開国公食邑二千食實封二百耶律撒懶相公墓誌銘)
출토지	內蒙古自治區 通遼市 札魯特旗 嘎亥圖鎮
묘지형태	지개(誌蓋)에 3행의 전서(篆書)로 된 한자 ≪남첨부주대요국고적렬왕묘지문(南瞻部洲大遼國故迪烈王墓誌文)≫이 있고, 지석(誌石)에는 32행, 지개(誌蓋) 안쪽에 9행 합계 41행의 거란소자 지문(誌文)이 있다.
소장기관	베이징(北京) 랴오진청위엔(遼金城垣) 박물관
묘주	撒懶迪烈德("撒懶"는 묘주의 자[字], "迪烈德"은 묘주의 이름이다. 지개의 한문과 ≪요사≫의 음역 모두에 그 이름의 어미 [-d]를 생략한다), 향년 67세(요 성종 태평 6년[1026]~요 도종 대안 8년[1092]). ≪요사≫ 권96에 전(傳)이 있다.
방족(房族)	육원이리근방(六院夷離菫房)
출전	『契丹語言文字研究』(pp.243-263), 『遼金史与契丹女真文』(pp.39-49, 69-85), 『契丹文墓誌より見た遼史』(pp.124-142), 『新出契丹史料の研究』(pp.155-156, 166-168).

(자료 : 愛新覺羅외 2015⑩)

관련 연구문헌 (저자순)	· 盧迎紅·周 峰 <契丹小字≪耶律迪烈墓誌銘≫考釋>, ≪民族語文≫ 2000 제1기. · 愛新覺羅烏拉熙春 <<≪耶律迪烈墓誌銘≫與≪故耶律氏銘石≫所載墓主人世系考—兼論契丹人的 "名" 與 "字">, ≪東亞文史論叢≫창간호(2003). · 劉鳳書 <契丹小字≪耶律迪烈墓誌銘≫考釋>, ≪契丹文字研究類編≫, 中華書局, 2014. · 劉鳳書 <契丹小字≪耶律迪烈墓誌銘≫再考釋>, ≪契丹文字研究類編≫, 中華書局, 2014. · 卽 實 <<≪迪烈墓誌≫釋讀>, ≪謎田耕耘—契丹小字解讀續≫ 遼寧民族出版社, 2012. · 包聯群 <<≪南瞻部洲大遼國故迪烈王墓誌文≫的補充考釋>, ≪內蒙古大學學報≫ 2002 제3기.

<묘지 내용>

① 묘지명 제목 및 찬자(撰者)(제1행~제2행)
대중앙 호리지거란국 임해군절도사·숭록대부·검교태위·동중서문하평장사·상주국칠수군개국공·식읍이천·식실봉이백 야율살라상공 묘지명(大中央胡里只契丹國臨海軍節度使崇祿大夫檢校太尉同中書門下平章事上柱國漆水郡開国公食邑二千食實封二百耶律撒懶相公墓誌銘).
횡장계부방(橫帳季父房) 패인사낭군(牌印司郎君)·총지한림원사(總知翰林院使) 耶律固가 찬(撰)하다.

② 묘주의 선조(제3행~제14행)
상공(相公, 묘주를 지칭한다)의 이름은 迪烈德이고 자는 撒懶로 육원 종실(六院 宗室)의 蒲古只이리근장(夷離菫帳)의 사람이다.
8대조는 痕得隱帖剌이리근(夷離菫)으로 도외사질랄부(陶猥思迭剌部) 하뢰익석렬(霞瀨益石烈) 야율미리(耶律彌里)의 사리관(舍利官) 아발은장(阿鉢隱帳)의 천황제(天皇帝)의 조부(祖父)인 현조황제(玄祖皇帝)의 친형으로, 구응부장(九鷹部長)의 존호를 얻었다. 천황제 …… 덕조황제(德祖皇帝)의 친형으로, 오원(五院)과 육원(六院) 2족을 분리하였다. 이리근의 부인은 복외(僕隗) 都靹을림면(乙林免)으로 2인의 장자는 諧領蒲只이리근이다. 대안(大安) 연간에 황통(皇統)에 들어가 우월(于越)의 호(號)를 받았다. 차자는 曷魯隱匣馬葛이리근이고 그의 부인은 阿蘇里撙斤을림면이다.
이 2인의 차자는 諧領庫古里낭군이고 그의 부인은 尼兀里마격(麼格)이다. 그 2인의 차자는 撒懶魯不古상온(詳穩)으로 태종 초에 서남면초토대상온(西南面招討大

詳穩)이 되었다. 그 차자는 曷魯本呪(채방(探訪)으로 두 황제를 섬겨 이름이 칠현전(七賢傳)에 올랐다. 황제가 새로이 즉위할 때 출사하여 지방법규를 세우고 족장(族長)이 되었다. 후에 국사대사(國嗣大事)를 일으켜 그로 인해 채방사(探訪使)를 제수받았다. 그의 부인은 을실기(乙室己) 忽古呎 을림면이다.

그 2인의 장자는 斜寧何魯不 태사(太師)로 특진(特進)을 제수받고 족장이 되었고, 그의 부인은 拔里부인이다. 외아들은 迪輦생원(生員)으로 후에 족장에 임명되었다. 그 부인은 국구대옹장(國舅大翁帳) 迪輦낭자이다.

그 2인에게는 아들이 둘 있었는데 막내가 善寧光佛奴 태사로, 성종 때에 군무(軍務)에 종사하여 절도사(節度使) 등의 관직에 임명되었다. 부인은 멸고내(蔑古乃) 嫦娥부인으로 留隱里呎 태사의 딸이다. 아들이 둘 있었는데, 장자 王五는 본장창사(本帳敞史)가 되었으며 부인은 오외(烏隗) 阿信낭자이다. 차자는 撒懶迪烈德 상공(相公)이다. 王五와 阿信낭자에게는 아들이 둘 있는데, 장자는 대동군도감(大同軍都監)인 撒剌이며 차자는 돈목궁판관(敦睦宮判官)인 糺里이다.

③ 묘주의 사적(事蹟)(제14행~제29행)

태사의 차자인 상공(묘주를 지칭한다)은 태평 6년(1026) 정월 29일에 출생하여 중희 15년(1046)에 벼슬길에 올라 지후(祗候)·패인사낭군(牌印司郎君)·지기거주첨서사(知起居注簽書事)·동지영주(同知永州)·북원승지(北院承旨)·전운(轉運)·방어사(防禦使)·무안주관찰(武安州観察)·동지중경(同知中京)·해왕부토리태위(奚王府吐里太尉)·본부도감(本部都監)·동경호부령(東京戶部領) 전백이사(錢帛二司)의 도제점(都提點)·장녕궁부궁사(長寧宮副宮使)·동지남원(同知南院)·동지추밀원(同知樞密院)·충정군절도사(忠正軍節度使)·첨북원임아사(簽北院林牙事)·지좌이리필사(知左夷離畢事)·한아행궁도통(漢兒行宮都統)·감문위상장군(監門衛上將軍)·육원대왕(六院大王)·중서문

하평장사(中書門下平章事)·동지남경유수관부사(同知南京留守官府事)·상경유수(上京留守)·탑모리성절도사(塌母里城節度使)를 역임했다. 대안 8년(1092) 정월 23일에 병사하였다.

④ 묘주의 부인과 자녀(제30행~제33행)

상공에게는 3명의 부인이 있으며, 정처(正妻)인 멸고내씨(蔑古乃氏) 五姐 을림면은 아발은장 寧哥낭군의 딸이다. 상공과 정처 사이에는 두 딸이 있는데, 장녀는 時時里부인으로 국구장(國舅帳) 圖古辭상온에게 시집갔다. 차녀는 里虎부인으로 초로득(初魯得) 鄭八 태사에게 시집갔다.

둘째부인은 蒲魯本 을림면으로 정처 을림면의 여동생의 딸이다. 세 딸이 있는데, 장녀는 都特부인으로 국구장 烏里상온에게 시집갔다. 차녀는 唐을림면으로 모(母)가 태어난 장(帳)의 藥師奴낭군에게 시집갔다. 3녀가 撻體[1]로 시집가지 않았다. 여러 딸들이 상공의 족장·대왕 재임시에 태어났다. 2명의 부인은 잇달아 사망하였다.

셋째부인인 王日부인은 둘째부인 을림면의 여동생의 딸이며, 상경유수로 있을 때에 신국부인(申國夫人)에 봉해졌다. 아들 셋이 있으며 장자가 雲獨古里撻不勒, 차자가 護思, 막내가 丑烈이며, 지난 달에 여자아이 한 명을 출산하였다.

⑤ 기타(제34행~제41행)

耶律固가 맏사위 圖古辭상온의 부탁을 받아 지문을 찬(撰)하다. (이하 생략)

---

1) 撒懶迪烈德이 사망한 때에 撻體의 나이는 12세로, ≪故銘≫에 의하면 迪魯菫華嚴奴(蕭孝寧) 장군(1060~?)에게 시집갔다고 되어 있는데, 이 이후의 일이다.

<資料> 1) 愛新覺羅 2006a, 2) 愛新覺羅 2010f, 3) 即實 2012③, 4) 劉鳳翥 2014b㉔, 5) 愛新覺羅외 2015⑩.

< 묘주의 가계 인명 >

구 분		거란소자	추정 발음	≪요사≫/한문 묘지	劉鳳翥	即實	愛新覺羅
8대	조부	火矢伏 卉斗	k(h).ədə.in tæl.ia		痕得·帖剌	痕得·帖剌	痕得隱帖剌
	조모	釜夾伏	d.ur.in			都如訥	都鄰

		거란소자	음가				
7대	조부	甬圣 刃仝 杏 刃	h(q)ar.u.un q.æm.aq		曷魯寧·轄麥哥	曷魯木·匣馬葛	曷魯隱匣馬葛
	조모	冬圣 穴夊 灸关 伏	as.u.ur.i nəu.ug.in		耦斡哀		阿蘇里耦斤
6대	조부	坴用 几夊 伏 平	hai.il.in ku.ug.ul		解里寧·庫古哩	乙林兔·庫古魯	諧領庫古勒
	조모	女伏	sair.in		塞日訥		賽隣
5대	조부	仐夲 屮刈 业出 夊	s.ar.ha.an l.ubu.ug		撒懶·盧不姑	薩剌初·魯不古	撒懶魯不古
	조모						
고조	조부	甬丹 火土 伏	h(q)ar.əb.in k(h).əu		曷魯本·吼	曷魯本·吼	曷魯本吼
	조모	火夊 夯	k(h).ug.dʒi		庫只	胡古只	忽古只
증조	조부	仐方 甬丹 伏	s.æn.in h(q)ar.əbu		斜寧·何魯不	斜寧·何魯不	斜寧何魯不
	조모	业车 用	p.ar.il		普麗利	匹里日	拔里
조	조부	屄与	dil.ən		敵輦	道連	迪輦
	조모	屄与	dil.ən		迪輦	道蓮	迪輦
부모	부친	无爻 九杰 仐 公爻 方伏	ʃ.iæ.æn.in g.uaŋ pu n.u		善寧·廣富奴	仙訥·廣富奴	善寧光佛奴
	모친	夲冘 扎	tʃ.aŋ go		嫦娥	常哥	嫦娥
당대	묘주	仐夲 屄公 业出	s.ar.ha.an dilə-n	耶律敵烈	撒懶·敵烈	撒剌初·撒烈	撒懶迪烈德
	부인	灸爻 仐交	ŋ.u s.iæ		五節	五姐	五姐
		业灸 刈伏	p.ur.bur.in		普爾不哀	菩如本	蒲魯本
		杰 戈谷	uaŋ ʒ.ï		王日	王芝	王日
아들	장남	丙用 仐生 夊扎 爻平	j.od(ol).gu.əl t(d).abu.u.ul	··	尤爾堪訥· 撻不吾勒	雲獨古里 撻不勒
	차남	北马	hu.dʒu	··	胡珠·屯	護思
	삼남	芴夾	tʃ.euʃ	酬利	曲給	丑烈
딸	장녀	无乑 亐	ʃ.ia.al	時時里	蕣琪	時時里
	차녀	夫亐	ali.dʒu	理智	麗克珠	阿里朮
	삼녀	仐火	t(d).ud	度突里	徒古得	都特
	사녀	伃氘	ta.aŋ	唐	唐	唐
	오녀	仐� 夬	t(d).at.i	達得(達德)	撻提吉	撻體
	육녀	夬並 木夬	niar.ha.ar.i	··	涅剌里	涅剌里

야율적렬 묘지 탁본

13. 耶律智先墓誌 (요 도종 대안 10년[1094] 11월 15일)

묘지명	대중앙 호리지거란국 가한횡장중부방 야율오로본태위 묘지명(大中央胡里只契丹国可汗橫帳仲父房耶 律烏盧本太尉墓誌銘)
출토지	遼寧省 北票市 小塔子鄕 蓮花山村
묘지형태	지석(誌石)에는 27행의 거란소자 지문(誌文)이 있고, 또 다른 지석에는 한자 ≪대요고과주방어 사야율공묘지명(大遼故果州防御使耶律公墓誌銘)≫이 있다. 양 문자에 쓰여진 내용은 대역(對譯)이 아니다.
소장기관	베이피아오시(北票市) 박물관
묘주	烏盧本猪屎("烏盧本"은 묘주의 자[字], "猪屎"는 묘주의 이름, 그의 한풍명은 "耶律智先"), 향년 72세(요 성종 태평 3년[1023]~요 도종 대안 10년[1094]).
방족(房族)	맹부방(孟父房) → 중부방(仲父房)
출전	『契丹語言文字硏究』(pp.263-284), 『契丹文墓誌より見た遼史』(pp.167-172), 『新出契丹史料の硏究』(pp.156-157, 169-171).

(자료 : 愛新覺羅외 2015⑩)

관련 연구문헌 (저자순)	· 愛新覺羅烏拉熙春 <≪耶律仁先墓誌銘≫與≪耶律智先墓誌銘≫之比較硏究>, ≪立命館文學≫ 제 581호(2003). · 劉鳳翥 <契丹小字≪耶律智先墓誌銘≫考釋>, ≪契丹文字硏究類編≫, 中華書局, 2014. · ─── <契丹小字≪耶律智先墓誌銘≫再考釋>, ≪契丹文字硏究類編≫, 中華書局, 2014. · 趙志偉·包瑞軍 <契丹小字≪耶律智先墓誌銘≫考釋>, ≪民族語文≫ 2001 제3기. · 卽 實 <≪格勒本墓誌≫釋讀>, ≪謎田耕耘─契丹小字解讀續≫ 遼寧民族出版社, 2012. · 陳金梅 <遼寧北票發現遼耶律智先墓>, ≪中國文物報≫ 1999.6.30.

<묘지 내용>

① 묘지명 제목 및 찬자(撰者) 등(제1행~제4행)

대중앙 호리지거란국 가한횡장중부방 야율오로본태위 묘지명(大中央胡只契丹國可汗橫帳仲父房耶律烏盧本太尉墓誌銘).

횡장계부방(橫帳季父房) 패인사낭군(牌印司郎君)·총지한림원사(總知翰林院使) 耶律固가 찬(撰)하다. (이하 생략)

② 묘주의 선조(제4행~제8행)

태위(太尉, 묘주를 지칭한다)의 자는 烏盧本이고 이름은 猪屎이다. 도외사질랄부(陶猥思迭剌部) 씨족(氏族)의 하뢰익석렬(霞瀨益石烈) 후예인 야율미리(耶律彌里) 가문으로, 사리관(舍利官) 아발은장(阿鉢隱帳) 薩剌德이리근(夷離菫)의 후손이다. 이리근의 아들은 현조황제(玄祖皇帝)이고, 현조의 아들은 셋인데, 장자는 촉국왕(蜀國王) 敵輦, 차자는 수국왕(隋國王) 述瀾, 3자는 덕조황제(德祖皇帝)로 태조 천금황제(天金皇帝)의 부친이다. 즉 지금 가한횡장(可汗橫帳)의 삼부방(三父房)을 말한다. 맹부(孟父) 촉국왕(蜀國王)의 아들은 團寧척은(惕隱) 顏昱이다. 척은의 아들은 古隣대왕(大王) 滑哥이다. 대왕의 아들은 尤勒袞태보(太保) 撒割里이다. 중부(仲父) 수국왕(隋國王)의 아들은 敵輦이리근 鐸只이다. 이리근의 아들 先典생원(生員)은 일찍이 사망하여, …… 사성황제(嗣聖皇帝)를 봉안(奉安)한 땅에 안장(安葬)했다. 先典의 아들은 撒剌里생원이다. 撒剌里의 아들은 石剌령온(令穩)으로, 그의 처는 별부(別部) 安부인(夫人)의 …… 측실 三妠낭자가 칙령을 받들어 雲獨昆撒割里태사(太師)에게 그 장(帳)을 계승시켰다. 撒割里는 연왕(燕王) 査懶瑰引을 낳았다. 태위(묘주)는 연왕(査懶瑰引)의 아들 중 넷째이다.

③ 묘주의 사적(事蹟)(제9행~제10행)

烏盧本의 어릴적 이름(小名)은 猪屎(또는 諸速得)이었지

만 나중에 耶魯로 개명하였다. 흥종황제 즉위 시기에 근반(近班)으로 배치되었으며, 낭군해아반(郎君孩兒班)[1]에서 20년간 머물다가 제위소장군(諸衛小將軍)이 되었지만 양친이 고령인데다 형제가 모두 외곽에 거주한다는 이유로 단련(團練)·방어사(防禦使)에 임명되었다.

④ 묘주의 형제자매(제10행~제13행)

묘주에게는 친형이 셋 있다. 맏형은 상부·송왕(尚父宋王) 紀鄰査剌으로, 외아들 胡都菫撻不也里 초토령공(招討令公)이 있는데 후사가 없다. 둘째형은 粘木袞曷虎 척은군왕(惕隱郡王)으로 후사가 없다. 셋째형은 撻不衍構蘇 태위로, 근시(近侍)가 되었다. 동생은 한 명 있는데, 撒班涅魯古 남원임아(南院林牙)로 중부방(仲父房) 合葛재상(宰相)의 장(帳)을 계승하였다. 외아들 撻不也里 부궁사(副宮使)를 두었는데, 그 장(帳)에 기거하고 있다.

누이가 다섯 있는데, 첫째 興哥부인은 해가한장(奚可汗帳) 구부(舅父) 可汗奴태사에게 시집갔다. 둘째는 李姐부인으로 궁분인(宮分人) 福留태사에게 시집갔다. 셋째는 冬哥낭자로 해가한장의 定光奴제실기(帝室己)에게 시집갔다. 넷째는 粘木袞별서(別胥)로 국구소옹장(國舅小翁帳) 石魯隱虎里者재상에게 시집갔다. 당시 연국왕(燕國王)[2]의 윗대의 구부(舅父)가 젊어서 상처(喪妻)함에 따라 옛 법에 따라 자효(孝慈)를 다하였다. 다섯째는 楊姐부인으로, 국구별부(國舅別部) 迪里鉢태사에게 시집갔다.

⑤ 묘주의 부인과 자녀(제13행~제15행)

묘주의 부인은 넷이다. 재초(再醮)가 1명 있는데, 형 構蘇태위의 배우자였으며 해가한장 高奴임아(林牙)의 딸인 胡睹부인이다. 외아들 阿撒里낭군이 있으며 그

의 부인은 <u>里庫</u>낭자로 발로은가한장(勃魯恩可汗帳) <u>禾勒樂卜</u>용호(龍虎)의 딸이다. 손자가 1명 있는데 <u>紈里阿不</u>이다.

3명의 부인과 새로이 결혼했다. 첫째부인 <u>乙你割</u>낭자는 국구소옹장(國舅小翁帳) <u>古尼·拉卜安</u> 추밀사(樞密使)의 딸인데, 자식이 없다. 둘째 부인 <u>撻不衍</u>낭자는 국구소옹장 <u>高九</u>대왕(한풍명: <u>蕭孝誠</u>)의 딸인데, 이혼하였다. 2명의 아들이 있는데, 장자는 <u>阿信</u>이며 그의 부인은 <u>郭里本</u>낭자로 국구별부 <u>昆乙</u>낭군의 딸이다. 손자가 1명 있으며 <u>乃方里</u>이다. 차자는 <u>佛頂</u>이다. 소첩(小妻) <u>丑女哥</u>낭자는 누이 별서의 딸인데, 외아들 <u>阿古涅</u>을 두었으나 요절하였다.

⑥ 기타(제17행~제27행)

대안 10년(1094) 8월 9일에 72세의 나이로 병사하였다. 그 해 11월 23일 누이 별서, 애자(哀子) …… <u>阿信</u>이 평지의 양지 바른 곳에 이미 돌아가신 부인의

묘에 합장(合葬)하는 예를 갖추었다. 발인(發靷)하기 전 월(前月)에 효자 <u>阿信</u>, <u>佛頂</u> 및 태위의 여러 친지들이 편지를 써서 묘지(墓誌)를 지어줄 것을 청하였다. (중략)

대안10년 갑술년(甲戌年) 11월 15일에 장자 <u>阿信</u>이 서단(書丹, 지문을 지석에 옮겨 적는 것)하다.

---

1) 即實은 이를 "지후낭군반(祗候郎君班) 직장(直長)"이라고 번역하고 있다(即實 2012⑤).
2) 야율연희(耶律延禧), 즉 천조제(天祚帝)를 지칭한다. 요대(遼代)에는 연국왕(燕國王)에 봉해진 자가 2명 밖에 없는데, 바로 도종(道宗, 耶律洪基)과 연희이다. 이 묘지(墓誌)가 대안 10년(1094)에 제작되었으므로 홍기(洪基)는 이미 60이 넘었고, 연희는 대강 원년(1075) 생으로 당시 20세이므로 이 말에 부합된다(即實 2012⑤).

<資料> 1) 愛新覺羅 2006a, 2) 愛新覺羅 2010f, 3) 即實 2012⑤, 4) 愛新覺羅외 2015⑩.

< 묘주의 가계 인명 >

구 분		거란소자	추정 발음	《요사》/한문 묘지	劉鳳翥	即實	愛新覺羅
7대	조부	丹几伏 火丹 (亚苏 伞伞 主王)	əb.əg.in ⬚.tum (hiæ.æn s.u huaŋ di)	匀德實	匀德實 (玄祖皇帝)	匀德實	孛菫匀德實 (玄祖皇帝)
6대	조부	兀払 立为 出 爻	ʃ.ur.a.a.an ʃ.il.u	述瀾釋魯	述瀾·釋魯	釋剌初 (釋魯)	述瀾釋魯
	조모	攵与	bi.ən		□安	綏衍	別衍妃
5대	조부	令用 与 巧带	t(d).il.ən dau.dʒil	耶律鐸臻	敵輦	敵輦·□□	敵輦鐸臻
고조	조부	伏本 兀关 令交 欠伏 火 芳	ŋ(ni).ar.gu.n ʃ.i.ui t(d).iæ.æn	先典迪	室□·迭□	涅烈堪訥	涅里袞十殿
증조	조부	伞本 立本	s.ar.ha.ar		撒懶	撒剌里	撒剌里
조	조부	兀关 尐为	ʃ.i.l.a		室臘(室羅)	惜拉	石剌
		丙用 伞卅 欠伏 勺	j.od(ol).gu.in s.aqa.al		撒割里	尤爾坎訥·撒葛里	雲獨昆撒割里
부모	부친	坐为 几火 出 雨	tʃal.a.an g.ui-n	耶律思忠	查剌柅·�引	查剌初	查懶瑰引
	모친	丙交 火券 芳	j.iæ.æn k(h).ə	別胥蕭氏	燕國	燕珂	燕哥
당대	묘주	払尐 丹伏	ur.el.bu.n	耶律智先	訛里本	格勒本	烏盧本猪屎
	부인	斗茶(搽)	ia.sei		胡覩	也才	胡睹
		雨几伏	in.gə.in	乙你割	乙你割	因古訥	乙你割

당대	부인	令生 丙圴	t(d).abu.j.ən		撻不演	撻不衍	撻不衍
		芴伏 几芬	tʃəu-n g.ə	醜女哥	醜女哥	區娥哥	丑女哥
아들	장남	冬本	as.ar	阿撒里	阿撒里	珂日斯里	阿撒里
	차남	仐村	ne.se	阿信	阿信	思恩	阿信
	삼남	仐 公用	pu t.iŋ	佛頂	佛頂	福丁	佛頂
	사남	呈火 芬	ag(og).un.e		阿古文哥	烏古諾	阿古涅

야율지선 묘지 탁본

14. 蕭太山・永清郡主墓誌 (요 도종 수창 원년[1095] 6월 26일)

묘지명	외척국구소옹장 탈리라태산장군과 처 영청군주 2인의 묘지(外戚国舅小翁帳奪里懶太山將軍妻永淸郡主二人墓誌)
출토지	遼寧省 阜新蒙古族自治縣 平安地鎮 阿漢土村 宋家梁屯에서 북으로 1km 떨어진 산의 경사면이다. 이 현(縣)의 八家子鄕 果樹村에 가까운 우란무투(烏蘭木圖)산 동남쪽 경사면에서 출토된 한자 ≪고녕원군절도사소공묘지명(故寧遠軍節度使簫公墓誌銘)≫(요 성종 태평 9년[1029])의 묘주 蕭僅(陳哥)은 奪里懶太山과 같이 발리국구소옹장(抜里国舅小翁帳)에 속하지만 출신 가문이 다르다. 두 묘지(墓地)의 직선거리는 약 30km 이상 떨어져 있다.
묘지형태	묘비(墓碑)의 겉에는 29행의 한자 ≪대요영청공주묘지명(大遼永淸公主墓誌銘)≫이 있고, 안에 30행, 좌측에 2행 합계 32행의 거란소자 지문(誌文)이 있다.
소장기관	푸신(阜新) 몽고족자치현(蒙古族自治縣) 박물관
묘주	奪里懶太山("奪里懶"은 묘주의 자[字], "太山"은 묘주의 이름, 그 한풍명은 "蕭彦弼"), 향년 59세(요 성종 태평 9년[1029]~요 도종 대안 3년[1087]).
방족(房族)	발리국구소옹장
출전	『韓半島から眺めた契丹・女真』(pp.70-82), 『新出契丹史料の研究』(pp.239-241)
묘주의 처	영청군주(永淸郡主) 堯姐. 출생년도는 미상(?~요 도종 수창 원년[1095]).
방족	경종황제계(景宗皇帝系)

(자료 : 愛新覺羅외 2015⑩)

관련 연구문헌 (저자순)	・愛新覺羅烏拉熙春 <永淸郡主與太山將軍世系考>, ≪東亞文史論叢≫ 제1호(2004). ・——— <契丹小字『永淸郡主墓誌銘』考釈>, ≪東亞文史論叢≫ 제2호(2004). ・袁海波・劉鳳翥 <契丹小字≪蕭大山和永淸公主墓誌≫考釋>, ≪文史≫ 2005 제1기. ・劉鳳翥 <契丹小字≪蕭太山和永淸公主墓誌≫再考釋>, ≪契丹文字研究類編≫, 中華書局, 2014. ・卽 實 <≪太山堯洁墓誌≫釋讀>, ≪謎田耕耘—契丹小字解讀續≫ 遼寧民族出版社, 2012.

<묘지 내용>

① 묘지명 제목(제1행)

외척국구소옹장 탈리라태산장군과 처 영청군주 2인의 묘지(外戚国舅小翁帳奪里懶太山將軍妻永淸郡主二人墓誌).

② 장군의 선조(제2행~제9행)

장군(蕭彦弼, 1029~1087, 묘주를 지칭한다)은 별명(別名)이 太山이고 자(字)는 奪里懶이다. 발리국구소옹장(抜里国舅小翁帳) 사람으로 알납발석렬(斡納撥石烈) 陶斡의 10세손이다.

6대조는 발란(拔懶) 月梡아주(阿主)이고, 조모는 撒葛只마격(麼格)으로 덕조(德祖)의 여동생이자 태조(太祖)의 고모이다. 撒葛只마격은 일찍이 도외사질랄부 온납하랄석렬(溫納何剌石烈)의 발리(拔里) 諧里낭군(郎君)에게 시집가 迪輦迪魯古와 阿鉢董緬思를 낳았는데, 태조의 고종사촌 동생이다. 諧里낭군이 사망한 후 발란(拔懶) 月梡과 재혼하여 태조순흠황후(太祖淳欽皇后)와 撒懶阿古只재상(宰相) 및 딸 다섯을 낳았다. 태조 때에 발리 諧里낭군의 아들 迪輦迪魯古재상, 발란 月梡의 아들 撒懶阿古只재상, 撒葛只마격의 아들 阿鉢董緬思 3인은 외척복심부(外戚腹心部)를 관장했다. 태종황제가 나라를 이어받자, 미리석렬(彌里石烈)에서 발리 諧里낭군의 조부 胡母里北只의 처첩인 거란 許姑, 한아 夷里不의 자손 및 月梡아주 처의 아들들을 소집하여 합심해서 국구(国舅)를 세웠다.

5대조 阿鉢董緬思(?~936)는 月椀아주와 그 부인 撒葛只마격의 아들로 태종정안황후(太宗靖安皇后)의 부친이다. 형제외척국구(兄弟外戚國舅)가 처음으로 세워졌으므로 그것을 총괄하였다.

고조부 石魯隱堯里(蕭翰, ?~949) 령공(令公)은 阿鉢董緬思의 양자로 숙부 撒懶阿古只재상의 다섯째 처인 檉斤부인이 낳은 아들이다. 본처가 자식이 없이 사망한 후에 이어 양국황제(讓國皇帝, 耶律倍)의 딸(世宗의 여동생)인 제국공주(齊國公主) 阿不里와 결혼했다.

증조부는 丹哥장군이다. 조부는 留隱安哥태사(太師)이고, 조모는 한국(韓國) 單哥부인으로 횡장(橫帳)의 맹부방(孟父房)인 紀迪태사의 손녀이다. 부친은 特免王五부마(駙馬)로 7인 형제중 장자이다. 모친은 興哥공주로 성종황제 후궁(後宮)의 딸이다.

백조부 噯里부마는 세종황제(世宗皇帝)의 딸인 和古典공주와 결혼했다. 噯里부마의 아들은 勃堅額哥(蕭克忠) 부마상공(駙馬相公)으로 처는 羅氏공주이다. 勃堅부마에게는 외동딸 招里妃만이 있다. 勃堅부마는 녀고장(女古帳)을 계승함과 아울러 阿古只의 둘째 처 踔古마격의 장(帳)을 계승했다. 부마는 한자에 능통하고, 은혜를 이어받아 세습하며, 황족과 통혼(通婚)함으로써 여러 가지 칭호를 받았다. 부마도위(駙馬都尉)・낭군반상온(郎君班詳穩)・응주절도사(應州節度使)가 되고 금오위상장군(金吾衛上將軍)을 제수받았으며, 상경호부(上京戶部) 등의 직이 더하여진 후에 4자공신(四字功臣)을 받고 국구상온(國舅詳穩)이 되어 사상(使相)에 봉하여졌다. 부마에게는 아들이 없었다. 공주는 근친인 영청(永淸) 堯姐군주(郡主, ?~1095)를 불러 며느리로 삼아 그 장(帳)을 계승토록 하였다.

③ 군주의 가계(제9행~제10행)

군주는 천보황제(天輔皇帝, 성종황제를 지칭한다)의 동생 제국대왕(齊國大王) 胡都董高七(耶律隆裕, ?~1012)의 아들인 踔古隱圖獨得(耶律宗熙) 대왕과 招里비(妃)의 장녀이다.

④ 묘주의 자녀(제10행~제14행)

장군과 군주에게는 3남 6녀가 있으며 장자 別里(蕭昕)태보(太保)는 횡장의 중부방(仲父房)인 高山태사와 蘭柯부인 2인의 딸인 撻不衍낭자와 결혼하여 정실(正室)로 삼고, 육원부(六院部) 安阿奴낭군과 烏里衍낭자 2인의 딸을 후실(後室)로 들였다. 물고(物故, 죄를 지어 사

망함) 후에 요련선질가한장(遙輦鮮質可汗帳)의 연경동지유수(燕京同知留守)・좌복야(左僕射) 登思유수(留守)의 딸 慈混낭자와 혼인했다. 3남 2녀를 낳았는데, 장남 阿僧과 차남 韓家奴는 撻不衍낭자가 낳았다. 어린 아들 哥得은 후실 步恭낭자가 낳았다. 장녀는 乙塞林迷, 차녀는 阿古이다. 차남은 查剌(蕭晈)낭군인데, 처 阿里낭자는 육원부 迪友爾태사와 諳葛부인 2인의 딸이다. 3남 3녀를 낳았는데, 장남은 特末里, 차남은 宜孫, 막내 아들은 馬哥이다. 장녀는 馬安, 차녀는 烏里衍, 막내 딸은 五斤이다. 제3남은 特免阿剌里(蕭昉)낭군인데, 처 窩里朶낭자는 육원부 謝六낭군과 單哥낭자 2인의 딸이다. 4남 2녀를 낳았는데, 장남은 如奴, 차남은 何里只, 제3남은 五斤, 막내 아들은 陳十이다. 장녀는 白散, 차녀는 南睦散이다.

장군과 군주의 장녀는 賢聖哥낭자인데, 군주의 동생인 횡장 계부방의 耶魯幹(耶律弘禮) 태위(太尉)에게 시집갔다. 차녀는 盒孛낭자로 요련阿里에게 시집갔다. 제3녀는 貴哥낭자며 횡장의 撻不也里장군에게 시집갔다. 제4녀는 得哥낭자인데 왕자반(王子班) 圖獨낭군에게 시집갔다. 제5녀는 師姑낭자인데 횡장 중부방 蒲速里낭군에게 시집갔다. 제6녀는 延哥낭자이며 아직 어리다.

⑤ 장군의 사적(事蹟) 및 장례(제14행~제20행)

장군은 몸집이 장대하여 중희 연간에 효우소장군(孝佑小將軍)을 제수받았는데, 외부와 잘 조화하고 덕이 있어 불려와 낭군해아반(郎君孩兒班)에 들어갔다. 청녕 연간에 장군이 되었다. 정치에 능통하고 사람과는 화목했다. 대안 3년(1087) 봄에 병환으로 관직을 사퇴하였다. 황제는 태의(太醫)를 보내 호조를 보이도록 잘 살피라고 명했다. 3월 16일, 동초와행재(東稍瓦行在) 횡주(橫州) 땅에서 사망하였는데, 향년 59세이다. 葬期에 이르러, 군주가 친지와 의논하여 대행중례부릉(大行重禮赴陵)하였다. 그 해 9월 11일에 가족묘지인 이르걸스산의 비탈 내에 새롭게 세운 위장(位帳)에 매장했는데, 군주가 친히 장례에 참석하여 사랑하는 배우자를 송별했다.

⑥ 군주의 장례(제21행~제26행)

군주는 장군과 사별한 후에 9년간 호주(豪州)에서 살았으며, 수창 원년(1095) 2월 20일 축시(丑時, 오전 1시~3시)에 호주에서 사망하였다. 황상(皇上)께서 조산대

부(朝散大夫)·사농소경(司農少卿)·개국자(開國子)·상기도위(上騎都尉)·사자금어대(賜紫金魚袋) 李權을 보내어 묘제발인사(墓祭發引使)로 하였는데, 6월 20일 축시에 호랄하(豪剌河)의 동쪽 이르거스山 기슭 가운데서 발인을 하고, 남편 太山의 묘를 열어 이에 합장(合葬)했다. 장남 別里, 차남 査剌, 제3남 阿剌里 및 근친척속(近親戚屬)이 모여 장례를 치르고 장군과 군주를 같은 묘실(墓室)에 安置했다. ≪논어≫에 "父在觀其志, 父沒觀其行, 三年無改, 於父之道, 可謂孝矣(부친이 살아 계실 때는 그 뜻을 잘 살피고 부친이 돌아가셨을 때는 그 행적을 잘 살펴서, 3년상을 지내는 동안 부친이 가시던 길을 바꾸지 않는다면 효성스럽다고 할 수 있다)."라고 되어 있다. 세 아들이 부친과 영원히 이별했다.

⑦ 기타(제27행~제32행)
(중략)
수창 원년 6월 26일 정강군절도사(靜江軍節度使)·개국남(開國男) 管寧涅葛(1020~?)이 76세의 고령으로 은퇴한 후에 묘지(墓誌)를 찬(撰)하고, 장군과 군주의 손자 韓家奴가 서단(書丹)하였다.

<引用> 1) 愛新覺羅 2010f, 2) 愛新覺羅외 2011, 3) 即實 2012⑭.

< 묘주의 가계 인명 >

구 분		거란소자	추정 발음	≪요사≫/한문 묘지	劉鳳翥	即實	愛新覺羅
6대	조부	屮ち 丙廾 为出 火	p.al.a.an j.o.un	月椀·容我	婆姑·月椀	□□·欲穩	拔懶月椀
	조모	夲羽 女	s.aq.adʒi		··	薩葛只	撒葛只
5대	조부	丙用 又交 欠伏 类	j.od(ol).gu.in m.jæ.əns		··	尤爾肯·七□	雲獨昆緬思
고조	조부	犬关 矢亥 为ち 伏	ʃ.i.d.u.in æn.al	蕭翰	實突寧·安利	士篤訥·晏利	石魯隱兗里
	조모	屮屮 关	abu.l.i	阿不里	阿不里(公主)	阿不里(公主)	阿不里(公主)
증조	조부	佤天 几芬	da.an g.ə		丹哥	丹哥	丹哥
조	조부	屮丙伏 为天 几芬	l.io-n a.an g.ə		留寧·安哥	留訥·安哥	留隱安哥
	조모	戈交 为 几芬	ʃ.iæ.æ g.ə		善哥	仙哥	單哥
부모	부친	令企 杰 宏亥	t(d).əmə-n uaŋ ŋ.u		特每·王五	特勉·王五	特免王五
	모친	火关 用 几芬	k(h).i.iŋ g.ə	興哥	興哥(公主)	興哥(公主)	興哥(公主)
당대	묘주	㢱屮 坴为 出	dor.əl.ha.a.an	蕭彥弼	歐懶	堯斯拉初	奪里懶太山
	부인	宏芳 夲交	ŋ.iau s.iæ		··	堯洁	堯姐(永清郡主)
아들	장남	攵太	bi.ər	蕭昕	□里	綏也	摩散別里
	차남	㢱为	tʃal.a	蕭晛	査剌	査剌	査剌
	삼남	朩坴 本	ar.ha.ar	蕭昉	里阿里	拉虬拉(里虬勒)	阿剌里
딸	장녀	火交 为 戈宏 几芬	k(h).iæ.sæi ʃ.əʃ g.ə	賢聖哥	賢聖哥	賢聖哥	賢聖哥

	차녀	龙 兀芬	ha g.ə		□哥	□哥	合哥
	삼녀	兀火 兀芬	g.ui g.ə	貴哥	貴哥	貴哥	貴哥
딸	사녀	今丙 兀芬	t(d).əi g.ə	得哥	得哥	得哥	得哥
	오녀	北 兀交	šï g.u	師姑	師姑	師姑	師姑
	육녀	夾村 兀芬	ju-ən g.ə	延哥	延哥	延哥	延哥

소태산·영청군주 묘지 탁본

15. 耶律奴墓誌 (요 도종 수창 5년[1099] 4월 28일)

묘지명	대호리지거란국 가한횡장중부방 국은녕상온 묘지명(大胡里只契丹国可汗横帳仲父房国隠寧詳穏墓誌銘)
출토지	遼寧省 阜新蒙古族自治縣 大板鎮 腰衛門村에서 북으로 3km 떨어진 핑딩산(平頂山)의 남사면(南斜面)이다. 핑딩산은 하이탕산(海棠山)의 지맥인 사번산(薩本山)에 속하며 요대(遼代)에는 텔브산이라 불렀다. 같은 묘역(墓域)에서 한자 ≪대거란국고진국부인묘지명(大契丹國故晉国夫人墓誌銘)≫(요 흥종 중희 7년[1038])이 출토되었다. 묘주의 남편은 遜寧休哥의 장자 高八(耶律元)이다.
묘지형태	지개(誌蓋)에는 문자가 없고, 지석(誌石)에 24행, 지개(誌蓋) 안쪽에 24행 합계 48행의 거란소자 지문(誌文)이 있다.
소장기관	푸신(阜新) 몽고족자치현(蒙古族自治縣) 박물관
묘주	国隠寧奴("国隠寧"는 묘주의 자[字], "奴"는 묘주의 이름, ≪요사≫에서는 "耶律奴"로 부른다), 향년 58세(묘지에는 "59세"로 되어 있다, 요 흥종 중희 10년[1041]~요 도종 수창 4년[1098]). 그의 부인 意辛은 ≪요사≫ 권107에 전(傳)이 있다.
방족(房族)	중부방(仲父房)
출전	『契丹語言文字研究』(pp.239-242), 『契丹文墓誌より見た遼史』(pp.172-178), 『新出契丹史料の研究』(pp.156-157, 169-171).

(자료 : 愛新覺羅외 2015⑩)

관련 연구문헌 (저자순)	· 石金民 · 于澤民 <契丹小字≪耶律奴墓誌銘≫考釋>, ≪民族語文≫ 2001 제2기. · 劉鳳翥 <契丹小字≪耶律奴墓誌銘≫考釋>, ≪契丹文字研究類編≫, 中華書局, 2014. · ── <契丹小字≪耶律奴墓誌銘≫再考釋>, ≪契丹文字研究類編≫, 中華書局, 2014. · 卽 實 <≪圭寧墓誌≫釋讀>, ≪謎田耕耘—契丹小字解讀續≫ 遼寧民族出版社, 2012.

<묘지 내용>

① 묘지명 제목 및 찬자(撰者)(제1행~제4행)

대호리지거란국 가한횡장중부방 국은녕상온 묘지명(大胡里只契丹国可汗横帳仲父房国隠寧詳穏墓誌銘).

칙령을 받들어 ≪칠조실록(七朝實錄)≫을 주찬(主撰)한 육원해령우월(六院諧領于越)의 족계인 司家奴가 지문을 지었다. 덕급복산(德給卜山)의 양지바른 조옹(祖翁) 송국왕(宋國王)의 선영(先塋)에 안치했다.

② 묘주의 선조(제4행~제10행)

공(公, 묘주를 지칭한다)의 자(字)는 国隠寧이고 이름은 奴이다. 5대조는 횡장(横帳) 중부방(仲父房)의 수국왕(隋國王) 述瀾釋魯, 고조부는 勞骨寧(耶律縮思) 연왕(燕王)이다. 천황제(天皇帝, 태조를 지칭한다)의 횡장 질랄부(迭剌部)에서 처음으로 오원부(五院部) 이리근(夷離菫)이 되었다. 천자황제(天子皇帝) 때에 연왕에 봉해졌다. 勞骨寧대왕(大王)과 질랄(迭剌) 曷魯隠부인 2인의 아들은

遜寧休哥 우월(于越)로 용병(用兵)에 뛰어났다. 응력 연간에 오고(烏古)와 실위(室韋)가 배반하였다. 遜寧우월(于越)의 아들 乙辛隠高十은 일찍이 오원대왕(五院大王)·남부재상(南府宰相) 등의 직에 임명되었다. 乙辛隠재상의 숙부 敵輦涅령공(令公)의 아들 留隠척은(惕隠)의 처 陳哥마격(麼格)를 후실로 삼았다. 아들이 둘 있는데, 장자는 鄭八태보(太保), 차자는 徹涅낭군(郎君)이다. 國隠寧奴는 徹涅낭군과 국구대옹장(國舅大翁帳) 諧領상공(相公)의 딸인 烏盧本낭자 2인의 장자이다.

③ 묘주의 사적(事蹟)(제10행~제17행)

國隠寧奴는 중희 10년(1041) 2월 10일에 태어났다. 성년이 되어 재능이 매우 뛰어나고 예의에 밝았다. 형제자매와 화목했으며 효행이 극진했다. 청녕 5년(1059)에 출사하여 패인사(牌印司)에 보임되었으며 근시국지후낭군(近侍局祇候郎君)·예신사낭군(禮信司郎君)으로 옮

겼다. 솔부부솔(率府副率)에 임명된 후 낭군반직장(郎君班直長)을 제수받았다. 청녕 10년(1064)에 솔부솔(率府率)이 되었고, 함옹 초년(1065)에 창민(彰愍)·돈목(敦睦)·연경(延慶) 세 궁(宮)의 부궁사(副宮使)가 순차적으로 되었고 7년에는 연경궁도궁사(延慶宮都宮使), 동지부서사(同知部署司), 좌감문위상장군(左監門衛上將軍)으로 옮겼다. 9년에는 우원낭군반상온(右院郎君班詳穩)과 대이리필원동지(大夷離畢院同知)를 제수받았다. 대강 원년(1075) 겨울에 보국대장군(輔國大將軍)을 제수받고 추밀원동지(樞密院同知)에 뽑혔다. 2년(1076) 여름에 사절(使節)로 송나라에 갔다 온 후 요련장(遙輦帳) 소재지의 요련극(遙輦剋)으로 전임하였다. 이 때 추밀사(樞密使) 思恩이 中京留守에 임시로 임명되었다가 다시 추밀사로 복귀하였다. 國隱寧奴는 수창 4년(1098) 12월 4일에 본(本) 오산(烏山)의 가장자리에 머물다 병으로 사망했는데, 향년 59세이다.

④ 묘주의 형제자매(제20행~제21행)

아우는 保寧군(1042~)이며 58세이다. 친자매가 둘 있는데, 맏누이 童子女는 대옹장(大翁帳) 休功태보에게 시집가 있다. 막내 누이 那尤는 사망하였다.

⑤ 묘주의 부인과 자녀(제21행~제28행)

國隱寧奴의 처 意辛부인은 국구별부(國舅別府) 休堅부마(駙馬)와 常樂공주 2인의 딸로 미모가 뛰어나고 자태가 광채가 났다. 國隱寧奴에게는 아들이 둘 있는데, 장자는 남면승지(南面承旨) 國隱(1071~?, 耶律珪)으로 29세이며, 그의 처는 발리씨(拔里氏) 常哥선휘사(宣徽使)의 딸로서 바로 연국왕비(燕國王妃)의 누이이다. 차자는 惕德(1077~)으로 23세이다. 딸은 둘 있는데, 장녀 胡盧宛은 국구별부 涅赫태사의 아들 塞哥승지(承旨)에게 시집갔다. 막내딸 特免은 아직 미혼이다. 戈勒本이 서단(書丹)을 했다.

⑥ 기타(제30행~제48행)

≪시경≫에 이르길, "有匪君子, 赫兮咺兮; 有匪君子, 寬兮綽兮(학문과 인품이 훌륭한 사람은 빛나고 점잖으며 너그럽고 대범하네)"이라 했다.

≪상서≫에 이르길, "皇天無親, 惟德是輔(하늘은 친한 사람이 없어, 오직 덕 있는 사람을 도울 뿐이다)"라고 했다.

≪역경≫에 이르길 "積善之家必有余慶, 積不善之家必有余殃(선을 쌓는 집에는 반드시 경사가 남을 것이고, 악을 쌓는 집에는 반드시 악을 남길 것이다)"이라 했다. 이에 성인(聖人)이 인도하니, 세대(世代)가 바뀌면서 큰 길이 만들어진다. (이하 생략)

<자료> 1) 愛新覺羅 2006a, 2) 愛新覺羅 2010f, 3) 卽實 2012④.

< 묘주의 가계 인명 >

구 분		거란소자	추정 발음	≪요사≫/ 한문 묘지	劉鳳翥	卽實	愛新覺羅
5대	조부	夭扎 𡕨为 夭用 出 𤆥	ʃ.ur.a.a.an ʃ.il.u	述瀾釋魯	述瀾·釋魯	釋剌初 (釋魯)	述瀾釋魯
	조모						
고조	조부	屮夬 欠伏	l.au.gu-n	耶律縮思	老哀	老古寧	勞骨寧
	조모	㪟𤆥 伏	h(q)ar.u.in		曷魯寧	曷倫	曷魯隱
증조	조부	仒屮 伏 八丙 九芬	s.un.in k(h).iu g.ə	耶律休哥	遜寧·休哥	遜寧·休哥	遜寧休哥
	조모						
조	조부	仒村 伏 九夬 伏	əs.ən.in g.au.in	耶律高十	義信寧	參訥·高訥	乙辛隱高十
	조모	枛村 九芬	ɛʃ.nɛ.f g.ə		陳哥	陳哥	陳哥

부모	부친	朿芬 村芬	tʃ.n.e.ʃ			確恩	綽諾	徹涅
	모친	北伏 丹伏	ur.əl.bu.n			訛里本	戈勒本	烏盧本
당대	묘주	九火 雨伏 公丞	g.ui.in.in n.u	耶律奴		國隱寧·奴	圭寧·奴	國隱寧奴
	부인	伞村	ne.se	蕭意辛		意辛	思恩	意辛
아들	장남	九火 雨	g.ui.in	耶律珪		國隱	國隱	國隱
	차남	王씂 夳	di.gə.d			帝德	惕德	惕德
딸	장녀	伬平仐 廾內 伬平廾 內	dau.ul.ʊ.o.on [k(h).ul.ʊ.o.on]			德魯幹	胡盧琯	胡盧宛
	차녀	令企 丙与	t(d).əme.j.ne			特梅妍	特末衍	特免

야율노 묘지 탁본(1) – 지석

야율노 묘지 탁본(2) – 지개 안쪽

16. 耶律弘用墓誌 (요 도종 수창 6년[1100] 4월 24일)

묘지명	육원 뇨고직사리방 외야리장군 위지(六院裊古直舍利房隗也里將軍位誌)
출토지	内蒙古 扎魯特旗 烏日根塔拉農場 일부분에서 북으로 약 4km 떨어진 서산(西山)의 경사면이다. 이 산이 속한 산맥은 요대(遼代)에는 나이하링연봉(連峰)이라 불렀다. 같은 묘역(墓域)에서 출토된 2건의 한문 묘지 ≪고성종황제숙의증적선대사묘지명(故聖宗皇帝淑儀贈寂善大師墓誌銘)≫(요 도종 청녕 9년[1063])과 ≪대요충량좌국공신의동삼사수사도겸시중판상경유수임황윤사상주국혼동군왕야율종원묘지명(大遼忠亮佐國功臣儀同三司守司徒兼侍中判上京留守臨潢尹事上柱國混同郡王耶律宗願墓誌銘)≫(요 도종 함옹 8년[1072])의 묘주(墓主)는 각각 隗也里장군의 조모와 부친이다.
묘지형태	지개(誌蓋)에는 문자가 없고, 지석(誌石)에 32행의 거란소자 지문(誌文)이 있다.

소장기관	자루터치(扎魯特旗) 문물관리소
묘주	敖魯宛隗也里("敖魯宛"는 묘주의 자[字], "隗也里"는 묘주의 이름, 그의 한풍명은 "耶律弘用"), 향년 33세(요 흥종 중희 23년[1054]~요 도종 대안 2년[1086]).
방족(房族)	성종황제계(聖宗皇帝系) → 육원부사리방(六院部舍利房)
출전	『契丹語言文字研究』(pp.297-301), 『新出契丹史料の研究』(p.156, pp.158-165).

(자료 : 愛新覺羅외 2015⑩)

관련 연구문헌 (저자순)	· 劉鳳翥 · 淸格勒 <契丹小字≪宋魏國妃墓誌銘≫和≪耶律弘用墓誌銘≫考釋>, ≪文史≫ 2003 제4집. · 楊 杰 <烏日根搭拉遼墓出土的契丹小字墓誌銘再考>, ≪西北民族研究≫ 2003 제4기. · 卽 實 <≪奎也墓誌≫釋讀>, ≪謎田耕耘—契丹小字解讀續≫ 遼寧民族出版社, 2012. · 陳乃雄 · 楊 傑 <烏日根塔拉遼墓出土的契丹小字墓誌銘考釋>, ≪西北民族研究≫ 1999 제2기.

<묘지 내용>

① 묘지명 제목(제1행)

육원 뇨고직사리방 외야리장군 위지(六院裹古直舍利房隗也里將軍位誌).

② 묘주의 선조(제2행~제5행)

장군의 이름은 敖魯宛이고 자는 隗也里이다.

敖魯宛隗也里의 조부는 성종황제(聖宗皇帝), 조모는 숙의(淑儀) 耿氏이다.

訛古本(侯古)대왕(1009~1072)은 성종황제의 차자이다. 개태(開泰, 1012~1021) 연간에 대장군(大將軍)에 봉해졌으며 육원뇨고직사리방(六院裹古直舍利房)의 兀古鄰 채방(探訪)의 장(帳)을 계승하였다. 중희·청녕 연간에 북남(北南) 경외(境外)와 제경(諸京)의 관직을 두루 맡았고, 4자공신(四字功臣)·개부의동삼사(開府儀同三司)·수사도겸시중(守司徒兼侍中)·혼동군왕(混同郡王)에 봉해졌다. 육원족장(六院族長)에 제수되었고, 함옹 8년(1072)에 상경유수(上京留守)에 임명된 후 60세의 나이로 사망하였다. 모친 訛里마격을림면(訛里乙林免)은 발리(拔里) 胡突董滑哥(蕭革) 추밀(樞密)의 딸이다.

③ 묘주의 사적(事蹟)(제6행~제11행)

敖魯宛隗也里는 訛古本대왕과 訛里마격을림면 2인의 아들로 중희 23년(1054) 12월 6일에 태어났다. 처음 태어났을 때 흥종황제께서 戈隣·奎라는 이름을 하사하고 좌원봉신(左院奉宸)을 제수하였다. 청녕 2년(1056) 겨울에 황실제왕중관(皇室諸王衆官)의 자(子)로 열봉(列封)되었다. 이때에 원천우위장군(院千牛衛將軍)·칠수현

개국남식읍3백호(漆水縣開國男食邑三百戶)에 봉해졌다. 청녕 4년(1058)에 검교공부상서(檢校工部尚書)·우원령군위장군(右院領軍衛將軍)을 제수받고, 종실(宗室)의 서열과 항렬(行列)에 따라 황제로부터 한자 이름인 "弘用"을 하사받았다. 대안 2년(1086) 8월 22일에 33세의 나이로 병사하였다.

④ 묘주의 누이(제11행)

유일한 누이동생 撻不衍 공주는 시집가기 전에 사망하였다.

⑤ 묘주의 부인과 자녀(제12행~제20행)

부인 譜葛낭자(1055~1099)는 국구소옹장(國舅小翁帳)의 천황태후(儀天皇太后)의 셋째 아우인 留隱高九(蕭孝誠)대왕의 막내아들 時時鄰迪烈(蕭知玄) 태사(太師)와 횡장(橫帳)의 醜哥부인 2인의 차녀이다. 청녕 원년(1055) 11월 22일에 태어나 20세 되던 해에 敖魯宛隗也里에게 시집갔다. 남편의 유훈을 받들어 자식들을 훌륭히 가르쳤다. 수창 5년(1099) 10월 8일에 45세로 병사하였다.

부인에게는 남자 형제가 6인 있는데, 첫째는 訛里本낭군으로 51세이며 외지(外地)에서 근무하고 있다. 둘째는 撻不也부마(駙馬)로 부인은 청녕황제(도종황제를 지칭한다)·황후의 차녀인 제국공주(齊國公主)이다. 셋째는 烏魯里장군으로 40세이며 수창 6년 7월에 부음(父蔭)으로 장군에 임명되어 현재에 이르고 있다. 넷째는 乙辛낭군으로 39세이며 근시문반리(近侍文班吏)

로 있다. 부인은 요련 阿剌里용호(龍虎)의 딸인 儺甘懶낭자이다. 다섯째는 特末里낭군으로 35세이며 외지에서 근무하고 있다. 여섯째는 札不古낭군으로 32세이며, 근시정장(近侍呈章)으로 있다. 부인은 耶律弘用의 딸인 蒲速宛낭자인데, 18세에 사망했다.

언니가 한명 있는데, 隨哥낭자로 횡장의 중부방(仲父房)인 丁光奴낭군에게 시집갔고, 48세이다.

여동생은 셋 있는데, 烏魯衍비는 즉 도종황제의 태제(太弟, 즉 홍종의 차자)인 송위국왕(宋魏國王, 和魯斡)의 비(妃)로 26세에 서거했다. 特免낭자는 횡장의 儺也里낭군에게 시집갔는데, 29세에 사망했다. 斡特剌마격은 횡장 중부방인 宮室도감(都監)에게 시집갔는데, 33세에 사망했다.

2남 1녀를 두었는데, 장자는 韓家奴낭군(1078~)으로 근시국(近侍局)·예신사(禮信司)에 근무한다. 차자는 宋剌里낭군(1086~)으로 15세이다. 외동딸 蒲速宛낭자는 외삼촌(諧蔼낭자의 아우)인 札不古낭군에게 시집갔으나

18세에 사망하였다.

⑥ 기타(제20행~제32행)

수창 6년(1100) 경진년(庚辰年) 4월 정유삭(丁酉朔) 24일 경신(庚申)일에 아들 韓家奴낭군, 宋剌里낭군, 오빠 烏魯里장군, 남동생 乙辛낭군, 特末里낭군, 札不古낭군, 언니 隨哥낭자

…… 족영(族塋)의 남쪽에 있는 남편 장군(將軍)의 묘에 합장한다.

(중략)

문반사낭군(文班司郎君) 육원해령우월장(六院諧領于越帳)의 육부방(六父房) 사람 陳團奴[1]가 찬(撰)하다.

―――――――――

1) 即實은 "陳摶奴"라고 번역하고 있다(即實 2012⑧).

<資料> 1) 愛新覺羅 2006a, 2) 愛新覺羅 2010f, 3) 即實 2012⑧, 4) 愛新覺羅외 2015⑩.

< 묘주의 가계 인명 >

구 분		거란소자	추정 발음	《요사》/ 한문 묘지	劉鳳翥	即實	愛新覺羅
조	조부	兲安 소出 主 令兲兲	ʃ.ən ʊɔ.p n.ʊ huaŋ t(d).i.i	聖宗皇帝	聖宗皇帝	聖宗皇帝	聖宗皇帝
	조모	几业 北	g.iaŋ ʃǐ		淑儀耿氏	淑儀耿氏	淑儀耿氏
부모	부친	扎尐 丹伏	ur.əl.bu.n	耶律宗願	訛里本	訛里本	訛里本侯古
	모친	扎尐	ur.əl		訛里	革樂	訛里
당대	묘주	矢平 廾反 火兲 内	au.ul.ʊ.o.on ui.ər	耶律弘用 (北安 丙夬火)	敖盧幹·維里	敖魯溫·奎也	敖魯宛隗也里
	부인	乃刋 为	am.aq.a		阿姆哈	諧夯	諧蔼
아들	장남	业采 几才 公�55	qa.an g.ia n.u		韓家奴	韓家奴	韓家奴
	차남	仐血 平业 为本	s.oŋ.ul.ha.a.ar		··	松烏拉里	宋剌里
딸	장녀	仐卡 火另	pu.us.k(h).ən		蒲速幹	福得日沇	蒲速宛

야율홍용 묘지 탁본

17. 室魯太師墓誌 (요 도종 수창 6년[1100] 4월)

묘지명	살라실로태사 위지비(撒懶室魯太師位誌碑)
출토지	内蒙古自治區 扎魯特旗 伊和背鄕 水泉溝
묘지형태	석비(石碑)의 겉에 있는 액(額)에는 한자 ≪망분비기(望墳碑記)≫가, 석비에는 한자 ≪발제고난다라니경(拔濟苦難陀羅尼經)≫ 1권이 있다. 석비의 안쪽의 액에 2행의 거란소자 ≪살라실로태사위지비(撒懶室魯太師位誌碑)≫가, 석비에 13행의 거란소자 지문(誌文)이 있다.
소장기관	요중경박물관(遼中京博物館)
묘주	撒懶室魯("撒懶"은 묘주의 자[字], "室魯"는 묘주의 이름), 출생년도는 미상(?~요 도종 수창 6년[1100]).

방족(房族)	육원낭군방(六院郎君房)
출전	『契丹小字墓誌全釈』

(자료 : 愛新覺羅외 2015⑩)

관련 연구문헌	· 劉鳳翥·董新林 <契丹小字《撒懶、室魯太師墓誌碑》考釋>, 《考古》 2007 제5기. · 卽 實 <《薩拉初墓誌碑》抄本>, 《謎田耕耘─契丹小字解讀續》 遼寧民族出版社, 2012.

< 묘지 내용 >

살라실로태사 위지비(撒懶室魯太師位誌碑).

撒懶태사(太師)의 자는 撒懶이고 소명(小名)은 室魯이다. 묘지(墓誌) 2~11행은 撒懶太師의 세 아들에 대하여 기술하고 있는데, 특히 그 중 장자인 特免에 대하여 자세히 다루고 있다. 그는 황룡부(黃龍府) 부윤(府尹)으로, "상장군(上將軍)"의 봉호를 3개 가지고 있으며 "공신(功臣)" 봉호를 하나 가지고 있다. 차자는 査懶隗也里인데, 비록 봉호는 있으나 상세히 서술하지는 않았다. 3자 宜尼의 정황은 가장 간단하다.

---

1) 전체 13행의 묘지내용 중 거의 8행을 特免에 대하여 할애하고 있다(愛新覺羅 2010f).

<資料> 1) 愛新覺羅 2010f.

실로태사 묘지 탁본

< 묘주의 가계 인명 >

구 분		거란소자	추정 발음	《요사》/ 한문 묘지	劉鳳翥	卽實	愛新覺羅
당대	묘주	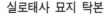	s.ar.ha.an ʃ.il.ug		撒懶·室魯		撒懶室魯
	부인						
아들	장남	令企 与 坐矢	t(d).əmə-n qa.ul		特每	德勉·組里	特免霞里
	차남				査剌·維里		査懶隗也里
	삼남	余方 关	gu.ad.i		琨得		官尼

18. 耶律(韓)迪烈墓誌 (요 천조제 건통 원년[1101] 2월 28일)

묘지명	횡장 진왕장 공녕적렬 태보 묘지(橫帳秦王帳空寧敵烈太保墓誌)
출토지	内蒙古自治區 巴林左旗 白音勿拉蘇木 白音罕山에 있는 韓匡嗣가족의 묘역(墓域)에 있다. 바이인한산(白音罕山)은 요대(遼代)에는 굴렬산(屈烈[渠劣]山)이라 불렸다.
묘지형태	지석(誌石)에 34행의 거란소자 지문(誌文)이 있다.
소장기관	요상경박물관(遼上京博物館)
묘주	空寧敵烈("空寧"은 묘주의 자[字], "敵烈"은 묘주의 이름, 원래의 한풍명은 "承規[承窺]"), 향년 67세(요 흥종 중희 3년[1034]~요 도종 수창 6年[1100]).
방족(房族)	계부방진왕장(季父房秦王帳)
출전	『契丹語言文字研究』(pp.284-294), 『愛新覺羅烏拉熙春女真契丹学研究』(p.234, pp.247-267).

(자료 : 愛新覺羅 외 2015⑩)

관련 연구문헌 (저자순)	· 唐彩蘭·劉鳳書·康立君 <契丹小字《韓敵烈墓誌銘》考釋>, 《民族語文》 2002 제6기. · 愛新覺羅烏拉熙春 <《韓敵烈墓誌銘》與《韓高十墓誌》之比較研究>, 《東亞文史論叢》 제2호(2003). · 劉鳳書·唐彩蘭·高 娃 <遼代蕭烏盧本等三人的墓誌銘考釋>, 《文史》 2004 제2집. · 卽 實 <《空訥墓誌》釋讀>, 《謎田耕耘—契丹小字解讀續》 遼寧民族出版社, 2012.

<묘지 내용>

① 묘지명 제목 및 찬자(撰者)(제1행~제2행)

횡장의 진왕 족계인 공녕적렬 태보의 묘지(橫帳秦王帳空寧敵烈太保墓誌).

육원(六院) 해령우월장(諧領于越帳)의 육부방(六父房) 사람 陳團奴가 찬(撰)하다.

② 묘주의 선조(제2행~제9행)

선조 迪里古魯(한풍명: 韓知古) 령공(令公)은 천황제(天皇帝, 태조황제를 지칭한다)께서 개국하여 천하를 통섭(統攝)할 때 상경유수(上京留守) 겸 정사령(政事令)에 제수되었다. 迪里古魯령공과 그 부인 구곤(甌昆)씨 麼撒부인(夫人) 2인의 아들은 天你樂只(한풍명: 韓匡嗣) 대왕(大王)이다. 국토를 넓히고, 천자황제(天子皇帝, 태종황제를 지칭한다)께서 붕어한 후에는 태자반속(太子伴屬)이 되었다. 天你진왕(秦王)은 보년(保寧) 연간에 남경유수(南京留守)와 서남면초토사(西南面招討使)에 제수되었고, 내외(內外)의 각종 직위를 거쳐 왕으로 봉해졌는데, 현재는 진왕장(秦王帳)으로 칭한다.

天你진왕과 그의 부인 구곤씨 挈恩부인 2인에게는 아들이 8명 있는데, 그 중 사상(使相)이 다수 나왔다. 제4자는 興寧藥哥(한풍명: 韓德讓) 대승상(大丞相)으로 자

손이 없어 황실 자손(耶魯)으로 하여금 장(帳)을 잇게 했다. 제5자는 普鄰道韓(한풍명: 韓德感) 시중(侍中)으로 통화(統和) 원년(983)에 부친(秦王)의 상을 당한 후 서남면초토사에 임명되었는데, 李繼遷이 귀항(歸降)하자 그 자리를 이어 받았다. 지금의 普鄰초토(招討)는 그에 따른 것이다.

普鄰시중과 그 부인 멸고내(蔑古乃)씨 粘木袞부인 2인의 아들은 韓寧雱金(한풍명: 韓遂正) 척은(惕隱)인데, 시중으로 천보(天輔)·개태(開泰) 연간에 나라 안팎의 각종 직위를 맡으면서 사상에 봉해지고 척은이 되었다. 韓寧척은과 그 부인 오외(烏隗)씨 北衍부인 2인에게는 아들이 3명 있는데, 장자 燕隱謝十(한풍명: 韓元佐) 척은은 시중 등의 직을 받았으며, 30세에 사망하였다. 차자는 遵寧滌魯(999~1071, 한풍명: 韓宗福) 대왕으로, 소탈하고 너그러우며 고관(高官)의 기품이 있었다. 13세에 성종황제(聖宗皇帝)가 아들로 삼아 한명(漢名) "宗"자를 항렬로 하게 되었다. 숙조부(叔祖父) 三隱定哥(한풍명: 韓德顒=耶律隆祐) 상공(相公)의 장을 이어받아 입적(入籍)하였다. 절도사(節度使) 등의 직을 받았으며, 흥종황제(興宗皇帝)가 즉위하자 형의 예로 대했지만, 더욱 겸손하였다. 북남경방면(北南京方面) 부족외의 각

직(各職)과 제궁(諸宮)의 각직을 역임했으며, 척은·남부재상(南府宰相)과 4봉왕(四封王)이 되었으며, 늙어 벼슬에서 물러난 후 73세에 서거하였다. 부인 阿睦葛별서(別胥)는 발리(拔里)씨 椿태사(太師)의 딸이다. 제3자는 宮寧高王六태사이다.

③ 묘주의 사적(事蹟)(제9행~제15행)

遵寧대왕과 별서 2인의 자녀는 모두 6남 4녀이다. 차자가 空寧敵烈(1034~1100, 한풍명: 韓承規) 태보(太保)로, 용모가 준수하고 책 읽기를 좋아했으며 효로써 공경하였다. 대왕과 별서는 둘째 아들을 갖게 되자 크게 기뻐했으며, 10여세 때에 부친인 대왕이 동북면상온(東北面詳穩)에 임명되자 그곳에 가서 살았다. 성년이 되어 근시(近侍)가 되었으며, 솔부솔(率府率)·예빈부사(禮賓副使)가 되었다. 대안(大安) 연간에 시위(侍衛)를 제수받고 숙직관(宿直官)에 보임되었다. 수창(壽昌) 6년(1100) 11월 3일에 병을 얻어 셋째 아들 烏魯古에게 상속할 것을 명령한 후에 67세를 일기로 사망하였다.

④ 묘주의 부인과 자녀(제15행~제19행)

空寧敵烈의 부인 烏魯本낭자(娘子)는 발리씨 胡睹古태사와 누이 當哥부인[1] 2인의 딸로, 남편인 태보와 매우 화목하였으며 52세에 먼저 사망했다. 자녀는 5남 4녀를 두었는데, 장자 余睹古阿不는 요절하였다. 차자 盧不古낭군(郎君)은 20대 중반에 사망하였다. 제3자는 烏魯古(1065~?) 낭군으로 지후(祗候)에 임명되었으며 수창 7년(1101)에 37세인데, 그의 부인 烏特懶낭자는 오외장(烏隗帳) 烏特懶재상의 아들인 撒八里장군의 딸이다. 烏魯古는 4남 6녀가 있는데, 장자 楊九는 15세이며, 조부모(祖父母)가 키우고 있다. 차자는 頗得(1088~?)으로 14세이며, 제3자는 乳奴(1090~?)로 12세이고, 제4자는 窩篤幹이다. 장녀 畢家女, 차녀 某, 제3녀 胡睹古는 모두 요절하였고, 제4녀 糺里는 11세이며, 제5녀 丑衍과 제6녀 燕哥는 아직 어리다. 空寧敵烈의 제4자는 渾不魯(1068~?) 낭군으로 34세이다. 그의 부인 安哥낭자는 발리씨 寧隱재상의 아들인 阿古장군의 딸이다. 자녀가 셋 있는데, 장자는 都特으로 요절하였고, 장녀는 某姐, 차녀는 烏里衍이다. 空寧敵烈의 제5자 撻不也里는 12세에 사망하였다. 空寧敵烈의 장녀는 霧姐로 요절했다. 차녀 烏特懶낭

자는 국구장(國舅帳) 撒八里장군에게 시집갔으며 30세에 사망하였다. 제3녀는 內賴낭자로 24세에 미혼으로 사망하였다. 제4녀는 擺撒낭자로 26세이다.

⑤ 묘주의 형제자매(제19행~제22행)

空寧敵烈의 형은 乙辛隱燕五(한풍명: 韓承訓) 소부(少傅)로 중희 연간에 지후(祗候)로 임명되고 낭군해아반(郎君孩兒班)에 보임되었다. 대강(大康) 연간에 한인제행궁도통(漢人諸行宮都統)[2]에 임명되었으며, 69세에 사망했다. 空寧敵烈의 큰 동생은 魯不董控骨里(1037~?, 한풍명: 韓承導) 태사로, 도궁사(都宮使)·낭군반상온(郎君詳穩)·점검동지(點檢同知)·내고날갈초와도통(內庫捏褐稍瓦都統)과 현주 및 심주절도사(顯州·瀋州節度使)에 임명되었으며, 수창 7년(1101)에 65세이다. 그 외에 동생이 셋 있는데, 王六, 撒八里, 于越 모두 요절하였다. 누이가 넷 있는데, 當哥부인[1]은 발리씨 雙古부마(駙馬)의 아들 胡睹古태사에게 시집갔으며 69세에 사망하였다. 그 외 3명의 누이(胡睹古낭자, 尤勒古낭자, 儺訥낭자)는 모두 시집가지 않고 사망하였다.

⑥ 기타(제22행~제34행)

건통(乾統) 원년(1101) 2월 임진삭(壬辰朔) 28 기미일(己未日)에 동생 魯不董태사, 아들 烏魯古낭군·渾不魯낭군 및 족중(族中)의 친인척 모두 선영(先塋) 굴렬산(屈劣山) 동쪽 고개에 이르러 부인 烏魯本낭자의 묘에 안장하였다. (중략)

굴렬(屈劣)에서 외로이 잠들어 계신 空寧의 묘(墓)에서, 건통 원년 2월 28일에 신인(臣人) 楊家奴[3]가 글을 적다.

---

1) 當哥부인은 자기의 딸(烏魯本낭자)을 동생인 空寧敵烈과 결혼시켰다.

2) ≪요사≫에는 韓承訓에 대하여 "관직이 남경보군도지휘사(南京步軍都指揮使)에 이르렀다"고 기록하고 있다(愛新覺羅 2009a⑧).

3) 楊家奴(𰠁 𰠂 𰠃)는 이 ≪烈誌≫의 지문을 옮겨 적은 인물(書丹人)인데, 초본에는 첫 원자를 "𰠁"가 아닌 "𰠄"으로 잘못 기록하고 있다(即實 2012⑨).

<資料> 1) 愛新覺羅 2009a⑧, 2) 愛新覺羅 2010f, 3) 即實 2012⑨, 4) 愛新覺羅외 2015⑩.

< 묘주의 가계 인명 >

구	분	거란소자	추정 발음	《요사》/한문 묘지	劉鳳翥	即實	愛新覺羅
5대	조부	令刃 欠夾	t(d).ir.ug.ur	韓知古	德古	得爾古里	迪里古魯
5대	조모	叐反 仐为	m.o s.a			末薩	麼撒
고조	조부	令交 万丸 为伏 药	t(d).iæ.æn.in j.au.dʒi	韓匡嗣	天你·堯治	爻純	天你藥只
고조	조모	九与 伏	na.ən.in		挐恩	割輦	挐恩
증조	조부	仐平 雨血 伏央 夹	pu.ul.in do.qa.an	韓德威 (耶律德威)	普你·大漢	福倫·才函	普鄰道韓
증조	조모	伏行 余伏	ŋ(ni).omo.gu-n		拈母渾	涅木堪訥	粘木袞
조	조부	血夹伏 业当 几叐	qa.an.in p.oŋ g.im	韓遂正	何你·雱金	雱金	韓寧雱金
조	조모	廾火 业万 夭 与	ʋ.ui.i p.j.ən		魏北也	烏隗氏 莆延 (또는 丕延)	烏隗北衍
부모	부친	仐火 仐用 伏 欠	s.un.in t.il.ug	韓宗福	遵寧·滌魯	遵寧·迪里古	遵寧滌魯
부모	모친	乃彐 为	am.aq.a		阿姆哈	庵夸	阿睦葛
당대	묘주	几火 仐用 伏 芬	ku.uŋ.in t.il.ə	韓承規	空寧·迪烈	空訥·迪烈	空寧敵烈
당대	부인	扎少 丹伏	ur.əl.bu.n	烏盧本娘子	烏盧本 (訛里本)	歌勒本	烏魯本
아들	장남	丙帀 欠 生	j.od.go abu		··	乙提欠阿鉢	余睹古阿不
아들	차남	业幺 欠	lə.bu.ug	盧不姑	盧不姑	盧卜古	盧不古
아들	삼남	扎欠	ur.go	烏魯姑	烏魯姑	格坎	烏魯古
아들	사남	彐行 屮亥	q.om.bur.u		渾不魯	葛含卜	渾不魯
아들	오남	令生 丙夵	t(d).abu.j.ər		撻不也	撻不也	撻不也里
딸	장녀	业当 仐交	p.oŋ s.jæ		秉節	鳳姐	雱姐
딸	차녀	米少 亚为 出	ordu.l.ha.a.an	烏獨賴	烏獨賴	斡特拉初	斡特懶
딸	삼녀	公杰 用业 为出	n.oi.il.ha.a.an	內懶	內懶	諾灰日乬初	內賴
딸	사녀	可仐为 亚出	bai.s.ha.a.an	擺撒	擺撒	白斯乬初	何斯罕

야율(한)적렬 묘지 탁본

19. 耶律副部署墓誌 (요 천조제 건통 2년[1102] 11월 25일)

묘지명	대중앙 호리지 거란국 육원 해령우월장 맹부방 와독완부서 위지(大中央胡里只契丹国六院諧傾于越帳孟父房窩篤宛副署位誌)
출토지	内蒙古自治區 阿魯科爾沁旗 罕廟蘇木의 古日班呼舒嘎査新村에서 서북으로 1.5km 떨어진 자오커투산(朝克圖山) 동쪽 기슭에 있다(耶律祺묘와 같은 묘역[墓域]에 속한다. 窩篤宛와 耶律祺는 종형제이다). 耶律羽之 가족의 묘역에서 동북으로 약 2km 떨어져 있다.
묘지형태	지개(誌蓋)의 겉에는 문자가 없고 안쪽에 27행, 지석(誌石)에 24행, 합계 51행의 거란소자 지문(誌文)이 있다.
소장기관	네이멍구(内蒙古) 문물고고연구소

묘주	窩篤宛兀没里("窩篤宛"은 묘주의 자[字], "兀没里"은 묘주의 이름, 그의 한풍명은 "耶律運"), 향년 47세(요 흥종 경복 원년[1031]~요 도종 대강 3년[1077]), 《요사》 권72에 그의 전(傳)이 있다.
방족(房族)	육원이리근방(六院夷離菫房)
출전	『契丹文墓誌より見た遼史』(pp.115-123), 『新出契丹史料の研究』(pp.155, pp.166-168).

(자료 : 愛新覺羅외 2015⑩)

관련 연구문헌 (저자순)	· 蓋之庸·齊曉光·劉鳳翥 <契丹小字《耶律副部署墓誌銘》考釋>, 《內蒙古文物考古》 2008 제1기. · 劉鳳翥 <契丹小字《耶律副部署墓誌銘》考釋>, 《契丹文字硏究類編》, 中華書局, 2014. · 伊日貴 《契丹小字《耶律副部署墓誌銘》與契丹大字《耶律祺墓誌銘》比較硏究》, 內蒙古大學 碩士 　學位論文, 2011. · 卽　實 <《斡特兗墓誌》釋讀>, 《謎田耕耘—契丹小字解讀續》 遼寧民族出版社, 2012.

<묘지 내용>

① 묘지명 제목 및 찬자(撰者)(제1행~제2행)

대중앙 호리지 거란국 육원 해령우월장 맹부방 와독완부서 위지(大中央胡里只契丹国六院諧領于越帳盂父房窩篤宛副署位誌).

칙령을 받들어 《칠조실록(七朝實錄)》을 주찬(主撰)한 육원해령우월(六院諧領于越)의 족계인 司家奴가 지문을 지었다.

② 묘주의 선조(제3행~제13행)

부서(副署, 묘주를 지칭한다)의 자는 窩篤宛이고 이름은 兀没里이다.

선조(先祖)는 도외사질랄부(陶猥思迭剌部) 하뢰익석렬(霞瀨益石烈) 야율미리(耶律彌里)의 호걸(豪傑) 薩剌頂直魯古이리근(夷離菫)으로 천명(天命)을 받들어 가문을 개척한 인물(膺天開代者)이다. 그 아들은 痕得隱帖剌이리근이고 痕得隱이리근의 아들은 諧領蒲古只우월(于越)로 국가번성(國家繁盛)의 길을 열었다.

諧領우월의 아들은 曷魯隱迪魯古이리근이고, 曷魯隱이리근의 아들은 鐸袞突呂不부원수(副元帥)인데, 인품이 매우 뛰어났으며, 태조황제가 거란대자(契丹大字)를 창제할 때 수법(修法)을 담당하였다. 사성천자황제(嗣聖天子皇帝)가 천하병마대원수(天下兵馬大元帥)일 때에 그를 부원수로 삼았다. 천황제(天皇帝)·천자황제(天子皇帝) 양조에서 지제고(知制誥)를 연임하고 군무(軍務)를 보좌하였으며, 제국도지고(諸國都知誥)가 되었을 때에는 지방의 여러 가지 일을 관장하였다.

鐸袞부원수의 아들은 蒲奴隱霞里得낭군(郎君)이고, 霞里得낭군의 아들은 燕수태사(守太師)[1]이며, 燕수태사

의 장자는 磨魯董古묘시중(侍中, 즉 묘주의 조부)으로, 성종·흥종 때에 근시(近侍)가 된 후 수차례 절도사(節度使)가 되었다. 아들인 韓寧으로 인하여 육원대왕(六院大王)에 봉해지고 시중이 더해졌는데, 그 부인은 복외(僕隗)씨 司哥부인이다.

磨魯董시중과 司哥부인 2인에게는 아들이 둘 있는데, 장자는 韓寧宜新대왕(묘주의 부친)으로 태평 9년(1029)에 근시가 되었다. 그 해 말에 大延琳이 동경(東京)에서 반란을 일으키자, 시위친군부통(侍衛親軍副統) 蘇隱대왕[2]의 영채(營寨)에 배치되었다가, 돌아와서 호위(護衛)·지후낭군반동사다음(祗候郞君班同司茶歆)이 되었다. 흥종황제(興宗皇帝)가 즉위하고 …… 다음 해에 숙직관(宿直官)·경채태보(硬寨太保)에 보임되었고, 10일만에 갑자기 절도사·호위태보(護衛太保)에 발탁되었으며, 내외(內外)의 여러 자리를 거쳐 동남통군사(東南統軍使)가 되었다. 중희 13년(1045)에 李元昊가 반란을 일으킴에 따라, 육원대왕(六院大王)으로 임명되어 왼쪽 정후(偵候)에 있으면서 貫寧대왕·撻不衍재상(宰相) 등과 행군하였다. 18년(1050)에 다시 정벌에 나서면서 급양(給養)이 되고 선봉에 섰으며, 족장(族長)의 지위에 오르고, 사상(使相)·황룡부윤(黃龍府尹)·우월경중시위사(優越京中侍衛司)·정예흑군통령(精銳黑軍統領)에 임명되고 오고적렬덕도상온(烏古迪烈德都詳穩)에 제수되었다. 59세에 병으로 사망했는데, 부인(묘주의 모친)은 韓마격을림면(慶格乙林免)으로 소옹장(小翁帳) 金剛奴낭군의 딸이다.

③ 묘주의 사적(事蹟)(제13행~제23행)

窩篤宛兀沒里는 韓寧대왕과 韓마격 2인의 별자(別子)로 경복(景福) 원년(1031) 8월 1일에 태어났다. 성인이 되어서는 경전(經典)을 좋아하고 호걸(豪杰)의 기질이 있어, 흥종(興宗)의 근시직장(近侍直長)이 되었다. 중희(重熙) 22년(1053)에 솔부부솔(率府副率)이 되었고, 청녕(淸寧) 원년(1055)에 예빈사(禮賓使)가 되었다. 9년(1063)에는 33세가 되어 패인사낭군반갑살(牌印司郎君班閤撒)이 되고 동지북원승지전운(同知北院承旨轉運)을 제수받았다. 함옹(咸雍) 원년(1065)에는 북원승지(北院承旨)가 되었고, 2년(1066) 정월에는 어잔낭군직장(御盞郎君直長)·낭군반낭군직장(郎君班郎君直長)에 제수되었다. 3년(1067)에는 적경궁부궁사(積慶宮副宮使)가 되었고 5년(1069)에는 흥의궁부궁사(弘義宮副宮使)·남면동지(南面同知)가 되었다. 그 해 겨울에는 도궁사(都宮使)·수남면지원사(守南面知院事)가 되었다. 그 후 절도사(節度使)·상장군(上將軍)을 제수받았다. 대강(大康) 2년(1076) 봄에 종천황태후(宗天皇太后)가 붕서하였는데, 이 때 수우지응사사(守右祇應司事)·직지봉안사(直知奉安事)가 되었다. 6월에는 지부부서사(知副部署事)를 제수받고, 10월에는 진국대장군(鎭國大將軍)을 제수받고 부부서(副部署)가 되어 송나라에 사신으로 갔다.

대강 3년(1077) 여름에 撻不也, 우원낭군반상온(右院郎君班詳穩) 特免楊九와 함께 황실(皇室) 일에 관한 부주의한 발언을 하여 화를 입고 8월 19일에 사망하였다. 향년 47세였다.

④ **묘주의 부인과 자녀**(제24행~제27행)

窩篤宛兀沒里는 부인이 셋 있는데, 정처(正妻)는 單哥 낭자로 육부해특린가한장(六部奚忒隣可汗帳) 高奴임아의 딸이다.

둘째 부인은 都特낭자로 을실씨(乙室氏) 국구소부방(國男少父房) 孔文상온(詳穩)과 歸月부인 2인의 딸이다. 아들이 하나 있는데 窩篤斡상온(1056~)이다. □□로부터 시작하여 승지(承旨)·동두(東頭, 供奉官)가 되었고, 부친상을 당하여 봉신(奉宸)으로 옮겼으며, 현재 오고적렬덕도부상온(烏古迪烈德都部詳穩)으로 있으면서 명예를 얻고 있다.

셋째 부인은 特免부인으로 을실씨(乙室氏) 국구대부방(國男大父房)의 洮訥·乙提開상온과 횡장의 胡睹古부인 2인의 딸인데, 젊어서 아들을 얻었다.

2남 2녀가 있는데, 장자는 鐸魯斡장군(1070~)으로 근시에 임명되었으며, 막내아들은 白薩里장군으로, 외지에 근무하고 있다. 두 아들중 첫째에게 窩篤斡상온과 함께 봉신(奉宸)을 주었다.

장녀 信堅은 시집가지 않았고, 막내딸 南睦散은 을실씨 국구소부방(國男少父房) 謝家奴낭군에게 시집갔으며, 아들이 있다.

⑤ **기타**(제28행~제51행)

≪상서≫에서 이르길, "皇天無親, 惟德是輔(하늘은 친한 사람이 없어, 오직 덕 있는 사람을 도울 뿐이다)"라 했다. …… 일생을 충효독행(忠孝篤行)하여, 세 아들이 화목하고 …… 항상 바르게 살고 있다.

≪주역≫에 이르길, "積善之家, 必有余慶; 積不善之家, 必有余殃(선을 쌓는 집에는 반드시 경사가 남을 것이고, 악을 쌓는 집에는 반드시 악을 남길 것이다)"이라 했다.

건통 원년(1101)에 조칙을 받고 이듬해 11월 25일 인시(寅時, 오전 3시~5시)에 선조들이 계신 을토마리산(乙土瑪里山)의 동쪽 기슭 양지바른 곳에 다시 매장(埋葬)하였다.

(중략)

차자 鐸魯斡장군이 지문(誌文)을 옮겨 적었는데, 나이 33세이다. 이 묘에서 서북으로 50보 떨어진 곳에 숙부 胡獨董상공(相公)의 묘가 있고, 胡獨董의 묘로부터 동북으로 50보 떨어진 곳에 胡獨董상공의 아들 痕得사도(司徒)의 墓가 있다. 더 나아가 동북으로 10보 밖에 부친 韓寧대왕의 묘가 있다. 옆은 생부 冶提[3]가 누워계신 곳이고, 서남쪽 언덕에는 아들 諾灰沃亓[4]가 잠들어 있다.

---

1) 愛新覺羅는 燕수태사(守太師)로 번역하고 있으나, 劉鳳翥와 卽實은 모두 延壽태사(太師)로 번역하고 있다.
2) 蕭遜寧의 아들인 부마도위(駙馬都尉) 蕭匹敵을 말한다.
3) 묘주는 부친의 친생자(親生子)가 아닌 별자(別子)이므로, "冶提"는 그의 생부(生父)로 추정된다(卽實 2012⑰).
4) 이는 묘주의 아들이거나 묘주 첫째 부인의 아들로서, 요절한 것으로 추정된다(卽實 2012⑰).

<資料> 1) 蓋之庸외 2008, 2) 愛新覺羅 2010f, 3) 卽實 2012⑰, 4) 愛新覺羅외 2012⑥, 5) 愛新覺羅외 2015②.

< 묘주의 가계 인명 >

구 분		거란소자	추정 발음	《요사》/한문 묘지	劉鳳書	即實	愛新覺羅
8대	조부	仈矢 卉斗 伏	k(h).ədə.in tæl.ia		痕得·帖剌	可突訥·帖剌	痕得隱帖剌
	조모						
7대	조부	夲屮 业欠 伏 夠	hai.l.in p.ugu.dʒi		解里寧·蒲古只	亥隣·蒲古只	諧領蒲古只
	조모						
6대	조부	峀爻 令用 杏 夂	h(q)ar.u.un t.il.ug		曷魯寧·敵魯	曷魯穩·迪里古	曷魯隱迪魯古
	조모						
5대	조부	尺欠 呫爻 伏	dau.gu.in turpu.u		鐸袞·突呂不	鐸袞·突呂不	鐸袞突呂不
	조모						
고조	조부	业火 生矢 尺杏	p.un.u.uni to.ul		本烏尼·突里	蒲奴溫·組里	蒲奴隱霞里得
	조모						
증조	조부	丙交 发土 方	j.iæ.æi.l uɛ.ʃ.əu		延壽 太師	延壽 太師	燕 守太師
	조모						
조	조부	又扎 出爻 欠伏	m.ur.gu.n gui.u	耶律古昱	磨魯董·古昱	磨魯董	磨魯董古昱
	조모	廿 几芬	sï g.ə		司哥	四哥	司哥
부모	부친	盉夹 令杓 伏	qa.an.in əs.ən	耶律宜新	韓寧·宜新	韓訥·思恩	韓寧宜新
	모친	盉夹 丙	qa.an məg		韓妃	韓茉	韓麽格
당대	묘주	夲分 卅反 尤夾 内	ʊr.du.ʊ.o.on umu.ur	耶律運	窩篤碗·兀沒	斡特堯·無里	窩篤宛兀没里
	부인	发交 几芬 方	ʃ.iæ.æi.l g.ə		善哥	仙哥	單哥
		令火	t(d).ud		度突里	徒古得	都特
		令仚 与	n-əmə(d).ə-n		特免	德勉	特免
아들	장남	夲分 卅反 扎	ʊr.du.ʊ.o.ur		窩篤碗	斡特堯	窩篤斡
	차남	尺平 卅反 扎	dau.ul.ʊ.o.ur		鐸魯斡	多盧堯	鐸魯斡
	삼남	可全 立本	bai.s.ha.ar		擺撒里	白薩里	擺撒里

딸	장녀	雨￼公與	s.in.əl.gə.ən	ne.eg	秦樂	新樂堅	信堅
	차녀	公行宏出	n.omo.os.ha.a.an	‥		南火日薩初	南睦散

야율부부서 묘지 탁본(1) – 지개 안쪽

야율부부서 묘지 탁본(2) - 지석

20. **耶律糺里墓誌** (遼天祚帝 乾統 2년[1102] 12월 11일)

묘지명	횡장의 맹부방 촉국왕장 야율이리연 태보의 묘지(橫帳之孟父房蜀国王帳耶律夷里衍太保之墓誌)
출토지	内蒙古自治區 巴林左旗
묘지형태	지개(誌蓋)에는 문자가 없고, 지석(誌石)에는 31행의 거란소자 지문(誌文)이 있다.
소장기관	요상경박물관(遼上京博物館)
묘주	夷里衍糺里("夷里衍"은 묘주의 자[字], "糺里"은 묘주의 이름), 향년 42세(요 도종 청녕 7年[1061] ~ 요 천조제 건통 2년[1102]).

방족(房族)	맹부방(孟父房)
出典	『契丹文墓誌より見た遼史』(pp.155-158), 『新出契丹史料の硏究』(pp.156-157, 168-169).

(자료 : 愛新覺羅외 2015⑩)

관련 연구문헌 (저자순)	・劉鳳翥・唐彩蘭・高娃・李建奎 <遼代《耶律隆祐墓誌銘》和《耶律貴墓誌銘》考釋>, 《文史》 2006 　　제4집. ・劉浦江 <關於契丹小字《耶律糺里墓誌銘》的若干問題>, 《北大史學》 제14집(2009). ・卽　實 <《訛里衍墓誌》釋讀>, 《謎田耕耘—契丹小字解讀續》 遼寧民族出版社, 2012.

<묘지 내용>

① 묘지명 제목 및 찬자(撰者)(제1행~제2행)

횡장의 맹부방 촉국왕장 야율이리연 태보의 묘지(橫帳之孟父房蜀國王帳耶律夷里衍太保之墓誌).

육원해령우월장(六院諧領于越帳)의 육부방(六父房) 사람인 문반사낭군(文班司郎君) 陳園奴가 찬(撰)하다.

② 묘주의 선조(제2행~제8행)

선조는 도외사질랄부(陶猥思迭剌部) 씨족의 하뢰익석렬(霞瀨益石烈) 야율미리(耶律彌里) 가문 아발은장(阿鉢隱帳)의 瞥輦雅里이리근(夷離菫)으로 대야율씨(大耶律氏)이다. 7대조는 敵輦嚴木古으로 천황제(天皇帝, 태조황제)의 백부(伯父)이자 8부의 족장이며, 중희(重熙) 연간에 촉국왕(蜀國王)으로 추존(追尊)되었고, 현재는 가한(可汗) 횡장(橫帳)의 맹부방(孟父房)으로 칭한다. 촉국왕 敵輦과 그 부인 敵烈마격을림면(麼格乙林免) 2인의 넷째 아들은 國隱寧末撥로 질랄부 이리근이 되었다.

國隱이리근과 그 부인 멸고내(蔑古乃) 迷里吉마격(麼格) 2인의 아들은 蒲鄰末思령온(令穩)으로 회동(會同) 연간에 여러 차례 이리근에 임명되었고, 개부의동삼사(開府儀同三司), 검교태사(檢校太師) 겸 정사령(政事令)에 제수되었다.

蒲鄰령온과 그 부인 涅里袞부인 2인에게는 아들이 셋 있는데, 첫째는 蒲里낭군(郎君)이고, 둘째는 撻烈哥낭군이며, 셋째는 兀古隣頗得통군사(統軍使)이다. 撻烈哥낭군과 그 부인 을실기(乙室己) 褭魯낭자 2인의 장자는 北衍蒲奴상온(詳穩)으로 보령 연간에 지후(祗候)가 되어 좌원피실상온(左院皮室詳穩)에 임명되었다.

北衍상온과 그 부인은 발리(拔里)씨 阿郭마격 2인의 아들은 聖낭군(묘주의 조부)으로 근시(近侍)에 임명되어 59세에 사망하였다.

聖낭군과 조모 滿尼낭자 2인의 장자가 부친 撒班鐸

魯幹상공(相公, 1020~1076)이다. 고조부 蒲里낭군이 중희초(重熙初)에 근시가 되어 내외 호정(戶政)의 여러 직위를 역임했고 함옹(咸雍) 연간에 남원부부서(南院副部署)・황도이리필(皇都夷離畢)・태자태부(太子太傅)・남경동지(南京同知)에 임명되어 사상(使相)에 봉해졌으며 대강(大康) 2년(1076)에 서남면초토사(西南面招討使)에 임명되어 57세에 사망했는데, 聖낭군은 고조부 蒲里낭군의 장(帳)을 계승했다. 모친은 隗衍부인으로 구곤씨 재상장(甌昆氏宰相帳)의 北衍古昱태사(太師)의 딸이다.

③ 묘주의 사적(事蹟)(제9행~제13행)

夷里衍糺里태보는 撒班상공과 隗衍부인 2인의 적장자로 청녕(淸寧) 7년(1061) 9월 12일에 출생했다. 나이가 들면서 더욱 뛰어나 수재(秀才)라는 소리를 들었으며, 대인의 풍모를 지녔다. 대강 4년(1078)에 18세로 출사하여 지후(祗候)・패인사낭군(牌印司郎君)・지북원사(知北院事)・지기거주사(知起居注事)・숙직관(宿直官) 등 모두 10여개의 직을 역임하고 하서(河西)에 사절로 갔다. 지금의 황제께서 즉위한 후에 란주자사(灤州刺史)에 임명되었는데, 이 때에 수년간 오주(烏州)・목장(牧場)・운주(雲州) 등을 거쳐 서북변지(西北邊地)에까지 이르렀으며, 다시 자리를 옮겨 태보가 되었다. 건통(乾統) 2년(1102) 여름 윤6월 14일에 병사하였다.

④ 묘주의 부인과 자녀(제13행~제14행)

夷里衍糺里에게는 부인이 둘 있으며 첫 부인은 瞥撻으로 질랄해가한장(迭剌奚可汗帳)의 將君奴태위(太尉)의 딸인데, 26세에 사망했다. 그녀가 낳은 아들은 五斤(1085~)이다. 둘째 부인 管尼낭자는 구곤씨 재상장의 兀古隣이리필(夷離畢)의 딸로 德孫(1089~)・如六・道士奴의 세 아들과 延昌女(1088~)라는 딸 하나를 낳았다.

⑤ **묘주의 형제자매**(제15행~제16행)

<u>夷里衍糺里</u>는 양친의 적장자이며, 동모제(同母弟)가 셋 있는데, <u>遜寧夷烈里</u>낭군(1062~)은 근시로 현재 41세이고, <u>擺</u>낭군은 19세에 사망하였으며, <u>烏里何里</u>는 12세에 사망하였다. 이모형(異母兄)이 둘 있는데, 某낭군은 지후를 제수받았지만 29세에 사망하였고, 그의 아우가 <u>乙辛</u>낭군(1055~)으로 외지에 근무하고 있는데 현재 48세이다. 이모자매(異母姉妹)가 둘인데, <u>常家女</u>낭자는 구곤씨 재상장 <u>內賴</u>태사에게 시집가서 30세에 사망하였고, <u>特免</u>낭자는 구곤씨 재상장 □□낭군에게 시집갔다.

⑥ **기타**(제17행~제31행)

건통 2년 12월 11일에 <u>夷里衍</u>태보의 처 <u>管尼</u>낭자는 태보의 큰 동생 <u>夷烈里</u>낭군, 외지의 벗들, 근친들과 함께 선영(先塋)인 살복리·오목파리산(撒卜里·岙木帕里山) 호외북(虎隈北)에서 태보의 망처(亡妻) <u>習撚</u>낭자의 묘를 열고 예(禮)를 드린 후 합장(合葬)하였다. ……

≪역경≫에 이르길, "積善之家, 必有余慶(선을 쌓는 집에는 반드시 경사가 남을 것이다)"이라 했고, ≪상서≫에 이르길, "皇天無親, 惟德是輔(하늘은 친한 사람이 없어, 오직 덕 있는 사람을 도울 뿐이다)"라고 했다. 태보는 일생에 선을 많이 베풀어(一生積善), 모든 일이 잘 이루어졌고(每事嘉成), 불쌍한 자를 가까이 하고 혈족을 멀리 하며(憐親血疎), 덕 있는 사람을 도와 복이 쌓이니(輔德累福), 또한 좋은 운이 많이 찾아왔다(而又好運多來). 현재의 부인 <u>管尼</u>낭자와 동생 <u>夷烈里</u>낭군 두 사람은 태보의 일생을 우러러보기 위하여 묘지명(墓誌銘)를 적는다. (이하 생략)

<資料> 1) 愛新覺羅 2006a, 2) 愛新覺羅 2010f, 3) 即實 2012⑯, 4) 即實 2012⑯.

< **묘주의 가계 인명** >

구	분	거란소자	추정 발음	≪요사≫/한문 묘지	劉鳳翥	即實	愛新覺羅
8대	조부	全雨 公斗 炎与 木	s.in.gə.ən n.ia.ar		涅里	辛堅·涅里	習撚涅里
7대	조부	令用 伏行 芬 欠	t(d).il.ə ŋ(ni).omo.gu		敵輦·嚴木	敵輦·嚴木	敵輦嚴木古
6대	조부	兀火 又币 村夾 及	g.ui-n.jue m.od.o		國恩寧·末掇	歸也陘·末佗	国隱寧末掇
	조모	又化 九	m.ir.gi		穆里格	末里古	迷里吉
5대	조부	全平 又火 伏	pu.ul.in m.ui		普你·穆維	扶盧訥·木鶽	蒲隣末思
	조모	伏木 欠伏	ŋ(ni).ar.gu.n		涅魯袞	涅里袞	涅里袞
고조	조부	令夫 刿	t(d).ali.qa		得里赫	捷里蔦	捷烈哥
	조모	伏夾 夾	ŋ(ni).au.ur		烏古	鏡無里	裒魯
증조	조부	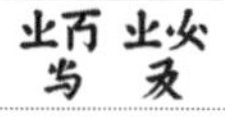 业万 业火 与 灸	p.j.ən p.un.u		北也安·奮兀	盆奴	北衍蒲奴
	조모	呈及	ag(og).o		阿虢	嫵擴	阿郭
조	조부	弋炎	ʃeʃ		聖	聲	聖
	조모	弋氘 全火 (又出弋)	ʃ.aŋ pu.un (m.an.ir)		尙芬·穆妮	木初陰	滿尼
부모	부친	全生 穴平反 反雨 廾及 乜	s.abu.o-n dau.ul.ʊ.o.ur		希不噢·鐸魯幹	薩卜溫·都錄嶂	撒班鐸魯幹
	모친	火与	ui.ən		維安	葵衍	隗衍

당대	묘주	刃关 今丙 与 刃	ir.i.ən t(d).io.r		迪里姑	訛里衍·糺里	夷里衍糺里
	부인	仐雨 灮父	s.in.gə.ər		晉涅	芯菅 (辛可欽)	習撚
		曲公 叐	go.ən.mi		冠睦	觀木	管尼
아들	장남	··	··		··	··	五斤
	차남	今万 仐火	t(d).ei s.uŋ		德□	德逡	德孫
	삼남	戈火 火丙	j.iu l.io		儒留	茹留	如六
	사남	只圣 北 公圣	dau.u sï n.u		道士奴	道士奴	道士奴
딸	장녀	万交 方 用禿 公火	j.iæ.æn tʃa.aŋ n.iu		燕尚女	延昌女	延昌女

야율규리 묘지 탁본

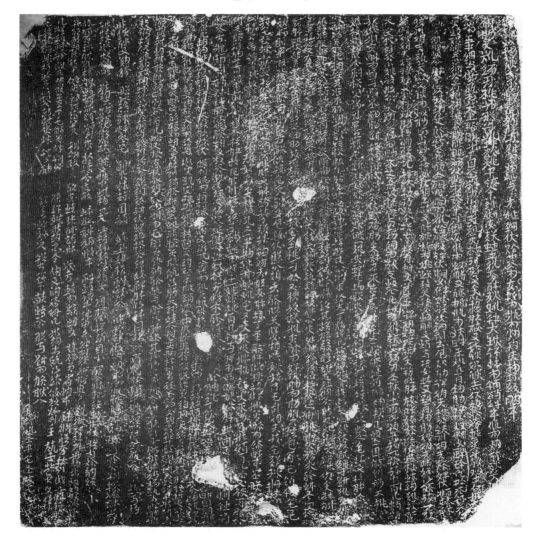

21. 許王墓誌 (요 천조제 건통 5년[1105] 2월 21일)

묘지명	가한 횡장계부방 4자공신·낙경유수·개부의동삼사 겸 중서령·우월상부·혼동군왕 추봉 허왕 을신은대왕 묘지명(可汗橫帳季父房四字功臣洛京留守開府儀同三司兼中書令于越尙父混同郡王追封許王乙辛隱大王墓誌銘)
출토지	遼寧省 阜新蒙古族自治縣 臥鳳溝鄕 白臺溝村의 流淸溝
묘지형태	지개(誌蓋) 중앙에 2행의 해서(楷書) 한자 ≪요국허왕묘지(遼國許王墓誌)≫가, 우측에 1행의 해서 한자 "엄폐일감로강(掩閉日甘露降)"이, 좌측에 1행의 거란소자 대역(對譯)이 있다. 지석(誌石)의 겉에 30행, 좌측면에 4행, 안쪽에 30행, 합계 64행의 거란소자 지문(誌文)이 있다. 우측면에는 5행의 한자 지문이 있다.
소장기관	푸신시(阜新市) 박물관
묘주	乙辛隱幹特剌("乙辛隱"은 묘주의 자[字], "幹特剌"은 묘주의 이름), 향년 70세(요 흥종 중희 4년[1035] ~ 요 천조제 건통 4년[1104]). ≪요사≫ 권97에 그의 전(傳)이 있다.
방족(房族)	계부방(季父房)
출전	『契丹文墓誌より見た遼史』(pp.193-198), 『新出契丹史料の研究』(pp.157-158, 171-172).

(자료 : 愛新覺羅외 2015⑩)

관련 연구문헌 (저자순)	· 賈敬顔·黃振華 <關於契丹文≪許王墓誌≫的若干問題>, ≪東北古代民族古代地理叢考≫, 中國社會科學出版社, 1993. · 大竹昌巳 <契丹小字≪耶律幹特剌墓誌銘≫所見の皇帝號は天祚皇帝に非ず>, ≪KOTONOHA≫ 제161호(2016). · 阜新市文化局文物組 <遼寧阜新縣遼許王墓淸理簡報>, ≪文物資料叢刊≫ 창간호(1977). · 劉鳳翥 <契丹小字≪許王墓誌≫再考釋>, ≪契丹文字硏究類編≫, 中華書局, 2014. · ――― ·于寶麟 <契丹小字≪許王墓誌≫考釋>, ≪文物資料叢刊≫ 창간호(1977). · 卽 實 <≪森訥墓誌≫釋讀>, ≪謎林問徑―契丹小字解讀新程≫ 遼寧民族出版社, 1996.

< 묘지 내용 >

① **묘지명 제목 및 찬자(撰者)**(제1행~제4행)
가한 횡장계부방 4자공신·낙경유수·개부의동삼사 겸 중서령·우월상부·혼동군왕 추봉 허왕 을신은대왕 묘지명(可汗橫帳季父房四字功臣洛京留守開府儀同三司兼中書令于越尙父混同郡王追封許王乙辛隱大王墓誌銘). 국구소옹장(國舅小翁帳) 사람 은청영록대부(銀靑榮祿大夫)·좌솔부부솔(左率府副率)·검교태자빈객(檢校太子賓客) 겸 전중시어사(殿中侍御史) □□가 찬(撰)하다.

② **묘주의 선조**(제5행~제8행)
우월(于越, 묘주를 지칭한다)의 5대조는 태조 천금황제(天金皇帝)의 친동생인 허국왕(許國王) 阿辛寅底石이고, 고조부는 明隱劉哥 척은(惕隱), 증조부는 중서령(中書令)이며, 조부 曷魯掃古장군(將軍)은 안국군절도사(安國軍節度使) 겸 시중(侍中)에 추봉(追封)되었다. 부친 烏魯幹은 소덕군절도사(昭德軍節度使) 겸 시중(侍中)·령공(令公)에 추봉되었다. 모친은 포외(布猥)씨 撒葛只로 진국태부인(秦國太夫人)에 봉해졌다.

③ **묘주의 형제자매**(제8행~제10행)
우월의 이름은 幹特剌이고 자(字)는 乙辛隱인데, 령공과 국부인 2인의 차자이고, 그 형은 阿査訥이다. 맏누이 長安부인(夫人)은 태황태후(太皇太后)의 □□인 高九대왕(蕭孝誠)의 아들 陰鉢 태위(太尉, 蕭知行)에게 시집갔다. 아들 藥師奴(1058~?)는 남원부부서(南院副部署)가 된다. 부인은 란릉군부인(蘭陵郡夫人)이다.

④ **묘주의 사적(事蹟)**(제10행~제38행)

우월은 중희 4년(1035)에 출생하여, 대강(大康) 원년(1075)에 41세로 출사하여 지후(祗候)와 모원낭군(某院郎君)에 보임되었다. 대강 연간에 숙직관(宿直官)·모원중승사(某院中丞事)를 맡았고, 제위대장군(諸衛大將軍)·호위태보(護衛太保)·정강군절도사(靜江軍節度使)·장녕궁(長寧宮)의 □□직에 임명되었고, 다음 해부터 북원임아(北院林牙)·동지추밀원(同知樞密院)·금오위상장군(金吾衛上將軍) 등을 역임하였다. 대안(大安) 2년(1086)에 좌원이리필(左院夷離畢)과 중서문하평장사(中書門下平章事)가 더해지고, 4년(1088)에 추밀부사(樞密副使)에 제수되었다. 그 해 겨울에 지추밀사사(知樞密使事)에 제수되고, 4자공신(四子功臣) 겸 시중에 봉해졌다. 10년(1094)에 지원도통(知院都統)이 되었다. 수창(壽昌) 원년(1095)에 초토(招討)를 제수 받았으며 칠수군왕(漆水郡王)에 봉해졌고 3년(1097)에 남부재상(南府宰相)의 직책을 제수받았다. 4년(1098)에 거란제행궁도통(契丹諸行宮都統)을 더하였고, 6년(1100)에 4자공신·수태보(守太保)에 제수되었다. 건통(乾統) 원년(1101)에 4자공신·한아추밀(漢兒樞密)·수태부(守太傅)가, 그 다음해(1102)에 수태사(守太師)·거란추밀(契丹樞密)이 되었다. 3년(1103)에 낙경유수(洛京留守)가 되었으며 식읍(食邑) 23천호·4자공신·우월·혼동군왕(混同郡王)에 봉해졌다. 2월 2일에 70세에 병환으로 타계하였다.

⑤ **묘주의 부인과 자녀**(제45행~제52행)
부인이 4명 있는데, 첫 부인은 국구소옹장(國舅小翁帳) 涅離堪訥부인으로 乙辛태사(太師)의 딸이다. 이미 고인이 되었고, 그 외동딸인 王家同낭자(娘子)는 국구소옹장 都特낭군(郎君)에게 시집갔다. 둘째부인 陳家부

인은 진국태부인(秦國太夫人)에 추봉되었는데, 都里布疊낭군의 딸이다. 부인에게는 아들 다섯에 딸 둘이 있다. 장자는 彭壽장군으로, 그 부인은 奪里懶로 국구소옹장 朱優동지(同知)의 딸이며 손자는 奧剌只이다. 차자는 長壽로 이리필낭군제사사(夷離畢郎君諸司使)에 임명되었으며, 그 부인은 烏里罕으로 薩卜阿鉢장군의 딸이다. 손자가 둘 있는데, 첫째는 瑟尼里이고, 둘째는 特麼尼里이다. 제3자는 福壽로 관직이 상온사마보(詳穩司麻普)이며 안주자사(安州刺史)를 지냈다. 제4자는 德壽로 태위(太尉)이다. 도종황제 때인 15세에 낭군해아반(郎君孩兒班)에 임명되었으며, 지금은 장녕궁부부서(長寧宮副部署)로 있다. 그 부인은 구곤재상장(甌昆宰相帳) □□관찰(觀察)의 딸이다. 德壽는 월국왕(越國王) 관할하의 제리기(梯里己)에 임명되었다. 제5자는 崇壽로 □□이다. 두 손녀 중 첫째는 福德으로 국구소옹장 즉 천조황제(天祚皇帝) 누알마(耨斡麼, 皇后)의 윗대 백부(伯父)인 涅普訥태사의 아들인 南古如장군에게 시집갔다. 둘째는 福盛으로 6부 특린가한장(六部忒鄰可汗帳)의 郭里本제실기(帝室己)에게 시집갔다. 셋째부인 楊姐부인은 척은사(惕隱司) 長壽낭군의 딸인데, 자식이 없다. 넷째부인 董睦只安별서(別胥)는 육부발로은가한장(六部勃魯恩可汗帳)의 控骨里상온(詳穩)의 딸인데, 외손자 興壽가 있었지만 요절하였다.

⑥ **기타**(제53행~제60행)
(생략)

<資料> 1) 即實 1996④, 2) 愛新覺羅 2006a, 3) 愛新覺羅 2010f.

< 묘주의 가계 인명 >

구 분		거란소자	추정 발음	《요사》/한문 묘지	劉鳳翥	即實	愛新覺羅
조	조부	甫爻 夵丸欠	h(q)ar.u s.au.gu		曷魯·曉古	曷魯·逍堨	曷魯掃古
부모	부친	爻夵	u.ur		兀哩	··	烏魯斡
	모친	刋夂	bu.i		··	··	撒葛只
당대	묘주	夵朸伏 夵分卄平立为卆	əs.ən.in(s.ən.in) o.du.ʊ.ul.ha.a.ai	耶律斡特剌	乙辛隱·斡特剌	森訥	乙辛隱斡特剌

		거란소자	음가		漢字	漢字	漢字
당대	부인	伏木欠伏	ŋ(ni).ar.gu.n		涅魯袞	涅離堪訥	‥
		朩雨 几才	tʃ.in g.ia		陳家	陳佳	陳家
		丏兔 伞爻	j.aŋ s.ie		‥	泱洁	楊姐
		公行 爻业 为出	n.omo.os.ha.a.an		妮睦	南火日撒初	南睦散
아들	장남	业並 癶土 矢 爻	p.iaŋ.ŋ ʃ.əu.n		房壽	彭壽	彭壽
	차남	甬兔 癶土 爻	tʃa.aŋ ʃ.əu.n		尙壽	長壽	長壽
	삼남	수 癶土 爻	pu ʃ.u		福壽	福壽	福壽
	사남	公丏 癶土 爻	t(d).əi ʃ.əu.n		德壽	德壽	德壽
	오남	采 癶土 爻	tʃʊŋ ʃ.ue		‥	榮壽	崇壽
	육남	火关 癶土 矢 爻	k(h).i.iŋ ʃ.əu.n		清壽	慶壽	興壽
딸	장녀	杰 人才 㞕火	uaŋ k(h).ia tau.un		王家童	王家奴	王家同
	차녀	수 公丏	pu t.əi		福德	福德	福德
	삼녀	수 癶关 矢	pu ʃ.i.ŋ		福盛	福盛	福聖

허왕묘지 탁본(1)

허왕묘지 탁본(2)

22. 耶律蒲速里墓誌 (요 천조제 건통 5년[1105] 2월 22일)

묘지명	횡장의 맹부방 백은태부 위지비명(橫帳孟父房白隱太傅位誌碑銘)
출토지	內蒙古自治區 巴林左旗
묘지형태	지개(誌蓋) 중앙에 1행의 거란소자 ≪橫帳孟父房白隱太傅位誌碑銘≫이 있고, 우측에 1행의 거란소자로 된 "건통 5년 을유 2월 22일"(乾統五年乙酉二月二十二日)이 기록되어 있으며, 지석(誌石)에는 25행의 거란소자 지문(誌文)이 있다.
묘주	白隱蒲速里("白隱"은 묘주의 자[字], "蒲速里"은 묘주의 이름, 그의 한풍명은 "耶律思齊"), 향년 47세(요 도종 청녕 4년[1058] ~ 요 천조제 건통 4년[1104]).

방족(房族)	맹부방(孟父房)
출전	『韓半島から眺めた契丹・女真』(pp.41-48, p.65), 『新出契丹史料の研究』(pp.156-157, 168-169).

(자료 : 愛新覺羅외 2015⑩)

| 관련
연구문헌
(저자순) | · 愛新覺羅烏拉熙春　＜契丹文《惕隱司孟父房白隱太傅位誌碑銘》《故顯武將軍上師居士拔里公墓誌》合考＞,
《立命館文学》 614호(2009).
· ─────────　＜敵輦嚴木古與室魯子嗣新考＞, 《北方文物》 2010 제3기.
· 吳英喆　＜契丹小字《耶律蒲速里墓誌碑銘》考釋＞, 《契丹小字新發現資料釋讀問題》, 日本東京外國語
大學亞非語言文化研究所, 2012. |

<묘지 내용>

① 묘지명 제목 및 찬자(제1행~제2행)

횡장의 맹부방 백은태부 위지비명(橫帳孟父房白隱太傅位誌碑銘)

육원육사리방(六院六舍利房)의 □□랑군(郎君) 蒲速輦·陳圍奴가 찬(撰)하다.

② 묘주의 선조(제2행~제8행)

태부(太傅, 묘주를 지칭한다)의 자(字)는 白隱이고 이름은 蒲速里이며, 橫帳孟父房(횡장맹부방) 사람이다.

7대조 敵輦嚴木古는 천황제(天皇帝, 태조황제를 지칭)의 백부(伯父)이다. 신장이 8척으로 세 차례나 도외사질랄부(陶猥思迭剌部) 이리근(夷離堇)에 선임되었다. 중희(重熙) 연간에 초국왕(楚國王)[1]에 추봉(追封)되었고, 횡장맹부방(橫帳孟父房)의 대표가 되었다.

촉국왕(蜀國王)[1]과 그의 처 敵輦마격을림면(麼格乙林免) 2인의 넷째아들 國隱寧末掇이리근은 도외사질랄부 이리근에 선임되었다.

國隱寧이리근과 그의 처 멸고내(蔑古乃) 迷里吉마격(麼格) 2인의 아들 蒲鄰馬甇령온(令穩)은 여러 해에 걸쳐 돌려불복(突呂不部) 이리근에 선임되었고, 개부의동삼사검교태사(開府儀同三司檢校太師) 겸 정사령(政事令)이 되었다.

蒲鄰령온과 그의 처 涅里衷부인 2인은 아들이 셋 있었는데, 장남은 蒲勒낭군(郎君), 차남은 撻里葛낭군, 제3남은 烏古鄰頗得통군(統軍)이다.

撻里葛낭군과 그의 처 을실기(乙室己) 袞魯낭자(娘子) 2인의 장남인 北衍蒲奴상온(詳穩)은 보녕(保寧) 연간에 출사하여 좌원피실상온(左院皮室詳穩)이 되었다.

北衍蒲奴상온과 그의 처 발리(拔里) 阿郭마격 2인의

아들 聖낭군은 출사하지 않았는데, 39세에 죽었다.

聖낭군과 그의 처 상부장(尙帳) 滿匿낭자 2인은 아들이 둘 있었는데, 장남은 撒班鐸魯斡상공(相公, 1020~1076)으로 蒲勒낭군의 후사(後嗣)를 이었는데, 중희초(重熙初)에 출사하여 함옹(咸雍) 연간에 남원부부서(南院副部署)·황도이리필(皇都夷離畢)이 되었으며, 태자태부(太子太傅)가 더해지고 남경동지(南京同知)가 되어 사상(使相)에 봉해졌다. 대강(大康) 2년(1076)에 57세의 나이로 서남초토(西南招討) 재임 중에 서거(逝去)했다.

撒班상공의 처 隗衍부인은 구곤재상장(甌昆宰相帳) 北衍古昼태사의 딸이다. 6남 2녀를 낳았다. 적장자(嫡長子)는 夷里衍紃里태보(太保, 1061~1102)이고, 적차자(嫡次子)는 遜寧夷烈里낭군(1062~?)이며, 제3자는 擺낭군으로 19세에 사망했고, 적4자는 烏里剌里로 18세에 사망했다. 서장자(庶長子)는 □낭군으로 29세에 사망했다. 서차자(庶次子)는 乙辛낭군(1055~?)이다.

장녀는 常家女낭자로 구곤재상장 內剌里태사에게 시집가 30세에 사망했다. 차녀는 特免낭자로 구곤재상장 □낭군에게 시집갔다.

夷里衍紃里는 청녕(清寧) 7년(1061) 9월 12일에 태어나, 어렸을 때에도 성인(成人)의 도량이 있었다. 대강(大康) 4년(1078)에 18세로 출사하여 패인사(牌印司)에 보해졌고, 첨북원사(簽北院事)가 되었으며, 내족기거주(內族起居注)의 일을 맡고, 패인사낭군(牌印司郎君)에 이어 숙직관(宿直官)의 자리에 10여 년 동안 있었다. 천조제(天祚帝)가 즉위하자 하서(河西)에 사신으로 가고, 란주자사(灤州刺史)에 제수되었으며 여러 해를 지나 태보가 더해졌다. 건통(乾統) 2년(1102) 여름 윤6월 14일에

병사했다.

처가 둘이 있었는데, 본처 瞥輦은 지랄특린가한장(迭刺戊鄰可汗帳) 楊隱聖軍奴태위(太尉)의 딸로 26세에 사망했다. 아들 하나를 낳았는데, 五斤(1085~?)이다. 후처는 菅迷낭자로 구곤재상장 烏古鄰이리필의 딸로서 3남 1녀를 낳았는데, 장남은 得孫(1089~?), 차남은 如六(1101~?)이고, 막내아들은 道士奴(1102~?)로 태어난지 얼마되지 않았다. 장녀는 延昌女(1088~?)이다.

聖낭군과 滿匿낭자의 막내아들인 蒲速宛烏魯幹(1030~1099)낭군은 출사하지 않고 수창(壽昌) 5년(1099)에 70세를 일기로 병사했다. 蒲速宛烏魯幹의 처 阿不葛부인은 鐸呎태위의 딸로서, 鐸呎태위의 형과 형수는 외척국구소옹장(外戚國舅小翁帳)의 王五부마(駙馬)와 興哥공주(公主)인데, 후에 공주가 王五의 동생인 鐸呎태위와 재혼하여 낳은 딸이 阿不葛부인이다.

蒲速宛낭군과 그의 처 阿不葛부인 2인에게는 아들이 둘 있었는데, 장남은 白隱蒲速里, 차남은 曷里幹童六이다.

③ 묘주의 사적(事蹟)(제8행~제14행)

白隱蒲速里는 청녕 4년(1058) 11월 10일에 태어났다. 어려서 재주가 뛰어나고 민첩하였으며, 커서는 기골이 장대하고 말타기와 활쏘기에 특히 뛰어났다.

대강 2년(1076) 19세에 출사하여 여고낭군(女古郞君)에 보해졌다. 4년(1078)에 호위(護衛)가 되고, 대안(大安) 2년(1086)에 심복(心腹)의 관(官)이 되었다. 3년(1087)에 숙직관(宿直官)을 역임했다. 4년(1088)에 하서사자접반사(河西使者接伴使)에 충원되었다. 8년(1092) 겨울에 응방사(鷹坊使)가 되었다. 수창(壽昌) 원년(1095)에 북극(北趩)이 되었다. 2년(1096)에 한아사자접반사(漢兒使者接伴使)에 충원되었다. 3년(1097)에 흥성궁부궁사(興聖宮副宮使)가 된 이후 지(旨)를 받들어 고려왕(高麗王)의 책봉을 추진할 때에 남원호위태보(南院護衛太保)의 일을 임시로 대리하였다. 그 해 겨울에 고려에 사신으로 가서 고려왕을 책봉했다. 다음 해(1098) 여름에 정식으로 호위태보(護衛太保)에 임명되었다. 5년(1099) 가을에 알노타통군한아[궁]행재(斡魯朶統軍漢兒[宮]行在)에 있던 부친이 병사하였다. 뒤이어 숭덕궁궁사(崇德宮宮使)에 임명되었다. 6년(1100)에 과주관찰사(歸州觀察使)가 더해졌다. 건통 원년(1101) 여름에 천조제가 즉위하여 맨

먼저 인사를 실시하였는데, 좌원금오위장군(左院金吾衛將軍)을 더하고 관(官)은 3품으로 했다. 3년(1103) 겨울에 백관이 진급하여, 정강군절도류후(靜江軍節度留後)가 더해졌다.

다음 해(1104) 6월 2일에 행재(行在)에서 병으로 사망하였다. 병이 위독할 때 지(旨)를 받들어 여러 명의 태의(太醫)가 치료했다.

④ 묘주의 부인과 자녀(제14행~제16행)

白隱蒲速里에게는 부인이 둘 있는데, 본처 撻不衍부인은 질랄특린가한장 胡都古제실기(帝室己)의 딸로 이미 사망하였다. 3남 2녀를 두었는데, 장남 宜孫(1083~?), 차남 護魯(1088~?), 제3자 某는 모두 밖에 있다. 장녀 特免은 특린가한장 阿撒里제실기에게 시집간 후에 24세에 사망하였다. 막내딸 鉢里本은 초로득호위(初魯得護衛) 鐸隱장군에게 시집간 후 24세에 사망하였다.

작은 부인 구곤(甌昆) 奧瓦부인은 오원구곤재상장(五院甌昆宰相帳) 烏古鄰이리필(夷離畢)의 딸로, 딸 하나를 낳았는데 이름은 斛祿宛(1099~?)이다. 白隱蒲速里가 서거한 때에 奧瓦부인은 임신 수개월째였는데, 복중(腹中)의 태아는 아직 태어나지 않았다.

⑤ 기타(제16행~제25행)

건통 5년(1105) 2월 15일에 처 奧瓦부인과 아들 宜孫·護魯 형제 및 내친(內親)이 장례에 참여하여 가족 묘지인 사발샨두산의 카신언덕의 북면에서 귀빈(歸殯)한 후 본처 撻不衍부인의 묘를 열어 합장(合葬)했다. 동생 曷里幹童六이 서단(書丹, 지문[誌文]을 지석에 옮겨 적는 것을 말한다)하였다.

(이하 생략)

---

1) 敵輦巖木古에게 추봉된 왕이름(王號)에 대하여 ≪요사≫에는 초국왕(楚國王)과 촉국왕(蜀國王)이 혼재되어 나타난다. ≪智誌≫에는 촉국왕만이, ≪先誌≫와 거란대자 ≪胡呎契丹國阿緩太師墓誌≫에는 초국왕만이 보이지만, 이 ≪蒲誌≫에는 처음으로 동일 묘지에서 2개의 이름이 공존하는 사례가 나타난다(愛新覺羅외 2011).

<資料> 1) 愛新覺羅 2010f, 2) 愛新覺羅외 2011,
　　　　3) 吳英喆 2012a④.

< 묘주의 가계 인명 >

구 분		契丹小字	추정 발음	《遼史》/漢文墓誌	即實	愛新覺羅	吳英喆
7대	祖父	令用 伏行 芬 余	t(d).il.ə ŋ(ni).om.gu		迪里伏	敵輦巖木古	敵輦·巖木
	祖母						
6대	祖父	兀火 又币 村伏 及	g.ui-n.in m.od.o		歸也陘·末佗	國隱寧末捋	國隱·末捋
	祖母	又化 兀	m.ir.gi			迷里吉	··
5대	祖父	令平 又火 伏	pu.ul.in mas		木魯	蒲隣末思	蒲領·□□
	祖母	伏本 余伏	ŋ(ni).ar.gu-n			涅里衮	涅魯衮
고조	祖父	令夫 引	t(d).ali.qa			撻烈哥	··
	祖母	伏丸 余	ŋ(ni).au.gu			裹魯	··
증조	祖父	业万 业女 与 爻	p.əi.ne p.un.u		盆奴	北衍蒲奴	北衍·蒲奴
	祖母	□□	ago			阿郭	··
조	祖父	又炎	ʃʃ			聖	聖
	祖母	又出 爻	m.an.ir			滿尼	··
부모	父親	令卡 尺与	pu.us.u.ne		福得日沉	蒲速宛烏魯斡	蒲速苑
	母親	生引	abu.qa			阿不萬	阿不固
당대	묘주	可伏 令卡 尺爻	bai.n pu.us.u.ər	耶律思齊		白隱蒲速里	□□·蒲速里
	부인	令生 丙与	t(d).abu.j.ən		撻卜烟	撻不衍	撻不衍
		□□	aua			奧瓦	··
아들	장남	夅关 勺	d.i.ug			(宜孫)	··
	차남	北化	hu.ur			護魯	··
	삼남	□□				··	··
딸	장녀	令仚 与	t(d).əmə-n		德勉	特免	特免
	차녀	囝싸 丹伏	bə.l.bu.n			鉢里本	烏盧本
	삼녀	亞伞 及禹	qur.o.o-n			斛祿宛	··

야율포속리 묘지 탁본

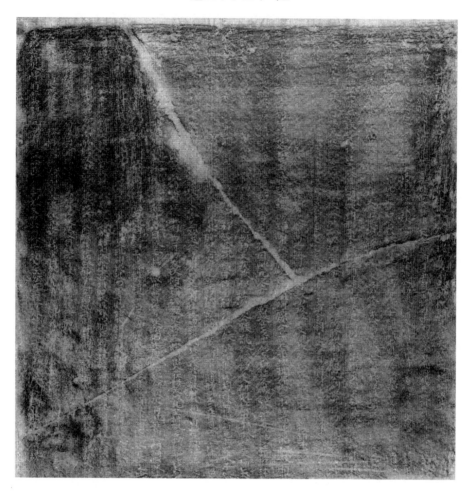

23. 梁国王墓誌 (요 천조제 건통 7년[1107] 4월 14일)

묘지명	외척국구소옹장 육자공신 양국왕 위지명(外戚国舅小翁帳六字功臣梁国王位誌銘)
출토지	遼寧省 阜新蒙古族自治縣 大巴鎮 車新村의 북쪽 산골짜기(元閤山種畜場 二道溝鹿場)로, 현(縣)정부 소재지에서 동북으로 20km 떨어져 있다. 산골짜기에는 동남쪽의 왕펀고우(王墳溝)와 서북쪽의 마장와(馬掌洼)라는 2개의 묘가 있고, 거란소자로 된 ≪梁誌≫와 한자로 된 ≪양국태비묘지명(梁國太妃墓誌銘)≫(묘주는 양국왕의 부인)는 마장와묘지에서 출토되었다. 같은 묘역에서 한자 ≪진국왕비진국태비야율씨묘지명(晋國王妃秦國太妃耶律氏墓誌銘)≫(묘주는 諧領桃隗[蕭和]의 부인)도 출토되었다. 그곳으로부터 약 4km 떨어진 왕펀고우묘지에서 한자 ≪소덕온(蕭德温)묘지≫・≪소덕공(蕭德恭)묘지≫・≪소덕공(蕭德恭)처묘지≫・≪소지행(蕭知行)묘지명≫이 출토되었다. 소덕온과 소덕공 형제는 胡独菫磨叧(蕭孝穆)의 장자인 阿里懶阿剌의 장자와 제3자이다. 소지행은 留隱高九(蕭孝誠)의 제5자 烏盧本除鉢이다.

묘지형태	지개(誌蓋)에 3행의 전서(篆書)로 된 한자 ≪고양국태비묘지명(故梁國太妃墓誌銘)≫이 있고, 지석(誌石) 겉에 25행의 한자 ≪양국태비묘지명(梁國太妃墓誌銘)≫이 있으며, 안쪽에 29행의 거란소자 ≪梁誌≫이 있다.
소장기관	랴오닝성 문물고고연구소
묘주a	양국왕(梁国王) 石魯隱亢里者("石魯隱"은 묘주의 자[字], "亢里者"은 묘주의 이름, 그의 한풍명은 "蕭知微"), 향년 51세(요 성종 개태 8년[1019] ~ 요 도종 함옹 5년[1069]). ≪요사≫ 권91에 그의 전(傳)이 있다.
방족(房族)	발리국구소옹장(拔里国舅小翁帳)
출전	『愛新覺羅烏拉熙春女真契丹学研究』(pp.267-277), 『新出契丹史料の研究』(pp.238-241).
묘주b	양국태비(梁国太妃) 粘木袞, 향년 89세(요 성종 개태 8년[1019] ~ 요 천조제 건통 7년[1107]).
방족(房族)	맹부방(孟父房) → 중부방(仲父房) * 粘木袞의 부친 查懶瑰引가 맹부방에서 중부방으로 이적(移籍)하기에 앞서 중부방의 室羅가 후사가 없이 사망하여 맹부방의 雲獨昆撒割里 및 그의 아들 查懶瑰引에게 室羅의 장(帳)을 계승시킨 경위가 되었지만, 한문 묘지에서는 이러한 경위를 명시하지 않고 查懶瑰引의 조부를 室羅로 잘못 기록하고 있다.
출전	『契丹文墓誌より見た遼史』pp.160-166. 『新出契丹史料の研究』pp.156-157, 169-171.

(자료 : 愛新覺羅외 2015⑩)

관련 연구문헌 (저자순)	· 萬雄飛·韓世明·劉鳳翥 <契丹小字≪梁國王墓誌銘≫考釋>, ≪燕京學報≫ 신25기(2008). · 愛新覺羅烏拉熙春·王禹浪 <契丹小字≪梁國王墓誌銘≫考>, ≪遼東史地≫, 2006 제2기. · 劉鳳翥 <契丹小字≪梁國王墓誌銘≫考釋>, ≪契丹文字研究類編≫, 中華書局, 2014. · 卽實 <≪石魯隱墓誌≫釋讀>, ≪謎田耕耘—契丹小字解讀續≫ 遼寧民族出版社, 2012. · 韓世明·吉本智慧子 <梁國王墓誌銘文初釋>, ≪民族研究≫ 2007 제2기

<묘지 내용>

① 묘지명 제목(제1행)
국구별부 소옹장 6자공신 양국왕 묘지명(國舅別部小翁帳六字功臣梁國王墓誌銘).

② 묘주의 선조(제2행~제3행)
양국왕(梁國王)의 자(字)는 石魯隱이고, 이름은 亢里者이다. 6대조는 拔懶月椀아주(阿主)로 부인은 撒葛只미기(迷己, 덕조[德祖]의 누이동생)이고 아들은 북부재상(北府宰相) 撒懶阿古只인데, 일찍이 천황제(天皇帝)를 보좌하였다. 撒懶재상의 아들은 帖剌태사(太師)이고, 태사의 아들은 啜鄰蒲古령공(令公)이다. 령공의 아들은 諧領桃隗국왕(國王, 한풍명: 蕭和)이고 그 부인은 제국태비(齊國太妃, 957~1045)인데, 국왕의 아들은 다섯이다. 그 중 셋째(묘주의 부친)는 난릉군왕(蘭陵郡王) 留隱高九(蕭孝誠) 대왕이고 부인은 연국부인(燕國夫人) 祁氏이다. 대왕은 수차례 외지에 부임했으며, 계속해서 강장(疆場)에 머물고 있다.

③ 묘주의 형제자매(제3행~제5행)
祁氏부인은 횡장 계부방(橫帳季父房)인 拉函공(公)의 딸인데, 대왕과 부인에게는 자녀가 7남 5녀가 있다. 장자는 涅隣紗里태사, 차자는 只剌장군(將軍), 제3자가 바로 양국왕, 제4자는 蒲速宛實六태사, 제5자는 烏盧本除鉢태위(太尉), 제6자는 劉四哥용호(龍户), 제7자는 時時隣迪烈대왕이다.[1]

④ 묘주의 사적(事蹟)(제5행~제11행)
양국왕은 개태(開泰) 8년(1019) 11월 29일에 태어났는데, 7형제중 셋째이다. 나이가 들면서 재능이 뛰어나고, 형제들과 화목하며 예의를 중시하였다. 16세에 출사하여 솔부솔(率府率)이 되었고, 18세에는 소장군(小將軍)이 되었으며 19세인 중희(重熙) 4년(1035)에는 내지후낭군직장(內祇候郎君直長)에 보임되고 경채태보(硬寨太保)가 되었다. 11년(1042)에 관찰사(觀察使)가 되

었고, 이듬해 도궁사(都宮使)가 되었으며, 13년(1044)에 문반태보(文班太保)가 되었다. 다음 해에 좌원낭군반상온(左院郎君班詳穩)·남원동지(南院同知)가 되었다. 15년(1046)에는 동북로달령상온(東北路撻領詳穩)이 되었고, 그 다음해에는 북여진상온(北女眞詳穩)·도탑령도감(倒塌嶺都監)·육부토리태위(六部吐里太尉)·서북면초토(西北面招討)·북원부부서(北院副部署) 겸 지도감사(知都監事)가 되었다. 22년(1053)에 도궁사가 되고 이듬해 다시 좌원낭군반상온이 되고 남원동지에 제수되었다. 청녕(淸寧) 원년(1055)에 38세로 다시 북여진상온이 되었고, 그 해 말에 국구상온(國舅詳穩)이 되었다 2년(1056)에 39세의 나이로 사상(使相)의 칭호를 얻고 서남로초토사(西南路招討使)가 되었으며, 41세에 다시 국구상온이 되었고, 이듬해 심주절도사(瀋州節度使)가 되었다. 7년(1061)에 선휘사(宣徽使)·지이리필사(知夷離畢事)가 되었고, 9년(1063)에 다시 서북로초토사가 되었으며, 10년에는 숙부 每格의 장(帳)을 잇도록 명을 받았고, 糺里공주(도종황제의 둘째딸)가 조카와 혼인하여 후사가 생김에 따라 횡장제녀오고(橫帳諸女奧姑)를 세웠다. 그 후 류성군왕(柳城郡王)에 봉해졌다. 함옹(咸雍) 2년(1066)에는 6자공신(六字功臣)에 제수되어 북부재상에 임명되었고, 해(奚) 觀寧이 서북로초토사에 임명되었다가, 石魯隱이 명을 받아 다시 초토사로 갔다. 이 때 추밀(樞密) 乙辛의 일이 있었다. 양국왕은 연말에 지삭주사(知朔州事)로 나갔다가, 5년(1069) 정월에 삭주(朔州)에서 재직중에 병환으로 사망하였다.

⑤ **묘주의 부인과 자녀**(제15행~제29행)
양국왕의 부인은 양국태비(梁國太妃) 涅睦袞으로 횡장 중부방(仲父房)인 査懶瑰引재상의 딸(耶律仁先의 여동생)이며, 개태(開泰) 8년(1019)에 태어났다. 査懶재상은 흥

종황제가 형으로 여기며 팔의 피로 친구를 맺었다. 혼인하여 자식을 잘 키우고 시부모에게 효도하며 남편과는 화목했다. 건통(乾統) 원년(1101)에 새로운 황제가 즉위하자 진국왕(晉國王)과 진국태비(晉國太妃)에 봉해지고, 3년(1103)에 한례(漢禮)로 송국왕(宋國王)·송국태비(宋國太妃)에 봉해졌으며, 6년(1106)에는 대례(大禮)로 양국왕·양국태비에 봉해졌다. 태비는 그 해에 88세의 나이로 병사하였다.

양국왕과 태비의 아들은 모두 요절하였다. 두 딸이 있는데, 장녀 骨浴은 순종황제(順宗皇帝, 도종의 황태자)의 누알마(耨斡麼, 황후)이다. 차녀 丑女哥낭자는 외삼촌인 횡장의 諸速得(耶律智先)태위에게 시집갔다. 태비가 생존시에 이미 후사(後嗣)를 두었는데, 즉 時時隣迪烈대왕의 넷째 아들인 乙辛태보(太保)로 하여금 그 장(帳)을 잇도록 했다.

≪尙書≫에 이르길 "天有顯道, 厥類惟彰(하늘이 밝은 도가 있어 그 종류가 분명하다)"이라 했다. 건통 7년(1107) 4월 14일에 성대한 예를 갖추어 안장(安葬)하였는데, 아들 태보와 4촌형제, 친족 …… 모두가 선영(先塋)에 모여 국왕과 태비의 영면을 비는 예를 드렸다.

⑥ **기타**(제26행~제54행)
(중략) 건통 7년 4월 14일 조카 佛頂[2]이 찬(撰)하다.

---

1) 묘지(墓誌)에 묘주의 두 형과 동생들의 이름은 명기되어 있으나, 누이 5명의 이름이나 그 혼인 여부에 대하여는 전혀 언급이 없다(即實 2012⑱).

2) "佛頂"은 耶律智先의 아들이다. 즉 양국태비가 佛頂의 친고모이다(萬雄飛 외 2008, 即實 2012⑱).

<資料> 1) 萬雄飛 외 2008, 2) 愛新覺羅 2010f, 3) 即實 2012⑱.

< 묘주의 가계 인명 >

구 분	거란소자	추정 발음	≪요사≫/한문 묘지	劉鳳翥	即實	愛新覺羅
6대조	丹芍 丂仒 芍出 不	b.al.a.an j.o.on		婆姑·月椀	□□·月椀	拔懶月椀
5대조	仐朩 卫卪 玊出	s.ar.ha.an ak.dʒi		撒懶·阿古只	薩剌初·謁古只	撒懶阿古只
고조부	井丂	tæl.ia		鐵剌	帖拉	帖剌
증조부	朿芖 仐余 达伏	tʃ.jue.ur.in pu.gu		普古	郤達壬·福開	啜鄰蒲古

조	조부	 圶屮 毛廾 伏 火	hai.l.in tau.o.ui	蕭和	桃隈	亥隣·陶瑰	諧領桃隗
	조모						齊国太妃
부모	부친	屮丙 伏 冘夬 冘丙	l.iu-n g.au g.iu	蕭孝誠	六溫·高九	留訥·高九	留隱高九
	모친	乀夾 北	k(h).i şĭ		齊世	喜時	祁氏
당대	묘주	夭屮 弓刾 夊伏 芬	ʃ.əl.u.in dʒu.uldʒi.əʃ	蕭知微	石魯隱	石魯隱·朮哲	石魯隱朮里者
	부인	伏行 欠伏	ŋ(ni).omo.gu-n			涅木堪	涅睦袞
딸	장녀			貞順皇后			骨浴
	차녀	芶 公夾 冘芬	tʃəu n.ju g.ə		醜女哥	區女哥	丑女哥

양국왕 묘지 탁본

24. 涿州刺史墓誌 (요 천조제 건통 8년[1108] 10월 8일)

묘지명	탁주자사 묘지(涿州刺史墓誌)
출토지	內蒙古自治區 巴林左旗 三山鄉 南溝村
묘지형태	지석(誌石, 잔석)에 26행의 거란소자 지문(誌文)이 있다.
소장기관	요상경(遼上京) 박물관
묘주	미상. 향년 67세(요 홍종 중희 10년[1041] ~ 요 천조제 건통 7년[1107]).
방족(房族)	중부방(仲父房)
출전	『契丹語言文字研究』(pp.233-235).

(자료 : 愛新覺羅외 2015⑩)

연구문헌	· 王未想 <契丹小字≪澤州刺史墓誌≫殘石考釋>, ≪民族語文≫ 1999 제2기.

<묘지 내용>

8대조는 중부방(仲父房) 수국왕(隋國王) 述瀾釋魯, 7대조는 이리근(夷離菫) 敵輦鐸只이다.

함옹(咸雍) 2년(1066)에 26세로 지후(祗候)에 보임되었다. 수창(壽昌) 6년(1100) 이후 능침(陵寢)의 일을 관장하였다. 그 해 여름에 녀고전(女古殿) 모 직(職)이 되었다. 다음해 봄에 단련사(團練使)에 봉해겼으며 탁주자사(涿州刺史)로 옮겼다. 건통(乾統) 7년(1107) 10월 19일 질병으로 서거하였다. 외아들 高十과 4명의 딸이 있다. 아우가 여러 명 있었다. 건통 8년(1108) 10월 8일 밤 4경(更) 초시(初時, 오전4시)에 안장하였다.

<資料> 1) 愛新覺羅 2010f.

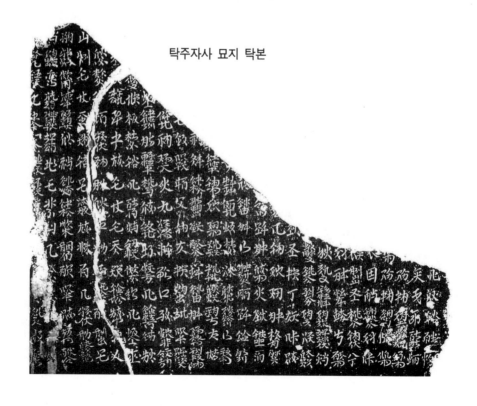

탁주자사 묘지 탁본

25. 皇太叔祖哀册 (요 천조제 건통 10년[1110] 11월 8일)

묘지명	대야율 고의화인수 황태숙조 애책(大耶律故義和仁壽皇太叔祖哀冊)
출토지	內蒙古自治區 巴林右旗 索博日嘎蘇木 瓦林茫哈의 동릉(永興陵)의 배장묘(陪葬墓)
묘지형태	지개(誌蓋)에 3행의 전서(篆書)로된 거란소자 ≪고황태숙조애책(故太叔祖哀冊)≫이 있고, 지석(誌石)에는 25행의 거란소자 지문(誌文)이 있다. 같은 묘에서 출토된 한문 애책의 지개에 2행의 전서 한자 ≪태숙조애책문(太叔祖哀冊文)≫이, 지석에는 26행의 한자 지문이 있다. 양 문자에 쓰여진 내용은 대역(對譯)이 아니다.
소장기관	바린요우치(巴林右旗) 박물관
묘주	阿輦和魯斡("阿輦"은 묘주의 자[字], "和魯斡"은 묘주의 이름, 한풍명은 "耶律弘本"), 향년 70세(요 흥종 중희 10년[1041] ~ 요 천조제 건통 10년[1110]).
방족(房族)	흥종황제계(興宗皇帝系)
출전	『契丹語言文字研究』(pp.306-310).

(자료 : 愛新覺羅외 2015⑩)

관련 연구문헌 (저자순)	· 即　實 <≪義和哀冊≫釋讀>, ≪謎田耕耘—契丹小字解讀續≫, 遼寧民族出版社, 2012. · 清格勒·劉鳳翥 <契丹小字≪皇太叔祖哀冊≫考釋>, ≪民族語文≫ 2003 제5기.

<묘지 내용>

① 묘지명 제목 및 찬자(撰者)(제1행~제3행)

대야율 고의화인수 황태숙조 애책(大耶律故義和仁壽皇太叔祖哀冊).

은청숭록대부(銀青崇祿大夫)·검교상서우복야(檢校尚書右僕射)·사지절용주제군사(使持節龍州諸軍事)·용주자사(龍州刺史)·충본주방어사(充本州防禦使)·자장관지사지(字掌管之事知) 겸 전중시어사(殿中侍御史)·운기위(雲騎尉)·칠수현개국자(漆水縣開國子)·식읍(邑食) 5백호 신인(臣人) 耶律固가 위로하며 받들어 찬(撰)하다. 오원(五院) 歐古恁이 글을 적다.

② 소서(小序)(제4행~제6행)

건통(乾統) 10년(1110) 세차(歲次) 경인(庚寅), 윤8월 정유삭(丁酉朔) 25일 신유(辛酉)에 의화인수 황태숙조(義和仁壽皇太叔祖)가 대복특·수(臺卜特收)에 있는 행장(行帳)에 머물다가 서거하여, 10월 병신삭(丙申朔) 5일 경자(庚子)에 경운산(慶雲山)의 동쪽 기슭으로 옮겨 안치(安置)하고 11월 을축삭(乙丑朔) 8일 임신(壬申)에 영흥릉(永興陵)을 열어 다시 닫게 하는 예(禮)를 드렸다. 황제께서 지(旨)를 내리시어 잠조(暫厝)하였다.

③ 사문(辭文)(제7행~제25행)

(중략) …… 경종황제(景宗皇帝)의 직계 효장(孝章, 흥종황제를 지칭)의 제3자이며, 인성(仁聖, 도종황제를 지칭)의 큰동생이다. (후략)

<資料> 1) 清格勒외 2003, 2) 愛新覺羅 2004a⑫, 3) 即實 2012⑩.

황태숙조 애책(책개) 탁본

황태숙조 애책(책석) 탁본

26. 宋魏国妃墓誌 (요 천조제 건통 10년[1110] 11월 8일)

묘지명	대야율 고송위국비 묘지명(大耶律故宋魏国妃墓誌銘)
출토지	内蒙古自治區 巴林右旗 索博日嘎蘇木 瓦林茫哈의 동릉(永興陵)의 배장묘(陪葬墓)
묘지형태	지개(誌蓋)에 4행의 전서(篆書)로된 거란소자 ≪고송위국비묘지명(故宋魏国妃墓誌銘)≫이 있고, 지석(誌石)에는 24행의 거란소자 지문(誌文)이 있다. 같은 묘에서 출토된 한문 애책의 지개에 2행의 전서 한자 ≪송위국비지문(宋魏國妃誌文)≫이, 지석에는 26행의 한자 지문이 있다. 양 문자에 쓰여진 내용은 대역(對譯)이 아니다.
소장기관	巴林右旗博物館
묘주	烏魯宛妃("阿輦和魯斡"의 부인), 향년 25세(청녕 2년[1056] ~ 대강 6년[1080]).
방족(房族)	발리국구소옹장(抜里国舅小翁帳)

출전	『契丹語言文字研究』(pp.301-306), 『愛新覺羅烏拉熙春女真契丹学研究』(pp.267-277), 『新出契丹史料の研究』(pp.238-241).

(자료 : 愛新覺羅외 2015⑩)

관련 연구문헌 (저자순)	• 劉鳳翥 · 清格勒 <契丹小字《宋魏國妃墓誌銘》和《耶律弘用墓誌銘》考釋>, 《文史》 2003년 제4집. • 即 實 <《無如沅墓誌》釋讀>, 《謎田耕耘─契丹小字解讀續》 遼寧民族出版社, 2012년.

< 묘지 내용 >

① 묘지명 제목 및 찬자(撰者)(제1행~제3행)

대야율 고송위국비의 묘지명(大耶律故宋魏国妃墓誌銘). 은청숭록대부(銀青崇祿大夫)・검교상서우복야(檢校尚書右僕射)・사지절용주제군사(使持節龍州諸軍事)・용주자사(龍州刺史)・충본주방어사(充本州防禦使)・자장관지사지(字掌管之事知) 겸 전중시어사(殿中侍御史)・운기위(雲騎尉)・칠수현개국자(漆水縣開國子)・식읍(邑食) 5백호 신인(臣人) 耶律固가 위로하며 받들어 찬(撰)하다. 신인 模奴가 글을 적다.

② 묘주의 선조(제4행~제5행)

고송위국비(故宋魏国妃)의 이름은 烏魯宛이고, 국구소옹장(國舅小翁帳) 사람이다. 증조부 諧領桃隗(蕭和)는 제국왕(齊國王)에 추봉(追封)되었다. 조부 留隱高九(蕭孝誠)는 국구상온(國舅詳穩)・난릉군왕(蘭陵郡王)이었다. 부친 時時鄰迪烈(蕭知玄)은 수사도(守司徒)・난릉군왕에 추봉되었다.

③ 묘주의 사적(事蹟)(제5행~제7행)

비(妃)는 瞀里哥・糺里・紗懶라는 세 아들이 있다. 함옹(咸雍) 6년(1070) 가을에 흥종(興宗)의 둘째아들 阿輦和魯斡(弘本)과 결혼하여, 대강(大康) 3년(1077) 여름에 가족이 재난을 당하여 집으로 돌아왔다. 6년(1080) 12월 23일에 25세를 일기로 사망하였다. 7년(1081) 12월 23일에 관을 채운산(彩雲山) 동쪽 언덕에 일시 안치하였다. 건통(乾統) 원년(1101) 봄에 어지(御旨)를 내려 반란을 평정하고, 2년 겨울에 칙을 내려 바르게 복

원시켰으며, 10년 가을에 흥종황제의 동전천(同天殿)에서 의제(依制)를 세웠다. 11월 8일에 고인(故人)이 된 남편 황태숙조(皇太叔祖) 阿輦和魯斡의 현당(玄堂, 묘)에 합장하는 예를 드렸다.

④ 묘주의 형제자매(제7행~제11행)

비는 형제 6인이 있는데, 첫째 예빈사(禮賓使) 訛里不里는 근시(近侍)가 되었다. 둘째는 좌금오위상장군(左金吾衛上將軍)・동지부서사사(同知部署司事)・부마도위(駙馬都尉) 撻不也里로 도종황제의 딸 조국공주(趙國公主)와 결혼하여 나잉로구장(那艿老嫗帳)을 계승하였다. 대강(大康) 연간에 무고로 인하여 변을 당하였으나, 새 황제가 등극하여 내수동중서문하평장사(內授同中書門下平章事)・난릉군왕에 추봉되었다. 셋째는 烏魯斡로 북특말야야진(北特末也俄眞)・단[담]주지사(檀[潭]州知事)가 되었으며, 넷째는 乙辛으로 연창궁부사(延昌宮副使)・동지점검사사(同知點檢司事)이다. 다섯째는 特末里로 기고예랄상온(旗鼓拽剌詳穩)이고, 여섯째는 扎不古로 용주단련사지주서사(龍州團練使知州署事)이다.

손위누이로 隋哥와 譜葛이 있고, 손아래에는 特免과 斡特懶가 있는데, 모두 명문가에 시집갔다.

신(臣)의 학문이 적고 재능이 부족하다.

⑤ 사문(辭文)(제14행~제24행) (생략)

<資料> 1) 劉鳳翥외 2003b, 2) 愛新覺羅 2010f, 3) 即實 2012⑪.

< 묘주의 가계 인명 >

구 분		거란소자	추정 발음	《요사》/ 한문 묘지	劉鳳翥	即實	愛新覺羅
증조	조부	夆仚 乇开 伏 火	hai.l.in tau.ʊ.ui	蕭和	解里・桃隈	孩隣・陶瑰	諧領桃隗
	조모						齊国太妃

조	조부	 (山丙伏 几丸 几丙)	l.io-n g.au g.iu	蕭孝誠	六溫·高九	留訥·高九	留隱高九
	조모						祁氏
부모	부친	天丑 公用 亐伏 芬	ʃ.ia.al.in t.il.ə	蕭知玄	時時里·迪烈	石士林·迪里伏	時時隣迪烈
	모친						
당대	묘주	圣夾 尺与	u.ur.u.ən		訛都婉	無如浣	烏魯宛
	남편			耶律弘本			阿輦和魯斡
형제	첫째	扎仐 屮	ur.əl.bur		訛里本	哥勒卜	訛里不里
	둘째	令生 丙关	t(d).abu.j.i	撻不也	撻不也	撻不也	撻不也里
	셋째	圣夾 尺父	u.ur.u.ər		訛都斡	無女韋	烏魯斡
	넷째	仐村	nε.sε		義信	思恩	乙辛
	다섯	令金 父	t(d).mε.ur		特每(特每里)	特玫	特末里
	여섯	朴生 余	tʃ.abu.gu		智不困	扎不開	扎不開
자매	첫째	伯 几芬	sui g.ə		隋哥	遂哥	隋哥
	둘째	乃刋 为	am.aq.a		阿姆哈	諳夸	諳葛
	셋째	令金 与	t(d).mε.ur		特美	特免	特免
	넷째	仐分 屮坐 为出	o.du.l.ha.a.an		烏特蘭	斡特剌初	斡特懶

송위국비 묘지(지개) 탁본

송위국비 묘지(지석) 탁본

27. 韓高十墓誌 (요 도종 대강 2년[1076] 이후)

墓誌名	대중앙 호리지거란국 횡장계부방 진왕장 겸 중서령 개국공 왕녕 묘지(大中央胡里只契丹国横帳季父房秦王帳兼中書令開国公王寧墓誌)
出土地	内蒙古自治區 巴林左旗 白音勿拉蘇木 白音罕山에 있는 韓匡嗣 가족의 묘역
墓誌形態	지석(誌石)에는 26행의 거란소자 지문(誌文)이 있다. 이어지는 내용은 지개(誌蓋)의 안쪽에 새겨져 있을텐데, 지개는 행방불명이다.
所蔵機関	요상경박물관(遼上京博物館)
墓主	王寧高十("王寧"은 묘주의 자[字], "高十"은 묘주의 이름, 이전의 한풍명은 "元佐"), 사망년도는 불명(요 성종 개태 4년[1015]~?).

방족(房族)	계부방 진왕장(季父房秦王帳)
出典	『契丹語言文字研究』(pp.284-294), 『愛新覺羅烏拉熙春女真契丹学研究』(pp.247-267).

(자료 : 愛新覺羅외 2015⑩)

| 관련
연구문헌
(저자순) | · 愛新覺羅烏拉熙春 <≪韓敵烈墓誌銘≫與≪韓高十墓誌≫之比較研究>, ≪東亞文史論叢≫ 제2호(2003).
· 劉鳳翥 <契丹小字≪韓高十墓誌≫考釋>, ≪揖芬集－張政烺先生90華誕紀念文集≫, 社會科學文獻出版社, 2002.
· 劉鳳翥·淸格勒 <遼代≪韓德昌墓誌銘≫和≪耶律(韓)高十墓誌銘≫考釋>, ≪國學研究≫ 제15권(2005).
· 卽 實 <≪王訥墓誌≫釋讀>, ≪謎田耕耘－契丹小字解讀續≫ 遼寧民族出版社, 2012. |

<묘지 내용>

① 묘지명 제목 및 찬자(撰者)(제1행~제3행)

대중앙 호리지거란국 횡장계부방 진왕장 겸 중서령 개국공 왕녕 묘지(大中央胡里只契丹国横帳季父房秦王帳兼中書令開国公王寧墓誌).

횡장 계부방(横帳季父房) 朴盧袞태사(太師)의 손(孫) 예신사낭군(禮信使郎君)·知右起居注(知右起居注) 耶律固가 찬(撰)하다.

② 묘주의 선조(제3행~제12행)

령공(令公, 묘주를 지칭한다)의 고조부는 迪里古魯(韓知古) 복야령공(僕射令公)이고 그의 부인은 구곤(甌昆) 麼撒부인(夫人)으로, 아들이 하나 있는데, 진왕(秦王) 天寧瑤質(韓匡嗣)이다.

진왕과 그의 부인 구곤 挈恩부인에게는 여덟 명의 아들이 있다. 장자는 延寧蘇速葛(韓德源) 상공(相公)으로 부인이 셋 있는데, 첫 부인은 한인 朝哥부인, 둘째 부인은 구곤 阿古부인, 셋째 부인은 국구(國舅) 蘭庫부인이며, 셋 다 생존해 있다. 차자는 崇嚴(韓德慶) 사도(司徒)로, 부인은 구곤 鈿匿낭자이며, 후사가 있다. 제3자는 篤(韓德彰) 사도로, 부인은 을실(乙室) 鐸呮낭자이며, 후사가 있다. 제4자는 興寧藥哥(韓德讓) 대승상(大丞相)·대왕(大王)으로 자손이 없어 合祿대왕의 동생 아들인 耶魯낭군(郎君)으로 하여금 장(帳)을 잇도록 하였다. 제5자는 普鄰道韓(韓德威) 초토(招討)·시중(侍中)으로, 부인은 멸고내(蔑古乃) 粘木袞부인이며 후사가 있다. 제6자는 何葛(韓德沖) 호부(戶部)로, 부인은 구곤 虒古부인이며 후사가 있다. 제7자는 三隱定哥(韓德顒＝耶律隆祐) 상공(相公)으로 부인은 국구 阿里부인인데, 자손이 없어 형 普鄰초토의 손자인 遵寧滌魯(韓宗福)로 하여금 그 장을 잇게 하였다. 제8자는

福哥(韓德昌)사도로 부인은 구곤 尤董낭자이며, 아들이 하나 있는데, 留隱郭三재상(宰相)이다.

留隱재상은 부인이 둘 있는데, 첫 부인은 諧領부인으로 국구소옹장(國舅小翁帳) 迪年부마군왕(駙馬郡王)의 딸이다. 諧領부인에게는 4명의 아들이 있다. 장자는 馮家奴상공이고 그의 부인은 국구소옹장 阿里부인인데, 鈿音공주의 딸이다. 외아들 唐古魯태사(太師)가 있다. 차자는 斬睦古장군(將軍)이고 그의 부인은 奚里胡낭자인데, 국구장(國舅帳) 모 상공의 딸이다. 자식은 없어 唐古魯태사의 아들 王家奴로 하여금 장을 잇게 했다. 셋째아들은 塔塔里장군이고 그의 부인은 粘木袞낭자인데, 국구이리필장(國舅夷離畢帳)의 乎固의 딸이다. 외아들 靑忻태사가 있다. 넷째아들은 歐里不낭군이고 자식은 없다.

留隱재상의 둘째 부인은 國哥별서(別胥)로 국구족(國舅族) 爻括상공의 딸이다. 4남 2녀가 있다. 장자는 曷魯隱高家奴상공이고, 차자는 吳八낭군이며, 제3자는 楊九낭군이고, 제4자는 王寧高十재상이다. 장녀는 勉부인이고, 차녀는 曷魯里부인이다.

③ 묘주의 사적(事蹟) 등(제12행~제26행)

王寧高十은 迪里古魯령공의 5세손으로 留隱재상의 여덟째 아들이다. 개태(開泰) 4년(1015) 6월 2일에 태어났으며, 소자(小字)가 高十이고 이름이 王寧이다. 중희(重熙) 8년(1039) 24세에 출사하여 지후(祗候)·패인사낭군(印牌司郎君)이 되었고, 10년(1041)에는 예신사낭군(禮信司郎君)에 임명되었으며, 11년(1042)에는 숙직관(宿直官)이 되었고 소장군(小將軍)의 칭호를 받았다. 13년(1044)에는 적격궁부궁사(積慶宮副宮使)가 되었고, 뒤이어 알로타도통(斡魯朵都統)·동지제행궁도부서(同知諸行

宮都部署)·병속서(幷續署)·대장군(大將軍)이 되었다. 17년(1048)에는 흥성궁도궁사(興聖宮都宮使)에 임명되었고, 18년(1049)에는 미리길도통(迷里吉都統)이 되었으며, 그 다음 해(1050) 2월에는 원정에서 돌아와 사첩군상온(四捷軍詳穩)이 되었다. 그 해 8월에는 근시(近侍)·우원낭군반상온(右院郎君班詳穩)이 되고, 겨울에는 남경보군지휘사(南京步軍指揮使)에 임명되었다. 22년(1053)에는 영예롭게 절도사(節度使)로 승진하였고 흥성궁도궁사에 다시 임명되었다. 금성(今聖)이신 청녕황제(清寧皇帝)께서 즉위하자 …… 청녕 원년(1055)에 □궁사(□宮使)의 자리에 있으면서, 또 절도사를 제수받았다. 4년(1058)에 남경보군지휘사에 다시 임명되었고, 6년(1060)에는 록주절도사(淥州節度使)가 되었으며, 7년(1061)에는 오고적렬도상온(烏古敵烈都詳穩)이 되었고, 8년(1062) 겨울에는 금오위상장군(金吾衛上將軍)·서북로초토사(西北路招討使)가 되었다. 9년(1063) 가을에는 권오원대왕(權五院大王)이 되고, 그 해 가을에는 공부상서(工部尙書)가 됨과 아울러 오고적렬도상온으로 복귀하였다. 10년(1064) 여름에는 그 직에 머물면서 총령맹고□□(總領萌古□□)이 되었고, 그 이후 호부상서(戶部尙書)가 되었다. 함옹(咸雍) 원년(1065) 봄에는 심주절도사(瀋州節度使)·예부상서(禮部尙書)가 되었고, 겨울에는 봉릉군절도사(奉陵軍節度使)가 되었다. 2년(1066) 여름에는 용호군상장군(龍虎軍上將軍)·동경통판(東京通判)에 제수되었고, 겨울에는 서북로초토사가 되었다. 4년(1068) 여름에는 사상(使相)에 봉해졌고, 5년(1069)에는 남경통군(南京統軍)이 되었으며, 7년(1071)에는 다시 동경통판이 되었다. 대강(大康) 원년(1075) 여름에 남부재상(南府宰相)을 제수받고 2자공신(二字功臣)이 내려졌다. 2년(1076) 겨울에는 시중·지봉성주사(知奉聖州事)에 제수되었다. (이하 결락)

<資料> 1) 愛新覺羅 2009a⑧, 2) 愛新覺羅 2010f, 3) 即實 2012⑫.

<묘주의 가계 인명>

구 분		거란소자		≪요사≫/한문 묘지	劉鳳翥	即實	愛新覺羅
			추정 발음				
고조	조부	令刃 夂亥	t(d).ir.ug.ur	韓知古	圖古兀爾	得爾古里	迪里古魯
	조모	夂及 火为	m.o.os.a		麼散	茉爾薩	麼撒
증조	조부	令文 丙丸 夯伏 犸	t(d).iæ.æn.in j.au.dʒi	韓匡嗣	天你·堯治	田訥·爻純	天你藥只
	조모	九与 伏	na.ən.in	陳國夫人	拏恩	割輦	拏恩
조	조부	个 几夯	pu g.ə	韓德昌	富哥	福哥	福哥
	조모	丙夂 伏	iu.ug.in	蘭陵蕭氏	偶寧	友袞	尤董
부모	부친	屮丙 伏 曲 仐为 乃	l.io-n ko s.a.am	韓郭三	留寧·郭三	留訥·郭三	留隱郭三
	모친	几火 几夯	g.ui g.ə		貴哥	桂哥	國哥
당대	묘주	杰伏 几丸 飞夹	uaŋ.in g.au ʃ.an	韓元佐	王寧·高十	王訥·高山	王寧高十
	부인	□□			‥	‥	‥
아들	장남	□□			‥	‥	‥
	차남	□□			‥	‥	‥
딸	장녀	□□			‥	‥	達打奴

한고십 묘지 탁본

28. 海棠山契丹小字墓誌(殘石)

묘지명	횡장중부방 모 묘지(橫帳仲父房某墓誌)
출토지	遼寧省 阜新蒙古族自治県 大板鎮에 있는 하이탕산(海棠山) 지맥(支脈)인 사번산(薩本山) 동사면(東斜面)의 높은 평지에 있다. 그 동남쪽은 푸안사(普安寺)까지 500m 떨어져 있다. 그 동북쪽은 쟈오양사(朝陽寺, 요대 수운사[岫雲寺])까지 2.5km 떨어져 있다. 묘가 소재한 산은 ≪奴誌≫ 등과 같이 요대에는 텔브산이라 불렀다.
묘지형태	지석(誌石)의 잔석에 13행의 거란소자 지문(誌文)이 있고, 안쪽에는 후세에 부조한 불상(佛像)이 있다.
소장기관	부신몽고족자치현 박물관(阜新蒙古族自治県博物館)
묘주	미상

방족(房族)	중부방(仲父房)
출전	『契丹小字墓誌全釋』

(자료 : 愛新覺羅외 2015⑩)

관련 연구문헌 (저자순)	· 呂振奎 <海棠山契丹小字墓誌殘石補釋>, ≪民族語文≫ 1995 제4기. · ──── · 袁海波 <遼寧阜新海棠山發現契丹小字造像碑>, ≪考古≫ 1992 제8기. · ──── ──── <遼寧阜新海棠山發現契丹小字墓誌殘石>, ≪阜新遼金史研究≫ 제2집(1995). · 劉鳳翥 <海棠山契丹小字墓誌殘石補釋>, ≪阜新遼金史研究≫ 제2집(1995).

<묘지 내용>

[참고] 지석 안쪽에는 후세에 부조한 불상이 있고, 지석은 상당부분이 유실되어 13행의 거란소자 지문(誌文)만이 남아 있어서 정확한 내용을 알 수 없다. 다만 다음과 같이 묘주와 관련된 일부 내용만을 학자들이 밝혀내고 있다.

① 묘주의 아들(제4행)
첫째는 十德奴, 둘째는 陳家奴, 셋째는 謝家奴, 넷째는 韓家奴, 다섯째는 高八, 여섯째는 錢燕, 일곱째는 撻不也里韓家, 여덟째는 宜孫이다.

② 묘주의 부인(제5행~제6행)

묘주의 부인은 셋이다. 첫째 부인은 □□장군의 딸인 興哥부인이고 장남 十德奴를 낳았다. 둘째 부인은 포외(布猥)[1] 敎耶里태위(太尉)의 딸인 訛里本부인이다. 셋째 부인은 德里赫태위의 딸인 畢家부인으로 아들 일곱을 낳았다.

─────────────

1) 포외(布猥)를 나타내는 거란소자는 "𘭞𘬹"인데, 劉鳳翥는 이 글자가 국구(國舅)를 수식하는 "𘭞𘭥"와 어간이 같음을 이유로 묘주의 처가가 蕭氏(실제 묘주의 성은 耶律氏가 됨)일 것이라고 주장하고 있다(劉鳳翥 2014b㊻).

<資料> 1) 劉鳳翥 2014b㊻, 2) 愛新覺羅외 2015⑩.

<묘주의 가계 인명>

구 분		거란소자	추정 발음	≪요사≫/ 한문 묘지	劉鳳翥	卽實	愛新覺羅
당대	묘주	□□	‥		‥		‥
	부인	𘰴𘱈 𘭢𘱆	k(h).iŋ g.ə		興哥		
		𘬄𘭤 𘰽𘯥	ur.əl.bu.r		訛里本		
		𘬫 𘭢𘱇	bi g.ia		畢家		‥
아들	장남	𘰲𘭆 𘱀𘯲 𘭢𘰕	ʃ.ib d.əi. n.u		善德奴		十德奴
	차남	𘭋𘭎 𘭢𘱇 𘭢𘰕	tʃ.in g.ia n.u		陳家奴		陳家奴
	삼남	𘭠𘭝 𘭢𘱇 𘭢𘰕	s.iæ g.ia n.u		謝家奴		謝家奴
	사남	𘲠𘭆 𘭢𘱇 𘭢𘰕	ha.an g.ia n.u		韓家奴		韓家奴
	오남	𘭢𘭬 𘱃	g.au.ba		高□		高八

아들	육남	仐交 丙交 方 方	s.iæ.æn j.iæ.æn		仙延		錢燕
	칠남	令生 业夹 几才 丙父	t(d).abu.əi.i ha.an g.ia		撻不也 · 韓家		撻不也里韓家
	팔남	灾□ 仐□	əŋ.⁇.s.⁇		· ·		宜孫

해당산 거란소자 묘지(잔석) 탁본

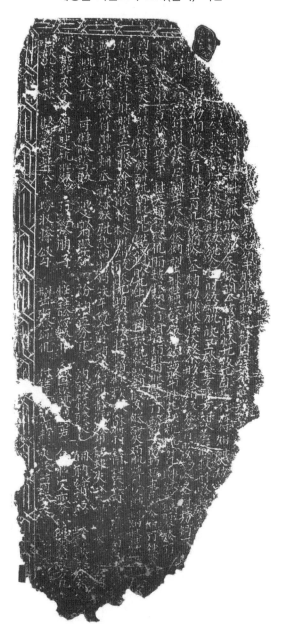

29. 故耶律氏銘石 (요 천조제 천경 5년[1115] 4월 10일)

묘지명	대야율 초로득부 적로근 장군의 처 달체낭자의 묘지명(大耶律初魯得迪魯董將軍妻撻体娘子墓誌銘)
출토지	内蒙古自治區 翁牛特旗 山嘴子郷 烏蘭阪毛布溝(蕭孝資묘와 동일 묘역). 山嘴子郷에서 朝格温都蘇木 賽沁塔拉嘎査包莫圖(蕭孝恭묘의 소재지)까지의 직선거리는 약 15km이다.
묘지형태	지개(誌蓋)에 2행의 전서(篆書)로 된 한자 ≪고야율씨명석(故耶律氏銘石)≫이 있고, 지석(誌石)에는 25행의 거란소자 지문(誌文)이 있다.
소장기관	츠펑시박물관(赤峰市博物館)
묘주	撻体. 향년 35세(요 도종 대강 7년[1081] ~ 요 천조제 천경 5년[1115])
방족(房族)	육원이리근방(六院夷離董房)
출전	『契丹語言文字研究』(pp.243-263), 『遼金史与契丹女真文』(pp.39-49, 69-85), 『契丹文墓誌より見た遼史』(pp.124-142), 『新出契丹史料の研究』(pp.155-156, 166-168).
묘주의 남편	迪魯董華嚴奴("迪魯董"은 字, 華嚴奴"는 이름, 그의 한풍명은 "孝寧), 사망년도는 미상(요 도종 청녕 6년[1060] ~ ?).
방족	초로득부(初魯得部)
출전	『愛新覺羅烏拉熙春女真契丹学研究』(pp.221-231).

(자료 : 愛新覺羅외 2015⑩)

관련 연구문헌 (저자순)	· 昭烏達盟文物工作站・翁牛特旗文化館 <内蒙古山嘴子『故耶律氏』墓發掘報告>, ≪文物資料叢刊≫ 제5기(1981). · 蘇 赫 <≪故耶律氏銘石≫初考>, ≪文物通訊≫ 제8기(1979). · —— <≪故耶律氏銘石≫考釋>, ≪文物資料叢刊≫ 제5기(1981). · 愛新覺羅烏拉熙春 <≪耶律迪烈墓誌銘≫與≪故耶律氏銘石≫所載墓主人世系考─兼論契丹人的 "名" 與 "字">, ≪東亞文史論叢≫ 창간호(2003). · —————————— <初魯得氏族考>, ≪東亞文史論叢≫ 2006 제1호. · 閻萬章 <契丹文遼道宗皇帝、皇后哀冊和『故耶律氏銘石』的撰寫人初探>, ≪遼寧大學學報≫ 1982 제4기. · 劉鳳翥 <契丹小字≪故耶律氏銘石≫考釋>, ≪赤峰学院学报(哲学)≫ 2014 제10기. · ——・于寶麟 <≪故耶律氏銘石≫跋尾>, ≪文物資料叢刊≫ 제5기(1981). · 李文信 <契丹小字≪故太師銘石記≫之研究>, ≪國立中央博物館論叢≫ 제3호(1942). · 卽 實 <≪銘石≫瑣解>, ≪謎林問徑─契丹小字解讀新程≫ 遼寧民族出版社, 1996.

<묘지 내용>

① 묘지명 제목 및 찬자(撰者)(제1행~제2행)
대야율 초로득부 적로근 장군의 처 달체낭자의 묘지명(大耶律初魯得迪魯董將軍妻撻体娘子墓誌銘).
고주관찰사(高州觀察使)・금자숭록대부(金紫崇祿大夫)・검교상서(檢校尚書)・우복야(右僕射)・칠수현개국백(漆水縣開國伯) 耶律固가 찬(撰)하다.

② 묘주의 선조(제3행~제7행)

낭자(娘子, 묘주를 지칭한다)의 이름은 撻体이고, 육원종실(六院宗室) 해령우월장(諧領于越帳)의 耶律撒懶 대왕(大王)[1]의 다섯째 딸이다.
낭자의 선조는 성날발(聖捺鉢)[2] 태조성원황제(太祖聖元皇帝)의 도외사질랄부(陶猥思迭剌部)를 이끈 의조황제(懿祖皇帝)[3]의 장자인 痕得隱帖剌이리근(夷離董)이다. 그 장자는 諧領蒲古只이리근, 차자는 曷魯隱匣馬葛이리근이다. 曷魯隱이리근의 차자는 諧領庫古里낭군(郎君)

이다. 諧領낭군의 차자는 서남초토(西南招討) 撒懶魯不古이며, 撒懶초토의 아들은 曷魯本吼채방사(採訪使)이다. 曷魯本채방사의 아들은 斜寧何魯不태사(太師)이고, 斜寧태사의 아들은 迪輦諧里생원(生員)이며, 그 아들(묘주의 조부)은 善寧光佛奴태사이다. 묘주의 부친은 육원대왕(六院大王) 撒懶迪烈德(1026~1092)이고 적모는 멸고내(蔑古乃)씨 五姐을림면, 실모(實母)는 멸고내씨 蒲魯本을림면이다. 撻體낭자는 善寧태사의 손녀로 대강(大康) 7년(1081) 5월 18일에 태어났다.

③ 묘주 남편의 사적 등(제7행~제13행)

남편인 迪魯董華嚴奴(1060~?, 한풍명: 蕭孝寧) 장군(將軍)은 초로득부(初魯得部) 승득석렬(承得石烈)의 달령(撻領) 高八(한풍명: 蕭德順) 재상(宰相)의 손자이며, 부친은 高八재상의 아들 奥魯宛燕六(한풍명: 蕭惟忠) 재상이다. 일찍이 흥종·도종 때 시위(侍衛)를 지냈으며, 천조제가 등극한 후에 봉성주(奉聖州)로 옮겼다. 재상의 선조들은 9대째 재상을 지냈다. 迪魯董장군의 형은 초로득 鄭八태사인데, 그의 부인은 阿里朮부인으로 육원종실 해령우월장의 耶律撒懶대왕의 둘째 딸이다.

迪魯董장군은 재상의 세 아들 중 셋째이다. 대안(大安) 10년(1094)에 35세의 나이로 지후(祗候)가 되고, 도종 때에 중국과 거란의 강역(疆域)에 관한 일을 담당하였다. 금성(今聖, 천조제)이 즉위한 후에는 솔부부솔(率府副率)에 봉해졌고 다시 승지(承旨)가 된 후 솔부솔(率府率)에 봉해졌다. 후에 무청병마도감(武清兵馬都監)에 제수되었다. 부인 撻體낭자는 원비(元妃) 이모(姨母)의 친척에 봉해지는 영예를 얻고, 천경(天慶) 5년(1115)에 알로타(斡魯朵) 북쪽에서 몸에 이상이 생겨 정월 11일에 35세를 일기로 행장(行帳)에서 사망하였다.

④ 묘주의 자녀(제16행)

낭자의 자녀는 셋이 있는데, 첫째는 閏哥낭자이고, 둘째는 昭明낭군이며, 셋째는 文安낭자로 결혼하지 않았다.

⑤ 묘주의 형제자매(제17행~제19행)

낭자에게 언니 넷과, 남동생 셋, 여동생 하나가 있다. 부친의 정처(正妻) 五姐을림면은 딸 둘이 있다. 장녀 時時里영양(令孃)은 별부국구(別部國舅) 郭里本圖古辭상공(相公)의 부인으로 원비(元妃)의 모친이다. 차녀 阿里朮영양은 구곤(甌昆)씨 圖睦里태위(太尉)의 배우자이다. 차처(次妻) 蒲魯本을림면은 딸 셋을 두었다. 제3녀는 圖獨영양으로 별부국구 迪輦烏里통군(統軍)의 부인이다. 제4녀는 唐영양으로 돌려불(突呂不) 陳家奴상온(詳穩)의 배우자이다. 제5녀가 撻體낭자이다.

소처(小妻)는 王日부인으로 아들 셋과 딸 하나를 두었다. 장자는 雲獨古里생원, 차자는 護思생원, 제3자는 丑烈생원이고, 막내딸은 涅剌里영양이다.

⑥ 기타(제20행~제25행)

…… 撒懶대왕의 후사(後嗣)인 영애(令愛), 迪魯董 심밀(審密)의 의례(儀禮)인 배우자 …… (중략)

천경5 을미년(乙未年) 4월 경자삭(庚子朔) 10 기유일(己酉日)에 백부(伯父)의 아들 태사 儀賢[4]이 글을 적다.

---

1) 묘주의 부친인 撒懶대왕은 ≪요사≫ 권96에 나오는 야율적렬(耶律敵烈)이다(愛新覺羅 2006a).

2) 성날발(聖捺鉢) 등 각종 날발의 표현은 p.47을 참조하라.

3) 요태조 야율아보기의 증조부로 사후인 건통 3년(1103년)에 의조황제로 추봉되었다(劉鳳翥 2014b㊶).

4) ≪迪誌≫에 따르면 달체낭자의 백부는 "王五"이므로, 儀賢은 왕오의 아들이다. 그러나 ≪迪誌≫에 儀賢이란 이름이 나오지 않아 누구의 이름인지 분명하지는 않다(愛新覺羅 2006a).

<資料> 1) 即實 1996⑤, 2) 愛新覺羅 2004a⑫/2006a/2010f, 3) 劉鳳翥 2014b㊶, 4) 愛新覺羅외 2012⑤/⑥.

<묘주의 가계 인명>

구 분	거란소자	추정 발음	≪요사≫/한문 묘지	劉鳳翥	即實	愛新覺羅
9대조		k(h).ədə.in tæl.a		痕得·帖剌	可突訥·帖剌	痕得隱帖剌
8대조	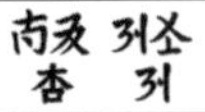	h(q)ar.u.un q.æm.aqa		曷魯寧·轄麥哥	曷魯木·匣馬葛	曷魯隱匣馬葛
7대조		ku.ug.ul		庫古哩	逑古魯	諧領庫古里

6대조		仝本 灬刈 並出 夂	s.ar.ha.an lə.bu.ug		撒懶·盧不古	薩剌初·魯不古	撒懶魯不古
5대조		丙丹 乂士 伏	h(q)ar.bu.n k(h).əu		曷魯·吼	曷魯本·吼	曷魯本吼
고조부		仝为 丙丹 伏	s.æn.in h(q)ar.uəe		斜寧·何魯不	斜寧·曷魯不	斜寧何魯不
증조부		令用 坒用 与	t(d).il.nɛ li.il		迪輦·解里	特末衍·乙林	迪輦諧里
조부		戈交 几杰 仐 公夭 为伏	ʃ.iæ.æn.in g.uaŋ pu n.u		善寧·廣富奴	仙訥·廣富奴	善寧光佛奴
부모	부친	仝本 並出	s.ar.ha.an	耶律敵烈	撒懶	蘇布㦤初	撒懶迪烈德
	모친	业夾 业夾 丹伏 刈伏	p.ur.bu.n (p.ur.bu-n)			菩如本	蒲魯本
당대	묘주	令东 关	t(d).ad.i		達得(達德)	東倪	捷體
	남편	令用 叐 灸夵 公夭 夂伏	t(d).il.ug.in hua ŋ.æm n.u	蕭孝寧	迪魯寧·華嚴奴	特末衰·卡言奴	迪魯董華嚴奴
아들	장남	亥岁 叐用	dʒ.jau m.iŋ		照明	昭明	昭明
딸	장녀	戈亦 几芬	j.iun g.ə		潤哥	俊哥	閏哥
	차녀	杰火 为夹	w.un a.an		文安	文安	文安

고야율씨 명석 탁본

30. 郎君行記 (금 태종 천회 12년[1134] 11월 14일)

비석명	대금 황제의 동생 도통경략낭군 행기(大金皇弟都統經略郎君行記)
발견지	① 陝西省 乾縣 唐乾陵에 있는 칙천황후(武則天)의 《無字碑》. ② 乾縣 乾陵鄕 司馬道村.
비석형태	비액(碑額)에 3행의 전서(篆書)로 된 한자 《대금황제도통경략낭군행기(大金皇弟都統經略郎君行記)》 가 있고, 비석(碑石)의 우측에 5행의 거란소자가 있으며, 좌측에 6행의 해서(楷書) 한자가 있다. 한문은 거란문을 토대로 일부 대역이 된다.
소장기관	건릉박물관(乾陵博物館)
비주(碑主)	도통경략낭군(都統經略郎君) 撒離喝(한풍명: 完顏杲), 출생년도는 미상(?~금 해릉왕[金海陵王] 천덕 2년 [1150]). 《금사》 권84에 전(傳)이 있다.
출전	『契丹文墓誌より見た遼史』(pp.322-325).

(자료 : 愛新覺羅외 2015⑩)

관련 연구문헌 (저자순)	<ul><li>吉池孝一 <郎君行記末尾の契丹小字と漢語訳>, 《KOTONOHA》 제140호(2014).</li><li>羅福成 <大金皇第都經略郎君行記石刻>, 《遼陵石刻集錄》(金毓黻 편) 권5, 1934.</li><li>樊英峰 <《郎君行記》碑考>, 《文博》 1992 제6기.</li><li>山路廣明 《契丹語の研究、『郎君行記』、他》, 南方諸言語研究所 인행, 1980.</li><li>桑原隲藏 <郎君行記碑石拓本>, 《史學雜誌》 제21편 제6호(1910).</li><li>牛達生 <《郎君行記》與契丹字研究─兼談不能再視《郎君行記》爲女真字了>, 《考古與文物》 1997 제4기.</li><li>羽 木 <二十世紀之謎─武則天『無字碑』上的少數民族文字>, 《旅遊》 1983 제2기.</li><li>劉鳳翥 <女真《郎君行記》碑文是契丹小字>, 《歷史月刊》(台北) 제65기(1993).</li><li>────── <契丹小字《大金皇第都統經略郎君行記》考釋>, 《契丹文字研究類編》, 中華書局, 2014.</li><li>──────・于寶麟 <乾陵發現的契丹字石刻>, 《西安晩報》 1982.11.12.</li><li>──────・────── <陝西乾縣又發現一塊契丹小字《郎君行記》石刻>, 《遼金契丹女真史研究動態》 제6기(1982).</li><li>齊德文 <乾陵發現契丹小字刻石>, 《考古與文物》 1983 제6기.</li><li>賀梓城・王仁波 <乾陵>, 《文物》 1982 제3기.</li><li>胡順利 <《郎君行記》碑應是以契丹字書寫的>, 《文物》 1982 제7기.</li><li>黃振華 <契丹文《郎君行記》新釋>, 《宋遼金史論叢》 제1집, 中華書局, 1985.</li><li>Andrew Shimunek, A new decipherment and linguistic reconstruction of the Kitan-Chinese bilingual inscription of 1134 A.D. Acta Orientalia Volume 67(1), 2014.</li><li>Стариков В. С., Киланьско-китай ская билингва чжурчжэньского времени (1134 г). Стра ны и Народы Востока. 17. 1975.</li></ul>

<비석 내용>

대금 황제의 동생 도통경략낭군 행기(大金皇弟都統經略
郎君行記).
대금국(大金國)의 가한(可汗)의 동생인 도통경략낭군(都
統經略郎君)이 강장(疆場)의 일이 없어 양산(梁山)의 양
지(陽地)에서 출발하여 사냥을 하고 당(唐)의 건릉(乾
陵)에 이르러 궁전(宮殿)이 도탑(倒塌, 넘어지다)되어 있
어 심히 실망하였다. 예주(醴州)의 수장(首長, "有司"를
말함)에게 명하여 고치고 장식하는 작업을 하도록 하
였고, 지금 다시 돌아와 회상(繪像, 초상화)을 새롭게
그려 회랑(回廊)에 세웠다. 해당 지역의 관리들과 함

께 주연을 베풀어 흥을 돋은 후에 되돌아왔다. 유군(宥郡) 蒲速里 한풍명(漢風名) 王圭가 표제를 받들고, 한자(漢字)는 상서직방낭중(尚書職方郎中) 黃應期가 글을 썼다.

(참고) 거란소자 좌측에는 다음과 같이 6행의 해서(楷書) 한자가 기록되어 있다. 한문은 거란문을 토대로 일부 대역이 된다.

大金皇弟統經略郎君嚮曰疆場無事, 獵於梁山之陽, 至唐乾陵, 殿廡頹然, 一無所睹, 爰命有司鳩工修飾.

今復謁陵下, 繪像一新, 回廊四起, 不勝欣懌, 與醴陽太守酣飲而歸. 時天會十二年歲次甲寅仲冬十有四日. 尚書職方郎中黃應期, 宥州刺史王圭從行, 奉命題. 右譯前言.

<資料> 1) 清格爾泰외 1985, 2) 愛新覺羅 2006a, 3) 劉鳳翥 2014b㊷.

낭군행기 사진(좌측) 및 탁본(우측)

31. 蕭仲恭墓誌 (금 해릉왕 천덕 2년[1150] 9월 19일)

묘지명	국구소옹장 월국왕 오리연 묘지(国舅小翁帳越国王烏里衍墓誌)
출토지	河北省 興隆縣 閻杖子鄉 梓木林子村의 동쪽에 있는 화전(火田)
묘지형태	지개(誌蓋)에 3행의 거란소자 《국구소옹장월국왕오리연묘지(国舅小翁帳越国王烏里衍墓誌)》가 있고, 지석(誌石)에는 50행의 거란소자 지문(誌文)이 있다.
소장기관	허베이성 박물관(河北省博物館)
묘주	烏里衍虎里者("烏里衍"은 묘주의 자[字], "虎里者"은 묘주의 이름, 그의 한풍명은 "蕭仲恭"). 향년 61세(요 도종 대안 6년[1090] ~ 금 해릉왕 천덕 2년[1150]). 《금사》 권82에 仲恭과 그의 아들 拱(迪輦阿不) 및 그의 아우 仲宣(牙不里)의 전(傳)이 있다.
방족(房族)	육원 멸고내(六院蔑古乃) → 발리 국구소옹장(拔里国舅小翁帳)
출전	『愛新覺羅烏拉熙春女真契丹学研究』(pp.113-121), 『新出契丹史料の研究』(pp.241-242).

(자료 : 愛新覺羅외 2015⑩)

관련 연구문헌 (저자順)	· 孫偉祥 <契丹小字《蕭仲恭墓誌》削字現象研究>, 《북방문화연구》 제4권(2013). · 閻萬章 <河北興隆金墓出土契丹文墓誌考釋>, 《東北考古與歷史》 제1집(1982). · 王靜如 <興隆出土金代契丹文墓誌銘解>, 《考古》 1973 제5기. · 劉鳳翥 <契丹小字《蕭仲恭墓誌銘》再考釋>, 《契丹文字研究類編》, 中華書局, 2014. · 鄭紹宗 <興隆縣梓木林子發見的契丹文墓誌銘>, 《考古》 1973 제5기. · 卽 實 <《戈也昆墓誌》釋讀>, 《謎林問徑—契丹小字解讀新程》 遼寧民族出版社, 1996. · G. Kara, *A Propos de l'inscription Khitane de 1150*. Annales Universitatis scientiarum Budapestinensis. Sectio linguistica. 1975.

< 묘지 내용 >

① **묘지명 제목 및 찬자(撰者)**(제1행~제2행)
국구소옹장 월국왕 오리연 묘지(国舅小翁帳越国王烏里衍墓誌).
을실기부(乙室己部) 사람 昭恩이 찬(撰)하다.

② **묘주의 선조**(제2행~제6행)
국왕(國王, 묘주를 지칭한다)의 자(字)는 烏里衍이고 이름은 虎里者이다. 거란국 육원부(六院部) 멸고내씨(蔑古乃氏) 출신이다. 조부는 特免撻不也里대왕(大王)으로, 청년 때에 도종황제(道宗皇帝) 근시(近侍)의 직을 받았고 낭군반(郎君班)에 보해졌다. 耶律乙辛이 태자(太子)를 해친 후에 변관(邊關)으로 나와 8~9년을 지냈다. 대안(大安) 2년 후에 아들이 도종의 공주와 결혼하자 집안이 번창하고 재상(宰相)에까지 이르렀다. 통군제호개록(統軍諸號皆錄)을 역임하던 중에 작위가 1자왕(一字王)에 이르렀다.
대왕은 아들이 둘인데, 첫째는 兀古鄰特末里부마(駙馬)로 젊어서 도종황제의 3녀인 월국공주(越國公主) 特里와 결혼하였다. 국구소옹장(國舅小翁帳) 撻不衍陳留(한풍명: 蕭孝友) 국왕의 장(帳)을 계승하였고, 일찍이 통군제호(統軍諸號) 및 수사공(守司空)을 역임했다. 후에 국왕의 작위는 개부의동삼사(開府儀同三司)·빈국공(豳國公)·대왕부마(大王駙馬)에 이르렀다.

③ **묘주의 형제**(제6행)
부마와 공주의 아들은 다섯이 있다. 큰 아들은 胡都菫태위(太尉)이고, 둘째 아들이 국왕이다. 셋째 아들은 野里補봉국(奉國, 1094~1157, 한풍명: 蕭仲宣)이고, 넷째 아들은 부마(駙馬) 阿信이며, 다섯째 아들은 白斯不봉국이다.

④ **묘주의 사적(事蹟)**(제6행~제26행)
국왕은 대안 6년(1090) 5월 3일에 태어났다. 어려서 거란자와 한자를 학습하여 한시(漢詩)와 거란시(契丹

詩)를 지을 수 있었고 문사(文史)에 통달하였다. 어려서부터 현효공근(賢孝恭謹)하여 그 명성이 자자하였다. [요조에서는] 13세에 제위소장군(諸衛小將軍)에 봉해지고, 15세에 단련사(團練使)가 더해졌으며, 18세에는 지후(祗候)가 되어 낭군해아반(郎君孩兒班)에 임명되었다. 26세에는 부궁사(副宮使)에, 27세에는 관찰사(觀察使)에 임명되었다. 34세에는 보국상장군(輔國上將軍)·북원호위(北院護衛)가 되었다. 천보(天輔) 6년(1122) 1월 16일[1]에 거란알로타통군(契丹斡魯朶統軍)·의동통군도통(儀同統軍都統)이 되었다. 금조(金朝)의 대군(大軍)이 중경(中京)을 공략함에 따라 급히 천조제가 서쪽으로 달아나자 부모형제와 함께 측근에서 호위하였다.[2]

금(金)에 항복한 이후 태종 때에 우원선휘(右院宣徽)를 제수받고 2년 동안 소부감(少府監)을 지냈다. 천회(天會) 11년(1133)에 표기대장군(驃騎大將軍)에 제수되고 우원선휘(右院宣徽)에 실제로 임명되었다. 14년(1136)에는 제나라(齊國)에 회사병생일정단사(回謝幷生日正旦使)로 갔다. 15년(1137)에는 좌금오위상장군(左金吾衛上將軍)에 봉해졌다.

천권(天眷) 원년(1138)에는 태자소사(太子少師)에 봉해지고, 전전도점검(殿前都點檢)·선휘(宣徽)에 제수되었다. 그 해에 ≪신례(新禮)≫를 제정하고 품계(品階)를 다시 정하였으며, 태자소사의 임기가 만료된 후에 용호위상장군(龍虎衛上將軍)에 제수되었다. 2년(1139)에 은청광록대부(銀青光祿大夫)에 봉해졌고, 3년에 특진(特進)·상서우승(尚書右丞)에 제수되고 한국공(韓國公)에 봉해졌다.

황통(皇統) 원년(1141)에는 의동삼사(儀同三司)에, 2년(1142)에는 개부의동삼사(開府儀同三司)에, 5년(1145)에는 난릉군왕(蘭陵郡王)에 봉해졌다. 6년(1146)에 지모원사(知某院事)가 되고 세습 맹안(世襲猛安)이 되었으며 우승(右丞)의 지위를 얻었다. 7년(1147)에는 평장정사(平章政事)에 제수되고 성왕(郕王)에 봉해졌다. 8년(1148)에 행대상서성 좌승상(行臺尚書省左丞相)에 제수되고 치왕(淄王)에 봉해졌다. 그 해에 상서우승상(尚書右丞相)에 제수되고 제왕(濟王)에 봉해졌다. 그 해에 다시 중서령(中書令)과 감수국사(監修國史)에 제수되었다. 그 해에 다시 태부령삼성사(太傅領三省事)에 임명되고 정왕(鄭王)에 봉해졌다.

천덕(天德) 원년(1149)에 옮겨 조왕(曹王)에 봉해졌다. 그 해에 모왕(某王)에 봉해지고, 그 달에 노왕(魯王)에 봉해졌으며, 연경유수(燕京留守)에 임명되었다. 2년(1150) 정월에 노왕에서 옮겨져 월국왕(越國王)에 봉해지고 2월에 남경(南京)에 이르렀다. 한스럽게도 그 해 5월 2일 밤에 사망하였다.

⑤ **묘주의 부인과 자녀**(제27행~제30행)

국왕의 부인은 2명인데, 정실(正室)은 福哥낭자(娘子)로 진왕장(晉王帳) 李里태위(太尉)의 딸인데, 자식이 없이 사망하였다. 차실(次室)은 南睦散으로 월국비(越國妃)에 봉해졌으며, 육원해령우월장(六院諧領于越帳) 五七태사(太師)의 딸이다.

국왕의 아들은 迪輦阿不(?~1151, 한풍명: 蕭拱)으로 젊어서 맹안(猛安)의 직을 얻었으며, 시랑소무대장군(侍郎昭武大將軍)에 봉해졌다가 다시 상서예부시랑(尚書禮部侍郎)으로 회복되었다. 그의 부인은 2명인데, 정실 洛氏妭는 耶律習尼里특진(特進)의 딸이고, 차실 擇特懶는 육원(六院) 阿撒里낭군(郎君)의 딸(금 해릉왕 柔妃彌勒의 맏누이)이다.

국왕의 딸은 둘인데, 첫째는 紈里胡都古로 撻愛보국대장군(輔國大將軍)에게 시집갔고, 차녀 胡都古迷己는 시집가지 않았다. 손자가 3명 있는데 迭烈哥·休哥·葩思이고, 손녀는 1명인데 朝迷己이다.

⑥ **기타**(제30행~제50행)

(중략)

천덕 2년(1150) 9월 19일에 갈로이산(曷魯爾山)에 안장(安葬)하였다. 부인인 월국비(越國妃)와 아들 시랑(侍郎)이 주례(周禮)에 따라 매장(埋葬)하고 슬퍼하였다.

(중략)

을실기부(乙室己部) 사람 康奴가 글을 쓴다.

---

1) 劉鳳翥는 이와는 달리 "천보(天輔) 6년(1122) 1월 16일에 거란이 망했다"라고 해독하고 있다(劉鳳翥 2014b㊹).

2) 劉鳳翥의 해독에 따르면, 이 내용 이전에 "모친인 공주(公主)의 동생 野里補소사(少師) ……, 대국(大國)의 읍(邑) ……, 대국의 도통수장(都統首長) 루실대왕(婁室大王)이 서경(西京)에 도착함에 따라 ……, 부마(駙馬)와 공주(公主) 2인을 주례에 따라 매장하였다. …… 남송(南宋)에 사신으로 가서 ……, 원수부(元帥府)에 이르러 ……" 등의 표현이 있다(劉鳳翥 2014b㊹).

<資料> 1) 愛新覺羅 2009a⑰, 2) 愛新覺羅 2010f, 3) 劉鳳翥 2014b㊹, 4) 愛新覺羅외 2015⑩.

< 묘주의 가계 인명 >

구 분		거란소자	추정 발음	《요사》/ 한문 묘지	劉鳳翥	即實	愛新覺羅
조부		仌仚 令生 与 丙关	d.əm.ən t(d).abu.j.i		特勉·撻不也	德思昆·撻不也	特免撻不也里
부모	부친	夂平 仌仚 伏 岺	ug.ul.in t.əm.ər	蕭兀納	兀立寧·特末	兀納·德思瑰	兀古鄰特末里
	모친	夾芬 乃火 乃太 亥尖	jue.ə g.ui g.uŋ ʤ.iu	越国公主	越国公主	越国公主	越国公主
당대	묘주	址丙 弓刦 与 岺	ur.j.ən ʤu.uldʒi.ə	蕭仲恭	烏演·朮里者	戈里衍·朮里者	烏里衍朮里者
	부인	夲 乃芬	pu g.ə		傅哥(富哥)	福哥	福哥
		公行 犬立 出	n.omo.os.ha.an		尼姆	··	南睦散
아들	장남	仌用 与 生	d.il.ən abu	蕭拱	迪輦·阿不	迪輦·阿不	迪輦阿不
딸	장녀	仌丙 搽 刃	d.io.ir qutug		迪里姑	丢額日	糺里胡都古
	차녀	搽 叉勺	qutug mi.qu				胡都古迷己

소중공 묘지의 탁본(1) – 지개

소중공 묘지의 탁본(2) - 지석

32. 金代博州防禦使墓誌 (금 세종 대정 11년[1171])

묘지명	대금 습련 진국상장군 호군 칠수군후 박주방어사 묘지명(大金習輦鎭國上將軍護軍漆水郡侯博州防禦使墓誌銘)
출토지	內蒙古自治區 敖漢旗 新地鄕 老虎溝村에서 서북쪽으로 약 1.5km 떨어진 베이산(北山)의 남사면(南斜面)
묘지형태	지개(誌蓋)에는 문자가 없고, 지석(誌石)에는 51행의 거란소자 지문(誌文)이 있다.
소장기관	아오한치 박물관(敖漢旗博物館)
묘주	習輦(묘주의 자), 향년 64세(요 도종 대강 5년[1079]~금 희종 황통 2년[1142])

방족(房族)	맹부방 야란가한장(孟父房耶瀾可汗帳)
출전	『契丹語言文字研究』(pp.230-233), 『愛新覺羅烏拉熙春女真契丹学研究』(pp.121-139), 『新出契丹史料の研究』(pp.119-123).

(자료 : 愛新覺羅외 2015⑩)

| 관련
연구문헌
(저자순) | ・愛新覺羅烏拉熙春 <契丹小字≪金代博州防御使墓誌銘≫墓主非移剌幹里朶 － 兼論金朝初期無 "女真
国" 之国號 >, ≪滿語研究≫ 2007 제1기.
・劉鳳翥 <契丹小字≪金代博州防御使墓誌銘≫考釋 >, ≪契丹文字研究類編≫, 中華書局, 2014.
・──── 周洪山・趙傑・朱志民 <契丹小字解讀五探 >, ≪漢學研究≫ 제13권 제2기(1995).
・劉浦江 <內蒙古敖漢旗出土的金代契丹小字墓誌殘石考釋 >, ≪考古≫ 1999 제5기.
・朱志民 <內蒙古敖漢旗老虎溝金代博州防禦使墓 >, ≪考古≫ 1995 제9기.
・卽 實 <≪韓訥墓誌≫釋讀 >, ≪謎田耕耘—契丹小字解讀續≫ 遼寧民族出版社, 2012. |

< 묘지 내용 >

① 묘지명 제목(제1행~제2행)

대금 습련 진국상장군 호군 칠수군후 박주방어사 묘지명(大金瞖輦鎮國上將軍護軍漆水郡侯博州防禦使墓誌銘).

② 묘주의 선조(제2행~제5행)

묘주의 자(字)는 瞖輦[1]으로 거란국 황족 야율씨(耶律氏)이다. 증조부는 尤古里낭군(郎君)이고, 조부는 胡古도감(都監)으로 중희(重熙) 연간에 지후(祗候)가 되었다. 부친은 韓寧幹特剌장군(將軍)이다. 모친은 撻體낭자(娘子)로 알로타(斡魯朶)의 칠수군 태부인(漆水郡太夫人)에 봉해졌다. 瞖輦은 진국(鎮國) 韓寧장군과 태부인의 장자이다.

③ 묘주의 사적(事蹟)(제6행~제32행)

瞖輦은 거란 대강(大康) 5년(1079) 2월 □일[2]에 태어났다. 태어나면서부터 활달하고 도량이 넓었으며, 예의를 중히 여겼고 문무(文武) 모두에 밝았다. 16세(대안[大安] 10년[1094])에 출사하여 북원(北院)에서 일하였고, 천경(天慶) 2년(1112)인 34세에 천운군상온(天雲軍詳穩)에 제수되어 관직이 통군도통(統軍都統)에 이르렀으며, 모부갑살(某部閘撒)의 일을 총괄하였다. 맹부방창온(孟父房敞穩)에 임명되어 연(燕)・활(滑)의 일을 총괄하였다. 천경 6년(1116) 발해(渤海)가 반란을 일으킨 때에 토벌에 참가했다. 보대(保大) 3년(1123)에 금군(金軍)에 포로가 되어 금에 항복하였다. 천회(天會) 2년(1124)에 2부주사(二部主事)가 되어 패근초리(孛董招里)・질랄팔계(迭剌八戒)로 총령(總領)하였다. 3년(1125)에 대금(大金)의 조

정(朝廷)으로부터 공을 인정받아 맹안패근(猛安孛董)이 되는 훈작을 받았고 세습맹안(世襲猛安)을 획득함에 따라, 이어가며 맹안패근에 정식으로 임명되었다. 본부의 맹안군(猛安軍)을 통솔하여 연경(燕京)에 이르러 郭藥師를 항복시켰다. 연경을 얻은 후 변경(汴京)에 입성하여 차례로 표창(表彰)을 하고, 천명이 넘는 생구(生口)를 얻어 모두 친장(親帳)에 편입했다. 중경(中京) 방면의 군대를 연・활의 지사(知事)로서 관리했다. 연・활을 14년간 맡으면서 예(禮)를 지키며 어질게 하여 관부(官府)가 근면하였고, 관찰사(觀察使)의 직이 더해졌다. 천권(天眷) 2년(1139)에 영원대장군(寧遠大將軍)에 봉해지고, 상경거도위(上輕車都尉)・칠수군개국백(漆水郡開國伯)에 임명되었으며, 식읍(食邑) 7백을 받고 혼주자사(忻州刺史)가 되었다. 황통(皇統) 원년(1141)에 대례(大禮)에 따라 순서를 정하여 소무대장군(昭武大將軍)에 제수되었다. 임기 만료 후인 2년(1142)에 진국대장군(鎮國上將軍)에 봉해졌고 호군(護軍)・칠수군개국후(漆水郡開國侯)가 되어 정3품의 훈급을 받아 식읍 1천, 실봉(實封) 1백이 내려졌다. 박주방어사(博州防禦使)가 되었으나 부임 직전인 2월 14일에 병사하였다. 향년 64세이다. 그 다음 해 4월 28일에 진국부인(鎮國夫人, 묘주의 부인이다), 아들 및 형제, 친족 등이 함께 영구를 지키며 초모산(草帽山) 기슭에 있는 가족묘지까지 출관(出棺)하였다.

④ 묘주의 부인과 자녀 등(제33행~제51행)

진국부인은 건통(乾統) 원년(1101)에 태어나 전란 중이

던 24세에 朁輦과 결혼했다. 윗사람을 공경하고 남편을 잘 따랐으며, 친족들과 화합하고 아랫사람에게 관용을 베풀었다. 천회 3년(1125) 12월에 연산(燕山)의 주·현(州縣)은 금나라에 모두 평정되었고, 4년(1126) 정월에 금군(金軍)이 변경에 입성했다. 진국부인은 대정(大定) 10년(1170) 12월 25일에 70세의 나이로 사망하였다. 그 다음 해 남편의 묘를 열어 합장하였다.

천회 4년(1126) 정월에 금군이 변경으로 진입하였는데, 그 때 태어난 장자를 汴奴라고 명명했으나 요절하였다. 차자 紗剌里는 14세에 선무장군(宣武將軍)에 봉해졌으며 그 부친의 은음(恩蔭)으로 맹안의 관직을 계승하였다. 성인이 된 후 그 효제(孝悌)가 향리에 전해지고 명예가 조정까지 도달했다. 섬서(陝西) 공격에 종군하여 성을 공격하고 적을 무찔러 공적을 쌓아 보국상장군(輔國上將軍)에 봉해졌다. 그의 처는 馬福낭중(郞中)의 딸로 사후(死後)에 칠수군부인(漆水郡夫人)으로 추증되었다. 아들인 曷魯本阿不(1152~?)는 20세로 재주가 뛰어나서 거란자(契丹字)·여진자(女眞字)·한자(漢字)에 통달하고 면학에 힘썼다. 딸인 丑睦陽은 알로타 심밀(斡魯朵審密)인 蔡節輔의 아들에게 시집갔다. 郡夫人에 봉해졌으며 아들이 하나 있다.

朁輦과 부인의 장녀[3]는 발로은가한장(勃魯恩可汗帳)의 涅里패근(孛菫)의 아들 唐古魯阿不에게 시집갔다. 차녀 點闠은 호부상서(戶部尙書) 알로타의 八尺특진(特進)의 아들 燕哥에게 시집갔다. 셋째 딸 宋兀懶는 아들이 셋 있는데, 장자는 □□, 차자는 □家奴, 제3자는 撻不也里이다.

朁輦에게는 이모제(異母弟)가 2명 있는데, 첫째 아우는 太師奴, 둘째 아우는 馮哥이다.

진국부인의 엄폐일(掩蔽日)에 아들 留寧보국상장군과 維安장군이 장례를 치렀다.

> 초모산에 영면(永眠)된 묘지(墓地)여
> 노우런 천변(川邊)에 남겨진 위패(位牌)로다
> 이 영원한 고귀함이여
> 천세(千歲)까지 전해지리라.

---

1) 묘주의 이름이 기록된 부분에 지석(誌石)이 떨어져 나가 정확한 이름을 알 수 없다(愛新覺羅 2009a⑱).
2) 묘주가 탄생한 정확한 날자도 지석이 분리되어 알 수가 없다(愛新覺羅 외 2012③).
3) 묘주 장녀의 이름도 지석이 분리된 부분에 있어 알 수가 없다(愛新覺羅 외 2012③).

<資料> 1) 愛新覺羅 2009a⑱, 2) 愛新覺羅 2010f, 3) 即實 2012②, 4) 劉鳳翥 2014b㊹.

< 묘주의 가계 인명 >

구 분		거란소자	추정 발음	《요사》/ 한문 묘지	劉鳳翥	即實	愛新覺羅
증조부		杁刮平	tʃ.ug.ul		轄里	楚古魯	朮古里
조부		刣夫	q.ugu		和棍	胡楷	胡古
부모	부친	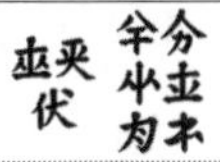 並夹 伏 夲分 屮盀 为夲	qa.an.in ʊr.du.l.ha.a.ar		韓寧·烏獨賴	韓訥·烏特剌	韓寧幹特剌
	모친	仐夯 犬	t(d).ad.i		達迪	撻提吉	撻體
당대	묘주	仐雨 厼与	s.in.gə.ne		晉涅	辛堅	朁輦
	부인	犮雨 几火 仐禿 伏	dʒi.in g.ui pu.s.in		鎭國夫人	鎭國夫人	鎭國夫人
아들	장남	丹夂 方 公夾	b.iæ.æn n.u		汴奴	邊奴	汴奴
	차남	厹为 屮为 屮为 夲	ʃ.a.al.l.ha.a.ar		沙里懶	沙赤剌	紗剌里

딸	장녀	‥			‥	‥	‥
	차녀	仒与 仒朩	d.æm.tʃ.en		點燦	迭木芊	點闇
	삼녀	仐血 平血 为出	s.oŋ.ul.ha.a.an		素□蘭妮	松古剌初	宋兀懶

금대 박주방어사 묘지 탁본

33. 尚食局使蕭公墓誌 (금 세종 대정 15년[1175] 11월 26일)

묘지명	대금 고현무장군 상식국사 난능현개국남 기도위 식읍삼백 발리공 묘지(大金故顯武將軍尚食局使蘭陵縣開國男騎都尉食邑三百拔里公墓誌)
출토지	遼寧省 阜新蒙古族自治縣 平安地鄉 阿漢土村 宋家梁屯에서 북으로 1km 떨어진 산의 경사면 (奪里懶太山[한풍명: 蕭彥弼]의 묘와 같은 묘역이다)
묘지형태	지개(誌蓋)에 3행의 거란소자 《고현무장군 상식국사 발리공 묘지(故顯武將軍尚食局使拔里公墓誌)》가 있고, 지석(誌石)에는 33행의 거란소자 지문(誌文)이 있다.
소장기관	푸씬몽고족자치현 박물관(阜新蒙古族自治縣博物館)
묘주	緬隱胡烏里("緬隱"은 묘주의 자[字], "胡烏里"는 묘주의 이름), 향년 46세(금 태종 천회 8년[1130] ~ 금 세종 대정 15년[1175]).
방족(房族)	발리 국구소옹장(拔里國男小翁帳)
출전	『新出契丹史料の研究』(pp.239-241).

(자료 : 愛新覺羅외 2015⑩)

관련 연구문헌 (저자순)	· 郭添剛 · 崔嵩 · 王義 · 劉鳳翥 <契丹小字金代《蕭居士墓誌銘》考釋>, 《文史》 2009 제1집. · 即實 <《乎盧墓誌》釋讀>, 《謎田耕耘—契丹小字解讀續》 遼寧民族出版社, 2012.

< 묘지 내용 >

① 묘지명 제목 및 찬자(撰者)(제1행~제2행)

대금 고현무장군 상식국사 난능현개국남 기도위 식읍삼백 발리공 묘지(大金故顯武將軍尚食局使蘭陵縣開國男騎都尉食邑三百拔里公墓誌).

발리부(拔里部) 예돈인(預敦人) 信陵 · 阿不이 찬(撰)하고, 육원 해령우월장(六院諧領于越帳) 사람 永訥 · 曷里只阿不이 글을 적다.

② 묘주의 선조(제3행~제7행)

공(公, 1130~1175, 묘주를 지칭한다)의 자(字)는 緬隱이고, 이름은 胡烏里이다. 야율날발(耶律捺鉢)의 국구 소옹장(國舅小翁帳) 출신이다.

8대조는 石魯隱兗里(한풍명: 蕭翰) 령공(令公)이며 의종황제(義宗皇帝, 耶律倍)의 딸 제국공주(齊國公主) 阿不里를 아내로 맞았다. 령공의 아들(7대조)은 丹哥장군(將軍)이고, 장군의 아들(6대조)은 安哥태사(太師)이다. 태사의 아들(5대조)은 부마도위(駙馬都尉) 王五이며 성종황제의 딸 흥가공주(興嘉公主)를 아내로 맞았다. 부마의 아들(고조부)은 奪里懶太山(한풍명: 蕭彥弼) 장군이며 제국왕(齊國王) 圖獨得의 딸 堯姐군주(郡主)를 아내로 맞았다. 太山장군의 아들(증조부)은 □성절도사(□城節度使) 特免阿剌里(한풍명: 蕭昕) 태사이며 육원 해령우

월장 謝六낭군(郎君)의 딸 窩里朶부인(夫人)과 혼인했다. 태사의 아들은 부마도위 如奴로 공의 조부이다. 남경통군(南京統軍)과 강(絳) · 정(定) · 동승주(東勝州) 등의 절도사를 역임했다. 특진(特進)을 더하였다. 처인 공주는 홍종황제의 손녀이다. 부마와 공주의 장남 烏虎輦은 치(淄) · 상(相) · 순(順) · 태주(泰州) 등의 자사(刺史)와 하(河) · 건(建)의 소윤(少尹)을 역임했다. 그의 처 王哥부인은 횡장 중부방(橫帳仲父房) 度突절도사의 딸이다.

③ 묘주의 사적(事蹟)(제7행~제210행)

공은 소윤과 부인의 적출(嫡出) 장남이다. 천회(天會) 8년(1130) 8월 2일에 태어났다. 어려서부터 또래보다 뛰어나, 조부모(부마와 공주)로부터 많은 귀염을 받았다. 나이가 30을 넘어도 출사하지 않았다. 해능왕(海陵王)이 군사를 내어 송(宋)을 쳐서 천하를 보유하고자 하여 새롭게 3천명이 탈 배를 건조하였는데, 효기(驍騎)의 문객(門客)이 될 수 있었다. 양주(揚州)에서 의동평장정사(儀同平章政事) 完顏阿列 및 그 아들 효기지휘사(驍騎指揮使) 王祥과 함께 대사(大事)를 행하여 측근이 되었다. 과거의 계통으로 인하여 대정(大定) 2년(1162) 2월에 황실소신교위(皇室昭信校尉)를 제수받고

그 해 여름에 호위(護衛)가 되었으며, 4년(1164) 8월에 상식국사(尚食局使)가 되어 만기까지 지낸 후, 7년(1167) 6월에 다시 그 직을 맡게 되었다. 시수군(郡)에서 모친의 관(棺)을 하장(下葬)하였다. 얼마동안 근처에 머물며 묘를 지키다 8년(1168) 7월에 다시 돌아왔다. 9년(1169) 4월에 부사(副使)가 되었고, 10년(1170) 2월에 임명된 직은 칠항(七項)으로 3백만 전(錢)을 하사받았다. 11년(1171) 12월에 다시 부사가 되었고, 12년(1172) 10월에 도사(道士)가 되었으며, 지(旨)를 받들어 태상시(太常寺)의 주지(主持)가 되었다. 수개월 후에 현무장군(顯武將軍)으로 진급했고 관(官)은 5품이 되었다. 그 해 알로타(斡魯朵) 하날발(夏捺鉢)에 호종(扈從)하여 은(銀) 100량과 비단 10필을 하사받았다. 15년(1175) 하날발에서 호종한지 수개월 째인 9월 18일에 46세를 일기로 사망하였다. 황제는 부고(訃告)를 듣고 크게 슬퍼하며, 선휘(宣徽)에 명하여 장례를 주지토록 하고 은 300량, 중채(重綵) 20단 및 비단 200필을 부의(賻儀)하였다.

≪역경≫에 이르길 "積善之家必有余慶, 積不善之家必有余殃(선을 쌓는 집에는 반드시 경사가 남을 것이고, 악을 쌓는 집에는 반드시 악을 남길 것이다)"이라 했다.

④ **묘주의 부인과 자녀**(제22행~제25행)
공의 처 楚越은 횡장 중부방(橫帳仲父房) 鐸魯斡금오공(金吾公)과 虎隗內懶부인 2인의 딸이다. 난능현군(蘭陵縣君)에 봉해졌다. 3명의 아들이 있는데, 장남 烏里

只夷末里는 출사하였다가 25세에 사망하였다. 그의 부인 阿古鄰은 요련 선질가한장(遙輦鮮質可汗帳) 사람으로, 지금의 덕주방어진국(德州防禦鎭國) 帖剌의 딸이다. 손자가 2명 있으며 장손은 紗朗이고 막내는 永安이다. 차남 毛家夷末里는 출사하여 동평현(東平縣)을 함께 다스렸다. 그의 부인 于越은 횡장 중부방 응방도사(鷹坊道士) 耶阿의 딸이다. 손자가 東平, 손녀가 興롱이다. 셋째아들 瑰里는 아직 결혼하지 않았고, 烏里只夷末里가 물고(物故)한 이후에 출사하였다. 딸이 셋 있는데 장녀는 奧魯宛阿古로 단주자사(單州刺史) 完顏內剌里보국(輔國)에게 시집가서 군부인(郡夫人)에 봉해졌다. 차녀는 吼烏里堅으로 烏里只夷末里의 처 난능군왕(蘭陵縣君) 楚越의 언니의 아들인 石丑에게 시집갔다. 셋째딸은 壽陽으로 아직 시집가지 않았다.

⑤ **장례**(제25행~제26행)
대정 15년(1175) 겨울 11월 26일에 처 난능군왕 楚越, 아들과 며느리 및 여러 형제·친족이 모여 장례를 치르고, 일거스산의 복된 땅(福地)에 매장했다.

⑥ **기타**(제26행~제33행)
信陵阿不에게 공을 위한 묘지(墓誌)를 쓰도록 부탁하였다. (이하 생략)

<資料> 1) 愛新覺羅외 2011, 2) 卽實 2012⑲.

< **묘주의 가계 인명** >

구 분		거란소자	추정 발음	≪요사≫/ 한문 묘지	劉鳳翥	卽實	愛新覺羅
8대	조부	屰关 矢亥 夯灬 伏	ʃ.i.d.u.in æn.əl	蕭翰	實突寧·安利	士篤訥·晏利	石魯隱兗里
	조모	生灬关	abu.l.i		阿布利	阿不里	阿不里
7대	조부	伤关 九芬	da.an g.ə		丹哥	丹哥	丹哥
6대	조부	为关 九芬	a.an g.ə		安哥	安哥	安哥
5대	조부	杰 岁亥	uaŋ ŋ.u	王六	王五	王五	特免王五
	조모	灬用 九芬	k(h).iŋ g.ə		興哥(公主)	興哥(公主)	興哥(公主)
고조	조부	与灬 卫为 出 丕 尨为 关	əu.l.ha.a.an (dor.l.ha.a.an)	蕭彦弼	歐懶·太山	堯斯拉初·太山	奪里懶太山
	조모	岁芳 亥 伞交	ŋ.iau.u ts.iæ	永淸公主	迎節	堯洁	堯姐

		거란소자	음가				
증조	조부	仌仚 本为 与 本	d.əm.ən ar.a.ar	蕭昕	特勉·里阿里	特免·拉里	特免阿剌里
	조모	伞分 屮立 为出	o.du.l.ha.a.an		斡特懶	斡特拉初	窩里朶
조	조부	圧灬 公灭	⯑iu n.u		如奴	亞如奴	如奴
부모	부친	灭刔 灭刋 平灻 平灻 与 与	u.uldʒi.ul.gə.ən (ne.gə.ul.gə.ən) (u.bu.ul.gə.ən)		武里烈	無卜盧堅	烏里忛輦
	모친	杰 几犮	uaŋ g.ə		王哥	王哥	王哥
당대	묘주	灭交 刟灭 奂伏 平	m.jæ.əns.in q.u.ul		箋里寧·胡里	胡盧	緬隱胡烏里
	부인	夲伞 芬	tʃ.u.ʃ		楚越	初斡	楚越
아들	장남	刔 关灭 尜	uldʒi i.ɹe.mi		李·宜睦里	□伊牧	烏里只夷末里
	차남	半 几才 关灭 尜	mu g.ia i.ɹe.mi		穆家·宜睦里	牟家伊牧	毛家夷末里
	삼남	几灬 圣	g.ui.ir		貴銀	歸引	瑰里
딸	장녀	夬平 呈灭 卅反 内	au.ul.ʋ.o.on ag(og).u		奧魯斡	敎盧茪·無庫	奧魯宛阿古
	차녀	火圡 火圡 平尺 平火 与 与	k(h).ə.ul.k(h).ən		厚禮賢	候盧沅	吼烏里堅
	삼녀	尤圡 万兔 灭	ʃ.ə.u.ʃ j.əŋ		壽陽	壽陽	壽陽

상식국사 소공묘지 탁본(1) - 지개

상식국사 소공묘지 탁본(2) - 지석

어휘 및 내용 색인

ㅈ

ㅊ

ㅍ

ㅎ

ㄴ

ㅂ

ㅅ

거란소자 원자 색인